D1641444

# Münchener Kommentar
# zum Aktiengesetz

### Herausgegeben von

**Dr. Wulf Goette**
Rechtsanwalt in Stuttgart
Vorsitzender Richter am Bundesgerichtshof a.D.
Honorarprofessor der Universität Heidelberg

**Dr. Mathias Habersack**
Professor an der Universität München

für die Hinweise zur Rechtslage in Österreich
unter Mitwirkung von

**Dr. Susanne Kalss, LL.M. (Florenz)**
Professorin an der Wirtschaftsuniversität Wien

## Band 6
## §§ 329–410
## WpÜG
## Österreichisches Übernahmerecht

HENGELER MUELLER
Partnerschaft von Rechtsanwälten mbB
Behrenstraße 42 · 10117 Berlin
Telefon +49 30 20374-0 · Telefax +49 30 20374-333
www.hengeler.com

# Münchener Kommentar zum Aktiengesetz

## Band 6
## §§ 329–410
## WpÜG
## Österreichisches Übernahmerecht

Herausgegeben von

**Dr. Wulf Goette**

Rechtsanwalt in Stuttgart
Vorsitzender Richter am Bundesgerichtshof a.D.
Honorarprofessor der Universität Heidelberg

**Dr. Mathias Habersack**

Professor an der Universität München

für die Hinweise zur Rechtslage in Österreich
unter Mitwirkung von

**Dr. Susanne Kalss, LL.M. (Florenz)**

Professorin an der Wirtschaftsuniversität Wien

## 5. Auflage 2021

C.H.BECK

Zitiervorschlag:
MüKoAktG/*Bearbeiter* § … Rn. …

**www.beck.de**

ISBN 978 3 406 72896 9

© 2021 Verlag C. H. Beck oHG
Wilhelmstraße 9, 80801 München

Druck: Beltz Grafische Betriebe GmbH
Am Fliegerhorst 8, 99947 Bad Langensalza
Satz: Meta Systems Publishing & Printservices GmbH, Wustermark
Umschlaggestaltung: Druckerei C.H. Beck Nördlingen

chbeck.de/nachhaltig

Gedruckt auf säurefreiem, alterungsbeständigem Papier
(hergestellt aus chlorfrei gebleichtem Zellstoff)

# Die Bearbeiter des sechsten Bandes

*Dr. Barbara Grunewald*
Professorin an der Universität zu Köln

*Dr. Bernhard Kreße, LL.M. (Köln/Paris), Maître en droit (Paris I)*
Professor an der Technischen Universität Dortmund

*Dr. Michael Schlitt*
Rechtsanwalt, Frankfurt am Main, Honorarprofessor der Universität zu Köln

*Dr. Martin Schockenhoff*
Rechtsanwalt, Stuttgart

*Dr. Ulrich Wackerbarth*
Professor an der Fernuniversität Hagen

*Dr. Janine Wendt*
Professorin an der Technischen Universität Darmstadt

*Dr. Petra Wittig*
Rechtsanwältin, München, außerplanmäßige Professorin an der Universität München

## Zur Rechtslage in Österreich

*MMag. Dr. Christoph Diregger*
Rechtsanwalt, Wien

*Dr. Susanne Kalss, LL.M. (Florenz)*
Professorin an der Wirtschaftsuniversität Wien

*Dr. Martin Winner*
Professor an der Wirtschaftsuniversität Wien

# Verzeichnis der ausgeschiedenen/
# teilweise ausgeschiedenen Bearbeiter

*Prof. Dr. Hartmut Bauer:* 2. Aufl. 2004: §§ 4–9, 40–58 WpÜG

*Dr. Hans Fuhrmann:* 1. Aufl. – 18. Lieferung 1994: §§ 396–410 AktG (gemeinsam mit Prof. Dr. Bruno Kropff und Prof. Dr. Uwe Hüffer)

*Prof. Dr. Barbara Grunewald:* 1. Aufl. – 14. Lieferung 1993: Vor § 394, §§ 394, 395 AktG (gemeinsam mit Prof. Dr. Bruno Kropff und Prof. Dr. Johannes Semler)

*Prof. Dr. Uwe Hüffer:* 3. Aufl. 2011, 2. Aufl. 2006: § 407 AktG; 1. Aufl. – 18. Lieferung 1994: §§ 396–410 AktG (gemeinsam mit Prof. Dr. Bruno Kropff und Dr. Hans Fuhrmann)

*Prof. Dr. Bruno Kropff:* 2. Aufl. 2006: Vor § 394, §§ 394–398 AktG; 1. Aufl. – 18. Lieferung 1994: §§ 396–410 AktG (gemeinsam mit Dr. Hans Fuhrmann und Prof. Dr. Uwe Hüffer); 1. Aufl. – 14. Lieferung 1993: Vor § 394, §§ 394, 395 AktG (gemeinsam mit Prof. Dr. Johannes Semler und Prof. Dr. Barbara Grunewald)

*Dr. Christian Ries:* 3. Aufl. 2011: §§ 33–39, 59 WpÜG (gemeinsam mit Prof. Dr. Michael Schlitt)

*Hans-Jürgen Schaal:* 4. Aufl. 2017, 3. Aufl. 2011: Vor §§ 399–406, 408–410 AktG, §§ 60–65 WpÜG; 2. Aufl. 2006: Vor §§ 399–406, 408–410 AktG; 2. Aufl. 2004: §§ 60–65 WpÜG

*Prof. Dr. Michael Schlitt:* 2. Aufl. 2004: § 32 WpÜG

*Prof. Dr. Jan Schürnbrand:* 4. Aufl. 2017, 3. Aufl. 2011: Vor § 394, §§ 394–398 AktG

*Prof. Dr. Johannes Semler:* 1. Aufl. – 14. Lieferung 1993: Vor § 394, §§ 394, 395 AktG (gemeinsam mit Prof. Dr. Bruno Kropff und Prof. Dr. Barbara Grunewald

*Prof. Dr. Ulrich Wackerbarth:* 3. Aufl. 2011: §§ 4–9, 40–58, 66–68 WpÜG (gemeinsam mit Dr. Bernhard Kreße)

# Im Einzelnen haben bearbeitet:

*Aktiengesetz*

Vor § 394, §§ 394–398 ..................... Dr. Martin Schockenhoff

Vor § 399, §§ 399–406 ..................... Dr. Petra Wittig

§ 407 ............................................. Dr. Janine Wendt

§§ 407a–410 ................................... Dr. Petra Wittig

*Wertpapierübernahmegesetz*

§§ 1–3 ........................................... Dr. Ulrich Wackerbarth

§§ 4–9 ........................................... Dr. Bernhard Kreße, LL.M., Maître en droit

§§ 10–32 ........................................ Dr. Ulrich Wackerbarth

§§ 33–39 ........................................ Dr. Michael Schlitt

§§ 39a–39c ..................................... Dr. Barbara Grunewald

§§ 40–58 ........................................ Dr. Bernhard Kreße, LL.M., Maître en droit

§ 59 ............................................... Dr. Michael Schlitt

§§ 60–65 ........................................ Dr. Petra Wittig

§§ 66–68 ........................................ Dr. Bernhard Kreße, LL.M., Maître en droit

*Zur Rechtslage in Österreich*

§§ 394–410 .................................... Dr. Susanne Kalss, LL.M.

Österreichisches Übernahmerecht ....... Dr. Susanne Kalss, LL.M./MMag. Dr. Christoph Diregger/Dr. Martin Winner

Sachverzeichnis ............................... Dr. Frank Wamser, LL.M.

# Vorwort

Der Münchener Kommentar zum AktG, hervorgegangen aus dem seit 1973 von Geßler/ Hefermehl/Eckardt/Kropff in Lieferungen herausgegebenen Kommentar zum AktG, hat sich mit der im Jahr 2006 abgeschlossenen 2. Auflage und der Anfang 2013 abgeschlossenen 3. Auflage – nicht zuletzt auch aufgrund seiner Verfügbarkeit über Beck-Online – in Wissenschaft und Praxis als sicherer und breitflächig zu Rate gezogener und zitierter Ratgeber fest etabliert. Er nimmt auch deswegen eine besondere Stellung unter den Großkommentaren zum Aktienrecht ein, weil er nach wie vor das einzige vollständig vorliegende Werk in dieser Größenklasse ist und binnen einer noch angemessenen Zeit hat abgeschlossen werden können, so dass es hat vermieden werden können, dass überholte Teile neben aktuellen stehen. Die 5. Auflage will hieran anknüpfen und erneut den Lesern durch die in kurzer Folge erscheinenden Bände eine in sich geschlossene Kommentierung auf aktuellem Stand in die Hand geben.

An der Konzeption des Kommentars im Allgemeinen und der Zahl und Aufteilung der Bände im Besonderen kann uneingeschränkt festgehalten werden. Auch für die Neuauflage gilt, dass sie selbstverständlich die inzwischen eingetretenen gesetzlichen Änderungen einbezieht und den Blick auf eingeleitete oder geplante Vorhaben auf der nationalen und der Ebene der EU lenkt, die Diskussion in Wissenschaft und Praxis nachzeichnet und zuverlässig über den Stand der Rechtsprechung informiert, und zwar – soweit geboten – auch über die der europäischen Gerichte.

Die engen rechtlichen, wirtschaftlichen und wissenschaftlichen Beziehungen zu Österreich werden auch in der Neuauflage in der bewährten Weise abgebildet. Der Kommentierung des deutschen Rechts folgt jeweils eine kurze Darstellung der österreichischen Rechtslage aus der Feder eines mit der Materie besonders vertrauten österreichischen Autors. Die Koordinierung der Beiträge hat auch in der 5. Auflage – im Sinne einer Mitherausgeberschaft für diese Teile – dankenswerterweise Frau Professor Dr. Susanne Kalss übernommen. Verlag und Herausgeber sind überzeugt, auf diesem Wege auch in Zukunft den österreichischen Lesern eine auf der gemeinsamen Rechtstradition beruhende eingehende Kommentierung mit Darstellung der österreichischen Besonderheiten an die Hand zu geben und dadurch einen Beitrag zur bewährten länderübergreifenden Rechtskultur und -praxis zu leisten.

Herausgeber, Autoren und Verlag wünschen sich, dass auch die 5. Auflage als treuer und zuverlässiger Begleiter bei der Lösung aktienrechtlicher Fragen aufgenommen wird, und sind für Anregungen und Hinweise sehr dankbar.

Ettlingen und München im September 2020

Prof. Dr. Wulf Goette
Prof. Dr. Mathias Habersack

# Inhaltsverzeichnis

# Inhaltsverzeichnis

# Verzeichnis der Abkürzungen und der abgekürzt zitierten Literatur

| | |
|---|---|
| aA | anderer Ansicht |
| aaO | am angegebenen Ort |
| AB | Ausschussbericht |
| ABGB | Allgemeines Bürgerliches Gesetzbuch |
| ABl. | Amtsblatt |
| abl. | ablehnend |
| ABl. EU | Amtsblatt der Europäischen Union |
| Abs. | Absatz (Absätze) |
| abw. | abweichend |
| AccRev. | The Accounting Review (Zeitschrift) |
| Achenbach/Ransiek/Rönnau | Achenbach/Ransiek/Rönnau, Handbuch Wirtschaftsstrafrecht, 5. Aufl. 2019 |
| AcP | Archiv für die civilistische Praxis (Zeitschrift) |
| ADHGB | Allgemeines Deutsches Handelsgesetzbuch |
| ADS Rechnungslegung | Adler/Düring/Schmaltz, Rechnungslegung und Prüfung der Unternehmen, 6. Aufl. 1995 ff. |
| ADV | Allgemeine Datenverarbeitung |
| aE | am Ende |
| aF | alte Fassung |
| AfA | Absetzung für Abnutzung |
| AG | Aktiengesellschaft; Die Aktiengesellschaft (Zeitschrift); Amtsgericht |
| AGB | Allgemeine Geschäftsbedingungen |
| AGBG | Gesetz zur Regelung des Rechts der Allgemeinen Geschäftsbedingungen |
| AHGB | Allgemeines Handelsgesetzbuch |
| AICPA | American Institute of Certified Public Accountants, New York |
| AktG | Aktiengesetz |
| Aktionärsrechte-RL | Richtlinie 2007/36/EG des Europäischen Parlaments und des Rates vom 11.7.2007 über die Ausübung bestimmter Rechte von Aktionären in börsennotierten Gesellschaften (ABl. 2007 L 184, 17), zuletzt geändert durch RL (EU) 2017/828 (ABl. 2017 L 132, 1) |
| allgM | allgemeine Meinung |
| Altmeppen/Bearbeiter | Altmeppen, Gesetz betreffend die Gesellschaften mit beschränkter Haftung: GmbH, Kommentar, 10. Aufl. 2021 |
| Alt. | Alternative |
| Ammon/Görlitz Die kleine AG | Ammon/Görlitz, Die kleine Aktiengesellschaft, 1998 |
| AmtsLG | Amtslöschungsgesetz |
| AnfO | Anfechtungsordnung |
| Angerer/Geibel/Süßmann/Bearbeiter | Angerer/Geibel/Süßmann, Wertpapiererwerbs- und Übernahmegesetz (WpÜG), Kommentar, 3. Aufl. 2017 |

# Abkürzungen

| | |
|---|---|
| AngG | Angestelltengesetz |
| Anh. | Anhang |
| Anm. | Anmerkung(en) |
| AnwBl | Deutsches/Österreichisches Anwaltsblatt (Zeitschriften) |
| AO | Abgabenordnung; Ausgleichsordnung |
| AR | Aufsichtsrat |
| ArbG | Arbeitsgericht |
| ArbGG | Arbeitsgerichtsgesetz |
| ArbVG | Arbeitsverfassungsgesetz |
| Art. | Artikel |
| Armbrüster/Preuß/ Renner/Bearbeiter | Armbrüster/Preuß/Renner, Beurkundungsgesetz und Dienstordnung für Notarinnen und Notare, Kommentar, 8. Aufl. 2019 |
| Artmann/Karollus/ Bearbeiter | Artmann/Karollus, Aktiengesetz, Kommentar, Bd. 1 und 2: 6. Aufl. 2018, Bd. 3: 6. Aufl. 2019 |
| ARUG | Gesetz zur Umsetzung der Aktionärsrechterichtlinie |
| ARUG II | Gesetz zur Umsetzung der zweiten Aktionärsrechterichtlinie |
| ASC | Accounting Standards Committee des CCAB (Consultative Committee of the Accountancy Bodies der Chartered Accountants von England, Wales, Schottland und Irland) |
| Aschauer/Torggler/ Bauer/Bearbeiter | Aschauer/Torggler/Bauer, UGB, Kommentar, 3. Aufl. 2019 |
| Assmann/Plötzsch/ Schneider/Bearbeiter | Assmann/Plötzsch/Schneider, Wertpapiererwerbs- und Übernahmegesetz (WpÜG), Kommentar, 3. Aufl. 2019 |
| Assmann/Schneider/ Mülbert/Bearbeiter | Assmann/Schneider/Mülbert, Wertpapierhandelsrecht, Kommentar, 7. Aufl. 2019 |
| Assmann/Schütze/ Buck-Heeb KapAnlR-HdB | Assmann/Schütze/Buck-Heeb, Handbuch des Kapitalanlagerechts, 5. Aufl. 2020 |
| ASVG | Allgemeines Sozialversicherungsgesetz |
| Aufl. | Auflage |
| AuR | Arbeit und Recht, Zeitschrift für die Arbeitsrechtspraxis |
| ausdr. | ausdrücklich |
| ausf. | ausführlich |
| AuslBG | Ausländerbeschäftigungsgesetz |
| AußStrG | Außerstreitgesetz |
| AVG | Allgemeines Verwaltungsverfahrensgesetz |
| AVRAG | Arbeitsvertragsrechts-Anpassungsgesetz |
| AWD | Außenwirtschaftsdienst des Betriebs-Beraters (Zeitschrift) seit 1975 RIW |
| AWG | Außenwirtschaftsgesetz |
| AWV | Ausschuss für wirtschaftliche Verwaltung in Wirtschaft und öffentlicher Hand eV |
| Az. | Aktenzeichen |
| Baetge/Kirsch/ Thiele Bilanzen | Baetge/Kirsch/Thiele, Bilanzen, 15. Aufl. 2019 |
| Baetge/Kirsch/ Thiele Konzernbilanzen | Baetge/Kirsch/Thiele, Konzernbilanzen, 13. Aufl. 2019 |

# Abkürzungen

| | |
|---|---|
| BAV | Bundesaufsichtsamt für das Versicherungswesen |
| BAW | Bundesaufsichtsamt für das Wertpapierwesen |
| BAWe | Bundesaufsichtsamt für den Wertpapierhandel |
| Bayer/Habersack AktienR im Wandel | Bayer/Habersack, Aktienrecht im Wandel, Bd. I: Entwicklung des Aktienrechts, Bd. II: Grundsatzfragen des Aktienrechts, 2007 |
| Bayer/Koch GmbHR | Bayer/Koch, Aktuelles GmbH-Recht, Tagungsband, 2013 |
| BayObLG | Bayerisches Oberstes Landesgericht |
| BayObLGSt | Entscheidungen des Bayerischen Obersten Landesgerichts in Strafsachen |
| BayObLGZ | Entscheidungen des Bayerischen Obersten Landesgerichts in Zivilsachen |
| BB | Betriebs-Berater (Zeitschrift) |
| BBankG | Gesetz über die Deutsche Bundesbank |
| BBBKSS/Bearbeiter | Bartl/Bartl/Beine/Koch/Schlarb/Schmitt, GmbH-Recht, Kommentar, 8. Aufl. 2019 |
| BBG | Bundesbeamtengesetz |
| Bd. (Bde.) | Band (Bände) |
| BDSG | Bundesdatenschutzgesetz |
| BeBiKo/Bearbeiter | Beck'scher Bilanzkommentar, Jahresabschluss nach Handels- und Steuerrecht, 12. Aufl. 2020 |
| Bechtold/Bosch/Bearbeiter | Bechtold/Bosch, Gesetz gegen Wettbewerbsbeschränkungen, Kommentar, 9. Aufl. 2018 |
| BeckBilKomm/Bearbeiter | s. BeBiKo/Bearbeiter |
| BeckFormB/Bearbeiter AktG | Beck'sches Formularbuch Aktienrecht, 2. Aufl. 2020 |
| BeckHdB IFRS/Bearbeiter | Beck'sches IFRS-Handbuch, 6. Aufl. 2020 |
| BeckHdB PersGes/Bearbeiter | Beck'sches Handbuch der Personengesellschaften, 5. Aufl. 2020 |
| BeckHdB Rechnungslegung/Bearbeiter | Böcking/Castan/Heymann/Pfitzer/Scheffler, Beck'sches Handbuch der Rechnungslegung, Loseblatt |
| BeckMandatsHdB AG-Vorstand | Beck'sches Mandatshandbuch Vorstand der AG, 2. Aufl. 2010 |
| BeckOGK/Bearbeiter | Beck'scher Online-Großkommentar, Abschnitt AktG, hrsg. von Spindler/Stilz, Stand: 2020 |
| BeckOK GmbHG/Bearbeiter | Ziemons/Jaeger/Pöschke, Beck'scher Online-Kommentar GmbHG, 47. Ed., Stand: 1.2.2021 |
| Begr. | Begründung |
| Begr. RegE | Begründung des Regierungsentwurfs |
| Beil. | Beilage |
| Bek. | Bekanntmachung |
| Beschl. | Beschluss |
| BeteilFG | Beteiligungsfondsgesetz |

| | |
|---|---|
| Beteiligungs-RL ........ | Richtlinie 2001/86/EG des Rates vom 8.10.2001 zur Ergänzung des Statuts der Europäischen Gesellschaft hinsichtlich der Beteiligung der Arbeitnehmer (ABl. 2001 L 294, 22) |
| betr. ...................... | betreffen(d) |
| BetrAVG ................. | Gesetz zur Verbesserung der betrieblichen Altersversorgung |
| BetrVG ................... | Betriebsverfassungsgesetz 1972 |
| BeurkG ................... | Beurkundungsgesetz |
| Beuthien/Bearbeiter | Beuthien, Genossenschaftsgesetz mit Umwandlungs- und Kartellrecht sowie Statut der Europäischen Genossenschaft, Kommentar, 16. Aufl. 2018 |
| BewG ..................... | Bewertungsgesetz |
| BezG ...................... | Bezirksgericht |
| BFA ....................... | Bankenfachausschuss des Instituts der Wirtschaftsprüfer in Deutschland eV |
| BFH ....................... | Bundesfinanzhof |
| BFHE ..................... | Sammlung der Entscheidungen und Gutachten des Bundesfinanzhofs |
| BFuP ..................... | Betriebswirtschaftliche Forschung und Praxis (Zeitschrift) |
| BG ........................ | Bundesgesetz |
| BGB ...................... | Bürgerliches Gesetzbuch |
| BGBl. .................... | Bundesgesetzblatt |
| BGH ...................... | Bundesgerichtshof |
| BGHR ................... | BGH-Rechtsprechung (in Zivilsachen und in Strafsachen) |
| BGHSt ................... | Entscheidungen des Bundesgerichtshofs in Strafsachen |
| BGHZ .................... | Entscheidungen des Bundesgerichtshofs in Zivilsachen |
| BHO ...................... | Bundeshaushaltsordnung |
| BilanzkontrollG ........ | Gesetz zur Kontrolle von Unternehmenszusammenschlüssen |
| BilanzrechtsreformG | Gesetz zur Einführung internationaler Rechnungslegungsstandards und zur Sicherung der Qualität der Abschlussprüfung |
| Bilanz-RL ............... | Richtlinie 2013/34/EU des Europäischen Parlaments und des Rates vom 26.6.2013 über den Jahresabschluss, den konsolidierten Abschluss und damit verbundene Berichte von Unternehmen bestimmter Rechtsformen (ABl. 2013 L 182, 19) |
| BilKoG ................... | Gesetz zur Kontrolle von Unternehmensabschlüssen |
| BilMoG .................. | Bilanzrechtsmodernisierungsgesetz |
| BilReG ................... | Gesetz zur Einführung internationaler Rechnungslegungsstandards und zur Sicherung der Qualität der Abschlussprüfung |
| Binz/Sorg GmbH & Co. KG ................. | Binz/Sorg, Die GmbH & Co. KG im Gesellschafts- und Steuerrecht, 12. Aufl. 2018 |
| BiRiLiG ................. | Bilanzrichtlinien-Gesetz |
| BKartA .................. | Bundeskartellamt |
| Blaurock Stille Ges-HdB ...................... | Blaurock (Hrsg.), Handbuch Stille Gesellschaft, 9. Aufl. 2020 |
| BLHAG/Bearbeiter .. | Baumbach/Lauterbach/Hartmann/Anders/Gehle, Zivilprozessordnung, Kommentar, 79. Aufl. 2021 |
| BlStSozArbR ........... | Blätter für Steuerrecht, Sozialversicherung und Arbeitsrecht (Zeitschrift) |
| BMA ...................... | Bundesminister(ium) für Arbeit und Soziales |
| BMF ...................... | Bundesminister(ium) für Finanzen |
| BMJV ..................... | Bundesminister(ium) der Justiz und für Verbraucherschutz |
| BMWi .................... | Bundesminister für Wirtschaft |
| BNotO ................... | Bundesnotarordnung |

## Abkürzungen

| | |
|---|---|
| BNV | Verordnung über die Nebentätigkeit der Bundesbeamten, Berufssoldaten und Soldaten auf Zeit – Bundesnebentätigkeitsverordnung |
| Bonner HdB | Hofbauer/Kupsch, Bonner Handbuch Rechnungslegung Textsammlung, Einführung, Kommentierung, Loseblatt (hrsg. von Kirsch) |
| Boos/Fischer/ Schulte-Mattler/ Bearbeiter | Boos/Fischer/Schulte-Mattler, Kommentar zum Kreditwesengesetz, VO (EU) Nr. 575/2013 (CRR) und Ausführungsvorschriften, 5. Aufl. 2016 |
| Bork/Schäfer/ Bearbeiter | Bork/Schäfer (Hrsg.), GmbHG, Kommentar, 4. Aufl. 2019 |
| BörsG | Börsegesetz; Börsengesetz |
| BörsZulV | Börsenzulassungsverordnung |
| BPG | Betriebspensionsgesetz |
| BR | Bundesrat |
| Braun/Bearbeiter | Braun, Insolvenzordnung, Kommentar, 8. Aufl. 2020 |
| BRD | Bundesrepublik Deutschland |
| BR-Drs. | Bundesrats-Drucksache |
| BReg | Bundesregierung |
| BrexitAbk | Abkommen über den Austritt des Vereinigten Königreichs Großbritannien und Nordirland aus der Europäischen Union und der Europäischen Atomgemeinschaft vom 24.1.2020 (ABl. 2020 L 29, 7) |
| BrexitÜG | Brexit-Übergangsgesetz vom 27.3.2019 |
| Brodmann | Brodmann, Aktienrecht, Kommentar, 1928 |
| Brodmann GmbHG | Brodmann, Kommentar zum GmbHG, 2. Aufl. 1930 |
| Brox/Henssler HandelsR | Brox/Henssler, Handelsrecht, 23. Aufl. 2020 |
| BR-Prot. | Protokoll des Deutschen Bundesrates |
| Brüssel Ia-VO | Verordnung (EU) Nr. 1215/2012 des Europäischen Parlaments und des Rates vom 12.12.2012 über die gerichtliche Zuständigkeit und die Anerkennung und Vollstreckung von Entscheidungen in Zivil- und Handelssachen |
| BSG | Bundessozialgericht (ABl. 2012 L 351, 1, ber. 2016 L 264, 43) |
| BSGE | Entscheidungen des Bundessozialgerichts |
| Bsp. | Beispiel(e) |
| BStBl. | Bundessteuerblatt |
| BT | Bundestag |
| BT-Drs. | Bundestags-Drucksache |
| BT-Prot. | Protokoll des Deutschen Bundestags |
| BuB | Bankrecht und Bankpraxis, Loseblattsammlung 1979 ff. |
| Buchst. | Buchstabe |
| Bumiller/Harders/ Schwamb/Bearbeiter | Bumiller/Harders/Schwamb, FamFG, Kommentar, 12. Aufl. 2019 |
| Bürgers/Fett KGaA-HdB | Bürgers/Fett, Die Kommanditgesellschaft auf Aktien, Handbuch, 2. Aufl. 2015 |
| Bürgers/Körber/ Bearbeiter | Bürgers/Körber, Heidelberger Kommentar zum Aktiengesetz, 4. Aufl. 2017 |

Busse von Colbe/
Crasselt/Pellens Lexi-
kon ....................... Busse von Colbe/Crasselt/Pellens, Lexikon des Rechnungswesens, 5. Aufl. 2011

Busse v. Colbe/Ordel-
heide Konzernab-
schlüsse ................... Busse von Colbe/Ordelheide, Konzernabschlüsse. Rechnungslegung nach betriebswirtschaftlichen Grundsätzen sowie nach den
Vorschriften des HGB und der IAS/IFRS, 11. Aufl. 2010

Buth/Hermanns/
Bearbeiter Restruktu-
rierung ................... Buth/Hermanns, Restrukturierung, Sanierung, Insolvenz, Handbuch, 4. Aufl. 2014

Butzke HV der AG .. Butzke, Die Hauptversammlung der Aktiengesellschaft, 5. Aufl.
2011

BuW ...................... Betrieb und Wirtschaft (Zeitschrift)

BVerfG ................... Bundesverfassungsgericht

BVerfGE ................ Entscheidungen des Bundesverfassungsgerichts

BVerfGG ................ Gesetz über das Bundesverfassungsgericht (Bundesverfassungsge-
richtsgesetz)

BVerwG .................. Bundesverwaltungsgericht

BVerwGE ................ Entscheidungen des Bundesverwaltungsgerichts

BWahlG .................. Bundeswahlgesetz

BWG ...................... Bankwesengesetz

BWKOB ................ Baetge/Wollmert/Kirsch/Oser/Bischof (Hrsg.), Rechnungslegung nach IFRS. Kommentar auf der Grundlage des deutschen
Bilanzrechts, Loseblatt

bzgl. ...................... bezüglich

BZRG .................... Gesetz über das Zentralregister und das Erziehungsregister (Bun-
deszentralregistergesetz)

bzw. ...................... beziehungsweise

Calliess/Ruffert/
Bearbeiter .............. Calliess/Ruffert, EUV/AEUV − Das Verfassungsrecht der Europäischen Union mit Europäischer Grundrechtecharta, Kommen-
tar, 5. Aufl. 2016

Canaris Bank-
vertragsR ............... Canaris/Schilling/Ulmer, Bankvertragsrecht, Teil 2: 5. Aufl. 2014

Canaris HandelsR .... Canaris, Handelsrecht, 24. Aufl. 2006

CCZ ...................... Corporate Compliance Zeitschrift

CFL ...................... Corporate Finance Law

cic ........................ culpa in contrahendo

Claussen BankR/
BörsenR ................ Claussen, Bank- und Börsenrecht, 5. Aufl. 2014

Coenenberg/Haller/
Schultze Jahresab-
schluss ................... Coenenberg/Haller/Schultze, Jahresabschluss und Jahresabschluss-
analyse, 25. Aufl. 2018

COVMG ................ Gesetz über Maßnahmen im Gesellschafts-, Genossenschafts-,
Vereins-, Stiftungs- und Wohnungseigentumsrecht zur Bekämp-
fung der Auswirkungen der COVID-19-Pandemie vom
27.3.2020 (BGBl. 2020 I 569, 570)

CR ........................ Computer und Recht (Zeitschrift)

# Abkürzungen

CRD IV ................ RL 2013/36/EU des Europäischen Parlaments und des Rates vom 26.6.2013 über den Zugang zur Tätigkeit von Kreditinstituten und die Beaufsichtigung von Kreditinstituten und Wertpapierfirmen, zur Änderung der Richtlinie 2002/87/EG und zur Aufhebung der Richtlinien 2006/48/EG und 2006/49/EG (ABl. 2013 L 176, 338)

CRD IV-UG .......... Gesetz zur Umsetzung der Richtlinie 2013/36/EU über den Zugang zur Tätigkeit von Kreditinstituten und die Beaufsichtigung von Kreditinstituten und Wertpapierfirmen und zur Anpassung des Aufsichtsrechts an die Verordnung (EU) Nr. 575/2013 über Aufsichtsanforderungen an Kreditinstitute und Wertpapierfirmen (CRD IV-Umsetzungsgesetz)

Däubler/Klebe/
Wedde ................... Däubler/Klebe/Wedde, BetrVG, Kommentar, 17. Aufl. 2020
DB ........................ Der Betrieb (Zeitschrift)
DBW .................... Die Betriebswirtschaft (Zeitschrift)
DCGK ................. Deutscher Corporate Governance Kodex idF vom 16.12.2019
DCGK 2017 .......... Deutscher Corporate Governance Kodex idF vom 7.2.2017
DDR .................... Deutsche Demokratische Republik
DeMailG .............. De-Mail-Gesetz vom 28.4.2011 (BGBl. 2011 I 666)
Deilmann/Lorenz Die
börsennotierte AG .... Deilmann/Lorenz, Die börsennotierte Aktiengesellschaft, 2005
DepG ................... Depotgesetz
dgl. ...................... dergleichen
DGWR ................. Deutsches Gemein- und Wirtschaftsrecht (Zeitschrift)
dh ........................ das heißt
DIHT ................... Deutscher Industrie- und Handelstag
Diregger/Kalss/
Winner
ÜbernahmeR .......... Diregger/Kalss/Winner, Das österreichische Übernahmerecht, 2. Aufl. 2007
Diss. ..................... Dissertation
DJ ........................ Deutsche Justiz (Zeitschrift)
DJT ...................... Deutscher Juristentag
DJZ ...................... Deutsche Juristenzeitung (Zeitschrift)
DMBilErgG ........... D-Markbilanzergänzungsgesetz (1952, 1955)
DMBilG ................ Gesetz über die Eröffnungsbilanz in Deutscher Mark und die Kapitalneufestsetzung (D-Markbilanzgesetz)
DNotZ ................. Deutsche Notarzeitschrift
DöD .................... Der öffentliche Dienst (Zeitschrift)
DÖH .................... Der öffentliche Haushalt (Zeitschrift)
Doralt/Nowotny EG-
Anpassungsbedarf ..... Doralt/Nowotny, Der EG-rechtliche Anpassungsbedarf im österreichischen Gesellschaftsrecht, Loseblatt, 1993
Doralt/Nowotny/
Kalss/Bearbeiter ....... Doralt/Nowotny/Kalss, Kommentar zum Aktiengesetz, 2. Aufl. 2012
Doralt/Nowotny/
Kalss PSG .............. Doralt/Nowotny/Kalss, Privatstiftungsgesetz, Kommentar, 1995
Dörner/Menold/
Pfitzer/Oser Reform
AktR .................... Dörner/Menold/Pfitzer/Oser, Reform des Aktienrechts, der Rechnungslegung und Prüfung, 2. Aufl. 2003

| | |
|---|---|
| DÖV ..................... | Die öffentliche Verwaltung (Zeitschrift) |
| DR ....................... | Deutsches Recht (Zeitschrift) |
| DRdA .................. | Das Recht der Arbeit (Zeitschrift) |
| DRiG ................... | Deutsches Richtergesetz |
| DrittelbG .............. | Drittelbeteiligungsgesetz |
| DRiZ ................... | Deutsche Richterzeitung (Zeitschrift) |
| DRS .................... | Deutscher Rechnungslegungsstandard |
| DRSC ................... | Deutsches Rechnungslegungs Standards Committee eV |
| DS-GVO .............. | Verordnung (EU) 2016/679 des Europäischen Parlaments und des Rates vom 27.4.2016 zum Schutz natürlicher Personen bei der Verarbeitung personenbezogener Daten, zum freien Datenverkehr |
| DSR .................... | Deutscher Standardisierungsrat |
| DStBl. .................. | Deutsches Steuerblatt (Zeitschrift) |
| DStR ................... | Deutsches Steuerrecht (Zeitschrift) |
| DStZ ................... | Deutsche Steuer-Zeitung (Zeitschrift) |
| DuD .................... | Datenschutz und Datensicherheit (Zeitschrift) |
| Düringer/ Hachenburg HGB .... | Düringer/Hachenburg, Das Handelsgesetzbuch vom 10. Mai 1897 (unter Ausschluss des Seerechts), 3. Aufl. 1935 |
| Düwell/Bearbeiter .... | Düwell, Betriebsverfassungsgesetz, Handkommentar, 5. Aufl. 2018 |
| DV ...................... | Die Verwaltung (Zeitschrift) |
| DVBl ................... | Deutsches Verwaltungsblatt (Zeitschrift) |
| DVO .................... | Durchführungsverordnung |
| DWiR ................... | Deutsche Zeitschrift für Wirtschaftsrecht |
| | |
| EAR ..................... | The European Accounting Review (Zeitschrift) |
| EB ....................... | Erläuternde Bemerkungen |
| ebd. ...................... | ebenda |
| EBJS/Bearbeiter ....... | Ebenroth/Boujong/Joost/Strohn, Handelsgesetzbuch, Kommentar, 3. Aufl. 2014 f. |
| ecolex ................... | Fachzeitschrift für Wirtschaftsrecht |
| E-DRS .................. | Entwurf eines Deutschen Rechnungslegungsstandards |
| EDV .................... | Elektronische Datenverarbeitung |
| EEG .................... | Eingetragene Erwerbsgesellschaften |
| EFG .................... | Entscheidungen der Finanzgerichte |
| EG ...................... | Einführungsgesetz; Europäische Gemeinschaft |
| EGAktG ................ | Einführungsgesetz zum Aktiengesetz |
| EGBGB ................ | Einführungsgesetz zum Bürgerlichen Gesetzbuch |
| EGG .................... | Erwerbsgesellschaftengesetz |
| EGHGB ................ | Einführungsgesetz zum Handelsgesetzbuch |
| EGVG ................... | Einführungsgesetz zu den Verwaltungsverfahrensgesetzen |
| EGZPO ................. | Einführungsgesetz zur Zivilprozessordnung |
| Ehricke/Ekkenga/ Oechsler/Bearbeiter .. | Ehricke/Ekkenga/Oechsler, Wertpapiererwerbs- und Übernahmegesetz, 2003 |
| EHUG ................... | Gesetz über elektronische Handelsregister und Genossenschaftsregister sowie Unternehmensregister |
| eIDAS-VO ............. | Verordnung (EU) Nr. 910/2014 des Europäischen Parlaments und des Rates vom 23. Juli 2014 über elektronische Identifizierung und Vertrauensdienste für elektronische Transaktionen im Binnenmarkt und zur Aufhebung der Richtlinie 1999/93/EG (ABl. 2014 L 257, 73, ber. ABl. 2015 L 23, 19 und ABl. 2016 L 155, 44) |

# Abkürzungen

| | |
|---|---|
| Eigenkapitalanforde-rungs-RL | Richtlinie 2013/36/EU des Europäischen Parlaments und des Rates vom 26.6.2013 über den Zugang zur Tätigkeit von Kreditinstituten und die Beaufsichtigung von Kreditinstituten und Wertpapierfirmen (ABl. 2013 L 176, 338, ber. ABl. 2013 L 208, 73, ber. ABl. 2017 L 20, 1, ber. ABl. 2020 L 203, 95) |
| Einf. | Einführung |
| Einl. | Einleitung |
| einschr. | einschränkend |
| EK | Eigenkapital |
| Ek Hauptversammlung | Ek, Praxisleitfaden für die Hauptversammlung, 3. Aufl. 2018 |
| Ekkenga AG-Finanzierung-HdB | Ekkenga (Hrsg.), Handbuch der AG-Finanzierung, 2. Aufl. 2019 |
| Emmerich/ Habersack/ Bearbeiter | Emmerich/Habersack, Aktien- und GmbH-Konzernrecht, Kommentar, 9. Aufl. 2019 |
| Emmerich/Habersack KonzernR | Emmerich/Habersack, Konzernrecht, 11. Aufl. 2020 |
| entspr. | entsprechen(d); entspricht |
| EO | Exekutionsordnung |
| EPS | Entwurf eines Prüfungsstandards |
| Erbs/Kohlhaas | Erbs/Kohlhaas, Strafrechtliche Nebengesetze, Loseblatt-Kommentar |
| ErbStG | Erbschaftsteuer- und Schenkungsteuergesetz |
| ErfK/Bearbeiter | Müller-Glöge/Preis/Schmidt, Erfurter Kommentar zum Arbeitsrecht, 21. Aufl. 2021 |
| Erg. | Ergänzung |
| ErgBd. | Ergänzungsband |
| Erl. | Erlass; Erläuterung(en) |
| Erman/Bearbeiter | Erman, Handkommentar zum BGB, 16. Aufl. 2020 |
| EStDVO | Einkommensteuer-Durchführungsverordnung |
| EStG | Einkommensteuergesetz |
| EStR | Einkommensteuer-Richtlinien |
| EU | Europäische Union |
| EU-GesRÄG 1996 | EU-Gesellschaftsrechtsänderungsgesetz 1996 |
| EuGVÜ 1972 | Übereinkommen über die gerichtliche Zuständigkeit und die Vollstreckung gerichtlicher Entscheidungen in Zivil- und Handelssachen vom 27.9.1968 (ABl. 1972 L 299, 32) |
| EuInsVO | Verordnung (EU) 2015/848 des Europäischen Parlaments und des Rates vom 20.5.2015 über Insolvenzverfahren (ABl. 2015 L 141, 19, ber. 2016 L 349, 6) |
| EuGH | Gerichtshof der Europäischen Gemeinschaften |
| EUR | Euro |
| EuR | Europarecht (Zeitschrift) |
| EuroEG | Euro-Einführungsgesetz |
| Europäische Aktiengesellschaft-VO | s. SE-VO |
| eV | eingetragener Verein |
| EVHGB | Verordnung zur Einführung handelsrechtlicher Vorschriften im Lande Österreich |
| evtl. | eventuell |

| | |
|---|---|
| EWGV | Vertrag zur Gründung der Europäischen Wirtschaftsgemeinschaft vom 25.3.1957 |
| EWiR | Entscheidungen zum Wirtschaftsrecht |
| EWIV | Europäische wirtschaftliche Interessenvereinigung |
| EWR | Europäischer Wirtschaftsraum |
| EWS | Europäisches Wirtschafts- und Steuerrecht (Zeitschrift) |
| EWWU | Europäische Wirtschafts- und Währungsunion |
| | |
| f., ff. | folgende; fortfolgende |
| FAMA | Fachausschuss für moderne Abrechnungssysteme des Instituts der Wirtschaftsprüfer in Deutschland eV |
| FamFG | Gesetz über das Verfahren in Familiensachen und in den Angelegenheiten der freiwilligen Gerichtsbarkeit |
| FA-Recht | Fachausschuss Recht des Instituts der Wirtschaftsprüfer in Deutschland eV |
| FASB | Financial Accounting Standards Board of the Financial Accounting Foundation (USA) |
| Fasching/Konecny | Fasching/Konecny, Zivilprozessgesetze, Kommentar, 3. Aufl. 2015 |
| FAZ | Frankfurter Allgemeine Zeitung |
| FBG | Firmenbuchgesetz |
| Feddersen/ Hommelhoff/ Schneider CG | Feddersen/Hommelhoff/Schneider, Corporate Governance, 1996 |
| FEE | Fédération des Experts Comptables Européens |
| Fezer/Büscher/ Obergfell/Bearbeiter | Fezer/Büscher/Obergfell, Lauterkeitsrecht: UWG, 3. Aufl. 2016 |
| FFG | Finanzmarktförderungsgesetz |
| FG | Festgabe; Finanzgericht |
| FG (Nr. Jahr) | Fachgutachten des Hauptfachausschusses des IdW |
| FGG | Gesetz über die Angelegenheiten der freiwilligen Gerichtsbarkeit |
| FGO | Finanzgerichtsordnung |
| FiMaAnpG | Gesetz zur Anpassung von Gesetzen auf dem Gebiet des Finanzmarktes |
| FinDAG | Gesetz über die Bundesanstalt für Finanzdienstleistungsaufsicht (Finanzdienstleistungsaufsichtsgesetz – FinDAG) vom 22.4.2002 (BGBl. 2002 I 1310) |
| Fischer/Bearbeiter | Fischer, Strafgesetzbuch mit Nebengesetzen, Kommentar, 68. Aufl. 2021 |
| Fitting/Bearbeiter | Fitting/Engels/Schmidt/Trebinger/Linsenmaier, Betriebsverfassungsgesetz: BetrVG, Kommentar, 30. Aufl. 2020 |
| FIW | Forschungsinstitut für Wirtschaftsverfassung und Wettbewerb eV |
| FK-InsO/Bearbeiter | Wimmer, Frankfurter Kommentar zur Insolvenzordnung, 9. Aufl. 2018 |
| FK-WpÜG/ Bearbeiter | Haarmann/Schüppen (Hrsg.), Frankfurter Kommentar zum WpÜG, Öffentliche Übernahmeangebote (WpÜG) und Ausschluss von Minderheitsaktionären (§§ 327a–327f AktG), 4. Aufl. 2018 |
| Fleischer VorstandsR-HdB | Fleischer, Handbuch des Vorstandsrechts, 2006 |
| Flume BGB AT I 1 | Flume, Allgemeiner Teil des Bürgerlichen Rechts, Band I 1: Die Personengesellschaft, 1998 |

# Abkürzungen

| | |
|---|---|
| v. Gerkan/Hommel- hoff KapitalersatzR- HdB ...... | v. Gerkan/Hommelhoff, Handbuch des Kapitalersatzrechts, 2. Aufl. 2002 |
| ges. ...... | gesetzlich |
| GesR-RL ...... | Richtlinie (EU) 2017/1132 des Europäischen Parlaments und des Rates vom 14.6.2017 über bestimmte Aspekte des Gesellschafts- rechts (ABl. 2017 L 169, 46) |
| GesRÄG ...... | Gesellschaftsrechtsänderungsgesetz |
| GesRZ ...... | Der Gesellschafter. Zeitschrift für Gesellschaftsrecht (Österreich) |
| Geßler AktG ...... | Geßler, Aktiengesetz, Loseblatt-Kommentar |
| GewA ...... | Gewerbe-Archiv (Zeitschrift) |
| GewO ...... | Gewerbeordnung |
| GewStG ...... | Gewerbesteuergesetz |
| GG ...... | Grundgesetz (für die Bundesrepublik Deutschland) |
| ggf. ...... | gegebenenfalls |
| GGG ...... | Gerichtsgebührengesetz |
| GHEK/Bearbeiter .... | Geßler/Hefermehl/Eckardt/Kropff, Aktiengesetz, Kommentar, 1973 ff. (= MüKoAktG, 1. Aufl.) |
| Gilson/Black Law .... | Gilson/Black, The Law and Finance of Corporate Acquisitions, 1995 |
| GJW/Bearbeiter ...... | *s. Graf/Jäger/Wittig/Bearbeiter* |
| GK-BetrVG/ Bearbeiter ...... | Gemeinschaftskommentar zum Betriebsverfassungsgesetz, 11. Aufl. 2018 |
| GK-HGB/Bearbeiter | Ensthaler (Hrsg.), Gemeinschaftskommentar zum Handelsgesetz- buch, 8. Aufl. 2015 |
| GK-MitbestG/ Bearbeiter ...... | Gemeinschaftskommentar zum Mitbestimmungsgesetz, Loseblatt |
| GlTeilhG ...... | Gesetz für die gleichberechtigte Teilhabe von Frauen und Män- nern an Führungspositionen in der Privatwirtschaft und im öffentlichen Dienst |
| Glu ...... | Glaser/Unger, Sammlung zivilrechtlicher Entscheidungen des Kk Obersten Gerichtshofes |
| GmbH ...... | Gesellschaft mit beschränkter Haftung |
| GmbHG ...... | Gesetz betreffend die Gesellschaften mit beschränkter Haftung |
| GmbHR ...... | GmbH-Rundschau (Zeitschrift) |
| GMBl. ...... | Gemeinsames Ministerialblatt der Bundesministerien |
| GNotKG ...... | Gesetz über Kosten der freiwilligen Gerichtsbarkeit für Gerichte und Notare |
| GO ...... | Gemeindeordnung |
| GoB ...... | Grundsätze ordnungsmäßiger Buchführung |
| v. Godin/Wilhelmi/ Bearbeiter ...... | v. Godin/Wilhelmi, Aktiengesetz, 4. Aufl. 1971 |
| Goette Einführung GmbHR ...... | Goette, Einführung in das neue GmbH-Recht, 2008 |
| Göhler/Bearbeiter .... | Göhler, Gesetz über Ordnungswidrigkeiten: OWiG, Kommentar, 18. Aufl. 2021 |
| Gottwald/Haas InsR- HdB ...... | Gottwald/Haas, Insolvenzrechts-Handbuch, 6. Aufl. 2020 |
| Goutier/Knopf/ Tulloch/Bearbeiter ... | Goutier/Knopf/Tulloch, Kommentar zum Umwandlungsrecht, Umwandlungsgesetz – Umwandlungssteuergesetz, 2. Aufl. 2001 |

# Abkürzungen

| | |
|---|---|
| Graf/Jäger/Wittig/ Bearbeiter ............... | Graf/Jäger/Wittig, Wirtschafts- und Steuerstrafrecht, Kommentar, 2. Aufl. 2017 |
| grdl. ...................... | grundlegend |
| Grigoleit/Bearbeiter | Grigoleit, Aktiengesetz: AktG, Kommentar, 2. Aufl. 2020 |
| von der Groeben/ Schwarze/Hatje/ Bearbeiter ............... | von der Groeben/Schwarze/Hatje, Europäisches Unionsrecht, Kommentar, 7. Aufl. 2015 |
| Groß/Bearbeiter ....... | Groß, Kapitalmarktrecht, Kommentar zum Börsengesetz, zur Börsenzulassungs-Verordnung, zum Wertpapierprospektgesetz und zur Prospektverordnung, 7. Aufl. 2020 |
| Großfeld/ Luttermann BilanzR . | Großfeld/Luttermann, Bilanzrecht, 4. Aufl. 2005 |
| Großkomm. ............ | Großkommentar |
| Großkomm AktG/ Bearbeiter ............... | Großkommentar zum Aktiengesetz, 4. Aufl. 1992 ff., 5. Aufl. 2015 ff. |
| Großkomm GmbHG/ Bearbeiter ................ | *s. UHL/Bearbeiter* |
| Großkomm HGB/ Bearbeiter ............... | Staub, Handelsgesetzbuch. Großkommentar, 4. Aufl. 1982 ff., 5. Aufl. 2008 ff. |
| GrS ...................... | Großer Senat |
| Gruber/Bearbeiter .... | Gruber (Hrsg.), Börsegesetz 2018/MAR I, Kommentar, 2020 |
| Grundmann Eur-GesR ...................... | Grundmann, Europäisches Gesellschaftsrecht, 2. Aufl. 2011 |
| Grunewald GesR ..... | Grunewald, Gesellschaftsrecht, 11. Aufl. 2020 |
| GS ........................ | Gedächtnisschrift; Gesammelte Schriften |
| GSpG ..................... | Glücksspielgesetz |
| GuV ...................... | Gewinn- und Verlustrechnung |
| GVBl. ..................... | Gesetz- und Verordnungsblatt |
| GVG ..................... | Gerichtsverfassungsgesetz |
| GWB ..................... | Gesetz gegen Wettbewerbsbeschränkungen |
| GWR ..................... | Gesellschafts- und Wirtschaftsrecht (Zeitschrift) |
| GZl ....................... | Geschäftszahl |
| Haarmann/ Schüppen/Bearbeiter | *s. FK-WpÜG/Bearbeiter* |
| Habersack/Casper/ Löbbe/Bearbeiter ..... | Habersack/Casper/Löbbe, GmbHG – Gesetz betreffend die Gesellschaften mit beschränkter Haftung, Großkommentar, Band 1: 3. Aufl. 2019; Band 2: 3. Aufl. 2020 |
| Habersack/ Drinhausen/ Bearbeiter .............. | Habersack/Drinhausen, SE-Recht, Kommentar, 2. Aufl. 2016 |
| Habersack/Henssler/ Bearbeiter ............... | Habersack/Henssler, Mitbestimmungsrecht: MitbestR, Kommentar, 4. Aufl. 2018 |
| Habersack/Mülbert/ Schlitt KapMarktInfo-HdB ...................... | Habersack/Mülbert/Schlitt, Handbuch der Kapitalmarktinformation, 3. Aufl. 2020 |

Habersack/Verse Eur-GesR ..................... Habersack/Verse, Europäisches Gesellschaftsrecht, 5. Aufl. 2019

Hachenburg/Bearbeiter ............... Hachenburg, Gesetz betreffend die Gesellschaften mit beschränkter Haftung (GmbHG); Großkommentar, 8. Aufl. 1992–1997

HansRGZ .............. Hanseatische Rechts- und Gerichtszeitschrift (Zeitschrift)

Happ/Bearbeiter AktR ..................... Happ (Hrsg.), Aktienrecht. Handbuch – Mustertexte – Kommentar, 5. Aufl. 2019

Haritz/Menner/Bilitewski/Bearbeiter Haritz/Menner/Bilitewski, Umwandlungssteuergesetz: UmwStG, Kommentar, 5. Aufl. 2019

Hartmann/Toussaint/Bearbeiter ............... Hartmann/Toussaint, Kostenrecht: KostR, 50. Aufl. 2020

HdB ..................... Handbuch

HdJ ...................... Schulze-Osterloh/Hennrichs/Wüstemann (Hrsg.), Handbuch des Jahresabschlusses (HdJ), Bilanzrecht nach HGB, EStG, IFRS, Loseblatt

Heidel .................... s. NK-AktKapMarktR/Bearbeiter

Helbich/Wiesner/Bruckner HdB Umgründungen ....... Helbich/Wiesner/Bruckner, Handbuch der Umgründungen – Gesetzestexte und Materialien, Rechtsprechung, Verwaltungspraxis, Loseblatt

Hellmann WirtschaftsstrafR ........... Hellmann, Wirtschaftsstrafrecht, 5. Aufl. 2018

Henn/Frodermann/Jannott .................... s. Frodermann/Jannott AktR-HdB

Henssler/Strohn/Bearbeiter .............. Henssler/Strohn, Gesellschaftsrecht: GesR, Kommentar, 5. Aufl. 2021

Henze/Born/Drescher HRR AktienR ................ Henze/Born/Drescher, Aktienrecht: Höchstrichterliche Rechtsprechung, 6. Aufl. 2015

Hesselmann/Tillmann/Mueller-Thuns GmbH & Co. KG-HdB ................ Hesselmann/Tillmann/Mueller-Thuns, Handbuch GmbH & Co. KG, 22. Aufl. 2020

Heybrock/Bearbeiter Heybrock, Praxiskommentar zum GmbH-Recht, 2. Aufl. 2010

Heymann/Bearbeiter Heymann, Handelsgesetzbuch (ohne Seerecht), Kommentar, 2. Aufl. 1995 ff.

HFA ...................... Hauptfachausschuss des Instituts der Wirtschaftsprüfer in Deutschland eV

HFA (Nr. Jahr) ........ Stellungnahme des Hauptfachausschusses beim IdW

HFR ..................... Höchstrichterliche Finanzrechtsprechung (Zeitschrift)

HGB ..................... Handelsgesetzbuch

HGrG ................... Gesetz über die Grundsätze des Haushaltsrechts des Bundes und der Länder (Haushaltsgrundsätzegesetz)

Hirte WpÜG .......... Hirte, Wertpapiererwerbs- und Übernahmegesetz, Gesetzestexte – Quellen – Materialien, 2002

# Abkürzungen

| | |
|---|---|
| HK-HGB/Bearbeiter | Glanegger/Kirnberger/Kusterer, Heidelberger Kommentar zum HGB, 7. Aufl. 2007 |
| HK-KapMarktStrafR/ Bearbeiter ............... | Park (Hrsg.), Kapitalmarktstrafrecht, Handkommentar, 5. Aufl. 2019 |
| hL .......................... | herrschende Lehre |
| hM ....................... | herrschende Meinung |
| Hofbauer/Kupsch ..... | s. *Bonner HdB* |
| Hoffmann/Preu Der Aufsichtsrat .............. | Hoffmann/Preu, Der Aufsichtsrat, 5. Aufl. 2003 |
| Hölters/Bearbeiter .... | Hölters, Aktiengesetz: AktG, Kommentar, 3. Aufl. 2017 |
| Hölters/Deilmann/ Buchta Kleine AG .... | Hölters/Deilmann/Buchta, Die kleine Aktiengesellschaft. Mit Muster- und Formularteil, 2. Aufl. 2002 |
| Hommelhoff/Hopt/ v. Werder Corporate Governance-HdB ..... | Hommelhoff/Hopt/v. Werder, Handbuch Corporate Governance. Leitung und Überwachung börsennotierter Unternehmen in der Rechts- und Wirtschaftspraxis, 2. Aufl. 2010 |
| Hopt VertrFormB .... | Hopt, Vertrags- und Formularbuch zum Handels-, Gesellschafts- und Bankrecht, 4. Aufl. 2013 |
| HR ....................... | Handelsregister |
| HRefG .................. | Gesetz zur Neuregelung des Kaufmanns- und Firmenrechts und zur Änderung anderer Handels- und gesellschaftsrechtlicher Vorschriften (Handelsrechtsreformgesetz) vom 22.6.1998 (BGBl. 1998 I 1474) |
| HRG ..................... | Hochschulrahmengesetz |
| HRR ..................... | Höchstrichterliche Rechtsprechung (Zeitschrift) |
| Hrsg. ...................... | Herausgeber |
| hrsg. ...................... | herausgegeben |
| HRV ..................... | Handelsregisterverfügung |
| HS ........................ | Handelsrechtliche Entscheidungen (Entscheidungssammlung) |
| Hs. ........................ | Halbsatz |
| Huber/Bearbeiter ..... | Huber (Hrsg.), Übernahmegesetz, Kommentar, 2. Aufl. 2016 |
| Hueck/Canaris WertpapierR .......... | Hueck/Canaris, Recht der Wertpapiere, 12. Aufl. 1986 |
| Hüffer/Koch/ Bearbeiter .............. | Hüffer/Koch, Aktiengesetz: AktG, Kommentar, 15. Aufl. 2021 *(bis zur 10. Aufl. 2012 zitiert als Hüffer/Bearbeiter)* |
| Van Hulle/Maul/ Drinhausen SE-HdB | Van Hulle/Maul/Drinhausen, Handbuch zur Europäischen Gesellschaft (SE), 2007 |
| HuRB .................. | Handwörterbuch unbestimmter Rechtsbegriffe im Bilanzrecht des HGB |
| HV ....................... | Hauptversammlung |
| HWK/Bearbeiter ..... | Henssler/Willemsen/Kalb, Arbeitsrecht, Kommentar, 9. Aufl. 2020 |
| IAS ...................... | International Accounting Standard(s) |
| IASB .................... | International Accounting Standards Board (seit 2001) |
| IASC .................... | International Accounting Standards Committee |
| IAS C-dt. ............... | International Accounting Standards 1998, Deutsche Fassung |
| ICCAP ................. | International Coordination Committee for the Accountants Profession |

| | |
|---|---|
| idF | in der Fassung |
| idR | in der Regel |
| IdW | Institut der Wirtschaftsprüfer in Deutschland eV |
| IDW EPH | Entwurf eines IDW Prüfungshinweises |
| IDW EPS | Entwurf eines IDW Prüfungsstandards |
| IDW ERS | Entwurf einer IDW Stellungnahme zur Rechnungslegung |
| IDW ES | Entwurf eines IDW-Standards |
| IDW PH | IDW Prüfungshinweis |
| IDW PS | IDW Prüfungsstandard |
| IDW RH | IDW Rechnungslegungshinweis |
| IDW RS | IDW Rechnungslegungsstandard |
| IDW S | IDW Standard |
| IDW SR | IWD Stellungnahme zur Rechnungslegung |
| IdW-Fachtag | Bericht über die Fachtagung (Jahr) des Instituts der Wirtschafts- prüfer in Deutschland eV |
| iE | im Einzelnen |
| iErg | im Ergebnis |
| ieS | im engeren Sinne |
| IESG | Insolvenz-Entgeltsicherungsgesetz |
| IFAC | International Federation of Accountants |
| IFRS | International Financial Reporting Standards (seit 2001) |
| IFSB | International Financial Standards Board (seit 2001) |
| IHK | Industrie- und Handelskammer |
| Immenga/ Mestmäcker/ Bearbeiter | Immenga/Mestmäcker, Wettbewerbsrecht, Kommentar, 5. Aufl. 2012 ff. |
| INF | Die Information über Steuer und Wirtschaft (Zeitschrift) |
| insbes. | insbesondere |
| InsO | Insolvenzordnung |
| InvFG | Investmentfondsgesetz |
| IPR | Internationales Privatrecht |
| IPRax | Praxis des internationalen Privat- und Verfahrensrechts (Zeit- schrift) |
| IPRG | Internationales Privatrechtsgesetz |
| IRÄG | Insolvenzrechtsänderungsgesetz |
| iRd | im Rahmen des (der) |
| IRG | Gesetz über die Internationale Rechtshilfe in Strafsachen vom 27.6.1994 (BGBl. 1994 I 1538) |
| ISA | International Standards on Auditing |
| iSd | im Sinne des (der) |
| iSe | im Sinne eines (einer) |
| IStR | Internationales Steuerrecht (Zeitschrift) |
| iSv | im Sinne von |
| iÜ | im Übrigen |
| iVm | in Verbindung mit |
| IWP | Institut österreichischer Wirtschaftstreuhänder |
| iwS | im weiteren Sinne |
| iZw | im Zweifel |
| JAB | Bericht des Justizausschusses |
| Jabornegg/Bearbeiter | Jabornegg, Kommentar zum HGB, 1997 |

# Abkürzungen

| | |
|---|---|
| Jabornegg/Artmann/<br>Bearbeiter ............. | Jabornegg/Artmann, Kommentar zum UGB, Band 1, 2. Aufl. 2010 |
| Jabornegg/Strasser/<br>Bearbeiter ............. | Jabornegg/Strasser, Kommentar zum Aktiengesetz, 5. Aufl. 2011 |
| Jannott/Frodermann<br>SE-HdB ................ | Jannott/Frodermann, Handbuch der Europäischen Aktiengesell-<br>schaft, 2. Aufl. 2014 |
| Jansen .................... | Jansen, FGG. Gesetz über die Angelegenheiten der Freiwilligen<br>Gerichtsbarkeit, Kommentar, 3. Aufl. 2006 |
| Jarass/Pieroth/<br>Bearbeiter ............. | Jarass/Pieroth, Grundgesetz für die Bundesrepublik Deutschland:<br>GG, Kommentar, 16. Aufl. 2020 |
| Jauernig/Hess Zivil-<br>ProzR .................... | Jauernig/Hess, Zivilprozessrecht, 30. Aufl. 2011 |
| JbFSt .................... | Jahrbuch der Fachanwälte für Steuerrecht (Schriftenreihe) |
| JBl. ...................... | Juristische Blätter (Zeitschrift) |
| JfB ....................... | Journal für Betriebswirtschaft |
| JFG ...................... | Jahrbuch für Entscheidungen in Angelegenheiten der freiwilligen<br>Gerichtsbarkeit und des Grundbuchrechts (Schriftenreihe) |
| JMBl. .................... | Justizministerialblatt |
| JMV ...................... | Justizministerialverordnung |
| JMZ ...................... | Zahl des Justizministeriums |
| JN ........................ | Jurisdiktionsnorm |
| JoA ...................... | Journal of Accountancy |
| JR ........................ | Juristische Rundschau (Zeitschrift) |
| Jura ...................... | Juristische Ausbildung (Zeitschrift) |
| JurA ..................... | Juristische Analysen (Zeitschrift) |
| JurBüro ................. | Das juristische Büro (Zeitschrift) |
| JuS ....................... | Juristische Schulung (Zeitschrift) |
| JW ....................... | Juristische Wochenschrift (Zeitschrift) |
| JZ ........................ | Juristenzeitung (Zeitschrift) |
| KAGB .................... | Kapitalanlagegesetzbuch |
| KAGG ................... | Gesetz über Kapitalanlagegesellschaften, aufgehoben |
| Kallmeyer/Bearbeiter | Kallmeyer, Umwandlungsgesetz, Kommentar, 7. Aufl. 2020 |
| Kalss Verschmelzung | Kalss, Verschmelzung – Spaltung – Umwandlung, Kommentar,<br>2. Aufl. 2010 |
| Kalss/Burger/Eckert<br>Entwicklung ............ | Kalss/Burger/Eckert, Die Entwicklung des österreichischen Akti-<br>enrechts. Geschichte und Materialien, 2002 |
| Kalss/Hügel/<br>Bearbeiter ............. | Kalss/Hügel, Europäische Aktiengesellschaft, SE-Kommentar,<br>2004 |
| Kalss/Klampfl Europ-<br>GesR ..................... | Kalss/Klampfl, Europäisches Gesellschaftsrecht, 2015 |
| Kalss/Kunz AR-<br>HdB ...................... | Kalss/Kunz, Handbuch für den Aufsichtsrat, 2. Aufl. 2016 |
| Kalss/Nowotny/<br>Schauer öGesR ........ | Kalss/Nowotny/Schauer, Österreichisches Gesellschaftsrecht,<br>2. Aufl. 2017 |
| Kalss/Oppitz/<br>U. Torggler/Winner/<br>Bearbeiter ............. | Kalss/Oppitz/U. Torggler/Winner (Hrsg.), Börsegesetz/MAR,<br>Kommentar, 2019 |

| | |
|---|---|
| Kalss/Oppitz/ Zollner KapMarktR . | Kalss/Oppitz/Zollner, Kapitalmarktrecht, 2. Aufl. 2015 |
| Kalss/Probst FamUnt | Kalss/Probst, Familienunternehmen, 2013 |
| Kalss/Schauer ÖJT ... | Kalss/Schauer, Die Reform des Österreichischen Kapitalgesellschaftsrechts, Gutachten zum 16. Österreichischen Juristentag, 2006 |
| KapAEG ................ | Kapitalaufnahmeerleichterungsgesetz |
| KapBG ................. | Kapitalberichtigungsgesetz |
| KapCoRiLiG .......... | Gesetz zur Durchführung der Richtlinie des Rates der Europäischen Union zur Änderung der Bilanz- und der Konzernbilanzrichtlinie hinsichtlich ihres Anwendungsbereichs (90/605/EWG), zur Verbesserung der Offenlegung von Jahresabschlüssen und zur Änderung anderer handelsrechtlicher Bestimmungen |
| KapErhG ............... | Gesetz über die Kapitalerhöhung aus Gesellschaftsmitteln und über die Verschmelzung von Gesellschaften mit beschränkter Haftung |
| KapErhStG ............. | Gesetz über steuerrechtliche Maßnahmen bei Erhöhung des Nennkapitals aus Gesellschaftsmitteln |
| Kapital-RL ............. | Richtlinie 2012/30/EU des Europäischen Parlaments und des Rates vom 25.10.2012 zur Koordinierung der Schutzbestimmungen, die in den Mitgliedstaaten den Gesellschaften im Sinne des Artikels 54 Absatz 2 des Vertrages über die Arbeitsweise der Europäischen Union im Interesse der Gesellschafter sowie Dritter für die Gründung der Aktiengesellschaft sowie für die Erhaltung und Änderung ihres Kapitals vorgeschrieben sind, um diese Bestimmungen gleichwertig zu gestalten (ABl. 2012 L 315, 74, ber. ABl. 2016 L 161, 41), außer Kraft |
| Kapital-RL 1977 ...... | Zweite Richtlinie 77/91/EWG des Rates vom 13.12.1976 zur Koordinierung der Schutzbestimmungen, die in den Mitgliedstaaten den Gesellschaften im Sinne des Artikels 58 Absatz 2 des Vertrages im Interesse der Gesellschafter sowie Dritter für die Gründung der Aktiengesellschaft sowie für die Erhaltung und Änderung ihres Kapitals vorgeschrieben sind, um diese Bestimmungen gleichwertig zu gestalten (ABl. 1977 L 26, 1), außer Kraft |
| Kapitalverkehrs-RL .. | Richtlinie 88/361/EWG des Rates vom 24.6.1988 zur Durchführung von Artikel 67 des Vertrages (ABl. 1988 L 178, 5) |
| KartG ................... | Kartellgesetz |
| Kastner/Doralt/ Nowotny Grundriß .. | Kastner/Doralt/Nowotny, Grundriß des österreichischen Gesellschaftsrechts, 5. Aufl. 1990 |
| KBLW/Bearbeiter .... | Kremer/Bachmann/Lutter/v. Werder, Deutscher Corporate Governance Kodex, Kommentar, 8. Aufl. 2021 |
| KEG ................... | Kommandit-Erwerbsgesellschaft; Kraftloserklärungsgesetz |
| Keidel/Bearbeiter ..... | Keidel, FamFG. Gesetz über das Verfahren in Familiensachen und in den Angelegenheiten der freiwilligen Gerichtsbarkeit, Kommentar, 20. Aufl. 2020 |
| KfH .................... | Kammer für Handelssachen |
| KG .................... | Kammergericht; Kommanditgesellschaft |
| KGaA .................. | Kommanditgesellschaft auf Aktien |
| KGJ .................... | Jahrbuch für Entscheidungen des Kammergerichts in Sachen der freiwilligen Gerichtsbarkeit in Kosten-, Stempel- und Strafsachen (Schriftenreihe) |
| KI ..................... | Kreditinstitut |

# Abkürzungen

| | |
|---|---|
| Kilger/Schmidt ........ | Kilger/Schmidt, Insolvenzgesetze, KO/VglO/GesO, 17. Aufl. 1997 |
| Kirchhof/Bearbeiter .. | Kirchhof, Einkommensteuergesetz: EStG, Kommentar, 19. Aufl. 2020 |
| KK-OWiG/ Bearbeiter .............. | Karlsruher Kommentar zum Gesetz über Ordnungswidrigkeiten: OWiG, 5. Aufl. 2018 |
| KK-StPO/Bearbeiter | Karlsruher Kommentar zur Strafprozessordnung: StPO, 8. Aufl. 2019 |
| Klausing ................. | Klausing, Gesetz über Aktiengesellschaften und Kommanditgesellschaften auf Aktien (Aktien-Gesetz) nebst Einführungsgesetz und „Amtlicher Begründung", 1937 *(zitiert Amtl. Begr. Klausing)* |
| KMG .................... | Kapitalmarktgesetz |
| Knobbe-Keuk BilStR ................... | Knobbe-Keuk, Bilanz- und Unternehmenssteuerrecht, 9. Aufl. 1993 |
| KO ....................... | Konkursordnung |
| Koenig/Bearbeiter .... | Koenig, Abgabenordnung, Kommentar, 3. Aufl. 2014 |
| KOG .................... | Kartellobergericht |
| Köhler/Bornkamm/ Feddersen/Bearbeiter | Köhler/Bornkamm/Feddersen, Gesetz gegen den unlauteren Wettbewerb: UWG mit PAngV, UKlaG, DL-InfoV, Kommentar, 39. Aufl. 2021 |
| Kölner Komm AktG/ Bearbeiter .............. | Zöllner/Noack (Hrsg.), Kölner Kommentar zum Aktiengesetz, 3. Aufl. 2004 ff. |
| Kölner Komm SpruchG/Bearbeiter . | Riegger/Wasmann, Kölner Kommentar zum Spruchverfahrensgesetz, 3. Aufl. 2013 |
| Komm. ................... | Kommentar |
| KonBefrV .............. | Verordnung über befreiende Konzernabschlüsse und Konzernlageberichte von Mutterunternehmen mit Sitz in einem Drittstaat (Konzernabschlussbefreiungsverordnung) |
| KonsularG .............. | Konsulargesetz |
| KonTraG ................ | Gesetz zur Kontrolle und Transparenz im Unternehmensbereich |
| Koppensteiner WirtschaftsPrivatR ......... | Koppensteiner, Österreichisches und europäisches Wirtschaftsprivatrecht, Teil 1: Gesellschaftsrecht, 1994 |
| Koppensteiner/ Rüffler/Bearbeiter .... | Koppensteiner/Rüffler, GmbH-Gesetz, Kommentar, 3. Aufl. 2007 |
| Korintenberg/ Bearbeiter .............. | Korintenberg, Gerichts- und Notarkostengesetz: GNotKG, Kommentar, 21. Aufl. 2020 |
| Köstler/Müller/Sick AR-Praxis .............. | Köstler/Müller/Sick, Aufsichtsratspraxis, 10. Aufl. 2013 |
| KostRspr. .............. | Kostenrechtsprechung (Nachschlagewerk) |
| Koziol/Bydlinski/ Bollenberger/ Bearbeiter .............. | Koziol/Bydlinski/Bollenberger, ABGB, Kurzkommentar, 6. Aufl. 2020 |
| Krafka RegisterR-HdB ..................... | Krafka, Registerrecht, 11. Aufl. 2019 |

| | |
|---|---|
| Krejci GesR I .......... | Krejci, Gesellschaftsrecht, Band I: Allgemeiner Teil und Personengesellschaften, 2005 |
| KrG ....................... | Kreisgericht (DDR) |
| Krieger Personalent-scheidungen ........... | Krieger, Personalentscheidungen des Aufsichtsrats, 1981 |
| Krieger/Schneider Managerhaftung-HdB ...................... | Krieger/Schneider, Handbuch Managerhaftung, 3. Aufl. 2017 |
| krit. ........................ | kritisch |
| Kropff .................... | Aktiengesetz. Textausgabe des Aktiengesetzes vom 6.9.1965 mit Begründung des Regierungsentwurfs und Bericht des Rechtsausschusses des Deutschen Bundestags, 1965 (zitiert Begr. RegE Kropff) |
| KSchG .................. | Konsumentenschutzgesetz; Kündigungsschutzgesetz |
| KStDVO ................ | Durchführungsverordnung zum Körperschaftsteuergesetz |
| KStG .................... | Körperschaftsteuergesetz |
| KStR .................... | Körperschaftsteuer-Richtlinien |
| KTS ...................... | Zeitschrift für Konkurs-, Treuhand- und Schiedsgerichtswesen; ab 1989 Zeitschrift für Insolvenzrecht – Konkurs, Treuhand, Sanierung |
| Kübler/Assmann GesR .................... | Kübler/Assmann, Gesellschaftsrecht, 6. Aufl. 2006 |
| Kübler/Prütting/Bork/Bearbeiter ....... | Kübler/Prütting/Bork, Kommentar zur Insolvenzordnung, Loseblatt |
| Kümpel/Hammen/Ekkenga KapMarktR | Kümpel/Hammen/Ekkenga, Kapitalmarktrecht, Loseblatt |
| Küting/Weber Konzernabschluss ..... | Küting/Weber, Der Konzernabschluss, 14. Aufl. 2018 |
| Küting/Weber Rechnungslegungs-HdB ...................... | Küting/Weber, Handbuch der Rechnungslegung – Einzelabschluss. Kommentar zur Bilanzierung und Prüfung, Loseblatt |
| KVStDVO .............. | Kapitalverkehrsteuer-Durchführungsverordnung |
| KVStG .................. | Kapitalverkehrsteuergesetz |
| KWG .................... | Gesetz über das Kreditwesen |
| Lackner/Kühl/Bearbeiter .............. | Lackner/Kühl, Strafgesetzbuch: StGB, Kommentar, 29. Aufl. 2018 |
| LAG ...................... | Landesarbeitsgericht |
| Langen/Bunte/Bearbeiter .............. | Langen/Bunte (Hrsg.), Kartellrecht, Kommentar, 13. Aufl. 2018 |
| Langenbucher Akt-KapMarktR ............ | Langenbucher, Bank- und Kapitalmarktrecht, 4. Aufl. 2018 |
| Langenbucher/Bliesener/Spindler/Bearbeiter .............. | Langenbucher/Bliesener/Spindler, Bankrechts-Kommentar, 3. Aufl. 2020 |
| Leonhardt/Smid/Zeuner/Bearbeiter .... | Leonhardt/Smid/Zeuner (Hrsg.), Insolvenzrechtliche Vergütungsverordnung (InsVV), Kommentar, 2014 |
| Lfg. ........................ | Lieferung |
| LG ........................ | Landgericht |

# Abkürzungen

| | |
|---|---|
| mAnm .................. | mit Anmerkung |
| Manz/Mayer/ Schröder AktienGes .. | Manz/Mayer/Schröder, Die Aktiengesellschaft, 7. Aufl. 2014 |
| MAR ..................... | Verordnung (EU) Nr. 596/2014 des Europäischen Parlaments und des Rates vom 16.4.2014 über Marktmissbrauch (Marktmissbrauchsverordnung) und zur Aufhebung der Richtlinie 2003/6/EG des Europäischen Parlaments und des Rates und der Richtlinien 2003/ 124/EG, 2003/125/EG und 2004/72/EG der Kommission |
| MarkenG ................ | Gesetz über den Schutz von Marken und sonstigen Kennzeichen (Markengesetz) |
| Marsch-Barner/ Schäfer Börsennotierte AG-HdB ........ | Marsch-Barner/Schäfer, Handbuch börsennotierte AG, 4. Aufl. 2017 |
| Martens Leitung HV | Martens, Leitfaden für die Leitung der Hauptversammlung einer Aktiengesellschaft, 3. Aufl. 2003 |
| maW ..................... | mit anderen Worten |
| MBl. ..................... | Ministerialblatt |
| MDR ..................... | Monatsschrift für deutsches Recht (Zeitschrift) |
| mE ....................... | meines Erachtens |
| Meilicke/Meilicke .... | Meilicke/Marienhagen/Meilicke/Wienand, Kommentar zum Mitbestimmungsgesetz 1976, 2. Aufl. 1976 |
| Meyer-Goßner/ Schmitt/Bearbeiter ... | Meyer-Goßner/Schmitt, Strafprozessordnung, Kommentar, 63. Aufl. 2020 |
| Meyer-Landrut/ Miller/Niehus/ Bearbeiter .............. | Meyer-Landrut/Miller/Niehus, Gesetz betreffend die Gesellschaften mit beschränkter Haftung (GmbHG) einschließlich Rechnungslegung zum Einzel- sowie zum Konzernabschluss, Kommentar, 1987 |
| MHdB AG/ Bearbeiter .............. | Münchener Handbuch des Gesellschaftsrechts, Band 4: Aktiengesellschaft, 5. Aufl. 2020 |
| MHdB ArbR/Bearbeiter ................... | Münchener Handbuch zum Arbeitsrecht, 4. Aufl. 2007, Band 4, 4. Aufl. 2019 |
| MHdB GesR IV/ Bearbeiter .............. | *s. MHdB AG/Bearbeiter* |
| MHdB GesR VI/ Bearbeiter .............. | Münchener Handbuch des Gesellschaftsrechts, Band 6: Internationales Gesellschaftsrecht, Grenzüberschreitende Umwandlungen, 4. Aufl. 2013 |
| MHdB KG/ Bearbeiter .............. | Münchener Handbuch des Gesellschaftsrechts, Band 2: Kommanditgesellschaft, GmbH & Co KG, Publikums-KG, Stille Gesellschaft, 5. Aufl. 2019 |
| MHLS/Bearbeiter .... | Michalski/Heidinger/Leible/J. Schmidt, Kommentar zum Gesetz betreffend die Gesellschaften mit beschränkter Haftung (GmbH-Gesetz), 3. Aufl. 2017 |
| MiFID ................... | Markets in Financial Instruments Directive, deusch: Richtlinie 2004/39/EG über Märkte für Finanzinstrumente (Finanzmarkt-RL 2004), aufgehoben |

# Abkürzungen

| | |
|---|---|
| MiFID II | Richtlinie 2014/65/EU des Europäischen Parlaments und des Rates vom 15.5.2014 über Märkte für Finanzinstrumente |
| Mio. | Million(en) |
| Mitbest | Die Mitbestimmung (Zeitschrift) |
| MitbestErgG | Mitbestimmungsergänzungsgesetz |
| MitbestG | Gesetz über die Mitbestimmung der Arbeitnehmer |
| MittBayNotK | Mitteilungen der Bayerischen Notarkammer (Mitteilungsblatt) |
| MittRhNotK | Mitteilungen der Rheinischen Notarkammer (Mitteilungsblatt) |
| mN | mit Nachweisen |
| MoMiG | Gesetz zur Modernisierung des GmbH-Rechts und zur Bekämpfung von Missbräuchen |
| MontanMitbestG | Montan-Mitbestimmungsgesetz |
| Mot. | Motive |
| MR | Medien und Recht (Zeitschrift) |
| Mrd. | Milliarde(n) |
| MüKoBGB/ Bearbeiter | Münchener Kommentar zum Bürgerlichen Gesetzbuch, 7. Aufl. 2015 ff.; 8. Aufl. 2018 ff. |
| MüKoHGB/ Bearbeiter | Münchener Kommentar zum Handelsgesetzbuch, 4. Aufl. 2016 ff.; 5. Aufl. 2021 |
| MüKoInsO/ Bearbeiter | Münchener Kommentar zur Insolvenzordnung, 3. Aufl. 2013 ff.; 4. Aufl. 2019 f. |
| MüKoStGB/ Bearbeiter | Münchener Kommentar zum Strafgesetzbuch, 3. Aufl. 2016 ff.; 4. Aufl. 2020 |
| MüKoZPO/ Bearbeiter | Münchener Kommentar zur Zivilprozessordnung, 5. Aufl. 2016; 6. Aufl. 2020 |
| Mülbert | Mülbert, Aktiengesellschaft, Unternehmensgruppe und Kapitalmarkt, 2. Aufl. 1996 |
| Müller/Köstler/ Zachert | s. Köstler/Müller/Sick AR-Praxis |
| Müller-Gugenberger WirtschaftsStrafR- HdB | Müller-Gugenberger, Wirtschaftsstrafrecht – Handbuch des Wirtschaftsstraf- und -ordnungswidrigkeitenrechts, 6. Aufl. 2015 |
| Musielak/Voit/ Bearbeiter | Musielak/Voit, Zivilprozessordnung, Kommentar, 17. Aufl. 2020 |
| MustG | Musterschutzgesetz |
| MVHdB GesR/Bearbeiter | Münchener Vertragshandbuch, Band 1: Gesellschaftsrecht, 8. Aufl. 2018 |
| mwN | mit weiteren Nachweisen |
| NA | Sonderausschuss neues Aktienrecht des Instituts der Wirtschaftsprüfer in Deutschland eV |
| Nagel/Freis/ Kleinsorge SE | Nagel/Freis/Kleinsorge, Die Beteiligung der Arbeitnehmer in der Europäischen Gesellschaft – SE, Kommentar, 3. Aufl. 2018 |
| NaStraG | Namensaktiengesetz vom 18.1.2001 (BGBl. 2001 I 123) |
| NB | Neue Betriebswirtschaft (Zeitschrift) |

| | |
|---|---|
| NdsRPfleger | Niedersächsische Rechtspflege (Zeitschrift) |
| Nerlich/ Römermann/ Bearbeiter | Nerlich/Römermann, Insolvenzordnung (InsO), Loseblatt-Kommentar |
| Neye SE | Neye, Die Europäische Aktiengesellschaft, 2005 |
| nF | neue Fassung |
| NF | Neue Folge |
| Nirk/Ziemons/ Binnewies | s. Ziemons/Binnewies AG-HdB |
| NJW | Neue Juristische Wochenschrift (Zeitschrift) |
| NJW-RR | NJW-Rechtsprechungs-Report Zivilrecht (Zeitschrift) |
| NK-AktKapMarktR/ Bearbeiter | Heidel (Hrsg.), Aktienrecht und Kapitalmarktrecht, Kommentar, 5. Aufl. 2020 |
| NK-SE/Bearbeiter | Manz/Mayer/Schröder (Hrsg.), Europäische Aktiengesellschaft SE, Kommentar, 3. Aufl. 2019 |
| NK-StGB/Bearbeiter | Kindhäuser/Hilgendorf, Strafgesetzbuch, Kommentar, 8. Aufl. 2019 |
| NO | Notariatsordnung |
| NordöR | Zeitschrift für öffentliches Recht in Norddeutschland |
| NotAktG | Notariatsaktgesetz |
| Nr. | Nummer(n) |
| NStZ | Neue Zeitschrift für Strafrecht |
| NStZ-RR | NStZ-Rechtsprechungs-Report Strafrecht (Zeitschrift) |
| NVwZ | Neue Zeitschrift für Verwaltungsrecht |
| NW | Nordrhein-Westfalen |
| Nw. | Nachweis(e) |
| NWB | Neue Wirtschaftsbriefe (Zeitschrift), Loseblattsammlung |
| NYSE | New York Stock Exchange |
| NZ | Österreichische Notariatszeitung (Zeitschrift) |
| NZA | Neue Zeitschrift für Arbeitsrecht |
| NZG | Neue Zeitschrift für Gesellschaftsrecht |
| o. | oben |
| ÖBA | Österreichisches Bankarchiv (Zeitschrift) |
| ÖBl. | Österreichische Blätter für gewerblichen Rechtsschutz und Urheberrecht (Zeitschrift) |
| OECD | Organisation für wirtschaftliche Zusammenarbeit und Entwicklung |
| OEG | Offene Erwerbsgesellschaft |
| OeNB | Oesterreichische Nationalbank |
| Oetker/Preis EAS | Oetker/Preis, Europäisches Arbeits- und Sozialrecht (EAS), Loseblatt |
| OFD | Oberfinanzdirektion |
| OGH | Oberster Gerichtshof |
| OGHZ | Entscheidungen des Obersten Gerichtshofs für die Britische Zone in Zivilsachen |
| OHG | Offene Handelsgesellschaft |
| ÖIAG | Österreichische Industrieverwaltungs-Aktiengesellschaft |
| ÖJT | Österreichischer Juristentag |
| ÖJZ | Österreichische Juristenzeitung (Zeitschrift) |
| ÖJZ-LSK | Leitsatzkartei in Österreichischer Juristenzeitung |

# Abkürzungen

| | |
|---|---|
| Olfert/Körner/Langenbeck Sonderbilanzen | Olfert/Körner/Langenbeck, Sonderbilanzen, 4. Aufl. 1994 |
| OLG | Oberlandesgericht |
| OLGR | Die Rechtsprechung der Oberlandesgerichte auf dem Gebiet des Zivilrechts (1900–1928) (Entscheidungssammlung) |
| OLGZ | Entscheidungen der Oberlandesgerichte in Zivilsachen einschließlich der freiwilligen Gerichtsbarkeit |
| Oser/Bischof/Baetge IFRS | s. BWKOB |
| ÖSpZ | Österreichische Sparkassenzeitung (Zeitschrift) |
| ÖStZ | Österreichische Steuerzeitung (Zeitschrift) |
| ÖStZB | Beilage zur ÖStZ, die finanzrechtlichen Erkenntnisse des VwGH und VfGH |
| OVG | Oberverwaltungsgericht |
| OWiG | Gesetz über Ordnungswidrigkeiten |
| ÖZW | Österreichische Zeitschrift für Wirtschaftsrecht |
| Palandt/Bearbeiter | Palandt, Bürgerliches Gesetzbuch: BGB, Kommentar, 79. Aufl. 2020 |
| Park | s. HK-KapMarktStrafR/Bearbeiter |
| PatG | Patentgesetz |
| PBefG | Personenbeförderungsgesetz |
| phG | persönlich haftender Gesellschafter |
| Phi | Produkthaftpflicht (Zeitschrift) |
| PKG | Pensionskassengesetz |
| PostG | Gesetz über das Postwesen |
| PostgiroO | Postgiroordnung |
| PostscheckG | Postscheckgesetz |
| Potthoff/Trescher Aufsichtsratsmitglied | Potthoff/Trescher, Das Aufsichtsratsmitglied, 6. Aufl. 2003 |
| ProkG | Finanzprokuraturgesetz |
| Prölss/Dreher/Bearbeiter | Prölss/Dreher, Versicherungsaufsichtsgesetz: VAG, Kommentar, 13. Aufl. 2018 |
| Prütting/Helms/Bearbeiter | Prütting/Helms, FamFG, Kommentar, 5. Aufl. 2020 |
| PS | Prüfungsstandard |
| PSG | Privatstiftungsgesetz |
| PSK | Österreichische Postsparkasse |
| PSK-G | Postsparkassengesetz |
| PublG | Gesetz über die Rechnungslegung von bestimmten Unternehmen und Konzernen (Publizitätsgesetz) |
| Publizitäts-RL | Richtlinie 2009/101/EG vom 16.9.2009 zur Koordinierung der Schutzbestimmungen, die in den Mitgliedstaaten den Gesellschaften im Sinne des Artikels 48 Absatz 2 des Vertrags im Interesse der Gesellschafter sowie Dritter vorgeschrieben sind, um diese Bestimmungen gleichwertig zu gestalten (ABl. 2009 L 258, 11), aufgehoben |
| pVV | positive Vertragsverletzung |
| PWW/Bearbeiter | Prütting/Wegen/Weinreich (Hrsg.), BGB, Kommentar, 15. Aufl. 2020 |

| | |
|---|---|
| Raiser/Veil Kap-GesR | Raiser/Veil, Recht der Kapitalgesellschaften, 6. Aufl. 2015 |
| Raiser/Veil/Jacobs/Bearbeiter | Raiser/Veil/Jacobs, Mitbestimmungsgesetz und Drittelbeteiligungsgesetz, Kommentar, 7. Aufl. 2020 |
| RAnz. | Reichsanzeiger |
| RAO | Reichsabgabenordnung |
| Raschauer AllgVerwR | Raschauer, Allgemeines Verwaltungsrecht, 5. Aufl. 2016 |
| RAusschuss | Rechtsausschuss |
| RdA | Recht der Arbeit (Zeitschrift) |
| Rdschr. | Rundschreiben |
| RdTW | Recht der Transportwirtschaft (Zeitschrift) |
| RdW | Recht der Wirtschaft (Zeitschrift) |
| Recht | Das Recht (Zeitschrift) |
| RefE | Referentenentwurf |
| RegE | Regierungsentwurf |
| Reich-Rohrwig Euro-Umstellung | Reich-Rohrwig, Euro-Umstellung, 1998 |
| Reich-Rohrwig österrGmbHR | Reich-Rohrwig, Das österreichische GmbH-Recht, Band I, 2. Aufl. 1997 |
| Reischauer/Kleinhans/Bearbeiter | Reischauer/Kleinhans, Kreditwesengesetz (KWG), Loseblatt-Kommentar |
| REITG | Gesetz über deutsche Immobilien-Aktiengesellschaften mit börsennotierten Anteilen (REIT-Gesetz) |
| Reithmann/Martiny IntVertragsR | Reithmann/Martiny, Internationales Vertragsrecht. Das Internationale Privatrecht der Schuldverträge, 8. Aufl. 2015 |
| Rellermeyer | Rellermeyer, Aufsichtsratsausschüsse, 1986 |
| Renner/Otto/Heinze/Bearbeiter | Renner/Otto/Heinze, Leipziger Gerichts- und Notarkosten-Kommentar (GNotKG), 3. Aufl. 2021 |
| reSp | rechte Spalte |
| RFH | Reichsfinanzhof |
| RFHE | Sammlung der Entscheidungen und Gutachten des Reichsfinanzhofes |
| RG | Reichsgericht |
| RGBl. | Reichsgesetzblatt |
| RGSt | Entscheidungen des Reichsgerichts in Strafsachen |
| RGZ | Entscheidungen des Reichsgerichts in Zivilsachen |
| RHO | Reichshaushaltsordnung |
| Richardi/Bearbeiter | Richardi, Betriebsverfassungsgesetz: BetrVG, Kommentar, 16. Aufl. 2018 |
| RisikoBegrG | Gesetz zur Begrenzung der mit Finanzinvestitionen verbundenen Risiken (Risikobegrenzungsgesetz) |
| Ritter | Ritter, Aktiengesetz. Kommentar, 2. Aufl. 1939 |
| Rittner/Dreher WirtschaftsR | Rittner/Dreher, Europäisches und deutsches Wirtschaftsrecht, 3. Aufl. 2007 |
| RIW | Recht der internationalen Wirtschaft (Zeitschrift) |

# Abkürzungen

| | |
|---|---|
| RJA | Entscheidungen in Angelegenheiten der freiwilligen Gerichtsbarkeit und des Grundbuchrechts, zusammengestellt im Reichsjustizamt |
| RL | Richtlinie |
| RLG | Rechnungslegungsgesetz |
| Rn. | Randnummer(n) |
| ROHG | Reichsoberhandelsgericht |
| ROHGE | Entscheidungen des Reichsoberhandelsgerichts |
| Röhricht/Graf v. Westphalen/Haas/ Bearbeiter | Röhricht/Graf von Westphalen/Haas (Hrsg.), HGB, Kommentar, 5. Aufl. 2019 |
| Rosenberg/Schwab/ Gottwald ZivilProzR | Rosenberg/Schwab/Gottwald, Zivilprozessrecht, 18. Aufl. 2018 |
| Roth/Altmeppen/ Bearbeiter | s. Altmeppen/Bearbeiter |
| Rowedder/Schmidt-Leithoff/Bearbeiter | Rowedder/Schmidt-Leithoff, Gesetz betreffend die Gesellschaften mit beschränkter Haftung: GmbHG, Kommentar, 6. Aufl. 2017 |
| Roxin StrafR AT I | Roxin, Strafrecht Allgemeiner Teil, Band 1: Grundlagen. Der Aufbau der Verbrechenslehre, 5. Aufl. 2020 |
| Roxin/Greco StrafR AT II | Roxin/Greco, Strafrecht Allgemeiner Teil, Band 2: Besondere Erscheinungsformen der Straftat, 2003 |
| Rpfleger | Der deutsche Rechtspfleger; Der österreichische Rechtspfleger (Zeitschriften) |
| Rspr. | Rechtsprechung |
| RStBl. | Reichssteuerblatt |
| RT-Drs. | Reichstags-Drucksache |
| RÜG | Rechts-Überleitungsgesetz 1945 |
| RWZ | Österreichische Zeitschrift für Rechnungswesen |
| RZ | Österreichische Richterzeitung (Zeitschrift) |
| | |
| S. | Satz; Seite |
| s. | siehe |
| SABI | Sonderausschuss Bilanzrichtlinien-Gesetz des Instituts der Wirtschaftsprüfer in Deutschland eV |
| SAG | Die Schweizerische Aktiengesellschaft (Zeitschrift); Gesetz zur Sanierung und Abwicklung von Instituten und Finanzgruppen (Sanierungs- und Abwicklungsgesetz) |
| Schaaf Praxis der HV | Schaaf (Hrsg.), Praxis der Hauptversammlung, 4. Aufl. 2018 |
| Schäfer WpHG | Schäfer, Wertpapierhandelsgesetz, Börsengesetz mit BörsZulV, Verkaufsprospektgesetz mit VerkProspV, 1999 |
| ScheckG | Scheckgesetz |
| Schiemer/Jabornegg/ Strasser/Bearbeiter | Schiemer/Jabornegg/Strasser, Kommentar zum Aktiengesetz, 3. Aufl. 1993 |
| Schildbach/Stobbe/ Freichel Jahresabschluss | Schildbach/Stobbe/Freichel, Der handelsrechtliche Jahresabschluss, 11. Aufl. 2019 |

| | |
|---|---|
| Schippel/Görk/<br>Bearbeiter .............. | Schippel/Görk, Bundesnotarordnung: BNotO, Kommentar,<br>10. Aufl. 2021 |
| Schlegelberger/<br>Bearbeiter .............. | Schlegelberger, Handelsgesetzbuch, Kommentar, 5. Aufl. 1973 ff. |
| Schlegelberger/<br>Quassowski AktG<br>1937 ...................... | Schlegelberger/Quassowski, Aktiengesetz vom 30.1.1937. Kommentar, 3. Aufl. 1939 |
| SchlHA ................... | Schleswig-Holsteinische Anzeigen (Zeitschrift) |
| K. Schmidt/<br>Bearbeiter .............. | K. Schmidt, Insolvenzordnung: InsO, Kommentar, 19. Aufl. 2016 |
| K. Schmidt GesR ..... | K. Schmidt, Gesellschaftsrecht. Unternehmensrecht II, 4. Aufl. 2002 |
| K. Schmidt<br>HandelsR ................ | K. Schmidt, Handelsrecht. Unternehmensrecht I, 6. Aufl. 2014 |
| K. Schmidt/Lutter/<br>Bearbeiter .............. | K. Schmidt/Lutter (Hrsg.), Aktiengesetz, Kommentar, 4. Aufl. 2020 |
| K. Schmidt/<br>Uhlenbruck GmbH<br>in Krise ................ | K. Schmidt/Uhlenbruck, Die GmbH in Krise, Sanierung und Insolvenz, 5. Aufl. 2016 |
| L. Schmidt/<br>Bearbeiter .............. | L. Schmidt, Einkommensteuergesetz, Kommentar, 39. Aufl. 2020 |
| R. Schmidt Wirtschaftsrecht .............. | R. Schmidt, Öffentliches Wirtschaftsrecht, Allgemeiner Teil, 1990 |
| Schmitt/Hörtnagl/<br>Bearbeiter .............. | Schmitt/Hörtnagl, Umwandlungsgesetz, Umwandlungssteuergesetz: UmwG, UmwStG, Kommentar, 9. Aufl. 2020 |
| Scholz/Bearbeiter ..... | Scholz, GmbH-Gesetz, Kommentar, 12. Aufl. 2021 |
| Schönke/Schröder/<br>Bearbeiter .............. | Schönke/Schröder, Strafgesetzbuch: StGB, Kommentar, 30. Aufl. 2019 |
| Schulte-Bunert/<br>Weinreich/Bearbeiter | Schulte-Bunert/Weinreich, FamFG, Kommentar, 6. Aufl. 2020 |
| Schwark/Zimmer/<br>Bearbeiter .............. | Schwark/Zimmer, Kapitalmarktrechts-Kommentar, 5. Aufl. 2020 |
| Schwarz EuropGesR | Schwarz, Europäisches Gesellschaftsrecht – Ein Handbuch für Wissenschaft und Praxis, 2000 |
| Schwarz ................. | Schwarz, Verordnung (EG) Nr. 2157/2001 des Rates über das Statut der Europäischen Gesellschaft (SE): SE-VO, Kommentar, 2006 |
| Schwimann/Kodek/<br>Bearbeiter .............. | Schwimann/Kodek, ABGB Praxiskommentar, 4. Aufl. 2017;<br>5. Aufl. 2018 ff. |
| Screening-VO .......... | Verordnung (EU) 2019/452 des Europäischen Parlaments und des Rates vom 19.3.2019 zur Schaffung eines Rahmens für die Überprüfung ausländischer Direktinvestitionen in der Union (ABl. 2019 L 79 I, 1) |
| SE ........................ | Societas Europaea; Europäische Aktiengesellschaft |

# Abkürzungen

| | |
|---|---|
| SEAG | Gesetz zur Ausführung der Verordnung (EG) Nr. 2157/2001 des Rates vom 8.10.2001 über das Statut der Europäischen Gesellschaft (SE) (SE-Ausführungsgesetz, BGBl. 2004 I 3675) |
| SEBG | Gesetz über die Beteiligung der Arbeitnehmer in der Europäischen Gesellschaft (SE-Beteiligungsgesetz) |
| SEC | Securities and Exchange Commission (USA) |
| Seibert/Kiem/Schüppen AG-HdB | Seibert/Kiem/Schüppen, Handbuch der kleinen AG, 5. Aufl. 2008 |
| Semler Leitung und Überwachung | Semler, Leitung und Überwachung der Aktiengesellschaft, 2. Aufl. 1996 |
| Semler/Peltzer/Kubis Vorstands-HdB | Semler/Peltzer/Kubis, Arbeitshandbuch für Vorstandsmitglieder, 2. Aufl. 2015 |
| Semler/Stengel/Bearbeiter | Semler/Stengel, Umwandlungsgesetz: UmwG, Kommentar, 4. Aufl. 2017 |
| Semler/v. Schenck AR-HdB | Semler/v. Schenck, Arbeitshandbuch für Aufsichtsratsmitglieder, 4. Aufl. 2013 |
| Semler/Volhard UÜ-HdB | Semler/Volhard, Arbeitshandbuch für Unternehmensübernahmen Bd. 1: 2001, Bd. 2: 2003 |
| Semler/Volhard/Reichert HV-HdB | Semler/Volhard/Reichert, Arbeitshandbuch für die Hauptversammlung, 4. Aufl. 2018 |
| SE-RL | *s. unter Beteiligungs-RL* |
| Servatius Struktur-Maßnahmen | Servatius, Strukturmaßnahmen als Unternehmensleitung, 2004 |
| SeuffA | Seufferts Archiv für Entscheidungen der obersten Gerichte in den deutschen Staaten (Zeitschrift) |
| SE-VO | Verordnung (EG) Nr. 2157/2001 des Rates vom 8.10.2001 über das Statut der Europäischen Gesellschaft (SE) (ABl. 2001 L 294, 1) |
| SIC | Standing Interpretations Committee |
| SJZ | Süddeutsche Juristenzeitung (Zeitschrift) |
| SK-StGB/Bearbeiter | Wolter (Hrsg.), SK-StGB. Systematischer Kommentar zum Strafgesetzbuch, 9. Aufl. 2017 |
| Slg. | Sammlung |
| Soergel/Bearbeiter | Soergel, Bürgerliches Gesetzbuch mit Einführungsgesetz und Nebengesetzen: BGB, Kommentar, 13. Aufl. 1999 ff. |
| sog. | sogenannt |
| Sp. | Spalte |
| SpaltG | Spaltungsgesetz |
| Spindler/Stilz/Bearbeiter | Spindler/Stilz, Kommentar zum Aktiengesetz: AktG, 4. Aufl. 2019 *(weitergeführt als BeckOGK, Abschnitt AktG)* |
| SpkG | Sparkassengesetz |
| SpTrUG | Gesetz über die Spaltung der von der Treuhandanstalt verwalteten Unternehmen |
| st. | ständig(e) |
| StAnpG | Steueranpassungsgesetz |
| StatJB | Statistisches Jahrbuch für die Bundesrepublik Deutschland |

Staub/Bearbeiter ...... *s. Großkomm HGB/Bearbeiter*
Staudinger/Großfeld
IntGesR ................. Staudinger, Kommentar zum Bürgerlichen Gesetzbuch, Internationales Gesellschaftsrecht von Großfeld, 1998
StB ........................ Steuerberater; Der Steuerberater (Zeitschrift)
Stbg ...................... Die Steuerberatung (Zeitschrift)
StbJB ..................... Steuerberater-Jahrbuch
StBKongressRep ...... Steuerberaterkongress-Report
StBp ...................... Die steuerliche Betriebsprüfung (Zeitschrift)
Stein/Jonas/
Bearbeiter .............. Stein/Jonas, Kommentar zur Zivilprozessordnung: ZPO, 23. Aufl. 2014 ff.
Steinmeyer/
Bearbeiter .............. Steinmeyer, WpÜG. Wertpapiererwerbs- und Übernahmegesetz, Kommentar, 4. Aufl. 2019
StEK ..................... Steuererlasse in Karteiform, Loseblattsammlung
stenogr. .................. stenographiert
steuerl. KapBG ........ steuerliches Kapitalberichtigungsgesetz
StGB ..................... Strafgesetzbuch
StGBl. .................... Staatsgesetzblatt für die Republik Österreich
StPO ..................... Strafprozessordnung
str. ........................ streitig
Straube HGB I bzw. II Straube, Kommentar zum Handelsgesetzbuch, Band 1: 3. Aufl. 2003, Band 2: 2. Aufl. 2000
Straube/Ratka/
Rauter GmbHG ...... Straube/Ratka/Rauter, Wiener Kommentar zum GmHG, Loseblattkommentar
Straube/Ratka/Rauter
UGB I bzw. II .......... Straube/Ratka/Rauter, Wiener Kommentar zum Unternehmensgesetzbuch – UGB, Loseblatt
stRspr .................... ständige Rechtsprechung
StuB ...................... Steuer- und Bilanzpraxis (Zeitschrift)
StückAG ................. Stückaktiengesetz
StuW .................... Steuer und Wirtschaft (Zeitschrift)
StV ........................ Strafverteidiger (Zeitschrift)
StWStP ................. Staatswissenschaften und Staatspraxis (Zeitschrift)
SWK .................... Steuer und Wirtschaftskartei (Zeitschrift)
SZ ........................ Sammlung der Entscheidungen des OGH in Zivilsachen

Teichmann/Koehler
AktG 1937 ............. Teichmann/Koehler, Aktiengesetz, Kommentar, 2. Aufl. 1939
teilw. ..................... teilweise
Theisen Information Theisen, Information und Berichterstattung des Aufsichtsrats, 4. Aufl. 2007
Theisen/Wenz SE .... Theisen/Wenz, Die Europäische Aktiengesellschaft, 2. Aufl. 2005
Thomas/Putzo/
Bearbeiter .............. Thomas/Putzo, Zivilprozessordnung: ZPO, Kommentar, 41. Aufl. 2020
Tiedemann
WirtschaftsStrafR ..... Tiedemann, Wirtschaftsstrafrecht, 5. Aufl. 2017
TOP ..................... Tagesordnungspunkt
Torggler GmbHG .... U. Torggler, GmbHG, Kurzkommentar, 2014

# Abkürzungen

| | |
|---|---|
| Torggler UGB ......... | Aschauer/U. Torggler/Bauer, Unternehmensgesetzbuch: UGB, Kommentar, 3. Aufl. 2019 |
| Transparenz-RL ....... | Richtlinie 2004/109/EG des Europäischen Parlaments und des Rates vom 15.12.2004 zur Harmonisierung der Transparenzanforderungen in Bezug auf Informationen über Emittenten, deren Wertpapiere zum Handel auf einem geregelten Markt zugelassen sind, und zur Änderung der Richtlinie 2001/34/EG (ABl. 2004 L 390, 38) |
| TransPuG ............... | Gesetz zur weiteren Reform des Aktien- und Bilanzrechts, zu transparenz und Publizität (Transparenz- und Publizitätsgesetz) |
| TrG ...................... | Gesetz zur Privatisierung und Reorganisation des volkseigenen Vermögens (Treuhandgesetz) |
| TUG .................... | Gesetz zur Umsetzung der Richtlinie 2004/109 EG des Europäischen Parlaments und des Rates vom 15.12.2002 zur Harmonisierung der Transparenzanforderungen in Bezug auf Informationen über Emittenten, der Wertpapiere zum Handel auf einem geregelten Markt zugelassen sind, und zur Änderung der Richtlinie 2001/34 EG (Transparenz-RL-Umsetzungsgesetz) |
| TVG ..................... | Tarifvertragsgesetz |
| Tz. ....................... | Textziffer |
| u. ........................ | unten, und, unter |
| ua ....................... | und andere; unter anderem |
| uÄ ....................... | und Ähnliche(s) |
| Übernahmekodex ..... | Übernahmekodex der Börsensachverständigenkommission beim Bundesministerium der Finanzen |
| Übernahme-RL ....... | Richtlinie 2004/25/EG des Europäischen Parlaments und des Rates betreffend Übernahmeangebote vom 21.4.2004 (ABl. 2004 L 142, 12) |
| Übernahme-RL-UG | Gesetz zur Umsetzung der Richtlinie 2004/25 EG des Europäischen Parlaments und des Rates vom 21.4.2004 betreffend Übernahmeangebote vom 14.7.2006 (BGBl. 2006 I 1426) |
| ÜbG ..................... | Übernahmegesetz |
| UBGG .................. | Gesetz über Unternehmensbeteiligungsgesellschaften |
| ÜbK ..................... | Übernahmekommission |
| UEC ..................... | Union Européenne des Experts Comptables Economiques et Financiers |
| UGB ..................... | Unternehmensgesetzbuch |
| UHL/Bearbeiter ...... | Ulmer/Habersack/Löbbe, GmbHG – Gesetz betreffend die Gesellschaften mit beschränkter Haftung, Großkommentar, Band 3: 2. Aufl. 2016 (*zu Band 1 u. 2 s. Habersack/Casper/Löbbe/Bearbeiter*) |
| Uhlenbruck/Bearbeiter ............... | Uhlenbruck, Insolvenzordnung: InsO, Kommentar, 15. Aufl. 2019 f. |
| Ulmer BilanzR ........ | Ulmer, HGB-Bilanzrecht: Rechnungslegung, Abschlussprüfung, Publizität, Großkommentar, Band 2, 2002 |
| Ulmer/Brandner/Hensen/Bearbeiter ... | Ulmer/Brandner/Hensen, AGB-Recht, Kommentar, 12. Aufl. 2016 |
| UMAG .................. | Gesetz zur Unternehmensintegrität und Modernisierung des Anfechtungsrechts |
| UmgrStG ............... | Umgründungssteuergesetz |

XLVI

| | |
|---|---|
| UmwG | Umwandlungsgesetz |
| unstr. | unstreitig |
| Unternehmensrechts-kommission | BMJ (Hrsg.), Bericht über die Verhandlungen der Unternehmensrechtskommission, 1980 |
| URG | Unternehmensreorganisationsgesetz |
| UrhG | Urheberrechtsgesetz |
| Urt. | Urteil |
| US-GAAP | United States Generally Accepted Accounting Principles |
| UStDVO | Umsatzsteuer-Durchführungsverordnung |
| UStG | Umsatzsteuergesetz |
| UStR | Umsatzsteuer-Rundschau (Zeitschrift) |
| usw | und so weiter |
| uU | unter Umständen |
| UWG | Gesetz gegen den unlauteren Wettbewerb |
| UZwG | Gesetz über den unmittelbaren Zwang bei Ausübung öffentlicher Gewalt durch Vollzugsbeamte des Bundes vom 10.3.1961 (BGBl. 1961 I 165) |
| | |
| v. | von; vom |
| VAG | Gesetz über die Beaufsichtigung von Versicherungsunternehmen (Versicherungsaufsichtsgesetz) |
| VDG | Vertrauensdienstegesetz |
| VerBAV | Veröffentlichungen des Bundesaufsichtsamts für das Versicherungswesen |
| Verf. | Verfasser |
| VermG | Gesetz zur Regelung der offenen Vermögensfragen (Vermögensgesetz) |
| VermRÄndG | Vermögensrechtsänderungsgesetz |
| VersorgW | Versorgungswirtschaft (Zeitschrift) |
| VersR | Versicherungsrecht (Zeitschrift) |
| VersW | Versicherungswirtschaft (Zeitschrift) |
| VerwArch | Verwaltungsarchiv (Zeitschrift) |
| VFA | Versicherungsfachausschuss des IDW |
| VfGH | Verfassungsgerichtshof |
| VfSlg | Sammlung der Erkenntnisse und Beschlüsse des Verfassungsgerichtshofs |
| vgl. | vergleiche |
| VglO | Vergleichsordnung, aufgehoben |
| VO | Verordnung |
| Vogel/Lehner/Bearbeiter | Vogel/Lehner, Doppelbesteuerungsabkommen, Kommentar, 6. Aufl. 2015 |
| Vor | Vorbemerkung(en) |
| VorstAG | Gesetz zur Angemessenheit der Vorstandsvergütung |
| VorstOG | Vorstandsvergütungs-Offenbarungsgesetz |
| VVaG | Versicherungsverein auf Gegenseitigkeit |
| VV-BHO | Allgemeine Verwaltungsvorschriften zur Bundeshaushaltsordnung (GMBl 2001, 309) |
| VVDStRL | Veröffentlichungen der Vereinigung der Deutschen Staatsrechtslehrer |
| VVG | Gesetz über den Versicherungsvertrag |
| VwGH | Verwaltungsgerichtshof |

# Abkürzungen

| | |
|---|---|
| WM | Wertpapier-Mitteilungen, Teil IV (Zeitschrift) |
| WP | Das Wertpapier (Zeitschrift) |
| WPg | Die Wirtschaftsprüfung (Zeitschrift) |
| WP-HdB | IDW (Hrsg.), WP Handbuch. Wirtschaftsprüfung und Rechnungslegung, 17. Aufl. 2020 |
| WpHG | Gesetz über den Wertpapierhandel |
| WPK | Wirtschaftsprüferkammer |
| WPO | Wirtschaftsprüferordnung |
| WpÜG | Wertpapiererwerbs- und Übernahmegesetz |
| WpÜG-AV | Verordnung über den Inhalt der Angebotsunterlage, der Gegenleistung bei Übernahmeangeboten und Pflichtangeboten und die Befreiung von der Verpflichtung zur Veröffentlichung und zur Abgabe eines Angebots (WpÜG-Angebotsverordnung) vom 27.12.2001 (BGBl. 2001 I 4263) |
| WpÜG-BV | Verordnung über die Zusammensetzung, die Bestellung der Mitglieder und das Verfahren des Beirats bei der Bundesanstalt für Finanzdienstleistungsaufsicht (WpÜG-Beiratsverordnung) vom 27.12.2001 (BGBl. 2001 I 4259) |
| WpÜG-GV | Verordnung über Gebühren nach dem Wertpapiererwerbs- und Übernahmegesetz (WpÜG-Gebührenverordnung) vom 27.12.2001 (BGBl. 2001 I 4267) |
| WpÜG-WV | Verordnung über die Zusammensetzung und das Verfahren des Widerspruchsausschusses bei der Bundesanstalt für Finanzdienstleistungsaufsicht (WpÜG-Widerspruchsausschuss-Verordnung) vom 27.12.2001 (BGBl. 2001 I 4261) |
| WRP | Wettbewerb in Recht und Praxis (Zeitschrift) |
| WTBG | Wirtschaftstreuhänderberufsgesetz |
| WTBO | Wirtschaftstreuhänderberufordnung |
| WTKG | Wirtschaftstreuhänder-Kammergesetz |
| WuB | Entscheidungssammlung zum Wirtschafts- und Bankrecht |
| Würdinger AktR | Würdinger, Aktienrecht und das Recht der verbundenen Unternehmen, 4. Aufl. 1981 |
| WuW | Wirtschaft und Wettbewerb (Zeitschrift) |
| ZAkDR | Zeitschrift der Akademie für deutsches Recht |
| ZAS | Zeitschrift für Arbeits- und Sozialrecht |
| zB | zum Beispiel |
| ZBB | Zeitschrift für Bankrecht und Bankwirtschaft |
| ZBl. | Zentralblatt für die juristische Praxis (Zeitschrift) |
| ZBlHR | Zentralblatt für Handelsrecht (Zeitschrift) |
| ZfA | Zeitschrift für Arbeitsrecht |
| ZfB | Zeitschrift für Betriebswirtschaft |
| ZfbF | Schmalenbachs Zeitschrift für betriebswirtschaftliche Forschung |
| ZfgG | Zeitschrift für das gesamte Genossenschaftswesen |
| ZfgK | Zeitschrift für das gesamte Kreditwesen |
| ZfhF | Zeitschrift für handelswissenschaftliche Forschung (ab 1964 ZfbF) |
| ZfRV | Zeitschrift für Rechtsvergleichung |
| ZfV | Zeitschrift für Verwaltung |
| ZGR | Zeitschrift für Unternehmens- und Gesellschaftsrecht |
| ZGV | Zeitschrift für Gebühren und Verkehrsteuern |
| ZhF | Zeitschrift für handelswissenschaftliche Forschung |
| ZHR | Zeitschrift für das gesamte Handels- und Wirtschaftsrecht |

# Abkürzungen

Zib/Dellinger .......... Zib/Dellinger, UGB Unternehmensgesetzbuch. Band 1/Teil 1: §§ 1 bis 37 UGB und FBG, Großkommentar, 2010

Ziemons/Binnewies
AG-HdB ................ Ziemons/Binnewies, Handbuch der Aktiengesellschaft, Loseblatt

Ziff. ...................... Ziffer(n)

ZIK ...................... Zeitschrift für Insolvenzrecht und Kreditschutz

Zintzen/Halft .......... Zintzen/Halft, Kommentar zu den Gesetzen über die Kapitalerhöhung aus Gesellschaftsmitteln, 1960

ZIP ...................... Zeitschrift für Wirtschaftsrecht und Insolvenzpraxis

ZIR ...................... Zeitschrift für interne Revision

ZögU .................... Zeitschrift für öffentliche und gemeinwirtschaftliche Unternehmen

Zöller/Bearbeiter ..... Zöller, ZPO: Zivilprozessordnung, Kommentar, 33. Aufl. 2020

ZPO ...................... Zivilprozessordnung

ZRP ...................... Zeitschrift für Rechtspolitik

ZStW .................... Zeitschrift für die gesamte Strafrechtswissenschaft

zT ........................ zum Teil

zust. ...................... zustimmend

zutr. ...................... zutreffend

ZVG ...................... Gesetz über die Zwangsversteigerung und die Zwangsverwaltung

Zweigniederlassungs-
RL ........................ Elfte Richtlinie 89/666/EWG des Rates vom 21.12.1989 über die Offenlegung von Zweigniederlassungen, die in einem Mitgliedstaat von Gesellschaften bestimmter Rechtsformen errichtet wurden, die dem Recht eines anderen Staates unterliegen (ABl. 1989 L 395, 36), aufgehoben

Zweite Aktionärs-
rechte-RL ............... *s. unter Aktionärsrechte-RL idF der RL (EU) 2017/828*

ZZP ...................... Zeitschrift für Zivilprozess

# Aktiengesetz

vom 6. September 1965 (BGBl. 1965 I 1089),
zuletzt geändert durch Art. 15 Sanierungs- und InsolvenzrechtsfortentwicklungsG
vom 22. Dezember 2020 (BGBl. 2020 I 3256)

# Drittes Buch. Verbundene Unternehmen

## Sechster Teil. Rechnungslegung im Konzern

### §§ 329–393 [aufgehoben]

# Viertes Buch. Sonder-, Straf- und Schlußvorschriften

## Erster Teil. Sondervorschriften bei Beteiligung von Gebietskörperschaften

### Vorbemerkung (Vor § 394):
### Die Beteiligung von Gebietskörperschaften an Aktiengesellschaften mit Kommentierung der §§ 53, 54 HGrG[1]

**Schrifttum: 1. Allgemein zu Beteiligungen der öffentlichen Hand an Unternehmen in privatrechtlicher Form:** *Adenauer/Merk,* Unbedingte Handlungsfreiheit öffentlicher Unternehmen? – Grenzen korporativer Freigiebigkeit bei Gesellschaften des Privatrechts in kommunaler Hand, NZG 2013, 1251; *Bäcker,* Weisungsfreiheit und Verschwiegenheit kommunal geprägter Aufsichtsräte, FS Schwark, 2009, 101; *Badura,* Die Erfüllung öffentlicher Aufgaben und die Unternehmenszwecke bei der wirtschaftlichen Betätigung der öffentlichen Hand, FS Schlochauer, 1981, 3; *Bauer,* Zukunftsthema „Rekommunalisierung", DÖV 2012, 329; *Böttcher/Krömker,* Abschied von der kommunalen AG in NRW?, NZG 2001, 590; *Brenner,* Gesellschaftsrechtliche Ingerenzmöglichkeiten von Kommunen auf privatrechtlich ausgestaltete kommunale Unternehmen, AöR 127 (2002), 223; *Budäus/Hilgers,* Public Corporate Governance, in Hommelhoff/Hopt/v. Werder, Handbuch Corporate Governance, 2. Aufl. 2010, 883; *Cannivé,* Der Staat als Aktionär – Zu Möglichkeiten und Grenzen der gesellschaftsrechtlichen Steuerung im gemischt-wirtschaftlichen Unternehmen, NZG 2009, 445; *Caruso,* Der Public Corporate Governance Kodex, NZG 2009, 1419; *v. Danwitz,* Vom Verwaltungsprivat- zum Verwaltungsgesellschaftsrecht – Zur Begründung und Reichweite öffentlichrechtlicher Ingerenzen in der mittelbaren Kommunalverwaltung, AöR 120 (1995), 595; *Eichel,* Der Bund und seine Unternehmen, Perspektiven und Aufgaben im alten und neuen Jahrhundert, ZfK 2000, 274; *Ellerich/Schulte/Radde,* Der Public Corporate Governance Kodex des Bundes: Ein erster Schritt in die richtige Richtung, ZCG 2009, 201; *Engellandt,* Die Einflussnahme der Kommunen auf ihre Kapitalgesellschaften über das Anteilseignerorgan, 1995; *Erbguth/Stollmann,* Erfüllung öffentlicher Aufgaben durch private Rechtssubjekte. Zu den Kriterien bei der Wahl der Rechtsform, DÖV 1993, 798; *Früchtl,* Die Aktiengesellschaft als Rechtsform für die wirtschaftliche Beteiligung der öffentlichen Hand, 2009; *Fürst,* Beamtenrecht des Bundes und der Länder, Richterrecht und Wehrrecht, Loseblatt-Kommentar, Stand: Februar 2020; *Gern,* Deutsches Kommunalrecht, 4. Aufl. 2019; *Gersdorf,* Öffentliche Unternehmen im Spannungsfeld von Demokratie- und Wirtschaftlichkeitsprinzip, 2000; *Gramlich,* „Öffentliche Unternehmen" im Verfassungsstaat des Grundgesetzes, BB 1990, 1493; *Habersack,* Private public partnership: Gemeinschaftsunternehmen zwischen Privaten und der öffentlichen Hand, Gesellschaftsrechtliche Analyse, ZGR 1996, 544; *Hartmann/Zwirner,* Praxiskommentar Public Corporate Governance Kodex des Bundes, 2015; *K. Hommelhoff,* Der Public Corporate Governance Kodex des Bundes – Herausforderungen guter Unternehmensführung und –überwachung bei privatrechtlichen Unternehmen der öffentlichen Hand, FS Hommelhoff, 2012, 447; *Hoppe/Uechtritz/Reck,* Handbuch kommunale Unternehmen, 3. Aufl. 2012; *Huber/Fröhlich,* Öffentliche Unternehmenstätigkeit zwischen Vorrang des Gesellschaftsrechts und demokratischem Steuerungsvorbehalt, FS Coester-Waltjen, 2015, 1127; *Hüffer,* Die Aktiengesellschaft als Rechtsform gemischtwirtschaftlicher Unternehmen, FS Hopt, Bd. I, 2010, 901; *Ipsen,* Kollision und Kombination von Prüfungsvorschriften des Haushalts- und des Aktienrechts, JZ 1955, 593; *Kiefner/Schürnbrand,* Beherrschungsverträge unter Beteiligung der öffentlichen Hand, AG 2013, 789; *Kiethe,* Gesellschaftsrechtliche Spannungslagen bei Public Private Partnerships, NZG 2006, 45; *Koch,* Die hoheitlich beherrschte AG nach der Deutsche Bahn-Entscheidung des Bundesverfassungsgerichts, ZHR 193 (2019), 7; *Koch,* Öffentlichrechtliche Informationsrechte versus aktienrechtliche Verschwiegenheitspflichten, FS Schmidt-Preuß, 2018, 367; *Kraft,* Das Verwaltungsgesellschaftsrecht, 1982; *Kropff,* Zur Anwendung des Rechts der verbundenen Unternehmen auf den Bund, ZHR 144 (1980), 74; *Lieder,* Staatliche Sonderrechte in Aktiengesell-

---

[1] Die von den früheren Bearbeitern (→ S. VI) geleistete Arbeit bildet nach wie vor die Basis der folgenden Ausführungen.

schaften, ZHR 172 (2008), 306; *Mann,* Die öffentlich-rechtliche Gesellschaft, 2002; *Mann,* Kritik am Konzept des Verwaltungsgesellschaftsrechts, Die Verwaltung 35 (2002), 463; *Mann,* Steuernde Einflüsse der Kommunen in ihren Gesellschaften, VBlBW 2010, 7; *Marsch-Barner,* Gedanken zum Public Corporate Governance Kodex, FS Schneider, 2011, 771; *Martens,* Aktienrechtliche Probleme eines Ausstiegs aus der Kernenergie, FS Kellermann, 1991, 271; *Merz,* Der öffentlich-rechtliche und konzernrechtliche Rahmen für kommunale Tochter-, Enkel- und Urenkelgesellschaften, 2014; *Oebbecke,* Die Kommune als Konzern – Einführung in die Thematik, VBlBW 2010, 1; *Ossenbühl,* Mitbestimmung in Eigengesellschaften der öffentlichen Hand, ZGR 1996, 504; *Paschke,* Kommunale Unternehmen und GmbH-Konzernrecht, ZHR 152 (1988), 263; *Pfeifer,* Möglichkeiten und Grenzen der Steuerung kommunaler Aktiengesellschaften durch ihre Gebietskörperschaften, 1993; *Pidun,* Public Corporate Governance Kodizes, 2015; *Preussner,* Corporate Governance in öffentlichen Unternehmen, NZG 2005, 575; *Püttner,* Die öffentlichen Unternehmen – Verfassungsfragen zur wirtschaftlichen Betätigung der öffentlichen Hand, 2. Aufl. 1985; *Raiser,* Konzernverflechtungen unter Einschluss öffentlicher Unternehmen, ZGR 1996, 458; *Raiser,* Grenzen der rechtlichen Zulässigkeit von Public Corporate Governance Kodizes, ZIP 2011, 353; *Reichert,* Golden Shares und andere Schutzmechanismen – Ergänzungen oder Alternativen zu staatlichen Eingriffsrechten, FS K. Schmidt, 2009, 1341; *Rittner/Dreher,* Deutsches und Europäisches Wirtschaftsrecht, 3. Aufl. 2007; *R. Schmidt,* Der Übergang öffentlicher Aufgabenerfüllung in private Rechtsformen, ZGR 1996, 345; *U. H. Schneider,* Gute Corporate Governance für Staatsunternehmen, AG 2005, 493; *Schoch,* Der Beitrag des kommunalen Wirtschaftsrechts zur Privatisierung öffentlicher Aufgaben, DÖV 1993, 377; *Schockenhoff,* Geheimnisschutz bei Aktiengesellschaften mit Beteiligung der öffentlichen Hand, NZG 2018, 521; *Schön,* Der Einfluss öffentlichrechtlicher Zielsetzung auf das Statut privatrechtlicher Eigengesellschaften in öffentlicher Hand: Gesellschaftsrechtliche Analyse, ZGR 1996, 429; *Schürnbrand,* Public Corporate Governance Kodex für öffentliche Unternehmen, ZIP 2010, 1105; *Spannowsky,* Der Einfluss öffentlichrechtlicher Zielsetzungen auf das Statut privatrechtlicher Eigengesellschaften in öffentlicher Hand – Öffentlichrechtliche Vorgaben insbesondere zur Ingerenzpflicht, ZGR 1996, 400; *Stober,* Die privatrechtlich organisierte öffentliche Verwaltung, NJW 1984, 449; *Storr,* Der Staat als Unternehmer, 2001; *Traut,* Die Corporate Governance von Kapitalgesellschaften der öffentlichen Hand, 2013; *Verse,* Kapitalverkehrsfreiheit, VW-Gesetz und VW-Satzung – eine unendliche Geschichte, FS Klein, 2013, 701; *Wehrstedt,* Die Beteiligung von Gemeinden an Gesellschaften des Privatrechts in NRW, MittRhNotK 2000, 269; *Werner,* Auskunftsansprüche der Öffentlichkeit gegenüber Aktiengesellschaften unter Beteiligung der öffentlichen Hand, NVwZ 2019, 449; *Zeichner,* Die Voraussetzungen für die Beteiligung des Bundes/eines Landes an einem Unternehmen nach § 65 Abs. 1 BHO/LHO und ihre Prüfung durch den Rechnungshof, AG 1985, 61.

**2. Speziell zur Rechtsstellung der Vertreter einer Gebietskörperschaft im Aufsichtsrat:** *Decher,* Loyalitätskonflikte des Repräsentanten der öffentlichen Hand im Aufsichtsrat, ZIP 1990, 277; *R. Fischer,* Das Entsendungs- und Weisungsrecht öffentlichrechtlicher Körperschaften im Aufsichtsrat einer Aktiengesellschaft, AG 1982, 85; *Grunewald,* Die Auswahl von Aufsichtsratsmitgliedern insbesondere bei Unternehmen mit maßgeblicher Beteiligung der öffentlichen Hand, NZG 2015, 609; *Heidel,* Zur Weisungsgebundenheit von Aufsichtsratsmitgliedern bei Beteiligung von Gebietskörperschaften und Alleinaktionären, NZG 2012, 48; *Kropff,* Aufsichtsratsmitglied „im Auftrag", FS Huber, 2006, 841; *Lampert,* Einflussnahme auf Aufsichtsratsmitglieder durch die öffentliche Hand als Gesellschafterin, 2012; *Leisner,* Weisungsrechte der öffentlichen Hand gegenüber ihren Vertretern in gemischt-wirtschaftlichen Unternehmen, GewArch 2009, 337; *Maier,* Beamte als Aufsichtsratsmitglieder der öffentlichen Hand in der Aktiengesellschaft: weisungsgebundene Werkzeuge des öffentlichen Gesellschafters?, 2005; *N. Meier,* Die Überlassung von Stellungnahmen der städtischen Beteiligungsverwaltung an Aufsichtsratsmitglieder städtischer Eigengesellschaften (GmbH/AG), NZG 1998, 170; *N. Meier,* Inkompatibilität und Interessenwiderstreit von Verwaltungsangehörigen in Aufsichtsräten, NZG 2003, 54; *Potthoff,* Aufgabenorientierte Überwachung öffentlicher Unternehmen durch Aufsichtsräte, GS Thiemeyer, 1994, 311; *Püttner,* Die Vertretung der Gemeinden in wirtschaftlichen Unternehmen, DVBl. 1986, 748; *Raiser,* Weisungen an Aufsichtsratsmitglieder, ZGR 1978, 391; *Säcker,* Behördenvertreter im Aufsichtsrat, FS Rebmann, 1989, 781; *O. Schön,* Die Haftung kommunaler Aufsichtsratsmitglieder in Aktiengesellschaften und Gesellschaften mit beschränkter Haftung, 2004; *Schwintowski,* Gesellschaftsrechtliche Bindungen für entsandte Aufsichtsratsmitglieder in öffentlichen Unternehmen, NJW 1995, 1316; *Wais,* Gefahr von Interessenkollisionen bei gleichzeitiger Wahrnehmung eines öffentlichen Amtes und eines Aufsichtsratsmandats?, NJW 1982, 1263; *Weber-Rey/Buckel,* Corporate Governance in Aufsichtsräten öffentlicher Unternehmen und die Rolle von Corporate Governance Kodizes, ZHR 177 (2013), 13.

**3. Speziell zur haushaltrechtlichen Beteiligungskontrolle:** *Bierwirth,* Die erweiterte Prüfung und Berichterstattung nach § 53 Haushaltsgrundsätzegesetz (HGrG), FS Ludewig, 1996, 123; *Eibelshäuser,* Die Aufgaben des Abschlussprüfers nach § 53 HGrG, FS Moxter, 1994, 920; *Heuer/Scheller,* Kommentar zum Haushaltsrecht des Bundes und der Länder und der Vorschriften zur Finanzkontrolle, Loseblatt; *Fleischer/Beyer,* Die Auswirkungen des Public Corporate Governance Kodex auf die Prüfung der Ordnungsmäßigkeit der Geschäftsführung nach § 53 HGrG, WPg 2012, 370; *Gelhausen/Hermesmeier,* Prüfungsaufträge im öffentlichen Sektor – Praxisfragen bei der Prüfung öffentlicher Unternehmen in privater Rechtsform, WPg 2015, 629; *Hartmann/Zwirner,* Abschlussprüfung und Corporate Governance bei Beteiligungsgesellschaften des Bundes – Zugleich: Vorschläge zur Fortentwicklung des Public Corporate Governance Kodex, WPg 2013, 475; *Hewer,* Möglichkeiten einer Kooperation zwischen staatlicher Finanzkontrolle und Wirtschaftsprüfern, WPg 2004, 1201; *Kaufmann/Tebben,* Die Prüfung kommunaler Unternehmen gemäß § 53 Abs. 1 HGrG, 2. Aufl. 2012; *Kersting,* Die Haftung des Wirtschaftsprüfers für die Prüfung nach § 53 HGrG – keine Anwendbarkeit von § 323 Abs. 2 HGB, ZIP 2014, 2420; *Lohl,* Möglichkeiten und Grenzen der Prüfung der staatlichen Betätigung bei Unternehmen, DöH 1971, 24; *Lutter/Grunewald,* Öffentliches Haushaltsrecht und privates Gesellschaftsrecht, WM 1984, 385; *Piduch,* Bundeshaushaltsrecht, Loseblatt, Stand 2018; *Schäfer,* Zum Schutz Dritter bei der Rechnungsprüfung und Berichterstattung der Rechnungshöfe, Eine haushaltsrechtliche Betrachtung, FS Geiger, 1974, 623; *Schüppen,* Die Haftung des Abschlussprüfers bei Prüfungserweiterungen gem. § 53 HGrG – keine Anwendbarkeit der §§ 316 ff. HGB?, ZIP 2015, 814; *Steiner,* Möglichkeiten und Grenzen der kommunalrechtlichen Betätigungsprüfung, FS Hufen, 2015, 561; *Vogel,* Verfassungsrechtliche Grenzen der öffentlichen Finanzkontrolle, DVBl. 1970, 193; *Wenz,* Prüfungen bei großen Bundesbeteiligungen, FS 300 Jahre externe Finanzkontrolle in Deutschland – gestern, heute und morgen, 2014, 305; *Zavelberg,* Die Prüfung der Betätigung des Bundes bei Unternehmen durch den Bundesrechnungshof, FS Forster, 1992, 724.

## Übersicht

## I. Wortlaut des HGrG und der BHO im Auszug

1   Die Vorschriften lauten:

### § 53 HGrG Rechte gegenüber privatrechtlichen Unternehmen

(1) Gehört einer Gebietskörperschaft die Mehrheit der Anteile eines Unternehmens in einer Rechtsform des privaten Rechts oder gehört ihr mindestens der vierte Teil der Anteile und steht ihr zusammen mit anderen Gebietskörperschaften die Mehrheit der Anteile zu, so kann sie verlangen, daß das Unternehmen
1. im Rahmen der Abschlußprüfung auch die Ordnungsmäßigkeit der Geschäftsführung prüfen läßt;
2. die Abschlußprüfer beauftragt, in ihrem Bericht auch darzustellen
   a) die Entwicklung der Vermögens- und Ertragslage sowie die Liquidität und Rentabilität der Gesellschaft,
   b) verlustbringende Geschäfte und die Ursachen der Verluste, wenn diese Geschäfte und die Ursachen für die Vermögens- und Ertragslage von Bedeutung waren,
   c) die Ursachen eines in der Gewinn- und Verlustrechnung ausgewiesenen Jahresfehlbetrages;
3. ihr den Prüfungsbericht der Abschlußprüfer und, wenn das Unternehmen einen Konzernabschluß aufzustellen hat, auch den Prüfungsbericht der Konzernabschlußprüfer unverzüglich nach Eingang übersendet.

(2) ¹Für die Anwendung des Absatzes 1 rechnen als Anteile der Gebietskörperschaft auch Anteile, die einem Sondervermögen der Gebietskörperschaft gehören. ²Als Anteile der Gebietskörperschaft gelten ferner Anteile, die Unternehmen gehören, bei denen die Rechte aus Absatz 1 der Gebietskörperschaft zustehen.

### § 54 HGrG Unterrichtung der Rechnungsprüfungsbehörde

(1) In den Fällen des § 53 kann in der Satzung (im Gesellschaftsvertrag) mit Dreiviertelmehrheit des vertretenen Kapitals bestimmt werden, daß sich die Rechnungsprüfungsbehörde der Gebietskörperschaft zur Klärung von Fragen, die bei der Prüfung nach § 44 auftreten, unmittelbar unterrichten und zu diesem Zweck den Betrieb, die Bücher und die Schriften des Unternehmens einsehen kann.

(2) Ein vor dem Inkrafttreten dieses Gesetzes begründetes Recht der Rechnungsprüfungsbehörde auf unmittelbare Unterrichtung bleibt unberührt.

Aus der Bundeshaushaltsordnung:

### § 65 HGrG Beteiligung an privatrechtlichen Unternehmen

(1) Der Bund soll sich, außer in den Fällen des Absatzes 5, an der Gründung eines Unternehmens in einer Rechtsform des privaten Rechts oder an einem bestehenden Unternehmen in einer solchen Rechtsform nur beteiligen, wenn
1. ein wichtiges Interesse des Bundes vorliegt und sich der vom Bund angestrebte Zweck nicht besser und wirtschaftlicher auf andere Weise erreichen läßt,
2. die Einzahlungsverpflichtung des Bundes auf einen bestimmten Betrag begrenzt ist,
3. der Bund einen angemessenen Einfluß, insbesondere im Aufsichtsrat oder in einem entsprechenden Überwachungsorgan erhält,
4. gewährleistet ist, daß der Jahresabschluß und der Lagebericht, soweit nicht weitergehende gesetzliche Vorschriften gelten oder andere gesetzliche Vorschriften entgegenstehen, in entsprechender Anwendung der Vorschriften des Dritten Buchs des Handelsgesetzbuchs für große Kapitalgesellschaften aufgestellt und geprüft werden.

(2) ¹Das zuständige Bundesministerium hat die Einwilligung des Bundesministeriums der Finanzen einzuholen und das für das Bundesvermögen zuständige Bundesministerium zu beteiligen, bevor der Bund Anteile an einem Unternehmen erwirbt, seine Beteiligung erhöht oder sie ganz oder zum Teil veräußert. ²Entsprechendes gilt bei einer Änderung des Nennkapitals oder des Gegenstandes des Unternehmens oder bei einer Änderung des Einflusses des Bundes. ³Das Bundesministerium der Finanzen ist an den Verhandlungen zu beteiligen.

(3) ¹Das zuständige Bundesministerium soll darauf hinwirken, daß ein Unternehmen, an dem der Bund unmittelbar oder mittelbar mit Mehrheit beteiligt ist, nur mit seiner Zustimmung eine Beteiligung von mehr als dem vierten Teil der Anteile eines anderen Unternehmens erwirbt, eine solche Beteiligung erhöht oder sie ganz oder zum Teil veräußert. ²Es hat vor Erteilung seiner Zustimmung die Einwilligung des Bundesministeriums der Finanzen einzuholen und das für das Bundesvermögen zuständige Bundesministerium zu beteiligen. ³Die Grundsätze des Absatzes 1 Nr. 3 und 4 sowie des Absatzes 2 Satz 2 gelten entsprechend.

(4) Das Bundesministerium der Finanzen und das für das Bundesvermögen zuständige Bundesministerium können auf die Ausübung der Befugnisse nach den Absätzen 2 und 3 verzichten.

(5) [1]An einer Genossenschaft soll sich der Bund nur beteiligen, wenn die Haftpflicht der Mitglieder für die Verbindlichkeiten der Genossenschaft dieser gegenüber im voraus auf eine bestimmte Summe beschränkt ist. [2]Die Beteiligung des Bundes an einer Genossenschaft bedarf der Einwilligung des Bundesministeriums der Finanzen.

(6) Das zuständige Bundesministerium soll darauf hinwirken, daß die auf Veranlassung des Bundes gewählten oder entsandten Mitglieder der Aufsichtsorgane der Unternehmen bei ihrer Tätigkeit auch die besonderen Interessen des Bundes berücksichtigen.

(7) [1]Haben Anteile an Unternehmen besondere Bedeutung und ist deren Veräußerung im Haushaltsplan nicht vorgesehen, so dürfen sie nur mit Einwilligung des Bundestages und des Bundesrates veräußert werden, soweit nicht aus zwingenden Gründen eine Ausnahme geboten ist. [2]Ist die Zustimmung nicht eingeholt worden, so sind der Bundestag und der Bundesrat alsbald von der Veräußerung zu unterrichten.

### § 66 BHO Unterrichtung des Bundesrechnungshofes

Besteht eine Mehrheitsbeteiligung im Sinne des § 53 des Haushaltsgrundsätzegesetzes, so hat das zuständige Bundesministerium darauf hinzuwirken, daß dem Bundesrechnungshof die in § 54 des Haushaltsgrundsätzegesetzes bestimmten Befugnisse eingeräumt werden.

### § 67 BHO Prüfungsrecht durch Vereinbarung

[1]Besteht keine Mehrheitsbeteiligung im Sinne des § 53 des Haushaltsgrundsätzegesetzes, so soll das zuständige Bundesministerium, soweit das Interesse des Bundes dies erfordert, bei Unternehmen, die nicht Aktiengesellschaften, Kommanditgesellschaften auf Aktien oder Genossenschaften sind, darauf hinwirken, daß dem Bund in der Satzung oder im Gesellschaftsvertrag die Befugnisse nach den §§ 53 und 54 des Haushaltsgrundsätzegesetzes eingeräumt werden. [2]Bei mittelbaren Beteiligungen gilt dies nur, wenn die Beteiligung den vierten Teil der Anteile übersteigt und einem Unternehmen zusteht, an dem der Bund allein oder zusammen mit anderen Gebietskörperschaften mit Mehrheit im Sinne des § 53 des Haushaltsgrundsätzegesetzes beteiligt ist.

### § 68 BHO Zuständigkeitsregelungen

(1) [1]Die Rechte nach § 53 Abs. 1 des Haushaltsgrundsätzegesetzes übt das für die Beteiligung zuständige Bundesministerium aus. [2]Bei der Wahl oder Bestellung der Prüfer nach § 53 Abs. 1 Nr. 1 des Haushaltsgrundsätzegesetzes übt das zuständige Bundesministerium die Rechte des Bundes im Einvernehmen mit dem Bundesrechnungshof aus.

(2) Einen Verzicht auf die Ausübung der Rechte des § 53 Abs. 1 des Haushaltsgrundsätzegesetzes erklärt das zuständige Bundesministerium im Einvernehmen mit dem Bundesministerium der Finanzen, dem für das Bundesvermögen zuständigen Bundesministerium und dem Präsidenten des Bundesrechnungshofes.

### § 69 BHO Unterrichtung des Bundesrechnungshofes

[1]Das zuständige Bundesministerium übersendet dem Bundesrechnungshof innerhalb von drei Monaten nach der Haupt- oder Gesellschafterversammlung, die den Jahresabschluß für das abgelaufene Geschäftsjahr entgegennimmt oder festzustellen hat,
1. die Unterlagen, die dem Bund als Aktionär oder Gesellschafter zugänglich sind,
2. die Berichte, welche die auf seine Veranlassung gewählten oder entsandten Mitglieder des Überwachungsorgans unter Beifügung aller ihnen über das Unternehmen zur Verfügung stehenden Unterlagen zu erstatten haben,
3. die ihm nach § 53 des Haushaltsgrundsätzegesetzes und nach § 67 zu übersendenden Prüfungsberichte.

[2]Es teilt dabei das Ergebnis seiner Prüfung mit.

### § 69a BHO Parlamentarische Kontrolle von Bundesbeteiligungen

(1) [1]Die Bundesregierung unterrichtet den Deutschen Bundestag über alle grundsätzlichen und wesentlichen Fragen der Beteiligungen des Bundes an privatrechtlichen Unternehmen sowie der Beteiligungsverwaltung durch die Bundesregierung. [2]Die Unterrichtung umfasst auch die Beteiligungen des Bundes nach § 112 Absatz 2.

(2) [1]Die Unterrichtung nach Absatz 1 erfolgt regelmäßig gegenüber dem Gremium nach § 3 des Gesetzes zur Regelung des Schuldenwesens des Bundes.[2]§ 3 Absatz 2 Satz 2 und 3 und Absatz 3 des Gesetzes zur Regelung des Schuldenwesens des Bundes gelten entsprechend. [3]Auf Beschluss des Gremiums ist der Haushaltsausschuss mit der Unterrichtung zu befassen.

(3) ¹Sofern grundsätzliche und wesentliche Fragen gemäß Absatz 1 die Gründung, den Erwerb, die Veräußerung von Unternehmen oder Änderung an bestehenden Beteiligungen durch den Bund sowie Übertragungen wesentlicher Vermögenspositionen berühren, soll das Gremium nach Absatz 2 zeitnah unterrichtet werden. ²Die Vorschriften des § 65 Absatz 7 bleiben davon unberührt.

(4) Die Rechte des Deutschen Bundestages und seiner Ausschüsse bleiben unberührt.

## II. Grundlagen

2    **1. Überblick über die gesetzliche Regelung.** Die Beteiligung der öffentlichen Hand an einer AG bedeutet für das Gesellschaftsrecht eine Herausforderung, verbindet sich mit ihr doch das Anliegen, eine Rechtsform des Privatrechts für die Verfolgung öffentlicher Aufgaben fruchtbar zu machen. Aus den unterschiedlichen Zielvorstellungen der Gläubiger und etwaiger privater Anteilseigner einerseits und der öffentlichen Hand andererseits können sich schwerwiegende **Interessenkonflikte** ergeben. Die **gesetzliche Regelung** widmet sich **nur ausgewählten Teilaspekten.**² Ein Gesamtbild der Stellung der Gebietskörperschaft und ihrer Repräsentanten in den Organen der AG ergibt sich aus ihr nicht. Im AktG selbst finden sich als „Sondervorschriften bei der Beteiligung von Gebietskörperschaften" nur die §§ 394, 395. Diese lockern die Verschwiegenheitspflicht der auf Veranlassung einer Gebietskörperschaft entsandten oder gewählten Aufsichtsratsmitglieder, um ihnen die Erfüllung ihrer gegenüber der Gebietskörperschaft bestehenden Berichtspflichten zu ermöglichen (näher zum Regelungskonzept → § 394 Rn. 1). Ebenso wie dieses Informationsprivileg dienen auch die **§§ 53, 54 HGrG** dem Ziel einer effektiven Finanzkontrolle. Danach besteht bei mehrheitlicher Beteiligung der Gebietskörperschaft das Recht nicht nur auf eine erweiterte Abschlussprüfung, sondern unter bestimmten Voraussetzungen auch auf eine örtliche Unterrichtung durch die Rechnungsprüfungsbehörde (→ Rn. 68 ff.). Das allgemeine Aktienrecht modifizierende Regelungen treffen schließlich die zur Bekämpfung der Finanzmarktkrise 2008/2009 erlassenen Finanzmarktstabilisierungsgesetze (→ Rn. 67). Nur ergänzende verwaltungsinterne Regelungen finden sich demgegenüber in den Haushaltsordnungen (→ Rn. 33 ff.). Diese gesetzgeberische Enthaltsamkeit legt es nahe, dass im Übrigen das allgemeine Aktienrecht auch bei Beteiligung der öffentlichen Hand uneingeschränkt anzuwenden ist (→ Rn. 22 ff.) und es Sache der Gebietskörperschaft ist, durch eine entsprechende Gestaltung der Satzung die Erfüllung ihrer öffentlichen Aufgaben zu gewährleisten (→ Rn. 106 ff.).

3    **2. Zulässigkeit der Beteiligung.** Gesellschaftsrechtlich ist die Beteiligung einer Gebietskörperschaft an einer AG ohne Weiteres möglich (→ § 2 Rn. 13 f.).³ Die Frage nach der Zulässigkeit der Beteiligung ist daher vor allem eine solche des Wirtschaftsverfassungs- und Wirtschaftsverwaltungsrechts.⁴ Sowohl der EUV wie das GG lassen eine wirtschaftliche Betätigung der öffentlichen Hand im Grundsatz zu. Jedoch sind namentlich aus dem **Verfassungsrecht** Grenzen abzuleiten. So folgt aus dem Grundsatz der Volkssouveränität und der Finanzverfassung, dass eine rein erwerbswirtschaftliche Tätigkeit unzulässig ist, eine Gebietskörperschaft sich vielmehr nur zur Verfolgung bestimmter öffentlicher Ziele an einer AG beteiligen darf.⁵ Soweit nicht die Selbstverwaltungsgarantie des Art. 28 Abs. 2 GG eingreift, bedarf die wirtschaftliche Betätigung der öffentlichen Hand nach hM weiterhin einer einfachgesetzlichen Grundlage, wobei nach verbreiteter Auffassung die bestehenden haushaltsrechtlichen Bestimmungen den verfassungsrechtlichen Anforderungen genügen.⁶ Innerhalb dieses Rahmens genießt die öffentliche Hand sodann Formenwahlfreiheit,

---

² Vgl. BeckOGK/*Schall* § 394 Rn. 3; Grigoleit/*Rachlitz* §§ 394, 395 Rn. 2: „fragmentarisch"; K. Schmidt/Lutter/*Oetker* Rn. 1; Hüffer/Koch/*Koch* § 394 Rn. 1.

³ Kölner Komm AktG/*Kersting* §§ 394, 395 Rn. 12.

⁴ K. Schmidt/Lutter/*Oetker* Rn. 6; ähnlich Kölner Komm AktG/*Kersting* §§ 394, 395 Rn. 13.

⁵ BVerfGE 61, 82 (107 f.) = NJW 1982, 2173; BVerwGE 39, 329 = DB 1972, 1332; *Rittner/Dreher* Eur/DEU WirtschaftsR § 11 Rn. 49, 56; *Mann,* Die öffentlich-rechtliche Gesellschaft, 2002, 96; *Schink* NVwZ 2002, 129 (133 ff.); *R. Schmidt* ZGR 1996, 345 (349); Großkomm AktG/*Huber/Fröhlich* Rn. 13.

⁶ *Storr,* Der Staat als Unternehmer, 2001, 152 ff., 411 ff.; *Mann,* Die öffentlich-rechtliche Gesellschaft, 2002, 74 ff.; *Rittner/Dreher* Eur/DEU WirtschaftsR § 11 Rn. 20, 51; *Spannowsky* ZGR 1996, 400 (406 ff.).

ihr stehen mithin die Rechtsformen des Privatrechts grundsätzlich in derselben Weise offen wie anderen juristischen Personen.[7]

Weitergehende Schranken ergeben sich aus dem **Haushaltsrecht.** Diese zielen darauf **4** ab, eine wirtschaftliche Verwendung öffentlicher Mittel zu gewährleisten und eine unangemessene Beeinträchtigung der Privatwirtschaft zu verhindern. So lassen § 65 BHO und die entsprechenden Vorschriften der Landeshaushaltsordnungen eine Beteiligung nur zu, wenn (1) der angestrebte Zweck nicht besser und wirtschaftlicher in anderer Weise erreicht werden kann, (2) die Haftung der Gebietskörperschaft begrenzt, (3) ein angemessener Einfluss der öffentlichen Hand gewährleistet und (4) ein Jahresabschluss nach den Regeln für große Kapitalgesellschaften aufgestellt und geprüft wird.[8] Die im Einzelnen voneinander abweichenden Kommunalgesetze wiederum knüpfen die wirtschaftliche Betätigung der Gemeinden regelmäßig an die Voraussetzungen der öffentlichen Zweckverfolgung,[9] der Verhältnismäßigkeit sowie der Subsidiarität, also der fehlenden Möglichkeit anderweitiger Zweckerfüllung.[10] Oftmals sind bestimmte Wirtschafts- oder Tätigkeitsbereiche (wie Bildung, Umweltschutz, Gesundheitswesen, Energie- und Wasserversorgung, öffentlicher Verkehr) von der Subsidiaritätsklausel ausgenommen. Andererseits erstrecken manche Gemeindeordnungen die Prüfung der Subsidiarität auch auf die Wahl der spezifischen Rechtsform. Demnach darf eine Gemeinde ein Unternehmen in der **Rechtsform der AG** nur gründen oder sich an einem solchen beteiligen, wenn der öffentliche Zweck nicht ebenso gut in einer anderen Rechtsform erfüllt werden kann (vgl. § 108 Abs. 4 GO NRW, § 87 Abs. 2 GO RhPf, § 122 Abs. 3 HGO).[11]

**3. Praktische Bedeutung und Erscheinungsformen.** Die öffentliche Hand ist auf **5** allen Ebenen als Gesellschafter an Unternehmen in privatrechtlicher Form beteiligt. Überwiegend und insbesondere im kommunalen Bereich[12] wird die Rechtsform der GmbH gewählt, weil sie im Vergleich zur AG flexibler ist und sich leichter dem Einfluss der Gebietskörperschaft öffnet (vgl. → Rn. 4 aE zu dahingehenden rechtlichen Vorgaben). Vor allem im Bereich des Bundes und der Länder ist die öffentliche Hand aber auch an Aktiengesellschaften beteiligt. Für die Rechtsform der AG spricht, dass sie **klare Verantwortlichkeiten** schafft. Die eigenverantwortliche Leitung durch den Vorstand nach § 76 schützt die Kontinuität der Unternehmensführung gegen politische Tageseinflüsse.[13] Durch die Zusammensetzung des Aufsichtsrats können die besonderen Gesichtspunkte der öffentlichen Hand, sachverständiger Rat aus der Privatwirtschaft und die Mitbestimmung der Arbeitnehmer in die Planung und Willensbildung der Gesellschaft integriert werden. Die Rechtsform der AG wird namentlich gewählt, wenn eine Privatisierung beabsichtigt ist (→ Rn. 9).[14]

Die **Gründe und die Betätigungsfelder** sind unterschiedlich und Gegenstand eines **6** umfangreichen vorwiegend öffentlich-rechtlichen Schrifttums. Sie liegen insbesondere in

---

[7] *Mann,* Die öffentlich-rechtliche Gesellschaft, 2002, 74 ff.; *Rittner/Dreher* Eur/DEU WirtschaftsR § 11 Rn. 19; K. *Schmidt/Lutter/Oetker* Rn. 7; Großkomm AktG/*Huber/Fröhlich* Rn. 1.

[8] Eingehend dazu Heuer/Scheller/*Kautzsch* BHO § 65 Rn. 20 ff.; Piduch/*Nörbaß* BHO § 65 Rn. 7 ff.; s. daneben die „Hinweise für eine gute Beteiligungsführung bei Bundesunternehmen" (→ Rn. 12), Tz. 7 ff.

[9] Der öffentliche Zweck muss die Beteiligung „erfordern" oder – weniger streng – „rechtfertigen".

[10] Näher *Rittner/Dreher* Eur/DEU WirtschaftsR § 11 Rn. 70 ff.; *Uechtritz/Otting/Olgemüller* in Hoppe/ Uechtritz/Reck KommUnt-HdB § 6 Rn. 49 ff.; vgl. auch *Lammers* DÖV 2018, 303 (308).

[11] Näher dazu VGH Kassel AG 2013, 35 (38) = NVwZ-RR 2012, 566; *Böttcher/Krömker* NZG 2001, 590; *Hellermann* in Hoppe/Uechtritz/Reck KommUnt-HdB § 7 Rn. 113; für einen Vorrang des GmbH-Rechts aus verfassungsrechtlicher Sicht Großkomm AktG/*Huber/Fröhlich* Rn. 34; *Huber/Fröhlich* FS Coester-Waltjen, 2015, 1127 (1135); R. *Schmidt* ZGR 1996, 345 (358); ähnlich *Bayer* AG 2012, 141 (153).

[12] Im Jahre 2001 wurden von den 963 Mitgliedunternehmen des Verbandes kommunaler Unternehmen 273 als Eigenbetrieb, 544 als GmbH und 52 als AG geführt, Zahlen nach *Will* VerwArch 94 (2003), 248; vgl. daneben *Bayer/Hoffmann* AG 2009, R 371; *Papenfuß* ZögU 2010, 97.

[13] *Altmeppen* NJW 2003, 2561 f.; *Wehrstedt* MittRhNotK 2000, 269 (272 f.); K. *Schmidt/Lutter/Oetker* Rn. 2; Grigoleit/*Rachlitz* §§ 394, 395 Rn. 6; aus rechtsökonomischer Sicht *Traut,* Die Corporate Governance von Kapitalgesellschaften der öffentlichen Hand, 2013, 168 ff.

[14] *Harbarth* ZGR 1998, 810 (811).

den Bereichen der Daseinsvorsorge (Versorgung mit Strom, Gas und Wasser), des Wohnungsbaus, des Verkehrs (Flughäfen, ÖPNV, Kanalbau) und der Gesundheit (Kliniken, Altenheime, Rettungsdienst).[15] Zur Stützung des Finanzsektors ist im Zuge der Finanzmarktkrise der Jahre 2008/09 die Möglichkeit einer erleichterten Beteiligung durch den **Finanzmarktstabilisierungsfonds** als ein Sondervermögen des Bundes geschaffen worden (→ Rn. 67); davon ist bei der Commerzbank und der HRE (Hypo Real Estate) Gebrauch gemacht worden. Der Bund ist auch an den Nachfolgeunternehmen der Deutschen Bundespost (Deutsche Post AG, Deutsche Telekom AG) sowie an der Deutsche Bahn AG und an Banken mit speziellen Finanzierungsaufgaben (insbesondere KfW) beteiligt.[16] Als Rechtsnachfolger des früheren Deutschen Reichs waren Bund und Länder zunächst auch in größerem Umfang an Industrieunternehmen beteiligt, die ihre Entstehung vorwiegend Autarkiebestrebungen verdankten. Von ihnen hat sich der Bund im Zuge seiner Privatisierungspolitik im Wesentlichen getrennt; namentlich von den ihm früher allein gehörenden Unternehmen Salzgitter AG, VIAG AG, Prakla-Seismos AG sowie von seinen Beteiligungen an der Volkswagen AG, der früheren VEBA AG (heute E.ON) und der Saarbergwerke AG.[17] Auch die Länder haben ihren Industriebesitz zurückgeführt oder sind dabei, ihn zurückzuführen. Doch ist etwa das Land Niedersachsen noch an der Volkswagen AG beteiligt.

7    In Bezug auf die Eigentumsverhältnisse besteht eine große Vielfalt. Oft ist allein die öffentliche Hand beteiligt. **Alleinbeteiligungen** einer einzigen Gebietskörperschaft entstehen, wenn die Gebietskörperschaft entsprechend einer derzeitigen Tendenz Aufgaben, die sie bisher unmittelbar oder über Eigenbetriebe durchgeführt hat, in der Form einer privatrechtlichen Gesellschaft fortführt. Andere allein der öffentlichen Hand gehörende Gesellschaften beruhen auf einem Zusammenschluss mehrerer Gebietskörperschaften, teilweise unter Beteiligung von Körperschaften und Anstalten des öffentlichen Rechts. Zu dieser Beteiligungsform kommt es vor allem, wenn sich Gebietskörperschaften zu überörtlicher Daseinsvorsorge zusammenschließen. In diesen Fällen wird die Höhe der Beteiligung oft nach dem Anteil der einzelnen Gebietskörperschaft am Gesamtabsatz abgestuft, so dass auch kleine Splitterbeteiligungen vorkommen.

8    In vielen Fällen sind aber neben der öffentlichen Hand auch Private beteiligt. Die öffentliche Hand ist dabei teilweise Mehrheitsaktionär, teilweise auch Minderheitsaktionär wie der Bund bei der Deutsche Post AG, der Deutsche Telekom AG und der Commerzbank AG oder das Land Niedersachsen bei der Volkswagen AG. Der private Anteil liegt gelegentlich in einer Hand, dann meist in der Hand eines Unternehmens, oft handelt es sich aber um Streubesitz. Typisch ist dies bei öffentlichen Unternehmen im Übergang auf eine Vollprivatisierung, wie sie zB bei der Deutsche Post AG oder der Telekom AG beabsichtigt ist. Die Aktien sind dann in der Regel bereits an der Börse zugelassen.

9    Das Gesamtbild der Beteiligungen von Gebietskörperschaften wurde längere Zeit durch die wirtschafts- und finanzpolitische Tendenz zur **Privatisierung**[18] gekennzeichnet. Im typischen Ablauf werden als erster Schritt zu einer solchen Privatisierung Bereiche öffentlicher Tätigkeit oder Unternehmen oder Anstalten des öffentlichen Rechts in eine privatrechtliche Rechtsform umgewandelt (Organisations- oder formelle Privatisierung).[19] Weitere Schritte sind die Übertragung von Anteilen an Private in einem oder mehreren Schritten. Die öffentliche Hand bleibt dabei in vielen Fällen beteiligt, oft jedenfalls zunächst sogar mit Mehrheit. Der öffentliche Einfluss soll in einigen Fällen auch nach der geplanten vollständigen Übertragung

[15] So auch K. Schmidt/Lutter/*Oetker* Rn. 2.
[16] Im Einzelnen der alljährliche „Beteiligungsbericht" des Bundesministeriums der Finanzen.
[17] Rückblick bei *Eichel* ZfK 2000, 274 (275).
[18] Zu den Gründen dieser Tendenz R. *Schmidt* ZGR 1995, 345 (348); *Spannowski* ZGR 1996, 400 (401 ff.); *Schoch* DÖV 1993, 377 (382 f.); speziell zu verfassungsrechtlichen Fragen *Gramlich* BB 1990, 1493; krit. *Erbguth/Stollmann* DÖV 1993, 798 (801 ff., 809).
[19] ZB die Deutsche Bahn AG. Zu den Begriffen und Stufen der Privatisierung R. *Schmidt* ZGR 1996, 345 (347); *Schoch* DÖV 1993, 377 (378); *Schoch* DVBl. 1994, 962 ff.; *Kahl* DVBl. 1995, 1327 (1331 f.). Beispiele für die Umwandlung von Anstalten in eine privatrechtliche Rechtsform unter Angabe jeweils der sondergesetzlichen Grundlagen bei *Busch* AG 1997, 357 (359).

der Anteile in private Hände begrenzt dadurch erhalten bleiben, dass eine „Regulierungsbehörde" die öffentlichen Interessen namentlich bei der Tarifgestaltung zur Geltung bringt. Die Gründe der Privatisierung sind vielfältig. In den Fällen der rechtlichen Verselbstständigung von Verwaltungsaufgaben durch Übertragung auf eine von der oder den Gebietskörperschaften gegründete AG oder GmbH soll die Ausgliederung aus dem Verwaltungsbereich zu mehr Flexibilität führen und eine Erfolgskontrolle nach den in der Privatwirtschaft üblichen Kriterien ermöglichen. Die Zusammenarbeit mit Unternehmen der Privatwirtschaft wird durch die der Privatwirtschaft vertraute Gesellschaftsform erleichtert. In jüngerer Zeit steht dem ein gewisser Trend zur Etatisierung und vor allem **Rekommunalisierung** gegenüber.[20] Maßgeblich dafür sind oftmals ein Vertrauensverlust in die Leistungsfähigkeit privatwirtschaftlicher Strukturen, enttäuschte Erwartungen hinsichtlich der Aufgabenerfüllung und Kostenentwicklung sowie der Wunsch nach stärkerer politischer Einflussnahme.

Für die Zusammenarbeit von öffentlicher Hand und Privaten in sog. **gemischtwirt-** 10 **schaftlichen Unternehmen**[21] sprechen oft wirtschaftliche Gründe. Vor allem im Bereich der Daseinsvorsorge (Gas, Strom, Wasser), aber auch des Regionalverkehrs hat sich das gemischtwirtschaftliche Unternehmen als institutionelle Basis der Zusammenarbeit von öffentlicher Hand und privaten Anbietern oder Abnehmern bewährt. Hier verfügen die privaten Beteiligten oft über besonderes technisches Wissen oder über Erfahrungen im Management. Heute führen aber auch zunehmend Finanzierungserfordernisse, denen die öffentliche Hand angesichts der angespannten Haushaltslage nicht entsprechen kann, zur Aufnahme von privatem Kapital.[22] Die unterschiedliche Motivation – Verfolgung eines öffentlichen Interesses hier und Gewinnmaximierung dort – kann zu offenen oder latenten Konflikten zwischen den Beteiligten führen.[23]

**4. Public Corporate Governance. a) Diskussion und Entwicklung.** Die Diskus- 11 sion über Grundsätze guter Unternehmensführung betraf zunächst vorrangig kapitalmarktorientierte Unternehmen. Sie mündete in die Verabschiedung des DCGK, über dessen Einhaltung sich die betroffenen Gesellschaften nach § 161 zu erklären haben. Alsbald wurde aber auch nach Standards für solche Unternehmen gefragt, an denen die öffentliche Hand beteiligt ist.[24] Nicht wenige öffentliche Unternehmen haben daher freiwillig eine Erklärung zum DCGK abgegeben oder selbst erstellte Verhaltensrichtlinien veröffentlicht. Diese haben den Vorzug, dass sie den rechtlichen und tatsächlichen Besonderheiten öffentlicher Unternehmen gezielt Rechnung tragen können. Zunehmend setzte sich indessen die Erkenntnis durch, dass die nicht wenigen Eigenheiten öffentlicher Unternehmen die Erstellung eines eigenen Public Corporate Governance Kodex rechtfertigen.[25] Vorarbeiten für einen solchen finden sich in den OECD-Grundsätzen über Corporate Governance für Staatsunternehmen aus dem Jahre 2005.[26] Beachtung fanden auch die Regelungen im Berliner Betriebe-Gesetz aus dem Jahre 2006[27] sowie die Kodizes anderer Länder und Kommunen.[28]

**b) Public Corporate Governance Kodex des Bundes.** Für den Bund hat die **Bun-** 12 **desregierung** am 1.7.2009 die aus drei Teilen bestehenden „Grundsätze guter Unterneh-

---

[20] Vgl. etwa *Bauer* DÖV 2012, 329; *Bauer* JZ 2014, 1017; *Brüning* VerwArch 100 (2009), 453; *Collin* JZ 2011, 274; *Leisner-Egensperger* NVwZ 2013, 1110.
[21] Eingehend *Habersack* ZGR 1996, 544 (548).
[22] Auf die im öffentlichen Recht erörterte Frage, ob es von der Verfassung her Grenzen für die „Unterwerfung unter private Leitungsmacht" gibt, ist hier nicht einzugehen; dazu etwa LAG Berlin AG 1996, 140 (142); *Raiser* ZGR 1996, 458 (470).
[23] Näher Semler/v. Schenck/*Gasteyer* Exkurs 3 Rn. 7.
[24] *Preussner* NZG 2005, 575; *Preussner* LKV 2003, 210; *Schwintowski* NVwZ 2001, 607; *Kirschbaum* BKR 2006, 139; *Alsheimer/Jacob/v. Wietzlow* WPg 2006, 937; *Bremeier/Brinckmann/Kilian/Schneider* ZögU 2005, 267; *Ruter* ZögU 2004, 389; *Gemkow* ZCG 2010, 65; *N. Meier* KommJur 2008, 451: Muster eines Public Corporate Governance Kodex.
[25] Vgl. *Schürnbrand* ZIP 2010, 1105 (1107); *Fleischer* ZGR 2012, 160 (187).
[26] Eingehend dazu *U. H. Schneider* AG 2005, 494.
[27] Gesetz vom 14.7.2006, GVBl. 2006, 827; dazu *Preussner* NZG 2006, 896.
[28] Zusammengestellt unter www.publicgovernance.de (zuletzt abgerufen am 23.11.2020); s. daneben *Pidun*, Public Corporate Governance Kodizes, 2015, 13 ff.; *Hartmann/Zwirner* PCGK Kap. A. IV.

---

mens- und Beteiligungsführung im Bereich des Bundes" verabschiedet:[29] Teil A beinhaltet den Public Corporate Governance Kodex des Bundes (→ Rn. 13). In Teil B sind die überarbeiteten **„Hinweise für gute Beteiligungsführung bei Bundesunternehmen"** aufgenommen, die sich als Verwaltungsvorschrift an die beteiligungsführenden Stellen des Bundes richten und diesen Empfehlungen und Anregungen zu guter Beteiligungsführung an die Hand geben.[30] Teil C schließlich enthält „Berufungsrichtlinien", an denen die Berufung von Persönlichkeiten in die Geschäftsleitungs- und Überwachungsorgane von Unternehmen mit Bundesbeteiligung zu orientieren ist, soweit der Bund Einfluss auf die Besetzung hat.

13    Der **Public Corporate Governance Kodex des Bundes** (PCGK) richtet sich im Grundsatz an alle Unternehmen, die in der Rechtsform einer juristischen Person des Privatrechts organisiert sind und an denen der Bund eine Mehrheitsbeteiligung hält.[31] Daher sind seine Regelungen rechtsformübergreifend formuliert. Für juristische Personen des öffentlichen Rechts und Minderheitsbeteiligungen wird seine Einhaltung dagegen lediglich empfohlen. Überhaupt nicht anwendbar ist er schließlich auf diejenigen kapitalmarktaktiven Unternehmen, die eine Entsprechenserklärung zum DCGK nach § 161 abzugeben haben. Wie dieser enthält auch der PCGK neben einer Beschreibung des geltenden Rechts Empfehlungen und Anregungen für eine gute und verantwortungsvolle Unternehmensführung; nicht Bestandteil des PCGK sind dagegen die hinzugefügten Anmerkungen, die seine Inhalte und Zielsetzungen näher erläutern. Auch nach seiner Neufassung 2020 folgt der PCGK noch dem Vorbild des mittlerweile nicht mehr aktuellen DCGK 2017 und gliedert sich mithin in die Abschnitte Anteilseigner, Zusammenwirken von Geschäftsleitung und Überwachungsorgan, Transparenz sowie Rechnungslegung und Abschlussprüfung. Ein inhaltlicher Schwerpunkt liegt bei der Behandlung von Interessenkonflikten und der angemessenen Vergütung der Organmitglieder. **Abweichungen zum DCGK** betreffen etwa die Bestellungsdauer von Mitgliedern der Geschäftsleitung (Ziff. 5.2.4 PCGK) und die restriktivere Handhabung der Zulässigkeit einer D&O-Versicherung (Ziff. 4.3.2 PCGK), der Kreditgewährung an Organmitglieder (Ziff. 4.4 PCGK), der Übertragung von Entscheidungskompetenzen auf Ausschüsse des Aufsichtsrats (Ziff. 6.1.5 PCGK)[32] sowie von Beraterverträgen mit Aufsichtsratsmitgliedern (Ziff. 6.4.2 PCGK). Kritisch anzumerken ist, dass das spezifisch „Öffentliche" und damit der Unterschied zum privatwirtschaftlichen DCGK zu wenig operationalisiert ist.[33] Insbesondere bleibt der PCGK gerade in der zentralen Frage nach Definition und Durchsetzung der öffentlichen Zielsetzung überaus vage (vgl. Präambel PCGK und Ziff. 5.1.1 PCGK).

14    **c) Adressaten und Umsetzung der Kodizes.** Die Public Corporate Governance Kodizes haben durchweg eine doppelte Stoßrichtung.[34] Sie richten sich zum einen an die Beteiligungsverwaltung und haben insofern den Charakter verbindlicher interner Verwaltungsanweisungen.[35] Zum anderen zielen sie auf die Verwaltungsorgane der Gesellschaft selbst, ohne diese allerdings unmittelbar verpflichten zu können. Deshalb sollen Geschäftsleitung und Aufsichtsorgan jährlich erklären, dass sie den Empfehlungen des Kodex entsprechen und etwaige Abweichungen begründen (Mechanismus des „comply or explain"). Eine

---

[29] GMBl. 2011, 410; umfassend dazu *Hartmann/Zwirner* PCGK, 2015.
[30] Zuvor „Hinweise für die Verwaltung von Bundesbeteiligungen", GMBl. 2001, 950.
[31] Näher zum Folgenden *Caruso* NZG 2009, 1419; *Ellerich/Schulte/Radde* ZCG 2009, 201; *Schürnbrand* ZIP 2010, 1105; *Marsch-Barner* FS Schneider, 2011, 771; *K. Hommelhoff* FS Hommelhoff, 2012, 447; zur Übertragbarkeit auf kommunale Unternehmen *Mühl-Jäckel* LKV 2010, 209 (212 f.).
[32] Krit. *K. Hommelhoff* FS Hommelhoff, 2012, 447 (457 f.).
[33] *Budäus/Hilgers* in Hommelhoff/Hopt/v. Werder, Handbuch Corporate Governance, 2. Aufl. 2010, 883, 900; *Ellerich/Schulte/Radde* ZCG 2009, 201 (207); *Schürnbrand* ZIP 2010, 1105 (1108); *Marsch-Barner* FS Schneider, 2011, 771 (786); *K. Hommelhoff* FS Hommelhoff, 2012, 447 (455); *Pidun*, Public Corporate Governance Kodizes, 2015, 53, 55.
[34] Näher *Weber-Rey/Buckel* ZHR 177 (2013), 13 (37 f.).
[35] *Raiser* ZIP 2011, 353 (354); *Weber-Rey/Buckel* ZHR 177 (2013), 13 (39); s. auch Semler/v. Schenck/Gasteyer Exkurs 3 Rn. 16.

gesetzliche Verpflichtung zur Abgabe einer solchen **Entsprechenserklärung** nach dem Vorbild des § 161 besteht jedoch nicht, vielmehr muss eine Verpflichtung hierzu in der Satzung verankert werden. Eine entsprechende Ergänzung der Satzung der AG ist im Ergebnis zulässig,[36] setzt jedoch eine satzungsändernde Mehrheit des öffentlichen Rechtsträgers voraus; etwaige private Anteilseigner sind nicht verpflichtet, der Satzungsänderung zuzustimmen. Sie ist zwar vor dem Hintergrund des § 23 Abs. 5 nicht unproblematisch, da durch die Erklärungspflicht und den empfundenen Befolgungsdruck die satzungsfeste Organisationsautonomie der Verwaltungsorgane immerhin tatsächlich tangiert wird. Jedoch bleiben nach dem Konzept des „comply or explain" Abweichungen von den Empfehlungen gerade nicht nur rechtlich, sondern auch tatsächlich möglich.

## III. Einfluss des öffentlichen Rechts auf die Organisationsverfassung

**1. Unionsrechtliche Vorgaben. a) Wettbewerbsregeln.** Bei der näheren Ausgestal- 15 tung des Rechts der AG mit Beteiligung der öffentlichen Hand sind die Vorgaben des europäischen Gemeinschaftsrechts zu beachten. Zunächst verbietet Art. 106 Abs. 1 AEUV den Mitgliedstaaten, ihre öffentlichen Unternehmen entgegen den Vorgaben der Verträge zu beeinflussen. Sodann stellt Art. 106 Abs. 2 AEUV klar, dass auch die Unternehmen, die mit Dienstleistungen von allgemeinem wirtschaftlichen Interesse betraut sind, an die wettbewerblichen Vorschriften der Verträge gebunden sind, soweit die Anwendung dieser Vorschriften nicht die Erfüllung der ihnen übertragenen besonderen Aufgabe rechtlich oder tatsächlich verhindert. Noch nicht abschließend ausgelotet, aber insgesamt potentiell weitreichend ist sodann das **Beihilfeverbot** des Art. 107 AEUV (vgl. → Rn. 61 aE). Insgesamt betont das Unionsrecht den Aspekt der Gleichbehandlung privater und öffentlicher Unternehmen. Dieses Leitbild steht in einem Spannungsverhältnis zu den aus dem nationalen Verfassungsrecht hergeleiteten Ingerenzpflichten der öffentlichen Hand, die auf eine Indienstnahme des Unternehmens für den öffentlichen Zweck gerichtet sind (→ Rn. 22).[37]

**b) Kapitalverkehrsfreiheit.** Besondere Bedeutung kommt der in Art. 63 AEUV (früher 16 Art. 56 EGV) verankerten Kapitalverkehrsfreiheit zu. Der EuGH hat in seiner Rechtsprechungslinie zu den sog. „**Golden Shares**" festgestellt, dass diese nicht nur reine Portfolio-, sondern auch Direktinvestitionen erfasst und daher auch das Recht schützt, der eingegangenen Kapitalbeteiligung entsprechend an der tatsächlichen Verwaltung und Kontrolle der Gesellschaft mitwirken zu dürfen.[38] Er hat deshalb mehrfach staatliche Sonderrechte in privatisierten Aktiengesellschaften beanstandet, die der öffentlichen Hand abweichend vom allgemeinen Gesellschaftsrecht über ihre Kapitalbeteiligung hinausreichende Mitverwaltungsrechte in Form von Zustimmungsvorbehalten oder Entsendungsrechten gewährt haben. Als Beschränkung sieht er insofern jede Maßnahme an, die geeignet ist, Anleger aus anderen Mitgliedstaaten davon abzuhalten, in das Kapital dieses Unternehmens zu investieren. Eine Rechtfertigung der Beschränkung kommt nur aus den in Art. 65 AEUV (früher Art. 58 EGV) genannten Gründen oder aus zwingenden Gründen des Allgemeinwohls in Betracht. Letzteres setzt voraus, dass die nicht nach der Staatsangehörigkeit differenzierende

---

[36] *Schürnbrand* ZIP 2010, 1105 (1110); *Marsch-Barner* FS Schneider, 2011, 771 (775); *Weber-Rey/Buckel* ZHR 177 (2013), 13 (40 f.); *Semler/v. Schenck/Gasteyer* Exkurs 3 Rn. 17; vgl. § 24 Satzung Deutsche Bahn AG; aA *Hüffer/Koch/Koch* § 394 Rn. 3; *Raiser* ZIP 2011, 353 (357); *K. Hommelhoff* FS Hommelhoff, 2012, 447 (451); *Traut*, Die Corporate Governance von Kapitalgesellschaften der öffentlichen Hand, 2013, 82 f.; *Pidun*, Public Corporate Governance Kodizes, 2015, 27 f.

[37] Eingehend *Traut*, Die Corporate Governance von Kapitalgesellschaften der öffentlichen Hand, 2013, 181 ff., 285 ff.; s. daneben *Hartmann/Zwirner* BOARD 2013, 155 (157 f.); *Früchtl*, Die Aktiengesellschaft als Rechtsform für die wirtschaftliche Beteiligung der öffentlichen Hand, 2009, 18 ff.

[38] Vgl. etwa EuGH Slg. 2002, I-4731 = NZG 2002, 632; Slg. 2003, I-4581 = NZG 2003, 679; Slg. 2006, I-9141 = NZG 2006, 942; Slg. 2007, I-10 419 = ZIP 2008, 21; Slg. 2009, I-2291 = NZG 2009, 906; Slg. 2010, I-6817 = NZG 2010, 983; Slg. 2010, I-11241 = NZG 2010, 1382; Slg. 2011, I-10889 = NZG 2011, 1339; näher → 4. Aufl. 2017, Europäische Niederlassungsfreiheit Rn. 679 ff.; daneben etwa *Habersack/Verse* EuGesR § 3 Rn. 33 ff.; *Lutter/Bayer/Schmidt* EurUnternehmensR § 15.

Maßnahme verhältnismäßig ist.[39] Dagegen hat der Gerichtshof eine Einschränkung der Kapitalverkehrsfreiheit anhand der Grundsätze der „Keck"-Rspr. (keine Kontrolle bloßer Verkaufsmodalitäten) abgelehnt.[40]

17    In Fortsetzung der genannten Rechtsprechungslinie wurden auch zentrale Vorschriften des deutschen **VW-Gesetzes**[41] in seiner ursprünglichen Fassung für gemeinschaftsrechtswidrig erklärt.[42] Davon betroffen waren zum einen die Sonderrechte der Bundesrepublik Deutschland und des Landes Niedersachsen zur Entsendung von Aufsichtsratmitgliedern. Zum anderen wurden die Beschränkung des Stimmrechts auf maximal 20% sowie die Absenkung der Sperrminorität in Grundlagenentscheidungen auf ebenfalls 20% in ihrem Zusammenspiel beanstandet.[43] Aufgeworfen ist damit aber zugleich die Frage nach der Vereinbarkeit der §§ 53, 54 HGrG und der §§ 394, 395 mit höherrangigem Europarecht (→ Rn. 70; → § 394 Rn. 7). Schließlich ergeben sich Grenzen auch für satzungsmäßige Sonderregeln zu Gunsten der öffentlichen Hand (→ Rn. 106). Insgesamt kommt daher der Bestimmung des **Anwendungsbereichs der Rspr.** zu den „Golden Shares" große Bedeutung zu. Dabei fällt auf, dass die bisherigen Verfahren durchweg kapitalmarktorientierte Gesellschaften betrafen. Für eine dahingehende Beschränkung sprechen auch gute Gründe, denn in anderen Fällen dürfte die Annahme, eine Regelung verhindere gerade auch grenzüberschreitende Geschäfte, vielfach als bloß hypothetisch zu qualifizieren sein.[44] Eine generelle Ausnahme zugunsten aller nicht börsennotierten Gesellschaften dürfte sich freilich mit der Systematik der Kapitalverkehrsfreiheit nicht in Einklang bringen lassen.[45]

18    Im Hinblick auf die in §§ 394, 395 niedergelegten **Einschränkungen der Verschwiegenheitspflicht** kommt es maßgeblich darauf an, ob Kapitalanleger aus anderen Mitgliedstaaten davon abgehalten werden könnten, in deutsche Unternehmen zu investieren.[46] Es ist zu Recht darauf hingewiesen worden, dass die Entscheidungen, in denen der EuGH Beschränkungen der Kapitalverkehrsfreiheit angenommen hat, insbesondere Sonderrechte der öffentlichen Hand bezüglich Einfluss- und Kontrollmöglichkeiten betrafen.[47] Demgegenüber ist die Eingriffsintensität der §§ 394, 395 geringer, weil sie lediglich die Verschwiegenheitspflicht der Aufsichtsratmitglieder modifizieren.[48] Darin liegen keine zusätzlichen oder überproportionalen Einflussrechte, sondern **Modalitäten der Beteiligungsverwaltung der öffentlichen Hand,** die Vermögens- und Mitverwaltungsrechte der anderen Aktionäre nicht verändern oder verwässern.[49] Jedenfalls solange die Erweiterung der Verschwiegenheitspflicht auf Personen, die damit betraut sind, die Beteiligung einer Gebietskör-

---

[39]  Das wurde bislang allein in EuGH Slg. 2003, I-4809 = NJW 2002, 2303 bejaht.

[40]  EuGH Slg. 2010, I-11241 Rn. 65 ff. = NZG 2010, 1382.

[41]  Gesetz über die Überführung der Anteilsrechte an der Volkswagenwerk Gesellschaft mit beschränkter Haftung in private Hand vom 21.7.1960, BGBl. 1960 I 1149; Neufassung durch Änderungsgesetz vom 8.12.2008, BGBl. 2008 I 2369.

[42]  EuGH Slg. 2007, I-8995 = NJW 2007, 3481; vgl. dazu *Kämpf,* Staatseinfluss auf die Volkswagen AG, 2010; *Kerber* NZG 2008, 9; *Kilian* NJW 2007, 3469; *Pläster* EWS 2008, 173; *Teichmann/Heise* BB 2007, 2577; *Verse* GPR 2008, 31; *Verse* FS Klein, 2013, 701; *Behme* AG 2014, 841; Großkomm AktG/*Huber/Fröhlich* Rn. 36.

[43]  Klarstellend EuGH NJW 2014, 290 zur Einordnung des beschränkten Streitgegenstands *Verse* EuZ 2014, 4 (5 f.); für Einstufung auch der isolierten Regelungen als Beschränkung (und damit für Europarechtswidrigkeit auch des neugefassten Gesetzes) *Lieder* ZHR 172 (2008), 306 (338 f.); *Holle* AG 2010, 14 (18 f.); *Verse* FS Klein, 2013, 701 (707 ff.); aA LG Hannover ZIP 2009, 666; *Rapp-Jung/Bartosch* BB 2009, 2210 (2212 ff.).

[44]  *Grundmann/Möslein* ZGR 2003, 317 (334 f.); Großkomm AktG/*Grundmann* § 133 Rn. 38; *Traut,* Die Corporate Governance von Kapitalgesellschaften der öffentlichen Hand, 2013, 271 ff.; aA Kölner Komm AktG/*Kersting* §§ 394, 395 Rn. 105.

[45]  *Weller* in Gebauer/Wiedmann, Zivilrecht unter europäischem Einfluss, 2. Aufl. 2010, Kap. 18 Rn. 16a; Kölner Komm AktG/*Kersting* §§ 394, 395 Rn. 105.

[46]  Vgl. EuGH Slg. 2007, I-8995 Rn. 19 = NJW 2007, 3481; Kölner Komm AktG/*Kersting* §§ 394, 395 Rn. 102.

[47]  So insbes. Hölters/*Müller-Michaels* § 394 Rn. 8; näher auch Kölner Komm AktG/*Kersting* §§ 394, 395 Rn. 102.

[48]  Großkomm AktG/*Huber/Fröhlich* Rn. 37; Kölner Komm AktG/*Kersting* §§ 394, 395 Rn. 102; Hölters/*Müller-Michaels* § 394 Rn. 10; BeckOGK/*Schall* § 394 Rn. 17.

[49]  Ähnlich Großkomm AktG/*Huber/Fröhlich* Rn. 37.

perschaft zu verwalten (§ 395), die Preisgabe von Unternehmensinterna effektiv verhindert hat, erschien eine Beschränkung der Kapitalverkehrsfreiheit bislang unwahrscheinlich (→ § 394 Rn. 7).[50]

Im Anschluss an die **Entscheidung des BVerfG vom 7.11.2017** in Sachen Deutsche 19 Bahn AG,[51] kann man hiervon jedoch nicht mehr uneingeschränkt ausgehen. Das BVerfG hat in dieser Entscheidung ausgesprochen, dass die Verschwiegenheitspflicht der Vertreter des Bundes im Aufsichtsrat der Deutsche Bahn AG der Offenlegung von Geschäftsgeheimnissen der Deutsche Bahn AG gegenüber dem Deutschen Bundestag in öffentlicher Sitzung nicht grundsätzlich entgegenstünde; vielmehr könne die aktienrechtliche Verschwiegenheitspflicht gegenüber dem umfassenden Frage- und Informationsrecht des Deutschen Bundestags aus Art. 38 Abs. 1 GG, Art. 22 Abs. 2 S. 2 GG Im Einzelfall zurücktreten.[52] Der **parlamentarische Auskunftsanspruch** sei auf Beantwortung der gestellten Fragen in der Öffentlichkeit angelegt.[53] Das Auskunftsrecht des Parlaments erstrecke sich auf alles, was im Verantwortungsbereich der Regierung liege; hierzu zählten auch Unternehmen im Allein- oder Mehrheitsbesitz des Bundes.[54]

Aufgrund dieser Rspr. des BVerfG müssen Aktionäre von Unternehmen, an denen die 20 öffentliche Hand mehrheitlich beteiligt ist, künftig damit rechnen, dass **vertrauliche Informationen dem Parlament in öffentlicher Sitzung offengelegt** werden.[55] Dies könnte Kapitalanleger aus anderen Mitgliedstaaten davon abschrecken, in diese Unternehmen zu investieren.[56] Eine solche Zurückhaltung von Kapitalanlegern wäre jedenfalls bei Unternehmen von infrastruktureller Bedeutung oder „Systemrelevanz" anzunehmen, denn bei diesen Unternehmen muss stets damit gerechnet werden, dass hierzu Fragen im Parlament gestellt und diese von der Regierung beantwortet werden. Dadurch kann diesen Unternehmen ein Wettbewerbsnachteil gegenüber anderen Unternehmen entstehen, die ihre Geschäftsgeheimnisse uneingeschränkt geheim halten können. Dies wiederum kann zur Zurückhaltung von Kapitalanlegern führen (→ Rn. 27).

Keinesfalls begründet die Kapitalverkehrsfreiheit ein Recht zum Erwerb von Anteilen. 21 Ihr Anwendungsbereich ist daher nicht eröffnet, soweit die Anteilseigner ihre Anteile nicht veräußern möchten.[57] Ein gesetzliches Privatisierungsverbot hingegen unterfällt Art. 63 AEUV.[58]

**2. Verfassungsrecht. a) Ausgangspunkt: Ingerenzpflichten.** Die Beteiligung einer 22 Gebietskörperschaft an einer AG ist nur zur Erreichung eines öffentlichen Zwecks zulässig (→ Rn. 3). Die Gebietskörperschaft ist gehalten, für eine Durchsetzung der von ihr repräsentierten öffentlichen Interessen zu sorgen. Sie darf sich durch die Privatisierung ihren Bindungen nicht entziehen und unterliegt deshalb **Kontroll- und Einwirkungspflichten,** den sog. Ingerenzpflichten, welche schon aus dem Demokratie- und Rechtsstaatsprinzip abzuleiten sind.[59] Daran anknüpfend gibt das Haushaltsrecht den Gebietskörperschaften vor, sich einen angemessenen Einfluss auf die Gesellschaft zu sichern. Das kommt für den Bundesbereich in § 65 Abs. 1 Nr. 3, Abs. 6 BHO zum Ausdruck; weitergehend in Form

---

[50] BeckOGK/*Schall* § 394 Rn. 17; Großkomm AktG/*Huber/Fröhlich* Rn. 37; Hölters/*Müller-Michaels* § 394 Rn. 7; aA Kölner Komm AktG/*Kersting* §§ 394, 395 Rn. 105.

[51] BVerfGE 147, 50 = NVwZ 2018, 51.

[52] Vgl. BVerfGE 147, 50 Rn. 225, 296 = NVwZ 2018, 51.

[53] BVerfGE 147, 50 Rn. 200 = NVwZ 2018, 51.

[54] BVerfGE 147, 50 Rn. 214 ff. = NVwZ 2018, 51.

[55] Vgl. auch *Schockenhoff* NZG 2018, 521 (528).

[56] Vgl. *Schockenhoff* NZG 2018, 521 (528); andeutungsweise bereits vor der Entscheidung des BVerfG Kölner Komm AktG/*Kersting* §§ 394, 395 Rn. 102; zurückhaltend *Mann* AG 2018, 57 (59).

[57] *Traut,* Die Corporate Governance von Kapitalgesellschaften der öffentlichen Hand, 2013, 270.

[58] EuGH EuZW 2014, 61.

[59] BVerfGE 147, 50 Rn. 220 f. = NVwZ 2018, 51; vgl. BVerwGE 140, 300 Rn. 29 = NJW 2011, 3735; näher dazu *Bauer* VVDStRL 54 (1995), 243 (277 ff.); *Ehlers,* Verwaltung in Privatrechtsform, 1984, 124 ff.; *Mann,* Die öffentlich-rechtliche Gesellschaft, 2002, 56 ff.; *Spannowski* ZGR 1996, 400 ff.; *Schön* ZGR 1996, 429 ff.; *U. H. Schneider* AG 2005, 493 (494); *Raiser* ZGR 1996, 458 (475 ff.); s. auch *Traut,* Die Corporate Governance von Kapitalgesellschaften der öffentlichen Hand, 2013, 11 ff.

eines direkten Befehls vielfach in den GO, zB § 103 Abs. 1 Nr. 3 GemO BW; § 122 Abs. 1 Nr. 3 HGO; § 108 Abs. 1 Nr. 6 GO NRW.

23    Demgegenüber zeichnet sich das Aktienrecht durch eine große **Selbständigkeit der Verwaltungsorgane** gegenüber den Aktionären aus.[60] Daran ändert sich nach der Konzeption des AktG auch dann nichts, wenn die öffentliche Hand an der Gesellschaft beteiligt ist. Vielmehr zeigen Wortlaut, Entstehungsgeschichte und Systematik überdeutlich, dass die spezifisch an die Beteiligung von Gebietskörperschaften anknüpfenden Vorschriften der §§ 394, 395 und der §§ 53, 54 HGrG als abschließende Sondervorschriften ausgelegt sind und es im Übrigen bei der Geltung des allgemeinen Aktienrechts bewenden soll.[61] Aus der Gesetzgebung der Länder kann sich schon deshalb nichts Abweichendes ergeben, weil entsprechende Vorschriften vor dem Hintergrund der abschließenden bundesrechtlichen Regelung gegen Art. 31 GG verstießen.[62] Der nur begrenzte Einfluss der Gebietskörperschaft auf die Willensbildung der Gesellschaft muss aus Sicht des öffentlichen Rechts problematisch bleiben und hat zu einem Misstrauen zahlreicher Kommunalgesetze gegen die Rechtsform der AG geführt (→ Rn. 4 aE).

24    **b) Die Lehre vom Verwaltungsgesellschaftsrecht. aa) These.** Im öffentlich-rechtlichen Schrifttum gibt es bisweilen Bestrebungen, über die Statuierung von Ingerenzpflichten der Verwaltung (→ Rn. 22) hinaus korrigierend in das System des privaten Gesellschaftsrechts einzugreifen. Am weitesten ging insofern die früher vertretene Ansicht, der zufolge sich die AG durch die öffentliche Indienstnahme zu einer staatlichen Institution wandle und daher vorrangig nach öffentlichem Recht zu beurteilen sei.[63] Neue Begründungsansätze plädieren dagegen dafür, das **Gesellschaftsrecht** im Lichte der Ingerenzpflichten **verfassungskonform auszulegen.**[64] Weil die öffentliche Hand auch bei privatrechtlichem Handeln ihre Bindungen nicht abstreifen dürfe, müsse das allgemeine Gesellschaftsrecht zumindest bei Eigengesellschaften und Mehrheitsbeteiligungen in Richtung eines Verwaltungsgesellschaftsrechts modifiziert werden. Das Verwaltungsgesellschaftsrecht bilde dabei systematisch eine Teildisziplin des Verwaltungsprivatrechts. Zwar seien die Wertungen des Gesellschaftsrechts im Wege praktischer Konkordanz soweit wie möglich zur Geltung zu bringen, jedoch seien bestimmte erweiterte Interventionsrechte der öffentlichen Hand unabdingbar, um eine Erfüllung der verfassungsrechtlichen Ingerenzpflichten zu gewährleisten. Im Einzelnen werden Weisungsrechte gegenüber Vorstand und Aufsichtsrat gefordert[65] sowie die unternehmerische Mitbestimmung der Arbeitnehmer in Frage gestellt.[66]

25    **bb) Ablehnung.** Diese These hält näherer Kritik nicht stand. Schon im Ausgangspunkt ist zu bezweifeln, dass sich aus dem Demokratie- und dem Rechtsstaatsprinzip derart detaillierte Rechtsfolgen ableiten lassen. Richtig ist vielmehr, dass es sich beim Ingerenz-

---

[60] Vgl. im Überblick *K. Schmidt* GesR § 28; *Raiser/Veil* KapGesR § 13 Rn. 8 ff.

[61] Vgl. insbes. die Überschrift vor § 394: Sondervorschriften bei der Beteiligung von Gebietskörperschaften; daneben zur Entstehungsgeschichte → Rn. 69; → § 394 Rn. 4; dazu auch *Schwintowski* NJW 1990, 1009 (1013); *Bürgers/Körber/Pelz* Rn. 3.

[62] OVG Rheinland-Pfalz DVBl 2016, 1274 (1278); VGH Kassel NVwZ-RR 2012, 566 (569); *Hüffer/Koch/Koch* § 394 Rn. 2a; Kölner Komm AktG/*Kersting* §§ 394, 395 Rn. 62; Großkomm AktG/*Huber/Fröhlich* Rn. 11; *Schön* ZGR 1996, 429 (432 f.); *R. Fischer* AG 1982, 85 (89 f.); *N. Meier* NZG 1998, 170; *Strobel* DVBl 2005, 77 (80); *Koch* ZHR 193 (2018), 7 (39 f.); *Huber* FS Badura, 2004, 897 (906); *Säcker* FS Rebmann, 1989, 781 (792); *Koch* FS Schmidt-Preuß, 2018, 367 (370); ausf. auch *Schwill* NVwZ 2019, 109 (113).

[63] *Ipsen* JZ 1955, 593 (598); *Ballerstedt* DÖV 1951, 449 (452); *Quack* DVBl 1965, 345 (447 f.).

[64] Vgl. mit Unterschieden im Detail *v. Danwitz* AöR 120 (1995), 595 (622 ff.); *Ossenbühl* ZGR 1996, 504 (512 f.); *Becker* ZögU 24 (2001), 1 (18); *Kraft*, Deutsches Kommunalrecht, Rn. 1069 ff.; *Stober* NJW 1984, 449 (455); Großkomm AktG/*Huber/Fröhlich* Rn. 23; *Huber/Fröhlich* FS Coester-Waltjen, 2015, 1127 (1132 ff.); Maunz/Dürig/*Möstl* GG Art. 87f Rn. 62 ff.; mit Blick auf die Treuhandanstalt tendenziell auch *Schuppert* ZGR 1992, 454 (468).

[65] *Kraft*, Das Verwaltungsgesellschaftsrecht, 1982, 254 ff.; *v. Danwitz* AöR 120 (1995), 595 (611 ff., 626 f.); s. auch *Huber/Fröhlich* FS Coester-Waltjen, 2015, 1127 (1134); *Mann*, Die öffentlich-rechtliche Gesellschaft, 2002, 269.

[66] *Ossenbühl* ZGR 1996, 504 (516); *Becker* ZögU 24 (2001), 1 (18).

prinzip um einen Gestaltungsauftrag handelt, dessen Ergebnisse verfassungsrechtlich nicht im Einzelnen vorgezeichnet sind.[67] Die Aufgabe der weiteren Konkretisierung obliegt zuvörderst dem Gesetzgeber, der denn auch ein ganzes Spektrum an Rechtsformen und Gestaltungsmöglichkeiten zur Verfügung gestellt hat. Es ist daher der öffentlichen Hand ohne Weiteres möglich, dafür zu sorgen, dass sie ihren öffentlich-rechtlichen Bindungen nachkommen kann; die Notwendigkeit einer verfassungsrechtlichen Korrektur des Gesellschaftsrechts besteht nicht.[68] Wählt die Gebietskörperschaft aber den Weg über eine privatrechtliche Beteiligung an einer AG, muss sie die damit verbundenen Grenzen der Einflussnahme respektieren oder sich wieder aus der Gesellschaft zurückziehen.

**26** Nicht zu überzeugen vermag weiterhin die Anknüpfung an die Lehre vom Verwaltungsprivatrecht. Während es dort um das Außenverhältnis zu den Grundrechtsträgern geht,[69] steht hier die **Binnenorganisation der privaten Rechtsperson** in Rede.[70] Die Lehre vom Verwaltungsgesellschaftsrecht führt infolgedessen zu einer mangels entsprechender gesetzlicher Grundlage verfassungsrechtlich kaum zu rechtfertigenden Benachteiligung privater Minderheitsaktionäre, die eine Verfolgung spezifisch öffentlicher Ziele zu Lasten ihrer privaten Gewinninteressen befürchten müssten.[71] Aber auch bei Gesellschaften im Alleineigentum der öffentlichen Hand wäre eine zivilrechtlich im Interesse der Arbeitnehmer und Gläubiger nicht hinnehmbare Typenvermischung in Richtung auf eine öffentliche Anstalt ohne Gewährträgerhaftung die Folge, deren Statut beim Beitritt nur eines außenstehenden Aktionärs nicht mehr aufrecht zu erhalten wäre.[72]

**27** **c) Entscheidung des BVerfG vom 7.11.2017.** In seiner Entscheidung vom 7.11.2017[73] hat das BVerfG grundlegende Aussagen zu diesen Fragen getroffen. Hintergrund war ein Organstreitverfahren über das Frage- und Informationsrecht der Abgeordneten im Deutschen Bundestag in Bezug auf die Tätigkeit der Deutsche Bahn AG. Ein Abgeordneter hatte Fragen nach Gewinnerwartungen einzelner Tochtergesellschaften, Finanzierungsvereinbarungen bezüglich der Eisenbahninfrastruktur, zu Zugverspätungen und deren Ursachen sowie zur Wirtschaftlichkeit des Projekts „Stuttgart 21" gestellt. Die Bundesregierung hatte die Fragen pauschal unter Hinweis auf die aktienrechtliche Verschwiegenheitspflicht verweigert.

**28** Das BVerfG leitet aus Art. 38 Abs. 1 S. 2 GG, Art. 20 Abs. 2 S. 2 GG ein **umfassendes Informationsrecht des Deutschen Bundestags** gegenüber der Bundesregierung (nicht gegenüber der Deutsche Bahn AG) her.[74] In öffentlicher Debatte gestellte Fragen von Abgeordneten seien grundsätzlich an gleicher Stelle zu beantworten, denn der parlamentarische

---

[67] *Mann,* Die öffentlich-rechtliche Gesellschaft, 2002, 287; *Spannowsky* ZGR 1996, 400 (423); *Harbarth,* Anlegerschutz in öffentlichen Unternehmen, 1998, 112; s. auch *Hüffer* FS Hopt, Bd. I, 2010, 901 (905 f.).

[68] BeckOGK/*Schall* § 394 Rn. 4; K. Schmidt/Lutter/*Oetker* Rn. 10; Kölner Komm AktG/*Kersting* §§ 394, 395 Rn. 63; Hüffer/Koch/*Koch* § 394 Rn. 2b; *Ehlers* DVBl. 1997, 137 (139, 144); *Habersack* ZGR 1996, 545 (555); *Kiethe* NZG 2006, 45 (48); *Mann,* Die öffentlich-rechtliche Gesellschaft, 2002, 280 f.; *Schwintowski* NJW 1995, 1316 (1319); *Spannowsky* ZGR 1996, 400 (423).

[69] Vgl. zur Grundrechtsbindung gemischtwirtschaftlicher Unternehmen BVerfGE 128, 226 = NJW 2011, 1201 – Fraport (dazu *Gurlit* NZG 2012, 249); BGH NZG 2012, 1033 Rn. 10 ff.; Großkomm AktG/*Huber/Fröhlich* Rn. 24 ff.

[70] *Habersack* ZGR 1996, 545 (555); *Mann,* Die öffentlich-rechtliche Gesellschaft, 2002, 283.

[71] BGHZ 69, 334 (341) = NJW 1978, 104; Hüffer/Koch/*Koch* § 394 Rn. 2b; *Kiethe* NZG 2006, 45 (48); *Maier,* Beamte als Aufsichtsratsmitglieder der öffentlichen Hand in der Aktiengesellschaft, 2005, 171 ff.; *Schwintowski* NJW 1995, 1316 (1318); *Habersack* ZGR 1996, 544 (555).

[72] Hüffer/Koch/*Koch* § 394 Rn. 2d; aA *Schön* ZGR 1996, 429 (432 ff.).

[73] BVerfGE 147, 50 = NVwZ 2018, 51 mAnm *Poschmann* NVwZ 2018, 51 (71 ff.); *Mann* AG 2018, 57 (60 ff.); *Hommelhoff* ZHR 182 (2018), 296 ff.; *Hamdorf/Moradi Karkaj* DVBl 2018, 823 ff.; *Koch* ZHR 183 (2019), 7 ff.; *Gersdorf* DÖV 2018, 789 (795 ff.) mit Schwerpunkt auf Art. 87e GG; *Schmolke* WM 2018, 1913 ff.; *Schwill* NVwZ 2019, 109 ff.; *Werner* NVwZ 2019, 449 (450 ff.); *Burgi* NVwZ 2018, 601 ff.; *Katz* NVwZ 2018, 1091 (1092 ff.); *Hillgruber* JA 2018, 238 ff.; *Kerst* GWR 2017, 474 ff.; *Kersting* WPg 2018, 392 ff.; *Schockenhoff* NZG 2018, 521 ff.; Maunz/Dürig/*Möstl* GG Art. 87e Rn. 196 ff.; *Koch* FS Schmidt-Preuß, 2018, 367 (378 ff.).

[74] BVerfGE 147, 50 Rn. 195 = NVwZ 2018, 51; die Regierung als Adressaten explizit betonend *Koch* ZHR 183 (2019), 7 (10); *Schockenhoff* NZG 2018, 521 (527); *Burgi* NVwZ 2018, 601 (604).

Informationsanspruch sei auf die Beantwortung in der Öffentlichkeit angelegt.[75] Zwar bestehe der Informationsanspruch des Deutschen Bundestags und der einzelnen Abgeordneten nicht grenzenlos; etwaige einfachgesetzliche Grenzen müssten jedoch ihren Grund im Verfassungsrecht haben.[76] Die einfachgesetzlichen Verschwiegenheitsregelungen des Aktiengesetzes seien für sich genommen nicht geeignet, das parlamentarische Frage- und Informationsrecht zu beschränken.[77] Damit scheint das BVerfG der Lehre von der Überformung des Gesellschaftsrechts durch die verfassungsrechtlichen Ingerenzpflichten (→ Rn. 24) zu folgen. Andererseits hält das BVerfG ausdrücklich fest, dass die Wahl privater Unternehmensformen für die Wahrnehmung öffentlicher Aufgaben zu einem Kontroll-, Steuerungs- und Legitimationsdefizit führen könne.[78] Dies bedeute jedoch nicht, dass das Gesellschaftsrecht an die Steuerungsbedürfnisse des Staates als Anteilseigner anzupassen sei.[79] Vielmehr müsse der Gesetzgeber diejenige Rechtsform zur Erfüllung seiner Aufgaben wählen, die ihm die erforderlichen Informations- und Einwirkungsmöglichkeiten verschaffe.[80] Liest man diese Aussage isoliert, enthält sie ein Bekenntnis zum Vorrang des Gesellschaftsrechts. Indessen folgt in der Entscheidung des BVerfG unmittelbar der Satz, dass die Regierung sich nicht ihrer Verantwortung begeben könne, sofern ihre gesellschaftsrechtlichen Einwirkungsrechte keine ausreichende parlamentarische Kontrolle ermöglichten.[81]

**29**  In der Lit. besteht Uneinigkeit darüber, ob sich diese Aussagen des BVerfG widersprechen oder im Wege praktischer Konkordanz auflösen lassen.[82] Das BVerfG weist auf verfassungsrechtlich zulässige Formen der Geheimhaltung, etwa die Behandlung der Fragen in nicht öffentlich tagenden Ausschüssen des Parlaments[83] oder auf die Behandlungen der Fragen im Rahmen der Geheimschutzordnung[84] hin, die jedoch für Unternehmensbeteiligungen der öffentlichen Hand nur selten in Betracht kommen dürften (näher → § 394 Rn. 40 ff.).

**30**  In der Praxis wird der Konflikt zwischen den parlamentarischen Informationsrechten und den Geheimhaltungsinteressen der Gesellschaft nur bei Unternehmen eine Rolle spielen, an denen außer der öffentlichen Hand auch Private beteiligt sind. In Unternehmen, die im Alleinbesitz der öffentlichen Hand stehen, spielt der Schutz der privaten Gesellschafter vor der Schädigung der Gesellschaft durch Offenlegung vertraulicher Informationen keine praktische Rolle.[85] Es bleibt in diesen Fällen die Frage nach den durch das Aktienrecht gezogenen institutionellen Grenzen des parlamentarischen Informationsrechts.

**31**  **d) Unionsrechtliche Gesichtspunkte.** Jenseits rein nationaler Erwägungen ist die Lehre vom Verwaltungsgesellschaftsrecht nach dem heutigen Stand der Rechtsentwicklung aber vor allem unter dem Gesichtspunkt der europäischen **Kapitalverkehrsfreiheit** problematisch (→ Rn. 16 f.).[86] Aus der Ingerenzpflicht hergeleitete besondere Einflussmöglichkeiten des Staates, die ihm unabhängig von der Höhe seiner Beteiligung eine weitgehende Ausrichtung der Gesellschaftstätigkeit am öffentlichen Interesse ermöglichen, wirken auf private Aktionäre abschreckend, weil ihnen eine ihrer Kapitalbeteiligung entsprechende

---

[75] BVerfGE 147, 50 Rn. 200 = NVwZ 2018, 51; so auch *Hillgruber* JA 2018, 238 (240); die Bedeutung dieses Informationsanspruchs besonders betonend *Katz* NVwZ 2018, 1091 (1092).

[76] BVerfGE 147, 50 Rn. 211 f. = NVwZ 2018, 51; zust. *Kersting* WPg 2018, 392 (394).

[77] BVerfGE 147, 50 Rn. 213 = NVwZ 2018, 51; so auch *Hillgruber* JA 2018, 238 (240).

[78] BVerfGE 147, 50 Rn. 225 = NVwZ 2018, 51; eingehend zu notwendigen Einwirkungsbefugnissen *Hamdorf/Moradi Karkaj* DVBl 2018, 823 (828).

[79] BVerfGE 147, 50 Rn. 225 = NVwZ 2018, 51; so auch *Schwill* NVwZ 2019, 109 (113).

[80] BVerfGE 147, 50 Rn. 225 = NVwZ 2018, 51, zust. *Kersting* WPg 2018, 392 (394).

[81] BVerfGE 147, 50 Rn. 225 = NVwZ 2018, 51.

[82] So wohl *Kersting* WPg 2018, 392 (393); *Koch* FS Schmidt-Preuß, 2018, 367 (381); *Hillgruber* JA 2018, 238 (240); *Katz* NVwZ 2018, 1091 (1092 f.); *Koch* ZHR 193 (2018), 7 (16); *Burgi* NVwZ 2018, 601 ff.; *Mann* AG 2018, 57 (61).

[83] BVerfGE 147, 50 Rn. 203 = NVwZ 2018, 51.

[84] BVerfGE 147, 50 Rn. 206 = NVwZ 2018, 51.

[85] Vgl. näher *Schockenhoff* NZG 2018, 521 (523).

[86] → 2. Aufl. 2006, Rn. 25 *(Kropff)*; Kölner Komm AktG/*Kersting* §§ 394, 395 Rn. 64; *Grundmann/Möslein* ZGR 2003, 317 (347 f.); *Lampert,* Einflussnahme auf Aufsichtsratsmitglieder durch die öffentliche Hand als Gesellschafterin, 2012, 17.

effektive Übernahme der tatsächlichen Verwaltung der Gesellschaft substantiell erschwert würde. Die Rechtfertigung eines derart pauschalen Eingriffsinstruments unter dem Gesichtspunkt zwingender Gründe des Allgemeinwohls dürfte schwerfallen. Die Lehre vom Verwaltungsgesellschaftsrecht ist nach alldem abzulehnen. Mit der sowohl im privaten wie aber auch im öffentlichen Recht ganz herrschenden Meinung ist im Ergebnis festzuhalten, dass jenseits der Sondervorschriften der §§ 394, 395 und der §§ 53, 54 HGrG ein Sonderrecht der AG mit Beteiligung der öffentlichen Hand nicht besteht, es vielmehr bei der **uneingeschränkten Geltung des allgemeinen Gesellschaftsrechts** zu bewenden hat.[87]

**3. Aktienrecht und Haushaltsrecht.** Hinsichtlich der Beeinflussung der aktienrechtli- 32 chen Corporate Governance durch öffentliches Haushaltsrecht ist zu unterscheiden. Soweit haushaltsrechtliche Bestimmungen Verwaltungsinnenrecht darstellen, können aus ihnen keine Abweichungen von der allgemeinen aktienrechtlichen Zuständigkeitsordnung abgeleitet werden. Dies gilt beispielsweise für die Bestimmungen der BHO und die entsprechenden Bestimmungen des Landesrechts. Hiervon zu unterscheiden sind die Bestimmungen der §§ 53, 54 HGrG, die sich nicht nur an alle Gebietskörperschaften wenden, sondern auch für Unternehmen, an denen die öffentliche Hand mehrheitlich beteiligt ist, unmittelbar gelten (→ Rn. 68 ff.).

Nach **§ 65 Abs. 2 BHO** (Abdruck → Rn. 1) hat das für die Beteiligung zuständige 33 Bundesministerium vor den dort genannten Entscheidungen die Einwilligung des Bundesfinanzministeriums einzuholen und das für das Bundesvermögen zuständige Ministerium zu beteiligen. Dies betrifft sowohl Entscheidungen auf der Ebene des Bundes, wie die Entscheidung über den Erwerb oder die Veräußerung einer Beteiligung durch den Bund, als auch Entscheidungen auf der Ebene der Gesellschaft, wie die Entscheidung über eine Änderung des Nennkapitals oder des Gegenstandes des Unternehmens. § 65 Abs. 3 BHO erstreckt die Grundsätze dieser Vorschrift auf Unternehmen, an denen der Bund unmittelbar oder mittelbar mit Mehrheit beteiligt ist und in denen daher die entsprechenden Entscheidungen stets auf der Ebene der Gesellschaft getroffen werden.[88]

Die § 65 Abs. 2 und 3 BHO betreffen als bloßes Verwaltungsinnenrecht allein die **interne** 34 **Willensbildung** des Bundes. Unmittelbare Auswirkungen auf gesellschaftsrechtliche Entscheidungen haben sie nicht.[89] Die Hauptversammlung eines Bundesunternehmens kann eine Änderung des Unternehmensgegenstandes wirksam beschließen, auch wenn die nach § 65 Abs. 2 oder 3 BHO erforderliche Einwilligung des Bundesministers der Finanzen nicht vorliegt. Entsprechendes gilt für den Erwerb einer Beteiligung durch ein Unternehmen, an dem der Bund unmittelbar oder mittelbar beteiligt ist. Das zuständige Bundesministerium kann seiner haushaltsrechtlichen Verpflichtung, auf die Umsetzung der bundesinternen Beteiligungserfordernisse hinzuwirken, nur im Rahmen der gesellschaftsrechtlichen Zuständigkeitsordnung genügen. Formelle Ansatzpunkte für dieses „Hinwirken" sind **Zustimmungserfordernisse** im Aufsichtsrat, im unmittelbaren Bereich auch die Ausübung der

---

[87] BGHZ 69, 334 (340) = NJW 1978, 104; OVG Rheinland-Pfalz DVBl 2016, 1274 (1278); OVG Bautzen ZIP 2012, 2111; VGH Kassel AG 2013, 35 (37 f.) = NVwZ-RR 2012, 566; Hüffer/Koch/*Koch* § 394 Rn. 2 ff.; *K. Schmidt/Lutter/Oetker* Rn. 9; BeckOGK/*Schall* § 394 Rn. 4; Kölner Komm AktG/*Kersting* §§ 394, 395 Rn. 62 ff.; Grigoleit/*Rachlitz* §§ 394, 395 Rn. 4 f.; *Rittner/Dreher* Eur/DEU WirtschaftsR § 11 Rn. 25; *Emmerich* AG 1976, 225 ff.; *R. Fischer* AG 1982, 85 (90 ff.); *Lutter/Grunewald* WM 1984, 385 (394 ff.); *Püttner* DVBl 1986, 748 (751); *Paschke* ZHR 152 (1988), 263 (269 ff.); *Schuppert* ZGR 1992, 454 (465 f.); *Habersack* ZGR 1996, 544 (555); *Spannowsky* ZGR 1996, 400 (422 ff.); *R. Schmidt* ZGR 1996, 345 (351) (361); *Schwintowski* NJW 1995, 1316 (1318); *Harbarth* ZGR 1998, 810 (817); *Mann* Die Verwaltung 35 (2002), 463 ff.; *Brenner* AöR 127 (2002), 222 (234 ff.); *Eifert* VerwArch 93 (2002), 561 (578); *Werner* NVwZ 2019, 449; *Gersdorf,* Öffentliche Unternehmen im Spannungsfeld von Demokratie- und Wirtschaftlichkeitsprinzip, 2000, 259 ff.; *Maier,* Beamte als Aufsichtsratsmitglieder der öffentlichen Hand in der Aktiengesellschaft, 2005, 159 ff., 202 f.; *Engellandt,* Die Einflussnahme der Kommunen auf ihre Kapitalgesellschaften über das Anteilseignerorgan, 1995, 23 ff.; *Leisner* GewArch 2009, 337 (338 ff.); *Hüffer* FS Hopt, Bd. I, 2010, 901 (904 ff.); *Spindler* ZIP 2011, 689.
[88] Vgl. BGH WM 2016, 926 Rn. 83.
[89] Kölner Komm AktG/*Kersting* §§ 394, 395 Rn. 56; *Lutter/Grunewald* WM 1984, 385 f.; *Schön* ZGR 1996, 429 (432); *Leisner* GewArch 2009, 337 (340); Piduch/*Nöhrbaß* BHO § 65 Rn. 3, 16.

Rechte des Bundes in der Hauptversammlung.[90] Das zuständige Bundesministerium wird daher dafür sorgen müssen, dass in den nach § 111 Abs. 4 S. 2 erforderlichen Katalog zustimmungspflichtiger Geschäfte die in § 65 Abs. 3 BHO genannten Geschäfte aufgenommen werden.

35    In der Praxis haben die zuständigen Ministerien die Unternehmen gebeten, vor den in § 65 Abs. 2 und 3 BHO genannten Entscheidungen ihre Einwilligung einzuholen.[91] Wird dieser Bitte durch eine (missverständlich sog.) **Verpflichtungserklärung** entsprochen, kann der zuständige Minister davon ausgehen, dass er über die beabsichtigte Maßnahme vorab unterrichtet und um seine Einwilligung gebeten wird. Das Verfahren dient der **frühzeitigen Vorabstimmung** über die zu erwartende Haltung des Großaktionärs Bund und ist daher auch aus der Sicht der Unternehmensleitungen sachgerecht. Die alleinige Entscheidungsbefugnis der aktienrechtlich zuständigen Organe wird aber durch eine solche Verpflichtungserklärung nicht berührt.[92] Willigen die zuständigen Ministerien nicht ein, muss der Vorstand aber bei Maßnahmen, die von der Hauptversammlung zu beschließen sind, mit der ablehnenden Stimmabgabe des Großaktionärs rechnen. Bei nicht in die Zuständigkeit der Hauptversammlung fallenden Maßnahmen dagegen sind Vorstand und Aufsichtsrat rechtlich nicht gehindert, die Maßnahme durchzuführen, wenn sie im Interesse des Unternehmens geboten erscheint.

## IV. Geltung des allgemeinen Aktienrechts

36    **1. Gesellschaftszweck.** Dass das allgemeine Aktienrecht auch bei der Beteiligung der öffentlichen Hand an der Gesellschaft im Grundsatz uneingeschränkt anzuwenden ist (→ Rn. 22, → Rn. 31), gilt zunächst für den das gesamte Verbandsleben steuernden Gesellschaftszweck. Dieser umschreibt das Ziel des Zusammenschlusses der Gesellschafter, während der Unternehmensgegenstand (§ 23 Abs. 3 Nr. 2) angibt, durch welche Tätigkeit und mit welchen Mitteln dieses Ziel erreicht werden soll.[93] Da die AG als Unternehmensträger für die erwerbswirtschaftliche Teilnahme am Wirtschaftsleben konzipiert ist, wird die Gesellschaft im Zweifel mit dem **Zweck der Gewinnerzielung**[94] und dauerhaften Rentabilität betrieben (→ § 23 Rn. 76).[95] Wollen die Gesellschafter davon im Rahmen der ihnen zukommenden Gestaltungsfreiheit abweichen und die Gesellschaft allein oder neben der Gewinnerzielung auf einen öffentlichen Zweck ausrichten, bedarf es hierfür einer hinreichend bestimmten, wenngleich nicht zwingend ausdrücklichen Satzungsgrundlage (näher → Rn. 108).[96]

37    Ohne eine andere Zweckbestimmung in der Satzung gilt der erwerbswirtschaftliche Zweck sogar dann, wenn eine Gebietskörperschaft oder sonst die öffentliche Hand **Alleingesellschafter** ist. Zwar kann die Verwaltung dann die Vorstellungen ihres Alleingesellschafters im Rahmen einer grundsätzlich gewinnorientierten Unternehmenspolitik in stärkerem Maße berücksichtigen. Solange der Gesellschafter aber nicht von der ihm ja jederzeit offen

---

[90]  Vgl. dazu auch die „Hinweise" (→ Rn. 12) Tz. 26 f.

[91]  → 2. Aufl. 2006, Rn. 37 *(Kropff)*.

[92]  → 2. Aufl. 2006, Rn. 37 *(Kropff)*.

[93]  Diese Mittel-Zweck-Relation ist im Aktienrecht ganz hM, → § 3 Rn. 14 ff.; Großkomm AktG/*Röhricht/Schall* § 23 Rn. 125 ff.; K. Schmidt/Lutter/*Seibt* § 23 Rn. 34.

[94]  Näher zur Frage, ob damit eine Mehrung des Gesellschaftsvermögens oder eine Maximierung des Marktwerts der Aktie gemeint ist, → § 76 Rn. 71 ff.; *Mülbert* FS Röhricht, 2005, 421 ff.; *Verse*, Der Gleichbehandlungsgrundsatz im Recht der Kapitalgesellschaften, 2006, 256 ff.; *Habersack/Schürnbrand* in Bayer/Habersack AktR im Wandel I Kap. 17 Rn. 73 f.

[95]  HM, Kölner Komm AktG/*Mertens/Cahn* § 82 Rn. 12; Großkomm AktG/*Röhricht/Schall* § 23 Rn. 127; Hüffer/Koch/*Koch* § 23 Rn. 22; Kölner Komm AktG/*Kersting* §§ 394, 395 Rn. 66; Grigoleit/*Rachlitz* §§ 394, 395 Rn. 12; *Schön* ZGR 1996, 429 (449); *Cannivé* NZG 2009, 445 (447).

[96]  Großkomm AktG/*Röhricht/Schall* § 23 Rn. 127, 130; Kölner Komm AktG/*Kersting* §§ 394, 395 Rn. 66; Grigoleit/*Rachlitz* §§ 394, 395 Rn. 12; Hüffer/Koch/*Koch* § 394 Rn. 2d; *Habersack* ZGR 1996, 544 (553 f.); *Mann* Die Verwaltung 35 (2002), 463 (478); *Mann* VBlBW 2010, 7 (9); *Schmolke* WM 2018, 1913 (1914); *Püttner*, Die öffentlichen Unternehmen, 2. Aufl. 1985, 234 ff.; *Lohl* DöH 1971, 24 ff.; *Schuppert* ZGR 1992, 454 (464).

stehenden Möglichkeit einer anderen Zwecksetzung in der Satzung Gebrauch gemacht hat, kann der Verkehr davon ausgehen, dass die Gesellschaft gewinnorientiert geführt wird und ihre Rentabilität und Schuldendeckungsfähigkeit nicht durch Verfolgung anderer Zwecke beeinträchtigt werden.[97]

**2. Zuständigkeitsordnung. a) Vorstand.** Der Grundsatz, dass die Beteiligung einer **38** Gebietskörperschaft an der Geltung des allgemeinen Aktienrechts nichts ändert (→ Rn. 22, → Rn. 31), gilt auch für die Kompetenzverteilung. Es ist daher gem. § 76 Abs. 1 Sache des Vorstands, die Gesellschaft unter eigener Verantwortung zu leiten, der dabei selbst bei Eigengesellschaften der öffentlichen Hand (ebenso wie der Aufsichtsrat → Rn. 52) allein dem **Unternehmensinteresse** verpflichtet ist; ein gesetzlicher Vorrang des öffentlichen Interesses besteht nicht (Ziff. 4.1.1 PCGK Bund).[98] Die von der Gebietskörperschaft repräsentierten öffentlichen Belange darf er mit anderen Worten nur insoweit uneingeschränkt in seine Entscheidungen einfließen lassen, wie sie Niederschlag im Gesellschaftszweck gefunden haben. Im Übrigen darf er Gemeinwohlerwägungen nicht in stärkerem Maße berücksichtigen, als dies auch einem Vorstand einer rein privatwirtschaftlichen AG erlaubt ist (vgl. → § 76 Rn. 77 ff.).[99] Daran ändert auch der Umstand nichts, dass das öffentliche Interesse zugleich ein Belang des öffentlichen Gesellschafters ist. Denn Aktionärsinteressen, die außerhalb des Gesellschaftszwecks liegen, haben an der Aktualisierung des Gesellschaftsinteresses nicht teil.[100] Umgekehrt unterliegen die Vorstände von Unternehmen der öffentlichen Hand aber auch nicht strengeren Maßstäben als sie das allgemeine Aktienrecht vorgibt. Namentlich dürfen sie, wie andere Geschäftsleiter auch, im Rahmen ihres pflichtgemäßen Ermessens sozialen oder kulturellen Projekten finanzielle Zuwendungen zukommen lassen (sog. Sponsoring; näher → § 93 Rn. 83).[101]

Vor allem aber hat die öffentliche Hand keinen rechtlich fundierten Einfluss auf die Willens- **39** bildung des Vorstands. Die Satzung kann der Gebietskörperschaft **kein Weisungsrecht** einräumen;[102] diese ist – vom Sonderfall des Abschlusses eines Beherrschungsvertrags abgesehen (→ Rn. 63 ff.) – vielmehr auf die Ausübung ihrer Aktionärsrechte beschränkt. Eine gleichwohl zum Schaden der Gesellschaft erfolgte Einflussnahme ist nicht allein deshalb gerechtfertigt, weil sie der Verfolgung eines von der Gebietskörperschaft repräsentierten öffentlichen Interesses diente.[103] Die Gebietskörperschaft kann der Gesellschaft daher sowohl nach § 117 als auch nach konzernrechtlichen Haftungstatbeständen verantwortlich sein.

**b) Hauptversammlung.** Die Gebietskörperschaft ist als Aktionärin in der Hauptver- **40** sammlung stimmberechtigt (Ziff. 2.1 PCGK Bund). Sie kann ihre Rechte durch **weisungsgebundene Vertreter** wahrnehmen lassen;[104] die hinsichtlich des Vorstands und des Aufsichtsrats gegen eine Weisungsgebundenheit anzuführenden Bedenken (→ Rn. 39, → Rn. 54 ff.) bestehen hier nicht. Soweit einer Gebietskörperschaft mehrere Aktien zustehen, können die

---

[97] → 2. Aufl. 2006, Rn. 31 (*Kropff*); Kölner Komm AktG/*Kersting* §§ 394, 395 Rn. 66; Grigoleit/*Rachlitz* §§ 394, 395 Rn. 5; Hüffer/Koch/*Koch* § 394 Rn. 2d.

[98] Hüffer/Koch/*Koch* § 394 Rn. 3; Großkomm AktG/*Kort* § 76 Rn. 100; Kölner Komm AktG/*Kersting* §§ 394, 395 Rn. 69; K. Schmidt/Lutter/*Oetker* Rn. 9; *Cannivé* NZG 2009, 445 (447); ähnlich *Werner* NVwZ 2019, 449 (451); *Hommelhoff* ZHR 182 (2018), 296 (313).

[99] Vgl. BeckOGK/*Fleischer* § 76 Rn. 46.

[100] *Schön* ZGR 1996, 429 (450) gegen *Lutter/Grunewald* WM 1984, 385 (395 f.).

[101] *Säcker* BB 2009, 282 (283); aA *Gehrlein* NZG 2002, 463 (464); *Adenauer/Merk* NZG 2013, 1251 (1255 f.).

[102] Grigoleit/*Rachlitz* §§ 394, 395 Rn. 10; Großkomm AktG/*Huber/Fröhlich* Rn. 30; Kölner Komm AktG/*Kersting* §§ 394, 395 Rn. 70; Hüffer/Koch/*Koch* § 394 Rn. 3; K. Schmidt/Lutter/*Oetker* Rn. 9; so auch *Hommelhoff* ZHR 182 (2018), 296 (313); *Mann* AG 2018, 57 (58).

[103] Hüffer/Koch/*Koch* § 394 Rn. 3.

[104] VGH Kassel AG 2013, 35 (36) = NVwZ-RR 2012, 566; Hüffer/Koch/*Koch* § 394 Rn. 3; Kölner Komm AktG/*Kersting* §§ 394, 395 Rn. 67; Großkomm AktG/*Huber/Fröhlich* Rn. 30; K. Schmidt/Lutter/ *Oetker* Rn. 9; Grigoleit/*Rachlitz* §§ 394, 395 Rn. 9; *Oebbecke* in Hoppe/Uechtritz/Reck KommunalUnternehmen-HdB § 9 Rn. 41; *Gersdorf*, Öffentliche Unternehmen im Spannungsfeld von Demokratie- und Wirtschaftlichkeitsprinzip, 2000, 298 ff.; *Mann* VBlBW 2010, 7 (13); *R. Schmidt* ZGR 1996, 345 (353); *Zeichner* AG 1985, 61 (68); zur Frage von Interessenkonflikten s. noch die „Hinweise" (→ Rn. 12), Tz. 72.

Stimmen unterschiedlich ausgeübt werden, um die Mehrheitsverhältnisse innerhalb ihres Repräsentativorgans („Parteienproporz") widerzuspiegeln. Eine solche gesellschaftsrechtlich wirksame Stimmausübung kann dem Vertreter jedoch nach öffentlichem Recht verboten sein.[105]

**41**   Die Einwirkungsmöglichkeiten bleiben überschaubar, weil die Zuständigkeiten der Hauptversammlung nach geltendem Recht eng begrenzt sind (vgl. § 119); ein wesentliches Steuerungselement besteht aber in der Kompetenz, die Satzung zu ändern und die Mitglieder des Aufsichtsrats zu bestellen. Auch insofern ergeben sich aus dem Unternehmensinteresse Grenzen für die Einflussnahme der Gebietskörperschaft. Namentlich sind Hauptversammlungsbeschlüsse anfechtbar, wenn die Gebietskörperschaft durch Ausübung des Stimmrechts **Sondervorteile** iSd § 243 Abs. 2 für sich oder Dritte zum Schaden der Gesellschaft oder anderer Aktionäre erlangen wollte. Davon ist immer dann auszugehen, wenn bestimmte öffentliche Interessen zu Lasten der erwerbswirtschaftlichen Zielsetzung der Gesellschaft durchgesetzt werden sollen.[106] Daneben kann ein Verstoß gegen den Gleichbehandlungsgrundsatz oder die Treupflicht der Gebietskörperschaft ihren Mitaktionären gegenüber vorliegen und die Anfechtung begründen.[107]

**42**   **3. Die Stellung der Repräsentanten der Gebietskörperschaft im Aufsichtsrat. a) Auswahl.** Da die Gebietskörperschaft haushaltsrechtlich gehalten ist, sich einen angemessenen Einfluss im Aufsichtsrat der Gesellschaft zu sichern (§ 65 Abs. 1 Nr. 2 BHO), wird sie regelmäßig Einfluss auf dessen Besetzung nehmen. Soweit sie nicht über ein förmliches Entsendungsrecht im Sinne des § 101 Abs. 2 verfügt, kann sie gegenüber dem Aufsichtsrat rechtlich gesehen unverbindliche Anregungen abgeben, bei seinem Wahlvorschlag nach § 124 Abs. 3 bestimmte Repräsentanten der Gebietskörperschaft zu berücksichtigen. Im einen wie im anderen Fall hat sie die **gesetzlichen und statutarischen Bestellungsvoraussetzungen** und Bestellungshindernisse zu berücksichtigen sowie spezifisch öffentlich-rechtliche Vorgaben zu beachten. So schränken manche Gemeindeordnungen die Auswahl teilweise dadurch ein, dass sie den Bürgermeister als ersten oder zweiten Gemeindevertreter bestimmen (zB § 88 GO RhPf). Weiterhin empfiehlt Ziff. 5.2.1 PCGK Bund, dass die auf Veranlassung des Bundes gewählten Mitglieder des Überwachungsorgans in der Regel nicht mehr als drei Mandate in Überwachungsorganen gleichzeitig wahrnehmen. Außerdem sollen nicht mehr als zwei ehemalige Mitglieder der Geschäftsleitung dem Überwachungsorgan angehören, bei Überwachungsorganen mit weniger als sechs Mitgliedern kein ehemaliges Mitglied. Nach Ziff. 5.1.2 PCGK Bund soll bei Erstbestellungen die Bestelldauer auf drei Jahre beschränkt sein.[108]

**43**   Zu beachten sind insbesondere die gesetzlichen Vorgaben zur **gleichberechtigten Teilhabe von Frauen und Männern.** Unabhängig von der Beteiligung der öffentlichen Hand gilt bezogen auf den Aufsichtsrat insgesamt nach § 96 Abs. 2 für börsennotierte und voll mitbestimmte Aktiengesellschaften die starre Geschlechterquote von 30% und nach § 111 Abs. 5 für Gesellschaften, die entweder börsennotiert oder überhaupt der Mitbestimmung unterliegen, die selbst festzusetzende Zielgröße. Im Bereich der Bundesbeteiligungen ist zusätzlich das **BGremBG** zu beachten.[109] Nach § 4 Abs. 1 S. 1 BGremBG müssen in einem Aufsichtsgremium ab dem 1.1.2016 – bestehende Mandate können nach § 4 Abs. 1 S. 3 BGremBG bis zu ihrem vorgesehenen Ende wahrgenommen werden – mindestens 30%

---

[105] Näher *Mann* VBlBW 2010, 7 (14); vgl. auch *Früchtl,* Die Aktiengesellschaft als Rechtsform für die wirtschaftliche Beteiligung der öffentlichen Hand, 2009, 158 f.

[106] *Martens* FS Kellermann, 1991, 271 (290 ff.); *Habersack* ZGR 1996, 544 (561); *Schön* ZGR 1996, 429 (448); Kölner Komm AktG/*Kersting* §§ 394, 395 Rn. 68.

[107] Vgl. zum Nebeneinander der Tatbestände Hüffer/*Koch*/*Koch* § 243 Rn. 31 f.; K. Schmidt/Lutter/ *Schwab* § 243 Rn. 24; Kölner Komm AktG/*Kersting* §§ 394, 395 Rn. 68; *Schön* ZGR 1996, 429 (448).

[108] Näher zum Ganzen *Hartmann*/*Zwirner* PCGK Kap. B. Rn. 728, 791, 797.

[109] Gesetz über die Mitwirkung des Bundes an der Besetzung von Gremien (Bundesgremienbesetzungsgesetz) vom 24.4.2015 (BGBl. 2015 I 642), verabschiedet als Art. 1 Gesetz für die gleichberechtigte Teilhabe von Frauen und Männern an Führungspositionen in der Privatwirtschaft und im öffentlichen Dienst vom 24.4.2015, BGBl. 2015 I 642.

der durch den Bund zu bestimmenden Mitglieder Frauen und mindestens 30% Männer
sein. Bezugsgröße ist also nicht das Gesamtgremium, sondern die Zahl der vom Bund zu
bestimmenden Sitze, wobei nach § 4 Abs. 1 S. 5 BGremBG im Falle der Beteiligung mehrerer Institutionen des Bundes die Gesamtzahl maßgeblich ist.[110] Das Bestimmen wiederum
schließt nach § 3 Nr. 4 BGremBG die Wahl und die Entsendung ebenso ein wie den
Vorschlag. Die Quote gilt nach § 4 Abs. 1 S. 4 BGremBG nicht, wenn dem Bund insgesamt
höchstens zwei Gremiensitze zustehen. Ein Verstoß gegen die Vorgaben des BGremBG
berührt die Wirksamkeit der gesellschaftsrechtlichen Bestellung nicht. Bei einer Unterschreitung ist nach § 4 Abs. 3 BGremBG aber das Bundesministerium für Familien, Senio-
ren, Frauen und Jugend zu informieren; die Unterschreitung ist zu begründen.

**b) Eignung.** Die Gebietskörperschaft hat nur solche Personen zu benennen, die über   44
die erforderliche fachliche Eignung verfügen (Ziff. 5.2.1 PCGK Bund; → § 100 Rn. 13,
→ § 101 Rn. 45). Jedes einzelne Aufsichtsratsmitglied muss über die **Mindestkenntnisse**
verfügen, „um alle normalerweise anfallenden Geschäftsvorfälle auch ohne fremde Hilfe
verstehen und sachgerecht beurteilen zu können".[111] Dies wird insbesondere bei der Entsendung von Politikern in Aufsichtsräte börsennotierter Unternehmen, an denen eine Gebietskörperschaft beteiligt ist, in der Praxis nicht immer gelebt.[112] In der Gesamtheit muss der
Aufsichtsrat so besetzt sein, dass er seine Überwachungsaufgabe ordnungsgemäß wahrnehmen kann. Die Gebietskörperschaft hat zu berücksichtigen, dass dem Aufsichtsratsmitglied,
das sich gegenüber der Gesellschaft wegen einer Verletzung seiner Aufsichtspflicht schadensersatzpflichtig macht, im Falle nur einfacher Fahrlässigkeit nach öffentlichem Recht regelmäßig Freistellungs- bzw. Rückgriffsansprüche zustehen (→ Rn. 50). Das Gebot der Spar-
samkeit und Wirtschaftlichkeit öffentlicher Haushaltsführung legt es daher nahe, für eine
angemessene Qualifizierung und Fortbildung der ihr zuzurechnenden Aufsichtsratsmitglieder zu sorgen.[113]

**c) Unabhängigkeit.** Die Gebietskörperschaft hat weiterhin nur solche Personen zu   45
benennen, die über die gebotene Unabhängigkeit verfügen (Ziff. 5.2.1. PCGK Bund;
→ § 100 Rn. 55 ff.). Die Gefahr von **Interessenkollisionen** kann sich daraus ergeben, dass
das Aufsichtsratsmitglied als Repräsentant der Gebietskörperschaft öffentlichen Interessen
oder politischen Erwägungen, die dem Unternehmensinteresse widersprechen,[114] Vorrang
einräumt. Zwar begründen solche Konflikte nach geltendem Recht kein Bestellungshindernis, vielmehr erkennen die §§ 394, 395 die Repräsentation von Gebietskörperschaften im
Aufsichtsrat ausdrücklich an und privilegieren diese sogar (→ § 100 Rn. 84). Jedoch können
langfristige und gravierende Interessenkonflikte im Einzelfall dazu führen, dass das Mandat
nicht angenommen werden darf und der Träger, wenn er bereits bestellt ist, zur Amtsniederlegung verpflichtet ist (→ § 100 Rn. 91, → § 100 Rn. 98).[115] Davon geht auch Ziff. 5.4.1
Abs. 3 S. 2 PCGK Bund aus.

In den weitaus überwiegenden Fällen, in denen die Amtsübernahme zulässig ist, legt die   46
in der neueren Gesetzgebung betonte Forderung nach Transparenz die These nahe, dass
jedenfalls bei Gesellschaften mit privaten Minderheitsaktionären **offen zu legen** ist, dass die
Bestellung auf Veranlassung der Gebietskörperschaft erfolgt.[116] Vgl. zur daneben bestehenden

---

[110] Begr. RegE, BT-Drs. 18/3784, 69 (71).
[111] BGHZ 85, 293 (295 f.) = NJW 1983, 991; s. auch *Grunewald* NZG 2015, 609 (611).
[112] Vgl. insbes. *Gaul* AG 2019, 405 (411 f.).
[113] *Weber-Rey/Buckel* ZHR 177 (2013), 13 (34 f.).
[114] Vgl. dazu OLG Hamburg WM 1990, 311 – HEW/Janssen; davor LG Hamburg ZIP 1990, 102; dazu
*Decher* ZIP 1990, 277; vgl. auch Kölner Komm AktG/*Kersting* §§ 394, 395 Rn. 80; *Gaul* AG 2019, 405 (409).
[115] Vgl. neben den Nachweisen in der vorigen Fn. Kölner Komm AktG/*Mertens/Cahn* § 100 Rn. 22;
*Säcker* FS Rebmann, 1989, 781 (788, 805); *N. Meier* NZG 2003, 54 (56); *Lutter/Krieger/Verse* Aufsichtsrat
Rn. 914; *Weber-Rey/Buckel* ZHR 177 (2013), 13 (30 f.); *Gaul* AG 2019, 405 (411); vgl. auch LG Hannover
ZIP 2009, 761 (762); *U. H. Schneider/Nietsch* FS Westermann, 2008, 1447 (1462 ff.); offenbar aA Bürgers/
Körber/*Pelz* Rn. 6.
[116] So überzeugend → 2. Aufl. 2006, Rn. 77 *(Kropff)*; zust. Kölner Komm AktG/*Kersting* §§ 394, 395
Rn. 78, 147.

Verpflichtung des Aufsichtsratsmitglieds zur Offenlegung von Interessenkonflikten → § 100 Rn. 93. Soweit es sich um Beamte der Beteiligungsverwaltung oder Minister bzw. Parlamentarische Staatssekretäre des zuständigen Ministeriums handelt, wird dies aus der Angabe des Berufs (§ 124 Abs. 3 S. 3), bei von der Gebietskörperschaft entsandten Mitgliedern auch aus der Tatsache der Entsendung ersichtlich sein. Bei anderen Personen sollte auch im Hinblick auf ihre besondere Interessenbindung ihre Verbindung zur Gebietskörperschaft im Wahlvorschlag angegeben werden, zB als Ruhestandsbeamter der Gebietskörperschaft, Mitglied des Gemeinderats oder sonst als Person des Vertrauens der Gebietskörperschaft.

**47**    Aus Sicht der Gebietskörperschaft wird schließlich zu berücksichtigen sein, dass nach § 20 Abs. 1 Nr. 5 VwVfG in einem **Verwaltungsverfahren** nach § 9 VwVfG **nicht tätig** werden darf, wer bei einem Beteiligten Mitglied des Aufsichtsrats ist; ergänzend gelten landesrechtliche Inkompatibilitätsvorschriften.[117] Das Tätigkeitsverbot bedeutet nicht nur, dass das Aufsichtsratsmitglied in einem solchen Verfahren nicht entscheiden darf; es muss sich vielmehr jeder dienstlichen Einflussnahme auf das Verfahren etwa durch Weisung oder Mitzeichnung enthalten. Ist mit solchen Verfahren zu rechnen, so wird die Gebietskörperschaft keine Person vorschlagen dürfen, auf die sie bei Durchführung des Verfahrens nicht verzichten möchte.

**48**    **d) Beginn und Ende des Amtes.** Die Bestellung erfolgt durch Wahl der Hauptversammlung oder durch Ausübung eines Entsendungsrechts (§ 101). Die Registergerichte verlangen mit Recht, dass eine namentlich benannte Person und nicht ein Funktionsträger („der Bürgermeister") entsandt wird;[118] Amt und Mandat können daher nicht durch die Form der Entsendung gekoppelt werden. Das Ende der Amtszeit bestimmt sich nach §§ 102, 103. Demnach können entsandte Aufsichtsratsmitglieder jederzeit abberufen oder ersetzt werden; jedoch sind aus dem öffentlichen Recht abzuleitende Schranken zu beachten.[119] Von der Hauptversammlung gewählte Aufsichtsratsmitglieder können nur von dieser mit Dreiviertelmehrheit abberufen werden (§ 103 Abs. 1). Entsandte Aufsichtsratsmitglieder werden zwar grundsätzlich vom Entsendungsberechtigten abberufen; sofern die in der Satzung bestimmten Voraussetzungen des Entsendungsrecht weggefallen sind, kann jedoch auch die Hauptversammlung das entsandte Mitglied abberufen; hierfür genügt die einfache Stimmenmehrheit (§ 103 Abs. 2 S. 2). Dagegen führt das Ausscheiden aus dem Hauptamt nicht zur Beendigung des Mandats. Vorschriften des öffentlichen Rechts, die das **automatische Enden von Nebentätigkeiten** bei Beendigung des Dienstverhältnisses vorsehen (vgl. namentlich § 103 BBG: „wenn im Einzelfall nichts anderes bestimmt ist"), gelten für die Tätigkeit des Aufsichtsratsmitglieds angesichts der vorrangigen aktienrechtlichen Regelung nicht.[120]

**49**    Zulässig soll es sein, von der Hauptversammlung gewählte Mitglieder im Rahmen etwaiger dienstlicher Weisungsrechte oder der getroffenen Vereinbarungen[121] **anzuweisen, das Amt niederzulegen;**[122] bedurfte die Amtsübernahme als Nebentätigkeit einer Genehmigung, so könne die Gebietskörperschaft diese widerrufen. Dem kann nicht gefolgt werden.[123] Die Amtsniederlegung soll es dem Aufsichtsratsmitglied allein ermöglichen, sich den Amtspflichten

---

[117] Darauf weisen *Säcker* FS Rebmann, 1989, 781 (805); *Wais* NJW 1982, 1263 hin; s. auch die „Hinweise" (→ Rn. 12) unter Tz. 73; näher namentlich zu NRW *N. Meier* NZG 2003, 54 ff.

[118] Anders Semler/v. Schenck/*Gasteyer* Exkurs 3 Rn. 40.

[119] *Schwintowski* NJW 1995, 1316 (1320) weist auf die Entscheidung des OVG Münster NVwZ 1990, 391 hin, die gestützt auf § 55 Abs. 2 GO NRW die Abberufung eines entsandten Mitglieds wegen veränderter Mehrheitsverhältnisse im Rat ablehnt.

[120] K. Schmidt/Lutter/*Oetker* Rn. 12; Bürgers/Körber/*Pelz* Rn. 6; Kölner Komm AktG/*Kersting* §§ 394, 395 Rn. 88; Grigoleit/*Rachlitz* §§ 394, 395 Rn. 11; *Gundlach/Frenzel/Schmidt* LKV 2001, 246 (249); vorsichtiger daher die „Berufungsrichtlinien" des Bundes (→ Rn. 12) Tz. 73: „sollen Mandat niederlegen".

[121] Vorschlag dafür in den Anlagen 1 und 2 zu den „Berufungsrichtlinien" (→ Rn. 12).

[122] So → 2. Aufl. 2006, Rn. 81 (*Kropff*); Bürgers/Körber/*Pelz* Rn. 6; vgl. dazu § 113 Abs. 1 S. 3 und 4 GO NRW: „haben ihr Amt auf Beschluss des Rates jederzeit niederzulegen … soweit durch Gesetz nichts anderes bestimmt ist".

[123] Zust. Grigoleit/*Rachlitz* §§ 394, 395 Rn. 11; Hüffer/Koch/*Koch* Rn. 32; Semler/v. Schenck/*Gasteyer* Exkurs 3 Rn. 45; Kölner Komm AktG/*Kersting* §§ 394, 395 Rn. 89; *Grunewald* NZG 2015, 609 (611).

zu entziehen oder einer dauerhaften Interessenkollision Rechnung zu tragen (→ § 103 Rn. 59 ff.). Eine Verpflichtung zur Amtsniederlegung auf Verlangen eines bestimmten Aktionärs umginge demgegenüber die ausschließliche Personalkompetenz der Hauptversammlung und griffe unangemessen in das Recht des Mandatsträgers auf ungestörte Amtsführung ein.[124] Allgemein zur Unzulässigkeit von Weisungen → Rn. 54 ff.

**e) Gleiche Rechte und Pflichten.** Die Repräsentanten der Gebietskörperschaft im 50 Aufsichtsrat haben – abgesehen von der Einschränkung ihrer Verschwiegenheitspflicht nach § 394 – die gleichen Rechte und Pflichten wie alle anderen Aufsichtsratsmitglieder.[125] Ihre **Haftung** bei einer Pflichtverletzung beurteilt sich nach den allgemeinen Maßstäben des § 116. Allerdings stehen ihnen nach Kommunal- und Beamtenrecht regelmäßig Freistellungs- bzw. Rückgriffsansprüche gegen die Gebietskörperschaft zu, sofern ihnen nur einfache Fahrlässigkeit vorzuwerfen ist (vgl. etwa Art. 93 Abs. 3 S. 1 BayGO und § 104 Abs. 4 S. 1 GemO BW).[126] Bei der Besetzung von **Ausschüssen** dürfen sie nicht ohne sachlichen Grund benachteiligt oder bevorzugt werden (näher → § 107 Rn. 134 ff.).[127]

Ist für die Tätigkeit im Aufsichtsrat eine **Vergütung** vorgesehen, steht sie den Repräsen- 51 tanten der Gebietskörperschaft nach den gleichen Grundsätzen zu wie allen anderen Mitgliedern.[128] Das Gleiche gilt für etwa sonst bestimmte Entgelte, wie Sitzungsgelder und einen pauschalierten Aufwendungsersatz. Ziff. 6.2.2 PCGK Bund empfiehlt, die Vergütung jedes Mitglieds des Überwachungsorgans individualisiert im jährlichen Corporate Governance Bericht (Ziff. 6.1 PCGK Bund) darzustellen.[129] Die Bediensteten der öffentlichen Hand haben derartige Vergütungen nach Maßgabe der Nebentätigkeits-VO des Bundes und der Länder, von einem in diesen VO festgelegten Selbstbehalt abgesehen, an die Gebietskörperschaft abzuführen. Gleichlautende Verpflichtungen finden sich in den Kommunalgesetzen einiger Länder (vgl. etwa § 125 Abs. 1 S. 7 HGO).[130] Doch berührt diese im Innenverhältnis zur Gebietskörperschaft bestehende Abführungspflicht nicht das Verhältnis des Aufsichtsratsmitglieds zur Gesellschaft. Ebenfalls im Hinblick auf alle Aufsichtsratsmitglieder empfehlen Ziff. 3.4 und 5.4.2 PCGK Bund, über die gesetzlichen Vorgaben der §§ 114 f. hinaus von einer **Kreditgewährung** und dem Abschluss von **Beraterverträgen** insgesamt abzusehen.

**f) Bindung an das Unternehmensinteresse.** Wie jedes andere Aufsichtsratsmitglied 52 auch, hat der Repräsentant der Gebietskörperschaft seine Tätigkeit im Unternehmensinteresse auszuüben (Ziff. 5.4.1 PCGK Bund; → Vor § 95 Rn. 13). Bei der Ausübung des Aufsichtsratsmandats geht dieses Interesse jedem anderen Interesse und also auch den außerhalb des Mandats bestehenden Pflichten aus einer sonstigen Tätigkeit für die Gebietskörperschaft vor (allgemein → Vor § 95 Rn. 13; → § 116 Rn. 11).[131] Etwaige Interessenkonflikte hat das Mitglied gegenüber dem Aufsichtsrat offen zu legen (→ § 100 Rn. 93), sie jedoch in der Sache stets zugunsten der Gesellschaft aufzulösen; andernfalls macht es sich schadensersatzpflichtig. Solange die vorrangige Pflicht, für dauerhafte Rentabilität der Gesellschaft zu sorgen, nicht tangiert ist, darf das Mitglied jedoch durchaus die **besonderen öffentlichen**

---

[124] Vgl. zur Unbeachtlichkeit der Verpflichtung zur Amtsniederlegung im Falle der Nichtbefolgung von Weisungen MHdB AG/*Hoffmann-Becking* § 33 Rn. 7; UHH/*Ulmer/Habersack* MitbestG § 25 Rn. 79.

[125] K. Schmidt/Lutter/*Oetker* Rn. 12; Kölner Komm AktG/*Kersting* §§ 394, 395 Rn. 79; Semler/v. Schenck/*Gasteyer* Exkurs 3 Rn. 21; speziell zur Compliance-Verantwortung *Beisheim/Hecker* KommJur 2015, 49 (52 f.).

[126] Näher dazu *Pauly/Beutel* KommJur 2012, 446; *Oebbecke* in Hoppe/Uechtritz/Reck KommunalUnternehmen-HdB § 9 Rn. 59 f.; *O. Schön*, Die Haftung kommunaler Aufsichtsratsmitglieder in Aktiengesellschaften und Gesellschaften mit beschränkter Haftung, 2004, 104 ff.; krit. Semler/v. Schenck/*Gasteyer* Exkurs 3 Rn. 22.

[127] Kölner Komm AktG/*Kersting* §§ 394, 395 Rn. 79; Bürgers/Körber/*Pelz* Rn. 7; für Arbeitnehmervertreter BGHZ 122, 342 = NJW 1993, 2307.

[128] Kölner Komm AktG/*Kersting* §§ 394, 395 Rn. 79.

[129] Vgl. dazu *Hartmann/Zwirner* PCGK Kap. B. Rn. 913.

[130] Näher *Oebbecke* in Hoppe/Uechtritz/Reck KommunalUnternehmen-HdB § 9 Rn. 56 f.

[131] BGHZ 36, 296 (310) = NJW 1962, 864; Kölner Komm AktG/*Kersting* §§ 394, 395 Rn. 80; s. daneben *Säcker* FS Rebmann, 1989, 781 (787).

**Belange** der Gebietskörperschaft in den Willensbildungsprozess des Aufsichtsrats einbringen.[132] Das gilt nicht nur bei entsprechender Ausrichtung des Gesellschaftszwecks, vielmehr dürfen Gemeinwohlerwägungen in beschränktem Umfang auch bei rein erwerbswirtschaftlicher Zwecksetzung berücksichtigt werden (→ Rn. 38; → § 76 Rn. 77 ff.). Dementsprechend bestimmt **§ 65 Abs. 6 BHO**, das zuständige Bundesministerium solle darauf hinwirken, dass die Vertreter des Bundes im Aufsichtsrat auch die besonderen Interessen des Bundes berücksichtigen.[133] Weitergehend sehen manche Gemeindeordnungen vor, der Vertreter der Gemeinde hätte die Interessen der Gemeinde zu verfolgen (vgl. § 113 Abs. 1 GO NRW; § 138 Abs. 1 S. 2 NKomVG). Eine derart einseitige Parteinahme ist indes mit dem vorrangigen Bundesrecht unvereinbar und daher für die betroffenen Amtsträger unbeachtlich.[134]

53    Vor entsprechenden Interessenkonflikten kann das Mitglied bei **Entscheidungen** stehen, die es **außerhalb seiner Aufsichtsratstätigkeit** in seinem Hauptamt zu treffen hat. Dann darf es zwar sein (nur) als Aufsichtsratsmitglied erlangtes Wissen nicht gegen die Gesellschaft verwerten. Auch wird es aus seiner Treupflicht als Aufsichtsratsmitglied heraus auf die Interessen der Gesellschaft nach Möglichkeit Rücksicht nehmen müssen, soweit dies mit seinen Pflichten aus dem Hauptamt vereinbar ist.[135] Soweit dies aber nicht der Fall ist, darf es den für sein Hauptamt maßgebenden Interessen der Gebietskörperschaft Vorrang einräumen (→ § 116 Rn. 47 f.),[136] denn das Aufsichtsratsamt ist ein Nebenamt mit der Konsequenz, dass die mit ihm verbundenen organschaftlichen Pflichten außerhalb der Organtätigkeit nicht gegenüber den Pflichten aus einem anderen Pflichtenkreis durchschlagen. Paradigmatisch hierfür steht der Fall, dass ein Staatssekretär im Bundeswirtschaftsministerium als Aufsichtsratsmitglied im Unternehmensinteresse dem Zusammenschluss mit einem anderen Unternehmen zustimmt, in seiner Eigenschaft als Staatssekretär für Wettbewerbsfragen aber die Ablehnung der dafür erforderlichen Ministererlaubnis betreibt.[137] Ist allerdings ein dauernder Interessenkonflikt gegeben oder vorauszusehen, muss das Aufsichtsratsmitglied sein Amt niederlegen (→ Rn. 45).

54    **g) Keine Weisungsbindung. aa) Hintergrund.** Aufgrund der ihr obliegenden Ingerenzpflicht (→ Rn. 22) wird der Gebietskörperschaft daran gelegen sein, auf ihre Repräsentanten im Aufsichtsrat einzuwirken. Hierzu wird in der Praxis oft ein vertragliches Weisungsrecht vereinbart. Daneben sehen die **Gemeindeordnungen** der Länder − teilweise allerdings nur, soweit nicht zwingende Vorschriften des Gesellschaftsrechts entgegenstehen − eine Bindung der Gemeindevertreter an die Beschlüsse des Rates bzw. des Verwaltungsausschusses vor (zB § 113 Abs. 1 S. 2, 4 GO NRW mit diesem Vorbehalt; § 138 Abs. 1 S. 2 NKomVG ohne diesen Vorbehalt).[138] In anderen Bundesländern bestehen für bestimmte Maßnahmen Zustimmungsvorbehalte zugunsten der Gemeindevertretung (§ 103 Abs. 2 SchlHGO), wenn nicht sogar entsandte Mitglieder ausdrücklich verpflichtet werden, die Weisungen der Gemeinde zu befolgen (§ 104 Abs. 2 SchlHGO iVm § 25 Abs. 1 SchlHGO). Vor allem aber sind alle **Beamten** nach § 62 BBG oder § 35 BeamtStG weisungsgebunden. Wenn im Schrifttum geltend gemacht wird, die praktische Bedeutung der beamtenrechtli-

---

[132] BGHZ 69, 334 (339) = NJW 1978, 104; BGHZ 36, 296 (310) = NJW 1962, 864; Hüffer/Koch/*Koch* § 394 Rn. 31; K. Schmidt/Lutter/*Oetker* Rn. 16; Kölner Komm AktG/*Kersting* §§ 394, 395 Rn. 80; Bürgers/Körber/*Pelz* Rn. 7; *Lutter/Krieger/Verse* Aufsichtsrat Rn. 1427; vgl. daneben R. *Schmidt* ZGR 1996, 345 (354).

[133] Vgl. zu der mit der Formulierung „auch" verbundenen Anerkennung des Vorrangs des Unternehmensinteresses Piduch/*Nöhrbaß* BHO § 65 Rn. 16; gleichwohl krit. *Spannowski* ZGR 1996, 400 (419).

[134] Hüffer/Koch/*Koch* § 394 Rn. 31; ähnlich Kölner Komm AktG/*Kersting* §§ 394, 395 Rn. 80; *Marsch-Barner* in Semler/v. Schenck AR-HdB § 13 Rn. 98.

[135] Kölner Komm AktG/*Kersting* §§ 394, 395 Rn. 81; *Marsch-Barner* in Semler/v. Schenck AR-HdB § 13 Rn. 98.

[136] Vgl. Kölner Komm AktG/*Mertens/Cahn* § 116 Rn. 31; *Dreher* JZ 1990, 886 (900); *Singhof* AG 1998, 318 (328); Bürgers/Körber/*Pelz* Rn. 7; *Marsch-Barner* in Semler/v. Schenck AR-HdB § 13 Rn. 98.

[137] *Dreher* JZ 1990, 886 (900); Kölner Komm AktG/*Mertens/Cahn* § 116 Rn. 31.

[138] Vgl. hierzu auch Kölner Komm AktG/*Kersting* §§ 394, 395 Rn. 82.

chen Weisung werde weit überschätzt, weil die Meinung des Dienstvorgesetzten in aller Regel in Form eines Gesprächs oder der Bitte um Zustimmung eingeholt werde,[139] so ist dem zu widersprechen. Denn selbstverständlich spielt es für das Verhältnis zum Vorgesetzten im Allgemeinen und für die Wahrscheinlichkeit, dass Bitten oder Ratschlägen Folge geleistet wird, im Besonderen eine erhebliche Rolle, ob notfalls auch eine verbindliche Durchsetzung möglich ist.

**bb) Meinungsstand.** In Anknüpfung an die Lehre vom Verwaltungsgesellschaftsrecht, **55** die Weisungen als Kern der verfassungsrechtlich gebotenen Ingerenzpflicht ansieht (→ Rn. 24), sollen nach im öffentlich-rechtlichen Schrifttum verbreiteter Auffassung zunächst die einschlägigen Vorschriften der Gemeindeordnungen uneingeschränkt gelten.[140] Darüber hinaus seien auch beamtenrechtliche Weisungen in Bezug auf die Tätigkeit im Aufsichtsrat zulässig und bindend, es sei denn, dass sich der Beamte durch die Befolgung strafbar machen würde. Dabei geht eine Argumentationslinie ausdrücklich oder stillschweigend von einem **Vorrang des Beamtenrechts** und damit der Weisung aus.[141] Nach anderer Auffassung soll zwar eine beamtenrechtliche Weisung nicht den Beamten zu einem nach Gesellschaftsrecht rechtswidrigen Handeln verpflichten. Der Konflikt soll aber beamtenrechtlich gelöst werden. Wird die Weisung trotz Gegenvorstellung durch den Dienstvorgesetzten bestätigt, soll sie zu befolgen sein.[142] Eine modifizierende Auffassung hält schließlich mit Blick auf die Sonderregeln der §§ 394, 395 eine gegenständlich beschränkte Weisungsbindung zumindest im Hinblick auf die Erfüllung der dem Aufsichtsrat obliegenden Berichtspflicht für richtig.[143] Gemeinsames Ergebnis der vorstehenden öffentlich-rechtlichen Positionen ist, dass sie zumindest in gewissen Fällen auch zur Befolgung gesellschaftsschädlicher Weisungen verpflichten.

Diese These wird in der **Rspr.** und im **gesellschaftsrechtlichen Schrifttum** heute **56** einhellig abgelehnt, weil sie dem Vorrang des Gesellschaftsrechts (→ Rn. 31) und vor allem der Verpflichtung des Aufsichtsratsmitglieds auf das Unternehmensinteresse (→ Rn. 52) widerspreche (→ § 101 Rn. 51).[144] Beamtenrechtliche Weisungen sind daher nach wohl überwiegender Auffassung unzulässig oder jedenfalls unverbindlich. Soweit sich aus den Kommunalgesetzen etwas anderes ergebe, seien die Regelungen im Hinblick auf Art. 31 GG oder aufgrund entsprechender Öffnungsklauseln zugunsten des Gesellschaftsrechts unbeachtlich.[145] Gewichtige Stimmen plädieren indes für eine vermittelnde Lösung, der zufolge Weisungen immer dann zu beachten sind, wenn das Aufsichtsratsmitglied nach eigener pflichtgemäßer Beurteilung zu der Überzeugung gelangt, dass die Maßnahme dem Unternehmensinteresse nicht widerspricht.[146] So dürften auch die „Hinweise für gute

---

[139] → 2. Aufl. 2006, Rn. 93 *(Kropff)*; *Thieme* DöD 1995, 176 (178).

[140] Vgl. *Noack* StuGR 1995, 381; *Gern,* Deutsches Kommunalrecht, Rn. 1069 ff.

[141] *Ipsen* JZ 1955, 593 (599); *Lohl* AG 1970, 162 Fn. 25; *Stober* NJW 1984, 449 (455 ff.).

[142] Plog/Wiedow/*Lehmhöfer* BBG § 102 Rn. 5; *Battis* BBG § 102 Rn. 4; diff. Fürst/*Geis* BBG § 102 Rn. 25, dem zufolge der Beamte bei Kapitalgesellschaften mit obligatorischem Aufsichtsrat Weisungen nicht, iÜ aber schon zu befolgen hat.

[143] Großkomm AktG/*Huber/Fröhlich* Rn. 31.

[144] BGHZ 36, 296 (306) = NJW 1962, 864; BVerwGE 140, 300 Rn. 20 = NJW 2011, 3735; VGH Kassel AG 2013, 35 (37 f.). = NVwZ-RR 2012, 566; OVG Münster ZIP 2009, 1718 (1721); OVG Bautzen ZIP 2012, 2111; Kölner Komm AktG/*Kersting* §§ 394, 395 Rn. 82 ff.; Grigoleit/*Rachlitz* §§ 394, 395 Rn. 11; Hüffer/Koch/*Koch* § 394 Rn. 29; K. Schmidt/Lutter/*Oetker* Rn. 14 f.; *Altmeppen* FS Schneider, 2011, 1 (4 f.); *Gersdorf,* Öffentliche Unternehmen im Spannungsfeld von Demokratie- und Wirtschaftlichkeitsprinzip, 2000, 306 ff.; *Lutter* ZIP 2007, 1991 f.; *Lutter/Krieger/Verse* Aufsichtsrat Rn. 1426; *Mann,* Die öffentlich-rechtliche Gesellschaft, 2002, 294 ff.; *Meier* NZG 2003, 54 (56); *Raiser* ZGR 1978, 391 (400, 404); *Säcker* FS Rebmann, 1989, 781 (793); *Schön* ZGR 1996, 429 (449 ff.); *R. Schmidt* ZGR 1996, 353 f.; *Spindler* ZIP 2011, 689 (694); allg. auch BGHZ 169, 98 Rn. 18 = NZG 2006, 945.

[145] Hüffer/Koch/*Koch* § 394 Rn. 32; K. Schmidt/Lutter/*Oetker* Rn. 15; *Mann,* Die öffentlich-rechtliche Gesellschaft, 2002, 205; *Lutter* ZIP 2007, 1991 (1992).

[146] VG Arnsberg ZIP 2007, 1988 (1990); → 2. Aufl. 2006, Rn. 104 ff. *(Kropff); Kropff* FS Huber, 2006, 841 (849 ff.); Bürgers/Körber/*Pelz* Rn. 8; *U. H. Schneider* ZGR 1977, 336 (339); *Schwintowski* NJW 1990, 1009 (1015); *Schwintowski* NJW 1995, 1316 (1317 ff.); *Heidel* NZG 2012, 48 (53 f.); sympathisierend *Hoffmann-Becking* NZG 2014, 801 (807); für entsandte Mitglieder *Pidun,* Public Corporate Governance Kodizes, 2015, 84 f.

---

Beteiligungsführung bei Bundesunternehmen", Tz. 77 (→ Rn. 12) zu verstehen sein. Ein Weisungsrecht der Gebietskörperschaft in den Grenzen des Unternehmenswohls wird dabei teilweise aus den Sondervorschriften der §§ 394 f. abgeleitet.[147]

**57**    **cc) Stellungnahme.** Auszugehen ist von den **allgemeinen Grundsätzen** des Aktienrechts betreffend gewählte oder entsandte Aufsichtsratsmitglieder. Danach scheidet jedenfalls eine Verpflichtung zur Ausführung nachteiliger Weisungen aus; eine solche wäre mit der Bindung aller Verbandsbeteiligten an das Unternehmensinteresse schlechthin unvereinbar. Ein Weisungsrecht ist jedoch auch insofern nicht akzeptabel, als die Maßnahme sich innerhalb des durch das Unternehmensinteresse vorgezeichneten Ermessensspielraums befindet und daher vom Aufsichtsratsmitglied an sich ergriffen werden dürfte. Seine Anerkennung liefe nämlich auf einen institutionalisierten Ermessensnichtgebrauch und damit eine faktische Ersetzung des Aufsichtsratsmitglieds hinaus, die dem Auftrag des § 111 Abs. 6 zur höchstpersönlichen Aufgabenwahrnehmung zuwider liefe (→ § 101 Rn. 51).[148] Daran ändert sich auch im hier durchweg einschlägigen (→ Rn. 60 ff.) Konzernzusammenhang nichts: Während eine faktische Unternehmensverbindung überhaupt keine Rechtsmacht vermittelt, erlaubt ein Beherrschungsvertrag Weisungen nur gegenüber dem Vorstand, nicht aber gegenüber dem Aufsichtsrat (→ § 111 Rn. 139).[149]

**58**    Eine hiervon abweichende Regelung (etwa nach dem Vorbild des Weisungsrechts des Bürgermeisters in § 70 Abs. 2 Deutsche Gemeindeordnung 1935) könnte allein der Bundesgesetzgeber treffen; dieser hat sich jedoch in verfassungskonformer Weise – abgesehen von den §§ 394, 395 und den §§ 53, 54 HGrG – bewusst gegen ein Sonderrecht der öffentlichen Hand entschieden (→ Rn. 1, → Rn. 22 ff.).[150] Daher können im Kommunalrecht der Länder normierte Anordnungen einer **Weisungsbindung** der Aufsichtsratsmitglieder, sofern sie nicht ohnehin unter dem Vorbehalt anderweitiger Regelung stehen, **keine Wirkung** entfalten (Nachweise → Rn. 56). Nichts anderes gilt im Ergebnis für das beamtenrechtliche Weisungsrecht. Zwar greift dieses tatbestandlich durchaus ein, weil die Tätigkeit des Beamten im Aufsichtsrat eine Nebentätigkeit im dienstlichen Interesse und, wenn die öffentliche Hand die Mehrheit besitzt, Nebentätigkeit im öffentlichen Dienst ist.[151] Jedoch ist das damit bestehende Konkurrenzverhältnis zugunsten des Aktienrechts aufzulösen.[152] Die spezielle Entscheidung gegen ein Sondergesellschaftsrecht der öffentlichen Hand hat gegenüber der allgemeinen Anordnung der Weisungsbindung der Beamten Vorrang; es handelt sich mit anderen Worten um einen Fall, in dem der Beamte nach besonderer gesetzlicher Vorschrift an Weisungen nicht gebunden ist.[153] Wenn sich die Gebietskörperschaft mit der Beteiligung an einer AG auf die Ebene des Privatrechts begibt, hat sie die damit verbundenen Restriktionen zu beachten.[154] An diesem Ergebnis vermögen schließlich auch die Sonderregeln der §§ 394 f. nichts zu ändern denn diese schaffen zur Erleichterung der Beteiligungsverwaltung allein ein Informationsprivileg der öffentlichen Hand, lassen das Organisationsrecht der AG im Übrigen aber unberührt (→ Rn. 1; → § 394 Rn. 1).[155]

---

[147] *Heidel* NZG 2012, 48 (53 f.).

[148] Kölner Komm AktG/*Kersting* §§ 394, 395 Rn. 85; Grigoleit/*Rachlitz* §§ 394, 395 Rn. 10; *Lutter/Grunewald* WM 1984, 385 (396); *Mann*, Die öffentlich-rechtliche Gesellschaft, 2002, 206; *Schön* ZGR 1996, 429 (449 f.); aA *Kropff* FS Huber, 2006, 841 (848, 853); Bürgers/Körber/*Pelz* Rn. 8.

[149] Hüffer/Koch/*Koch* § 308 Rn. 7; MHdB AG/*Hoffmann-Becking* § 33 Rn. 8; diff. *Kropff* FS Huber, 2006, 841 (854 ff.).

[150] So auch K. Schmidt/Lutter/*Oetker* Rn. 15.

[151] → 2. Aufl. 2006, Rn. 105 *(Kropff)*; Plog/Wiedow/*Lehmhöfer/Bayer* BBG § 102 Rn. 1, 5; *Fürst/Geis* BBG § 102 Rn. 7, 25; ähnlich K. Schmidt/Lutter/*Oetker* Rn. 14; dezidiert aA *Hüffer*, 10. Aufl. 2012, § 394 Rn. 29; *Maier*, Beamte als Aufsichtsratsmitglieder der öffentlichen Hand in der Aktiengesellschaft, 2005, 111 ff.

[152] So ausdrücklich auch Kölner Komm AktG/*Kersting* §§ 394, 395 Rn. 83; K. Schmidt/Lutter/*Oetker* Rn. 14.

[153] Wie hier *Lampert*, Einflussnahme auf Aufsichtsratsmitglieder durch die öffentliche Hand als Gesellschafterin, 2012, 22; dezidiert aA → 2. Aufl. 2006, Rn. 105 *(Kropff)*.

[154] Dies besonders betonend K. Schmidt/Lutter/*Oetker* Rn. 14.

[155] AA *Heidel* NZG 2012, 48 (53 f.).

Im Hinblick auf das Recht des Aufsichtsratsmitglieds, öffentliche Interessen in angemesse- **59** nem Umfang in seine Entscheidung einfließen zu lassen (→ Rn. 52), sind dagegen **Konsultations- und Verständigungspflichten** als zulässig anzusehen.[156] Sie lassen sich als qualitatives und quantitatives Minus aus den kommunal- und beamtenrechtlichen Weisungsrechten und Interessensbindungsklauseln ableiten. Ausdrücklich sind entsprechende vertragliche Vereinbarungen nach den „Hinweisen für gute Beteiligungsführung bei Bundesunternehmen" (→ Rn. 12) mit solchen Personen zu treffen, die einer beamtenrechtlichen Weisungsbindung nicht unterliegen.[157]

**4. Die Beteiligung von Gebietskörperschaften im Konzernrecht. a) Anwend-** **60** **barkeit des Konzernrechts.** Nach dem heutigen Stand der Rechtsentwicklung ist eine Gebietskörperschaft, die an einem Unternehmen des Privatrechts maßgeblich beteiligt ist, ihrerseits als Unternehmen iSd aktienrechtlichen Konzernrechts anzusehen (eingehend → § 15 Rn. 38 ff.).[158] Der die Anwendung des Konzernrechts rechtfertigende Interessenkonflikt liegt in der Gefahr begründet, dass sich die öffentliche Hand nicht nur von typischen Aktionärsinteressen leiten lässt, sondern zu Lasten der Gesellschaft und etwaiger Minderheitsaktionäre öffentliche Aufgaben und politische Ziele verfolgt. Gebietskörperschaften sind daher bereits dann Unternehmen im konzernrechtlichen Sinne, wenn sie lediglich ein in privater Rechtsform verfasstes Unternehmen beherrschen.[159] Anders als sonst setzt der Konzernkonflikt mithin nicht mehrere unternehmerische Beteiligungen voraus. Demgemäß finden sich im öffentlichen Bereich vielfältige konzernmäßige Strukturen,[160] auf die das **Aktienkonzernrecht** grundsätzlich **uneingeschränkt** anzuwenden ist.[161] Das gilt insbesondere auch für die Mitteilungspflichten nach §§ 20 ff. (es gelten auch die Mitteilungspflichten nach §§ 33 ff. WpHG, für die es auf die Unternehmenseigenschaft nicht ankommt).[162] Ausgeschlossen ist die Anwendung der Vorschriften des AktG über verbundene Unternehmen gemäß § 7d FMStBG lediglich, wenn der Finanzmarktstabilisierungsfonds des Bundes zur Bekämpfung der Finanzmarktkrise einem Unternehmen Unterstützung gewährt (→ Rn. 67).[163]

**b) Faktische Abhängigkeit.** Besteht kein Beherrschungsvertrag, sind die §§ 311 ff. **61** anzuwenden.[164] Auch die von einer Gebietskörperschaft abhängige[165] Aktiengesellschaft hat nach § 312 einen Abhängigkeitsbericht zu erstatten.[166] Die öffentliche Hand wiederum darf ihren Einfluss nicht dazu benutzen, die abhängige Gesellschaft zu für sie **nachteiligen** Rechtsgeschäften oder **Maßnahmen** zu veranlassen. Eine Veranlassung setzt allerdings die

---

[156] Hüffer/Koch/*Koch* § 394 Rn. 32; Kölner Komm AktG/*Kersting* §§ 394, 395 Rn. 86; K. Schmidt/ Lutter/*Oetker* Rn. 16; Grigoleit/*Rachlitz* §§ 394, 395 Rn. 11; Semler/v. Schenck/*Gasteyer* Exkurs 3 Rn. 27.
[157] Vgl. „Hinweise" (→ Rn. 12) Tz. 75, 77 sowie Anlage 2; s. daneben „Hinweise" (→ Rn. 12) Tz. 62, wonach sich mehrere auf Veranlassung des Bundes gewählte oder entsandte Mitglieder vor wichtigen Entscheidungen über eine einheitliche Auffassung verständigen sollen.
[158] BGHZ 69, 334 (338) = NJW 1978, 104; BGHZ 135, 107 (113 ff.) = NJW 1997, 1855; BGHZ 175, 365 Rn. 10 = NJW 2008, 1583; BGHZ 190, 7 Rn. 30 = NJW 2011, 2719; Emmerich/Habersack/*Emmerich* § 15 Rn. 26 ff.
[159] BGHZ 135, 107 (113 f.) = NJW 1997, 1855; BAG NZA 2011, 524 Rn. 31; aA etwa Grigoleit/ *Grigoleit* § 15 Rn. 37; *Mülbert* ZHR 163 (1999), 1 (18 ff.).
[160] Beispiele bei *Raiser* ZGR 1996, 458 (459 ff.); für den kommunalen Bereich *Koch* DVBl. 1994, 667 (668 ff.).
[161] *Raiser* ZGR 1996, 458 (462 f.); Hüffer/Koch/*Koch* § 394 Rn. 2; *Kropff* ZHR 144 (1980), 74 ff.; K. Schmidt/Lutter/*Oetker* Rn. 11; Großkomm AktG/*Huber/Fröhlich* Rn. 32; Kölner Komm AktG/*Kersting* §§ 394, 395 Rn. 91; *R. Fischer* AG 1982, 85 (90 ff.); übergreifend zum Konzernrecht der Kommunen *Oebbecke* VBlBW 2010, 1; *Siegels* in Hoppe/Uechtritz/Reck KommunalUnternehmen-HdB § 13.
[162] Hüffer/Koch/*Koch* § 394 Rn. 2; *Kropff* ZHR 144 (1980), 74 (86).
[163] OLG Frankfurt NZG 2015, 1357 (1360 f.) für Ausschluss des § 312; LG Frankfurt a.M. ZIP 2014, 322 (323); *Langenbucher* ZGR 2010, 75 (88); Emmerich/Habersack/*Emmerich* § 15 Rn. 26a; Emmerich/ Habersack/*Habersack* § 311 Rn. 21a; Kölner Komm AktG/*Kersting* §§ 394, 395 Rn. 93.
[164] Vgl. nur BGHZ 175, 365 Rn. 10 = NJW 2008, 1583; BGHZ 190, 7 Rn. 30 = NJW 2011, 2719.
[165] Vgl. zur fehlenden staatlichen Abhängigkeit der Deutschen Post AG BGH NZG 2012, 1033 Rn. 14 ff.
[166] So auch K. Schmidt/Lutter/*Oetker* Rn. 11; vgl. zu den Besonderheiten bei Abhängigkeit von einer juristischen Person des öffentlichen Rechts → § 312 Rn. 123 ff.; Emmerich/Habersack/*Habersack* § 312 Rn. 32.

Ausnutzung gesellschaftsrechtlich vermittelten Einflusses voraus. Daran fehlt es, wenn die Gebietskörperschaft von den ihr durch das öffentliche Recht eingeräumten Handlungsspielräumen Gebrauch macht.[167] Im Übrigen ist das Verbot der Nachteilszufügung auch zu beachten, soweit die Gebietskörperschaft aufgrund ihrer Ingerenzpflicht gehalten ist, auf die Gesellschaft einzuwirken. Eine Ausnahme gilt nach § 311 Abs. 2 allein dann, wenn der Nachteil einem Einzelausgleich zugänglich ist und dieser innerhalb des laufenden Geschäftsjahrs geleistet wird. Auf diese Weise lassen sich auch Nachteile kompensieren, die der Gesellschaft zu Gunsten öffentlicher Interessen zugefügt wurden.[168] Praktische Bedeutung dürfte dieser Möglichkeit jedoch kaum zukommen, da das relativ starre Haushaltsrecht der öffentlichen Hand die Einräumung ausgleichsfähiger Vorteile noch innerhalb des gleichen Geschäftsjahrs erschwert.[169] Im Übrigen ist mit Blick auf die Transparenzanforderungen, die der EuGH in diesem Zusammenhang aufstellt, die Frage aufgeworfen worden, ob das System des Nachteilsausgleichs als versteckte Subventionierung vom Beihilferegime des Art. 107 AEUV erfasst wird.[170]

**62**    Unterbleibt der gebotene Nachteilsausgleich, so ist die Gebietskörperschaft der Gesellschaft nach § 317 Abs. 1 zum **Schadensersatz** verpflichtet. Daneben haften nach § 317 Abs. 3 an sich auch ihre gesetzlichen Vertreter. Da sich deren Stellung allerdings nicht unerheblich von der eines Vorstandes unterscheidet, ist im Wege einer einschränkenden Auslegung eine Haftungsfreistellung zu befürworten (→ § 317 Rn. 100).[171]

**63**    **c) Vertragliche Abhängigkeit. aa) Zulässigkeit von Beherrschungsverträgen.** Den ihr obliegenden Ingerenzpflichten (→ Rn. 22) könnte die Gebietskörperschaft weithin unproblematisch dadurch nachkommen, dass sie mit der abhängigen Gesellschaft einen Beherrschungsvertrag schließt (§ 291). Ein solcher vermittelt nämlich nach § 308 Abs. 1 das Recht, der abhängigen Gesellschaft verbindliche Weisungen zu erteilen. Aus aktienrechtlicher Sicht stehen dem keine Bedenken entgegen (→ § 291 Rn. 24).[172] Jedoch ist klärungsbedürftig, ob die damit einhergehende Verpflichtung zum Verlustausgleich in unbeschränkter Höhe gem. § 302 mit dem Bemühen des **Haushaltsrechts** um eine Schonung der öffentlichen Haushalte vereinbar ist. Insgesamt steht die Praxis der Gebietskörperschaften dem Abschluss von Beherrschungsverträgen zurückhaltend gegenüber.[173] Indessen lässt sich nur durch Auslegung der im Einzelnen nicht unerheblich divergierenden haushaltsrechtlichen Vorgaben ermitteln, ob die Gebietskörperschaft Beherrschungs- und Gewinnabführungsverträge abschließen darf.

**64**    Ausgeschlossen ist der Abschluss eines Beherrschungsvertrags dann, wenn das Gesetz – wie in § 108 Abs. 1 Nr. 5 GO NRW – der Gebietskörperschaft ausdrücklich verbietet, Verluste in unbestimmter Höhe zu übernehmen.[174] Wenn das Haushaltsrecht dagegen eine Begrenzung der Einzahlungsverpflichtung auf einen bestimmten oder einen der Leistungsfähigkeit der Gebietskörperschaft angemessenen Betrag vorschreibt, führt das nicht unbedingt zur Unzulässigkeit von Beherrschungsverträgen.[175] Vielmehr ist darin lediglich das Gebot der

---

[167] Emmerich/Habersack/*Habersack* § 311 Rn. 22; Hüffer/Koch/*Koch* § 311 Rn. 13; *Traut,* Die Corporate Governance von Kapitalgesellschaften der öffentlichen Hand, 2013, 102; speziell zur UMTS-Auktion OLG Köln ZIP 2006, 997 (1000); *Habersack* ZIP 2006, 1327 (1329).

[168] Vgl. *R. Fischer* AG 1982, 85 (91 ff.); sehr zurückhaltend dagegen → 2. Aufl. 2006, Rn. 57 *(Kropff)*; *Kropff* ZHR 144 (1980), 74 (94).

[169] *Kropff* ZHR 144 (1980), 74 (94); vgl. hierzu ausf. Großkomm AktG/*Huber/Fröhlich* Rn. 32.

[170] Näher *Traut,* Die Corporate Governance von Kapitalgesellschaften der öffentlichen Hand, 2013, 203 ff.; s. daneben *Hartmann/Zwirner* BOARD 2013, 155 (157 f.).

[171] Kölner Komm AktG/*Koppensteiner* § 317 Rn. 46; *Hohmann,* Der Staat als Konzernunternehmer, 1983, 107 ff.; so wohl auch *Zöllner* AG 1978, 1 (4).

[172] Vgl. nur Emmerich/Habersack/*Emmerich* § 291 Rn. 9; Kölner Komm AktG/*Koppensteiner* § 291 Rn. 10; Großkomm AktG/*Mülbert* § 291 Rn. 44.

[173] → 2. Aufl. 2006, Rn. 59 *(Kropff)*; *Raiser* ZGR 1996, 458 (461, 463); *Cannivé* NZG 2009, 445 (448); weniger krit. Großkomm AktG/*Huber/Fröhlich* Rn. 32.

[174] *Mann,* Die öffentlich-rechtliche Gesellschaft, 2002, 220 f.; *Raiser* ZGR 1996, 458 (474); *Kiefner/Schürnbrand* AG 2013, 789 (790).

[175] So aber *Paschke* ZHR 152 (1988), 263 (272 ff.); *Badura* FS Schlochauer, 1981, 3 (14): *Wehrstedt* MittRhNotK 2000, 269 (273 f., 275 f.); *Engellandt,* Die Einflussnahme der Kommunen auf ihre Kapitalgesell-

Vermeidung nicht beherrschbarer Risiken zu sehen, das wegen des aus dem Beherrschungsvertrag folgenden Weisungsrechts nicht verletzt ist.[176] Für eine solche einschränkende Auslegung spricht auch der Umstand, dass die Gebietskörperschaft Eigenbetriebe führen darf, für deren Schulden sie unbegrenzt einzustehen hat. In manchen Fällen macht das Kommunalrecht die Eingehung eines Beherrschungsvertrags von einer rechtsaufsichtlichen Genehmigung abhängig.[177] Ein aus Sicht der genannten Vorschriften unbedenklicher und im kommunalen Bereich vielfach begangener Hilfsweg ist die **Zwischenschaltung einer Holding** in der Rechtsform der GmbH. Diese GmbH schließt dann mit den nachgeordneten Gesellschaften Beherrschungsverträge ab, wodurch die Gebietskörperschaft gegen unmittelbare Verlustübernahmepflichten abgeschirmt ist.[178]

Wenn die Beteiligten angesichts der haushaltsrechtlichen Vorgaben auf Vertragsgestaltungen ausweichen, die nicht als Beherrschungsvertrag bezeichnet sind und kein ausdrückliches Weisungsrecht vorsehen, bleibt zu prüfen, ob nicht ein **verdeckter Beherrschungsvertrag** vorliegt,[179] auf den die Vorschriften der §§ 302 ff. ggf. entsprechend anwendbar sind.[180] Davon ist immer dann auszugehen, wenn durch den Vertrag die Leitung der Gesellschaft (§ 76) auf die Gebietskörperschaft übertragen wird. Das kann insbesondere in Fällen eines umfassenden Katalogs von Zustimmungsvorbehalten anzunehmen sein.[181]

**bb) Rechtsfolgen.** Wurde ein Beherrschungsvertrag abgeschlossen, kann die Gebietskörperschaft bzw. die zwischengeschaltete Holding-Gesellschaft (→ Rn. 64) nach § 308 Abs. 1 verbindlich auch solche Weisungen erteilen, deren Umsetzung für die abhängige Gesellschaft nachteilig ist. Dabei sind nicht nur solche Weisungen zulässig, die für die Gebietskörperschaft oder andere konzernverbundene Unternehmen wirtschaftliche Vorteile mit sich bringen. Vielmehr darf das Weisungsrecht auch eingesetzt werden, um das von der Gebietskörperschaft zu verfolgende **öffentliche Interesse durchzusetzen** (→ § 308 Rn. 112 f.).[182] Begründet nämlich die öffentliche Zweckbindung den relevanten Konzernkonflikt (→ Rn. 60), muss das Gesetz auch das Instrumentarium bereitstellen, um diesen mit den Mitteln des Konzernrechts zu bewältigen. Werden rechtswidrige Weisungen erteilt, haftet das herrschende Unternehmen (Gebietskörperschaft; Holding-Gesellschaft). Soweit das herrschende Unternehmen eine private Holding-Gesellschaft ist, machen sich daneben auch deren Geschäftsleiter nach § 309 Abs. 2 persönlich scha-

---

schaften über das Anteilseignerorgan, 1995, 20; *Merz,* Der öffentlich-rechtliche und konzernrechtliche Rahmen für kommunale Tochter-, Enkel- und Urenkelgesellschaften, 2014, 126 ff.; iE ebenso *Schwintowski* NJW 1995, 1316 (1319 f.); in der Tendenz auch → 2. Aufl. 2006, Rn. 59 *(Kropff).*

[176] *Kiefner/Schürnbrand* AG 2013, 789 (791); *R. Schmidt* ZGR 1996, 345 (361); *Mann,* Die öffentlich-rechtliche Gesellschaft, 2002, 220 f.; *Maier,* Beamte als Aufsichtsratsmitglieder der öffentlichen Hand in der Aktiengesellschaft, 2005, 64 ff.; *Pfeifer,* Möglichkeiten und Grenzen der Steuerung kommunaler Aktiengesellschaften durch ihre Gebietskörperschaften, 1993, 129 ff.; *Koch,* Der rechtliche Status kommunaler Unternehmen in Privatrechtsform, 1994, 176 f.; *Koch* DVBl. 1994, 667 (671); *Raiser* ZGR 1996, 458 (474); Großkomm AktG/*Huber/Fröhlich* Rn. 32; im Hinblick auf § 65 BHO unter Hinweis auf den Charakter als Soll-Vorschrift auch K. *Schmidt/Lutter/Oetker* Rn. 11.

[177] OLG München ZIP 2009, 1520 zu Art. 72 Abs. 2 BayGO.

[178] Näher *Kiefner/Schürnbrand* AG 2013, 789 (791 f.); daneben *Raiser* ZGR 1996, 458 (461, 478); *Weber-Rey/Buckel* ZHR 177 (2013), 13 (22 f.); *Hartmann/Zwirner* BOARD 2013, 155 (157); *Siegels* in Hoppe/Uechtritz/Reck KommunalUnternehmen-HdB § 13 Rn. 121; skeptischer *Mann,* Die öffentlich-rechtliche Gesellschaft, 2002, 222 f.; Großkomm AktG/*Huber/Fröhlich* Rn. 32.

[179] Vgl. zu solchen Umgehungsstrategien speziell aus Sicht der öffentlichen Hand *Kienzle,* Verdeckte Beherrschungsverträge, 2010, 140 ff.

[180] Näher OLG Schleswig ZIP 2009, 124; *Schürnbrand* ZHR 169 (2005), 35 (47 ff.); *Ederle* AG 2010, 273; *Emmerich* FS Hüffer, 2010, 179 ff.; Großkomm AktG/*Mülbert* § 291 Rn. 116 ff.

[181] *Bachmann/Veil* ZIP 1999, 348 (354); *Schürnbrand* ZHR 169 (2005), 35 (44 f.); aA Hüffer/Koch/*Koch* § 291 Rn. 10; Kölner Komm AktG/*Koppensteiner* § 308 Rn. 23; Großkomm AktG/*Mülbert* § 291 Rn. 71.

[182] Näher *Kiefner/Schürnbrand* AG 2013, 789 (792 ff.); Hüffer/Koch/*Koch* § 308 Rn. 18; Kölner Komm AktG/*Koppensteiner* § 308 Rn. 41; BeckOGK/*Veil/Walla* § 308 Rn. 30; *Merz,* Der öffentlich-rechtliche und konzernrechtliche Rahmen für kommunale Tochter-, Enkel- und Urenkelgesellschaften, 2014, 123; aA Emmerich/Habersack/*Emmerich* § 308 Rn. 50.

densersatzpflichtig. Die gesetzlichen Vertreter eines öffentlich-rechtlichen Rechtsträgers hingegen trifft keine Verantwortlichkeit nach dieser Vorschrift.[183]

**67** **5. Sondergesellschaftsrecht der Finanzmarktkrise.** Im Zuge der Finanzmarktkrise der Jahre 2008/09 wurde der „Finanzmarktstabilisierungsfonds – FMS" als Sondervermögen des Bundes eingerichtet, mit dessen Hilfe der Bund die im Finanzsektor eingetretenen Liquiditätsengpässe beheben und die Eigenkapitalbasis der betroffenen Unternehmen stärken wollte (vgl. → Rn. 6). Im Zuge dessen wurde als Art. 2 **Finanzmarktstabilisierungsgesetz**[184] vom 17.10.2008 (BGBl. 2008 I 1982) das Gesetz zur Beschleunigung und Vereinfachung des Erwerbs von Anteilen an sowie Risikopositionen von Unternehmen durch den Fonds „Finanzmarktstabilisierungsfonds – FMS" eingeführt, welches für den Fall der Beteiligung des Fonds an einem in der Rechtsform der AG organisierten Unternehmen des Finanzsektors zahlreiche das allgemeine Gesellschaftsrecht modifizierende Regelungen vorsieht. Das Gesetz wurde später modifiziert und die Möglichkeit der Gewährung von Stabilisierungshilfen verlängert.[185] Im Kern sind dort Vereinfachungen im Hinblick auf die Beteiligung des Fonds im Rahmen einer allfälligen Kapitalerhöhung vorgesehen, die eine schnelle und rechtssichere Durchführung der Transaktion gewährleisten sollen. Daneben wird etwa noch die Anwendbarkeit des Konzernrechts ausgeschlossen (→ Rn. 60) und es dem Vorstand unter Ausschluss des § 76 erlaubt, eine weit reichende Verpflichtungserklärung gegenüber dem Fonds unter anderem hinsichtlich der künftigen Geschäftspolitik und der Vergütung der Geschäftsleiter abzugeben.[186] Der FMS lief Ende 2015 aus; an seine Stelle trat der einheitliche europäische Bankenabwicklungsmechanismus. Bestehende Beteiligungen dürfen aber fortgeführt werden; den gesetzlichen Sonderregeln kann daher weiterhin Bedeutung zukommen.

### V. Haushaltsrechtliche Prüfungsrechte nach §§ 53, 54 HGrG

**68** **1. Grundlagen. a) Zweck und dogmatische Einordnung.** Die Beteiligung an privaten Unternehmen ist für die öffentliche Hand mit Risiken verbunden, die aus Sicht der staatlichen Finanzkontrolle mit den Informationsrechten, die der Gebietskörperschaft als Aktionär nach den allgemeinen Vorschriften zustehen oder eingeräumt werden können, nicht angemessen bewältigt werden. In Ergänzung zu der Lockerung der Verschwiegenheitspflicht nach §§ 394, 395[187] sehen deshalb §§ 53, 54 HGrG (Abdruck → Rn. 1) weitergehende Kontrollrechte vor. Im Einzelnen ist auf Verlangen einer mit Mehrheit beteiligten Gebietskörperschaft der Gegenstand und der Umfang der aktienrechtlichen Pflichtprüfung zu erweitern (§ 53 HGrG) und ein Recht auf örtliche Unterrichtung durch den Rechnungshof in die Satzung aufzunehmen (§ 54 HGrG). Trotz ihrer Verankerung im HGrG sind die Vorschriften der Sache nach Gesellschaftsrecht und modifizieren ausweislich ihrer Stellung im Abschnitt „Vorschriften, die einheitlich und unmittelbar gelten" die allgemeinen Regeln des Aktienrechts. In Abweichung vom Gleichbehandlungsgrundsatz des § 53a gewähren

---

[183] Näher *Kiefner/Schürnbrand* AG 2013, 789 (795 f.); *Hüffer*, 10. Aufl. 2012, § 309 Rn. 6; aA *Emmerich/ Habersack/Emmerich* § 309 Rn. 18; Großkomm AktG/*Hirte* § 309 Rn. 17; *Hüffer/Koch/Koch* § 309 Rn. 6.

[184] Umfassend dazu *Jaletzke/Veranneman*, FMStG, 2009; *Becker/Mock,* FMStG, 2009; im Überblick *Brück/ Schalast/Schanz* BB 2008, 2526; *Horn* BKR 2008, 452; *Spindler* DStR 2008, 2268; *Langenbucher* ZGR 2010, 75; vgl. auch Kölner Komm AktG/*Kersting* §§ 394, 395 Rn. 92 f.; aus der Rspr. EuGH NZG 2011, 622; BVerfG NJW 2009, 1331; OLG München NZG 2011, 1227; LG Frankfurt a.M. ZIP 2014, 322; LG München ZIP 2013, 1664; AG 2012, 423; ZIP 2011, 494; NZG 2010, 749.

[185] Vgl. Art. 2 Gesetz zur weiteren Stabilisierung des Finanzmarktes (Finanzmarktstabilisierungsergänzungsgesetz – FMStErgG) vom 7.4.2009, BGBl. 2009 I 725; dazu *Amend* ZIP 2009, 589; *Becker/Mock* DB 2009, 1055; *Brück/Schalast/Schanz* BB 2009, 1306 (1311 f.); zur Verlängerung der Gewährung von Hilfen bis 31.12.2014 s. Drittes Gesetz zur Umsetzung eines Maßnahmenpakets zur Stabilisierung des Finanzmarkts (3. FMStG) vom 20.12.2013, BGBl. 2013 I 2777.

[186] Näher dazu *Noack* AG 2009, 227 (229); *Spindler* DStR 2008, 2268 (2273); *Wieneke/Fett* NZG 2009, 8 (9).

[187] *Lutter/Grunewald* WM 1984, 385; *Hüffer/Koch/Koch* § 394 Rn. 5; K. Schmidt/Lutter/*Oetker* Rn. 17; krit. Großkomm AktG/*Huber/Fröhlich* Anh. §§ 53, 54 HGrG Rn. 2.

sie der Gebietskörperschaft **mitgliedschaftliche Vorzugsrechte** ($\rightarrow$ Rn. 93), die ihre verfassungsrechtliche Rechtfertigung im Bedürfnis nach öffentlicher Finanzkontrolle finden.[188] Die Gesetzgebungszuständigkeit folgt daher nicht aus Art. 109 GG (Grundsätze der Haushaltswirtschaft),[189] sondern aus der Zuständigkeit des Bundes für das Gesellschaftsrecht.

**b) Entstehungsgeschichte.** Deutlich weitergehende Sonderprüfungsrechte der öffent- **69** lichen Hand enthielt noch die bis 1969 geltende Vorgängervorschrift des **§ 48 RHO.**[190] Danach konnte die Gebietskörperschaft nicht nur eine Prüfung der Gesellschaft durch einen ihr genehmen Prüfer nach von ihm festgesetzten Prüfungsrichtlinien verlangen, sondern auch unmittelbare Prüfungsaufträge auf Kosten der Gesellschaft erteilen. Eine Neuordnung der Materie wurde bereits im Rahmen der Aktienrechtsreform 1965 diskutiert, unterblieb dann aber und wurde der anstehenden Reform des Haushaltsrechts zugewiesen.[191] Das **Gesetz über die Grundsätze des Haushaltsrechts des Bundes und der Länder** (HGrG) vom 19.8.1969 (BGBl. 1969 I 1273) griff wesentlich zurückhaltender in das Aktienrecht ein als noch § 48 RHO. Dabei haben sich die Bundestagsausschüsse noch über den Regierungsentwurf[192] hinaus bemüht, die Sonderregelungen für die öffentliche Hand möglichst einzuschränken, die Prüfungsrechte der öffentlichen Hand in die allgemeine aktienrechtliche Pflichtprüfung zu integrieren sowie das Prüfungsrecht des Rechnungshofes an die Satzung zu binden.[193]

**c) Vereinbarkeit mit Unionsrecht.** In ihrer geltenden Fassung dürften die §§ 53, 54 **70** HGrG mit dem Unionsrecht, insbesondere mit der Kapitalverkehrsfreiheit des Art. 63 AEUV vereinbar sein.[194] Zwar sind alle Sonderrechte der öffentlichen Hand an den vom EuGH in der Rechtsprechungslinie zu den sog. „Golden Shares" entwickelten Kriterien zu messen (näher $\rightarrow$ Rn. 16 f.). Da aber eine erweiterte Abschlussprüfung den Interessen privater Anteilseigner nicht entgegensteht und die Vertraulichkeit der erlangten Informationen sichergestellt ist ($\rightarrow$ § 395 Rn. 2 ff.), lässt sich nicht sagen, dass die Regelungen von einer Investition abschrecken. Das gilt umso mehr, als die Sonderrechte tatbestandlich eine Mehrheitsbeteiligung der Gebietskörperschaft voraussetzen und daher anders als die vom EuGH beanstandeten Regelungen die Übernahme der unternehmerischen Kontrolle nicht in Frage stellen. Schließlich hat der EuGH in anderem Zusammenhang die „sparsame und sachgerechte Verwendung öffentlicher Mittel" als schützenswertes Allgemeininteresse anerkannt.[195]

**d) Geltungsbereich; Bedeutung der Haushaltsordnungen.** Die Vorschriften wen- **71** den sich an alle Gebietskörperschaften, namentlich also an den **Bund** und die **Länder.** Die Haushaltsordnungen des Bundes und der Länder enthalten Vorschriften über die Ausübung und Auswertung der Rechte, die aber als internes Verwaltungsrecht das Gesellschaftsrecht nicht ändern. Über die Länder werden weiterhin auch die **Gemeinden** und Gemeindeverbände erfasst.[196] Das wird dadurch bestätigt, dass § 54 HGrG nicht von den Rechnungshöfen, sondern allgemeiner von der Rechnungsprüfungsbehörde spricht. Bei gemeindlicher Mehrheitsbeteiligung kann daher die Satzung ein entsprechendes Recht zu Gunsten des

---

[188] *Vogel* DVBl. 1970, 193 (199 ff.); weitere Begründungen bei Heuer/Scheller/*Kautzsch* HGrG § 53 Rn. 5 f.

[189] Zumindest missverständlich *Hüffer,* 10. Aufl. 2012, § 394 Rn. 23; K. Schmidt/Lutter/*Oetker* Rn. 17.

[190] Zum früheren Recht und zur Entstehung der heutigen Regelung *Bierwirth* FS Ludewig, 1996, 123 ff.

[191] Vgl. Ausschussbericht *Kropff* AktG 1965, 496; $\rightarrow$ 2. Aufl. 2006, Rn. 14 *(Kropff)*.

[192] BT-Drs. V/3040.

[193] Vgl. die Gegenüberstellung im Bericht des Haushaltsausschusses, BT-Drs. V/4379, 22–24, und den Abgeordneten *Althammer* bei der 3. Lesung des HGrG, BT, 5. Wahlperiode, 243. Sitzung am 26.6.1969, 13512.

[194] Großkomm AktG/*Huber/Fröhlich* Rn. 36 f.; Grigoleit/*Rachlitz* §§ 394, 395 Rn. 8; *Traut,* Die Corporate Governance von Kapitalgesellschaften der öffentlichen Hand, 2013, 279; aA Kölner Komm AktG/*Kersting* §§ 394, 395 Rn. 106.

[195] EuGH Slg. 2003, I-4989 Rn. 81 = EuR 2004, 276.

[196] Großkomm AktG/*Huber/Fröhlich* Anh. § 395 Rn. 9; Hüffer/Koch/*Koch* § 394 Rn. 23; K. Schmidt/Lutter/*Oetker* Rn. 17; Grigoleit/*Rachlitz* §§ 394, 395 Rn. 33; Hölters/*Müller-Michaels* § 394 Rn. 6.

gemeindlichen Rechnungsprüfungsamtes einräumen. Zu Gunsten anderer Stellen kann es nicht begründet werden, da § 54 HGrG dies nicht vorsieht.[197] Ähnlich wie die Haushaltsordnungen des Bundes und der Länder enthalten auch die Gemeindeordnungen ergänzendes verwaltungsinternes Recht. Es entspricht im Wesentlichen den für Bund und Länder geltenden Grundsätzen. Weitergehend werden die Gemeinden aber teilweise verpflichtet, das Verlangen nach § 53 HGrG zu stellen (vgl. etwa Art. 94 Abs. 1 Nr. 3 BayGO). Neben der gesellschaftsrechtlichen Betätigungsprüfung sieht das Landesrecht (etwa Art. 106 Abs. 4 BayGO) eine kommunalrechtliche Betätigungsprüfung vor.[198]

**72**  **2. Die Erweiterung der Abschlussprüfung durch § 53 HGrG. a) Bedeutung.** § 53 HGrG begründet ein Sonderrecht der Gebietskörperschaft, den Prüfungsumfang der Abschlussprüfung auf die Beurteilung der Ordnungsmäßigkeit der Geschäftsführung sowie der wirtschaftlichen Entwicklung des Unternehmens auszuweiten. Rechtssystematisch handelt es sich mithin nicht um eine zusätzliche freiwillige Prüfung, vielmehr bilden die Prüfungserweiterungen einen unselbständigen **Teil der gesetzlichen Abschlussprüfung.**[199] Ein entsprechendes Sonderrecht haben nach § 48 Abs. 3 HGrG juristische Personen des öffentlichen Rechts in Bezug auf die Gesellschaften des Privatrechts, an denen sie mit Mehrheit beteiligt sind. Bei der Schaffung der Norm im Jahre 1969 schien dem Gesetzgeber diese Erweiterung geboten, um die parlamentarische Kontrolle der Beteiligungsverwaltung und – vorbereitend für diese Kontrolle – die Prüfung durch die Rechnungshöfe der Gebietskörperschaften zu erleichtern.[200] Seitdem hat sich indessen das Gesicht der allgemeinen Abschlussprüfung grundlegend gewandelt.[201] Nach verschiedenen gesetzlichen Änderungen ist die Prüfung heute sehr viel stärker problemorientiert ausgestaltet und schließt eine Stellungnahme zur Lagebeurteilung durch die gesetzlichen Vertreter ein (vgl. §§ 317, 321 HGB). Die Prüfungs- und Berichtspflichten nach § 53 Abs. 1 Nr. 2 HGrG führen daher heute nicht wesentlich über die allgemeinen Pflichten des Abschlussprüfers hinaus.[202] Demgegenüber kommt der Prüfung der **Ordnungsmäßigkeit der Geschäftsführung** nach § 53 Abs. 1 Nr. 1 HGrG nach wie vor erhebliche praktische Bedeutung zu. Soweit entsprechende Verstöße sich nicht auf die Rechnungslegung auswirken, sind sie nämlich normalerweise nicht Gegenstand der Abschlussprüfung.[203] Ohne dass er gezielt danach zu fahnden hätte, muss der Abschlussprüfer vielmehr nach § 321 Abs. 1 S. 3 HGB lediglich über bestimmte, bei Durchführung der Prüfung festgestellte Gesetzesverstöße berichten.

**73**  **b) Voraussetzungen der erweiterten Abschlussprüfung. aa) Anteilsbesitz.** Die erweiterte Abschlussprüfung setzt voraus, dass erstens eine Gebietskörperschaft oder mehrere Gebietskörperschaften in ihrer Gesamtheit eine **Mehrheitsbeteiligung** halten; falls die Mehrheitsbeteiligung erst durch Zusammenrechnung der Anteile mehrerer Gebietskörperschaften erreicht wird, müssen einer dieser Gebietskörperschaften mindestens 25% der Anteile gehören. Dadurch soll vermieden werden, dass sich die Mehrheitsbeteiligung aus einer Unzahl von Splitterbeteiligungen ergibt.[204] Das Recht besteht also nicht, wenn die Gebietskörperschaften A, B und C mit je 20% beteiligt sind (keine Beteiligung erreicht 25%);[205] ebenso wenig,

---

[197] Hüffer/Koch/*Koch* § 394 Rn. 26.

[198] Näher dazu *Steiner* FS Hufen, 2015, 561 (563 ff.).

[199] *Schüppen* ZIP 2015, 815 ff.; *Gelhausen/Hermesmeier* WPg 2015, 629 (635); aA *Kersting* ZIP 2014, 2420 ff.; *Kersting* ZIP 2015, 817 ff.; ähnlich Großkomm AktG/*Huber/Fröhlich* Anh. §§ 53, 54 HGrG Rn. 7; aA Kölner Komm AktG/*Kersting* §§ 394, 395 Rn. 32.

[200] Zu den Gründen *Bierwirth* FS Ludewig, 1996, 123 (128 f.).

[201] Instruktiv *Mattheus*, Handbuch Corporate Governance, 2. Aufl. 2009, 563 ff.; *Habersack* in Bayer/Habersack AktR im Wandel II Kap. 14 Rn. 32 ff.

[202] Hüffer/Koch/*Koch* § 394 Rn. 11; Großkomm AktG/*Huber/Fröhlich* Anh. §§ 53, 54 HGrG Rn. 20; K. Schmidt/Lutter/*Oetker* Rn. 25; aA *Früchtl*, Die Aktiengesellschaft als Rechtsform für die wirtschaftliche Beteiligung der öffentlichen Hand, 2009, 68.

[203] Baumbach/Hopt/*Hopt/Merkt* HGB § 317 Rn. 5; Großkomm HGB/*Habersack/Schürnbrand* HGB § 317 Rn. 8 ff.

[204] Piduch/*Nöhrbaß* BHO Vor § 66 Rn. 5.

[205] Vgl. Heuer/Scheller/*Kautzsch* HGrG § 53 Rn. 9.

wenn A mit 30, hingegen B, C und D mit je 5% beteiligt sind (keine Mehrheitsbeteiligung); anders wenn A 30%, B, C und D je 10% gehören. Für die Berechnung der Anteilsmehrheit wie auch der Mindestquote von 25% in der Hand einer der beteiligten Gebietskörperschaften gilt § 16 Abs. 2.[206] Nach der besonderen Zurechnungsvorschrift des Abs. 2 S. 1 sind der Gebietskörperschaft auch die Anteile zuzurechnen, die einem **Sondervermögen** der Gebietskörperschaft, etwa einem Eigenbetrieb gehören. Das Gleiche gilt nach dem Grundgedanken des § 48 Abs. 3 HGrG für Anteile, die einer juristischen Person des öffentlichen Rechts gehören.[207]

Was sonstige **mittelbare Beteiligungen** angeht, bestimmt § 53 Abs. 2 S. 2 HGrG, dass **74** der Gebietskörperschaft ferner die Anteile solcher Unternehmen zuzurechnen sind, bei denen der Gebietskörperschaft die Rechte aus Abs. 1 zustehen. Die betreffenden Anteile werden wie eigene Anteile behandelt, weshalb die besonderen Prüfungsrechte auch gegenüber Enkelgesellschaften unmittelbar von der Gebietskörperschaft selbst geltend gemacht werden können.[208] Für die Zurechnung genügt, dass die Rechte bestehen, es ist nicht erforderlich, dass das Verlangen nach Abs. 1 gestellt wurde.[209] Die Zurechnung nach **§ 53 Abs. 2 HGrG** geht einerseits weiter als die Zurechnung nach § 16 Abs. 4, weil der Gebietskörperschaft die Rechte nach Abs. 1 auch ohne beherrschenden Einfluss schon bei Besitz von nur 25% der Anteile zustehen können, sofern andere Gebietskörperschaften mit insgesamt mehr als 25% beteiligt sind. Andererseits bleibt § 53 Abs. 2 HGrG hinter § 16 Abs. 4 zurück, weil beherrschender Einfluss, der auf einer stabilen Hauptversammlungsmehrheit beruht, aber nicht von einem Abs. 1 entsprechenden Anteilsbesitz getragen ist, die Zurechnung nicht begründet.

Fraglich ist daher, ob neben Abs. 2 S. 2 die **Zurechnungsgründe des § 16 Abs. 4 75** anwendbar sind. Dies ist konstruktiv denkbar, weil Gebietskörperschaften ohne Weiteres als Unternehmen im konzernrechtlichen Sinne anzusehen sind (→ Rn. 60). Jedoch beansprucht die in § 53 HGrG zum Ausdruck kommende Grundentscheidung, nicht auf den Einfluss der Gebietskörperschaft, sondern auf die im Unternehmen investierten Mittel abzustellen, auch im mittelbaren Bereich Geltung. Eine bloße Stimmrechtsmehrheit kann daher die Zurechnung nicht begründen.[210] Im Übrigen führte die undifferenzierte Anwendung des § 16 Abs. 4 auch zu nicht überzeugenden Ergebnissen. Verfügt nämlich die Gebietskörperschaft ohne den für unmittelbare Prüfungsrechte erforderlichen Mehrheitsbesitz bei einem Unternehmen über beherrschenden Einfluss,[211] so hätte sie infolge der unmittelbaren Zurechnung beim Enkelunternehmen die Rechte aus § 53 HGrG, obwohl sie ihr bei der Muttergesellschaft nicht zustehen. Eine Zurechnung kommt daher nur dann in Betracht, wenn das zwischengeschaltete Unternehmen die Anteile für Rechnung der Gebietskörperschaft hält oder dieser die Mehrheit der Anteile an dem zwischengeschalteten Unternehmen gehört.[212]

**bb) Unternehmen.** Adressat des Verlangens nach § 53 HGrG kann unabhängig von **76** seiner Rechtsform jedes Unternehmen des privaten Rechts sein; es gilt der Unternehmensbegriff des § 15.[213] (Für juristische Personen des öffentlichen Rechts gilt § 53 entsprechend,

---

[206] Hüffer/Koch/*Koch* § 394 Rn. 7; Großkomm AktG/*Huber/Fröhlich* Anh. §§ 53, 54 HGrG Rn. 10; K. Schmidt/Lutter/*Oetker* Rn. 20; Bürgers/Körber/*Pelz* Rn. 10; Kölner Komm AktG/*Kersting* §§ 394, 395 Rn. 24.

[207] Kölner Komm AktG/*Kersting* §§ 394, 395 Rn. 25.

[208] Großkomm AktG/*Huber/Fröhlich* Anh. § 395 Rn. 14; Kölner Komm AktG/*Kersting* §§ 394, 395 Rn. 26; Hüffer/Koch/*Koch* § 394 Rn. 8; K. Schmidt/Lutter/*Oetker* Rn. 20; Bürgers/Körber/*Pelz* Rn. 10; *Lutter/Grunewald* WM 1984, 385 (388).

[209] Kölner Komm AktG/*Kersting* §§ 394, 395 Rn. 26.

[210] Überzeugend → 2. Aufl. 2006, Rn. 126 (*Kropff*); ebenso Kölner Komm AktG/*Kersting* §§ 394, 395 Rn. 27; ähnlich Hüffer/Koch/*Koch* § 394 Rn. 7; undifferenziert für Anwendung des § 16 Abs. 4 dagegen Bürgers/Körber/*Pelz* Rn. 10.

[211] Vgl. BGHZ 135, 107 (113 ff.) = NJW 1997, 1855.

[212] Ebenso → 2. Aufl. 2006, Rn. 127 (*Kropff*).

[213] Hüffer/Koch/*Koch* § 394 Rn. 9; Großkomm AktG/*Huber/Fröhlich* Anh. §§ 53, 54 HGrG Rn. 8; Kölner Komm AktG/*Kersting* §§ 394, 395 Rn. 23; K. Schmidt/Lutter/*Oetker* Rn. 21.

§ 48 HGrG, vgl. auch § 105 BHO.) Das Recht kann aber nur gegenüber einem Unternehmen mit Sitz im **Inland** bestehen, da der deutsche Gesetzgeber der Gebietskörperschaft keine Rechte gegenüber einem ausländischen Unternehmen einräumen kann.[214] Informationen über ausländische Tochtergesellschaften erhält die Gebietskörperschaft daher allein über den Prüfungsbericht des Konzernabschlussprüfers (§ 53 Abs. 1 Nr. 3 HGrG) sowie in den Grenzen der §§ 394 f. über die Berichte ihrer Vertreter im Aufsichtsrat der inländischen Muttergesellschaft. Der Gebietskörperschaft ist daher gem. § 53 Abs. 2 S. 2 HGrG auch nur der durch eine ununterbrochene Kette von inländischen Unternehmen vermittelte Anteilsbesitz zuzurechnen, da ihr bei einer zwischen inländischer Mutter und inländischem Enkelunternehmen stehenden ausländischen Tochter keine Rechte aus Abs. 1 zustehen können.

**77**    **cc) Abschlussprüfung.** Abs. 1 setzt voraus, dass das Unternehmen seinen Abschluss prüfen lässt. Kraft Gesetzes prüfungspflichtig sind zunächst große und mittelgroße Kapitalgesellschaften sowie entsprechende atypische Personengesellschaften (§§ 316, 264a HGB). Daneben bestehen zahlreiche spezialgesetzliche Prüfungspflichten, die an die Größe, die Rechtsform oder die Branche des betriebenen Unternehmens anknüpfen (vgl. etwa § 340k HGB, § 6b Abs. 1 EnWG, § 6 PublG).[215] Das Recht nach Abs. 1 besteht aber auch, wenn die Gesellschaft lediglich auf Grund der **Satzung** ihren Abschluss prüfen lassen muss.[216] Es genügt sogar, dass die Gesellschaft ihren Abschluss tatsächlich prüfen lässt, ohne durch Gesetz oder Satzung dazu verpflichtet zu sein, sofern diese Prüfung tatsächlich gewährleistet ist.[217]

**78**    Die Gebietskörperschaft kann bei einer nicht nach dem Gesetz prüfungspflichtigen Gesellschaft weder auf Grund von § 53 HGrG noch nach **§ 65 Abs. 1 Nr. 4 BHO** verlangen, dass in der Satzung eine entsprechende Prüfungspflicht bestimmt wird.[218] Sie soll aber nach § 65 Abs. 1 Nr. 4 BHO eine Beteiligung nur eingehen, wenn gewährleistet ist, dass der Jahresabschluss des Unternehmens nach den Vorschriften für große Kapitalgesellschaften aufgestellt und geprüft wird. Gewährleistet ist dies zB, wenn die Gebietskörperschaft ihre Beteiligung von der Festlegung einer entsprechenden Satzungsbestimmung abhängig macht. Ungeachtet der haushaltsrechtlichen Vorgabe handelt es sich aus Sicht des Unternehmens um eine gesellschaftsvertraglich vorgeschriebene und damit freiwillige Prüfung, nicht um eine gesetzliche Pflichtprüfung.[219] Bei einer mittelgroßen Gesellschaft soll gewährleistet sein, dass die Aufstellung des Jahresabschlusses und seine Prüfung über die für mittelgroße Gesellschaften geltenden gesetzlichen Anforderungen hinaus nach den Vorschriften für große Kapitalgesellschaften erfolgt. Zur Gewährleistung genügt eine Vereinbarung mit den Mitgesellschaftern, deren Umsetzung tatsächlich gesichert erscheint. Als zudem nur verwaltungsintern wirkende Sollvorschrift ist § 65 Abs. 1 Nr. 4 BHO allerdings **nicht zwingend** (→ Rn. 34). Die Gebietskörperschaft kann sich mit rechtlich nicht bindenden Zusagen oder auch mit einer den Anforderungen des § 65 Abs. 1 Nr. 4 BHO nur teilweise entsprechenden Prüfung begnügen.

**79**    **dd) Verlangen der Gebietskörperschaft.** Weitere Voraussetzung ist, dass die Gebietskörperschaft die Erweiterung der Prüfung verlangt. Auch im mittelbaren Bereich kann nur sie und nicht etwa die Obergesellschaft das Verlangen stellen;[220] es kann aber auch im

[214] *Lutter/Grunewald* WM 1984, 385 (389); Kölner Komm AktG/*Kersting* §§ 394, 395 Rn. 23; Großkomm AktG/*Huber/Fröhlich* Anh. §§ 53, 54 HGrG Rn. 8; Hüffer/Koch/*Koch* § 394 Rn. 9; Bürgers/Körber/*Pelz* Rn. 10; Grigoleit/*Rachlitz* §§ 394, 395 Rn. 34. – Eine entsprechende Vereinbarung anmahnend „Hinweise" (→ Rn. 12) Tz. 82.

[215] Näher MüKoHGB/*Ebke* HGB § 316 Rn. 9; GroßkommHGB/*Habersack/Schürnbrand* HGB § 316 Rn. 3 ff.

[216] Großkomm AktG/*Huber/Fröhlich* Anh. §§ 53, 54 HGrG Rn. 15; Kölner Komm AktG/*Kersting* §§ 394, 395 Rn. 28; Hüffer/Koch/*Koch* § 394 Rn. 9; *Lutter/Grunewald* WM 1984, 385 (389); K. Schmidt/Lutter/*Oetker* Rn. 21.

[217] → 2. Aufl. 2006, Rn. 134 *(Kropff)*; Großkomm AktG/*Huber/Fröhlich* Anh. §§ 53, 54 HGrG Rn. 15; Kölner Komm AktG/*Kersting* §§ 394, 395 Rn. 28.

[218] Hüffer/Koch/*Koch* § 394 Rn. 9; s. auch Kölner Komm AktG/*Kersting* §§ 394, 395 Rn. 28.

[219] *Gelhausen/Hermesmeier* WPg 2015, 629 (634).

[220] Kölner Komm AktG/*Kersting* §§ 394, 395 Rn. 36; K. Schmidt/Lutter/*Oetker* Rn. 22; Großkomm AktG/*Huber/Fröhlich* Anh. §§ 53, 54 HGrG Rn. 16; Hüffer/Koch/*Koch* § 394 Rn. 9; *Lutter/Grunewald* WM 1984, 385 (389); Piduch/*Nöhrbaß* BHO Vor § 66 Rn. 5.

Auftrag der Gebietskörperschaft durch die Obergesellschaft/Konzernleitung gestellt werden. Das Verlangen braucht **nicht alljährlich** neu gestellt zu werden; dies kann „bis auf weiteres" geschehen. Allerdings wird eine Begrenzung auf 5 Jahre empfohlen.[221] Das Verlangen ist an das Unternehmen zu richten.[222] Zuständig für die Umsetzung ist der Aufsichtsrat (→ Rn. 80). Für den Bund bestimmt § 68 Abs. 1 S. 1 BHO verwaltungsintern, dass der zuständige Minister das Recht ausübt; nach Ziff. 1 VV-BHO zu § 68 BHO soll er es ausüben. Der unglücklich gefasste § 68 Abs. 2 BHO bestimmt, dass der zuständige Bundesminister nur im Einvernehmen mit dem Bundesfinanzminister und dem Präsidenten des Bundesrechnungshofes[223] auf die Ausübung verzichten darf; „Verzicht" meint hier aber sowohl den externen Verzicht gegenüber dem Unternehmen wie die interne Entscheidung, von der Ausübung abzusehen. Beides wird im Hinblick auf die **grundsätzliche Sollvorschrift** nur in besonders gelagerten Ausnahmefällen in Betracht kommen.[224] In den Motiven wird als Beispiel genannt, dass die Ausübung des Rechts eine erwünschte Koalition unmöglich machen würde. Jenseits besonderer ermessenslenkender Vorschriften des Haushalts- oder kommunalen Wirtschaftsrechts lässt sich eine grundsätzliche Verpflichtung, von der Möglichkeit der erweiterten Abschlussprüfung Gebrauch zu machen, auch aus dem Verfassungsgebot einer effektiven Steuerung des öffentlichen Unternehmens ableiten.[225]

**c) Die Erweiterung der Prüfung im Einzelnen. aa) Prüfungsauftrag.** Die Ver- **80** pflichtung des Unternehmens aus § 53 HGrG wird dadurch umgesetzt, dass der Auftrag an den Abschlussprüfer entsprechend erweitert wird. Zuständig hierfür sind nach § 318 Abs. 1 S. 4 HGB die gesetzlichen Vertreter, sofern nicht, wie gem. § 111 Abs. 2 S. 3 in der AG, die Erteilung des Prüfungsauftrags dem Aufsichtsrat obliegt. Zur Klarstellung (→ Rn. 81) ist auch der Auftrag an den Konzernabschlussprüfer entsprechend zu erweitern. Der Abschlussprüfer darf, wenn er den Prüfauftrag als solchen annehmen will, die Erweiterung nicht ablehnen.[226] Ohne derartige Auftragserteilung ist der Abschlussprüfer weder berechtigt noch verpflichtet, eine Prüfung nach § 53 HGrG vorzunehmen. Er hat lediglich das zuständige Organ auf die noch ausstehende Auftragserteilung hinzuweisen, wenn die Voraussetzungen für die Erweiterung gegeben sind.[227] Anders als noch unter Geltung der RHO hat die Gebietskörperschaft dagegen auf die **Person des Prüfers** keinen unmittelbaren Einfluss, die Bestellung obliegt vielmehr allein der Gesellschafterversammlung. Auf deren Entscheidung kann die Gebietskörperschaft allein durch Ausübung ihrer Stimmrechte einwirken (vgl. § 318 Abs. 1 HGB, § 119 Abs. 1 Nr. 4 AktG).[228] Daran ändert auch die Vorschrift des § 68 Abs. 1 S. 2 BHO nichts, der zufolge das zuständige Bundesministerium bei der Bestellung des Prüfers die Rechte des Bundes im Einvernehmen mit dem Bundesrechnungshof auszuüben hat. Jedoch hat die Verwaltung intern das Einvernehmen mit dem Bundesrechnungshof herbeizuführen, bevor sie in der Gesellschafterversammlung für die Bestellung des Prüfers stimmt.[229]

---

[221] *Eibelshäuser* FS Moxter, 1994, 920 (931); s. daneben *ADS* HGB § 317 Rn. 91; für Erfordernis jährlicher Wiederholung Kölner Komm AktG/*Kersting* §§ 394, 395 Rn. 37.

[222] Großkomm AktG/*Huber/Fröhlich* Anh. §§ 53, 54 HGrG Rn. 16; K. Schmidt/Lutter/*Oetker* Rn. 22; Kölner Komm AktG/*Kersting* §§ 394, 395 Rn. 36.

[223] Verfassungsrechtliche Bedenken gegen die Mitwirkung (nur) des Präsidenten (statt des Bundesrechnungshofs) bei Engels/Eibelshäuser/*Eibelshäuser/Breidert* BHO § 68 Rn. 14.

[224] *Zavelberg* FS Forster, 1992, 723 (734); *Hewer* WPg 2004, 1201 (1205) Fn. 32; Piduch/*Nöhrbaß* BHO § 68 Rn. 2; Engels/Eibelshäuser/*Eibelshäuser/Breidert* BHO § 68 Rn. 18; aA Kersting ZIP 2014, 2420 (2423); Kölner Komm AktG/*Kersting* §§ 394, 395 Rn. 42.

[225] Näher Großkomm AktG/*Huber/Fröhlich* Anh. §§ 53, 54 HGrG Rn. 17.

[226] *ADS* HGB § 317 Rn. 84; Kölner Komm AktG/*Kersting* §§ 394, 395 Rn. 30.

[227] *IDW* PS 720 WPg 2006, 1452 Tz. 2 „mit gesondertem Schreiben"; Kölner Komm AktG/*Kersting* §§ 394, 395 Rn. 30.

[228] S. auch Hüffer/Koch/*Koch* § 394 Rn. 9; K. Schmidt/Lutter/*Oetker* Rn. 22; Kölner Komm AktG/*Kersting* §§ 394, 395 Rn. 31; Grigoleit/*Rachlitz* §§ 394, 395 Rn. 38; zur abw. Rechtslage unter Geltung des § 48 RHO → Rn. 69.

[229] Zur Praxis, insbes. zur Erklärung des Einvernehmens „bis auf weiteres", *Zavelberg* FS Forster, 1992, 723 (738).

81    **bb) Prüfung der Ordnungsmäßigkeit der Geschäftsführung.** Die wichtigste Erweiterung geht dahin, dass im Rahmen der Abschlussprüfung – über die Prüfungsgegenstände nach § 317 HGB hinaus – auch die Ordnungsmäßigkeit der Geschäftsführung zu prüfen ist. Die Vorschrift spricht in Abs. 1 Nr. 1 und 2 nicht von der Prüfung des Konzernabschlusses. Nur in Abs. 1 Nr. 3 ist auch die Übersendung des Prüfungsberichts der Konzernabschlussprüfer vorgesehen. Trotzdem sprechen aufgrund des Sachzusammenhangs die besseren Gründe dafür, dass das Verlangen nach Abs. 1 bei einer Muttergesellschaft auch die Erweiterung der **Konzernabschlussprüfung** umfasst.[230] Im Ergebnis kommt der Frage freilich keine besondere praktische Bedeutung zu. Der Prüfer des Einzelabschlusses der Muttergesellschaft muss nämlich nach § 53 Abs. 1 Nr. 1 HGrG ohnehin die Ordnungsmäßigkeit auch der Konzerngeschäftsführung prüfen, da die Leitung des Konzerns zu den Pflichten des Vorstands der Muttergesellschaft gehört. In der Praxis wird der erweiterte Bericht zusammenfassend für Muttergesellschaft und Konzern erstattet.[231]

82    Zu prüfen ist danach, ob die Geschäfte **nach kaufmännischen Grundsätzen** mit der Sorgfalt eines ordentlichen und gewissenhaften Geschäftsleiters geführt worden sind.[232] Dabei lassen sich die Ordnungsmäßigkeit der Geschäftsführungsorganisation, des Geschäftsführungsinstrumentariums und der Geschäftsführungstätigkeit unterscheiden. In struktureller Hinsicht kommt der sinnvollen Organisation des Planungs- und Rechnungswesens sowie des Risikomanagements zentrale Bedeutung zu.[233] Einzelmaßnahmen wiederum müssen mit Gesetz, Satzung, Geschäftsordnung und bindenden Beschlüssen des Überwachungsorgans in Einklang stehen. Zu prüfen ist ferner das Verfahren, in dem die unternehmerischen Entscheidungen getroffen wurden, namentlich, ob das Verfahren anerkannten Grundsätzen unternehmerischer Entscheidungsfindung genügte und · die Entscheidungen auf Grund angemessener Information getroffen wurden. Vgl. dazu die Kommentierung zu § 93 Abs. 1 S. 2 AktG (→ AktG § 93 Rn. 43 ff.). Aus praktischen Gründen werden bei dieser Prüfung ungewöhnliche, risikoreiche oder nicht ordnungsgemäß abgewickelte Geschäftsvorfälle sowie erkennbare Fehldispositionen und Maßnahmen im Vordergrund stehen, die durch gesellschaftsfremde Interessen eines Vorstandsmitglieds oder Gesellschafters beeinflusst sein können. Es wird vorgeschlagen, die Anregungen und Empfehlungen des PCGK (→ Rn. 12 f.) als Anhaltspunkte für die Beurteilung der Ordnungsmäßigkeit heranzuziehen.[234]

83    Die Erweiterung des Prüfungsgegenstandes erfordert eigenständige Prüfungshandlungen, sofern die Beantwortung der jeweiligen Frage nicht unmittelbar aus der Jahresabschlussprüfung ableitbar ist.[235] Bei der **Durchführung der Prüfung** kann der Abschlussprüfer auch für den erweiterten Teil der Prüfung auf seine Vorlage- und Auskunftsrechte nach § 320 HGB zurückgreifen. Mehr noch als die allgemeine Abschlussprüfung erfordert auch die Prüfung nach § 53 HGrG keine lückenlose Prüfung, sondern kann in Form von Stichproben durchgeführt werden. Im Übrigen ist es zulässig, im Rahmen eines mehrjährigen Turnus in jedem Jahr einzelne Gegenstände (wie das Planungssystem oder das Risikoüberwachungssystem) schwerpunktmäßig besonders intensiv, andere dagegen weniger intensiv zu prüfen.[236] Bei der Festlegung sind die wirtschaftliche Situation des Unternehmens und der

---

[230] → 2. Aufl. 2006, Rn. 124 *(Kropff)*; aA K. Schmidt/Lutter/*Oetker* Rn. 24.

[231] → 2. Aufl. 2006, Rn. 124 *(Kropff)*.

[232] Die genauere Abgrenzung ist Gegenstand eines umfangreichen Spezialschrifttums, zB *ADS* HGB § 317 Rn. 93 ff.; Heuer/Scheller/*Kautzsch* HGrG § 53 Rn. 12.; *Eibelshäuser* FS Moxter, 1994, 920 (931 ff.); *Lutter/ Grunewald* WM 1984, 385 (391); *Zavelberg* FS Forster, 1992, 723 (734 f.); *Bierwirth* FS Ludewig, 1996, 123 (129 f.); *Hewer* WPg 2004, 1201 (1205 f.); *Petersen* WPg 1983, 37 (39); *Kaufmann/Tebben,* Die Prüfung kommunaler Unternehmen gemäß § 53 Abs. 1 HGrG, 2. Aufl. 2012.

[233] Hüffer/Koch/*Koch* § 394 Rn. 10; Kölner Komm AktG/*Kersting* §§ 394, 395 Rn. 33; ähnlich K. Schmidt/Lutter/*Oetker* Rn. 24; so auch *Schockenhoff* NZG 2018, 521 (526).

[234] *Fleischer/Beyer* WPg 2012, 370 ff.; *Hartmann/Zwirner* WPg 2013, 475 (478 ff.): auch bei börsennotierten Aktiengesellschaften.

[235] *IDW* PS 720, WPg 2006, 1452 Tz. 2; vgl. zur Einbettung in die Jahresabschlussprüfung *ADS* HGB § 317 Rn. 101 ff.

[236] Vgl. *Bierwirth* FS Ludewig, 1996, 123 (132).

Zweck des § 53 HGrG zu berücksichtigen, der Gebietskörperschaft ein zusätzliches Kontroll- und Informationsinstrument zur Verfügung zu stellen.[237]

In der Praxis werden bei der Prüfung von Beteiligungen des Bundes zum einen die VV- **84** BHO Nr. 2 zu § 68 BHO[238] sowie die „Grundsätze für die Prüfung von Unternehmen nach § 53 Haushaltsgrundsätzegesetz" (Anl. zur VV-BHO Nr. 2 zu § 68 BHO) zugrunde gelegt. Danach ist auf die Vergangenheit bezogen insbesondere zu prüfen, ob ungewöhnliche, risikoreiche oder nicht ordnungsgemäß abgewickelte Geschäftsvorfälle und erkennbare Fehldispositionen vorliegen. Daneben ist der **IDW-Prüfungsstandard PS 720** „Berichterstattung über die Erweiterung der Abschlussprüfung nach § 53 HGrG" einschlägig.[239] Der Standard enthält einen umfangreichen Fragenkatalog, der auf die Erfahrungen einer großen Prüfungsgesellschaft zurückgeht und im Einvernehmen mit dem Bundesminister der Finanzen, dem Bundesrechnungshof und den Landesrechnungshöfen erstellt wurde. Die Grundsätze und der Standard binden zwar Unternehmen und Abschlussprüfer nicht unmittelbar, ihnen kommt in der Praxis aber eine erhebliche indizielle Wirkung bei der Bestimmung der Pflichten aus dem Prüfungsverhältnis zu.[240] Stets können allerdings Größe, Rechtsform und Branche sowie andere Besonderheiten des Unternehmens Abweichungen rechtfertigen oder eine Ausdehnung der Prüfung notwendig machen.[241]

**cc) Prüfung nach § 53 Abs. 1 Nr. 2 HGrG.** Der Wortlaut verlangt zwar nur eine **85** Berichterstattung, er unterstellt aber selbstverständlich, dass ihr eine entsprechende Prüfung vorausgeht.[242] Es kann dahingestellt bleiben, inwieweit diese Prüfung heute noch über die allgemeine Prüfungspflicht des Abschlussprüfers hinausgeht, wie sie sich aus §§ 317, 321 HGB und der Berufsübung ergibt (→ Rn. 72). Auch dieser Prüfung liegen in der Praxis die „Grundsätze" und der in IDW PS 720 wiedergegebene Fragenkatalog zugrunde (→ Rn. 84).

**dd) Erweiterung der Berichterstattung.** Nach § 53 Abs. 1 Nr. 2 HGrG ist der **86** Bericht des Abschlussprüfers um die dort genannten Gesichtspunkte zu erweitern. Für die Prüfung nach Abs. 1 Nr. 1 – Ordnungsmäßigkeit der Geschäftsführung – ist die Berichtspflicht zwar nicht ausdrücklich bestimmt. Sie folgt aber zweifelsfrei aus Sinn und Zweck der Vorschrift und kann sich zudem auf das Wort „auch" in Nr. 2 stützen.[243] Ebenso wie die Prüfungsgegenstände wird auch die Berichtspflicht in der Praxis durch die „Grundsätze" und durch IDW PS 720 (→ Rn. 84) konkretisiert. Selbstverständlich hat aber der Prüfer auch über andere auf Grund der Prüfung gewonnene Erkenntnisse namentlich zur Ordnungsmäßigkeit der Geschäftsführung zu berichten. Der Bericht nach § 53 Abs. 1 Nr. 2 HGrG sollte nach dem Sinn und Zweck der Berichtspflicht möglichst auf die **Bedürfnisse einer Finanzkontrolle** ausgerichtet sein.[244] Aus Sicht der Rechnungshöfe sollte der Prüfer im Bericht nach Abs. 1 Nr. 2b nach Möglichkeit eine Stellungnahme dazu abgeben, ob die Verluste vermeidbar waren, dh. durch die Geschäftsführung beeinflusst werden konnten.[245] Hat der Vorstand zu den Feststellungen des Prüfers abweichend Stellung genommen (§ 321 Abs. 5 S. 3 HGB), so sollte diese Stellungnahme dem Prüfungsbericht beigefügt werden, der Prüfer sollte sich zu ihr äußern. Zur Erleichterung der Finanzkontrolle sollte der Bericht

---

[237] *IDW* PS 720, WPg 2006, 1452 Tz. 5.

[238] GMBl. 2001, 309, zuletzt geändert durch ÄndVV vom 25.3.2020 (GMBl. 2020, 290); *Hewer* WPg 2004, 1201 (1206).

[239] WPg 2006, 1452; WPg Supplement 1/2011, 1; vgl. auch Kölner Komm AktG/*Kersting* §§ 394, 395 Rn. 33; Großkomm AktG/*Huber/Fröhlich* Anh. §§ 53, 54 HGrG Rn. 22.

[240] Vgl. zur Rechtsnatur und Bindungswirkung der IDW-Standards *Hommelhoff/Mattheus* FS Röhricht, 2005, 897 (909 ff.); MüKoHGB/*Ebke* HGB § 323 Rn. 29 ff.; GroßkommHGB/*Habersack/Schürnbrand* HGB § 323 Rn. 13; *Schülke,* IDW-Standards und Unternehmensrecht, 2014, 49 ff.

[241] *IDW* PS 720, WPg 2006, 1452 Tz. 4.

[242] Kölner Komm AktG/*Kersting* §§ 394, 395 Rn. 34.

[243] Vgl. *Bierwirth* FS Ludewig, 1996, 123 (133); *Petersen* WPg 1983, 37 (40); s. auch *Lutter/Grunewald* WM 1984, 385 (391 f.).

[244] Näher dazu Kölner Komm AktG/*Kersting* §§ 394, 395 Rn. 34.

[245] *Zavelberg* FS Forster, 1992, 723 (733).

in einem gesonderten Abschnitt auf die Behandlung von Vorjahresbeanstandungen eingehen.[246]

**87**    Der Bericht über die besonderen Prüfungsgegenstände nach § 53 Abs. 1 HGrG ist Teil
des allgemeinen Prüfungsberichts und muss daher, wie dieser, mit der **gebotenen Klarheit**
erstattet werden (§ 321 Abs. 1 S. 2 HGB). Im Allgemeinen wird der der Prüfung zu Grunde
gelegte Fragebogen mit den Antworten dem Bericht als Anlage beigefügt.[247] Zusammenfassend ist das Ergebnis der Prüfung in der Schlussbemerkung wiederzugeben. Einen Formulierungsvorschlag für den Fall, dass sich keine Einwände gegen die Ordnungsmäßigkeit der
Geschäftsführung ergeben haben, enthalten die „Grundsätze" (→ Rn. 84). Es bestehen
keine Bedenken dagegen, den Bericht in einer vom Hauptbericht getrennt gebundenen
Anlage zu erstatten.[248] Auf diese Anlage ist dann aber im Hauptbericht zu verweisen; ihr
Ergebnis ist in die zusammenfassende Darstellung des Prüfungsergebnisses im Hauptbericht
einzubeziehen. In der AG ist auch der erweiterte Teil des Berichts dem Aufsichtsrat vorzulegen (§ 170); der Aufsichtsrat hat ihn in gleicher Weise wie den Hauptbericht zu prüfen
und über das Ergebnis seiner Prüfung an die Hauptversammlung zu berichten (§ 171).

**88**    Bei den Unternehmen der öffentlichen Hand ist es vielfach üblich, dass der Abschlussprüfer einen „**Bezügebericht**" erstellt, in dem die Bezüge der Vorstandsmitglieder, des Aufsichtsrats und der leitenden Angestellten aufgeführt sind. Dieser gehört nicht zur Berichterstattung nach § 53 HGrG;[249] er wird vielmehr – ohne rechtliche Verpflichtung – als
Erweiterung des Prüfungsauftrags vom Aufsichtsrat in Auftrag gegeben, der sich auf diesem
seiner besonderen Kontrolle unterliegenden Feld einem entsprechenden Wunsch der
Gebietskörperschaft bzw. ihrer Repräsentanten im Aufsichtsrat in der Regel nicht entzieht.
Einen dahingehenden Auftrag enthält etwa die Anlage zu VV Nr. 2 zu § 68 BHO. Im
Hinblick auf börsennotierte Aktiengesellschaften ist der Bezügebericht seit Inkrafttreten
der durch das ARUG II[250] eingeführten Regelungen entbehrlich. Hiernach beschließt die
Hauptversammlung über die Vergütungspolitik und den Vergütungsbericht für Mitglieder
des Vorstands und des Aufsichtsrats der börsennotierten Gesellschaft (§ 119 Abs. 1 Nr. 3
nF). Vorstand und Aufsichtsrat der börsennotierten Gesellschaft müssen jährlich einen klaren
und verständlichen Bericht über die im letzten Geschäftsjahr jedem einzelnen gegenwärtigen
oder früheren Mitglied des Vorstands und des Aufsichtsrats von der Gesellschaft und von
Unternehmen desselben Konzerns gewährte und geschuldete Vergütung erstatten. Die Ver-
gütungsempfänger sind namentlich zu erwähnen. Die Berichtstiefe des Vergütungsberichts
gemäß § 162 nF geht über die in der Praxis üblichen Bezügeberichte hinaus und macht
diese daher für den Bereich der börsennotierten Aktiengesellschaften entbehrlich.

**89**    **d) Übersendung des Prüfungsberichts.** Den erweiterten Prüfungsbericht über den
Einzel- sowie ggf. den Konzernabschluss hat das Unternehmen (nicht der Abschlussprüfer)
unverzüglich nach Eingang der Gebietskörperschaft zu übersenden. Damit wird hinsichtlich
der Unternehmen von öffentlichem Interesse von der Option des Art. 11 Abs. 1 UAbs. 2 S. 2
Abschlussprüfer-VO Gebrauch gemacht.[251] Unverzüglich meint nach allgemeinen Grundsätzen ohne schuldhaftes Zögern (§ 121 Abs. 1 S. 1 BGB). Die Übersendung ist **Sache des
Vorstands**,[252] obwohl der Prüfungsbericht gem. § 321 Abs. 5 S. 2 HGB beim Aufsichtsrat
eingeht; unternehmensintern muss die notwendige Kommunikation sichergestellt werden.
Da die Gebietskörperschaft den Bericht auch als Anlage zu dem Bericht ihrer Vertreter im

---

[246] *IDW* PS 720, WPg 2006, 1452 Tz. 18; → 2. Aufl. 2006, Rn. 149 *(Kropff)*.
[247] *IDW* PS 720, WPg 2006, 1452 Tz. 15.
[248] *IDW* PS 720, WPg 2006, 1452 Tz. 15; *Bierwirth* FS Ludewig, 1996, 123 (133); Piduch/*Nöhrbaß* BHO
Vor § 66 Rn. 8; *Hartmann/Zwirner* WPg 2013, 475 (478).
[249] Großkomm AktG/*Huber/Fröhlich* Anh. § 395 Rn. 21; Bürgers/Körber/*Pelz* Rn. 10; Kölner Komm
AktG/*Kersting* §§ 394, 395 Rn. 34; Hüffer/Koch/*Koch* § 394 Rn. 11.
[250] G. v. 12.12.2019 (BGBl. 2019 I 2637).
[251] Vgl. Begr. RegE, BT-Drs. 18/7219, 43.
[252] Großkomm AktG/*Huber/Fröhlich* Anh. § 395 Rn. 23; Kölner Komm AktG/*Kersting* §§ 394, 395
Rn. 35; Hüffer/Koch/*Koch* § 394 Rn. 12; K. Schmidt/Lutter/*Oetker* Rn. 26; Grigoleit/*Rachlitz* §§ 394, 395
Rn. 41; Bürgers/Körber/*Pelz* Rn. 13; aA Hölters/*Müller-Michaels*, 1. Aufl. 2011, § 395 Rn. 36: Aufsichtsrat.

Aufsichtsrat des Unternehmens erhalten kann (→ § 394 Rn. 36), geht er ihr ggf. mehrfach zu. **Die Vertraulichkeit der weitergegebenen Informationen ist gesichert.** Die auf Seiten der Gebietskörperschaft mit dem Bericht befassten Personen unterliegen der Verschwiegenheitspflicht des § 395 (→ § 395 Rn. 7). Andere Aktionäre wiederum haben keinen Zugang zu dem Prüfungsbericht, insbesondere steht ihnen kein Anspruch auf eine erweiterte Auskunfterteilung nach § 131 Abs. 4 zu. Die Gebietskörperschaft erhält die in Rede stehenden Informationen nämlich nicht allgemein in ihrer Eigenschaft als Aktionärin, sondern auf Grund ihres sie gezielt privilegierenden Sonderrechts nach § 53 HGrG.[253]

**e) Haftung des Prüfers.** Zwar erfolgt die Erweiterung des Prüfungsumfangs nur auf **90** Verlangen der Gebietskörperschaft. Ungeachtet dessen beruht sie auf gesetzlicher Grundlage, so dass sich bei gesetzlichen Pflichtprüfungen die Haftung des Prüfers insgesamt nach **§ 323 HGB** bestimmt.[254] Verletzt der Prüfer seine Pflichten, kann er daher nicht nur dem geprüften Unternehmen, sondern nach § 323 Abs. 1 S. 3 HGB auch einem mit ihm verbundenen Unternehmen schadensersatzpflichtig sein. Vor allem aber ist die Ersatzpflicht von Personen, die lediglich fahrlässig gehandelt haben, gemäß § 323 Abs. 2 HGB auf eine Million Euro pro Prüfung (bei börsennotierten Unternehmen: vier Millionen Euro) beschränkt. Bei freiwilliger Prüfung des Abschlusses ist § 323 HGB nicht anzuwenden.[255]

**3. Das Recht auf örtliche Unterrichtung durch den Rechnungshof. a) Grundla-** **91** **gen.** Nach § 44 HGrG prüft der Rechnungshof die Betätigung des Bundes oder des Landes bei Unternehmen in einer Rechtsform des privaten Rechts, an denen der Bund oder das Land unmittelbar oder mittelbar beteiligt ist, unter Beachtung kaufmännischer Grundsätze.[256] Die Prüfung ist in erster Linie aufgrund der Unterlagen durchzuführen, die dem Rechnungshof nach § 69 BHO bzw. den entsprechenden Vorschriften der Länder zu übersenden sind. Neben den Unterlagen, die dem Bund wie jedem anderen Aktionär zugänglich sind (namentlich nach §§ 124 ff., § 175 Abs. 2 sowie die Vorstandsberichte zu einzelnen Tagesordnungspunkten, zB nach § 186 Abs. 4 S. 2, § 293 f.), sind dies vor allem die auf Grundlage des § 394 erstatteten Berichte der Repräsentanten der Gebietskörperschaft im Aufsichtsrat sowie ein der Gebietskörperschaft nach § 53 Abs. 1 HGrG übersandter Prüfungsbericht. Bei der Prüfung aufgrund dieser Unterlagen können aber Fragen offenbleiben. Nach § 54 HGrG kann daher in der Satzung von Unternehmen, an denen die Gebietskörperschaft mit Mehrheit iSv § 53 Abs. 1 HGrG beteiligt ist, bestimmt werden, dass sich die Rechnungsprüfungsbehörde zur Klärung solcher Fragen durch eine örtliche Prüfung unmittelbar bei dem betroffenen Unternehmen unterrichten kann. Der **direkte Zugriff auf das Unternehmen** ist nach dem Gesagten allerdings gegenüber sonstigen Wegen der Informationsbeschaffung **subsidiär.**[257] Gleichwohl wird von ihm gerade in jüngerer Zeit verstärkt Gebrauch gemacht.

§ 54 HGrG begründet überdies nicht selbst ein Recht auf örtliche Prüfung, sondern **92** enthält nur die im Hinblick auf den Grundsatz der Satzungsstrenge (§ 23 Abs. 5) erforderliche ausdrückliche **Ermächtigung,** es in der Satzung zu verankern.[258] Damit ist zum einen klargestellt, dass eine solche Befugnis nicht durch eine bloße schuldrechtliche Vereinbarung begründet werden kann.[259] Zum anderen folgt daraus, dass der Mehrheitsbesitz der Gebiets-

---

[253] Großkomm AktG/*Huber/Fröhlich* Anh. § 395 Rn. 23; Hüffer/Koch/*Koch* § 394 Rn. 12; K. Schmidt/ Lutter/*Oetker* Rn. 26; Grigoleit/*Rachlitz* §§ 394, 395 Rn. 41, *Lutter/Grunewald* WM 1984, 385 (392); *Bierwirth* FS Ludewig, 1996, 123 (135).
[254] HM, s. *Schüppen* ZIP 2015, 814 ff.; *Gelhausen/Hermesmeier* WPg 2015, 629 (640); MüKoHGB/*Ebke* HGB § 323 Rn. 17; MüKoBilanzR/*Bormann/Greulich* HGB § 323 Rn. 24; Hüffer/Koch/*Koch* § 394 Rn. 9; aA *Kersting* ZIP 2014, 2420 ff.; *Kersting* ZIP 2015, 817 ff.; Kölner Komm AktG/*Kersting* §§ 394, 395 Rn. 32.
[255] *Gelhausen/Hermesmeier* WPg 2015, 629 (641); allg. MüKoHGB/*Ebke* HGB § 323 Rn. 15; Großkomm HGB/*Habersack/Schürnbrand* HGB § 323 Rn. 8.
[256] Entsprechende Vorschriften enthalten § 92 Abs. 1 BHO und die Haushaltsordnungen der Länder.
[257] Großkomm AktG/*Huber/Fröhlich* Anh. §§ 53, 54 HGrG Rn. 34; K. Schmidt/Lutter/*Oetker* Rn. 28; Grigoleit/*Rachlitz* §§ 394, 395 Rn. 44; *Will* DÖV 2002, 319 (325).
[258] Großkomm AktG/*Huber/Fröhlich* Anh. §§ 53, 54 HGrG Rn. 27.
[259] → 2. Aufl. 2006, Rn. 155 *(Kropff).*

körperschaft (anders als im Rahmen des § 53 HGrG) nur notwendige, aber nicht hinreichende Voraussetzung für das Prüfungsrecht ist. Nachträglich kann das Prüfungsrecht vielmehr nur im Wege der gewöhnlichen Satzungsänderung begründet werden. Da die Gebietskörperschaft auf die Durchführung einer solchen Satzungsänderung keinen Anspruch hat,[260] muss sie sich der erforderlichen qualifizierten Mehrheit versichern (→ Rn. 97).

93    Die Verankerung des Rechts in der Satzung führt ebenso wie der systematische Zusammenhang zur Vorschrift des § 53 HGrG, die zweifelsohne die Gebietskörperschaft gerade als Aktionärin berechtigt, vor Augen, dass es im Gesellschaftsrecht und nicht im öffentlichen Recht wurzelt. Zwar handelt es sich bei der örtlichen Prüfung durch die Rechnungsprüfungsbehörde funktional um einen Teil der staatlichen Finanzkontrolle, deren Erfordernisse denn auch bei der Ausgestaltung des Rechtsinstituts prägend waren. Daraus folgt indessen nicht, dass es sich um einen hoheitlich strukturierten Vorgang handelt. Das Prüfungsrecht selbst ist vielmehr als ein **mitgliedschaftliches,** den Gleichbehandlungsgrundsatz des § 53a relativierendes **Vorzugsrecht** zu qualifizieren.[261] Ein Rechtsstreit über seine Reichweite ist deshalb bürgerlich-rechtlicher Natur und nach § 13 GVG vor den ordentlichen Gerichten auszutragen.[262] Weil es der Verfolgung des von der Gebietskörperschaft repräsentierten öffentlichen Finanzinteresses zu dienen bestimmt ist, handelt es sich aus gesellschaftsrechtlicher Sicht um ein eigennütziges Mitgliedschaftsrecht.[263]

94    Allein die Wahrnehmung des Rechts ist nicht dem bevorrechtigten Mitglied, also der Gebietskörperschaft als solcher möglich, sondern der **Rechnungsprüfungsbehörde** des Mitglieds vorbehalten. Auf diese Weise soll die Abweichung von den allgemeinen Regeln des Gesellschaftsrechts auf das erforderliche Mindestmaß beschränkt werden. Verwaltungsintern ist die Zuständigkeitsverteilung im Hinblick auf die in der Praxis sehr weit gezogene Betätigungsprüfung iSv § 44 HGrG nicht unproblematisch (→ Rn. 101). Die Verwaltung der Gebietskörperschaft kann ihrerseits mangels entsprechender Befugnis nämlich nicht den von der Rechnungsprüfungsbehörde aufgegriffenen Vorgängen durch eigene örtliche Unterrichtung nachgehen. Im Verhältnis zu etwaigen privaten Aktionären wiederum findet die Bevorzugung ihre Rechtfertigung im öffentlichen Interesse an einer effektiven Finanzkontrolle.[264] Der Eingriff ist ihnen zumutbar, weil dieser an substantielle tatbestandliche Voraussetzungen geknüpft und die Vertraulichkeit der erlangten Informationen sichergestellt ist (→ § 395 Rn. 4, → § 395 Rn. 7, → § 395 Rn. 11 ff.).

95    **b) Voraussetzungen. aa) Mehrheitsbeteiligung.** Der Gebietskörperschaft muss zunächst eine Mehrheitsbeteiligung oder aber ihr selbst eine Beteiligung von 25% und zusammen mit anderen Gebietskörperschaften eine Mehrheitsbeteiligung zustehen. Es gelten – auch für die Berechnung der Höhe des Anteilsbesitzes – § 53 Abs. 1 und 2 HGrG (→ Rn. 73 ff.). Es ist möglich, dass **mehrere Gebietskörperschaften** in der erforderlichen Weise beteiligt sind, weil jeder mit mindestens 25% beteiligten Gebietskörperschaft die Anteile der anderen Gebietskörperschaften zugerechnet werden. Sind zB vier Gebietskörperschaften mit je 25% beteiligt, kann die Satzung rechtlich der Rechnungsprüfungsbehörde einer jeden so beteiligten Gebietskörperschaft das örtliche Prüfungsrecht einräumen. In einem solchen Falle gebietet allerdings die Treupflicht der Gesellschafter gegenüber dem Unternehmen, dass sich die Rechnungshöfe über eine das Unternehmen möglichst wenig belastende Ausübung abstimmen, indem zB einer der beteiligten Rechnungshöfe auch für die anderen Gebietskörperschaften prüft (vgl. allgemein auch § 93 Abs. 1 S. 1 BHO).[265]

[260] Großkomm AktG/*Huber/Fröhlich* Anh. §§ 53, 54 HGrG Rn. 30; K. Schmidt/Lutter/*Oetker* Rn. 29; Hüffer/Koch/*Koch* § 394 Rn. 13; *Mann,* Die öffentlich-rechtliche Gesellschaft, 2002, 236.

[261] Hüffer/Koch/*Koch* § 394 Rn. 16; Großkomm AktG/*Henze/Notz* § 53a Rn. 47; K. Schmidt/Lutter/*Oetker* Rn. 33; Grigoleit/*Rachlitz* §§ 394, 395 Rn. 44; *Lutter/Grunewald* WM 1984, 385 (387), 393; *Mann,* Die öffentlich-rechtliche Gesellschaft, 2002, 236; *Steiner* FS Hufen, 2015, 561 (563); aA Großkomm AktG/*Huber/Fröhlich* Anh. §§ 53, 54 HGrG Rn. 5 f., 28.

[262] Hüffer/Koch/*Koch* § 394 Rn. 20; *Steiner* FS Hufen, 2015, 561 (563).

[263] Vgl. zur Unterscheidung MüKoBGB/*Schäfer* BGB § 705 Rn. 202.

[264] Ähnlich Hüffer/Koch/*Koch* § 394 Rn. 16.

[265] → 2. Aufl. 2006, Rn. 160 *(Kropff).*

**bb) Satzungsbestimmung.** Das örtliche Prüfungsrecht muss weiterhin in der Satzung **96** verankert sein. Nach § 66 BHO ist der zuständige Bundesminister verpflichtet, bei Mehrheitsbeteiligung des Bundes auf die Einräumung der entsprechenden Rechtsposition hinzuwirken, wobei die Ziff. 3 VV BHO zu § 66 BHO hierfür eine konkrete Formulierung vorgibt („Der Bundesrechnungshof hat die Befugnisse aus § 54 Haushaltsgrundsätzegesetz."). Entsprechende Vorgaben finden sich auch im kommunalen Wirtschaftsrecht (vgl. etwa § 112 Abs. 1 Nr. 2 GO NRW, Art. 94 Abs. 1 S. 1 Nr. 4 BayGO).[266] Die Bestimmung kann in der ursprünglichen Satzung oder durch Satzungsänderung getroffen werden. Sie ist in ihrer anfänglichen Wirksamkeit wie in ihrem Fortbestand von dem Erreichen des Mehrheitsquorums abhängig. Dies wird dadurch bestätigt, dass § 67 BHO über Prüfungsrechte kraft Vereinbarung Aktiengesellschaften ausdrücklich ausnimmt. Die Satzungsbestimmung tritt daher ohne Weiteres **außer Kraft,** sobald die Gebietskörperschaft nicht mehr mit Mehrheit iSv § 53 HGrG beteiligt ist.[267]

Wird das Recht durch **Satzungsänderung** eingeräumt, bedarf der **Beschluss** (wie jeder **97** andere satzungsändernde Beschluss auch) nach § 179 Abs. 2, § 133 Abs. 1 der Dreiviertelmehrheit des vertretenen Kapitals sowie der einfachen Mehrheit der abgegebenen Stimmen.[268] Diese Regelung ist abschließend; als Folge des § 23 Abs. 5 S. 1 kann die Satzung daher keine abweichenden oder zusätzlichen Beschlusserfordernisse vorsehen.[269] Verfügt die Gebietskörperschaft nicht allein über die erforderliche Mehrheit, muss sie Mitaktionäre für die Änderung gewinnen. So kann sie ihre Beteiligung von einer entsprechenden Satzungsänderung abhängig machen. Auch bei Maßnahmen der Kapitalbeschaffung oder anderen Strukturänderungen kann sie ihre Mitwirkung an diese Bedingung knüpfen, soweit nicht im Einzelfall ausnahmsweise die aktienrechtliche Treupflicht eine Mitwirkung an der Kapitalmaßnahme ohne diese Bedingung gebietet.[270] Der Beschluss kann von überstimmten Minderheitsaktionären nicht wegen Verstoßes gegen den Gleichbehandlungsgrundsatz (§ 53a) oder als Einräumung von Sondervorteilen für die Gebietskörperschaft (§ 243 Abs. 2) **angefochten** werden, weil das Gesetz selbst hier die besonderen Interessen der öffentlichen Hand gegen die Interessen einer überstimmten Minderheit abgewogen hat.[271] Die Änderung wird erst mit der Eintragung in das Handelsregister wirksam (§ 181 Abs. 3).

Eine Satzungsbestimmung ist auch bei **Tochtergesellschaften** erforderlich; eine Bestim- **98** mung in der Satzung der Mutter genügt nicht.[272] Materielle Wirksamkeitsvoraussetzung für eine entsprechende Regelung ist auch insoweit die Mehrheitsbeteiligung der Gebietskörperschaft, welcher sich aus einer Zurechnung nach § 53 Abs. 2 HGrG ergeben kann. Bei Tochtergesellschaften kann die nicht unmittelbar beteiligte Gebietskörperschaft nicht selbst (mit-)beschließen. Sie ist vielmehr darauf angewiesen, dass die gesetzlichen Vertreter der Muttergesellschaft dies tun, wozu diese gesetzlich nicht verpflichtet sind.[273] Die VV BHO zu § 66 BHO nennt Anlässe (Gründung, Kapitalerhöhung, Anteilserwerb), bei denen auf die Einräumung hinzuwirken ist. Darüber hinaus kann der Aufsichtsrat der Obergesellschaft seine Zustimmung zum Erwerb der Tochter oder einem Ausgründungsvorgang von einer entsprechenden Gestaltung der Satzung der Tochtergesellschaft abhängig machen.[274]

---

[266] Großkomm AktG/*Huber/Fröhlich* Anh. §§ 53, 54 HGrG Rn. 30; *Will* DÖV 2002, 319 (325stärker diff. K. Schmidt/Lutter/*Oetker* Rn. 34.

[267] Großkomm AktG/*Huber/Fröhlich* Anh. §§ 53, 54 HGrG Rn. 32; Hüffer/Koch/*Koch* § 394 Rn. 14; Bürgers/Körber/*Pelz* Rn. 14; Semler/v. Schenck/*Gasteyer* Exkurs 3 Rn. 35; Grigoleit/*Rachlitz* §§ 394, 395 Rn. 42.

[268] K. Schmidt/Lutter/*Oetker* Rn. 29; Großkomm AktG/*Huber/Fröhlich* Anh. §§ 53, 54 HGrG Rn. 31; Hüffer/Koch/*Koch* § 394 Rn. 14; Grigoleit/*Rachlitz* §§ 394, 395 Rn. 42.

[269] Hüffer/Koch/*Koch* § 394 Rn. 14.

[270] ZB zur Umsetzung der Pflicht, Sanierungsmaßnahmen zu unterstützen, BGHZ 183, 1 Rn. 22 f. = NJW 2010, 65 (67) – Sanieren oder Ausscheiden.

[271] *Lutter/Grunewald* WM 1984, 385 (393); Hüffer/Koch/*Koch* § 394 Rn. 14; Bürgers/Körber/*Pelz* Rn. 14.

[272] Hüffer/Koch/*Koch* § 394 Rn. 15; Bürgers/Körber/*Pelz* Rn. 14.

[273] K. Schmidt/Lutter/*Oetker* Rn. 30; Hüffer/Koch/*Koch* § 394 Rn. 15; Grigoleit/*Rachlitz* §§ 394, 395 Rn. 42; s. auch *Lutter/Grunewald* WM 1984, 385 (394).

[274] K. Schmidt/Lutter/*Oetker* Rn. 30; Hüffer/Koch/*Koch* § 394 Rn. 15.

**99**   Nach § 54 Abs. 2 HGrG bleibt ein **vor dem Inkrafttreten** des HGrG begründetes Recht der Rechnungsprüfungsbehörde unberührt. Es muss sich aber um ein in der Satzung bestimmtes Recht handeln, denn durch Vereinbarung konnten derartige Rechte auch nach früherem Recht bei einer Aktiengesellschaft nicht wirksam begründet werden.[275] Im Übrigen gewährt die Norm bei sachgerechter Auslegung keinen umfassenden Bestandsschutz; vielmehr beanspruchen die Wertungen des geltenden Haushaltsrechts weithin Geltung. Inhalt und Umfang des früher begründeten Rechts richten sich demzufolge nach § 54 Abs. 1 HGrG; darüber hinausgehende Untersuchungsrechte können der Rechnungsprüfungsbehörde nicht zustehen. Weiterhin ist ein Bedürfnis für eine örtliche Prüfung nur dann und nur solange anzuerkennen, wie die Gebietskörperschaft über eine Mehrheitsbeteiligung verfügt.[276] Die Vorschrift gewährt damit Bestandsschutz vor allem in den Fällen, in denen die Gebietskörperschaft zwar Mehrheitsaktionärin ist, ihr aber die für die Einführung des Rechts im Wege der Satzungsänderung notwendige qualifizierte Mehrheit fehlt.[277]

**100**   **c) Gegenstand und Form der Prüfung. aa) Betätigungsprüfung.** Die örtliche Prüfung ist **subsidiärer Natur** (→ Rn. 91) und dient allein der Klärung von Fragen, die bei der zunächst im Rechnungshof anhand der übersandten schriftlichen Unterlagen durchgeführten Prüfung offengeblieben sind. Sie sind nur offengeblieben, wenn sie weder aus diesen Unterlagen noch durch die primär gebotene Erörterung mit den zuständigen Verwaltungen geklärt werden konnten. Da diese Prüfung ausschließlich der „Betätigung" (§ 44 HGrG, § 92 BHO) der Gebietskörperschaft gilt, kann auch nur diese Betätigung Gegenstand der örtlichen Prüfung sein.

**101**   Genau genommen betätigt sich die Gebietskörperschaft bei Aktiengesellschaften nur als Aktionär, wie auch § 395 Abs. 1 durch den entsprechenden Zusatz zum Ausdruck bringt. Nach dem Sinn und Zweck des § 44 HGrG ist aber als Betätigung der Gebietskörperschaft nicht nur ihre Tätigkeit als Gesellschafter anzusehen, die bei Aktiengesellschaften im Hinblick auf § 119 Abs. 2 kaum Anlass zur Prüfung von Geschäftsführungsfragen gäbe, sondern auch die Tätigkeit ihrer Repräsentanten im **Aufsichtsrat** des Unternehmens.[278] Darüber hinaus wird als Betätigung der Gebietskörperschaft auch die Tätigkeit der beteiligungsverwaltenden Stelle bei Erwerb oder Veräußerung der Beteiligung und anderen Maßnahmen nach § 65 BHO zu verstehen sein.[279] Immer muss es sich aber um eine Betätigung der Gebietskörperschaft handeln. Das Unternehmen als solches oder Entscheidungen seiner Organe, die nicht durch die so definierte Tätigkeit der Gebietskörperschaft beeinflusst wurden und ihr vielleicht nicht einmal bekannt sein mussten, sind nicht Gegenstand der Prüfung.[280] In der Praxis besteht allerdings die Gefahr, dass die Prüfung in eine allgemeine Geschäftsführungsprüfung ausufert.[281]

**102**   **bb) Örtliche Prüfung.** Die Rechnungsprüfungsbehörde kann sich unmittelbar unterrichten, dh. in den Geschäftsräumen des Unternehmens die zur Klärung der offenen Fragen erforderlichen Informationen einholen. Sie darf mithin die Geschäftsräume betreten und sodann **Einsicht** in den Betrieb und die Bücher und Schriften des Unternehmens nehmen. Ebenso wie bei den entsprechenden Einsichtsrechten von Aufsichtsrat (§ 111 Abs. 2) und Abschlussprüfer (§ 320 Abs. 1 S. 2 HGB) ist davon auszugehen, dass die „Bücher und Schrif-

---

[275]   → 2. Aufl. 2006, Rn. 167 *(Kropff)*; Piduch/*Nöhrbaß* BHO Vor § 66 Rn. 12; wohl ebenso Hüffer/Koch/*Koch* § 394 Rn. 13; Bürgers/Körber/*Pelz* Rn. 14.

[276]   Im Ergebnis ebenso → 2. Aufl. 2006, Rn. 167 *(Kropff)*.

[277]   Großkomm AktG/*Huber/Fröhlich* Anh. §§ 53, 54 HGrG Rn. 38.

[278]   Großkomm AktG/*Huber/Fröhlich* Anh. §§ 53, 54 HGrG Rn. 33; Hüffer/Koch/*Koch* § 394 Rn. 17; K. Schmidt/Lutter/*Oetker* Rn. 32; Grigoleit/*Rachlitz* §§ 394, 395 Rn. 45; *Zavelberg* FS Forster, 1992, 723 (726); Heuer/Scheller/*Kautzsch* HGrG § 54 Rn. 18; *Wenz* FS 300 Jahre externe Finanzkontrolle, 2014, 305 (317 f.); *Will* DÖV 2002, 319 (325).

[279]   *Zavelberg* FS Forster, 1992, 723 (726); *Wenz* FS 300 Jahre externe Finanzkontrolle, 2014, 305 (307 ff.), 320 ff.

[280]   Piduch/*Nöhrbaß* BHO Vor § 66 Rn. 11.

[281]   Vgl. → 2. Aufl. 2006, Rn. 169 *(Kropff)*; *Steiner* FS Hufen, 2015, 561 (565).

ten" im Sinne der gesamten Dokumentation des Unternehmens einschließlich Datenverarbeitung zu verstehen sind (vgl. zum Aufsichtsrat → § 111 Rn. 72 ff.).[282] Das Einsichtsrecht umfasst daher auch die Protokolle der Vorstands- und Aufsichtsratssitzungen.[283] Obschon dieser Aspekt im Gesetz nicht ausdrücklich erwähnt ist, schließt die Prüfung auch die Einholung von **Auskünften** ein.[284] Berechtigt und verpflichtet zur Vorlage von Unterlagen und zur Erteilung von Auskünften ist im Grundsatz allein der Vorstand; nachgeordnete Mitarbeiter sind nur insofern zur Kooperation mit der Rechnungsprüfungsbehörde befugt, als sie hierzu vom Vorstand ermächtigt worden sind.[285] Wenn der Vorstand die Preisgabe von Informationen verweigert, bleibt der Behörde (neben der Dokumentation der Verweigerungshaltung in ihrem Bericht) nur der Klageweg vor den ordentlichen Gerichten (→ Rn. 93); hoheitliche Durchsetzungsbefugnisse stehen ihr nicht zur Verfügung.

Was die **Grenzen** des Prüfungsrechts betrifft, so wird geltend gemacht, Unterlagen, die   **103** ein pflichtwidriges Verhalten der Aufsichtsratmitglieder belegen sollen, seien nur vorzulegen, wenn sie zuvor dem Aufsichtsrat zugeleitet worden seien, da dessen Erkenntnismöglichkeiten maßgebend seien.[286] Das trifft so allgemein nicht zu.[287] Zwar ist aus Unterlagen, die dem Aufsichtsrat nicht bekannt waren, in der Regel kein Vorwurf gegen die Repräsentanten der Gebietskörperschaft im Aufsichtsrat und damit gegen die Betätigung der Gebietskörperschaft selbst herzuleiten. Doch werden der Rechnungsprüfungsbehörde auch solche Unterlagen vorzulegen sein, wenn sie darlegen kann, dass sie möglicherweise Versäumnisse bei der Aufsicht belegen. Nur bei dieser Sicht ist die Prüfung sinnvoll, da alle dem Aufsichtsrat vorgelegten Unterlagen in aller Regel bereits nach § 69 Nr. 2 BHO oder entsprechenden landesrechtlichen Vorschriften der Rechnungsprüfungsbehörde übersandt sein werden.

Das Recht zur örtlichen Prüfung ist ein eigennütziges Mitgliedschaftsrecht (→ Rn. 93).   **104** Es muss daher zwar nicht strikt am Gesellschaftsinteresse orientiert ausgeübt werden, jedoch gebietet es die Treupflicht, auf die Gesellschaft und etwaige Minderheitsaktionäre so weit wie möglich Rücksicht zu nehmen. **Willkürliche oder unverhältnismäßige** Maßnahmen sind unzulässig und berechtigen den Vorstand zur Verweigerung der Einsicht oder Auskunft.[288] Als unbestimmter Rechtsbegriff unterliegt die Frage der Erforderlichkeit im Grundsatz der gerichtlichen Nachprüfung. Die entsprechende Einschätzung der Rechnungsprüfungsbehörde genügt daher nicht.[289] Jedoch kann der Vorstand den Einwand unzulässiger Rechtsausübung nur dann mit Erfolg geltend machen, wenn die Wahrnehmung offensichtlich rechtswidrig ist.[290] Die Rechnungsprüfungsbehörde ist in diesem Zusammenhang gehalten, ihr Informationsbegehren auf Verlangen der Gesellschaft näher darzulegen und zu begründen.[291]

**d) Auswertung des Prüfungsergebnisses.** Die Erkenntnisse aus der örtlichen Prüfung   **105** übersendet der Rechnungshof zunächst der Beteiligungsverwaltung zur Stellungnahme. Sie werden danach in seinem alljährlichen Bericht an die gesetzgebenden Körperschaften ver-

---

[282] *Zavelberg* FS Forster, 1992, 723 (740); K. Schmidt/Lutter/*Oetker* Rn. 31; Großkomm AktG/*Huber/Fröhlich* Anh. §§ 53, 54 HGrG Rn. 35; zum Abschlussprüfer MüKoHGB/*Ebke* HGB § 320 Rn. 7 ff.; GroßkommHGB/*Habersack/Schürnbrand* HGB § 320 Rn. 8 f.
[283] Grigoleit/*Rachlitz* §§ 394, 395 Rn. 46; K. Schmidt/Lutter/*Oetker* Rn. 31; zum Abschlussprüfer Baumbach/Hopt/*Hopt/Merkt* HGB § 320 Rn. 1; GroßkommHGB/*Habersack/Schürnbrand* HGB § 320 Rn. 11.
[284] AllgM, s. K. Schmidt/Lutter/*Oetker* Rn. 31; Großkomm AktG/*Huber/Fröhlich* Anh. §§ 53, 54 HGrG Rn. 35; Hüffer/Koch/*Koch* § 394 Rn. 19.
[285] Großkomm AktG/*Huber/Fröhlich* Anh. §§ 53, 54 HGrG Rn. 36; Bürgers/Körber/*Pelz* Rn. 15; K. Schmidt/Lutter/*Oetker* Rn. 31, Hüffer/Koch/*Koch* § 394 Rn. 18.
[286] *Hüffer*, 10. Aufl. 2012, § 394 Rn. 19; Grigoleit/*Rachlitz* §§ 394, 395 Rn. 46.
[287] *Zavelberg* FS Forster, 1992, 723 (740); Hüffer/Koch/*Koch* § 394 Rn. 19.
[288] Hüffer/Koch/*Koch* § 394 Rn. 20; Bürgers/Körber/*Pelz* Rn. 15; Grigoleit/*Rachlitz* §§ 394, 395 Rn. 44; K. Schmidt/Lutter/*Oetker* Rn. 33; für Rückgriff auf die verfassungsrechtlichen Anforderungen an ein rechtsstaatliches Behördenhandeln Großkomm AktG/*Huber/Fröhlich* Anh. §§ 53, 54 HGrG Rn. 34.
[289] So aber *Zavelberg* FS Forster, 1992, 723 (740); Großkomm AktG/*Huber/Fröhlich* Anh. §§ 53, 54 HGrG Rn. 34.
[290] Ähnlich → 2. Aufl. 2006, Rn. 173 (*Kropff*); Hüffer/Koch/*Koch* § 394 Rn. 20.
[291] *Steiner* FS Hufen, 2015, 561 (570).

wertet (§ 46 Abs. 1 HGrG, § 97 BHO, vgl. § 97 Abs. 2 Nr. 3 BHO). Zur weiteren Behandlung im Parlament und zu Fragen der Vertraulichkeit → § 394 Rn. 39 ff., → § 395 Rn. 4,
→ § 395 Rn. 7. Da Gegenstand der Prüfung nur die Betätigung der Gebietskörperschaft
ist, gibt die Rechnungsprüfungsbehörde dem Unternehmen den Bericht nicht zur Kenntnis;
in der Praxis erfolgt aber häufig eine Weitergabe durch die beteiligungsverwaltende Stelle.

## VI. Öffentliche Indienstnahme durch Satzungsgestaltung

**106**    **1. Allgemeines. a) Unionsrechtliche Grenzen.** Die Gebietskörperschaft ist gehalten,
für eine effektive Durchsetzung der von ihr verfolgten öffentlichen Ziele zu sorgen. Das
geschieht am sinnvollsten durch eine vorausschauende Satzungsgestaltung. Im Hinblick auf
**kapitalmarktorientierte Unternehmen** sind dabei aber die Vorgaben der in Art. 63
AEUV geregelten **Kapitalverkehrsfreiheit** zu beachten, welche der Einräumung von Sonderrechten zugunsten der öffentlichen Hand enge Grenzen setzen (→ Rn. 16 f.). Eingriffe
in Grundfreiheiten können durch alle staatlichen Maßnahmen vorgenommen werden, unabhängig davon welcher Handlungsform sich die staatliche Stelle bedient. Infolgedessen hat
der EuGH auch solche Sonderrechte einer Prüfung unterzogen, die sich eine staatliche
Stelle im Vorgriff einer geplanten Privatisierung im Wege der Satzungsgestaltung als Allein-
oder Mehrheitsgesellschafter gesichert hat.[292] Ebenso sind nach der Privatisierung durchge-
setzte Satzungsänderungen zu würdigen, wenn die erforderliche (qualifizierte) Beschlussmehrheit in der Hauptversammlung nur mit Hilfe der Stimmen der Gebietskörperschaft
erreicht wird.[293] Weiterhin kann auch eine Einflussnahme auf die privaten Aktionäre außerhalb der Hauptversammlung als staatliche Maßnahme einzuordnen sein.[294] Mangels unmittelbarer Direktwirkung der Kapitalverkehrsfreiheit sind demgegenüber rein privatautonome
Gestaltungen, die an allgemeine Ermächtigungsnormen des Aktienrechts anknüpfen, selbst
dann nicht zu beanstanden, wenn sie die öffentliche Hand privilegieren.[295] Bereits an einem
Sonderrecht mangelt es schließlich, soweit die satzungsmäßige Einflussnahmemöglichkeit
auf die Unternehmensleitung auf einer entsprechenden Kapitalbeteiligung der öffentlichen
Hand beruht.[296]

**107**    **b) Auslegung der Satzung.** Die körperschaftlichen Regelungen der Satzung sind nach
hM objektiv auszulegen (→ § 23 Rn. 47 ff.).[297] Es ist mithin nicht der subjektive oder
wirkliche Wille des Satzungsgebers, sondern der objektive Bedeutungsgehalt der Satzung
zu ermitteln. Daher kommt es nur auf den Inhalt der Satzungsurkunde und ergänzend auf
solche Unterlagen an, die durch Einreichung zum Handelsregister allgemein zugänglich
sind. Aus Gründen des Verkehrsschutzes wie des Schutzes späterer Erwerber unbeachtlich
sind demgegenüber die Motive einzelner Aktionäre. Dazu gehört auch das **öffentlich-
rechtliche Umfeld,** dem die Gebietskörperschaft unterliegt und das es verpflichtet, die
Gesellschaft für einen öffentlichen Zweck effektiv in Dienst zu nehmen. Es gibt keinen
Auslegungsgrundsatz, dass die (aus Sicht des Rechtsverkehrs wie der gegenwärtigen und
künftigen Mitaktionäre oftmals nachteiligen) Vorgaben des öffentlichen Rechts im Zweifel
Satzungsinhalt werden; vielmehr ist die Gebietskörperschaft gehalten, für eine hinreichend
deutliche Verankerung im Satzungstext zu sorgen. Hiervon konzeptionell abweichend hat

---

[292] EuGH Slg. 2006, I-9141 Rn. 22 = NZG 2006, 942; Slg. 2010, I-11241 Rn. 49 ff. = NZG 2010,
1382.
[293] *Verse* FS Klein, 2013, 701 (717); *Stöber* NZG 2010, 977 (979); ebenfalls auf einen maßgeblichen bzw.
entscheidenden Einfluss abstellend *Lieder* ZHR 172 (2008), 306 (324 f.); *Reichert* FS K. Schmidt, 2009, 1341
(1355); s. auch *Holle* AG 2010, 14 (20 ff.).
[294] Näher *Verse* FS Klein, 2013, 701 (718 f.).
[295] Vgl. dazu EuGH Slg. 2007, I-8995 Rn. 38, 40, 45 = NJW 2007, 3481; allg. zu durch die Satzung
begründeten Entsendungsrechten BGH ZIP 2009, 1566 mAnm *Goette* DStR 2009, 2547; zur Problematik
staatlicher Schutzpflichten OLG Hamm BB 2008, 1136 (1139); *Neumann/Ogorek* NZG 2008, 892; *Verse* ZIP
2008, 1754; weitergehend *Möslein* AG 2007, 770 (774 f.); *Vossestein* ECFR 2008, 115 (131).
[296] *Lieder* ZHR 172 (2008), 306 (313 f.).
[297] Vgl. nur BGHZ 123, 347 (350 f.) = NJW 1994, 51; krit. etwa *Fleischer* DB 2013, 1466 (1471 ff.);
*Schockenhoff* ZGR 2013, 76 ff.

das BVerwG bei einer GmbH mit fakultativem Aufsichtsrat in ergänzender Auslegung des Gesellschaftsvertrags die Weisungsgebundenheit der eine Gemeinde repräsentierenden Aufsichtsratsmitglieder aus der dahingehenden Vorgabe des einschlägigen Kommunalrechts abgeleitet.[298]

**2. Festlegung des öffentlichen Zwecks in der Satzung.** Will eine Gebietskörper- **108** schaft ihre Beteiligungsgesellschaft nicht oder nicht allein auf Gewinnerzielung, sondern auf einen davon abweichenden gemeinnützigen oder öffentlichen Zweck ausrichten, so muss dieser Zweck in der Satzung mit hinreichender Deutlichkeit festgelegt sein (→ Rn. 36, → Rn. 107).[299] Die Satzung muss zumindest erkennen lassen, dass die Erzielung von Gewinnen nur von untergeordneter Bedeutung ist, etwa durch Verweis auf die spezifisch kommunalrechtlichen Grundsätze der Wirtschaftsführung.[300] Rückschlüsse sind daneben vor allem aus dem Unternehmensgegenstand möglich; doch fehlt die erforderliche Klarheit, wenn der gleiche Gegenstand auch von einer auf Gewinnerzielung gerichteten Gesellschaft verfolgt werden könnte.[301] Möglich ist auch, eine Rangordnung oder Abstufung verschiedener Unternehmensziele festzulegen.[302] Der Wechsel von der rein erwerbswirtschaftlichen zu einer sozialwirtschaftlichen Zielsetzung tangiert die übrigen Aktionäre im Kern ihrer Vermögensinteressen. Soweit die entsprechende Zweckbestimmung nicht bereits bei der Gründung vorgesehen war, bedarf es daher für eine Satzungsänderung analog § 33 Abs. 1 S. 2 BGB der **Zustimmung aller Aktionäre** (→ § 179 Rn. 129, → § 179 Rn. 132).[303] Zwar kann dieses Erfordernis durch die Satzung abbedungen werden, doch ist hierfür eine ausdrückliche und eindeutige Regelung erforderlich (→ § 179 Rn. 132).[304]

Legt die Satzung einen öffentlichen Zweck fest, ändert sich der Inhalt des von allen **109** Gesellschaftsorganen zu beachtenden **Unternehmensinteresses.** Die entsprechende Zielvorgabe müssen Vorstand und Aufsichtsrat bei der Ausübung ihres Leitungsermessens auch dann beachten, wenn der Gesellschaft dadurch ein möglicher Gewinn entgeht. Der Zweck der Gewinnerzielung hat nur noch insoweit Gewicht, wie er mit dem satzungsmäßigen Zweck vereinbar ist.[305] Dagegen bleibt die **Zuständigkeitsordnung** der AG **unberührt.** Es ist daher weiterhin Sache des Vorstands, die Gesellschaft eigenverantwortlich zu leiten. Es bleibt seinem Ermessen überlassen, welche unternehmerischen Entscheidungen dem vorrangig durch den Satzungszweck definierten Unternehmensinteresse am besten dienen und welche betriebswirtschaftlichen Mittel dazu einzusetzen sind. In diesen Leitungsbereich darf auch bei Maßgeblichkeit des öffentlichen Zwecks ebenso wenig eingegriffen werden wie bei einer allein auf Gewinnerzielung gerichteten Gesellschaft. Die Satzung kann daher nicht vorschreiben, wo das Unternehmen bestimmte Leistungen

---

[298] BVerwGE 140, 300 Rn. 27 ff. = NJW 2011, 3735; zust. *Pauly/Schüler* DÖV 2012, 339 (343 f.); krit. *Altmeppen* NJW 2011, 3737; *Heidel* NZG 2012, 48 (51); *Trölitzsch* EWiR 2011, 779 (780); ebenfalls für das Erfordernis „eindeutiger Festlegung" *Weckerling-Wilhelm/Mirtsching* NZG 2011, 327 (330).

[299] Großkomm AktG/*Röhricht/Schall* § 23 Rn. 127, 130; *Hüffer/Koch/Koch* § 394 Rn. 2c; *Grigoleit/ Rachlitz* §§ 394, 395 Rn. 12; *Habersack* ZGR 1996, 544 (553 f.); *Mann* Die öffentlichen Unternehmen 35 (2002), 463 (478); *Mann* VBlBW 2010, 7 (9); *Püttner*, Die öffentlichen Unternehmen, 2. Aufl. 1985, 234 ff.; *Lohl* DÖH 1971, 24 ff.; *Schuppert* ZGR 1992, 454 (464); *Schön* ZGR 1996, 329 (440); *Lohl* DÖH 1971, 24; *Stober* NJW 1984, 449 (455); Formulierungen bei *Schlüter* GmbHR 2002, 535 (539).

[300] *Habersack* ZGR 1996, 544 (554); *Mann* VBlBW 2010, 7 (9).

[301] Vgl. → 2. Aufl. 2006, Rn. 29 (*Kropff*); *Früchtl*, Die Aktiengesellschaft als Rechtsform für die wirtschaftliche Beteiligung der öffentlichen Hand, 2009, 100; allg. zur Bedeutung des Unternehmensgegenstands als Erkenntnisquelle für den Gesellschaftszweck RGZ 164, 129 (140); UHL/*Ulmer/Löbbe* GmbHG § 1 Rn. 9.

[302] *Schön* ZGR 1996, 429 (441); *Großmann*, Unternehmensziele im Aktienrecht, 1980, Rn. 246 ff.; *Raisch* FS Hefermehl, 1976, 347 (359).

[303] *Hüffer/Koch/Koch* § 179 Rn. 33; Kölner Komm AktG/*Kersting* §§ 394, 395 Rn. 66; K. Schmidt/ Lutter/*Oetker* Rn. 9; Großkomm AktG/*Röhricht/Schall* § 23 Rn. 136, 138; *Schön* ZGR 1996, 429 (445); *Vogel* DVBl 1970, 193 (199).

[304] HM, s. BGHZ 96, 245 (249) = NJW 1986, 1033; *Hüffer/Koch/Koch* § 179 Rn. 33.

[305] *Engellandt*, Die Einflussnahme der Kommunen auf ihre Kapitalgesellschaften über das Anteilseignerorgan, 1995, 32; *Gersdorf*, Öffentliche Unternehmen im Spannungsfeld von Demokratie- und Wirtschaftlichkeitsprinzip, 2000, 269; *Maier*, Beamte als Aufsichtsratsmitglieder der öffentlichen Hand in der Aktiengesellschaft, 2005, 187.

zu beziehen oder wie es im Einzelnen seine Entgelte festzusetzen hat. Allgemeine Leitlinien für die Ausübung der Geschäftspolitik sind allenfalls ausnahmsweise und nur dann zulässig, wenn die angestrebte Geschäftspolitik unmittelbar mit der Zielsetzung des Unternehmens verknüpft ist.[306]

**110**   Auch bei Festlegung eines öffentlichen Zwecks in der Satzung bleibt der Ermessensspielraum des Vorstands durch allgemeine Grundsätze begrenzt. Er darf zwar zur Verwirklichung dieses Zwecks auch für das Unternehmen finanziell nachteilige Geschäfte eingehen.[307] Der Grundsatz, dass der **Bestand des Unternehmens** und seine dauerhafte Rentabilität nicht gefährdet werden dürfen (näher → § 76 Rn. 73),[308] gilt aber auch hier mit der Maßgabe, dass an die Stelle der dauerhaften Rentabilität die dauerhafte Verfolgung des in der Satzung bestimmten Zwecks tritt und die sonst durch die Forderung nach dauerhafter Rentabilität mit abgedeckten Belange des Kapitalschutzes und der Schuldendeckungsfähigkeit gewahrt sind.

**111**   **3. Gegenstand des Unternehmens.** Eine wesentliche Handhabe zur Ausrichtung des Unternehmens auf die Interessen der Gebietskörperschaft liegt in der Festlegung des Unternehmensgegenstands (→ § 23 Rn. 68 ff.). Ihn darf der Vorstand weder über- noch (vorbehaltlich einer entgegenstehenden Auslegung der Satzung) dauerhaft unterschreiten.[309] Als Gründerin oder Mitgründerin der Gesellschaft kann die Gebietskörperschaft dafür sorgen, dass das **Tätigkeitsfeld** der Gesellschaft ihren Vorstellungen gemäß **beschränkt** wird. Dabei sind hinsichtlich der Leistungsausgangsseite, dem Angebot am Markt, relativ enge Vorgaben möglich. Innerhalb dieses Rahmens muss dem Vorstand dann aber eine eigenverantwortliche Tätigkeit möglich sein (→ § 23 Rn. 78).[310] Der eigenverantwortlichen Unternehmensleitung durch den Vorstand widersprechen Vorgaben der Satzung, die ihm die Befolgung der Wirtschaftsgrundsätze für öffentliche Unternehmen oder die Aufstellung jährlicher Wirtschaftspläne vorschreiben.[311] Eingriffe in die Geschäftspolitik sind für den Einzelfall gar nicht und als Leitlinie allenfalls dann zulässig, wenn sie unmittelbar auf die Erreichung des öffentlichen Satzungszwecks abzielen (→ Rn. 109). Spätere **Änderungen** des Unternehmensgegenstands bedürfen der in § 179 Abs. 2 bestimmten qualifizierten Mehrheit. Hat die beabsichtigte Änderung des Unternehmensgegenstands zur Folge, dass der erwerbswirtschaftliche Zweck zu Gunsten eines öffentlichen Zwecks modifiziert wird, liegt mithin eine verdeckte Zweckänderung vor, so bedarf der Beschluss der Zustimmung aller Aktionäre (→ Rn. 108). Begünstigt der Beschluss einseitig Interessen der Gebietskörperschaft, obwohl andere Aktionäre vorhanden sind, kann er nach § 243 Abs. 2 anfechtbar sein (→ Rn. 41).[312]

**112**   **4. Sonstige Maßnahmen.** Zunächst kann sich die Einführung von **Tracking Stock-Strukturen** anbieten.[313] Dabei wird trotz bestehender Mitgliedschaft in der Gesellschaft

---

[306] Näher dazu mit Beispielen *Schön* ZGR 1996, 429 (442 ff.): zulässig können demnach allgemeine Vorgaben für die Gestaltung von Sozialtarifen im Versorgungsbereich sein; problematisch ist demgegenüber der Auftrag, von einem bestimmten Anbieter zu beziehen; s. daneben *Zeichner* AG 1985, 261 (265): Bereitstellung von Ausbildungsplätzen.

[307] *Schön* ZGR 1996, 429 (452 ff.); zur Diskussion *Fleischer* ZGR 1996, 500 (501).

[308] Näher Kölner Komm AktG/*Mertens/Cahn* § 76 Rn. 21.

[309] OLG Stuttgart AG 2005, 693 (695); 2007, 633 (638); OLG Köln AG 2009, 416 (417); Kölner Komm AktG/*Mertens/Cahn* § 82 Rn. 34; *Habersack* AG 2005, 145 f.; *Feldhaus* BB 2009, 562 (563 ff.); *Reiling,* Die Unterschreitung des Unternehmensgegenstandes, 2015.

[310] Kölner Komm AktG/*Kersting* §§ 394, 395 Rn. 70; Großkomm AktG/*Röhricht/Schall* § 23 Rn. 120 f.; vgl. auch *Maier,* Beamte als Aufsichtsratsmitglieder der öffentlichen Hand in der Aktiengesellschaft, 2005, 193 ff.

[311] → 2. Aufl. 2006, Rn. 48 *(Kropff)*; *Noack* StuGR 1995, 379; *Schön* ZGR 1996, 429 (443); ähnlich Kölner Komm AktG/*Kersting* §§ 394, 395 Rn. 70.

[312] Vieldiskutiertes Beispiel ist die Änderung des Unternehmensgegenstandes der Hamburger Elektrizitätswerke AG mit dem Ziel, das Unternehmen zum Ausstieg aus der Kernenergie zu zwingen, dazu *Schön* ZGR 1996, 429 (442, 445); *Martens* FS Kellermann, 1991, 271 ff.; *Dreher* ZHR 155 (1991), 349 (358); *Habersack* ZGR 1996, 544 (554, 561); *Priester* FS Hüffer, 2010, 777 (786, 788).

[313] Vgl. *Cichy/Heins* AG 2010, 181 – Hamburger Hafen; *Bayer/Hoffmann* AG 2010, R 180 – Stadtwerke Görlitz und Wuppertal; s. auch Hüffer/Koch/*Koch* § 394 Rn. 2c.

als solcher die Beteiligung der Aktionäre am wirtschaftlichen Erfolg auf einen bestimmen Unternehmensbereich beschränkt.[314] Auf diese Weise kann sich ein privater Investor an nur einer Sparte eines diversifizierten Unternehmens beteiligen, ohne dass dieser Bereich rechtlich aus der Gesellschaft ausgegliedert werden müsste. Als Steuerungsmittel kann sich weiterhin die Begründung von **Entsendungsrechten** nach § 101 Abs. 2 empfehlen;[315] § 113 Abs. 3 GO NRW verpflichtet die Gemeinden sogar, auf eine entsprechende Satzungsgestaltung hinzuwirken. Die früher auch im Interesse der öffentlichen und gemeinwirtschaftlichen Unternehmen mögliche Begründung von Mehrstimmrechten hingegen ist seit der Neufassung des § 12 durch das KonTraG unzulässig (→ § 12 Rn. 38 ff.). Daher besteht nur noch sehr begrenzt die Möglichkeit, der öffentlichen Hand durch die Satzung ein höheres Stimmengewicht zu verschaffen. Bei der Beschaffung neuen Kapitals kann eine Beeinträchtigung ihres Stimmengewichts durch Ausgabe von **Vorzugsaktien ohne Stimmrecht** (§§ 139 ff.) vermieden werden. Die Satzung kann auch die für qualifizierte Beschlussfassungen notwendige Mehrheit (etwa nach § 179 Abs. 2 S. 2, § 182 Abs. 1 S. 2) erhöhen und dadurch der Gebietskörperschaft auch bei unter 25% liegendem Aktienbesitz die **Sperrminderheit** verschaffen. – Zu den europarechtlichen Grenzen solcher Maßnahmen → Rn. 106, → Rn. 16 f.

## § 394 Berichte der Aufsichtsratsmitglieder

**[1]Aufsichtsratsmitglieder, die auf Veranlassung einer Gebietskörperschaft in den Aufsichtsrat gewählt oder entsandt worden sind, unterliegen hinsichtlich der Berichte, die sie der Gebietskörperschaft zu erstatten haben, keiner Verschwiegenheitspflicht. [2]Für vertrauliche Angaben und Geheimnisse der Gesellschaft, namentlich Betriebs- oder Geschäftsgeheimnisse, gilt dies nicht, wenn ihre Kenntnis für die Zwecke der Berichte nicht von Bedeutung ist. [3]Die Berichtspflicht nach Satz 1 kann auf Gesetz, auf Satzung oder auf dem Aufsichtsrat in Textform mitgeteiltem Rechtsgeschäft beruhen.**

**Schrifttum:** s. Vor § 394; *Belcke/Mehrhoff*, Aktienrechtsnovelle 2016 – Auswirkungen auf die Verschwiegenheit kommunaler Vertreter in (fakultativen) Aufsichtsräten, GmbHR 2016, 576; *Bormann*, Mehr „Transparenz" bei Unternehmen mit Beteiligung von Gebietskörperschaften?, NZG 2011, 926; *Bracht*, Der Anspruch von Rats- und Kreistagsmitgliedern auf Auskunft über die kommunale GmbH, AG und Sparkasse, NVwZ 2016, 108; *Eibelshäuser*, Anteilseignerinformation und Verschwiegenheitspflicht, ein Beitrag zur Anwendung der §§ 394, 395 AktG, FS Lüder, 2000, 694; *Engelstätter*, Verschwiegenheitspflicht der Rechnungsprüfungsbehörde bei Prüfung kommunaler Unternehmen, NordÖR 2003, 98; *Harbarth/v. Plettenberg*, Aktienrechtsnovelle 2016: Punktuelle Fortentwicklung des Aktienrechts, AG 2016, 145; *Karehnke*, Die Berichterstattung des Rechnungshofes an die gesetzgebende Gewalt nach neuem Haushaltsrecht, DÖV 1971, 441; *Land/Hallermayer*, Weitergabe von vertraulichen Informationen durch auf Veranlassung von Gebietskörperschaften gewählte Mitglieder des Aufsichtsrats gem. §§ 394, 395 AktG, AG 2011, 114; *Mann*, Die Aufhebung der Verschwiegenheitspflicht von Aufsichtsratsmitgliedern einer kommunalen GmbH, GS Tettinger, 2007, 295; *Martens*, Privilegiertes Informationsverhalten von Aufsichtsratsmitgliedern einer Gebietskörperschaft nach § 394 AktG, AG 1984, 29; *Martens*, Berichtspflicht beamteter Aufsichtsratsmitglieder auf Grund von § 55 BBG – Eine Erwiderung, AG 1984, 212; *Schmidt-Aßmann/Ulmer*, Die Berichterstattung von Aufsichtsratsmitgliedern einer Gebietskörperschaft nach § 394 AktG, BB-Beil. 13/1988, 1; *Schmolke*, Vertreter von Gebietskörperschaften im Aufsichtsrat zwischen Verschwiegenheits- und Berichtspflicht, WM 2018, 1913; *Schürnbrand*, Verschwiegenheitspflicht versus Informationsprivileg, BOARD 2014, 225; *Schwintowski*, Verschwiegenheitspflicht für politisch legitimierte Mitglieder des Aufsichtsrats, NJW 1990, 1009; *Thode*, Parlamentskontrolle und Geheimnisschutz bei öffentlichen Unternehmen, AG 1997, 547; *Will*, Informationszugriff auf AG-Aufsichtsratsmitglieder durch Gemeinden, VerwArch 94 (2003), 248; *Wilting*, Weitergabe von vertraulichen Informationen im Rahmen der §§ 394, 395 AktG, AG 2012, 529; *Zieglmeier*, Die Systematik der Haftung von Aufsichtsratsmitgliedern gegenüber der Gesellschaft, ZGR 2007, 144; *Zöllner*, Berichtspflicht beamteter Aufsichtsratsmitglieder auf Grund von § 55 BBG?, AG 1984, 147.

---

[314] Hüffer/Koch/*Koch* § 394 Rn. 2c; allg. *Fuchs* ZGR 2003, 167; *Kuhn*, Tracking Stocks im deutschen Aktienrecht, 2007; *Tonner*, Tracking Stocks, 2002.
[315] Vgl. auch *Reichert* FS K. Schmidt, 2009, 1341 (1350); *Mann* VBlBW 2010, 7 (12).

# I. Grundlagen

1    **1. Inhalt und Zweck der Norm.** Aufsichtsratsmitglieder unterliegen nach § 116 S. 1 iVm § 93 Abs. 1 S. 3 sowie nach § 116 S. 2 gerade auch im Verhältnis zu den Aktionären einer umfassenden organschaftlichen Verschwiegenheitspflicht (→ § 116 Rn. 52; Ziff. 3.2.1 PCGK Bund).[1] Von dieser werden mittels Satz 1 diejenigen unter ihnen, die auf Veranlassung einer Gebietskörperschaft gewählt oder entsandt worden sind, insofern freigestellt, als sie der Gebietskörperschaft Bericht zu erstatten haben. Die Norm begründet mithin nicht selbst eine **Berichtspflicht;** sie setzt eine solche vielmehr voraus und löst eine in der Person des Aufsichtsratsmitglieds bestehende Pflichtenkollision zwischen Verschwiegenheits- und Rechenschaftspflicht zugunsten der letzteren auf. Satz 3 bestimmt in diesem Zusammenhang, dass eine solche Berichtspflicht nicht nur auf Gesetz, sondern auch auf Satzung oder dem Aufsichtsrat in Textform mitgeteiltem Rechtsgeschäft beruhen kann.

2    Ebenso wie die besonderen haushaltsrechtlichen Prüfungsrechte nach §§ 53, 54 HGrG (→ Vor § 394 Rn. 68 ff.) will die Vorschrift dem öffentlichen Interesse an einer effektiven Beteiligungsverwaltung Rechnung tragen. Das damit zugunsten der öffentlichen Hand geschaffene **Informationsprivileg**[2] erstreckt sich freilich, wie S. 2 klarstellt, nur auf diejenigen vertraulichen Angaben und Geschäftsgeheimnisse, deren Weitergabe für eine sachgerechte Berichterstattung erforderlich ist. Überdies stellt § 395 sicher, dass die Adressaten des Berichts ihrerseits Stillschweigen über die erlangten Informationen zu wahren haben. Indem der Kreis der Geheimnisträger somit letztlich lediglich kontrolliert und maßvoll erweitert wird, zielen die §§ 394, 395 in ihrer Gesamtschau auf einen Ausgleich zwischen den unternehmerischen Geheimhaltungsinteressen einerseits und der gebotenen öffentlichen Finanzkontrolle andererseits ab.[3] Dem geschilderten Sinn und Zweck entsprechend ist § 394 **zwingendes Recht.**[4] Jenseits der ausdrücklich vorgesehenen Möglichkeit, eine Berichtspflicht

---

[1] Großkomm AktG/*Hopt/Roth* § 116 Rn. 190; Großkomm AktG/*Huber/Fröhlich* Rn. 8; K. Schmidt/Lutter/*Oetker* Rn. 1; BeckOGK/*Schall* Rn. 1; Hüffer/Koch/*Koch* § 394 Rn. 1; Grigoleit/*Rachlitz* §§ 394, 395 Rn. 2; Hölters/*Müller-Michaels* Rn. 2; Kölner Komm AktG/*Kersting* §§ 394, 395 Rn. 1.

[2] *Schmidt-Aßmann/Ulmer* BB-Beil. 13/1988, 5; *Maier,* Beamte als Aufsichtsratsmitglieder der öffentlichen Hand in der Aktiengesellschaft, 2005, 73; *Martens* AG 1984, 212 (213); K. Schmidt/Lutter/*Oetker* Rn. 1; krit. → 2. Aufl. 2006, §§ 394, 395 Rn. 2 *(Kropff);* Kölner Komm AktG/*Kersting* §§ 394, 395 Rn. 3 f.

[3] Ähnlich Hüffer/Koch/*Koch* Rn. 1; Großkomm AktG/*Huber/Fröhlich* Rn. 9; BeckOGK/*Schall* Rn. 2; K. Schmidt/Lutter/*Oetker* Rn. 1; Bürgers/Körber/*Pelz* Rn. 1; vgl. auch Ausschussbericht *Kropff* AktG 1965, 496: Die aktienrechtlichen Grundsätze über die Wahrung der Vertraulichkeit bleiben im Wesentlichen unberührt.

[4] Generell zum zwingenden Charakter der Verschwiegenheitspflicht BGHZ 64, 325 = NJW 1975, 1412; BGH NZG 2008, 834 Rn. 4; NJW 2016, 2569 Rn. 34.

zu begründen, kann die Satzung die Weitergabe vertraulicher Informationen mithin weder erleichtern noch erschweren.

Zwar lässt sich, wie die Situation in der Privatwirtschaft zeigt, ein dem Umfang nach 3 vergleichbarer Informationsfluss praktisch auch ohne ausdrückliche Ermächtigung auf **konzernrechtlicher Grundlage** gewährleisten (vgl. zur Anwendbarkeit des Konzernrechts im vorliegenden Zusammenhang → Vor § 394 Rn. 60 ff.). Das gilt uneingeschränkt allerdings allenfalls für den im Zusammenhang mit öffentlichen Beteiligungen selten vorkommenden Vertragskonzern (zur Problematik von Beherrschungsverträgen unter Beteiligung der öffentlichen Hand → Vor § 394 Rn. 63 ff.).[5] Im Regelfall des faktischen Konzerns dagegen besteht keine Pflicht, sondern allein das Recht, geschützte Informationen an das herrschende Unternehmen weiterzugeben, und dazu ist nicht das die Gebietskörperschaft repräsentierende Aufsichtsratsmitglied, sondern allein der Vorstand berufen (→ § 116 Rn. 60).[6] Vor allem erschien dem Gesetzgeber des Aktiengesetzes eine ausdrückliche Einschränkung der Verschwiegenheitpflicht im Hinblick auf das formelle Verfahren im Verwaltungsbereich notwendig, welches für den Bund in den §§ 69, 92, 97 BHO zum Ausdruck kommt.

**2. Entstehungsgeschichte. a) AktG 1965.** Die Vorschrift ist **ohne Vorbild** im frühe- 4 ren Recht. Sie wurde erst gegen Ende des Gesetzgebungsverfahrens zum AktG 1965 auf Betreiben des Haushaltsausschusses in das Gesetz eingeführt, um die in der Praxis aufgekommenen Bedenken zu beseitigen, dass die aktienrechtliche Verschwiegenheitpflicht der Durchsetzung einer effektiven öffentlichen Finanzkontrolle entgegenstehe.[7] Dabei bezogen sich die Überlegungen auf die damals noch geltende Reichshaushaltsordnung. Der weitergehende Vorschlag, die dort vorgesehenen satzungsmäßigen Sonderprüfungsrechte der öffentlichen Hand in das Aktiengesetz zu übernehmen, fand im Rechts- und Wirtschaftsausschuss keine Mehrheit. Die Neuregelung dieser Rechte blieb bewusst der Reform des Haushaltsrechts 1969 überlassen (→ Vor § 394 Rn. 69). Daraus folgen gewisse **Interpretationsschwierigkeiten,** denn die Vorschrift beruht auf Vorstellungen und Begriffen eines überkommenen Haushaltsrechts und ist auf das Regelungsgefüge des heute maßgeblichen HGrG und der Haushaltsordnungen von Bund und Ländern nicht abgestimmt. Die ursprüngliche Fassung blieb überdies in der zentralen Frage nach der Grundlage der vorausgesetzten Berichtspflicht vage (→ Rn. 21). Dies gab dem gesellschaftsrechtlichen Schrifttum teilweise Anlass, die ohnehin als Fremdkörper erscheinende Norm einschränkend auszulegen[8] oder gar als möglicherweise leerlaufend zu deuten.[9] Die Auslegung durfte und darf jedoch nicht daran vorbeigehen, dass der Gesetzgeber des Aktiengesetzes 1965 für die Zwecke der öffentlichen Finanzkontrolle eine privilegierte Informationsversorgung gewährleisten wollte. Daher waren und sind die §§ 394, 395 im Zusammenspiel mit den einschlägigen haushaltsrechtlichen Vorschriften so zu handhaben, dass das gesetzlich anerkannte besondere Informationsbedürfnis der öffentlichen Hand unter bestmöglicher Wahrung der berechtigten Diskretionsinteressen der Gesellschaft und ihrer anderen Aktionäre angemessen befriedigt wird.[10]

**b) Aktienrechtsnovelle 2012 und 2016.** Das Bestreben nach einer Neujustierung des 5 Geheimnisschutzes in öffentlichen Unternehmen gab im November 2010 Anlass für die Ausarbeitung eines Referentenentwurfs zur späteren **Aktienrechtsnovelle 2012.**[11] Dieser

---

[5] Näher *Lutter,* Information und Vertraulichkeit im Aufsichtsrat, 3. Aufl. 2006, Rn. 478 f.

[6] *Schmidt-Aßmann/Ulmer* BB-Beil. 13/1988, 5; *Hüffer/Koch/Koch* § 116 Rn. 12; weitergehend Kölner Komm AktG/*Mertens/Cahn* § 116 Rn. 42; *Dittmar* AG 2013, 498 (500 ff.).

[7] Vgl. Ausschussbericht *Kropff* AktG 1965 S. 496; daneben Kurzprotokoll der 36. Sitzung des Ausschusses für wirtschaftlichen Besitz des Bundes am 7.11.1963, 6 ff.; Großkomm AktG/*Huber/Fröhlich* Rn. 1.

[8] *Martens* AG 1984, 209 (213); *Schmidt-Aßmann/Ulmer* BB-Beil. 13/1988, 6; nach wie vor Kölner Komm AktG/*Kersting* §§ 394, 395 Rn. 5; diff. *Lutter/Grunewald* WM 1984, 385 (387).

[9] *Zöllner* AG 1984, 147.

[10] Ganz ähnlich → 2. Aufl. 2006, §§ 394, 395 Rn. 7 *(Kropff)*; *Maier,* Beamte als Aufsichtsratsmitglieder der öffentlichen Hand in der Aktiengesellschaft, 2005, 71.

[11] Abrufbar unter www.bmjv.de/SharedDocs/Gesetzgebungsverfahren/Archiv/RefE_Aktienrechtsnovelle%202011.pdf?_blob=publicationFile&v=3 (zuletzt abgerufen am 23.11.2020); eingehend zum Gesetzgebungsverfahren *Lampert,* Einflussnahme auf Aufsichtsratsmitglieder durch die öffentliche Hand als Gesellschafterin, 2012, 87 ff.

sah vor, dass die Satzung bei nichtbörsennotierten Gesellschaften, an denen eine Gebietskörperschaft beteiligt ist, die Verschwiegenheitspflicht der Aufsichtsratsmitglieder und die Öffentlichkeit der Sitzungen regeln kann. Eine solche Öffnung stieß wegen der damit verbundenen Gefährdung einer effektiven Kontrolltätigkeit sowie der möglichen Ungleichbehandlung der Aufsichtsratsmitglieder zu Recht vielfach auf Kritik[12] und wurde schon im Regierungsentwurf nicht weiterverfolgt. Vielmehr sollte § 394 lediglich ein neuer Satz 3 angefügt werden, dem zufolge die Berichtspflicht aus S. 1 auf Gesetz oder auf Rechtsgeschäft beruhen kann.[13] Um ein höheres Maß an Transparenz zu gewährleisten, verabschiedete der Bundestag die Neuregelung im Jahre 2013 mit der Maßgabe, dass die Berichtspflicht auf Gesetz, auf Satzung oder dem Aufsichtsrat in Textform mitgeteiltem Rechtsgeschäft beruhen kann.[14] Wegen des Endes der 17. Legislaturperiode konnte die Neufassung jedoch nicht mehr in Kraft treten.

6    In der 18. Legislaturperiode wurde das Vorhaben als Aktienrechtsnovelle 2014 wieder aufgenommen. Dabei entsprach der Referentenentwurf vom April 2014 der vom Bundestag 2013 verabschiedeten Fassung.[15] Der Regierungsentwurf verzichtete dann zwar im Hinblick auf die Begründung der Berichtspflicht durch Rechtsgeschäft auf das Erfordernis der Mitteilung in Textform.[16] In der endgültig als **Aktienrechtsnovelle 2016** vom 22.12.2015 (BGBl. 2015 I 2565) verabschiedeten Fassung wurde die Formulierung des Referentenentwurfs aber wieder aufgenommen, die Vorschrift mithin um einen S. 3 ergänzt, wonach die Berichtspflicht auf Gesetz, auf Satzung oder auf dem Aufsichtsrat in Textform mitgeteiltem Rechtsgeschäft beruhen kann.[17]

7    **3. Vereinbarkeit mit Unionsrecht.** Nicht gänzlich zweifelsfrei ist, ob § 394 mit höherrangigem Unionsrecht, genauer der **Kapitalverkehrsfreiheit** des Art. 63 AEUV vereinbar ist. In seiner Rechtsprechungslinie zu den sog. „Golden Shares" hat der EuGH nämlich verschiedentlich nationale Regelungen beanstandet, die der öffentlichen Hand nach der Privatisierung ehemals staatlicher Unternehmen über ihre Kapitalbeteiligung hinausgehende Mitverwaltungsrechte und Einflussmöglichkeiten gesichert haben (→ Vor § 394 Rn. 16 f.). Indessen waren die Sonderrechte der öffentlichen Hand jeweils von solchem Gewicht, dass aus der Sicht eines potentiellen Investors die Übernahme der tatsächlichen unternehmerischen Kontrolle nicht unerheblich erschwert war. Demgegenüber berührt das bloße Berichtsrecht des § 394 die Interessen eines privaten Investors solange nicht nachhaltig, wie die Erweiterung der Verschwiegenheitspflicht durch § 395 die Preisgabe von Unternehmensinterna effektiv verhindert.[18] Seit der Entscheidung des BVerfG vom 7.11 2017[19] kann hiervon nicht ausnahmslos ausgegangen werden. Nach Auffassung des BVerfG müssen Geschäftsgeheimnisse von Unternehmen, an denen der Bund mehrheitlich beteiligt ist, auf Frage von Abgeordneten grundsätzlich im Parlament beantwortet werden; die Verschwiegenheitspflicht des § 395 Abs. 1 könne demgegenüber im Einzelfall zurücktreten (→ Vor § 394 Rn. 17).[20] Jedenfalls im Hinblick auf börsennotierte Unternehmen von infrastruktureller Bedeutung oder von

---

[12] Vgl. DAV-Handelsrechtsausschuss NZG 2011, 217 Rn. 42 ff.; *Bayer* AG 2012, 141 (153); *Bettenburg/ Weirauch* DÖV 2012, 352 (355 f.); *Bormann* NZG 2011, 926 ff.; *Bungert/Wettich* ZIP 2011, 160 (164); *Habersack,* Gutachten E zum 69. DJT, 2012, 34; *Spindler* ZIP 2011, 689 (693); *Traut,* Die Corporate Governance von Kapitalgesellschaften der öffentlichen Hand, 2013, 134 f.; *Weber-Rey/Buckel* ZHR 177 (2013), 13 (20 f.); *Harbarth/v. Plettenberg* AG 2016, 145 (155); die Kritik relativierend *Seibert/Böttcher* ZIP 2012, 12 (16 f.).
[13] Vgl. Art. 1 Nr. 21 in BT-Drs. 17/8989, 8; erläuternd *Bungert/Wettich* ZIP 2012, 297 (301 f.); *Seibert/ Böttcher* ZIP 2012, 12 (17); vgl. auch ausf. Großkomm AktG/*Huber/Fröhlich* Rn. 5 f.; K. Schmidt/Lutter/ *Oetker* Rn. 2 f.
[14] Vgl. Beschlussempfehlung und Bericht RA, BT-Drs. 17/14215, 9 (18 f.).
[15] Vgl. dazu DAV-Handelsrechtsausschuss NZG 2014, 863 Rn. 14.
[16] Vgl. BT-Drs. 18/4349, 9.
[17] Vgl. dazu Beschlussempfehlung und Bericht RA, BT-Drs. 18/6681, 4 und 12 f.; nicht berücksichtigt bei *Ihrig/Wandt* BB 2016, 6 (13); *Paschos/Goslar* NJW 2016, 359 (364).
[18] Mit gleicher Tendenz → 2. Aufl. 2006, Vor § 394 Rn. 20 *(Kropff)*; Großkomm AktG/*Huber/Fröhlich* Vor §§ 394, 395 Rn. 37; BeckOGK/*Schall* Rn. 17; Semler/v. Schenck/*Gasteyer* Rn. 9; aA Kölner Komm AktG/*Kersting* §§ 394, 395 Rn. 102 f.
[19] BVerfGE 147, 50 = NVwZ 2018, 51.
[20] BVerfGE 147, 50 Rn. 225, 296 = NVwZ 2018, 51.

„Systemrelevanz", zu denen Fragen im Parlament wahrscheinlich sind, steht diese Rspr. des BVerfG in einem Spannungsverhältnis zur Rspr. des EuGH zur Kapitalverkehrsfreiheit.

Bejaht man im Einzelfall einen Eingriff in die Kapitalverkehrsfreiheit, stellt sich die 8 Frage nach dessen Rechtfertigung unter dem Gesichtspunkt eines zwingenden Grunds des Allgemeinwohls. Als solchen erkennt der EuGH die bloß finanziellen Interessen eines Mitgliedstaats nicht an.[21] Dies soll nach Stimmen in der Lit. für das hier einschlägige Ziel der öffentlichen Haushaltskontrolle nicht gelten, auf dessen Schutz die Vorschrift des § 394 in verhältnismäßiger Weise abziele.[22] Indessen kann das Ziel der öffentlichen Haushaltskontrolle auch dadurch erreicht werden, dass Fragen von Parlamentariern in nicht öffentlich tagenden Parlamentsausschüssen beantwortet werden. Sofern von dieser Möglichkeit nicht Gebrauch gemacht wird, obwohl sie im Einzelfall offen stünde, kann ein Verstoß gegen die Kapitalverkehrsfreiheit zu bejahen sein (→ § 394 Rn. 17).

## II. Geltungsbereich

**1. Anwendbarkeit auf andere Rechtsformen.** Die Entbindung von der Verschwie- 9 genheitspflicht gilt unmittelbar für die Aufsichtsräte einer AG und, insoweit allerdings derzeit ohne praktische Bedeutung, einer KGaA. Aufgrund des Art. 49 Hs. 2 SE-VO gilt sie des Weiteren für die **SE** (→ SE-VO Art. 49 Rn. 9).[23] Während die Anwendung im dualistischen System keine Schwierigkeiten bereitet, verfügen die Verwaltungsratsmitglieder im monistischen System über eine deutlich weitergehende Rechtsstellung als Aufsichtsräte. Um eine vergleichbare praktische Wirkung zu erreichen, ist die Vorschrift mit der Maßgabe auf die Vertreter von öffentlichen Gebietskörperschaften im Verwaltungsrat einer SE anzuwenden, dass diese nur solche Informationen weitergeben dürfen, die Aufsichtsratsmitgliedern typischerweise zur Verfügung stehen.[24] Ob die §§ 394 f. auf **öffentlich-rechtliche Rechtsformen** Anwendung finden, ist durch Auslegung des jeweiligen Organisationsstatuts zu ermitteln.[25]

**2. GmbH im Besonderen.** Was die Anwendbarkeit auf die GmbH betrifft, so wird 10 der Frage im Hinblick auf das Auskunftsrecht der Gesellschafter nach § 51a GmbHG teilweise schon im Ausgangspunkt **praktische Relevanz** abgesprochen.[26] In der Tat bleibt für eine Verschwiegenheitspflicht der Aufsichtsratsmitglieder gegenüber den Gesellschaftern kein Raum, wenn sich deren Einsichtsrecht – wie es die hM annimmt – auf die Protokolle der Aufsichtsratssitzungen erstreckt.[27] Indes wird diese Auffassung der Selbständigkeit des Aufsichtsrats zumindest in mitbestimmten Gesellschaften, wohl aber auch allgemein in mehrgliedrigen Gesellschaften nicht gerecht.[28] Ein über die Mitteilung der Gegenstände

---

[21] EuGH Slg. 1997, I-3091 Rn. 23 = BeckRS 2004, 77018; Slg. 1997, I-6959 Rn. 62 = NJW 1998, 1931.

[22] Kölner Komm AktG/*Kersting* §§ 394, 395 Rn. 104; aA Großkomm AktG/*Huber/Fröhlich* Vor §§ 394, 395 Rn. 36; Hölters/*Müller-Michaels* Rn. 10; BeckOGK/*Schall* Rn. 17; Grigoleit/*Rachlitz* §§ 394, 395 Rn. 8.

[23] Kölner Komm AktG/*Kersting* §§ 394, 395 Rn. 95; Hölters/*Müller-Michaels* Rn. 16; Großkomm AktG/ *Huber/Fröhlich* Rn. 15; iE schon ebenso → 3. Aufl. 2011, Rn. 6, aber noch mit unrichtigem Hinweis auf Art. 10 SE-VO.

[24] AA Großkomm AktG/*Huber/Fröhlich* Rn. 15; Kölner Komm AktG/*Kersting* §§ 394, 395 Rn. 96.

[25] Abl. für die Berliner Wasserbetriebe (Anstalt des öffentlichen Rechts) VerfGH Berlin BeckRS 2012, 48704; gegen eine Übertragung auf das Sparkassenrecht *Bracht* NVwZ 2016, 108 (113). Einige landesrechtliche Universitätsklinika-Gesetze verweisen für die Aufsichtsräte der Universitätskliniken auf die Bestimmungen der §§ 95–116 ff., nicht jedoch auch auf §§ 394 ff.; vgl. § 8 S. 2 SächsUKG vom 6.5.1999, GVBl. 1999, 207; § 8 S. 2 BWUKG vom 15.9.2005, GBl. 2005, 625.

[26] OVG Berlin-Brandenburg NVwZ 2015, 1229 (1230); Großkomm AktG/*Huber/Fröhlich* Rn. 14; Hölters/*Müller-Michaels* Rn. 13; *Will* VerwArch 94 (2003), 248 (265); aA Kölner Komm AktG/*Kersting* §§ 394, 395 Rn. 98.

[27] BGHZ 135, 53 = NJW 1997, 1985; MüKoGmbHG/*Hillmann* GmbHG § 51a Rn. 54; *Henssler* FS 50 Jahre BGH, Bd. II, 2000, 387 (401 ff.); zum Fehlen der Verschwiegenheitspflicht *Witte* ZGR 1998, 151 (164); *Will* VerwArch 94 (2003), 248 (265); Lutter/Hommelhoff/*Lutter/Hommelhoff* GmbHG § 52 Rn. 25.

[28] Vgl. *Stimpel/Ulmer* FS Zöllner, Bd. I, 1998, 589 ff.; Baumbach/Hueck/*Zöllner* GmbHG § 51a Rn. 22; UHL/*Hüffer/Schürnbrand* GmbHG § 51a Rn. 40; ähnlich Kölner Komm AktG/*Kersting* §§ 394, 395 Rn. 99.

der Beratung und das Ergebnis der Beschlussfassung hinausgehendes Recht zur Weitergabe vertraulicher Informationen ist daher insoweit nicht anzuerkennen.[29]

11    Vor diesem Hintergrund gewann der Umstand Bedeutung, dass in den Verweisungsnormen der § 52 GmbHG, § 25 Abs. 1 S. 1 Nr. 2 MitbestG, § 1 Abs. 1 Nr. 3 DrittelbG, § 24 Abs. 2 MgVG die §§ 394, 395 zunächst durchgängig nicht in Bezug genommen waren. Einen dahingehenden Regelungsvorschlag im Regierungsentwurf eines GmbH-Gesetzes lehnte der Rechtsausschuss ab.[30] Die dafür angeführte Begründung blieb allerdings überaus unklar und ließ rätseln, ob der Ausschuss eine Regelung als unnötig, die Vorschriften als selbstverständlich oder als ungerechtfertigt ansah. Da die Verschwiegenheitspflicht der Aufsichtsratsmitglieder in der GmbH nicht weiter reichen sollte als in der AG, war eine entsprechende Anwendung der §§ 394, 395 allerdings im Ergebnis zu bejahen.[31] Für die GmbH mit **fakultativem Aufsichtsrat** hat die Aktienrechtsnovelle 2016 (→ Rn. 6) Klarheit gebracht und den Katalog des § 52 GmbHG um die §§ 394, 395 erweitert. Der Gesetzgeber wollte verhindern, dass die Mandatsträger der öffentlichen Hand dem Risiko einer Strafbarkeit gemäß § 85 GmbHG wegen Verstoßes gegen die Verschwiegenheitspflicht ausgesetzt sind.[32] Der Gesellschaftsvertrag kann die Verschwiegenheitspflicht sowohl abmildern als auch – durch Ausschluss der entsprechenden Anwendung des § 394 – verschärfen.[33] Soweit dabei die Verschwiegenheitspflicht von Aufsichtsratsmitgliedern eingeschränkt wird, ist im Zweifel davon auszugehen, dass dies entsprechend für die Verschwiegenheitspflicht der in § 395 angesprochenen Stellen gelten soll.

12    Unverständlich ist, warum für die mitbestimmten Gesellschaften mit **obligatorischem Aufsichtsrat** eine entsprechende Anpassung der § 25 Abs. 1 S. 1 Nr. 2 MitbestG, § 1 Abs. 1 Nr. 3 DrittelbG, § 24 Abs. 2 MgVG unterblieben ist.[34] Ein sachlicher Grund, warum gerade in der mitbestimmten GmbH eine uneingeschränkte Verschwiegenheitspflicht der auf Veranlassung der öffentlichen Hand bestellten Aufsichtsratsmitglieder gelten sollte, lässt sich nicht anführen. Da die Materialien zu der Problematik schweigen, ist von einem gesetzgeberischen Versehen auszugehen. Der systematisch an sich naheliegende Umkehrschluss zu § 52 GmbHG hat daher zu unterbleiben. Vielmehr gilt nach wie vor: Die Mitbestimmungsgesetze nehmen auf die aktienrechtlichen Grundsätze über die Verschwiegenheit und damit inzident auch auf §§ 394, 395 Bezug.[35]

### III. Voraussetzungen

13    **1. Beteiligung der Gebietskörperschaft.** Privilegiert werden nur Gebietskörperschaften, also Bund, Länder, Gemeinden und Gemeindeverbände. Mit Blick auf Art. 335 AEUV ist die EU den deutschen Gebietskörperschaften gleichzustellen.[36] Weiterhin setzt zwar der

---

[29] Für Gesellschaften mit obligatorischem Aufsichtsrat Habersack/Henssler/*Habersack* MitbestG § 25 Rn. 101a; *Mann*, GS Tettinger, 2007, 295 (302 ff.); weitergehend Baumbach/Hueck/*Zöllner/Noack* GmbHG § 52 Rn. 67.

[30] BT-Drs. 8/3908, 77.

[31] Vgl. etwa → 3. Aufl. 2011, Rn. 8; *Engelstätter* NordÖR 2003, 98 (99 f.); *Lampert*, Einflussnahme auf Aufsichtsratsmitglieder durch die öffentliche Hand als Gesellschafterin, 2012, 66 ff.; *Thode* AG 1997, 547 (553); Großkomm AktG/*Huber/Fröhlich* Rn. 13; MüKoGmbHG/*Spindler* GmbHG § 52 Rn. 665; Baumbach/Hueck/*Zöllner/Noack* GmbHG § 52 Rn. 67; BeckOGK/*Schall* Rn. 5; Kölner Komm AktG/*Kersting* §§ 394, 395 Rn. 99; Hölters/*Müller-Michaels* Rn. 13; aA aber *Ganzer/Tremml* GewArch 2010, 141 (143 f.); *Pfeifer*, Möglichkeiten und Grenzen der Steuerung kommunaler Aktiengesellschaften durch ihre Gebietskörperschaften, 1993, 192; *van Kann/Keiluweit* DB 2009, 2251 (2254); Grigoleit/*Rachlitz*, 1. Aufl. 2012, §§ 394, 395 Rn. 12.

[32] Begr. RegE, BT-Drs. 18/4349, 34.

[33] Hölters/*Müller-Michaels* Rn. 15; Großkomm AktG/*Huber/Fröhlich* Rn. 13; aA – keine Abmilderung für den fakultativen Aufsichtsrat einer kommunalen GmbH – *Riegel* VerwW 2002, 53 (54); zum Ganzen auch *Bunge* DVBl. 2014, 1500.

[34] Darauf schon während des Gesetzgebungsverfahrens hinweisend *Schürnbrand* BOARD 2014, 225 (228); K. Schmidt/Lutter/*Oetker* Rn. 5.

[35] *Schürnbrand* BOARD 2014, 225 (228); K. Schmidt/Lutter/*Oetker* Rn. 10; Kölner Komm AktG/*Kersting* §§ 394, 395 Rn. 99.

[36] Großkomm AktG/*Huber/Fröhlich* Rn. 17.

Wortlaut des § 394 selbst eine Gesellschafterstellung nicht voraus, jedoch folgt aus der Überschrift des ersten Teils des vierten Buchs, dass die Gebietskörperschaft **unmittelbar oder mittelbar beteiligt** sein muss.[37] Dabei ist von dem Beteiligungsbegriff in § 271 Abs. 1 HGB auszugehen. Eine Erstreckung auf die mittelbare Staatsverwaltung scheidet dagegen aus.[38] Im Gesetzgebungsverfahren zur Aktienrechtsnovelle 2016 (→ Rn. 6) hatte der Bundesrat nämlich vorgeschlagen, den Anwendungsbereich der Vorschrift auch auf diejenigen Aufsichtsratsmitglieder zu erstrecken, die auf Veranlassung einer der Rechtsaufsicht einer Gebietskörperschaft unterstehenden rechtsfähigen Körperschaft, Anstalt oder Stiftung des öffentlichen Rechts in den Aufsichtsrat gewählt oder entsandt worden sind.[39] Vor Augen standen ihm insbesondere Tochtergesellschaften von Universitäten und Sparkassen. Dem war die Bundesregierung entgegengetreten. Die Rechtsaufsicht der Gebietskörperschaft über die öffentlich-rechtliche Anstalt sei nicht vergleichbar mit den unternehmerischen Kontrollrechten einer öffentlich-rechtlichen Gebietskörperschaft, wie sie bestünden, wenn eine Gebietskörperschaft selbst an einer privatrechtlichen Gesellschaft beteiligt sei.[40]

Weder das AktG noch das Haushaltsrecht geben hingegen Anhaltspunkte dafür, dass eine **14 Mindesthöhe** der Beteiligung oder gar eine Mehrheitsbeteiligung erforderlich ist.[41] Im Gegenteil hat sich im Gesetzgebungsverfahren zur (gescheiterten) Aktienrechtsnovelle 2012 (→ Rn. 5) ein Vorschlag des Bundesrats nicht durchgesetzt, der dazu geführt hätte, dass bei mittelbarer Beteiligung über ein zwischengeschaltetes Unternehmen eine Mindestbeteiligung der Gebietskörperschaft von mehr als 50% erforderlich gewesen wäre.[42] Darauf wurde im Gesetzgebungsverfahren zur Aktienrechtsnovelle 2016 Bezug genommen.[43] Soweit postuliert wird, dass die Beteiligung immerhin „ins Gewicht fallen" muss,[44] steht dahinter das berechtigte Anliegen, aus haushaltsrechtlicher Sicht ein Bedürfnis für den vertieften Einblick in das Unternehmen zu rechtfertigen. Das Gesetz trägt diesem Gesichtspunkt indes bereits dadurch Rechnung, dass die Bestellung auf Veranlassung der Gebietskörperschaft erfolgt sein muss. Für eine darüber hinausgehende, ungeschriebene Schranke innerhalb des Tatbestands, die etwa ein bloßes Entsendungsrecht nicht genügen lässt, besteht daneben weder Raum noch Bedürfnis.[45]

**2. Bestellung „auf Veranlassung" der Gebietskörperschaft. a) Bei unmittelbarer 15 Beteiligung.** § 394 wendet sich an die auf Veranlassung der Gebietskörperschaft in den Aufsichtsrat gewählten oder entsandten Mitglieder. Der Wortlaut „gewählt oder entsandt" nimmt auf die beiden in § 101 Abs. 1 und 2 geregelten Bestellungsformen Bezug. Er dürfte aber nach § 104 gerichtlich bestellte Aufsichtsratsmitglieder einschließen, wenn die Gebiets-

---

[37] Hüffer/Koch/*Koch* Rn. 33; K. Schmidt/Lutter/*Oetker* Rn. 11; Grigoleit/*Rachlitz* §§ 394, 395 Rn. 17; BeckOGK/*Schall* Rn. 7 ff.; Kölner Komm AktG/*Kersting* §§ 394, 395 Rn. 110; Semler/v. Schenck/*Gasteyer* Rn. 14; *Belcke/Mehrhoff* GmbHR 2016, 576 (577); *Schmolke* WM 2018, 1913 (1916); aA – wenngleich krit. – *v. Godin/Wilhelmi*, 4. Aufl. 1971, §§ 394, 395 Anm. 2.

[38] Großkomm AktG/*Huber/Fröhlich* Rn. 16; Kölner Komm AktG/*Kersting* §§ 394, 395 Rn. 109.

[39] Stellungnahme BR, BT-Drs. 18/4349, 40 f.; gleichsinnig bereits Stellungnahme BR, BT-Drs. 17/8989, 25.

[40] Gegenäußerung BReg., BT-Drs. 18/4349, 45; s. auch *Harbarth/v. Plettenberg* AG 2016, 145 (155).

[41] Hüffer/Koch/*Koch* Rn. 33; Kölner Komm AktG/*Kersting* §§ 394, 395 Rn. 111; K. Schmidt/Lutter/*Oetker* Rn. 11; Hölters/*Müller-Michaels* Rn. 17; Großkomm AktG/*Huber/Fröhlich* Rn. 19 f.; Grigoleit/*Rachlitz* §§ 394, 395 Rn. 17; *Maier*, Beamte als Aufsichtsratsmitglieder der öffentlichen Hand in der Aktiengesellschaft, 2005, 76; *Schockenhoff* NZG 2018, 521 (527); *Werner* NVwZ 2019, 449 (451); *Schmolke* WM 2018, 1913 (1916); aA *Martens* AG 1984, 29 (36), der eine Mehrheitsbeteiligung verlangt. *Martens* beruft sich zu Unrecht auf § 54 HGrG, §§ 65 ff. BHO. Aus §§ 67, 69, 92 BHO ergibt sich, dass das Gesetz eine haushaltsrechtliche Prüfung und die dazu notwendige Information auch bei Minderheitsbeteiligungen für erforderlich erachtet.

[42] Gegenäußerung BReg., BT-Drs. 17/8989, 27 zur Stellungnahme BR, BT-Drs. 17/8989, 25 f.; unrichtig DAV-Handelsrechtsausschuss NZG 2012, 380 Rn. 24, der in dem Vorschlag eine konzerndimensionale Erweiterung des § 394 erblickt.

[43] Stellungnahme BR, BT-Drs 18/4349, 41.

[44] *Schmidt-Aßmann/Ulmer* BB-Beil. 13/1988, 7; Kölner Komm AktG/*Kersting* §§ 394, 395 Rn. 111 ff., 115: Beteiligungshöhe von mindestens 5%.

[45] BeckOGK/*Schall* Rn. 6; Großkomm AktG/*Huber/Fröhlich* Rn. 21; ähnlich Hüffer/Koch/*Koch* Rn. 33; Hölters/*Müller-Michaels* Rn. 17; Grigoleit/*Rachlitz* §§ 394, 395 Rn. 17.

körperschaft die Bestellung beantragt hat oder das Gericht einem Vorschlag der Gebietskörperschaft gefolgt ist.[46] Ebenso wie in § 311[47] (eingehend → § 311 Rn. 75 ff.) ist der Begriff der Veranlassung weit zu verstehen. Weder kommt es auf die Form der Einwirkung noch auf die (tatsächliche oder rechtliche) Grundlage des Einflusses an. Veranlasst ist die Bestellung durch die Gebietskörperschaft vielmehr immer dann, wenn sie nach außen hin ihr **Interesse** an der Bestellung zum Ausdruck gebracht hat und dieses Interesse für die Bestellung **ursächlich** war.[48]

16    Entscheidend ist somit, dass das Aufsichtsratsmitglied als Repräsentant der öffentlichen Hand fungiert, denn auf diese soll die Gebietskörperschaft zum Zwecke der Informationsbeschaffung im Rahmen der öffentlichen Haushaltskontrolle und Beteiligungsverwaltung zugreifen können. Dem Wortlaut und der Konzeption der Norm entsprechend ist dabei allerdings allein an den **äußeren Geschehensablauf** anzuknüpfen. Ob das Aufsichtsratsmitglied nicht aus Gründen der Beteiligungsverwaltung, oder aufgrund politischer Erwägungen gewählt wurde, spielt daher entgegen einer im Schrifttum geäußerten Ansicht[49] keine Rolle.[50] Die entsprechenden Feststellungen zu den zugrunde liegenden Motiven ließen sich im Übrigen in der Praxis kaum mit der Verlässlichkeit treffen, die im Hinblick auf die harschen zivil- und strafrechtlichen Folgen eines Verstoßes gegen die Verschwiegenheitspflicht erforderlich wäre.

17    Bei unmittelbarer Beteiligung hat die Gebietskörperschaft die Bestellung jedenfalls dann veranlasst, wenn sie das Aufsichtsratsmitglied aufgrund eines mitgliedschaftlichen Sonderrechts entsandt hat. Gleiches gilt, falls ihr die Mehrheit der Stimmrechte oder jedenfalls die Hauptversammlungsmehrheit zusteht und sie das Mitglied **vorgeschlagen und gewählt hat;** der bloße Wahlvorschlag für sich genommen genügt dagegen nicht.[51] Verfügt die Gebietskörperschaft nicht über diese Mehrheit, so veranlasst sie die Bestellung, indem sie den Bewerber vorschlägt und seine Wahl durch ausdrückliche oder konkludente Absprachen mit Mitaktionären sichert. Durch eine solche Unterstützung bringen diese nämlich zum Ausdruck, dass der Betreffende die Gebietskörperschaft repräsentieren soll.[52]

18    **b) Bei mittelbarer Beteiligung.** Bei Tochter- oder Enkelgesellschaften übt nicht die Gebietskörperschaft, sondern die Geschäftsleitung der unmittelbaren Muttergesellschaft die Stimmrechte aus. Handelt es sich bei der zwischengeschalteten Gesellschaft ihrerseits um eine AG, so hat die Gebietskörperschaft einen rechtlich gesicherten Einfluss auf die Aufsichtsratsbestellung außerhalb vertragskonzernrechtlicher Beziehungen nur im Anwendungsbereich der **§ 15 MitbestErgG, § 32 MitbestG** Weil der Vorstand dann an den Beschluss der Anteilseignervertreter im Aufsichtsrat der Obergesellschaft gebunden ist. Beschließen diese die Wahl eines von der Gebietskörperschaft als ihr Vertreter im Aufsichtsrat der Tochter vorgeschlagenen Mitglieds, ist dessen Wahl veranlasst.[53] Wenngleich der

---

[46] Großkomm AktG/*Huber/Fröhlich* Rn. 22; Hölters/*Müller-Michaels* Rn. 19; Grigoleit/*Rachlitz* §§ 394, 395 Rn. 18; einschr. Kölner Komm AktG/*Kersting* §§ 394, 395 Rn. 119: nur bei Ersetzung eines auf Veranlassung der Gebietskörperschaft gewählten oder entsandten Mitglieds.

[47] Emmerich/Habersack/*Habersack* § 311 Rn. 22 ff.

[48] *Schmidt-Aßmann/Ulmer* BB-Beil. 13/1988, 7 f.; *Eibelshäuser* FS Lüder, 2000, 693 (705 ff.); *Will* VerwArch 94 (2003), 248 (252); Kölner Komm AktG/*Kersting* §§ 394, 395 Rn. 108; K. Schmidt/Lutter/*Oetker* Rn. 12; Großkomm AktG/*Huber/Fröhlich* Rn. 23; Hüffer/Koch/*Koch* Rn. 34.

[49] *Martens* AG 1984, 29 (31). In diese Richtung auch *Möller,* Die rechtliche Stellung und Funktion des Aufsichtsrats in öffentlichen Unternehmen der Kommunen, 1999, 289 f.: Vermutung, dass das Aufsichtsratsmitglied auf Veranlassung der Kommune bestellt wurde, muss von der Kommune ausgeräumt werden.

[50] *Koch* VerwArch 102 (2011), 1 (14); Hüffer/Koch/*Koch* Rn. 34; Kölner Komm AktG/*Kersting* §§ 394, 395 Rn. 117; Großkomm AktG/*Huber/Fröhlich* Rn. 24; K. Schmidt/Lutter/*Oetker* Rn. 13; *Lampert,* Einflussnahme auf Aufsichtsratsmitglieder durch die öffentliche Hand als Gesellschafterin, 2012, 49.

[51] Kölner Komm AktG/*Kersting* §§ 394, 395 Rn. 118; BeckOGK/*Schall* Rn. 8; Hüffer/Koch/*Koch* Rn. 34; Grigoleit/*Rachlitz* §§ 394, 395 Rn. 18; Hölters/*Müller-Michaels* Rn. 14; Semler/v. Schenck/*Gasteyer* Rn. 18.

[52] Hölters/*Müller-Michaels* Rn. 20; s. auch Großkomm AktG/*Huber/Fröhlich* Rn. 24; Kölner Komm AktG/*Kersting* §§ 394, 395 Rn. 117; K. Schmidt/Lutter/*Oetker* Rn. 13.

[53] Hüffer/Koch/*Koch* Rn. 35; BeckOGK/*Schall* Rn. 9; Semler/v. Schenck/*Gasteyer* Rn. 19; *Lampert,* Einflussnahme auf Aufsichtsratsmitglieder durch die öffentliche Hand als Gesellschafterin, 2012, 49; *Merz,* Der öffentlich-rechtliche und konzernrechtliche Rahmen für kommunale Tochter-, Enkel- und Urenkelgesellschaften, 2014, 98; aA *Martens* AG 1984, 29 (36).

Vorstand die Stimmrechte im Übrigen gem. § 76 weisungsfrei ausübt, schließt dies eine kausale Einflussnahme keinesfalls aus. Insbesondere entfällt im Konzernzusammenhang eine Veranlassung nicht allein deswegen, weil der Vorstand eine von der Gebietskörperschaft geäußerte Anregung zwar aufgegriffen, aber erst nach sorgfältiger und umfassender Prüfung in Form einer eigenen autonom beschlossenen Entscheidung umgesetzt hat (vgl. zum weiten Veranlassungsbegriff im Rahmen des § 311 → Rn. 15).[54] Vielmehr ist dann nur für den Vorwurf kein Raum, der zwischengeschalteten Gesellschaft sei durch die veranlasste Maßnahme ein Nachteil iSv § 311 zugefügt worden.

In der Praxis werden nicht selten alle Beteiligten bereit sein, die tatsächlichen Hintergründe der Bestellung aufzudecken, um die Rechtmäßigkeit der Informationsweitergabe darzulegen. Im Übrigen ist von einer Veranlassung dann auszugehen, wenn die Wahl der Anteilseignervertreter im Aufsichtsrat zu den zustimmungspflichtigen Geschäften seitens des Aufsichtsrats der Tochtergesellschaft gehört (§ 111 Abs. 4 S. 2) und der Aufsichtsrat der Tochter mehrheitlich durch Repräsentanten der Gebietskörperschaft besetzt ist.[55] Die tatsächliche **Vermutung** für eine Veranlassung begründet aber auch der Umstand, dass de facto als Anteilseignervertreter der Enkelgesellschaft Repräsentanten der Gebietskörperschaft gewählt werden.[56] Das gilt erst recht, wenn sich die Gebietskörperschaft durch einen entsprechenden Wahlvorschlag oder politische Unterstützungshandlungen für eine bestimmte Person stark gemacht hat. Eine Mehrheitsbeteiligung der Gebietskörperschaft ist keine zwingende Voraussetzung für diese Vermutung.[57]

**3. Verpflichtung zur Berichterstattung. a) Ausgangspunkt.** Die Einschränkung der 20 Verschwiegenheitspflicht kommt nur hinsichtlich derjenigen Berichte in Betracht, die die Aufsichtsratsmitglieder der Gebietskörperschaft zu erstatten haben. Die Vorschrift des § 394 statuiert anerkanntermaßen nicht selbst eine Berichtspflicht, sondern nimmt auf eine **anderweitig begründete** Berichtspflicht Bezug und erlaubt es dem Aufsichtsratsmitglied lediglich, diese zu erfüllen.[58] Schon tatbestandlich nicht weiterführend ist insoweit § 69 Nr. 2 BHO, denn diese Vorschrift verpflichtet den zuständigen Minister allein, dem Rechnungshof diejenigen Berichte zu übersenden, welche die auf seine Veranlassung gewählten oder entsandten Aufsichtsratsmitglieder zu erstatten haben, und setzt somit die gesuchte Berichtspflicht ihrerseits voraus.[59] Auch mit dem Recht der Gebietskörperschaft auf Selbstunterrichtung nach § 54 HGrG korrespondiert offenkundig keine umfassende Berichtspflicht einzelner Organmitglieder.[60]

Welche Anforderungen an die Rechtsgrundlage der Berichtspflicht zu stellen waren, 21 blieb aufgrund der zunächst unklaren gesetzlichen Regelung **lange Zeit umstritten** (eingehend noch → 3. Aufl. 2011, Rn. 16 ff.). Überwiegend erachtete man eine gesetzliche Regelung als unentbehrlich, wobei die einen eine speziell auf § 394 zugeschnittene Norm für erforderlich hielten, während die anderen die allgemeine beamtenrechtliche Weisungsbindung genügen lassen wollten. Nach zutreffender Ansicht war dagegen auch eine mit

---

[54] So aber *Martens* AG 1984, 29 (32); wie hier dagegen → 2. Aufl. 2006, §§ 394, 395 Rn. 20 *(Kropff)*; K. Schmidt/Lutter/*Oetker* Rn. 14; Grigoleit/*Rachlitz* §§ 394, 395 Rn. 18.

[55] *Schmidt-Aßmann/Ulmer* BB-Beil. 13/1988, 8.

[56] *Schmidt-Aßmann/Ulmer* BB-Beil. 13/1988, 8; K. Schmidt/Lutter/*Oetker* Rn. 14; Großkomm AktG/*Huber/Fröhlich* Rn. 25; Semler/v. Schenck/*Gasteyer* Rn. 19; vgl. auch *Maier*, Beamte als Aufsichtsratsmitglieder der öffentlichen Hand in der Aktiengesellschaft, 2005, 80.

[57] AA *Koch* VerwArch 102 (2011), 1 (17); Hüffer/Koch/*Koch* Rn. 35; ähnlich Kölner Komm AktG/*Kersting* §§ 394, 395 Rn. 121 f.; vgl. auch Großkomm AktG/*Huber/Fröhlich* Rn. 25: nur ein „Hilfskriterium", in der Sache verbiete sich jede schematische Handhabung.

[58] Heute allgM, s. nur Begr. RegE, BT-Drs. 18/4349, 33; Hüffer/Koch/*Koch* Rn. 36; Großkomm AktG/*Huber/Fröhlich* Rn. 26; *Eibelshäuser* FS Lüder, 2000, 693 (701 ff.); *Koch* FS Schmidt-Preuß, 2018, 367 (368); *Schockenhoff* NZG 2018, 521 (526); *Koch* ZHR 193 (2018), 7 (23); *Werner* NVwZ 2019, 449 (451).

[59] Großkomm AktG/*Huber/Fröhlich* Rn. 31; K. Schmidt/Lutter/*Oetker* Rn. 20; *Martens* AG 1984, 29 (30); *Lutter/Grunewald* WM 1984, 385 (397); *Mann*, Die öffentlich-rechtliche Gesellschaft, 2002, 243.

[60] *Schmidt-Aßmann/Ulmer* BB-Beil. 13/1988, 12 f.; K. Schmidt/Lutter/*Oetker* Rn. 21; aA Großkomm AktG/*Huber/Fröhlich* Rn. 31.

dem Aufsichtsratmitglied vertraglich vereinbarte Berichtspflicht ausreichend.[61] Dem entsprach die Praxis in Bund und Ländern. Sie berief zwar in der Regel Beamte der Beteiligungsverwaltung,[62] verpflichtete diese aber ausdrücklich zur Berichterstattung. Sie zog aber auch Ruhestandsbeamte, Angestellte der zuständigen Ministerien, Parlamentarische Staatssekretäre (bei den Ländern auch Minister) sowie andere Persönlichkeiten aus der Privatwirtschaft und der Wissenschaft heran und sah für diese ebenfalls[63] Abmachungen über eine Verpflichtung zur Berichterstattung vor.[64]

22    Im Zuge der **Aktienrechtsnovelle 2016** (→ Rn. 6) wurde § 394 zur „Klarstellung"[65] um den **Satz 3** ergänzt. Danach kann die Berichtspflicht auf Gesetz, Satzung oder dem Aufsichtsrat in Textform mitgeteiltem Rechtsgeschäft beruhen. Diese Regelung ist sachgerecht.[66] Sie ermöglicht es, ohne Rücksicht auf ihre berufliche Stellung die fachkundigsten und geeignetsten Personen als Repräsentanten der Gebietskörperschaft auszuwählen. Im Zweifel beeinträchtigt ein durch Einzelweisung gesteuerter und daher genauer dosierbarer Informationsfluss die Belange der Gesellschaft überdies sogar weniger als eine starre Berichtspflicht auf gesetzlicher Grundlage. Schließlich folgt aus S. 3 keine Ausweitung des Inhalts und des Umfangs zulässiger Berichterstattung gegenüber der Gebietskörperschaft.[67] Vielmehr beanspruchen die aus S. 2 abzuleitenden Grenzen selbstverständlich auch dann Geltung, wenn die Berichtspflicht durch Rechtsgeschäft begründet wird (→ Rn. 31 ff.).

23    **b) Rechtsgrundlage (S. 3). aa) Gesetz.** Die Berichtspflicht kann zunächst auf Gesetz beruhen. Nach Maßgabe des Art. 2 EGBGB ist darunter jede Rechtsnorm zu verstehen, so dass als Rechtsgrundlage auch eine Rechtsverordnung oder eine kommunale Satzung in Betracht kommt.[68] Mangels Gesetzeseigenschaft sind entsprechende Regelungen in einem PCGK keine taugliche Rechtsgrundlage für eine Berichtspflicht im Sinne der Norm.[69] In jedem Fall ausreichend sind die speziell auf § 394 zugeschnittenen **kommunalverfassungsrechtlichen Rechtsgrundlagen,** die in mittlerweile zahlreichen Gemeindeordnungen, darunter in Art. 93 Abs. 2 S. 2 BayGO und § 113 Abs. 5 S. 1 GO NRW vorgesehen sind und die von der Gemeinde gewählten oder entsandten Personen bzw. „Vertreter" zur Berichterstattung verpflichten.[70] Zwar enthalten die einschlägigen Vorschriften durchweg den Vorbehalt entgegenstehender gesetzlicher Vorschriften; damit ist im Lichte des § 394

---

[61] Vgl. → 2. Aufl. 2006, §§ 394, 395 Rn. 27 ff. *(Kropff)*; → 3. Aufl. 2011, Rn. 19; Großkomm AktG/ *Huber/Fröhlich* Rn. 33 ff.; *Lampert,* Einflussnahme auf Aufsichtsratmitglieder durch die öffentliche Hand als Gesellschafterin, 2012, 55 ff.; *Land/Hallermayer* AG 2011, 114 (116 f.); *Maier,* Beamte als Aufsichtsratmitglieder der öffentlichen Hand in der Aktiengesellschaft, 2005, 81 ff.; *Merz,* Der öffentlich-rechtliche und konzernrechtliche Rahmen für kommunale Tochter-, Enkel- und Urenkelgesellschaften, 2014, 77 f.; *Traut,* Die Corporate Governance von Kapitalgesellschaften der öffentlichen Hand, 2013, 125; *Wilting* AG 2012, 529 (531 f.); *Zavelberg* FS Forster, 1992, 723 (731); aA wohl Kölner Komm AktG/*Kersting* §§ 394, 395 Rn. 134; K. Schmidt/Lutter/*Oetker* Rn. 17.

[62] Tz. 68 der „Hinweise" (→ Vor § 394 Rn. 12).

[63] Ausdrücklich sieht Nr. I, 2 „Berufungsrichtlinien" (→ Vor § 394 Rn. 12) die „Berufung von sachverständigen Personen, die nicht dem öffentlichen Dienst angehören (zB Persönlichkeiten aus der Wirtschaft)", vor.

[64] Tz. 75 und Anlage 2 der „Hinweise" (→ Vor § 394 Rn. 12). Aus der Ingerenzpflicht wird auch für diese Fälle hergeleitet, dass Vereinbarungen über eine Pflicht zur Berichterstattung zu treffen sind, *Spannowski* ZGR 1996, 400 (426).

[65] Begr. RegE, BT-Drs. 18/4349, 33; Begr. RegE, BT-Drs. 17/8989, 21 zur gescheiterten Aktienrechtsnovelle 2012; den Begriff rechtfertigend *Wilting* AG 2012, 529 (532) gegen *Bungert/Wettich* ZIP 2012, 297 (302).

[66] Dazu bereits *Schürnbrand* BOARD 2014, 226 (227); krit. mit Blick auf die Berichtspflicht kraft Rechtsgeschäft Kölner Komm AktG/*Kersting* §§ 394, 395 Rn. 134, K. Schmidt/Lutter/*Oetker* Rn. 17 f.

[67] So auch *Bayer* AG 2012, 141 (153) zum RegE der Aktienrechtsnovelle 2012; dahingehende Befürchtungen äußern etwa *Bungert/Wettich* ZIP 2012, 293 (302).

[68] Vgl. mit Blick auf die Rechtsverordnung Begr. RegE, BT-Drs. 18/4349, 33; Grigoleit/*Rachlitz* §§ 394, 395 Rn. 22; Hölters/*Müller-Michaels* Rn. 24; Großkomm AktG/*Huber/Fröhlich* Rn. 32; K. Schmidt/Lutter/ *Oetker* Rn. 18; zur Satzung Kölner Komm AktG/*Kersting* §§ 394, 395 Rn. 126; ähnlich *Ihrig/Wandt* BB 2016, 6 (13); *Starck/Westphal* VersW 2017, 230 (232); *Koch* BOARD 2016, 251 (253).

[69] *Starck/Westphal* VersW 2017, 230 (233).

[70] aA *Beckle/Mehrhoff* GmbHR 2016, 576 (578); *Koch* BOARD 2016, 251 (253).

aber gerade nicht die aktienrechtliche Verschwiegenheitspflicht gemeint.[71] Nur für die einzelne Gemeindeordnung zu beantworten ist dagegen die Frage, ob der Ausdruck „Vertreter der Gemeinde" auch Aufsichtsratsmitglieder erfasst.[72]

Darüber hinaus genügt auch die allgemeine **beamtenrechtliche Weisungsbindung** 24 gem. § 35 BeamtStG bzw. § 55 BBG.[73] Die Berichtspflicht kann mithin im Einzelfall oder generell durch eine solche Weisung begründet werden (zum Nachweis gegenüber der Gesellschaft → Rn. 28).[74] Denn wenn schon ein Rechtsgeschäft als Grundlage taugt (→ Rn. 26), kann für das besondere öffentlich-rechtliche Schuldverhältnis nichts anderes gelten. Davon ging auch der Regierungsentwurf zu der – nur aus formellen Gründen gescheiterten – Aktienrechtsnovelle 2012 aus.[75] Die Weisungsbindung ist schließlich wie die damit eng verknüpfte Beratungs- und Unterstützungspflicht tatbestandlich einschlägig, da das Aufsichtsratsmitglied als Repräsentant der Gebietskörperschaft gerade mit Blick auf seine Amtsstellung berufen wird und die Aufgabenwahrnehmung daher seinem Amtskreis zuzurechnen ist.[76] Der für die eigentliche Tätigkeit im Aufsichtsrat maßgebliche Grundsatz der Weisungsfreiheit (→ Vor § 394 Rn. 54 ff.) wiederum greift mit Blick auf die Wertung des § 394 nicht ein.[77]

**bb) Satzung.** Die Berichtspflicht gegenüber der Gebietskörperschaft kann nach S. 3 25 auch in der Satzung der Gesellschaft verankert sein. Mit dieser ausdrücklichen Ermächtigung ist Zweifeln der Boden entzogen, ob eine solche Regelung mit dem in § 23 Abs. 5 verankerten Grundsatz der Satzungsstrenge vereinbar ist. Die Berichtspflicht kann bei der Gründung der Gesellschaft aufgenommen oder nachträglich durch Satzungsänderung nach §§ 179 ff. begründet werden. In zeitlicher Hinsicht ist erforderlich und ausreichend, dass die Satzungsbestimmung im Zeitpunkt der Informationsweitergabe in Kraft ist.[78] Wird eine Berichtspflicht nachträglich begründet, unterliegen ihr daher auch zum Zeitpunkt ihres Inkrafttretens bereits amtierende Aufsichtsratsmitglieder.

**cc) Rechtsgeschäft.** Grundlage der Berichtspflicht kann schließlich jedes Rechtsge- 26 schäft sein. Der Begriff ist **weit zu verstehen.** Ausweislich der Gesetzesmaterialien wurde bewusst ganz allgemein formuliert, um alle denkbaren Varianten abzudecken.[79] Demnach kann die Berichtspflicht „im Rahmen einer vertraglichen Vereinbarung, eines Auftrags oder einer Nebenabrede mit der Gebietskörperschaft" begründet werden. Erforderlich ist ein zweiseitiges Rechtsgeschäft unter Einbeziehung der Gebietskörperschaft auf der einen und dem betroffenen Aufsichtsratsmitglied auf der anderen Seite. Daher bedarf es einerseits einer Beteiligung der Gesellschaft bzw. ihres Vorstands nicht;[80] andererseits sind Abreden zwischen

---

[71] *Will* VerwArch 94 (2003), 248 (254); *Zieglmeier* ZGR 2007, 144 (160 f.); Bürgers/Körber/*Pelz* Rn. 5; aA *Riegel* VersW 2002, 53 (55).

[72] Eingehende Analyse – mit für Bayern, Brandenburg, Mecklenburg-Vorpommern, Nordrhein-Westfalen und dem Saarland bejahendem und für Niedersachsen verneinendem Ergebnis – bei *Will* VerwArch 94 (2003), 248 (253 ff.).

[73] *Schürnbrand* BOARD 2014, 225 (227); *Ihrig/Wandt* BB 2016, 6 (14); *Starck/Westphal* VersW 2017, 230 (232); *Stöber* DStR 2016, 611 (617); *Lutter/Grunewald* WM 1984, 385 (397); *Koch* BOARD 2016, 251 (253); *Schockenhoff* NZG 2018, 521 (526); *Werner* NVwZ 2019, 449 (451); *Schmolke* WM 2018, 1913 (1916); Hüffer/Koch/*Koch* Rn. 40; Grigoleit/*Rachlitz* §§ 394, 395 Rn. 22; Großkomm AktG/*Huber/Fröhlich* Rn. 38; aA Kölner Komm AktG/*Kersting* §§ 394, 395 Rn. 127 f.; zweifelnd K. Schmidt/Lutter/*Oetker* Rn. 18; BeckOGK/*Schall* Rn. 11.

[74] Ein Muster hierfür bietet die Anlage 1 zu den „Hinweisen" (→ Vor § 394 Rn. 12).

[75] Begr. RegE, BT-Drs. 17/8989, 21: „Nebenpflicht aus einem Beamtenverhältnis"; darauf Bezug nehmend Stellungnahme BR, BT-Drs. 18/4349, 41.

[76] *Will* VerwArch 94 (2003), 248 (262); ähnlich Grigoleit/*Rachlitz* §§ 394, 395 Rn. 22; BeckOGK/*Schall* Rn. 11; Großkomm AktG/*Huber/Fröhlich* Rn. 38; aA *Mann*, GS Tettinger, 2007, 295 (304); näher zur Beratungspflicht *Schmidt-Aßmann/Ulmer* BB-Beil. 13/1988, 19 f.

[77] → 2. Aufl. 2006, §§ 394, 395 Rn. 31 *(Kropff)*.

[78] *Starck/Westphal* VersW 2017, 230 (233); *Koch* BOARD 2016, 251 (253); näher Kölner Komm AktG/*Kersting* §§ 394, 395 Rn. 132.

[79] Begr. RegE, BT-Drs. 18/4349, 33; daran anknüpfend etwa Hüffer/Koch/*Koch* Rn. 38; *Ihrig/Wandt* BB 2016, 6 (13); *Thormann*, DÖV 2016, 991 (995); *Starck/Westphal* VersW 2017, 230 (233).

[80] Kölner Komm AktG/*Kersting* §§ 394, 395 Rn. 135 f.; so auch *Starck/Westphal* VersW 2017, 230 (233).

dem Aufsichtsratsmitglied und dritten Personen nicht ausreichend. Das Rechtsgeschäft muss nach allgemeinen zivil-, dienst- oder beamtenrechtlichen Grundsätzen wirksam sein.[81] Gegenstand der Abrede hat die Verpflichtung zur Berichterstattung gegenüber der Gebietskörperschaft zu sein. Tiefe und Reichweite der Berichtspflicht muss dabei nicht im Einzelnen konkretisiert werden (zur funktionalen Bindung der Berichterstatung → Rn. 31 f.).[82] Zur Form des Rechtsgeschäfts → Rn. 27.

27   **c) Form und Mitteilung gegenüber Aufsichtsrat. aa) Rechtsgeschäft.** Beruht die Berichtspflicht auf Rechtsgeschäft, muss sie nach S. 3 dem Aufsichtsrat in Textform mitgeteilt werden. Diese Offenlegung ist angeordnet, weil der besondere Status des Repräsentanten der Gebietskörperschaft und die Reichweite seiner Berichtspflicht für die Gesellschaft nicht ohne weiteres ersichtlich sind.[83] Die nicht ganz präzise Formulierung ist dahingehend zu verstehen, dass zunächst das **Rechtsgeschäft** selbst der in § 126b BGB definierten **Textform** bedarf; andernfalls ist die Abrede nach § 125 S. 1 BGB nichtig.[84] Nur auf diese Weise ist die vom Gesetz gewollte Dokumentation des Inhalts gewährleistet. Die in Textform getroffene Vereinbarung ist an den Aufsichtsratsvorsitzenden weiterzuleiten.[85] Ohne die Einhaltung dieser Formalien kann die Privilegierung des § 394 S. 1 nicht eingreifen; stattdessen besteht die allgemeine Verschwiegenheitspflicht des betroffenen Aufsichtsratsmitglieds fort.[86] Demgegenüber ist ohne Belang, ob das Aufsichtsratsmitglied oder die Gebietskörperschaft die Mitteilung an die Gesellschaft übernimmt,[87] denn nach dem Zweck der Vorschrift ist nur entscheidend, dass die Gesellschaft Kenntnis von dem Rechtsgeschäft erhält. Schließlich macht das geltende Recht die Lockerung der Verschwiegenheitspflicht allein von einer Mitteilung an den Aufsichtsrat abhängig; eine Offenlegung gegenüber der **Hauptversammlung** ist auch kein ungeschriebenes Tatbestandsmerkmal des § 394;[88] vgl. aber zum Wahlvorschlag → Vor § 394 Rn. 46.

28   **bb) Beamtenrechtliche Weisung.** Eine vergleichbare Unsicherheit über die Reichweite der Verschwiegenheitspflicht wie bei Rechtsgeschäften (→ Rn. 27) kann sich für die Beteiligten bei einer beamtenrechtlichen Weisung (→ Rn. 24) ergeben. Schon um dem das Aufsichtsratsmandat wahrnehmenden Beamten Rechtssicherheit zu geben, wird es sich anbieten, die Nebenpflicht aus dem Beamtenverhältnis schriftlich zu verdeutlichen und zu konkretisieren.[89] Weiterhin wird man das Aufsichtsratsmitglied infolge der ihm obliegenden **Treupflicht** für verpflichtet halten müssen, dem Aufsichtsrat die Weisung offenzulegen.[90] Das gilt jedenfalls, wenn das Aufsichtsratsmitglied hierzu aufgefordert wird. Die anweisende Gebietskörperschaft hat im Gegenzug kein berechtigtes Interesse, sich der Weitergabe des Weisungsinhalts an die Gesellschaft zu verweigern. Eine darüber hinausgehende Rechtsfort-

---

[81] Ähnlich Kölner Komm AktG/*Kersting* §§ 394, 395 Rn. 143.

[82] Enger Kölner Komm AktG/*Kersting* §§ 394, 395 Rn. 139.

[83] Vgl. Beschlussempfehlung und Bericht RA, BT-Drs. 18/6681, 12; Beschlussempfehlung und Bericht RA, BT-Drs. 17/14214, 18 zur gescheiterten Aktienrechtsnovelle 2012; zu dahingehenden rechtspolitischen Forderungen im Vorfeld namentlich DAV-Handelsrechtsausschuss NZG 2012, 380 Rn. 23; 2014, 863 Rn. 14.

[84] Kölner Komm AktG/*Kersting* §§ 394, 395 Rn. 143; *Belcke/Mehrhoff* GmbHR 2016, 576 (579); aA Hüffer/Koch/*Koch* Rn. 38; *Harbarth/v. Plettenberg* AG 2016, 145 (154); *Söhner* ZIP 2016, 151 (157); wohl auch *Ihrig/Wandt* BB 2016, 6 (13); *Paschos/Goslar* NJW 2016, 359 (364); *Starck/Westphal* VersW 2017, 230 (233); *Koch* BOARD 2016, 251 (254).

[85] *Schürnbrand* BOARD 2014, 225 (227); BeckOGK/*Schall* Rn. 10; Kölner Komm AktG/*Kersting* §§ 394, 395 Rn. 145; *Starck/Westphal* VerW 2017, 230 (233).

[86] Kölner Komm AktG/*Kersting* §§ 394, 395 Rn. 144; *Belcke/Mehrhoff* GmbHR 2016, 576 (579); *Starck/Westphal* VersW 2017, 230 (233); *Koch* BOARD 2016, 251 (254); ähnlich K. Schmidt/Lutter/*Oetker* Rn. 26.

[87] K. Schmidt/Lutter/*Oetker* Rn. 25; Hüffer/Koch/*Koch* Rn. 38; BeckOGK/*Schall* Rn. 10; *Belcke/Mehrhoff* GmbHR 2016, 576 (579); *Starck/Westphal* VersW 2017, 230 (233); *Koch* BOARD 2016, 251 (254); aA Kölner Komm AktG/*Kersting* §§ 394, 395 Rn. 146, dem zufolge das Aufsichtsratsmitglied die Mitteilung zu bewirken hat.

[88] Hüffer/Koch/*Koch* Rn. 38; *Starck/Westphal* VersW 2017, 230 (233); *Koch* BOARD 2016, 251 (254); so aber Kölner Komm AktG/*Kersting* §§ 394, 395 Rn. 149: „nach allgemeinen Grundsätzen".

[89] So Stellungnahme BR, BT-Drs. 18/4349, 41.

[90] *Schürnbrand* BOARD 2014, 225 (227).

bildung, wonach die beamtenrechtliche Weisung wie ein Rechtsgeschäft erst mit ihrer Mitteilung in Textform an den Aufsichtsrat wirksam wird, ist zu erwägen. Die geltende Fassung des S. 3 lässt für sie letztlich aber keinen Raum.[91]

**d) Verhältnis verschiedener Berichtspflichten zueinander.** Das in S. 3 eröffnete **29** Nebeneinander möglicher Rechtsgrundlagen wirft die Frage nach dem Verhältnis verschiedener Berichtspflichten zueinander auf. Aus Sicht der Gesellschaft ist insofern von besonderem Interesse, ob neben gesetzlichen Bestimmungen oder Regelungen in der Satzung, die eine nur eingeschränkte Berichtspflicht (etwa nur über Angelegenheiten von besonderer Bedeutung) vorsehen, **erweiternde rechtsgeschäftliche Regelungen** zwischen Gebietskörperschaft und Aufsichtsratsmitglied möglich sind. Differenzierend wird hierzu vorgeschlagen, gegenüber einer gesetzlichen Regelung sei eine Ausweitung nur in personeller, nicht aber in inhaltlicher Hinsicht möglich.[92] Keine Sperrwirkung soll zwar die Satzung entfalten, über sie hinausgehende Vereinbarungen müssten aber veröffentlicht werden.[93] Richtig erscheint demgegenüber, dass der Bundesgesetzgeber die drei Rechtsgrundlagen unabhängig voneinander eröffnen wollte. Daher kann weder ein Landesgesetz noch die Satzung rechtsgeschäftliche Berichtspflichten ausschließen oder Einschränkungen unterwerfen.

### IV. Berichterstattung gegenüber der Gebietskörperschaft

**1. Inhalt und Form.** Soweit die Voraussetzungen des S. 1 vorliegen, also ein berichts- **30** pflichtiges Aufsichtsratsmitglied auf Veranlassung einer Gebietskörperschaft in den Aufsichtsrat gewählt oder entsandt wurde, ist dieses Aufsichtsratsmitglied berechtigt, der Gebietskörperschaft auch solche Informationen zu eröffnen, die an sich der Verschwiegenheitspflicht unterliegen. Diese Befreiung bezieht sich auf alle Gegenstände der Verschwiegenheitspflicht, mithin sowohl auf die in § 116 S. 1, § 93 Abs. 1 S. 3 angeführten vertraulichen Angaben und Geheimnisse der Gesellschaft (näher zu den Begriffen → § 93 Rn. 116 ff.) wie auch auf die in § 116 S. 2 nochmals besonders hervorgehobenen vertraulichen Berichte und vertraulichen Beratungen (näher → § 116 Rn. 54). Die gewählte Form ist ohne Belang, möglich sind namentlich **mündliche und schriftliche** Berichte.[94] Einschränkungen sind allerdings sowohl hinsichtlich des Umfangs (→ Rn. 31 ff.) wie des Adressatenkreises (→ Rn. 37 ff.) zu beachten.

**a) Grenzen der offenen Berichterstattung (S. 2).** In gegenständlicher Hinsicht sind **31** zunächst die Beschränkungen einzuhalten, die in einer spezialgesetzlichen Berichtsgrundlage vorgesehen sind.[95] Ist etwa nur über „Angelegenheiten von besonderer Bedeutung" zu berichten, so unterliegen alle nicht darunter fallenden Umstände weiterhin der Verschwiegenheitspflicht. Im Übrigen darf nach S. 2 nicht über vertrauliche Angaben und Geheimnisse der Gesellschaft, insbesondere über Betriebs- und Geschäftsgeheimnisse, berichtet werden, wenn ihre Kenntnis für die Zwecke des Berichts nicht von Bedeutung ist. Das Informationsprivileg der öffentlichen Hand ist mithin **funktional gebunden;**[96] stets ist zu prüfen, inwieweit der Zweck des Berichts gerade die Offenlegung des vertraulichen Vor-

---

[91] Vgl. die Begr. zu der durch den RA wiederhergestellten Fassung des RefE vom 11.4.2014, 30 (abrufbar unter www.bundesgerichtshof.de/SharedDocs/Downloads/DE/Bibliothek/Gesetzesmaterialien/18_WP/Aktienrechtsnovelle_2016/refe.pdf;jsessionid=6F3DB631SD186CF988663B39A701077B7.2_cid359?_Hgb=publicationFile&u=1, zuletzt abgerufen am 24.11.2020): „Es wird sich anbieten, diese Nebenpflicht schriftlich zu verdeutlichen".
[92] So Kölner Komm AktG/*Kersting* §§ 394, 395 Rn. 157.
[93] So Kölner Komm AktG/*Kersting* §§ 394, 395 Rn. 160.
[94] AllgM, s. nur Hüffer/Koch/*Koch* Rn. 44; K. Schmidt/Lutter/*Oetker* Rn. 27.
[95] Hüffer/Koch/*Koch* Rn. 41 unter Hinweis auf § 113 Abs. 5 GO NRW; Kölner Komm AktG/*Kersting* §§ 394, 395 Rn. 164; BeckOGK/*Schall* Rn. 13; *Mann* GS Tettinger, 2007, 295 (305 f.); *Battke/Voigt* SächsVBl. 2006, 273 (275).
[96] K. Schmidt/Lutter/*Oetker* Rn. 28; Grigoleit/*Rachlitz* §§ 394, 395 Rn. 28; Hüffer/Koch/*Koch* Rn. 44; Kölner Komm AktG/*Kersting* §§ 394, 395 Rn. 171.

gangs erfordert.[97] Das gilt für die schriftliche und mündliche Berichterstattung ebenso wie für die Beifügung von Unterlagen (→ Rn. 35). Wenngleich der Wortlaut des S. 2 erkennbar allein auf die in § 93 Abs. 1 S. 3 aufgeführten Gegenstände der Verschwiegenheitspflicht Bezug nimmt, bezieht sich die damit begründete Grenze der offenen Berichterstattung ihrem Sinn und Zweck nach in gleicher Weise auch auf den erst durch das TransPuG in das Gesetz eingeführten § 116 S. 2.[98] Dass eine Anpassung des § 394 unterblieb, ist nicht Ausdruck einer bewussten gesetzgeberischen Entscheidung; eine solche war im Übrigen auch deswegen entbehrlich, weil § 116 S. 2 die seit jeher geltende Rechtslage nur unterstreichen und konkretisieren sollte (→ § 116 Rn. 54).

32  Maßgeblich für die Reichweite der Freistellung von der Verschwiegenheitspflicht ist mithin der **Zweck des Berichts.** Dieser liegt darin, der Gebietskörperschaft die für die Beteiligungsverwaltung notwendigen Kenntnisse zu übermitteln und ihr sowie der Rechnungsprüfungsbehörde die haushaltsrechtliche Prüfung der wirtschaftlichen Betätigung (§ 44 HGrG, § 92 BHO) zu ermöglichen (zum Begriff der Betätigung → Vor § 394 Rn. 100 f.).[99] Dazu bedarf es auch solcher Informationen, die der Gebietskörperschaft die Möglichkeiten planender und auf die Unternehmensziele einwirkender Tätigkeit verschaffen.[100] Der Rahmen ist weit gespannt und umfasst alle Vorgänge, die wegen der mit ihnen verbundenen Chancen und Risiken von wesentlicher wirtschaftlicher Bedeutung sind oder Einfluss auf die Entlastung der Organträger haben. Nicht zu den Berichtszwecken gehören dagegen Details über den Geschäftsbetrieb oder die Aufdeckung steuerlicher oder kartellrechtlicher Vorgänge, es sei denn, dass sie auch für die Beteiligungsverwaltung erheblich sind.[101] Selbst in diesem Fall bleiben die Berichtsempfänger aber gegenüber den mit der Aufklärung betrauten Ermittlungsbehörden zur Verschwiegenheit verpflichtet (→ § 395 Rn. 9).

33  Ob es zur Preisgabe von Informationen berechtigt ist, muss das Aufsichtsratsmitglied in doppelter Hinsicht **eigenverantwortlich beurteilen.** Zunächst hat es anhand der in → § 116 Rn. 55 ff. dargelegten Grundsätze zu klären, ob überhaupt ein der Verschwiegenheitspflicht unterliegender Tatbestand gegeben ist. Dabei handelt es sich um eine voll justiziable Rechtsfrage, bei deren Beantwortung dem Aufsichtsratsmitglied ein eigenständiger Beurteilungs- oder Ermessensspielraum nicht zusteht (→ § 116 Rn. 56).[102] Dagegen soll das Aufsichtsratsmitglied traditioneller Auffassung zufolge nach pflichtgemäßem Ermessen zu ermitteln haben, ob der Zweck der Berichterstattung gleichwohl die Aufnahme in den Bericht erfordert.[103] Dem ist entgegenzuhalten, dass das Aufsichtsratsmitglied auch insofern keine unternehmerische Entscheidung trifft, sondern lediglich einen unbestimmten Rechtsbegriff auszulegen und anzuwenden hat.[104] Wenngleich es sich im Grundsatz um eine der gerichtlichen Nachprüfung unterliegende Rechtsfrage handelt, ist in der Praxis doch davon auszugehen, dass die zuständigen Stellen der Gebietskörperschaft ihre finanzwirtschaftlichen Berichtserfordernisse selbst am besten beurteilen können. Ihnen kommt zwar keine Ein-

---

[97] *Kropff* FS Hefermehl, 1976, 327 (334 f.); Großkomm AktG/*Huber/Fröhlich* Rn. 49.

[98] Grigoleit/*Rachlitz* §§ 394, 395 Rn. 27; BeckOGK/*Schall* Rn. 13.

[99] K. Schmidt/Lutter/*Oetker* Rn. 28; Hüffer/Koch/*Koch* Rn. 44; Bürgers/Körber/*Pelz* Rn. 9; Großkomm AktG/*Huber/Fröhlich* Rn. 50; Hölters/*Müller-Michaels* Rn. 31.

[100] *Schmidt-Aßmann/Ulmer* BB-Beil. 13/1988, 9; ähnlich BeckOGK/*Schall* Rn. 13.

[101] Semler/v. Schenck/*Gasteyer* Rn. 26; *Belcke/Mehrhoff* GmbHR 2016, 575 (579); großzügiger Hölters/*Müller-Michaels* Rn. 31.

[102] HM, s. OLG Stuttgart NZG 2007, 72 (74); Hüffer/Koch/*Koch* § 116 Rn. 11; *Spindler* ZIP 2011, 689 (691); *Schmolke* WM 2018, 1913 (1916); *Schockenhoff* NZG 2018, 521 (527); abw. Kölner Komm AktG/*Mertens/Cahn* § 116 Rn. 50.

[103] → 2. Aufl. 2006, §§ 394, 395 Rn. 46 (*Kropff*); *Hüffer*, 10. Aufl. 2012, Rn. 44; Hölters/*Müller-Michaels* Rn. 32; K. Schmidt/Lutter/*Oetker* Rn. 28; Bürgers/Körber/*Pelz* Rn. 9; *Nowak/Wanitschek-Klein* Konzern 2007, 665 (669); für Beurteilungsspielraum Kölner Komm AktG/*Kersting* §§ 394, 395 Rn. 187; zurückhaltender – eigenverantwortliche bzw. sorgfältige Prüfung – *Schmidt-Aßmann/Ulmer* BB-Beil. 13/1988, 10.

[104] Zutr. BeckOGK/*Schall* Rn. 14 unter Hinweis auf § 131 Abs. 3 Nr. 1; gegen einen Beurteilungs- oder Ermessensspielraum auch Großkomm AktG/*Huber/Fröhlich* Rn. 52; Hüffer/Koch/*Koch* Rn. 44; Grigoleit/*Rachlitz* §§ 394, 395 Rn. 32; Semler/v. Schenck/*Gasteyer* Rn. 27; *Bunge* DVBl. 2014, 1500 (1501).

schätzungsprärogative zu,[105] das Aufsichtsratsmitglied wird aber bei seiner Entscheidung die in allgemeinen Anweisungen zum Ausdruck kommende Interpretation der Gebietskörperschaft sowie die Meinung eines Vorgesetzten gewissenhaft berücksichtigen müssen.[106] Die für die Empfänger des Berichts geltende Geheimhaltungspflicht rechtfertigt es weiterhin, vertrauliche Vorgänge bereits dann in den Bericht aufzunehmen, wenn sie aus Sicht eines Empfängers möglicherweise für die haushaltsrechtliche Prüfung erheblich sein können. Stets sind solche Vorgänge aufzunehmen, die die persönliche Verantwortlichkeit des Aufsichtsratsmitglieds betreffen können.[107]

**b) Vorlage vertraulicher Unterlagen.** Anders als in § 69 BHO ist in § 394 nicht **34** ausdrücklich vorgesehen, dass auch vertrauliche Unterlagen weitergegeben werden dürfen. Gleichwohl ist die Beifügung entsprechender Schriftstücke als **zulässig** zu erachten.[108] Der Wortlaut erlaubt keinen Gegenschluss; vielmehr zeigt die Entstehungsgeschichte, dass der Gesetzgeber die bereits vor 1965 auf Grundlage des früheren § 111 Abs. 1 RHO übliche Praxis der Beifügung von Unterlagen fortgesetzt wissen wollte und als von § 394 gedeckt ansah.[109] Vor allem wäre es auch nicht sinnvoll, die Einarbeitung der Unterlagen in den Bericht des Aufsichtsratsmitglieds zu verlangen. Dabei können sich Fehler und Missverständnisse ergeben, die dem Interesse der Gesellschaft zuwiderlaufen und die Betätigungsprüfung entgegen der gesetzgeberischen Absicht, eine effektive Informationsversorgung zu gewährleisten, grundlos erschweren.

Was den Umfang der Weitergabe an die Gebietskörperschaft angeht, so richtet sich dieser **35** nach dem Maßstab des S. 2, also danach, ob die Kenntnis der schriftlichen Unterlagen für die Zwecke der Berichte von Bedeutung ist; weitergehende materielle Beschränkungen sind nicht angezeigt (vgl. zum Prüfbericht des Abschlussprüfers → Rn. 36).[110] Jedoch müssen die Unterlagen dem Aufsichtsratsmitglied auch tatsächlich **zur Verfügung stehen**.[111] Dieses Erfordernis ist aus dem inneren Zusammenhang mit § 69 Nr. 2 BHO und auch daraus abzuleiten, dass § 394 nicht in die Informationshoheit des Aufsichtsrats und insbesondere seine Befugnis eingreift, über den innergesellschaftlichen Informationsfluss im Rahmen von Gesetz und Satzung zu disponieren. Werden etwa hochvertrauliche Personalunterlagen nach der Sitzung wieder eingesammelt oder allein einem Ausschuss übermittelt, dem der Repräsentant der Gebietskörperschaft nicht angehört, entfällt die Beifügung. Beschließt der Aufsichtsrat, dass der den Aufsichtsratsmitgliedern ausgehändigte Prüfungsbericht des Abschlussprüfers nach der Hauptversammlung der Gesellschaft zurückzugeben ist, steht er dem Mitglied nicht zur Verfügung und ist daher nicht beizufügen.[112]

In Teilen des Schrifttums wird darüber hinausgehend befürwortet, den **Prüfungsbericht 36 des Abschlussprüfers** ganz allgemein von der Weitergabe auszuschließen, weil sonst die einschränkenden Voraussetzungen des § 53 HGrG vielfach ins Leere gingen.[113] Davon kann indes keine Rede sein. Zwar knüpft § 53 HGrG an die besondere Voraussetzung einer Mehrheitsbeteiligung an, gewährt dann jedoch das satzungsmäßig nicht entziehbare Sonder-

---

[105] So aber Großkomm AktG/*Huber*/*Fröhlich* Rn. 52.

[106] Vgl. auch Hüffer/Koch/*Koch* Rn. 44; Grigoleit/*Rachlitz* §§ 394, 395 Rn. 32.

[107] → 2. Aufl. 2006, §§ 394, 395 Rn. 46 *(Kropff)*; Bürgers/Körber/*Pelz* Rn. 11.

[108] HM, s. *Kropff* FS Hefermehl, 1976, 327 (335); *Eibelshäuser* FS Lüder, 2000, 693 (709 f.); *Zavelberg* FS Forster, 1992, 730 (732); *Lohl* AG 1970, 163 Fn. 39; Piduch/*Nöhrbaß* BHO § 69 Rn. 1; Hüffer/Koch/*Koch* Rn. 45; Kölner Komm AktG/*Kersting* §§ 394, 395 Rn. 166; BeckOGK/*Schall* Rn. 16; Großkomm AktG/*Huber*/*Fröhlich* Rn. 53; Grigoleit/*Rachlitz* §§ 394, 395 Rn. 28; K. Schmidt/Lutter/*Oetker* Rn. 30; Bürgers/Körber/*Pelz* Rn. 10.

[109] *Kropff* AktG 1965, 496.

[110] Großkomm AktG/*Huber*/*Fröhlich* Rn. 53; Kölner Komm AktG/*Kersting* §§ 394, 395 Rn. 166; K. Schmidt/Lutter/*Oetker* Rn. 30; Grigoleit/*Rachlitz* §§ 394, 395 Rn. 28; Hüffer/Koch/*Koch* Rn. 45; einschr. *Martens* AG 1985, 29 (36 ff.).

[111] *Eibelshäuser* FS Lüder, 2000, 693 (709); Bürgers/Körber/*Pelz* Rn. 10; Kölner Komm AktG/*Kersting* §§ 394, 395 Rn. 166.

[112] Insoweit zutr. *Martens* AG 1984, 29 (37); s. daneben Grigoleit/*Rachlitz* §§ 394, 395 Rn. 28 m. Fn. 78.

[113] *Martens* AG 1984, 29 (37); *Hüffer*, 10. Aufl. 2012, Rn. 45; K. Schmidt/Lutter/*Oetker* Rn. 30; ähnlich *Schmidt-Aßmann*/*Ulmer* BB-Beil. 13/1988, 12.

recht, eine Erweiterung der Abschlussprüfung und die Vorlage des entsprechenden Prüfungsberichts zu verlangen (→ Vor § 394 Rn. 72 ff.). Dahinter bleibt die durch § 394 vermittelte Rechtsstellung deutlich zurück. Die Gebietskörperschaft kann hier nämlich den Prüfungsumfang nicht beeinflussen und ist überdies auf die dem Aufsichtsratsmitglied gesellschaftsrechtlich zur Verfügung stehenden Unterlagen verwiesen (→ Rn. 35). In der Gesamtschau liegt darin eine nach Form und Inhalt sinnvolle Abstufung, die einerseits die einschränkenden Voraussetzungen des Sonderrechts nicht leerlaufen lässt, andererseits aber die effektive Durchführung der nach der Wertung des § 69 BHO auch bei Minderheitsbeteiligungen gebotenen Betätigungsprüfung ermöglicht. Demgegenüber wäre eben diese Betätigungsprüfung ohne sachlichen Grund wesentlich erschwert, wenn man die These eines materiellen Zugriffsverbots in letzter Konsequenz zu Ende denkt und nicht nur die Weitergabe des Prüfungsberichts, sondern auch dessen Auswertung im eigenen Bericht des Aufsichtsratsmitglieds verbieten wollte. Im Ergebnis darf daher auch der Prüfungsbericht des Abschlussprüfers der Gebietskörperschaft zur Verfügung gestellt werden.[114]

**37**    **2. Adressaten der Berichte. a) Grundlagen.** Als Empfänger des Berichts benennt § 394 S. 1 in ganz unbestimmter Weise lediglich die Gebietskörperschaft als solche. Dabei handelt es sich nicht zwingend um die Exekutive, welche die Eigentümerfunktion für die Gebietskörperschaft ausübt.[115] Vielmehr obliegt es im Grundsatz den öffentlichen **Organisationsgesetzen** bzw. den die Berichtspflicht begründenden Regelungen, die Adressaten näher zu konkretisieren.[116] Dabei sind allerdings die Schranken zu berücksichtigen, die dem aktienrechtlichen Gefüge mittelbar zu entnehmen sind. Diese ergeben sich zunächst aus dem Zusammenspiel von § 394 und § 395 (→ Rn. 2). § 395 unterwirft nur diejenigen Personen der ergänzenden Verschwiegenheitspflicht, die mit der Beteiligungsverwaltung oder mit Prüfungsaufgaben betraut sind. Allein die entsprechenden Bediensteten oder Organmitglieder der Gebietskörperschaft bzw. der Rechnungsprüfungsbehörden sind deshalb potentielle Berichtsadressaten (näher → § 395 Rn. 2 ff.).[117]

**38**    Vor allem aber wollen die §§ 394, 395 nicht nur ein Informationsprivileg zugunsten der öffentlichen Hand schaffen, sondern zugleich auch die berechtigten Interessen der Gesellschaft wahren. Dem Gesamtzusammenhang ist daher das **ungeschriebene Tatbestandsmerkmal** zu entnehmen, dass eine Weitergabe vertraulicher Informationen nur dann zulässig ist, wenn eine hinreichende Gewähr für die tatsächliche **Wahrung der Vertraulichkeit** besteht.[118] Eine faktische Veröffentlichung entgegen der Vorgabe des § 395 Abs. 2 hat zu unterbleiben. Der Kreis der Empfänger muss daher so begrenzt sein, dass die Einhaltung der Verschwiegenheitspflicht in ähnlicher Weise wie beim Aufsichtsrat kontrollierbar bleibt. Das führt zu wesentlichen Einschränkungen bei der Einschaltung von Parlamenten und ähnlichen demokratischen Kollegialorganen (→ Rn. 39 ff.). Kritiker dieses Ansatzes haben

---

[114] Großkomm AktG/*Huber/Fröhlich* Rn. 54; Kölner Komm AktG/*Kersting* §§ 394, 395 Rn. 167; Hüffer/Koch/*Koch* Rn. 45; Bürgers/Körber/*Pelz* Rn. 10; Grigoleit/*Rachlitz* §§ 394, 395 Rn. 28; BeckOGK/*Schall* Rn. 16.

[115] So aber *Wilting* AG 2012, 529 (533).

[116] Großkomm AktG/*Huber/Fröhlich* Rn. 39; Kölner Komm AktG/*Kersting* §§ 394, 395 Rn. 176; K. Schmidt/Lutter/*Oetker* Rn. 32; Hüffer/Koch/*Koch* Rn. 42; BeckOGK/*Schall* Rn. 15; vgl. zu Art. 93 Abs. 2 S. 2 BayGO *Ganzer/Tremml* GewArch 2010, 141 (148 f.); zu § 55 Abs. 1 S. 2 GO NRW *Bracht* NVwZ 2016, 108 (111); *Starck/Westphal* VersW 2017, 230 (233); *Koch* FS Schmidt-Preuß, 2018, 367 (369).

[117] K. Schmidt/Lutter/*Oetker* Rn. 32; Großkomm AktG/*Huber/Fröhlich* Rn. 40; Hölters/*Müller-Michaels* Rn. 26; Grigoleit/*Rachlitz* §§ 394, 395 Rn. 29; *Schwintowski* NJW 1990, 1009 (1014); *Gundlach/Frenzel/Schmidt* LKV 2001, 246 (251); *Engelstätter* NordÖR 2003, 98 (100 f.).

[118] Grundlegend *Schmidt-Aßmann/Ulmer* BB-Beil. 13/1988, 9; dem folgend Kölner Komm AktG/*Kersting* §§ 394, 395 Rn. 177; Hüffer/Koch/*Koch* Rn. 42; Hölters/*Müller-Michaels* § 395 Rn. 3; Semler/v. Schenck/*Gasteyer* Rn. 28; Belcke/*Mehrhoff* GmbHR 2016, 576 (579); *Lampert*, Einflussnahme auf Aufsichtsratsmitglieder durch die öffentliche Hand als Gesellschafterin, 2012, 47 ff.; *Land/Hallermeyer* AG 2011, 114 (118); *Lutter/Krieger/Verse* Aufsichtsrat Rn. 1432; *Pfeifer*, Möglichkeiten und Grenzen der Steuerung kommunaler Aktiengesellschaften durch ihre Gebietskörperschaften, 1993, 186 f.; *Schwintowski* NJW 1990, 1009 (1014); *Will* VerwArch 94 (2003), 248 (263); abl. dagegen Großkomm AktG/*Huber/Fröhlich* Rn. 44; Grigoleit/*Rachlitz* §§ 394, 395 Rn. 30; *Wilting* AG 2012, 529 (536), 541.

darin einen pauschalen Vorrang des Gesellschaftsrechts erblickt, an dessen Stelle eine praktische Konkordanz zu treten habe, die den Berichtspflichten des öffentlichen Rechts und der darin vorgesehenen Partizipation von bestimmten Kollegialorganen angemessen Rechnung zu tragen habe.[119] Schon aus Gründen der Normenhierarchie muss es jedenfalls gegenüber landesrechtlichen Vorschriften beim strikten aktienrechtlichen Geheimnisschutz bewenden.[120] Einfachgesetzliche bundesrechtliche Regelungen, die eine Korrektur der hier befürworteten Auslegung erforderten, existieren nicht. Indessen ist nach der jüngsten Rspr. des BVerfG[121] das aus Art. 20 Abs. 2 GG, Art. 38 Abs. 1 S. 2 GG abzuleitende parlamentarische Informationsrecht zu beachten (→ Rn. 40).

**b) Behandlung in Parlament und Gemeinderat.** Eine Weitergabe von vertraulichen **39** Informationen in den parlamentarischen Raum ist nach den vorstehenden Ausführungen nur zulässig, wenn einerseits das parlamentarische Gremium mit der **Aufgabe der Prüfung** betraut und andererseits nach Zusammensetzung und Arbeitsweise des Gremiums der **Schutz der Vertraulichkeit** gesichert ist.[122] Hieran ist auch nach der Entscheidung des BVerfG in Sachen Deutsche Bahn AG[123] im Grundsatz festzuhalten; allerdings sind für den Bereich des Bundes hohe Anforderungen an den Nachweis der Geheimhaltungsbedürftigkeit zu stellen; pauschale Hinweise der Regierung auf die Geheimhaltungsbedürftigkeit genügen nach Auffassung des BVerfG nicht. Die daraus im Einzelnen abzuleitenden Restriktionen beanspruchen dabei sowohl Geltung, wenn es um eine direkte Berichterstattung des Aufsichtsratsmitglieds gegenüber dem Gremium geht, als auch dann, wenn Mitarbeiter der Verwaltung die entsprechenden Informationen als Mitteilungen im dienstlichen Verkehr iSv § 395 Abs. 1 letzter Hs. weitergeben wollen (→ § 395 Rn. 10).[124] Im Einzelnen ist nach den rechtlichen und tatsächlichen Gegebenheiten wie folgt zu differenzieren.

**aa) Bund.** Auf der parlamentarischen Ebene des Bundes sind die entsprechenden Voraus- **40** setzungen gegeben oder jedenfalls herzustellen. Auch auf dieser Ebene wird „die Betätigung der Gebietskörperschaft als Aktionär" iSv § 395 Abs. 1 geprüft.[125] Der Bundesrechnungshof nimmt das Ergebnis seiner Betätigungsprüfung (§ 44 HGrG, § 92 Abs. 1 BHO) in seine „Bemerkungen" (Art. 114 Abs. 2 GG, § 46 HGrG, § 97 BHO) an das Parlament auf. Sie werden dort zur Vorbereitung der Entlastung der Bundesregierung (Art. 114 Abs. 1 GG, § 47 HGrG, § 97 BHO) im zuständigen Parlamentsausschuss geprüft. Zu Beanstandungen des Bundesrechnungshofs nehmen dabei Vertreter der Verwaltung und des Bundesrechnungshofs Stellung.

Auch die weitere Voraussetzung, dass die Vertraulichkeit gewährleistet sein muss, kann **41** herbeigeführt werden. Schon kraft Gesetzes zur Verschwiegenheit verpflichtet sind die Mitglieder des **Gremiums nach § 69a BHO,** das die Bundesregierung über alle grundsätzlichen und wesentlichen Fragen der Beteiligung des Bundes an privatrechtlichen Unternehmen sowie die Beteiligungsverwaltung durch die Bundesregierung unterrichtet (vgl. § 69a Abs. 2 S. 2 BHO iVm § 3 Abs. 3 BSchuWG).[126] Gleiches gilt für das **Bundesschuldenwe-**

---

[119] So BeckOGK/*Schall* Rn. 15; *Traut*, Die Corporate Governance von Kapitalgesellschaften der öffentlichen Hand, 2013, 128 f.; ähnlich Grigoleit/*Rachlitz* §§ 394, 395 Rn. 30 f.; Bürgers/Körber/*Pelz* Rn. 8; *Zielmeier* ZGr 2007, 144 (161 f.).

[120] Vgl. Hüffer/Koch/*Koch* Rn. 43; K. Schmidt/Lutter/*Oetker* Rn. 32; Großkomm AktG/*Huber/Fröhlich* Rn. 42; Kölner Komm AktG/*Kersting* §§ 394, 395 Rn. 178; *Land/Hallermeyer* AG 2011, 114 (120); *Belcke/ Mehrhoff* GmbHR 2016, 576 (578); *Starck/Westphal* VersW 2017, 230 (234).

[121] BVerfGE 147, 50 = NVwZ 2018, 51.

[122] Konzeptionell abw., aber mit ähnlichen Ergebnissen *Wilting* AG 2012, 529 (535 ff.), der die Reichweite der Einbeziehung parlamentarischer Gremien aus verfassungsrechtlichen Überlegungen ableitet; ähnlich auch Kölner Komm AktG/*Kersting* §§ 394, 395 Rn. 177 ff.

[123] BVerfGE 147, 50 = NVwZ 2018, 51.

[124] Gegen jede Weitergabe unter Berufung auf § 395 Abs. 1 aE K. Schmidt/Lutter/*Oetker* § 395 Rn. 7.

[125] → 2. Aufl. 2006, §§ 394, 395 Rn. 66 (*Kropff*); aA *Thode* AG 1997, 550 re. Sp., der auch auf *Berkemann*, Die staatliche Kapitalbeteiligung bei Aktiengesellschaften, 1966, 256 verweist, wonach für Bundesbeteiligungen „keine unmittelbare parlamentarische Kontrolle" besteht.

[126] *Wilting* AG 2012, 529 (540); Großkomm AktG/*Huber/Fröhlich* Rn. 43.

**sengremium und das Gremium nach § 10a FMStFG** (§ 3 BSchuWG; § 10a Abs. 3 FMStFG).[127] Im Übrigen können die Prüfungsergebnisse des Bundesrechnungshofs als „vertraulich" oder „geheim" eingestuft (§ 2a Geheimschutzordnung des Deutschen Bundestags, Anl. 3 GO-BT) und vom **Rechnungsprüfungsausschuss** des Deutschen Bundestags in vertraulicher Sitzung (§ 7 Geheimschutzordnung) beraten werden. Die Mitglieder des Ausschusses sind – außer nach § 395 – auch als Abgeordnete zur Verschwiegenheit verpflichtet und bei Bruch der Verschwiegenheitspflicht strafbar nach § 353b Abs. 2 Nr. 1 StGB. Bei entsprechendem Verfahren ist die Vertraulichkeit auch noch für Mitteilungen im **Haushaltsausschuss** des Deutschen Bundestags selbst als gewahrt anzusehen.[128] Das Gleiche hat schließlich – schon mit Blick auf Art. 44 GG – auch für einen parlamentarischen **Untersuchungsausschuss** zu gelten, wenn dessen Auftrag gezielt eine Prüfung der Betätigung des Bundes als Aktionär umfasst.[129] Hingegen sind Mitteilungen in einem größeren Personenkreis oder gar im Plenum des Bundestags etwa in Beantwortung einer Anfrage nicht zulässig, weil ihre Geheimhaltung nicht gewährleistet werden könnte.

42    Jenseits dieser gesetzlich geregelten Fälle gewinnen die Aussagen des BVerfG in der Deutsche Bahn AG-Entscheidung[130] Bedeutung. Das BVerfG leitet aus Art. 38 Abs. 1 S. 2, Abs. 2 S. 2 GG ein umfassendes Frage- und Informationsrecht des Deutschen Bundestages und der einzelnen Abgeordneten gegenüber der Regierung ab.[131] Einfachgesetzliche Beschränkungen dieses umfassenden Frage- und Informationsrechts bedürften der verfassungsrechtlichen Grundlage.[132] Der parlamentarische Auskunftsanspruch sei auf Beantwortung der gestellten Fragen in der Öffentlichkeit angelegt; öffentliche Debatte und Diskussion seien wesentliche Elemente des demokratischen Parlamentarismus.[133] Dabei sei die Verantwortlichkeit der Regierung nicht auf die ihr einfachgesetzlich eingeräumten Einwirkungs- und Kontrollrechte beschränkt.[134] Dieser sehr weitgehenden Priorisierung des parlamentarischen Frage- und Antwortrechts steht die Aussage des BVerfG in derselben Entscheidung gegenüber, die Wahl privater Unternehmensformen könne zu einem Kontroll-, Steuerungs- und Legitimationsdefizit der öffentlichen Hand führen; dies bedeute jedoch nicht, dass das Gesellschaftsrecht an die Steuerungsbedürfnisse des Staates anzupassen sei, sondern dieser müsse selbst die geeignete Rechtsform für die ihm obliegende Aufgabenwahrnehmung wählen, die die erforderlichen Einwirkungsmöglichkeiten gewährleiste.[135] Diese gegensätzlichen Aussagen lassen den Rechtsanwender zunächst ratlos zurück.[136]

43    Im Ergebnis läuft die Auffassung des BVerfG darauf hinaus, dass zwischen beiden Aspekten praktische Konkordanz herzustellen ist.[137] Dies setzt eine Abwägung des parlamentarischen Informationsrechts mit den Geheimhaltungsinteressen des Staates am Schutz vertraulicher Informationen seiner (Beteiligungs-)Unternehmen – nicht den Interessen des Unternehmens selbst oder seiner Aktionäre – voraus.[138] Das BVerfG zählt einige Gesichtspunkte auf, die bei dieser Abwägung zu beachten sind:
(1) Zunächst müsse die Regierung prüfen, ob die Fragen in einem nicht öffentlich tagenden Parlamentsausschuss oder auf der Grundlage der Geheimschutzordnung behandelt werden können.[139] Dies soll nach Auffassung des BVerfG allerdings nur in Ausnahmefällen

[127] *Wilting* AG 2012, 529 (540); Kölner Komm AktG/*Kersting* §§ 394, 395 Rn. 180; Hölters/*Müller-Michaels* § 395 Rn. 4.

[128] *Land/Hallermeyer* AG 2011, 114 (119); *Wilting* AG 2012, 529 (540 f.).

[129] Vgl. *Land/Hallermeyer* AG 2011, 114 (119); *Wilting* AG 2012, 529 (539 f.); Großkomm AktG/*Huber/Fröhlich* Rn. 45.

[130] BVerfGE 147, 50 = NVwZ 2018, 51.

[131] BVerfGE 147, 50 Rn. 195 = NVwZ 2018, 51.

[132] BVerfGE 147, 50 Rn. 211 f. = NVwZ 2018, 51.

[133] BVerfGE 147, 50 Rn. 200 = NVwZ 2018, 51.

[134] BVerfGE 147, 50 Rn. 220 = NVwZ 2018, 51.

[135] BVerfGE 147, 225 = NVwZ 2018, 51; zust. *Koch* ZHR 193 (2018), 7 (16).

[136] So zu Recht *Koch* FS Schmidt-Preuß, 2018, 367 (380); ähnlich *Poschmann* NVwZ 2018, 51 (71).

[137] So auch der Befund von *Koch* ZHR 193 (2018), 7 (15); ähnlich *Schwill* NVwZ 2019, 109 (110).

[138] BVerfGE 147, 50 Rn. 254 = NVwZ 2018, 51.

[139] So bereits *Schockenhoff* NZG 2018, 521 (527); *Hillgruber* JA 2018, 238 (240); ähnlich die Forderung bei *Werner* NVwZ 2019, 449 (451).

möglich sein, in denen auch auf der Seite der öffentlichen Hand ein hohes Geheimhaltungsinteresse besteht.

(2) Das parlamentarische Fragerecht erstrecke sich nicht auf Umstände der Entscheidungsbildung und der Entscheidungsvorbereitung der Regierung.[140] Dies soll auch für abgeschlossene Vorgänge gelten, d.h. auch im Nachhinein brauche die Regierung keine Fragen zu ihrer damaligen Entscheidungsbildung beantworten.[141]

(3) Ferner seien gemäß Art. 1 Abs. 3 GG die Grundrechte zu beachten.[142] Sofern Betriebs- und Geschäftsgeheimnisse offengelegt werden sollen, sei insbesondere Art. 12 Abs. 1 GG in seinem Schutzbereich berührt.[143] Das BVerfG möchte jedoch juristischen Personen, die im Allein- oder Mehrheitsbesitz der öffentlichen Hand stehen, die Berufung auf die Grundrechte insgesamt verweigern.[144] Damit schließt sich das BVerfG der sog. Ja/Nein-Dichotomie an, wonach man die Frage des Grundrechtschutzes gemischter Unternehmen nur pauschal mit ja oder mit nein beantworten könne.[145] Konsequenterweise dürfen nach Auffassung des BVerfG nur Geheimhaltungsinteressen der öffentlichen Hand berücksichtigt werden. Geheimhaltungsinteressen ganz oder mehrheitlich in öffentlicher Hand befindlicher Unternehmen dürfen hiernach nur berücksichtigt werden, soweit auch ein verfassungsrechtlich anerkennenswertes öffentliches Interesse an der Geheimhaltung besteht.[146] Das fiskalische Interesse am Erhalt des Wertes der gehaltenen Anteile kann ein derartiges berücksichtigungsfähiges Interesse sein.[147] Diese Auffassung des BVerfG blendet die abwehrrechtliche Seite der Grundrechte aus.[148] Wenn man insoweit dem BVerfG folgend, den Grundrechtsschutz für juristische Personen rechtdogmatisch auf die Grundrechte ihrer Mitglieder zurückführt,[149] müsste einem gemischtwirtschaftlichen Unternehmen konsequenterweise bereits dann Grundrechtschutz zuerkannt werden, wenn es nur einen Grundrechtsträger gibt, der Anteile an dem betreffenden Unternehmen hält.[150]

(4) Das parlamentarische Informationsrecht stehe unter dem Vorbehalt der Zumutbarkeit. Mitzuteilen seien nur Informationen, über die die Regierung verfüge die sie oder mit zumutbarem Aufwand in Erfahrung bringen könne.[151]

(5) Der Fragesteller müsse seine Frage sorgfältig formulieren. Die Bundesregierung müsse jedoch den wirklichen Willen und das daraus erkennbare Informationsbedürfnis des Fragestellers ermitteln und dann nach Art und am Umfang ihrer Antwort ausrichten.[152]

(6) Die Bundesregierung müsse, sofern sie die Auskunft verweigere, die Gründe hierfür darlegen.[153] Die Gründe für die Auskunftsverweigerung müssten so konkret dargelegt werden, dass überprüft werden könne, ob die Versagung der Auskünfte gerechtfertigt sei. Nur dann, wenn die Geheimhaltungsbedürftigkeit evident sei, könne eine Begründung entfallen.[154] Die pauschale Berufung auf die aktienrechtlichen Geheimhaltungspflichten gemäß §§ 394 f. reiche nicht aus.[155]

---

[140] BVerfGE 147, 50 Rn. 229 = NVwZ 2018, 51; zust. *Burgi* NVwZ 2018, 601 (604); *Mann* AG 2018, 57 (60).

[141] BVerfGE 147, 50 Rn. 231 f. = NVwZ 2018, 51; ähnlich auch *Burgi* NVwZ 2018, 601 (604).

[142] BVerfGE 147, 50 Rn. 233 = NVwZ 2018, 51.

[143] BVerfGE 147, 50 Rn. 234 = NVwZ 2018, 51.

[144] BVerfGE 147, 50 Rn. 238 ff. = NVwZ 2018, 51; grds. zust. *Burgi* NVwZ 2018, 601 (602); ausf. und krit. hierzu Maunz/Dürig/*Möstl* GG Art. 87e Rn. 198.

[145] Vgl. hierzu *Schockenhoff* NZG 2018, 521 (523) m. Fn. 25 f.

[146] BVerfGE 147, 50 Rn. 282 = NVwZ 2018, 51.

[147] BVerfGE 147, 50 Rn. 281 f. = NVwZ 2018, 51.

[148] So bereits *Schockenhoff* NZG 2018, 521 (523).

[149] Vgl. BVerfGE 21, 362 (369) = NJW 1967, 1411; BVerfGE 68, 193 (205 f.) = NJW 1985, 1385; BVerfGE 75, 192 (196) = NVwZ 1987, 879.

[150] *Schockenhoff* NZG 2018, 521 (523); *Bleckmann*, Staatsrecht II – Die Grundrechte, 4. Aufl. 1997, § 9 Rn. 12.

[151] BVerfGE 147, 50 Rn. 249 = NVwZ 2018, 51.

[152] BVerfGE 147, 50 Rn. 252 = NVwZ 2018, 51.

[153] BVerfGE 147, 50 Rn. 253 = NVwZ 2018, 51; zust. *Burgi* NVwZ 2018, 601 (603).

[154] BVerfGE 147, 50 Rn. 254 = NVwZ 2018, 51.

[155] BVerfGE 147, 50 Rn. 296 = NVwZ 2018, 51.

**44**  Diese Gesichtspunkte erlauben zwar eine gewisse Abschichtung möglicher Geheimhaltungs-
gründe, gewähren jedoch allenfalls einen groben Orientierungsrahmen. Tendenziell werden
die Aussagen des BVerfG zu recht dahin verstanden, dass an eine Auskunftsverweigerung
durch die Bundesregierung im Bundestag hohe Anforderungen zu stellen sind und die
Bundesregierung grundsätzlich zur Auskunft verpflichtet ist, soweit sie nicht gewichtige
Geheimhaltungsinteressen des Bundes konkret darlegen kann.[156]

**45**  Im gesellschaftsrechtlichen Schrifttum ist die Entscheidung des BVerfG überwiegend auf
Kritik gestoßen.[157] *Koch* hat dem Konzept des BVerfG ein Modell der Freigabe durch
den Vorstand der betroffenen Gesellschaft entgegengesetzt.[158] Bevor die Bundesregierung
öffentlich Auskunft erteilen wolle, möge sie den Vorstand der Gesellschaft um Freigabe
bitten.[159] Der Vorstand müsse bei seiner Entscheidung das Unternehmensinteresse berücksichtigen.[160] Falls der Vorstand nach pflichtgemäßer Prüfung zu dem Ergebnis komme,
dass die Offenlegung von Geschäftsgeheimnissen dem Unternehmensinteresse widerspreche,
müsse er die Freigabe verweigern.[161] Der Bund sei hieran gebunden. Sofern er dennoch –
im Hinblick auf das Gewicht des parlamentarischen Informationsrechts – eine Offenlegung
wünsche, müsse er eine andere Rechtsform mit weniger strikten Geheimhaltungsregeln
wählen.[162] Hierfür käme insbesondere die Rechtsform der GmbH in Betracht.[163] Der
Vorschlag von *Koch,* der im Ausgangspunkt den Geheimhaltungsinteressen der Gesellschaft
den Vorrang einräumt, dürfte vielfach zu pragmatischen Lösungen führen, aber es ist zu
bezweifeln, ob er beim BVerfG, wo streitige Fälle entschieden werden, Anklang finden
würde.

**46**  **bb) Länder.** Auch bei den Ländern dürfte entsprechend den im Grundsatz auch für sie
geltenden §§ 46, 47 HGrG eine parlamentarische Prüfung ihrer Betätigung bei privatrechtlichen Unternehmen stattfinden. Diese Frage ebenso wie die erforderliche Gewähr der Vertraulichkeit muss aber für das einzelne Land beurteilt werden.[164]

**47**  **cc) Gemeinden.** Im kommunalen Bereich schließlich gehört die Betätigungsprüfung
zwar zu den Aufgaben des Gemeinderats. Hier ist allerdings die gebotene Vertraulichkeit
wegen der vielfach engen Beziehungen zwischen Ratsmitgliedern, Bürgern und Unternehmen besonders problematisch.[165] Vertrauliche Angaben und Geheimnisse der Gesellschaft dürfen an einen mit der Betätigungsprüfung betrauten Ratsausschuss nur dann
weitergegeben werden, wenn die Vertraulichkeit rechtlich gewährleistet und ihre Einhaltung nach Mitgliederzahl, Zusammensetzung und sonstigen Umständen tatsächlich zu
erwarten ist.[166] Das ist nicht der Fall, wenn Personen, die nicht Ausschussmitglieder sind,
Zutritt zu der Sitzung haben.[167] Namentlich dürfen dem Ausschuss keine Wettbewerber

---

[156] Vgl. *Koch* ZHR 193 (2018), 7 (10); *Mann* AG 2018, 57 (61, 63); *Kersting* WPg 2018, 392 (393 f.);
ähnlich *Kerst* GWR 2017, 474; *Hillgruber* JA 2018, 238 (240); *Katz* NVwZ 2018, 1091 (1092 f.); *Schmolke*
WM 2018, 1913 (1917 ff.); *Burgi* NVwZ 2018, 601 (605); *Poschmann* NVwZ 2018, 51 (72); *Koch* FS Schmidt-
Preuß, 2018, 367 (380 f.).

[157] *Kersting* WpG 2018, 392 ff.; *Schockenhoff* NZG 2018, 521 ff.; *Kerst* GWR 2017, 474; *Koch* FS Schmidt-
Preuß, 2018, 367 (378 ff.).

[158] *Koch* ZHR 193 (2018), 7 (17 ff., 32).

[159] *Koch* ZHR 193 (2018), 7 (32).

[160] *Koch* ZHR 193 (2018), 7 (19 ff., 21).

[161] *Koch* ZHR 193 (2018), 7 (21 f.).

[162] *Koch* ZHR 193 (2018), 7 (26, 39).

[163] *Koch* ZHR 193 (2018), 7 (14); ähnlich im Hinblick auf die Pflicht zur Wahl der richtigen Rechtsform
*Kersting* WPg 2018, 392 (394).

[164] Für Hamburg gelangt *Thode* AG 1997, 547 (550 ff.) auf Grund anderer Erwägungen (grundgesetzliches
Demokratiegebot) zu weitgehend entsprechenden Ergebnissen. Vgl. auch die dort in Fn. 65 zitierte Stellungnahme des Senats der Freien und Hansestadt Hamburg.

[165] So auch *Land/Hallermeyer* AG 2011, 114 (120); *Koch* FS Schmidt-Preuß, 2018, 367 (369).

[166] Kölner Komm AktG/*Kersting* §§ 394, 395 Rn. 182; *Starck/Westphal* VersW 2017, 230 (233); näher
dazu *Battke/Voigt* SächsVBl. 2006, 273 (276); aA *Werner* NVwZ 2019, 449 (452); diff. nach Größe des
Gremiums und Wahrscheinlichkeit der Informationsweitergabe im Einzelfall *Mann* AG 2018, 57 (61).

[167] *Engelstätter* NordÖR 2003, 98 (101) mit Analyse einzelner GO; Kölner Komm AktG/*Kersting* §§ 394,
395 Rn. 182; Bürgers/*Körber/Pelz* § 395 Rn. 5.

des Unternehmens angehören.[168] Gesellschaftsrechtlich (§ 109 Abs. 1 S. 1) und kommunalverfassungsrechtlich[169] unzulässig wäre es, Ratsmitgliedern durch die Satzung das Recht einzuräumen, als Zuhörer an den Aufsichtsratssitzungen teilzunehmen. Auch eine Berichterstattung an den **Gemeinde- oder Stadtrat** selbst, wie sie in mehreren GO[170] (teilweise allerdings unter Vorbehalt entgegenstehender Gesetze) gefordert wird, ist regelmäßig unzulässig, weil die gebotene Vertraulichkeit nicht zu gewährleisten ist.[171] Nichts anderes gilt für Berichte an einzelne Fraktionen.[172] Enthält der Bericht gesetzeswidrig doch vertrauliche Angaben, gilt für sie aber gleichwohl die Verschwiegenheitspflicht (→ § 395 Rn. 2).[173]

## § 395 Verschwiegenheitspflicht

**(1) Personen, die damit betraut sind, die Beteiligungen einer Gebietskörperschaft zu verwalten oder für eine Gebietskörperschaft die Gesellschaft, die Betätigung der Gebietskörperschaft als Aktionär oder die Tätigkeit der auf Veranlassung der Gebietskörperschaft gewählten oder entsandten Aufsichtsratsmitglieder zu prüfen, haben über vertrauliche Angaben und Geheimnisse der Gesellschaft, namentlich Betriebs- oder Geschäftsgeheimnisse, die ihnen aus Berichten nach § 394 bekanntgeworden sind, Stillschweigen zu bewahren; dies gilt nicht für Mitteilungen im dienstlichen Verkehr.**

**(2) Bei der Veröffentlichung von Prüfungsergebnissen dürfen vertrauliche Angaben und Geheimnisse der Gesellschaft, namentlich Betriebs- oder Geschäftsgeheimnisse, nicht veröffentlicht werden.**

**Schrifttum:** s. Vor § 394, § 394; *Oetker*, Aktienrechtliche Verschwiegenheitspflicht der Aufsichtsratsmitglieder öffentlicher Unternehmen und freier Zugang zu Informationen, FS Reuter, 2010, 1091.

### Übersicht

---

[168] Zust. Kölner Komm AktG/*Kersting* §§ 394, 395 Rn. 182; Bürgers/*Körber*/*Pelz* § 395 Rn. 5.

[169] OVG Münster NWVBl. 1997, 67.

[170] ZB § 113 Abs. 5 GO NRW; speziell zu dieser Vorschrift *Engelstätter* NordÖR 2003, 98 (101); *Bäcker* FS Schwark, 2009, 101 (117 f.); umfassend *Will* VerwArch 94 (2003), 248 (253 ff.).

[171] *Schmidt-Aßmann*/*Ulmer* BB-Beil. 13/1988, 9 (18); *Martens* AG 1984, 29 (31); *Schwintowski* NJW 1990, 1010 (1014); *R. Schmidt* ZGR 1996, 345 (352); *Riegel* VersW 2002, 53 (55); *Will* VerwArch 94 (2003), 263 (266); *Nowak*/*Wanitschek-Klein* Konzern 2007, 665 (669); *Banspach*/*Nowak* Konzern 2008, 195 (200); *Ganzer*/*Tremml* GewArch 2010, 141 (149); *Land*/*Hallermeyer* AG 2011, 114 (120); Hüffer FS Hopt, Bd. I, 2010, 901 (915 f.); *Belcke*/*Mehrhoff* GmbHR 2016, 575 (578); *Starck*/*Westphal* VersW 2017, 230 (234); K. Schmidt/Lutter/*Oetker* Rn. 32; Kölner Komm AktG/*Kersting* §§ 394, 395 Rn. 181; im Ausgangspunkt großzügiger, weil auf eine „absolute" Geheimhaltung verzichtend Großkomm AktG/*Huber*/*Fröhlich* Rn. 46; BeckOGK/*Schall* Rn. 15; Bürgers/Körber/Pelz Rn. 8; Grigoleit/*Rachlitz* §§ 394, 395 Rn. 30 f.; *Traut*, Die Corporate Governance von Kapitalgesellschaften der öffentlichen Hand, 2013, 132; *Zieglmeier* ZGR 2007, 144 (159 ff.); *Merz*, Der öffentlich-rechtliche und konzernrechtliche Rahmen für kommunale Tochter-, Enkel- und Urenkelgesellschaften, 2014, 78 f.

[172] *Schwintowski* NJW 1990, 1010 (1014); *Zieglmeier* ZGR 2007, 144 (162); Hüffer/Koch/*Koch* Rn. 42; BeckOGK/*Schall* Rn. 15; Starck/*Westphal* VersW 2017, 230 (234); aA *Meiski* BayVBl 2006, 300 (303) (zur GmbH); zu Berichten und damit korrespondierenden Auskunftsansprüchen einzelner Ratsmitglieder *Bracht* NVwZ 2016, 108 (111).

[173] Hüffer/Koch/*Koch* § 395 Rn. 5; K. Schmidt/Lutter/*Oetker* § 395 Rn. 6.

## I. Inhalt und Zweck

**1**   Die Vorschrift des § 395 bildet konzeptionell das **Gegenstück zu § 394.** Während danach die Verschwiegenheitspflicht der Aufsichtsratsmitglieder, die auf Veranlassung einer Gebietskörperschaft gewählt oder entsandt worden sind, im öffentlichen Interesse wesentlich eingeschränkt wird, ist es Zweck des § 395, dem Bedürfnis der Gesellschaft nach Wahrung ihrer vertraulichen Informationen Rechnung zu tragen und so deren Interessen angemessen zu wahren.[1] Hierzu wird die für die Aufsichtsratsmitglieder maßgebliche Verschwiegenheitspflicht auf die unmittelbaren und mittelbaren Adressaten der Berichte erstreckt. Eine Ausnahme gilt nach Abs. 1 Hs. 2 allein für Mitteilungen im dienstlichen Verkehr. Erhebliche praktische Bedeutung hat auch die an sich nur klarstellende Vorschrift des Abs. 2, der zufolge der Geheimnisschutz auch bei der Veröffentlichung von Prüfungsergebnissen zu wahren ist. Denn hierdurch werden die Rechnungshöfe zu der von ihnen kritisch gesehenen anonymen Berichterstattung verpflichtet (→ Rn. 11 ff.). Schließlich wird die Geheimhaltung auch nicht durch die Informationsfreiheitsgesetze des Bundes und der Länder in Frage gestellt (→ Rn. 14).

## II. Geheimhaltungspflicht

**2**   **1. Adressaten.** Das Gesetz führt als Adressaten der Verschwiegenheitspflicht alle Personen an, die mit der Beteiligungsverwaltung oder mit Prüfungsaufgaben betraut sind. Der Kreis der zur Verschwiegenheit Verpflichteten deckt sich mit dem Kreis der Empfänger des Berichts. Auf die dienstrechtliche Stellung oder die Rechtsform der Befassung kommt es dabei nicht an; ob jemand als Beamter, Angestellter oder Mandatsträger mit den entsprechenden Informationen in Berührung kommt, ist ohne Belang.[2] Weiterhin kommt es auch auf die **Rechtmäßigkeit** ihrer Einschaltung **nicht** an. Vielmehr unterliegen der Verschwiegenheitspflicht auch die Mitglieder solcher Gremien, die wegen ihrer Größe und Zusammensetzung nicht die Gewähr für die Wahrung der Vertraulichkeit bieten und deshalb mit den entsprechenden Berichten nicht hätten befasst werden dürfen (→ § 394 Rn. 41, → § 394 Rn. 47). An der Betrauung mag es allenfalls fehlen, wenn sich Personen selbst unrechtmäßig Zugang zu den Berichten verschaffen oder zufällig in ihren Besitz geraten.[3]

**3**   Im Einzelnen sind zunächst die Bediensteten der **Beteiligungsverwaltung,** ihre Vorgesetzten bis einschließlich der Leitung des Ressorts und, soweit ihre Aufgaben betroffen sind, die für Entscheidungen nach §§ 65 ff. BHO bzw. §§ 65 ff. LHO zuständigen Personen der Verschwiegenheitspflicht unterworfen.[4] Die in Abs. 1 S. 1 angesprochenen Prüfungsaufgaben wiederum sind auf drei Ebenen angesiedelt. Erstens ordnet das Haushaltsrecht bereits der Gebietskörperschaft selbst Prüfungsaufgaben zu, wie sich aus § 69 S. 2 BHO ergibt.[5] Sie können abhängig vom Geschäftsverteilungsplan innerhalb oder außerhalb der Beteiligungsverwaltung angesiedelt sein. Der im Gesetz nicht näher bestimmte Gegenstand dieser Prüfung dürfte vor allem die Tätigkeit der Vertreter im Aufsichtsrat sein.[6] Dementsprechend

---

[1] Vgl. den Ausschussbericht bei *Kropff* AktG 1965, 496; daneben OVG Rheinland-Pfalz DVBl. 2016, 1274 (1277) = BeckRS 2016, 48854; Kölner Komm AktG/*Kersting* §§ 394, 395 Rn. 189; Hüffer/Koch/*Koch* Rn. 1; K. Schmidt/Lutter/*Oetker* Rn. 1; Grigoleit/*Rachlitz* §§ 394, 395 Rn. 47; Hölters/*Müller-Michaels* § 395 Rn. 1; *Koch* FS Schmidt-Preuß, 2018, 367 (368); Großkomm AktG/*Huber/Fröhlich* Rn. 1; *Schockenhoff* NZG 2018, 521 (527); *Koch* ZHR 193 (2018), 7 (24); *Werner* NVwZ 2019, 449 (450); demgegenüber für eine konzeptionell strikte Trennung von § 394 und § 395 *Wilting* AG 2012, 529 (533 f.).

[2] Großkomm AktG/*Huber/Fröhlich* Rn. 3 f.; K. Schmidt/Lutter/Oetker Rn. 3; Hölters/*Müller-Michaels* § 395 Rn. 2; Kölner Komm AktG/*Kersting* §§ 394, 395 Rn. 190; Hüffer/Koch/*Koch* Rn. 2; Bürgers/Körber/*Pelz* Rn. 2; Grigoleit/*Rachlitz* §§ 394, 395 Rn. 50; BeckOGK/*Schall* Rn. 2.

[3] So Kölner Komm AktG/*Kersting* §§ 394, 395 Rn. 191.

[4] *Wilting* AG 2012, 529 (534); Hüffer/Koch/*Koch* Rn. 2; Kölner Komm AktG/*Kersting* §§ 394, 395 Rn. 192; Großkomm AktG/Huber/Fröhlich Rn. 3; K. Schmidt/Lutter/*Oetker* Rn. 3.

[5] Dazu die VV-BHO zu § 69 BHO, Tz. 86 ff. der „Hinweise" (→ Vor § 394 Rn. 12); *Zavelberg* FS Forster, 1992, 723 (730 f.).

[6] *Engels/Eibelshäuser/Eibelshäuser/Breidert* BHO § 69 Rn. 10; Kölner Komm AktG/*Kersting* §§ 394, 395 Rn. 194; dazu auch Begr. RegE, BT-Drs. V/3040 Tz. 399: „keine Selbstprüfung".

gilt verwaltungsintern, dass die Mitteilung an den Rechnungshof nach § 69 S. 2 BHO nicht von dem Bediensteten, der die Gebietskörperschaft im Aufsichtsrat vertritt, oder von einem Untergebenen dieses Bediensteten unterzeichnet werden darf.[7]

Zweitens sind als Prüfer zur Verschwiegenheit verpflichtet die Bediensteten der **Rech-** 4 **nungsprüfungsbehörden** (Bundesrechnungshof, Landesrechnungshof, Gemeindliche Prüfungsämter), die die Betätigung der Gebietskörperschaft als Aktionär zu prüfen haben (vgl. § 44 Abs. 1 HGrG, § 92 BHO; → Vor § 394 Rn. 100 f.) und dabei jedenfalls im praktischen Ergebnis auch die Tätigkeit der Vertreter im Aufsichtsrat prüfen. Der Wortlaut „als Aktionär" ist dabei nicht als Einschränkung zu verstehen; die Verschwiegenheitpflicht gilt ohne Rücksicht auf die Rechtsform des Unternehmens auch für Prüfungen im Tochterbereich einer AG.[8] Den Rechnungsprüfungsbehörden obliegt auch die in Abs. 1 S. 1 an erster Stelle genannte, aber haushaltsrechtlich nur unter besonderen Voraussetzungen vorgesehene Prüfung der Gesellschaft selbst (zB § 104 BHO).[9] Eine dritte Prüfungsebene ist schließlich die **parlamentarische Kontrolle** (eingehend → § 394 Rn. 39 ff.). Das bleibt auch richtig, wenn man betont, parlamentarische Kontrolle sei keine administrative „Überkontrolle".[10]

**2. Gegenstand der Geheimhaltungspflicht. a) Grundlagen.** Der Verschwiegenheit 5 unterliegen nach Abs. 1 vertrauliche Angaben und Geheimnisse der Gesellschaft. Wenngleich diese Formulierung erkennbar allein auf § 93 Abs. 1 S. 3 Bezug nimmt, so werden davon – ebenso wie im Rahmen des § 394 – auch die in § 116 S. 2 besonders hervorgehobenen vertraulichen Berichte und vertraulichen Beratungen erfasst.[11] In der Sache wird die organschaftliche Pflichtenstellung des Aufsichtsratsmitglieds auf die für die Gebietskörperschaft tätigen Personen erstreckt. Maßgebend für den Begriff des Geheimnisses und der vertraulichen Angabe sind daher nicht etwa die Belange der Gebietskörperschaft, sondern allein das objektive **Interesse der Gesellschaft.**[12] Ebenso wie ein Aufsichtsratsmitglied haben die Adressaten der Geheimhaltungspflicht nach § 395 Abs. 1 eigenverantwortlich zu prüfen, wieweit ihre Verschwiegenheitpflicht reicht;[13] ein besonderer Ermessens- oder Beurteilungsspielraum steht ihnen dabei nicht zu (→ § 394 Rn. 33). Ein auf Geheimhaltung gerichteter Wunsch des Vorstands oder ein entsprechender Beschluss des Aufsichtsrats sind zwar nicht bindend, können aber als Indiz für ein objektives Geheimhaltungsbedürfnis der Gesellschaft ins Gewicht fallen (→ § 116 Rn. 55).[14] Daneben ist im Zweifel davon auszugehen, dass die Gesellschaft alle Angaben geheim halten will, die weder allgemein bekannt noch publizitätspflichtig sind und von denen nicht auszuschließen ist, dass ihr Bekanntwerden der Gesellschaft schaden könnte.[15]

**b) Quellen der Information.** Dem Wortlaut nach unterliegen nur solche vertraulichen 6 Angaben und Geheimnisse der Verschwiegenheitpflicht, die dem Adressaten aus einem Bericht nach § 394 bekannt geworden sind. Was sonstige Quellen der Information angeht,

---

[7] → 2. Aufl. 2006, §§ 394, 395 Rn. 52 *(Kropff)*; Kölner Komm AktG/*Kersting* §§ 394, 395 Rn. 194; *Zavelberg* FS Forster, 1992, 723 (731).

[8] → 2. Aufl. 2006, §§ 394, 395 Rn. 53 *(Kropff)*; Kölner Komm AktG/*Kersting* §§ 394, 395 Rn. 193; Hölters/*Müller-Michaels* Rn. 2.

[9] Dazu *Schäfer* FS Geiger, 1974, 623 (625), 629; *Lammers* DÖV 2018, 303 (310); daneben Hüffer/Koch/ *Koch* Rn. 2; Kölner Komm AktG/*Kersting* §§ 394, 395 Rn. 196.

[10] So *Wilting* AG 2012, 529 (536); iE wie hier Kölner Komm AktG/*Kersting* §§ 394, 395 Rn. 196; Großkomm AktG/*Huber/Fröhlich* Rn. 4; Hüffer/Koch/*Koch* Rn. 2.

[11] Ebenso Hölters/*Müller-Michaels* Rn. 6; Großkomm AktG/*Huber/Fröhlich* Rn. 10; Kölner Komm AktG/ *Kersting* §§ 394, 395 Rn. 197; BeckOGK/*Schall* Rn. 3.

[12] Allg. zum Geheimnisbegriff BGHZ 64, 325 (329) = NJW 1975, 1412; BGHZ 198, 354 Rn. 47 = NJW 2014, 541; BGH NJW 2016, 2569 Rn. 31.

[13] *Kropff* FS Hefermehl, 1976, 327 (343 f.); Kölner Komm AktG/*Kersting* §§ 394, 395 Rn. 198; K. Schmidt/Lutter/*Oetker* Rn. 4; Großkomm AktG/*Huber/Fröhlich* Rn. 10.

[14] Vgl. Begr. RegE, BT-Drs. 14/8769, 18; BGHZ 64, 325 (327) = NJW 1975, 1412.

[15] Vgl. Grigoleit/*Rachlitz* §§ 394, 395 Rn. 48; ähnlich Kölner Komm AktG/*Kersting* §§ 394, 395 Rn. 199, der die Geheimhaltungspflicht ganz unabhängig davon bejaht, ob das Bekanntwerden der Gesellschaft schaden könnte.

so unterliegen die Bediensteten der Beteiligungsverwaltung und der Rechnungsprüfungsbehörden jedenfalls der **dienstrechtlichen Verschwiegenheitspflicht** (vgl. § 67 BBG; für die Angestellten des öffentlichen Dienstes enthalten die Tarifverträge ähnliche Schweigepflichten, vgl. § 3 Abs. 1 TVöD). Ihrer Schutzrichtung nach ist diese zwar nicht primär auf das Interesse der Gesellschaft, sondern auf das der Gebietskörperschaft ausgerichtet. Doch wird die Gebietskörperschaft daran interessiert sein, Nachteile für ihre Beteiligung zu vermeiden, so dass zwischen dienstrechtlicher und gesellschaftsrechtlicher Verschwiegenheitspflicht praktisch keine gewichtigen Differenzen bestehen.[16]

7      Darauf kommt es jedoch im Ergebnis gar nicht an, weil Abs. 1 der erweiternden Auslegung bedarf. Erfasst werden zunächst die **Unterlagen,** die das Aufsichtsratsmitglied seinem Bericht beifügt.[17] Ansonsten könnte das Aufsichtsratsmitglied nämlich durch die Platzierung der Information über die Reichweite des Geheimnisschutzes disponieren. Die Verschwiegenheitspflicht gilt aber auch für vertrauliche Angaben und Geheimnisse, die aus den **Prüfungsberichten** nach § 53 Abs. 1 Nr. 3 HGrG oder einer **örtlichen Prüfung** der Rechnungsprüfungsbehörde nach § 54 HGrG stammen.[18] Ihrer Entstehungsgeschichte nach sind die nicht vollends aufeinander abgestimmten Regelungskomplexe so auszulegen, dass sie eine sinnhafte Einheit bilden (→ § 394 Rn. 4). Der Aktiengesetzgeber hat zwar einerseits der Gebietskörperschaft alle haushaltsrechtlich für erforderlich gehaltenen Informationen zugänglich machen, die Empfänger aber andererseits wie Aufsichtsratsmitglieder zur Verschwiegenheit verpflichten wollen. Obwohl die §§ 53, 54 HGrG jüngeren Datums sind als § 395 und letzterer nicht entsprechend angepasst wurde, ist daher ein Gleichlauf geboten.

8      **c) Einschränkung „im dienstlichen Verkehr".** Die Verschwiegenheitspflicht bezieht sich gem. Abs. 1 letzter Hs. nicht auf Mitteilungen im dienstlichen Verkehr. Dieser Ausdruck entstammt den beamtenrechtlichen Vorschriften zum Schutz des Dienstgeheimnisses (etwa § 67 Abs. 2 S. 1 Nr. 1 BBG) und umschreibt den Bereich, in dem die mit der Sache befassten Amtsträger „unter sich sind und deshalb ihren Meinungs- und Informationsaustausch nicht zu beschränken brauchen".[19] Unter dem Gesichtspunkt des dienstlichen Verkehrs sind danach nur behördeninterne Auskünfte innerhalb des Personenkreises erlaubt, der mit Verwaltungs- oder Prüfungsaufgaben iSv § 395 Abs. 1 betraut ist.[20] Diese Ausnahme ist erforderlich, um eine sachgerechte Wahrnehmung der entsprechenden Amtsgeschäfte zu ermöglichen; im Gegenzug bleiben die Interessen der Gesellschaft gewahrt, weil die Empfänger der Mitteilungen **ihrerseits der Geheimhaltungspflicht** des Abs. 1 unterliegen und die Vertraulichkeit der Informationen daher geschützt bleibt.[21]

9      Aus dem Gesagten sind in zweierlei Richtung Restriktionen abzuleiten. Unzulässig ist zum einen eine Weitergabe an **andere,** nicht mit der Aufgabe der Prüfung oder der Verwaltung der Beteiligung betraute **Stellen** innerhalb der öffentlichen Verwaltung.[22] Das gilt auch dann, wenn es sich um das gleiche Ressort handelt. Ausgeschlossen ist daher ein Informationsfluss namentlich an die Finanzbehörden und Aufsichtsämter wie die Bundesanstalt für Finanzdienstleistungsaufsicht. Auch eine Weitergabe von Prüfungsergebnissen an die Staatsanwaltschaft ist vom Bundesrechnungshof mit Hinweis auf § 395 abgelehnt wor-

---

[16] So auch *Wilting* AG 2012, 529 (535); Großkomm AktG/*Huber/Fröhlich* Rn. 14.
[17] Großkomm AktG/*Huber/Fröhlich* Rn. 11; Hüffer/Koch/*Koch* Rn. 4; Kölner Komm AktG/*Kersting* §§ 394, 395 Rn. 200; BeckOGK/*Schall* Rn. 3; Bürgers/Körber/*Pelz* Rn. 3; K. Schmidt/Lutter/*Oetker* Rn. 5.
[18] Hüffer/Koch/*Koch* Rn. 4; K. Schmidt/Lutter/*Oetker* Rn. 5; Hölters/*Müller-Michaels* Rn. 8; Bürgers/ Körber/*Pelz* Rn. 3; Grigoleit/*Rachlitz* §§ 394, 395 Rn. 49; *Engelstätter* NordÖR 2003, 98 f.; aA Großkomm AktG/*Huber/Fröhlich* Rn. 12 ff.; Kölner Komm AktG/*Kersting* §§ 394, 395 Rn. 201; BeckOGK/*Schall* Rn. 3.
[19] *Battis* BBG § 67 Rn. 8; ferner BayOLG NJW 1990, 1857.
[20] Kölner Komm AktG/*Kersting* §§ 394, 395 Rn. 203; K. Schmidt/Lutter/*Oetker* Rn. 7; Hüffer/Koch/ *Koch* Rn. 7; näher Großkomm AktG/*Huber/Fröhlich* Rn. 5 ff.
[21] Hüffer/Koch/*Koch* Rn. 7; Bürgers/Körber/*Pelz* Rn. 4; K. Schmidt/Lutter/*Oetker* Rn. 7; *Engelstätter* NordÖR 2003, 98 (101 f.).
[22] Wie hier Kölner Komm AktG/*Kersting* §§ 394, 395 Rn. 204; so auch Hüffer/Koch/*Koch* Rn. 7; konzeptionell abw. *Wilting* AG 2012, 529 (535); Hölters/*Müller-Michaels* Rn. 10.

den.[23] Führt ein Rechnungshof eine örtliche Prüfung nach § 54 HGrG auch für andere Rechnungshöfe durch (→ Vor § 394 Rn. 95), darf er die Erkenntnisse seiner Prüfung an andere Rechnungshöfe nur weitergeben, soweit auch diese das örtliche Prüfungsrecht nach § 54 HGrG haben.[24]

Zum anderen folgt aus der Gesamtkonzeption der §§ 394, 395, dass der Gesellschaft **10** eine Weitergabe von Informationen nur dann zumutbar ist, wenn die Vertraulichkeit beim Empfänger zumindest in ähnlicher Weise wie beim Aufsichtsrat gewährleistet und eine faktische Veröffentlichung ausgeschlossen ist (näher → § 394 Rn. 38).[25] Ist wegen der Zahl der Angesprochenen die Geheimhaltung nicht mehr kontrollierbar, hat daher nicht nur eine direkte Berichterstattung, sondern auch eine Mitteilung innerhalb des dienstlichen Verkehrs zu unterbleiben. Für die Behandlung im **parlamentarischen Bereich** ergeben sich daraus substantielle Einschränkungen (→ § 394 Rn. 39 ff.).

### III. Veröffentlichungsverbot

Das in Abs. 2 verankerte Verbot, vertrauliche Angaben und Geheimnisse der Gesellschaft **11** zu veröffentlichen, könnte als überflüssig angesehen werden, weil es bereits zwingend aus der Verschwiegenheitspflicht nach Abs. 1 folgt. Es erschien dem Gesetzgeber aber notwendig, das Verbot im Hinblick auf die nicht einheitliche Praxis der Rechnungshöfe besonders einzuschärfen. Das Verbot gilt für den **gesamten Bereich** der Geheimhaltungspflicht nach Abs. 1, also namentlich auch für die Erkenntnisse aus den gem. § 53 HGrG übersandten Prüfungsberichten und für die Ergebnisse einer örtlichen Prüfung nach § 54 HGrG (→ Rn. 7).

**1. Rechnungshöfe.** Die Rechnungshöfe haben gem. § 46 HGrG jährlich den gesetzge- **12** benden Körperschaften zu berichten, der Bundesrechnungshof dem Bundestag und dem Bundesrat (vgl. Art. 114 GG; § 97 BHO).[26] Dabei ist in den „Bemerkungen" nach § 97 Abs. 2 Nr. 3 BHO auch mitzuteilen, „welche wesentlichen Beanstandungen sich aus der Prüfung der Betätigung bei Unternehmen mit eigener Rechtspersönlichkeit ergeben haben". Auch im Hinblick auf die extensive Auslegung des Prüfungsgegenstandes „Betätigung des Bundes" (→ Vor § 394 Rn. 100 f.) werden in diesen Bemerkungen nicht selten vertrauliche Angaben oder Geheimnisse der Unternehmen angesprochen. Die Bemerkungen sind öffentlich. Sie werden traditionell in einer Pressekonferenz vorgestellt und sind als Bundestags- und Bundesratsdrucksache jedermann zugänglich;[27] daneben sind sie gemäß § 97 Abs. 5 BHO unverzüglich ins Internet einzustellen.[28] Der Bundesrechnungshof trägt dem Veröffentlichungsverbot in § 395 Abs. 2 dabei insofern Rechnung, als er seine Bemerkungen **anonymisiert,** dh. das Unternehmen nicht namentlich nennt und Angaben vermeidet, die Rückschlüsse auf das Unternehmen erlauben.[29] Produkte, Standorte oder Zahlen, aus denen Außenstehende schließen könnten, um welches Unternehmen es sich handelt, dürfen dabei nicht genannt werden. Soweit eine solche Anonymisierung im Einzelfall undurchführbar sein sollte,[30] muss die Veröffentlichung notfalls gänzlich unterbleiben[31]

---

[23] Kölner Komm AktG/*Kersting* §§ 394, 395 Rn. 204; Bürgers/Körber/*Pelz* Rn. 4; aA Hölters/*Müller-Michaels* Rn. 10.

[24] → 2. Aufl. 2006, §§ 394, 395 Rn. 63 *(Kropff).*

[25] *Schmidt-Aßmann/Ulmer* BB-Beil. 13/1988, 22; *Schwintowski* NJW 1990, 1009 (1014); iE auch *Thode* AG 1997, 547 (550 ff.).

[26] Dazu *Karehnke* DÖV 1971, 441 ff.; Kölner Komm AktG/*Kersting* §§ 394, 395 Rn. 207.

[27] *Zavelberg* FS Forster, 1992, 723 (732); *Engels/Eibelshäuser/Sievers* BHO § 97 Rn. 53; Kölner Komm AktG/*Kersting* §§ 394, 395 Rn. 207; Großkomm AktG/*Huber/Fröhlich* Rn. 16.

[28] Großkomm AktG/*Huber/Fröhlich* Rn. 16; Kölner Komm AktG/*Kersting* §§ 394, 395 Rn. 207.

[29] *Zavelberg* FS Forster, 1992, 723 (732); Hüffer/Koch/*Koch* Rn. 8; BeckOGK/*Schall* Rn. 8; K. Schmidt/Lutter/*Oetker* Rn. 8; Hölters/*Müller-Michaels* Rn. 12; Bürgers/Körber/*Pelz* Rn. 6; Großkomm AktG/*Huber/Fröhlich* Rn. 16; Grigoleit/*Rachlitz* §§ 394, 395 Rn. 51; Kölner Komm AktG/*Kersting* §§ 394, 395 Rn. 208.

[30] Wie zB bei der Deutsche Bahn AG.

[31] Hüffer/Koch/*Koch* Rn. 8; Bürgers/Körber/*Pelz* Rn. 6; Kölner Komm AktG/*Kersting* §§ 394, 395 Rn. 208; K. Schmidt/Lutter/*Oetker* Rn. 8; Großkomm AktG/*Huber/Fröhlich* Rn. 16; Grigoleit/*Rachlitz* §§ 394, 395 Rn. 51; BeckOGK/*Schall* Rn. 5.

und in die Drucksache ein Hinweis auf die beabsichtigte Berichterstattung im Rechnungsprüfungsausschuss des Deutschen Bundestags aufgenommen werden.[32]

13    Seitens der Rechnungshöfe sind die genannten Restriktionen allerdings **in Frage gestellt**
worden. Übergeordnete öffentliche Interessen und vor allem der Verfassungsauftrag des
Art. 114 Abs. 2 S. 2 GG zur Berichterstattung sollen demnach Abweichungen von § 395
Abs. 2 rechtfertigen.[33] Die ganz allgemeine und zudem einem Gesetzesvorbehalt unterwor-
fene Berichtspflicht des Bundesrechnungshofs nach Art. 114 Abs. 2 GG kann und will
jedoch dem spezialgesetzlich geschützten Geheimhaltungsinteresse der betroffenen Unternehmen sowie ggf. auch ihrer privaten Anteilseigner nicht vorgehen.[34] Vielmehr ist die
uneingeschränkte Aufnahme des Veröffentlichungsverbots Ausdruck einer bewussten gesetzgeberischen Entscheidung. Die Problematik war den damit befassten Gremien bekannt; der
Abgeordnete *Dr. Koch* hat sie als Berichterstatter des Haushaltsausschusses in den mitberaten-
den Ausschüssen mehrfach angesprochen.[35] Auch in der Sache sprechen die besseren
Gründe für eine Beschränkung der Berichterstattung. Denn einerseits bestünde ohne das
Veröffentlichungsverbot eine erhöhte Gefahr, dass der Ruf des Unternehmens praktisch
ohne die Möglichkeit einer Gegenwehr beeinträchtigt würde. Andererseits wird die parlamentarische Kontrolle nicht nachhaltig erschwert, da in vertraulicher Sitzung des Rech-
nungsprüfungsausschusses „Ross und Reiter" genannt werden.[36] Der Verfassungsauftrag des
Art. 114 Abs. 2 S. 2 GG ist auch deshalb nicht gefährdet, weil es der Gebietskörperschaft
freisteht, die mit der Beteiligung an der Gesellschaft verfolgten Zwecke in anderer, insbesondere öffentlich-rechtlicher Rechtsform zu erbringen.

14    **2. Verhältnis zu Informationsfreiheits- und Pressegesetzen.** Der Bund und zahlreiche Länder haben Informationsfreiheitsgesetze (IFG) erlassen, die – mit substantiellen Unterschieden im Einzelnen – jedem Bürger das Recht einräumen, Zugang zu Informationen
zu erhalten, die amtlichen oder dienstlichen Zwecken dienen. Eine solche Funktion ist
bei Unterlagen, welche die Beteiligungsverwaltung betreffen, durchweg zu bejahen.[37] Ein
Informationszugang scheidet trotzdem aus. Dabei muss nicht auf die (heterogenen) Regeln
über den Schutz sensibler Unternehmensinformationen zurückgegriffen werden.[38] Vielmehr erkennen etwa § 3 Abs. 1 Nr. 4 IFG und § 17 Abs. 4 BlnIFG die **Verschwiegenheitspflicht** des § 395 als **vorrangig** an.[39] Sofern die Gesetze der Länder keine entsprechende
Einschränkung vorsehen, gebührt der bundesrechtlich begründeten Verschwiegenheitspflicht mit Blick auf Art. 31 GG gleichwohl der Vorrang.[40] Auch im Rahmen der Pressege-
setze wird der Schutz der Unternehmensgeheimnisse gewährleistet.[41]

### IV. Sanktionen

15    Verstößt eine Person, die mit der Verwaltung oder Prüfung iSv § 395 Abs. 1 betraut ist,
gegen ihre Verschwiegenheitspflicht, kann sie sich zwar nicht nach § 404, wohl aber nach

---

[32]  → 2. Aufl. 2006, §§ 394, 395 Rn. 75 *(Kropff)*; Kölner Komm AktG/*Kersting* §§ 394, 395 Rn. 208.

[33]  *Schäfer* FS Geiger, 1974, 623; Kölner Komm AktG/*Kersting* §§ 394, 395 Rn. 208; tendenziell auch
*Karehnke* DÖV 1972, 809 (814).

[34]  Eingehend *Kropff* FS Hefermehl, 1976, 327 (339); iE ebenso Großkomm AktG/*Huber/Fröhlich*
Rn. 17 ff.; Hüffer/Koch/*Koch* Rn. 8; Hölters/*Müller-Michaels* Rn. 12a; Bürgers/Körber/*Pelz* Rn. 6; aA
jedoch BeckOGK/*Schall* Rn. 5 unter Hinweis auf den höheren Rang der GG-Norm.

[35]  ZB Kurzprotokoll der 36. Sitzung des Ausschusses für wirtschaftlichen Besitz des Bundes am 7.11.1963,
8.

[36]  → 2. Aufl. 2006, §§ 394, 395 Rn. 76 *(Kropff)*; das erkennt auch *Schäfer* FS Geiger, 1974, 623 (637) an.

[37]  *Oetker* FS Reuter, 2010, 1091 (1102).

[38]  Vgl. dazu mit Blick auf § 6 S. 2 IFG Bund *Benecke/Spiecker gen. Döhmann* JZ 2015, 1018 (1023 ff.).

[39]  VG Berlin NZG 2014, 144 Ls. = BeckRS 2013, 58292; s. auch *Baumann* BOARD 2014, 257 (258);
Kölner Komm AktG/*Kersting* §§ 394, 395 Rn. 202.

[40]  Vgl. *Oetker* FS Reuter, 2010, 1091 (1104); K. Schmidt/Lutter/*Oetker* § 394 Rn. 29; Kölner Komm
AktG/*Kersting* §§ 394, 395 Rn. 202.

[41]  OVG Rheinland-Pfalz DVBl. 2016, 1274 (1278) = BeckRS 2016, 48854; VG Berlin BeckRS 2013,
58292.

§ 203 Abs. 2 StGB, § 353b StGB strafbar machen.[42] Daneben treten dienstrechtliche bzw. arbeitsrechtliche Sanktionen. Schließlich verletzt ein Beamter dadurch eine auch der Gesellschaft gegenüber bestehende Amtspflicht. Daher führt der Verstoß zur **Staatshaftung** nach § 839 BGB iVm Art. 34 GG.[43] Dies gilt auch für die Weitergabe vertraulicher Informationen an nicht informationsberechtigte Gremien. Doch hat die Gebietskörperschaft bei vorsätzlichem oder grob fahrlässigem Handeln ein Rückgriffsrecht (Art. 34 S. 2 GG).

# Zum österreichischen Recht

## Staat und Gesellschaftsrecht

**Literatur:** *Aicher,* Zivil- und gesellschaftsrechtliche Probleme, in Funk, Die Besorgung öffentlicher Aufgaben durch Privatrechtssubjekte, 1981, 191; *Baumann,* Weisungen an den Vorstand von Aktiengesellschaften der öffentlichen Hand, ÖZW 1975, 75; *BMF,* Ausgliederungshandbuch, 2003; *Chini,* Strategische Planung als dominante Aufgabe des Aufsichtsrats, Aufsichtsrat aktuell 2015 H 5, 16; *Dehn/Krejci,* Das neue UGB, SWK Sonderheft, 2. Aufl. 2007; *Eilmansberger,* Beihilferechtliche Fragen von Public Private Partnerships, in Studiengesellschaft für Wirtschaft und Recht, Public Private Partnership, 2003; *Eiselsberg/Prohaska-Marchried,* Von transparenten Besetzungen und Vertragsschablonen – Das Stellenbesetzungsgesetz, ecolex 1998, 319; *Fadinger,* Die Prüfung von Unternehmen durch den Rechnungshof, ÖZW 1980, 49; *Funk,* Grenzen der Ausgliederung der hoheitlichen Besorgung von Verwaltungsaufgaben, ÖZW 1997, 60; *Gröhs/Havranek/Lang/Mayer/Pircher/Prändl,* Ausgliederungen – Privatwirtschaftliche Aktivitäten der öffentlichen Hand, 2003; *Hengstschläger,* Zuständigkeitsprobleme im Bereich der Rechnungshofkontrolle bezüglich vernetzten Unternehmungen, ZfV 1988, 122; *Gruber,* Der Beamte als Aufsichtsratsmitglied, in Kalss/Fleischer/Vogt, Der Staat als Aktionär, 2019; *Holoubek,* Der Staat als Aktionär – Verfassungsrechtliche Vorgaben aus österreichischer Sicht, in Kalss/Fleischer/Vogt, Der Staat als Aktionär, 2019; *Jud/Harrer/Graf,* Der Public Corporate Governance-Kodex, GesRZ 2014, 208; *Jud/Wünsch,* Zum Anwendungsbereich des Ausschreibungsgesetzes, NZ 1994, 25; *Kahl,* Öffentliche Unternehmen, in Holoubek/Potacs, Öffentliches Wirtschaftsrechts, Band 2, 4. Aufl. 2019; *Kalss,* Aktienrecht im Licht der Kapitalverkehrsfreiheit – Die Rsp des EuGH zu den goldenen Aktien und die Auswirkungen auf das nationale Recht, JRP 2005, 26; *Kalss,* Auskunftsrechte und -pflichten für Vorstand und Aufsichtsrat im Konzern, GesRZ 2010, 137; *Kalss,* Der Bundes Public Corporate Governance Kodex, GesRZ 2018, 320; *Kalss,* Der Bundes Public Corporate Governance Kodex, in Kalss/Fleischer/Vogt, Der Staat als Aktionär, 2019; *Kalss,* Novellierung des Bundes Public Corporate Governance Kodex, in Kalss/Oppitz/Schörghofer, Update Vorstand und Aufsichtsrat, 2019; *Karollus,* Das Sondergesellschaftsrecht für die Verbund AG auf dem Prüfstand der Kapitalverkehrsfreiheit, FS Aicher, 2012, 265; *Kastner,* Zweites Verstaatlichungsgesetz, JBl 1947, 323 (= Gesammelte Aufsätze 528); *Kastner,* Rechtsfragen der Verstaatlichung in Österreich, JBl 1968, 1 (= Gesammelte Aufsätze 526); *Kastner,* Zur Zahlenmäßigen Begrenzung der Übernahme von Aufsichtsratssitzen durch eine Person, GesRZ 1981, 12 (= Gesammelte Aufsätze 317); *Kastner,* Rechtsfragen der Privatisierung, WiPolBl 1987, 658; *Kastner,* Die Verstaatlichung nach neuem Recht, JBl 1987, 681; *Kautz,* Einflussnahme auf Aufsichtsratsmitglieder in Aktiengesellschaften der öffentlichen Hand, FS Torggler, 2015, 601; *Keinert,* Österreichisches Genossenschaftsrecht, 1988; *Lenz/Borchardt,* EU- und EG-Vertrag, Kommentar, 2003; *Leser,* Salz der Gesellschaft, 1988; *Nowotny,* Der Beamte als Aufsichtsrat, RdW 1999, 283; *Nowotny,* ÖIAG-Gesetz 2000, ÖZW 2000, 116; *Nowotny,* Kernaktionärsrolle und Aktienrecht, in Zukunftsforum Österreich (Hrsg.), Strategisches Eigentum für Österreichs Zukunft, 2002; *Pauger/Plöchl,* Die Aufgaben der Verbundgesellschaft, ÖZW 1988, 125; *Plöchl,* Der Staat als Wirtschaftssubjekt und seine Stellung zur Wirtschaft, GA zum 5. ÖJT I/3A, 1982; *Plöchl,* Referate und Diskussionsbeiträge zum Gutachten, 5. ÖJT II/3, 1982; *Plöchl,* Bestandaufnahme der Bestandfunktion – Bemerkungen zu neuen Entwicklungen im Vergabewesen öffentlicher Unternehmen, GesRZ 1982, 131; *Potacs,* Verfassungsrechtliche Rahmenbedingungen von Public Private Partnerships, in Studiengesellschaft für Wirtschaft und Recht, Public Private Partnership, 2003, 27; *Raschauer,* Verwaltungsaufgaben, in Holzinger/Oberndorfer/Raschauer, Österreichische Verwaltungslehre, 3. Aufl. 2013, 169; *Raschauer,* Keine Grenzen für Privatisierungen?, ecolex 1994, 434; *Raschauer,* Grenzen der Wahlfreiheit zwischen den Handlungsformen der Verwaltung im Wirtschaftsrecht, ÖZW 1977, 1; *Riemer,* Die Bildung des ÖIAG-Konzerns, wbl 1990, 89; *Riemer,* Änderungen im ÖIAG-Konzern, ÖZW 1993, 9; *Riemer,* Die Aufhebung des ÖIAG-Konzerns und die Privatisierung, ÖZW 1995, 104; *Rill,* Grenzen der Ausgliederung behördlicher Aufgaben aus der unmittelbaren Staatsverwaltung, ÖBA 1996, 748; *Riss,* Doppelorganschaft und Treuepflichten, 2008; *Schauer,* Strukturmerkmale eines Sondergesellschaftsrechts für ausgegliederte Rechtsträger: Eine Skizze, FS Straube, 2009, 129; *Schima,* Das kartellrechtliche „Konzernprivileg" – Anmerkungen zur „Postbus-Entscheidung" des OGH, FS Doralt, 2004, 559; *Schörghofer,* Aus ÖBIB wird ÖBAG – Die neue Österreichische Beteiligung AG, in Kalss/Oppitz/Schörghofer,

---

[42] Großkomm AktG/*Huber/Fröhlich* Rn. 20; BeckOGK/*Schall* Rn. 6; Hölters/*Müller-Michaels* Rn. 13; Hüffer/Koch/*Koch* Rn. 9; K. Schmidt/Lutter/*Oetker* Rn. 9; Kölner Komm AktG/*Kersting* §§ 394, 395 Rn. 218.
[43] Großkomm AktG/*Huber/Fröhlich* Rn. 21; Kölner Komm AktG/*Kersting* §§ 394, 395 Rn. 217; Hüffer/Koch/*Koch* Rn. 9; K. Schmidt/Lutter/*Oetker* Rn. 9; BeckOGK/*Schall* Rn. 6; Hölters/*Müller-Michaels* Rn. 13; *Hengeler* FS Schilling, 1973, 193; *Will* VerwArch 94 (2003), 248 (264); *Engelstätter* NordÖR 2003, 98 (102).

Update Vorstand und Aufsichtsrat, 2019, 74; *Stadler,* Wirtschaftsinformatik und Datenschutz, ÖZW 1979, 9; *Steinfort,* Entsendungsrechte in den Aufsichtsrat im europäischen Kontext, 2015; *Stolzlechner,* Formen und Instrumente des Konkurrenzschutzes im öffentlichen Wirtschaftsrecht, ÖZW 1983, 1; *Temmel,* Die Vorbereitung der Aufsichtsratssitzung durch Hilfskräfte, FS Zankl, 2009, 901; *Veil,* Weitergabe von Informationen durch den Aufsichtsrat von Aktionären und Dritten, ZHR 2008, 239; *Walter,* Die Kompetenzen des Rechnungshofes zur Prüfung von Tochterunternehmungen, FS Wenger, 1983, 313; *Weber,* Wirtschaft und Gesellschaft, 1978; *Weber,* 40 Jahre verstaatlichte Industrie in Österreich, ÖIAG-Journal 1986/2, 3; *Wimmer/Arnold,* Wirtschaftsrecht in Österreich und seine Europäische Integration, 1998.

## Übersicht

## I. Beteiligungen der öffentlichen Hand an Kapitalgesellschaften

1    Beteiligt sich der Staat an einer Kapitalgesellschaft, so kann nach österreichischem Recht ebenso wie in Deutschland die Gesellschaft mit der Wahrnehmung von Staatsaufgaben bzw. **öffentlichen Aufgaben mit** oder **ohne Hoheitsgewalt** (imperium) betraut sein. Wird die Gesellschaft mit der Wahrnehmung von Aufgaben mit Hoheitsgewalt betraut, spricht man von Hoheitsverwaltung; ohne Hoheitsgewalt liegt Privatwirtschaftsverwaltung vor.[1] Der Begriff der **„öffentlichen Aufgaben"** ist ein weiter Begriff, der auf die gesellschaftliche Wichtigkeit einer Angelegenheit hindeutet und als Überbegriff für alle Aufgaben, die der Staat abstrakt wahrnehmen kann, zu verstehen ist (zB auch Straßenbaufinanzierung, Förderungsverwaltung, Daseinsvorsorge).[2] Gebietskörperschaften sind im Rahmen der Privatwirtschaftsverwaltung auch zum Führen **rein erwerbswirtschaftlich tätiger** Unternehmen befugt, die im ausschließlichen oder überwiegenden Eigentum von Gebietskörperschaften stehen, jedoch nicht mit der Wahrnehmung von öffentlichen Aufgaben betraut sind.[3] Die verschiedenen Gestaltungen, insbesondere bei der Übertragung von öffentlichen Aufgaben an private Rechtsträger, werfen zahlreiche verfassungs- und verwaltungsrechtliche Fragen (Gestaltungsgrenzen) auf, die im Folgenden nicht vertieft werden sollen.[4]

2    Bei der Beteiligung des Staats an einer Kapitalgesellschaft oder bei Bestehen entsprechender Rechtsbeziehungen können unterschiedliche **gesellschaftsrechtliche Implikationen**

---

[1] *Holoubek* in Kalss/Fleischer/Vogt, Der Staat als Aktionär, 2019, 25.

[2] Vgl. *Raschauer* AllgVerwR Rn. 686; *Potacs* in Raschauer, Grundriss des österreichischen Wirtschaftsrechts, 3. Aufl. 2010, Rn. 908.

[3] *Holoubek* in Kalss/Fleischer/Vogt, Der Staat als Aktionär, 2019, 26.

[4] Vgl. VfGH 12.12.2001 – G 269/01, ÖBA 2002/17; 14.3.1996 – B 2113/94, ÖZW 1997, 55 *(Funk); Kucsko-Stadlmayer,* Grenzen der Ausgliederung, 15. ÖJT Band I/1, 2003, 10, 86 ff.; *Raschauer* AllgVerwR Rn. 378; *Holoubek* ÖZW 2000, 33; *Korinek* ÖZW 2000, 46; *Rill* ÖBA 1996, 748 (754).

entstehen, die in Österreich ganz generell nach allgemeinen Prinzipien gelöst werden müssen, da im Gegensatz zu den §§ 394 f. dAktG im öAktG – trotz rechtspolitsicher Wünsche aus dem Kreis der betroffenen Ministerien – bisher keine ausdrücklichen gesetzlichen Sonderregeln bestehen.

Vorweg ist zwischen folgenden Begriffen zu unterscheiden, wobei keine generell akzep-   **3** tierte Definitionsbildung existiert, sondern die Vielfalt der eingesetzten Gestaltungsmöglichkeiten und deren Unterschiede verdeutlicht werden sollen:[5]

1. Unter **Beleihung** versteht man die Übertragung von Hoheitsgewalt an Rechtsträger, die außerhalb der Verwaltungsorganisation stehen, unabhängig davon, ob bereits bestehende Rechtsträger beliehen oder für diesen Zweck neu geschaffen werden.[6]

2. Bei der **Ausgliederung** (oder **Organisationsprivatisierung**) werden öffentliche Aufgaben auf einen privaten Rechtsträger übertragen, der unter dem finanziellen und/oder organisatorischen Einfluss der Gebietskörperschaft steht. Zu diesem Zweck wird meist ein Sondergesetz geschaffen.[7]

3. Von **Aufgabenprivatisierung** (oder **materieller Privatisierung**) spricht man, wenn (öffentliche) Aufgaben, die zuvor zumindest zu einem wesentlichen Teil durch den Staat selbst besorgt worden sind, auf private Rechtsträger übertragen werden (zB Einstellung des Betriebs einer öffentlichen Verkehrslinie, Übertragung der An- und Abmeldung von Kraftfahrzeugen an Versicherungen oder Übertragung von Förderungen an private Förderbanken).[8]

4. Bei der **Finanzierungsprivatisierung** wird lediglich die Aufbringung finanzieller Mittel für bestimmte öffentliche Aufgaben auf Private verlagert, wie zB im Fall der Gründung der ASFINAG.[9]

5. Als besondere Mischform besteht die Möglichkeit eines **Public-Private-Partnership** (PPP) – Modells. Als (angenäherte) Begriffsdefinition kann darunter eine partnerschaftliche Kooperation zwischen öffentlichen Dienstleistern und Produzenten einerseits sowie privaten Wirtschaftssubjekten andererseits verstanden werden, die sich typischerweise in ganz bestimmten Modellen der Kooperation abspielt.[10]

6. Die **Vermögensprivatisierung** ist durch eine Veräußerung bzw. Übertragung staatlichen Einflusses auf Private gekennzeichnet, ohne dass eine Wahrnehmung öffentlicher Aufgaben zugrunde liegt (vgl. zB den Privatisierungsauftrag der Staatsholding ÖBAG in § 8 Abs 2 ÖIAG-Gesetz).[11]

Rechtstechnisch wird bei Ausgliederungen so vorgegangen, dass entweder durch ein ent-   **4** sprechendes Gesetz der zuständige Ressortminister ermächtigt wird, eine Kapitalgesellschaft

---

[5] *Kucsko-Stadlmayer,* Grenzen der Ausgliederung, 15. ÖJT Band I/1, 2003, 10 ff.; *Holoubek* ÖZW 2000, 33. Eine andere Einteilung unternimmt etwa *Pircher* in Gröhs/Havranek/Lang/Mayer/Pircher/Prändl, Ausgliederungen – Privatwirtschaftliche Aktivitäten der öffentlichen Hand, 2003, 15, und unterscheidet zwischen formeller und materieller Privatisierung, wobei unter letzter Variante das Kooperationsmodell, das Betreibermodell und das Konzessionsmodell verstanden wird.

[6] *Kucsko-Stadlmayer,* Grenzen der Ausgliederung, 15. ÖJT Band I/1, 2003, 21; *Raschauer* AllgVerwR Rn. 114.

[7] *Kucsko-Stadlmayer,* Grenzen der Ausgliederung, 15. ÖJT Band I/1, 2003, 17 ff.; *Winner* ZfV 1998, 104 (105); *Obermann/Obermair/Weigel* JRP 2002, 162.

[8] *Kucsko-Stadlmayer,* Grenzen der Ausgliederung, 15. ÖJT Band I/1, 2003, 11; *Raschauer,* Verwaltungsaufgaben, in Holzinger/Oberndorfer/Raschauer, Österreichische Verwaltungslehre, 3. Aufl. 2013, 169 (209 f.); *Holoubek* ÖZW 2000, 33 (34); *Holoubek* ÖGZ 2000/H 12, 22; *St. Korinek* ZfV 1998, 296; *Kühteubl* ÖZW 1992, 56; *Horner,* Ausgliederung und Ingerenz, 2004, 15.

[9] Autobahn- und Schnellstrassen-Finanzierungs-Aktiengesellschaft; *Kucsko-Stadlmayer,* Grenzen der Ausgliederung, 15. ÖJT Band I/1, 2003, 16; *Aicher* zit. nach *Kühteubl* ÖZW 1998, 60; *St. Korinek* ZfV 1998, 296. Als weitere Form ist die *funktionelle Privatisierung* zu nennen, wo die Zuständigkeit zur Erfüllung bestimmter hoheitlicher und nicht-hoheitlicher Aufgaben vom Staat auf private Verwaltungshelfer übertragen wird, vgl. *Horner,* Ausgliederung und Ingerenz, 2004, 26 ff.

[10] *Potacs* in Studiengesellschaft für Wirtschaft und Recht, Public Private Partnership, 2003, 27. Dieses Modell wird zumeist dann herangezogen, wenn die Mittelaufbringung für ein Projekt etwa im Bahn- oder Infrastrukturbereich scheitern würde, weil das Projekt für Private unrentabel ist; in diesem Fall wird die Finanzierung teilweise von der öffentlichen Hand (mittels Zuschüssen) übernommen.

[11] *Kucsko-Stadlmayer,* Grenzen der Ausgliederung, 15. ÖJT Band I/1, 2003, 10; *Nowotny* ÖZW 2000, 116 (117).

zu gründen und entsprechende Aktivitäten auf sie zu übertragen (vgl. Bundesbahnstrukturgesetz 2003, öBGBl. I 2003/138), oder die Errichtung der Gesellschaft wird kraft Gesetze vorgenommen, sodass die Eintragung im Firmenbuch nur mehr deklarativen Charakter hat (zB das Bundesgesetz über die Einrichtung und Aufgaben der Post und Telekom Austria Aktiengesellschaft – Poststrukturgesetz, öBGBl. 1996/201).[12]

## II. Gestaltung von Sondergesellschaftsrecht durch den Gesetzgeber

5    Bei der Besorgung öffentlicher Aufgaben durch private Gesellschaften finden grundsätzlich die entsprechenden Rechtsnormen des Privatrechts Anwendung. In Österreich wird ebenso wie in Deutschland die Existenz und Notwendigkeit eines allgemeinen „Verwaltungsgesellschaftsrechts" verneint, dh dass die Position der öffentlichen Hand grundsätzlich denselben Spielregeln des Gesellschaftsrechts unterliegt, die auch für Private gelten (vgl. → Vor §§ 394 ff. Rn. 23).[13] Um besonderen Bedürfnissen Rechnung zu tragen, können einerseits Spielräume des allgemeinen Gesellschaftsrechts ausgenutzt werden (zB Satzungsgestaltung), andererseits greift der Gesetzgeber durch Schaffung von **„Sondergesellschaftsrecht"** ein.[14] Die verfassungsrechtliche **Kompetenz** zur Abänderung des allgemeinen Gesellschaftsrechts steht nach Art. 10 Abs. 1 Nr. 6 B-VG nur dem **Bund** zu.[15]

6    Bei Vorliegen einer ausdrücklichen gesetzlichen Regel ist zunächst zu prüfen, ob es sich tatsächlich um **Sondergesellschaftsrecht** handelt, ob nur **Aufträge** an staatliche Organe enthalten sind oder ob es sich um **öffentlich-rechtliche Normen** handelt.[16] Die Unterscheidung ist neben der Frage der Zulässigkeit der Abweichung von allgemeinen Regeln des Gesellschaftsrechts für Gesetzgebungszuständigkeiten von Bedeutung;[17] zudem könnten in manchen Fällen Figuren des Gesellschaftsrechts öffentlich-rechtlichen Anforderungen nicht genügen (zB Erfordernis des Weisungszusammenhangs gem. Art. 20 Abs. 1 B-VG bei Wahrnehmung staatlicher Aufgaben durch Private, vgl. → Rn. 23).

## III. Kapitalgesellschaften zur Erfüllung öffentlicher Aufgaben

7    Mit der Wahl von Kapitalgesellschaften ist die Möglichkeit verbunden, durch die Schaffung von Sondergesellschaftsrecht oder durch entsprechende satzungsmäßige Gestaltungen den gebotenen Einfluss der ausgliedernden oder privatisierenden Gebietskörperschaft zu erhalten.[18] Es stellt sich die Frage nach dem Verhältnis der öffentlichen Aufgabenerfüllung zum **Unternehmenszweck** einer Kapitalgesellschaft. Nach hM kann eine Aktiengesellschaft zu jedem gesetzlich zulässigen Zweck errichtet werden; auch ideelle oder nicht

---

[12] Näheres im vom BMF herausgegebenen Ausgliederungshandbuch.

[13] *Nowotny* in Studiengesellschaft für Wirtschaft und Recht, Public Private Partnership, 2003, 135 (141); *Kalss* in Kalss/Nowotny/Schauer öGesR Rn. 8/27; ferner *Habersack*, ZGR 1996, 544 (556 ff.).

[14] *Winner*, ZfV 1998, 106; *Horner*, Ausgliederung und Ingerenz, 2004, 46 ff.; *Kalss* in Kalss/Nowotny/ Schauer öGesR Rn. 8/27 Fn. 52.

[15] *Kucsko-Stadlmayer*, Grenzen der Ausgliederung, 15. ÖJT Band I/1, 2003, 66; *Aicher* in Funk, Die Besorgung öffentlicher Aufgaben durch Privatrechtssubjekte, 1981, 239; *Korinek/Holoubek*, Grundlagen staatlicher Privatwirtschaftsverwaltung, 1993, 100 f. Die verfassungsrechtliche Zulässigkeit wird kontrovers beurteilt; dafür *Korinek/Holoubek*, Grundlagen staatlicher Privatwirtschaftsverwaltung, 1993, 101 mwN; *Raschauer* ecolex 1994, 434 (435); *Raschauer* AllgVerwR Rn. 378: Die Problematik der Schaffung von Sondergesellschaftsrecht durch den Bund liege darin, dass es den Ländern nicht (aber bei Annahme der Anwendbarkeit von Art. 15 Abs. 9 B-VG) nicht in gleicher Weise offensteht, zB von § 70 öAktG abweichende Regelungen zu treffen, den Gemeinden kommt überhaupt keine derartige Befugnis zu; diff. *Winner* ZfV 1998, 106, der auf eine Sachlichkeitskontrolle abstellt: Sprechen sachliche Gründe für eine Abweichung von den allgemeinen Regeln des Gesellschaftsrechts, muss eine Sonderregel zulässig sein; vgl. ferner *Horner*, Ausgliederung und Ingerenz, 2004, 44 ff.; *Korinek*, Staatsrechtliche Bindungen und Grenzen (Vortrag), zit. in Kühteubl ÖZW 1998, 57; *St. Korinek* ZfV 1998, 296; für Deutschland *Schön* ZGR 1996, 429 (432 f.).

[16] *Winner* ZfV 1998, 106 ff.; *Schauer* FS Straube, 2009, 129 ff.

[17] Den Ländern kommt eine Gesetzgebungszuständigkeit zur Schaffung von öffentlich-rechtlichen Normen zu, die in dem ihnen zugewiesenen Rahmen auch öffentlich-rechtliche Weisungen vorsehen können.

[18] *Doralt/Nowotny/Kalss/Kalss* öAktG Einl. Rn. 29; *Funk* zit. nach *Kühteubl* ÖZW 1998, 56; *St. Korinek* ZfV 1998, 296; *Winner* ZfV 1998, 108 nennt als Beispiele die Telekom Austria AG, die Österreichische Bundesforste AG, die Wiener Börse AG, die Bundesrechenzentrum GmbH und die Austro Control GmbH.

erwerbswirtschaftliche Zwecke sind möglich, Gewinnerzielungsabsicht ist nicht erforderlich.[19] Der Unternehmenszweck soll durch die Verfolgung des – vom Zweck zu trennenden – Unternehmensgegenstands, in dem konkrete Tätigkeitsbereiche des Unternehmens festgelegt werden, erreicht werden (s. auch → Vor §§ 394 ff. Rn. 27).[20] Bei sondergesetzlich angeordneten Ausgliederungen sind diese Festlegungen (Unternehmenszweck, -gegenstand) sowohl in der Satzung der Gesellschaft – diesfalls ergibt sich das Erfordernis, die gesetzlichen Regelungen in die Satzung der Gesellschaft zu übernehmen (**Satzungstransformation**)[21] – als auch durch unmittelbar anwendbare normative Festlegung im betreffenden Gesetz möglich.

Eine satzungsmäßige oder gesetzliche Aufgaben- und Zweckfestlegung kann nach hM die **8** Gültigkeit einer dagegen verstoßenden Rechtshandlung im Außenverhältnis nicht berühren (Ablehnung der **ultra-vires**-Theorie), bindet im Innenverhältnis jedoch die Organe dauerhaft, sofern im Gesetz eine Satzungsänderung nicht ausdrücklich vorbehalten wurde; die Verletzung berechtigt zudem jedenfalls zu Schadenersatzansprüchen.[22] Sondergesellschaftsrechtliche Anordnungen beschränken daher weder die Rechtsfähigkeit der betroffenen Gesellschaft, noch die Vertretungsbefugnis der Geschäftsführer.[23]

## IV. Exkurs: Staat als Kernaktionär und „Goldene Aktien"

**Abgrenzung Goldene Aktien – Staat als Kernaktionär.** Eine Goldene Aktie iSd **9** EuGH-Judikatur liegt vor, wenn sich der Staat bzw. eine Gebietskörperschaft anlässlich der Überführung von öffentlichen Unternehmen in Privatrechtsform oder in private Hände besondere Einflussrechte vorbehält, die nicht mit einer entsprechenden Kapitalbeteiligung korrespondieren.[24] Tritt der Staat im allgemeinen volkswirtschaftlichen Interesse als **Kernaktionär** auf, ist ein bestimmtes Ausmaß an Beteiligung erforderlich, um strategische Funktionen wie etwa die Gewährung der Versorgungssicherheit oder die Absicherung der öffentlichen Sicherheit (zB Energiewirtschaft, Wasserversorgung) zu erfüllen.[25] Die Goldene Aktie dagegen setzt uU nicht einmal den Besitz einer einzigen Aktie voraus.[26]

**Die Goldene Aktie.** Der EuGH legte in mehreren Urteilen Leitlinien für die Zulässig- **10** keit von Goldenen Aktien im Licht der Kapitalverkehrsfreiheit fest.[27] Aus den Entscheidungen folgt nicht das absolute Verbot der Gestaltung von staatlichen Einflussrechten auf private Rechtsträger ohne eine entsprechende Kapitalbeteiligung, vielmehr ergeben sich relativ enge Grenzen für die Zulässigkeit von Goldenen Aktien. Sonderrechte zugunsten der öffentlichen Hand verstoßen nach der EuGH-Judikatur nicht nur dann gegen die Kapitalverkehrsfreiheit, wenn sie nur Anleger aus anderen Mitgliedstaaten erfassen und diese gegenüber Inländern **diskriminierend** benachteiligen; grundsätzlich sind auch Beschränkungen unzulässig, die in- und ausländische Investoren gleich behandeln, wenn der freie Kapitalverkehr beeinflusst und die Regelung geeignet ist, den Anleger von seinem Investment **abzuhalten** und die Regelung nicht **gerechtfertigt** ist.[28] Eine solche Rechtfertigung kann sich nach dem EuGH allerdings weder unter Berufung darauf, wonach die Eigentumsordnungen der Mitgliedstaaten grundsätzlich unangetastet bleiben sollen, noch mit dem Hinweis, dass etwa

---

[19] *Kastner/Doralt/Nowotny* Grundriß 177. Dasselbe gilt auch für die GmbH, vgl. *Kastner/Doralt/Nowotny* Grundriß 339 f.
[20] *Schön* ZGR 1996, 440 f.
[21] *Raschauer* AllgVerwR Rn. 564.
[22] *Winner* ZfV 1998, 110 f.
[23] Vgl. § 20 Abs. 2 öGmbHG, § 74 Abs. 2 öAktG.
[24] *Kalss/Klampfl* EuropGesR Rn. 85.
[25] *Nowotny* in Zukunftsforum Österreich, Strategisches Eigentum für Österreichs Zukunft, 2002, 77 (83 f.).
[26] *Kalss/Klampfl* EuropGesR Rn. 84 ff.; *Grundmann* EuropGesR Rn. 846.
[27] Die bisherigen Urteile ergingen gegen Belgien, Frankreich, Griechenland, Portugal, Spanien, Großbritannien, Italien, die Niederlande und Deutschland; *Kalss/Klampfl* EuropGesR Rn. 85 f.; *Schmidt* in Kalss/Fleischer/Vogt, Der Staat als Aktionär, 2019, 171, 174 ff.; *Schuhmacher* FS Jud, 2012, 631 ff.; *Habersack/Verse* EuropGesR § 3 Rn. 52 ff.; *Lutter/Bayer/J. Schmidt* EuropUnternehmensR § 15 Rn. 3; *Kalss* JRP 2005, 26; *Bayer* BB 2004, 1.
[28] *Kalss* in Kalss/Nowotny/Schauer öGesR Rn. 1/27.

eine Sonderaktie eine im Rahmen des Gesellschaftsrechts vorgesehene Aktienart sei, in den Bereich des Privatrechts fallen würde und daher von den Grundfreiheiten nicht erfasst würde, geschehen.[29] Eine Rechtfertigung kann sich vielmehr dann ergeben, wenn (i) das betroffene Unternehmen eine Funktion erfüllt, die **öffentlichen Interessen** („Allgemeines Interesse"), dient; (ii) die Regeln ein Maß an **Bestimmtheit** aufweisen, um Anlegern Rechtssicherheit zu gewährleisten; (iii) die Regeln **verhältnismäßig,** dh geeignet und erforderlich sind, (iv) eine Entscheidung eines öffentlichen Organs an **strenge Fristen** gebunden ist, (v) eine Pflicht zur **Begründung** der Entscheidung besteht, und (vi) gegen die Entscheidung ein **effektiver Rechtsschutz** eingerichtet ist.[30]

**11**   Das wohl prominenteste Privatisierungsgesetz in Österreich ist das **ÖIAG-Gesetz,** das die Rechtsverhältnisse der Österreichischen Beteiligungs AG (ÖBAG) und der Post und Telekom AG regelt.[31] Das ÖIAG-Gesetz ist die Nachfolgeregelung des 1. Verstaatlichungsgesetzes aus dem Jahr 1946.[32] Da die ÖBAG[33] im 100%-igen Eigentum der Republik Österreich steht und dabei durch Einsatz der entsprechenden satzungsmäßigen oder begleitenden schuldrechtlichen Instrumente (Syndikatsverträge) einen über ihren Kapitalanteil hinausgehenden Einfluss zur Sicherung insbesondere auch öffentlicher Interessen (vgl. nur § 7 Abs. 2 ÖIAG-G 2000) zu verfolgen hat, ist ein disproportional zum Kapitaleinsatz des Staates bestehender Einfluss des Staates möglich, der der Prüfung von Art. 64 AUEV unterfällt.[34] Das Gesetz sieht aber keine konkrete Einflusssicherung der ÖBAG vor, vielmehr enthält es nur eine Verhaltensanordnung für die Gesellschaft, sodass nicht diese Regelung, sondern jeweils die konkrete Umsetzung in der Satzung bzw. im begleitenden Syndikatsvertrag zu überprüfen ist (allenfalls bei Gesetzesänderung auch das geänderte Gesetz). Nach einer Mitteilung des Bundesministerium für Finanzen[35] soll die ÖBAG nun auf der Grundlage des ÖIAG-Gesetzes gem. § 7 Abs. 5 ÖIAG-Gesetz 2000 berechtigt werden, nach betriebswirtschaftlichen Kriterien werthaltige Beteiligungen (auch Minderheitsanteile) zu erwerben, die der Standortsicherung dienen.

**12**   Verstaatlichungen und nachfolgende Privatisierungen fanden in Österreich auch in anderen Bereichen statt, insbesondere etwa in der **Energieversorgung.** Das „Bundesverfassungsgesetz, mit dem die Eigentumsverhältnisse an den Unternehmen der österreichischen Elektrizitätswirtschaft geregelt werden"[36] sieht ua vor, dass vom Aktienkapital der Österreichischen Elektrizitätswirtschafts-Aktiengesellschaft (Verbundgesellschaft) mindestens 51% im Eigentum des Bundes stehen muss, sowie eine Stimmrechtsbeschränkung jedes Aktionärs in der Hauptversammlung mit 5% des Grundkapitals, ausgenommen Gebietskörperschaften und Unternehmen, an denen Gebietskörperschaften mit 51% beteiligt sind (dh dass das Höchststimmrecht für diese Aktionäre nicht gilt).[37] Obwohl auf den ersten Blick eine kapitalverkehrsbeschränkende Wirkung dieser Regelungen nicht völlig von der Hand

---

[29] *Kalss* JRP 2005, 31 f.

[30] *Kalss/Klampfl* EuropGesR Rn. 88; *Arlt/Rabl* GesRZ 2008, 17.

[31] ÖBGBl. I 24/2000 idF 96/2018; *Schörghofer* in Kalss/Oppitz/Schörghofer, Update Vorstand und Aufsicht, 2019, 74 ff.

[32] ÖBGBl. 1946/168, s. dazu *Kastner/Doralt/Nowotny* Grundriß 488 ff.; *Nowotny* in Zukunftsforum Österreich, Strategisches Eigentum für Österreichs Zukunft, 2002, 77 (85 ff.).

[33] Während die Beteiligungsverwaltung gemäß dem ÖBIB-Gesetz 2015 (öBGBl. I 2015/37) durch die Österreichische Bundes- und Industriebeteiligungen GmbH (ÖBIB) ausgeübt wurde – diese löste die Österreichische Industrieholding AG (ÖIAG) ab –, wurde mit dem Bundesgesetz, mit dem das ÖIAG-Gesetz 2000, das Bundesimmobiliengesetz und das Finanzmarktstabilitätsgesetz geändert wurden (öBGBl. I 2018/96), gem. §§ 245 ff. öAktG eine formwechselnde Umwandlung der ÖBIB in die Österreichische Beteiligungs AG (ÖBAG) durchgeführt. Die Umwandlung erfolgte nachweislich der Erläuterungen auch mit dem Ziel einer passenderen Ausrichtung der Beteiligungen der ÖBAG; s. dazu *Schörghofer* in Kalss/Oppitz/Schörghofer, Update Vorstand und Aufsichtsrat, 2019, 74 ff.

[34] *Kalss* JRP 2005, 35.

[35] Mitteilung des Bundesministeriums für Finanzen gem. § 7 Abs. 5 ÖIAG-Gesetz 2000 (öBGBl. I Nr. 24/2000 idF öBGBl. I Nr. 96/2018), GZ BMF 070138/0002-I/5/2019.

[36] Vgl. öBGBl. I 143/1998; *Pauger* ÖZW 1998, 97 (102); s. ferner *Kastner* JBl 1987, 681 (683).

[37] S. dazu *Kahl* in Holoubek/Potacs, Wirtschaftsrecht, Band 2, 4. Aufl. 2019, 436; krit. *Thurnher,* Elektrizitätswirtschafts- und -organisationsgesetz, ElWOG Art. 2 Rn. 4; *Pauger* ÖZW 1998, 97 (102).

gewiesen werden kann, ergibt sich eine **Rechtfertigung** jedenfalls aus der Erbringung **öffentlicher Dienstleistungen** (Energieversorgung) im allgemeinen Interesse; **Bedenken** gegen die Verhältnismäßigkeit insbes. des Höchststimmrechts **relativieren** sich aus dem Zusammenspiel mit der gesetzlichen **Kernaktionärsrolle des Staats:**[38] Der Staat hat damit jedenfalls die einfache Mehrheit inne, das Höchststimmrecht dient nur mehr der Erschwerung einer Sperrminderheit für Beschlüsse, für die eine größere Mehrheit als die der gültig abgegebenen **Stimmen** erforderlich ist. Bei einer durch satzungsmäßige Festlegung bzw. durch gesetzliche Regelung erforderlichen größeren Kapitalmehrheit, wie zB Kapitalerhöhung, Verschmelzung, oder Kapitalherabsetzung, bedarf es der Absicherung durch ein Höchststimmrecht hingegen nicht, da dabei ohnehin drei Viertel des in der Hauptversammlung anwesenden **Grundkapitals** und zugleich die **einfache Mehrheit der Stimmen** erforderlich sind.[39] Eine zusätzliche Sicherung wäre nur bei Anhebung der Stimmenmehrheit für Beschlüsse mit einfacher Stimmenmehrheit oder ist im Fall der gesetzlichen Anordnung einer größeren Stimmenmehrheit gegeben, wie dies bei der Abberufung eines Aufsichtsratsmitglieds vor Ablauf der Funktionsperiode der Fall ist (Dreiviertelmehrheit der abgegebenen Stimmen gem. § 87 Abs. 8 öAktG).[40] Nur in diesem Fall greift die Beschränkung des Stimmrechts.[41] Bei sonstigen Hauptversammlungsbeschlüssen, die nur der einfachen Stimmenmehrheit bedürfen (zB Entlastung, Bestellung des Abschlussprüfers, Gewinnverteilung, Bestellung des Aufsichtsrats, Misstrauensvotum gem. § 75 Abs. 4 öAktG), ist die Stimmenmehrheit bereits durch die zwingende Kapitalmehrheit sichergestellt.[42] Insgesamt ist daher davon auszugehen, dass sowohl das ÖIAG-Gesetz als auch das Bundesverfassungsgesetz zur Regelung der Eigentumsverhältnisse in der österreichischen Energieversorgung mit der Kapitalverkehrsfreiheit in Einklang stehen.[43]

### V. Grenzen gesellschaftsrechtlicher Gestaltungsmöglichkeiten

Bei Ausgliederungen oder ähnlichen Vorgängen stellt sich die Frage, wie der Staat Einfluss- und Mitwirkungsrechte auf die betreffende Gesellschaft und die Geschäftsführung sicherstellen kann und welchen Gestaltungsgrenzen die öffentliche Hand unterworfen ist. Im Folgenden werden jene gesetzlichen Grundlagen, Gestaltungsmöglichkeiten und Problembereiche skizziert, bei denen die Besonderheit von Einfluss- und Mitwirkungsrechten der öffentlichen Hand berücksichtigt werden muss.[44] **13**

**1. Exkurs: Rechnungshofkontrolle.** Nach hM trifft die Rechnungshofkontrolle auch **14** ausgegliederte Rechtsträger bei überwiegender staatlicher unmittelbarer oder mittelbarer Beteiligung oder staatlicher Beherrschung.[45] Gem. Art. 126b Abs. 2 B-VG (und §§ 11 und 12 RHG) besteht die Kontrolle des Rechnungshofs über Unternehmen, an denen der Bund allein oder gemeinsam mit anderen der Zuständigkeit des Rechnungshofs unterliegenden Rechtsträgern mit mindestens 50% des Stamm-, Grund- oder Eigenkapitals beteiligt ist; gleichgestellt ist die tatsächliche Beherrschung von Unternehmen durch den Bund allein

---

[38] *Kalss* JRP 2005, 37; krit. *Karollus* FS Aicher, 2012, 265; s. ferner *Schuhmacher* FS Jud, 2012, 631 ff.

[39] Artmann/Karollus/*Bydlinski/Potyka* öAktG § 121 Rn. 16 f.

[40] Artmann/Karollus/*Bydlinski/Potyka* öAktG § 121 Rn. 15.

[41] Doralt/Nowotny/Kalss/*Kalss* öAktG § 87 Rn. 47; *Kalss,* Das Höchststimmrecht als Instrument zur Wahrung des Aktionärseinflusses, 1992, 99 ff.; vgl. auch OGH 3 Ob 152/02b, GesRZ 2004, 63, wonach die in der Satzung einer AG bestimmte generelle Herabsetzung von Mehrheitserfordernissen für Hauptversammlungsbeschlüsse im nach dem AktG höchstzulässigen Ausmaß auch für die nicht ausdrücklich erwähnte ordentliche Kapitalerhöhung gilt; mit einer derartigen Generalklausel könnte der Anwendung eines Höchststimmrechts somit der Boden entzogen werden.

[42] Vgl. *Kalss* JRP 2005, 37 f. mwN.

[43] *Kalss* JRP 2005, 42; krit. *Karollus* FS Aicher, 2012, 252 ff.; *Schuhmacher* FS Jud, 2012, 631 ff.

[44] Ausgeblendet werden daher jene Bereiche des allgemeinen Gesellschaftsrechts, die in keiner besonderen Weise auf den Staat als Gesellschafter oder Einflussträger abstellen und die nach allgemeinen Prinzipien gelöst werden können.

[45] *Korinek* in Funk, Die Besorgung öffentlicher Aufgaben durch Privatrechtssubjekte, 1981, 131 ff.; *Holoubek* ÖZW 2000, 42; *Korinek* ÖZW 2000, 47.

oder gemeinsam mit anderen der Zuständigkeit des Rechnungshofes unterliegenden Rechtsträgern durch finanzielle oder sonstige wirtschaftliche oder organisatorische Maßnahmen. Der Begriff „Beherrschung" erfasst in diesem Zusammenhang sowohl rechtliche als auch faktische Möglichkeiten der Einflussnahme.[46] Eine faktische Kontrolle kann schon durch ein entsprechendes Blockadepotential des Anteilshabers bei der Bestellung und Abberufung der Vorstandsmitglieder vorliegen.[47] Die Beherrschung muss zudem eine Intensität erreichen, die einer 50%- oder höheren Beteiligung zumindest gleichkommt.[48]

**15**    **2. Mitwirkungsrechte des öffentlichen Rechtsträgers. a) Syndikatsvertrag.** Der Einfluss des Staats auf die Gesellschaft kann durch einen **Syndikatsvertrag** sichergestellt werden. Darunter versteht man einen (schuldrechtlichen) Vertrag der Aktionäre, der außerhalb der Satzung abgeschlossen wird (→ AktG § 136 Rn. 115).[49] Das ÖBIB-Gesetz nennt die Syndikatsverträge als Verträge mit Dritten ausdrücklich als maßgebliche Instrumente der Einflusssicherung. Typischer Inhalt ist die Bindung des Stimmrechts der Aktionäre (**„Stimmbindungsverträge"**), der Syndikatsvertrag kann aber darüber hinaus etwa Absprachen über die Bestellung von Organmitgliedern, über die Geschäfts- und Unternehmenspolitik, Sonderrechte oder Informationsrechte enthalten.[50] Neben der Einflusssicherung des Staats als Aktionär ist ein Syndikatsvertrag grundsätzlich auch dazu geeignet, einem **Gesellschaftsfremden** einen Einfluss auf die Gesellschaft einzuräumen, dh auch dann in einem bestimmten Rahmen[51] Einflussmöglichkeiten zugunsten des Staats gestaltbar sind, wenn der Staat an der Gesellschaft nicht beteiligt ist.

**16**    **b) Beherrschungsvertrag.** Der Abschluss von Beherrschungsverträgen zugunsten einer Gebietskörperschaft ist grundsätzlich zulässig, dh die Gesellschaft kann zumindest teilweise einem fremden, außenstehenden Interesse untergeordnet werden.[52] Grenzen zulässiger Gestaltung liegen im Minderheitsschutz[53] und Gläubigerschutz, dh dass über den Vertrag nicht solche Maßnahmen durchgesetzt oder verhindert werden können, die zu einer Gefährdung des Bestehens der Gesellschaft führen.[54] Im Rahmen des Beherrschungsvertrags sind auch Mitwirkungs- und Zustimmungsrechte etwa bei der Budgetplanung, Investitionsplanung und Lohn- und Preisgestaltung denkbar. Die Gestaltung des Beherrschungsvertrags richtet sich auch nach der Beteiligung des Staats: Wenn der Staat nicht an der Gesellschaft beteiligt ist, sind etwa Weisungsrechte nicht begründbar.[55] Das Bestehen eines Beherrschungsvertrags ist auch bei der Frage heranzuziehen, ob eine Zuständigkeit des Rechnungshofs gegeben ist (vgl. → Rn. 14).[56]

**17**    Im Übrigen besteht im österreichischen Aktienrecht kein eigener Regelungsabschnitt für Konzerne, sodass allgemeine Regeln zur Anwendung kommen (insbes. § 52 öAktG).

---

[46] *Zellenberg* in Jahrbuch Öffentliches Recht, 2010, 113 (124); *Holoubek* in Kalss/Fleischer/Vogt, Der Staat als Aktionär, 2019, 25.

[47] VfGH 11.12.2018, KR 1/2018.

[48] *Hengstschläger,* Rechnungshofkontrolle, Art. 126b Abs. 2 B-VG Rn. 8.

[49] *Tichy,* Syndikatsverträge bei Kapitalgesellschaften, 2000.

[50] *Kalss* FS Koppensteiner, 2016, 150; *Artmann* FS Koppensteiner, 2016, 1 ff.

[51] Zur Zulässigkeit und Schranken von Syndikatsverträgen vgl. *Tichy,* Syndikatsverträge bei Kapitalgesellschaften, 2000, 45 ff.

[52] *Kalss* in Kalss/Nowotny/Schauer öGesR Rn. 3/1104; → Österreichisches Konzernrecht Rn. 101; *Rüffler,* Lücken im Umgründungsrecht, 2002, 43 ff.; *Rüffler* FS Koppensteiner, 2006, 149 ff.

[53] Diesfalls ist eine angemessene Entschädigung vorzusehen, vgl. → Österreichisches KonzernR Rn. 103 f.; *Rüffler,* Lücken im Umgründungsrecht, 2002, 86 ff.

[54] *Rüffler,* Lücken im Umgründungsrecht, 2002, 70 ff., 86 ff.; *Nowotny* in Studiengesellschaft für Wirtschaft und Recht, Public Private Partnership, 2003, 144 f.

[55] *Nowotny* in Studiengesellschaft für Wirtschaft und Recht, Public Private Partnership, 2003, 145. Eine mögliche Gestaltung für den Krisenfall ist allerdings in definierten Fällen ein Optionsrecht auf Anteile verbunden mit zeitlich (auf die Dauer der Krise) begrenzten Mehrstimmrechten vorzusehen.

[56] Die Kontrollzuständigkeit des Rechnungshofs besteht gem. Art. 126 2 B-VG gegenüber Unternehmen, an denen der Bund mit mindestens 50% beteiligt ist *oder* die durch finanzielle oder sonstige wirtschaftliche oder organisatorische Maßnahmen *beherrscht* werden; vgl. VfSlg 14.096/1995; *Holoubek,* Öffentlich-rechtliche Folgen von Ausgliederungen, Privatisierungen und Beleihungen (Vortrag), zit. in *Kühteubl* ÖZW 1998, 58; *St. Korinek* ZfV 1998, 296.

Einzelne konzernrechtliche Tatbestände sind auch in Österreich gesetzlich geregelt (vgl.
→ Vor §§ 394 ff. Rn. 52 ff.).[57]

**c) Stimmrechtsgestaltung.** Der Einfluss der öffentlichen Hand kann auch durch dis- **18**
proportionale Stimmrechte im Vergleich zur finanziellen Beteiligung sichergestellt werden.
Denkbar ist die Normierung von **Höchststimmrechten**[58] gem. § 12 Abs. 2 öAktG. Vorstellbar ist die Gestaltung des Höchststimmrechts auch derart, dass nur die anderen Aktionäre,
nicht aber der Staat als Inhaber einer eigenen Aktiengattung dem Höchststimmrecht unterworfen ist.[59]

Grundsätzlich zulässig ist auch die Einräumung eines **Präsenzrechts** zugunsten eines **19**
bestimmten Aktionärs (etwa des Staates), dh das Recht eines Aktionärs, zumindest bei
bestimmten Beschlüssen anwesend zu sein,[60] widrigenfalls der Beschluss nicht gefasst werden
kann. Ebenso ist ein **eingeschränktes Zustimmungs-** oder Vetorecht zugunsten bestimmter Aktionäre für **einzelne bestimmte Beschlussgegenstände** anerkannt;[61] ein generelles
Präsenzrecht bzw. Einzelzustimmungsrecht für alle Beschlüsse ist hingegen nicht zulässig.[62]

Während die Einräumung eines individuellen Zustimmungsrechts und damit auch eines **20**
individuellen Anwesenheitsrechts zugunsten eines einzelnen Aktionärs zulässig ist, unabhängig von der Höhe der Beteiligung des Aktionärs, ist es nach ganz einhelliger Meinung
**ausgeschlossen,** dass **außenstehenden Dritten** dieses Recht gewährt wird, insbesondere
gilt dies für die Satzungsänderung und die Auflösung.[63]

Der Grund liegt darin, dass damit die **Organisationshoheit** aus der Gesellschaft heraus- **21**
verlagert würde, die Satzungsänderung aber ausschließlich in der Zuständigkeit der Gesellschafterversammlung und ihrer Mitglieder liegt. Die Eingrenzung des Zustimmungsrechts
auf Aktionäre oder Aktionärsgruppen bedeutet auch, dass eine **Satzungsänderung** nicht
von der Zustimmung der **öffentlichen Hand** abhängig gemacht werden kann, wenn die
Zustimmungsberechtigung ausschließlich auf der Stellung als Bund oder Land abhängig
gemacht wird und nicht von der Aktionärsstellung.[64] Nur die Aktionärsstellung berechtigt
somit zu dem Zustimmungsrecht bzw. Anwesenheitsrecht. Eine schlichte Satzungsbestimmung kann der Republik Österreich ein Zustimmungs- bzw. Anwesenheitsrecht daher nicht
einräumen, vielmehr muss dies klar an die Aktionärsstellung gebunden sein.

Bei der Einräumung derartiger Sonderrechte ist die EuGH-Judikatur zu **Goldenen** **22**
**Aktien** und zur Einschränkung der Kapitalverkehrsfreiheit zu beachten, wonach eine Vor-
zugsstellung des Staats – egal ob diese mit einer Aktienbeteiligung verbunden ist oder
gesetzlich niedergelegt ist, ohne auf eine Gesellschafterstellung abzustellen – bei einem
Auseinanderfallen von Einfluss und Kapitalbeteiligung nur in engen Grenzen zulässig ist
(→ Rn. 9).

**d) Verfassungs- und gesellschaftsrechtliche Weisung.** Werden **staatliche Aufga-** **23**
**ben** durch private Rechtsträger wahrgenommen, so muss nach dem VfGH die **Einbindung**
**in den Weisungszusammenhang** des B-VG gewahrt bleiben.[65] Unter öffentlichen Aufga-

---

[57] Doralt/Nowotny/Kalss/*Doralt/Diregger* öAktG § 15 Rn. 1 ff.; → Österreichisches Konzernrecht
Rn. 2 ff.

[58] S. dazu etwa *Kalss,* Das Höchststimmrecht als Instrument zur Wahrung des Aktionärseinflusses, 1992;
*Kalss* GesRZ 1992, 25; *Thiery* NZ 1989, 81.

[59] S. nur *Kalss* JRP 2005, 36.

[60] *Kalss* JRP 2005, 38.

[61] *Nowotny* FS Doralt, 2004, 411, 421; *Kalss/Probst* FamUnt Rn. 13/92 f.

[62] *Stern* GesRZ 1998, 196; *Kastner/Doralt/Nowotny* Grundriß 268; *Kalss/Probst* FamUnt Rn. 13/94.

[63] Doralt/Nowotny/Kalss/*Berger* öAktG § 203 Rn. 26; s. ferner OLG Wien NZ 1997, 374 (Pfandrechtsin-
haber).

[64] Doralt/Nowotny/Kalss/*Gruber* öAktG § 146 Rn. 13; Großkomm AktG/*Wiedemann* AktG § 179
Rn. 135.

[65] VfSlg 14.473, ÖZW 1997, 55 *(Funk)* – Austro-Control-Erkenntnis; *Kucsko-Stadlmayer,* Grenzen der
Ausgliederung, 15. ÖJT Band I/1, 2003, 80 ff.; vgl. auch VfGH 12.12.2001, G 269/01 – BWA-Erkenntnis;
die BWA war allerdings anders als die Austro Control GmbH nicht als Rechtsträger des Privatrechts, sondern
als Anstalt des öffentlichen Rechts eingerichtet.

ben sind diesfalls zumindest jene Aufgaben zu verstehen, die zu den „Kernbereichen" der Verwaltungstätigkeit gehören.[66]

24   Nach Art. 20 Abs. 1 B-VG ist die Verwaltung unter Leitung der obersten Organe des Bundes und der Länder zu führen; zur Durchsetzung dieser Leitungsbefugnis und -verpflichtung dient die Weisung. Nach dem VfGH wirkt Art. 20 Abs. 1 B-VG allerdings gegenüber Organen selbständiger Rechtsträger nicht unmittelbar, dh den Gesetzgeber trifft jedenfalls anlässlich von Beleihungen die Verpflichtung, **ausdrückliche rechtliche Vorkehrungen** zur Sicherstellung des von Art. 20 Abs. 1 B-VG normierten Standards zu schaffen.[67]

25   Der Weisungszusammenhang kann durch öffentlich-rechtliche Weisungsbefugnisse hergestellt werden, die in Sondergesetzen niedergelegt werden (zB § 3 Abs. 2 Austro-Control-Gesetz, § 139 Abs. 2 Luftfahrtgesetz). Bei Aktiengesellschaften muss jedenfalls auf **besondere gesetzliche Weisungsrechte** zurückgegriffen werden;[68] aufgrund der Weisungsfreiheit des Vorstands gem. § 70 stellt sich die Frage der Äquivalenz von allgemein-gesellschaftsrechtlichen Instrumenten mit den Anforderungen von Art. 20 Abs. 1 B-VG nicht (vgl. etwa § 20 Abs. 1 öGmbHG).[69]

26   Weisungsrechte bei Aktiengesellschaften können durch einen Beherrschungsvertrag eingeräumt werden.[70] Die durch einen **Beherrschungsvertrag** eingeräumte Weisung ist nach **verfassungsrechtlichen** Grundsätzen **gleichwertig,** soweit derartige Weisungen nicht satzungswidrig bzw. rechtswidrig sind und innerhalb der allgemeinen gesellschaftsrechtlichen Grenzen gestaltet werden (vgl. → Österreichisches KonzernR Rn. 101 ff.).

27   **3. Entsendung von Vorstandsmitgliedern.** Das Aktienrecht kennt – anders als § 15 Abs. 3 öGmbHG[71] – keine Sonderregelungen über satzungsmäßige Bestellungs- und Abberufungsrechte von Mitgliedern des Leitungsorgans (Vorstand). Im Anwendungsbereich des AktG besteht eine zwingende Bestellungskompetenz der Vorstandsmitglieder durch den Aufsichtsrat (§ 75 Abs. 1 öAktG).[72]

28   Grundsätzlich gilt für rechnungshofpflichtige ausgegliederte Rechtsträger in Form einer Kapitalgesellschaft das **Stellenbesetzungsgesetz,** dh vor allem, dass vor Bestellung von Mitgliedern des Leitungsorgans (Vorstandsmitglieder, Geschäftsführer) eine öffentliche Ausschreibung vorgenommen werden muss.[73] Für Gesellschaften, die auf Grund einer Beteiligung der Republik Österreich, die gleich oder größer ist als die Beteiligung anderer Gebietskörperschaften, der Rechnungshofkontrolle unterliegen, wird zudem die Gestaltung des Inhalts des Anstellungsvertrags der Vorstandsmitglieder durch die **Vertragsschablonen-VO**[74] vorgegeben. Ein Verstoß gegen diese VO bei Ausgestaltung des Anstellungsvertrags

---

[66] „Kernbereiche der Verwaltungstätigkeit" ist hier in der Abgrenzung von Agenden der Selbstverwaltung zu verstehen, davon zu unterscheiden sind jene „Kernbereiche der staatlichen Verwaltung", mit denen eine Nicht-Gebietskörperschaft (ausgegliederter Rechtsträger) nach dem VfGH überhaupt nicht betraut werden dürfen, wie Sicherheitspolizei, Militärwesen, zentrale verwaltungspolizeiliche Aufgaben und Strafgewalt, VfGH 14.3.1996 – B 2113/94, ÖZW 1997, 55 *(Funk); Kucsko-Stadlmayer,* Grenzen der Ausgliederung, 15. ÖJT Band I/1, 2003, 86 ff.; *Raschauer* AllgVerwR Rn. 376; *Rill* ÖBA 1996, 748 (754). Zudem hat der VfGH in den Austro-Control- und BWA-Erk festgehalten, dass eine Ausgliederung nur für „vereinzelte Aufgaben" erfolgen dürfe, vgl. *Kucsko-Stadlmayer,* Grenzen der Ausgliederung, 15. ÖJT Band I/1, 2003, 85 f.

[67] VfGH 12.12.2001, G 269/01, *Kucsko-Stadlmayer,* Grenzen der Ausgliederung, 15. ÖJT Band I/1, 2003, 83.

[68] Vgl. *Horner,* Ausgliederung und Ingerenz, 2004, 134 ff.

[69] Vgl. allg. zur Diskussion *Horner,* Ausgliederung und Ingerenz, 2004, 89 ff. mwN.

[70] *Rüffler,* Lücken im Umgründungsrecht, 2002, 44 ff.; *Rüffler* FS Koppensteiner, 2006, 149; *Winner* in Studiengesellschaft für Wirtschaft und Recht, Public Private Partnership, 2003, 238; *Kalss* in Kalss/Nowotny/Schauer öGesR Rn. 3/1104.

[71] S. ferner zur Entstehung dieser Sonderregelung *F. Klein,* Parlamentsdebatte 21.2.1906, abgedr. in Doralt/Kalss, Franz Klein – Vorreiter des modernen Aktien- und GmbH-Rechts, 2004, 247 ff.

[72] Doralt/Nowotny/Kalss/*Nowotny* öAktG § 75 Rn. 6; Artmann/Karollus/*Reich-Rohrwig/Szilagyi* öAktG § 75 Rn. 10.

[73] Bundesgesetz über die Transparenz bei der Stellenbesetzung im staatsnahen Unternehmensbereich (öBGBl. I 26/1998); *Holoubek* ÖZW 2000, 44; Artmann/Karollus/*Reich-Rohrwig/Szilagyi* öAktG § 75 Rn. 63.

[74] ÖBGBl. II 1998/245; *Schima,* Der Aufsichtsrat als Gestalter des Vorstandsverhältnisses, 2016, 148 ff.

führt allerdings nicht zur Nichtigkeit des Vertrags, der Aufsichtsrat kann allerdings schadenersatzpflichtig werden.[75]

**4. Entsendung von Vertretern in den Aufsichtsrat.** Eine weitere Möglichkeit, das **29** Vermögen der Gesellschaft und die Verwaltung zumindest in wesentlichen unternehmerischen Fragen zu beeinflussen, ist die Entsendung von Mitgliedern in den **Aufsichtsrat** der Gesellschaft.

Die Satzung kann bestimmten **Aktionären** ein **Entsenderecht** in den Aufsichtsrat einräumen (§ 88 öAktG), und zwar bis zur Hälfte bei nicht börsennotierten und bis zu einem **30** Drittel bei börsennotierten Gesellschaften.[76] Das Entsenderecht setzt entweder die Innehabung einer vinkulierten Namensaktie oder die satzungsmäßige Ermächtigung eines Aktionärs voraus.[77] Ein Entsendungsrecht ohne Aktionärsstellung bedarf – für die Gebietskörperschaft – einer sondergesetzliche Regelung und unterliegt verfassungsrechtlichen wie europarechtlichen Grenzen.

**5. Vorgaben aus dem Bundeshaushaltsrecht (§ 71 BHG 2013).** § 71 BHG 2013 **31** bestimmt die Zulässigkeit des Erwerbs von Beteiligungen durch den Bund und Übertragung von Aufgaben des Bundes an andere Rechtsträger. Anteilsrechte an Gesellschaften (und Genossenschaften) des Privatrechts dürfen demnach nur unter bestimmten Voraussetzungen erworben werden; ua ist ein volkswirtschaftliches Anliegen (§ 71 Abs. 1 Nr. 1 BHG 2013) sowie die **Sicherstellung eines angemessenen Einflusses** in dem **Aufsichtsorgan** der Gesellschaft **und** die **Berücksichtigung der Interessen des Bundes** durch die vom Staat gewählten oder entsandten Mitglieder gefordert.[78] Bei typischen „Privatisierungsgesetzen" ist die Notwendigkeit eines Einflusses auf den Aufsichtsrat weniger dringend, da die Republik meist als Alleineigentümer oder Mehrheitsaktionär auftritt; Entsenderechte in den Aufsichtsrat werden in diesen Fällen aus Gründen der Vertretung verschiedener politischer Interessensgruppen oder unterschiedlicher Organisationseinheiten (zB Ministerien, Abteilungen) innerhalb des Eigentümers dennoch vorgesehen bzw. sind jedenfalls dann notwendig, wenn die öffentliche Hand keine Mehrheit der Anteile hält. Einflussrechte können sich diesfalls aus gesetzlichen oder satzungsmäßigen Sonderregeln, aber auch aus Syndikatsverträgen ergeben, wobei zusätzlich zur Repräsentanz im Aufsichtsrat sichergestellt sein muss, dass diese Mitglieder die besonderen Interessen des Bundes berücksichtigen.[79]

**6. Beamtendienstrecht (§§ 56, 37 BDG).** Gem. § 56 Abs. 5 BDG ist eine Tätigkeit **32** eines Beamten im Vorstand, Aufsichtsrat, Verwaltungsrat oder in einem sonstigen Organ einer auf Gewinn gerichteten juristischen Person des Privatrechts als **Nebenbeschäftigung** zu melden.[80] Nach § 37 Abs. 1 BDG können dem Beamten ohne unmittelbaren Zusammenhang mit den dienstlichen Aufgaben nach dem BDG noch weitere Tätigkeiten für den Bund in einem anderen Wirkungskreis übertragen werden; § 37 Abs. 2 BDG bestimmt, dass eine **Nebentätigkeit** auch vorliegt, wenn der Beamte auf Veranlassung seiner Dienstbehörde eine Funktion in Organen einer juristischen Person des Privatrechts, deren Anteile ganz oder teilweise im Eigentum des Bundes stehen, ausübt. Aus beiden Vorschriften ergibt sich, dass die Ausübung einer Aufsichtsratstätigkeit (aber auch einer Tätigkeit als Geschäftsführer) zu den dienstlichen Aufgaben im weitesten Sinn zählt und dienstrechtlichen Vorschriften unterliegt.[81]

---

[75] Doralt/Nowotny/Kalss/*Nowotny* öAktG § 75 Rn. 14; *Kalss/Kunz* in Kalss/Kunz AR-HdB Rn. 34/105 ff.; *Schima,* Der Aufsichtsrat als Gestalter des Vorstandsverhältnisses, 2016, 148 ff.

[76] *Kalss* in Kalss/Kunz AR-HdB Rn. 9/9 ff.; Kalss/Hügel/*Kalss/Greda* SEG § 35 Rn. 24; *Talos/Schrank* ecolex 2004, 792.

[77] Doralt/Nowotny/Kalss/*Kalss* öAktG § 88 Rn. 5 ff.; *Kalss* in Kalss/Kunz AR-HdB Rn. 9/10.

[78] *Holoubek* ÖZW 2000, 42; *Nowotny* RdW 1999, 284; *Kalss* in Kalss/Nowotny/Schauer öGesR Rn. 8/6.

[79] *Nowotny* RdW 1999, 284.

[80] *Kucsko-Stadlmayer,* Das Disziplinarrecht der Beamten, 4. Aufl. 2010, 358.

[81] *Nowotny* RdW 1999, 285; *Kucsko-Stadlmayer,* Das Disziplinarrecht der Beamten, 4. Aufl. 2010, 360.

**33**    **7. Höchstzahl an Aufsichtsratsmandaten und Öffnungsklausel (§ 86 öAktG).**
Grundsätzlich bestimmt das österreichische AktG, dass jedes einzelne Aufsichtsratsmitglied
nur eine bestimmte Anzahl von Mandaten, nämlich **10,** einnehmen darf (§ 86 Abs. 2 Nr. 1
öAktG). Diese Höchstgrenze an Aufsichtsratsmandaten für eine Person wird durch eine
**Öffnungsklausel** aufgeweicht; demnach werden unter anderem bis zu zehn Aufsichtsrats-
mandate, in die das Mitglied gewählt oder entsandt worden ist, um die wirtschaftlichen
Interessen des **Bundes,** eines **Landes,** eines **Gemeindeverbands,** oder einer **Gemeinde**
zu wahren, nicht auf die Höchstzahl angerechnet (§ 86 Abs. 3 öAktG). Die maximale
Höchstgrenze beträgt dann 20, dh eine Person kann bis zu 20 Mandate übernehmen, sofern
10 Mandate unter die Öffnungsklausel fallen.[82] Implizit anerkennt der Gesetzgeber mit
dieser Regelung, die als gesellschaftsrechtliches Komplement zu § 71 Abs. 1 Nr. 3 BHG
2013 zu sehen ist, die Vertretung von öffentlichen Gebietskörperschaften bzw. der Republik
Österreich in Aufsichtsräten, was früher vor allem für die **verstaatlichte Industrie** von
großer Bedeutung war.[83] Heute spielt diese Klausel vor allem im Bereich der Ausgliederung
bisher von staatlichen Wirtschaftsbetrieben geführten Unternehmen sowie in der sonstigen
Beteiligungsverwaltung eine wichtige Rolle, da dadurch die Vertretung der jeweiligen
Gebietskörperschaft in den eng angebundenen Aktiengesellschaften personell besser bewältigt werden kann, wenngleich die Gefahr politischer Besetzung und Ämterkumulierung
nicht ausgeschlossen werden kann.

**34**    **8. Gesellschaftsrechtliche Folgen.** Mangels Sonderbestimmungen für öffentliche
Gesellschaften in diesem Bereich könnten auf den ersten Blick wieder allgemeine Grund-
sätze des Gesellschaftsrechts zur Beurteilung der **Rechtsstellung der** vom Staat **entsandten
Aufsichtsratsmitglieder** zur Anwendung kommen.[84]

**35**    Aus den genannten Bestimmungen (insbes. § 71 BHG 2013, §§ 56, 37 BDG) ergibt sich
allerdings, dass die Position des von der öffentlichen Hand entsandten Aufsichtsratsmitglieds
im **Spannungsverhältnis** von **Gesellschaftsrecht** und **öffentlichem Dienstrecht** liegt,
die teils divergierende Anforderungen stellen (zB hinsichtlich der Weisungsfreiheit bzw.
-gebundenheit). Um der besonderen Stellung eines solchen Aufsichtsratsmitglieds Rechnung zu tragen, ist daher eine Gesamtschau der auf die Rechtsstellung des Mitglieds anwendbaren Rechtsvorschriften unter Einbeziehung öffentlich-rechtlicher Rahmenbedingungen
notwendig (vgl. auch → Vor § 394 Rn. 10 ff.). Die im Ergebnis deduzierten Wertungen
zeigen, dass das Bundeshaushaltsrecht und Beamtendienstrecht direkt in gesellschaftsrechtliche Grundsätze ausstrahlen und diese in bestimmtem Ausmaß zu modifizieren vermögen.[85]

**36**    **a) Berücksichtigung der Interessen der öffentlichen Hand, Wahrung des Gesellschaftsinteresses und Weisungsverhältnis zwischen Aktionär und Aufsichtsrat.**
Grundsätzlich übt ein Aufsichtsratsmitglied seine Aufgaben eigenverantwortlich, selbständig
und unabhängig aus (vgl. §§ 95 ff. öAktG); vor allem entsandte Mitglieder gem. § 88 Abs. 1
öAktG haben die gleichen Rechte und Pflichten wie die anderen Aufsichtsratsmitglieder.[86]
Daher ist die Beziehung der Aufsichtsratsmitglieder zur entsendungsberechtigten Stelle zu
untersuchen.

**37**    Zwischen entsendungsberechtigtem Aktionär und entsandtem Aufsichtsratsmitglied entsteht nach hM generell eine auftragsähnliche Rechtsbeziehung, die allerdings dem aktienrechtlichen Pflichtenkreis nicht widersprechen darf.[87] Anerkannt ist, dass das entsandte

---

[82] *Kalss/Schimka* in Kalss/Kunz AR-HdB Rn. 2/38; Artmann/Karollus/*Eckert/Schopper* öAktG § 86
Rn. 10.
[83] Doralt/Nowotny/Kalss/*Kalss* öAktG § 86 Rn. 61.
[84] *Nowotny* RdW 1999, 283; *Schima* FS Krejci, 2001, 825 ff.; *Kalss/Kunz* in Kalss/Kunz AR-HdB Rn. 34/
1 ff.
[85] *Nowotny* RdW 1999, 290.
[86] *Kalss* in Kalss/Kunz AR-HdB Rn. 9/51 ff.
[87] *Kalss* in Kalss/Kunz AR-HdB Rn. 9/34 f.; *Nowotny* RdW 1999, 286 mwN; Artmann/Karollus/*Eckert/
Schopper* öAktG § 88 Rn. 17; *Aicher* in Funk, Die Besorgung öffentlicher Aufgaben durch Privatrechtssubjekte,
1981, 282.

Mitglied die Interessen des entsendungsberechtigten Aktionärs im Aufsichtsrat artikulieren und zur Diskussion stellen kann.[88] Das Rechtsverhältnis eines entsandten Beamten zur entsendungsberechtigten Gebietskörperschaft bestimmt sich nach dem Dienstverhältnis (Beamter, Vertragsbediensteter) bei öffentlichen Eigentümern; die Bindung an die Interessen des Eigentümers ergibt sich diesfalls regelmäßig aus der Übernahme des Mandats als Nebentätigkeit.[89]

Bei einem von einer Gebietskörperschaft entsandten Mitglieds besteht die Besonderheit, **38** dass das Mitglied die Interessen der Gebietskörperschaft zu vertreten hat; dies folgt schon aus der Übernahme einer Nebentätigkeit nach dem Beamtendienstrecht und impliziert eine Weisungsgebundenheit der dienstrechtlichen Vorgesetzten. Damit sind zwei Problemkreise angesprochen: Zum einen hat das Aufsichtsratsmitglied jedenfalls bei Bestehen weiterer, außenstehender Gesellschafter neben dem Interesse der öffentlichen Hand auch das **Gesellschaftsinteresse** wahrzunehmen. Bei **Interessenskonflikten** hat das Mitglied jedenfalls **im Interesse der Gesellschaft** zu handeln.[90] Das betreffende Mitglied trifft eine Pflicht, seine Meinung gegenüber dem dienstrechtlich Vorgesetzten offenzulegen.

Zum anderen stellt sich die Frage nach der gesellschaftsrechtlichen **Zulässigkeit einer** **39** **Weisungsbindung.** Solange diese auf eine Sonderbeziehung im Innenverhältnis zwischen Aufsichtsratsmitglied und Entsendungsberechtigtem hinausläuft, ist gegen eine Zulässigkeit nichts einzuwenden. Konflikte können entstehen, wenn die Befolgung einer Weisung dem Aktienrecht widersprechen oder dem Gesellschaftsinteresse offenbar zuwiderlaufen würde. Ein eigenständiges, gesellschaftsrechtskonformes Verhalten stellt auch bei Nichtbefolgung der Anordnung des Dienstvorgesetzten keine Verletzung von Dienstpflichten dar. Insofern liegt in diesem Fall der Aufsichtsrattätigkeit eine Ausweitung der Möglichkeiten vor, einer Weisungsbefolgung rechtmäßig – im Gegensatz zu Art. 20 Abs. 1 B-VG – zu widersprechen.[91] Dienstrechtlich lässt sich wohl auch die Pflicht zur Niederlegung des Aufsichtsratsmandats aufgrund einer Weisung des Vorgesetzten begründen.[92]

**b) Verschwiegenheitspflicht.** Die Pflicht, die Interessenkollision und die Grundlagen **40** der Entscheidungsfindung gegenüber dem Dienstvorgesetzten offenzulegen, kann mit der Verschwiegenheitspflicht von Aufsichtsratsmitgliedern (§ 99 öAktG iVm § 84 Abs. 1 öAktG) in Konflikt geraten (vgl. zur deutschen Regelung → §§ 394, 395 Rn. 1 ff.).

Die Verschwiegenheitspflicht eines Aufsichtsratsmitglied über vertrauliche Angaben nach **41** § 99 öAktG iVm § 84 Abs. 1 öAktG impliziert auch für gem. § 88 öAktG entsandte Mitglieder, dass dem Entsendungsberechtigten grundsätzlich nur jene Informationen übermittelt werden dürfen, die auch einem sonstigen Dritten ohne Pflichtverletzung zugänglich gemacht werden dürfen.[93] Aufgrund der Tatsache, dass im österreichischen Recht nicht wie im deutschen Aktienrecht mit § 394 dAktG eine explizite Ausnahme für diese Fälle vorliegt (vgl. → Rn. 1 ff.),[94] stellt sich die Frage, ob Aufsichtsratsmitglieder die – in Erfüllung ihrer dienstrechtlichen Pflichten – ihren Vorgesetzten (bzw. auch dem ressortzuständi-

---

[88] *Kalss* in Kalss/Kunz AR-HdB Rn. 9/53 ff.; Doralt/Nowotny/Kalss/*Kalss* öAktG § 88 Rn. 28; *Schima* FS Krejci, 2006, 825 ff.; *Aicher* in Funk, Die Besorgung öffentlicher Aufgaben durch Privatrechtssubjekte, 1981, 280; *Korinek/Holoubek,* Grundlagen staatlicher Privatwirtschaftsverwaltung, 1993, 222 f.; *Schön* ZGR 1996, 429 (450).

[89] *Nowotny* RdW 1999, 287.

[90] Insofern besteht ein „Vorrang des Gesellschaftsrechts", *Kalss/Kunz* in Kalss/Kunz AR-HdB Rn. 34/ 119 ff.; *Nowotny* RdW 1999, 287; *Aicher,* Zivil- und gesellschaftsrechtliche Aspekte der Ausgliederung, Privatisierung und Beleihung (Vortrag), zit. nach *Kühteubl* ÖZW 1998, 60; *St. Korinek* ZfV 1998, 296; *Schön* ZGR 1996, 429 (448 ff., 457); aA noch *Aicher* in Funk, Die Besorgung öffentlicher Aufgaben durch Privatrechtssubjekte, 1981, 293 f., der von einem echten Pflichtenkollision ausgeht.

[91] *Kalss/Kunz* in Kalss/Kunz AR-HdB Rn. 34/119 ff.; ein Konflikt mit den Anforderungen des VfGH an die Einbindung in den Weisungszusammenhang besteht nicht, da Art. 20 Abs. 1 B-VG auf die Wahrnehmung der öffentlichen Aufgaben und Verwaltungsagenden abstellt und diese dem *Vorstand* obliegt.

[92] *Nowotny* RdW 1999, 287.

[93] *Kalss* in Kalss/Kunz AR-HdB Rn. 9/61 ff.

[94] Vgl. etwa *R. Schmidt* ZGR 1996, 352.

gen Minister) Unterlagen zur Verfügung stellen, gegen gesellschaftsrechtliche Pflichten verstoßen.

42    Bei einer Gesellschaft mit dem Staat als Alleinaktionär ist die Zulässigkeit einer Informationserteilung lediglich an der Schranke von § 118 Abs. 3 öAktG zu messen.[95] Danach ist eine Verweigerung zulässig, wenn die Auskunftserteilung geeignet wäre, dem Unternehmen oder verbundenen Unternehmen erheblichen Schaden zuzufügen, oder ihre Erteilung strafbar wäre. Die Weitergabe von Informationen an entsendende Aktionäre fällt somit nicht automatisch unter den Kreis der Befugten, an die Informationen anlässlich der Aufsichtsratstätigkeit weitergegeben werden können.[96] Seitens des Aktionärs muss daher ein berechtigtes Interesse an der Information bestehen und für die Geheimhaltung darf kein schutzwürdiges Interesse vorliegen.[97] Die Auskunftspflicht gem. § 118 öAktG obliegt allerdings nicht mehr nur dem **Vorstand**.[98] Bei Unterrichtung des Ressortministers oder dienstrechtlichen Vorgesetzten liegt nur eine **Verlagerung der Verschwiegenheitspflicht** vor, weil diesen gem. Art. 20 Abs. 3 B-VG und § 46 Abs. 1 BDG eine Verschwiegenheitspflicht für alle Agenden der Verwaltung, also auch der Privatwirtschaftsverwaltung, trifft.[99] Aus diesem Grund ist es auch im Hinblick auf § 71 BHG 2013 unbedenklich, dass Mitglieder des **Aufsichtsrats** zumindest in einer Einpersonen-AG ihren Dienstvorgesetzten Unterlagen und Informationen des Aufsichtsrats offenlegen.[100]

43    Auch bei Vorliegen weiterer, außenstehender Gesellschafter wird grundsätzlich eine Zulässigkeit einer Informationsweitergabe als Ergebnis einer Interessenabwägung unter Berücksichtigung der Schutzwürdigkeit der Gesellschaftsinteressen, der Informationen und des Informationsinteresses und der Person und Funktion des Gesellschafters und dessen Sonderbeziehung zu dem betreffenden Aufsichtsratsmitglied zu bejahen sein, wobei eine allgemeine Schranke mit § 118 Abs. 3 öAktG gezogen werden kann.[101]

44    **c) Übernahme des Aufsichtsrats-Mandats als Dienstpflicht des Beamten?** Die Übernahme des Aufsichtsratsmandats bildet nur eine Nebenpflicht und nicht eine unmittelbare Dienstpflicht; der Beamte kann daher nicht durch Weisung angehalten werden, ein Mandat zu übernehmen. Selbst aus der umfassenden Treuebindung des Beamten[102] lässt sich eine derartige Pflicht zu einer Tätigkeit, die Rechte und Pflichten (Sorgfaltspflichten und persönliche Haftung) mit sich bringen würde, die weit über den dienstrechtlichen Standard eines Beamten hinausgeht, nicht ableiten. Es ist daher stets Einvernehmen erforderlich.[103]

### VI. Haftungsrechtliche Fragen

45    Bei Ausgliederungen von Verwaltungsbereichen stellt sich die Frage nach den Konsequenzen für die **Amts- und Organhaftung** nach § 23 B-VG und dem AHG bzw. OrgHG. Voraussetzung ist, dass mit der Ausgliederung **hoheitliche Befugnisse** übertragen werden und ein Schaden „in Vollziehung der Gesetze" eintritt, daher nur in dem Bereich, in dem die AG hoheitliche Aufgaben erfüllt (→ Rn. 3). Dieser Begriff wird nach der Rspr. des OGH allerdings überaus weit ausgelegt und umfasst jedes Verhalten „im Dienst hoheitlicher Zielsetzung" („schlicht hoheitliches Handeln").[104] Der Bund haftet sogar für die privatwirt-

---

[95] *Nowotny* RdW 1999, 288.
[96] *Kalss* in Kalss/Kunz AR-HdB Rn. 26/44.
[97] *Kalss/Kunz* in Kalss/Kunz AR-HdB Rn. 34/122 ff.
[98] EBRV 208 BlgNR 24. GP 36, AktRÄG 2009.
[99] *Kucsko-Stadlmayer*, Das Disziplinarrecht der Beamten, 4. Aufl. 2010, 264 ff.
[100] *Nowotny* RdW 1999, 289; *Korinek* in Funk, Die Besorgung öffentlicher Aufgaben durch Privatrechtssubjekte, 1981, 101 (107 ff.); *Kalss/Kunz* in Kalss/Kunz AR-HdB Rn. 34/122 ff.
[101] *Nowotny* RdW 1999, 289.
[102] Dh von allen Bediensteten, die in einem öffentlich-rechtlichen Dienstverhältnis zum Bund stehen (§ 1 BDG); vgl. *Kucsko-Stadlmayer*, Das Disziplinarrecht der Beamten, 4. Aufl. 2010, 138 ff.
[103] *Nowotny* RdW 1999, 289.
[104] *Horner*, Ausgliederung und Ingerenz, 2004, 58; *Kucsko-Stadlmayer*, Grenzen der Ausgliederung, 15. ÖJT Band I/1, 2003, 73 mwN; *Rebhahn*, Staatshaftung wegen mangelnder Gefahrenabwehr, 1997, 88 ff.

schaftlichen Tätigkeiten „echter" privater Rechtsträger, sofern der **funktionelle Zusammenhang** zur Hoheitsverwaltung aufrecht bleibt, und jedenfalls auch dann wenn das Verhalten von Bediensteten ausgegliederter Rechtsträger gesetzt wird.[105] Die Haftung trifft den Rechtsträger, dem das haftungsauslösende Organverhalten funktionell zuzurechnen ist, dh – solange keine Angelegenheit im Wirkungsbereich eines Selbstverwaltungskörpers betroffen ist – regelmäßig den **Bund**.[106] Die Haftung des Organs selbst und Regressmöglichkeiten richten sich nach dem OrgHG.

Liegt **keine hoheitliche Tätigkeit** und auch keine „schlicht hoheitliche Tätigkeit", dh **46** funktionale Zurechnung zur Hoheitsverwaltung vor, kommt eine Amtshaftung nicht in Betracht; eine Haftung der Gebietskörperschaft ist daher grundsätzlich ausgeschlossen.

In diesem Fall stellt sich allenfalls die Frage der Haftpflicht eines öffentlich Bediensteten **47** bei Übernahme einer Organfunktion (zB Aufsichtsratsmandat). Mangels Anwendbarkeit des AHG bzw. OrgHG ist die Haftung nach allgemeinen Prinzipien des Aktienrechts gem. § 99 öAktG zu beurteilen[107] und kommt daher im Innenverhältnis gegenüber der Gesellschaft wie auch in bestimmten Fällen im Außenverhältnis unmittelbar gegenüber den Gläubigern in Betracht.[108]

In Ausnahmefällen ist allerdings eine **Durchgriffshaftung** wegen Unterkapitalisierung, **48** bei Vermögensvermischung, bei Beherrschung sowie bei faktischer Geschäftsführung denkbar, dh dass diesfalls die Aktionäre (dh bei einer Beteiligung auch der **Staat**) persönlich für Verbindlichkeiten der Aktiengesellschaft haften.[109]

### VII. Bundes Public Corporate Governance Kodex (B-PCGK)

Der Bundes Public Corporate Governance Kodex (B-PCGK) wurde **am 30.10.2012 49 von der Bundesregierung beschlossen.** Er wurde 2017 erstmalig geändert. Seine Verfasser haben sich am Österreichischen Corporate Governance Kodex und den Leitsätzen zur Corporate Governance in staatseigenen Unternehmen der OECD orientiert.[110]

Rechtlich stellen die Regelungen des Kodex eine **Selbstbindung des Bundes** dar, **50** deren Beachtung den Organen des Bundes bei der Wahrnehmung von Anteilseigner- und Überwachungsfunktionen obliegt. Da der Bundes-Public Corporate Governance Kodex nur eine Wissenserklärung der jeweils betroffenen und amtierenden Minister darstellt, ist es notwendig, diese Selbstbindung in verbindliche Regelwerke umzusetzen.[111]

Der B-PCGK hat eine zweifache Stoßrichtung.[112] Er richtet sich zum einen an die **51** Beteiligungsverwaltung, somit an die Gesellschafter. Zum anderen zielt er auf die Verwaltungsorgane der Gesellschaft.[113] Für die von den obersten Verwaltungsorganen mit diesen Aufgaben betrauten Personen ist der Kodex rechtlich eine **Weisung** an die Unternehmensträger, die notwendigen Maßnahmen zu dessen Umsetzung vorzunehmen.

Der B-PCGK hat Ordnungs- und Informationszwecke, nämlich die Verbesserung der **52** Nachhaltigkeit der Unternehmensführung einerseits sowie die Verbesserung des Informationsflusses zwischen dem Unternehmen und den Eigentümervertretern, somit der Beteiligungsverwaltung andererseits. Schließlich zielt er auf die Transparenz der öffentlichen Unternehmen gegenüber den Steuerzahlern.[114] Dem Bundes Public Corporate Governance Kodex geht es nicht allein um die Organisation der Organe innerhalb des Unternehmens,

---

[105] OGH 27.3.2001, ÖZW 2002, 59 *(Kucsko-Stadlmayer)*.
[106] *Kucsko-Stadlmayer,* Grenzen der Ausgliederung, 15. ÖJT Band I/1, 2003, 74.
[107] Vgl. § 99 öAktG iVm § 84 öAktG.
[108] Doralt/Nowotny/Kalss/*Kalss* öAktG § 99 Rn. 40 ff.; *Kalss* in Kalss/Nowotny/Schauer öGesR Rn. 3/ 711 ff.
[109] Vgl. Doralt/Nowotny/Kalss/*Saurer* öAktG § 48 Rn. 7 ff.
[110] *Kalss/Kunz* in Kalss/Kunz AR-HdB Rn. 34/80 ff.
[111] *Kalss* GesRZ 2018, 320 (326).
[112] *Kalss* in Kalss/Fleischer/Vogt, Der Staat als Aktionär, 2019, 153; *Weber-Rey/Buckel* ZHR 177 (2013), 13 (17 f.).
[113] *Kalss* in Kalss/Fleischer/Vogt, Der Staat als Aktionär, 2019, 153.
[114] *Kalss* GesRZ 2018, 324; KBLW/*Bachmann* Vorbem. Rn. 59a.

vielmehr auch um die bestmögliche Ausgestaltung und Steuerung durch den Staat und seine Organe als Anteilseigner im Rahmen der Beteiligungsverwaltung.[115]

53   Der Kodex gilt für **Unternehmen des Bundes.** Das sind
– Unternehmen, an denen der Bund am Stamm-, Grund- oder Eigenkapital mit **mindestens 50% beteiligt** ist oder
– Unternehmen, die der Bund durch finanzielle, sonstige wirtschaftliche oder organisatorische Maßnahmen **tatsächlich beherrscht** oder
– Gesellschaften, Stiftungen, Fonds und Anstalten öffentlichen Rechts und sonstige durch Bundesgesetz anders bezeichnete Rechtsträger öffentlichen Rechts, die **der Aufsicht des Bundes unterliegen.**

54   Dieser B-PCGK ist nur auf Unternehmen des Bundes sowie auf deren Tochter- und Subunternehmen mit mehr als 10 Bediensteten oder EUR 300.000 Jahresumsatz **anzuwenden,** soweit auf das betreffende Unternehmen zwingend anzuwendende gesetzliche Bestimmungen nicht entgegenstehen. Der B-PCGK ist für börsenotierte Gesellschaften, wie etwa für den Verbund oder die Post AG nicht anwendbar, da der österreichische Corporate Governance Kodex für börsenotierte Gesellschaften vorgeht.[116]

55   Der Kodex enthält zwei Normtypen, nämlich sogenannte K-Regelungen und C-Regelungen. Regeln die mit „K" gekennzeichnet sind, bilden teils **zwingende gesetzliche Vorschriften** ab, beziehen daneben aber auch noch **schlichte Wünsche** des Eigentümers oder Beherrschers, also der Republik Österreich, ein.[117] Regelungen die mit „C" gekennzeichnet sind, stellen hingegen **Empfehlungen** dar. C-Regeln folgen dem „comply or explain"-Prinzip: Wird der Regel nicht entsprochen, ist der (entsprechende) Grund anzuführen.

56   Der B-PCGK ist einerseits durch die Verwaltungsorgane des Bundes als Anteilseigner im Rahmen der gesellschaftsrechtlichen Möglichkeiten zB durch Hauptversammlungsbeschluss oder Weisung an die Geschäftsführer, aber auch durch Gestaltung von Verträgen mit Mitgliedern der Gesellschaftsorgane, die die Umsetzung des B-PCGK in den einzelnen Unternehmen bewirken umzusetzen. Ist eine direkte Verankerung durch die Anteilseigner nicht möglich oder sind diese ihrer Pflicht nicht nachgekommen, haben die durch die Anteilseigner bestellten Überwachungsorgane auf eine Umsetzung des B-PCGK hinzuwirken.[118] Fraglich ist, ob die Organe auch dann verpflichtet sind, den B-PCGK umzusetzen, wenn die Anteilseigner ihn noch nicht im Unternehmen verankert haben.

57   Der B-PCGK sieht auch für das Überwachungsorgan, also für den Aufsichtsrat von AG und GmbH eine Reihe von Regelungen vor. Jährlich ist ein Corporate Governance Bericht zu erstellen und auf der Internetseite des Unternehmens zu veröffentlichen.

58   Für **öffentliche Unternehmen,** für die der Bundes Public Corporate Governance Kodex (B-PCGK) anwendbar ist, gilt gem. C.11.2.1.2.-Regel B-PCGK, dass im Überwachungsorgan bis zum 31.12.2018 **ein Frauenanteil** von 35% umzusetzen ist. Es handelt sich um eine C-Regelung, also um eine Empfehlung des Eigentümers an seine Gesellschaft.[119]

59   Gem. Regel C.11.2.1.5. B-PCGK dürfen Mitglieder des Überwachungsorgans keine Organfunktion oder Beratungsfunktion bei Mitbewerbern des Unternehmens ausüben, die einen Interessenskonflikt begründen könnten. Gem. Regel C.11.2.1.6 B-PCGK soll dem Überwachungsorgan nicht mehr als ein ehemaliges Mitglied der Geschäftsleitung angehören.

60   Für öffentliche Unternehmen, für die der B-PCGK anwendbar ist, gilt gem. Regel K.11.5.1. B-PCGK hinsichtlich der Vergütung für die Mitglieder des Überwachungsorgans unter anderem, dass die Vergütung entsprechend der wirtschaftlichen Bedeutung des Unter-

---

[115] *Kalss* GesRZ 2018, 324; *Lienhard* in Schweizerische Vereinigung Verwaltungsorganisationsrecht, Verwaltungsorganisationsrecht – Staatshaftungsrecht – Öffentliches Dienstrecht, Jahrbuch 2008, 2009, 43, 49; → AktG Vor § 394 Rn. 14.
[116] *Kalss* in Kalss/Oppitz/Schörghofer, Update Vorstand und Aufsichtsrat, 2019, 72.
[117] *Kalss* GesRZ 2018, 320 (326).
[118] *Jud/Harer/Graf* GesRZ 2014, 208 (210).
[119] *Kalss/Kunz* in Kalss/Kunz AR-HdB Rn. 34/93.

nehmens, der erforderlichen Fachkompetenz, den zeitlichen Aufwand und den mit der Funktion verbundenen Risiken festzulegen ist. Soweit überblickbar sind die **Aufsichtsrats-vergütungen vor allem bei öffentlichen Unternehmen** im Verhältnis zum benötigtem Zeitaufwand und dem ständig wachsenden zivil- und strafrechtlichen Risiko in Österreich **sehr niedrig.**

Für Unternehmen, für die der B-PCGK gilt, ist sowohl eine Selbstevaluierung als auch **61** eine Fremdevaluierung vorgesehen. Gem. Regel C.11.1.5. B-PCGK soll das Überwachungsorgan und seine Ausschüsse regelmäßig die Qualität und Effizienz ihrer Tätigkeiten überprüfen (Selbstevaluierung). Gem. Regel K.15.5. B-PCGK sind die Einhaltung der Regelung des Kodex vom Unternehmen regelmäßig, mindestens alle 5 Jahre durch eine externe Institution evaluieren zu lassen und das Ergebnis ist im Corporate Governance Bericht auszuweisen.

In Punkt 8.3.3 B-PCGK werden die Bedingungen für eine D&O Versicherung für die **62** Mitglieder der Geschäftsleitung und/oder des Überwachungsorgans aufgelistet. Seit der Novelle des B-PCGK 2017 wird in Regel C.8.3.3.1 B-PCGK normiert, dass eine D&O Versicherung auch für grobe Fahrlässigkeit abgeschlossen werden darf. Da eine D&O Versicherung **auch im Interesse des Unternehmens abgeschlossen** wird, wäre es letztlich unternehmensschädigend einen Versicherungsvertrag abzuschließen, bei dem die Versicherung nur im Fall von leichtem Verschulden des Managers zu einer Zahlung verpflichtet wäre.

Auf der Grundlage des B-PCGK 2017 wurde 2019/2020 von mehreren Ministerien **63** (Bundeskanzleramt, BMF, BMVIT) ein Handbuch Beteiligungsmanagement 0.3. erarbeitet und für die den Ministerien nachgeordneten Kapitalgesellschaften als interne Leitlinie der Corporate Governance beschlossen. Dabei wurde auch insbesondere die Rolle des Bundes als Eigentümer der nachgeordneten Kapitalgesellschaften und vor allem seine Aufgabe als öffentlicher Finanzverwalter besonderen Regelungen unterworfen. Dieses Handbuch stellt daher insofern eine Fortsetzung und Ergänzung des B-PCGK dar, der sich auf die Leitung und Kontrolle der Gesellschaften konzentriert.

# Zweiter Teil. Gerichtliche Auflösung

## § 396 Voraussetzungen

(1) [1]**Gefährdet eine Aktiengesellschaft oder Kommanditgesellschaft auf Aktien durch gesetzwidriges Verhalten ihrer Verwaltungsträger das Gemeinwohl und sorgen der Aufsichtsrat und die Hauptversammlung nicht für eine Abberufung der Verwaltungsträger, so kann die Gesellschaft auf Antrag der zuständigen obersten Landesbehörde des Landes, in dem die Gesellschaft ihren Sitz hat, durch Urteil aufgelöst werden.** [2]**Ausschließlich zuständig für die Klage ist das Landgericht, in dessen Bezirk die Gesellschaft ihren Sitz hat.**

(2) [1]**Nach der Auflösung findet die Abwicklung nach den §§ 264 bis 273 statt.** [2]**Den Antrag auf Abberufung oder Bestellung der Abwickler aus einem wichtigen Grund kann auch die in Absatz 1 Satz 1 bestimmte Behörde stellen.**

**Schrifttum:** *Becker,* Zur Auflösung juristischer Personen wegen widerrechtlicher oder gemeinwohlgefährdender Zweckverfolgung nach schweizerischem und deutschem Recht, Zeitschrift für schweizerisches Recht (ZSR) 1988, 613; *Hofmann,* Zur Auflösung einer GmbH, GmbHR 1975, 217; *Konow,* Die gerichtliche Auflösung der GmbH, GmbHR 1973, 217; *B. Mertens,* Das Aktiengesetz von 1937 – unpolitischer Schlussstein oder ideologischer Neuanfang?, ZNR 2007, 88.

### Übersicht

## I. Grundlagen

**1**     **1. Normzweck und Bedeutung.** Die Vorschrift bestimmt, unter welchen Voraussetzungen eine AG oder KGaA wegen Gefährdung des Gemeinwohls aufgelöst werden kann. Über Art. 63 SE-VO gelten sie und die ergänzenden verfahrensrechtlichen Vorschriften der §§ 397 f. auch für die SE mit Sitz in Deutschland.[1] Seine Rechtfertigung findet der Normkomplex in der Überlegung, dass der Staat, der im Rahmen des Systems von Normativbestimmungen die juristische Person entstehen lässt, auch in der Lage sein muss, bei Missbrauch ihre Auflösung herbeizuführen. Rechtssystematisch sind die Vorschriften dem Recht der **Gefahrenabwehr** zuzuordnen.[2] Sie dienen nicht der Sanktion rechtswidrigen Verhaltens in der Vergangenheit, sondern der Gewährleistung eines rechtmäßigen Zustands für die Zukunft. Dieser soll primär dadurch erreicht werden, dass die das Gemeinwohl gefährdenden Verwaltungsträger abberufen werden.

**2**     Die gerichtliche Auflösung nach § 396 hat – ebenso wie diejenige nach den Parallelvorschriften der § 62 GmbHG, § 81 GenG und §§ 43 f. BGB aF – **keine praktische Bedeu-**

---

[1] OVG Rheinland-Pfalz DVBl 2016, 1274 (1277); K. Schmidt/Lutter/*Oetker* §§ 396–398 Rn. 1; Kölner Komm AktG/*Kersting* Rn. 11; Habersack/Drinhausen/*Bachmann* SE-VO Art. 63 Rn. 17; Kölner Komm AktG/*Kiem* SE-VO Art. 63 Rn. 30.
[2] Großkomm AktG/*K. Schmidt* §§ 396–398 Rn. 2; Kölner Komm AktG/*Kersting* Rn. 1; K. Schmidt/Lutter/*Oetker* §§ 396–398 Rn. 1; Grigoleit/*Rachlitz* Rn. 1.

**tung** erlangt.[3] Seit 1945 ist kein derartiges Verfahren bekannt geworden. Einerseits ist die Zwangsauflösung unnötig, denn gemeinwohlschädigendes Verhalten kann in aller Regel wirksamer durch Anwendung der unmittelbar dem Schutz des betreffenden Rechtsguts dienenden Vorschriften bekämpft werden, wie der Vorschriften über den Umweltschutz, die Ausländergesetzgebung oder des Kartellrechts. Andererseits ist das Verfahren zu schwerfällig, weil es relativ leicht durch an die Stelle der aufgelösten Gesellschaft tretende Nachfolgegesellschaften ausmanövriert werden kann. Ein in dieser Form nicht auf die Bundesrepublik übertragbares Beispiel behandelt die Entscheidung des schweizerischen BG vom 9.3.1986 über eine AG zur Umgehung der Erwerbsbeschränkungen für Ausländer auf dem Immobiliensektor.[4] **Argumentative Bedeutung** hat die Vorschrift im Rahmen der Diskussion um die Herleitung der Legalitätspflicht des Vorstands erlangt (→ § 93 Rn. 73 ff.). Sie mache deutlich, dass Rechtsverletzungen unter keinen Umständen eine zulässige Handlungsoption für den Vorstand seien.[5] Bei Lichte besehen lässt sich ihr indessen allenfalls entnehmen, dass es der Vorstand nicht zur Gefahr der Auflösung der Gesellschaft kommen lassen darf.[6]

**2. Entstehungsgeschichte.** Zwar hatten einzelne Länder, wie etwa Preußen, bereits im **3** 19. Jahrhundert in ihren Ausführungsgesetzen zum HGB ein Auflösungsrecht des Staates vorgesehen.[7] Reichsrechtlich wurde ein solches jedoch erst mit der Vorgängervorschrift des **§ 288 AktG 1937** eingeführt. Diese unterschied sich in materieller Hinsicht vom geltenden Recht vor allem dadurch, dass die Gemeinwohlgefährdung nicht zwingend in einem Gesetzesverstoß liegen musste, sondern auch durch einen Verstoß gegen die „Grundsätze verantwortungsbewusster Wirtschaftsführung" begründet sein konnte. Darin lag eine bewusste Öffnung gegenüber der nationalsozialistischen Staats- und Wirtschaftsauffassung.[8] Das AktG 1965 dann zu der bereits aus § 62 GmbHG, § 81 GenG, §§ 43 f. BGB bekannten und rechtsstaatlich gebotenen Anknüpfung an ein rechtswidriges Verhalten zurück. Weiterhin wurden die Zuständigkeiten neu gefasst, der Hinweis auf die Möglichkeit der Abwendung der Auflösung durch Abberufung der Verwaltungsträger aufgenommen und das Antragsrecht der Behörde nach Abs. 2 S. 2 eingeführt.

**3. Verfassungsrechtliche und rechtspolitische Würdigung.** Früher wegen der **4** Unbestimmtheit des Merkmals der Gemeinwohlgefährdung geäußerte **verfassungsrechtliche Bedenken**[9] greifen gegenüber dem geltenden Recht nicht durch (zu § 288 AktG 1937 → Rn. 3).[10] Als Regelung zur Gefahrenabwehr muss sich die Vorschrift des § 396 nicht an dem Straftatbeständen vorbehaltenen strengen Bestimmtheitsgebot des Art. 103 Abs. 2 GG messen lassen. Hinter den in ihrer verfassungsrechtlichen Unbedenklichkeit außer Frage stehenden polizeirechtlichen Generalklauseln wiederum bleibt sie in keiner Weise zurück und genügt daher den allgemeinen rechtsstaatlichen Bestimmtheitsanforderungen. Freilich ist § 396 ebenso wie diese unter strikter Wahrung des Grundsatzes der Verhältnismäßigkeit zu interpretieren (→ Rn. 9). Was schließlich den Schutzbereich des Eigentumsgrundrechts betrifft, handelt es sich um eine schon wegen des Erfordernisses der Zurechenbarkeit des

---

[3] Kölner Komm AktG/*Kersting* Rn. 2; Hüffer/Koch/*Koch* Rn. 1; BeckOGK/*Spindler* Rn. 2; Großkomm AktG/*K. Schmidt* §§ 396–398 Rn. 3; Hölters/*Müller-Michaels* Rn. 3; iErg auch K. Schmidt/Lutter/*Oetker* §§ 396–398 Rn. 1.

[4] BGE 112 II 1; → 2. Aufl. 2006, Rn. 7 (*Kropff*).

[5] Vgl. etwa *Fleischer* ZIP 2005, 141 (148); *Thole* ZHR 173 (2009), 505 (514 f.); *Bicker* AG 2014, 8 (9); *Hauger/Palzer* ZGR 2015, 33 (44).

[6] *Habersack* FS Schneider, 2011, 429 (434); krit. auch *Seibt* NZG 2015, 1097 (1100); *Holle* AG 2016, 270 (274).

[7] *B. Mertens* ZNR 2007, 88 (101); Großkomm AktG/*K. Schmidt* §§ 396–398 Rn. 1; Kölner Komm AktG/*Kersting* Rn. 3.

[8] *B. Mertens* ZNR 2007, 88 (101 f.); Kölner Komm AktG/*Kersting* Rn. 3.

[9] *Kohlmann* AG 1961, 309 (312); *Konow* GmbHR 1973, 217 (219).

[10] Heute allgM, s. Großkomm AktG/*K. Schmidt* §§ 396–398 Rn. 9; Kölner Komm AktG/*Kersting* Rn. 6 ff.; Hüffer/Koch/*Koch* Rn. 1; K. Schmidt/Lutter/*Oetker* §§ 396–398 Rn. 2; BeckOGK/*Spindler* Rn. 3; Hölters/*Müller-Michaels* Rn. 2.

Gesetzesverstoßes nicht entschädigungspflichtige Inhalts- und Schrankenbestimmung iSd Art. 14 Abs. 1 S. 2 GG (vgl. → Rn. 12).[11]

5    Die fehlende praktische Bedeutung (→ Rn. 2) lässt Zweifel zwar nicht am Anliegen, wohl aber an der Ausgestaltung des Normkomplexes aufkommen. Die in § 43 BGB aF vorgesehene Parallelregelung hat der Gesetzgeber denn auch im Jahre 2009 mit der Erwägung aufgehoben, eine wirksame Unterbindung der Gemeinwohlgefährdung sei nur mit den Mitteln des öffentlichen Vereinsrechts möglich.[12] Jedenfalls fragwürdig sind die §§ 396 ff. insofern, als sie die Auflösungsentscheidung systemwidrig in die Hände der Zivilgerichtsbarkeit legen.[13] Dem öffentlich-rechtlichen Charakter des Normkomplexes und dem heutigen Stand des dort gewährleisteten Rechtsschutzes entspräche dagegen eine behördliche Ermächtigung zum Erlass eines **Verwaltungsakts,** dessen Rechtmäßigkeit auf eine Anfechtungsklage hin vom Verwaltungsgericht zu überprüfen wäre. Für die Parallelvorschrift des § 62 GmbHG hat sich eine entsprechende Lesart durchgesetzt.[14] Zwar wird unter Hinweis auf einen Wandel der Normsituation eine solche **Rechtsfortbildung** auch im Hinblick auf § 396 propagiert.[15] Jedoch ist dafür hier kein Raum, da sich der Gesetzgeber bewusst für einen richterlichen Gestaltungsakt entschieden und der dahingehende Wille im Wortlaut der Norm seinen unmittelbaren Niederschlag gefunden hat. Eine Korrektur dieser eindeutigen und in ihren Folgen keineswegs unhaltbaren Vorgabe[16] bleibt dem Gesetzgeber vorbehalten.

6    **4. Verhältnis zu anderen Vorschriften.** Neben § 396 sind die Vorschriften des **Vereinsrechts** anzuwenden. Nach § 2 Abs. 1 VereinsG, § 3 VereinsG, § 17 Nr. 1 VereinsG kann auch eine AG, KGaA oder SE verboten werden, wenn sich die Gesellschaft gegen die verfassungsmäßige Ordnung oder gegen den Gedanken der Völkerverständigung richtet oder wenn ihr Zweck oder ihre Tätigkeit gegen staatsschützende Strafnormen verstößt. Sind diese Voraussetzungen gegeben, schließen sie als speziellere Vorschriften und auch wegen ihrer weitergehenden Eingriffsmöglichkeiten (→ Rn. 12) § 396 aus.[17] Nur subsidiär gilt § 396 auch neben den Spezialvorschriften des § 38 KWG betreffend Kreditinstitute und §§ 83a, 87 VAG betreffend Versicherungsaktiengesellschaften.[18] Keine Auflösungsverfügung liegt dagegen in der Untersagung einzelner Anlagen oder des Geschäftsbetriebs, etwa gem. § 35 GewO oder § 15 GastG; jedoch kann im Einzelfall die Erreichung des Gesellschaftszwecks vereitelt sein.[19]

## II. Voraussetzungen

7    **1. Gesetzeswidriges Verhalten der Verwaltungsträger.** Anknüpfungspunkt für die Auflösung ist ein gesetzwidriges Verhalten, dh Tun oder Unterlassen, der Verwaltungsträger. Relevant sind die Vorstandsmitglieder und, im Hinblick auf § 111 Abs. 4 S. 2 oder eine Verletzung ihrer Überwachungspflicht, die Aufsichtsratsmitglieder. Nicht als Verwaltungsträger einzuordnen ist dagegen die Hauptversammlung oder gar ein Großaktionär.[20] Ein

---

[11] K. Schmidt/Lutter/*Oetker* §§ 396–398 Rn. 2; Kölner Komm AktG/*Kersting* Rn. 8; Hüffer/Koch/*Koch* Rn. 10.

[12] Begr. RegE, BT-Drs. 16/12813, 11.

[13] K. Schmidt/Lutter/*Oetker* §§ 396–398 Rn. 12; Kölner Komm AktG/*Kersting* Rn. 44; ähnlich Großkomm AktG/*K. Schmidt* §§ 396–398 Rn. 18; rechtfertigend dagegen BeckOGK/*Spindler* Rn. 17.

[14] Vgl. nur Roth/Altmeppen/*Altmeppen* GmbHG § 62 Rn. 4; Baumbach/Hueck/*Haas* GmbHG § 62 Rn. 11; Henssler/Strohn/*Arnold* GmbHG § 62 Rn. 8; Lutter/Hommelhoff/*Kleindiek* GmbHG § 62 Rn. 2; UHL/*Casper* GmbHG § 62 Rn. 24 ff.

[15] Großkomm AktG/*K. Schmidt* §§ 396–398 Rn. 5 f.

[16] Grigoleit/*Rachlitz* Rn. 2; BeckOGK/*Spindler* Rn. 16.

[17] → 2. Aufl. 2006, Rn. 4 (*Kropff*); Bürgers/Körber/*Pelz* Rn. 1; Lutter/Hommelhoff/*Kleindiek* GmbHG § 62 Rn. 1; aA UHL/*Casper* GmbHG § 62 Rn. 9; Kölner Komm AktG/*Kersting* Rn. 14; Hüffer/Koch/*Koch* Rn. 1; wohl auch K. Schmidt/Lutter/*Oetker* §§ 396–398 Rn. 4.

[18] AA Kölner Komm AktG/*Kersting* Rn. 15; wohl auch K. Schmidt/Lutter/*Oetker* §§ 396–398 Rn. 5; Bürgers/Körber/*Pelz* Rn. 1.

[19] Kölner Komm AktG/*Kersting* Rn. 18; Großkomm AktG/*K. Schmidt* §§ 396–398 Rn. 33.

[20] Hüffer/Koch/*Koch* Rn. 3; BeckOGK/*Spindler* Rn. 11; Grigoleit/*Rachlitz* Rn. 5; Kölner Komm AktG/*Kersting* Rn. 25; Großkomm AktG/*K. Schmidt* §§ 396–398 Rn. 10; Bürgers/Körber/*Pelz* Rn. 3; Hölters/*Müller-Michaels* Rn. 5; aA im Hinblick auf Großaktionäre *Becker* ZSR 1988, 613 (629).

gesetzwidriges Verhalten aller Organmitglieder oder des Organs insgesamt ist nicht erforderlich. Ungeachtet einer strafrechtlichen Bewehrung ist Gesetz **jede Rechtsnorm** (vgl. Art. 2 EGBGB). Von Bedeutung sind daher auch Rechtsverordnungen und Sätze des Gewohnheitsrechts. Nicht relevant sind dagegen Verstöße gegen ausländische Normen, die Satzung oder den Deutschen Corporate Governance Kodex. Sittenverstöße werden (allein) vermittels § 138 BGB erfasst.[21] Im Hinblick auf den Normzweck der Gefahrenabwehr muss ein etwaiges Verschuldenserfordernis des verletzten Gesetzes nicht erfüllt sein.[22] Anders als noch § 288 AktG 1937 stellt § 396 zwar nicht mehr ausdrücklich auf einen „gröblichen" Verstoß ab, gleichwohl wird sich aus Gründen der Verhältnismäßigkeit (→ Rn. 9) eine Auflösung nur bei nachhaltigen und schwerwiegenden Gesetzesverletzungen rechtfertigen lassen.[23]

**2. Gefährdung des Gemeinwohls.** Durch das gesetzeswidrige Verhalten der Gesell-  **8** schaft muss das Gemeinwohl gegenwärtig gefährdet sein. Darunter sind erhebliche Nachteile für die rechtlich geschützten Interessen der Allgemeinheit oder jedenfalls größerer Bevölkerungskreise zu verstehen, die bereits eingetreten sind und fortdauern oder deren Verwirklichung bei vernünftiger **Prognose** zumindest droht. Nachteile nur der aktuellen Aktionäre oder Gesellschaftsgläubiger genügen nicht,[24] wohl aber eine Gefährdung des Kapitalmarkts und damit einer unbestimmten Vielzahl potentieller Aktionäre.[25] Ein bereits beendetes rechtswidriges Verhalten, dessen Wiederholung nicht zu besorgen ist, rechtfertigt die Auflösung nicht. Insgesamt gilt damit der Gefahrbegriff der polizeirechtlichen Generalklauseln.

**3. Verhältnismäßigkeit.** Als hoheitliche Maßnahme mit erheblicher Eingriffstiefe steht  **9** die Auflösung unter dem Vorbehalt des rechtsstaatlichen Grundsatzes der Verhältnismäßigkeit. Die Gefährdung des Gemeinwohls muss daher von solchem Gewicht sein, dass die Auflösung das **angemessene** und zugleich am wenigsten belastende Mittel zur Abwehr ist.[26] Vorrangig sind zum einen behördliche Einzelanordnungen, die sich gegen ein bestimmtes Fehlverhalten richten. Zum anderen ist die Gesellschaft regelmäßig zunächst auf die Gemeinwohlschädlichkeit ihres Verhaltens hinzuweisen und zur Änderung aufzufordern.[27] Ausdruck des Verhältnismäßigkeitsgrundsatzes ist aber auch die Vorgabe des Gesetzes, dass eine Auflösung nur in Betracht kommt, wenn die gesetzwidrig handelnden Verwaltungsträger nicht von den zuständigen Gesellschaftsorganen abberufen wurden (vgl. zum Vorstand § 84 Abs. 3, zum Aufsichtsrat § 103).[28] Eine **Abberufung** bis zum Zeitpunkt der letzten mündlichen Verhandlung genügt insofern.[29] Entgegen dem pauschalierenden Wortlaut kommt es jedoch ganz auf die Umstände des Einzelfalls an.[30] Danach kann trotz Austauschs der Verwaltungsträger eine Auflösung geboten sein;[31] umgekehrt genügt auch jede anderweitige Beseitigung der Gemeinwohlgefährdung, um den staatlichen Eingriff abzuwenden.

---

[21] Baumbach/Hueck/*Haas* GmbHG § 62 Rn. 7; Henssler/Strohn/*Arnold* GmbHG § 62 Rn. 4; noch zurückhaltender Großkomm AktG/*K. Schmidt* §§ 396–398 Rn. 11.

[22] So auch Großkomm AktG/*K. Schmidt* §§ 396–398 Rn. 11; Kölner Komm AktG/*Kersting* Rn. 21; Grigoleit/*Rachlitz* Rn. 4; Hüffer/Koch/*Koch* Rn. 3; aA BeckOGK/*Spindler* Rn. 12; Hölters/*Müller-Michaels* Rn. 5; NK-AktKapMarktR/*Wermeckes* §§ 396–398 Rn. 2; K. Schmidt/Lutter/*Oetker* §§ 396–398 Rn. 8.

[23] BeckOGK/*Spindler* Rn. 10; Hölters/*Müller-Michaels* Rn. 5.

[24] Hüffer/Koch/*Koch* Rn. 2; BeckOGK/*Spindler* Rn. 5; Großkomm AktG/*K. Schmidt* §§ 396–398 Rn. 12; Kölner Komm AktG/*Kersting* Rn. 28; K. Schmidt/Lutter/*Oetker* §§ 396–398 Rn. 7; Grigoleit/*Rachlitz* Rn. 4.

[25] Großkomm AktG/*K. Schmidt* §§ 396–398 Rn. 12; Grigoleit/*Rachlitz* Rn. 4; Kölner Komm AktG/*Kersting* Rn. 30.

[26] BeckOGK/*Spindler* Rn. 14; Kölner Komm AktG/*Kersting* Rn. 37; K. Schmidt/Lutter/*Oetker* §§ 396–398 Rn. 11; Großkomm AktG/*K. Schmidt* §§ 396–398 Rn. 16; Hüffer/Koch/*Koch* Rn. 5; Hölters/*Müller-Michaels* Rn. 7.

[27] Hüffer/Koch/*Koch* Rn. 5; Großkomm AktG/*K. Schmidt* §§ 396–398 Rn. 16; Hölters/*Müller-Michaels* Rn. 7; Bürgers/Körber/*Pelz* Rn. 5; Kölner Komm AktG/*Kersting* Rn. 41; K. Schmidt/Lutter/*Oetker* §§ 396–398 Rn. 11; BeckOGK/*Spindler* Rn. 15.

[28] Vgl. Begr. RegE bei *Kropff* AktG 1965, 497; Kölner Komm AktG/*Kersting* Rn. 34, 38.

[29] K. Schmidt/Lutter/*Oetker* §§ 396–398 Rn. 9; Kölner Komm AktG/*Kersting* Rn. 35; Hüffer/Koch/*Koch* Rn. 4; Hölters/*Müller-Michaels* Rn. 6.

[30] Krit. auch → 2. Aufl. 2006, Rn. 10 (*Kropff*); Großkomm AktG/*K. Schmidt* §§ 396–398 Rn. 14; K. Schmidt/Lutter/*Oetker* §§ 396–398 Rn. 10.

[31] Kölner Komm AktG/*Kersting* Rn. 36.

## III. Verfahren

**10**    Das Verfahren wird nach Abs. 1 S. 2 von der nach Landesrecht zuständigen obersten Landesbehörde des Landes, in dem die Gesellschaft ihren Sitz hat, durch Erhebung einer zivilprozessualen Klage (§§ 253 ff. ZPO) gegen die Gesellschaft eingeleitet. Die Entscheidung über die Klageerhebung liegt im pflichtgemäßen Ermessen der Behörde.[32] Ausschließlich zuständig ist das Landgericht des Sitzes der Gesellschaft; es entscheidet die Kammer für Handelssachen (§ 95 Abs. 2 GVG) im streitigen Verfahren. Die Aktionäre können als streitgenössische Nebenintervenienten beitreten.[33] Beendet die Gesellschaft die Gemeinwohlgefährdung, beruft sie insbesondere die gesetzwidrig handelnden Verwaltungsträger ab, tritt Erledigung ein.[34] Liegen hingegen die tatbestandlichen Voraussetzungen des § 396 bis zum Schluss der letzten mündlichen Tatsachenverhandlung vor, hat das Gericht, ohne dass es eine weitere Ermessensentscheidung zu treffen hätte, der Klage stattzugeben.[35] Das rechtskräftige Urteil wirkt als **Gestaltungsurteil** wie ein Auflösungsbeschluss mit lediglich der Einschränkung, dass ein Fortsetzungsbeschluss mangels eines Verweises auf § 274 und wegen der Rechtskraftwirkung des Urteils nicht, auch nicht mit Zustimmung der Behörde, möglich ist.[36] Gegen das Urteil kommen als Rechtsmittel Berufung und Revision in Betracht.

**11**    Die Gesellschaft bleibt juristische Person, ist aber nach §§ 264–273 abzuwickeln (Abs. 2 S. 1). **Abwickler** sind zunächst die Vorstandsmitglieder (§ 265 Abs. 1). Doch kann nach Abs. 2 S. 2 den Antrag nach § 265 Abs. 3 auf Bestellung anderer Abwickler aus wichtigem Grund auch die für das Verfahren zuständige oberste Landesbehörde stellen. Das wird vor allem dann geboten sein, wenn ein gesetzwidriges Verhalten der Vorstandsmitglieder die Auflösung veranlasst hat.[37]

## IV. Staatshaftung

**12**    In Abkehr von § 291 AktG 1937 sind Entschädigungsansprüche nach geltendem Recht nicht per se ausgeschlossen. Zwar liegt keine ausgleichspflichtige Enteignung vor (→ Rn. 4), jedoch kommen im Einzelfall Ansprüche wegen Amtspflichtverletzung gem. § 839 BGB, Art. 34 GG in Betracht.[38] Als abschließende Entscheidung in einem streitigen Verfahren unterliegt die Auflösungsentscheidung selbst freilich dem Spruchrichterprivileg des § 839 Abs. 2 BGB.[39] Die Aktionäre haben und behalten überdies grundsätzlich den Anspruch auf den **Liquidationserlös** (§ 271). Die Voraussetzungen eines Verfalls oder einer Einziehung des Gesellschaftsvermögens nach §§ 73 ff. StGB, §§ 430 ff. StPO werden hier in der Regel nicht gegeben sein.[40] Hingegen ist bei Maßnahmen nach dem Vereinsrecht (→ Rn. 6) grundsätzlich die Einziehung des Vermögens anzuordnen.

## V. Zur Rechtslage in Österreich

**13**    Im österreichischen Recht fehlt eine § 396 vergleichbare Bestimmung.

---

[32] Grigoleit/*Rachlitz* Rn. 6; Kölner Komm AktG/*Kersting* Rn. 39.

[33] Großkomm AktG/*K. Schmidt* §§ 396–398 Rn. 17; Kölner Komm AktG/*Kersting* Rn. 46.

[34] Grigoleit/*Rachlitz* Rn. 5; Henssler/Strohn/*Strohn* Rn. 2; Hüffer/Koch/*Koch* Rn. 8.

[35] Kölner Komm AktG/*Kersting* Rn. 48.

[36] Hüffer/Koch/*Koch* Rn. 9; Kölner Komm AktG/*Kersting* Rn. 52; K. Schmidt/Lutter/*Oetker* Rn. 17; BeckOGK/*Spindler* Rn. 18; Grigoleit/*Rachlitz* Rn. 8; krit. zu der Regelung Henssler/Strohn/*Strohn* Rn. 3; aA Großkomm AktG/*K. Schmidt* §§ 396–398 Rn. 20.

[37] Begr. RegE bei *Kropff* AktG 1965, 497; Hüffer/Koch/*Koch* Rn. 9; Großkomm AktG/*K. Schmidt* §§ 396–398 Rn. 19; Kölner Komm AktG/*Kersting* Rn. 50; Bürgers/Körber/*Pelz* Rn. 6; BeckOGK/*Spindler* Rn. 19; Hölters/*Müller-Michaels* Rn. 11.

[38] Begr. RegE bei *Kropff* AktG 1965, 497; K. Schmidt/Lutter/*Oetker* §§ 396–398 Rn. 20; BeckOGK/*Spindler* Rn. 20; Kölner Komm AktG/*Kersting* Rn. 53; Hüffer/Koch/*Koch* Rn. 10; Hölters/*Müller-Michaels* Rn. 12.

[39] Grigoleit/*Rachlitz* Rn. 8; Kölner Komm AktG/*Kersting* Rn. 53.

[40] → 2. Aufl. 2006, Rn. 14 *(Kropff)*; aA *Becker* ZSR 1988, 613 (628).

## § 397 Anordnungen bei der Auflösung

**Ist die Auflösungsklage erhoben, so kann das Gericht auf Antrag der in § 396 Abs. 1 Satz 1 bestimmten Behörde durch einstweilige Verfügung die nötigen Anordnungen treffen.**

### I. Grundlagen

Die Vorschrift ermöglicht es dem mit einer Auflösungsklage befassten Gericht, vorläufige **1** Maßnahmen zu treffen.[1] Auf diese Weise wird der auf **Sicherung des Gemeinwohls** gerichtete Normzweck des § 396 prozessual abgesichert. Wie das gesamte Verfahren nach § 396, so hat auch die Möglichkeit solcher Anordnungen bisher keine praktische Bedeutung erlangt (→ § 396 Rn. 2). Eine weithin entsprechende Regelung enthielt bereits § 289 AktG 1937. Im Rahmen der Aktienrechtsreform des Jahres 1965 hat der Gesetzgeber vor allem klargestellt, dass die Entscheidung im Wege der einstweiligen Verfügung zu treffen ist.

### II. Voraussetzungen und Inhalt der Anordnungen

In formeller Hinsicht setzt der Erlass einer einstweiligen Verfügung voraus, dass die **2** Auflösungsklage nicht erst anhängig, sondern erhoben, also durch Zustellung der Klageschrift rechtshängig geworden ist (§§ 253, 261 ZPO).[2] Im Übrigen muss die Anordnung von der zuständigen Behörde **beantragt** werden; das Gericht kann nicht von Amts wegen tätig werden. Freilich ist es an den Antrag nicht gebunden, entscheidet vielmehr nach pflichtgemäßem Ermessen (§ 938 ZPO), darf aber über das Verlangte nicht hinausgehen (§ 308 ZPO).[3] Die Anordnungsbefugnis endet mit der Beendigung des Verfahrens.

Ebenso wie bei der späteren Auflösung ist auch im Vorfeld der Grundsatz der **Verhältnis-** **3** **mäßigkeit** zu wahren.[4] Materiell muss die beantragte Maßnahme daher nötig, dh. das mildeste in Betracht kommende Mittel sein. Sie muss dazu bestimmt und geeignet sein, eine anderenfalls zu erwartende Gefährdung des Gemeinwohls zu mindern oder abzuwenden; Zweckmäßigkeit allein genügt nicht. Die Maßnahme muss **aktienrechtlich zulässig** sein,[5] es können also zB nicht entgegen § 76 die Entscheidungen des Vorstands an die Zustimmung der Behörde gebunden oder die Zahl der Aufsichtsratsmitglieder den Vorgaben des § 95 zuwider festgesetzt werden. Dagegen sind selbst Satzungsänderungen möglich, sofern sie etwa auf eine nach § 78 zulässige Regelung der Vertretungsbefugnis abzielen.[6] Die Anordnung darf schließlich der Sachentscheidung nicht vorgreifen; sie kann daher nur vorläufiger Natur oder jedenfalls nur von solcher Art sein, dass sie durch spätere Entscheidung der zuständigen Gesellschaftsorgane wieder rückgängig gemacht werden kann.[7]

In Betracht kommt etwa die Anordnung, bestimmte das Gemeinwohl gefährdende Pro- **4** dukte nicht mehr herzustellen oder Maßnahmen zum Schutz der Umwelt zu treffen. Von der hM wird zu Recht die theoretische Möglichkeit bejaht, im Einzelfall einen **Verwaltungsträger,** also ein Mitglied des Vorstands oder gar des Aufsichtsrats, **abzuberufen.**[8] Dem steht nicht entgegen, dass die Gesellschaft nach dem Wortlaut des § 396 der Auflösung

---

[1] Im Rahmen seines Rechtsfortbildungskonzepts konsequent für eine einstweilige Anordnung durch die Behörde plädierend Großkomm AktG/K. *Schmidt* §§ 396–398 Rn. 23; dagegen → § 396 Rn. 5.

[2] Kölner Komm AktG/*Kersting* Rn. 6; K. Schmidt/Lutter/*Oetker* §§ 396–398 Rn. 14; aus rechtspolitischer Sicht krit. Hüffer/Koch/*Koch* Rn. 2; BeckOGK/*Spindler* Rn. 4.

[3] Kölner Komm AktG/*Kersting* Rn. 5; Hüffer/Koch/*Koch* Rn. 2; Hölters/*Müller-Michaels* Rn. 6; BeckOGK/*Spindler* Rn. 15.

[4] Kölner Komm AktG/*Kersting* Rn. 7; Hölters/*Müller-Michaels* Rn. 3; K. Schmidt/Lutter/*Oetker* §§ 396–398 Rn. 14; Henssler/Strohn/*Strohn* Rn. 2; BeckOGK/*Spindler* Rn. 6.

[5] Hüffer/Koch/*Koch* Rn. 3; Großkomm AktG/K. *Schmidt* §§ 396–398 Rn. 22; Henssler/Strohn/*Strohn* Rn. 2; K. Schmidt/Lutter/*Oetker* §§ 396–398 Rn. 14; Grigoleit/*Rachlitz* Rn. 2; aA Kölner Komm AktG/*Kersting* Rn. 12.

[6] BeckOGK/*Spindler* Rn. 10.

[7] Kölner Komm AktG/*Kersting* Rn. 10; BeckOGK/*Spindler* Rn. 8, Grigoleit/*Rachlitz* Rn. 2.

[8] Hüffer/Koch/*Koch* Rn. 3; Hölters/*Müller-Michaels* Rn. 4; Kölner Komm AktG/*Kersting* Rn. 13; BeckOGK/*Spindler* Rn. 12; so nun auch Grigoleit/*Rachlitz* Rn. 2 m. Fn. 12.

nur durch die von ihr initiierte Abberufung entgehen kann. Zwar gebietet der Grundsatz der Verhältnismäßigkeit, der Gesellschaft eine Möglichkeit zu eröffnen, der drohenden Auflösung zu entgehen. Jedoch kann die Gesellschaft den Nachweis des Wegfalls einer ursprünglich vorhandenen Gemeinwohlgefährdung auch auf andere Weise als durch Abberufung der Verwaltungsträger erbringen (→ § 396 Rn. 9). Praktisch dürfte freilich in aller Regel als vorläufige Maßnahme die Suspendierung genügen und daher als weniger weitreichender Eingriff vorzuziehen sein.[9] Möglich ist im Gegenzug auch die Bestellung von Verwaltungsträgern. Die Kompetenz des Prozessgerichts tritt insofern neben die gerichtlichen Bestellungsmöglichkeiten nach §§ 85, 104.[10] Es können daher einerseits auch zusätzliche Vorstandsmitglieder bestellt werden; andererseits wird die gerichtliche Bestellung nicht nach Maßgabe der § 85 Abs. 2, § 104 Abs. 5 durch Tätigwerden der Gesellschaftsorgane hinfällig.

### III. Verfahren

5     Die notwendigen Anordnungen sind durch **einstweilige Verfügung** zu treffen (§ 940 ZPO). Zuständig ist das Gericht der Hauptsache (§ 937 Abs. 1 ZPO). Neben den Voraussetzungen des § 397 brauchen die der einstweiligen Verfügung, also Verfügungsanspruch und Verfügungsgrund, nicht noch besonders geprüft zu werden.[11] Während der Dauer des Verfahrens sind die Gesellschaftsorgane an die Anordnung gebunden. Mit Beendigung des Verfahrens treten die Anordnungen nicht automatisch außer Kraft. Das Gericht kann sie aber befristen oder nur für die Dauer des Verfahrens treffen.[12] Nach Beendigung des Verfahrens können die Gesellschaftsorgane den durch die Anordnung geschaffenen Rechtszustand im Rahmen ihrer allgemeinen Kompetenzen, im Falle der Auflösung ihrer Kompetenzen nach § 264 Abs. 2, §§ 266–273, wieder verändern.[13] Wird die Auflösungsklage abgewiesen, steht der Gesellschaft wegen der durch die einstweilige Verfügung verursachten Schäden ein verschuldensunabhängiger Ersatzanspruch gegen den Rechtsträger der antragstellenden Behörde gem. § 945 ZPO zu.

## § 398 Eintragung

[1]Die Entscheidungen des Gerichts sind dem Registergericht mitzuteilen. [2]Dieses trägt sie, soweit sie eintragungspflichtige Rechtsverhältnisse betreffen, in das Handelsregister ein.

### I. Mitteilungspflicht

1     Die inhaltlich § 290 AktG 1937 entsprechende Vorschrift soll die Publizität der im Auflösungsverfahren getroffenen Entscheidungen und deren Umsetzung im Handelsregister gewährleisten. Zu diesem Zweck teilt das Gericht, das über die Auflösungsklage entscheidet, seine Entscheidungen von Amts wegen dem Registergericht mit.[1] Keine Mitteilungspflicht obliegt dagegen den weiteren Beteiligten, dh der antragstellenden Behörde und der Gesellschaft.[2] Mitzuteilen sind auch nicht rechtskräftige Entscheidungen; auf den Eintritt der Rechtskraft ist gesondert hinzuweisen.[3] Die Pluralform – „Entscheidungen" – macht deutlich, dass nicht nur eine die Auflösung aussprechende Entscheidung mitzuteilen ist. Unter

---

[9] Hüffer/Koch/*Koch* Rn. 3; Kölner Komm AktG/*Kersting* Rn. 13; BeckOGK/*Spindler* Rn. 13.
[10] BeckOGK/*Spindler* Rn. 14; Hüffer/Koch/*Koch* Rn. 3; Kölner Komm AktG/*Kersting* Rn. 14 Hölters/ *Müller-Michaels* Rn. 4; Grigoleit/*Rachlitz* Rn. 2.
[11] Kölner Komm AktG/*Kersting* Rn. 8; Hüffer/Koch/*Koch* Rn. 2; BeckOGK/*Spindler* Rn. 2.
[12] Kölner Komm AktG/*Kersting* Rn. 17; Hölters/*Müller-Michaels* Rn. 6.
[13] BeckOGK/*Spindler* Rn. 15; Kölner Komm AktG/*Kersting* Rn. 17; Hölters/*Müller-Michaels* Rn. 6; Henssler/Strohn/*Strohn* Rn. 3; Grigoleit/*Rachlitz* Rn. 3.
[1] AA Großkomm AktG/*K. Schmidt* §§ 396–398 Rn. 25, der im Rahmen seines rechtsfortbildenden Konzepts die Behörde für mitteilungspflichtig hält; dagegen → § 396 Rn. 5.
[2] So aber Kölner Komm AktG/*Kersting* Rn. 5.
[3] Kölner Komm AktG/*Kersting* Rn. 7; Grigoleit/*Rachlitz* Rn. 1; Henssler/Strohn/*Strohn* Rn. 1; Hüffer/ Koch/*Koch* Rn. 2; K. Schmidt/Lutter/*Oetker* §§ 396–398 Rn. 15.

§ 398 fallen vielmehr zunächst **alle Sachentscheidungen,** auch eine Abweisung der Klage – gleichgültig, ob als unbegründet oder als unzulässig – sowie die Entscheidung (nicht schon der Antrag) über eine Anordnung nach § 397. Nicht mitzuteilen sind dagegen Entscheidungen, die lediglich der Prozessleitung dienen.[4]

Über den Wortlaut der Vorschrift hinaus erstreckt sich die Mitteilungspflicht auch auf **2** den **Eingang eines Antrags** nach § 396.[5] Allein auf diese Weise lässt sich die beabsichtigte Publizität des gesamten Auflösungsverfahrens sicherstellen. Die davon ausgehende Beeinträchtigung ihrer Interessen hat die beklagte Gesellschaft um des effektiven Schutzes des Gemeinwohls willen hinzunehmen.

## II. Registerpublizität

Soweit die ihm mitgeteilten Entscheidungen eintragungspflichtige Rechtsverhältnisse **3** betreffen, trägt das Registergericht sie von Amts wegen ein. Ob die Eintragung deklaratorisch oder konstitutiv wirkt, bestimmt sich nach dem einschlägigen materiellen Recht.[6] So ist die Eintragung der Abberufung eines Vorstandsmitglieds gem. § 81 deklaratorisch, während eine Satzungsänderung gem. § 181 Abs. 3 erst durch Eintragung Wirksamkeit erlangt. Betrifft die Mitteilung kein eintragungspflichtiges Rechtsverhältnis, sondern etwa die Abberufung von Aufsichtsratsmitgliedern (§ 106) oder die Abweisung einer Klage nach § 396, so ist sie zu den Registerakten zu nehmen und damit jedermann zugänglich zu machen (vgl. § 9 HGB).[7]

---

[4] AllgM, s. nur Hüffer/Koch/*Koch* Rn. 2; Kölner Komm AktG/*Kersting* Rn. 7.

[5] Hüffer/Koch/*Koch* Rn. 2; Hölters/*Müller-Michaels* Rn. 3; Kölner Komm AktG/*Kersting* Rn. 8 f.; BeckOGK/*Spindler* Rn. 3; Bürgers/Körber/*Pelz* Rn. 6; aA K. Schmidt/Lutter/*Oetker* §§ 396–398 Rn. 15.

[6] HM, s. Hüffer/Koch/*Koch* Rn. 3; BeckOGK/*Spindler* Rn. 6; K. Schmidt/Lutter/*Oetker* §§ 396–398 Rn. 16; Henssler/Strohn/*Strohn* Rn. 2; Grigoleit/*Rachlitz* Rn. 2; aA – Eintragung stets deklaratorisch – Kölner Komm AktG/*Kersting* Rn. 14.

[7] BeckOGK/*Spindler* Rn. 5; Grigoleit/*Rachlitz* Rn. 2; Kölner Komm AktG/*Kersting* Rn. 2; Henssler/Strohn/*Strohn* Rn. 2; Hölters/*Müller-Michaels* Rn. 5.

# Dritter Teil. Straf- und Bußgeldvorschriften. Schlußvorschriften

## Vorbemerkung (Vor § 399)

**Schrifttum (Abhandlungen und Monographien zum Aktienstrafrecht):** *Gramich,* Die Strafvorschriften des Bilanzrichtliniengesetzes, wistra 1987, 157; *Kohlmann,* Nulla poena nullum crimen sine lege, Art. 103 II GG und das Aktienrecht, AG 1961, 309; *Maul,* Geschäfts- und Konzernlagetäuschungen als Bilanzdelikte, DB 1989, 185; *H. Mayer,* Die Untreue im Zusammenhang der Vermögensverbrechen, 1926; *Meyer,* Die Strafvorschriften des neuen Aktiengesetzes, AG 1966, 109; *Schüppen,* Systematik und Auslegung des Bilanzstrafrechts, 1993.

### Übersicht

## I. Rechtsentwicklung des Aktienstrafrechts

**1**     Die Entwicklung des Aktienstrafrechts begann mit der Aufgabe des Konzessionssystems durch die **Aktienrechtsnovelle des Norddeutschen Bundes** vom 11.6.1870 (BGBl. Norddt. Bund 1870, 375). Die Strafvorschriften (Art. 249 Abs. 1 Nr. 1–3 ADHGB und Art. 249a ADHGB) sollten das mit dieser Novelle eingeführte System der Normativbedingungen mit Registerzwang (vgl. → Einl. Rn. 16) strafrechtlich absichern und einen Ausgleich für die Kontrollmöglichkeiten schaffen, die mit dem Konzessionssystem verbunden waren. Mit diesen Strafvorschriften wurden schon damals der Gründungsschwindel, die Bilanzfälschung und die Nichtanzeige einer Überschuldung mit Strafe bedroht, weil bei dem seinerzeit vorherrschenden „Aktienunwesen" das Publikum oft dem „Schwindel" der Unternehmer ausgeliefert war.[1] Die Erfahrungen der sogenannten Gründerjahre nach 1870 führten zu einer Verschärfung des Aktienstrafrechts durch das Gesetz betreffend die Kommanditgesellschaften auf Aktien und die Aktiengesellschaften vom 18.7.1884 (RGBl. 1884 I 123), mit dem die Art. 249–249g ADHGB in das Allgemeine deutsche Handelsgesetzbuch eingefügt wurden. Dabei wurde erstmals mit Art. 249 Abs. 1 ADHGB die Sonderregelung einer **aktienrechtlichen Untreue** eingeführt. Diese Reform des Aktienstrafrechts entsprach im Wesentlichen schon den Regelungen, die später durch das HGB und das AktG 1937 übernommen worden sind.[2]

**2**     Die **Einführung des BGB** zu Beginn des vorigen Jahrhunderts machte eine Reform des Handelsrechts erforderlich, die zur Schaffung des HGB vom 10.3.1897 (RGBl. 1897 I 219) führte, welches das Aktienstrafrecht in den §§ 312–319 HGB regelte. Entsprechend der wirtschaftlichen Entwicklung jener Zeit stellten diese Tatbestände wie auch das sonstige Aktienstrafrecht nicht mehr die Kommanditgesellschaft auf Aktien, sondern die Aktiengesellschaft in den Mittelpunkt ihrer Regelungen. Mit Ausnahme der durch die Verordnung des Reichspräsidenten vom 19.9.1931 (RGBl. 1931 I 493) eingeführten Berichts- und

---

[1] Vgl. *Schüppen,* Systematik und Auslegung des Bilanzstrafrechts, 1993, 3.
[2] Kölner Komm AktG/*Geilen* Rn. 3; Großkomm AktG/*Otto* Rn. 1.

Verschwiegenheitspflicht der Prüfer blieb es bis zum AktG vom 30.1.1937 bei den genannten Strafbestimmungen.

Mit dem **AktG vom 30.1.1937** (RGBl. 1937 I 107) wurde das Aktienstrafrecht in **3** den §§ 294–304 AktG 1937 im Wesentlichen unverändert übernommen. Lediglich die Strafrahmen wurden bei verschiedenen Tatbeständen erheblich angehoben. Diese Tatbestände blieben auch nach Errichtung der Bundesrepublik Deutschland erhalten. Allerdings setzten schon bald nach 1945 Reformbestrebungen ein, die 1954 von der Bundesregierung aufgenommen wurden und zum Erlass des AktG vom 6.9.1965 führten (→ Einl. Rn. 2 ff.).

Auch das **AktG vom 6.9.1965** (BGBl. 1965 I 1089) hat eine Reihe von Straftatbeständen **4** des Aktienstrafrechts übernommen (allgemein → Einl. Rn. 33 ff.). Es hat jedoch darauf verzichtet, wie bis dahin, die **aktienrechtliche Untreue** im AktG gesondert zu regeln und hat in § 405 eine Reihe von früheren Straftatbeständen zu Bußgeldtatbeständen umgewandelt. Für die Abschaffung des Tatbestandes der aktienrechtlichen Untreue war maßgebend, dass Untreuehandlungen von Vorstands- oder Aufsichtsratsmitgliedern sowie von Abwicklern ohnehin durch den allgemeinen Untreuetatbestand des § 266 StGB erfasst werden und deshalb eine solche Spezialbestimmung nicht erforderlich sei.[3] Bei den in § 405 geregelten Tatbeständen geht der Gesetzgeber davon aus, dass diese Verbotsnormen kein kriminelles Unrecht enthalten und hat sie deshalb zu Ordnungswidrigkeiten herabgestuft.[4]

Seit Erlass des AktG 1965 sind die Tatbestände des Aktienstrafrechts durch das **EGStGB** **5** vom 2.3.1974 (BGBl. 1974 I 469) dem neuen Strafrecht angepasst und unter anderem durch die Gesetze vom 13.12.1978 und vom 4.7.1980 sowie durch das Bilanzrichtlinien-Gesetz (BiRiLiG) vom 19.12.1985 geändert worden.

Durch das Gesetz zur Durchführung der zweiten RL 77/91/EWG des Rates der Europäischen Gemeinschaften zur Koordinierung des Gesellschaftsrechts (Kapital-RL 1977; aufgehoben, s. jetzt: → Einl. Rn. 125 ff.) vom **13.12.1978** (BGBl. 1978 I 1959) ist § 405 Abs. 1 Nr. 3 geändert und § 405 Abs. 1 Nr. 4 eingefügt worden (allgemein → Einl. Rn. 33 f.). **6**

Das Gesetz zur Änderung des GmbHG und anderer handelsrechtlicher Vorschriften **vom** **7** **4.7.1980** (BGBl. 1980 I 836) hat die Tatbestände des § 399 Abs. 1 Nr. 6 (Abgabe falscher Versicherungen gegenüber dem Handelsregister) und § 400 Abs. 2 (Abgabe wahrheitswidriger Erklärungen gegenüber Prüfern) neu eingeführt (allgemein → Einl. Rn. 33).

Durch das Bilanzrichtlinien-Gesetz **(BiRiLiG)** vom 19.12.1985 (BGBl. 1985 I 2355) **8** sind die Tatbestände des § 400 Abs. 1 und des § 404 Abs. 1 Nr. 2 gegenüber den §§ 331 und 333 HGB als subsidiär ausgestaltet und ist § 405 Abs. 1 Nr. 5 aufgehoben worden (allgemein → Einl. Rn. 33, → Einl. Rn. 35). Damit ist das Aktienstrafrecht in wesentlichen Punkten ergänzt, aber auch in seiner Bedeutung eingeschränkt worden. Das ergibt sich insbesondere bei der Änderung des § 400 durch das BiRiLiG. Denn das Zurücktreten gegenüber § 331 HGB führt dazu, dass falsche Angaben über gesellschaftliche Verhältnisse in Jahresabschlüssen oder in Aufklärungen oder Nachweisen gegenüber Abschlussprüfern nunmehr nicht mehr unter diesen Tatbestand fallen (vgl. näher → § 400 Rn. 21, → § 400 Rn. 60, → § 400 Rn. 105).

Das Gesetz für kleine Aktiengesellschaften und zur Deregulierung des Aktienrechts **9** **(DeregG)** vom 2.8.1994 (BGBl. 1994 I 1961) hat § 399 Abs. 1 Nr. 1 hinsichtlich von Angaben zur Sicherungspflicht erweitert (vgl. näher → § 399 Rn. 2; allgemein → Einl. Rn. 33).

Das im Zuge der Insolvenzrechtsreform ergangene Einführungsgesetz zur Insolvenzverordnung **(EGInsO)** vom 5.10.1994 (BGBl. 1994 I 2911) hat § 401 Abs. 1 Nr. 2 an die **10** InsO angepasst (allgemein → Einl. Rn. 33).

Das Gesetz zur Bereinigung des Umwandlungsrechts **(UmwBerG)** vom 28.10.1994 **11** (BGBl. 1994 I 3210) hat die bereits bestehenden Möglichkeiten zur Umwandlung eines Unternehmens (durch Übertragung seines Vermögens im Wege der Gesamtrechtsnachfolge

---

[3] *Meyer* AG 1966, 109; Großkomm AktG/*Otto* Rn. 18 f.; krit. Kölner Komm AktG/*Geilen* Rn. 11, 12.
[4] *Meyer* AG 1966, 109; krit. Kölner Komm AktG/*Geilen* Rn. 8.

oder durch Wechsel seiner Rechtsform) aus fünf verschiedenen Gesetzen herausgelöst und in Form des am 1.1.1995 in Kraft getretenen Umwandlungsgesetzes (UmwG) vom 28.10.1994 zusammengefasst (allgemein → Einl. Rn. 33, → Einl. Rn. 37). Dabei wurde auch die in § 399 Abs. 2 vorhanden gewesene Strafbarkeit für Straftaten im Zusammenhang mit der Umwandlung einer Gesellschaft in das **UmwG** verlagert (vgl. → § 399 Rn. 1).

12  Durch das Gesetz über die Zulassung von Stückaktien **(StückAG)** vom 25.3.1998 (BGBl. 1998 I 590) wurde § 405 Abs. 1 Nr. 1 und 3 geändert (vgl. → § 405 Rn. 3; allgemein → Einl. Rn. 40 ff.).

13  Mit dem Gesetz zur Namensaktie und zur Erleichterung der Stimmrechtsausübung **(NaStraG)** vom 18.1.2001 (BGBl. 2001 I 123) wurde § 405 an die Umstellung von DM auf Euro angepasst (vgl. → § 405 Rn. 4; allgemein → Einl. Rn. 53 f.).

14  Durch das Gesetz zur weiteren Fortentwicklung des Finanzplatzes Deutschland **(Viertes Finanzmarktförderungsgesetz)** vom 21.6.2002 (BGBl. 2002 I 2002, 2010) ist die Bußgeldvorschrift des § 406 eingefügt worden (vgl. allgemein → Einl. Rn. 53).

15  Durch das Gesetz zur weiteren Reform des Aktien- und Bilanzrechts, zu Transparenz und Publizität **(TransPuG)** vom 19.7.2002 (BGBl. 2002 I 2681) ist in § 404 die Strafandrohung hinsichtlich börsennotierter Gesellschaften verschärft worden (vgl. → § 404 Rn. 1).

16  Durch das Bilanzrechtsreformgesetz **(BilReG)** vom 4.12.2004 (BGBl. 2004 I 3166) ist § 400 Abs. 1 Nr. 1 im Zusammenhang mit der Einführung eines von der Bundesanzeigerpublizität des Jahresabschlusses befreienden Einzelabschlusses ergänzt worden (vgl. → § 400 Rn. 1; allgemein → Einl. Rn. 53, → Einl. Rn. 64). Das Gesetz zur Unternehmensintegrität und Modernisierung des Anfechtungsrechts **(UMAG)** vom 22.9.2005 (BGBl. 2005 I 2802) hat infolge des Wegfalls des Hinterlegungserfordernisses für die Teilnahme an der Hauptversammlung (§ 123) in § 402 Abs. 1 zu einer Anpassung geführt (vgl. → § 402 Rn. 2; allgemein → Einl. Rn. 53, → Einl. Rn. 65 ff.); andere Folgeänderung in § 407 Abs. 1 S. 1. Das Gesetz zur Begrenzung der mit Finanzinvestitionen verbundenen Risiken **(Risikobegrenzungsgesetz)** vom 12.8.2008 (BGBl. 2008 I 1666) hat zur Steigerung der Transparenz der Aktienregister in § 405 mit einem Abs. 2a einen neuen Ordnungswidrigkeitentatbestand eingefügt (vgl. hierzu § 405). Durch das Gesetz zur Modernisierung des GmbH-Rechts und zur Bekämpfung von Missbräuchen **(MoMiG)** vom 23.10.2008 (BGBl. 2008 I 2026) sind § 399 Abs. 1 Nr. 1 und 6 sowie § 401 geändert worden; dabei kommt der Erweiterung des Straftatenkatalogs in § 76 Abs. 3 erhebliche Bedeutung auch in § 399 Abs. 1 Nr. 6 zu (vgl. → § 399 Rn. 2; → § 401 Rn. 2). Das Gesetz zur Umsetzung der Aktionärsrechte-RL **(ARUG)** vom 30.7.2009 (BGBl. 2009 I 2479) hat in § 399 Abs. 1 die Nr. 1 und Nr. 4 ergänzt und § 405 Abs. 3a eingefügt. Damit werden Art. 10b Abs. 1 und 3 Kapital-RL aF idF der Änderungs-RL 2006/68/EG[5] (Abs. 1 Nr. 1 und 4) und Art. 5 Abs. 2 und 4 Aktionärsrechte-RL umgesetzt. Außerdem wurde § 406 aufgehoben. Neben der Einführung verschiedener Neuerungen hat das Gesetz zur Änderung des Aktiengesetzes **(Aktienrechtsnovelle 2016)** vom 22.12.2015 (BGBl. 2015 I 2565) mehrere Redaktionsversehen beseitigt, so auch in § 399 Abs. 1 (vgl. → § 399 Rn. 2). Das Gesetz zur Umsetzung der prüfungsbezogenen Regelungen der RL 2014/56/EU sowie zur Ausführung der entsprechenden Vorgaben der VO (EU) 537/2014 im Hinblick auf die Abschlussprüfung bei Unternehmen von öffentlichem Interesse **(Abschlussprüfungsreformgesetz – AReG)** vom 10.5.2016 (BGBl. 2016 I 1142) dient der Umsetzung der im Oktober 2010 durch das Grünbuch der Europäischen Kommission angestoßenen europäischen Abschlussprüfungsreform in nationales Recht; hierdurch sind die §§ 404a, 407a eingefügt, § 405 Abs. 3b–3d und Abs. 5 angefügt sowie § 405 Abs. 4 erweitert worden. Letztlich traten Änderungen durch das Gesetz zur Umsetzung der zweiten Aktionärsrechte-RL **(ARUG II)** vom 12.12.2019 (BGBl. 2019 I 2637) mit Wirkung vom 1.1.2020 in Kraft. § 400 Abs. 1 Nr. 1 wurde hierbei um einen Verweis auf § 162 Abs. 1 oder 2 ergänzt (vgl. → § 400 Rn. 1). Umfassend wurde auch § 405 geändert, der in seinem Abs. 1 um Nr. 5 und Nr. 6 ergänzt

---

[5] Begr. RegE, BT-Drs. 16/11642, 23, 36.

wurde, wonach sich nun Verweise auf die § 120a Abs. 2 und § 162 Abs. 4 wiederfinden. Darüber hinaus wurde § 405 Abs. 2a neu gefasst sowie Abs. 4 und Abs. 5 geändert (→ § 405 Rn. 3).

## II. Geltungsbereich

Das AktG ist anwendbar auf Aktiengesellschaften und Kommanditgesellschaften auf **17** Aktien. Eine Aktiengesellschaft ist durch Übernahme der Aktien durch die Gründer gem. § 29 iVm § 23 Abs. 1 und 2 errichtet. Die vor der Eintragung in das Handelsregister existierende Vor-Aktiengesellschaft ist ebenfalls von §§ 399 ff. erfasst, nicht jedoch eine Vorgründungsgesellschaft.[6] Auch eine Gesellschaft in Insolvenz oder Abwicklung fällt in den Geltungsbereich der §§ 399 ff.[7] Das AktG erstreckt sich ohne eine ausdrückliche abweichende Regelung (vgl. zB § 399 Abs. 1 Nr. 6) nur auf inländische Aktiengesellschaften und Kommanditgesellschaften auf Aktien, dh auf Gesellschaften, die nach den Vorschriften des AktG verfasst sind (ergänzend → Einl. Rn. 73 ff.).[8] Aufgrund der Verweisung in § 53 SEAG gilt das AktienG und damit auch das Aktienstrafrecht aber auch für die „Societas Europaea".[9] Verlegt eine inländische Aktiengesellschaft ihren satzungsmäßigen Sitz in das Ausland, verliert sie ihren Charakter als eine Gesellschaft nach deutschem Recht; sie gilt als aufgelöst (→ § 5 Rn. 54).[10] Errichtet eine ausländische Aktiengesellschaft unter Beibehaltung ihres ausländischen satzungsmäßigen Sitzes eine Zweigniederlassung (§§ 13d ff.) in der Bundesrepublik Deutschland, bleibt sie eine Gesellschaft ausländischen Rechts. Auf sie finden die Grundsätze des internationalen Privatrechts Anwendung. Die Straf- und Bußgeldtatbestände des AktG, welche den Schutzvorschriften dieses Gesetzes Nachdruck verleihen sollen, sind auf sie nicht anwendbar.[11] Demgegenüber hält es *Hefendehl*[12] im Hinblick auf die Globalisierungstendenzen der Kapitalgesellschaften für angezeigt, im Wege der Auslegung einzelne Strafnormen des AktG auf Funktionsträger ausländischer Gesellschaften anzuwenden, misst dieser Möglichkeit allerdings für § 399 kaum erkennbare Relevanz bei. Eine solche Auslegung des geltenden Rechts dürfte Bedenken im Hinblick auf das Bestimmtheitsgebot in Art. 103 Abs. 2 GG begegnen. Andere Strafnormen, die wie zB § 263 StGB oder § 266 StGB Individualrechtsgüter schützen, sind dagegen auch anwendbar, wenn das Vermögen einer ausländischen Aktiengesellschaft verletzt ist.

## III. Regelungsgegenstand, Normzweck und Rechtsgüter des Aktienstrafrechts

Das Aktienstrafrecht mit seinen Straf- und Bußgeldtatbeständen soll vor allem sicherstel- **18** len, dass die zivilrechtlichen Vorschriften des Gesetzes zum Schutz der Aktionäre, der Gläubiger oder anderer an der Gesellschaft tatsächlich oder rechtlich interessierter Personen eingehalten werden. Die Aktiengesellschaft ist eine Kapitalgesellschaft, die als juristische Person nur mit ihrem Gesellschaftsvermögen haftet. Den sich daraus für das Wirtschaftsleben ergebenden Risiken versucht das AktG mit einer Fülle von Schutzvorschriften entgegenzuwirken, die im Wesentlichen von den Registergerichten im Wege der freiwilligen Gerichtsbarkeit überprüft werden. Besonders gravierende Verstöße gegen die Schutzbestimmungen des AktG hat der Gesetzgeber jedoch mit Strafe oder Bußgeld bedroht.

Das durch die Vorschriften des Aktienstrafrechts **geschützte Rechtsgut** ist nach hM **19** das Vertrauen der Allgemeinheit (Öffentlichkeit) in die Korrektheit der Handelsregisterein-

---

[6] MüKoStGB/*Weiß* Rn. 6, 8.
[7] MüKoStGB/*Weiß* § 399 Rn. 10.
[8] RGZ 117, 215 (217); 159, 33 (46); BGHZ 53, 181 (183) = NJW 1970, 998 (999); BGHZ 97, 269 (271) = NJW 1986, 2194 (2195); Hüffer/Koch/*Koch* § 1 Rn. 34 ff.
[9] Graf/Jäger/Wittig/*Temming* Rn. 5.
[10] RGZ 107, 94 (97); *Baumbach/Hueck* Einl. Rn. 15.
[11] Vgl. RGSt 68, 210; RGZ 159, 33 (42); BGHSt 42, 243 (248) = NJW 1997, 533 (534); *Baumbach/Hueck* Einl. Rn. 15; krit. Kölner Komm AktG/*Geilen*, 1. Aufl. 1970 ff., Rn. 15; Großkomm AktG/*Otto* Rn. 8 ff. mwN.
[12] BeckOGK/*Hefendehl* § 399 Rn. 52 ff.

tragungen sowie die öffentlichen Ankündigungen.[13] Darüber hinaus ist auch das Vertrauen von Personen, die zu der Gesellschaft rechtliche oder tatsächliche Beziehungen unterhalten oder in solche eintreten, in den Wahrheitsgehalt der Handelsregistereintragung und deren Grundlagen oder sonstige öffentliche Mitteilungen über die Vermögenslage der Gesellschaft geschützt.[14] Diese Rechtsgutbestimmung wird auch dadurch nicht in Frage gestellt, dass bestimmte Eintragungen im Handelsregister keinen besonderen öffentlichen Glauben genießen.[15] Darüber hinaus sollen §§ 399 ff. auch verhindern, dass Aktien in Umlauf gesetzt werden, die nur Scheinwerte darstellen.[16] Insoweit wird auch das individuelle Vermögen bestimmter Personenkreise geschützt.[17] Zu den besonderen Ausprägungen des Schutzumfanges der einzelnen Vorschriften vgl. §§ 399 ff. zu „Regelungsgegenstand, Normzweck und Rechtsgut" (zB → § 399 Rn. 3 ff.).

**20**    Die Normen werden in der Praxis nicht sehr häufig angewandt. Ein Grund dafür könnte sein, dass bereits die Registergerichte im Wesentlichen für die Einhaltung der Schutzbestimmungen sorgen.[18] Auch wird vielfach eine Einstellung gem. §§ 154, 154a StPO in Betracht kommen, wenn Delikte aus dem Kernstrafrecht, insbesondere ein Betrug gem. § 263 StGB, in Betracht kommen. Die These, dass §§ 399 ff. AktG dennoch allein durch ihre Existenz abschreckend wirken, ist im Hinblick auf das geringe Aufklärungsrisiko kaum zu halten.[19] Die Hauptbedeutung wird vielfach darin gesehen, dass die Vorschriften wegen ihres angenommenen Charakters als Schutzgesetz die Grundlage für einen Schadensersatzanspruch nach § 823 Abs. 2 BGB bilden können.[20]

## IV. Täterkreis, Rechtsnatur der Delikte und Systematik des Gesetzes

**21**    **Täter** der Straf- und Bußgeldtatbestände können in vielen Fällen nur Personen sein, denen besondere Eigenschaften zukommen (Vorstands- oder Aufsichtsratsmitglieder, Abwickler, Gründer, Aktionäre, Prüfer oder Prüfergehilfen). Insoweit handelt es sich bei den §§ 399 ff. um **echte Sonderdelikte**[21] (vgl. näher → § 399 Rn. 12 ff.; → § 400 Rn. 8 ff.; → § 401 Rn. 11 ff.; → § 403 Rn. 8 ff.; → § 404 Rn. 8 ff.; → § 404a Rn. 5; → § 405 Rn. 10 ff.). Andererseits kennt das AktG aber auch Tatbestände, die von jedermann begangen werden können und sich somit als **Allgemeindelikte**[22] darstellen (zB § 399 Abs. 1 Nr. 3, § 402, § 405 Abs. 3). Soweit die §§ 399 ff. dieselben Begriffe hinsichtlich der Beschreibung möglicher Täter (zB Mitglied des Vorstands, Mitglied des Aufsichtsrats, Gründer) verwenden, so sind diese grundsätzlich auch **gleich auszulegen**.[23]

**22**    Die meisten Straf- oder Bußgeldtatbestände verweisen auf andere Vorschriften des AktG oder verwenden Begriffe, welche ihre wahre Bedeutung erst auf Grund anderer Bestimmungen des AktG gewinnen. Bei ihnen handelt es sich deshalb um **ausfüllungsbedürftige Bestimmungen,** deren Tatbestände sich erst aus einer Verbindung der jeweiligen Strafnorm mit den einzelnen Ausfüllungsvorschriften ergeben (sog. Blanketttatbestände). Das kann für die Vollendung des Delikts sowie für die innere Tatseite und dabei insbesondere für Irrtumsfragen Bedeutung erhalten.

**23**    Nach § 408 gelten die Straf- und Bußgeldtatbestände des AktG sinngemäß auch für die **Kommanditgesellschaft auf Aktien.**

---

[13] BGHZ 105, 121 (124 f.) = NJW 1988, 2794 (2795) mwN.

[14] BGHZ 105, 121 (124 f.) = NJW 1988, 2794 (2795); BGH NJW 2005, 3721.

[15] So aber MüKoStGB/*Weiß* § 399 Rn. 3, der das Vertrauen des Registergerichts in die Richtigkeit der Angaben für geschützt ansieht.

[16] BGHZ 105, 121 (129) = NJW 1988, 2794 (2795).

[17] AA MüKoStGB/*Weiß* § 399 Rn. 3 nur mittelbarer Vermögensschutz.

[18] *Eisenberg,* Kriminologie, 6. Aufl. 2005, § 47 Rn. 43d.

[19] BeckOGK/*Hefendehl* § 399 Rn. 19.

[20] Vgl. BeckOGK/*Hefendehl* § 399 Rn. 8 ff., 21.

[21] MüKoStGB/*Weiß* Rn. 29; Achenbach/Ransiek/Rönnau/*Ransiek* WiR-HdB 8. Teil. 3. Kap. Rn. 13, 17; zu § 399 Abs. 1 Nr. 4 vgl. BGH NStZ-RR 2016, 205 (207).

[22] MüKoStGB/*Weiß* Rn. 29.

[23] MüKoStGB/*Weiß* Rn. 30.

## V. Weitere Strafbestimmungen

**Schrifttum:** s. Vor § 399; *Fleischer,* Konzernuntreue zwischen Straf- und Gesellschaftsrecht, NJW 2004, 2867; *Gehrlein,* Strafbarkeit von Vorständen wegen leichtfertiger Vergabe von Unternehmensspenden, NZG 2002, 463; *Hillenkamp,* Risikogeschäft und Untreue, NStZ 1981, 161; *Kau/Kukat,* Haftung von Vorstands- und Aufsichtsratsmitgliedern bei Pflichtverletzungen nach dem Aktiengesetz, BB 2000, 1045; *Mosiek,* Risikosteuerung im Unternehmen und Untreue, wistra 2003, 370; *Nack,* Untreue im Bankbereich durch Vergabe von Großkrediten, NJW 1980, 1599; *Otto,* Untreue durch Vertretungsorgane von Kapitalgesellschaften durch Vergabe von Spenden, FS Kohlmann, 2003, 187; *Tiedemann,* Untreue bei Interessenkonflikten. Am Beispiel der Tätigkeit von Aufsichtsratsmitgliedern, FS Tröndle, 1989, 319; *Windolph,* Risikomanagement und Riskcontrol durch das Unternehmensmanagement nach dem Gesetz zur Kontrolle und Transparenz im Unternehmensbereich, NStZ 2000, 522.

**1. Allgemeines.** Das Aktienstrafrecht regelt nur einen Teil der Straftaten, die im Zusam- 24 menhang mit der Errichtung, dem Betrieb und der Abwicklung einer Aktiengesellschaft oder einer Kommanditgesellschaft auf Aktien begangen werden können. Für bestimmte Aktiengesellschaften gibt es strafrechtliche Sonderregelungen in anderen Gesetzen, die vorrangig zu beachten sind.[24] So sind Aktiengesellschaften, die als Unternehmen Bankgeschäfte betreiben, Kreditinstitute iSd § 1 **KWG,** für die nicht § 401, sondern der Sondertatbestand des § 55 KWG gilt. Aktiengesellschaften, die Versicherungsgeschäfte betreiben, sind Versicherungsunternehmen iSd § 1 **VAG,** für die die Sonderregelungen der §§ 137, 141 VAG gelten. Diese Vorschriften ersetzen auch für Versicherungsunternehmen, die in der Rechtsform einer Aktiengesellschaft betrieben werden, die Straftatbestände der § 401 Abs. 2 und § 403 (vgl. → § 403 Rn. 47).

Besondere Bedeutung haben ferner für Aktiengesellschaften die Straf- und Bußgeldtatbe- 25 stände der §§ 331–335b HGB zum Bilanzrecht. Die Neugestaltung des Gesellschaftsrechts durch das BiRiLiG (→ Rn. 8) hat dazu geführt, dass bei allen Kapitalgesellschaften, zu denen nach der Überschrift im 3. Buch 2. Abschnitt des **HGB** auch die Aktiengesellschaften gehören, das Rechnungslegungs- und Prüfungsrecht schwerpunktmäßig im HGB geregelt ist. Das hat den Gesetzgeber veranlasst, dort auch entsprechende Straf- und Bußgeldtatbestände zu schaffen, um den neu getroffenen Regelungen Nachdruck zu verschaffen und sie unter Strafschutz zu stellen.

**2. Aktienrechtliche Untreue. a) Allgemeines.** Das AktG 1965 sieht anders als § 294 26 AktG 1937 nicht mehr einen besonderen Untreuetatbestand vor (vgl. → Rn. 4). Untreuehandlungen von Vorstandsmitgliedern oder von Abwicklern bei der Wahrnehmung ihrer Aufgaben als Geschäftsleiter sowie von Mitgliedern des Aufsichtsrats richten sich deshalb nunmehr nach dem **allgemeinen Untreuetatbestand** des § 266 StGB.

Der Untreuetatbestand enthält **zwei Tatbestandsalternativen:** den Missbrauchstatbe- 27 stand (§ 266 Abs. 1 Alt. 1 StGB), für den eine Diskrepanz zwischen rechtlichem Können nach außen und einem dahinter zurückbleibenden rechtlichen Dürfen nach innen kennzeichnend ist, und den als Auffangtatbestand zu verstehenden Treuebruchstatbestand (§ 266 Abs. 1 Alt. 2 StGB). Im Hinblick auf Art. 103 Abs. 2 GG ist eine restriktive und präzisierende Auslegung vor allem des Treuebruchstatbestands wie auch des Vermögensnachteils geboten.[25] Die Vorschrift ist, ähnlich wie die Tatbestände des AktG-Strafrechts, ein echtes Sonderdelikt[26] mit allen Konsequenzen für die Beteiligung (näher → § 399 Rn. 12 ff.).

**b) Vermögensbetreuungspflicht.** Das Vorliegen einer Vermögensbetreuungspflicht ist 28 für beide Tatbestandsalternativen Voraussetzung und nach hM inhaltsgleich zu bestimmen.[27] Nach der gefestigten Rspr. des BGH setzt das Vorliegen einer Vermögensbetreuungspflicht eine besonders qualifizierte Pflichtenstellung zu dem fremden Vermögen, hier das der Aktiengesellschaft, voraus.[28] Die Vermögensbetreuungspflicht ist daher auch in der Aktiengesell-

---

[24] Großkomm AktG/*Otto* Rn. 96; Kölner Komm AktG/*Geilen,* 1. Aufl. 1970 ff., Rn. 14.
[25] BVerfGE 126, 170 (200 ff.) = NJW 2010, 3209 (3212).
[26] Großkomm AktG/*Otto* Rn. 57.
[27] BGHSt 47, 187 (192) = NStZ 2002, 322 (323); BGHSt 50, 331 (342) = NStZ 2006, 214 (216).
[28] BGHSt 62, 288 = NJW 2018, 1330 mAnm *Brand*; BGH NJW 2018, 1486.

schaft auf bestimmte Personen beschränkt. Bei Gesellschaften und juristischen Personen sind in der Regel die Organe vermögensbetreuungspflichtig, wobei genau zu differenzieren ist, worauf sich die Vermögensbetreuungspflicht erstreckt.[29] Soweit es allerdings bei Mitgliedern des Vorstands oder Aufsichtsrats um das Aushandeln der eigenen Vergütung geht, trifft sie wegen der gegensätzlich gerichteten Interessen grundsätzlich keine Vermögensbetreuungspflicht.[30] Die Aktionäre sind dagegen nach hM weder gegenüber der Aktiengesellschaft noch gegenüber den anderen Aktionären oder den Organen der Aktiengesellschaft vermögensbetreuungspflichtig.[31] Dies mag nur anders sein, wenn sie als faktische Vorstände fungieren oder wenn sie bei konzernrechtlicher Verflechtung das herrschende Unternehmen repräsentieren.[32]

**29**    **aa) Mitglieder des Vorstands und Abwickler.** Der Vorstand betreut die Vermögensinteressen der Aktiengesellschaft,[33] nicht aber die der Aktionäre.[34] Zudem tritt der Vorstand gem. § 14 Abs. 1 Nr. 1 StGB als Vertretungsorgan in die Treupflichten ein, die der Aktiengesellschaft gegenüber Dritten obliegen.

**30**    Die Vermögensbetreuungspflicht ergibt sich bei den **Mitgliedern des Vorstands** und bei den **Abwicklern** in der Regel aus dem **Missbrauchstatbestand (§ 266 Abs. 1 Alt. 1 StGB),** der Rechtsbeziehungen schützen will, durch die einem Beteiligten ein rechtliches Können gewährt wird, das im Innenverhältnis über das rechtliche Dürfen hinausgeht.[35] Bei den Mitgliedern des Vorstands (und den Abwicklern) folgt die bestimmungswidrige Ausübung der Verfügungs- und Verpflichtungsbefugnis und damit der Missbrauch dieser Befugnis aus der nach außen unbeschränkten Vertretungsbefugnis des § 82 Abs. 1 AktG. Daneben können die Vorstandsmitglieder oder die Abwickler auch den **Treubruchstatbestand** (§ 266 Abs. 1 Alt. 2 StGB) erfüllen, wenn ihre das Vermögen der Gesellschaft benachteiligende Handlung nicht auf einem Rechtsgeschäft beruht, sondern ein tatsächliches Tun zum Inhalt hat, das sich als eine Verletzung der Treupflicht zur Wahrnehmung fremder Vermögensinteressen darstellt. Das kommt insbesondere in Betracht, wenn die Verletzung der Treupflicht durch ein tatsächliches Einwirken auf die betreuten Vermögensinteressen erfolgt, wie etwa der Griff in die Kasse, der Verbrauch anvertrauter Gelder oder die Vernichtung von Urkunden.[36] Untreue kann auch gegeben sein, wenn ein Vorstand unter Verstoß gegen § 93 Abs. 1 und unter Verletzung von Buchführungsvorschriften eine sog. schwarze Kasse einrichtet.[37]

**31**    **bb) Mitglieder des Aufsichtsrats.** Bei den Mitgliedern des Aufsichtsrats ergibt sich die Vermögensbetreuungspflicht dagegen in der Regel aus dem Treubruchstatbestand.[38] Die Mitglieder des Aufsichtsrates sind sowohl gegenüber der Aktiengesellschaft als auch gegenüber den Aktionären vermögensbetreuungspflichtig.[39]

**32**    **c) Vorliegen einer Pflichtverletzung.** Voraussetzung ist in jedem Fall, dass die den Nachteil zufügende Handlung **pflichtwidrig** war.[40]

**33**    Die gesellschaftsrechtlichen internen Pflichten des **Vorstandes** ergeben sich aus §§ 76, 93. **Maßstab** für die Pflichtverletzung ist im Bereich des Aktienrechts im Wesentlichen

---

[29] Vgl. zu den einzelnen Fallgruppen der Organuntreue BeckOK StGB/*Wittig* StGB § 266 Rn. 40.8.
[30] BGHSt 50, 331 Rn. 80 = NJW 2006, 522 (530) – *Mannesmann; Hièramente* NZWiSt 2014, 291.
[31] MüKoStGB/*Dierlamm* StGB § 266 Rn. 70.
[32] Achenbach/*Ransiek/Seier/Lindemann* WiR-HdB 5. Teil 2. Kap. Rn. 252.
[33] BGHSt 47, 148 = NStZ 2002, 262; BGHSt 47, 187 = NStZ 2002, 322; BGH NStZ 2006, 221 (224).
[34] LG Wiesbaden GWR 2015, 522.
[35] BGHSt 5, 61 (63) = NJW 1954, 202 (202); BGH wistra 1988, 191.
[36] Großkomm AktG/*Otto* Rn. 22; Scholz/*Tiedemann/Rönnau* GmbHG Vor § 82 Rn. 8; *Kohlmann/Löffeler* GmbH-GF Rn. 197.
[37] BGHSt 52, 323 = NJW 2009, 89; *Fischer* StGB § 266 Rn. 74 ff.
[38] *Tiedemann* FS Tröndle, 1989, 319 (322).
[39] BGHSt 47, 187 (200 ff.) = NStZ 2002, 322 (322); BGHSt 50, 331 = NStZ 2006, 214.
[40] Vgl. RGSt 69, 203 (206); BGHSt 3, 23 (24) = GmbHR 1952, 108 mAnm *Schneider;* BGH bei *Herlan* GA 1958, 46; BGH wistra 1986, 25; 1993, 301.

**§ 93 Abs. 1,** der die Vorstandsmitglieder verpflichtet, bei ihrer Geschäftsführung die **Sorgfalt eines ordentlichen und gewissenhaften Geschäftsleiters** anzuwenden.[41] Im Grundsatz besteht für unternehmerische Führungs- und Gestaltungsaufgaben ein weiter **Beurteilungs- und Ermessensspielraum,** was dadurch gerechtfertigt wird, dass unternehmerische Entscheidungen regelmäßig aufgrund einer zukunftsbezogenen Gesamtabwägung von Chancen und Risiken getroffen werden müssen, die wegen ihres Prognosecharakters die Gefahr erst nachträglich erkennbarer Fehlbeurteilungen enthält.[42] Deshalb ist eine Pflichtverletzung nicht gegeben, solange die Grenzen, in denen sich ein von Verantwortungsbewusstsein getragenes, ausschließlich am Unternehmenswohl orientiertes, auf sorgfältiger Ermittlung der Entscheidungsgrundlagen beruhendes unternehmerisches Handeln bewegen muss, nicht überschritten sind.[43] Dieser in der sog. aktienrechtlichen **Business Judgement Rule in § 93 Abs. 1 S. 2** kodifizierte Grundsatz ist nach der Rspr. auch Maßstab für das Vorliegen einer Pflichtverletzung iSd § 266 StGB.[44] Die Norm findet über § 116 S. 1 auch für Aufsichtsratsmitglieder Anwendung. Insoweit besteht grundsätzlich ein weiter Beurteilungs- und Ermessensspielraum. Dies gilt insbesondere für genuin unternehmerische Führungs- und Gestaltungsaufgaben, deren wirtschaftliche Zweckmäßigkeit keiner vollständigen rechtlichen Kontrolle zugänglich ist.[45] Deshalb ist eine untreuerelevante Pflichtverletzung nicht gegeben, solange die Grenzen, in denen sich ein von Verantwortungsbewusstsein getragenes, ausschließlich am Unternehmenswohl orientiertes, auf sorgfältiger Ermittlung der Entscheidungsgrundlagen beruhendes unternehmerisches Handeln bewegen muss, nicht überschritten sind.[46]

Der **Aufsichtsrat** hat die Geschäftsführung des Vorstandes nach § 111 Abs. 1 zu über-   **34** wachen sowie weitere bestimmte, im Gesetz vorgesehene Aufgaben wahrzunehmen (näher → § 116 Rn. 16 ff.). Gegenüber der Aktiengesellschaft bezieht sich die Vermögensbetreuungspflicht sowohl auf die dem Vorstand übertragenen unternehmerischen Aufgaben als auch auf seine Überwachungsaufgaben gem. § 111 Abs. 1.[47] Der Aufsichtsrat darf deshalb den Vorstand nicht zu einem Verhalten veranlassen, das er aufgrund seiner Überwachungspflicht gerade abwenden müsste.[48] Die Überwachungspflicht des Aufsichtsrats gem. § 111 Abs. 1 bezieht sich aber nur auf die Überwachung des Vorstands, nicht jedoch auf Beschlüsse der Hauptversammlung.[49] § 116 Abs. 1 verweist bzgl. der Sorgfaltspflicht der Aufsichtsratsmitglieder auf § 93. Dennoch soll hier ein weniger strenger Verhaltensmaßstab gelten.[50]

Das Vorliegen der Pflichtwidrigkeit allein genügt jedoch nicht, um die Erfüllung des   **35** Untreuetatbestandes anzunehmen. Vielmehr ist das Merkmal der Pflichtwidrigkeit nach der Rspr. des BVerfG als komplexes und normatives Tatbestandsmerkmal im Hinblick auf Art. 103 Abs. 2 GG konkretisierend so auszulegen, dass die Anwendung des § 266 StGB auf Fälle klaren und deutlichen pflichtwidrigen Handelns beschränkt bleibt.[51] Die Bestimmung solcher Fallgruppen obliegt jedoch kraft verfassungsrechtlicher Aufgabenzuweisung der

---

[41] BGHSt 50, 331 (336) = NStZ 2006, 214 (215); BGH NJW 2017, 578 (579).
[42] BGHSt 50, 331 (336) = NStZ 2006, 214 (216) unter Bezugnahme auf BGHZ 135, 244 = NJW 1997, 1926 (1927) – ARAG-Garmenbeck mAnm ua *Ransiek* NJW 2006, 814 und mAnm *Rönnau* NStZ 2006, 218 (220) und mAnm *Schünemann* NStZ 2006, 196 und mAnm *Vogel/Hocke* JZ 2006, 568.
[43] BGHSt 50, 331 (337) = NStZ 2006, 214 (216); s. auch BGHSt 46, 30 (34 f.) = NStZ 2000, 655 (656); BGHSt 47, 148 (149 f.) = NStZ 2002, 262 (263); BGHSt 47, 187 (192) = NStZ 2002, 322 (323).
[44] BGHSt 50, 331 (337) = NStZ 2006, 214 (216); BGH NJW 2017, 578 (579) – HSH Nordbank mAnm *Brand* und mAnm *Kubiciel* JZ 2017, 585 (587); Einzelheiten hierzu und Rspr.-Nachweise bei BeckOK StGB/ *Wittig* StGB § 266 Rn. 22b ff.
[45] Hierzu BGHSt 50, 331 (336) = NStZ 2006 214 (216); BeckOK StGB/*Wittig* StGB§ 266 Rn. 22c.
[46] Vgl. BGHSt 46, 30 (34 f.) = NStZ 2000, 655 (656); BGHSt 47, 148 (149 f.) = NStZ 2002, 262 (263); BGHSt 47, 187 (192) = NStZ 2002, 322 (323); BGHSt 50, 331 (336) = NStZ 2006, 214 (216).
[47] *Fischer* StGB § 266 Rn. 48; Einzelheiten bei Achenbach/Ransiek/Seier/*Lindemann* WiR-HdB 5. Teil 2. Kap. Rn. 235 ff.
[48] BGHSt 47, 187 (201) = NStZ 2002, 322 (322); *Fischer* StGB § 266 Rn. 106.
[49] Achenbach/Ransiek/*Seier/Lindemann* WiR-HdB 5. Teil 2. Kap. Rn. 243.
[50] Vgl. ausf. hierzu Achenbach/Ransiek/*Seier/Lindemann* WiR-HdB 5. Teil 2. Kap. Rn. 244 f.
[51] BVerfGE 126, 170 (210 f.) = NJW 2010, 3209 (3215).

fachgerichtlichen Rspr. Das BVerfG hat in seinem Untreue-Beschluss die dahingehende Rspr. des BGH[52] gebilligt, soweit sie eine untreuerelevante Pflichtwidrigkeit nur dann bejaht, wenn die Pflichtverletzung gravierend ist, was wiederum dann der Fall sein soll, wenn sie evident ist.[53] Wann eine solche Pflichtverletzung als gravierend anzusehen ist, ist wiederum eine Frage des Einzelfalls. Die nicht kritiklos[54] gebliebene Rspr. geht jedoch davon aus, dass die Verletzung der sich aus § 93 Abs. 1 S. 1 ergebenden gesellschaftsrechtlichen Pflicht zugleich die Annahme einer gravierenden bzw. evidenten Pflichtverletzung zur Folge hat.[55] Einer gesonderten Prüfung bedarf es daher nicht mehr.

**36**     Ob sich auch aus **§ 91 Abs. 2** (eingeführt durch das KonTraG vom 27.4.1998; vgl. → Einl. Rn. 40, → Einl. Rn. 43 ff.) eine für den Untreuetatbestand relevante Vermögensbetreuungspflicht ergibt,[56] erscheint zweifelhaft. Ein Verstoß gegen die darin normierte Vorstandspflicht (Einrichtung von Überwachungssystemen) und damit ein fehlendes oder mangelhaftes **Risikomanagementsystem** kann zwar zu einer zivilrechtliche Haftung führen (→ § 91 Rn. 75).[57] Es handelt sich dabei jedoch um eine Verpflichtung, die Früherkennung bestandsgefährdender Entwicklungen durch geeignete Maßnahmen zu gewährleisten.[58] Das ist aber nicht gleichbedeutend mit einer treuhänderischen Sorge (→ § 91 Rn. 75).

**37**     **d) Vermögensnachteil.** Einen Vermögensnachteil erleidet die Aktiengesellschaft, wenn ihr durch die Verletzung der dem Täter ihr gegenüber obliegenden Vermögensbetreuungspflicht eine Vermögenseinbuße zugefügt wird.[59]

**38**     Der **Vermögensnachteil** umfasst alle Vermögenswerte, die unter diesen Begriff beim Betrug nach § 263 StGB fallen.[60] Bei der Untreue muss, ebenso wie bei dem Betrug, das Vermögen, das die Gesellschaft vor und nach der Untreuehandlung hat, verglichen werden (Prinzip der Gesamtsaldierung).[61] Erfasst wird nach dem herrschenden juristisch-ökonomischen Vermögensbegriff alles, was nach wirtschaftlicher Betrachtungsweise in Geld messbar ist und den Schutz der Rechtsordnung genießt.[62] Dazu gehört auch das Ausbleiben einer Vermögensvermehrung, wenn bereits eine hinreichend gesicherte Aussicht auf den Vorteil (Exspektanz) bestand,[63] wie auch die sog. schadensgleiche Vermögensgefährdung.[64]

**39**     Zwischen der Vermögensbetreuungspflicht und dem pflichtverletzenden Handeln des Täters muss ein innerer Zusammenhang bestehen.[65] Bei dem Missbrauchstatbestand bedeutet das, dass der Vermögensnachteil durch die Ausübung der rechtlichen Verfügungsmacht

---

[52] BGHSt 47, 148 = NStZ 2002, 262; BGHSt 47, 184 = NStZ 2002, 322 mAnm *Beckemper*; BGH NJW 2017, 578.

[53] Zu dieser Rechtsfigur instruktiv *Wagner* ZStW 131 (2019), 319.

[54] Sehr krit. etwa *Baur/Holle* ZIP 2017, 555 (557); *Esser* NZWiSt 2018, 201.

[55] BGHSt 61, 48 (65) = NJW 2016, 2585 (2592).

[56] So *Windolph* NStZ 2000, 522 (524); *Mosiek* wistra 2003, 370.

[57] *Kau/Kukat* BB 2000, 1045.

[58] Hüffer/Koch/*Koch* § 91 Rn. 6.

[59] S. nur BGH NJW 2019, 378 (380); BGHSt 55, 280 (304) = NJW 2010, 3458 (3462); BGHSt 60, 94 (109 f.) = NJW 2015, 1618 (1621).

[60] BGHSt 15, 342 (343) = NJW 1961, 685 (685); LK-StGB/*Schünemann* StGB § 266 Rn. 164; Schönke/Schröder/*Lenckner/Perron* StGB § 266 Rn. 39; Lackner/Kühl/*Heger* StGB § 266 Rn. 17; Hachenburg/*Kohlmann* GmbHG Vor § 82 Rn. 168; *Fischer* StGB § 266 Rn. 56 mwN.

[61] StRspr, s. nur BGHSt 62, 144 (154) = NJW 2018, 177 (180) mAnm *Eisele*; BGHSt 55, 288 (304) = NJW 2011, 88 (92).

[62] Zur neueren Rspr. s. BGH NStZ 2001, 534; NStZ-RR 2009, 106; anders noch die ältere Rspr., BGH NJW 1975, 1234 (1235).

[63] Vgl. nur BGHSt 20, 143 (144) = NJW 1965, 770 (771); BGHSt 31, 232 (235) = NJW 1983, 1807 (1808); BGHSt 50, 299 (314) = NJW 2006, 925 (931); BGHSt 62, 144 (154) = NJW 2018, 177 (180) mAnm *Eisele*; *Fischer* StGB § 266 Rn. 166.

[64] Vgl. BGHSt 20, 304 (305) = NJW 1966, 261 (262); BGHSt 35, 333 (336) = NJW 1989, 112 (112); BGH NJW 1998 (2483); BGHSt 44, 376 (384) = NJW 1999, 1489 (1491); Überblick bei *Fischer* StGB § 266 Rn. 150 ff.

[65] BGH NJW 1992, 250.

entstanden ist;[66] bei dem Treubruchstatbestand muss ein ursächlicher Zusammenhang zwischen der Verletzung der Treuepflicht und dem Vermögensnachteil bestehen.

Durch den Nachteil betroffen kann nur ein **mit dem Täter nicht identischer** Träger   **40**
fremden Vermögens sein. Das kann eine natürliche oder eine juristische Person sein.[67] Bei einer Untreue zum Nachteil einer Aktiengesellschaft ist in erster Linie diese als Vermögensinhaberin geschädigt.

**e) Tatbestandsausschließendes Einverständnis.** Ein tatbestandsausschließendes Ein-   **41**
verständnis[68] zu der den Nachteil zufügenden Verletzung der Vermögensbetreuungspflicht, wie etwa das Einverständnis mit Risikogeschäften (→ Rn. 47), kann deshalb auch nur von den Anteilseignern der Aktiengesellschaft als oberstes Willensbildungsorgan erteilt werden. Das sind die Aktionäre und nicht die Mitglieder des Aufsichtsrats oder eines sonstigen Organs der Gesellschaft. Ein Einverständnis des Anteilseigners oder der **Anteilseigner** (soweit die Hauptversammlung ein eigenes Entscheidungsrecht hat und einen entsprechenden wirksamen Beschluss gefasst hat) ist tatbestandsausschließend,[69] es sei denn, es verstößt gegen Rechtsvorschriften oder ist sonst – zB wegen Beeinträchtigung des Grundkapitals – pflichtwidrig.[70] Begründet wird dies zutreffend damit, dass die juristische Person als eigene Rechtspersönlichkeit auch gegenüber ihren Anteilseignern ein selbstständiges in einem Kernbereich durch § 266 StGB geschütztes Vermögen hat.[71] Aufgrund der umfangreichen Geschäftsführungsbefugnisse des Vorstandes, die die Hauptversammlung nicht an sich ziehen darf (vgl. § 119 Abs. 2), ist der Entscheidungsbereich relativ gering.[72]

**f) Beispiele aus der Rechtsprechung.** Zu den Pflichten des Aufsichtsrats gehört die   **42**
Geltendmachung und Durchsetzung von Schadensersatzansprüchen gegenüber dem Vorstand.[73]

In einem **Konzern** verletzen die Vorstandsmitglieder der beherrschenden Aktiengesell-   **43**
schaft jedenfalls dann ihre Vermögensbetreuungspflicht gegenüber einer abhängigen GmbH, wenn deren Vermögenswerte in einem solchen Umfang ungesichert im Konzern angelegt werden, dass im Fall ihres Verlustes die Erfüllung von Verbindlichkeiten der Tochtergesellschaft oder deren Existenz gefährdet wäre.[74]

Vergibt der Vorstand einer AG aus deren Vermögen **Zuwendungen zur Förderung**   **44**
**von Kunst, Wissenschaft, Sozialwesen oder Sport,** genügt für die Annahme einer Pflichtwidrigkeit iSd Untreuetatbestandes des § 266 StGB nicht jede gesellschaftsrechtliche Pflichtverletzung; diese muss nach der Rspr. vielmehr gravierend sein.[75] Ob eine Pflichtverletzung gravierend ist, bestimmt sich auf Grund einer Gesamtschau insbesondere der gesellschaftsrechtlichen Kriterien (denn es handelt sich um eine unternehmerische Entscheidung, bei der auf die Business Judgement Rule zurückzugreifen ist). Bedeutsam sind dabei: Fehlende Nähe zum Unternehmensgegenstand, Unangemessenheit im Hinblick auf die Ertrags- und Vermögenslage, fehlende innerbetriebliche Transparenz sowie Vorliegen sachwidriger Motive, namentlich Verfolgung rein persönlicher Präferenzen. Jedenfalls dann, wenn bei einem **Sponsoring** sämtliche dieser Kriterien erfüllt sind, liegt eine Pflichtverletzung iSd § 266 StGB vor.[76]

---

[66] BGH wistra 1989, 142.
[67] BGH NStZ 2012, 151.
[68] Dazu BeckOK StGB/*Wittig* StGB § 266 Rn. 24.
[69] BGHSt 50, 331 (342) = NStZ 2006, 214 (216 f.); MüKoStGB/*Dierlamm* StGB § 266 Rn. 159; aA *Fischer* StGB § 266 Rn. 102.
[70] BGHSt 55, 266 (278 f.) = NJW 2010, 3458 (3461); BeckOK StGB/*Wittig* StGB § 266 Rn. 27; NK-StGB/*Kindhäuser* StGB § 266 Rn. 67; aA MüKoStGB/*Dierlamm* StGB § 266 Rn. 159.
[71] IE sehr umstr., vgl. dazu BeckOK StGB/*Wittig* StGB § 266 Rn. 27.
[72] So auch *Rönnau* FS Amelung, 2009, 247.
[73] BGHZ 135, 244 = NJW 1997, 1926 – ARAG-Garmenbeck.
[74] BGHSt 49, 147 = NJW 2004, 2248; dazu *Fleischer* NJW 2004, 2867.
[75] BGHSt 47, 187 = NStZ 2002, 322 mAnm *Beckemper.*
[76] BGHSt 47, 187 = NStZ 2002, 322 mAnm *Beckemper*; dazu *Gehrlein* NZG 2002, 463; *Otto* FS Kohlmann, 2003, 187.

**45**   **Weiterhin** ist Untreue eines Vorstandsmitglieds gegeben, wenn er sich mehr Dividende gutschreiben lässt als er zu beanspruchen hat,[77] wenn ein Vorstandsmitglied ein bei der Gründung von ihm als Einlage eingebrachtes Grundstück vor der Auflassung für die Gesellschaft mit einer Hypothek belastet,[78] wenn ein Vorstandsmitglied es unterlässt, über einen die Gesellschaft benachteiligenden bestimmten Bilanzansatz aufzuklären,[79] wenn ein Vorstandsmitglied, das neben seinem Amt als Rechtsanwalt zugelassen ist, sich für das Führen von Verhandlungen im Interesse der Gesellschaft nach der Gebührenordnung für Rechtsanwälte honorieren lässt, es sei denn, es liegen besondere Umstände vor, die im Einzelfall eine Honorierung rechtfertigen,[80] oder wenn das Vorstandsmitglied veranlasst, dass zur Hebung von Ansehen und Kredit der Gesellschaft eine Dividende verteilt wird, obwohl die Gesellschaft keinen Gewinn gemacht hat und bei ihr eine Unterbilanz besteht.[81]

**46**   Allerdings kann ein Vorstandsmitglied bei einem Eigengeschäft mit der Gesellschaft, zu dem es von dem Aufsichtsrat ermächtigt worden ist, ebenso wie jeder beliebige Dritte ein dem Risiko entsprechendes Entgelt verlangen, wenn es sich dabei um ein gewagtes Geschäft unter Einsatz seines Privatvermögens gehandelt hat; unangemessen hoch darf es jedoch nicht sein.[82] Er kann auch einen Repräsentationsaufwand (Hausangestellte und Gärtner im Privathaushalt) betreiben, wenn dieser in einem angemessenen Verhältnis zu echten Vorteilen für die Gesellschaft steht, etwa zu einem dem Aufwand entsprechenden Werbegewinn.[83] Auch erstreckt sich seine Vermögensbetreuungspflicht nicht auf ein ihm gegenüber nach § 88 Abs. 2 S. 2 bestehendes Eintrittsrecht der Gesellschaft.[84]

**47**   Bei **Risikogeschäften des Vorstands** ist zu beachten, dass Untreue auch bei der Durchführung von gewagten Geschäften begangen werden kann, wenn der Täter nach Art eines Spielers und entgegen den Regeln kaufmännischer Sorgfalt eine auf das Äußerste gesteigerte Verlustgefahr auf sich nimmt, nur um eine höchst zweifelhafte Gewinnaussicht zu erlangen. **Risikogeschäft** lässt sich definieren als eine vom Täter umgesetzte in der Regel **unternehmerische Entscheidung, bei der ungewiss ist, ob sie zu einer Vermögensminderung oder -mehrung führt.**[85] Zwar sind risikobehaftete unternehmerische Entscheidungen im Wirtschaftsleben durchaus üblich und auch erwünscht[86] und nicht jedes gewagte Geschäft ist pflichtwidrig, wenn es missglückt oder zum Schaden führt.[87] Es gibt Bereiche in der Wirtschaft, bei denen solche Geschäfte, wie im Börsenwesen, zur eigentlichen Geschäftstätigkeit gehören. Auch kommt es darauf an, ob der Täter sich im Rahmen seines ihm vorgegebenen Risikobereiches hält, der mitunter sehr weit sein kann. Ist der Pflichtenkreis dagegen nicht oder nicht genügend konkretisiert, ist maßgebend, ob mit dem Geschäft noch die Grenzen eines nach den Regeln kaufmännischer Sorgfalt wirtschaftlich vertretbaren Risikos eingehalten werden. Entscheidend ist dann, ob bei wirtschaftlich vernünftiger, alle bekannten Umstände berücksichtigender Gesamtbetrachtung die Gefahr eines Verlustgeschäftes wahrscheinlicher ist als die Aussicht auf Gewinnzuwachs.[88] So ist bei der generell risikobehafteten Vergabe von Krediten durch Entscheidungsträger einer Bank eine Pflicht-

---

[77] RG JW 1929, 1054.
[78] RGSt 36, 69 (71).
[79] RGSt 41, 293 (300).
[80] BGH NStZ 1993, 442.
[81] RGSt 49, 358 (364).
[82] BGH bei *Herlan* GA 1958, 45.
[83] BGH bei *Herlan* GA 1967, 258.
[84] BGH NJW 1988, 2483.
[85] *Esser* NZWiSt 2018, 201 (202).
[86] NK-StGB/*Kindhäuser* StGB § 266 Rn. 73; *Fischer* StGB § 266 Rn. 64; *Schröder* NJW 2010, 1169 (1171); s. auch BGHSt 46, 30 = NStZ 2000, 655; LG Hamburg AG 2015, 368; *Altenburg* BB 2015, 323.
[87] Zu solchen „Rückschaufehlern" *Kudlich* FS Streng, 2017, 63.
[88] BGH NJW 1990, 3219; 1975, 1234 (1235 f.); GA 1977, 342 (343); wistra 1982, 148 (150); 1985, 190; LK-StGB/*Schünemann* StGB § 266 Rn. 117; Schönke/Schröder/*Lenckner/Perron* StGB § 266 Rn. 20; Lackner/Kühl/*Heger* StGB § 266 Rn. 7; *Nack* NJW 1980, 1599 (1602); *Hillenkamp* NStZ 1981, 161; enger Scholz/*Tiedemann/Rönnau* GmbHG Vor § 82 Rn. 16; eingehend zu den Risiko- und Spekulationsgeschäften des Geschäftsführers einer GmbH *Kohlmann/Löffeler* GmbH-GF Rn. 316 ff.

verletzung zu verneinen, wenn die Risiken und die Chancen der Kreditvergabe auf der Grundlage umfassender Informationen sorgfältig abgewogen worden sind.[89] Wenn aber die Grenzen des unternehmerischen Entscheidungsspielraums durch Verstöße gegen die banküblichen Informations- und Prüfungspflichten überschritten werden, liegt eine Pflichtverletzung vor, die zugleich einen Missbrauch der Vermögensbetreuungspflicht begründet.[90] Der Vermögensnachteil liegt bei Risikogeschäften dieser Art darin, dass die Pflichtverletzung bei Abschluss der Geschäfte zu einer schadensgleichen Vermögensgefährdung führt, die in der Regel durch die Gewinnaussichten nicht ausgeglichen wird.[91]

**g) Subjektiver Tatbestand.** Subjektiv verlangt der Tatbestand der Untreue vorsätzliches **48** Handeln. Dabei reicht bedingter **Vorsatz** aus. Die Rspr. stellt jedoch wegen der grundsätzlichen Weite des objektiven Tatbestands der Untreue strenge Anforderungen an den Untreuevorsatz.[92] Das gilt vor allem, wenn der Täter bedingt vorsätzlich und nicht eigensüchtig handelt.[93] In diesem Fall reicht es nicht aus, dass der Täter die **Pflichtwidrigkeit** seines Handelns für möglich hält; sie muss ihm bewusst sein.[94]

Diese Einschränkung bezieht sich aber nicht auf den durch die Pflichtwidrigkeit herbei- **49** geführten **Vermögensnachteil.** Bei ihm reicht es aus, dass der Täter ihn nur für möglich hält.[95] Das kommt insbesondere bei Risikogeschäften in Betracht. Bei ihnen schließt die unsichere Hoffnung auf den guten Ausgang des Geschäfts den bedingten Vorsatz nicht aus, wenn der Täter die gegenwärtige Benachteiligung der Gesellschaft erkannt hat oder wenigstens für möglich hält.[96]

**h) Abgrenzung zu den Insolvenzstraftaten.** Schwierig ist die Abgrenzung zwischen **50** Untreue und den Insolvenzstraftaten: §§ 283–283c StGB sind Sonderdelikte, die nur von dem Schuldner begangen werden können. Sofern die Aktiengesellschaft als juristische Person Schuldnerin ist, kommt eine Überwälzung der Schuldnereigenschaft insbesondere auf deren Organe und Vertreter gem. § 14 Abs. 1 Nr. 1 StGB in Betracht. Dies setzt jedoch voraus, dass der Betroffene „als" Organ oder „aufgrund" des Auftrags handelte. Der BGH stellte hier auf die Interessentheorie ab, sodass eine (tateinheitliche) Strafbarkeit wegen eines Insolvenzdeliktes nur in Frage kam, wenn der Täter für die Gesellschaft und in deren, wie auch im eigenen Interesse handelte.[97] Diese Rspr. hat er nunmehr zu Recht aufgegeben.[98] Es genügt nun, wenn der Handelnde gerade in seiner Eigenschaft als vertretungsberechtigtes Organ, also im Geschäftskreis des Vertretenen und nicht bloß bei Gelegenheit tätig wird.[99]

Seit dem Inkrafttreten des MoMiG ist die vorher gem. § 401 Abs. 1 Nr. 2 aF strafbare **51** vorsätzliche und fahrlässige **Insolvenzverschleppung** nunmehr in **§ 15a Abs. 4, 5 InsO** geregelt. Täter kann nur der sein, der verpflichtet ist, gem. § 15a Abs. 1 Nr. 1–3 InsO einen Insolvenzantrag zu stellen. Gem. § 15a Abs. 1 Nr. 1 InsO haben die Mitglieder des Vertretungsorgans oder die Abwickler den Antrag zu stellen, also bei der Aktiengesellschaft der Vorstand (§ 78).

---

[89] Vgl. BGHSt 46, 30 (34) = NJW 2000, 2364 (2365); BGHSt 47, 148 (149) = NStZ 2002, 262 (263); BGH wistra 2010, 21.

[90] Vgl. BGHSt 47, 148 (152) = NStZ 2002, 262 (263); BGHSt 47, 187 (197) = NStZ 2002, 322 (324) mAnm *Beckemper*; BGH NJW 2006, 453; wistra 2010, 21.

[91] BGH NJW 1975, 1234 (1236); GA 1977, 342 (343); Schönke/Schröder/*Lenckner/Perron* StGB § 266 Rn. 45; *Fischer* StGB § 266 Rn. 62 f.

[92] BGH NJW 2009, 2370 (2373).

[93] BGHSt 47, 295 (302) = NStZ 2002, 648 (650) mwN.

[94] BGHSt 62, 144 (153) = NJW 2018, 177 (180) mAnm *Eisele*; BGH wistra 1987, 137; NJW 1990, 3219; 1975, 1234 (1236); 1983, 461; NStZ 1986, 455 (456); *Fischer* StGB § 266 Rn. 171 f.; LK-StGB/*Schünemann* StGB § 266 Rn. 190; Schönke/Schröder/*Lenckner/Perron* StGB § 266 Rn. 49.

[95] BGH NJW 1979, 1512 mAnm *Otto* NJW 1979, 2414; *Nack* NJW 1980, 1599 (1602).

[96] BGHSt 52, 323 (339) = NJW 2009, 89 (92); Schönke/Schröder/*Lenckner/Perron* StGB § 266 Rn. 49; *Fischer* StGB § 266 Rn. 175.

[97] BGH NStZ 2000, 206 (207).

[98] Zusammenfassend BGHSt 57, 229 = NJW 2012, 2366 mwN.

[99] Zu weiteren Einzelheiten und zur Differenzierung zwischen rechtsgeschäftlichem und faktischem Handeln MüKoStGB/*Radtke* StGB § 14 Rn. 65 ff.

52    **i) Untreue bei Kommanditgesellschaft auf Aktien.** Die Kommanditgesellschaft auf
Aktien kann als eigene Rechtspersönlichkeit auch durch Vermögensverfügungen zu Gunsten
ihrer Gesellschafter und ihrer Aktionäre geschädigt werden. Bspw. kann der persönlich
haftende Gesellschafter einer Kommanditgesellschaft auf Aktien Untreue begehen,[100] wenn
er an sich, an die leitenden Angestellten und an die Aktionäre erfolgsabhängige Zahlungen
(Tantieme, Dividende) leistet, obwohl er weiß, dass die Gesellschaft keinen Gewinn, sondern
nur Verluste gemacht hat.

## § 399 Falsche Angaben

(1) **Mit Freiheitsstrafe bis zu drei Jahren oder mit Geldstrafe wird bestraft, wer**
1. **als Gründer oder als Mitglied des Vorstands oder des Aufsichtsrats zum Zweck
   der Eintragung der Gesellschaft oder eines Vertrags nach § 52 Absatz 1 Satz 1
   über die Übernahme der Aktien, die Einzahlung auf Aktien, die Verwendung
   eingezahlter Beträge, den Ausgabebetrag der Aktien, über Sondervorteile,
   Gründungsaufwand, Sacheinlagen und Sachübernahmen oder in der nach § 37a
   Absatz 2, auch in Verbindung mit § 52 Absatz 6 Satz 3, abzugebenden Versicherung,**
2. **als Gründer oder als Mitglied des Vorstands oder des Aufsichtsrats im Gründungsbericht, im Nachgründungsbericht oder im Prüfungsbericht,**
3. **in der öffentlichen Ankündigung nach § 47 Nr. 3,**
4. **als Mitglied des Vorstands oder des Aufsichtsrats zum Zweck der Eintragung
   einer Erhöhung des Grundkapitals (§§ 182 bis 206) über die Einbringung des
   bisherigen, die Zeichnung oder Einbringung des neuen Kapitals, den Ausgabebetrag der Aktien, die Ausgabe der Bezugsaktien, über Sacheinlagen, in der
   Bekanntmachung nach § 183a Abs. 2 Satz 1 in Verbindung mit § 37a Abs. 2
   oder in der nach § 184 Abs. 1 Satz 3 abzugebenden Versicherung,**
5. **als Abwickler zum Zweck der Eintragung der Fortsetzung der Gesellschaft in
   dem nach § 274 Abs. 3 zu führenden Nachweis oder**
6. **als Mitglied des Vorstands einer Aktiengesellschaft oder des Leitungsorgans
   einer ausländischen juristischen Person in der nach § 37 Abs. 2 Satz 1 oder § 81
   Abs. 3 Satz 1 abzugebenden Versicherung oder als Abwickler in der nach § 266
   Abs. 3 Satz 1 abzugebenden Versicherung**
**falsche Angaben macht oder erhebliche Umstände verschweigt.**

(2) **Ebenso wird bestraft, wer als Mitglied des Vorstands oder des Aufsichtsrats
zum Zweck der Eintragung einer Erhöhung des Grundkapitals die in § 210 Abs. 1
Satz 2 vorgeschriebene Erklärung der Wahrheit zuwider abgibt.**

**Schrifttum:** *Bittmann*, Strafrechtliche Folgen des MoMiG, NStZ 2009, 113; *Bruns*, Die sog. „tatsächliche"
Betrachtungsweise im Strafrecht, JR 1984, 133; *Bruns*, Zur strafrechtlichen Relevanz des gesetzesumgehenden
Täterverhaltens, GA 1986, 1; *Cadus*, Die faktische Betrachtungsweise, 1984; *Cobet*, Fehlerhafte Rechnungslegung, 1991; *Dannecker*, Die Verfolgungsverjährung bei Submissionsabsprachen und Aufsichtspflichtverletzun-
gen in Betrieben und Unternehmen, NStZ 1985, 49; *Dierlamm*, Der faktische Geschäftsführer im Strafrecht –
ein Phantom?, NStZ 1996, 153; *Eyermann*, Untersagung der Berufsausübung durch Strafurteil und Verwaltungsakt, JuS 1964, 269; *Döser*, Erweiterte Bankenhaftung aus der Einzahlungsbestätigung bei gesellschaftsrechtlichen Kapitalmaßnahmen, NJW 2006, 881; *Fuhrmann*, Die Bedeutung des „faktischen Organs" in der
strafrechtlichen Rechtsprechung des Bundesgerichtshofs, FS Tröndle, 1989, 139; *Grönwoldt*, Das Bilanzrichtlinien-Gesetz und die Pflichten des Registergerichts bei überschuldeter Jahresbilanz, BB 1988, 1494; *Gübel*,
Die Auswirkungen der faktischen Betrachtungsweise auf die strafrechtliche Haftung faktischer GmbH-
Geschäftsführer, 1994; *Henze*, Zur Problematik der „verdeckten (verschleierten) Sacheinlage" im Aktien- und
GmbH-Recht, ZHR 154 (1990), 105; *Hilger*, Neues Strafverfahrensrecht durch das OrgKG, 1. und 2. Teil,
NStZ 1992, 457 und NStZ 1992, 523; *Hildesheim*, Die strafrechtliche Verantwortung des faktischen Mitge-
schäftsführers in der Rechtsprechung des BGH, wistra 1993, 166; *Hinghaus/Höll/Hüls/Ransiek*, Inhabilität
nach § 6 Abs. 2 Nr. 3 GmbHG und Rückwirkungsverbot, wistra 2010, 291; *Ihrig/Wandt*, Die Aktienrechtsno-

---

[100]    Graf/Jäger/Wittig/ *Waßmer* StGB § 266 Rn. 50.

velle 2016, BB 2016, 6; *Joerden,* Grenzen der Auslegung des § 84 Abs. 1 Nr. 2 GmbHG, wistra 1990, 1; *Kamanabrou,* Der Vorbehalt wertgleicher Deckung bei Kapitalerhöhungen durch Bareinlage in der AG und der GmbH, NZG 2002, 702; *Kratzsch,* Das „faktische Organ" im Gesellschaftsrecht, ZGR 1985, 506; *Leplow,* Ausschluss vom Geschäftsführeramt nach MoMiG und Rückwirkungsverbot, PStR 2009, 250; *Mayer,* Die Heilung verdeckter Sacheinlagen im Recht der GmbH, MittBayNot 1996, 164; *Peter,* Die strafrechtliche Verantwortlichkeit von Kollegialorganmitgliedern der AG und der GmbH für das Nichteinschreiten bei Gründungsschwindelhandlungen anderer Kollegialorganmitglieder, 1990; *Ransiek,* Zur deliktischen Eigenhaftung des GmbH-Geschäftsführers aus strafrechtlicher Sicht, ZGR 1992, 203; *Richter,* Der Konkurs der GmbH aus der Sicht der Strafrechtspraxis, GmbHR 1984, 113 und GmbHR 1984, 137; *Rieß,* Neue Gesetze zur Bekämpfung der Organisierten Kriminalität, NJ 1992, 491; *Rödder,* Jahresabschlussprüfung durch das Registergericht, Rpfleger 1986, 166; *C. Schäfer,* Zur strafrechtlichen Verantwortlichkeit des GmbH-Geschäftsführers I und II, GmbHR 1993, 717 und GmbHR 1993, 780; *H. Schäfer,* Die Entwicklung der Rechtsprechung zum Konkursstrafrecht, wistra 1990, 81; *K. Schmidt,* Die Strafbarkeit „faktischer Geschäftsführer" wegen Konkursverschleppung als Methodenproblem, FS Rebmann, 1989, 419; *Schröder,* Aktienhandel und Strafrecht, 1994; *Schüppen,* Aktuelle Fragen der Konkursverschleppung durch den GmbH-Geschäftsführer, DB 1994, 197; *Stein,* Das faktische Organ, 1984; *Stein,* Die Normadressaten der §§ 64, 84 GmbHG und die Verantwortlichkeit von Nichtgeschäftsführern wegen Konkursverschleppung, ZHR 148 (1984), 207; *Steinmetz,* Die verschleierte Sacheinlage im Aktienrecht aus zivil- und strafrechtlicher Sicht, 1990; *Tiedemann* Gründungs- und Sanierungsschwindel durch verschleierte Sacheinlagen, FS Lackner, 1987, 737; *Weiß,* Ausschluss vom Geschäftsführeramt bei strafgerichtlichen Verurteilungen nach § 6 Abs. 2 GmbHG nF, wistra 2009, 209; *Weiß,* Die Strafbarkeit falscher „überschießender" Angaben des Geschäftsführers nach § 82 Abs. 1 Nr. 5 GmbHG, wistra 2016, 9; *Zielinski,* Zur Verletzteneigenschaft des einzelnen Aktionärs im Klageerzwingungsverfahren bei Straftaten zum Nachteil einer Aktiengesellschaft, wistra 1993, 6.

Übersicht

## I. Allgemeines

**1** **1. Rechtsentwicklung.** § 399 entspricht im Wesentlichen der Strafvorschrift des § 295 AktG 1937, ist allerdings seit 1965 mehrfach geändert und ergänzt worden. § 295 AktG 1937 ist seinerseits der Strafvorschrift des § 313 HGB nachgebildet worden, der mit Erlass des Handelsgesetzbuches vom 10.5.1897 (RGBl. 1897 S. 2199) den bis dahin geltenden Art. 249a ADHGB idF vom 18.7.1884 (RGBl. 1884 S. 123) abgelöst hatte, der in seiner Grundkonzeption bereits eine Reihe von Tathandlungen enthielt, die auch heute den § 399 prägen. Er kann deshalb als Vorläufer des geltenden § 399 bezeichnet werden.[1] Während § 313 HGB, der weitgehend der Regelung des Art. 249a ADHGB glich, vor allem der Bekämpfung des Gründungs- und des Kapitalerhöhungsschwindels diente, enthielt § 295 AktG 1937 bereits Bestimmungen, die falsche Angaben im Gründungsbericht und im Prüfungsbericht unter Strafe stellten. § 399 hat darüber hinaus in Abs. 2 die früheren Strafvorschriften des § 20 des Gesetzes über die Kapitalerhöhung aus Gesellschaftsmitteln und über die Gewinn- und Verlustrechnung vom 23.12.1959 (BGBl. 1959 I 789) übernommen und hat bestimmte wahrheitswidrige Erklärungen im Zusammenhang mit der Umwandlung einer Aktiengesellschaft in eine GmbH unter Strafe gestellt.

**2** Durch das Gesetz zur Änderung des GmbHG vom 4.7.1980 (BGBl. 1980 I 836, 842) ist § 399 abermals erweitert worden. Danach werden nun auch falsche Angaben von Mitgliedern des Vorstandes oder des Aufsichtsrats bei der Abgabe bestimmter Versicherungen von dem Tatbestand erfasst (Abs. 1 Nr. 6). Mit der Einführung der kleinen Aktiengesellschaft durch das Gesetz für kleine Aktiengesellschaften und zur Deregulierung des Aktienrechts **(DeregG)** vom 2.8.1994 (vgl. → Vor § 399 Rn. 9) ist durch Ergänzung von § 399 Abs. 1 Nr. 1 die Strafdrohung auch auf Angaben zur Sicherungspflicht nach § 36 Abs. 2 S. 2 aF erstreckt worden. Durch das Gesetz zur Bereinigung des Umwandlungsrechts **(UmwBerG)** vom 28.10.1994 (vgl. → Vor § 399 Rn. 11) ist in § 399 Abs. 2 die im Zusammenhang mit der Umwandlung stehende Regelung entfernt worden, weil diese Materie jetzt im

---

[1] *Steinmetz*, Die verschleierte Sacheinlage im Aktienrecht aus zivil- und strafrechtlicher Sicht, 1990, 79; BeckOGK/*Hefendehl* Rn. 21.

Umwandlungsgesetz **(UmwG)** geregelt ist. Durch das Gesetz zur Modernisierung des GmbH-Rechts und zur Bekämpfung von Missbräuchen **(MoMiG)** vom 23.10.2008 (vgl. → Vor § 399 Rn. 16) ist in § 399 Abs. 1 Nr. 1 die durch das DeregG erfolgte Ausweitung auf die besonderen Sicherungen bei Gründung einer Einpersonengesellschaft rückgängig gemacht worden (Folgeänderung zur Aufhebung von § 36 Abs. 2 S. 2 aF). In § 399 Abs. 1 Nr. 6 sind die Wörter „oder des Leitungsorgans einer ausländischen juristischen Person" eingefügt worden; zudem ist für § 399 Abs. 1 Nr. 6 die Ausweitung des Straftatenkatalogs in § 76 Abs. 3 von mittelbarer Bedeutung. Das Gesetz zur Umsetzung der Aktionärsrechte-RL **(ARUG)** vom 30.7.2009 (vgl. → Vor § 399 Rn. 16) hat in § 399 Abs. 1 Nr. 1 die Wörter „oder in der nach § 37a Abs. 2 abzugebenden Versicherung" und in § 399 Abs. 1 Nr. 4 die Wörter „in der Bekanntmachung nach § 183a Abs. 2 S. 1 iVm § 37a Abs. 2 oder in der nach § 184 Abs. 1 S. 3 abzugebenden Versicherung" angefügt; damit soll eine strafrechtlich nicht gewollte Privilegierung gegenüber der Kapitalerhöhung mit Sacheinlagen im Regelfall vermieden werden.[2] Mit dem Gesetz zur Änderung des Aktiengesetzes **(Aktienrechtsnovelle 2016)** vom 22.12.2015 (vgl. → Vor § 399 Rn. 16) sind in § 399 Abs. 1 Nr. 1 nach dem Wort „Gesellschaft" die Wörter „oder eines Vertrags nach § 52 Abs. 1 Satz 1" eingefügt sowie ist die Angabe „§ 37a Abs. 2" durch die Wörter „§ 37a Abs. 2, auch in Verbindung mit § 52 Abs. 6 S. 3" ersetzt worden. Damit wird ein Redaktionsversehen behoben, das bei der Änderung durch das ARUG entstanden war.[3]

**2. Regelungsgegenstand, Normzweck und Rechtsgut.** § 399 soll, ähnlich wie § 82 **3** GmbHG, mit seiner Strafdrohung sicherstellen, dass gegenüber dem Registergericht oder in öffentlichen Ankündigungen keine falschen Angaben über bestimmte, für das Vertrauen der Allgemeinheit in die Korrektheit der Handelsregistereintragungen besonders wesentliche Umstände gemacht werden. Ebenso wie § 82 GmbHG verfolgt auch § 399 den **Zweck,** Täuschungen der Öffentlichkeit über die wesentlichen Grundlagen des Unternehmens zu verhindern.[4]

§ 399 dient dem Schutz gutgläubiger Dritter, die zu der Gesellschaft rechtliche und **4** wirtschaftliche Beziehungen unterhalten oder die solche begründen wollen, vor bestimmten Täuschungen durch die im Gesetz genannten Organe der Gesellschaft. Mit dieser Strafvorschrift soll als Verstärkung der zivilrechtlichen Schutzvorschriften die tatsächliche Aufbringung des Grundkapitals als Garantiekapital der Gesellschaft gewährleistet und dadurch verhindert werden, dass Aktien in Umlauf gesetzt werden, die nur Scheinwerte darstellen.[5] Bei den von den Organen der Gesellschaft dem Registergericht oder in öffentlichen Ankündigungen gemachten Angaben handelt es sich um Erklärungen, denen ein öffentliches Interesse zukommt und die in erster Linie dazu bestimmt sind, nach außen und für dritte Personen zu wirken. Die Öffentlichkeit soll durch das ihr zugängliche Handelsregister in die Lage versetzt werden, sich über die wichtigen Verhältnisse der Gesellschaft, insbesondere über ihre finanzielle Situation zuverlässig zu unterrichten.[6] **Geschütztes Rechtsgut** ist deshalb nach hM zunächst das Vertrauen der Allgemeinheit in Gestalt der Gesellschaftsgläubiger und sonstiger interessierter Personen (interessierte Öffentlichkeit) in die Wahrhaftigkeit der Handelsregistereintragungen und deren Grundlagen sowie der Angaben in den öffentlichen Ankündigungen.[7] Ein Vertrauen auf die Ordnungsmäßigkeit künftiger Maßnahmen ist dagegen ebenso wenig geschützt wie die allgemeine Vorstellung, es sei „alles in Ord-

---

[2] Begr. RegE, BT-Drs. 16/1641, 43.

[3] Begr. RegE, BT-Drs. 18/4349, 33.

[4] Vgl. RGSt 38, 128 (129); 43, 323 (325); 48, 153 (159); 73, 232; BGH GA 1959, 87 (88).

[5] BGHZ 105, 121 (129) = NJW 1988, 2794 (2795); RGSt 24, 286 (291, 293); 40, 191 (192); Großkomm AktG/*Otto* Rn. 4 ff.

[6] RGSt 40, 285 (286); BeckOGK/*Hefendehl* Rn. 1.

[7] BGHZ 105, 121 (124, 129) = NJW 1988, 2794 (2795); BGH NZG 2005, 976 (978); RGSt 38, 195 (198); 40, 285 (286); 41, 293 (301); 43, 407 (415); OLG München NZG 2004, 230 (232); Großkomm AktG/ *Otto* Rn. 4; Kölner Komm AktG/*Altenhain* Rn. 12; *v. Godin/Wilhelmi* Anm. 1; BeckOGK/*Hefendehl* Rn. 3; Henssler/Strohn/*Raum* Rn. 1; *Steinmetz,* Die verschleierte Sacheinlage im Aktienrecht aus zivil- und strafrechtlicher Sicht, 1990, 106 ff.

nung".[8] Neben diesem Schutz der Allgemeininteressen gewährleistet § 399 auch den **individuellen Schutz bestimmter Personenkreise,** die vor schädlichen Vermögensdispositionen geschützt werden sollen.[9] Das Individualvermögen ist deshalb ebenfalls durch § 399 geschützt.[10] Einbezogen in den Schutzbereich sind in erster Linie die Aktionäre, die Aktien der Gesellschaft erwerben werden oder erworben haben, aber auch Gläubiger der Gesellschaft, die sich auf die Handelsregistereintragungen oder die öffentlichen Ankündigungen nach § 47 Nr. 3 verlassen haben (→ § 47 Rn. 23).[11] Stille Gesellschafter einer Aktiengesellschaft (§§ 230 ff. HGB) nicht in den Schutzbereich einzubeziehen,[12] ist nicht geboten.[13] § 399 schützt daneben auch die Interessen der Aktiengesellschaft selbst.[14]

5　　§ 399 ist für den vorgenannten Personenkreis **Schutzgesetz** iSd § 823 Abs. 2 BGB, wenn dieser im Vertrauen auf die Richtigkeit der zum Handelsregister gemachten Angaben einen Schaden erlitten hat.[15] Dies setzt die Kenntnis der Geschädigten voraus, dass die in Betracht kommenden Angaben über die Einbringung des Kapitals bei der Anmeldung zum Handelsregister gemacht worden sind.[16]

6　　**3. Rechtsnatur des Delikts und Systematik des Gesetzes.** Als **Tathandlungen des § 399 Abs. 1** Nr. 1–6 kommen das Machen falscher Angaben oder das Verschweigen erheblicher Umstände in Betracht (s. hierzu im Einzelnen die Ausführungen beim Gründungsschwindel nach § 399 Abs. 1 Nr. 1; → Rn. 52 ff.). Diese müssen bei der Gründung zum Zwecke der Eintragung in das Handelsregister (Abs. 1 Nr. 1), im Gründungsbericht, im Nachgründungsbericht oder im Prüfungsbericht (Abs. 1 Nr. 2), in öffentlichen Ankündigungen bei der Einführung der Aktien (Abs. 1 Nr. 3), bei der Erhöhung des Grundkapitals zum Zwecke der Eintragung in das Handelsregister (Abs. 1 Nr. 4), bei der Fortsetzung einer in Liquidation befindlichen Gesellschaft in dem erforderlichen Nachweis zum Zwecke der Eintragung in das Handelsregister (Abs. 1 Nr. 5) oder bei der Abgabe bestimmter Versicherungen gegenüber dem Registergericht (Abs. 1 Nr. 6) gemacht oder verschwiegen werden. In **§ 399 Abs. 2** ist Tathandlung die Abgabe einer wahrheitswidrigen Erklärung gegenüber dem Registergericht zum Zwecke der Eintragung einer Erhöhung des Grundkapitals in der in § 210 Abs. 1 S. 2 vorgeschriebenen Weise. Die Tatbestände der § 399 Abs. 1 und 2 sind demnach sog. **Äußerungsdelikte** (zu den Auswirkungen insbesondere im Hinblick auf den Vollendungszeitpunkt → Rn. 238 ff.).[17]

7　　§ 399 ist ein **abstraktes Gefährdungsdelikt,** das vorbeugend den Gefahren für das Vermögen von Personen entgegenwirken will, die sich aus der Aufnahme der Geschäftsbeziehungen mit einer Aktiengesellschaft wegen deren beschränkter Haftung ergeben.[18] Es ist deshalb nicht erforderlich, dass die unrichtigen oder unvollständigen Angaben (Abs. 1) wie auch die wahrheitswidrigen Erklärungen (Abs. 2) bei den Empfängern der Äußerungen

---

[8] BGH NJW 2005, 3721 (3723); BeckOGK/*Hefendehl* Rn. 4; zu weitgehend die Vorinstanz OLG München ZIP 2004, 462 (469).

[9] BeckOGK/*Hefendehl* Rn. 8.

[10] BeckOGK/*Hefendehl* Rn. 8.

[11] Vgl. BGHZ 105, 121 (125) = NJW 1988, 2794 (2795); BGH NJW 2005, 3721 (3723); RGZ 157, 213 (217); RG JW 1938, 3297 (3298); BeckOGK/*Hefendehl* Rn. 8; *Steinmetz,* Die verschleierte Sacheinlage im Aktienrecht aus zivil- und strafrechtlicher Sicht, 1990, 102.

[12] OLG München NZG 2004, 230 (232).

[13] *Schwintowski* EWiR 2004, 627 (628); Kölner Komm AktG/*Altenhain* Rn. 12; BeckOGK/*Hefendehl* Rn. 11; MüKoStGB/*Weiß* Rn. 3; Bürgers/Körber/*Pelz* Rn. 1.

[14] BGHZ 105, 121 (125) = NJW 1988, 2794 (2795); BeckOGK/*Hefendehl* Rn. 8; *Steinmetz,* Die verschleierte Sacheinlage im Aktienrecht aus zivil- und strafrechtlicher Sicht, 1990, 103.

[15] Großkomm AktG/*Otto* Rn. 5; Kölner Komm AktG/*Altenhain* Rn. 12; BeckOGK/*Hefendehl* Rn. 9; *Steinmetz,* Die verschleierte Sacheinlage im Aktienrecht aus zivil- und strafrechtlicher Sicht, 1990, 105.

[16] RGZ 159, 211 (225 f.); BGHZ 96, 231 (243) = NJW 1986, 837 (838); BGHZ 105, 121 (126) = NJW 1988, 2794 (2795).

[17] BeckOGK/*Hefendehl* Rn. 12; K. Schmidt/Lutter/*Oetker* Rn. 2; Graf/Jäger/Wittig/*Temming* Rn. 3.

[18] BGHZ 105, 121 (125) = NJW 1988, 2794 (2795); BGH NStZ-RR 2016, 205 (207) zu § 399 Abs. 1 Nr. 4; Großkomm AktG/*Otto* Rn. 6; Kölner Komm AktG/*Altenhain* Rn. 13; BeckOGK/*Hefendehl* Rn. 12; K. Schmidt/Lutter/*Oetker* Rn. 2; Großkomm AktG/*Otto* Rn. 6; Henssler/Strohn/*Raum* Rn. 1.

zu einer Täuschung und damit zu einer konkreten Gefahr für den geschützten Personenkreis geführt haben.[19]

Er **gleicht** in seiner Ausgestaltung weitgehend den entsprechenden Straftatbeständen des **8 § 82 GmbHG,** die den Tatbeständen des § 399 nachgebildet worden sind.[20] Die zu diesen Tatbeständen im größeren Umfang ergangene Rspr. wie auch das einschlägige Schrifttum kann deshalb bei der Auslegung der einzelnen Straftatbestände des § 399 herangezogen werden.

Die einzelnen Tatbestände des § 399 sind jedenfalls **ausfüllungsbedürftige Normen, 9** die auf andere Vorschriften verweisen oder die Begriffe verwenden, welche ihre wahre Bedeutung erst auf Grund anderer Vorschriften des AktG gewinnen. Ob es sich hierbei um Blankettgesetze handelt, ist ungeklärt.[21] Die Relevanz der Einordnung ist für die Anwendung der Strafvorschriften als gering anzusehen.[22] Die einzelnen Tatbestände ergeben sich jedenfalls aus einer Gesamtschau des jeweiligen Tatbestandes des § 399 und den einzelnen Ausfüllungsvorschriften des AktG.

Die so iE gekennzeichneten Tatbestände des § 399 entsprechen auch den Anforderungen **10** der **Tatbestimmtheit iSd Art. 103 Abs. 2 GG.** In ihnen werden die Tatbestandsmerkmale vom Gesetzgeber so konkret umschrieben, dass Tragweite und Anwendungsbereich des jeweiligen Straftatbestandes erkennbar ist und sich durch Auslegung ermitteln lässt.[23] Im Schrifttum wird die Tatbestimmtheit lediglich von *Kohlmann* zu dem alten § 295 AktG 1937 (vgl. → Rn. 1) bei der Tathandlung des Verschweigens erheblicher Umstände angezweifelt.[24] Diese Bedenken treffen jedoch nicht zu. Diese Tathandlung hat der Gesetzgeber bei den verschiedensten Tatbeständen verwendet (vgl. unter anderem § 400 Abs. 2, § 403 Abs. 1; § 332 Abs. 1 HGB; §§ 264, 264a, 265b StGB). Mit ihr bringt er bei Äußerungsdelikten an sich etwas Selbstverständliches zum Ausdruck. Wer im Rahmen einer Gesamtaussage einen erheblichen Umstand verschweigt, macht eine unvollständige Angabe, die insgesamt falsch ist, wenn nur die Offenbarung des erheblichen Umstandes ihren wahren Gehalt erkennen lässt. Das ist in der Rspr. seit langem anerkannt (vgl. Nachweise → Rn. 60). Im Übrigen muss beachtet werden, dass das Strafrecht nicht darauf verzichten kann, allgemeine Begriffe zu verwenden, die nicht eindeutig allgemeingültig umschrieben werden können und die im besonderen Maße der Auslegung durch den Richter bedürfen.[25] Der Gesetzgeber darf auch Generalklauseln oder unbestimmte, wertausfüllungsbedürftige Begriffe verwenden, wenn sich unter Berücksichtigung des Normzusammenhanges oder auf Grund einer gefestigten Rspr. eine zuverlässige Grundlage für die Auslegung und Anwendung der Norm gewinnen lässt, sodass der Einzelne die Möglichkeit hat, den durch die Strafnorm geschützten Wert sowie das Verbot bestimmter Verhaltensweisen zu erkennen und die staatliche Reaktion vorauszusehen.[26] Werden diese Grundsätze bei der Auslegung der einzelnen Tatbestände des § 399 beachtet, bestehen gegen ihre Anwendung keine verfassungsrechtlichen Bedenken,[27] zumal er sich an einen Täterkreis wendet (vgl. → Rn. 12 ff.), an den vom Gesetzgeber mit Recht auch höhere Anforderungen gestellt werden können.[28]

---

[19] BGH NStZ-RR 2016, 205 (207) zu § 399 Abs. 1 Nr. 4.

[20] Rowedder/Schmidt-Leithoff/*Schaal* GmbHG § 82 Rn. 3.

[21] HK-KapMarktStrafR/*Eidam* Rn. 6: Blanketttatbestand; Esser/Rübenstahl/Saliger/Tsambikakis/*Brand* Rn. 6: normative Tatbestandsmerkmale; Kölner Komm AktG/*Altenhain* Rn. 15: blankettartige Normen; so auch → 4. Aufl. 2017, Rn. 9 (*Schaal),* jeweils mwN.

[22] BeckOGK/*Hefendehl* Rn. 17.

[23] Zu den Anforderungen des Art. 103 Abs. 2 GG vgl. BVerfGE 47, 109 (120) = NJW 1978, 933 (934); BVerfGE 71, 108 (114) = NJW 1986, 1671 (1672); BVerfGE 75, 329 (340) = NJW 1987, 3175 (3175).

[24] *Kohlmann* AG 1961, 309 (317).

[25] BVerfGE 26, 41 (42) = NJW 1969, 1759 (1759); BGHSt 30, 285 (287) = NJW 1982, 775 (775).

[26] BVerfGE 45, 363 (371 ff.) = NJW 1977, 1815 (1815); BVerfGE 48, 48 (56 ff.) = NJW 1978, 1423 (1423).

[27] So auch *Steinmetz,* Die verschleierte Sacheinlage im Aktienrecht aus zivil- und strafrechtlicher Sicht, 1990, 95 ff.

[28] Vgl. BVerfGE 48, 48 (57) = NJW 1978, 1423 (1423); BVerfG wistra 2010, 396 (402); BGH NZG 2005, 132 (136); Schönke/Schröder/*Eser* StGB § 1 Rn. 21; BeckOGK/*Hefendehl* Rn. 17; Graf/Jäger/Wittig/*Temming* Rn. 4.

## II. Gründungsschwindel durch unrichtige Anmeldung (Abs. 1 Nr. 1)

**11**    **1. Allgemeines.** Zur Rechtsnatur des Delikts, insbesondere zum geschützten Rechtsgut, zur Eigenschaft als Schutzgesetz und zum Charakter als ausfüllungsbedürftige Norm wird auf die vorstehenden Bemerkungen Bezug genommen (→ Rn. 3 ff.).

**12**    **2. Täterkreis und Beteiligung.** Täter des § 399 Abs. 1 Nr. 1 können nur Gründer, Mitglieder des Vorstandes, des Aufsichtsrats und Abwickler sein. § 399 Abs. 1 Nr. 1 knüpft somit an eine besondere Position an und ist deshalb ein **echtes Sonderdelikt** (zu den sich hieraus ergebenden Besonderheiten für die Beteiligung → Rn. 34 ff.).[29] Dritte, die diese besondere Tätereigenschaft nicht aufweisen, können nicht Täter, sondern nur Anstifter (§ 26 StGB) oder Gehilfe (§ 27 StGB) sein.[30] Die besondere Tätereigenschaft ist ein strafbegründendes besonderes persönliches Merkmal, sodass § 28 StGB Anwendung findet. § 14 Abs. 1 StGB ist nicht anwendbar, da die Aktiengesellschaft nicht Gründer etc. ist, also das täterschaftsbegründende besondere persönliche Merkmal nicht aufweist.[31] § 14 StGB gewinnt jedoch an Bedeutung, wenn eine juristische Person Gründer oder Abwickler ist.[32]

**13**    **a) Gründer.** Nach der Legaldefinition des § 28 sind **Gründer** die Aktionäre, die die Satzung iSd §§ 2, 23 festgestellt haben. Aktionär ist jeder, der mindestens eine Aktie übernommen hat.[33] Dafür kommen alle natürlichen und juristischen Personen sowie Personengesamtheiten mit Gründerfähigkeit in Betracht (→ § 2 Rn. 9 ff.; → § 28 Rn. 4 ff.).[34] Bei zulässiger offener Stellvertretung nach § 23 Abs. 1 S. 2 ist Gründer derjenige, der vertreten wurde (→ § 28 Rn. 7).[35]

**14**    Gründer müssen an der Feststellung der **Satzung** nach § 23 mitgewirkt haben. Satzung ist dabei der Gesellschaftsvertrag der Aktiengesellschaft nach § 2, an dem eine oder mehrere Personen beteiligt waren, welche die Aktien gegen Einlagen übernehmen wollen.[36] Sie bleiben auch Gründer iSd § 399, wenn die Feststellung der Satzung und die Übernahme der Aktien nicht zu einer nach den §§ 2, 23, 28 und 29 wirksamen Errichtung oder Eintragung der Gesellschaft geführt hat.[37]

**15**    Als Gründer gelten nach § 280 Abs. 3 auch die Gesellschafter einer **Kommanditgesellschaft auf Aktien;** § 408 enthält eine (hier nicht erforderliche) Gleichstellungsklausel.[38]

**16**    Bei der Verschmelzung durch Neugründung oder bei der **Umwandlung** anderer Gesellschaften in eine Aktiengesellschaft bestehen, auch in strafrechtlicher Hinsicht, Sondervorschriften im UmwG.[39]

**17**    Zu den Gründern zählen ferner auch **Strohleute,** dh vorgeschobene Personen, die in eigenem Namen, aber für fremde Rechnung Aktien übernehmen.[40] Ihre Hintermänner, auf deren Rechnung sie die Aktien übernommen haben, können nur Anstifter oder Gehilfen sein (vgl. → Rn. 34). Den Begriff eines „tatsächlichen" Gründers, wie ihn die Rspr. bei den Mitgliedern des Vorstandes entwickelt hat (vgl. → Rn. 23), kann es nicht geben, weil ein Gründer nur bestimmte vom Gesetz festgelegte kurzfristige Aufgaben zu erfüllen hat, die eine faktische Stellung als Gründer gar nicht erst entstehen lassen. Das ist gerade bei der

---

[29] Großkomm AktG/*Otto* Rn. 7; BeckOGK/*Hefendehl* Rn. 27.
[30] BGHSt 14, 280 (282) = NJW 1960, 1677 (1678); BGHZ 105, 121 (134) = NJW 1988, 2794 (2797).
[31] Vgl. BGHSt 31, 118 (122) = NJW 1983, 240 (241); BeckOGK/*Hefendehl* Rn. 33; Graf/Jäger/Wittig/*Temming* Rn. 3.
[32] BeckOGK/*Hefendehl* Rn. 35.
[33] BeckOGK/*Hefendehl* Rn. 89.
[34] BeckOGK/*Hefendehl* Rn. 90; Hüffer/Koch/*Koch* § 2 Rn. 5 ff.
[35] Großkomm AktG/*Otto* Rn. 14; Hüffer/Koch/*Koch* § 28 Rn. 2; BeckOGK/*Hefendehl* Rn. 89.
[36] BeckOGK/*Hefendehl* Rn. 89.
[37] RGSt 43, 407 (414); Großkomm AktG/*Otto* Rn. 16; Kölner Komm AktG/*Altenhain* Rn. 23; BeckOGK/*Hefendehl* Rn. 89; Graf/Jäger/Wittig/*Temming* Rn. 6.
[38] BeckOGK/*Hefendehl* Rn. 90.
[39] Großkomm AktG/*Otto* Rn. 18.
[40] Großkomm AktG/*Otto* Rn. 10; Kölner Komm AktG/*Altenhain* Rn. 20; BeckOGK/*Hefendehl* Rn. 92; K. Schmidt/Lutter/*Oetker* Rn. 4.

Gründung von Schwindelunternehmen durch Strohleute in vielen Fällen unbefriedigend,[41] ergibt sich aber aus der Fassung des Gesetzes als Sonderdelikt.

Sind die Gründer **juristische Personen,** sind deren vertretungsberechtigte Organe (oder **18** deren Mitglieder) strafrechtlich verantwortlich (§ 14 Abs. 1 Nr. 1 StGB), wenn sie als natürliche Person die falschen Angaben für die Gesellschaft und (wenigstens auch) in deren Interesse gemacht haben.[42]

**b) Vorstandsmitglied.** Mitglied des Vorstands ist jeder, der durch den Aufsichtsrat nach **19** § 84 oder in dringenden Fällen auf Antrag eines Beteiligten durch das Gericht nach § 85 zum **Mitglied des Vorstands** bestellt worden ist. Vorstandsmitglied kann nur eine natürliche, unbeschränkt geschäftsfähige Person werden (§ 76 Abs. 3 S. 1), die keinem betreuungsrechtlichen Einwilligungsvorbehalt und keinem gerichtlichen oder behördlichen Berufsverbot unterliegt (§ 76 Abs. 3 S. 2 Nr. 1 und 2) und in den letzten fünf Jahren nicht nach einer der in § 76 Abs. 3 S. 2 Nr. 3, S. 3 genannten Strafnormen verurteilt wurde.

Zuständig für die Bestellung ist der gesamte Aufsichtsrat; die Übertragung auf einen **20** besonderen Ausschuss ist unzulässig.[43] Die **Bestellung** zum Vorstandsmitglied ist der sozial- oder körperschaftsrechtliche Akt, durch den eine Person zum Organmitglied des Vorstands berufen wird. Dieser erlangt durch den Bestellungsakt die Stellung eines Vorstandsmitgliedes mit allen Rechten und Pflichten sowohl im Verhältnis nach außen gegenüber Dritten wie auch im Verhältnis nach innen gegenüber der Gesellschaft (vgl. → § 84 Rn. 9). Der Bestellungsakt ist unabhängig von dem Anstellungsverhältnis des Vorstandsmitglieds[44] und bedarf der Zustimmung des Bestellten.

Vorstandsmitglieder sind auch die **stellvertretenden** Vorstandsmitglieder. Sie stehen **21** nach außen, auch in strafrechtlicher Hinsicht, den ordentlichen Mitgliedern gleich, wenn sie Vorstandsgeschäfte betreiben (§ 94).[45]

Als Vorstandsmitglieder gelten ferner nach § 408 auch die persönlich haftenden Gesell- **22** schafter einer Kommanditgesellschaft auf Aktien. Wegen der **gerichtlichen Bestellung** eines Vorstandsmitgliedes vgl. → § 85 Rn. 1 ff.

Für die strafrechtliche Verantwortlichkeit des Vorstandsmitglieds soll es nach überwiegen- **23** der Auffassung gleichgültig sein, ob es dem Vorstand einer nicht rechtswirksam errichteten Aktiengesellschaft angehört,[46] ob es durch einen unwirksamen Bestellungsakt zum Vorstandsmitglied berufen worden ist[47] oder ob es überhaupt nicht formell dazu bestellt worden ist. Dies soll auch für ein stellvertretendes Vorstandsmitglied gelten.[48] Für die strafrechtliche Verantwortlichkeit von Vorstandsmitgliedern soll damit lediglich bedeutsam sein, ob sie ihre Geschäftsführungstätigkeit aufgenommen und ausgeübt haben. Nach der hM ist Mitglied des Vorstands deshalb auch, wer ohne förmlich dazu bestellt und im Handelsregister eingetragen zu sein, im Einverständnis oder mit Duldung des Aufsichtsrats als des maßgebenden Gesellschaftsorgans die tatsächliche Stellung eines Mitglieds des Vorstands mit den diesem zukommenden Funktionen und Aufgaben einnimmt. Ob diese Voraussetzungen im Einzelfall vorliegen, müsse in einer Gesamtschau der in Betracht kommenden Tätigkeitsmerkmale festgestellt werden. Diese sogenannte **faktische Organstellung** ist ein Begriff, der von der strafrechtlichen Rspr. schon vor über 130 Jahren entwickelt und seit dieser Zeit ständig ausgebaut und angewendet worden ist.[49] Er wird entsprechend auch in der zivilrechtlichen

---

[41] So mit Recht Kölner Komm AktG/*Altenhain* Rn. 20.

[42] Vgl. BGHSt 28, 371 (374) = NJW 1980, 406 (407); BGHSt 30, 127 (128) = NJW 1981, 1793 (1793); BGH GA 1979, 311 (313); K. Schmidt/Lutter/*Oetker* Rn. 4.

[43] BGHZ 65, 190 (192) = NJW 1976, 145 (146); BGHZ 79, 38 (42) = NJW 1981, 757 (758).

[44] Großkomm AktG/*Otto* Rn. 18; BeckOGK/*Hefendehl* Rn. 96.

[45] Kölner Komm AktG/*Altenhain* Rn. 33; BeckOGK/*Hefendehl* Rn. 97; K. Schmidt/Lutter/*Oetker* Rn. 5.

[46] RGSt 43, 407 (413 ff.).

[47] RGSt 16, 269 (271); 64, 81 (84).

[48] Vgl. BGHSt 6, 314 (315) = NJW 1954, 1854 (1854) für den stellvertretenden Geschäftsführer einer GmbH; Großkomm AktG/*Otto* Rn. 29; BeckOGK/*Hefendehl* Rn. 98.

[49] RGSt 16, 269 (270); 43, 407 (413); 64, 81 (84); 71, 112 (113); BGHSt 34, 379 (382) = NJW 1988, 1397 (1398); BGHSt 46, 62 = NJW 2000, 2285; BGH GmbHR 1955, 61; BGH bei *Herlan* GA 1971, 35 (36); BGH bei *Holtz* MDR 1980, 453; BGH wistra 1984, 178; 1984, 461; 1987, 216.

Rspr. des BGH verwandt[50] und ist im Schrifttum weitgehend anerkannt (vgl. → § 84 Rn. 242 ff. mwN).[51] Trotz der gefestigten Rspr. wird diese faktische Betrachtungsweise zu Recht krit. gesehen. Sie mag den tatsächlichen Gegebenheiten des Wirtschaftslebens gerecht werden,[52] ist aber insbesondere aus verfassungsrechtlicher Sicht (Art. 103 Abs. 2 GG) nicht unproblematisch. In der Lit. wird in der Anwendung der Strafvorschrift auf den faktischen Vorstand eine Verletzung des Analogieverbots gesehen.[53] Vermittelnd wird eine Anwendung lediglich auf fehlerhaft bestellte Organe befürwortet. Hierdurch wird auch ein Gleichklang mit § 14 Abs. 3 StGB hergestellt.[54]

24    Dass **andere Vorstandsmitglieder** rechtswirksam für dieses Amt bestellt worden sind und dieses Amt auch tatsächlich ausüben, schließt die Annahme einer tatsächlichen Ausübung der Vorstandstätigkeit durch eine weitere nicht rechtswirksam bestellte Person nicht aus. Dem rechtswirksam bestellten Vorstandsmitglied braucht nicht nur Strohmannqualität zukommen. Nach der Rspr. ist eine durch diese anerkannte faktische Organstellung auch dann möglich, wenn die nur tatsächlich die Funktion eines Vorstandsmitgliedes ausübende Person in der Geschäftsleitung eine überragende Stellung[55] oder wenigstens ein Übergewicht hat.[56] Entsprechend dieser faktischen Betrachtungsweise soll die Täterschaft des Vorstandsmitgliedes nicht mit der rechtlichen Beendigung der Vorstandseigenschaft enden, sondern erst mit der tatsächlichen Aufgabe des Amtes.[57] Selbst wenn die Bestellung eines Vorstandsmitgliedes widerrufen oder wenn es von sich aus seine Organstellung aufgegeben hat, soll die Tätereigenschaft erst mit der tatsächlichen Beendigung der Amtstätigkeit wegfallen.[58] Zum Problem der Geschäftsverteilung vgl. näher → Rn. 40 ff.

25    Ob die Voraussetzungen einer durch die hM anerkannten faktischen Geschäftstätigkeit im Einzelfall vorliegen, kann in der Regel nur auf Grund einer **Gesamtbetrachtung** entschieden werden.[59] Es ist daher erforderlich, die tatsächliche Geschäftsführung iE aufzuklären und im Urteil darzustellen.[60] Beweisanzeichen für eine faktische Geschäftstätigkeit sei die maßgebliche Beteiligung an der tatsächlichen Führung der Geschäfte der Gesellschaft. Für eine solche Beteiligung könne sprechen, wenn das faktische Organ bestimmenden Einfluss auf die Geschäfte der Gesellschaft nach innen und außen ausübt,[61] schon im Gründungsstadium wie auch später Verhandlungen für die Gesellschaft führt, für sie Aufträge vergibt und Anweisungen an die Angestellten der Gesellschaft sowie an Unternehmen gibt,

[50] BGHZ 41, 282 (287) = NJW 1964, 1367 (1367); BGHZ 104, 44 (46) = NJW 1988, 1789 (1789).
[51] Vgl. K. Schmidt/Lutter/*Oetker* Rn. 5; Graf/Jäger/Wittig/*Temming* Rn. 8; Meyer-Landrut/Miller/Niehus/*Meyer-Landrut* GmbHG § 82 Rn. 3; Rowedder/Schmidt-Leithoff/*Schaal* GmbHG § 82 Rn. 11; BeckOGK/*Hefendehl* Rn. 104; *K. Schmidt* FS Rebmann, 1989, 419 ff.; *Fuhrmann* FS Tröndle, 1989, 139 ff.; hierzu *Hettinger* JZ 1992, 244; *Bruns* JR 1984, 133; *Bruns* GA 1986, 1 (12); *Richter* GmbHR 1984, 113 (118); *Hildesheim* wistra 1993, 166; *C. Schäfer* GmbHR 1993, 717 (723); einschr. Großkomm AktG/*Otto* Rn. 20 ff.; Scholz/*Tiedemann/Rönnau* GmbHG § 82 Rn. 48; Hachenburg/*Kohlmann* GmbHG § 82 Rn. 19; *Kratzsch* ZGR 1985, 506; Heymann/*Mansdörfer* HGB § 331 Rn. 18 ff.; *Otto* StV 1984, 462.
[52] So zB *Fuhrmann* FS Tröndle, 1989, 139 (150), der meint, dass die Rspr. zum faktischen Organ erfunden werden müsste, wenn sie nicht schon bestehen würde.
[53] AA → 4. Aufl. 2017, Rn. 23 *(Schaal)*; eine faktische Betrachtungsweise ebenfalls abl. *Cadus,* Die faktische Betrachtungsweise, 1984, 146 f.; *Stein,* Das faktische Organ, 1984, 70, 130 ff.; *Stein* ZHR 1984, 207 (222); *Kaligin* BB 1983, 790; *Schulze-Osterloh* EWiR § 84 GmbHG 1/88, 477; *Joerden* wistra 1990, 1 (4); *Ransiek* ZGR 1992, 203 (209); *Schüppen* DB 1994, 197, 203 f.; Kölner Komm AktG/*Altenhain* Rn. 28; MüKoStGB/*Radtke* StGB § 14 Rn. 47; MüKoStGB/*Weiß* Vor § 399 Rn. 53; Lutter/Hommelhoff/*Kleindiek* GmbHG § 82 Rn. 2; Lutter/Hommelhoff/*Kleindiek* GmbHG § 84 Rn. 6 f.
[54] Esser/Rübenstahl/Saliger/Tsambikakis/*Brand* Rn. 34, 37.
[55] Vgl. BGHSt 31, 118 (122) = NJW 1983, 240 (240); BGH wistra 1990, 97; NZG 2005, 816; BeckOGK/*Hefendehl* Rn. 101 f.; *H. Schäfer* wistra 1990, 81 (82); *Gübel,* Die Auswirkungen der faktischen Betrachtungsweise auf die strafrechtliche Haftung faktischer GmbH-Geschäftsführer, 1994, 113 ff., 176; *Dierlamm* NStZ 1996, 153 (157).
[56] BGH wistra 1984, 178; enger Großkomm AktG/*Otto* Rn. 25; Heymann/*Mansdörfer* HGB § 331 Rn. 22; *Otto* StV 1984, 462.
[57] BeckOGK/*Hefendehl* Rn. 103.
[58] BeckOGK/*Hefendehl* Rn. 103.
[59] Vgl. BGHZ 104, 44 (48) = NJW 1988, 1789 (1789 f.).
[60] BayObLG wistra 1991, 195 (197); KG GewA 1993, 198 (199); *H. Schäfer* wistra 1990, 81 (82).
[61] BeckOGK/*Hefendehl* Rn. 111.

die Aufträge für die Gesellschaft ausführen, oder wenn ihm Verfügungsbefugnis über die Geschäftskonten zusteht.[62] Andererseits könne es gegen eine faktische Organtätigkeit sprechen, wenn ein Rechtsanwalt, der damit beauftragt wurde, die Geschäftstätigkeit einer Gesellschaft bis zum Jahresende abzuwickeln und damit die Gesellschaft auf Zeit aufrecht erhält, gegenüber den Kunden stets in seiner Eigenschaft als Rechtsanwalt aufgetreten ist und zur Abwicklung des Zahlungsverkehrs ein Rechtsanwaltsanderkonto eingerichtet hat.[63]

Eine **Geschäftsverteilung** kann allenfalls zu einer Verteilung des Verantwortungsge- 26 wichts, nicht aber zu einer Verlagerung der Verantwortung auf das betreffende Vorstandsmitglied führen;[64] die Verantwortlichkeit bleibt in der Regel auch dann bestehen, wenn ein Mitglied durch die anderen majorisiert wird (vgl. → Rn. 47). Die Geschäftsverteilung wird zumeist nur für die Frage Bedeutung haben, ob einem Vorstandsmitglied auch der subjektive Tatbestand nachgewiesen werden kann.

**c) Aufsichtsratsmitglied. Mitglied des Aufsichtsrats** ist, wer nach der Gründung 27 der Aktiengesellschaft von den Gründern der Gesellschaft nach § 30 bestellt, wer nach § 101 Abs. 1 von der Hauptversammlung der Aktionäre gewählt oder wer nach § 101 Abs. 2 von ihr entsandt worden ist. Daneben können unter bestimmten Voraussetzungen Aufsichtsratsmitglieder auch durch das Gericht bestellt werden (§ 104).

Das Gesetz versteht danach unter dem Begriff der **Bestellung** verschiedene Bestellungs- 28 formen. Dieser Begriff umfasst die Wahl des Aufsichtsratsmitgliedes durch die Hauptversammlung, seine Entsendung nach § 101 Abs. 2 und seine Wahl durch die Arbeitnehmer oder durch deren Delegierte nach den Mitbestimmungsgesetzen, die § 101 Abs. 1 anführt. Die Bestellung selbst ist ein körperschaftsrechtlicher Akt, der der Annahme durch das gewählte oder entsandte Aufsichtsratsmitglied bedarf (→ § 101 Rn. 61).[65]

Die Anzahl der Mitglieder des Aufsichtsrats und seine **Zusammensetzung** regeln die 29 §§ 95 f., die persönlichen Voraussetzungen jedes Mitgliedes § 100. Die Amtszeit des Aufsichtsratsmitglieds richtet sich nach den Vorschriften der §§ 102, 103 (näher → § 102 Rn. 6 ff.; → § 103 Rn. 8 ff., 23 ff., 33 ff., 56 ff.).

Alle Mitglieder des Aufsichtsrats, auch die Aufsichtsratsmitglieder der Arbeitnehmer, 30 unterliegen den **Strafbestimmungen** des AktG und können Täter sein.[66] Das Problem des Stellvertreters besteht hier nicht, weil es ein stellvertretendes Aufsichtsratsmitglied nicht gibt (vgl. § 101 Abs. 3; → § 101 Rn. 75).

Bei allen Mitgliedern des Aufsichtsrats kommt es, ebenso wie bei Vorstandsmitgliedern,[67] 31 nicht darauf an, dass die Aktiengesellschaft rechtswirksam besteht.[68] Ob auch faktische Aufsichtsratsmitglieder taugliche Täter sein können, ist ebenso wie für Vorstandsmitglieder umstritten (→ Rn. 23 ff.). Während man eine Anwendung auf fehlerhaft bestellte Aufsichtsratsmitglieder noch begründen kann, ist die Anwendung auf sonstige Personen, die die Funktion des Aufsichtsrats ohne unwirksamen Bestellungsakt mit Billigung der übrigen Gesellschaftsorgane nach außen tatsächlich ausüben, vor dem Hintergrund des Analogieverbots (Art. 103 Abs. 2 GG) abzulehnen.[69]

Die strafrechtliche Verantwortung trifft jedes Aufsichtsratsmitglied. Das gilt auch dann, 32 wenn der **Aufsichtsrat in seiner Gesamtheit** Beschlüsse fasst. Das an einem solchem Vorgang beteiligte einzelne Mitglied trifft nur dann kein Schuldvorwurf, wenn es jedes rechtlich zulässige Mittel ergriffen hat, um das Zustandekommen eines solchen Beschlusses zu verhindern.[70] Die Gesamtverantwortung der Aufsichtsratsmitglieder kann allerdings in

---

[62]  Näher dazu *Fuhrmann* FS Tröndle, 1989, 139 (142 ff.); BGH NZG 2005, 816.
[63]  BGH NStZ 2000, 34 (36).
[64]  BGHSt 31, 264 (277) = NJW 1983, 2509 (2512).
[65]  BeckOGK/*Hefendehl* Rn. 112.
[66]  Großkomm AktG/*Otto* Rn. 32; K. Schmidt/Lutter/*Oetker* Rn. 6.
[67]  BeckOGK/*Hefendehl* Rn. 114.
[68]  RGSt 43, 407 (416).
[69]  Esser/Rübenstahl/Saliger/Tsambikakis/*Brand* Rn. 53.
[70]  BGHSt 9, 203 (215 f.) = NJW 1956, 1326 (1328).

ihrem Gewicht verringert sein, wenn der Aufsichtsrat nach § 107 Abs. 3 für bestimmte Aufgaben Ausschüsse gebildet hat (vgl. näher → Rn. 48 ff.). Mitglieder dieses Ausschusses können jedoch nur Aufsichtsratsmitglieder sein (→ § 107 Rn. 93), die ihrerseits die volle Verantwortung für die von dem Ausschuss getroffenen Beschlüsse trifft.

33 Täter kann auch ein Mitglied des Aufsichtsrats einer **Kommanditgesellschaft auf Aktien** sein, ohne dass es eines Rückgriffs auf die Gleichstellungsklausel des § 408 bedarf.[71] Der Wortlaut des § 399 erfasst alle Mitglieder eines Aufsichtsrats, der auf Grund der Vorschriften des AktG gebildet worden ist. Dazu gehört auch der Aufsichtsrat einer Kommanditgesellschaft auf Aktien.[72]

34 **d) Beteiligung.** Für die Beteiligung an dem Gründungsschwindel gelten die allgemeinen Vorschriften des Strafrechts über Täterschaft und Teilnahme (§§ 25–31 StGB). Da der Gründungsschwindel, wie alle übrigen Delikte des § 399, ein **Sonderdelikt** ist (→ Rn. 12), kann auch ein Mittäter (§ 25 Abs. 2 StGB) oder (mittelbarer) Täter (§ 25 Abs. 1 Alt. 2 StGB) nur derjenige sein, der die täterschaftsbegründende besondere Position aufweist.[73] Ein Dritter kann dagegen nur Anstifter (§ 26 StGB) oder Gehilfe sein (§ 27 StGB).[74]

35 So handeln die Gründer und die Mitglieder des Vorstands und des Aufsichtsrats als **Mittäter gem. § 25 Abs. 2 StGB,** wenn sie die Gesellschaft nach § 36 Abs. 1 zur Eintragung in das Handelsregister anmelden und dabei vorsätzlich falsche oder unvollständige Angaben über die im Gesetz angeführten Gründungsvorgänge machen.

36 Eine Strafbarkeit als **mittelbarer Täter gem. § 25 Abs. 1 Alt. 2** kommt nach der Lehre von der Tatherrschaft kraft Organisationsherrschaft[75] nach der Rspr. auch beim Betrieb wirtschaftlicher Unternehmen in Betracht, wenn der Hintermann durch Organisationsstrukturen bestimmte Rahmenbedingungen ausnutzt, innerhalb derer sein Tatbeitrag regelhafte Abläufe auslöst, ohne dass es auf die Gut- oder Bösgläubigkeit des unmittelbar Handelnden ankommt.[76] Ebenso kann ein Aktionär, der nicht selbst zur Anmeldung der Gesellschaft befugt ist, mittelbarer Täter nach § 399 Abs. 1 Nr. 1 sein, wenn der Anmeldende die Gesellschaft auf Grund von Falschangaben des Aktionärs anmeldet.[77]

37 Als **Anstifter gem. § 26 StGB** kommen Personen in Betracht, die im Hintergrund bleiben, aber im eigenen Interesse auf Grund ihrer wirtschaftlichen Machtstellung Gründer und Vorstandsmitglieder dazu veranlassen, falsche oder unvollständige Angaben zu Eintragungszwecken zu machen, ohne selbst auch nach außen hin wie ein Vorstandsmitglied aufzutreten. Das kann zB ein Groß- oder Mehrheitsaktionär sein, der aus bestimmten Gründen die Eintragung der Gesellschaft erreichen will, ohne dass die Voraussetzungen des § 36 Abs. 2 oder des § 36a vorliegen.

38 Als **Gehilfe gem. § 27 StGB** kommt jeder in Frage, der dem Täter bei dem Gründungsschwindel in physischer oder psychischer Form vorsätzlich Hilfe leistet. In der Regel werden das an der Tat wirtschaftlich interessierte oder wirtschaftlich abhängige Personen sein, denen die Tätereigenschaft fehlt. Neben den Aktionären und den Angestellten des Unternehmens können das auch Angehörige der rechtsberatenden Berufe (insbesondere Rechtsanwälte, Notare) sowie Wirtschaftsprüfer und Steuerberater sein, wenn sie die Täter bei ihrer Tat in Kenntnis der tatbegründenden Umstände (oder mit deren Möglichkeit billigend rechnend) im Rahmen ihrer beruflichen Tätigkeit unterstützen. Beihilfe kann zB derjenige leisten, der bei Erteilung seiner Einzahlungsbestätigung deren Zweck zur Vorlage beim Registergericht (§ 37 Abs. 1 S. 3) kennt und weiß, dass das Gründungskapital absprachegemäß an die Gesellschaft zurücküberwiesen werden soll.[78]

---

[71] BeckOGK/*Hefendehl* Rn. 113.
[72] Großkomm AktG/*Otto* Rn. 34; Kölner Komm AktG/*Altenhain* Rn. 39; BeckOGK/*Hefendehl* Rn. 113.
[73] Vgl. RGSt 24, 286 (290); BGHSt 14, 280 (281) = NJW 1960, 1677 (1678).
[74] BGHZ 105, 121 (131) = NJW 1988, 2794 (2797).
[75] *Roxin* GA 1963, 193.
[76] BGHSt 45, 270 (296 ff.) = NJW 2000, 443 (448); BGHSt 49, 147 (163) = NJW 2004, 2248 (2254); BGH NJW 1998, 767 (769); *Fischer* StGB § 25 Rn. 12; zw. BeckOGK/*Hefendehl* Rn. 31 f.
[77] Vgl. RGSt 18, 105 (110); BayObLG NStZ 1994, 548 (549) zu § 82 Abs. 1 Nr. 1 GmbHG.
[78] BGH NZG 2005, 976 (979); *Döser* NJW 2006, 881; Bürgers/Körber/*Pelz* Rn. 2.

In diesem Zusammenhang stellt sich häufig das Problem, ob eine Beihilfe durch eine **39**
**„neutrale" oder „berufstypische" Handlung** vorliegt.[79] Die rechtliche Behandlung
solcher Konstellationen ist ausgesprochen umstritten. Strittig ist sowohl die dogmatische
Einordnung als auch die Kriterien, die eine Beihilfe als neutral und damit als unter bestimmten Voraussetzungen straflos qualifizieren. Die neuere Rspr.[80] hat sich der Lösung *Roxins*[81]
angeschlossen, die subjektive und objektive Kriterien kombiniert. Danach ist zu differenzieren: **Kennt** der Beitragende den Deliktsentschluss des Haupttäters (im Sinne eines dolus
directus) und der Tatbeitrag weist einen **„deliktischen Sinnbezug"** auf (dh er ist ohne
die Haupttat für den Haupttäter sinnlos), ist er wegen Beihilfe strafbar. Liegt Kenntnis vor,
aber kein „deliktischer Sinnbezug", ist auch keine Strafbarkeit wegen Beihilfe gegeben.
Hält der Täter es für möglich, dass sein Tun zur Begehung einer Straftat ausgenutzt wird
**(bedingter Vorsatz),** ist aber das von ihm erkannte Risiko strafbaren Handelns des von
ihm Unterstützten derart hoch, dass er sich mit seiner Hilfeleistung die Förderung eines
erkennbar tatgeneigten Täters angelegen sein lässt, kann Beihilfe vorliegen. Liegt zwar
bedingter Vorsatz vor, aber ist der Täter nicht „erkennbar tatgeneigt", ist der Beitragende
straflos. Grds. ist zB davon auszugehen, dass Bewusstsein und Wille eines Rechtsanwalts bei
Erteilung eines Rechtsrats darauf gerichtet sind, pflichtgemäß Rat zu erteilen, und nicht
etwa darauf, eine Straftat zu fördern, sodass die Erteilung eines Rechtsrats in der Regel
keine strafbare Beihilfe zu Straftaten des Mandanten ist.[82] Anders ist dies, wenn ein Rechtsanwalt bei der Rechtsberatung erkennt, dass ein hohes Risiko besteht, dass sein Rechtsrat
zur Begehung einer Straftat genutzt wird.[83] In der Lit. ist die Rspr. auf Zustimmung, aber
auch auf Ablehnung gestoßen.[84] Problematisch ist neben der Bestimmung der Kriterien für
das Vorliegen eines deliktischen Sinnbezugs und der erkennbaren Tatgeneigtheit auch die
Abstufung nach dem Vorsatzgrad.[85]

Anstiftung und Beihilfe zu einer **unvorsätzlichen Tat** sind nach dem Wortlaut der **40**
§§ 26, 27 StGB nicht möglich. Das führt bei Sonderdelikten dazu, dass auch derjenige
straflos bleibt, der den objektiv gegebenen Gründungsschwindel durch Täuschung der maßgebenden Gesellschaftsorgane herbeigeführt hat. Diese kriminalpolitisch unbefriedigende
Rechtsfolge hat mit dazu geführt, dass die strafrechtliche Rspr. den Begriff der faktischen
Organstellung weiterentwickelt hat, um kriminellen Missbräuchen der rechtlichen Gestaltungsfreiheit im Gesellschaftsrecht wirksam entgegentreten zu können.[86] Die Anwendung
dieses Begriffes ist aber nur möglich, wenn der Täter dessen Voraussetzungen (vgl.
→ Rn. 23 ff.) und die eines mittelbaren Täters erfüllt. In allen anderen Fällen bleibt er,
ebenso wie der Gehilfe einer unvorsätzlichen Tat, straflos.

Weitere Probleme ergeben sich bei der Teilnahme am Gründungsschwindel, ebenso **41**
wie an allen übrigen Straftaten und Ordnungswidrigkeiten des AktG, wenn innerhalb
eines mehrgliedrigen Vorstands auf Grund der Satzung oder einer Geschäftsordnung nach
§ 77 Abs. 2 eine Verteilung der Geschäfte vorgenommen worden ist (→ § 77 Rn. 34 ff.).
Eine solche **Geschäftsverteilung** ist in allen größeren Aktiengesellschaften üblich und
rechtlich zulässig.[87] Häufige Ressortaufteilungen sind zB bei Aktiengesellschaften der

---

[79] Zum Begriff *Roxin* StrafR AT II § 28 Rn. 218; hierzu nur *Kudlich,* Die Unterstützung fremder Straftaten
durch berufsbedingtes Verhalten, 2004; *Rackow,* Neutrale Handlungen als Problem des Strafrechts, 2007; LK-
StGB/*Schünemann* StGB § 27 Rn. 17 ff.; Graf/Jäger/Wittig/*Hoffmann-Holland/Singelnstein* StGB § 27
Rn. 15 ff.
[80] BGHSt 46, 107 = NJW 2000, 3010; BGHSt 50, 331 = NStZ 2006, 214; BGH NStZ-RR 1999, 184;
NStZ 2000, 34; 2017, 337 mAnm *Kudlich*; NStZ 2017, 461; 2018, 328 mAnm *Kudlich*; NZWiSt 2014, 139
(142).
[81] *Roxin* StrafR AT II § 26 Rn. 218 ff.; zust. LK-StGB/*Schünemann* § 27 Rn. 17 mwN.
[82] BGH NStZ 2000, 34.
[83] Vgl. BGH NStZ 2017, 337.
[84] Übersicht bei MAH WirtschaftsStR/*Knauer/Kämpfer* § 3 Rn. 82 ff., 106 ff.; MüKoStGB/*Joecks* StGB
§ 27 Rn. 79 ff.
[85] Überblick bei *Wittig* WirtschaftsstrafR § 6 Rn. 155.
[86] Vgl. *Fuhrmann* FS Tröndle, 1989, 139 (149); BeckOGK/*Hefendehl* Rn. 42.
[87] BGH NJW 2019, 1067 (1068).

Vorstandsvorsitz, Produktion, Personal, Forschung und Entwicklung, Vertrieb und Marketing, Finanzen und Rechnungswesen.

**42**  Grds. knüpft die Pflichtstellung der Leitungspersonen im Verhältnis zueinander an den ihnen kraft Aufgabenverteilung innerhalb der Gesamtgeschäftsleitung zugewiesenen und eigenverantwortlich betreuten Aufgabenbereich an (**„Ressortprinzip"**).[88] Eine Geschäftsverteilung oder Ressortaufteilung auf der Ebene der Geschäftsführung setzt jedoch eine klare und eindeutige Abgrenzung der Geschäftsführungsaufgaben aufgrund einer von allen Mitgliedern des Organs mitgetragenen Aufgabenzuweisung voraus, die die vollständige Wahrnehmung der Geschäftsführungsaufgaben durch hierfür fachlich und persönlich geeignete Personen sicherstellt und ungeachtet der Ressortzuständigkeit eines einzelnen Geschäftsführers die Zuständigkeit des Gesamtorgans insbesondere für nicht delegierbare Angelegenheiten der Geschäftsführung wahrt.[89] Mit der internen horizontalen Ressort- bzw. Geschäftsverteilung ist die Möglichkeit einer Strafbarkeitsbegrenzung auf die jeweils zuständige Leitungsperson verbunden.[90]

**43**  Diese primäre Verantwortung wird jedoch durch die aus dem Gesellschaftsrecht (vgl. § 76 Abs. 1) hergeleiteten Grundsätze der **Allzuständigkeit**[91] und dem entspr. der Generalverantwortung aller Mitglieder der Geschäftsleitung für die Belange der Gesellschaft ergänzt, sodass auch bei einer Ressortverteilung dem nicht zuständigen Mitglied der Geschäftsleitung kraft seiner Generalverantwortung gewisse *Überwachungs*pflichten (statt *Handlungs*pflichten) verbleiben. Mit Recht hat deshalb der BGH darauf hingewiesen, dass die Verteilung der Geschäfte in einer Geschäftsordnung nur zur Verteilung der Verantwortungsgewichte, nicht aber zu einer Verlagerung der Verantwortung auf das für ein bestimmtes Gebiet zuständige Vorstandsmitglied führt (vgl. auch → Rn. 26).[92]

**44**  Das nach dem Geschäftsverteilungsplan nicht unmittelbar zuständige Vorstandsmitglied trifft mindestens eine **Überwachungspflicht,** die es zwingt, einzugreifen, wenn sich Anhaltspunkte dafür ergeben, dass das nach der Geschäftsordnung an sich zuständige Vorstandsmitglied in seinem Aufgabenbereich die Geschäfte nicht ordnungsgemäß führt.[93] Ob solche Anhaltspunkte bestehen, ergibt sich aus den Umständen des Einzelfalls. Jedenfalls genügt ein Vorstandsmitglied nicht grundsätzlich seiner Überwachungspflicht, wenn es sich nur während der Sitzungen des Gesamtvorstandes über die Tätigkeit der übrigen Mitglieder unterrichtet und sich auf das verlässt, was ihm dort mitgeteilt wird (→ § 93 Rn. 170, → § 93 Rn. 173 ff.).[94] An die Überwachungspflicht sind je nach der Art und der Bedeutung der in Betracht kommenden Geschäftsführungstätigkeit unterschiedliche **Anforderungen** zu stellen. Wenn es sich um eine Tätigkeit handelt, die besonders risikoreich ist oder die einen Umfang erreicht, der das Gesellschaftskapital in einem erheblichen Umfang beansprucht, kann sich die Überwachungspflicht der für die in Betracht kommende Tätigkeit nicht zuständigen Vorstandsmitglieder zu einer Mitwirkungspflicht steigern,[95] die auch diese Mitglieder dazu zwingt, sich iE mit den Geschäften zu befassen, um sie in ihrer Bedeutung für die Interessen der Gesellschaft beurteilen zu können.

**45**  Da die Straftaten nach dem AktG mit wenigen Ausnahmen jedoch nur (bedingt) vorsätzlich begangen werden müssen, wird die pflichtverletzende Untätigkeit keine Strafbarkeit nach sich ziehen, wenn die Leitungspersonen nur (bewusst) fahrlässig gehandelt haben.

**46**  Zu berücksichtigen ist ferner, dass es Geschäfte gibt, die zu dem Bereich der Leitung der Gesellschaft (§ 76 Abs. 1) gehören, die **kraft Gesetzes** oder **von der Sache her,** der

---

[88] BGHSt 37, 106 (126) = NJW 1990, 2560 (2565); BGH NJW 2019, 1067 (1068); *Schmidt-Salzer* NJW 1996, 1 (5).
[89] BGH NJW 2019, 1067 (1068).
[90] NK-WirtschaftsStR/*Kaspar* StGB § 25 Rn. 10.
[91] BGH NJW 1997, 130 (132) für eine mehrgliedrige Geschäftsleitung einer GmbH.
[92] BGHSt 31, 264 (277) = NJW 1983, 2509 (2511).
[93] BGHZ 133, 370 (377 f.) = NJW 1997, 130 (132); BGH NJW 1986, 54 (55); BeckOGK/*Hefendehl* Rn. 109.
[94] Kölner Komm AktG/*Mertens* § 93 Rn. 54; Hüffer/Koch/*Koch* § 77 Rn. 15.
[95] Ebenso BeckOGK/*Hefendehl* Rn. 109.

Entscheidungsgewalt des gesamten Vorstands vorbehalten.[96] Bei ihnen handelt es sich um Geschäfte, die nicht auf einzelne Vorstandsmitglieder übertragbar sind (→ § 77 Rn. 63 f.). Sie müssen durch Beschluss des gesamten Vorstands entschieden werden, der damit auch die Verantwortung in vollem Umfang übernimmt. Bei dem Gründungsschwindel nach § 399 Abs. 1 Nr. 1 geht es in der Regel um Entscheidungen innerhalb des Vorstands, die schon wegen ihrer Bedeutung, aber zum Teil auch kraft Gesetzes (vgl. §§ 36, 37) eine Entscheidung des gesamten Vorstands erfordern. Alle Vorstandsmitglieder handeln deshalb unabhängig davon, ob einem Mitglied nach der Geschäftsordnung besondere Pflichten zukommen, als Mittäter gem. § 25 Abs. 2 StGB, wenn sie bei der Anmeldung der Gesellschaft nach § 37 vorsätzlich falsche Angaben machen.[97]

Wenn der Vorstand in seiner Gesamtheit Entscheidungen trifft, entsteht das Problem der **47** **Majorisierung,** sobald die Entscheidungen nicht einstimmig, sondern von einer Mehrheit des Organs getroffen worden sind. In einem solchen Fall darf sich das unterlegene Mitglied des Vorstands nicht mit der Entscheidung abfinden. Es muss schon bei der Beratung des entsprechenden Beschlusses widersprechen und auch nach dem Beschluss alle rechtlichen Möglichkeiten ausschöpfen, um damit die strafbare Handlung zu verhindern. Es gelten hier die gleichen Grundsätze, die der BGH schon bei Entscheidungen des Aufsichtsrats entwickelt hat.[98] Von seiner strafrechtlichen Mitverantwortung ist es nur befreit, wenn es alles ihm Mögliche und Zumutbare getan hat, um die gebotene Entscheidung herbeizuführen.[99] Das kann so weit gehen, dass das unterlegene Mitglied notfalls sein Amt niederlegen oder die entsprechenden Behörden oder Gerichte (allerdings nicht die Strafverfolgungsbehörden) unterrichten muss.[100] Tut es das nicht, bleibt es für die gegen seine Stimme getroffenen Entscheidungen auch strafrechtlich mit verantwortlich. Auf eine Beschlussfassung präventiv durch einstweiligen Rechtsschutz einzuwirken,[101] wird allenfalls in engen Ausnahmefällen in Betracht kommen.[102]

Ähnliche Probleme können auch bei **Aufsichtsratsmitgliedern** auftreten, wenn im **48** Aufsichtsrat Mehrheitsentscheidungen oder für bestimmte Aufgabengebiete nach § 107 Abs. 3 Ausschüsse gebildet werden.[103]

Da diese **Ausschüsse** jedoch in erster Linie Verhandlungen und Beschlüsse des Aufsichts- **49** rats vorzubereiten und keine eigenständigen Entscheidungen zu treffen haben, wird sich deren Tätigkeit zumeist auf den Kenntnisstand der nicht in den Ausschuss entsandten Mitglieder des Aufsichtsrats auswirken. Das kann dazu führen, dass diese unter Umständen nicht vorsätzlich handeln, wenn sie bei der Beschlussfassung im Aufsichtsrat nicht ausreichend über die der Entscheidung zu Grunde liegenden Tatsachen unterrichtet worden sind.[104]

§ 107 Abs. 3 schließt aber nicht aus, dass dem Ausschuss auch Aufgaben übertragen **50** werden können, die er abschließend für den Aufsichtsrat entscheidet (→ § 107 Rn. 103). In diesen Fällen sind nur die Aufsichtsratsmitglieder für diese Entscheidung verantwortlich, die diesem **Ausschuss angehören; nur sie können Mittäter sein.**[105]

Bei dem Tatbestand des § 399 Abs. 1 Nr. 1 wirkt sich diese Einschränkung der Verant- **51** wortlichkeit nicht aus, weil bei den in Betracht kommenden Gründungsvorgängen der Aufsichtsrat in seiner Gesamtheit tätig wird. Wenn er dabei oder bei anderer Gelegenheit Mehrheitsentscheidungen trifft, tritt für die unterlegenen Aufsichtsratsmitglieder ebenfalls das Problem der **Majorisierung** (→ Rn. 47) auf. Auch sie müssen alles tun, um strafbare

---

[96] Vgl. BGHSt 37, 106 (124) = NJW 1990, 2560 (2564 f.); Kölner Komm AktG/*Mertens* § 76 Rn. 4 f.; Hüffer/Koch/*Koch* § 76 Rn. 7.

[97] Kölner Komm AktG/*Altenhain* Rn. 44.

[98] Vgl. BGHSt 9, 203 (215 f.) = NJW 1956, 1326 (1328).

[99] BGHSt 37, 106 (131) = NJW 1990, 2560 (2565); BeckOGK/*Hefendehl* Rn. 108.

[100] Großkomm AktG/*Otto* Rn. 115; Kölner Komm AktG/*Altenhain* Rn. 47.

[101] BeckOGK/*Hefendehl* Rn. 108.

[102] Hüffer/Koch/*Koch* § 243 Rn. 66.

[103] Vgl. Kölner Komm AktG/*Altenhain* Rn. 47.

[104] Zust. Graf/Jäger/Wittig/*Temming* Rn. 11.

[105] So auch BeckOGK/*Hefendehl* Rn. 114.

Beschlüsse des Aufsichtsrats zu verhindern.[106] Neben dem Rücktritt vom Amt oder der Unterrichtung der entsprechenden staatlichen Stellen kommt auch die Erhebung einer zivilrechtlichen Klage in Betracht, um sich von der Verantwortung freizustellen.

52 **3. Machen falscher Angaben oder Verschweigen erheblicher Umstände bei der Anmeldung.** Der Gründungsschwindel nach § 399 Abs. 1 Nr. 1 bedroht den Täter mit Strafe, der zum Zweck der Eintragung der Gesellschaft bzw. eines Vertrags nach § 52 Abs. 1 S. 1 falsche Angaben bei der Anmeldung einer neu gegründeten Aktiengesellschaft bzw. der Nachgründung einer solchen Gesellschaft macht oder dabei erhebliche Umstände verschweigt.

53 Die von den Gründern errichtete Gesellschaft ist nach § 36 Abs. 1 zur Eintragung in das Handelsregister anzumelden. Welche Angaben dabei zu machen sind, regelt § 37. Bei einer Nachgründung ohne externe Gründungsprüfung muss in der Anmeldung eine Versicherung gem. § 37a Abs. 2 iVm § 52 Abs. 6 S. 2 abgegeben werden. Der Verstoß gegen den durch das ARUG (→ Rn. 2) eingeführten § 37a ist erst durch die Aktienrechtsnovelle 2016 (→ Rn. 2) mit Strafe bewehrt worden, da keine Rechtfertigung dafür ersichtlich war, eine falsche Versicherung im Rahmen der Gründung strenger zu sanktionieren, als im Falle der Nachgründung.[107] Es handelte sich bei der bis dahin bestehenden Ungleichbehandlung um ein Redaktionsversehen.[108] Ebenso wie bei § 82 GmbHG, schützt § 399 Abs. 1 Nr. 1 dabei aber nicht nur die nach dieser Vorschrift vorgeschriebenen Angaben.[109] Tatbestandsmäßig sind alle **Angaben,** die sich auf die im Gesetz angeführten Gründungsvorgänge (vgl. → Rn. 67 ff.) beziehen, gleichgültig, ob der Anmeldende zu ihrer Angabe verpflichtet ist oder sie **freiwillig** macht. Auf sie soll sich jeder verlassen können, der an den Registereintragungen interessiert ist.[110] Die von *Geilen*[111] vertretene Gegenmeinung übersieht, dass die „Solidität der Gründung" aus der Sicht der Allgemeinheit nicht nur von den gesetzlichen Mindestanforderungen abhängt.[112] Die Angaben müssen allerdings für die Eintragung erheblich sein (→ Rn. 63 ff.).

54 Werden zur Aufklärung von Straftaten von erheblicher Bedeutung Beamte des Polizeidienstes als **Verdeckte Ermittler** eingesetzt,[113] so dürfen diese zu ihrer Tarnung nach § 110a Abs. 2 S. 1 StPO unter einer ihnen verliehenen, auf Dauer angelegten veränderten Identität (Legende) ermitteln. Um die Legende aufzubauen und aufrechtzuerhalten, dürfen nach § 110a Abs. 3 StPO entsprechende Urkunden, wie zB Personalausweise, hergestellt, verändert und gebraucht werden. Verdeckte Ermittler dürfen nach § 110a Abs. 2 S. 2 StPO unter ihrer Legende am Rechtsverkehr teilnehmen und können somit alle Rechtsgeschäfte und sonstigen Rechtshandlungen unter dieser Legende vornehmen und auch klagen und verklagt werden. Soll eine (Schein-) Gesellschaft zur Eintragung in das Handelsregister angemeldet werden, so erlaubt diese Vorschrift es dem Verdeckten Ermittler, sich unter der der Legende entsprechenden veränderten Identität im Handelsregister eintragen zu lassen.[114] Damit entfällt insoweit jedenfalls die Rechtswidrigkeit des Vergehens nach § 399. Einen generellen Rechtfertigungsgrund für das Begehen von Straftaten bildet die Tätigkeit als Verdeckter Ermittler aber nicht.[115]

55 **a) Falsche Angaben oder Verschweigen erheblicher Umstände.** Als Tathandlung setzt Abs. 1 Nr. 1 – wie auch die anderen Ziffern des Abs. 1 – das Machen falscher Angaben

---

[106] BGHSt 9, 203 (215 f.) = NJW 1956, 1326 (1328).
[107] Begr. RegE, BT-Drs. 18/4349, 33; K. Schmidt/Lutter/*Oetker* Rn. 12.
[108] Begr. RegE, BT-Drs. 18/4349, 33; *Ihrig/Wandt* BB 2016, 6 (16).
[109] Vgl. RGSt 43, 323 (325); 49, 340 (341); BGH NJW 1955, 678 (679); GA 1959, 87.
[110] Vgl. Hachenburg/*Kohlmann* GmbHG § 82 Rn. 20; Rowedder/Schmidt-Leithoff/*Schaal* GmbHG § 82 Rn. 22.
[111] Kölner Komm AktG/*Geilen*, 1. Aufl. 1986, Rn. 63.
[112] Großkomm AktG/*Otto* Rn. 45; Kölner Komm AktG/*Altenhain* Rn. 65; Scholz/*Tiedemann/Rönnau* GmbHG § 82 Rn. 65; Graf/Jäger/Wittig/*Temming* Rn. 13.
[113] Vgl. für die Notwendigkeit solcher Ermittlungsmethoden BGHSt 32, 115 (121) = NJW 1984, 247 (247).
[114] *Hilger* NStZ 1992, 523 f.; KK StPO/*Bruns* StPO § 110a Rn. 10 ff.; Meyer-Goßner/Schmitt/*Köhler* StPO § 110a Rn. 7 f.
[115] *Rieß* NJ 1992, 491 (496).

oder das Verschweigen erheblicher Umstände voraus. Der Begriff der **Angaben** erfasst hierbei alle ausdrücklichen oder konkludenten Aussagen oder das (Nicht-)Vorliegen eines bestimmten Sachverhaltes.[116] Der Terminus findet sich im Bereich des Wirtschaftsstrafrechts an zahlreichen Stellen wieder (vgl. etwa § 264 Abs. 1 Nr. 1 StGB, § 264a Abs. 1 StGB, § 265b Abs. 1 Nr. 1b StGB).[117] Angaben sind zunächst **Tatsachen,** worunter solche Vorgänge oder Zustände der Vergangenheit oder Gegenwart zu fassen sind, die dem Beweis zugänglich sind; der Tatsachenbegriff entspricht insoweit dem des § 263 StGB.[118]

Neben Tatsachenbehauptungen, also Aussagen, die einer Überprüfung auf ihre Richtig- **56** keit mit Mitteln des Beweises zugänglich sind,[119] sind auch **Werturteile** erfasst. Dies können etwa Schätzungen, Bewertungen und Prognosen sein,[120] so zB über die Verhältnisse und die Vermögenslage, Ertragslage und Liquiditätslage des Unternehmens,[121] die durch das Element der Stellungnahme und des Dafürhaltens gekennzeichnet sind und sich deshalb nicht als wahr oder unwahr erweisen lassen.[122] Darunter fallen auch rechtliche Bewertungen oder Beurteilungen auf anderer Grundlage, die zwar von einer zutreffenden Tatsachengrundlage ausgehen, aber falsche Folgerungen enthalten. Anderenfalls würden zahlreiche vom Gesetz verlangte Angaben, die bestimmte Gründungsvorgänge nur falsch werten (vgl. zB bei der verdeckten Sacheinlage), von dem Gründungsschwindel nicht erfasst werden.[123]

Ob die Bewertung richtig oder falsch ist, ist eine Entscheidung, die der Tatrichter im **57** Einzelfall nach objektiven Gesichtspunkten nach seiner Überzeugung zu treffen hat. Er kann dabei berücksichtigen, dass gerade bei Werturteilen zumeist ein **Ermessensspielraum** besteht und dass in der Regel nur schlechthin unvertretbare Beurteilungsfehler eine Angabe unrichtig machen.[124] Das gilt jedoch bei rechtlichen Wertungen nicht, in denen sich bereits eine gefestigte Rspr. herausgebildet hat. In solchen Fällen wird dem **Zweifelsgrundsatz** ausreichend dadurch genügt, dass der Gründungsschwindel nur vorsätzlich begangen werden und der Täter sich deshalb auf Irrtum berufen kann. Enthalten Aussagen sowohl Tatsachenbehauptungen als auch Meinungsäußerungen oder Werturteile, kommt es darauf an, ob die Äußerung einen Tatsachenkern enthält.[125]

Der Täter muss die Angaben **machen,** dh sie müssen Gegenstand von Äußerungen **58** gegenüber dem Registergericht sein; die Angaben können hierbei mündlich oder schriftlich gemacht werden, eine besondere Form ist nicht erforderlich.[126] Für die Beurteilung der Richtigkeit einer Angabe ist der **Zeitpunkt des Eingangs** der Anmeldung **beim Registergericht** maßgebend.[127] Wenn die Angabe zu dieser Zeit mit der Wirklichkeit nicht übereinstimmt, ist sie falsch. Das trifft auch dann zu, wenn bei der Eintragung einer Aktiengesellschaft eine Nachmeldung erforderlich wird. Denn das Registergericht muss zum Zeitpunkt seiner Entscheidung möglichst umfassend über die Gesellschaft informiert sein. Ist das bei der ursprünglichen Anmeldung eingezahlte Grundkapital inzwischen verwendet worden, müssen auch über die seitdem vorgenommenen Verwendungen Angaben gemacht werden.[128]

---

[116] Kölner Komm AktG/*Altenhain* Rn. 49; BeckOGK/*Hefendehl* Rn. 64.

[117] BeckOGK/*Hefendehl* Rn. 64.

[118] BeckOGK/*Hefendehl* Rn. 64 mwN; zum Tatsachenbegriff des § 263 StGB BGHSt 60, 1 (6) = NStZ 2015, 89 (90); *Fischer* StGB § 263 Rn. 6 mwN.

[119] RGSt 55, 129 (131); BGHZ 166, 84 (100) = NJW 2006, 830 (836); BGHSt 60, 1 (6) = NStZ 2015, 89 (90) mwN.

[120] Großkomm AktG/*Otto* Rn. 39; Kölner Komm AktG/*Altenhain* Rn. 49; K. Schmidt/Lutter/*Oetker* Rn. 10; Scholz/*Tiedemann/Rönnau* GmbHG § 82 Rn. 68 f.

[121] Vgl. BGH NJW 1982, 2823 (2827) zu § 45 Abs. 1 BörsG aF; BeckOGK/*Hefendehl* Rn. 64.

[122] Vgl. BGHZ 166, 84 (100) = NJW 2006, 830 (836) mwN.

[123] Kölner Komm AktG/*Altenhain* Rn. 49; *Steinmetz,* Die verschleierte Sacheinlage im Aktienrecht aus zivil- und strafrechtlicher Sicht, 1990, 146.

[124] Großkomm AktG/*Otto* Rn. 39; Kölner Komm AktG/*Altenhain* Rn. 52; BeckOGK/*Hefendehl* Rn. 68.

[125] BGHZ 166, 84 (100) = NJW 2006, 830 (836); Bürgers/Körber/*Pelz* Rn. 4.

[126] BeckOGK/*Hefendehl* Rn. 67.

[127] RGSt 43, 323; BGH wistra 2005, 68; Großkomm AktG/*Otto* Rn. 40; Kölner Komm AktG/*Altenhain* Rn. 53; BeckOGK/*Hefendehl* Rn. 70; K. Schmidt/Lutter/*Oetker* Rn. 10.

[128] BGH NStZ 1993, 442; Großkomm AktG/*Otto* Rn. 40; BeckOGK/*Hefendehl* Rn. 71, 175.

**59**  Das Gesetz stellt den falschen Angaben das **Verschweigen erheblicher Umstände** gleich. Damit wird etwas Selbstverständliches gesagt. Erheblich können Umstände nur sein, wenn sie im Rahmen einer Aussage verschwiegen werden, weil sie sich nach den Tathandlungen des § 399 Abs. 1 Nr. 1 auf ganz bestimmte Inhalte der Äußerungen des Täters beziehen müssen; sie müssen für den Inhalt der Äußerung und den dadurch hervorgerufenen Eindruck mindestens mitursächlich sein.[129] Diese Äußerung wird insgesamt falsch, wenn nur die Offenbarung des erheblichen Umstandes den wahren Gehalt der Angabe erkennbar macht. Der Gesetzgeber hat deshalb im Rahmen der Beratungen zur GmbH-Novelle vom 4.7.1980 (BGBl. 1980 I 836) in § 82 GmbHG ausdrücklich davon abgesehen, dort die gleiche Regelung wie in § 399 zu treffen und hat sich auf den Begriff der falschen Angabe beschränkt.[130]

**60**  Maßgeblich für die Frage, wann ein Umstand erheblich ist, ist deshalb seine Bedeutung für die **Gesamtwirkung** der Aussage oder der insgesamt gemachten Angaben. Weitergehend hält es *Steinmetz* in Sonderfällen für möglich, dass die Nichtangabe eines Umstandes ohne Auswirkung auf die Gesamtwirkung der Aussage ein erhebliches Verschweigen sein kann.[131] Für die Gesamtwirkung der Aussage ist der Standpunkt des interessierten Publikums maßgebend.[132] Erheblich sind danach Umstände, deren Angabe das Gesetz vorschreibt oder deren Kenntnis für die Entschließung des Gerichts oder eines interessierten Beteiligten sonst von Bedeutung sein können.[133]

**61**  Wird der erhebliche Umstand verschwiegen, so wird eine unvollständige und insgesamt eine falsche Angabe gemacht.[134] Werden unerhebliche Angaben verschwiegen, so ist das für die Frage der Unrichtigkeit der Angabe ohne Bedeutung. Mit dem Verschweigen erheblicher Umstände bei der Anmeldung macht der Täter deshalb in der Regel konkludent eine falsche Angabe.

**62**  Ob daneben auch falsche Angaben durch **Unterlassen** gemacht werden können, richtet sich danach, ob der Täter nach § 13 StGB eine Garantenstellung hat. § 13 StGB erfasst auch reine Tätigkeitsdelikte.[135] Das kann zB in Betracht kommen, wenn der zunächst gutgläubige Täter erst nach der Anmeldung bemerkt, dass seine Angaben unvollständig oder sonst falsch sind. In diesem Fall ist der Täter durch sein vorangegangenes pflichtwidriges Tun bei der Antragstellung und durch seine sich aus § 36 Abs. 2 ergebende Verpflichtung, die eingebrachte Bar- und Sacheinlage nicht während des Eintragungsverfahrens zu verwenden (→ § 36 Rn. 79 ff.), gehalten, seine unrichtigen Angaben zu berichtigen.[136]

**63**  **b) Zweck der Eintragung.** Dieses Tatbestandsmerkmal dient dazu, die Tathandlungen des Gründungsschwindels nach Abs. 1 Nr. 1 auf die falschen oder unvollständigen Angaben einzuschränken, die zum Zweck der Eintragung der Errichtung einer Aktiengesellschaft oder deren sog. Nachgründung gem. § 52 Abs. 1 S. 1 (vgl. → § 52 Rn. 38 ff.) in das Handelsregister gemacht werden. Das setzt voraus, dass die Gründer der Gesellschaft die Satzung nach § 23 festgestellt und sie mit der Übernahme der Aktien nach § 29 errichtet haben. Ob dies rechtswirksam geschehen ist, ist für die Strafbarkeit aus § 399 ohne Bedeutung.[137]

---

[129] BGHSt 30, 285 (289) = NJW 1982, 775 (776).

[130] Bericht RA, BT-Drs. 8/3908, 77.

[131] *Steinmetz,* Die verschleierte Sacheinlage im Aktienrecht aus zivil- und strafrechtlicher Sicht, 1990, 137.

[132] RGSt 40, 285 (287).

[133] Vgl. auch BGHSt 30, 285 = NJW 1982, 775; Großkomm AktG/*Otto* Rn. 45; Kölner Komm AktG/*Altenhain* Rn. 58; Henssler/Strohn/*Raum* Rn. 3; BeckOGK/*Hefendehl* Rn. 83; K. Schmidt/Lutter/*Oetker* Rn. 10.

[134] Ebenso Großkomm AktG/*Otto* Rn. 41; K. Schmidt/Lutter/*Oetker* Rn. 10.

[135] Schönke/Schröder/*Stree* StGB § 13 Rn. 3; *Fischer* StGB § 13 Rn. 3; Lackner/Kühl/*Kühl* StGB § 13 Rn. 6; aA LK-StGB/*Weigend* StGB § 13 Rn. 13.

[136] *Steinmetz,* Die verschleierte Sacheinlage im Aktienrecht aus zivil- und strafrechtlicher Sicht, 1990, 142; Kölner Komm AktG/*Altenhain* Rn. 61 f.; Henssler/Strohn/*Raum* Rn. 7; MüKoStGB/*Weiß* Rn. 55; Scholz/*Tiedemann*/*Rönnau* GmbHG § 82 Rn. 119; Baumbach/Hueck/*Beurskens* GmbHG § 82 Rn. 24; ähnlich *Peter,* Die strafrechtliche Verantwortlichkeit von Kollegialorganmitgliedern der AG und der GmbH für das Nichteinschreiten bei Gründungsschwindelhandlungen anderer Kollegialorganmitglieder, 1990, 24 f.

[137] Vgl. RGSt 43, 407 (414).

Zu einer Eintragung im Handelsregister, also dem erstrebten Erfolg, braucht es nicht gekommen zu sein.[138]

Zum Zweck der Eintragung handelt der Täter, wenn sein **Tun objektiv geeignet**[139] ist, die Eintragung der Gesellschaft in das Handelsregister zu bewirken und wenn er **subjektiv die Absicht**[140] hat, mit den Angaben die Eintragung zu erreichen. Geeignet sind alle Angaben, die nach § 37 zur Anmeldung der Gesellschaft in das Handelsregister bei dem Gericht gemacht werden müssen, die also für die Eintragung von Bedeutung sind. **64**

Dazu gehören allerdings nicht nur die Angaben, die § 37 verlangt. Auch darüberhinausgehende, **freiwillige Angaben,** die aber als Grundlage für die Eintragung erheblich sein können, sind geeignet, die Eintragung zu fördern und deshalb für sie wesentlich. Das ist in der Rspr. anerkannt (vgl. Nachweise → Rn. 53) und wird im Schrifttum weitgehend gebilligt.[141] Das Erfordernis der Geeignetheit der Angaben für die Eintragung schränkt den Begriff der Angaben iSd § 399 ein und zeigt gleichzeitig auf, wann die damit beschriebene Tathandlung vollendet ist. **65**

Kommen nur Angaben in Betracht, die geeignet sind, die Eintragung zu bewirken, gehört zur **Vollendung** der Tat, dass sie gegenüber dem Gericht und nicht gegenüber anderen Personen gemacht werden (näher → Rn. 238 ff.). **66**

**4. Gegenstand der falschen Angaben.** Die falschen oder durch Verschweigen erheblicher Umstände unvollständigen Angaben müssen sich auf bestimmte Gründungsvorgänge beziehen. Die Strafvorschrift des § 399 Abs. 1 Nr. 1 nennt dabei folgende Gründungsvorgänge, denen eine besondere Bedeutung für die Vertrauenswürdigkeit einer neu gegründeten Aktiengesellschaft im Wirtschaftsleben zukommt: **67**

**a) Übernahme der Aktien.** Die Übernahme der Aktien erfolgt durch die Gründer der Gesellschaft. Dieser Vorgang ist für die Errichtung der Gesellschaft nach § 29 entscheidend. Er setzt eine Willenserklärung durch den einzelnen Gründer voraus. Der Übernahmevorgang muss in derselben Urkunde, wie die Feststellung der Satzung beurkundet werden (§ 23 Abs. 2). Diese notarielle Urkunde über die Übernahme der Aktien muss nach § 37 Abs. 4 Nr. 1 der Anmeldung beigefügt werden. In ihr sind die Gründer, der Nennbetrag, bei Stückaktien die Zahl, sowie der Ausgabebetrag und ggf. die Gattung der Aktien anzugeben, die jeder Gründer übernimmt. Auch muss aus ihr hervorgehen, dass die Gründer alle Aktien übernommen haben (→ § 23 Rn. 55). **68**

Die Angaben über die form- und sachgerechte Errichtung der Gesellschaft haben besondere **Bedeutung,** weil das Registergericht nach § 38 Abs. 1 auch die Ordnungsmäßigkeit der Errichtung der Gesellschaft in sachlich-rechtlicher Hinsicht zu überprüfen hat (→ § 38 Rn. 17 ff.). Die Richtigkeit und Vollständigkeit dieser Angaben sollen durch § 399 Abs. 1 Nr. 1 gewährleistet und strafrechtlich geschützt werden. **69**

**Falsch oder unvollständig** sind zB Angaben, in denen der Nennbetrag oder die Gattung der von den einzelnen Gründern übernommenen Aktien nicht richtig mitgeteilt oder in denen über die Identität des Gründers getäuscht wird. Dagegen ist die Anführung eines „Strohmannes" als Gründer keine falsche Angabe, wenn dabei der eigentliche Geldgeber verschwiegen wird.[142] Der Normzweck (→ Rn. 3 ff.) wird dadurch nicht berührt. Denn für die interessierte Öffentlichkeit kommt es lediglich darauf an, dass die in der notariellen Urkunde genannte Person die dort angeführten Aktien übernommen hat. Maßgeblich ist deshalb nur, ob es dabei um einen Gründer iSd § 28 handelt. **70**

---

[138] RGSt 37, 25 (27).
[139] Großkomm AktG/*Otto* Rn. 45, 47; BeckOGK/*Hefendehl* Rn. 91; Kölner Komm AktG/*Altenhain* Rn. 63 f.
[140] So auch K. Schmidt/Lutter/*Oetker* Rn. 11.
[141] Großkomm AktG/*Otto* Rn. 47; Kölner Komm AktG/*Altenhain* Rn. 65; Graf/Jäger/Wittig/*Temming* Rn. 13; Scholz/*Tiedemann/Rönnau* GmbHG § 82 Rn. 65; Hachenburg/*Kohlmann* GmbHG § 82 Rn. 73.
[142] Vgl. BeckOGK/*Hefendehl* Rn. 138 mwN.

**71**     **b) Einzahlung auf Aktien.** Bei der Gründung der Aktiengesellschaft haben die Gründer (als erste Aktionäre) für die Übernahme der Aktien Einlagen in die Gesellschaft zu
leisten (entweder als Bareinlage oder als Sacheinlage bzw. Sachübernahme). Da der Gründungsschwindel nach § 399 Abs. 1 Nr. 1 die Angaben über Sacheinlagen und Sachübernahmen gesondert anführt und diese in der Regel auf die Gesellschaft auf andere Weise als
durch Einzahlung übertragen werden, betrifft diese Tatvariante nur die **Bareinlagen**.[143]

**72**     Bei der Anmeldung der Gesellschaft ist nach § 37 Abs. 1 zu erklären, dass die Voraussetzungen des § 36 Abs. 2 und des § 36a erfüllt sind. Bei Bareinlagen gehört dazu die **Erklärung,** dass der nach § 36 Abs. 2 eingeforderte Betrag ordnungsgemäß eingezahlt worden
ist und dass dieser Betrag, sofern er nicht zur Bezahlung der bei der Gründung angefallenen
Steuern und Gebühren verwendet worden ist, endgültig zur freien Verfügung des Vorstandes
steht (vgl. → § 37 Rn. 16 f.).

**73**     Eine ordnungsgemäße **Einzahlung** liegt nur vor, wenn dabei die zwingende Vorschrift
des § 54 Abs. 3 eingehalten worden ist (vgl. → § 54 Rn. 44 ff.); die Regelung des § 54
Abs. 3 enthält eine abschließende Aufzählung und schließt jede andere Art der Erfüllung
aus.[144]

**74**     **Zur freien Verfügung** des Vorstandes steht die Bareinlage, wenn dieser rechtlich oder
tatsächlich nicht gehindert ist, über den eingezahlten Betrag zu verfügen (→ § 36 Rn. 48;
→ § 54 Rn. 69 f.).[145] Der Vorstand muss durch die Einzahlung der Bareinlage in die Lage
versetzt werden, diese ohne weiteres für die wirtschaftlichen Zwecke der Gesellschaft einzusetzen; und der Vorstand darf bei der Verwendung der eingezahlten Beträge nicht beschränkt
sein. Mit diesem Erfordernis sollen Scheinzahlungen verhindert werden.[146]

**75**     Bei der Frage, ob der eingezahlte Betrag zur freien Verfügung des Vorstandes steht, geht
es jedoch nicht darum, ob eine falsche Angabe über die Einzahlung der Bareinlage gemacht
wird, sondern um die ebenfalls nach § 37 Abs. 1 erforderliche Angabe, in welcher Weise
der eingezahlte Betrag **für die Verwendung** durch den Vorstand **bereit** steht. Die damit
zusammenhängenden Probleme sind deshalb bei der Angabe über die freie Verwendung des
eingezahlten Betrages zu behandeln (vgl. → Rn. 81 ff.).

**76**     Die Angaben über die Einzahlung sind **falsch oder unvollständig,** wenn die Einzahlung
behauptet wird, obwohl sie nicht, nicht in dem angegebenen Umfang oder in der angegebenen Art stattgefunden hat.[147] Falsch ist zB die Bezeichnung einer Einzahlung als Barzahlung,
obwohl die Einlageforderung der Gesellschaft mit einer Forderung des Aktionärs gegen die
Aktiengesellschaft verrechnet oder von ihm sonst aufgerechnet wird.[148] Falsch ist auch
die Behauptung der Einzahlung bei reinen Scheinzahlungen, bei denen die im Voraus
abgesprochene Rückzahlung keinen außerhalb dieser Abrede liegenden Rechtsgrund hat
oder die angebliche Bareinlage der Gesellschaft nur vorübergehend (in Form von Zahlungs-
mitteln oder Buchgeld) mit der Maßgabe zur Verfügung gestellt wird, dass sie umgehend
zur Bezahlung einer Forderung des Gesellschafters an diesen zurückfließt, es sich also nur
um „Vorzeigegeld"[149] handelt.[150] Es darf deshalb nicht zu einem bloßen „Hin- und Herzah-
len" gem. § 27 Abs. 4 S. 1 kommen. Dies ist der Fall, „wenn vor der Einlage eine Leistung
an den Aktionär vereinbart worden ist, die wirtschaftlich einer Rückzahlung der Einlage
entspricht und die nicht als eine verdeckte Sacheinlage im Sinne von Absatz 3 zu beurteilen
ist" (→ § 27 Rn. 210 ff.). Zur Abgrenzung zur verdeckten Sacheinlage → § 27 Rn. 225;

---

[143]  Ebenso BeckOGK/*Hefendehl* Rn. 139.
[144]  BGHZ 119, 177 (188) = NJW 1992, 3300 (3303); BeckOGK/*Hefendehl* Rn. 143.
[145]  Eingehend *Henze* ZHR 154 (1990), 105 (116 ff.) mwN.
[146]  *Steinmetz,* Die verschleierte Sacheinlage im Aktienrecht aus zivil- und strafrechtlicher Sicht, 1990, 22,
28.
[147]  BeckOGK/*Hefendehl* Rn. 140.
[148]  RGSt 53, 149; RGZ 94, 61; 159, 211 (221); BGH AG 1986, 76 (78).
[149]  BGHZ 15, 66 (69) = NJW 1954, 1844 (1845); BGH BeckRS 2001, 30179745; NJW 2005, 3721
(3722).
[150]  Vgl. RGSt 53, 149 (150); BGHZ 113, 335 (347) = NJW 1991, 1754 (1757); BGH BeckRS 1974,
31122822; OLG Koblenz BeckRS 1989, 30943128; MüKoStGB/*Weiß* Rn. 13.

speziell zur Abgrenzung beim Cash Pool → § 27 Rn. 151 ff.[151] Bei einer innerhalb weniger Tage erfolgenden Hin- und Herüberweisung des Einlagebetrags wird die Einlageschuld regelmäßig nicht getilgt, weil nicht davon ausgegangen werden kann, dass der Einlagebetrag endgültig zur freien Verfügung gestanden habe.[152] Ebenso, wenn die Gesellschaft dem Inserenten die Einlage im Wege des Darlehens vorstreckt oder für dessen Kredit mithaftet[153] oder die Einlage aus dem Vermögen der Gesellschaft stammt.[154] Ferner wenn der Anmeldende eine Einzahlung behauptet, obwohl die Einlage an einen Dritten gezahlt worden ist[155] oder wenn der Einzahlungsbetrag von der Emissionsbank im Auftrag der Gesellschaft für die Aktionäre bei einer Kapitalerhöhung für die Finanzierung des Bezugsrechts verwendet wird.[156] Unrichtig ist die Angabe auch, wenn eine nicht den Nennbetrag oder den höheren Ausgabebetrag (Agio) erreichende Einzahlung als Volleinzahlung bezeichnet wird.

Das Gesetz will **jede Falschangabe** erfassen, selbst wenn sie für die Eintragung nicht **77** erforderlich ist.[157] Dieser Auslegung des Gesetzes steht nicht entgegen, dass der Gründungsschwindel nur die Angaben erfasst, die zum Zweck der Eintragung gemacht werden. Für die damit verbundene Einschränkung des Tatbestandes ist nur maßgeblich, ob die Angabe objektiv geeignet ist, die Eintragung zu bewirken (vgl. → Rn. 64). Das können auch Angaben sein, die zwar für die Eintragung erheblich sind, aber vom Gesetz nicht verlangt werden, sondern von dem Vorstand bei der Anmeldung freiwillig gemacht werden, um die Eintragung zu fördern. Der Gründungsschwindel schützt das Vertrauen in die Handelsregistereintragungen und seine Grundlagen (→ Rn. 4). Dazu gehören auch Angaben, die über die Anforderungen des Gesetzes hinausgehen, aber dennoch bei der Anmeldung aus bestimmten Beweggründen gemacht werden.

Falsche Angaben über die Einzahlungen werden ferner gemacht, wenn in dem Eintra- **78** gungsantrag eine Einzahlung ohne nähere Erläuterung behauptet wird, obwohl dabei die Voraussetzungen des § 54 Abs. 3 nicht eingehalten worden sind. So zB, wenn die Einzahlung durch die Hingabe von Wechseln sowie durch Hypothekenabtretung[158] oder durch die Verrechnung der Schuld eines Aktionärs mit Leistungen eines anderen bewirkt werden.

Umstritten war, ob auch die Angabe falsch ist, eine Bareinlage gemacht zu haben, wenn **79** in Wahrheit eine **verdeckte** (oder verschleierte) **Sacheinlage** (→ § 27 Rn. 91 f.) geleistet worden ist. Die durch das ARUG eingeführte Legaldefinition des § 27 Abs. 3 S. 1 lautet: „Ist eine Geldeinlage eines Aktionärs bei wirtschaftlicher Betrachtung und aufgrund einer im Zusammenhang mit der Übernahme der Geldeinlage getroffenen Abrede vollständig oder teilweise als Sacheinlage zu bewerten (verdeckte Sacheinlage), so befreit dies den Aktionär nicht von seiner Einlageverpflichtung." Sie wird allerdings allg. als misslungen angesehen (→ § 27 Rn. 91). Der BGH geht deshalb weiterhin davon aus, dass eine verdeckte Sacheinlage dann vorliegt, „wenn die gesetzlichen Regeln für Sacheinlagen dadurch unterlaufen werden, dass zwar eine Bareinlage beschlossen/verlautbart wird, die Gesellschaft aber bei wirtschaftlicher Betrachtung von dem Einleger aufgrund einer im Zusammenhang mit der Übernahme der Einlage getroffenen Verwendungsabsprache einen Sachwert erhalten soll".[159] In den Fällen einer verdeckten Sacheinlage gem. § 27 Abs. 3 S. 1 wird die Bareinlagepflicht nur scheinbar erfüllt; die verlautbarte Bareinlage, die in Wirklichkeit gar nicht geleistet wurde, steht auch nicht zur endgültigen freien Verfügung des Vorstands. Bei ver-

---

[151] BeckOGK/*Hefendehl* Rn. 168 ff. auch mN der Rspr.

[152] BGH NJW 2001, 3781; BGHZ 180, 38 (46) = NJW 2009, 2375 (2377); BGHZ 182, 103 (111) = NJW 2009, 3091(3092); MüKoStGB/*Weiß* Rn. 16.

[153] RG JW 1938, 3297 (3298); *Steinmetz*, Die verschleierte Sacheinlage im Aktienrecht aus zivil- und strafrechtlicher Sicht, 1990, 28; Bürgers/Körber/*Pelz* Rn. 9.

[154] BGHZ 28, 77 = NJW 1958, 1351; BGHZ 122, 180 (184) = NJW 1993, 1983 (1984) für Kapitalerhöhung.

[155] RGZ 144, 138 (151); BGH NJW 1986, 989; OLG Hamburg GmbHR 1982, 157 (158); BeckOGK/*Hefendehl* Rn. 140.

[156] BGHZ 122, 180 = NJW 1993, 1983.

[157] RGSt 43, 323 (325); BGH NJW 1955, 678 (679) – insoweit in BGHSt 7, 157 nicht abgedruckt.

[158] RGSt 36, 185 (187); BeckOGK/*Hefendehl* Rn. 140.

[159] BGHZ 185, 44 = NJW 2010, 1948 (1949) mwN.

deckten Sacheinlagen handelt es sich nach nun hM um einen (Haupt-)Anwendungsfall des § 399 Abs. 1 Nr. 1.[160]

80      Die Bedenken, die gegen die Anwendung des § 399 Abs. 1 Nr. im Hinblick auf das Bestimmtheitsgebot vorgetragen worden sind,[161] sind im Hinblick auf die nun vorhandene Legaldefinition (auch wenn sie eine Vermutung enthält) und die gefestigte Rspr. nicht durchgreifend.[162]

81      **c) Verwendung eingezahlter Beträge.** Nach § 36 Abs. 2 und nach § 54 Abs. 3 müssen die eingezahlten Beträge endgültig zur freien Verfügung des Vorstandes stehen, sofern sie nicht bereits zur Bezahlung der bei der Gründung angefallenen Steuern und Gebühren verwendet wurden. Dies ist von dem Vorstand bei der Anmeldung nach § 37 Abs. 1 S. 2 darzulegen und **nachzuweisen.** Das bedeutet, dass dieser nicht nur Angaben darüber zu machen und iE nachzuweisen hat, in welcher Höhe und Art er von den eingezahlten Beträgen Steuern und Gebühren bezahlt hat (vgl. → § 37 Rn. 25), sondern dass er erklären muss, in welchem Umfang und in welcher Art[163] das **Einlagekapital noch vorhanden** ist, über das er frei verfügen kann. Er muss also erklären, welche Mittel er ohne weiteres zum Zeitpunkt der Anmeldung für die wirtschaftlichen Zwecke der Gesellschaft einsetzen kann, ohne dass er durch bestimmte Abreden[164] über die Verwendung der eingezahlten Beträge gebunden ist, die dazu führen, dass das Einlagekapital der Gesellschaft nur vorübergehend zur Verfügung steht (vgl. Nachweise → Rn. 71 ff.).

82      Der Straftatbestand des Gründungsschwindels will verhindern, dass über die anderweitige Verwendung der eingezahlten Beträge falsche Angaben gemacht werden, um damit das Gebot der realen Kapitalaufbringung sicherzustellen. Die **Rspr.** hat eine freie Verfügbarkeit über das Einlagekapital verneint, wenn es mit einer Rückforderung oder anderen schuldrechtlichen Verpflichtungen belastet ist und der Vorstand zudem faktisch nicht über den Betrag verfügen kann,[165] wenn alsbaldige Rückzahlung vereinbart ist,[166] wenn die Ansprüche aus einem Kontoguthaben zur Sicherung einer Darlehensforderung verpfändet worden sind,[167] wenn der Vorstand bei einer Nachmeldung verschweigt, dass nach der ursprünglichen Anmeldung erhebliche Verfügungen über das Grundkapital vorgenommen hat,[168] aber auch dann, wenn die Gesellschaft hinsichtlich der Verwendung der Mittel gegenüber dem Einleger in einer Weise gebunden ist, dass in Wirklichkeit eine Sacheinlage vorliegt.[169] So wenn der Tilgungsbetrag mit dem für die Aktien einzuzahlenden Betrag verrechnet wird,[170] die Gesellschaft eine schon erbrachte Barzahlung abredegemäß zur Tilgung verwendet oder wenn sie die Darlehensforderung zunächst tilgt und der Darlehensgläubiger alsdann seine Bareinlageschuld begleicht.[171] Dabei macht es keinen Unterschied, dass der Darlehensgläubiger mit dem Zeichner der Einlage nicht identisch ist; es reicht aus, wenn es sich bei dem Gläubiger um eine dem Zeichner nahe stehende Person handelt.[172] An einer freien Verfügbarkeit fehlt es ferner, wenn die eingezahlten Beträge zurzeit der Abgabe der Versicherung bei der Anmeldung nicht mehr vorhanden sind. Dass sie früher einmal dem Vorstand zur Verfügung gestanden haben, reicht nicht aus.[173]

---

[160] BeckOGK/*Hefendehl* Rn. 144; MüKoStGB/*Weiß* Rn. 62; NK-WSS/*Krause/Twele* Rn. 14.

[161] LG Koblenz ZIP 1991, 1284 (1287); *Tiedemann* FS Lackner, 1987, 737 (748 f.); Großkomm AktG/*Otto* Rn. 67.

[162] Ausf. und diff. Auseinandersetzung zB bei BeckOGK/*Hefendehl* Rn. 147 ff.

[163] Vgl. BGHZ 119, 177 (188) = NJW 1992, 3300 (3301); BeckOGK/*Hefendehl* Rn. 174.

[164] Vgl. Hüffer/Koch/*Koch* § 36 Rn. 9; aA BeckOGK/*Hefendehl* Rn. 175.

[165] RGZ 157, 213 (225).

[166] RG JW 1915, 356.

[167] BGH GA 1977, 340 (341).

[168] BGH NStZ 1993, 442.

[169] BGHZ 96, 231 (242) = NJW 1986, 837 (839 f.).

[170] Vgl. BGHZ 110, 47 (63) = NJW 1990, 982 (987).

[171] BGH NJW 1982, 2444 – insoweit in BGHZ 83, 319 nicht abgedruckt; BGHZ 118, 83 (93 f.) = NJW 1992, 2222 (2225).

[172] BGHZ 96, 231 (240) = NJW 1986, 837 (840); BGHZ 110, 47 (66) = NJW 1990, 982 (986).

[173] RG LZ 1916, 617.

Aus Wortlaut und Systematik der § 36 Abs. 2, § 37 Abs. 1 ist früher der Schluss gezogen **83** worden, dass der Vorstand über das Grundkapital zurzeit der Anmeldung frei verfügen können muss. Nach Aufgabe des Vorbelastungsverbotes[174] entspricht es jetzt der hM im Zivilrecht, dass der Vorstand unter dem Vorbehalt **wertgleicher Deckung** schon vor der Eintragung der Gesellschaft mit den Bareinlagen arbeiten darf, sodass zum Zeitpunkt der Anmeldung der Gesellschaft die Bareinlagen nur noch wertmäßig vorhanden sein müssen (→ § 36 Rn. 79 ff.).[175] Diese Auffassung ist auch für die strafrechtliche Beurteilung zu Grunde zu legen.[176]

Fraglich ist, ob bei Anmeldung der Gesellschaft die Verwendung der Bareinlage gegen- **84** über dem Registergericht **offengelegt** werden muss. Das wird von *Otto*[177] verneint, wenn die Verwendung der eingezahlten Beträge nicht zu einer Wertminderung geführt hat, weil dies keine gefährliche Mittelverwendung darstelle. Dem ist nicht zu folgen. Der Vorstand ist gehalten, bei der Anmeldung zu erklären, dass der eingeforderte und eingezahlte Betrag wertmäßig zu seiner freien Verfügung steht. Dabei hat der Vorstand iE unter Vorlage der entsprechenden Unterlagen darzulegen, für welche geschäftlichen Maßnahmen der Einlage-betrag verwendet worden ist (→ § 36 Rn. 80 f.).[178]

**d) Ausgabebetrag der Aktien.** Mit dieser Tathandlung soll strafrechtlich sichergestellt **85** werden, dass der **wahre Ausgabebetrag** der Aktien (Kurswert) im Handelsregister erkenn-bar wird. Denn nur dadurch kann festgestellt werden, wie hoch das Grundkapital ist, über das der Vorstand frei verfügen kann. Der Kurswert der Aktien hat nicht nur als Eintragungs-voraussetzung Bedeutung, sondern gibt auch Auskunft über die Bonität der Gründung.[179]

Nach § 9 Abs. 1 dürfen Aktien nicht ausgegeben werden, deren Ausgabebetrag unter **86** dem Nennwert liegt. Bei wahrer Angabe würde das eine Eintragung hindern. Es geht hierbei um das Verbot der **Unterpari-Emission** mit dem die volle Aufbringung des Gesell-schaftskapitals sichergestellt werden soll (→ § 9 Rn. 4).[180] **Überpari-Emissionen** sind dagegen nach § 9 Abs. 2 zulässig. Das Verbot der Unterpari-Ausgabe von Aktien hat beson-dere Bedeutung bei der Bewertung von Sacheinlagen.[181] Bei der Anmeldung der Gesell-schaft nach § 37 Abs. 1 sind auch Angaben darüber zu machen, dass der Wert der Sacheinlage dem Nennbetrag oder bei einem höheren Ausgabebetrag dem entsprechenden Mehrbetrag entspricht (§ 36a Abs. 2 S. 3).

**Falsche Angaben** über den Kurswert der Aktien werden gemacht, wenn dieser nicht den **87** Nennwert erreicht oder wenn er über diesem liegt, aber nicht mit dem wahren Ausgabewert übereinstimmt.[182] Eine falsche Angabe wird auch gemacht, wenn der angegebene Kurswert den wirklichen Ausgabewert übersteigt.[183] Jedoch wird in einem solchen Fall der Täter nicht zum Zweck der Eintragung handeln[184] (→ Rn. 63 ff.) und eine Tatbestandsverwirklichung daran scheitern.[185]

**e) Sondervorteile und Gründungsaufwand.** Bei der Anmeldung der Gesellschaft sind **88** nach § 37 Abs. 4 Nr. 2 alle Verträge beizufügen, die sich auf die Vorschriften der §§ 26, 27 für eine **qualifizierte Gründung** beziehen, sowie eine Berechnung des der Gesellschaft

---

[174] BGHZ 80, 129 = NJW 1981, 1373.
[175] BGHZ 105, 300 (303) = NJW 1989, 710 (710); BGHZ 119, 177 (187 f.) = NJW 1992, 3300 (3302); Hüffer/Koch/*Koch* § 36 Rn. 11; MüKoStGB/*Weiß* Rn. 18 jeweils mwN.
[176] Grds. ebenso Großkomm AktG/*Otto* Rn. 72; Scholz/*Tiedemann/Rönnau* GmbHG § 82 Rn. 87; BeckOGK/*Hefendehl* Rn. 178.
[177] Großkomm AktG/*Otto* Rn. 72.
[178] BGHZ 119, 177 (187 f.) = NJW 1992, 3300 (3303); vgl. auch Scholz/*Tiedemann/Rönnau* GmbHG § 82 Rn. 97 ff.
[179] Kölner Komm AktG/*Altenhain* Rn. 83; MüKoStGB/*Weiß* Rn. 21.
[180] BeckOGK/*Hefendehl* Rn. 183.
[181] BGHZ 68, 191 (195) = NJW 1977, 1196 (1196).
[182] Ähnlich BeckOGK/*Hefendehl* Rn. 184 f.
[183] Großkomm AktG/*Otto* Rn. 76; Kölner Komm AktG/*Altenhain* Rn. 87.
[184] Ebenso Henssler/Strohn/*Raum* Rn. 7.
[185] BeckOGK/*Hefendehl* Rn. 185; Graf/Jäger/Wittig/*Temming* Rn. 17.

zur Last fallenden Aufwandes vorzulegen. Die dabei gemachten Angaben müssen richtig und vollständig sein und unterfallen ebenfalls § 399 Abs. 1 Nr. 1, weil sich der anmeldende Vorstand mit ihnen bei der Einreichung an das Registergericht identifiziert.[186] Die bei der Gründung eingeräumten Sondervorteile sowie die Behandlung des Gründungsaufwandes werden in § 26 geregelt.

89   **Sondervorteile** sind besondere Rechte, die einem oder mehreren Aktionären aber auch Dritten gegen die Gesellschaft bei der Gründung gewährt werden. Ein entsprechender Anspruch muss den Gläubigern dieser Rechte in der Satzung eingeräumt werden (→ § 26 Rn. 17). Es geht dabei um Ansprüche gegen die Gesellschaft, die mit den mitgliedschaftlichen Vorrechten des § 11 nichts zu tun haben und die auch dann bestehen bleiben, wenn der Aktionär aus der Gesellschaft ausscheidet (→ § 26 Rn. 8).[187] Darunter fallen Vorrechte am Gewinn und am Abwicklungserlös, eine Umsatzprovision,[188] ein besonderes Warenbezugsrecht,[189] ein Wiederkaufsrecht an einer eingebrachten Sache,[190] Lizenzrechte,[191] das Recht, an die Gesellschaft bestimmte Waren zu liefern oder das Recht, Anlagen der Gesellschaft zu benutzen (näher → § 26 Rn. 11 f.).[192]

90   Als **Gründungsaufwand** ist nach der Legaldefinition des § 26 Abs. 2 der Gesamtaufwand anzusehen, der zu Lasten der Gesellschaft an Aktionäre oder an andere Personen als Entschädigung oder als Belohnung für die Gründung oder ihre Vorbereitung gewährt wird (vgl. iE → § 26 Rn. 26 ff.). Auch er ist in der Satzung auszuweisen.

91   **Falsche Angaben** über Sondervorteile und den Gründungsaufwand können zu einer Täuschung über den wirklichen Wert des Grundkapitals der Gesellschaft führen. Sie liegen zB vor, wenn eine Gründungsvergütung für einen Aktionär verschleiert als überhöhte Sacheinlage ausgewiesen wird.[193] Unter diesen Tatbestand fallen auch falsche Angaben über Sondervorteile und den Gründungsaufwand, der bei einer Nachgründung entsteht.[194] Eine Nachgründung wird nach § 52 Abs. 1 nur wirksam, wenn sie in das Handelsregister eingetragen wird. Die Anmeldung hat der Vorstand nach § 52 Abs. 6 vorzunehmen und dabei die entsprechenden Unterlagen vorzulegen. Macht er dabei falsche Angaben, handelt er zu dem Zweck, die Eintragung zu erreichen. Es ist in der Rspr. des BGH anerkannt, dass auch die Nachgründung unter die Schutzvorschriften fällt, die eine effektive Kapitalaufbringung sicherstellen sollen.[195]

92   **f) Sacheinlagen und Sachübernahmen.** Sacheinlagen und Sachübernahmen sind, ebenso wie Sondervorteile und der Gründungsaufwand, Gegenstände einer qualifizierten Gründung, bei der nach § 37 Abs. 4 Nr. 2 die entsprechenden Verträge bei der Anmeldung der Gesellschaft vorgelegt werden müssen (vgl. → Rn. 88 ff.). Beide Begriffe werden in § 27 Abs. 1 legaldefiniert.

93   Unter **Sacheinlagen** fallen nach der Legaldefinition des § 27 Abs. 2 nur Vermögensgegenstände, deren wirtschaftlicher Wert feststellbar ist (→ § 27 Rn. 11 f. mwN). Das sind neben allen übertragbaren beweglichen und unbeweglichen Sachen Rechte jeder Art, wie Erfinder-, Urheber- und Lizenzrechte, Herstellungsverfahren, Beteiligungen an fremden Unternehmen, übertragbare Konzessionen, übertragbare Alleinverkaufsrechte, dingliche Rechte und Forderungen.[196]

94   Bei den **Sachübernahmen** gehen die Gründer einen schuldrechtlichen Vertrag (Kauf-, Tausch-, Miet- oder Werkvertrag) mit einem Dritten für die künftige Gesellschaft ein, dessen

---

[186] Kölner Komm AktG/*Altenhain* Rn. 90.
[187] BeckOGK/*Hefendehl* Rn. 188.
[188] KG JW 1938, 2754.
[189] RG LZ 1908, 297.
[190] RGZ 81, 404 (409).
[191] RGZ 113, 241 (244).
[192] Vgl. näher Großkomm AktG/*Otto* Rn. 78; Graf/Jäger/Wittig/*Temming* Rn. 18.
[193] RGSt 18, 105 (110 f.); Großkomm AktG/*Otto* Rn. 80.
[194] BGHZ 110, 47 (52 ff.) = NJW 1990, 982 (987); Kölner Komm AktG/*Altenhain* Rn. 90; vgl. auch Großkomm AktG/*Otto* Rn. 83.
[195] BGHZ 110, 47 = NJW 1990, 982.
[196] Vgl. auch Großkomm AktG/*Otto* Rn. 81; BeckOGK/*Hefendehl* Rn. 197.

Gegenstand die Übernahme einer Anlage oder eines sonstigen Vermögensgegenstandes ist. Der Dritte kann seinerseits auch ein Gründer sein; er darf dafür aber keine Aktien als Entgelt erhalten.[197]

Der **Unterschied** zwischen Sacheinlage und Sachübernahme besteht darin, dass die 95 Sacheinlageverpflichtung nur von einem Gründer, die Sachübernahmeverpflichtung auch von einem Dritten übernommen werden kann (→ § 27 Rn. 61, 64). Sacheinlage und Sachübernahme müssen in der Satzung geregelt werden, wozu auch eine Festsetzung des Nennbetrages – bei Stückaktien die Zahl – der bei der Sacheinlage zu gewährenden Aktien und der zu gewährenden Vergütung für die Sachübernahme gehört (§ 27 Abs. 1).

**Falsche Angaben** über Sacheinlagen und Sachübernahmen können auch bei dieser 96 Tatform zur Täuschung über die wahren Vermögenswerte der Gesellschaft führen. Sie sind in erster Linie falsch, wenn die in der Satzung oder in den Verträgen angegebene Bewertung der eingebrachten Vermögensgegenstände nicht zutrifft.[198] So wird ein erheblicher Umstand verschwiegen, wenn ein Geschäft als Sacheinlage eingebracht wird, ohne anzugeben, dass ein großer Teil des Inventars vorher verkauft worden ist.[199] Falsch ist auch eine Angabe, wenn Patentrechte eingebracht werden, die in schwindelhafter Weise überbewertet worden sind.[200] Ferner wenn die Einzahlung einer Bareinlage bei der Anmeldung behauptet wird, obwohl in Wahrheit mit der Bank, bei der die Einlage eingezahlt worden ist, vereinbart wird, dass mit der Einlage ein Vorfinanzierungskredit zurückgezahlt wird. Eine solche Einlage ist in Wahrheit eine Sacheinlage.[201] Zur verdeckten Sacheinlage vgl. → Rn. 79 ff.

**g) Versicherung nach § 37a Abs. 2.** Diese Tatvariante wurde durch das ARUG vom 97 30.7.2009 (BGBl. 2009 I 2479) in das AktG eingefügt. Erfolgt nach § 33a eine Sachgründung ohne externe Gründungsprüfung, so sind bei der Anmeldung zunächst die von § 37a Abs. 1 geforderten Erklärungen abzugeben. Außerdem müssen die gem. § 36 Abs. 1 zur Anmeldung Verpflichteten nach § 37a Abs. 2 versichern, dass ihnen bestimmte Umstände, die den Wert der Einlagengegenstände beeinflussen könnten, nicht bekannt geworden sind. Bei einer Sachgründung nach § 33a Abs. 1 Nr. 1 ist zu versichern, dass den Anmeldenden keine außergewöhnlichen Umstände bekannt geworden sind, die den gewichteten Durchschnittspreis der einzubringenden Wertpapiere oder Geldmarktinstrumente während der letzten drei Monate vor dem Tag ihrer tatsächlichen Einbringung erheblich beeinflusst haben könnten. Vom Vorliegen außergewöhnlicher Umstände ist auszugehen, wenn Marktstörungen vorliegen, die dem gewichteten Durchschnittspreis seine Aussagekraft nehmen, zB aufgrund einer Marktenge.[202] Bei einer Sachgründung nach § 33a Abs. 1 Nr. 2 wird erklärt, dass keine neuen Umstände bekannt geworden sind, die darauf hindeuten, dass der beizulegende Zeitwert der Vermögensgegenstände am Tage ihrer tatsächlichen Einbringung erheblich niedriger ist als der vom Sachverständigen angenommene Zeitwert.

**Falsche Angaben** werden hinsichtlich der Versicherung nach § 33a Abs. 1 Nr. 1 gemacht, 98 wenn es sich um erhebliche Abweichungen handelt. Das ist zu bejahen, wenn Preis oder Kurs die übliche Spanne fachgerechter Bewertungen übersteigen oder eine bereits vorhandene sachverständige Bewertung nach diesem Maßstab als eindeutig überhöht erscheint.[203]

**5. Subjektiver Tatbestand.** Der Gründungsschwindel durch unrichtige Anmeldung 99 kann nur **vorsätzlich** begangen werden; ein fahrlässiges Verhalten reicht nicht aus (§ 15 StGB). Vorsätzlich handelt der Täter, wenn er alle Merkmale des äußeren Tatbestandes

---

[197] BeckOGK/*Hefendehl* Rn. 202.
[198] Großkomm AktG/*Otto* Rn. 81; BeckOGK/*Hefendehl* Rn. 199.
[199] RGSt 40, 285 (287).
[200] RGSt 49, 340 (341).
[201] BGHZ 96, 231 (241) = NJW 1986, 837 (840).
[202] Hüffer/Koch/*Koch* § 37a Rn. 5.
[203] Hüffer/Koch/*Koch* § 37a Rn. 5.

kennt, also weiß, dass er zu dem Täterkreis gehört, an den sich der Tatbestand richtet, dass die von ihm gemachten Angaben sich auf die im Gesetz genannten Gründungsvorgänge beziehen, dass sie für die Eintragung geeignet und dass sie falsch oder unvollständig sind. Ferner muss er die Tat in Kenntnis dieser Tatumstände begehen wollen.

100   Ein vorsätzliches Verhalten liegt auch vor, wenn der Täter nur mit der Möglichkeit der Verwirklichung des Tatbestandes rechnet, dies aber bei seinem Handeln gleichwohl billigend in Kauf nimmt. **Bedingter Vorsatz** reicht aus.[204] Dieser kann zB vorliegen, wenn der Täter ohne ausreichende Prüfung die Angaben eines anderen übernimmt. Der Täter muss sich mit den von ihm für möglich gehaltenen Umständen lediglich abfinden, um eine Eintragung der Gesellschaft im Handelsregister zu erreichen. Täuschungsabsicht braucht er nicht zu haben.[205]

101   Erforderlich ist jedoch bei allen Tatbestandsvarianten die **Absicht,** mit den falschen oder unvollständigen Angaben die **Eintragung zu erlangen.**[206] Dieses zusätzliche subjektive Erfordernis ergibt sich aus dem Tatbestandsmerkmal des Eintragungszwecks (vgl. → Rn. 63 ff.). Dies ist im Schrifttum zu § 82 GmbH weitgehend anerkannt.[207] Die Eintragung der Gesellschaft ist das Ziel, das der Täter mit seinen unrichtigen oder unvollständigen Angaben anstreben muss. Diesen Erfolg seines Handelns strebt er auch an, wenn er seinen Eintritt nur für möglich, aber nicht für sicher hält. Für das Tatbestandsmerkmal der Absicht kommt es nur darauf an, dass der Täter den angestrebten Erfolg unter allen Umständen verwirklichen will.[208]

102   **6. Irrtum.** Bei einem Irrtum des Täters finden die strafrechtlichen Grundsätze über den Tatbestandsirrtum nach § 16 StGB und den Verbotsirrtum nach § 17 StGB Anwendung. Beide Irrtumsarten können bei den ausfüllungsbedürftigen und teilweise komplizierten Tatbeständen des Aktienstrafrechts erhebliche Bedeutung haben, zumal diese in vielen Fällen ihre Konturen erst mit der Auslegung durch die Rspr. und das Schrifttum gefunden haben.

103   Ein **Tatbestandsirrtum** liegt vor, wenn der Täter die Umstände des gesetzlichen Tatbestandes, dh Merkmale des objektiven Tatbestandes nicht kennt. Er schließt ein vorsätzliches Handeln aus (§ 16 Abs. 1 StGB). Dabei ist zu beachten, dass bei den ausfüllungsbedürftigen Tatbeständen des § 399 (vgl. → Rn. 9) auch die Ausfüllungsvorschriften zum Tatbestand gehören. Einen Irrtum festzustellen, bereitet in der Regel keine Schwierigkeiten, wenn es nur um das Wissen von tatsächlichen Umständen geht, die das Tatbestandsmerkmal ausmachen. Anders ist es, wenn das Erkennen der Erfüllung eines Tatbestandsmerkmals schwierige Wertungen voraussetzt, wie das bei den Straftatbeständen des Aktienrechts häufig der Fall ist. Das kommt vor allen in Betracht, wenn die Bedeutung der gemachten Angaben von der Auslegung rechtlicher Vorschriften oder der Verkehrsauffassung abhängt.

104   Die Tatbestandsmerkmale braucht der Täter nur ihrem Begriff nach, nicht nach ihrer Bezeichnung im Gesetz zu kennen. Nimmt er irrtümlich an, ein Merkmal, das er seinem Wesen nach kennt, falle nicht unter die gesetzliche Begriffsbestimmung, so unterliegt er einem bloßen **Subsumtionsirrtum oder Bewertungsirrtum.** Dieser Irrtum schließt den Vorsatz nicht aus, sondern kann allenfalls zu einem Verbotsirrtum gem. § 17 StGB führen.[209]

---

[204] BGH GA 1977, 340 (342); Großkomm AktG/*Otto* Rn. 88.

[205] RGSt 64, 422 (423).

[206] Achenbach/Ransiek/Rönnau/*Ransiek* WiR-HdB 8. Teil 3. Kap. Rn. 45, 76; aA Graf/Jäger/Wittig/*Temming* Rn. 58.

[207] Scholz/*Tiedemann*/Rönnau GmbHG § 82 Rn. 193; Rowedder/Schmidt-Leithoff/*Schaal* GmbHG § 82 Rn. 97; Baumbach/Hueck/*Beurskens* GmbHG § 82 Rn. 18.

[208] BGHSt 18, 246 (248) = NJW 1963, 915 (916); BGHSt 21, 283 (284) = NJW 1967, 2319 (2319 f.); BGHSt 35, 325 (327) = NJW 1989, 595 (596); BGH NJW 1981, 2204; Großkomm AktG/*Otto* Rn. 89; Kölner Komm AktG/*Altenhain* Rn. 100; Schönke/Schröder/*Cramer/Sternberg-Lieben* StGB § 15 Rn. 65 ff.; *Fischer* StGB § 15 Rn. 6.

[209] BGHSt 7, 261 (265) = NJW 1955, 800 (801); BGHSt 9, 341 (347) = NJW 1956, 1687 (1688); BGHSt 13, 135 (138) = NJW 1959, 1549 (1550); BGHSt 35, 347 (350) = NJW 1989, 912 (913).

Anders ist es jedoch, wenn den einzelnen Tatbestandsmerkmalen ein **normativer Sinn-** 105
**gehalt** zukommt, den der Täter in seiner rechtlichen Bedeutung kennen muss. Ein solcher
Irrtum schließt den Vorsatz aus, wenn der Täter ihn nicht wenigstens in seiner Laiensphäre
parallel richtig gewertet hat.[210]

Bei einem Irrtum über die Bedeutung bestimmter Angaben wird es sich häufig um einen 106
Subsumtionsirrtum handeln. Bevor der Tatrichter sich mit dieser schwierigen Rechtsfrage
befasst, sollte er jedoch stets sorgfältig bei der **Beweiswürdigung** prüfen, ob dem Täter
der behauptete Irrtum zu glauben ist. In der Praxis kommen häufig Fälle vor, in denen die
entsprechenden Einlassungen des Angeklagten nur Schutzbehauptungen sind.[211]

Die **Rspr.** nimmt bei dem Irrtum über die Tatbestandsmerkmale des Gründungsschwin- 107
dels in der Regel einen vorsatzausschließenden **Tatbestandsirrtum** gem. § 16 StGB an.
So bei dem Irrtum darüber, ob das eingezahlte Kapital endgültig zur freien Verfügung des
Vorstandes steht[212] und bei dem Irrtum über die Unrichtigkeit oder Unvollständigkeit einer
Angabe, auch wenn der Täter darüber irrt, ob er bei einer Nachanmeldung Angaben
über die inzwischen erfolgte Verwendung der Bareinlagen machen muss.[213] Werden die
strafrechtlich bedeutsamen Umstände einer verdeckten Sacheinlage (→ Rn. 79 ff.) nicht
erkannt, ist ein Tatbestandsirrtum gegeben;[214] als Indiz für sein Bestehen kommt eine spätere
Heilung der verdeckten Sacheinlage in Betracht.[215] Ein Tatbestandsirrtum liegt auch vor,
wenn auf Grund einer falschen Berechnung oder durch Übersehen bestimmter Umstände
ein überhöhter Betrag als eingezahlt angegeben wird[216] oder wenn der Täter fälschlich
annimmt, dass die bei Abgabe der Erklärung noch nicht erfolgte Einzahlung bei Einreichung
der Anmeldung vollzogen ist,[217] wenn er darüber irrt, ob auch freiwillige, über seine
Verpflichtung aus § 37 hinausgehende Angaben unter den Begriff der falschen Angaben
fallen, wenn er sich über seine Verpflichtung zur Mitteilung eines erheblichen Umstandes
irrt, wenn bei Sacheinlagen oder Sachübernahmen irrtümlich ein falscher Wert oder wenn
ein zur Einzahlung ausgestellter Scheck irrtümlich als bestätigt ausgegeben wird.

Ein **Subsumtionsirrtum** liegt dagegen vor, wenn der Täter annimmt, die Hingabe 108
von Wechseln oder eine Kreditzusage erfülle die Voraussetzungen einer Bareinzahlung.[218]
Gleiches gilt, wenn der Täter irrtümlich davon ausgeht, eine verdeckte Sacheinlage wäre
eine Bareinlage oder wenn er glaubt, eine noch ausstehende, restliche Einzahlung sei so
geringfügig oder ihr Eingang stehe so kurz bevor, dass dieser Umstand bei der Anmeldung
nicht erwähnt werden müsse.[219] Ferner auch, wenn der Täter trotz Kenntnis der tatsächlichen Umstände verkennt, dass er die Eigenschaften eines faktischen Vorstandsmitgliedes
besitzt.[220] In diesen Fällen ist der Subsumtionsirrtum ein Verbotsirrtum, der den Täter nur
entschuldigt, wenn er unvermeidbar ist (§ 17 StGB).

### III. Gründungsschwindel durch unrichtige Berichte (Abs. 1 Nr. 2)

**1. Allgemeines.** Der Gründungsschwindel durch **unrichtige Berichte** erfasst alle Fälle 109
der Berichterstattung während der Gründung und der Nachgründung der Gesellschaft. Das

---

[210] BGHSt 3, 248 (254 f.) = NJW 1953, 113 (113); BGHSt 4, 347 (352) = NJW 1953, 1680 (1681); vgl.
ferner zu der schwierigen Frage der Abgrenzung zwischen Subsumtionsirrtum und dem Irrtum über ein
normatives Tatbestandsmerkmal Schönke/Schröder/*Sternberg-Lieben/Schuster* StGB § 15 Rn. 43–46; *Fischer*
StGB § 16 Rn. 14 f.; Lackner/Kühl/*Kühl* StGB § 15 Rn. 14 f.
[211] Vgl. BGH bei *Holtz* MDR 1978, 108 sowie die Bedenken des BGH gegen die tatrichterlichen Feststellungen im Fall GA 1977, 340 (341).
[212] BGH GA 1977, 340 (341); NZG 2005, 976 (979); Bürgers/Körber/*Pelz* Rn. 23.
[213] BGH NStZ 1993, 442; Bürgers/Körber/*Pelz* Rn. 23.
[214] Großkomm AktG/*Otto* Rn. 98; Kölner Komm AktG/*Altenhain* Rn. 107; MüKoStGB/*Weiß* Rn. 172;
Baumbach/Hueck/*Beurskens* GmbHG § 82 Rn. 19.
[215] *Mayer* MittBayNot 1996, 164 (168).
[216] Ebenso Graf/Jäger/Wittig/*Temming* Rn. 59.
[217] Hachenburg/*Kohlmann* GmbHG § 82 Rn. 46.
[218] RGSt 36, 185 (187); RG JW 1931, 2991; BGH NStZ 1993, 442; GmbHR 1952, 108; aA *Baumbach/
Hueck* Rn. 9; diff. Großkomm AktG/*Otto* Rn. 101.
[219] RGSt 14, 36 (45).
[220] Vgl. BGH wistra 1984, 178.

Gesetz spricht vom Gründungsbericht, dem Nachgründungsbericht und dem Prüfungsbericht, die Gegenstand der von dem Täter gemachten falschen oder unvollständigen Angaben sein müssen.

110 **Geschütztes Rechtsgut** ist, wie bei allen Straftatbeständen des § 399, das Vertrauen der Allgemeinheit in Gestalt der Gesellschaftsgläubiger und der sonst interessierten Öffentlichkeit in die Wahrhaftigkeit der Handelsregistereintragungen und deren Grundlagen (vgl. → Rn. 4). Die in diesem Tatbestand erfaßten Berichte gehören zu den Grundlagen der Handelsregistereintragungen, weil sie nach den §§ 37 Abs. 4 Nr. 4 und 52 Abs. 6 dem Registergericht eingereicht werden müssen.

111 Der Gründungsschwindel nach § 399 Abs. 1 Nr. 2 ist ebenfalls ein **abstraktes Gefährdungsdelikt** (vgl. → Rn. 7) und **Schutzgesetz** iSv § 823 Abs. 2 BGB (→ Rn. 5).[221]

112 Er erfordert jedoch, anders als der Gründungsschwindel nach § 399 Abs. 1 Nr. 1, **nicht, dass die falschen oder unvollständigen Angaben zum Zweck der Eintragung** gemacht werden. Das Fehlen dieses Tatbestandsmerkmals ändert an dem durch diesen Tatbestand geschützten Rechtsgut nichts. Die von ihm erfaßten falschen oder unvollständigen Angaben werden dadurch genügend konkretisiert, dass sie in den Berichten gemacht werden müssen, die der Tatbestand anführt. Sie brauchen deshalb auch nicht, wie zB bei § 399 Abs. 1 Nr. 1, themenmäßig festgelegt werden,[222] weil das Gesetz selbst iE vorschreibt, welchen Inhalt sie haben müssen (vgl. → Rn. 118 ff.).

113 **2. Täterkreis und Beteiligung.** § 399 Abs. 1 Nr. 2 nennt als Täter Gründer sowie Mitglieder des Vorstands oder des Aufsichtsrats und damit einen bestimmten Personenkreis mit Sondereigenschaften. Er ist deshalb ein **Sonderdelikt** (vgl. → Rn. 12).[223] Der Täterkreis entspricht dem des § 399 Abs. 1 Nr. 1 (iE → Rn. 12 ff.). Da das Gesetz die Berichts- und Prüfungspflichten bei den einzelnen Berichten unterschiedlich verteilt hat, ist jedoch nicht jeder der aufgeführten Täter auch tauglicher Täter jeder Tatvariante.

114 Für den **Gründungsbericht** sind nach § 32 Abs. 1 die Gründer verantwortlich. Nur diese können Täter sein.[224] Die Mitglieder des Vorstandes und des Aufsichtsrats haben nach § 33 Abs. 1, § 34 Abs. 1 eine eigenständige, hiervon zu unterscheidende Prüfungspflicht und über ihre Prüfung einen selbstständigen Bericht zu fertigen, vgl. § 34 Abs. 2, § 38 Abs. 2. Sie können aber den Tatbestand des § 399 Abs. 1 Nr. 2 in der Tatvariante unvollständiger Angaben im Prüfungsbericht erfüllen. Tathandlung ist allein das Machen falscher oder unvollständiger Angaben in dem Gründungsbericht. Es ist vollendet, wenn der Bericht einem der zur Prüfung verpflichteten Mitglieder des Vorstands, des Aufsichtsrats oder einem Gründungsprüfer zugeht. Beendet ist es jedoch erst, wenn das Gericht den Bericht bei der Anmeldung zur Kenntnis genommen hat und die Eintragung vollzogen worden ist.

115 Für die Fertigung des **Nachgründungsberichts** sind nur die Aufsichtsratsmitglieder verantwortlich (§ 52 Abs. 3). Auch dieser Bericht muss zwar von den Mitgliedern des Vorstandes bei der Anmeldung der Nachgründung zur Eintragung in das Handelsregister vorgelegt werden (§ 52 Abs. 6). Mit der Weitergabe des Nachgründungsberichts ohne Widerspruch wirken die Mitglieder des Vorstands aber nicht auf die in ihm enthaltenen falschen oder unvollständigen Angaben ein. Die Mitglieder des Vorstandes können deshalb bei dieser Tathandlung nicht Täter sein.[225] In Betracht kommen kann nur eine Strafbarkeit als Teilnehmer, vor allem in Form der Anstiftung.

116 Den **Prüfungsbericht** (§ 34 Abs. 2) haben die Mitglieder des Vorstandes und des Aufsichtsrates zu erstellen. Sie sind deshalb für ihn verantwortlich und können Täter sein. Anders steht es dagegen mit den Gründern. Sie scheiden bei dem Nachgründungs- oder Prüfungsbericht schon begrifflich aus, es sei denn sie sind gleichzeitig Mitglieder des Vorstandes oder des Aufsichtsrats. Sie können bei falschen Angaben im Prüfungsbericht aller-

---

[221] Ebenso Kölner Komm AktG/*Altenhain* Rn. 12.
[222] Wie hier Kölner Komm AktG/*Altenhain* Rn. 120.
[223] Vgl. Großkomm AktG/*Otto* Rn. 122.
[224] Großkomm AktG/*Otto* Rn. 124; Kölner Komm AktG/*Altenhain* Rn. 117.
[225] Großkomm AktG/*Otto* Rn. 127; Kölner Komm AktG/*Altenhain* Rn. 118.

dings Anstifter sein. Die Gründungsprüfer (§ 33 Abs. 2) können keine Täter, wohl aber Gehilfen sein, weil ihnen die Tätereigenschaft fehlt (→ Rn. 113). Wegen Verletzung der Berichtspflicht können sie allerdings als Täter nach § 403 strafbar sein.

**3. Machen falscher Angaben oder Verschweigen erheblicher Umstände.** Die **117 Tathandlungen** des Gründungsschwindels nach § 399 Abs. 1 Nr. 2 bestehen darin, dass in den im Gesetz genannten Berichten falsche Angaben gemacht oder erhebliche Umstände verschwiegen werden. Der Tatbestand verwendet damit zur Beschreibung der Tathandlung die gleichen Merkmale, die auch der Gründungsschwindel nach § 399 Abs. 1 Nr. 1 benutzt (vgl. hierzu iE die Erläuterungen beim Gründungsschwindel nach § 399 Abs. 1 Nr. 1 → Rn. 55 ff.).

**4. Gegenstand der falschen Angaben.** Die falschen oder unvollständigen Angaben **118** müssen in den im Gesetz genannten **Berichten** gemacht werden. Angaben, die in anderen Berichten enthalten sind, fallen nicht unter den Tatbestand. Es handelt sich danach um den Bericht über die Gründung der Gesellschaft nach § 32, um den Bericht über die Nachgründung nach § 52 Abs. 3 sowie um den Bericht über die Gründungsprüfung durch den Vorstand und den Aufsichtsrat nach § 34 Abs. 2.

Das Gesetz schreibt iE vor, über **welche Tatsachen** zu berichten ist (näher → § 32 **119** Rn. 11 ff.; → § 34 Rn. 20 ff.; → § 52 Rn. 30). Bei allen drei Berichten verlangt das Gesetz nicht, dass die falschen Angaben „zum Zweck der Eintragung" gemacht werden. Das hat für den Umfang und für die Vollendung der Tat Bedeutung. Im Gegensatz zu den Tathandlungen des Gründungsschwindels nach § 399 Abs. 1 Nr. 1 müssen die falschen Angaben nicht geeignet sein, die Eintragung zu bewirken.[226]

Durch den Verzicht auf das einschränkende Tatbestandsmerkmal „zum Zweck der Eintra- **120** gung" fallen unter diese Tatvariante grundsätzlich auch solche Falschangaben, die für die Eintragung unerheblich sind.[227]

Vor dem Hintergrund des Schutzzweckes des § 399 (→ Rn. 4 f., → Rn. 110) ist eine **121 einschränkende Auslegung** zu fordern. Entscheidend ist also, ob die Angaben geeignet wären, das Vertrauen der Gläubiger der Gesellschaft oder sonstiger interessierter Personen in die Korrektheit der Handelsregistereintragungen und ihrer Grundlagen zu erschüttern, wenn sie ihnen bekannt wären.[228] Eine solche rechtsgutsorientierte Auslegung führt zu überzeugenden Ergebnissen.[229]

Eine **falsche Angabe** kann grundsätzlich auch vorliegen, wenn in dem Prüfungsbericht **122** vermerkt wird, dass die Verfasser des Berichts die Gründung der Gesellschaft geprüft haben, obwohl das nicht geschehen ist.[230] Die Angabe, ob eine der wesentlichen Schutzvorschriften des AktG für die Gründung einer Aktiengesellschaft befolgt worden ist, hat für alle Interessierten eine erhebliche Bedeutung. Eine solche Angabe bezieht sich nicht nur auf das Prüfungsverfahren, sondern auch auf das Ergebnis der Prüfung, weil dieses eine Prüfung voraussetzt.

Die **Strafbarkeit** der falschen Angabe **kann allerdings** entfallen, wenn der Täter einen **123** an sich richtigen Prüfungsbericht ohne eigene Prüfung unterzeichnet, obwohl er das versichert. Hier fehlt es zwar an dem Vorgang der Prüfung. Dieser kann sich aber nicht zum Nachteil der an den Vermögensverhältnissen der Gesellschaft und an den sonstigen für ihre Vertrauenswürdigkeit wesentlichen Umständen interessierten Personen auswirken. Es würde daher regelmäßig auch nicht ihr Vertrauen in die Wahrhaftigkeit der Handelsregistereintragungen und ihre Grundlagen erschüttern, wenn sie von ihnen wüssten.[231]

---

[226] Großkomm AktG/*Otto* Rn. 130; Kölner Komm AktG/*Altenhain* Rn. 120; BeckOGK/*Hefendehl* Rn. 216.
[227] BeckOGK/*Hefendehl* Rn. 216 mwN.
[228] Ähnlich Kölner Komm AktG/*Altenhain* Rn. 121; BeckOGK/*Hefendehl* Rn. 217.
[229] IErg ebenso Großkomm AktG/*Otto* Rn. 131; Kölner Komm AktG/*Altenhain* Rn. 121.
[230] Graf/Jäger/Wittig/*Temming* Rn. 27.
[231] Zust. Großkomm AktG/*Otto* Rn. 132.

**124**    **5. Subjektiver Tatbestand.** Wie alle Tatbestände des § 399 verlangt der Gründungsschwindel durch unrichtige Berichte vorsätzliches Handeln; bedingter **Vorsatz** reicht aus. Der Täter muss deshalb mindestens mit der Möglichkeit rechnen, dass er zu dem Täterkreis gehört und dass die von ihm gemachten Angaben in dem Bericht falsch oder unvollständig sind.

**125**    **6. Irrtum.** Bei einem **Irrtum** sind die §§ 16, 17 StGB heranzuziehen. Im Wesentlichen ergeben sich bei diesem Tatbestand die gleichen Probleme, wie bei § 399 Abs. 1 Nr. 1. Es kann deshalb auf die dort gemachten Erläuterungen verwiesen werden (vgl. → Rn. 102 ff.). Der Täter unterliegt einem Subsumtionsirrtum, wenn er bei einer verdeckten Sacheinlage meint, keine entsprechenden Angaben in dem Gründungsbericht machen zu müssen.[232]

### IV. Schwindel bei der öffentlichen Ankündigung von Aktien (Abs. 1 Nr. 3)

**126**    **1. Allgemeines.** Dieser Tatbestand des „Ankündigungsschwindels" beschreibt die mit Strafe bedrohte Handlung nicht abschließend, sondern verweist auf die Ausfüllungsvorschrift des § 47 Nr. 3. Tathandlung ist danach das Machen falscher oder unvollständiger Angaben in einer öffentlichen Ankündigung von Aktien, wenn es vor Eintragung der Gesellschaft in das Handelsregister oder in den ersten zwei Jahren nach der Eintragung geschieht.

**127**    Außerdem muss der Täter in der Absicht handeln, die Aktien in den Verkehr einzuführen. **Geschützt** werden deshalb von diesem Tatbestand in erster Linie die an dem Erwerb der Aktien interessierten Personen, die auf die Richtigkeit der Angaben in der öffentlichen Ankündigung vertrauen.[233] Da es sich bei diesen Angaben aber um solche handeln muss, die zum Zweck der Gründung gemacht worden sind oder die sich auf Einlagen oder Sachübernahmen beziehen, welche zu einer Schädigung der Gesellschaft geführt haben, geht es dabei um die gleichen Angaben, die der Handelsregistereintragung zu Grunde liegen. Für den geschützten Personenkreis ist § 399 Abs. 1 Nr. 3 **Schutzgesetz** iSv § 823 Abs. 2 BGB (→ Rn. 5).[234]

**128**    § 399 Abs. 1 Nr. 3 ist wie die übrigen Tatbestände des § 399 ein **abstraktes Gefährdungsdelikt** (vgl. → Rn. 7).

**129**    **2. Täterkreis und Beteiligung.** Im Gegensatz zu allen übrigen Tatbeständen des § 399 ist § 399 Abs. 1 Nr. 3 kein Sonderdelikt, welches die Tätereigenschaft von besonderen persönlichen Voraussetzungen abhängig macht (vgl. → Rn. 12).[235] Täter dieses Allgemeindelikts kann **jedermann** sein, dh jeder, der für die öffentliche Ankündigung der Aktien verantwortlich ist und der ursächlich bewirkt, dass die in ihr enthaltenen Angaben an die Öffentlichkeit gelangen.[236] Adressaten der Norm sind vorrangig Emittenten,[237] „IPO-Führer" (Initial Public Offering) und Konsortialbanken.[238]

**130**    Ob jemand **Täter oder Teilnehmer** ist, richtet sich nicht nach besonderen persönlichen Merkmalen, sondern nach seinem Tatbeitrag und seiner Willenslage. Das Gesetz verlangt nicht, dass der Täter eine für die Ankündigung maßgebende richtungsweisende oder sonst für die Publizität verantwortliche Stellung hat.[239] Eine solche Stellung kann lediglich ein Beweisanzeichen für die Bedeutung des Tatbeitrags sein und Schlüsse auf die Tätereigenschaft zulassen. Bürokräfte etc. generell aus dem Tatbestand der Vorschrift herauszunehmen, weil diese regelmäßig keine besonders wichtige Rolle bei der öffentlichen Ankündigung spielen,[240] ist sachlich nicht geboten.

---

[232] Vgl. auch Großkomm AktG/*Otto* Rn. 136.

[233] *Schröder,* Aktienhandel und Strafrecht, 1994, 44; iErg auch BeckOGK/*Hefendehl* Rn. 227.

[234] Kölner Komm AktG/*Altenhain* Rn. 12.

[235] Ebenso BeckOGK/*Hefendehl* Rn. 228.

[236] So auch Achenbach/Ransiek/Rönnau/*Ransiek* WiR-HdB 8. Teil 3. Kap. Rn. 58.

[237] Vgl. Hüffer/Koch/*Koch* § 47 Rn. 9.

[238] BeckOGK/*Hefendehl* Rn. 229.

[239] Hölters/*Müller-Michaels* Rn. 69; aA Kölner Komm AktG/*Altenhain* Rn. 126; BeckOGK/*Hefendehl* Rn. 231.

[240] Vgl. Achenbach/Ransiek/Rönnau/*Ransiek* 8. Teil 3. Kap. Rn. 58; MüKoStGB/*Weiß* Rn. 80.

Eine Teilnahme setzt allerdings ein vorsätzliches Handeln des Haupttäters voraus (§§ 26, **131** 27 StGB). Ist der Ankündigende selbst gutgläubig, kann der eigentliche Urheber der falschen oder unvollständigen Angaben in der öffentlichen Ankündigung nur zur Verantwortung gezogen werden, wenn er als **mittelbarer Täter** gem. § 25 Abs. 1 Alt. 2 StGB durch Täuschung oder durch sonstige Einflussnahme die von dem anderen irrtümlich gemachten Angaben bewirkt.[241]

**3. Machen falscher Angaben oder Verschweigen erheblicher Umstände in der 132 öffentlichen Ankündigung.** Nach § 399 Abs. 1 Nr. 3 muss der Täter in einer öffentlichen Ankündigung von Aktien falsche Angaben machen oder erhebliche Umstände verschweigen. Damit verwendet auch dieser Tatbestand hinsichtlich der Tathandlung die gleichen Merkmale, die sich in den anderen Tatbeständen des § 399 Abs. 1 finden (vgl. hierzu ausführlich die Erläuterungen bei dem Gründungsschwindel nach § 399 Abs. 1 Nr. 1; → Rn. 55 ff.).

Diese falschen oder unvollständigen Angaben müssen in einer **öffentlichen Ankündi- 133 gung** gem. § 47 Abs. 3 gemacht werden. Eine öffentliche Ankündigung ist jede (schriftliche oder mündliche) Mitteilung, die sich an einen nicht enger begrenzten Personenkreis wendet und in der das Angebot zum Erwerb der von den Gründern übernommenen Aktien enthalten ist (→ § 47 Rn. 25).[242]

Der Begriff der öffentlichen Ankündigung erfasst auch **Mitteilungen,** die sich an einen **134** bestimmten und begrenzten Teil der Öffentlichkeit richten, wie zB an den Kundenkreis einer Bank oder eines Anlageberaters, wenn es sich bei ihnen nicht nur um einzelne Personen, sondern um eine größere Gruppe von Personen handelt.[243] Sie müssen aber nach außen gerichtet sein; interne Mitteilungen der Gesellschaft, die für Außenstehende nur zugänglich, nicht aber bestimmt sind (wie etwa Rundschreiben an die Arbeitnehmer der Gesellschaft), gehören nicht dazu. Ferner auch keine Mitteilungen, die sich an einzelne außenstehende Personen richten. Ein besonderes Werben oder Anpreisen, das über die bloße Ankündigung hinausgeht, braucht die Mitteilung nicht zu enthalten.[244]

Unter den Begriff der öffentlichen Ankündigung fallen Veröffentlichungen in Zeitungen, **135** Zeitschriften oder anderen Druckschriften, wie Prospekte oder Postwurfsendungen, der Aushang in den Schalterräumen, in Büros oder Schaufenstern von Banken, Sparkassen, anderen Kreditinstituten oder Anlageberatern, aber auch der Börsenzulassungsprospekt oder ein Unternehmensbericht.[245] Ferner gehören dazu mündliche Mitteilungen in Rundfunk, Fernsehen oder in öffentlichen Vorträgen bei entsprechenden Veranstaltungen sowie in Informationsportalen im Internet.[246]

**Gegenstand der Ankündigungen** müssen die Aktien der Gesellschaft sein, die bei ihrer **136** Gründung geschaffen (§ 23 Abs. 2, § 24) und Dritten **erstmalig angeboten** werden.[247] Die im gesellschaftsrechtlichen Schrifttum zu § 47 Nr. 3 teilweise für möglich gehaltene entsprechende Anwendung auf junge Aktien bei einer Kapitalerhöhung sowie auf Wandelschuldverschreibungen[248] (→ § 47 Rn. 33 ff.) ist wegen des im Strafrecht geltenden Analogieverbots gem. Art. 103 Abs. 2 GG nicht möglich.[249]

Aus der Verweisung auf die Ausführungsschrift des § 47 Nr. 3 (mit der weiteren Verwei- **137** sung auf § 46 Abs. 1) ergibt sich ferner, dass der objektive Tatbestand des § 46 Abs. 1 oder 2 verwirklicht sein muss. Daher erfüllen nur solche falschen oder unvollständigen Angaben den Tatbestand des § 399 Abs. 1 Nr. 3, die entweder in der Ankündigung die Angaben

---

[241] Kölner Komm AktG/*Altenhain* Rn. 137; BeckOGK/*Hefendehl* Rn. 232.
[242] BeckOGK/*Hefendehl* Rn. 239.
[243] Vgl. auch Großkomm AktG/*Otto* Rn. 148; BeckOGK/*Hefendehl* Rn. 239.
[244] Kölner Komm AktG/*Altenhain* Rn. 128.
[245] *Schröder,* Aktienhandel und Strafrecht, 1994, 42.
[246] BeckOGK/*Hefendehl* Rn. 239.
[247] Ebenso BeckOGK/*Hefendehl* Rn. 240.
[248] Vgl. Hüffer/Koch/*Koch* § 47 Rn. 12 mwN.
[249] So auch Achenbach/Ransiek/Rönnau/*Ransiek* WiR-HdB 8. Teil 1. Kap. Rn. 11; BeckOGK/*Hefendehl* Rn. 240; Bürgers/Körber/*Pelz* Rn. 16.

wiederholen, die zum Zweck der Gründung der Gesellschaft gemacht worden sind (§ 46 Abs. 1), oder die sich auf Einlagen (Bar- und Sacheinlagen) und auf Sachübernahmen beziehen, die von den Gründern eingebracht worden sind[250] (→ § 46 Rn. 23, 42) und die zu einer Schädigung der Gesellschaft geführt haben.[251] Nach aA soll der Tatbestand erweiternd dahin ausgelegt werden, dass auch solche Falschangaben erfasst werden, die zwar nicht für die Eintragungsfähigkeit, aber für die Beurteilung der Lage der Gesellschaft und des Wertes ihrer Anteile erheblich sind.[252] Das ist nur insoweit anzunehmen, als es sich um Angaben handelt, die zum Zweck der Eintragung gemacht worden sind und die geeignet sind, die Eintragung zu bewirken (→ Rn. 63 ff.). Auf darüberhinausgehende Angaben kann der Tatbestand wegen des im Strafrecht geltenden Analogieverbots (Art. 103 Abs. 2 GG) nicht erstreckt werden.

**138**    **4. Einführungszweck.** Zweck der öffentlichen Ankündigung muss die **Markteinführung** der Aktien sein. Falsche oder unvollständige Angaben, die im Zusammenhang mit bereits eingeführten Aktien, zB über ihre Bewertungsumstände im Börsenhandel gemacht werden, fallen deshalb nicht unter diesen Tatbestand. Insoweit kann sich eine Strafbarkeit jedoch nach § 264a StGB ergeben.

**139**    Erforderlich ist, dass die Ankündigung **objektiv geeignet** ist, diesen Zweck zu erreichen,[253] und dass der Täter subjektiv die Absicht hat, die Aktien in den Verkehr einzuführen. Nur die Eignung der Ankündigung zu diesem Zweck gehört zum objektiven Tatbestand. Wegen der inneren Tatseite vgl. die nachstehenden Ausführungen (→ Rn. 143 ff.).

**140**    **In den Verkehr** einführen heißt, Gelegenheit zum Erwerb der Aktien geben.[254] Unter Verkehr ist hier nicht nur der Börsenhandel (vgl. §§ 36, 71, 78 BörsG), sondern die Eröffnung der Möglichkeit zum Erwerb der Aktien schlechthin zu verstehen,[255] gleichgültig, ob sie an einer (inländischen oder ausländischen Börse) zum Börsenhandel zugelassen sind. Zu der Einführung der Aktien in den Verkehr selbst braucht es nicht gekommen zu sein. Die Verkehrseinführung ist nur der mit der öffentlichen Ankündigung angestrebte Erfolg.

**141**    **5. Zeitliche Grenzen.** Strafbar ist der Schwindel bei der öffentlichen Ankündigung der Aktien nur, wenn die falschen oder unvollständigen Angaben in der öffentlichen Ankündigung **vor der Eintragung** der Aktiengesellschaft in das Handelsregister oder in den ersten zwei Jahren **nach der Eintragung** gemacht werden.

**142**    Im Schrifttum ist umstritten, ob es sich bei dieser zeitlichen Begrenzung der Strafbarkeit um eine **objektive Bedingung der Strafbarkeit**[256] handelt, auf die sich der Vorsatz nicht zu erstrecken braucht, oder um ein objektives Tatbestandsmerkmal, das vom Vorsatz umfasst sein muss. Überwiegend und zu Recht wird angenommen, dass es sich insoweit um einen wesentlichen Umstand des Tatunrechts handele, auf das sich der (bedingte) Vorsatz erstrecken muss.[257]

**143**    **6. Subjektiver Tatbestand.** § 399 Abs. 1 Nr. 3 erfordet ein **(bedingt) vorsätzliches Handeln.**

**144**    **Bedingter Vorsatz** liegt dann vor, wenn der Täter die Möglichkeit der Verwirklichung des Tatbestandes kennt und diese billigend in Kauf nimmt. Von der Kenntnis des Täters muss erfasst sein, dass sich sein Handeln auf die im Rahmen des § 47 Nr. 3 genannten

---

[250]  Vgl. auch Großkomm AktG/*Otto* Rn. 145; Kölner Komm AktG/*Altenhain* Rn. 129.

[251]  Kölner Komm AktG/*Altenhain* Rn. 129.

[252]  BeckOGK/*Hefendehl* Rn. 240.

[253]  Großkomm AktG/*Otto* Rn. 147; Kölner Komm AktG/*Altenhain* Rn. 132.

[254]  Vgl. Kölner Komm AktG/*Altenhain* Rn. 132; MüKoStGB/*Weiß* Rn. 86.

[255]  *Schröder*, Aktienhandel und Strafrecht, 1994, 42.

[256]  Zur Problematik der Rechtsfigur der objektiven Bedingung der Strafbarkeit vgl. Schönke/Schröder/*Lenckner* StGB Vor § 13 Rn. 124 ff.

[257]  Großkomm AktG/*Otto* Rn. 144; Kölner Komm AktG/*Altenhain* Rn. 131; Graf/Jäger/Wittig/*Temming* Rn. 32; Bürgers/Körber/*Pelz* Rn. 18; *Schröder*, Aktienhandel und Strafrecht, 1994, 42; aA noch → 4. Aufl. 2017, Rn. 143 (*Schaal*).

Vorgänge bezieht; hierzu ist auch die Kenntnis bzgl. der in § 47 Nr. 3 aufgeführten Frist zu zählen.[258]

Ferner muss der Täter die **Absicht** haben, mit den falschen oder unvollständigen Anga- **145** ben in der öffentlichen Ankündigung die Aktien in den Verkehr einzuführen.[259] Die Einführung der Aktien ist der Erfolg, den der Täter erreichen will. Diesen Erfolg strebt der Täter auch an, wenn er dessen Eintritt nur für möglich hält (vgl. → Rn. 101).

**7. Irrtum.** Bei einem Irrtum sind die §§ 16, 17 StGB anzuwenden. Insofern wird auf **146** die Erläuterungen in → Rn. 102 ff. verwiesen, die hier sinngemäß herangezogen werden können.

**8. Tätige Reue.** Erfolgt die öffentliche Ankündigung in einem Prospekt, so wird § 264a **147** **StGB** verwirklicht. § 264a Abs. 3 bestimmt, dass unter anderem derjenige nicht bestraft wird, der freiwillig verhindert, dass auf Grund der Tat die durch den Erwerb oder die Erhöhung bedingte Leistung erbracht wird (tätige Reue). In der Lit.[260] wird eine Erstreckung des § 264a Abs. 3 StGB auf den Fall des § 399 Abs. 1 Nr. 3 erwogen, weil der in beiden Vorschriften geregelte Sachverhalt in wesentlichen Punkten vergleichbar ist.

Der Strafaufhebungsgrund der tätigen Reue ist nicht auf § 399 Abs. 1 Nr. 3 auszudehnen. **148** Einer solchen analogen Anwendung stünde entgegen, dass durch § 399 Abs. 1 Nr. 3 ein bestimmter Täterkreis erfasst wird, der im Regelfall besonderes Vertrauen genießt. Dieser Unterschied kann vom Gesetzgeber als bedeutsam angesehen werden.[261]

### V. Kapitalerhöhungsschwindel (Abs. 1 Nr. 4)

**1. Allgemeines.** Der Kapitalerhöhungsschwindel beschreibt, ebenso wie die übrigen **149** Tatbestände des § 399, als **Blankettnorm** die mit Strafe bedrohte Handlung nicht abschließend, sondern verweist für die Einzelnen in Betracht kommenden Tatformen auf bestimmte Ausfüllungsvorschriften des AktG. Der Gesamttatbestand ergibt sich daher erst aus einer Gesamtschau des § 399 Abs. 1 Nr. 4 und der einzelnen Ausfüllungsvorschriften (vgl. → Rn. 9).

In der Sache ähneln die einzelnen Tathandlungen des Kapitalerhöhungsschwindels dem **150** Gründungsschwindel nach § 399 Abs. 1 Nr. 1. Er erfasst ähnliche Verhaltensweisen, die sich nur dadurch unterscheiden, dass es hier nicht um die Gründung der Gesellschaft, sondern um die Erhöhung ihres Grundkapitals geht.[262] Die **Tathandlung** knüpft dabei an alle drei Formen der Kapitalerhöhung an. Es geht um die Kapitalerhöhung gegen Einlagen (§§ 182–191), um die bedingte Kapitalerhöhung (§§ 192–201) und um die Kapitalerhöhung mit genehmigtem Kapital (§§ 202–206), die teilweise unterschiedliche Voraussetzungen für die Anmeldung aufstellen. Falschangaben bei der Kapitalerhöhung aus Gesellschaftsmitteln (§§ 207–220) wird gesondert in dem Tatbestand des § 399 Abs. 2 erfasst (vgl. → Rn. 225 ff.).[263]

Auch bei dem Kapitalerhöhungsschwindel sind die Tathandlungen dadurch beschränkt, **151** dass die falschen oder unvollständigen Angaben **zum Zweck der Eintragung** in das Handelsregister gemacht werden müssen.

**Geschütztes Rechtsgut** ist bei diesem Tatbestand ebenfalls das Vertrauen der Allge- **152** meinheit in Gestalt der Gesellschaftsgläubiger und der sonst interessierten Öffentlichkeit in die Wahrhaftigkeit der Handelsregistereintragungen und deren Grundlagen sowie individuelle Vermögensinteressen (vgl. → Rn. 4).[264] Der Kapitalerhöhungsschwindel ist **Schutzgesetz** iSd § 823 Abs. 2 BGB, wenn der geschützte Personenkreis im Vertrauen

[258] BeckOGK/*Hefendehl* Rn. 328.
[259] BeckOGK/*Hefendehl* Rn. 330.
[260] *Schröder*, Aktienhandel und Strafrecht, 1994, 43 ff.
[261] Großkomm AktG/*Otto* Rn. 161.
[262] Kölner Komm AktG/*Altenhain* Rn. 139; BeckOGK/*Hefendehl* Rn. 243.
[263] Vgl. BeckOGK/*Hefendehl* Rn. 243.
[264] Vgl. Kölner Komm AktG/*Altenhain* Rn. 11.

auf die Richtigkeit der zum Handelsregister gemachten Angaben einen Schaden erlitten hat (→ Rn. 5).[265] Geschützt werden insbesondere Personen, die im Vertrauen auf die Richtigkeit der zum Handelsregister gemachten Angaben aus einer Kapitalerhöhung hervorgegangene neue Aktien erwerben.[266]

**153**  Die Vorschrift ist ein **abstraktes Gefährdungsdelikt** (→ Rn. 7).[267]

**154**  **2. Täterkreis und Beteiligung.** Täter des Kapitalerhöhungsschwindels können nach dem Gesetzeswortlaut nur die Mitglieder des Vorstandes oder des Aufsichtsrats sein. Es handelt sich bei diesem Tatbestand deshalb um ein **echtes Sonderdelikt** (zu den sich hieraus ergebenden Folgen für die Beteiligung → Rn. 34 ff.).[268]

**155**  **Mitglied des Vorstands** ist jeder, der durch den Aufsichtsrat oder in dringenden Fällen durch das Gericht dazu bestellt worden ist (vgl. näher → Rn. 19 ff.). Die Anmeldung der Ausgabe von Bezugsaktien bei einer bedingten Kapitalerhöhung obliegt nach § 201 Abs. 1 allein dem Vorstand.[269] Die Mitglieder des Aufsichtsrats können aber unter Umständen Mittäter oder mittelbare Täter sein.

**156**  **Mitglied des Aufsichtsrats** ist, wer von den Gründern der Gesellschaft oder dem Gericht dazu bestellt, von der Hauptversammlung gewählt oder nach § 101 Abs. 2 entsandt worden ist (vgl. näher → Rn. 27 ff.). Nach der eindeutigen Regelung des § 399 Abs. 1 Nr. 4 können alle Mitglieder des Aufsichtsrats Täter sein. Diese Bestimmung der Tätereigenschaft durch das Gesetz kann nicht unter Hinweis auf andere Vorschriften des AktG berichtigend ausgelegt werden.[270]

**157**  Von den Aufsichtsratsmitgliedern kommen aber praktisch nur der **Vorsitzende** oder sein **Stellvertreter** als unmittelbare Täter in Betracht, weil nur diese Personen bei der Anmeldung der Kapitalerhöhung durch Einlagen (§ 184 Abs. 1), der bedingten Kapitalerhöhung (§ 195 Abs. 1), der Anmeldung der Durchführung der Kapitalerhöhung durch Einlagen (§ 188 Abs. 1) oder der Anmeldung der Kapitalerhöhung mittels genehmigten Kapitals (§ 203 Abs. 1 iVm § 188 Abs. 1) mitzuwirken haben. Der stellvertretende Vorsitzende nach § 107 Abs. 1 S. 3 nur, wenn er den Vorsitzenden vertritt, weil dieser verhindert ist. Diese Zuständigkeitsregelung schließt allerdings nach zutreffender Ansicht nicht aus, dass **andere Mitglieder** des Aufsichtsrats Mittäter oder mittelbare Täter sein können, wenn sie die eigentlichen Urheber der falschen oder unvollständigen Angaben sind oder durch Täuschung oder andere Einflussnahme den gutgläubigen Vorsitzenden des Aufsichtsrats zu diesen Angaben veranlasst haben.[271]

**158**  Der **Abwickler** kann dagegen kein Täter sein, obwohl auch er theoretisch eine Kapitalerhöhung bewirken könnte.[272]

**159**  **Anstiftung (§ 26 StGB) oder Beihilfe (§ 27 StGB)** kann von jedermann begangen werden. Wer eine Bestätigung über eine Zahlungsgutschrift ausstellt und dem Vorstandsvorsitzenden der Aktiengesellschaft aushändigt und es ihm auf diese Weise ermöglicht, von der Bestätigung Gebrauch zu machen und bei dem Handelsregister zu erwirken, dass die Durchführung der Kapitalerhöhung eingetragen wird, kann deshalb wegen Beihilfe gem. § 27 StGB strafbar sein.[273] Ebenso derjenige, der eine falsche Bankbestätigung nach § 188

[265] BGHZ 105, 121 (124) = NJW 1988, 2794 (2795); Kölner Komm AktG/*Altenhain* Rn. 12; K. Schmidt/Lutter/*Oetker* Rn. 15.
[266] BGH NZG 2005, 976 (977); OLG Hamm BeckRS 2015, 0257 Rn. 224.
[267] BGH NStZ 2016, 205; Kölner Komm AktG/*Altenhain* Rn. 13.
[268] Großkomm AktG/*Otto* Rn. 163.
[269] Ebenso *Baumbach/Hueck* Rn. 17; vgl. BGH GA 1977, 340.
[270] Kölner Komm AktG/*Altenhain* Rn. 140; Graf/Jäger/Wittig/*Temming* Rn. 34; aA Großkomm AktG/*Otto* Rn. 165.
[271] BeckOGK/*Hefendehl* Rn. 244; wohl auch Graf/Jäger/Wittig/*Temming* Rn. 34; Achenbach/Ransiek/Rönnau/*Ransiek* WiR-HdB 8. Teil 3. Kap. Rn. 65 aus Garantenstellung; abl. MüKoStGB/*Kiethe* Rn. 96.
[272] *Meyer* GA 1966, 109 (110); Großkomm AktG/*Otto* Rn. 163; Kölner Komm AktG/*Altenhain* Rn. 139; BeckOGK/*Hefendehl* Rn. 245.
[273] BGHZ 105, 121 (133 f.) = NJW 1988, 2794 (2797).

Abs. 2, § 37 Abs. 1 ausstellt, wonach der auf eine Kapitalerhöhung eingezahlte Betrag sich endgültig in der freien Verfügung des Vorstands befinde.[274]

**3. Machen falscher Angaben oder Verschweigen erheblicher Umstände.** Die **160** eigentliche Tathandlung besteht auch bei dem Kapitalerhöhungsschwindel darin, dass der Täter bei der Anmeldung der im Gesetz bezeichneten Kapitalerhöhungen falsche Angaben macht oder erhebliche Umstände verschweigt. Auf die entsprechenden Erläuterungen bei dem Gründungsschwindel nach § 399 Abs. 1 Nr. 1 kann verwiesen werden (→ Rn. 55 ff.).

Die **Einbringung des Kapitals** steht sinngemäß dem Begriff der Einzahlung auf Aktien **161** gleich (vgl. → Rn. 71 ff.). In beiden Fällen sollen die Angaben bei der Anmeldung erkennen lassen, ob und in welcher Höhe der Vorstand der Aktiengesellschaft über das Kapital frei verfügen kann.[275] Zu beachten ist aber, dass nach neuer Rspr. die Aktiengesellschaft über den Einlagebetrag verfügen darf. Die Versicherung hat nur noch dahin zu lauten, dass der Betrag der Einzahlung zur freien Verfügung der Geschäftsleitung für die Zwecke der Aktiengesellschaft eingezahlt und auch in der Folge nicht an den Einleger zurückgezahlt worden ist.[276] Beispielsweise steht das eingebrachte neue Kapital nicht zur freien Verfügung des Vorstandes, wenn der eingeforderte Betrag für die neuen Aktien auf ein Bankkonto eingezahlt wird und die Ansprüche aus diesem Konto an einen Dritten zur Sicherung einer Darlehensforderung verpfändet worden sind,[277] ferner auch nicht, wenn bei Einzahlung einer Bareinlage vereinbart wird, dass mit ihr ein Vorfinanzierungskredit zurückgezahlt wird[278] oder bei wirtschaftlicher Betrachtung die Begleichung einer (Managementfee-)Forderung erfolgen soll[279] und damit in Wahrheit eine Sacheinlage vorliegt, wenn der Tilgungsbetrag mit dem Einzahlungsbetrag verrechnet wird[280] oder wenn die Gesellschaft eine Darlehensforderung zunächst tilgt und der Darlehensgläubiger und Aktionär alsdann seiner Bareinlagepflicht genügt.[281] Ebenso wird die Verpflichtung zur Einbringung des Kapitals nicht dadurch erfüllt, dass Mittel der Gesellschaft zur Zahlung verwendet werden, die rechtsgrundlos als Gewinnausschüttung ausgezahlt worden sind.[282] Dagegen kann Geld, auch falls es durch eine Straftat erlangt worden ist, wie zB betrügerisch eingeworbenes Kapital, tatsächlich zur freien Verfügung stehen.[283]

Die **Zeichnung des neuen Kapitals** ist die Verpflichtung zur Übernahme der neuen **162** Aktien. Wie sie zu erfolgen hat, bestimmt § 185. Sie ist mit dem Merkmal der Übernahme der Aktien (→ Rn. 68 ff.) zu vergleichen.[284] Der Kapitalerhöhungsschwindel erfasst alle Umstände, die bei der Anmeldung dieses Vorgangs angegeben werden müssen. Unter diese Tathandlung fallen deshalb auch falsche Angaben über Einzahlungen, die im Zusammenhang mit der Zeichnung des neuen Kapitals gemacht worden sind. Überschneidungen mit falschen oder unvollständigen Angaben über die Einbringung des neuen Kapitals können dabei vorkommen. Sie sind nach den allgemeinen Grundsätzen der Konkurrenzlehre zu lösen (vgl. → Rn. 245 ff.).

Die Merkmale **Ausgabebetrag der Aktien** und **Sacheinlagen** sind mit den gleich **163** lautenden Begriffen des Gründungsschwindels identisch (vgl. → Rn. 85 ff., → Rn. 92 ff.).

**4. Gegenstand der falschen Angaben.** Die falschen oder unvollständigen Angaben **164** müssen sich auf bestimmte Vorgänge beziehen, die bei der Erhöhung des Grundkapitals

[274] BGH NJW 2005, 3721 (3724); *Döser* NJW 2006, 881; Bürgers/Körber/*Pelz* Rn. 2.
[275] Vgl. auch BeckOGK/*Hefendehl* Rn. 251.
[276] BGHZ 150, 197 (201) = NJW 2002, 1716 (1718); BGH NZG 2005, 976 (977); vgl. zum Begriff der freien Verfügbarkeit → Rn. 74 ff., → Rn. 81 ff.; zust. BeckOGK/*Hefendehl* Rn. 256; *Kamanabrou* NZG 2002, 702 (705 f.); Roth/Altmeppen/*Roth* GmbHG § 57 Rn. 7.
[277] BGH GA 1977, 340 (341).
[278] BGHZ 96, 231 (242) = NJW 1986, 837 (840).
[279] OLG Hamm BeckRS 2015, 0257 Rn. 207, 225 ff.
[280] BGHZ 110, 47 (63) = NJW 1990, 982 (985 f.).
[281] BGHZ 118, 83 (93) = NJW 1992, 2222 (2224).
[282] Vgl. OLG Stuttgart ZIP 2004, 909; Graf/Jäger/Wittig/*Temming* Rn. 38.
[283] BGH BeckRS 2004, 1099.
[284] Vgl. *Meyer* AG 1966, 109 (110).

besondere Bedeutung besitzen. Bei der Kapitalerhöhung gegen Einlagen nach §§ 182–191 und bei der Kapitalerhöhung mit genehmigtem Kapital nach §§ 202–206 handelt es sich dabei um folgende Vorgänge:

**165**      **a) Einbringen des bisherigen Kapitals.** Angaben über diesen Vorgang müssen nach den § 184 Abs. 2, § 203 Abs. 3 S. 4 gemacht werden. Dabei sind die Vorschriften der § 182 Abs. 4 und § 203 Abs. 3 S. 1–3 zu beachten.

**166**      **b) Zeichnung des neuen Kapitals.** Angaben über diesen Vorgang müssen nach den § 188 Abs. 1, Abs. 3 Nr. 1, § 203 Abs. 1 gemacht werden. Dabei ist § 185 zu beachten. Die Angaben müssen ein Verzeichnis des Vorstandes enthalten, aus denen die Zeichner, die auf sie entfallenden Aktien sowie die von ihnen geleisteten Einzahlungen hervorgehen. Da § 188 Abs. 2 auch auf § 36 Abs. 2 verweist, müssen die Angaben auch Erklärungen darüber enthalten, ob die eingezahlten Beträge zur freien Verfügung (zu diesem Begriff vgl. → Rn. 74 ff., → Rn. 81 ff.) des Vorstandes stehen.[285]

**167**      **c) Einbringung des neuen Kapitals.** Angaben über diesen Vorgang müssen nach den Vorschriften der § 188 Abs. 1, Abs. 2 und § 203 Abs. 1 gemacht werden. Über § 188 Abs. 2 gelten auch die Vorschriften der § 36 Abs. 2 und § 37 Abs. 1, dh in der Anmeldung muss auch die Erklärung enthalten sein, dass das neue Kapital zur freien Verfügung des Vorstandes steht.

**168**      **d) Ausgabebetrag der Aktien.** Nach den § 188 Abs. 1 und Abs. 2 sowie nach § 203 Abs. 1 muss die Anmeldung Angaben über diesen Vorgang enthalten. Dabei ist nach § 37 Abs. 1 auch der Betrag anzugeben, zu dem die Aktien ausgegeben worden sind, was eingezahlt worden ist und ob diese Beträge zur freien Verfügung des Vorstandes stehen.

**169**      **e) Sacheinlagen.** Schon bei der Anmeldung des Beschlusses über die Kapitalerhöhung gegen Einlagen sind Angaben über die Sacheinlagen zu machen. Ihnen ist der Bericht über die Prüfung der Sacheinlagen beizufügen (§ 184 Abs. 1 S. 2). Bei der Anmeldung der Durchführung der Kapitalerhöhung müssen nach § 188 Abs. 3 Nr. 2, der auch für eine Kapitalerhöhung mit genehmigtem Kapital gilt (§ 203 Abs. 1), die entsprechenden Verträge beigefügt werden. Die Angaben müssen nach § 188 Abs. 2 auch die Erklärung enthalten, dass die Sacheinlagen vollständig geleistet worden sind (§ 36a Abs. 2, § 37 Abs. 1). Bei verdeckten Sacheinlagen gelten dieselben Grundsätze wie bei dem Gründungsschwindel nach § 399 Abs. 1 Nr. 1 (vgl. → Rn. 79).

**170**      **f) Bedingte Kapitalerhöhung.** Hierbei bedarf es dagegen keiner Angaben über die Einbringung des bisherigen Kapitals und über die Zeichnung des neuen Kapitals. Erforderlich sind aber Angaben über die Sacheinlagen (§ 195 Abs. 1, § 194). Ihnen sind die entsprechenden Verträge und der Prüfungsbericht beizufügen (§ 195 Abs. 2 Nr. 1). Bei der Anmeldung der Ausgabe von Bezugsrechten sind Angaben über die Ausgabe der Aktien, über die Einbringung des neuen Kapitals und über den Ausgabebetrag der Aktien zu machen (§ 201).

**171**      **g) Bekanntmachung nach § 183a Abs. 2 S. 1 iVm § 37a Abs. 2.** Bei einer Kapitalerhöhung mit Sacheinlage ordnet § 183 Abs. 3 S. 2 grundsätzlich eine Prüfung durch einen oder mehrere Prüfer an. Hiervon abweichend ermöglicht § 183a den Verzicht auf eine solche externe Prüfung, sofern die Voraussetzungen des § 33a Abs. 1 gegeben sind. Damit die Aktionäre ihr Recht zur Erzwingung einer Neubewertung der Sacheinlage (§ 183a Abs. 3) ggf. effektiv ausüben können, muss dann aber gem. § 183a Abs. 2 S. 1 der Vorstand das Datum des Beschlusses über die Kapitalerhöhung sowie die Angaben nach § 37a Abs. 1 und 2 in den Gesellschaftsblättern, und damit im elektronischen Bundesanzeiger (§ 25), bekannt machen. Zu den nach § 37a Abs. 2 erforderlichen Angaben → Rn. 97. Nach den Gesetzesmaterialien[286] gilt der Straftatbestand wegen der Verweisung in § 194 Abs. 5 auch

---

[285] Großkomm AktG/*Otto* Rn. 169.
[286] Begr. RegE, BT-Drs. 16/11642, 43.

bei der bedingten Kapitalerhöhung gegen Sacheinlagen und wegen der Verweisung in § 205 Abs. 5 S. 2 und 3 auch bei der Kapitalerhöhung durch genehmigtes Kapital.

Zu **falschen Angaben** in diesem Zusammenhang → Rn. 98.                          172

**h) Versicherung nach § 184 Abs. 1 S. 3.** Sind bei einer Kapitalerhöhung mit Sachein- 173 lagen ohne Prüfung gem. § 183a Abs. 2 S. 1 das Datum des Beschlusses über die Kapitalerhö-hung sowie die Angaben nach § 37a Abs. 1 und 2 in den Gesellschaftsblättern veröffentlicht worden, so haben bei einer Anmeldung des Beschlusses zur Eintragung in das Handelsregis-ter die zur Anmeldung Verpflichteten nach § 184 Abs. 1 S. 3 nur noch zu versichern, dass ihnen seitdem keine Umstände iSv § 37a Abs. 2 bekannt geworden sind. Nach den Gesetzesmaterialien[287] soll der Straftatbestand wegen der Verweisung in § 195 Abs. 1 S. 2 auch bei der bedingten Kapitalerhöhung gegen Sacheinlagen und wegen der Verweisung in § 206 S. 2 auch bei der Kapitalerhöhung durch genehmigtes Kapital gelten. Hinsichtlich der Kapitalerhöhung gegen Sacheinlagen erscheint die gesetzliche Regelung als nicht gelun-gen, weil in § 195 Abs. 1 S. 2 lediglich § 184 Abs. 1 S. 2 für entsprechend anwendbar erklärt wird, nicht jedoch § 184 Abs. 1 S. 3. Damit dürfte es insoweit an der erforderlichen Tatbestimmtheit fehlen und eine Strafbarkeit nicht in Betracht kommen.

Zu **falschen Angaben** in diesem Zusammenhang → Rn. 98.                          174

**5. Eintragungszweck.** Dieses Tatbestandsmerkmal dient bei dem Kapitalerhöhungs- 175 schwindel, ebenso wie bei dem Gründungsschwindel nach § 399 Abs. 1 Nr. 1, dazu, die Tathandlung auf die falschen oder unvollständigen Angaben zu beschränken, die zum Zweck der Eintragung der Kapitalerhöhung in das Handelsregister gemacht werden.

**Zum Zweck der Eintragung** handelt der Täter, wenn sein Tun objektiv geeignet ist, 176 die Eintragung der Kapitalerhöhung in das Handelsregister zu bewirken, und wenn er subjektiv die Absicht hat, mit den Angaben die Eintragung zu erreichen. Die Erläuterungen zu dem gleichen Tatbestandsmerkmal bei dem Gründungsschwindel können sinngemäß auch hier angewendet werden (vgl. → Rn. 63 ff.).

**Geeignet** sind alle Angaben, die bei einer Anmeldung der Kapitalerhöhung zum Han- 177 delsregister nach den §§ 184, 188, 195, 201, 203 Abs. 1 iVm §§ 188, 203 Abs. 3 S. 4 gemacht werden müssen. Auch darüberhinausgehende freiwillige Angaben, die als Grundlage für die Eintragung von Bedeutung sein können, gehören dazu (→ Rn. 65).

**6. Subjektiver Tatbestand.** Für die innere Tatseite des Kapitalerhöhungsschwindels 178 gelten die gleichen Grundsätze wie für den Gründungsschwindel nach § 399 Abs. 1 Nr. 1. Sie sind hier sinngemäß anzuwenden (vgl. → Rn. 99 ff.). Der Kapitalerhöhungsschwindel verlangt ein vorsätzliches Handeln und lässt bedingten **Vorsatz** ausreichen.[288]

**7. Irrtum.** Beim Irrtum treten im Wesentlichen die gleichen Probleme wie bei der 179 Gründung einer Aktiengesellschaft auf, weil es sich bei der Kapitalerhöhung um ähnliche Vorgänge handelt und diese vom Gesetz auch in gleicher Weise behandelt werden. Der Irrtum darüber, ob das eingezahlte Kapital endgültig zur freien Verfügung des Vorstandes steht, kann ein Tatbestandsirrtum gem. § 16 StGB sein.[289]

### VI. Abwicklungsschwindel (Abs. 1 Nr. 5)

**1. Allgemeines.** Der Abwicklungsschwindel beschreibt (ebenso wie der Schwindel bei 180 öffentlichen Ankündigungen nach § 399 Abs. 1 Nr. 3) die mit Strafe bedrohte Handlung nicht abschließend, sondern verweist auf die Ausfüllungsvorschrift des § 274 Abs. 3. Der Gesamttatbestand besteht deshalb aus der **Blankettnorm** des § 399 Abs. 1 Nr. 5 und dieser Ausfüllungsvorschrift (vgl. näher → Rn. 9). Tathandlungen sind danach falsche oder unvoll-ständige Angaben, die von dem Abwickler zum Zweck der Eintragung der Fortsetzung der

---

287 Begr. RegE, BT-Drs. 16/11642, 43.
288 BGH GA 1977, 340 (342); Großkomm AktG/*Otto* Rn. 173.
289 BGH GA 1977, 340 (341).

an sich aufgelösten Gesellschaft gemacht werden, und die sich auf den Nachweis beziehen, dass mit der Verteilung des Gesellschaftsvermögens noch nicht begonnen worden ist.

181    § 274 lässt die Fortsetzung einer aufgelösten Gesellschaft nur zu, wenn mit der Verteilung des Gesellschaftsvermögens noch nicht begonnen worden ist. Hierdurch sollen die Gesellschaftsgläubiger und die Aktionäre geschützt werden, weil die Gesellschaft mit ihrer Fortsetzung wieder werbend wird und in das Wirtschaftsleben eingreift, ohne den vom Registergericht kontrollierten Gründungsanforderungen zu unterliegen.[290]

182    Die Abwickler haben diese Voraussetzung bei der Anmeldung der Fortsetzung dem Registergericht nachzuweisen. Der Straftatbestand des Abwicklungsschwindels soll auch strafrechtlich sicherstellen, dass die dabei gemachten Angaben richtig sind. **Geschütztes Rechtsgut** ist deshalb auch hier das Vertrauen der Allgemeinheit in Gestalt der Gesellschaftsgläubiger oder sonstiger dritter Personen (auch Aktionäre) in die Wahrhaftigkeit der Handelsregistereintragungen (bzw. das Vertrauen in ihre Korrektheit) und deren Grundlagen, zu denen auch die von den Abwicklern erbrachten Nachweise gehören (näher → Rn. 4).[291] *Altenhain*[292] sieht den Schutzzweck des Abwicklungsschwindels darin, dass die Intaktheit des Gesellschaftsvermögens vor der Eintragung der Fortsetzung der Gesellschaft gesichert werden soll. Das ist iErg sicherlich richtig, berücksichtigt jedoch nicht, dass dieser Tatbestand an die Angaben anknüpft, die gegenüber dem Registergericht gemacht werden.

183    In dem Umfang des geschützten Rechtsguts ist § 399 Abs. 1 Nr. 5 **Schutzgesetz** iSd § 823 Abs. 2 BGB, wenn der geschützte Personenkreis im Vertrauen auf die Richtigkeit der zum Handelsregister gemachten Angaben einen Schaden erlitten hat (vgl. → Rn. 5).

184    **2. Täterkreis und Beteiligung.** § 399 Abs. 1 Nr. 5 bezeichnet als Täter nur Abwickler und damit einen eng eingegrenzten Personenkreis mit Sondereigenschaften. Er ist deshalb ein **echtes Sonderdelikt**[293] mit allen Konsequenzen für Mittäterschaft, mittelbare Täterschaft und Teilnahme (vgl. → Rn. 12, → Rn. 34 ff.).

185    **Abwickler** sind nach § 265 Abs. 1 grundsätzlich die Vorstandsmitglieder der nach § 262 abgewickelten Aktiengesellschaft. Zu ihnen gehören auch die stellvertretenden Vorstandsmitglieder als stellvertretende Abwickler, wenn sie die Geschäfte als Abwickler betreiben.[294] Beide werden als **geborene Abwickler** oder als Abwickler kraft Gesetzes bezeichnet.[295] Sie bleiben im Amt bis die Gesellschaft im Handelsregister gelöscht ist (§ 273 Abs. 1 S. 2).

186    Abweichend von diesem Grundsatz können durch die Satzung der Gesellschaft oder durch Beschluss der Hauptversammlung zu Abwicklern auch andere natürliche oder juristische Personen bestellt werden (§ 265 Abs. 2). Das sind die sog. **gekorenen Abwickler**. Anders als bei einem Vorstandsmitglied können nach § 265 Abs. 2 S. 3 gekorene Abwickler auch juristische Personen sein. In Betracht kommen Treuhandgesellschaften oder ähnliche Einrichtungen.

187    Im Schrifttum wird darüber hinaus überwiegend die Auffassung vertreten, dass auch eine **offene Handelsgesellschaft** oder eine **Kommanditgesellschaft** Abwickler sein kann (vgl. → § 265 Rn. 11 mwN). Ist das der Fall, so sind Täter die nach § 14 StGB bestimmten Personen.[296]

188    Auf Antrag des Aufsichtsrats oder einer bestimmten Minderheit von Aktionären kann auch das Registergericht nach § 265 Abs. 3 einen Abwickler bestellen, der ebenfalls eine juristische Person sein kann (sog. **befohlene Abwickler**).

---

[290] Hüffer/Koch/*Koch* § 274 Rn. 2, 4; BeckOGK/*Hefendehl* Rn. 270; Kölner Komm AktG/*Altenhain* Rn. 162; Graf/Jäger/Wittig/*Temming* Rn. 42.

[291] Vgl. näher BeckOGK/*Hefendehl* Rn. 271.

[292] Kölner Komm AktG/*Altenhain* Rn. 162.

[293] Großkomm AktG/*Otto* Rn. 184; BeckOGK/*Hefendehl* Rn. 274.

[294] Kölner Komm AktG/*Altenhain* Rn. 163; Großkomm AktG/*Otto* Rn. 185; BeckOGK/*Hefendehl* Rn. 274; MüKoStGB/*Weiß* Vor § 399 Rn. 84.

[295] Vgl. Hüffer/Koch/*Koch* § 265 Rn. 3.

[296] Vgl. auch Kölner Komm AktG/*Altenhain* Rn. 164; Großkomm AktG/*Otto* Rn. 186; Achenbach/Ransiek/Rönnau/*Ransiek* WiR-HdB 8. Teil 3. Kap. Rn. 78.

Für die Abwickler gelten sinngemäß die Grundsätze über die **täterschaftliche** Verant- 189
wortung der Vorstandsmitglieder (vgl. näher → Rn. 24 ff.). Maßgebend ist danach nicht,
wann das Amt eines Abwicklers rechtlich beendet ist, sondern wann er es tatsächlich
aufgibt. Ebenso ist es möglich, dass ein Abwickler sein Amt lediglich **faktisch ausübt,**
ohne wirksam – oder nach der hM ohne überhaupt – förmlich dazu bestellt worden zu
sein.[297] Für die **Teilnahme** am Abwicklungsschwindel kann ebenfalls auf die entsprechenden Erläuterungen zum Gründungsschwindel nach § 399 Abs. 1 Nr. 1 verwiesen werden
(→ Rn. 34 ff.).[298]

**3. Machen falscher Angaben oder Verschweigen erheblicher Umstände.** Auch 190
bei dem Abwicklungsschwindel ist die Tathandlung darin zu sehen, dass der Täter mit
dem nach § 274 Abs. 3 zu erbringenden Nachweis – nach hM ist eine entsprechende
Bescheinigung oder Auskunft von Wirtschaftsprüfern erforderlich (→ § 274 Rn. 29) –
falsche Angaben macht oder erhebliche Umstände verschweigt. § 399 Abs. 1 Nr. 5 verwendet damit zur Beschreibung der Tathandlung die gleichen Tatbestandsmerkmale, die
alle übrigen Tatbestände des § 399 Abs. 1 benutzen. Auf die entsprechenden Erläuterungen zum Gründungsschwindel nach § 399 Abs. 1 Nr. 1 kann deshalb verwiesen werden
(→ Rn. 55 ff.). Die Tathandlung kann darin bestehen, dass ein durch falsche Angaben
gegenüber den Prüfern erlangter Nachweis in Kenntnis dieser Umstände dem Registergericht vorgelegt wird oder dass auf unrichtige Bilanzen Bezug genommen wird, obwohl
deren Unrichtigkeit dem Vorlegenden bekannt ist.[299]

**4. Gegenstand der falschen Angaben.** Eine nach § 262 aufgelöste Aktiengesellschaft 191
kann durch Beschluss der Hauptversammlung fortgesetzt werden, solange noch nicht mit
der Verteilung des Vermögens unter den Aktionären begonnen worden ist (§ 274 Abs. 1).
Dieser Vorgang ist nach § 274 Abs. 3 von dem Abwickler zur Eintragung in das Handelsregister anzumelden.

Dabei ist nachzuweisen, dass mit der Verteilung des Gesellschaftsvermögens noch nicht 192
begonnen worden ist. Begonnen ist mit der Verteilung des Gesellschaftsvermögens, wenn
auch nur ein Aktionär etwas von dem Gesellschaftsvermögen erhalten hat, gleichgültig, ob
er das erhaltene zurückgeben kann oder will.[300] Unwesentlich ist auch, ob die Gesellschaft
noch Vermögenswerte hat, die über das eingetragene Grundkapital hinausgehen.[301] Auf
diesen **Nachweis** haben sich die falschen oder unvollständigen Angaben zu beziehen.

Gegenstand der falschen oder unvollständigen Angaben sind aber nicht nur die Angaben 193
in dem Nachweis selbst, sondern auch **andere** im Rahmen der Anmeldung gemachten
freiwilligen **Angaben,** die mit dem Nachweis über die noch nicht begonnene Vermögensverteilung im Zusammenhang stehen.[302] Das kann zB in Betracht kommen, wenn sich das
Registergericht mit den entsprechenden Angaben in einer eidesstattlichen Versicherung des
Abwicklers nicht zufrieden geben will, aber auch dann, wenn es auf Grund der Angaben
in der Anmeldung den Negativbeweis über die Vermögensverteilung mit Hilfe eines eigenen
Sachverständigen erbringen will (→ § 274 Rn. 29). Sinn dieser Strafvorschrift ist es, die
Richtigkeit der Eintragungen in das Handelsregister und ihrer Grundlagen zu schützen
und eventuellen Gefahren vorzubeugen, die den Gesellschaftsgläubigern oder sonstigen

---

[297] Großkomm AktG/*Otto* Rn. 188; BeckOGK/*Hefendehl* Rn. 274; Graf/Jäger/Wittig/*Temming* Rn. 43;
aA Kölner Komm AktG/*Altenhain* Rn. 165; Achenbach/Ransiek/Rönnau/*Ransiek* WiR-HdB 8. Teil 3. Kap.
Rn. 78.
[298] Großkomm AktG/*Otto* Rn. 189.
[299] BeckOGK/*Hefendehl* Rn. 279; ähnlich Kölner Komm AktG/*Altenhain* Rn. 170.
[300] BeckOGK/*Hefendehl* Rn. 276.
[301] *Baumbach/Hueck* § 274 Rn. 4; *v. Godin/Wilhelmi* § 274 Anm. 3; Großkomm AktG/*Otto* Rn. 192; Kölner Komm AktG/*Altenhain* Rn. 167; BeckOGK/*Hefendehl* Rn. 276; Achenbach/Ransiek/Rönnau/*Ransiek*
WiR-HdB 8. Teil 3. Kap. Rn. 79.
[302] Großkomm AktG/*Otto* Rn. 191; Graf/Jäger/Wittig/*Temming* Rn. 44; aA Kölner Komm AktG/*Altenhain* Rn. 169.

interessierten Personen von einer nur beschränkt haftenden Gesellschaft drohen können, die nach Auflösung mit einem Kapital fortgesetzt wird, das erheblich verringert ist.

**194**   **5. Eintragungszweck.** Auch bei dem Abwicklungsschwindel dient dieses Tatbestandsmerkmal dazu, die Tathandlung auf die falschen oder unvollständigen Angaben zu beschränken, die **zum Zweck der Eintragung** der Fortsetzung der Gesellschaft in das Handelsregister gemacht werden. Zum Zweck der Eintragung handelt der Täter, wenn sein Tun objektiv geeignet ist, die Eintragung der Fortsetzung in das Handelsregister zu bewirken und wenn er subjektiv die Absicht hat, mit den Angaben die Eintragung zu erreichen. Die dabei zu beachtenden Probleme entsprechen sinngemäß denen, die bei dem gleichen Tatbestandsmerkmal des Gründungsschwindels nach § 399 Abs. 1 Nr. 1 auftreten. Es kann deshalb auf → Rn. 63 ff. verwiesen werden.

**195**   **Geeignet** sind alle Angaben, die im Zusammenhang mit der Anmeldung der Fortsetzung der Gesellschaft nach § 274 Abs. 3 gemacht werden und die für die Eintragungsentscheidung des Registergerichts von Bedeutung sind.[303] Dazu können auch Angaben gehören, die von dem Täter freiwillig gemacht werden (vgl. → Rn. 65).

**196**   **6. Subjektiver Tatbestand.** Der Abwicklungsschwindel muss vorsätzlich begangen werden. Ein bedingt **vorsätzliches** Handeln reicht aus. Der Täter muss deshalb unter Inkaufnahme der Folgen mindestens mit der Möglichkeit rechnen, dass er zu dem Täterkreis gehört, den § 399 Abs. 1 Nr. 5 nennt, dass die von ihm gemachten Angaben zu dem Nachweis über die noch nicht begonnene Vermögensverteilung gehören oder wenigstens im Zusammenhang damit stehen und dass sie geeignet sind, die Eintragung zu bewirken.

**197**   Ferner muss er mit der **Absicht** handeln, mit den falschen oder unvollständigen Angaben die Eintragung zu erreichen. Für die innere Tatseite des Abwicklungsschwindels gelten sinngemäß die gleichen Grundsätze wie bei dem Gründungsschwindel nach § 399 Abs. 1 Nr. 1 (vgl. → Rn. 101 ff.).

**198**   **7. Irrtum.** Bei Irrtum sind die allgemeinen Grundsätze des Strafrechts nach den §§ 16, 17 StGB anzuwenden. Insofern wird auf die Erläuterungen in → Rn. 102 ff. verwiesen, die hier sinngemäß herangezogen werden können.

### VII. Abgabe unrichtiger Versicherungen (Abs. 1 Nr. 6)

**199**   **1. Allgemeines.** Dieser Tatbestand ist durch das Gesetz zur Änderung des GmbHG vom 4.7.1980 geschaffen worden (→ Rn. 2). Er verweist ebenfalls auf eine Reihe von Ausfüllungsvorschriften. Der Gesamttatbestand ergibt sich deshalb aus einer Gesamtschau des § 399 Abs. 1 Nr. 6 und den in ihr angeführten Ausfüllungsvorschriften (vgl. → Rn. 9). Die Ausfüllungsvorschrift des § 76 Abs. 3 ist durch das MoMiG (vgl. → Rn. 2) umfassend neugestaltet worden. Rechtskräftige Verurteilungen wegen einer vorsätzlichen Insolvenzstraftat waren schon bisher erfasst. Neu hinzugekommen sind Verurteilungen wegen vorsätzlicher Insolvenzverschleppung, falscher Angaben, unrichtiger Darstellung und Vermögensdelikte (vgl. → Rn. 210). Nach der in § 19 EGAktG ergangenen Übergangsvorschrift ist in Altfällen – Bestellung zum Vorstandsmitglied und rechtskräftige Verurteilung jeweils vor dem 1.11.2008 – der neue Straftatenkatalog nicht anzuwenden. In den übrigen Fällen führt eine ab diesem Stichtag rechtskräftige Verurteilung zu einem Bestellungshindernis. Soweit danach auch vor dem Stichtag begangene Straftaten berücksichtigt werden, ist ein Verstoß[304] gegen das Rückwirkungsverbot des Art. 103 Abs. 2 GG nicht gegeben, weil es sich bei der Inhabilität nach § 76 Abs. 3 nicht um eine Strafe handelt.[305]

**200**   Tathandlungen sind die falschen und unvollständigen Angaben, die von Mitgliedern des Vorstandes, vom Leitungsorgan einer ausländischen juristischen Person oder von einem Abwickler in einer bei dem Registergericht abzugebenden Versicherung über bestimmte

---

[303] Großkomm AktG/*Otto* Rn. 194.
[304] So aber *Bittmann* NStZ 2009, 113 (119); *Leplow* PStR 2009, 250 (251).
[305] *Hinghaus/Höll/Hüls/Ransiek* wistra 2010, 291 (294).

persönliche Umstände gemacht werden, von denen § 76 Abs. 3 S. 2 und 3 die Tauglichkeit zur Bekleidung des Vorstandsamtes einer Aktiengesellschaft abhängig macht. Mit diesem Tatbestand soll sichergestellt werden, dass die verschärften Bestimmungen über die Eignung als Vorstandsmitglied eingehalten und dass entsprechende Versicherungen gegenüber dem Registergericht strafrechtlich geschützt werden.[306] **Geschütztes Rechtsgut** ist das Vertrauen der Allgemeinheit in Gestalt der Gesellschaftsgläubiger oder sonstiger interessierter Personen in die Wahrhaftigkeit der Handelsregistereintragungen und deren Grundlagen, zu denen auch die Versicherungen gehören, die von den Vorstandsmitgliedern oder den Abwicklern abzugeben sind (vgl. näher → Rn. 4).

In diesem Umfang ist § 399 Abs. 1 Nr. 6 **Schutzgesetz** iSd § 823 Abs. 2 BGB, wenn **201** der geschützte Personenkreis im Vertrauen auf die Richtigkeit der zum Handelsregister gemachten Angaben einen Schaden erlitten hat (vgl. → Rn. 5).[307]

Bei diesem Tatbestand verzichtet das Gesetz auf das Merkmal, dass die Tathandlung **202** **„zum Zweck der Eintragung"** begangen sein muss. Das ist an sich im Vergleich zu den meisten übrigen Tatbeständen des § 399 nicht ganz verständlich, weil die Versicherungen gegenüber dem Registergericht abzugeben sind und dazu dienen sollen, die Eintragung der Gesellschaft und ihrer Vorstandsmitglieder in das Handelsregister zu bewirken (§ 37 Abs. 2, § 81 Abs. 3, § 266 Abs. 1). Das Fehlen dieses Tatbestandsmerkmals hat deshalb auf der inneren Tatseite zur Folge, dass der Täter nur die Unrichtigkeit oder Unvollständigkeit der von ihm gemachten Angaben kennen oder mit ihnen rechnen, nicht aber die Absicht haben muss, mit den Angaben die Eintragung zu erreichen.[308] Durch den Verzicht auf dieses Absichtsmerkmal wird die Anwendung des Tatbestandes der Abgabe unrichtiger Versicherungen erleichtert und der durch ihn bewirkte Strafschutz erhöht.[309]

**2. Täterkreis und Beteiligung.** Als Täter nennt § 399 Abs. 1 Nr. 6 nur die Mitglieder **203** des Vorstands einer Aktiengesellschaft oder des Leitungsorgans einer ausländischen juristischen Person sowie die Abwickler. Das ist ein enger Personenkreis mit Sondereigenschaften. Der Tatbestand der Abgabe unrichtiger Versicherungen ist deshalb ein **echtes Sonderdelikt**[310] mit allen Konsequenzen für Mittäterschaft, mittelbare Täterschaft und Teilnahme (vgl. näher → Rn. 12, → Rn. 34 ff.).

Bei den Tatbestandsmerkmalen handelt es sich weitgehend um die gleichen, die auch **204** sonst bei den Tatbeständen des § 399 verwendet werden. Zu den Tatbestandsmerkmalen **Vorstandsmitglied** (→ Rn. 19 ff.) und **Abwickler** (→ Rn. 184 ff.) wird auf die vorstehenden Erläuterungen verwiesen. Das MoMiG (vgl. → Rn. 2) hat den Täterkreis um das **Leitungsorgan** einer ausländischen juristischen Person erweitert. Es handelt sich dabei um eine Folgeänderung zu den Änderungen in §§ 13e und 13f HGB, wonach in der Anmeldung der inländischen Zweigniederlassung einer Auslandsgesellschaft die Versicherung abzugeben ist, dass in der Person des Leitungsorgans keine Bestellungshindernisse nach § 76 bestehen. Gleiches gilt für die spätere Anmeldung eines neuen Leitungsorgans. Damit sollen für die gesetzlichen Vertreter der ausländischen Kapitalgesellschaft dieselben Eignungsvoraussetzungen gelten wie für die vertretungsberechtigten Organe einer inländischen Aktiengesellschaft. Auf diese Weise soll in Fällen von Auslandsgesellschaften mit Tätigkeitsschwerpunkt im Inland einem Unterlaufen der inländischen Bestellungsverbote entgegengewirkt werden.[311] Die Versicherung über das Nichtbestehen von Ausschlussgründen erklärt jeder für seine eigene Person (→ § 37 Rn. 46).[312] Es handelt sich um ein **eigenhändiges Delikt**. Dies wird nicht genügend berücksichtigt, wenn eine Strafbarkeit als Täter bei Einreichen einer

[306] Achenbach/Ransiek/Rönnau/*Ransiek* WiR-HdB 8. Teil 3. Kap. Rn. 82; BeckOGK/*Hefendehl* Rn. 280.
[307] Vgl. Kölner Komm AktG/*Altenhain* Rn. 12.
[308] Ebenso BeckOGK/*Hefendehl* Rn. 283.
[309] Ähnlich Großkomm AktG/*Otto* Rn. 214; Kölner Komm AktG/*Altenhain* Rn. 188.
[310] Großkomm AktG/*Otto* Rn. 205; Kölner Komm AktG/*Altenhain* Rn. 175.
[311] Vgl. Begr. RegE, BT-Drs. 16/6140, 49 f.
[312] Hüffer/Koch/*Koch* § 37 Rn. 6.

zusammengefassten Erklärung aller Vorstandsmitglieder auch für diejenigen Vorstandmitglieder bejaht wird, denen Hinderungsgründe in der Person eines anderen Vorstandsmitglieds bekannt sind.[313] Andere Vorstandsmitglieder, Leitungsorgane oder Abwickler können deshalb nicht Täter, sondern nur Teilnehmer sein.[314]

**205**    **3. Machen falscher Angaben oder Verschweigen erheblicher Umstände.** Für die Tathandlung ist erforderlich, dass der Täter in der Versicherung falsche Angaben macht oder erhebliche Umstände verschweigt. § 399 Abs. 1 Nr. 6 verwendet damit zur Beschreibung der Tathandlung die gleichen Tatbestandsmerkmale, die alle übrigen Tatbestände des § 399 Abs. 1 benutzen. Auf die entsprechenden Erläuterungen bei dem Gründungsschwindel nach § 399 Abs. 1 Nr. 1 kann deshalb verwiesen werden (→ Rn. 55 ff.).

**206**    **4. Gegenstand der falschen Angaben.** Nach § 37 Abs. 2 haben Vorstandsmitglieder gegenüber dem Registergericht zu versichern, dass keine Umstände vorliegen, die ihrer Bestellung nach § 76 Abs. 3 S. 2 Nr. 2 und 3 sowie S. 3 entgegenstehen und dass sie über ihre **unbeschränkte Auskunftspflicht** gegenüber dem Gericht belehrt worden sind. Hinsichtlich der wegen Unzuverlässigkeit, Ungeeignetheit oder Unwürdigkeit untersagten Ausübung eines Berufes oder Gewerbes ergibt sich die unbeschränkte Auskunftspflicht aus § 41 Abs. 1 Nr. 1 BZRG, § 32 Abs. 2 Nr. 11 BZRG, § 10 Abs. 2 Nr. 2, 3 Nr. 3 BZRG. Hinsichtlich des durch Strafurteil nach § 70 StGB verhängten Berufsverbots, das eine Maßregel der Besserung und Sicherung ist, besteht an sich nach § 53 Abs. 1 BZRG in gleicher Weise wie für Bestrafungen nur eine beschränkte Offenbarungspflicht des Verurteilten (§ 3 Nr. 1 BZRG, § 4 Nr. 2 BZRG, § 32 Abs. 2 Nr. 8 BZRG, § 61 Nr. 6 StGB). Gegenüber dem Registergericht entfällt das Schweigerecht aber, wenn der Betroffene nach § 53 Abs. 2 BZRG darüber belehrt wird, dass er zur unbeschränkten Auskunft verpflichtet ist.

**207**    Diese **Belehrung** kann durch das Registergericht oder durch einen Notar[315] (→ § 37 Rn. 50) mündlich oder schriftlich erfolgen, seit der Änderung des § 37 durch das MoMiG (vgl. → Rn. 2) zudem auch von einem ausländischen Notar oder einem deutschen Konsularbeamten, aber auch von Rechtsanwälten vorgenommen werden.[316] Die Versicherung muss so konkret sein, dass dem Gericht die Überzeugung vermittelt wird, der Versichernde habe – auch im Hinblick auf die Strafdrohung des § 399 Abs. 1 Nr. 6 – alle Bestellungshindernisse gekannt und nach sorgfältiger Prüfung wahrheitsgemäße Angaben gemacht.[317] Dabei ist die Versicherung, eine strafrechtliche Verurteilung sei weder im Inland noch im Ausland erfolgt, ausreichend.[318] Die ordnungsgemäße Belehrung hat zur Folge, dass der Täter sich nicht mehr auf seine Rechte aus § 53 Abs. 1 BZRG (beschränkte Auskunft oder Tilgung) berufen kann.[319]

**208**    Diese Versicherungen haben nicht nur die Mitglieder des Vorstandes einer gegründeten und erstmals bei dem Handelsregister angemeldeten Aktiengesellschaft, sondern jedes neue bestellte Vorstandsmitglied bei einer Änderung des Vorstandes (§ 81 Abs. 3) und auch der Abwickler (§ 265 Abs. 2 S. 2, § 266 Abs. 3) abzugeben, wenn ihre Bestellung zu diesem Amt bei dem Handelsregister angemeldet wird. Gleiches gilt für das Leitungsorgan einer ausländischen juristischen Person. Die falschen oder unvollständigen **Angaben** müssen **in dieser Versicherung** enthalten sein, dh die Versicherung muss inhaltlich falsch oder lückenhaft sein. Das ist auch der Fall, wenn das Vorstandsmitglied, das Leitungsorgan oder der Abwickler auf Aufforderung des Registergerichts klarstellende, ergänzende Angaben macht, die falsch sind.[320] Bei den Angaben geht es nur um solche, die § 76 Abs. 3 S. 2

---

[313] BeckOGK/*Hefendehl* Rn. 282.
[314] Kölner Komm AktG/*Altenhain* Rn. 175; Großkomm AktG/*Otto* Rn. 219.
[315] Großkomm AktG/*Otto* Rn. 206.
[316] Vgl. Begr. RegE, BT-Drs. 16/6140, 52, 35.
[317] Vgl. BayObLG BB 1984, 238; Kölner Komm AktG/*Altenhain* Rn. 181.
[318] BGH NZG 2010, 829 = ZIP 2010, 1337 m. zust. Anm. *Wachter* = EWiR 2010, 533 m. zust. Anm. *Schaller.*
[319] Vgl. dazu Großkomm AktG/*Otto* Rn. 211; BeckOGK/*Hefendehl* Rn. 318.
[320] Vgl. BayObLGZ 1981, 396 (399) = GmbHR 1982, 211.

Nr. 2 und 3 sowie S. 3 gesetzlich vorschreibt. Andere falsche oder unvollständige Angaben, die in der Versicherung enthalten sind, unterliegen nicht dem Strafschutz des § 399 Abs. 1 Nr. 6.[321] Straflos bleibt es auch, wenn ein Vorstandsmitglied, ein Leitungsorgan oder ein Abwickler entgegen der Verpflichtung des § 37 Abs. 2 von der Abgabe einer Versicherung überhaupt absieht.[322] Eine solche Unterlassung ist zwar ein Eintragungshindernis nach § 38 Abs. 1, ist aber kein Verschweigen eines erheblichen Umstandes, weil es an einer solchen Erklärung überhaupt fehlt. Es obliegt dem Registergericht, iE das Vorliegen der Eintragungsvoraussetzungen zu überprüfen.

§ 76 Abs. 3 legt fest, wer Vorstandsmitglied sein darf und schließt natürliche Personen **209** von diesem Amt auf eine gewisse Dauer aus, die wegen einer – jeweils vorsätzlich begangenen – Straftat der Insolvenzverschleppung, wegen einer Insolvenzstraftat nach den §§ 283–283d StGB, wegen falscher Angaben nach § 399 bzw. § 82 GmbHG, wegen unrichtiger Darstellung nach § 400, § 331 HGB, § 313 UmwG bzw. § 17 PublG oder wegen Vermögensdelikten nach den §§ 263–264a StGB oder den §§ 265b–266a StGB rechtskräftig verurteilt worden sind. Gleichfalls ausgeschlossen sind Personen, gegen die durch ein rechtskräftiges Urteil oder eine vollziehbare Entscheidung einer Verwaltungsbehörde ein Berufsverbot ausgesprochen worden ist. Durch diese Vorschrift soll verhindert werden, dass der in § 76 Abs. 3 gekennzeichnete Personenkreis alsbald nach seiner Verurteilung oder nach Erlass des Berufsverbots unter dem Deckmantel einer anonymen Kapitalgesellschaft seine Geschäfte wieder aufnehmen und hierdurch Dritte gefährden kann. Diese **Eignungsvoraussetzungen** für Vorstandsmitglieder und Abwickler beruhen auf einer Empfehlung der Kommission zur Bekämpfung der Wirtschaftskriminalität[323] sowie Vorschlägen des Bundesrats im Gesetzgebungsverfahren zum MoMiG.[324]

Bei den in **§ 76 Abs. 3 S. 2 Nr. 3** aufgeführten Straftaten gehören zur **Insolvenzver-** **210** **schleppung (lit. a)** sowohl Verurteilungen nach § 15a Abs. 4 InsO als auch zu den zuvor geltenden inhaltsgleichen Straftatbeständen[325] in § 84 Abs. 1 Nr. 2 GmbHG, § 401 Abs. 1 Nr. 2 AktG oder § 130b HGB, ggf. iVm § 177a HGB sowie § 148 Abs. 1 Nr. 2 GenG. Erforderlich war die Einbeziehung der zuvor geltenden Tatbestände, weil sich nach § 2 Abs. 1 StGB die Strafe nach dem Gesetz bestimmt, das zur Zeit der Tat gilt und auch nach dem Inkrafttreten des MoMiG Verurteilungen nach den alten Vorschriften erfolgen können.[326] Zu den **Insolvenzstraftaten (lit. b)** gehören die Tatbestände der §§ 283–283d StGB.[327] Bei den **falschen Angaben (lit. c)** sind nur Verurteilungen nach § 399 oder § 82 GmbHG erfasst; Strafbarkeit nach § 147 GenG wird, was nicht überzeugt,[328] nicht berücksichtigt. Die bei der **unrichtigen Darstellung (lit. d)** genannten Tatbestände in § 400, § 331 HGB, § 313 UmwG oder § 17 PublG dienen zumindest auch dem Schutz (künftiger) Gläubiger der Gesellschaft.[329] Bei den **Vermögensdelikten (lit. e)** sind Straftaten wegen Betrugs, Computerbetrugs, Subventionsbetrugs, Kapitalanlagebetrugs, Kreditbetrugs, Untreue sowie Vorenthaltens und Veruntreuens von Arbeitsentgelt (§§ 263–264a StGB, §§ 265b–266a StGB) erfasst. Bei diesen Delikten entfällt die Eignung aber nur, wenn eine Verurteilung zu einer Freiheitsstrafe von mindestens einem Jahr erfolgt. Bei Verurteilung zu Gesamtstrafe genügt es, wenn ihr ausschließlich Katalogtaten zugrunde liegen. Nicht ausreichend ist dagegen eine Gesamtstrafe von einem Jahr, in der nur eine niedrigere

---

[321] KG wistra 2015, 401 zu § 82 Nr. 5 GmbHG; Kölner Komm AktG/*Altenhain* Rn. 179; MüKoStGB/*Weiß* Rn. 156; Großkomm AktG/*Otto* Rn. 207; Graf/Jäger/Wittig/*Temming* Rn. 48; aA *Weiß* wistra 2016, 9 (12) zu § 82 Nr. 5 GmbHG.

[322] Großkomm AktG/*Otto* Rn. 207; Kölner Komm AktG/*Altenhain* Rn. 179; Scholz/*Tiedemann/Rönnau* GmbHG § 82 Rn. 152.

[323] Begr. RegE, BT-Drs. 8/1347, 31.

[324] Begr. RegE, BT-Drs. 16/6140, 52, 32.

[325] Begr. RegE, BT-Drs. 16/6140, 52, 32.

[326] Vgl. *Weiß* wistra 2009, 209 (210).

[327] Vgl. *Weiß* wistra 2009, 209 (210).

[328] Vgl. *Weiß* wistra 2009, 209 (210).

[329] Vgl. *Weiß* wistra 2009, 209 (211).

Einzelstrafe wegen einer Katalogtat neben mehreren weiteren Straftaten wegen Nichtkatalogtaten enthalten ist.[330] Strafrechtliche **Verurteilungen ausländischer Gerichte** können nach der Neufassung durch das MoMiG (vgl. → Rn. 2) berücksichtigt werden, wenn sie wegen einer mit den in § 76 Abs. 3 S. 2 Nr. 3 genannten Taten vergleichbar sind (→ § 76 Rn. 137). Die Regelung stellt klar, dass nicht jede beliebige Auslandstat ausreichend ist. Voraussetzung ist, dass die Tat mit einer Katalogtat vergleichbar ist, dh wenn nach sinngemäßer Umstellung des Sachverhalts der Tatbestand einer solchen Tat verwirklicht wäre.[331]

211    Als **Berufsverbot** gilt jede Untersagung der Ausübung eines Berufes, eines Berufszweigs, eines Gewerbes oder eines Gewerbezweiges (vgl. § 70 Abs. 1 StGB). Bei einer Katalogtat erstreckt sich die Nichteignung als Mitglied des Vorstands, als Leitungsorgan oder als Abwickler deshalb an sich auf alle Gesellschaften, gleichgültig welcher Berufs- oder Geschäftszweig Unternehmensgegenstand ist. Bei dem in § 76 Abs. 3 S. 2 Nr. 2 bezeichneten Berufsverbot kommt es dagegen darauf an, für welchen Berufs- oder Gewerbezweig das Verbot ausgesprochen worden ist. Eine Bestellung als Mitglied des Vorstands, als Leitungsorgan oder Abwickler ist nur in solchen Gesellschaften ausgeschlossen, bei denen die Art der geschäftlichen Tätigkeit ganz oder teilweise mit dem Gegenstand des Unternehmens übereinstimmt. Der Beruf oder der Berufszweig und das Gewerbe oder der Gewerbezweig, auf den sich das Verbot erstreckt, muss in dem Urteil **genau bezeichnet** sein.[332] Ist das bei einem rechtskräftigen Urteil nicht in dem von der Rspr. geforderten Umfang der Fall, berechtigt dies das Mitglied des Vorstands allerdings nicht, eine unrichtige Versicherung abzugeben. Schwierig wird es aber dann, den Unternehmensgegenstand genau zu bestimmen, für den das Berufsverbot gilt. Das kann unter Umständen zu einem unvermeidbaren Subsumtionsirrtum iSd § 17 StGB führen.

212    Ein nach § 132a StPO angeordnetes **vorläufiges Berufsverbot** braucht nach dem Wortlaut des § 76 Abs. 3 nicht angegeben zu werden, weil es durch gerichtlichen Beschluss und nicht durch gerichtliches Urteil verhängt wird (→ § 76 Rn. 133).[333] Auch wenn man diese Rechtslage als unbefriedigend betrachten mag, weil das vorläufige Berufsverbot ebenso wirksam ist wie ein durch Urteil (§ 132a Abs. 1 S. 2 StPO iVm § 70 Abs. 3 StGB) oder vollziehbare Entscheidung einer Verwaltungsbehörde angeordnetes Verbot und die Zeit des vorläufigen Berufsverbots sich auf die Dauer eines endgültig verhängten zeitlichen Berufsverbots auswirkt (§ 70 Abs. 2 und Abs. 4 S. 2 StGB), ist dies im Hinblick auf die Unschuldsvermutung (Art. 6 EMRK) hinzunehmen.[334] Ein nach § 70a StGB nachträglich **zur Bewährung ausgesetztes Berufsverbot** ist nicht iSd § 76 Abs. 3 wirksam und braucht deshalb nach § 37 Abs. 2 ebenfalls nicht angegeben zu werden.[335] So macht sich auch – anders als bei einem vorläufigen Berufsverbot – derjenige, der seinen Beruf ausübt, während die Maßregel nach § 70a StGB ausgesetzt ist, nicht nach § 145c StGB wegen Verstoßes gegen das Berufsverbot strafbar.[336] Als gerichtliches Berufsverbot sind auch die **ehrengerichtliche Ausschließung** aus der Rechtsanwaltschaft oder andere ehrengerichtliche Anordnungen und Verbote anzusehen, welche die Berufsausübung untersagen.[337] Gleiches gilt für ein Berufsverbot, das in einem **verwaltungsgerichtlichen Urteil** enthalten ist.[338] **Verwaltungsbehörden** können zB nach § 35 GewO oder nach gewerberechtlichen Spezialregelungen die Ausübung eines Gewerbes untersagen.[339] Allerdings führt ein nach § 35 Abs. 1

[330] Hierzu ausf. *Weiß* wistra 2009, 209 (211 f.).
[331] Vgl. *Weiß* wistra 2009, 209 (213).
[332] Vgl. OLG Karlsruhe wistra 1995, 195 = NStZ 1995, 446 mAnm *Stree*; Schönke/Schröder/*Stree*/*Linzing* StGB § 70 Rn. 21; *Fischer* StGB § 70 Rn. 12.
[333] IErg ebenso BeckOGK/*Hefendehl* Rn. 314.
[334] BeckOGK/*Hefendehl* Rn. 314; aA → 4. Aufl. 2017, Rn. 209 (*Schaal*).
[335] Großkomm AktG/*Otto* Rn. 210; Kölner Komm AktG/*Altenhain* Rn. 187; BeckOGK/*Hefendehl* Rn. 313; Scholz/Tiedemann/*Rönnau* GmbHG § 82 Rn. 147; Achenbach/Ransiek/Rönnau/*Ransiek* WiR-HdB 8. Teil 3. Kap. Rn. 84.
[336] *Fischer* StGB § 145c Rn. 3.
[337] Graf/Jäger/Wittig/*Temming* Rn. 50.
[338] Kölner Komm AktG/*Altenhain* Rn. 185.
[339] Vgl. dazu *Eyermann* JuS 1964, 269.

GewO gegen die Gesellschaft (und nicht gegen Mitglied des Vorstands) verhängtes Gewerbeverbot nicht zu einer Amtsunfähigkeit des Vorstandsmitglieds.[340]

Als **Dauer für die Nichteignung** setzt § 76 Abs. 3 fünf Jahre seit Rechtskraft oder den  213 Zeitraum an, in dem das Berufsverbot wirksam ist. In die Fünfjahresfrist wird die Zeit nicht eingerechnet, in welcher der Täter auf behördliche Anordnung in einer Anstalt verwahrt worden ist. Ist die Tilgungsreife nach den Vorschriften des BZRG schon vor Ablauf der Frist eingetreten, muss das Berufsverbot nach § 37 Abs. 2 dennoch als Umstand angegeben werden, der der Bestellung entgegensteht. Das Berufsverbot des § 70 StGB kann für die Dauer von einem Jahr bis zu fünf Jahren, aber auch auf Lebenszeit angeordnet werden.

**5. Subjektiver Tatbestand.** Die falschen oder unvollständigen Angaben in der Versiche-  214 rung müssen (bedingt) **vorsätzlich** gemacht werden. Der Täter muss es deshalb mindestens für möglich halten, dass er zu dem Täterkreis gehört, dass seine Angaben zu den gesetzlich vorgeschriebenen Angaben in der Versicherung gehören, dass diese inhaltlich falsch oder unvollständig sind und gleichwohl unter Inkaufnahme dieser für möglich gehaltenen Umstände die Versicherung abgeben wollen. Der Vorsatz muss sich dabei auch auf die Fristen erstrecken, von denen § 76 Abs. 3 die fehlende Eignung des Täters abhängig macht.[341]

Die **Absicht,** mit den falschen oder unvollständigen Angaben die Eintragung der Gesell-  215 schaft in das Handelsregister zu erreichen, braucht der Täter nicht zu haben.

**6. Irrtum.** Bei einem Irrtum finden die §§ 16, 17 StGB Anwendung (vgl. näher  216 → Rn. 102 ff.).

Danach liegt ein **Tatbestandsirrtum** gem. § 16 StGB vor, wenn der Täter die Frist  217 falsch berechnet und deshalb glaubt, ein Bestellungshindernis bestünde nicht mehr,[342] oder wenn er über die Erheblichkeit eines von ihm verschwiegenen Umstandes irrt.

Ein Subsumtionsirrtum und damit ein **Verbotsirrtum** gem. § 17 StGB ist dagegen  218 gegeben, wenn der Täter irrtümlich annimmt, das Berufsverbot erstrecke sich nicht auf das Gewerbe, das mit der Gesellschaft betrieben werden soll. Der Täter befindet sich auch in einem Verbotsirrtum, wenn er irrtümlich zu dem Schluss gelangt, eine wahrheitsgemäße Versicherung sei ihm wegen des damit verbundenen Zwanges zur Selbstbezichtigung nicht zumutbar. In einem solchen Fall irrt er über einen nicht bestehenden Rechtfertigungs- oder Schuldausschließungsgrund.[343]

### VIII. Abgabe wahrheitswidriger Erklärungen (Abs. 2)

**1. Allgemeines.** § 399 Abs. 2 regelt einen Straftatbestand, der sich ebenfalls auf eine  219 Ausfüllungsvorschrift des AktG bezieht. Der Gesamttatbestand ergibt sich deshalb aus einer Gesamtschau des § 399 Abs. 2 und der in ihr angeführten Ausfüllungsvorschrift (vgl. → Rn. 9).

Tathandlungen sind falsche oder unvollständige Angaben, die zum Zweck der Eintragung  220 einer Erhöhung des Grundkapitals aus Gesellschaftsmitteln in Erklärungen gemacht werden, die von Mitgliedern des Vorstands oder des Aufsichtsrats abzugeben sind. Die Anmeldung hat nach § 12 Abs. 1 HGB elektronisch in öffentlich beglaubigter Form zu erfolgen (vgl. hierzu § 129 BGB, § 39a BeurkG).[344] Das geschützte Rechtsgut ist das Vertrauen der Allgemeinheit in Gestalt der Gesellschaftsgläubiger und der sonst interessierten Öffentlichkeit in die Wahrhaftigkeit der Handelsregistereintragungen und deren Grundlagen, insbesondere am Bestand des eingetragenen Haftungskapitals sowie die Vermögensinteressen der Gesellschaftsgläubiger (vgl. → Rn. 4).[345] Im Umfang des geschützten Rechtsguts ist § 399 Abs. 2

---

[340] Vgl. BayObLGZ 1986, 197 = NJW-RR 1986, 1362; BeckOGK/*Hefendehl* Rn. 315.
[341] Großkomm AktG/*Otto* Rn. 214; Kölner Komm AktG/*Altenhain* Rn. 188.
[342] Kölner Komm AktG/*Altenhain* Rn. 189.
[343] Großkomm AktG/*Otto* Rn. 216.
[344] Hüffer/Koch/*Koch* § 210 Rn. 2.
[345] Vgl. BeckOGK/*Hefendehl* Rn. 320; Kölner Komm AktG/*Altenhain* Rn. 192.

auch **Schutzgesetz** iSd § 823 Abs. 2 BGB, wenn der geschützte Personenkreis im Vertrauen auf die Richtigkeit der zum Handelsregister gemachten Angaben einen Schaden erlitten hat (vgl. → Rn. 5).

221    **2. Täterkreis und Beteiligung.** § 399 Abs. 2 bezeichnet als mögliche Täter die Mitglieder des Vorstands und des Aufsichtsrats und damit einen Personenkreis mit Sondereigenschaften. Der Tatbestand des § 399 Abs. 2 ist deshalb echtes Sonderdelikt[346] mit allen Konsequenzen für Mittäterschaft, mittelbare Täterschaft und Teilnahme (vgl. → Rn. 12, → Rn. 34 ff.).

222    **Mitglied des Vorstands** ist jeder, der durch den Aufsichtsrat oder in dringenden Fällen durch das Gericht dazu bestellt worden ist (vgl. näher → Rn. 19 ff.).

223    **Mitglied des Aufsichtsrats** ist, wer von den Gründern der Gesellschaft oder dem Gericht dazu bestellt, von der Hauptversammlung gewählt oder nach § 101 Abs. 2 entsandt worden ist (vgl. näher → Rn. 27 ff.).

224    Bei der Kapitalerhöhung aus Gesellschaftsmitteln haben die Anmeldung nach § 210 Abs. 1 S. 2 iVm § 207 Abs. 2 und § 184 Abs. 1 der Vorstand und der Aufsichtsratsvorsitzende gemeinsam vorzunehmen.[347] Bei dem Vorstand haben dabei alle Mitglieder des Vorstands mitzuwirken. Sie und der Aufsichtsratsvorsitzende können sich bei einer Verhinderung durch ihre Stellvertreter vertreten lassen (→ § 184 Rn. 9 ff.). Die in den Ausfüllungsvorschriften enthaltenen Zuständigkeitsvorschriften für die Anmeldung schränken die Möglichkeit der Täterschaft jedoch nicht ein. Maßgebend bleibt dafür allein § 399 Abs. 2. Auch Aufsichtsratsmitglieder, die an sich nicht an der Meldung mitzuwirken haben, können daher bei einem entsprechenden Tatbeitrag und einer entsprechenden Willenslage Täter sein.[348]

225    **3. Wahrheitswidrige Erklärungen.** Die Tathandlung wird als Abgabe wahrheitswidriger Erklärungen gekennzeichnet. Dabei handelt es sich um Tatbestandsmerkmale, die inhaltlich mit der Tatform des Machens falscher Angaben und des Verschweigens erheblicher Umstände, wie sie sonst in den Tatbeständen des § 399 Abs. 1 verwendet werden, gleichzusetzen sind.[349] Sie beziehen sich auf die Angaben, die bei der Anmeldung einer Kapitalerhöhung aus Gesellschaftsmitteln zu machen sind.[350]

226    Wahrheitswidrige Erklärungen sind deshalb ebenfalls nachprüfbare, ernst gemeinte Äußerungen über Tatsachen, deren Inhalt mit der Wirklichkeit nicht übereinstimmt. IdR wird es sich bei ihnen um tatsächliche Behauptungen handeln. Es können aber auch Werturteile sein, wenn diese überprüft werden können. Bei ihnen gilt das Gleiche wie bei der Tatform des Machens falscher Angaben (vgl. → Rn. 55 ff.).

227    Eine wahrheitswidrige Erklärung liegt auch vor, wenn der Täter es im Rahmen der Erklärung unterlässt, erhebliche Umstände mitzuteilen.[351] Denn die unvollständige Erklärung wird insgesamt verfälscht, wenn nur die Offenbarung der verschwiegenen erheblichen Umstände ihren wahren Gehalt erkennen lässt.

228    **4. Gegenstand der wahrheitswidrigen Erklärungen.** Die falschen oder unvollständigen Angaben in den Erklärungen müssen Gegenstand der Anmeldung sein, die das Gesetz bei der Kapitalerhöhung aus Gesellschaftsmitteln verlangt.

229    Nach § 210 Abs. 1 ist der Beschluss der Hauptversammlung über die Erhöhung des Grundkapitals aus Gesellschaftsmitteln (§ 207 Abs. 1) anzumelden und die Bilanz beizufügen, die dieser Kapitalerhöhung zu Grunde liegt. **Gesellschaftsmittel** sind Rücklagen iSd § 208.

---

[346] Großkomm AktG/*Otto* Rn. 224; BeckOGK/*Hefendehl* Rn. 321.

[347] Kölner Komm AktG/*Altenhain* Rn. 193; Hüffer/Koch/*Koch* § 210 Rn. 2; BeckOGK/*Hefendehl* Rn. 321; Graf/Jäger/Wittig/*Temming* Rn. 54.

[348] Ebenso Kölner Komm AktG/*Altenhain* Rn. 193; Graf/Jäger/Wittig/*Temming* Rn. 54; aA Großkomm AktG/*Otto* Rn. 224.

[349] K. Schmidt/Lutter/*Oetker* Rn. 19; Graf/Jäger/Wittig/*Temming* Rn. 55.

[350] Kölner Komm AktG/*Altenhain* Rn. 195.

[351] Großkomm AktG/*Otto* Rn. 223; Kölner Komm AktG/*Altenhain* Rn. 194.

In der **Erklärung** nach § 210 Abs. 1 S. 2 haben die Anmeldenden dem Gericht gegen- 230 über zu versichern, dass nach ihrer Kenntnis seit dem Stichtag der beigefügten Bilanz keine Vermögensminderung eingetreten ist, die einer Kapitalerhöhung entgegenstände, wenn sie am Tage der Anmeldung beschlossen worden wäre. Sinn dieser Bestimmung ist es, nach Möglichkeit sicherzustellen, dass das durch die Kapitalerhöhung geschaffene erhöhte Grundkapital zum Zeitpunkt des Wirksamwerdens des Beschlusses wirtschaftlich zur Verfügung steht (→ § 210 Rn. 7 f.).[352] Das ist nicht der Fall, wenn in der Zwischenzeit eine Vermögensminderung eingetreten ist, welche bei Anrechnung der entstandenen Verluste auf die umwandlungsfähigen Rücklagen deren Verwendung nach § 208 Abs. 2 unmöglich machen würde.[353]

Maßstab dafür, ob die Angaben in der Erklärung unrichtig oder unvollständig sind, ist 231 das **subjektive Vorstellungsbild** des Täters. Die Anmeldenden haben die Erklärung nach „ihrer Kenntnis" abzugeben.[354]

**5. Eintragungszweck.** Das Gesetz verlangt, dass die wahrheitswidrigen Erklärungen 232 den Zweck verfolgen müssen, die Eintragung der Erhöhung des Grundkapitals aus Gesellschaftsmitteln zu erreichen. Es verwendet damit das gleiche Tatbestandsmerkmal des Eintragungszwecks, das auch in mehreren Tatbeständen des § 399 Abs. 1 zur Einschränkung der falschen oder unvollständigen Angaben benutzt wird. **Zum Zweck der Eintragung** handelt der Täter, wenn sein Tun objektiv geeignet ist, die Eintragung der beabsichtigten Maßnahme in das Handelsregister zu bewirken und wenn er die Absicht hat, mit der Erklärung diese Eintragung zu erreichen (vgl. → Rn. 101 ff.).

**Geeignet** sind alle Erklärungen, die für die Entscheidung des Registergerichts über die 233 Eintragung von Bedeutung sind. Dazu können auch freiwillige Angaben gehören, wenn sie sich im Rahmen der vom Gesetz verlangten Erklärungen halten und für die Eintragung förderlich sind.

**6. Subjektiver Tatbestand.** Der Tatbestand erfordert ein vorsätzliches Handeln; 234 bedingter **Vorsatz** reicht aus. Der Täter muss deshalb mindestens mit der Möglichkeit rechnen, dass er zu dem Täterkreis gehört und dass die von ihm abgegebene Erklärung für die Eintragung geeignet und inhaltlich falsch oder unvollständig ist. Er muss bereit sein, seine Erklärungen auch unter diesen für möglich gehaltenen Umständen gegenüber dem Registergericht abzugeben.

Ferner muss er bei beiden Tatbeständen in der **Absicht** handeln, mit seinen wahrheits- 235 widrigen Erklärungen die beabsichtigte Eintragung zu erreichen.

**7. Irrtum.** Bei einem Irrtum sind die allgemeinen Vorschriften der §§ 16, 17 StGB 236 anzuwenden (vgl. → Rn. 102 ff.).

### IX. Rechtswidrigkeit

Für die Rechtswidrigkeit gelten die allgemeinen Grundsätze des Strafrechts. Einwilligung 237 und Weisungen der Hauptversammlung sind strafrechtlich regelmäßig unbeachtlich, weil diese über die durch § 399 geschützten Rechtsgüter nicht verfügen darf (vgl. → Rn. 4). Eine Rechtfertigung nach § 34 StGB kann nur in ganz extremen Ausnahmefällen in Betracht kommen.[355] Wirtschaftliche Zwänge, wie zB ein ungerechtfertigter Boykott, können jedenfalls unwahre oder verschleierte Darstellungen über die Vermögenslage nicht nach § 34 StGB rechtfertigen.[356] In solchen Fällen kann zivilrechtlich gegen den Verursacher der wirtschaftlichen Zwänge vorgegangen werden. Auch die Strafverfolgungsbehörden können

---

[352] Vgl. *v. Godin/Wilhelmi* § 210 Anm. 2; Hüffer/Koch/*Koch* § 210 Rn. 4.
[353] Ebenso Großkomm AktG/*Otto* Rn. 226.
[354] Vgl. Kölner Komm AktG/*Altenhain* Rn. 195; Graf/Jäger/Wittig/*Temming* Rn. 56.
[355] Großkomm AktG/*Otto* Rn. 91; Kölner Komm AktG/*Altenhain* Rn. 103.
[356] Scholz/Tiedemann/*Rönnau* GmbHG § 82 Rn. 190; Baumbach/Hueck/*Beurskens* GmbHG § 82 Rn. 1; aA Hachenburg/*Kohlmann* GmbHG § 82 Rn. 148.

sich nicht allgemein auf diesen Rechtfertigungsgrund berufen, wenn bei dem Einsatz von Verdeckten Ermittlern Scheinfirmen gegründet und bei der Anmeldung zum Handelsregister falsche Angaben gemacht werden (vgl. → Rn. 54).

## X. Vollendung und Beendigung

**238**    Der Zeitpunkt der Vollendung der Tat ist deshalb bedeutsam, weil der Versuch einer Straftat nach § 399 in allen Tatvarianten gem. § 23 Abs. 1 StGB, § 12 StGB nicht strafbar ist. Der Zeitpunkt der Beendigung hat Einfluss auf die Konkurrenzen, die Beteiligung und die Verjährung.

**239**    Für die **Tatvollendung** ist bei allen Tatbeständen des § 399 maßgebend, dass es sich bei ihnen um **Äußerungsdelikte** handelt (vgl. → Rn. 6), die grundsätzlich vollendet sind, wenn die in der Äußerung enthaltenen Angaben dem Adressaten zugegangen sind.[357] Es ist deshalb zwischen den Tatbeständen zu unterscheiden, die das Tatbestandsmerkmal des Eintragungszwecks enthalten (§ 399 Abs. 1 Nr. 1, 4, 5 und Abs. 2) und den übrigen Tatbeständen (§ 399 Abs. 1 Nr. 2, 3, 6).

**240**    Bei den Tatbeständen des § 399 **Abs. 1 Nr. 1, 4, 5 und Abs. 2,** bei denen falsche oder unvollständige Angaben sowie unwahre Versicherungen zum Zweck der Eintragung gemacht werden müssen, ist die Tat erst vollendet, wenn die Angaben im Rahmen der Anmeldung bei dem Registergericht ordnungsgemäß eingegangen, dh in den Bereich des amtlichen Gewahrsams gelangt sind.[358] Seitdem das Handelsregister elektronisch geführt wird (§ 8 HGB), kommt es für den Zugang auf die Abrufbarkeit der elektronischen Speicherung bei Gericht an.[359] Dass der beim Registergericht zuständige Mitarbeiter Kenntnis genommen oder die beantragte Eintragung vorgenommen hat, ist nicht erforderlich.[360] Ob die Gesellschaft vorher schon besteht oder ob ihre Eintragung später wirklich erfolgt, ist ebenfalls ohne Bedeutung.[361] Die Abgabe der falschen oder unvollständigen Angaben gegenüber einem Notar reicht nicht aus. Die Tatbestandsmäßigkeit der Handlung wird nicht dadurch beseitigt, dass der Täter, nachdem die Erklärung in den Herrschaftsbereich des Registergerichts gelangt ist, seine Angaben vor der Eintragung in das Handelsregister berichtigt.[362] Bei der sukzessiven Einreichung mehrerer Urkunden tritt die Vollendung bereits ein, wenn die erste Urkunde eingeht, die falsche Angaben enthält.[363]

**241**    Bei dem Tatbestand der Abgabe unrichtiger Versicherungen in § 399 **Abs. 1 Nr. 6** ist die Frage der Tatvollendung ähnlich zu beurteilen. Obwohl bei diesem Tatbestand das Merkmal „zum Zweck der Eintragung" fehlt, ist die Versicherung gegenüber dem Registergericht abzugeben und dient dazu, die Eintragung der Gesellschaft mit ihren gesetzlichen Vertretern zu bewirken. Bei ihm tritt deshalb die Vollendung ebenfalls mit dem Zeitpunkt des Eingangs der Versicherung bei Gericht ein.[364]

**242**    Bei dem Tatbestand des Gründungsschwindels durch unrichtige Berichte nach § 399 **Abs. 1 Nr. 2** wird die Tat dadurch vollendet, dass der fertiggestellte Bericht anderen Personen als dem Berichterstatter zugeht.[365] Das können im Fall des Gründungsberichts die Mitglieder des Vorstandes, des Aufsichtsrats oder die Gründungsprüfer, bei dem Nachprüfungsbericht die Vorstandsmitglieder und bei dem Prüfungsbericht alle Stellen sein, denen der Bericht zu übersenden ist (§ 34 Abs. 3).

---

[357] Großkomm AktG/*Otto* Rn. 103; Graf/Jäger/Wittig/*Temming* Rn. 60.

[358] OLG München NZG 2004, 230 (231); NK-WSS/*Krause/Twele* Rn. 47; K. Schmidt/Lutter/*Oetker* Rn. 21.

[359] Vgl. Scholz/*Tiedemann/Rönnau* GmbHG § 82 Rn. 113.

[360] RGSt 37, 25 (27); 43, 323; Kölner Komm AktG/*Altenhain* Rn. 109, 110.

[361] RGSt 43, 430 (431).

[362] RGSt 37, 25 (27).

[363] Hachenburg/*Kohlmann* GmbHG § 82 Rn. 52; Scholz/*Tiedemann/Rönnau* GmbHG § 82 Rn. 112.

[364] NK-WSS/*Krause/Twele* Rn. 47; s. auch Kölner Komm AktG/*Altenhain* Rn. 109; Großkomm AktG/*Otto* Rn. 218.

[365] Großkomm AktG/*Otto* Rn. 138; Kölner Komm AktG/*Altenhain* Rn. 123; K. Schmidt/Lutter/*Oetker* Rn. 21; Henssler/Strohn/*Raum* Rn. 8.

Bei dem Tatbestand des § 399 **Abs. 1 Nr. 3** tritt die Vollendung in dem Zeitpunkt ein, **243** zu dem die Ankündigung der Öffentlichkeit (vgl. → Rn. 133 ff.) zugänglich gemacht worden ist; so mit dem Erscheinen der ersten Zeitung, dem Anschlag des Plakats oder dem Eingang des versandten Prospekts.[366] Wird die Mitteilung mündlich gemacht, ist der Zeitpunkt maßgeblich, zu dem die Mitteilung von einem Zuhörer wahrgenommen wird.

**Beendet** sind die Tathandlungen bei allen Tatbeständen des § 399, wenn das Geschehen **244** materiell seinen Abschluss gefunden hat. Auch hier ist zwischen den Tatbestandsvarianten zu unterscheiden. Bei den Tatbeständen, bei denen die Angaben zum Zwecke der Eintragung in das Handelsregister gemacht werden, hat das Tatgeschehen seinen tatsächlichen Abschluss gefunden, wenn die beabsichtigte Eintragung mit ihrer Vollziehung realisiert worden ist bzw. der Antrag auf Eintragung rechtskräftig zurückgewiesen wurde.[367] Auf den Eingang der Anmeldung zum Handelsregister abzustellen,[368] berücksichtigt nicht ausreichend, dass zu diesem Zeitpunkt noch keine endgültige Verletzung des Rechtsguts[369] eingetreten ist. Bei dem Gründungsschwindel nach § 399 Abs. 1 Nr. 2 ist die Tat beendet, wenn der in Betracht kommende Bericht dem Registergericht vorliegt und von diesem bei seiner Entscheidung berücksichtigt worden ist.[370] Bei dem Schwindel durch öffentliche Ankündigung von Aktien nach § 399 Abs. 1 Nr. 3 tritt Tatbeendigung nicht erst mit Kenntnisnahme durch eine Person ein, die Teil der Öffentlichkeit ist,[371] sondern bereits, wenn ein großer Teil der Personen, an die sich die Ankündigung richtet, Gelegenheit hatte, von ihr Kenntnis zu nehmen;[372] bei der Abgabe unrichtiger Versicherungen nach § 399 Abs. 1 Nr. 6, wenn das Registergericht die Versicherung zur Kenntnis genommen und bei seiner Entscheidung über die Eintragung berücksichtigt hat.

## XI. Konkurrenzen

Ob Tateinheit (§ 52 StGB) oder Tatmehrheit (§ 53 StGB) vorliegt, ist vor allem für **245** Schuldspruch und Rechtsfolgen von Bedeutung.

**Tateinheit** ist möglich mit Betrug (§ 263 StGB), Untreue (§ 266 StGB; vgl. zur gesell- **246** schaftsrechtlichen Untreue → Vor § 399 Rn. 26 ff.), Urkundenfälschung (§ 267 StGB) oder mit anderen Tatbeständen des AktG, des StGB oder des sonstigen Nebenstrafrechts, wenn die Voraussetzungen des § 52 StGB gegeben sind. Zwischen den einzelnen Tatbeständen des § 399 ist Tateinheit möglich, wenn der Täter im selben Zeitpunkt verschiedene Tatalternativen verwirklicht. Zu beachten ist hierbei jedoch der Zeitpunkt der Tatvollendung. So wird zwischen dem Gründungsschwindel durch unrichtige Anmeldung (§ 399 Abs. 1 Nr. 1) und dem Gründungsschwindel durch unrichtige Berichte (§ 399 Abs. 1 Nr. 2) häufig Tatmehrheit (§ 53 StGB) bestehen.

**Tatmehrheit** liegt auch vor, wenn in öffentlichen Ankündigungen die gleichen falschen **247** Angaben enthalten sind, die bereits bei der Anmeldung oder in den Gründungs- oder Prüfungsberichten gemacht werden. Werden beim Gründungsschwindel nach § 399 Abs. 1 Nr. 1 falsche Angaben über die freie Verfügbarkeit der Einzahlung auf Aktien gemacht, so kommt Tatmehrheit mit § 156 StGB in Betracht, wenn dem Registergericht nachträglich auf dessen Anfrage an Eides Statt versichert wird, dass es sich bei den eingezahlten Beträgen um eigenes Kapital handele.[373] Zwischen Gründungsschwindel durch unrichtige Anmeldung (§ 399 Abs. 1 Nr. 1) und Gründungsschwindel durch unrichtigen Sachgründungsbe-

---

[366] Vgl. auch Großkomm AktG/*Otto* Rn. 155; Kölner Komm AktG/*Altenhain* Rn. 135; K. Schmidt/Lutter/*Oetker* Rn. 21.

[367] Vgl. BGH wistra 1987, 212; NK-WSS/*Krause/Twele* Rn. 47; Großkomm AktG/*Otto* Rn. 106; BeckOGK/*Hefendehl* Rn. 352; Scholz/*Tiedemann/Rönnau* GmbHG § 82 Rn. 115.

[368] BGH NJW 2000, 2285 zu § 82 Abs. 1 Nr. 1 GmbHG – insoweit in BGHSt 46, 62 nicht abgedruckt; Graf/Jäger/Wittig/*Temming* Rn. 61.

[369] Vgl. hierzu allg. *Dannecker* NStZ 1985, 49 (51 f.).

[370] Vgl. auch Scholz/*Tiedemann/Rönnau* GmbHG § 82 Rn. 130.

[371] So Scholz/*Tiedemann/Rönnau* GmbHG § 82 Rn. 143.

[372] Zust. *Cobet*, Fehlerhafte Rechnungslegung, 1991, 80.

[373] BGH GA 1954, 308.

richt (§ 399 Abs. 1 Nr. 2) wird wegen des unterschiedlichen Zeitpunktes der Tatvollendung häufig Tatmehrheit bestehen; ebenso zwischen § 399 Abs. 1 Nr. 1 und § 399 Abs. 1 Nr. 4.[374]

248   **Eine straflose Nachtat** ist anzunehmen, wenn ein Gründer gleichzeitig als Mitglied des Aufsichtsrats oder des Vorstandes den Gründungsbericht prüft und dabei falsche Angaben übernimmt, die bereits in dem Gründungsbericht enthalten sind.[375] Tateinheit mit § 271 StGB ist nicht möglich, weil die Eintragung in das Handelsregister für die Richtigkeit der in ihm enthaltenen Tatsachen keine Beweiskraft gegen jedermann hat.[376]

## XII. Prozessuales und Rechtsfolgen

249   **1. Allgemeines.** Straftaten nach § 399 sind **Offizialdelikte** und werden von der Staatsanwaltschaft von Amts wegen verfolgt. Das Registergericht ist berechtigt, aber nicht verpflichtet, Strafanzeige zu erstatten, wenn auf Grund der eingereichten Unterlagen der Verdacht einer Straftat besteht.[377] Es handelt sich um Strafverfahren, die nach § 74c Abs. 1 Nr. 1 GVG zum Zuständigkeitsbereich der Wirtschaftsstrafkammern gehören, wenn sie bei dem Landgericht anhängig sind.[378] Sie werden deshalb regelmäßig von den für Wirtschaftsstrafsachen zuständigen Schwerpunktstaatsanwaltschaften verfolgt.

250   **2. Klageerzwingungs- und Adhäsionsverfahren.** Im **Klageerzwingungsverfahren** sind Verletzte iSd § 172 Abs. 1 StPO alle Personen, die von dem Tatbestand des § 399 geschützt werden und die im Vertrauen auf die Richtigkeit der zum Handelsregister oder in öffentlichen Ankündigungen von Aktien gemachten Angaben einen Schaden erlitten haben (vgl. → Rn. 5, → Rn. 111, → Rn. 127, → Rn. 152, → Rn. 183, → Rn. 201, → Rn. 220). Deshalb kann bei einer Aktiengesellschaft der einzelne Aktionär Verletzter sein, wenn ihm unrichtige Informationen über die Verhältnisse der Gesellschaft erteilt werden (ergänzend → § 400 Rn. 107 f.).[379] Ein zivilrechtlicher Schadensersatzanspruch aus § 823 Abs. 2 BGB iVm § 399 AktG kann auch im **Adhäsionsverfahren** nach § 403 StPO geltend gemacht werden.[380]

251   **3. Verjährung.** Die Verjährungsfrist bei § 399 beträgt fünf Jahre (§ 78 Abs. 3 Nr. 4 StGB). Die allgemeinen Vorschriften über die Verfolgungsverjährung (§§ 78 ff. StGB) finden dabei Anwendung. Die Verjährungsfrist beginnt gem. § 78a S. 1 StGB mit der Beendigung der Tat (vgl. → Rn. 244). Wird der Schwindel bei der öffentlichen Ankündigung von Aktien nach § 399 Abs. 1 Nr. 3 in Gestalt eines Presseinhaltsdelikts begangen,[381] so beträgt die Verjährungsfrist nach allen Landespressegesetzen sechs Monate.[382]

252   **4. Urteilsformel.** Bei einer Verurteilung nach einem der Tatbestände des § 399 ist darauf zu achten, dass auch in dem Urteilstenor und nicht nur in dem Urteilsgründen zum Ausdruck gebracht wird, auf Grund welchen Tatbestandes der Täter verurteilt wird. Der Urteilstenor muss bei der Vielzahl der in dieser Vorschrift geregelten Tatbestände klar erkennen lassen, gegen welchen Tatbestand der Täter verstoßen hat.[383]

253   **5. Strafe.** Die Straftaten nach § 399 sind Vergehen (§ 12 Abs. 2 StGB). Sie können wahlweise mit **Freiheitsstrafe** bis zu drei Jahren oder mit **Geldstrafe** bestraft werden. Hat der Täter sich bereichert oder versucht, das zu tun, kann neben einer Freiheitsstrafe zusätzlich auf eine Geldstrafe erkannt werden (§ 41 StGB).

---

[374] Vgl. den Sachverhalt in BGHSt 46, 62 = NJW 2000, 2285.

[375] Großkomm AktG/*Otto* Rn. 119; Kölner Komm AktG/*Altenhain* Rn. 201.

[376] RGSt 18, 179 (180); RG GA 51 (1904), 187; Kölner Komm AktG/*Altenhain* Rn. 203.

[377] *Grönwoldt* BB 1988, 1494 (1495); unklar *Rödder* Rpfleger 1986, 166 (169), da zur Erstattung einer Strafanzeige jedermann berechtigt ist.

[378] Auch in der Berufungsinstanz; OLG Stuttgart MDR 1982, 252.

[379] OLG Braunschweig wistra 1993, 31 (33); *Zielinski* wistra 1993, 6 (8).

[380] Vgl. hierzu BeckOGK/*Hefendehl* Rn. 10.1.

[381] Etwa mit Werbeinseraten in der Zeitung; BGHSt 27, 18 = NJW 1977, 305.

[382] Vgl. Erbs/Kohlhaas/*Stöckel* PresseG § 25.

[383] BeckOGK/*Hefendehl* Rn. 362; MüKoStGB/*Weiß* Rn. 197.

Bei einem an der Tat beteiligten **Anstifter** oder **Gehilfen,** bei dem die besonderen 254
persönlichen Merkmale fehlen (vgl. → Rn. 12), ist die Strafmilderungsmöglichkeit des § 28
Abs. 1 StGB zu beachten.

Auch finden die allgemeinen Vorschriften über **die Einziehung** nach den §§ 73 ff. StGB 255
Anwendung.

Ferner kann die Verhängung eines **Berufsverbotes** (§ 70 StGB) in Betracht kommen. 256

## § 400 Unrichtige Darstellung

(1) Mit Freiheitsstrafe bis zu drei Jahren oder mit Geldstrafe wird bestraft, wer
als Mitglied des Vorstands oder des Aufsichtsrats oder als Abwickler
1. die Verhältnisse der Gesellschaft einschließlich ihrer Beziehungen zu verbundenen Unternehmen im Vergütungsbericht nach § 162 Absatz 1 oder 2, in Darstellungen oder Übersichten über den Vermögensstand oder in Vorträgen oder
   Auskünften in der Hauptversammlung unrichtig wiedergibt oder verschleiert,
   wenn die Tat nicht in § 331 Nr. 1 oder 1a des Handelsgesetzbuchs mit Strafe
   bedroht ist, oder
2. in Aufklärungen oder Nachweisen, die nach den Vorschriften dieses Gesetzes
   einem Prüfer der Gesellschaft oder eines verbundenen Unternehmens zu geben
   sind, falsche Angaben macht oder die Verhältnisse der Gesellschaft unrichtig
   wiedergibt oder verschleiert, wenn die Tat nicht in § 331 Nr. 4 des Handelsgesetzbuchs mit Strafe bedroht ist.

(2) Ebenso wird bestraft, wer als Gründer oder Aktionär in Aufklärungen oder
Nachweisen, die nach den Vorschriften dieses Gesetzes einem Gründungsprüfer
oder sonstigen Prüfern zu geben sind, falsche Angaben macht oder erhebliche
Umstände verschweigt.

**Schrifttum:** *Arnhold,* Auslegungshilfen zur Bestimmung einer Geschäftslagetäuschung im Rahmen der § 331
Nr. 1 HGB, § 400 Abs. 1 Nr. 1 AktG, § 82 Abs. 2 Nr. 2 GmbHG, 1993; *Barnert,* Deliktischer Schadensersatz bei
Kursmanipulation de lege lata und de lege ferenda, WM 2002, 1473; *Cobet,* Fehlerhafte Rechnungslegung, 1991;
*Deuss,* Das Auskunftsrecht des Aktionärs in der Hauptversammlung der Aktiengesellschaft nach § 112 AktG und
das Problem der Aktienrechtsreform, 1962; *Fleischer,* Das Haffa-Urteil – Kapitalmarktstrafrecht auf dem Prüfstand,
NJW 2003, 2584; *Friedl,* Die Haftung des Vorstands und Aufsichtsrats für eine fehlerhafte Stellungnahme gem.
§ 271 WpÜG, NZG 2004, 448; *Goette,* Aktuelle Rechtsprechung des Bundesgerichtshofs zum Aktienrecht (Teil
I), DStR 2005, 561; *Kiethe,* Strafrechtlicher Anlegerschutz durch § 400 I Nr. 1 AktG, NStZ 2004, 73; *Klussmann,*
Geschäftslagetäuschungen nach § 400 AktG, 1975; *Marker,* Bilanzfälschung und Bilanzverschleierung, 1970;
*Marschdorf,* Möglichkeiten, Aufgaben und Grenzen des Jahresabschlußprüfers zur Aufdeckung von Wirtschafts-
straftaten im Rahmen der Jahresabschlußprüfung (Teil I und II), DStR 1995, 111 und DStR 1995, 149; *Nelles,*
Aktienrechtliche Bilanzdelikte, Diss. Münster 1974; *Rützel,* Der aktuelle Stand der Rechtsprechung zur Haftung
bei Ad-hoc-Mitteilungen, AG 2003, 69; *Schröder,* Aktienhandel und Strafrecht: Börseneinführung und Handel
von Aktien und Optionsrechten auf Aktien aus strafrechtlicher Sicht, 1994; *Tiedemann,* Straftatbestand und Nor-
menambivalenz am Beispiel der Geschäftsberichtsfälschung, FS Schaffstein, 1975, 195; *Thümmel,* Haftung für
geschönte Ad-hoc-Meldungen: Neues Risikofeld für Vorstände oder ergebnisorientierte Einzelfallrechtspre-
chung?, DB 2001, 2331; *Trescher,* Strafrechtliche Aspekte der Berichterstattung des Aufsichtsrats, DB 1998, 1016;
*Zielinski,* Zur Verletzteneigenschaft des einzelnen Aktionärs im Klageerzwingungsverfahren bei Straftaten zum
Nachteil einer Aktiengesellschaft, wistra 1993, 6.

### Übersicht

## I. Allgemeines

**1** **1. Rechtsentwicklung.** § 400 entsprach in seiner ursprünglichen mit dem AktG 1965 eingeführten Fassung im Wesentlichen dem § 296 Abs. 1 Nr. 1 und 2 AktG 1937. Dieser Tatbestand ging seinerseits auf die Strafvorschrift des § 314 HGB zurück, der sich wiederum auf entsprechende aktienstrafrechtliche Bestimmungen des Art. 249 ADHGB idF vom 18.7.1884 stützte (→ Vor § 399 Rn. 1).[1] Er ist durch das Gesetz zur Änderung des GmbHG vom 4.7.1980 (BGBl. 1980 I 836) um die Regelung des Abs. 2 ergänzt worden. Seine heutige Fassung hat er durch das BiRiLiG vom 19.12.1985 (BGBl. 1985 I 2355) erhalten. Mit diesem Gesetz wurden die früheren Tatbestände des § 400 Abs. 1 Nr. 2 (unrichtige Wiedergabe oder Verschleierung von Konzernverhältnissen) und Nr. 4 (falsche Angaben in bestimmten Geschäftsberichten) aufgehoben, weil das in ihnen mit Strafe bedrohte Unrecht nunmehr allgemein für alle Kapitalgesellschaften im HGB geregelt worden ist. Nachfolgevorschriften des bisherigen § 400 Abs. 1 Nr. 2 sind die Strafvorschriften § 331 Nr. 2 und 3 HGB. Die Strafvorschriften des bisherigen § 400 Abs. 1 Nr. 4 sind zu einer Ordnungswidrigkeit herabgestuft worden, deren Ahndung in § 334 Abs. 1 Nr. 1 lit. d und Nr. 2 lit. f HGB geregelt ist. Da das BiRiLiG die unrichtige Darstellung von Gesellschafts- und Konzernverhältnissen in Jahresabschlüssen und im Lagebericht sowie unrichtige Angaben in Nachweisen oder Aufklärungen gegenüber Abschlussprüfern allgemein für alle Kapitalgesellschaften unter Strafe gestellt hat, war es notwendig, die Straftatbestände des Abs. 1 subsi-

---

[1] Vgl. ergänzend zur Tatbestandsentwicklung *Arnhold*, Auslegungshilfen zur Bestimmung einer Geschäftslagetäuschung im Rahmen der § 331 Nr. 1 HGB, § 400 Abs. 1 Nr. 1 AktG, § 82 Abs. 2 Nr. 2 GmbHG, 1993, 2–6; *Marker*, Bilanzfälschung und Bilanzverschleierung, 1970, 2 ff.; *Schüppen*, Systematik und Auslegung des Bilanzstrafrechts, 1993, 60 ff.

diär auszugestalten, um Konkurrenzprobleme zu vermeiden. Das hat dazu geführt, dass die Reichweite dieser Straftatbestände eingeschränkt worden ist (vgl. → Rn. 21, → Rn. 60). Die in dem § 296 Abs. 1 AktG 1937 enthaltenen weiteren Strafvorschriften sind entfallen oder in Bußgeldtatbestände umgewandelt worden (§ 405 Abs. 1 Nr. 1–3). Während § 296 AktG 1937 einen Strafrahmen bis zu zehn Jahren Zuchthaus in besonders schweren Fällen vorsah, enthält § 400 lediglich eine Strafdrohung mit einer Obergrenze bis zu drei Jahren Freiheitsstrafe. Durch das Bilanzrechtsreformgesetz (**BilReG**) vom 4.12.2004 (BGBl. 2004 I 3166) ist in Abs. 1 Nr. 1 eine Verweisung auf § 331 Nr. 1a HGB erfolgt; es handelt sich um eine Folgeänderung zur Schaffung eines neuen Straftatbestandes im Zusammenhang mit der Einführung eines von der Bundesanzeigerpublizität des Jahresabschlusses befreienden Einzelabschlusses. Schließlich wurde Abs. 1 Nr. 1 durch das Gesetz zur Umsetzung der zweiten Aktionärsrechte-RL (**ARUG II**) vom 12.12.2019 (BGBl. 2019 I 2637) mit Wirkung vom 1.1.2020 geändert; dieser wurde um einen Verweis auf § 162 Abs. 1 oder 2 ergänzt. Die Regelung erfolgt als Folgeänderung, wonach die handelsrechtlichen Vorschriften der § 285 Nr. 9 lit. a S. 5–8 bzw. § 314 Abs. 1 Nr. 6 lit. a S. 5–7 HGB in den Vergütungsbericht verlagert wurden.[2] Dies hat zur Folge, dass die bis dato in diesen Normen vorgesehenen Angaben nunmehr in dem Vergütungsbericht zu machen sind und die Strafnorm des § 331 HGB nicht mehr greift.[3]

**2. Regelungsgegenstand, Normzweck und Rechtsgut.** § 400 soll mit seiner Straf- **2** drohung neben den zivilrechtlichen Schutzvorschriften sicherstellen, dass bestimmte Erklärungen und andere Äußerungen des von ihm erfassten Personenkreises über die Verhältnisse einer Aktiengesellschaft, einer Kommanditgesellschaft auf Aktien oder eines von ihnen geleiteten oder beherrschten Konzerns richtig und vollständig sind.[4] Es handelt sich dabei um Äußerungen, die dazu dienen sollen, die verantwortlichen Organe der Gesellschaft und die an ihr interessierten Personen im Rahmen der vom Gesetz vorgesehenen Anlässe über Umstände zu unterrichten, die ihnen die Möglichkeit geben, die Geschäftsführung der Gesellschaft zu überwachen, ihre Vermögens- und Ertragslage zu kontrollieren und eventuelle Schäden von ihr abzuwenden.[5] Diese Informationen müssen wahr sein, um eine Beurteilung der wirklichen Situation der Gesellschaft zu ermöglichen. § 400 dient deshalb nicht nur dem Schutz der Gesellschaft selbst und ihrer Anteilseigner (Aktionäre, Komplementäre und Kommanditaktionäre), sondern, ebenso wie bei § 399 (vgl. → § 399 Rn. 4), dem Schutz dritter Personen, die zu der Gesellschaft in rechtlicher oder wirtschaftlicher Beziehung stehen oder unmittelbar in eine solche Beziehung treten wollen.[6] Das sind die Gesellschaftsgläubiger und andere Geschäftspartner sowie die Arbeitnehmer der Gesellschaft.[7] **Geschütztes Rechtsgut** ist das Vertrauen dieser Personen in die Richtigkeit von Erklärungen und anderen Äußerungen, die bei bestimmten Anlässen von den im Gesetz genannten Organen der Gesellschaft oder in § 400 Abs. 2 von Gründern oder Aktionären abgegeben werden, sowie deren individuelle Vermögensinteressen.[8]

Aus dieser Rechtsgutsbestimmung ergibt sich, dass § 400 nicht nur im Allgemeininteresse **3** die Wahrheit und Klarheit der abgegebenen Erklärungen sicherstellen, sondern auch die vermögensrechtlichen Individualinteressen des von ihm geschützten Personenkreises gewährleisten soll. § 400 ist deshalb auch **Schutzgesetz** iSv § 823 Abs. 2 BGB.[9] In seinen

---

[2] BT-Drs. 19/9739, 115.
[3] BT-Drs. 19/9739, 115.
[4] So auch K. Schmidt/Lutter/*Oetker* Rn. 1.
[5] BeckOGK/*Hefendehl* Rn. 1; Hölters/*Müller-Michaels* Rn. 1; Graf/Jäger/Wittig/*Temming* Rn. 2.
[6] Vgl. RGSt 41, 293 (298); 43, 407 (415); 64, 422 (424); BGHSt 49, 381 (386) = NJW 2005, 445 (447) – Haffa/EM.TV; BGH NZG 2017, 116 Rn. 43 – HSH Nordbank; Heymann/*Mansdörfer* HGB § 331 Rn. 6.
[7] Großkomm AktG/*Otto* Rn. 2; Kölner Komm AktG/*Altenhain* Rn. 7; Graf/Jäger/Wittig/*Temming* Rn. 3; *Klussmann,* Geschäftslagetäuschungen nach § 400 AktG, 1975, 18; *Trescher* DB 1998, 1016.
[8] BeckOGK/*Hefendehl* Rn. 3; Achenbach/Ransiek/Rönnau/*Ransiek* 8. Teil 3. Kap. Rn. 17; *Kiethe* WM 2007, 722 (725); *Krack* NStZ 2001, 505 (506); enger Kölner Komm AktG/*Altenhain* Rn. 6: nur Schutz des Vermögens.
[9] BGHZ 149, 10 (20 f.) = NJW 2001, 3622 (3624); OLG München NJW 2003, 144 (146) – Infomatec; Großkomm AktG/*Otto* Rn. 4; Kölner Komm AktG/*Altenhain* Rn. 8; BeckOGK/*Hefendehl* Rn. 8;

Schutzbereich fallen die Gesellschaft selbst,[10] ihre Anteilseigner (Aktionäre[11] – auch potentielle Anleger[12] –, Komplementäre und Kommanditaktionäre), die Gesellschaftsgläubiger, die Arbeitnehmer[13] und in bestimmten Fällen auch andere Geschäftspartner,[14] wenn sie sich schutzwürdig auf die Richtigkeit der Erklärungen verlassen haben, ebenso wie Bietergesellschaften im Rahmen von Übernahmeangeboten nach dem WpÜG.[15] Der Schaden muss mindestens mitursächlich durch die Erklärung hervorgerufen worden sein.[16] Hat der Täter mit Täuschungsvorsatz gehandelt, so ist dies ein starkes Indiz für die Ursächlichkeit der unrichtigen Darstellung.[17]

4        **3. Rechtsnatur des Delikts und Systematik des Gesetzes.** Alle Tathandlungen des § 400 sind **Äußerungsdelikte,** die als Tätigkeitsdelikte ausgestaltet sind. Sie haben vorbeugenden Charakter (vgl. → Rn. 2) und sollen bereits im Vorfeld schadensträchtiger Handlungsweisen ein allgemeines und typischerweise gefährliches Verhalten unter Strafe stellen. Sie sind deshalb **abstrakte Gefährdungsdelikte.**[18] Sie bestehen aus unrichtigen Wiedergaben oder Verschleierungen bestimmter Verhältnisse der Gesellschaft (Abs. 1 Nr. 1 und teilweise Abs. 1 Nr. 2) oder aus falschen oder unvollständigen Angaben in Aufklärungen oder Nachweisen (Abs. 1 Nr. 2 und Abs. 2).

5        Die Tatbestände des § 400 sind **ausfüllungsbedürftige Normen,** die auf andere Vorschriften verweisen oder die auf Merkmale zurückgreifen, deren wahre Bedeutung erst auf Grund anderer Vorschriften des AktG Gestalt gewinnen. Die überwiegende Auffassung qualifiziert die Strafvorschriften als (unechte) Blankettgesetze.[19] Bei den Ausfüllungsvorschriften handelt es sich teilweise um Bestimmungen, welche die Pflicht zur Abgabe bestimmter Erklärungen enthalten, die ihrerseits aber wieder durch ein **Schweigerecht** begrenzt sein können. Solche ausdrücklichen Regelungen bestehen für bestimmte Angaben im Anhang zum Jahresabschluss nach § 286 HGB (Schutzklausel im Staatsinteresse und im Unternehmensinteresse) sowie für die Auskunftspflicht des Vorstandes nach § 93 Abs. 1 und gegenüber den Aktionären in der Hauptversammlung nach § 131 Abs. 3 AktG. In diesen Fällen ist das Schweigerecht nicht lediglich ein Rechtfertigungsgrund, sondern begrenzt bereits die Tatbestandsmäßigkeit (s. auch → Rn. 37).[20]

6        Die durch § 400 Abs. 1 und 2 und die Ausfüllungsvorschriften beschriebenen einzelnen Tatbestände entsprechen auch den Anforderungen der **Tatbestimmtheit** iSd Art. 103 Abs. 2 GG.[21] Es trifft zwar zu, dass der Gesetzgeber gerade bei den Tatbeständen des § 400 mit dem Begriff „Verhältnisse der Gesellschaft" ein Merkmal verwendet, das eine nicht

K. Schmidt/Lutter/*Oetker* Rn. 2; *Fleischer* NJW 2003, 2584 (2585 f.); *Klussmann,* Geschäftslagetäuschungen nach § 400 AktG, 1975, 19; *Rützel* AG 2003, 69 (72); *Thümmel* DB 2001, 2331 (2332); Heymann/*Mansdörfer* HGB § 331 Rn. 7.

[10] Großkomm AktG/*Otto* Rn. 2; *Klussmann,* Geschäftslagetäuschungen nach § 400 AktG, 1975, 18; *Gramich* wistra 1987, 157 (158); aA *Cobet,* Fehlerhafte Rechnungslegung, 1991, 23; *Schüppen,* Systematik und Auslegung des Bilanzstrafrechts, 1993, 114; Kölner Komm AktG/*Altenhain* Rn. 7.

[11] BGHZ 160, 134 (140 f.) = NJW 2004, 2664 (2665) – Infomatec; OLG Braunschweig wistra 1993, 31; OLG Frankfurt NStZ-RR 2002, 275 (276); Großkomm AktG/*Otto* Rn. 2; Kölner Komm AktG/*Altenhain* Rn. 7; *Cobet,* Fehlerhafte Rechnungslegung, 1991, 23; *Gramich* wistra 1987, 157 (158); *Zielinski* wistra 1993, 6 (8).

[12] RGZ 157, 213 (217); BGHZ 160, 134 (140 f.) = NJW 2004, 2664 (2665) – Infomatec; *Fleischer* NJW 2003, 2584 (2585); *Rützel* AG 2003, 69 (72); aA *Barnert* WM 2002, 1473 (1474).

[13] K. Schmidt/Lutter/*Oetker* Rn. 1.

[14] OLG Stuttgart OLGR 1998, 143 (144) = BeckRS 2013, 12708.

[15] *Friedl* NZG 2004, 448 (453); BeckOGK/*Hefendehl* Rn. 2.

[16] BGHZ 149, 10 (20 f.) = NJW 2001, 3622 (3624).

[17] RG JW 1935, 3614 m. zust. Anm. *Lehmann.*

[18] Kölner Komm AktG/*Altenhain* Rn. 9; Großkomm AktG/*Otto* Rn. 5; BeckOGK/*Hefendehl* Rn. 15; K. Schmidt/Lutter/*Oetker* Rn. 3; *Gramich* wistra 1987, 158; *Maul* DB 1989, 185.

[19] BeckOGK/*Hefendehl* Rn. 16; HK-KapMarktStrafR/*Eidam* AktG § 400 Rn. 4; Esser/Rübenstahl/Saliger/Tsambikakis/*Lauterwein*/Xylander AktG § 400 Rn. 5: blankettartige Norm; so auch → 4. Aufl. 2017, Rn. 5 *(Schaal).*

[20] *Arnhold,* Auslegungshilfen zur Bestimmung einer Geschäftslagetäuschung im Rahmen der § 331 Nr. 1 HGB, § 400 Abs. 1 Nr. 1 AktG, § 82 Abs. 2 Nr. 2 GmbHG, 1993, 139 ff.; aA Großkomm AktG/*Otto* Rn. 22.

[21] BVerfG NZG 2006, 825 zu § 331 Nr. 1 HGB; Bürgers/Körber/*Pelz* Rn. 1.

unbedenkliche Weite enthält und deshalb inhaltlich wenig aussagekräftig und vieldeutig ist.[22] Es ist aber ebenso, wie andere in ihm enthaltene allgemeine und wertausfüllungsbedürftige Begriffe (unrichtige Wiedergabe, Verschleiern, falsche Angabe), unter Berücksichtigung des Normzusammenhanges auslegungsfähig und bietet so dem Betroffenen eine zuverlässige Grundlage für die Beurteilung der Verhaltensweisen, die das Gesetz bestrafen will. Der Gesetzgeber ist nicht gehindert, bei der Ausgestaltung der Straftatbestände solche Begriffe zu verwenden, die im Einzelfall der Deutung durch den Richter bedürfen.[23] Andernfalls könnte gerade bei so schwierig zu gestaltenden Rechtsgebieten, wie es das Gesellschaftsrecht ist, der Vielfalt der zu erfassenden Sachverhalte nicht Rechnung getragen werden.[24] Wie iE dargelegt wird (→ Rn. 16 ff.), sind diese Begriffe durch die Rspr. und das Schrifttum soweit ausgedeutet worden, dass für den Betroffenen die Möglichkeit besteht, sich von vornherein darüber zu unterrichten, welche Verhaltensweisen von den einzelnen Tatbeständen erfasst wird.

**4. Rechtstatsachen.** Die Strafvorschriften des AktG haben bei Verurteilungen zahlen- **7** mäßig bisher keine große Rolle gespielt.[25] Dennoch sind, wie die öffentliche Diskussion im Zusammenhang mit Strafverfahren gegen leitende Personen von Aktiengesellschaften seit den 2000er-Jahren zeigt,[26] insbesondere die Tatbestände der unrichtigen Wiedergabe der Gesellschaftsverhältnisse nach § 400 Abs. 1 Nr. 1 und 2 inzwischen von nicht unerheblicher praktischer Bedeutung. Auf § 400 Abs. 1 Nr. 1 iVm § 823 Abs. 2 BGB gestützte deliktsrechtliche Schadensersatzansprüche waren allerdings in der Vergangenheit wegen der erforderlichen Nachweise vorsätzlichen Handelns, eines tatsächlich eingetretenen Schadens und einer haftungsbegründenden Kausalität regelmäßig gerichtlich nicht durchsetzbar.[27]

## II. Unrichtige Wiedergabe oder Verschleierung von Gesellschaftsverhältnissen (Abs. 1 Nr. 1)

**1. Täterkreis.** Als Täter nennt § 400 Abs. 1 Nr. 1 nur die Mitglieder des **Vorstandes 8** oder des **Aufsichtsrats** und die **Abwickler** (Liquidatoren). Täter können auch die **Stellvertreter** sein, wenn sie vertretungsweise tätig geworden sind.[28] Das wird in der Regel nur bei solchen Handlungen zutreffen, die sie in einem Zeitpunkt begehen, in dem der Vertretene an der Ausübung seines Amtes verhindert ist.[29]

Die Vorschrift schränkt damit den Täterkreis auf einen bestimmten Personenkreis ein, **9** dem Sondereigenschaften zukommen. § 400 Abs. 1 Nr. 1 ist deshalb ein **echtes Sonderdelikt**[30] mit allen sich daraus ergebenen Konsequenzen für die Beteiligung. Mittäter (§ 25 Abs. 2 StGB) oder mittelbarer Täter (§ 25 Abs. 1 Alt. 2 StGB) können nur Personen sein, welche die besonderen persönlichen Eigenschaften besitzen, von denen § 400 Abs. 1 Nr. 1 die Tätereigenschaft abhängig macht. Leitende Angestellte der Gesellschaft, denen die Sondereigenschaft fehlt, weil sie etwa nicht Mitglied des Vorstands sind (wie Abteilungsleiter des Finanzressorts unterhalb der Vorstandsebene), denen aber häufig schon wegen ihrer

---

[22] So Kölner Komm AktG/*Altenhain* Rn. 11.

[23] BVerfGE 26, 41 (42) = NJW 1969, 1759 (1759).

[24] Vgl. BVerfGE 4, 352 (357 f.) = NJW 1956, 99 (100); BVerfGE 45, 363 (371) = NJW 1977, 1815 (1815); BVerfGE 48, 48 (56) = NJW 1978, 1423 (1423); BGHSt 30, 285 (287) = NJW 1982, 775 (775); BGHSt 42, 219 (221) = NJW 1996, 3220 (3221); BGHSt 49, 381 (390 f.) = NJW 2005, 445 (449); BGH NJW 1987, 1833.

[25] Großkomm AktG/*Otto* Rn. 7; BeckOGK/*Hefendehl* Rn. 25; *Gramich* wistra 1987, 157 (158).

[26] Nachweise bei Großkomm AktG/*Otto* Vor § 399 Rn. 13 ff.; s. auch BGHSt 49, 381 = NJW 2005, 445 – Haffa/EM. TV.

[27] OLG München NZG 2002, 1111 – Infomatec; NJW 2003, 144 – Infomatec; BGHZ 149, 10 (21 f.) = NJW 2001, 3622 (3624); BGHZ 160, 134 = NJW 2004, 2664 – Infomatec; BeckOGK/*Hefendehl* Rn. 20.

[28] OLG Stuttgart OLGR 1998, 143 (144); Großkomm AktG/*Otto* Rn. 8; Kölner Komm AktG/*Altenhain* Rn. 15.

[29] Vgl. BGH BB 1958, 930.

[30] BGHSt 49, 381 (390) = NJW 2005, 445 (449) – Haffa/EM. TV; Großkomm AktG/*Otto* Rn. 9; Kölner Komm AktG/*Altenhain* Rn. 13; BeckOGK/*Hefendehl* Rn. 27; K. Schmidt/Lutter/*Oetker* Rn. 3.

Fachkenntnisse und ihrer Stellung ein maßgebender Einfluss auf die Rechnungslegung zukommt, scheiden somit als Täter aus,[31] wenn sie nicht faktisch die Stellung eines Vorstandsmitgliedes haben und damit zumindest nach hM (→ § 399 Rn. 23 ff.) taugliche Täter sein können.[32] Auch ist (außer in der in → Rn. 13 beschriebenen Sonderkonstellation nach § 14 Abs. 1 StGB) eine Erweiterung des Täterkreises über § 14 StGB nicht zulässig.[33] Anstifter (§ 26 StGB) oder Gehilfe (§ 27 StGB) kann dagegen jedermann sein (vgl. → § 399 Rn. 12, → § 399 Rn. 34 ff., → § 399 Rn. 54).

10   **a) Vorstandsmitglied.** Mitglied ist jeder, der durch den Aufsichtsrat nach § 84 oder in dringenden Fällen durch das Gericht nach § 85 zum Mitglied des Vorstandes bestellt worden ist (vgl. näher → § 399 Rn. 19 ff.). Dazu gehören auch die stellvertretenden Vorstandsmitglieder, wenn sie Vorstandsgeschäfte wahrnehmen.[34]

11   **b) Mitglied des Aufsichtsrats.** Mitglied ist derjenige, der nach der Gründung der Aktiengesellschaft von den Gründern nach § 30 bestellt, der nach § 101 Abs. 1 von der Hauptversammlung der Aktionäre gewählt, nach § 101 Abs. 2 entsandt oder in bestimmten Fällen von dem Gericht nach § 104 bestellt worden ist (vgl. näher → § 399 Rn. 27 ff.).

12   Bei den Mitgliedern des Aufsichtsrats kann sich das Problem der **Doppelfunktion oder auch des funktionalen Zusammenhangs** stellen. Zu Aufsichtsratsmitgliedern werden in der Regel Personen bestellt, die über Erfahrungen im Wirtschaftsleben verfügen und die neben ihrer Funktion in der Gesellschaft andere bedeutende Funktionen ausüben. Bei ihnen kommt es darauf an, in welcher Eigenschaft sie die für § 400 maßgeblichen Erklärungen abgegeben haben.[35] Wird die Erklärung im Rahmen der anderen Funktion abgegeben, so scheidet eine Strafbarkeit nach § 400 aus. Im Wesentlichen wird das eine Tatfrage sein, die im Einzelfall anhand der in Betracht kommenden Umstände zu entscheiden ist. In dem von *Geilen*[36] angeführten Beispiel des Vorstandsmitgliedes einer Bank, das gleichzeitig Aufsichtsratsmitglied einer Aktiengesellschaft ist, deren Vermögen und Ertragslage es unrichtig darstellt, kommt es darauf an, ob es diese Erklärung in der Hauptversammlung der Aktiengesellschaft den Aktionären oder in einem Schreiben mit dem Briefkopf seiner Bank als Vorstandsmitglied dieses Unternehmens gibt. Im ersten Fall handelt er als Mitglied des Aufsichtsrats und kann als solcher nach § 400 Abs. 1 Nr. 1 bestraft werden. In der zweiten Alternative käme eine Bestrafung wegen betrügerischen Verhaltens in Betracht, wenn die Erklärung zu einem Schaden geführt hat.

13   **c) Abwickler.** Liquidatoren sind die Vorstandsmitglieder einer nach § 262 aufgelösten Aktiengesellschaft (§ 265 Abs. 1) sowie die natürlichen oder juristischen Personen, die nach § 265 Abs. 2 oder Abs. 3 dazu bestellt worden sind (vgl. näher → § 399 Rn. 185 ff.). Ist eine juristische Person zum Abwickler bestellt worden, so sind Täter die natürlichen Personen, die nach § 14 Abs. 1 Nr. 1 StGB Mitglieder des vertretungsberechtigten Organs sind.[37]

14   **d) Faktische Organstellung.** Vorstands- oder Aufsichtsratsmitglieder sowie Abwickler können nach hM auch Personen sein, die nicht rechtswirksam dazu bestellt worden sind, aber tatsächlich die mit diesem Amt verbundenen Funktionen wahrnehmen.[38] Die Grundsätze über die faktische Organstellung (vgl. → § 399 Rn. 23 ff.) gelten danach auch bei den Tatbeständen des § 400, obwohl sie bei ihnen nur eine geringe Bedeutung haben werden.[39]

---

[31] Kölner Komm AktG/*Altenhain* Rn. 18.
[32] *Klussmann,* Geschäftslagetäuschungen nach § 400 AktG, 1975, 65; Großkomm AktG/*Otto* Rn. 10; Kölner Komm AktG/*Geilen* Rn. 12.
[33] Großkomm AktG/*Otto* Rn. 10; BeckOGK/*Hefendehl* Rn. 29 f.; Hölters/*Müller-Michaels* Rn. 6; Hensler/Strohn/*Raum* Rn. 2; Kölner Komm AktG/*Altenhain* Rn. 19; MüKoStGB/*Weiß* Vor § 399 Rn. 29.
[34] OLG Stuttgart OLGR 1998, 143 (144); Großkomm AktG/*Otto* Rn. 8.
[35] Vgl. Großkomm AktG/*Otto* Rn. 26; MüKoStGB/*Weiß* Rn. 8; aA Kölner Komm AktG/*Altenhain* Rn. 20; Graf/Jäger/Wittig/*Temming* Rn. 5; BeckOGK/*Hefendehl* Rn. 61 ff.
[36] Vgl. Kölner Komm AktG/*Geilen,* 1. Aufl. 1970 ff., Rn. 16.
[37] Kölner Komm AktG/*Altenhain* Rn. 17.
[38] Großkomm AktG/*Otto* Rn. 8.
[39] Ebenso BeckOGK/*Hefendehl* Rn. 28.

**2. Gegenstand der Tathandlung.** Die Tathandlung der unrichtigen Wiedergabe oder **15** Verschleierung muss sich auf die Verhältnisse der Gesellschaft einschließlich ihrer Beziehungen zu verbundenen Unternehmen beziehen, die in Darstellungen oder Übersichten über den Vermögensstand oder in Vorträgen oder Auskünften in der Hauptversammlung enthalten sind.

**a) Gesellschaftsverhältnisse.** Dieser **weite,** aber hinreichend bestimmte[40] **Begriff 16** erfasst Beziehungen jeder Art, die geeignet sind, nicht nur die Vermögenslage der Gesellschaft, sondern auch alle anderen Umstände zu beurteilen, welche die Situation der Gesellschaft in ihrem, wirtschaftlichen, politischen und sozialen Umfeld kennzeichnen.[41] Das Gesetz konkretisiert diesen Begriff dadurch näher, dass es als seinen Bestandteil beispielhaft auch die Beziehungen zu verbundenen Unternehmen herausstellt. Es bezieht sich dabei auf die Begriffsbestimmung des § 15 (vgl. → § 15 Rn. 1 ff.).

Durch § 400 werden nicht nur die Vermögensverhältnisse der Gesellschaft, sondern auch **17** ihre sonstigen Interessen, also der Stand ihrer Verhältnisse in seiner Gesamtheit geschützt.[42] Der Begriff der Gesellschaftsverhältnisse erfasst deshalb alle Tatsachen, Vorgänge, Daten und Schlussfolgerungen, die für die Beurteilung der Situation der Gesellschaft und ihrer künftigen Entwicklung von Bedeutung sein können.[43] Unter ihn fallen aus diesem Grunde nicht nur die wirtschaftlichen Verhältnisse der Gesellschaft, auf die § 265b StGB den Strafschutz bei dem Kreditbetrug beschränkt, sondern auch soziale, politische oder sonstige Beziehungen, die Anhaltspunkte für die Einschätzung der Lage der Gesellschaft, ihrer Funktion, ihrer Entwicklung und ihres sonstigen Erscheinungsbildes geben. Da das Gesetz, anders als § 265b StGB, diese Einschränkung des Begriffs nicht enthält, besteht kein Anlass, nur solche Umstände in Betracht zu ziehen, die für die Beurteilung der wirtschaftlichen Situation der Gesellschaft von Bedeutung sein können. Es ist Aufgabe des Gesetzgebers, die **Grenzen des Tatbestandes,** der keinen verfassungsrechtlichen Bedenken begegnet (vgl. → Rn. 6), zu bestimmen. Wenn er das bei den mehrfachen Änderungen dieses Tatbestandes nicht getan hat, müssen sich die Rspr. und das Schrifttum damit abfinden. Im Übrigen handelt es sich bei dem Merkmal der Gesellschaftsverhältnisse um einen Begriff, der auslegungsfähig ist. Vorbehalten gegen eine Erstreckung der Strafbarkeit auf „banale Lügen" kann deshalb dadurch Rechnung getragen werden, dass Erklärungen, die bereits bei abstrakter Betrachtungsweise für eine Entscheidung Dritter, mit der Gesellschaft in rechtliche oder wirtschaftliche Beziehungen zu treten, irrelevant sind, aus dem Tatbestand ausgeschlossen werden.[44] Ob die Differenz zwischen fehlerhafter Darstellung und tatsächlichen Unternehmensverhältnissen von Relevanz ist, bestimmt sich im Zweifel aufgrund einer Gesamtbetrachtung. So kann bei einer Bank mit einer Gesamtbilanzsumme von über 200 Milliarden Euro die im Quartalsbericht um 112 Millionen Euro fehlerhaft dargestellte Ertragslage die Entscheidung des geschützten Personenkreises beeinflussen, wenn – vor dem Hintergrund eines allgemeinen Misstrauens gegenüber Finanzinstituten – nur die unrichtige Darstellung der Ertragslage zu einem Wechsel vom Verlust – in den Gewinnbereich geführt hat.[45]

Mit Einführung des Verweises auf § 162 Abs. 1 oder Abs. 2 treten für eine Tathandlung **18** iSd § 400 Abs. 1 Nr. 1 weitere Anknüpfungspunkte hinzu. Auch vor dem **ARUG II** waren

---

[40] BVerfG BeckRS 9998, 42176 – Haffa/EM. TV; BVerfGK 9, 46 = NZG 2006, 825 zu § 331 Nr. 1 HGB.
[41] BVerfG BeckRS 9998, 42176 – Haffa/EM. TV; BVerfGK 9, 46 = NZG 2006, 825 zu § 331 Nr. 1 HGB; RGSt 21, 172; Kölner Komm AktG/*Altenhain* Rn. 32; Großkomm AktG/*Otto* Rn. 28; BeckOGK/ *Hefendehl* Rn. 65; K. Schmidt/Lutter/*Oetker* Rn. 6.
[42] Vgl. RGSt 21, 172; 38, 195 (197); 41, 293 (298); 49, 358 (363); 66, 425 (426).
[43] BVerfGK 9, 46 = NZG 2006, 825 zu § 331 Nr. 1 HGB; Kölner Komm AktG/*Altenhain* Rn. 32; Großkomm AktG/*Otto* Rn. 28; Graf/Jäger/Wittig/*Temming* Rn. 6; Heymann/*Mansdörfer* HGB § 331 Rn. 32; *Gramich* wistra 1987, 157 (159); *Maul* DB 1989, 185.
[44] Vgl. BVerfGK 9, 46 = NZG 2006, 825 zu § 331 Nr. 1 HGB; BGHSt 30, 285 (289) = NJW 1982, 775 (775) zu § 265b StGB; BGH NZG 2017, 116 Rn. 43 – HSH Nordbank; OLG Frankfurt NStZ-RR 2002, 275; LG Hamburg AG 2015, 368 Rn. 1537, 1541 – HSH Nordbank; Großkomm AktG/*Otto* Rn. 29; Henssler/Strohn/*Raum* Rn. 6; Bürgers/Körber/*Pelz* Rn. 4; ähnlich Kölner Komm AktG/*Altenhain* Rn. 11.
[45] BGH NZG 2017, 116 Rn. 45 f. – HSH Nordbank.

mit dem Vergütungsbericht vergleichbare Auskünfte nach § 285 Nr. 9 HGB aF und § 314 Abs. 1 Nr. 6 HGB aF vorgeschrieben, wobei eine unrichtige Darstellung vom Straftatbestand des § 331 HGB erfasst sein konnte. Der Vergütungsbericht erfordert allerdings zum Teil über die ursprünglichen Anforderungen hinausgehende Angaben.[46] § 400 Abs. 1 Nr. 1 begründet demnach eine über § 331 HGB hinausgehende Strafbarkeit.[47]

19  **b) Darstellungen und Übersichten über den Vermögensstand.** Die unrichtige Wiedergabe oder Verschleierung der Gesellschaftsverhältnisse kann in verschiedenen Tatvarianten geschehen. Das Gesetz nennt als erste Variante, in der die dahingehenden Erklärungen enthalten sein können, die Darstellungen oder Übersichten über den Vermögensstand.

20  Unter **Übersichten über den Vermögensstand** sind alle Bilanzen, aber auch andere Zusammenstellungen von Zahlenmaterial in Tabellenform zu verstehen, die einen Gesamtüberblick über die Vermögens- und Ertragslage der Gesellschaft ermöglichen und den Eindruck der Vollständigkeit erwecken.[48] Eine Darstellung über lediglich einzelne Aspekte der Vermögenslage reicht nicht aus.[49] Die Darstellung oder Übersicht braucht zwar tatbestandlich nicht in schriftlicher Form vorzuliegen, dies wird aber regelmäßig der Fall sein, weil das Zahlenwerk anders nicht vernünftig darzustellen ist.

21  Zu den unter diesen Begriff fallenden **Bilanzen** gehören in erster Linie die Eröffnungsbilanz nach § 242 Abs. 1 HGB sowie der Jahresabschluss mit Lagebericht und Anhang nach § 264 Abs. 1 HGB. Diese Übersichten wie auch der Konzernabschluss mit Lagebericht und Anhang (§ 290 Abs. 1 HGB, § 297 Abs. 1 HGB, § 315 HGB) werden jedoch von dem Sonderdelikt des § 331 Nr. 1 oder 1a und Nr. 2 HGB erfasst, sodass § 400 Abs. 1 Nr. 1 wegen der Subsidiaritätsklausel (→ Rn. 1, → Rn. 105) insoweit verdrängt wird. Als Gegenstand der unrichtigen Wiedergabe oder Verschleierung kommen jedoch alle anderen Bilanzen in Betracht. Das sind im Wesentlichen alle Sonderbilanzen, wie Zwischenbilanzen,[50] Kreditbilanzen, Sanierungsbilanzen, Liquidationsbilanzen[51] oder Bilanzen bei Kapitalerhöhungen nach § 207 Abs. 3. Unter den Begriff der Übersicht fällt aber auch **jeder andere Status,** der Aufschluss über den Vermögensstand gibt.[52] Das können der Entwurf eines Jahresabschlusses sein, den der Vorstand dem Aufsichtsrat vorweg zur Kenntnisnahme zuleitet, aber ebenso Vermögensübersichten in Anlageprospekten[53] oder Quartalsberichte über Umsatzerlöse und Erträge.[54]

22  **Darstellungen über den Vermögensstand** sind Berichte jeder Art,[55] in denen der Vermögensstand der Gesellschaft so umfassend wiedergegeben wird, dass sie ein Gesamtbild über die wirtschaftliche Lage des Unternehmens ermöglichen und den Eindruck der Vollständigkeit erwecken.[56] Mit diesem Tatbestandsmerkmal wird nichts anderes ausgesagt als nicht schon in dem Tatbestandsmerkmal der Wiedergabe (vgl. → Rn. 35 ff.) enthalten ist.[57] Damit wird aber eine im Aktienrecht häufig vorkommende Form der Äußerung des Vorstandes gegenüber dem Aufsichtsrat und dieses Organs gegenüber der Hauptversammlung gekennzeichnet.

23  Das Gesetz sieht eine besondere **Berichtspflicht des Vorstandes** an den Aufsichtsrat in § 90 vor. Dazu gehören nicht nur die – gem. § 90 Abs. 4 grundsätzlich in Textform, also

---

[46] *Paschos/Goslar* AG 2018, 857 (864).

[47] BeckOGK/*Hefendehl* Rn. 125; entgegen *Illner/Hoffmann* ZWH 2019, 81 (84).

[48] BGHZ 160, 134 (141) = NJW 2004, 2664 (2665) – Infomatec; BGHSt 49, 381 (386) = NJW 2005, 445 (447) – Haffa/EM. TV; Großkomm AktG/*Otto* Rn. 33; ähnlich Kölner Komm AktG/*Altenhain* Rn. 16.

[49] OLG München NJW 2003, 144; Graf/Jäger/Wittig/*Temming* Rn. 9.

[50] BGHSt 49, 381 (389) = NJW 2005, 445 (448) – Haffa/EM. TV zu Halbjahreszahlen.

[51] *Klussmann*, Geschäftslagetäuschungen nach § 400 AktG, 1975, 20.

[52] Zust. Großkomm AktG/*Otto* Rn. 33; Graf/Jäger/Wittig/*Temming* Rn. 9.

[53] Zust. Großkomm AktG/*Otto* Rn. 33; Kölner Komm AktG/*Altenhain* Rn. 37.

[54] BGHSt 49, 381 (388) = NJW 2005, 445 (447 f.) – Haffa/EM. TV.

[55] BVerfG BeckRS 9998, 42176 – Haffa/EM. TV; BeckOGK/*Hefendehl* Rn. 80.

[56] BGHZ 160, 134 (141) = NJW 2004, 2664 (2665) – Infomatec; BGHSt 49, 381 (386) = NJW 2005, 445 (447 f.) – Haffa/EM. TV; OLG Stuttgart OLGR 1998, 143; einschr. Kölner Komm AktG/*Altenhain* Rn. 38: Informationen von zentraler Bedeutung.

[57] BeckOGK/*Hefendehl* Rn. 80.

zB auch mittels E-Mail (→ § 90 Rn. 12 f.) – zu erstattenden Berichte, die der Vorstand in bestimmten Abständen nach § 90 Abs. 2 zu erstellen hat, sondern auch die Berichte, die der Aufsichtsrat nach § 90 Abs. 3 anfordert und der Bericht an den Vorsitzenden des Aufsichtsrats nach § 90 Abs. 1 S. 3.

Die **Berichtspflicht des Aufsichtsrats** an die Hauptversammlung ergibt sich aus § 171 **24** Abs. 2.[58] Danach hat der Aufsichtsrat schriftlich über das Ergebnis seiner Prüfung des Jahresabschlusses, des Lageberichts und des Vorschlags für die Verwendung des Bilanzgewinnes zu berichten. Ferner muss der Bericht sich nach § 171 Abs. 2 S. 2 darauf erstrecken, in welcher Art und in welchem Umfang der Aufsichtsrat die Geschäftsführung der Gesellschaft während des Geschäftsjahres überprüft hat. Hierbei waren früher nur formelhafte Wendungen üblich, während nun eine ausführlichere Berichterstattung zu vermerken ist (→ § 171 Rn. 181 mwN).[59] Ob sich dieser Trend zu eingehender Berichterstattung bereits zu einer Rechtspflicht verdichtet hat, ist allerdings zweifelhaft (vgl. → § 171 Rn. 195). Jedenfalls muss der Bericht richtig sein, auch wenn er über eine Prüftätigkeit Aussagen enthält, die über das hinausgehen, was üblich ist. Zudem ist er auch unrichtig, wenn keine sorgfältige Prüfung erfolgt ist.[60]

Unter das Merkmal Darstellung fallen aber auch alle **anderen Berichte,** die der Vorstand **25** oder der Aufsichtsrat herausgeben. So zB Zwischenberichte für die Aktionäre oder die interessierte Öffentlichkeit, aber auch sonstige schriftliche oder mündliche Erklärungen des Vorstands außerhalb der Hauptversammlung[61] und gegenüber Einzelpersonen.[62] Zu den Darstellungen gehören deshalb auch Quartalsberichte über Umsatzerlöse und die Ertragslage,[63] die Anlageprospekte sowie sonstige Vermögensaufstellungen und Geschäftsberichte. Nicht darunter fallen der Lagebericht nach § 289 HGB und der Konzernlagebericht nach § 315 HGB, die von § 331 Nr. 1 und Nr. 2 erfasst werden, denen gegenüber § 400 Abs. 1 Nr. 1 zurücktritt (→ Rn. 105) sowie Berichte in dem Anhang des Jahresabschlusses, der mit diesem nach § 264 Abs. 1 HGB auch für die strafrechtliche Beurteilung eine Einheit bildet und deshalb ebenfalls von § 331 Nr. 1 HGB erfasst wird.[64]

Nicht abschließend geklärt ist, ob auch **Ad-hoc-Mitteilungen** iSd Art. 17 MAR (§ 15 **26** WpHG aF) „Darstellungen über den Vermögensstand" sind. Die zu § 15 WpHG aF ergangene zivilgerichtliche Rspr. und die hM in der Lit. haben dies jedenfalls in Fällen verneint, in denen durch die Mitteilung nur ein einzelner Geschäftsabschluss bekanntgegeben wird, da dann kein Bericht vorliege, der den Vermögensstand des Unternehmens so umfassend wiedergibt, dass er ein Gesamtbild über die wirtschaftliche Lage der Aktiengesellschaft ermöglicht.[65] Da es auf die Art und Form der Darstellung nicht ankommt, ist aber nicht prinzipiell ausgeschlossen, dass auch Ad-hoc-Mitteilungen die an die Darstellungen iSd § 404 Abs. 1 Nr. 1 zu stellenden Voraussetzungen erfüllen. Sofern eine Ad-hoc-Mitteilung ein Gesamtbild über die wirtschaftliche Lage ermöglicht und den Eindruck der Vollständigkeit erweckt, hindert allein die Tatsache, dass die Darstellung der Vermögensverhältnisse in einer Ad-hoc-Mitteilung erfolgt, die Subsumtion unter § 400 Abs. 1 Nr. 1 nicht.[66] Eine für die Beurteilung der wirt-

---

[58] BeckOGK/*Hefendehl* Rn. 83.
[59] Nachweise bei Hüffer/Koch/*Koch* § 171 Rn. 20.
[60] BeckOGK/*Hefendehl* Rn. 83.
[61] RGSt 49, 239 (241); K. Schmidt/Lutter/*Oetker* Rn. 7.
[62] BeckOGK/*Hefendehl* Rn. 82.
[63] BGHSt 49, 381 (388) = NJW 2005, 445 (448) – Haffa/EM. TV.
[64] *Maul* DB 1989, 185 (186) Fn. 14; *Cobet,* Fehlerhafte Rechnungslegung, 1991, 19 f.; *Schüppen,* Systematik und Auslegung des Bilanzstrafrechts, 1993, 196 ff.; *Arnhold,* Auslegungshilfen zur Bestimmung einer Geschäftslagetäuschung im Rahmen der § 331 Nr. 1 HGB, § 400 Abs. 1 Nr. 1 AktG, § 82 Abs. 2 Nr. 2 GmbHG, 1993, 30 f.; enger Heymann/*Mansdörfer* HGB § 331 Rn. 30: nur soweit die Angaben im Anhang die Richtigkeit, Vollständigkeit und Klarheit der Bilanz bzw. der Gewinn- und Verlustrechnung beeinflussen können.
[65] BGH NJW 2004, 2664 (2665 f.); *Fleischer* NJW 2003, 2584 (2585); *Goette* DStR 2005, 561 (562); *Reichert/Weller* ZRP 2002, 49 (54); hiergegen ausf. BeckOGK/*Hefendehl* Rn. 104 ff.; generell die Einbeziehung von Ad-hoc-Mitteilungen abl. zB *Kort* AG 2005, 21 (24).
[66] BGHSt 49, 381 (389 f.) = NJW 2005, 445 (448) – Haffa/EM. TV; BVerfG BKR 2007, 38 (39) – Haffa/EM. TV; MüKoStGB/*Weiß* Rn. 33; BeckOGK/*Hefendehl* Rn. 101 ff.; Esser/Rübenstahl/Saliger/Tsambikakis/*Lauterwein/Xylander* AktG § 400 Rn. 29.

schaftlichen Lage der Gesellschaft wesentliche Bedeutung haben zB für diese veröffentlichte Halbjahreszahlen.[67] Unter Heranziehung dieser Grundsätze dürften auch **Pressemitteilungen** nicht grundsätzlich als Tatmittel des § 400 Abs. 1 Nr. 1 auszuschließen sein. Die Rspr. hat dies im IKB-Fall verneint, da es sich bei den hierin mitgeteilten Informationen um ersichtlich überschlägige, isolierte und unvollständige Angaben handelte.[68] Da es auf die Form der Darstellung bei § 400 Abs. 1 Nr. 1 AktG nicht ankommt, gilt auch hier, dass bei einer umfassenden Wiedergabe des Vermögensstandes des Unternehmens in einer Pressemitteilung eine Strafbarkeit nicht schon prinzipiell zu verneinen ist.

27    Darstellungen und Übersichten sind nur tatbestandsmäßig, wenn sich die in ihnen dargestellten Gesellschaftsverhältnisse **auf den Vermögensstand beziehen.** Der gegenteiligen Auffassung[69] ist nicht zu folgen, weil der Wortlaut der Vorschrift eindeutig ist und eine solche Auslegung nicht zulässt.[70] Der Begriff des Vermögensstandes, der auch in anderen Strafvorschriften verwendet wird (vgl. § 264a Abs. 1 StGB; § 283 Abs. 1 Nr. 5, 7a, 8 StGB; § 283b Abs. 1 Nr. 1, 2, 3a StGB; § 313 UmwG; § 147 GenG; § 143 VAG), impliziert zwar eine statische Bedeutung, die sich auf eine Bestandsaufnahme der Vermögenslage zu einem bestimmten Zeitpunkt bezieht. So eng wird dieser Begriff jedoch nicht ausgelegt. Entsprechend dem Normzweck soll § 400 Abs. 1 Nr. 1 allen an der Gesellschaft interessierten Personen die Möglichkeit geben, die Vermögens- und Ertragslage der Gesellschaft anhand der Informationen zu kontrollieren, deren Erteilung das Aktienrecht den Organen der Gesellschaft vorschreibt (→ Rn. 2). Der Schutzbereich des § 400 Abs. 1 Nr. 1 erstreckt sich deshalb nicht nur auf einen bestimmten Vermögensstand, sondern auch auf die Ertragslage der Gesellschaft[71] sowie auf weitere Beurteilungsfaktoren für deren künftige wirtschaftliche Entwicklung.[72] Darstellungen und Übersichten beziehen sich deshalb auf den Vermögensstand, wenn in ihnen Tatsachen enthalten sind, die sich auf die wirtschaftliche Situation der Gesellschaft und auf ihre künftige wirtschaftliche Entwicklung auswirken können.[73] Das sind nicht nur Angaben in den Darstellungen oder Übersichten über Vermögensgegenstände und Verluste der Gesellschaft (und der mit ihr verbundenen Unternehmen), sondern auch Aussagen über bestimmte Vorgänge innerhalb des Vorstandes, des Aufsichtsrats oder der Verwaltung der Gesellschaft sowie über das Verhalten einzelner Mitglieder des Vorstands oder des Aufsichtsrats, sofern sich diese Umstände auf die wirtschaftliche Entwicklung der Gesellschaft auswirken können.

28    **c) Vorträge und Auskünfte in der Hauptversammlung.** Als zweite Tatform der unrichtigen Wiedergabe oder Verschleierung der Gesellschaftsverhältnisse führt das Gesetz **Erklärungen** der als Täter in Betracht kommenden Personen an, die in Vorträgen oder Auskünften in der Hauptversammlung abgegeben werden. Bei dieser Tatvariante verzichtet das Gesetz darauf, nur solche Erklärungen als tatbestandsmäßig zu kennzeichnen, die sich auf den Vermögensstand beziehen. In der Hauptversammlung müssen diese Erklärungen der Mitglieder des Vorstands oder des Aufsichtsrats insgesamt richtig sein, wenn sie die Verhältnisse der Gesellschaft zum Gegenstand haben; einen **wirtschaftlichen Bezug**[74] (vgl. → Rn. 27) brauchen sie **nicht** zu haben.

29    **Vorträge und Auskünfte** in der Hauptversammlung sind alle (schriftlichen oder mündlichen) Äußerungen, die von Mitgliedern des Vorstands, des Aufsichtsrats oder von Abwicklern bei dieser Gelegenheit gemacht werden. Auf die Art des Vortrags oder der Auskunft

---

[67] BGHSt 49, 381 (389 f.) = NJW 2005, 445 (448) – Haffa/EM. TV; BVerfG BKR 2007, 38 (39) – Haffa/EM. TV.

[68] BGH NJW 2012, 1800 (1802) – IKB; hiergegen ausf. BeckOGK/*Hefendehl* Rn. 106 ff.

[69] BT-Drs. 14/7515, 86.

[70] BGHZ 160, 134 (141) = NJW 2004, 2664 (2665) – Infomatec; Großkomm AktG/*Otto* Rn. 36; *Goette* DStR 2005, 561 (562).

[71] Zust. BGHSt 49, 381 (387) = NJW 2005, 445 (448) – Haffa/EM. TV.

[72] Vgl. BVerfG BeckRS 9998, 42176 – Haffa/EM. TV; Großkomm AktG/*Otto* Rn. 36; Kölner Komm AktG/*Altenhain* Rn. 39; *Klussmann,* Geschäftslagetäuschungen nach § 400 AktG, 1975, 22; *Kiethe* NStZ 2004, 73 (75).

[73] Ebenso Großkomm AktG/*Otto* Rn. 36.

[74] Ebenso Graf/Jäger/Wittig/*Temming* Rn. 10.

kommt es nicht an. Insbes. braucht es sich bei dem Vortrag nicht um eine in sich geschlossene, wohl vorbereitete und nach bestimmten Gesichtspunkten eingeteilte Rede handeln.[75] Es genügt jede aus dem Stegreif gehaltene Bemerkung und auch ein Zwischenruf, wenn es sich dabei um eine informelle Stellungnahme des in Betracht kommenden Gesellschaftsorgans handelt.[76] Deshalb kann auch eine unrichtige Begründung für eine Auskunftsverweigerung das Tatbestandsmerkmal Vortrag erfüllen, sofern sich die angegebene Begründung für die Auskunftsverweigerung auf die Gesellschaftsverhältnisse bezieht.[77]

Es muss aber um Äußerungen gehen, die von den als Täter in Betracht kommenden **30** Personen **kraft ihrer Stellung als Organ** der Gesellschaft und innerhalb ihrer funktionalen Zuständigkeit in der Hauptversammlung abgegeben werden; nicht um Bemerkungen, die nur bei dieser Gelegenheit gemacht werden.[78]

Als **gesetzliche Auskunftspflicht** verlangt § 176 Abs. 1 S. 2 und 3 von dem Vorstand **31** einen Vortrag, in dem er zu Beginn der Hauptversammlung zu seinen Vorlagen und zu einem Jahresfehlbetrag oder einem Verlust Stellung nehmen muss (vgl. → § 176 Rn. 12 ff.). Dabei handelt es sich um eine Maßnahme der Geschäftsführung, zu der der gesamte Vorstand verpflichtet ist (→ § 176 Rn. 18). Es liegt jedoch in der Natur der Sache, dass der Vorstand während der Hauptversammlung auch zu weiteren Punkten Stellung nimmt und eine Vielzahl von Äußerungen abgeben muss. In einem mehrgliedrigen Vorstand, bei dem die Geschäfte verteilt sind, werden diese Äußerungen regelmäßig entweder von dem Vorstandsvorsitzenden oder dem zuständigen Vorstandsmitglied abgegeben. Entsprechend der Erläuterungspflicht des Vorstandes trifft auch den Vorsitzenden des Aufsichtsrats die Pflicht, zu dem Bericht des Aufsichtsrats nach § 171 näher in der Hauptversammlung Stellung zu nehmen und insbesondere die Lage und die Entwicklung der Gesellschaft aus der Sicht des Aufsichtsrats zu erläutern (→ § 176 Rn. 19 f.).[79] Nach § 131 ist der Vorstand verpflichtet, jedem Aktionär Auskunft über die Angelegenheiten der Gesellschaft zu geben. Danach hat der Aktionär einen Anspruch auf Erteilung der Auskunft, wenn sie sich auf „Angelegenheiten der Gesellschaft" bezieht[80] (→ § 131 Rn. 35 ff.) und wenn die Erteilung der Auskunft für die „sachgemäße Beurteilung" eines Tagesordnungspunktes erforderlich ist (→ § 131 Rn. 38 ff.). Weitere Auskunftsrechte ergeben sich aus den § 293g Abs. 3, § 295 Abs. 2 S. 3, § 319 Abs. 3 S. 4, § 320 Abs. 4 S. 3 sowie § 326.

Gegenstand unrichtiger Wiedergaben oder Verschleierungen sind auch Auskünfte des Vor- **32** stands und des Aufsichtsrats, die **außerhalb der gesetzlichen Auskunftsverpflichtung** über Gesellschaftsverhältnisse erteilt werden. Es kommt deshalb nicht darauf an, ob die unrichtige Erklärung innerhalb einer Auskunft abgegeben worden ist, zu der der Vorstand oder Aufsichtsrat gesetzlich verpflichtet war.[81] Unwesentlich ist es auch, ob der Vorstand oder Aufsichtsrat die Auskunft nach § 131 Abs. 3 hätte verweigern können. Gerade bei Vorträgen und Auskünften in der Hauptversammlung ist zu beachten, dass alle anwesenden Mitglieder des Vorstands und des Aufsichtsrats dafür verantwortlich sind, dass die von einem Mitglied dieser Organe abgegebenen Erklärungen richtig und vollständig sind. Die an diesen Erklärungen nicht beteiligten Organmitglieder sind deshalb verpflichtet, unverzüglich solchen Erklärungen zu widersprechen, wenn ihnen die Unrichtigkeit oder Unvollständigkeit der Erklärungen bekannt ist oder sie mindestens damit rechnen (vgl. → Rn. 39, → Rn. 99).

**Hauptversammlung** ist die unter dieser Bezeichnung ordnungsgemäß einberufene und **33** unter Beachtung der §§ 129, 130 durchgeführte Zusammenkunft der Aktionäre (→ § 118

---

[75] RGSt 45, 210 (212).
[76] Kölner Komm AktG/*Altenhain* Rn. 42; Großkomm AktG/*Otto* Rn. 38.
[77] Großkomm AktG/*Otto* Rn. 41; Kölner Komm AktG/*Altenhain* Rn. 43; BeckOGK/*Hefendehl* Rn. 76.
[78] Ebenso Großkomm AktG/*Otto* Rn. 37.
[79] Hüffer/Koch/*Koch* § 176 Rn. 4.
[80] Vgl. dazu K. Schmidt/Lutter/*Oetker* Rn. 8.
[81] Kölner Komm AktG/*Altenhain* Rn. 43; Großkomm AktG/*Otto* Rn. 40; Graf/Jäger/Wittig/*Temming* Rn. 10 K. Schmidt/Lutter/*Oetker* Rn. 8; Henssler/Strohn/*Raum* Rn. 6; aA *Deuss*, Das Auskunftsrecht des Aktionärs in der Hauptversammlung der Aktiengesellschaft nach § 112 AktG und das Problem der Aktienrechtsreform, 1962, 140.

Rn. 1 mwN). Außerhalb der Hauptversammlung gegebene Auskünfte (zB in privaten Gesprächen gelegentlich der Hauptversammlung) fallen nicht unter den Tatbestand.[82] Jedoch werden diese regelmäßig das Merkmal der Darstellung über den Vermögensgegenstand erfüllen, wenn dessen Voraussetzungen (→ Rn. 19 ff.) vorliegen.

**34**    **3. Tathandlung.** Die Tathandlung des § 400 Abs. 1 Nr. 1 ist die unrichtige Wiedergabe oder das Verschleiern von Gesellschaftsverhältnissen in den vom Gesetz vorgesehenen Tatmodalitäten. In Betracht kommen alle Äußerungen der vom Gesetz als Täter bezeichneten Personen. Das können auch Erklärungen innerhalb des jeweiligen Organs sein, wie zB in einem mehrgliedrigen Vorstand mit Geschäftsverteilung die Unterrichtung der übrigen Vorstandsmitglieder durch das für das Aufgabengebiet zuständige Mitglied über bestimmte Umstände, die für das Verständnis der von dem Vorstand zu treffenden Entscheidungen von Bedeutung sind oder ein Bericht, den ein Ausschuss des Aufsichtsrats diesem nach Erledigung seines Auftrages gibt. Selbst eine von einem Vorstands- oder Aufsichtsratsmitglied mit Hilfe eines bestochenen oder gutgläubigen Journalisten lancierte Pressemeldung über Gesellschaftsverhältnisse in Darstellungen, die unter den Tatbestand des § 400 Abs. 1 Nr. 1 fallen, können tatbestandsmäßig sein, wenn sie inhaltlich falsch sind.[83]

**35**    **a) Unrichtige Wiedergabe.** Unrichtig wiedergegeben werden die Verhältnisse einer Gesellschaft, wenn die sich auf diese Verhältnisse beziehenden Erklärungen tatsächliche Behauptungen enthalten, die inhaltlich nicht mit der Wirklichkeit übereinstimmen.[84] Der Begriff der unrichtigen Wiedergabe von Gesellschaftsverhältnissen entspricht dem Merkmal des Machens falscher Angaben, den das Gesellschaftsrecht und auch § 400 an anderer Stelle als Tathandlung verwendet. Eine Auslegung kann sich deshalb an den Kriterien orientieren, die zu diesem Merkmal entwickelt worden sind (vgl. hierzu iE die Erläuterungen zum Gründungsschwindel nach § 399 Abs. 1 Nr. 1; → § 399 Rn. 55 ff.). Ob die in der Wiedergabe der Gesellschaftsverhältnisse enthaltene Aussage mit der Wirklichkeit übereinstimmt, ist deshalb unter Berücksichtigung ihres Sinnes und ihres Zusammenhanges nach dem objektiven Empfängerhorizont zu entscheiden. Maßstab für die Richtigkeit ist der Inhalt der Erklärung selbst, wobei es darauf ankommt, wie dieser aus der Sicht eines kundigen Lesers – zB eines bilanzkundigen Lesers bei Erklärungen in einer Bilanz[85] – als Erklärungsempfänger verstanden werden durfte. Subjektive Vorstellungen des Täters über den Inhalt seiner Aussage bleiben im Rahmen des objektiven Tatbestands unberücksichtigt.[86]

**36**    IdR handelt es sich bei diesen Aussagen um das Behaupten von **Tatsachen.** Es können aber auch **Werturteile** sein, wie Schätzungen, Bewertungen und Prognosen, wenn diese einen nachprüfbaren Tatsachenkern haben oder sonst in objektiver Weise überprüft werden können.[87] Es genügt deshalb eine Beurteilung, die zwar auf einer zutreffenden Tatsachengrundlage beruht, aber zu objektiv falschen tatsächlichen oder rechtlichen Schlussfolgerungen kommt.[88] Es wird dabei bei der im Hinblick auf Art. 103 Abs. 2 GG gebotenen restriktiven Auslegung regelmäßig um evidente Verstöße gehen, die Bewertung oder Schlussfolgerung muss also schlechthin unvertretbar sein.[89] Nur dann wird der Tatrichter in der Regel die Überzeugung gewinnen können, dass die Bewertung unrichtig ist.[90] Das

[82] Kölner Komm AktG/*Altenhain* Rn. 43; Großkomm AktG/*Otto* Rn. 42; K. Schmidt/Lutter/*Oetker* Rn. 8; Henssler/Strohn/*Raum* Rn. 6.
[83] Vgl. Kölner Komm AktG/*Geilen*, 1. Aufl. 1970 ff., Rn. 17, 25.
[84] Großkomm AktG/*Otto* Rn. 13; BeckOGK/*Hefendehl* Rn. 46; K. Schmidt/Lutter/*Oetker* Rn. 5.
[85] Vgl. RGSt 68, 346 (349); BGHSt 49, 381 (391) = NJW 2005, 445 (447) – Haffa/EM. TV; *Klussmann*, Geschäftslagetäuschungen nach § 400 AktG, 1975, 52; Großkomm AktG/*Otto* Rn. 14.
[86] BayObLGSt 1987, 7 = NJW-RR 1987, 675; Großkomm AktG/*Otto* Rn. 13; Kölner Komm AktG/*Altenhain* Rn. 24; *Gramich* wistra 1987, 157 (159).
[87] Großkomm AktG/*Otto* Rn. 14; Kölner Komm AktG/*Altenhain* Rn. 22; K. Schmidt/Lutter/*Oetker* Rn. 5.
[88] Graf/Jäger/Wittig/*Temming* Rn. 11.
[89] Vgl. Großkomm AktG/*Otto* Rn. 14; Kölner Komm AktG/*Altenhain* Rn. 31; BeckOGK/*Hefendehl* Rn. 34; Schönke/Schröder/*Perron* StGB § 265b Rn. 39.
[90] Vgl. BGHSt 30, 285 (288 f.) = NJW 1982, 775 (775) zu § 265b StGB.

kommt insbesondere in Betracht, wenn in Bilanzen vorhandene Vermögenswerte falsch bewertet werden. Unrichtig ist eine Wiedergabe der Gesellschaftsverhältnisse nicht nur, wenn sie deren Verhältnisse zu günstig darstellt. Sie stimmt auch mit der Wirklichkeit nicht überein, wenn sie zu ungünstig ist. Eine Bilanz wird nicht nur falsch wiedergegeben, wenn sie unterbewertet ist, sondern auch wenn sie – etwa wegen zu niedrig angesetzter Rückstellungen – überbewertet ist (vgl. → § 256 Rn. 56 ff., → § 256 Rn. 60 ff.).[91]

Keine unrichtige Wiedergabe stellt es dar, wenn Angaben auf Grund von **Schweigerech-** **37** **ten** unterbleiben. Solche ausdrücklichen Regelungen bestehen für die Auskunftspflicht des Vorstandes gegenüber den Aktionären in der Hauptversammlung nach § 131 Abs. 3 sowie für bestimmte Angaben im Anhang zum Jahresabschluss nach § 286 HGB (Schutzklausel im Staatsinteresse und im Unternehmensinteresse). In diesen Fällen ist das Schweigerecht nicht lediglich ein Rechtfertigungsgrund, sondern schließt bereits die Tatbestandsmäßigkeit aus (→ Rn. 5, → Rn. 48).[92] Allerdings wird hierdurch nicht eine positiv unrichtige Wiedergabe gestattet.[93] Auch kann eine unrichtige Begründung für eine Auskunftsverweigerung den Tatbestand erfüllen (→ Rn. 29).

In § 400 Abs. 1 Nr. 1 wird, anders als § 400 Abs. 2, nicht ausdrücklich geregelt, dass **38** auch das **Verschweigen** erheblicher Umstände tatbestandsmäßig sein kann. Das schließt aber nicht aus, dass bei Anwendung allgemeiner Auslegungsregeln ein solches Ergebnis auch bei diesem Tatbestandsmerkmal in Betracht kommt, zumal es hier um ein Äußerungsdelikt geht, bei dem es stets auf den Gesamteindruck der gemachten Aussage ankommt. Wer im Rahmen seiner Aussage einen erheblichen Umstand verschweigt, macht eine unvollständige Aussage, die insgesamt falsch ist, wenn nur die Offenbarung des erheblichen Umstandes ihren wahren Gehalt erkennen lässt. Der Täter bringt in einem solchen Fall mit seinem Verhalten schlüssig zum Ausdruck, dass seine Äußerung einen anderen Inhalt hat, als dieser in Wirklichkeit ist. Diesen Schluss hat die Rspr. schon früh gezogen.[94] Er ist auch im Schrifttum anerkannt.[95] Wer im Rahmen einer Wiedergabe einen erheblichen Umstand verschweigt, macht sich deshalb nicht wegen einer Unterlassungstat gem. § 13 StGB strafbar, es handelt sich vielmehr um eine unrichtige Wiedergabe durch (konkludentes) positives Tun.[96]

Eine unrichtige Wiedergabe von Gesellschaftsverhältnissen kann aber auch durch **Unter-** **39** **lassen** begangen werden. Sie ist nach § 13 StGB strafbar, wenn der Täter auf Grund einer Garantenstellung zur Offenbarung eines bestimmten Umstandes verpflichtet ist. § 13 StGB erfasst nach hM nicht nur die reinen Erfolgsdelikte, sondern ist auch auf Tätigkeitsdelikte anwendbar, die, wie § 400, abstrakte Gefährdungsdelikte sind.[97] Die Mitglieder eines Vorstands erfüllen deshalb den Tatbestand des § 400 Abs. 1 Nr. 1, wenn sie entgegen ihrer Berichtspflicht aus § 90 Abs. 1 S. 3 den Vorsitzenden des Aufsichtsrats nicht unverzüglich über einen wichtigen Anlass unterrichten. Das ist zB der Fall, wenn bei der Gesellschaft wesentliche Verluste auftreten, größere Außenstände gefährdet werden oder erhebliche Betriebsstörungen auftreten (→ § 90 Rn. 31).[98] Auch ist es in der Rspr. und im Schrifttum anerkannt, dass ein Mitglied des Vorstandes oder des Aufsichtsrats wegen Unterlassung verurteilt werden kann, wenn in seiner Gegenwart ein anderes Mitglied seines Organs die gesellschaftlichen Verhältnisse unrichtig oder unvollständig wiedergibt oder diese verschlei-

---

[91] Vgl. BeckOGK/*Hefendehl* Rn. 36.

[92] *Arnhold,* Auslegungshilfen zur Bestimmung einer Geschäftslagetäuschung im Rahmen der § 331 Nr. 1 HGB, § 400 Abs. 1 Nr. 1 AktG, § 82 Abs. 2 Nr. 2 GmbHG, 1993, 139 ff., 146; aA *Nelles,* Aktienrechtliche Bilanzdelikte, 1974, 148; Großkomm AktG/*Otto* Rn. 22.

[93] Vgl. Großkomm AktG/*Otto* Rn. 22; Kölner Komm AktG/*Altenhain* Rn. 29.

[94] RGSt 43, 407 (415); 49, 358 (363).

[95] Großkomm AktG/*Otto* Rn. 15; Kölner Komm AktG/*Altenhain* Rn. 26; BeckOGK/*Hefendehl* Rn. 41; K. Schmidt/Lutter/*Oetker* Rn. 5; Graf/Jäger/Wittig/*Temming* Rn. 11.

[96] Vgl. BeckOGK/*Hefendehl* Rn. 41 mwN.

[97] BeckOGK/*Hefendehl* Rn. 42; Schönke/Schröder/*Stree/Bosch* StGB § 13 Rn. 3; *Fischer* StGB § 13 Rn. 3; Lackner/Kühl/*Kühl* StGB § 13 Rn. 6; aA LK-StGB/*Weigend* StGB § 13 Rn. 13.

[98] BeckOGK/*Hefendehl* Rn. 46.

ert, ohne dass er widerspricht (vgl. auch → Rn. 99).[99] Die unrichtige Äußerung eines Mitgliedes des Vorstandes oder des Aufsichtsrats zwingt zum Einschreiten der übrigen Organmitglieder, weil sie anderenfalls durch ihr Schweigen schlüssig zu erkennen geben, dass die Äußerung richtig ist. Voraussetzung ist allerdings, dass sie die Unrichtigkeit oder Unvollständigkeit der Äußerung kennen oder mindestens damit rechnen, dass sie unrichtig oder unvollständig sein kann.[100] Ebenso kommt eine Strafbarkeit durch Unterlassen in Betracht, wenn der Täter zwar unvorsätzlich, aber unter Verstoß gegen die Sorgfaltspflicht unzutreffende Angaben macht und eine Richtigstellung unterlässt.[101]

40    Dagegen werden Fälle, in denen der Täter **jede Äußerung unterlässt,** obwohl das Gesetz von ihm ein Handeln verlangt, nicht erfasst.[102] Von einem solchen Verhalten kann ein dem Schutzzweck dieses Straftatbestandes zuwiderlaufender Täuschungs- oder Verschleierungseffekt nicht ausgehen.

41    **b) Verschleierung.** Verschleiert werden die Verhältnisse der Gesellschaft, wenn die Erklärungen über sie in ihrem tatsächlichen Kern richtig sind, also nicht unwahr sind, ihrem äußeren Anschein nach aber geeignet sind, die Verhältnisse inhaltlich anders darzustellen als sie in Wahrheit sind.[103] Eine Verschleierung ist eine Darstellung, welche die wahren Tatsachen undeutlich oder unkenntlich macht, ihr Gesamtbild verfälscht und dadurch zu einer unrichtigen Beurteilung der Sachlage führt.[104] Beide Tatbestandsvarianten sind nicht immer klar voneinander abzugrenzen, weil bei einem Verschweigen erheblicher Umstände sowohl der Gesamtgehalt der Aussage unrichtig wiedergegeben, wie auch das Gesamtbild der Darstellung verfälscht und damit verschleiert werden kann. Das Merkmal des Verschleierns hat im Strafverfahren vorwiegend beweiserleichternde Bedeutung, weil dem Täter damit häufig die Einlassung abgeschnitten wird, seine Darstellung sei zwar „geschickt", aber nicht unwahr.[105]

42    Gleichgültig ist die **Form der Erklärung** bei der unrichtigen Wiedergabe oder Verschleierung. Sie können mündlich oder schriftlich abgegeben werden. Eine besondere Form oder Art der unrichtigen Wiedergabe oder Verschleierung verlangt § 400 nicht. Das ergibt sich schon aus § 400 Abs. 1 Nr. 1, der als Tathandlung die Abgabe von Erklärungen in Vorträgen oder Auskünften in der Hauptversammlung anführt. Vorträge können nur mündliche Erklärungen sein, Auskünfte werden es häufig sein. Tatbestandsmäßig sind auch Erklärungen, die teils mündlich und teils schriftlich, etwa zur Ergänzung der schriftlichen Äußerungen, von den Tätern in ihrer dienstlichen Eigenschaft gemacht werden. Rein private Äußerungen sind nicht tatbestandsmäßig.[106]

43    **4. Beispiele aus der Rechtsprechung.** Die Erklärung enthält eine unrichtige Wiedergabe oder Verschleierung der Verhältnisse der Gesellschaft, wenn sie ein unrichtiges Gesamt-

---

[99] RGSt 45, 210 (213 f.); 49, 239 (241); BGHZ 149, 10 (20) = NJW 2001, 3622 (3624); Großkomm AktG/*Otto* Rn. 17; Kölner Komm AktG/*Altenhain* Rn. 28; Graf/Jäger/Wittig/*Temming* Rn. 13; *Arnhold,* Auslegungshilfen zur Bestimmung einer Geschäftslagetäuschung im Rahmen der § 331 Nr. 1 HGB, § 400 Abs. 1 Nr. 1 AktG, § 82 Abs. 2 Nr. 2 GmbHG, 1993, 48 ff.; *Klussmann,* Geschäftslagetäuschungen nach § 400 AktG, 1975, 70 ff.

[100] RGSt 49, 239 (242); RG JW 1935, 2427; Großkomm AktG/*Otto* Rn. 17; BeckOGK/*Hefendehl* Rn. 51.

[101] RGSt 49, 239 (241); Bürgers/Körber/*Pelz* Rn. 8; Scholz/Tiedemann/*Rönnau* GmbHG § 82 Rn. 183; *Arnhold,* Auslegungshilfen zur Bestimmung einer Geschäftslagetäuschung im Rahmen der § 331 Nr. 1 HGB, § 400 Abs. 1 Nr. 1 AktG, § 82 Abs. 2 Nr. 2 GmbHG, 1993, 48 ff.

[102] Großkomm AktG/*Otto* Rn. 16; Kölner Komm AktG/*Altenhain* Rn. 27; *Arnhold,* Auslegungshilfen zur Bestimmung einer Geschäftslagetäuschung im Rahmen der § 331 Nr. 1 HGB, § 400 Abs. 1 Nr. 1 AktG, § 82 Abs. 2 Nr. 2 GmbHG, 1993, 48 f.; Scholz/Tiedemann/*Rönnau* GmbHG § 82 Rn. 182.

[103] Großkomm AktG/*Otto* Rn. 18; Kölner Komm AktG/*Altenhain* Rn. 30; BeckOGK/*Hefendehl* Rn. 53; *Arnhold,* Auslegungshilfen zur Bestimmung einer Geschäftslagetäuschung im Rahmen der § 331 Nr. 1 HGB, § 400 Abs. 1 Nr. 1 AktG, § 82 Abs. 2 Nr. 2 GmbHG, 1993, 24 f.; *Klussmann,* Geschäftslagetäuschungen nach § 400 AktG, 1975, 23 ff.; *Marker,* Bilanzfälschung und Bilanzverschleierung, 1970, 38 ff.

[104] RGSt 37, 433 (434); 41, 293 (300); Graf/Jäger/Wittig/*Temming* Rn. 12.

[105] Großkomm AktG/*Otto* Rn. 20; Kölner Komm AktG/*Altenhain* Rn. 31; BeckOGK/*Hefendehl* Rn. 54; Graf/Jäger/Wittig/*Temming* Rn. 12; *Gramich* wistra 1987, 157 (159).

[106] RGSt 5, 146 (149); 45, 210 (211 f.); Großkomm AktG/*Otto* Rn. 26; diff. BeckOGK/*Hefendehl* Rn. 63.

bild über die Verhältnisse der Gesellschaft hervorruft. Das **Gericht hat** deshalb **alle** hierfür **wesentlichen Fakten festzustellen.** Dazu gehört bei einem Jahresabschluss grundsätzlich die Kenntnis der Jahresbilanz sowie der Gewinn- und Verlustrechnung, ggf. auch des Geschäftsberichts.[107]

**Unrichtige Wiedergaben oder Verschleierungen:** Ein Geschäftsbericht muss alle Tatsa- 44 chen oder Umstände enthalten, die nach vernünftigem Ermessen bei Berücksichtigung der Anschauungen des Verkehrs zur Beurteilung der gesamten Geschäftslage des Unternehmens von Bedeutung sind.[108] Dazu gehört, dass auf den Unterschied zwischen dem Anschaffungswert und dem Warenwert des Betriebsgegenstandes hingewiesen wird;[109] ferner müssen auch Veruntreuungen eines Vorstandsmitglieds angegeben werden, die durch Ersatzansprüche gedeckt, aber nicht ausreichend gesichert sind.[110] Der Geschäftsbericht (jetzt: Erläuterungen im Anhang nach § 284 HGB und Lagebericht in § 289 HGB sowie die Sonderregelungen in §§ 150 ff.) dient nicht nur den Interessen der Aktionäre.[111]

**Verhältnisse der Gesellschaft.** Die Verhältnisse der Gesellschaft werden unrichtig darge- 45 stellt, wenn in der Bilanz die Außenstände überhöht angegeben werden,[112] wenn Grundstücke, Gegenstände des Anlagevermögens, Warenbestände oder sonstige Vermögenswerte falsch bewertet oder wenn zu hohe oder zu geringe Abschreibungen vorgenommen werden.[113] Zweck der Vorlegung der Bilanz ist es, den Vermögensstand der Gesellschaft richtig und zuverlässig für den Zeitpunkt darzulegen und festzustellen, auf den sich die Bilanz bezieht.[114] Die Bilanz darf nicht so gestaltet sein, dass sie in wesentlichen Punkten ein falsches Bild bietet und den Leser zu falschen Schlüssen über die Ertragslage und den Vermögensstand der Gesellschaft führt.[115] Ein unrichtiges Gesamtbild der Bilanz wird nicht nur durch die Aufnahme fiktiver, in Wirklichkeit nicht vorhandener Außenstände hervorgerufen, sondern auch durch unrichtige Schätzungen entsprechender Außenstände.[116] Unrichtig ist die Bilanz, wenn in sie ein Grundstück als Eigentum (Sacheinlage) der Gesellschaft angeführt wird, obwohl es ihr nie gehört hat,[117] wenn bestimmte wertvolle Vermögensstücke oder andere Vermögenswerte (auch Forderungen) in ihr nicht erscheinen, sondern als stille Reserven behandelt werden.[118] Nicht jeder Verstoß gegen die förmlichen Vorschriften über die Gliederungen der Bilanz macht diese ohne weiteres unrichtig oder bewirkt eine Verschleierung des Standes der Verhältnisse der Gesellschaft. Es kommt in jedem Fall darauf an, ob die Bilanz sachlich unrichtig ist. Eine Verschleierung liegt jedoch vor, wenn ein Bilanzkundiger die in der Bilanz darzustellende Geschäftslage aus ihr nicht oder kaum erkennen kann (→ Rn. 41).[119] Voraktivierungen von erwarteten Gewinnen müssen als solche in der Bilanz erkennbar gemacht werden.[120] Passiva dürfen in der Bilanz nicht verschwiegen werden, während die damit in Verbindung stehenden Aktiva mitgeteilt werden.[121]

**Verschweigen erheblicher Umstände.** Eine unrichtige Darstellung liegt auch vor, wenn 46 erhebliche Umstände verschwiegen werden, obwohl eine Offenbarungspflicht besteht, der die als Täter in Betracht kommenden Personen insbesondere für ihre „Darstellungen", „Übersichten" und „Vorträge" unterliegen.[122] So muss ein Vorstandsmitglied widersprechen, wenn

---

[107] BGH StV 1982, 155 (156) mAnm *Jungfer*; zust. Großkomm AktG/*Otto* Rn. 47.
[108] RGSt 41, 293 (298).
[109] RGSt 41, 293 (298).
[110] RGSt 38, 195 (197).
[111] RGSt 38, 195 (198).
[112] RGSt 14, 80 (81).
[113] Vgl. BGHSt 13, 382 (383) = NJW 1960, 444 (444); Großkomm AktG/*Otto* Rn. 20.
[114] RGZ 112, 19 (23).
[115] RGSt 49, 358 (363).
[116] RGSt 37, 433 (435).
[117] RGSt 43, 407 (416).
[118] RGSt 62, 357 (359).
[119] RGSt 68, 346 (349); BGH NJW 2005, 445 (449).
[120] RGSt 67, 349 (350).
[121] RG JW 1930, 2709.
[122] RGSt 43, 407 (415); 49, 358 (363).

in seiner Gegenwart ein anderes Vorstandsmitglied den Vermögensstand unvollständig wiedergibt; tut er das nicht, ist er Mittäter.[123] Ihm muss aber mindestens im Sinne eines bedingten Vorsatzes bewusst sein, dass die Darstellung falsch oder irreführend ist.[124] Das Mitglied eines Aufsichtsrats erkennt eine unwahre Darstellung des Vorstandes in der Bilanz stillschweigend an, wenn er sie in Kenntnis der Unrichtigkeit ohne den Hinweis darauf der Hauptversammlung vorlegt.[125] Das gilt auch für entsandte Aufsichtsratsmitglieder und Arbeitnehmervertreter.

**47**  **5. Subjektiver Tatbestand.** Der Tatbestand des § 400 Abs. 1 Nr. 1 kann nur **vorsätzlich** begangen werden; ein fahrlässiges Handeln reicht nach § 15 StGB nicht aus. Der Täter handelt vorsätzlich, wenn er die Tat in Kenntnis der einzelnen Tatumstände ausführt, also weiß, dass er unrichtige oder verschleierte Erklärungen in Darstellungen oder Übersichten über bestimmte Verhältnisse der Gesellschaft oder in Vorträgen und Auskünften in der Hauptversammlung abgibt. Wie bei allen Vorsatztaten, die kein wissentliches Handeln vorschreiben, reicht bedingter Vorsatz aus.[126] Es genügt deshalb, wenn der Täter die Unrichtigkeit oder den verschleiernden Charakter der Erklärungen nur für möglich hält, die Erklärungen aber gleichwohl abgibt und sich somit damit abfindet. Aufsichtsratsmitglieder handeln allerdings nicht schon dann vorsätzlich, wenn sie Berichte oder Bilanzen, die von dem Vorstand erstellt sind, einfach „passieren" lassen, ohne sie sorgfältig geprüft zu haben.[127] Jedoch wird das im Einzelfall Tatfrage sein.[128] Unterdrückt das Aufsichtsratsmitglied seine Bedenken und lässt es die vom Vorstand erstellten unrichtigen Unterlagen auch für den Fall passieren, dass seine Bedenken zutreffen sollten, handelt er bedingt vorsätzlich. Eine über den Vorsatz hinausgehende Täuschungsabsicht ist nicht erforderlich.[129]

**48**  **6. Rechtswidrigkeit.** Für die Rechtswidrigkeit gelten die allgemeinen strafrechtlichen Grundsätze. Eine Einwilligung des Aufsichtsrats in unrichtige Darstellungen des Vorstands ist strafrechtlich regelmäßig unbeachtlich,[130] weil hier ein Rechtsgut der Allgemeinheit berührt ist. Liegen die Voraussetzungen des § 286 HGB für ein Unterlassen von Angaben (vgl. → Rn. 37) nicht vor, ist auch eine Rechtfertigung durch rechtfertigenden Notstand gem. § 34 StGB oder eine rechtfertigende Pflichtenkollision praktisch ausgeschlossen, da den Publizitäts- und Rechenschaftspflichten grundsätzlich Vorrang gebührt.[131] Insbes. dürfen ungünstige Umstände und Ereignisse nicht deshalb verschwiegen werden, weil ihr Bekanntwerden die Gesellschaft schädigen würde,[132] die volle Offenbarung eines wichtigen Umstandes den Zusammenbruch der Gesellschaft bewirken kann[133] oder weil Arbeitsplätze auf dem Spiel stehen.[134] Lediglich das eingeschränkte Schweigerecht des § 286 HGB begrenzt die Pflicht zur Offenlegung der Gesellschaftsverhältnisse (vgl. → Rn. 5).

**49**  **7. Irrtum.** Bei Irrtum finden die §§ 16 und 17 StGB Anwendung.

**50**  Ein den Vorsatz ausschließender **Tatbestandsirrtum** gem. § 16 StGB liegt danach vor, wenn der Täter sich darüber irrt, dass einzelne objektive Tatbestandsmerkmale erfüllt sind. Der Täter muss also darüber irren, ob er als Täter in Betracht kommt, ob seine Erklärungen sich auf Gesellschaftsverhältnisse beziehen und ob sie unrichtig und verschleiert wiedergege-

[123] RGSt 49, 239 (241); enger allerdings RGSt 45, 210 (212, 214).
[124] RG JW 1935, 2427.
[125] RGSt 14, 80 (83); 37, 433; 38, 195 (200).
[126] Großkomm AktG/*Otto* Rn. 48; Kölner Komm AktG/*Altenhain* Rn. 44; BeckOGK/*Hefendehl* Rn. 136; K. Schmidt/Lutter/*Oetker* Rn. 15.
[127] RG JW 1935, 2427.
[128] Kölner Komm AktG/*Altenhain* Rn. 44; *Cobet,* Fehlerhafte Rechnungslegung, 1991, 75 f.
[129] RGSt 64, 422 (423); RG JW 1935, 2427; Großkomm AktG/*Otto* Rn. 48; Kölner Komm AktG/*Altenhain* Rn. 44; BeckOGK/*Hefendehl* Rn. 137.
[130] Großkomm AktG/*Otto* Rn. 51; BeckOGK/*Hefendehl* Rn. 161.
[131] Großkomm AktG/*Otto* Rn. 51; BeckOGK/*Hefendehl* Rn. 164; *Arnhold,* Auslegungshilfen zur Bestimmung einer Geschäftslagetäuschung im Rahmen der § 331 Nr. 1 HGB, § 400 Abs. 1 Nr. 1 AktG, § 82 Abs. 2 Nr. 2 GmbHG, 1993, 152 ff.
[132] Vgl. RGSt 49, 358 (363, 365).
[133] RGSt 38, 195 (198); K. Schmidt/Lutter/*Oetker* Rn. 19.
[134] Vgl. *Cobet,* Fehlerhafte Rechnungslegung, 1991, 78.

ben werden.[135] Dabei ist zu berücksichtigen, dass der Tatbestand des § 400 Abs. 1 Nr. 1 als ausfüllungsbedürftige Norm (vgl. → Rn. 5) auch auf Begriffe zurückgreift, die an anderer Stelle im Gesellschaftsrecht geregelt sind. Es geht deshalb häufig nicht nur um das Wissen oder das Erkennen tatsächlicher Umstände, sondern um schwierige Wertungen, die mitunter ein erhebliches Fachwissen voraussetzen. In diesen Fällen kann es sich bei dem Irrtum um einen Subsumtionsirrtum (vgl. → § 399 Rn. 106) handeln, der als Verbotsirrtum gem. § 17 StGB nicht den Vorsatz ausschließt, sondern nur die Schuld, wenn er unvermeidbar ist. Das wird insbesondere bei Bilanzen in Betracht kommen, wenn der Täter die im HGB geregelten Grundsätze über die Aufstellung und die Bewertung von Vermögenswerten und Verbindlichkeiten verkennt.

Ein **Verbotsirrtum** gem. § 17 StGB ist gegeben, wenn dem Täter die Einsicht gefehlt **51** hat, Unrecht zu tun. Er kann nur im Rahmen der Schuld Bedeutung erlangen; ist er unvermeidbar ist die Schuld ausgeschlossen, ansonsten bleibt der Schuldvorwurf. Ein Verbotsirrtum nach § 17 StGB liegt zB vor, wenn der Täter glaubt, dass seine Offenbarungspflicht eingeschränkt ist, sofern er mit seinem Schweigen den Zusammenbruch der Gesellschaft vermeiden kann.[136] Dasselbe gilt, wenn der Täter davon ausgeht, die unrichtige Wiedergabe erfasse nur eine zu günstige Darstellung der Verhältnisse der Gesellschaft, das Auskunftsverweigerungsrecht nach § 131 Abs. 3 erlaube eine unrichtige Auskunft oder er sei nicht verpflichtet, der in seiner Gegenwart erteilten unrichtigen Erklärung eines Organmitgliedes zu widersprechen.[137]

### III. Falsche Angaben gegenüber Prüfern (Abs. 1 Nr. 2)

Der Tatbestand des § 400 Abs. 1 Nr. 2 enthält zwei Tatalternativen, die sich beide auf **52** Aufklärungen und Nachweise beziehen, die nach den Vorschriften des AktG einem Prüfer der Gesellschaft oder eines verbundenen Unternehmens zu geben sind. In der ersten Alternative müssen in den Nachweisen und in den Aufklärungen falsche Angaben gemacht werden. Bei der zweiten Alternative geht es darum, dass in diesen Nachweisen und Aufklärungen die Verhältnisse der Gesellschaft unrichtig wiedergegeben oder verschleiert werden.

**1. Täterkreis.** § 400 Abs. 1 Nr. 2 bezeichnet als Täter den gleichen Personenkreis wie **53** § 400 Abs. 1 Nr. 1. Als Täter kommen deshalb ebenfalls so wie dort (→ Rn. 10 ff.) nur **Mitglieder des Vorstands** oder **Mitglieder des Aufsichtsrats** oder **Abwickler** in Betracht.

Nicht tatbestandsmäßig sind dagegen falsche Angaben eines **Gründers,** obwohl durch **54** den Gründungsprüfer nach § 35 Abs. 1 auch von diesem Aufklärungen und Nachweise verlangt werden können.[138] § 400 Abs. 1 sieht den Gründer nicht als Täter vor. Macht er gegenüber dem Gründungsprüfer in Aufklärungen oder Nachweisen nach § 35 Abs. 1, § 52 Abs. 4 falsche Angaben, fällt er selbst dann nicht unter den Tatbestand des § 400 Abs. 1 Nr. 2, wenn er inzwischen Vorstandsmitglied geworden ist. Diesen unbefriedigenden Zustand hat der Gesetzgeber mit der Schaffung des Tatbestandes des § 400 Abs. 2 behoben (vgl. → Rn. 75).

Der Tatbestand des § 400 Abs. 1 Nr. 2 ist **echtes Sonderdelikt**[139] mit allen sich daraus **55** ergebenden Konsequenzen für die Beteiligung. Mittäter oder mittelbarer Täter kann deshalb nur eine Person sein, die diese besondere persönliche Eigenschaft hat. Anstifter oder Gehilfe kann dagegen jedermann sein (vgl. → Rn. 9, → Rn. 100).

**2. Prüfer.** Das Gesetz macht die Strafbarkeit des § 400 Abs. 1 Nr. 2 von bestimmten **56** Auskunftsrechten abhängig, die dem Prüfer gegenüber der Gesellschaft oder eines ihr verbundenen Unternehmens durch das AktG zugestanden werden.

---

[135] So auch K. Schmidt/Lutter/*Oetker* Rn. 21.
[136] Vgl. RGSt 38, 195 (200); Großkomm AktG/*Otto* Rn. 54.
[137] Vgl. Kölner Komm AktG/*Altenhain* Rn. 48; BeckOGK/*Hefendehl* Rn. 168; *Klussmann,* Geschäftslagetäuschungen nach § 400 AktG, 1975, 86 ff.
[138] Großkomm AktG/*Otto* Rn. 73; Kölner Komm AktG/*Altenhain* Rn. 63; *Baumbach/Hueck* Rn. 12.
[139] Großkomm AktG/*Otto* Rn. 63; K. Schmidt/Lutter/*Oetker* Rn. 3.

**57**    Aufklärungen und Nachweise haben die Mitglieder des Vorstands, die Abwickler und die Mitglieder des Aufsichtsrats den **Sonderprüfern nach § 145** Abs. 2 und Abs. 3 zu erteilen. Auskunftspflichtig sind nicht die Gesellschaftsorgane als solche, sondern nur deren Mitglieder.[140] Bei einem mehrgliedrigen Vorstand mit Geschäftsverteilung wird es sich regelmäßig um das mit dem in Frage kommenden Aufgabengebiet betraute Mitglied handeln; im Einzelfall können aber auch andere Mitglieder des Vorstands oder des Aufsichtsrats auskunftspflichtig sein, wenn nur diese zur sachgemäßen Auskunft in der Lage sind. Ehemalige Mitglieder des Vorstands oder des Aufsichtsrats sind in der Regel nicht zur Auskunft über ihre frühere Tätigkeit verpflichtet (→ § 145 Rn. 21).[141] Die Auskunftspflicht erstreckt sich nach § 145 Abs. 3 auch auf die Mitglieder der entsprechenden Organe eines Konzernunternehmens sowie eines abhängigen oder herrschenden Unternehmens.

**58**    Während nach § 145 Abs. 1 alle dort angeführten **Unterlagen,** die zum Teil auch Nachweise sind, den Sonderprüfern zugänglich gemacht werden müssen, schreibt § 145 Abs. 2 vor, dass die Aufklärungen und Nachweise nur erteilt werden müssen, wenn sie für eine sorgfältige Prüfung der Vorgänge notwendig sind.[142] Das bedeutet, sie müssen sich **auf das Prüfungsthema beziehen.**[143] Da der Tatbestand des § 400 Abs. 1 Nr. 2 auf die zivilrechtlichen Bestimmungen als Ausfüllungsvorschriften verweist, können nur solche Aufklärungen und Nachweise tatbestandsmäßig sein, welche diese einschränkenden Voraussetzungen erfüllen. Zwar wird es regelmäßig im Ermessen des Prüfers stehen, welche Aufklärungen und Nachweise er für die Erfüllung eines Prüfungsauftrages benötigt (→ § 145 Rn. 23 f.).[144] Im Strafverfahren obliegt es jedoch im Zweifelsfall dem Tatrichter, im Einzelfall festzustellen, welche Aufklärungen und Nachweise unter die vom Gesetz vorgesehene Einschränkung fallen. Ein Auskunftsverweigerungsrecht, wie es dem Vorstand nach § 131 Abs. 3 gegenüber Aktionären zusteht, können seine Mitglieder gegenüber den Sonderprüfern nicht geltend machen.

**59**    Die gleichen Auskunftspflichten treffen die Mitglieder des Vorstands und des Aufsichtsrats sowie die Abwickler, wenn eine **Sonderprüfung nach § 258** wegen unzulässiger Unterbewertung durchgeführt wird (§ 258 Abs. 5).

**60**    Die früher in § 165 enthaltene Auskunftspflicht gegenüber den **Abschlussprüfern** und den **Konzernabschlussprüfern** wird nunmehr für alle Kapitalgesellschaften einheitlich in § 320 HGB geregelt. Bei ihnen handelt es sich nicht um Aufklärungen und Nachweise, die nach den Vorschriften des AktG den Prüfern der Gesellschaft oder eines verbundenen Unternehmens zu geben sind. Diese Auskünfte und Nachweise fallen deshalb schon tatbestandsmäßig nicht unter § 400 Abs. 1 Nr. 2. Sie werden von dem entsprechenden Tatbestand des § 331 Nr. 4 erfasst. Es hätte deshalb nicht der Subsidiaritätsklausel (vgl. → Rn. 1) bedurft, die der Gesetzgeber auch bei diesem Tatbestand für notwendig gehalten hat.[145]

**61**    Die Auskunftspflicht des in § 400 Abs. 1 Nr. 2 angeführten Täterkreises besteht nur gegenüber den Prüfern. **Prüfergehilfen** (vgl. → § 403 Rn. 14) dürfen aus eigener Kompetenz keine Aufklärungen und Nachweise verlangen. Falsche Angaben ihnen gegenüber erfüllen deshalb nicht ohne weiteres den Tatbestand. Erforderlich ist, dass die Angaben für den Prüfer bestimmt sind und ihm zugehen.[146] Inhaltliche Kenntnis muss er von ihnen nicht haben. Das kann von Bedeutung sein für den Zeitpunkt der Vollendung der Tat (vgl. → Rn. 91 ff.). Nach aA soll es für die Tatbestandsverwirklichung ausreichen, wenn die Angaben gegenüber dem Gehilfen gemacht worden sind.[147]

---

[140] Ebenso Graf/Jäger/Wittig/ *Temming* Rn. 16.
[141] BeckOGK/ *Hefendehl* Rn. 139.
[142] BeckOGK/ *Hefendehl* Rn. 140.
[143] Hüffer/Koch/ *Koch* § 145 Rn. 4; Graf/Jäger/Wittig/ *Temming* Rn. 16.
[144] BeckOGK/ *Hefendehl* Rn. 140.
[145] Wie hier BeckOGK/ *Hefendehl* Rn. 150.
[146] Henssler/Strohn/ *Raum* Rn. 7; im Grundsatz auch K. Schmidt/Lutter/ *Oetker* Rn. 10.
[147] Kölner Komm AktG/ *Altenhain* Rn. 66; Großkomm AktG/ *Otto* Rn. 72, 78; Heymann/ *Mansdörfer* HGB § 331 Rn. 106; BeckOGK/ *Hefendehl* Rn. 140.

**3. Gegenstand der Tathandlung.** Als Gegenstände der Tathandlung bezeichnet die 62
Vorschrift Aufklärungen und Nachweise, die nach den Vorschriften dieses Gesetzes einem
Prüfer zu geben sind.

**a) Aufklärungen.** Unter Aufklärungen sind Erklärungen jeder Art, die zur Klärung von 63
Zweifelsfragen oder Widersprüchen erforderlich werden (vgl. auch → § 145 Rn. 19), zu
verstehen.

**b) Nachweise.** Als Nachweise gelten Unterlagen (Belege, Schriften, Urkunden, Daten- 64
träger) oder andere Gegenstände, welche den von der Prüfung erfassten Bereich belegen
(zB Inventurlisten).[148]

**c) Auslegung.** Aufklärungen und Nachweise sind Begriffe, die das AktG mehrfach 65
benutzt, um Pflichten des Vorstands oder des Aufsichtsrats gegenüber Prüfern festzulegen.
Sie sind weit auszulegen und umfassen alle (schriftlichen und mündlichen) Auskünfte, die
von Prüfern zur Ausführung ihrer Aufgaben benötigt werden. Beide Begriffe müssen so
ausgelegt werden, dass sie eine umfassende Unterrichtung des Prüfers ermöglichen.[149] Der
§ 400 Abs. 1 Nr. 2 will die Richtigkeit, Vollständigkeit und Klarheit aller für die Ermittlungen eines sachgerechten Prüfungsergebnisses erforderlichen Angaben sicherstellen.[150]

**4. Tathandlung.** Tathandlungen sind das Machen falscher Angaben oder die unrichtige 66
Wiedergabe oder Verschleierung der Verhältnisse der Gesellschaft.

**a) Falsche Angaben.** Die erste Tatform des § 400 Abs. 1 Nr. 2 umschreibt das Gesetz 67
damit, dass der Täter in den Aufklärungen und Nachweisen falsche Angaben macht. Er
benutzt damit einen Begriff zur Beschreibung der Tathandlung, der im Wirtschaftsstrafrecht
immer wieder herangezogen wird und der mit dem entsprechenden Tatbestandsmerkmal
in § 399 identisch ist (vgl. → § 399 Rn. 55 ff.).[151] Falsche Angaben macht, wer nachprüfbare ernst gemeinte Aussagen über Tatsachen äußert, deren Inhalt mit der Wirklichkeit
nicht übereinstimmen. Sie dürfen objektiv nicht zutreffen. Ob sie schriftlich oder mündlich
gemacht werden, ist gleichgültig. Bei diesen Aussagen handelt es sich in der Regel um
**tatsächliche Behauptungen.** Es können aber auch **Werturteile** sein, wie etwa Schätzungen, Bewertungen oder Prognosen.

Inhaltlich entspricht dieses Tatbestandsmerkmal weitgehend dem Begriff der unrichtigen 68
Wiedergabe von **Gesellschaftsverhältnissen** (→ Rn. 34 ff.),[152] sodass die doppelte Kenn-
zeichnung der Tathandlung an sich überflüssig ist. Denn Aufklärungen und Nachweise bei
Prüfungsaufträgen im Rahmen der § 145 und § 258 werden sich stets auf Gesellschaftsverhältnisse beziehen.

Obwohl das Gesetz bei diesem Tatbestandsmerkmal (im Gegensatz zu dem Tatbestand 69
des § 400 Abs. 2) das **Verschweigen** erheblicher Umstände nicht erwähnt, fällt auch diese
Art der Tatbegehung unter das Merkmal der falschen Angaben.[153] Das ergibt sich, wie
bei dem Merkmal der unrichtigen Wiedergabe, schon aus der Anwendung allgemeiner
Auslegungsregeln bei einem Äußerungsdelikt (vgl. → Rn. 38). Im Übrigen lässt sich auch
bei einem Vergleich mit der Gestaltung dieses Tatbestandsmerkmals in den § 399 Abs. 1
und § 400 Abs. 2 entnehmen, dass es sich bei der vorliegenden Fassung lediglich um ein
Redaktionsversehen des Gesetzgebers gehandelt hat. Es ist kein vernünftiger Grund ersichtlich, warum unvollständige Angaben in Aufklärungen oder Nachweisen gegenüber Prüfern
in dem Tatbestand des § 400 Abs. 1 Nr. 2 weniger strafwürdig sein sollen als in dem später

---

[148] BGHSt 13, 382 (383) = NJW 1960, 444 (445); vgl. auch Großkomm AktG/*Otto* Rn. 71; BeckOGK/
*Hefendehl* Rn. 140.
[149] Großkomm AktG/*Otto* Rn. 70; Kölner Komm AktG/*Altenhain* Rn. 62; BeckOGK/*Hefendehl* Rn. 140.
[150] Kölner Komm AktG/*Altenhain* Rn. 62.
[151] Vgl. BeckOGK/*Hefendehl* Rn. 153.
[152] Vgl. BeckOGK/*Hefendehl* Rn. 153; Graf/Jäger/Wittig/*Temming* Rn. 18.
[153] Ebenso Kölner Komm AktG/*Altenhain* Rn. 58; Großkomm AktG/*Otto* Rn. 67.

eingeführten Tatbestand des § 400 Abs. 2. Erheblich sind die verschwiegenen Umstände, wenn sie für den Inhalt der Aussage mindestens mitursächlich sind.[154]

70      Nicht strafbar sind allerdings Auskünfte, die der Täter offen **verweigert**. In diesem Fall kommt er zwar auch seiner Auskunftspflicht nicht nach, obwohl das Gesetz eine solche Auskunft von ihm verlangt. Durch seine offene Weigerung erweckt er jedoch keinen falschen Eindruck und verletzt damit auch nicht das Vertrauen in die Richtigkeit abgegebener Erklärungen, die § 400 schützen will (vgl. → Rn. 2).[155]

71      **b) Unrichtige Wiedergabe oder Verschleierung von Gesellschaftsverhältnissen.** Mit dieser Tatform erfasst das Gesetz im Wesentlichen die gleiche Tathandlung wie bei den falschen Angaben (vgl. → Rn. 67 ff.).[156] Auch bei ihr geht es darum, dass der Täter in Auskünften oder Nachweisen Erklärungen abgibt, die Aussagen enthalten, welche mit der objektiven Wahrheit nicht übereinstimmen. Die Begriffe unrichtige Wiedergabe, Verschleierung und Gesellschaftsverhältnisse sind mit denen identisch, die § 400 Abs. 1 Nr. 1 verwendet. Auf ihre Erläuterungen wird verwiesen (→ Rn. 35 ff., → Rn. 41 f., → Rn. 16 f.). Allerdings ist die Tathandlung hier enger, weil es sich um Erklärungen handelt, die gegenüber einem Prüfer in Aufklärungen und Nachweisen abgegeben worden sein müssen.

72      **5. Subjektiver Tatbestand.** Auch § 400 Abs. 1 Nr. 2 kann nur vorsätzlich begangen werden; bedingter Vorsatz reicht aus.[157] Der Täter muss deshalb mindestens mit der Möglichkeit rechnen, dass er zum Kreis der Täter gehört, dass seine Erklärungen in den Auskünften und Nachweisen vom Prüfungsthema umfasst werden, dass sie inhaltlich falsch sind und dass er sich dennoch in dieser Form äußern will. Ergänzend wird auf die vorherigen Ausführungen (→ Rn. 47) verwiesen.

73      **6. Rechtswidrigkeit.** Zu möglichen Rechtfertigungs- und Entschuldigungsgründen wird auf die vorherigen Ausführungen (→ Rn. 48) verwiesen.

74      **7. Irrtum.** Bei Irrtum gelten die gleichen Grundsätze wie bei § 400 Abs. 1 Nr. 1 (vgl. → Rn. 49 ff.). Es liegt deshalb ein **Tatbestandsirrtum** nach § 16 StGB vor, wenn der Täter irrtümlich annimmt, die unrichtige Auskunft falle nicht unter seine Auskunftspflicht, weil sie nicht zum Prüfungsthema gehöre oder weil der verschwiegene Umstand unerheblich sei.[158] Die Frage, ob eine Erklärung zum Prüfungsthema gehört oder ob eine verschwiegene Tatsache erheblich ist, sind Umstände, die zur Erfüllung des Tatbestandes gehören. Dass sie teilweise in einer Ausfüllungsvorschrift (§ 145 Abs. 2) geregelt sind, nimmt ihnen nicht den Charakter eines Tatbestandsmerkmals.[159] Anders ist es dagegen, wenn der Täter irrig meint, die Erteilung einer unrichtigen Auskunft sei durch eine Rechtfertigungsnorm erlaubt (→ Rn. 85, → Rn. 67 ff.).[160] In einem solchen Fall irrt er über das Bestehen eines Rechtfertigungsgrundes, der als Erlaubnisirrtum ein **Verbotsirrtum** nach § 17 StGB ist.

### IV. Falsche Angaben gegenüber Prüfern durch Gründer oder Aktionäre (Abs. 2)

75      Dieser durch das Gesetz zur Änderung des GmbHG vom 4.7.1980 (vgl. → Rn. 1) eingeführte Tatbestand hat die Strafbarkeit der falschen Angaben gegenüber Prüfern (Abs. 1 Nr. 2) auch auf Gründer und Aktionäre ausgedehnt. Damit ist eine Lücke geschlossen worden, die bis zur Schaffung dieses neuen Tatbestandes bestand (vgl. → Rn. 54).[161] Dieser

---

[154] Vgl. BGHSt 30, 285 (289) = NJW 1982, 775 (776).
[155] Kölner Komm AktG/*Altenhain* Rn. 58; Großkomm AktG/*Otto* Rn. 67; Graf/Jäger/Wittig/*Temming* Rn. 19.
[156] Vgl. BeckOGK/*Hefendehl* Rn. 153.
[157] BeckOGK/*Hefendehl* Rn. 160; K. Schmidt/Lutter/*Oetker* Rn. 16.
[158] Vgl. *Tiedemann* FS Schaffstein, 1975, 195 (210); Großkomm AktG/*Otto* Rn. 76; BeckOGK/*Hefendehl* Rn. 171; wohl auch K. Schmidt/Lutter/*Oetker* Rn. 21.
[159] Vgl. auch BeckOGK/*Hefendehl* Rn. 166.
[160] Großkomm AktG/*Otto* Rn. 76.
[161] Vgl. Großkomm AktG/*Otto* Rn. 81.

Tatbestand sichert Auskunftspflichten ab, die das AktG diesem Personenkreis bei Gründungen und gründungsgleichen Vorgängen gegenüber Prüfern auferlegt.

**1. Täterkreis.** Täter nach § 400 Abs. 2 können nur Gründer oder Aktionäre sein. Das **76** Gesetz schränkt damit auch bei diesem Tatbestand die Tätereigenschaft auf einen bestimmten Personenkreis ein. Er ist deshalb ebenfalls ein echtes **Sonderdelikt** mit allen sich daraus ergebenden Konsequenzen für die Beteiligung (vgl. → Rn. 9).[162]

**a) Gründer.** Die Aktionäre, welche die Satzung nach § 28 festgestellt haben, sind Grün- **77** der. Bei einer Kommanditgesellschaft auf Aktien sind nach § 280 Abs. 3 Gründer die Gesellschafter, die die Satzung festgestellt haben. Anders als bei der Gründung einer Aktiengesellschaft sind dies hier nicht nur die Aktionäre, sondern auch die persönlich haftenden Gesellschafter (→ § 280 Rn. 18).

**b) Aktionär.** Aktionär ist jeder, der mindestens eine Aktie übernommen hat (näher **78** → § 399 Rn. 13).

**2. Prüfer.** Ebenso wie bei § 400 Abs. 1 Nr. 2 schützt der Tatbestand des § 400 Abs. 2 **79** nur bestimmte Auskunftsrechte, die das AktG den Prüfern bei der Gründung einer Aktiengesellschaft oder bei gründungsgleichen Vorgängen gewährt.[163] Ihm stehen die Pflichten des in diesem Tatbestand angeführten Täterkreis gegenüber, bestimmte Aufklärungen und Nachweise zu erteilen, die nach den Vorschriften des AktG zu geben sind.

Solche Aufklärungen und Nachweise müssen die Gründer nach § 35 Abs. 1 den **Grün- 80 dungsprüfern** geben, wenn diese sie von ihnen verlangen. Gründungsprüfer sind nach der Legaldefinition in § 33 Abs. 2 vom Gericht besonders bestellte Prüfer, nicht jedoch die Mitglieder des Vorstands und des Aufsichtsrats, die nach § 33 Abs. 1 den Hergang der Gründung zu prüfen haben (→ § 33 Rn. 3, → § 33 Rn. 6).[164] Dabei geht es nur um Aufklärungen und Nachweise, die für eine sorgfältige Prüfung notwendig sind. Es handelt sich also um eine Einschränkung auf die Aufklärungen und Nachweise, die sich auf das Prüfungsthema beziehen. Damit wird auch dieser Tatbestand in gleicher Weise beschränkt (vgl. → Rn. 57).

Entsprechende Auskunftspflichten treffen die Aktionäre bei der Nachgründung nach **81** § 52 Abs. 4 und bei der Kapitalerhöhung mit Sacheinlagen nach § 183 Abs. 3. In beiden Vorschriften wird darauf verwiesen, dass § 35 sinngemäß anzuwenden ist. § 400 Abs. 2 spricht deshalb auch von Gründungsprüfern und **sonstigen Prüfern.** Darunter fallen die Prüfer die nach den § 52 Abs. 4 und § 183 Abs. 3 tätig werden.[165] Mit diesen Prüfungen soll erreicht werden, dass die Schutzvorschriften für die Sachgründung nicht umgangen werden.

Zu Angaben gegenüber **Prüfergehilfen** vgl. → Rn. 61. **82**

**3. Gegenstand der Tathandlung.** Als Gegenstand der Tathandlung bezeichnet das **83** Gesetz auch hier **Aufklärungen** und **Nachweise.** Zu diesen Begriffen vgl. → Rn. 63 f.

**4. Tathandlung.** Die Tathandlung umschreibt § 400 Abs. 2 dahin, dass der Täter in **84** Aufklärungen oder in Nachweisen falsche Angaben macht oder erhebliche Umstände verschweigt.

Es handelt sich dabei um Tatbestandsmerkmale, die mit denen identisch sind, die auch **85** § 400 Abs. 1 Nr. 2 verwendet. Auf die dortigen Erläuterungen zu **falschen Angaben** und dem **Verschweigen erheblicher Umstände** wird verwiesen (→ Rn. 67 f., → Rn. 69 f.). Erheblich sind die verschwiegenen Umstände, wenn nur die Offenbarung des erheblichen Umstandes den wahren Gehalt der Angabe erkennen lässt.

---

[162] Vgl. K. Schmidt/Lutter/*Oetker* Rn. 3.
[163] Vgl. auch Großkomm AktG/*Otto* Rn. 84, 87; K. Schmidt/Lutter/*Oetker* Rn. 13.
[164] Großkomm AktG/*Otto* Rn. 86; Kölner Komm AktG/*Altenhain* Rn. 74; K. Schmidt/Lutter/*Oetker* Rn. 14; MüKoStGB/*Weiß* Rn. 50.
[165] So auch K. Schmidt/Lutter/*Oetker* Rn. 14.

86   **5. Subjektiver Tatbestand.** § 400 Abs. 2 verlangt, wie die übrigen Tatbestände des § 400, ein vorsätzliches Handeln, wobei auch hier bedingter **Vorsatz** genügt. Auch hier muss der Täter mindestens mit der Möglichkeit rechnen, dass er zum Kreis der Täter gehört, dass die von ihm erteilten Auskünfte und Nachweise zur Erfüllung des Prüfungsauftrages erforderlich, dass sie inhaltlich falsch sind und dass er sie auch unter diesen Voraussetzungen in dieser Form abgeben will.

87   IÜ gelten für den Vorsatz die gleichen Grundsätze wie bei § 400 Abs. 1 Nr. 2, der mit Ausnahme des Täterkreises eine ähnliche Tatbeschreibung enthält (vgl. → Rn. 72).

88   **6. Rechtswidrigkeit.** Zu möglichen Rechtfertigungs- und Entschuldigungsgründen wird auf die Ausführungen in → Rn. 48 verwiesen.

89   **7. Irrtum.** Auch für den Irrtum gelten die gleichen Grundsätze wie bei § 400 Abs. 1 Nr. 2 (vgl. → Rn. 74).

## V. Tatvollendung und Tatbeendigung

90   Der Zeitpunkt der Vollendung ist deshalb bedeutsam, weil gem. § 23 Abs. 1 StGB iVm § 12 Abs. 2 StGB der Versuch einer Straftat nach § 400 nicht strafbar ist. Von der Tatbeendigung hängen die Bestimmung der Konkurrenzen, die Beteiligung und die Verjährung ab.

91   **1. Tatvollendung.** Die Tatbestände des § 400 sind Äußerungsdelikte (→ Rn. 4). Sie sind vollendet, wenn die schriftlichen Erklärungen oder Angaben den Personen zugehen, für die sie bestimmt sind oder die sonst ein Recht auf sie haben.[166] Das bloße Erstellen oder Absenden der Unterlagen ist lediglich – gem. § 23 Abs. 1 iVm § 12 Abs. 2 StGB strafloser (→ Rn. 90) – Versuch. Bei mündlichen Erklärungen tritt Vollendung ein mit der Äußerung im Vortrag oder in der Auskunft.[167]

92   Adressaten können bei § 400 **Abs. 1 Nr. 1** die nicht mit der Sache befassten Vorstands- oder Aufsichtsratsmitglieder sowie auch Aktionäre oder außenstehende Personen sein; zB Angehörige der kreditgebenden Bank, Geschäftspartner, Arbeitnehmervertreter oder Mitglieder einer Zeitungsredaktion, denen ein Bericht über die Gesellschaftsverhältnisse legal zugänglich gemacht worden ist.[168] Bei mündlichen Erklärungen (Vorträgen und Auskünften) in der Hauptversammlung genügt es, wenn sie wenigstens ein Teilnehmer der Hauptversammlung gehört hat.[169] Schriftliche Auskünfte müssen ebenfalls wenigstens einem Teilnehmer der Hauptversammlung zugegangen sein.

93   Bei den Tatbeständen des § 400 **Abs. 1 Nr. 2** und **Abs. 2** müssen die Aufklärungen und Nachweise in den Zugriffsbereich des Prüfers gelangt sein. Sind sie nur einem Gehilfen des Prüfers (→ § 403 Rn. 14) zugegangen, genügt das nicht ohne weiteres (vgl. → Rn. 61 mwN der Gegenmeinung).

94   Wie bei allen Äußerungsdelikten ist es nicht erforderlich, dass die Personen, denen die Angaben oder Erklärungen zugegangen sind, inhaltlich Kenntnis von ihnen genommen haben.[170] Ein Erfolg, etwa eine Irreführung des Adressaten braucht nicht eingetreten zu sein.[171]

95   **2. Tatbeendigung.** Bei der Tat nach § 400 Abs. 1 Nr. 1 ist als Beendigungszeitpunkt nicht erst die Kenntnisnahme durch den Empfänger der Unterlagen anzusehen. Vielmehr

---

[166] Kölner Komm AktG/*Altenhain* Rn. 49, 77; Großkomm AktG/*Otto* Rn. 56; *Baumbach/Hueck* Rn. 11; K. Schmidt/Lutter/*Oetker* Rn. 18; vgl. auch *Fischer* StGB § 265b Rn. 34; Schönke/Schröder/*Lenckner/Perron* StGB § 265b Rn. 43.

[167] *Baumbach/Hueck* Rn. 11; Kölner Komm AktG/*Altenhain* Rn. 49, 77; Hölters/*Müller-Michaels* Rn. 47; aA BeckOGK/*Hefendehl* Rn. 173: ausreichend ist bereits eine wahrnehmbare Verlautbarung.

[168] Vgl. Großkomm AktG/*Otto* Rn. 56.

[169] *Klussmann*, Geschäftslagetäuschungen nach § 400 AktG, 1975, 68; Graf/Jäger/Wittig/*Temming* Rn. 23; ähnlich Kölner Komm AktG/*Altenhain* Rn. 49, 77.

[170] Graf/Jäger/Wittig/*Temming* Rn. 23; Kölner Komm AktG/*Altenhain* Rn. 49, 77; Großkomm AktG/*Otto* Rn. 57.

[171] Großkomm AktG/*Otto* Rn. 78; BeckOGK/*Hefendehl* Rn. 173.

fällt dieser sowohl bei Tatbegehung durch aktives Tun als auch durch Unterlassen regelmäßig mit dem Zeitpunkt der Vollendung zusammen.[172]

## VI. Täterschaft und Teilnahme

Es gelten im Wesentlichen die gleichen Grundsätze wie bei § 399 (vgl. → § 399 **96** Rn. 34 ff.). Da die Tatbestände in § 400 echte Sonderdelikte sind (→ Rn. 9), ergeben sich daraus Konsequenzen für die Beteiligung.

**1. Täterschaft.** Strafbarkeit als **Mittäter** (§ 25 Abs. 2 StGB) oder als **mittelbarer Täter** **97** (§ 25 Abs. 1 Alt. 2 StGB) ist nur möglich, wenn der Täter die besonderen persönlichen Eigenschaften aufweist, von denen § 400 die Täterschaft abhängig macht.[173]

Beruhen die Darstellungen, Vorträge oder Auskünfte auf einem Beschluss des Vorstandes **98** oder Aufsichtsrats, kommt es darauf an, ob dieser einstimmig oder mit Mehrheit gefasst worden ist. Wenn er einstimmig ergangen ist, sind alle Mitglieder des entsprechenden Organs Mittäter gem. § 25 Abs. 2 StGB. Das gilt auch, wenn es sich dabei um ein Unterlassungsdelikt gem. § 13 StGB handelt.[174] Auch wenn der Beschluss gegen die Stimmen eines oder mehrerer Mitglieder gefasst wurde **(Majorisierung),** ändert dies an deren Strafbarkeit nichts, wenn sie später einer dahingehenden Äußerung des Vorstandes oder des Aufsichtsrats nicht widersprochen haben.[175] Jedes Mitglied des Organs ist verpflichtet, eine solche Äußerung mit allen gesetzlich zugelassenen Mitteln zu verhindern.

Die **Geschäftsverteilung** innerhalb eines mehrgliedrigen Vorstands oder die Bildung **99** eines Ausschusses des Aufsichtsrats nach § 107 Abs. 3 (vgl. → § 399 Rn. 41 ff.) wird im Rahmen des § 400 Abs. 1 Nr. 1 keine große Bedeutung erlangen. Maßnahmen der Geschäftsführung, die unter diesen Tatbestand fallen, sind in ganz erheblichem Umfang der Entscheidung des gesamten Vorstandes vorbehalten, der für sie mit allen an ihnen beteiligten Mitgliedern verantwortlich ist. Kommt es gegenüber dem Aufsichtsrat oder in der Hauptversammlung zu unrichtigen Äußerungen (in Darstellungen, Vorträgen oder Auskünften) einzelner Vorstands- oder Aufsichtsratsmitglieder, kommt es darauf an, ob diese Äußerungen in Gegenwart anderer Mitglieder des Vorstandes oder des Aufsichtsrats gefallen sind. Dies kommt insbesondere bei Vorträgen und Auskünften in der Hauptversammlung in Betracht, weil in ihr alle Mitglieder des Vorstandes und des Aufsichtsrats nach § 118 Abs. 3 teilnehmen sollen (vgl. → § 118 Rn. 99, 101). Auch ist es in der Rspr. und im Schrifttum anerkannt, dass ein Mitglied des Vorstandes oder des Aufsichtsrats wegen Unterlassung verurteilt werden kann, wenn in seiner Gegenwart ein anderes Mitglied seines Organs die gesellschaftlichen Verhältnisse unrichtig oder unvollständig wiedergibt oder diese verschleiert, ohne dass er widerspricht (vgl. auch → Rn. 39).[176]

**2. Beteiligung.** Teilnahme in der Form der **Anstiftung** (§ 26 StGB) oder der **Beihilfe** **100** (§ 27 StGB) kann von jedermann begangen werden.[177] Deshalb können insbesondere Angestellte der Gesellschaft, wie etwa Abteilungsleiter des Finanzressorts unterhalb der Vorstandsebene, denen häufig wegen ihrer Fachkenntnisse und ihrer Stellung ein maßgebender Einfluss auf die Rechnungslegung zukommt, Anstifter oder Gehilfen sein.[178]

---

[172] Vgl. *Cobet,* Fehlerhafte Rechnungslegung, 1991, 81.

[173] Großkomm AktG/*Otto* Rn. 59, 79, 82.

[174] BGHSt 37, 106 (129) = NJW 1990, 2560 (2565) für die Konstellation einer strafrechtlichen Produkthaftung.

[175] Kölner Komm AktG/*Altenhain* Rn. 77 iVm 53; Kölner Komm AktG/*Altenhain* § 399 Rn. 42; K. Schmidt/Lutter/*Oetker* Rn. 20.

[176] RGSt 45, 210 (213 f.); 49, 239 (241); BGHZ 149, 10 (20) = NJW 2001, 3622 (3624); Großkomm AktG/*Otto* Rn. 17; *Arnhold,* Auslegungshilfen zur Bestimmung einer Geschäftslagetäuschung im Rahmen der § 331 Nr. 1 HGB, § 400 Abs. 1 Nr. 1 AktG, § 82 Abs. 2 Nr. 2 GmbHG, 1993, 48 ff.; *Klussmann,* Geschäftslagetäuschungen nach § 400 AktG, 1975, 70 ff.

[177] Großkomm AktG/*Otto* Rn. 60, 80.

[178] OLG Frankfurt NStZ-RR 2002, 275 (276) betr. Beihilfe durch Entwerfen eines Aktionärsbriefs; BeckOGK/*Hefendehl* Rn. 174.

**101**  Eine Anwendung des § 400 scheidet jedoch aus, wenn die unrichtige Darstellung ohne Wissen der als Täter in Betracht kommenden Personen gegeben worden ist, etwa, weil diesen eine Beteiligung nicht nachzuweisen ist oder weil sie von den leitenden Angestellten getäuscht worden sind.[179] Denn Anstiftung oder Beihilfe zur unvorsätzlichen Tat bleibt straflos (→ § 399 Rn. 40).[180] Taten dieser Art können nur nach § 130 OWiG geahndet werden.

### VII. Konkurrenzen

**102**  Ob Tateinheit oder Tatmehrheit vorliegt, ist vor allem für Schuldspruch und Rechtsfolgen von Bedeutung.

**103**  **1. Einheitliche Tat.** Eine einheitliche Tat ist bei § 400 Abs. 1 Nr. 1 regelmäßig gegeben, wenn eine fehlerhafte Übersicht Dritten bekannt gemacht worden ist; ihre weitere Verwendung führt nicht zu erneuter Strafbarkeit nach § 400 Abs. 1 Nr. 1.[181] Gleiches gilt bei § 400 Abs. 1 Nr. 2 und Abs. 2, wenn gegenüber dem Prüfer ursprünglich unrichtige Angaben später ergänzt werden.[182]

**104**  **2. Tateinheit.** Mit Betrug (**§ 263 StGB**) ist Tateinheit möglich, zB wenn die unzutreffenden Angaben in einer Übersicht Mittel zur persönlichen Bereicherung sind.[183] Das kann der Fall sein, wenn der Kaufpreis für ein Unternehmen abhängig gemacht worden ist von dessen künftiger wirtschaftlicher Entwicklung und dann das Gesellschaftsvermögen unterbewertet und die Gesellschaftsschulden überbewertet werden. Das kann aber auch der Fall sein, wenn Immobilienrisiken gezielt verschleiert werden, um Vorstandstantiemen nicht zu schmälern, die an die Höhe des Unternehmensgewinns geknüpft sind und beides im Falle einer Wertberichtigung sinken würde. Gleiches gilt, wenn Darlehensklauseln oder Vergütungsregelungen von bestimmten Bilanzrelationen abhängig sind. Mit Kapitalanlagebetrug (**§ 264a StGB**) ist Idealkonkurrenz denkbar, wenn im Zuge einer Präsentation der Gesellschaft, die so umfassend ist, dass sie als Darstellung gewertet werden kann, Falschangaben getätigt werden.[184] Tateinheit ist auch möglich mit Untreue (**§ 266 StGB**) und strafbarer Werbung (**§ 16 UWG**).[185] Ebenso mit Urkundenfälschung (**§ 267 StGB**), wenn etwa der Vorstand einer AG nachträglich Änderungen an einer Bilanz vornimmt.[186]

**105**  **3. Gesetzeskonkurrenz.** Nach der Neuregelung des § 400 durch das BiRiLiG (vgl. → Rn. 1) treten die Tatbestände des § 400 Abs. 1 Nr. 1 und 2 im Wege der **Subsidiarität** hinter die Tatbestände **des § 331 Nr. 1 oder 1a und 4 HGB** zurück, wenn diese durch die Tat verwirklicht werden (vgl. → Vor § 399 Rn. 8). § 331 Nr. 1 HGB erfasst jede unrichtige Wiedergabe oder Verschleierung von Verhältnissen einer Kapitalgesellschaft, die in der Eröffnungsbilanz, in der Jahresbilanz oder im Lagebericht gemacht werden. Dieser Tatbestand ist damit enger als § 400 Abs. 1 Nr. 1.[187] § 400 Abs. 1 Nr. 1 beschreibt die Tathandlung zwar mit weiteren Merkmalen („in Darstellungen und Übersichten"), bezieht aber jede Bilanz und auch mündliche Äußerungen über die Vermögenslage in den Tatbestand ein (→ Rn. 25). Ähnlich ist das Verhältnis zwischen § 331 Nr. 4 HGB und § 400 Abs. 1 Nr. 2 zu beurteilen. § 331 Nr. 4 HGB erfasst nur Aufklärungen und Nachweise, die gegenüber einem Abschlussprüfer abzugeben sind, § 400 Abs. 1 Nr. 2 dagegen auch

---

[179] K. Schmidt/Lutter/*Oetker* Rn. 20; *Klussmann,* Geschäftslagetäuschungen nach § 400 AktG, 1975, 65, 67.

[180] Großkomm AktG/*Otto* Rn. 10, 80.

[181] Ebenso BeckOGK/*Hefendehl* Rn. 179.

[182] BGH wistra 1996, 348; Großkomm AktG/*Otto* Rn. 93.

[183] Vgl. *Marschdorf* DStR 1995, 111 (113); K. Schmidt/Lutter/*Oetker* Rn. 22.

[184] *Schröder,* Aktienhandel und Strafrecht, 1994, 49; BeckOGK/*Hefendehl* Rn. 180.

[185] Großkomm AktG/*Otto* Rn. 95; BeckOGK/*Hefendehl* Rn. 180.

[186] Vgl. BGHSt 13, 382 = NJW 1960, 444.

[187] Begr. RegE zum BiRiLiG, BT-Drs. 10/317, 100 zu § 286 HGB-E; BGHSt 49, 381 (387) = NJW 2005, 445 (448) – Haffa/EM. TV.

Aufklärungen und Nachweise gegenüber sonstigen Prüfern. Es wird deshalb in jedem Einzelfall zu prüfen sein, ob die Tatbestände des § 331 HGB den Sachverhalt erfassen oder ob daneben auch § 400 Abs. 1 Bedeutung behält.[188] Ist das der Fall, wird regelmäßig Tatmehrheit zwischen diesen Tatbeständen bestehen, weil die jeweiligen Tathandlungen gegenüber unterschiedlichen Personen begangen werden. Problematisch kann das Verhältnis der einzelnen Tatbestände des § 400 untereinander werden. Hier ist davon auszugehen, dass die spezielleren Regelungen die allgemeineren im Rahmen der Gesetzeskonkurrenz verdrängen. Die weiteste Regelung ist § 400 Abs. 1 Nr. 1. Sie tritt hinter den Tatbestand des **§ 400 Abs. 1 Nr. 2** zurück, wenn dessen Voraussetzungen vorliegen.[189]

**4. Tatmehrheit.** Bei entsprechender Sachverhaltsgestaltung kommt Tatmehrheit (§ 53 **106** StGB) ebenfalls in Betracht mit Betrug (§ 263 StGB), Untreue (§ 266 StGB)[190] und Urkundenfälschung (§ 267 StGB). Zwischen § 400 Abs. 1 Nr. 2 und § 400 Abs. 2 wird regelmäßig Tatmehrheit bestehen, weil diese Tatbestände nur von unterschiedlichen Tätergruppen begangen werden können. Selbst wenn ein Gründer später Vorstandsmitglied wird, wird es stets um verschiedene Handlungen gehen.[191]

### VIII. Prozessuales und Rechtsfolgen

**1. Allgemeines.** Straftaten nach § 400 sind **Offizialdelikte** und werden von der Staats- **107** anwaltschaft von Amts wegen verfolgt (§ 152 Abs. 2 StPO, § 160 Abs. 1 StPO). Es handelt sich dabei um **Wirtschaftsstrafsachen,** die nach § 74c Abs. 1 Nr. 1 GVG zum Zuständigkeitsbereich der Wirtschaftsstrafkammer gehören, wenn sie bei dem Landgericht anhängig sind. Dies ist auch der Fall, wenn das Landgericht als Berufungsinstanz tätig wird.[192] Sie werden deshalb regelmäßig von den für Wirtschaftsstrafsachen zuständigen Schwerpunktstaatsanwaltschaften verfolgt.

**2. Klageerzwingungsverfahren.** Strafanzeigen gegen Vorstände und Aufsichtsräte wer- **108** den ganz überwiegend von einzelnen Aktionären erstattet.[193] Vor diesem Hintergrund ist es von erheblicher praktischer Bedeutung, wer Verletzter iSd § 172 Abs. 1 S. 1 StPO ist und das Klageerzwingungsverfahren betreiben kann. Dabei ist zu unterscheiden. Bei Verstößen gegen die in § 400 enthaltenen aktienrechtlichen Informationspflichten ist der einzelne Aktionär grundsätzlich als geschützt anzusehen, es sei denn, dass er trotz falscher Auskunft seitens des Vorstandes oder Aufsichtsrates bereits im Besitz der begehrten Information ist.[194] Dagegen ist bei Vermögensdelikten wie Untreue (§ 266 StGB) und Betrug (§ 263 StGB), die von Vorstands- oder Aufsichtsratsmitgliedern zum Nachteil der Aktiengesellschaft begangen werden, der einzelne Aktionär grundsätzlich nicht als Verletzter anzusehen.[195] Lediglich in den Fällen, in denen durch dieselbe prozessuale Tat sowohl die Straftat nach § 400 als auch ein Vermögensdelikt begangen werden, etwa weil die Fehlinformation zu Aktienkäufen oder -verkäufen führen soll, ist der Aktionär auch als durch die Vermögensdelikte Verletzter anzusehen.[196] Auch die an der Straftat nicht beteiligten Organe der Gesellschaft, die Gesell-

---

[188] Vgl. auch Großkomm AktG/*Otto* Rn. 94; K. Schmidt/Lutter/*Oetker* Rn. 22.

[189] Großkomm AktG/*Otto* Rn. 93; BeckOGK/*Hefendehl* Rn. 179.

[190] BGH BeckRS 1996, 06491.

[191] Vgl. auch Großkomm AktG/*Otto* Rn. 93; BeckOGK/*Hefendehl* Rn. 179.

[192] OLG Stuttgart MDR 1982, 252.

[193] *Zielinski* wistra 1993, 6.

[194] OLG Braunschweig wistra 1993, 31 (33); OLG Frankfurt NStZ-RR 2002, 275 (276); Löwe/Rosenberg/*Graalmann-Scheerer* StPO § 172 Rn. 100; KK StPO/*Moldenhauer* StPO § 172 Rn. 30a; weitergehend – stets Verletzter – *Zielinski* wistra 1993, 6 (8).

[195] OLG Braunschweig wistra 1993, 31 (32); OLG Stuttgart NJW 2001, 840 für einzelne Gesellschafter einer GmbH; *Haas* GA 1988, 493 (499); Löwe/Rosenberg/*Graalmann-Scheerer* StPO § 172 Rn. 88, 100; KK StPO/*Moldenhauer* StPO § 172 Rn. 30a; KMR StPO/*Bockemühl,* Stand November 2014, StPO § 172 Rn. 31; Meyer-Goßner/Schmitt/*Schmitt* StPO § 172 Rn. 12; aA *Zielinski* wistra 1993, 6 (8); BeckOGK/*Hefendehl* Rn. 182.

[196] OLG Frankfurt NStZ-RR 2002, 275 (276); Löwe/Rosenberg/*Graalmann-Scheerer* StPO § 172 Rn. 100.

schaftsgläubiger und andere interessierte Personen, denen im Vertrauen auf die Richtigkeit der Erklärungen ein Schaden entstanden ist (vgl. → Rn. 3), sind in gleicher Weise wie ein Aktionär Verletzte iSd § 172 Abs. 1 StPO.

**109** **3. Verjährung.** Die Strafverfolgung einer Straftat nach § 400 verjährt in der Regel in fünf Jahren (§ 78 Abs. 3 Nr. 4 StGB). Die allgemeinen Vorschriften über die Verfolgungsverjährung nach den §§ 78 ff. StGB finden dabei Anwendung. Nach § 78a StGB beginnt die Verjährung, sobald die Tat beendet ist. Das ist bei einem Tätigkeitsdelikt der Zeitpunkt, zu dem alle Ausführungshandlungen abgeschlossen sind.[197] Das ist bei Äußerungsdelikten des § 400 der Zeitpunkt, zu dem die Erklärung den Adressaten zugegangen ist. Da es sich dabei um verschiedene Personen handeln kann, tritt die Beendigung erst ein, wenn die Erklärung alle in Betracht kommenden Personen erreicht hat.[198] Bis zu diesem Zeitpunkt sind auch Anstiftung und Beihilfe möglich (→ Rn. 100 f.).

**110** **4. Urteilsformel.** Bei einer Verurteilung nach einem der Tatbestände des § 400 ist darauf zu achten, dass auch in der Urteilsformel und nicht nur in den Urteilsgründen zum Ausdruck gebracht wird, auf Grund welchen Tatbestandes der Täter verurteilt wird (vgl. → § 399 Rn. 252). Die Urteilsformel muss bei der Vielzahl der in dieser Vorschrift geregelten Tatbestände klar erkennen lassen, gegen welchen Tatbestand der Täter verstoßen hat. Die Straftat nach § 400 Abs. 1 Nr. 1 wird etwa als „unrichtige Darstellung der Gesellschaftsverhältnisse in der Hauptversammlung" zu bezeichnen sein,[199] der Verstoß gegen § 400 Abs. 1 Nr. 2 als „unrichtige Angaben gegenüber einem Abschlussprüfer einer Aktiengesellschaft".[200]

**111** **5. Rechtsfolgen.** Die Straftaten nach § 400 sind Vergehen (§ 12 Abs. 2 StGB). Sie können wahlweise mit **Freiheitsstrafe** bis zu drei Jahren oder mit **Geldstrafe** geahndet werden. Hat der Täter sich bereichert oder versucht, das zu tun, kann neben einer Freiheitsstrafe zusätzlich auf eine Geldstrafe erkannt werden (§ 41 StGB). Wird zudem eine **Ordnungswidrigkeit** verwirklicht, so wird diese gem. § 21 Abs. 1 OWiG verdrängt. Jedoch ist es möglich, die Erfüllung von Merkmalen der verdrängten Vorschrift straferschwerend zu berücksichtigen, wenn diese gegenüber dem Tatbestand des angewandten Gesetzes selbständiges Unrecht enthalten.[201]

**112** Auch finden die allgemeinen Vorschriften über **die Einziehung** nach §§ 73 ff. StGB Anwendung.

**113** Ferner könnte auch die Verhängung eines **Berufsverbotes** (§ 70 StGB) in Betracht kommen. Dabei ist jedoch der Grundsatz der Verhältnismäßigkeit zu wahren.

**114** Bei Tatbeteiligten, die nicht zu dem Täterkreis gehören, ist § 28 Abs. 1 StGB zu beachten.

## § 401 Pflichtverletzung bei Verlust, Überschuldung oder Zahlungsunfähigkeit

**(1) Mit Freiheitsstrafe bis zu drei Jahren oder mit Geldstrafe wird bestraft, wer es als Mitglied des Vorstands entgegen § 92 Abs. 1 unterläßt, bei einem Verlust in Höhe der Hälfte des Grundkapitals die Hauptversammlung einzuberufen und ihr dies anzuzeigen.**

**(2) Handelt der Täter fahrlässig, so ist die Strafe Freiheitsstrafe bis zu einem Jahr oder Geldstrafe.**

**Schrifttum:** *Bittmann,* Strafrechtliche Folgen des MoMiG, NStZ 2009, 113; *Müller,* Der Verlust der Hälfte des Grund- oder Stammkapitals, ZGR 1985, 191; *Pfeiffer,* Unterlassen der Verlustanzeige und des Konkurs- und Vergleichsantrags nach § 84 GmbHG, FS Rowedder, 1994, 347.

---

[197] Lackner/Kühl/*Kühl* StGB § 78a Rn. 3.
[198] Ebenso MüKoStGB/*Weiß* Rn. 68.
[199] BGHZ 149, 10 (20) = NJW 2001, 3622 (3624); vgl. zu § 331 Abs. 1 Nr. 1 HGB BGH Beschl. v. 11.6.1996 – 4 StR 221/96, nv; BeckRS 2004, 1099.
[200] Vgl. zu § 331 Nr. 4 HGB BGH BeckRS 1996, 06491.
[201] Vgl. BGHSt 19, 188 (189) = NJW 1964, 559 (559); BGH NJW 2005, 445 (449) – insoweit in BGHSt 49, 381 nicht abgedruckt.

## Übersicht

## I. Allgemeines

**1. Rechtsentwicklung.** § 401 entspricht im Wesentlichen dem Straftatbestand des **1** § 297 AktG 1937. Dieser war seinerseits eine Nachfolgevorschrift des § 315 HGB. § 401 hat den früheren, schon mit dem Gesetz vom 15.7.1957 (BGBl. 1957 I 714) aufgehobenen, Tatbestand des § 297 Nr. 1 nicht mehr übernommen, in dem der Verstoß gegen die Verpflichtung der Schaffung und Aufrechterhaltung eines funktionsfähigen Aufsichtsrats mit Strafe bedroht worden war. § 401 ist gegenüber § 297 AktG 1937 klarer gegliedert und enthält eine höhere Strafdrohung. Damit ist der Gefährlichkeit der unter Strafe gestellten Handlungsweisen für das Wirtschaftsleben und ihrem höherem Unrechtsgehalt Rechnung getragen worden. Er bedroht vorsätzliches (Abs. 1) und fahrlässiges Handeln (Abs. 2) mit Strafe. § 401 beruht in der geltenden Fassung auf dem EGStGB vom 2.3.1974 (BGBl. 1974 I 469, 570).

Durch das Gesetz zur Modernisierung des GmbH-Rechts und zur Bekämpfung von **2** Missbräuchen **(MoMiG)** vom 23.10.2008 (BGBl. 2008 I 2026) ist die in § 405 Abs. 1 Nr. 2 aF enthaltene Strafbestimmung wegen Verletzung der Insolvenzantragspflicht gestrichen worden. Diese Pflicht wie auch die strafrechtlichen Rechtsfolgen ihrer Missachtung sind nunmehr in § 15a InsO enthalten.[1]

**2. Regelungsgegenstand, Normzweck und Rechtsgut.** § 401 soll mit seiner Straf- **3** drohung die Einhaltung der für das Aktienrecht besonders wichtigen Schutzvorschrift des § 92 Abs. 1 sicherstellen, auf die sich § 268 Abs. 2 S. 2 für die Abwickler beruft. Mit ihm soll dieser Schutzvorschrift der erforderliche Nachdruck verliehen[2] und den Gefahren vorgebeugt werden, die sich für das Wirtschaftsleben daraus ergeben, dass die Aktiengesellschaft als eigene Rechtspersönlichkeit nur mit ihrem Gesellschaftsvermögen haftet.[3] Solche Gefahren bestehen insbesondere dann, wenn die Gesellschaft starke Verluste erleidet.

Bei einem Verlust der Hälfte des Grundkapitals sind in erster Linie die Aktionäre als **4** Anteilseigner der Gesellschaft betroffen (vgl. → § 92 Rn. 2).[4] In der Krisensituation des **§ 92 Abs. 1** sollen die Aktionäre in der Hauptversammlung Gelegenheit erhalten, zur Stabilisierung der Vermögensverhältnisse der Gesellschaft die notwendigen Entscheidungen über die in Betracht kommenden Maßnahmen (Sanierung oder Auflösung) zu treffen.

Die sonst an der Gesellschaft interessierten Dritten (Gesellschaftsgläubiger, Vertragspart- **5** ner, Arbeitnehmer) werden durch einen solchen Kapitalverlust nicht in dem Maße betroffen

---

[1] Vgl. hierzu *Bittmann* NStZ 2009, 113 ff.
[2] RGSt 47, 154 (156); BeckOGK/*Hefendehl* Rn. 1.
[3] Vgl. BGHZ 29, 100 (106) = NJW 1959, 623 (624).
[4] Vgl. K. Schmidt/Lutter/*Oetker* Rn. 1.

wie die Aktionäre, weil das Restkapital der Gesellschaft ausreicht, um ihre Ansprüche zu befriedigen; andernfalls wäre eine Überschuldung eingetreten.

6  Das durch den Tatbestand **geschützte Rechtsgut** muss nach der Interessenlage der betroffenen Personen bestimmt werden.[5] Durch § 401 Abs. 1 werden die (Vermögens-) Interessen der Aktionäre an einer wirtschaftlich gesunden Gesellschaft selbst geschützt, nicht aber die der Gesellschaftsgläubiger.[6]

7  Der Tatbestand des § 401 Abs. 1 ist **Schutzgesetz** iSd § 823 Abs. 2 BGB. Er dient nicht nur Allgemeininteressen, sondern auch den Individualinteressen des von ihm geschützten Personenkreises, nämlich der Gesellschaft selbst[7] (→ § 92 Rn. 21) und ihrer Aktionäre (→ § 92 Rn. 21),[8] wenn ihnen durch die Verzögerung der Einberufung der Hauptversammlung ein Schaden erwächst (→ § 92 Rn. 1).[9]

8  **3. Rechtsnatur des Delikts und Systematik des Gesetzes.** Der Tatbestand des § 401 stellt ein Unterlassen unter Strafe. Der Täter unterlässt es, die Hauptversammlung einzuberufen und ihr den Verlust der Hälfte des Grundkapitals der Gesellschaft anzuzeigen, wenn ein solcher Verlust eingetreten ist. Der Tatbestand ist deshalb ein **echtes Unterlassungsdelikt**.[10]

9  Die Vorschrift verweist zur näheren Konkretisierung des Tatbestands auf die Ausfüllungsvorschrift des § 92 Abs. 1. Es ist deshalb ein **ausfüllungsbedürftiger Tatbestand** gegeben, der sich aus der Norm des § 401 und der dort genannten Ausfüllungsvorschrift zusammensetzt. Nach überwiegender Auffassung handelt es sich um einen (unechten) Blanketttatbestand.[11] Er entspricht auch in dieser Form den Anforderungen der Tatbestimmtheit iSd Art. 103 Abs. 2 GG. Vgl. dazu die Ausführungen zu § 399 (→ § 399 Rn. 10), die hier sinngemäß angewandt werden können.

10  Der Tatbestand macht die vom Gesetz verlangte Handlungspflicht nicht von dem Eintritt einer konkreten Vermögensgefährdung oder eines Vermögensschadens abhängig. Er ist deshalb **abstraktes Gefährdungsdelikt**.[12] Der Tatbestand des § 401 entspricht dem Straftatbestand des § 84 GmbHG.[13] Die hierzu ergangene Rspr. kann deshalb auch für die Auslegung des § 401 herangezogen werden.

## II. Unterlassene Einberufung der Hauptversammlung und Verlustanzeige

11  **1. Täterkreis.** Als Täter bezeichnet § 401 Abs. 1 nur die Mitglieder des Vorstands und damit einen bestimmten Personenkreis mit besonderen persönlichen Eigenschaften. Dieser Tatbestand ist deshalb ein **echtes Sonderdelikt** mit allen sich daraus ergebenden Folgerungen für die Beteiligung (vgl. → § 399 Rn. 12, → § 399 Rn. 34 ff.).[14] Mittäter oder mittelbarer Täter kann deshalb nur eine Person sein, die diese besondere Position innehat. Anstifter oder Gehilfe kann dagegen jedermann sein, also zB leitende Angestellte aus der Finanzbuchhaltung oder Mitglieder des Aufsichtsrats (vgl. → Rn. 41).

---

[5] Großkomm AktG/*Otto* Rn. 3; Kölner Komm AktG/*Altenhain* Rn. 2.

[6] So auch Bürgers/Körber/*Pelz* Rn. 1; BeckOGK/*Hefendehl* Rn. 4.

[7] Großkomm AktG/*Otto* Rn. 5; K. Schmidt/Lutter/*Oetker* Rn. 2; *Baumbach/Hueck* Rn. 2; BeckOGK/ *Hefendehl* Rn. 4; Hüffer/Koch/*Koch* § 92 Rn. 15.

[8] Großkomm AktG/*Otto* Rn. 5; Kölner Komm AktG/*Altenhain* Rn. 2; *Baumbach/Hueck* Rn. 2; BeckOGK/*Hefendehl* Rn. 4; K. Schmidt/Lutter/*Oetker* Rn. 2; Hüffer/Koch/*Koch* § 92 Rn. 7, 26.

[9] BGH NJW 1979, 1829 (1831); Kölner Komm AktG/*Altenhain* Rn. 2; aA *Baumbach/Hueck* Rn. 2; Hüffer/ Koch/*Koch* § 92 Rn. 7, 26.

[10] Großkomm AktG/*Otto* Rn. 7; Kölner Komm AktG/*Altenhain* Rn. 4; BeckOGK/*Hefendehl* Rn. 6; K. Schmidt/Lutter/*Oetker* Rn. 9.

[11] Esser/Rübenstahl/Saliger/Tsambikakis/*Brand* Rn. 4; BeckOGK/*Hefendehl* Rn. 6: „jedoch nicht überzubewerten"; Graf/Jäger/Wittig/*Temming* Rn. 2: blankettartiger Tatbestand; so auch → 4. Aufl. 2017, Rn. 9 (*Schaal*).

[12] Großkomm AktG/*Otto* Rn. 6; Kölner Komm AktG/*Altenhain* Rn. 4; BeckOGK/*Hefendehl* Rn. 6; K. Schmidt/Lutter/*Oetker* Rn. 3; NK-WSS/*Krause/Tiwele* Rn. 1.

[13] *Pfeiffer* FS Roweder, 1994, 347 (352).

[14] Vgl. BeckOGK/*Hefendehl* Rn. 16; K. Schmidt/Lutter/*Oetker* Rn. 3.

**Vorstandsmitglied** ist jeder, der durch den Aufsichtsrat nach § 84 oder in dringenden  12
Fällen durch das Gericht nach § 85 zum Mitglied des Vorstands bestellt worden ist (vgl.
näher → § 399 Rn. 19 ff.). Zu den Vorstandsmitgliedern gehören auch die **Stellvertreter**
von Vorstandsmitgliedern, wenn sie Geschäfte des Vorstands wahrnehmen.[15]

Da das Gesetz bei diesem Tatbestand die **Abwickler** (vgl. → § 399 Rn. 185) **nicht** als  13
Täter erwähnt, fehlt ihnen die Tätereigenschaft. Über die Gleichstellungsklausel des § 408
S. 2 können aber auch die persönlich haftenden Gesellschafter einer **Kommanditgesell-
schaft auf Aktien** Täter sein (→ § 283 Rn. 43).[16]

Vorstandsmitglieder können nach hM auch Personen sein, die nicht rechtswirksam dazu  14
bestellt sind, die aber tatsächlich die mit diesem Amt verbundenen Aufgaben wahrnehmen
(faktische Vorstandsmitglieder); zur Frage der faktischen Organstellung vgl. näher → § 399
Rn. 23.[17] Das soll selbst dann gelten, wenn andere Vorstandsmitglieder rechtswirksam für
dieses Amt bestellt worden sind[18] und dieses Amt auch ausüben; entscheidend sei, ob das
**faktische Vorstandsmitglied** eine überragende Stellung in der Geschäftsleitung besitzt[19]
oder wenigstens ein Übergewicht hat.[20] Die Rspr. hat deshalb zB als tauglichen Täter
angesehen: einen Bankenvertreter im Aufsichtsrat, wenn die Geschäfte der Gesellschaft
faktisch von ihm und der hinter ihm stehenden Bank gesteuert werden oder einen Angehörigen der rechtsberatenden Berufe, wenn er im Einverständnis mit dem Aufsichtsrat tatsächlich die Geschäfte des Vorstands führt.[21]

Für den Täterkreis des § 401 Abs. 1 kommt auch eine fahrlässige Begehung nach § 401  15
Abs. 2 in Betracht.

Für die Einberufung und die Anzeige des Verlustes ist der gesamte Vorstand und damit  16
**jedes Vorstandsmitglied** strafrechtlich verantwortlich. Eine Verteilung der Geschäfte
innerhalb des Vorstandes ist deshalb in der Regel für die strafrechtliche Verantwortung des
für das Fachgebiet Finanzen nicht zuständigen Vorstandsmitgliedes ohne Bedeutung (vgl.
näher → § 399 Rn. 41 ff.). Sie kann auf der subjektiven Tatseite lediglich wesentlich werden, wenn das für die Finanzen zuständige Vorstandsmitglied die anderen Mitglieder des
Vorstands über die eingetretenen Verluste nicht unterrichtet. Auch dabei ist jedoch zu
berücksichtigen, dass der Tatbestand des § 401 Abs. 1 auch fahrlässig begangen werden kann.
Kann sich ein Vorstandsmitglied innerhalb des Vorstands nicht durchsetzen, hat es die nötigen Schritte zu ergreifen, um den gesetzwidrigen Zustand zu beenden (→ Rn. 39; → § 93
Rn. 168).

Scheidet ein Vorstandsmitglied freiwillig oder unfreiwillig wirksam aus seinem Amt aus,  17
kommt es darauf an, ob die Pflicht zur Einberufung der Hauptversammlung zu diesem
Zeitpunkt bereits bestand (dann Strafbarkeit nach § 401 möglich) oder nicht.[22] Eine über
das Organverhältnis zeitlich hinausreichender Pflicht statuiert § 401 nicht.[23] Tritt ein Vorstandsmitglied wirksam von seinem Amt zurück, noch bevor ein schuldhaftes Zögern vorliegt, so begründet ein erst danach eintretender Verlust in Höhe der Hälfte des Grundkapitals
für ihn keine Handlungspflicht mehr.[24] Ist jedoch bei der Rücktrittserklärung der Verlust
bereits eingetreten, so ändert das, weil die Pflicht zur Anzeige grundsätzlich sofort zu erfüllen

[15] Vgl. BGHSt 6, 314 (315 f.) = NJW 1954, 1854 (1854); Großkomm AktG/*Otto* Rn. 9.

[16] Großkomm AktG/*Otto* Rn. 10; BeckOGK/*Hefendehl* Rn. 16.

[17] BGHSt 21, 101 (103) = NJW 1966, 2225 (2225); BGHSt 33, 21 (24) = NJW 1984, 2958 (2958 f.);
BGHZ 150, 61 (69) = NJW 2002, 1803 (1805); OLG Jena GmbHR 2002, 112.

[18] BeckOGK/*Hefendehl* Rn. 18.

[19] Vgl. BGHSt 31, 118 (122) = NJW 1983, 240 (241); BGH NZG 2005, 816; BeckOGK/*Hefendehl*
Rn. 18; einschränkend *Stein* ZHR 148 (1984), 207 (222).

[20] BGH wistra 1984, 178 = StV 1984, 461 m. abl. Anm. *Otto*; aA Scholz/*Tiedemann/Rönnau* GmbHG
§ 84 Rn. 17 ff.

[21] Vgl. BGH wistra 1990, 60.

[22] BeckOGK/*Hefendehl* Rn. 19; NK-WSS/*Krause/Twele* Rn. 2.

[23] BeckOGK/*Hefendehl* Rn. 19.

[24] BGH Urt. v. 30.9.1980 – 1 StR 407/80, bei *Holtz* MDR 1981, 100 nur teilweise abgedruckt; Großkomm AktG/*Otto* Rn. 13; BeckOGK/*Hefendehl* Rn. 20; Scholz/*Tiedemann/Rönnau* GmbHG § 84 Rn. 30.

ist (vgl. → Rn. 23),[25] nichts an der Strafbarkeit. Ob und ggf. unter welchen Voraussetzungen ein **Rücktritt** wegen Erklärung zur Unzeit oder wegen Rechtsmissbrauchs unwirksam sein kann,[26] ist deshalb bei § 401 Abs. 1 ohne praktische Relevanz.

**18**     **2. Gegenstand der Tathandlung.** Der Unterlassungstatbestand des § 401 Abs. 1 ist erfüllt, wenn ein Vorstandsmitglied einen der beiden im Tatbestand angeführten Handlungspflichten (Einberufungs- und Anzeigepflicht) nicht nachkommt.[27] Das Erfüllen der Pflichten soll den verantwortlichen Gesellschaftsorganen eine grundsätzliche Diskussion und Entscheidung über die weitere Geschäftspolitik ermöglichen.[28] Der Gesetzgeber misst dem große Bedeutung bei und hat deshalb das Unterlassen einer Einberufung der Hauptversammlung in Verbindung mit der Anzeige unter die Strafdrohung des § 401 Abs. 1 gestellt.

**19**     Voraussetzung ist, dass die Gesellschaft den **Verlust** eines Vermögenswerts in Höhe von mindestens der Hälfte des Grundkapitals erlitten hat. Dabei ist nicht auf das eingezahlte, sondern auf das satzungsmäßige Grundkapital abzustellen (→ § 92 Rn. 12). Nach § 92 Abs. 1, auf den § 401 Abs. 1 verweist, ist das der Fall, wenn sich dieser Verlust bei der Aufstellung der Jahresbilanz (§§ 242, 264 Abs. 1 HGB) oder einer Zwischenbilanz ergibt. Dieses Merkmal ist einschränkend auszulegen:[29] Der Verlust ist nicht eingetreten, wenn er noch aus gesetzlichen, freien, offenen oder stillen Rücklagen unter Zuhilfenahme von weniger als der Hälfte des Grundkapitals gedeckt werden kann.[30] Der Stand des Vermögens der Gesellschaft muss soweit abgesunken sein, dass er rechnerisch unter der Hälfte des Grundkapitals liegt (→ § 92 Rn. 13); das vorhandene Eigenkapital muss auf die Höhe des halben satzungsmäßigen Grundkapitals abgeschmolzen sein.[31]

**20**     Als Erkenntnismittel für den eingetretenen Verlust kommt jedoch nicht nur eine **Bilanz** wie die Jahresbilanz oder eine Zwischenbilanz in Betracht. § 92 Abs. 1 spricht ausdrücklich davon, dass die Handlungspflichten des Vorstands auch dann bestehen, wenn er bei Ausübung seines pflichtgemäßen Ermessens sonst annehmen muss, dass die Hälfte des Grundkapitals verloren ist. IdR wird sich die verschlechterte Vermögenslage allerdings aus einer Vermögensübersicht ergeben, zumal eine zuverlässige Übersicht über das Gesellschaftsvermögen in den meisten Fällen nicht ohne Aufstellung einer solchen Bilanz zu gewinnen ist. Das bedeutet jedoch nicht, dass die Handlungspflichten der Vorstandsmitglieder von der Erstellung einer Bilanz abhängig sind. Es reicht aus, wenn der Täter den Vermögensverlust bei Ausübung seines pflichtgemäßen Ermessens aus Geschäftsunterlagen oder auf Grund anderer Umstände festgestellt hat oder mindestens hätte ermitteln können (→ § 92 Rn. 12).[32] Die Handlungspflichten werden durch jede Verlustfeststellung ausgelöst, gleichgültig bei welcher Gelegenheit sie erfolgt.[33]

**21**     Die Mitglieder des Vorstands haben die Sorgfalt eines ordentlichen und gewissenhaften Geschäftsleiters nach § 93 Abs. 1 anzuwenden (vgl. → § 92 Rn. 12).[34] **Maßstab** dafür ist nicht die subjektive Auffassung einzelner Vorstandsmitglieder, sondern die Beurteilung durch einen objektiven Betrachter,[35] der die Vermögenslage der Gesellschaft nach betriebswirtschaftlichen Grundsätzen bewertet. Zu den Pflichten des Vorstandes gehört es, die Lage der Gesellschaft aufmerksam zu verfolgen. Er ist verpflichtet, sich Gewissheit über die Vermögenslage der Gesellschaft zu verschaffen, wenn ihm die Vermögenslage im Hinblick auf seine Pflichten aus § 92 Abs. 1 bedenklich vorkommt.[36]

---

[25] Vgl. Scholz/*Tiedemann*/*Rönnau* GmbHG § 84 Rn. 30.

[26] Vgl. dazu BGHZ 121, 257 (262) = NJW 1993, 1198 (1200); Kölner Komm AktG/*Altenhain* Rn. 8; Großkomm AktG/*Otto* Rn. 12 f.

[27] BeckOGK/*Hefendehl* Rn. 25.

[28] Vgl. BGH NJW 1979, 1829 (1831); Großkomm AktG/*Otto* Rn. 15; BeckOGK/*Hefendehl* Rn. 23.

[29] NK-WSS/*Krause*/*Twele* Rn. 3.

[30] BGH BB 1958, 1181; Großkomm AktG/*Otto* Rn. 15; NK-WSS/*Krause*/*Twele* Rn. 3.

[31] Kölner Komm AktG/*Altenhain* Rn. 11; BeckOGK/*Hefendehl* Rn. 23.

[32] Großkomm AktG/*Otto* Rn. 17.

[33] Kölner Komm AktG/*Altenhain* Rn. 12.

[34] NK-WSS/*Krause*/*Twele* Rn. 3.

[35] BeckOGK/*Hefendehl* Rn. 24; NK-WSS/*Krause*/*Twele* Rn. 3; *Müller* ZGR 1985, 191 (195).

[36] *Baumbach*/*Hueck* § 92 Rn. 4.

**3. Tathandlung.** Tathandlung ist, dass der Täter das Einberufen der Hauptversammlung **22** und die Verlustanzeige in der Hauptversammlung unterlässt. § 92 Abs. 1 verlangt als Ausfüllungsvorschrift des Straftatbestandes (→ Rn. 9) von dem Vorstand (kumulativ), dass er die Hauptversammlung unverzüglich, dh ohne schuldhaftes Zögern (§ 121 BGB)[37] einberuft, wenn ein solcher Verlust eingetreten ist, und der Hauptversammlung diesen anzeigt.

Die **Anzeigepflicht** beginnt zu dem Zeitpunkt, in dem ein objektiver Betrachter, der **23** die Vermögenslage der Gesellschaft nach betriebswirtschaftlichen Grundsätzen bewertet, zu dem Ergebnis gelangt, dass ein Verlust der Hälfte des Stammkapitals eingetreten ist. Auf die tatsächliche Kenntnis der Vorstandsmitglieder von dem Vermögensverlust kommt es nicht an.[38] Die Handlungspflicht des § 92 Abs. 1 ist nicht davon abhängig, dass der Vorstand den Eintritt des Verlustes positiv kennt. Es reicht aus, wenn er ihn nur für möglich hält oder ihn bei Anwendung der Sorgfalt eines ordentlichen und gewissenhaften Geschäftsleiters (§ 93 Abs. 1 S. 1) hätte erkennen können.[39] Sinn der Handlungspflicht des § 92 Abs. 1 ist es, bei Verlusten in der vom Gesetz angegebenen Höhe die Hauptversammlung als das letztlich entscheidende Organ der Gesellschaft in die Lage zu versetzen, die erforderlichen Entscheidungen zu treffen. Sanierungsversuche haben hier nicht die Bedeutung wie in § 15a InsO. Sie will das Gesetz gerade der Hauptversammlung vorbehalten. Die Mitglieder des Vorstandes haben deshalb für ihre Pflichtverletzungen auch einzustehen, wenn sie den Eintritt des Verlustes nur fahrlässig nicht erkannt haben (§ 401 Abs. 2).

Der Vorstand genügt seiner Handlungspflicht nicht, wenn die Anzeige in einer zu diesem **24** Zweck nicht einberufenen Hauptversammlung gemacht wird.[40] Die **Verlustanzeige** muss Tagesordnungspunkt der zu diesem Zweck einberufenen Hauptversammlung sein, weil diese nur dann Gelegenheit erhält, die notwendigen Beschlüsse als Reaktion auf die Verlustanzeige zu fassen (→ § 92 Rn. 18 f.).[41] § 401 Abs. 1 verlangt damit mehr von den Vorstandsmitgliedern einer Aktiengesellschaft, als das § 84 GmbHG von dem Geschäftsführer einer GmbH mit der bloßen Pflicht zur Unterrichtung der Gesellschafter fordert. Diese unterschiedliche Regelung hat ihren guten Sinn. Denn eine Aktiengesellschaft hat als reine Kapitalgesellschaft regelmäßig eine große Anzahl von Aktionären, die nicht, wie die Gesellschafter einer GmbH, auf andere Weise von dem eingetretenen Verlust der Gesellschaft unterrichtet werden können.

Ist zu der ordnungsgemäß einberufenen **Hauptversammlung** (§§ 121 ff.) kein Aktionär **25** erschienen, entfällt die Pflicht zur Anzeige des Verlustes. In diesem Fall ist der Vorstand auch nicht verpflichtet, die Hauptversammlung erneut einzuberufen.[42] Das gilt auch dann, wenn sich der Verlust bei der nächsten Bilanz erneut ergibt. Zeigen die Aktionäre, dass sie an den notwendigen Entscheidungen in der Hauptversammlung kein Interesse haben, haben sie ihre dahingehenden Rechte verwirkt.[43]

**4. Subjektiver Tatbestand.** Das Unterlassungsdelikt des § 401 Abs. 1 kann vorsätzlich, **26** aber nach Abs. 2 auch fahrlässig begangen werden.

**a) Vorsatz.** Vorsätzlich handelt der Täter bei einem Unterlassungsdelikt, wenn er die **27** Tatumstände kennt, die ihn zum Handeln verpflichten und gleichwohl davon absieht, dem gesetzlich bestimmten Gebot nachzukommen.[44] Für § 401 reicht bedingter **Vorsatz** aus.

---

[37] BGHZ 75, 96 (108) = NJW 1979, 1823 (1826 f.).

[38] Scholz/*Tiedemann/Rönnau* GmbHG § 84 Rn. 40; Rowedder/Schmidt-Leithoff/*Schaal* GmbHG § 84 Rn. 18; aA Hachenburg/*Kohlmann* GmbHG § 84 Rn. 18; *Pfeiffer* FS Rowedder, 1994, 347 (354).

[39] Großkomm AktG/*Otto* Rn. 17; BeckOGK/*Hefendehl* Rn. 24; Graf/Jäger/Wittig/*Temming* Rn. 7.

[40] So auch BeckOGK/*Hefendehl* Rn. 27.

[41] Großkomm AktG/*Otto* Rn. 18; *Baumbach/Hueck* Rn. 4; Kölner Komm AktG/*Altenhain* Rn. 14; BeckOGK/*Hefendehl* Rn. 27; Henssler/Strohn/*Raum* Rn. 2.

[42] Kölner Komm AktG/*Altenhain* Rn. 15; Graf/Jäger/Wittig/*Temming* Rn. 10.

[43] BeckOGK/*Hefendehl* Rn. 28; ähnlich Großkomm AktG/*Otto* Rn. 55.

[44] BGHSt 19, 295 (298) = NJW 1964, 1330 (1331); Schönke/Schröder/*Cramer/Sternberg-Lieben* StGB § 15 Rn. 94.

Es genügt deshalb, wenn der Täter es für möglich hält, dass er zu dem Täterkreis gehört, dass ein Verlust in Höhe der Hälfte des Grundkapitals eingetreten ist und dass er dennoch seiner Einberufungs- und Anzeigepflicht nicht nachkommt.

28  **b) Fahrlässigkeit.** Fahrlässig handelt der Täter, wenn er entweder unter Verletzung seiner Sorgfaltspflicht nicht erkennt oder voraussieht, dass er in der gebotenen Art und Weise zu handeln hat **(unbewusste Fahrlässigkeit),** oder zwar mit dieser Möglichkeit rechnet, entgegen dieser Einsicht aber pflichtwidrig davon ausgeht, dass er nicht so handeln muss **(bewusste Fahrlässigkeit).** Fahrlässigkeit liegt auch vor, wenn der Täter den Eintritt des Verlustes kennt oder ihn für möglich hält, aber seinen Pflichten zur Einberufung der Hauptversammlung und zur Anzeige des Verlustes unter Außerachtlassung seiner Sorgfaltspflicht nicht rechtzeitig oder nicht in der erforderlichen Art und Weise nachgekommen ist. Ob bedingter Vorsatz zu bejahen oder möglicherweise nur eine fahrlässige Fehleinschätzung der Verlustlage gegeben ist, ist eine Frage der tatrichterlichen Beweiswürdigung.[45]

29  **5. Rechtswidrigkeit.** Für die Rechtswidrigkeit gelten ebenso wie bei § 399 (→ § 399 Rn. 237) die allgemeinen Grundsätze des Strafrechts. Bei § 401 Abs. 1 entfällt in der Regel die Anzeigepflicht nicht deshalb, weil sie dem Mitglied des Vorstands unzumutbar ist.[46] Insbes. kann sich der Täter auf eine Unzumutbarkeit dann nicht berufen, wenn er den Verlust selbst verschuldet hat und eine zivilrechtliche Haftung oder eine Strafverfolgung befürchtet.[47] Ob überhaupt in diesem Zusammenhang eine Berufung auf den Rechtfertigungsgrund des § 34 StGB möglich ist, erscheint zweifelhaft. Die Angst vor drohender Arbeitslosigkeit kann diesen Rechtfertigungsgrund jedenfalls nur in Ausnahmefällen begründen.[48]

30  **6. Irrtum.** Bei Irrtum finden die §§ 16, 17 StGB Anwendung (vgl. → § 399 Rn. 102). Da der Tatbestand des § 401 Abs. 1 auch fahrlässig begangen werden kann, werden Irrtumsfragen nur vergleichsweise geringe Bedeutung gewinnen.

### III. Vollendung und Beendigung

31  Der Zeitpunkt der Vollendung ist deshalb bedeutsam, weil gem. § 23 Abs. 1 StGB iVm § 12 Abs. 2 StGB der Versuch einer Straftat nach § 401 nicht strafbar ist. Von der Beendigung hängen die Bestimmung der Konkurrenzen, die Beteiligung und die Verjährung ab.

32  **1. Vollendung.** Da es sich bei dem Tatbestand des § 401 um ein echtes Unterlassungsdelikt handelt (→ Rn. 8), ist die Tat zu dem Zeitpunkt vollendet, bis zu dem die gebotene Handlung spätestens hätte vorgenommen werden müssen.[49]

33  Vollendet ist der Tatbestand des § 401 Abs. 1 demnach, sobald das Vorstandsmitglied die Anzeigepflicht hätte erfüllen können. Als zeitliche Begrenzung spricht die Ausfüllungsvorschrift des § 92 Abs. 1 davon, dass der Vorstand unverzüglich, dh ohne schuldhaftes Zögern, die Hauptversammlung einberufen und ihr den Verlust anzuzeigen hat. Ihm steht dafür die Frist zur Verfügung, die auch sonst für die Einberufung einer Hauptversammlung benötigt wird. Dabei sind die Umstände des Einzelfalls und etwaige Schwierigkeiten der Verlustermittlung und bei der Benachrichtigung der Aktionäre, etwa wegen ihrer Anzahl,[50] zu berücksichtigen. Es wird deshalb stets von den Umständen des Einzelfalls abhängen, wann mit Ablauf dieser Frist das Unterlassungsdelikt vollendet ist.[51]

34  **2. Beendigung.** Beendet ist das Unterlassungsdelikt des § 401, wenn die Pflicht zum Handeln endgültig entfallen ist.[52]

---

[45] Vgl. BGH wistra 1988, 69 (70) zur Insolvenzantragspflicht.
[46] Großkomm AktG/*Otto* Rn. 58; *Pfeiffer* FS Rowedder, 1994, 347 (355).
[47] Scholz/*Tiedemann/Rönnau* GmbHG § 84 Rn. 48; *Kohlmann/Löffeler* GmbH-GF Rn. 470.
[48] Scholz/*Tiedemann/Rönnau* GmbHG § 84 Rn. 48 mwN.
[49] Schönke/Schröder/*Eser/Bosch* StGB Vor § 22 Rn. 2; BeckOGK/*Hefendehl* Rn. 34.
[50] BeckOGK/*Hefendehl* Rn. 34.
[51] Großkomm AktG/*Otto* Rn. 21; *Pfeiffer* FS Rowedder, 1994, 347 (353).
[52] So auch BeckOGK/*Hefendehl* Rn. 35.

Das ist der Fall, wenn die Hauptversammlung einberufen und die Verlustanzeige erstattet **35** worden ist oder wenn sich die Vermögenslage der Gesellschaft vorher so gebessert hat, dass der Verlust nicht mehr die Hälfte des satzungsmäßigen Grundkapitals erreicht.[53]

Der Tatbestand des § 401 ist ein Dauerdelikt.    **36**

### IV. Beteiligung

Es gelten im Wesentlichen die gleichen Grundsätze wie bei § 399 (vgl. → § 399 **37** Rn. 34 ff.). Da der Tatbestand des § 401 ein echtes Sonderdelikt ist (→ Rn. 11), ergeben sich daraus Konsequenzen für die Beteiligung.

**1. Täterschaft.** Strafbarkeit als **Mittäter** (§ 25 Abs. 2 StGB) oder als **mittelbarer Täter** **38** (§ 25 Abs. 1 Alt. 2 StGB) ist nur möglich, wenn der Täter Mitglied des Vorstands oder dessen Stellvertreter ist.[54] Sind mehrere Vorstandsmitglieder bestellt und unterlassen sie ohne Absprache (auch nicht stillschweigend) die Anzeige unabhängig voneinander, so sind sie Nebentäter.[55] Fassen sie gemeinschaftlich den Entschluss, die ihnen obliegende Pflichten nicht zu erfüllen, sind sie Mittäter.[56] Dabei reicht nach hM eine faktische Organeigenschaft (→ § 399 Rn. 23 ff.) aus.[57]

Die Handlungspflichten des § 92 Abs. 1 treffen **jedes Mitglied des Vorstandes** (vgl. **39** → Rn. 16 f.). Kann eines oder mehrere seiner Mitglieder sich innerhalb des Vorstandes nicht durchsetzen, haben sie ggf. den Aufsichtsrat zu verständigen und ihn zum Eingreifen zu veranlassen.[58] Dieser kann nach § 111 Abs. 3 eine Hauptversammlung einberufen, wenn das Wohl der Gesellschaft es erfordert (→ § 92 Rn. 22, → § 111 Rn. 103 ff.). Kommen die Mitglieder des Aufsichtsrats dieser Aufforderung nicht nach, können sie sich als Anstifter oder Gehilfen strafbar machen.[59]

Ergeht im Vorstand ein Beschluss, der eine Antragsstellung ablehnt, und wird dabei ein **40** Vorstandsmitglied überstimmt, wird dieses dadurch nicht von seiner persönlichen Verantwortung für die Antragstellung freigestellt.[60] Es gelten auch hier die Grundsätze über die **Majorisierung** innerhalb eines mehrgliedrigen Vorstands (vgl. → § 399 Rn. 47; → § 93 Rn. 168 ff.). Das hat zur Folge, dass das überstimmte Mitglied letztlich allein den erforderlichen Antrag zu stellen hat, wenn es nicht mit anderen rechtlich zulässigen Mitteln, etwa durch Einschaltung des Aufsichtsrates, die Antragstellung unter Aufhebung des Ablehnungsbeschlusses durchsetzen kann.

**2. Teilnahme.** Die Eigenschaft des § 401 als echtes Sonderdelikt hat zur Folge, dass **41** Mitglieder des Aufsichtsrates, wenn sie nicht faktisch eine Täterstellung haben, keine Täter, wohl aber **Anstifter** (§ 26 StGB) oder **Gehilfen** (§ 27 StGB) sein können. Denn als Anstifter oder Gehilfe kommt jedermann in Betracht.[61] Also zB auch leitende Angestellte aus der Finanzbuchhaltung oder Angehörige der beratenden Berufe.[62]

So kann zB der Aufsichtsratsvorsitzende oder ein anderes Mitglied des Aufsichtsrates, je **42** nach der Willenslage und seinem Tatbeitrag, Anstifter oder Gehilfe (nicht aber Täter) sein, wenn er den Vorstand bedrängt, der Einberufungs- oder Anzeigepflicht nicht oder nicht rechtzeitig nachzukommen, obwohl ein entsprechender Verlust (vgl. → Rn. 19) eingetreten ist, oder ihn in seinem Beschluss durch eine bestimmte Handlungsweise festigt.[63] Ein Auf-

---

[53] Großkomm AktG/*Otto* Rn. 22; BeckOGK/*Hefendehl* Rn. 34.
[54] RGSt 24, 286 (290); BGHSt 14, 280 (282) = NJW 1960, 1677 (1678).
[55] Vgl. zu dieser Rechtsfigur BGH StV 1992, 160.
[56] BGHSt 37, 106 (129) = NJW 1990, 2560 (2566).
[57] Vgl. BayObLG wistra 1991, 195 (197); offengelassen in BGH wistra 1987, 147 f., jeweils zu § 370 Abs. 1 Nr. 2 AO.
[58] Großkomm AktG/*Otto* Rn. 11; Kölner Komm AktG/*Altenhain* Rn. 16.
[59] Vgl. BGHSt 14, 280 (282) = NJW 1960, 1677 (1678); BGHZ 75, 96 (107) = NJW 1979, 1823.
[60] Kölner Komm AktG/*Altenhain* Rn. 16.
[61] BGHSt 14, 280 (281) = NJW 1960, 1677 (1678).
[62] Vgl. *Baumgarten* wistra 1992, 41 ff.
[63] Vgl. zur Insolvenzantragspflicht RGSt 27, 157 (158); BGH NJW 1974, 57; 1990, 2560 (2569); 2005, 1121.

sichtsratsmitglied, das von dem Eintritt der Verlustlage positiv Kenntnis erlangt, und nicht wenigstens für eine Einberufung des Aufsichtsrates sorgt, um dem Vorstand zum pflichtgemäßen Handeln nach § 92 Abs. 1 zu drängen, kann Beihilfe durch Unterlassen (§§ 27, 13 StGB) begehen, weil er durch seine Überwachungspflicht nach § 111 Abs. 1 zum Handeln verpflichtet und deshalb Garant nach § 13 StGB ist.[64] Ebenso kann bei einer solchen Sachlage das Nichteinberufen der Hauptversammlung nach § 111 Abs. 3 (vgl. → Rn. 39) als Teilnahmehandlung in Betracht kommen. Der Beihilfe macht sich allerdings nur schuldig, wer das Unterlassen des zum Handeln Verpflichteten unterstützt, nicht wer in anderer Weise (etwa durch Erklärungen gegenüber Gesellschaftsgläubigern) den Erfolg zu verhindern trachtet, der mit der Handlungspflicht des § 92 Abs. 1 bezweckt wird.[65]

**43**   Beihilfe ist nach der Rspr. bis zur tatsächlichen Beendigung der Tat möglich.[66]

### V. Konkurrenzen

**44**   Mit den Insolvenzstraftaten nach §§ 283 ff. StGB wird meistens Tatmehrheit bestehen;[67] ferner auch mit Untreue (§ 266 StGB), Betrug (§ 263 StGB), Unterschlagung (§ 246 StGB)[68] oder Steuerhinterziehung (§ 370 AO), selbst wenn die letztere durch Unterlassung begangen wird. Tateinheit ist bei der unterlassenen Verlustanzeige unter Umständen mit Untreue (§ 266 StGB) zum Nachteil der Gesellschaft möglich, wenn dadurch eine Sanierung oder ein erfolgreiches Vergleichsverfahren bewusst verhindert wird.[69] Macht der Vorstand auf einer nach § 92 Abs. 1 einberufenen Hauptversammlung eine falsche Verlustanzeige, so gibt er damit die Verhältnisse der Gesellschaft in einer Darstellung über den Vermögensstand unrichtig wieder und erfüllt damit den Tatbestand des § 400 Abs. 1 Nr. 1, nicht dagegen den Tatbestand des § 401 Abs. 1, der nur dann vorliegt, wenn der Täter es überhaupt unterlässt, eine Verlustanzeige zu machen. Tateinheit zwischen beiden Delikten kann daher nicht vorliegen.[70]

### VI. Prozessuales und Rechtsfolgen

**45**   Straftaten nach § 401 sind **Offizialdelikte** und werden von der Staatsanwaltschaft von Amts wegen verfolgt. Landgerichtliche Strafverfahren gehören nach § 74c Abs. 1 Nr. 1 GVG zum Zuständigkeitsbereich der Wirtschaftsstrafkammern. Das gilt auch für die Berufungsinstanz.[71] Sie werden deshalb regelmäßig von den für Wirtschaftsstrafsachen zuständigen Schwerpunktstaatsanwaltschaften verfolgt.

**46**   Im **Klageerzwingungsverfahren** ist Verletzter iSd § 172 Abs. 1 StPO der Aufsichtsrat als zuständiges Organ der Gesellschaft (vgl. → Rn. 7).

**47**   Die **Verjährung** der Strafverfolgung richtet sich nach §§ 78 ff. StGB. Deshalb verjähren die vorsätzlichen Straftaten nach § 401 Abs. 1 in fünf Jahren (§ 78 Abs. 3 Nr. 4 StGB) und die fahrlässigen Straftaten nach § 401 Abs. 2 in drei Jahren (§ 78 Abs. 3 Nr. 5 StGB). Die Verjährungsfrist beginnt nicht mit dem Zeitpunkt der rechtlichen Vollendung des Vergehens, sondern mit seiner tatsächlichen Beendigung (§ 78a S. 1 StGB). Das ist bei den Straftaten nach § 401 der Zeitpunkt, zu dem die Pflicht zum Handeln endgültig entfällt.[72]

**48**   Bei einer Verurteilung nach § 401 ist darauf zu achten, dass auch in der **Urteilsformel** und nicht nur in den Urteilsgründen zum Ausdruck gebracht wird, welche Schuldform gegeben ist. Die Urteilsformel muss erkennen lassen, ob der Täter vorsätzlich oder fahrlässig gehandelt hat.[73]

---

[64] Vgl. RGZ 161, 129 (133) zur Insolvenzantragspflicht; K. Schmidt/Lutter/*Oetker* Rn. 6.
[65] Vgl. BGHSt 14, 280 (282) = NJW 1960, 1677 (1678) zur Insolvenzantragspflicht.
[66] BGHSt 14, 280 (281) = NJW 1960, 1677 (1678).
[67] RG GA 60 (1913), 91.
[68] BeckOGK/*Hefendehl* Rn. 40.
[69] Vgl. auch Großkomm AktG/*Otto* Rn. 68; BeckOGK/*Hefendehl* Rn. 40.
[70] So auch Großkomm AktG/*Otto* Rn. 70; Hölters/*Müller-Michaels* Rn. 27; aA Kölner Komm AktG/ *Altenhain* Rn. 26; MüKoStGB/*Weiß* Rn. 31.
[71] Vgl. OLG Stuttgart MDR 1982, 252; Meyer-Goßner/Schmitt/*Schmitt* GVG § 74c Rn. 6.
[72] BGHSt 28, 371 (379 f.) = NJW 1980, 406 (407).
[73] BGH Urt. v. 16.12.1964 – 2 StR 426/64, nv.

Das Gesetz sieht einen unterschiedlichen Strafrahmen für vorsätzliche und für fahrlässige 49
Zuwiderhandlungen vor. Bei vorsätzlichen Straftaten kann nach § 401 Abs. 1 wahlweise auf
**Freiheitsstrafe** bis zu drei Jahren oder auf **Geldstrafe** erkannt werden. Bei dem fahrlässigen
Verstoß (§ 401 Abs. 2) ist der Strafrahmen Freiheitsstrafe bis zu einem Jahr oder Geldstrafe.
Hat der Täter sich durch die Tat bereichert oder versucht, das zu tun, kann neben einer
Freiheitsstrafe zusätzlich auf eine Geldstrafe erkannt werden (§ 41 StGB). Bei der Strafzu-
messung ist zu beachten, dass das Unterlassen der Einberufung einer Hauptversammlung
oder der Verlustanzeige Tatbestandsmerkmale des § 401 Abs. 1 sind und wegen des Verbots
der Doppelverwertung in § 46 Abs. 3 StGB nicht nochmals strafschärfend herangezogen
werden dürfen.[74]

## § 402 Falsche Ausstellung von Berechtigungsnachweisen

**(1) Wer Bescheinigungen, die zum Nachweis des Stimmrechts in einer Haupt-
versammlung oder in einer gesonderten Versammlung dienen sollen, falsch ausstellt oder verfälscht, wird mit Freiheitsstrafe bis zu drei Jahren oder mit Geldstrafe
bestraft, wenn die Tat nicht in anderen Vorschriften über Urkundenstraftaten mit
schwererer Strafe bedroht ist.**

**(2) Ebenso wird bestraft, wer von einer falschen oder verfälschten Bescheini-
gung der in Absatz 1 bezeichneten Art zur Ausübung des Stimmrechts Gebrauch
macht.**

**(3) Der Versuch ist strafbar.**

**Schrifttum:** *Gantenberg,* Die Reform der Hauptversammlung durch den Regierungsentwurf eines Gesetzes
zur Unternehmensintegrität und Modernisierung des Anfechtungsrechts – UMAG, DB 2005, 207; *Seibert,*
UMAG und Hauptversammlung – Der Regierungsentwurf eines Gesetzes zur Unternehmensintegrität und
Modernisierung des Anfechtungsrechts (UMAG), WM 2005, 157; *Zielinski,* Zur Verletzteneigenschaft des
einzelnen Aktionärs im Klageerzwingungsverfahren bei Straftaten zum Nachteil einer Aktiengesellschaft, wistra
1993, 6.

### Übersicht

[74] Vgl. zur Insolvenzantragspflicht BGH Beschl. v. 19.12.1997 – 2 StR 420/97 – insoweit in NStZ 1998,
247 nicht abgedruckt.

## I. Allgemeines

1    **1. Rechtsentwicklung.** § 402 ist eine Nachfolgevorschrift des § 298 AktG 1937, der seinerseits aus § 316 HGB hervorgegangen ist. Dieser Tatbestand ist jedoch gegenüber § 298 AktG 1937 klarer gegliedert, inhaltlich etwas umgestaltet und in der Strafdrohung geändert worden. Wesentlich ist dabei vor allem, dass seine Tatbestände hinter die Urkundenstraftatbestände des StGB (§§ 267–281 StGB) als subsidiär zurücktreten, wenn diese tatbestandsmäßig erfüllt werden. Außerdem bedroht § 402 auch den Versuch mit Strafe. Ferner ist das Erfordernis der „wissentlichen" Handlungsweise des Täters entfallen, das nach der modernen Terminologie des StGB ein bedingt vorsätzliches Handeln ausschließt.[1] Damit sollte § 402 den allgemeinen Urkundenstraftaten angeglichen werden.[2] In der geltenden Fassung beruht § 402 auf dem EGStGB vom 2.3.1974 (BGBl. 1974 I 469, 570).

2    Durch das **UMAG** vom 22.9.2005[3] wurden in Abs. 1 die Wörter „über die Hinterlegung von Aktien oder Berechtigungsnachweisen" gestrichen. Es handelt sich um eine Folgeänderung zu der Regelung, wonach der Nachweis der Berechtigung zur Teilnahme in der Hauptversammlung und Ausübung des Stimmrechts in der Regel über andere Bescheinigungen als über Hinterlegungsbescheinigungen geführt werden soll. Die **Aktienrechtsnovelle 2016** (→ Vor § 399 Rn. 16) hat § 123 Abs. 3–5, der den Nachweis für Inhaber von Inhaberaktien regelt, neu gestaltet.

3    **2. Regelungsgegenstand, Normzweck und Rechtsgut.** Die Vorschrift ist (nur) in den Fällen von **Bedeutung,** in denen in der Satzung der Aktiengesellschaft, was allerdings häufig geschieht, nach § 123 Abs. 3 (und § 138 S. 2) ausdrücklich vorgesehen ist, dass die Ausübung des Stimmrechts in der Hauptversammlung oder in einer gesonderten Versammlung von einem schriftlichen Berechtigungsnachweis abhängig gemacht worden ist.[4] Diese Anwendungsvoraussetzung ist ein objektives Tatbestandsmerkmal und keine **objektive Bedingung der Strafbarkeit,** auf die sich der Vorsatz des Täters nicht zu erstrecken bräuchte.[5] Die Anwendbarkeit des § 402 kann nicht auf die Fälle ausgedehnt werden, in denen die Satzung nicht nur die Ausübung des Stimmrechts, sondern auch die Teilnahme an einer Hauptversammlung von einer Hinterlegung abhängig macht.[6] Es mag sein, dass der Gesetzgeber es lediglich unterlassen hat, den Straftatbestand des § 402 der Änderung des § 123 Abs. 2 S. 1 anzupassen. Da § 402 nicht ausdrücklich auf die Voraussetzung des § 123 Abs. 2 verweist, steht einer derartig ausdehnenden Auslegung das Analogieverbot des Art. 103 Abs. 2 GG entgegen. Etwas anderes wäre es, wenn mit der Beschränkung des Teilnahmerechts nur die Ausübung des Stimmrechts beschränkt werden soll und eine Beschränkung anderer Rechte[7] damit nicht verbunden ist.

4    Mit § 402 soll verhindert werden, dass jemand fälschlicherweise im Berechtigungsausweis als Aktionär bezeichnet wird und damit eine Stimmberechtigung gewinnt, die ihm nicht zusteht. Der Berechtigungsnachweis dient dem Zweck, die Feststellung der Legitimation der Aktionäre in der Hauptversammlung zu erleichtern und eine missbräuchliche Benutzung der Aktien oder Zwischenscheine bei der Abstimmung zu verhindern.[8] **Geschütztes Rechtsgut** ist deshalb das Interesse der Gesellschaft und der Aktionäre an einer Unverfälschtheit des Abstimmungsergebnisses.[9]

---

[1] Vgl. *Sturm* JZ 1975, 7.
[2] *Meyer* AG 1966, 109 (112).
[3] Vgl. hierzu *Seibert* WM 2005, 157.
[4] K. Schmidt/Lutter/*Oetker* Rn. 2; BeckOGK/*Hefendehl* Rn. 1: Bedeutung aus faktischen und normativen Gründen erheblich limitiert.
[5] Großkomm AktG/*Otto* Rn. 29; BeckOGK/*Hefendehl* Rn. 19; Henssler/Strohn/*Raum* Rn. 5; aA → 4. Aufl. 2017, Rn. 3 *(Schaal).*
[6] AA Großkomm AktG/*Otto* Rn. 11; *Baumbach/Hueck* Rn. 4; Kölner Komm AktG/*Altenhain* Rn. 6, die nur dann eine Anwendbarkeit ablehnen, wenn es sich um stimmrechtslose Aktien handelt.
[7] ZB Rederechte in der Hauptversammlung; vgl. RGZ 112, 109 (111).
[8] RGZ 112, 109 (113); vgl. auch Hüffer/Koch/*Koch* § 123 Rn. 9.
[9] Kölner Komm AktG/*Altenhain* Rn. 3; BeckOGK/*Hefendehl* Rn. 4; K. Schmidt/Lutter/*Oetker* Rn. 1; ähnlich Großkomm AktG/*Otto* Rn. 2.

Der Legitimationsschutz des § 402 dient unmittelbar nur den Interessen der Gesellschaft 5 und ihrer Anteilseigner, wirkt sich aber im Einzelfall mittelbar auch zu Gunsten gefährdeter Dritt- insbesondere Gläubigerinteressen aus.[10] Er ist deshalb insoweit **Schutzgesetz** iSd § 823 Abs. 2 BGB.[11]

**3. Rechtsnatur des Delikts und Systematik des Gesetzes.** § 402 enthält die folgen- 6 den drei **Tatvarianten,** die sich jeweils auf das Tatobjekt der Hinterlegungsbescheinigung beziehen.

a) Das vorsätzliche falsche Ausstellen von Bescheinigungen, welche dem Nachweis des Stimmrechts in der Hauptversammlung oder einer gesonderten Versammlung dienen sollen (Abs. 1).

b) Das vorsätzliche Verfälschen solcher Bescheinigungen (Abs. 1).

c) Das vorsätzliche Gebrauchmachen solcher falsch ausgestellten oder verfälschten Beschei- nigungen zum Zweck der Stimmrechtsausübung (Abs. 2).

Anders als die meisten anderen Straftatbestände des AktG stellt § 402 keine besonderen 7 Anforderungen an die Tätereigenschaft. Täter dieser Tatbestände kann deshalb jedermann sein. § 402 ist ein **Allgemeindelikt** und kein Sonderdelikt.[12]

§ 402 ist ein **abstraktes Gefährdungsdelikt,** das möglichen Gefahren für eine Verfäl- 8 schung der Willensbildung in der Hauptversammlung entgegenwirken will.[13]

## II. Tatgegenstand

Die Bescheinigung ist ein Berechtigungsnachweis, der dem Aktionär als Legitimation 9 für die Hauptversammlung dient. Alle drei Tatbestände des § 402 verlangen, dass die Bescheinigung zum Nachweis des Stimmrechts in der Hauptversammlung oder in einer gesonderten Versammlung dienen soll. Bescheinigungen, die einen anderen Inhalt haben oder die einen anderen **Zweck** verfolgen, kommen deshalb nicht in Betracht.[14] Die Bescheinigung muss als solche geeignet sein, den genannten Zweck zu erfüllen.[15] In Betracht kommen vor allem folgenden Formen:

**1. Bescheinigung nach § 123 Abs. 4.** Das Gesetz sieht für Inhaberaktien (§ 124 Abs. 4) 10 als Grundmodell vor, dass bei einer börsennotierten AG ein durch den Letztintermediär erstellter Nachweis gem. § 67c Abs. 3 ausreicht. Der Verweis in § 123 Abs. 4 auf § 67c Abs. 3 wurde ebenfalls wie auch § 67c durch die Aktionärsrechte-RL **(ARUG II)** vom 12.12.2019 (BGBl. 2019 I 2637, 2642) mit Wirkung vom 1.1.2020 implementiert. Die Neufassung brachte jedoch hinsichtlich des Ausstellens des Nachweises und des Textformerfordernisses (vgl. § 126b BGB) keine Änderung mit sich.[16] Nach § 123 Abs. 3 können durch Satzung jedoch auch andere Nachweisformen festgelegt werden (vgl. hierzu → § 123 Rn. 16 ff.).[17]

**2. Hinterlegungsbescheinigung.** Wie nach früherem Recht kann die Satzung auch 11 die Hinterlegung der Aktien zur Legitimation in der Hauptversammlung vorschreiben. Bei der Hinterlegungsbescheinigung handelt es sich um eine schriftliche Erklärung, in der bestätigt wird, dass die Aktie von einem bestimmten Zeitpunkt vor und für die Zeit bis zum Schluss der Hauptversammlung oder der gesonderten Versammlung hinterlegt worden ist. Die Aktie muss der tatsächlichen Verfügungsgewalt der Aktionäre entzogen und der Hinterlegungsstelle übertragen worden sein; ein mittelbarer Besitz der Hinterlegungsstelle genügt nicht, es sei denn, dass die Satzung selbst etwas anderes bestimmt.[18]

---

[10] BeckOGK/*Hefendehl* Rn. 6.

[11] Großkomm AktG/*Otto* Rn. 3; *Baumbach/Hueck* Rn. 2; BeckOGK/*Hefendehl* Rn. 6; Kölner Komm AktG/*Altenhain* Rn. 3: nur für den Aktionär.

[12] Großkomm AktG/*Otto* Rn. 6; BeckOGK/*Hefendehl* Rn. 11; K. Schmidt/Lutter/*Oetker* Rn. 1.

[13] Großkomm AktG/*Otto* Rn. 2; Kölner Komm AktG/*Altenhain* Rn. 4; BeckOGK/*Hefendehl* Rn. 7.

[14] Ebenso BeckOGK/*Hefendehl* Rn. 12.

[15] So auch K. Schmidt/Lutter/*Oetker* Rn. 2.

[16] Hierzu sowie mwN BeckOGK/*Rieckers* 123 Rn. 42 ff.; Grigoleit/*Rachlitz* § 67c Rn. 20.

[17] *Gantenberg* DB 2005, 207 zur bereits zuvor bestehenden Rechtslage.

[18] RGZ 112, 109 (113 f.); Großkomm AktG/*Otto* Rn. 14.

**12**    **3. Eintritts- und Stimmkarten.** Diese werden in der Praxis häufig ausgegeben. Wenn mit ihnen satzungsmäßig das Stimmrecht bescheinigt wird, haben sie die Funktion der erforderlichen Bescheinigung. Die abweichende Bezeichnung nimmt ihnen diese Funktion nicht (→ § 134 Rn. 91).[19]

**13**    **4. Notwendiger Inhalt.** Die Bescheinigung dient dem Aktionär dazu, gegenüber der Gesellschaft den Nachweis zu führen, dass er die satzungsmäßige Bedingung für die Teilnahme erfüllt hat (→ § 123 Rn. 27). Es handelt sich um einen Anteilsnachweis, also eine Bescheinigung über den Anteilsbesitz zu einem bestimmten Stichtag.[20]

**14**    Die Nummer der Aktien braucht die Bescheinigung nicht anzugeben,[21] sofern dies nicht in der Satzung vorgeschrieben ist.[22] Der Berechtigungsnachweis muss aber den Namen des Aktionärs und Angaben über die Stückzahl und die Nennbeträge der Aktien enthalten (→ § 123 Rn. 31).[23] Textform (§ 126b BGB) ist erforderlich (und ausreichend sofern die Satzung nichts anderes bestimmt), nicht jedoch ein förmlicher Depotauszug.[24]

### III. Falsches Ausstellen einer Bescheinigung (Abs. 1)

**15**    Der Tatbestand erfasst zum einen den Fall, dass ein nicht zu Ausstellung einer Bescheinigung Legitimierter eine inhaltlich unrichtige Bescheinigung ausstellt.[25] Zum anderen ist eine Bescheinigung auch dann falsch ausgestellt, wenn zwar der zur Ausstellung Legitimierte handelt, die Bescheinigung jedoch inhaltlich unrichtig ist.[26] Dieser Tatbestand umfasst – anders als § 267 StGB – deshalb **auch die schriftliche Lüge.**[27] In dieser Weise ist bereits § 316 HGB aF (vgl. → Rn. 1) ausgelegt worden.[28] Bei der Schaffung des § 402 sollte an dieser Auslegung nichts geändert werden.[29]

**16**    **Falsch ausgestellt** ist die Bescheinigung, wenn sie einen anderen als den wirklichen Aussteller angibt, wenn sie inhaltlich falsche Angaben (zB über Betrag bzw. Zahl und Gattung der Aktien) enthält, oder wenn Beides (Ausstellung und Inhalt) nicht zutrifft.[30] Im Hinblick auf die Einführung eines record date durch § 123 Abs. 4 S. 2 ist in der Bescheinigung derjenige als Aktionär anzugeben, der am Stichtag Aktionär war. Auch wenn dieser seine Aktien noch vor der Hauptversammlung veräußert, darf die Bescheinigung nicht auf den Erwerber lauten, da sie sonst falsch ausgestellt wäre.[31]

**17**    Der umfassende Anwendungsbereich dieses Tatbestandes ist im Hinblick auf seine **Subsidiaritätsklausel** auch für das Konkurrenzverhältnis zu den Urkundendelikten des StGB von Bedeutung.

### IV. Verfälschen einer Bescheinigung (Abs. 1)

**18**    Dieser Begriff ist mit dem des Verfälschens iSd § 267 Abs. 1 Var. 2 StGB gleichzusetzen. Da Identität mit dem entsprechenden Tatbestandsmerkmal des § 267 StGB besteht,[32] kann

---

[19] Großkomm AktG/*Otto* Rn. 10; K. Schmidt/Lutter/*Oetker* Rn. 2; aA wohl Kölner Komm AktG/*Altenhain* Rn. 4.

[20] *Seibert* WM 2005, 157.

[21] Kölner Komm AktG/*Altenhain* Rn. 9; Großkomm AktG/*Otto* Rn. 13; BeckOGK/*Hefendehl* Rn. 15; Hölters/*Müller-Michaels* Rn. 11.

[22] Vgl. KG Recht 1927 Nr. 627; aA Kölner Komm AktG/*Altenhain* Rn. 9; Großkomm AktG/*Otto* Rn. 13.

[23] Kölner Komm AktG/*Altenhain* Rn. 9.

[24] *Seibert* WM 2005, 157.

[25] BeckOGK/*Hefendehl* Rn. 38 f.

[26] Großkomm AktG/*Otto* Rn. 17.

[27] Graf/Jäger/Wittig/*Temming* Rn. 5; Kölner Komm AktG/*Altenhain* Rn. 11; BeckOGK/*Hefendehl* Rn. 37; MüKoStGB/*Weiß* Rn. 21.

[28] Stenglein/*Conrad,* Kommentar zu den strafrechtlichen Nebengesetzen des deutschen Reiches, 5. Aufl. 1928 ff., HGB § 316 Anm. 3; BeckOGK/*Hefendehl* Rn. 36.

[29] *Meyer* AG 1966, 109 (112); BeckOGK/*Hefendehl* Rn. 36.

[30] Großkomm AktG/*Otto* Rn. 21; K. Schmidt/Lutter/*Oetker* Rn. 3.

[31] BeckOGK/*Hefendehl* Rn. 41.

[32] AA Großkomm AktG/*Otto* Rn. 23; Kölner Komm AktG/*Altenhain* Rn. 13.

die zu diesem Tatbestand entwickelte Rspr. und Lit. zur **Auslegung** herangezogen werden.[33]

**Verfälscht** ist die Bescheinigung, wenn sie von demjenigen Aussteller herrührt, der aus **19** der Bescheinigung hervorgeht, ihr Inhalt jedoch nachträglich verändert wird, sodass der Eindruck hervorgerufen wird, als habe der Aussteller die veränderte Erklärung abgegeben.[34] Das Verfälschen erfordert die nachträgliche Veränderung des gedanklichen Inhalts einer echten (oder auch unechten) Bescheinigung.[35]

Das liegt auch dann vor, wenn die Bescheinigung von dem ursprünglichen Aussteller **20** verändert wird, nachdem sie seiner Verfügungs- und Abänderungsgewalt entzogen worden ist.[36] Eine Verfälschung liegt selbst dann vor, wenn die späteren Veränderungen nicht verschleiert werden, sondern nur der Eindruck hervorgerufen werden soll, die Bescheinigung sei mit dem Wissen und Willen des Ausstellers zu einem Zeitpunkt geändert worden, als sie seiner Verfügungs- und Änderungsgewalt noch nicht entzogen war.[37]

### V. Gebrauchmachen von einer falschen oder verfälschten Bescheinigung (Abs. 2)

Gebrauchmachen ist mit dem Begriff des Gebrauchens iSd § 267 Abs. 1 Var. 3 StGB **21** weitgehend identisch.[38] Die Rspr. zu diesem Tatbestand kann deshalb zur **Auslegung** von § 402 Abs. 2 grundsätzlich herangezogen werden.[39]

**Gebrauchmachen** heißt zugänglich machen,[40] dh dem zu Täuschenden muss die **22** Möglichkeit gegeben werden, die Bescheinigung sinnlich wahrzunehmen.[41] Dass der zu Täuschende die Bescheinigung tatsächlich wahrgenommen hat, ist nicht erforderlich. Anders als bei § 267 StGB muss das Gebrauchmachen der falschen (→ Rn. 15 ff.) oder verfälschten (→ Rn. 18 ff.) Bescheinigung nicht zur Täuschung im Rechtsverkehr geschehen, sondern zur Ausübung des Stimmrechts.[42] Der Zweck des Gebrauchmachens, also die Zielrichtung der Tat, ist daher sehr viel enger als bei der Urkundenfälschung gem. § 267 StGB. Sie bezieht sich nur auf die Ausübung des Stimmrechts in der Hauptversammlung oder der gesonderten Versammlung (→ Rn. 3). Der zu Täuschende, dem die falsche oder verfälschte Bescheinigung zugänglich gemacht worden sein muss, ist deshalb die Person, welche die Legitimation des Täters zur Stimmrechtsausübung zu prüfen hat.

Sofern der berechtigte Inhaber einer wahren und echten Bescheinigung diese einem **23** Dritten übergibt, damit er das Stimmrecht ausüben kann, liegt **kein Gebrauchmachen** vor, wenn dieser die Bescheinigung einer Kontrollperson vorlegt. Voraussetzung ist jedoch, dass dabei die Sondervorschrift des § 129 Abs. 3 eingehalten worden ist, die verlangt, dass in diesem Fall Betrag bzw. Zahl und Gattung der Legitimationsaktien zur gesonderten Aufnahme in das Teilnehmerverzeichnis angegeben wird. Geschieht dies nicht, kann eine Zuwiderhandlung nach § 405 Abs. 2 oder unter Umständen auch eine Straftat nach § 271 StGB in Betracht kommen.[43] Dieselben Grundsätze gelten auch bei der Wahrnehmung des sog. Bankenstimmrechts durch Legitimationsübertragung nach § 129 Abs. 2.

---

[33] Vgl. dazu zB Schönke/Schröder/*Cramer* StGB § 267 Rn. 64 ff.; *Fischer* StGB § 267 Rn. 33 ff.
[34] Großkomm AktG/*Otto* Rn. 22; BeckOGK/*Hefendehl* Rn. 42; K. Schmidt/Lutter/*Oetker* Rn. 3.
[35] BeckOGK/*Hefendehl* Rn. 42.
[36] BGHSt 13, 382 (385) = NJW 1960, 444 (445); Großkomm AktG/*Otto* Rn. 23; Kölner Komm AktG/*Altenhain* Rn. 13; BeckOGK/*Hefendehl* Rn. 44.
[37] BGH GA 1963, 16 (17).
[38] Großkomm AktG/*Otto* Rn. 24; Kölner Komm AktG/*Altenhain* Rn. 14; BeckOGK/*Hefendehl* Rn. 45.
[39] Vgl. dazu zB Schönke/Schröder/*Cramer* StGB § 267 Rn. 76 ff.; *Fischer* StGB § 267 Rn. 36 ff.
[40] RGSt 66, 298 (313); BGH bei *Dallinger* MDR 1973, 18.
[41] BGHSt 2, 50 (52) = NJW 1952, 231 (231); Kölner Komm AktG/*Altenhain* Rn. 14; BeckOGK/*Hefendehl* Rn. 46; K. Schmidt/Lutter/*Oetker* Rn. 3.
[42] BeckOGK/*Hefendehl* Rn. 45.
[43] Großkomm AktG/*Otto* Rn. 25.

## VI. Subjektiver Tatbestand

**24**   Alle drei Tatbestände des § 402 können nur vorsätzlich begangen werden. Bedingter **Vorsatz** reicht aus.[44]

**25**   **1. § 402 Abs. 1.** Das bedeutet, der Täter muss bei § 402 Abs. 1 wissen oder zumindest mit der Möglichkeit rechnen, dass er die für den Nachweis des Stimmrechts bestimmte Bescheinigung falsch ausstellt oder verfälscht. Von dem Vorsatz muss also auch umfasst sein, welchem Ziel die Bescheinigung dienen soll (Nachweis des Stimmrechts) und dass sie dafür geeignet ist.[45]

**26**   **2. § 402 Abs. 2.** Bei dem Tatbestand des Gebrauchmachens in § 402 Abs. 2 muss der Täter wissen oder damit rechnen, dass die Bescheinigung falsch ausgestellt oder verfälscht ist und dass er sie der für die Prüfung der Stimmrechtsausübung zuständigen Person zugänglich macht.

**27**   Bei diesem Tatbestand kommt hinzu, dass er in der **Absicht** handeln muss, unter Gebrauchmachen dieser Bescheinigung das Stimmrecht auszuüben. Ebenso, wie bei der Urkundenfälschung gem. § 267 StGB die Täuschung im Rechtsverkehr, muss bei dem Tatbestand des Gebrauchmachens einer falsch ausgestellten oder verfälschten Bescheinigung die Stimmrechtsausübung das Ziel der Tathandlung sein. Dieses Ziel muss der Täter mit der Tat erreichen wollen. Das schließt nicht aus, dass er sich den Eintritt dieses erstrebten Ereignisses nur als möglich vorstellt.[46]

**28**   Nach zutreffender Ansicht muss sich der Vorsatz auch darauf erstrecken, dass in der Satzung der Aktiengesellschaft, in deren Hauptversammlung oder gesonderten Versammlung von dem Stimmrecht Gebrauch gemacht werden soll, die Ausübung des Stimmrechts von einem schriftlichen Berechtigungsnachweis abhängig gemacht worden ist (→ Rn. 3).[47]

## VII. Rechtswidrigkeit

**29**   Für die Rechtswidrigkeit gelten die allgemeinen strafrechtlichen Grundsätze.

## VIII. Irrtum

**30**   Bei einem Irrtum finden die §§ 16, 17 StGB Anwendung.

## IX. Versuch

**31**   Der Versuch ist bei allen drei Tatbeständen strafbar (§ 402 Abs. 3).

**32**   **1. Versuchshandlung.** Zur Verwirklichung der einzelnen Tatbestände des Abs. 1 hat der Täter angesetzt, wenn er begonnen hat, eine für die Stimmrechtsausübung geeignete Bescheinigung **herzustellen** oder zu **verfälschen.** Mit dem **Gebrauchmachen** hat er angefangen, wenn er Anstalten macht, die falsch ausgestellte oder verfälschte Bescheinigung dem zuständigen Prüfer in irgendeiner Weise zugänglich zu machen.

**33**   **2. Versuchsbeginn.** Das Gesetz verlangt gem. § 22 StGB ein **unmittelbares Ansetzen,** was erst vorliegt, wenn das durch die Tat geschützte Rechtsgut aus der Sicht des Täters unmittelbar gefährdet ist.[48] Eine solche unmittelbare Gefährdung wird bei diesen Tatbeständen ebenso wie bei den Urkundendelikten des StGB erst zu einem späteren Zeitpunkt (kurz vor der Vollendung des Delikts) eintreten und von den Umständen der Tat abhängen. In Betracht kommt beim Gebrauchmachen nach § 405 Abs. 2, dass der

---

[44] Ebenso K. Schmidt/Lutter/*Oetker* Rn. 4.
[45] Großkomm AktG/*Otto* Rn. 28; BeckOGK/*Hefendehl* Rn. 49.
[46] IErg ebenso Großkomm AktG/*Otto* Rn. 30; Kölner Komm AktG/*Altenhain* Rn. 19; Hölters/*Müller-Michaels* Rn. 14.
[47] Kölner Komm AktG/*Altenhain* Rn. 19; Großkomm AktG/*Otto* Rn. 28; aA → 4. Aufl. 2017, Rn. 28 *(Schaal)*.
[48] Schönke/Schröder/*Eser/Bosch* StGB § 22 Rn. 42.

Täter die falsche oder verfälschte Bescheinigung dem zuständigen Adressaten zugänglich macht.[49]

**3. Untauglicher Versuch.** Da auch der untaugliche Versuch strafbar ist, reicht es aus, **34** wenn der Täter sich über die Eignung der Bescheinigung oder bei dem Gebrauchmachen in der Person des Prüfers irrt und die Bescheinigung einer Person aushändigt, die mit der Prüfung der Legitimation nichts zu tun hat. Entscheidend ist jedoch stets, dass der Täter sich vorstellt, die Bescheinigung sei zur Stimmrechtsausübung geeignet oder die Person, der er die Bescheinigung zugänglich gemacht hat, sei der zuständige Prüfer.[50]

## X. Vollendung und Beendigung

Das falsche Ausstellen ist vollendet mit der Ausstellung der Bescheinigung; zu einem **35** Gebrauchmachen braucht es nicht gekommen zu sein.[51] Die Tatform des Verfälschens ist mit dem Abschluss der Veränderung der Bescheinigung vollendet.[52] Das Gebrauchmachen ist vollendet, wenn dem zu Täuschenden die Möglichkeit gegeben wird, die Bescheinigung wahrzunehmen.[53] Zu einer Wahrnehmung durch den Prüfer oder sogar zu einer Ausübung des Stimmrechts braucht es nicht gekommen zu sein.

## XI. Täterschaft und Teilnahme

Im Hinblick auf die als Allgemeindelikte (→ Rn. 7) ausgebildeten Tatbestände sind die **36** allgemeinen Grundsätze über Täterschaft und Teilnahme maßgebend. Das Erschleichen einer falschen oder verfälschten Bescheinigung unter Ausnutzung der Gutgläubigkeit eines Dritten kann zu einer mittelbaren Täterschaft des Hintermannes gem. § 25 Abs. 1 Alt. 2 StGB führen.[54]

## XII. Konkurrenzen

**1. Subsidiarität.** Alle drei Tatbestände treten als **subsidiär** zurück, wenn der Täter **37** gleichzeitig mit seiner Tat eine Urkundenstraftat nach dem allgemeinen Strafrecht begangen hat (§ 402 Abs. 1). In Betracht kommen hierbei die Tatbestände der Urkundenfälschung (§ 267 StGB), der mittelbaren Falschbeurkundung (§ 271 StGB) und der Falschbeurkundung im Amt (§ 348 StGB). Bedeutung haben die Straftaten des § 402 deshalb nur bei der falschen Ausstellung einer Bescheinigung in der Tatform der schriftlichen Lüge (→ Rn. 15) und bei dem Gebrauchmachen einer solchen falsch ausgestellten Bescheinigung.[55] Das sind iÜ die Fälle, die das Gesetz mit dem Tatbestand des § 402 im Interesse des geschützten Rechtsguts erfassen will (→ Rn. 4).

**2. Tatmehrheit.** Die einzelnen Tatbestände des § 402 stehen nur dann in **Tatmehrheit** **38** zueinander, wenn der entsprechende Vorsatz zB zum Gebrauchmachen erst nach der falschen Ausstellung oder dem Verfälschen gefasst wird, ansonsten wird eine einheitliche Tat anzunehmen sein.[56]

**3. Tateinheit.** Mit anderen Straftatbeständen (zB § 263 StGB) kann **Tateinheit** oder **39** **Tatmehrheit** bestehen.

---

[49] BeckOGK/*Hefendehl* Rn. 52.
[50] BeckOGK/*Hefendehl* Rn. 53.
[51] Großkomm AktG/*Otto* Rn. 21; Kölner Komm AktG/*Altenhain* Rn. 18; BeckOGK/*Hefendehl* Rn. 54.
[52] Großkomm AktG/*Otto* Rn. 23; BeckOGK/*Hefendehl* Rn. 54.
[53] BeckOGK/*Hefendehl* Rn. 54.
[54] Großkomm AktG/*Otto* Rn. 39; Kölner Komm AktG/*Altenhain* Rn. 20; BeckOGK/*Hefendehl* Rn. 50.
[55] *Meyer* AG 1966, 109 (112); *Baumbach/Hueck* Rn. 5.
[56] Vgl. Großkomm AktG/*Otto* Rn. 42; *Fischer* StGB § 267 Rn. 58; BeckOGK/*Hefendehl* Rn. 58.

## XIII. Prozessuales und Rechtsfolgen

**40**    Straftaten nach § 402 sind wie die meisten Straftatbestände des AktG **Offizialdelikte** und werden von der Staatsanwaltschaft von Amts wegen verfolgt. Es geht dabei um Strafverfahren, die nach § 74c Abs. 1 Nr. 1 GVG zum Zuständigkeitsbereich der Wirtschaftsstrafkammer gehören, wenn sie bei dem Landgericht anhängig sind.[57] Sie werden deshalb regelmäßig von den für Wirtschaftsstrafsachen zuständigen Schwerpunktstaatsanwaltschaften verfolgt.

**41**    Im **Klageerzwingungsverfahren** sind der Vorstand für die Gesellschaft und die Aktionäre Verletzte iSd § 172 Abs. 1 StPO.

**42**    Die **Verjährung** der Strafverfolgung richtet sich nach den §§ 78 ff. StGB. Straftaten nach § 402 verjähren deshalb in fünf Jahren (§ 78 Abs. 3 Nr. 4 StGB).

**43**    Sie sind Vergehen (§ 12 Abs. 2 StGB) und können wahlweise mit **Freiheitsstrafe** bis zu drei Jahren oder mit **Geldstrafe** geahndet werden. Hat der Täter sich bereichert oder versucht, das zu tun, kann neben einer Freiheitsstrafe zusätzlich auf eine Geldstrafe erkannt werden (§ 41 StGB).

## § 403 Verletzung der Berichtspflicht

**(1) Mit Freiheitsstrafe bis zu drei Jahren oder mit Geldstrafe wird bestraft, wer als Prüfer oder als Gehilfe eines Prüfers über das Ergebnis der Prüfung falsch berichtet oder erhebliche Umstände im Bericht verschweigt.**

**(2) Handelt der Täter gegen Entgelt oder in der Absicht, sich oder einen anderen zu bereichern oder einen anderen zu schädigen, so ist die Strafe Freiheitsstrafe bis zu fünf Jahren oder Geldstrafe.**

**Schrifttum:** Zum Gegenstand und Umfang der Prüfung s. § 33 und § 142; *Dierlamm,* Verletzung der Berichtspflicht gem. § 332 HGB – eine Analyse des gesetzlichen Tatbestandes, NStZ 2000, 130; *Poll,* Die Verantwortlichkeit des Abschlußprüfers nach § 323 HGB, DZWiR 1995, 95; *Streck,* Bestätigungsvermerk nach § 322 HGB durch Steuerberater?, DStR 1992, 75; *Wimmer,* Die zivil- und strafrechtlichen Folgen mangelhafter Jahresabschlüsse bei GmbH und KG, DStR 1997, 1931.

### Übersicht

---

[57] Auch in der Berufungsinstanz; OLG Stuttgart MDR 1982, 252.

## I. Allgemeines

**1. Rechtsentwicklung.** § 403 entspricht im Wesentlichen der Regelung des früheren **1** Tatbestandes des § 302 Nr. 1 AktG 1937, ist aber um den Qualifikationstatbestand des Abs. 2 erweitert worden. Vorläufer war der durch die VO über das Aktienrecht vom 19.9.1931 (RGBl. 1931 I 493, 501) eingeführte § 318a HGB. Die in § 302 AktG 1937 weiterhin unter Strafe gestellte Verletzung des Betriebs- und Geschäftsgeheimnisses durch Prüfer und ihre Gehilfen ist nunmehr in dem besonderen Tatbestand des § 404 geregelt.[1] Die geltende Fassung des § 403 beruht auf dem EGStGB vom 2.3.1974 (BGBl. 1974 I 469, 570).

**2. Regelungsgegenstand, Normzweck und Rechtsgut.** § 403 dient dem Zweck, **2** die Richtigkeit und Vollständigkeit der in dem Prüfungsbericht enthaltenen Angaben durch unabhängige Kontrollorgane auch strafrechtlich abzusichern. Dies soll dadurch erreicht werden, dass sichergestellt wird, dass die Prüfer als unabhängige Kontrollorgane im Rahmen der gesetzlich vorgesehenen Prüfungsaufgaben Berichte liefern, die ein wahres und unparteiisches Bild über den Gegenstand ihrer Prüfung geben. **Geschütztes Rechtsgut** ist deshalb nach überwiegender Ansicht das Vertrauen in die Wahrhaftigkeit der Prüfungsberichte.[2] Abweichend hiervon das Vertrauen in die Unbestechlichkeit der Prüfer als geschütztes Rechtsgut anzusehen,[3] greift insoweit zu kurz, als auch solche Falschangaben erfasst werden sollen, denen keine Bestechlichkeit eines Prüfers zugrunde liegt.

Geschützt werden, wie bei den meisten Straftatbeständen des AktG, die Interessen der **3** Gesellschaft selbst, ihrer Aktionäre, aber auch der Gesellschaftsgläubiger und sonstiger dritter Personen, die rechtliche oder wirtschaftliche Beziehungen zu der Gesellschaft unterhalten.[4] Denn die Prüfungen werden teilweise auch im öffentlichen Interesse durchgeführt und können die Kreditwürdigkeit der Gesellschaft und den Kurswert ihrer Aktien beeinflussen. Nicht ohne Grund ist der Bericht der Gründungsprüfer nach § 34 Abs. 3 auch dem Registergericht einzureichen. Gegenüber diesem Personenkreis ist § 403 auch **Schutzgesetz** iSd § 823 Abs. 2 BGB, wenn durch die Verletzung des Straftatbestandes ein Schaden entsteht, der darauf beruht, dass dieser Personenkreis auf die Richtigkeit und Vollständigkeit des Berichts vertraut hat.[5]

**3. Rechtsnatur des Delikts und Systematik des Gesetzes.** Die Tatbestände des **4** § 403 sind **echte Sonderdelikte**[6] mit allen Konsequenzen für die Beteiligung (vgl. → § 399 Rn. 12).

Die Vorschrift ist als **Äußerungsdelikt** ausgestaltet[7] und ein **abstraktes Gefährdungs-** **5** **delikt**.[8]

**Tathandlung** ist das falsche Berichten über das Ergebnis der Prüfung und das Verschwei- **6** gen erheblicher Umstände in dem Bericht. Es geht im Wesentlichen darum, ob der Bericht falsche oder unvollständige Angaben enthält, wie das auch § 399 zum Ausdruck bringt. Maßgeblich ist daher, ob in dem Bericht Aussagen enthalten sind, deren Inhalt mit dem wirklichen Ergebnis der Prüfung nicht übereinstimmt oder die durch ihre Unvollständigkeit einen unrichtigen Eindruck hervorrufen. Dass das Verschweigen erheblicher Umstände dem falschen Berichten gleichgestellt wird, ist etwas Selbstverständliches, das keiner besonderen

---

[1] Zu den Erwägungen des Gesetzgebers vgl. *Meyer* AG 1966, 109 (114 f.).
[2] Ähnlich Großkomm AktG/*Otto* Rn. 2; Heymann/*Mansdörfer* HGB § 332 Rn. 3.
[3] So BeckOGK/*Hefendehl* Rn. 15: Unabhängigkeit der Prüfer.
[4] Großkomm AktG/*Otto* Rn. 2; Heymann/*Mansdörfer* HGB § 332 Rn. 4; K. Schmidt/Lutter/*Oetker* Rn. 1; Henssler/Strohn/*Raum* Rn. 1; ähnlich Kölner Komm AktG/*Altenhain* Rn. 5.
[5] OLG Karlsruhe WM 1985, 940 (944) mAnm *Medicus* EWiR § 826 BGB 8/85, 291; Kölner Komm AktG/*Altenhain* Rn. 3; BeckOGK/*Hefendehl* Rn. 19; K. Schmidt/Lutter/*Oetker* Rn. 2; Heymann/*Mansdörfer* HGB § 332 Rn. 4.
[6] Großkomm AktG/*Otto* Rn. 4, 7; *Dierlamm* NStZ 2000, 130 (131); BeckOGK/*Hefendehl* Rn. 49; K. Schmidt/Lutter/*Oetker* Rn. 2.
[7] Vgl. Bürgers/Körber/*Pelz* Rn. 4.
[8] Großkomm AktG/*Otto* Rn. 6; Kölner Komm AktG/*Altenhain* Rn. 4; BeckOGK/*Hefendehl* Rn. 20; K. Schmidt/Lutter/*Oetker* Rn. 2; Heymann/*Mansdörfer* HGB § 332 Rn. 5.

Erwähnung bedurft hätte (vgl. → § 399 Rn. 59 f.). Da das Verschweigen erheblicher Umstände jeweils im Rahmen eines Berichtes geschehen muss, wird mit dem Auslassen dieser Umstände der Bericht unvollständig und sein Gesamtbild falsch. Es liegt also **kein Unterlassen**, sondern ein konkludentes positives Tun vor. Von einem echten **Unterlassungsdelikt** kann deshalb nicht gesprochen werden.[9]

7 § 403 verweist auf die Vorschriften des AktG, die eine bestimmte Untersuchung durch einen Prüfer und einen Bericht über sie verlangen (näher → Rn. 15 ff.). § 403 ist deshalb eine **ausfüllungsbedürftige Norm,** deren Gesamttatbestand sich aus ihr und den entsprechenden Ausfüllungsvorschriften zusammensetzt. Die Strafvorschrift wird als Blanketttatbestand qualifiziert.[10] Sie entsprechen auch in dieser Form den Anforderungen des **Bestimmtheitsgrundsatzes** iSd Art. **103 Abs. 2 GG.** Vgl. die Erläuterungen in → § 399 Rn. 9 f., die hier sinngemäß angewendet werden können.

## II. Täterkreis

8 Als mögliche Täter bezeichnet § 403 nur Prüfer und Prüfergehilfen und damit einen Personenkreis mit besonderen Eigenschaften, die sich als strafbegründende Merkmale nach § 28 Abs. 1 StGB darstellen. Der Tatbestand ist deshalb wie die meisten Straftatbestände des AktG ein echtes **Sonderdelikt** mit allen Konsequenzen für Täterschaft und Teilnahme (vgl. → Rn. 4; → § 399 Rn. 34 ff.).

9 Der Prüfer ist ebenso wie sein Gehilfe und die bei der Prüfung mitwirkenden Vertreter einer Prüfungsgesellschaft zur gewissenhaften und unparteiischen Prüfung sowie zur Verschwiegenheit verpflichtet. Diese früher in § 168 Abs. 1 aF und nunmehr in § 323 Abs. 1 HGB geregelten Grundsätze gelten nicht nur für den Abschlussprüfer und seine Gehilfen, sondern für alle Prüfer und ihre Gehilfen, die Prüfungsaufgaben nach dem AktG zu erfüllen haben.[11] Das trifft auch für Prüfer und ihre Gehilfen zu, die Prüfungen bei einer Kommanditgesellschaft auf Aktien durchführen. Sie können auf Grund der Gleichstellungsklausel des § 408 Täter sein.

10 **1. Prüfer.** Das AktG kennt **Gründungsprüfer** (§ 33) und **Sonderprüfer** (§§ 143, 258). Nach § 316 HGB müssen zwar auch bei Aktiengesellschaften Abschlussprüfer und Konzernabschlussprüfer bestellt werden, die nach § 321 HGB über das Ergebnis ihrer Prüfung zu berichten haben. Dabei handelt es sich aber nicht um Prüfungsvorgänge, die durch das AktG vorgeschrieben sind. Sie fallen deshalb nicht unter den Tatbestand des § 403.[12] Die Prüfer werden durch das Registergericht (§ 33 Abs. 3, § 142 Abs. 2, § 258 Abs. 1), oder durch die Hauptversammlung (§ 142 Abs. 1) bestellt.

11 **Gründungsprüfer** können nach § 33 Abs. 4 nicht nur Wirtschaftsprüfer und Wirtschaftsprüfungsgesellschaften sein, sondern auch andere Personen und Prüfungsgesellschaften, sofern sie über Vorbildung und Erfahrung in der Buchführung verfügen. Das AktG schreibt in § 33 Abs. 4 und 5 vor, welche Eigenschaften ein Gründungsprüfer haben muss und welche Anforderungen an ihn zu stellen sind, bevor man ihn zum Prüfer bestellen kann (→ § 33 Rn. 35 ff.).

12 **Sonderprüfer** können nach § 258 Abs. 4 S. 1 nur Wirtschaftsprüfer und Wirtschaftsprüfungsgesellschaften sein, weil nur bei ihnen die erforderliche Sachkunde vorauszusetzen ist. Das AktG schreibt in §§ 143, 258 Abs. 4 vor, welche Eigenschaften ein Sonderprüfer haben muss und welche Anforderungen an ihn zu stellen sind, bevor man ihn zum Prüfer bestellen kann (vgl. → § 143 Rn. 7 ff.).[13]

---

[9] Großkomm AktG/*Otto* Rn. 5; Kölner Komm AktG/*Altenhain* Rn. 19.
[10] BeckOGK/*Hefendehl* Rn. 20.
[11] Großkomm AktG/*Otto* Rn. 20.
[12] *Dierlamm* NStZ 2000, 130 (131).
[13] Vgl. Hüffer/Koch/*Koch* § 258 Rn. 24 f.

Bei den **Prüfungsgesellschaften** (→ Rn. 11 f.) richtet sich die Tätereigenschaft nach 13 § 14 StGB.[14] Denn Täter kann nur eine natürliche Person sein. Ist die Prüfungsgesellschaft eine juristische Person, kommen als Täter die Mitglieder des vertretungsberechtigten Organs in Betracht; bei einer Personengesellschaft haben nach § 14 Abs. 1 Nr. 2 StGB deren vertretungsberechtigte Gesellschafter Tätereigenschaft. Bei beiden Gesellschaftsformen kann nach § 14 Abs. 2 auch ein Beauftragter Täter sein. Das kann zB ein bei der Prüfungsgesellschaft angestellter Wirtschaftsprüfer sein, der mit der Prüfung der Aktiengesellschaft beauftragt ist (§ 14 Abs. 2 Nr. 2 StGB).

**2. Gehilfe eines Prüfers.** Prüfergehilfe ist jede Person, die den Prüfer bei den einzelnen 14 Prüfungshandlungen unterstützt. Für § 403 kann das nur bedeutsam sein, wenn er auch an der Erstellung des Prüfungsberichts mitzuwirken hat. Erfasst werden nach ganz überwiegender und zutreffender Auffassung nur solche Personen, die den Prüfer bei der Ausgestaltung des Prüfungsberichts prüfungsspezifisch unterstützen.[15]

### III. Tatgegenstand

Als Tatgegenstand bezeichnet das Gesetz den **Bericht des Prüfers über die von ihm** 15 **vorgenommene Prüfung.** Dabei sind unter Prüfungen nur diejenigen Untersuchungen zu verstehen, die das AktG als Prüfungen bezeichnet und als solche regelt (vgl. → Rn. 7).[16]

Der früher in § 166 aF geregelte Prüfungsbericht über den **Jahresabschluss** ist nunmehr 16 nach § 321 HGB zu erstatten. Diese Prüfungsberichte fallen deshalb nicht mehr unter den Straftatbestand des § 403, weil es sich nicht um Prüfungen handelt, die das AktG vorschreibt. Das gilt auch für die Abschlussprüfung nach § 313.[17] Eine falsche oder unvollständige Berichterstattung durch den Abschlussprüfer ist insoweit allein durch § 332 HGB mit Strafe bedroht.[18] Der Anwendungsbereich der Vorschrift ist somit eingeschränkt. Es bedurfte deshalb in § 403 keiner Subsidiaritätsklausel, wie sie zB § 400 Abs. 1 enthält.

**1. Gründungsprüfung.** Bei der Gründungsprüfung ergibt sich die Rechtsgrundlage 17 aus § 34 Abs. 1 und Abs. 2. Danach hat sich der Bericht damit zu befassen, ob die **Angaben der Gründer** über die Übernahme der Aktien, über die Einlagen auf das Grundkapital und über die in den § 26 und § 27 genannten Festsetzungen richtig und vollständig sind. Ferner haben die Prüfer unter Darlegung der näheren Umstände auch darüber zu berichten, ob der Wert der Sacheinlagen oder Sachübernahmen den Nennbetrag der dafür zu gewährenden Aktien oder den Wert der dafür zu gewährenden Leistungen erreicht. Der Gegenstand jeder Sacheinlage oder Sachübernahme ist zu beschreiben. Dabei ist die Bewertungsmethode bei der Ermittlung der Werte anzugeben. Es muss also das Verfahren des Ansatzes, die Anschaffungs- oder Herstellungskosten sowie ggf. das Abschreibungsverfahren bezeichnet werden (→ § 34 Rn. 21).

Bei der Abfassung des Prüfungsberichts kommt es weniger auf die Wiedergabe von 18 Äußerlichkeiten an, sondern entscheidend auf die **Mitteilung aller wertbestimmenden Faktoren.** Die Gründungsprüfer haben nicht nur die Gründung und den Gründungsbericht

---

[14] Großkomm AktG/*Otto* Rn. 11; Kölner Komm AktG/*Altenhain* Rn. 8; BeckOGK/*Hefendehl* Rn. 21; K. Schmidt/Lutter/*Oetker* Rn. 3; *Dierlamm* NStZ 2000, 130 (131).

[15] So aber Großkomm AktG/*Otto* Rn. 8; Kölner Komm AktG/*Altenhain* Rn. 14; K. Schmidt/Lutter/ *Oetker* Rn. 4; Graf/Jäger/Wittig/*Temming* Rn. 8; Heymann/*Mansdörfer* HGB § 332 Rn. 8; GK-HGB/*Marsch-Barner* HGB § 323 Rn. 1; HK HGB/*Ruß* HGB § 332 Rn. 2; abw. BeckOGK/*Hefendehl* Rn. 23 ff., der den Prüfungsgehilfen aus dem Anwendungsbereich der Vorschrift gänzlich herausnehmen will; aA auch Henssler/ Strohn/*Raum* Rn. 2; Bürgers/Körber/*Pelz* Rn. 2; BeBiKo/Grottel/*H. Hoffmann* HGB § 332 Rn. 36; *Poll* DZWiR 1995, 95; → 4. Aufl. 2017, Rn. 14 *(Schaal)*, der eine solche Einschränkung des Personenkreises ablehnt, auch wenn konzediert wird, dass andere Personen (wie Büro- oder Schreibkräfte) praktisch kaum die Möglichkeit haben, eine solche Verletzung der Berichtspflicht zu begehen.

[16] Vgl. Großkomm AktG/*Otto* Rn. 13; Kölner Komm AktG/*Altenhain* Rn. 17; BeckOGK/*Hefendehl* Rn. 30; Bürgers/Körber/*Pelz* Rn. 2; Hölters/*Müller-Michaels* Rn. 15; *Dierlamm* NStZ 2000, 130 (131).

[17] BeckOGK/*Hefendehl* Rn. 33.

[18] BeckOGK/*Hefendehl* Rn. 33.

zu prüfen, sondern auch den Prüfungsbericht des Vorstands und des Aufsichtsrats, wie sich mittelbar aus § 38 Abs. 2 ergibt.

**19** Anders als die Sonderprüfer sind die Gründungsprüfer bei der Erstattung ihres Berichts nicht von ihrer **Verschwiegenheitspflicht** befreit. Sie dürfen deshalb in ihrem Bericht nicht unbefugt Geschäfts- und Betriebsgeheimnisse der Gesellschaft mitteilen, die sie bei ihrer Prüftätigkeit erfahren haben (→ § 34 Rn. 22).

**20** **2. Nachgründungsprüfung.** Die Vorschriften über die Gründungsprüfung sind auch bei der Prüfung einer Nachgründung gem. § 52 anzuwenden. Das ergibt sich aus § 52 Abs. 4, der die sinngemäße Anwendung des § 32 Abs. 2 und 3 bestimmt.

**21** **3. Sonderprüfung.** Bei einer **Sonderprüfung** ist nach § 145 Abs. 4 schriftlich zu berichten. Über Inhalt und Umfang des Berichts sagt das Gesetz nichts, auch nichts – anders als § 259 – über die Notwendigkeit abschließender Feststellungen. Der Inhalt des Berichtes bestimmt sich im Wesentlichen nach dem bei der Bestellung festgesetzten Prüfungsgegenstand, der sich regelmäßig nach § 142 Abs. 1 richten wird. Die Prüfer haben zu beachten, dass der Prüfungsbericht bei einer Sonderprüfung die Aufgabe hat, den einzelnen Aktionär für Beratung und Beschluss der Hauptversammlung in die Lage zu versetzen, sich ein genaues Bild über den geprüften Vorgang zu machen. Der Bericht muss es ihm ermöglichen, selbst darüber zu entscheiden, ob weitere Maßnahmen, insbesondere die Geltendmachung von Ersatzansprüchen gegen Mitglieder des Vorstands oder des Aufsichtsrats, geboten sind. In dem Prüfungsbericht muss deshalb der Sachverhalt in allen Einzelheiten dargelegt und beurteilt werden (→ § 145 Rn. 38). Dazu gehören auch die Beurteilungsgrundlagen und ihre Kriterien. Die Sonderprüfer müssen die Tatsachen in den Bericht aufnehmen, deren Bekanntwerden geeignet ist, der Gesellschaft oder einem verbundenen Unternehmen einen nicht unerheblichen Nachteil zuzufügen, wenn ihre Kenntnis zur Beurteilung des zu prüfenden Vorgangs durch die Hauptversammlung erforderlich ist (§ 145 Abs. 4 S. 2).

**22** **4. Zugänglichmachung.** Die Berichte sind dem Vorstand und dem Registergericht **zugänglich zu machen** (§ 34 Abs. 3, § 145 Abs. 4), nicht mehr der Industrie- und Handelskammer. Die frühere Verpflichtung hierzu ist mit Neufassung des § 34 Abs. 3 als unnötiger Formalismus entfallen (vgl. → § 34 Rn. 23).

### IV. Falscher Bericht und Verschweigen erheblicher Umstände

**23** **1. Allgemeines.** Mit diesem Tatbestand soll sichergestellt werden, dass die Prüfungsberichte (→ Rn. 15 ff.) wegen ihrer Bedeutung für die Vertrauenswürdigkeit und den Bestand der Aktiengesellschaft keine falschen oder unvollständigen Angaben enthalten (→ Rn. 6).

**24** Diese Tatbestandsmerkmale gleichen deshalb den entsprechenden Merkmalen des § 399. Anders als der vergleichbare Tatbestand des § 399 Abs. 1 Nr. 2 stellt § 403 allerdings darauf ab, dass der Prüfer über das Ergebnis der Prüfung falsch berichtet oder insoweit erhebliche Umstände verschweigt. **Maßstab für die Richtigkeit** der Angaben ist deshalb nicht, ob diese mit der Wirklichkeit übereinstimmen, sondern ob sie dem wirklichen Ergebnis der Prüfung entsprechen.[19] Im Übrigen besteht jedoch kein Unterschied. Denn auch derjenige, der über das Ergebnis falsch oder unvollständig berichtet, macht falsche oder unvollständige Angaben in einem Bericht. Es handelt sich lediglich um eine unterschiedliche Wortwahl für die Beschreibung desselben Vorgangs, die zu keiner abweichenden Auslegung zwingt.

**25** **2. Falscher Bericht.** Bei der Frage, ob die in dem Bericht enthaltenen Angaben richtig sind, kommt es deshalb darauf an, ob die tatsächlichen Aussagen des Berichts mit den Feststellungen übereinstimmen, die der Prüfer bei seinen Untersuchungen gemacht hat oder ob die von ihm vorgenommenen Bewertungen unvertretbare Beurteilungsfehler enthalten.[20]

---

[19] Großkomm AktG/*Otto* Rn. 18; Kölner Komm AktG/*Altenhain* Rn. 22; K. Schmidt/Lutter/*Oetker* Rn. 6; Graf/Jäger/Wittig/*Temming* Rn. 14.
[20] Großkomm AktG/*Otto* Rn. 18; BeckOGK/*Hefendehl* Rn. 37.

**Unrichtig** ist ein Bericht zB, wenn eine in einer Bilanz ausgewiesene Barkapitalerhöhung sich in Wahrheit lediglich als Sacheinlage darstellt und im Prüfbericht nicht darauf hingewiesen wird.[21] Es gelten die gleichen Grundsätze wie bei dem Tatbestandsmerkmal der falschen Angaben in § 399 (vgl. → § 399 Rn. 55 ff.). Maßgebend ist dabei allein, ob der Inhalt des Berichts mit dem Ergebnis der Prüfung übereinstimmt oder ob dies das nicht der Fall ist und der Bericht deshalb falsch oder unvollständig ist; nicht, ob richtig geprüft wurde.

**Falsch oder unvollständig** ist er auch, wenn er sich mit dem Ergebnis der Prüfung nicht **26** deckt, aber den tatsächlichen Verhältnissen entspricht,[22] so zB wenn der Bericht einen Mangel verschweigt, der sich bei der Prüfung ergeben hat, aber in Wirklichkeit nicht besteht. Strafrechtlich geschützt wird nicht die Wahrheit der Prüfungsergebnisse, sondern die **Richtigkeit des Berichts** über das Ergebnis der Prüfung, gleichgültig, ob dieses wahr oder falsch gewesen ist.[23] Andererseits macht sich ein Prüfer mangels Vorsatzes nicht strafbar, wenn er einen vorhandenen Mangel nicht erkannt hatte und deshalb einen objektiv unrichtigen Prüfungsbericht erstellt hat.[24]

Der Bericht über das Ergebnis der Prüfung setzt voraus, dass der Prüfer geprüft und den **27** Bericht erstattet hat. Die pflichtwidrige Nichterstattung des Berichts ist nicht strafbar.[25] Falsch oder unvollständig berichtet aber ein Prüfer, der einen Prüfungsbericht erstattet, obwohl er überhaupt **nicht geprüft** hat; zB weil er sich auf die ihm mitgeteilten Tatsachen verlassen hat, ohne sie iE nachzuprüfen.[26] Das gilt selbst dann, wenn die im Bericht enthaltenen Tatsachen zutreffen. Anders als bei dem Tatbestand des § 399 Abs. 1 Nr. 2 (vgl. → § 399 Rn. 111 f.) kann hier nicht mit einer einschränkenden Auslegung geholfen werden. Das Gesetz verlangt die Prüfung durch ein unabhängiges Kontrollorgan nicht ohne Grund. § 403 ist ebenso wie § 399 ein abstraktes Gefährdungsdelikt (→ Rn. 5), das schon dann erfüllt ist, wenn die vorbeugenden Schutzvorschriften des AktG nicht eingehalten werden. Ihnen sollen die Straftatbestände Nachdruck verleihen.

§ 403 verlangt nicht ausdrücklich, dass die falschen oder unvollständigen Angaben in **28** einem schriftlichen Bericht des Prüfers gemacht werden. Umstritten ist deshalb, ob Äußerungen des Prüfers, die er zB **mündlich** zur Erläuterung des schriftlichen Prüfungsberichts abgibt, tatbestandsmäßig sind. Das wird unter Hinweis auf den Wortlaut der Vorschrift zum Teil verneint.[27] Das Gesetz spricht aber nur davon, dass der Prüfer über das Ergebnis seiner Prüfung falsch berichtet oder erhebliche Umstände verschweigt. Das kann auch mündlich geschehen,[28] wenn er zB auf Fragen eines Aufsichtsratsmitgliedes oder eines Aktionärs in der Hauptversammlung seinen schriftlichen Bericht näher erläutert und dabei über die Ergebnisse seiner Prüfung falsch berichtet oder erhebliche Umstände verschweigt, die seinen Bericht verfälschen.

**3. Verschweigen erheblicher Umstände.** Erhebliche Umstände, deren Verschweigen **29** den Bericht unvollständig und deshalb falsch macht, liegen vor, wenn sie für den Empfänger des Berichts oder für einen sonstigen interessierten Beteiligten im Hinblick auf die Gesamtwirkung der mitgeteilten Tatsachen von Bedeutung sein können (vgl. → § 399 Rn. 59 ff.).[29] Ob ein Umstand erheblich ist, kann deshalb nur im Einzelfall entschieden werden. Die Vorschriften des AktG enthalten jedoch Hinweise, welche Umstände das Gesetz für wesentlich

---

[21] OLG Karlsruhe WM 1985, 940 (944) zu § 332 HGB.
[22] Großkomm AktG/*Otto* Rn. 18; BeckOGK/*Hefendehl* Rn. 37; aA *Dierlamm* NStZ 2000, 130 (131 f.).
[23] Kölner Komm AktG/*Altenhain* Rn. 22; Großkomm AktG/*Otto* Rn. 18; *v. Godin/Wilhelmi* Anm. 3; *Baumbach/Hueck* Rn. 6.
[24] BeckOGK/*Hefendehl* Rn. 38; *K. Schmidt/Lutter/Oetker* Rn. 6; *Heymann/Mansdörfer* HGB § 332 Rn. 18; BeBiKo/*Grottel/H. Hoffmann* HGB § 332 Rn. 11.
[25] Großkomm AktG/*Otto* Rn. 22; *Baumbach/Hueck* Rn. 6; BeckOGK/*Hefendehl* Rn. 38.
[26] OLG Karlsruhe WM 1985, 940 (941) zu § 332 HGB; BeckOGK/*Hefendehl* Rn. 38; Bürgers/Körber/*Pelz* Rn. 4.
[27] Großkomm AktG/*Otto* Rn. 21; Kölner Komm AktG/*Altenhain* Rn. 17; MüKoStGB/*Weiß* Rn. 20; Heymann/*Mansdörfer* HGB § 332 Rn. 21; diff. BeBiKo/*Grottel/H. Hoffmann* HGB § 332 Rn. 8 f.
[28] BeckOGK/*Hefendehl* Rn. 40; Bürgers/Körber/*Pelz* Rn. 4; Henssler/Strohn/*Raum* Rn. 3.
[29] Vgl. Kölner Komm AktG/*Altenhain* Rn. 28; BeckOGK/*Hefendehl* Rn. 39.

hält (vgl. die in → Rn. 15 ff. angeführten Vorschriften über den notwendigen Inhalt der Berichte). Fehlen sie, so ist stets davon auszugehen, dass ein erheblicher Umstand verschwiegen worden ist.[30]

### V. Subjektiver Tatbestand

**30**    § 403 verlangt ein vorsätzliches Handeln. Bedingter **Vorsatz** reicht aus. Der Täter muss deshalb wissen oder zumindest mit der Möglichkeit rechnen, dass der Bericht falsch oder unvollständig ist.[31] Bedingter Vorsatz ist vor allem anzunehmen, wenn der Prüfer Anhaltspunkte dafür hat, dass der Prüfungsbericht lückenhaft ist, er ihn aber gleichwohl erstellt, ohne eine weitere Prüfung vorzunehmen.[32] Bei dem Verschweigen erheblicher Umstände muss der Täter um die Erheblichkeit des verschwiegenen Umstands wissen oder dessen Erheblichkeit wenigstens für möglich halten.

**31**    Neben diesen Merkmalen treten bei dem Qualifikationstatbestand des Abs. 2 weitere Merkmale des subjektiven Tatbestands hinzu (vgl. → Rn. 35 ff.).

### VI. Rechtswidrigkeit

**32**    Für die Rechtswidrigkeit der Tat einschließlich der Rechtfertigungsgründe gelten ebenso wie bei § 399 (→ § 399 Rn. 237) die allgemeinen strafrechtlichen Grundsätze. Aufgrund der besonderen Ausgestaltung der Straftatbestände bleibt für eine Rechtfertigung nur wenig Raum.[33]

### VII. Irrtum

**33**    Bei einem Irrtum finden §§ 16, 17 StGB Anwendung.

**34**    Irrt der Täter zB über die **Erheblichkeit des dargestellten Umstandes,** so liegt ein vorsatzausschließender Tatbestandsirrtum (§ 16 StGB) vor. Die Erheblichkeit ist ein normatives Tatbestandsmerkmal.[34]

### VIII. Qualifikationstatbestand (Abs. 2)

**35**    Mit diesem Tatbestand hat der Gesetzgeber von Merkmalen Gebrauch gemacht, die er auch sonst für die Begründung der Erhöhung des Strafrahmens heranzieht (vgl. § 404 Abs. 2, § 203 Abs. 5 StGB, § 85 Abs. 2 GmbHG). Bei den Qualifikationsmerkmalen handelt es sich ausschließlich um solche des subjektiven Tatbestands.

**36**    **1. Handeln gegen Entgelt.** Gegen Entgelt handelt der Täter, wenn er sich zu seinem Tun von einer Gegenleistung leiten lässt, die in einem Vermögensvorteil besteht (vgl. Legaldefinition des Begriffs Entgelt in § 11 Abs. 1 Nr. 9 StGB). Die Gegenleistung braucht kein Geld zu sein; es kann jeder **vermögenswerte Gegenstand** sein,[35] also auch die Übertragung von Rechten oder der Verzicht auf sie, so zB Forderungsabtretung, Übergabe von Wechseln und Schecks oder Schulderlass. Es muss sich aber um die Gegenleistung für die strafbare Handlung handeln, also um einen Vorteil, der nicht mit der allgemeinen Prüfungstätigkeit zusammenhängt. Das übliche Honorar, das ein Wirtschaftsprüfer für seine Prüfungstätigkeit erhält, fällt deshalb nicht unter das Merkmal des Entgelts. Es reicht aus, wenn die Gegenleistung vorher vereinbart worden ist. Ob sie tatsäch-

---

[30] Ähnlich Großkomm AktG/*Otto* Rn. 25; Kölner Komm AktG/*Altenhain* Rn. 28; BeckOGK/*Hefendehl* Rn. 41; Hölters/*Müller-Michaels* Rn. 14.
[31] Großkomm AktG/*Otto* Rn. 26; Kölner Komm AktG/*Altenhain* Rn. 30; K. Schmidt/Lutter/*Oetker* Rn. 7.
[32] Großkomm AktG/*Otto* Rn. 27; Kölner Komm AktG/*Altenhain* Rn. 30; BeckOGK/*Hefendehl* Rn. 43.
[33] Großkomm AktG/*Otto* Rn. 36.
[34] Großkomm AktG/*Otto* Rn. 38; *Baumbach/Hueck* Rn. 7; *v. Godin/Wilhelmi* Anm. 4; unklar K. Schmidt/Lutter/*Oetker* Rn. 12; diff. Kölner Komm AktG/*Altenhain* Rn. 31.
[35] BeckOGK/*Hefendehl* Rn. 46.

lich gewährt wird, ist gleichgültig; die Gegenleistung braucht nur das angestrebte Ziel des Täters sein.[36]

**2. Handeln in Bereicherungsabsicht.** Unter **Absicht** ist ein zielgerichtetes Handeln 37 iSv dolus directus ersten Grades[37] zu verstehen. Der von dem Täter für sich oder einen anderen erstrebte Vermögensvorteil muss nicht eingetreten sein. Dieser vorgestellte Erfolg muss nur das angestrebte Ziel des Täters sein.[38]

Der Täter handelt in der Absicht, sich **zu bereichern,** wenn er bestrebt ist, durch 38 seine Handlungsweise sich oder einem anderen einen Vermögensvorteil zu verschaffen. Die Bereicherungsabsicht muss nicht auf die Erlangung eines rechtswidrigen Vorteils gerichtet sein.[39] Eine solche Auslegung entspräche weder dem Wortlaut der Vorschrift noch wäre sie durch das Motiv der Qualifizierung – höhere Verwerflichkeit einer Verletzung der Berichtspflicht zu wirtschaftlichen Zwecken – geboten.[40]

**3. Handeln in Schädigungsabsicht.** Unter **Absicht** ist ein zielgerichtetes Handeln iSv 39 dolus directus ersten Grades[41] zu verstehen. Der von dem Täter einem anderen zugedachte Nachteil muss nicht eingetreten sein. Dieser vorgestellte Erfolg muss nur das angestrebte Ziel des Täters sein.[42]

Der Täter handelt in der Absicht, einen anderen **zu schädigen,** wenn er einer anderen 40 Person einen Nachteil zufügen will. Ein Vermögensschaden braucht das nicht zu sein. Es genügt auch ein immaterieller Schaden.[43] Das Merkmal der Schädigungsabsicht wird auch sonst im Wesentlichen nicht anders verstanden.[44]

## IX. Tatvollendung und Tatbeendigung

Der **Versuch** ist nicht strafbar (§ 23 Abs. 1 StGB, § 12 Abs. 2 StGB). 41

**1. Tatvollendung.** Vollendet ist der Tatbestand des § 403, wenn der Täter berichtet hat. 42 Das ist der Fall, wenn der Bericht einem der zuständigen Empfänger zugegangen ist, er also die Möglichkeit zur Kenntnisnahme hatte.[45] Das trifft sowohl auf die schriftlichen wie auf die mündlichen Berichte zu. Kenntnis von dem Inhalt der Berichte braucht der Empfänger nicht genommen zu haben.[46] Als Empfänger der schriftlichen Berichte kommt neben dem Vorstand auch das Registergericht in Betracht (vgl. → Rn. 22). Jedoch ist die Tat bereits vollendet, wenn der Bericht einem der Empfänger zugegangen ist.

**2. Tatbeendigung.** Die Tatsache, dass der Bericht noch andere bestimmungsmäßige 43 Empfänger hat, ist für die Frage der Beendigung der Tat von Bedeutung.[47]

---

[36] Großkomm AktG/*Otto* Rn. 31; BeckOGK/*Hefendehl* Rn. 46; Graf/Jäger/Wittig/*Temming* Rn. 20; *Dierlamm* NStZ 2000, 130 (133); aA Baumbach/Hueck/*Beurskens* GmbHG § 85 Rn. 17, der darin ein objektives Tatbestandsmerkmal sieht, es im Gegensatz dazu aber für unerheblich hält, ob das Entgelt tatsächlich gewährt wird.

[37] BeckOGK/*Hefendehl* Rn. 47.

[38] Ebenso Großkomm AktG/*Otto* Rn. 33 f.; BeckOGK/*Hefendehl* Rn. 47.

[39] BGH NStZ 1993, 538 zu § 203 Abs. 5 StGB; Kölner Komm AktG/*Altenhain* Rn. 35; BeckOGK/ *Hefendehl* Rn. 47; Henssler/Strohn/*Raum* Rn. 8; LK-StGB/*Schünemann* StGB § 203 Rn. 163; Schönke/ Schröder/*Lenckner/Eisele* StGB § 203 Rn. 74; *Fischer* StGB § 203 Rn. 95 mwN; aA Großkomm AktG/*Otto* Rn. 32.

[40] Ebenso BeckOGK/*Hefendehl* Rn. 47.

[41] BeckOGK/*Hefendehl* Rn. 48.

[42] Vgl. Scholz/*Tiedemann/Rönnau* GmbHG § 85 Rn. 52; BeckOGK/*Hefendehl* Rn. 44.

[43] Ebenso BeckOGK/*Hefendehl* Rn. 44; MüKoStGB/*Weiß* Rn. 30; Henssler/Strohn/*Raum* Rn. 9; Graf/ Jäger/Wittig/*Temming* Rn. 20; Scholz/*Tiedemann/Rönnau* GmbHG § 85 Rn. 52; Roth/Altmeppen/*Altmeppen* GmbHG § 85 Rn. 21; aA Großkomm AktG/*Otto* Rn. 35; Kölner Komm AktG/*Altenhain* Rn. 36; Heymann/ *Mansdörfer* HGB § 332 Rn. 41.

[44] Vgl. LK-StGB/*Schünemann* StGB § 203 Rn. 164; Schönke/Schröder/*Lenckner* StGB § 203 Rn. 74; *Fischer* StGB § 203 Rn. 95 mwN der Gegenmeinung.

[45] Ebenso K. Schmidt/Lutter/*Oetker* Rn. 9.

[46] BeckOGK/*Hefendehl* Rn. 51.

[47] BeckOGK/*Hefendehl* Rn. 52.

## X. Täterschaft und Teilnahme

**44**    Nur Prüfer und ihre Gehilfen können **Täter** (unmittelbare Täter, mittelbare Täter oder Mittäter) sein. Andere Personen, wie zB Steuerberater,[48] können nicht Täter sein. Sie können nur **Anstifter** oder **Gehilfe** sein.[49] Es gelten die gleichen Grundsätze wie bei § 399 (→ § 399 Rn. 34 ff.). Eine mittelbare Täterschaft kommt nur in Betracht, wenn der als Werkzeug Handelnde den Bericht wirksam abgeben kann und der Hintermann ebenfalls Täterqualifikation hat.[50]

**45**    Ist als Abschlussprüfer eine **Prüfungsgesellschaft** bestellt worden, richtet sich die Tätereigenschaft nach § 14 StGB. Denn Täter kann nur eine natürliche Person sein. Ist die Prüfungsgesellschaft eine juristische Person, kommen als Täter die Mitglieder des vertretungsberechtigten Organs in Betracht. Bei einer Personalgesellschaft haben nach § 14 Abs. 1 Nr. 2 StGB deren vertretungsberechtigte Gesellschafter Tätereigenschaft. Von der Strafbarkeit erfasst werden auch solche vertretungsberechtigten Organe und Vertreter, die bei der Abschlussprüfung nicht selbst mitwirken, aber gegen die Abgabe eines als unrichtig erkannten Berichts nicht einschreiten.[51] Bei beiden Gesellschaftsformen kann nach § 14 Abs. 2 StGB auch ein Beauftragter Täter sein. Das kann zB ein bei der Prüfungsgesellschaft angestellter Wirtschaftsprüfer sein, der mit der Prüfung der Kapitalgesellschaft beauftragt ist.[52]

## XI. Konkurrenzen

**46**    **Tateinheit** ist möglich mit Beihilfe zum Gründungsschwindel durch unrichtige Berichte nach § 399 Abs. 1 Nr. 2 oder mit Beihilfe (§ 27 StGB) zum Betrug (§ 263 StGB), zur Untreue (§ 266 StGB) oder zu Insolvenzstraftaten (§§ 283 ff. StGB), wenn der Prüfer oder sein Gehilfe mit Vorstandsmitgliedern zusammenarbeitet; so wenn der Prüfer weiß, dass der Bericht für Kreditverhandlungen verwendet werden soll und dieser dann tatsächlich entsprechend gebraucht wird.[53]

**47**    § 403 tritt gegenüber der Sonderregelung des § 137 VAG im Wege der **Gesetzeseinheit** zurück, wenn die Aktiengesellschaft ein Versicherungsunternehmen iSd § 1 VAG ist. Gleiches gilt für § 18 PublG, § 314 UmwG und § 150 GenG.[54]

**48**    Mit dem Straftatbestand des § 332 HGB wird in der Regel **Tatmehrheit** bestehen, weil es sich um verschiedene Prüfungsvorgänge handelt. Dagegen ist § 332 HGB lex specialis bzgl. der dort erfassten Berichte.[55]

## XII. Prozessuales und Rechtsfolgen

**49**    Straftaten nach § 403 sind **Offizialdelikte** und werden von der Staatsanwaltschaft von Amts wegen verfolgt. Es geht dabei um Strafverfahren, die nach § 74c Abs. 1 Nr. 1 GVG zum Zuständigkeitsbereich der Wirtschaftsstrafkammern gehören, wenn sie bei dem LG anhängig sind.[56] Sie werden deshalb regelmäßig von den für Wirtschaftsstrafsachen zuständigen Schwerpunktstaatsanwaltschaften verfolgt.

**50**    Im **Klageerzwingungsverfahren** sind der Vorstand für die Gesellschaft sowie die übrigen durch § 403 geschützten Personen[57] (→ Rn. 3) Verletzte iSd § 172 Abs. 1 StPO.

**51**    Die **Verjährung** richtet sich nach §§ 78 ff. StGB. Straftaten nach § 403 verjähren deshalb in fünf Jahren (§ 78 Abs. 3 Nr. 4 StGB). Das gilt auch, wenn der Qualifikationstatbestand des § 403 Abs. 2 vorliegt (§ 78 Abs. 4 StGB).

---

[48] *Streck* DStR 1992, 75.
[49] Großkomm AktG/*Otto* Rn. 40.
[50] *Dierlamm* NStZ 2000, 130 (131); Großkomm AktG/*Otto* Rn. 9; BeckOGK/*Hefendehl* Rn. 50.
[51] Vgl. Heymann/*Mansdörfer* HGB § 332 Rn. 12; BeBiKo/*Grottel*/*H. Hoffmann* HGB § 332 Rn. 33.
[52] Großkomm AktG/*Otto* Rn. 11.
[53] Vgl. *Wimmer* DStR 1997, 1931 (1935); s. auch BeckOGK/*Hefendehl* Rn. 53.
[54] Graf/Jäger/Wittig/*Temming* Rn. 21.
[55] Großkomm AktG/*Otto* Rn. 43; BeckOGK/*Hefendehl* Rn. 53.
[56] Auch in der Berufungsinstanz; OLG Stuttgart MDR 1982, 252.
[57] Vgl. *Zielinski* wistra 1993, 6 (8); BeckOGK/*Hefendehl* Rn. 54.

Die Straftaten nach § 403 sind Vergehen (§ 12 Abs. 2 StGB). Bei § 403 Abs. 1 können 52
sie wahlweise mit **Freiheitsstrafe** bis zu drei Jahren oder mit **Geldstrafe** geahndet werden.
Liegt zusätzlich ein Qualifikationsmerkmal nach § 403 Abs. 2 vor, so erhöht sich das Höchstmaß des Strafrahmens auf fünf Jahre Freiheitsstrafe. Hat der Täter sich bereichert oder
versucht, das zu tun, kann neben einer Freiheitsstrafe zusätzlich auf eine Geldstrafe erkannt
werden (§ 41 StGB). Außerdem kommt bei diesem Tatbestand auch die Anordnung eines
**Berufsverbots** als Nebenfolge in Betracht (§ 70 StGB).

## § 404 Verletzung der Geheimhaltungspflicht

(1) Mit Freiheitsstrafe bis zu einem Jahr, bei börsennotierten Gesellschaften bis
zu zwei Jahren, oder mit Geldstrafe wird bestraft, wer ein Geheimnis der Gesellschaft, namentlich ein Betriebs- oder Geschäftsgeheimnis, das ihm in seiner Eigenschaft als
1. Mitglied des Vorstands oder des Aufsichtsrats oder Abwickler,
2. Prüfer oder Gehilfe eines Prüfers
bekanntgeworden ist, unbefugt offenbart; im Falle der Nummer 2 jedoch nur,
wenn die Tat nicht in § 333 des Handelsgesetzbuchs mit Strafe bedroht ist.

(2) [1]Handelt der Täter gegen Entgelt oder in der Absicht, sich oder einen anderen zu bereichern oder einen anderen zu schädigen, so ist die Strafe Freiheitsstrafe
bis zu zwei Jahren, bei börsennotierten Gesellschaften bis zu drei Jahren, oder
Geldstrafe. [2]Ebenso wird bestraft, wer ein Geheimnis der in Absatz 1 bezeichneten
Art, namentlich ein Betriebs- oder Geschäftsgeheimnis, das ihm unter den Voraussetzungen des Absatzes 1 bekanntgeworden ist, unbefugt verwertet.

(3) [1]Die Tat wird nur auf Antrag der Gesellschaft verfolgt. [2]Hat ein Mitglied des
Vorstands oder ein Abwickler die Tat begangen, so ist der Aufsichtsrat, hat ein
Mitglied des Aufsichtsrats die Tat begangen, so sind der Vorstand oder die Abwick-
ler antragsberechtigt.

**Schrifttum:** s. vor → § 93 Rn. 43, vor → § 116 Rn. 1; *Amelunxen,* Spionage und Sabotage im Betrieb,
1977; *Armbrüster,* Verschwiegenheitspflicht des GmbH-Geschäftsführers und Abtretung von Vergütungsansprü-
chen, GmbHR 1997, 56; *Caspari,* Die geplante Insiderregelung in der Praxis, ZGR 1994, 530; *Fleck,* Eigenge-
schäfte eines Aufsichtsratsmitglieds, FS Heinsius, 1991, 89; *Gaul,* Information und Vertraulichkeit der Aufsichtsratsmitglieder einer GmbH, GmbHR 1986, 296; *Heldmann,* Das deutsche Insider-Gesetz ad portas, ZRP
1990, 393; *Kragler,* Wirtschaftsspionage, Schutz des Wirtschaftsgeheimnisses, Bd. II: Strafrechtlicher Bereich,
1982; *Kragler,* Schutz des geheimen Know-how, 1987; *Oehler/Arians,* Der strafrechtliche Schutz des Geschäfts-
und Betriebsgeheimnisses in den Ländern der Europäischen Gemeinschaft sowie in Österreich und der
Schweiz, Bd. I, Bundesrepublik Deutschland, 1978; *Otto,* Verrat von Betriebs- und Geschäftsgeheimnissen,
§ 17 UWG, wistra 1988, 125; *Richter,* Der Konkurs der GmbH aus der Sicht der Strafrechtspraxis, GmbHR
1984, 113 und GmbHR 1984, 137; *Rogall,* Die Verletzung von Privatgeheimnissen (§ 203 StGB), NStZ
1983, 1; *Säcker,* Aktuelle Probleme der Verschwiegenheitspflicht der Aufsichtsratsmitglieder, NJW 1986, 803;
*Schlösser,* Anwendung nationalen Strafrechts für die Europäische Aktiengesellschaft (SE), Anwendung nationalen Strafrechts für die Europäische Aktiengesellschaft (SE), NZG 2008, 126; *Schwintowski,* Verschwiegenheitspflicht für politisch legitimierte Mitglieder des Aufsichtsrats, NJW 1990, 1009; *Seibert,* Das „TransPuG",
NZG 2002, 608; *v. Stebut,* Geheimnisschutz und Verschwiegenheitspflicht im Aktienrecht, 1972; *v. Stebut,*
Gesetzliche Vorschriften gegen den Mißbrauch von Insiderinformationen, DB 1974, 613; *Többens,* Wirtschaftsspionage und Konkurrenzausspähung in Deutschland, NStZ 20, 505; *Ulsenheimer,* Zur Strafbarkeit des Miß-
brauchs von Insider-Informationen, NJW 1975, 1999; *van Venrooy,* Das strafrechtliche Risiko des Geschäftsführers bei Verletzung von Geheimhaltungsvorschriften, GmbHR 1993, 609.

### Übersicht

## I. Allgemeines

**1**    **1. Rechtsentwicklung.** § 404 entspricht teilweise § 302 Nr. 2 AktG 1937, ist aber bei der Tathandlung des Offenbarens (Abs. 1) schärfer gefasst und dadurch erweitert worden, dass er auch die Mitglieder des Vorstandes und des Aufsichtsrats sowie die Abwickler in den Täterkreis einbezogen hat. § 302 Nr. 2 AktG 1937 erfasste als Täter nur die Prüfer und die Prüfergehilfen. Andererseits ist § 404 nunmehr zu einem Antragsdelikt umgestaltet worden, das nur noch verfolgt werden kann, wenn die dazu Berechtigten (Abs. 3) einen Strafantrag gestellt haben. Ferner ist der Strafrahmen in Anlehnung an die Strafvorschriften der §§ 203, 204 StGB deutlich gemildert worden.[1] Die geltende Fassung des § 404 beruht auf dem Bilanzrichtlinien-Gesetz **(BiRiLiG)** vom 19.12.1985 (BGBl. 1985 I 2355), das den Tatbestand des Abs. 1 Nr. 2 subsidiär ausgestaltet hat, weil die Verletzung der Geheimhaltungspflicht des Abschlussprüfers nunmehr allgemein für alle Kapitalgesellschaften in § 333 HGB mit Strafe bedroht wird (vgl. → Rn. 64). Durch das Gesetz zur weiteren Reform des Aktien- und Bilanzrechts, zu Transparenz und Publizität **(TransPuG)** vom 19.7.2002 (BGBl. 2002 I 2681; vgl. → Vor § 399 Rn. 15) ist in § 404 Abs. 1 und in Abs. 2 S. 1 die Strafandrohung hinsichtlich börsennotierter Gesellschaften (vgl. → Rn. 72) verschärft worden.

**2**    **2. Regelungsgegenstand, Normzweck und Rechtsgut.** § 404 soll die Schweige-pflichten eines bestimmten Personenkreises, der kraft seiner Funktion die Gelegenheit hat, Geheimnisse der Gesellschaft zu erfahren, strafrechtlich absichern. Die Anhebung des Straf-rahmens durch das TransPuG zielt vor allem auf Mitglieder des Aufsichtsrats einer börsenno-tierten Aktiengesellschaft, weil die Verschwiegenheit zu den Funktionsbedingungen des deutschen Aufsichtsratssystems gehört.[2] Ferner dient die Vorschrift dem Schutz des Geheim-bereichs der Gesellschaft vor unredlichen Eingriffen. Damit sollen auch die Vermögensver-hältnisse der Gesellschaft bewahrt werden, die insbesondere durch die Tathandlung der unbefugten Verwertung der Geheimnisse in Mitleidenschaft gezogen werden können. Fer-ner soll mit dieser Strafvorschrift verhindert werden, dass der vom Gesetz als mögliche Täter bezeichnete Personenkreis aus den ihm anvertrauten Geheimnissen für sich selbst Kapital schlägt.[3]

---

[1] Zu den Erwägungen des Gesetzgebers vgl. *Meyer* AG 1966, 109 (114 f.).
[2] Vgl. RegE, BT-Drs. 14/8769, 24 f.
[3] *Hölters/Müller-Michaels* Rn. 1; vgl. auch Schönke/Schröder/*Lenckner* StGB § 204 Rn. 1.

**Geschütztes Rechtsgut** sind die (Vermögens-) Interessen der Gesellschaft und ihrer **3** Aktionäre an der Bewahrung der Geheimnisse des Unternehmens.[4] Nach aA[5] wird nur die Gesellschaft selbst geschützt, nicht aber ihre Gesellschafter. Dem steht entgegen, dass das Antragserfordernis des Abs. 3 den Schutzbereich dieses Tatbestandes nicht nur auf die Aktiengesellschaft, sondern auch auf deren Anteilseigner erstreckt. Der Gesetzgeber hat damit deutlich gemacht, dass er den Schutzbereich der Tatbestände des § 404 auf die Gesellschaft selbst beschränken wollte, zu der allerdings auch die Aktionäre als deren Anteilseigner gehören. Dagegen gehören die Arbeitnehmer der Gesellschaft sowie Gesellschaftsgläubiger nicht zum geschützten Personenkreis.[6] Sie haben nur ein allgemeines Interesse an dem Wohlergehen der Gesellschaft und sind durch den Geheimnisbruch deshalb nicht unmittelbar betroffen. Auch nicht geschützt von § 404 werden ausländische Aktiengesellschaften. Die Regelungen des Aktiengesetzes gelten nur für inländische Aktiengesellschaften, dh für Gesellschaften mit Sitz im Inland (→ Vor § 399 Rn. 17).[7] Auf eine europäische Aktiengesellschaft (SE) ist gem. § 53 Abs. 1 SEAG dagegen § 404 anwendbar,[8] und zwar unabhängig davon, ob sie monistisch oder dualistisch aufgebaut ist.[9]

Für den geschützten Personenkreis ist § 404 **Schutzgesetz** iSd § 823 Abs. 2 BGB.[10]   **4**

**3. Rechtsnatur des Delikts und Systematik des Gesetzes.** Die Tatbestände in § 404 **5** sind **echte Sonderdelikte**[11] mit allen Konsequenzen für die Beteiligung.

Die Vorschrift ist kein Verletzungsdelikt, sondern ein **abstraktes Gefährdungsdelikt.**[12] **6** Eine konkrete Gefährdung der Aktiengesellschaft oder ein Schaden braucht durch die Handlung nicht eingetreten zu sein.

§ 404 enthält **zwei Tatbestände.** Das unbefugte Offenbaren eines Geheimnisses (Abs. 1) **7** und die unbefugte Verwertung eines Geheimnisses (Abs. 2 S. 2). Der Strafrahmen des Tatbestandes der unbefugten Offenbarung eines Geheimnisses erhöht sich, wenn die Voraussetzungen des Qualifikationstatbestandes des § 404 Abs. 2 S. 1 vorliegen. Beide Tatbestände gleichen inhaltlich und strukturell den ebenfalls dem Geheimnisschutz dienenden Strafvorschriften der §§ 203, 204 StGB, des § 85 GmbHG, des § 15a GenG, des § 17 UWG aF bzw. § 23 GeschGehG sowie des § 333 HGB.[13] Die zu ihnen ergangene Rspr. kann deshalb auch zur Auslegung des § 404 herangezogen werden.

### II. Unbefugtes Offenbaren eines Geheimnisses (Abs. 1)

**1. Täterkreis.** Täter können nur Mitglieder des Vorstandes oder des Aufsichtsrats, **8** Abwickler, Prüfer oder deren Gehilfen sein. Es handelt sich dabei um einen Personenkreis mit besonderen persönlichen Eigenschaften. § 404 ist deshalb ein **echtes Sonderdelikt** mit allen Konsequenzen, die sich daraus für die Beteiligung ergeben (vgl. → § 399 Rn. 12 ff.).

**a) Mitglied des Vorstands.** Mitglied des Vorstands ist jeder, der durch den Aufsichtsrat **9** nach § 84 oder in dringenden Fällen durch das Gericht nach § 85 zum Mitglied des Vorstan-

---

[4] Ebenso Großkomm AktG/*Otto* Rn. 2; *Baumbach/Hueck* Rn. 2; *Graf/Jäger/Wittig/Temming* Rn. 3.

[5] Kölner Komm AktG/*Altenhain* Rn. 3; BeckOGK/*Hefendehl* Rn. 4; Hölters/*Müller-Michaels* Rn. 2; Henssler/Strohn/*Raum* Rn. 1; *v. Stebut* DB 1974, 613 (616); K. Schmidt/Lutter/*Oetker* Rn. 1; Lutter/Hommelhoff/*Kleindiek* GmbHG § 85 Rn. 1; Meyer-Landrut/Miller/Niehus/*Meyer-Landrut* GmbHG § 85 Rn. 2; Baumbach/Hueck/*Beurskens* GmbHG § 85 Rn. 1.

[6] Großkomm AktG/*Otto* Rn. 2; Kölner Komm AktG/*Altenhain* Rn. 3; BeckOGK/*Hefendehl* Rn. 9; K. Schmidt/Lutter/*Oetker* Rn. 1; aA *Heldmann* ZRP 1990, 393 (395).

[7] BGHSt 42, 243 (248) = NJW 1997, 533 (534); für eine Erstreckung zugunsten ausländischer Gesellschaften BeckOGK/*Hefendehl* Rn. 8.

[8] BeckOGK/*Hefendehl* Rn. 8.

[9] *Schlösser* NZG 2008, 126 (127).

[10] OLG Koblenz DB 1987, 1036; Großkomm AktG/*Otto* Rn. 3; BeckOGK/*Hefendehl* Rn. 11; K. Schmidt/Lutter/*Oetker* Rn. 1.

[11] Großkomm AktG/*Otto* Rn. 4; Kölner Komm AktG/*Altenhain* Rn. 7; BeckOGK/*Hefendehl* Rn. 16; K. Schmidt/Lutter/*Oetker* Rn. 2.

[12] *Rogall* NStZ 1983, 1 (5); Großkomm AktG/*Otto* Rn. 5; BeckOGK/*Hefendehl* Rn. 10; K. Schmidt/Lutter/*Oetker* Rn. 2; Graf/Jäger/Wittig/*Temming* Rn. 4.

[13] So auch BeckOGK/*Hefendehl* Rn. 12 ff.

des bestellt worden ist (vgl. näher → § 399 Rn. 19 ff.). Dazu gehören auch die stellvertretenden Vorstandsmitglieder, wenn sie Vorstandsgeschäfte wahrnehmen.[14]

**10**    **b) Mitglied des Aufsichtsrats.** Mitglied des Aufsichtsrats ist derjenige, der nach der Gründung der Aktiengesellschaft von den Gründern nach § 30 bestellt, der nach § 101 Abs. 1 von der Hauptversammlung der Aktionäre gewählt, nach § 101 Abs. 2 entsandt oder in bestimmten Fällen von dem Gericht nach § 104 bestellt worden ist (vgl. näher → § 399 Rn. 27 ff.).

**11**    **c) Abwickler.** Abwickler sind die Vorstandsmitglieder einer nach § 262 aufgelösten Aktiengesellschaft (§ 265 Abs. 1) sowie die natürlichen oder juristischen Personen, die nach § 265 Abs. 2 oder Abs. 3 dazu bestellt worden sind (vgl. näher → § 399 Rn. 185 ff.). Dazu gehören auch die stellvertretenden Vorstandsmitglieder, wenn sie Vorstandsgeschäfte wahrnehmen.[15]

**12**    Ist eine **juristische Person** zum Abwickler bestellt worden, so sind Täter die natürlichen Personen, die nach § 14 Abs. 1 Nr. 1 StGB Mitglieder des vertretungsberechtigten Organs sind.[16]

**13**    **d) Prüfer und Gehilfe eines Prüfers.** Als Prüfer und ihre Gehilfen kommen die gleichen Personen in Betracht, die auch § 403 als Täter anführt (vgl. → § 403 Rn. 8 ff.).

**14**    **e) Faktische Organstellung.** Vorstands- oder Aufsichtsratsmitglieder sowie Abwickler können nach hM auch Personen sein, die nicht rechtswirksam dazu bestellt sind, aber tatsächlich die mit diesem Amt verbundenen Funktionen wahrnehmen. Es gelten auch bei diesem Tatbestand die Grundsätze über die faktische Organstellung (vgl. → § 399 Rn. 23 ff.).[17]

**15**    **f) Zusammenhang mit Funktionsstellung.** Die in § 404 genannten Funktionsträger sind **gesetzlich verpflichtet,** Geheimnisse der Gesellschaft zu wahren. Vorstandsmitglieder sind nach § 93 Abs. 1 S. 2 verpflichtet, über Geschäftsgeheimnisse zu schweigen (→ § 93 Rn. 133 ff.).[18] Für Aufsichtsratsmitglieder ergibt sich diese Pflicht aus §§ 116, 93 Abs. 1 S. 3 und § 394 (vgl. → § 116 Rn. 52 ff.). Abwickler sind nach § 268 Abs. 2 S. 1, § 93 Abs. 1 S. 2 verpflichtet, über Gesellschaftsgeheimnisse zu schweigen (vgl. → § 268 Rn. 27). Die Schweigepflicht für Gründungsprüfer ergibt sich aus § 49 iVm § 323 Abs. 1 HGB (vgl. → § 49 Rn. 26 ff.); für Abschlussprüfer aus § 323 Abs. 1 HGB und für Sonderprüfer aus §§ 144, 258 Abs. 5 iVm § 323 Abs. 1 HGB (vgl. → § 144 Rn. 11 f.; → § 258 Rn. 64).[19] Die Verschwiegenheitspflicht des Gehilfen eines Abschlussprüfers aus § 323 Abs. 1 HGB gilt auch für die Gehilfen aller anderen Prüfer (vgl. → § 403 Rn. 14).

**16**    § 404 Abs. 1 verlangt, dass dem Täter das Geheimnis **in seiner Eigenschaft als Funktionsträger** bekannt geworden ist. **Bekannt geworden** ist dem Täter das Geheimnis, wenn es ihm in dieser Eigenschaft in irgendeiner Weise zugänglich geworden ist. Seine Eigenschaft als Funktionsträger muss also mindestens mitursächlich dafür gewesen sein, dass er das Geheimnis erfahren hat.[20]

**17**    In **zeitlicher Hinsicht beginnt** die Eigenschaft als Täter deshalb mit dem Zeitpunkt, in dem die Wahl, die gerichtliche Bestellung oder die Entsendung in das Gremium wirksam wird. Wenn der Funktionsträger das Geheimnis schon kannte, bevor er diese Eigenschaft erlangt hat, fehlt es somit an der Tatbestandsmäßigkeit.[21] Dies soll allerdings anders sein,

---

[14]  OLG Stuttgart OLGR 1998, 143 (144); Großkomm AktG/*Otto* Rn. 7.
[15]  Großkomm AktG/*Otto* Rn. 7.
[16]  Kölner Komm AktG/*Altenhain* Rn. 8.
[17]  Vgl. Großkomm AktG/*Otto* Rn. 7; K. Schmidt/Lutter/*Oetker* Rn. 5; Graf/Jäger/Wittig/*Temming* Rn. 5; aA Kölner Komm AktG/*Altenhain* Rn. 8.
[18]  Vgl. dazu BeckOGK/*Hefendehl* Rn. 17.
[19]  Vgl. BeckOGK/*Hefendehl* Rn. 17.
[20]  Ebenso Graf/Jäger/Wittig/*Temming* Rn. 6.
[21]  Großkomm AktG/*Otto* Rn. 8; Kölner Komm AktG/*Altenhain* Rn. 18; BeckOGK/*Hefendehl* Rn. 20.

wenn er das Geheimnis nach seiner Bestellung etc unabhängig von seinem vorherigen Wissen noch einmal erfährt.[22]

Dagegen steht der Umstand, dass der Täter **zur Tatzeit nicht mehr** die Eigenschaft 18 eines Funktionsträgers hat, das Geheimnis aber als Vorstands-, als Aufsichtsratmitglied oder als Abwickler bzw. als Prüfer oder als Prüfergehilfe erfahren hat, einer Bestrafung nach § 404 nicht entgegen. Es ist nicht erforderlich, dass die Funktionsstellung des Täters noch zur Tatzeit andauert.[23] Maßgebend ist allein, ob der Täter das Geheimnis in seiner Eigenschaft als Funktionsträger erlangt hat. Die Fortwirkung des Geheimnisschutzes für nicht mehr amtierende oder tätige Funktionsträger entspricht der zivilrechtlichen Regelung, welche die Schweigepflicht nicht auf die Amtszeit beschränkt (→ § 93 Rn. 132; → § 116 Rn. 52).[24]

Da das Gesetz verlangt, dass dem Täter das Geheimnis in seiner Eigenschaft als Funktions- 19 träger bekannt geworden ist, fehlt es auch an der Tatbestandsmäßigkeit, wenn der Täter das Geheimnis **außerdienstlich erfährt,**[25] insbesondere wenn er das Geheimnis in seinem privaten Bereich gehört hat, etwa aus seinem Bekanntenkreis oder als persönlicher Kunde eines Unternehmens, mit dem er geschäftlich nichts zu tun hat und dem seine Funktion nicht bekannt ist.[26] Allerdings kann es Fälle des Missbrauchs geben, in denen sich bei näherer Prüfung herausstellt, dass auch die außerdienstliche oder sonst vorausgegangene Kenntnisnahme im Zusammenhang mit der Funktionsstellung stand. In diesen Fällen kann mit einer weiten Auslegung des Merkmals „bekanntgeworden" einer solchen missbräuchlichen Ausnutzung der an sich gerechtfertigten Einschränkung des Tatbestandes entgegengetreten und zB auch das private Gespräch in einer Werkskantine erfasst werden.[27]

**2. Geheimnis als Gegenstand der Tathandlung.** § 404 verwendet mit dem Tatbe- 20 standsmerkmal des Geheimnisses einen umfassenden Begriff und erläutert diesen beispielhaft mit den Begriffen Betriebs- oder Gesellschaftsgeheimnis. Unter diesen Begriff fallen alle Geheimnisse der Gesellschaft (zum Merkmal der börsennotierten Gesellschaft vgl. → Rn. 1 aE, → Rn. 72), die zu ihrem Schutz im Interesse ihrer Wettbewerbsfähigkeit und ihres Ansehens nicht bekannt werden dürfen.[28]

**a) Geheimnisbegriff.** Der Begriff des Geheimnisses iSd § 404 wird im Wesentlichen 21 durch den Begriff des Unternehmensgeheimnisses ausgefüllt, wie er in § 17 UWG aF[29] zu den Tatbestandsmerkmalen des Betriebs- und Geschäftsgeheimnisses entwickelt worden ist.[30] Darunter fallen alle Tatsachen, die in dem Zusammenhang mit dem Betrieb und den Geschäften des Unternehmens stehen, nur einem eng begrenzten Personenkreis bekannt, also nicht offenkundig sind und nach dem bekundeten oder aus dem Interesse des Unternehmens als Ganzem sich ergebenden mutmaßlichen Willen des maßgeblichen Organs der Gesellschaft geheim gehalten werden sollen (→ § 93 Rn. 132).[31] Der Geheimnisbegriff ist damit nicht formal, sondern inhaltlich materiell bestimmt.[32]

Ob die mittlerweile in § 2 Nr. 1 GeschGehG enthaltene Legaldefinition des Geschäftsge- 22 heimnisses auch für die Auslegung des Geheimnisbegriffs in § 404 eine Rolle spielt, ist

---

[22] BeckOGK/*Hefendehl* Rn. 20.

[23] Großkomm AktG/*Otto* Rn. 11; BeckOGK/*Hefendehl* Rn. 20; K. Schmidt/Lutter/*Oetker* Rn. 6.

[24] Begr. RegE *Kropff* AktG 1965, 123; Hüffer/Koch/*Koch* § 93 Rn. 31.

[25] Großkomm AktG/*Otto* Rn. 10; Kölner Komm AktG/*Altenhain* Rn. 19; Graf/Jäger/Wittig/*Temming* Rn. 6; Scholz/Tiedemann/*Rönnau* GmbHG § 85 Rn. 9; Hachenburg/*Kohlmann* GmbHG § 85 Rn. 34; Baumbach/Hueck/*Beurskens* GmbHG § 85 Rn. 9.

[26] Vgl. auch *Kohlmann/Löffeler* GmbH-GF Rn. 122.

[27] *Amelunxen,* Spionage und Sabotage im Betrieb, 1977, 71; Kölner Komm AktG/*Altenhain* Rn. 19; BeckOGK/*Hefendehl* Rn. 18.

[28] Großkomm AktG/*Otto* Rn. 12.

[29] BGHSt 41, 140 (142) = NJW 1995, 2301 (2301); BGH LM UWG § 17 Nr. 2; RGZ 149, 329 (334); RG JW 1936, 2081; 1938, 3050.

[30] Im Wesentlichen ebenso Kölner Komm AktG/*Altenhain* Rn. 9; BeckOGK/*Hefendehl* Rn. 21.

[31] BGHSt 41, 140 (142) = NJW 1995, 2301 (2301); BGHZ 64, 325 (329) = NJW 1975, 1412 (1413); BGHZ 135, 48 (57) = NJW 1997, 1985 (1987); Hüffer/Koch/*Koch* § 93 Rn. 30.

[32] Vgl. Henssler/Strohn/*Raum* Rn. 3.

unklar. Der wesentliche Unterschied zu dem im Rahmen des § 17 UWG aF durch die Rspr. erarbeiteten Geheimnisbegriffs besteht darin, dass ein Geschäftsgeheimnis nach § 2 Nr. 1 lit. a GeschGehG einen wirtschaftlichen Wert und nach § 2 Nr. 1 lit. b GeschGehG den Umständen nach angemessene Geheimhaltungsmaßnahmen durch den rechtmäßigen Inhaber erfordert. Auf den subjektiven Geheimhaltungswillen kommt es nicht mehr an. Da der Gesetzgeber bei Schaffung des GeschGehG jedenfalls keinen Bezug zu § 404 hergestellt hat, soll die Legaldefinition für andere Vorschriften – wie zB § 404 – nicht relevant sein.[33] Praktische Konsequenzen dürfte der Streit nicht haben, da der Tatbestand des § 404 nicht auf Geschäftsgeheimnisse beschränkt ist. So vertritt zB *Tiedemann*[34] die Ansicht, dass der Begriff des Geheimnisses auch auf die Durchsetzung **immaterieller** Interessen zu erstrecken ist, was bei einer Beschränkung auf Geschäftsgeheimnisse und Zugrundelegung der Legaldefinition des § 2 Nr. 1 GeschGehG nicht möglich wäre. Angesichts des weit gefassten Geheimnisbegriffes in § 404, der sich auf Geheimnisse schlechthin bezieht und Betriebs- und Geschäftsgeheimnisse nur beispielhaft hervorhebt, ist dem aber zuzustimmen (→ § 93 Rn. 132).[35]

**23**      **b) Offenkundigkeit.** Wann Tatsachen nur einem begrenzten Personenkreis bekannt und damit nicht offenkundig sind, ist eine Tatfrage, die nur von dem Tatrichter anhand des Einzelfalls entschieden werden kann.[36] Bejaht worden ist Offenkundigkeit bei einer großen Zahl von Vertragshändlern[37] und verneint worden im Rahmen einer Ausschreibung bei einem kleinen Kreis von Mitarbeitern der jeweiligen Baudienststellen.[38] Offenkundig ist eine Tatsache erst, wenn sie bereits in einer Weise in die Öffentlichkeit gelangt ist, die sie jedermann zugänglich macht.[39]

**24**      **c) Geheimhaltungsinteresse.** Allein der Wille des maßgebenden Organs macht allerdings eine bestimmte Tatsache noch nicht zu einem Geheimnis. Der Geheimhaltungswille muss auf einem wirtschaftlichen Interesse beruhen.[40] Der Vorstand muss an der Geheimhaltung der geschützten Vorgänge im Interesse der Unternehmensführung objektiv interessiert sein.[41] Str. ist, ob auch strafbare, rechtswidrige oder sittenwidrige Vorgänge als Geheimnisse durch § 404 geschützt sind, was nach zutreffender Ansicht zu verneinen ist (vgl. nun auch § 2 Nr. 1 lit. c GeschGehG).[42]

**25**      **d) Geheimhaltungswille.** Umstritten ist, ob ein objektiv zu bestimmendes Geheimhaltungsinteresse genügt[43] oder ob ein Geheimhaltungswille zur Begründung des Geheimnisses hinzutreten muss.[44] Diese Frage kann in § 404 nicht anders entschieden werden als in den

---

[33] BeckOK GeschGehG/*Hiéramente* GeschGehG§ 1 Rn. 23; aA BeckOGK/*Hefendehl* Rn. 26 f.

[34] Scholz/*Tiedemann/Rönnau* § 85 Rn. 13.

[35] Vgl. BGH NJW 1996, 2576; *v. Stebut,* Geheimnisschutz und Verschwiegenheitspflicht im Aktienrecht, 1972, 53 ff.; Baumbach/Hueck/*Beurskens* GmbHG § 85 Rn. 16; Roth/Altmeppen/*Altmeppen* GmbHG § 85 Rn. 5.

[36] RGSt 31, 90 (92); 38, 108 (110); 42, 394 (396).

[37] OLG Karlsruhe NJW-RR 1993, 1516 f.

[38] BGHSt 41, 140 (143) = NJW 1995, 2301 (2301).

[39] BGH NJW 1958, 671; RG JW 1929, 1227; ähnlich *Oehler/Arians,* Der strafrechtliche Schutz des Geschäfts- und Betriebsgeheimnisses in den Ländern der EG sowie in Österreich und der Schweiz, Bd. I, 1978, 327; *Otto* wistra 1988, 125 (126); Großkomm AktG/*Otto* Rn. 14.

[40] BGH NJW 1960, 1999 (2000); RGSt 29, 426 (430); RGZ 65, 333 (337); 149, 329 (333); OLG Celle GRUR 1969, 548.

[41] BGHZ 80, 25 (35) = NJW 1981, 1089 (1090 f.); vgl. ferner zum Geheimnisbegriff Teplitzky/Peifer/Leistner/*Wolters,* Großkommentar zum UWG, 2. Aufl. 2013, UWG § 17 Rn. 10 ff.; Erbs/Kohlhaas/*Diemer* UWG § 17 Rn. 8.

[42] BeckOGK/*Hefendehl* Rn. 38 ff.; Henssler/Strohn/*Raum* Rn. 3; diff. Graf/Jäger/Wittig/*Temming* Rn. 10: kein Schutz nur im Falle der Strafbarkeit; aA zB Kölner Komm AktG/*Altenhain* Rn. 13.

[43] So Kölner Komm AktG/*Altenhain* Rn. 14; Baumbach/Hueck/*Beurskens* GmbHG § 85 Rn. 7; Meyer-Landrut/Miller/Niehus/*Meyer-Landrut* GmbHG § 85 Rn. 4; Lutter/Hommelhoff/*Kleindiek* GmbHG § 85 Rn. 4.

[44] Großkomm AktG/*Otto* Rn. 14; Henssler/Strohn/*Raum* Rn. 3; BeckOGK/*Hefendehl* Rn. 30: subjektive Komponente ist maßgeblich; Hachenburg/*Kohlmann* GmbHG § 85 Rn. 26; Scholz/*Tiedemann/Rönnau* GmbHG § 85 Rn. 14; Rowedder/Schmidt-Leithoff/*Schaal* GmbHG § 85 Rn. 10.

§ 17 UWG aF bzw. § 23 GeschGehG iVm § 2 Nr. GeschGehG oder 85 GmbHG, bei denen die Rspr. stets den Geheimhaltungswillen als unverzichtbares Merkmal des Geheimnisbegriffes angesehen hat. Nur eine solche Auslegung gelangt zu praktischen Ergebnissen, weil ein Organ vorhanden sein muss, das darüber entscheidet, welche Tatsache und wie lange diese im Interesse der Gesellschaft geheimhaltungsbedürftig ist.

Maßgebend für die Bekundung des Willens zur Geheimhaltung ist bei einer Aktiengesell- **26** schaft in der Regel **der Vorstand**[45] oder das jeweils zuständige Vorstandsmitglied.[46] Die Einstufung einer Tatsache als Geheimnis ist eine Maßnahme der Geschäftsführung nach § 77 (→ § 93 Rn. 121). Es gibt aber auch Tatsachen, deren Geheimhaltung vor allem für den Aufsichtsrat bedeutsam ist, so zB Umstände, die während seiner Beratungen den Mitgliedern des Aufsichtsrats bekannt werden. Sollen sie geheim bleiben, ist die Äußerung des Aufsichtsrats ein wichtiger Hinweis auf die Notwendigkeit vertraulicher Behandlung.[47] Wenn das Geheimnis mit Einwilligung des maßgebenden Gesellschaftsorgans nur an weitere Geheimnisträger offenbart wird im Sinne eines partiellen Verzichts, entfällt nach hM nicht bereits die Tatbestandsmäßigkeit des Handelns.[48] Lediglich ein genereller Offenbarungswille des zuständigen Organs im Sinne eines Totalverzichts führt zu einem Tatbestandsausschluss.[49] Zur Frage der Unbefugtheit jeweils → Rn. 36.

Nach Eröffnung des Insolvenzverfahrens ist in Angelegenheiten der Insolvenzmasse der **27** **Insolvenzverwalter,** der zur optimalen Verwertung der Masse über die erforderlichen Informationen verfügen können muss, dispositionsbefugt und deshalb insoweit „Geheimnisherr".[50] Eine zusätzliche Zustimmung eines Vorstandsmitglieds, etwa wenn in einem gegen ihn gerichteten Strafverfahren ein Steuerberater der Aktiengesellschaft von seiner Verschwiegenheitspflicht entbunden werden soll, ist bei bloß geschäftlichen Geheimnissen nicht erforderlich.[51] Geschützt ist das Geheimhaltungsinteresse der Aktiengesellschaft, das mit dem privaten Interesse des Vorstandsmitglieds nicht gleichzusetzen ist.

**e) Beispiele für Unternehmensgeheimnisse.** In Betracht kommen insbesondere **28** geschäftliche Vorhaben[52] und geschäftspolitische Ziele[53] der Gesellschaft, aber auch Gegenstand, Verlauf und Ergebnisse der Beratungen des Aufsichtsrats,[54] ferner Guthaben, steuerliche Verhältnisse[55] und Umsätze[56] der Gesellschaft, Kredite bei Banken, Kundenkarteien,[57] interne Preiskalkulationen,[58] Jahresabschlüsse, die noch nicht gem. § 325 HGB offen gelegt sind,[59] getätigte oder beabsichtigte Vertragsabschlüsse,[60] durch eine öffentliche Ausschreibung erlangte Angebote[61] und deren Anbieter,[62] Zahlungsbedingungen, Agentenverzeich-

[45] BGHZ 64, 325 (329) = NJW 1975, 1412 (1413); BGH BeckRS 2016, 12065.

[46] BeckOGK/*Hefendehl* Rn. 34.

[47] BGHZ 64, 325 (329) = NJW 1975, 1412 (1413); *Gaul* GmbHR 1986, 296 (299 f.); Graf/Jäger/Wittig/*Temming* Rn. 12.

[48] BeckOGK/*Hefendehl* Rn. 66; Graf/Jäger/Wittig/*Temming* Rn. 17 mwN.

[49] *Otto* wistra 1988, 125 (128); Großkomm AktG/*Otto* Rn. 39; Baumbach/Hueck/*Beurskens* GmbHG § 85 Rn. 13, 17; BeckOGK/*Hefendehl* Rn. 65; aA Graf/Jäger/Wittig/*Temming* Rn. 17.

[50] BGHZ 109, 260 (270) = NJW 1990, 510 (512); BGH NJW 1994, 2220 (2225); BeckOGK/*Hefendehl* Rn. 34.

[51] Vgl. LG Lübeck NJW 1978, 1014; LG Hamburg wistra 2002, 77 mwN; KK-StPO/*Greven* StPO § 97 Rn. 6; aA OLG Koblenz NStZ 1985, 426 (427); OLG Düsseldorf StV 1993, 346; LG Saarbrücken wistra 1995, 239 m. abl. Anm. *Weyand*; KK-StPO/*Bader* StPO § 53 Rn. 46 ff.; Meyer-Goßner/Schmitt/*Schmitt* StPO § 53 Rn. 46.

[52] Ebenso BeckOGK/*Hefendehl* Rn. 43.

[53] Großkomm AktG/*Otto* Rn. 23; BeckOGK/*Hefendehl* Rn. 43.

[54] *Säcker* NJW 1986, 803 (807); *Gaul* GmbHR 1986, 296 (299); BeckOGK/*Hefendehl* Rn. 43.

[55] LG Konstanz NJW 1992, 1241; BeckOGK/*Hefendehl* Rn. 43; Schönke/Schröder/*Lenckner* StGB § 203 Rn. 11.

[56] BeckOGK/*Hefendehl* Rn. 43.

[57] BGH NJW-RR 1999, 1131 (1132); BeckOGK/*Hefendehl* Rn. 43.

[58] OLG Düsseldorf GRUR 1954, 74; Großkomm AktG/*Otto* Rn. 23; BeckOGK/*Hefendehl* Rn. 43.

[59] BeckOGK/*Hefendehl* Rn. 43; Hachenburg/*Kohlmann* GmbHG § 85 Rn. 22.

[60] BeckOGK/*Hefendehl* Rn. 43.

[61] BGHSt 41, 140 (142) = NJW 1995, 2301 (2301); BeckOGK/*Hefendehl* Rn. 43.

[62] BayObLG NJW 1996, 268 (272).

nisse, Computerprogramme,[63] stille Beteiligungen und Personalakten,[64] auch die Höhe eines vom üblichen Vergütungsniveau erheblich abweichenden Gehalts des Geschäftsführers,[65] sowie Produktionsabläufe und vorhandene Qualitätstechnologie,[66] auch beabsichtigte Zusammenschlüsse mit anderen Unternehmen.[67] Ebenso zählen hierzu Übernahmeangebote, vorgesehene Umtauschangebote, geplante Kapitalerhöhungen oder andere Tatsachen, die zu dem sogenannten Insiderwissen des WpHG gehören.[68] Geheimnisse dieser Art werden regelmäßig als vertraulich bezeichnet werden.

**29**   **3. Tathandlung.** Tathandlung dieses Tatbestandes ist das **Offenbaren** eines Geheimnisses. Offenbart wird ein Geheimnis, wenn es einem Außenstehenden mitgeteilt oder einem sonst Unbefugten in einer Weise bekannt gemacht wird, welches ihm die Ausnutzung der geheimzuhaltenden Tatsache in irgendeiner Weise ermöglicht. Dabei ist tatsächliche Kenntnisnahme durch diesen nicht erforderlich, vielmehr genügt nach hM die Möglichkeit hierzu.[69] Dem Empfänger der Mitteilung muss das Geheimnis noch neu, mindestens aber noch nicht sicher bekannt sein.[70]

**30**   Es genügt, wenn ihm eine **Vermutung** oder ein **Gerücht** bestätigt wird.[71] Offenbaren liegt auch vor, wenn der Täter die geheimzuhaltende Tatsache in der Form eines Gerüchts mitteilt. Gleichgültig ist, ob er die Mitteilung von sich aus macht oder lediglich eine Frage beantwortet.[72]

**31**   Die Mitteilung kann auch in einem **schlüssigen Tun** bestehen, etwa wenn der Täter bewusst ein Schriftstück liegen lässt, in dem ein Geheimnis enthalten ist.[73] Ferner kann die Tathandlung auch durch **Unterlassen** verwirklicht werden,[74] wenn der Täter es zB zulässt, dass ein Unbefugter in das Schriftstück Einsicht nimmt, in dessen Besitz er zufällig ohne Wissen des Täters gelangt ist. Bei der letzteren Tatform ist allerdings Voraussetzung, dass der Täter Garant iSd § 13 StGB ist, was bei dem in § 404 Abs. 1 genannten Täterkreis der Fall ist.

**32**   Der Unbefugte kann ein Außenstehender oder auch ein nicht befugter Unternehmensangehöriger sein.[75] Ohne Bedeutung ist es, ob der **Empfänger** der Mitteilung selbst zu dem Kreis der Schweigepflichtigen gehört.[76] Entscheidend ist stets, ob der Empfänger nach dem Willen des jeweils zuständigen Organs der Gesellschaft zu dem Kreis der Personen gehört, denen das betreffende Geheimnis in ihrer Eigenschaft als **Schweigepflichtige** zugänglich gemacht werden durfte.[77] So dürfte zB über Beratungen im Aufsichtsrat ohne Zustimmung dieses Organs der Gesellschaft nichts an Dritte, selbst wenn sie im Unternehmen tätig sind, bekanntgegeben werden (→ Rn. 10). Schon ein innerbetriebliches unbefugtes Offenbaren kann deshalb den Tatbestand erfüllen.

**33**   **4. Subjektiver Tatbestand.** § 404 verlangt ein vorsätzliches Handeln. Bedingter **Vorsatz** reicht aus.[78] Der Täter muss deshalb wissen oder mit der Möglichkeit rechnen, dass es sich um ein Geheimnis der (ggf. börsennotierten) (vgl. → Rn. 1 aE, → Rn. 72) Gesellschaft handelt, und er muss es unter diesen Umständen an Unbefugte mitteilen.

[63] Für Geldspielautomaten s. BGHSt 40, 331 (335) = NJW 1995, 669 (670); BayObLG wistra 1994, 149 (150); BeckOGK/*Hefendehl* Rn. 43.
[64] BeckOGK/*Hefendehl* Rn. 43.
[65] *Ihrig* Anm. zu BGH WiB 1996, 841 (842) = NJW 1996, 2576; *Armbrüster* GmbHR 1997, 56 (58).
[66] *Kragler,* Schutz des geheimen Know-how, 1987, 39 ff.; *van Venrooy* GmbHR 1993, 609 (610).
[67] *Säcker* NJW 1986, 803 (804); Großkomm AktG/*Otto* Rn. 23; BeckOGK/*Hefendehl* Rn. 43.
[68] *Heldmann* ZRP 1990, 393 (394); Großkomm AktG/*Otto* Rn. 23; BeckOGK/*Hefendehl* Rn. 43.
[69] Großkomm AktG/*Otto* Rn. 25; BeckOGK/*Hefendehl* Rn. 44; K. Schmidt/Lutter/*Oetker* Rn. 8; aA Kölner Komm AktG/*Altenhain* Rn. 21.
[70] Vgl. Großkomm AktG/*Otto* Rn. 25; Kölner Komm AktG/*Altenhain* Rn. 21.
[71] RGSt 26, 5 (7); 38, 62 (65); vgl. *Säcker* NJW 1986, 803 (805); Großkomm AktG/*Otto* Rn. 25.
[72] Vgl. Schönke/Schröder/*Lenckner/Eisele* StGB § 203 Rn. 19a.
[73] OLG Hamm GA 1959, 288; *Többens* NStZ 20, 505 (507); BeckOGK/*Hefendehl* Rn. 47.
[74] Großkomm AktG/*Otto* Rn. 26; Kölner Komm AktG/*Altenhain* Rn. 24.
[75] BeckOGK/*Hefendehl* Rn. 47.
[76] BGHZ 116, 268 (272) = NJW 1992, 737 (739); BayObLG NJW 1995, 1623.
[77] Großkomm AktG/*Otto* Rn. 25; Kölner Komm AktG/*Altenhain* Rn. 22; BeckOGK/*Hefendehl* Rn. 47.
[78] BeckOGK/*Hefendehl* Rn. 58.

Zu dem subjektiven Tatbestand gehören ferner die **Qualifikationsmerkmale** des Abs. 2 **34** S. 1 (vgl. → Rn. 43).

**5. Rechtswidrigkeit.** Für die Rechtswidrigkeit gelten ebenso wie bei § 399 (→ § 399 **35** Rn. 237) die allgemeinen strafrechtlichen Grundsätze. Das Merkmal „unbefugt" ist nach umstrittener Ansicht ein (überflüssiger) Hinweis auf die in jedem Falle zu prüfende Rechtswidrigkeit der Tat und kein (normatives) Tatbestandsmerkmal.[79]

**Unbefugt** handelt der Täter, wenn er unberechtigt das Geheimnis preisgibt; mit diesem **36** Merkmal wird auf bestehende Offenbarungsrechte verwiesen.[80]

Als **Rechtfertigungsgrund** kommt in erster Linie die Einwilligung des dazu berechtig- **37** ten Organs der Gesellschaft mit der Offenbarung in Betracht.[81] Willigt der Vorstand, der Aufsichtsrat oder das zuständige Vorstandsmitglied[82] ein, dass der Kreis der Geheimnisträger erweitert wird, so ist das an sich tatbestandsmäßige Offenbaren (→ Rn. 26) befugt und gerechtfertigt. Die Zustimmung kann auch stillschweigend erteilt werden.[83] Unter Umständen kann die Befugnis aber auch aus einer mutmaßlichen Einwilligung dieser Organe hergeleitet werden, wenn der Täter in deren vermeintlichem Interesse und Einverständnis handelt.[84] Wird eine sog. Whistleblowing-Instanz eingerichtet, liegt hierin eine Zustimmung der Gesellschaft zum Offenbaren gegenüber dieser Instanz.[85]

In Betracht kommt ferner auch ein **gesetzliches Gebot** zum Offenbaren,[86] das zB **38** hinsichtlich der Offenlegung des Jahresabschlusses nach § 325 HGB[87] oder der Aussagepflicht des Zeugen vor Gericht[88] bestehen kann. Im Strafverfahren geht die Aussagepflicht des Zeugen seiner Geheimhaltungspflicht vor.[89] Steht ihm kein Zeugnis- oder Aussageverweigerungsrecht nach den §§ 52–55 StPO zu, muss er aussagen. Das gilt auch für ein Verfahren vor einem parlamentarischen Untersuchungsausschuss.[90] Im Zivilprozess ist § 383 Abs. 1 Nr. 6 ZPO zu beachten, wonach etwa ein Steuerberater der Gesellschaft[91] oder ein ehemaliges Vorstandsmitglied berechtigt sein können, das Zeugnis zu verweigern, sofern sich die Vernehmung auf Tatsachen erstrecken würde, die ihnen anvertraut sind und deren Geheimhaltung geboten ist (→ § 93 Rn. 130).[92] Die in § 5 GeschGehG genannten Erlaubnisse sollen für § 404 AktG keine Bedeutung haben, da sich diese explizit auf die Verbote des § 4 GeschGehG beziehen und deshalb keine verallgemeinerungsfähigen Erlaubnistatbestände im Hinblick auf die Offenbarung von Geheimnissen sind.[93]

Eine Offenbarung ist auch dann nicht unbefugt, wenn ein Vorstandsmitglied das **berech-** **39** **tigte Auskunftsverlangen** des Aufsichtsrats erfüllt (→ § 93 Rn. 146).[94] Eine begrenzte Befugnis zur Offenbarung ergibt sich für bestimmte Aufsichtsratsmitglieder und Prüfer aus

---

[79] Vgl. BGHSt 2, 194 (195) = NJW 1952, 593 (593); *Dreher* MDR 1962, 592; *Rogall* NStZ 1983, 1 (6); Großkomm AktG/*Otto* Rn. 37; BeckOGK/*Hefendehl* Rn. 62; Bürgers/Körber/*Pelz* Rn. 5; *Fischer* StGB § 203 Rn. 60 ff.; aA – auch allgemeines Tatbestandsmerkmal – Kölner Komm AktG/*Altenhain* Rn. 28; MüKoStGB/*Weiß* Rn. 32; Henssler/Strohn/*Raum* Rn. 8.
[80] OLG Schleswig NJW 1985, 1090 (1092).
[81] Ebenso K. Schmidt/Lutter/*Oetker* Rn. 10.
[82] AA K. Schmidt/Lutter/*Oetker* Rn. 10.
[83] BeckOGK/*Hefendehl* Rn. 66; Scholz/*Tiedemann/Rönnau* GmbHG § 85 Rn. 35; Lutter/Hommelhoff/*Kleindiek* GmbHG § 85 Rn. 4.
[84] Vgl. Scholz/*Tiedemann/Rönnau* GmbHG § 85 Rn. 40; *Kohlmann/Löffeler* GmbH-GF Rn. 143.
[85] Vgl. zur GmbH Scholz/*Tiedemann/Rönnau* GmbHG § 85 Rn. 43; Lutter/Hommelhoff/*Kleindiek* GmbHG § 85 Rn. 8.
[86] Vgl. dazu näher *v. Stebut*, Geheimnisschutz und Verschwiegenheitspflicht im Aktienrecht, 1972, 112 ff.; ebenso BeckOGK/*Hefendehl* Rn. 68.
[87] Großkomm AktG/*Otto* Rn. 41; BeckOGK/*Hefendehl* Rn. 68.
[88] So auch BeckOGK/*Hefendehl* Rn. 68; Bürgers/Körber/*Pelz* Rn. 5; K. Schmidt/Lutter/*Oetker* Rn. 12.
[89] *Raum* NJW-Festheft Tepperwien, 2010, 52 (56).
[90] BVerfGE 76, 363 (383 ff.) = NJW 1988, 897 (899).
[91] BGH NJW 1994, 2220 (2225).
[92] OLG Koblenz DB 1987, 1036 mAnm *Hommelhoff* EWiR § 383 ZPO 1/87, 513; Hüffer/Koch/*Koch* § 93 Rn. 34.
[93] BeckOK GeschGehG/*Hiéramente* GeschGehG § 1 Rn. 24.
[94] BGHZ 135, 48 (56) = NJW 1997, 1985 (1986); K. Schmidt/Lutter/*Oetker* Rn. 12.

den §§ 394, 395.[95] Danach sind diese Personen, wenn sie durch eine Gebietskörperschaft (Bund, Länder, Gemeindeverbände, Gemeinden) entsandt oder zu Prüfern bestellt worden sind, grundsätzlich von ihrer Verschwiegenheitspflicht befreit, wenn sie sich im dienstlichen Verkehr äußern. Gleiches gilt für weitere Auskunftsrechte von bzw. Auskunftspflichten gegenüber Behörden. So sind im Rahmen der Vorschriften über die Ad-hoc-Publizität nach Art. 17 Abs. 1 MAR (§ 15 Abs. 1 WpHG aF) kursrelevante Tatsachen mitzuteilen.[96] Auch bestehen im Kredit- und Versicherungsaufsichtsrecht Auskunftsverpflichtungen. Eine allgemeine Berichtspflicht gegenüber Behörden besteht jedoch nicht. Bei einem Unternehmensverkauf ist die Weitergabe von Informationen durch den Vorstand im Rahmen einer **Due-Diligence-Prüfung** grundsätzlich unter Berücksichtigung des § 93 Abs. 1 gerechtfertigt (→ § 93 Rn. 154).[97] Gegenüber **Arbeitnehmervertretungen,** wie etwa Betriebsrat oder Wirtschaftsausschuss, ist die Informationsweitergabe nur im Rahmen der gesetzlich bestimmten Informationspflichten (zB nach § 106 Abs. 2 BetrVG) befugt (→ § 93 Rn. 141).[98]

**40**    Ferner kann eine Offenbarung auch aus dem Gesichtspunkt des **rechtfertigenden Notstands** (§ 34 StGB) gerechtfertigt sein. Das setzt allerdings eine umfassende Interessen- und Güterabwägung voraus. Ein solcher Fall kann vorliegen, wenn der Täter rechtlich schutzwürdige eigene Interessen gegenüber der Gesellschaft verfolgt und die Offenbarung des Geheimnisses zur Wahrung seiner Interessen zwingend erforderlich und ein angemessenes Mittel dafür ist.[99] Zu denken ist daran, dass der Täter sich in einem Strafverfahren anders nicht sachgemäß verteidigen kann (→ § 116 Rn. 62)[100] oder sich in einem Rechtsstreit mit der Gesellschaft befindet (→ § 116 Rn. 62),[101] etwa wenn er selbst einen Vergütungsanspruch geltend macht.[102]

**41**    Die Weitergabe von Insiderinformationen (→ Rn. 50) aus gesellschaftsfremdem Interesse, etwa durch Aufsichtsratsmitglieder an Dritte in deren Interesse, wird regelmäßig nicht gerechtfertigt sein.[103] Die Erstattung einer **Anzeige bei Straftaten,** die § 138 StGB anführt, ist, sofern hier – schwer vorstellbar – überhaupt ein berechtigtes Geheimhaltungsinteresse bejaht werden kann (→ Rn. 24), stets befugt.[104] Das gilt aber auch bei der Anzeige von schwerwiegenden Straftaten, die nicht zu diesem Katalog gehören.[105] Zweifelhaft kann das nur bei Bagatelldelikten oder Ordnungswidrigkeiten sein,[106] nach hier vertretener Ansicht wird es jedenfalls bei Ordnungswidrigkeiten aber ebenfalls häufig am berechtigten Geheimhaltungsinteresse fehlen (→ Rn. 24).[107]

**42**    **6. Irrtum.** Irrt sich der Täter über seine Befugnis zum Offenbaren des Geheimnisses, so ist das ein Irrtum über einen Rechtfertigungsgrund. Dieser Irrtum schließt nach hM als sog. Erlaubnistatbestandsirrtum ein vorsätzliches Handeln nach § 16 StGB analog[108] nur aus, wenn er sich auf die tatsächlichen Voraussetzungen des Rechtfertigungsgrundes bezieht. Zieht der Täter dagegen trotz Kenntnis der wahren Umstände den falschen Schluss, dass er

---

[95] *Schwintowski* NJW 1990, 1009 (1014); Großkomm AktG/*Otto* Rn. 40; BeckOGK/*Hefendehl* Rn. 68.
[96] Ebenso BeckOGK/*Hefendehl* Rn. 68.
[97] Vgl. Bürgers/Körber/*Pelz* Rn. 5; Hüffer/Koch/*Koch* § 93 Rn. 32; Graf/Jäger/Wittig/*Temming* Rn. 19.
[98] K. Schmidt/Lutter/*Oetker* Rn. 13; Hüffer/Koch/*Koch* § 93 Rn. 32.
[99] Großkomm AktG/*Otto* Rn. 44.
[100] BGHSt 1, 366 (368) = NJW 1952, 151 (151); *Gaul* GmbHR 1986, 296, 299; BeckOGK/*Hefendehl* Rn. 74.
[101] Vgl. BGHZ 122, 115 (120) = NJW 1993, 1638 (1639); BeckOGK/*Hefendehl* Rn. 74; Kohlmann/*Löffeler* GmbH-GF Rn. 149.
[102] *Armbrüster* GmbHR 1997, 56 (60).
[103] *Ulsenheimer* NJW 1975, 1999 (2002); BeckOGK/*Hefendehl* Rn. 77.
[104] BeckOGK/*Hefendehl* Rn. 78; K. Schmidt/Lutter/*Oetker* Rn. 13.
[105] Vgl. BAG NJW 2007, 2204 (2205); Bürgers/Körber/*Pelz* Rn. 5.
[106] Vgl. *v. Stebut,* Geheimnisschutz und Verschwiegenheitspflicht im Aktienrecht, 1972, 125 f.; Scholz/Tiedemann/*Rönnau* GmbHG § 85 Rn. 42; Kohlmann/*Löffeler* GmbH-GF Rn. 151; enger Großkomm AktG/*Otto* Rn. 83; Kölner Komm AktG/*Altenhain* Rn. 35.
[107] So zutr. BeckOGK/*Hefendehl* Rn. 79.
[108] Zur hM BGHSt 45, 219 (225) = NJW 2000, 885 (887); Schönke/Schröder/*Sternberg-Lieben*/*Schuster* StGB § 16 Rn. 17 f. mwN; *Fischer* StGB § 16 Rn. 22d mwN.

zum Offenbaren des Geheimnisses befugt sei, so ist das ein Verbotsirrtum nach § 17 StGB.[109] Um einen Verbotsirrtum handelt es sich daher, wenn der Täter glaubt, ein Geheimnis schon deshalb offenbaren zu dürfen, weil der Mitteilungsempfänger selbst schweigepflichtig ist.[110] Zu der Abgrenzung des Tatbestandsirrtums vom Verbotsirrtum vgl. die Erläuterungen zu § 399 (→ § 399 Rn. 102 ff.).

**7. Qualifikationstatbestand (Abs. 2 S. 1).** Der Tatbestand des unbefugten Offenba- 43 rens eines Geheimnisses kann höher bestraft werden, wenn der Täter gegen Entgelt oder in Bereicherungs- oder Schädigungsabsicht handelt. Bei diesen Qualifikationsmerkmalen handelt es sich ausschließlich um Merkmale des subjektiven Tatbestandes. Dieser Qualifikationstatbestand ist mit dem des § 403 Abs. 2 identisch. Auf die dortigen Erläuterungen zu den einzelnen Merkmalen wird Bezug genommen (→ § 403 Rn. 35 ff.). Eine weitere Erhöhung des Strafrahmens ist gegeben, wenn es sich bei der Gesellschaft um eine börsennotierte Gesellschaft (vgl. → Rn. 72) handelt.

### III. Unbefugte Verwertung eines Geheimnisses (Abs. 2 S. 2)

Bei diesem Tatbestand muss der Täter ein ihm unter den Voraussetzungen des Abs. 1 44 bekanntgewordenes Geheimnis unbefugt für eigene oder fremde Zwecke ausnutzen.

**1. Täterkreis.** Der Täter muss ein Vorstands- oder Aufsichtsratmitglied, ein Abwickler, 45 ein Prüfer oder ein Prüfergehilfe sein, dem das Geheimnis in dieser Eigenschaft zugänglich geworden ist (vgl. → Rn. 8 ff.).

**2. Geheimnis als Gegenstand der Tathandlung.** Hier liegt derselbe Geheimnisbe- 46 griff zugrunde wie beim ersten Tatbestand (vgl. → Rn. 21 ff.).

**3. Tathandlung.** Das Merkmal **verwerten** ist als wirtschaftliches Ausnutzen des 47 Geheimnisses zum Zwecke der Gewinnerzielung zu verstehen.[111] Erfasst wird jede Tätigkeit, die darauf gerichtet ist, den Wert aus einem Geheimnis zu ziehen, es also irgendwie wirtschaftlich zu nutzen.[112] Darunter ist jede auf einen vermögensrechtlichen Gewinn abzielende Handlung zu verstehen, wobei es aber nicht darauf ankommt, dass der Gewinn tatsächlich erzielt wird.[113]

Ob es dabei stets um eine praktische Verwendung zu einem gewerblichen Zweck gehen 48 muss, ist umstritten. Während die Rspr. des RG zu § 17 UWG aF das stets verlangt hat,[114] wird im Schrifttum zu § 404 auch die Auffassung vertreten, dass der Begriff des Verwertens nach Wortlaut und Zweck eine solche einschränkende Auffassung nicht erfordere.[115] Dieser sehr weitgehenden Auslegung ist entgegenzuhalten, dass der Tatbestand des Verwertens den Tatbestand des Offenbarens ergänzen soll und deshalb nicht vorliegen kann, wenn die Verwertung ausschließlich in der Offenbarung des Geheimnisses zu sehen ist. Schon aus dem Wortlaut „verwerten" und nicht „verwenden" ist zu schließen, dass es dabei um ein **wirtschaftliches Ausnutzen** des Geheimnisses gehen muss. Nur eine solche Auslegung ist im Hinblick auf den Schutzzweck des § 404 (vgl. → Rn. 2) sinnvoll und erklärt auch, warum das Gesetz für diesen Tatbestand den qualifizierten Strafrahmen des § 404 Abs. 2 vorsieht, während bei dem bloßen Offenbaren die Qualifikationsmerkmale des § 404 Abs. 2 S. 1 hinzutreten müssen, um diesen Strafrahmen zu rechtfertigen.[116] Bei dem ähnlichen

---

[109] K. Schmidt/Lutter/*Oetker* Rn. 15; diff. *Scholz/Tiedemann/Rönnau* GmbHG § 85 Rn. 46, 48.
[110] Vgl. BayObLG NJW 1995, 1623; BeckOGK/*Hefendehl* Rn. 80.
[111] RGSt 63, 205 (207) zu § 17 UWG aF; BayObLG NStZ 1984, 169 zu § 355 StGB; Großkomm AktG/*Otto* Rn. 27; Kölner Komm AktG/*Altenhain* Rn. 25; BeckOGK/*Hefendehl* Rn. 52; *Scholz/Tiedemann/Rönnau* GmbHG § 85 Rn. 15.
[112] RGSt 63, 205 (207); BeckOGK/*Hefendehl* Rn. 52.
[113] RG MuW 1909/10, 96; Großkomm AktG/*Otto* Rn. 28; BeckOGK/*Hefendehl* Rn. 52; K. Schmidt/Lutter/*Oetker* Rn. 9.
[114] RGSt 39, 83 (85); 40, 406 (408); 63, 205 (206).
[115] *Ulsenheimer* NJW 1975, 1999 (2001); *Baumbach/Hueck* Rn. 8; *v. Godin/Wilhelmi* Anm. 8.
[116] Vgl. auch Großkomm AktG/*Otto* Rn. 27; BeckOGK/*Hefendehl* Rn. 55.

Tatbestand des § 204 StGB wird unter Verwertung ebenfalls nur ein wirtschaftliches Ausnutzen zur Gewinnerzielung verstanden.[117] Ein Ausnutzen zu politischen Zwecken oder zu Zwecken der Erpressung fällt deshalb nicht unter dieses Tatbestandsmerkmal.[118]

49   **Beispiele** für ein wirtschaftliches Ausnutzen von Unternehmensgeheimnissen sind es, wenn der Täter ein Magnetband mit Kundenadressen der Gesellschaft dem Vertreter einer Firma zur Verfügung stellt, damit dieser versuchen kann, Kunden der Gesellschaft abzuwerben[119] oder wenn ein (früherer) Geschäftsführer unter Verwertung der Kundenkartei der Gesellschaft ein eigenes Unternehmen aufbaut.[120] Auch das Verwerten von Insiderinformationen[121] (→ Rn. 28, → Rn. 41) kann nach § 404 strafbar sein.

50   Bei dieser Art der Geheimnisverwertung kommt es entscheidend darauf an, ob das verwertete Geheimnis wegen eines berechtigten wirtschaftlichen Interesses der Gesellschaft geheimgehalten werden soll. Zu einer Entreicherung der Gesellschaft braucht das Verwerten durch den Geheimnisträger (Insider) nicht zu führen.[122] Der Tatbestand des § 404 Abs. 2 S. 2 verlangt auf der Seite der Gesellschaft **keinen Eintritt eines wirtschaftlichen Schadens.** Das Gesetz geht nur davon aus, dass der Täter das Geheimnis wirtschaftlich nutzt. Es besteht kein Anlass, die Verwirklichung des Tatbestandes von einem Merkmal abhängig zu machen, das der Tatbestand nicht enthält. Die Gesellschaft kann auch ein wirtschaftliches Interesse an der Geheimhaltung der Insiderinformation haben, wenn sie selbst nicht durch deren Verwertung geschädigt wird.

51   **4. Subjektiver Tatbestand.** § 404 verlangt vorsätzliches Handeln.
52   Bedingter **Vorsatz** reicht aus.[123] Der Täter muss deshalb wissen oder mit der Möglichkeit rechnen, dass es sich um ein Gesellschaftsgeheimnis handelt, und er muss es unter diesen Umständen wirtschaftlich ausnutzen.

53   **5. Rechtswidrigkeit.** Für die Rechtswidrigkeit gelten ebenso wie bei § 399 (→ § 399 Rn. 237) die allgemeinen Grundsätze des Strafrechts. Auch hier handelt es sich bei dem Merkmal „unbefugt" um einen (überflüssigen) Hinweis auf die in jedem Fall zu prüfende Rechtswidrigkeit (vgl. → Rn. 35 ff.).

54   **Unbefugt** handelt der Täter, wenn er das Geheimnis unberechtigt verwendet. Für dieses Merkmal gelten die gleichen Auslegungsgrundsätze wie bei dem des unbefugten Offenbarens (vgl. → Rn. 36).[124] So wird bei einem Aufsichtsratsmitglied, das für eigene Geschäfte mit der Gesellschaft betriebliche Informationen ausnutzt, das Verwerten konkludent genehmigt sein, wenn die Interessen der Gesellschaft dadurch nicht beeinträchtigt werden.[125]

55   **6. Irrtum.** Irrt sich der Täter über seine Befugnis zur Verwertung des Geheimnisses, so ist das ein Irrtum über einen Rechtfertigungsgrund (vgl. → Rn. 42). Er schließt ein vorsätzliches Handeln nach § 16 StGB analog nur aus, wenn der Irrtum sich auf die tatsächlichen Voraussetzungen des Rechtfertigungsgrundes bezieht. Zieht der Täter dagegen trotz Kenntnis der wahren Umstände den falschen Schluss, dass er zur Offenbarung oder Verwer-

---

[117] *Sturm* JZ 1975, 10; Schönke/Schröder/*Lenckner* StGB § 203 Rn. 5; *Fischer* StGB § 204 Rn. 4; Kölner Komm AktG/*Altenhain* Rn. 26.

[118] Großkomm AktG/*Otto* Rn. 27; Kölner Komm AktG/*Altenhain* Rn. 27; MüKoStGB/*Kiethe/Hohmann* Rn. 31; K. Schmidt/Lutter/*Oetker* Rn. 9.

[119] Vgl. BGH NJW 1992, 1776.

[120] *Richter* GmbHR 1984, 113 (117); Scholz/*Tiedemann/Rönnau* GmbHG § 85 Rn. 16; *Kohlmann/Löffeler* GmbH-GF Rn. 153, 160.

[121] Vgl. hierzu *v. Stebut* DB 1974, 613; *Ulsenheimer* NJW 1975, 1999; *Heldmann* ZRP 1990, 393; Scholz/*Tiedemann/Rönnau* GmbHG § 85 Rn. 17.

[122] BayObLG NStZ 1984, 169 m. abl. Anm. *Maiwald* zu § 355 StGB; Großkomm AktG/*Otto* Rn. 28; Kölner Komm AktG/*Altenhain* Rn. 27; Henssler/Strohn/*Raum* Rn. 14; Baumbach/Hueck/*Beurskens* GmbHG § 85 Rn. 42; *Kohlmann/Löffeler* GmbH-GF Rn. 158; aA *Richter* GmbHR 1984, 113 (117); Scholz/*Tiedemann/Rönnau* GmbHG § 85 Rn. 31; Meyer-Landrut/Miller/Niehus/*Meyer-Landrut* GmbHG § 85 Rn. 8; Schönke/Schröder/*Lenckner* StGB § 204 Rn. 5, 6.

[123] BeckOGK/*Hefendehl* Rn. 58.

[124] Vgl. BeckOGK/*Hefendehl* Rn. 62.

[125] *Fleck* FS Heinsius, 1991, 89 (99).

tung befugt sei, so ist das ein Verbotsirrtum (§ 17 StGB). Zu der Abgrenzung des Tatbestandsirrtums vom Verbotsirrtum (vgl. → § 399 Rn. 102 ff.).

### IV. Tatvollendung und Tatbeendigung

Der Zeitpunkt von Vollendung und Beendigung der Tat ist hier von gleicher Bedeutung **56** wie in § 399 (→ § 399 Rn. 238 ff.). Der **Versuch** ist nicht strafbar (§ 23 Abs. 1 StGB).

**1. Unbefugtes Offenbaren.** Der Tatbestand des unbefugten Offenbarens ist rechtlich **57** **vollendet,** wenn das Geheimnis durch das Tun oder Unterlassen des Täters mindestens einem Unbefugten zugegangen ist. Inhaltliche Kenntnis braucht dieser Adressat noch nicht erlangt zu haben.[126] Ihm muss das Geheimnis aber in einer Form mitgeteilt worden sein, die ihm die Ausnutzung der geheimzuhaltenden Tatsache in irgendeiner Form ermöglicht. Eine objektiv verständliche, aber trotzdem von dem Empfänger nicht verstandene mündliche Erklärung oder das Überlassen von Dokumenten an einen Unbefugten, die von diesem nicht durchgesehen werden, reicht deshalb zur Vollendung des Offenbarens aus.[127]

Die **Qualifikationsmerkmale** des § 404 Abs. 2 S. 1 sind nur die Ziele, welche den **58** Täter zu seiner Handlung motivieren (vgl. → § 403 Rn. 35 ff.). Vollendet ist das Offenbaren deshalb schon, bevor das Entgelt gewährt, der erstrebte Vermögensvorteil eingetreten oder der Nachteil entstanden ist.

Tatsächlich **beendet** ist das Offenbaren, wenn der Adressat das Geheimnis zur Kenntnis **59** genommen hat. Bei den Qualifikationsmerkmalen tritt Beendigung ein, wenn der Täter die angestrebten Ziele erreicht hat.

**2. Unbefugtes Verwerten.** Ein unbefugtes Verwerten des Geheimnisses ist **vollendet,** **60** wenn der Täter eine Handlung begeht, die auf einen vermögensrechtlichen Gewinn abzielt.[128] Dass der Gewinn tatsächlich erzielt worden ist, gehört nicht zum Tatbestand und kann nur für die Beendigung der Tat wesentlich sein.[129] Die Vollendung dieser Tathandlung ist eingetreten, wenn ein Zustand herbeigeführt wird, in dem eine Gewinnerzielung unmittelbar möglich erscheint.[130] Wann dieser Zustand erreicht ist, richtet sich nach den Umständen des Einzelfalls. Entscheidend ist dabei die Art der Verwertung. Benutzt der Täter zB seine geheimzuhaltenden Kenntnisse für Börsenspekulationen, kann das Delikt bereits mit der Auftragserteilung an die Bank oder den Makler vollendet sein; bei dem Verkauf eines Produktionsplanes tritt Vollendung mit der Übergabe des Planes ein. Zu einer Herstellung oder Inbetriebnahme der danach gefertigten Maschine braucht es nicht gekommen zu sein.[131] Will dagegen ein Aufsichtsratsmitglied seine Kenntnisse in seinem eigenen Betrieb verwerten, müssen die entsprechenden Maßnahmen, mit denen das Geheimnis ausgenutzt werden soll, konkret eingeleitet sein.[132]

**Beendet** ist das Verwerten, wenn der Täter das Geheimnis ausgenutzt,[133] und den beab- **61** sichtigten Gewinn erzielt hat.

### V. Täterschaft und Teilnahme

Da die Tatbestände in § 404 echte Sonderdelikte sind (vgl. → Rn. 5),[134] können nur **62** Mitglieder des Vorstands oder des Aufsichtsrats oder Abwickler sowie Prüfer oder Gehilfen

---

[126] Großkomm AktG/*Otto* Rn. 32; Kölner Komm AktG/*Altenhain* Rn. 36; BeckOGK/*Hefendehl* Rn. 83; K. Schmidt/Lutter/*Oetker* Rn. 12.
[127] *Többens* NStZ 2000, 505 (507).
[128] Großkomm AktG/*Otto* Rn. 34; Kölner Komm AktG/*Altenhain* Rn. 37; BeckOGK/*Hefendehl* Rn. 84; K. Schmidt/Lutter/*Oetker* Rn. 12.
[129] Ebenso BeckOGK/*Hefendehl* Rn. 84.
[130] Schönke/Schröder/*Lenckner/Eisele* StGB § 204 Rn. 10; MüKoStGB/*Weiß* Rn. 71; aA Kölner Komm AktG/*Altenhain* Rn. 37.
[131] Zu eng RGSt 40, 406 (408); 63, 205 (206).
[132] Großkomm AktG/*Otto* Rn. 34.
[133] Vgl. auch BayObLG NJW 1996, 268 (271 f.).
[134] Vgl. K. Schmidt/Lutter/*Oetker* Rn. 14.

eines Prüfers unmittelbare und mittelbare Täter sowie Mittäter (§ 25 StGB) sein. Teilnahme in der Form der Anstiftung (§ 26 StGB) oder der Beihilfe (§ 27 StGB) kann von jedermann begangen werden. Es gelten die gleichen Grundsätze wie bei § 399 (→ § 399 Rn. 34 ff.).

## VI. Konkurrenzen

**63**      **Zwischen den Tatbeständen** des unbefugten Offenbarens und des unbefugten Verwertens besteht keine Gesetzeskonkurrenz im Sinne einer Spezialität. Das Verwerten setzt kein Offenbaren voraus, weil der Täter das Geheimnis selbst verwerten kann, ohne es anderen Personen mitzuteilen. Zwischen beiden Tatbeständen ist deshalb sowohl Tateinheit als auch Tatmehrheit möglich.[135]

**64**      **Tateinheit** kann ferner möglich sein mit § 403 oder mit § 23 GeschGehG bei einem Vorstandsmitglied, das kraft seiner Anstellung gleichzeitig Angestellter der Gesellschaft ist,[136] und mit § 119 Abs. 3 WpHG bei einem Insider, der eine Insidertatsache unbefugt mitteilt oder zugänglich macht,[137] aber auch mit Untreue (§ 266 StGB) oder mit anderen Tatbeständen, wenn sie durch dieselbe Handlung begangen werden. Bei Betriebsspionage, die für das Ausland betrieben wird, kann Tateinheit mit Landesverrat oder anderen Staatsschutzdelikten bestehen. Gegenüber den §§ 203 und 204 StGB ist § 404 Spezialgesetz,[138] weil er Privatgeheimnisse nicht umfassend, sondern nur als Unternehmensgeheimnisse schützt. Tateinheit ist jedoch möglich, wenn das Gesellschaftsgeheimnis zugleich einer Privatperson als deren Geheimnis zusteht.[139] Die Tateinheit ist dann von praktischer Relevanz, wenn nicht jeder Berechtigte Strafantrag stellt. Der Tatbestand des § 404 Abs. 1 Nr. 2 tritt hinter § 333 HGB als subsidiär im Wege der Gesetzeskonkurrenz zurück.[140] Das kommt stets dann in Betracht, wenn ein Abschlussprüfer oder sein Gehilfe unbefugt offenbart oder verwertet.

## VII. Prozessuales und Rechtsfolgen

**65**      **1. Zuständigkeit.** Zu den in § 374 StPO genannten Privatklagedelikten gehören die Tatbestände des § 404 nicht. Die Staatsanwaltschaft muss sie deshalb verfolgen, wenn ein rechtsgültiger Strafantrag vorliegt; ein Klageerzwingungsverfahren nach § 172 StPO ist zulässig. Für das Strafverfahren zuständig ist nach § 74c Abs. 1 Nr. 1 GVG die Wirtschaftsstrafkammer, wenn es bei dem Landgericht anhängig wird. Das gilt auch für das Berufungsverfahren.[141] Im Ermittlungsverfahren werden die Straftaten nach § 404 regelmäßig von den für Wirtschaftsstrafsachen zuständigen Schwerpunktstaatsanwaltschaften verfolgt.

**66**      **2. Strafantrag.** Die Strafverfolgung einer Straftat nach § 404 setzt einen Strafantrag voraus (Abs. 3). Dieser ist eine Strafverfolgungsvoraussetzung.[142] Es handelt sich um **absolute Antragsdelikte.** Auf den Strafantrag sind die Vorschriften des §§ 77 ff. StGB anzuwenden. Fehlt er oder ist er nicht rechtzeitig oder richtig gestellt worden, so liegt ein Verfahrenshindernis vor, das zu einer Einstellung des Verfahrens führt. Danach muss der Antrag inhaltlich den Willen des Antragsberechtigten erkennen lassen, dass die Strafverfolgungsbehörden gegen den Beschuldigten tätig werden sollen;[143] in ihm muss unzweideutig das Verlangen zum Ausdruck kommen, dass der in ihm bezeichnete Täter wegen der in Betracht kommenden Tat strafrechtlich verfolgt werden soll.[144]

---

[135] Großkomm AktG/*Otto* Rn. 52; BeckOGK/*Hefendehl* Rn. 85.

[136] Vgl. Erbs/Kohlhaas/*Diemer* UWG § 17 Rn. 13, 52.

[137] *Caspari* ZGR 1994, 530 (533); Scholz/*Tiedemann/Rönnau* GmbHG § 82 Rn. 55; K. Schmidt/Lutter/*Oetker* Rn. 16; aA BeckOGK/*Hefendehl* Rn. 85.

[138] Großkomm AktG/*Otto* Rn. 52; MüKoStGB/*Weiß* Rn. 77; Hölters/*Müller-Michaels* Rn. 42; BeckOGK/*Hefendehl* Rn. 86.

[139] Vgl. LK-StGB/*Schünemann* StGB § 203 Rn. 166.

[140] Großkomm AktG/*Otto* Rn. 52.

[141] Meyer-Goßner/Schmitt/*Schmitt* GVG § 74c Rn. 6.

[142] BGHSt 6, 155 = NJW 1954, 1414; BGHSt 18, 123 (125) = NJW 1963, 57 (58); BeckOGK/*Hefendehl* Rn. 89.

[143] RGSt 67, 125 (127).

[144] BGH GA 1957, 17.

**Antragsberechtigt** ist die Gesellschaft als Verletzte (§ 404 Abs. 3 S. 1). Das bedeutet, **67** dass stets der Vorstand (oder der Abwickler) den Strafantrag zu stellen hat, wenn der Täter ein Prüfer oder Prüfergehilfe ist. Gehört der Täter zu den Organen der Gesellschaft, hat das Gesetz eine in § 404 Abs. 3 S. 2 Sonderregelung getroffen. Danach ist der Aufsichtsrat antragsberechtigt, wenn ein Vorstandsmitglied oder ein Abwickler die Tat begangen hat, der Vorstand oder der Abwickler, wenn ein Aufsichtsratsmitglied Täter ist. Hat das antragsberechtigte Organ mehrere Mitglieder, richtet sich die Berechtigung zur Antragstellung nach der gesellschaftsrechtlichen Vertretungsregelung.[145] Der Aufsichtsrat stellt den Antrag durch Beschluss oder ermächtigt einzelne Mitglieder dazu, wie etwa seinen Vorsitzenden.[146] Der Antrag ist auch formgerecht gestellt, wenn ihn nur ein Mitglied des antragsberechtigten Organs (Vorstand oder Aufsichtsrat) gestellt hat und die anderen Mitglieder des Organs ihm zugestimmt haben oder noch innerhalb der Antragsfrist ihm zustimmen.[147]

Die **Strafantragsfrist** beträgt drei Monate (§ 77b Abs. 1 StGB). Sie beginnt zu dem **68** Zeitpunkt, zu dem der Antragsberechtigte Kenntnis von der Tat und der Person des Täters erlangt hat (§ 77b Abs. 2 StGB). Bei einer Gesamtvertretung ist Kenntnis aller Organmitglieder erforderlich.[148] Dieselben Grundsätze gelten bei den Mitgliedern des Aufsichtsrats. Ist dieser antragsberechtigt, müssen alle seine Mitglieder Kenntnis von der Tat und der Person des Täters haben; erst dann beginnt die Antragsfrist zu laufen.[149]

Der Strafantrag kann nach § 77d Abs. 1 StGB bis zum rechtskräftigen Ende des Strafver **69** fahrens zurückgenommen werden. Dabei ist aber zu beachten, dass nach § 470 S. 1 StPO der Antragsteller grundsätzlich die entstandenen Verfahrenskosten zu tragen hat,[150] deren Höhe insbesondere in Fällen von Wirtschaftsspionage nicht unterschätzt werden darf.[151]

**3. Verjährung.** Die Verjährung richtet sich nach den allgemeinen Vorschriften über die **70** Verfolgungsverjährung und beginnt mit Beendigung der Tat (§§ 78 ff. StGB). Straftaten nach § 404 Abs. 1 verjähren grundsätzlich in drei Jahren (§ 78 Abs. 3 Nr. 5 StGB), jedoch bei börsennotierten Gesellschaften (→ Rn. 72) und bei Straftaten nach § 404 Abs. 2 in fünf Jahren (§ 78 Abs. 3 Nr. 4 StGB).[152] Die Verjährung beginnt mit der Beendigung des Offenbarens und Verwertens (vgl. → Rn. 57 ff.).

**4. Rechtsfolgen.** Die Straftaten nach § 404 sind Vergehen (§ 12 Abs. 2 StGB). Bei **71** einem Verstoß gegen Abs. 1 können sie wahlweise mit Freiheitsstrafe bis zu einem Jahr – bei börsennotierten Gesellschaften bis zu zwei Jahren – oder mit Geldstrafe geahndet werden. Bei unbefugtem Verwerten eines Geheimnisses (Abs. 2 S. 2) und bei unbefugtem Offenbaren eines Geheimnisses unter den qualifizierten Voraussetzungen des Abs. 2 S. 1 kann auf Freiheitsstrafe bis zu zwei Jahren – bei börsennotierten Gesellschaften bis zu drei Jahren – oder auf Geldstrafe erkannt werden. Hat der Täter sich bereichert oder versucht, das zu tun, ist die Verhängung einer Geldstrafe auch neben der Freiheitsstrafe zulässig (§ 41 StGB).

§ 3 Abs. 2 enthält die Legaldefinition der börsennotierten Gesellschaft iSd AktG. Börsen **72** notiert sind Gesellschaften, deren Aktien im amtlichen Markt gehandelt werden, nicht jedoch im Freiverkehr (zu Einzelheiten → § 3 Rn. 38). Die schärfere Strafandrohung ist im Hinblick auf die typischerweise besonders große wirtschaftliche Tragweite bei der börsennotierten Gesellschaft gerechtfertigt. Zudem könnte durch Geheimnisverrat das deutsche Corporate-Governance-System als Ganzes bedroht werden.[153]

---

[145] So auch BeckOGK/*Hefendehl* Rn. 90.
[146] BGHZ 41, 282 (285) = NJW 1964, 1367 (1638); K. Schmidt/Lutter/*Oetker* Rn. 3.
[147] Schönke/Schröder/*Stree/Sternberg-Lieben* StGB § 77 Rn. 35 mwN; BeckOGK/*Hefendehl* Rn. 90.
[148] Vgl. RGSt 47, 338 (339); 68, 263 (265); BeckOGK/*Hefendehl* Rn. 91; Roth/Altmeppen/*Altmeppen* GmbHG § 85 Rn. 25.
[149] Baumbach/Hueck/*Beurskens* GmbHG § 85 Rn. 53; Roth/Altmeppen/*Altmeppen* GmbHG § 85 Rn. 25.
[150] BeckOGK/*Hefendehl* Rn. 91.
[151] *Kragler*, Wirtschaftsspionage, Schutz des Wirtschaftsgeheimnisses, Bd. II, 1982, 68.
[152] BeckOGK/*Hefendehl* Rn. 93.
[153] RegE, BT-Drs. 14/8769, 24 f.; vgl. auch *Seibert* NZG 2002, 608 (612).

## § 404a Verletzung der Pflichten bei Abschlussprüfungen

(1) Mit Freiheitsstrafe bis zu einem Jahr oder mit Geldstrafe wird bestraft, wer als Mitglied des Aufsichtsrats oder als Mitglied eines Prüfungsausschusses einer Gesellschaft, die kapitalmarktorientiert im Sinne des § 264d des Handelsgesetzbuchs, die CRR-Kreditinstitut im Sinne des § 1 Absatz 3d Satz 1 des Kreditwesengesetzes, mit Ausnahme der in § 2 Absatz 1 Nummer 1 und 2 des Kreditwesengesetzes genannten Institute, oder die Versicherungsunternehmen ist im Sinne des Artikels 2 Absatz 1 der Richtlinie 91/674/EWG des Rates vom 19. Dezember 1991 über den Jahresabschluß und den konsolidierten Abschluß von Versicherungsunternehmen (ABl. L 374 vom 31.12.1991, S. 7), die zuletzt durch die Richtlinie 2006/46/EG (ABl. L 224 vom 16.8.2006, S. 1) geändert worden ist,
1. eine in § 405 Absatz 3b bezeichnete Handlung begeht und dafür einen Vermögensvorteil erhält oder sich versprechen lässt oder
2. eine in § 405 Absatz 3b bezeichnete Handlung beharrlich wiederholt.

(2) Ebenso wird bestraft, wer als Mitglied des Aufsichtsrats oder als Mitglied eines Prüfungsausschusses einer Gesellschaft, die kapitalmarktorientiert im Sinne des § 264d des Handelsgesetzbuchs oder die CRR-Kreditinstitut ist im Sinne des § 1 Absatz 3d Satz 1 des Kreditwesengesetzes, mit Ausnahme der in § 2 Absatz 1 Nummer 1 und 2 des Kreditwesengesetzes genannten Institute,
1. eine in § 405 Absatz 3c oder 3d bezeichnete Handlung begeht und dafür einen Vermögensvorteil erhält oder sich versprechen lässt oder
2. eine in § 405 Absatz 3c oder 3d bezeichnete Handlung beharrlich wiederholt.

**Schrifttum:** *Schüppen,* Die europäische Abschlussprüfungsreform und ihre Implementierung in Deutschland – Vom Löwen zum Bettvorleger?, NStZ 2016, 247.

### Übersicht

### I. Allgemeines

**1**    **1. Rechtsentwicklung.** Die Strafnorm des § 404a ist durch das **Abschlussprüfungsreformgesetz – AReG** (vgl. → Vor § 399 Rn. 16) mit Wirkung zum 17.6.2016 eingefügt worden. Hintergrund waren die Vorgaben der VO (EU) 537/2014 sowie der Abschlussprüfer-RL (RL 2014/56/EU), in denen eine weitgehende Reform des Rechts der Abschlussprüfung bei Unternehmen vom öffentlichen Interesse (Public Interest Entities, PIEs) enthalten war. § 404a ist dem gleichzeitig eingefügten § 333a HGB nachgebildet,[1] sodass zur Auslegung Rspr. und Schrifttum zu dieser Norm herangezogen werden können. Im Rahmen der deutschen Umsetzungsgesetzgebung ist durch das Gesetz zur Umsetzung der Zweiten Zahlungsdienste-RL vom 17.7.2017 (BGBl. 2017 I 2446, 2491) § 404a Abs. 1 geändert und § 404a Abs. 2 angefügt worden. Dadurch sollte klargestellt werden, dass bei der Bestellung des Abschlussprüfers einer als Versicherungsunternehmen tätigen Gesellschaft aus aufsichtsrechtlichen Gründen von den europarechtlichen Vorgaben abgewichen werden kann.[2]

**2**    **2. Regelungsgegenstand, Normzweck und Rechtsgut.** § 404a soll „besonders gravierende Verstöße" der Mitglieder des Aufsichtsrats sowie der Mitglieder eines nach § 107

---

[1] RegE, BT-Drs. 18/7219, 57.
[2] Vgl. Ausschussbericht, BT-Drs. 18/12568, 167; MüKoStGB/*Weiß* Rn. 4.

Abs. 3 S. 2 eingerichteten Prüfungsausschusses gegen die ihnen obliegenden prüfungsbezogenen Pflichten bestrafen.[3] Hierdurch werden insoweit die ebenfalls neu eingefügten Ordnungswidrigkeitentatbestände nach § 405 Abs. 3b, 3c und Abs. 3d ergänzt. Außerdem dient die Vorschrift als „Transmissionsriemen"[4] der Umsetzung europäischen Rechts: Nach Art. 30a Abs. 1 lit. e Abschlussprüfer-RL (RL 2006/43/EG) haben die EU-Mitgliedstaaten vorzusehen, dass bei einem Verstoß gegen die Bestimmungen der Richtlinie als Sanktion unter anderem ein vorübergehendes Berufsverbot von bis zu drei Jahren verhängt werden kann. Der Strafrahmen des § 404a – Freiheitsstrafe bis zu einem Jahr oder Geldstrafe – ermöglicht nach § 70 StGB die Verhängung eines Berufsverbots, sofern die weiteren dort genannten Voraussetzungen erfüllt sind.[5]

**Geschütztes Rechtsgut** ist nach zutreffender Ansicht das Vertrauen der Öffentlichkeit **3** in die Unabhängigkeit des Abschlussprüfers und der Prüfgesellschaft,[6] nach aA in die Jahresabschlüsse und konsolidierten Abschlüsse von Unternehmen von öffentlichem Interesse (Public Interest Entities; → § 405 Rn. 241).[7] Geschützt werden damit die Interessen der Anleger,[8] also der Aktionäre, aber auch der Gesellschaftsgläubiger und sonstiger dritter Personen, die rechtliche oder wirtschaftliche Beziehungen zu der Gesellschaft unterhalten.

Für den geschützten Personenkreis ist § 404a **Schutzgesetz** iSd § 823 Abs. 2 BGB.    **4**

**3. Rechtsnatur des Delikts und Systematik des Gesetzes.** Die Tatbestände in § 404a **5** sind echte **Sonderdelikte**[9] mit allen Konsequenzen für Täterschaft und Teilnahme (vgl. → § 399 Rn. 12).

Die Vorschrift ist kein Verletzungsdelikt, sondern ein **abstraktes Gefährdungsdelikt**.[10] **6** Eine konkrete Gefährdung braucht durch die Handlung nicht eingetreten zu sein.

§ 404a enthält **zwei Tatbestände**. Verstöße gegen die in § 405 Abs. 3b–3d bezeichneten **7** Pflichten des Aufsichtsrats oder des Prüfungsausschusses, wenn der Täter die Tat begeht und dafür einen Vermögensvorteil erhält oder sich versprechen lässt (Nr. 1) oder die Handlung beharrlich wiederholt (Nr. 2).

Die Vorschrift verweist zur näheren Konkretisierung des Tatbestands auf die Ausfüllungs- **8** vorschrift des § 405 Abs. 3b–3d. Es ist deshalb ein **ausfüllungsbedürftiger Tatbestand** gegeben, der sich aus der Norm des § 404a und der dort genannten Ausfüllungsvorschriften zusammensetzt. Die Strafvorschrift ist ein (echter) Blanketttatbestand.[11] Er entspricht auch in dieser Form den Anforderungen der **Tatbestimmtheit iSd Art. 103 Abs. 2 GG**. Vgl. dazu die Ausführungen zu § 399 (→ § 399 Rn. 10), die hier sinngemäß angewandt werden können.

## II. Tatbestand

**1. § 405 Abs. 3b–3d als Ausfüllungsnorm.** Die neu eingefügte Vorschrift ergänzt den **9** § 405 Abs. 3b–3d in den Fällen, in denen die dort beschriebenen Tatbestände entweder gegen Gewährung oder Versprechen eines Vermögensvorteils erfüllt oder beharrlich wiederholt werden. Zur Auslegung der einzelnen Tatbestandsmerkmale wird auf die Erläuterungen zu § 405 Abs. 3b–3d verwiesen (→ § 405 Rn. 241 ff.).

**2. Handeln für einen Vermögensvorteil.** Der Täter, der für seine Handlung einen **10** Vermögensvorteil erhält oder sich versprechen lässt, handelt in gleicher Weise wie es § 403

---

[3] Vgl. RegE, BT-Drs. 18/7219, 57.
[4] *Schüppen* NStZ 2016, 247 (254).
[5] RegE, BT-Drs. 18/7219, 48, 57 zu § 333a HGB.
[6] BeckOGK/*Hefendehl* Rn. 6.
[7] Vgl. hierzu Stellungnahme des Nationalen Normenkontrollrates, RegE Anlage 2, BT-Drs. 18/7219, 67; so auch → 4. Aufl. 2017, Rn. 3 *(Schaal)*.
[8] *Schüppen* NStZ 2016, 247 (248).
[9] Henssler/Strohn/*Raum* Rn. 2.
[10] MüKoStGB/*Weiß* Rn. 3.
[11] BeckOGK/*Hefendehl* Rn. 8.

Abs. 2 und § 404 Abs. 2 als „Handeln gegen Entgelt" bezeichnen.[12] Auf die Erläuterungen in § 403 zu diesen Merkmalen (→ § 403 Rn. 36) wird Bezug genommen.

11    **3. Beharrliches Handeln.** Der Begriff „beharrlich"[13] wird auch an anderer Stelle im Strafrecht verwendet (§ 56f Abs. 1 Nr. 2 und 3, § 67g Abs. 1 Nr. 2 und 3, § 70b Abs. 1 Nr. 2 und 3, § 184f StGB) und dort regelmäßig als wiederholtes Handeln oder andauerndes Verhalten interpretiert, das eine Missachtung des Verbots oder Gleichgültigkeit des Täters erkennen lässt.[14] Eine wiederholte Begehung ist hiernach Voraussetzung, aber nicht ausreichend. Vielmehr sind eine besondere Hartnäckigkeit und eine gesteigerte Gleichgültigkeit des Täters gegenüber dem gesetzlichen Verbot erforderlich. Dabei kommt es auch auf die Zahl der Vortaten, ihren zeitlichen Abstand und auch auf ihren Schweregrad an.[15] Beharrlichkeit kann deshalb bejaht werden, wenn der Täter von vornherein die Absicht hat, wiederholt gegen seine prüfungsbezogenen Pflichten zu verstoßen.[16] Auch können bei entsprechender Schwere zwei Verstöße ausreichen, zumal wenn sie zeitlich rasch aufeinander erfolgen.[17]

### III. Prozessuales und Rechtsfolgen

12    § 404a ist ein **Offizialdelikt.**

13    Die Tatbestände des § 404a **verjähren** nach den Vorschriften des §§ 78 ff. StGB. Die Verjährungsfrist beträgt gem. § 78 Abs. 3 Nr. 5 StGB drei Jahre und beginnt mit der Beendigung der Tat (§ 78a S. 1 StGB).

14    Die Straftaten nach § 404a sind Vergehen (§ 12 Abs. 2 StGB). Sie können mit einer Freiheitsstrafe bis zu einem Jahr oder mit Geldstrafe geahndet werden. Außerdem kann das Gericht ein Berufsverbot für die Dauer von einem Jahr bis zu fünf Jahren verhängen, wenn die Voraussetzungen des § 70 gegeben sind. Damit ist auch die Sanktionsbefugnis nach Art. 30a Abs. 1 lit. e Abschlussprüfer-RL (→ Rn. 2) gegeben. Freilich kann ein solches Berufsverbot wegen der damit verbundenen tiefgreifenden Folgen nur in besonders schwerwiegenden Fällen in Betracht kommen.[18]

### § 405 Ordnungswidrigkeiten

**(1) Ordnungswidrig handelt, wer als Mitglied des Vorstands oder des Aufsichtsrats oder als Abwickler**

1. **Namensaktien ausgibt, in denen der Betrag der Teilleistung nicht angegeben ist, oder Inhaberaktien ausgibt, bevor auf sie der Ausgabebetrag voll geleistet ist,**

2. **Aktien oder Zwischenscheine ausgibt, bevor die Gesellschaft oder im Fall einer Kapitalerhöhung die Durchführung der Erhöhung des Grundkapitals oder im Fall einer bedingten Kapitalerhöhung oder einer Kapitalerhöhung aus Gesellschaftsmitteln der Beschluß über die bedingte Kapitalerhöhung oder die Kapitalerhöhung aus Gesellschaftsmitteln eingetragen ist,**

3. **Aktien oder Zwischenscheine ausgibt, die auf einen geringeren als den nach § 8 Abs. 2 Satz 1 zulässigen Mindestnennbetrag lauten oder auf die bei einer Gesellschaft mit Stückaktien ein geringerer anteiliger Betrag des Grundkapitals als der nach § 8 Abs. 3 Satz 3 zulässige Mindestbetrag entfällt,**

---

[12] Vgl. Henssler/Strohn/*Raum* Rn. 3.

[13] Krit. zu dieser Strafbarkeitsvoraussetzung auch unter dem Blickwinkel des Art. 103 Abs. 2 GG BeckOGK/*Hefendehl* Rn. 20 ff.

[14] Vgl. BGHSt 54, 189 = NJW 2010, 1680; BGH NStZ-RR 2014, 208; *Fischer* StGB § 184f Rn. 5.

[15] Vgl. OLG Hamm NStZ-RR 2016, 28 zu § 25 StVG.

[16] BGHSt 43, 129 = DtZ 1997, 382 zum AWG.

[17] Henssler/Strohn/*Raum* Rn. 3.

[18] RegE, BT-Drs. 18/7219, 48, 57 zu § 333a HGB.

4. a) entgegen § 71 Abs. 1 Nr. 1 bis 4 oder Abs. 2 eigene Aktien der Gesellschaft erwirbt oder, in Verbindung mit § 71e Abs. 1, als Pfand nimmt,

b) zu veräußernde eigene Aktien (§ 71c Abs. 1 und 2) nicht anbietet oder

c) die zur Vorbereitung der Beschlußfassung über die Einziehung eigener Aktien (§ 71c Abs. 3) erforderlichen Maßnahmen nicht trifft,

5. entgegen § 120a Absatz 2 eine Veröffentlichung nicht, nicht richtig, nicht vollständig oder nicht rechtzeitig vornimmt oder

6. entgegen § 162 Absatz 4 einen dort genannten Bericht oder Vermerk nicht oder nicht mindestens zehn Jahre zugänglich macht.

(2) Ordnungswidrig handelt auch, wer als Aktionär oder als Vertreter eines Aktionärs die nach § 129 in das Verzeichnis aufzunehmenden Angaben nicht oder nicht richtig macht.

(2a) Ordnungswidrig handelt, wer

1. entgegen § 67 Absatz 4 Satz 2 erster Halbsatz, auch in Verbindung mit Satz 3, eine Mitteilung nicht, nicht richtig, nicht vollständig oder nicht rechtzeitig macht,

2. entgegen § 67a Absatz 3 Satz 1, auch in Verbindung mit Satz 2, jeweils auch in Verbindung mit § 125 Absatz 5 Satz 3, oder entgegen § 67c Absatz 1 Satz 2 oder § 67d Absatz 4 Satz 2 zweiter Halbsatz eine dort genannte Information nicht, nicht richtig, nicht vollständig oder nicht rechtzeitig weiterleitet,

3. entgegen § 67b Absatz 1 Satz 1, auch in Verbindung mit Absatz 2, jeweils auch in Verbindung mit § 125 Absatz 5 Satz 3, oder entgegen § 67c Absatz 1 Satz 1 oder § 67d Absatz 4 Satz 1 oder 3 eine dort genannte Information nicht, nicht richtig, nicht vollständig oder nicht rechtzeitig übermittelt,

4. entgegen § 67c Absatz 3 einen dort genannten Nachweis nicht, nicht richtig, nicht vollständig oder nicht rechtzeitig ausstellt,

5. entgegen § 67d Absatz 3 ein dort genanntes Informationsverlangen nicht, nicht richtig, nicht vollständig oder nicht rechtzeitig weiterleitet,

6. entgegen § 111c Absatz 1 Satz 1 eine Veröffentlichung nicht, nicht richtig, nicht vollständig oder nicht rechtzeitig vornimmt,

7. entgegen § 118 Absatz 1 Satz 3 oder 4, jeweils auch in Verbindung mit Absatz 2 Satz 2, oder entgegen § 129 Absatz 5 Satz 2 oder 3 eine dort genannte Bestätigung nicht, nicht richtig, nicht vollständig, nicht in der vorgeschriebenen Weise oder nicht rechtzeitig erteilt oder nicht, nicht richtig, nicht vollständig oder nicht rechtzeitig übermittelt,

8. entgegen § 134b Absatz 5 Satz 1 eine Information nach § 134b Absatz 1, 2 oder 4 nicht oder nicht mindestens drei Jahre zugänglich macht,

9. entgegen § 134c Absatz 3 Satz 1 eine Information nach § 134c Absatz 1 oder 2 Satz 1 oder 3 nicht oder nicht mindestens drei Jahre zugänglich macht,

10. entgegen § 134d Absatz 3 eine dort genannte Information nicht oder nicht mindestens drei Jahre zugänglich macht,

11. entgegen § 134d Absatz 4 eine Information nicht, nicht richtig, nicht vollständig oder nicht rechtzeitig gibt oder

12. entgegen § 135 Absatz 9 eine dort genannte Verpflichtung ausschließt oder beschränkt.

(3) Ordnungswidrig handelt ferner, wer

1. Aktien eines anderen, zu dessen Vertretung er nicht befugt ist, ohne dessen Einwilligung zur Ausübung von Rechten in der Hauptversammlung oder in einer gesonderten Versammlung benutzt,

2. zur Ausübung von Rechten in der Hauptversammlung oder in einer gesonderten Versammlung Aktien eines anderen benutzt, die er sich zu diesem Zweck durch Gewähren oder Versprechen besonderer Vorteile verschafft hat,

3. Aktien zu dem in Nummer 2 bezeichneten Zweck gegen Gewähren oder Versprechen besondere Vorteile einem anderen überläßt,

4. Aktien eines anderen, für die er oder der von ihm Vertretene das Stimmrecht nach § 135 nicht ausüben darf, zur Ausübung des Stimmrechts benutzt,

5. Aktien, für die er oder der von ihm Vertretene das Stimmrecht nach § 20 Abs. 7, § 21 Abs. 4, §§ 71b, 71d Satz 4, § 134 Abs. 1, §§ 135, 136, 142 Abs. 1 Satz 2, § 285 Abs. 1 nicht ausüben darf, einem anderen zum Zweck der Ausübung des Stimmrechts überläßt oder solche ihm überlassene Aktien zur Ausübung des Stimmrechts benutzt,

6. besondere Vorteile als Gegenleistung dafür fordert, sich versprechen läßt oder annimmt, daß er bei einer Abstimmung in der Hauptversammlung oder in einer gesonderten Versammlung nicht oder in einem bestimmten Sinne stimme oder

7. besondere Vorteile als Gegenleistung dafür anbietet, verspricht oder gewährt, daß jemand bei einer Abstimmung in der Hauptversammlung oder in einer gesonderten Versammlung nicht oder in einem bestimmten Sinne stimme.

(3a) Ordnungswidrig handelt, wer vorsätzlich oder leichtfertig

1. entgegen § 121 Abs. 4a Satz 1, auch in Verbindung mit § 124 Abs. 1 Satz 3, die Einberufung nicht, nicht richtig, nicht vollständig oder nicht rechtzeitig zuleitet oder

2. entgegen § 124a Angaben nicht, nicht richtig oder nicht vollständig zugänglich macht.

(3b) Ordnungswidrig handelt, wer als Mitglied des Aufsichtsrats oder als Mitglied eines Prüfungsausschusses einer Gesellschaft, die kapitalmarktorientiert im Sinne des § 264d des Handelsgesetzbuchs, die CRR-Kreditinstitut im Sinne des § 1 Absatz 3d Satz 1 des Kreditwesengesetzes, mit Ausnahme der in § 2 Absatz 1 Nummer 1 und 2 des Kreditwesengesetzes genannten Institute, oder die Versicherungsunternehmen ist im Sinne des Artikels 2 Absatz 1 der Richtlinie 91/674/ EWG des Rates vom 19. Dezember 1991 über den Jahresabschluß und den konsolidierten Abschluß von Versicherungsunternehmen (ABl. L 374 vom 31.12.1991, S. 7), die zuletzt durch die Richtlinie 2006/46/EG (ABl. L 224 vom 16.8.2006, S. 1) geändert worden ist,

1. die Unabhängigkeit des Abschlussprüfers oder der Prüfungsgesellschaft nicht nach Maßgabe des Artikels 4 Absatz 3 Unterabsatz 2, des Artikels 5 Absatz 4 Unterabsatz 1 Satz 1 oder des Artikels 6 Absatz 2 der Verordnung (EU) Nr. 537/ 2014 des Europäischen Parlaments und des Rates vom 16. April 2014 über spezifische Anforderungen an die Abschlussprüfung bei Unternehmen von öffentlichem Interesse und zur Aufhebung des Beschlusses 2005/909/EG der Kommission (ABl. L 158 vom 27.5.2014, S. 77, L 170 vom 11.6.2014, S. 66) überwacht oder

2. eine Empfehlung für die Bestellung eines Abschlussprüfers oder einer Prüfungsgesellschaft vorlegt, die nicht auf einem Verlangen der Aufsichtsbehörde nach § 36 Absatz 1 Satz 2 des Versicherungsaufsichtsgesetzes beruht und
   a) die den Anforderungen nach Artikel 16 Absatz 2 Unterabsatz 2 oder 3 der Verordnung (EU) Nr. 537/2014 nicht entspricht oder
   b) der ein Auswahlverfahren nach Artikel 16 Absatz 3 Unterabsatz 1 der Verordnung (EU) Nr. 537/2014 nicht vorangegangen ist.

(3c) Ordnungswidrig handelt, wer als Mitglied eines Aufsichtsrats, der einen Prüfungsausschuss nicht bestellt hat, einer Gesellschaft, die kapitalmarktorientiert im Sinne des § 264d des Handelsgesetzbuchs oder die CRR-Kreditinstitut ist im Sinne des § 1 Absatz 3d Satz 1 des Kreditwesengesetzes, mit Ausnahme der in § 2 Absatz 1 Nummer 1 und 2 des Kreditwesengesetzes genannten Institute, der

Hauptversammlung einen Vorschlag für die Bestellung eines Abschlussprüfers oder einer Prüfungsgesellschaft vorlegt, der den Anforderungen nach Artikel 16 Absatz 5 Unterabsatz 1 der Verordnung (EU) Nr. 537/2014 nicht entspricht.

(3d) Ordnungswidrig handelt, wer als Mitglied eines Aufsichtsrats, der einen Prüfungsausschuss bestellt hat, einer in Absatz 3c genannten Gesellschaft der Hauptversammlung einen Vorschlag für die Bestellung eines Abschlussprüfers oder einer Prüfungsgesellschaft vorlegt, der den Anforderungen nach Artikel 16 Absatz 5 Unterabsatz 1 oder Unterabsatz 2 Satz 1 oder Satz 2 der Verordnung (EU) Nr. 537/2014 nicht entspricht.

(4) Die Ordnungswidrigkeit kann in den Fällen des Absatzes 2a Nummer 6 mit einer Geldbuße bis zu fünfhunderttausend Euro, in den Fällen der Absätze 3b bis 3d mit einer Geldbuße bis zu fünfzigtausend Euro, in den übrigen Fällen mit einer Geldbuße bis zu fünfundzwanzigtausend Euro geahndet werden.

(5) Verwaltungsbehörde im Sinne des § 36 Absatz 1 Satz 1 des Gesetzes über Ordnungswidrigkeiten ist
1. die Bundesanstalt für Finanzdienstleistungsaufsicht in den Fällen
   a) des Absatzes 2a Nummer 6, soweit die Handlung ein Geschäft nach § 111c Absatz 1 Satz 1 in Verbindung mit Absatz 3 Satz 1 betrifft, und
   b) der Absätze 3b bis 3d bei CRR-Kreditinstituten im Sinne des § 1 Absatz 3d Satz 1 des Kreditwesengesetzes, mit Ausnahme der in § 2 Absatz 1 Nummer 1 und 2 des Kreditwesengesetzes genannten Institute, und bei Versicherungsunternehmen im Sinne des Artikels 2 Absatz 1 der Richtlinie 91/674/EWG,
2. das Bundesamt für Justiz in den übrigen Fällen der Absätze 1 bis 3d.

**Schrifttum:** *Diekmann,* Mitteilungspflichten nach §§ 20 ff. AktG und dem Diskussionsentwurf des Wertpapierhandelsgesetzes, DZWiR 1994, 13; *Hoffmann,* Europarechtliche Umsetzungsdefizite bei der fakultativen Ausgestaltung des Prüfungsausschusses nach § 107 III 2 AktG, NZG 2016, 441; *König,* Das Risikobegrenzungsgesetz – offene und gelöste Fragen, BB 2008, 1910; *Korte,* Anwendbarkeit von § 405 AktG auf Wertpapierdarlehen?, DB 2006, 1546; *Lanfermann/Röhricht,* Pflichten des Prüfungsausschusses nach dem BilMoG, BB 2009, 887; *Leuering,* Der Regierungsentwurf des Risikobegrenzungsgesetzes, NJW-Spezial 2007, 607; *Noack,* Neues Recht für Namensaktionäre – zur Änderung des § 67 AktG durch das Risikobegrenzungsgesetz, NZG 2008, 721; *Paschos/Goslar,* Der Referentenentwurf des Gesetzes zur Umsetzung der zweiten Aktionärsrechterichtlinie (ARUG II) aus Sicht der Praxis, AG 2018, 857; *Seibert,* UMAG und Hauptversammlung – Der Regierungsentwurf eines Gesetzes zur Unternehmensintegrität und Modernisierung des Anfechtungsrechts (UMAG), WM 2005, 157; *J. Schmidt,* Die Umsetzung der Aktionärsrechte-Richtlinie 2017: Der Referentenentwurf für das ARUG II, NZG 2018, 1201; *Tröger,* Die Regelungen zu institutionellen Investoren, Vermögensverwaltern und Stimmrechtsberatern im Referentenentwurf eines Gesetzes zur Umsetzung der zweiten Aktionärsrechterichtlinie (ARUG II), ZGR 2019, 126; *Vetter,* Zur Bewertung von Geschäften mit nahestehenden Personen – Überlegungen zur Auslegung des § 111b Abs. 1 AktG E, AG 2019, 853.

### Übersicht

## I. Allgemeines

**1. Rechtsentwicklung.** § 405 enthält eine Reihe von Bußgeldtatbeständen, die bereits **1** in anderer Form in den Straftatbeständen des AktG 1937 und vor ihm des HGB enthalten waren (vgl. zur Rechtsentwicklung des Aktienstrafrechts → Vor § 399 Rn. 1). Der Gesetzgeber des AktG 1965 hat sie zu Ordnungswidrigkeiten herabgestuft, weil ihnen nur ein geringerer Unrechtsgehalt zukommt.[1] So entsprechen die Tatbestände des § 405 Abs. 1 Nr. 1–3 den Straftatbeständen des § 296 Abs. 1 Nr. 3–5 AktG 1937, der Tatbestand des § 405 Abs. 2 dem Straftatbestand des § 300 Nr. 4 AktG 1937, die Tatbestände des § 405 Abs. 3 Nr. 1–5 den Straftatbeständen des § 300 Nr. 1–3 AktG 1937 und die Tatbestände des § 405 Abs. 3 Nr. 6 und 7 dem Straftatbestand des § 299 AktG 1937. Die Straftatbestände der § 296 Nr. 3–5, §§ 299 und 300 Nr. 1 und 2 AktG 1937 waren ihrerseits Nachfolgevorschriften der Straftatbestände der § 314 Nr. 2 und 3 HGB, §§ 317 und 318 HGB. Die Rspr. zu diesen Tatbeständen kann deshalb auch zur Auslegung der entsprechenden Bußgeldtatbestände des § 405 herangezogen werden. Dabei ist allerdings zu beachten, dass die Bußgeldtatbestände des § 405 teilweise gegenüber den vorangegangenen Straftatbeständen abgeändert worden sind.[2]

Danach sind § 405 Abs. 4 durch das EGOWiG vom 24.5.1968 (BGBl. 1968 I 503), § 405 **2** Abs. 1 Nr. 3 durch das Gesetz vom 13.12.1978 (BGBl. 1978 I 1959) und § 405 Abs. 3 Nr. 5 durch das Gesetz vom 25.10.1982 (BGBl. 1982 I 1425) geändert worden. Durch das angeführte Gesetz vom 13.12.1978 ist Abs. 1 Nr. 4a, b und c neu eingefügt worden. Der Bußgeldtatbestand des § 405 Abs. 1 Nr. 5 ist durch das Bilanzrichtlinien-Gesetz (**BiRiLiG**) vom 19.12.1985 (vgl. → Vor § 399 Rn. 8) aufgehoben worden, in dem die Nichteinhaltung der Vorschriften über Form und Inhalt der Bekanntmachung des Jahresabschlusses und des Geschäftsberichts einer Aktiengesellschaft oder eines Konzerns als Ordnungswidrigkeit eingestuft worden war. Da Form und Inhalt der Unterlagen bei der Offenlegung des Jahresabschlusses nunmehr allgemein für alle Kapitalgesellschaften in § 328 HGB geregelt worden ist, befindet sich der diese Vorschrift sichernde Bußgeldtatbestand in § 334 Abs. 1 Nr. 5 HGB. Für eine entsprechende Regelung im AktG besteht kein Bedürfnis mehr.

Durch das Gesetz über die Zulassung von Stückaktien (**StückAG**) vom 25.3.1998 (vgl. **3** → Vor § 399 Rn. 12) wurde das deutsche Aktienrecht an die neue Euro-Währungseinheit angepasst. Um zu vermeiden, dass die Nennbeträge von Aktien auf „krumme" Euro-Beträge umgestellt werden müssen, wurden im AktG nennbetragslose Aktien zugelassen. Hieraus ergaben sich Folgeänderung in § 405 Abs. 1 Nr. 1 und 3.

---

[1] *Kropff* AktG 1965, 506 ff.; BeckOGK/*Hefendehl* Rn. 2.
[2] Vgl. *Meyer* AG 1966, 109 (116).

**4**    Mit dem Gesetz zur Namensaktie und zur Erleichterung der Stimmrechtsausübung (**NaStraG**) vom 18.1.2001 (vgl. → Vor § 399 Rn. 13) wurde in § 405 Abs. 4 der Betrag auf Euro umgestellt. Das Gesetz zur Begrenzung der mit Finanzinvestitionen verbundenen Risiken (**Risikobegrenzungsgesetz**) vom 12.8.2008 (vgl. → Vor § 399 Rn. 16) hat in § 67 die Aktionäre verpflichtet, ihre Identität gegenüber der Gesellschaft offenzulegen und § 405 Abs. 2a neu eingefügt, um durch einen Bußgeldtatbestand die Identifizierung der Inhaber von Namensaktien zu verbessern.[3] Das Gesetz zur Umsetzung der Aktionärsrechte-RL (**ARUG**) vom 30.7.2009 (vgl. → Vor § 399 Rn. 16) hat § 405 Abs. 3a eingefügt, um Verstöße gegen die Pflicht zur Veröffentlichung auf der Internetseite einer börsennotierten Gesellschaft zu sanktionieren. Das Abschlussprüfungsreformgesetz (**AReG**) vom 10.5.2016 (vgl. → Vor § 399 Rn. 16) hat die – § 334 Abs. 2a HGB nachgebildeten – Bußgeldtatbestände in § 405 Abs. 3b–3d eingefügt sowie in § 405 Abs. 4 den Bußgeldrahmen an § 334 Abs. 3 HGB und mit § 405 Abs. 5 die für die Verfolgung der neuen Ordnungswidrigkeitentatbestände zuständigen Behörde an § 334 Abs. 4, § 340n Abs. 4 und § 341 Abs. 4 HGB angeglichen. Im Rahmen der deutschen Umsetzungsgesetzgebung sind durch das Gesetz zur Umsetzung der Zweiten Zahlungsdienste-RL vom 17.7.2017 der § 405 Abs. 3b Nr. 2 sowie § 405 Abs. 3c neu gefasst und § 405 Abs. 3d geändert worden. § 405 Abs. 3b Nr. 2 enthält eine Klarstellung für den Fall, dass die Prüferbestellung nicht auf einer Anordnung der BaFin beruht. Die Klarstellung in § 405 Abs. 3c beruht auf dem bei Versicherungsunternehmen bestehenden alternativen System der Abschlussprüferbestellung. Die Änderung in § 405 Abs. 3d stellt eine Folgeänderung dar (Finanzausschuss BT-Drs. 18/12568, 190).

**5**    Umfassende Änderungen brachte auch das Gesetz zur Umsetzung der zweiten Aktionärsrechte-RL (**ARUG II**) vom 12.12.2019 (BGBl. 2019 I 2637) mit Wirkung zum 1.1.2020 mit sich. § 405 Abs. 1 wurde hierbei um Nr. 5 und Nr. 6 ergänzt, wonach sich nun Verweise auf § 120a Abs. 2 sowie § 162 Abs. 4 wiederfinden. Hierbei wurde eine bußgeldbewehrte Sanktionierung des Verstoßes gegen die im Zuge der Gesetzesänderung niedergelegten Veröffentlichungspflichten geregelt.[4] Zudem wurde § 405 Abs. 2a gänzlich neu gefasst, § 405 Abs. 4 geändert sowie § 405 Abs. 5 neu gefasst. Die Änderungen des § 405 Abs. 2a enthalten die Sanktionstatbestände für die im Zuge der Gesetzesnovellierung eingefügten Pflichten zur Aktionärsidentifikation und -information (§§ 67a–67d) sowie den Transparenzpflichten in den §§ 134b–134d und § 135.[5] Im Rahmen des § 405 Abs. 4 wurde der Bußgeldrahmen für die Verletzung der Veröffentlichungspflicht bei Geschäften mit nahestehenden Personen erhöht. Letztlich führt die Gesetzesänderung des § 405 Abs. 5 zu einer Neuaufteilung der Zuständigkeit, um eine Doppelzuständigkeit des Bundesamtes für Justiz und der BaFin zu vermeiden.[6]

**6**    **2. Regelungsgegenstand, Normzweck und Rechtsgut.** § 405 soll unter Bußgelddrohung die Einhaltung der zivilrechtlichen Vorschriften sicherstellen.

**7**    Bei der Vielzahl der in § 405 geregelten unterschiedlichen Bußgeldtatbestände kann das **geschützte Rechtsgut** nicht allgemein bestimmt werden. Auf diese Frage wird deshalb bei den einzelnen Tatbeständen eingegangen.

**8**    **3. Rechtsnatur des Delikts und Systematik des Gesetzes.** Die einzelnen Tathandlungen des § 405 sind **ausfüllungsbedürftige Bestimmungen,** die auf andere Vorschriften verweisen oder die Begriffe verwenden, welche ihre wahre Bedeutung erst auf Grund anderer Vorschriften des AktG gewinnen. Die einzelnen Tatbestände ergeben sich daher aus der jeweiligen Norm des § 405 und den einzelnen Ausfüllungsvorschriften. In dieser Form entsprechen die Tatbestände den Anforderungen des **Bestimmtheitsgrundsatzes (Art. 103 Abs. 2 GG),** der auch für das Ordnungswidrigkeitenrecht gilt[7] und in § 3 OWiG ausdrücklich festgeschrieben ist.

---

[3] *Leuering* NJW-Spezial 2007, 607 (608).
[4] Hierzu BT-Drs. 19/9739, 116.
[5] BT-Drs. 19/9739, 116.
[6] Umfassend zu den Hintergründen BT-Drs. 19/9739, 117.
[7] BVerfGE 38, 348 (371) = NJW 1975, 727 (730).

Alle Bußgeldtatbestände des § 405 müssen vollendet sein. Eine **versuchte Zuwider-** 9
**handlung** kann nicht geahndet werden, weil das Gesetz eine solche Handlungsweise nicht
als ahndbar bezeichnet (§ 13 Abs. 2 OWiG).

## II. Täterkreis und Beteiligung

**1. Täter.** § 405 enthält Tatbestände, die nur von Tätern mit besonderen Eigenschaften 10
begangen werden können **(Sonderdelikte)**, wie auch Tatbestände, die jedermann begehen
kann **(Allgemeindelikte)**.

Täter der Tatbestände des § 405 **Abs. 1** und **Abs. 3b–3d** können nur Mitglieder des 11
Vorstands oder des Aufsichtsrats sowie Abwickler sein. Mitglied des in § 405 Abs. 3a–3d
genannten Prüfungsausschusses kann nur sein, wer auch Mitglied des Aufsichtsrats ist
(→ § 107 Rn. 93).[8] Hierbei handelt es sich um einen Personenkreis mit besonderen persönlichen Merkmalen, die diese Tatbestände zu einem **echten Sonderdelikt**[9] machen.

Zu den Tätermerkmalen **Mitglied des Vorstands** (→ § 399 Rn. 19 ff.), **Mitglied des** 12
**Aufsichtsrats** (→ § 399 Rn. 27 ff.) und **Abwickler** (→ § 399 Rn. 185 ff.) gelten die Ausführungen zu § 399; zum **Mitglied des Prüfungsausschusses** (→ Rn. 11, → Rn. 255).

Bei diesen Tätern kann es sich auch um Personen handeln, die zu diesem Amt 13
zwar nicht rechtswirksam bestellt worden sind, welche aber die mit dem Amt verbundenen Funktionen (als faktische Organe) **tatsächlich wahrnehmen** (näher → § 399
Rn. 23 ff.).[10]

Täter des Tatbestandes des § 405 **Abs. 2** können nur Aktionäre oder Aktionärsvertreter 14
sein. Auch dieser Tatbestand kann deshalb nur von einem bestimmten Täterkreis begangen
werden und ist deshalb ein **echtes Sonderdelikt**.[11]

**Aktionär** ist jeder, der mindestens eine Aktie übernommen hat und Inhaber der damit 15
verbundenen Mitgliedschaft in der Gesellschaft ist (vgl. → § 118 Rn. 53 ff.). **Aktionärs-**
**vertreter** ist jede natürliche Person, die von dem Aktionär ermächtigt ist, ihn bei der
Wahrnehmung seiner Rechte zu vertreten.[12] In Betracht kommt hierbei die Bestellung
eines Vertreters nach den § 134 Abs. 3 und § 135 (vgl. → § 118 Rn. 60), wie auch der
gemeinschaftliche Vertreter nach § 69 Abs. 1 (vgl. → § 69 Rn. 15 ff.). Vertreter des Aktionärs ist ferner auch der gesetzliche Vertreter, dem das gleiche Recht zur Teilnahme an
der Hauptversammlung zusteht, wie dem Aktionär (→ § 118 Rn. 61).

Die Tatbestände des § 405 **Abs. 2a** verweisen auf die § 67 Abs. 4 S. 2, §§ 67a–67d, § 111c 16
Abs. 1 S. 1 sowie §§ 134b–134d und § 135, wonach Täter nur derjenige sein kann, den
auch die im Rahmen der dort normierten Pflichten treffen. Es handelt sich bei den Tatbeständen des § 405 Abs. 2a demnach um **echte Sonderdelikte** (→ Rn. 90 mwN).[13]

**§ 405 Abs. 3** macht die Täterschaft dagegen von keinen besonderen Eigenschaften 17
abhängig. Täter kann deshalb **jedermann** sein **(Allgemeindelikt)**.[14]

**2. Beteiligung.** Der Begriff des Täters hat im Ordnungswidrigkeitenrecht nicht die 18
Bedeutung wie im Strafrecht. Die Beteiligung richtet sich nach § 14 OWiG (Einheitstäterbegriff), der anders als das Strafrecht in §§ 25 ff. StGB nicht zwischen unterschiedlichen
Beteiligungsformen (unmittelbarer Täter, Mittäter, mittelbarer Täter, Anstifter, Gehilfe)
differenziert.[15] Es stellen sich deshalb bei den Ordnungswidrigkeitentatbeständen des § 405
Abs. 1, Abs. 2 und Abs. 2a nicht die Probleme, die sich im Strafrecht bei echten Sonderdelikten ergeben (vgl. → § 399 Rn. 12). Täter kann somit jeder sein, der sich an der Zuwiderhandlung **in irgendeiner Form** beteiligt hat.

---

[8] Hüffer/Koch/*Koch* § 107 Rn. 22.
[9] Ebenso Großkomm AktG/*Otto* Rn. 17; BeckOGK/*Hefendehl* Rn. 12.
[10] Vgl. BeckOGK/*Hefendehl* Rn. 12.
[11] Ebenso Großkomm AktG/*Otto* Rn. 17; BeckOGK/*Hefendehl* Rn. 52.
[12] So auch K. Schmidt/Lutter/*Oetker* Rn. 4.
[13] Hölters/*Müller-Michaels* Rn. 37; Henssler/Strohn/*Raum* Rn. 3; BeckOGK/*Hefendehl* Rn. 68.
[14] BeckOGK/*Hefendehl* Rn. 142; Großkomm AktG/*Otto* Rn. 17, 61; K. Schmidt/Lutter/*Oetker* Rn. 2.
[15] BeckOGK/*Hefendehl* Rn. 8.

**19**   Ist der Täter eine **juristische Person** oder eine Personengesellschaft, kann § 9 OWiG Anwendung finden.[16] In solchen Fällen kann auch gegen das Unternehmen selbst eine Geldbuße verhängt werden (§ 30 OWiG). Sie ist allerdings nur eine Nebenfolge und setzt stets das ordnungswidrige Handeln einer natürlichen Person voraus; diese braucht nach § 30 Abs. 4 OWiG aber aus tatsächlichen Gründen nicht verfolgbar zu sein.

### III. Ausgabe von Namens- oder Inhaberaktien (Abs. 1 Nr. 1)

**20**   **1. Allgemeines. Täter** dieses Bußgeldtatbestandes können nur Vorstands- oder Aufsichtsratsmitglieder sowie Abwickler sein. Zu diesen Tätermerkmalen wird auf die vorstehenden Ausführungen (→ Rn. 12) Bezug genommen.

**21**   **Geschütztes Rechtsgut** sind die (Vermögens-)Interessen der Gesellschaft und ihrer (jetzigen und künftigen) Aktionäre an einer gesetzmäßigen Ausgabe der Aktien.[17] Mit dem Tatbestand des § 405 Abs. 1 Nr. 1 soll das in § 10 Abs. 2 geregelte Emissionsverbot bußgeldrechtlich abgesichert werden.[18]

**22**   Der Tatbestand ist **Schutzgesetz** iSd § 823 Abs. 2 BGB für den von ihm geschützten Personenkreis.[19]

**23**   **2. Tatobjekt.** Tatobjekte sind Namensaktien oder Inhaberaktien, die ausgegeben werden, bevor die nach § 10 Abs. 2 geforderten Voraussetzungen erfüllt sind. Danach werden nur die Aktien als Urkunde und nicht die in ihr verbrieften Mitgliedschaftsrechte erfasst.[20] Zu ihnen gehören nicht die Zwischenscheine, die in den übrigen Tatbeständen des § 405 Abs. 1 neben den Aktien ausdrücklich erwähnt werden.[21]

**24**   Bei **Namensaktien** (vgl. → § 10 Rn. 29) ist Voraussetzung, dass in der Aktie der Betrag der Teilleistung angegeben wird (§ 10 Abs. 2 S. 2).

**25**   Bei der **Inhaberaktie** (vgl. → § 10 Rn. 37) ist erforderlich, dass der Nennbetrag oder der höhere Ausgabebetrag voll geleistet worden ist (§ 10 Abs. 2 S. 1).

**26**   Eine **volle Leistung** liegt dann vor, wenn der Aktionär alles geleistet hat, wozu er nach den gesetzlichen Bestimmungen und der Satzung verpflichtet ist. Zum Begriff der Leistung kann auf die Rspr. des RG,[22] die allerdings von den überholten gesetzlichen Vorschriften des HGB ausgeht, zurückgegriffen werden. Das bedeutet, dass der Ausgabebetrag der Inhaberaktie in vollem Umfang erbracht worden ist[23] und nach den § 36 Abs. 2 und § 54 Abs. 3 zur freien Verfügung des Vorstandes steht. Dazu gehört auch die Leistung der Sacheinlage, wenn sie als Einlage vereinbart worden ist.[24] § 405 Abs. 1 Nr. 1 will die Ausgabe von Inhaberaktien verhindern, bei denen die Leistung als Gegenwert für das in der Aktie verbriefte Wertpapier nicht so erbracht worden ist, wie es die Satzung festgesetzt hat.

**27**   **3. Tathandlung.** Tathandlung ist die Ausgabe von Namens- oder Inhaberaktien.

**28**   Die **Ausgabe** einer Aktie liegt vor, wenn die Aktie in den Rechtsverkehr gebracht wird. Die Ausgabe der Aktie ist mit ihrer Emission identisch. Erforderlich ist dazu, dass der Täter unter endgültiger Aufgabe seiner eigenen Verfügungsgewalt von seiner Seite alles Erforderliche getan hat, um die Aktie in Umlauf zu bringen; die Gegenseite braucht den Erwerb noch nicht rechtlich abgeschlossen zu haben.[25]

---

[16] K. Schmidt/Lutter/*Oetker* Rn. 2.

[17] Großkomm AktG/*Otto* Rn. 21; ähnlich BeckOGK/*Hefendehl* Rn. 13: Vermögensinteresse der genannten Personen; weitergehend Graf/Jäger/Wittig/*Temming* Rn. 5: etwaige Gläubiger.

[18] Kölner Komm AktG/*Altenhain* Rn. 3; BeckOGK/*Hefendehl* Rn. 13.

[19] Großkomm AktG/*Otto* Rn. 21; *Baumbach/Hueck* Rn. 5; BeckOGK/*Hefendehl* Rn. 13; Kölner Komm AktG/*Altenhain* Rn. 3.

[20] Kölner Komm AktG/*Altenhain* Rn. 3.

[21] BeckOGK/*Hefendehl* Rn. 15.

[22] RGSt 53, 149 (153).

[23] BeckOGK/*Hefendehl* Rn. 15.

[24] So auch Kölner Komm AktG/*Altenhain* Rn. 4; Großkomm AktG/*Otto* Rn. 23; Hüffer/Koch/*Koch* § 10 Rn. 8; BeckOGK/*Hefendehl* Rn. 15; Graf/Jäger/Wittig/*Temming* Rn. 6; Nachweise der Gegenmeinung bei → § 10 Rn. 54.

[25] Kölner Komm AktG/*Altenhain* Rn. 9; BeckOGK/*Hefendehl* Rn. 16.

An einer **Vollendung** der Zuwiderhandlung fehlt es, wenn die Aktien zunächst an eine 29
Bank oder an eine sonstige Stelle zum Zweck der Ausgabe oder für die Emission übergeben
werden.[26] Die Aktie muss an den ersten Aktionär weitergegeben worden sein.[27] Der Versuch
ist nicht ahndbar (vgl. → Rn. 9). Die Ausgabe einer Aktie genügt jedoch zur Vollendung.

## IV. Ausgabe von Aktien oder Zwischenscheinen vor Eintragung (Abs. 1 Nr. 2)

**1. Allgemeines. Täter** dieses Bußgeldtatbestandes können nur Vorstands- oder Auf- 30
sichtsratsmitglieder sowie Abwickler sein. Zu diesen Tätermerkmalen wird auf die vorstehenden Ausführungen (→ Rn. 10 ff.) Bezug genommen.

Nicht erfasst werden (leitende) Angestellte der Gesellschaft, obwohl sie zivilrechtlich als 31
Ausgeber haften können (vgl. → § 197 Rn. 11 ff., → § 197 Rn. 16). Sie können sich
jedoch an der Tat beteiligen (§ 9 Abs. 1 OWiG).

**Geschütztes Rechtsgut** sind die (Vermögens-)Interessen der Erwerber von Aktien oder 32
Zwischenscheinen, die bei einer vorzeitigen Ausgabe der Aktien oder Zwischenscheine
gefährdet werden können, weil die Gründung einer Aktiengesellschaft oder ihre Kapitalerhöhung erst durch die Eintragung der Gesellschaft in das Handelsregister rechtswirksam
wird.[28] Das Gesetz erklärt die vorzeitig ausgegebenen Aktien für nichtig (vgl. § 41 Abs. 4
S. 2). Durch § 405 Abs. 1 Nr. 2 sollen mögliche Aktienerwerber, deren Interesse der Gesetzgeber schon im Hinblick auf die hier ausnahmslos konstitutive Bedeutung der Eintragung
durch eine vor dieser Zäsur erfolgte Emission gefährdet sieht,[29] vor schwindelhaften Emissionen geschützt werden.

Dieser Bußgeldtatbestand ist **Schutzgesetz** iSd § 823 Abs. 2 BGB. Er schützt auch nach- 33
folgende Erwerber, nicht aber die Gesellschaft selbst oder ihre Aktionäre, wenn diese sich bei
einer Kapitalerhöhung an dem Erwerb der verbotswidrig ausgegebenen Aktien beteiligen
(→ § 191 Rn. 11; → § 219 Rn. 13).[30]

**2. Tatobjekt.** Anders als § 405 Abs. 1 Nr. 1 bezeichnet dieser Tatbestand neben den 34
Aktien auch die Zwischenscheine als Tatobjekt.

Zum Begriff der **Aktien** und **Zwischenscheine** vgl. die Erläuterungen in § 8 (vgl. 35
→ § 8 Rn. 1 ff., → § 8 Rn. 99 ff.).

**3. Tathandlung.** Tathandlung ist die vom Gesetz verbotene Ausgabe von Aktien oder 36
Zwischenscheinen.

Zum Begriff der **Ausgabe** von Aktien wird auf die vorstehenden Ausführungen 37
(→ Rn. 28) Bezug genommen. Die Ausgabe von Zwischenscheinen richtet sich nach den
gleichen Grundsätzen wie die Ausgabe von Aktien. In Betracht kommen folgende Zuwiderhandlungen:
a) Verbot der Ausgabe von Aktien oder Zwischenscheinen vor Eintragung der Gesellschaft
   in das Handelsregister (§ 41 Abs. 4; vgl. → § 41 Rn. 165 f.).
b) Verbot der Ausgabe von Aktien oder Zwischenscheinen aus einer Kapitalerhöhung vor
   der Eintragung der Durchführung der Erhöhung des Grundkapitals in das Handelsregister (§ 191; vgl. → § 191 Rn. 6 ff.).
c) Verbot der Ausgabe von Aktien oder Zwischenscheinen aus einer bedingten Kapitalerhöhung vor der Eintragung des Beschlusses über die bedingte Kapitalerhöhung in das
   Handelsregister (§§ 197; vgl. → § 197 Rn. 4 ff.).
d) Verbot der Ausgabe von Aktien oder Zwischenscheinen aus einer bedingten Kapitalerhöhung mit genehmigtem Kapital vor Eintragung der Durchführung der Erhöhung des

---

[26] Großkomm AktG/*Otto* Rn. 27; *v. Godin/Wilhelmi* Anm. 4; BeckOGK/*Hefendehl* Rn. 16; aA Graf/
Jäger/Wittig/*Temming* Rn. 7.
[27] Bürgers/Körber/*Pelz* Rn. 4.
[28] BeckOGK/*Hefendehl* Rn. 17.
[29] BGH NJW-RR 1988, 803; Kölner Komm AktG/*Altenhain* Rn. 6; Graf/Jäger/Wittig/*Temming* Rn. 8.
[30] Kölner Komm AktG/*Altenhain* Rn. 6; Großkomm AktG/*Otto* Rn. 28; *Baumbach/Hueck* Rn. 6.

Grundkapitals in das Handelsregister. Dieses Verbot ergibt sich aus § 203 Abs. 1, der auf § 191 verweist (vgl. → § 203 Rn. 37; → § 191 Rn. 6 ff.).

e) Verbot der Ausgabe von Aktien oder Zwischenscheinen aus einer Kapitalerhöhung aus Gesellschaftsmitteln vor Eintragung des Beschlusses über die Erhöhung des Grundkapitals in das Handelsregister (§ 219; vgl. → § 219 Rn. 3 ff.).

**38** Eine Zuwiderhandlung gegen diesen Tatbestand liegt auch vor, wenn die Kapitalerhöhung auf einem unwirksamen Beschluss der Hauptversammlung beruht.[31] Freilich wird der Vorsatz wegen der fehlenden Kenntnis von der Unwirksamkeit meist zu verneinen sein.[32] Dass die § 41 Abs. 4 und § 191 neben der Ausgabe von Aktien und Zwischenscheinen auch die Übertragung von Anteilsrechten verbieten, berührt den Tatbestand des § 405 Abs. 1 Nr. 2 nicht. Der Abschluss solcher Verträge ist zwar unwirksam, wird jedoch nicht von diesem Tatbestand erfasst.[33]

## V. Ausgabe von Aktien oder Zwischenscheinen, die den Mindestnennbetrag unterschreiten (Abs. 1 Nr. 3)

**39** **1. Allgemeines. Täter** können nur Vorstands- oder Aufsichtsratsmitglieder sowie Abwickler sein. Zu diesen Tätermerkmalen wird auf die vorstehenden Ausführungen (→ Rn. 10 ff.) Bezug genommen.

**40** Der Tatbestand soll sicherstellen, dass keine Aktien oder Zwischenscheine ausgegeben werden, die auf einen Nennbetrag lauten, der den Mindestnennbetrag von einem Euro unterschreitet. Durch das StückAG ist der Schutz auf die Unterschreitung des entsprechenden rechnerischen Mindestbetrages bei der Stückaktie erstreckt worden.[34] **Geschützte Rechtsgüter** sind, ebenso wie bei dem Tatbestand des § 405 Abs. 1 Nr. 1, die (Vermögens-)Interessen der Gesellschaft und ihrer Aktionäre einschließlich der Zwischenerwerber der Aktien oder Zwischenscheine an einer ordnungsgemäß durchgeführten Emission.[35] Denn Aktien oder Zwischenscheine mit einem geringeren Nennbetrag oder entsprechenden anteiligen Betrag sind nichtig (§ 8 Abs. 2 S. 2, Abs. 3 S. 4).

**41** Für diesen Personenkreis ist § 405 Abs. 1 Nr. 3 **Schutzgesetz** iSd § 823 Abs. 2 BGB.[36]

**42** **2. Tatobjekt.** Wie bei dem Tatbestand des § 405 Abs. 1 Nr. 2, sind Tatobjekte Aktien oder Zwischenscheine.

**43** Zum Begriff der **Aktien** und **Zwischenscheine** vgl. → Rn. 35 ff., → § 8 Rn. 1 ff., → § 8 Rn. 99 ff.; zum Begriff der **Ausgabe** von Aktien oder Zwischenscheinen vgl. → Rn. 28, → Rn. 37.

**44** **3. Tathandlung.** Tathandlung ist die Ausgabe (Emission) von Aktien oder Zwischenscheinen, welche – bei Nennaktien – den nach § 8 Abs. 2 S. 1 zulässigen Mindestnennbetrag nicht erreichen oder – bei Stückaktien – bei denen der anteilige Betrag des Grundkapitals einen Euro unterschreitet (§ 8 Abs. 3 S. 3).

## VI. Zuwiderhandlung bei Erwerb und Veräußerung eigener Aktien (Abs. 1 Nr. 4)

**45** **1. Allgemeines. Täter** aller Bußgeldtatbestände des § 405 Abs. 1 Nr. 4 können nur Mitglieder des Vorstands oder des Aufsichtsrats sowie Abwickler sein. Zu diesen Tätermerkmalen wird auf die vorstehenden Ausführungen (→ Rn. 10 ff.) Bezug genommen.

**46** Diese durch das Änderungsgesetz vom 13.12.1978 (→ Rn. 2) neu eingefügten Bußgeldtatbestände sollen den Schutzvorschriften der §§ 71–71e,[37] welche den Erwerb und die

---

[31] RGSt 30, 354 (355); Bürgers/Körber/*Pelz* Rn. 6.
[32] BeckOGK/*Hefendehl* Rn. 18.
[33] Großkomm AktG/*Otto* Rn. 31; Kölner Komm AktG/*Altenhain* Rn. 8; BeckOGK/*Hefendehl* Rn. 18.
[34] RegE BT-Drs. 13/9573, 19.
[35] BeckOGK/*Hefendehl* Rn. 19.
[36] Kölner Komm AktG/*Altenhain* Rn. 25; Großkomm AktG/*Otto* Rn. 35; BeckOGK/*Hefendehl* Rn. 19.
[37] *Aha* AG 1992, 218 (219); BeckOGK/*Hefendehl* Rn. 21.

Veräußerung eigener Aktien der Gesellschaft regeln, Nachdruck verleihen. **Geschütztes Rechtsgut** sind die (Vermögens-)Interessen der Gesellschaft, ihrer Aktionäre, ihrer Gläubiger sowie die aller dritten Personen, die sonst rechtliche oder tatsächliche Beziehungen zu ihr unterhalten, an einer wirtschaftlich gesunden Gesellschaft.[38] Denn mit diesen Vorschriften soll den Gefahren entgegengewirkt werden, die sich für den Bestand der Gesellschaft aus dem Erwerb und der Veräußerung eigener Aktien ergeben können.[39]

Ob sie insgesamt Individualinteressen schützen und **Schutzgesetz** iSd § 823 Abs. 2 BGB **47** für den von ihnen geschützten Personenkreis sind,[40] ist zweifelhaft hinsichtlich § 405 Abs. 1 Nr. 4 lit. a (vgl. → § 71 Rn. 374).

**2. Tatobjekt.** Tatobjekt aller Bußgeldtatbestände sind eigene Aktien der Gesellschaft. **48**

**Eigene Aktien** sind die in einer Aktienurkunde, in einem Zwischenschein oder auch **49** überhaupt nicht beurkundeten Mitgliedschaftsrechte, die von der Gesellschaft selbst ausgegeben oder sonst übertragen worden sind. Es kann sich auch um unverkörperte Mitgliedschaften handeln; sie brauchen nicht in Aktienurkunden oder Zwischenscheinen verbrieft zu sein (→ § 71 Rn. 101).[41]

Gleichgültig ist es deshalb auch, ob sie aus Inhaber- oder Namensaktien hervorgehen. **50** Selbst die Mitinhaberschaft an eigenen Aktien fällt unter den Begriff der eigenen Aktien, nicht dagegen eigene Gewinnanteilscheine, Genussrechte, Dividendenscheine, Gewinnschuldverschreibungen und Wechselschuldverschreibungen (→ § 71 Rn. 103).

**3. Tathandlung.** IE enthält § 405 Abs. 1 Nr. 4 folgende Bußgeldtatbestände: **51**

**a) Erwerb eigener Aktien.** Es handelt sich um den Erwerb eigener Aktien der Gesell- **52** schaft, deren Erwerb nicht nach § 71 Abs. 1 Nr. 1–4 und Abs. 2 ausnahmsweise zulässig ist (**§ 405 Abs. 1 Nr. 4a**).

**Erwerb** ist die Erlangung der tatsächlichen Verfügungsgewalt über die Aktien auf abgelei- **53** tetem Wege, dh durch einverständliches Zusammenwirken mit dem Vorbesitzer durch ein Rechtsgeschäft.[42] Als Rechtsgeschäfte kommen in diesem Zusammenhang in Betracht: Kauf, Tausch, Schenkung oder sonstige Gesamtrechtsnachfolge.

Als **einzelne Schuldverhältnisse** kommen deshalb auch Report- und Depotgeschäfte **54** in Betracht. Reportgeschäft ist der Erwerb mit der Verpflichtung zum späteren Wiederverkauf an den Verkäufer. Depotgeschäft ist der Verkauf an einen anderen mit der Verpflichtung zum späteren Wiederkauf durch den Verkäufer (→ § 71 Rn. 77). Ferner auch die unregelmäßige Verwahrung eigener Aktien, das Wertpapierdarlehen oder die Tauschverwahrung (näher → § 71 Rn. 78 f. mit weiteren Beispielen für in Betracht kommende Erwerbsvorgänge).

**b) Inpfandnahme eigener Aktien.** Es handelt sich um die Inpfandnahme eigener **55** Aktien, deren Erwerb nicht nach § 71 Abs. 1 und 2 zulässig ist, die von einem Dritten oder einem abhängigen Unternehmen für die Gesellschaft nicht zulässig (§ 71d) erworben worden sind oder die von einem Kreditinstitut bis zu dem in § 71 Abs. 2 bestimmten Gesamtbetrag als Pfand genommen worden sind (**§ 405 Abs. 1 Nr. 4a**).

Unter Inpfandnahme fällt auch die Sicherungsübereignung (vgl. näher → § 71e **56** Rn. 9 ff.).[43]

**c) Nichtanbieten eigener Aktien.** Es handelt sich um das Nichtanbieten von eigenen **57** Aktien, die nach § 71c Abs. 1 und 2 zu veräußern sind (**§ 405 Abs. 1 Nr. 4b**). Der Täter

---

[38] Ähnlich BeckOGK/*Hefendehl* Rn. 22.
[39] Vgl. *Baumbach/Hueck* § 71 Rn. 3; Hüffer/Koch/*Koch* § 71 Rn. 3.
[40] Großkomm AktG/*Otto* Rn. 39; Kölner Komm AktG/*Altenhain* Rn. 11; BeckOGK/*Hefendehl* Rn. 22; Graf/Jäger/Wittig/*Temming* Rn. 13.
[41] BeckOGK/*Hefendehl* Rn. 22.
[42] Vgl. BGH StV 1981, 625; zum umstr. Erwerbsbegriff s. die Nachweise bei BeckOGK/*Hefendehl* Rn. 24 Fn. 81.
[43] AA – bereits Erwerb – Großkomm AktG/*Otto* Rn. 42; Graf/Jäger/Wittig/*Temming* Rn. 16.

muss es entgegen diesem Gebot unterlassen, die Aktien in bestimmten Fristen zum Erwerb durch einen Dritten anzubieten.

58    Die Fristen des § 495 Abs. 1 und des Abs. 2 richten sich danach, ob schon der Erwerbsvorgang unzulässig war oder ob erst eine spätere Entwicklung die Veräußerungspflicht begründet hat. Das Anbieten der Aktien braucht nicht zu einem Erfolg geführt zu haben.[44] Es reicht aus, wenn der zum Verkauf Verpflichtete sich **ernsthaft bemüht,** die Aktien an einen anderen weiterzugeben.[45]

59    Es handelt sich um ein echtes **Unterlassungsdelikt.**[46]

60    **d) Nichttreffen von Maßnahmen.** Es handelt sich um das Nichttreffen der Maßnahmen, die zur Vorbereitung der Beschlussfassung über die Einziehung der eigenen Aktien nach § 71c Abs. 3 erforderlich sind (**§ 405 Abs. 1 Nr. 4c**). Das sind die Maßnahmen, die § 237 bei der Einziehung von Aktien anlässlich der Herabsetzung des Kapitals vorschreibt (näher → § 71c Rn. 21 ff.).

61    Tathandlung ist das Verschleppen der genannten Maßnahmen, also auch hier ein Unterlassen. Es handelt sich deshalb um ein **echtes Unterlassungsdelikt,**[47] dessen Tatbestandsmerkmale sich aus der Norm des § 405 Abs. 1 Nr. 4c und der Ausfüllungsvorschrift des § 237 ergeben.

## VII. Verstoß gegen die Veröffentlichungspflicht des Vergütungssystems und des Beschlusses hierüber (Abs. 1 Nr. 5)

62    **1. Allgemeines.** Die Ziffer wurde durch das Gesetz zur Umsetzung der zweiten Aktionärsrechte-RL **(ARUG II)** mit Wirkung vom 1.1.2020 eingefügt (→ Vor § 399 Rn. 16; → § 405 Rn. 5). Diese Gesetzesnovellierung brachte zwei Mechanismen mit sich, um Aktionäre stärker in Vergütungsfragen der Mitglieder der Unternehmensleitung mit einzubinden. Die Hauptversammlung soll erstens ein Votum über das Vergütungssystem fassen, wonach dieses ex ante abstrakten Kriterien hinsichtlich der Vergütung zugeführt werden soll. Als zweiter Mechanismus ist ein Votum der Hauptversammlung bzgl. des Vergütungsberichts enthalten, im Rahmen dessen ex post Rechenschaft hinsichtlich der tatsächlich gewährten Vergütung abgelegt werden soll.[48]

63    **Täter** dieses Bußgeldtatbestandes können nur Mitglieder des Vorstandes oder des Aufsichtsrates sowie Abwickler sein (→ Rn. 10 ff.).

64    § 405 Abs. 1 Nr. 5 – ebenso wie der im Rahmen des ARUG II eingefügte § 405 Abs. 1 Nr. 6 (→ Rn. 72 ff.) – sanktioniert einen Verstoß gegen die Pflicht zur Veröffentlichung des Vergütungssystems und des Beschlusses der Hauptversammlung über das System (bzw. einen Verstoß gegen die Pflicht zur Veröffentlichung im Zusammenhang mit dem Vergütungsbericht im Rahmen des § 405 Abs. 1 Nr. 6).[49] **Geschütztes Rechtsgut** sind damit über die Veröffentlichungspflichten sowie deren mögliche Sanktionierung die **Informationsrechte der Aktionäre** (Informationsdelikt).[50] Die Mitspracherechte sind hingegen nicht als geschütztes Rechtsgut anzusehen; diese erfahren Schutz darüber, dass die Aktionäre ihr Votum in der Hauptversammlung abgeben können.[51]

65    Die Norm stellt kein **Schutzgesetz** iSd § 823 Abs. 2 BGB dar.[52] Die Informationspflicht hinsichtlich des Vergütungssystems (vgl. § 120a Abs. 2) ist jedenfalls nicht auch Individualin-

---

[44] BeckOGK/*Hefendehl* Rn. 25.
[45] Großkomm AktG/*Otto* Rn. 44; Kölner Komm AktG/*Altenhain* Rn. 17.
[46] Großkomm AktG/*Otto* Rn. 43; BeckOGK/*Hefendehl* Rn. 25.
[47] Großkomm AktG/*Otto* Rn. 45; BeckOGK/*Hefendehl* Rn. 26.
[48] *Bungert/Wansleben* BB 2019, 1026 (1026); *J. Schmidt* NZG 2018, 1201 (1205); BeckOGK/*Hefendehl* Rn. 26 f. mwN.
[49] Hierzu BeckOGK/*Hefendehl* Rn. 28.
[50] BeckOGK/*Hefendehl* Rn. 29. Hierzu *Illner/Hoffmann* ZWH 2019, 81 (83); *Heldt* AG 2018, 905 (913).
[51] BeckOGK/*Hefendehl* Rn. 29.
[52] *Illner/Hoffmann* ZWH 2019, 81 (84); BeckOGK/*Hefendehl* Rn. 34.

teressen zu dienen bestimmt.[53] Es handelt sich vielmehr um einen Mechanismus, Transparenz zu schaffen sowie den Kapitalmärkten allgemeine Informationen zugänglich zu machen.[54]

**2. Tatobjekt.** Der Tatbestand nimmt Bezug auf § 120a Abs. 2. Danach sind Beschluss **66** und Vergütungssystem auf der Internetseite der Gesellschaft zu veröffentlichen.

Vergütungen werden in der Aktiengesellschaft den Vorstandsmitgliedern gewährt.[55] Der **67** Aufsichtsrat bestimmt hierbei nach § 87a Abs. 1 S. 1 ein klares und verständliches System zur **Vergütung der Vorstandsmitglieder,** wobei über § 87a Abs. 1 S. 2 konkrete Anforderungen an das Vergütungssystem normiert werden. § 87a Abs. 2 S. 1 enthält einen Verweis auf § 120a Abs. 1, wonach die Hauptversammlung (mindestens) alle vier Jahre, jedenfalls bei jeder wesentlichen Änderung einen Beschluss über die Billigung des Vergütungssystems fassen muss.[56]

Die **Vergütung der Aufsichtsratsmitglieder** ist in § 113 geregelt. Nach § 113 Abs. 1 **68** S. 1 können die Aufsichtsratsmitglieder Vergütungen erhalten; hierüber ist (mindestens) alle vier Jahre Beschluss zu fassen (§ 113 Abs. 3 S. 1). § 120a Abs. 2 und 3 findet gem. § 113 Abs. 3 S. 6 entsprechende Anwendung, wonach ein diesbezüglicher Beschluss und das Vergütungssystem ebenfalls auf der Internetseite zu veröffentlichen sind. Demnach unterfällt auch die Vergütung der Aufsichtsratsmitglieder dem Bußgeldtatbestand des § 405 Abs. 1 Nr. 5.[57]

**3. Tathandlung.** Tathandlung ist das Unterlassen sowie die nicht richtige, nicht vollstän- **69** dige oder nicht rechtzeitige Vornahme der Veröffentlichung. Unter Bezugnahme auf die Veröffentlichungspflicht nach § 120a Abs. 2 muss von dieser zum einen das Vergütungssystem, zum anderen der diesbezügliche Beschluss der Hauptversammlung erfasst sein.

Aufgrund der Regelungen der § 124 Abs. 2 S. 3 iVm § 124a Nr. 1 wird eine Veröffentli- **70** chung des Vergütungssystems auf der Internetseite wohl regelmäßig nicht mehr erforderlich sein, da diese Informationen bereits als Teil der Einberufungsunterlagen zur Hauptversammlung auf der Internetseite enthalten sein müssen.[58] Ein diesbezüglicher Bußgeldtatbestand findet sich in § 405 Abs. 3a Nr. 2. In diesen Fällen wird die Pflicht zur Veröffentlichung nur den diesbezüglichen Bericht betreffen. Es sei denn, das Vergütungssystem wird nach der Einberufung der Hauptversammlung geändert; in einem solchen Falle wird auch dieses erneut zu veröffentlichen sein.[59] Wenn überhaupt kein Vergütungssystem erstellt wird, ist auch eine Veröffentlichungspflicht hinfällig; hier greifen die allgemeinen Haftungsvorschriften der § 93 Abs. 2, § 116.[60]

Eine Veröffentlichung ist dann als **unrichtig** anzusehen, wenn sie entgegen der im **71** Rahmen der in § 120a Abs. 2 genannten Voraussetzungen vollzogen wird. Danach sind Beschluss und Vergütungssystem unverzüglich auf der Internetseite der Gesellschaft zu veröffentlichen und für die Dauer der Gültigkeit des Vergütungssystems, mindestens jedoch für zehn Jahre, kostenfrei öffentlich zugänglich zu machen. Die Tatvariante der **nicht vollständigen** Veröffentlichung hat gegenüber der unrichtigen Veröffentlichung keinen eigenständigen Anwendungsbereich, da eine nicht vollständige zugleich auch eine unrichtige Veröffentlichung darstellen wird.[61] Jedenfalls ist der Beschluss unter Angabe des Beschlussdatums und des Beschlussergebnisses zu veröffentlichen.[62] § 120a Abs. 2 spricht weiterhin davon, dass

---

[53] Vgl. zu allg. Anforderungen an Schutzgesetze BeckOK BGB/*Förster* BGB § 823 Rn. 275.
[54] *Illner/Hoffmann* ZWH 2019, 81 (86).
[55] Hierzu BeckOGK/*Hefendehl* Rn. 36.
[56] BeckOGK/*Hefendehl* Rn. 36; nach § 120 Abs. 4 aF (die Rechtslage vor dem ARUG II betreffend) war ein Beschluss über das Vergütungssystem nur fakultativ vorgesehen.
[57] *Illner/Hoffmann* ZWH 2019, 81 (83); BeckOGK/*Hefendehl* Rn. 38 f. mwN.
[58] Vgl. BT-Drs. 19/9739, 94; BeckOGK/*Hefendehl* Rn. 39.
[59] BT-Drs. 19/9739, 94; BeckOGK/*Hefendehl* Rn. 40.
[60] BT-Drs. 19/9739, 116; *Illner/Hoffmann* ZWH 2019, 81 (84); BeckOGK/*Hefendehl* Rn. 40.
[61] BeckOGK/*Hefendehl* Rn. 41.
[62] BT-Drs. 19/9739, 93.

die Veröffentlichung „unverzüglich" geschehen muss. Sofern dies nicht der Fall ist, wird man von einer **nicht rechtzeitigen** Veröffentlichung ausgehen müssen.[63]

## VIII. Verstoß gegen die Veröffentlichungspflicht des Vergütungsberichts und Prüfungsvermerks (Abs. 1 Nr. 6)

72    **1. Allgemeines.** § 405 Abs. 1 Nr. 6 wurde durch das Gesetz zur Umsetzung der zweiten Aktionärsrechte-RL **(ARUG II)** mit Wirkung vom 1.1.2020 eingefügt (→ Vor § 399 Rn. 16; → § 405 Rn. 5). Hierbei wird ein Verstoß gegen die Veröffentlichungspflicht im Hinblick auf den Vergütungsbericht sowie des Prüfungsvermerks durch Verweis auf § 162 Abs. 4 sanktioniert; als weiteres Instrument zur stärkeren Einbindung der Aktionäre in Vergütungsfragen der Mitglieder der Unternehmensleitung wurde im Zuge dessen § 405 Abs. 1 Nr. 5 geschaffen (→ Rn. 62 ff. mwN).

73    Als **Täter** des Bußgeldtatbestandes kommen Mitglieder des Vorstandes oder solche des Aufsichtsrates sowie Abwickler in Betracht (→ Rn. 10 ff.).

74    Die Publizitätspflicht hinsichtlich des Vergütungsberichts und seines Prüfungsvermerks soll für mehr Unternehmenstransparenz, darüber hinaus für eine verbesserte Rechenschaftspflicht der Mitglieder der Unternehmensleitung sowie insbesondere eine Verbesserung hinsichtlich der Überwachung der Vergütung der Mitglieder der Unternehmensleitung sorgen (Erwägungsgrund 33 RL (EU) 2017/828).[64] Die erhöhte Transparenz dient den Aktionären; da der Vergütungsbericht aber auch allgemein zugänglich zu machen ist, sind darüber hinaus auch potentielle Anleger sowie andere an der Gesellschaft interessierte Akteure zum Kreise der hierdurch profitierenden Personen zu zählen (Erwägungsgrund 33 RL (EU) 2017/828). Hierdurch soll eine Überprüfung ermöglicht werden, wie die Gesellschaft ihre Vergütungspolitik in der Praxis umsetzt (Erwägungsgrund 33 RL (EU) 2017/828). Es lassen sich – zumindest mittelbar – demnach auch **Vermögensinteressen** des genannten Personenkreises als geschützt ansehen. Da jedoch lediglich „nicht näher konkretisierte Gewinnaussichten" im Raum stehen, ist das Vermögen nicht geschütztes Rechtsgut.[65] Vielmehr sind ebenso (zu § 405 Abs. 1 Nr. 5 → Rn. 64) die **Informationsrechte der Aktionäre** (Informationsdelikt) als **geschütztes Rechtsgut** anzusehen.[66]

75    Es handelt sich bei § 405 Abs. 1 Nr. 6 nicht um ein **Schutzgesetz** iSd § 823 Abs. 2 BGB (s. auch → Rn. 65).[67]

76    **2. Tatobjekt.** Nach § 405 Abs. 1 Nr. 6 iVm § 162 Abs. 4 sind Vergütungsbericht sowie Prüfungsvermerk öffentlich zugänglich zu machen. Die Anforderungen an den **Vergütungsbericht** sind dabei in § 162 Abs. 1 S. 1 normiert, wonach der Vergütungsbericht jährlich von dem Vorstand und dem Aufsichtsrat der börsennotierten Gesellschaft zu erstellen ist; darüber hinaus sind konkrete Anforderungen in § 162 Abs. 1 S. 2 Nr. 1–7 sowie Abs. 2 Nr. 1–4 normiert. Einschränkungen enthalten insoweit die Abs. 5 und 6.

77    Nach § 162 Abs. 4 S. 1 iVm Abs. 3 S. 3 ist ein **Vermerk** über die Prüfung des Vergütungsberichts zu erstellen. Dieser hat nach § 162 Abs. 3 S. 1 durch den Abschlussprüfer zu erfolgen, der nach § 162 Abs. 3 S. 2 zu prüfen hat, ob die nach Abs. 1 und 2 zu fordernden Angaben gemacht wurden. Es liegt demnach eine lediglich formelle Prüfpflicht des Abschlussprüfers vor.[68]

78    **3. Tathandlung.** Als Tathandlung ist das Unterlassen des Zugänglichmachens oder das nicht mindestens zehn Jahre andauernde Zugänglichmachen des Vergütungsberichts oder

---

[63] Begr. RegE, BT-Drs. 19/9739, 93, führt insoweit § 130 Abs. 6 an, wonach jedenfalls eine Veröffentlichung innerhalb von sieben Tagen zu erfolgen habe; BeckOGK/*Hefendehl* Rn. 42 mwN.

[64] BeckOGK/*Hefendehl* Rn. 43 mwN.

[65] BeckOGK/*Hefendehl* Rn. 44.

[66] *Illner/Hoffmann* ZWH 2019, 81 (84) mwN; BeckOGK/*Hefendehl* Rn. 44.

[67] *Illner/Hoffmann* ZWH 2019, 81 (84); BeckOGK/*Hefendehl* Rn. 44.

[68] BT-Drs. 19/9739, 113 mwN auch zu den Anforderungen an den Vergütungsbericht iE s. auch BeckOGK/*Hefendehl* Rn. 47.

des Vermerks anzusehen. Irrelevant ist hingegen, ob der Vergütungsbericht oder der Vermerk inhaltlich richtig sind.[69]

Gem. § 162 Abs. 4 sind Vergütungsbericht und Vermerk nach dem Beschluss nach § 120a **79** Abs. 4 S. 1 öffentlich zugänglich zu machen. Maßgeblicher Zeitpunkt, wonach die Pflicht zur Veröffentlichung entsteht, ist demnach der Zeitpunkt des Beschlusses der Hauptversammlung. § 120a Abs. 5 normiert den Zeitpunkt der Vorlage des Vergütungsberichts des letzten Geschäftsjahres als maßgeblichen Zeitpunkt für börsennotierten kleinen und mittelgroßen Gesellschaften.

Aufgrund der Publizitätspflichten der § 124 Abs. 2 S. 3, § 124a S. 1 Nr. 1 wird der Vergü- **80** tungsbericht regelmäßig als Teil der Einberufungsunterlagen zur Hauptversammlung bereits auf der Internetseite bekanntgegeben worden sein; ein entsprechender Bußgeldtatbestand im Hinblick auf die nach § 124a zu machenden Angaben liegt im Rahmen des § 405 Abs. 3a Nr. 2 vor. Eine Veröffentlichung des Vergütungsberichts auf der Internetseite ist in diesem Falle nicht mehr erforderlich.[70] Der Bericht muss aber etwa dann erneut veröffentlicht werden, wenn redaktionelle Änderungen vorgenommen wurden (vgl. insoweit auch → Rn. 70).[71] Die Gesetzesbegründung geht im Rahmen des § 405 Abs. 1 Nr. 6 ebenfalls (vgl. hierzu auch die Ausführungen zu § 405 Abs. 1 Nr. 5; → Rn. 71) davon aus, dass die Veröffentlichung von Bericht und Vermerk „unverzüglich" zu erfolgen hat.[72]

### IX. Unterlassene oder unrichtige Angaben zum Teilnehmerverzeichnis (Abs. 2)

**1. Allgemeines. Täter** nach § 405 Abs. 2 können nur Aktionäre oder Aktionärsvertreter **81** sein. Zu diesen Tätermerkmalen wird auf die vorstehenden Ausführungen (→ Rn. 15 ff.) Bezug genommen. Infolgedessen kann zB ein Notar, der das Teilnehmerverzeichnis aufstellt, nicht Täter sein und auch nicht der Vorsitzende der Hauptversammlung, der nach § 129 Abs. 4 S. 2 das Verzeichnis unterzeichnet. Beide können sich jedoch an der Tat beteiligen (§ 9 Abs. 1 OWiG; vgl. → Rn. 14 ff.).[73]

Dieser Bußgeldtatbestand soll die Echtheit und Unverfälschtheit der aktienrechtlichen **82** Meinungsbildung in der Hauptversammlung sicherstellen.[74] **Geschütztes Rechtsgut** sind deshalb die Interessen der Aktionäre an dem ordnungsgemäßen Ablauf der Hauptversammlung (→ § 129 Rn. 47 mwN),[75] nach weitergehender Ansicht auch die Interessen der Gesellschaft hieran.[76]

In diesem Umfang ist § 405 Abs. 2 **Schutzgesetz** iSd § 823 Abs. 2 BGB, der jedoch in **83** seiner Bedeutung hinter den Haftungstatbestand des § 129 zurücktritt.[77]

**2. Tatobjekt.** § 129 Abs. 1 S. 2 bestimmt, dass in der Hauptversammlung ein Teilneh- **84** merverzeichnis aufzustellen ist. Tatobjekt sind die Angaben, die nach der genannten Vorschrift in der Hauptversammlung gemacht werden. § 405 Abs. 2 verweist als Ausfüllungsvorschrift nur auf § 129. Angaben zum Teilnehmerverzeichnis, die in einer gesonderten Versammlung nach § 138 gemacht werden, in der ebenfalls ein Teilnehmerverzeichnis aufzustellen ist (→ § 138 Rn. 26),[78] fallen nicht unter den Tatbestand des § 405 Abs. 2.[79]

**3. Tathandlung.** Die Zuwiderhandlung gegen § 405 Abs. 2 kann in drei Tatformen **85** begangen werden: Der Täter macht überhaupt keine Angaben zum Teilnehmerverzeichnis, er macht unvollständige Angaben oder er macht unrichtige Angaben.

---

[69] Ein inhaltlich unrichtiger Vergütungsbericht oder Vermerk wird hingegen von § 400 Abs. 1 Nr. 1 erfasst.
[70] BT-Drs. 19/9739, 113.
[71] BT-Drs. 19/9739, 113.
[72] BT-Drs. 19/9739, 113; zu dem Erfordernis der „unverzüglichen" Veröffentlichung BeckOGK/*Hefendehl* Rn. 49 f. mwN.
[73] Ähnlich Großkomm AktG/*Otto* Rn. 55.
[74] Großkomm AktG/*Otto* Rn. 49.
[75] Kölner Komm AktG/*Altenhain* Rn. 22; Hüffer/Koch/*Koch* § 129 Rn. 16.
[76] Großkomm AktG/*Otto* Rn. 49; *Baumbach/Hueck* Rn. 10; BeckOGK/*Hefendehl* Rn. 51.
[77] Kölner Komm AktG/*Altenhain* Rn. 22; BeckOGK/*Hefendehl* Rn. 51.
[78] Hüffer/Koch/*Koch* § 138 Rn. 3.
[79] Kölner Komm AktG/*Altenhain* Rn. 25; Graf/Jäger/Wittig/*Temming* Rn. 19.

**86**  Die erste Tatform – **keine Angaben** – ist ein **echtes Unterlassungsdelikt**,[80] das aber fast nie vorkommen wird, weil der Täter sich damit praktisch seiner Rechte in der Hauptversammlung begibt. Wesentlich sind deshalb nur die beiden anderen Tatformen.

**87**  Die Tathandlung des Machens **nicht richtiger Angaben** stimmt mit den Tatbestandsmerkmalen des Machens falscher Angaben in § 399 (vgl. → § 399 Rn. 52 ff.) und der unrichtigen Wiedergabe in § 400 (vgl. → § 400 Rn. 34 ff.) überein.

**88**  Wann die Angaben unvollständig oder falsch sind, ergibt sich aus § 129 Abs. 1–3 (vgl. → § 129 Rn. 24 ff.). Das gilt auch für die Angaben, die ein Aktionär, sein Vertreter oder eine sonstige Person (als Beteiligter) in eigenem Namen bei der Ausübung des Stimmrechts für Aktien macht, die ihm nicht gehören oder die er nicht zu vertreten hat (§ 129 Abs. 3).

**89**  **Vollendet** ist die Zuwiderhandlung in dem Augenblick, in dem der Täter die erste falsche Angabe macht oder in dem er aufhört, Angaben zu machen, obwohl sie nicht vollständig sind.[81] Bei der Tatform des Unterlassens ist die Tat zu dem Zeitpunkt vollendet, in dem der Täter die erste Angabe spätestens hätte machen müssen.[82]

## X. Keine oder unrichtige Mitteilung zur Eigentumslage (Abs. 2a Nr. 1)

**90**  **1. Allgemeines.** Eine Aktiengesellschaft, die Namensaktien oder Zwischenscheine (§ 10) ausgibt, ist nach § 67 Abs. 1 und 7 verpflichtet, ein Aktienregister zu führen. In dieses sind nach § 67 Abs. 1 die Aktieninhaber mit ihrem Aktienbesitz einzutragen. Da anstelle des Inhabers der Aktie aber auch ein Dritter, zB Treuhänder (→ § 67 Rn. 23), Legitimationsaktionär,[83] Verwahrbank oder Zentralverwahrer eingetragen sein kann, führt das entgegen der Intention der Vorschrift nicht zur Offenlegung des „wahren Aktionärs". Um die Transparenz des Aktienregisters zu erhöhen, sind deshalb durch das **Risikobegrenzungsgesetz** vom 12.8.2008 (vgl. → Rn. 4) die Bestimmungen des § 67 angepasst worden.[84] Darüber hinaus wurden durch das Gesetz zur Umsetzung der zweiten Aktionärsrechte-RL **(ARUG II)** vom 12.12.2019 (→ Rn. 5) im Rahmen der §§ 67a–67d sowie der §§ 134b– 134d und § 135 neue Pflichten geschaffen. Der umfassend neu gefasste § 405 Abs. 2a enthält für diese neuen Pflichten zur Aktionärsidentifikation und -Information sowie Transparenzpflichten gesammelt die Sanktionstatbestände.[85] Der neue Abs. 2a Nr. 1 greift die bestehende Regelung des Abs. 2a aF auf, ohne dass sich inhaltliche Änderungen ergeben.[86] Die geänderten Tatbestände des § 405 Abs. 2a Nr. 1–5 und Nr. 7 sind erstmals ab dem 3.9.2020 anzuwenden (§ 26j Abs. 4 EGAktG).

**91**  **Täter** dieses Tatbestands kann nur derjenige sein, der auch Adressat der in § 67 Abs. 4 S. 2 Hs. 1 bzw. S. 3 normierten Pflichten ist (also „Eingetragener").[87] Es handelt sich demnach bei § 405 Abs. 2a Nr. 1 – wie auch bei den anderen Nr. des § 405 Abs. 2a – um ein **echtes Sonderdelikt**.[88] Eine täterschaftliche Verwirklichung anzunehmen, ohne dass es sich um eine von der Verweisung des § 67 Abs. 4 S. 2 erfasste Person („Eingetragener") handelt, erscheint nicht schlüssig; dies wird von der Gegenansicht, wonach es sich um ein Allgemeindelikt handeln soll, jedenfalls auch nicht weiter begründet.[89]

**92**  § 67 Abs. 4 S. 3 dient weiterhin der Aufdeckung von Verwahrketten.[90] Dem liegt zugrunde, dass der Eingetragene keine Verpflichtung trägt, den wahren Eigentümer der

---

[80] Großkomm AktG/*Otto* Rn. 52; BeckOGK/*Hefendehl* Rn. 54.
[81] Ebenso Bürgers/Körber/*Pelz* Rn. 9.
[82] Großkomm AktG/*Otto* Rn. 52 ff.; Kölner Komm AktG/*Altenhain* Rn. 25; BeckOGK/*Hefendehl* Rn. 56.
[83] *Noack* NZG 2008, 721.
[84] Begr. RegE, BT-Drs. 16/7438, 9.
[85] BT-Drs. 19/9739, 116.
[86] BT-Drs. 19/9739, 116.
[87] Anders noch → 4. Aufl. 2017, Rn. 72b *(Schaal)*.
[88] Hölters/*Müller-Michaels* Rn. 37; Henssler/Strohn/*Raum* Rn. 3; BeckOGK/*Hefendehl* Rn. 58; aA aber Kölner Komm AktG/*Lutter/Altenhain* § 405 Rn. 30.
[89] So noch → 4. Aufl. 2017, § 405 Rn. 14, 72b *(Schaal)*; ebenso NK-WSS/*Krause/Twele* Rn. 17.
[90] BT-Drs. 16/7438, 14; s. hierzu BeckOGK/*Hefendehl* Rn. 58 mwN.

Aktie, sondern lediglich die Person zu benennen, für welche er die Aktie hält.[91] Als solche Person kommt ausschließlich in Betracht, wer den Eingetragenen zur Eintragung ermächtigt hat. Die Norm ermöglicht es, von dem Eingetragenen Auskunft darüber zu verlangen, wem die Aktien wirklich gehören. Darüber hinaus kann das Auskunftsverlangen auch gegen diejenige Person gerichtet werden, deren Identität hierdurch offengelegt wird; dieses erstreckt sich somit auf die gesamte Verwahrkette.[92]

Das Aktienregister soll der Gesellschaft unter anderem Transparenz über die Identität der **93** Aktieninhaber verschaffen und eine unmittelbare Kommunikation zwischen Gesellschaft und Aktionär ermöglichen.[93] Der Bußgeldtatbestand schützt die Richtigkeit des Aktienregisters vor falschen Auskünften,[94] sodass das Vertrauen der Gesellschaft in deren Unverfälschtheit als **geschütztes Rechtsgut** anzusehen ist.[95]

In eben diesem Schutzumfang ist § 405 Abs. 2a Nr. 1 als **Schutzgesetz** iSd § 823 Abs. 2 **94** BGB zugunsten der Gesellschaft anzusehen. Nicht geschützt ist dagegen der einzelne Aktionär, denn dieser hat keine Befugnis zur Einsichtnahme und kann sich auch nicht über seine Mitaktionäre informieren (→ § 67 Rn. 157).[96]

**2. Tatobjekt.** Tatobjekt sind infolge des ARUG II nur noch die Auskunftspflichten **95** nach § 67 Abs. 4 S. 2 Hs. 1, auch iVm S. 3. Derjenige, der im Aktienregister als Aktionär eingetragen ist, hat nach § 67 Abs. 4 S. 2 Hs. 1 auf Verlangen der Gesellschaft darüber Auskunft zu erteilen, ob er Fremd- oder Eigenbesitzer ist. Ist er Fremdbesitzer, kann ihn die Aktiengesellschaft nach § 67 Abs. 2 Hs. 2 weiter auffordern, denjenigen, für den er eingetragen ist (also seinen Treugeber), mit den Angaben nach § 67 Abs. 1 zu benennen. Bei einer Kette von Treuhandverhältnissen (insbesondere Verwahrkette) kann die AG nach § 67 Abs. 4 S. 3 diese Angaben sodann von jedem zwischengeschalteten Treunehmer verlangen. Mit diesen Schritten kann „die vollständige Offenlegung der Legitimationsverhältnisse bis zum materiell-rechtlichen Aktionär erreicht werden".[97] Das Auskunftsverlangen der Gesellschaft hängt vom pflichtgemäßen Ermessen des Vorstands ab und ist nicht an materielle Voraussetzungen geknüpft.[98] Zu einer entsprechenden Auskunft ist nach § 67 Abs. 4 S. 3 auch derjenige verpflichtet, dessen Identität auf diese Weise bekannt wird.

Das Auskunftsverlangen ist darauf gerichtet, zu erfahren, ob der Eingetragene auch der **96** **dinglich Berechtigte** ist („gehören").[99] Der Auskunft liegt demnach ein sachenrechtliches Verständnis zugrunde. Demzufolge ist der Eingetragene auch nicht verpflichtet offenzulegen, ob schuldrechtliche Bindungen zu Dritten bestehen; eine Offenlegung solcher Verhältnisse ist nicht erfasst.[100]

**3. Tathandlung.** Die Zuwiderhandlung gegen § 405 Abs. 2a Nr. 1 kann dadurch began- **97** gen werden, dass der Täter eine Mitteilung nicht, nicht richtig, nicht vollständig oder nicht rechtzeitig macht. Dem Bußgeldtatbestand liegen demnach **vier Begehungsformen** zugrunde.[101] Die Tatvarianten der nicht rechtzeitigen sowie der nicht vollständigen Mitteilung wurden durch das ARUG II (→ Rn. 5) eingefügt. Die erste Variante in Form des Unterlassens jeglicher Mitteilung stellt sich als **echtes Unterlassungsdelikt** dar; dies wird aber fast nie vorkommen, da die Nicht-Offenlegung nach § 67 Abs. 2 S. 3 einen Stimm-

---

[91] Kölner Komm AktG/*Lutter/Drygala* § 67 Rn. 121; BeckOGK/*Hefendehl* Rn. 58.
[92] BT-Drs. 16/7438, 14; mwN s. hierzu Kölner Komm AktG/*Lutter/Drygala* § 67 Rn. 122; BeckOGK/*Hefendehl* Rn. 58.
[93] Begr. RegE, BT-Drs. 16/7438, 9.
[94] Begr. RegE, BT-Drs. 16/7438, 14.
[95] So auch Kölner Komm AktG/*Altenhain* § 405 Rn. 29; BeckOGK/*Hefendehl* Rn. 57 beschränkt das Rechtsgut auf das Interesse der Gesellschaft, Übernahmeaktivitäten als essenzielle Veränderungen für die Struktur der Aktiengesellschaft zu antizipieren.
[96] Hüffer/Koch/*Koch* § 67 Rn. 28.
[97] Grigoleit/*Grigoleit/Rachlitz* AktG § 67 Rn. 119.
[98] Kölner Komm AktG/*Lutter/Drygala* § 67 Rn. 123; Grigoleit/*Grigoleit/Rachlitz* AktG § 67 Rn. 120.
[99] Kölner Komm AktG/*Lutter/Drygala* § 67 Rn. 120.
[100] Kölner Komm AktG/*Lutter/Drygala* § 67 Rn. 120; Grigoleit/Grigoleit/Rachlitz AktG § 67 Rn. 119.
[101] BeckOGK/*Hefendehl* Rn. 61.

rechtsverlust nach sich zieht.[102] Unter die Variante der unterlassenen Mitteilung ist auch der Fall zu zählen, dass die Mitteilung nicht rechtzeitig abgegeben wurde. Rechtzeitig bedeutet hierbei unverzüglich iSd § 67 Abs. 4 S. 2 Hs. 1, mithin ohne schuldhaftes Zögern (§ 121 BGB).[103] Durch **Begehen** wird der Tatbestand erfüllt, indem eine nicht richtige oder nicht vollständige Mitteilung gemacht wird. Die Tatvariante der nicht vollständigen Mitteilung unterfällt insoweit auch der nicht richtigen Mitteilung. Letztere stimmt mit den entsprechenden Tatbestandsmerkmalen in § 399 (vgl. → § 399 Rn. 52 ff.) und in § 400 (vgl. → § 400 Rn. 34 ff.) überein.

**98**   **Vollendet** ist die Zuwiderhandlung in dem Augenblick, in dem der Täter die erste falsche Mitteilung macht oder in dem er aufhört, Angaben zu machen, obwohl sie nicht vollständig sind (vgl. → Rn. 89).[104] Bei der Tatform des Unterlassens ist die Tat zu dem Zeitpunkt vollendet, in dem der Täter die erste Angabe hätte machen müssen. Das ist nach Ablauf der in § 67 Abs. 1 S. 1 genannten angemessenen Frist anzunehmen, die bei mindestens 14 Tagen je Auskunftsgesuch liegen dürfte.[105] Daher kommt es bei einer Schlechterfüllung oder teilweisen Nichterfüllung auf die Umstände an.[106]

### XI. Verstoß der Intermediäre gegen Aktionärsidentifikations- und Informationspflichten (Abs. 2a Nr. 2–5)

**99**   **1. Allgemeines.** § 405 Abs. 2a Nr. 2–5 verweist als Blankettgesetz auf die der Aktionärsidentifizierung und zum Informationsaustausch von Gesellschaft und Aktionären dienenden Vorschriften der §§ 67a ff.[107] Die §§ 67a ff. sollen dabei innerhalb langer Ketten von Intermediären die Kommunikationsmöglichkeiten zwischen den Gesellschaften und Aktionären verbessern.[108] Dies unterstützt die Ausübung von Aktionärsrechten sowie die Mitwirkungsmöglichkeiten der Aktionäre.[109]

**100**   Ein einheitlich **geschütztes Rechtsgut** lässt sich für die Tatbestände nicht feststellen. Dieses richtet sich vielmehr nach der jeweils in den §§ 67a ff. benannten Pflicht.[110] Dabei dienen die § 67a, § 67b und § 67c Abs. 1 dem Interesse der Aktionäre, ihre Rechte informiert wahrnehmen zu können.[111] § 67c Abs. 3 schützt entsprechend seinem Wortlaut das Interesse des Aktionärs an der Ausübung seiner Rechte in der Hauptversammlung. Im Rahmen der von §§ 67a ff. erfassten Pflichten stellt die Bußgeldvorschrift für die Aktionäre ein **Schutzgesetz** iSv § 823 Abs. 2 BGB dar.[112]

**101**   Darüber hinaus erfasst § 67d nach dem Leitbild „know your shareholder"[113] das Interesse der Gesellschaft an der Kenntnis der Identität ihrer Aktionäre.

**102**   Wie Nr. 1 (vgl. → Rn. 90) handelt es sich auch bei den Nr. 2–5 um **echte Sonderdelikte.** Der Täterkreis wird durch die in den §§ 67a ff. normierten Pflichten bestimmt,[114] wobei allein die Pflichtverletzungen der Intermediäre und nicht die der Aktionäre vom Bußgeldtatbestand erfasst sind.[115]

**103**   **2. Tatobjekt.** Die Feststellung des Tatobjekts richtet sich nach den jeweils in Nr. 2–5 genannten Informationspflichten der Intermediäre.

---

[102] *König* BB 2008, 1910 (1913); *Leuering* NJW-Spezial 2007, 607 (608); Kölner Komm AktG/*Altenhain* Rn. 31 unter Hinweis auf praktische Relevanz bei Fristüberschreitung.
[103] BT-Drs. 19/9739, 59; BeckOGK/*Hefendehl* Rn. 61 mwN.
[104] Kölner Komm AktG/*Altenhain* Rn. 31.
[105] Begr. RegE, BT-Drs. 16/7438, 14.
[106] *Noack* NZG 2008, 721 (724).
[107] *Illner/Hoffmann* ZWH 2019, 81 (87); BT-Drs. 19/9739, 116.
[108] BT-Drs. 19/9739, 60.
[109] *J. Schmidt* NZG 2018, 1201 (1214).
[110] BeckOGK/*Hefendehl* Rn. 66.
[111] BeckOGK/*Hefendehl* Rn. 66; BT-Drs. 19/9739, 60.
[112] BeckOGK/*Hefendehl* Rn. 66.
[113] *J. Schmidt* NZG 2018, 1201 (1214).
[114] BeckOGK/*Hefendehl* Rn. 68.
[115] BT-Drs. 19/9739, 116.

**a) Abs. 2a Nr. 2.** § 67a Abs. 3 S. 1 benennt die Pflicht zur Weiterleitung von **Informa-**  **104** **tionen über Unternehmensereignisse** an den nächsten Intermediär in der Kette. Eine Definition des Unternehmensereignisses findet sich in § 67a Abs. 6 durch Verweis auf Art. 1 Nr. 3 VO (EU) 1212/2018. Auch bei der Einberufung der Hauptversammlung handelt es sich um ein Unternehmensereignis,[116] dessen gesonderte Regelung in § 125 durch den Verweis auf § 125 Abs. 5 S. 3 von der Informationspflicht erfasst ist. Die weiterzuleitenden Informationen betreffen nach § 67a Abs. 3 S. 2 auch solche einer börsennotierten Gesellschaft mit Sitz in einem anderen Mitgliedstaat der Europäischen Union.

Nach § 67c Abs. 1 S. 2 besteht eine Weiterleitungspflicht für **Informationen über die**  **105** **Ausübung von Aktionärsrechten,** die ein Intermediär von einem anderen Intermediär erhält. Die Pflicht aus § 67c Abs. 1 S. 1 ist hingegen von Abs. 2a Nr. 3 erfasst (vgl. → Rn. 108). Die Weiterleitung kann sowohl direkt an die Gesellschaft als auch an den jeweils nächsten Intermediär in der Kette stattfinden. Sowohl Art und Weise der Übermittlung als auch dessen Umfang und das Ob der Übermittlung können nach § 67c Abs. 2 S. 1 vom Aktionär entschieden werden, sodass ein Handeln auf entsprechende Anweisung keinen Verstoß darstellt.[117] Erfasst sind neben Inhaberaktien auch Namensaktien gem. § 67c Abs. 1 S. 3.[118] Die Aktionärsrechte betreffen insbesondere die in §§ 122, 126, 127 und § 186 normierten Rechte sowie das Stimmrecht in der Hauptversammlung.[119]

§ 67d Abs. 4 S. 2 Hs. 2 normiert eine Übermittlungspflicht des Letztintermediärs für den  **106** Fall, dass die Gesellschaft das Informationsverlangen nicht wie in S. 1 an den Letztintermediär (vgl. → Rn. 109), sondern an einen anderen Intermediär in der Kette richtet. Die Übermittlung hat an den jeweils nächsten Intermediär in der Kette oder den im Informationsverlangen benannten Intermediär stattzufinden. Inhaltlich bezieht sich die Information auf die **Identität der Aktionäre oder des nächsten Intermediärs,** ihr Umfang bestimmt sich nach der in § 64d Abs. 2 normierten Legaldefinition.[120] Die Übermittlungspflicht setzt einen Informationsanspruch der Gesellschaft gegenüber einem Intermediär, der Aktien der Gesellschaft verwahrt, voraus.

**b) Abs. 2a Nr. 3.** § 67b Abs. 1 S. 1 und Abs. 2 normieren die Weiterleitungspflicht des  **107** Letztintermediärs an den Aktionär. Inhaltlich betrifft diese – infolge des Verweises auf § 67a Abs. 1 S. 1 – Informationen über Unternehmensereignisse (vgl. → Rn. 104). Dabei soll § 67b Abs. 1 die letzte Lücke in der Informationskette schließen.[121] Problematisch ist die Formulierung „nach § 67a Abs. 1 S. 1 **erhaltenen** Informationen". So kann der Wortlaut „nach … erhaltenen" im Kontext des Verweises auf § 67a Abs. 1 S. 1 als eine Begrenzung auf die Gesellschaft als Informationsquelle ausgelegt werden. Der fehlende Verweis auf § 67a Abs. 3 hat danach zur Folge, dass eine Weiterleitungspflicht des Letztintermediärs für Informationen, die er von einem anderen Intermediär erhalten hat, von § 67b Abs. 1 S. 1 nicht erfasst ist.[122] Eine weite Auslegung des § 67a Abs. 1 S. 1 als mögliche Lösung de lege lata unter Einbeziehung aller Informationsketten verstößt jedoch gegen Art. 103 Abs. 2 GG.[123] Insofern ist eine klarstellende Änderung geboten, was sowohl der Intention des Gesetzgebers als auch den in Art. 3b Abs. 1 Aktionärsrechte-RL genannten Vorgaben entspricht.[124]

§ 67c Abs. 1 betrifft nach seinem Inhalt Informationen über die Ausübung von Aktio-  **108** närsrechten (vgl. → Rn. 100). Anders als in Abs. 2a Nr. 2 normiert Nr. 3 eine Weiterleitungspflicht **des Letztintermediärs** an die Gesellschaft oder an einen Intermediär in der

---

[116] BT-Drs. 19/9739, 63.
[117] *Bork* NZG 2019, 738 (743).
[118] BT-Drs. 19/9739, 65.
[119] BT-Drs. 19/9739, 64.
[120] *J. Schmidt* NZG 2018, 1201 (1214).
[121] BT-Drs. 19/9739, 63.
[122] Ausf. hierzu BeckOGK/*Hefendehl* Rn. 76.
[123] BeckOGK/*Hefendehl* Rn. 77.
[124] BT-Drs. 19/9739, 63.

Kette. Die Modalitäten und Voraussetzungen einer Übermittlung richten sich nach den bereits unter Abs. 2a Nr. 2 (vgl. → Rn. 105) aufgeführten Anforderungen.

**109**    Zuletzt richtet sich § 67d Abs. 4 S. 1 an eine Übermittlungspflicht des Letztintermediärs (S. 1) oder des von der Gesellschaft adressierten Intermediärs in einer Kette (S. 3) an die Gesellschaft. Demnach unterscheidet sich der § 67d Abs. 4 S. 1 von § 67d Abs. 4 S. 2 Hs. 2 (vgl. → Rn. 106) allein hins. des **Empfängers der Information.** Inhalt der Information ist auch hier die Identität des Aktionärs oder des nächsten Intermediärs (§ 67d Abs. 1 S. 1).

**110**    **c) Abs. 2a Nr. 4.** Nach § 67c Abs. 3 trifft den Letztintermediär die Pflicht, auf Verlangen des Aktionärs diesem einen Nachweis über seinen Anteilsbesitz auszustellen oder an die Gesellschaft weiterzuleiten. Anders als noch in § 123 Abs. 4 S. 1 aF sind nun auch Namensaktien von der Ausstellungs- und Übermittlungspflicht erfasst, wobei deren Anwendungsbereich infolge der Reglung des § 123 Abs. 5 als gering einzuordnen ist.[125]

**111**    **d) Abs. 2a Nr. 5.** Abs. 2a Nr. 5 ahndet eine Verletzung der Weiterleitungspflicht des Intermediärs bezüglich des Auskunftsverlangens der Gesellschaft gem. § 67d Abs. 3.

**112**    **3. Tathandlung.** Nach § 405 Abs. 2a Nr. 2–5 handelt ordnungswidrig, wer die betreffende Pflicht nicht, nicht richtig, nicht vollständig oder nicht rechtzeitig erfüllt. Danach läuft die Tathandlung parallel zu Abs. 2a Nr. 1 (vgl. → Rn. 97). Die Rechtzeitigkeit bestimmt sich nach jeweils einschlägigen Fristenreglung in Art. 9 VO (EU) 1212/2018, auf die innerhalb der einzelnen Informationspflichten in §§ 67a ff. verwiesen wird. Die Unrichtigkeit und Unvollständigkeit der Informationen nach § 67d ist auf den Umfang der Mitteilung des Aktionärs begrenzt. Eine Nachforschungspflicht des Intermediärs besteht nicht.[126]

## XII. Verstöße gegen die Veröffentlichungspflicht von Geschäften mit nahestehenden Personen (Abs. 2a Nr. 6)

**113**    **1. Allgemeines.** Der durch das **ARUG II** (vgl. → Rn. 90) eingeführte Abs. 2a Nr. 6 erfasst Veröffentlichungspflichten von Informationen zu zustimmungspflichtigen Geschäften mit nahestehenden Personen („related party transactions").[127] Dieser ist der kapitalmarktrechtlichen Pflicht zur Veröffentlichung von Insiderinformationen gem. Art. 17 MAR nachgebildet.[128] Hintergrund ist, dass Geschäften mit nahestehenden Personen die Gefahr immanent ist, dass diese ihre Stellung ausnutzen, um Vermögensverschiebungen herbeizuführen. Dies kann wiederum zu Nachteilen sowohl für die Aktionäre als auch die Gesellschaft führen (sog. Tunneling).[129]

**114**    Die Norm sieht sich einiger Bedenken im Hinblick auf den **Bestimmtheitsgrundsatz nach Art. 103 Abs. 2 GG** ausgesetzt.[130] Zum einen ergibt sich dies aus den sehr weit gefassten Tatbestandsmerkmalen, zum anderen aus dem Verweis in § 111a Abs. 1 S. 2 auf die internationalen Rechnungslegungsstandards der VO (EG) 1126/2008 zur Bestimmung der nahestehenden Person.[131]

**115**    Der **Täterkreis** ist auf diejenigen Personen beschränkt, die auch die Veröffentlichungspflichten treffen.[132]

**116**    Als **geschütztes Rechtsgut** sind die Informationsrechte (potentieller) Aktionäre anzusehen.[133]

---

[125] BT-Drs. 19/9739, 66; *Bork* NZG 2019, 738 (743).

[126] BT-Drs. 19/9739, 67; *Bork* NZG 2019, 738 (740).

[127] *Illner/Hoffmann* ZWH 2019, 81 (85).

[128] BT-Drs. 19/9739, 85.

[129] *Tröger/Roth/Strenger* BB 2018, 2946 (2948); vgl. hierzu Erwägungsgrund 42 RL 2017/828/EU; *Paschos/Goslar* AG 2018, 857 (866); mwN BeckOGK/*Hefendehl* Rn. 88.

[130] Hierzu umfassend BeckOGK/*Hefendehl* Rn. 90, 99.

[131] Zu den diesbezüglichen Anforderungen an Blankettgesetze BeckOGK/*Hefendehl* Rn. 90 f. mwN.

[132] BeckOGK/*Hefendehl* Rn. 93.

[133] So auch BeckOGK/*Hefendehl* Rn. 88.

§ 405 Abs. 2a Nr. 6 soll nicht allein der Schaffung von Transparenz dienen (zu diesem **117** Schutzzweck zB § 405 Abs. 1 Nr. 5 und 6 → Rn. 64, → Rn. 74), sondern ist auch dazu bestimmt, dass sich „Aktionäre, Gläubiger, Arbeitnehmer und andere interessierte Parteien über potenzielle Auswirkungen informieren können, die solche Geschäfte unter Umständen auf den Wert der Gesellschaft haben" (Erwägungsgrund 44 RL 2017/828/EU). Dem Zweck der Norm lässt sich danach entnehmen, dass diese Einzelne bzw. einzelne Personenkreise gegen die Verletzung besagter Informationsrechte schützen soll.[134] § 405 Abs. 2a Nr. 6 stellt sich insoweit als **Schutzgesetz iSd § 823 Abs. 2 BGB** dar.[135]

**2. Tatobjekt.** Der Tatbestand bezieht sich auf die Veröffentlichungspflicht nach § 111c **118** Abs. 1 S. 1. Hiernach sind von dem Tatbestand Geschäfte mit nahestehenden Personen erfasst, die gem. § 111b Abs. 1 der Zustimmung bedürfen.

Das Geschäft mit nahestehenden Personen wird in § 111a Abs. 1 definiert; danach handelt **119** es sich um solche **Rechtsgeschäfte oder Maßnahmen** mit nahestehenden Personen, durch die ein Gegenstand oder ein anderer Vermögenswert entgeltlich oder unentgeltlich übertragen oder zur Nutzung überlassen wird. Zu Rechtsgeschäften und Maßnahmen idS zählen neben Dienstleistungen auch Käufe und Verkäufe von Grundstücken, fertigen oder unfertigen Waren oder Erzeugnissen, die Nutzung oder Nutzungsüberlassung von Vermögensgegenständen sowie die Finanzierung, die Gewährung von Bürgschaften oder anderen Sicherheiten.[136] Kein Geschäft iSd § 111a Abs. 1 S. 1 liegt bei einem Unterlassen vor (§ 111a Abs. 1 S. 3). Der Geschäftsbegriff umfasst sowohl dingliche als auch schuldrechtliche Rechtsgeschäfte; hierbei wird jedoch ausgehend von dem funktionalen Begriffsverständnis im Regelfall nur eine einheitliche Zustimmung für das schuldrechtliche sowie das entsprechende dingliche Rechtsgeschäft erforderlich sein.[137] Bei Dauerschuldverhältnissen ist grundsätzlich ebenso von einer lediglich einmaligen Pflicht zur Zustimmung und Bekanntgabe bei Geschäftsabschluss auszugehen.[138]

Hinsichtlich des Begriffs der **nahestehenden Personen** wird nach § 111a Abs. 1 S. 2 auf **120** die VO (EG) 1126/2008 verwiesen. Der Terminus der nahestehenden Person hat dieselbe Bedeutung wie der Begriff „nahestehende Unternehmen und Personen" in den internationalen Rechnungslegungsstandards. Erfasst sind danach neben natürlichen Personen auch juristische Personen und Personenvereinigungen.[139]

Die **Zustimmungsbedürftigkeit** richtet sich nach § 111b Abs. 1. Danach sind nur **121** wesentliche Geschäfte von dem Zustimmungsvorbehalt erfasst, deren Schwellenwert und die entsprechenden Bezugsgrößen in Abs. 1 festgelegt sind. Der wirtschaftliche Wert des Geschäfts ist durch Schätzung zu ermitteln.[140] Dem Aufsichtsrat steht ein Ermessen zu.[141]

**3. Tathandlung.** Als Tathandlung kommt zum einen das Unterlassen der Veröffentli- **122** chung in Betracht, zum anderen deren nicht richtige, nicht vollständige oder nicht rechtzeitige Vornahme. Die Tathandlungen sind parallel zu § 405 Abs. 2a Nr. 1 ausgestaltet (iE → Rn. 97).

Hinsichtlich der Verwirklichung der ersten Tatvariante (**echtes Unterlassungsdelikt;** vgl. **123** auch → Rn. 97)[142] ist die Frage nach dem Zeitpunkt der Entstehung der Veröffentlichungspflicht gesondert zu betrachten. Abzustellen ist hierbei – parallel zu § 111b Abs. 1 – auf den Zeitpunkt des Abschlusses des (Verpflichtungs-)Geschäftes.[143] Der Gegenauffassung nach soll

---

[134] Vgl. allg. zu den Anforderungen an Schutzgesetze BeckOK BGB/*Förster* BGB § 823 Rn. 275.
[135] So auch BeckOGK/*Hefendehl* Rn. 89; aA *Illner/Hoffmann* ZWH 2019, 81 (87) im Hinblick auf § 111c Abs. 1 S. 1.
[136] BT-Drs. 19/9739, 79 mwN.
[137] BT-Drs. 19/9739, 79.
[138] BT-Drs. 19/9739, 79.
[139] BT-Drs. 19/9739, 79 f. mwN zu den Standards nach IAS 24 sowie IFRS 10, IFRS 11 und IAS 28.
[140] BT-Drs. 19/9739, 83 f.; *Vetter* AG 2019, 853 (860).
[141] *Lieder/Wernert* ZIP 2019, 989 (991); BeckOGK/*Hefendehl* Rn. 96.
[142] BeckOGK/*Hefendehl* Rn. 101.
[143] BT-Drs. 19/9739, 83, 86; BeckOGK/*Hefendehl* Rn. 101 mwN.

der Zeitpunkt der Zustimmung ausschlaggebend sein;[144] hiergegen spricht jedoch, dass auch für den Fall, dass die Zustimmung (pflichtwidrig) nicht eingeholt wird, die Veröffentlichungspflicht dennoch besteht. Dies ergibt sich daraus, dass der Wortlaut des § 111c Abs. 1 S. 1 Angaben zu solchen Geschäften erfasst, die „der Zustimmung bedürfen". Die Publizitätspflicht knüpft danach an die Zustimmungspflichtigkeit und nicht an die Erteilung derselben an.[145]

**124**  Die Tatvariante der nicht rechtzeitigen Veröffentlichung ist verwirklicht, wenn die Veröffentlichung **nicht unverzüglich** erfolgt. Hiervon ist dann auszugehen, wenn die Veröffentlichung nicht innerhalb einer Frist von spätestens vier Handelstagen erfolgt; so ist dies auch in ähnlichen Regelungen im WpHG (wie zB § 33 WpHG) vorgesehen.[146]

**125**  Problematisch ist diese Fristenregelung im Hinblick auf unionsrechtliche Vorgaben:[147] Art. 9c Abs. 2 S. 1 Aktionärsrechte-RL sieht vor, dass die entsprechenden Informationen spätestens zum Zeitpunkt des Geschäftsabschlusses bekannt gemacht werden müssen. Eine entsprechende Frist von vier Handelstagen ab Geschäftsabschluss ist hierin jedoch nicht angezeigt.[148] Zwar wird hierbei argumentiert, dass eine Veröffentlichung zum Zeitpunkt des Geschäftsabschlusses oftmals aus technischer Sicht gar nicht möglich sei.[149] Dieses Argument ändert aber an der Richtlinienwidrigkeit der Norm nichts.[150] Letztlich wird eine entsprechende Lösung dessen auf europäischer Ebene zu suchen sein; der (tätergünstigere) deutsche Tatbestand bleibt jedenfalls unberührt, eine unionsrechtskonforme Auslegung kommt angesichts des eindeutigen Wortlauts des § 111c Abs. 1 S. 1 („unverzüglich") nicht in Betracht.[151]

### XIII. Bestätigung des Zugangs der elektronisch abgegebenen Stimme (Abs. 2a Nr. 7)

**126**  **1. Allgemeines.** § 118 Abs. 1 S. 3 normiert die Notwendigkeit der Bestätigung der Wirksamkeit einer elektronisch abgegebenen Stimme.[152] Dies kann nach § 118 Abs. 2 S. 2 auch auf die Briefwahl übertragen werden. Daneben verweist Abs. 2a Nr. 7 auf die nach § 129 Abs. 5 S. 2 oder 3 geforderte Bestätigung der Zählung einer in der Hauptversammlung abgegebenen Stimme durch die Gesellschaft. Dem folgend schützt Nr. 7 nicht die Mitwirkungsmöglichkeit als solche, sondern erleichtert durch die geschaffene Kontrolle die **Durchsetzung** von bereits bestehenden Rechten.[153] In diesem Umfang handelt es sich um ein **Schutzgesetz** iSd § 823 Abs. 2 BGB.[154] Die Norm ist erstmals anwendbar ab dem 3.9.2020 (§ 26j Abs. 4 EGAktG).

**127**  Der Täterkreis der Nr. 7 ist auf die Adressaten der in § 118 Abs. 1 S. 3 und Abs. 2 S. 2 sowie in § 129 Abs. 5 S. 2 oder 3 normierten Pflichten (→ Rn. 126) begrenzt. Es handelt sich folglich um ein **echtes Sonderdelikt**.

**128**  **2. Tatobjekt.** § 118 Abs. 1 S. 3 normiert die **Bestätigungspflicht** der Gesellschaft. Wendet sich letztere an den Intermediär, so trifft diesen nach § 118 Abs. 1 S. 4 eine Übermittlungspflicht an den Aktionär. Der Wortlaut des § 118 Abs. 1 S. 4 bezieht sich auf den gesamten Übermittlungsweg von Intermediär zu Aktionär, sodass trotz eines fehlenden direkten Verweises auf § 118 Abs. 1 S. 5 die Übermittlungspflicht aus § 67a Abs. 3 auch innerhalb einer Intermediärskette greift.[155]

---

[144] *Bungert/Berger* DB 2018, 2860 (2867); ausführlich zum Streitstand BeckOGK/*Hefendehl* Rn. 101.
[145] BT-Drs. 19/9739, 86; ebenso BeckOGK/*Hefendehl* Rn. 101 mwN.
[146] BT-Drs. 19/9739, 86.
[147] So *Paschos/Goslar* AG 2018, 857 (871) zu § 48a Abs. 1 S. 1 WpHG-E, der aber sodann als § 111c in das AktG verschoben wurde; hierzu BT-Drs. 19/9739, 117; *Tröger/Roth/Strenger* BB 2018, 2946 (2949); aA *Heldt* AG 2018, 905 (919); mwN BeckOGK/*Hefendehl* Rn. 102 f.
[148] *Paschos/Goslar* AG 2018, 857 (871).
[149] BT-Drs. 19/9739, 86; Begr. RefE zum ARUG II, 111; *Paschos/Goslar* AG 2018, 857 (871).
[150] Vgl. *Paschos/Goslar* AG 2018, 857 (871).
[151] BeckOGK/*Hefendehl* Rn. 103 mwN.
[152] BeckOGK/*Hefendehl* Rn. 106.
[153] BeckOGK/*Hefendehl* Rn. 106.
[154] BeckOGK/*Hefendehl* Rn. 106.
[155] BeckOGK/*Hefendehl* Rn. 107.

Auf Verlangen des Aktionärs trifft die Gesellschaft nach § 129 Abs. 5 S. 2 zudem eine **129**
Bestätigungspflicht hins. der Stimmabgabe des Aktionärs. Diese hat innerhalb einer Frist
von einem Monat zu erfolgen, wobei § 121 Abs. 7 nicht anwendbar ist.[156] Parallel zur
Regelung des § 118 Abs. 1 S. 4 findet sich auch in § 129 Abs. 5 S. 3 eine Weiterleitungspflicht des Intermediär und über § 129 Abs. 5 S. 4 iVm § 67a Abs. 3 innerhalb der Intermediärskette.

**3. Tathandlung.** Die Formen der Tathandlungen richten sich nach § 405 Abs. 2a Nr. 1 **130**
(→ Rn. 97), wobei sich für die einzelnen Alternativen in Nr. 7 Besonderheiten ergeben.
So ist auch ein Verstoß gegen das Formerfordernis der elektronischen Bestätigung gem.
§ 118 Abs. 1 S. 3 tatbestandsmäßig.[157] Die Maßstäbe zur Bestimmung der richtigen und
vollständigen Erfüllung der Bestätigungspflicht richten sich nach § 118 Abs. 1 S. 3 iVm
Art. 7 Abs. 1 VO (EU) 1212/2018. Zudem konkretisiert § 118 Abs. 1 S. 3 iVm Art. 9
Abs. 5 UAbs. 1 VO (EU) 1212/2018 die Unmittelbarkeit der Übermittlungspflicht der
Gesellschaft und § 118 Abs. 1 S. 4 die Unverzüglichkeit der Weiterleitungspflicht der Intermediäre.

Handelt es sich um die Bestätigungspflicht der Stimmabgabe nach § 129 Abs. 5 S. 2, so **131**
bestimmt sich dessen Vollständigkeit und Richtigkeit nach Art. 7 Abs. 2 VO (EU) 1212/
2018. Nicht rechtzeitig handelt der Täter bei fehlender Einhaltung der zeitlichen Grenze
nach Art. 9 Abs. 5 UAbs. 2 VO (EU) 1212/2018. Diese liegt bei der Bestätigungspflicht
nach § 129 Abs. 5 S. 2 bei 15 Tagen. Der Intermediär hat im Rahmen seiner Weiterleitungspflicht nach § 129 Abs. 5 S. 3 unverzüglich zu handeln.

### XIV. Verstoß gegen Informationspflichten (Abs. 2a Nr. 8–11)

**1. Allgemeines.** Die im Zuge des **ARUG II** (vgl. → Rn. 90) neu geschaffenen § 405 **132**
Abs. 2a Nr. 8–11 beziehen sich auf die – ebenfalls im Rahmen dessen neu gefassten –
§§ 134b–134d. Der Hintergrund dieser Neufassung lag darin, mehr Transparenz hins. der
Entscheidungen von institutionellen Anlegern, Vermögensverwaltern sowie Stimmrechtsberatern zu schaffen.[158]

Dem Wortlaut des § 405 Abs. 2a Nr. 8–11 nach erfolgt keine Einschränkung auf einen **133**
Täterkreis; dieser ergibt sich erst durch die Verweisung auf die §§ 134b ff. Danach sind
taugliche **Täter** institutionelle Anleger und Vermögensverwalter (s. §§ 134b, 134c) sowie
Stimmrechtsberater (s. § 134d). Entsprechende Definitionen für die Begriffe finden sich bei
§ 134a Abs. 1 Nr. 1–3. In **örtlicher** Hinsicht ist § 134a Abs. 2 zu beachten.

Als **geschütztes Rechtsgut** lassen sich die Informationsrechte der betroffenen (privaten) **134**
Anleger und Endbegünstigten festmachen.[159]

Mangels Individualbezugs stellen die Normen **keine Schutzgesetze iSd § 823 Abs. 2** **135**
**BGB** dar.[160]

**2. Tatobjekt.** § 405 Abs. 2a **Nr. 8** verweist auf die Veröffentlichungspflicht nach § 134b **136**
Abs. 5 S. 1. Diese bezieht sich auf eine Mitwirkungspolitik (§ 134b Abs. 1) sowie deren
Umsetzung (§ 134b Abs. 2). Aufgrund der fehlenden zwingenden Einhaltungspflicht des
§ 134b Abs. 1, 2 knüpft zuletzt § 134b Abs. 5 nach dem Grundsatz **„comply-or-
explain"**[161] an eine Erklärungspflicht hins. der fehlenden Einhaltung an.

In § 405 Abs. 2a **Nr. 9** wird auf die Veröffentlichungspflicht nach § 134c Abs. 3 S. 1 **137**
verwiesen. Diese bezieht sich inhaltlich auf § 134c Abs. 1 oder Abs. 2 S. 1 oder 3.

Ebenso wie § 405 Abs. 2a Nr. 8 – mit Verweis auf § 134b Abs. 3 – basiert auch die **138**
Veröffentlichungspflicht der § 405 Abs. 2a **Nr. 10** (§ 134d Abs. 3) auf dem Grundsatz „com-

---

[156] *Bork* NZG 2019, 738 (743).
[157] BeckOGK/*Hefendehl* Rn. 109.
[158] BT-Drs. 19/9739, 98; vgl. auch Erwägungsgrund 16 der RL 2017/828/EU.
[159] BeckOGK/*Hefendehl* Rn. 114, 121, 127, 132 mwN.
[160] Ebenso BeckOGK/*Hefendehl* Rn. 114, 121, 127, 132.
[161] *J. Schmidt* NZG 2018, 1201 (1218); *Tröger* ZGR 2019, 126 (143).

ply-or-explain".[162] Bezüglich des Inhalts der Pflicht verweist § 134d Abs. 3 auf Abs. 1 und 2. Abs. 1 bezieht sich hierbei auf Vorgaben aus einem – zur freien Wahl stehenden[163] – Verhaltenskodex. Darüber hinaus erfasst Abs. 2 Informationen, welche sich auf die Tätigkeit eines Stimmrechtsberaters beziehen.[164]

**139**  Zuletzt bezieht sich § 405 Abs. 2a **Nr. 11** auf Offenlegungspflichten der Stimmrechtsberater nach § 134d Abs. 4. Probleme kann hierbei der **Begriff** des **Interessenskonflikts** unter dem Gesichtspunkt des **Bestimmtheitsgrundsatz nach Art. 103 Abs. 2 GG** bereiten.[165] Der Wortlaut der Aktionärsrechte-RL benennt „tatsächliche und potentielle Interessenskonflikte". Auf diese Ausdifferenzierung verzichtet § 134d Abs. 4. Eine Begrenzung des Wortlauts des Abs. 4 auf rein tatsächliche Interessenskonflikte ist, beruhend auf dem alleinigen Motiv der Vereinfachung der Formulierung des Gesetzestextes, nicht angezeigt.[166] Die Informationspflicht erstreckt sich auch auf die zur Milderung des Interessenskonflikts getroffenen Gegenmaßnahmen.[167]

**140**  **3. Tathandlung.** Die § 405 Abs. 2a **Nr. 8–10** erfordern als Tathandlung ein Unterlassen der Veröffentlichungspflicht oder ein fehlendes Einhalten des notwendigen Zeitraums von drei Jahren. Bei allen drei Tatbeständen handelt es sich danach um **echte Unterlassensdelikte.** Eine fehlende Aktualisierung ist hierbei als Unterfall des Zugänglichmachens zu verstehen.[168]

**141**  Die Vollendung tritt bei den § 405 Abs. 2a Nr. 8–10 zum Zeitpunkt der spätesten Möglichkeit der Vornahme der Veröffentlichung ein.[169]

**142**  Der Tatbestand des § 405 Abs. 2a **Nr. 11** erfordert für die Tathandlung eine fehlende, nicht richtige, nicht vollständige oder nicht rechtzeitige Information. Die erste und vierte Variante sind demnach **echte Unterlassensdelikte.** Für das Merkmal der Rechtzeitigkeit ist ein unverzügliches Handeln gefordert.[170]

## XV. Verstoß gegen das Verbot des Ausschlusses oder der Beschränkung von Schadensersatz (Abs. 2a Nr. 12)

**143**  **1. Allgemeines.** § 405 Abs. 2a Nr. 12 wurde durch das **ARUG II** eingefügt (→ Rn. 90) und erfasst Verstöße gegen das Verbot des Ausschlusses oder der Beschränkung von Schadensersatz wegen einer Verletzung der in § 135 Abs. 1–6 genannten Pflichten (§ 135 Abs. 9). Hintergrund der Norm ist, dass verhindert werden soll, dass sich die in § 135 Abs. 9 bezeichneten Personen von einer Haftung bei Verstößen der genannten Pflichten freizeichnen.[171]

**144**  Die Begrenzung des **Täterkreises** ergibt sich aus dem – ebenfalls im Rahmen des **ARUG II** neu gefassten – § 135 Abs. 9. Die Norm bezieht sich nun auf Intermediäre (s. § 67a Abs. 4), Stimmrechtsberater (s. § 134a Abs. 1 Nr. 3) und solche Personen, die sich geschäftsmäßig gegenüber Aktionären zur Ausübung des Stimmrechts in der Hauptversammlung erbieten.[172] Ausgenommen von § 135 Abs. 9 sind weiterhin die nicht-kommerziell agierenden Aktionärsvereinigungen.[173] In örtlicher Hinsicht ist bzgl. der Stimmrechtsberater auf § 134a Abs. 2 zu achten.

---

[162] *J. Schmidt* NZG 2018, 1201 (1219); BeckOGK/*Hefendehl* Rn. 129.

[163] BT-Drs. 19/9739, 105; *J. Schmidt* NZG 2018, 1201 (1219).

[164] BeckOGK/*Hefendehl* Rn. 129.

[165] BeckOGK/*Hefendehl* Rn. 134.

[166] So auch Begr. RegE, BT-Drs. 19/9739, 107; mit anderer Auslegung des Begriffs des Interessenkonflikts, jedoch faktisch ähnlichem Ergebnis s. BeckOGK/*Hefendehl* Rn. 134.

[167] BT-Drs. 19/9739, 107.

[168] BeckOGK/*Hefendehl* Rn. 117, 125, 130; zu den besonderen Ausführungen der Anforderungen an die Veröffentlichung s. BeckOGK/*Hefendehl* Rn. 118, 125, 130.

[169] BeckOGK/*Hefendehl* Rn. 119, 126, 131.

[170] BeckOGK/*Hefendehl* Rn. 135.

[171] Hüffer/Koch/*Koch* § 135 Rn. 51.

[172] Hierzu Hüffer/Koch/*Koch* § 135 Rn. 51 mwN; zum Hintergrund der Neufassung s. auch BT-Drs. 19/9739, 108.

[173] Vgl. BT-Drs. 19/9739, 108; hierzu Hüffer/Koch/*Koch* § 135 Rn. 51 mwN.

**Geschütztes Rechtsgut** des § 405 Abs. 2a Nr. 12 ist das Vermögen der Aktionäre.[174] **145**

Bei § 405 Abs. 2a Nr. 12 handelt es sich um ein **Schutzgesetz** iSd § 823 Abs. 2 BGB.[175] **146**

**2. Tatobjekt.** § 135 regelt die Stimmrechtsausübung in der Hauptversammlung.[176] Die **147**
Bezugsnorm des § 135 Abs. 9 regelt hierbei das Verbot des Ausschlusses oder der Beschränkung einer Verpflichtung zum Ersatz des aus der Verletzung der Abs. 1–6 entstehenden Schadens. Insbes. soll hiervon ein formularmäßiger Ausschluss erfasst sein.[177] Ein (nachträglicher) Vergleich oder Erlass hingegen ist von dem Verbot nicht erfasst.[178]

**3. Tathandlung.** Als Tathandlungen kommen der Ausschluss oder die Beschränkung **148**
entgegen einer der in § 135 Abs. 9 genannten Verpflichtungen in Betracht.

### XVI. Aktienmissbrauch ohne Vertretungsbefugnis und Einwilligung (Abs. 3 Nr. 1)

**1. Allgemeines.** Bei diesem Bußgeldtatbestand handelt es sich um eine Nachfolgevor- **149**
schrift des § 300 Nr. 1 AktG 1937, der aber an das neue Aktienrecht angepasst worden ist
(vgl. → Rn. 1). Der Tatbestand soll verhindern, dass mit einer unbefugten Benutzung
von Aktien die Meinungs- und Willensbildung in der Hauptversammlung von Personen
beeinflusst wird, die innerhalb der Gesellschaft keine Mitgliedsrechte besitzen oder wahrnehmen dürfen. **Geschütztes Rechtsgut** sind deshalb die Interessen der Aktiengesellschaft
und ihrer Aktionäre,[179] an der Unverfälschtheit der aktienrechtlichen Meinungs- und Willensbildung.[180] Es handelt sich um ein **Schutzgesetz** iSd § 823 Abs. 2 BGB für den vom
Tatbestand geschützten Personenkreis.[181]

Der **Täterkreis** ist nicht beschränkt. Täter kann jedermann sein (→ Rn. 17). **150**

**2. Tatobjekt.** Da es hier um die Echtheit der aktienrechtlichen Meinungsbildung geht, **151**
sind Tatobjekte **Aktien** sowie ferner die Aktionärs-Stimmrechte einer Aktiengesellschaft,
die keine Aktien ausgegeben hat. Str. ist, ob Zwischenscheine erfasst sind. Dagegen spricht
der Wortlaut des Tatbestandes, der anders als § 405 Abs. 1 Nr. 2 die Zwischenscheine nicht
erwähnt.[182] Er ist auch in seinen vorangegangenen Ausformungen nicht anders ausgelegt
worden.[183]

Ob es sich um die Aktien **eines anderen** handelt, richtet sich nach bürgerlichem Recht. **152**
Sie müssen einem anderen gehören, dh sie müssen für den Täter fremd sein; auf die Eintragung im Aktienbuch kommt es nicht an.[184] Die im Rahmen eines Report- oder Depotge-
schäftes (vgl. → Rn. 54) erworbenen Aktien sind eigene Aktien des Erwerbers.[185] Auch
ein Wertpapierdarlehen, das als Sachdarlehen iSv § 607 BGB zu qualifizieren ist, vermittelt
dem Darlehensnehmer Volleigentum an den „entliehenen" Aktien.[186]

**3. Tathandlung.** Tathandlung ist das Benutzen von Aktien eines anderen zur Ausübung **153**
von Rechten in der Hauptversammlung oder in einer gesonderten Versammlung, ohne dass

---

[174] Ebenso BeckOGK/*Hefendehl* Rn. 137.
[175] BeckOGK/*Hefendehl* Rn. 137.
[176] BeckOGK/*Hefendehl* Rn. 139.
[177] Hüffer/Koch/*Koch* § 135 Rn. 51; Grigoleit/*Herrler* § 135 Rn. 46.
[178] Hüffer/Koch/*Koch* § 135 Rn. 51; Grigoleit/*Herrler* § 135 Rn. 46.
[179] OLG Kiel HESt 2, 88, 89 für die Aktionäre; Großkomm AktG/*Otto* Rn. 60; *Baumbach*/*Hueck* Rn. 11; Kölner Komm AktG/*Altenhain* Rn. 33.
[180] BeckOGK/*Hefendehl* Rn. 142.
[181] Großkomm AktG/*Otto* Rn. 60; *Baumbach*/*Hueck* Rn. 11.
[182] BeckOGK/*Hefendehl* Rn. 144; aA zB Graf/Jäger/Wittig/*Temming* Rn. 23.
[183] Stenglein/*Conrad*, Kommentar zu den strafrechtlichen Nebengesetzen des deutschen Reiches, 5. Aufl. 1928 ff., HGB § 318 Anm. 2; *Dalcke*/*Fuhrmann*/*Schäfer*, Strafrecht und Strafverfahren, 35. Aufl. 1950, AktG 1937 § 300 Anm. 2.
[184] *v. Godin*/*Wilhelmi* Anm. 9.
[185] Großkomm AktG/*Otto* Rn. 64.
[186] BGH NJW-RR 2009, 828; *Korte* DB 2006, 1546, 1547.

der Täter zur Vertretung des anderen befugt ist oder sich auf dessen Einwilligung zur Wahrnehmung der Rechte berufen kann.

154    **Benutzen** der Aktien zur Ausübung von Rechten heißt, von den Mitgliedsrechten der Aktie Gebrauchmachen.

155    Das bloße **Hinterlegen** der Aktie nach § 123 Abs. 2 und 3 und das Anmelden nach § 123 Abs. 4 ist noch kein Gebrauchmachen.[187] Es handelt sich nur um eine straflose Vorbereitungshandlung.[188]

156    Gegenstand des Benutzens muss die **Ausübung von Rechten** in der Hauptversammlung (§§ 118 ff.) oder in einer gesonderten Versammlung (§ 138) sein.

157    Als Rechte kommen alle **Mitgliedsrechte** eines Aktionärs als Anteilseigner der Aktiengesellschaft in Betracht. Darunter fallen in erster Linie das Stimmrecht (§§ 133 ff.), das Auskunftsrecht (§ 131) sowie die Minderheitenrechte nach § 50, § 93 Abs. 4, § 116, § 117 Abs. 4, § 302 Abs. 3 und § 309 Abs. 3.

158    Zu diesen Rechten, die durch § 405 Abs. 3 Nr. 1 und 2 geschützt werden, zählen aber auch das **Teilnahmerecht**[189] des Aktionärs an der Hauptversammlung oder der gesonderten Versammlung und sein **Rederecht**.[190] Mit Recht weisen *Otto*[191] und *Altenhain*[192] darauf hin, dass gerade dem Rederecht des Aktionärs eine besondere Bedeutung zukommt; es verdient ebenfalls Schutz.

159    Das Benutzen muss **ohne Vertretungsbefugnis** geschehen.

160    Die Vertretungsbefugnis kann auf einer allgemeinen **Vollmacht,** einer Sondervollmacht, Prokura, Handlungsvollmacht oder auf einer gesetzlichen Vertretungsvollmacht (Eltern, Vormund, Pfleger, Insolvenzverwalter, Testamentsvollstrecker) beruhen. Verwahrung, Pfandrechte und Pfändungsrechte geben an sich keine Vertretungsmacht. Hinterlegung und Pfandrecht können jedoch eine Vertretungsbefugnis gewähren, wenn der Verwahrer oder Pfandnehmer das Recht hat, andere Wertpapiere nach § 700 Abs. 2 BGB statt der hinterlegten oder gepfändeten wiederzugeben und die Aktien sich bereits im Eigentum des Verwahrers oder Gläubigers befinden.[193] Das gilt ebenfalls, wenn die Beschaffung der für einen **Squeeze-out** gem. § 327a Abs. 1 S. 1 erforderlichen Kapitalmehrheit von 95% auf dem Wege eines Wertpapierdarlehens § 607 BGB erfolgt.[194] Bei der Veräußerung größerer Aktienpakete nach dem **record date**[195] gilt der Veräußerer zwar gegenüber der Aktiengesellschaft als vertretungsbefugt;[196] jedoch wird eine Vertretungsregelung im Kaufvertrag zu erwarten sein, damit der Erwerber als Bevollmächtigter des Veräußerers auftreten kann.[197]

161    Bei der Wahrnehmung des Stimmrechts von **Intermediären** gilt die besondere Regelung des § 135 Abs. 1. Zuwiderhandlungen gegen diese Ordnungsvorschrift fallen jedoch unter die Spezialbestimmung des § 405 Abs. 3 Nr. 4 (→ Rn. 14 f.).[198]

162    Neben der fehlenden Vertretungsbefugnis muss der Täter auch **ohne Einwilligung** des Aktionärs handeln.

163    Die Einwilligung kann mit Ausnahme von § 135 Abs. 6 (Intermediär bei Namensaktien) formlos erfüllt werden.[199] Trotz der Formvorschrift des § 134 Abs. 3 reicht auch eine mündliche oder stillschweigende vorangegangene Zustimmung des Berechtigten aus; unter

---

[187] Großkomm AktG/*Otto* Rn. 65; *Baumbach/Hueck* Rn. 12; Kölner Komm AktG/*Altenhain* Rn. 37.
[188] BeckOGK/*Hefendehl* Rn. 145.
[189] BeckOGK/*Hefendehl* Rn. 147; *Bürgers/Körber/Pelz* Rn. 10.
[190] AA *Baumbach/Hueck* Rn. 12, die sich dabei auf die Begr. RegE – vgl. BT-Drs. IV/171 – stützen.
[191] Großkomm AktG/*Otto* Rn. 67; zust. *Graf/Jäger/Wittig/Temming* Rn. 24.
[192] Kölner Komm AktG/*Altenhain* Rn. 37.
[193] Großkomm AktG/*Otto* Rn. 68.
[194] BGH NJW-RR 2009, 828; *Korte* DB 2006, 1546 (1547).
[195] Eingeführt durch § 123 Abs. 3 S. 3, erster Satzteil; vgl. → § 402 Rn. 16.
[196] *Seibert* WM 2005, 157 (158); *Bürgers/Körber/Pelz* Rn. 11.
[197] Vgl. RegE zum UMAG (→ § 402 Rn. 2) BT-Drs. 15/5092, 14; *Seibert* WM 2005, 157 (158); BeckOGK/*Hefendehl* Rn. 148.
[198] Vgl. BeckOGK/*Hefendehl* Rn. 149.
[199] RGZ 118, 330 (333).

Umständen kann auch bei interessewahrendem Verhalten eine mutmaßliche Einwilligung genügen.[200]

Ob danach eine Einwilligung vorliegt, ist häufig eine **Tatfrage,** die von den Umständen des Einzelfalls abhängt. **164**

**Vollendet** ist das Benutzen, wenn der Täter mit der Ausübung der dem Aktionär zuste- **165** henden Rechte begonnen hat.[201] Eine nachträgliche Genehmigung berührt die Zuwider- handlung dagegen nicht, hat aber für die Entscheidung Bedeutung, ob die Ordnungswidrig- keit zu verfolgen ist (§ 47 Abs. 1 OWiG).[202]

### XVII. Aktienbenutzung nach Gewähren oder Versprechen eines besonderen Vorteils (Abs. 3 Nr. 2)

**1. Allgemeines.** Dieser Bußgeldtatbestand ist ebenso wie der folgende Tatbestand des **166** § 405 Abs. 3 Nr. 3 eine Nachfolgevorschrift des § 300 Nr. 2 AktG 1937 (vgl. → Rn. 1). Auch hier handelt es sich für die Gesellschaft und ihre Aktionäre um ein **Schutzgesetz** nach § 823 Abs. 2 BGB.[203]

**Täter** dieses Tatbestandes kann jedermann sein (vgl. → Rn. 17). **167**

**2. Tatobjekt.** Zu den Tatbestandsmerkmalen Benutzen von **Aktien** eines anderen und **168** Ausübung von **Rechten** in der Hauptversammlung oder in einer gesonderten Versammlung vgl. die Erläuterungen zu Abs. 3 Nr. 1 (→ Rn. 151 ff.). Es geht bei diesem Tatbestand um das **entgeltliche**[204] Ausleihen der Mitgliedsrechte eines Aktionärs zu dem angegebenen Zweck. Der Täter muss sich diese Rechte durch das Gewähren oder Versprechen eines besonderen Vorteils verschafft haben.

**Vorteil** ist jede unentgeltliche Leistung, auf die der Täter keinen Anspruch hat und die **169** ihn oder einen Dritten materiell oder immateriell besser stellt.[205] Dazu gehört auch ein Vorteil, der dem Täter mittelbar zufließt[206] oder der seine wirtschaftliche, rechtliche oder auch nur persönliche Lage objektiv verbessert.[207] Diese zu § 331 StGB entwickelte Begriffs- bestimmung hat im Strafrecht allgemeine Bedeutung[208] und wird auch bei der Auslegung des § 405 Abs. 3 Nr. 2, 3, 6, 7 so verstanden.[209]

Als Vorteil kommt jedoch nur derjenige in Betracht, der sich nicht aus der Ausübung **170** der Rechte (etwa Ausübung des Stimmrechts) selbst ergibt; denn der Vorteil ist nur das Mittel zum erstrebten Zweck.[210] Außerdem muss er von **besonderer Art** sein, dh er darf nicht allen Aktionären zustehen, sondern muss eine Sondervergünstigung darstellen.[211] Kommt der Vorteil deshalb allen Aktionären unmittelbar oder mittelbar über die Gesellschaft zugute, liegt kein besonderer Vorteil iSd Vorschrift vor.[212]

Eine allen Aktionären gewährte Dividendengarantie ist deshalb kein besonderer Vor- **171** teil.[213] Erhält der Verleiher dagegen als einziger Aktionär für die Ausübung der Rechte aus seiner Aktie eine Dividendengarantie, so ist das etwas anderes.[214] Auch das Einräumen einer Verkaufsoption (auch Put-Option) und die Garantie einer Mindestdividende stellen einen

---

[200] Großkomm AktG/*Otto* Rn. 76; *Baumbach/Hueck* Rn. 12; BeckOGK/*Hefendehl* Rn. 150.
[201] Großkomm AktG/*Otto* Rn. 75; BeckOGK/*Hefendehl* Rn. 145.
[202] BeckOGK/*Hefendehl* Rn. 150.
[203] BeckOGK/*Hefendehl* Rn. 151.
[204] BeckOGK/*Hefendehl* Rn. 151.
[205] Vgl. BGHSt 35, 128 (133) = NJW 1988, 2547 (2548); BGHSt 31, 264 (279) = NJW 1983, 2509 (2512).
[206] BGH GA 1981, 572.
[207] BGHSt 31, 264 (279) = NJW 1983, 2509 (2512); BGHSt 35, 128 (133) = NJW 1988, 2547 (2548).
[208] Vgl. *Fischer* StGB § 331 Rn. 11 f.; *Schönke/Schröder/Cramer* StGB § 331 Rn. 19.
[209] Großkomm AktG/*Otto* Rn. 79; *Baumbach/Hueck* Rn. 13; BeckOGK/*Hefendehl* Rn. 154; Kölner Komm AktG/*Altenhain* Rn. 47.
[210] BeckOGK/Hefendehl Rn. 155.
[211] BeckOGK/*Hefendehl* Rn. 155; Graf/Jäger/Wittig/*Temming* Rn. 27.
[212] RGZ 132, 33 (37); 134, 90 (94); 137, 37; Großkomm AktG/*Otto* Rn. 82; *Baumbach/Hueck* Rn. 13.
[213] RG JW 1929, 642 Nr. 7.
[214] OLG Stuttgart HRR 1931 Nr. 526.

solchen Vorteil dar.[215] Ebenso ist es ein besonderer Vorteil, wenn als Gegenleistung für eine bestimmte Ausübung der Rechte ein Aufsichtsratsposten versprochen wird.[216]

172      Neben den üblichen Beispielen für Vorteile[217] kommen hier insbesondere in Betracht: Reisekostenersatz, Entschädigung für Zeitaufwand,[218] Verkauf von Aktien zu einem überhöhten Kurs, Vereinbarung, gekaufte Aktien unter allen Umständen zum Einkaufspreis abzugeben.[219]

173      **3. Tathandlung.** Tathandlung ist das Benutzen von Aktien eines anderen zur Ausübung von Rechten in der Hauptversammlung oder in einer gesonderten Versammlung, die der Täter sich zu diesem Zweck durch Gewähren oder Versprechen besonderer Vorteile verschafft hat. Es handelt sich also um ein **doppelaktiges Delikt.** Der Täter muss sich die Aktien eines anderen auf einem bestimmten Wege verschaffen und sie dann zu einem bestimmten Zweck benutzen.

174      **Gewähren** ist die tatsächliche Übergabe oder jede sonstige Hingabe des Vorteils mit dem Willen, dass die Verfügungsgewalt auf den Vorteilsnehmer übergehen soll. Sie muss von diesem ausdrücklich oder stillschweigend angenommen werden.[220] **Versprechen** ist die Zusage eines künftigen Vorteils.[221] Es ist eine einseitige Willenserklärung, die dem Vorteilsnehmer lediglich zur Kenntnis gebracht werden muss. Beide Varianten müssen das Mittel zur Verschaffung der Aktie eines anderen darstellen (finaler Zusammenhang).

175      **Sich verschaffen** heißt, die tatsächliche Verfügungsgewalt über die Aktie zu gewinnen. Das muss so geschehen, dass der Täter die Mitgliedsrechte aus der Aktie ausüben kann.[222] Denn der erste Teilakt des Verschaffens muss mit der Zielrichtung ausgeführt werden, bei dem zweiten Teil die Aktien zur Ausübung ihrer Rechte in der Hauptversammlung oder der gesonderten Versammlung zu benutzen. Der Täter muss deshalb bei dem Verschaffen in der **Absicht** handeln, die Aktien zu diesem Zweck zu benutzen.

176      **Vollendet** ist der Tatbestand erst zu dem Zeitpunkt, in dem der Täter beginnt, die Aktien zu benutzen, dh mit der erstmaligen Ausübung der Rechte in der Hauptversammlung oder in der gesonderten Versammlung.[223]

### XVIII. Aktienüberlassung nach Gewähren oder Versprechen eines besonderen Vorteils (Abs. 3 Nr. 3)

177      **1. Allgemeines.** Bei der Nr. 3 handelt es sich um das Gegenstück zur Nr. 2. Die Regelungen weisen demnach einen parallelen Charakter zu den §§ 331 ff. StGB auf.[224] Es handelt sich zudem um ein **Schutzgesetz** iSd § 823 Abs. 2 StGB.[225]

178      **Täter** dieses Bußgeldtatbestandes kann jedermann sein (vgl. → Rn. 17).

179      **2. Tatobjekt.** Während der Tatbestand des § 405 Abs. 3 Nr. 2 den Vorteilsgeber erfasst, der sich die Aktien verschafft und sie benutzt, bezieht sich dieser Tatbestand auf den Vorteilsnehmer, der dem Benutzer die Aktie gegen das Gewähren oder Versprechen eines besonderen Vorteils überlässt.

180      **3. Tathandlung.** Anders als der Tatbestand des Abs. 3 Nr. 2 ist dieser Tatbestand kein doppelaktiges Delikt. Tathandlung ist nur das Überlassen der Aktie zu dem in Abs. 3 Nr. 2

---

[215] OLG Hamm, Urt. v. 3.2.2014 – 8 U 47/10, BeckRS 2015, 0257 Rn. 89.
[216] Großkomm AktG/*Otto* Rn. 82; Bürgers/Körber/*Pelz* Rn. 12; aA *Baumbach/Hueck* Rn. 13.
[217] Vgl. Schönke/Schröder/*Cramer* StGB § 331 Rn. 18; *Fischer* StGB § 331 Rn. 11a ff.
[218] RGSt 11, 218.
[219] OLG Bamberg LZ 1919, 611.
[220] BGHSt 15, 184 (185) = NJW 1961, 468 (468); RGSt 29, 413; BeckOGK/*Hefendehl* Rn. 156.
[221] Großkomm AktG/*Otto* Rn. 85; BeckOGK/*Hefendehl* Rn. 156.
[222] Großkomm AktG/*Otto* Rn. 87; BeckOGK/*Hefendehl* Rn. 156.
[223] Großkomm AktG/*Otto* Rn. 90; Kölner Komm AktG/*Altenhain* Rn. 48; Großkomm AktG/*Otto* Rn. 85; BeckOGK/*Hefendehl* Rn. 158.
[224] BeckOGK/*Hefendehl* Rn. 159.
[225] Großkomm AktG/*Otto* Rn. 60; BeckOGK/*Hefendehl* Rn. 159.

bezeichneten Zweck. **Überlassen** ist das Gegenteil von sich verschaffen. Es bedeutet, dass der Vorteilsnehmer es dem Vorteilsgeber ermöglicht, die tatsächliche Verfügungsgewalt über die Aktie und ihre Rechte auszuüben.[226]

Der Täter muss die Aktie dem Vorteilsgeber mit dem Ziel überlassen, dass dieser sie zur    181
Ausübung ihrer Rechte in der Hauptversammlung oder einer gesonderten Versammlung benutzt (vgl. zu diesen Tatbestandsmerkmalen → Rn. 81). Er muss bei dem Überlassen also in dieser **Absicht**[227] handeln.

Zum Tatbestand des § 405 Abs. 3 Nr. 3 gehört nicht, dass es zur Ausübung dieser Rechte    182
gekommen sein muss. **Vollendet** ist das Delikt bereits mit dem Überlassen der Aktie.[228]

### XIX. Aktienmissbrauch zur Ausübung des Stimmrechts (Abs. 3 Nr. 4)

**1. Allgemeines. Geschütztes Rechtsgut** sind, ebenso wie bei anderen Tatbeständen    183
des § 405 Abs. 3, die Interessen der Gesellschaft und der Aktionäre an einer echten Meinungsbildung innerhalb der Gesellschaft. Insoweit ist § 405 Abs. 3 Nr. 4 **Schutzgesetz**[229] iSd § 823 Abs. 2 BGB.

**Täter** dieses Bußgeldtatbestandes kann jedermann sein (vgl. → Rn. 17).    184

**2. Tatobjekt.** Geeignetes Tatobjekt sind **Aktien eines anderen** (→ Rn. 151 f.), für    185
die das Stimmrecht nach § 135 nicht ausgeübt werden darf. **§ 135** regelt, nach welchen Grundsätzen Intermediäre, die Stimmrechte aus Inhaber- oder Namensaktien anderer Personen in der Hauptversammlung oder in einer gesonderten Versammlung ausüben oder für sich ausüben lassen dürfen (näher → § 135 Rn. 161 ff.). Beispielsweise handelt der Intermediär auch dann ordnungswidrig, wenn er das Stimmrecht für einen Aktionär ausübt, der diesen zwar bevollmächtigt hat, die Vollmacht aber nicht entsprechend § 135 Abs. 2 S. 3 vollständig ist. Ebenso wird der Tatbestand verwirklicht, wenn ein Intermediär entgegen § 135 Abs. 1 S. 1 das Stimmrecht aus einer Inhaberaktie auf Grund einer Ermächtigung und nicht auf Grund einer Vollmacht ausübt. Oder wenn eine Unterbevollmächtigung erfolgt, ohne dass sie gestattet ist (→ § 135 Rn. 192).[230]

Nach § 135 Abs. 8 gelten diese Grundsätze auch für Personen, die sich sonst mit der    186
**geschäftsmäßigen Vertretung** von Aktionären in der Hauptversammlung befassen. Dazu gehören die Vereinigung von Aktionären, die Angehörigen von Kreditinstituten, denen Aktien zur Verwahrung anvertraut sind, sowie Personen, die sich geschäftsmäßig gegenüber Aktionären zur Ausübung des Stimmrechts in der Hauptversammlung erbieten (vgl. → § 135 Rn. 34 ff.).[231]

**3. Tathandlung.** Tathandlung ist das Benutzen (→ Rn. 173) von Aktien eines anderen    187
zur Ausübung des Stimmrechts nach §§ 133 ff. durch einen Täter, der dazu nicht nach § 135 legitimiert ist. Es handelt sich also gegenüber dem Tatbestand des § 405 Abs. 3 Nr. 1 um eine **Sondervorschrift,** welche diesen nach den Grundsätzen der **Spezialität** im Wege der Gesetzeskonkurrenz verdrängt.[232]

**Vollendet** ist die Tat mit der ersten Stimmabgabe.[233]    188

### XX. Aktienmissbrauch durch Überlassen oder Benutzen von Aktien, die einem Stimmrechtsverbot unterliegen (Abs. 3 Nr. 5)

**1. Allgemeines.** Bei diesem Tatbestand handelt es sich um eine Nachfolgevorschrift des    189
§ 300 Nr. 3 AktG 1937 (vgl. → Rn. 1), der aber teilweise in Anpassung an das neue

---

[226] Großkomm AktG/*Otto* Rn. 93; BeckOGK/*Hefendehl* Rn. 159.
[227] BeckOGK/*Hefendehl* Rn. 159; enger Graf/Jäger/Wittig/*Temming* Rn. 31.
[228] Großkomm AktG/*Otto* Rn. 96; *Baumbach/Hueck* Rn. 14; Kölner Komm AktG/*Altenhain* Rn. 48; Großkomm AktG/*Otto* Rn. 85; BeckOGK/*Hefendehl* Rn. 159.
[229] Kölner Komm AktG/*Altenhain* Rn. 33; BeckOGK/*Hefendehl* Rn. 160.
[230] Graf/Jäger/Wittig/*Temming* Rn. 33.
[231] Vgl. BeckOGK/*Hefendehl* Rn. 161.
[232] Kölner Komm AktG/*Altenhain* Rn. 50; BeckOGK/*Hefendehl* Rn. 160.
[233] Großkomm AktG/*Otto* Rn. 103; BeckOGK/*Hefendehl* Rn. 162.

Aktienrecht abgeändert worden ist. Durch ihn soll den im AktG enthaltenen Stimmrechtsverboten Nachdruck verliehen werden,[234] um die Echtheit der Meinungsbildung innerhalb der Gesellschaft zu schützen. So soll verhindert werden, dass die Willensbildung in der Gesellschaft durch eine verbotswidrige Ausübung des Stimmrechts verfälscht wird. **Geschütztes Rechtsgut** sind deshalb die sich darauf beziehenden Interessen der Gesellschaft und ihrer Aktionäre. Insoweit ist § 405 Abs. 3 Nr. 5 **Schutzgesetz** iSd § 823 Abs. 2 BGB für die Gesellschaft und ihre Aktionäre.[235]

**190**   **Täter** dieses Tatbestandes kann jedermann sein (vgl. → Rn. 17).

**191**   **2. Tatobjekt.** Wegen der einzelnen Stimmrechtsverbote verweisen die beiden Tatformen (vgl. → Rn. 200) auf die im Tatbestand angeführten Ausführungsvorschriften. Es handelt sich um folgende Verbote:

**192**   **a)** Nach § 20 Abs. 7 darf ein zweites Unternehmen, dem mehr als der vierte Teil der Aktien einer Aktiengesellschaft gehören (§ 20 Abs. 1) oder dem eine Mehrheitsbeteiligung gehört (§ 16 Abs. 1) solange nicht sein Stimmrecht ausüben oder ausüben lassen, als es die vorgeschriebene Mitteilung an die Gesellschaft nicht gemacht hat (vgl. → § 20 Rn. 44 ff.).[236]

**193**   **b)** Nach § 21 Abs. 4 darf eine Gesellschaft, der mehr als der vierte Teil der Anteile einer anderen inländischen Kapitalgesellschaft gehört, solange ihre Rechte aus den Anteilen nicht ausüben, als sie ihrer Mitteilungspflicht nach § 21 Abs. 1 nicht nachgekommen ist. Das gilt nach § 21 Abs. 4 jedoch nicht für börsennotierte Gesellschaften (vgl. → § 21 Rn. 6).

**194**   **c)** Nach § 71b darf die Gesellschaft aus ihren eigenen Aktien keine Rechte herleiten (vgl. → § 71b Rn. 8 ff.). Dieser Grundsatz gilt auch, wenn Strohleute oder abhängige Unternehmer für die Gesellschaft Aktien erwerben (§ 71d S. 4). Beide Verbote mussten deshalb als Ausfüllungsvorschrift in Abs. 3 Nr. 5 genannt werden.

**195**   **d)** Nach § 134 Abs. 1 kann die Satzung der Aktiengesellschaft das Stimmrecht beschränken, wenn einem Aktionär mehrere Aktien der Gesellschaft gehören. Das Stimmrecht der über den Höchstbetrag oder bei einer Abstufung über die festgelegten Grenzen hinausgehenden Aktien darf nicht ausgeübt werden (vgl. → § 134 Rn. 7 ff.).

**196**   **e)** Nach § 135 dürfen Aktionärsvereinigungen, oder sonstige Personen, welche die Ausübung des Stimmrechts für andere geschäftsmäßig betreiben (§ 135 Abs. 8), das Stimmrecht nur ausüben, wenn bestimmte Voraussetzungen erfüllt sind (vgl. → § 135 Rn. 32 ff.). Ist das nicht der Fall, liegt ein Stimmrechtsverbot vor.

**197**   **f)** Nach § 136 Abs. 1 darf niemand für sich oder einen anderen das Stimmrecht ausüben, wenn darüber Beschluss gefasst werden soll, ob er oder der andere entlastet werden, von einer Verbindlichkeit befreit werden, oder ob die Gesellschaft gegen ihn oder den anderen einen Anspruch geltend machen soll (vgl. → § 136 Rn. 5 ff.). Nach § 136 Abs. 2 besteht das Verbot der Stimmrechtsausübung auch für Aktien, die der Gesellschaft, einem abhängigen Unternehmen oder einem anderen für Rechnung der Gesellschaft oder eines abhängigen Unternehmens gehören (vgl. → § 136 Rn. 61 ff.).

**198**   **g)** Nach § 142 Abs. 1 S. 2 darf ein Mitglied des Vorstandes oder des Aufsichtsrats bei der Beschlussfassung in der Hauptversammlung über die Bestellung eines Sonderprüfers weder für sich noch für einen anderen mitstimmen, wenn sich die Prüfung auf Vorgänge erstrecken soll, die mit der Entlastung eines Vorstands- oder Aufsichtsratsmitgliedes oder mit der Einleitung eines Rechtsstreits zwischen der Gesellschaft und einem Vorstands- oder Aufsichtsratsmitglied zusammenhängen (vgl. → § 142 Rn. 54 ff.).

**199**   **h)** Nach § 285 Abs. 1 haben persönlich haftende Gesellschafter einer Kommanditgesellschaft auf Aktien (§§ 278 ff.) in der Hauptversammlung nur ein Stimmrecht für ihre Aktien. Das bedeutet jedoch nicht, dass sie auch als gesetzlich oder bevollmächtigte Ver-

---

[234] Ebenso Graf/Jäger/Wittig/*Temming* Rn. 35.
[235] Kölner Komm AktG/*Altenhain* Rn. 33.
[236] Vgl. auch *Diekmann* DZWiR 1994, 13, 16.

treter anderer Kommanditaktionäre das Stimmrecht in der Hauptversammlung nicht ausüben können.[237] Anders ist es nur in den in § 285 Abs. 1 S. 2 angeführten Fällen. Bei
Beschlussfassung über die Wahl und die Abberufung des Aufsichtsrats, die Entlastung der
persönlich haftenden Gesellschafter und die Mitglieder des Aufsichtsrats, die Bestellung
von Sonderprüfern, die Geltendmachung von Ersatzansprüchen, den Verzicht auf Ersatzansprüche und über die Wahl von Abschlussprüfern bestimmt das Gesetz, dass sie weder
für sich noch für einen anderen das Stimmrecht ausüben dürfen (vgl. → § 285 Rn. 16 ff.).
In diesen Fällen darf ihr Stimmrecht auch nicht durch einen anderen ausgeübt werden
(§ 285 Abs. 1 S. 3).

**3. Tathandlungen.** Der Tatbestand enthält zwei Begehungsformen. Einmal das **Über- 200
lassen** von Aktien an einen anderen zum Zweck der Ausübung des Stimmrechts, für die
der Täter oder der von ihm Vertretene infolge eines Stimmrechtsverbotes das Stimmrecht
nicht ausüben darf. Zum anderen das **Benutzen** von Aktien zur Ausübung des Stimmrechts,
die den (benutzenden) Täter von einem anderen überlassen worden sind, wobei der Überlas-
sende selbst oder der von ihm Vertretene das Stimmrecht aus der Aktie infolge eines Stimmrechtsverbotes nicht ausüben darf. In beiden Fällen wird das Stimmrechtsverbot umgangen,
falls nicht der Verpflichtete selbst, sondern ein anderer das Stimmrecht ausüben soll oder
ausübt.

**Überlassen** des Stimmrechts heißt, dass der andere es dem Täter tatsächlich ermöglicht, 201
das Stimmrecht auszuüben. **Benutzen** bedeutet, dass der Täter von dem Stimmrecht
Gebrauch macht. Beide Tatbestandsmerkmale sind ähnlich auszulegen wie in den übrigen
Tatbeständen des § 405 Abs. 3 (vgl. → Rn. 154, → Rn. 180).

Die **Ausübung des Stimmrechts** richtet sich nach den §§ 133 ff. Bei der ersten Bege- 202
hungsform gehört die Ausübung des Stimmrechts nicht zum Tatbestand. Sie ist lediglich
das Ziel der Tathandlung. Der Täter muss deshalb in dieser **Absicht** handeln.[238]

**Vollendet** ist die erste Tatform mit dem Überlassen des Stimmrechts.[239] Bei der zweiten 203
Begehungsform muss der Täter die ihm überlassene Aktie zur Ausübung des Stimmrechts
benutzen. Vollendet ist diese Begehungsform somit erst mit der ersten Stimmrechtsausübung.[240]

## XXI. Stimmenverkauf (Abs. 3 Nr. 6)

**1. Allgemeines.** Dieser Bußgeldtatbestand ist Nachfolgevorschrift des § 299 Nr. 1 AktG 204
1937, der seinerseits auf § 317 HGB zurückgeht (vgl. → Rn. 1). Er steht in engem Zusammenhang mit dem Tatbestand des § 405 Abs. 3 Nr. 7, der den Stimmenkauf als Ordnungswidrigkeit ahndet.

Dieser Tatbestand ist zahlreichen Merkmalen der Bestechungstatbestände der **§§ 331 ff.** 205
**StGB nachgebildet** worden. Die dazu entwickelte Rspr. kann daher zu seiner Auslegung
herangezogen werden.

Auch dieser Tatbestand soll sicherstellen, dass die Willensbildung in der Hauptversamm- 206
lung nicht verfälscht wird. Dabei ist nicht erforderlich, dass ein unlauter handelnder Aktionär
die anderen Aktionäre über den erfolgten Stimmenverkauf täuscht. Erfasst ist auch die offene
Fremdbestimmung des Abstimmungsverhaltens gegen Entgelt.[241] **Geschütztes Rechtsgut**
sind die sich darauf beziehenden (Vermögens-)Interessen der Gesellschaft und ihrer Aktionäre.[242] Für die Gesellschaft und ihre Aktionäre ist § 405 Abs. 3 Nr. 6 **Schutzgesetz** iSd
§ 823 Abs. 2 BGB.[243]

---

[237] Großkomm AktG/*Otto* Rn. 114; aA *Baumbach/Hueck* Rn. 16, die ein allgemeines Stimmverbot für
fremde Aktien annehmen.
[238] Ebenso Kölner Komm AktG/*Altenhain* Rn. 53; BeckOGK/*Hefendehl* Rn. 169.
[239] BeckOGK/*Hefendehl* Rn. 168.
[240] Großkomm AktG/*Otto* Rn. 119; BeckOGK/*Hefendehl* Rn. 168.
[241] OLG Hamm BeckRS 2015, 257 Rn. 92.
[242] BeckOGK/*Hefendehl* Rn. 170.
[243] OLG Hamm BeckRS 2015, 257 Rn. 91; *Baumbach/Hueck* Rn. 17; BeckOGK/*Hefendehl* Rn. 170.

207    **Täter** der Zuwiderhandlung nach § 405 Abs. 3 Nr. 6 kann nach dem Wortlaut jedermann sein; jedoch kommt rein tatsächlich als Stimmenverkäufer nur in Betracht, wer auch die Möglichkeit hat, in der Hauptversammlung oder in der gesonderten Versammlung sein Stimmrecht auch auszuüben.[244]

208    Das kann zunächst der stimmberechtigte **Aktionär** selbst sein (vgl. zu diesem Begriff → Rn. 15). Als Täter kommt weiterhin der **Aktionärsvertreter,** insbesondere ein Bevollmächtigter nach § 134 Abs. 3 in Betracht (vgl. zu diesen Begriffen → Rn. 15), allerdings nur, wenn er die von ihm vertretene Stimme an einen Dritten verkauft. Denn das Verhältnis zwischen zB dem Beauftragten und seinem Auftraggeber wird durch den Tatbestand des § 405 Abs. 3 Nr. 6 nicht berührt. Die Willensbildung innerhalb der Hauptversammlung wird nicht dadurch verfälscht, dass der Bevollmächtigte im Sinne seines Auftraggebers stimmt.[245] Dem Bevollmächtigten steht der **Legitimationsaktionär**[246] (zum Begriff → § 129 Rn. 35) gleich. Eine Zuwiderhandlung gegen den Tatbestand des § 405 Abs. 3 Nr. 6 kann auch er nur begehen, wenn er sich durch einen Dritten in der Ausübung seines ihm übertragenen Stimmrechts beeinflussen lässt.[247]

209    **2. Tatobjekt.** Erforderlich ist ein **besonderer Vorteil** für denjenigen, der abstimmt.

210    Unter dieses Tatbestandsmerkmal fallen nicht nur materielle, sondern auch immaterielle **Vorteile.**[248] Im Hinblick auf den Normzweck, mit dem die Lauterkeit des Abstimmungsverhaltens sichergestellt werden soll (→ Rn. 206), ist dieses Merkmal parallel zu § 405 Abs. 3 Nr. 2 auszulegen (→ Rn. 169).[249] Zwar wird es in der Regel um wirtschaftliche Vorteile gehen. Das schließt jedoch nicht aus, dass es auch Fälle geben kann, in denen andere Vergünstigungen geeignet sind, das Abstimmungsverhalten zu beeinflussen.

211    Wie in § 405 Abs. 3 Nr. 2 muss der Vorteil jedoch von **besonderer Art** sein. Es muss sich um einen Vorteil handeln, der sich nicht schon aus dem Abstimmungsverhalten als solchem ergibt oder der sonst allen Aktionären zusteht (→ Rn. 169 ff.).[250] Vielmehr muss es sich um eine Sondervergünstigung handeln. Eine allen Aktionären gewährte Dividendengarantie ist zB keine solche Vergünstigung. Ein besonderer Vorteil wird auch nicht gewährt, wenn in der Hauptversammlung nach Maßgabe von Konsortial-, Pool-, Schutzgemeinschaften- und sonstigen Stimmrechtsverträgen abgestimmt wird.[251]

212    Als **Abstimmung** kommt nur die Ausübung des Stimmrechts in der Hauptversammlung (§§ 133 ff.) oder in der gesonderten Versammlung (§ 138) in Betracht. Abstimmungen im Vorstand oder im Aufsichtsrat fallen nicht unter diesen Tatbestand.[252] Das **Abstimmungsverhalten** ist kein Bestandteil des Tatbestandes. Es muss nur Gegenstand der zwischen dem Vorteilsgeber und dem Vorteilsnehmer in Aussicht gestellten oder abgeschlossenen Unrechtsvereinbarung sein (vgl. → Rn. 217 ff.).

213    **3. Tathandlung.** Tathandlung ist das Fordern, Sichversprechenlassen oder Annehmen eines besonderen Vorteils als Gegenleistung für ein zukünftiges Abstimmungsverhalten in der Hauptversammlung oder einer gesonderten Versammlung.

214    **Fordern** ist die ausdrückliche oder stillschweigende (aber schlüssige) einseitige Erklärung des Täters, dass er einen besonderen Vorteil als Gegenleistung für die bestimmte Ausübung

---

[244] OLG Hamm BeckRS 2015, 257 Rn. 87; Großkomm AktG/*Otto* Rn. 121; Kölner Komm AktG/*Altenhain* Rn. 55; BeckOGK/*Hefendehl* Rn. 171.

[245] Großkomm AktG/*Otto* Rn. 122; Kölner Komm AktG/*Altenhain* Rn. 55; BeckOGK/*Hefendehl* Rn. 172.

[246] Zum Begriff *Baumbach/Hueck* § 68 Rn. 19.

[247] Großkomm AktG/*Otto* Rn. 125; *v. Godin/Wilhelmi* Anm. 14; *Baumbach/Hueck* Rn. 18.

[248] OLG Hamm BeckRS 2015, 257 Rn. 89; Großkomm AktG/*Otto* Rn. 129, 79 ff.; Kölner Komm AktG/*Altenhain* Rn. 47, 56; BeckOGK/*Hefendehl* Rn. 176; Graf/Jäger/Wittig/*Temming* Rn. 39.

[249] BeckOGK/*Hefendehl* Rn. 176.

[250] S. auch OLG Hamm BeckRS 2015, 257 Rn. 90.

[251] Vgl. dazu näher Großkomm AktG/*Otto* Rn. 130 f.; Kölner Komm AktG/*Altenhain* Rn. 59; BeckOGK/*Hefendehl* Rn. 177; Bürgers/Körber/*Pelz* Rn. 16.

[252] Großkomm AktG/*Otto* Rn. 138; *Baumbach/Hueck* Rn. 19; Kölner Komm AktG/*Altenhain* Rn. 185; BeckOGK/*Hefendehl* Rn. 180.

seines Stimmrechts begehrt.[253] **Sichversprechenlassen** ist die (ausdrückliche oder konkludente) Annahme des Angebots eines zukünftig zu erbringenden besonderen Vorteils als Gegenleistung für ein bestimmtes Abstimmungsverhalten.[254] **Annehmen** ist die tatsächliche Entgegennahme mit dem Willen, den Gegenstand des Vorteils zu behalten oder über ihn sonst als eigenen für eigene Zwecke zu verfügen.[255]

Dass es zu dem vereinbarten Abstimmungsverhalten kommt, gehört nicht zur **Vollen-** 215 **dung** des Tatbestandes.[256] Vollendet ist der Stimmenverkauf in der Tatform des Forderns, wenn dem anderen die entsprechende Erklärung des Täters zugeht, ohne dass der andere die angebotene Unrechtsvereinbarung erkennen muss.[257] Bei der Tatform des Sichversprechenlassens genügt es, wenn der Täter durch sein Verhalten seine Bestechlichkeit nach außen zu erkennen gibt, bei der Annahme reicht die Entgegennahme des Vorteils.[258]

Grds. ist bedingter **Vorsatz** ausreichend. Allein die Tatvariante des Forderns setzt dolus 216 directus ersten Grades hins. des Abschlusses der Unrechtsvereinbarung voraus.[259]

**4. Gegenleistung.** Der Täter muss den besonderen Vorteil als Gegenleistung für das in 217 Aussicht genommene Abstimmungsverhalten fordern, versprechen oder annehmen. Das bedeutet, der Vorteilnehmer muss mit dem Vorteilgeber eine Vereinbarung anstreben oder abschließen, die eine Willensübereinstimmung darüber enthält, dass der besondere Vorteil die Gegenleistung für das Nicht-Abstimmen oder das Abstimmen in einem bestimmten Sinne sein soll.

Diese so genannte **Unrechtsvereinbarung**[260] muss bei den Tatformen des Sichverspre- 218 chenlassens und des Annehmens zustande gekommen sein; bei der Tatform des Forderns reicht es dagegen aus, dass der Vorteilnehmer dem Vorteilsgeber den Abschluss dieser Vereinbarung anbietet (vgl. → Rn. 214).[261]

Gegenstand der Unrechtsvereinbarung ist danach die **Entschließungsfreiheit** des 219 Abstimmungsberechtigten.[262] Behält der Täter sich insgeheim im Sinne einer Mentalreservation seine Entschließung vor, so verwirklicht er nicht den Tatbestand des § 405 Abs. 3 Nr. 6, begeht aber unter Umständen einen Betrug.[263]

Es **reicht** allerdings **aus,** wenn der Täter sich verpflichtet, im Interesse einer bestimmten 220 Person oder mit einer bestimmten Person zu stimmen.[264] Auch die Zusage, bedingungslos für alle Vorschläge des Vorstands oder des Aufsichtsrats zu stimmen, genügt, um die Unrechtsvereinbarung zustande zu bringen.[265] Die Verpflichtung, der Hauptversammlung fern zu bleiben, oder sich der Stimme zu enthalten, wenn das satzungsgemäß zulässig ist, kann ebenfalls den Tatbestand verwirklichen.[266]

## XXII. Stimmenkauf (Abs. 3 Nr. 7)

**1. Allgemeines.** Dieser Bußgeldtatbestand ist Nachfolgevorschrift des § 299 Nr. 2 AktG 221 1937, der seinerseits auf § 317 Abs. 2 HGB zurückgeht (vgl. → Rn. 1). **Geschütztes Rechtsgut** sind wie bei dem Stimmenverkauf die (Vermögens-)Interessen der Gesellschaft

---

[253] Vgl. BGHSt 15, 88 (97) = NJW 1960, 2154 (2155); BeckOGK/*Hefendehl* Rn. 174.

[254] Vgl. BGHSt 15, 88 (97) = NJW 1960, 2154 (2155); BeckOGK/*Hefendehl* Rn. 174.

[255] Vgl. BGHSt 14, 123 (127) = NJW 1960, 971 (973); RGSt 58, 263 (266); BeckOGK/*Hefendehl* Rn. 175.

[256] Kölner Komm AktG/*Altenhain* Rn. 62; BeckOGK/*Hefendehl* Rn. 181; Bürgers/Körber/*Pelz* Rn. 16.

[257] Vgl. BGHSt 10, 237 (241) = NJW 1957, 1078 (1079); nach BGHSt 47, 22 (29) = NJW 2001, 2560 (2562) Vollendung jedenfalls bei Kenntnisnahme.

[258] Vgl. BGHSt 47, 22 (29) = NJW 2001, 2560 (2561); BeckOGK/*Hefendehl* Rn. 181.

[259] BeckOGK/*Hefendehl* Rn. 182; Großkomm AktG/*Otto* Rn. 140.

[260] Vgl. BGHSt 31, 264 (280) = NJW 1983, 2509 (2512 f.); BGHSt 33, 336 (339) = NJW 1986, 859 (860); BGHSt 39, 45 (46) = NJW 1993, 1085 (1085 f.); Großkomm AktG/*Otto* Rn. 128; Kölner Komm AktG/*Altenhain* Rn. 57; BeckOGK/*Hefendehl* Rn. 178.

[261] Vgl. Kölner Komm AktG/*Altenhain* Rn. 57.

[262] Großkomm AktG/*Otto* Rn. 136.

[263] BeckOGK/*Hefendehl* Rn. 179; aA Kölner Komm AktG/*Altenhain* Rn. 58.

[264] OLG Hamm BeckRS 2015, 257 Rn. 95.

[265] Großkomm AktG/*Otto* Rn. 136; BeckOGK/*Hefendehl* Rn. 178.

[266] Ebenso Kölner Komm AktG/*Altenhain* Rn. 58.

und der Aktionäre an einer Unverfälschtheit der Willensbildung. Insoweit ist § 405 Abs. 3 Nr. 7 **Schutzgesetz** iSd § 823 Abs. 2 BGB.[267]

222  Der Tatbestand des Stimmenkaufs ist das Gegenstück zum Stimmenverkauf. Während bei dem Tatbestand des § 405 Abs. 3 Nr. 6 der Vorteilsnehmer Täter ist, ist es hier der Vorteilsgeber. Bei den einzelnen Tatbestandsmerkmalen kann deshalb weitgehend auf die dortigen Erläuterungen verwiesen werden. In steuerlicher Hinsicht ist zu beachten, dass wegen des Betriebsausgabenverbots in § 4 Abs. 5 Nr. 10 EStG der Stimmenkauf zur Steuerhinterziehung führen kann.

223  **Täter** dieses Tatbestandes kann jedermann sein.[268]

224  Interesse an einem bestimmten Stimmverhalten können Aktionäre (→ Rn. 15), Vorstands- oder Aufsichtsratmitglieder (→ Rn. 12) sowie Arbeitnehmer der Gesellschaft, wie auch andere außenstehende Personen haben, die rechtliche oder tatsächliche Beziehungen zu der Gesellschaft unterhalten.

225  **2. Tatobjekt.** Zum Begriff des besonderen Vorteils wird auf die vorangegangenen Ausführungen (→ Rn. 209 ff.) verwiesen.

226  **3. Tathandlung.** Tathandlung ist das Anbieten, Versprechen oder Gewähren eines besonderen Vorteils als Gegenleistung für ein bestimmtes zukünftiges Abstimmungsverhalten in einer Hauptversammlung oder in einer gesonderten Versammlung.

227  Das **Anbieten** (die Offerte eines gegenwärtigen Vorteils) oder das **Versprechen** (Zusage eines künftigen Vorteils) ist die auf den Abschluss einer Unrechtsvereinbarung gerichtete ausdrückliche oder stillschweigende Erklärung des Täters. Beide Tatformen entsprechen dem Fordern beim Stimmenverkauf. Es sind einseitige Willenserklärungen, die dem anderen Beteiligten zur Kenntnis gebracht werden müssen.[269]

228  **Gewähren** ist die tatsächliche Übergabe oder sonstige Hingabe des besonderen Vorteils mit dem Willen, dass die Verfügungsgewalt auf den Vorteilsnehmer übergehen soll. Diese Tatform entspricht der Annahme durch den Vorteilsnehmer beim Stimmenkauf. Bei ihr reicht die Kenntnisnahme durch den Vorteilsnehmer nicht aus. Es muss eine ausdrückliche oder stillschweigende Annahmeerklärung von ihm hinzutreten oder ein entsprechendes Verlangen vorausgegangen sein.[270] Die Willensübereinstimmung braucht sich indessen nur darauf beziehen, dass der Vorteil dem Vorteilsnehmer zufließen soll.[271]

229  Zur **Vollendung** des Tatbestandes reicht es aus, wenn bei den Tatformen des Forderns und des Versprechens der Täter diese auf den Abschluss der Vereinbarung gerichtete Willenserklärung dem Vorteilsnehmer zur Kenntnis bringt. Bei der Tatform des Gewährens muss dagegen die Annahmeerklärung des Vorteilsnehmers und Stimmberechtigten hinzutreten.[272]

230  **4. Gegenleistung.** Gegenstand der Unrechtsvereinbarung ist bei diesem Tatbestand, dass der Täter als Gegenleistung für den angebotenen, versprochenen oder gewährten besonderen Vorteil erwartet, der stimmberechtigte Vorteilsnehmer werde entweder nicht abstimmen oder in einem bestimmten Sinne stimmen, sich also seiner Entschließungsfreiheit begeben.[273]

231  Beauftragt eine Aktiengesellschaft Personen damit, sich Publikumsaktionären der Aktiengesellschaft gegenüber zur kostenlosen treuhänderischen Ausübung des Stimmrechts in der Hauptversammlung zu erbieten, so kommt ein Verstoß in Betracht, wenn die entgeltliche Beauftragung sich als Gegenleistung für ein bestimmtes zukünftiges Abstimmungsverhalten in einer Hauptversammlung darstellt. Allein der Umstand, dass die vom Stimmrechtsvertreter verwendete Vollmachtsurkunde den Hinweis enthält, mangels gesonderter Weisung „im

---

[267] OLG Hamm BeckRS 2015, 257 Rn. 91; *Baumbach/Hueck* Rn. 17.
[268] Großkomm AktG/*Otto* Rn. 145.
[269] BGHSt 15, 88 (97, 102) = NJW 1960, 2154 (2155); BGHSt 16, 40 (46) = NJW 1961, 1483 (1483).
[270] BGHSt 15, 184 (185) = NJW 1961, 468 (468); RGSt 29, 413.
[271] RGSt 65, 52.
[272] Großkomm AktG/*Otto* Rn. 152; BeckOGK/*Hefendehl* Rn. 189.
[273] OLG Hamm BeckRS 2015, 257 Rn. 99; vgl. auch Kölner Komm AktG/*Altenhain* Rn. 57.

Sinne der Verwaltung der Aktiengesellschaft abzustimmen" lässt aber insoweit noch keinen sicheren Schluss zu. Es ist denkbar, dass sich der Stimmrechtsvertreter zuvor durch eigene Prüfung von der Richtigkeit dieser Vorschläge überzeugt hat.[274]

**XXIII. Bekanntmachungen und Veröffentlichungen der Gesellschaft (Abs. 3a)**

**1. Allgemeines.** In dem durch das **ARUG** (→ Rn. 3) eingefügten § 121 Abs. 4a wird **232** für börsennotierte Gesellschaften bestimmt, dass die Einberufung der Hauptversammlung spätestens zum Zeitpunkt der Bekanntmachung solchen Medien zur Veröffentlichung zuzuleiten ist, die erfahrungsgemäß die Information in der gesamten Europäischen Union verbreiten. Gleiches gilt nach § 124 Abs. 1 S. 2 für die ergänzte Tagesordnung. Durch § 405 Abs. 3a Nr. 1 soll die Nichterfüllung dieser Pflicht sanktioniert werden. In dem ebenfalls durch das **ARUG** (→ Rn. 3) eingefügten § 124a wird für börsennotierte Gesellschaften bestimmt, dass für die Hauptversammlung wesentliche Informationen über die Internetseite der Gesellschaft zugänglich sein müssen. Durch § 405 Abs. 3a Nr. 2 soll die Nichterfüllung dieser Pflicht sanktioniert werden.

**Täter** der Zuwiderhandlung nach § 405 Abs. 3a kann jedermann sein.                **233**

**2. Tatobjekt.** Bei § 405 Abs. 3 Nr. 1 kommen als Medien, denen nach § 121 Abs. 4a **234** die Einberufung zwecks Verbreitung zuzuleiten ist, nicht nur in Papierform erscheinende Publikationen in Betracht.[275] Es kann sich auch um Gesellschaftsblätter iSd § 121 Abs. 4 handeln, also namentlich der elektronische Bundesanzeiger.[276]

Bei § 405 Abs. 3a Nr. 2 geht es um den Zugriff der Aktionäre auf die hauptversamm- **235** lungsrelevanten Informationen auf der Internetseite der Gesellschaft.[277] Es handelt sich dabei um den Inhalt der Einberufung (§ 124a Abs. 1 Nr. 1 iVm § 121 Abs. 3), die Erläuterung bestimmter Tagesordnungspunkte (§ 124a Abs. 1 Nr. 2), die der Versammlung zugänglich zu machenden Unterlagen (§ 124a Abs. 1 Nr. 3), die Gesamtzahl der Aktien und der Stimmrechte (§ 124a Abs. 1 Nr. 4) sowie bestimmte Formulare (§ 124a Abs. 1 Nr. 5).

**3. Tathandlungen.** Die Zuwiderhandlung nach § 405 Abs. 3a Nr. 1 kann in vier Tatfor- **236** men begangen werden: Der Täter leitet die Einberufung überhaupt nicht zu, er leitet sie nicht richtig, nicht vollständig oder nicht rechtzeitig zu.

Die erste Tatform, bei der die Zuleitung vollständig unterbleibt, ist ein **echtes Unterlas- 237 sungsdelikt.** Eine Zuleitung ist nicht richtig, wenn sie inhaltlich unzutreffend ist. Die Zuleitung ist nicht vollständig, wenn sie erhebliche Umstände, die von § 121 Abs. 3 gefordert werden,[278] verschweigt. Nicht rechtzeitig ist die Zuleitung, wenn sie entgegen der Verpflichtung aus § 121 Abs. 4a nicht spätestens zum Zeitpunkt der Bekanntmachung erfolgt.

Die Zuwiderhandlung nach § 405 Abs. 3a Nr. 2 kann in drei Tatformen begangen wer- **238** den: Der Täter macht überhaupt keine Angaben, er macht sie nicht richtig oder nicht vollständig zugänglich.

Die erste Tatform – Angaben nicht zugänglich gemacht – ist ein **echtes Unterlassungs- 239 delikt.** Nicht richtig sind die Angaben, wenn sie inhaltlich unzutreffend sind. Die Angaben werden nicht vollständig zugänglich gemacht, wenn erhebliche Angaben, die von § 124a Abs. 1 gefordert[279] werden, verschwiegen werden.

**Vollendet** ist die Zuwiderhandlung nach § 405 Abs. 3a Nr. 1 und 2 in dem Augenblick, **240** in dem der Täter aufhört, Angaben zu machen, obwohl sie nicht vollständig sind. Bei der Tatform des Unterlassens ist die Tat zu dem Zeitpunkt vollendet, in dem der Täter die Zuleitung hätte vornehmen bzw. die Angaben hätte zugänglich machen müssen. Das ist bei

---

[274] LG Baden-Baden NZG 1998, 685 mAnm *Singhof* NZG 1998, 670 (672).
[275] Hüffer/Koch/*Koch* § 121 Rn. 11i.
[276] Vgl. Begr. RegE, BT-Drs. 16/11642, 28.
[277] Vgl. Begr. RegE, BT-Drs. 16/11642, 30.
[278] Vgl. hierzu Hüffer/Koch/*Koch* § 121 Rn. 8a ff.
[279] Vgl. hierzu Hüffer/Koch/*Koch* § 124a Rn. 2.

§ 405 Abs. 3a Nr. 1 nach Verstreichen des in § 121 Abs. 4a genannten Zeitpunktes der Bekanntmachung anzunehmen. Bei § 405 Abs. 3a Nr. 2 ist das – wie sich aus § 124a Abs. 1 unmittelbar ergibt – „alsbald nach der Einberufung der Hauptversammlung". Dabei bedeutet „alsbald" nach der Begründung in den Gesetzesmaterialien, dass diese Informationen nicht sofort, sondern unter Berücksichtigung der technischen und sonstigen betriebsinternen Abläufe auf der Internetseite eingestellt werden müssen.[280]

### XXIV. Abschlussprüfer § 405 Abs. 3b–3d

**241**    **1. Allgemeines.** Mit den durch das **AReG** (→ Rn. 4) eingefügten § 405 Abs. 3b–3d wird die sich aus europäischem Recht ergebende Verpflichtung erfüllt, prüfungsbezogene Verstöße gegen die Abschlussprüfer-VO (VO (EU) 537/2014) und die Abschlussprüfer-RL (RL 2014/56/EU) zu sanktionieren.[281] Mit § 405 Abs. 3b Nr. 1 werden Verstöße gegen die Pflichten zur Überwachung der Unabhängigkeit des Abschlussprüfers, mit § 405 Abs. 3b Nr. 2 Verstöße gegen Art. 16 VO (EU) 537/2014 bei Vorlage einer Empfehlung für die Bestellung eines Abschlussprüfers und mit den § 405 Abs. 3c und 3d Verstöße gegen Art. 16 VO (EU) 537/2014 bei einer solchen Empfehlung in der Hauptversammlung geahndet.[282] Der Begriff der **Unternehmen von öffentlichem Interesse** (Public Interest Entities) umfasst kapitalmarktorientierte Gesellschaften iSd § 264d HGB (→ Rn. 242), CRR-Kreditinstitute (→ Rn. 243), sowie näher konkretisierte Versicherungsinstitute.[283]

**242**    Eine Gesellschaft ist nach der Legaldefinition des § 264d HGB **kapitalmarktorientiert,** wenn sie einen „organisierten Markt iSd § 2 Abs. 11 des WpHG" in Anspruch nimmt. Nach dieser Vorschrift handelt es sich dabei um ein „durch staatliche Stellen genehmigtes, geregeltes und überwachtes multilaterales System, das die Interessen einer Vielzahl von Personen am Kauf und Verkauf von dort zum Handel zugelassenen Finanzinstrumenten innerhalb des Systems und nach festgelegten Bestimmungen in einer Weise zusammenbringt oder das Zusammenbringen fördert, die zu einem Vertrag über den Kauf dieser Finanzinstrumente führt". Dazu gehören alle Gesellschaften, deren Aktien im regulierten Markt (§§ 32 ff. BörsG), nicht aber im Freiverkehr (§ 48 BörsG) gehandelt werden können (→ § 3 Rn. 37 ff.).[284]

**243**    Zu den **CRR-Kreditinstituten** gehören nach § 1 Abs. 3d S. 1 KWG „Kreditinstitute iSd Art. 4 Abs. 1 Nr. 1 VO (EU) 575/2013".[285] Es handelt sich somit um Institute, die Einlagen oder andere rückzahlbare Gelder des Publikums entgegennehmen und Kredite für eigene Rechnung gewähren.

**244**    Im Zuge des Gesetzes zur Umsetzung der Zweiten Zahlungsdiensterichtlinie vom 17.7.2017 (→ Rn. 4) wurden Versicherungsunternehmen aus dem Kreise der Unternehmen von öffentlichem Interesse im Rahmen der Abs. 3c und 3d wegen des alternativen Systems der Abschlussprüferbestellung ausgeschlossen.[286]

**245**    Die Vorschriften stellen **echte Sonderdelikte** dar.[287] § 405 Abs. 3b kann nur durch Mitglieder des Aufsichtsrates oder eines Prüfungsausschusses einer der dort genannten Unternehmen (→ Rn. 241 ff.) begangen werden. Die Tatbestände der § 405 Abs. 3c und 3d hingegen können einzig von Aufsichtsratsmitgliedern begangen werden.

**246**    Als **geschütztes Rechtsgut** der § 405 Abs. 3b–3d ist nach zutreffender Ansicht das Vertrauen in die Unabhängigkeit des Abschlussprüfers bzw. der Prüfgesellschaft zu verstehen.[288] Zu weitgehend wird es sein, das Vertrauen der Öffentlichkeit in die Qualität und

---

[280] Vgl. Begr. RegE, BT-Drs. 16/11642, 30.
[281] RegE, BT-Drs. 18/7219, 1 f.
[282] Vgl. *Schüppen* NStZ 2016, 247 (254).
[283] BeckOGK/*Hefendehl* Rn. 196.
[284] Vgl. GroßkommHGB/*Hüttemann*/*Meyer* HGB § 264d Rn. 3; Hüffer/Koch/*Koch* § 100 Rn. 21.
[285] VO (EU) 575/2013 vom 26.6.2013 über Aufsichtsanforderungen an Kreditinstitute und Wertpapierfirmen, ABl. 2013 L 176, 1.
[286] MwN BeckOGK/*Hefendehl* Rn. 196.
[287] BeckOGK/*Hefendehl* Rn. 196.
[288] BeckOGK/*Hefendehl* Rn. 201.

Ordnungsgemäßheit von Jahresabschlüssen und konsolidierten Abschlüssen von Unternehmen als geschützt anzusehen (dahingehend vgl. etwa Erwägungsgrund 1 VO (EU) 537/2014).

**2. Tatobjekt und Tathandlung. a) Fehlerhafte Überwachung der Unabhängig-** 247 **keit des Abschlussprüfers (Abs. 3b Nr. 1).** Sanktioniert werden die Pflichten des Aufsichtsrats oder eines Prüfungsausschusses nach den im Tatbestand genannten Bestimmungen der VO (EU) 537/2014. **Tathandlung** ist die mangelnde Überwachung dieser der Unabhängigkeit des Abschlussprüfers oder der Prüfungsgesellschaft dienenden Regelungen.

Nach deren **Art. 4 Abs. 3 UAbs. 2 VO (EU) 537/2014** ist für den Fall, dass die von 248 der Gesellschaft insgesamt gezahlten Honorare über 15% der insgesamt von dem Abschlussprüfer oder der Prüfungsgesellschaft vereinnahmten Honorare hinausgehen, anhand objektiver Gründe darüber zu entscheiden, ob der Abschlussprüfer oder die Prüfungsgesellschaft für einen weiteren Zeitraum die Abschlussprüfung durchführen darf.

In **Art. 5 Abs. 4 UAbs. 1 S. 1 VO (EU) 537/2014** ist geregelt, dass ein Abschlussprüfer 249 oder eine Prüfungsgesellschaft für das geprüfte Unternehmen bestimmte Nichtprüfungsleistungen nur erbringen darf, wenn dies der Prüfungsausschuss nach gebührender Beurteilung der Gefährdung der Unabhängigkeit und der angewendeten Schutzmaßnahmen gebilligt hat.

Durch **Art. 6 Abs. 2 VO (EU) 537/2014** wird bestimmt, dass ein Abschlussprüfer oder 250 eine Prüfungsgesellschaft gegenüber dem Prüfungsausschuss jährlich schriftlich zu erklären hat, unabhängig vom geprüften Unternehmen zu sein und außerdem mit dem Prüfungsausschuss die Gefahren für seine bzw. ihre Unabhängigkeit zu erörtern hat.

**b) Fehlerhafte Auswahl des Abschlussprüfers (Abs. 3b Nr. 2).** Sanktioniert werden 251 die Pflichten des Aufsichtsrats oder eines Prüfungsausschusses im Zusammenhang mit der Auswahl und Bestellung des Abschlussprüfers nach Art. 16 VO (EU) 537/2014. In Abs. 3b Nr. 2 ist klargestellt, dass die Vorgaben des Art. 16 Abs. 2 und 3 VO (EU) 537/2014 bei Versicherungsunternehmen nur dann anzuwenden sind, wenn die Prüferbestellung nicht auf der Anordnung der BaFin nach § 36 Abs. 1 S. 2 VAG beruht und somit keine besondere Eilbedürftigkeit besteht. Unter der **Tathandlung** ist die Vorlage einer Empfehlung für die Bestellung eines Abschlussprüfers oder einer Prüfungsgesellschaft zu verstehen, wenn diese nicht die erforderlichen Angaben enthält oder ein Auswahlverfahren nicht stattgefunden hat.

§ 405 **Abs. 3b Nr. 2a** verweist auf Art. 16 Abs. 2 UAbs. 2 VO (EU) 537/2014. Danach 252 muss die Empfehlung für die Bestellung – abgesehen vom Fall der Erneuerung eines Prüfungsmandats gem. Art. 17 Abs. 1 und 2 VO (EU) 537/2014 – begründet werden und mindestens zwei Vorschläge für das Prüfungsmandat enthalten. Zudem hat der Prüfungsausschuss unter Angabe der Gründe seine Präferenz für einen der beiden Vorschläge mitzuteilen.

Nach Art. 16 Abs. 2 UAbs. 3 VO (EU) 537/2014 muss der Prüfungsausschuss in seiner 253 Empfehlung erklären, dass diese frei von ungebührlicher Einflussnahme durch Dritte ist und ihm keine Klausel der in Art. 16 Abs. 6 VO (EU) 537/2014 genannten Art (Beschränkung der Auswahlmöglichkeiten) auferlegt wurde.

§ 405 **Abs. 3b Nr. 2b** verweist auf Art. 16 Abs. 3 UAbs. 1 VO (EU) 537/2014; das 254 hierin genannte Auswahlverfahren muss die in dieser Vorschrift aufgeführten Kriterien erfüllen. Danach kann das geprüfte Unternehmen beliebige Abschlussprüfer oder Prüfungsgesellschaften zur Unterbreitung von Vorschlägen für die Erbringung von Prüfungsleistungen auffordern (lit. a), hat für das geprüfte Unternehmen Ausschreibungsunterlagen zu erstellen (lit. b), kann das Auswahlverfahren frei gestalten (lit. c), hat von den zuständigen Behörden verlangte Qualitätsstandards in die Ausschreibungsunterlagen aufzunehmen (lit. d), hat die Vorschläge der Abschlussprüfer oder Prüfungsgesellschaften anhand der in den Ausschreibungsunterlagen festgelegten Auswahlkriterien zu beurteilen (lit. e) und muss auf Verlangen in der Lage sein, gegenüber der zuständigen Behörde darzulegen, dass das Auswahlverfahren auf faire Weise durchgeführt wurde (lit. f).

**255**  **c) Fehlerhafte Bestellung des Abschlussprüfers bei nicht bestelltem Prüfungsausschuss (Abs. 3c).** Nach der **Tathandlung** des § 107 Abs. 3 S. 2 kann der Aufsichtsrat einen Prüfungsausschuss bestellen, der sich mit den im Gesetz genannten Aufgaben, insbesondere der Abschlussprüfung, zu befassen hat (vgl. → § 107 Rn. 111). Eine Pflicht zur Einrichtung eines solchen Ausschusses besteht aber nicht, dieser ist nur fakultativ vorgesehen.[289] Ist bei einer in § 405 Abs. 3c genannten Gesellschaft (vgl. → Rn. 242 f.) ein solcher Prüfungsausschuss nicht eingerichtet worden, muss der Aufsichtsrat der Gesellschafterversammlung oder Aktionärshauptversammlung des geprüften Unternehmens einen Vorschlag für die Bestellung von Abschlussprüfern oder Prüfungsgesellschaften vorlegen, der den Anforderungen in Art. 16 Abs. 5 UAbs. 1 VO (EU) 537/2014 entspricht. Tathandlung ist die Vorlage eines nicht diesen Anforderungen genügenden Vorschlags. Wegen des bei Versicherungsunternehmen bestehenden alternativen Systems der Abschlussprüferbestellung sind die Vorgaben des Art. 16 Abs. 5 VO (EU) 537/2014 (Vorschlag des Aufsichtsrats für die Prüferbestellung an die Hauptversammlung) mangels Hauptversammlungskompetenz nicht anwendbar. Dies wird durch das Gesetz zur Umsetzung der Zweiten Zahlungsdienste-RL (→ Rn. 4) nunmehr in Abs. 3c klargestellt.[290]

**256**  Nach **Art. 16 Abs. 5 UAbs. 1** VO (EU) 537/2014 muss der Vorschlag die gleichen Anforderungen erfüllen wie die Empfehlung in Abs. 3b Nr. 2 (→ Rn. 253 f.). Der Aufsichtsrat hat bei seinem Vorschlag zur Wahl des Abschlussprüfers oder der Prüfungsgesellschaft mindestens zwei Vorschläge für das Prüfungsmandat zu unterbreiten und unter Angabe der Gründe seine Präferenz für einen der beiden Vorschläge mitzuteilen.

**257**  **d) Fehlerhafte Bestellung des Abschlussprüfers bei bestelltem Prüfungsausschuss (Abs. 3d).** Die Vorschrift betrifft den Fall, dass anders als bei § 405 Abs. 3c (→ Rn. 255) ein Prüfungsausschuss bestellt worden ist. Ein eingerichteter Prüfungsausschuss hat unter anderem nach § 124 Abs. 3 S. 2 den Vorschlag des Aufsichtsrats für die Wahl des Abschlussprüfers in der Hauptversammlung vorzubereiten (→ § 107 Rn. 117).[291] Die Empfehlung des Ausschusses muss nach Art. 16 Abs. 2 VO (EU) 537/2014 begründet werden und mindestens zwei Vorschläge für das Prüfungsmandat enthalten, wobei der Ausschuss seine Präferenz für einen der beiden Vorschläge mitteilt (→ Rn. 252). **Tathandlung** ist die Vorlage eines Vorschlags, der nicht den Anforderungen in Art. 16 Abs. 5 UAbs. 1 oder UAbs. 2 S. 1 oder S. 2 VO (EU) 537/2014 entspricht.

**258**  Der vom Aufsichtsrat einer in Abs. 3c genannten Gesellschaft (vgl. → Rn. 242 f.) an die Aktionärshauptversammlung gerichtete Vorschlag für die Bestellung von Abschlussprüfern oder Prüfungsgesellschaften muss nach **Art. 16 Abs. 5 UAbs. 1 VO (EU) 537/2014** die Empfehlung und Präferenz des Prüfungsausschusses enthalten.

**259**  Legt der Aufsichtsrat der Hauptversammlung einen Vorschlag für die Bestellung vor, mit dem er von Empfehlung und Präferenz des Prüfungsausschusses abweicht, so sind nach **Art. 16 Abs. 5 UAbs. 2 S. 1 VO (EU) 537/2014** im Vorschlag die Gründe zu nennen, weshalb der Empfehlung nicht gefolgt wird.

**260**  Die vom Aufsichtsrat empfohlenen Prüfer oder Prüfungsgesellschaften müssen gem. **Art. 16 Abs. 5 UAbs. 2 S. 2 VO (EU) 537/2014** an dem Auswahlverfahren (→ Rn. 254) teilgenommen haben.

### XXV. Subjektiver Tatbestand

**261**  Die Bußgeldtatbestände des § 405 verlangen ein vorsätzliches Handeln. Lediglich § 405a Abs. 3a lässt bereits Leichtfertigkeit genügen. Ein nichtvorsätzliches Verhalten ist nach § 10

---

[289] Krit. hierzu *Hoffmann* NZG 2016, 441 (448); Hüffer/Koch/*Koch* § 107 Rn. 22.
[290] Finanzausschuss BT-Drs. 18/12568, 190.
[291] *Lanfermann/Röhricht* BB 2009, 887 (890).

OWiG nur ahndbar, wenn der einzelne Bußgeldtatbestand fahrlässiges Handeln ausdrücklich mit Geldbuße bedroht.

**Vorsätzlich** handelt der Täter (oder ein sonstiger Beteiligter) (vgl. → Rn. 18), wenn er alle **262** Merkmale der einzelnen Tatbestände kennt und unter diesen Umständen die Tat ausführen will. Dazu gehören bei den Blanketttatbeständen, wie sie § 405 weitgehend enthält, nicht nur die Merkmale der Blankettnorm, sondern auch die der Ausfüllungsvorschriften.

Vorsätzlich handelt jedoch auch, wer die Verwirklichung der einzelnen Tatbestandsmerk- **263** male nur für möglich hält, die Tat aber dennoch billigend in Kauf nimmt. **Bedingter Vorsatz** reicht grundsätzlich aus.[292]

Bei den Tatbeständen des § 405 Abs. 3 Nr. 2, 3, 5 und 7 bedarf es zusätzlich der Absicht **264** im Sinne von dolus directus ersten Grades.[293] Hinsichtlich der Tatvariante des Forderns setzt auch § 405 Abs. 3 Nr. 6 Var. 1 Absicht hinsichtlich des konkreten Abschlusses einer Unrechtsvereinbarung voraus.[294]

Der Begriff der Leichtfertigkeit wird allgemein als graduell gesteigerte (grobe) Fahrlässig- **265** keit definiert. Leichtfertigkeit bedeutet einen erhöhten Grad von Fahrlässigkeit, der der groben Fahrlässigkeit im Zivilrecht entspricht,[295] aber im Gegensatz dazu auf die persönlichen Fähigkeiten des Täters abstellt. Leichtfertigkeit ist im Wesentlichen Tatfrage und kommt in Betracht, wenn der Täter in grober Achtlosigkeit nicht erkennt, dass er den Tatbestand verwirklicht und das unbeachtet lässt, was jedem einleuchten muss.[296]

### XXVI. Konkurrenzen

Zwischen den einzelnen Tatbeständen des § 405 kann **Tateinheit** nach § 19 OWiG **266** bestehen.[297]

Der umfassendere Tatbestand des § 405 Abs. 3 Nr. 1 wird dagegen von der **Spezialrege-** **267** **lung** des § 405 Abs. 3 Nr. 4 verdrängt.[298] Die Ausübung des Stimmrechts ist einer der Rechte, die auch § 405 Abs. 3 Nr. 1 erfasst.

Bei **Tatmehrheit** zwischen den einzelnen Bußgeldtatbeständen gilt § 20 OWiG. Gegen- **268** über den Straftatbeständen des AktG und anderer Straftaten, wie zB Betrug (§ 263 StGB) oder Untreue (§ 266 StGB) treten die Bußgeldtatbestände des § 405 zurück (§ 21 OWiG).

### XXVII. Verfolgung und Rechtsfolgen

**1. Allgemeines.** Auf die Ordnungswidrigkeiten nach § 405 sind die allgemeinen Vor- **269** schriften des Gesetzes über die Ordnungswidrigkeiten idF vom 19.2.1987 (BGBl. 1987 I 602) anzuwenden.[299]

**2. Verfahrensrechtliche Bedeutung.** Mangels spezieller Regelungen im AktG sind auf **270** die Ordnungswidrigkeiten nach § 405 die allgemeinen Vorschriften des OWiG anzuwenden. Im Bußgeldverfahren gelten danach die Zuständigkeitsvorschriften der §§ 35–45 OWiG;[300] hierbei wird die Zuständigkeit der Verwaltungsbehörde gegenüber den Organen der Strafrechtspflege – Staatsanwaltschaft und Gericht – abgegrenzt.[301]

§ 36 OWiG regelt hierbei die sachliche, § 37 OWiG die örtliche **Zuständigkeit.** Die **271** Verfolgung der Ordnungswidrigkeiten nach § 405 Abs. 2a Nr. 6 – soweit das Geschäft mit

---

[292] Großkomm AktG/*Otto* Rn. 26, 33, 37, 47, 58, 74, 89, 95, 102, 117, 139, 151; *Baumbach/Hueck* Rn. 3; Kölner Komm AktG/*Altenhain* Rn. 20, 28, 32, 40, 49, 61, 77.
[293] BeckOGK/*Hefendehl* Rn. 8.
[294] BeckOGK/*Hefendehl* Rn. 182.
[295] BGHSt 14, 240 (255) = NJW 1960, 1678 (1680).
[296] BGHSt 33, 66 (67) = NJW 1985, 690 (690); *Fischer* StGB § 15 Rn. 20.
[297] Großkomm AktG/*Otto* Rn. 156.
[298] Großkomm AktG/*Otto* Rn. 157; Kölner Komm AktG/*Altenhain* Rn. 91; BeckOGK/*Hefendehl* Rn. 239.
[299] BeckOGK/*Hefendehl* Rn. 241.
[300] BeckOGK/*Hefendehl* Rn. 242; Kölner Komm AktG/*Altenhain* Rn. 78.
[301] Hierzu vgl. BeckOK OWiG/*Inhofer* OWiG § 35 Rn. 1, 5 ff. mwN.

der nahestehenden Person zugleich eine Insiderinformation darstellt – und § 405 Abs. 3b–3d ist in § 405 **Abs. 5** als eine besondere gesetzliche Zuständigkeitsregelung iSv § 36 Abs. 1 Nr. 1 OWiG der BaFin und dem Bundesamt für Justiz übertragen.[302]

272    Hervorzuheben ist § 405 Abs. 5 Nr. 1 lit. a, der durch das **ARUG II** mit Wirkung vom 1.1.2020 (→ Rn. 5) eingefügt wurde. § 405 Abs. 2a Nr. 6 erklärt eine Veröffentlichung entgegen § 111c Abs. 1 S. 1 – beide ebenfalls durch das ARUG II neu eingefügt – für tatbestandsmäßig; sofern sich das Geschäft mit der nahestehenden Person zugleich als Insiderinformation (Art. 17 MAR) darstellt, ist für diesen Fall § 405 Abs. 5 Nr. 1 lit. a anzuwenden.[303] Die sachlich zuständige Verwaltungsbehörde ist danach die BaFin. Dies entspricht der Zuständigkeitsregelung nach § 121 WpHG im Bußgeldverfahren wegen der Verletzung der Pflicht zur Veröffentlichung einer Insiderinformation.[304]

273    **a) Anzuwendende Verfahrensvorschriften.** Für das Bußgeldverfahren gilt zunächst § 46 OWiG, der grundsätzlich die sinngemäße Anwendung der allgemeinen Gesetze über das Strafverfahren bestimmt.

274    **b) Opportunitätsprinzip.** Hiervon abweichend gilt nach § 47 OWiG das Opportunitätsprinzip, sodass die zuständige Behörde nach pflichtgemäßem Ermessen zu entscheiden hat, ob das öffentliche Interesse eine Ahndung erfordert. Sie ist dabei allerdings an die allgemeinen Grenzen der Ermessensausübung und insbesondere an den Gleichbehandlungsgrundsatz gebunden. Die nach § 56 OWiG bestehende Möglichkeit der Erteilung einer Verwarnung, die grundsätzlich auch für Ordnungswidrigkeiten nach dem AktG gilt, wird allerdings praktisch nicht in Betracht kommen. Eine Verwarnung ist nur bei geringfügigen Ordnungswidrigkeiten möglich. Der Kreis der einzubeziehenden Fälle wird dabei durch den Höchstbetrag des Verwarnungsgeldes von 55 Euro begrenzt.[305] Wegen der Bedeutung der in § 405 erfassten Tatbestände ist aber der Bußgeldrahmen gegenüber dem für sonstige Ordnungswidrigkeiten geltenden Bußgeldrahmen in § 17 OWiG deutlich höher.

275    **c) Rechtsmittel.** Entsprechend dem weiteren Verfahrensablauf kann gegen die getroffenen Entscheidungen Einspruch oder Rechtsbeschwerde eingelegt werden.

276    Nach Erlass eines Bußgeldbescheids ist als Rechtsmittel der **Einspruch** zugelassen (§ 67 OWiG). Die Frist für seine Einlegung beträgt zwei Wochen. Er ist an die zuständige Behörde zu richten. Nach erfolgtem Einspruch wird ein Zwischenverfahren eingeleitet,[306] in dem die zuständige Behörde nach § 69 OWiG prüft, ob der Einspruch zulässig ist und ob sie ihn aufrechterhält oder zurücknimmt. Ist der Einspruch zulässig und nimmt die zuständige Behörde ihn nicht zurück, übersendet sie die Akten an das für den Einspruch zuständige Gericht. Das ist das von § 69 Abs. 3 OWiG bezeichnete Amtsgericht. Das Gericht kann auf Festsetzung einer Geldbuße, Freispruch oder Einstellung erkennen. Die Entscheidung darf, soweit sie auf Grund einer Hauptverhandlung als Urteil ergeht, zum Nachteil des Betroffenen vom Bußgeldbescheid abweichen;[307] nur wenn das Gericht ohne Hauptverhandlung durch Beschluss entscheidet, darf es vom Bußgeldbescheid nicht zum Nachteil des Betroffenen abweichen (§ 72 Abs. 3 S. 2 StPO).

277    Gegen die Entscheidung des Amtsgerichts ist die **Rechtsbeschwerde** zulässig. Zur Entscheidung über die Rechtsbeschwerde ist nach § 79 Abs. 3 S. 1 OWiG iVm § 121 Abs. 1 Nr. 1 lit. a GVG ein Oberlandesgericht berufen. Die Rechtsbeschwerde kann, wie sich aus § 79 Abs. 3 OWiG ergibt, ebenso wie eine Revision im Strafverfahren nur auf die Verletzung einer Rechtsnorm gestützt werden. Die Frist für die Einlegung der Rechtsbeschwerde beträgt eine Woche (§ 79 Abs. 3 S. 1 OWiG iVm § 341 Abs. 1 StPO). Sie muss binnen eines Monats begründet werden. Sie ist nur innerhalb bestimmter Grenzen zulässig, so

---

[302] BeckOGK/*Hefendehl* Rn. 242.
[303] BT-Drs. 19/9739, 117; BeckOGK/*Hefendehl* Rn. 242.
[304] Hierzu BT-Drs. 19/9739, 117.
[305] Göhler/*Gürtler* OWiG § 56 Rn. 6.
[306] KK-OWiG/*Ellbogen* OWiG § 69 Rn. 6.
[307] KK-OWiG/*Senge* OWiG § 72 Rn. 59; Göhler/*Seitz*/*Bauer* OWiG Vor § 67 Rn. 5.

insbesondere, wenn das festgesetzte Bußgeld 250 Euro übersteigt, oder bei Freispruch, wenn mehr als 600 Euro festgesetzt oder beantragt waren. Die Rechtsbeschwerde kann aber auch nach § 80 OWiG vom Beschwerdegericht ausdrücklich zugelassen werden.

**d) Rechtsfolgen.** Ist der Bußgeldbescheid rechtskräftig geworden oder hat das Gericht **278** über die Tat als Ordnungswidrigkeit oder als Straftat rechtskräftig entschieden, so kann die Tat nicht mehr als Ordnungswidrigkeit verfolgt werden (§ 84 Abs. 1 OWiG). Hat das Gericht über die Tat eine rechtskräftige Sachentscheidung (Urteil oder Beschluss) getroffen, so kann sie nach § 84 Abs. 2 OWiG auch nicht Gegenstand eines neuen Strafverfahrens sein.[308] Möglich bleibt aber eine Wiederaufnahme des Verfahrens unter den Voraussetzungen des § 85 OWiG.

**3. Geldbuße.** Zuwiderhandlungen gegen § 405 können nach § 405 **Abs. 4** mit einer **279** Geldbuße in **Höhe** bis zu fünfundzwanzigtausend Euro geahndet werden. Für den im Rahmen des ARUG II neu eingeführten Tatbestand des § 405 Abs. 2a Nr. 6 erhöht sich die maximale Geldbuße auf fünfhunderttausend Euro und für die § 405 Abs. 3b–3d legt § 405 Abs. 4 eine Grenze von fünfzigtausend Euro fest. Das Mindestmaß der Geldbuße beträgt nach § 17 Abs. 1 OWiG fünf Euro.

Bei der **Zumessung** der Geldbuße sind nach § 17 Abs. 3 S. 2 OWiG die wirtschaftlichen **280** Verhältnisse des Täters zu berücksichtigen.[309] Zu beachten ist auch, ob der wirtschaftliche Vorteil, den der Täter aus der Tat gezogen hat, die Geldbuße übersteigt. Ist das der Fall, so kann die zuständige Behörde nach § 17 Abs. 4 OWiG die Geldbuße das gesetzliche Höchstmaß überschreiten. Mit dieser Bemessung der Geldbuße soll insbesondere ein unlauteres Gewinnstreben bekämpft und sichergestellt werden, dass die Höhe der Geldbuße in einem angemessenen Verhältnis zu der Bedeutung der Ordnungswidrigkeit und zu dem erzielten Gewinn steht.[310]

Nach § 30 OWiG kann unter bestimmten Voraussetzungen auch gegen **juristische Per-** **281** **sonen** und diesen gleichgestellte Personenvereinigungen[311] eine Geldbuße festgesetzt werden. Nach § 30 Abs. 4 OWiG kann das auch im selbstständigen Verfahren geschehen,[312] wenn wegen der Tat des Organs ein Verfahren nicht eingeleitet oder ein solches Verfahren eingestellt worden ist. Allerdings muss auch im selbstständigen Verfahren festgestellt werden, dass das Organ eine Straftat oder eine Ordnungswidrigkeit begangen hat.[313]

**4. Verjährung.** Für die Verjährung gelten die Vorschriften der §§ 31 ff. OWiG. Die **282** Verjährung beginnt nach § 31 Abs. 3 S. 1, sobald die Handlung beendet ist; sofern ein zum Tatbestand gehörender Erfolg erst später eintritt, beginnt die Verjährung nach § 31 Abs. 3 S. 2 erst mit diesem Zeitpunkt. Der Zeitraum bis zum Eintritt der Verjährung richtet sich danach nach dem Höchstmaß der Geldbuße, die im Rahmen des Ordnungswidrigkeitentatbestandes angedroht wird. § 405 Abs. 4 schreibt in den Fällen des § 405 Abs. 2a Nr. 6 eine Geldbuße bis zu fünfhunderttausend Euro, in den Fällen der Abs. 3b–3d eine Geldbuße bis zu fünfzigtausend Euro, in den übrigen Fällen eine Geldbuße bis zu fünfundzwanzigtausend Euro vor. Die Verjährung richtet sich nach § 31 Abs. 2 Nr. 1 OWiG. Danach verjähren Ordnungswidrigkeiten, die mit Geldbuße im Höchstmaß von mehr als fünfzehntausend Euro bedroht, in drei Jahren.

**§ 406** *[aufgehoben]*

## § 407 Zwangsgelder

**(1) **[1]**Vorstandsmitglieder oder Abwickler, die § 52 Abs. 2 Satz 2 bis 4, § 71c, § 73 Abs. 3 Satz 2, §§ 80, 90, 104 Abs. 1, § 111 Abs. 2, § 145, §§ 170, 171 Abs. 3 oder**

---

[308] KK-OWiG/*Lutz* OWiG § 84 Rn. 10; Göhler/*Seitz/Bauer* OWiG § 84 Rn. 16.
[309] Großkomm AktG/*Otto* Rn. 161; BeckOGK/*Hefendehl* Rn. 245.
[310] KK-OWiG/*Mitsch* OWiG § 17 Rn. 112 f.
[311] Vgl. Göhler/*Gürtler* OWiG § 30 Rn. 1.
[312] BeckOGK/*Hefendehl* Rn. 247.
[313] Vgl. Göhler/*Gürtler* OWiG § 30 Rn. 40.

Abs. 4 Satz 1 in Verbindung mit Abs. 3, §§ 175, 179a Abs. 2 Satz 1 bis 3, 214 Abs. 1, § 246 Abs. 4, §§ 248a, 259 Abs. 5, § 268 Abs. 4, § 270 Abs. 1, § 273 Abs. 2, §§ 293f, 293g Abs. 1, § 312 Abs. 1, § 313 Abs. 1, § 314 Abs. 1 nicht befolgen, sind hierzu vom Registergericht durch Festsetzung von Zwangsgeld anzuhalten; § 14 des Handelsgesetzbuchs bleibt unberührt. [2]Das einzelne Zwangsgeld darf den Betrag von fünftausend Euro nicht übersteigen.

(2) Die Anmeldungen zum Handelsregister nach den §§ 36, 45, 52, 181 Abs. 1, §§ 184, 188, 195, 210, 223, 237 Abs. 4, §§ 274, 294 Abs. 1, § 319 Abs. 3 werden durch Festsetzung von Zwangsgeld nicht erzwungen.

**Schrifttum:** *Bassenge,* Tatsachenermittlung, Rechtsprüfung und Ermessensausübung in den registergerichtlichen Verfahren nach §§ 132 bis 144 FGG, Rpfleger 1974, 173; *Göhler,* Das Einführungsgesetz zum Strafgesetzbuch, NJW 1974, 825; *Hofmann,* Zwangsgeldverfahren in der freiwilligen Gerichtsbarkeit, Rpfleger 1991, 283; *Nedden-Boeger,* Die Ungereimtheiten der FGG-Reform – eine kritische Bestandsaufnahme aus registerrechtlicher Sicht, FGPrax 2009, 144; *Nedden-Boeger,* Die Anwendung des Allgemeinen Teils des FamFG in Registersachen und in unternehmensrechtlichen Verfahren, FGPrax 2010, 1.

## Übersicht

## I. Allgemeines

1    Die Vorschrift behandelt den **Registerzwang** durch Beugemaßnahmen (→ Rn. 3). Vorbild der Norm ist **§ 303 AktG 1937;** vor 1937 war die Vorschrift in § 319 HGB aF verortet. Die Regelungstechnik des früheren Rechts ist beibehalten worden. Auch § 303 Abs. 1 AktG 1937 enthielt enumerativ die Vorschriften, deren Befolgung durch Beugemaßnahmen erzwungen werden konnte. Hiervon unterscheidet sich § 407 Abs. 1 in der Terminologie (→ Rn. 3) und hinsichtlich des Kreises der zwangsgeldbewehrten Tatbestände. Er ist im Aktiengesetz 1965 vor allem infolge der gesetzlichen Regelung des Konzernrechts erweitert worden. Andere Tatbestände, die früher durch § 407 Abs. 1 S. 1 zwangsgeldbewehrt waren, wurden gestrichen. Wesentliche Änderungen haben insoweit zunächst Art. 2 **BiRiLiG 1985**[1] und Art. 6 Nr. 16 **UmwBerG 1994**[2] gebracht. Dabei handelt es sich um

---

[1]  Bilanzrichtliniengesetz vom 19.12.1985 (BGBl. 1985 I 2355).
[2]  Umwandlungsbereinigungsgesetz vom 28.10.1994 (BGBl. 1994 I 3210).

Folgeänderungen, die aus der Ausgliederung ursprünglich aktienrechtlicher Vorschriften zur Rechnungslegung und zur Umwandlung in das HGB bzw. in das UmwG resultieren (vgl. noch → Rn. 8 f.). Von der Zwangsgeldsanktion ausgenommen bleiben nach § 407 Abs. 2 bestimmte Anmeldepflichten, die konstitutiv wirkende Eintragungen betreffen (→ Rn. 2, → Rn. 17). Dies entspricht § 303 Abs. 2 AktG 1937. In den Ausnahmekatalog neu aufgenommen wurden die Anmeldepflichten nach § 294 Abs. 1, § 319 Abs. 4, die im alten Recht kein Vorbild hatten, sowie § 210, dessen Regelungsgehalt weitgehend inhaltsgleich aus § 7 KapErhG aF entnommen wurde. (Dass in § 407 Abs. 2 nicht § 319 Abs. 4, sondern § 319 Abs. 3 aufgeführt ist, beruht auf einem Redaktionsversehen, da der Gesetzestext insofern nicht an die Neuregelung des § 319 durch Art. 6 Nr. 10 UmwBerG angepasst worden ist.) Aus dem Ausnahmekatalog gestrichen wurden wie bei § 407 Abs. 1 S. 1 speziell umwandlungsbezogene Vorschriften (vgl. → Rn. 18). Seitherige Änderungen gehen auf die handels- und gesellschaftsrechtlichen Reformen seit 2004 zurück. So ist § 407 durch Art. 4 Nr. 15 BilReG 2004,[3] durch Art. 1 Nr. 38 UMAG 2005[4] und zuletzt durch Art. 1 Nr. 54 ARUG 2009[5] geändert worden; darauf ist im jeweiligen Zusammenhang einzugehen (→ Rn. 5). Schließlich ist § 407 Abs. 2 S. 2 aF durch Art. 9 Nr. 17 EHUG 2006[6] als Folge der Aufhebung des früheren § 13c HGB ersatzlos gestrichen worden (→ Rn. 19). Die aktuelle Fassung des § 407 Abs. 2 entspricht damit wortwörtlich der Vorschrift des § 407 Abs. 2 S. 1 aF.[7]

## II. Normzweck und Grundlagen

**1. Regelungszweck.** § 407 dient der Ergänzung und sachgerechten Abwandlung des 2 § 14 HGB als der allgemeinen Vorschrift über den Registerzwang. Die **Ergänzung des § 14 HGB** erfolgt durch die Enumeration des § 407 Abs. 1 S. 1 Hs. 1. Dass es sich um einen Zusatz, nicht um eine Verdrängung des § 14 HGB handelt, ergibt sich aus § 407 Abs. 1 S. 2 Hs. 2.[8] Der Ergänzung des § 14 HGB bedarf es, weil § 407 Abs. 1 S. 1 Pflichten betrifft, die nicht, wie nach § 14 HGB (Anmeldung; Einreichung von Dokumenten), gegenüber dem Registergericht zu erfüllen sind. Die **Abwandlung** wird durch § 407 Abs. 2 vorgenommen. § 407 Abs. 2 sieht Ausnahmen vom allgemeinen Registerzwang des § 14 HGB vor, der entbehrlich ist, weil das Ausbleiben der gewollten Rechtsfolge als Sanktion genügt.[9] Ein Registerzwang wäre auch nicht sachdienlich, weil damit das Registergericht anstelle der Beteiligten die Gesellschaftsverhältnisse positiv gestalten würde.[10] Die aus § 407 und aus § 14 HGB folgende Gesamtregelung hat, soweit es um die im AktG selbst geregelten Pflichten geht, **abschließenden Charakter.**[11] Dies ergibt sich aus der Aufzählung in § 407 Abs. 1 S. 1 und dem Umstand, dass die beschriebenen Modifikationen des § 14 HGB andernfalls nicht sinnvoll wären. Außerhalb des AktG enthalten die §§ 335, 340o HGB, § 21 PublG, § 316 UmwG an § 407 angelehnte Parallelregelungen (vgl. → Rn. 8 f., → Rn. 18).

**2. Rechtsnatur des Zwangsgelds.** Die Festsetzung von Zwangsgeld ist eine **Beuge- 3 maßnahme,** keine Strafe und auch kein Bußgeld.[12] Die Gesetzesüberschrift vor § 399

---

[3]  Bilanzrechtsreformgesetz vom 4.12.2004 (BGBl. 2004 I 3166).

[4]  Gesetz zur Unternehmensintegrität und Modernisierung des Anfechtungsrechts vom 22.9.2005 (BGBl. 2005 I 2802).

[5]  Gesetz zur Umsetzung der Aktionärsrechterichtlinie vom 30.7.2009 (BGBl. 2009 I 2479).

[6]  Gesetz über elektronische Handelsregister und Genossenschaftsregister sowie das Unternehmensregister vom 10.11.2006 (BGBl. 2006 I 2553).

[7]  NK-AktKapMarktR/*Poller/Ammon* Rn. 2.

[8]  Grigoleit/*Rachnitz* Rn. 1.

[9]  Oetker/*Preuß* HGB § 14 Rn. 2; BeckOGK/*Hefendehl* Rn. 1.

[10]  *v. Godin/Wilhelmi* Anm. 4.

[11]  Begr. RegE bei *Kropff* AktG 1965, 509 zu § 407; Großkomm AktG/*Otto* Rn. 3; Oetker/*Preuß* HGB § 14 Rn. 17.

[12]  OLG München OLGZ 1982, 101 (102) zur gleichliegenden Frage bei § 888 ZPO mwN; NK-AktKapMarktR/*Poller/Ammon* Rn. 4; Großkomm AktG/*Otto* Rn. 4; UHL/*Ransiek* GmbHG § 79 Rn. 3; GroßkommHGB/*Koch* HGB § 14 Rn. 2, 7; *Göhler* NJW 1974, 825 (826).

(Straf- und Bußgeldvorschriften) ist insoweit irreführend. Sie beruht noch auf der früheren Terminologie, nach der § 407 ein Anwendungsfall des Ordnungsstrafrechts sein sollte.[13] Die jetzige Gesetzesfassung geht auf Art. 129 EGStGB von 1974 (BGBl. 1974 I 469, 471) zurück. Weil es sich um eine Beugemaßnahme handelt, finden die Verfahrensvorschriften des Straf- und Ordnungswidrigkeitenrechts keine Anwendung. Das Zwangsgeldverfahren regeln vielmehr §§ 388 ff. FamFG (vgl. → Rn. 22 ff.).

### III. Zwangsgeldbewehrung (Abs. 1 S. 1)

4     **1. Die Tatbestände im Überblick.** Welche Pflichten mit Zwangsgeld bewehrt sind, ergibt sich aus der **Enumeration** des § 407 Abs. 1 S. 1 Hs. 1. Die dort genannten Bestimmungen sind um die **Verweisungsnormen** zu ergänzen, durch die ihr Anwendungsbereich teilweise erheblich erweitert wird. In der folgenden Übersicht ist die Grundnorm halbfett, sind die Verweisungsvorschriften mager gedruckt. Der Aufbau folgt der Gesetzesordnung.

5     **Erstes Buch.** Das Gericht kann durch die Festsetzung von Zwangsgeld zu der Vornahme folgender Handlungen anhalten: Auslegung des Nachgründungsvertrags und Erteilung von Abschriften an Aktionäre, soweit der Vertrag nicht über die Website der AG publik gemacht wird (**§ 52 Abs. 2 S. 2–4**, § 197 S. 1 UmwG); Veräußerung unzulässig erworbener oder über die Kapitalgrenze hinaus gehaltener eigener Aktien (**§ 71c**, § 71d S. 4); Anzeige über Aushändigung oder Hinterlegung von Aktien (**§ 73 Abs. 3 S. 2**, § 72 Abs. 2, § 248 Abs. 1 UmwG); Angaben auf Geschäftsbriefen (**§ 80**); Berichterstattung an den Aufsichtsrat (**§ 90**); Antrag auf Ergänzung des Aufsichtsrats bei Beschlussunfähigkeit (**§ 104 Abs. 1**); Ermöglichung von Einsichtnahme und Prüfung der Bücher, Schriften und Vermögensgegenstände der Gesellschaft durch den Aufsichtsrat oder einzelne seiner Mitglieder oder durch von ihm beauftragte Sachverständige (**§ 111 Abs. 2**); Durchsetzung der Rechte der Prüfer, des Aufsichtsrats und der Aktionäre bei Sonderprüfung (**§ 145**, § 258 Abs. 5 S. 1, § 259 Abs. 1 S. 3, § 315); Vorlage von Jahresabschluss, Lagebericht, Bericht des Abschlussprüfers sowie Gewinnverwendungsvorschlag an den Aufsichtsrat (**§ 170**, § 270 Abs. 2 S. 2, § 17 Abs. 2 S. 2 UmwG); Bestimmung einer Nachfrist gegenüber dem Aufsichtsrat zur Zuleitung seines Prüfungsberichts betreffend den Jahresabschluss, den nach § 315a Abs. 1 HGB aufgestellten Abschluss bei dessen befreiender Offenlegung nach § 325 Abs. 2a HGB oder die Eröffnungsbilanz (**§ 171 Abs. 3**, § 270 Abs. 2 S. 2); Einberufung der Hauptversammlung zur Entgegennahme des festgestellten Jahresabschlusses und des Lageberichts sowie zur Beschlussfassung über die Verwendung des Bilanzgewinns bzw. die Feststellung des Jahresabschlusses, Auslegung der Unterlagen und Erteilung von Abschriften (**§ 175**, § 270 Abs. 2 S. 2, sinngemäße Anwendung des § 175 Abs. 2 gem. § 120 Abs. 3 S. 3, § 176 Abs. 1 S. 1, § 209 Abs. 6); Auslegung des Vertrags bei Vermögensübertragung zur Einsicht der Aktionäre und Erteilung von Abschriften, soweit die Maßnahmen nicht durch Internetpublizität ersetzt werden (**§ 179a Abs. 2 S. 1–3**); Aufforderung an Aktionäre zur Abholung der neuen Aktien und Bekanntmachung der Aufforderung, soweit die Kapitalerhöhung aus Gesellschaftsmitteln mit der Ausgabe neuer Aktien verbunden wird (**§ 214 Abs. 1**, § 214 Abs. 4 S. 1); Bekanntmachung der Klage auf Anfechtung eines Hauptversammlungsbeschlusses und des Termins zur mündlichen Verhandlung in den Gesellschaftsblättern (**§ 246 Abs. 4**, § 251 Abs. 3, § 254 Abs. 2 S. 1, § 255 Abs. 3, § 257 Abs. 2 S. 1); Bekanntmachung der Klage auf Feststellung der Nichtigkeit eines Hauptversammlungsbeschlusses oder des festgestellten Jahresabschlusses und des Termins zur mündlichen Verhandlung in den Gesellschaftsblättern (**§ 246 Abs. 4**, § 249 Abs. 1 S. 1, § 250 Abs. 3 S. 1, § 253 Abs. 2, § 256 Abs. 7); Bekanntmachung der Verfahrensbeendigung nach Anfechtungs- oder Nichtigkeitsprozess (**§ 248a**, § 249 Abs. 1 S. 1); Bekanntmachung der Klage auf Nichtigerklärung der Gesellschaft (**§ 246 Abs. 4**, § 275 Abs. 4 S. 1); Bekanntmachung der abschließenden Feststellungen der Prüfer bei Sonderprüfung nach § 258 (**§ 259 Abs. 5**); Angaben auf Geschäftsbriefen bei Abwicklung der Gesellschaft (**§ 268 Abs. 4**); Aufstellung von Eröffnungsbilanz, Erläuterungsbericht,

---

[13] Begr. RegE bei *Kropff* AktG 1965, 509 zu § 407.

Jahresabschluss sowie Lagebericht durch Abwickler (§ 270 Abs. 1); Aufbewahrung von Büchern und Schriften der Gesellschaft nach Beendigung der Abwicklung (§ 273 Abs. 2).

**Zweites Buch.** Bestimmungen aus der Regelung der KGaA (§§ 278 ff.) nennt § 407 **6** Abs. 1 S. 1 Hs. 1 nicht. Gem. § 278 Abs. 3 gelten jedoch die Vorschriften des ersten Buches grundsätzlich entsprechend. Soweit sie danach zur Anwendung kommen, kann ihre Beachtung auch im Zwangsgeldverfahren durchgesetzt werden.

**Drittes Buch.** Auslegung des Unternehmensvertrags sowie der Jahresabschlüsse, Lagebe- **7** richte, Vorstands- und Prüfungsberichte vor Zustimmungsbeschluss der Hauptversammlung sowie Erteilung von Abschriften (**§ 293f**, § 295 Abs. 1 S. 2, § 320 Abs. 3 S. 3); Auslegung dieser Unterlagen in der Hauptversammlung (**§ 293g Abs. 1**, § 295 Abs. 1 S. 2); Aufstellung des Abhängigkeitsberichts (**§ 312 Abs. 1**);[14] Vorlage des Abhängigkeitsberichts zusammen mit Jahresabschluss und Lagebericht an den Abschlussprüfer zur Prüfung (**§ 313 Abs. 1**); Vorlage von Abhängigkeits- und Prüfungsbericht (§ 312, § 313) sowie Information der einzelnen Aufsichtsratsmitglieder (**§ 314 Abs. 1**).

**2. Auswirkungen des Bilanzrichtlinien-Gesetzes.** Nach früherer Gesetzeslage war **8** gem. § 407 Abs. 1 S. 1 Hs. 1 auch die Erfüllung einzelner **bilanzbezogener Pflichten** zwangsgeldbewehrt (§§ 148, § 160 Abs. 5, § 163 Abs. 1, 3 und 5, § 165, § 329, § 330, § 336 Abs. 4 S. 1 und 2, § 337 Abs. 1 aF). Diese Pflichten sind durch das BiRiLiG vom 19.12.1985 (→ Rn. 1) in das HGB ausgegliedert worden. Zugleich wurden sie durch Art. 2 BiRiLiG auch aus dem Katalog des § 407 Abs. 1 S. 1 Hs. 1 gestrichen und stattdessen in selbständige handelsrechtliche Vorschriften zur Verhängung von Zwangsgeldern in § 335 S. 1 Nr. 1–5 HGB, § 340o Nr. 1 HGB, § 341o Nr. 1 HGB aufgenommen.

**3. Auswirkungen des Umwandlungsbereinigungsgesetzes.** Eine ähnliche Entwick- **9** lung wie bei der Rechnungslegung (→ Rn. 8) hat sich im Bereich des Umwandlungsrechts vollzogen. Bis 1994 war das Umwandlungsrecht im vierten Buch des Aktiengesetzes (§§ 339–393 aF) geregelt. Durch das **UmwBerG** (→ Rn. 1) ist diese Regelung in das UmwG ausgegliedert worden. Im Zuge dieser Änderung sind auch die früher in § 407 Abs. 1 S. 1 Hs. 1 zwangsgeldbewehrten **umwandlungsrechtlichen Pflichten** (§ 340d Abs. 2 und 4, § 352b Abs. 1 S. 4, § 353 Abs. 1 S. 1, § 354 Abs. 2 S. 1, § 355 Abs. 2 S. 1, § 356 Abs. 2 S. 1, § 357 Abs. 2 S. 1, § 358 Abs. 2 S. 1, § 358a Abs. 2 S. 2, § 359 Abs. 2 S. 1, § 360 Abs. 2 S. 1 aF) aus dem Katalog des § 407 gestrichen worden. Die Zwangsgeldbewehrung dieser Pflichten hat nunmehr in **§ 316 UmwG** eine spezifisch umwandlungsrechtliche Regelung gefunden, die dem Vorbild des § 407 nachgebildet ist. Etwas anderes gilt nur für die bis 1994 ebenfalls im vierten Buch geregelte Vermögensübertragung nach § 361 aF. Da sie lediglich eine schuldrechtliche Verpflichtung zur Vermögensübertragung betrifft, hat der Gesetzgeber sie nicht in das UmwG übernommen, sondern es bei einer aktienrechtlichen Regelung in **§ 179a** belassen.[15] Dementsprechend sind auch die diesbezüglichen Vorstandspflichten (§ 179a Abs. 2 S. 1 und 2) weiterhin nach § 407 Abs. 1 S. 1 und nicht nach § 316 Abs. 1 UmwG zwangsgeldbewehrt.

**4. Normadressaten. a) Aktiengesellschaft.** Gem. § 407 Abs. 1 S. 1 Hs. 1 kann **10** Zwangsgeld nur gegen **Vorstandsmitglieder** oder **Abwickler** der AG festgesetzt werden, also gegen die amtierenden[16] Mitglieder des Vertretungsorgans der Gesellschaft (§ 76, § 268), nicht gegen die Gesellschaft selbst, und zwar ungeachtet ihrer Beteiligtenfähigkeit (→ Rn. 29).[17] Die Festsetzung richtet sich nicht gegen das Organ als solches, sondern

---

[14] Und zwar auch nach Feststellung des Jahresabschlusses; vgl. BGHZ 135, 107 (111) = NJW 1997, 1855; OLG Braunschweig AG 1996, 271 (272); OLG Düsseldorf AG 2000, 365; LG Traunstein AG 1993, 521; Hüffer/Koch/*Koch* § 312 Rn. 10; Hüffer/Koch/*Koch* § 407 Rn. 5.

[15] Vgl. dazu Begr. RegE, BT-Drs. 12/6699, 177.

[16] BayObLG GmbHR 1994, 331 (332); NK-AktKapMarktR/*Poller/Ammon* Rn. 9.

[17] Ebenso BayObLGZ 2000, 11 (14) = FGPrax 2000, 74 zu § 21 S. 1 Nr. 1 PublG; Großkomm AktG/*Otto* Rn. 6; GroßkommHGB/*Koch* HGB § 14 Rn. 14; MüKoHGB/*Krafka* HGB § 14 Rn. 8; Oetker/*Preuß* HGB § 14 Rn. 20; Bumiller/Harders/Schwamb/*Harders* FamFG § 388 Rn. 14.

nur gegen das einzelne Mitglied, das seine Pflichten vernachlässigt.[18] Dies kann auch ein stellvertretendes Mitglied des Vorstands sein, weil auch die Stellvertreter echte Vorstandsmitglieder sind (§ 94). Das Erzwingungsverfahren gegen Stellvertreter findet aber nur dann statt, wenn sie nach Maßgabe der Geschäftsordnung für die Vornahme der Handlung zuständig sind, die erzwungen werden soll.[19] Müssen mehrere Mitglieder des Vertretungsorgans bei der Vornahme der Handlung mitwirken, so richtet sich das Verfahren gegen jedes einzelne Mitglied; ausgenommen bleiben nur diejenigen Personen, die zur Mitwirkung bereit sind.[20] Ein Zwangsgeldverfahren nach § 407 findet dagegen nicht statt gegenüber **Mitgliedern des Aufsichtsrats**.[21] Anders ist die Gesetzeslage nach § 14 HGB. Danach wäre ein Zwangsgeldverfahren gegen Aufsichtsratsmitglieder möglich, sofern sie zur Vornahme zwangsgeldbewehrter Handlungen verpflichtet sind. Dies ist aber im geltenden Recht nicht vorgesehen.[22] Insbesondere die Fälle, in denen der Aufsichtsratsvorsitzende bei der Anmeldung von Kapitalmaßnahmen mitwirkt (§§ 184, 185, 195, 223, 237 Abs. 4 S. 5), sind durch § 407 Abs. 2 vom Registerzwang ausgenommen.[23] Mitglieder des Aufsichtsrats kommen daher nur dann als Adressaten des Zwangsgeldverfahrens in Betracht, wenn sie gem. § 105 Abs. 2 zu Stellvertretern von Vorstandsmitgliedern bestellt sind.[24] Daraus darf aber nicht geschlossen werden, dass ausnahmsweise auch gegen Aufsichtsratsmitglieder ein Zwangsgeldverfahren möglich ist; denn auch in diesem Fall – bei Ruhen ihres Mandats (§ 105 Abs. 2 S. 3) – werden sie ausschließlich in ihrer Eigenschaft als Vertreter des Vorstands angesprochen.[25] Ähnlich verhält es sich bei der sog. Führungslosigkeit (§ 78 Abs. 1 S. 2). Hier agiert der Aufsichtsrat jedoch lediglich als Empfangsvertreter, weshalb eine mit Zwangsgeld bewehrte Unterlassung nicht vorliegen kann. Nicht anwendbar ist § 407 schließlich auf Bevollmächtigte (zB Prokuristen); das gilt auch für inländische Bevollmächtigte einer ausländischen Kapitalgesellschaft.[26]

**11**      **b) Kommanditgesellschaft auf Aktien.** An die Stelle der Vorstandsmitglieder treten bei der KGaA deren **persönlich haftende Gesellschafter (§ 408 S. 2).** Der Katalog der sanktionsbewehrten Verhaltenspflichten für persönlich haftende Gesellschafter der KGaA entspricht demjenigen für Vorstandsmitglieder. Für die Tatbestände des ersten Buchs (→ Rn. 5) folgt das aus § 278 Abs. 3 (vgl. → Rn. 6). Für die Tatbestände des dritten Buches (→ Rn. 5) ergibt sich der übereinstimmende Pflichtenrahmen aus der Gleichstellung von AG und KGaA in den § 291, § 311.

**12**      **c) Juristische Personen als Vertretungsorgan.** Juristische Personen scheiden als Gegner des Erzwingungsverfahrens aus; Adressaten können nur natürliche Personen sein.[27] Das gilt auch dann, wenn die juristische Person als Vertretungsorgan einer anderen Gesellschaft tätig ist. Bei der werbenden AG kann dieser Fall allerdings nicht eintreten, weil nur natürliche Personen vorstandsfähig sind (§ 76 Abs. 3 S. 1). Etwas anderes gilt aber wegen § 265 Abs. 2 S. 3 im Stadium der **Abwicklung,** weil auch eine juristische Person die Funktion

---

[18] Kölner Komm AktG/*Zöllner* Rn. 6.

[19] KG OLGR 27, 340 (341 f.); Großkomm AktG/*Otto* Rn. 6.

[20] OLG Hamm JMBl. NW 1959, 32; KG RJA 9, 47 (50); Großkomm AktG/*Otto* Rn. 6.

[21] Großkomm AktG/*Otto* Rn. 6; Kölner Komm AktG/*Zöllner* Rn. 6 f.

[22] Großkomm AktG/*Otto* Rn. 6; Kölner Komm AktG/*Zöllner* Rn. 6 f.; unscharf *v. Godin/Wilhelmi* Anm. 2.

[23] NK-AktKapMarktR/*Poller/Ammon* Rn. 12.

[24] Großkomm AktG/*Otto* Rn. 6; BeckOGK/*Hefendehl* Rn. 12; Jansen/*Steder* FGG § 132 Rn. 81; Keidel/*Heinemann* FamFG § 388 Rn. 30.

[25] Vgl. Hüffer/Koch/*Koch* Rn. 3 aE; zust. NK-AktKapMarktR/*Poller/Ammon* Rn. 13; vage bleibend Großkomm AktG/*Otto* Rn. 6.

[26] NK-AktKapMarktR/*Poller/Ammon* Rn. 15; vgl. auch zu § 14 HGB BayObLG BB 1982, 1075 (1076); Röhricht/v. Westphalen/Haas/*Ries* HGB Rn. 14; GroßkommHGB/*Koch* HGB § 13d Rn. 62; GroßkommHGB/*Koch* HGB § 14 Rn. 13; MüKoHGB/*Krafka* HGB § 13d Rn. 13; aA zum ständigen Vertreter Keidel/*Heinemann* FamFG § 388 Rn. 12; Schulte-Bunert/Weinreich/*Nedden-Boeger* FamFG § 388 Rn. 28.

[27] So die hM; vgl. BayObLG DB 1973, 1596; Baumbach/Hopt/*Hopt* HGB § 14 Rn. 2; Keidel/*Heinemann* FamFG § 388 Rn. 28; aA Röhricht/v. Westphalen/Haas/*Ries* HGB § 14 Rn. 13; NK-AktKapMarktR/*Poller/Ammon* Rn. 14.

als Abwickler übernehmen kann (vgl. → § 265 Rn. 11). Bedeutung kann die Frage ferner vor allem bei der **KGaA** gewinnen, nämlich dann, wenn eine juristische Person die Komplementärrolle übernimmt.[28] Adressaten des Zwangsgelds bleiben aber in jedem Fall die natürlichen Personen, die zu Mitgliedern des Vertretungsorgans der juristischen Person bestellt sind.[29]

**5. Rechtswidrigkeit.** Wenn Vorstandsmitglieder oder Abwickler ihre gesetzlich festge- **13** legten Pflichten (§ 407 Abs. 1 S. 1 Hs. 1) nicht befolgen, handeln sie in aller Regel rechtswidrig, so dass sich nur die Frage nach **Rechtfertigungsgründen** stellen kann. Auch sie ist praktisch bedeutungslos. Denkbar ist allenfalls rechtfertigender Notstand in rechtsanaloger Anwendung des § 228 BGB und des § 34 StGB.[30]

**6. Nicht erforderlich: Verschulden.** Weil Zwangsgelder seit Art. 129 EGStGB von **14** 1974 (→ Rn. 3) Beugemaßnahmen und **nicht Ordnungsstrafen** sind, besteht kein Anlass, Vorsatz oder Fahrlässigkeit zur Voraussetzung eines Zwangsgeldverfahrens zu machen; Verschulden ist also entbehrlich.[31] Entgegen einer im Schrifttum teilweise vertretenen Ansicht[32] besteht auch kein Grund, das Fehlen eines Verschuldens bei der Länge der Frist zwischen Androhung und Festsetzung des Zwangsgelds oder bei der Bemessung der Höhe des Zwangsgelds zu berücksichtigen.[33] Maßgeblich sind stattdessen allein das öffentliche Interesse an der Vornahme der Handlung, die erzwungen werden soll, und das Maß des Widerstandes, der durch die Beugemaßnahme zu überwinden ist (→ Rn. 15). Nur in diesem Rahmen kann es eine Rolle spielen, ob die Pflichtverletzung versehentlich oder willentlich begangen wurde.[34]

**7. Höhe und Bemessung des Zwangsgelds.** Höchst- und Mindestbetrag des Zwangs- **15** gelds ergeben sich aus § 407 Abs. 1 S. 2 bzw. aus Art. 6 Abs. 1 S. 1 EGStGB. Das einzelne Zwangsgeld darf danach den **Höchstbetrag** von 5.000 Euro nicht überschreiten. Dieser Rahmen kann jedoch bei jeder Festsetzung ausgeschöpft werden, unabhängig davon, ob es sich um eine wiederholte Festsetzung wegen andauernder Nichtbefolgung einer Pflicht oder um mehrere Festsetzungen wegen verschiedener Nichtbefolgungen handelt. Eine Addition findet demnach nicht statt.[35] Der **Mindestbetrag** liegt gem. Art. 6 Abs. 1 S. 1 EGStGB bei 5 Euro. Die **Bemessung** des Zwangsgelds unterliegt dem Grundsatz der Verhältnismäßigkeit. Bedeutung hat zunächst das Gewicht des durchzusetzenden öffentlichen Interesses. Wegen der Beugefunktion des Zwangsgelds (→ Rn. 3) sind bei der Bemessung stets auch die wirtschaftlichen Verhältnisse der verpflichteten Person zu berücksichtigen, weil sie Rückschlüsse darauf zulassen, wie empfindlich sie durch das Zwangsgeld getroffen wird.[36] Ferner fällt ins Gewicht, ob es sich um die erstmalige oder um eine wiederholte Festsetzung handelt, mit anderen Worten, ob ein bereits verhängtes Zwangsgeld seine Wirkung auf die verpflichtete Person verfehlt hat.[37] Stets unerheblich ist dagegen ein Verschulden des Verpflichteten (→ Rn. 14). Das Zwangsgeld ist auch dann festzusetzen, wenn es voraussichtlich nicht beigetrieben werden kann.[38] Es kann jedoch nicht in eine Ersatz-Beugehaft

---

[28] Vgl. den Sachverhalt in BGHZ 83, 122 (124) = NJW 1982, 1703 – Holzmüller; zur Zulässigkeit BGHZ 134, 392 = NJW 1997, 1923; Hüffer/Koch/*Koch* § 278 Rn. 8 ff.

[29] Ausf. und die Zulässigkeit zumindest dogmatisch bejahend NK-AktKapMarktR/*Poller/Ammon* Rn. 9; s. auch K. Schmidt/Lutter/*Oetker* Rn. 1; BeckOGK/*Hefendehl* Rn. 10; Schulte-Bunert/Weinreich/*Nedden-Boeger* FamFG § 388 Rn. 26.

[30] Vgl. auch Kölner Komm AktG/*Zöllner* Rn. 26.

[31] Großkomm AktG/*Otto* Rn. 4; Kölner Komm AktG/*Zöllner* Rn. 27.

[32] *Hofmann* Rpfleger 1991, 283; vgl. zur GmbH auch Baumbach/Hueck/*Beurskens* GmbHG § 79 Rn. 13.

[33] Wie hier NK-AktKapMarktR/*Poller/Ammon* Rn. 8; Lutter/Hommelhoff/*Kleindiek* GmbHG § 79 Rn. 2.

[34] Hüffer/Koch/*Koch* Rn. 16; NK-AktKapMarktR/*Poller/Ammon* Rn. 8; BeckOGK/*Hefendehl* Rn. 16.

[35] Großkomm AktG/*Otto* Rn. 61; Kölner Komm AktG/*Zöllner* Rn. 28.

[36] BayObLGZ 1974, 351 (354); Großkomm AktG/*Otto* Rn. 62; BeckOGK/*Hefendehl* Rn. 17; *Hofmann* Rpfleger 1991, 283.

[37] Großkomm AktG/*Otto* Rn. 62; Keidel/*Meyer-Holz* FamFG § 35 Rn. 43; *Hofmann* Rpfleger 1991, 283.

[38] NK-AktKapMarktR/*Poller/Ammon* Rn. 7; BeckOGK/*Hefendehl* Rn. 18.

umgewandelt werden, da diese Möglichkeit aus verfassungsrechtlichen Gründen (Art. 104 Abs. 1 GG) in einem förmlichen Gesetz vorgesehen sein müsste.[39]

### IV. Registerzwang nach § 14 HGB

**16**    **1. Grundsatz (Abs. 1 S. 1 Hs. 2).** Nach § 407 Abs. 1 S. 1 Hs. 2 bleibt § 14 HGB unberührt. Danach ist das Registergericht ermächtigt und verpflichtet, die Erfüllung von Anmelde- und Einreichungspflichten zwangsweise durchzusetzen. Soweit es um **Anmeldungen** geht, ist der Grundsatz allerdings im Wesentlichen durch den Ausnahmetatbestand des § 407 Abs. 2 durchbrochen (→ Rn. 17). Anmeldungen, die nach § 14 HGB iVm § 407 Abs. 1 S. 1 Hs. 2 erzwungen werden können, sind namentlich die in §§ 81, 94, 201, 298 vorgesehenen. Sie sind dadurch gekennzeichnet, dass die auf Anmeldung in das Handelsregister vorzunehmenden Eintragungen nur verlautbarenden, nicht konstitutiven Charakter haben. Die früher gleichfalls hierher gehörenden Anmeldungen und Nachweise nach §§ 42 und 44 sind durch das 11. EG-KoordG vom 22.7.1993 (BGBl. 1993 I 1282)[40] entfallen. Für die nunmehr in § 13 HGB bzw. §§ 13d ff. HGB enthaltene Regelung gilt der Registerzwang des § 14 HGB, ohne dass es dafür noch auf die Klarstellung in § 407 Abs. 1 S. 1 Hs. 2 ankäme. Was die **Einreichung** von Dokumenten anbetrifft, so gilt § 14 HGB jedenfalls für alle Pflichten, die ohne Rücksicht auf eine nicht erzwingbare Anmeldung (§ 407 Abs. 2) zu erfüllen sind. Dahin gehört zB die Verpflichtung des Sonderprüfers nach § 145 Abs. 4 S. 3, § 259 Abs. 1 S. 3, § 315, seinen Bericht zum Handelsregister einzureichen. Weitergehend, aber in dieser Form zu Unrecht, nahm die früher hM auch an, dass die Einreichung von Unterlagen bei gem. § 407 Abs. 2 nicht erzwingbarer Anmeldung nach § 14 HGB durchgesetzt werden kann; vgl. → Rn. 20.

**17**    **2. Ausnahmen (Abs. 2).** Anmeldungen zum Handelsregister sind dem in § 407 Abs. 1 S. 1 Hs. 2 vorbehaltenen Registerzwang des § 14 HGB dann nicht unterworfen, wenn die entsprechende Eintragung **rechtsbegründende Wirkung** entfaltet. Ein solcher Zwang ist entbehrlich und wäre auch nicht sachgerecht (→ Rn. 2). Im Einzelnen sind von der Anwendung des § 14 HGB folgende Anmeldungen ausgenommen: Anmeldung der Gesellschaft (**§ 36**); Sitzverlegung (**§ 45**); Nachgründungsvertrag (**§ 52**); Satzungsänderung (**§ 181 Abs. 1**); Beschluss über die Erhöhung des Grundkapitals gegen Einlagen (**§ 184**); Durchführung der Erhöhung des Grundkapitals gegen Einlagen (**§ 188**); Beschluss über die bedingte Kapitalerhöhung (**§ 195**); Beschluss über die Erhöhung des Grundkapitals durch Umwandlung von Rücklagen (**§ 210**); Beschluss über die Herabsetzung des Grundkapitals (**§ 223**); Beschluss über die Kapitalherabsetzung durch Einziehung von Aktien (**§ 237 Abs. 4**); Beschluss über die Fortsetzung der aufgelösten Gesellschaft (**§ 274**); Unternehmensverträge (**§ 294 Abs. 1**); Eingliederung der Gesellschaft (**§ 319 Abs. 4**; nicht: § 319 Abs. 3: Redaktionsversehen; → Rn. 1).

**18**    Ebenso wie der Katalog des § 407 Abs. 1 S. 1 Hs. 1 (vgl. → Rn. 9) enthielt auch der Ausnahmekatalog des § 407 Abs. 2 ursprünglich mehrere spezifisch **umwandlungsrechtliche Pflichten** (§ 345 Abs. 1, § 353 Abs. 5, § 364, § 367, § 371, § 379, § 390 aF). Durch die im Zuge des UmwBerG 1994 (→ Rn. 1) erfolgte Ausgliederung des Umwandlungsrechts in das UmwG sind auch diese Tatbestände aus § 407 Abs. 2 gestrichen und stattdessen in **§ 316 Abs. 2 UmwG** übernommen worden. § 316 Abs. 2 UmwG ist § 407 Abs. 2 nachgebildet und beruht auf demselben Grundgedanken. Soweit es in diesem Rahmen um Unterlagen bei nicht erzwingbarer Anmeldung geht (zB § 17 UmwG, § 146 Abs. 2 UmwG), sind die in → Rn. 16 entwickelten Grundsätze maßgeblich.

**19**    **3. Anmeldungen beim Bestehen von Zweigniederlassungen.** § 407 Abs. 2 S. 2 aF betraf Anmeldungen, die sich auf Zweigniederlassungen bezogen, setzte voraus, dass die

---

[39] NK-AktKapMarktR/*Poller/Ammon* Rn. 7; BeckOGK/*Hefendehl* Rn. 18.
[40] Das Gesetz dient der Durchführung der früheren Zweigniederlassungs-RL aF (heute GesR-RL); dazu *Kindler* NJW 1993, 3301; *Seibert* DB 1993, 1705.

Stückzahl der Anmeldungen der Zahl der betroffenen Niederlassungen zu entsprechen hatte und unterwarf die Anmeldung unter Beifügung der Überstücke dem Registerzwang nach § 14 HGB. Diese Regelung knüpfte an § 13c Abs. 1 und 4 HGB aF an, eingeführt durch das Gesetz zur Durchführung der 11. EG-Koordinierungs-RL vom 22.7.1993 (BGBl. 1993 I 1282). Mit dessen Aufhebung durch das EHUG von 2006 (→ Rn. 1) verlor § 407 Abs. 2 S. 2 aF seine Basis. Die Norm ist deshalb durch Art. 9 Nr. 17 EHUG (→ Rn. 1) aufgehoben worden. Überstücke von Anmeldungen können also weder verlangt noch erzwungen werden. Vielmehr haben die Anmeldungen elektronisch beim Gericht des Gesellschaftssitzes zu erfolgen (§ 12 Abs. 1 HGB, § 13 Abs. 1 HGB).[41]

**4. Einreichungspflichten bei nicht erzwingbarer Anmeldung. Fraglich** ist, wie **20** Einreichungspflichten durchzusetzen sind, wenn die Anmeldung gem. § 407 Abs. 2 nicht durch Festsetzung von Zwangsgeld erzwungen wird (→ Rn. 17). Hierher gehören die § 37 Abs. 4, § 52 Abs. 6, § 181 Abs. 1 S. 2, § 184 Abs. 1 S. 2, § 188 Abs. 3, § 195 Abs. 2, § 210 Abs. 1, § 294 Abs. 1 S. 2, § 319 Abs. 4 S. 2. Die **früher hM** nahm an, dass die Einreichungspflichten in den genannten Fällen nach § 14 HGB durchsetzbar seien.[42] Das beruhte auf der Erwägung, dass die Anmeldung selbst zwar nicht erzwingbar ist, aber ordnungsgemäß zu sein hat, wenn sie vorgenommen wird.

Der früher hM ist nur für den Fall beizupflichten, dass es trotz unvollständiger Unterlagen **21** zur Eintragung gekommen ist.[43] Im Übrigen, also vor der Eintragung, besteht entsprechend der Grundvorschrift in § 407 Abs. 2 **kein Registerzwang.**[44] Vielmehr ist es richtig, durch Zwischenverfügung auf den Mangel hinzuweisen und seine Beseitigung zu ermöglichen (§ 382 Abs. 4 FamFG). Wenn dem Mangel auch dann nicht abgeholfen wird, entspricht die Anmeldung nicht den gesetzlichen Vorschriften und ist zurückzuweisen.[45]

### V. Grundzüge des Erzwingungsverfahrens

**1. Allgemeines; Zuständigkeit.** Das Zwangsgeldverfahren ist in **§§ 388–391 FamFG** **22** (früher §§ 132–139 FGG) geregelt. Die Vorschriften gelten gleichermaßen für §§ 407, 408 wie für § 14 HGB (zur Rechnungslegung vgl. → Rn. 24). Das Verfahren wird vom Registergericht geführt. Die sachliche Zuständigkeit liegt also beim Amtsgericht (§ 23a Abs. 2 Nr. 3 GVG, der durch Art. 22 FGG-Reformgesetz vom 17.12.2008, BGBl. 2008 I 2586, ebenfalls neu gefasst worden ist). Die örtliche Zuständigkeit bestimmt sich gem. § 377 Abs. 1 FamFG nach dem Sitz der Gesellschaft (§ 14), und zwar auch dann, wenn nur eine Zweigniederlassung betroffen ist.[46] Die Zuständigkeit ist ausschließlich.[47] Funktional zuständig ist der Rechtspfleger (§ 3 Nr. 2 lit. d RPflG).

**2. Einleitung des Verfahrens. a) Im Allgemeinen.** Das Registergericht wird von **23** Amts wegen tätig, sobald es **glaubhafte Kenntnis** von einem Sachverhalt erlangt, der sein Einschreiten nach § 407 oder nach § 14 HGB rechtfertigt (§ 388 Abs. 1 FamFG). Einen Ermessensspielraum gibt es nicht. Das Gericht muss tätig werden.[48] Glaubhafte Kenntnis ist weniger als volle Gewissheit.[49] Amtsermittlungen (§ 26 FamFG) sind zur Feststellung der

---

[41] Vgl. dazu GroßkommHGB/*Koch* HGB § 13 Rn. 66; *Krafka* RegisterR-HdB Rn. 75 ff.

[42] Baumbach/Hueck/*Beurskens* GmbHG § 79 Rn. 8; *v. Godin/Wilhelmi* Anm. 4 aE; Kölner Komm AktG/*Zöllner* Rn. 25.

[43] RGZ 130, 248 (256); KGJ 41 A 123 (130); GroßkommHGB/*Koch* HGB § 14 Rn. 9.

[44] Zust. NK-AktKapMarktR/*Poller/Ammon* Rn. 18; vgl. auch Großkomm AktG/*Otto* Rn. 56.

[45] Vgl. *Krafka* RegisterR-HdB Rn. 1323.

[46] NK-AktKapMarktR/*Poller/Ammon* Rn. 22; BeckOGK/*Hefendehl* Rn. 21; Keidel/*Heinemann* FamFG § 388 Rn. 24.

[47] KG KGJ 31 A 206; Bumiller/Harders/Schwamb/*Harders* FamFG § 388 Rn. 4; Jansen/*Steder* FGG § 132 Rn. 62; Schulte-Bunert/Weinreich/*Nedden-Boeger* FamFG § 388 Rn. 31.

[48] OLG Hamm OLGZ 1989, 148 (150); LG Limburg BB 1963, 324; Großkomm AktG/*Otto* Rn. 58; GroßkommHGB/*Koch* HGB § 14 Rn. 17; *Krafka* RegisterR-HdB Rn. 2360; *Bassenge* Rpfleger 1974, 173 f.; Keidel/*Heinemann* FamFG § 388 Rn. 25 ff.

[49] KGJ 30 A 116 (119); Kölner Komm AktG/*Zöllner* Rn. 37.

Glaubhaftigkeit vorzunehmen, soweit erforderlich.[50] Dagegen findet die vollständige Klärung des Sachverhalts und der Rechtslage erst im Einspruchsverfahren statt.[51] Wodurch glaubhafte Kenntnis erlangt wird, bleibt gleich. In Betracht kommen namentlich Anzeigen Dritter.[52]

**24**   **b) Rechnungslegung, Prüfung und Offenlegung.** Anders als nach dem früher auch insoweit maßgeblichen § 407 Abs. 1 (vgl. → Rn. 8) wird das Zwangsgeldverfahren nach der jetzt geltenden Regelung in §§ 335, 340o, 341o HGB nicht von dem Gericht, sondern vom **Bundesamt für Justiz** (bei Unternehmen der Kreditwirtschaft: von der BaFin, s. § 340n Abs. 4 HGB) eingeleitet (§ 335 Abs. 1 S. 1, Abs. 3 HGB), wenn die Aufsichtsbehörde vom Betreiber des elektronischen Handelsregisters darüber unterrichtet worden ist, dass die offenzulegenden Unterlagen nicht oder unvollständig eingereicht worden sind. Ein Antrag ist nicht mehr Verfahrensvoraussetzung. Die Regelung ist in dieser verschärften Form durch Art. 1 EHUG[53] eingeführt worden und hat die frühere Reform durch Art. 1 Nr. 18 KapCoRiLiG[54] ersetzt.

**25**   **3. Einleitungsverfügung. a) Inhalt.** Das Zwangsgeldverfahren beginnt mit einer Verfügung des Registergerichts, die den Inhalt des § 388 Abs. 1 FamFG haben muss. Die gesetzliche **Verpflichtung,** welcher der Adressat nachkommen soll, ist möglichst **genau zu bezeichnen.**[55] Ferner ist für die Vornahme der Handlung eine angemessene **Frist** zu bestimmen. Sie muss so bemessen sein, dass die aufgegebene Handlung bei Anwendung verkehrserforderlicher Sorgfalt fristgerecht vorgenommen werden kann.[56] Zudem ist sie mit der Aufforderung zu verbinden, der Verfügung nachzukommen oder die Unterlassung durch Einspruch (→ Rn. 26) zu rechtfertigen. Schließlich ist für den Fall, dass weder das eine noch das andere erfolgt oder der Einspruch verworfen wird, ein ziffernmäßig bestimmtes **Zwangsgeld anzudrohen („Androhungsverfügung").** Fehlt der Verfügung einer der genannten Bestandteile, ist die Festsetzung von Zwangsgeld unzulässig, und zwar auch dann, wenn die Verfügung in Rechtskraft erwachsen ist.[57] Die Verfügung ist bekanntzugeben (§ 15 FamFG), und zwar nach dem Verfahrensermessen des Gerichts durch Zustellung oder durch Aufgabe zur Post. Die Bekanntgabe muss jedenfalls dann an einen etwa schon bestellten Verfahrensbevollmächtigten erfolgen, wenn der Beteiligte einen darauf gerichteten Willen klar zum Ausdruck gebracht hat[58] oder wenn eine uneingeschränkte Vollmachtsurkunde zu den Gerichtsakten gelangt ist.[59]

**26**   **b) Rechtsbehelfe.** Rechtsbehelf gegen die Einleitungsverfügung ist der **Einspruch** (§ 388 Abs. 1 aE FamFG, § 390 FamFG). Eine Beschwerde ist nach § 388 FamFG unzulässig; eine Erinnerung (§ 11 RPflG) ist nur statthaft, wenn die Unzulässigkeit des Verfahrens geltend gemacht wird.[60] Eine Eingabe, die vor Zustellung der Einleitungsverfügung (→ Rn. 25) abgesandt wird, kann bereits Einspruch sein.[61] Der begründete Einspruch führt zur Aufhebung der Verfügung (§ 390 Abs. 3 FamFG). Anderenfalls wird der Einspruch verworfen und das Zwangsgeld festgesetzt (§ 390 Abs. 4 FamFG). Über den Einspruch entscheidet der Rechtspfleger.[62]

---

[50] KGJ 27 A 56 (60) = RJA 4, 28 (31) = OLGR 8, 242 (243 f.).
[51] KGJ 30 A 116 (119); Kölner Komm AktG/*Zöllner* Rn. 38; GroßkommHGB/*Koch* HGB § 14 Rn. 17.
[52] Vgl. dazu und zur Beschwerdebefugnis Dritter GroßkommHGB/*Koch* HGB § 14 Rn. 17.
[53] Gesetz über elektronische Handelsregister und Genossenschaftsregister sowie das Unternehmensregister vom 10.11.2006 (BGBl. 2006 I 2553); dazu *Liebscher/Scharff* NJW 2006, 3745 (3749 ff.).
[54] Kapitalgesellschaften- und Co-Richtlinie-Gesetz vom 24.2.2000 (BGBl. 2000 I 154).
[55] BayObLGZ 1967, 458 (463); *Krafka* RegisterR-HdB Rn. 2365.
[56] BGHZ 135, 107 (115) = NJW 1997, 1855 betr. Abhängigkeitsbericht; Oetker/*Preuß* HGB § 14 Rn. 30; Keidel/*Heinemann* FamFG § 388 Rn. 37; Schulte-Bunert/Weinreich/*Nedden-Boeger* FamFG § 388 Rn. 41.
[57] KGJ 37 A 177 (179); KGJ 37 A 182 f.; GroßkommHGB/*Koch* HGB § 14 Rn. 18; MüKoHGB/*Krafka* HGB § 14 Rn. 9.
[58] BGHZ 65, 41 (44) = NJW 1975, 1518.
[59] OLG Hamm OLGZ 1992, 162 (164).
[60] Kölner Komm AktG/*Zöllner* Rn. 42.
[61] OLG Hamm OLGZ 1992, 162 (165 f.).
[62] KG NJW 1959, 1829 f.

**4. Zwangsgeldfestsetzung; weiteres Verfahren.** Das Zwangsgeld wird festgesetzt, 27 wenn die Verpflichtung nicht befolgt wird, der Einspruch nicht oder verspätet eingelegt wurde oder nicht begründet ist (§ 390 Abs. 4 FamFG). Zugleich wird eine erneute Androhungsverfügung erlassen (§ 390 Abs. 5 FamFG). Wenn gegen die erneute Androhungsverfügung Einspruch eingelegt und dieser für begründet erachtet wird, kann das Gericht auch das früher festgesetzte Zwangsgeld aufheben oder herabsetzen (§ 390 Abs. 6 FamFG). Wenn das Gericht nach der Androhung, aber **vor der Festsetzung** des Zwangsgelds zu einer anderen Beurteilung gelangt, namentlich bei verspätetem Einspruch, wird es die Androhungsverfügung aufheben (vgl. auch den allerdings zu eng gefassten § 48 Abs. 1 FamFG). Damit entfällt die Grundlage für die Festsetzung des jeweils angedrohten Zwangsgelds. Wird **nach der Festsetzung,** aber noch vor der Beitreibung des Zwangsgeldes die erzwungene Handlung vorgenommen, ist die Festsetzung aufzuheben;[63] dies gilt wegen des Charakters des Zwangsgeldes als Beugemittel auch dann, wenn die Zwangsgeldfestsetzung bereits rechtskräftig geworden ist.[64]

**5. Weitere Rechtsbehelfe.** Weiterer Rechtsbehelf ist die **Beschwerde** (§ 391 Abs. 1 28 FamFG),[65] die innerhalb der Monatsfrist des § 63 FamFG eingelegt sein muss; die frühere sofortige Beschwerde gibt es insoweit nicht mehr. Nach § 61 FamFG ist die Beschwerde nur zulässig, wenn das Zwangsgeld 600 Euro übersteigt oder das Registergericht das Rechtsmittel zugelassen hat.[66] Beschwerdegericht ist gem. § 119 Abs. 1 Nr. 1 lit. b GVG das Oberlandesgericht. Mit Beschwerde können die Festsetzung des Zwangsgelds und die Verwerfung des Einspruchs angefochten werden. Wenn der Beschwerdeführer gegen die Androhungsverfügung nicht oder zu spät Einspruch eingelegt hat, kann er die Beschwerde gem. § 391 Abs. 2 FamFG nicht darauf stützen, dass die in der Verfügung bezeichnete Verpflichtung nicht bestehe.[67] Mit der Beschwerde kann dagegen gerügt werden, dass Verfahrensmängel vorliegen, die Frist zu kurz gesetzt oder das Zwangsgeld überhöht ist.[68] Gegen die neuerliche Androhungsverfügung (→ Rn. 27) muss der Verfügungsgegner mit Einspruch vorgehen. Richtet sich das Rechtsmittel gegen die Ablehnung der Verfahrenseinleitung (→ Rn. 25) oder gegen die Rücknahme der Einleitungsverfügung (→ Rn. 27), sind die Einwände ebenfalls im Wege der fristgebundenen Beschwerde geltend zu machen. Aktionäre sind jedoch gem. § 59 Abs. 1 FamFG nur dann beschwerdebefugt, wenn ihre Rechte beeinträchtigt sind.[69] Zu diesen Rechten zählt auch die Antragsbefugnis nach § 315 S. 1.[70]

**6. Die Gesellschaft als Beteiligte. Adressaten des Zwangsgelds** sind zwar nur natür- 29 liche Personen, die für die AG als Mitglieder des jeweiligen Vertretungsorgans tätig werden (→ Rn. 10 ff.). Weil sie in Person mit Zwangsgeld bedroht werden, handeln sie bei der Erfüllung der in § 407 Abs. 1 S. 1 aufgeführten Pflichten auch nicht organschaftlich für die Gesellschaft, sondern als Schuldner einer ihnen auferlegten öffentlich-rechtlichen Verpflichtung.[71] Daraus folgt aber noch nichts für die Frage, ob die Gesellschaft selbst Beteiligte des **Einspruchs- oder Beschwerdeverfahrens** ist. Das ist nicht nur bei konstitutiv wirkenden Eintragungen,[72] sondern generell zu bejahen, besonders also bei nur deklaratorischen Eintra-

---

[63] KG KGJ 41, 34; BayObLG DB 1979, 1981; Rpfleger 1984, 143; Oetker/*Preuß* HGB § 14 Rn. 35; Keidel/*Heinemann* FamFG § 389 Rn. 4; Schulte-Bunert/Weinreich/*Nedden-Boeger* FamFG § 389 Rn. 26; *Krafka* RegisterR-HdB Rn. 2382a; aA Bumiller/Harders/Schwamb/*Harders* FamFG § 389 Rn. 2.
[64] BayObLGZ 1955, 124; Jansen/*Steder* FGG § 133 Rn. 23; *Krafka* RegisterR-HdB Rn. 2382a; Baumbach/Hopt/*Hopt* HGB § 14 Rn. 5; Scholz/*Wicke* GmbHG § 79 Rn. 25.
[65] Einzelheiten bei *Nedden-Boeger* FGPrax 2010, 1 (5 ff.).
[66] Krit. *Nedden-Boeger* FGPrax 2009, 144 (147).
[67] KG OLGR 5, 275 f.; LG Landau Rpfleger 1970, 244; GroßkommHGB/*Koch* HGB § 14 Rn. 21.
[68] OLG Hamm JMBl. NW 1953, 185 f.; GroßkommHGB/*Koch* HGB § 14 Rn. 21.
[69] Hüffer/Koch/*Koch* Rn. 17.
[70] BGHZ 135, 107 (109) = NJW 1997, 1855; Hüffer/Koch/*Koch* Rn. 17 aE; *Schießl* ZGR 1998, 871 (874 f.).
[71] GroßkommHGB/*Koch* HGB § 14 Rn. 8 mwN; offenlassend BGHZ 105, 324 (327 f.) = NJW 1989, 295.
[72] Vgl. dazu BGHZ 105, 324 (327 f.) = NJW 1989, 295 unter Ablehnung der dort zusammengestellten Rspr. des BayObLG; BGHZ 117, 323 (325 ff.) = NJW 1992, 1824.

gungen und Einreichungspflichten, weil die zwangsgeldbewehrten Verpflichtungen materiell die Gesellschaft betreffen.[73]

**30**  **7. Kosten und Vollstreckung.** Bei Festsetzung eines Zwangsgeldes sind die Kosten des Verfahrens nach § 389 Abs. 2 FamFG zwingend dem Beteiligten aufzuerlegen. **Kostenschuldner** ist das **Gesellschaftsorgan,** das die zwangsgeldbewehrte Handlung vorzunehmen hatte.[74] Die Höhe der Gerichtskosten ergibt sich aus GNotKG KV 13310 (früher § 119 KostO); hinsichtlich der Auslagen gelten GNotKG KV 31000 ff. (früher §§ 136 ff. KostO). Die **Vollstreckung** des Zwangsgeldes richtet sich nach dem JBeitrG.[75] Vollstreckungsbehörde ist das Gericht, das die Festsetzung des Zwangsgeldes angeordnet hat; Einziehungsbehörde ist die Gerichtskasse.[76] Nach § 31 Abs. 3 RPflG fällt die Vollstreckung in den Zuständigkeitsbereich des Rechtspflegers. Der Festsetzungsbeschluss ist aufzuheben, wenn die zwangsgeldbewehrte Pflicht erfüllt wurde (→ Rn. 27).[77]

## § 407a Mitteilungen an die Abschlussprüferaufsichtsstelle

**(1) Die nach § 405 Absatz 5 zuständige Verwaltungsbehörde übermittelt der Abschlussprüferaufsichtsstelle beim Bundesamt für Wirtschaft und Ausfuhrkontrolle alle Bußgeldentscheidungen nach § 405 Absatz 3b bis 3d.**

**(2) [1]In Strafverfahren, die eine Straftat nach § 404a zum Gegenstand haben, übermittelt die Staatsanwaltschaft im Falle der Erhebung der öffentlichen Klage der Abschlussprüferaufsichtsstelle die das Verfahren abschließende Entscheidung. [2]Ist gegen die Entscheidung ein Rechtsmittel eingelegt worden, ist die Entscheidung unter Hinweis auf das eingelegte Rechtsmittel zu übermitteln.**

**Schrifttum:** *Anders,* Umsetzung prüfungsbezogener EU-Vorschriften durch das Abschlussprüfungsreformgesetz: Neue Straf- und Ordnungswidrigkeitentatbestände im GmbHG, NZG 2018, 961; *Blöink/Woodtli,* Reform der Abschlussprüfung: Die Umsetzung der prüfungsbezogenen Vorgaben im RegE eines Abschlussprüfungsreformgesetzes (AReG), Der Konzern 2016, 75; *Schilha,* Neues Anforderungsprofil, mehr Aufgaben und erweiterte Haftung für den Aufsichtsrat nach Inkrafttreten der Abschlussprüfungsreform, ZIP 2016, 1316.

### I. Allgemeines

**1**  **1. Rechtsentwicklung.** Das Abschlussprüfungsreformgesetz **(AReG)** vom 10.5.2016 (vgl. → Vor § 399 Rn. 16) hat die – § 335c HGB nachgebildete – Vorschrift eingefügt.

**2**  **2. Regelungsgegenstand und Normzweck.** Mit § 407a wird die sich aus europäischem Recht ergebende Verpflichtung erfüllt, im Hinblick auf die prüfungsbezogenen Pflichten der Mitglieder des Aufsichtsrats sowie der Mitglieder eines nach § 107 Abs. 3 S. 2 eingerichteten Prüfungsausschusses rechtskräftig verhängte Sanktionen zu veröffentlichen.[1] Die Norm beruht auf der Abschlussprüfer-RL (RL 2014/56/EU) – welche bis zum 17.6.2016 in nationales Recht umgesetzt werden musste – und der VO (EU) 537/2014. Diese Rechtsakte dienen der Erhöhung des Vertrauens in die Jahresabschlüsse und konsolidierten Abschlüsse von Unternehmen von öffentlichem Interesse (Erwägungsgrund 1 VO (EU) 537/2014; Erwägungsgrund 2 Abschlussprüfer-RL).[2] Nach Art. 30 Abs. 1 Abschlussprüfer-RL haben die Mitgliedstaaten für wirksame Untersuchungen und Sanktionen zu sorgen, um eine unzureichende Durchführung von Abschlussprüfungen aufzudecken, zu berichtigen und zu verhindern. In Art. 30a Abs. 1 lit. b Abschlussprüfer-RL ist vorgesehen,

---

[73] BGHZ 25, 154 (156 f.) = NJW 1957, 1558 zur Genossenschaft; BayObLGZ 1955, 197 (198); BayObLGZ 1962, 107 (110); Kölner Komm AktG/*Zöllner* Rn. 39; UHL/*Casper* GmbHG § 78 Rn. 12.
[74] Vgl. Baumbach/Hopt/*Hopt* HGB § 14 Rn. 2; Scholz/*Wicke* GmbHG § 79 Rn. 34.
[75] Dazu GroßkommHGB/*Koch* HGB § 14 Rn. 22.
[76] NK-AktKapMarktR/*Poller/Ammon* Rn. 29; vgl. auch zu § 14 HGB EBJS/*Schaub* HGB § 14 Rn. 39.
[77] Baumbach/Hopt/*Hopt* HGB § 14 Rn. 5; Scholz/*Wicke* GmbHG § 79 Rn. 35.
[1] RegE, BT-Drs. 18/7219, 50, 58.
[2] BeckOGK/*Hefendehl* § 404a Rn. 1.

dass die zuständigen Behörden befugt sein sollen, bei Verstößen gegen die Bestimmungen dieser Richtlinie und ggf. der VO (EU) 537/2014 (Abschlussprüfer-VO) eine öffentliche Erklärung abzugeben, in der die verantwortliche Person und die Art des Verstoßes genannt werden und die auf der Website der zuständigen Behörden veröffentlicht werden soll. Art. 30c Abschlussprüfer-RL regelt ebenfalls die Bekanntmachung von Sanktionen und Maßnahmen. Art. 30f Abschlussprüfer-RL bestimmt einen Informationsaustausch der zuständigen Behörden mit dem Ausschuss der Aufsichtsstellen.

**3. Übermittlungspflicht der Verwaltungsbehörde (Abs. 1).** Verwaltungsbehörde ist 3 für CCR-Kreditinstitute und Versicherungsunternehmen die Bundesanstalt für Finanzdienstleistungsaufsicht und für die übrigen Unternehmen von öffentlichem Interesse das Bundesamt für Justiz (vgl. → § 405 Rn. 271). Diese Behörden haben alle aufgrund des § 405 Abs. 3b–3d getroffenen Bußgeldentscheidungen der beim Bundesamt für Wirtschaft und Ausfuhrkontrolle neu eingerichteten[3] Abschlussprüferaufsichtsstelle zu übermitteln. Diese Stelle nimmt bereits Bekanntmachungen der von ihr getroffenen berufsaufsichtsrechtlichen Maßnahmen nach § 69 WPO vor und kann somit den Marktteilnehmern eine einheitliche Informationsplattform bieten.[4]

Der Wortlaut der Norm ermöglicht keine Rückschlüsse auf die als „Bußgeldentschei- 4 dung" zu qualifizierenden Entscheidungen. Allerdings ergibt sich aus der Entwurfsbegründung eine Begrenzung auf Bußgeldentscheidungen nach § 65 OWiG, sodass Einstellungsentscheidungen nach § 47 OWiG von der Übermittlungspflicht nicht erfasst sind.[5]

**4. Übermittlungspflicht der Staatsanwaltschaft (Abs. 2).** In **Strafverfahren,** die 5 aufgrund des § 404a geführt werden und in denen öffentliche Klage erhoben wird (zB durch Einreichen einer Anklageschrift nach § 151 StPO oder eines Strafbefehlsantrags nach § 407 Abs. 1 S. 4 StPO), hat die Staatsanwaltschaft der Abschlussprüferaufsichtsstelle die abschließende Entscheidung mitzuteilen. Welche Entscheidungen hierbei von der Übermittlungspflicht erfasst sind, kann – parallel zu Abs. 1 – anhand des Wortlauts nicht abschließend bestimmt werden. Dem Willen des Gesetzgebers entsprechend ist eine Begrenzung auf strafrechtliche Verurteilungen anzunehmen.[6] Hiervon sind auch Strafbefehle erfasst.[7] Vor eingetretener Rechtskraft ist eine Übermittlung aufgrund der Grundrechtsintensität des „Naming and Shaming"[8] unverhältnismäßig.[9]

**5. Rechtsfolgen.** Die rechtskräftigen Bußgeldentscheidungen und strafrechtliche Verur- 6 teilungen werden nach § 69 Abs. 1a WPO von der Abschlussprüferaufsichtsstelle auf deren Internetseite öffentlich bekannt gemacht und sollen für fünf Jahre ab Unanfechtbarkeit oder Rechtskraft veröffentlicht bleiben (§ 69 Abs. 3 WPO). Unter bestimmten Voraussetzungen werden sie anonymisiert bekannt gemacht. Die Veröffentlichung ist wegen des Persönlichkeitsschutzes und der Berufsfreiheit der Betroffenen verfassungsrechtlich nicht unumstritten.[10]

## § 408 Strafbarkeit persönlich haftender Gesellschafter einer Kommanditgesellschaft auf Aktien

[1]**Die §§ 399 bis 407 gelten sinngemäß für die Kommanditgesellschaft auf Aktien.** [2]**Soweit sie Vorstandsmitglieder betreffen, gelten sie bei der Kommanditgesellschaft auf Aktien für die persönlich haftenden Gesellschafter.**

**Schrifttum:** *Meyer,* Die Strafvorschriften des neuen Aktiengesetzes, AG 1966, 109.

---

[3] Lutter/Hommelhoff/*Kleindiek* GmbHG § 88 Rn. 2.
[4] RegE, BT-Drs. 18/7219, 50, 60 zu § 335c HGB.
[5] BT-Drs. 18/7219, 58; BeckOGK/*Hefendehl* Rn. 3.; *Anders* NZG 2018, 961 (969 f.); Bürgers/Körber/*Pelz* Rn. 2.
[6] BT-Drs. 18/7219, 58; BeckOGK/*Hefendehl* Rn. 4.
[7] Bürgers/Körber/*Pelz* Rn. 3; *Anders* NZG 2018, 961 (970).
[8] Vgl. *Schilha* ZIP 2016, 1316 (1328).
[9] BeckOGK/*Hefendehl* Rn. 4.
[10] *Schilha* ZIP 2016, 1316 (1328).

## I. Allgemeines

**1**     **1. Rechtsentwicklung.** § 408 entspricht inhaltlich im Wesentlichen der Regelung des § 304 AktG 1937 (vgl. → Vor § 399 Rn. 3), der allerdings nur mit einem Satz vorschrieb, dass die Vorschriften über Vorstandsmitglieder auch für die persönlich haftenden Gesellschafter einer Kommanditgesellschaft auf Aktien (KGaA) gelten.

**2**     **2. Regelungsgegenstand und Normzweck.** Aus dieser früheren Fassung ist im Schrifttum teilweise gefolgert worden, dass die Strafvorschriften des AktG nur insoweit anzuwenden seien, als die persönlich haftenden Gesellschafter einer KGaA den Mitgliedern einer Aktiengesellschaft gleichgestellt würden.[1] Ob eine solche Auslegung bei dieser Fassung des Gesetzes erforderlich war, kann zweifelhaft sein.[2] Jedenfalls wollte der Gesetzgeber des neuen Aktienrechts dieser Auslegung mit der **allgemeinen Gleichstellungsklausel** des § 408 entgegentreten, die in Satz 1 bestimmt, dass die §§ 399–407 sinngemäß auch für die KGaA gelten.[3]

**3**     Die KGaA ist eine Mischform zwischen Kapital- und Personengesellschaft. Sie hat einerseits einen oder mehrere persönlich haftende Gesellschafter, die Komplementäre. Andererseits hat sie auch Aktienbesitzer, die Kommanditaktionäre (vgl. insgesamt → § 278 Rn. 11) Dem Vorstand der Aktiengesellschaft entsprechen die persönlich haftenden Gesellschafter der KGaA (→ § 283 Rn. 1 ff.). Deshalb sollen diese bei den in § 408 genannten Vorschriften den Vorstandsmitgliedern gleichstehen.

**4**     In ihrer materiellen Bedeutung sind die beiden Sätze des § 408 differenziert zu betrachten. Neben der rein klarstellenden Funktion des Satz 1 kommt Satz 2 ein eigenständiger Anwendungsbereich zu.[4]

## II. Inhalt der Regelung

**5**     **1. § 408 S. 1.** Die Regelung in § 408 S. 1 bewirkt nicht nur – wie es in der Überschrift unvollständig zum Ausdruck kommt –,[5] dass die aktienrechtlichen Strafbestimmungen in §§ 399–404 anzuwenden sind. Sie führt auch dazu, dass die Bußgeldvorschriften in §§ 405, 406 und die Bestimmung über das Zwangsgeld in § 407 in Anwendung zu bringen sind.[6] Die Straf- und Bußgeldvorschriften der §§ 399–405 und die Vorschriften über das Zwangsgeld nach § 407 gelten damit sinngemäß für alle Organe einer KGaA nach den §§ 278 ff. und für alle entsprechenden Handlungen und Unterlassungen, die in diesen Vorschriften mit Strafe, Bußgeld oder mit Zwangsgeld bedroht werden.[7]

**6**     So folgt für die KGaA die Verpflichtung, das Insolvenzverfahren zu beantragen, und die Anwendbarkeit der entsprechenden Strafbestimmung aus § 283 Nr. 14, § 92 Abs. 2 und aus §§ 401, 408.

**7**     **2. § 408 S. 2.** In S. 2 stellt § 408 klar, dass die entsprechenden Vorschriften, soweit sie die Mitglieder des Vorstands einer Aktiengesellschaft betreffen, auch für die **persönlich haftenden Gesellschafter** einer KGaA (vgl. näher → § 278 Rn. 17 ff.) gelten. Demnach ermöglicht S. 2 durch das Ersetzen der Vorstandmitglieder, dass auch die persönlich haftenden Gesellschafter von §§ 399–407 erfasst sind. Das entspricht ihrer Aufgabenstellung in dieser Gesellschaftsform (§§ 282, 283).[8]

**8**     Persönlich haftender Gesellschafter muss nicht eine natürliche, unbeschränkt geschäftsfähige Person sein. Auch eine juristische Person wie eine GmbH (und somit prinzipiell jede

---

[1] Großkomm AktG/*Klug,* 2. Aufl. 1970, § 304 Anm. 1.
[2] Kölner Komm AktG/*Geilen* Rn. 1; aA *Meyer* AG 1966, 109 (117).
[3] Vgl. *Meyer* AG 1966, 109 (117) mN.
[4] BeckOGK/*Hefendehl* Rn. 3.
[5] Großkomm AktG/*Otto* Rn. 1; BeckOGK/*Hefendehl* Rn. 3.
[6] Ebenso Kölner Komm AktG/*Altenhain* Rn. 2; MüKoStGB/*Weiß* Rn. 2; K. Schmidt/Lutter/*Oetker* Rn. 1.
[7] Kölner Komm AktG/*Altenhain* Rn. 2; K. Schmidt/Lutter/*Oetker* Rn. 1.
[8] BeckOGK/*Hefendehl* Rn. 4.

Handelsgesellschaft) ($\to$ § 278 Rn. 19) kann nach der Rspr. des BGH Komplementär der KGaA sein.[9] Ausländische juristische Personen können, jedenfalls wenn sie aus dem EU-Bereich kommen, ebenfalls Komplementär einer Kommanditgesellschaft sein ($\to$ § 278 Rn. 35 mN). Bei einer solchen Gestaltung der Gesellschaftsverhältnisse richten sich gemäß § 14 Abs. 1 StGB und § 9 OWiG die in §§ 399–406 enthaltenen Strafbestimmungen und Bußgeldtatbestände gegen deren Vorstände, Geschäftsführer oder geschäftsführende Gesellschafter ($\to$ Vor § 278 Rn. 144).[10] Auch eine bürgerlich-rechtliche Außen-Gesellschaft kann persönlich haftender Gesellschafter einer KGaA sein (vgl. $\to$ § 278 Rn. 37 mN).[11]

**3. Täterkreis.** Damit ist nicht gesagt, dass die persönlich haftenden Gesellschafter nur **9** allein als Täter oder Betroffene für in §§ 399–407 genannten Tatbestände in Betracht kommen. Die sinngemäße Geltung der Straf-, Bußgeld- und Zwangsgeldvorschriften für eine Gesellschaft in der Rechtsform einer KGaA bedeutet, dass jedes Tatverhalten unter die genannten Tatbestände eingeordnet werden kann, welches sich dem Sinn nach in vergleichbarer Form gegen eine KGaA richtet oder diese betrifft. Täter können deshalb neben den persönlich haftenden Gesellschaftern auch Gründer oder Aufsichtsratsmitglieder einer KGaA, die Abwickler sowie auch Prüfer und Prüfergehilfen sein, die diese Gesellschaft zu prüfen haben.[12] Soweit Aktionäre einer AG Täter sein können (vgl. § 400 Abs. 2, § 405 Abs. 2), treten an ihre Stelle die Kommanditaktionäre der KGaA (§ 278 Abs. 1).[13]

Täter kann ferner jede andere Person sein, wenn es sich um Tatbestände handelt, die **10** von jedermann begangen werden können und deshalb bei dem Täter keine besonderen persönlichen Merkmale voraussetzen, also keine **Sonderdelikte** sind. Für die **Allgemeindelikte** in § 399 Abs. 1 Nr. 3 und § 402 ist die Verweisungsregelung des § 408 S. 2 nicht erforderlich.[14]

## § 409 Geltung in Berlin

*gegenstandslos*

## § 410 Inkrafttreten

**Dieses Gesetz tritt am 1. Januar 1966 in Kraft.**

---

[9] Vgl. BGHSt 19, 174 = NJW 1964, 505; BGHZ 134, 392 = NJW 1997, 1923.

[10] Großkomm AktG/*Otto* Rn. 5; Kölner Komm AktG/*Zöllner* Rn. 7; BeckOGK/*Hefendehl* Rn. 7; Kölner Komm AktG/*Altenhain* Rn. 3; MüKoStGB/*Weiß* Rn. 7; K. Schmidt/Lutter/*Oetker* Rn. 3; Henssler/Strohl/*Raum* Rn. 2.

[11] Vgl. BeckOGK/*Hefendehl* Rn. 6.

[12] Großkomm AktG/*Otto* Rn. 2; BeckOGK/*Hefendehl* Rn. 9.

[13] Großkomm AktG/*Otto* Rn. 2; Kölner Komm AktG/*Zöllner* Rn. 6; BeckOGK/*Hefendehl* Rn. 8; Kölner Komm AktG/*Altenhain* Rn. 2; K. Schmidt/Lutter/*Oetker* Rn. 2.

[14] Großkomm AktG/*Otto* Rn. 3; BeckOGK/*Hefendehl* Rn. 9.

# Wertpapiererwerbs- und Übernahmegesetz (WpÜG)

vom 20. Dezember 2001 (BGBl. 2001 I 3822),
zuletzt geändert durch Gesetz vom 19.3.2020 (BGBl. 2020 I 529)

## Abschnitt 1. Allgemeine Vorschriften

### § 1 Anwendungsbereich

(1) Dieses Gesetz ist anzuwenden auf Angebote zum Erwerb von Wertpapieren, die von einer Zielgesellschaft ausgegeben wurden und zum Handel an einem organisierten Markt zugelassen sind.

(2) Auf Übernahme- und Pflichtangebote zum Erwerb von Aktien einer Zielgesellschaft im Sinne des § 2 Abs. 3 Nr. 1, deren stimmberechtigte Aktien nicht im Inland, jedoch in einem anderen Staat des Europäischen Wirtschaftsraums zum Handel an einem organisierten Markt zugelassen sind, ist dieses Gesetz nur anzuwenden, soweit es die Kontrolle, die Verpflichtung zur Abgabe eines Angebots und hiervon abweichende Regelungen, die Unterrichtung der Arbeitnehmer der Zielgesellschaft oder des Bieters, Handlungen des Vorstands der Zielgesellschaft, durch die der Erfolg eines Angebots verhindert werden könnte, oder andere gesellschaftsrechtliche Fragen regelt.

(3) ¹Auf Angebote zum Erwerb von Wertpapieren einer Zielgesellschaft im Sinne des § 2 Abs. 3 Nr. 2 ist dieses Gesetz vorbehaltlich § 11a nur unter folgenden Voraussetzungen anzuwenden:
1. es handelt sich um ein europäisches Angebot zum Erwerb stimmberechtigter Wertpapiere, und
2. a) die stimmberechtigten Wertpapiere sind nur im Inland zum Handel an einem organisierten Markt zugelassen, oder
   b) die stimmberechtigten Wertpapiere sind sowohl im Inland als auch in einem anderen Staat des Europäischen Wirtschaftsraums, jedoch nicht in dem Staat, in dem die Zielgesellschaft ihren Sitz hat, zum Handel an einem organisierten Markt zugelassen, und
      aa) die Zulassung erfolgte zuerst zum Handel an einem organisierten Markt im Inland, oder
      bb) die Zulassungen erfolgten gleichzeitig, und die Zielgesellschaft hat sich für die Bundesanstalt für Finanzdienstleistungsaufsicht (Bundesanstalt) als zuständige Aufsichtsbehörde entschieden.

²Liegen die in Satz 1 genannten Voraussetzungen vor, ist dieses Gesetz nur anzuwenden, soweit es Fragen der Gegenleistung, des Inhalts der Angebotsunterlage und des Angebotsverfahrens regelt.

(4) Das Bundesministerium der Finanzen wird ermächtigt, durch *Rechtsverordnung,* die nicht der Zustimmung des Bundesrates bedarf, nähere Bestimmungen darüber, in welchem Umfang Vorschriften dieses Gesetzes in den Fällen des Absatzes 2 und des Absatzes 3 anwendbar sind, zu erlassen.

(5) ¹Eine Zielgesellschaft im Sinne des § 2 Abs. 3 Nr. 2, deren stimmberechtigte Wertpapiere gleichzeitig im Inland und in einem anderen Staat des Europäischen Wirtschaftsraums, jedoch nicht in dem Staat, in dem sie ihren Sitz hat, zum Handel an einem organisierten Markt zugelassen worden sind, hat zu entscheiden,

welche der betroffenen Aufsichtsstellen für die Beaufsichtigung eines europäischen Angebots zum Erwerb stimmberechtigter Wertpapiere zuständig sein soll. [2]Sie hat ihre Entscheidung der Bundesanstalt mitzuteilen und zu veröffentlichen. [3]Das Bundesministerium der Finanzen wird ermächtigt, durch Rechtsverordnung, die nicht der Zustimmung des Bundesrates bedarf, nähere Bestimmungen über den Zeitpunkt sowie Inhalt und Form der Mitteilung und der Veröffentlichung nach Satz 2 zu erlassen. [4]Das Bundesministerium der Finanzen kann die Ermächtigung durch Rechtsverordnung auf die Bundesanstalt übertragen.

**Verordnung über die Anwendbarkeit von Vorschriften betreffend Angebote im Sinne des § 1 Abs. 2 und 3 des Wertpapiererwerbs- und Übernahmegesetzes (WpÜG-Anwendbarkeitsverordnung)**
vom 17. Juli 2006 (BGBl. 2006 I 1698)

### § 1 Vorschriften betreffend Angebote im Sinne des § 1 Abs. 2 des Wertpapiererwerbs- und Übernahmegesetzes

Auf Angebote im Sinne des § 1 Abs. 2 des Wertpapiererwerbs- und Übernahmegesetzes sind die folgenden Vorschriften dieses Gesetzes sinngemäß anzuwenden, soweit nicht das ausländische Recht Abweichungen nötig macht:
1. die §§ 1 bis 9,
2. § 29,
3. § 30,
4. § 33,
5. § 33a,
6. § 33b,
7. § 33c,
8. § 33d,
9. § 34,
10. § 35 Abs. 1 Satz 4 in Verbindung mit § 10 Abs. 5 Satz 2 und 3,
11. § 35 Abs. 2 Satz 1 hinsichtlich der Verpflichtung zur Abgabe eines Angebots,
12. § 35 Abs. 2 Satz 2 in Verbindung mit § 14 Abs. 4 Satz 2 und 3,
13. § 35 Abs. 2 Satz 3,
14. § 35 Abs. 3,
15. § 36,
16. § 37,
17. § 38,
18. § 39,
19. § 39a,
20. § 39b,
21. § 39c und
22. die §§ 40 bis 68.

### § 2 Vorschriften betreffend Angebote im Sinne des § 1 Abs. 3 des Wertpapiererwerbs- und Übernahmegesetzes

Auf Angebote im Sinne des § 1 Abs. 3 des Wertpapiererwerbs- und Übernahmegesetzes sind die folgenden Vorschriften dieses Gesetzes sinngemäß anzuwenden, soweit nicht das ausländische Recht Abweichungen nötig macht:
1. die §§ 1 bis 9,
2. § 31,
3. § 32,
4. § 33d,
5. § 34,
6. § 35 Abs. 1 Satz 1 bis 3, Satz 4 in Verbindung mit § 10 Abs. 2, 3 Satz 3, Abs. 4, 5 Satz 1 und Abs. 6,
7. § 35 Abs. 2 Satz 1 hinsichtlich der Verpflichtung zur Übermittlung und Veröffentlichung,
8. § 35 Abs. 2 Satz 2 in Verbindung mit § 14 Abs. 2 Satz 2, Abs. 3 und 4 Satz 1,
9. § 38,
10. § 39 und
11. die §§ 40 bis 68.

### § 3 Inkrafttreten

Diese Verordnung tritt am Tage nach der Verkündung in Kraft.

**Verordnung über den Zeitpunkt sowie den Inhalt und die Form der Mitteilung und der Veröffentlichung der Entscheidung einer Zielgesellschaft nach § 1 Abs. 5 Satz 1 und 2 des Wertpapiererwerbs- und Übernahmegesetzes (WpÜG-Beaufsichtigungsmitteilungsverordnung)**

vom 13. Oktober 2006 (BGBl. 2006 I 2266)

### § 1 Mitteilung

(1) Die Zielgesellschaft hat ihre Entscheidung nach § 1 Abs. 5 Satz 1 des Wertpapiererwerbs- und Übernahmegesetzes der Bundesanstalt für Finanzdienstleistungsaufsicht spätestens am ersten Tag des Handels ihrer stimmberechtigten Wertpapiere an einem organisierten Markt im Inland mitzuteilen.

(2) Die Mitteilung hat zu enthalten:
1. Firma, Sitz, Rechtsform und Geschäftsanschrift der Zielgesellschaft,
2. Angabe der Staaten des Europäischen Wirtschaftsraums, in welchen die stimmberechtigten Wertpapiere der Zielgesellschaft zum Handel an einem organisierten Markt zugelassen sind, sowie die Bezeichnung der organisierten Märkte,
3. Tag der Zulassung der stimmberechtigten Wertpapiere zum Handel an einem organisierten Markt im Inland und den jeweiligen Tag der Zulassung der stimmberechtigten Wertpapiere zum Handel an einem organisierten Markt in anderen Staaten des Europäischen Wirtschaftsraums und
4. Erklärung darüber, welche der betroffenen Aufsichtsstellen für die Beaufsichtigung eines europäischen Angebots zum Erwerb stimmberechtigter Wertpapiere zuständig sein soll.

(3) Die Mitteilung hat schriftlich zu erfolgen.

### § 2 Veröffentlichung

(1) Die Zielgesellschaft hat ihre Entscheidung nach § 1 Abs. 5 Satz 1 des Wertpapiererwerbs- und Übernahmegesetzes mit dem in § 2 Abs. 2 vorgesehenen Inhalt unverzüglich nach der Zulassung der stimmberechtigten Wertpapiere zum Handel an einem organisierten Markt im Inland zu veröffentlichen.

(2) [1]Die Veröffentlichung der Entscheidung ist
1. durch Bekanntgabe im Internet und
2. über ein elektronisch betriebenes Informationsverbreitungssystem, das bei Kreditinstituten, Finanzdienstleistungsinstituten, nach § 53 Abs. 1 des Kreditwesengesetzes tätigen Unternehmen, anderen Unternehmen, die ihren Sitz im Inland haben und an einer inländischen Börse zur Teilnahme am Handel zugelassen sind, und Versicherungsunternehmen weit verbreitet ist,

in deutscher Sprache vorzunehmen. [2]Eine Veröffentlichung in anderer Weise darf nicht vor der Veröffentlichung nach Satz 1 vorgenommen werden.

### § 3 Inkrafttreten

Diese Verordnung tritt am Tage nach der Verkündung in Kraft.

**Schrifttum:** *Ekkenga/Kuntz,* Grundzüge eines Kollisionsrechts für grenzüberschreitende Übernahmeangebote, WM 2004, 2427; *v. Hein,* Grundfragen des europäischen Übernahmekollisionsrechts, AG 2001, 213; *v. Hein,* Zur Kodifikation des europäischen Übernahmekollisionsrechts, ZGR 2005, 528; *Hopt,* Grundsatz- und Praxisprobleme nach dem Wertpapiererwerbs- und Übernahmegesetz, ZHR 166 (2002), 383; *Kiesewetter,* Satzungssitz ist für Anwendung des WpÜG maßgebend, RIW 2006, 518; *Mülbert,* Übernahmerecht zwischen Kapitalmarktrecht und Aktien(konzern)recht – die konzeptionelle Schwachstelle des RegE WpÜG, ZIP 2001, 1221; *Oechsler,* Der ReE zum Wertpapiererwerbs- und Übernahmegesetz – Regelungsbedarf auf der Zielgeraden, NZG 2001, 817; *Winkelmann,* Aufsicht und anwendbares Recht bei grenzüberschreitenden Unternehmensübernahmen, 2008; *Zimmer,* Aufsicht bei grenzüberschreitenden Übernahmen, ZGR 2002, 731.

### Übersicht

## I. Allgemeines

**1**     § 1 regelt die sachliche und internationale Reichweite des WpÜG. § 1 ist im Zusammenhang mit § 2 Abs. 1–3, 7 und 8 zu lesen, aus dem sich die maßgebliche Definition der Zielgesellschaft, des Angebots, der erfassten Wertpapiere und der Marktplatz ergibt. Die genannten Vorschriften zusammen enthalten die Reichweite des WpÜG in sachlicher, funktioneller und territorialer Hinsicht.[1] Von einem persönlichen Anwendungsbereich zu sprechen, empfiehlt sich nicht, da das Gesetz weder nur auf Bieter und mit ihnen gemeinsam handelnde Personen noch nur auf Zielgesellschaften anwendbar ist. Seine Einzelvorschriften erfassen vielmehr auch andere Rechtssubjekte, wie zB Wertpapierdienstleistungsunternehmen (§ 13 Abs. 1 S. 2), oder die BaFin (§ 4).

**2**     § 1 Abs. 1 hat neben den Detailregeln des § 2 eigenständige Bedeutung, da er die maßgeblichen Anknüpfungspunkte bei der Ermittlung des sachlich-funktionalen und räumlichen Anwendungsbereichs des WpÜG festlegt und ihren Zusammenhang regelt. § 1 ist in erster Linie eine Vorschrift zur Abgrenzung des internationalen Anwendungsbereichs des deutschen Übernahmerechts, dh für die Frage, inwieweit der deutsche Gesetzgeber das WpÜG auf einen Übernahmesachverhalt angewendet wissen will, bei dem einige oder die Mehrheit der Anknüpfungspunkte auf die Anwendung ausländischen Rechts deuten.[2] Die durch das Übernahmerichtlinie-Umsetzungsgesetz eingefügten Abs. 2 und 3 schränken den sachlichen Anwendungsbereich des WpÜG in bestimmten Konstellationen mit Auslandsberührung wieder ein.

## II. Sachlicher Anwendungsbereich (Abs. 1)

**3**     **1. Angebote zum Erwerb von Wertpapieren und damit zusammenhängende Handlungen.** Die Bezugnahme auf Angebote zum Erwerb von Wertpapieren verdeutlicht zunächst den Regelungsgegenstand des WpÜG. Es regelt weder generell den Kauf oder Verkauf von Wertpapieren noch den dinglichen Vollzug von Wertpapiererwerbsgeschäften noch wirtschaftsverwaltungsrechtliche Voraussetzungen (GWB, AußenwirtschaftsVO) für die Übertragung von Wertpapieren bestimmter Gesellschaften. Vielmehr regelt das WpÜG den näheren Verfahrensablauf eines bestimmten Ausschnitts der genannten Geschäfte, nämlich des öffentlichen Angebots zum Erwerb von Wertpapieren. Es geht also um einen **Konzentrationsvorgang,**[3] durch den mehrere kleinere Wertpapierpakete der Adressaten in der Hand eines Bieters zusammengefasst werden. Dieser vom Bieter veranlasste Konzentrationsvorgang birgt bestimmte Gefahren für die bisherigen Inhaber der Wertpapiere, vor denen das WpÜG sie schützen will.

**4**     Unter Angebot ist gem. § 2 Abs. 1 ein öffentlich erklärtes Kauf- oder Tauschangebot im Sinne des bürgerlichen Rechts zu verstehen, das sich auf den Erwerb von Wertpapieren der Zielgesellschaft iSd § 2 Abs. 2 richtet (näher zum Begriff des Angebots → § 2 Rn. 2 ff.).

---

[1] *Hopt* ZHR 166 (2002), 383 (393).

[2] Wie hier Assmann/Pötzsch/Schneider/*Pötzsch/Favoccia* Rn. 1, 15; aA FK-WpÜG/*Schüppen* Rn. 1: die Vorschrift sei allein ohne Aussagekraft.

[3] Gemeint ist nicht Konzentration im kartellrechtlichen Sinne, wenngleich einige Ähnlichkeiten bestehen.

Das Gesetz beschränkt jedoch nicht nur die privatautonome Gestaltung von Angeboten im Sinne der §§ 145 ff. BGB, sondern reguliert auch vorbereitende (§ 10) und begleitende (§ 28) Handlungen sowie Erklärungen eines potentiellen Bieters, die nicht als Angebot sondern als Einladung dazu gemeint sind (§ 17).[4] Es regelt ferner nicht nur Handlungen desjenigen, der ein Angebot abgibt, sondern auch das Verhalten der Zielgesellschaft, ihrer Organe und der Angebotsadressaten selbst. Damit ist das Gesetz entgegen der Formulierung in § 1 nicht nur anwendbar auf „Angebote", sondern auch auf andere Verhaltensweisen von (potentiellen) Bietern gegenüber einer Zielgesellschaft.

**2. Angebotspflicht.** Die **Formulierung des § 1 Abs. 1** ist durch die Bezugnahme auf 5 Angebote – auch wenn die Vorschrift zusammen mit § 2 Abs. 1 gelesen wird – zu eng bzw. zirkulär und drückt nur unvollständig aus, was der Gesetzgeber tatsächlich hat anordnen wollen.[5] Richtig liest sich § 1 Abs. 1 vielmehr: „Dieses Gesetz ist anzuwenden auf Zielgesellschaften iSd § 2 Abs. 3, die Wertpapiere ausgegeben haben, die zum Handel an einem organisierten Markt zugelassen sind". Das WpÜG enthält nämlich außer einer Regelung des Ablaufs von Angeboten als wichtigste materielle Regelung auch die aus § 35 folgende **Angebotspflicht** nach Kontrollerlangung. Würde man die Formulierung des § 1 ernst nehmen, enthielte das WpÜG keine gesetzliche Regelung des Pflichtangebots nach einem durch privaten Paketverkauf bedingten Kontrollerwerb. Denn dieses private Paketgeschäft ist kein freiwilliges öffentliches Angebot iSd § 2 Abs. 1 Alt. 1, und eine Verpflichtung nach diesem Gesetz iSd § 2 Abs. 1 Alt. 2 kann es nur geben, wenn das Gesetz anwendbar ist. Folglich wäre das Gesetz gem. § 1 nicht anwendbar und wäre der Kontrollerwerber nicht zu einem Pflichtangebot verpflichtet, eine im Ergebnis unhaltbare Lösung.

Die Lösung kann nur aus der Regelung der Angebotspflicht selbst folgen: § 35 Abs. 1 6 knüpft die Angebotspflicht an den Kontrollerwerb über eine Zielgesellschaft iSd § 2 Abs. 3. Aus der Regel des § 2 Abs. 3 ist deshalb (unter Mitberücksichtigung des § 1) auch der Anwendungsbereich der Angebotspflicht zu entnehmen (vgl. → Rn. 9 ff.; → Rn. 26; nämlich anwendbar auf innerhalb des EWR börsennotierte Gesellschaften mit Sitz innerhalb des EWR).

**3. Ableitung des sachlichen Anwendungsbereichs aus den Einzelregeln des** 7 **WpÜG.** Fasst man die soeben dargestellten Überlegungen zusammen, so ergibt sich, dass § 1 Abs. 1 mit seiner Bezugnahme auf „Angebote" den sachlich-funktionalen Anwendungsbereich des Gesetzes zu eng beschreibt. Dieser ergibt sich erst bei näherer Betrachtung der Einzelregeln des WpÜG. Im Übrigen zum sachlichen Anwendungsbereich → § 2 Rn. 1 ff.

### III. Internationaler Anwendungsbereich (noch Abs. 1 und 2, 3–5)

**1. Allgemeines. a) Wesentliche Anknüpfungspunkte.** Zu den in § 1 Abs. 1 genann- 8 ten Merkmalen, die den internationalen Anwendungsbereich des Gesetzes betreffen, gehören nur die folgenden: Es geht um Zielgesellschaften mit Sitz innerhalb des EWR, die Wertpapiere ausgegeben haben, die zum Handel an einem organisierten Markt zugelassen sind. Diese Anknüpfungspunkte müssen kumulativ gegeben sein. Nicht abgestellt wird auf Wohnsitz oder Staatsangehörigkeit der Angebotsadressaten, also der Aktionäre der Zielgesellschaft.

**b) Einseitige Kollisionsnorm.** Der Gesetzgeber folgt durch diese Anknüpfungspunkte 9 dem traditionellen Modell des Wirtschaftskollisionsrechtes, indem er zunächst einseitig den Anwendungsbereich des WpÜG festlegt, ohne dabei die Probleme positiver oder negativer Normkonflikte zu berücksichtigen.[6] Solche Probleme ergeben sich zum einen dann, wenn bei internationalen Sachverhalten neben dem WpÜG auch ein anderes Übernahmerecht

---

[4] FK-WpÜG/*Schüppen* Rn. 24; Angerer/Geibel/Süßmann/*Angerer* Rn. 8 f.
[5] Die Formulierung von FK-WpÜG/*Schüppen* Rn. 2 ist ebenfalls zu eng, denn sie bezieht sich nur auf Angebote, nicht auch auf Angebotspflichten nach dem WpÜG.
[6] Vgl. *v. Hein* AG 2001, 213 (231).

Geltungsanspruch erhebt (Normenhäufung) bzw. wenn weder das WpÜG noch ein anderes Recht Geltungsanspruch erheben und es damit für die Übernahme zu einem Normenmangel kommt.[7] Nach *Hopt* ist zu bedauern, dass das WpÜG zB nicht Übernahmeangebote regelt, die eine im Inland notierte Gesellschaft mit Sitz im Ausland betreffen, an der zahlreiche deutsche Anleger beteiligt sind, oder eine Gesellschaft mit Sitz im Inland, die (nur) außerhalb des EWR notiert ist. Das Gesetz verfehle damit auch sein Ziel des Aktionärs- und Konzerneingangsschutzes.[8] Durch die Einfügung der Abs. 2 und 3 ist solchen Bedenken jedenfalls innerhalb des EWR nun (teilweise) Rechnung getragen worden. Im Verhältnis zum Ausland außerhalb des EWR ist die Regel indes mangels praktizierbarer Alternativen hinzunehmen; andere Rechtsordnungen verfahren im Übrigen ähnlich. Vgl. im Übrigen noch → § 24 Rn. 3 ff.

**10**    c) **Vertragsstatut.** Zur Frage, welchem Recht die zwischen Bieter und Angebotsadressaten zustande gekommenen Kauf- oder Tauschverträge unterliegen, vgl. → § 11 Rn. 101 f.

**11**    **2. Zielgesellschaft (Abs. 1 iVm § 2 Abs. 3). a) Rechtsform.** Im Grundsatz uneingeschränkt Anwendung findet das Gesetz gem. § 1 Abs. 1 iVm § 2 Abs. 3 Nr. 1 zunächst lediglich auf Aktiengesellschaften und Kommanditgesellschaften auf Aktien. Soweit deren Anteile nicht im Inland, jedoch innerhalb des EWR zum Handel zugelassen sind, findet das Gesetz nach Maßgabe des Abs. 2 eingeschränkt Anwendung. Gleichgestellt sind nach hM, obwohl im Gesetz nicht ausdrücklich genannt, die societates europaeae (SE) und REIT-Aktiengesellschaften gem. § 1 Abs. 3 REITG, nicht jedoch Investmentaktiengesellschaften mit veränderlichem Kapital gem. § 108 Abs. 5 KAGB.[9] Da die Anteile an deutschen Gesellschaften anderer Rechtsformen (zB Personengesellschaften, Genossenschaften, GmbH) nicht an der Börse handelbar sind, scheidet der Erwerb von Anteilen an solchen Gesellschaften durch öffentliches Angebot aus dem Anwendungsbereich des Gesetzes aus.

**12**    Das Gesetz ist ferner nach § 1 Abs. 3–5 iVm § 2 Abs. 3 Nr. 2 in deutlich eingeschränkter Weise anzuwenden auf „Gesellschaften" mit Sitz in einem anderen Staat des EWR. Eine Beschränkung auf bestimmte Rechtsformen ergibt sich hier ebenfalls aus der Tatsache, dass deren Anteile an der Börse handelbar sein müssen.

**13**    Da es nach der Rechtsprechung des EuGH[10] zulässig ist, den Verwaltungssitz einer nach einem europäischen Recht gegründeten Kapitalgesellschaft nach Deutschland zu verlegen, und der BGH diese Gesellschaften im Inland *als solche* anerkannt hat,[11] stellt sich die Frage, ob § 2 Abs. 3 Nr. 1 Gesellschaften ausländischer Rechtsform mit Sitz im Inland schon deshalb nicht erfasst, weil sie nicht in **deutscher Rechtsform** organisiert sind. Die Frage ist entgegen der hM[12] zu verneinen. § 2 Abs. 3 Nr. 1 enthält keine Beschränkung auf Gesellschaften deutscher Rechtsformen, sondern auf börsennotierte Gesellschaften, wie sich aus der Verbindung mit § 1 Abs. 1 ergibt. Die Verwendung des Wortes „Aktiengesellschaften" gibt für eine Beschränkung auf deutsche Rechtsformen nichts her.[13] So spricht etwa auch § 27c öUebG von Aktiengesellschaften mit Sitz im Ausland und meint damit etwa auch eine plc oder eine société anonyme. Ein funktionales Verständnis des Übernahmerechts gebietet es, die Übernahmeregeln auf alle Gesellschaften zu erstrecken, die ihren Schwerpunkt in Deutschland haben und innerhalb des EWR börsennotiert sind. Das Übernahme-

---

[7] Dazu einerseits *v. Hein* AG 2001, 213 (231) mit instruktivem Beispielsfall; andererseits *Zimmer* ZGR 2002, 731 (745 ff.); ferner *Ekkenga/Kuntz* WM 2004, 2427 ff.

[8] *Hopt* ZHR 166 (2002), 383 (398).

[9] HM, s. Angerer/Geibel/Süßmann/*Angerer* Rn. 52; FK-WpÜG/*Schüppen* § 2 Rn. 32 f.; vgl. auch Gesetzesbegründung zum Übernahmerichtlinie-Umsetzungsgesetz, BT-Drs. 16/1003, 17.

[10] EuGH ZIP 1999, 438 – Centros, dazu *Borges* RIW 2000, 167; EuGH BB 2003, 2196 – Inspire Art, dazu *Maul/Schmidt* BB 2003, 2297.

[11] BGH DStR 2005, 839.

[12] Baums/Thoma/*Baums/Hecker* § 2 Rn. 78 ff.; Schwark/Zimmer/*Noack/Holzborn* § 2 Rn. 20; Angerer/Geibel/Süßmann/*Angerer* § 1 Rn. 52; Assmann/Pötzsch/Schneider/*Pötzsch/Favoccia* § 2 Rn. 67 mwN; *Oechsler* NZG 2001, 817; wohl auch FK-WpÜG/*Schüppen* § 2 Rn. 32 ff.

[13] AA Angerer/Geibel/Süßmann/*Angerer* Rn. 52.

recht ist jedenfalls auch ein Mittel der externen Kontrolle des Managements[14] von Aktiengesellschaften, und es ist kein Grund dafür ersichtlich, dass allein wegen der Gründung nach
ausländischem Recht solche Gesellschaften in Deutschland einer geringeren externen Kontrolle oder weniger strengen kapitalmarktrechtlichen Anforderungen unterliegen als nach
inländischem Recht gegründete Gesellschaften. Die herrschende Gegenauffassung ist nicht
mit dem Marktverzerrungsverbot des § 3 Abs. 5 vereinbar. Auch auf eine US-amerikanische
corporation mit Sitz und Börsenzulassung in Deutschland ist das Gesetz also anwendbar.[15]

**b) Sitz im Inland oder innerhalb des EWR (§ 2 Abs. 3 Nr. 1 und 2). aa) Mei-**   14
**nungsstand.** Der (uneingeschränkte) Anwendungsbereich des Gesetzes ist gem. § 2 Abs. 3
Nr. 1 nur für Aktiengesellschaften mit Sitz im Inland vorgesehen. Was unter Sitz zu verstehen
ist, ist zweifelhaft. Es kann entsprechend der Anknüpfung des Gesellschaftsstatus der **Verwal-**
**tungssitz** der Aktiengesellschaft gemeint sein. Das ist nach ständiger Rechtsprechung und
hM in der Literatur der Ort, „wo die grundlegenden Entscheidungen der Unternehmensleitung effektiv in laufende Geschäftsführungsakte umgesetzt werden".[16] Dabei sind die gesellschaftsinternen Machtstrukturen grundsätzlich unerheblich.[17] Entscheidend ist der Ort der
Geschäftsleitung, nicht der Ursprung der Weisungen.[18] Auch die intensive Beherrschung
durch eine ausländische Muttergesellschaft führt deshalb nicht zu der Annahme eines ausländischen Verwaltungssitzes der inländischen Tochter.[19] Selbst der Abschluss eines Beherrschungsvertrags mit der ausländischen Muttergesellschaft und die intensive Erteilung von Weisungen
an den inländischen Geschäftsführer beseitigen nicht den inländischen Verwaltungssitz.[20]

Es kann aber auch der **statutarische** Sitz gemeint sein. Darunter ist der in der Satzung    15
der Gesellschaft als Sitz genannte Ort zu verstehen, also im Gegensatz zum Verwaltungssitz,
der auf den tatsächlichen Ort der Gesellschaft abstellt, ein „rechtlicher Ort", der von den
Gründern der Gesellschaft festgelegt wird. Die mittlerweile für das WpÜG wohl hM versteht unter der Bezugnahme auf den Sitz in § 2 Abs. 3 den **Satzungssitz.**[21]

**bb) Eigenständiger Sitzbegriff des WpÜG.** Die Frage nach dem Sitzbegriff hat im    16
Ausgangspunkt nichts mit dem **Gesellschaftsstatut** der Zielgesellschaft zu tun, also mit der
Frage, welches Recht auf einen bestimmten Personenzusammenschluss Anwendung findet.[22]
Hier streiten bekanntlich die Sitz- und die sogenannte Gründungstheorie, wobei letztere das
Recht, nach dem die Gesellschaft gegründet worden ist, für maßgeblich hält. Der Gründungs-
theorie folgt zumindest im Ausgangspunkt eine beträchtliche Zahl von Mitgliedstaaten (zB
das Vereinigte Königreich, die Niederlande, Dänemark), traditionell aber nicht Deutschland.[23]
Demgegenüber ist der Sitzbegriff des WpÜG durch Auslegung eigenständig zu entwickeln,[24]
dabei ist zu untersuchen, inwieweit das Gesetz **international zwingend** sein will

---

[14] Dazu Kölner Komm WpÜG/*Hintz* Einl. Rn. 15, 34.

[15] So auch Ehricke/Ekkenga/Oechsler/*Oechsler* Rn. 5 mwN; *Ekkenga/Kuntz* WM 2004, 2427 (2429).

[16] BGHZ 97, 269 (272) = NJW 1986, 2194; BGH DStR 2010, 1196 (1197); OLG Hamm DB 1995,
137; BayObLG IPRax 1986, 161; *Wackerbarth* Leitungsmacht 118 f. mwN.

[17] Staudinger/*Großfeld* IntGesR Rn. 230; MüKoBGB/*Kindler* IntGesR Rn. 316, 320; *Wackerbarth* Leitungsmacht 118 f.

[18] BGH WM 1979, 692 (693); Soergel/*Lüderitz* EGBGB Anh. Art. 10 Rn. 15; Staudinger/*Großfeld* Int-
GesR Rn. 230 ff.; *Wackerbarth* Leitungsmacht 118 f.

[19] *Wiedemann* GesR I 784 f.; Soergel/*Lüderitz* EGBGB Anh. Art. 10 Rn. 15 mwN in Fn. 71; MüKoBGB/
*Kindler* IntGesR Rn. 316, 320; *Wackerbarth* Leitungsmacht 118 f. mwN.

[20] OLG Frankfurt AG 1988, 267 ff.; MüKoBGB/*Kindler* IntGesR Rn. 320; Staudinger/*Großfeld* IntGesR
Rn. 232; *Wackerbarth* Leitungsmacht 118 f.

[21] Ausf. *v. Hein* ZGR 2005, 528 (553 f.); Baums/Thoma/*Baums/Hecker* § 2 Rn. 88; Angerer/Geibel/
Süßmann/*Angerer* § 1 Rn. 51; Assmann/Pötzsch/Schneider/*Pötzsch/Favoccia* § 2 Rn. 69 f. mwN; FK-WpÜG/
*Schüppen* § 2 Rn. 35; Steinmeyer/*Santelmann* Rn. 34, 42, 59.

[22] Klar Baums/Thoma/*Baums/Hecker* § 2 Rn. 87, 91; Assmann/Pötzsch/Schneider/*Pötzsch* § 2 Rn. 69.

[23] Vgl. *Wackerbarth* Leitungsmacht 114 mwN; die Sitztheorie wurde – im Verhältnis zur Schweiz – bestätigt
von BGH NZG 2009, 68.

[24] Zu diesem „dritten Weg" auch in Bezug auf die Übernahme-RL *v. Hein* AG 2001, 213 (219), der aber
meint, dies sei im Hinblick darauf, dass die Richtlinie eine Definition des Sitzes gerade offengelassen habe,
nicht möglich.

(→ Rn. 24).[25] Für einen eigenständigen Sitzbegriff spricht einerseits der Umstand, dass sich das Übernahmerecht zwischen den Polen Gesellschafts- und Kapitalmarktrecht bewegt und sein Regelungszusammenhang nicht einfach durch eine Einzelzuordnung von Vorschriften zu diesen beiden Rechtsgebieten aufgelöst werden darf, auch wenn der Gesetzgeber das nun selbst – allerdings nur innerhalb des EWR und nur im Rahmen des von der Übernahmerichtlinie (Übernahme-RL)[26] Gebotenen – in § 1 Abs. 2–5 und den beiden dazu ergangenen Verordnungen versucht. Eine Dépeçage ist möglichst zu vermeiden, sie stellt stets nur eine Notlösung dar. Auch die Übernahme-RL geht davon aus, da sie bei Zusammenfallen von Sitz und Börsenzulassung stets nur das Recht des Sitzstaates angewendet wissen will.[27] Zweitens sprechen für einen eigenständigen Sitzbegriff des WpÜG auch der TAG-Heuer-Fall[28] und der Xstrata-Fall.[29] Sie verdeutlichen nämlich den Charakter des Übernahmerechts als Wirtschaftsrecht, das seinen Eingriffsbereich nicht von Manipulationen durch die zu beaufsichtigenden Gesellschaften abhängig machen darf. Ferner zeigen sie die Ungeeignetheit eines zwingenden Gleichlaufs von Gesellschaftsrecht und Übernahmerecht.

**17**    **cc) Der Sitz im Sinne der Übernahme-RL.** Nach den Änderungen des § 1 (in den Abs. 2–5) und des § 2 Abs. 3 (Einfügen der Nr. 2) durch das Übernahmerichtlinie-Umsetzungsgesetz kommt Folgendes hinzu: Selbst innerhalb der EU, in der mit der Richtlinie ja harmonisiertes Recht gilt, erkennt der europäische Gesetzgeber einen nationalen Regelungsanspruch für Gesellschaften des Sitzmitgliedstaates an. Das Gesetz trägt dem für Übernahme- und Pflichtangebote Rechnung und enthält die in der Richtlinie vorgegebenen Anwendungsbeschränkungen, wenn die zentralen Anknüpfungspunkte Sitz und Börsennotierung auseinanderfallen, jedoch beide innerhalb des EWR und einer davon im Inland liegen. Liegt (nur) der Sitz im Inland, so sind nur die eher als „gesellschaftsrechtlich" eingeordneten Regeln (Angebotspflicht, Neutralitätspflicht, Unterrichtung der Arbeitnehmer) des WpÜG anwendbar. Auch wenn in der Richtlinie von „gesellschaftsrechtlichen Fragen" die Rede ist, sind die anzuwendenden Bestimmungen – vielleicht mit Ausnahme der Neutralitätspflicht – allerdings gerade keine gesellschaftsrechtlichen Regeln, sondern Pflichten der Gesellschaft bzw. Pflichten des Bieters. Es verbietet sich, solche Regeln durch Abstellen auf den Satzungssitz der Rechtswahl durch die Gesellschaft zu unterstellen.

**18**    Für die Entscheidung der Frage, was mit „Sitz" iSd Richtlinie gemeint ist, gibt die Übernahme-RL selbst scheinbar nichts her, da die verschiedenen Sprachfassungen voneinander abweichen, die englische Sprachfassung stellt dabei zwar auf den Satzungssitz (registered office) ab, die französische jedoch auf den tatsächlichen Sitz (siège social). Doch wird man der detaillierten Regelung in Art. 4 Abs. 2 Übernahme-RL entnehmen müssen, dass die Übernahme-RL auf den **tatsächlichen Sitz** abstellt. Die Übernahme-RL unterscheidet nämlich begrifflich zwischen dem Recht des Mitgliedstaates, dem eine Gesellschaft unterliegt (zB Art. 1, 12 Übernahme-RL), und dem Recht des Sitzmitgliedstaates. Wäre für den Sitz auf den Satzungssitz abzustellen, hätte die Unterscheidung keinen Sinn. Denn innerhalb der EU unterliegt die Gesellschaft stets dem Gesellschaftsrecht des Satzungssitzmitgliedstaates, wie sich aus der EuGH-Rechtsprechung zur Niederlassungsfreiheit ergibt.[30] Die Übernahme-RL kann deshalb nicht den Satzungssitz meinen.

**19**    Nicht angängig ist es dagegen, die Frage, was denn mit Sitz im Sinne der Übernahme-RL gemeint ist, an der Niederlassungsfreiheit zu messen.[31] Gerade weil die Richtlinie das

---

[25] Vgl. dazu *Wackerbarth* Leitungsmacht 351 mwN in Fn. 43 ff.

[26] RL 2004/25/EG v. 21.4.2004 (ABl. 2004 L 142, 12–23).

[27] Zutr. *v. Hein* AG 2001, 213 (214); ausf. *Winkelmann,* Aufsicht und anwendbares Recht bei grenzüberschreitenden Unternehmensübernahmen, 2008, 91 f., 169 f.; *Mülbert* NZG 2004, 633 (639).

[28] Ausf. dazu *v. Hein* AG 2001, 213 (216 f.): Ein Angebot für Aktien einer Gesellschaft mit Satzungssitz in Luxemburg, deren Aktien im Inland gehandelt wurden und die dort ihren tatsächlichen Sitz hatte, wurde iErg dem Schweizer Übernahmerecht unterstellt, obwohl die Schweiz der Gründungstheorie folgt.

[29] Dargestellt bei *v. Hein* ZGR 2005, 548 ff.: Das englische Takeover-Panel lehnte seine Zuständigkeit für eine englische plc ab, weil deren Verwaltungssitz in der Schweiz lag.

[30] EuGH NJW 2009, 569 (570 f.) Tz. 105 – Cartesio.

[31] So aber *v. Hein* ZGR 2005, 552 f.; vgl. auch *Kiesewetter* RIW 2006, 518 (520 f.); *Winkelmann,* Aufsicht und anwendbares Recht bei grenzüberschreitenden Unternehmensübernahmen, 2008, 112 ff.

Übernahmerecht weitgehend harmonisiert, stellt die Anknüpfung an den tatsächlichen Sitz grundsätzlich keine Beschränkung der Niederlassungsfreiheit dar.

**dd) Richtlinienkonforme Auslegung des § 1 iVm § 2 Abs. 3.** Liegt bei EWR- 20 Gesellschaften nur die Börsennotierung (oder bei Mehrfachnotierung die erstmalige Börsennotierung) im Inland, so soll das WpÜG nur bei Übernahmeangeboten (→ § 2 Rn. 26) und sollen dann auch nur die Verfahrensregeln des Gesetzes sowie die Preisregeln anwendbar sein (§ 1 Abs. 3). Gerade das zeigt, dass ein Abstellen auf den Satzungssitz zu verfehlten Lösungen führte. Liegen der Satzungssitz zB in Frankreich, tatsächlicher Sitz und Börsennotierung jedoch ausschließlich in Deutschland, so wäre bei Abstellen auf den Satzungssitz § 1 Abs. 3 Nr. 2a) anwendbar. Dann stünden jedoch nur Übernahme- und Pflichtangebote unter der teilweisen Geltung des WpÜG, einfache Erwerbsangebote wären hingegen ungeregelt. Es ist dem Gesetzgeber aber nicht zu unterstellen, dass er eine sachwidrige Ungleichbehandlung für Gesellschaften mit tatsächlichem Sitz und ausschließlicher Börsennotierung in Deutschland nur anhand des für die Angebotsempfänger, Verwaltung der Zielgesellschaft und Arbeitnehmer irrelevanten Umstands vornimmt, dass die Gesellschaft ihren Satzungssitz nicht in Deutschland hat. Demgegenüber ist noch einmal zu betonen, dass es um **zwingendes Wirtschaftsrecht,** nicht aber um dispositives Gesellschaftsrecht geht. In beiden Fällen (Satzungssitz in Deutschland bzw. in Frankreich) ist das Gesetz deshalb angesichts des tatsächlichen Sitzes im Inland vollumfänglich anwendbar, es handelt sich um Fälle des § 2 Abs. 3 Nr. 1 und damit um die Anwendung des § 1 Abs. 1. Dementsprechend – und nur das führt zu der gebotenen Gleichbehandlung von im Inland notierten Gesellschaften – ist auf den tatsächlichen Sitz abzustellen, ohne dass damit etwas über das auf die Zielgesellschaft anwendbare Gesellschaftsrecht ausgesagt ist.

Liegt der tatsächliche Sitz im außereuropäischen Ausland, so ist das Gesetz dementspre- 21 chend grundsätzlich nicht anwendbar (§ 2 Abs. 3 Nr. 1). § 1 Abs. 3 iVm § 2 Abs. 3 Nr. 2 erklären nur bei Übernahme- und Pflichtangeboten von Zielgesellschaften mit Sitz außerhalb von Deutschland, aber innerhalb des EWR – das WpÜG teilweise für anwendbar.

Schließlich spricht für ein Abstellen auf den tatsächlichen Sitz auch der **Wortlaut** des 22 § 2 Abs. 3 Nr. 1. Er spricht von Aktiengesellschaften mit Sitz im Inland, anstatt von einer „deutschen" oder „inländischen" Aktiengesellschaft. Der Unterschied zwischen den Formulierungen wird deutlich an einem Beispiel von *Oechsler:*[32] Im Verhältnis zu den Vereinigten Staaten erkennt das deutsche Recht nach dem Freundschafts-, Handels- und Schifffahrtsvertrag von 1956 die ausländische *corporation* auch für ihre Tätigkeit im Inland an, es gilt also die Gründungstheorie.[33] Würde man § 2 Abs. 3 Nr. 1 lediglich als Verweis auf das internationale Gesellschaftsrecht verstehen, so müsste eine nach amerikanischem Recht gegründete corporation mit Sitz in Deutschland aus dem Anwendungsbereich des WpÜG herausfallen, auch wenn ihre Aktien ausschließlich in Deutschland zum Handel zugelassen wären.[34] Aus dem Wortlaut des § 2 Abs. 3 Nr. 1 dürfte aber ganz im Gegenteil die Anwendbarkeit des Gesetzes folgen, da unter den Generalbegriff der Aktiengesellschaft auch ausländische Rechtsformen zu fassen sind, deren Anteile zum Handel an einem organisierten Markt zugelassen sind. Auch die SE wird ja von der hM unter den Begriff der „Aktiengesellschaft" subsumiert (→ Rn. 13).

Die Regeln des WpÜG enthalten wirtschaftsrechtliche Pflichten, die sich in Anbetracht 23 eines Angebots oder Kontrollerwerbs an den Bieter oder an die Zielgesellschaft richten. Zwar enthalten sie uU Eingriffe in das Kompetenzgefüge der Zielgesellschaft (zB in die Neutralitätspflicht der Leitungsorgane). Diese Eingriffe sollen indessen nicht eine bestimmte Rechtsform um ihrer selbst willen näher ausgestalten, sondern die **Funktionsfähigkeit**

---

[32] *Oechsler* NZG 2001, 817.
[33] Art. XXV Abs. 5 Freundschafts-, Handels- und Schifffahrtsvertrag zwischen der Bundesrepublik Deutschland und den Vereinigten Staaten von Amerika; Gesetz v. 7.5.1956 zu diesem Vertrag (BGBl. 1956 II 487, 500), vgl. dazu Zimmer, Internationales Gesellschaftsrecht, 1996, 8, 200 ff.; ausdr. nun BGH NZG 2005, 44.
[34] Mit dieser Konsequenz in der Tat *Oechsler* NZG 2001, 817.

**des Kapitalmarkts** sicherstellen. Der Staat, auf dessen Gebiet der tatsächliche Sitz der Gesellschaft liegt, ist hier am besten geeignet, diese unternehmensrechtlichen Pflichten der Gesellschaft durchzusetzen. Seine Regeln müssen daher gelten.[35]

24    **ee) Die für die Ermittlung des tatsächlichen Sitzes einschlägigen Umstände.** Da die Übernahme-RL und ihr folgend das WpÜG eine Zuständigkeitsspaltung nur bei Auseinanderfallen von Sitz und Notierung vornimmt und auf den Sitz für die arbeitsrechtlichen und „gesellschaftsrechtlichen" Fragen abstellt, zu denen aber auch zB die Kontrollschwelle gehören soll, müssen die in der Literatur und Rechtsprechung – teils nur de lege ferenda – diskutierten Anknüpfungspunkte (Haupthandelsplatz, Sitz der Angebotsempfänger, Arbeitnehmer, Verwaltung, Satzungssitz) bei der Abwägung, wo der tatsächliche Sitz der Gesellschaft liegt, sämtlich im Wege einer **globalen Interessenabwägung** berücksichtigt werden.[36] Entscheidend ankommen dürfte es auf den Haupthandelsplatz, den Verwaltungssitz, den Satzungssitz und die schwerpunktmäßige Beschäftigung der Arbeitnehmer der Zielgesellschaft.[37] Gläubigerinteressen oder der Ort, an dem die Gesellschaft überwiegend ihren Umsatz erzielt, dürften für die Abwägung nur eine untergeordnete Rolle spielen. Maßgebend ist eine Abwägung im **Einzelfall.** Insbesondere die Berücksichtigung des Haupthandelsplatzes im Rahmen der Abwägung kann die Probleme regulativer Arbitrage durch Wahl des Ortes des Erst- und Zweitlistings vermindern.[38] Die genannten Gesichtspunkte sollten in die Abwägung gleichberechtigt eingehen. Deuten sie auf unterschiedliche Länder, so sollte der **Satzungssitz** den Ausschlag geben. Der Preis dieser Interessenabwägung ist Rechtsunsicherheit, doch hat die fehlende Festlegung des Sitzbegriffs durch den europäischen und den deutschen Gesetzgeber diese Rechtsunsicherheit selbst heraufbeschworen. Im Übrigen liegt ihr Gewinn in der fehlenden Möglichkeit für Zielgesellschaften, das ihr günstigste Übernahmerecht zu wählen, und sie führt in aller Regel zur Vermeidung einer Aufspaltung des einschlägigen Übernahmerechts.

25    **3. Zulassung zum Handel an einem organisierten Markt (§ 1 iVm § 2 Abs. 7).** **a) Räumlicher Aspekt.** Soweit das Gesetz freiwillige Angebote erfasst, beschränkt es seinen Anwendungsbereich auf solche Angebote, die auf den Erwerb bestimmter Wertpapiere gerichtet sind. Das Gesetz ist nur auf solche Angebote anwendbar, die sich zumindest **auch** auf den Erwerb von Wertpapieren beziehen, die zum Handel an einem organisierten Markt zugelassen sind.

26    Unter dem Begriff des **organisierten Markts** versteht das Gesetz, wie sich aus § 2 Abs. 7 und 8 ergibt, zum einen eine **räumliche Schranke.** Nur Märkte innerhalb des Europäischen Wirtschaftsraumes (→ § 2 Rn. 56). können organisierte Märkte sein. So unterliegt die Übernahme einer Gesellschaft, deren Verwaltungssitz in Deutschland liegt, deren Aktien allerdings ausschließlich in den USA gehandelt werden, nicht dem WpÜG (→ Rn. 9; → Rn. 37). Andererseits erfasst das Gesetz auch solche Gesellschaften, deren Sitz in Deutschland liegt, deren Aktien jedoch ausschließlich auf einem Markt außerhalb Deutschlands gehandelt werden, solange dieser nur innerhalb des Europäischen Wirtschaftsraumes liegt, zB Handel ausschließlich an der Londoner Stock Exchange.[39]

---

[35] *Ekkenga/Kuntz* WM 2004, 2427 (2428) in Fn. 17.

[36] So auch Übernahmekommission vom 29.7.2008 im Fall Richemont SA, im Internet unter http://www.takeover.ch/transactions/document/id/1235 (considérant 1.3; zuletzt abgerufen am 21.4.2020).

[37] Zu weiteren Umständen, die von der schweizerischen Übernahmekommission im Fall TAG Heuer aufgelistet wurden, vgl. *v. Hein* AG 2001, 213 (217); s. ferner die Empfehlung der Übernahmekommission vom 29.7.2008 im Fall Richemont SA, im Internet unter http://www.takeover.ch/transactions/document/id/1235 (considérant 2.1–2.11; zuletzt abgerufen am 21.4.2020), hier wurde ua auf die Eigenschaft einer luxemburgischen Gesellschaft als 100%ige Tochter einer Schweizer AG und die Identität der Leitungsorgane sowie die Verbindung zwischen Vorzugsaktien der Tochter mit Aktien der Mutter abgestellt.

[38] Dazu *v. Hein* AG 2001, 213; ausf. *Winkelmann*, Aufsicht und anwendbares Recht bei grenzüberschreitenden Unternehmensübernahmen, 2008, 169 ff.

[39] *Pötzsch/Möller* WM 2000, Sonderbeil. 2, 1 (15); *v. Hein* AG 2001, 213 (231); ebenso Ehricke/Ekkenga/Oechsler/*Oechsler* Rn. 10, welcher unter Verweis auf *Mülbert* ZIP 2001, 1221 (1229) die mögliche Gemeinschaftsrechtswidrigkeit des § 1 zu bedenken gibt.

**b) Sachlicher Aspekt.** Zum anderen beinhaltet der Begriff auch eine **sachliche** 27 **Schranke.** Gemeint ist zunächst der sog. **regulierte Markt** (der frühere amtliche und geregelte Markt) an den in → Rn. 30 aufgeführten Börsen im Inland[40] Nicht zum organisierten Markt gehört der **Freiverkehr** im Inland, da dieser rein privatrechtlich organisiert ist. An dieser Herausnahme des Freiverkehrs ist zu Recht Kritik geübt worden, da kein Unterschied im Schutzbedürfnis der Anleger zu erkennen ist.[41]

Ferner gehört dazu der **geregelte Markt** iSd der MiFID II-Richtlinie[42] in einem anderen 28 Staat des Europäischen Wirtschaftsraums. Art. 4 Abs. 1 Ziff. 21 MiFID II definiert einen „geregelten Markt" wie folgt: „Ein von einem Marktbetreiber betriebenes und/oder verwaltetes multilaterales System, das die Interessen einer Vielzahl Dritter am Kauf und Verkauf von Finanzinstrumenten innerhalb des Systems und nach seinen nichtdiskretionären Regeln in einer Weise zusammenführt oder das Zusammenführen fördert, die zu einem Vertrag in Bezug auf Finanzinstrumente führt, die gemäß den Regeln und/oder den Systemen des Marktes zum Handel zugelassen wurden, sowie eine Zulassung erhalten hat und ordnungsgemäß und gemäß den Bestimmungen des Titels III dieser Richtlinie funktioniert". Das nach Art. 56 MiFID II zu erstellende Verzeichnis der geregelten Märkte wird von der ESMA auf ihrer Internetsite veröffentlicht (https://registers.esma.europa.eu/publication/, zuletzt abgerufen am 14.4.2020). Eine Eintragung dort ist jedoch weder notwendige noch hinreichende Bedingung der Qualifikation als geregelter Markt.[43]

Zugelassen sein bedeutet nicht auch, an einem organisierten Markt tatsächlich gehandelt 29 zu werden. Die Aufnahme des Handels ist also unerheblich.[44] Die Aussetzung der Kursfestsetzung beendet die Zulassung nicht, erforderlich ist der Widerruf gem. § 38 Abs. 3 und 4 BörsG.[45]

Gem. Art. 56 MiFiD II findet sich eine ständig aktualisierte **Liste sämtlicher Märkte,** 30 die zu den von § 2 Abs. 7 und 8 erfassten Märkten gehören.[46] In Deutschland gehören zu den organisierten Märkten zZt:
1. Börse Berlin (Regulierter Markt, Regulierter Berliner Sekundärmarkt, Equiduct)
2. Tradegate Exchange (elektronisches Handelssystem) Berlin
3. Düsseldorfer Börse (Regulierter Markt, Quotrix)
4. Frankfurter Wertpapierbörse (Regulierter Markt)
5. Eurex Deutschland
6. Hanseatische Wertpapierbörse Hamburg (Regulierter Markt)
7. Boerse Hamburg Lang and Schwarz
8. Niedersächsische Börse zu Hannover (Regulierter Markt)
9. Börse München (Regulierter Markt, Gettex)
10. Baden-Württembergische Wertpapierbörse (Regulierter Markt)
11. European Energy Exchange (Europäische Energiebörse)
12. Xetra

**4. Zulassung außerhalb Deutschlands (Abs. 2 iVm Abs. 4, WpÜG-Anwendbar-** 31 **keitsverordnung).** Bei Sitz im Inland und Börsenzulassung der stimmberechtigten Wertpapiere ausschließlich außerhalb Deutschlands (aber innerhalb des EWR) findet die von der Übernahme-RL vorgeschriebene gespaltene Zuständigkeit der Aufsichtsbehörden und des anwendbaren Rechts statt. Sind lediglich die Vorzugsaktien, nicht aber die Stammaktien börsennotiert (und zwar außerhalb Deutschlands), findet Abs. 2 keine Anwendung. Viel-

---

[40] Zur Sprachregelung und Veränderungen durch das FRUG *Schlitt/Schäfer* AG 2007, 227.
[41] Ebenso Ehricke/Ekkenga/Oechsler/*Oechsler* Rn. 8 mwN zum Streitstand; aA etwa Assmann/Pötzsch/Schneider/*Pötzsch/Favoccia* Rn. 18.
[42] Richtlinie 2014/65/EU v. 15.5.2014 über Märkte für Finanzinstrumente sowie zur Änderung der Richtlinien 2002/92/EG und 2011/61/EU (ABl. L 173, 349).
[43] EuGH EuZW 2012, 350 ff.; vgl. Assmann/Pötzsch/Schneider/*Assmann/Favoccia* § 2 Rn. 138.
[44] Assmann/Pötzsch/Schneider/*Assmann/Favoccia* § 2 Rn. 131 mwN.
[45] OLG Frankfurt AG 2010, 296 f.
[46] Im Internet stets aktualisiert zu finden unter https://registers.esma.europa.eu/publication/searchRegister?core=esma_registers_upreg (zuletzt abgerufen am 21.4.2020).

mehr ist allein die BaFin zuständig und das WpÜG vollumfänglich anwendbar. Das verstößt nicht gegen die Übernahme-RL, weil diese in dieser Konstellation keine Anwendung findet.

32    Liegen die Voraussetzungen des Abs. 2 vor, so sind nur die Vorschriften des WpÜG anzuwenden, die die Kontrolle, die Verpflichtung zur Abgabe eines Angebots und hiervon abweichende Regelungen, die Unterrichtung der Arbeitnehmer der Zielgesellschaft oder des Bieters, Handlungen des Vorstands der Zielgesellschaft, durch die der Erfolg eines Angebots verhindert werden könnte, oder andere gesellschaftsrechtliche Fragen regeln. Das wären grundsätzlich die §§ 1–9, 26–30, 32–68 ff. sowie § 10 Abs. 5 S. 2 und 3. Gem. Abs. 4 ist jedoch das Bundesministerium der Finanzen ermächtigt worden, nähere Bestimmungen über die Anwendbarkeit einzelner Vorschriften des WpÜG zu erlassen. Das Ergebnis findet sich in § 1 WpÜG-Anwendbarkeitsverordnung. Dort ist zB § 27 nicht ausdrücklich zitiert, dafür aber sind Verweisungsnormen wie § 34 oder § 39 aufgeführt, die grundsätzlich auch die Verfahrensvorschriften oder Regelungen über die Gegenleistung (§ 31) in Bezug nehmen, obwohl dafür ja gerade nicht das WpÜG, sondern das Recht des Marktstaates einschlägig sein soll. Trotz § 1 Nr. 9 WpÜG-Anwendbarkeitsverordnung sind bei Angeboten iSd § 1 Abs. 2 namentlich die **§§ 10–28 im Grundsatz nicht anwendbar, soweit sie das Verfahren betreffen.**[47] Die in Abs. 2 selbst vorgeschriebene Anwendung des Gesetzes auf die Unterrichtung der Arbeitnehmer des Bieters in Abhängigkeit von Sitz und Börsenzulassung der Zielgesellschaft ist weder von der Übernahme-RL (Richtlinie 2004/25/EG) vorgeschrieben (vgl. Art. 4 Abs. 2 lit. e Übernahme-RL) noch stellt sie damit auf ein taugliches Anknüpfungsmerkmal ab, die Unterrichtung der Arbeitnehmer des Bieters ist vielmehr dem auf den Bieter anwendbaren Arbeitsrecht zu entnehmen.

33    **5. Sitz außerhalb Deutschlands (Abs. 3–5, WpÜG-Anwendbarkeitsverordnung, WpÜG-Beaufsichtigungsmitteilungsverordnung).** Bei Sitz der Zielgesellschaft im Ausland, aber innerhalb des EWR, findet das WpÜG nur teilweise und nur unter bestimmten Voraussetzungen Anwendung. Zunächst gilt es nicht für einfache Erwerbsangebote, sondern ausschließlich für **Übernahme- oder Pflichtangebote.** Das ist der wesentliche Sinn der Regelung in Abs. 3 S. 1 Nr. 1. Ferner ist Voraussetzung, dass **stimmberechtigte Wertpapiere im Inland** zum Handel an einem organisierten Markt zugelassen sind (Abs. 3 S. 1 Nr. 2 lit. a und b). Drittens ist bei **Mehrfachnotierung** innerhalb des EWR entweder die Erstnotierung im Inland (Abs. 3 S. 1 Nr. 2 lit. b aa) oder eine gleichzeitige Erstnotierung im Inland und einem anderen Staat des EWR und zusätzlich die Wahl der BaFin als Aufsichtsbehörde durch die Zielgesellschaft (Abs. 3 S. 1 Nr. 2 lit. b bb) erforderlich.

34    Liegen diese Voraussetzungen sämtlich vor, so finden gem. Abs. 3 S. 2 die Regeln des WpÜG Anwendung, die die Gegenleistung, den Inhalt der Angebotsunterlage und das Angebotsverfahren betreffen. Das wären grundsätzlich die §§ 1–26, 31–32, 40–68 iVm der WpÜG-Angebotsverordnung. Gem. Abs. 4 ist jedoch das Bundesministerium der Finanzen ermächtigt worden, nähere Bestimmungen über die Anwendbarkeit einzelner Vorschriften des WpÜG zu erlassen. Dort sind zB die §§ 10–26 nicht ausdrücklich zitiert, obwohl sie das Verfahren und die Angebotsunterlage regeln. Dafür aber sind Verweisungsnormen wie § 39 aufgeführt, die grundsätzlich auch die Vorschriften über die Kontrolle (§§ 29 f.) in Bezug nehmen, obwohl dafür ja gerade die Aufsichtsbehörde des Sitzstaates zuständig sein soll.

35    Gem. Abs. 5 iVm der WpÜG-Beaufsichtigungsmitteilungsverordnung hat die von Abs. 3 S. 1 Nr. 2 lit. b bb betroffene Zielgesellschaft ihre Wahl der Aufsichtsbehörde mit dem in § 1 Abs. 2 WpÜG-Beaufsichtigungsmitteilungsverordnung[48] geregelten Inhalt der BaFin unverzüglich mitzuteilen und zu veröffentlichen.

---

[47] Ähnlich Angerer/Geibel/Süßmann/*Angerer* Rn. 105; schärfer Angerer/Geibel/Süßmann/*Geibel* § 18 Rn. 7, der § 1 Nr. 9 WpÜG-Anwendbarkeitsverordnung für nichtig hält.
[48] Zu dem in § 2 Abs. 1 WpÜG-Beaufsichtigungsmitteilungsverordnung enthaltenen Redaktionsversehen Angerer/Geibel/Süßmann/*Angerer* Rn. 117.

**6. Folgen und Einzelfälle. a) Sitz der Zielgesellschaft im außereuropäischen 36 Ausland.** Liegt der Sitz der Gesellschaft im außereuropäischen Ausland, so scheidet die Anwendung des Gesetzes auch dann aus, wenn
– die Wertpapiere ausschließlich in Deutschland oder sonst innerhalb des EWR notiert sind
und/oder
– wenn die Wertpapiere ausschließlich deutschen Anlegern gehören.
Die Staatsangehörigkeit der Anteilsinhaber schlägt insoweit nicht auf die der Gesellschaft durch.[49] Eine solche Konstellation ist indes kaum vorstellbar, wenn man den Haupthandelsplatz in die Bestimmung des Sitzes mit einbezieht (→ Rn. 24).

**b) Sitz der Zielgesellschaft im Inland.** Liegt der Sitz im Inland, so scheidet die 37 Anwendung des Gesetzes nur dann aus, wenn die Wertpapiere sämtlich ausschließlich außerhalb des Europäischen Wirtschaftsraumes gehandelt werden. Der eindeutige Wortlaut des § 2 Abs. 7 und 8 deutet darauf hin, dass die Erlangung von Kontrolle über inländische Gesellschaften oder der Kontrollwechsel in inländischen Gesellschaften nicht alleiniges Regelungsziel des Gesetzes sind. Vielmehr scheint der Gesetzgeber in diesen Fällen davon auszugehen, dass es sich bei solchen Gesellschaften der Sache nach um ausländische Gesellschaften handelt. Für den Erwerb der von ihnen ausgegebenen Wertpapiere sowie die Regelung des Kontrollwechsels an derartigen Gesellschaften sind nach dem Willen des WpÜG andere Gesetzgeber zuständig; der Gesetzgeber sieht hier also einen Auslandssachverhalt als gegeben. Damit enthält § 1 eine international-gesellschaftsrechtliche bzw. -kapitalmarktrechtliche Regelung mit einem Verweis auf ausländisches Recht. Verweist das ausländische Recht indessen den Sachverhalt an das deutsche Recht zurück, so ist davon auszugehen, dass das WpÜG auch auf solche Fälle Anwendung findet. Denn bei Sitz der Zielgesellschaft im Inland und möglicherweise inländischen Aktionären dieser Gesellschaft darf der deutsche Gesetzgeber den Fall eines Erwerbs- oder Übernahmeangebots schon wegen Art. 3 Abs. 1 GG nicht völlig ungeregelt lassen, wenn er vergleichbare Sachverhalte so genauen Regelungen unterstellt hat wie denen des WpÜG und wenn er insbesondere für weitere reine Auslandssachverhalte (→ Rn. 38) sogar die vorrangige Regelungsbefugnis in Anspruch nimmt.
Das Gesetz ist gem. § 1 Abs. 2 nur beschränkt anwendbar, wenn **stimmberechtigte 38 Wertpapiere** ausschließlich außerhalb Deutschlands, aber innerhalb des Europäischen Wirtschaftsraums zum Handel an einem organisierten Markt zugelassen sind.[50] Der Gesetzgeber beschränkt hier den Schutz der Anleger nach dem WpÜG entsprechend der Anordnung der Richtlinie.

**c) Sitz der Zielgesellschaft im innereuropäischen Ausland.** Liegt der Sitz der Ziel- 39 gesellschaft innerhalb des EWR, jedoch nicht in Deutschland, so kommt es auf die Notierung stimmberechtigter Wertpapiere im Inland an. Sind lediglich Vorzugsaktien einer solchen Zielgesellschaft (und zwar innerhalb Deutschlands) börsennotiert, so findet das WpÜG wegen der ausdrücklichen Beschränkung des § 1 Abs. 3 S. 1 Nr. 1 auf europäische Angebote keine Anwendung. Das gilt auch, wenn ein öffentliches Erwerbsangebot auf diese Vorzugsaktien gerichtet wird und das Recht des Sitzmitgliedstaates in solchen Fällen auf die Anwendung deutschen Rechts verweist. Der Fall wird von der Übernahme-RL nicht geregelt.

**d) Unterscheidung zwischen Angebotspflicht und freiwilligen Angeboten.** Für 40 den internationalen Anwendungsbereich des WpÜG muss zwischen der Regelung der Angebotspflicht und der freiwilliger Angebote unterschieden werden. Das resultiert aus der Formulierung des § 1 Abs. 1: Dieser lässt es für die Anwendbarkeit des WpÜG nicht genügen, dass es um Zielgesellschaften mit Sitz im Inland geht, sondern fordert darüber hinaus auch die Börsenzulassung innerhalb des Europäischen Wirtschaftsraums. Bei der Zulassung

---

[49] *Hopt* ZHR 166 (2002), 383 (394).
[50] *Hopt* ZHR 166 (2002), 383 (395).

nur einer von mehreren Gattungen von Wertpapieren innerhalb des EWR dürften die Regeln über das Pflichtangebot auf die Zielgesellschaft anwendbar sein und erfassen dann auch die nicht oder außerhalb des EWR börsennotierten Aktien (davon geht auch § 24 aus). Bei freiwilligen Angeboten greift das WpÜG hingegen nur, wenn sich das Angebot gerade auf die (zumindest: auch) innerhalb des EWR zugelassene Wertpapiergattung bezieht. Beispiel ist eine Zielgesellschaft mit Sitz im Inland, die Stamm- und Vorzugsaktien ausgegeben hat, wobei die Stammaktien ausschließlich in der Schweiz, die Vorzugsaktien dagegen zum Handel in Deutschland zugelassen sind. Die Gesellschaft unterliegt bei einem – nach § 29 zu bestimmenden – Kontrollwechsel der Angebotspflicht nach § 35 (sodass ein Angebot zum Erwerb aller Vorzüge und Stammaktien, → § 32 Rn. 12 ff.,[51] zu machen ist), während ein öffentliches Teilangebot für die Stammaktien der Gesellschaft nach § 1 nicht unter das WpÜG fiele.

**41**     **e) Teilweise Zulassung einzelner Wertpapiere innerhalb des EWR.** Sind Wertpapiere einer Gattung ausnahmsweise (§ 7 BörsZulV) nur teilweise zum organisierten Markt innerhalb des Europäischen Wirtschaftsraums zugelassen, so gelten die Regeln des WpÜG für freiwillige Angebote nur dann, wenn das Angebot sich nicht ausdrücklich auf die nicht zugelassenen Wertpapiere beschränkt und diese von den zugelassenen unterschieden werden können. Beispiel: Es wird ein freiwilliges öffentliches Übernahmeangebot für die im Freiverkehr gehandelten Stammaktien einer inländischen Zielgesellschaft abgegeben, obschon es auch zugelassene Stammaktien gibt. Dieses Angebot fällt nicht in den Anwendungsbereich des WpÜG, könnte also zB auch als Teilangebot abgegeben werden, das sich nur an Aktionäre mit Sitz in Frankreich richtet (aA noch → 3. Aufl. 2011, Rn. 41 unter Verkennung des Wortlauts des § 1).[52] Wird dadurch freilich ein Kontrollwechsel herbeigeführt, muss ein nachfolgendes Pflichtangebot wieder an sämtliche Inhaber adressiert sein.[53]

## § 2 Begriffsbestimmungen

(1) **Angebote sind freiwillige oder auf Grund einer Verpflichtung nach diesem Gesetz erfolgende öffentliche Kauf- oder Tauschangebote zum Erwerb von Wertpapieren einer Zielgesellschaft.**

(1a) **Europäische Angebote sind Angebote zum Erwerb von Wertpapieren einer Zielgesellschaft im Sinne des Absatzes 3 Nr. 2, die nach dem Recht des Staates des Europäischen Wirtschaftsraums, in dem die Zielgesellschaft ihren Sitz hat, als Angebote im Sinne des Artikels 2 Abs. 1 Buchstabe a der Richtlinie 2004/25/EG des Europäischen Parlaments und des Rates vom 21. April 2004 betreffend Übernahmeangebote (ABl. EU Nr. L 142 S. 12) gelten.**

(2) **Wertpapiere sind, auch wenn für sie keine Urkunden ausgestellt sind,**
1. **Aktien, mit diesen vergleichbare Wertpapiere und Zertifikate, die Aktien vertreten,**
2. **andere Wertpapiere, die den Erwerb von Aktien, mit diesen vergleichbaren Wertpapieren oder Zertifikaten, die Aktien vertreten, zum Gegenstand haben.**

(3) **Zielgesellschaften sind**
1. **Aktiengesellschaften oder Kommanditgesellschaften auf Aktien mit Sitz im Inland und**
2. **Gesellschaften mit Sitz in einem anderen Staat des Europäischen Wirtschaftsraums.**

---

[51] Die Vollangebotspflicht auch für nicht oder anders notierte Wertpapiere folgt nunmehr aus der Übernahme-RL, vgl. zutr. Steinmeyer/*Steinmeyer* § 32 Rn. 7.

[52] Zutr. hingegen Kölner Komm WpÜG/*Versteegen* § 1 Rn. 27; Assmann/Pötzsch/Schneider/*Pötzsch/Favoccia* Rn. 35.

[53] So auch Assmann/Pötzsch/Schneider/*Pötzsch/Favoccia* Rn. 35.

(4) Bieter sind natürliche oder juristische Personen oder Personengesellschaften, die allein oder gemeinsam mit anderen Personen ein Angebot abgeben, ein solches beabsichtigen oder zur Abgabe verpflichtet sind.

(5) ¹Gemeinsam handelnde Personen sind natürliche oder juristische Personen, die ihr Verhalten im Hinblick auf ihren Erwerb von Wertpapieren der Zielgesellschaft oder ihre Ausübung von Stimmrechten aus Aktien der Zielgesellschaft mit dem Bieter auf Grund einer Vereinbarung oder in sonstiger Weise abstimmen. ²Mit der Zielgesellschaft gemeinsam handelnde Personen sind natürliche oder juristische Personen, die Handlungen zur Verhinderung eines Übernahme- oder Pflichtangebots mit der Zielgesellschaft auf Grund einer Vereinbarung oder in sonstiger Weise abstimmen. ³Tochterunternehmen gelten mit der sie kontrollierenden Person und untereinander als gemeinsam handelnde Personen.

(6) Tochterunternehmen sind Unternehmen, die als Tochterunternehmen im Sinne des § 290 des Handelsgesetzbuchs gelten oder auf die ein beherrschender Einfluss ausgeübt werden kann, ohne dass es auf die Rechtsform oder den Sitz ankommt.

(7) Organisierter Markt sind der regulierte Markt an einer Börse im Inland und der geregelte Markt im Sinne des Artikels 4 Abs. 1 Nr. 14 der Richtlinie 2004/39/EG des Europäischen Parlaments und des Rates vom 21. April 2004 über Märkte für Finanzinstrumente, zur Änderung der Richtlinien 85/611/EWG und 93/6/EWG des Rates und der Richtlinie 2000/12/EG des Europäischen Parlaments und des Rates und zur Aufhebung der Richtlinie 93/22/EWG des Rates (ABl. EU Nr. L 145 S. 1) in einem anderen Staat des Europäischen Wirtschaftsraums.

(8) Der Europäische Wirtschaftsraum umfasst die Staaten der Europäischen Gemeinschaften sowie die Staaten des Abkommens über den Europäischen Wirtschaftsraum.

**Schrifttum:** *Assmann*, Erwerbs-, Übernahme- und Pflichtangebote nach dem Wertpapiererwerbs- und Übernahmegesetz aus Sicht der Bietergesellschaft, AG 2002, 114; *Clark,* Corporate Law, 1986; *Fleischer,* Zum Begriff des öffentlichen Angebots im Wertpapiererwerbs- und Übernahmegesetz, ZIP 2001, 1653; *Hopt,* Grundsatz- und Praxisprobleme nach dem Wertpapiererwerbs- und Übernahmegesetz, ZHR 166 (2002), 383; *Kocher,* Gemeinsam handelnde Personen im Übernahmerecht, AG 2018, 308; *Oechsler,* Der ReE zum Wertpapiererwerbs- und Übernahmegesetz – Regelungsbedarf auf der Zielgeraden, NZG 2001, 817; *Seibt,* Übernahmerecht: Update 2010/2011, CFL 2011, 213.

**Speziell zum Rückerwerb eigener Aktien:** *Baum,* Rückerwerbsangebote für eigene Aktien: übernahmerechtlicher Handlungsbedarf? ZHR 167 (2003), 580; *Baums/Stöcker,* Rückerwerb eigener Aktien und WpÜG, FS Wiedemann, 2002, 703; *Berrar/Schnorbus,* Rückerwerb eigener Aktien und Übernahmerecht, ZGR 2003, 59; *Büscher,* Zur Verfassungswidrigkeit der Anwendung des WpÜG auf den öffentlichen Erwerb eigener Aktien, ZBB 2006, 107; *Diekmann/Merkner,* Die praktische Anwendung des WpÜG auf öffentliche Angebote zum Erwerb eigener Aktien, ZIP 2004, 836; *Fleischer/Körber,* Der Rückerwerb eigener Aktien und das Wertpapiererwerbs- und Übernahmegesetz, BB 2001, 2589; *Lenz/Linke,* Rückkauf eigener Aktien nach dem Wertpapiererwerbs- und Übernahmegesetz, AG 2002, 420; *Leuering,* Der Rückerwerb eigener Aktien im Auktionsverfahren, AG 2007, 435; *Paefgen,* Die Gleichbehandlung beim Aktienrückerwerb im Schnittfeld von Gesellschafts- und Übernahmerecht, ZIP 2002, 1509; *Süßmann,* Anwendung des WpÜG auf öffentliche Angebote zum Erwerb eigener Aktien, AG 2002, 424; *Veller,* Öffentliche Angebote zum Erwerb eigener Aktien, 2008.

## Übersicht

## I. Überblick

**1**   § 2 regelt im Zusammenspiel mit § 1 die **Reichweite des WpÜG** und definiert bestimmte im Gesetz einheitlich verwendete Begriffe. Die einzelnen Absätze lassen sich wie folgt zusammenfassen. Der Klärung des Anwendungsbereichs des Gesetzes dienen die Abs. 1–3 sowie 7 und 8. Wichtigste und wegen des Begriffs der Öffentlichkeit zugleich unschärfste Norm ist Abs. 1, der zusammen mit Abs. 2 die **sachliche Reichweite** des Gesetzes durch Bestimmung des Angebotsbegriffs und der möglichen Zielgesellschaften enthält. Den **räumlichen Geltungsbereich** bestimmen die Abs. 7 und 8 iVm § 1. Daneben ist § 2 die maßgebende Vorschrift, um die Eingriffsnormen des WpÜG vor Umgehung zu schützen, indem praktisch ein allgemeines Strohmannverbot aufgestellt wird, das sich aus dem Zusammenspiel von § 2 Abs. 4, 5 und 6 ergibt.[1]

## II. Festlegung des Geltungsbereichs durch den Begriff des Angebots (Abs. 1)

**2**   **1. Allgemeines.** § 2 Abs. 1 enthält mit der **Definition des Angebots** iSd § 1 eine Bestimmung, die den funktionalen Anwendungsbereich des WpÜG bestimmt und klärt, unter welchen Umständen die Schutzbestimmungen des WpÜG ausgelöst werden (**Auslösefunktion** des Abs. 1). Der Gesetzesbegründung zufolge wurde unter Hinweis auf ausländische Rechtsordnungen auf eine genaue Definition des öffentlichen Angebots verzichtet, weil die denkbaren Sachverhaltsgestaltungen zu vielschichtig seien.[2] Als Kriterien nennt die Begründung den **Adressatenkreis** und die **inhaltliche Ausgestaltung** des Angebots. Für unbeachtlich werden die angebotene Gegenleistung sowie die vom Bieter angestrebte Annahmequote oder der Charakter als freiwilliges oder Pflichtangebot gehalten.[3] Mit einer solch pauschalen Stellungnahme zum Gesetz werden indes die maßgeblichen Abgrenzungsfragen überdeckt, die eng mit den Regelungszielen des WpÜG zusammenhängen.

---

[1] Vgl. zu entspr. Erstreckungen im amerikanischen Securities Exchange Act *Wackerbarth* Leitungsmacht 59 f.; zu diesem Zweck des § 2 auch *Fleischer* ZIP 2001, 1653 (1656); BT-Drs. 14/7034, 79.

[2] BT-Drs. 14/7034, 33; Angerer/Geibel/Süßmann/*Angerer* § 1 Rn. 20.

[3] BT-Drs. 14/7034, 34.

Keine Voraussetzung ist, dass das Angebot auf die Übernahme der Zielgesellschaft gerich- **3**
tet ist, auch **Einstiegsangebote (Teilangebote)** unterhalb der Kontrollschwelle sowie **Aufstockungsangebote** nach einem lediglich teilweise erfolgreichen Übernahmeangebot werden erfasst.[4] Öffentliche Angebote zum **Rückerwerb eigener Aktien** der Gesellschaft
unterliegen dem WpÜG nach hM nicht (näher → Rn. 25 ff.).

Es bleiben folgende **Abgrenzungsfragen:** Zum einen muss ein freiwilliges öffentli- **4**
ches Angebot von einem privat verhandelten Paketkauf[5] abgegrenzt werden, zum anderen
muss für die Akkumulation von Anteilen durch offene (anonyme) Käufe am Markt ohne
die Regeln des WpÜG ein Spielraum jedenfalls bis zu der Grenze verbleiben, bei der die
Angebotspflicht des § 35 entsteht. Schließlich stellt sich die Frage, ob die Schwelle zur
Öffentlichkeit eines Angebots auch von den persönlichen Verhältnissen des Bieters
abhängen kann, ob insbesondere ein Angebot deshalb eher öffentlich sein kann, weil und
wenn der Bieter bereits einen erheblichen Anteil der Wertpapiere der Zielgesellschaft
innehält.

**2. Rechtsvergleich.** Für die Beantwortung dieser Fragen kann ein Blick auf das engli- **5**
sche bzw. amerikanische Recht[6] helfen, der jedoch die Besonderheiten der dortigen Situation berücksichtigen muss. In beiden Rechtsordnungen haben die Gesellschaften mit breit
gestreutem Anteilsbesitz eine weitaus größere Bedeutung als in Deutschland.[7]

Die Diskussion im **amerikanischen Recht** um den Begriff des *tender offers* kann ohnehin **6**
nur begrenzt herangezogen werden, weil das amerikanische Recht kein Pflichtangebot
kennt. Durch einen Anteilskauf (privat oder am offenen Markt) kann dort also eine über
30%ige Beteiligung angesammelt werden, ohne dass die Regeln des *Williams Acts* die Anleger durch eine Angebotpflicht schützen. Dennoch vermitteln die von der SEC befürworteten Kriterien (der sog. Acht-Faktor-Test)[8] zumindest eine Vorstellung davon, was unter
einem öffentlichen Angebot zu verstehen ist. Abgestellt wird darauf, ob (1) es sich um ein
aktives und öffentliches Angebot für die Aktien einer Gesellschaft handelt, ob es (2) für
einen substantiellen Teil der Aktien (3) zu einem über Börsenpreis liegenden Angebotspreis
(Kontrollprämie) gemacht wird, ob (4) es sich um ein festes, nicht verhandelbares Angebot
handelt, das (5) kontingentiert ist (dh nur gültig ist, wenn eine Mindest- und/oder Höchst-
Zahl von Annahmeerklärungen erfolgt), das (6) nur begrenzte Zeit gültig ist und mit dem
(7) ein gewisser Druck auf die Aktionäre der Zielgesellschaft ausgeübt wird, das Angebot
anzunehmen, und ob (8) die Ankündigung der Kaufabsicht vor oder während schneller
Akkumulation größerer Teile des Aktienvolumens der Zielgesellschaft erfolgt. Die Faktoren
müssen nicht unbedingt vollständig vorliegen.[9] Den Gerichten verbleibt deutlicher Spielraum für die Handhabung der Kriterien im Einzelfall, sodass nähere Aussagen kaum möglich
sind.[10]

Anders geht das **britische Recht** vor. Wegen des Pflichtangebots ab dem Erreichen der **7**
Kontrollschwelle besteht nur ein begrenzter Regelungsbedarf für Wertpapierhandelsge-
schäfte, die diese Schwelle nicht erreichen. Gleichwohl sahen bis 2006 die Rules Governing
Substantial Acquisitions of Shares (SAR) bestimmte Restriktionen für einen Anteilskauf an
der Börse oder durch private Paketkäufe vor, wenn dadurch schnell ein größeres Paket an

---

[4] Zu dieser Änderung vgl. *DAV-Handelsrechtsausschuss* NZG 2001, 420 (425).
[5] *Hopt* ZHR 166 (2002), 383 (393).
[6] Diskussion und Darstellung des amerikanischen Rechts bei *Herkenroth,* Konzernierungsprozesse im
Schnittfeld von Konzernrecht und Übernahmerecht, 1994, 147–162.
[7] Dazu ausf. mit Zahlenmaterial *Wackerbarth* ZGR 2005, 686 ff.; nicht überzeugend dagegen *v. Hein,* Die
Rezeption US-amerikanischen Gesellschaftsrechts in Deutschland, 2008, 899 f., der sie nur auf den Dax 30
bezieht und dessen Streubesitzberechnung an der tatsächlichen Lage vorbeigeht.
[8] Wellman v. Dickinson (S. D. N. Y. 1979) 475 F. Supp. 783, 824, affirmed (2 d cir. 1982), 632 F. 2 d,
355; cert. denied, (U. S. 1983) 460 U. S. 1069; dazu *Herkenroth,* Konzernierungsprozesse im Schnittfeld von
Konzernrecht und Übernahmerecht, 1994, 150; *Clark,* Corporate Law, 1986, 560 ff.; *Paefgen* ZIP 2002, 1509
(1515 f.).
[9] Wellman v. Dickinson (S. D. N. Y. 1979) 475 F. Supp. 783, 824.
[10] *Clark,* Corporate Law, 1986, 561.

einer Zielgesellschaft aufgebaut werden soll.[11] Sie dienten der Offenlegung und der zeitlichen Verlangsamung[12] im Interesse der Funktionsfähigkeit des Kapitalmarktes. Ohne öffentliches Angebot sollen die Aktionäre der Zielgesellschaft nicht durch schnellen Aufkauf an der Börse überrumpelt werden können. Das Takeover Panel hat die SAR im Jahre 2006 abgeschafft. Die Gefahren eines „Dawn Raid" bestünden nicht mehr; ferner seien die Veröffentlichungspflichten beim Aufbau von Beteiligungen deutlich verschärft worden.[13] Mittlerweile zieht das Panel jedoch ihre Wiedereinführung in Betracht.[14]

**8**     **3. Öffentliche Kauf- und Tauschangebote. a) Auslegungskriterien für den Begriff der Öffentlichkeit.** Über den Begriff der Öffentlichkeit zeichnet sich Streit in der Literatur ab. Einigkeit besteht nur darüber, dass der Begriff unter Berücksichtigung der Ziele des WpÜG zu bestimmen ist.[15]

**9**     Nach einer Auffassung soll insoweit vor allem auf die Informationszwecke des Gesetzes abzustellen sein.[16] Die Öffentlichkeit iSd § 2 Abs. 1 sei wegen der vergleichbaren Regelungsziele ähnlich wie der Begriff der Öffentlichkeit im WpPG zu bestimmen.[17] Zwar dienen beide Gesetze in einem generellen Sinne dem Anlegerschutz und verfolgen dieses Ziel auch mit Informationspflichten. Diese Auffassung vernachlässigt jedoch einerseits, dass das Gesetz durch das Pflichtangebot des § 35 sowie die allgemeinen Grundsätze des § 3 nicht nur Informationsziele, sondern auch materielle Ziele, insbesondere die Gleichbehandlung der Aktionäre der Zielgesellschaft erreichen will.[18] Zum anderen ist zu berücksichtigen, dass es im Falle eines Übernahmeangebots nicht um ein Angebot an alle Anleger geht, sondern um ein Angebot an die Aktionäre der Zielgesellschaft, mithin um einen begrenzten Personenkreis, dessen Angehörige miteinander durch Mitgliedschaft in einem privaten Verband verbunden sind.[19] Schon das schließt eine „Ähnlichkeit" zum WpPG aus.

**10**    *Fleischer* schlägt vor, den Begriff der Öffentlichkeit funktional aus den inneren Leitprinzipien des WpÜG zu ermitteln, die in § 3 niedergelegt sind.[20] Er will etwa angesichts des Schutzzwecks des WpÜG (Anleger- und Aktionärsschutz durch Gleichbehandlung sowie ausreichende Information) aus dem Bestehen einer entsprechenden Gefahrenlage auf die Anwendbarkeit des Gesetzes zurückschließen. Immer dann, wenn die Entscheidungsfreiheit der Adressaten durch die Modalitäten eines Angebots über Gebühr beeinträchtigt werde, müsse der Schutz des WpÜG aktiviert werden. Dieses (Leit-)Prinzip bedürfe aber noch der Konkretisierung durch Einzelmerkmale (für die der in → Rn. 6 genannte 8-Faktortest der SEC Hilfestellung leiste) und der Bildung von Fallgruppen. Dabei spricht er zwei Problemfälle näher an: (1) private Angebote an eine Mindestzahl von Adressaten und (2) Anonyme Zukäufe am Kapitalmarkt. Für den ersten Problemfall will er auf die Zahl der Adressaten (ohne eine bestimmte Schwelle festzulegen) abstellen, hilfsweise auf die Kriterien (3)–(7)

---

[11] Dazu *Boardman/Ryde* in Button/Bolton, The City Code on Takeovers and Mergers, 2000/2001 ed., 45 f., 62, 73; *Herkenroth,* Konzernierungsprozesse im Schnittfeld von Konzernrecht und Übernahmerecht, 1994, 254.

[12] Im Einzelnen: Veröffentlichung des Überschreitens der Schwelle von 15%, danach jedes weiteren Anteilskaufs, soweit dadurch ein Prozent der stimmberechtigten Anteile an der Zielgesellschaft hinzuerworben werden, Verbot, innerhalb von 7 Tagen mehr als 10 Prozent der stimmberechtigten Anteile zu kaufen, wenn dadurch die 15%-Schwelle überschritten wird.

[13] S. dazu PCP 2005/4, im Internet unter http://www.thetakeoverpanel.org.uk/wp-content/uploads/2008/11/pcp200504.pdf unter 6.1 (d) und (e) (zuletzt abgerufen am 21.4.2020).

[14] S. dazu PCP 2010/2, im Internet unter http://www.thetakeoverpanel.org.uk/wp-content/uploads/2008/11/PCP201002.pdf unter 10.

[15] Angerer/Geibel/Süßmann/*Angerer* § 1 Rn. 20 aE; *Fleischer* ZIP 2001, 1653 (1658); *Hopt* ZHR 166 (2002), 383 (393).

[16] Angerer/Geibel/Süßmann/*Angerer* § 1 Rn. 21 ff.

[17] *Assmann* AG 2002, 114 (115) in Fn. 3; Angerer/Geibel/Süßmann/*Angerer* § 1 Rn. 21 ff.

[18] Gegen Angerer/Geibel/Süßmann/*Angerer* § 1 Rn. 21 ff. und *Assmann* AG 2002, 114 (115) in Fn. 3 auch *Paefgen* ZIP 2002, 1509 (1516).

[19] Dazu, dass das WpÜG neben dem Anlegerschutz auch den Aktionärsschutz verfolgt, *Berding* WM 2002, 1149 (1153, 1154 f.).

[20] *Fleischer* ZIP 2001, 1653 (1658).

des 8-Faktortests.[21] Für den zweiten Fall will er zwischen außenstehenden Bietern und Rückkaufangeboten der Zielgesellschaft selbst unterscheiden. Jedenfalls im ersten Fall fehle es in aller Regel an der notwendigen Öffentlichkeit.[22]

Mit diesem Vorschlag bietet *Fleischer* freilich kaum andere Leitlinien bzw. Abgrenzungs-   **11** kriterien an als die aus den USA bereits bekannten. Maßgebend sollte hingegen eine normative Analyse sein, die vom Standpunkt des Bieters ausgeht. Das folgt aus dreierlei Überlegungen. Erstens ist § 2 Abs. 1 die maßgebliche Einstiegsnorm in die Vorschriften des WpÜG, zweitens enthält das WpÜG Vorschriften, die das mögliche Vorgehen des Bieters unter rechtliche Kautelen stellen. Dementsprechend sind nach dem Zweck des § 2 Abs. 1 Umgehungsgestaltungen zu verhindern bzw. in den Anwendungsbereich des Gesetzes mit einzubeziehen. Daher wird man zu einer vernünftigen Abgrenzung in erster Linie dadurch gelangen, dass man überlegt, welche Handlungsmöglichkeiten einem möglichen Bieter nach dem Zweck des Gesetzes außerhalb öffentlicher Angebote verbleiben können und sollen. Dieser kann etwa den Wunsch haben, ein Erwerbsangebot so zu strukturieren, dass die Vorschriften des WpÜG nicht anwendbar sind. Dass ihm insoweit auch nach dem Schutz-Zweck des WpÜG ein gewisser Spielraum verbleiben muss, wird durch das Erfordernis der „Öffentlichkeit" des Angebots klargestellt.

**b) Wille des Bieters.** Eine Stellungnahme hat weiter nach dem Willen des Bieters zu   **12** unterscheiden. Will der Bieter die Regeln des WpÜG nicht vermeiden, so wird er in aller Regel selbst für die notwendige Öffentlichkeit sorgen, also etwa dafür, dass in Zeitungen über sein Angebot berichtet wird. Er wird es selbst (auch etwa in privaten Anschreiben) als öffentliches Angebot bezeichnen und die Öffentlichkeit durch Verwendung öffentlicher Medien für die Verbreitung des Angebots bzw. die Werbung dafür selbst herstellen. Geht der Wille des Bieters erkennbar in diese Richtung, so sollte man dies für die Öffentlichkeit ausreichen lassen.

**c) Vermeidungsstrategien.** Andere Fragen stellen sich dagegen, wenn der Bieter die   **13** Öffentlichkeit seines Angebots vermeiden will. Sein diesbezüglicher Wille, nicht-öffentlich zu handeln, kann jedenfalls nicht allein über die Einordnung seines Vorgehens entscheiden, weil das WpÜG Eingriffsnormen enthält, die die Handlungsfreiheit des Bieters gerade beschränken sollen. Stellt man den übernahmerechtlichen Gleichbehandlungsgrundsatz (§ 3 Abs. 1) in den Mittelpunkt der Betrachtung, dann geht es um eine Abgrenzung zwischen einem kollektiven und individuellen Tatbestand. Für die Abgrenzung kann nicht allein auf die Zahl der von dem Angebot betroffenen Wertpapierinhaber abgestellt werden. Vielmehr kommt es darauf an, ob der Bieter durch die Mehrzahl individueller Angebote eine **Regel mit kollektivem Bezug** zu allen Wertpapierinhabern der Zielgesellschaft aufstellt. Auch hinter mehreren Individualangeboten kann eine kollektive Regel stehen und damit ein alle Aktionäre betreffender Tatbestand. Die vom Bieter aufgestellte Regel selbst zielt in diesem Fall auf Ungleichbehandlung der Aktionäre ab, das läuft auf einen Umgehungswillen des Bieters hinaus.

**d) Einzelfälle. aa) Mehrfache private Angebote an einzelne Aktionäre der Ziel-   14 gesellschaft.** Nicht-öffentlich ausgestaltete Angebote des Bieters (Telefonanruf, persönliche Schreiben, E-Mail ohne Hinweis auf ähnliche Angebote an andere Aktionäre) sind nur dann gleichwohl öffentlich iSd Abs. 1, wenn dem Bieter – notwendigerweise anhand von Indizien – ein Umgehungsvorsatz (dolus eventualis) nachgewiesen werden kann. Praktisch werden diese Indizien genau die Faktoren sein, die im amerikanischen Recht entwickelt wurden: Zum einen kann durch die Kriterien (4) und (6) festgestellt werden, dass es dem Bieter nicht wirklich um einen individuellen Vertrag geht. Durch das Kriterium (2) erhält man einen praktischen Anhaltspunkt dafür, inwieweit allein die Zahl der privaten Verträge zur Bejahung der Öffentlichkeit führen kann. Sollte ein privater Vertrag unter die (aufschie-

---

[21] *Fleischer* ZIP 2001, 1653 (1659).
[22] *Fleischer* ZIP 2001, 1653 (1660).

bende oder auflösende) Bedingung des Zustandekommens weiterer Verträge gestellt werden oder ein Rücktrittsvorbehalt bei Nichterreichen einer bestimmten Annahmequote (Kriterium (5)) vereinbart worden sein,[23] ist die Öffentlichkeit unproblematisch zu bejahen, weil der Bieter hiermit den kollektiven Bezug des einzelnen Vertrages ganz deutlich macht.

**15**    **bb) Anonyme Zukäufe am Markt.** Anonyme Zukäufe am Markt sind bis zum Erreichen der Kontrollschwelle grundsätzlich gestattet, ohne dass die Informationspflichten des WpÜG ausgelöst werden, es sind aber die §§ 33 ff. WpHG sowie Art. 7 ff. MAR zu beachten ( → § 3 Rn. 33; → Rn. 39). Bei Zukäufen über die Börse kann der Bieter die Öffentlichkeit bereits dadurch herstellen, dass er der Öffentlichkeit bekannt gibt, eine Kontrollstellung in der Zielgesellschaft anzustreben (Kriterium (8)) oder während eines bestimmten Zeitraumes bereit sei, bis zu einem bestimmten Preis oder einer bestimmten Menge Wertpapiere der Zielgesellschaft zu erwerben.[24] Dann muss er sich an der selbst hergestellten Öffentlichkeit seiner Vorgehensweise festhalten lassen und das WpÜG beachten. Ansonsten bleibt der anonyme Kauf an der Börse bis zum Erreichen der Kontrollschwelle außerhalb der Anwendung des WpÜG. Auch wird man nicht allein aus der Erfüllung der aus §§ 33 ff. WpHG resultierenden Pflichten auf den Willen des Bieters zur Herstellung von Öffentlichkeit schließen dürfen.

**16**    **cc) Öffentliche Einladungen zu einem Angebot.** § 17 verbietet Aufforderungen an die Wertpapierinhaber der Zielgesellschaft, dem Bieter selbst ein Angebot zu machen. Erfolgt eine solche öffentliche invitatio ad offerendum, so ist § 17 nicht deshalb unanwendbar, weil der Angebotsbegriff des § 2 Abs. 1 nicht erfüllt ist. Vielmehr erfasst der Begriff des Angebots auch solche Verhaltensweisen, die gerade kein Angebot sind, aber durch §§ 17 oder 18 Abs. 2 untersagt sind.

**17**    **e) Rechtsfolgen.** Fraglich ist, welche Rechtsfolgen es hat, wenn einzelne Transaktionen bereits abgewickelt wurden, jedoch später die Öffentlichkeit der zugrundeliegenden Angebote festgestellt wird. Die BaFin hat gemäß § 15 solche Angebote zu untersagen, in welchem Falle die darauf beruhenden Transaktionen nach § 15 Abs. 3 S. 2 nichtig und nach Bereicherungsrecht rückabzuwickeln sind.[25]

**18**    Angesichts des Gleichbehandlungsziels des WpÜG käme ferner ein Anspruch der übergangenen Aktionäre gemäß §§ 3 Abs. 1, 19 auf (teilweise) Übernahme ihrer Aktien und Zahlung der entsprechenden Gegenleistung nebst (Verzugs-) Schadensersatz infrage.[26] Da jedoch der BGH der Annahme von zivilrechtlichen Ansprüchen aus dem WpÜG ablehnend gegenübersteht,[27] scheidet eine effektive Sanktionierung derartigen Bieterfehlverhaltens in der Praxis aus.

**19**    **f) Zusammenfassung.** Vernünftig ist es nach allem, die Frage der Öffentlichkeit eines Angebots vorrangig anhand des Willens des Bieters zu ermitteln: Will er die Öffentlichkeit herstellen, wird es keine Abgrenzungsprobleme geben. Will er dagegen die Öffentlichkeit vermeiden, so bildet sein anhand von Indizien zu ermittelnder Wille einen sinnvollen Leitstern, um die denkbaren Kriterien der Öffentlichkeit im Einzelfall zu gewichten. Selbstverständlich kommt es bei dem dann zu ermittelnden „wirklichen" Willen nur auf die angestrebte Öffentlichkeit des Angebots an. Ein potentieller Bieter will die ihn belastenden

---

[23] Vgl. auch BT-Drs. 14/7035, 33.

[24] Ein Beispiel dafür gibt etwa *Süßmann* AG 2002, 424 (425) für den Rückerwerb eigener Aktien, den er freilich nicht als vom WpÜG erfasst ansieht: Die Gesellschaft könnte einen Rückerwerb auch in der Weise durchführen, dass sie erklärt, in einem definierten Zeitraum Aktien bis zu einem bestimmten Preis an der Börse zu erwerben. Dann könnte der einzelne Aktionär zwar nicht sicher sein, dass seine Aktien von der Gesellschaft zu diesem Preis erworben würden, da die Gesellschaft tatsächlich Aktien zu einem niedrigeren Limit erwerben könne. Gleichwohl ließen sich so ähnliche Effekte wie bei einem öffentlichen Rückkaufangebot erzielen.

[25] Präzisierend Steinmeyer/*Santelmann* § 1 Rn. 53 f.

[26] Vgl. Kölner Komm WpÜG/*Hasselbach* § 19 Rn. 34; abl. die hM, s. etwa Steinmeyer/*Santelmann* § 1 Rn. 54; Assmann/Pötzsch/Schneider/*Pötzsch/Favoccia* Rn. 37.

[27] BGH NZG 2013, 939 ff. – BKN.

Vorschriften des WpÜG in allen Fällen lieber vermeiden. Die Feststellung der von ihm in Wahrheit angestrebten Öffentlichkeit seines Angebots ist insoweit zugleich spiegelbildlich die Feststellung seines Umgehungswillens.

Im Hinblick auf die den Handlungsspielraum des Managements der Zielgesellschaft ein- **20** schränkenden Regeln des WpÜG wird man zweitens fragen müssen, ob dem Bieter Möglichkeiten verbleiben (dürfen), nur mit dem Ziel der Einengung dieses Handlungsspielraums Angebote abzugeben, die von vornherein nicht auf einen Erfolg des Angebotes selbst abzielen, sondern auf ebendiese Einengung des Handlungsspielraumes. Das könnte zB unproblematisch dadurch geschehen, dass der Bieter ein Angebot in einem Zeitpunkt abgibt, in dem der Börsenkurs der Zielgesellschaft stark gesunken ist und als Gegenleistung lediglich den Kurswert der Anteile anbietet. Da in diesen Fällen jedoch das Management der Zielgesellschaft kaum etwas zu befürchten hat, eben weil das Angebot nicht angenommen werden wird, wird man solche theoretischen Missbrauchsmöglichkeiten vernachlässigen können bzw. auf den Einzelfall verweisen müssen.

**4. Kauf- oder Tauschangebote.** Erfasst werden Angebote zum Erwerb von Wertpapie- **21** ren. Unerheblich ist zunächst, welche Gegenleistung (Geldleistung oder eigene Wertpapiere des Bieters oder eine andere denkbare Gegenleistung) vereinbart wurde, da sowohl Kauf- als auch Tauschangebote Angebote im Sinne des Abs. 1 sind. Das Schutzbedürfnis der Anleger vor Erwerbsangeboten hängt im Grundsatz nicht von der Art der Gegenleistung ab.[28] Zur **invitatio ad offerendum** → Rn. 16.

Problematisch ist freilich, ob für den Begriff des Angebots im technischen Sinne ein **22** **Eigentumswechsel zum Bieter** beabsichtigt sein muss, ob also die Begriffe Kauf und Tausch im technischen Sinne des BGB zu verstehen sind. Um wirksamen Umgehungsschutz zu gewährleisten, wird man die Frage verneinen müssen. Eine Gefährdung und mögliche Ungleichbehandlung der Anleger tritt auch dann ein, wenn der Bieter eine Geldleistung dafür anbietet, dass ihm **die Stimmrechte** an den Wertpapieren gegen Entgelt (untechnisch) abgetreten werden. Rechtstechnisch kann der Erwerb der Aktie dabei durch eine Treuhandabsprache bzw. die Bestellung eines Nießbrauchs an der Aktie vermieden werden. Unabhängig von der Frage, wem technisch das Stimmrecht an der Aktie zusteht,[29] besteht in solchen Fällen die ernst zu nehmende Gefahr, dass tatsächlich der Nießbraucher bzw. der Treugeber über die Stimmabgabe entscheidet. Werden solche Verträge einer größeren Zahl von Anlegern angeboten, verlangt es der Zweck des Gesetzes, insbesondere das Gleichbehandlungsgebot, darin ein Angebot iSd § 2 zu sehen.[30]

Der Wechsel des Stimmrechts könnte weiter im Wege eines Stimmbindungsvertrags **23** gegen Entgelt geschehen. Der Stimmkauf ist freilich gemäß § 134 BGB iVm § 405 Abs. 3 Nr. 6 und 7 AktG nichtig und als Ordnungswidrigkeit verfolgbar.[31] Das heißt nicht, dass solche Absprachen tatsächlich nicht vorkommen bzw. nicht durch Umgehungsgeschäfte verschleiert werden. Wegen der Unzulässigkeit werden sie aber so gut wie nie das Öffentlichkeitserfordernis des Abs. 1 erfüllen.

**5. Zum Erwerb von Wertpapieren einer Zielgesellschaft.** Zum **Wertpapierbe-** **24** **griff** → Rn. 45. Das Angebot muss auf den **Erwerb,** nicht auf die Veräußerung von Wertpapieren der Zielgesellschaft gerichtet sein. Gemeint ist, dass durch das öffentliche Angebot der Bieter seine **mitgliedschaftliche Stellung** in der Zielgesellschaft **verstärkt.**[32] Das Angebot muss zwar nicht unmittelbar darauf zielen, dem Bieter eine größere Zahl von Mitgliedschaftsrechten in der Zielgesellschaft zu verschaffen, weil nach Abs. 2 Nr. 2 auch

---

[28] Vgl. BT-Drs. 14/7034, 34.
[29] Dazu Hüffer/Koch/*Koch* AktG § 16 Rn. 7.
[30] AA Assmann/Pötzsch/Schneider/*Pötzsch/Favoccia* § 2 Rn. 18 mwN.
[31] Hüffer/Koch/*Koch* AktG § 133 Rn. 28.
[32] Vgl. auch BT-Drs. 14/7034, 34: „Diese Wertpapiere beinhalten – zumindest auch – das Recht, eine mitgliedschaftliche Rechtsposition, ggf. im Tausch gegen die Wertpapiere, zu erlangen und sind bislang in der Praxis auch bereits Gegenstand öffentlicher Angebote gewesen".

Derivate unter den Wertpapierbegriff fallen. Dem Gesetz geht es jedoch insgesamt um die Kontrolle einer Verstärkung des Einflusses bei Zielgesellschaften und nicht um seine Verminderung. Daher muss diese Einflussvergrößerung zumindest mittelbar Gegenstand des Angebots sein, indem der Bieter zB Call-Optionen erwirbt. Dementsprechend fallen öffentliche Angebote zum Erwerb von Put-Optionen, die dem Bieter nur den Verkauf von Aktien der Zielgesellschaft ermöglichen, nicht unter den Angebotsbegriff des Gesetzes.

**25**   **6. (Keine) Anwendbarkeit des WpÜG auf den Rückerwerb eigener Aktien.** Nach bis ca. 2006 wohl hM[33] sowie nach Auffassung der BaFin[34] fand das WpÜG auch Anwendung auf den öffentlichen Rückerwerb eigener Aktien durch die Zielgesellschaft. Dabei wurden bestimmte Anpassungen an die beim Rückerwerb gegebenen Besonderheiten verlangt, die im Einzelnen fraglich waren. Dagegen wird heute überwiegend vertreten, das WpÜG finde auf öffentliche Angebote zum Rückerwerb eigener Aktien grundsätzlich keine Anwendung.[35]

Noch in der Gesetzesbegründung zum Übernahmerichtlinie-Umsetzungsgesetz hatte der Gesetzgeber erklärt, an der – auch ihm bekannten Rechtslage – zur Anwendbarkeit des WpÜG auf den Erwerb eigener Aktien nichts ändern zu wollen.[36] Gleichwohl teilte die BaFin am 9.8.2006 ohne erkennbare Veranlassung und vor allem ohne Begründung überraschend mit, künftig von der Anwendbarkeit absehen zu wollen.[37] Dieser Vorgang und die Weigerung, über die Gründe dafür Auskunft geben zu wollen, lassen nur den Schluss zu, dass hier eine unzulässige Einflussnahme Dritter stattgefunden hat. Die Praxis hält das Problem damit gleichwohl für erledigt.[38] Da die BaFin nicht über die Gesetzesauslegung entscheidet und jeder Richterspruch die Lage wieder ändern kann, wird an der hier in → 3. Aufl. 2011, Rn. 25 ff. ausführlich begründeten Gegenauffassung ausdrücklich festgehalten (vgl. auch die Erläuterungen in → AktG § 71 Rn. 230 ff.).

**26**   **7. Europäisches Angebot.** § 2 Abs. 1a definiert das sog. Europäische Angebot, für das die Sonderregeln des § 1 Abs. 3 und des § 11a gelten. Abs. 1a verweist zunächst auf **Zielgesellschaften mit Sitz außerhalb Deutschlands,** jedoch innerhalb des EWR. Ferner geht es um solche Vorgänge (Angebote), die nach dem Recht des Sitzmitgliedstaates der Zielgesellschaft als **Angebote im Sinne der Übernahme-RL** gelten. Was das genau bedeutet, ist nicht eindeutig, da das ausländische Recht nicht notwendig eine solche nationale Definition in Umsetzung der Übernahme-RL kennt. ZB enthält auch das deutsche Recht keine solche Definition. Entscheidend dürfte eine Gesamtbetrachtung der jeweiligen Regeln sein, und erfasst werden Angebote, die nach dem nationalen Recht als öffentlich gelten und die die nach nationalem Recht zu bestimmende Kontrolle zum Ziel haben oder aber als Pflichtangebote einzustufen sind. Erfasst sind also Übernahme- und Pflichtangebote,[39] wobei das Recht des Sitzmitgliedstaates bestimmt, wann eine der beiden Varianten gegeben ist. Jedenfalls können nur Angebote zum Erwerb von Wertpapieren, **die Stimmrechte verleihen,**[40] Europäische Angebote sein.

---

[33] *Fleischer* NZG 2002, 545 (549); *Fleischer/Körber* BB 2001, 2589; *Lenz/Linke* AG 2002, 420 ff.; *Hopt* ZHR 166 (2002), 383 (393) in Fn. 42; *Paefgen* ZIP 2002, 1509 ff.; grundsätzlich auch Kölner Komm WpÜG/ *Hirte* § 10 Rn. 104 f.; *Ehricke/Ekkenga/Oechsler/Oechsler* Rn. 5 ff.; ferner Assmann/Pötzsch/Schneider/ *Pötzsch,* 1. Aufl. 2005, Rn. 40 ff.; *Diekmann/Merkner* ZIP 2004, 836 ff.

[34] Dazu *Veller,* Öffentliche Angebote zum Erwerb eigener Aktien, 2008, 99; *Lenz/Linke* AG 2002, 420 (421 ff.).

[35] Assmann/Pötzsch/Schneider/*Pötzsch/Favoccia* Rn. 42; Kölner Komm WpÜG/*Versteegen* § 1 Rn. 64; so bereits *Süßmann* AG 2002, 424 ff.; *Berrar/Schnorbus* ZGR 2003, 59 ff.; s. auch *Koch* NZG 2003, 61 ff.; *Baum* ZHR 167 (2003), 580 ff.; im Grundsatz auch *Baums/Stöcker* FS Wiedemann, 2002, 703 ff.; *Büscher* ZBB 2006, 107 ff.

[36] BT-Drs. 16/1003, 17.

[37] Bekanntmachung vom 9.8.2006, www.bafin.de/SharedDocs/Veroeffentlichungen/DE/Auslegungsentscheidung/WA/ae_060809_rueckerwerb.html

[38] S. etwa *Pluskat* NZG 2006, 731 (732); Angerer/Geibel/Süßmann/*Angerer* § 1 Rn. 127; FK-WpÜG/ *Schüppen* Rn. 31; *Leuering* AG 2007, 435 (440).

[39] Assmann/Pötzsch/Schneider/*Pötzsch/Favoccia* Rn. 44 mwN in Fn. 117.

[40] AA nur FK-WpÜG/*Schüppen* Rn. 21.

### III. Definition der Wertpapiere (Abs. 2)

**1. Aktien und ähnliche Wertpapiere.** § 2 Abs. 2 enthält eine Definition des Wertpa- 27
pierbegriffs. Wertpapiere im Sinne des WpÜG sind nach Abs. 2 Nr. 1 zum einen **Aktien**
(Stamm- und Vorzugsaktien). Unter den Aktien vergleichbaren Wertpapieren versteht die
Begründung alle Wertpapiere, die ein Mitgliedschaftsrecht verkörpern (zB **Zwischen-
scheine**). Zu den Aktien vertretenden Zertifikaten werden zB **American Depositary
Receipts** (ADR) gezählt.

**2. Andere Wertpapiere.** Abs. 2 Nr. 2 erfasst bestimmte **Derivate,** die das Recht auf 28
den Erwerb von in Nr. 1 genannten Wertpapieren zum Gegenstand haben. Unter Nr. 2
fallen insbesondere Optionsanleihen, Wandelschuldverschreibungen und Wandelgenussscheine, aber auch Optionsscheine, sofern letztere zum Bezug von Aktien berechtigen.[41]

Problematisch sind sog. **Umtauschanleihen,** dh Schuldverschreibungen eines Dritten 29
mit einem Wahlrecht des Gläubigers zur Kapitalrückzahlung oder Übertragung einer vorher
festgelegten Anzahl von Aktien der Zielgesellschaft. Zwar dürfte außer Frage stehen, dass
sie generell unter den Wertpapierbegriff der Nr. 2 fallen. Sie sind jedoch nicht von der
Zielgesellschaft ausgegeben (vgl. den Wortlaut des § 1 sowie des § 2 Abs. 1). Bei einem
öffentlichen Angebot zum Erwerb dieser Anleihen könnten daher die Vorschriften des
WpÜG unanwendbar sein. Andererseits sprechen die weite Definition des Wertpapierbe-
griffs in § 2 sowie der Zweck des Gesetzes, auch einfache öffentliche Erwerbsangebote
zumindest Verfahrensregeln zu unterwerfen, für eine Anwendung auf Umtauschanleihen.
Entscheidend dürfte die Tatsache sein, dass sie dem Erwerber eine Verstärkung seiner mitgliedschaftlichen Stellung in der Zielgesellschaft ermöglichen (vgl. → Rn. 24).[42] Bei einem
öffentlichen Rückerwerb solcher Anleihen durch den Emittenten ist das WpÜG jedoch
nicht anwendbar, da der Emittent seine mitgliedschaftliche Stellung in der Zielgesellschaft
gerade nicht verstärkt. Entweder besitzt er die Aktien der Zielgesellschaft bereits oder aber
er muss sie noch erwerben; in beiden Fällen hilft ihm der Rückerwerb der Anleihe nicht.

Weder unter Nr. 1 noch unter Nr. 2 fallen Schuldverschreibungen, Genussscheine und 30
Investmentanteile, da sie keine Mitgliedschaftsrechte an der Gesellschaft begründen.[43] Anleihen, die dem Schuldner nur das Recht geben, seine Schuld durch die Übertragung von in
Nr. 1 genannten Wertpapieren zu tilgen, jedoch dem Gläubiger keinen entsprechenden
Anspruch (Wahlschuld nach § 262 BGB, zB sog. Hochzinsanleihen), fallen ebenfalls nicht
unter Nr. 2, da der Erwerb der in Nr. 1 genannten Papiere nicht Gegenstand des Zertifikats
ist.[44]

**3. Keine Verbriefung.** Eine **urkundliche Verbriefung** der Wertpapiere ist nicht 31
erforderlich. Damit sollen moderne Aktienformen, die lediglich elektronisch fixiert sind,
in den Anwendungsbereich des Gesetzes einbezogen werden. Solche dematerialisierten
Wert„papiere" in elektronischer Form sind noch nicht in Deutschland, wohl aber im
Ausland existent.[45]

### IV. Zielgesellschaft und Bieter

**1. Zielgesellschaft (Abs. 3).** Zu **§ 2 Abs. 3** → § 1 Rn. 11 ff. 32

**2. Bieter (Abs. 4). a) Rechtsform.** § 2 Abs. 4 stellt zunächst klar, dass Bieter jede 33
natürliche Person, jede Gesellschaft, also insbesondere auch Personenhandelsgesellschaften
und Gesellschaften bürgerlichen Rechts, und jede juristische Person sein kann, also auch
eine Stiftung oder eine öffentlich-rechtliche Körperschaft. Es ist nicht erforderlich, dass der

---

[41] Vgl. zu allem BT-Drs. 14/7034, 34; Hopt ZHR 166 (2002), 383 (394).
[42] Ebenso Assmann/Pötzsch/Schneider/*Pötzsch/Favoccia* § 1 Rn. 29.
[43] Angerer/Geibel/Süßmann/*Angerer* § 1 Rn. 43 mwN.
[44] Ebenso Angerer/Geibel/Süßmann/*Angerer* § 1 Rn. 43.
[45] Angerer/Geibel/Süßmann/*Angerer* § 1 Rn. 45.

Bieter Unternehmensqualität iSd Konzernrechts (§ 15 AktG) besitzt, auch Privatpersonen können daher Bieter werden.[46]

34    Da es nur auf die Fähigkeit ankommt, Träger von Rechten und Pflichten zu sein, kommt auch eine **Erbengemeinschaft** als Adressat übernahmerechtlicher Pflichten in Frage.[47] Jedenfalls hängt das Bestehen von Pflichten nach dem WpÜG nicht davon ab, ob die Erbengemeinschaft als solche rechtsfähig ist oder nicht.[48] Wenn man davon ausgeht, sie sei nicht rechtsfähig, so treffen bei einem Handeln für die Erbengemeinschaft die entsprechenden Pflichten des WpÜG sämtliche Miterben zur gesamten Hand, ansonsten die Erbengemeinschaft als Rechtsträger. Keinesfalls kann die etwa fehlende Rechtsfähigkeit einer Erbengemeinschaft dazu führen, dass ein Übernahmeangebot ohne Berücksichtigung übernahmerechtlicher Pflichten abgegeben werden könnte. Die §§ 2032 ff. BGB regeln lediglich das Innenverhältnis der Miterben, und der Gesetzgeber hat in § 2 Abs. 4 zu erkennen gegeben, dass er keinen Raum lassen will, innerhalb dessen Übernahmeangebote abgegeben werden könnten, ohne die Pflichten aus dem WpÜG zu beachten. Die zusätzliche Erwähnung der Personengesellschaften in § 2 Abs. 4 hat angesichts des Streits um die Rechtsfähigkeit der Personengesellschaften nur klarstellenden Charakter. Ohne sie wäre nur unklar, wen die Pflichten aus dem WpÜG treffen, nicht jedoch ihr grundsätzliches Bestehen.

35    **b) Rechtsgeschäftliches Auftreten nach außen.** Bieter ist nach der Definition in Abs. 4 zum einen derjenige, der ein (freiwilliges) Angebot iSd § 2 Abs. 1 abgibt. Entscheidend ist bei freiwilligen Angeboten allein, **wer rechtsgeschäftlich tätig wird.**[49] Das Gesetz spricht in Einzelregelungen bereits dann von Bietern, wenn diese noch nicht nach außen aufgetreten sind, aber bereits diesbezügliche Entscheidungen getroffen haben. ZB richtet sich die Pflicht zur Veröffentlichung einer solchen Entscheidung in § 10 Abs. 1 an „Bieter", obwohl noch kein Angebot abgegeben ist. Von daher ist es nur konsequent, aber ohne weitere Bedeutung, wenn schon in der Definitionsnorm des Abs. 4 auch als Bieter bezeichnet wird, wer ein **Angebot lediglich beabsichtigt.**

36    Bieter ist weiter, wer **gemeinsam mit anderen** ein Angebot abgibt. Auch dafür ist gemeinsames rechtsgeschäftliches Handeln nach außen erforderlich; die bloß interne Abstimmung mit Dritten genügt dafür nicht.[50] Deshalb sind **Bietergemeinschaften** von der in § 2 Abs. 5 gemeinten Situation des gemeinsamen Handelns abzugrenzen. Bei Bietergemeinschaften ist jede nach außen mit auftretende Person auch als Bieter anzusehen; im Rahmen des § 2 Abs. 5 gibt es nur einen Bieter und die „gemeinsam handelnde[n] Personen", die selbst nicht Bieter sind, deren Handlungen dem Bieter in den in den einzelnen Vorschriften des WpÜG genannten Fällen aber zugerechnet werden.

37    **c) Muttergesellschaft oder beherrschender Gesellschafter automatisch Bieter?** Übernahmeangebote können auch von Tochtergesellschaften abgegeben werden, ohne dass die herrschende Gesellschaft zugleich Bieter im Sinne des Abs. 4 ist.[51] Allerdings dürfen insbesondere die Informationspflichten aus §§ 10, 11 nicht einfach dadurch umgangen werden, dass eine Person eine speziell zur Angebotsdurchführung gegründete Gesellschaft (NewCo, special purpose vehicle) das Angebot abgeben lässt und sich dahinter versteckt, anstatt selbst das Angebot abzugeben.[52] Zwar sind derartige Konstruktionen rechtlich möglich. Es ist aber sicherzustellen, dass die notwendigen Informationen in diesem Fall nicht nur über den Bieter im formellen Sinne, sondern auch über die dahinter stehende, wirtschaftlich

---

[46] Vgl. auch *Hopt* ZHR 166 (2002), 383 (396).
[47] So jetzt auch Angerer/Geibel/Süßmann/*Angerer* Rn. 12.
[48] Vgl. Kölner Komm WpÜG/*Versteegen* Rn. 123: „Bieter sind in diesem Fall die Einzelnen an der betreffenden Gemeinschaft Beteiligten".
[49] Ähnlich FK-WpÜG/*Schüppen* Rn. 41.
[50] S. auch Assmann/Pötzsch/Schneider/*Pötzsch/Favoccia* Rn. 87, 92.
[51] So jetzt auch Steinmeyer/*Santelmann* Rn. 15; Kölner Komm WpÜG/*Versteegen* Rn. 130; offenbar auch Ehricke/Ekkenga/Oechsler/*Oechsler* Rn. 11.
[52] Steinmeyer/*Santelmann* Rn. 15; aA offenbar Kölner Komm WpÜG/*Versteegen* Rn. 129.

handelnde Person gegeben werden.[53] Am einfachsten erreicht man dies, indem man den formellen Bieter für verpflichtet hält, die den Bieter betreffenden Angaben in der Angebotsunterlage nicht nur für sich, sondern auch für den wirtschaftlich Handelnden, also seine Muttergesellschaft oder den beherrschenden Gesellschafter zu machen, soweit im konkreten Fall das Angebot auf dessen Einflussnahme beruht. Die Haftung dieser Personen für den Inhalt der Angebotsunterlage stellt § 12 Abs. 1 Nr. 2 sicher. Diese Norm enthält zugleich die maßgebende Definition der Personen, für die Angaben in der Angebotsunterlage zu machen sind (→ § 12 Rn. 23). Zur Information über die Entscheidung zur Abgabe eines Angebots durch die Muttergesellschaft → § 10 Rn. 41 ff., zu den Angaben in der Angebotsunterlage näher → § 11 Rn. 27 ff., dazu, dass die Muttergesellschaft nicht Angebotsadressat sein kann, vgl. → § 19 Rn. 21.

**d) Angebotspflicht.** Bieter ist schließlich auch, wen eine eventuelle **Pflicht zur** **38** **Abgabe eines Angebots** trifft. In den Fällen, in denen eine Tochtergesellschaft eine kontrollierende Beteiligung an einer Zielgesellschaft erwirbt, muss geklärt werden, ob diese Tochter oder aber ihre Mutter oder aber beide „Bieter" des Pflichtangebots werden (→ § 35 Rn. 54; → § 35 Rn. 106 ff.).[54] Der Gesetzeswortlaut spricht für die dritte Lösung; zu dieser Frage → § 35 Rn. 1 ff. Das Gesetz verwendet deshalb aber nicht zwei verschiedene Bieterbegriffe. Die Definition in Abs. 4 ist für das gesamte Gesetz gemeint und dürfte daher auch den Bieterbegriff insoweit abschließend definieren.

### V. Gemeinsam handelnde Personen (§ 2 Abs. 5)

**1. Definition (Abs. 5 S. 1). a) Allgemeines.** § 2 Abs. 5 S. 1 definiert mit dem Bieter **39** gemeinsam handelnde Personen (im Folgenden: ghP). Durch die Bestimmung soll erreicht werden, dass ein Zusammenwirken mehrerer Personen im Hinblick auf die Zielgesellschaft dem Handeln einer Einzelperson weitgehend gleichgestellt wird. Das Gesetz verwendet dafür einen funktionalen Begriff, indem auf das Verhalten der Personen, nicht auf ihre Rechtsform abgestellt wird. Die Definition ist von maßgeblicher Bedeutung,[55] da von der Bestimmung des Kreises der ghP vielfältige Einzelregeln des WpÜG abhängen. Dazu gehören ua der Mindestpreis nach § 31 sowie die Frage, wer die Angebotsadressaten sind (vgl. → § 19 Rn. 16 ff.); zu den einzelnen Anwendungsfällen näher → Rn. 45.

Dagegen bestimmt der Kreis der ghP nicht darüber, ob es sich bei dem Angebot – **40** etwa wegen der Zurechnung von ghP gehaltenen Wertpapiere – um ein einfaches Erwerbs- oder aber um ein Übernahmeangebot handelt.[56] Denn ob die Wertpapiere und/oder Stimmrechte von ghP dem Bieter zugerechnet werden oder nicht, bestimmt allein § 30. Man kann dies bereits daran sehen, dass eine (automatische) Zurechnung der Wertpapiere von ghP zum Bieter an keiner Stelle in § 30 ausdrücklich erwähnt wird und § 11 iVm § 2 Nr. 5 WpÜG-Angebotsverordnung die getrennte Angabe von Wertpapieren und Stimmrechten des Bieters und von ghP verlangt. § 30 Abs. 2 rechnet die Stimmrechte Dritter dem Bieter dann zu, wenn ein in Bezug auf die Zielgesellschaft abgestimmtes Verhalten mit dem Bieter vorliegt. Dagegen verlangt § 2 Abs. 5 abgestimmtes Verhalten in Bezug auf die Verstärkung des gemeinsamen Einflusses durch das Angebot (näher → Rn. 44). Daraus folgt: Zwar werden **in aller Regel** die Personen, deren Stimmrechte dem Bieter gem. § 30 Abs. 2 zuzurechnen sind, auch ghP iSd § 2 Abs. 5 sein und umgekehrt. Jedoch sind beide Definitionen nicht deckungsgleich: § 2 Abs. 5 verlangt eine Beteiligung der Dritten an dem Angebot, um sie als ghP einordnen zu können, lässt insoweit allerdings schon eine Verstärkung der Kapitalbeteiligung ausreichen. § 30 Abs. 2 bezieht sich dagegen auf die Einflussnahme auf die Zielgesellschaft, verlangt aber keine Beteiligung an dem Angebot.

---

[53] Vgl. auch Assmann/Pötzsch/Schneider/*Pötzsch/Favoccia* Rn. 88.
[54] Vgl. dazu *Hopt* ZHR 166 (2002), 383 (417); Assmann/Pötzsch/Schneider/*Pötzsch/Favoccia* Rn. 90.
[55] *Hopt* ZHR 166 (2002), 383 (396).
[56] So aber offenbar *Hopt* ZHR 166 (2002), 383 (396).

**41**     **b) Personen, die ihr Verhalten mit dem Bieter abstimmen.** Erfasst werden alle Personen, die ihr Verhalten mit dem Bieter abstimmen. Dazu gehören alle natürlichen und juristischen Personen, ebenso die Personengesellschaften. Aus der in Abweichung von Abs. 4 fehlenden Erwähnung der Personengesellschaften kann nicht geschlossen werden, dass sie keine ghP sein können.[57] Offen lässt Abs. 5 allenfalls, wer innerhalb der Personengesellschaft Adressat der übernahmerechtlichen Pflichten ist (→ Rn. 34). Auch Organmitglieder der Zielgesellschaft können ghP sein,[58] nach umstrittener Auffassung der BaFin in Ausnahmefällen auch die Zielgesellschaft selbst.[59]

**42**     **c) Durch Vereinbarung oder in sonstiger Weise abgestimmtes Verhalten.** Die unscharfe und weite Formulierung des § 2 Abs. 5 verdeutlicht den Schutzcharakter der Norm gegen Gestaltungen, mit denen die Anwendung des WpÜG insgesamt oder einzelner seiner Bestimmungen ausgeschaltet werden soll.[60] Dies kommt auch in der Gesetzesbegründung zum Ausdruck. Sie nennt als Beispiele für abgestimmtes Verhalten das einvernehmliche Abstimmen in der Hauptversammlung der Zielgesellschaft. Nicht ausreichend soll dagegen sein, dass der Bieter sich von Dritten hinsichtlich des Angebots beraten lässt oder im Falle einer geplanten Übernahme Vorverträge für den Weiterverkauf bestimmter Betriebsteile der Zielgesellschaft nach erfolgreicher Übernahme abgeschlossen hat.[61] Der Abschluss von Paketverkäufen und/oder Andienungsvereinbarungen (irrevocable undertakings → § 11 Rn. 91; → § 19 Rn. 26 ff. und → § 22 Rn. 27 ff.) begründet ebenfalls noch nicht ein gemeinsames Handeln, anders aber, wenn in den Verträgen etwa Stillhaltevereinbarungen, Stimmpflichten oder andere Interessenwahrungspflichten begründet werden.[62]

**43**     „Durch Vereinbarung" bedeutet Abstimmen durch Rechtsgeschäft. Dazu zählen sämtliche förmlichen und formlosen, ausdrücklichen oder stillschweigenden Willenseinigungen zwischen dem Bieter und Dritten. Abgestimmtes Verhalten „in sonstiger Weise" soll nach hM die aus dem Kartellrecht bekannten Gentlemen's Agreements erfassen (→ 4. Aufl. 2017, Rn. 41).[63] Doch dürften bloß informelle Absprachen bereits unter den Begriff der Vereinbarung fallen. Es dürfte näher liegen, die Worte „in sonstiger Weise" wie bei § 30 Abs. 2 zu verstehen; siehe deshalb die Erläuterungen zu → § 30 Rn. 39. Damit dürfte auch bloßes Parallelverhalten zweier Personen erfasst werden, soweit es zB durch bewusst geschaffene Personalunion in zwei Organen vorherbestimmt und nicht zufällig ist. Auch bloß tatsächlich gleichförmiges Verhalten kann also unter § 2 Abs. 5 fallen (→ Rn. 44).

**44**     **d) Im Hinblick auf den Erwerb von Wertpapieren der Zielgesellschaft oder die Ausübung von Stimmrechten.** Der Bieter kann sein Verhalten mit Dritten entweder bezüglich des Erwerbs von Wertpapieren der Zielgesellschaft abstimmen oder in Bezug auf die Ausübung von Stimmrechten in der Zielgesellschaft. Die zweite Alternative ist problematisch, da sie mit dem eigentlichen Wertpapiererwerb nichts zu tun zu haben scheint. Dennoch gehört sie hierher, da das WpÜG nicht nur den freiwilligen Erwerb durch öffentliches Angebot regelt, sondern auch die Angebotspflicht, sobald der durch Stimmrechte vermittelte Einfluss einer oder mehrerer Personen zu groß wird. Für die Annahme gemeinsamen Handelns stets erforderlich ist also, dass zwei Personen ihr Verhalten mit dem Ziel eines Erwerbs von Wertpapieren oder der Ausübung von Stimmrechten abstimmen, also **eine Verstärkung der Kapitalbeteiligung oder der Stimmrechtsmacht** anstreben (vgl. → Rn. 24). Damit verlangt Abs. 5 ebenso wie § 30 Abs. 2 ein **Element der Dauer** für die Annahme gemeinsamen Handelns. Ein Zusammenwirken mehrerer Personen in einer

[57] Ebenso FK-WpÜG/*Schüppen* Rn. 46 und Angerer/Geibel/Süßmann/*Angerer* Rn. 28: Redaktionsfehler des Gesetzgebers.

[58] Assmann/Pötzsch/Schneider/*Schneider/Favoccia* Rn. 101.

[59] *Kocher* AG 2018, 308 (314 f.); *Hippeli/Diesing*, AG 2015, 185 (189).

[60] Assmann/Pötzsch/Schneider/*Schneider/Favoccia* Rn. 96 mwN in Fn. 245.

[61] BT-Drs. 14/7034, 34.

[62] Näher *Kocher* AG 2018, 308 (314).

[63] *Kocher* AG 2018, 308 (309) mwN.

Einzelfrage des Angebots reicht nicht aus.[64] Für nicht ausreichend hält die Begründung den Abschluss von Beraterverträgen sowie den Abschluss von Vorverträgen über den Verkauf von Vermögensgegenständen der Zielgesellschaft mit Dritten.[65]

**e) Anwendungsfälle innerhalb des WpÜG.** Relevant ist das Verhalten von Drittper- **45** sonen nach dem WpÜG in folgenden Fällen:[66] § 18 Abs. 1 (Verbot eines Angebots unter Potestativbedingung des Bieters); § 20 Abs. 2 (Befreiung des Bieters von bestimmten Pflichten und Berechnungsvorschriften für Wertpapiere, die er oder ghP im Handelsbestand halten); § 23 Abs. 1, 2 (Veröffentlichungspflichten des Bieters über die von ihm und ghP gehaltenen Anteile und während des Angebotsverfahrens noch hinzuerworbenen Anteile an der Zielgesellschaft); § 31 Abs. 1, 3–5, 7 (vom Bieter vor und nach der Veröffentlichung des Angebots erworbene Anteile als Berechnungsgrundlage für die anzubietende Gegenleistung oder eine Nachleistung sowie Ausnahmen hiervon), § 40 Abs. 1 (Auskunftsansprüche und Ermittlungsbefugnisse der BaFin gegen den Bieter und ghP), § 59 (zeitweilige Beschränkung von Rechten aus Aktien des Bieters und ghP bei Pflichtverletzungen).

Weiter werden die ghP mit dem Bieter gleichgesetzt bei dem Recht des Bundesfinanzmi- **46** nisteriums, durch Rechtsverordnung gem. § 11 Abs. 4 Nr. 2 zusätzliche Angaben zu verlangen, um den Aktionären der Zielgesellschaft bessere Information über den Bieter oder die ghP zu ermöglichen. Hier sind die Tochtergesellschaften der ghP nicht genannt, ebenso fehlen sie in § 33d, nach dem es dem Bieter und den ghP verboten ist, dem Management der Zielgesellschaft bestimmte geldwerte Vorteile zu versprechen oder in Aussicht zu stellen. Nach der Änderung des Abs. 5 S. 2 und 3 durch das Übernahmerichtlinie-Umsetzungsgesetz spielen solche (möglicherweise unbeabsichtigten) Formulierungsunterschiede jedoch keine Rolle mehr, da Tochtergesellschaften den für ghP geltenden Regeln stets mit unterliegen (vgl. → Rn. 48).

**2. Mit der Zielgesellschaft ghP (Abs. 5 S. 2).** Im Gesetz vorgesehene Beschränkun- **47** gen von Versuchen der Zielgesellschaft, sich gegen ein Angebot zu verteidigen,[67] könnten durch die Zielgesellschaft dadurch umgangen werden, dass sie stattdessen eine Tochtergesellschaft die Maßnahme vornehmen lässt. Der Verhinderung solcher Umgehungsversuche will Abs. 5 S. 2 in Umsetzung von Art. 2 Abs. 1 lit. d Übernahme-RL einen Riegel vorschieben. Der Vorschrift kommt durchaus ein gewisser Bedeutungsgehalt zu,[68] da etwa ghP von Zielgesellschaften keine Dritten im Sinne des § 22 sein können (vgl. → § 22 Rn. 6 ff.).

**3. Tochter- und Schwestergesellschaften als ghP (Abs. 5 S. 3).** Die Gleichstellung **48** von Tochtergesellschaften in § 2 Abs. 5 S. 3 der sie kontrollierenden Person ist ein weiterer Versuch des Gesetzgebers, Umgehungen vorzubeugen. Das gilt sowohl für den Bieter als auch für die Zielgesellschaft. Die Vorschrift reagiert auf das Problem, dass eine Person über den Umweg Tochtergesellschaft das gleiche Ziel erreichen kann wie durch eigenes Handeln. Die Vorschrift ist durch das Übernahmerichtlinie-Umsetzungsgesetz in das WpÜG eingefügt worden. Ursprünglich sah das Gesetz in systemwidriger Weise vor, dass lediglich Tochtergesellschaften des Bieters als mit ihm ghP anzusehen seien. Nunmehr gelten Tochtergesellschaften stets als mit der sie **„kontrollierenden Person"** gemeinsam handelnd. Damit sind sie selbst schon dann ghP, wenn nur für die kontrollierende Person festgestellt ist, dass sie ghP ist. Ansonsten wäre der Wechsel der Wortwahl in Abs. 5 S. 3 überflüssig. Die abweichende überwiegende Auffassung beruft sich demgegenüber auf die ausdrücklichen Zurechnungsbestimmungen in § 18 Abs. 1, § 23 Abs. 1 und 2, § 31 Abs. 4 und 5, § 59 und meint, daraus ergebe sich, dass § 2 Abs. 5 S. 3 keine allgemeine Zurechnung vorsehen

---

[64] Vgl. *Kocher* AG 2018, 308 (310) auch zur abw. Auffassung der BAFin.
[65] BT-Drs. 14/7034, 34; *Hopt* ZHR 166 (2002), 383 (396).
[66] Vgl. auch die zusammenfassende Darstellung von *Kocher* AG 2018, 308 (310 ff.).
[67] Die Formulierung des Gesetzes ist missglückt, da es nicht um Verhinderung des Angebots, sondern seines Erfolges geht, vgl. zutr. FK-WpÜG/*Schüppen* Rn. 48 f.
[68] AA Steinmeyer/*Santelmann* Rn. 26; Assmann/Pötzsch/Schneider/*Schneider/Favoccia* Rn. 119.

könne.[69] Damit übersieht sie, dass der Gesetzgeber im Zuge der Gesetzesänderung die Einzelfall-Bestimmungen nicht geändert hat. Offensichtlich hat er sie einfach übersehen. Die Gesetzesbegründung zum Änderungsgesetz lässt im Übrigen keine Zweifel daran, dass eine Regelung in **Übereinstimmung mit der Übernahme-RL** gewollt war.[70] Diese aber rechnet in Art. 2 Abs. 2 Übernahme-RL pauschal zu und spricht bei den späteren Anwendungsfällen nur noch von ghP, ohne die kontrollierten Personen nochmals zu erwähnen. Das Verständnis der zahlenmäßig überwiegenden Auffassung ist also noch dazu richtlinienwidrig. Die hier vertretene Auffassung scheint auch Praxis der BaFin zu sein.[71] Darüber hinaus findet auch eine Zurechnung „untereinander" statt, sodass auch Schwestergesellschaften einer Person als mit dieser gemeinsam handelnd gelten. Auch insoweit genügt es also, lediglich für eine der Schwestern festzustellen, dass sie ghP ist.

**49**   **4. Muttergesellschaft des Bieters.** Die Muttergesellschaft des Bieters ist nach der Gesetzesfassung nicht automatisch ghP. Das ist zutreffend, da die Muttergesellschaft sich nicht *mit dem Bieter abzustimmen* pflegt, sondern vielmehr *das Handeln des Bieters bestimmt.*[72] Soweit sie das tut und als eigentlicher Urheber des Angebots anzusehen ist, kann sie sich durch die Einschaltung ihrer Tochter als nach außen auftretender Bieter nicht den Pflichten des WpÜG entziehen (vgl. → Rn. 37). Ferner sind ihre Anteile an der Bietgesellschaft sämtlichen Tochtergesellschaften zuzurechnen, wenn es um die Fragen der Angebotspflicht oder der Zulässigkeit von Teilangeboten geht (ausführlich → § 30 Rn. 33 f.).

## VI. Tochterunternehmen (Abs. 6)

**50**   In § 2 Abs. 6 werden Tochterunternehmen definiert und wird dafür maßgeblich auf die §§ 290 ff. HGB verwiesen, mit der die Bilanzrichtlinie in das deutsche HGB übernommen wurde, sowie auf den aus § 17 AktG bekannten „beherrschenden Einfluss" (→ AktG § 17 Rn. 14 ff.). § 290 Abs. 1 HGB knüpfte bis 2009 die Pflicht zur Aufstellung eines konsolidierten Jahresabschlusses (Konzernrechnungslegung) an den Begriff der einheitlichen Leitung, nunmehr aber an die Möglichkeit der Ausübung eines **beherrschenden Einflusses**. § 290 Abs. 2 HGB stellt im Wesentlichen eine Übernahme und Definition des in Art. 1 Abs. 1 Bilanz-RL zum Ausdruck gekommenen angelsächsischen Control-Konzepts dar. Nach § 290 Abs. 2 HGB ist die Muttergesellschaft übereinstimmend mit Art. 1 Abs. 1 Bilanz-RL zur Aufstellung eines Konzernabschlusses und Konzernlageberichts verpflichtet, wenn ihr bei der Tochter

– die Mehrheit der Stimmrechte der Gesellschafter zusteht, oder
– sie die Mehrheit des Verwaltungs- oder Aufsichtsorgans bestellen kann und Gesellschafterin der Tochter ist, oder
– sie auf Grund eines Unternehmensvertrages beherrschenden Einfluss auf die Tochter ausüben kann.

**51**   Auf die tatsächliche Ausübung der Leitungsmacht im Sinne einer einheitlichen Leitung kommt es nach dem in § 290 Abs. 2 HGB enthaltenen Gedanken nicht an. Ausschlaggebend ist letztlich, ob ein Gesellschafter einen beherrschenden Einfluss ausüben *kann,* ohne dass es notwendig ist, die tatsächliche Ausübung festzustellen. Die beiden ersten Definitionen des § 290 Abs. 2 HGB dürften im Wesentlichen eine Präzisierung des in § 17 AktG festgehaltenen **Abhängigkeitsbegriffs** beinhalten. § 17 AktG weicht von § 290 Abs. 2 HGB vor allem dadurch ab, dass er nicht nur an die Stimmrechtsmehrheit, sondern nach § 17 Abs. 2 AktG bereits an die Kapitalmehrheit anknüpft. Es sind aber kaum Fälle denkbar, in denen bei bloßer Kapitalmehrheit ohne gleichzeitiger Stimmrechtsmehrheit oder der Möglichkeit zur

---

[69] Kölner Komm WpÜG/*Versteegen* Rn. 191; Steinmeyer/*Santelmann* Rn. 29 mit Fn. 39; *Kocher* AG 2018, 308 (310); Assmann/Pötzsch/Schneider/*Schneider/Favoccia* Rn. 122, sämtlich ohne Auseinandersetzung mit den hier im Text vertretenen Argumenten.
[70] BR-Drs. 154/06, 31.
[71] Vgl. *Seibt* CFL 2011, 213 (230) mit einem Beispiel aus der Praxis.
[72] AA Kölner Komm WpÜG/*Versteegen* Rn. 189; wie hier Schwark/Zimmer/*Noack/Holzborn* Rn. 38.

Besetzung der Mehrheit des Aufsichtsrates die Abhängigkeitsvermutung nicht widerlegt werden könnte.[73] In der Literatur wird sogar vertreten, bereits der Nachweis, dass der Mehrheitsaktionär die Zusammensetzung des Aufsichtsrates nicht bestimmen könne, reiche als Widerlegung aus.[74] Umgekehrt wird die Widerlegung der Abhängigkeitsvermutung des § 17 Abs. 2 AktG sehr schwierig, wenn die Stimmrechtsmehrheit positiv festgestellt werden kann. Die angebotenen Widerlegungsmittel[75] (Stimmbindungsvertrag, Stimmrechtsbeschränkung in der Satzung, qualifizierte Mehrheitserfordernisse) deuten nur darauf hin, dass in diesen Fällen letztlich doch keine Stimmrechtsmehrheit besteht. Im Übrigen genügt nach ganz hM eine **faktische Hauptversammlungsmehrheit**,[76] die aufgrund geringer Präsenzen schon mit einem Anteil von deutlich unter 50% der Stimmrechte bestehen kann.[77]

Die Vorschrift des § 17 Abs. 2 AktG dürfte zumindest analog anwendbar sein. Zwar hat **52** der Gesetzgeber des WpÜG nicht ausdrücklich auf § 17 AktG verwiesen. Doch ist kaum ersichtlich, warum und inwieweit der im WpÜG verwendete Begriff „beherrschenden Einfluss ausüben können" anders als in § 17 Abs. 1 AktG zu verstehen sein soll. Bei gleichem Verständnis folgt die anschließende Analogie zu § 17 Abs. 2 AktG aber zwingend.[78] Im Übrigen ist auch die Möglichkeit mehrfacher Abhängigkeit zu bejahen.[79]

Der **unternehmerische Interessenkonflikt** zwischen Mutter und Tochter, der nach **53** deutschen Vorstellungen den Einstieg in das Sonderrecht der Unternehmensgruppe ermöglicht, ist nicht Voraussetzung einer Charakterisierung als Tochtergesellschaft iSd Abs. 6. Eine Tochtergesellschaft ist auch die einer solchen Gesellschaft, die lediglich an ebendieser Tochter beteiligt ist, ohne selbst einen eigenen Geschäftsbetrieb zu besitzen (sog. eindimensionale Holding).[80] Im Konzerngesellschaftsrecht wird hingegen daran festgehalten, dass es in einer solchen Konstellation am unternehmerischen Interessenkonflikt und damit an einem Konzernverhältnis zwischen Holding und Untergesellschaft fehlt.[81] Im Rahmen des WpÜG kann das schon wegen § 2 Abs. 4 nicht maßgeblich sein (→ Rn. 37). Ferner spielt die **Rechtsform der Tochter** keine Rolle, allerdings muss es sich um eine Gesellschaft handeln, natürliche Personen können kein Tochterunternehmen sein.[82]

Über den Verweis auf § 290 Abs. 1 HGB wird klargestellt, dass vertraglich konzernierte **54** Gesellschaften auch dann Tochtergesellschaften iSd WpÜG sind, wenn der andere Vertragsteil nicht zugleich die Mehrheit der Stimmrechte an der Tochter hält.[83] Allerdings stellt sich die Frage, ob die Abhängigkeit der Gesellschaft auch dann noch fortbesteht, wenn die (auch mittelbare) Beteiligung des anderen Vertragsteils unter die Grenze von 25% sinkt. Das ist zu verneinen, weil der Beherrschungsvertrag die Zuständigkeiten der Hauptversammlung unberührt lässt.[84]

---

[73] Vgl. nur Hüffer/Koch/*Koch* AktG § 17 Rn. 19 f. mwN; auf die Tatsache, ob tatsächlich der Mehrheitsgesellschafter die Mehrheit des Aufsichtsrates gewählt hat, kommt es dagegen nicht an, vgl. BVerfGE 98, 145 (162).

[74] Kölner Komm AktG/*Koppensteiner* AktG § 17 Rn. 82; Großkomm AktG/*Windbichler* AktG § 17 Rn. 71.

[75] S. nur Hüffer/Koch/*Koch* AktG § 17 Rn. 21.

[76] Assmann/Pötzsch/Schneider/*Schneider/Favoccia* Rn. 126 mwN in Fn. 321.

[77] BGH NJW 1997, 1855 (1856) – VW/Niedersachsen, hatte bereits eine 20%ige Beteiligung als ausreichend für die Abhängigkeit einer Gesellschaft erachtet, weil dieser Anteil über mehrere Jahre in der Hauptversammlung die Stimmrechtsmehrheit verliehen hatte.

[78] Wie hier die überwiegende Auffassung, etwa Assmann/Pötzsch/Schneider/*Schneider/Favoccia* Rn. 126 mwN in Fn. 309; aA nur Schwark/Zimmer/*Noack/Holzborn* Rn. 48 aE.

[79] Zu Recht Assmann/Pötzsch/Schneider/*Schneider/Favoccia* Rn. 126 gegen Kölner Komm WpÜG/*Versteegen* § 2 Rn. 223 ff.; Baums/Thoma/*Baums/Hecker* § 2 Rn. 139.

[80] Vgl. nur *ADS* HGB § 271 Rn. 11 iVm HGB § 290 Rn. 20 f.; Assmann/Pötzsch/Schneider/*Schneider/Favoccia* Rn. 128 mwN; *Wackerbarth*, Leitungsmacht 67.

[81] Vgl. nur Hüffer/Koch/*Koch* AktG § 15 Rn. 10.

[82] Kölner Komm WpÜG/*Versteegen* Rn. 199; Assmann/Pötzsch/Schneider/*Schneider/Favoccia* Rn. 128 mwN, leider unter Falschzitierung dieser Kommentierung als Gegenmeinung (Fn. 329).

[83] *Pötzsch/Möller* WM 2000, Sonderbeil. 2, 18 liSp.

[84] Eingehend *Wackerbarth* Leitungsmacht 46–49; aA Steinmeyer/*Santelmann* Rn. 34 mit Fn. 56, der aber übersieht, dass eine ¾-Mehrheit in der Hauptversammlung den Unternehmensgegenstand abändern und darüber die AG steuern kann. Ohne zusätzliche Sperrminorität verleiht auch ein Beherrschungsvertrag daher keine Leitungsmacht.

## VII. Organisierter Markt im Europäischen Wirtschaftsraum

**55**  **1. Organisierter Markt (Abs. 7).** § 2 Abs. 7 definiert den **organisierten Markt**
→ § 1 Rn. 25 ff.

**56**  **2. Europäischer Wirtschaftsraum (Abs. 8).** § 2 Abs. 8 definiert den **Europäischen**
**Wirtschaftsraum** und verweist dafür auf die Mitgliedsstaaten der EU sowie auf das Abkom-
men zwischen der EU und den EFTA-Ländern von 1992 über den Europäischen Wirt-
schaftsraum (EWR).[85] Mitgliedstaaten der EU sind Belgien, Bulgarien, Dänemark,
Deutschland, Estland, Finnland, Frankreich, Griechenland, Irland, Italien, Lettland, Litauen,
Luxemburg, Malta, Niederlande, Österreich, Polen, Portugal, Rumänien, Schweden, Slo-
wakei, Slowenien, Spanien, Tschechische Republik, Ungarn, Vereinigtes Königreich und
Zypern. Zu den EFTA-Ländern, die Mitglied des EWR geworden sind, gehören bislang
Island, Liechtenstein und Norwegen. Dem Abkommen bisher nicht beigetreten ist die
Schweiz.

## § 3 Allgemeine Grundsätze

(1) Inhaber von Wertpapieren der Zielgesellschaft, die derselben Gattung angehören, sind gleich zu behandeln.

(2) Inhaber von Wertpapieren der Zielgesellschaft müssen über genügend Zeit
und ausreichende Informationen verfügen, um in Kenntnis der Sachlage über das
Angebot entscheiden zu können.

(3) Vorstand und Aufsichtsrat der Zielgesellschaft müssen im Interesse der Zielgesellschaft handeln.

(4) ¹Der Bieter und die Zielgesellschaft haben das Verfahren rasch durchzuführen. ²Die Zielgesellschaft darf nicht über einen angemessenen Zeitraum hinaus in
ihrer Geschäftstätigkeit behindert werden.

(5) Beim Handel mit Wertpapieren der Zielgesellschaft, der Bietergesellschaft
oder anderer durch das Angebot betroffener Gesellschaften dürfen keine Marktverzerrungen geschaffen werden.

**Schrifttum:** *Altenhain,* Die Neuregelung der Marktpreismanipulation durch das Vierte Finanzmarktförderungsgesetz, BB 2002, 1874; *Assmann,* Übernahmeangebote im Gefüge des Kapitalmarktrechts, insbesondere im Lichte des Insiderrechts, der Ad hoc-Publizität und des Manipulationsverbotes, ZGR 2002, 697;
*Bank,* Das Insiderhandelsverbot in M&A-Transaktionen, NZG 2012, 1337; *Bussian,* Die Verwendung von
Insiderinformationen, WM 2011, 8; *Bühren,* Auswirkungen des Insiderhandelsverbots der EU-Marktmiss-
brauchsverordnung auf M&A-Transaktionen, NZG 2017, 1172; *Cascante/Topf,* „Auf leisen Sohlen“? –
Stakebuilding bei der börsennotierten AG, AG 2009, 53; *Fleischer,* Konkurrenzangebote und due diligence,
ZIP 2002, 651; *Decker,* Ad-hoc-Publizität bei öffentlichen Übernahmen, 2008; *Fuhrmann,* Kapitalmarkt-
rechtliche Anforderungen an Marktsondierungen vor Kapitalmaßnahmen und öffentlichen Übernahmen,
WM 2018, 593 und 645; *Hopt,* Verhaltenspflichten des Vorstands der Zielgesellschaft bei feindlichen Über-
nahmen, FS Lutter, 2000, 1361; *Hopt,* Übernahmen, Geheimhaltung und Interessenkonflikte: Probleme
für Vorstände, Aufsichtsräte und Banken, ZGR 2002, 333; *Hopt/Kumpan,* Insidergeschäfte und Ad-hoc-
Publizität bei M&A, ZGR 2017, 765; *Lutter,* Due Diligence des Erwerbers beim Kauf einer Beteiligung,
ZIP 1997, 613; *Kirchner,* Managementpflichten bei feindlichen Übernahmeangeboten, WM 2000, 1821;
*Körber,* Geschäftsleitung der Zielgesellschaft und due diligence bei Paketerwerb und Unternehmenskauf,
NZG 2002, 263; *Kort,* Rechte und Pflichten des Vorstands bei Übernahmeversuchen, FS Lutter, 2000,
1421; *Krause,* Zur Gleichbehandlung der Aktionäre bei Übernahmeangeboten und Beteiligungserwerb,
WM 1996, 845 (I), 893 (II); *Meyer/Kiesewetter,* Rechtliche Rahmenbedingungen des Beteiligungsaufbaus
im Vorfeld von Unternehmensübernahmen, WM 2009, 340; *Möllers,* Verfahren, Pflichten und Haftung,
insbesondere der Banken, ZGR 2002, 664; *Mülbert,* Übernahmerecht zwischen
Kapitalmarktrecht und Aktien(konzern)recht – die konzeptionelle Schwachstelle des RegE WpÜG, ZIP
2001, 1221; *Mülbert/Birke,* Das übernahmerechtliche Behinderungsverbot, WM 2001, 705; *Oechsler,* Der
ReE zum Wertpapiererwerbs- und Übernahmegesetz – Regelungsbedarf auf der Zielgeraden!, NZG 2001,
817; *Paefgen,* Die Gleichbehandlung beim Aktienrückerwerb im Schnittfeld von Gesellschafts- und Über-

---

[85] ABl. 1994 L 1, 1.

nahmerecht, ZIP 2002, 1509; *Schiessl,* Wertpapierhandelsrecht bei öffentlichen Übernahmen, FS 25 Jahre WpHG, 2019, 171; *Stoffels,* Grenzen der Informationsweitergabe durch den Vorstand einer Aktiengesellschaft im Rahmen einer „Due Diligence", ZHR 165 (2001), 362; *v. Thunen,* Aktientausch nur für ausgewählte Aktionäre?, NZG 2008, 925; *Wackerbarth,* Von golden shares und poison pills – Waffengleichheit bei internationalen Übernahmeangeboten, WM 2001, 1741; *Zetzsche,* Die Marktsondierung nach Art. 11 MAR, AG 2016, 610; *Ziouvas,* Das neue Recht gegen Kurs- und Marktpreismanipulation im 4. Finanzmarktförderungsgesetz, ZGR 2003, 113.

## Übersicht

## I. Allgemeines

§ 3 regelt allgemeine Grundsätze für den Ablauf des Verfahrens eines Wertpapierangebo- **1** tes, deren systematische und inhaltliche Bedeutung zweifelhaft ist. Das gilt insbesondere für die Frage, an wen sich die allgemeinen Grundsätze richten (Bieter, Vorstand der Zielgesellschaft, Richter, BaFin?), wie sie sich zu allgemeinen Regeln bzw. Vorschriften anderer Gesetze verhalten (zB Abs. 1 zu § 53a AktG, vgl. → Rn. 6 ff.) sowie für die Frage, welche Funktion sie im WpÜG selbst übernehmen sollen: Sind sie Auslegungsregeln, dienen sie der Lückenfüllung, darf man sie als unmittelbar anwendbare Generalklauseln verstehen oder handelt es sich nur um allgemeine nicht justiziable Schutzzielbestimmungen? Sollte § 3 eigenständige Regeln enthalten, so stellt sich die Frage, ab welchem Zeitpunkt sie beginnen, bzw. durch welche tatsächlichen Umstände sie ausgelöst werden und inwiefern sie von wem einklagbare Ansprüche enthalten. Derartige Probleme resultieren daraus, dass die Regelungstechnik aus dem anglo-amerikanischen Recht stammt und dem deutschen Recht bisher unbekannt war.

Angesichts der erwähnten Zweifelsfragen war im Vorfeld des Gesetzes gefordert worden, **2** die Vorschrift ersatzlos zu streichen. Sie wiederhole lediglich die Vorgaben, die die Übernahme-RL dem deutschen Gesetzgeber mache, dieser müsse diese Vorgaben durch inhaltliche Gestaltung des Gesetzes umsetzen, eine Wiederholung sei überflüssig.[1] Andere meinen, auf Grund ihrer Allgemeinheit drohen solche Grundsätze beliebig zu sein.[2] Damit wird im Ergebnis eine eigenständige Bedeutung der in § 3 enthaltenen Grundsätze, die über bloße

---

[1] *DAV-Handelsrechtsausschuss* NZG 2001, 420 ff.
[2] FK-WpÜG/*Schüppen* Rn. 1.

Schutzzielbestimmungen hinausgehen, verneint. Nach der Regierungsbegründung enthält § 3 dagegen die **grundlegenden Wertungen** des Gesetzgebers, die bei der Gesetzesauslegung zu beachten sind.[3] Damit wendet sich § 3 vor allem an den Richter sowie an die BaFin, die durch ihr Handeln den Grundsätzen zur praktischen Durchsetzung verhelfen sollen. ZT wird auch vertreten, dass § 3 materielle Regeln enthalte, die in – in jedem Einzelfall aufzulösender – Konkurrenz zu den Normen der folgenden Abschnitte stehen.[4]

3     Wegen der unterschiedlichen Regeln in § 3 muss eine **Stellungnahme** differenziert ausfallen. Unmittelbar anwendbares Recht dürfte insbesondere § 3 Abs. 1 enthalten, also der Gleichbehandlungsgrundsatz, während die in Abs. 2 und 4 enthaltenen Verfahrensregeln eher Ausdruck der vom Gesetzgeber mit dem WpÜG insgesamt verfolgten Ziele sind, was auch in der Gesetzesbegründung zum Ausdruck kommt.[5] Über die Frage, was das in Abs. 3 genannte „Interesse der Zielgesellschaft" ist, besteht grundlegender Streit, weshalb diese Vorschrift im Ergebnis nur wenig weiterhelfen wird. Das Verbot von Marktverzerrungen in Abs. 5 ist im Wesentlichen ein Verweis auf die Beachtung der Veröffentlichungspflichten nach WpÜG und WpHG sowie darüber hinaus auf die Vorschriften über das Insiderhandelsverbot der MAR.

4     Die Regeln finden **zeitlich** frühestens in dem Moment Anwendung, in dem ein potentieller Bieter die Abgabe eines Erwerbs- oder Übernahmeangebots „ernsthaft in Betracht zieht". Mindestens Abs. 1 endet erst ein Jahr nach Ablauf der Annahmefrist, da Zukäufe des Bieters bis dahin noch zu einer Nachzahlungspflicht aus § 31 Abs. 5 führen können.[6]

## II. Gleichbehandlungsgrundsatz (Abs. 1)

5     **1. Reichweite.** § 3 Abs. 1 regelt als ersten und damit vom Gesetzgeber wohl als obersten gedachten Grundsatz die Gleichbehandlung der **Wertpapierinhaber** der Zielgesellschaft. Abs. 1 beschränkt sich auf die Wertpapierinhaber der Zielgesellschaft und ordnet nicht an, schließt aber auch nicht aus, dass in Bezug auf andere Personen, zB konkurrierende Bieter, eine Pflicht zur Gleichbehandlung besteht (zum Verhältnis des Abs. 1 zu Art. 3 GG vgl. → Rn. 11). Gleichzubehandeln sind nur Inhaber von Wertpapieren **derselben Gattung,**[7] womit das Gesetz zB eine Ungleichbehandlung von Stamm- und Vorzugsaktionären zulässt. Jedoch finden die sonstigen Regeln des Gesetzes (zB die Mindestpreisvorschriften des § 31) Anwendung und begrenzen ihrerseits die Ungleichbehandlung.[8] Ansonsten schließt § 3 Abs. 1 die Argumentation mit im Gesetz nicht genannten Unterscheidungsmerkmalen aus. So kann es zB nicht angehen, nach der Professionalität der Anleger der Zielgesellschaft oder dem Umfang ihres Aktienbesitzes zu unterscheiden und damit etwa unterschiedliche Annahmefristen für institutionelle und private Anleger zu begründen.[9]

6     **2. Normadressaten und Verhältnis zu § 53a AktG.** Die Formulierung der Vorschrift im Passiv verdeckt die Problematik, wer **Normadressat** ist. In Betracht kommen insoweit der Bieter, und zwar auch, soweit er selbst bereits Aktionär der Zielgesellschaft ist, der Vorstand und der Aufsichtsrat der Zielgesellschaft sowie die BaFin. Der Gleichbehandlungsgrundsatz dürfte für sie alle gelten, inhaltlich aber je nach Normadressat unterschiedlich sein,[10] bzw. im Falle der BaFin aus Art. 3 GG folgen (→ Rn. 13 f.). Demgegenüber vertritt

---

[3] BT-Drs. 14/7034, 35; ähnlich Angerer/Geibel/Süßmann/*Louven* Rn. 1; Steinmeyer/*Steinhardt* Rn. 1.
[4] Baums/Thoma/*Baums/Hecker* Rn. 3.
[5] BT-Drs. 14/7034, 29.
[6] Assmann/Pötzsch/Schneider/*Stephan* Rn. 17 aE.
[7] Zum Begriff der Gattung siehe § 11 S. 2 AktG und Hüffer/Koch/*Koch* AktG § 11 Rn. 7.
[8] Vgl. zur Rechtfertigung der zulässigen Ungleichbehandlung ausf. Kölner Komm WpÜG/*Versteegen* Rn. 18 ff.
[9] So aber FK-WpÜG/*Schüppen* Rn. 12, seine Auffassung widerspricht auch § 16, da dieser von „der Annahmefrist" spricht und damit den Willen des Gesetzgebers erkennbar werden lässt, keine unterschiedlichen Fristen zuzulassen.
[10] Angerer/Geibel/Süßmann/*Louven* Rn. 4; FK-WpÜG/*Schüppen* Rn. 11; Steinmeyer/*Steinhardt* Rn. 3; *Paefgen* ZIP 2002, 1509 (1517).

eine nicht geringe Zahl von Autoren die Auffassung, lediglich der Bieter sei Normadressat.[11] Die dafür gegebene Begründung (kein Bedürfnis) überzeugt nicht, auf den Erfolg des Angebots kann durchaus auch das Verhalten der Organe der Zielgesellschaft gegenüber ihren Aktionären Einfluss haben.

Schon aus diesem Grund unterscheidet sich das übernahmerechtliche Gleichbehand- **7** lungsgebot maßgeblich von § 53a AktG, der zwar ebenfalls im Passiv formuliert ist, sich jedoch nach hM nur an die Gesellschaft selbst richtet (→ AktG § 53a Rn. 1 ff.).[12] Ein Konflikt zwischen beiden Vorschriften (und den sie jeweils konkretisierenden Vorschriften) kann also nur in zwei Fällen auftreten, nämlich wenn der Vorstand während des Übernahmeverfahrens für die Gesellschaft gegenüber ihren Aktionären handelt, zB bei bestimmten **Verteidigungsmaßnahmen,** oder aber wenn die Gesellschaft, etwa bei einem Rückerwerb von Wertpapieren durch öffentliches Angebot (→ § 2 Rn. 25 ff.), selbst Bieter ist. Im ersten Fall dürfte Abs. 1 dem aktienrechtlichen Gleichbehandlungsgrundsatz vorgehen, da er **absolut** ist und eine Rechtfertigung durch einen Sachgrund nicht zulässt.[13]

Insbesondere im zweiten Fall (Zielgesellschaft ist zugleich Bieter) erheben sowohl § 53a **8** AktG als auch Abs. 1 Geltungsanspruch. Das hat Folgen für eine Ungleichbehandlung von Aktien unterschiedlicher Gattungen, zB bei einem **öffentlichen Rückerwerbsangebot** nur für Stammaktien. Im Rahmen des Abs. 1 besteht keine Pflicht der Gesellschaft, auch den Vorzugsaktionären ein Angebot zu machen, während aus § 53a AktG iVm § 71 Abs. 1 Nr. 8 AktG etwas anderes folgen kann.[14] Umgekehrt kann ein öffentliches Angebot zum Rückerwerb eigener Aktien wegen Abs. 1 iVm § 21 Abs. 4 das Rücktrittsrecht bei Angebotsänderung nicht ausschließen, während im Rahmen des § 53a AktG iVm § 71 Abs. 1 Nr. 8 S. 4 AktG die stetige Erhöhung der Gegenleistung durch einen Rückkauf an der Börse bereits programmiert ist, ohne dass Aktionäre, die bereits verkauft haben, daran teilnehmen. Die Frage, ob eine der beiden Gleichbehandlungsregeln als Spezialregelung Vorrang hat, ist zu verneinen.[15]

**3. Bieter und ghP.** Der Bieter ist, soweit er bereits Aktionär der Zielgesellschaft ist, **9** schon durch seine mitgliedschaftliche Treuepflicht an das Interesse der Zielgesellschaft gebunden, wodurch ihn gegenüber den anderen Aktionären bestimmte Verpflichtungen – etwa bei der Ausübung von Stimmrechten – treffen. Daraus folgen aber keine über ein allgemeines Missbrauchsverbot hinausgehende Pflichten für den Bereich der Übernahme oder des öffentlichen Wertpapiererwerbs. Denn beim Anteilskauf von den Mitgesellschaftern geht es um einen sog. **Sozialakt,** bei dem der einzelne Gesellschafter seine eigenen Interessen verfolgen darf und sie denen der Gesellschaft insgesamt – anders als bei Fragen der Geschäftsführung – nicht unterordnen muss. Auch § 53a AktG bindet den Bieter-Aktionär gegenüber den anderen Aktionären nicht, da die Vorschrift sich nur an die Gesellschaft selbst richtet (→ AktG § 53a Rn. 1 ff.).[16] Daher ist eine übernahmerechtliche Pflicht des Bieters zur Gleichbehandlung nicht nur in den Fällen von Bedeutung, in denen der Bieter

---

[11] Baums/Thoma/*Baums/Hecker* Rn. 5; Kölner Komm WpÜG/*Versteegen* Rn. 16; Assmann/Pötzsch/ Schneider/*Stephan* Rn. 8.

[12] Hüffer/Koch/*Koch* AktG § 53a Rn. 4: Normadressat der Gleichbehandlungspflicht sei nur die Aktiengesellschaft; s. auch Angerer/Geibel/Süßmann/*Louven* Rn. 15; *Mülbert* ZIP 2001, 1221 (1222); *Paefgen* ZIP 2002, 1509 (1517).

[13] Baums/Thoma/*Baums/Hecker* Rn. 11 ff.; Kölner Komm WpÜG/*Versteegen* Rn. 13; Assmann/Pötzsch/ Schneider/*Stephan* Rn. 9; aA – sachlicher Grund genügt – Angerer/Geibel/Süßmann/*Louven* § 3 Rn. 5; FK-WpÜG/*Schüppen* Rn. 6; Schwark/Zimmer/*Noack/Holzborn* Rn. 7; *v. Thunen* NZG 2008, 925 (926 ff.).

[14] Vgl. Hüffer/Koch/*Koch* AktG § 71 Rn. 19k aE.

[15] AA offenbar *Oechsler* NZG 2001, 817 (818 f.), der § 53a AktG iVm § 71 Abs. 1 AktG als Spezialregelung ansieht; ähnlich *Baum* ZHR 167 (2003), 580 (607); dagegen *Paefgen* ZIP 2002, 1509 (1517), dessen Argumentation allerdings ebenfalls nicht überzeugt. Die Normen verfolgen den Schutz der Aktionäre in unterschiedlichen Situationen. Aus diesem Grund sind sie kumulativ anwendbar, wenn beide Situationen zugleich vorliegen. Allenfalls bei echter Überschneidung dürfte § 3 Abs. 1 Vorrang besitzen.

[16] Vgl. Hüffer/Koch/*Koch* AktG § 53a Rn. 4: Normadressat der Gleichbehandlungspflicht sei nur die Aktiengesellschaft; s. auch Angerer/Geibel/Süßmann/*Louven* Rn. 15.

nicht schon Aktionär der Zielgesellschaft ist. Vielmehr bildet § 3 Abs. 1 in allen Fällen die gesetzliche Grundlage einer Gleichbehandlungspflicht des Bieters.

10    **Konkrete Ausgestaltungen** des Grundsatzes finden sich zum einen in § 19, der sicherstellt, dass sich das Angebot an sämtliche Wertpapierinhaber der jeweiligen Gattung richtet und bei Überzeichnung eine proratarische Zuteilung stattfindet,[17] sowie in § 32, der einen ähnlichen Zweck verfolgt. Auch die Angebotspflicht des § 35 kann in Verbindung mit den Preisvorschriften des § 31 als Ausdruck des Gleichbehandlungsgrundsatzes verstanden werden. Sie erlegt dem Bieter die Pflicht auf, sich beim Kauf einer kontrollierenden Beteiligung nicht einfach einzelne Aktionäre herauszusuchen, sondern allen Aktionären ein Angebot zu machen und sie auch in Bezug auf die Konditionen des Angebots gleich zu behandeln.[18] Daneben verfolgen auch die Veröffentlichungspflichten des Bieters Gleichbehandlungsziele, nämlich bezüglich der für die Adressaten verfügbaren Informationen.[19] Auch das Rücktrittsrecht nach Angebotsänderung gem. § 21 Abs. 4 sowie nach Abgabe eines Konkurrenzangebots gem. § 22 Abs. 3 sind Konsequenzen des Gleichbehandlungsgebots.[20]

11    Zugleich zeigen die Einzelvorschriften des WpÜG auch, dass eine unterschiedliche Behandlung der Wertpapierinhaber nicht stets unzulässig ist, sondern auch gerechtfertigt sein kann. Denn sie zeigen die **Grenzen der jeweiligen Gleichbehandlung** und damit zugleich die Grenzen des § 3 Abs. 1 in inhaltlicher und zeitlicher Hinsicht. Hat der Bieter zB weniger als 30% der Stimmrechte durch privaten Anteilskauf erworben, so trifft ihn (noch) keine Angebotspflicht. Auf diese Weise kommt es zu einer erlaubten Ungleichbehandlung, da nur ein einzelner Aktionär seine Aktien verkaufen kann, die anderen hingegen nicht. Die Pflicht zur Gleichbehandlung bei einem Nacherwerb gem. § 31 Abs. 5 ist auf ein Jahr begrenzt, danach endet die Gleichbehandlungspflicht. In § 24 bestimmt das Gesetz, dass unter bestimmten Voraussetzungen der Bieter bestimmte Anteilsinhaber von dem Angebot ausnehmen und damit ungleich behandeln darf.

12    **4. Vorstand und Aufsichtsrat.** Auch die Geschäftsleitung der Zielgesellschaft ist zur Gleichbehandlung der Wertpapierinhaber verpflichtet. Konkretisiert wird das zB durch die Stellungnahmepflicht in § 27; die Stellungnahme ist durch Veröffentlichung sämtlichen Wertpapierinhabern zugänglich zu machen. Bei **feindlichen Angeboten** dürfte Abs. 1 etwa eine vor der Stellungnahme nach § 27 erfolgende Sonderinformation einzelner (Groß-)Aktionäre verbieten. Welche Bedeutung Abs. 1 im Zusammenhang mit freundlichen Übernahmen entfalten wird, ist weitgehend unklar. Bei solchen Übernahmen tritt der Bieter zuvor an den Vorstand der Zielgesellschaft heran, und es werden Informationen über den Zustand der Zielgesellschaft ausgetauscht oder gar eine **due diligence** durchgeführt (→ Rn. 26). Soweit der Bieter zu diesem Zeitpunkt bereits (Minderheits-)Aktionär ist, könnte darin eine Ungleichbehandlung der Wertpapierinhaber oder zumindest eines potentiellen Konkurrenzbieters (→ Rn. 27) gesehen werden.[21] Es erscheint jedoch unzutreffend, Abs. 1 auf derartige Konstellationen anzuwenden, denn die gleichen Fragen können sich stellen, wenn der Bieter noch kein Aktionär ist.[22] Leitlinie für das Handeln der Geschäftsleitung kann deshalb nicht der Gleichbehandlungsgrundsatz, sondern nur ihre organschaftliche Treuepflicht sein, also die Pflicht gem. Abs. 3, im Interesse der Gesellschaft zu handeln.

13    **5. Die BaFin.** Die BaFin unterliegt einer Gleichbehandlungspflicht jedenfalls insoweit, als sie selbst unmittelbar an Art. 3 Abs. 1 GG gebunden ist. Soweit sie besondere Maßnah-

---

[17] Vgl. dazu *Krause* WM 1996, 845 (847 f., 894); *Wackerbarth* WM 2001, 1741 (1746).
[18] S. iE *Krause* WM 1996, 845 (847): gleiche Konditionen.
[19] S. iE *Krause* WM 1996, 845 (847): gleicher Zugang zu Information.
[20] Vgl. *Paefgen* ZIP 2002, 1509 (1519).
[21] Vgl. etwa zu letzterem *Stoffels* ZHR 165 (2001), 362 (382).
[22] Gleichwohl auf Abs. 1 abstellend Angerer/Geibel/Süßmann/*Louven* Rn. 14; wie hier Schwark/Zimmer/*Noack*/*Holzborn* Rn. 4; Assmann/Pötzsch/Schneider/*Stephan* Rn. 16.

men beschließt, wird sich daher mit zunehmender praktischer Anwendung des Gesetzes **eine Selbstbindung der Verwaltung entwickeln.** Dies hat mit der Gleichbehandlung der Wertpapierinhaber allerdings nichts zu tun, da § 3 sich nur auf konkrete Angebote und auf die Aktionäre bezieht, während die aus Art. 3 Abs. 1 GG folgende Pflicht der Behörde sämtliche Beteiligten betrifft und fallübergreifend gilt. So wird in der Literatur zu Recht ein Grundsatz der Gleichbehandlung konkurrierender Bieter aufgestellt, aus dem zB auch Konsequenzen für die Drittanfechtung gegen Maßnahmen der BaFin abgeleitet werden.[23]

Eine Pflicht der Behörde zur **Bietergleichbehandlung** wird man zwar aus Art. 3 Abs. 1 **14** GG ableiten können, auf § 3 Abs. 1 kann sie indessen nicht gestützt werden. § 3 Abs. 1 meint die vom Angebot betroffenen Wertpapierinhaber, nicht jedoch den oder die Bieter.[24]

## III. Zeit und Information zur Sicherung der Entscheidungsfreiheit der Aktionäre (Abs. 2)

**1. Normzweck.** Abs. 2 hält den **Hauptschutzzweck** des WpÜG fest, nämlich den **15** Aktionären genügend Zeit und Informationen zur Verfügung zu stellen, um eine informierte Entscheidung über die Weggabe ihrer Wertpapiere an den Bieter zu fällen. Damit wird zum einen festgehalten, **wer und was** vom WpÜG in erster Linie geschützt wird, nämlich die Aktionäre der Zielgesellschaft und ihre Entscheidungsbefugnis. Zweitens wird geklärt, **wovor** sie zu schützen sind: Nämlich vor Manipulation, Betrug und Einschränkung ihrer Freiheit der Entscheidung zum Verbleib in der Gesellschaft (durch Nichtannahme des Angebots) oder zum Verkauf ihrer Anteile zu den vom Bieter aufgestellten Konditionen. Ein Annahmedruck für die Aktionäre (sog. pressure to tender)[25] soll durch das Gesetz vermieden werden. Auch bei Abs. 2 stellt sich die Frage, **vor wem** die Adressaten des Angebots geschützt werden müssen. In erster Linie sind sie vor nicht ausreichender Information oder Zeitdruck durch den Bieter zu schützen. Dies kommt besonders deutlich in § 11 Abs. 1 S. 2 zum Ausdruck, in dem das Gebot ausreichender Information als unmittelbar auf den Bieter anwendbares Recht praktisch wortgleich wiederholt wird. Daneben muss ihnen insbesondere bei freundlichen Übernahmeangeboten ein Schutz vor ungenügender Information durch ihre Geschäftsleitung zuteilwerden. Ausnahmsweise kann die Geschäftsleitung der Zielgesellschaft versuchen, das Verfahren ungebührlich zu verlängern. Auch wenn § 3 Abs. 2 diese negative Seite des Zeitelements nicht ausdrücklich anspricht, so folgt doch aus dem Zusammenhang mit § 3 Abs. 3 die Notwendigkeit eines Schutzes der Wertpapierinhaber vor Verzögerungsmaßnahmen der Geschäftsleitung.

**2. Konkretisierung.** Konkretisiert wird der allgemeine Grundsatz durch die verschiede- **16** nen Informationsvorschriften des WpÜG sowie durch die Vorschriften über die Dauer und eventuelle Verlängerung des Angebots (besonders §§ 11, 12, 14, 16, 21–23, 25, 27, 28, 32, 33 Abs. 1). Durch die detaillierten Vorschriften über die Mindest- und Höchstdauer des Verfahrens dürfte eine sehr weitgehende Konkretisierung des Merkmals „genügend Zeit" erfolgt sein. Sollte sich durch unzureichende Abstimmung zwischen verschiedenen Aufsichtsbehörden oder durch Verzögerungen zB wegen Entscheidungen beim Bieter nach § 25 eventuell ein vom Gesetz nicht vorgesehener und nicht berücksichtigter Zeitdruck für die Aktionäre im Einzelfall ergeben, wird man § 3 Abs. 2 iVm § 4 Abs. 1 als Ermächtigungsvorschrift für die BaFin ansehen können, die Annahmefrist ausnahmsweise soweit nötig über den gesetzlichen Rahmen hinaus zu verlängern.

Auch durch die Vorschriften über den Inhalt der Angebotsunterlage dürfte eine praktisch **17** abschließende Konkretisierung des Informationsgebots erfolgt sein, soweit es die Informationspflichten des Bieters angeht (vgl. → § 11 Rn. 11 ff.; → § 11 Rn. 18 auch zur Aktualisierungspflicht). Allerdings sind hier zwei Besonderheiten zu nennen. Der Gesetzgeber hat

---

[23] Ausf. *Schnorbus* ZHR 166 (2002), 72 (115 f.); vgl. auch *Fleischer* ZIP 2001, 651 (653).
[24] Überwiegende Auffassung, s. Assmann/Pötzsch/Schneider/*Stephan* Rn. 8 mwN.
[25] Dazu ausf. *Clark,* Corporate Law, 1986, 545 f.; Assmann/Pötzsch/Schneider/*Pötzsch* Einl. WpÜG Rn. 10.

das Gebot **ausreichender Information** in § 11 Abs. 1 S. 1 wiederholt und dort nicht als Gesetzesziel, sondern als unmittelbar auf den Bieter anwendbares Recht formuliert, sodass eine Auffangnorm geschaffen wurde, falls das Gesetz unvollständig ist. Die Unterschiede im Wortlaut (hier: „ausreichende Information, um […] entscheiden zu können", dort: „die Angaben, die notwendig sind, um […] entscheiden zu können") rechtfertigen keine Unterschiede im Gemeinten. Zu der Frage, was unter „ausreichender" Information zu verstehen ist, vgl. daher → § 11 Rn. 11 und → Rn. 16. Zum zweiten dürfte es an einer ausreichenden Konkretisierung fehlen, soweit es um die Pflichten des Vorstands und des Aufsichtsrates der Zielgesellschaft geht. In § 27 ist lediglich eine allgemein gehaltene Stellungnahmepflicht aufgenommen. Diese behandelt einige schwierige Fragen nicht (wann muss die Geschäftsleitung der Zielgesellschaft die Aktionäre über Verhandlungen mit dem Bieter informieren, welche Interessenkonflikte und personelle Verflechtungen hat sie wann offenzulegen usw.?), sodass diesbezüglich ein Rückgriff auf § 3 Abs. 2 möglich ist.[26]

**18**   **3. Verhältnis zum Transparenzgrundsatz. Nicht zutreffend** ist es, Abs. 2 als übernahmerechtlichen **Transparenzgrundsatz** zu bezeichnen.[27] Damit wird verdeckt, dass mit den Vorschriften, die den in Abs. 2 enthaltenen Grundsätzen zuzuordnen sind, vor allem ein Schutz der Aktionäre durch ein ihre Interessen berücksichtigendes Verfahren bewirkt wird, das über bloße Information oder Transparenz deutlich hinaus geht. Transparent, aber mit Abs. 2 nicht zu vereinbaren wäre auch ein Übernahmeverfahren, das eine eintägige Annahmefrist für das Angebot vorsieht. Zum zweiten enthält Abs. 2 nur den Grundsatz, dass die Angebotsadressaten ausreichend informiert sein müssen. Davon, dass ihnen die Informationen leicht durchschaubar, also transparent präsentiert werden müssen, steht in Abs. 2 zunächst nichts. Das Gebot transparenter Information ist nur eine (in Abs. 2 freilich mit enthaltene) Ausprägung des Verbots der Irreführung des Vertragspartners[28] vor Vertragsschluss nach den Grundsätzen der cic, es folgt also bereits aus § 241 Abs. 2 BGB und hat eine nähere Ausprägung zB in §§ 305c Abs. 1 sowie 307 Abs. 1 S. 2 BGB gefunden. Daneben findet sich das Transparenzgebot auch im WpÜG, nämlich in § 11 Abs. 1 S. 4 Alt. 2 (Form, die ihr Verständnis und ihre Auswertung erleichtert, vgl. → § 11 Rn. 22).

**19**   Daraus folgt dreierlei: (1) In § 3 Abs. 2 ist nur das Gebot niedergelegt, den Anlegern eine **informierte Entscheidung** durch ausreichende Information sowie genügend Zeit zu ermöglichen. (2) Es gibt einen davon zu unterscheidenden **Transparenzgrundsatz** im Übernahmerecht, der aus der Zusammenschau aller Vorschriften folgt und den der Gesetzgeber in § 3 nicht ausdrücklich angesprochen hat. (3) Auch die aus dem Transparenzgrundsatz folgenden Gebote der Klarheit, Übersichtlichkeit und Verständlichkeit schweben nicht frei im Raum, sondern haben einen Zweck. Der Transparenzgrundsatz dient ebenso der Sicherung der **Entscheidungsfreiheit** der Anleger wie die in § 3 Abs. 2 ausdrücklich angesprochenen Prinzipien.

### IV. Pflicht des Managements, im Interesse der Zielgesellschaft zu handeln (Abs. 3)

**20**   **1. Gesetzliche Bindung von Vorstand und Aufsichtsrat.** Abs. 3 enthält die gesetzliche Verpflichtung des Vorstands und des Aufsichtsrats der Zielgesellschaft, ihre Entscheidungen am Interesse der Zielgesellschaft auszurichten. Dies ist als Wiederholung der bereits nach allgemeinem Aktienrecht bestehenden Pflicht zu verstehen, sich als Organ der Aktiengesellschaft loyal zu verhalten und nicht eigene Interessen über die der Aktiengesellschaft zu

---

[26] AA Assmann/Pötzsch/Schneider/*Assmann/Stephan* Rn. 21.

[27] So aber Angerer/Geibel/Süßmann/*Louven* Rn. 17; *Möllers* ZGR 2002, 664 (668); Assmann/Pötzsch/Schneider/*Assmann/Stephan* Rn. 20; vgl. auch BT-Drs. 14/7034, 29; wie hier Baums/Thoma/*Baums/Hecker* Rn. 24 mwN.

[28] Vgl. demgegenüber *Möllers* ZGR 2002, 664 (669), der dort Transparenzgebot und Informationspflicht gleichsetzt.

stellen. Trotz dieser Generalbindung an das Gesellschaftsinteresse verbleiben dem Vorstand genügend Handlungs- und Entscheidungsmöglichkeiten.

**2. Interessen der Zielgesellschaft.** Darunter ist die Gesamtheit der Aktionäre der **21** Zielgesellschaft zu verstehen, dh unter Einschluss des Bieters, wenn er Anteile an der Gesellschaft hält. Gemeint ist das Gesellschaftsinteresse, zu verstehen als Kollektivinteresse der Gesamtheit der Gesellschafter (alle Gesellschafter zusammen sind die Gesellschaft) und abzugrenzen von dem von vielen in den Raum gestellten sog. Unternehmensinteresse,[29] durch das andere *stakeholder,* insbesondere Arbeitnehmer, Gläubiger und Öffentlichkeit, miteinbezogen werden sollen. Die Begründung spricht freilich in (bewusster?) Abweichung vom Gesetzeswortlaut vom Unternehmensinteresse und verlangt neben der Berücksichtigung der Interessen der Gesellschaft insgesamt auch die der Aktionäre und der Arbeitnehmer.[30] Nähme man die Begründung insoweit ernst, so löste sich der Gesetzeswortlaut in eine undefinierbare Interessenwolke auf, denn naturgemäß können die Interessen einzelner Aktionäre von dem Gesellschaftsinteresse ebenso abweichen wie das Interesse der Arbeitnehmer.

Richtig ist es demgegenüber, die Geschäftsleitung der Zielgesellschaft für verpflichtet zu **22** halten, so zu handeln, wie sie als Prokurist eines Einzelkaufmanns handeln müsste (sog. sole owner standard). Dieses Prinzip verbietet dem Vorstand zB sämtliche Maßnahmen, mit denen die Aktionäre unter Verkaufsdruck gesetzt würden oder andererseits ihre Entscheidung zu verkaufen behindert würde. Konkreter, freilich im Verlauf des Gesetzgebungsverfahrens immer weiter verwässerter Ausdruck dieses Prinzips ist das Behinderungsverbot in § 33.

**3. Schutz anderer Interessen.** Bei einer Übernahme hat der Vorstand – wie auch nach **23** normalem Aktienrecht – außer den Aktionärsinteressen keine anderen Interessen zu wahren. Das entspricht zwar nicht der wohl herrschenden Auffassung,[31] folgt aber daraus, dass der Vorstand den Interessen der Gesellschaft bei einem Konflikt mit den Interessen von Bietern, Gläubigern, Arbeitnehmern oder der Öffentlichkeit den Vorrang einräumt. Sonst wäre der Vorstand abwägender Beamter, nicht Leiter der Aktiengesellschaft und damit Vertreter privater Interessen.

Insbesondere rechtfertigen Interessen von Arbeitnehmern keine Abwehrmaßnahmen **24** gegen Wertpapierangebote. Der Verkauf von Wertpapieren betrifft, auch soweit er im Rahmen einer Übernahme erfolgt, selbst die Arbeitnehmer in keiner Weise. Zwar kann eine Veränderung der Machtverhältnisse in der Gesellschaft Folgen haben; diese sind indessen nicht Gegenstand eines auf Kontrolle gerichteten Wertpapiererwerbsangebots.[32] Ob die Gesellschaft aufgelöst wird, ob sie einzelne Betriebe schließt, Arbeitnehmer entlässt oder das Unternehmen der Gesellschaft verkauft, sind sämtlich Entscheidungen, die getrennt vom Anteilskauf oder -verkauf getroffen werden und denen das Arbeitsrecht oder Wirtschaftsverwaltungsrecht, soweit nötig, Grenzen setzt.[33] Das Arbeitsrecht gilt vor, während und nach einem Wertpapierverkauf. Das Arbeits-, nicht aber das Gesellschaftsrecht kann Berücksichtigung der Arbeitnehmerinteressen verlangen und zwar *von der Gesellschaft,* für die ihr Vorstand handelt. Insoweit enthält das WpÜG auch Arbeitsrecht, wenn es vom Vorstand zB in § 10 Abs. 5 S. 2 verlangt, die ihm vom Bieter mitgeteilte Entscheidung zur Abgabe eines Angebots den Arbeitnehmern mitzuteilen.

**4. Gesetzlicher Befehl zur Berücksichtigung weiterer Interessen.** Soweit die **25** Begründung auf die Berücksichtigung von Arbeitnehmerinteressen, Aktionärsinteressen

---

[29] ZB *Kirchner* WM 2000, 1821 (1824 f.); *Kort* FS Lutter, 2000, 1421 (1426).
[30] BT-Drs. 14/7034.
[31] AA zB *Kirchner* WM 2000, 1821 (1824 f.); ebenso *Kort* FS Lutter, 2000, 1421 (1426) und *Wiese/Demisch* BB 2001, 849 (850) sowie die BegrRegE BT-Drs. 14/7034, 79 (83); ferner Angerer/Geibel/Süßmann/*Louven* Rn. 24 ff.; FK-WpÜG/*Schüppen* Rn. 22 ff.; Steinmeyer/*Steinhardt* Rn. 12 f.; Assmann/Pötzsch/Schneider/ *Krause/Pötzsch/Stephan* Rn. 34 ff.; wie hier Baums/Thoma/*Baums/Hecker* Rn. 32.
[32] Vgl. auch *Baums* in v. Rosen/Seifert Übernahme 165, 180.
[33] Ähnlich, aber vorsichtiger formulierend *Mülbert/Birke* WM 2001, 705 (715).

und Interessen der Gesellschaft insgesamt verweist, unterscheidet sie zwischen den Individualinteressen einzelner Aktionäre, Gesellschaftsinteressen (in der Begründung verstanden als Eigeninteresse der juristischen Person, unter das man uU noch die Interessen der Allgemeinheit und der Gläubiger subsumieren könnte) sowie Interessen der Belegschaft. Alle diese Einzelinteressen können divergieren und daher keine Richtschnur für das Vorstandshandeln bieten. Von welchen Interessen sich die Geschäftsleitung bei ihren Entscheidungen rechtlich hat leiten zu lassen, ist indes nur die eine Seite der Medaille: Selbstverständlich **berücksichtigt** die Geschäftsleitung **tatsächlich** auch die Interessen anderer *stakeholder* (im Einzelnen: einzelne Aktionäre, Gläubiger, Arbeitnehmer), weil sie eine Entscheidung sonst gar nicht im alleinigen Interesse der Gesellschaft treffen kann. Rechtlich gebunden werden kann die Geschäftsleitung jedoch nur an einen einheitlichen Maßstab, der oben unter b) beschrieben wurde. Dieser Maßstab bleibt als letzter Maßstab übrig, soweit nicht die konkrete Verpflichtung des Vorstands, eine bestimmte Entscheidung an einem bestimmten anderen als dem Gesellschaftsinteresse auszurichten, durch eine Einzelvorschrift angeordnet wird.

26      **5. Insbesondere: Die Verschwiegenheitspflicht der Geschäftsleitung.** Schon im Aktienrecht nicht endgültig geklärt ist die Reichweite des Rechts der Geschäftsleitung, Informationen an Dritte weiterzugeben. Damit wird die Frage nach den Grenzen der Verschwiegenheitspflicht des § 93 Abs. 1 S. 2 AktG gestellt (vgl. auch → AktG § 93 Rn. 43 ff.). Weitgehend Einigkeit besteht, dass im Einzelfall eine **Informationsweitergabe an Dritte** und sogar die Durchführung einer **due diligence** gerade durch das Interesse der Gesellschaft am Zustandekommen des Geschäfts gerechtfertigt sein kann[34] – auch **insiderrechtlich**. Näher → Rn. 48; zu den Informationen aus einer berechtigten Durchführung einer *due diligence* im Übrigen → Rn. 41 f. und → § 11 Rn. 73 ff.

27      Im Rahmen des WpÜG ist insoweit einerseits fraglich, ob bei **Konkurrenzangeboten** die Geschäftsleitung der Zielgesellschaft beide Bieter in Bezug auf die Informationsgewährung gleich behandeln muss.[35] Aus § 3 Abs. 1 lässt sich ein solches Gebot nicht entnehmen, wie oben dargestellt (→ Rn. 12). Auch unter dem Gesichtspunkt Gesellschaftsinteresse lässt sich danach fragen, ob der Vorstand dem Konkurrenzbieter Informationen geben darf, die er bei einer feindlichen Übernahme dem Erstbieter verweigert hat; umgekehrt fragt sich, ob er dem Konkurrenzbieter Informationen verweigern darf, die er dem (freundlichen) Erstbieter freiwillig gegeben hat. Geht man davon aus, dass mehrere Angebote und damit die Möglichkeit einer Auktion stets eher im Interesse der Gesellschaft liegen als nur ein Angebot eines einzelnen Bieters, so könnte man eine entsprechende Pflicht zur Bietergleichbehandlung tatsächlich als im Gesellschaftsinteresse liegend bezeichnen. Es dürfte jedoch wohl zu weit gehen, der Formulierung des Abs. 3 ein einklagbares Recht eines Konkurrenzbieters auf die Informationen zu entnehmen, die einem anderen Bieter erteilt wurden.[36] Denn konkrete Ansprüche Dritter sind der Norm nicht zu entnehmen, sie schützt nur die Interessen der Gesellschaft. Der Schutz eventueller Konkurrenzbieter lässt sich im Übrigen auch dadurch erreichen, dass in der Angebotsunterlage selbst die Insiderinformationen veröffentlicht werden (müssen), vgl. → § 11 Rn. 76.

28      Schon eher lässt sich Abs. 3 der Grundsatz entnehmen, dass eine **Exklusivvereinbarung** des Vorstands mit einem potentiellen Bieter des Inhalts, die Informationen keinem anderen

---

[34] Hüffer/*Koch/Koch* AktG § 93 Rn. 32 mwN; *Stoffels* ZHR 165 (2001), 362 ff.; s. auch *Körber* NZG 2002, 263 ff.; stark einschränkend *Lutter* ZIP 1997, 613 (618).

[35] Dazu *Fleischer* ZIP 2002, 651 ff.; *Hopt* ZGR 2002, 333 (358).

[36] *Hopt* ZGR 2002, 333 (358) will den Grundsatz wohl eher aus § 22 WpHG aF abgeleitet wissen; *Stoffels* ZHR 165 (2001), 362 (382) aus § 53a AktG (→ Rn. 6); Angerer/Geibel/Süßmann/*Louven* Rn. 14 leitet ihn aus Abs. 1 her; eine „Gesamtschau" will Steinmeyer/*Steinhardt* Rn. 13; *Hirte* ZGR 2002, 623 (640) mwN betrachtet es als Verstoß gegen die Interessen der Aktionäre, einem Bieter die Informationen zu verweigern und damit möglicherweise ein konkurrierendes Angebot zu verhindern; vgl. auch *Maier-Reimer* ZHR 165 (2001), 258 (264 f.); *Becker* ZHR 165 (2001), 280 (286), die ein solches Gleichbehandlungsgebot befürworten. Daraus kann man schließen, dass sich alle über die Geltung dieses Grundsatzes einig sind, aber dessen Rechtsgrundlage unklar ist. Zur hier vertretenen Auffassung siehe weiter im Text.

möglichen Bieter zu geben, als nicht im Gesellschaftsinteresse liegend unzulässig ist.[37] Das kann die Möglichkeiten bestimmter Verteidigungsmaßnahmen des Vorstands, besonders die Suche nach einem *white knight* (vgl. besonders → § 33 Rn. 131; → § 33 Rn. 154 ff.) einschränken.

### V. Pflicht zur zügigen Durchführung des Angebotsverfahrens (Abs. 4)

Abs. 4 hat zwei Aspekte, den allgemeinen Beschleunigungsgrundsatz, der in Abs. 4 S. 1 **29** niedergelegt ist, und das Ziel, die mit jedem Angebotsverfahren naturgemäß verbundene Behinderung der Zielgesellschaft möglichst kurz zu halten, Abs. 4. S. 2.

Der allgemeine Beschleunigungsgrundsatz des Abs. 4 S. 1 steht im Spannungsverhältnis zu **30** Abs. 2, der ausreichend Zeit für die Entscheidung der Wertpapierinhaber verlangt. Ein konkreter Sinn der Vorschrift ist kaum erkennbar, da das Gesetz selbst die Dauer des Verfahrens weitgehend vorschreibt. Insbesondere dem Bieter stellt das Gesetz in § 16 einen Zeitraum zur Verfügung, innerhalb dessen er frei die Dauer des Verfahrens gestalten kann. Aus Abs. 4 S. 1 wird man allenfalls ableiten dürfen, dass bei freundlichen Übernahmeangeboten der Vorstand der Zielgesellschaft keine Abwehrhauptversammlung nach § 16 Abs. 3 einberufen darf, um so im Einverständnis mit dem Bieter die Annahmefrist auf 10 Wochen zu verlängern. *Schüppen* spricht daher zu Recht von einer bloß **deklaratorischen Bedeutung** des Abs. 4.[38] Der Gesetzgeber rechtfertigt gewissermaßen die von ihm getroffenen Verfahrensregelungen.

Abs. 4 S. 2 enthält gegenüber S. 1 nur einen zusätzlichen Grund für das gesetzliche Ziel **31** rascher Verfahren, nämlich die mit öffentlichen Angeboten verbundene Behinderung von Zielgesellschaften. Das Ziel, diese Behinderung möglichst gering zu halten, kommt im Wortlaut des Gesetzes nicht zum Ausdruck, sondern nur, die Behinderung **möglichst kurz** zu halten. Davon, dass die BaFin rechtsmissbräuchliche Angebote mit dem Ziel der Wettbewerbsverhinderung gem. § 4 Abs. 1 S. 2 zu untersagen hat, ist in der Vorschrift also nicht die Rede.[39] Das Gesetz geht vielmehr davon aus, dass jedes Angebot zugleich eine Behinderung der Zielgesellschaft darstellt und daher nicht länger als nötig dauern soll. Da Abs. 4 S. 2 im Passiv formuliert ist, kann die Norm auch an die BaFin gerichtet sein. Diese soll also durch ihre Entscheidungen nicht zu einer unnötigen Verlängerung des Verfahrens beitragen.

### VI. Verbot von Marktverzerrungen (Abs. 5)

**1. Allgemeines.** Das WpÜG enthält kapitalmarktrechtliche Regelungen, bei der die **32** rechtzeitige und richtige, das heißt inhaltlich richtige, vollständige und transparente Information der Anleger im Vordergrund steht. Durch das Handeln informierter Anleger, so das Gesetzesziel, kommt es zu einer **richtigen Preisbildung** der Wertpapiere der Zielgesellschaft. Durch Falschinformation, Insiderhandel oder Handel mit manipulativer Absicht kann es dagegen zu Kursen kommen, die nicht allein das Ergebnis einer freien Preisbildung am Markt sind. Derartige Eingriffe verbietet § 3 Abs. 5. Der Begriff der Marktverzerrung ist dabei wohl kaum von dem der Kursmanipulation abzugrenzen.[40]

Gegen **Marktverzerrungen** kämpft einerseits das WpÜG selbst durch die das Angebots- **33** verfahren und die seine Publizität regelnden Vorschriften, insbesondere durch die §§ 10, 11, 14, 23. Daneben bleiben allgemeine kapitalmarktrechtliche Regeln anwendbar, so beispielsweise die Anzeigepflichten der §§ 33 ff. WpHG oder die Insidervorschriften der Art. 7 ff. MAR[41] sowie der Tatbestand der Marktmanipulation gem. Art. 12, 15 MAR.[42]

---

[37] Vgl. dazu ausf. *Fleischer* ZIP 2002, 651 ff.
[38] FK-WpÜG/*Schüppen* Rn. 33.
[39] Vgl. aber Angerer/Geibel/Süßmann/*Louven* Rn. 40.
[40] Vgl. FK-WpÜG/*Schüppen* Rn. 34; die RegBegr betrachtet die Kursmanipulation, insbes. den Kursbetrug des § 88 BörsG, dagegen als Unterfall der Marktverzerrung, vgl. BT-Drs. 14/7034, 35.
[41] Ausf. dazu *Assmann* ZGR 2002, 697 (722 ff.).
[42] Ausf. dazu *Poelzig* NZG 2016, 528 (535 ff.).

**34**    Auch außerhalb der Tatbestände der Marktmanipulation und des Insiderhandels[43] kann durch Transaktionen auf den Kurs der Zielgesellschaft eingewirkt werden, zB durch ständige **Hin- und Herbewegungen** zu bestimmten Preisen, um den Mindestkurs des § 5 WpÜG-Angebotsverordnung kontinuierlich nach unten zu drücken. Da diese Transaktionen keine Scheingeschäfte sind, dürften sie auch nicht unter § 88 Nr. 2 BörsG aF fallen.[44] Ob sie Art. 12 Abs. 1 lit. a MAR untersagt, ist zweifelhaft. Zwar besteht eine gewisse Nähe zu „fiktiven Geschäften", die zwar rechtsverbindlich sind, aber wirtschaftlich zu keinem Austausch führen *(matched orders)*.[45] Doch fehlt es bei Hin- und Herbewegungen an der zu fordernden Täuschungshandlung.[46] Die Bewegungen senken den Durchschnittskurs auch dann, wenn Käufer und Verkäufer kundtun, dass es ihnen nur darum geht. Wohl aber sind derartige Einflussnahmen durch § 3 Abs. 5 untersagt.[47]

**35**    Verstöße gegen § 3 Abs. 5 sind nach Auffassung von *Assmann* lediglich durch die Eingriffsbefugnis der BaFin gem. § 4 sanktioniert.[48] Daneben vertritt er die Ansicht, dass nach Inkrafttreten des § 20a WpHG aF (Verbot der Marktmanipulation, jetzt in Art. 12, 15 MAR) jede unrichtige oder unterlassene erhebliche Angabe in der Angebotsunterlage eine Ordnungswidrigkeit im Sinne dieser Vorschrift sei.[49] Beide Positionen sind abzulehnen. Über die richtige **Sanktion bei Verstößen** gegen § 3 Abs. 5 muss im **Einzelfall** entschieden werden. Dabei hat die Sanktion so auszufallen, dass die Vorschrift wirkungsvoll bleibt und ihr der notwendige *effet utile* verschafft wird. Bei unrichtigen oder unterlassenen wesentlichen Angaben in der Angebotsunterlage enthalten die §§ 12, 15, 60 Abs. 1 zT leges speciales, hinter die die Vorschriften des WpHG zurücktreten.

**36**    **2. Insiderrecht. a) Allgemeines.** Insbesondere während und nach Abschluss der Planungen des Bieters, aber noch vor der Veröffentlichung der Angebotsunterlage besteht ein erhöhtes Risiko des Abschlusses von Insidergeschäften. So können etwa Mitglieder der Geschäftsleitung des Bieters vor Angebotsveröffentlichung versucht sein, Aktien ihrer Gesellschaft oder der Zielgesellschaft zu kaufen oder zu veräußern, um von zu erwartenden Kurssteigerungen oder -verlusten nach der Veröffentlichung der Unterlage zu profitieren.[50]

**37**    Das WpÜG versucht in § 10, durch eine § 15 WpHG aF nachgebildete Veröffentlichungspflicht des Bieters, solche Geschäfte in Grenzen zu halten. § 10 betrifft allerdings nur einen Teil des Instrumentariums gegen Insidergeschäfte und ist für sich genommen nicht ausreichend, Insidergeschäfte in der kritischen Phase wirksam zu bekämpfen. § 10 Abs. 6 schließt die Regeln über Insidergeschäfte nicht aus, sondern nur die ad hoc-Publizitätspflicht nach Art. 17 MAR. Daher stellt sich die Frage, für wen und unter welchen Umständen aus den Art. 7 ff. MAR strafrechtlich bewehrte **Insiderverbote** folgen. Bei der Darstellung ist zwischen dem Bieter und der Zielgesellschaft sowie nach der Art der Insidertatsachen zu unterscheiden.

**38**    **b) Insiderinformation.** Nach Art. 7 MAR kommt es nicht mehr auf Insidertatsachen, sondern auf Insider*informationen* an. Solche werden definiert als nicht öffentlich bekannte präzise Information mit erheblichem Kursbeeinflussungspotential; dazu gehören gem. Art. 7 Abs. 2 S. 1 MAR auch mit hinreichender Wahrscheinlichkeit künftig eintretende Umstände.

---

[43]  Zum Verhältnis zwischen Insiderhandel und Kursmanipulation *Ziouvas* ZGR 2003, 113 (130).

[44]  Vgl. Schäfer/Hamann/*Ledermann* BörsG § 88 Rn. 12.

[45]  Zu matched orders *Altenhain* BB 2002, 1874 (1877): Zwei Marktteilnehmer geben gegenläufige Aufträge mit im Wesentlichen gleichen Volumen und Preisen in den Markt, sodass der Anschein erweckt wird, es bestehe reges Interesse an dem Wertpapier.

[46]  Zweifelnd insoweit – mögliche Einstufung als Täuschungshandlung nehme Unwerturteil nicht vorweg – *Ziouvas* ZGR 2003, 113 (134).

[47]  Keinen praktischen Anwendungsbereich des § 3 Abs. 5 sehen dagegen FK-WpÜG/*Schüppen* Rn. 36; Assmann/Pötzsch/Schneider/*Assmann*/*Stephan* Rn. 62.

[48]  *Assmann* ZGR 2002, 697 (721 f.).

[49]  *Assmann* ZGR 2002, 697 (721 f.).

[50]  Allgemein dazu *Hopt* ZGR 2002, 333 ff.

Nach der Neuformulierung ist auch die Frage beantwortet, was als (künftiger) Umstand im Sinne der Vorschrift in Betracht kommt. Denn gemäß Art. 7 Abs. 2 S. 2 MAR können im Fall eines zeitlich gestreckten Vorgangs auch die Zwischenschritte in diesem Vorgang als präzise Information betrachtet werden.[51]

Dementsprechend ist erstens davon auszugehen, dass jedenfalls die **Entscheidung zur 39 Abgabe eines Angebots isd § 10** stets als ein selbstständiger Umstand isd Art. 7 MAR in Betracht zu ziehen ist. Da Vorfeldtatbestände bei hinreichender Wahrscheinlichkeit der Entscheidung Insiderinformationen sein können, es kommt keinesfalls auf den „Zusammenschluss" an sich an. Ob das der Fall ist und das Wissen über einen solchen Vorfeld-Umstand damit zur Insiderinformation wird, kann nicht davon abhängen, ob der Entschluss zur Abgabe eines Angebots bereits endgültig gefasst ist. Bereits die **Planungsphase** selbst, während der der Bieter Informationen sammelt und eventuell die Finanzierung geklärt wird, ist in der Regel ein bereits eingetretener Umstand isd Art. 7 MAR, weil erfahrungsgemäß ein verständiger Anleger die Kenntnis von einer solchen Planungsphase bei seiner Anlageentscheidung berücksichtigen würde.[52] Ferner begründet die Aufnahme von Vorgesprächen mit dem Vorstand der Zielgesellschaft oder mit Großaktionären zwar nicht unbedingt eine hinreichende Wahrscheinlichkeit für die Angebotsabgabe, ist indessen selbst ein (bereits eingetretener) Umstand, der in aller Regel eine genügend präzise Information darstellt und kurserheblich ist.[53] Das gilt insbesondere dann, wenn bereits Vertraulichkeitsvereinbarungen (non disclosure agreements) abgeschlossen wurden.[54]

Davon zu trennen sind solche Informationen, die im Zuge der Planung im Vorfeld der 40 Entscheidung über die Abgabe eines Angebots etwa im Rahmen einer due diligence erlangt werden (→ § 11 Rn. 71 ff. und → Rn. 41). Eine ganz andere Frage ist, ob das Vorliegen einer Insiderinformation auch zur Ad-hoc-Publizität führt (→ § 10 Rn. 83 ff.).

**c) Insiderhandelsverbot: Bieter und dem Bieter zuzuordnende Personen.** Der 41 Bieter selbst ist Insider, und zwar gem. Art. 8 Abs. 4 UAbs. 1 oder 2 MAR, da er zumindest beabsichtigt, eine Beteiligung an der Zielgesellschaft zu erwerben.[55] Er darf jedoch seinen Plan, Anteile der Zielgesellschaft zu erwerben, auch noch nach dem Zeitpunkt ausführen, in dem er selbst sich entschieden hat, ein Angebot abzugeben. Der Aktienerwerb ist möglicherweise Teil des Angriffsplans, und niemand kann allein durch die Umsetzung eines selbst bereits gefassten Plans gegen das Insiderhandelsverbot verstoßen, so nun auch Art. 9 Abs. 5 MAR.[56] Das gilt namentlich dann, wenn der Vorstand einer Bietergesellschaft gemäß dem von ihm gefassten Beschluss die Anweisung gibt, vor Veröffentlichung der Entscheidung möglichst viele Anteile an der Zielgesellschaft aufzukaufen.

---

[51] Assmann/Schneider/Mülbert/*Assmann* VO (EU) Nr. 596/2014 Art. 7 Rn. 52; *Schäfer* in Marsch-Barner/Schäfer börsennotierte AG-HdB Rn. 14.15 mwN.

[52] Vgl. bereits vor Inkrafttreten des AnSVG *Assmann* ZGR 2002, 697 (700 ff.); wie hier auch Schäfer/Hamann/*Schäfer* WpHG § 13 Rn. 18; *Schäfer* in Marsch-Barner/Schäfer börsennotierte AG-HdB Rn. 14.14; *Bachmann* ZHR 172 (2008), 599 (609); zurückhaltend demgegenüber, zugleich sehr ausf. die einzelnen Schritte betrachtend *Hopt/Kumpan* ZGR 2017, 765 (786–790).

[53] Widersprüchlich *Hopt/Kumpan*, ZGR 2017, 765 (794 f.): einerseits soll auch bei Vorgesprächen mit Zielgesellschaft und Paketaktionären für den Bieter noch keine Insiderinformation vorliegen, andererseits seinen Organen die Ausnutzung dieses Stadiums bereits verboten sein; diese Relativierung des Begriffs der Insiderinformation ist unzulässig; aA wohl *Meyer/Kiesewetter* WM 2009, 340 (341); tendenziell enger auch Emittentenleitfaden 2013, III.2.1.1.1, S. 33, wenngleich die BaFin wohl – wie nach Art. 7 ff. MAR nunmehr allein vertretbar – die bereits eingetretenen Zwischenschritte auf dem Weg zu einer Angebotsabgabe im Wege einer Gesamtschau auf ihre Kursrelevanz und nicht im Hinblick auf die Wahrscheinlichkeit des künftigen Angebots oder der künftigen Fusion untersuchen will.

[54] In diesem Sinne nun auch der Entwurf eines Moduls C für die 5. Aufl. des Emittentenleitfadens, S. 27 f., im Internet abrufbar unter www.bafin.de.

[55] Vgl. AG 1994, 237 (240) sowie BGH AG 1997, 40 (41), die die Organmitglieder des Bieters für Primärinsider halten, was nicht erklärbar wäre, wenn nicht der Bieter selbst ebenfalls Primärinsider wäre.

[56] *Schäfer* in Marsch-Barner/Schäfer börsennotierte AG-HdB Rn. 14.54; *Hopt/Kumpan*, ZGR 2017, 765 (791); so bereits *Assmann* ZGR 2002, 697 (701 f.) mwN; Assmann/Schneider/Mülbert/*Assmann* VO (EU) Nr. 596/2014 Art. 9 Rn. 23; *Decker*, Ad-hoc-Publizität bei öffentlichen Übernahmen, 2008, 47 f.; *Oechsler* NZG 2001, 817 (820).

**42**   Man wird allerdings gleichwohl gewisse **insiderrechtliche Grenzen für den Kauf von Anteilen** an der Zielgesellschaft durch den Bieter ziehen müssen. Eine Grenze ergibt sich aus der Pflicht, die Entscheidung zur Abgabe des Übernahmeangebots gem. § 10 zu veröffentlichen. Den Zeitpunkt kann der Bieter grundsätzlich zwar weitgehend selbst bestimmen. Man muss ihn aber für verpflichtet halten, spätestens bei Überschreitung der **Meldeschwelle** von 10% eine Entscheidung gem. § 10 zu veröffentlichen (vgl. → § 10 Rn. 27). Eine zweite Grenze hängt mit der ersten zusammen. Sobald der Bieter durch den Anteilserwerb eine Meldeschwelle iSd § 33 WpHG überschreitet, hat er dies der Gesellschaft zu melden, die Meldung ist gem. § 40 WpHG zu veröffentlichen. Unterlässt der Bieter diese Mitteilung (oder die Veröffentlichung der Entscheidung nach § 10 oder beides), so handelt es sich bei den anschließend getätigten Erwerbsgeschäften um bei Strafe verbotene Insidergeschäfte iSd Art. 14 lit. a MAR.[57] Das hat auch Folgen für die Durchsetzung der Zurechnungsregeln des § 30 (→ § 30 Rn. 15 ff.).

**43**   Eine dritte Grenze ergibt sich schließlich aus der Erlangung von Insiderinformationen während der Umsetzung des Plans, etwa infolge der Durchführung einer **due diligence** (vgl. → § 11 Rn. 71 ff.) Eine durch die due diligence erlangte Insiderinformation sperrt den **weiteren Beteiligungsaufbau** durch den Bieter bis zur Abgabe des öffentlichen Angebots, soweit er sich außerhalb von solchen face-to-face-Geschäften abspielt, bei denen die fragliche Information beiden Parteien bekannt ist. Die BaFin hält den Bieter für verpflichtet, dafür zu sorgen, dass die Zielgesellschaft die Erkenntnisse aus der due diligence als Ad-hoc-Mitteilung nach § 15 Abs. 1 WpHG veröffentlicht, bevor das öffentliche Übernahmeangebot abgegeben wird (näher → § 11 Rn. 74; → § 11 Rn. 76).[58] Der ergibt sich nun auch aus Art. 9 Abs. 4 UAbs. 2 MAR. Die sog. **Master-Plan-Theorie**[59] ist hingegen scharf abzulehnen, soweit sie auch den Beteiligungsaufbau nach der due diligence außerhalb der genannten face-to-face-Geschäfte,[60] also etwa den börslichen Erwerb mangels Kausalität der erlangten Information für den weiteren Beteiligungskauf erlauben will.[61] Wer will denn beurteilen, ob der weitere Beteiligungsaufbau durch den Bieter nicht doch auf der erlangten Insiderinformation statt auf seinem angeblichen Master-Plan beruht? Einer eventuellen, von manchen empfohlenen,[62] Dokumentation der eigenen Absichten oder einem „letter of intent" des Bieters[63] ist mE keinerlei Aussagekraft beizumessen; vor allem werden diese ja niemandem zur Kenntnis gebracht, wenn nach der due diligence *kein* Angebot abgegeben wird. Diese Beurteilung wird durch die Entscheidung des EuGH im Fall **„Spector Photo Group"** nicht in Frage gestellt, da diese Entscheidung dem Insider gerade die Berufung auf subjektive Elemente abschneidet.[64] Es ist vielmehr umgekehrt ausgeschlossen, dass im

[57] Wie hier Assmann/Schneider/Mülbert/*Assmann* VO (EU) Nr. 596/2014 Art. 8 Rn. 61; *Hopt* ZGR 2002, 333 (351); Park/*Hilgendorf* WpHG § 14 Rn. 148; *Caspari* ZGR 1994, 530 (542 f.); mit Einschränkungen *Hopt/Kumpan* ZGR 2017, 765 (793 f.) sowie *Cascante/Topf* AG 2009, 53 (57): nur, soweit die Information zur erheblichen Kursbeeinflussung geeignet ist; Schwark/Zimmer/*Kumpan/Schmidt* VO (EU) 596/2014 Art. 8 Rn. 85; aA Schiessl FS 25 Jahre WpHG, 2019, 171, 174; Schäfer/Hamann/*Opitz* § 28 Rn. 59; *Vaupel/Uhl* WM 2003, 2126 (2130) sowie ohne nähere Auseinandersetzung → § 59 Rn. 55 *(Schlitt)*; weitere Nachweise bei Angerer/Geibel/Süßmann/*Tschauner* § 59 Rn. 82 in Fn. 124.

[58] Vgl. *Bank* NZG 2012, 1337, 1340 mwN; ferner Emittentenleitfaden 2013, 38 f.

[59] Dazu *Drinkuth* in Marsch-Barner/Schäfer börsennotierte AG-HdB Rn. 60.46 f.; *Bank* NZG 2012, 1337 (1340 f.) mN zum Meinungsstand; Assmann/Schneider/Mülbert/*Assmann* VO (EU) Nr. 596/2014 Art. 8 Rn. 59 f.; *Bachmann* ZHR 172 (2008), 577 (629); *Brandi/Süßmann* AG 2004, 642 (645 f.); *Cahn* Konzern 2005, 5 (10); Assmann/Pötzsch/Schneider/*Krause/Pötzsch* § 35 Rn. 244 mwN.

[60] Zu diesen Geschäften vgl. *Cahn* Konzern 2005, 5 (10 f.).

[61] So namentlich *Brandi/Süßmann* AG 2004, 642 (646); Schwark/Zimmer/*Kumpan/Schmidt* VO (EU) 596/2014 Art. 8 Rn. 85; wohl auch Schäfer/Hamann/*Schäfer* WpHG § 14 Rn. 69; Assmann/Schneider/Mülbert/*Assmann* VO (EU) Nr. 596/2014 Art. 8 Rn. 59 f., 31; Assmann/Pötzsch/Schneider/*Krause/Pötzsch* § 35 Rn. 244; unklar *Cascante/Topf* AG 2009, 53 (56 f.); die Auffassungen vor Inkrafttreten der MAR zusammenfassend *Bühren* NZG 2017, 1172 (1173 f.).

[62] *Cascante/Topf* AG 2009, 53 (56 f.); *Drinkuth* in Marsch-Barner/Schäfer börsennotierte AG-HdB Rn. 60.52; Bühren NZG 2017, 1172 (1176); Kölner Komm WpHG/*Klöhn* WpHG § 14 Rn. 197; *Bank* NZG 2012, 1337 (1342).

[63] Gegen dessen Relevanz auch *Bank* NZG 2012, 1337 (1342).

[64] Zutr. *Bussian* WM 2011, 8 (13).

Verlauf der due diligence erlangte Insiderinformationen nicht zumindest mitursächlich für den weiteren Beteiligungserwerb sind.[65] Solange der Bieter noch keine Entscheidung zur Abgabe eines Angebots veröffentlicht hat, mag er auch nach der Durchführung einer due diligence zwar über Paketverkäufe weiterverhandeln und diese auch durchführen dürfen, wenn die fragliche Insiderinformation dabei auch seinem Geschäftspartner – in zulässiger Weise – bekannt ist. Der anderweitige, insbesondere der börsliche weitere Erwerb ist dagegen als verbotener **alongside-purchase** einzuordnen, auch wenn ihn der Bieter von Anfang an beabsichtigt haben mag.

Nicht als verbotener Insiderhandel einzuordnen ist die Abstandnahme von den Übernah- **44** meplänen nach einer due diligence, durch die der Bieter negative Informationen über die Zielgesellschaft erlangt hat.[66] Soweit diese Informationen allerdings Insiderinformationen darstellen, darf der Bieter weder bereits erteilte Kaufaufträge abbrechen (Art. 8 Abs. 1 S. 2 MAR)[67] noch bereits erworbene Anteile der Zielgesellschaft wieder veräußern. Er muss darauf hinwirken bzw. abwarten, dass die Zielgesellschaft diese Informationen bekannt macht oder sie auf andere Weise ihren Charakter als Insiderinformation verlieren.[68]

Da sowohl die Planungsphase als auch der bereits gefasste Entschluss zur Abgabe eines **45** Übernahmeangebots Insiderinformationen sind (→ Rn. 38), gilt das Insiderhandelsverbot für die **Organmitglieder einer Bietergesellschaft** sowie für alle **sonstigen Personen,**[69] die Kenntnis von den Bieterplänen erlangt haben.[70] Dabei ist davon auszugehen, dass etwa der Vorstand, aber auch der Aufsichtsrat oder ein kontrollierender Aktionär einer Bieter-AG Insider gemäß Art. 8 Abs. 4 UAbs. 1 lit. c MAR (ehemals § 38 Abs. 1 Nr. 2 lit. c WpHG aF) sind, da sie zumindest auf Grund ihrer Tätigkeit bestimmungsgemäß Kenntnis von dem Bieterplan erlangen.[71] Für die Organmitglieder ergibt sich das aus der Natur ihrer Aufgabe, für einen eventuell den Bieter kontrollierenden Aktionär ergibt es sich aus seiner ihm im Rahmen des § 131 AktG von der hM eingeräumten Sonderstellung.[72] Ist der Bieter in der Rechtsform einer GmbH organisiert, sind tätigkeitsbezogene Insider die Geschäftsführer, aber auch die Gesellschafter, soweit sie die Information auf Grund ihrer Stellung in der Gesellschaft und ihren Informationsrechten nach § 51a GmbHG erlangt haben. Im Übrigen wird man auf den Einzelfall abstellen müssen.

Wie auch Art. 9 Abs. 4 MAR und Art. 11 Abs. 2 MAR zeigen, so darf der Bieter zwar **46** seine Pläne in die Tat umsetzen. Allerdings unterliegt er im Grundsatz dem **insiderrechtlichen Offenlegungsverbot** (Art. 14 lit. c MAR), sodass er gehalten ist, den Kreis derjenigen klein zu halten, die von seinem Plan befugt erfahren. Eine befugte Weitergabe kommt nur insoweit in Betracht, als es zur Vorbereitung der Entscheidung nach § 10 **unerlässlich** ist.[73] Der Bieter darf freilich Paketaktionäre der Zielgesellschaft unter den etwas leichteren Bedingungen des Art. 11 Abs. 2 MAR im Rahmen einer Marktsondierung ansprechen.[74]

---

[65] So richtig *Diekmann/Sustmann* NZG 2004, 929 (931); klar auch Kölner Komm WpHG/*Pawlik*, 1. Aufl. 2007, WpHG § 14 Rn. 20 ff., 23; abw. und kaum noch nachvollziehbar jetzt aber Kölner Komm WpHG/ *Klöhn* WpHG § 14 Rn. 196: entgegen *Klöhn* ist auch die Feststellung der Abwesenheit negativer Tatsachen eine wertvolle Insiderinformation; aA aber auch *Fromm-Russenschuck/Banerjea* BB 2004, 2425 (2427 f.).

[66] Zutr. Assmann/Schneider/Mülbert/*Assmann* VO (EU) Nr. 596/2014 Art. 8 Rn. 60; *Hopt/Kumpan* ZGR 2017, 765 (800); *Bühren* NZG 2017, 1172 (1176 f.), je mwN.

[67] Insoweit aA, aber mit nicht nachvollziehbarer Argumentation, Assmann/Schneider/Mülbert/*Assmann* VO (EU) Nr. 596/2014 Art. 8 Rn. 60 iVm 29: Der Wortlaut von Art. 8 Abs. 1 S. 2 MAR ist eindeutig, der durch den Nichterwerb erzielte Sondervorteil entspricht dem der Veräußerung.

[68] Wie hier *Bühren* NZG 2017, 1172 (1176 f.); wohl auch *Hopt/Kumpan* ZGR 2017, 765 (800).

[69] Assmann/Schneider/*Assmann* WpHG § 14 Rn. 144 f., zB auch die nach § 13 WpÜG beteiligten Kreditinstitute.

[70] Dazu, dass der potentielle Bieter Berater, Banken und Mitbieter insiderrechtlich über seine Pläne informieren darf, *Hopt* ZGR 2002, 333 (338 f.); dazu auch *Hasselbach* NZG 2004, 1087 ff.

[71] BGH AG 1997, 40 (41); *Assmann* ZGR 2002, 697 (703 f.).

[72] Vgl. nur Hüffer/Koch/*Koch* AktG § 131 Rn. 38.

[73] Zum Erfordernis der Unerlässlichkeit EuGH NZG 2006, 60 (62) – Grøngaard und Bang; ob das unter der Geltung der MAR noch gilt, ist str., s. Assmann/Schneider/Mülbert/*Assmann* VO (EU) Nr. 596/2014 Art. 10 Rn. 20 f.; mit Recht diff. *Fuhrmann* WM 2018, 645 (647 f.).

[74] Dazu ausf. Assmann/Schneider/Mülbert/*Assmann* VO (EU) Nr. 596/2014 Art. 11 Rn. 24 ff., 37 ff. sowie *Hopt/Kumpan* ZGR 2017, 765 (794); *Fuhrmann* WM 2018, 593 (597 f.).

Die Erleichterungen des Art. 11 Abs. 2 MAR gelten allerdings nur bei Übernahmeangeboten iSd § 29 Abs. 1, nicht bei einfachen Erwerbsangeboten.[75] Ansonsten hat der Bieter entweder die Planungsphase geheim zu halten oder aber analog § 10 eine Veröffentlichung vorzunehmen (→ § 10 Rn. 87 ff.). An **gemeinsam handelnde Personen** (ghP) im Sinne des § 2 Abs. 5 darf der Bieter Informationen über seine Pläne ohne Verstoß gegen Art. 14 lit. c MAR iVm Art. 10 MAR weitergeben, da er als dazu befugt anzusehen ist und es sonst zu einer Zusammenarbeit nicht kommen könnte.[76] So kann er etwa Mitbieter suchen. Diese werden dadurch allerdings ebenfalls zu Insidern und unterliegen den Insiderverboten, auch – und gerade – wenn sie das Ansinnen des potentiellen Bieters ablehnen.[77] Unter der Voraussetzung, dass darüber anschließend in den vom WpÜG vorgeschriebenen Veröffentlichungen nach §§ 11, 23 zutreffend informiert wird, können die ghP den Bieter bei der Durchführung seines Planes (Kauf von Anteilen) unterstützen, ohne gegen Insiderhandelsverbote zu verstoßen, ansonsten unterliegen sie den Insiderverboten ohne Besonderheiten.[78] Überschreitet allerdings der Kreis der einbezogenen Personen eine bestimmte Schwelle und wird dadurch die Gefahr der Kenntnisnahme Dritter greifbar, so kann der Bieter durch Veröffentlichung analog § 10 einem Verstoß gegen das Insiderverbot ausweichen (vgl. → § 10 Rn. 87 ff.).

**47**     **d) Insiderhandelsverbot: Zielgesellschaft und die ihr zuzuordnenden Personen.** Regelmäßig werden einem freundlichen, uU auch einem feindlichen Übernahmeangebot Verhandlungsversuche mit dem Vorstand der Zielgesellschaft vorangehen. Die Organmitglieder der Zielgesellschaft, Angestellte und deren Hilfspersonen, nicht aber die Zielgesellschaft selbst unterliegen insoweit unproblematisch als Insider gem. Art. 8 Abs. 4 lit a und c MAR den Verboten der Art. 7 ff. MAR.[79] Das muss richtigerweise bereits in dem Moment beginnen, in dem der Bieter erstmals mit dem Vorstand der Zielgesellschaft Kontakt aufnimmt, und endet mit der Veröffentlichung nach § 10 (vgl. → § 11 Rn. 72 ff. und → § 10 Rn. 88).

**48**     **e) Informationen von der Geschäftsleitung der Zielgesellschaft.** Besonderes gilt für die Frage der **Verwertung von Informationen,** die dem Bieter im Verlauf von Verhandlungen über eine freundliche Übernahme durch die Verwaltung der Zielgesellschaft zur Verfügung gestellt werden. Dies ist in den Erläuterungen zu § 11 (→ Rn. 72 ff.) besprochen. Die mit der Durchführung einer due diligence verbundene Informationsweitergabe ist kein Verstoß gegen das insiderrechtliche Weitergabeverbot aus Art. 14 lit. c MAR iVm Art. 10 MAR.[80]

**49**     **3. Fragen der ad hoc-Publizität von Bieter und Zielgesellschaft vor der Veröffentlichung der Angebotsunterlage.** → § 10 Rn. 83 ff.

---

[75] *Fuhrmann* WM 2018, 593 (597 f.); Assmann/Schneider/Mülbert/*Assmann* VO (EU) Nr. 596/2014 Art. 11 Rn. 26 gegen *Zetzsche* AG 2016, 610 (612) und Klöhn/*Brellochs,* Marktmissbrauchsverordnung, 2018, MAR Art. 11 Rn. 66.

[76] *Schäfer* in Marsch-Barner/Schäfer börsennotierte AG-HdB Rn. 14.90; Assmann/Schneider/Mülbert/*Assmann* VO (EU) Nr. 596/2014 Art. 11 Rn. 38; auch *Hopt/Kumpan* ZGR 2017, 765 (788 ff.), allerdings unter der fehlgehenden Prämisse, iaR liege zu diesem Zeitpunkt noch keine Insiderinformation vor. Jedoch wäre dann die Zulässigkeit von Gesprächen trivial; schon früher *Assmann* ZGR 2002, 697 (705); *Hopt* ZGR 2002, 333 (338 ff.).

[77] Zutr. *Hopt/Kumpan* ZGR 2017, 765 (790); *Assmann* ZGR 2002, 697 (705).

[78] So zutr. *Assmann* ZGR 2002, 697 (705).

[79] Ausf. *Assmann* ZGR 2002, 697 (706 ff.); *Hopt* FS Lutter, 2000, 1361 ff., 1395.

[80] Assmann/Schneider/Mülbert/*Assmann* VO (EU) Nr. 596/2014 Art. 10 Rn. 56; s. auch *Assmann* ZGR 2002, 697 (708) mwN in Fn. 31; *Stoffels* ZHR 165 (2001), 362 (379 ff.) mwN; *K. Mertens* AG 1997, 541; *Hopt* ZGR 2002, 333 (356 ff.); *Oechsler* NZG 2001, 817 (820).

# Abschnitt 2. Zuständigkeit der Bundesanstalt für Finanzdienstleistungsaufsicht

## § 4 Aufgaben und Befugnisse

(1) [1]Die Bundesanstalt übt die Aufsicht bei Angeboten nach den Vorschriften dieses Gesetzes aus. [2]Sie hat im Rahmen der ihr zugewiesenen Aufgaben Missständen entgegenzuwirken, welche die ordnungsmäßige Durchführung des Verfahrens beeinträchtigen oder erhebliche Nachteile für den Wertpapiermarkt bewirken können. [3]Die Bundesanstalt kann Anordnungen treffen, die geeignet und erforderlich sind, diese Missstände zu beseitigen oder zu verhindern.

(2) Die Bundesanstalt nimmt die ihr nach diesem Gesetz zugewiesenen Aufgaben und Befugnisse nur im öffentlichen Interesse wahr.

**Schrifttum:** *Aha,* Rechtsschutz der Zielgesellschaft bei mangelhaften Übernahmeangeboten, AG 2002, 160; *Barthel,* Die Beschwerde gegen aufsichtsrechtliche Verfügungen nach dem WpÜG, 2004; *Böckmann/Kießling,* Möglichkeiten der BaFin zur Beendigung von Übernahmeschlachten nach dem WpÜG, DB 2007, 1796; *Cahn,* Verwaltungsbefugnisse der Bundesanstalt für Finanzdienstleistungsaufsicht im Übernahmerecht und Rechtsschutz Betroffener, ZHR 167 (2003), 262; *Cremer,* Staatshaftung für den Verlust von Bankeinlagen, JuS 2001, 643; *Detterbeck/Windthorst/Sproll,* Staatshaftungsrecht, 2000; *Ehlers,* Ziele der Wirtschaftsaufsicht, 1997; *Ehlers/Fehling/Pünder,* Besonderes Verwaltungsrecht, Bd. I, 4. Aufl. 2019; *Gratias,* Bankenaufsicht, Einlegerschutz und Staatshaftung, NJW 2000, 786; *Gurlit,* Handlungsformen der Finanzmarktaufsicht, ZHR 177 (2013), 862; *Habersack,* Reformbedarf im Übernahmerecht!, ZHR 166 (2002), 619; *Ihrig,* Rechtsschutz Drittbetroffener im Übernahmerecht, ZHR 167 (2003), 315; *Lege,* Die allgemeine Handlungsfreiheit gemäß Art. 2 I GG, Jura 2002, 753; *Lenz,* Das Wertpapiererwerbs- und Übernahmegesetz in der Praxis der Bundesanstalt für Finanzdienstleistungsaufsicht, NJW 2003, 2073; *Liebscher,* Das Übernahmeverfahren nach dem neuen Übernahmegesetz, ZIP 2001, 853; *Meilicke/Meilicke,* Die Postbank-Übernahme durch die Deutsche Bank – eine Gestaltung zur Vermeidung von Pflichtangeboten nach § 35 WpÜG?, ZIP 2010, 558; *Möller,* Das Verwaltungs- und Beschwerdeverfahren nach dem Wertpapiererwerbs- und Übernahmegesetz unter besonderer Berücksichtigung des Rechtsschutzes Dritter, ZHR 167 (2003), 301; *Nietsch,* Rechtsschutz der Aktionäre der Zielgesellschaft im Übernahmeverfahren, BB 2003, 2581; *Pohlmann,* Rechtsschutz der Aktionäre der Zielgesellschaft im Wertpapiererwerbs- und Übernahmeverfahren, ZGR 2007, 1; *Rezai Hariri,* Übernahmerecht und Aufsicht, 2015; *Schenke/Ruthig,* Amtshaftungsansprüche von Bankkunden bei der Verletzung staatlicher Bankenaufsichtspflichten, NJW 1994, 2324; *Schmidt,* Öffentliches Wirtschaftsrecht: Allgemeiner Teil, 1990; *Schnorbus,* Drittklagen im Übernahmeverfahren, ZHR 166 (2002), 72; *Schnorbus,* Rechtsschutz im Übernahmeverfahren, Teile I und II, WM 2003, 616 und WM 2003, 657; *Seibt,* Rechtsschutz im Übernahmerecht, ZIP 2003, 1865; *Seibt,* Zur privaten Überwachung und Durchsetzung des Übernahmerechts, ZIP 2013, 1568; *Simon,* Zur Herleitung zivilrechtlicher Ansprüche aus §§ 35 und 38 WpÜG, NZG 2005, 541; *Simon,* Rechtsschutz im Hinblick auf ein Pflichtangebot nach § 35 WpÜG, 2005; *Stober,* Wirtschaftsaufsicht und Bankenaufsicht, in Pitschas, Integrierte Finanzdienstleistungsaufsicht, 2002, 21; *Stober/Korte,* Öffentliches Wirtschaftsrecht – Allgemeiner Teil, 19. Aufl. 2018; *Uechtritz/Wirth,* Drittschutz im WpÜG – Erste Entscheidungen des OLG Frankfurt a.M.: Klarstellungen und offene Fragen, WM 2004, 410; *v. Riegen,* Verwaltungsrechtsschutz Dritter im WpÜG, Der Konzern 2003, 583; *Wagner,* Zur Rechtsstellung Dritter nach dem WpÜG, NZG 2003, 718.

## Übersicht

## I. Einführung

Am 1.1.2002 begründete das WpÜG für das **Bundesaufsichtsamt für den Wertpapierhandel** (BAWe), welches zunächst nur die Aufsicht nach dem WpHG ausgeübt hatte, 1 zusätzlich die Zuständigkeit für die Überwachung öffentlicher Wertpapiererwerbs- und Übernahmeangebotsverfahren. Durch Zusammenlegung des BAWe mit den Bundesaufsichtsämtern für das Kreditwesen und für das Versicherungswesen ist zum 1.5.2002 die **Bundesanstalt für Finanzdienstleistungsaufsicht** (BaFin) entstanden (§ 1 Abs. 1 FinDAG). Auf die BaFin sind die bisher von den drei Aufsichtsämtern wahrgenommenen Aufgaben und damit auch die früheren Zuständigkeiten des BAWe übergegangen (§ 4 FinDAG); zusätzliche Aufgaben weist das FinDAG der BaFin nicht zu.[1]

2    § 4 begründet für die Überwachung öffentlicher Angebotsverfahren eine staatliche **Aufsicht.** Diese soll sicherstellen, „dass ein Kontrollgremium die Verfahren ... beaufsichtigt, dessen Neutralität in Streitfällen außer Zweifel steht und das zugleich hoheitliche Befugnisse ausüben und wirkungsvolle Sanktionen verhängen kann".[2]

3    § 4 Abs. 1 ist eine Aufgaben- und Befugnisnorm. S. 1 weist der BaFin die Überwachungsaufgabe zu und begrenzt die Aufsichtstätigkeit nach Maßgabe der Vorschriften des WpÜG. S. 2 konkretisiert die Überwachungstätigkeit im Sinne einer Missstandsaufsicht. S. 3 gibt der BaFin eine allgemeine Befugnis zur Missstandsverhinderung und -beseitigung, die die besonderen Ermittlungs- und Eingriffsbefugnisse nach dem WpÜG ergänzt.[3] **Normzwecke** sind die Gewährleistung ordnungsgemäßer, den allgemeinen Grundsätzen des § 3 entsprechender Durchführung öffentlicher Angebotsverfahren durch staatliche Marktüberwachung nach den Vorschriften des WpÜG, die Sicherstellung neutraler und zugleich wirkungsvoller Überwachungstätigkeit, daneben die Erhaltung der Funktionsfähigkeit der Wertpapiermärkte sowie mittelbar die Stärkung des Wirtschaftsstandorts und Finanzplatzes Deutschland unter den gewandelten Rahmenbedingungen des europäisierten und globalisierten Kapitalmarktes.[4]

4    Nach § 4 Abs. 2 handelt die BaFin bei der Aufgabenerfüllung und der Ausübung ihrer Befugnisse nach dem WpÜG nur im öffentlichen Interesse. Vom Gesetzgeber intendierter **Zweck der Vorschrift** ist der Ausschluss sog. drittgerichteter Amtspflichten der BaFin;[5] ausweislich der Materialien ist die Pflicht zu rechtmäßigem Verhalten gegenüber den von Aufsichtsmaßnahmen unmittelbar betroffenen Personen und Unternehmen von dem Ausschluss ausgenommen.[6] Darüber hinaus hat die Vorschrift **für das gesamte WpÜG herausragende Bedeutung,** weil sie nach den gesetzgeberischen Regelungsintentionen verwaltungsrechtlichen Drittschutz generell ausschließen soll (→ Rn. 19 ff.). Der Anlegerschutz ist dadurch als ein Ziel der Wirtschaftsüberwachung nicht ausgeklammert; doch sollen die Anleger nicht individuell geschützt sein, sondern gleichsam als „Kollektiv" im Interesse der Erhaltung der Funktionsfähigkeit der Wertpapiermärkte.

5    Vorbild für § 4 war § 4 WpHG aF.[7] § 4 Abs. 1 vergleichbare **Parallelvorschriften** finden sich – mit gewissen Abweichungen – in § 6 Abs. 1 WpHG nF, § 6 Abs. 1, 2 und 3 KWG, § 298 Abs. 1 und 2 VAG, § 3 Abs. 1 und 5 BörsG. Regelungen, die mit § 4 Abs. 2 vergleichbar sind, enthalten § 4 Abs. 4 FinDAG, § 3 Abs. 3 BörsG und § 294 Abs. 8 VAG.

6    Anders als etwa §§ 54 ff. GWB enthält das WpÜG – abgesehen von speziellen Vorschriften etwa in § 40 – weder in § 4 noch an anderer Stelle detaillierte Regelungen über die allgemeine Ausgestaltung des **Verwaltungsverfahrens** vor der BaFin. Da auch das FinDAG diese Lücke nicht schließt, finden insoweit grundsätzlich die allgemeinen Vorschriften des VwVfG Anwendung.[8]

---

[1] BT-Drs. 14/7033, 33.
[2] BT-Drs. 14/7034, 2.
[3] BT-Drs. 14/7034, 36.
[4] Vgl. BT-Drs. 14/7034, 1 f., 31, 36.
[5] Kölner Komm WpÜG/*Giesberts* Rn. 2; Angerer/Geibel/Süßmann/*Louven* Rn. 12; Steinmeyer/*Klepsch* Rn. 13; FK-WpÜG/*Linke* Rn. 39; vgl. Baums/Thoma/Verse/*Verse/Ritz* Rn. 21 f.
[6] BT-Drs. 14/7034, 36.
[7] Vgl. BT-Drs. 14/7034, 36.
[8] Steinmeyer/*Klepsch* Rn. 12; FK-WpÜG/*Linke* Rn. 3.

## II. Aufgaben und Befugnisse (Abs. 1)

**1. Aufgabenzuweisung (Abs. 1 S. 1).** § 4 Abs. 1 S. 1 weist der BaFin die Aufgabe der **7**
Überwachung öffentlicher Angebotsverfahren „nach den Vorschriften dieses Gesetzes" zu.
Die Norm hat eine Doppelfunktion. Sie ist zum einen – positiv – **aufgabeneröffnend,**
weil sie die BaFin berechtigt und verpflichtet, die Überwachungsaufgabe wahrzunehmen,
dh bei öffentlichen Angebotsverfahren auf die Beachtung der Vorschriften des WpÜG und
die Erreichung seiner Ziele zu pochen und dafür die ihr eingeräumten Befugnisse einzusetzen. Zum anderen ist die Norm – negativ – **aufgabenbeschränkend,** weil sie klarstellt,
dass sich die Überwachungstätigkeit der BaFin bezüglich öffentlicher Angebotsverfahren
allein nach dem WpÜG richtet.[9] Die Überwachungsaufgaben der BaFin hinsichtlich der
Angebotsverfahren und die zu deren Erfüllung eingeräumten Befugnisse sind daher im
WpÜG abschließend geregelt. Für ein weitergehendes Tätigwerden der Anstalt bedarf es
einer anderweitigen Aufgabenzuweisung wie etwa in § 4 WpHG. Praktische Konsequenzen
hat die Aufgabenbeschränkung beispielsweise für Angebote, die nicht in den Anwendungsbereich des WpÜG fallen, also etwa, wenn die Zielgesellschaft ihren Sitz im Ausland hat
(§§ 1, 2 Abs. 3);[10] Zusammenarbeit mit den zuständigen Stellen im Ausland ist dadurch
freilich nicht ausgeschlossen (§ 8).

Die der BaFin zugewiesene Überwachungsaufgabe hat mehrere **Dimensionen.**[11] Sie **8**
umfasst zunächst die **Beobachtung** des Wirtschaftsverkehrs und der teilnehmenden Wirt-
schaftssubjekte im Hinblick auf die Einhaltung der Bestimmungen des WpÜG. Ergibt die
Beobachtung rechtlich relevante Abweichungen von den Vorschriften des WpÜG, wirkt
die BaFin auf eine **Berichtigung** bzw. Korrektur hin. Dafür gibt ihr § 4 Abs. 1 S. 1 allerdings keine Befugnis zu Grundrechtseingriffen, die wegen des Vorbehalts des Gesetzes
einer gesonderten Rechtsgrundlage bedürfen. Eine wichtige weitere Dimension ist die
**Förderung** der ordnungsgemäßen Durchführung von Angebotsverfahren.[12] Das schließt
zum einen in den sich ständig wandelnden, dynamischen Entwicklungen des Wertpapiererwerbs und der Unternehmensübernahmen eine Gängelung durch kleinkarierte Vorschrif-
tenhandhabung, in der „Aufsicht" zum Selbstzweck verkommt, aus.[13] Zum anderen kann
die Ordnungsmäßigkeit der Verfahren auf informell-kooperativen Wegen gefördert werden
(→ Rn. 16).[14] Daneben legt es die Förderungsfunktion nahe, beim Gesetzgeber Nachbesse-
rungen und Verbesserungen anzuregen, wenn die Beobachtung des Wirtschaftsverkehrs ein
Auseinanderdriften von normativen Regelungsmechanismen und wirtschaftlicher Lebens-
wirklichkeit erkennen lässt.

Prozedural verlaufen anlassbezogene Überwachungsvorgänge in mehreren **Phasen.**[15] In **9**
einer **Vorklärungsphase** erfolgt die Sachverhaltsermittlung und die Prüfung der Normkonformität des Sachverhalts. In dieser Phase muss sich die BaFin in Kenntnis setzen und
in Kenntnis setzen lassen; dafür enthalten etwa § 40 Ermittlungsbefugnisse mit korrespondierenden Auskunftsverpflichtungen und § 14 Abs. 1, § 35 Abs. 2 Übermittlungspflichten der
Bieter. Daran schließt sich die normative Überprüfung des Verhaltens oder Zustands auf
Übereinstimmung mit den gesetzlichen Vorgaben und ggf. die Feststellung eines Normver-
stoßes bzw. Missstands an. In der Berichtigungs- oder **Korrekturphase** wirkt die BaFin
auf Normkonformität hin, hält die Normadressaten zur Beachtung der gesetzlichen Bestimmungen an und korrigiert etwaiges Fehlverhalten; dazu stellt ihr das WpÜG neben der

---

[9] BT-Drs. 14/7034, 36; Angerer/Geibel/Süßmann/*Louven* Rn. 3; ähnlich Kölner Komm WpÜG/*Giesberts*
Rn. 12; an einer eigenständigen aufgabenbeschränkenden Bedeutung der Vorschrift zweifelnd Assmann/
Pötzsch/Schneider/*Döhmel* Rn. 10.
[10] Vgl. FK-WpÜG/*Linke* Rn. 24.
[11] FK-WpÜG/*Linke* Rn. 25; vgl. auch Assmann/Pötzsch/Schneider/*Döhmel* Rn. 1, 8; allg. *Schmidt* Öff-
WirtschaftsR AT 338 ff.
[12] Vgl. für das WpHG Assmann/Schneider/*Döhmel* WpHG § 4 Rn. 2.
[13] Vgl. für das WpHG Assmann/Schneider/*Döhmel* WpHG § 4 Rn. 2.
[14] Vgl. zu „kooperativen Aufsichtsarrangements" bei der Bankenaufsicht *Stober* in Pitschas, Integrierte
Finanzdienstleistungsaufsicht, 2002, 55.
[15] Vgl. *Kahl,* Die Staatsaufsicht, 2000, 565 ff.

Möglichkeit informellen Verwaltungshandelns (näher → Rn. 13) eine Reihe von Befugnissen, beispielsweise zur Untersagung eines Angebots (§ 15), bereit. Werden die in Ausübung dieser Befugnisse getroffen Anordnungen nicht befolgt, kann die BaFin in einer abschließenden **Zwangsphase** ihre Verfügungen mit den Mitteln des Verwaltungszwangs nach den Bestimmungen des VwVG durchsetzen (§ 46).

10 Die Einhaltung der gesetzlichen Vorgaben ist in Abschnitt 8 zusätzlich durch **Sanktionen** bewehrt und gesichert, die die Überwachungsvorschriften ergänzen.

11 **2. Missstandsaufsicht (Abs. 1 S. 2).** § 4 Abs. 1 S. 2 „konkretisiert den Inhalt der Tätigkeit" der BaFin „im Sinne einer Missstandsaufsicht näher",[16] räumt der Anstalt jedoch **keine Befugnis zu Anordnungen** ein;[17] solche Befugnisse begründen erst § 4 Abs. 1 S. 3 und spezielle Befugnistatbestände. Was „Missstände" sind, erläutert § 4 – ähnlich wie die meisten Parallelvorschriften (→ Rn. 5; mit Ausnahme des § 298 Abs. 1 S. 2 VAG) – nicht; die Kommentarliteratur äußert sich dazu uneinheitlich.[18] Mit dem „**Missstand**" stellt das Übernahmerecht auf einen Begriff ab, der gegenüber dem im Recht der Wirtschaftsüberwachung andernorts verbreiteten, mittlerweile hinreichend klar konturierten Merkmal der „Gefahr" (Gefahrenabwehr und Gefahrenvorsorge)[19] eine stärkere Rechtsunsicherheit mit sich bringt.[20] Der Begriff des Missstandes ist weit auszulegen, um die Erfassung sämtlicher Beeinträchtigungen des Übernahmeverfahrens und der Aufsichtsbehörde somit die erforderliche Flexibilität bei der Reaktion auf sich ständig ändernde Gegebenheiten auf den Kapitalmärkten zu ermöglichen. Missstand ist daher bereits eine Sachlage, die von dem gesetzlich erwünschten Verhalten oder Zustand negativ abweicht.[21] Als unbestimmter Rechtsbegriff unterliegt der Missstandsbegriff voller gerichtlicher Kontrolle.[22]

12 Ein Entgegenwirken der BaFin setzt nach § 4 voraus, dass der Missstand entweder „die ordnungsgemäße Durchführung des Verfahrens beeinträchtigen" oder „erhebliche Nachteile für den Wertpapiermarkt bewirken" kann. Die **erste Alternative** lässt sich gesetzessystematisch mit den die **Ordnungsmäßigkeit der Angebotsverfahren** regelnden Vorschriften der Abschnitte 3, 4 und 5 verbinden; sie erfasst Sachverhalte, die gegen diese Normen des WpÜG verstoßen[23] oder, da bereits eine „Beeinträchtigung" genügt, die ordnungsgemäße Durchführung der Angebotsverfahren nach dem WpÜG behindern. „Erheblichkeit", „Dauerhaftigkeit" oder „Wiederholung" des Regelverstoßes ist für diese Alternative normativ nicht gefordert.[24] Die **zweite Alternative** lässt sich in Anlehnung an § 298 Abs. 1 S. 2 VAG auf die mit dem WpÜG angestrebten **Ziele**[25] **und** die in § 3 niedergelegten **allgemeinen Grundsätze**[26] ausrichten. Dazu zählen die Gleichbehandlung der Aktionäre der Zielgesellschaft, transparent und zügig durchgeführte Verfahren, die Vermeidung von Wettbewerbsverzerrungen und die Erhaltung der Funktionsfähigkeit des Finanzmarkts; insoweit ist der Missstandstatbestand nicht auf die Verletzung gesetzlicher Vorschriften beschränkt. Die von diesen Maximen abweichenden Sachverhalte dürfen nicht geringfügig sein, sondern müssen „erhebliche Nachteile" für den Wertpapiermarkt darstellen; die **Erheblichkeitsschwelle** verweist letztlich auf Wertungsfragen, für deren Beantwortung Kriterien wie

---

[16] BT-Drs. 14/7034, 36.

[17] Schwark/Zimmer/*Noack/Zetzsche* Rn. 3; anders wohl *Schüppen* WPg 2001, 958 (972 f.).

[18] Vgl. Angerer/Geibel/Süßmann/*Louven* Rn. 5; FK-WpÜG/*Linke* Rn. 28; Steinmeyer/*Klepsch* Rn. 6 ff.; Schwark/Zimmer/*Noack/Zetzsche* Rn. 5; Baums/Thoma/Verse/Verse/*Ritz* Rn. 9 ff.; Kölner Komm WpÜG/ *Giesberts* Rn. 17; Ehricke/Ekkenga/Oechsler/*Oechsler* Rn. 4; Assmann/Pötzsch/Schneider/*Döhmel* Rn. 11. Mit den Kommentierungen zu den Parallelvorschriften verhält es sich ähnlich.

[19] Vgl. *Stober/Korte* ÖffWirtschaftsR AT Rn. 898; *Ehlers,* Ziele der Wirtschaftsaufsicht, 1997, 43 ff.; *Rezai Hariri*, Übernahmerecht und Aufsicht, 2015, 141.

[20] Vgl. Steinmeyer/*Klepsch* Rn. 6.

[21] Steinmeyer/*Klepsch* Rn. 6; *Böckmann/Kießling* DB 2007, 1796 (1799).

[22] Assmann/Pötzsch/Schneider/*Döhmel* Rn. 11; FK-WpÜG/*Linke* Rn. 28; Steinmeyer/*Klepsch* Rn. 6.

[23] Insoweit ebenso FK-WpÜG/*Stögmüller* Rn. 29; *Rezai Hariri*, Übernahmerecht und Aufsicht, 2015, 145 f.; aA Angerer/Geibel/Süßmann/*Louven* Rn. 5.

[24] AA Angerer/Geibel/Süßmann/*Louven* Rn. 5.

[25] Vgl. Baums/Thoma/Verse/Verse/*Ritz* Rn. 9; aA FK-WpÜG/*Linke* Rn. 28.

[26] FK-WpÜG/*Linke* Rn. 30.

Schwere der Beeinträchtigung, Dauerhaftigkeit und Nachhaltigkeit der Abweichung, Wiederholungs- und Nachahmungsgefahr weiterführende Anhaltspunkte liefern.[27] Im Übrigen stellt die Formulierung „bewirken können" klar, dass der Nachteil noch nicht eingetreten sein muss. **Beispiele für Missstände** iSv § 4 sind die Unterlassung gesetzlich geforderter Angebote, falsche Angaben bei den „Wasserstandsmeldungen" nach § 23, irreführende Werbung nach § 28 und offensichtlich missbräuchliche Angebote.[28]

Den genannten Missständen hat die BaFin **entgegenzuwirken.** Das schließt neben der **13** Bekämpfung und Korrektur bereits eingetretener Missstände **vorbeugende Aktivitäten** ein.[29] Allerdings räumt § 4 Abs. 1 S. 2 dafür weder eine Eingriffs- noch eine Anordnungsbefugnis ein.[30] Daher ist die BaFin bei der allein auf diese Norm gestützten Aufgabenerfüllung vornehmlich[31] auf rechtlich unverbindliche Überwachungsaktivitäten angewiesen, die aus anderen Segmenten der Wirtschaftsüberwachung vertraut[32] und in der verwaltungsrechtlichen Handlungsformenlehre der Kategorie des **informellen Verwaltungshandelns**[33] zuzuordnen sind. Dabei handelt es sich um weiche Formen der Verhaltenssteuerung, die – ohne die Qualität von Eingriffen imperativen Typs zu erreichen – auf die Beachtung des WpÜG drängen. Optionen informellen Verwaltungshandelns sind beispielsweise allgemeine Bekanntmachungen und unverbindliche Verlautbarungen, die nach außen kundgegebene Aufstellung von Richtlinien, Rundschreiben, Mitteilungen und Schreiben an Verbände[34] sowie Formen sozialpsychologischer Einflussnahme wie Empfehlungen, Appelle und Warnungen;[35] auch kann die BaFin durch Belehrungen, Mahnungen und Gespräche auf die Herstellung eines normentsprechenden Verhaltens hinwirken. Überschreitet das informelle Handeln die Grenzen zum Grundrechtseingriff, ist es nicht mehr durch § 4 Abs. 1 S. 2 gedeckt und muss sich auf eine Befugnisnorm wie etwa § 4 Abs. 1 S. 3[36] stützen lassen. Ein anderes Segment schlichten Verwaltungshandelns betrifft die Bereitschaft zu **informellen Kontaktaufnahmen** im Vorfeld eines etwaigen späteren Verwaltungsverfahrens, in denen bereits erste Einschätzungen der Sach- und Rechtslage (vor-)geklärt werden.

**3. Anordnungsbefugnis (Abs. 1 S. 3).** § 4 Abs. 1 S. 3 gibt der BaFin eine allgemeine **14** Anordnungsbefugnis in Gestalt einer **Generalklausel,** die die besonderen Ermittlungs- und Eingriffsbefugnisse in den einzelnen Vorschriften des WpÜG ergänzt.[37] Die Befugnisnorm setzt Missstände im erwähnten Sinn (→ Rn. 11 f.) voraus und ermächtigt die BaFin, dagegen vorzugehen, und zwar sowohl durch **Maßnahmen gegen bereits eingetretene Missstände** als auch durch **vorbeugende Maßnahmen.**

Unter der Voraussetzung eines rechtlich relevanten Missstands „kann" die BaFin Anord- **15** nungen treffen. Demnach steht es im **Ermessen** der Anstalt, „ob" und „wie", dh mit welchen Mitteln, sie gegen bereits eingetretene oder sich abzeichnende Missstände vorgeht. Das Entschließungs- und Auswahlermessen ist gemäß § 40 VwVfG entsprechend dem

---

[27] Vgl. Boos/Fischer/Schulte-Mattler/*Schäfer* KWG § 6 Rn. 35.

[28] Angerer/Geibel/Süßmann/*Louven* Rn. 5; Kölner Komm WpÜG/*Giesberts* Rn. 17.

[29] Angerer/Geibel/Süßmann/*Louven* Rn. 7; aA wohl Baums/Thoma/Verse/*Ritz* Rn. 13.

[30] Zweifelnd Ehricke/Ekkenga/Oechsler/*Oechsler* Rn. 4.

[31] Daneben ist auch eine stärkere Akzentuierung vertraglicher Wirtschaftsteuerung denkbar; vgl. *Stober* in Pitschas, Integrierte Finanzdienstleistungsaufsicht, 2002, 55.

[32] Zur herkömmlichen Kreditwesenaufsicht etwa Boos/Fischer/Schulte-Mattler/*Schäfer* KWG § 6 Rn. 13 f., 16 f., 55 f.; *Findeisen* WM 1998, 2410 (2410 f.); vgl. *Ohler* in Ehlers/Fehling/Pünder BesVerwR I § 32 Rn. 21.

[33] S. Wolff/Bachof/Stober/Kluth/*Korte* VerwR I § 57 Rn. 5 ff.; *Bauer* VerwArch 78 (1987), 241; *Dreier* StWStP 4 (1993), 647; *Schulte,* Schlichtes Verwaltungshandeln, 1994; *Schuppert,* Verwaltungswissenschaft, 2000, 111 ff., 236 ff.; Rezai Hariri, Übernahmerecht und Aufsicht, 2015, 134 ff., 155 f.; vgl. *Gurlit* ZHR 177 (2013), 862 (898 f.).

[34] Angerer/Geibel/Süßmann/*Louven* Rn. 4, 8; Kölner Komm WpÜG/*Giesberts* Rn. 19; vgl. ferner *Bliesener,* Aufsichtsrechtliche Verhaltenspflichten beim Wertpapierhandel, 1998.

[35] Vgl. *Ohler,* Bankenaufsichtsrecht, in Ehlers/Fehling/Pünder BesVerwR I § 32 Rn. 21; *Rezai Hariri,* Übernahmerecht und Aufsicht, 2015, 131.

[36] Vgl. Assmann/Pötzsch/Schneider/*Döhmel* Rn. 16; FK-WpÜG/*Linke* Rn. 32; im Grundsatz wie hier Angerer/Geibel/Süßmann/*Louven* Rn. 4, 8.

[37] BT-Drs. 14/7034, 36.

Zweck der Ermächtigung (vgl. → Rn. 3) und unter Beachtung der gesetzlichen Ermessensgrenzen auszuüben.

16 Die BaFin muss bei ihren Maßnahmen das **Übermaßverbot** beachten. Obschon der Normtext lediglich die beiden Gebote der Geeignetheit und der Erforderlichkeit ausdrücklich erwähnt, ist jedenfalls bei Eingriffsakten aus verfassungsrechtlichen Gründen stets auch die dritte Komponente des Übermaßverbots, nämlich das Gebot der Verhältnismäßigkeit (im engeren Sinn), zu wahren.[38] Im Rahmen des Verhältnismäßigkeitsgebots ist eine Güter- und Interessenabwägung notwendig, in die im konkreten Einzelfall regelmäßig einerseits die Bedeutung der Anordnung für die ordnungsgemäße Durchführung der Angebotsverfahren oder die Funktionsfähigkeit des Wertpapiermarkts und andererseits die Auswirkungen der Maßnahme auf die Grundrechtspositionen der von ihr Betroffenen einzustellen sind.

17 Die Generalbefugnisnorm ermächtigt die BaFin zu **Anordnungen.** Davon ist der Erlass von **Rechtsverordnungen** schon allein deshalb nicht erfasst, weil die BaFin nicht zu dem in Art. 80 Abs. 1 S. 1 GG erschöpfend aufgezählten Kreis möglicher Erstdelegatare gehört. Das WpÜG sieht allerdings an mehreren Stellen die Möglichkeit der Subdelegation auf die BaFin vor; s. § 5 Abs. 2 S. 2, § 6 Abs. 4 S. 2, § 11 Abs. 5, § 31 Abs. 7 S. 2, § 37 Abs. 2 S. 2, § 47 S. 3. Das BMF hat die Verordnungsermächtigungen nach § 1 Abs. 5 S. 3, § 5 Abs. 2 S. 1, § 6 Abs. 4 S. 1 und § 47 S. 2 auf die BaFin übertragen; s. § 1 Nr. 2 BaFin-EÜVO. Die Ermächtigung betrifft daher zuallererst Anordnungen in der Rechtsform von **Verwaltungsakten** iSv § 35 VwVfG, die Grundlage für spätere Vollstreckungsmaßnahmen der BaFin sein können (§ 46). Für das Verfahren vor Erlass der Verwaltungsakte, die auch als Allgemeinverfügungen nach § 35 S. 2 VwVfG ergehen können, sind grundsätzlich die Vorschriften der §§ 9 ff. VwVfG zu beachten, sofern das WpÜG keine spezielleren Regelungen enthält; Entsprechendes gilt für das Widerspruchsverfahren und §§ 68 ff. VwGO (vgl. § 41 Abs. 1 S. 3). Derartige Sondervorschriften enthält für das Verwaltungs- einschließlich des Widerspruchsverfahrens Abschnitt 6. Den gerichtlichen Rechtsschutz gegen Anordnungen der BaFin regelt Abschnitt 7. Ob neben den Verwaltungsakten auch sämtliche Erscheinungsformen des schlichten bzw. **informellen Verwaltungshandelns** als „Anordnungen" iSv § 4 Abs. 1 S. 3 zu verstehen sind, ist umstritten.[39] Richtigerweise ist anhand der Grundrechtsrelevanz des Verwaltungshandelns zu differenzieren:[40] Fehlt es an dieser, muss das Handeln der BaFin ohnehin nicht von der Ermächtigungsgrundlage des § 4 Abs. 1 S. 3 gedeckt sein; vielmehr reicht die Beachtung der Aufgabenzuweisungsnorm aus. Greift das Verwaltungshandeln jedoch in Grundrechte ein, so richtet sich seine Rechtmäßigkeit nach § 4 Abs. 1 S. 3. Es spricht nichts dagegen, in diesem Fall auch informelles Verwaltungshandeln als (grundrechtsrelevante) Anordnung zu begreifen.

18 Anordnungen der BaFin können auf die Generalbefugnisnorm des § 4 Abs. 1 S. 3 aus teleologischen und gesetzessystematischen Gründen nur gestützt werden, soweit das WpÜG der Bundesanstalt keine **spezielleren Anordnungs- und Eingriffsbefugnisse** einräumt.[41] Solche spezielleren Befugnisse enthalten beispielsweise § 15 für die Untersagung eines Angebots, § 28 für die Untersagung bestimmter Arten der Werbung und § 40 für die Ermittlungsbefugnisse der BaFin. Die allgemeine Missstandsaufsicht hat bisher, soweit ersichtlich, noch keine praktische Bedeutung erlangt.[42] Das Schrifttum nennt als mögliche **Anwendungs-**

---

[38] FK-WpÜG/*Linke* Rn. 35; Baums/Thoma/Verse/*Ritz* Rn. 16; Wolff/Bachof/Stober/Kluth/*Kluth* VerwR I § 30 Rn. 13; *Schmidt-Aßmann* in HStR I § 24 Rn. 87; *Schmidt* WiR AT S. 179 ff.; vgl. auch Stober/ Korte ÖffWirtschaftsR AT Rn. 193 f.; Dreier/*Schulze-Fielitz* GG Art. 20 (Rechtsstaat) Rn. 179 ff.; ferner Kölner Komm WpÜG/*Giesberts* Rn. 23; Ehricke/Ekkenga/Oechsler/*Oechsler* Rn. 6.

[39] Bejahend Baums/Thoma/Verse/*Ritz* Rn. 18; Assmann/Pötzsch/Schneider/*Döhmel* Rn. 17; Steinmeyer/*Klepsch* Rn. 10; Kölner Komm WpÜG/*Giesberts* Rn. 18 f.; aA FK-WpÜG/*Linke* Rn. 34; diff. Ehricke/Ekkenga/Oechsler/*Oechsler* Rn. 6; Angerer/Geibel/Süßmann/*Louven* Rn. 8.

[40] FK-WpÜG/*Linke* Rn. 34.

[41] Kölner Komm WpÜG/*Giesberts* Rn. 14; Angerer/Geibel/Süßmann/*Louven* Rn. 9; FK-WpÜG/*Linke* Rn. 32; Steinmeyer/*Klepsch* Rn. 4; Assmann/Pötzsch/Schneider/*Döhmel* Rn. 16.

[42] *Böckmann/Kießling* DB 2007, 1796 (1799); Assmann/Pötzsch/Schneider/*Döhmel* Rn. 4.

**fälle** die Erzwingung der Angebotspflicht nach § 35 Abs. 2[43] und Anordnungen, die der Umgehung der Sperrfrist nach § 26 durch eine Tochtergesellschaft des gesperrten Bieters vorbeugen.[44] In jüngerer Zeit wurde die Beendigung von Übernahmeschlachten genannt; als Handlungsoptionen der BaFin kämen die Durchführung eines Auktionsverfahrens oder die Anordnung der Festsetzung eines finalen Datums für die Angebotsabgabe in Betracht.[45] Weitere denkbare Einsatzfelder sind die Erzwingung der Stellungnahme von Vorstand und Aufsichtsrat der Zielgesellschaft nach § 27, ein Einschreiten bei Verstößen gegen § 33,[46] die Anordnung der nachträglichen Berichtigung der Angebotsunterlage[47] und falscher „Wasserstandsmeldungen" (§ 23), die Feststellung des Bedingungseintritts (vgl. § 18) und die Durchsetzung des Angebots bei Bedingungseintritt (einschließlich der Erzwingung des Angebotsvollzugs).[48]

### III. Aufgabenwahrnehmung nur im öffentlichen Interesse (Abs. 2)

**1. Regelungsintentionen und -inkonsistenzen. a) Rechtsdogmatische Anknüp-** 19
**fungspunkte.** Nach § 4 Abs. 2 nimmt die BaFin die ihr durch das WpÜG „zugewiesenen Aufgaben und Befugnisse **nur im öffentlichen Interesse** wahr". Mit dieser Formulierung will der Gesetzgeber klarstellen, dass die Aufsichtstätigkeit der BaFin allein dem Schutz der Funktionsfähigkeit der Wertpapiermärkte und der Sicherung des Vertrauens „der Investoren in eine ordnungsgemäße Abwicklung von öffentlichen Angeboten zum Erwerb von Wertpapieren und von Unternehmensübernahmen"[49] dient, nicht aber den Individualinteressen Einzelner und insbesondere nicht dem Individualschutz der einzelnen Anleger (→ Rn. 4). Der **individuelle Anlegerschutz** soll danach „**bloßer Rechtsreflex**"[50] sein.

Dogmatische Anknüpfungspunkte dieser Regelungstechnik sind für die Bestimmung der 20 Drittbezogenheit der Amtspflicht deren **Schutzzwecke,**[51] für die Ermittlung subjektiver Rechte die in der Rechtspraxis bis heute dominierende **sog. Schutznormtheorie**[52] und die darauf beruhende Unterscheidung zwischen drittbezogenen Amtspflichten sowie subjektiven Rechten einerseits und bloßen Rechtsreflexen andererseits.[53] Danach ist zuallererst der Gesetzgeber dazu berufen, die Schutzrichtung einer Norm ausschließlich auf „öffentliche Interessen" festzulegen oder zumindest auch „private" Individualinteressen in den Schutzzweck einzubeziehen.[54] Legt er die Schutzrichtung der einschlägigen Normen ledig-

---

[43] Steinmeyer/*Klepsch* Rn. 8; krit. → § 35 Rn. 244 *(Schlitt)*; *Simon* NZG 2005, 541 (543); diff. *Cahn* ZHR 167 (2003), 262 (265 ff.).

[44] Angerer/Geibel/Süßmann/*Louven* Rn. 10.

[45] *Böckmann/Kießling* DB 2007, 1796 (1798 ff.).

[46] Kölner Komm WpÜG/*Hirte* § 33 Rn. 167; Ehricke/Ekkenga/Oechsler/*Oechsler* § 33 Rn. 34; aA → § 33 Rn. 259 *(Schlitt)*; *Cahn* ZHR 167 (2003), 262 (282 f.).

[47] Vgl. auch *Oechsler* ZIP 2003, 1330 (1333 f.).

[48] AA *Busch* AG 2002, 145 (152).

[49] BT-Drs. 14/7034, 36.

[50] So Begr. zu § 4 Abs. 2 WpHG aF, BT-Drs. 12/7918, 100, auf den die Begr. zu § 4 Abs. 2 ausdrücklich verweist, BT-Drs. 14/7034, 36.

[51] ZB BGHZ 74, 144 (146 ff.) = NJW 1979, 1354; BGHZ 75, 120 (122 ff.) = NJW 1979, 1879; BGHZ 110, 1 (8 f.) = NJW 1990, 1042; BGHZ 134, 268 (276) = NVwZ 1997, 714; BGH NVwZ 2001, 1074; MüKoBGB/*Papier/Shirvani* BGB § 839 Rn. 286, 291 ff.; *Ossenbühl/Cornils*, Staatshaftungsrecht, 6. Aufl. 2013, 60 ff.; vgl. auch *Detterbeck/Windthorst/Sproll* StaatsHaftR § 9 Rn. 94 ff.

[52] ZB *Uerpmann*, Das öffentliche Interesse, 1999, 92 ff.; Eyermann/*Happ* VwGO § 42 Rn. 89; Sodan/ Ziekow/*Sodan* VwGO § 42 Rn. 386 ff.; vgl. auch Kopp/Schenke/*Schenke* VwGO § 42 Rn. 83 ff.; Schoch/ Schneider/*Wahl* VwGO Vor § 42 Abs. 2 Rn. 94 ff.; Schoch/Schneider/*Wahl* VwGO § 42 Abs. 2 Rn. 45; vgl. *Simon* NZG 2005, 541 (542); grdl. *Bühler*, Die subjektiven öffentlichen Rechte und ihr Schutz in der deutschen Verwaltungsrechtsprechung, 1914. Aus der Rspr. s. zuletzt ausdrücklich OLG Frankfurt AG 2019, 615 (616) mwN = BeckRS 2018, 20851.

[53] Bzgl. Amtshaftung zB BGHZ 74, 144 (146 f.) = NJW 1979, 1354; bzgl. subjektiver Rechte *Bachof* GS Jellinek, 1955, 287 ff.; zur Parallele zwischen den Voraussetzungen für die Amtshaftung (Drittgerichtetheit der Amtspflicht) und für subjektive Rechte des Einzelnen (Schutzrichtung der Norm) s. *Maurer/Waldhoff* AllgVerwR § 26 Rn. 19; Dreier/*Wieland* GG Art. 34 Rn. 44; vgl. zur Annäherung der Voraussetzungen auch *Schnorbus* ZHR 166 (2002), 72 (84 ff.); allg. *Detterbeck/Windthorst/Sproll* StaatsHaftR § 9 Rn. 103 ff.

[54] Maunz/Dürig/*Schmidt-Aßmann* GG Art. 19 Abs. 4 Rn. 127 ff., 131 ff.; *Huber*, Konkurrenzschutz im Verwaltungsrecht, 1991, 107 ff., 172 ff.

lich auf die Verfolgung öffentlicher Interessen fest, scheiden sie als Grundlage sowohl für drittbezogene Amtspflichten als auch für subjektive Rechte aus und betreffen den Einzelnen allenfalls „reflexartig".

21   Hier setzt § 4 Abs. 2 an und legt bei unbefangener Lektüre für das gesamte WpÜG verbindlich fest, dass die Wahrnehmung der Überwachungsaufgaben und -befugnisse „nur im öffentlichen Interesse" erfolgt. Bei isolierter Betrachtung des **Wortlauts** macht diese Formulierung § 4 Abs. 2 zu einer zentralen Schlüsselnorm für den Verwaltungsrechtsschutz und für Amtshaftungsansprüche bei Verstößen der BaFin gegen das WpÜG. Es handelt sich um einen der seltenen Fälle, in denen der Normtext **subjektive Rechte des Einzelnen ausdrücklich ausschließt**,[55] was bei konsequenter Umsetzung auch den Ausschluss jeglicher Rechte etwa der Adressaten von Verwaltungsakten und anderen Verwaltungsmaßnahmen beinhaltet.

22   Andererseits weist jedoch die Regierungsbegründung darauf hin, dass „die Pflicht zu rechtmäßigem Verhalten in Bezug auf die von den Aufsichtsmaßnahmen unmittelbar betroffenen Personen und Unternehmen" unberührt bleibt; soweit „ihnen gegenüber schuldhaft Amtspflichten verletzt werden, gelten die allgemeinen Grundsätze".[56] Nach dem **Willen des Gesetzgebers** sollen die von Aufsichtsmaßnahmen **unmittelbar Betroffenen** demnach von der Ausschlusswirkung des § 4 Abs. 2 ausgenommen sein. Diese Einschränkung kommt in dem gesetzesübergreifend formulierten Normtext zwar nicht zum Ausdruck, findet aber eine Entsprechung in §§ 41, 48 ff., die jedenfalls in gewissem Umfang subjektive öffentliche Rechte des Einzelnen voraussetzen.

23   **b) „Unmittelbar Betroffene".** Demgemäß sind unmittelbar Betroffene, also **Adressaten von Verwaltungsakten und sonstigen Maßnahmen,** die die BaFin in Ausübung ihrer Eingriffsbefugnisse, beispielsweise nach § 4 Abs. 1 S. 3 oder nach § 40, erlässt bzw. trifft, von § 4 Abs. 2 nicht erfasst. Kommt es bei dieser Aufsichtstätigkeit zu schuldhaften Amtspflichtverletzungen, sind Amtshaftungsansprüche nach § 839 BGB, Art. 34 GG nicht ausgeschlossen.[57] Gleiches gilt für die Versagung oder Unterlassung beantragter Verfügungen durch die BaFin, weil die Verpflichtungsbeschwerde von möglichen Ansprüchen auf die „Vornahme" solcher Verwaltungsakte ausgeht (vgl. § 48 Abs. 3 S. 1).

24   Die durch Gesetzgeberwillen, Normzweck und normsystematische Zusammenhänge nahe gelegte einschränkende Interpretation von § 4 Abs. 2 ist nicht zuletzt zur Wahrung von **Verfassungskonformität** geboten. Eine umfassende einfach-rechtliche Negation individueller Rechtspositionen bei der Überwachungstätigkeit der BaFin wäre nämlich zumindest insoweit verfassungswidrig, wie Abwehrrechte der Adressaten von belastenden Aufsichtsmaßnahmen ausgeschlossen werden, weil – soweit nicht besondere Freiheitsgrundrechte einschlägig sind – jedenfalls Art. 2 Abs. 1 GG dem Einzelnen einen Anspruch auf Unterlassung rechtswidriger Eingriffe gibt.[58] Auch die Rechtspositionen von Antragstellern bei Gestattungs- und Befreiungstatbeständen wie etwa § 10 Abs. 1 S. 3, § 36 und § 37 lassen sich grundrechtlich unterfangen.[59]

25   **c) Ausschluss von Drittrechten.** Die Brisanz von § 4 Abs. 2 verlagert sich dadurch im Kern auf die Rechte sog. Dritter, worunter etwa die Aktionäre der Zielgesellschaft[60] fallen

[55] So für die frühere Parallelregelung in § 6 Abs. 3 KWG *Hill* NJW 1986, 2602 (2610) Fn. 155; aA Ehricke/Ekkenga/*Oechsler* Rn. 8 f.; *Cahn* ZHR 167 (2003), 262 (284 ff.); *Zschocke/Rahlf* DB 2003, 1375 (1376); wie hier *v. Riegen* Der Konzern 2003, 583 (584 ff.) mwN.

[56] BT-Drs. 14/7034, 36.

[57] Assmann/Pötzsch/Schneider/*Döhmel* Rn. 26; Baums/Thoma/Verse/*Ritz* Rn. 24; Angerer/Geibel/Süßmann/*Louven* Rn. 14; Kölner Komm WpÜG/*Giesberts* Rn. 27; FK-WpÜG/*Linke* Rn. 39.

[58] Vgl. BVerfGE 6, 32 (41) = NJW 1957, 297; BVerfGE 9, 3 (11) = NJW 1959, 91; BVerfGE 9, 83 (88) = NJW 1959, 523; BVerfGE 19, 206 (215) = NJW 1966, 147; BVerfGE 29, 402 (408) = NJW 1971, 319; BVerfGE 80, 137 (153) = NJW 1989, 2525; *Lege* Jura 2002, 753 (758); Jarass/Pieroth/*Jarass* GG Vor Art. 1 Rn. 3; Sachs/Murswiek/*Rixen* GG Art. 2 Rn. 57 f.; Eyermann/*Happ* VwGO § 42 Rn. 91, 92; *Schnorbus* ZHR 166 (2002), 72 (82 f.).

[59] *Kingreen/Poscher,* Grundrechte – Staatsrecht II, 36. Aufl. 2020, Rn. 121 f.; vgl. auch *Röder,* Die Haftungsfunktion der Grundrechte, 2002, 199 ff.; *Lege* Jura 2002, 753 (758 f.).

[60] Vgl. OLG Frankfurt ZIP 2003, 1251; 2003, 1392; AG 2019, 615 (616) = BeckRS 2018, 20851.

können. Insoweit mag zwar der Regierungsentwurf nebst Begründung[61] vordergründig noch die Vermutung nahe legen, dass § 4 Abs. 2 lediglich den Ausschluss der **Amtshaftung** gegenüber mittelbar Betroffenen bezwecke und keine weiterreichenden Rechtsfolgen habe.[62] Ergänzend ließe sich für diese Deutung ins Feld führen, dass das WpÜG idF des Regierungsentwurfs noch eine ganze Reihe von Vorschriften enthielt, die von der Existenz Dritter und entsprechender Drittrechtspositionen ausgegangen sind.[63] Indes sind die entsprechenden Vorschriften im Laufe des Gesetzgebungsverfahrens gestrichen worden und eben gerade nicht Gesetz geworden. Dies weist eindeutig auf einen vom Gesetzgeber insgesamt angestrebten **Totalausschluss subjektiver Drittrechte** hin, sodass § 4 Abs. 2 in diesem Sinne ausgelegt werden muss, auch wenn mancherlei Ungereimtheiten zurückbleiben. Im Einzelnen:

Von den **Änderungen im Gesetzgebungsverfahren** hervorzuheben ist zuallererst die **26** **Streichung von § 42** idF des Regierungsentwurfs, der eine § 125 GWB aF (heute: § 180 GWB) nachgebildete Schadensersatzpflicht bei missbräuchlicher Rechtsbehelfseinlegung durch Dritte regelte.[64] Sie geht auf die Beschlussempfehlung des Finanzausschusses zurück, der den Streichungsvorschlag damit begründete, dass die Vorschrift keinen praktischen Anwendungsbereich habe, „da Dritte durch Verfügungen des BAWe" (jetzt: BaFin) „nicht in ihren Rechten verletzt sein können und demzufolge keinen Widerspruch oder Beschwerde einlegen können, der als missbräuchlich zu qualifizieren wäre".[65] In dieses Konzept des Drittrechtsausschlusses fügt sich nahtlos die **Beschränkung der Beteiligten am Beschwerdeverfahren** ein. Während § 53 idF des Regierungsentwurfs neben dem Beschwerdeführer und dem BAWe (jetzt: BaFin) als Beteiligte noch ausdrücklich „Personen und Personenvereinigungen, die vom Bundesaufsichtsamt hinzugezogen worden sind", nannte,[66] fielen diese weiteren Beteiligten im Gesetzgebungsverfahren ebenfalls einer Streichung zum Opfer. Die Begründung führt hierzu aus: „Die Neufassung der Vorschrift berücksichtigt, dass in Verfahren vor dem Bundesaufsichtsamt ausschließlich der Adressat einer Verfügung bzw. derjenige, der geltend macht, einen Anspruch auf Erlass einer Verfügung zu haben, beteiligt ist. Dementsprechend erfolgt auch keine Hinzuziehung von Personen bzw. Personenvereinigungen durch das Bundesaufsichtsamt".[67]

Dies alles mündet in einen **eindeutigen Befund:** Der Gesetzgeber wollte Drittrechte **27** in toto ausschließen.[68] Dieser das WpÜG insgesamt erfassende Gesetzgeberwille kommt an zentraler Stelle im Wortlaut von § 4 Abs. 2 zum Ausdruck, hat sich daneben auch im Wortlaut anderer Vorschriften des WpÜG niedergeschlagen, die bei der Auslegung nach dem systematischen Gesamtzusammenhang zu berücksichtigen sind, und er prägt einzelnormübergreifend das telos des gesamten Gesetzes. Für diese Auslegung spricht auch die Gesetzesbegründung zu § 4 Abs. 2. Zwar stellt sie mit den „von Aufsichtsmaßnahmen unmittelbar betroffenen Personen und Unternehmen" auf den schillernden Begriff der „Betroffenheit"[69] ab, worunter grundsätzlich jedermann fallen kann. Das zusätzliche Kriterium der Unmittelbarkeit macht jedoch im Sinne einer Adressatentheorie deutlich, dass

---

[61] BT-Drs. 14/7034, 8 f., 36.

[62] *Aha* AG 2002, 160 (161 ff.); vgl. auch *Cahn* ZHR 167 (2003), 262 (288 ff.); *Nietsch* BB 2003, 2581 (2582 ff.).

[63] Insbes. § 42 (Schadensersatz bei Rechtsmissbrauch); § 51 Abs. 1 (Anordnung der sofortigen Vollziehung „im überwiegenden Interesse eines Beteiligten"); § 53 (Beteiligte am Beschwerdeverfahren, zu denen auch von der Behörde hinzugezogene Personen und Personenvereinigungen gezählt werden); §§ 57 f., jeweils idF des RegE, BT Drs. 14/7034.

[64] BT-Drs. 14/7034, 18 (63); OLG Frankfurt NZG 2003, 729 (731); ZIP 2003, 1251 (1253).

[65] BT-Drs. 14/7477, 29 (53).

[66] BT-Drs. 14/7034, 19, 66.

[67] BT-Drs. 14/7477, 32, 53.

[68] *Schnorbus* ZHR 166 (2002), 72 (86 f.); *Ihrig* ZHR 167 (2003), 315 (319 ff.); *Möller* ZHR 167 (2003), 301 (306); *v. Riegen* Der Konzern 2003, 583 (584 ff.); *Seibt* ZIP 2003, 1865 (1872); Kölner Komm WpÜG/ *Giesberts* Rn. 52 f.; *Simon,* Rechtsschutz im Hinblick auf ein Pflichtangebot nach § 35 WpÜG, 2005, 90 ff., 159; aA *Barthel,* Die Beschwerde gegen aufsichtsrechtliche Verfügungen nach dem WpÜG, 2004, 107 ff., 111; *Nietsch* BB 2003, 2581 (2584); vgl. auch Steinmeyer/*Klepsch* Rn. 13.

[69] Maunz/Dürig/*Schmidt-Aßmann* GG Art. 19 Abs. 4 Rn. 120.

sich ausschließlich die Adressaten von Maßnahmen der BaFin auf subjektive Rechte berufen können sollen. Denn Nichtadressaten von Maßnahmen werden von diesen gerade nicht unmittelbar, sondern allenfalls mittelbar, dh erst durch die Zwischenschaltung weiterer Kausalitätselemente, betroffen. Versuche, für Einzelregelungen des WpÜG einfach-rechtliche Drittrechte zu begründen,[70] müssen daher im Ansatz scheitern.[71] Daran orientiert sich, soweit ersichtlich, auch die **Verwaltungspraxis.**[72]

28    Dementsprechend schließt § 4 Abs. 2 zB einfach-gesetzliche **Ansprüche** von Bietern, Zielunternehmen, Wertpapierinhabern der Zielgesellschaft und anderen Interessenten **auf Einschreiten der BaFin** gegen Missstände aus.[73] Ausgeschlossen sind weiter einfach-rechtliche **Drittansprüche gegen Verfügungen** der BaFin, dh Anfechtungsrechte gegen Verfügungen von Personen, die nicht Adressaten des Verwaltungsakts sind; deshalb können sich beispielsweise Wertpapierinhaber der Zielgesellschaft nicht gegen die von der BaFin gestattete Nichtberücksichtigung von Stimmrechten (§ 36) oder eine Befreiung des Bieters von der Angebotspflicht (§ 37) wehren. Konsequent erfasst die Ausschlusswirkung von § 4 Abs. 2 schließlich **Amtshaftungsansprüche Dritter**[74] und handelt es sich etwa bei § 35 Abs. 2 nicht um ein Schutzgesetz iSd § 823 Abs. 2 BGB.[75]

29    Der Ausschluss von Drittrechten ist allerdings nicht frei von gesetzlichen **Regelungsinkonsistenzen.** Schon das WpÜG enthält nämlich eine Reihe von Vorschriften, die ganz im Gegensatz zur ausdrücklich erklärten Regelungsintention auf Drittschutz hindeuten. So sieht etwa § 50 die Anordnung der sofortigen Vollziehung bei den Adressaten belastenden Verwaltungsakten im öffentlichen Interesse oder „im überwiegenden Interesse eines Beteiligten" vor, was keinen rechten Sinn hat, wenn es neben der BaFin und dem Beschwerdeführer keine weiteren Beteiligten, dh keine Dritten, geben soll. Ähnlich verhält es sich mit § 56 Abs. 1 S. 3 und 4, wo von „Beigeladenen" die Rede ist und in der Sache zwischen einfacher und notwendiger Beiladung unterschieden wird; das ist weder mit dem gewollten Drittschutzausschluss kompatibel noch damit, dass das WpÜG – anders als das GWB und die VwGO – keine Beiladung Dritter kennt (→ § 56 Rn. 10; → § 52 Rn. 6 ff.).

30    Als irritierend wird ferner eine angeblich **unzureichende Abstimmung** des angestrebten Drittschutzausschlusses mit Normen außerhalb des WpÜG empfunden. Das betrifft insbesondere § 13 VwVfG, über dessen Anwendung es zu einer Beteiligtenstellung Dritter im Verwaltungsverfahren mit möglichen Fernwirkungen für das Beschwerdeverfahren (vgl. § 48 Abs. 2) kommen kann[76] – so vor allem, wenn ein Dritter gegen einen von der BaFin erlassenen Verwaltungsakt oder gegen die Verweigerung eines Verwaltungsakts Widerspruch

---

[70] Vgl. *Aha* AG 2002, 160 (161); *Schnorbus* ZHR 166 (2002), 72 (86 f.), 104 ff.; *Cahn* ZHR 167 (2003), 262 (290 ff.); *Nietsch* BB 2003, 2581 (2582 ff.).

[71] OLG Frankfurt NZG 2003, 729; 2003, 1120; 2012, 302 mAnm *Wackerbarth* EWiR 2012, 191; zuletzt ausf. OLG Frankfurt AG 2019, 615 (616 f.) mwN = BeckRS 2018, 20851.

[72] Zu einem von der BaFin unter Hinweis auf den ausschließlichen Gesetzeszweck des Schutzes der Kapitalmärkte abgelehnten Anspruch von Aktionären auf Einschreiten der Behörde s. FAZ vom 3.8.2002, 10 – Mobilcom; ferner allg. *Lenz* NJW 2003, 2073 (2075). Die Spruchpraxis des OLG Frankfurt tendiert in dieselbe Richtung; vgl. OLG Frankfurt NZG 2003, 729 (730 f.); ZIP 2003, 1251 (1252 ff.); 2003, 1392 (1394 f.); 2003, 2206 (2207 ff.); NJW-RR 2004, 1194 (1195 f.); dazu *Uechtritz/Wirth* WM 2004, 410.

[73] Angerer/Geibel/Süßmann/*Louven* Rn. 11; ähnlich Assmann/Pötzsch/Schneider/*Döhmel* Rn. 24, 29; FK-WpÜG/*Linke* Rn. 39; Schwark/Zimmer/*Noack/Zetzsche* Rn. 13. Dies hindert freilich nicht, dass Dritte bei der BaFin ein Einschreiten gegen Missstände im öffentlichen Interesse anregen können; so ausdrücklich BGH NZG 2013, 939 (941); *Rezai Hariri,* Übernahmerecht und Aufsicht, 2015, 239.

[74] Angerer/Geibel/Süßmann/*Louven* Rn. 12; FK-WpÜG/*Linke* Rn. 39; Steinmeyer/*Klepsch* Rn. 21; Schwark/Zimmer/*Noack/Zetzsche* Rn. 12; Assmann/Pötzsch/Schneider/*Döhmel* Rn. 26.

[75] BGH BB 2013, 2318 (2321) mAnm *Paschos* DB 2014, 2276; OLG Köln IPRspr 2012, Nr. 54, 94 Rn. 35 ff.; krit. *Seibt* ZIP 2013, 1568 ff. unter Hinweis auf die Widersprüchlichkeit, die sich daraus ergibt, dass das OLG Frankfurt Drittrechtsschutz gegen Maßnahmen der BaFin mit Blick auf die zivilrechtlichen Ansprüche verwehrt, solche Ansprüche aber nun vom BGH gleichfalls versagt werden.

[76] Vgl. FK-WpÜG/*Schweizer* § 41 Rn. 23 ff.; Steinmeyer/*Klepsch* Rn. 15 ff.; Steinmeyer/*Bastian* § 48 Rn. 14 ff.; *Schnorbus* ZHR 166 (2002), 72 (98 ff.); *Schnorbus* WM 2003, 616 (620 ff.); *Ihrig* ZHR 167 (2003), 315 (327 ff.); *Möller* ZHR 167 (2003), 301 (307 ff.); *v. Riegen* Der Konzern 2003, 583 (595 ff.); *Cahn* ZHR 2003, 262 (295 ff.).

oder später Beschwerde einlegt und damit nach § 13 Abs. 1 Nr. 1 VwVfG am Widerspruchsverfahren beteiligt ist. Hierin ist aber in Wahrheit kein Problem der Abstimmung zwischen § 4 Abs. 2 und § 13 VwVfG zu sehen. Vielmehr fehlt dem Dritten wegen § 4 Abs. 2 vorbehaltlich verfassungs- oder gemeinschaftsrechtlicher Einwände (→ Rn. 31 ff.) nach richtiger Ansicht die Widerspruchs- bzw. Beschwerdebefugnis,[77] (str.; näher → § 41 Rn. 10 f.; → § 48 Rn. 7 ff.) was jedoch mit seiner rein formal zu betrachtenden Beteiligtenstellung nichts zu tun hat. Werden im Übrigen rechtliche Interessen Dritter ausnahmsweise aufgrund verfassungsrechtlicher Implikationen entgegen § 4 Abs. 2 durch den Ausgang des Verfahrens berührt, dann kann oder muss die BaFin diese Dritten nach § 13 Abs. 2 VwVfG als Beteiligte hinzuziehen (vgl. → Rn. 32 f.).[78]

**2. Verfassungs- und Unionsrechtskonformität?** Gegen das bankenaufsichtsrechtliche **31** Vorbild[79] von § 4 Abs. 2 werden seit jeher **verfassungsrechtliche Vorbehalte** angemeldet.[80] Auch § 4 Abs. 2 wurde bereits vor seinem Inkrafttreten kritisch hinterfragt.[81]

Zur Herstellung von Grundrechtskonformität ist der viel zu weit geratene Wortlaut des **32** § 4 Abs. 2 jedenfalls hinsichtlich der **Adressaten von Verwaltungsmaßnahmen** der BaFin einengend auszulegen (vgl. → Rn. 24).[82] Aber auch bestimmte **Drittrechte** sind aus verfassungsrechtlichen Gründen von der Ausschlusswirkung des § 4 Abs. 2 auszunehmen,[83] weil der pauschale Ausschluss von Drittrechten durchaus Grundrechtspositionen verletzen kann. So kann etwa der Ausschluss von Drittrechten der Zielgesellschaftsaktionäre durch § 4 Abs. 2, wenn die BaFin durch Maßnahmen gegen den Bieter auch in Grundrechtspositionen der Wertpapierinhaber der Zielgesellschaft eingreift, grundrechtswidrig sein; ein Beispiel dafür ist die Untersagung eines wirksamen Angebots nach § 15 Abs. 1, 2 mit der Nichtigkeitsfolge aus § 15 Abs. 3 S. 2, durch die die BaFin möglicherweise in bereits vor der Untersagung entstandene vermögenswerte Privatrechte der Aktionäre der Zielgesellschaft eingreift[84] (→ § 15 Rn. 44) und diese eigentumsgrundrechtlich geschützte Rechtsposition[85] letztlich zerstört. Verfassungsrechtlich zweifelhaft ist der Drittrechtsausschluss außerdem beispielsweise in den Konstellationen des § 26, wenn die BaFin den Bieter unter Verstoß gegen § 26 Abs. 2 ohne Zustimmung der Zielgesellschaft von der Sperrfrist befreit. Gleiches gilt, wenn die BaFin mit privatrechtsgestaltender Wirkung vom Pflichtangebot nach § 37 Abs. 1 befreit.[86] Das BVerfG hat angedeutet, dass die Gewährung von Rechtsschutz gegen Maßnahmen und Unterlassungen der BaFin zum Schutz des Eigentumsgrundrecht im Einzelfall durchaus verfassungsrechtlich geboten sein kann.[87]

---

[77] OLG Frankfurt NZG 2012, 302; zuletzt OLG Frankfurt AG 2019, 615 (616) mwN = BeckRS 2018, 20851.

[78] *Pohlmann* ZGR 2007, 1 (26 f.).

[79] § 6 Abs. 4 KWG aF (ursprünglich: § 6 Abs. 3 KWG aF), an dessen Stelle § 4 Abs. 4 FinDAG getreten ist.

[80] Vgl. *Nietsch* BB 2003, 2581 (2586 ff.); *Schenke/Ruthig* NJW 1994, 2324 (2325 ff.); *Gratias* NJW 2000, 786 (787 f.); *Cremer* JuS 2001, 643 (646 ff.); MüKoBGB/*Papier/Shirvani* BGB § 839 Rn. 312. Für Verfassungs- und Gemeinschaftsrechtskonformität allerdings BGHZ 162, 49 (60 ff.) = NJW 2005, 742; OLG Köln ZIP 2001, 645 (646 ff.); vgl. ferner *Ehlers,* Ziele der Wirtschaftsaufsicht, 1997, 58 ff.

[81] *Liebscher* ZIP 2001, 853 (858); vgl. auch Stellungnahme DAV-Handelsrechtsausschuss vom April 2001, NZG 2001, 420 (421); nach Inkrafttreten krit. *Schnorbus* ZHR 166 (2002), 72; für Verfassungsmäßigkeit hingegen Angerer/Geibel/Süßmann/*Louven* Rn. 13; Assmann/Pötzsch/Schneider/*Döhmel* Rn. 38; *v. Riegen* Konzern 2003, 583 (588 ff.) mwN; OLG Frankfurt ZIP 2003, 1392 (1394 ff.); vgl. auch Kölner Komm WpÜG/*Giesberts* Rn. 64 ff.

[82] Vgl. *Schnorbus* ZHR 166 (2002), 72 (82 f.); *Aha* AG 2002, 160 (161); *Zschocke* DB 2002, 79 (84); vgl. Angerer/Geibel/Süßmann/*Louven* Rn. 14; Schwark/Zimmer/*Noack* Rn. 12; Steinmeyer/*Klepsch* Rn. 13, 21; FK-WpÜG/*Linke* Rn. 39; Assmann/Pötzsch/Schneider/*Döhmel* Rn. 26.

[83] *Aha* AG 2002, 160 (161 ff.); Kölner Komm WpÜG/*Giesberts* Rn. 75 ff.

[84] Vgl. Angerer/Geibel/Süßmann/*Angerer* § 15 Rn. 59 ff.; FK-WpÜG/*Scholz* § 15 Rn. 65; vgl. auch Steinmeyer/*Steinhardt* § 15 Rn. 19 ff.

[85] Zum Schutz schuldrechtlicher Forderungen durch Art. 14 GG s. zB BVerfGE 45, 142 (179) = NJW 1977, 2024; BVerfGE 92, 262 (271) = BeckRS 1995, 12042; Dreier/*Wieland* GG Art. 14 Rn. 58.

[86] Dazu *Ihrig* ZHR 167 (2003), 315 (343 f.); *Wagner* NZG 2003, 718 (719); vgl. auch *Cahn* ZHR 167 (2003), 262 (293 ff., 295 ff.); iErg eine Verletzung von Art. 14 Abs. 1 GG verneinend OLG Frankfurt NZG 2003, 729 (731); ZIP 2003, 2206 (2208); zuletzt OLG Frankfurt AG 2019, 615 (617) = BeckRS 2018, 20851.

[87] BVerfG NJW 2004, 3031.

**33**    In Bezug auf die Frage der **Unionsrechtskonformität** stößt § 4 Abs. 2 weniger aus primärrechtlichen,[88] wohl aber aus sekundärrechtlichen Gründen im Hinblick auf die Übernahme-RL auf Vorbehalte.[89] Für die bankenaufsichtsrechtliche Modellnorm des § 6 Abs. 4 WpHG aF (jetzt: § 4 Abs. 4 FinDAG) ist die Unionsrechtskonformität seit einer Entscheidung des EuGH vom Oktober 2004 positiv geklärt;[90] keine der bankrechtlichen Richtlinien verleihen Einzelnen das Recht, von der Bankenaufsicht geeignete Aufsichtsmaßnahmen zu verlangen und sie bei einem Fehlverhalten haftbar zu machen.[91] Entsprechend verhält es sich bei der Übernahme-RL.[92] Zwar bezweckt die Übernahme-RL auch den Aktionärsschutz, wie sich insbesondere aus der Überschrift und dem Art. 5 Abs. 1 Übernahme-RL sowie Erwägungsgrund 2 Übernahme-RL ergibt. Aus einer derartigen Zwecksetzung lassen sich nach der Rspr. des EuGH aber eben gerade keine subjektiven Rechte Einzelner herleiten.[93] Es kommt hinzu, dass die Ausgestaltung des Individualrechtsschutzes der freien Gestaltung durch die Mitgliedstaaten unterliegen soll, vgl. Art. 4 Abs. 6 Übernahme-RL sowie Erwägungsgrund 8 S. 2 Übernahme-RL; überdies ist das das in Art. 4 Abs. 3 EUV normierte Effektivitätsgebot zu beachten, was von Art. 17 Übernahme-RL auch nochmal deklaratorisch klargestellt wird.

## § 5 Beirat

**(1)** [1]**Bei der Bundesanstalt wird ein Beirat gebildet.** [2]**Der Beirat besteht aus**
1. **vier Vertretern der Emittenten,**
2. **je zwei Vertretern der institutionellen und der privaten Anleger,**
3. **drei Vertretern der Wertpapierdienstleistungsunternehmen im Sinne des § 2 Absatz 10 des Wertpapierhandelsgesetzes,**
4. **zwei Vertretern der Arbeitnehmer,**
5. **zwei Vertretern der Wissenschaft.**

[3]**Die Mitglieder des Beirates werden vom Bundesministerium der Finanzen für jeweils fünf Jahre bestellt; die Bestellung der in Satz 2 Nr. 1 bis 4 genannten Mitglieder erfolgt nach Anhörung der betroffenen Kreise.** [4]**Die Mitglieder des Beirates müssen fachlich besonders geeignet sein; insbesondere müssen sie über Kenntnisse über die Funktionsweise der Kapitalmärkte sowie über Kenntnisse auf dem Gebiet des Gesellschaftsrechts, des Bilanzwesens oder des Arbeitsrechts verfügen.** [5]**Die Mitglieder des Beirates verwalten ihr Amt als unentgeltliches Ehrenamt.** [6]**Für ihre Teilnahme an Sitzungen erhalten sie Tagegelder und Vergütung der Reisekosten nach festen Sätzen, die das Bundesministerium der Finanzen bestimmt.** [7]**An den Sitzungen können Vertreter der Bundesministerien der Finanzen, der Justiz und für Verbraucherschutz sowie für Wirtschaft und Energie teilnehmen.**

**(2)** [1]**Das Bundesministerium der Finanzen kann durch Rechtsverordnung, die nicht der Zustimmung des Bundesrates bedarf, nähere Bestimmungen über die Zusammensetzung des Beirates, die Einzelheiten der Bestellung seiner Mitglieder, die vorzeitige Beendigung der Mitgliedschaft, das Verfahren und die Kosten erlassen.** [2]**Das Bundesministerium der Finanzen kann die Ermächtigung durch Rechtsverordnung auf die Bundesanstalt übertragen.**

---

[88] Vgl. OLG Frankfurt NZG 2012, 302 (303 ff.); ZIP 2003, 1392 (1397); *Meilicke/Meilicke* ZIP 2010, 558 ff.

[89] Für individualschützenden Charakter des Richtlinienvorschlags der Kommission vom 2.10.2002 (ABl. 2003 C 45 E, 2) *Habersack* ZHR 166 (2002), 619 (620 f.); für Richtlinienkonformität des § 4 Abs. 2 hingegen Assmann/Pötzsch/Schneider/*Döhmel* Rn. 30, 39 f.; Steinmeyer/*Klepsch* Rn. 16; *Pohlmann* ZGR 2007, 1 (5 ff.); in Bezug auf den Kommissionsvorschlag ebenso *Ihrig* ZHR 167 (2003), 315 (326); *Seibt* ZIP 2003, 1865 (1873); vgl. auch *Möller* ZHR 167 (2003), 301 (305).

[90] EuGH Slg. 2004, I-9425 = NJW 2004, 3479 – Peter Paul; ergangen aufgrund des Vorlagebeschlusses BGH NJW 2002, 2464.

[91] EuGH Slg. 2004, I-9425 Rn. 30 f., 41 ff. = NJW 2004, 3479 – Peter Paul.

[92] *Pohlmann* ZGR 2007, 1 (7 ff.).

[93] EuGH Slg. 2004, I-9425 Rn. 26 ff., 38 ff. = NJW 2004, 3479 – Peter Paul; vgl. zuletzt OLG Frankfurt AG 2019, 615 (617) = BeckRS 2018, 20851.

(3) ¹Der Beirat wirkt bei der Aufsicht mit. ²Er berät die Bundesanstalt, insbesondere bei dem Erlass von Rechtsverordnungen für die Aufsichtstätigkeit der Bundesanstalt. ³Er unterbreitet mit Zustimmung von zwei Dritteln seiner Mitglieder Vorschläge für die ehrenamtlichen Beisitzer des Widerspruchsausschusses und deren Vertreter.

(4) ¹Der Präsident der Bundesanstalt lädt zu den Sitzungen des Beirates ein. ²Die Sitzungen werden vom Präsidenten der Bundesanstalt oder einem von ihm beauftragten Exekutivdirektor oder Beamten geleitet.

(5) Der Beirat gibt sich eine Geschäftsordnung.

### I. Einführung

§ 5 sieht ein Gremium vor, das bei der Aufsicht mitwirkt, privaten Sachverstand in die **1** Überwachungstätigkeit einbringt und die Akzeptanz von Aufsichtsentscheidungen erhöhen soll.

**Regelungsinhalte** des § 5 sind neben der Schaffung des Instituts „Beirat" dessen Zusam- **2** mensetzung, die Mitgliederbestellung und der Status der Mitglieder (Abs. 1 und 2), Aufgaben und Befugnisse des Beirats (Abs. 3) sowie Bestimmungen zur Einberufung, zum Verfahren und zur Geschäftsordnung (Abs. 4 und Abs. 5). Außerdem enthält § 5 Abs. 2 S. 1 zur Regelung von im Einzelnen näher bestimmten Detailfragen eine Verordnungsermächtigung, von der das BMF mit dem Erlass der **WpÜG-BV** Gebrauch gemacht hat. Zur Übertragung der Aufgaben des BAWe auf die BaFin → § 4 Rn. 1 (durch VO vom 29.4.2002, BGBl. 2002 I 1495, wurde die Überschrift entsprechend angepasst). Die in § 5 Abs. 2 S. 2 geschaffene Option für eine **Subdelegation** der Verordnungsermächtigung auf die BaFin, die der Bundesanstalt eine flexible Reaktion auf in der Praxis gewonnene Erfahrungen ermöglicht, hat das BMF genutzt (§ 1 Nr. 2 BAFin-EÜVO).

**Normzweck** ist die Erschließung des Sachverstandes der Wirtschaft und anderer betrof- **3** fener Kreise für die Überwachungstätigkeit der BaFin über ein eigens dafür eingerichtetes, aus Vertretern der Wirtschaftskreise, einschließlich der Emittenten, der Arbeitnehmer sowie weiterer Experten zusammengesetztes Gremium. Daneben soll die Einrichtung des Beirats die Akzeptanz von Aufsichtsentscheidungen auf der Grundlage des WpÜG fördern.¹

Soweit das WpÜG zusammen mit der WpÜG-BV keine Sondervorschriften enthält **4** und der (Übernahme-)Beirat in Verwaltungsverfahren tätig wird, kommt **ergänzend** die Heranziehung der die ehrenamtliche Tätigkeit und Ausschüsse regelnden **§§ 81 ff. VwVfG** in Betracht.²

### II. Zusammensetzung, Mitgliederbestellung, Status der Mitglieder (Abs. 1 und 2)

**1. Zusammensetzung.** Der Beirat besteht aus fünfzehn Personen. Die Beiratsmitglieder **5** sind aus den in § 5 Abs. 1 S. 2 genannten Lebensbereichen auszuwählen und müssen fachlich besonders geeignet sein. Die für die Bestellung von Mitgliedern iSv § 5 Abs. 1 S. 2 Nr. 1–

---

¹ RegE, BT-Drs. 14/7034, 36.
² Vgl. Steinmeyer/*Klepsch* Rn. 2; FK-WpÜG/*Linke* Rn. 20; Kölner Komm WpÜG/*Holst* Rn. 12; vgl. Stelkens/Bonk/Sachs/*Kallerhoff/Hecker* VwVfG § 88 Rn. 12.

4 vorgeschriebene vorherige Anhörung der betroffenen Kreise dürfte das Vorliegen der erforderlichen **besonderen fachlichen Eignung** sicherstellen.[3] Zu der besonderen fachlichen Eignung gehören insbesondere Kenntnisse über die Funktionsweise der Kapitalmärkte und auf den im Normtext aufgeführten Gebieten des Gesellschafts-, Bilanz- oder Arbeitsrechts.

6    Der in der personellen Zusammensetzung jeweils auf fünf Jahre angelegte Beirat (§ 5 Abs. 1 S. 3) ist als **Fachberatungsgremium** konzipiert. Daher werden seine Mitglieder nicht als Interessenvertreter bestimmter Kreise, sondern als Sachverständige bestellt.[4]

7    **2. Mitgliederbestellung.** Die **Mitgliederbestellung durch das BMF** garantiert eine gewisse Unabhängigkeit der Beiratsmitglieder gegenüber den hinter ihnen stehenden Unternehmensgruppen oder Verbänden und soll für die Arbeit des Beirats Lobbyismus ausschließen.[5]

8    Dem steht die nach § 5 Abs. 1 S. 3 vor der Bestellung gebotene **Anhörung** der betroffenen Kreise nicht entgegen, weil sie der sachgerechten, ausgewogenen und kompetenten Besetzung des Beirats dient (→ Rn. 5),[6] nicht aber der Einschleusung von „Funktionären". Demgemäß liegt die Auswahl der als Mitglieder zu bestellenden Vertreter in den Händen des BMF. Die **anzuhörenden Kreise** sind gesetzlich nicht konkretisiert. In der Praxis kommen insbesondere Bankenverbände, Aktionärsvereine und Gewerkschaften in Betracht;[7] bei den Emittenten können nur solche vertreten werden, deren Aktien zum Handel an einem organisierten Markt des EWR zugelassen sind (vgl. § 2 Abs. 7).[8]

9    Die Bestellung der Beiratsmitglieder erfolgt für jeweils **fünf Jahre.** Für jedes Mitglied sind ein erster und zweiter Stellvertreter zu bestellen (dazu und zum Folgenden: § 1 WpÜG-BV). Beim Ausscheiden eines Mitglieds rückt sein Stellvertreter bis zum Ablauf der verbleibenden Bestellungszeit nach. Eine Nachbestellung bis zum Ende der ursprünglichen Bestellung des ausgeschiedenen Mitglieds findet statt, wenn kein Stellvertreter zur Verfügung steht.

10    Die Mitgliedschaft endet grundsätzlich mit Ablauf der Amtszeit (dazu und zum Folgenden s. § 2 WpÜG-BV). Eine **vorzeitige Beendigung** ist durch Widerruf der Bestellung durch das BMF möglich. Voraussetzung für den Widerruf ist ein **wichtiger Grund,** der insbesondere beim Ausscheiden des Beiratsmitglieds aus der Gruppe nach § 5 Abs. 1 S. 2, zu deren Vertretung es bestellt wurde, und bei einem auf persönliche Gründe gestützten Antrag des Mitglieds vorliegt; weitere wichtige Gründe für eine Abberufung können gröbliche Pflichtverletzung und Unwürdigkeit sowie die alters- oder krankheitsbedingt verlorene Fähigkeit, die Tätigkeit ordnungsgemäß auszuüben, sein (vgl. § 86 VwVfG).[9]

11    **3. Status der Mitglieder.** Die Mitglieder verwalten ihr Amt als **unentgeltliches Ehrenamt,** erhalten für die Teilnahme an Sitzungen aber Tagegelder und Reisekostenvergütungen nach vom BMF bestimmten festen Sätzen (§ 5 Abs. 1 S. 5 f.); die Entschädigung richtet sich gem. § 6 WpÜG-BV nach Richtlinien des BMF.[10] Danach können neben der Reisekostenvergütung und einer in angemessenen Grenzen erfolgenden Ersetzung des Verdienstausfalls als Sitzungsentschädigung je Sitzungstag regelmäßig bis zu 30 Euro gezahlt werden. Die Mitglieder müssen ihre Tätigkeit gewissenhaft und unparteiisch ausüben (vgl. § 83 VwVfG; ferner § 9 Abs. 3) und unterliegen der Verschwiegenheitspflicht nach § 9 Abs. 1, § 3 Abs. 2 WpÜG-

---

[3] Verzeichnis der Beiratsmitglieder mit Stand Juni 2017: https://www.bafin.de/DE/DieBaFin/Grundlagen-Organisation/Gremien/Uebernahmebeirat/uebernahmebeirat_node.html (zuletzt abgerufen am 30.11.2020).
[4] BT-Drs. 14/7034, 36.
[5] Vgl. BT-Drs. 14/7034, 36; Angerer/Geibel/Süßmann/*Süßmann* Rn. 4.
[6] Vgl. Angerer/Geibel/Süßmann/*Süßmann* Rn. 3.
[7] FK-WpÜG/*Linke* Rn. 11.
[8] Vgl. Steinmeyer/*Klepsch* Rn. 5.
[9] Vgl. Kölner Komm WpÜG/*Holst* Rn. 21.
[10] Neufassung der Richtlinien für die Abfindung der Mitglieder von Beiräten, Ausschüssen, Kommissionen und ähnlichen Einrichtungen im Bereich des Bundes durch Bekanntmachung des BMF vom 31.10.2001, GMBl. 2002, 92.

BV. Sie sind berechtigt und verpflichtet, an den Beiratssitzungen teilzunehmen und in ihnen mitzuwirken; über eine Verhinderung haben sie den Präsidenten der BaFin unverzüglich zu unterrichten (§ 3 Abs. 1 S. 5 WpÜG-BV). Eine vorzeitige Abberufung durch Widerruf der Bestellung ist nur bei Vorliegen eines wichtigen Grundes möglich (→ Rn. 10).

### III. Aufgaben und Befugnisse (Abs. 3)

Nach **§ 5 Abs. 3 S. 1 f.** wirkt der Beirat mit **rein beratender Funktion** bei der Aufsicht  12
nach dem WpÜG mit; daher ist die BaFin an Meinungsäußerungen, Empfehlungen und Entscheidungen des Beirats oder einzelner Mitglieder nicht gebunden.[11] Auch ist der Beirat nicht zu außenwirksamer Tätigkeit befugt.[12] **Gegenstand der Beratung** kann das gesamte Spektrum der Überwachungstätigkeit der BaFin nach § 4 Abs. 1 einschließlich der Ausübung spezieller Befugnisse nach dem WpÜG sein. Eine ausdrückliche **Pflicht zur Anhörung** des Beirats für die dort genannten Fälle schreiben § 5 Abs. 3 S. 2 und § 28 Abs. 2 fest. Im Übrigen muss der Beirat nach Sinn und Zweck des § 5 Abs. 3 S. 1 vor Entscheidungen von wesentlicher Bedeutung und in kritischen Einzelfällen angehört werden, weil andernfalls die normativ angestrebten Ziele der Einbringung komprimierten Sachverstands und der Erhöhung der Akzeptanz von Entscheidungen unterlaufen würden; dem entspricht die Einfügung des Wortes „insbesondere" in § 5 Abs. 3 S. 2.[13] Das Fehlen der Mitwirkung des Beirats führt jedoch nicht zur Anfechtbarkeit eines **Verwaltungsakts,** wie sich aus einem Umkehrschluss aus § 45 Abs. 1 Nr. 3, 4 VwVfG ergibt: Die Mitwirkung des Beirates erfordert einerseits keinen – in § 45 Abs. 1 Nr. 4 VwVfG jedoch vorausgesetzten – förmlichen Beschluss; andererseits kann nicht von unheilbarer Rechtswidrigkeit ausgegangen werden, weil diese Rechtsfolge gemäß § 45 Abs. 1 Nr. 3 VwVfG noch nicht einmal im Fall der Unterlassung einer im Grundsatz verfassungsrechtlich gebotenen Anhörung Beteiligter eintritt. Zwar wird vertreten, dass die fehlende Mitwirkung des Beirats zu Beurteilungs- oder Ermessensfehlern der BaFin und damit zur Rechtswidrigkeit der jeweiligen Maßnahme führen soll.[14] Dem ist jedoch nicht zu folgen, weil nur die fehlende Berücksichtigung von Argumenten, nicht aber die fehlende Beachtung potenzieller Urheber von Argumenten beurteilungs- oder ermessensfehlerhaft sein kann. Eine rein formale Mitwirkung des Beirats garantiert im Übrigen keine inhaltliche Auseinandersetzung.

Anders verhält es sich allerdings im Falle der fehlenden Mitwirkung im Rahmen des **§ 5**  13
**Abs. 3 S. 2** beim Erlass von Rechtsverordnungen, auf den die vorstehenden Erwägungen nicht übertragen werden können. Zwar hängt die Rechtmäßigkeit dieser allgemeinen Maßnahmen und **Rechtsverordnungen** nicht von der Zustimmung des Beirats ab.[15] § 5 Abs. 3 S. 2 normiert aber eine Beratungspflicht mit der Folge, dass eine Rechtsverordnung, die ohne Beratung des Beirats erlassen wird, formell rechtswidrig und daher nichtig ist. Soweit die Gegenansicht[16] auf die Gesetzesbegründung zu § 5 Abs. 3[17] abstellt, nach welcher eine Pflicht zur Beratung gerade ausgeschlossen sei, vermag dies nicht zu überzeugen, denn die Gesetzesbegründung äußert sich weder zu der Frage einer Beratungspflicht noch zu den Rechtsfolgen einer unterlassenen Beratung. § 5 Abs. 3 S. 2 erfasst nur von der BaFin zu erlassende Rechtsverordnungen, nicht auch solche des BMF.[18]

Nach **§ 5 Abs. 3 S. 3** unterbreitet der Beirat **Vorschläge für die ehrenamtlichen**  14
**Beisitzer des** in § 6 geregelten **Widerspruchsausschusses** und deren Vertreter. Die Vor-

---

[11] BT-Drs. 14/7034, 37.
[12] Vgl. Angerer/Geibel/Süßmann/*Süßmann* Rn. 8.
[13] AA FK-WpÜG/*Linke* Rn. 16; Baums/Thoma/Verse/*Ritz* Rn. 20; noch weitergehend als hier allerdings wohl Angerer/Geibel/Süßmann/*Süßmann* Rn. 9.
[14] Vgl. Ehricke/Ekkenga/Oechsler/*Oechsler* § 12 Rn. 4.
[15] Steinmeyer/*Klepsch* Rn. 8; Assmann/Pötzsch/Schneider/*Döhmel* Rn. 19; Schwark/Zimmer/*Noack/Zetzsche* Rn. 12; FK-WpÜG/*Linke* Rn. 16.
[16] Steinmeyer/*Klepsch* Rn. 8; Assmann/Pötzsch/Schneider/*Döhmel* Rn. 18; Schwark/Zimmer/*Noack/Zetzsche* Rn. 12; FK-WpÜG/*Linke* Rn. 16, vgl. aber dort Fn. 30.
[17] BT-Drs. 14/7034, 37.
[18] FK-WpÜG/*Linke* Rn. 16.

schläge müssen die Zustimmung von zwei Dritteln der Beiratsmitglieder finden; das Quorum bezieht sich auf die Zahl der gesetzlichen Mitglieder, nicht auf die der anwesenden Mitglieder oder der abgegebenen Stimmen (§ 4 WpÜG-BV). Die Vorgeschlagenen können, müssen aber nicht Beiratsmitglieder sein.[19] Obwohl der Beirat lediglich ein Vorschlags- und kein Benennungsrecht besitzt, ist der Präsident an die Vorschläge rechtlich insoweit gebunden, als er bei der Bestellung der Beisitzer (§ 6 Abs. 3) nach der zum Widerspruchsausschuss ergangenen WpÜG-WV aus der Vorschlagsliste des Beirats fünfzehn Personen „auswählt" (§ 1 WpÜG-WV). Zur Übertragung der Aufgaben des BAWe auf die BaFin → § 4 Rn. 1 (durch VO vom 29.4.2002, BGBl. 2002 I 1495, wurde die Überschrift entsprechend angepasst). Beschließt der Beirat – wie jedenfalls in seiner ersten Sitzung geschehen;[20] neuere Daten sind nicht verfügbar – eine Liste von genau fünfzehn Personen, reduziert sich der Entscheidungsspielraum des Präsidenten der BaFin daher faktisch auf Null.

**15**  Dass sich der Beirat in Bezug auf die Bestellung der ehrenamtlichen Beisitzer des Widerspruchsausschusses letztlich eine Alleinentscheidungsbefugnis verschaffen kann, mag Anlass zu **verfassungsrechtlichen Bedenken** wegen fehlender demokratischer Legitimation geben. Diese werden jedoch dadurch entschärft, dass die Bestellung der ehrenamtlichen Beisitzer keine unmittelbaren Auswirkungen auf die Inhalte von Widerspruchsentscheidungen hat und die ehrenamtlichen Beisitzer überdies gemäß § 6 Abs. 2 von den übrigen Mitgliedern des Widerspruchsausschusses überstimmt werden können.[21]

## IV. Einberufung, Verfahren, Geschäftsordnung (Abs. 4 und 5)

**16**  Zu den Beiratssitzungen lädt gem. **§ 5 Abs. 4 S. 1** der Präsident der BaFin ein. Das ermöglicht bei Beratungsbedarf ein jederzeitiges Zusammentreten des Beirats und unterstreicht dessen dienende Funktion.[22] Nähere Einzelheiten regelt § 3 WpÜG-BV. Danach erfolgt die **Einberufung** auch auf Antrag von mindestens acht Mitgliedern. An den Sitzungen können Vertreter der in § 5 Abs. 1 S. 7 genannten Bundesministerien teilnehmen, die vom Präsidenten dazu einzuladen sind; außerdem kann der Präsident weitere Vertreter der BaFin zu der Sitzung hinzuziehen. Die Einladung muss Zeit und Ort der Sitzung sowie eine Tagesordnung enthalten.

**17**  Die Sitzungen sind nicht öffentlich[23] (§ 3 Abs. 2 S. 1 WpÜG-BV) und werden vom Präsidenten der BaFin geleitet, der nach **§ 5 Abs. 4 S. 2** mit der **Sitzungsleitung** auch einen Exekutivdirektor oder Beamten – die nach dem 8.12.2011 ernannten Mitglieder des Direktoriums der BaFin sind gemäß § 9 Abs. 1 S. 1 FinDAG keine Beamten mehr, sondern stehen in einem öffentlich-rechtlichen Amtsverhältnis[24] – beauftragen kann. Die **Beschlussfassung** ist in § 4 WpÜG-BV geregelt. Danach setzt die Beschlussfähigkeit die Anwesenheit von mindestens acht Mitgliedern voraus. Anders als bei der Unterbreitung von Vorschlägen für Mitglieder des Widerspruchsausschusses (→ Rn. 14) reicht für die Beschlussfassung die einfache Mehrheit der abgegebenen Stimmen aus. § 5 WpÜG-BV verpflichtet zur **Protokollierung** der Sitzungen und enthält nähere Vorschriften zum Protokoll.

**18**  § 5 Abs. 5 verpflichtet den Beirat, sich eine **Geschäftsordnung** zu geben. Darin sind nähere Bestimmungen zur Verfahrensgestaltung zu treffen, so etwa zur Behandlung von Vorlagen und Anträgen sowie zur Sitzungsansetzung und -durchführung.[25]

---

[19] BT-Drs. 14/7034, 37.

[20] BaFin Pressemitteilung vom 26.6.2002, zuletzt am 19.11.2014 abgerufen unter www.bafin.de, seit mindestens dem 31.1.2017 hingegen nicht mehr abrufbar.

[21] Vgl. Baums/Thoma/Verse/*Ritz* Rn. 18; vgl. BVerfGE 47, 253 (273) = NJW 1978, 1967; BVerfGE 83, 60 (74) = NJW 1991, 159; BVerfGE 91, 228 (244) = NVwZ 1995, 677; *Böckenförde* in Isensee/Kirchhof StaatsR-HdB § 24 Rn. 13; v. Mangoldt/Klein/Starck/*Sommermann* GG Art. 20 Rn. 163 ff., 177; Sachs/*Sachs* GG Art. 20 Rn. 29.

[22] Vgl. BT-Drs. 14/7034, 37.

[23] BT-Drs. 14/7034, 37.

[24] Vgl. BT-Drs. 17/11119, 34; Assmann/Pötzsch/Schneider/*Döhmel* Rn. 1.

[25] BT-Drs. 14/7034, 37.

## § 6 Widerspruchsausschuss

(1) ¹Bei der Bundesanstalt wird ein Widerspruchsausschuss gebildet. ²Dieser entscheidet über Widersprüche gegen Verfügungen der Bundesanstalt nach § 4 Abs. 1 Satz 3, § 10 Abs. 1 Satz 3, Abs. 2 Satz 3, § 15 Abs. 1 und 2, § 20 Abs. 1, §§ 24, 28 Abs. 1, §§ 36 und 37.

(2) ¹Der Widerspruchsausschuss besteht aus

1. dem Präsidenten der Bundesanstalt oder einem von ihm beauftragten Exekutivdirektor oder Beamten, der die Befähigung zum Richteramt hat, als Vorsitzendem,
2. zwei vom Präsidenten der Bundesanstalt beauftragten Beamten als Beisitzern,
3. drei vom Präsidenten der Bundesanstalt bestellten ehrenamtlichen Beisitzern.

²Bei Stimmengleichheit entscheidet der Vorsitzende.

(3) Die ehrenamtlichen Beisitzer werden vom Präsidenten der Bundesanstalt für fünf Jahre als Mitglieder des Widerspruchsausschusses bestellt.

(4) ¹Das Bundesministerium der Finanzen kann durch Rechtsverordnung, die nicht der Zustimmung des Bundesrates bedarf, nähere Bestimmungen über das Verfahren, die Einzelheiten der Bestellung der ehrenamtlichen Beisitzer, die vorzeitige Beendigung und die Vertretung erlassen. ²Das Bundesministerium der Finanzen kann die Ermächtigung durch Rechtsverordnung auf die Bundesanstalt übertragen.

### Übersicht

### I. Einführung

**Regelungsinhalte** von § 6 sind Einrichtung und Zuständigkeit des Widerspruchsaus- 1 schusses (Abs. 1), dessen Zusammensetzung und die Mitglieder (Abs. 2 und 3) sowie eine Verordnungsermächtigung zur Regelung von im Einzelnen näher bestimmten organisations- und verfahrensrechtlichen Teilaspekten nebst einer Option zur Subdelegation auf die BaFin (Abs. 4). Von der Verordnungsermächtigung hat das BMF mit dem Erlass der WpÜG-Widerspruchsausschuss-Verordnung (WpÜG-WV) Gebrauch gemacht. Die terminologische Anpassung (Ersetzung des „BAWe" durch die „BaFin") erfolgte durch Art. 3 Abs. 2 der auf § 22 aF FinDAG gestützten VO; vgl. → § 5 Rn. 2). Das BMF hat die Subdelegationsoption genutzt und die BaFin zum Erlass von Rechtsverordnungen nach Maßgabe des § 6 Abs. 4 S. 1 ermächtigt (§ 1 Nr. 2 BAFin-EÜVO); von dieser Ermächtigung hat die BaFin bereits Gebrauch gemacht und §§ 3 f. WpÜG-WV durch VO vom 26.6.2003 (BGBl. 2003 I 1006) geändert. § 6 begründet die Zuständigkeit des Widerspruchsausschusses nur für Widersprüche gegen die in § 6 Abs. 1 S. 2 genannten Verfügungen; für Widersprüche gegen andere, etwa im Zusammenhang mit der Sachverhaltsermittlung (vgl. § 40) getroffene Verfügungen findet das Widerspruchsverfahren ohne Einbeziehung des Widerspruchsausschusses statt (näher → Rn. 7). Das WpÜG kennt demnach **zwei verschiedene Zuständigkeiten für Widerspruchsentscheidungen.**

§ 6 verfolgt mehrere **Normzwecke.**¹ Erstens nutzt die Einbeziehung ehrenamtlicher 2 Beisitzer in den Widerspruchsausschuss deren Erfahrungsschatz und private Fachkompetenz. Zweitens soll diese Einbeziehung die möglichst breite Akzeptanz der Entscheidungen des

---

¹ BT-Drs. 14/7034, 37.

Widerspruchsausschusses fördern. Davon verspricht man sich, drittens, eine zügige Abwicklung der Verfahren namentlich durch Nichtinanspruchnahme gerichtlichen Rechtsschutzes.

3 Eine nur mit deutlichen Einschränkungen **vergleichbare Regelung** findet sich in § 157 GWB zur Besetzung der Vergabekammern, die für dem Bund zuzurechnende öffentliche Aufträge die Vergabe nachprüfen. **Ergänzende Regelungen** enthalten neben der WpÜG-WV die Vorschriften des VwVfG[2] und für das Widerspruchsverfahren § 41 sowie §§ 68 ff. VwGO (näher → § 41 Rn. 4 ff.), sofern sich aus dem WpÜG nichts Abweichendes ergibt.

## II. Einrichtung und Zuständigkeit (Abs. 1)

4 Der nach § 6 Abs. 1 S. 1 gebildete Widerspruchsausschuss ist ein in die BaFin eingegliedertes **besonderes Entscheidungsgremium,** dessen Entscheidungen der Bundesanstalt zugerechnet werden; verwaltungsorganisationsrechtlich ist er nicht als eigenständige Behörde iSv § 1 Abs. 4 VwVfG konzipiert.[3] Es handelt sich um eine kollegiale Einrichtung, auf die §§ 88 ff. VwVfG anwendbar sind.[4]

5 § 6 Abs. 1 S. 2 begründet die ausschließliche Zuständigkeit des Ausschusses zur Entscheidung über Widersprüche gegen Verfügungen der BaFin nicht generell, sondern nach dem **Enumerationsprinzip.** Die Norm benennt abschließend bestimmte grundlegende Sachentscheidungen der BaFin bei öffentlichen Angebotsverfahren und weist nur die Entscheidung über dagegen gerichtete Widersprüche dem Ausschuss zu.[5]

6 Die in die Zuständigkeit des Ausschusses fallenden Widersprüche können nicht nur auf die Aufhebung eines Verwaltungsakts der BaFin zielen, sondern auch auf den Erlass eines Verwaltungsakts. Die prinzipielle Statthaftigkeit auch sog. **Verpflichtungswidersprüche** beruht auf § 41 Abs. 1 S. 3 iVm § 68 VwGO.

7 Die enumerativ geregelte Zuständigkeit des Widerspruchsausschusses schließt Widersprüche gegen Verfügungen auf der Grundlage der nicht in § 6 Abs. 1 S. 2 genannten Rechtsgrundlagen nicht aus. Vielmehr findet gem. § 41 Abs. 1 grundsätzlich auch bei einem Vorgehen gegen solche Verfügungen ein **Widerspruchsverfahren** statt, allerdings **ohne den Widerspruchsausschuss.** Insoweit hielt der Gesetzgeber die Einbeziehung des Ausschusses für entbehrlich, weil es sich um Verfügungen handelt, die nur der Vorbereitung oder Vollziehung anderer Entscheidungen dienen. Beispiele sind Verfügungen, die im Rahmen der Sachverhaltsermittlung nach § 40 Abs. 1 und 2 ergehen, und Gebührenbescheide.[6]

## III. Zusammensetzung und Mitglieder (Abs. 2 und 3)

8 Der Widerspruchsausschuss besteht aus **sechs Mitgliedern** (§ 6 Abs. 2 S. 1). Geborenes Mitglied ist der Präsident der BaFin als Vorsitzender, der mit dem Vorsitz einen Exekutivdirektor oder einen die Befähigung zum Richteramt (§ 5 DRiG) besitzenden Beamten beauftragen kann. Hinzu kommen zwei vom Präsidenten beauftragte Beamte als Beisitzer und drei von ihm bestellte ehrenamtliche Beisitzer. Bei Stimmengleichheit im Ausschuss entscheidet der Vorsitzende (§ 6 Abs. 2 S. 2).

9 Die **ehrenamtlichen Beisitzer** müssen nach § 15 BWahlG wählbar sein (§ 1 Abs. 2 WpÜG-WV) und werden im Interesse eines Mindestmaßes an Kontinuität für die Dauer von fünf Jahren bestellt (§ 6 Abs. 3). Als Entscheidungsgrundlage für die **Bestellung** dient die vom Beirat nach § 5 Abs. 3 erstellte Vorschlagsliste, aus der gem. § 1 Abs. 1 WpÜG-WV der Präsident die ehrenamtlichen Beisitzer auswählt (→ § 5 Rn. 16).

10 Der Widerspruchsausschuss kann **in unterschiedlicher Besetzung** entscheiden. Diese Möglichkeit ergibt sich aus § 3 WpÜG-WV. Dort wird klargestellt, dass die ehrenamtlichen

---

[2] Vgl. BT-Drs. 14/7034, 37; FK-WpÜG/*Linke* Rn. 16.
[3] BT-Drs. 14/7034, 37.
[4] BT-Drs. 14/7034, 37.
[5] BT-Drs. 14/7034, 37.
[6] BT-Drs. 14/7034, 37.

Beisitzer nach Maßgabe der in einer Liste (Beisitzerliste) festgelegten Reihenfolge heranzuziehen sind, und zwar nach dem Eingang der Widersprüche bei der BaFin. Jeder Durchgang
der Liste ist ein Turnus, in dem jeder ehrenamtliche Beisitzer nur einmal herangezogen
wird. Bei Verhinderung eines ehrenamtlichen Beisitzers ist der in der Liste nachfolgende
zur Mitwirkung berufen. War dieser im Turnus bereits herangezogen, folgt der nächste,
noch nicht herangezogene Beisitzer.

Die Mitglieder nach § 6 Abs. 2 S. 1 Nr. 3 bekleiden ein **unentgeltliches Ehrenamt,**  **11**
erhalten für ihre Tätigkeit aber eine Entschädigung (§ 7 WpÜG-WV; näher → § 5
Rn. 11).[7] Sie sind vom Beirat unabhängig,[8] müssen ihr Amt gewissenhaft und unparteiisch
ausüben (§ 83 VwVfG) und unterliegen der Verschwiegenheitspflicht nach § 9.

Die beamteten Beisitzer können jederzeit abberufen und ausgewechselt werden, da § 86  **12**
VwVfG, auf den § 2 S. 1 WpÜG-WV verweist, nicht auf beamtete Beisitzer anzuwenden
ist;[9] im Übrigen scheiden sie aus dem Ausschuss aus, wenn sie ihren Beamtenstatus verlieren.[10] Die Bestellung der ehrenamtlichen Beisitzer endet grundsätzlich mit dem Ablauf der
Amtszeit. Eine **vorzeitige Beendigung** ihrer Bestellung ist jedoch möglich und erfolgt
ggf. durch Widerruf durch den Präsidenten der BaFin (§ 2 S. 1 WpÜG-WV). Die Abberufung richtet sich nach § 86 VwVfG und setzt das Vorliegen eines **wichtigen Grundes**
voraus, der insbesondere dann gegeben ist, wenn der ehrenamtliche Beisitzer seine Pflicht
gröblich verletzt oder sich als unwürdig erwiesen hat oder seine Tätigkeit nicht mehr
ordnungsgemäß ausüben kann (§ 86 S. 2 VwVfG). Beispiele für **gröbliche Pflichtverletzung** sind ein gravierender Verstoß gegen die Verschwiegenheitspflicht (§ 9) und häufiges
unentschuldigtes Fernbleiben von den Sitzungen, für **Unwürdigkeit** die Begehung strafbarer Handlungen, derentwegen der ehrenamtliche Beisitzer in den Augen der Öffentlichkeit
für die weitere Tätigkeit im Allgemeininteresse nicht mehr geeignet erscheint, und für die
**fehlende Fähigkeit zur ordnungsgemäßen Tätigkeit** eine alters- oder krankheitsbe-
dingte Einschränkung und sonstige erhebliche Erschwernisse im persönlichen Bereich.[11]

### IV. Verordnungsermächtigung (Abs. 4)

Von der durch § 6 Abs. 4 eingeräumten Verordnungsermächtigung hat das BMF mit der  **13**
**WpÜG-WV** Gebrauch gemacht. Dort finden sich neben den bereits erwähnten Regelungen insbesondere Vorschriften über das Verfahren des Widerspruchsausschusses. Die **Einberufung des Ausschusses** und die Einladung zu den Sitzungen liegen nach § 5 WpÜG-
WV in den Händen des Vorsitzenden; die Einladung muss Zeit und Ort der Sitzung sowie
Angaben zum Gegenstand des Widerspruchsverfahrens sowie zu der Besetzung des Ausschusses enthalten. Der Vorsitzende kann die Sitzung nach Bedarf an einem anderen Ort
als dem Sitz der BaFin, der sich gemäß § 1 Abs. 2 FinDAG in Bonn und Frankfurt a.M.
befindet, anberaumen und in dringenden Fällen die Einladung auch telefonisch aussprechen.

Unbeschadet der allgemeinen **Befangenheitsvorschriften** schließt § 4 WpÜG-WV  **14**
ehrenamtliche Beisitzer, die in einem dort näher bezeichneten Näheverhältnis zu an dem
öffentlichen Angebotsverfahren Beteiligten stehen oder standen, von der Mitwirkung an
Entscheidungen des Widerspruchsausschusses aus. Vom **Ausschluss von der Mitwirkung**
sind auch beamtete Beisitzer erfasst, wenn sie am Erlass der angegriffenen Entscheidung
beteiligt waren. Die Vorschriften ergänzen §§ 20 f. VwVfG.

Nach § 6 WpÜG-WV sind die Sitzungen des Widerspruchsausschusses nicht öffentlich.  **15**
**Beschlussfähigkeit** ist bereits bei Anwesenheit des Vorsitzenden und zweier Beisitzer gegeben

---

[7] Vgl. Kölner Komm WpÜG/*Holst* Rn. 44 f.
[8] BT-Drs. 14/7034, 37.
[9] FK-WpÜG/*Linke* Rn. 12; Assmann/Pötzsch/Schneider/*Döhmel* Rn. 8; Baums/Thoma/Verse/*Ritz*
Rn. 11; aA Schwark/Zimmer/*Noack/Zetzsche* Rn. 7.
[10] Assmann/Pötzsch/Schneider/*Döhmel* Rn. 8; Baums/Thoma/Verse/*Ritz* Rn. 11; Schwark/Zimmer/
*Noack/Zetzsche* Rn. 7; Kölner Komm WpÜG/*Holst* Rn. 25.
[11] Vgl. Kopp/Ramsauer/*Ramsauer* VwVfG § 86 Rn. 7 ff.; Stelkens/Bonk/Sachs/*Kallerhoff/Hecker* VwVfG
§ 86 Rn. 4 ff.; vgl. auch Kölner Komm WpÜG/*Holst* Rn. 26 ff.

(§ 6 WpÜG-WV). Beschlüsse werden mit der einfachen Mehrheit der abgegebenen Stimmen gefasst (§ 91 S. 1 VwVfG); Stimmenthaltungen sind, sofern sie überhaupt zuzulassen sind,[12] bei der Berechnung der erforderlichen Mehrheit mitzuzählen und haben daher die Wirkung von Nein-Stimmen.[13] Bei Stimmengleichheit entscheidet der Vorsitzende (§ 6 Abs. 2 S. 2).

16 Anders als bei der Tätigkeit des Beirats (→ § 5 Rn. 12) liegt bei der Tätigkeit des Widerspruchsausschusses „amtliches Handeln mit Entscheidungscharakter"[14] und damit Ausübung von Staatsgewalt vor, die **hinreichender demokratischer Legitimation** bedarf. Die Beauftragung und Bestellung der Mitglieder des Widerspruchsausschusses sind allerdings in eine Kette individueller **organisatorisch-personeller Legitimation** eingestellt, die das Entscheidungsrecht des Vorsitzenden bei Stimmengleichheit zusätzlich abstützt. Auch sind die Ausschussmitglieder nicht unabhängig; als Mitglieder einer kollegialen Einrichtung, die in die BaFin eingegliedert ist,[15] sind sie vielmehr der Dienstaufsicht des Bundesministers der Finanzen unterworfen und unterliegen seinen fachlichen Weisungen.[16] Dies gilt auch für die ehrenamtlichen Mitglieder, da sie im Rahmen ihrer Tätigkeit im Widerspruchsausschuss als Teil eines Gliedes der BaFin hoheitlich handeln.[17] Zusammen mit der gesetzlichen Steuerung durch das WpÜG ist somit **sachlich-inhaltliche demokratische Legitimation** gewahrt.

## § 7 Zusammenarbeit mit Aufsichtsbehörden im Inland

(1) [1]Das Bundeskartellamt und die Bundesanstalt haben einander die für die Erfüllung ihrer Aufgaben erforderlichen Informationen mitzuteilen. [2]Die Bundesanstalt übermittelt dem Bundesministerium für Wirtschaft und Energie die ihr nach § 10 Abs. 2 Satz 1 Nr. 3 und § 35 Abs. 1 Satz 4 mitgeteilten Informationen und auf Ersuchen dieser Behörde die ihr nach § 14 Abs. 1 Satz 1 oder § 35 Abs. 2 Satz 1 übermittelte Angebotsunterlage. [3]Bei der Übermittlung personenbezogener Daten ist § 25 Absatz 1 und 3 des Bundesdatenschutzgesetzes anzuwenden.

(2) Die Bundesanstalt kann sich bei der Durchführung ihrer Aufgaben nach diesem Gesetz privater Personen und Einrichtungen bedienen.

### Übersicht

### I. Einführung

1 **Normzweck** von § 7 Abs. 1 S. 1 ist die Gewährleistung einer effizienten Aufsichtsausübung durch die gegenseitige Verpflichtung von BaFin und BKartA, die für die Aufgabenerfüllung erforderlichen Informationen mitzuteilen. Da sich im Übernahmeverfahren und beim Beteiligungserwerb gerade auch kartellrechtliche Problemstellungen insbesondere im Bereich der Fusionskontrolle ergeben können,[1] ist die Kooperation mit dem BKartA für

---

[12] Vgl. Stelkens/Bonk/Sachs/*Kallerhoff*/*Hecker* VwVfG § 91 Rn. 5; Kölner Komm WpÜG/*Holst* Rn. 36.

[13] Stelkens/Bonk/Sachs/*Kallerhoff*/*Hecker* VwVfG § 91 Rn. 5; iErg übereinstimmend Kopp/Ramsauer/*Ramsauer* VwVfG § 91 Rn. 4.

[14] Vgl. BVerfGE 83, 60 (73) = NJW 1991, 159; BVerfGE 93, 37 (68) = NVwZ 1996, 574; ferner bereits BVerfGE 47, 253 (273) = NJW 1978, 1967.

[15] FK-WpÜG/*Linke* Rn. 2.

[16] FK-WpÜG/*Linke* Rn. 17; Assmann/Pötzsch/Schneider/*Döhmel* Rn. 24; aA Kölner Komm WpÜG/*Holst* Rn. 43: Weisungsgebundenheit des Ausschusses als Gremium, aber Weisungsfreiheit seiner Mitglieder.

[17] AA Steinmeyer/*Klepsch* Rn. 7; Assmann/Pötzsch/Schneider/*Döhmel* Rn. 24.

[1] BT-Drs. 14/7034, 38; zur kartellrechtlichen Relevanz von Übernahme- und Pflichtangeboten *Fleischer* NZG 2002, 545 (550 f.).

eine wirksame Überwachungstätigkeit besonders wichtig. Der mit Wirkung zum 24.4.2009 durch Art. 3 Nr. 1 Dreizehntes Gesetz zur Änderung des Außenwirtschaftsgesetzes und der Außenwirtschaftsverordnung vom 18.4.2009 (BGBl. 2009 I 770) eingefügte § 7 **Abs. 1 S. 2** soll hingegen den Besonderheiten des Prüfungsverfahrens nach § 55 AWV (Außenwirtschaftsverordnung) durch das BMWi Rechnung tragen. Nach dieser Vorschrift prüft das BMWi, ob der unionsfremde Erwerb inländischer Unternehmen oder Unternehmensbeteiligungen die öffentliche Ordnung oder Sicherheit der Bundesrepublik Deutschland gefährdet. Eine Meldepflicht für den Abschluss eines schuldrechtlichen Vertrags über einen solchen Erwerb ist zwar in § 55 Abs. 4 AWV vorgesehen. Dies ist jedoch zum einen erst seit dem 18.7.2017 der Fall. Zum anderen fördert die Verpflichtung der BaFin, dem BMWi (vor Abschluss des schuldrechtlichen Vertrages) die in § 7 Abs. 1 S. 2 genannten Informationen mitzuteilen, die Möglichkeit einer effizienten Prüfung durch das BMWi.[2] Die Mitteilungspflichten nach § 7 Abs. 1 S. 1 und 2 schließen gem. § 7 **Abs. 1 S. 3** auch die Übermittlung personenbezogener Daten nach Maßgabe von Art. 6 DS-GVO (früher § 15 BDSG 2003; → Rn. 10 f.) ein. Insoweit handelt es sich bei § 7 Abs. 1 um eine **spezielle Amtshilferegelungen.**[3]

**§ 7 Abs. 2** ermöglicht der Bundesanstalt die Einschaltung „privater" Personen und Einrichtungen bei der Durchführung ihrer Aufgaben nach dem WpÜG. Die Regelung soll sicherstellen, dass die BaFin bei Bedarf den **Sachverstand von Experten** nutzen kann. **Sinn und Zweck der Norm** ist außerdem, die Kosten der BaFin aus verwaltungsökonomischen Gründen so gering wie möglich zu halten, weil teure Spezialisten oder ständig angestellte Bedienstete zur Erledigung bestimmter Aufgaben und namentlich von Sonderaufgaben nicht vorgehalten werden müssen.[4]

§ 7 ergänzt die verfassungsrechtlich in Art. 35 Abs. 1 GG gegebenen **Amts- und Rechtshilfemöglichkeiten** der Bundesanstalt im Rahmen ihrer Aufsichtstätigkeit nach dem WpÜG. Im Übrigen finden die allgemeinen Amtshilfevorschriften in §§ 4–8 VwVfG ergänzend Anwendung. Gesondert hinzuweisen ist ferner auf Art. 4 Abs. 4 Übernahme-RL,[5] wonach die gemäß dieser Richtlinie benannten Aufsichtsstellen der Mitgliedstaaten und andere Stellen zur Beaufsichtigung der Kapitalmärkte zusammenarbeiten und einander Auskünfte erteilen, wann immer dies zur Anwendung der gemäß dieser Richtlinie erlassenen Vorschriften erforderlich ist; dieser Kooperationsgedanke findet sich auch in Erwägungsgrund 15 Übernahme-RL wieder.

Mit § 7 Abs. 1 eingeschränkt **vergleichbar** sind § 17 Abs. 2 WpHG und § 7 Abs. 3 und 4 KWG; § 8 ergänzt die innerstaatliche Zusammenarbeit um Regelungen über die Zusammenarbeit der BaFin mit zuständigen Stellen im Ausland. Neben der spezielleren Vorschrift des § 7 regelt **§ 4 Abs. 2 FinDAG** allgemein die Zusammenarbeit der Bundesanstalt mit anderen Stellen und Personen im In- und Ausland im Rahmen der ihr übertragenen Aufgaben nach den einzelnen Aufsichtsgesetzen. **§ 4 Abs. 3 FinDAG** sieht überdies die generelle Möglichkeit vor, dass sich die Bundesanstalt bei der Durchführung ihrer Aufgaben „anderer Personen oder Einrichtungen" bedienen kann.

## II. Zusammenarbeit mit dem BKartA und dem BMWi (Abs. 1)

**1. Bundeskartellamt.** Die Zusammenarbeit von BaFin und BKartA konkretisiert § 7 Abs. 1 S. 1 in einer gegenseitigen **Informationsmitteilungspflicht.** Schon der Wortlaut zeigt, dass beide Einrichtungen unaufgefordert Informationen mitteilen müssen. Anders als bei der allgemeinen Amtshilfe[6] bedarf es deshalb keines besonderen „Ersuchens"; vielmehr sind sowohl die BaFin als auch das BKartA verpflichtet, als informationsbesitzende Einrich-

---

[2] Vgl. BT-Drs. 16/10730.
[3] Ebenso FK-WpÜG/*Linke* Rn. 12.
[4] Assmann/Pötzsch/Schneider/*Döhmel* Rn. 10.
[5] Vgl. ferner FK-WpÜG/*Linke* Rn. 11.
[6] Stelkens/Bonk/Sachs/*Schmitz* VwVfG § 4 Rn. 31 f.; Dreier/*Bauer* GG Art. 35 Rn. 13 ff.; Sachs/*Erbguth/Schubert* GG Art. 35 Rn. 15; vgl. auch *Budde/Lawall* FS Welf Müller, 2001, 27 (35 ff.).

tung von sich aus die jeweils andere Einrichtung zu informieren.[7] Für beide besteht eine **Initiativpflicht,** die es verbietet, erst auf Anfrage Informationen zu übermitteln.[8]

**6**    Die unaufgefordert mitzuteilenden **Informationen** sind nicht identisch mit den in § 8 Abs. 2 S. 1 angesprochenen Tatsachen,[9] und ihr Inhalt lässt sich nicht auf dem Beweis zugängliche Sachverhalte reduzieren.[10] Die noch im Referentenentwurf gewählte engere Formulierung „Beobachtungen und Feststellungen"[11] und deren Ersetzung durch den weiter gefassten Terminus „Informationen" bestätigen ein insgesamt weites Begriffsverständnis. Dementsprechend sind unter den Informationsbegriff nicht nur wahrgenommene oder festgestellte Sachverhalte,[12] sondern **Tatsachen und Nachrichten** aller Art zu subsumieren,[13] also nicht nur Nachrichten über festgestellte Vorgänge, sondern auch solche über Vermutungen und Gerüchte. Der Informationsbegriff beinhaltet letztendlich „sämtliche Erkenntnisse und Wahrnehmungen einer Behörde", gleich ob sie Tatsachen, Vorhaben oder Gerüchte betreffen.[14] Nicht erfasst sind allerdings vorläufige rechtliche Einschätzungen oder Würdigungen solcher Informationen;[15] diese anzustellen obliegt vielmehr jeder Behörde für ihre Zwecke selbst; BaFin und BKartA sind insoweit auch nicht aufeinander angewiesen. Zu den Informationen iSd § 7 Abs. 1 S. 3 zählen auch „personenbezogene Daten", wie der systematische Zusammenhang der S. 1 und 3 zeigt. Die weite Auslegung des Begriffs „Informationen" ist in ihrer praktischen Bedeutung freilich relativiert, weil § 7 Abs. 1 für die Informationsübermittlungspflicht weitere Voraussetzungen aufstellt.

**7**    Danach müssen die zu übermittelnden Informationen **für die Erfüllung der Aufgaben** von BKartA bzw. BaFin erforderlich sein. Gemeint sind damit sowohl die Aufgaben der BaFin nach dem WpÜG als auch die Aufgaben des BKartA nach dem GWB[16] und EU-Kartellrecht.[17] Der Gegenansicht (nur Aufgaben nach dem WpÜG)[18] ist schon deshalb nicht zu folgen, weil dem BKartA keine Kompetenzen nach dem WpÜG zustehen. Allerdings: Wird die BaFin in Erfüllung der ihr in anderen Gesetzen zugewiesenen Aufgaben tätig, dann richtet sich der Informationsaustausch nicht nach § 7 Abs. 1 S. 1, sondern gem. § 4 Abs. 1 und 2 FinDAG nach den für diese Aufgaben einschlägigen Bestimmungen wie beispielsweise § 17 Abs. 2 WpHG und § 7 Abs. 3 und 4 KWG (vgl. → Rn. 4).

**8**    Im Rahmen des Kooperationsverhältnisses mit dem BKartA sind außerdem nur die für die Aufgabenerfüllung **erforderlichen** Informationen mitzuteilen, und nur sie dürfen mitgeteilt werden. Das Merkmal der Erforderlichkeit soll einen allgemeinen und uneingeschränkten Datenaustausch zwischen den Institutionen verhindern.[19] Bei der Prüfung der Erforderlichkeit einer Information für die Tätigkeit der anderen Kooperationsbehörde ist der BaFin und dem BKartA – abgesehen von Fällen offensichtlich fehlender Erforderlichkeit – eine **Einschätzungsprärogative** zuzugestehen. Denn von den beiden Institutionen kann eine

---

[7] Assmann/Pötzsch/Schneider/*Döhmel* Rn. 2; FK-WpÜG/*Linke* Rn. 12.

[8] Angerer/Geibel/Süßmann/*Süßmann* Rn. 2; Baums/Thoma/Verse/*Ritz* Rn. 4; Schwark/Zimmer/ Noack/Zetzsche Rn. 2; Kölner Komm WpÜG/*Holst* Rn. 14.

[9] Assmann/Pötzsch/Schneider/*Döhmel* Rn. 4; Angerer/Geibel/Süßmann/*Süßmann* Rn. 4; Schwark/Zimmer/Noack Rn. 4; vgl. auch Steinmeyer/*Klepsch* Rn. 5.

[10] Angerer/Geibel/Süßmann/*Süßmann* Rn. 4; Schwark/Zimmer/Noack/Zetzsche Rn. 4; Baums/Thoma/ Verse/*Ritz* Rn. 5; Steinmeyer/*Klepsch* Rn. 5; vgl. Assmann/Pötzsch/Schneider/*Döhmel* Rn. 4.

[11] RefE vom 12.3.2001, 9; https://anwaltverein.de/files/anwaltverein.de/downloads/ueber%20uns/ Ehrenamt/Handelsrechtausschuss/VIII.1%20Wp%C3%9CG%20RefE.PDF, S. 14 des Gesamtdokumentes (zuletzt abgerufen am 30.11.2020).

[12] Dabei handelt es sich laut Boos/Fischer/Schulte-Mattler/*Lindemann* KWG § 7 Rn. 8 um „Beobachtungen" iSd § 7 Abs. 3 S. 1 KWG.

[13] Angerer/Geibel/Süßmann/*Süßmann* Rn. 4; Schwark/Zimmer/Noack/Zetzsche Rn. 4; Kölner Komm WpÜG/*Holst* Rn. 18.

[14] Assmann/Pötzsch/Schneider/*Döhmel* Rn. 4.

[15] AA wohl Schwark/Zimmer/Noack/Zetzsche Rn. 4.

[16] Assmann/Pötzsch/Schneider/*Döhmel* Rn. 2; Baums/Thoma/Verse/*Ritz* Rn. 4; Steinmeyer/*Klepsch* Rn. 2 Fn 5.

[17] Steinmeyer/*Klepsch* Rn. 2 Fn 5.

[18] FK-WpÜG/*Linke* Rn. 12; wohl auch Schwark/Zimmer/Noack/Zetzsche Rn. 1.

[19] Baums/Thoma/Verse/*Ritz* Rn. 5; FK-WpÜG/*Linke* Rn. 12; Kölner Komm WpÜG/*Holst* Rn. 19.

abschließende Prüfung, ob auf Grund der bekannten Informationen ein Einschreiten der jeweils anderen Institution angezeigt ist, weder erwartet noch verlangt werden.[20] Die mitgeteilte Information muss allerdings einen Hinweis auf einen Sachverhalt aufweisen, der den Aufgabenbereich der jeweils anderen Einrichtung tangiert und ein Einschreiten derselben denkbar erscheinen lässt.[21] Die informationsbesitzende Behörde muss von der Notwendigkeit der Information für die Aufsichtstätigkeit der anderen Behörde „nach sorgfältiger Prüfung […] überzeugt"[22] sein.

**2. Bundesministerium für Wirtschaft und Energie.** Nach § 7 Abs. 1 S. 2 ist die **9** BaFin im Interesse einer effizienten Prüfung nach § 55 AWV durch das BMWi verpflichtet, diesem Mitteilung zu machen, wenn eine Person die Kontrolle über eine Zielgesellschaft erlangt oder ein Erwerbs- oder Übernahmeangebot abgibt. Das BMWi als für die Prüfung nach § 55 AWV zuständige Behörde kann sodann weitere Informationen, insbesondere die Übermittlung der Angebotsunterlage, anfordern (→ Rn. 2).[23]

**3. Datenschutzrechtliche Implikationen.** Nach § 7 Abs. 1 S. 3 sollte bei der Über- **10** mittlung personenbezogener Daten im Zuge der Kooperation zwischen BaFin und BKartA bzw. BMWi zunächst noch § 15 BDSG 2003 anzuwenden sein. Diese Verweisung lief freilich seit dem 25.5.2018 ins Leere, weil sie sich auf § 15 BDSG 2003 bezog, der wie das gesamte BDSG 2003 gemäß Art. 8 Abs. 1 S. 2 Datenschutz-Anpassungs- und -Umsetzungsgesetz EU (DSAnpUG-EU; BGBl. 2017 I 2097) am 25.5.2018 außer Kraft getreten und gemäß Art. 8 Abs. 1 S. 1 DSAnpUG-EU durch das aktuell gültige BDSG idF des Art. 1 DSAnpUG-EU ersetzt worden ist. Seit Inkrafttreten des 2. DSAnpUG-EU (BGBl. 2019 I 1626) am 20.11.2019 verweist § 7 Abs. 1 S. 3 nunmehr auf § 25 Abs. 1 und 3 der aktuell geltenden BDSG, durch den der Ansatz des § 15 BDSG 2003 fortgeführt wird.[24] Im Hinblick auf den Anwendungsvorrang des EU-Rechts[25] ist freilich zu beachten, dass § 25 Abs. 1 BDSG insoweit nicht anzuwenden ist, als die Vorschrift gegen Art. 6 Abs. 1 DS-GVO verstößt. Art. 6 Abs. 1 lit. c und e DS-GVO gestatten eine Datenverarbeitung – gemäß Art. 4 Nr. 2 DS-GVO also auch die Übermittlung – nur dann, wenn sie zur Erfüllung einer Aufgabe der **übermittelnden** Stelle erforderlich ist. Auf die Aufgaben der **empfangenden** Stelle kommt es nicht an.[26]

Weder die Verfolgung von Wettbewerbsverstößen durch das BKartA (§ 32 GWB) noch **11** die dem BMWi obliegende Prüfung nach § 55 AWV (vgl. → Rn. 1) ist eine Aufgabe, die der **BaFin** als datenübermittelnder und daher -verarbeitender Stelle übertragen wurde. Art. 6 Abs. 1 S. 1 lit. c und e DS-GVO stellen insoweit höhere Anforderungen auf als § 25 Abs. 1 BDSG, der eine Erforderlichkeit der Datenübermittlung zur Erfüllung der Aufgaben der Empfangsbehörde ausreichen lässt. Auch Art. 6 Abs. 2 DS-GVO erlaubt keine Erweiterungen bzw. Aufweichungen der Anforderungen aus Art. 6 Abs. 1 lit. c und e DS-GVO. Nur **Präzisierungen** sind nach Art. 6 Abs. 2 DS-GVO den Mitgliedstaaten gestattet.[27] Sieht man dies anders und lässt entgegen dem Wortlaut des Art. 6 Abs. 1 S. 1 lit. c und e DS-GVO, so wie es gemäß § 25 Abs. 1 BDSG der Fall wäre, die Erforderlichkeit der Datenübermittlung für die im öffentlichen Interesse liegende Aufgabenwahrnehmung entweder der Übermittlungs- oder der Empfangsbehörde genügen, kann hinsichtlich des **Erforderlichkeitskriteriums** auf die obigen Ausführungen zu § 7 Abs. 1 S. 1 verwiesen werden (→ Rn. 8); in Bezug auf die Übermittlung an das BMWi gilt dann im Hinblick auf die Voraussetzungen des § 55 AWV, dass die Zielgesellschaft inländisch und der Bieter/

[20] Vgl. Steinmeyer/*Klepsch* Rn. 7.
[21] Baums/Thoma/Verse/*Ritz* Rn. 4; vgl. auch Steinmeyer/*Klepsch* Rn. 7.
[22] Assmann/Pötzsch/Schneider/*Döhmel* Rn. 5; Schwark/Zimmer/*Noack/Zetzsche* Rn. 5.
[23] Vgl. BT-Drs. 16/10730, 15; vgl. *Hensel/Pohl* AG 2013, 849 (856).
[24] Sydow/*Marsch,* Bundesdatenschutzgesetz, 2020, BDSG § 25 Rn. 3.
[25] Vgl. dazu im Bereich des Datenschutzrechts Sydow/*Reimer*, Europäische Datenschutzgrundverordnung, 2. Aufl. 2018, DS-GVO Art. 6 Rn. 81.
[26] Gola/Heckmann/*Sandfuchs*, Bundesdatenschutzgesetz, 13. Aufl. 2019, BGSG § 25 Rn. 2.
[27] Gola/Heckmann/*Sandfuchs*, Bundesdatenschutzgesetz, 13. Aufl. 2019, BGSG § 25 Rn. 2.

Erwerber unionsfremd sein muss. Zu beachten ist in jedem Fall der besondere Schutz bestimmter sensibler Daten gemäß § 25 Abs. 3 BDSG und Art. 9 DS-GVO.

### III. Einschaltung privater Personen und Einrichtungen (Abs. 2)

12     Regelungsgegenstand von § 7 Abs. 2 ist die Einbeziehung **Privater** in die Aufgabenerledigung der BaFin. Private in diesem Sinne können sowohl Einzelpersonen als auch private Einrichtungen sein; in Betracht kommen vor allem Wirtschaftsprüfer[28] und Wirtschaftsprüfergesellschaften. Da § 7 Abs. 2 lediglich bei der **Aufgabendurchführung** die Einbeziehung Privater, nicht aber die Aufgabenübertragung auf Private gestattet, verbleibt die Letztverantwortung für die ordnungsgemäße Aufgabenerledigung rechtlich stets bei der BaFin.

13     Die Privaten sind nicht zur Unterstützung der BaFin und zur Mitwirkung bei der Aufgabenerfüllung verpflichtet. Entgegen dem vordergründig etwas missverständlichen Wortlaut „kann sich […] bedienen" ermächtigt § 7 Abs. 2 auch nicht zur zwangsweisen Heranziehung oder zur Indienstnahme Privater. Vielmehr erfolgt die Einbeziehung Privater in die Aufgabendurchführung der BaFin regelmäßig auf der Grundlage von **Verträgen,** die herkömmlich dem Zivilrecht zugeordnet werden; bei entsprechender Vertragsgestaltung fungiert der Private als Verwaltungshelfer.[29]

14     Die **Auswahl des privaten Vertragspartners** hat mit der gebotenen Sorgfalt zu erfolgen, dh die BaFin darf und muss bei der Auswahl Kriterien wie Sachkundigkeit, Leistungsfähigkeit, Zuverlässigkeit, Erfahrung und Eignung berücksichtigen; ggf. sind außerdem vergaberechtliche Direktiven zu beachten. Die Personen, derer sich die BaFin nach § 7 Abs. 2 bedient, unterliegen der **Verschwiegenheitspflicht** nach § 9.

### § 8 Zusammenarbeit mit zuständigen Stellen im Ausland

**(1) Der Bundesanstalt obliegt die Zusammenarbeit mit den für die Überwachung von Angeboten zum Erwerb von Wertpapieren, Börsen oder anderen Wertpapier- oder Derivatemärkten sowie den Handel in Wertpapieren und Derivaten zuständigen Stellen anderer Staaten.**

**(2) [1]Im Rahmen der Zusammenarbeit nach Absatz 1 darf die Bundesanstalt Tatsachen übermitteln, die für die Überwachung von Angeboten zum Erwerb von Wertpapieren oder damit zusammenhängender Verwaltungs- oder Gerichtsverfahren erforderlich sind; hierbei kann sie von ihren Befugnissen nach § 40 Abs. 1 und 2 Gebrauch machen. [2]Bei der Übermittlung personenbezogener Daten hat die Bundesanstalt den Zweck zu bestimmen, für den diese verarbeitet werden dürfen. [3]Der Empfänger ist darauf hinzuweisen, dass die Daten nur zu dem Zweck verarbeitet werden dürfen, zu dessen Erfüllung sie übermittelt wurden. [4]Eine Übermittlung unterbleibt, soweit Grund zu der Annahme besteht, dass durch sie gegen den Zweck eines deutschen Gesetzes verstoßen wird. [5]Die Übermittlung unterbleibt außerdem, wenn durch sie schutzwürdige Interessen der betroffenen Person beeinträchtigt würden, insbesondere wenn im Empfängerland ein angemessener Datenschutzstandard nicht gewährleistet wäre. [6]Die Übermittlung personenbezogener Daten an Drittländer und internationale Organisationen muss im Einklang mit Kapitel V der Verordnung (EU) 2016/679 des Europäischen Parlaments und des Rates vom 27. April 2016 zum Schutz natürlicher Personen bei der Verarbeitung personenbezogener Daten, zum freien Datenverkehr und zur Aufhebung der Richtlinie 95/46/EG (Datenschutz-Grundverordnung) (ABl. L 119**

---

[28] BT-Drs. 14/7034, 38; Assmann/Pötzsch/Schneider/*Döhmel* Rn. 10; Baums/Thoma/Verse/*Ritz* Rn. 12; FK-WpÜG/*Linke* Rn. 15; Schwark/Zimmer/*Noack/Zetsche* Rn. 8; Angerer/Geibel/Süßmann/*Süßmann* Rn. 6; Steinmeyer/*Klepsch* Rn. 8.

[29] Steinmeyer/*Klepsch* Rn. 9; Baums/Thoma/Verse/*Ritz* Rn. 12; vgl. ferner FK-WpÜG/*Linke* Rn. 15; Schwark/Zimmer/*Noack/Zetzsche* Rn. 8 f.; Angerer/Geibel/Süßmann/*Süßmann* Rn. 7; Assmann/Pötzsch/Schneider/*Döhmel* Rn. 10; Kölner Komm WpÜG/*Holst* Rn. 30 f.

vom 4.5.2016, S. 1; L 314 vom 22.11.2016, S. 72; L 127 vom 23.5.2018, S 2) in der jeweils geltenden Fassung und mit den sonstigen allgemeinen datenschutzrechtlichen Vorschriften stehen.

(3) [1]Werden der Bundesanstalt von einer Stelle eines anderen Staates personenbezogene Daten mitgeteilt, so dürfen diese nur unter Beachtung der Zweckbestimmung durch diese Stelle verarbeitet werden. [2]Die Bundesanstalt darf die Daten unter Beachtung der Zweckbestimmung den Börsenaufsichtsbehörden und den Handelsüberwachungsstellen der Börsen mitteilen.

(4) Die Regelungen über die internationale Rechtshilfe in Strafsachen bleiben unberührt.

**Schrifttum:** *Ambrock/Karg,* Ausnahmetatbestände der DS-GVO als Rettungsanker des internationalen Datenverkehrs?, ZD 2017, 154; *Schomburg/Lagodny/Gleß/Hackner,* Internationale Rechtshilfe in Strafsachen, Kommentar, 6. Aufl. 2020.

### Übersicht

## I. Einführung

§ 8 ist Reaktion auf die allenthalben zu beobachtende **Globalisierung.**[1] Er verpflichtet **1** die BaFin bei der Aufsichtstätigkeit nach dem WpÜG zur **internationalen Zusammenarbeit** mit zuständigen Stellen anderer Staaten.[2] Für die Überwachung nach dem WpÜG ist die Kooperation mit den Stellen anderer Staaten namentlich wegen der Möglichkeit ausländischer Bieter und der in vielen Fällen zumindest teilweise in ausländischer Hand befindlichen Wertpapiere[3] unumgänglich.

§ 8 hat mehrere **Regelungsinhalte.** Abs. 1 enthält eine **Aufgabenzuweisung** an die **2** BaFin,[4] mit den zuständigen Stellen anderer Staaten zusammenzuarbeiten. Abs. 2 räumt der BaFin die **Befugnis zur Übermittlung von Tatsachen** ein, konkretisiert die Voraussetzungen der Weitergabe und ist eine spezielle Informationsübermittlungsvorschrift, die insbesondere datenschutzrechtliche Belange sichert.[5] Abs. 3 regelt die **Verarbeitung und Nutzung der von einer ausländischen Stelle mitgeteilten personenbezogenen Daten durch die BaFin** sowie die Bedingungen der Weitergabe der Daten an die Börsenaufsichtsbehörden und die Handelsüberwachungsstellen und trägt damit ebenfalls dem Datenschutz Rechnung. Abs. 4 „stellt klar",[6] dass die Regelungen über die **internationale Rechtshilfe** in Strafsachen durch die Zusammenarbeit der BaFin mit ausländischen Stellen unberührt bleiben.

**Normzweck** von § 8 ist zum einen die Gewährleistung einer **effektiven Überwachung 3** bei öffentlichen Angebotsverfahren mit grenzüberschreitendem Charakter oder internatio-

---

[1] Allg. *Schmidt* FS Vogel, 2000, 21 ff.; *Vollmöller,* Die Globalisierung des öffentlichen Wirtschaftsrechts, 2001; *Stober,* Globales Wirtschaftsverwaltungsrecht, 2001.
[2] Gesamtüberblick über die vielfältigen Formen internationaler Zusammenarbeit, in denen die BaFin tätig ist, unter: https://www.bafin.de/DE/Internationales/internationales_node.html (zuletzt abgerufen am 30.11.2020); vgl. ferner den Jahresbericht der BaFin 2019, 49 ff., https://www.bafin.de/DE/PublikationenDaten/Jahresbericht/jahresbericht_node.html (zuletzt abgerufen am 30.11.2020).
[3] BT-Drs. 14/7034, 51.
[4] Vgl. FK-WpÜG/*Linke* Rn. 11; Kölner Komm WpÜG/*Holst* Rn. 1.
[5] BT-Drs. 14/7034, 38.
[6] BT-Drs. 14/7034, 38.

nalem Bezug. Zum anderen verfolgt § 8 **Datenschutzzwecke.** Außerdem dient die Zusammenarbeit mit ausländischen Stellen der Kommunikation und dem **wechselseitigen Erfahrungsaustausch** (näher → Rn. 7 ff.), um Standards zu setzen und Impulse für die Weiterentwicklung des nationalen wie internationalen Aufsichtsrechts zu geben. Auch können durch die Zusammenarbeit die Interessen des Finanzplatzes Deutschland gegenüber ausländischen Stellen insgesamt wirksamer vertreten werden.[7]

4 Hinzuweisen ist auf § 4 Abs. 2 FinDAG, der allgemein die Zusammenarbeit der BaFin „mit anderen Stellen und Personen im In- und Ausland" nach Maßgabe der Gesetze und Bestimmungen sowie der einschlägigen EU-Verordnungen regelt; die Vorschrift hat nur klarstellende Funktion.[8] Ferner ist auf Art. 4 Abs. 4 und Erwägungsgrund 15 **Übernahme-RL**[9] hinzuweisen, wonach die Aufsichtsstellen der Mitgliedstaaten und andere Stellen zur Beaufsichtigung der Kapitalmärkte zusammenarbeiten und einander Auskünfte erteilen sollen.

## II. Zusammenarbeit mit den zuständigen Stellen anderer Staaten (Abs. 1)

5 Gemäß § 8 Abs. 1 „**obliegt**" der BaFin die Zusammenarbeit mit den für die Überwachung von Angeboten zum Erwerb von Wertpapieren, Börsen oder anderen Wertpapier- oder Derivatemärkten sowie den Handel in Wertpapieren und Derivaten zuständigen Stellen anderer Staaten.[10] Die BaFin ist im Rahmen ihrer Aufsichtstätigkeit nach dem WpÜG berechtigt und verpflichtet, mit den Überwachungsstellen der anderen Staaten zu kooperieren.[11]

6 Die „**zuständigen Stellen anderer Staaten**" sind im Gesetz nur danach bestimmt, dass sie für die Überwachung von Wertpapieren, Börsen oder anderen Wertpapier- oder Derivatemärkten sowie den Handel in Wertpapieren und Derivaten zuständig sein müssen. Diese weit gefasste Formulierung ist notwendig, weil eine Definition oder die Bestimmung des rechtlichen Status der Kooperationsstelle wegen der unterschiedlichen Rechtssysteme und der sich ändernden Organisationsstrukturen nicht möglich ist.[12] Für die BaFin ist entscheidend, dass die ausländische Stelle Überwachungsaufgaben iSv Abs. 1 auf Grund gesetzlicher Vorschriften oder durch sonstigen staatlichen Auftrag wahrnimmt.[13] Soweit die in Abs. 1 genannten Überwachungsfunktionen auf mehrere ausländische Stellen verteilt sind, obliegt der BaFin die Zusammenarbeit mit allen Stellen.[14]

7 Die **Art und Weise der Zusammenarbeit** ist in Abs. 1 nicht näher bestimmt. Neben der Kooperation im Einzelfall, die in den Abs. 2 und 3 konkret geregelt ist, verweist die Aufgabe der Zusammenarbeit auch auf einen auf europäischer und internationaler Ebene bereits durch diverse Gremien institutionalisierten **dauerhaften Erfahrungs- und Informationsaustausch.**

8 Insoweit ist insbesondere die Internationale Organisation der Wertpapieraufsichtsbehörden **IOSCO** (International Organization of Securities Commissions) hervorzuheben, zu deren Tätigkeitsschwerpunkten der regelmäßige Informations- und Erfahrungsaustausch über aktuelle Aufsichtsfragen zählt.[15] In der IOSCO arbeiten weltweit Wertpapieraufsichts-

---

[7] BT-Drs. 12/6679, 42.

[8] BT-Drs. 14/7033, 34.

[9] Vgl. ferner FK-WpÜG/*Linke* Rn. 11.

[10] Vgl. den Überblick auf der Internetseite der BaFin unter https://www.bafin.de/DE/Internationales/BilateraleZusammenarbeit/bilateralezusammenarbeit_node.html (zuletzt abgerufen am 30.11.2020); ferner den Jahresbericht der BaFin 2019, 49, https://www.bafin.de/DE/PublikationenDaten/Jahresbericht/jahresbericht_node.html (zuletzt abgerufen am 30.11.2020).

[11] Assmann/Pötzsch/Schneider/*Döhmel* Rn. 2.

[12] Angerer/Geibel/Süßmann/*Süßmann* Rn. 1; Schwark/Zimmer/*Noack/Zetzsche* Rn. 2.

[13] Schwark/Zimmer/*Noack//Zetzsche* Rn. 2; Angerer/Geibel/Süßmann/*Süßmann* Rn. 1; Liste der ausländischen Aufsichtsbehörden mit Links auf deren Internetseiten unter https://www.bafin.de/DE/Internationales/BilateraleZusammenarbeit/AuslaendischeAufsicht/auslaendischeaufsicht_node.html (zuletzt abgerufen am 30.11.2020).

[14] FK-WpÜG/*Linke* Rn. 11.

[15] Zur IOSCO s. insbes. deren Internetpräsenz unter www.iosco.org (zuletzt abgerufen am 30.11.2020); *Augsberg* in Ehlers/Fehling/Pünder BesVerwR I § 34 Rn. 30; vgl. auch *Schuster*, Die internationale Anwendung des Börsenrechts, 1996, 631 ff.; *Radtke*, Internationale Wertpapieraufsicht, Kreditwesen 1992, 10.

behörden zusammen, die Informationen austauschen und **Standards entwickeln,** um national und grenzüberschreitend die Aufsicht über Wertpapiermärkte und Intermediäre zu verbessern. Die IOSCO hat rund 200 Mitglieder.[16]

Auf europäischer Ebene wurde als Reaktion auf die Auswirkungen der globalen Finanz- **9** krise von 2007 und 2008 mit Wirkung zum 1.1.2011 ein Europäisches System der Finanzaufsicht (European System of Financial Supervision – **ESFS**) instituiert. Bestandteil des ESFS sind drei neue europäische Aufsichtsbehörden mit eigener Rechtspersönlichkeit, zu denen insbesondere die Europäische Wertpapier- und Marktaufsichtsbehörde (European Securities and Markets Autority – ESMA) gehört (Art. 2 Abs. 2 lit. b MAR),[17] bei der es sich um die Rechtsnachfolgerin des Committee of European Securities Regulators – CESR und davor noch des Forum of European Securities Commissions (FESCO) handelt (vgl. auch § 4 Abs. 2 Nr. 4 FinDAG). Die Befugnisse der ESMA gehen allerdings weit über diejenigen des CESR hinaus (vgl. Art. 8 ff. MAR). Die Aufsichtsstrukturen beruhen auf dem Bericht vom 25.2.2009[18] der vom früheren Leiter der französischen Zentralbank Jacques de Larosière im Auftrag der Europäischen Kommission geleiteten Expertengruppe (sog. Larosière-Bericht).

### III. Informationshilfe durch die BaFin (Abs. 2)

**1. Informations- und Ermittlungshilfe (Abs. 2 S. 1).** § 8 Abs. 2 regelt konkrete For- **10** men der Zusammenarbeit.[19] Abs. 2 S. 1 konkretisiert die internationale Kooperation der BaFin mit den Überwachungsstellen anderer Staaten durch die **Befugnis zur Informations- und Ermittlungshilfe.** Danach ist die BaFin berechtigt, an die Kooperationsstelle Tatsachen zu übermitteln, die für deren Überwachungstätigkeit oder ein damit zusammenhängendes Verwaltungs- oder Gerichtsverfahren erforderlich sind. Sie kann zur Ermittlung der Daten von ihren Befugnissen nach § 40 Abs. 1 und 2 Gebrauch machen.

Ob Informations- und Ermittlungshilfe im Verhältnis zum Ausland für ersuchende Stellen **11** zu leisten ist, richtet sich nach den dafür bestehenden **völkerrechtlichen und zwischenstaatlichen Vereinbarungen** sowie den allgemein anerkannten Regeln des Völkerrechts.[20] Ferner ist in Art. 4 Abs. 4 Übernahme-RL und Erwägungsgrund 15 **Übernahme-RL** eine Verpflichtung der Aufsichtsstellen der Mitgliedstaaten der EU und der Staaten des EWR zur Zusammenarbeit verankert (→ Rn. 4).

Die Zusammenarbeit mit anderen Staaten und insbesondere den sog. Drittstaaten **12** beruht auf bilateralen – rechtlich unverbindlichen[21] – Absichtserklärungen, die in der Praxis zwischen den Aufsichtsstellen zumeist als **Memoranda of Understanding** (MoU) abgeschlossen werden[22] und in denen es oftmals um den Austausch von für die Aufsichtstätigkeit relevanten Informationen geht. Eine Liste der Länder, mit denen die BaFin im Bereich der Wertpapieraufsicht MoU abgeschlossen hat, ist auf der Homepage der BaFin verfügbar;[23] die MoU beziehen sich allerdings vornehmlich auf das Wertpapierhandelsrecht.[24]

---

[16] Homepage der BaFin, https://www.bafin.de/DE/Internationales/GlobaleZusammenarbeit/globalezu sammenarbeit_node.html (zuletzt abgerufen am 30.11.2020); vgl. auch BT-Drs. 12/6679, 42.

[17] S. ferner Homepage der ESMA unter http://www.esma.europa.eu (zuletzt abgerufen am 30.11.2020); sowie *Augsberg* in Ehlers/Fehling/Pünder BesVerwR I § 34 Rn. 28.

[18] Report of the High-Level Group on Financial Supervision in the EU Chaired by Jacques de Larosière, https://ec.europa.eu/economy_finance/publications/pages/publication14527_en.pdf (zuletzt abgerufen am 30.11.2020).

[19] BT-Drs. 14/7034, 38.

[20] Stelkens/Bonk/Sachs/*Schmitz* VwVfG § 4 Rn. 23.

[21] Assmann/Schneider/*Döhmel* WpHG § 7 Rn. 7 f.; vgl. auch Baums/Thoma/Verse/*Ritz* Rn. 5.

[22] FK-WpÜG/*Linke* Rn. 11; Steinmeyer/*Klepsch* Rn. 4; Angerer/Geibel/Süßmann/*Süßmann* Rn. 2; Assmann/Pötzsch/Schneider/*Döhmel* Rn. 5; Baums/Thoma/Verse/*Ritz* Rn. 5; Schwark/Zimmer/*Noack/Zetzsche* Rn. 3.

[23] S. https://www.bafin.de/DE/Internationales/BilateraleZusammenarbeit/MoU/internationalekoopera tionsvereinbarungen_mou_node.html (zuletzt abgerufen am 30.11.2020).

[24] Assmann/Pötzsch/Schneider/*Döhmel* Rn. 5.

**13**   Die BaFin darf bei der Informationshilfe nach § 8 Abs. 2 nur **Tatsachen,** also dem Beweis zugängliche Sachverhalte,[25] übermitteln. Davon erfasst sind personenbezogene Daten (vgl. S. 2), Geschäfts- und Betriebsgeheimnisse, Planungsabsichten oder die Existenz eines Gerüchts von Tatsachen.[26] Unter den Tatsachenbegriff fallen Verhaltensweisen, festgestellte faktische Vorgänge, gegenwärtige und vergangene Zustände, Eintragungen, sowie sog. innere Tatsachen wie Überlegungen, Motive, Ziele, Absichten und Entschlüsse.[27] Auch rechtliche Beziehungen gehören dazu, nicht aber Rechtsfragen.[28] Schon nach dem Wortlaut der Norm ist die BaFin dagegen nicht befugt, Werturteile beispielsweise in Form rechtlicher Einschätzungen mitzuteilen (vgl. → § 7 Rn. 6).[29] Zur Übermittlung der Tatsachen besteht **keine Initiativpflicht;** sie setzt vielmehr ein Ersuchen voraus.[30]

**14**   Übermittelt werden dürfen gemäß Abs. 2 S. 1 nur solche Tatsachen, „die für die Überwachung von Angeboten zum Erwerb von Wertpapieren oder damit zusammenhängender Verwaltungs- oder Gerichtsverfahren **erforderlich** sind". Ebenso wie bei der Zusammenarbeit nach § 7 (vgl. → § 7 Rn. 8) soll das Kriterium der Erforderlichkeit einen allgemeinen und ungehinderten Datenaustausch verhindern. Da der BaFin die für die ersuchende Stelle geltenden Übernahmeregelungen nicht im Einzelnen hinreichend bekannt sein dürften, muss die Erforderlichkeit der Tatsachen für die BaFin in dem Ersuchen überprüfbar dargelegt werden. Die BaFin muss bei der Datenübermittlung davon überzeugt sein, dass die preisgegebenen Tatsachen für die Überwachungstätigkeit der ersuchenden ausländischen Stelle **notwendig** sind.

**15**   Das Gesetz bezieht in die übermittelbaren Tatsachen ausdrücklich die Daten ein, die für ein mit einem Angebotsverfahren **zusammenhängendes Verwaltungs- oder Gerichtsverfahren** erforderlich sind. Die BaFin ist daher auch berechtigt, ausländischen Gerichten auf Ersuchen die notwendigen Tatsachen zu übermitteln.[31] Die gerichtliche Informationshilfe kann insbesondere dann erforderlich werden, wenn ein Gericht von Amts wegen Tatsachen ermitteln muss.

**16**   Zur Ermittlung der ersuchten Tatsachen kann die BaFin „von ihren **Befugnissen nach § 40 Abs. 1 und 2** Gebrauch machen". Sie ist also berechtigt, für die Informationshilfe ihre Ermittlungsbefugnisse einzusetzen, also gleichsam „Ermittlungshilfe" zu leisten, soweit die Voraussetzungen nach § 8 Abs. 2 S. 1 Hs. 1 vorliegen. Dem zur Auskunftserteilung Verpflichteten ist gemäß § 40 Abs. 3 ein **Auskunftsverweigerungsrecht** eingeräumt, das trotz des fehlenden Verweises in § 8 Abs. 1 S. 1 Hs. 2 auch bei Ermittlungen der BaFin im Rahmen eines ausländischen Amtshilfeersuchens gilt und gelten muss, weil es dem rechtsstaatlichen Gedanken der Unzumutbarkeit der Selbstanzeige Rechnung trägt (→ § 40 Rn. 33).[32] Darüber hat die BaFin bei ihrer Ermittlungstätigkeit zu belehren (§ 40 Abs. 3 S. 2).

**17**   **2. Datenschutz und Übermittlungsverbote (Abs. 2 S. 2–6).** § 8 Abs. 2 S. 2–6 enthalten konkrete **datenschutzrechtliche Bestimmungen,**[33] die sich an den seit dem 25.5.2018 außer Kraft getretenen § 4b BDSG 2003 anlehnen, welcher die Übermittlung personenbezogener Daten ins Ausland sowie an über- oder zwischenstaatliche Stellen regelte. Auf Grundlage der DS-GVO wird man § 8 Abs. 2 als gemäß Art. 6 Abs. 2 DS-

---

[25] Steinmeyer/*Klepsch* Rn. 5; FK-WpÜG/*Linke* Rn. 12; Baums/Thoma/Verse/*Ritz* Rn. 12; Assmann/Pötzsch/Schneider/*Döhmel* Rn. 8; s. auch Schönke/Schröder/*Eisele/Schittenhelm* StGB § 186 Rn. 3.
[26] Assmann/Pötzsch/Schneider/*Döhmel* Rn. 8; anders in Bezug auf Gerüchte wohl FK-WpÜG/*Linke* Rn. 12.
[27] FK-WpÜG/*Linke* § 9 Rn. 14; Steinmeyer/*Klepsch* Rn. 5, § 9 Rn. 4; Angerer/Geibel/Süßmann/*Süßmann* § 9 Rn. 4; vgl. Schwark/Zimmer/*Noack/Zetzsche* § 9 Rn. 5.
[28] Vgl. Kopp/Ramsauer/*Ramsauer* VwVfG § 26 Rn. 17.
[29] Vgl. Angerer/Geibel/Süßmann/*Süßmann* Rn. 3; Baums/Thoma/Verse/*Ritz* Rn. 12; Kölner Komm WpÜG/*Holst* Rn. 18; aA Steinmeyer/*Klepsch* Rn. 5; wohl auch Assman/Pötzsch/Schneider/*Döhmel* Rn. 8; diff. Ehricke/Ekkenga/Oechsler/*Oechsler* Rn. 4.
[30] Allg. zum Erfordernis eines Ersuchens bei der Amtshilfe Dreier/*Bauer* GG Art. 35 Rn. 19; v. Mangoldt/Klein/Starck/*v. Danwitz* GG Art. 35 Rn. 16; vgl. Baums/Thoma/Verse/*Ritz* Rn. 11.
[31] Steinmeyer/*Klepsch* Rn. 7.
[32] FK-WpÜG/*Linke* Rn. 12; vgl. auch BT-Drs. 14/7034, 63.
[33] BT-Drs. 14/7034, 38.

GVO zulässige Konkretisierung des **Art. 6 Abs. 1 S. 1 lit. e, Abs. 3 DS-GVO** ansehen müssen, weil die internationale Zusammenarbeit zwischen den Überwachungsbehörden iSd § 8 Abs. 1 zum Aufgabenbereich der BaFin gehört und eine solche Zusammenarbeit gemäß Art. 4 Abs. 4 Übernahme-RL im öffentlichen Interesse auch iSd Unionsrechts liegt. § 8 Abs. 2 S. 6 verweist deklaratorisch auf Art. 44 ff. DS-GVO.

Die S. 2 und 3 beziehen sich dem Wortlaut nach nur auf personenbezogene Daten iSd **18** Art. 4 Nr. 1 DS-GVO (vgl. → § 7 Rn. 10).[34] Darunter sind regelmäßig **Geschäfts- und Betriebsgeheimnisse juristischer Personen** (→ § 9 Rn. 9) nicht subsumierbar (vgl. → § 9 Rn. 9 f.),[35] obschon sie ebenfalls hochsensibel und schutzbedürftig sind, wie insbesondere § 9 Abs. 1 S. 1 verdeutlicht. Mit Hinblick auf Art. 12 GG und das Recht auf **informationelle Selbstbestimmung,**[36] das auch auf juristische Personen Anwendung gefunden hat,[37] ist § 8 Abs. 2 S. 2, 3 daher auf die Weitergabe von Geschäfts- und Betriebsgeheimnissen analog anzuwenden.[38] Die Zweckbestimmung muss hinreichend **konkret** sein.

Das allgemein gehaltene **Übermittlungsverbot** nach § 8 Abs. 2 S. 4 bezieht sich auf **19** die Weitergabe jeglicher Tatsachen und ist sowohl nach ihrem Wortlaut als auch nach dem Grundsatz vom **Vorrang des Gesetzes**[39] nicht auf personenbezogene Daten beschränkt.[40] Ein Ermessensspielraum für die BaFin besteht bei Vorliegen der Voraussetzungen der Vorschrift nicht.[41]

Die Datenweitergabe an eine ausländische Stelle ist der BaFin nach § 8 Abs. 2 S. 5 außer- **20** dem untersagt, wenn durch die Übermittlung „**schutzwürdige Interessen der betroffenen Person** beeinträchtigt würden". Auch diese Grenze der Informationshilfe gilt für alle übermittelbaren Tatsachen und ist schon dem Wortlaut nach nicht auf personenbezogene Daten beschränkt,[42] auch wenn durch den Verweis auf die „betroffene Person" in der durch Art. 59 2. DSAnpUG-EU[43] mit Wirkung zum 26.11.2019 geänderten Fassung der Vorschrift nunmehr auf Art. 4 Nr. 1 DS-GVO bewusst Bezug genommen wird.[44] Selbst wenn ein möglicher Gesetzesverstoß immer auch im Hinblick auf die Datenschutzgesetze des Bundes und der Länder zu prüfen ist,[45] besteht ein schutzwürdiges Interesse nicht allein an der Geheimhaltung personenbezogener Daten, sondern – wie § 9 Abs. 1 S. 1 zeigt – insbesondere auch an Betriebs- und Geschäftsgeheimnissen, die dem allgemeinen Tatsachenbegriff unterfallen (→ Rn. 18). Auch soweit ein Übermittlungsverbot wegen des Fehlens eines **angemessenen Datenschutzstandards** besteht, ist die Spezifizierung nicht auf personenbezogene Daten beschränkt.[46] Zum „angemessenen Datenschutzstandard" → Rn. 22 ff. Die Formulierung „insbesondere" klärt im Übrigen, dass es sich bei diesem konkretisierten Übermittlungsverbot um ein gesetzliches **Regelbeispiel** handelt, das den Anwendungsbereich des Übermittlungsverbots nach § 8 Abs. 2 S. 5 weder abschließend noch umfassend bestimmt. Die Erstreckung des Verbots auf alle Tatsachen ist nicht zuletzt im Hinblick auf das verfassungsrechtlich veran-

---

[34] Assmann/Pötzsch/Schneider/*Döhmel* Rn. 10; zu § 3 Abs. 1 BDSG 2003 ebenso FK-WpÜG/*Linke* Rn. 13; vgl. Steinmeyer/*Klepsch* Rn. 9; Baums/Thoma/Verse/*Ritz* Rn. 14.

[35] S. auch Angerer/Geibel/Süßmann/*Süßmann* Rn. 5; aA Schwark/Zimmer/*Noack/Zetzsche* Rn. 9.

[36] Allg. BVerfGE 65, 1 (41 ff.) = NJW 1984, 419; Sachs/*Murswiek/Rixen* GG Art. 2 Rn. 72 ff.; Dreier/*Dreier* GG Art. 2 Abs. 1 Rn. 79 ff.

[37] BVerfGE 67, 100 (142 f.) = NJW 1984, 2271.

[38] Angerer/Geibel/Süßmann/*Süßmann* Rn. 5; Ehricke/Ekkenga/Oechsler/*Oechsler* Rn. 4; aA Kölner Komm WpÜG/*Holst* Rn. 23.

[39] Allg. dazu Dreier/*Schulze-Fielitz* GG Art. 20 Rn. 92 ff.; Sachs/*Sachs* GG Art. 20 Rn. 103 ff.

[40] FK-WpÜG/*Linke* Rn. 14; Angerer/Geibel/Süßmann/*Süßmann* Rn. 8; Baums/Thoma/Verse/*Ritz* Rn. 15; Schwark/Zimmer/*Noack* Rn. 13; vgl. auch Assmann/Pötzsch/Schneider/*Döhmel* Rn. 16; aA Steinmeyer/*Klepsch* Rn. 8.

[41] FK-WpÜG/*Linke* Rn. 14.

[42] Vgl. Assmann/Pötzsch/Schneider/*Döhmel* Rn. 17; Baums/Thoma/Verse/*Ritz* Rn. 17; Schwark/Zimmer/*Noack/Zetzsche* Rn. 14; aA FK-WpÜG/*Linke* Rn. 15.

[43] Zweites Datenschutz-Anpassungs- und Umsetzungsgesetz EU (BGBl. 2019 I 1626).

[44] BT-Drs. 19/4674, 284.

[45] Assmann/Pötzsch/Schneider/*Döhmel* Rn. 16; Schwark/Zimmer/*Noack/Zetzsche* Rn. 10.

[46] Assmann/Pötzsch/Schneider/*Döhmel* Rn. 17.

kerte **Übermaßverbot**[47] geboten (vgl. auch → § 4 Rn. 16), da auch die Übermittlung nicht personenbezogener Daten grundrechtsrelevant sein kann (→ Rn. 18).

21    Hieraus folgt allerdings auch, dass sich das Verbot der Datenweitergabe entgegen dem Wortlaut der Vorschrift auf solche Tatsachen reduziert, deren Übermittlung den Betroffenen in schutzwürdigen Interessen **unverhältnismäßig** belastet. Bei der demnach gebotenen Verhältnismäßigkeitsprüfung hat die BaFin das Interesse an einer ordnungsgemäßen Erfüllung der Überwachungstätigkeit einschließlich der Bedeutung einer effektiven internationalen Kooperation gegen die schutzwürdigen Interessen des Betroffenen abzuwägen[48] und bei Überwiegen der Letzteren die Tatsachenübermittlung zu unterlassen. Eine unverhältnismäßige Beeinträchtigung schutzwürdiger Interessen kann beispielsweise dann vorliegen, wenn eine Tatsachenübermittlung wegen eines geringfügigen Delikts erfolgt und aus den weitergegebenen Tatsachen auch auf Sachverhalte geschlossen werden könnte, die keinerlei Bezug zum WpÜG haben.[49]

22    Nach § 8 Abs. 2 S. 5 überwiegen bei der gebotenen Abwägung die Belange des Betroffenen, „wenn im Empfängerland ein angemessener **Datenschutzstandard** nicht gewährleistet" ist. Das Übermittlungsverbot verpflichtet die BaFin, vor der Weitergabe erbetener Daten an eine ausländische Stelle die Datenschutzregelungen im Empfängerland zu überprüfen. In diesem Zusammenhang ist im Falle von personenbezogenen Daten iSd Art. 4 Nr. 1 DS-GVO die **DS-GVO** von entscheidender Bedeutung.[50] Diese gilt gleichermaßen in allen Mitgliedstaaten der EU und gewährleistet daher trotz gewisser Regelungsspielräume und Öffnungsklauseln, wie sie zB in Art. 6 Abs. 2 DS-GVO oder in Art. 6 Abs. 1 S. 1 lit. c oder lit. e DS-GVO iVm Art. 6 Abs. 3 S. 1 lit. b, S. 2 DS-GVO enthalten sind,[51] ein einheitliches und gleichmäßiges Schutzniveau (Erwägungsgrund 9 f. DS-GVO). mit der Folge, dass die Mitgliedstaaten nach Umsetzung der Richtlinie den Verkehr mit personenbezogenen Daten zwischen den Mitgliedstaaten aus Gründen fehlenden Schutzniveaus nicht mehr beschränken oder untersagen dürfen (Art. 1 Abs. 2 Datenschutz-RL). Aufgrund der einheitlichen Geltung der DS-GVO ist innerhalb der EU vielmehr von einem einheitlichen Datenschutzniveau auszugehen.[52]

23    Darüber hinaus enthalten Art. 44 ff. DS-GVO Regelungen für die **Übermittlung personenbezogener Daten in** (Wortlaut: „an", dennoch ist offensichtlich „in" gemeint, weil die DS-GVO nicht nur die Übermittlung an staatliche Stellen erfasst)[53] **Drittländer** und an internationale Organisationen. Hierauf nimmt § 8 Abs. 2 S. 6 nunmehr – freilich nur deklaratorisch – ausdrücklich Bezug. Nach Art. 46 Abs. 1 DS-GVO ist, wenn nicht ein Angemessenheitsbeschluss der Europäischen Kommission nach Art. 45 Abs. 3 DS-GVO vorliegt, die Übermittlung personenbezogener Daten in Drittländer davon abhängig zu machen, dass der übermittelnde Verantwortliche oder Auftragsverarbeiter (§ 4 Nr. 7 und 8 DS-GVO) als Ausgleich für den in dem Drittland potentiell bestehenden Mangel an Datenschutz „geeignete Garantien" für den Schutz der betroffenen Person (Erwägungsgrund 108 DS-GVO) „vorgesehen hat und sofern den betroffenen Personen durchsetzbare Rechte und wirksame Rechtsbehelfe zur Verfügung stehen." Mögliche Garantien werden in Art. 46 Abs. 2 und 3 DS-GVO abschließend aufgezählt.[54] Jenseits des Vorliegens eines Angemessenheitsbeschlusses und des Bestehens geeigneter Garantien ist die Datenübermittlung gemäß Art. 49 DS-GVO nur in bestimmten, abschließend aufgezählten und eng zu verstehenden[55] Fällen möglich sein; hierzu

---

[47] Allg. zum Übermaßverbot Dreier/*Schulze-Fielitz* GG Art. 20 Rn. 182 ff.; v. Mangoldt/Klein/Starck/*Sommermann* GG Art. 20 Rn. 308 ff.

[48] Baums/Thoma/Verse/*Ritz* Rn. 17; vgl. auch FK-WpÜG/*Linke* Rn. 15.

[49] Vgl. zum WpHG Assmann/Schneider/Mülbert/*Döhmel* WpHG § 18 Rn. 26.

[50] Vgl. hinsichtlich der früheren Datenschutz-RL (RL 95/46/EG) auch FK-WpÜG/*Linke* Rn. 16.

[51] Zu den Öffnungsklauseln und Regelungsspielräumen der DS-GVO insgesamt s. Sydow/*Sydow,* Europäische Datenschutzgrundverordnung, 2. Aufl. 2018, DS-GVO Einl. Rn. 45 f.

[52] Schwark/Zimmer/*Noack/Zetzsche* Rn. 12; iErg hinsichtlich der früheren Datenschutz-RL ebenso bereits FK-WpÜG/*Linke* Rn. 16.

[53] Vgl. Sydow/*Towfigh/Ulrich,* Europäische Datenschutzgrundverordnung, 2. Aufl. 2018, DS-GVO Art. 44 Rn. 2; Gola/*Klug* DS-GVO Art. 44 Rn. 1.

[54] *Ambrock/Karg* ZD 2017, 154 (156 f.).

[55] Sydow/*Towfigh/Ulrich,* Europäische Datenschutzgrundverordnung, 2. Aufl. 2018, DS-GVO Art. 49 Rn. 1.

gehören insbesondere das Vorliegen wichtiger Gründe des öffentlichen Interesses (Art. 49 Abs. 1 S. 1 lit. d DS-GVO)[56] und die Erforderlichkeit der Übermittlung für die Geltendmachung, Ausübung oder Verteidigung von Rechtsansprüchen (Art. 49 Abs. 1 S. 1 lit. e DS-GVO).[57] Die in Art. 49 Abs. 1 S. 1 lit. a DS-GVO genannte Einwilligung der betroffenen Person reicht hingegen gemäß Art. 49 Abs. 3 DS-GVO nicht aus, weil die BaFin bei der Datenübermittlung in Ausübung ihrer hoheitlichen Befugnisse handelt.[58]

Die Prüfung eines angemessenen Datenschutzniveaus der mitgliedstaatlichen Überwachungsstellen durch die BaFin ist nicht erforderlich, wenn die **Europäische Kommission** von ihrem Recht aus Art. 45 DS-GVO Gebrauch macht und im Wege eines im Ausschussverfahren (Art. 93 Abs. 2 DS-GVO) erlassenen Angemessenheitsbeschlusses gemäß Art. 45 Abs. 3 DS-GVO, dem als Durchführungsrechtsakt Bindungswirkung zukommt,[59] feststellt, „dass ein **Drittland** […] ein **angemessenes Schutzniveau** […] bietet". Bei der Prüfung der Angemessenheit des Datenschutzniveaus hat die Kommission die in Art. 45 Abs. 2 DS-GVO aufgestellten Kriterien zu berücksichtigen. Diese betreffen gemäß Art. 45 Abs. 2 lit. a DS-GVO insbesondere das materielle Schutzniveau und die verwaltungsrechtliche und gerichtliche Durchsetzbarkeit der Rechte der betroffenen Personen sowie gemäß Art. 45 Abs. 2 lit. b DS-GVO die Existenz einer unabhängigen Aufsichtsbehörde, die den Datenschutz in dem Drittland wirksam durchsetzt. In Art. 45 Abs. 2 DS-GVO nicht explizit erwähnt, aber primärrechtlich selbstverständlich ist, dass die Angemessenheitsprüfung im Lichte der GRCh zu erfolgen hat.[60] Die vor der Geltung der DS-GVO nach Art. 25 Abs. 6 Datenschutz-RL erlassenen Angemessenheitsbeschlüsse bleiben gemäß Art. 45 Abs. 9 DS-GVO bis auf weiteres in Kraft. Einen Angemessenheitsbeschluss nach Art. 25 Abs. 6 Datenschutz-RL hat die Kommission zB aufgrund der Vereinbarung des sog. EU/US-Datenschutzschildes[61] in Bezug auf die USA[62] sowie für die datenschutzrechtlichen Regelungen in der Schweiz[63] getroffen.[64] Damit erübrigt sich insoweit eine Prüfung des Schutzniveaus durch die BaFin. Auf Veränderungen des Schutzniveaus in dem Drittland kann die Kommission gemäß Art. 45 Abs. 5 DS-GVO reagieren, nötigenfalls gemäß Art. 93 Abs. 3 DS-GVO im Wege eines sofort geltenden Durchführungsrechtsakts.[65] Angemessenheitsbeschlüsse unterliegen der Kontrolle durch den EuGH.[66] Dessen sog. Safe-Harbor-Entscheidung,[67] die später im Verhältnis zu den USA zu der Vereinbarung des EU/US-Datenschutzschildes Anlass gab,[68] erging zwar zu Art. 25 Abs. 6 Datenschutz-RL, die primärrechtliche Argumentation[69] ist jedoch auf Art. 45 DS-GVO ohne Weiteres zu übertragen.

---

[56] Vgl. dazu *Ambrock/Karg* ZD 2017, 154 (159).

[57] Vgl. *Ambrock/Karg* ZD 2017, 154 (159).

[58] Vgl. Gola/*Klug* DS-GVO Art. 44 Rn. 1.

[59] Sydow/*Towfigh/Ulrich*, Europäische Datenschutzgrundverordnung, 2. Aufl. 2018, DS-GVO Art. 49 Rn. 16 sowie dort Fn 52.

[60] Vgl. EuGH ECLI:EU:C:2015:650 Rn. 60 = EuZW 2015, 881 Rn. 60 – Maximilian Schrems/Data Protection Commissioner.

[61] Durchführungsbeschluss (EU) 2016/1250, ABl. 2016 L 2017, 1 Rn. 12.

[62] Durchführungsbeschluss (EU) 2016/1250, ABl. 2016 L 207, 1; s. zur Entwicklung auch Sydow/*Towfigh/ Ulrich*, Europäische Datenschutzgrundverordnung, 2. Aufl. 2018, DS-GVO Art. 44 Rn. 12 ff.

[63] KOM (2000) 2304, ABl. 2000 L 215, 1.

[64] Sämtliche bisherigen Angemessenheitsentscheidungen sind auf der Internetseite der EU-Kommission veröffentlicht, https://ec.europa.eu/info/law/law-topic/data-protection/international-dimension-data-protection/adequacy-decisions_en (zuletzt abgerufen am 30.11.2020); vgl. auch Baums/Thoma/Verse/*Ritz* Rn. 19, Fn. 38; FK-WpÜG/*Linke* Rn. 17.

[65] Vgl. Sydow/*Towfigh/Ulrich*, Europäische Datenschutzgrundverordnung, 2. Aufl. 2018, DS-GVO Art. 45 Rn. 21.

[66] EuGH ECLI:EU:C:2015:650 Rn. 60 f. = EuZW 2015, 881 – Maximilian Schrems/Data Protection Commissioner.

[67] EuGH ECLI:EU:C:2015:650 = EuZW 2015, 881 – Maximilian Schrems/Data Protection Commissioner; dazu ausf. Sydow/*Towfigh/Ulrich*, Europäische Datenschutzgrundverordnung, 2. Aufl. 2018, DS-GVO Art. 45 Rn. 12 ff.

[68] Sydow/*Towfigh/Ulrich*, Europäische Datenschutzgrundverordnung, 2. Aufl. 2018, DS-GVO Art. 45 Rn. 14.

[69] EuGH ECLI:EU:C:2015:650 Rn. 60 = EuZW 2015, 881 Rn. 60 – Maximilian Schrems/Data Protection Commissioner.

**25**    Neben den in § 8 Abs. 2 S. 4–6 enthaltenen Datenübermittlungsverboten beziehungsweise Zulässigkeitsvoraussetzungen unterliegen die ersuchten Tatsachen der **Verschwiegenheitspflicht** nach § 9 Abs. 1 S. 5. An eine ausländische Stelle dürfen Tatsachen nur dann weitergegeben werden, wenn diese Stellen und die von ihr beauftragten Personen einer den § 9 Abs. 1 S. 1–3 entsprechenden Geheimhaltungspflicht unterliegen (näher → § 9 Rn. 4 ff.). Auch dieses Übermittlungsverbot verpflichtet die BaFin zur Prüfung der entsprechenden Regelungen im Kooperationsland.

### IV. Verarbeitung und Weitergabe erhaltener Daten durch die BaFin (Abs. 3)

**26**    Werden der BaFin von einer Stelle eines anderen Staates personenbezogene Daten mitgeteilt, so dürfen diese gemäß § 8 Abs. 3 S. 1 nur unter **Beachtung der ausländischen Zweckbestimmung** verarbeitet oder genutzt werden. Zweckbestimmung und Zweckbindung sind bei der Übermittlung von personenbezogenen Daten im Rahmen der internationalen Zusammenarbeit üblich.[70]

**27**    Wie § 8 Abs. 2 S. 2 erfasst § 8 Abs. 3 dem Wortlaut nach nur **personenbezogene Daten.** Die BaFin ist jedoch im Hinblick auf einen wirksamen Grundrechtsschutz (vgl. → Rn. 18, → Rn. 20) auch an Zweckbestimmungen durch die ausländische Stelle gebunden, die sich auf **Geschäfts- oder Betriebsgeheimnisse** beziehen oder auf sonstige Tatsachen, „deren Geheimhaltung im Interesse eines nach diesem Gesetz Verpflichteten oder eines Dritten" (vgl. § 9 Abs. 1 S. 1) liegt. Daneben ist § 9 Abs. 2 unbedingt zu beachten.[71]

**28**    Die BaFin selbst darf die aus dem Ausland erhaltenen Daten nur unter Beachtung der Zweckbestimmung **verarbeiten.** Das früher ebenfalls in der Vorschrift enthaltene Verb „nutzen" wurde durch Art. 5 2. DSAnpUG-EU gestrichen. Für beide Begriffe enthielten § 3 Abs. 4 und 5 BDSG 2003 Legaldefinitionen,[72] seit Geltung der DS-GVO ist insoweit der weiter gefasste Art. 4 Nr. 2 DS-GVO heranzuziehen. Danach fällt auch die „Verwendung" von Daten unter den Begriff des Verarbeitens, während sie gemäß § 3 Abs. 5 BDSG 2003 noch als Datennutzung von der Verarbeitung iSd § 3 Abs. 4 BDSG 2003 zu trennen war. Für die Variante des Nutzens iSd § 8 Abs. 3 S. 1 aF bestand daher kein eigenständiger Anwendungsbereich mehr. Vielmehr fällt unter den Begriff der Verarbeitung gemäß Art. 4 Nr. 2 DS-GVO jeder Vorgang oder jede Vorgangsreihe im Zusammenhang mit personenbezogenen Daten wie das Erheben, das Erfassen, die Organisation, das Ordnen, die Speicherung, die Anpassung oder Veränderung, das Auslesen, das Abfragen, die Verwendung, die Offenlegung durch Übermittlung, Verbreitung oder eine andere Form der Bereitstellung, den Abgleich oder die Verknüpfung, die Einschränkung, das Löschen oder die Vernichtung. Danach ist neben dem Speichern und Ändern ist also auch die Übermittlung der Daten an andere Stellen Datenverarbeitung, die durch § 8 Abs. 3 S. 2 unter Beachtung der Zweckbestimmung an die Börsenaufsichtsbehörden und die Handelsüberwachungsstellen der Börsen ausdrücklich zugelassen ist, was mit Art. 6 Abs. 1 S. 1 lit. e, Abs. 3 S. 1 lit. b, S. 2 DS-GVO vereinbar sein dürfte. Unter Beachtung der Zweckbestimmung verleiht Abs. 3 S. 2 der BaFin ein **selbstinitiatives Mitteilungsrecht.** Die Befugnis, Daten an das Bundeskartellamt zu übermitteln, ergibt sich hingegen unmittelbar aus § 7 Abs. 1 S. 1.[73]

### V. Internationale Rechtshilfe in Strafsachen (Abs. 4)

**29**    Nach § 8 Abs. 4 bleiben die Regelungen über die **internationale Rechtshilfe in Strafsachen** von den Vorschriften über die Kooperation der BaFin mit ausländischen Stellen unberührt; § 8 Abs. 4 dient der Klarstellung.[74] Für die Informationsübermittlung in strafrechtlichen Angelegenheiten iSv § 1 IRG gilt das Verfahren nach §§ 59 ff. IRG,[75] sofern

---

[70] Steinmeyer/*Klepsch* Rn. 10; vgl. Assmann/Pötzsch/Schneider/*Döhmel* Rn. 19.
[71] Vgl. FK-WpÜG/*Linke* Rn. 18.
[72] Vgl. FK-WpÜG/*Linke* Rn. 18; Baums/Thoma/Verse/*Ritz* Rn. 21.
[73] AA FK-WpÜG/*Linke* Rn. 18; Baums/Thoma/Verse/*Ritz* Rn. 23.
[74] BT-Drs. 14/7034, 38.
[75] Allg. Schomburg/Lagodny/*Trautmann*/*Zimmermann* IRG Vor § 59 Rn. 1 ff.

keine hiervon abweichenden zwischenstaatlichen Vereinbarungen bestehen.[76] Vor Erledigung der an die BaFin gerichteten Anfrage ist danach gem. § 74 Abs. 1 S. 2 IRG insbesondere die Bewilligung des BMF einzuholen. Das BMF hat von der in § 74 Abs. 1 S. 3 IRG enthaltenen Ermächtigung Gebrauch gemacht und seine Befugnis, über ausländische Rechtshilfeersuchen zu entscheiden, auf das BAWe übertragen, soweit dessen Aufgabenbereiche betroffen waren;[77] da die dem BAWe übertragenen Aufgaben gemäß § 4 Abs. 1 FinDAG auf die BaFin übergegangen sind, hat also die BaFin die Entscheidungsbefugnis inne. Für die Behandlung strafrechtsbezogener Rechtshilfeersuchen gelten ferner die Richtlinien für den Verkehr mit dem Ausland in strafrechtlichen Angelegenheiten vom 23.12.2016 (RiVASt).[78] Hat die BaFin Anhaltspunkte dafür, dass die Anfrage einer ausländischen Stelle vor dem Hintergrund strafrechtlicher Ermittlungen erfolgt, kann die Informationshilfe nicht nach dem WpÜG erfolgen; Entsprechendes gilt für ein Ordnungswidrigkeiten- oder ein diesem gleichgestelltes Sanktionsverfahren (vgl. § 1 Abs. 2 IRG).[79]

## § 9 Verschwiegenheitspflicht

(1) [1]Die bei der Bundesanstalt und bei Einrichtungen nach § 7 Abs. 2 Beschäftigten, die Personen, derer sich die Bundesanstalt nach § 7 Abs. 2 bedient, sowie die Mitglieder des Beirates und Beisitzer des Widerspruchsausschusses dürfen ihnen bei ihrer Tätigkeit bekannt gewordene Tatsachen, deren Geheimhaltung im Interesse eines nach diesem Gesetz Verpflichteten oder eines Dritten liegt, insbesondere Geschäfts- und Betriebsgeheimnisse, sowie personenbezogene Daten auch nach Beendigung ihres Dienstverhältnisses oder ihrer Tätigkeit nicht unbefugt offenbaren oder verwerten. [2]Dies gilt auch für andere Personen, die durch dienstliche Berichterstattung Kenntnis von den in Satz 1 bezeichneten Tatsachen erhalten. [3]Ein unbefugtes Offenbaren oder Verwerten im Sinne des Satzes 1 liegt insbesondere nicht vor, wenn Tatsachen weitergegeben werden an
1. Strafverfolgungsbehörden oder für Straf- und Bußgeldsachen zuständige Gerichte,
2. Stellen, die kraft Gesetzes oder im öffentlichen Auftrag mit der Bekämpfung von Wettbewerbsbeschränkungen, der Überwachung von Angeboten zum Erwerb von Wertpapieren oder der Überwachung von Börsen oder anderen Wertpapier- oder Derivatemärkten, des Wertpapier- oder Derivatehandels, von Kreditinstituten, Finanzdienstleistungsinstituten, Investmentgesellschaften, Finanzunternehmen oder Versicherungsunternehmen betraut sind, sowie von solchen Stellen beauftragte Personen,
3. das Bundesministerium für Wirtschaft und Energie,
soweit die Tatsachen für die Erfüllung der Aufgaben dieser Stellen oder Personen erforderlich sind. [4]Für die bei den in Satz 3 genannten Stellen beschäftigten oder von ihnen beauftragten Personen gilt die Verschwiegenheitspflicht nach den Sätzen 1 bis 3 entsprechend. [5]An eine ausländische Stelle dürfen die Tatsachen nur weitergegeben werden, wenn diese Stelle und die von ihr beauftragten Personen einer den Sätzen 1 bis 3 entsprechenden Verschwiegenheitspflicht unterliegen.

(2) [1]Die §§ 93, 97 und 105 Absatz 1, § 111 Absatz 5 in Verbindung mit § 105 Absatz 1 sowie § 116 Absatz 1 der Abgabenordnung gelten für die in Absatz 1

---

[76] Kölner Komm WpÜG/*Holst* Rn. 28; Schwark/Zimmer/*Noack* Rn. 16.
[77] Verfügung vom 23.7.1998 – VII B 5-W 6027-41/98, zitiert nach Assmann/Schneider/Mülbert/*Döhmel* WpHG § 18 Rn. 77.
[78] Steinmeyer/*Klepsch* Rn. 12; Kölner Komm WpÜG/*Holst* Rn. 29; Angerer/Geibel/Süßmann/*Süßmann* Rn. 14; Baums/Thoma/Verse/*Ritz* Rn. 24; aktueller Text der RiVASt: www.verwaltungsvorschriften-im-internet.de/bsvwvbund23122016_IIB6935088.htm (zuletzt abgerufen am 30.11.2020).
[79] Vgl. Kölner Komm WpÜG/*Holst* Rn. 28; Assmann/Pötzsch/Schneider/*Döhmel* Rn. 21; Steinmeyer/ *Klepsch* Rn. 11.

Satz 1 und 2 bezeichneten Personen nur, soweit die Finanzbehörden die Kenntnisse für die Durchführung eines Verfahrens wegen einer Steuerstraftat sowie eines damit zusammenhängenden Besteuerungsverfahrens benötigen. [2]Die in Satz 1 genannten Vorschriften sind jedoch nicht anzuwenden, soweit Tatsachen betroffen sind,

1. die in den Absatz 1 Satz 1 oder Satz 2 bezeichneten Personen durch eine Stelle eines anderen Staates im Sinne von Absatz 1 Satz 3 Nummer 2 oder durch von dieser Stelle beauftragte Personen mitgeteilt worden sind oder

2. von denen bei der Bundesanstalt beschäftigte Personen dadurch Kenntnis erlangen, dass sie an der Aufsicht über direkt von der Europäischen Zentralbank beaufsichtigte Institute mitwirken, insbesondere in gemeinsamen Aufsichtsteams nach Artikel 2 Nummer 6 der Verordnung (EU) Nr. 468/2014 der Europäischen Zentralbank vom 16. April 2014 zur Einrichtung eines Rahmenwerks für die Zusammenarbeit zwischen der Europäischen Zentralbank und den nationalen zuständigen Behörden und den nationalen benannten Behörden innerhalb des einheitlichen Aufsichtsmechanismus (SSM-Rahmenverordnung) (EZB/2014/17) (ABl. L 141 vom 14.5.2014, S. 1), und die nach den Regeln der Europäischen Zentralbank geheim sind.

(3) Die Mitglieder des Beirates und die ehrenamtlichen Beisitzer des Widerspruchsausschusses sind nach dem Verpflichtungsgesetz vom 2. März 1974 (BGBl. I S. 469, 547), geändert durch § 1 Nr. 4 des Gesetzes vom 15. August 1974 (BGBl. I S. 1942), in der jeweils geltenden Fassung von der Bundesanstalt auf eine gewissenhafte Erfüllung ihrer Obliegenheiten zu verpflichten.

**Schrifttum:** *Gurlit,* Gläserne Banken und Kapitalmarktaufsicht? – Zur Bedeutung des Informationsfreiheitsgesetzes des Bundes für die Aufsichtspraxis, WM 2009, 773; *Knemeyer,* Geheimhaltungsanspruch und Offenbarungsbefugnis im Verwaltungsverfahren, NJW 1984, 2241.

Übersicht

## I. Einführung

1    Ausweislich der amtlichen Überschrift ist **Regelungsinhalt** von § 9 die **Verschwiegenheitspflicht** der dort benannten Personen und Einrichtungen. Außerdem statuiert die Vorschrift neben dem Verbot des unbefugten Offenbarens ein **allgemeines Verwertungsverbot** (Abs. 1) und ein **besonderes Verwertungsverbot** gegenüber den Finanzbehörden (Abs. 2).[1] Die Regelungen sind Ausdruck und Konkretisierungen des Anspruchs von Beteiligten an Verwaltungsverfahren auf Wahrung ihrer Geheimnisse gegenüber den Behörden. Dieser zum Schutz privater und geschäftlicher Geheimnisse im Grundsatz aus Art. 1, 2, 12 GG und Art. 14 GG ableitbare Anspruch[2] ist Bestandteil des rechtsstaatlichen Verwaltungsverfahrens und allgemein in § 30 VwVfG verankert.[3] Nach Abs. 3 hat die BaFin darüber hinaus die Mitglieder des Beirats (§ 5) und die ehrenamtlichen Beisitzer des Widerspruchsausschusses (§ 6), die der Verschwiegenheitspflicht nach Abs. 1 unterliegen, nach dem **Ver-**

---

[1] BT-Drs. 14/7034, 38.
[2] Vgl. *Knemeyer* NJW 1984, 2241 (2241); *Kopp/Ramsauer/Ramsauer* VwVfG § 30 Rn. 1, 3; *Stelkens/Bonk/Sachs/Kallerhoff/Mayen* VwVfG § 30 Rn. 2 mwN; ferner BVerfGE 67, 100 (142) = NJW 1984, 2271; BVerfGE 80, 367 (373) = NJW 1990, 563; BVerwGE 74, 115 (119) = NJW 1986, 2329.
[3] *Stelkens/Bonk/Sachs/Kallerhoff/Mayen* VwVfG § 30 Rn. 1 ff.

**pflichtungsgesetz** gesondert auf die gewissenhafte Erfüllung ihrer Obliegenheiten zu verpflichten.[4]

**Normzweck** von § 9 ist die **Gewährleistung einer effektiven Überwachung** durch 2 Förderung der Kooperationsbereitschaft der am öffentlichen Angebotsverfahren Beteiligten.[5] Offenbarungs- und Verwertungsverbote tragen dem Umstand Rechnung, dass insbesondere Bieter, Zielgesellschaften und mit diesen gemeinsam handelnde Personen gegenüber der BaFin weitgehenden Mitteilungspflichten unterliegen,[6] die Behörde durch § 40 mit umfangreichen Befugnissen zur Anforderung von sowie zur Einsichtnahme in Unterlagen ausgestattet ist und bei ihrer Tätigkeit Einblick in die finanziellen Verhältnisse und Geschäftsstrategien der Beteiligten hat.[7] Der zugleich bezweckte **Schutz sensibler Daten,** namentlich der Schutz von Geschäfts- und Betriebsgeheimnissen des Bieters und der Zielgesellschaften, mit denen die BaFin im Rahmen ihrer Überwachungstätigkeit bei einem Angebotsverfahren in Berührung kommt, soll das notwendige Vertrauen der Beteiligten in die **Integrität der Aufsichtspraxis** sicherstellen. Das allgemeine Verwertungsverbot nach Abs. 1 soll zudem die Ausnutzung amtlich gewonnener Kenntnisse für private Zwecke verhindern und dient damit ebenfalls der **Vertrauenssicherung.** Auch das besondere Verwertungsverbot gegenüber den Finanzbehörden nach Abs. 2 zielt darauf ab, „eine wirksame Aufsicht zu ermöglichen", und dient überdies der Förderung der internationalen Zusammenarbeit mit den zuständigen Stellen anderer Staaten, die „vielfach nur unter dem Vorbehalt der steuerlichen Nichtverwertung zur Übermittlung von Informationen [...] bereit sein" werden.[8] Auflockerungen der Verschwiegenheitspflicht durch Offenbarungsbefugnisse verfolgen teilweise übergeordnete Belange wie etwa ein zwingendes öffentliches Interesse an der Durchführung eines Steuerstrafverfahrens im Inland und sind zudem wiederum durch Ausnahmen relativiert.[9]

**Vergleichbare Regelungen** finden sich in § 21 WpHG, § 9 KWG, § 309 VAG und 3 § 10 BörsG;[10] die Formulierungen in § 309 Abs. 9 VAG und besonders § 10 Abs. 3 BörsG entsprechen freilich eher der bis zum 5.11.2015 geltenden Fassung des § 9 Abs. 2. § 11 FinDAG stellt für die Beschäftigten der Bundesanstalt klar, dass sich die jeweilige Verschwiegenheitspflicht nach den aufsichtsrechtlichen Regelungen bestimmt, in deren Anwendung der Einzelne tätig geworden ist. Auch die Übernahme-RL sieht in Art. 4 Abs. 3 Übernahme-RL eine Regelung zur Verschwiegenheit vor; danach haben die Mitgliedstaaten sicherzustellen, „dass alle Personen, die bei ihren Aufsichtsstellen tätig sind oder waren, zur Wahrung des Berufsgeheimnisses verpflichtet sind". Die Bestimmungen des **öffentlichen Dienstrechts** zur Verschwiegenheit (zB § 67 BBG, § 37 BeamtStG) bleiben von § 9 unberührt.[11]

## II. Verschwiegenheitspflicht und allgemeines Verwertungsverbot (Abs. 1)

**1. Verpflichtete Personen.** Gem. § 9 Abs. 1 S. 1 unterliegen zunächst die bei der BaFin 4 und bei Einrichtungen nach § 7 Abs. 2 Beschäftigten sowie die Personen, derer sich die Bundesanstalt nach § 7 Abs. 2 bedient, der Verschwiegenheitspflicht. Zu den **Beschäftigten der BaFin** zählen alle Beamten, Angestellten und Arbeiter sowie die dahin abgeordneten Bediensteten.[12] Durch Abs. 1 verpflichtet sind aber auch alle nicht beamteten bzw. nicht im öffentlichen Dienst stehenden Personen, die bei der Erfüllung der Aufgaben der BaFin

---

[4] BT-Drs. 14/7034, 39.
[5] Assmann/Pötzsch/Schneider/*Döhmel* Rn. 2; vgl. Steinmeyer/*Klepsch* Rn. 1; FK-WpÜG/*Linke* Rn. 10; allg. Kopp/Ramsauer/*Ramsauer* VwVfG § 30 Rn. 1.
[6] Steinmeyer/*Klepsch* Rn. 1.
[7] Vgl. BT-Drs. 14/7034, 38 f.
[8] BT-Drs. 14/7034, 39.
[9] BT-Drs. 14/7034, 39.
[10] S. auch Stelkens/Bonk/Sachs/*Kallerhoff/Mayen* VwVfG § 30 Rn. 3 f.
[11] BT-Drs. 14/7034, 38.
[12] FK-WpÜG/*Linke* Rn. 11; Assmann/Pötzsch/Schneider/*Döhmel* Rn. 5; Baums/Thoma/Verse/*Ritz* Rn. 3.

unmittelbar oder mittelbar mitwirken.[13] Zum Kreis der Personen, die Beschäftigte einer Einrichtung iSd § 7 Abs. 2 sind oder derer sich die Bundesanstalt bedient, gehören all diejenigen, die im Wege der privatrechtlichen Beauftragung tätig werden.[14]

5    Zur Verschwiegenheit verpflichtet sind zudem die **Mitglieder des Beirats,** die ihr Amt gemäß § 5 Abs. 1 S. 5 als unentgeltliches Ehrenamt verwalten, und die **Beisitzer des Widerspruchsausschusses.** Zur Zusammensetzung des Beirats → § 5 Rn. 6 ff., zur Zusammensetzung und zu den Mitgliedern des Widerspruchsausschusses → § 6 Rn. 8 ff. Die Verschwiegenheitpflicht gilt nach § 9 Abs. 1 S. 2 darüber hinaus für **andere Personen,** die durch **dienstliche Berichterstattung** von geheim zu haltenden Tatsachen Kenntnis erhalten. Dazu zählen insbesondere die Beamten des BMF, die die Rechts- und Fachaufsicht über die BaFin (vgl. § 2 FinDAG) sowie die Dienstaufsicht ausüben.[15] Zur Verschwiegenheit verpflichtet sind außerdem die im Wege der Amtshilfe nach § 7 Abs. 1 informierten oder gem. §§ 4 ff. VwVfG, Art. 35 GG (vgl. → § 7 Rn. 3) ersuchten Personen,[16] die durch dienstliche Mitteilungen, beispielsweise im Rahmen eines Ersuchens der BaFin, von zu schützenden Tatsachen Kenntnis erlangen können. Insofern gehören auch Mitarbeiter, Beschäftigte und Beauftragte der Einrichtungen und Behörden, denen Tatsachen durch die BaFin im Rahmen ihrer Aufsichtstätigkeit nach dem WpÜG – sei es eigeninitiativ oder auf Ersuchen – übermittelt werden, zu den anderen Personen im Sinne der Vorschrift; § 9 Abs. 1 S. 4 stellt für sie die entsprechende Geltung der Verschwiegenheitpflicht ausdrücklich klar.

6    Den zur Verschwiegenheit verpflichteten Personen sind das unbefugte Offenbaren und die unbefugte Verwertung von geschützten Daten und Tatsachen **auch nach Beendigung des Dienstverhältnisses oder ihrer Tätigkeit** – sei es wegen Eintritts in den Ruhestand, durch Wechsel zu einem anderen Arbeitgeber[17] oder durch Beendigung eines Auftrags- oder Vertretungsverhältnisses – untersagt.

7    **2. Offenbarungs- und Verwertungsverbot.** Die Verschwiegenheitpflicht schützt die Betroffenen vor unbefugtem Offenbaren und Verwerten von **personenbezogenen Daten**[18] (vgl. Art. 4 Nr. 1 DS-GVO) und von **Tatsachen** (vgl. → § 8 Rn. 13). Tatsachen sind abzugrenzen von den Meinungen wiedergebenden Werturteilen und Schlussfolgerungen, die allerdings dann der Schweigepflicht der Normadressaten unterliegen, wenn sie zugleich auf bestimmte Tatsachen schließen lassen und diese mit der Meinungswiedergabe offenbart werden.[19] Mit Rücksicht auf den normativ intendierten Schutz sensibler Daten ist der Tatsachenbegriff „weit" auszulegen.[20]

8    Die Tatsachen und personenbezogenen Daten müssen den Normadressaten **bei ihrer Tätigkeit bekannt geworden** sein. Mit Blick auf die zu schützenden Interessen der Betroffenen und den Zweck der Vorschrift (→ Rn. 2) muss auch das Merkmal „bei ihrer Tätigkeit" weit ausgelegt werden; es umfasst jede in dienstlichem Zusammenhang stehende Kenntnisnahme.[21] Nur diejenigen Fälle, in denen die Kenntniserlangung einer Tatsache in gar keinem Zusammenhang mit derjenigen Tätigkeit eines Normadressaten steht, die diesen eben zu einem solchen macht, fallen aus dem Tatbestand hinaus.[22] „Bei ihrer Tätigkeit"

---

[13] Steinmeyer/*Klepsch* Rn. 2; vgl. auch Kölner Komm WpÜG/*Holst* Rn. 11.

[14] FK-WpÜG/*Linke* Rn. 11; Baums/Thoma/Verse/*Ritz* Rn. 4; Angerer/Geibel/Süßmann/*Süßmann* Rn. 7.

[15] FK-WpÜG/*Linke* Rn. 11; Angerer/Geibel/Süßmann/*Süßmann* Rn. 7; vgl. auch Baums/Thoma/Verse/*Ritz* Rn. 6; Steinmeyer/*Klepsch* Rn. 3.

[16] Vgl. für das WpHG Assmann/Schneider/Mülbert/*Döhmel* WpHG § 21 Rn. 16.

[17] Vgl. für das WpHG Assmann/Schneider/Mülbert/*Döhmel* WpHG § 21 Rn. 14.

[18] S. auch FK-WpÜG/*Linke* Rn. 14; Assmann/Pötzsch/Schneider/*Döhmel* Rn. 6.

[19] FK-WpÜG/*Linke* Rn. 14; Steinmeyer/*Klepsch* Rn. 4; FK-WpÜG/*Linke* Rn. 14; Kölner Komm WpÜG/*Holst* Rn. 19; Schwark/Zimmer/*Noack/Zetzsche* Rn. 5.

[20] Kölner Komm WpÜG/*Holst* Rn. 18; Baums/Thoma/Verse/*Ritz* Rn. 8; Angerer/Geibel/Süßmann/*Süßmann* Rn. 4.

[21] Steinmeyer/*Klepsch* Rn. 6; vgl. FK-WpÜG/*Linke* Rn. 15.

[22] Assmann/Pötzsch/Schneider/*Döhmel* Rn. 11; vgl. Baums/Thoma/Verse/*Ritz* Rn. 10.

werden deshalb Kenntnisse nicht nur durch Sachbearbeitung, Beratung oder Entscheidung erlangt, sondern auch im Gespräch mit anderen Kollegen oder sonstigen für die BaFin tätigen Personen;[23] nicht erforderlich ist, dass es sich um „übliche" Gespräche handelt.[24] Nur wenn jeder Zusammenhang mit den Dienstgeschäften des Normadressaten bei der Kenntniserlangung völlig ausgeschlossen ist, ist das Merkmal nicht erfüllt.

Dieses weite Verständnis sowie der weite Tatsachenbegriff werden freilich dadurch relati- **9** viert, dass die Verschwiegenheitpflicht nur solche Tatsachen erfasst, deren **Geheimhaltung im Interesse** eines nach diesem Gesetz Verpflichteten oder eines Dritten liegt. Das WpÜG nennt dafür beispielhaft die **Geschäfts- und Betriebsgeheimnisse,** zu denen alle Tatsachen gehören, die im Zusammenhang mit einem Geschäftsbetrieb stehen und an deren Geheimhaltung der Unternehmer ein schutzwürdiges[25] wirtschaftliches Interesse hat.[26] Das schließt alle Gegebenheiten und Zusammenhänge, die für die ausgeübte Geschäftstätigkeit von wesentlicher Bedeutung sind, ein. Insbesondere Verfahren, Verarbeitungsmechanismen oder Ähnliches, die nicht oder allenfalls vereinzelt in Konkurrenzunternehmen zur Anwendung gelangen,[27] fallen darunter ebenso wie Vereinbarungen und Geschäftsbeziehungen zu Dritten. Namentlich diese **Dritten** sind neben den nach diesem Gesetz Verpflichteten, also insbesondere Bietern und Zielgesellschaften und mit diesen gemeinsam handelnden Personen, durch § 9 insoweit geschützt, als auch Tatsachen, die in ihrem Geheimhaltungsinteresse liegen, der Verschwiegenheitpflicht unterfallen. Ob ein Drittinteresse an der Geheimhaltung von Tatsachen besteht, ist jeweils im Einzelfall zu prüfen und zu würdigen. Allgemein spielt für die Frage des Geheimhaltungsinteresses auch das Alter der relevanten Information eine Rolle. Informationen mit einem Alter von mindestens fünf Jahren sind nach der Rechtsprechung des EuGH regelmäßig nicht mehr geheimhaltungsbedürftig.[28]

Wann in anderen – neben den gesetzlich geregelten – Fällen ein **Geheimhaltungsinte-** **10** **resse** der Verpflichteten oder eines Dritten anzunehmen ist, lässt sich nicht generell, sondern nur einzelfallbezogen beantworten[29] und ist **objektiv** unter Abwägung aller Umstände des Einzelfalls mit Rücksicht auf die Verkehrsanschauung zu bestimmen.[30] Der Gegenansicht, die für eine Interessenabwägung keinen Raum sieht,[31] ist nicht zu folgen: Richtig ist zwar der Ansatz, dass bei Vorliegen eines Geheimhaltungsinteresses der Gesetzeswortlaut für eine anschließende Abwägung keinen Raum lässt; dies schließt aber eine Abwägung im Rahmen der Prüfung des Vorliegens eines Geheimhaltungsinteresses selbst gerade nicht aus. Maßgebend für das Geheimhaltungsinteresse können etwa Gründe des Wettbewerbs sein.[32] Weitgehend im Geheimhaltungsinteresse liegen Informationen, die nicht allgemein zugänglich und einem nur beschränkten Personenkreis bekannt sind.[33] **Offenkundige** und **allgemein bekannte Tatsachen** sind hingegen keine einem besonderen Geheimhaltungsinteresse unterliegenden Tatsachen, ebenso wenig wie die ohne besondere Schwierigkeiten oder

---

[23] Assmann/Pötzsch/Schneider/*Döhmel* Rn. 11; FK-WpÜG/*Linke* Rn. 15; Ehricke/Ekkenga/Oechsler/ *Oechsler* Rn. 5; Baums/Thoma/Verse/*Ritz* Rn. 10.

[24] AA Angerer/Geibel/Süßmann/*Süßmann* Rn. 5.

[25] Gegen dieses Kriterium Assmann/Pötzsch/Schneider/*Döhmel* Rn. 9 mit der Begr., dass der Gesetzeswortlaut die „Berechtigung" des Interesses nicht voraussetze.

[26] Stelkens/Bonk/Sachs/*Kallerhoff/Mayen* VwVfG § 30 Rn. 13 mit konkreten Beispielen (Ertragslagen, Geschäftsbücher, Kundenlisten, Bezugsquellen, Marktstrategien, Unterlagen zur Kreditwürdigkeit, Kalkulationsunterlagen, Entwicklungs- und Forschungsprojekte usw); ähnlich Schönke/Schröder/*Eisele* StGB § 203 Rn. 11; s. auch FK-WpÜG/*Linke* Rn. 14; Steinmeyer/*Klepsch* Rn. 5; Baums/Thoma/Verse/*Ritz* Rn. 9; Schwark/Zimmer/*Noack/Zetzsche* Rn. 7; Kölner Komm WpÜG/*Holst* Rn. 24.

[27] Steinmeyer/*Klepsch* Rn. 4.

[28] EuGH EuZW 2018, 697 Rn. 54 (BaFin/Baumeister).

[29] Vgl. Angerer/Geibel/Süßmann/*Süßmann* Rn. 6; Baums/Thoma/Verse/*Ritz* Rn. 8.

[30] Baums/Thoma/Verse/*Ritz* Rn. 8 f.; Angerer/Geibel/Süßmann/*Süßmann* Rn. 6; wohl auch Steinmeyer/*Klepsch* Rn. 5.

[31] *Gurlit* WM 2009, 773 (777); Assmann/Pötzsch/Schneider/*Döhmel* Rn. 9; Stelkens/Bonk/Sachs/*Kallerhoff/Mayen* VwVfG § 30 Rn. 8b.

[32] *Gurlit* WM 2009, 773 (777).

[33] Schwark/Zimmer/*Noack/Zetzsche* Rn. 7; vgl. Boos/Fischer/Schulte-Mattler/*Lindemann* KWG § 9 Rn. 10.

Kosten durch jede beliebige Person feststellbaren Tatsachen wie etwa Handelsregistereintragungen oder Daten aus der Öffentlichkeit zugänglichen Geschäftsberichten.[34] Auf einen subjektiven Geheimhaltungswillen[35] oder gar -anspruch[36] kommt es für das Geheimhaltungsinteresse hingegen aus Gründen der Rechtsklarheit nicht an.[37] Vielmehr muss die konkrete Reichweite des Normbefehls den Normadressaten von vornherein und ohne die Durchführung weiterer Ermittlungen vorgegeben sein. Das Abstellen auf einen mutmaßlichen Geheimhaltungswillen[38] ist darüber hinaus sinnlos, weil ein mutmaßlicher, dh nicht bekannter Wille ohnehin nur anhand objektiver Kriterien ermittelt werden kann und somit gegenüber dem objektiven Geheimhaltungsinteresse keinen Mehrwert bringt.

11    Die im Geheimhaltungsinteresse liegenden Tatsachen sind vor unbefugtem **Offenbaren und Verwerten** geschützt. Der Begriff des Offenbarens erfasst jede Form der Mitteilung, sei es durch aktives Handeln, schlüssiges Verhalten, Unterlassen oder Dulden.[39] Die schriftliche, mündliche oder elektronische Weitergabe fällt ebenso darunter wie die Gewährung der Einsichtnahme in Akten und Unterlagen oder die sonstige Einräumung des Zugangs zu den betreffenden Daten.[40] So liegt ein **Offenbaren von Tatsachen** auch dann vor, wenn Akten – Absicht ist hier wegen des Schutzzwecks des § 9 nicht erforderlich[41] – liegen bleiben und für andere ohne weiteres zugänglich und einsehbar gemacht werden oder wenn durch die Weitergabe von persönlichen Zugangscodes zu Netzwerken anderen die Möglichkeit eingeräumt wird, auf geschützte Daten Zugriff zu nehmen.[42] Ob die Tatsachen auf solchen Wegen an einen Behördenexternen oder Behördeninternen gelangen, ist unerheblich.[43] Inwieweit Mitteilungen innerhalb der Behörde unzulässig sind, ist eine Frage der Befugnis zur Weitergabe relevanter Tatsachen,[44] weil § 9 nur das „unbefugte" Offenbaren und Verwerten verbietet.

12    **Verwertung von Tatsachen** meint jede Verwendung zu eigenen oder fremden Zwecken.[45] Anders als beim Offenbaren, das auch die ungezielte oder ungewollte Weitergabe erfasst,[46] setzt ein Verwerten von zu schützenden Tatsachen das Bewusstsein des Verwertenden voraus, das Geheimnis oder das Wissen um die Verhältnisse des anderen in irgendeiner Weise zu nutzen. Nicht erforderlich ist ein darüber hinaus gehendes Bewusstsein, aus der Nutzung Vorteile zu ziehen, da das Erwachsen eines Vorteils bereits objektiv nicht Merkmal der Verwertung ist.[47] Das in Abs. 1 allgemein geregelte Verwertungsverbot kann durch besondere gesetzliche Verwertungsverbote, etwa das Verbot von Insidergeschäften nach Art. 8 MAR iVm Art. 14 MAR überlagert werden.[48]

---

[34] Steinmeyer/*Klepsch* Rn. 5; ähnlich Baums/Thoma/Verse/*Ritz* Rn. 8; vgl. auch *Gurlit* WM 2009, 773 (777); FK-WpÜG/*Linke* Rn. 15; Angerer/Geibel/Süßmann/*Süßmann* Rn. 6.

[35] *Gurlit* WM 2009, 773 (777); FK-WpÜG/*Linke* Rn. 15; aA wohl Kölner Komm WpÜG/*Holst* Rn. 22.

[36] Ehricke/Ekkenga/Oechsler/*Oechsler* Rn. 4.

[37] AA Assmann/Pötzsch/Schneider/*Döhmel* Rn. 9.

[38] Schwark/Zimmer/*Noack/Zetzsche* Rn. 7; Kölner Komm WpÜG/*Holst* Rn. 22.

[39] Vgl. Stelkens/Bonk/Sachs/*Kallerhoff/Mayen* VwVfG § 30 Rn. 14; Kopp/Ramsauer/*Ramsauer* VwVfG § 30 Rn. 10.

[40] FK-WpÜG/*Linke* Rn. 16; Angerer/Geibel/Süßmann/*Süßmann* Rn. 8; Steinmeyer/*Klepsch* Rn. 7; Baums/Thoma/Verse/*Ritz* Rn. 11; Schwark/Zimmer/*Noack/Zetzsche* Rn. 10; Kölner Komm WpÜG/*Holst* Rn. 26.

[41] Vgl. Kopp/Ramsauer/*Ramsauer* VwVfG § 30 Rn. 11; aA Steinmeyer/*Klepsch* Rn. 7; Schwark/Zimmer/*Noack/Zetzsche* Rn. 10.

[42] Stelkens/Bonk/Sachs/*Kallerhoff/Mayen* VwVfG § 30 Rn. 14; Steinmeyer/*Klepsch* Rn. 7; Schwark/Zimmer/*Noack* Rn. 10.

[43] *Knemeyer* NJW 1984, 2241 (2244); Kopp/Ramsauer/*Ramsauer* VwVfG § 30 Rn. 10.

[44] Vgl. Steinmeyer/*Klepsch* Rn. 8, 10 ff.

[45] Assmann/Pötzsch/Schneider/*Döhmel* Rn. 15; einen darüber hinausgehenden Vorteil fordernd Angerer/Geibel/Süßmann/*Süßmann* Rn. 9; FK-WpÜG/*Linke* Rn. 16; Baums/Thoma/Verse/*Ritz* Rn. 11; Schwark/Zimmer/*Noack/Zetzsche* Rn. 11.

[46] Stelkens/Bonk/Sachs/*Kallerhoff/Mayen* VwVfG § 30 Rn. 14; aA Kölner Komm WpÜG/*Holst* Rn. 26, der einen Offenbarungswillen fordert.

[47] Assmann/Pötzsch/Schneider/*Döhmel* Rn. 14 f.; aA FK-WpÜG/*Linke* Rn. 16; Baums/Thoma/Verse/*Ritz* Rn. 11.

[48] Vgl. Steinmeyer/*Klepsch* Rn. 9.

Untersagt ist den Verpflichteten nur das **unbefugte** Offenbaren und Verwerten geheim **13** zu haltender Tatsachen, was bei Weitergabe oder Verwendung von Tatsachen ohne einen normativ zugelassenen oder voluntativen Rechtfertigungsgrund der Fall ist.[49] Befugt ist demnach ein Offenbaren und Verwerten von zu schützenden Tatsachen, wenn es entweder durch Rechtsvorschriften, durch – auch stillschweigend mögliche – Einwilligung des Berechtigten oder allgemeine Rechtsgrundsätze gerechtfertigt ist.[50]

Außerdem enthält § 9 Abs. 1 S. 3 dem Wortlaut nach („insbesondere") **Regelbeispiele 14** für befugtes Offenbaren oder Verwerten. Die BaFin darf demnach **innerstaatlich** mit anderen Stellen und Personen zusammenarbeiten, deren Zuständigkeit im Zusammenhang mit einem öffentlichen Angebot betroffen sein kann, auf deren Hilfe die Bundesanstalt zur eigenen Aufgabenerfüllung zurückgreifen muss oder die selbst für ihre Aufgabenerfüllung auf Informationen der BaFin angewiesen sind.[51] Die Regelung überlagert und ergänzt die allgemeinen Amtshilferegelungen in §§ 4 ff. VwVfG, Art. 35 GG und – soweit ein Tatsachenaustausch mit dem Bundeskartellamt und dem Bundesministerium für Wirtschaft und Technologie in Frage steht – § 7 Abs. 1, der die behördliche Zusammenarbeit mit der BaFin speziell ausgestaltet (→ § 7 Rn. 3).[52]

Die Regelung des § 9 Abs. 1 S. 3 erlaubt neben der innerstaatlichen Kooperation auch **15** die Weitergabe von Daten an **ausländische Stellen,** wie insbesondere die Zusammenschau mit § 9 Abs. 2 S. 2 zeigt, der die Stellen „eines anderen Staates iSv Absatz 1 Satz 3 Nr. 2" ausdrücklich erwähnt. Die BaFin muss allerdings wegen § 9 Abs. 1 S. 5 neben den Voraussetzungen des § 8 Abs. 2, insbesondere der Erforderlichkeit der Datenübermittlung (vgl. → § 8 Rn. 14), auch die Geheimhaltungsregelungen der ausländischen Stelle und Personen in jedem Einzelfall prüfen.

Die in § 9 Abs. 1 S. 3 angeführten Regelbeispiele sind nicht abschließend.[53] Die Vor- **16** schrift ist Ausdruck einer **allgemeinen rechtsgrundsätzlichen Rechtfertigung** des Offenbarens zu schützender Tatsachen, wenn eine Interessen- und Güterabwägung ergibt, dass die Offenbarung zur Wahrung höherrangiger Rechtsgüter der Allgemeinheit oder Einzelner im Einzelfall erforderlich ist,[54] mit dem besonderen Hintergrund, dass grundsätzlich ein öffentliches Interesse an der Kooperation der im Normtext genannten Stellen und der Weitergabe von Tatsachen an diese Stellen besteht.[55] Für die aufgezählten Institutionen soll eine enge Zusammenarbeit ohne eine Gefahr der Verletzung der Schweigepflicht ermöglicht werden. Der Schutzzweck des § 9 wird dadurch nicht ausgehöhlt, weil diese Stellen und Personen ebenfalls der Verschwiegenheitspflicht unterliegen (§ 9 Abs. 1 S. 4)[56] oder die Datenübermittlung nur unter dem Vorbehalt gleicher Verschwiegenheitspflichten (§ 9 Abs. 1 S. 5) erlaubt ist.

Die Kooperationsstellen dürfen die durch die BaFin erlangten Informationen nur zur **17** Erfüllung der eigenen Aufgaben nutzen.[57] Deshalb dürfen auch nur solche Tatsachen weitergegeben werden, die für die Erfüllung der Aufgaben dieser Stellen oder Personen **erforderlich** sind. Das Kriterium der Erforderlichkeit soll den Austausch der geheim zu haltenden Tatsachen eingrenzen und ist erfüllt, wenn die BaFin von der Notwendigkeit der Daten für die Kooperationsbehörde überzeugt ist (→ § 7 Rn. 8). Anders als im Rahmen des

---

[49] Stelkens/Bonk/Sachs/*Kallerhoff/Mayen* VwVfG § 30 Rn. 15; Assmann/Pötzsch/Schneider/*Döhmel* Rn. 16; Steinmeyer/*Klepsch* Rn. 10; Angerer/Geibel/Süßmann/*Süßmann* Rn. 10.

[50] Kopp/Ramsauer/*Ramsauer* VwVfG § 30 Rn. 12; vgl. Stelkens/Bonk/Sachs/*Kallerhoff/Mayen* VwVfG § 30 Rn. 16 ff.; FK-WpÜG/*Linke* Rn. 17; Steinmeyer/*Klepsch* Rn. 10.

[51] BT-Drs. 14/7034, 38.

[52] S. auch Steinmeyer/*Klepsch* Rn. 14 f.

[53] FK-WpÜG/*Linke* Rn. 17; Angerer/Geibel/Süßmann/*Süßmann* Rn. 11; Assmann/Pötzsch/Schneider/*Döhmel* Rn. 16; Schwark/Zimmer/*Noack/Zetzsche* Rn. 16; Baums/Thoma/Verse/*Ritz* Rn. 12; Kölner Komm WpÜG/*Holst* Rn. 35.

[54] Allg. Kopp/Ramsauer/*Ramsauer* VwVfG § 30 Rn. 16; vgl. Stelkens/Bonk/Sachs/*Kallerhoff/Mayen* VwVfG § 30 Rn. 20 ff.

[55] Steinmeyer/*Klepsch* Rn. 10.

[56] BT-Drs. 14/7034, 38.

[57] BT-Drs. 14/7034, 38.

Tatsachenaustauschs mit dem Bundeskartellamt gemäß § 7 Abs. 1 S. 1, in dem der BaFin wegen der Initiativpflicht (→ § 7 Rn. 5 f.) zur Übermittlung von Tatsachen eine Einschätzungsprärogative hinsichtlich der Erforderlichkeit zuzugestehen ist, setzt die Weitergabe von Daten im Rahmen der allgemeinen Amtshilfe gemäß §§ 4 ff. VwVfG, Art. 35 GG stets ein Ersuchen der anfragenden Stelle voraus.[58] Das Ersuchen muss deutlich werden lassen, aus welchem Grunde die anfragende Behörde der Hilfe bedarf;[59] das erleichtert der BaFin die Feststellung der Erforderlichkeit und macht die Einräumung eines weitreichenden Einschätzungsspielraumes entbehrlich. Noch strengere Anforderungen an das Kriterium der Erforderlichkeit sind bei der Tatsachenübermittlung ins Ausland zu stellen (vgl. → § 8 Rn. 14).

18   Befugt ist nach § 9 Abs. 1 S. 2 auch die Weitergabe von Tatsachen im Rahmen der **dienstlichen Berichterstattung,** zB an das die Rechts- und Fachaufsicht ausübende Bundesministerium der Finanzen (vgl. § 2 FinDAG).

### III. Besonderes Verwertungsverbot gegenüber Finanzbehörden (Abs. 2)

19   § 9 Abs. 2 S. 1 enthält ein besonderes Verwertungsverbot für die im Rahmen der Aufsichtstätigkeit erlangten Informationen im Verhältnis zu den Finanzbehörden.[60] Mit der **grundsätzlichen Nichtanwendbarkeit** („gelten […] nur, soweit" der im Normtext genannten allgemeinen steuerverfahrensrechtlichen Auskunftspflicht (§ 93 AO), Vorlagepflicht (§ 97 AO) und Anzeigepflichten (§ 116 Abs. 1 AO) sowie damit zusammenhängender Regelungen (§ 105 Abs. 1 AO, § 111 Abs. 5 AO iVm § 105 Abs. 1 AO) sichert der Gesetzgeber die Geheimhaltung der bei der Aufsichtstätigkeit erlangten Informationen durch die nach § 9 Abs. 1 Verpflichteten;[61] dadurch fördert er die Kooperationsbereitschaft der an einem Angebotsverfahren Beteiligten und auch der zuständigen Stellen anderer Staaten, die nach Einschätzung des Gesetzgebers vielfach nur unter dem Vorbehalt der steuerlichen Nichtverwertung Informationen mitteilen werden (→ Rn. 2).[62]

20   Soweit die Finanzbehörden die Kenntnisse allerdings für die Durchführung eines „Verfahrens wegen einer Steuerstraftat sowie eines damit zusammenhängenden Besteuerungsverfahrens" benötigen, gilt das besondere Offenbarungs- und Verwertungsverbot grundsätzlich nicht. Ein zwingendes öffentliches Interesse an der Verfolgung der Steuerstraftat ist im Gegensatz zu der bis zum 5.11.2015 geltenden Fassung der Vorschrift nicht mehr erforderlich. Die heutige Fassung beruht auf Art. 10 Gesetz zur Anpassung des nationalen Bankenabwicklungsrechts an den Einheitlichen Abwicklungsmechanismus und die europäischen Vorgaben zur Bankenabgabe (Abwicklungsmechanismusgesetz – AbwMechG) vom 2.11.2015 (BGBl. 2015 I 1864). Damit muss nun auch die BaFin ebenso wie andere Behörden Anhaltspunkte für Steuerstraftaten nach den Vorschriften der Abgabenordnung melden.[63] Freilich haben die Finanzbehörden die Voraussetzungen des § 9 Abs. 2 S. 1 im Zweifel nachzuweisen.[64]

21   Auch in den Fällen des § 9 Abs. 2 S. 1 gilt das Offenbarungs- und Verwertungsverbot jedoch nach § 9 Abs. 2 S. 2 Nr. 1 dann, wenn Tatsachen betroffen sind, die den nach § 9 Abs. 1 zur Verschwiegenheit Verpflichteten **durch eine ausländische Stelle** iSd Abs. 1 S. 3 Nr. 2 oder durch eine von dieser Stelle beauftragte Person mitgeteilt worden sind. Die den allgemeinen Grundsatz vom Vorrang des öffentlichen Interesses an der Effizienz der Überwachungstätigkeit der BaFin **verstärkende Gegenausnahme** ist Ausdruck der im Zeitalter der Globalisierung gesteigerten Notwendigkeit an internationaler Zusammenarbeit

---

[58] Stelkens/Bonk/Sachs/*Schmitz* VwVfG § 4 Rn. 31; Dreier/*Bauer* GG Art. 35 Rn. 19; v. Mangoldt/Klein/Starck/*v. Danwitz* GG Art. 35 Rn. 16.

[59] Stelkens/Bonk/Sachs/*Schmitz* VwVfG § 4 Rn. 31.

[60] BT-Drs. 14/7034, 38.

[61] Baums/Thoma/Verse/*Ritz* Rn. 17.

[62] BT-Drs. 14/7034, 38 f.

[63] RegE zum AbwMechG, BT-Drs. 18/5009, 71 (89).

[64] Steinmeyer/*Klepsch* Rn. 17; vgl. Schwark/Zimmer/*Noack/Zetzsche* Rn. 18; Baums/Thoma/Verse/*Ritz* Rn. 18.

und Verwaltungskooperation und soll einer Gefährdung des internationalen Informationsaustauschs entgegenwirken.[65] Nach Art. 55 Abs. 2 CRD IV (RL 2013/36/EU) sind derartige Informationen überdies nur mit ausdrücklicher Zustimmung der ausländischen Behörden und nur für Zwecke möglich, denen diese Behörden zugestimmt haben. Der insoweit abzusehende, unverhältnismäßige Verwaltungsaufwand soll durch § 9 Abs. 2 S. 2 Nr. 1 eingespart werden.[66] Eine weitere Ausnahme von der Weitergabepflicht nach § 9 Abs. 2 S. 1 iVm den genannten Vorschriften der AO besteht gemäß § 9 Abs. 2 S. 2 Nr. 2 für solche Informationen, die BaFin-Mitarbeiter bei der Mitwirkung an der Aufsicht über direkt von der Europäischen Zentralbank beaufsichtigte Institute erlangen, und die nach den Regeln der Europäischen Zentralbank geheim sind. Diese Ausnahme bezieht sich insbesondere auf Informationen, die in gemeinsamen Aufsichtsteams nach der SSM-Rahmenverordnung erlangt werden.[67]

### IV. Förmliche Verpflichtung (Abs. 3)

§ 9 Abs. 3 bestimmt, dass die Mitglieder des Beirates und die ehrenamtlichen Mitglieder **22** des Widerspruchsausschusses nach dem **VerpflG**[68] in der jeweils geltenden Fassung von der BaFin auf eine gewissenhafte Erfüllung ihrer Obliegenheiten zu verpflichten sind. Die ehrenamtlich tätigen Mitglieder beider Gremien unterliegen als **nichtbeamtete Personen** der Verschwiegenheitspflicht und sind auf ihre Obliegenheiten besonders zu verpflichten.[69] Die förmliche Verpflichtung hat insbesondere Auswirkungen auf strafrechtliche Sanktionsmöglichkeiten, nämlich auf die Anwendbarkeit der Strafvorschriften für die „für den öffentlichen Dienst besonders Verpflichteten", etwa bezüglich der Verletzung der Vertraulichkeit des Wortes nach § 201 Abs. 3 StGB und die Verletzung von Privatgeheimnissen nach § 203 Abs. 2 Nr. 2 StGB (vgl. § 11 Abs. 1 Nr. 4 StGB).[70]

---

[65] Vgl. BT-Drs. 14/7034, 39.
[66] BT-Drs. 18/5009, 71 (89).
[67] BT-Drs. 18/5009, 71 (89).
[68] Gesetz über die förmliche Verpflichtung nichtbeamteter Personen (Verpflichtungsgesetz) vom 2.2.1974 (BGBl. 1974 I 469, 547), geändert durch § 1 Nr. 4 Gesetz vom 15.8.1974 (BGBl. 1974 I 1942).
[69] BT-Drs. 14/7034, 39.
[70] Dazu Schönke/Schröder/*Hecker* StGB § 11 Rn. 34.

# Abschnitt 3. Angebote zum Erwerb von Wertpapieren

**§ 10 Veröffentlichung der Entscheidung zur Abgabe eines Angebots**

(1) [1]Der Bieter hat seine Entscheidung zur Abgabe eines Angebots unverzüglich gemäß Absatz 3 Satz 1 zu veröffentlichen. [2]Die Verpflichtung nach Satz 1 besteht auch, wenn für die Entscheidung nach Satz 1 der Beschluss der Gesellschafterversammlung des Bieters erforderlich ist und ein solcher Beschluss noch nicht erfolgt ist. [3]Die Bundesanstalt kann dem Bieter auf Antrag abweichend von Satz 2 gestatten, eine Veröffentlichung erst nach dem Beschluss der Gesellschafterversammlung vorzunehmen, wenn der Bieter durch geeignete Vorkehrungen sicherstellt, dass dadurch Marktverzerrungen nicht zu befürchten sind.

(2) [1]Der Bieter hat die Entscheidung nach Absatz 1 Satz 1 vor der Veröffentlichung
1. den Geschäftsführungen der Börsen, an denen Wertpapiere des Bieters, der Zielgesellschaft und anderer durch das Angebot unmittelbar betroffener Gesellschaften zum Handel zugelassen sind,
2. den Geschäftsführungen der Börsen, an denen Derivate im Sinne des § 2 Absatz 3 des Wertpapierhandelsgesetzes gehandelt werden, sofern die Wertpapiere Gegenstand der Derivate sind, und
3. der Bundesanstalt
mitzuteilen. [2]Die Geschäftsführungen dürfen die ihnen nach Satz 1 mitgeteilten Entscheidungen vor der Veröffentlichung nur zum Zwecke der Entscheidung verwenden, ob die Feststellung des Börsenpreises auszusetzen oder einzustellen ist. [3]Die Bundesanstalt kann gestatten, dass Bieter mit Wohnort oder Sitz im Ausland die Mitteilung nach Satz 1 gleichzeitig mit der Veröffentlichung vornehmen, wenn dadurch die Entscheidungen der Geschäftsführungen über die Aussetzung oder Einstellung der Feststellung des Börsenpreises nicht beeinträchtigt werden.

(3) [1]Die Veröffentlichung der Entscheidung nach Absatz 1 Satz 1 ist
1. durch Bekanntgabe im Internet und
2. über ein elektronisch betriebenes Informationsverbreitungssystem, das bei Kreditinstituten, Finanzdienstleistungsinstituten, nach § 53 Abs. 1 des Gesetzes über das Kreditwesen tätigen Unternehmen, anderen Unternehmen, die ihren Sitz im Inland haben und an einer inländischen Börse zur Teilnahme am Handel zugelassen sind, und Versicherungsunternehmen weit verbreitet ist,
in deutscher Sprache vorzunehmen. [2]Dabei hat der Bieter auch die Adresse anzugeben, unter der die Veröffentlichung der Angebotsunterlage im Internet nach § 14 Abs. 3 Satz 1 Nr. 1 erfolgen wird. [3]Eine Veröffentlichung in anderer Weise darf nicht vor der Veröffentlichung nach Satz 1 vorgenommen werden.

(4) [1]Der Bieter hat die Veröffentlichung nach Absatz 3 Satz 1 unverzüglich den Geschäftsführungen der in Absatz 2 Satz 1 Nr. 1 und 2 erfassten Börsen und der Bundesanstalt zu übersenden. [2]Dies gilt nicht, soweit die Bundesanstalt nach Absatz 2 Satz 3 gestattet hat, die Mitteilung nach Absatz 2 Satz 1 gleichzeitig mit der Veröffentlichung vorzunehmen.

(5) [1]Der Bieter hat dem Vorstand der Zielgesellschaft unverzüglich nach der Veröffentlichung nach Absatz 3 Satz 1 die Entscheidung zur Abgabe eines Angebots schriftlich mitzuteilen. [2]Der Vorstand der Zielgesellschaft unterrichtet den zuständigen Betriebsrat oder, sofern ein solcher nicht besteht, unmittelbar die Arbeitnehmer, unverzüglich über die Mitteilung nach Satz 1. [3]Der Bieter hat die Entscheidung zur Abgabe eines Angebots ebenso seinem zuständigen Betriebsrat

oder, sofern ein solcher nicht besteht, unmittelbar den Arbeitnehmern unverzüglich nach der Veröffentlichung nach Absatz 3 Satz 1 mitzuteilen.

(6) Artikel 17 der Verordnung (EU) Nr. 596/2014 des Europäischen Parlaments und des Rates vom 16. April 2014 über Marktmissbrauch (Marktmissbrauchsverordnung) und zur Aufhebung der Richtlinie 2003/6/EG des Europäischen Parlaments und des Rates und der Richtlinien 2003/124/EG, 2003/125/EG und 2004/72/EG der Kommission (ABl. L 173 vom 12.6.2014, S. 1) in der jeweils geltenden Fassung gilt nicht für Entscheidungen zur Abgabe eines Angebots.

**Schrifttum:** *Assmann,* Unternehmenszusammenschlüsse und Kapitalmarktrecht, ZHR 172 (2008), 635; *Bachmann,* Kapitalmarktrechtliche Probleme bei der Zusammenführung von Unternehmen, ZHR 172 (2008), 597; *Banerjea,* Der Schutz von Übernahme- und Fusionsplänen, DB 2003, 1489; *Bingel,* Die „Insiderinformation" in zeitlich gestreckten Sachverhalten und die Folgen der jüngsten EuGH-Rechtsprechung für M&A-Transaktionen, AG 2012, 685; *Brandi/Süßmann,* Neue Insiderregeln und Ad-hoc-Publizität – Folgen für Ablauf und Gestaltung von M&A-Transaktionen, AG 2004, 642; *Boucsein/Schmiady,* Aktuelle Entwicklungen bei der Durchführung von Übernahmeangeboten nach dem Wertpapiererwerbs- und Übernahmegesetz (WpÜG), AG 2016, 597; *Brellochs/Wieneke,* Block Trades und Paketverkäufe – Insiderrechtliche Fragen beim Verkauf von Paketen börsennotierter Aktien, FS 25 Jahre WpHG, 2019, 567; *Burgard,* Ad-hoc-Publizität bei gestreckten Sachverhalten und mehrstufigen Entscheidungsprozessen, ZHR 162 (1998), 51; *Casper,* Information und Vertraulichkeit im Vorfeld von Unternehmensübernahmen. Rechtspolitische Überlegungen, in Kämmerer/Veil, Übernahme- und Kapitalmarktrecht in der Reformdiskussion, 2013, 203; *Decker,* Ad-hoc-Publizität bei öffentlichen Übernahmen, 2008; *Dreyling/Schäfer,* Insiderrecht und Ad-hoc-Publizität, 2001; *Grobys,* Arbeitsrechtliche Aspekte des Wertpapiererwerbs- und Übernahmegesetzes, NZA 2002, 1; *Happ/Semler,* Ad-hoc-Publizität im Spannungsfeld von Gesellschaftsrecht und Anlegerschutz, ZGR 1998, 116; *Hopt,* Übernahmen, Geheimhaltung und Interessenkonflikte: Probleme für Vorstände, Aufsichtsräte und Banken, ZGR 2002, 333; *Hopt,* Grundsatz- und Praxisprobleme nach dem Wertpapiererwerbs- und Übernahmegesetz, ZHR 166 (2002), 383; *Hopt/Kumpan,* Insidergeschäfte und Ad-hoc-Publizität bei M&A, ZGR 2017, 765; *Krause,* Ad-hoc-Publizität und haftungsrechtlicher Anlegerschutz, ZGR 2002, 799; *Krause,* Kapitalmarktrechtliche Compliance: neue Pflichten und drastisch verschärfte Sanktionen nach der EU-Marktmissbrauchsverordnung, CCZ 2014, 248; *Klepsch/Schmiady/v. Buchwaldt,* Administration von Übernahmeverfahren in Kämmerer/Veil, Übernahme- und Kapitalmarktrecht in der Reformdiskussion, 2013, 3; *v. Klitzing,* Die Ad-hoc-Publizität, 1999; *Lehberz,* Publizitätspflichten bei der Übernahme börsennotierter Unternehmen, WM 2010, 154; *Leyendecker-Langner/Huthmacher,* Die Aufstockungsabsicht nach § 27a Abs. 1 Satz 3 Nr. 2 WpHG im Kontext von öffentlichen Übernahmen, AG 2015, 560; *Mühle,* Das Wertpapiererwerbs- und Übernahmegesetz, 2002; *Oechsler,* Der ReE zum Wertpapiererwerbs- und Übernahmegesetz – Regelungsbedarf auf der Zielgeraden, NZG 2001, 817; *Seibt,* Übernahmerecht: Update H2/2011 – H1/2013, CFL 2013, 145; *Stöcker,* Widerruf oder Rücktritt von Angebotsankündigungen, NZG 2003, 993; *Sustmann,* Information und Vertraulichkeit im Vorfeld von Unternehmensübernahmen unter besonderer Berücksichtigung der EuGH-Entscheidung in Sachen Geltl./. Daimler AG, in Kämmerer/Veil, Übernahme- und Kapitalmarktrecht in der Reformdiskussion, 2013, 229; *Waldhausen,* Die Ad-hoc-publizitätspflichtige Tatsache, 2001; *Widder/Bedkowski,* Ad-hoc-Publizität im Vorfeld öffentlicher Übernahmen – Kritische Überlegungen zu § 15 WpHG im übernahmerechtlichen Kontext, BKR 2007, 405; *Wittich,* Übernahmen und die Regelungen des Wertpapierhandelsgesetzes, in v. Rosen/Seifert, Die Übernahme börsennotierter Unternehmen, 1999, 377; *Wackerbarth,* Das neue Delisting-Angebot, nach § 39 BörsG oder: Hat der Gesetzgeber hier wirklich gut nachgedacht?, WM 2016, 385; *Wollburg,* 10 Jahre WpÜG – Reformbedarf und Perspektiven, in Mülbert/Kiem/Wittig, 10 Jahre WpÜG (ZHR-Beiheft Nr. 76), 2011, 306; *Zinser,* Der britische City Code on Takeovers and Mergers in der Fassung vom 9.3.2001, RIW 2001, 481.

## Übersicht

## I. Allgemeines

**1. Überblick.** Durch die Veröffentlichung der Entscheidung zur Abgabe eines Wertpa-   1
piererwerbsangebots wird nach der Vorstellung des Gesetzgebers das Angebotsverfahren
eingeleitet. Spätestens vier Wochen (§ 14 Abs. 1) nach der Veröffentlichung gem. § 10 hat
der Bieter eine Angebotsunterlage nach § 11 zu veröffentlichen. **Zweck der Vorschrift**
ist es nach der Begründung, die Öffentlichkeit frühzeitig über marktrelevante Daten zu
informieren, um die Ausnutzung von Spezialwissen und damit „Marktverzerrungen" iSd
§ 3 Abs. 5 zu verhindern.[1] Die Vorschrift ergänzt dementsprechend die allgemeinen Insiderregeln der MAR sowie die Mitteilungspflichten der §§ 33 ff. WpHG durch eine übernahmerechtliche Spezialregelung. Diese schließt gemäß Abs. 6 einen danebenstehenden Rückgriff

---

[1] BT-Drs. 14/7034, 39.

auf die Ad-hoc-Publizität gem. Art. 17 MAR jedenfalls teilweise aus, soweit es um die Pflichten des Bieters geht. Dazu auch → § 3 Rn. 37; → Rn. 83 ff.

2     § 10 will daneben die **Überwachungsaufgabe** der BaFin sowie der inländischen Börsengeschäftsführungen erleichtern, indem er eine Vorabinformation dieser Stellen über das bevorstehende Angebot vorschreibt. Die Überwachungsaufgabe der inländischen Börsen wird in Abs. 2 S. 2 allerdings auf die Frage beschränkt, ob sie die Feststellung des Börsenpreises der Zielgesellschaft aussetzen oder einstellen wollen. Aus dem Normzweck ergeben sich Mindestanforderungen an den Inhalt der Vorabmitteilung (vgl. → Rn. 58 f.).

3     Im Vorfeld eines Wertpapiererwerbs- oder Übernahmeangebots lassen sich mindestens **drei Problemfelder** ausmachen, deren Bekämpfung unter anderem § 10 dient. (1) Zunächst kann es im Zeitraum zwischen Bieterentscheidung und Veröffentlichung der Angebotsunterlage zu **Insiderhandel** kommen. Zum Beispiel kaufen Organmitglieder oder Angestellte des Bieters, die von den bevorstehenden Übernahmeplänen erfahren haben, Aktien der Zielgesellschaft, um die zu erwartenden Kurssteigerungen bei der Zielgesellschaft nach Bekanntwerden der Übernahmepläne für sich auszunutzen. Neben der Veröffentlichungspflicht aus § 10 bleibt hier das Insiderhandelsrecht der Art. 7 ff. MAR anwendbar (→ Rn. 87 ff.; → § 3 Rn. 36 ff.).[2] (2) Ein möglicher Bieter könnte angesichts der erwähnten zu erwartenden Kurssteigerungen versuchen, vor dem Bekanntwerden seiner Pläne möglichst viele Aktien der Zielgesellschaft zu günstigen Kursen zu kaufen. Ein solches **„Anschleichen"** an die Zielgesellschaft liegt nicht im Interesse ihrer Aktionäre und bedeutet zugleich eine Einschränkung der von § 3 Abs. 1 geforderten Gleichbehandlung. Auch das WpÜG versucht, dem entgegenzuwirken.[3] Allerdings sieht der Gesetzgeber die dagegen gerichtete Maßnahme vor allem in § 31 Abs. 3 Nr. 1, durch den Tauschangebote untersagt werden, wenn der Bieter innerhalb eines Zeitraums von drei Monaten vor der Veröffentlichung nach § 10 mehr als 5% des Kapitals oder Aktien gegen Geldzahlung erworben hat. Diese Vorschrift ist allerdings wenig wirksam (vgl. → § 31 Rn. 74), so dass nach weiteren Instrumenten zu suchen ist. Ein solches Instrument ist neben den Veröffentlichungspflichten gem. §§ 33 ff. WpHG[4] auch die Veröffentlichung gem. § 10. (3) Bei **freundlichen Angeboten,** bei denen Bieter und Geschäftsleitung der Zielgesellschaft vor dem Angebot verhandeln und der Bieter eventuell eine due diligence durchführt, ist fraglich, ab welchem Zeitpunkt diese Verhandlungen veröffentlicht werden müssen. Dabei stellen sich die Probleme des Insiderhandels verstärkt, weil naturgemäß mehr Personen im Vorfeld der Übernahme beteiligt werden. Neben dem Schutz durch Veröffentlichung bereits gefasster Pläne des Bieters sind die Wertpapierinhaber hier auch durch kapitalmarktrechtliche Pflichten ihrer Gesellschaft zu schützen (vgl. → Rn. 96 ff.).

4     **2. Rechtsvergleich/Vorbilder.** § 10 findet in der britischen Regelung über Ad-hoc-Publizitätspflichten im **City Code** on Mergers and Takeovers ein Vorbild,[5] das freilich neben der Pflicht zur Veröffentlichung der Entscheidung und der Identität des Bieters noch weitere Pflichten enthält, etwa zur Mitteilung der Angebotsmodalitäten, der Beteiligung des Bieters an der Zielgesellschaft, und bereits bestehender entscheidungsbeeinflussender Vereinbarungen.[6] Ferner kennt der City Code eine ausdrückliche Pflicht in Rule 2.2 City Code, bei auftretenden Gerüchten oder Kursbewegungen öffentlich Stellung zu beziehen, dabei kann sowohl die Absicht, ein Angebot abzugeben, als auch deren Fehlen als auch die Möglichkeit eines Angebots (talks are taking place) bekanntgegeben werden.[7] Unter Geltung des **Übernahmekodex** bestand eine § 10 vergleichbare Regelung nicht, vielmehr waren nur die BaFin und die Übernahmekommission vorab über den Inhalt des Angebots zu

---

[2] Assmann/Pötzsch/Schneider/*Assmann* Rn. 4.
[3] BT-Drs. 14/7034, 30.
[4] Dazu auch *Hopt* ZGR 2002, 333 (350 f.).
[5] Vgl. dazu *Zinser* RIW 2001, 481 (482 f.); *Waldhausen,* Die Ad-hoc-publizitätspflichtige Tatsache, 2001, 155 ff.; Ehricke/Ekkenga/Oechsler/*Oechsler* Rn. 3.
[6] *Waldhausen,* Die Ad-hoc-publizitätspflichtige Tatsache, 2001, 159.
[7] Ausf. FK-WpÜG/*Walz* Rn. 9 ff.; vgl. auch Assmann/Pötzsch/Schneider/*Assmann* Rn. 7 f.

unterrichten; eine Ankündigung des Angebots war indessen üblich.[8] Im **amerikanischen** Recht bestehen keine Vorabmitteilungspflichten mit dem speziellen Ziel der Verhinderung von Marktverzerrungen. Allerdings unterliegt gemäß section 13 (d) Securities Exchange Act einer Publizitätspflicht, wer durch Wertpapiererwerb eine Schwelle von 5% überschreitet. Der amerikanischen Vorschrift geht es darum, Informationen über die Ansammlung (Konzentration) von Aktien zu vermitteln unabhängig davon, ob überhaupt ein Übernahmeangebot angestrebt wird.[9] Diese Informationspflichten gewinnen allerdings für einen potentiellen Bieter eines Übernahmeangebots besondere Bedeutung, da er sehr kurzfristig und unter Androhung wirksamer Sanktionen sowohl über Herkunft der für den Erwerb verwendeten Mittel als auch über den Zweck des Erwerbs Auskunft zu geben hat.

**3. Geltungsbereich.** Das in §§ 10, 11 vorgesehene zweistufige Verfahren (Veröffentli-  **5** chung der Entscheidung zur Abgabe des Angebots und später des Angebots selbst) gilt mangels gesetzlicher Unterscheidung sowohl für freundliche als auch für feindliche Übernahmeangebote sowie – in angepasster Weise – für Pflichtangebote (Rechtsfolgenverweisung in § 35 Abs. 1 S. 1 und 4). Es wird auch nicht danach unterschieden, ob es sich um ein Voll- oder ein Teilangebot handelt. Das Gesetz hat Vorschläge des DAV, es in den letztgenannten Fällen bei den aus § 15 WpHG aF folgenden Pflichten zu belassen bzw. Befreiungsmöglichkeiten vorzusehen,[10] nicht aufgegriffen.

**4. Verhältnis zum Vertragsrecht.** Steht der Wille des Bieters, ein Angebot abzugeben,  **6** fest, so folgt nach dem Wortlaut des Gesetzes daraus die Pflicht zur unverzüglichen Veröffentlichung (§ 10 Abs. 1) und nach Ablauf der Frist des § 14 die Pflicht zur Abgabe eines öffentlichen Angebots. Das WpÜG scheint damit aus dem **bloßen Willen** des Bieters eine **Pflicht zur Abgabe eines Vertragsangebots** folgern zu wollen.[11] Dieses Ergebnis wäre indessen mit den allgemeinen Regeln der Willenserklärung und der Vertragsfreiheit nicht vereinbar[12] und kann vom Gesetzgeber kaum gewollt sein. Allerdings hilft die Feststellung, § 10 sei keine Vorschrift mit individualschützendem Charakter,[13] nicht über den Wortlaut hinweg, nach dem scheinbar der bloße Abschluss der Willensbildung eine Kausalkette bis hin zum Angebot selbst auslöst, wenn man darin die „Entscheidung" iSd § 10 Abs. 1 sieht.[14] Eine solche Pflicht, den Abschluss der Willensbildung auch „in die Tat umzusetzen", dürfte der Gesetzgeber aber nicht mit der Folge des Individualschutzes anordnen, weil dies ein sachlich nicht gerechtfertigter Eingriff in die Vertragsabschlussfreiheit des Bieters wäre. Allerdings folgt öffentlich-rechtlich aus Gründen des Schutzes des Kapitalmarktes die Forderung an den Bieter, sich konsequent zu verhalten und Irreführungen des Marktes zu unterlassen. In diesem Sinne kann von einer **Bindung an die Veröffentlichung** nach § 10 gesprochen werden (→ Rn. 69, → Rn. 101).[15]

§ 10 und § 14 sind kapitalmarktrechtliche Vorschriften, nicht Regeln des Vertragsrechts.  **7** Daher regelt § 10 Abs. 1 nicht die Frage, wann, ob oder inwieweit der Bieter an seine eigenen Entscheidungen oder die von Mitgliedern seiner Organe getroffenen Entscheidungen gegenüber den Adressaten des späteren Angebots gebunden ist. Diese Fragen sind nach allgemeinem Vertragsrecht zu entscheiden.[16] Der Vorschrift geht es lediglich um eine **Regulierung der Veröffentlichung einer Entscheidung** zur Abgabe einer Willenserklärung, deren Außenwirksamkeit anders als bei empfangsbedürftigen Willenserklärungen

---

[8] Angerer/Geibel/Süßmann/*Geibel/Louven* Rn. 5.

[9] *Gilson/Black* Law 898.

[10] Stellungnahme des DAV, vom April 2001, NZG 2001, 421 (422 f.).

[11] Vgl. auch Angerer/Geibel/Süßmann/*Geibel/Louven* Rn. 11 f.

[12] Das Wirksamwerden einer Willenserklärung setzt mindestens ihre Abgabe, dh das zielgerichtete Inverkehrbringen voraus.

[13] FK-WpÜG/*Riehmer* Rn. 3.

[14] Vgl. auch *Mühle,* Das Wertpapiererwerbs- und Übernahmegesetz, 2002, 209, 211.

[15] Ausf. dazu, auch zu den Konsequenzen dieser Bindung, *Klepsch/Schmiady/v. Buchwaldt* in Kämmerer/Veil, Übernahme- und Kapitalmarktrecht in der Reformdiskussion, 2013, 5 ff., 9 f.

[16] Näher insoweit Kölner Komm WpÜG/*Hirte* Rn. 19 f.; vgl. auch *Oechsler* ZIP 2003, 1330 (1333).

bereits, aber auch erst mit ihrer Veröffentlichung eintritt (vgl. → § 16 Rn. 5 f.). Ziel ist allein der Schutz des Kapitalmarkts und der Anleger der Zielgesellschaft vor einem unregulierten und damit marktverzerrenden Bekanntwerden potentiell kursrelevanter Daten.

8      Erreicht wird dies nach der Systematik des WpÜG einerseits durch eine Regulierung der Art und Weise der Veröffentlichung des Angebots. Hier ist § 10 mit § 14 zusammenzulesen. Beide zusammen **regulieren die Information des Kapitalmarktes** von der Entscheidung bis hin zur Veröffentlichung der Angebotsunterlage im Sinne der Gleichbehandlung der Anleger. Insbesondere ergibt sich aus § 10 Abs. 3 S. 3 einerseits und § 14 Abs. 2 S. 2 andererseits ein übernahmerechtliches Verbot jeder Ad-hoc-Publizität, durch die der Bieter etwa einzelne Punkte des Angebots verfahrensbegleitend veröffentlicht (vgl. auch → Rn. 68). Da es auf Grund der Komplexität der Transaktion nicht möglich ist, bis zur Veröffentlichung der Unterlage eine Information des Kapitalmarktes gänzlich zu vermeiden, ermöglicht § 10 eine Vorabinformation der Öffentlichkeit und der Aufsichtsbehörden. Er schreibt zweitens diese Vorabinformation sogar vor, um Insidergeschäfte in Grenzen zu halten und eine Kontrolle der BaFin zu gewährleisten. § 10 stellt zusammen mit den Insidervorschriften der Art. 7 ff. MAR sicher, dass die Inhaber von Wertpapieren der Zielgesellschaft sowie die Börsen und die BaFin vor Angebotsabgabe über die Pläne des Bieters informiert werden und dass die Absichten des Bieters bis zu ihrer Veröffentlichung nach § 10 geheim bleiben.

9      Liest man Abs. 1 S. 1 mit Abs. 1 S. 2 zusammen, so wird – mit dem eben Gesagten zusammenhängend – deutlich, dass Abs. 1 mit dem Begriff der „Entscheidung" **nicht den Abschluss der verbandsinternen Willensbildung** über die Abgabe eines Angebots meinen kann.[17] Denn der Gesetzgeber ordnet in den Fällen des Abs. 1 S. 2 die Veröffentlichungspflicht an, obgleich ein (mehrstufiger) gesellschaftsinterner Entscheidungsprozess noch nicht abgeschlossen ist.

10     **5. Verhältnis zum WpHG und zur MAR.** Nach der **Rechtslage vor Inkrafttreten des WpÜG** war ein Bieter nur unter sehr eingeschränkten Umständen verpflichtet, seine Entscheidung zur Abgabe eines Erwerbs- oder Übernahmeangebots zu veröffentlichen. Soweit der Bieter selbst keine börsennotierte Gesellschaft war, unterlag er schon deshalb nicht den Pflichten aus § 15 WpHG aF, weil er kein Emittent im Sinne dieser Norm war. Aber selbst dann, wenn der Bieter eine börsennotierte Gesellschaft war, folgte regelmäßig keine Veröffentlichungspflicht aus § 15 WpHG aF. Denn die Vorschrift setzte voraus, dass der Übernahmeplan des Bieters sich auf den Kurs der von ihm selbst emittierten Wertpapiere auswirken konnte. Der Kurs der Wertpapiere der Zielgesellschaft war für die Beurteilung irrelevant. Ein Kursbeeinflussungspotential eines Angebots auf die Wertpapiere des Bieters aber war, wie empirische Untersuchungen zeigen, eher die Ausnahme.

11     Demgegenüber haben Übernahmepläne regelmäßig erhebliche Auswirkungen auf den **Kurs der Wertpapiere der Zielgesellschaft.** Diese unterlag auch bei Kenntnis von den Plänen des Bieters bislang keiner Ad-hoc-Publizitätspflicht nach § 15 WpHG aF, weil es sich insoweit nicht um eine Tatsache handelte, die **in ihrem Tätigkeitsbereich** eingetreten war (vgl. auch → Rn. 94).[18] Der Bieter seinerseits unterlag, soweit es die Wertpapiere der Zielgesellschaft betraf, nur den (auch jetzt weitergeltenden; → § 3 Rn. 33) Mitteilungspflichten der §§ 33 ff. WpHG.

12     § 10 berücksichtigt diese Problemlage und schafft eine gegenüber der früheren erheblich **verbesserte Rechtslage,** was die Veröffentlichung von Übernahmeplänen angeht. So muss mangels entsprechender Tatbestandsmerkmale weder geprüft werden, ob die Entscheidung zur Abgabe eines Angebots eine Tatsache im Tätigkeitsbereich des Emittenten ist, noch ob sie Auswirkungen auf seine Vermögens-, Finanz- oder Geschäftslage hat, noch ob sie geeig-

---

[17] AA wohl die hM, Assmann/Pötzsch/Schneider/*Assmann* Rn. 12 f.; Baums/Thoma/*Thoma* Rn. 17 ff.; Angerer/Geibel/Süßmann/*Geibel/Louven* Rn. 8.
[18] Vgl. *Assmann* ZGR 2002, 697 (708 f., 714) mwN in Fn. 47; *Wittich* in v. Rosen/Seifert, Die Übernahme börsennotierter Unternehmen, 1999, 377, 385 f.; für feindliche Übernahmen ausf. *v. Klitzing,* Die Ad-hoc-Publizität, 1999, 105 f.

net ist, seinen Kurs erheblich zu beeinflussen. Die entsprechende Entscheidung des Bieters ist per se eine veröffentlichungspflichtige Tatsache, weil von ihr erfahrungsgemäß erhebliche Auswirkungen auf den Kurs nicht seiner sondern der Wertpapiere der Zielgesellschaft ausgehen.

Die Veröffentlichungspflicht nach § 10 gilt unabhängig von der Rechtsform des Bieters, **13** dh auch für Stiftungen, Personengesellschaften und natürliche Personen. § 10 schafft damit eine **kapitalmarktrechtliche Jedermannpflicht** wegen der erwarteten Auswirkungen der Entscheidung auf die Kurse der Wertpapiere der Zielgesellschaft. Dass der Perspektive der Wertpapierinhaber der Zielgesellschaft die zentrale Bedeutung zukommt, zeigt auch der Geltungsbereich des § 10, der auch freiwillige Teilangebote umfasst. Gerade bei Teilangeboten läge mangels Kursrelevanz für die Wertpapiere des Bieters regelmäßig keine gem. Art. 17 MAR ad-hoc-publizitätspflichtige Tatsache vor. Den Kurs der Wertpapiere der Zielgesellschaft wird ein Teilangebot aber regelmäßig ebenso beeinflussen wie ein Übernahmeangebot, allenfalls sind die Kursausschläge geringer als bei einem Übernahmeangebot.

Die Veröffentlichungspflicht nach § 10 steht nach dem Gesagten den (auch für jeder- **14** mann geltenden) **Mitteilungspflichten der §§ 33 ff. WpHG** näher als der Regelung des Art. 17 MAR, eine Erkenntnis, die freilich im Widerspruch zur hM steht.[19] Mit Art. 17 MAR bestehen Berührungspunkte nur insoweit, als die Entscheidung in Ausnahmefällen auch Auswirkungen auf den Kurs der Wertpapiere des Bieters haben kann. Insoweit ordnet Abs. 6 den Vorrang des § 10 gegenüber Art. 17 MAR an (näher → Rn. 83 ff.). Die im Rahmen des Art. 17 MAR diskutierten Probleme (zB bei **mehrstufigen Entscheidungsprozessen** börsennotierter Gesellschaften) spielen im Rahmen des § 10 nach hier vertretener Auffassung nur eine untergeordnete, möglicherweise sogar überhaupt keine Rolle (näher → Rn. 32 ff.).

Problematisch scheint auf den ersten Blick das Verhältnis des § 10 zu § 43 WpHG zu **15** sein. In der Lit. wird angenommen, dass § 43 im Vorfeld von ins Auge gefassten Übernahmen keine Anwendung finden kann.[20] Das Gegenteil ist richtig. § 43 zwingt auch einen präsumtiven Bieter dazu, nach dem Überschreiten einer dort genannten Schwelle sich zu seinen Erwerbsplänen zu äußern. Das folgt schon aus dem Zweck des § 43, der allgemein die Transparenz fördern will und damit gerade (auch) das Erkennen bloß in Betracht gezogener Übernahmepläne ermöglichen will.

## II. Veröffentlichung der Entscheidung (Abs. 1)

**1. Überblick.** Abs. 1 regelt die **Veröffentlichungspflicht** des Bieters, sofern er die **16** Entscheidung getroffen hat, für Wertpapiere der Zielgesellschaft ein Angebot abzugeben. Zu den Begriffen **Angebot** und **Bieter** s. Erläuterungen zu § 2 Abs. 1 und 4 (→ § 2 Rn. 2 ff., → § 2 Rn. 33 ff.). **Nach der Entscheidung** des Bieters (→ Rn. 20 ff.) hat eine Veröffentlichung **unverzüglich** zu erfolgen (→ Rn. 28 ff.). Die Entscheidungsfindung in Gesellschaften erfolgt möglicherweise in einem **mehrstufigen Prozess** (→ Rn. 32 ff.) oder unter Beteiligung der Gesellschafterversammlung, worauf das Gesetz in Abs. 1 S. 2 und S. 3 Rücksicht nimmt (→ Rn. 44 ff.). Der Bieter kann aber auch **vor seiner Entscheidung** sich zu einer möglichen **Stellungnahme analog § 10** auf Grund des insiderrechtlichen Weitergabeverbots des Art. 14 lit. c MAR veranlasst sehen (→ Rn. 87 ff.).

**2. Interessenlage.** Die Hauptbedeutung der Regelung des Abs. 1 liegt in der Veröffentli- **17** chungspflicht bei **feindlichen Angeboten.** Denn bei Pflichtangeboten besteht die Sonderregelung des § 35, und bei freundlichen Angeboten überlagert die (nicht durch Abs. 6 ausgeschlossene) Ad-hoc-Publizität der Zielgesellschaft gem. Art. 17 MAR die Veröffentlichungspflicht des Bieters nach § 10 (→ Rn. 96 ff.). Im Übrigen besteht bei freundlichen Verhandlungen kein Bedürfnis der Geschäftsleitung der Zielgesellschaft, über Absichten

---

[19] *Hopt* ZHR 166 (2002), 383 (402); BT-Drs. 14/7034, 39; Angerer/Geibel/Süßmann/*Geibel/Louven* Rn. 4; Kölner Komm WpÜG/*Hirte* Rn. 2; Baums/Thoma/*Thoma* Rn. 6; FK-WpÜG/*Walz* Rn. 24.
[20] S. etwa *Leyendecker-Langner/Huthmacher* AG 2015, 560 (563).

eines potentiellen Bieters gem. § 10 Abs. 5 aufgeklärt zu werden, da zumindest der Vorstand der Zielgesellschaft ja bereits durch die Verhandlungen informiert ist.

18   Betrachtet man also die Interessenlage bei einem feindlichen Angebot, so muss man grundsätzlich ein **erhebliches Geheimhaltungsinteresse** des Bieters anerkennen und dieses den Informationsinteressen der potentiellen Angebotsadressaten gegenüberstellen.[21] Dem Bieter muss es insbesondere grundsätzlich gestattet sein, das Angebot insoweit vorzubereiten, als er die nach seinem Kenntnisstand unterbewerteten Wertpapiere der Zielgesellschaft kaufen will, ohne seine Übernahmepläne zu veröffentlichen.[22] Die vorzeitige Veröffentlichung der Übernahmepläne gäbe möglichen Konkurrenzbietern (mehr) Zeit, ein Alternativangebot vorzubereiten. Das Recht muss dem Bieter zumindest die Chance lassen, den selbsterarbeiteten Informationsvorsprung zu nutzen.[23] Zwänge man den Bieter, der Informationen gesammelt hat und sich nach ihrer Auswertung für die Angebotsabgabe entscheidet, sofort zur Veröffentlichung, verminderte man Anreize zur Informationsgewinnung über unterbewertete Börsengesellschaften. Das wäre kontraproduktiv.[24] Deshalb ist dem Bieter grundsätzlich zuzubilligen, erst seinen endgültigen Entschluss und diesen erst dann zu veröffentlichen, wenn dieser in die Tat umgesetzt wird. Vorher werden die Inhaber von Wertpapieren der Zielgesellschaft allein durch das Insiderrecht der MAR geschützt.

19   Auf der anderen Seite erhöht ein endgültig gefasster Entschluss signifikant die Wahrscheinlichkeit von Insidergeschäften. Wird der subjektive Entschluss nach außen getragen, etwa durch einen Beschluss, von dem mehrere Personen Kenntnis erlangen oder durch die absichtliche Beteiligung weiterer Personen (Beratern, Rechtsanwälten) oder durch das Aufkaufen von Anteilen an der Zielgesellschaft, so wird die Absicht zur Angebotsabgabe objektiv feststellbar. Zugleich wird dadurch die Verbreitung der Information über die Entscheidung unkontrollierbar. Dann überwiegt das Interesse der Wertpapierinhaber der Zielgesellschaft daran, vor der Gefahr von Insidergeschäften durch eine Veröffentlichung geschützt zu werden.

20   **3. Entscheidung. a) Allgemeines.** Voraussetzung der Pflicht zur unverzüglichen Veröffentlichung des Übernahmeplans ist die Entscheidung des Bieters zur Abgabe eines Angebots. Gemeint ist die **endgültige Entscheidung über das „Ob" eines Angebots,** nicht über die einzelnen Konditionen, zumal der Bieter für die Erstellung der Angebotsunterlage nach § 14 Abs. 1 noch bis zu vier Wochen Zeit hat.[25] Das Abstellen auf das „Ob" ist freilich insofern problematisch, als diese Entscheidung regelmäßig erst getroffen wird, wenn auch die wesentlichen Bedingungen des geplanten Angebots feststehen. Dadurch eröffnen sich unvermeidliche Spielräume für die an der Entscheidung beteiligten Organe und Personen. Sie können die Entscheidung über das „Ob" hinauszögern, indem sie einzelne wesentliche Konditionen, insbesondere die Gegenleistung des Bieters oder den Umfang des Teilangebots und damit die Entscheidung über das Angebot an sich noch offen halten. Freilich wird im Verlaufe jeder Planung irgendwann für alle Beteiligten klar, dass die Entscheidung getroffen ist und letztlich nur Details noch nicht abschließend geklärt sind. Bei **Bietergemeinschaften** macht in aller Regel jeder Einzelne seine Entscheidung davon abhängig, dass auch alle übrigen Mitglieder ihre Entscheidungen getroffen haben.[26] Die Veröffentlichung der Angebotsentscheidung kann dann stellvertretend durch einen Bieter vorgenommen werden.[27]

---

[21] S. auch *Mühle,* Das Wertpapiererwerbs- und Übernahmegesetz, 2002, 202 ff.

[22] Das gilt nach hier vertretener Auffassung allerdings nur bis zum Überschreiten einer Meldeschwelle, da auch die Wertpapierinhaber der Zielgesellschaft durch § 10 geschützt werden; vgl. → Rn. 92 ff.

[23] *Mühle,* Das Wertpapiererwerbs- und Übernahmegesetz, 2002, 207.

[24] Dazu *Liekefett* RIW 2004, 824 (829).

[25] BT-Drs. 14/7034, 39; Angerer/Geibel/Süßmann/*Geibel/Louven* Rn. 8; Assmann/Pötzsch/Schneider/ *Assmann* Rn. 12: subjektiv unbedingter Handlungswille; *Lebherz* WM 2010, 154 (155); nun auch Baums/ Thoma/*Thoma* Rn. 18; gewisse Unsicherheiten hindern das Vorliegen einer Entscheidung nicht, wenn sie nicht aus dem Herrschaftsbereich des Bieters stammen.

[26] *Drinkuth* in Marsch-Barner/Schäfer Börsennotierte AG-HdB Rn. 60.62; Assmann/Pötzsch/Schneider/ *Assmann* Rn. 29; Steinmeyer/*Santelmann/Steinhardt* Rn. 15, jeweils mwN.

[27] Baums/Thoma/*Baums/Hecker* § 2 Rn. 114; Angerer/Geibel/Süßmann/*Geibel/Louven* Rn. 23.

Andererseits muss § 10 gerade bei feindlichen Angeboten auch Raum für einen geplanten **21** **Überraschungsangriff** auf die Zielgesellschaft lassen. Ein potentieller Bieter kann deshalb sein feindliches Angebot so weit wie nötig vorbereiten. Er kann bereits die Angebotsunterlage fertig stellen und die in diesem Zusammenhang notwendigen Details des Angebots (das „Wie") können insofern feststehen, bevor die Entscheidung zur Abgabe endgültig gefasst ist.

**b) Keine Pflicht zur zügigen Entscheidungsfindung.** Der Bieter muss Herr seiner **22** Entscheidung bleiben und kann daher auch zu einer zügigen Entscheidung nicht verpflichtet sein.[28] Richtigerweise bestimmt er selbst den Zeitpunkt, in dem er die maßgebliche Entscheidung über die Abgabe des Angebots trifft.

Daraus sollte man allerdings nicht ableiten, dass die Frage, ob eine Entscheidung iSd **23** Abs. 1 getroffen ist, aus der allein maßgeblichen Sicht des Bieters zu bestimmen ist.[29] Angesichts der Gefahr von Insidergeschäften ist vielmehr eine Betrachtung aus der Perspektive eines unabhängigen Dritten notwendig und gerechtfertigt. Auch lassen sich keine (Vermutungs-)Regeln dafür aufstellen, wann die Entscheidung des Bieters endgültig getroffen ist, zB regelmäßig erst dann, wenn die **Finanzierung** gesichert ist.[30] Der Bieter kann trotz sichergestellter Finanzierung von seinem Übernahmevorhaben wieder Abstand nehmen und umgekehrt schon vorher die Entscheidung getroffen haben und noch nach Finanzierung suchen.[31] Führt der Bieter vor der Entscheidung zB Finanzierungsgespräche mit seiner Bank, so erhöhen zwar auch solche Gespräche die Gefahr von Insidergeschäften, zumal neben den entscheidenden Organen auch Mitarbeiter des Bieters (etwa aus der Rechtsabteilung) von einer möglichen Entscheidung Kenntnis erlangen. Solange allerdings die Entscheidung noch nicht gefallen ist, muss der Schutz der Wertpapierinhaber der Zielgesellschaft allein vom Insiderrecht gewährleistet werden. Bis zur endgültigen Entscheidung des Bieters sind seine Planungen und Absichten zwar Insidertatsachen, aus übernahmerechtlicher Sicht jedoch noch bloße Spekulation über das Bevorstehen eines Angebots. Der Gesetzgeber hat damit in § 10 eine Schwelle festgelegt, die verhindert, dass der Kurs der Zielgesellschaft durch die Veröffentlichung bloßer Spekulationen beeinflusst wird.

**c) Entschluss des Bieters muss nach außen getreten sein.** Ist der Bieter eine natürli- **24** che Person, so hätte es keinen Zweck, ihn zur unverzüglichen Veröffentlichung zu zwingen, wenn er seine Entscheidung nicht bereits auf irgendeine Weise nach außen mitgeteilt hat. Selbst wenn die Finanzierung gesichert ist, die Angebotskonditionen feststehen, gar eine Angebotsunterlage erstellt ist und der Entschluss zur Abgabe eines Angebots fest gefasst ist, kann der Bieter gegen § 10 nur dann verstoßen, wenn sein Entschluss nach außen gedrungen ist.[32]

Die Entscheidung muss nicht nur aus Beweisgründen oder aus Gründen der Rechtssi- **25** cherheit objektiv feststellbar sein. Vielmehr geht es in § 10 nur um den Schutz vor den konkreten Gefahren einer nach außen gedrungenen Entscheidung (vgl. zu den Problemfeldern → Rn. 3). Anders formuliert: eine endgültig geheim gebliebene Entscheidung zur Abgabe eines Übernahmeangebots verstößt nicht gegen § 10.[33]

Erkennt man an, dass allein durch den Abschluss der Willensbildung des Bieters noch **26** keine Gefahren für die Wertpapierinhaber der Zielgesellschaft oder die Preisbildung am Kapitalmarkt verbunden sind und dass § 10 genau vor diesen Gefahren schützt,[34] dann kann im Rahmen des Abs. 1 der privatautonome Entschluss des Bieters nicht ausreichend sein, um von einer Entscheidung iSd Abs. 1 zu sprechen. Zusätzlich ist zu verlangen, dass die

---

[28] Angerer/Geibel/Süßmann/*Geibel/Louven* Rn. 11; Assmann/Pötzsch/Schneider/*Assmann* Rn. 20.
[29] So aber Angerer/Geibel/Süßmann/*Geibel/Louven* Rn. 12.
[30] So aber Angerer/Geibel/Süßmann/*Geibel/Louven* Rn. 12; Ehricke/Ekkenga/Oechsler/*Oechsler* Rn. 6.
[31] So auch Kölner Komm WpÜG/*Hirte* Rn. 31.
[32] Steinmeyer/*Santelmann/Steinhardt* Rn. 10; Schwark/Zimmer/*Noack/Holzborn* Rn. 6.
[33] AA offenbar *Decker*, Ad-hoc-Publizität bei öffentlichen Übernahmen, 2008, 129 f.
[34] Auch *Decker*, Ad-hoc-Publizität bei öffentlichen Übernahmen, 2008, 130 räumt in Fn. 422 ein, dass § 10 Insidergeschäfte verhindern will, ohne freilich daraus Konsequenzen zu ziehen.

**Gefahr von spekulativen Geschäften** mit Wertpapieren der Zielgesellschaft durch andere Personen als den Bieter und mit ihm ghP **erheblich erhöht wird.** Diese Frage entscheidet sich nicht danach, wann ggf. ein mehrstufiger Entscheidungsprozess innerhalb einer Bietergesellschaft zu einem Abschluss gekommen ist oder wann welcher Beschluss gefasst oder genügend wahrscheinlich ist. Vielmehr ist darauf abzustellen, **welche und wie viele Personen** von einem geplanten öffentlichen Angebot erfahren haben oder daran mitwirken und ob dadurch die Gefahr des Insiderhandels signifikant erhöht wird oder nicht. An die Erfüllung dieses ungeschriebenen Tatbestandsmerkmals dürfen allerdings keine zu hohen Anforderungen gestellt werden. Bereits die Mitteilung an Angestellte des Bieters, die an der Entscheidung selbst nicht beteiligt sind, oder an Berater oder Banken, reichen aus, um ein Nach-Außen-Treten der Entscheidung zu bejahen.

27 Alternativ kann auch das Verhalten des Bieters seine Entscheidung nach außen treten lassen und die Gefahren schaffen, vor denen § 10 schützen will. Er kann etwa im Vorgriff auf seinen möglichen Entschluss beginnen, Anteile der Zielgesellschaft am Kapitalmarkt aufzukaufen oder durch ghP aufkaufen zu lassen. Zwar gilt hier im Ausgangspunkt der Grundsatz, dass niemand durch die Umsetzung eigener Entscheidungen gegen das Insiderhandelsverbot verstoßen kann und diese Geschäfte daher nicht untersagt sind.[35] In diesem Falle hat er jedoch seine Absichten spätestens dann zu veröffentlichen, wenn er eine der in §§ 33 ff. WpHG vorgesehenen **Meldeschwellen** überschreitet. Andernfalls würde die – auf die Überschreitung der Meldeschwelle beschränkte – Bekanntgabe zu einer durch § 3 Abs. 5 untersagten **Irreführung des Kapitalmarktes** und der Zielgesellschaft führen. Das bedeutet: Ein bereits entschlossener Bieter muss seinen Entschluss ggf. bereits bei Überschreiten der Meldeschwelle von 3% gem. § 10 WpÜG bekanntgeben, nicht erst gem. § 43 WpHG nach dem Überschreiten der 10%-Schwelle. Eine spätere Veröffentlichung gem. § 10 stellt dann eine Ordnungswidrigkeit iSd § 60 Abs. 1 Nr. 1 dar. Kauft er trotz Überschreiten der Meldeschwelle weiter Wertpapiere der Zielgesellschaft, kann der Bieter zusätzlich eine **Insiderstraftat** begehen (→ § 3 Rn. 41).

28 **4. Unverzüglich.** Die Vorschrift verlangt eine unverzügliche Veröffentlichung; noch dazu sind die in Abs. 2 genannten Stellen vor der Veröffentlichung zu unterrichten. Die entscheidende Frage danach, wann die Veröffentlichung gem. § 10 Abs. 1 zu erfolgen hat, bestimmt das Tatbestandsmerkmal „unverzüglich" jedoch nur unvollständig. Die Vorschrift stellt für die Unverzüglichkeit nämlich auf den Eintritt der „Entscheidung" des Bieters ab. Deren Zeitpunkt ist im Gesetz nicht definiert und damit die Hauptquelle für Unsicherheit über den Zeitpunkt der Veröffentlichungspflicht (→ Rn. 20 ff.). Durch das Merkmal der Unverzüglichkeit wird also nur der **Zeitraum nach dem Nach-Außen-Treten der Entscheidung** geregelt.

29 Unverzüglich bedeutet nach allgemeiner Definition des § 121 Abs. 1 BGB „ohne schuldhaftes Zögern".[36] Anders als bei § 15 WpHG aF[37] kann für den Bieter, nachdem eine nach außen getretene Entscheidung iSv → Rn. 20 ff. vorliegt, nicht noch ein zusätzlicher Prüfungszeitraum bestehen, um die Kursrelevanz der Entscheidung bestimmen zu können. Die Entscheidung ist vielmehr *gesetzlich* eine kursrelevante Tatsache und der Bieter muss die Publizitätspflicht nach § 10 kennen, benötigt also keine weitere Zeit.[38]

30 Bei der Veröffentlichung über ein **elektronisches Verbreitungssystem** ist auf Grund der sehr kurzen Fristen, die die Börsen für ihre Entscheidung über die Kursaussetzung

---

[35] Dazu Assmann/Schneider/*Mülbert*/*Assmann* MAR Art. 14 Rn. 23; *Assmann* ZGR 2002, 697 (701 f.); vgl. jedoch auch → § 11 Rn. 74.

[36] Zweifel an der Begriffsidentität bei *Möllers* FS Horn, 2006, 473, die Unterschiede dürften jedoch aus dem jeweiligen Kontext resultieren und im Rahmen des Verschuldens ausreichend berücksichtigt werden können.

[37] Vgl. dazu Schäfer/Hamann/*Geibel*/*Schäfer* WpHG § 15 Rn. 122 sowie den Emittentenleitfaden 2013, IV.6.3, S. 70.

[38] Wie hier Assmann/Pötzsch/Schneider/*Assmann* Rn. 45; der Emittentenleitfaden der BaFin räumt Prüfungszeit nur für eingetretene *Ereignisse* ein und unterstützt damit mittelbar die hier vertretene Auffassung.

benötigen (→ Rn. 57), die Veröffentlichung spätestens 30 Min. nach der Vorabmitteilung gem. Abs. 2 vorzunehmen. Anderes kann sich durch Rücksprache mit den in Abs. 2 Nr. 1 und 2 genannten Stellen ergeben. Im Übrigen hielt die BaFin bezüglich Ad-hoc-Meldungen nach § 15 WpHG aF den Emittenten für verpflichtet, auch außerhalb der Börsenhandelszeiten Veröffentlichungen vorzunehmen.[39]

Nach dem Emittentenleitfaden der BaFin zur insoweit vergleichbaren Lage bei § 15 **31** WpHG aF ist der Bieter verpflichtet, organisatorische Vorkehrungen zu treffen, um eine notwendige Veröffentlichung unverzüglich durchzuführen. Hierzu gehört u. a., dass bei vorhersehbaren Insiderinformationen Vorarbeiten geleistet werden, die eine zeitliche Verzögerung weitestgehend vermeiden.[40]

**5. Mehrstufige Entscheidungsprozesse bei einer Bietergesellschaft. a) Grund-** **32** **sätze zur Ad-hoc-Publizität.** Im Rahmen des § 15 WpHG aF war seit jeher stark umstritten, wie sog. mehrstufige Entscheidungsprozesse innerhalb einer börsennotierten Aktiengesellschaft zu beurteilen sind, dh Entscheidungen, an denen mehrere Organe der Gesellschaft beteiligt sind.[41] Dieser Streit hat sich durch die Einführung der MAR noch nicht erledigt. Zwar bestimmt Art. 7 Abs. 2 S. 2 MAR, dass auch Zwischenschritte bei Kursrelevanz Insiderinformationen darstellen können. Doch gestattet Art. 17 Abs. 4 MAR wie bislang § 15 Abs. 3 WpHG aF die Selbstbefreiung von der Veröffentlichungspflicht unter bestimmten Voraussetzungen.

Die Beurteilung des Zeitpunktes der Ad-hoc-Publizität kann bei Entscheidungen, an **33** denen neben Vorstand auch der Aufsichtsrat oder weitere Organe beteiligt sind, besondere Schwierigkeiten machen. Sie fällt je nachdem unterschiedlich aus, ob man den Schwerpunkt auf die Möglichkeit der Kursbeeinflussung legt oder aber auf die Frage des Eintritts eines (künftigen) Umstands. Schon der bekannt gewordene Vorstandswille kann Kurse beeinflussen, aber erst mit Zustimmung des Aufsichtsrates liegt eine rechtlich abgesicherte Entscheidung vor.[42] Einer starken Strömung in der Lit. liegt das Ziel zugrunde, die innergesellschaftliche Kompetenzordnung zu wahren und die Entscheidung des Aufsichtsrats nicht durch eine zu frühe Veröffentlichung zu präjudizieren, weshalb in aller Regel eine Selbstbefreiung von der Veröffentlichungspflicht bis zur Entscheidung des Aufsichtsrates anzuerkennen sei.[43]

Die **Praxis** wird sich wohl vorerst weiter nach dem Emittentenleitfaden der BaFin[44] **34** sowie nach der Entscheidung des BGH vom 25.2.2008 (DaimlerChrysler)[45] richten. Danach kann die Ad-hoc-Publizitätspflicht regelmäßig zwar schon vor dem Zeitpunkt der endgültigen Entscheidung entstehen, also schon vor der Zustimmung des Aufsichtsrates. Für eine entsprechende Prognose benötigt werden jedoch konkrete Anhaltspunkte wie etwa eine Vorabstimmung. In aller Regel kann der Emittent selbst dann von der Selbstbefreiungsmöglichkeit Gebrauch machen, um die Entscheidungsposition des Aufsichtsrates nicht zu schwächen. Die frühere Empfehlung für die Praxis, den zeitlichen Abstand zwischen den Entscheidungen der einzelnen Entscheidungsträger weitestgehend zu verkürzen, ist im aktuellen Emittentenleitfaden nicht mehr explizit enthalten.

**b) Übertragung der Diskussion zur Ad-hoc-Publizität auf § 10?** Im Vergleich zu **35** Art. 17 MAR ist im Rahmen des § 10 die **gesetzliche Lage erheblich einfacher** gestaltet. So muss weder geprüft werden, ob die Entscheidung zur Abgabe eines Angebots ein Umstand ist, die den Emittenten unmittelbar betrifft, noch ob sie geeignet ist, seinen Kurs erheblich zu beeinflussen und insbesondere nicht, ob sie einen Umstand betrifft oder darstellt, von dem entsprechend Art. 7 Abs. 2 MAR vernünftigerweise erwartet werden kann, dass er in Zukunft

---

[39] Emittentenleitfaden 2013, IV.6.3, S. 70.
[40] Emittentenleitfaden 2013, IV.6.3, S. 70.
[41] Vgl. dazu *Happ/Semler* ZGR 1998, 116 (119 ff.); *Hopt* ZGR 2002, 333 (342 f.), jeweils mwN.
[42] Vgl. dazu und zur Unterscheidung zwischen voluntativen und kognitiven Tatsachen *Happ/Semler* ZGR 1998, 116 (119 ff., 122 ff.).
[43] Nachdrücklich *Assmann* ZHR 172 (2008), 635 (646 f.); s. auch *Baums/Thoma/Thoma* Rn. 21 f.
[44] Emittentenleitfaden 2013, IV.2.2.7, S. 54 f.
[45] BGH NZG 2008, 300.

eintreten wird. Die entsprechende Entscheidung des Bieters ist per se ein veröffentlichungspflichtiger Umstand. Freilich hat sich der im Rahmen der Vorläufernorm des Art. 17 MAR, des § 15 WpHG aF, bestehende Meinungsstreit bei mehrstufigen Entscheidungsprozessen im Rahmen des § 10 anhand des Begriffes der Entscheidung fortgesetzt.[46]

**36**    Die **Begründung zu § 10 WpÜG** führt explizit aus, man könne auf die die zu § 15 WpHG aF entwickelten Grundsätze zurückgreifen und nennt als maßgeblichen Zeitpunkt der Entscheidung die Zustimmung des Aufsichtsrats, sofern eine solche Zustimmung gesellschaftsrechtlich erforderlich ist.[47] Zweifelhaft ist, ob die Begründung mit dem Verweis auf die zu § 15 WpHG aF entwickelten „Grundsätze" auf die hM, auf die Auslegung des § 15 WpHG aF durch die BaFin oder aber auf einen Meinungsstreit[48] verweist. In jedem Fall dürfte aus der Begründung eine klare Entscheidung des Gesetzgebers nicht abzuleiten sein.[49] Gleiches gilt für die **Begründung** zu den Änderungen des WpHG durch das **AnSVG:** Sie spricht zwar teilweise von Übernahmen, nimmt aber zu der hier konkret interessierenden Frage keine Stellung.[50] Keinesfalls kann man angesichts der unterschiedlichen Reichweite beider Normen (jeder Bieter einerseits/nur Emittenten andererseits) § 15 WpHG aF als Konkretisierung des § 10 verstehen.[51] Im Ergebnis vertritt die hM zu § 10 WpÜG gleichwohl, dass mit der Veröffentlichung **bis zur Beschlussfassung des Aufsichtsrates** des Bieters gewartet werden kann.[52]

**37**    **c) Stellungnahme: Schutz der Inhaber der Wertpapiere der Zielgesellschaft vor dem Handeln des Bieters.** Im Rahmen des § 10 spricht alles dagegen, die Diskussion mehrstufiger Entscheidungsprozesse im Rahmen der Ad-hoc-Publizität einfach zu übernehmen. § 10 ist vor allem eine **Schutzvorschrift für die Wertpapierinhaber der Zielgesellschaft** und zugunsten einer zutreffenden Bewertung des Kurses der Wertpapiere der Zielgesellschaft. Sie soll als übernahmerechtliche Vorschrift verhindern, dass potentielle Angebotsadressaten im Vorfeld des Angebots ihre Wertpapiere der Zielgesellschaft zu billig an Insider weggeben. Auf der anderen Seite sind die Interessen des Bieters zu beachten, dem insbesondere bei feindlichen Angeboten sein Informationsvorsprung, auch vor möglichen Konkurrenzbietern, nicht gänzlich genommen werden darf.

**38**    § 10 auferlegt **einem Dritten** (dem Bieter) eine Publizitätspflicht zum Schutz der Anleger eines Emittenten (der Zielgesellschaft), während Art. 17 MAR die Publizitätspflicht des Emittenten selbst regelt. Man mag sich im Rahmen von Art. 17 MAR, bei dem es um den Schutz der Anleger durch Publizität ihrer eigenen Gesellschaft geht, um mehrstufige Entscheidungsprozesse innerhalb des Emittenten Gedanken machen. Denn Geschäftsführungsfragen und Zuständigkeiten innerhalb des Emittenten können von Relevanz für den Zeitpunkt seiner Veröffentlichungspflicht sein, zumal ein grundsätzliches Spannungsverhältnis zwischen kapitalmarktrechtlichem Informationsbedürfnis und gesellschaftsinternen Geheimhaltungsinteressen und Zuständigkeiten besteht. Anders gesagt: Die Ad-hoc-Publizität nach der MAR ist gerade auch eine Frage der **Geschäftsführung** des Emittenten. Im Rahmen des § 10 aber ist eben dieses Spannungsverhältnis nicht erkennbar. Die Anleger der Zielgesellschaft brauchen sich für die inneren Angelegenheiten des publizitätspflichtigen Dritten (Bieters) nicht zu interessieren. Sein Verhältnis zu ihnen ist keine Frage seiner inneren Angelegenheiten, sondern seiner äußeren. Daher wird man im Rahmen des § 10 allein auf die Entscheidung des **gesetzlichen Vertretungsorgans** abzustellen haben und Probleme der Geschäftsführungsbefugnis weitgehend ausblenden müssen.

---

[46] Vgl. Assmann/Pötzsch/Schneider/*Assmann* Rn. 14 ff.; Angerer/Geibel/Süßmann/*Geibel/Louven* Rn. 13 ff.; Steinmeyer/*Santelmann/Steinhardt* Rn. 16 f.; *Brandi/Süßmann* AG 2004, 642 (652 f.); *Decker,* Ad-hoc-Publizität bei öffentlichen Übernahmen, 2008, 138 ff.

[47] BT-Drs. 14/7034, 39.

[48] So *Schüppen* WPg 2001, 958 (963).

[49] So auch *Hopt* ZGR 2002, 333 (342).

[50] S. BT-Drs. 15/3174, 35 f.

[51] So aber *Decker,* Ad-hoc-Publizität bei öffentlichen Übernahmen, 2008, 139.

[52] FK-WpÜG/*Walz* Rn. 24; Angerer/Geibel/Süßmann/*Geibel/Louven* Rn. 16 ff.; Kölner Komm WpÜG/ *Hirte* Rn. 35; Steinmeyer/*Santelmann/Steinhardt* Rn. 16; Baums/Thoma/*Thoma* Rn. 23; Assmann/Pötzsch/ Schneider/*Assmann* Rn. 16 f.; *Brandi/Süßmann* AG 2004, 642 (652).

Es bietet sich deshalb an, auch bei Bietergesellschaften auf das in → Rn. 26 f. zum **39**
Tatbestandsmerkmal der Entscheidung Ausgeführte abzustellen. Es geht maßgeblich nicht
um die Willensbildung innerhalb der Bietergesellschaft, sondern um die Außenwirkungen
eines gefassten Entschlusses, wenn er anders als durch § 10 vorgeschrieben bekannt wird.
Aus der Sicht einer Bietergesellschaft ist die Abgabe eines Übernahmeangebots stets ein
Außengeschäft. Daher kommt es für die Frage der Entscheidung (nur) auf die **Willensbildung des Vertretungsorgans** an. Hat dieses den Entschluss zur Abgabe des Angebots
gefasst und handelt es bereits danach, so hat es die Veröffentlichung nach § 10 vorzunehmen.
Die gesellschaftsinternen Zuständigkeitsregeln, zB eine Zustimmungspflicht des Aufsichtsrates gem. § 111 Abs. 4 AktG oder eine Hauptversammlungszuständigkeit nach den Grundsätzen der Holzmüller-Entscheidung sind demgegenüber mangels Außenwirkung irrelevant.
Für dieses Verständnis der Norm spricht auch die Überlegung, dass andernfalls der Bieter
bzw. seine Gesellschafter durch bloße Regeln der Geschäftsführungsbefugnis, die zB bei
einer OHG als Bieter regelmäßig nicht publik sind, den Zeitpunkt der Veröffentlichungspflicht nach § 10 beeinflussen könnten.[53]

Eine Entscheidung liegt damit erst, aber auch immer dann vor, wenn bei der Planung **40**
des Angebots das **Vertretungsorgan** der Bietergesellschaft den Entschluss zur Abgabe des
Angebots gefasst hat[54] und sein Entschluss in der in → Rn. 24 ff. beschriebenen Weise nach
außen tritt. Aus Abs. 1 S. 2 der Vorschrift folgt nichts Abweichendes. Ein Umkehrschluss
der Art, dass nur der Gesellschafterbeschluss nicht abgewartet werden dürfe, wohl aber der
des Aufsichtsrats,[55] ist unzulässig. Aus der Tatsache, dass jedenfalls nicht bis zum Gesellschafterbeschluss gewartet werden darf, kann nicht abgeleitet werden, dass aber bis zum Aufsichtsratsbeschluss gewartet werden dürfe. Vielmehr wollte der Gesetzgeber das Problem ganz
offensichtlich nicht selbst entscheiden.

**6. Konzernfälle.** Wie bereits im Rahmen der Bietereigenschaft des § 2 Abs. 4 dargestellt **41**
(→ § 2 Rn. 37), darf eine Muttergesellschaft die Möglichkeit, ein Angebot durch eine (zB
neugegründete) Tochtergesellschaft abgeben zu lassen, nicht dazu verwenden, gesetzliche
Informationspflichten zu umgehen oder zeitlich zu verschieben. Freilich kann es auch insoweit nur auf eine endgültige Entscheidung des herrschenden Gesellschafters ankommen.
Diese ist regelmäßig nicht getroffen, bevor das **Vertretungsorgan der Tochtergesellschaft**
signalisiert hat, dass es der Weisung oder Veranlassung des Gesellschafters nachkommen wird
und das Angebot abgeben wird. Bei einer unverbindlichen Veranlassung innerhalb eines
faktischen Aktienkonzerns ist offensichtlich, dass vorher keine Entscheidung getroffen ist.
Aber auch bei echter Weisungsbefugnis im Rahmen eines Vertragskonzerns tritt eine
Außenwirkung erst dann ein wenn der Vorstand der Tochter der verbindlichen Weisung der
Mutter tatsächlich folgt. Denn der herrschende Gesellschafter oder die Muttergesellschaft
hat keine Vertretungsmacht für die Tochter, kann also im Außenverhältnis (und darauf
kommt es an, vgl. → Rn. 38) keine für die Tochter unmittelbar verbindlichen Entscheidungen treffen. Entsprechend kommt es bei faktisch oder vertraglich abhängiger GmbH auf
die Entscheidung des Geschäftsführungsorgans der Tochter an. Im Konzern gilt bei Tochtergesellschaften, die als Bieter auftreten sollen, also zunächst nichts anderes als bei unabhängigen Bietergesellschaften.

Gleichwohl bestehen bei der Entscheidungsfindung innerhalb eines Konzerns Besonder- **42**
heiten, die aus der Geltung des **insiderrechtlichen Weitergabeverbots** des Art. 14 lit. c
MAR iVm Art. 10 MAR (ehemals § 14 Abs. 1 Nr. 2 WpHG aF) resultieren. Die Entscheidung über die Abgabe eines Übernahmeangebots selbst ist ein gestreckter Sachverhalt.
Niemand gibt ohne ausführliche Vorbereitung ein feindliches Übernahmeangebot ab. Vor-

---

[53] Im Rahmen der Ad-hoc-Publizitätspflicht kommt ein ähnliches Argument nicht in Betracht, da die
Ad-hoc-Publizitätspflicht zumindest auch eine Frage der Geschäftsführung, nicht der Vertretung ist.
[54] Nur vorläufig ebenso *Decker,* Ad-hoc-Publizität bei öffentlichen Übernahmen, 2008, 139 ff., der aber
iErg eine Befreiungsmöglichkeit analog § 10 Abs. 1 S. 3 bejaht (S. 149).
[55] So Assmann/Pötzsch/Schneider/*Assmann* Rn. 15; *Brandi/Süßmann* AG 2004, 642 (652) mwN in Fn. 82;
dagegen aber *Decker,* Ad-hoc-Publizität bei öffentlichen Übernahmen, 2008, 140.

her werden Daten über die Zielgesellschaft gesammelt, Rechtsfragen geklärt und die Entscheidung durch Gespräche vorbereitet. Diese Vorgänge bleiben typischerweise als Schlüsselinformationen geheim. Sie müssen weder nach § 10 noch nach Art. 17 MAR veröffentlicht werden, da sie die eigentliche Entscheidung erst vorbereiten. Der Vorbereitung der Entscheidung innerhalb des Konzerns dient auch die Veranlassung oder Weisung oder einfach ein Gespräch des „Konzernchefs" mit dem Vertretungsorgan der Tochter, die als Bieter ins Auge gefasst ist.

43    Werden indessen Informationen über die noch nicht endgültigen Pläne weitergegeben, so erhöht das die Gefahr, dass sich diese herumsprechen. Diejenigen, von denen die Pläne ausgehen, sind als Primärinsider an Art. 14 lit. c MAR gebunden und müssen für die Geheimhaltung der Planungsphase sorgen oder sie veröffentlichen. Die Planungsphase selbst ist eine Insiderinformation (vgl. → § 3 Rn. 38). Die **Initiatoren des Plans** sind Primärinsider, weil sie selbst eine Information schaffen, die regelmäßig einen erheblichen Einfluss auf den Kurs der Wertpapiere der ins Auge gefassten Zielgesellschaft haben (→ § 3 Rn. 45; → Rn. 88). Zwar trifft die Pflicht zur Veröffentlichung der Entscheidung nur die Konzerngesellschaft, die später als Bieter auftritt. Die Muttergesellschaft, die die Entscheidung der Tochter veranlasst, schafft jedoch bereits durch die von ihr ausgehenden vorläufigen Übernahmepläne eine Insiderinformation, für deren Bekanntwerden sie als Primärinsider die Verantwortung im Sinne des Weitergabeverbotes trägt. Einer aus Art. 14 lit. c MAR iVm § 38 WpHG etwa folgenden Strafbarkeit kann die Mutter durch eine Abwehrveröffentlichung analog § 10 WpÜG begegnen (im Einzelnen → Rn. 87 ff.).

44    **7. Sofortige Veröffentlichung trotz erforderlichen Beschlusses der Gesellschafterversammlung des Bieters (Abs. 1 S. 2).** Abs. 1 S. 2 bestimmt, dass der Bieter den Pflichten zur unverzüglichen Benachrichtigung der in Abs. 2 genannten Stellen und anschließender Veröffentlichung nicht durch den Hinweis auf die Notwendigkeit der Zustimmung der Gesellschafterversammlung entgehen kann. Die Veröffentlichungspflicht des Abs. 1 S. 1 wird damit ausnahmsweise auf einen Zeitpunkt vor der endgültigen Willensbildung des Bieters verlegt. Der Gesetzgeber rechtfertigt diese Vorverlegung mit dem Hinweis auf die Notwendigkeit einer Verhinderung von Marktverzerrungen.[56] Gemeint ist, dass in manchen Fällen die Gefahr von Insidergeschäften bereits besteht, obgleich die Entscheidung noch nicht getroffen ist. Ein Zuwarten bis zum Beschluss der Gesellschafterversammlung ist dann unangebracht.

45    Bei den von Abs. 1 S. 2 geregelten Fällen handelt es sich rechtlich wie tatsächlich um **Ausnahmesituationen.** Regelmäßig ist in Gesellschaften deutscher Rechtsformen die Abgabe eines öffentlichen Angebotes von der unbeschränkten Vertretungsmacht des Geschäftsführungsorgans gedeckt. Entgegen der hM spielt die Frage der gesellschaftsinternen Zuständigkeitsverteilung auf der Seite des Bieters[57] keine Rolle für die Frage der „Erforderlichkeit" eines Zustimmungsbeschlusses. Denn bei der Entscheidung iSd § 10 geht es um ein Außengeschäft der Gesellschaft, weshalb es, wie in → Rn. 38 ausgeführt, bei **Gesellschaften auf den Entschluss des Vertretungsorgans** ankommt. Ist beispielsweise ein Beschluss der Hauptversammlung einer Bieter-AG im Sinne der Holzmüller/Gelatine-Rspr. geboten,[58] so folgt die vorherige Veröffentlichungspflicht nach der (endgültigen) Entschei-

---

[56] BT-Drs. 14/7034, 39.

[57] Angerer/Geibel/Süßmann/*Geibel/Louven* Rn. 28 ff.; Kölner Komm WpÜG/*Hirte* Rn. 39; Steinmeyer/Santelmann/*Steinhardt* Rn. 17; vgl. auch FK-WpÜG/*Walz* Rn. 27 f.

[58] BGHZ 83, 122 = NJW 1982, 1703 – Holzmüller; BGH NZG 2004, 575 – Gelatine I; NZG 2004, 571 – Gelatine II, die Anwendung dieses richterrechtlichen Zustimmungserfordernisses der Hauptversammlung auf Übernahmesachverhalte ist freilich noch weitgehend ungeklärt. Es wird allenfalls bei Tauschangeboten in Betracht kommen, da Barangebote nur zu einer Beteiligung des Bieters an der Zielgesellschaft führen und damit kein umwandlungsähnlicher Sachverhalt vorliegt. Eine gesetzliche bzw. richterrechtliche Zustimmungspflicht nach den Holzmüller-Grundsätzen ist für den Beteiligungserwerb regelmäßig zu verneinen: *Busch* AG 2002, 145 (148) mwN in Fn. 27; vgl. Angerer/Geibel/Süßmann/*Geibel/Louven* Rn. 32: Frage aber noch offen; vgl. auch *Henze* FS Ulmer, 2003, 211 (229 f.): (nur) im Einzelfall Zustimmung geboten, unter Bezugnahme auf *Mülbert* AG, Unternehmensgruppe, Kapitalmarkt 371; ausf. dazu – und generell gegen ein Zustimmungserfordernis – *Wackerbarth* Leitungsmacht 484 ff., 489 ff., 494 ff.

dung des Vorstands nicht etwa aus Abs. 1 S. 2, sondern bereits aus Abs. 1 S. 1, weil ein vom Vorstand abgegebenes Übernahmeangebot unabhängig von dem Hauptversammlungsbeschluss rechtswirksam ist und es daher nur auf seine Entscheidung ankommt. Sieht ein Gesellschaftsvertrag einer GmbH ein Zustimmungsrecht der Gesellschafter bei der Abgabe von Übernahmeangeboten vor, so kann der Geschäftsführer nicht etwa einen Antrag nach Abs. 1 S. 3 stellen, weil der Gesellschaftsvertrag nichts an seiner unbeschränkten Vertretungsmacht ändert und daher regelmäßig nicht Wirksamkeitsvoraussetzung für die Abgabe des Angebots ist.[59]

Nur wenn der Zustimmungsbeschluss Wirksamkeitsvoraussetzung für das Angebot und **46** damit auch für die Entscheidung zur Abgabe des Angebots ist, kommt Abs. 1 S. 2 daher eine „konstitutive" Rechtswirkung zu. Die von Abs. 1 S. 2 erfassten Fälle lassen sich in **rechtsgeschäftlich** und **gesetzlich** erforderliche Gesellschafterversammlungsbeschlüsse unterscheiden.[60] Einerseits kann das Vertretungsorgan der Gesellschaft die Wirksamkeit der abzuschließenden Verträge von der Zustimmung der Gesellschafterversammlung abhängig machen, indem es ein so bedingtes Angebot abzugeben beabsichtigt. Diese Möglichkeit räumen – in bestimmten Fällen (→ § 18 Rn. 31 ff.) – **§ 18 iVm § 25** ein. In diesem Falle wirkt die Zustimmung der Gesellschafterversammlung konstitutiv, so dass zuvor noch keine endgültige Entscheidung getroffen ist. Abs. 1 S. 2 ordnet dann gleichwohl die – ausnahmslose (→ Rn. 48 f.) – vorherige Veröffentlichungspflicht an.

Zum Zweiten kann ausnahmsweise das Gesetz den Beschluss der Gesellschafterversamm- **47** lung zur Wirksamkeitsvoraussetzung des Angebots machen. So kann etwa ein Vorstand einer Aktiengesellschaft den Angebotsadressaten gem. **§ 187 AktG** Bieteraktien aus einer Kapitalerhöhung nicht rechtswirksam zusagen. In diesen Fällen ist der Beschluss der Hauptversammlung des Bieters konstitutiv für ein geplantes **Tauschangebot,** da ohne den Beschluss der Bieter aus dem Übernahmeangebot nicht zur Gewährung der als Gegenleistung versprochenen neuen Aktien verpflichtet wäre. Ein weiterer Anwendungsfall ist ein nach dem WpÜG theoretisch denkbarer, aber seltener „Swap", bei dem eine Aktiengesellschaft, deren einziger Vermögensgegenstand eine 100%ige Beteiligung an einer Tochter-AG ist, diese 100% als Gegenleistung im Rahmen eines Übernahmeangebotes an die Wertpapierinhaber einer dem Wert nach ähnlichen Zielgesellschaft anbieten will. Die Wirksamkeit des Angebots steht hier gem. § 179a AktG unter dem Vorbehalt der Zustimmung der Gesellschafterversammlung des Bieters. Dagegen besitzt eine etwaige Zustimmungspflicht nach den **Holzmüller/Gelatine-Grundsätzen**[61] keine konstitutive Wirkung, sondern ist lediglich eine Geschäftsführungsfrage.

**8. Befreiung von der vorherigen Veröffentlichungspflicht (Abs. 1 S. 3). a) Allge-** **48** **meines.** Abs. 1 S. 3 ermöglicht der BaFin, solche Bieter auf Antrag von der vorherigen Veröffentlichungspflicht zu befreien, bei denen das Vertretungsorgan ausnahmsweise nach → Rn. 44 ff. noch die Gesellschafterversammlung fragen hat. Voraussetzung ist, dass die Gefahr von Marktverzerrungen durch geeignete Maßnahmen ausgeschlossen ist. Das ist nicht der Fall wenn der Bieter die Vertraulichkeit nicht mehr gewährleisten kann, wie etwa beim Aufkommen von Gerüchten (vgl. → Rn. 87 ff.). Bei der Ausnahme des Satzes 3 bleibt wegen des Antragserfordernisses die Informationsfunktion des § 10 für die zuständigen Stellen grundsätzlich gewahrt. In diesem Fall wird die BaFin ja davon in Kenntnis gesetzt, dass ein Angebot (von der Geschäftsleitung des Bieters) beabsichtigt ist. Bei Information (nur) der BaFin dürfte auch nicht die Gefahr bestehen, dass die Entscheidung des Managements „durchsickert", insoweit kann es also zu Marktverzerrungen nicht kommen.

**b) Keine Befreiung bei Möglichkeit der bedingten Abgabe des Angebots.** Da in **49** §§ 18, 25 die Möglichkeit eines durch die Zustimmung bedingten Angebots vorgesehen ist,

---

[59] Wohl aA Schwark/Zimmer/*Noack/Holzborn* Rn. 13.
[60] Vgl. dazu auch *Burgard* ZHR 162 (1998), 51 (91 ff.) für Ad-hoc-Publizität bei Außenrechtsgeschäften.
[61] BGHZ 83, 122 = NJW 1982, 1703 – Holzmüller; BGH NZG 2004, 575 – Gelatine I; NZG 2004, 571 – Gelatine II.

fragt sich, unter welchen Umständen ein Antrag nach S. 3 überhaupt erfolgreich sein kann. Soweit dem Bieter die Möglichkeit verbleibt, gem. §§ 18, 25 ein bedingtes Angebot abzugeben, dürfte eine Befreiung nicht infrage kommen. Denn bei der Entscheidung des Bieters zur bedingten Abgabe des Angebots erfolgt der entsprechende Beschluss möglicherweise erst am 5. Tag vor Ablauf der Annahmefrist. Die BaFin kann dem Bieter sicherlich nicht gestatten, bis dahin mit der Veröffentlichung nach § 10 zu warten. Eine Befreiung ist auch nicht notwendig, da wegen der in § 25 gegebenen Möglichkeit einer späten Einladung zur Gesellschafterversammlung nicht zu befürchten steht, dass durch diese Einladung die mögliche Entscheidung zur Angebotsabgabe zu früh bekannt wird und Marktverzerrungen schafft.

50    **c) Gesellschaften mit überschaubarem Gesellschafterkreis.** Es bleiben die Fälle, in denen die Abgabe eines bedingten Angebots unzulässig ist (→ § 18 Rn. 31 ff.). Hauptanwendungsfall dürften geplante Tauschangebote durch kleine Aktiengesellschaften sein, soweit sie gem. § 187 AktG nicht ohne Zustimmung der Gesellschafterversammlung abgegeben werden können. Bei der Entscheidung wird die BaFin insbesondere die **Realstruktur** der Gesellschaft zu berücksichtigen haben. Nach der Gesetzesbegründung soll bei relativ privaten Gesellschaften, bei denen die Geschäftsführung sich mit den Gesellschaftern informell abstimmen und eine notwendige Zustimmung der Gesellschafter unproblematisch bewerkstelligt werden kann, am ehesten eine Erfolgsaussicht des Antrags gegeben sein, weil (nur) dann die Vertraulichkeit sichergestellt sei.[62]

### III. Vorabmitteilung an die zuständigen Stellen (Abs. 2)

51    **1. Adressat der Vorabmitteilung (Abs. 2 S. 1). a) Börsengeschäftsführungen.** Abs. 2 S. 1 regelt, wem gegenüber die Veröffentlichung der Entscheidung zur Abgabe eines Angebots anzukündigen ist. Die Vorabmitteilung an die Börsen dient der Überprüfung und Entscheidung dieser Stellen über die Frage, ob der Handel mit den betroffenen Wertpapieren auszusetzen ist. Die Mitteilung an die BaFin dient der Erfüllung seiner Überwachungsaufgaben.

52    Es hat eine Benachrichtigung der Börsen zu erfolgen, bei denen Wertpapiere (Nr. 1) oder deren[63] Derivate (Nr. 2) mindestens einer der betroffenen Gesellschaften zum Handel zugelassen sind. Die Benachrichtigung der in Nr. 1 und Nr. 2 genannten Geschäftsführungen betrifft lediglich **inländische Börsen** (→ Rn. 56).[64] Die Begründung folgert dies aus dem verwaltungsrechtlichen Charakter der Vorschrift.[65] Sind die Wertpapiere oder deren Derivate sämtlicher betroffener Gesellschaften ausschließlich zum Handel an ausländischen Börsen zugelassen, können daher inländische Börsen nicht informiert werden. Eine Pflicht zur Information der entsprechenden Stellen im Ausland ist dem WpÜG nicht zu entnehmen, allerdings auch kein Verbot solcher Information.

53    Durch das Angebot **unmittelbar betroffen** müssen die Gesellschaften sein, um deren Wertpapiere oder Derivate es geht. Die Zielgesellschaft und der Bieter sind unmittelbar betroffen. Als unmittelbar betroffen dürften **gemeinsam handelnde Personen,** der **wirtschaftliche Urheber** des Angebots sowie alle sonstigen gem. § 12 für die Angebotsunterlage haftenden Personen gelten, schon auf Grund ihrer Haftung für die spätere Angebotsunterlage. Umstritten ist, ob auch **Tochtergesellschaften** der Zielgesellschaft, soweit börsennotiert, unmittelbar vom Angebot betroffen sind oder sein können.[66] Auch wenn man, was nicht selbstverständlich ist, unter „unmittelbar betroffen" im Hinblick auf den Zweck der Vorabmitteilung (→ Rn. 57) eine mögliche Kursrelevanz der Veröffentlichung der Entscheidung versteht, ist der ablehnenden Meinung zu folgen, da der Bieter dies für Töchter der Zielgesellschaft nicht notwendig beurteilen kann.

---

[62] BT-Drs. 14/7034, 39; ebenso Kölner Komm WpÜG/*Hirte* Rn. 41; *Busch* AG 2002, 145 (148) mwN.
[63] Nur diese können mit Nr. 2 gemeint sein, vgl. FK-WpÜG/*Walz* Rn. 38.
[64] Angerer/Geibel/Süßmann/*Geibel/Louven* Rn. 48; Assmann/Pötzsch/Schneider/*Assmann* Rn. 58.
[65] BT-Drs. 14/7034, 40.
[66] Bejahend Assmann/Pötzsch/Schneider/*Assmann* Rn. 60 mwN; Steinmeyer/*Santelmann/Steinhardt* Rn. 28; FK-WpÜG/*Walz* Rn. 40; verneinend Angerer/Geibel/Süßmann/*Geibel/Louven* Rn. 54; Schwark/Zimmer/*Noack/Holzborn* Rn. 20.

**Zum Handel zugelassen** müssen die Wertpapiere iSd Nr. 1 sein. Das bedeutet, dass **54** nur Wertpapiere iSd § 2 Abs. 2 erfasst sind, die zum Handel an einem **regulierten Markt** zugelassen sind, während die im Freiverkehr gehandelten Wertpapiere nicht „zugelassen" sind. Auf den Handel kommt es nicht an, sondern nur auf die Zulassung. Nur in den regulierten Markt gem. § 33 BörsG einbezogene Wertpapiere sind gleichwohl iSd Abs. 2 „zugelassen", da ihr Handel gem. § 32 BörsG erlaubt ist.[67]

**b) BaFin.** In allen Fällen, in denen das WpÜG einschlägig ist, muss jedenfalls eine **55** Ankündigung nach Abs. 2 Nr. 3 bei **der BaFin** erfolgen. Für die Benachrichtigung der BaFin maßgebend ist also allein, ob die Zielgesellschaft ihren Sitz im Inland hat (vgl. → § 1 Rn. 14 ff.). Insoweit enthält Abs. 2 einen extraterritorialen Geltungsanspruch, da auch solchen Bietern Pflichten auferlegt, deren Sitz und deren sämtliche Anteilseigner und deren Tätigkeit ausschließlich im Ausland liegt. Dieser extraterritoriale Geltungsanspruch des WpÜG ist nach dem Auswirkungsprinzip gerechtfertigt, da die Entscheidung des Ausländers sich unmittelbar auf den inländischen Kapitalmarkt auswirkt.[68]

Im umgekehrten Fall (deutscher Bieter mit Sitz im Inland und Notierung einzig im **56** Inland) schließt § 10 eine Pflicht zur Benachrichtigung ausländischer Aufsichtsämter oder vergleichbarer Institutionen nicht aus. § 10 ordnet, wenn die Zielgesellschaft im Ausland ansässig ist, zwar eine Benachrichtigungspflicht selbst nicht an. Da er aber selbst einen extraterritorialen Geltungsanspruch erhebt, muss man dies als Wertung des Gesetzgebers ausreichen lassen, inländischen Bietern vergleichbare Pflichten ausländischen Rechts zum Schutze der ausländischen Zielgesellschaften bzw. ihrer Anleger aufzuerlegen. Versteht man dies als Ausfluss des Gleichheitssatzes des Art. 3 GG, dann kann diese im Inland anerkannte und damit in inländisches Recht inkorporierte Pflicht des ausländischen Rechts hier von der BaFin durchgesetzt werden.

**2. Zweck der Vorabmitteilung, Verwertungsbeschränkung (Abs. 2 S. 2).** Die **57** Vorabmitteilung soll den Börsengeschäftsführungen eine **Entscheidung über eine Kursaussetzung** ermöglichen. Daher enthält Abs. 2 S. 2 eine öffentlich-rechtliche Verbotsnorm, die an und für sich im BörsG geregelt hätte werden müssen. Die Börsengeschäftsführungen dürfen die ihnen nach § 10 mitgeteilten Informationen vor ihrer Veröffentlichung lediglich für eine Entscheidung über Aussetzung oder Einstellung der Feststellung des Börsenkurses verwenden.[69] Der Sprachgebrauch des WpÜG ist insofern veraltet, in § 33 Abs. 4 BörsG ist nun statt von Feststellung von Ermittlung des Börsenpreises die Rede.[70] Abs. 2 S. 2 bzw. § 10 insgesamt enthält keine gesonderte Ermächtigung zur Aussetzung oder Einstellung; diese ist allein § 33 Abs. 4 iVm § 25 BörsG zu entnehmen. Aussetzung der Ermittlung des Kurses bedeutet die vorübergehende Unterbrechung des Börsenhandels mit dem Ziel, die Anleger zu warnen, sowie ihnen Gelegenheit zu geben, ihre Kauf- oder Verkaufsentscheidung nochmals zu überdenken.[71] Voraussetzung für die Aussetzung ist die Gefahr, dass ein ordnungsgemäßer Handel zeitweilig gefährdet oder dass der Schutz des Publikums die Aussetzung als geboten erscheinen lässt. Daraus folgen zunächst bestimmte Mindestanforderungen an den Mitteilungsinhalt (vgl. → Rn. 58). Weiter folgt daraus, dass eine Aussetzung des Kurses der Zielgesellschaft praktisch die Ausnahme zu bleiben hat. Für die Entscheidung der Börsen reicht eine sehr kurze **Frist** aus, nach allg. Auffassung in der Regel **30 Minuten**.[72]

---

[67] FK-WpÜG/*Walz* Rn. 39; nur de lege ferenda Assmann/Pötzsch/Schneider/*Assmann* Rn. 58; aA Angerer/Geibel/Süßmann/*Geibel/Louven* Rn. 50 ff.; Baums/Thoma/*Thoma* Rn. 72; Kölner Komm WpÜG/*Hirte* Rn. 54.

[68] Zum Auswirkungsprinzip vgl. *Wackerbarth* Leitungsmacht 346 ff., 359 ff.

[69] Einzelheiten dazu bei Angerer/Geibel/Süßmann/*Geibel/Louven* Rn. 55 ff. und FK-WpÜG/*Walz* Rn. 43 ff.

[70] Zur Terminologie Angerer/Geibel/Süßmann/*Geibel*, 2. Aufl. 2008, Rn. 56 ff.

[71] S. dazu Angerer/Geibel/Süßmann/*Geibel/Louven* Rn. 56.

[72] Emittentenleitfaden 2013, IV.5.1, S. 65 für Vorabmitteilungen im Rahmen der ad-hoc Publizität; Angerer/Geibel/Süßmann/*Geibel/Louven* Rn. 72; Assmann/Pötzsch/Schneider/*Assmann* Rn. 59 mwN.

**58**   **3. Mindestinhalt der Vorabmitteilung.** Soweit danach eine Vorabmitteilung an inländische Börsengeschäftsführungen erforderlich ist, muss sie zumindest folgende Informationen enthalten, um dem Zweck der Vorabmitteilung gerecht zu werden: Zunächst Name, Sitz und Anschrift von Bieter und Zielgesellschaft sowie die vom Angebot erfassten Wertpapiere der Zielgesellschaft. Andernfalls können die Geschäftsführungen nicht über Einstellung oder Aussetzung des Kurses (der Zielgesellschaft) entscheiden. Die Begründung, nach der die Veröffentlichung selbst nur die Information beinhalten muss, dass ein Angebot und für welche Wertpapiere es beabsichtigt ist,[73] betrifft nicht die Mitteilung nach Abs. 2. Von daher bietet es sich an, § 11 Abs. 2 Nr. 1–3, Abs. 4 auf die Vorabmitteilung analog anzuwenden, auch um zukünftig die nähere Ausgestaltung solcher Vorabmitteilungen in die Hände der BaFin zu legen.[74]

**59**   Zwei weitere Angaben sind darüber hinaus erforderlich: Die Angabe, ob ein Vollangebot oder ein Teilangebot abgegeben werden soll, sowie die Angabe des Zeitpunktes der voraussichtlichen Veröffentlichung der endgültigen Angebotsunterlage. Die Entscheidung über eine eventuelle Kursaussetzung dürfte maßgeblich von der Reichweite des geplanten Angebots und dem Zeitpunkt der Veröffentlichung der Angebotsunterlage abhängen, weshalb diese Angaben geboten sind.

**60**   **4. Gleichzeitige Mitteilung (Abs. 2 S. 3). Abs. 2 S. 3** sieht eine Vereinfachung des zweistufigen Verfahrens für Bieter mit Wohnort oder Sitz im Ausland vor. Diesen soll die Möglichkeit gegeben werden, die Mitteilung an die inländischen Börsen **gleichzeitig** mit der Veröffentlichung der Entscheidung über die Abgabe des Angebots vorzunehmen. Dadurch kann ein Konflikt mit einer eventuellen Regelung der Heimatbörse des Bieters vermieden werden, die ihm vorschreibt, eine Veröffentlichung noch vor der Mitteilung an (aus der Sicht der Heimatbörse) ausländische, zB deutsche Börsen vorzunehmen. Die BaFin muss gleichwohl vorher informiert werden. Der Antrag nach Abs. 2 S. 3 kann mit einem Antrag nach Abs. 1 S. 3 verbunden werden.

### IV. Veröffentlichungsform und -inhalt (Abs. 3)

**61**   **1. Überblick.** Abs. 3 regelt die Form der Veröffentlichung sowie bestimmte Mindestangaben. Die Veröffentlichung muss gem. Abs. 3 S. 1 in deutscher Sprache erfolgen. Die frühere Wahlmöglichkeit, entweder in einem überregionalen Börsenpflichtblatt oder aber in einem elektronischen Informationssystem ist durch das Übernahme-RL-UG entfallen. Der Bieter muss nun im Internet (Nr. 1) und über ein elektronisches Informationssystem (Nr. 2) bekanntmachen.[75] Vor der Veröffentlichung in den genannten Medien darf keine anderweitige Veröffentlichung erfolgen (Abs. 3 S. 3). Die Veröffentlichung muss zumindest Bieter und Zielgesellschaft näher bestimmen sowie angeben, auf welche Wertpapiere der Zielgesellschaft sich das Angebot beziehen wird. Daneben ist der Bieter nach Abs. 3 S. 2 verpflichtet anzugeben, unter welcher Internetadresse die Angebotsunterlage abrufbar sein wird.

**62**   **2. Veröffentlichungsmedien, Sprache (Abs. 3 S. 1). a) Sprache.** Die Veröffentlichung hat in deutscher Sprache zu erfolgen. Die BaFin kann die Verwendung einer anderen Sprache nicht gestatten, so dass ein ausländischer Bieter ggf. die Veröffentlichung in verschiedenen Sprachen vornehmen muss, wenn er auch nach seinem Heimatrecht zur Bekanntgabe der Entscheidung verpflichtet ist. Die Veröffentlichung in weiteren Sprachen ist nicht ausgeschlossen.[76]

**63**   **b) Bekanntgabe im Internet (Nr. 1).** Die Entscheidung ist „im Internet" bekannt zu geben. Was das bedeutet, ist unklar. Weder wird geregelt, in welcher Form, noch

---

[73] BT-Drs. 14/7034, 39.
[74] Dies ohne Begr. für unvertretbar hält Assmann/Pötzsch/Schneider/*Assmann* Rn. 48, stellt dabei aber auf die Veröffentlichung und nicht auf die Vorabmitteilung ab und mißversteht die hiesigen Ausführungen offensichtlich.
[75] OLG Frankfurt AG 2010, 296 (297).
[76] Assmann/Pötzsch/Schneider/*Assmann* Rn. 66 mwN.

unter welcher Adresse, noch für welchen Zeitraum die Bekanntgabe zu erfolgen hat. Ausweislich der Regierungsbegründung des Übernahme-RL-UG wollte der Gesetzgeber dies nicht näher festlegen, um „möglichen technologischen Neuerungen Rechnung zu tragen". Eine Veröffentlichung auf der „Website" des Bieters sei aber zweckmäßig.[77] Letztlich kann eine (notwendige) Konkretisierung der Nr. 1 nur mit Hilfe des Zwecks des § 10 und der allgemeinen Grundsätze des § 3 gelingen. Hat der Bieter oder hat mindestens eine mit ihm ghP eine Website, verstieße es gegen § 3 Abs. 2 und 4, würde die Entscheidung unter einer anderen Adresse veröffentlicht werden. Eine Veröffentlichung über Massen-E-Mails wäre keine Bekanntgabe „im" Internet, sondern nur „über" das Internet. Andererseits können weder die Verwendung einer speziellen Internet-Adresse verlangt[78] noch darüber hinausgehende Anforderungen (zB Dokument-Format, Barrierefreiheit) gestellt werden, solange es das Gesetz nicht selbst vorsieht. Probleme bereitet die kumulative Veröffentlichung im Internet und über die in Nr. 2 genannten Informationsverbreitungssysteme auch im Hinblick auf die **Zeitgleichheit** und **Identität** der Veröffentlichung über die beiden in Nr. 1 und Nr. 2 geforderten Kommunikations-wege. Beides muss gewährleistet sein, um Insiderhandel zu verhindern. Die **Dauer der Bekanntgabe** sollte mindestens bis zur Veröffentlichung der Angebotsunterlage rei-chen.[79] Insgesamt ist die Regelung nicht konkret genug, um einen Verstoß dagegen mit Bußgeld bedrohen zu können, und sollte vereinfacht werden. Es bietet sich dazu an, jedermann die Möglichkeit zu geben, eine Entscheidung nach § 10 in das Unternehmensregister nach § 8b HGB einzustellen und im Übrigen eine (inhaltsgleiche) Veröffentlichung nur auf der eigenen Homepage zuzulassen.

**c) Elektronisch betriebenes Informationsverbreitungssystem.** In der Praxis über- **64** wog schon vor der Änderung des § 10 bei weitem die Verwendung der in Nr. 2 genannten Systeme.[80] Dabei handelt es sich um die Dienste etwa der DGAP,[81] Deutsche Gesellschaft für Ad-hoc Publizität mbH, die nach Beauftragung durch einen Emittenten für diesen alle Mitteilungs- und Veröffentlichungspflichten übernimmt. Es handelt sich um einen Zusammenschluss dreier Nachrichtendienste, mittels dessen sich Mitteilungen unverzüglich über alle großen Nachrichtenagenturen verbreiten lassen. Daneben sind weitere Unternehmen der Finanzkommunikation auf den (deutschen) Markt getreten, etwa die news aktuell GmbH, die Hugin IR Services GmbH oder Business Wire Inc. Sie alle können dafür sorgen, dass die Veröffentlichung über große Nachrichtenagenturen (Reuters, Bloomberg, vwd) schnell verbreitet wird. Der elektronische Bundesanzeiger gehört jedoch nicht dazu, da er nur über eine in Tagen bemessene Reaktionszeit verfügt.[82]

Durch ein Informationsverbreitungssystem wird unmittelbar nur die sog. Bereichsöffent- **65** lichkeit hergestellt.[83] Zweck des § 10 ist es jedoch, die Öffentlichkeit zu informieren. Das betrifft zum einen die Aktionäre der Zielgesellschaft, die auf Grund der zusätzlichen Informationen zB einen beabsichtigten Verkauf ihrer Anteile an der Börse nochmals überdenken mögen. Es betrifft in umgekehrter Weise auch die Aktionäre des Bieters, die mit der geplanten Übernahme nicht einverstanden sind und bisher nichts von der Entscheidung ihres Managements wussten. Durch eine Veröffentlichung über die in Nr. 2 genannten Systeme wird mittlerweile jedoch auch der breiten Öffentlichkeit und damit den betroffenen Anlegern die Möglichkeit gegeben, sich über das Fernsehen oder das Internet zu informieren. Die früher geäußerten Bedenken gegen die Zulässigkeit elektronischer Informationsverbreitungssysteme dürften deshalb überholt sein.[84]

---

[77] BT-Drs. 16/1003, 18; zust. Angerer/Geibel/Süßmann/*Geibel/Louven* Rn. 68.
[78] Vgl. Schwark/Zimmer/*Noack/Holzborn* Rn. 26.
[79] Wie hier Assmann/Pötzsch/Schneider/*Assmann* Rn. 68.
[80] Angerer/Geibel/Süßmann/*Geibel* Rn. 69.
[81] Zur Entstehungsgeschichte Schäfer/Hamann/*Geibel/Schäfer* WpHG § 15 Rn. 172 ff.
[82] OLG Frankfurt AG 2010, 296 (297).
[83] Schäfer/Hamann/*Geibel/Schäfer* WpHG § 15 Rn. 179; Assmann/Pötzsch/Schneider/*Assmann* Rn. 69 aE.
[84] *Schneider* DB 1993, 1429 ff.; *Möllers* ZGR 1997, 334 (349) mwN.

**66**   Mitteilungen können im **Internet** unter http://www.dgap.de, http://www.vwd.de und http://www.bafin.de abgerufen werden.

**67**   **3. Inhalt der Veröffentlichung, Mindestangaben (Abs. 3 S. 2).** Zu veröffentlichen ist nach dem Gesetzeswortlaut des Abs. 1 iVm Abs. 3 S. 2 zunächst die **„Entscheidung"**; dh ihr wesentlicher Inhalt. Der Umfang der Veröffentlichungspflicht richtet sich also nach dem Begriff der „Entscheidung". Nach der Begründung muss die Veröffentlichung nur die Information enthalten, dass ein Angebot beabsichtigt ist, ob es sich um ein freiwilliges **Voll- oder Teilangebot**[85] oder aber um ein Pflichtangebot handelt, und es muss die betroffenen Wertpapiere benennen.[86] Aus dem Regelungszusammenhang mit § 33 (→ Rn. 103) ergibt sich, dass die Veröffentlichung ferner jedenfalls die Information enthalten muss, ob es sich um ein **Übernahmeangebot** handelt oder nicht, da anderenfalls die Geschäftsleitung der Zielgesellschaft nicht weiß, ob sie an die Regeln des § 33 gebunden ist oder nicht.[87] Mitzuteilen ist auch, ob ein etwa erforderlicher Beschluss der Gesellschafterversammlung des Bieters noch aussteht, da dies der einzige zulässige Vorbehalt ist, unter dem die Entscheidung selbst stehen kann.[88] Andere Unsicherheiten, etwa eine noch ausstehende Finanzierung, dürfen dagegen nicht mit angegeben werden, weil sie – angesichts der bereits getroffenen Entscheidung: unzulässigerweise – den Eindruck erwecken, die Entscheidung sei noch nicht endgültig.[89] Nach richtiger Auffassung muss darüber hinaus zur Verhinderung von Marktirritationen angegeben werden, ob mit dem Angebot die Voraussetzungen für ein **Delisting** geschaffen werden sollen, ob also in der späteren Angebotsunterlage ein Hinweis nach § 2 Nr. 7a WpÜG-AV enthalten sein wird.[90] Die Veröffentlichung einer **bedingten Angebotsentscheidung** unter analoger Anwendung von § 18 ist **unzulässig**.[91]

**68**   Der Bieter ist dagegen **nicht verpflichtet**, bereits den **konkreten Inhalt des Angebots**, insbesondere Art und Höhe der Gegenleistung sowie etwaige Bedingungen in die Veröffentlichung aufzunehmen.[92] Liegen die entsprechenden Eckpunkte des Angebots bereits vor, soll es – so die Begründung und die ihr im Wesentlichen unkritisch folgende hM – im Interesse einer frühzeitigen und umfassenden Information der Zielgesellschaft und des Kapitalmarktes jedoch möglich und angezeigt sein, diese ebenfalls zu veröffentlichen.[93] Geschehe dies nicht, sei der Bieter ggf. verpflichtet, kurserhebliche Angebotsumstände später gem. Art. 17 MAR zu veröffentlichen. Dem ist so nicht zu folgen. Erstens können spätere Veröffentlichungen nicht nach Art. 17 MAR erfolgen, sondern allenfalls nach § 10 (→ Rn. 84). Zweitens verbietet § 14 Abs. 2 S. 2 grundsätzlich eine Vorabveröffentlichung der Angebotsunterlage oder auch von Teilen der Unterlage. Eine Vorabveröffentlichung einzelner Eckda-

---

[85] So deshalb auch Schwark/Zimmer/*Noack/Holzborn* Rn. 27; Steinmeyer/*Santelmann/Steinhardt* Rn. 22; Baums/Thoma/*Thoma* Rn. 55; aA – diese Angabe gleichwohl nicht für erforderlich haltend – Assmann/Pötzsch/Schneider/*Assmann* Rn. 48; FK-WpÜG/*Walz* Rn. 52; diff. Kölner Komm WpÜG/*Hirte* Rn. 24, dagegen aber zutr. Steinmeyer/*Santelmann/Steinhardt* Rn. 22.

[86] BT-Drs. 14/7034, 39, allgM.

[87] Wie hier Baums/Thoma/*Thoma* Rn. 55; Steinmeyer/*Santelmann/Steinhardt* Rn. 22; *Drinkuth* in Marsch-Barner/Schäfer Börsennotierte AG-HdB Rn. 60.63; Schwark/Zimmer/*Noack/Holzborn* Rn. 27; aA ohne inhaltliche Auseinandersetzung Assmann/Pötzsch/Schneider/*Assmann* Rn. 48; FK-WpÜG/*Walz* Rn. 52; Angerer/Geibel/Süßmann/*Geibel/Louven* Rn. 39.

[88] AA Assmann/Pötzsch/Schneider/*Assmann* Rn. 49 aE; unentschieden FK-WpÜG/*Walz* Rn. 52: „sollte mit angegeben werden".

[89] Wie hier die wohl hM, s. *Drinkuth* in Marsch-Barner/Schäfer Börsennotierte AG-HdB Rn. 60.58; Assmann/Pötzsch/Schneider/*Assmann* Rn. 12, 4; vgl. Steinmeyer/*Santelmann/Steinhardt* Rn. 47; Angerer/Geibel/Süßmann/*Geibel/Louven* Rn. 11; jetzt auch Baums/Thoma/*Thoma* Rn. 19.

[90] Näher dazu *Wackerbarth* WM 2016, 388 ff.

[91] *Boucsein/Schmiady* AG 2016, 597 (598); eine bedingte Entscheidung befürworten Kölner Komm WpÜG/*Hirte* Rn. 30 f.; Ehricke/Ekkenga/Oechsler/*Oechsler* Rn. 14; Vorbehalte hinsichtlich der Finanzierung sollen nach Schwark/Zimmer/*Noack/Holzborn* Rn. 27 mit angegeben werden dürfen.

[92] AllgM, statt aller Angerer/Geibel/Süßmann/*Geibel/Louven* Rn. 39.

[93] BT-Drs. 14/7034, 40 f.; Kölner Komm WpÜG/*Hirte* Rn. 23; FK-WpÜG/*Walz* Rn. 52 f.; Assmann/Pötzsch/Schneider/*Assmann* Rn. 48; Baums/Thoma/*Thoma* Rn. 54 f.; Angerer/Geibel/Süßmann/*Geibel/Louven* Rn. 39, 125; Steinmeyer/*Santelmann/Steinhardt* Rn. 22; s. auch *Seibt* CFL 2013, 145 (154) mN zur dies billigenden Praxis der BaFin und Beispielen aus der Praxis.

ten widerspricht grundsätzlich der Systematik des WpÜG, nach der die Angebotsunterlage die Hauptinformationsquelle der Adressaten ist, und dem aus §§ 10, 14 ableitbaren Prinzip, dass die Information des Kapitalmarktes über das Angebot zum Schutz vor Fehlinformation vollständig reguliert ist und in (nur) zwei Schritten zu erfolgen hat. Durch eine unregulierte Veröffentlichung einzelner Angebotsdetails könnten Marktverzerrungen eintreten, was, wie § 3 Abs. 5 und § 10 Abs. 1 S. 3 zeigen, verhindert werden soll.[94] Man stelle sich zB die Kursausschläge vor, wenn zunächst ein 100%iger Aufschlag auf den Börsenkurs der Zielgesellschaft angekündigt wird, in der Angebotsunterlage dann jedoch das Angebot von der Bedingung einer 100%igen Annahmequote abhängig gemacht wird.

Deshalb ist von folgendem auszugehen: Wenn Eckdaten gem. § 10 veröffentlicht werden, **69** dann müssen **alle wesentlichen Eckdaten** des Angebots genannt werden, also sämtliche in § 11 Abs. 2 Nr. 1–5 genannten Angaben. Andernfalls ist eine Irreführung der Öffentlichkeit und damit ein Verstoß gegen Art. 15 MAR (Verbot der Marktmanipulation) nicht auszuschließen. Werden Eckdaten genannt, so schließt das nach hM eine Abweichung in der Angebotsunterlage nicht aus, da § 21 insofern keine Anwendung findet.[95] Die BaFin lässt allerdings keine **Abweichungen von der einmal angekündigten Gegenleistung nach unten** mehr zu, da dies zu Marktverzerrungen führen könnte, die der Bieter durch Unterlassen solcher Angaben leicht verhindern könnte; auch bleibt er an die Art der angekündigten Gegenleistung gebunden.[96] Nach hier vertretener Auffassung haftet der Bieter lediglich aus culpa in contrahendo, wenn das spätere Angebot hinter der Entscheidungsveröffentlichung zurückbleibt und der Bieter sich eine solche Abweichung nicht ausdrücklich vorbehalten hat (→ § 11 Rn. 113 ff.).[97] Im Übrigen bleibt Art. 15 MAR selbstverständlich anwendbar, verbietet aber nicht pauschal Anpassungen der Gegenleistung an veränderte Umstände. Dass der Bieter ansonsten den Mindestpreis für Konkurrenzangebote in die Höhe treiben könnte,[98] stellt eine bloße Behauptung dar, der man durch eine entsprechende Auslegung des § 5 WpÜG-AV beikommen könnte.[99] Die Rechtslage ist allerdings unbefriedigend unbestimmt und verlangt eine **Klärung durch den Gesetzgeber.** Dieser könnte etwa dem Bieter auferlegen, bestimmte Angaben mit in die Veröffentlichung nach § 10 aufzunehmen und die entsprechende Anwendung des § 21 anordnen. Dafür spricht auch eine rechtsvergleichende Umschau. So bestimmt etwa die schweizerische Regelung, dass eine Entscheidung des Bieters im Wege einer „Voranmeldung" veröffentlicht werden kann, aber nicht muss.[100] Wird sie aber veröffentlicht, dann muss der wesentliche Angebotsinhalt einschließlich der Bedingungen mit angegeben werden. Eine ähnliche, wenn auch kompliziertere Regel enthält das britische Recht.[101]

Die zusätzlichen Informationen, die in der Mitteilung an die BaFin und die Börsenge- **70** schäftsführungen zu verlangen sind (→ Rn. 58 f.), brauchen in der Veröffentlichung nicht angegeben zu werden, weil die Vorschriften insoweit unterschiedliche Zwecke verfolgen.

[94] S. dazu auch *Boucsein/Schmiady* AG 2016, 597 (598).

[95] Zutr. *Oechsler* ZIP 2003, 1330 (1333), *Drinkuth* in Marsch-Barner/Schäfer Börsennotierte AG-HdB Rn. 60.64 und Baums/Thoma/*Thoma* Rn. 57 gegen Kölner Komm WpÜG/*Hasselbach* § 21 Rn. 11; zurückhaltend – im Hinblick auf „Selbstbindung" des Bieters genüge Missbrauchsaufsicht durch die BaFin – Assmann/Pötzsch/Schneider/*Assmann* Rn. 48; nach Steinmeyer/*Santelmann/Steinhardt* Rn. 49a und *Boucsein/Schmiady* AG 2016, 597 (598) soll hingegen das Marktverzerrungsverbot eine Grenze setzen, wobei eine nach § 21 zulässige Änderung auch bis zur Veröffentlichung der Unterlage zulässig sein soll.

[96] *Boucsein/Schmiady* AG 2016, 597 (598); *Klepsch/Schmiady/v. Buchwaldt* in Kämmerer/Veil, Übernahme- und Kapitalmarktrecht in der Reformdiskussion, 2013, 7 f., auch zu Tauschangeboten; ähnlich Steinmeyer/*Santelmann/Steinhardt* Rn. 49a; vgl. auch den Bericht von *Wollburg* in Mülbert/Kiem/Wittig, 10 Jahre WpÜG, 2011, 308 f.

[97] Vgl. ähnlich *Oechsler* ZIP 2003, 1330 (1333).

[98] *Klepsch/Schmiady/v. Buchwaldt* in Kämmerer/Veil, Übernahme- und Kapitalmarktrecht in der Reformdiskussion, 2013, 7.

[99] ZB indem man den Durchschnittspreis gem. § 5 Abs. 1 WpÜG-AV auch für das konkurrierende Angebot gelten lässt.

[100] Art. 5 UEV = Verordnung der Übernahmekommission über öffentliche Kaufangebote (Schweiz), dazu etwa FK-WpÜG/*Walz* Rn. 8 und Baums/Thoma/*Thoma* Rn. 124.

[101] Rule 2.5 City Code, FK-WpÜG/*Walz* Rn. 13; Baums/Thoma/*Thoma* Rn. 126.

Die Anleger müssen nach Abs. 3 S. 2 weiter darauf hingewiesen werden, unter welcher **Internetadresse** das eigentliche Angebot veröffentlicht wird (zu den Anforderungen an die Adresse vgl. → Rn. 63, die Erläuterung gelten sinngemäß).

**71**   **4. Verbot anderweitiger vorheriger Veröffentlichung (Abs. 3 S. 3).** Das Verbot, das aus § 15 WpHG aF wörtlich übernommen wurde, soll laut Begründung die Einheitlichkeit der Veröffentlichungswege gewährleisten.[102] Zweck ist es, die unkontrollierte Verbreitung von Informationen zu verhindern, die Insiderhandeln fördern würde.[103] Es betrifft nur Entscheidungen iSv → Rn. 20 ff., für eine Veröffentlichung mit anderem Inhalt während der Planungsphase gilt es nicht.

## V. Nachmitteilung der Veröffentlichung (Abs. 4)

**72**   Wird das zweistufige Verfahren (erst Vorabmitteilung, dann Veröffentlichung) eingehalten, so muss der Bieter die Veröffentlichung der Angebotsentscheidung den in Abs. 2 genannten Stellen noch zur Verfügung stellen. Dies dient der Überwachung der Veröffentlichungspflicht nach Abs. 1.[104] Diese Pflicht entfällt, soweit der Bieter von der Vorabmitteilung an die inländischen Börsengeschäftsführungen gem. → Rn. 60 befreit wurde. Die Nachmitteilung wird dann durch die gleichzeitige Mitteilung nach Abs. 2 S. 3 ersetzt.

## VI. Benachrichtigung des Vorstands der Zielgesellschaft und der Arbeitnehmer (Abs. 5)

**73**   **1. Benachrichtigung des Vorstands der Zielgesellschaft.** Abs. 5 S. 1 verlangt vom Bieter, nach der gemäß Abs. 3 erfolgten Veröffentlichung seiner Entscheidung, den Vorstand der Zielgesellschaft **schriftlich** zu benachrichtigen. § 126 Abs. 3 BGB ist anwendbar, daher ist die Übersendung in elektronische Form mit qualifizierter Signatur möglich.[105] Mangels Warnfunktion des Formerfordernisses genügt auch ein Telefax, nicht aber die bloße Einhaltung der Textform, etwa durch E-Mail.[106] Da der Vorstand auf Grund eigener Überwachung des Marktes der Aktien der Zielgesellschaft spätestens unmittelbar nach der Veröffentlichung und dh in aller Regel vor Zugang des von Abs. 5 geforderten Schreibens über die Angebotsabsicht des Bieters bereits informiert sein dürfte, ist der Zweck der Regelung zweifelhaft. Zu unterrichten ist nur der Vorstand, es genügt die Adressierung an eines der Mitglieder analog § 78 Abs. 2 S. 2 AktG. Die Unterrichtung des Aufsichtsrats richtet sich nach § 90 AktG.

**74**   **2. Benachrichtigung des zuständigen Betriebsrats bzw. der Arbeitnehmer der Zielgesellschaft.** In Abs. 5 S. 2 wird eine Pflicht des Vorstandes zur unverzüglichen Unterrichtung über die Mitteilung nach S. 1 festgelegt. Über den Sinn dieser Pflicht kann man ebenfalls streiten, da auch die Arbeitnehmer nach der Veröffentlichung über die Entscheidung des Bieters informiert sein werden. Immerhin ist denkbar, dass die Arbeitnehmer weiteren Informationsbedarf haben werden, der freilich durch die in Abs. 5 S. 2 vorgesehene Pflicht kaum abgedeckt wird.

**75**   Es handelt sich um eine **arbeitsrechtliche Pflicht** der Zielgesellschaft, für die ihr Vorstand handelt. Diese hätte an und für sich im BetrVG geregelt werden müssen und ist lediglich wegen des funktionalen Zusammenhangs mit dem Angebot in das WpÜG aufgenommen. Recht der Arbeitnehmer oder ihrer Vertretungen gegenüber der BaFin resultieren

---

[102] BT-Drs. 14/7034, 40.

[103] Schäfer/Hamann/*Geibel/Schäfer* WpHG § 15 Rn. 177; FK-WpÜG/*Walz* Rn. 54.

[104] BT-Drs. 14/7034, 40.

[105] Assmann/Pötzsch/Schneider/*Assmann* Rn. 76; Schwark/Zimmer/*Noack/Holzborn* Rn. 33, die eine qualifizierte Signatur sogar für entbehrlich halten.

[106] Wie hier Steinmeyer/*Santelmann/Steinhardt* Rn. 40; Kölner Komm WpÜG/*Hirte* Rn. 81 mwN; aA Schwark/Zimmer/*Noack/Holzborn* Rn. 33: Telefax und E-Mail erlaubt; Assmann/Pötzsch/Schneider/*Assmann* Rn. 76: auf Telefax sollte verzichtet werden, E-Mail unzulässig.

daraus nicht.[107] Angesichts der wenig detaillierten Regelung dürfte der Begriff „zuständiger Betriebsrat" als bloß allgemeiner Verweis auf die Zuständigkeiten nach Betriebsverfassungsrecht zu verstehen sein. Für dieses Verständnis spricht auch die Gesetzesbegründung, die als zuständigen Betriebsrat in bestimmten Fällen auf den Gesamtbetriebsrat oder den Konzernbetriebsrat verweist.[108] Abs. 5 S. 2 bestimmt daher selbst nur zweierlei: Erstens regelt er eine **grundsätzliche Pflicht zur Information**, dh unabhängig von den Voraussetzungen der § 106 Abs. 1 BetrVG, § 32 Abs. 1 SprAuG, §§ 32 f. EBRG. Zweitens legt er den Adressaten der Informationspflicht fest, bestimmt also die **Zuständigkeit auf Arbeitgeberseite.** Zuständig ist allein der Vorstand der Zielgesellschaft und zwar auch dann, wenn es sich bei der Zielgesellschaft um die Obergesellschaft eines Konzerns mit mehreren Arbeitgebern handelt.

Auf **Arbeitnehmerseite** ist zu bedenken, dass es um die Information über eine mögliche **76** Veränderung in der Leitungsmacht der Zielgesellschaft geht. Das ist eine wirtschaftliche Angelegenheit, die möglicherweise Auswirkungen auf das gesamte Unternehmen der Zielgesellschaft und auf ihre Tochtergesellschaften hat. Die Arbeitnehmerrepräsentanten sollen auch gerade im Hinblick auf diese möglichen Auswirkungen informiert werden; ein anderer Sinn kann der Informationspflicht kaum beigelegt werden. Daher müssen auf Arbeitnehmerseite grundsätzlich **sämtliche Arbeitnehmer** informiert werden, die bei der Zielgesellschaft oder deren Tochtergesellschaften beschäftigt werden.[109] Abs. 5 S. 2 stellt klar, dass an Stelle der Arbeitnehmer auch das sie jeweils repräsentierende Gremium informiert werden kann. Zuständig ist also bei Zielgesellschaften mit mehreren Betrieben der Gesamtbetriebsrat, fehlt ein solcher, gleich aus welchen Gründen,[110] ist der Betriebsrat zuständig.[111] Ist die Zielgesellschaft das herrschende Unternehmen eines Konzerns (§ 18 AktG) und ist bei ihr ein Konzernbetriebsrat errichtet, ist dieser zuständig;[112] anderenfalls hilfsweise der Gesamtbetriebsrat. Fehlt auch ein solcher, so ist der Betriebsrat zuständig.

Ist bei der Zielgesellschaft ein **Europäischer Betriebsrat** errichtet, so ist dieser neben **77** dem zuständigen Betriebsrat iSd BetrVG zu informieren, da er gem. § 1 Abs. 2 EBRG zuständig ist.[113] Besteht ein **Sprecherausschuss,** so ist dieser neben dem Betriebsrat zu informieren, da der Betriebsrat die leitenden Angestellten nicht repräsentiert.[114]

---

[107] OLG Frankfurt AG 2020, 183 (185).

[108] BT-Drs. 14/7034, 40.

[109] Wie hier Angerer/Geibel/Süßmann/*Geibel/Louven* Rn. 93 gegen Assmann/Pötzsch/Schneider/*Assmann* Rn. 80.

[110] IErg auch Angerer/Geibel/Süßmann/*Geibel/Louven* Rn. 86.

[111] Kölner Komm WpÜG/*Hirte* Rn. 86 f. mwN.

[112] Angerer/Geibel/Süßmann/*Geibel/Louven* Rn. 87; Assmann/Pötzsch/Schneider/*Assmann* Rn. 79; unentschieden Kölner Komm WpÜG/*Hirte* Rn. 88. Der Einwand *Hirtes,* betroffen vom Angebot sei nur die Zielgesellschaft, infolgedessen handele es sich nicht um eine Konzernangelegenheit, trifft nicht zu. Richtig ist zwar, dass von dem Angebot die Arbeitnehmer selbst überhaupt nicht betroffen sind. Daher muss der Bieter sie auch nicht informieren. Aber bei der Information nach Abs. 5 S. 2 geht es um eine arbeitsrechtliche Informationspflicht nicht des Bieters, sondern der Zielgesellschaft. Diese betrifft eine mögliche Veränderung in der Leitungsmacht bei der Obergesellschaft eines Konzerns. Das ist eine wirtschaftliche Angelegenheit, die den Konzern insgesamt betrifft.

[113] AA die hM: Kölner Komm WpÜG/*Hirte* Rn. 89: nur unter den Voraussetzungen der §§ 32 f. EBRG; Angerer/Geibel/Süßmann/*Geibel/Louven* Rn. 91, 95 (mit der willkürlichen und daher nicht haltbaren Annahme, mit dem Wort „Betriebsrat" seien nur bestimmte ausgewählte Organe der Betriebsverfassung, zB Konzern- Gesamt und einfacher Betriebsrat, nicht jedoch zB Europäischer Betriebsrat oder Sprecherausschuss gemeint) sowie Assmann/Pötzsch/Schneider/*Assmann* Rn. 79, der meint, die hier vertretene Auslegung sei methodisch nicht haltbar. Dabei übersieht er, dass § 10 Abs. 5 WpÜG nicht selbst die Zuständigkeit regelt, sondern diese sich aus dem Betriebsverfassungsrecht ergibt, zu dem auch § 1 EBRG zu zählen ist. Soweit die Zuständigkeit in einer Vereinbarung nach §§ 17 ff. EBRG geregelt ist, ergibt sich die Antwort aus dieser besonderen Vereinbarung. Im Übrigen ist der Europäische Betriebsrat gem. § 1 Abs. 2 EBRG in Angelegenheiten zuständig, die die Unternehmensgruppe insgesamt oder Betriebe bzw. Unternehmen in mindestens zwei Mitgliedstaaten betreffen. Ist die Zielgesellschaft Muttergesellschaft oder ein gemeinschaftsweit tätiges Unternehmen, bestehen an der (zusätzlichen, neben nationalem Betriebsverfassungsrecht bestehenden) Zuständigkeit des EBR daher keine Zweifel. Welches Auslegungsproblem hier bestehen sollte, ist nicht ersichtlich.

[114] AA Kölner Komm WpÜG/*Hirte* Rn. 89: nur unter den Voraussetzungen des § 32 Abs. 1 SprAuG; Assmann/Pötzsch/Schneider/*Assmann* Rn. 79.

78   Der Vorstand muss infolgedessen die Arbeitnehmer unmittelbar nur in Ausnahmefällen unterrichten, wenn nämlich in der Zielgesellschaft und ihren Töchtern kein Betriebsrat besteht. Für betriebsratslose Betriebe eines zum Konzern der Zielgesellschaft gehörenden Unternehmens ist eine Hilfszuständigkeit des Gesamtbetriebsrats in § 50 Abs. 1 S. 1 BetrVG vorgesehen, so dass eine unmittelbare Information auch nur einiger weniger Arbeitnehmer normalerweise nicht erforderlich ist.

79   Welchen **Inhalt** die Mitteilung hat, ist dem Gesetz ebenfalls nicht zu entnehmen. Man wird es aber für ausreichend halten müssen, wenn der Vorstand die Mitteilung kommentarlos den Arbeitnehmer weitergibt. Alles Weitere ergibt sich letztlich aus der Reaktion der Arbeitnehmer und ist keine Rechtsfrage des WpÜG, sondern eine Frage der Unternehmensführung: Hält der Vorstand es für angezeigt, die Mitteilung zu kommentieren, so steht ihm das frei, rechtlich verpflichtet ist er dazu jedenfalls nicht nach dem WpÜG, das seine Stellungnahmepflicht in § 27 regelt.

80   Nach dem Betriebsverfassungsgesetz ist der Vorstand zusätzlich gem. § 106 Abs. 2, Abs. 3 Nr. 1 und Nr. 10 verpflichtet, den **Wirtschaftsausschuss** zu informieren, soweit ein solcher gebildet ist. Die Unterrichtung des Wirtschaftsausschusses nach § 106 wird aber allenfalls bei einer feindlichen Übernahme durch die Mitteilung gem. Abs. 5 S. 1 ausgelöst, denn in den meisten Fällen wird der Bieter schon vorher mit dem Vorstand verhandelt haben. Wann bei freundlichen Übernahmeverhandlungen die Geheimhaltungspflicht des Vorstands der Zielgesellschaft endet und sich in eine Pflicht zur Unterrichtung des Wirtschaftsausschusses verwandelt, ist ungeklärt. Spätestens mit der Mitteilung nach Abs. 5 S. 1 hat der Vorstand dem Wirtschaftsausschuss aber auch die ihm schon zur Verfügung stehenden Unterlagen, insbesondere die ihm möglicherweise bereits zugegangene Angebotsunterlage vorzulegen. Eine generelle Pflicht zur Unterrichtung des Betriebsrats nach § 111 BetrVG besteht dagegen nicht, weil der Wertpapiererwerb keine Betriebsänderung ist.

81   Bezüglich der **Form** der Mitteilung gilt, dass die Übergabe einer Kopie der Mitteilung an den Betriebsratsvorsitzenden ausreicht.[115] Sind die Arbeitnehmer zu informieren, so reicht ein Anschlag am schwarzen Brett oder ein E-Mail-Rundschreiben aus.[116] **Unverzüglich** (ohne schuldhaftes Zögern) heißt angesichts dieser eingeschränkten Pflichten des Vorstands und der Nutzungsmöglichkeit moderner Kommunikationswege, dass die Bekanntmachung im Unternehmen innerhalb von ein oder zwei Werktagen zu erfolgen hat (vgl. auch → § 14 Rn. 37 aE).

82   **3. Benachrichtigung des zuständigen Betriebsrats bzw. der Arbeitnehmer des Bieters.** Neu eingefügt in das WpÜG wurde im Zuge der Umsetzung der Übernahme-RL Abs. 5 S. 3, der eine (arbeitsrechtliche) Pflicht des Bieters festschreibt, auch seine Arbeitnehmer bzw. den zuständigen Betriebsrat zu informieren. Die Erläuterungen zu Abs. 5 S. 2 gelten trotz des abweichenden Wortlauts („mitzuteilen" statt „unterrichtet") entsprechend, der Wortlautunterschied resultiert allein aus der fehlenden Zwischenschaltung des Vorstands der Zielgesellschaft.[117] Aus dieser resultiert im Übrigen eine gewisse Verzögerung der Unterrichtung der Arbeitnehmer der Zielgesellschaft gegenüber derjenigen des Bieters. Für **ausländische Bieter** wird man – entgegen der auf den Sitz der Zielgesellschaft abstellenden Regel des § 1 Abs. 2 – allein dem internationalen kollektiven Arbeitsrecht entnehmen können, ob und inwieweit ein Bieter der Pflicht des Abs. 5 S. 3 unterliegt.[118] Für dieses gilt das Territorialitätsprinzip.[119] Das WpÜG kann Bietern mit Sitz im In- oder Ausland grundsätzlich nur für deren inländische Betriebe oder Betriebsteile Informationspflichten

---

[115] Angerer/Geibel/Süßmann/*Geibel/Louven* Rn. 102 empfiehlt ein kurzes Anschreiben.
[116] Allg. Auffassung, s. etwa Assmann/Pötzsch/Schneider/*Assmann* Rn. 80; FK-WpÜG/*Walz* Rn. 58; ausf. Angerer/Geibel/Süßmann/*Geibel/Louven* Rn. 103 f. unter zutr. Hinweis darauf, dass die Anforderungen in Bezug auf die Information der Arbeitnehmer hier nicht überspannt werden dürfen; näher auch Kölner Komm WpÜG/*Hirte* Rn. 94 f.
[117] Ebenso Angerer/Geibel/Süßmann/*Geibel/Louven* Rn. 109; vgl. RegE, BT-Drs. 16/1003, 18.
[118] AA Angerer/Geibel/Süßmann/*Geibel/Louven* Rn. 111 ff., der auf den Sitz des Bieters abstellt.
[119] S. nur ErfK/*Schlachter* EGBGB Art. 34 Rn. 22.

auferlegen. Umgekehrt besteht die Pflicht eines in- oder ausländischen Bieters auch dann und nur für inländische Betriebe und Betriebsteile sowie für den Europäischen Betriebsrat, wenn er eine Gesellschaft übernehmen will, auf die § 1 Abs. 3 Anwendung findet. Anderes ergibt sich wohl aus § 2 Nr. 6 WpÜG-Anwendbarkeitsverordnung, diese Vorschrift ist aber richtlinienwidrig, weil Art. 4 Abs. 2 lit. e Übernahme-RL in dieser Konstellation keine Zuständigkeit des Sitzmitgliedstaates vorsieht, wohl aber Art. 6 Abs. 3 S. 1 Übernahme-RL verlangt, dass die Mitgliedstaaten in allen Fällen die Information der Arbeitnehmer des Bieters vorsehen. Für inländische Betriebe kann das aber nur deutsches Recht vorsehen.

## VII. Verhältnis zu anderen Vorschriften (Abs. 6)

**1. Ad-hoc-Publizität des Bieters.** Ist der Bieter selbst eine börsennotierte Gesellschaft **83** und unterliegt er den Vorschriften des WpHG und der MAR, so stellt sich die Frage, inwieweit er neben den Pflichten aus § 10 denjenigen der MAR Rechnung zu tragen hat. Diese Frage wird in Abs. 6 geregelt. Der Gesetzgeber sieht § 10 als lex specialis zu Art. 17 MAR an, was sich zwar nicht unmittelbar aus dem Gesetzeswortlaut, der in Abs. 6 nur von Nichtanwendbarkeit des Art. 17 MAR spricht, aber aus der Begründung ergibt.[120] Die Frage, ob das europarechtlich überhaupt möglich ist, ist zu bejahen, da § 10 seinerseits auf Art. 6 Abs. 1 Übernahme-RL beruht.[121] Soweit die gemäß § 10 bestehenden Pflichten erfüllt sind, bestehen daneben zunächst keine weiteren Pflichten nach Art. 17 MAR. Umgekehrt darf ein Bieter keine Ad-hoc-Meldung gem. Art. 17 MAR veröffentlichen, obzwar das bevorstehende Übernahmeangebot sich auch auf den Kurs seiner Wertpapiere auswirken kann. Durch Abs. 6 stellt der Gesetzgeber klar, dass eine Ad-hoc-Publizität durch den Bieter gem. Art. 17 MAR im Zusammenhang mit der Entscheidung zu einem Angebot insgesamt ausgeschlossen ist. Er darf (und muss) vor der Veröffentlichung der Angebotsunterlage nur die Veröffentlichung nach § 10 Abs. 1 vornehmen.

Allerdings soll bereits nach der Gesetzesbegründung zu § 10 die Pflicht zur Ad hoc- **84** Publizität anwendbar bleiben, soweit **nach der Veröffentlichung** zB **weitere Eckdaten** des späteren Angebots „vorliegen".[122] Das sieht auch nach Einführung des Art. 17 MAR die ganz hM ebenso.[123] Dem ist nicht zu folgen: Es kann nicht richtig sein, dass nur Bieter, die Art. 17 MAR unterliegen, solche Eckdaten veröffentlichen müssen oder dürfen. Diese werden zwar selten so außergewöhnlich sein, dass sie – unabhängig von der Tatsache eines Angebots selbst – den Kurs des Bieters beeinflussen können. Hingegen werden solche Eckdaten in aller Regel sehr wohl den Kurs der Zielgesellschaft beeinflussen; diese wiederum kennt diese Daten nicht notwendigerweise und kann sie daher nicht selbst nach Art. 17 MAR veröffentlichen. Richtige Rechtsgrundlage für weitere Veröffentlichungen vor der Angebotsunterlage kann deshalb allein § 10 selbst, nicht aber Art. 17 MAR sein (→ Rn. 68). Eine Ad-hoc-Publizität des Bieters gem. Art. 17 MAR nach Veröffentlichung der Entscheidung kommt deshalb lediglich für solche Insiderinformationen in Betracht, die **nicht Gegenstand der Veröffentlichungen nach §§ 10, 11 sind.** In diesem Sinne hat sich im Jahr 2007 auch das OLG Frankfurt unter Beifall des BGH zu § 15 WpHG aF geäußert.[124] Im entschiedenen Fall bezog sich die Ad-hoc-Mitteilung allerdings auf Infor-

---

[120]  BT-Drs. 14/7034, 39: „Die Regelung geht § 15 WpHG vor; Absatz 6 ordnet dies ausdrücklich an"; vgl. auch S. 40: „Sonderregelung".

[121]  Damit ist das Argument von Klöhn/*Klöhn*, Marktmissbrauchsverordnung, 2018, MAR Art. 17 Rn. 49, 396 hinfällig, Art. 17 MAR gehe als höherrangiges Recht vor und der Ausschluss gem. § 10 Abs. 6 WpÜG ins Leere. Wie hier iErg, aber ohne Begr., Steinmeyer/*Santelmann/Steinhardt* Rn. 50; Assmann/Schneider/ *Mülbert/Assmann* MAR Art. 17 Rn. 10.

[122]  BT-Drs. 14/7034, 40.

[123]  FK-WpÜG/*Walz* Rn. 62 f.; Baums/Thoma/*Thoma* Rn. 116; Kölner Komm WpÜG/*Hirte* Rn. 100 ff.; *Bachmann* ZHR 172 (2008), 597 (615) mwN in Fn. 87; Assmann/Schneider/Mülbert/*Assmann* MAR Art. 17 Rn. 10 und 215; Assmann/Pötzsch/Schneider/*Assmann* Rn. 83; *Brandi/Süßmann* AG 2004, 642 (652); wohl auch Angerer/Geibel/Süßmann/*Geibel/Louven* Rn. 39, 116; nicht eindeutig dagegen Schäfer/Hamann/*Geibel/Schäfer* WpHG § 15 Rn. 13 f.

[124]  OLG Frankfurt AG 2007, 749 (752), Revision nicht angenommen durch BGH BeckRS 2008, 15 360.

mationen, die nach hier vertretener Auffassung in die Angebotsunterlage gehört hätten, so dass eine Ad-hoc-Mitteilung nicht hätte erfolgen dürfen (→ § 11 Rn. 71).

85    Nach wie vor umstritten ist, ob ein börsennotierter Bieter während der Planungsphase, also **vor der Entscheidung nach § 10,** der allgemeinen Ad-hoc-Publizität des Art. 17 MAR unterliegt. Nach wohl überwiegender Auffassung soll der Bieter auch vor der nach § 10 zu veröffentlichenden Entscheidung uneingeschränkt der Ad-hoc-Publizität unterliegen.[125] Danach könnten bereits während der Planungsphase Veröffentlichungspflichten für den Bieter nach Art. 17 MAR entstehen, Abhilfe wäre dann nur über die Selbstbefreiung nach Art. 17 Abs. 4–7 MAR möglich.[126] Dem kann schon deshalb nicht gefolgt werden, weil dann für unterschiedliche Bieter (mit und ohne Börsennotierung) unterschiedliche Veröffentlichungspflichten im Vorfeld der Übernahme gälten.[127] Vielmehr ist auch in der Planungsphase zwischen den Informationen zu unterscheiden. Der Bieter ist selbstverständlich an die MAR gebunden, soweit es um nicht angebotsbezogene Tatsachen geht, die ihn iSd Art. 17 MAR unmittelbar betreffen. Soweit jedoch die Planung eines Wertpapier-Erwerbsangebots selbst (und die Entscheidung darüber) die fragliche Information darstellt, bestimmt allein § 10, wann und wie diese zu veröffentlichen ist. In diesem Rahmen verdrängt § 10 die Regel des Art. 17 MAR.[128] Zur in diesem Zusammenhang diskutierten Frage des mehrstufigen Entscheidungsprozesses → Rn. 32 ff.

86    Der Vorrang des § 10 vor Art. 17 MAR gilt nur, soweit der Bieter eine Entscheidung zur Abgabe eines Übernahmeangebots getroffen hat oder dies noch in Betracht kommt. Hat der Bieter hingegen eine **Entscheidung gegen die Abgabe** eines Angebots getroffen, so kann (und ggf. muss) er diese Tatsache unter den Voraussetzungen des Art. 17 MAR veröffentlichen.[129] Zu veröffentlichen ist sie, wenn sie den Kurs des Bieters beeinflussen kann. Das kann zB nach entsprechenden Gerüchten auf dem Kapitalmarkt der Fall sein.[130] Sicher erforderlich ist eine Veröffentlichung der Ablehnungsentscheidung nach Art. 17 MAR, wenn der Bieter zuvor das Bestehen einer noch nicht abgeschlossenen Planungsphase analog § 10 veröffentlicht hat (zu dieser Möglichkeit → Rn. 87 ff.). Denn unter dieser Voraussetzung ist in aller Regel eine Kursrelevanz der ablehnenden Entscheidung für seine

---

[125] Steinmeyer/*Santelmann/Steinhardt* Rn. 53 f.; *Brandi/Süßmann* AG 2004, 642 (652); Schwark/*Zimmer/Noack/Holzborn* Rn. 41; Fuchs/*Pfüller* WpHG § 15 Rn. 196; Assmann/Pötzsch/Schneider/*Assmann* Rn. 85; vgl. Assmann/Schneider/Mülbert/*Assmann* MAR Art. 17 Rn. 214; wohl auch *Bachmann* ZHR 172 (2008), 597 (615 f.) (die von *Bachmann* in Fn. 87 Zitierten beziehen sich nur auf Ad-hoc-Publizität nach dem Zeitpunkt der Entscheidungsveröffentlichung); auch der Entwurf eines Moduls C für die 5. Aufl. des Emittentenleitfadens, S. 52 (im Internet abrufbar unter www.bafin.de); ferner *Decker,* Ad-hoc-Publizität bei öffentlichen Übernahmen, 2008, 81, 181 ff.; *Lebherz* WM 2010, 154 (156 f.).

[126] Zu dieser Konsequenz *Brandi/Süßmann* AG 2004, 642 (652); vgl. auch *Widder/Bedkowski* BKR 2007, 405 (407) (Notlösung).

[127] Wie hier *Hasselbach/Stepper* BB 2020, 203 (210); dieses Argument leugnet *Decker,* Ad-hoc-Publizität bei öffentlichen Übernahmen, 2008, 196 f., wenn er behauptet, börsennotierte Unternehmen unterlägen nun einmal zu Recht einer gesteigerten Publizitätspflicht. Die börsennotierte Bieterin wäre nur zur Kursrelevanz für ihre eigenen Wertpapiere zur Publizität verpflichtet, über die von § 10 ins Auge gefasste Kursrelevanz für die Wertpapiere der Zielgesellschaft und die insoweit gebotene Gleichbehandlung der Bieter ist damit nichts gesagt.

[128] Ebenso Angerer/Geibel/Süßmann/*Geibel/Louven* Rn. 121; Baums/Thoma/*Thoma* Rn. 116 f.; s. auch *Drinkuth* in Marsch-Barner/Schäfer Börsennotierte AG-HdB Rn. 60.66 (ua wegen § 10 Abs. 3 S. 3); nur de lege ferenda *Widder/Bedkowski* BKR 2007, 405 (409), die sich aber nicht mit der Frage auseinandersetzen, ob der Gesetzgeber mit der damaligen Fassung des § 15 WpHG auch tatsächlich angeordnet hat, was er lt. Begr. anordnen wollte. Im Übrigen gibt die Begr. zum AnSVG (BT-Drs. 15/3174, 35 f.) für das Verhältnis von § 10 zu § 15 WpHG aF nichts Konkretes her. AA Assmann/Pötzsch/Schneider/*Assmann* Rn. 85.

[129] AA *Oechsler* NZG 2001, 817 (821), der eine Verdrängung des § 15 WpHG aF durch § 10 Abs. 6 auch für diesen Fall annimmt, damit allerdings den Wortlaut des § 10 Abs. 6 nicht genau genug nimmt. Dort ist nicht von einer Entscheidung über die Abgabe eines Angebots, sondern nur von der Entscheidung zur Abgabe die Rede, vgl. aber Ehricke/Ekkenga/Oechsler/*Oechsler* Rn. 10.

[130] Das kann zum Beispiel bei missverständlichen Äußerungen aus dem Unternehmen des Emittenten gegeben sein. *Bachmann* ZHR 172 (2008), 597 (613) befürwortet entgegen der hM auch bei bloßen Spekulationen am Markt eine Veröffentlichung des Abbruchs einer Transaktion, da der verständige Anleger dies durchaus zur Grundlage seiner Anlageentscheidung mache. Dem ist zuzustimmen; vgl. → Rn. 94 ff. zur Ad-hoc Publizität der Zielgesellschaft.

Wertpapiere gegeben. Eine Pflicht, sich anschließend entsprechend einem solchen Dementi zu verhalten, folgt daraus nicht,[131] wohl aber eine Schadensersatzhaftung des potentiellen Bieters gem. § 98 WpHG oder ein Bußgeld gem. § 120 Abs. 15 WpHG, wenn das Dementi unwahr ist. Eine Möglichkeit, ein solches Dementi abzugeben, kennt auch das englische Recht in Rule 2.8 City Code, freilich mit der ausdrücklichen Folge einer regelmäßigen sechsmonatigen Abstandnahme von einem Angebot.[132]

**2. Veröffentlichung analog § 10 bei Gerüchten. a) Geheimhaltung und Gerüchte 87 im Rahmen von Art. 17 MAR.** Eine ausdrücklich geregelte Pflicht des Bieters, zu Übernahmegerüchten Stellung zu nehmen oder noch nicht abgeschlossene Überlegungen über eine Übernahme zu veröffentlichen, kennt das WpÜG nicht,[133] anders als § 5 Abs. 2 öÜbG oder – in eingeschränkter Form – Rule 2.2 (c), (d) und (f) City Code für das Vereinigte Königreich. Im Rahmen der MAR kann sich ein Emittent allerdings gem. Art. 17 Abs. 7 nicht mehr auf die Möglichkeit einer Selbstbefreiung von der Ad-hoc-Publizität gem. Art. 17 Abs. 4 MAR berufen, wenn er die Vertraulichkeit einer Insiderinformation nicht mehr gewährleisten kann, wie es Art. 17 Abs. 4 UAbs. 1 lit. c MAR verlangt). Die Vertraulichkeit kann insbesondere bei aufkommenden Gerüchten über die Übernahme gefährdet sein, sofern diese gem. Art. 17 Abs. 7 MAR **ausreichend präzise** sind. Von einem ausreichend präzisen Gerücht wird man ausgehen können, wenn das Gerücht wesentliche Umstände enthält, die in einer entsprechenden Ad-hoc-Mitteilung enthalten sein müssten.[134] Nach Art. 17 Abs. 7 kommt es, wie zum Teil schon bisher vertreten,[135] auf die Herkunft des Gerüchts nicht mehr an.[136] Soweit man also der unter → Rn. 85 dargestellten hM folgt, der Bieter als Inlandsemittent dem Art. 17 MAR unterliegt und bereits eine ihn betreffende Insiderinformation vorliegt, ist er dementsprechend jedenfalls dann zur Veröffentlichung verpflichtet, wenn er die Vertraulichkeit der Planungsphase nicht mehr gewährleisten kann. Ergo besteht nach hM für Bieter-Emittenten durchaus eine Pflicht, auf (bestimmte) Gerüchte zu reagieren. Darüber hinaus können nach hM Insider zur Abwehr der Gefahr eines Verstoßes gegen das **insiderrechtliche Weitergabeverbot** (Art. 14 lit. c MAR iVm Art. 10 MAR) eine Veröffentlichung analog Art. 17 MAR (§ 15 WpHG aF) vornehmen.[137] Das gilt jedenfalls dann, wenn die fragliche Information nicht „dem Emittenten gehört" bzw. dieser kein Recht hat, selbst über den Aufschub der Veröffentlichung der fraglichen Information zu entscheiden.[138] Genau diese Konstellation ist bei der Planung eines Übernahmeangebots durch den Bieter gegeben: Die Information über seine eigenen Pläne „gehört" sicher ihm, nicht der Zielgesellschaft, auch wenn sie deren Aktienkurs beeinflusst.

---

[131] Zutr. *Oechsler* NZG 2001, 817 (821).

[132] Dazu *Oechsler* NZG 2001, 817 (821).

[133] Zu Recht, wie Assmann/Pötzsch/Schneider/*Assmann* Rn. 7 meint. Dem ist jedoch mit den nachfolgenden Erwägungen zu widersprechen.

[134] *Hopt/Kumpan* in Schimansky/Bunte/Lwowski, Bankrechts-Handbuch, 5. Aufl. 2017, § 107 Rn. 157; Assmann/Schneider/Mülbert/*Assmann* MAR Art. 17 Rn. 138.

[135] Steinmeyer/*Santelmann*/Steinhardt Rn. 56; *Fleischer*/Schmolke AG 2007, 841 (850 f.); *Brandi/Süßmann* AG 2004, 642 (652 f., 657); *Kuthe* ZIP 2004, 883 (885).

[136] *Hopt/Kumpan* ZGR 2017, 765 (784); so nunmehr auch Assmann/Schneider/Mülbert/*Assmann* MAR Art. 17 Rn. 138 f. sowie der Entwurf eines Moduls C für die 5. Aufl. des Emittentenleitfadens, S. 58 (im Internet abrufbar unter www.bafin.de; aA bisher Emittentenleitfaden 2013, IV.3.3, S. 61: „Vertraulichkeitslücke in seinem Herrschaftsbereich"; noch immer Klöhn/*Klöhn*, Marktmissbrauchsverordnung, 2018, MAR Art. 17 Rn. 289; dies mit der Definition des präzisen Gerüchts verquickend.

[137] Schäfer/Hamann/*Geibel*/Schäfer WpHG § 15 Rn. 119; vgl. auch *Brellochs/Wieneke* FS 25 Jahre WpHG, 2019, 567 (594); Klöhn/*Klöhn*, Marktmissbrauchsverordnung, 2018, MAR Art. 10 Rn. 20, 25, die die öffentliche Bekanntgabe durch Insider allgemein erlauben wollen; noch weitergehend *Burgard* ZHR 162 (1998), 51 (80 ff.), die sogar eine Pflicht zur Veröffentlichung bejaht; abl. im Rahmen des WpÜG *Mühle,* Das Wertpapiererwerbs- und Übernahmegesetz, 2002, 211 f.

[138] Nicht durchdacht Assmann/Schneider/Mülbert/*Assmann* MAR Art. 10 Rn. 12, 51. In Rn. 12 stellt er einerseits darauf ab, dass durch eine Veröffentlichung die Information ihre Eigenschaft als Insiderinformation verliert (bei Fn. 5), andererseits spiele genau das keine Rolle (zuvor bei Fn. 7). In Rn. 51 stellt er zwar zutr. auf die Interessen des Emittenten an der Kontrolle über die Information ab, weist aber nicht auf die Möglichkeit hin, dass dieser die Insiderinformation nicht einmal kennt. Genau diese Situation liegt hier vor.

88   **b) Geheimhaltung der Planungsphase als insiderrechtliche Pflicht (jedes) Bieters.** Aufgrund des Wortlauts des § 10 weicht die Rechtslage für den Bieter von der gem. Art. 17 MAR bestehenden Rechtslage ab. Von einer allgemeinen Pflicht zur Vertraulichkeit ist in der Gesetzesbegründung nicht die Rede, der Gesetzgeber will die Vertraulichkeit lt. Begründung nur im Rahmen einer Befreiung nach § 10 Abs. 1 S. 3 gewährleistet wissen.[139] Allerdings können (noch nicht abgeschlossene) Übernahmeüberlegungen des Bieters Insiderinformationen sein, die die Zielgesellschaft betreffen (→ § 3 Rn. 38). Aufgrund des für jeden Bieter bestehenden **insiderrechtlichen Weitergabeverbots** hat dieser den Kreis der Beteiligten daher möglichst klein zu halten (→ Rn. 8). Es kann demgegenüber nicht hingenommen werden, dass für einen Bieter-Emittenten eine Pflicht zur Gewährleistung von Vertraulichkeit besteht, bei deren Verletzung er gem. Art. 17 MAR den Stand der Planungen veröffentlichen muss (→ Rn. 87), während für andere Bieter eine solche Pflicht nicht bestünde. Das ist aber Konsequenz der hM, die Art. 17 MAR auch im Vorfeld der Entscheidung für anwendbar hält und damit Bieter-Emittenten und andere Bieter ohne Sachgrund ungleich behandelt (→ Rn. 85). Dies sollte der Gesetzgeber umgehend klarstellen, am besten durch eine der österreichischen Regelung vergleichbare Pflicht des Bieters, (nur) unter genau bestimmten Voraussetzungen den Stand seiner Planungen offenlegen zu müssen.

89   De lege lata ist die gebotene gesetzliche Gleichbehandlung sämtlicher Bieter allein dadurch herzustellen, dass sich Geheimhaltung und Veröffentlichung allein nach Art. 7 ff. MAR und § 10 WpÜG richten, Art. 17 MAR im Vorfeld der Entscheidung also nicht zur Anwendung gelangt (vgl. → Rn. 85). Danach gilt folgendes: Der Bieter darf vor der Entscheidungsveröffentlichung andere nur insoweit über seine Pläne informieren, als dies **zur Vorbereitung seiner Entscheidung unerlässlich** ist (→ § 3 Rn. 46). Keinesfalls dürfen etwa aus taktischen Gründen „Überlegungen" darüber veröffentlicht werden, dass eventuell ein Angebot geplant ist. Dies wird in der Lit. vorgeschlagen, um etwa den Ablauf eines laufenden Übernahmeangebots zu behindern, ohne dass es dann später zu einem Angebot kommt.[140] Man wird jedoch – Kursrelevanz vorausgesetzt – in einer solchen Ankündigung einen Verstoß gegen das Marktmanipulationsverbot des Art. 15 MAR iVm Art. 12 Abs. 1 lit. c MAR sehen müssen. Allgemein gilt: Sofern mit dem Angebot Dritte befasst werden sollen, deren Beteiligung für die Vorbereitung der Entscheidung nicht unerlässlich ist, wie etwa Unternehmensberater, sollte ohne Veröffentlichung ein Verstoß gegen Art. 14 lit. c MAR bejaht werden. Aufkommende Gerüchte über seine Absichten können ferner Indiz für eine Verletzung der Aufsichtspflicht gem. § 130 OWiG sein. Zu weitgehend ist allerdings de lege lata die (rechtspolitisch zu befürwortende) Auffassung, der Bieter sei insiderrechtlich Garant dafür, dass die noch nicht abgeschlossene Planungsphase geheim bleibt.[141] Die aus dem Insiderrecht resultierende Geheimhaltungspflicht ist gefährdet, wenn sich die Übernahmepläne innerhalb des Unternehmens des Bieters herumsprechen. Spätestens dann, wenn schon der Pförtner den an den Plänen beteiligten Rechtsanwalt an der Schranke fragt, wie es denn mit den Übernahmeplänen der XY-AG aussehe, hat die Veröffentlichung gem. → Rn. 90 ff. zu erfolgen.

90   **c) Art und Weise der Veröffentlichung.** Akzeptiert man den Gedanken der Abwehrveröffentlichung im Rahmen der MAR (→ Rn. 87 aE), so wird man ihn auf das WpÜG in der Weise übertragen müssen, dass (jeder) Bieter zur Abwehr seiner Strafbarkeit eine **Veröffentlichung analog § 10 Abs. 2, Abs. 3** vornehmen kann.[142] Die Strafbarkeit für

---

[139] BT Drs. 14/7034, 39.
[140] Vgl. *Hasselbach/Stepper* NZG 2020, 170 (174).
[141] *Burgard* ZHR 162 (1998), 51 (80).
[142] Die von *Mühle,* Das Wertpapiererwerbs- und Übernahmegesetz, 2002, 210 f. gegen eine echte Pflicht zur Veröffentlichung unmittelbar aus § 10 vorgebrachten Einwände überzeugen, richten sich aber nicht gegen die hier vertretene bloße Möglichkeit einer Abwehrveröffentlichung. Es wird mit der hier vertretenen Auslegung gerade nicht der Entscheidungsbegriff des § 10 teleologisch reduziert, vielmehr im Wesentlichen einfach nur das Insiderrecht der MAR angewendet. § 10 wird nur die Möglichkeit der Veröffentlichung für solche Personen entnommen, die nicht Emittent im Sinne des Art. 3 MAR sind. Das folgt schon daraus, dass § 10 Abs. 6 zwar die Anwendung des Art. 17 MAR ausschließt, nicht jedoch das Insiderrecht der Art. 7 ff. MAR.

etwa fehlende Geheimhaltung bestimmt sich also allein nach dem Insiderrecht (→ § 3 Rn. 46), während die Abwehrveröffentlichung analog § 10 WpÜG, nicht hingegen nach Art. 17 MAR zu erfolgen hat.[143] Diese Betrachtung ist aus mehreren Gründen geboten. Zum einen betrifft eine solche **Abwehrveröffentlichung** Prozesse, die bei ihrem positiven Abschluss (Entscheidung zur Angebotsabgabe) eine Veröffentlichung nach § 10 verlangen, also die Planungsphase bis zur endgültigen Entscheidung des Bieters. Eine Veröffentlichung analog § 10 liegt daher von vornherein näher als eine nach Art. 17 MAR, zumal § 10 Abs. 6 die Anwendung des Art. 17 MAR gerade ausschließt. Zum anderen ermöglicht § 10 die Abwehrveröffentlichung auch Personen, die nicht Emittent iSd Art. 17 MAR sind und daher eine Veröffentlichung analog Art. 17 MAR überhaupt nicht vornehmen könnten, also natürlichen Personen, Personengesellschaften, nicht börsennotierten Kapitalgesellschaften.[144] Zu **Muttergesellschaften,** die ein Angebot durch eine Tochtergesellschaft planen, → Rn. 41.

**d) Inhalt und Rechtsfolgen.** Der Bieter wird in der Abwehrveröffentlichung den 91 Stand seiner Planungen darstellen müssen. Da zum Zeitpunkt der Veröffentlichung denknotwendig noch keine Entscheidung für oder gegen eine Angebotsabgabe gefallen ist (sonst wäre eine Veröffentlichung nach § 10 oder nach Art. 17 MAR vorzunehmen), kann er sich darauf beschränken, in allgemeiner Form die bislang ergriffenen Maßnahmen zu beschreiben und anzugeben, welche Angebotsart (Voll- oder Teilangebot) in Betracht gezogen wird und auf welche Zielgesellschaft und welche Wertpapiere sich die Pläne beziehen. Die bei → Rn. 101 ff. beschriebenen Folgen löst eine entsprechende Veröffentlichung nur analog § 10 **nicht** aus, weshalb in der Veröffentlichung klarzustellen ist, dass eine Entscheidung noch nicht gefallen ist.

**3. Ad-hoc-Publizität der Zielgesellschaft. a) Allgemeines.** Fraglich ist schließlich, 92 ob die Zielgesellschaft einer Ad-hoc-Publizitätspflicht aus Art. 17 MAR unterliegt, wenn sie zwecks Verhandlungen über eine freundliche Übernahme oder anderweitig von bevorstehenden Übernahmeplänen des Bieters erfährt. Hierbei sind neben der Frage, ob Art. 17 MAR auf die Zielgesellschaft überhaupt Anwendung finden kann, verschiedene Situationen und Konstellationen zu unterscheiden.

Die **Grundfrage,** ob Art. 17 MAR das Verhalten der Zielgesellschaft steuert, ist mit der 93 ganz hM zu bejahen.[145] Aus Abs. 6 kann die Nichtanwendung des Art. 17 MAR nicht gefolgert werden, da § 10 nur für Entscheidungen des Bieters gilt, die Frage einer Publizitätspflicht der Zielgesellschaft also überhaupt nicht regelt.[146]

**b) Informationen über feindliche Übernahmepläne des Bieters.** In der aktuellen 94 Fassung des Art. 17 MAR kommt es nicht mehr darauf an, ob die Tatsache im Tätigkeitsbe-

---

Auf die Möglichkeit einer Veröffentlichung analog § 10 geht *Decker,* Ad-hoc-Publizität bei öffentlichen Übernahmen, 2008, 197 ff. leider nicht ein, sondern lehnt nur – insoweit zu Recht – eine Veröffentlichung nicht börsennotierter Bieter analog § 15 WpHG aF ab.

[143] AA Kölner Komm WpÜG/*Hirte* Rn. 109 unter Verweis auf § 15 Abs. 1 S. 4 WpHG aF, der jedoch gerade nicht unwahre Gerüchte, sondern unwahre frühere Veröffentlichungen des Emittenten betraf; zu Recht gegen eine Veröffentlichung analog § 15 WpHG aF *Decker,* Ad-hoc-Publizität bei öffentlichen Übernahmen, 2008, 197 f.

[144] Das spricht entscheidend gegen die von Kölner Komm WpÜG/*Hirte* Rn. 109 vertretene Auffassung.

[145] Schäfer/Hamann/*Geibel*/*Schäfer* WpHG § 15 Rn. 12; Kölner Komm WpÜG/*Hirte* Rn. 103; *Assmann* ZGR 2002, 697 (714 f.); Assmann/Schneider/Mülbert/*Assmann* MAR Art. 17 Rn. 211; Assmann/Pötzsch/ Schneider/*Assmann* Rn. 86 f.; Baums/Thoma/*Thoma* Rn. 118; FK-WpÜG/*Walz* Rn. 64; *Waldhausen,* Die Ad-hoc-publizitätspflichtige Tatsache, 2001, 250; *Happ/Semler* ZGR 1998, 116 (140); *v. Klitzing,* Die Adhoc-Publizität, 1999, 107, 259 f.; *Hopt* ZGR 2002, 333 (347); *Bachmann* ZHR 172 (2008), 597 (616) mwN; Angerer/Geibel/Süßmann/*Geibel*/*Louven* Rn. 123 ff.; aA Steinmeyer/*Santelmann*/*Steinhardt* Rn. 59; (vor Inkrafttreten des AnSVG) *Hopt* ZGR 2002, 333 (345 ff.).

[146] *Hopt* ZGR 2002, 333 (345) bezeichnet die Reichweite des § 10 Abs. 6 als „zu eng". Mit der noch im Diskussionsentwurf geregelten Geheimhaltungspflicht bis zur Veröffentlichung des Bieters (so § 10 Abs. 2 des Diskussionsentwurfs; vgl. dazu *Dreyling/Schäfer,* Insiderrecht und Ad-hoc-Publizität, 2001, Rn. 468) kann schon deshalb nicht argumentiert werden, weil diese Geheimhaltungspflicht nicht Gesetz geworden ist.

reich des Emittenten entstanden ist, sondern darauf, ob sie ihn unmittelbar betrifft. Das ist bei feindlichen Übernahmeabsichten des Bieters, von denen die Zielgesellschaft Kenntnis erlangt, der Fall.[147] Zweitens kommt es für die Ad-hoc-Publizität der Zielgesellschaft darauf an, wie präzise die Information ist, dh mit welcher Wahrscheinlichkeit eine Entscheidung des Bieters erwartet werden kann. Die Zielgesellschaft darf nicht einfach Gerüchte um eventuelle Bieterpläne gem. Art. 17 MAR veröffentlichen. In Betracht kommt es aber, den **Abbruch von Vertragsverhandlungen** mit dem Bieter gem. Art. 17 MAR zu veröffentlichen, wenn die Zielgesellschaft mit einem feindlichen Angebot rechnen muss.[148] Ist eine Insiderinformation gegeben, so ist stets die Möglichkeit der Selbstbefreiung der Zielgesellschaft gem. Art. 17 Abs. 4 MAR in Betracht zu ziehen.[149] Zu einer Pflicht der Zielgesellschaft, den Abbruch von Verhandlungen zu veröffentlichen, verdichtet sich dies erst, wenn die Verhandlungen zuvor durch Gerüchte an die Öffentlichkeit gedrungen sind (so → Rn. 86 aus Sicht des Bieters). Denn geheim gebliebene und dann **gescheiterte Verhandlungsversuche** sind nicht kursbeeinflussend und damit nicht zu veröffentlichen (vgl. → Rn. 95 ff.).[150]

95   **c) Veröffentlichungsschwelle bei freundlichen Verhandlungen.** Bei **erfolgreichen Verhandlungen** über ein freundliches Angebot bzw. über einen Zusammenschluss stellt sich die Frage, ab welchem Zeitpunkt bzw. ab welchem Stadium die Verhandlungen der Öffentlichkeit mitzuteilen sind. Im **amerikanischen Recht** findet sich dazu eine intensive Diskussion, die auf eine Abwägung der Umstände des Einzelfalls hinausläuft. Entscheiden soll die Frage, ob ein vernünftiger Anleger der Information über die Verhandlungen bereits eine substantielle Bedeutung für seine Entscheidung zum Kauf oder Verkauf der Wertpapiere beimessen würde, was einerseits von dem Umfang/der Wichtigkeit der geplanten Transaktion aus Sicht der Zielgesellschaft als auch von der (durch den Fortschritt der Verhandlungen sich ständig ändernden) Wahrscheinlichkeit ihres Eintritts abhängt.[151] Das **britische Recht**[152] scheint ähnliche Grundsätze in Rule 2.2 (c) und (e) City Code geradezu in anwendbare Regeln gegossen zu haben. Eine Ad-hoc-Publizität ist dort in Rule 2.2 (c) City Code vorgesehen, wenn nach dem Beginn der Verhandlungen signifikante Kursschwankungen (10% auf längere Sicht oder 5% an einem Tag) stattgefunden haben oder aber Übernahmegerüchte auf dem Markt auftauchen. Nach Rule 2.2 (e) City Code sind die Verhandlungen zu veröffentlichen, sobald der Kreis der in die Verhandlungen einbezogenen Personen ausgeweitet wird, etwa um die Finanzierung eines Angebots sicherzustellen oder bereits bindende Verträge abzuschließen.

96   Nach hM für das deutsche Recht kommt eine Veröffentlichung der bloßen Aufnahme von Verhandlungen über einen Zusammenschluss zwischen Bieter und Zielgesellschaft keinesfalls in Betracht. Es soll bereits an der Qualität einer Insiderinformation fehlen, da zu diesem Zeitpunkt noch völlig offen sei, ob überhaupt ein Angebot abgegeben wird und/

---

[147] Assmann/Schneider/Mülbert/*Assmann* MAR Art. 17 Rn. 213, 48, 117; Steinmeyer/*Santelmann/Steinhardt* Rn. 661.

[148] Vgl. auch *Hopt* ZGR 2002, 333 (347) unter Aufstellung des allgemeinen Prinzips, dass die Zielgesellschaft mögliche Irreführungen ihrer Aktionäre jedenfalls dann richtig stellen muss, wenn sie zu diesen – wenn auch unverschuldet – beigetragen hat.

[149] HM, *Bachmann* ZHR 172 (2008), 597 (616); Kölner Komm WpÜG/*Hirte* Rn. 103; Baums/Thoma/*Thoma* Rn. 118; Assmann/Pötzsch/Schneider/*Assmann* Rn. 87; aA *Brandi/Süßmann* AG 2004, 642 (654); Steinmeyer/*Santelmann/Steinhardt* Rn. 61; anders als *Bachmann* ZHR 172 (2008), 597 (616) meint, kann die Zielgesellschaft nicht über das Neutralitätsgebot zur Selbstbefreiung verpflichtet sein, solange eine Veröffentlichung der Entscheidung nach § 10 nicht erfolgt ist, denn erst diese löst jenes aus; → Rn. 103.

[150] Vgl. Assmann/Schneider/Mülbert/*Assmann* MAR Art. 17 Rn. 214 und 151, Assmann meint in Rn. 214, der Abbruch von Verhandlungen kann eine Insiderinformation darstellen. Auf etwaige geheim gebliebene Gespräche geht er nicht ein. In Rn. 151 konkretisiert er dann seine Aussage und meint, wenn der Abbruch der Vertragsverhandlungen über ein freundliches Übernahmeangebot darauf schließen lässt, der Bieter werde versuchen ein freindliches Übernahmeangebot abzugeben, dann stellt dies eine Insiderinformation dar; Fuchs/*Pfüller* WpHG § 15 Rn. 400; aA – aber zu weitgehend – *Tollkühn* ZIP 2004, 2215 (2220).

[151] Vgl. dazu *Gilson/Black* Law 1179 ff., 1190 unter Hinweis auf Basic, Inc. v. Levinson, 485 U.S 224 (1988).

[152] Vgl. zur englischen Regelung auch *Hopt* ZGR 2002, 333 (346).

oder ob etwa eine gesellschafts- oder umwandlungsrechtliche Gestaltung der übernahmerechtlichen vorzuziehen ist.[153] Auch das nachfolgende Gewähren einer **due diligence** an
einen potentiellen Bieter löst für sich betrachtet keine Ad-hoc-Publizität der Zielgesellschaft
aus (→ § 11 Rn. 76).[154] Soweit durch die due diligence neue Tatsachen zur Kenntnis der
Zielgesellschaft gebracht werden, zB wenn sich während der Durchführung ein erheblicher
Abschreibungsbedarf der Zielgesellschaft herausstellt,[155] dürfte es sich um bloß gelegentlich
der eigentlichen Übernahmeverhandlungen festgestellte neue Tatsachen handeln, für die
keine übernahmerechtlichen Besonderheiten gelten. Sobald ein **letter of intent** oder bereits
eine **Investorenvereinbarung (business combination agreement)**[156] abgeschlossen
wurde, soll eine Veröffentlichung „zu prüfen" sein.[157] In aller Regel darf sie gem. Art. 17
Abs. 4 MAR bis zur Entscheidung des Aufsichtsrats der Zielgesellschaft aufgeschoben werden.[158] Dessen Entscheidung soll allerdings schnellstmöglich herbeigeführt werden.[159]

Nach der Entscheidung des EuGH in Sachen **Geltl/Daimler AG** aus dem Jahr 2012[160]    **97**
hat sich an dieser Meinungslage kaum etwas geändert. Zwar wird nun vermehrt auch der
Aufnahme von Verhandlungen und Vorfeldvereinbarungen zwischen Bieter und Zielgesellschaft die (mögliche) Insiderinformationsqualität nicht mehr abgesprochen.[161] Zugleich
wird jedoch die Möglichkeit der Selbstbefreiung nach § 15 Abs. 3 WpHG aF als in aller
Regel gegeben und ausreichend angesehen.[162] Ähnliches gilt für den Beginn der Geltung
wesentlicher Teile der **MAR** am 3.7.2016, mit der in Art. 17 Abs. 4 MAR ein dem bisherigen § 15 Abs. 3 WpHG vergleichbares Selbstbefreiungsrecht vorgesehen ist.[163]

**Stellungnahme:** Bereits die Aufnahme von Verhandlungen über eine freundliche Über-    **98**
nahme stellt stets eine Insiderinformation dar. Eine Befreiungsmöglichkeit ist regelmäßig
bis zur Entscheidung des Aufsichtsrats der Zielgesellschaft zu bejahen. Sind die Gespräche
allerdings in ein Stadium getreten, das eher dem „Wie" als dem „Ob" eines freundlichen
Angebots nach dem WpÜG zuzuordnen ist,[164] wobei die in → Rn. 96 dargestellten
Grundsätze zu berücksichtigen sind, stellt sich die Frage, ob noch eine Entscheidung des
Aufsichtsrats der Zielgesellschaft abgewartet werden darf. Für einen erfolgreichen Verlauf
der Verhandlungen dürfte insbesondere der Abschluss einer Investorenvereinbarung sprechen.[165] Hat der Vorstand der Zielgesellschaft die Wirksamkeit dieser Vereinbarung nicht

---

[153] Nur iErg ebenso, da bereits die Insiderinformation verneinend, Emittentenleitfaden 2013, IV.2.2.14,
S. 58 f. selbst für den Fall, dass bereits ein Non-Disclosure-Agreement abgeschlossen wurde. Man fragt sich,
welchen Sinn das haben soll, wenn noch keine Insiderinformation vorliegt.

[154] *Assmann/Schneider/Mülbert/Assmann* MAR Art. 17 Rn. 214; *Assmann* ZGR 2002, 697 (715); *Wittich*
in v. Rosen/Seifert, Die Übernahme börsennotierter Unternehmen, 1999, 377, 387; *Waldhausen,* Die Ad-
hoc-publizitätspflichtige Tatsache, 2001, 250; *v. Klitzing,* Die Ad-hoc-Publizität, 1999, 259.

[155] *Wittich* in v. Rosen/Seifert, Die Übernahme börsennotierter Unternehmen, 1999, 377, 387.

[156] Dazu ausf. *Seibt/Wunsch* Konzern 2009, 195 (210); *Kiem* AG 2009, 301 ff.

[157] Emittentenleitfaden 2013, IV.2.2.14, S. 58 f.

[158] Emittentenleitfaden 2013, IV.2.2.7, S. 54 und IV.3.1, S. 60 f.

[159] Emittentenleitfaden 2013, IV.3.1, S. 61.

[160] EuGH NZG 2012, 784.

[161] S. etwa *Casper* in Kämmerer/Veil, Übernahme- und Kapitalmarktrecht in der Reformdiskussion, 2013,
210; Kölner Komm WpHG/*Klöhn* WpHG § 13 Rn. 321 mwN; *Bingel* AG 2012, 685 (697 ff.); immer noch
zurückhaltend aber *Sustmann* in Kämmerer/Veil, Übernahme- und Kapitalmarktrecht in der Reformdiskussion, 2013, 229 (248 f.).

[162] *Casper* in Kämmerer/Veil, Übernahme- und Kapitalmarktrecht in der Reformdiskussion, 2013, 210;
*Bingel* AG 2012, 685 (699 f.).

[163] Ausf. *Krause* CCZ 2014, 248 (254 ff.).

[164] Mögliche Indizien: Der Kreis der in die Verhandlungen einbezogenen Personen wird ausgeweitet, um
die Finanzierung zu klären; die wesentlichen Grundfragen (Personal, Fortbestand einzelner Geschäftsbereiche,
teilweise oder vollständige Übernahme) sind bereits geklärt, die Modalitäten der Ermittlung des späteren
Angebotspreises stehen im Wesentlichen fest, Gutachter/Rechtsanwälte sind von Bieter und Zielgesellschaft
gemeinsam beauftragt, die Struktur der Transaktion näher zu klären. Da nur die Verhandlungen, nicht aber
ihr Ergebnis ad-hoc zu veröffentlichen ist, spielt die Klärung der Frage, ob eine übernahme- oder umwandlungsrechtliche Gestaltung gewählt wird, dagegen keine Rolle; vgl. auch *Waldhausen,* Die Ad-hoc-publizitätspflichtige Tatsache, 2001, 250 in Fn. 1455.

[165] Dazu näher *Seibt/Wunsch* Konzern 2009, 195; *Kiem* AG 2009, 301 ff.; vgl. auch *Banerjea* DB 2003,
1489 (1497 f.).

unter den **Vorbehalt der Zustimmung des Aufsichtsrates** gestellt, ist der Vertrag also mit seinem Abschluss bindend, spricht alles gegen ein weiteres Abwarten mit der Veröffentlichung. Am Kursbeeinflussungspotential der Vereinbarung dürften in den seltensten Fällen Zweifel bestehen. Das Interesse der Aktionäre der Zielgesellschaft überwiegt dann ihr Interesse, die Entscheidung des Aufsichtsrats nicht zu präjudizieren. Wird hingegen ein entsprechender Vorbehalt in der Vereinbarung gemacht, wird schon der Bieter selbst darauf dringen, die Entscheidung des Aufsichtsrats schnellstmöglich herbeizuführen.

99    Eine weitere Ausnahme von der Möglichkeit der Selbstbefreiung ist zu machen, wenn über die bereits in einem fortgeschrittenen Stadium befindlichen Gespräche Gerüchte aufgekommen sind. In diesem Fall kann die Zielgesellschaft die **Vertraulichkeit der Verhandlungen** nicht mehr gewährleisten (→ Rn. 87). Auch signifikante Kursänderungen bzw. ein entsprechender Anstieg von Handelsvolumina kommen als Indiz dafür in Betracht.[166] In diesem Fall überwiegen die Interessen des Publikums – auch an einer Verhinderung des Insiderhandels – die Geheimhaltungsinteressen der beteiligten Gesellschaften bzw. das Interesse beider Gesellschaften, die Entscheidungen ihrer Organe nicht zu präjudizieren. Daran hält auch Art. 17 Abs. 4 UAbs. 1 lit. c MAR fest.

100    **4. Verhältnis zu § 35 WpÜG.** Den Erwerber der Kontrolle über die Zielgesellschaft treffen Veröffentlichungspflichten nach § 35 Abs. 1 S. 1 und 4. Er muss insoweit nach § 35 Abs. 1 S. 1 die Veröffentlichungswege des § 10 Abs. 3 benutzen, die Internetadresse für das Pflichtangebot mitteilen, auch gilt für ihn gemäß § 35 Abs. 1 S. 4 das Verbot anderweitiger Vorabveröffentlichung. Vor der Veröffentlichung ist eine Vorabmitteilung nach § 10 Abs. 2 durchzuführen. Schließlich gelten die in den Abs. 4–6 vorgesehenen Pflichten auch hinsichtlich der Veröffentlichung des Erwerbs einer Kontrollstellung (vgl. → § 35 Rn. 1 ff.). Hat der Bieter den festen Entschluss gefasst, ein zur Kontrolle führendes Paket zu erwerben, so ist dies zwar eine Insiderinformation, es sollte aber auch insoweit die in § 35 geregelte Veröffentlichungspflicht die ad-hoc-Publizität des Art. 17 MAR verdrängen.[167] Für die Zielgesellschaft kann sich eine Pflicht aus Art. 17 MAR nur dann ergeben, wenn der Bieter seinen Pflichten aus § 35 nicht nachgekommen ist, weil die Information sonst bereits öffentlich bekannt ist.[168] Der **Entschluss des Bieters,** über die Börse so viele Aktien zu kaufen, dass anschließend ein Pflichtangebot abzugeben ist, steht der Entscheidung zur Abgabe eines freiwilligen Übernahmeangebots gleich. Denn der Bieter, der die Rechtsfolgen des § 35 in Kauf nimmt und beginnt, zielgerichtet Aktien aufzukaufen, hat sich zur Abgabe eines Vollangebots entschlossen. Er ist dementsprechend gem. § 10 Abs. 1 verpflichtet, bereits **vor dem Erwerb** seine Entscheidung zu veröffentlichen, was die Rechtsfolgen eines **Übernahmeangebots** auslöst. Tut er es nicht, ist der anschließende Aktienerwerb strafbarer Insiderhandel, da der Bieter dann unter Verstoß gegen eine Veröffentlichungspflicht Aktien erwirbt (vgl. → § 3 Rn. 41). Bei einem oder mehreren Paketerwerben, deren Erfüllung für den Bieter zur Überschreitung der Grenze des § 29 führte, kann von einer Entscheidung des Bieters erst gesprochen werden, wenn das schuldrechtliche Geschäft tatsächlich abgeschlossen ist, mag seine Erfüllung auch durch ein erfolgreiches Übernahmeangebot bedingt sein. Daraus ergibt sich jedoch unter Umständen eine gegenüber § 35 WpÜG **vorverlagerte Pflicht** zur Veröffentlichung, da es bei jener Vorschrift auf den dinglichen Erwerb des Bieters ankommt.

## VIII. Rechtsfolgen der Veröffentlichung nach Abs. 3

101    **1. Vierwochenfrist für die Übermittlung der Unterlage an die BaFin.** Mit der Veröffentlichung nach Abs. 3 beginnt eine vierwöchige Frist zu laufen, innerhalb derer der Bieter der BaFin die Angebotsunterlagen iSd § 11 zu übermitteln hat (vgl. § 14 Abs. 1). Erfolgt innerhalb dieser, ggf. auf bis zu acht Wochen verlängerten Frist keine Übermittlung

---

[166] Emittentenleitfaden 2013, IV.3.3, S. 61.
[167] AA Assmann/Schneider/*Mülbert/Assmann* MAR Art. 17 Rn. 216; *Brandi/Süßmann* AG 2004, 642 (653).
[168] Insoweit zutr. Assmann/Pötzsch/Schneider/*Krause/Pötzsch* § 35 Rn. 183.

der Angebotsunterlage, so hat die BaFin ein Angebot nach § 15 Abs. 1 Nr. 3 zu untersagen. Dies kann nicht etwa durch die Übermittlung einer Angebotsunterlage umgangen werden, die eine bereits eingetretene (oder ausgefallene) Bedingung enthält.[169] Die Untersagung löst die einjährige Sperrfrist nach § 26 aus und stellt eine Ordnungswidrigkeit nach § 60 Abs. 1 Nr. 2 lit. a dar. Hingegen besteht kein privatrechtlicher Anspruch der Aktionäre der Zielgesellschaft auf Abgabe eines Angebots.[170]

**2. Sechsmonats-Referenzzeitraum für Barangebotspflicht.** Die Veröffentlichung **102** nach Abs. 3 löst bei Übernahmeangeboten weiter die Regel des § 31 Abs. 3 aus. Danach ist ein reines Tauschangebot ausgeschlossen und der Bieter muss ein Barangebot machen, wenn er oder gHP in den sechs Monaten vor der Veröffentlichung nach Abs. 3 und bis zum Ende der Annahmefrist insgesamt mindestens 5 % der Aktien oder Stimmrechte der Zielgesellschaft gegen eine Geldleistung erworben haben.

**3. Verhinderungsverbot.** Die Veröffentlichung der Entscheidung zur Abgabe eines **103** Angebots löst, soweit es sich um ein Übernahmegebot handelt, die Neutralitätspflicht oder Verhinderungsverbot genannte Pflicht der Geschäftsleitung der Zielgesellschaft gem. § 33 aus, die darin besteht, keine Maßnahmen durchzuführen, durch die der Erfolg des Angebots vereitelt werden könnte.

### IX. Sanktionen bei Pflichtverletzung

**1. Öffentlich-rechtliche Sanktionen gegen den Bieter.** Dem Bieter kann nach § 60 **104** Abs. 1 Nr. 1a, Abs. 3 ein **Bußgeld** bis zu 1.000.000 Euro auferlegt werden, wenn gegen die Pflicht zur Veröffentlichung dadurch verstoßen wird, dass sie nicht, nicht rechtzeitig, nicht richtig, nicht vollständig oder nicht in der vorgeschriebenen Weise erfolgt (näher → § 60 Rn. 1 ff.).[171] Mit Bußgeld bis zu einer Million Euro ist auch der Verstoß gegen die in Abs. 3 S. 3 vorgesehene Pflicht zur Beachtung bestimmter Veröffentlichungswege bedroht (§ 60 Abs. 1 Nr. 3). Für Verstöße gegen die in Abs. 2 geregelte Pflicht zur Vorabmitteilung gilt ebenso wie bei Nichteinhaltung der in Abs. 4 vorgesehenen Übersendungspflicht oder der aus Abs. 5 S. 1 folgenden Übermittlungspflicht ein Bußgeldrahmen von bis zu 500.000 Euro (§ 60 Abs. 1 Nr. 2 lit. a, b und Nr. 4).

**2. Zivilrechtliche Sanktionen.** Ein haftungsrechtlicher Schutz der Anleger der Zielge- **105** sellschaft, insbesondere nach **§ 823 Abs. 2 BGB** wird von der ganz hM im Rahmen des Art. 17 MAR (= § 15 WpHG aF) weitgehend verneint.[172] Der stattdessen häufig bejahte Schutz aus § 826 BGB ist in Wahrheit keiner, da sich dessen Voraussetzungen gerade im Bereich der Anlegerschädigung durch fehlende oder falsche Informationen so gut wie nie nachweisen lassen.[173] Im Rahmen des § 10 WpÜG wird der Diskussionsstand zu § 15 WpHG aF regelmäßig einfach übernommen und der Charakter als Schutzgesetz iSd § 823 Abs. 2 BGB verneint.[174] Demge-

---

[169] *Klepsch/Schmiady/v. Buchwaldt* in Kämmerer/Veil, Übernahme- und Kapitalmarktrecht in der Reformdiskussion, 2013, 9 f.

[170] AllgM, s. nur *Drinkuth* in Marsch-Barner/Schäfer Börsennotierte AG-HdB Rn. 60.70; Baums/Thoma/*Thoma* Rn. 61; *Cascante/Tyrolt* AG 2012, 97 (102 f.) mit Überlegungen de lege ferenda.

[171] S. näher OLG Frankfurt AG 2010, 296 (297).

[172] BGH NJW 2004, 2664 (2665) – Infomatec; BVerfG ZIP 2002, 1986 (1988 f.); OLG München ZIP 2002, 1989 (1994 f.) m. krit. Anm. *Möllers/Leisch*; ausf. *Krause* ZGR 2002, 799 ff., insbes. 805 ff. mwN; für einen Schutzgesetzcharakter des § 15 WpHG aF mit guter Begr. unter Rückgriff auf Art. 10 EGV *v. Klitzing*, Die Ad-hoc-Publizität, 1999, 54, 224; dagegen aber OLG München ZIP 2002, 1989 (1994 ff.) ohne überzeugende Begr. und ohne Vorlage an den EuGH. Ebenfalls gegen eine Herleitung aus Europarecht *Krause* ZGR 2002, 799 (813) unter Hinweis auf ein mögliches Vertragsverletzungsverfahren. Diese Auffassung berücksichtigt jedoch nicht ausreichend den Geltungsanspruch des Europarechts. Sie ließe sich allenfalls halten, wenn der Gesetzgeber ausdrücklich den Schutzgesetzcharakter verneint hätte, ansonsten geht die Pflicht der Gerichte zur richtlinienkonformen Auslegung nationalen Rechts vor.

[173] Vgl. insoweit *Möllers/Leisch* ZIP 2002, 1995 (1997 f.).

[174] Baums/Thoma/*Thoma* Rn. 120; Steinmeyer/*Santelmann/Steinhardt* Rn. 86 mwN; Assmann/Pötzsch/Schneider/*Assmann* Rn. 95; Angerer/Geibel/Süßmann/*Geibel/Louven* Rn. 128 ff.; FK-WpÜG/*Walz* Rn. 68; anders aber zT Kölner Komm WpÜG/*Hirte* Rn. 46.

genüber sprechen für einen individualschützenden Charakter des § 10 die besseren Gründe. Zum einen hat der Gesetzgeber auf eine § 15 Abs. 6 WpHG aF entsprechende Vorschrift bei § 10 verzichtet, was bereits gegen eine unbesehene Übernahme der hM zu § 15 Abs. 6 WpHG aF spricht. Auch steht § 10 ohnehin eher den Mitteilungspflichten nach §§ 33 ff. WpHG nahe als der Ad-hoc-Publizität (vgl. → Rn. 13 ff.; die Schutzgesetzqualität des § 33 WpHG bejahend → WpHG § 33 Rn. 2 [Anh. § 22 AktG]).[175] Der Gesetzgeber hat in § 10 eine Interessenabwägung zwischen dem Geheimhaltungsinteresse des Bieters und dem Informationsbedürfnis der Wertpapierinhaber der Zielgesellschaft vorgenommen (→ Rn. 18). Diese gesetzliche Entscheidung ist ernst zu nehmen. Sie würde konterkariert, wenn die Wertpapierinhaber der Zielgesellschaft nach dem Zeitpunkt verkaufen, zu dem die Veröffentlichung hätte vorgenommen werden müssen und dann nicht die Differenz zwischen Verkaufspreis und späterem Angebotspreis vom Bieter verlangen könnten. Eine teilweise vertretene (analoge) Anwendung der §§ 97, 98 WpHG[176] auf Verletzungen der Pflichten nach § 10 scheidet demgegenüber schon aus Gleichbehandlungsgründen aus, da diese Vorschriften nur auf Emittenten Anwendung finden könnte. Im Übrigen könnten aufgrund dieser Normen nur Erwerber oder Veräußerer von Finanzinstrumenten des Bieters Ansprüche haben, um diese geht es bei der Veröffentlichung gem. § 10 gerade nicht.[177]

**106**      **3. Untersagung eines Angebots?** Dagegen ist eine **Untersagung eines Angebots,** das der BaFin ohne vorher erfolgte Veröffentlichung der Entscheidung nach § 10 übermittelt wird, nicht möglich, wenn das Verfahren und der Inhalt der Unterlage für eine Untersagung nicht genügen (vgl. → § 15 Rn. 19 aE). Der Bieter kann also unter Inkaufnahme der soeben dargestellten Sanktionen auch ohne die Vorabinformation der Öffentlichkeit ein Angebot abgeben.

## § 11 Angebotsunterlage

(1) [1]**Der Bieter hat eine Unterlage über das Angebot (Angebotsunterlage) zu erstellen und zu veröffentlichen.** [2]**Die Angebotsunterlage muss die Angaben enthalten, die notwendig sind, um in Kenntnis der Sachlage über das Angebot entscheiden zu können.** [3]**Die Angaben müssen richtig und vollständig sein.** [4]**Die Angebotsunterlage ist in deutscher Sprache und in einer Form abzufassen, die ihr Verständnis und ihre Auswertung erleichtert.** [5]**Sie ist von dem Bieter zu unterzeichnen.**

(2) [1]**Die Angebotsunterlage hat den Inhalt des Angebots und ergänzende Angaben zu enthalten.** [2]**Angaben über den Inhalt des Angebots sind**
1. **Name oder Firma und Anschrift oder Sitz sowie, wenn es sich um eine Gesellschaft handelt, die Rechtsform des Bieters,**
2. **Firma, Sitz und Rechtsform der Zielgesellschaft,**
3. **die Wertpapiere, die Gegenstand des Angebots sind,**
4. **Art und Höhe der für die Wertpapiere der Zielgesellschaft gebotenen Gegenleistung,**
4a. **die Höhe der für den Entzug von Rechten gebotenen Entschädigung nach § 33b Abs. 4,**
5. **die Bedingungen, von denen die Wirksamkeit des Angebots abhängt,**
6. **der Beginn und das Ende der Annahmefrist.**

[175] Assmann/Schneider/Mülbert/*Assmann* MAR Art. 17 Rn. 11 und 308; Schäfer/Hamann/*Opitz* WpHG § 21 Rn. 42; Fuchs/*Dehlinger/Zimmermann* WpHG § 28 Rn. 54 mwN.
[176] So etwa Baums/Thoma/*Thoma* Rn. 121; Kölner Komm WpÜG/*Hirte* Rn. 46; Schwark/Zimmer/*Noack/Holzborn* Rn. 48; diff. – und Bieter mit und ohne Börsennotierung damit gleichwohl ungleichbehandelnd – Steinmeyer/*Santelmann/Steinhardt* Rn. 87.
[177] IErg ebenso, freilich mit anderer Begr. Assmann/Pötzsch/Schneider/*Assmann* Rn. 94; Angerer/Geibel/Süßmann/*Geibel/Louven* Rn. 128 m. Fn. 148.

[3]Ergänzende Angaben sind

1. Angaben zu den notwendigen Maßnahmen, die sicherstellen, dass dem Bieter die zur vollständigen Erfüllung des Angebots notwendigen Mittel zu Verfügung stehen, und zu den erwarteten Auswirkungen eines erfolgreichen Angebots auf die Vermögens-, Finanz- und Ertragslage des Bieters,
2. Angaben über die Absichten des Bieters im Hinblick auf die künftige Geschäftstätigkeit der Zielgesellschaft sowie, soweit von dem Angebot betroffen, des Bieters, insbesondere den Sitz und den Standort wesentlicher Unternehmensteile, die Verwendung des Vermögens, künftige Verpflichtungen, die Arbeitnehmer und deren Vertretungen, die Mitglieder der Geschäftsführungsorgane und wesentliche Änderungen der Beschäftigungsbedingungen einschließlich der insoweit vorgesehenen Maßnahmen,
3. Angaben über Geldleistungen oder andere geldwerte Vorteile, die Vorstands- oder Aufsichtratsmitgliedern der Zielgesellschaft gewährt oder in Aussicht gestellt werden,
4. die Bestätigung nach § 13 Abs. 1 Satz 2 unter Angabe von Firma, Sitz und Rechtsform des Wertpapierdienstleistungsunternehmens.

(3) Die Angebotsunterlage muss Namen und Anschrift, bei juristischen Personen oder Gesellschaften Firma, Sitz und Rechtsform, der Personen oder Gesellschaften aufführen, die für den Inhalt der Angebotsunterlage die Verantwortung übernehmen; sie muss eine Erklärung dieser Personen oder Gesellschaften enthalten, dass ihres Wissens die Angaben richtig und keine wesentlichen Umstände ausgelassen sind.

(4) Das Bundesministerium der Finanzen kann durch Rechtsverordnung, die nicht der Zustimmung des Bundesrates bedarf,

1. nähere Bestimmungen über die Gestaltung und die in die Angebotsunterlage aufzunehmenden Angaben erlassen und
2. weitere ergänzende Angaben vorschreiben, soweit dies notwendig ist, um den Empfängern des Angebots ein zutreffendes und vollständiges Urteil über den Bieter, die mit ihm gemeinsam handelnden Personen und das Angebot zu ermöglichen.

(5) Das Bundesministerium der Finanzen kann die Ermächtigung nach Absatz 4 durch Rechtsverordnung auf die Bundesanstalt übertragen.

### § 2 WpÜG-AV Ergänzende Angaben der Angebotsunterlage

Der Bieter hat in seine Angebotsunterlage folgende ergänzende Angaben aufzunehmen:

1. Name oder Firma und Anschrift oder Sitz der mit dem Bieter und der Zielgesellschaft gemeinsam handelnden Personen und der Personen, deren Stimmrechte aus Aktien der Zielgesellschaft nach § 30 des Wertpapiererwerbs- und Übernahmegesetzes Stimmrechten des Bieters gleichstehen oder ihm zuzurechnen sind, sowie, wenn es sich bei diesen Personen um Gesellschaften handelt, die Rechtsform und das Verhältnis der Gesellschaften zum Bieter und zur Zielgesellschaft;
2. Angaben nach Artikel 13 Absatz 1, Artikel 14 Absatz 1 und 2 oder Artikel 15 Absatz 1 der Verordnung (EU) 2017/1129 in Verbindung mit den jeweiligen Vorgaben in den Kapiteln II bis IV der Delegierten Verordnung (EU) 2019/980 der Kommission vom 14. März 2019 zur Ergänzung der Verordnung (EU) 2017/1129 des Europäischen Parlaments und des Rates hinsichtlich des Aufmachung, des Inhalts, der Prüfung und der Billigung des Prospekts, der beim öffentlichen Angebot von Wertpapieren oder bei deren Zulassung zum Handel an einem geregelten Markt zu veröffentlichen ist, und zur Aufhebung der Verordnung (EG) Nr. 809/2004 der Kommission (ABl. L 166 vom 21.6.2019, S. 26), sofern Wertpapiere als Gegenleistung angeboten werden; wurde für die Wertpapiere vor Veröffentlichung der Angebotsunterlage ein Prospekt, auf Grund dessen die Wertpapiere öffentlich angeboten oder zum Handel an einem organisierten Markt zugelassen worden sind, im Inland in deutscher Sprache veröffentlicht und ist für die als Gegenleistung angebotenen Wertpapiere während der gesamten Laufzeit des Angebots ein gültiger Prospekt veröffentlicht, genügt die Angabe, dass ein Prospekt veröffentlicht wurde und wo dieser jeweils erhältlich ist;

2a. Angaben nach § 7 des Vermögensanlagengesetzes in Verbindung mit der Vermögensanlagen-Verkaufsprospektverordnung, sofern Vermögensanlagen im Sinne des § 1 Absatz 2 des Vermögensanlagengesetzes als Gegenleistung angeboten werden; wurde für die Vermögensanlagen innerhalb von zwölf Monaten vor Veröffentlichung der Angebotsunterlage ein Verkaufsprospekt im Inland in deutscher Sprache veröffentlicht, genügt die Angabe, dass ein Verkaufsprospekt veröffentlicht wurde und wo dieser erhältlich ist, sowie die Angabe der seit der Veröffentlichung des Verkaufsprospekts eingetretenen Änderungen;

3. die zur Festsetzung der Gegenleistung angewandten Bewertungsmethoden und die Gründe, warum die Anwendung dieser Methoden angemessen ist, sowie die Angabe, welches Umtauschverhältnis oder welcher Gegenwert sich bei der Anwendung verschiedener Methoden, sofern mehrere angewandt worden sind, jeweils ergibt; zugleich ist darzulegen, welches Gewicht den verschiedenen Methoden bei der Bestimmung des Umtauschverhältnisses oder des Gegenwerts und der ihnen zugrundeliegenden Werte beigemessen worden ist, welche Gründe für die Gewichtung bedeutsam waren, und welche besonderen Schwierigkeiten bei der Bewertung der Gegenleistung aufgetreten sind;

3a. die zur Berechnung der Entschädigung nach § 33b Abs. 5 des Wertpapiererwerbs- und Übernahmegesetzes angewandten Berechnungsmethoden, sowie die Gründe, warum die Anwendung dieser Methoden angemessen ist;

4. die Maßnahmen, die die Adressaten des Angebots ergreifen müssen, um dieses anzunehmen und um die Gegenleistung für die Wertpapiere zu erhalten, die Gegenstand des Angebots sind, sowie Angaben über die mit diesen Maßnahmen für die Adressaten verbundenen Kosten und den Zeitpunkt, zu dem diejenigen, die das Angebot angenommen haben, die Gegenleistung erhalten;

5. die Anzahl der vom Bieter und von mit ihm gemeinsam handelnden Personen und deren Tochterunternehmen bereits gehaltenen Wertpapiere sowie die Höhe der von diesen gehaltenen Stimmrechtsanteile unter Angabe der ihnen jeweils nach § 30 des Wertpapiererwerbs- und Übernahmegesetzes zuzurechnenden Stimmrechtsanteile getrennt für jeden Zurechnungstatbestand sowie die Höhe der nach den §§ 38 und 39 des Wertpapierhandelsgesetzes mitzuteilenden Stimmrechtsanteile;

6. bei Teilangeboten der Anteil oder die Anzahl der Wertpapiere der Zielgesellschaft, die Gegenstand des Angebots sind, sowie Angaben über die Zuteilung nach § 19 des Wertpapiererwerbs- und Übernahmegesetzes;

7. Art und Umfang der von den in Nummer 5 genannten Personen und Unternehmen jeweils für den Erwerb von Wertpapieren der Zielgesellschaft gewährten oder vereinbarten Gegenleistung, sofern der Erwerb innerhalb von sechs Monaten vor der Veröffentlichung gemäß § 10 Abs. 3 Satz 1 des Wertpapiererwerbs- und Übernahmegesetzes oder vor der Veröffentlichung der Angebotsunterlage gemäß § 14 Abs. 3 Satz 1 des Wertpapiererwerbs- und Übernahmegesetzes erfolgte; dem Erwerb gleichgestellt sind Vereinbarungen, auf Grund derer die Übereignung der Wertpapiere verlangt werden kann;

7a. bei Angeboten nach § 39 Absatz 2 Satz 3 Nummer 1 des Börsengesetzes Angaben zu dem bevorstehenden Antrag der Zielgesellschaft auf einen Widerruf der Zulassung der betroffenen Wertpapiere zum Handel im regulierten Markt; die Angaben müssen einen ausdrücklichen Hinweis auf mögliche Einschränkungen der Handelbarkeit der betroffenen Wertpapiere als Folge des Widerrufs und die damit einhergehende Möglichkeit von Kursverlusten enthalten;

8. Angaben zum Erfordernis und Stand behördlicher, insbesondere wettbewerbsrechtlicher Genehmigungen und Verfahren im Zusammenhang mit dem Erwerb der Wertpapiere der Zielgesellschaft;

9. der Hinweis auf die Annahmefrist im Falle einer Änderung des Angebots nach § 21 Abs. 5 des Wertpapiererwerbs- und Übernahmegesetzes und die Annahmefrist im Falle konkurrierender Angebote nach § 22 Abs. 2 des Wertpapiererwerbs- und Übernahmegesetzes sowie im Falle von Übernahmeangeboten der Hinweis auf die weitere Annahmefrist nach § 16 Abs. 2 des Wertpapiererwerbs- und Übernahmegesetzes;

10. der Hinweis, wo die Angebotsunterlage gemäß § 14 Abs. 3 Satz 1 des Wertpapiererwerbs- und Übernahmegesetzes veröffentlicht wird;

11. der Hinweis auf das Rücktrittsrecht nach § 21 Abs. 4 und § 22 Abs. 3 des Wertpapiererwerbs- und Übernahmegesetzes und

12. Angaben darüber, welchem Recht die sich aus der Annahme des Angebots ergebenden Verträge zwischen dem Bieter und den Inhabern der Wertpapiere der Zielgesellschaft unterliegen, und die Angabe des Gerichtsstands.

**Schrifttum:** *Aha,* Rechtsschutz der Zielgesellschaft bei mangelhaften Übernahmeangeboten, AG 2002, 160; *Aisenbrey,* Die Preisfindung im Übernahmerecht, 2017; *Assmann,* Die Haftung für die Richtigkeit der Angebotsunterlage nach § 12 WpÜG, AG 2002, 153; *Assmann,* Übernahmeangebote im Gefüge des Kapitalmarktrechts, insbesondere im Lichte des Insiderrechts, der Ad-hoc-Publizität und des Manipulationsverbotes, ZGR 2002, 697; *Assmann,* Prospektaktualisierungspflichten, FS Ulmer, 2003, 757; *Einsele,* Verhaltenspflichten im Bank- und Kapitalmarktrecht – öffentliches Recht oder Privatrecht? –, ZHR 180 (2016), 233; *Hamann,* Die Angebotsunterlage nach dem WpÜG – ein praxisorientierter Überblick, ZIP 2001, 2249; *Hasselbach,* Die Weitergabe von Insiderinformationen bei M&A-Transaktionen mit börsennotierten Aktiengesellschaften – Unter Berücksichtigung des Gesetzes zur Verbesserung des Anlegerschutzes vom 28.10.2004, NZG 2004, 1087; *v. Hein,* Grundfragen des europäischen Übernahmekollisionsrechts, AG 2001, 213; *Hopt,* Grundsatz- und Praxisprobleme nach dem Wertpapiererwerbs- und Übernahmegesetz, ZHR 166 (2002), 383; *Hopt,* Übernahmen, Geheimhaltung und Interessenkonflikte: Probleme für Vorstände, Aufsichtsräte und Banken, ZGR 2002, 333; *Kocher,* Gemeinsam handelnde Personen im Übernahmerecht, AG 2018, 309; *Lenz/Behnke,* Das WpÜG im Praxistest – Ein Jahr Angebotsverfahren unter der Regie des neuen Gesetzes, BKR 2003, 43; *Lenz/Linke,* Die Handhabung des WpÜG in der aufsichtsrechtlichen Praxis, AG 2002, 361; *Liebscher,* Das Übernahmeverfahren nach dem neuen Übernahmegesetz, ZIP 2001, 853; *Möllers,* Verfahren, Pflichten und Haftung, insbesondere der Banken, bei Übernahmeangeboten, ZGR 2002, 664; *Oechsler,* Der RegE zum Wertpapiererwerbs- und Übernahmegesetz – Regelungsbedarf auf der Zielgeraden, NZG 2001, 817; *Oechsler,* Rechtsgeschäftliche Anwendungsprobleme bei öffentlichen Übernahmeangeboten, ZIP 2003, 1330; *Schüppen,* Übernahmegesetz ante portas! – Zum Regierungsentwurf eines „Gesetzes zur Regelung von öffentlichen Angeboten zum Erwerb von Wertpapieren und von Unternehmensübernahmen" –, WPg 2001, 958; *Schnorbus,* Drittklagen im Übernahmeverfahren, ZHR 166 (2002), 72; *Schulz,* Angaben zur Finanzierung eines Angebots und zu den erwarteten Auswirkungen auf die wirtschaftlichen Verhältnisse beim Bieter, M&A Review 2002, 559; *Seibt,* Übernahmerecht: Update H2/2011 – H1/2013, CFL 2013, 145; *Stephan,* Angebotsaktualisierung, AG 2003, 551; *Stoffels,* Grenzen der Informationsweitergabe durch den Vorstand einer Aktiengesellschaft im Rahmen einer „Due Diligence", ZHR 165 (2001), 362; *Zschocke,* Zum Schutz des nicht annehmenden Aktionärs nach dem WpÜG, FS Marsch-Barner, 2018, 607.

## Übersicht

## I. Allgemeines

1  **1. Normzweck und Rechtscharakter.** § 11 ist (iVm § 2 WpÜG-AV) das Herzstück des Übernahmerechts. Die inhaltlichen Anforderungen an die Angebotsunterlage sowie ihre wirksame Durchsetzung beeinflussen maßgeblich den Ablauf des Verfahrens und die Risiken des Bieters. Zweck der Norm ist es nach der Begründung in erster Linie, die vom Angebot Betroffenen, die Öffentlichkeit und die Aufsichtsbehörde über den genauen Inhalt des Angebots und über die mit dem Angebot verfolgten Ziele zu **informieren.** Erst als zweiter Gesichtspunkt wird der Zweck angeführt, den Inhabern der Wertpapiere der Zielgesellschaft eine ausreichende Informationsgrundlage für ihre Entscheidung über die Annahme des Angebots zu verschaffen.[1] Die Begründung verschleiert damit eher den Normzweck als dass sie ihn erhellt. Die **Wertpapierinhaber der Zielgesellschaft** sind die einzigen von dem Angebot „Betroffenen". Sonstige Betroffene sind nicht erkennbar, insbesondere kann die Norm nicht den Zweck einer Information der Arbeitnehmer verfolgen, da diese, soweit sie nicht zugleich Aktionäre der Zielgesellschaft sind, nicht Adressaten des Angebots sind. Betroffen sein können sie lediglich von späteren Maßnahmen nach einer erfolgreichen Übernahme, über die sie nach den einschlägigen arbeitsrechtlichen Vorschriften jedoch gesondert zu informieren und an denen sie ggf. zu beteiligen sind. Dementsprechend ist objektiver Normzweck zunächst die Information der Angebotsadressaten, also der Wertpapierinhaber. Dem entspricht es, die Norm als **privatrechtliche Vorschrift** anzusehen und den Wertpapierinhabern der Zielgesellschaft insgesamt einen reziproken Anspruch auf die in § 11 vorgeschriebenen Informationen durch eine fehlerfreie Angebotsunterlage bzw. auf

---

[1] BT-Drs. 14/7034, 41.

eine Beseitigung vorhandener oder nachträglich entstandener Fehler einzuräumen.[2] Weitere Indizien dafür (und Konsequenzen daraus) sind neben der Haftung des Bieters nach § 12 unter anderem seine Pflicht zur Aktualisierung (→ Rn. 18 ff.), sowie Durchsetzungsmöglichkeiten der Zielgesellschaft (→ Rn. 110 ff.) und die Haftung des Bieters auch gegenüber den nicht annehmenden Aktionären (→ Rn. 114 ff.).

Die Angebotsunterlage ist daneben eine wesentliche Informationsquelle auch für die **2** **Öffentlichkeit und die Aufsichtsbehörde.**[3] Das ist jedoch nur ein Nebenzweck der Vorschrift, da die Öffentlichkeit und die Aufsichtsbehörde nicht über die Annahme des Angebots entscheiden und von dem Angebot auch nicht betroffen sind. Die Öffentlichkeit kann allenfalls von späteren unternehmerischen Entscheidungen des Bieters, nicht aber vom Angebot selbst betroffen sein. Die Aufsichtsbehörde soll das Verfahren und zum Teil die Richtigkeit des Angebots überwachen und ist ebenfalls nicht Adressat des Angebots. Da sie überwachen soll, kann sie nicht die zur Überwachung notwendigen Informationen allein aus der Unterlage selbst beziehen. Vielmehr kann sie diese Überwachungsaufgabe nur erfüllen, indem sie die in der Unterlage enthaltenen Informationen auf Widersprüche überprüft sowie mit anderen, ihr zur Verfügung stehenden Informationen vergleicht. Nebenzweck des § 11 ist es daher sicherzustellen, dass das Angebot und das Übernahmeverfahren ordnungsgemäß abläuft. § 11 unterstützt so zum einen die Überwachungsfunktion des Kapitalmarktes durch Information der Öffentlichkeit sowie die Aufsichtsbehörde bei der Wahrnehmung ihrer konkreten Überwachungsaufgabe.

**2. Gesetzesaufbau und Regelungstechnik.** § 11 Abs. 1 enthält allgemeine Vorschrif-  **3** ten über die Unterlage, insbesondere die Pflicht zur Erstellung und Veröffentlichung, Abs. 2 sieht einen Katalog notwendiger Angaben vor, der nach Maßgabe der Abs. 4, 5 durch Rechtsverordnung erweitert und ergänzt werden kann, was durch § 2 WpÜG-AV geschehen ist. In Abs. 3 werden Angaben zu und von den für den Inhalt der Unterlage Verantwortlichen verlangt.

Man kann die in Abs. 2 S. 1 vorgenommene Unterscheidung des Gesetzgebers zwischen  **4** den Angaben über den Inhalt des Angebots und den ergänzenden Angaben nur schwer nachvollziehen. Einen Teil der ergänzenden Angaben hat er bereits in § 11 Abs. 2 WpÜG selbst geregelt, während das übrige dem Verordnungsgeber überlassen bleibt. Offenbar versteht der Gesetzgeber unter den in § 11 Abs. 2 S. 2 geforderten Angaben die essentialia des Angebots,[4] während er in § 11 Abs. 2 S. 3 nur „ergänzende" Informationspflichten zugunsten der Aktionäre der Zielgesellschaft vorsehen will. Der Gesetzgeber geht weiter davon aus, dass die in § 11 Abs. 2 S. 3 Nr. 1–4 geregelten ergänzenden Angaben besonders wichtig sind,[5] während die in § 2 WpÜG-AV geregelten ergänzenden Angaben nach zukünftigen Erfahrungen mit der Anwendung des Gesetzes relativ leicht den praktischen Erfordernissen angepasst werden können sollen. Nach Abs. 5 kann deshalb die Ermächtigung des BMF auf die BaFin übertragen werden.

Die Unterscheidung in Inhalts- und ergänzende Angaben hat insoweit eine gewisse  **5** Bedeutung, als dass die in Abs. 2 S. 2 Nr. 1, 3–6 geforderten Angaben zugleich den Inhalt der Willenserklärung des Bieters und damit der zu schließenden Kaufverträge über die Wertpapiere bestimmen. „Falsche" Angaben kann der Bieter also hier kaum machen, sondern allenfalls unzulässige, weil gegen §§ 16, 18 f., oder §§ 31 f. verstoßende. Insoweit werden fehlerhafte Angaben regelmäßig Flüchtigkeitsfehler des Bieters sein, die nach einem entsprechenden Hinweis der BaFin leicht zu korrigieren sind. Die in Abs. 2 S. 3 sowie in § 2 WpÜG-AV verlangten Angaben dienen dagegen überwiegend der Information der

---

[2] Den privatrechtlichen Charakter des § 11 mit Recht in Betracht ziehend, aber letztlich abl. *Einsele* ZHR 180 (2016), 233 (259). Sie übersieht dabei mE, dass mit der Veröffentlichung der Entscheidung nach § 10 bereits ein vorvertragliches Schuldverhältnis mit den Angebotsadressaten zustandekommt und ihr Postulat einer bestehenden Sonderverbindung daher erfüllt ist.
[3] *Angerer/Geibel/Süßmann/Geibel/Süßmann* Rn. 1.
[4] Vgl. *Liebscher* ZIP 2001, 853 (862).
[5] Krit. dazu im Hinblick auf die Pflichten nach § 2 Nr. 2 WpÜG-AV *Möllers* ZGR 2002, 664 (679).

Wertpapierinhaber der Zielgesellschaft. Ausnahmen bilden die Angaben nach § 2 Nr. 4 und Nr. 6 WpÜG-AV, diese dienen nicht nur Informationszwecken, sondern enthalten Regelungen (→ Rn. 79 ff.; → Rn. 89).

**6**  **3. Verhältnis zum Vertragsrecht, insbesondere Konkurrenz zu den §§ 305 ff. BGB.** Neben den Vorschriften des WpÜG bleibt das **allgemeine Vertragsrecht** des BGB anwendbar,[6] sofern das WpÜG dies nicht gerade ausschließt oder die Vertragsfreiheit des Bieters beschränkt (näher → § 21 Rn. 9). Das Angebot wird zB abweichend von § 130 BGB durch Veröffentlichung der Unterlage wirksam, der Bieter kann abweichend von § 145 BGB die Annahmefrist nicht frei bestimmen → § 16 Rn. 5 ff. Bedeutung hat die grundsätzliche Geltung des Vertragsrechts des BGB insbesondere für die Zulässigkeit von Bedingungen (→ § 18 Rn. 3) und Änderungen des Angebots (→ § 21 Rn. 8 ff., → § 21 Rn. 18 f., → § 21 Rn. 32 f., → § 21 Rn. 36; → § 16 Rn. 16).

**7**    Die Angebotsunterlage enthält nicht nur Informationen für die Entscheidung des Angebotsempfängers, sondern legt auch Vertragsbedingungen fest und bringt die Angebotsempfänger damit in eine „take it or leave it"-Situation, die für AGB typisch ist. Sie ist auch für eine Vielzahl von Verträgen vorformuliert iSd § 305 Abs. 1 BGB. In der Lit. wird deshalb die Anwendbarkeit der **Vorschriften über die Inhaltskontrolle** bejaht.[7] Dagegen spricht nicht schon, dass die auf Grund der Angebotsunterlage abgeschlossenen Kauf- oder Tauschverträge Verträge auf dem Gebiete des Gesellschaftsrechts sind. Zwar besitzen die Institution der Übernahme selbst und das WpÜG auch eine gesellschaftsrechtliche Funktion.[8] Allerdings neigt der BGH von jeher dazu, bei Massenverträgen (zB mit stillen Gesellschaftern) auch auf dem Gebiet des Gesellschaftsrechts zumindest eine der Inhaltskontrolle von AGB angenäherte Überprüfung vorzunehmen.[9]

**8**    Jedenfalls aber regelt das WpÜG als im Verhältnis zu den §§ 305 ff. BGB spezielleres Gesetz insbesondere den Gestaltungsspielraum des Bieters bei der Angebotsunterlage grundsätzlich abschließend.[10] Die Aktionäre als potentielle Vertragspartner des Übernahmeangebots werden durch das Verfahren sowie inhaltliche Beschränkungen möglicher Angebotsinhalte, zB hinsichtlich der Gegenleistung oder den Auswirkungen eines konkurrierenden Angebots geschützt. Ob bestimmte Klauseln zulässig sind oder nicht, muss daher zunächst durch Auslegung sowie aus dem inneren Zusammenhang der Vorschriften des WpÜG ermittelt werden. So wäre etwa die von *Seydel* erwähnte Vereinbarung einer Gewährleistung[11] durch die Angebotsadressaten durch § 18 Abs. 2 untersagt, ohne dass es einer AGB-Kontrolle bedürfte. Für eine zusätzliche Inhaltskontrolle ist daneben allenfalls dann Raum, wenn das WpÜG die entsprechende Frage nicht regelt und der Gestaltung durch den Bieter grundsätzlich unbegrenzter Freiraum bleibt, so etwa bei der Ausgestaltung der Abwicklungsmodalitäten (→ Rn. 79 ff.) oder der Form von Rücktrittserklärungen (vgl. → § 22 Rn. 26) oder Änderungsvorbehalten (vgl. → § 21 Rn. 8 ff., → § 21 Rn. 14). Ein Beispiel zur Verdeutlichung: Gemäß § 25 ist dem Bieter ausnahmsweise gestattet, sein Angebot unter der Bedingung der Zustimmung seiner Gesellschafterversammlung abzugeben. Da dies – aus vertraglicher Sicht – die Willensbildung einer der Vertragsparteien betrifft, kann eine solche

---

[6] Im Grundsatz ebenso und ausf. Baums/Thoma/*Thoma* Rn. 7 ff., etwa zur Anfechtung durch den Bieter in Rn. 22 ff. sowie zur Formnichtigkeit gem. § 125 BGB in Rn. 32; freilich mit im Detail unangebrachten Schlussfolgerungen, etwa zum Zugang in Rn. 14 ff. und zum Widerruf nach § 130 Abs. 1 S. 2 BGB in Rn. 18; dagegen → § 16 Rn. 5; zur Anwendbarkeit der §§ 305 ff. BGB in Rn. 20 (→ Rn. 8 sogleich). Zur Anwendung der Regeln über den Wegfall der Geschäftsgrundlage ausf. *Berger/Filgut* WM 2005, 253 (256); → § 18 Rn. 54 ff.

[7] Baums/Thoma/*Thoma* Rn. 29, vgl. aber Rn. 31; Angerer/Geibel/Süßmann/*Geibel/Süßmann* Rn. 3; Kölner Komm WpÜG/*Seydel* Rn. 23; *Oechsler* NZG 2001, 817 (821); FK-WpÜG/*Renner* Rn. 19; Steinmeyer/*Steinhardt/Nestler* Rn. 6.

[8] Dazu *Wackerbarth* WM 2001, 1741 (1743).

[9] S. zB BGH WM 2001, 314.

[10] Ähnlich und ausf. Assmann/Pötzsch/Schneider/*Meyer* Rn. 27 ff.; Schwark/Zimmer/*Noack/Holzborn* Rn. 31.

[11] Kölner Komm WpÜG/*Seydel* Rn. 23.

Bedingung gegen § 308 Abs. 1 Nr. 3 BGB verstoßen, dennoch ist sie übernahmerechtlich zulässig. Zumindest gilt, dass die Wertungen der §§ 305 ff. BGB gegenüber denen des WpÜG im Konfliktfall Nachrang besitzen.

**4. Verhältnis zum WpHG.** Nimmt der Bieter in der Angebotsunterlage eine zutref- 9 fende Offenlegung der wahren Beteiligungsverhältnisse an der Zielgesellschaft vor, so erfüllt er damit zugleich etwaige Pflichten nach den §§ 33 ff. WpHG. Ergibt sich aus der Angebotsunterlage, dass vorher Veröffentlichungsvorschriften nach dem WpHG verletzt wurden, so kommt umgekehrt eine Haftung des Bieters auf Schadensersatz aus der Verletzung der WpHG-Pflichten in Betracht. Verletzt der Bieter nicht nur seine Angabepflichten nach den §§ 33 ff. WpHG sondern gibt auch in der Angebotsunterlage seine tatsächliche Beteiligung an der Zielgesellschaft nicht an, so kommt eine Strafbarkeit wegen Verstoßes gegen das Insiderhandelsverbot nach den Art. 7 ff. MAR, § 119 Abs. 3 WpHG in Frage, s. zum Verhältnis des WpÜG zum WpHG, insbesondere zum Insiderrecht sowie zur Ad-hoc-Publizität → § 3 Rn. 36 ff., → § 10 Rn. 83 ff.; → Rn. 72 ff., → Rn. 76.

## II. Allgemeine Pflichten des Bieters betreffend die Angebotsunterlage (Abs. 1)

**1. Erstellen und Veröffentlichen der Angebotsunterlage.** Abs. 1 S. 1 verpflichtet 10 den Bieter, eine Unterlage über sein Angebot zu erstellen und zu veröffentlichen. Die Erstellung geht der Veröffentlichung notwendig voraus, auf dieser Veröffentlichungspflicht liegt daher der Schwerpunkt.[12] Zur Frage, unter welchen Umständen ein öffentliches Angebot vorliegt, → § 2 Rn. 2 ff. Kann man das tatsächliche Verhalten des Bieters unter den Begriff des Angebots subsumieren, so verlangt §§ 11 ff. von ihm die Erfüllung bestimmter formaler Voraussetzungen, die gerade in den Zweifelsfällen nicht eingehalten sein werden (zB bei schneller Akkumulierung von Aktien der Zielgesellschaft durch Kauf an der Börse, eventuell im Konzert mit ghP oder begleitet von Ad-hoc-Mitteilungen über den Kauf an der Börse, → § 2 Rn. 15). Wegen § 11 Abs. 1 S. 1 können derartige Verhaltensweisen, sollten sie die Funktionsfähigkeit des WpÜG beeinträchtigen, durch Untersagungsverfügung nach § 15 sanktioniert werden.

**2. Ausreichende Information, Vollständigkeit und Richtigkeit der Angaben.** 11 **a) Allgemeines.** Abs. 1 S. 2 und 3 enthalten allgemeine Pflichten des Bieters. S. 2 wiederholt den allgemeinen Grundsatz des § 3 Abs. 2 und bezieht ihn konkret auf den Bieter. Das Gesetz spricht hier von für die Entscheidung notwendigen Informationen, während in § 3 Abs. 2 von „ausreichenden" Informationen die Rede ist. Die Unterschiede im Wortlaut rechtfertigen jedoch keine Unterschiede im Gemeinten. S. 2 verpflichtet ihn also, den Angebotsadressaten für ihre Entscheidung ausreichende Informationen zur Verfügung zu stellen. S. 3 konkretisiert die Pflicht zur Information dahingehend, dass den Adressaten vollständige und richtige Informationen zu geben sind. Es stellen sich folgende Fragen: Welche Bedeutung hat der Begriff der Vollständigkeit in S. 3, nachdem die Frage, welche Informationen der Bieter zu geben hat, bereits in S. 2 angesprochen ist (→ Rn. 12)? Welches sind die Maßstäbe für richtige Information (→ Rn. 13)? In welchem Verhältnis stehen die beiden Sätze zu dem Informationskatalog des § 11 Abs. 2 iVm § 2 WpÜG-AV (→ Rn. 14)?

**b) Vollständigkeit und Richtigkeit.** Das **Verhältnis zwischen S. 2 und 3** ist zweifel- 12 haft. Man könnte die in S. 3 verlangte Vollständigkeit der Angaben auf die Unterlage insgesamt beziehen.[13] Dann müsste freilich im Gesetz von der vollständigen *Angebotsunterlage,* nicht von vollständigen Angaben die Rede sein. Ferner wäre dann S. 2 überflüssig, da er ebenfalls die Vollständigkeit der Unterlage verlangt, nämlich Vollständigkeit aus der Sicht der Angebotsadressaten, um eine informierte Entscheidung treffen zu können. Im Übrigen

---

[12] Assmann/Pötzsch/Schneider/*Meyer* Rn. 38.
[13] Vgl. zB Baums/Thoma/*Thoma* Rn. 38 ff.; Assmann/Pötzsch/Schneider/*Meyer* Rn. 42; FK-WpÜG/ *Renner* Rn. 31 ff.; ähnlich Steinmeyer/*Steinhardt/Nestler* Rn. 14.

braucht der Gesetzgeber wohl kaum gesondert auszusprechen, dass der von ihm aufgestellte Katalog auch tatsächlich vom Bieter „abgearbeitet" werden muss.[14] Richtig erscheint es daher, die in S. 3 geregelte Vollständigkeit der Angaben als Teilaspekt der Richtigkeit zu verstehen, dh (nur) auf die einzelnen Sachgruppen zu beziehen, zu denen § 11 iVm § 2 WpÜG-AV Informationen verlangt, während nach S. 2 der Katalog selbst in Frage zu stellen ist. Die in S. 3 verlangte Richtigkeit und Vollständigkeit der Angaben bedeutet damit ein **Täuschungsverbot**. Die vom Gesetz verlangten Angaben zu bestimmten Gegenständen dürfen weder durch Weglassen vorhandener und im Kontext bedeutsamer Einzeltatsachen (unvollständige Angaben) noch durch die Behauptung nicht existenter Tatsachen oder durch die Angabe von im Kontext unwichtigen Tatsachen (unrichtige Angaben) verfälscht werden.

**13**     **c) Objektive Tatsachen, Absichten, Prognosen.** Das Gesetz verlangt vom Bieter neben der Information über objektive Tatsachen zum Teil auch die Angabe seiner **Absichten** (subjektive Tatsachen), so zB in § 11 Abs. 2 S. 3 Nr. 2: Absichten des Bieters bezüglich der Zielgesellschaft, sowie die Vornahme bestimmter **Prognosen** (zB § 11 Abs. 2 S. 3 Nr. 1: erwartete Auswirkungen auf die Lage des Bieters). Insbesondere im Hinblick auf Prognosen ist problematisch, welche Anforderungen an das Gebot der Vollständigkeit und Richtigkeit zu stellen sind. Man wird auf die Grundsätze zurückgreifen müssen, die der BGH im Rahmen der börsenrechtlichen Prospekthaftung aufgestellt hat. Danach müssen Prognosen auf einer nachgeprüften Tatsachenbasis beruhen und kaufmännisch vertretbar sein. Allgemein ist bei solchen Äußerungen Zurückhaltung geboten, daher sind die Risiken ausreichend darzustellen, entscheidend ist der entstehende Gesamteindruck.[15] Verfälschungen können also sowohl bei Angaben über objektive Tatsachen als auch bei Prognosen durch Weglassen wichtiger Details der Tatsachenbasis oder Betonung unwichtiger Einzelaspekte entstehen.

**14**     **d) Verhältnis zu den Angabenkatalogen des Abs. 2 und des § 2 WpÜG-AV.** Die in den Sätzen 2 und 3 niedergelegten Pflichten sind als **Generalklauseln** formuliert. Mit ihnen können gleichwohl eventuelle Lücken in den vom Gesetz geforderten Angaben nur in Evidenzfällen gefüllt werden. Ansonsten ist davon auszugehen, dass mit der Berücksichtigung der in Abs. 2 sowie in § 2 WpÜG-AV geregelten Details die Pflichten des Bieters zur Vollständigkeit und Richtigkeit erfüllt sind (grundsätzlich **abschließender Charakter** der gesetzlichen Angabepflichten).[16] In Evidenzfällen kann aber das Fehlen nicht ausdrücklich vorgeschriebener Angaben aus Sicht des durchschnittlichen Anlegers den Gesamteindruck der Angebotsunterlage verfälschen. Dann gebieten § 11 Abs. 1 S. 2 und 3 die Aufnahme in die Unterlage.[17] Ein konkreter Anwendungsfall hätte das Angebot der Telekom zum Rückkauf der T-Online-Aktien im Jahr 2004/2005 sein können. Das OLG Frankfurt[18] nimmt aber zu Abs. 1 S. 2 und 3 nicht ausdrücklich Stellung, sondern bemerkt nur allgemein, dass in Ausnahmefällen das Fehlen wesentlicher Informationen trotz Mitteilung der gesetzlich vorgeschriebenen Informationen haftungsbegründend sein kann (zu dieser Entscheidung → Rn. 71).

---

[14] Das gilt freilich auch für die Richtigkeit und Vollständigkeit der einzelnen Angaben. Immerhin dienen die beiden Begriffe der Konkretisierung dessen, was man unter einer richtigen Angabe zu verstehen hat, s. sogleich im Text.

[15] BGH WM 1982, 862 = DB 1982, 1861.

[16] Wie hier ausf. *Möllers* ZGR 2002, 664 (677 ff.); Assmann/Pötzsch/Schneider/*Meyer* Rn. 45 f.; Angerer/Geibel/Süßmann/*Geibel/Süßmann* Rn. 10; nur im Sinne einer Vermutung FK-WpÜG/*Renner* Rn. 33; aA Steinmeyer/*Steinhardt/Nestler* Rn. 14; Baums/Thoma/*Thoma* Rn. 36; *Hamann* ZIP 2001, 2249 (2251) unter Hinweis auf die vergleichbare Lage bei Börsenzulassungs- und Verkaufsprospekten. Dem ist jedoch mit der Erwägung zu widersprechen, dass sämtliche Pflichtangaben nach § 11 und der Verordnung Schranken der Vertragsfreiheit des Bieters sind, die grds. eng auszulegen sind. Wenn der Gesetzgeber meint, er müsse einem Vertragspartner ausnahmsweise Informationspflichten im Interesse der anderen Seite auferlegen, so muss er selbst diese Pflichten vollständig formulieren.

[17] Ähnlich Assmann/Pötzsch/Schneider/*Meyer* Rn. 45.

[18] OLG Frankfurt AG 2007, 749 (751) unter Abstellen auf den verständigen Anleger. Revision nicht angenommen durch BGH BeckRS 2008, 15 360.

**e) Maßstab ausreichender Information.** Für die Entscheidung der Frage, was evident 15
nicht ausreichend ist, benötigt man einen Maßstab. Einen solchen **Maßstab** kann nur
die Überlegung liefern, warum der Gesetzgeber dem Bieter eines öffentlichen Angebots
Informationspflichten auferlegt, die bei einem privaten Wertpapiererwerbsgeschäft keinen
der Vertragspartner treffen. Grund dafür ist nach hier vertretener Auffassung die fehlende
Möglichkeit der Wertpapierinhaber der Zielgesellschaft, dem Bieter als Anteilsverkäufer
**einheitlich gegenüberzutreten.** Zur Problematik der collective action und dem sole
owner standard → § 17 Rn. 3; → § 31 Rn. 29 ff.[19] Wenn sie wie ein einheitlicher Verkäufer aufträten, könnten sie die notwendigen Informationen in den Vertragsverhandlungen
selbst verlangen. Ihr geborener Vertreter, der Vorstand der Zielgesellschaft, kommt für die
Verhandlungen nicht infrage, da er einem Interessenkonflikt unterliegt und zwar sowohl
bei freundlichen als auch bei feindlichen Angeboten.[20] Daher muss das Gesetz durch Informationspflichten helfen. Die hypothetischen Verhandlungen zwischen Käufer und einem
einheitlich auftretendem Verkäufer sollten der Maßstab sein, anhand dessen die Informationspflicht des Bieters bestimmt wird.[21] Konkreter Anwendungsfall des § 11 Abs. 1 S. 2 wäre
zB eine Situation, in der Aktien als Gegenleistung angeboten werden, über die der Bieter
weiß, dass sie auf Grund nur ihm bekannter Umstände (drohende Insolvenz eines wichtigen
Schuldners) in absehbarer Zukunft wertlos werden.

Die S. 2 und 3 bilden zugleich den Maßstab für die in Abs. 4 vorgesehene Möglichkeit, 16
durch Rechtsverordnung weitere Angaben vorzuschreiben, bestehende Angabepflichten zu
konkretisieren sowie Vorschriften über die Gestaltung der Unterlage zu machen.

**3. Maßgeblicher Zeitpunkt, Aktualisierung, Berichtigung.** Die Richtigkeit und 17
Vollständigkeit der Angaben kann sich, auch soweit es sich um Prognosen und subjektive
Tatsachen handelt, nur auf die Tatsachenlage zum **Zeitpunkt der Veröffentlichung der
Unterlage** beziehen.[22] Zwischen der Erstellung und der Veröffentlichung eingetretene
Änderungen sind der BaFin in Form einer Ergänzung mitzuteilen.[23] Die Absichten des
Bieters können sich später wieder ändern. Ein Verbot späterer Änderung der Absichten
enthält das WpÜG nicht.[24] Soweit eine Änderung von Absichten nach dem Ende der
Annahmefrist erfolgt, ist das materiell bedeutungslos, indessen als Indiz für die Feststellung
anfänglicher Unrichtigkeit der Angebotsunterlage heranzuziehen.[25]

Fraglich ist, ob Tatsachenänderungen (auch: Absichtsänderungen des Bieters, soweit über 18
die Absichten Auskunft zu geben ist) während des Laufs der Annahmefrist[26] zu veröffentlichen sind. Eine entsprechende **Pflicht zur Aktualisierung** ist im WpÜG nicht ausdrücklich angeordnet.[27] Sie könnte zB aus einer analogen Anwendung des § 11 VerkProspG aF
(jetzt: § 11 Abs. 1 VermAnlG) folgen,[28] Überlegungen des BGH[29] oder § 12 Abs. 3 Nr. 3[30]
(→ § 12 Rn. 33) zu entnehmen sein. Richtigerweise folgt die Aktualisierungspflicht bei

---

[19] *Wackerbarth* WM 2001, 1741 (1743) mwN; *Bebchuk* Harv. L. Rev. 98 (1985), 1695 ff.; *Bebchuk* J. Legal
Stud. 17 (1988), 197 ff.
[20] Dazu *Wackerbarth* WM 2001, 1741 (1743 f.).
[21] Vgl. auch *Drinkuth* in Marsch-Barner/Schäfer Börsennotierte AG-HdB Rn. 60.84: Informati-
onssschwerpunkt, eine Grundlage für die Entscheidung zwischen Verkauf und Halten der Aktien zu liefern.
[22] Ebenso die ganz hM, vgl. nur Kölner Komm WpÜG/*Möllers* § 12 Rn. 71 mwN; Assmann/Pötzsch/
Schneider/*Meyer* Rn. 47.
[23] Assmann/Pötzsch/Schneider/*Meyer* Rn. 47.
[24] Assmann/Pötzsch/Schneider/*Meyer* Rn. 113; FK-WpÜG/*Renner* Rn. 74.
[25] Näher *Assmann* AG 2002, 153 (156) liSp.
[26] Nur bis zum Ende der Annahmefrist, aber eben auch bis dahin *Möllers* ZGR 2002, 664 (676).
[27] Unzutreffend ist es daher, wenn *Schulz* M&A Review 2002, 559 (563) zur Begr. der Aktualisierungspflicht auf § 12 Abs. 3 Nr. 3 verweist, der nur die Berichtigung regelt.
[28] So *Assmann* AG 2002, 153 (156 f.); *Assmann* ZGR 2002, 718 f.; *Assmann* FS Ulmer, 2003, 757 (766);
*Hopt* ZHR 166 (2002), 383 (408); *Stephan* AG 2003, 551 (558 ff.); Assmann/Pötzsch/Schneider/*Meyer* Rn. 50;
Baums/Thoma/*Thoma* § 12 Rn. 29 f., 36.
[29] BGHZ 139, 225 = NJW 1998, 3345 (3346 ff.) – Elsflether Werft.
[30] *Oechsler* ZIP 2003, 1330 (1331); *Schulz* M&A Review 2002, 559 (563).

wesentlichen[31] Tatsachenänderungen aus einem funktionalen Verständnis des § 11 Abs. 1 S. 2.[32] Die Angebotsunterlage ist die maßgebliche Informationsquelle für die Wertpapierinhaber der Zielgesellschaft und muss daher bis zum Ablauf der Annahmefrist richtig und vollständig sein.[33] Damit erledigt sich auch das Gegenargument von *Renner*, man könne dem Gesetzgeber nicht unterstellen, er habe dieses (wichtige) Problem übersehen.[34] Dass sich die Beurteilung der Fehlerhaftigkeit der Unterlage nach dem Zeitpunkt ihrer Veröffentlichung bemisst, gibt für die Frage weiterer Veröffentlichungspflichten nichts her.[35] Gegen eine Aktualisierungspflicht wird ferner geltend gemacht, Veröffentlichungspflichten nach Abgabe des Angebots seien in § 23 abschließend geregelt.[36] Das ist jedoch nicht so, wie zB schon § 21 Abs. 2 zeigt.[37] Die Aktualisierung wird auch bei Barangeboten in bestimmten Fällen zur Beurteilung des Angebots dringend benötigt,[38] etwa bei Änderungen der Absichten oder Pläne des Bieters (vgl. → Rn. 46 ff.). Dass den Bieter möglicherweise Pflichten aus § 15 WpHG aF (jetzt Art. 17 MAR) treffen,[39] ersetzt eine Aktualisierung nicht. Das zeigt schon die Möglichkeit, dass der Bieter, wenn er keine börsennotierte Aktiengesellschaft ist, nicht den Vorschriften der MAR unterliegt. Das **OLG Frankfurt** hat die Frage offengelassen, im konkreten Einzelfall nur angenommen, dass eine Angebotsunterlage jedenfalls nicht durch spätere freiwillige Veröffentlichungen des Bieters aktualisierungspflichtig werde.[40]

**19**    Entnimmt man § 11 die Aktualisierungspflicht, so kann man auf die **Durchführung der Aktualisierung** § 14 anwenden,[41] allerdings in modifizierter Form: Statt § 14 Abs. 1 und 2 sollte eine unverzügliche Veröffentlichungspflicht ohne Vorabprüfung durch die BaFin gelten.[42] Dafür spricht und auch die Regelung in § 21 Abs. 2 S. 1 über die unverzügliche Veröffentlichung von Angebotsänderungen, bei denen ebenfalls keine Vorabinformationspflicht besteht, obwohl sie unter Umständen für die Aktionäre weit bedeutsamer sind als nachträgliche Tatsachenänderungen. Die BaFin kann nachträglich über eine Untersagung des Angebots entscheiden, soweit die Aktualisierung gegen § 11 oder andere Vorschriften verstößt.

**20**    Zur von der Aktualisierung abzugrenzenden nachträglichen **Berichtigung,** die lediglich der Haftungsbegrenzung dient, → § 12 Rn. 33 ff. Zur Untersagung des Angebots bei Falschaktualisierung oder unterlassener Aktualisierung → § 15 Rn. 37 ff. Zu weiteren Rechtsfolgen → Rn. 116, → Rn. 125. Von der Aktualisierung und der Berichtigung ist ferner die **Änderung des Angebots** gem. § 21 abzugrenzen. Aktualisierung bedeutet, die Angebotsunterlage geänderten Tatsachen anzupassen. Mit einer Aktualisierung wird also

---

[31] Eine Änderung ist dann wesentlich, wenn die in der Angebotsunterlage aufzunehmenden Angaben anders hätten lauten müssen, wäre die Unterlage erst nach der Tatsachenänderung erstellt worden. Das folgt aus dem grds. abschließenden Charakter der in § 11 iVm WpÜG-AV niedergelegten Pflichtangaben. Der Gesetzgeber hat mit der Aufnahme in den Angabenkatalog selbst festgelegt, was wesentlich ist und was nicht. AA insoweit *Stephan* AG 2003, 551 ff. Neben dem Aspekt, *welche* Tatsachen wesentlich sind, ist noch die Frage zu beantworten, *wie stark* die Tatsachenänderung sein muss, um eine Aktualisierung auszulösen. Dafür ist auf die potentielle Entscheidungsrelevanz für die Angebotsadressaten abzustellen. Geringere Abweichungen wie zB die geplante Entlassung von 500 statt 490 Mitarbeitern der Zielgesellschaft lösen eine Aktualisierungspflicht dementsprechend nicht aus. Vgl. dazu noch (weniger diff.) *Möllers* ZGR 2002, 664 (675 f.); → § 12 Rn. 6 ff.
[32] Ebenso grds. *Möllers* ZGR 2002, 664 (674 f.); Steinmeyer/*Steinhardt/Nestler* Rn. 16 f. (§ 11 Abs. 1 S. 3).
[33] IE ebenso, in der Frage der Rechtsgrundlage unentschieden *Assmann* AG 2002, 153 (157); vgl. auch *Schulz* M&A Review 2002, 559 (563) unter unzutr. Hinweis auf § 12 Abs. 3 Nr. 3.
[34] FK-WpÜG/*Renner* § 12 Rn. 33.
[35] So aber FK-WpÜG/*Renner* § 12 Rn. 33.
[36] *Hamann* ZIP 2001, 2249 (2257), dagegen zu Recht Baums/Thoma/*Thoma* § 12 Rn. 33.
[37] Als logisch nicht zwingend bezeichnet auch *Möllers* ZGR 2002, 664 (674) den Umkehrschluss aus § 23.
[38] AA FK-WpÜG/*Renner* § 12 Rn. 33.
[39] *Oechsler* NZG 2001, 817 (823 f.).
[40] OLG Frankfurt AG 2007, 749 Rn. 65. Revision nicht angenommen durch BGH BeckRS 2008, 15 360.
[41] AA Baums/Thoma/*Thoma* § 12 Rn. 38; *Möllers* ZGR 2002, 664 (676) unter Hinweis auf § 12 Abs. 3 Nr. 3: Umsetzung von Aktualisierung oder Berichtigung durch Ad-hoc-Mitteilung oder sonstige gleichwertige Bekanntmachungen.
[42] Wie hier iE *Stephan* AG 2003, 551 (561); Assmann/Pötzsch/Schneider/*Meyer* Rn. 51.

nicht das Angebot selbst geändert, sondern nur die Angebotsunterlage. Demgegenüber bedeutet eine Änderung des Angebots zunächst einmal nur eine Änderung der Willenserklärung des Bieters, die gem. § 21 gesondert zu veröffentlichen ist. Allerdings kann auch eine Änderung des Angebots neue Tatsachen und damit neuen Informationsbedarf der Angebotsadressaten schaffen, wenn etwa die Art der Gegenleistung geändert wird. In diesem Fall löst eine Änderung des Angebots auch eine Aktualisierungspflicht hinsichtlich der ursprünglichen Unterlage aus (vgl. auch → § 21 Rn. 6, → § 21 Rn. 25, → § 21 Rn. 43).

**4. Deutsche Sprache.** Gemäß Abs. 1 S. 4 Hs. 1 ist die Angebotsunterlage immer in **21** deutscher Sprache zu veröffentlichen (anders § 2 Abs. 1 VerkProspV aF, § 19 Abs. 1 WpPG), anders teilweise bei Europäischen Angeboten gem. § 11a (→ § 11a Rn. 4).

**5. Transparenz (Form, die Verständnis und Auswertung erleichtert).** Daneben **22** enthält Abs. 1 S. 4 Hs. 2 den Grundsatz der Transparenz. Dieser ist jedenfalls gewahrt, wenn sich der Bieter an die durch Gesetz und § 2 WpÜG-AV vorgesehene Reihenfolge hält und zusätzliche Informationen, die er für ausnahmsweise erforderlich hält, in einen gegliederten Anhang fasst. Die Einfügung von Zusatzinformationen bei bestimmten Punkten muss nicht unbedingt die Transparenz der Angebotsunterlage beeinträchtigen. Anders ist es dann, wenn die Information wesentlich ist und an dieser Stelle nicht zu erwarten war. Wenn die vom Gesetz nicht unmittelbar geforderten Informationen einen gewissen Umfang übersteigen, wird das regelmäßig das Verständnis und die Auswertung der Unterlage beeinträchtigen *(zu viel Information ist keine Information)*. Von daher ist die Unterlage knapp und präzise abzufassen. Insbesondere nicht aus sich heraus verständliche *termini technici* sind möglichst zu vermeiden, sonst zu erläutern.[43]

Transparent ist die Angebotsunterlage andererseits nur dann, wenn sie dem durch die **23** gesetzliche Regelung vorgegebenen **Aufbau und seiner Gliederung** folgt.[44] Das Gesetz formuliert in § 11 sowie in § 2 WpÜG-AV einzelne Pflichten des Bieters, deren sich dieser durch die Unterlage entledigt. Ob dies geschehen ist, und ob die Unterlage richtig und vollständig ist, kann nur überprüft werden, wenn sie dem gesetzlichen Aufbau folgt. Nur dann kann nämlich jeder einzelnen Pflicht ihre Erfüllung durch den Bieter gegenübergestellt werden und kann eventueller Streit darüber auf ein Minimum reduziert werden. Andernfalls müsste die gesamte Angebotsunterlage daraufhin überprüft werden, ob die gesetzlich geforderten Informationen an irgend einer Stelle versteckt sind. Das wäre nur mit unverhältnismäßigem Aufwand durchzuführen und würde den Zielen des WpÜG, insbesondere § 3 Abs. 2 zuwiderlaufen. Im Übrigen wäre dann davon auszugehen, dass die Unterlage den Anlegern nicht die vom Gesetz für notwendig erachtete Informationsgrundlage vermittelt. Durch dieses Verständnis des Gesetzes wird es möglicherweise an einigen Stellen der Unterlage zu unvermeidbaren Wiederholungen kommen. Das ist im Interesse einer **Standardisierung und Vereinfachung der rechtlichen Überprüfung** jedoch hinzunehmen. Nach *Drinkuth* hat sich mittlerweile immerhin ein Marktstandard entwickelt, der im Wesentlichen dem gesetzlichen Aufbau folgt.[45] Noch einfacher wäre es freilich, wenn die BaFin Standardformulare für die Angebotsunterlage erstellt, so dass den Anlegern insbesondere bei konkurrierenden Angeboten der Vergleich möglichst einfach gemacht wird. Die Kompetenz dazu folgt bei vernünftiger Gesetzesauslegung aus § 4 Abs. 1 S. 3.

Nach hM ist § 11 Abs. 1 S. 4 Hs. 2 „nur schwer justitiabel", weshalb die Vorschrift **24** lediglich Gestaltungen ausschließe, die es einem durchschnittlichen Wertpapierinhaber schlechterdings unmöglich mache, die Unterlage zu verstehen oder auszuwerten.[46] Dieser

---

[43] Ähnlich Steinmeyer/*Steinhardt/Nestler* Rn. 20 aE; Assmann/Pötzsch/Schneider/*Meyer* Rn. 58 aE.

[44] AA Assmann/Pötzsch/Schneider/*Meyer* Rn. 59 mit der angesichts des Wortlauts von Abs. 1 S. 4 kaum vertretbaren Behauptung, für die hier vertretene Auffassung gebe es „keinen Anhaltspunkt"; ebenso freilich Kölner Komm WpÜG/*Seydel* Rn. 43.

[45] Abgedruckt bei *Drinkuth* in Marsch-Barner/Schäfer Börsennotierte AG-HdB Rn. 60.85.

[46] Angerer/Geibel/Süßmann/*Geibel/Süßmann* Rn. 6; Steinmeyer/*Steinhardt/Nestler* Rn. 21; Baums/Thoma/*Thoma* Rn. 45; FK-WpÜG/*Renner* Rn. 26 aE mwN; zurückhaltender Assmann/Pötzsch/Schneider/*Meyer* Rn. 53; Kölner Komm WpÜG/*Seydel* Rn. 43.

Auffassung kann schon angesichts ihres bemerkenswerten Kontrasts zum Wortlaut der Norm („schlechterdings unmöglich" vs. „erleichtert") nicht gefolgt werden. Richtig ist zwar, dass man einen **Maßstab** benötigt, um einen Verstoß gegen das Transparenzgebot feststellen zu können.[47] Ein solcher lässt sich aber mit dem Anleger, der zwar eine Bilanz zu lesen versteht, aber nicht unbedingt mit der in eingeweihten Kreisen gebräuchlichen Schlüsselsprache vertraut zu sein braucht, durchaus beschreiben.[48] Im Übrigen dient das Transparenzgebot ja gerade der Verbesserung der Verständlichkeit auch für unterdurchschnittlich sachkundige, aber interessierte Anleger. Das WpÜG soll die Wertpapierinhaber informieren, nicht verwirren. Seine Vorschriften sind gem. § 3 Abs. 2 stets so auszulegen, dass das Informationsziel des Gesetzes nicht durch verschleiernde Darstellung umgangen werden kann. Was das Gesetz als notwendig, aber auch ausreichend ansieht, muss den Inhabern der Wertpapiere möglichst kurz und verständlich mitgeteilt werden und darf nicht durch Zusatzinformationen mit zweifelhaftem Wert in den Hintergrund gedrängt werden. Zutreffend ist es daher, wenn die BaFin, gestützt auf § 15 Abs. 1 Nr. 2 unübersichtlich gestaltete oder unverständlich abgefasste Angebote beanstandet und ggf. untersagt.[49] Wenn der Bieter es als erforderlich ansieht, kann er weitere Informationen in einem getrennten Anhang mitteilen. Vgl. im Übrigen → Rn. 113 ff. zur Prospekthaftung.

25    **6. Unterzeichnung; maßgebliche Version.** Der Bieter hat nach Abs. 1 S. 5 die Angebotsunterlage zu unterzeichnen, bei juristischen Personen ihr gesetzlichen Vertreter, bei Bietergemeinschaften sämtliche Bieter. Mit der Unterzeichnung der Angebotsunterlage übernimmt der Bieter die Verantwortung für die Angebotsunterlage iSd Abs. 3 (→ Rn. 26). Das vom Bieter unterzeichnete Angebot ist gemäß § 14 Abs. 1 S. 1 der BaFin zuzusenden und kann als Referenz bei eventuellen Klagen dienen, die möglicherweise auf einen abweichenden Inhalt des Angebots gestützt werden. Zu einer solchen Abweichung kann es auch ohne Zutun des Bieters, zB durch nachträgliche Verfälschung im Internet kommen. Daher ist eine Referenz notwendig, auch um die notwendige Rechtssicherheit bei Individualklagen einzelner Anleger der Zielgesellschaft auf Erfüllung des Angebots zu gewährleisten.

### III. Form der Angebotsunterlage, Prospektverantwortung (Abs. 3)

26    Zur Form der Angebotsunterlage gehören die in Abs. 3 geregelten Pflichten. Diese sehen vor, dass die Personen, die für die Angebotsunterlage die Verantwortung übernehmen und dafür gemäß § 12 haften, die Unterlage unterzeichnen und eine Richtigkeits- und Vollständigkeitserklärung abgeben. Die Begründung dazu beruft sich auf Parallelen zu § 14 Börs-ZulV aF (jetzt § 5 WpPG) sowie § 3 VerkProspV aF.[50] Die Verantwortung für die Angebotsunterlage und die Richtigkeit der Angaben trägt in erster Linie **der Bieter selbst,** der gem. Abs. 1 S. 5 die Unterlage zu unterzeichnen hat und die Verantwortung jedem Fall übernimmt.[51] Neben dem Bieter hat jedenfalls diejenige **Gesellschaft** die Verantwortung zu übernehmen, **deren Wertpapiere als Gegenleistung** in der Unterlage angeboten werden. Diese Gesellschaft ist nicht unbedingt mit dem Bieter identisch. Sie hat die Informationen gem. § 2 Nr. 2 WpÜG-AV zur Verfügung zu stellen und ist dementsprechend auch der erste Adressat einer Prospektverantwortung. Daneben könnten theoretisch weitere Personen die Verantwortung für die Unterlage übernehmen, werden sie mit ihrem Willen in der Angebotsunterlage genannt, haften sie gem. § 12.[52]

---

[47] Angerer/Geibel/Süßmann/*Geibel/Süßmann* Rn. 6; Baums/Thoma/*Thoma* Rn. 45.

[48] BGH WM 1982, 862 (863) = DB 1982, 1861; vgl. dazu näher *Möllers* ZGR 2002, 664 (682).

[49] In der Praxis konnten entsprechend intransparente Angebotsunterlagen bisher durch Überarbeitung in zureichender Weise verbessert werden, so dass sich die Frage noch nicht stellte; vgl. *Lenz/Linke* AG 2002, 361 (363).

[50] BT-Drs. 14/7034, 42.

[51] HM, s. nur Assmann/Pötzsch/Schneider/*Meyer* Rn. 66, 131; Angerer/Geibel/Süßmann/*Geibel/Süßmann* Rn. 89.

[52] Assmann/Pötzsch/Schneider/*Meyer* Rn. 132.

## IV. Angaben über den Inhalt des Angebots (Abs. 2 S. 2)

**Nr. 1: Identität des Bieters.** Zweck der Verpflichtung zu den hier genannten Pflichtan- 27
gaben (Name oder Firma und Anschrift oder Sitz sowie, wenn es sich um eine Gesellschaft
handelt, die Rechtsform des Bieters) ist die Information der Angebotsempfänger über die
Person, mit der sie es zu tun haben sowie die Eröffnung der Möglichkeit einer Verfolgung
etwaiger aus dem Angebot resultierender Ansprüche gegen den Bieter.[53] Die Vorschrift
dient ebenso der Erleichterung eines Vorgehens der BaFin. Handelt es sich um eine Gesellschaft bürgerlichen Rechts, so müssen, da die Gesellschaft nicht notwendigerweise eine
Firma oder einen Sitz hat, die Namen der Gesellschafter und deren ladungsfähige Anschrif-
ten angegeben werden.[54] Zweifelhaft kann bei Kapitalgesellschaften als Bieter sein, ob der
tatsächliche Verwaltungssitz oder aber der Satzungssitz anzugeben ist, sollten beide voneinander abweichen. Da es hier nur um Zustellungsmöglichkeiten für Klagen geht, reicht die
Angabe des Satzungssitzes aus.

Woher der Bieter sich die Gegenleistung beschafft, ist grundsätzlich sein Problem. Wenn 28
ein sog. **technischer Mitbieter** dem Bieter Aktien zur Verfügung stellt, die den Aktionären
der Zielgesellschaft zum Tausch angeboten werden, dann ist dieser Sachverhalt zwar in der
Angebotsunterlage offen zu legen. Der fragliche Aktionär des Bieters wird dadurch aber
nicht selbst zum Bieter und ist daher in der Unterlage auch nicht unter der Nr. 1 zu
benennen.[55]

Die mit dem Bieter ghP sowie Personen, deren Stimmrechte dem Bieter zugerechnet 29
werden, sind gem. § 2 Nr. 1 WpÜG-AV zu identifizieren (vgl. → Rn. 62). Nr. 1 ist im
Lichte des § 2 Abs. 5, der §§ 35 ff. sowie des § 3 Abs. 2 auszulegen. Die Adressaten des
Angebots haben nicht nur gem. § 11 Abs. 2 S. 2 Nr. 1 einen Anspruch darauf, die formale
Person des Bieters zu erfahren, sondern sollen auch erfahren, mit wem sie es wirtschaftlich
zu tun haben. Das gebietet schon die in § 12 Abs. 1 Nr. 2 angeordnete Haftung derjenigen,
von denen der Erlass der Angebotsunterlage ausgeht (zB Muttergesellschaft, herrschender
Gesellschafter). Es sind daher hier auch die **wirtschaftlichen Urheber** der Angebotsunter-
lage (vgl. → § 2 Rn. 37) anzugeben.[56] Dies hat weitere Konsequenzen für den Inhalt der
Angebotsunterlage, soweit sie Angaben über den Bieter und mit ihm gemeinsam handelnde
Personen verlangt. Zu Muttergesellschaften des Bieters auch → § 2 Rn. 49; → § 12
Rn. 24.

**Nr. 2: Firma, Sitz und Rechtsform der Zielgesellschaft.** In Betracht kommen nur 30
Aktiengesellschaften oder Kommanditgesellschaften auf Aktien. Es werden keine Anga-
ben zum persönlich haftenden Gesellschafter der KG aA verlangt (im Übrigen → § 1
Rn. 11 ff.).

**Nr. 3: Wertpapiere, die Gegenstand des Angebots sind.** Zum Wertpapierbegriff 31
vgl. → § 2 Rn. 27 ff. Anzugeben ist, ob sich das Angebot auf alle Wertpapiere oder lediglich
auf eine bestimmte Gattung oder mehrere Gattungen bzw. Arten bezieht. Ist nur ein Teil
der Wertpapiere Gegenstand des Angebots (Teilangebot nach § 19), dann ist bereits hier
anzugeben, welchen Bruchteil der gesamten Gattung der Bieter erwerben möchte. Diese
Information ist für die Inhaber der Wertpapiere von besonderer Bedeutung, da sie auch bei
Annahme des Angebots sich nicht darauf verlassen können, die angebotene Gegenleistung
in voller Höhe zu erhalten. Daher gehört sie an eine hervorgehobene Stelle der Angebotsunterlage. Die Wertpapiere, die Gegenstand des Angebots sind, müssen genau bezeichnet
werden. Die Angabe der Wertpapierkennnummer reicht dafür aus, ist zur Vermeidung von
Unklarheiten aber auch erforderlich.

---

[53] Vgl. BT-Drs. 14/7034, 41: „[…], damit eine eindeutige Identifizierung des Angebotsziels möglich ist
und auch für die Aufsicht erkennbar ist, wer Beteiligter des nun folgenden Angebotsverfahrens ist.“
[54] Steinmeyer/*Steinhardt/Nestler* Rn. 27.
[55] Vgl. dazu Assmann/Pötzsch/Schneider/*Assmann* § 12 Rn. 40.
[56] Vgl. idS zu § 11 Abs. 2 S. 3 Nr. 1 *Schulz* M&A Review 2002, 559 (561); ferner Assmann/Pötzsch/
Schneider/*Meyer* Rn. 72 aE mwN; FK-WpÜG/*Renner* Rn. 40.

32   **Nr. 4: Art und Höhe der für die Wertpapiere der Zielgesellschaft gebotenen Gegenleistung.** Zur Frage, welche Angaben inhaltlich **zulässig** sind, → § 31 Rn. 1 ff. Hier geht es nur um die notwendig in der Angebotsunterlage enthaltenen Informationen. Zunächst ist allgemein kenntlich zu machen, ob Bargeld oder Wertpapiere des Bieters als Gegenleistung angeboten werden, dh die **Art** der Gegenleistung. Die erweiterten Anforderungen nach § 2 Nr. 2 WpÜG-AV sind erst an späterer Stelle zu erfüllen (→ Rn. 63).

33   Die **Höhe** der Gegenleistung ist bei Barangeboten als Brutto-Betrag in Euro je Wertpapier anzugeben. Bei Angeboten, die sich auf mehrere Wertpapiergattungen beziehen, sind Gegenleistungen in unterschiedlicher Höhe denkbar. Diese sind möglichst übersichtlich (etwa in tabellarischer Form) anzugeben. Bei Tauschangeboten ist anzugeben, welche Wertpapiere zum Tausch angeboten werden. Diese sind in entsprechender Anwendung der Nr. 3 genau zu bezeichnen. Zu weiteren Informationen über sie vgl. § 2 Nr. 2 WpÜG-AV (→ Rn. 63). Die Höhe bzw. der Umfang der Gegenleistung selbst wird bei Pflichtangeboten durch § 31 Abs. 1 iVm §§ 4–6 WpÜG-AV geregelt, ansonsten ist der Bieter bei seinem Angebot weitgehend frei, aber → Rn. 65 ff. zu Angaben zu den angewandten Bewertungsmethoden.

34   **Nr. 4a und § 2 Nr. 3a WpÜG-AV: Höhe und Berechnung der für den Entzug von Rechten gebotenen Entschädigung nach § 33b Abs. 4.** Die Angabe der Entschädigung nach § 33b Abs. 5 (die Gesetzformulierung der Nr. 4a ist ein Redaktionsversehen) soll den Angebotsadressaten mit Sonderrechten (Mehrstimmrechte, Entsendungsrechte) die Beurteilung ermöglichen, welchen Preis der Bieter für den Entzug dieser Rechte bezahlen will, wenn die Zielgesellschaft von der Opt-in-Möglichkeit des § 33b Abs. 1 Gebrauch gemacht hat. Ergänzt wird die Angabe durch § 2 Nr. 3a WpÜG-AV, in der der Bieter Berechnungsgrundlagen und Angemessenheit darlegen soll. S. näher zur Preisfindung die Erläuterungen zu § 33b.

35   **Nr. 5: Bedingungen, von denen die Wirksamkeit des Angebots abhängt.** Hier geht es nicht um sämtliche Bedingungen des Angebots (= seinen Inhalt, Vertragsklauseln), sondern vielmehr nur um solche iSd §§ 158 ff. BGB. Gemeint sind entgegen dem Wortlaut der Norm auch nicht Bedingungen, von denen die Wirksamkeit des Angebots abhängt, sondern Bedingungen, von denen die Wirksamkeit der auf Grund des Angebots geschlossenen Kaufverträge abhängt (zur Unzulässigkeit der bedingten Abgabe nur der Angebotserklärung → § 17 Rn. 12 ff.). Die Pflicht zur Angabe in der Angebotsunterlage ist nicht nur eine Selbstverständlichkeit. Man wird sogar sagen müssen, dass die unter Nr. 5 erfolgenden Angaben erst darüber entscheiden, welche Bedingungen Inhalt der abzuschließenden Kaufverträge werden; anders gesagt, die Angaben nach Nr. 5 sind Teil der Willenserklärung des Bieters, und nicht lediglich Informationspflichten. Solche Bedingungen können etwa die Zustimmung der Gesellschafterversammlung des Bieters sein (näher → § 18 Rn. 1 ff.; → § 25 Rn. 1 ff.) oder das Erreichen einer bestimmten Mindestquote von Annahmeerklärungen. Bei Teilangeboten, die nicht auf einen Erwerb von mehr als 30% der stimmrechtsverleihenden Wertpapiere abzielen, kann ebenfalls die Bedingung einer bestimmten Mindestschwelle eingefügt werden. Daneben kann die Erteilung der Zustimmung von Kartellbehörden und anderen Aufsichtsbehörden zur aufschiebenden (eine auflösende Bedingung verstößt gegen § 18 Abs. 2; vgl. → § 18 Rn. 60) Bedingung des Angebots gemacht werden. Aus dem Gebot vollständiger und richtiger Information (→ Rn. 11 ff.) sowie aus dem Transparenzgebot (→ Rn. 22 ff.) folgt, dass der Bieter hier auch den **Zeitpunkt** anzugeben hat, bis zu dem der Bedingungseintritt oder -ausfall feststehen muss. Zur Zulässigkeit von Bedingungen s. im Übrigen → § 18 Rn. 1 ff.

36   **Nr. 6: Beginn und Ende der Annahmefrist.** Anzugeben sind Beginn und Ende, zweckmäßigerweise in Form eines Datums mit Uhrzeitangabe, so dass für die Angebotsempfänger bereits beim flüchtigen Durchlesen kein Zweifel besteht, wann die letzte Annahmemöglichkeit besteht. Als Beginn ist wegen § 16 Abs. 1 S. 2 zwingend der Tag der Veröffentli-

chung der Angebotsunterlage nach § 14 Abs. 3 S. 1 anzugeben (vgl. → § 16 Rn. 8 f.). Zu den inhaltlichen Grenzen der Möglichkeiten des Bieters, Beginn und Ende selbst festzulegen, vgl. Erläuterungen zu § 16. Vgl. auch → Rn. 104 f. zu § 2 Nr. 9 WpÜG-AV.

## V. Ergänzende Angaben (Abs. 2 S. 3)

**Nr. 1: Angaben zur Finanzierung des Angebots. a) Reichweite der Vorschrift.** 37
Angaben zur Finanzierung müssen nach dem Gesetzeswortlaut sowohl bei Teil-, Voll- als auch Pflichtangeboten gemacht werden. Erforderlich sind inhaltliche Angaben, die Information über die Finanzierungsbestätigung nach § 13 Abs. 1 S. 2 **bei Barangeboten** ist als formale Angabe zusätzlich erforderlich und kann die nach Nr. 1 geforderten Angaben nicht ersetzen.[57] Vgl. dazu auch § 13 Abs. 1 S. 2 sowie unten Nr. 4 (→ Rn. 61).

**b) Gesetzeszweck.** Die Vorschrift verfolgt laut Begründung den Zweck, den Angebots- 38
adressaten sowie der Zielgesellschaft Gewissheit darüber zu verschaffen, dass das Angebot auf einer gesicherten finanziellen Grundlage erfolgt, eine auch nur teilweise Nichterfüllung oder Verzug auf Seiten des Bieters also nicht zu befürchten stehen.[58] Das vorrangige Interesse der Angebotsadressaten an einer nachvollziehbaren Entscheidungsgrundlage schließt eine **Negativerklärung** des Inhalts: „Keine Auswirkungen" aus.[59]

**c) Einbeziehung aller Angebotsverpflichteter und der wirtschaftlichen Urheber** 39
**der Angebotsunterlage.** Die Angaben haben sich nicht nur auf die Person oder Personengemeinschaft zu beziehen, die formal das Angebot abgibt. Das zeigt schon die Möglichkeit, dass mehrere Personen zur Abgabe eines **Pflichtangebots** verpflichtet sein können, aber nur eine von ihnen das Angebot tatsächlich abgibt (vgl. → § 35 Rn. 52). Wenn mehrere zur Abgabe eines Pflichtangebots verpflichtet sind und sich intern auf nur eine Person verständigen, die als Bieter auftritt, können sie dadurch ihrer Haftung nach außen nicht entgehen. Daher sind in der Unterlage auch Angaben über die Finanzierung aus ihrer Perspektive erforderlich. Beispiel: Finanziert eine Tochtergesellschaft das von ihr abzugebende Pflichtangebot durch einen Kredit der Mutter, so ist dies grundsätzlich in der Unterlage anzugeben. Da aber auch die Mutter zur Abgabe des Angebots verpflichtet ist, reicht die Angabe „Kredit der Muttergesellschaft" nicht aus. Vielmehr muss auch die Muttergesellschaft ihre (Re-)Finanzierung angeben, etwa einen Bankkredit. Die Angaben sind bei **freiwilligen Angeboten** auf den oder die wirtschaftlichen Urheber des Angebots zu erstrecken[60] (→ Rn. 29).

**d) Angaben zur Finanzierung.** Zu den notwendigen Angaben gehören einerseits bei 40
**Barofferten** die Höhe der Gesamtsumme des Kaufpreises für den Fall, dass sämtliche vom Angebot angesprochenen Inhaber von Wertpapieren der Zielgesellschaft das Angebot annehmen. Der Gesetzeswortlaut spricht insoweit von **vollständiger Erfüllung des Angebots,** womit zunächst nur die Erfüllung von Pflichten aus tatsächlich zustande gekommen Verträgen gemeint sein kann. Da der Bieter jedoch nicht wissen kann, wie viele Adressaten das Angebot annehmen, ist insoweit von dem die umfangreichste Finanzierung verlangenden Fall auszugehen, dh dass – wenn auch unwahrscheinlich – sämtliche Adressaten das Angebot rechtzeitig annehmen.[61] Etwaige Erklärungen einzelner Aktionäre der Zielgesellschaft, auf die Annahme des Angebots verzichten zu wollen, werden von der BaFin nunmehr zu Unrecht (→ § 19 Rn. 26 f.) berücksichtigt, soweit der Vertrag eine Vertragsstraferegelung in Höhe des Angebotspreises bei vertragswidrig in das Angebot eingelieferten Aktien vorsieht und dies durch eine Depotsperrvereinbarung abgesichert wird.[62] Die Anzahl der inso-

---

[57] Angerer/Geibel/Süßmann/*Geibel* Rn. 21; FK-WpÜG/*Renner* Rn. 70 aE; *Schulz* M&A Review 2002, 559 (561): „zudem"; vgl. aber *Schulz* M&A Review 2002, 559 (566).
[58] BT-Drs. 14/7034, 41; ausf. *Schulz* M&A Review 2002, 559 (560).
[59] *Schulz* M&A Review 2002, 559 (560); FK-WpÜG/*Renner* Rn. 71 aE.
[60] *Schulz* M&A Review 2002, 559 (561); Baums/Thoma/*Thoma* Rn. 74; FK-WpÜG/*Renner* Rn. 71.
[61] *Lenz/Behnke* BKR 2003, 43 (46).
[62] Zu derartigen Beschränkungen des Angebotsumfangs näher *Seibt* CFL 2013, 145 (161); Assmann/Pötzsch/Schneider/*Meyer* Rn. 94; FK-WpÜG/*Renner* Rn. 70 in Fn. 153.

weit vom Bieter im höchsten Fall zu erwerbenden Aktien ist neben der maximalen Höhe seiner Zahlungsverpflichtung anzugeben.[63] Ferner gehören Ausführungen über Ansatz, Ausweis und Bewertung der Anschaffungsnebenkosten (**Transaktionskosten**) in die Unterlage.[64] Zur nachvollziehbaren Darstellung der Maßnahmen zur Sicherstellung der Finanzierung gehört auch die Angabe der Herkunft der Mittel (Barvermögen des Bieters oder Kredite Dritter) und deren zeitlicher, mengen- und wertmäßiger Verfügbarkeit.[65] Bei teilweiser oder vollständiger **Fremdfinanzierung** des Angebots dürften die Angaben nur nachvollziehbar sein, wenn der Bieter angibt, in welcher Höhe Darlehensverträge oder diesen vergleichbare Verträge direkt oder indirekt mit Dritten abgeschlossen wurden, weiter – sofern die Mittel aus dem Vermögen von ghP stammen – ob und in welcher Höhe der oder die ghP diese Mittel fremdfinanziert haben. Daneben hat er eine kurze Zusammenfassung der für die Fremdfinanzierung maßgeblichen Verträge mit Dritten oder mit ghP oder von Verträgen von ghP mit Dritten anzugeben, deren maßgeblicher Inhalt sowohl die Laufzeit des Kredites, die Höhe des effektiven Zinssatzes sowie die wesentlichen Vertragsbedingungen, vor allem außergewöhnliche Bestimmungen[66] und die maßgeblichen Sicherheiten, die dafür gestellt werden, auflistet. Schließlich wird man verlangen müssen, dass Angaben über die geplante Dauer und Art der Rückzahlung sowie darüber erfolgte Verträge erfolgen.

41   Bei **Tauschangeboten** muss der Bieter zunächst die Art und Gesamtzahl der Aktien oder anderer Wertpapiere angeben, die er im Falle einer Annahme durch alle vom Angebot angesprochenen Inhaber von Wertpapieren der Zielgesellschaft im Austausch für diese Wertpapiere der Zielgesellschaft weggeben will. Weiter muss er angeben, durch welche gesellschaftsrechtlichen Maßnahmen er in der Lage ist, diese Wertpapiere wegzugeben und schließlich muss er darlegen, welche Gesellschafterbeschlüsse oder sonstige Zustimmungsbeschlüsse Dritter für diese Maßnahmen erforderlich sind und ob und inwiefern diese bereits vorliegen.[67]

42   **e) Auswirkungen auf die Lage des Bieters.** In allen Fällen hat der Bieter daneben die Auswirkungen eines erfolgreichen Angebots auf seine Vermögens-, Finanz- und Ertragslage anzugeben. Unter einem **erfolgreichen Angebot** ist ein solches zu verstehen, das von sämtlichen Adressaten für sämtliche von ihnen gehaltene Wertpapiere angenommen wird. Es kommt hingegen nicht darauf an, ob eine Mehrheit der Adressaten das Angebot annimmt oder der Bieter eine Mindestschwelle überschreitet. Die Begriffe **Vermögens-, Finanz- und Ertragslage** entsprechen mangels vorhandener Anhaltspunkte für einen abweichenden Willen des Gesetzgebers denen in § 264 Abs. 2 HGB. Nicht ausreichend sind entgegen einer missverständlichen Formulierung in der Begründung[68] Angaben nur zu den finanziellen Belastungen durch das Angebot, dh nur zu der Haben-Seite der Bilanz.[69] Ist der Bieter eine natürliche Person, wird man von ihm nur eine vergleichbare Aufstellung, zB einen Vermögensstatus sowie eine Einnahmen-/Ausgaben-Rechnung verlangen können.[70] Um die Erfüllung dieser Pflicht praktikabel zu halten, reicht es im Übrigen aus, wenn der Bieter neben einer sprachlichen, zusammenfassenden Darstellung[71] zwei Bilanzen vorlegt, die den Erfordernissen des § 264 Abs. 2 HGB entsprechen und die Vermögens-, Finanz- und

---

[63] *Lenz/Linke* AG 2002, 361 (364); *Schulz* M&A Review 2002, 559 (561, 563).
[64] *Schulz* M&A Review 2002, 559 (563); Baums/Thoma/*Thoma* Rn. 73 aE; *Lenz/Behnke* BKR 2003, 43 (46); s. auch *Seibt* CFL 2013, 145 (161).
[65] *Schulz* M&A Review 2002, 559 (563).
[66] Ebenso und ausführlicher Assmann/Pötzsch/Schneider/*Meyer* Rn. 96 ff., 101.
[67] Angerer/Geibel/Süßmann/*Geibel/Süßmann* Rn. 20; Assmann/Pötzsch/Schneider/*Meyer* Rn. 102; Baums/Thoma/*Thoma* Rn. 59.
[68] BT-Drs. 14/7034, 41; dazu *Schulz* M&A Review 2002, 559 (562).
[69] *Schulz* M&A Review 2002, 559 (562).
[70] *Schulz* M&A Review 2002, 559 (566).
[71] Diese ist nach Auffassung des BaFin unabdingbar, vgl. *Lenz/Linke* AG 2002, 361 (363); s. auch *Schulz* M&A Review 2002, 559 (565): „Ereignisse [...] und [...] Prämissen sind in der Angebotsunterlage zu erläutern."

Ertragslage des Bieters vor und nach dem erfolgreichen Angebot angeben. Diese können als Anlage der Angebotsunterlage beigefügt werden, auf sie ist zu verweisen. Praktisch kann der Bieter eine Zwischenbilanz vorlegen und eine zweite hypothetische Bilanz (Prognoserechnung, Pro-Forma-Abschluss),[72] aus der sich die Änderungen unter Zugrundelegung einer vollständigen Annahme durch die Inhaber der Wertpapiere der Zielgesellschaft ergeben. Der erforderliche Prognosezeitraum ist streitig.[73] Die Darstellung positiver inhaltlicher Effekte der Übernahme oder gar eine hypothetische Konzernbilanz unter Einbeziehung der Zielgesellschaft ist weder erforderlich noch reicht eine alleinige hypothetische Konzernbilanz aus,[74] da es in erster Linie um den Bieter und darum geht, die Finanzierung der Übernahme überprüfbar zu machen und unseriöse Finanzierungstechniken zu erschweren.[75] Wird eine Konzernbilanz aufgestellt und der Unterlage beigefügt, so hat der Bieter auf eventuell von der Zielgesellschaft erlangte Kenntnis von Insidertatsachen zu verweisen und die Bilanz unter Berücksichtigung dieser Tatsachen aufzustellen (zur Begründung → Rn. 72 ff.).

Die BaFin legt in der **bisherigen Praxis** besonderen Wert auf die Angaben zu den 43 Auswirkungen des erfolgreichen Angebots auf die Lage des Bieters.[76] Sie verlangt detaillierte und schlüssige Darstellung der wesentlichen betriebswirtschaftlichen Kennzahlen und ihren Beleg mit konkreten Zahlenangaben.[77] Zu den wesentlichen Kennzahlen gehört nach ihrer Auffassung auch die Darstellung von Kapitalflussrechnungen nach dem Deutschen Rechnungslegungsstandard Nr. 2, deren Ergebnisse vor und nach einem erfolgreichen Angebot getrennt nach laufender Geschäftstätigkeit (Ertragslage), Investitionstätigkeit (Investitionslage) und Finanzierungstätigkeit (Finanzlage) zu dokumentieren sind.[78] Wo diese Kennzahlen nicht berechnet werden können, soll darüber ein begründeter Hinweis in die Angebotsunterlage aufzunehmen sein.[79]

**Nr. 2: Angaben über künftige Geschäftstätigkeit der Zielgesellschaft und des** 44 **Bieters. a) Allgemeines, Bezug zur künftigen Geschäftstätigkeit.** In Nr. 2 wird zunächst eine **allgemeine Regel** aufgestellt und diese dann durch **Regelbeispiele** konkretisiert. Anzugeben sind unter der Nr. 2 die Absichten und vorgesehenen Maßnahmen betreffend die zukünftige Geschäftstätigkeit der Zielgesellschaft und, soweit vom Angebot betroffen, des Bieters. In Bezug auf die Einzelgegenstände der Informationspflicht hat der Gesetzgeber wichtige Informationen nicht ausdrücklich genannt, die nach der Generalklausel der § 3 Abs. 2 und § 11 Abs. 1 S. 2 (Information der Aktionäre) sowie nach dem Sinn und Zweck der allgemeinen Regel des Nr. 2 geboten sind. Diese Informationen werden im Folgenden (→ Rn. 48 ff.) noch im Einzelnen aufgezählt und beschrieben.

Bestimmte Angaben sind im Gesetz aufgezählt, sie lassen sich in gesellschaftsrechtlich 45 und arbeitsrechtlich bedeutsame Maßnahmen sowie Maßnahmen mit Doppelcharakter unterscheiden. Der Bieter muss nach Auffassung der BaFin mindestens zu jedem einzelnen Regelbeispiel der Nr. 2 Ausführungen machen, **Pauschalerklärungen** („keine Absichten") erkennt die BaFin nicht an.[80] Da der Gesetzgeber zwischen geplanten Maßnahmen und Absichten des Bieters unterscheidet, ist davon auszugehen, dass der Bieter neben konkret

---

[72] Dazu ausf. *Schulz* M&A Review 2002, 559 (563); wie hier Angerer/Geibel/Süßmann/*Geibel/Süßmann* Rn. 22; jetzt auch Steinmeyer/*Steinhardt/Nestler* Rn. 71; vgl. auch Assmann/Pötzsch/Schneider/*Meyer* Rn. 105.

[73] Für „nahe Zukunft" Lenz/*Behnke* BKR 2003, 43 (46); wohl auch FK-WpÜG/*Renner* Rn. 71; für ca. 2 Jahre Steinmeyer/*Steinhardt/Nestler* Rn. 70 f.

[74] *Schulz* M&A Review 2002, 559 (565). Sie kann aber zusätzlich beigefügt werden.

[75] Angerer/Geibel/Süßmann/*Geibel/Süßmann* Rn. 22; *Liebscher* ZIP 2001, 853 (863); vgl. auch *Schulz* M&A Review 2002, 559 (56 ff.).

[76] Vgl. dazu *Schulz* M&A Review 2002, 559 ff.; *Lenz/Linke* AG 2002, 361 (363 ff.).

[77] *Lenz/Linke* AG 2002, 361 (363).

[78] So *Lenz/Linke* AG 2002, 361 (363); Lenz/*Behnke* BKR 2003, 43 (46); *Schulz* M&A Review 2002, 559 (565).

[79] Vgl. dazu *Schulz* M&A Review 2002, 565.

[80] *Lenz/Linke* AG 2002, 361 (364); vgl. dagegen Angerer/Geibel/Süßmann/*Geibel/Süßmann* Rn. 39; Assmann/Pötzsch/Schneider/*Meyer* Rn. 109.

geplanten Einzelmaßnahmen auch eine allgemeine Stellungnahme über die von ihm verfolgte künftige Geschäftspolitik abzugeben hat. Damit die in Nr. 2 formulierte Pflicht nicht zu einer Farce bzw. einer allgemeinen Werbung des Bieters für sein Angebot verkommt, ist zu verlangen, dass eine strikte Trennung dieser allgemeinen Stellungnahme von den im Folgenden aufgezählten Einzelmaßnahmen erfolgt, etwa in Form einer Voranstellung.

46   **b) Absichten und geplante Maßnahmen.** Unter Absichten sind zunächst einmal Ziele des Bieters zu verstehen, in Abgrenzung von einzelnen Maßnahmen, die der Durch- bzw. Umsetzung der Ziele dienen. Beispiel: Absicht des Bieters kann es sein, die Tätigkeit eines Unternehmens, das hauptsächlich Pharmaprodukte, daneben aber auch Chemieprodukte herstellt und verkauft, auf sein Kerngeschäft Pharmaprodukte zu konzentrieren. Konkrete Umsetzungsmaßnahme wäre etwa eine Betriebsschließung der Chemie-Zweigniederlassung oder ein teilweiser Unternehmensverkauf.

47   Unklar ist, ob sich der Satzteil „einschließlich der insoweit vorgesehenen Maßnahmen" auf sämtliche vorangegangene Gegenstände bezieht oder aber nur auf die „wesentlichen Änderungen der Beschäftigungsbedingungen". In der Lit. wird die zweite Variante als maßgeblich angesehen;[81] der Gesetzesbegründung lässt sich dazu nichts entnehmen.[82] Unabhängig davon, worauf man die „Maßnahmen" grammatikalisch zu beziehen hat, ist für die Justitiabilität der gesamten Nr. 2 wesentlich, zwischen Absichten und geplanten Maßnahmen zu unterscheiden. Absichten sind als subjektive Merkmale einer Person grundsätzlich nur mittelbar durch Indizien feststellbar, also anhand konkreter Handlungen, von denen auf Absichten zurückgeschlossen wird. Ob eine geplante Maßnahme vorliegt, lässt sich demgegenüber leichter beweisen, etwa durch Zeugenaussagen, Besprechungsunterlagen, Vorstandsbeschlüsse. Müssten geplante Maßnahmen nur im Hinblick auf die Beschäftigungsbedingungen angegeben werden, würde die Feststellbarkeit der Absichten des Bieters in Bezug auf die sonst in Nr. 2 genannten Gegenstände erheblich erschwert, da Rückschlüsse aus der Nichtangabe geplanter Maßnahmen nicht mehr gezogen werden dürften. Soweit der Bieter noch keine **konkrete Absichten** hat, jedoch bereits Gutachten oder Machbarkeitsstudien zur Vorbereitung einer späteren Entscheidung in Auftrag gegeben hat, so ist das – und der Stand seiner Planungen – in jedem Falle anzugeben.

48   **c) Gesellschaftsrechtlich bedeutsame Pläne des Bieters.** Der Gesetzgeber verlangt die Bekanntgabe von Absichten im Hinblick auf die **Geschäftstätigkeit der Zielgesellschaft** und des **Bieters** und die **Mitglieder ihrer Geschäftsführungsorgane.** Unter letzteren sind richtigerweise der Vorstand und schon wegen § 111 Abs. 4 S. 2 AktG auch der ihn kontrollierende Aufsichtsrat zu verstehen,[83] so dass jede Änderung, die diese beiden Gremien betrifft, anzugeben ist. Wenn der Bieter also den Austausch von Mitgliedern des Aufsichtsrats oder des Vorstand der Zielgesellschaft plant oder beabsichtigt, Mitglieder des Vorstands oder Aufsichtsrats der Zielgesellschaft auch in eines seiner Organe zu berufen, hat er das anzugeben.

49   Geplante sachliche Veränderungen der bisherigen Geschäftstätigkeit der Zielgesellschaft dürften nur dann anzugeben sein, wenn damit eine **faktische Satzungsänderung** bei der Zielgesellschaft verbunden wäre. Man kann vom Bieter schlecht verlangen, alle Details (die unter Umständen Geschäftsgeheimnisse betreffen könnten) anzugeben; für eine Unterscheidung der anzugebenden und nicht anzugebenden Maßnahmen bleibt daher nur der Maßstab einer faktischen Satzungsänderung. Geplante Veränderungen der Geschäftstätigkeit, die sich erst nach einer tatsächlichen Satzungsänderung verwirklichen lassen, muss der Bieter erst recht angeben.

50   Allgemein gilt für **Satzungsänderungen,** dass sie jedenfalls mittelbare Auswirkungen auf die künftige Geschäftstätigkeit der Zielgesellschaft sowie ihr Vermögen haben, da sie die Struktur der Zielgesellschaft wesentlich beeinflussen. Diese können unter Umständen

---

[81] Angerer/Geibel/Süßmann/*Geibel/Süßmann* Rn. 28; Assmann/Pötzsch/Schneider/*Meyer* Rn. 117.
[82] Vgl. BT-Drs. 14/7034, 41.
[83] IErg ebenso Assmann/Pötzsch/Schneider/*Meyer* Rn. 119 f.; Baums/Thoma/*Thoma* Rn. 88.

sogar den Fortbestand der Zielgesellschaft selbst betreffen und sind daher auf jedem Fall anzugeben. Die im Folgenden genannten Gegenstände sind für die Aktionäre der Zielgesellschaft besonders entscheidungserheblich; die Adressaten können daher schon aus diesem Grunde Angaben dazu erwarten. Im Wesentlichen handelt es sich dabei um sog. **Sozialakte.**

Eine eventuell beabsichtigte Verschmelzung von Bieter (oder Tochtergesellschaft sowie **51** ghP) und Zielgesellschaft (oder einer ihrer Tochtergesellschaften) bzw. einer **Umwandlung** der Zielgesellschaft (oder Tochtergesellschaften) ist ebenso anzugeben wie der geplante Abschluss eines **Beherrschungs-, Gewinnabführungs- oder Eingliederungsvertrags** der Zielgesellschaft oder (einer) ihrer Tochtergesellschaften mit dem Bieter oder einem Dritten. Erwarten können die Anleger auch Angaben zu Verträgen nach § 179a AktG, sonstige geplante Satzungsänderungen (insbesondere Kapitalherabsetzungen oder –erhöhungen) bei der Zielgesellschaft oder einer ihrer Tochtergesellschaften sowie die eventuell geplante Liquidation der Zielgesellschaft einschließlich eventueller Vorbereitungen für eine übertragende Auflösung.

Geplante Transaktionen mit dem Ziel eines **going private** der Zielgesellschaft ein- **52** schließlich Squeeze-out und Delisting betreffen ebenfalls mittelbar die Geschäftstätigkeit der Zielgesellschaft und gehören mit zu den zu veröffentlichenden Plänen des Bieters.[84]

Anzugeben sind weiter Maßnahmen im Hinblick auf **Sitz und Standort wesentlicher** **53** **Unternehmensteile.** Mit der Unterscheidung zwischen Sitz und Standort verdeutlicht das Gesetz, dass sowohl der tatsächliche als auch der rechtliche Standort wesentlicher Unternehmensteile der Zielgesellschaft gemeint ist. Daher erfasst der Begriff „Unternehmensteil" nicht nur die Haupt- und eventuelle Zweigniederlassungen der Zielgesellschaft, sondern auch Tochtergesellschaften der Zielgesellschaft. Nur bei ihnen kann sich ein vom tatsächlichen Standort abweichender Sitz ergeben.

**d) Die Arbeitnehmer und deren Vertretungen betreffenden Pläne des Bieters** **54** **und wesentliche Änderungen der Beschäftigungsbedingungen.** Auch im Hinblick auf die Arbeitnehmer sind lediglich solche Maßnahmen im Einzelnen anzugeben, die aus Sicht der Aktionäre der Zielgesellschaft Bedeutung besitzen (Grundsatz des § 11 Abs. 1 S. 2). Der Bieter muss aus diesem Grund keinerlei eventuell geplante individuelle Maßnahmen angeben, zB die Entlassung einzelner Arbeitnehmer. Handelt es sich um die Ersetzung von einzelnen Mitgliedern der Geschäftsführungs- und/oder Aufsichtsorgane von Tochtergesellschaften, so folgt die Mitteilungspflicht allerdings aus den Ausführungen unter c). Im Übrigen kann deshalb auch der Auffassung[85] nicht zugestimmt werden, der Bieter müsse auch die rechtlichen Folgen der von ihm geplanten Maßnahmen zumindest schlagwortartig in der Unterlage angeben. Dies wird im Gesetz nicht verlangt und die Tatsache, dass die Übernahme die Arbeitnehmer selbst nicht betrifft, spricht entscheidend dafür, sämtliche Informationspflichten des Bieters sie betreffend eng auszulegen.

Die meisten unter c) (→ Rn. 48 ff.) beschriebenen Maßnahmen werden auch die Arbeit- **55** nehmer betreffen, besitzen also Doppelcharakter. Die übrigen Maßnahmen dürften vor allem solche Entscheidungen sein, die auch bereits im kollektiven Arbeitsrecht, vor allem im BetrVG 1972 geregelt sind. Eine gegenüber den Arbeitnehmern bestehende Unterrichtungspflicht der Zielgesellschaft nach arbeitsrechtlichen Grundsätzen spricht dafür, derartige Maßnahmen, soweit der Bieter sie bereits geplant hat, für angabepflichtig zu halten. So müsste er etwa geplante Betriebsänderungen nach § 111 BetrVG 1972, insbesondere Schließungen von Betrieben und Betriebsteilen sowie Massenentlassungen zur Rationalisierung angeben. In der Unterlage darüber hinaus anzugeben sind beispielsweise der vom Bieter geplante Beitritt zu oder Austritt aus Arbeitgebervereinigungen, da dies Auswirkungen auf das Gehaltsgefüge und damit auf die Kostensituation der Zielgesellschaft haben kann.

---

[84] Ebenso Assmann/Pötzsch/Schneider/*Meyer* Rn. 111; Baums/Thoma/*Thoma* Rn. 77; s. auch LG München I AG 2019, 225 (228).
[85] Angerer/Geibel/Süßmann/*Geibel/Süßmann* Rn. 29.

Anzugeben wäre aus den gleichen Gründen auch die geplante Vereinheitlichung betrieblicher Rentensysteme, zB durch den Abschluss von Konzernbetriebsvereinbarungen.

**56**     **e) Besonderheiten bei Teilangeboten.** Bei Teilangeboten unterhalb der Kontrollschwelle sind Angaben des Bieters nur insoweit erforderlich, als er anzugeben hat, ob er die erworbene Beteiligung in Richtung auf eine zur Kontrolle befähigenden Beteiligung ausbauen will oder nicht.[86] Ist mit einer Minderheitsbeteiligung unter 30% eventuell bereits eine tatsächliche Kontrollmöglichkeit verbunden (etwa bei zu erwartender Hauptversammlungsmehrheit des Bieters), so treffen den Bieter auch bei Teilangeboten die Pflichten, die der Bieter eines Voll- oder Pflichtangebots zu erfüllen hat.

**57**     **Nr. 3: Leistungen an Mitglieder des Vorstands oder des Aufsichtsrats.** Zweck der Norm ist es, die Aktionäre der Zielgesellschaft vor Handlungen des Bieters zu schützen und nur insoweit ist die Offenlegung von Interessenkonflikten des Managements geboten. Daher sind solche Leistungen offenzulegen, die Mitgliedern des Vorstandes oder Aufsichtsrates der Zielgesellschaft vom Bieter gewährt werden.

**58**     Zur Vermeidung von Umgehungsgeschäften müssen aber neben den Leistungen auch Vereinbarungen über Leistungen erfasst sein, und auch solche, die von ghP einschließlich der Tochtergesellschaften bzw. vom wirtschaftlichen Urheber des Angebots (zu Nr. 1 → Rn. 39) gewährt werden. Hingegen kann der Bieter nicht und muss daher auch nicht solche Vorteile angeben, die die Zielgesellschaft (golden parachutes) oder einzelne Aktionäre der Zielgesellschaft dem Vorstand oder Aufsichtsrat gewähren oder versprechen,[87] wenn er keine Verteidigungsmaßnahmen gegen das Angebot unternimmt, es sei denn, Aktionär und Bieter sind als ghP anzusehen.

**59**     Anzugeben sind sowohl **Art als auch Höhe** der jeweiligen Leistung.[88] Es müssen alle Leistungen angegeben werden, auch wenn sie nach § 33 Abs. 3 nicht gerechtfertigt und daher unzulässig sind, andernfalls die Aktionäre der Zielgesellschaft ihre Annahmeerklärung auch noch Jahre nach dem Abschluss des Verfahrens gemäß § 123 Abs. 1 BGB anfechten können. Als geldwerter Vorteil ist auch das Versprechen eines Anstellungsvertrages oder die versprochene Bestellung zum Mitglied des Geschäftsführungs- oder Aufsichtsorgans bei dem Bieter, ghP oder deren Tochtergesellschaften anzusehen.[89]

**60**     Bei Bietern, die bereits Mehrheitsgesellschafter der Zielgesellschaft sind, kann es vorkommen, dass Mitglieder des Aufsichtsrats der Zielgesellschaft (zB als Rechtsanwälte aus einer Sozietät, die den Bieter berät) zugleich für den Bieter entgeltlich tätig werden. In diesem Fall muss der Bieter zumindest Auskunft über diesen Sachverhalt geben. Die Höhe des Entgelts für die Tätigkeit muss er hingegen nicht angeben, da allenfalls die Tatsache, dass die entgeltliche Tätigkeit erfolgt, Vorteil iSd Nr. 3 ist, nicht aber das Entgelt selbst, also nur ein geldwerter Vorteil vorliegt. In Geld quantifizieren lässt sich dieser Vorteil nur dann, wenn das jeweils vom Bieter geschuldete Entgelt nach oben vom üblichen Marktpreis abweicht; in diesem Fall die Abweichung anzugeben.

**61**     **Nr. 4: Finanzierungsbestätigung.** Die Bestätigung nach § 13 Abs. 1 S. 2 unter Angabe von Firma, Sitz und Rechtsform des Wertpapierdienstleistungsunternehmens ist ebenfalls in die Angebotsunterlage aufzunehmen. Dies ist nur bei **Barofferten** erforderlich. Zu den Einzelheiten → § 13 Rn. 1 ff. Die Aufnahme von Firma, Sitz und Rechtsform soll der Durchsetzung eventueller Schadensersatzansprüche der Inhaber der Wertpapiere der Zielgesellschaft dienen, etwa nach § 12.[90] Die Vorschrift soll helfen, eventuelle Ansprüche gegen das Wertpapierdienstleistungsunternehmen durchzusetzen, etwa nach § 13 Abs. 2.[91]

---

[86] *Hamann* ZIP 2001, 2249 (2254); FK-WpÜG/*Renner* Rn. 78 hält in diesem Falle den Hinweis für ausreichend, dass keinerlei Absichten des Bieters im Hinblick auf die Zielgesellschaft bestehen.

[87] Wie hier Assmann/Pötzsch/Schneider/*Meyer* Rn. 124, die dem Bieter die Offenlegung jedoch empfehlen.

[88] *Hamann* ZIP 2001, 2249 (2255); FK-WpÜG/*Renner* Rn. 80.

[89] Vgl. BT-Drs. 14/7034, 41 f.

[90] Vgl. BT-Drs. 14/7034, 42.

[91] *Hamann* ZIP 2001, 2249 (2254).

## VI. Weitere ergänzende Angaben (§ 2 WpÜG-AV)

**Nr. 1: Gemeinsam handelnde Personen.** Nach § 2 Nr. 1 WpÜG-AV sind auch **62** Name oder Firma sowie die Anschrift oder der Sitz von mit dem Bieter **gemeinsam handelnden Personen (ghP)** sowie der Personen anzugeben, deren **Stimmrechte** aus Aktien der Zielgesellschaft dem Bieter **zuzurechnen** sind. Die neu eingefügte Pflicht zur Angabe der mit der Zielgesellschaft ghP dürfte ein Redaktionsversehen des Gesetzgebers sein, da der Bieter diese Personen nicht notwendig kennt und diese daher nicht angeben kann.[92] Zur Definition von ghP → § 2 Rn. 39 ff. Zu den Personen, deren Stimmrechte aus Aktien der Zielgesellschaft dem Bieter zuzurechnen sind, vgl. → § 30 Rn. 22 ff. Sofern es sich hierbei um Gesellschaften handelt, ist auch die Rechtsform anzugeben.

**Nr. 2: Angaben nach Art. 13 Propekt-VO.** Die Vorschrift gilt nur für **Tauschange-** **63** **bote.** Als Gegenleistung angeboten werden können gem. § 2 Nr. 1 WpPG (§ 2 Nr. 1 WpPG verweist auf Art. 2 lit. a Prospekt-VO; dieser verweist weiter auf Art. 4 Abs. 1 Nr. 44 MIFID II) neben Aktien und diesen gleichzustellenden Wertpapieren grundsätzlich auch die in Art. 4 Abs. 1 Nr. 44 lit. b und c MIFID II genannten Wertpapiere,[93] der Begriff des § 2 Abs. 2 ist hier nicht maßgeblich.[94] Der Bieter hat in diesem Fall Angaben nach Art. 13– 15 Prospekt-VO iVm Kapitel II–IV der Delegierten VO (EU) 2019/980 betreffend die als Gegenleistung angebotenen Wertpapiere zu machen. Dabei handelt es sich um eine Rechtsfolgenverweisung.[95] Die geforderten Angaben entsprechen denen eines Wertpapierprospekts; der Gesetzgeber betont damit den Charakter des Tauschangebots als öffentliches Anbieten von Wertpapieren.[96] Demgegenüber sind die Billigungs- und Veröffentlichungsvorschriften der Art. 20 ff. Prospekt-VO nicht anzuwenden (→ § 14 Rn. 4). Die Angebotsunterlage ersetzt also den Verkaufsprospekt.[97] **Ausnahme nach Nr. 2 Hs. 2:** Falls der Bieter für die angebotenen Wertpapiere in Deutschland **innerhalb von zwölf Monaten vor Ende der Annahmefrist**[98] bereits einen Wertpapierprospekt in deutscher Sprache veröffentlicht und ggf. nach Art. 12 Abs. 1 UAbs. 1 Prospekt-VO iVm Art. 23 Prospekt-VO aktualisiert hat, genügt ein Verweis in der Unterlage darauf und auf den Ort, an dem der entsprechende Prospekt erhältlich ist.

**Nr. 2a: Angaben nach § 7 VermAnlG.** Werden andere Wertpapiere als solche iSd **64** WpPG als Gegenleistung angeboten, was gem. § 31 Abs. 2 nur bei Aufstockungs- oder Teilangeboten unterhalb der Kontrollschwelle in Betracht kommt, so muss die Angebotsunterlage die Angaben nach § 7 VermAnlG iVm VermVerkProspV enthalten. Das betrifft gem. § 1 Abs. 2 VermAnlG verbriefte Anteile, die eine Beteiligung am Ergebnis eines Unternehmens gewähren, oder Anteile an Treuhandvermögen sowie Genussrechte und Namenschuldverschreibungen.[99] Mit der Einführung des KAGB wurden Anteile an sonstigen geschlossenen Fonds aus § 1 Abs. 2 VermAnlG gestrichen. Dennoch sollten die nun-

---

[92] *Kocher* AG 2018, 309 (313) hält den Bieter für verpflichtet, ihm – auch aus öffentlichen Quellen – zugängliche Informationen zu verwerten und ansonsten auf die fehlenden Informationsmöglichkeiten hinzuweisen.

[93] Das sind nach Art. 4 Abs. 1 Nr. 44 lit. b MIFID II Schuldverschreibungen oder andere verbriefte Schuldtitel, einschließlich Zertifikaten (Hinterlegungsscheinen) für solche Wertpapiere; oder nach lit. c alle sonstigen Wertpapiere, die zum Kauf oder Verkauf solcher Wertpapiere berechtigen oder zu einer Barzahlung führen, die anhand von übertragbaren Wertpapieren, Währungen, Zinssätzen oder -erträgen, Waren oder anderen Indizes oder Messgrößen bestimmt wird. Ausgenommen sind gem. Art. 2 lit. a Prospekt-VO Geldmarktinstrumente mit einer Laufzeit von weniger als zölf Monaten.

[94] *Angerer/Geibel/Süßmann/Geibel/Süßmann* Rn. 50; *Assmann/Pötzsch/Schneider/Meyer* WpÜG-AV § 2 Rn. 6; *Steinmeyer/Steinhardt/Nestler* Rn. 38.

[95] *Angerer/Geibel/Süßmann/Geibel/Süßmann* Rn. 54.

[96] Vgl. BT-Drs. 14/7034, 78; ebenso *Steinmeyer/Steinhardt/Nestler* Rn. 39.

[97] Ebenso *Angerer/Geibel/Süßmann/Geibel/Süßmann* Rn. 49.

[98] *Assmann/Pötzsch/Schneider/Meyer* § 2 WpÜG-AV Rn. 9; aA *Angerer/Geibel/Süßmann/Geibel/Süßmann* Rn. 55 (zwölf Monate vor Veröffentlichung der Unterlage, aber mit Wortlaut der Nr. 2 nicht vereinbar: „während der gesamten Laufzeit des Angebots").

[99] *Steinmeyer/Steinhardt/Nestler* Rn. 47 mit Übersicht über die Einzelangaben in Rn. 50.

mehr in §§ 164 ff. KAGB vorgeschriebenen Angaben nach Nr. 2a gemacht werden müssen, wenn solche Anteile als Gegenleistung angeboten werden. Der Gesetzgeber hat bei Schaffung des KAGB offensichtlich nur vergessen, den Verweis in der WpÜG-AV entsprechend anzupassen. Eine der Nr. 2 Hs. 2 entsprechende Ausnahme findet sich in Nr. 2a Hs. 2.

**65**   **Nr. 3: Angaben über die zur Festsetzung der Gegenleistung angewandten Bewertungsmethoden. a) Angabe der Bewertungsmethoden.** § 2 Nr. 3 ist ausweislich der Begründung Ausfluss des Informationsziels des Gesetzes (§ 3 Abs. 2). Sie soll den Adressaten ihre Entscheidung erleichtern. Einerseits verweist die Begründung auf die Parallele zum UmwG, andererseits wird die Bewertung anhand des Börsenkurses als „regelmäßig angezeigt" bezeichnet.[100]

**66**   Zur ausreichenden Information der Aktionäre im Hinblick auf die Preisfindung gehört es zunächst in jedem Fall, den Aktionären bei **Übernahme- und Pflichtangeboten** die Kontrolle der Einhaltung der in § 31 iVm §§ 3–7 WpÜG-AV vorgeschriebenen **Mindestpreise** zu ermöglichen. Zwar wird insoweit regelmäßig auch eine Kontrolle durch die BaFin stattfinden (→ § 15 Rn. 22). Doch führt die Behörde diese Prüfung nur im öffentlichen Interesse durch und kann die Einhaltung der Preisregeln zum Teil (etwa hinsichtlich der §§ 4, 6 WpÜG-AV) schon aus praktischen Gründen nicht leisten (→ § 15 Rn. 22). Ein zusätzlicher Schutz muss daher durch die Informationspflichten selbst sichergestellt werden. Anzugeben ist daher hier der gewichtete durchschnittliche Börsenkurs der Wertpapiere der Zielgesellschaft iSd §§ 5, 6 WpÜG-AV.[101] Eine Information über die Vorerwerbe des Bieters ist dagegen bereits in § 2 Nr. 7 WpÜG-AV geregelt.[102] Ob daneben zB über Vorerwerbe außerhalb der Referenzzeiträume gem. Nr. 3 Auskunft zu geben ist, dürfte eine Frage des Einzelfalls sein. Hat der Bieter etwa ein größeres Aktienpaket zu einem deutlich über dem Börsenkurs liegenden Preis erworben und gibt unmittelbar nach Ablauf der maßgebenden Zeiträume ein freiwilliges Übernahmeangebot ab, so spricht der noch vorhandene zeitliche Zusammenhang zum Paketgeschäft dafür, dass es für seine Bewertung der Zielgesellschaft mit ausschlaggebend war. In diesem Fall hat er den Vorerwerb zwar nicht gem. Nr. 7, wohl aber nach Nr. 3 in der Unterlage anzugeben.

**67**   Geschäfte über Wertpapiere der Zielgesellschaft zwischen Bieter, ghP oder deren Töchtern **(Insidergeschäfte)** können die Richtigkeit des nach § 5 WpÜG-AV ermittelten durchschnittlichen Börsenkurses in Frage stellen, zB durch Hin- und Hertransaktionen, die Nachfrage vortäuschen. Sollten solche Geschäfte entgegen dem Grundsatz des § 3 Abs. 5 stattgefunden haben, sind sie daher hier gesondert anzugeben. Das wird in der Praxis zwar kaum geschehen, die Unterlassung führt dann aber unmittelbar zur Haftung nach § 12 oder anderen, in → Rn. 107 ff. beschriebenen Rechtsfolgen, sollten die Transaktionen später entdeckt werden.

**68**   **b) Bewertung der Zielgesellschaft? aa) Feindliche Übernahmen.** Die Informationspflichten nach Nr. 3 sind § 12 Abs. 2 S. 2 UmwG nachgebildet. Nr. 3 berücksichtigt freilich nicht, dass der Bieter gerade bei einem feindlichen Übernahmeangebot normalerweise ein deutlich über dem Börsenkurs liegendes Angebot machen wird, um sich die Zustimmung der Mehrheit der Aktionäre der Zielgesellschaft zu sichern. Von daher wird bei der Bewertung der Zielgesellschaft (und damit der angebotenen Gegenleistung) immer die beabsichtigte Effizienzsteigerung durch unternehmerische Entscheidungen des Bieters nach erfolgter Übernahme beschrieben werden. Diese Entscheidungen sind aber (nur) im Rahmen des § 11 Abs. 2 S. 3 Nr. 2 anzugeben. Rspr. und Lit. zu § 12 Abs. 2 S. 2 UmwG können daher jedenfalls bei feindlichen Übernahmen nicht herangezogen werden.[103]

---

[100] BT-Drs. 14/7034, 78.

[101] Für diese Angabepflicht die hM, Angerer/Geibel/Süßmann/*Geibel/Süßmann* Rn. 58; Steinmeyer/*Steinhardt/Nestler* Rn. 56; Assmann/Pötzsch/Schneider/*Meyer* WpÜG-AV § 2 Rn. 17.

[102] Von daher erscheint die Angabe, dass der Angebotspreis den Vorerwerben entspricht, nicht notwendig, so aber Baums/Thoma/*Thoma* Rn. 113; Assmann/Pötzsch/Schneider/*Meyer* WpÜG-AV § 2 Rn. 17.

[103] AA *Hamann* ZIP 2001, 2249 (2253); Kölner Komm WpÜG/*Seydel* Rn. 86; Baums/Thoma/*Thoma* Rn. 112.

Aus einer Gesamtschau mit § 5 Abs. 4 WpÜG-AV ergibt sich vielmehr insoweit, dass **69**
bei einem feindlichen **Barangebot** zu einem über dem Börsenkurs der Zielgesellschaft
liegenden Preis regelmäßig keinerlei Angaben über eine etwa durch den Bieter erfolgte
oder in Auftrag gegebene Unternehmensbewertung der Zielgesellschaft erforderlich sind.
Vielmehr reicht die Bezugnahme auf den Börsenkurs hier regelmäßig aus.[104] Bei einer
feindlichen Übernahme hat der Bieter außer allgemein zugänglichen Informationen regelmäßig auch nur solche, an deren Geheimhaltung er ein berechtigtes Interesse besitzt, da er
sie auf seine Kosten gesammelt hat. Gleiches gilt für ein **Tauschangebot,** soweit liquide
Aktien als Gegenleistung geboten werden, da für sie schon ein nach dem Maßstab des § 5
Abs. 4 WpÜG-AV ausreichender Börsenkurs als Bewertungsgrundlage existiert. Lediglich
in den Fällen, in denen der Börsenkurs gem. § 5 Abs. 4 WpÜG-AV keine ausreichende
Bewertungsgrundlage darstellt, könnte vom Bieter verlangt werden, die Grundlagen seiner
Bewertung des Unternehmens darzulegen.[105] Stellt dieser gleichwohl auf den Börsenkurs
ab, so ist das bei freiwilligen feindlichen Angeboten nicht zu bemängeln, weil der Gesetzgeber keine näheren Vorschriften gemacht hat und den Aktionären das Entscheidungsrecht
über die Annahme oder Ablehnung verbleibt.

Müsste der Bieter seine auf Grund eigener Anstrengungen gewonnenen Informationen **70**
über **Synergieeffekte** bzw. **Details der Zielgesellschaft,** die ihn zur Abgabe eines Angebots veranlasst haben, sämtlich offen legen, könnten andere potentielle Bieter nach der
Veröffentlichung auf Kosten des Bieters gefahrlos beurteilen, ob sich für sie die Abgabe
eines konkurrierendes Angebot lohnte, ohne dass sie die Informationskosten zu tragen
hätten, die der Bieter bereits endgültig aufgewendet hat (*free-rider*-Problematik).[106] Damit
würden effiziente Übernahmen verhindert, weil sich kein möglicher Bieter noch bemühen
würde, auf seine Kosten Detailinformationen über die Zielgesellschaft zu sammeln. Das
wiederum würde zwar vielleicht nicht dazu führen, dass keinerlei Übernahmen mehr stattfinden, wohl aber dazu, dass der Hauptsinn eines Marktes für Unternehmenskontrolle (nämlich die Kontrolle ineffizienten Managements von Zielgesellschaften durch externe Dritte)
zielgenau beeinträchtigt bzw. eine solche Kontrolle abgeschafft würde. Die Interessen möglicher Konkurrenzbieter treten dahinter zurück. Eine Pflicht zur Bietergleichbehandlung mag
zwar für den Vorstand der Zielgesellschaft oder die BaFin gelten (→ § 3 Rn. 13 f.), aber
keinesfalls für den oder die Bieter selbst.

**bb) Freundliche Übernahme.** Bei einer freundlichen Übernahme mit vorangehender **71**
*due diligence* ist es dem Bieter demgegenüber zuzumuten und rechtlich geboten, die Ergebnisse einer von der Geschäftsleitung der Zielgesellschaft gestatteten Bewertung spätestens
in der Angebotsunterlage offenzulegen.[107] Der Einwand, nicht stets könne eine solche
Prüfung durchgeführt werden,[108] ist nicht haltbar, da Angaben hier ja gerade nur verlangt
werden, soweit der Bieter sie von der Zielgesellschaft tatsächlich erhalten hat. Erst recht
und entgegen der nicht begründeten Auffassung des **OLG Frankfurt** im Fall Deutsche
Telekom/T-Online[109] ist eine Unternehmensbewertung offenzulegen, wenn der Bieter
bereits die Zielgesellschaft beherrscht und ein sog. Aufstockungsangebot abgibt. Dass für
die Gegenleistung hier kein Mindestpreis iSd § 31 besteht,[110] besagt rein gar nichts für die

---

[104] Ebenso – freilich undifferenziert auch für freundliche Übernahmen – FK-WpÜG/*Renner* Rn. 59;
Angerer/Geibel/Süßmann/*Geibel*/*Süßmann* Rn. 61 ff.; Kölner Komm WpÜG/*Seydel* § 11 Rn. 87; Assmann/
Pötzsch/Schneider/*Meyer* WpÜG-AV § 2 Rn. 16.
[105] In diesem Fall für eine weitgehende Anwendung der aus § 12 UmwG folgenden Regeln Kölner Komm
WpÜG/*Seydel* Rn. 88.
[106] Dazu ausf. aus US-amerikanischer Sicht *Gilson*/*Black* Law 932–946, besonders 945; *Easterbrook & Fischel*
Stanford l. Rev., Vol. 35 (1982), 1 ff.; s. auch *Clark,* Corporate Law, 1986, 565 f.
[107] Vgl. auch Baums/Thoma/*Thoma* Rn. 113 aE: Wenn zeitnah zum Angebot eine Unternehmensbewertung durchgeführt wurde, könne der Bieter gehalten sein darzulegen, warum diese Bewertung nicht preisbestimmend wurde.
[108] So Angerer/Geibel/Süßmann/*Geibel*/*Süßmann* Rn. 63.
[109] OLG Frankfurt AG 2007, 749 (750); Revision nicht angenommen durch BGH BeckRS 2008, 15360.
[110] So OLG Frankfurt AG 2007, 749 (750).

Frage, ob die Mutter ihre Erkenntnisse über den Wert der Wertpapiere der Zielgesellschaft gem. Nr. 3 offenzulegen hat. Schließlich muss der Bieter auch bei einfachen Erwerbsangeboten, zB gem. Nr. 7, die Vorerwerbe angeben, obwohl er in der Preisbemessung frei ist. Das OLG Frankfurt und die nachfolgende Entscheidung des BGH verkennen massiv den Zweck des § 11 iVm WpÜG-AV, die den Adressaten ja gerade eine Entscheidung in Kenntnis der Sachlage ermöglichen sollen. Fraglich kann nur sein, zu welchen Angaben schon Nr. 3 den freundlichen Bieter verpflichtet. Muss er nur die Methoden zur Bewertung der Zielgesellschaft angeben (*stand-alone*-Prinzip) oder auch solche zur Ermittlung von **Synergieeffekten?** Im Gesetzeswortlaut werden eventuelle Synergieeffekte nicht erwähnt, ebenso wenig in der Begründung. Vielmehr spricht der Wortlaut lediglich von Bewertungsmethoden hinsichtlich Bieterunternehmen und Zielgesellschaftsunternehmen und dabei eventuelle auftretenden Verschiebungen der Wertrelation zwischen beiden. Ausreichend ist also die Angabe der angewendeten Bewertungsmethoden und ihrer Ergebnisse hinsichtlich beider Unternehmen (sonst könnte der Bieter keine Verschiebungen der Wertrelation bei unterschiedlichen Methoden angeben, wozu ihn Nr. 3 jedoch verpflichtet).[111]

**72**    Zweite Frage ist, ob und inwieweit der (freundliche) Bieter bestimmte Informationen über die Bewertung der Zielgesellschaft offen zu legen hat. Durch Nr. 3 wird der Bieter nach hM nicht unmittelbar zur Offenlegung etwa eingeholter **Bewertungsgutachten** bzw. der Ergebnisse einer **due diligence** verpflichtet, da er lediglich die angewandten Methoden, nicht aber einzelne Ertragsdaten oder sonstige Kalkulationsgrundlagen angeben muss.[112] Allerdings berücksichtigt diese Auffassung nicht die **insiderrechtlichen Vorschriften** und die Tatsache, dass eine freundliche Übernahme (erst recht im Falle eines nachfolgenden Squeeze-outs) nichts anderes als eine wirtschaftliche Verschmelzung von Zielgesellschaft und Bieter darstellt.

**73**    Die **Art. 7 ff. MAR** erlauben nach hM zunächst die Weitergabe nicht öffentlicher Unternehmensdaten an einen potentiellen Erwerber einer Beteiligung, und auch aktienrechtlich ist dies grundsätzlich zulässig.[113] Das in Art. 14 lit. c MAR aufgestellte Offenlegungsverbot soll nicht die Information eines potentiellen Käufers eines Beteiligungspaketes verhindern.[114] Das hält Art. 9 Abs. 4 UAbs. 1 MAR nunmehr auch ausdrücklich fest. Der Vorstand der Zielgesellschaft wird dem potentiellen Bieter also regelmäßig Informationen geben und eine *due diligence* gestatten dürfen (vgl. auch → § 3 Rn. 26 f.).

**74**    Die vom Bieter so erlangten Informationen dürfen aber den Angebotsadressaten des späteren Übernahmeangebots nicht vorenthalten werden, und zwar aus mehreren Gründen. Einerseits gilt insiderrechtlich, dass der potentielle Käufer eines Beteiligungspaketes zwar durch die Geschäftsleitung des Zielunternehmens informiert werden darf. Jedoch darf er die erlangten Informationen nur für den anvisierten Paketkauf verwenden und gerade **nicht** für anderweitige börsliche oder außerbörsliche Erwerbe.[115] Im Rahmen eines öffentlichen Angebotsverfahrens nach dem WpÜG stellt die Abgabe des Angebots nach Ermittlung des Preises durch eine *due diligence* aber nichts anderes als einen ebensolchen Erwerb außerhalb des Pakethandels dar. Denn der Vorstand der Zielgesellschaft kann dem Bieter die Aktien nicht verschaffen, das können nur die Angebotsadressaten. Es ist also ein Ausnutzen einer Insidertatsache, wenn ein Bieter, der **vom Vorstand der Zielgesellschaft erfahren hat,** dass und inwieweit die Aktien an der Börse unterbewertet sind, dies dazu nutzt, den darüber

---

[111] Vgl. auch BT-Drs. 14/7034, 78.

[112] Angerer/Geibel/Süßmann/*Geibel/Süßmann* Rn. 63; FK-WpÜG/*Renner* Rn. 59; vgl. Stellungnahme des DAV vom April 2001, NZG 2001, 421 (423).

[113] Aktienrechtlich: Hüffer/Koch/*Koch* AktG § 93 Rn. 32; *Körber* NZG 2002, 263 ff.; *Stoffels* ZHR 165 (2001), 362 ff.; eher einschr. *Lutter* ZIP 1997, 613 (618). Insiderrechtlich: *Assmann* ZGR 2002, 697 (708) mwN in Fn. 31; *Schäfer/Hamann/Schäfer* WpHG § 14 Rn. 74 ff.; *Stoffels* ZHR 165 (2001), 362 (379 ff.); *K. Mertens* AG 1997, 541; *Hopt* ZGR 2002, 333 (357 f.).

[114] So bereits Begr. RegE zum WpHG, BT-Drs. 12/6679, 47, allerdings zu § 14 Abs. 2 Nr. 1.

[115] So schon Begr. RegE zum WpHG, BT-Drs. 12/6679, 47; *Hopt* ZGR 2002, 333 (358 f.); vgl. weiter *Stoffels* ZHR 165 (2001), 362 (380); *Schäfer/Hamann/Schäfer* WpHG § 14 Rn. 71 f.; vgl. auch *Oechsler* NZG 2001, 817 (820).

nicht informierten Aktionären ein deutlich zu geringes Übernahmeangebot zu machen. Wie sich nunmehr aus Art. 9 Abs. 4 UAbs. 2 MAR ergibt, hält auch der Europäische Gesetzgeber den Beteiligungsaufbau nach erfolgter *due diligence* nicht für eine legitime Handlung iSd MAR. Unter Beteiligungsaufbau versteht Art. 3 Abs. 1 Nr. 31 MAR den „Erwerb von Anteilen an einem Unternehmen, durch den keine … Verpflichtung entsteht, … ein öffentliches Übernahmeangebot abzugeben". Insofern ist es der Sache nach zu begrüßen, aber nicht ganz problemadäquat, wenn die BaFin verlangt, dass ein öffentliches Übernahmeangebot erst dann abgegeben werden darf, wenn die Zielgesellschaft die Insiderinformationen im Rahmen einer Ad-hoc-Mitteilung veröffentlicht hat (→ Rn. 76).[116]

Diese wertpapierhandelsrechtliche Lage kann durch übernahmerechtliche Überlegungen **75** abgesichert werden: Erstens könnten dem Bieter offengelegte stille Reserven der Zielgesellschaft bestehen. Diese könnten dazu missbraucht werden, verbotene Zahlungen an die Geschäftsleitung der Zielgesellschaft zu „finanzieren". Im Ausgleich dafür hält die Geschäftsleitung der Zielgesellschaft still, so dass die fraglichen Informationen auch nicht durch die Stellungnahme nach § 27 an das Licht der Öffentlichkeit treten. Den Aktionären könnte damit im Ergebnis ein Übernahmeangebot zu Konditionen gemacht werden, die deutlich unter dem Wert des Unternehmens der Zielgesellschaft liegen. Deshalb gebietet bereits das Informationsziel des Gesetzes (§ 3 Abs. 2) eine Offenlegung. Zweitens löst die hier vertretene Pflicht zur Offenlegung das Problem, ob und unter welchen Umständen und vor allem wann auch **konkurrierenden Bietern** die entsprechenden Informationen zugänglich gemacht werden müssen. Denn weder die MAR noch das WpÜG noch das Aktienrecht geben dem konkurrierenden Bieter ausdrücklich den von allen befürworteten (ausführlich → § 3 Rn. 27 mN) und in anderen Rechtsordnungen sogar geregelten (vgl. Rule 20.2 City Code)[117] Anspruch auf die (gleichen) Informationen, die dem anderen Bieter vom Vorstand der Zielgesellschaft zur Verfügung gestellt wurden.[118] Man kann hingegen **nicht** etwa durch eine **Gleichbehandlung (nur) der beiden Bieter** einen Bereich von Insiderinformationen schaffen, die ursprünglich nur die Geschäftsleitung der Zielgesellschaft hatte und deren Wert nunmehr vom Bieter und dem Konkurrenzbieter ausgeschöpft werden könnte, nicht aber von den Angebotsadressaten.[119] Denn dann würde man die organschaftliche Treuepflicht des Vorstands zur Geheimhaltung von Unternehmensinformationen gegenüber Dritten in ihr Gegenteil verkehren: Informiere zwar alle Bieter, aber ja nicht die Aktionäre. Im Unterschied zum Beteiligungskauf von einem Paketaktionär geht es bei der Weitergabe von Informationen an den potentiellen Bieter nicht nur um einen Schutz der an einer solchen Transaktion nicht beteiligten Aktionäre oder um einen Schutz des „Unternehmensinteresses". Vielmehr sind die Aktionäre selbst die späteren Vertragspartner des Bieters und es geht gerade auch um ihren Schutz durch Information. Drittens besteht bei Informationserlangung des Bieters durch das Management der Zielgesellschaft nicht die in → Rn. 70 beschriebene Gefahr, dass der Bieter nicht in die Informationsbeschaffung über die Zielgesellschaft investiert. Vielmehr wird ihm sogar ein Zeitvorsprung vor den Wertpapierinhabern der Zielgesellschaft und eventuellen Konkurrenzbietern gegeben, da die Ergebnisse einer *due diligence* nicht Ad-hoc-publizitätspflichtig sind (→ Rn. 76).

---

[116] Emittentenleitfaden 2013, III.2.2.1.4.3, S. 38 f.; *Hasselbach* NZG 2004, 1087 (1093) spricht nur von der Möglichkeit der Zielgesellschaft dazu, nicht von einer Pflicht.

[117] Dazu *Hopt* ZGR 2002, 333 (358 f.).

[118] So auch *Hasselbach* NZG 2004, 1087 (1094), der noch darüber hinaus aus § 33 das Recht des Vorstands entnimmt, die Informationen dem konkurrierenden Bieter vorzuenthalten; anders jedoch nun *Hasselbach/Stepper* NZG 2020, 170 (176). Auch in der neueren Stellungnahme findet sich leider nichts zu den aus § 11 oder Art. 17 MAR folgenden Transparenzerfordernissen.

[119] Das scheint offenbar das Konzept *Hopts* zu sein, vgl. ZGR 2002, 333 (358 f.): Vorstand gestattet dem Bieter und möglicherweise dem Konkurrenzbieter Einsicht in die Bücher der Zielgesellschaft, verbotenes Insidergeschäft soll es aber nur sein, wenn along-side purchases, also Aktienkäufe, die über das eigentliche Angebot hinausgehen, stattfinden. Demgegenüber ist davon auszugehen, dass das Übernahmeangebot selbst ein über einen eventuell vorangegangenen Paketverkauf hinausgehenden along-side purchase darstellt, wenn die Informationen aus der due diligence nicht veröffentlicht werden. In die Richtung von *Hopt* aber auch *Hasselbach/Stepper* NZG 2020, 170 (176 f.).

**76**     Die entscheidende Frage aus insiderrechtlicher Sicht ist bei der Weitergabe potentiell kursrelevanter Tatsachen an den späteren Bieter die, **wann** und **von wem** die Informationen zu veröffentlichen sind. *Assmann* weist insoweit zu Recht darauf hin, dass die Geschäftsleitung der Zielgesellschaft sich frühestens in der Stellungnahme nach § 27 zur Bewertung zu äußern hat. Er will in Übereinstimmung mit der hM freilich in der Einräumung einer *due diligence*-Prüfung regelmäßig überhaupt keine **Ad-hoc-publizitätspflichtige Tatsache** sehen, da sie keine Auswirkungen auf die Vermögens- oder Ertragslage oder den allgemeinen Geschäftsverlauf der Zielgesellschaft habe.[120] In der Tat hat weder die Tatsache, dass eine *due diligence* stattgefunden hat noch ein vom Bieter auf Grund der weitergegebenen Informationen erstelltes Bewertungsgutachten Auswirkungen in diesem Sinne, weshalb eine Ad-hoc-Publizität der Zielgesellschaft ausscheidet (vgl. auch → § 10 Rn. 96). Allerdings darf nicht unberücksichtigt bleiben, dass die Insidertatsache durchaus Einfluss auf die Entscheidung der Wertpapierinhaber der Zielgesellschaft über Annahme oder Ablehnung des Angebots hat. Der (nicht selbstgeschaffene) Informationsvorsprung des Bieters hat daher zur Folge, dass er ein Angebot nur unter der Voraussetzung abgeben kann, dass er sich durch eine **Bekanntgabe der erhaltenen Informationen in der Angebotsunterlage** von dem Verbot des Art. 14 MAR befreit (zur Haftung für das Unterlassen dieser Informationen vgl. → § 12 Rn. 3, → § 12 Rn. 28).[121] Dies bestimmt nun auch ausdrücklich Art. 9 Abs. 4 UAbs. 1 MAR. Die BaFin verlangt hingegen umgekehrt, dass das Erwerbsangebot erst dann abgegeben wird, wenn die Zielgesellschaft die vom Bieter erlangten Informationen über eine Ad-hoc-Mitteilung veröffentlicht hat.[122] Dies hätte indessen zur Folge, dass der Bieter davon abhängig wäre, dass die Zielgesellschaft die Ad-hoc-Veröffentlichung auch vornimmt, wozu sie unter Umständen nicht verpflichtet ist.[123] Das kann gerade bei einem feindlich gewordenen Übernahmeangebot nicht hingenommen werden. Im Übrigen erlaubt § 11 iVm § 2 Nr. 3 WpÜG-AV die Veröffentlichung der Insiderinformationen, die Norm hebt die Unrechtmäßigkeit iSd Art. 14 lit. c MAR auf.

**77**     Im Ergebnis besteht also ein **Insiderhandelsverbot,** ohne dass zugleich eine Pflicht zur Ad-hoc-Publizität besteht. Das Bestehen eines Insiderhandelsverbots bei gleichzeitig fehlender Ad-hoc-Publizitätspflicht ist auch sonst im Wertpapierhandelsrecht möglich und keine übernahmerechtliche Besonderheit.[124] Die von *Hopt* in Erwägung gezogene Alternative, den Angebotspreis von einem unabhängigen Wirtschaftsprüfer festsetzen oder überprüfen zu lassen,[125] ist kein echter Ausweg, da keine ausreichenden Maßnahmen zur Sicherung der Neutralität des Wirtschaftsprüfers existieren (wer sucht ihn aus?) und die Anleger sich daher nicht auf dessen Unabhängigkeit verlassen können.

**78**     **cc) Feindlich gewordenes Angebot.** Bei einem feindlichen Angebot, das nach Scheitern der Verhandlungen mit dem Vorstand der Zielgesellschaft über eine freundliche Übernahme abgegeben wird, bedarf es keiner Regelung über die Veröffentlichung der vom Bieter durch eine *due diligence* bei der Zielgesellschaft erlangten Informationen. Der Vorstand der Zielgesellschaft selbst wird im Rahmen seiner Stellungnahme nach § 27 Abs. 1 Nr. 1 auf die von ihm an den Bieter weitergegebenen Informationen sowie über eine eventuelle Unterbewertung der Zielgesellschaft hinweisen, um das Angebot abzuwehren. Kann er darlegen, dass der Bieter ein gegen § 31 verstoßendes, da zu niedriges Angebot gemacht hat, so kann er nach hier vertretener Auffassung entgegen der hM auch eine einstweilige Verfügung gegen die weitere Durchführung des Angebots erwirken (vgl. → Rn. 110).

---

[120] *Assmann* ZGR 2002, 697 (715); *Stoffels* ZHR 165 (2001), 362 (381) mwN in Fn. 83.

[121] Vgl. auch *Drinkuth* in Marsch-Barner/Schäfer Börsennotierte AG-HdB Rn. 60.50.

[122] Emittentenleitfaden 2013, III.2.2.1.4.3, S. 38 f.

[123] *Drinkuth* in Marsch-Barner/Schäfer Börsennotierte AG-HdB Rn. 60.50; *Hasselbach* NZG 2004, 1087 (1093 f.).

[124] *Mühle,* Das Wertpapiererwerbs- und Übernahmegesetz, 2002, 203 mwN; *Schäfer/Hamann/Geibel* WpHG § 15 Rn. 33 f., 79 mwN; *Cahn* ZHR 162 (1998), 1 (22 f.); Emittentenleitfaden 2013, IV.2.2.2, S. 52 für nur mittelbar den Emittenten betreffende Informationen.

[125] *Hopt* ZGR 2002, 333 (356) Fn. 58.

**Nr. 4: Abwicklungsmodalitäten.** Die Angebotsempfänger sollen darüber informiert  79
werden, wie die näheren Modalitäten für die Veräußerung ihrer Wertpapiere aussehen. An
dieser Stelle enthält die Angebotsunterlage nicht einfach nur ergänzende Informationen für
die Angebotsadressaten. Vielmehr ist sie hier in Form allgemeiner Geschäftsbedingungen
auch unmittelbar Teil der Willenserklärung des Bieters und trifft inhaltliche Regelungen.
Die Abwicklungsmodalitäten hätten insgesamt eher bei § 11 Abs. 2 S. 2 (Inhalt des Angebots) geregelt werden müssen.

Zu den Modalitäten gehört auch die Angabe, wann die Empfänger die Gegenleistung  80
erhalten werden. Sie ist als **Fälligkeitsangabe** sogar eine der wichtigsten Regelungen über
den Inhalt des Angebots. Die Fälligkeit kann nicht kalendermäßig bestimmt werden, da der
Bieter möglicherweise erst nach dem Ende der Annahmefrist die einzelnen Verträge abwickeln wird und das Ende der Annahmefrist wegen der §§ 21, 22 im Zeitpunkt der Veröffentlichung der Unterlage noch nicht feststeht. Der Zeitpunkt wird also regelmäßig relativ
angegeben werden (Beispiel: „5 Bankarbeitstage nach dem Ende der Annahmefrist"). Inhaltlich ist der Bieter ansonsten bei der Bestimmung des Zeitpunktes des Erhalts der Gegenleistung weitgehend frei, das WpÜG verlangt lediglich allgemein in § 3 Abs. 4 eine beschleu-
nigte Verfahrensdurchführung. Fällt der Erhalt der Gegenleistung zeitlich nicht mit dem
Zeitpunkt zusammen, in dem er die Wertpapiere dinglich erwirbt, kommt ein Verstoß
gegen § 242 BGB bzw. § 309 Nr. 2 BGB in Betracht (vgl. → § 18 Rn. 22 aE).

Die Unterrichtung über die Maßnahmen, die die Wertpapierinhaber für die Annahme  81
des Angebots ergreifen müssen, sind nicht nur Information, sondern auch Regelung. Der
Bieter kann, da ihm das WpÜG dies nirgends verbietet, selbst bestimmen, **wem gegenüber**
die Annahme erklärt werden muss und in **welcher Form** sie zu erfolgen hat. In der
Praxis schreiben Bieter hier regelmäßig vor, dass die Adressaten das Angebot innerhalb der
Annahmefrist durch **schriftliche** Erklärung gegenüber ihrem depotführenden Kreditinstitut
anzunehmen haben und die entsprechenden Wertpapiere in eine besondere Wertpapierkennnummer umgebucht werden müssen, wobei die Umbuchung regelmäßig auch noch
kurz nach Ende der Annahmefrist erfolgen kann. Weitere Maßnahmen seitens der Anleger
der Zielgesellschaft dürften regelmäßig nicht erforderlich sein, so dass insoweit auch keine
Angaben gemacht werden müssen.

Ob es zulässig ist, in der Angebotsunterlage bereits die Erklärung von Vollmachten oder  82
aufschiebend bedingten Übereignungserklärungen der Adressaten festzulegen, wie zum Teil
praktiziert,[126] erscheint zweifelhaft; derartige Regeln dürften regelmäßig gegen § 305c BGB
verstoßen, weil der Adressat nicht mit ihnen zu rechnen braucht. Bei **Pflichtangeboten**
darf von den Adressaten keinesfalls mehr als die schriftliche Annahmeerklärung verlangt
werden. Das ergibt sich schon aus dem Rechtsgedanken des § 309 Nr. 13 BGB, im Übrigen
sind zusätzliche kostenverursachende „Maßnahmen" zur Erklärung der Annahme oder zum
Erhalt der Gegenleistung mit Sinn und Zweck der Angebotspflicht schlechthin unvereinbar.
Auch bei Pflichtangeboten wird man aber nicht vom Bieter verlangen können, die durch
die depotführenden Bank des Adressaten verursachten Kosten zu tragen.

Praktikabel ist der vorgesehene Hinweis auf die für die Angebotsempfänger mit der  83
Transaktion **verbundenen Kosten** nur dann, wenn er in allgemeiner Form gehalten ist;
die tatsächliche Höhe der Kosten für den Einzelnen kann und braucht nicht genannt zu
werden. Auch dies zeigt, dass hier vor allem Regelungen getroffen werden, nicht nur
Informationen gegeben werden.

**Nr. 5: Angaben zur Anzahl der vom Bieter gehaltenen Wertpapiere.** Ziel der  84
Norm ist es, ein umfassendes Bild über die Eigentumsverhältnisse an der Zielgesellschaft
zu geben, soweit es den Bieter und ghP betrifft. Den Adressaten soll die Möglichkeit eröffnet
werden, unabhängig von den Angaben zu den Absichten des Bieters ein realistisches Bild von
den tatsächlichen Möglichkeiten eines Bietervorgehens nach Erfolg oder auch Misserfolg des
Angebots zu erhalten. Die Meldepflichten nach §§ 33 ff. WpHG bleiben hiervon unberührt.

---

[126] Vgl. zB das Angebot der Green-Holding/Gardena vom 22.5.2002.

**85**    Der Bieter muss zunächst die von ihm und den ghP einschließlich ihrer Tochterunternehmen bereits gehaltenen Wertpapiere angeben, und zwar sowohl in absoluten als auch in relativen (Prozent-)Zahlen wegen des Transparenzgebotes des § 11 Abs. 1 S. 4 (→ Rn. 22 ff.). Ebenfalls der Übersicht halber müssen sie getrennt nach Gattungen (zB Stimmrechts-, Vorzugsaktien, Genussscheine usw.) mitgeteilt werden. Anzugeben sind sämtliche Anteile iSd § 2 Abs. 2, die der Bieter und die anderen genannten Personen halten, auch wenn sich das Angebot nur auf eine Gattung erstreckt. Daneben ist (ebenfalls in absoluten und relativen Größen) die Zahl der damit jeweils verbundenen Stimmrechte anzugeben. Schließlich sind die nach § 30 zuzurechnenden Stimmrechte gesondert für jeden Zurechnungstatbestand anzugeben. Alle Angaben haben jeweils für jede der beteiligten Personen getrennt zu erfolgen. Aus der allgemeinen Transparenzpflicht des § 11 Abs. 1 S. 4 folgt, dass am Schluss eine zusammenfassende Aufstellung sowohl der insgesamt gehaltenen Wertpapiere als auch der Stimmrechtsanteile gegeben wird.

**86**    Durch das Anlegerschutz- und Funktionsverbesserungsgesetz (AnsFuG) vom 5.4.2011 (BGBl. 2011 I 538) wurden die Angabepflichten der Nr. 5 erweitert. Nunmehr hat der Bieter auch die nach §§ 38 f. WpHG mitteilungspflichtigen Finanzinstrumente anzugeben. Damit will der Gesetzgeber sicherstellen, dass die Anleger auch von nur wirtschaftlich wahrscheinlichen Erhöhungen der Anteilshöhe des Bieters erfahren.[127]

**87**    Bei entsprechendem Antrag nach § 20 des WpÜG soll nach der Begründung zum Regierungsentwurf der **Handelsbestand** von den Angaben nach Nr. 5 ausgenommen werden können.[128] Dem ist bei Übernahme- und Pflichtangeboten nicht zu folgen, da sich Übernahmeangebot und Antrag nach § 20 WpÜG widersprechen (→ § 20 Rn. 22). In einem Übernahme- oder Pflichtangebot liegt deshalb immer zugleich auch ein Antrag nach § 20 Abs. 4 S. 1 WpÜG. Wird ein Teilangebot abgegeben, und will der Bieter die Beteiligung weiter ausbauen, was er nach § 11 Abs. 2 S. 3 Nr. 2 anzugeben hat, so liegt in der dortigen Angabe ebenfalls ein Antrag iSd § 20 Abs. 4 S. 1 WpÜG. Die Berechnung des Stimmrechtsanteils darf also der Angabe, die nach § 11 Abs. 2 S. 3 Nr. 2 zu machen ist, nicht widersprechen (vgl. → Rn. 44 ff.).

**88**    Auch der, der das Erreichen der Kontrollschwelle nach § 35 Abs. 1 S. 1 iVm § 10 offengelegt hat, muss in der Angebotsunterlage den aktualisierten Beteiligungsstand angeben.[129] Stehen hinter dem Bieter **wirtschaftliche Urheber** des Angebots, etwa eine Muttergesellschaft oder ein herrschender Aktionär (→ Rn. 29), so haben die Angaben sich auf diese Personen zu erstrecken, auch wenn sie (ausnahmsweise) nicht unter den Begriff der ghP subsumiert werden können.

**89**    **Nr. 6: Teilangebote.** Dass ein Teilangebot abgegeben wird, ergibt sich bereits aus den Angaben nach § 11 Abs. 2 S. 2 Nr. 3. Gleichwohl hat der Bieter gem. Nr. 6 erneut anzugeben, auf welchen Anteil oder auf welche Anzahl der Wertpapiere sich das Angebot beschränkt. Ferner muss er hier Angaben über die geplante Zuteilung aufnehmen (näher → § 19 Rn. 1 ff.). Bei zulässigen Teilangeboten bestehen mit § 3 Abs. 1 und § 19 bereits gesetzliche Regeln über eine Zuteilung, so dass an dieser Stelle ein Verweis auf die gesetzliche Zuteilung grundsätzlich ausreicht und lediglich Abweichungen von der pro-rata-Regel des § 19 näher zu erläutern sind.[130] Solche Abweichungen sind regelmäßig unzulässig, lediglich zur Vermeidung von Splitterbeteiligungen können Ausnahmen in Betracht kommen (s. Erläuterungen zu § 19).[131] Die Angaben dienen nicht nur der Information, sondern sind Teil der Willenserklärung des Bieters.

---

[127] BT-Drs. 17/3628, 25 f.: „Ein erheblicher Positionsaufbau in Finanzinstrumenten und sonstigen Instrumenten wäre ein deutliches Zeichen für eine höhere Erfolgswahrscheinlichkeit des Angebotes"; näher → § 23 Rn. 14.

[128] Vgl. BT-Drs. 14/7034, 78.

[129] BT-Drs. 14/7034, 79.

[130] Wie hier Steinmeyer/*Steinhardt/Nestler* Rn. 87.

[131] *Hamann* ZIP 2001, 2249 (2255) empfiehlt insoweit eine Abstimmung mit dem BaFin bereits im Vorfeld der Übernahme.

**Nr. 7: Vorerwerbe einschließlich Gegenleistung. a) Allgemeines.** Hier sind sämtli- 90
che Beteiligungskäufe des Bieters, von ghP bzw. deren Töchtern innerhalb des Zeitraums
von sechs Monaten vor der Veröffentlichung nach § 10 bis zur Veröffentlichung der Angebotsunterlage aufzuführen sowie Art und Höhe der jeweils erfolgten Gegenleistung. Für
den **wirtschaftlichen Urheber** des Angebots gilt → Rn. 88 entsprechend.

Nach der Begründung gehören zu den Vorerwerben auch Vereinbarungen, die auf den 91
späteren Erwerb von Wertpapieren gerichtet sind,[132] also zB auch befristete Wertpapiergeschäfte sowie die Einräumung von Wandelschuldverschreibungen und Optionsrechten. Um
die Einhaltung der Vorschriften des § 31 zu gewährleisten, müssen hier also auch **Vorerwerbe** des Bieters angegeben werden, deren Vollzug noch nicht verlangt werden kann.
Anzugeben sind sämtliche derart betagte Vorerwerbe ohne Rücksicht auf den dafür gezahlten Preis, da nur so den Adressaten eine Kontrolle der Einhaltung der in § 31 Abs. 3–6
enthaltenen Regeln möglich ist. Die BaFin verlangt in der Praxis auch die Angabe von sog.
*irrevocable undertakings*, durch die sich bestimmte Inhaber von Wertpapieren (zu diesen auch
→ § 19 Rn. 26 ff.; → § 22 Rn. 27 ff.) der Zielgesellschaft verpflichten, das spätere Übernahmeangebot anzunehmen.[133] Nach dem Wortlaut sind **Art und Umfang der Gegenleistung für den jeweiligen Vorerwerb** anzugeben. Unter Art und Umfang ist zu verstehen, was die Parteien als **wirtschaftlichen Gesamtwert** der Leistungen des Käufers für
das Wertpapierpaket angesehen haben. Der wirtschaftliche Gesamtwert ist aus dem Barzahlungspreis zuzüglich eventueller Sachleistungen des Käufers zu ermitteln. Wegen der Einbeziehung von erst später zu vollziehenden Geschäften auf der einen Seite und den Verfahrens-
und Fristregeln des WpÜG auf der anderen Seite sind jedoch Zinsvorteile oder -nachteile
nicht zu berücksichtigen.[134]

Der früher nur dreimonatige Referenzzeitraum der Vorschrift wurde auf nunmehr 92
immerhin **sechs Monate** verlängert, um Art. 5 Abs. 4 Übernahme-RL Rechnung zu tragen.

Die Informationspflicht nach Nr. 7 steht in engem Zusammenhang mit § 31 Abs. 1, 93
Abs. 3 WpÜG und § 4 WpÜG-AV. Danach muss der Bieter bei relevanten Vorerwerben
jedenfalls wahlweise eine Geldleistung als Gegenleistung anbieten (näher § 31 Abs. 3 Nr. 1).
Die Gegenleistung darf gemäß § 4 WpÜG-AV die höchste Gegenleistung für einen relevanten Vorerwerb nicht unterschreiten, wobei der Sechsmonatszeitraum für die Pflichten nach
§ 31 Abs. 3 von der Veröffentlichung der Entscheidung nach § 10 an zu berechnen ist, für
die Höhe der Gegenleistung nach § 4 WpÜG-AV dagegen von der Veröffentlichung der
Angebotsunterlage nach § 14 an.

**b) Art der anzugebenden Wertpapiergeschäfte.** Nicht zu folgen ist der offenbar 94
auch von der BaFin vertretenen Auffassung,[135] die Angaben seien auf Beteiligungskäufe
hinsichtlich der **Wertpapiere** zu beschränken, die **Gegenstand des Angebots** sind. Dafür
könnte zwar der erwähnte Zusammenhang mit § 31 Abs. 3 Nr. 1 sowie § 4 WpÜG-AV
sprechen, mit der Überlegung, Vorerwerbe seien nur dann anzugeben, wenn sie auch Einfluss auf die Mindestgegenleistung des § 31 hätten. Das Gegenteil (**Angabe sämtlicher
Geschäfte und Gegenleistungen** innerhalb der relevanten Fristen) ist jedoch richtig und
ergibt sich aus fünf Überlegungen: (1) Zunächst ist der Wortlaut der Vorschrift allgemein
formuliert, er stellt auf Gegenleistung für den Erwerb von Wertpapieren innerhalb der
maßgeblichen Fristen ab, nicht aber auf den Erwerb von Wertpapieren der Gattung, für die
ein Angebot abgegeben wird. § 4 WpÜG-AV spricht dagegen von Aktien der Zielgesellschaft, stellt also für die Ermittlung des Mindestpreises ausschließlich auf Vorerwerbe von
Aktien ab. Das entspricht dem unterschiedlichen Zweck von § 11 und § 31. Hier geht es
um Schutz durch ausreichende Information, dort nur um Schutz durch eine materielle

---

[132] BT-Drs. 14/7034, 79.
[133] Vgl. *Seibt* CFL 2013, 145 (151 f.).
[134] Vgl. insoweit auch Kölner Komm WpÜG/*Kremer/Oesterhaus* § 31 Rn. 86; Kölner Komm WpÜG/
*Kremer/Oesterhaus* WpÜG-AV § 4 Rn. 16 (Anh. § 31 WpÜG).
[135] S. Angebotsunterlage der Green-Holding an die Aktionäre der Gardena AG vom 22.5.2002.

Preisuntergrenze. Daher sind die Angaben ja auch dann zu machen, wenn es sich nicht um ein Übernahmeangebot handelt, § 31 iVm § 4 WpÜG-AV also gar nicht einschlägig ist. (2) Zweitens spricht der Zusammenhang mit § 2 Nr. 5 WpÜG-AV für diese Auslegung: Dort müssen die aktuellen Beteiligungsverhältnisse offen gelegt werden, was zweifelsohne sämtliche Wertpapiere betrifft, sonst würde den Aktionären nur nutzlose Information geboten. § 2 Nr. 7 verweist aber auf die Wertpapiere, die von den in Nr. 5 genannten Personen innerhalb der maßgeblichen Fristen erworben wurden. Das betrifft alle Transaktionen, nicht nur solche über Wertpapiere, die auch Gegenstand des Angebots sind. (3) Weiter folgt die hier vertretene Auslegung aus der Gesetzesbegründung.[136] Dort wird in erster Linie darauf abgestellt, dass die Informationen über Art und Höhe der gewährten oder vereinbarten Gegenleistung für die Adressaten des Angebots von erheblicher Bedeutung ist. Erst in zweiter Linie wird die Bedeutung für die Mindestpreisregel des § 31 genannt („tritt hinzu"). (4) Dem Gesetzgeber war die Möglichkeit einer Unterscheidung nach Gattungen bekannt, wie die auf die jeweilige Gattung abstellende Regel in § 3 S. 3 WpÜG-AV zeigt. Wenn er sie bei § 2 Nr. 7 WpÜG-AV nicht verwendet (die Vorschrift unmittelbar vor § 3 WpÜG-AV!), zeigt das mit aller zu verlangender Deutlichkeit, dass die Unterscheidung dort auch nicht maßgeblich ist. (5) Dass alle Vorerwerbsgeschäfte inklusive Gegenleistung anzugeben sind, folgt schließlich aus § 3 Abs. 2 WpÜG. Dort ist und auch eines der allgemeinen Ziele des WpÜG normiert, das darin besteht, den Aktionären eine rationale, weil ausreichend informierte Entscheidung über die Annahme des Angebotes zu ermöglichen. Selbstverständlich sind sämtliche Vorerwerbe des Bieters für die Aktionäre der Zielgesellschaft höchst bedeutsam, weil sie Auskunft darüber geben, welchen Wert der Bieter dem Unternehmen der Zielgesellschaft und damit indirekt auch den Aktien, die Gegenstand des Angebotes sind, beimisst (vgl. zum Zusammenhang mit § 3 Abs. 2 → Rn. 96).

**95**  Ein praktisches Beispiel für die Bedeutung der Nr. 7 ist das Angebot der Green-Holding an die Vorzugs-Aktionäre der Gardena-Holding,[137] in der der Kaufpreis für die nicht börsennotierten Stammaktien der Gardena nicht angegeben wurde. Legt man Buchwert der direkten und mittelbaren Beteiligungen der Green-Holding an Gardena zugrunde, ergibt sich ein geschätzter Wert der Stammaktie von ca. 30 Euro, stellt man auf die Kreditlinie für den weiteren Erwerb von mittelbar 3,8 Mio. Stammaktien der Gardena ab (149 Mio. Euro), so liegt der geschätzte Preis bei 38 Euro je Stammaktie. Diese der Angebotsunterlage nicht unmittelbar zu entnehmenden[138] Informationen, insbesondere die damit verbundene Bewertung von Gardena durch die Green-Holding, hätte den Vorzugsaktionären nicht vorenthalten werden dürfen. Denn sie enthält wichtige Informationen über den möglicherweise deutlich über den angebotenen 26 Euro je Vorzugsaktie liegenden Wert der Wertpapiere. An Stelle dieser Angaben wurde den Vorzugsaktionären aber mit **Squeeze-out, Delisting** und umwandlungsrechtlichen Maßnahmen gedroht, wenn sie das Angebot nicht annähmen. Zur Klarstellung: Es geht nicht um den gesetzlichen Mindestpreis nach § 31, der von Green-Holding in der Unterlage richtig dargestellt wurde, es geht um fehlende Transparenz und damit um das Hauptziel des WpÜG, die Angebotsempfänger mit ausreichenden Informationen zu versorgen. Dass die wirklich relevanten Informationen dabei außen vor bleiben, entspricht nicht den Zielen des Gesetzgebers.[139]

**96**  Der grundsätzliche Zusammenhang zwischen der hier vertretenen Auslegung des § 2 Nr. 7 WpÜG-AV und des § 3 Abs. 2 könnte mit der Erwägung in Frage gestellt werden, dass § 3 Abs. 2 nicht möglichst viel Information, sondern eben nur für die Kenntnis der Sachlage ausreichende Information verlangt. „Ausreichend" ist lediglich die Andeutung, dass hier sowohl Bieter- als auch Aktionärsinteressen zu berücksichtigen sind. Genauso

---

[136] S. BT-Drs. 14/7034, 79.

[137] S. Angebotsunterlage der Green-Holding an die Aktionäre der Gardena AG vom 22.5.2002.

[138] Deshalb kann die geäußerte Schätzung natürlich unrichtig sein.

[139] Vgl. auch Angerer/Geibel/Süßmann/*Geibel/Süßmann* Rn. 78: Die Veröffentlichungspflicht hängt nicht davon ab, dass die Informationen auch bei der Ermittlung des Mindestpreises nach § 31 berücksichtigt werden müssen, der Gesetzgeber hat dies auch in der Gesetzesbegr. klargestellt; vgl. insoweit BT-Drs. 14/7034, 79.

selbstverständlich wie die der Wunsch der Aktionäre der Zielgesellschaft, über sämtliche Vorerwerbe des Bieters informiert zu werden, ist, dass ein Bieter nicht gerne den Preis angibt, den er für Vorerwerbe gezahlt hat. Ein Bieter, der möglicherweise 40 Euro für Stammaktien gezahlt hat und dann ein Angebot zum Erwerb von Vorzugsaktien für lediglich 26 Euro macht, wird nicht viele Aktionäre dazu bewegen können, das Angebot anzunehmen, wenn er sie umfassend informiert. Denn diese wissen dann, dass die Bewertung des Unternehmens durch den Bieter offenbar über diesen 26 Euro/Aktie liegt. Eine dementsprechend gebotene Abwägung zwischen den Interessen des Bieters und der Angebotsempfänger hat der Gesetzgeber aber schon dadurch vorgenommen, dass er die Angabepflicht in § 2 Nr. 7 WpÜG-AV zeitlich beschränkt hat (nämlich auf sechs Monate vor der Veröffentlichung nach § 10 oder § 14).

Diese Argumentation kann auch nicht unter Hinweis darauf widerlegt werden, dass in **97** Nr. 7 mit dem Abstellen auf den Sechsmonatszeitraum vor der Veröffentlichung nach § 10 oder vor der Veröffentlichung nach § 14 exakt die beiden Sechsmonatszeiträume nennt, die im Rahmen des § 31 iVm §§ 3–6 WpÜG-AV relevant werden (zu Vorerwerben außerhalb der in Nr. 7 genannten Zeiträume → Rn. 66). (1) Denn dann hätte der Gesetzgeber auch unterschiedliche Informationspflichten für die beiden Sechsmonatszeiträume vorsehen müssen. sechs Monate vor der § 10-Veröffentlichung sind Vorerwerbe nämlich nur für die **Art** der Gegenleistung relevant (vgl. § 31 Abs. 3), nicht aber für deren **Höhe,** insoweit gilt nur der Sechsmonatszeitraum vor der § 14-Veröffentlichung. Trotzdem soll der Bieter **Art und Umfang** (= Höhe) für **beide Sechsmonatszeiträume** angeben. Dieser Widerspruch wäre nicht erklärlich, wenn die Bezugnahme auf § 10 und § 14 tatsächlich eine Parallelität der zu vermittelnden Informationen mit § 31 Abs. 3 respektive § 31 Abs. 1 iVm § 4 WpÜG-AV herstellen wollte. (2) Es besteht eine viel einfachere Erklärungsmöglichkeit für die Nennung des § 10 und § 14 in § 2 Nr. 7 WpÜG-AV: Der Bieter soll Vorerwerbe innerhalb des Zeitraumes angeben, der sechs Monate vor der § 10-Veröffentlichung beginnt und im Zeitpunkt der Veröffentlichung nach § 14 endet, vernünftigerweise also einen Tag vorher, um eine Abschlussredaktion der Angebotsunterlage zu ermöglichen. Eine Beschränkung auf den Sechsmonatszeitraum vor der § 10-Veröffentlichung hätte den Bieter von der Angabe über Vorerwerbe befreit, die zwischen der § 10- und der § 14-Veröffentlichung liegen. Sicher hätte man dieses Ziel einfacher formulieren können („sofern der Erwerb innerhalb des Zeitraums erfolgt, der sechs Monate vor der Veröffentlichung nach § 10 Abs. 3 S. 1 beginnt und am Tag vor der Veröffentlichung der Angebotsunterlage endet"), aber der mit der Formulierung verfolgte Zweck liegt auf der Hand. Zu Veröffentlichungspflichten über Vorerwerbe, die nach dem Beginn der Annahmefrist vollzogen werden sollen, → Rn. 91.

**Nr. 7a: Angaben zu einem bevorstehenden Delisting.** Nr. 7a ist eingefügt durch das **98** Transparenz-RL-Änderungsrichtlinie-UG und ist nur vor dem Hintergrund des ebenfalls geänderten § 39 Abs. 2 S. 3 Nr. 1 BörsG nF erklärbar. Diese Norm sieht vor, dass bei Stellung des Antrags auf Widerruf der Börsenzulassung einer Zielgesellschaft ein sog. Delisting-Angebot bereits vorliegen muss. § 2 Nr. 7a WpÜG-AV verlangt insoweit, dass die Anleger in der Angebotsunterlage Angaben zu einem „bevorstehenden Antrag" auf Widerruf der Börsenzulassung erhalten und so vor allfälligen Kursverlusten durch das geplante Delisting gewarnt werden. Welchen − möglicherweise wenig eindeutigen − Inhalt diese Angaben haben, spielt keine Rolle, es ist nach dem Gesetzeswortlaut nicht ausgeschlossen und daher zulässig, dass der Bieter lediglich eine gewisse Wahrscheinlichkeit oder gar Möglichkeit eines solchen Antrags angibt, für den er mit seinem Delisting-Angebot ja nur die Voraussetzungen schaffen will.[140]

**Nr. 8: Information über den Stand behördlicher Genehmigungen.** Gedacht ist **99** vor allem an den Stand etwaiger kartellrechtlicher Verfahren. Der Wortlaut umfasst jedoch

---

[140] Näher zum Delisting-Angebot *Wackerbarth* WM 2016, 385 ff.

auch die Angabe des Standes etwaiger Befreiungsanträge bei der BaFin, die daher hier ebenfalls anzugeben sind.

**100**   **Nr. 10: Hinweis auf Veröffentlichungsorte. (1) Zweck.** Über Zweck und Funktion der Nr. 10 kann man streiten, da die wesentliche Information der Anleger in der Regel durch ihre Bank erfolgen wird. Die Öffentlichkeit erfährt zuverlässig von der Veröffentlichung durch die Homepage der BaFin. Eine Vorschrift, die die BaFin zur entsprechenden Veröffentlichung verpflichtete oder Banken zur Bekanntgabe an die Depotinhaber, wäre dementsprechend praxisgerechter. Sinn hat es dagegen, wenn man der Angebotsunterlage entnehmen kann, wie der Bieter seine Pflichten nach § 23 erfüllen und wo er Angebotsänderungen veröffentlichen wird. Es ist davon auszugehen, dass ein Bieter missbräuchlich handelt, wenn er für Wasserstandsmeldungen oder Angebotsänderungen andere Veröffentlichungsorte wählt als für die Angebotsunterlage. Daher erfährt der Adressat durch die Bekanntgabe der Internet-Adresse zumindest, wo er bis zum Ablauf der Annahmefrist regelmäßig nachzusehen hat.[141] Nr. 10 iVm § 14 Abs. 3 schreibt folgende Angaben vor: **(2) Angabe der Internet-Adresse.** Der Verweis auf die Homepage des Bieters dürfte ausreichend sein, wenn dem interessierten Anleger das Auffinden der Angebotsunterlage damit noch zumutbar ist. Das dürfte der Fall sein, wenn sie mit höchstens drei Mausklicks von der Homepage zu erreichen ist und auf der ersten Seite der Homepage ein deutlicher Hinweis auf die Angebotsunterlage zu finden ist. **(3) Bekanntgabe im elektronischen Bundesanzeiger oder durch Bereithalten zur kostenlosen Ausgabe bei einer geeigneten Stelle im Inland.** Weiter muss die Angebotsunterlage auf die Stelle hinweisen, bei der die Angebotsunterlage zur Ausgabe bereitgehalten wird oder aber die Bekanntgabe im elektronischen Bundesanzeiger ankündigen.

**101**   **Nr. 12: Für die Erwerbsverträge einschlägiges Recht.** Zwar ist das WpÜG deutsches Recht. Es regelt indessen nur die Frage des Zustandekommens der Erwerbsverträge zwischen Bieter und Adressaten. Soweit es um die schuldrechtlichen Fragen dieser Verträge geht, bleibt das nach allgemeinen Regeln bestimmte Vertragsstatut maßgebend (Übernahmevertragsstatut). Denkbar ist also, dass diese Verträge und ihre Abwicklung nach internationalem Privatrecht ausländischen Rechtsordnungen unterliegen. Trifft der Bieter keine Rechtswahl nach Art. 3 Abs. 1 Rom I-VO, so wäre nach Art. 4 Abs. 2 Rom I-VO grundsätzlich das Recht am Sitz des Veräußerers maßgeblich. Das kann zu einer Zersplitterung in eine Mehrzahl von Übernahmevertragsstatuten führen. Art. 4 Abs. 1 lit. h Rom I-VO bringt nicht unbedingt Abhilfe.[142] Denn jedenfalls bei internationaler Notierung der Wertpapiere der Zielgesellschaft wäre danach entweder das Recht unterschiedlicher Börsenplätze einschlägig oder aber lit. h wäre nicht einmal einschlägig.

**102**   Art. 6 Abs. 1 Rom I-VO sieht vor, dass den Anlegern durch die Rechtswahl ihr Heimatverbraucherschutz zugunsten einer einfachen und einheitlichen Bestimmung des Vertragsstatuts nicht entzogen werden kann. Zwar macht Art. 6 Abs. 4 lit. d Rom I-VO davon scheinbar eine Ausnahme gerade bei Übernahmeangeboten, doch erfasst sie gerade nicht das Übernahmevertragsstatut, sondern nur den kollektiven Teil des Übernahmeangebots (Zuteilungsregeln, Bedingungen usw).[143]

**103**   Auch im Rahmen der Nr. 12 werden den Anlegern nicht nur Informationen gegeben, sondern inhaltliche Regeln getroffen, da die Angabe des Vertragsstatuts zugleich eine Rechtswahl durch den Bieter iSv Art. 3 Abs. 1 Rom I-VO ist.

**104**   **Nr. 9, Nr. 11.** Für die beiden übrigen Nummern, deren Zweck Warnung und Information der Anleger ist, die jedoch kaum Besonderheiten je nach den konkreten Umständen des Angebots aufweisen, wird der folgende **Formulierungsvorschlag** gemacht (→ Rn. 105 f.). Eine Verlängerung der Annahmefrist begründet allerdings als eine wesentli-

---

[141] Dies entspricht offenbar auch der Auffassung der BaFin, vgl. Kölner Komm WpÜG/*Seydel* Rn. 103.
[142] Vgl. dazu *Mankowski* RIW 2009, 98 ff.; *Einsele* WM 2009, 289 ff.
[143] S. MüKoBGB/*Martiny* Rom I-VO Art. 6 Rn. 27.

che Veränderung die in → Rn. 17 ff. aufgezeigte **Aktualisierungspflicht.** Der Bieter muss dementsprechend bei solchen Veränderungen zusätzlich eine Veröffentlichung gem. § 14 Abs. 3 vornehmen.

### Nr. 9: Annahmefristen

(1) Sollte dieses Angebot nachträglich geändert werden, so verlängert sich die in Nr. … (Gliederungspunkt **105** der Angebotsunterlage, unter der die Annahmefrist genannt ist) genannte Frist unter der weiteren Voraussetzung, dass die Veröffentlichung der Änderung innerhalb der letzten zwei Wochen vor Ablauf der in Nr. … [Gliederungspunkt der Annahmefrist] genannten Frist erfolgt ist, gemäß § 21 Abs. 5 WpÜG um zwei Wochen. (2) Wird ein konkurrierendes Angebot eines Dritten für die in Nr. [Gliederungspunkt der Angebotsunterlage, unter der die vom Angebot erfassten Wertpapiere der Zielgesellschaft genannt sind] genannten Wertpapiere abgegeben, und läuft die Annahmefrist für dieses konkurrierende Angebot später ab als die in Nr. … [Gliederungspunkt der Angebotsunterlage, unter der die Annahmefrist genannt ist] genannte Frist, so bestimmt sich der Ablauf der Annahmefrist für das hier gemachte Angebot nach dem Ablauf der Annahmefrist für das konkurrierende Angebot. Dies gilt auch, falls das konkurrierende Angebot geändert oder untersagt wird oder gegen Rechtsvorschriften verstößt. [Nur bei Übernahmeangeboten:] (3) Auf die Möglichkeit, gemäß § 16 Abs. 2 WpÜG das hier gemachte Angebot auch noch innerhalb von zwei Wochen nach Veröffentlichung des Angebotsergebnisses annehmen zu können, wird hingewiesen.

### Nr. 11: Rücktrittsrechte

Die Aktionäre der X-AG werden darauf hingewiesen, dass sie gemäß § 21 Abs. 4 WpÜG im Fall der **106** Änderung dieses Angebots vom Vertrag zurücktreten können, sollten sie das ursprüngliche Angebot bereits angenommen haben. Gleiches gilt im Fall der Abgabe eines konkurrierenden Angebots eines dritten Bieters nach Maßgabe des § 22 Abs. 3 WpÜG.

## VII. Rechtsfolgen fehlerhafter Angebotsunterlagen

**1. Haftung des Bieters nach § 12.** Näher → § 12 Rn. 1 ff. **107**

**2. Untersagung des Angebots durch die BaFin nach näherer Maßgabe des § 15.** **108** Näher → § 15 Rn. 1 ff.

**3. Verpflichtungsbeschwerde.** Klagemöglichkeit der Zielgesellschaft auf Verfügung **109** durch die BaFin (Verpflichtungsbeschwerde; → § 48 Rn. 13 ff.).[144]

**4. Einstweilige Verfügung.** Antrag der Zielgesellschaft auf einstweilige Verfügung, durch **110** die die weitere Durchführung des Angebots bis zur Fehlerbeseitigung untersagt wird.[145] Richtig ist zwar, dass den einzelnen Wertpapierinhabern der Zielgesellschaft kein Verfügungsanspruch (auf eine fehlerfreie Unterlage) zur Seite steht, so dass diese einen entsprechenden Antrag nicht stellen können.[146] § 11 begründet Informationspflichten des Bieters gerade deshalb, *weil* die einzelnen Wertpapierinhaber nicht einheitlich auftreten können, dh auf Augenhöhe über den Verkauf ihrer Anteile mit dem Bieter verhandeln können (→ Rn. 15).[147] Anderes gilt jedoch für die Zielgesellschaft als solche. Ihr kann nicht zugemutet werden, die Prüfung der Richtigkeit und Vollständigkeit der Unterlage allein der BaFin zu überlassen, die dafür weder in zeitlicher noch in personeller Hinsicht genügend ausgestattet ist und dazu angesichts der Regelung in § 15 Abs. 1 Nr. 2 wegen deren Beschränkung auf offensichtliche

---

[144] Zur Zulässigkeit ausf. *Aha* AG 2002, 160 ff.; dagegen *Schnorbus* ZHR 166 (2002), 72 (112).
[145] Dazu näher *Aha* AG 2002, 160 (168 f.), allerdings ohne die Beschränkung auf die Fehlerbeseitigung; gegen einstweiligen Rechtsschutz wohl *Möllers* ZGR 2002, 664 (677).
[146] So *Möllers* ZGR 2002, 664 (677), allerdings nur unter Hinweis auf die angeblich fehlende Klagbarkeit vorvertraglicher Informationspflichten. Es geht jedoch gerade darum, *wie* die Pflichten aus § 11 durchgesetzt werden können. Wenn es bei § 11 nicht um die Begr. klagbarer Pflichten ginge, hätte man die Vorschrift gleich als Haftungsnorm formulieren müssen. Dass die Verletzung von Aufklärungspflichten üblicherweise erst nach Geschäftsabschluss vom Vertragspartner bemerkt und anschließend nur Schadensersatz geltend gemacht wird, ist kein Gegenargument. Das Gesetz will nicht Schadensersatzpflichten herbeiführen, sondern eine informierte Entscheidung der Adressaten des Angebots sichern. Dies gilt es zu fördern und nicht zu verhindern.
[147] IÜ würden bei Zulassung individueller Verfahren unterschiedliche Ergebnisse herbeigeführt werden können, was schon aus praktischen Gründen unerträglich wäre.

Verstöße auch nicht verpflichtet ist.[148] Aus dem Nichteinschreiten der BaFin folgt keine zivilrechtliche Duldungspflicht der Zielgesellschaft.[149]

111    Lehnte man ein Recht der Zielgesellschaft auf den Erlass einer einstweiligen Verfügung ab, so ließe man im Ergebnis unrichtige Angebotsunterlagen des Bieters zu, solange sie nur nicht offensichtlich unrichtig sind und den das Angebot annehmenden Wertpapierinhabern der Zielgesellschaft aus der Annahme kein Schaden entsteht (ansonsten bestünde immerhin die Haftung nach § 12). Gerade bei solchen, für die Wertpapierinhaber offenbar günstigen Angeboten entstünde aber denjenigen ein Schaden, die das Angebot nicht angenommen haben, und zwar ein Schaden, der nach § 12 nicht ersetzt werden kann (→ § 12 Rn. 15). Das hat der Gesetzgeber ersichtlich nicht gewollt. Eine solche Auffassung beschränkte entgegen § 3 Abs. 2 die Möglichkeit der Wertpapierinhaber, eine informierte Entscheidung treffen zu können.

112    Der Bieter schuldet die in § 11 iVm § 2 WpÜG-AV vorgesehenen Informationen stets der Zielgesellschaft insgesamt und der Vorstand der Zielgesellschaft muss die Interessen seiner Gesellschaft an den durch § 11 vorgeschriebenen Informationen wirksam durchsetzen können. Insofern weicht die Interessenlage bei der Durchsetzung der Informationspflichten des § 11 deutlich von der oben für die Frage ihrer Begründung geschilderten (→ Rn. 15) ab: Will der Vorstand der Zielgesellschaft – möglicherweise aus Eigeninteressen, weil er eine feindliche Übernahme verhindern will – gegen eine fehlerhafte Unterlage vorgehen, so befindet er sich gerade nicht in einem Interessenkonflikt. Seine Interessen und die der Angebotsadressaten gehen hier in die gleiche Richtung: Ohne vollständige und richtige Information darf der Bieter ein öffentliches Wertpapiererwerbsangebot nicht durchführen. Dass der Vorstand der Zielgesellschaft dieses Recht missbrauchen könnte, um das Angebot zumindest zu verzögern, spricht nicht gegen die Zulassung eines Antrags auf einstweiligen Rechtsschutz, da ein Gericht ohnehin nur bei klaren Verstößen des Bieters das Angebotsverfahren aufhalten wird.

113    **5. Zivilrechtliche Prospekthaftung des Bieters (Anwendung der Grundsätze des BGH) gegenüber nicht annehmenden Aktionären. a) Ausschluss durch § 12 Abs. 6?** Nach herrschender Auffassung sind Ansprüche aus allgemein-zivilrechtlicher Prospekthaftung durch die Formulierung des § 12 Abs. 6 **ausgeschlossen**.[150] Dem ist nicht zu folgen. Nach § 12 Abs. 6 werden „Ansprüche auf Grund von Verträgen" nicht berührt, die Gesetzesbegründung verweist zur Auslegung dieser Begriffe auf „schuldrechtliche Sonderverbindungen". Damit sind Ansprüche aus § 280 BGB iVm § 241 Abs. 2 BGB, § 311 Abs. 2 BGB (cic) nicht von dem Ausschluss erfasst. An der Qualität des § 12 Abs. 6 als Begrenzung der Haftung kann man ohnehin zweifeln, weil die Norm nicht als Anspruchsausschluss formuliert ist, vielmehr nur sagt, welche Ansprüche „nicht berührt werden". Inwieweit die dort nicht genannten Ansprüche „berührt" werden, folgt dann letztlich nur aus der Systematik: Nur soweit die Haftung aus § 12 lex specialis ist, sind konkurrierende Ansprüche aus leges generales ausgeschlossen. Für Ansprüche aus **fahrlässiger unerlaubter Handlung** mag man der Formulierung des § 12 Abs. 6 noch darüber hinaus einen Haftungsausschluss entnehmen. Zur Haftung aus cic ist § 12 jedoch eindeutig nicht lex specialis. Daher schließt die Norm bereits im Rahmen ihres Anwendungsbereiches konkurrierende Ansprüche aus § 280 BGB nicht aus. Erst recht kann man § 12 Abs. 6 keinen Haftungsausschluss für solche Ansprüche entnehmen, die von Angebotsadressaten geltend gemacht werden, die das Angebot nicht angenommen haben.[151]

---

[148]   Zu den eingeschränkten Möglichkeiten der BaFin s. auch *Möllers* ZGR 2002, 664 (691); *Aha* AG 2002, 160 (164).

[149]   *Aha* AG 2002, 160 (168).

[150]   BT-Drs. 14/7034, 44; *Assmann* AG 2002, 153 (160); *Hopt* ZHR 166 (2002), 383 (480); Assmann/Pötzsch/Schneider/*Assmann* § 12 Rn. 41; Angerer/Geibel/Süßmann/*Louven* § 12 Rn. 39; FK-WpÜG/*Renner* § 12 Rn. 71; Baums/Thoma/*Thoma* § 12 Rn. 84 mwN in Fn. 245; *Stephan* AG 2003, 551 (552).

[151]   *Aisenbrey*, Die Preisfindung im Übernahmerecht, 2017, 149: „Ist aber schon der Kreis der potentiellen Anspruchsinhaber ein anderer, handelt es sich nicht um einen Spezialfall; es kann folgerichtig keine Verdrängung stattfinden"; iE für diese Fälle ebenso Kölner Komm WpÜG/*Möllers* § 12 Rn. 83a; aA Assmann/Pötzsch/Schneider/*Assmann* § 12 Rn. 41, 68 mit der Begr., die allgemeine Prospekthaftung habe sich von Ihrer Grundlage in der cic gelöst. Das trifft aber jedenfalls für die hier postulierte Angebotsunterlagenhaftung wegen der → Rn. 114 dargestellten Besonderheiten nicht zu.

Dass die allgemeine zivilrechtliche Prospekthaftung nicht ausgeschlossen ist, folgt ferner **114** auch aus zentralen Unterschieden zur Situation bei öffentlichen Verkaufsangeboten, dh bei Emissionen nach dem BörsG. Ein Angebot nach dem WpÜG (sowohl Vollangebote als auch Teilangebote wegen § 19) richtet sich an einen von vornherein genau feststehenden, wenn auch dem Bieter unbekannten Aktionärskreis, der nicht ohne weiteres mit dem allgemeinen Publikum bei öffentlichen Angeboten iSd BörsG gleichgesetzt werden darf.[152] Zwar geht es bei einem Wertpapiererwerbsangebot um die im Verhältnis zum öffentlichen Verkaufsangebot spiegelbildliche Situation.[153] Jedoch verlangen Ziel und Folgen des Erwerbsangebots eine eigenständige Beurteilung. Wenn die Wertpapierinhaber ihre Wertpapiere verkaufen, verändern sich die Machtverhältnisse in der Zielgesellschaft zugunsten des Käufers. Wurden die Wertpapierinhaber getäuscht und dadurch geschädigt, ist eine Wiederherstellung des status quo ante nicht mehr möglich, bereits erfolgte Veränderungen im Unternehmen der Zielgesellschaft sind nicht reversibel. Ein Schadensersatz in Geld ist dafür möglicherweise nicht genau bestimmbar, jedenfalls aber nur mangelhafter Ersatz für die an sich geschuldete Naturalrestitution, anders als bei Fehlinformation im Rahmen einer Emission. Zudem sind Bieter und Anleger schon vor dem Angebot durch einen Gesellschaftsvertrag, zB die Satzung der Zielgesellschaft, und damit durch Treuepflichten verbunden; das gilt jedenfalls dann, wenn der Bieter wie regelmäßig schon vorher Aktien der Zielgesellschaft besitzt oder sie ihm zuzurechnen sind. Das unterscheidet die Situation erheblich von der bei einem Börsenprospekt. Von daher darf trotz gleichen Wortlauts nicht einfach die Rechtslage zu § 25 WpPG (§ 47 BörsG aF) auf § 12 übertragen werden.

**b) Interessenlage.** Zu berücksichtigen ist ferner das übergeordnete Ziel des Übernah- **115** merechts gem. § 3 Abs. 1–3, nämlich den Druck zur Angebotsannahme (pressure to tender) bei öffentlichen Angeboten weitgehend zu eliminieren und den Adressaten eine informierte Entscheidung zu ermöglichen. Würden die Adressaten, die ein Angebot infolge fehlerhafter Unterlagen nicht angenommen haben, hingegen nicht geschützt, so würde das Gesetz gerade den Annahmedruck erzeugen, den es eigentlich bekämpfen will. Die Interessen des Bieters können durch das Verschuldenserfordernis ausreichend berücksichtigt werden.

**c) Angebotsfehler als vorvertragliche Pflichtverletzung.** Da wegen § 17 in der **116** Unterlage tatsächlich ein Vertragsangebot gemacht wird, sind die Informationspflichten des § 11 als echte vorvertragliche Pflichten anzusehen, die zwar nicht von den Adressaten individuell, wohl aber vom Vorstand der Zielgesellschaft für die Wertpapierinhaber durchgesetzt werden können (→ Rn. 110 f.). Dementsprechend besteht die für eine Haftung notwendige **vorvertragliche Sonderverbindung,** auf die Unterscheidung zwischen zivilrechtlicher Prospekthaftung im engeren und der im weiteren Sinne[154] kommt es daher nicht mehr an. Dass durch das Angebot kein individuelles Vertrauensverhältnis zwischen dem Bieter und dem einzelnem Anleger begründet wird,[155] ist zwar richtig. Das ist indessen im Rahmen der zivilrechtlichen Prospekthaftung ohnehin so und daher kein Gegenargument. Es genügt, wenn der in Anspruch genommene als potentieller Vertragspartner in Erscheinung getreten ist.[156] Auch ist die Behauptung, mit der Veröffentlichung der Angebotsunterlage sei keine Möglichkeit für den Bieter verbunden, auf die Rechte, Rechtsgüter oder Interessen der Adressaten einzuwirken,[157] ersichtlich unzutreffend: Wenn ein Gebrauchtwa-

[152] Zutr. *Aisenbrey,* Die Preisfindung im Übernahmerecht, 2017, 143; s. auch *Möllers* ZGR 2002, 664 (678), der freilich daraus keine Konsequenzen im Hinblick auf die zivilrechtliche Prospekthaftung zieht.
[153] Vgl. *Möllers* ZGR 2002, 664 (669 f.).
[154] Dazu OLG Frankfurt AG 1997, 331 (334) – Sachsenmilch.
[155] Darauf stellt Steinmeyer/*Steinhardt* § 12 Rn. 59 ab; ähnlich – keine vorvertraglichen Verhandlungen geführt – LG Köln BeckRS 2017, 130130 Rn. 278; dagegen zutr. *Zschocke* FS Marsch-Barner, 2018, 607, 620 f.
[156] OLG Frankfurt AG 2007, 749 (754); BGH NZG 2003, 867; eine Haftung aus cic daher grds. für möglich haltend LG Stuttgart 17.9.2018 – 31 O 1/15 KfH SpruchG, Rn. 285 ff.; *Zschocke* FS Marsch-Barner, 2018, 607 (620 f.); ausf. und zutr. *Aisenbrey,* Die Preisfindung im Übernahmerecht, 2017, 143–145.
[157] Sehr breit Assmann/Pötzsch/Schneider/*Krause* § 31 Rn. 166h mwN.

genhändler wahrheitswidrig „unfallfrei" in die Annonce schreibt, haftet er aus cic, auch wenn es nie zu einem persönlichen Kontakt kam und der Kunde den Unfallwagen ohne weitere Verhandlungen, zB online, gekauft hat. Bei fehlerhaft gewordener Unterlage haftet der Bieter deshalb den nicht annehmenden Aktionären, wenn er die **Aktualisierung** falsch vornimmt oder unterlässt (→ § 12 Rn. 4).[158]

**117**     **d) Transaktionskausalität, Preiskausalität, rechtmäßiges Alternativverhalten.** Entgangen ist dem Aktionär durch die Täuschung eine Kaufchance zu einen bestimmten Preis. Ein Andienungsrecht ist jedoch nur zu bejahen, wenn der Aktionär nachweisen kann, dass er zum richtigen Preis gekauft hätte **(Transaktionskausalität)**. Das wird ihm in aller Regel nicht gelingen.[159]

**118**     Was aber mit der notwendigen Sicherheit gesagt werden kann: Der Aktionär hat jedenfalls auch infolge der fehlerhaften Angebotsunterlage nicht verkauft, und seine Aktien haben daher durch den Fehler einen Wertverlust erlitten **(Preiskausalität)**. Beispiel: Ist die Höhe der Gegenleistung fehlerhaft ermittelt worden, so wäre der Börsenkurs der Aktien der Zielgesellschaft im Moment der Veröffentlichung ein anderer geworden, wenn die Unterlage mit dem korrekten Preis veröffentlicht worden wäre. Dieser Preisunterschied ist dem Aktionär als Mindestschaden zu ersetzen. Richtig ermittelt wird der Schaden zum Zeitpunkt unmittelbar vor der letztmaligen Möglichkeit einer Berichtigung der Angebotsunterlage. Denn in diesem Zeitpunkt findet die Schädigung statt und die Aktionäre erleiden durch die mangelnde Verkaufsgelegenheit (wegen der falschen Angebotsunterlage) den entscheidenden Vermögensschaden. Bei fehlerhaft angegebener Höhe der Gegenleistung dürfte der Unterschied zwischen richtigem und in der Unterlage angegebenen Preis abzustellen sein. Bei sonstigen Fehlern ist die Höhe des Schaden vom Gericht zu schätzen.

**119**     Der Bieter kann sich wie jeder Schädiger darauf berufen, er hätte den Schaden dem Geschädigten auch durch legales Verhalten beibringen können, so dass es an der haftungsbegründenden Kausalität fehlt **(rechtmäßiges Alternativverhalten)**. Allerdings scheitert die Kausalität nicht daran, dass der Bieter, der ein Übernahmeangebot zu einem zu geringen Preis abgegeben hat, einfach behauptet, hätte er den korrekten Preis gekannt, hätte er selbst gar kein Übernahmeangebot abgegeben. Denn das Übernahmeverfahren ist bereits durchgeführt worden, der Bieter hat Aktien eingesammelt und das kann nicht mehr rückgängig gemacht werden. Ein derartiger hypothetischer Einwand lässt die Kausalität daher nicht entfallen. Der Bieter kann nur darlegen, wie er auf rechtmäßige Weise den Käufer um die Kaufchance zum zulässigen Preis gebracht hätte (das wird er aber in aller Regelmäßigkeit gerade nicht können). Daher wird man die haftungsbegründende Kausalität in aller Regel bejahen müssen. Der Bieter sollte aber jedenfalls seine Inanspruchnahme aus der zivilrechtlichen Prospekthaftung dadurch abwenden können, dass er dem Aktionär die nachträgliche Andienung der nicht eingereichten Aktien zum (korrekt ermittelten) Preis der Unterlage anbietet. Denn damit wird in jedem Falle die Naturalrestitution des geschädigten Aktionärs sichergestellt.

**120**     **e) Verschulden des Bieters.** Soweit in der Rspr. bereits eine Haftung aus cic anerkannt wurde, scheiterte sie an der Annahme, den Bieter treffe an dem Fehler kein Verschulden.[160] Die Gestattung der Angebotsunterlage durch die BAFin befreit ihn zweifelsohne nicht (→ § 12 Rn. 27). Insbesondere bei konkreten Falschauskünften der BAFin zu wesentlichen Inhalten der Angebotsunterlage könnte aber ein Verschulden entfallen. Ein unverschuldeter Rechtsirrtum des Bieters sollte allerdings im Interesse der Aktionäre nur unter der Voraussetzung angenommen werden, dass aus der Falschauskunft gegenüber dem Bieter ein unmittelbarer Anspruch der Aktionäre auf Schadensersatz aus Amtspflichtverletzung gegen die BAFin mit gleichem Anspruchsinhalt bejaht wird. Andernfalls könnten fehlerhafte Angebotsunterlagen endgültig sanktionslos bleiben.

---

[158] *Oechsler* ZIP 2003, 1330 (1331); vgl. auch OLG Frankfurt AG 2007, 749 (754), im konkreten Fall eine Aktualisierungspflicht verneinend.

[159] Assmann/Pötzsch/Schneider/*Assmann* § 12 Rn. 41.

[160] Vgl. BGH Beschl. v. 27.10.2020 – II ZR 14/19 = BeckRS 2020, 31629.

**6. Rücktrittsrecht.** Bei **wesentlichen Fehlern** in der Angebotsunterlage, die sich 121
**während des Laufs der Annahmefrist** durch eine von der Zielgesellschaft erwirkte
einstweilige Verfügung herausstellen, steht den Angebotsadressaten grundsätzlich ein
gesetzliches Rücktrittsrecht zu.[161] Dieses Rücktrittsrecht ist aus § 11 Abs. 1 S. 2 iVm § 3
Abs. 2 herzuleiten und beruht auf dem **gerichtlich bestätigten Fehlerverdacht,** den
die Adressaten des Angebots bisher bei ihrer Entscheidung nicht berücksichtigen konnten.
Auch § 21 Abs. 4 sowie § 22 Abs. 3 zeigen, dass während der Annahmefrist die Vertrags-
bindung der Adressaten relativ leicht aufgehoben wird. Zu den Voraussetzungen des
Rücktrittsrechts im Einzelnen → § 21 Rn. 47 ff.; → § 22 Rn. 24. Ein Vertragsangebot
Dritter würde nach allgemeinen Regeln des Privatrechts nicht die Vertragsbindung beseitigen, ebenso wenig die einseitige Änderung eines Vertragsangebots ad incertas personas.
Die beiden Regeln sind daher Ausdruck eines allgemeinen Prinzips, so das als alternative
Begründung eine Gesamtanalogie zu § 21 Abs. 4 sowie § 22 Abs. 3 in Betracht gezogen
werden kann. Die Stellungnahme der Geschäftsleitung gem. § 27 reicht hingegen nicht
aus, um ein Rücktrittsrecht auszulösen. Der Geschäftsleitung steht der Weg über die
einstweilige Verfügung zur Verfügung (→ Rn. 110), die bloße Stellungnahme dürfte hingegen insbesondere bei feindlichen Angeboten vorhersehbar sein und vermag einen Fehlerverdacht daher nicht zu begründen.

Dagegen müssen Adressaten, die **ohne eine solche Bestätigung des Fehlerverdachts** 122
zurücktreten wollen, gem. § 324 BGB die Fehler in der Angebotsunterlage sowie die Kausalität des Fehlers für ihre individuelle Verkaufsentscheidung nachweisen. Weiter darf ihnen
ein Festhalten am Vertrag nicht zuzumuten sein.

Bei während der Annahmefrist erfolgter **Berichtigung** analog § 21 Abs. 4 (vgl. → § 21 123
Rn. 7).

Bei Fehlern in der Angebotsunterlage, die sich erst **nach dem Ende der Annahmefrist** 124
herausstellen, ist ein Rücktrittsrecht ebenfalls nur gem. § 324 BGB zu begründen. Angesichts des daneben durch § 12 bewirkten Schutzes der Wertpapierinhaber der Zielgesellschaft
besteht kein Anlass, im Rahmen des § 324 BGB die Voraussetzungen zugunsten der Anleger
aufzuweichen. Wer wegen einer Schutzpflichtverletzung die Rückgängigmachung des Vertrages verlangen will, muss daher die Kausalität des Fehlers für seine Verkaufsentscheidung
(anders § 12 Abs. 3 Nr. 1) nachweisen. Weiter darf ihm ein Festhalten am Vertrag nicht
zuzumuten sein, wobei auch der Schadensersatz nach § 12 sowie die Interessen des Bieters
zu berücksichtigen sind.

Bei während der Annahmefrist erfolgter **Aktualisierung** steht den Adressaten hingegen 125
kein Rücktrittsrecht zu, da das Angebot zu einem Zeitpunkt angenommen wurde, in dem
die vom Bieter zur Verfügung zu stellenden Informationen richtig und vollständig waren.
Der Adressat hat es in der Hand, erst am Ende der Annahmefrist das Angebot anzunehmen.[162]

**7. Anfechtung gem. § 119 Abs. 2 BGB?** Grundsätzlich konkurriert bei wesentlichen 126
Fehlern in der Angebotsunterlage ein individuelles Anfechtungsrecht der Angebotsadressaten mit ihrem Rücktrittsrecht aus § 324 BGB und der Haftung des Bieters aus § 12. Angesichts des Schutzes durch § 12, der dem Adressaten den Nachweis der Kausalität des Fehlers
abnimmt, besteht indessen kein Anlass, im Rahmen des § 119 Abs. 2 BGB die Anfechtungs-
voraussetzungen zugunsten des Irrenden aufzuweichen. Wer anficht, muss daher neben dem
Fehler in der Angebotsunterlage dessen Kausalität für die individuelle Verkaufsentscheidung
nachweisen und ist streng an die Frist des § 121 Abs. 1 BGB gebunden. Weiter ist erforderlich, dass er auch die Kenntnisnahme von der Angebotsunterlage beweist, da sonst kein
Irrtum bei der Willensbildung bestand. Die Möglichkeit dieses Nachweises erscheint freilich
als in der Praxis so gut wie ausgeschlossen.

---

[161] Ähnlich *Aha* AG 2002, 160 (168) für einstweilige Verfügungen. Er will das Rücktrittsrecht jedoch aus
§ 324 BGB herleiten.
[162] Ebenso *Stephan* AG 2003, 551 (560).

## § 11a Europäischer Pass

**Die von der zuständigen Aufsichtsstelle eines anderen Staates des Europäischen Wirtschaftsraums gebilligte Angebotsunterlage über ein europäisches Angebot zum Erwerb von Wertpapieren einer Zielgesellschaft im Sinne des § 2 Abs. 3 Nr. 2, deren Wertpapiere auch im Inland zum Handel an einem organisierten Markt zugelassen sind, wird im Inland ohne zusätzliches Billigungsverfahren anerkannt.**

### I. Normzweck

1    Die Regelung setzt Art. 6 Abs. 2 UAbs. 2 Übernahme-RL um. Sie bezieht sich im Wesentlichen auf Pflicht- oder Übernahmeangebote für Wertpapiere einer Zielgesellschaft mit Sitz im Ausland, deren Wertpapiere auch im Inland zum Handel zugelassen sind, für die die BaFin jedoch gleichwohl nicht gem. § 1 Abs. 3 zuständige Behörde ist.[1] Angebotsunterlagen, die im Rahmen eines europäischen Angebots (§ 2 Abs. 1a) veröffentlicht werden, bedürfen, um das Angebotsverfahren auch in Deutschland durchzuführen, für ihre Veröffentlichung im Inland keiner zusätzlichen Gestattung durch die BaFin. Ob es der Vorschrift bedurft hätte, kann man mit guten Gründen bezweifeln: Wenn die BaFin nicht zuständig ist, wird sie fremde Unterlagen kaum verbieten wollen, ist sie aber zuständig, entfaltet § 11a keine Rechtwirkungen.

### II. Anwendungsbereich

2    **1. Europäische Angebote ohne Zuständigkeit der BaFin.** Der Anwendungsbereich der Vorschrift ist entgegen den bisher zu findenden Stellungnahmen[2] nicht gering, sondern breit: § 11a gestattet die Durchführung von Angeboten iSd Übernahme-RL (also Übernahme- und Pflichtangebote;[3] vgl. → § 2 Rn. 44) ohne Billigung der Unterlage durch die BaFin auch in Deutschland in allen Fällen, in denen die Zielgesellschaft ihren Sitz nicht in Deutschland hat, jedoch vom Angebot betroffene Wertpapiere zumindest auch in Deutschland gehandelt werden. Ob die Wertpapiere auch im Sitzstaat gehandelt werden oder Deutschland nur Zweitzulassungsstaat ist oder nicht gem. § 1 Abs. 3 Nr. 2 lit. b bb als zuständige Aufsichtsbehörde gewählt wurde, ist dagegen ausweislich der Regelung in § 1 Abs. 3 unbeachtlich.[4] Zwar ist in solchen Fällen die BaFin nicht die zuständige Aufsichtsbehörde und das WpÜG im Grundsatz nicht anwendbar. Jedoch bestimmt § 1 Abs. 3 Eingangssatz gerade, dass jedenfalls § 11a anwendbar ist, so dass das Angebotsverfahren auch in Deutschland durchgeführt werden kann, ohne dass die BaFin die Angebotsunterlage billigen, untersagen oder irgendwelche sonstigen Vorgaben machen dürfte.

3    **2. Besonderheiten nach dem WpPG bei Tauschangeboten.** Bei **Tauschangeboten** gelten in Fällen, in denen die BaFin nicht zuständig ist, weder die Vorschriften des WpÜG noch die Vorschriften der §§ 17 ff. WpPG, wenn die Angebotsunterlage unter den Voraussetzungen des (anwendbaren) § 4 WpPG den Verkaufsprospekt ersetzt.[5] Deshalb können weder eine gesonderte Unterrichtung der BaFin sowie eine Übersetzung der Zusammenfassung bzw. die Verwendung einer in einer in internationalen Finanzkreisen gebräuchlichen Sprache (§ 19 Abs. 4 WpPG) verlangt werden, weil diese Vorschriften die

---

[1]   Steinmeyer/*Klepsch* Rn. 2.

[2]   *Holzborn*/*Peschke* BKR 2007, 101 (102); *Meyer* WM 2006, 1135 (1138); *Seibt*/*Heiser* AG 2006, 301 (305); Steinmeyer/*Klepsch* Rn. 4 hält § 11a gar für ohne Anwendungsbereich; dagegen zutr. Angerer/Geibel/Süßmann/*Geibel*/*Süßmann* Rn. 3; wie *Klepsch* jedoch Assmann/Pötzsch/Schneider/*Meyer* Rn. 25, der damit freilich gegen den Grundsatz verstößt, dass ein nicht verfassungswidriges Gesetz stets so auszulegen ist, das ihm ein sinnvoller Anwendungsbereich verbleibt.

[3]   Eine analoge Anwendung auf einfache Angebote ist zu verneinen, richtig Assmann/Pötzsch/Schneider/*Meyer* Rn. 11 gegen Kölner Komm WpÜG/*Seydel* Rn. 11.

[4]   AA die hM, *Holzborn*/*Peschke* BKR 2007, 101 (102); *Seibt*/*Heiser* AG 2006, 301 (305); auch Assmann/Pötzsch/Schneider/*Meyer* Rn. 22 f.; Kölner Komm WpÜG/*Seydel* Rn. 16; Baums/Thoma/*Thoma* Rn. 4.

[5]   Ausf. dazu Assmann/Pötzsch/Schneider/*Meyer* Rn. 21.

Prospektpflicht voraussetzen.[6] Dies beruht indessen nicht auf § 11a, der lediglich europäische Übernahmetauschangebote zulässt. Die zugrundeliegende Übernahme-RL regelt erkennbar nicht die Prospektpflicht, Billigung oder Sprache der zum Tausch angebotenen Wertpapiere (vgl. Art. 6 Abs. 3 lit. k); diese Fragen richten sich vielmehr nach der Prospekt-RL und damit nach dem WpPG. Ob und inwieweit eine Ausnahme von der Prospektpflicht besteht, bestimmt daher allein § 4 WpPG.

Nicht zuzustimmen ist der Auffassung, die eine Ausnahme von der Prospektpflicht gem. **4** § 4 Abs. 1 Nr. 2 oder Abs. 2 Nr. 3 WpPG nur dann für eröffnet hält, wenn die Sprache der Regelung in § 19 WpPG entspricht.[7] § 4 WpPG setzt keine einem Prospekt gleichwertige Unterlage voraus, sondern nur gleichwertige Angaben in dem ersetzenden Dokument,[8] und befreit dann von der Prospektpflicht, womit § 19 WpPG keine Anwendung mehr findet. Im Hinblick darauf, dass § 11a WpÜG ausländische Angebotsunterlagen gerade ohne Rücksicht auf die verwendete Sprache anerkennt, kann nicht verlangt werden, dass der Teil der Angebotsunterlage, der sich auf die als Gegenleistung angebotenen Wertpapiere bezieht, seinerseits in einer bestimmten Sprache erstellt sein muss, um gleichwertig sein zu können. Insofern strahlt § 11a auf § 4 WpPG aus.

### 3. Rechtslage bei Angeboten, für die die BaFin gem. § 1 Abs. 3 zuständig ist. **5**
Ist die BaFin dagegen gem. § 1 Abs. 3 zuständig, so sind auch die Verfahrensvorschriften des WpÜG anwendbar, § 11a kommt in diesem Fall gerade keine Bedeutung zu, obwohl solche Angebote unter die Definition des § 2 Abs. 1a fallen und damit (aus Sicht der übrigen Staaten des EWR) Europäische Angebote sind.[9] Denn die Billigung einer Unterlage durch eine andere Aufsichtsbehörde wäre jedenfalls keine Gestattung nach § 14, die ausländische Behörde ist dafür gerade nicht zuständig. Soweit also die BaFin gem. § 1 Abs. 3 zuständig ist, entfällt der Tatbestand des § 11a, da er eine Billigung durch eine ausländische zuständige Stelle voraussetzt. Die BaFin wird dadurch für solche Europäischen Angebote zur zentralen Aufsichtsbehörde, denn sie hat das **Verfahren** zu überwachen und ggf. das Angebot zu untersagen, soweit es gegen zentrale Vorschriften des anwendbaren ausländischen Übernahmerechts, namentlich über die Angebotspflicht oder die Zurechnung von Anteilen verstößt. Außerhalb des deutschen Territoriums hat die BaFin allerdings keine Hoheitsrechte und ist insoweit auf die Zusammenarbeit mit zuständigen Stellen im Ausland gem. § 8 angewiesen. **Tauschangebote** in Anwendung des § 1 Abs. 3 müssen deshalb auch gem. § 11 Abs. 1 S. 4 in **deutscher Sprache** verfasst sein und die Angaben nach § 2 Abs. 2 WpÜG-AV enthalten. Das widerspricht nicht der Übernahme-RL, weil die BaFin ja gerade zuständige Behörde und deshalb auch deutsches Verfahrensrecht anzuwenden ist.

### 4. Negative Wirkung des § 11a für Angebote, für die die BaFin nach § 1 Abs. 2 **6** zuständig ist. Auch in negativer Hinsicht hat die Regelung in § 11a eine nicht geringe Bedeutung: Denn in den Fällen des § 1 Abs. 2, in denen ein Pflicht- oder Übernahmeangebot für eine Zielgesellschaft mit Sitz in Deutschland, jedoch Notierung im sonstigen EWR abgegeben wird, kommt es ebenfalls zu einer gespaltenen Zuständigkeit und Rechtsanwendung. Die BaFin ist dann zwar für die Durchführung des Verfahrens nicht zuständig. Gleichwohl hat die ausländische Behörde zum Teil deutsches Recht anzuwenden, namentlich

---

[6] AA FK-WpÜG/*Renner* Rn. 18, der trotz der klaren Regel in § 1 Abs. 3 die WpÜG-AV mit dem Verweis auf das WpPG für anwendbar hält; richtig dagegen Angerer/Geibel/Süßmann/*Geibel/Süßmann* Rn. 3.

[7] *Meyer* WM 2006, 1135 (1139): Ausnahme nur, wenn Unterlage auch im Hinblick auf Sprache „gleichwertig" ist; unklar bzw. falsch FK-WpÜG/*Renner* Rn. 18: § 19 sei anwendbar, wenn § 2 Nr. 2 WpÜG-AV anwendbar sei: die WpÜG-AV ist jedoch lediglich dann anwendbar, wenn die BaFin gem. § 1 Abs. 3 zuständig ist, in diesem Falle muss die gesamte Unterlage gem. § 11 Abs. 1 S. 4 in deutscher Sprache abgefasst sein, dazu gehören auch in der Unterlage befindliche Angaben zu als Gegenleistung angebotenen Wertpapieren. Zur Anwendung des § 19 WpPG kann es daher nicht kommen.

[8] Richtig *Seibt/v. Bonin/Isenberg* AG 2008, 565 (575); aA wohl die Praxis der BaFin, vgl. *Groß* WpPG § 4 Rn. 3 ff.; nicht eindeutig, da mindestens englische Sprache und Zusammenfassung in Deutsch fordernd Holzborn/*Mayston* WpPG § 4 Rn. 6.

[9] So letztlich auch *Seibt/Heiser* AG 2006, 301 (305).

§§ 29, 33, 35–37. Hier bleibt die BaFin etwa zuständig für Befreiungen vom Pflichtangebot, sie wird auch gem. § 4 Abs. 1 S. 2 und 3 ihre Missstandsaufsicht ausüben können und dürfen, wenn die ausländische Behörde diese Normen unzutreffend anwendet. Zentrale Frage ist, ob die BaFin das Angebot gem. § 15 Abs. 1 Nr. 2 in Deutschland untersagen darf, wenn etwa die ausländische Behörde dem Bieter gestattet hat, ein nicht richtlinienkonformes Angebot abzugeben. Dieses könnte nach dem ausländischen Recht erlaubt sein, jedoch zugleich gegen die anwendbaren Vorschriften des WpÜG verstoßen (sich z B entgegen § 29 auf mehr als 30% der stimmberechtigten Wertpapiere beziehen). Da § 11a auf solche Angebote gerade keine Anwendung findet, muss im Umkehrschluss die BaFin solche Angebote in Deutschland nicht dulden und kann sie – jedenfalls bezogen auf den inländischen Geltungsbereich – untersagen. Dem dürfte Art. 6 Abs. 2 UAbs. 2 Übernahme-RL nicht widersprechen, da die Vorschrift letztlich nur die Veröffentlichung einer von der zuständigen Behörde gebilligten Unterlage in allen Mitgliedstaaten erlaubt. Für die genannten Fragen ordnet die Richtline hingegen die Zuständigkeit der BaFin in Art. 4 Abs. 2 lit. b und e Übernahme-RL ausdrücklich an.

### III. Tatbestand und Rechtsfolge

7    Es muss sich um ein **Europäisches Angebot** handeln. Zum Begriff → § 2 Rn. 44, gemeint sind Übernahme und Pflichtangebote für Zielgesellschaften mit Sitz außerhalb Deutschlands, aber innerhalb des EWR. Ferner müssen die Wertpapiere der Zielgesellschaft auch im Inland zum Handel an einem organisierten Markt zugelassen sein. Die Unterlage muss durch die **zuständige ausländische Behörde gebilligt** worden sein.[10] Eine gesetzliche Gestattung – etwa durch Zeitablauf, wie auch nach § 14 Abs. 2 S. 1 Alt. 2 – steht nach richtiger hM der behördlichen Billigung gleich.[11] **Rechtsfolge** ist die **Anerkennung der Angebotsunterlage** auch im Inland, dh eine Untersagung des Angebots durch die BaFin nach § 15 ist ausgeschlossen.

### § 12 Haftung für die Angebotsunterlage

(1) Sind für die Beurteilung des Angebots wesentliche Angaben der Angebotsunterlage unrichtig oder unvollständig, so kann derjenige, der das Angebot angenommen hat oder dessen Aktien dem Bieter nach § 39a übertragen worden sind,
1. von denjenigen, die für die Angebotsunterlage die Verantwortung übernommen haben, und
2. von denjenigen, von denen der Erlass der Angebotsunterlage ausgeht,
als Gesamtschuldnern den Ersatz des ihm aus der Annahme des Angebots oder Übertragung der Aktien entstandenen Schadens verlangen.

(2) Nach Absatz 1 kann nicht in Anspruch genommen werden, wer nachweist, dass er die Unrichtigkeit oder Unvollständigkeit der Angaben der Angebotsunterlage nicht gekannt hat und die Unkenntnis nicht auf grober Fahrlässigkeit beruht.

(3) Der Anspruch nach Absatz 1 besteht nicht, sofern
1. die Annahme des Angebots nicht auf Grund der Angebotsunterlage erfolgt ist,
2. derjenige, der das Angebot angenommen hat, die Unrichtigkeit oder Unvollständigkeit der Angaben der Angebotsunterlage bei der Abgabe der Annahmeerklärung kannte oder
3. vor der Annahme des Angebots in einer Veröffentlichung nach Art. 17 der Verordnung (EU) Nr. 596/2014 oder einer vergleichbaren Bekanntmachung

---

[10]  Näher Assmann/Pötzsch/Schneider/*Meyer* Rn. 13.
[11]  FK-WpÜG/*Renner* Rn. 15; Kölner Komm WpÜG/*Seydel* Rn. 11; Schwark/Zimmer/*Noack/Holzborn* Rn. 6; Baums/Thoma/*Thoma* Rn. 8; aA Assmann/Pötzsch/Schneider/*Meyer* Rn. 13, der aber nicht berücksichtigt, dass der Gesetzeswortlaut nun einmal keine ausdrückliche behördliche Billigung verlangt.

eine deutlich gestaltete Berichtigung der unrichtigen oder unvollständigen Angaben im Inland veröffentlicht wurde.

(4) Der Anspruch nach Absatz 1 verjährt in einem Jahr seit dem Zeitpunkt, zu dem derjenige, der das Angebot angenommen hat oder dessen Aktien dem Bieter nach § 39a übertragen worden sind, von der Unrichtigkeit oder Unvollständigkeit der Angaben der Angebotsunterlage Kenntnis erlangt hat, spätestens jedoch in drei Jahren seit der Veröffentlichung der Angebotsunterlage.

(5) Eine Vereinbarung, durch die der Anspruch nach Absatz 1 im Voraus ermäßigt oder erlassen wird, ist unwirksam.

(6) Weitergehende Ansprüche, die nach den Vorschriften des bürgerlichen Rechts auf Grund von Verträgen oder vorsätzlichen unerlaubten Handlungen erhoben werden können, bleiben unberührt.

**Schrifttum:** S. vor → § 11 Rn. 1; *Assmann,* Die Haftung für die Richtigkeit der Angebotsunterlage nach § 12 WpÜG, AG 2002, 153; *Hamann,* Die Angebotsunterlage nach dem WpÜG – ein praxisorientierter Überblick, ZIP 2001, 2249; *Möllers,* Verfahren, Pflichten und Haftung, insbesondere der Banken, bei Übernahmeangeboten, ZGR 2002, 664; *Mülbert/Steup,* Emittentenhaftung für fehlerhafte Kapitalmarktinformation am Beispiel der fehlerhaften Regelpublizität, WM 2005, 1633; *Oechsler,* Rechtsgeschäftliche Anwendungsprobleme bei öffentlichen Übernahmeangeboten, ZIP 2003, 1330; *Schulz,* Angaben zur Finanzierung eines Angebots und zu den erwarteten Auswirkungen auf die wirtschaftlichen Verhältnisse beim Bieter, M&A Review 2002, 559; *Vaupel,* Die Haftung der Banken für die Richtigkeit der Angebotsunterlage bei Umtauschangeboten nach dem WpÜG, WM 2002, 1170; *Wagner,* Schadensberechnung im Kapitalmarktrecht, ZGR 2008, 495.

## Übersicht

## I. Allgemeines

§ 12 begründet eine mögliche Sanktion gegen eine unvollständige oder sonst falsche **1** Angebotsunterlage. Zu den übrigen denkbaren Rechtsfolgen bei fehlerhaften Unterlagen vgl. → § 11 Rn. 108 ff. Die Haftung wegen fehlerhafter Angebotsunterlagen gem. § 12 wird in der Lit. als wichtigste Haftungsnorm des WpÜG bezeichnet.[1] Daran kann man zweifeln, da insbesondere ungeklärt ist, wer und unter welchen Voraussetzungen und mit welchen Kostenrisiken die Haftung geltend machen kann und ob überhaupt und in welcher Höhe durch falsche Angebotsunterlagen ein Schaden für diejenigen entstehen wird, die das Angebot angenommen haben oder deren Aktien dem Bieter übertragen worden sind, wie § 12 Abs. 1 aE verlangt.

---

[1] *Möllers* ZGR 2002, 664 (670).

2   Die Vorschrift ist den § 21 ff. WpPG, also der börsenrechtlichen Prospekthaftung nachgebildet. Daher stellt sich die Frage, inwieweit die dortige Rechtslage auf § 12 übertragen werden kann.[2] Insbesondere ist fraglich, ob die Rechtslage zum Verhältnis Börsenprospekthaftung/allgemeine Prospekthaftung das Verständnis des § 12 Abs. 6 präjudiziert (→ § 11 Rn. 113 ff.).

### II. Tatbestandsvoraussetzungen der Haftung (Abs. 1)

3   **1. Unrichtige oder unvollständige Angaben.** Haftungsvoraussetzung ist zunächst, dass einzelne Angaben unrichtig oder unvollständig sind. Zur Unrichtigkeit und Unvollständigkeit → § 11 Rn. 12. Da die Begriffe in beiden Vorschriften im gleichen Zusammenhang verwendet werden, ist von gleicher Bedeutung auszugehen. Der Begriff der „unvollständigen" Angaben bezieht sich also nicht auf die Unterlage insgesamt, sondern auf jeden der im Angabenkatalog des § 11 Abs. 2 iVm § 2 WpÜG-AV genannten Einzelpunkte. Als unvollständig oder unrichtig in Betracht kommen sämtliche Einzelangaben der Unterlage, daneben solche, die nicht ausdrücklich im Gesetz genannt sind, jedoch wegen der Generalklausel des § 11 Abs. 1 S. 2 WpÜG nicht fehlen durften. Das kommt nur in Evidenzfällen in Frage (vgl. → § 11 Rn. 14).

4   Dass Angaben zu einzelnen Punkten des in § 11 iVm § 2 WpÜG-AV vorgeschriebenen Katalogs fehlen, dürfte in der Praxis so gut wie nicht vorkommen. Denn die BaFin überprüft die Angaben vor Veröffentlichung auf Vollständigkeit nach § 15 Abs. 1 Nr. 1. Sollte es dennoch einmal geschehen, so kann man die insgesamt fehlende Angabe auch als (gänzlich) unvollständige Angabe begreifen, so dass § 12 auch diesen Fall erfasst. Wird die ursprünglich richtige Angebotsunterlage später durch eine Tatsachenänderung unrichtig oder unvollständig, so haftet der Bieter, wenn er nicht unverzüglich eine zutreffende Aktualisierung der Unterlage vornimmt (→ § 11 Rn. 17 ff.). Diese Haftung besteht richtigerweise nur gegenüber denjenigen, die das Angebot nach der Tatsachenänderung angenommen haben. Gegenüber denjenigen, die das Angebot nicht annehmen, besteht die allgemeine zivilrechtliche Prospekthaftung (→ § 11 Rn. 11).

5   Die Feststellung, dass einzelne Angaben unrichtig oder unvollständig sind oder fehlen, ist eine notwendige, aber nicht hinreichende Tatbestandsvoraussetzung der Haftung. Die maßgebliche Bewertung erfolgt erst in einem zweiten Schritt, der Feststellung der Wesentlichkeit der unvollständigen oder unrichtigen Angaben.

6   **2. Für die Beurteilung des Angebots wesentlich.** Unvollständigkeit oder Unrichtigkeit führt nur dann zu einer Haftung aus § 12, wenn die fehlenden oder falschen Angaben für die Beurteilung des Angebots wesentlich sind. Das kann nicht abstrakt, sondern nur anhand des Einzelfalls, also **relativ zum jeweiligen Angebot** entschieden werden.[3] Entscheidend für die Wesentlichkeit der falschen oder fehlenden Angabe ist die Frage, ob sich durch sie der Gesamteindruck der Angebotsunterlage für einen durchschnittlichen, mit der gebräuchlichen Schlüsselsprache nicht vertrauten Angebotsadressaten[4] verändert oder nicht.[5] Dabei sind grundsätzlich zwei Aspekte der Wesentlichkeit zu unterscheiden, einerseits die

---

[2] Dazu *Assmann* AG 2002, 153; *Möllers* ZGR 2002, 664 (670 f.).
[3] Vgl. *Möllers* ZGR 2002, 664 (671); FK-WpÜG/*Renner* Rn. 36; Angerer/Geibel/Süßmann/*Louven* Rn. 9. Nicht aufschlussreich insoweit die Gesetzesbegründung, BT-Drs. 14/7034, 42: „Voraussetzung einer Haftung ist weiterhin, dass die unvollständigen oder unrichtigen Angaben für die Beurteilung der Wertpapiere von wesentlicher Bedeutung sind. Hierbei ist nicht jede nach § 11 Abs. 2 oder der nach Abs. 4 zu erlassenden Rechtsverordnung vorgeschriebene Information in der Angebotsunterlage von vornherein als wesentliche Angabe einzuordnen. *Entscheidend ist vielmehr, ob sich im konkreten Fall bei einer ordnungsgemäßen Angabe die für die Beurteilung der Wertpapiere maßgeblichen tatsächlichen oder rechtlichen Verhältnisse verändern würden* [Hervorhebung durch Verf.]. Durch unrichtige Angaben oder ihre Richtigstellung verändern sich keine tatsächlichen oder rechtlichen Verhältnisse. Vielmehr kommt es darauf an, ob sich die Beurteilung des Angebots durch die Wertpapierinhaber bei einer richtigen Angabe ändern würde oder nicht."
[4] BGH WM 1982, 862 (863) – BuM; vgl. ausf. Schäfer/Hamann/*Hamann* BörsG §§ 44, 45 Rn. 190 ff.; vgl. auch BGH WM 2002, 813.
[5] FK-WpÜG/*Renner* Rn. 30; vgl. Baums/Thoma/*Thoma* Rn. 17 ff. mwN.

Frage, welche Angaben überhaupt als wesentliche in Frage kommen, andererseits die Frage, wie stark oder intensiv die Ist-Angabe von der Soll-Angabe abweicht. Eine Haftung ist nicht nur dann ausgeschlossen, wenn unwesentliche Angaben unrichtig sind, sondern auch dann wenn eine wesentliche Angaben nur unwesentlich unrichtig ist.

Potentiell sind sämtliche dem Bieter gesetzlich vorgeschriebene Angaben, also der gesamte **7** Katalog des § 11 Abs. 2 iVm § 2 WpÜG-AV wesentlich, denn ansonsten hätte der Gesetzgeber sie dem Bieter nicht vorschreiben dürfen (Art. 2 Abs. 1 GG).[6] Allerdings können in einem Fall Angaben unwesentlich sein, die in anderen Fällen durchaus als wesentlich einzustufen sind. Ein Beispiel kann eine fehlende Angabe über den Liquidationswert der Zielgesellschaft nach § 2 Nr. 3 WpÜG-AV bilden. Dieser Wert kann im Einzelfall aus Sicht der Anleger relevante Informationen über den Wert des Unternehmens der Zielgesellschaft enthalten, wenn er etwa über dem Börsen- oder Ertragswert liegt, in anderen Fällen hingegen nicht.

Aus der Tatsache, dass die Angabe zunächst gesetzlich vorgeschrieben ist, folgt allerdings **8** eine **Beweislastumkehr** zulasten des aus § 12 in Anspruch Genommenen: Er muss die Unwesentlichkeit einer vorgeschriebenen Angabe darlegen und ggf. beweisen. Hat er eine Berichtigung veröffentlicht, dürfte ihm der Nachweis der Unwesentlichkeit insoweit abgeschnitten sein (→ Rn. 36).

Über den in § 11 Abs. 2 iVm § 2 WpÜG-AV vorgeschriebenen Katalog hinaus sind **9** Angaben nur dann erforderlich, wenn ihr Fehlen evident den Gesamteindruck der Angebotsunterlage verfälschte (vgl. → § 11 Rn. 12). In diesem Fall sind sie zugleich wesentlich iSv § 12 Abs. 1.

Wenn § 12 eine Haftung für unrichtige oder unvollständige Angaben nur unter der **10** Voraussetzung der Wesentlichkeit anordnet, so bedeutet das nicht, dass der Bieter entgegen § 11 stets unwesentliche unrichtige Angaben machen oder wesentliche Angaben unwesentlich unrichtig darstellen darf. Vielmehr zeigt die Möglichkeit unwesentlicher unrichtiger Angaben nur die begrenzte Reichweite des § 12 und damit die Notwendigkeit weiterer Sanktionen für unrichtige Angaben (→ § 11 Rn. 108 ff.).

**3. Anspruchsberechtigte, Kausalität.** Abs. 1 begründet Ansprüche nur für Personen, **11** die das Angebot angenommen haben oder nach § 39a ausgeschlossen wurden.[7] Aus § 12 Abs. 3 Nr. 1 ergibt sich ferner, dass diese Personen das Angebot gerade auf Grund der Unterlage angenommen haben müssen, was allerdings vermutet wird (Kausalitätserfordernis; → Rn. 29 ff.). Für die gem. § 39a ausgeschlossenen Aktionäre kann es auf dieses Kausalitätserfordernis allerdings nicht ankommen, da sie keine Wahl hatten. Keinen Anspruch aus § 12 kann herleiten, wer seine Wertpapiere nicht verkauft hat, obgleich die Angebotsunterlage fehlerhaft war. Insbesondere bei für den Bieter möglicherweise unerwünschten Pflichtangeboten führt dies zu Problemen, wenn die Unterlage fehlerhaft war, etwa die Nachteile eines Verbleibens in der Zielgesellschaft beschönigt hat oder Fehlinformationen über den Wert des Unternehmens gegeben hat. Täuscht der Bieter über wertbeeinflussende Faktoren, so kann es sein, dass die angebotene Gegenleistung unter dem Grenzpreis des Anlegers liegt. Dieser wird das Angebot dann nicht annehmen. Hätte aber der Bieter korrekt informiert, so kann es sein, dass er ein Angebot über dem Grenzpreis des Anlegers hätte abgeben müssen, das dieser dementsprechend angenommen hätte.[8] Da § 12 diese Fälle nicht regelt, kann hier nur die zivilrechtliche Prospekthaftung helfen (→ § 11 Rn. 113 ff.).

---

[6] Nicht besonders deutlich hier Begr. RegE, BT-Drs. 14/7034, 42: „Voraussetzung einer Haftung ist weiterhin, dass die unvollständigen oder unrichtigen Angaben für die Beurteilung der Wertpapiere von wesentlicher Bedeutung sind. Hierbei ist nicht jede nach § 11 Abs. 2 oder der nach Abs. 4 zu erlassenden Rechtsverordnung vorgeschriebene Information in der Angebotsunterlage *von vornherein* als wesentliche Angabe einzuordnen [Hervorhebung durch Verf.].“

[7] Nach Angerer/Geibel/Süßmann/*Louven* Rn. 14 sollen diejenigen, die von ihrem Andienungsrecht gem. § 39c Gebrauch gemacht haben, nicht anspruchsberechtigt sein (wegen des „klaren Gesetzeswortlauts“). Dem kann nicht zugestimmt werden. § 39c musste in § 12 nicht erwähnt werden, weil auch die Aktionäre das Angebot angenommen haben, die von ihrem sell-out-Recht Gebrauch gemacht haben. Allenfalls an der Kausalität iSd Abs. 3 Nr. 1 bestehen Zweifel, die aber der Anspruchsgegner ausräumen muss.

[8] Beispiel: Täuschung über den Durchschnittskurs der vergangenen drei Monate oder Nichtangabe eines Geschäfts iSd § 2 Nr. 7 WpÜG-AV, das den Angebotspreis gem. § 4 WpÜG-AV erhöht hätte.

**12**    Hat ein Anleger das **Barangebot** angenommen und seine Wertpapiere vor Ablauf der Annahmefrist an einen Dritten weiterverkauft,[9] stellt sich die Frage, ob der Käufer oder der Verkäufer oder beide den Anspruch aus § 12 geltend machen können.[10] Zu beachten ist insoweit zunächst, dass Fehlinformationen sowohl für den Verkäufer als auch für den Käufer der Wertpapiere nachteilige Folgen haben. Unmittelbar nach dem Angebot wird sich der Börsenkurs der Wertpapiere der Zielgesellschaft ungefähr auf das Niveau des Angebots einpendeln. Ein wegen Fehlinformation verborgener eventuell höherer Wert der Wertpapiere kann zu einem Schaden sowohl beim Verkäufer als auch beim Käufer führen. Beim Verkäufer realisiert sich der Differenzbetrag als Schaden in jedem Fall: Nimmt er das Angebot an, so gibt er zunächst Aktien zu einem zu geringen Preis ab. Verkauft er sie vor Ablauf der Annahmefrist, realisiert sich der resultierende Verlust nur früher. Für den Käufer stellt sich die Frage, warum er die Aktien kauft: Regelmäßig wird er sie zu einem unter dem Angebotspreis liegenden Betrag erlangen. Der Verkäufer muss einen Abschlag auf den Übernahmepreis hinnehmen, da er die Gegenleistung früher, nämlich noch während der Annahmefrist realisiert. Ginge es nur um den Differenzbetrag, entstünde dem Käufer aus den Fehlinformationen des Bieters kein Schaden. Dieser Abschlag muss jedoch nicht der einzige Grund für das Geschäft sein. Der Käufer kann zB auch auf ein höheres konkurrierendes Angebot oder auf eine Angebotsänderung spekulieren, wenn er den Angebotspreis für zu gering hält oder darauf, dass er die Aktie behalten kann, weil nach seiner Auffassung eine Bedingung nicht eintreten wird. In diesen Fällen können sich Fehlinformationen des Bieters zu seinen Lasten auswirken. Vor solchen Schäden will § 12 jedoch nicht schützen, sie beruhen nicht auf der Fehlinformation des Bieters. Daher ist die Beschränkung auf denjenigen, der das Angebot angenommen hat, wörtlich zu nehmen. Nur der Verkäufer kann also später aus § 12 gegen den Bieter vorgehen.[11]

**13**    Bei **Tauschangeboten** und Falscherfüllung der Bieterpflichten aus § 2 Nr. 2 WpÜG-AV ist die Frage allerdings teilweise anders zu beantworten. Bei Tauschangeboten trifft der Adressat sowohl eine Verkaufsentscheidung (bezüglich der Wertpapiere der Zielgesellschaft) als auch eine Kaufentscheidung (bezüglich der zum Tausch angebotenen Wertpapiere). Durch die Weiterveräußerung während der Annahmefrist beschränkt der Wertpapierinhaber die Entscheidung auf den Verkaufsteil, die komplementäre Kaufentscheidung (Investitionsentscheidung, Anlageentscheidung) trifft der Käufer der Anteile. Er zahlt im Endergebnis den Kaufpreis nicht für die Wertpapiere der Zielgesellschaft, sondern für die im Tausch angebotenen Aktien. Daher trifft in diesem Falle (nur) ihn der Schaden aus der Fehlinformation zu § 2 Nr. 2 WpÜG-AV. Der Verkäufer hingegen hat insoweit keinen Schaden, da er einen höheren Ausstiegspreis realisieren konnte als den, der sich ergeben hätte, hätte der Bieter korrekt über die zum Tausch angebotenen Wertpapiere informiert. Beispiel: Aktien der Zielgesellschaft (Z-Aktie) werden zu 10 Euro gehandelt, Aktien des Bieters (B-Aktie) zu 10,50 Euro. Bieter bietet Tausch 1 : 1 an (und damit scheinbar eine Übernahmeprämie). In Wahrheit hätte bei korrekter Information die B-Aktie mit 5 Euro bewertet werden müssen. Angebotsadressat (V) verkauft seine Aktie nach Annahme des Angebots zu 10,30 Euro an Erwerber (K). Bei korrekter Information durch den Bieter hätte V lediglich 5 Euro erhalten. Er hat also keinen Schaden. K hingegen vertraut auf die Informationen aus § 2 Nr. 2 WpÜG-AV. Er muss daher seinen Schaden (5,30 Euro) geltend machen können.

**14**    Für derartige Fehlinformationen muss deshalb dem Käufer ein Schadensersatzanspruch zustehen. Vor dem Hintergrund, dass § 12 nur die Funktion des Dokuments als Angebotsunterlage im Auge hat und das Dokument zugleich ein solches iSd § 21 Abs. 4 WpPG ist,[12] spricht alles dafür, dem Käufer einen Anspruch unmittelbar aus § 21 f. WpPG zuzubilligen.

---

[9] Dies kommt regelmäßig dann in Betracht, wenn der Bieter es im Angebot gestattet. Die Wertpapiere, für die die Annahme erklärt wurde, werden auf eine andere Wertpapierkennnummer umgebucht und unter dieser gehandelt, vgl. *Assmann* AG 2002, 153 (157).

[10] Dazu *Assmann* AG 2002, 153 (157 f.).

[11] Ebenso *Assmann* AG 2002, 153 (158); Assmann/Pötzsch/Schneider/*Assmann* Rn. 44.

[12] Vgl. dazu *Mülbert/Steup* WM 2005, 1633 (1642); Holzborn/*Wackerbarth* WpPG § 21–23 Rn. 22.

Dass entsprechende Schäden aus Fehlinformation über die zum Tausch angebotenen Wertpapiere auch entstehen können, wenn der Adressat nach Annahme des Angebots die Wertpapiere nicht weiterverkauft, ändert daran nichts.[13] Wird nicht verkauft, ist allerdings eine Aufspaltung in einen dem § 12 und einen den §§ 21, 22 WpPG zuzuordnenden Teil nicht möglich, anspruchsberechtigt ist der Annehmende dann allein nach § 12.

**4. Anspruchsinhalt. a) Keine Naturalrestitution.** Für die Berechnung des Schadens **15** gelten grundsätzlich die §§ 249 ff. BGB. Danach schulden der Bieter und die anderen zum Schadensersatz Verpflichteten (im Folgenden ist nur noch vom Bieter die Rede) im Grundsatz Naturalrestitution, soweit dies nicht möglich oder genügend ist gem. § 251 BGB Geldersatz. Die Naturalrestitution bestünde in der Rückgängigmachung des Kaufvertrages. Das wird im Falle von Wertpapiererwerbsangeboten aber nicht in Betracht kommen, um den Anleger schadlos zu stellen. Denn der Anspruch aus § 12 ist ein individueller Anspruch jedes einzelnen Vertragspartners des Bieters. Der frühere status quo würde indessen allenfalls dann wiederhergestellt, wenn sämtliche Adressaten ihre Wertpapiere zurückhielten. Selbst dann dürfte allein schon durch das Verfahren des öffentlichen Angebots das Unternehmen der Zielgesellschaft wesentlichen Veränderungen ausgesetzt worden sein, so dass die Rückgängigmachung ungeeignet wäre, um das Ziel der Naturalrestitution zu erreichen. Damit bleibt entgegen der ganz hM[14] nur ein Anspruch auf Geldersatz.[15] Dafür spricht auch bereits die von dem entsprechenden § 21 WpPG abweichende Rechtsfolgenanordnung in Abs. 1.

**b) Differenzhypothese bei Barangeboten.** Ein Schadensersatz in Geld ist gem. § 249 **16** Abs. 1 BGB grundsätzlich nach der Differenzhypothese zu bemessen. Danach muss die hypothetische Vermögenslage des Geschädigten unter Hinwegdenken des schädigenden Ereignisses ermittelt werden. Geschuldet wird grundsätzlich das negative Interesse. Der Geschädigte kann nicht verlangen, so gestellt zu werden, als hätte die Wirklichkeit der Angebotsunterlage entsprochen. Vielmehr ist er so zu stellen, als hätte er die wahre Sachlage gekannt.[16]

Damit scheint der Geschädigte den Unterschied zwischen tatsächlicher und (richtiger- **17** weise zu fordernder) höherer Gegenleistung verlangen zu können.[17] Das setzt freilich voraus, dass der Bieter ein höheres Angebot gemacht hätte, wenn er die korrekten Informationen gegeben hätte. Schon davon kann man nicht ausgehen. In Betracht kommt freilich auch, den Geschädigten so zu stellen, wie er stünde, wären alle Adressaten richtig informiert worden. Es stellt sich also die Frage, ob eine hypothetische Kursentwicklung der Wertpapiere der Zielgesellschaft unter Berücksichtigung des Erfolgs oder Misserfolgs des Angebots zu ermitteln ist. Noch genauer betrachtet müsste man untersuchen, wie sich sämtliche Adressaten des Angebots verhalten hätten, wäre korrekt informiert worden. Hinzu kommt, dass wie oben dargestellt der Kurs auch durch das Übernahmeverfahren an sich beeinflusst ist oder möglicherweise wegen eines Delistings nicht mehr ermittelt werden kann.

Diese Überlegungen zeigen: Die Differenzhypothese ist im Rahmen der Haftung nach **18** § 12 unangebracht, soweit sie sich auf die Kursentwicklung der Wertpapiere der Zielgesellschaft bezieht. Denn anders als bei den Fällen der Börsenprospekthaftung kann hier nicht mit der Annahme gearbeitet werden, der Schaden liege in der Differenz zwischen dem späteren Börsenkurs der Wertpapiere und dem (geringeren) Erwerbspreis im WpÜG-Ver-

---

[13] So Steinmeyer/*Steinhardt* Rn. 63.

[14] Baums/Thoma/*Thoma* Rn. 77; Assmann/Pötzsch/Schneider/*Assmann* Rn. 58 ff.; Kölner Komm WpÜG/*Möllers* Rn. 132; FK-WpÜG/*Renner* Rn. 39; Angerer/Geibel/Süßmann/*Louven* Rn. 15; Drinkuth in Marsch-Barner/Schäfer Börsennotierte AG-HdB Rn. 60.89.

[15] Gegen eine Rückabwicklung grds. und ausf. auch Steinmeyer/*Steinhardt* Rn. 41 ff.; vgl. ferner Schwark/Zimmer/*Noack/Holzborn* Rn. 17.

[16] BT-Drs. 14/7034, 43; *Assmann* AG 2002, 153 (159).

[17] *Hamann* ZIP 2001, 2249 (2256) will davor noch eine Kausalitätsüberlegung stellen: Den Unterschiedsbetrag könne der Geschädigte nur verlangen, wenn er nachweisen kann, dass er die Wertpapiere zu einem höheren Preis hätte veräußern können. Hingegen sei er auf Rückabwicklung zu verweisen, wenn es dazu nicht gekommen wäre. Eine Rückabwicklung scheidet jedoch aus den oben genannten Gründen aus, so dass nur ein Geldersatz in Frage kommt.

fahren. Der Aktienkurs der Zielgesellschaft ist nach einer erfolgreichen Übernahme nicht mehr aussagekräftig für die Frage, ob er bei korrekter Information ebenfalls auf diesen Betrag gestiegen wäre. Nach einem erfolgreichen Squeeze-out und/oder einem Delisting lässt sich möglicherweise überhaupt kein Kurs mehr feststellen. Zudem zielt eine Übernahme gerade auf Veränderungen ab, die den Wert jedes einzelnen Wertpapiers über den Übernahmepreis bringen, sonst würde der Bieter das Angebot nicht machen.

**19** Hypothetische Überlegungen über den Kurs der Zielgesellschaft beruhen auf empirisch nicht zu überprüfenden Annahmen über das hypothetische Verhalten von Anlegern bei korrekter Information durch den Bieter. Sie lassen Herdentrieb und andere Aspekte, die für die individuellen Verkaufsentscheidungen durchaus maßgebend sein können (zB der Kaufkurs der Wertpapiere, der bei den Adressaten regelmäßig unterschiedlich ist) außer Betracht. Im Übrigen unterstellen sie entweder, dass die Adressaten bei korrekter Information und korrekter Ermittlung des Preises tatsächlich verkauft hätten oder aber das Gegenteil. In beiden Fällen handelt es sich um Raterei, nicht aber um eine rationale Schadensermittlung. Sämtliche hypothetischen Überlegungen über die Entwicklung des Kurses der Wertpapiere der Zielgesellschaft sind daher zu vermeiden.

**20** Die Differenzhypothese kann im Ergebnis daher nur angewendet werden, soweit es um Fehlinformationen oder unbefugt zurückgehaltene Informationen über den Wert des Unternehmens der Zielgesellschaft geht. Dabei dürften nur diejenigen Informationen zu berücksichtigen sein, die dem Bieter durch die Geschäftsleitung der Zielgesellschaft mitgeteilt oder zugänglich gemacht wurden. Führen sie zu einem höheren Wert des Unternehmens der Zielgesellschaft als dem, der sich auf Grund des Angebotspreises ergibt, ist der Unterschiedsbetrag als Schadensersatz zu zahlen. Das wird aber nur ausnahmsweise der Fall sein. Regelmäßig dürften daher Fehlinformationen in der Angebotsunterlage bei Barangeboten keine Schadensersatzpflicht des Bieters aus § 12 nach sich ziehen.[18] Umso bedeutsamer sind die bei → § 11 Rn. 108 ff. dargestellten sonstigen Möglichkeiten einer Reaktion auf unrichtige oder unvollständige Angebotsunterlagen.

**21** **c) Tauschangebote.** Bei Tauschangeboten sind die Folgen von Fehlinformationen über die zum Tausch angebotenen Wertpapiere grundsätzlich mit denen vergleichbar, die durch unrichtige Emissionsprospekte entstehen. Es spricht daher vieles dafür, sich hinsichtlich des Schadensersatzes an den Grundsätzen des § 21 Abs. 1 S. 1 und 2 WpPG zu orientieren, soweit die Fehlinformation den Bereich des § 2 Nr. 2 WpÜG-AV betreffen.[19] Auch hier kommt entsprechend dem in → Rn. 15 Gesagten eine vollständige Rückabwicklung des Tauschgeschäfts nicht in Betracht, weil die bloße Rückgabe der Wertpapiere der Zielgesellschaft dazu nicht genügt. Die Anspruchsteller können aber die erhaltenen Wertpapiere zurückgeben und dafür einen Geldbetrag in Höhe dessen verlangen, was der Bieter hätte zahlen müssen, wenn er statt der Wertpapiere Geld angeboten hätte, also regelmäßig den sich aus § 7 WpÜG-AV ergebenden Betrag zzgl. der Kosten der Transaktion, soweit diese von den Angebotsadressaten zu tragen waren (eine komplette Rückabwicklung kommt dagegen nicht in Betracht, vgl. → Rn. 15).[20] Da in § 12 anders als in § 21 WpPG die Rückgabe der Wertpapiere jedoch nicht zwingend angeordnet ist und eine schadensrechtliche Rückabwicklung des gesamten Geschäfts ohnehin nicht in Betracht kommt, besteht darüber hinaus die Möglichkeit, die Wertpapiere zu behalten und nur den Kursdifferenzschaden[21] geltend zu machen.[22] Die Anspruchsteller können nur den Wertersatz geltend machen, wenn der tatsächliche Kurs der Wertpapiere zwischenzeitlich infolge allgemeiner

---

[18] IErg ähnlich Steinmeyer/*Steinhardt* Rn. 46 f.

[19] Ausf. dazu Holzborn/*Wackerbarth* WpPG § 21–23 Rn. 104 ff.

[20] Wie hier Steinmeyer/*Steinhardt* Rn. 49 mit zusätzlichen Überlegungen zur Vereinbarkeit mit §§ 57, 71 AktG; aA die hM, vgl. → Rn. 15 mwN; unverständlich FK-WpÜG/*Renner* Rn. 42: Rückabwicklung nur, wenn Wertpapiere nicht mehr gehandelt werden oder nicht mehr existieren?!

[21] Zu dessen Ermittlung ausf. *Wagner* ZGR 2008, 495 (521 ff.).

[22] Steinmeyer/*Steinhardt* Rn. 49 beschränkt das auf den Fall der Weiterveräußerung durch den Angebotsadressaten.

Marktentwicklungen (also nicht infolge des Bekanntwerdens der Fehlinformation) so weit gefallen ist, dass die Naturalrestitution für den Ersatzpflichtigen mit gem. § 251 Abs. 2 S. 1 BGB unverhältnismäßigen Aufwendungen verbunden wäre.[23]

**5. Haftende, Gesamtschuldner.** Die Regelung in Abs. 1 differenziert zwischen denen, **22** die für die Angebotsunterlage die Verantwortung übernommen haben und denjenigen, von denen der Erlass der Angebotsunterlage ausgeht. Das entspricht der Unterscheidung von Prospekt-Erlassern und -Veranlassern in § 21 WpPG. Zu den Prospekt-Erlassern gehört jedenfalls **der Bieter,** der gemäß § 11 Abs. 1 S. 5, Abs. 3 in der Angebotsunterlage zu identifizieren ist und eine Erklärung abgeben muss, dass seines Wissens die Angaben richtig und keine wesentlichen Umstände ausgelassen sind (dh die Angebotsunterlage vollständig ist; vgl. auch → § 11 Rn. 11 f.). Daneben gehört dazu die **Gesellschaft, deren Aktien der Bieter als Gegenleistung** anbietet, da auch sie die Verantwortung für die Unterlage zu übernehmen hat (vgl. → § 11 Rn. 26), ferner diejenigen, die freiwillig die Verantwortung übernommen haben. Die das Angebot **begleitende Bank** gehört, sofern sie nicht freiwillig die Verantwortung übernimmt, in aller Regel nicht zum Kreis der Haftenden,[24] da sie anders als bei der Haftung nach §§ 21 ff. WpPG nicht eine Zulassung von Wertpapieren gem. § 32 Abs. 2 BörsG beantragen muss. Ist das ausnahmsweise bei Tauschangeboten doch einmal der Fall (vgl. § 4 Abs. 2 Nr. 3 WpPG), so haftet die Bank nur eventuellen Zweiterwerbern[25] der aufgrund des Angebots zugelassenen Wertpapiere und auch nur gem. § 21 Abs. 4 WpPG.[26]

Unter den **Veranlassern iSd Abs. 1 Nr. 2** versteht die Gesetzesbegründung die „tat- **23** sächlichen Urheber" der Angebotsunterlage, die an der Übernahme ein eigenes wirtschaftliches Interesse haben. Dazu sollen vor allem die ghP zu rechnen sein.[27] Ebenfalls dazugehören dürften unter Umständen die Muttergesellschaft des Bieters sowie in bestimmten Fällen auch (einzelne oder alle) Gesellschafter des Bieters.[28] Damit ist die Frage angesprochen, ob und inwieweit ein **übernahmerechtlicher Durchgriff** auf die Konzernmutter oder Gesellschafter des Bieters erfolgt, sie also als „wahrer" Bieter anzusehen sind und entsprechend haften. Das Gesetz hält einen solchen Durchgriff für grundsätzlich möglich, jedoch für die anhand des Maßstabs „diejenigen, von denen der Erlass der Unterlage ausgeht" begründungsbedürftige Ausnahme. Gemeint ist der wirtschaftlich-tatsächliche Bieter, wer das ist, kann nur im Einzelfall geklärt werden.[29] Personen ohne eigenes wirtschaftliches Interesse am Angebot, die nur vorbereitend oder beratend tätig waren, einschließlich der begleitenden Bank, gehören in aller Regel nicht dazu.[30]

In Fällen, in denen der wirtschaftlich Handelnde eine Zweckgesellschaft **(special pur- 24 pose vehicle)** als formalen Bieter vorschiebt, ist er als Person iSd § 12 Abs. 1 Nr. 2 anzusehen. Wirtschaftlich Handelnder ist die Muttergesellschaft des Bieters nicht in jedem Fall, sondern nur dann, wenn sie von ihrer Leitungsmacht tatsächlich Gebrauch gemacht hat. Sollte sie jedoch alleiniger Anteilsinhaber des Bieters sein, kommt nur sie als wirtschaftlicher Urheber des Angebots infrage, da die 100%ige Tochtergesellschaft lediglich ein rechtlich verselbstständigter Unternehmensteil ist.

Mehrere Personen haften als **Gesamtschuldner** mit der Folge der Anwendung der **25** §§ 421 ff. BGB, besonders des § 421 S. 2 BGB. Eine gegenseitige Zurechnung des Verschul-

[23] Überzeugend *Wagner* ZGR 2008, 495 (514 ff.): Grenze: 130% wie in den Kfz-Schadensfällen.
[24] Assmann/Pötzsch/Schneider/*Assmann* Rn. 38; Baums/Thoma/*Thoma* Rn. 51; Angerer/Geibel/Süßmann/*Louven* Rn. 20.
[25] Dazu Holzborn/*Wackerbarth* WpPG § 21–23 Rn. 22, 56.
[26] Holzborn/*Wackerbarth* WpPG § 21–23 Rn. 22; vgl. ferner Baums/Thoma/*Thoma* Rn. 51; ausf. *Vaupel* WM 2002, 1170 (1173 ff.) unter Verweis auf BGH NJW 1998, 3345 = AG 1998, 520 – Elsflether Werft; aA *Groß* WpPG § 21 Rn. 32.
[27] BT-Drs. 14/7034, 42.
[28] *Hamann* ZIP 2001, 2249 (2256).
[29] Vgl. zur vergleichbaren Lage bei §§ 44, 45 BörsG Schäfer/Hamann/*Hamann* BörsG §§ 44, 45 Rn. 91–93; Holzborn/*Wackerbarth* WpPG § 21–23 Rn. 42 ff.
[30] *Assmann* AG 2002, 153 (157) und in Fn. 39 mwN; Holzborn/*Wackerbarth* WpPG § 21–23 Rn. 49 ff.; *Groß* WpPG § 21 Rn. 35.

dens (Abs. 2) findet nach § 425 Abs. 2 BGB zwischen ihnen im Grundsatz nicht statt. Die Haftung kann nicht mit Wirkung nach außen beschränkt werden.[31]

26    In Fällen des **Kontrollerwerbs durch eine Tochtergesellschaft** sind sowohl Mutter als auch Tochter zur Abgabe eines Angebots verpflichtet (vgl. → § 35 Rn. 52, → § 35 Rn. 103 ff.). Zwar reicht es auch aus, wenn die Tochter das Pflichtangebot abgibt, also formal als Bieter auftritt. Die Muttergesellschaft als Angebotsverpflichtete ist jedoch als Person zu betrachten, von der der Erlass der Angebotsunterlage (mit) ausgeht, so dass die den Bieter betreffenden Pflichtangaben nach § 11 auch über sie zu machen sind (vgl. → § 2 Rn. 37, → § 2 Rn. 49).

### III. Keine Haftung ohne Verschulden (Abs. 2)

27    Nicht in Anspruch genommen kann werden, wer nachweist, dass er die Unrichtigkeit der Angebotsunterlage nicht kannte und nicht hätte kennen müssen, wobei die verschuldete Unkenntnis nur bei grober Fahrlässigkeit schadet. Die Gestattung der Veröffentlichung der Angebotsunterlage durch die BAFin entlastet schon aufgrund des groben Prüfungsrasters dabei nicht.[32] Die **Beweislast** liegt bei demjenigen, der in Anspruch genommen wird und zum Kreis der Haftenden gehört. Der Beweis wird im Allgemeinen schwer zu führen sein, denn grob fahrlässig handelt auch, wem sich aufdrängen muss, dass die Angebotsunterlage zu ungerechtfertigten Schlüssen verleitet.[33]

28    Entgegen einer in der Lit. vertretenen Auffassung entlastet es den Bieter nicht, wenn er die Erstellung der Angebotsunterlage (teilweise) Dritten, insbesondere Sachverständigen überlässt.[34] Diese sind im Verhältnis vielmehr als Erfüllungsgehilfen des Bieters anzusehen, soweit sie nicht in Erfüllung eigener gesetzlicher Pflichten handeln.[35] Das folgt aus dem Charakter der Informationspflichten des § 11 (vgl. → § 11 Rn. 11 f., → § 11 Rn. 26). Der Bieter hat nach § 11 im Wesentlichen die Angaben zu machen, die ein zu 100% an der Zielgesellschaft beteiligter Anteilsinhaber von ihm verlangen würde, würden Bieter und dieser Anteilseigner ein privates Geschäft über den Verkauf des Anteils abschließen. Dieser Anteilseigner würde sich nicht auf eine Abmachung einlassen, durch die der Bieter seiner Haftung entgehen kann, indem er die Erfüllung des Informationsbedürfnisses Dritten überlässt. Diese hätten zudem selbst mangels Vertrag mit dem Anteilseigner diesem nicht für die Richtigkeit der Informationen einzustehen.

### IV. Anspruchsausschluss (Abs. 3)

29    **1. Annahme nicht auf Grund der Unterlage (Abs. 3 Nr. 1).** Keinen Anspruch hat, wer das Angebot nicht wegen der Angebotsunterlage, sondern aus anderen Gründen angenommen hat. Hier geht es um Fälle, in denen die **Kausalität** des Fehlers für die Annahme fehlt. Im Rahmen der Börsenprospekthaftung wurde die vergleichbare Problematik früher mit dem Instrument der sog. Anlagestimmung gelöst.[36] Üblicherweise erfolgt der Wertpapiererwerb wegen der Informationen im Prospekt, so dass für die Kausalität ein Anscheinsbeweis bestehen sollte. Mit der Neuregelung der §§ 44 f. BörsG aF (jetzt insoweit wortgleich §§ 21, 23 WpPG) durch das Dritte Finanzmarktförderungsgesetz vom 24.3.1998 (BGBl. 1998 I 529) hat der Gesetzgeber allerdings nicht einfach nähere Regeln für die nach wie vor notwendige Anlagestimmung aufgestellt, sondern vielmehr die richterlichen Überlegungen zur Anlagestimmung durch die Sechsmonatsfrist in § 21 Abs. 1 S. 1 WpPG und die

---

[31] BT-Drs. 14/7034, 42 f.

[32] Vgl. BT-Drs. 14/7034, 42, dort nur zur Unrichtigkeit der Unterlage; s. auch Assmann/Pötzsch/Schneider/*Assmann* Rn. 51; *Zschocke* FS Marsch-Barner, 2018, 607 (621); vgl. BGH NZG 2014, 985 Rn. 26 (Postbank).

[33] So zur börsenrechtlichen Prospekthaftung OLG Frankfurt ZIP 1994, 282 (286) – Bond-Anleihe.

[34] So aber FK-WpÜG/*Renner* Rn. 50 f.; Assmann/Pötzsch/Schneider/*Assmann* Rn. 52 f.; Angerer/Geibel/Süßmann/*Louven* Rn. 30; s. auch Schwark/Zimmer/*Noack/Holzborn* Rn. 25 f.

[35] Wie hier Steinmeyer/*Steinhardt* Rn. 32; Baums/Thoma/*Thoma* Rn. 74 f.

[36] Dazu Schäfer/Hamann/*Hamann* BörsG §§ 44, 45 Rn. 255 ff.; vgl. BGH WM 2002, 813.

Kausalitätsvermutung in § 233 Abs. 2 Nr. 1 WpPG ersetzt. Damit benötigt man den Begriff der Anlagestimmung im Rahmen der gesetzlichen Börsenprospekthaftung letztlich nicht mehr.[37] § 12 Abs. 3 Nr. 1 bestätigt diese für die Börsenprospekthaftung geltenden Überlegungen durch seine verneinende Formulierung für das Übernahmerecht. Damit einher geht eine Beweislastumkehr, nach der der Haftende die fehlende Kausalität der Unterlage für die Angebotsannahme zu beweisen hat.[38]

Die Anlagestimmung (oder im Rahmen des WpÜG besser: Annahmestimmung)[39] behält **30** jedoch nach hM auch hier noch eine Funktion: Denn für das Fehlen der Kausalität reicht nicht einmal der Nachweis aus, dass der einzelne Anleger den Prospekt überhaupt nicht kannte. „Auf Grund" der Unterlage wird das Angebot auch dann angenommen, wenn nur die allgemeine Anlagestimmung erzeugt wurde. Es geht also um eine Art kollektive Kausalität, einen Herdentrieb, den die Unterlage ausgelöst hat. Auch diese kollektive Kausalität soll nach hM wieder wegfallen können,[40] etwa wenn während der Annahmefrist eine Berichtigung der fehlerhaften Unterlage durch einen Dritten erfolgt (bei Berichtigung durch den Bieter ist hingegen Abs. 3 Nr. 3 einschlägig; → Rn. 33 f.).

Dem ist zu widersprechen. Durch die Formulierung des Abs. 3 Nr. 1 hat der Gesetzgeber **31** eine abschließende Entscheidung gefällt, nach der der Anspruch mangels Kausalität nur dann ausscheidet, wenn das Motiv für die individuelle Entscheidung des Adressaten feststeht.[41] Für den nach Abs. 3 Nr. 1 möglichen Beweis, dass der Wertpapierinhaber seine individuelle Verkaufsentscheidung nicht aufgrund der fehlerhaften Unterlage getroffen hat, ist deshalb zu verlangen, dass der Anspruchsgegner die individuellen Beweggründe des Anlegers nachweist. Das wird praktisch nur in ganz seltenen Ausnahmefällen gelingen. Der Nachweis, dass eine Annahmestimmung schon vor Ablauf der Annahmefrist nicht (mehr) bestand, kann dafür nicht ausreichen. Selbst wenn man der hM folgt, wird man eine gegenläufige Annahmestimmung nur dann annehmen können, wenn der Herdentrieb durch eine Erklärung an die Öffentlichkeit beseitigt wird, deren tatsächliche Reichweite und öffentliche Beachtung mit der der Angebotsunterlage vergleichbar ist.[42]

**2. Individuelle Kenntnis des Fehlers (Abs. 3 Nr. 2).** Der Anspruch ist ferner ausge- **32** schlossen, wenn der Anspruchsteller zum Zeitpunkt der Abgabe der Annahmeerklärung Kenntnis der Unrichtigkeit der Unterlage besaß. Auch grobe Fahrlässigkeit schadet dem Anspruchsteller nicht,[43] seine Kenntnis ist im Übrigen vom Anspruchsgegner zu beweisen. Bei Nr. 2 handelt es sich nach überwiegender Auffassung um eine Sonderregelung des Mitverschuldens, so dass nicht über § 254 BGB ein anderes Ergebnis erzielt werden kann.[44]

**3. Berichtigung (Abs. 3 Nr. 3). a) Zulässigkeit.** Die Haftung wegen der fehlerhaften **33** Unterlage aus § 12 kann der Bieter beseitigen, indem er die Angebotsunterlage vor Ablauf der Annahmefrist berichtigt. Eine Berichtigung iSd Nr. 3 ist eine öffentliche Beseitigung einer bereits zurzeit der Veröffentlichung der Unterlage bestehenden wesentlichen Unrichtigkeit der Angebotsunterlage. Auf später unrichtig gewordene Unterlagen kann Nr. 3 daher auch nicht analog angewendet werden,[45] die Unterlage ist in diesem Falle vielmehr gem. § 11 Abs. 1 S. 2 zu aktualisieren (→ § 11 Rn. 17 ff.). Wird hingegen die Aktualisierung unterlassen oder falsch vorgenommen, so besteht bis zur Vornahme bzw. Berichtigung die

---

[37] Ausf. Holzborn/*Wackerbarth* WpPG § 21–23 Rn. 81 ff.
[38] *Assmann* AG 2002, 153 (158).
[39] *Möllers* ZGR 2002, 664 (672 f.).
[40] Dazu, in Anlehnung an die börsengesetzliche Prospekthaftung, FK-WpÜG/*Renner* Rn. 56; *Möllers* ZGR 2002, 664 (672 f.); vgl. auch Schäfer/Hamann/*Hamann* BörsG §§ 44, 45 Rn. 256 f.
[41] Vgl. für die börsengesetzliche Prospekthaftung Holzborn/*Wackerbarth* WpPG § 21–23 Rn. 83 f.
[42] Schäfer/Hamann/*Hamann* BörsG §§ 44, 45 Rn. 257 formuliert: sie müssen in ihrer Auswirkung einer Prospektveröffentlichung gleichkommen.
[43] Steinmeyer/*Steinhardt* Rn. 33.
[44] BT-Drs. 14/7034; Angerer/Geibel/Süßmann/*Louven* Rn. 34; FK-WpÜG/*Renner* Rn. 58; vgl. auch Holzborn/*Wackerbarth* WpPG § 21–23 Rn. 100.
[45] AA *Oechsler* ZIP 2003, 1330 (1331); *Schulz* M&A Review 2002, 559 (563).

übliche Haftung nach § 12 Abs. 1 (→ Rn. 4). Der Bieter hat zunächst stets das Recht, die Angebotsunterlage zu berichtigen (aber → Rn. 36). Eine **Pflicht zur Berichtigung** besteht dagegen nicht. Für sie besteht auch keine Notwendigkeit. Vielmehr ist einer Berichtigung stets bereits eine Pflichtverletzung des Bieters vorausgegangen, da er eine fehlerhafte Angebotsunterlage veröffentlicht hat.[46]

**34**   **b) Form der Berichtigung.** Der Haftungsausschluss wird nur durch eine **deutlich gestaltete** Berichtigung bewirkt. Man wird verlangen müssen, dass der Bieter den fehlerhaften Teil der Angebotsunterlage wiederholt und ihm die zutreffende Information gegenüberstellt.[47] Nach dem Wortlaut des Gesetzes ist eine Veröffentlichung gem. **Art. 17 MAR** vorzunehmen oder eine andere vergleichbare Bekanntmachung zu veröffentlichen. Zwar kommt es für den Haftungsausschluss nicht auf die Kenntnis der Adressaten von der Berichtigung an. Die Wertpapierinhaber müssen sich jedoch darauf verlassen können, dass sie unter der Internetadresse, unter der sie das Angebot heruntergeladen haben, auch sämtliche weitere Veröffentlichungen finden und sich durch Besuch dieser Seite „auf dem Laufenden" halten können. Es ist daher davon auszugehen, dass die Veröffentlichung gem. Art. 17 MAR oder vergleichbare Bekanntmachungen erst dann den Haftungsausschluss bewirken, wenn sie (zusätzlich) im Internet an der Stelle veröffentlicht sind, an der die Wertpapierinhaber der Zielgesellschaft auch die Angebotsunterlage und die Veröffentlichungen gem. § 23 finden.

**35**   **c) Rechtsfolgen der Berichtigung.** Die Berichtigung schließt die Haftung (nur) zu Lasten der Wertpapierinhaber aus, die das Angebot **nach der Veröffentlichung** im Internet angenommen haben. Der Haftungsausschluss reicht nur soweit, wie die Berichtigung geht und setzt voraus, dass die Berichtigung ihrerseits nicht unvollständig oder unrichtig ist.[48]

**36**   Für diejenigen, die das Angebot bereits vor der Veröffentlichung der Berichtigung angenommen hatten, begründet die Berichtigung ein Rücktrittsrecht analog § 21 Abs. 4. Ebenfalls analog anwendbar sind die Abs. 5 und 6 des § 21 (vgl. → § 21 Rn. 38 ff., → § 21 Rn. 50 ff.). Da dieses Rücktrittsrecht am Ende der Angebotsfrist erlöschen muss, dürfen in den letzten beiden Wochen einer gem. § 21 Abs. 5 verlängerten Annahmefrist keine Berichtigungen mehr vorgenommen werden. Zugleich bedeutet die Veröffentlichung einer Berichtigung durch den Bieter, dass er offenbar selbst von einer wesentlichen Unvollständigkeit und/oder Unrichtigkeit der Unterlage ausgeht. Daran wird man ihn festhalten müssen.

### V. Verjährung (Abs. 4)

**37**   Die Verjährungsvorschrift wurde ursprünglich der spezialgesetzlichen Prospekthaftung nachgebildet, hat allerdings die Abschaffung von § 46 BörsG aF überlebt. Die Frist von **einem Jahr** gilt seit Kenntnis des Verjährung durch den Angebotsadressaten. Der Kenntnis von der Unrichtigkeit dürfte die Kenntnis vom Erlass einer einstweiligen Verfügung gegen den Bieter ebenso wie eine entsprechende Stellungnahme der Geschäftsleitung nach § 27 oder eine Berichtigung durch den Bieter gleichzustellen sein, da in diesem Fall der Adressat ausreichend gewarnt ist und sich um die Geltendmachung eventueller Ansprüche kümmern muss. Kennenmüssen genügt nicht, die Kenntnis ist von dem in Anspruch Genommenen zu beweisen.[49] Die insbesondere wegen dieser Beweissituation erforderliche Auffangfrist von **drei Jahren** beginnt mit der Veröffentlichung der Angebotsunterlage und läuft kenntnisunabhängig. Die Verjährung erfasst nur die Ansprüche aus § 12 Abs. 1.

### VI. Unwirksame Vereinbarungen (Abs. 5)

**38**   Die nach Abs. 1 bestehenden Ansprüche können nicht „im Voraus" erlassen werden auch nicht teilweise. Gemeint ist vor allem die Unzulässigkeit einer Haftungsbeschränkung

---

[46] Wie hier Schwark/Zimmer/*Noack/Holzborn* Rn. 30 mwN auch zur Gegenauffassung.

[47] Wie hier Steinmeyer/*Steinhardt* Rn. 22; Baums/Thoma/*Thoma* Rn. 67; Angerer/Geibel/Süßmann/*Louven* Rn. 36; FK-WpÜG/*Renner* Rn. 62; aA Assmann/Pötzsch/Schneider/*Assmann* Rn. 47; Kölner Komm WpÜG/*Möllers* Rn. 127.

[48] Vgl. zur Prospekthaftung Holzborn/*Wackerbarth* WpPG § 21–23 Rn. 101 ff.

[49] Steinmeyer/*Steinhardt* Rn. 51.

in der Angebotsunterlage. Eine solche kann auch nicht dadurch herbeigeführt werden, dass der Bieter Beweislastregeln in die Unterlage mit aufnimmt oder sonstige Voraussetzungen für die Geltendmachung des Anspruchs aufstellt. Individualabreden über eine Haftungserschwerung sind nach richtiger Auffassung erst nach Kenntnis des Anspruchsberechtigten von den Tatsachen möglich, die zur Entstehung des Anspruchs führen.[50] Abs. 5 erklärt damit den Inhalt der Abs. 1–4 für einseitig zwingend. Vereinbarungen, die den Adressaten die Durchsetzung der Haftung erleichtern oder die Verjährung verlängern, sind dagegen zulässig, aber unwahrscheinlich. Abs. 5 ist überflüssig, der zwingende Charakter ergibt sich bereits aus der Natur der Regelung als lex specialis zur Haftung aus cic.

## VII. Reichweite und konkurrierende Rechte (Abs. 6)

**1. Reichweite des § 12.** Die Haftung nach § 12 ist nur eine Teilregelung der Haftung **39** für und kann insoweit auch nur im Rahmen ihres Anwendungsbereichs andere Anspruchsgrundlagen als lex specialis ausschließen.

§ 12 erfasst zB nicht die eingetretenen Schäden bei solchen Wertpapierinhabern der **40** Zielgesellschaft, die das Angebot **nicht angenommen** haben. Da die Angebotsunterlage ihnen insbesondere auch Informationen über das spätere Vorgehen des Bieters vermitteln soll, um ihnen eine rationale Entscheidung zu ermöglichen, kann ein im Verhältnis zur Angebotsunterlage abweichendes Vorgehen des Bieters für sie Schadensersatzansprüche begründen, wenn es zurzeit der Erstellung der Unterlage bereits geplant war. Einfachstes Beispiel ist die Durchführung eines Squeeze-outs, der bereits vor Abgabe des Angebots geplant, aber nicht angekündigt war, und der zu einer die Gegenleistung des Angebots unterschreitenden Abfindung führt. Näher zu Ansprüchen der Wertpapierinhaber außerhalb des § 12 → § 11 Rn. 113 ff.

Abs. 6 schließt deshalb auch nicht die Haftung des Bieters für solche Schäden aus, die **41** den Aktionären aus einer **Verletzung der §§ 33 ff. WpHG im Vorfeld der Übernahme** entstehen. Kauft der Bieter etwa 10% der Aktien zu einem Preis von bis zu 11 Euro, ohne eine rechtzeitige Mitteilung nach § 33 WpHG zu machen und gibt er später ein Angebot über 13 Euro ab, so entsteht denjenigen, die im Vorfeld der Übernahme nach dem Zeitpunkt der Meldepflicht zu 11 Euro verkauft haben, wegen der Verletzung der Informationspflichten ein konkret berechenbarer Schaden.

**2. Verhältnis zu anderen Vorschriften.** Näher → § 11 Rn. 113 ff. **42**

## § 13 Finanzierung des Angebots

(1) ¹**Der Bieter hat vor der Veröffentlichung der Angebotsunterlage die notwendigen Maßnahmen zu treffen, um sicherzustellen, dass ihm die zur vollständigen Erfüllung des Angebots notwendigen Mittel zum Zeitpunkt der Fälligkeit des Anspruchs auf die Gegenleistung zur Verfügung stehen.² Für den Fall, dass das Angebot als Gegenleistung die Zahlung einer Geldleistung vorsieht, ist durch ein vom Bieter unabhängiges Wertpapierdienstleistungsunternehmen schriftlich zu bestätigen, dass der Bieter die notwendigen Maßnahmen getroffen hat, um sicherzustellen, dass die zur vollständigen Erfüllung des Angebots notwendigen Mittel zum Zeitpunkt der Fälligkeit des Anspruchs auf die Geldleistung zur Verfügung stehen.**

(2) **Hat der Bieter die nach Absatz 1 Satz 2 notwendigen Maßnahmen nicht getroffen und stehen ihm zum Zeitpunkt der Fälligkeit des Anspruchs auf die Geldleistung aus diesem Grunde die notwendigen Mittel nicht zur Verfügung, so kann derjenige, der das Angebot angenommen hat, von dem Wertpapierdienstleis-**

---

[50] Wie hier Steinmeyer/*Steinhardt* Rn. 53; zur vergleichbaren Lage im Rahmen der Prospekthaftung Holzborn/*Wackerbarth* WpPG § 25 Rn. 1.

tungsunternehmen, das die schriftliche Bestätigung erteilt hat, den Ersatz des ihm aus der nicht vollständigen Erfüllung entstandenen Schadens verlangen.

**(3)** § **12 Abs. 2 bis 6 gilt entsprechend.**

**Schrifttum:** *Boucsein/Schmiady*, Aktuelle Entwicklungen bei der Durchführung von Übernahmeangeboten nach dem Wertpapiererwerbs- und Übernahmegesetz (WpÜG), AG 2016, 597; *Cahn/Senger*, Das Gesetz zur Regelung von öffentlichen Angeboten zum Erwerb von Wertpapieren und von Unternehmensübernahmen, FB 2002, 277; *Cascante/Tyrolt*, 10 Jahre WpÜG – Reformbedarf im Übernahmerecht?, AG 2012, 97; *Georgieff/Hauptmann*, Die Finanzierungsbestätigung nach § 13 WpÜG: Rechtsfragen in Zusammenhang mit überwiegend fremdfinanzierten öffentlichen Barangeboten, AG 2005, 277; *Hasselbach*, Taking Private – aktuelle Themen bei der Übernahme börsennotierter Unternehmen, BB 2015, 1033; *Häuser*, Die Finanzierungsbestätigung nach § 13 Absatz 1 Satz 2 WpÜG, FS Hadding, 2004, 833; *Johanssen-Roth/Goslar*, Rechtliche Rahmenbedingungen für Übernahmeprämien bei Misch- oder Tauschangeboten im Lichte von § 255 Abs. 2 Satz 1 AktG und § 57 AktG, AG 2007, 573; *Klepsch/Schmiady/v. Buchwaldt*, Administration von Übernahmeverfahren in Kämmerer/Veil, Übernahme- und Kapitalmarktrecht in der Reformdiskussion, 2013, 3; *Mayer-Uellner*, Die Finanzierung öffentlicher Übernahmen im Lichte des Vollangebotsgrundsatzes, AG 2012, 399; *Mayer-Uellner*, From Public to Private: Öffentliche Übernahmen durch Private Equity-Investoren, AG 2013, 828; *Noack*, Fragen der Finanzierungsbestätigung, FS Hadding, 2004, 991; *Schiessl*, Sicherstellung und Bestätigung der Finanzierung von Übernahmeangeboten, FS U. H. Schneider, 2011, 1107; *Singhof/Weber*, Bestätigung der Finanzierungsmaßnahmen und Barabfindungsgewährleistung nach dem Wertpapiererwerbs- und Übernahmegesetz, WM 2002, 1158; *Thaeter/Barth*, RefE eines Wertpapiererwerbs- und Übernahmegesetzes, NZG 2001, 545; *Vogel*, Finanzierung von Übernahmeangeboten – Testat und Haftung des Wertpapierdienstleistungsunternehmens nach § 13 WpÜG, ZIP 2002, 1421; *Zinser*, Das neue Gesetz zur Regelung von öffentlichen Angeboten zum Erwerb von Wertpapieren und von Unternehmensübernahmen vom 1. Januar 2002, WM 2002, 15.

## Übersicht

## I. Allgemeines

**1. Normzweck.** § 13 gibt dem Bieter auf, rechtzeitig für die Finanzierung seines Ange- **1** bots Sorge zu tragen[1] und sich im Falle eines Barangebots die insoweit getroffenen Maßnahmen von einem Wertpapierdienstleistungsunternehmen als ausreichend bestätigen zu lassen, welches bei Falschbestätigung und Kausalität nach Abs. 2 unter Umständen auf den Fehlbetrag haftet. Dadurch wird insbesondere bei einem Barangebot eine weitgehende Sicherung der Finanzierung des Angebots bewirkt. Dies hat aus öffentlicher Sicht die Funktion, unseriöse, weil nicht (vollständig) erfüllbare Angebote zu verhindern.[2] Aus Sicht der Wertpapierinhaber der Zielgesellschaft ist darüber hinaus insbesondere die Finanzierungsbestätigung der Bank sowie deren Haftung von erheblicher Bedeutung. Eine bloße Haftung des Bieters bei nicht sichergestellter Finanzierung würde ihnen nicht nutzen, da der Bieter in diesem Fall insolvent ist.

**2. Anwendungsbereich.** Die Pflichten des Bieters nach Abs. 1 S. 1 gelten bei allen **2** Angeboten, dh bei Pflicht-, Übernahme- und einfachen Erwerbsangeboten; sie gelten weiter für jede Art der Gegenleistung, also für Bar- wie Tauschangebote.[3] Die Pflicht zur Beibringung einer Finanzierungsbestätigung nach Abs. 1 S. 2 gilt dagegen nur, wenn der Bieter ein Bar- oder ein Mischangebot abgibt.[4] Die Pflicht bezieht sich in diesem Fall auf die konkret angebotene Gegenleistung; besteht sie in Geld, ist auch eine Bestätigung nötig. Der Gesetzgeber hat die Pflicht zur Finanzierungsbestätigung nicht auf Übernahme- oder Pflichtangebote beschränkt. Daraus folgt, dass sie auch dann erforderlich ist, wenn bei öffentlichen Angeboten eine Barleistung nur wahlweise oder zusätzlich und außerhalb des durch § 31 gesteckten Rahmens angeboten wird. Vgl. auch → Rn. 20, → Rn. 35.

**3. Verhältnis zur Angebotsunterlage.** Laut Begründung zu § 13 stellt sich für die **3** Wertpapierinhaber „die Bestätigung der Finanzierung als eine der wesentlichen Angaben dar, die in die Angebotsunterlage aufzunehmen sind".[5] Das bedeutet zum einen, dass die Finanzierungsbestätigung bereits zu einem sehr frühen Zeitpunkt abzugeben ist.[6] Blickt man noch genauer hin, so ist die Finanzierungsbestätigung als Erklärung der jeweiligen Bank Teil der Angebotsunterlage gem. § 11 Abs. 2 S. 3 Nr. 4, daneben ist aber nochmals eine gesonderte Angabe des Bieters über die getroffenen Maßnahmen zur Finanzierung gem. § 11 Abs. 2 S. 3 Nr. 1 erforderlich.[7] In die Angebotsunterlage fließen nach § 11 Abs. 2 S. 3 Nr. 1 – vgl. den Gegensatz zur Formulierung in § 13 Abs. 1 – jedoch nur Informationen über die inhaltlich zur Finanzierung getroffenen Maßnahmen ein, nicht aber darüber, ob die Mittel dem Bieter auch rechtzeitig vor Fälligkeit des Anspruchs auf die Gegenleistung zur Verfügung stehen. Die Rechtzeitigkeit ist demzufolge nicht Gegenstand der Informationspflichten des Bieters, wohl aber seine materielle Pflicht gem. § 13 Abs. 1, deren Erfüllung von der Bank bestätigt werden muss. Die insoweit notwendige Information der Angebotsadressaten ergibt sich allein aus der Finanzierungsbestätigung, die dementsprechend auch die Rechtzeitigkeitserklärung zu beinhalten hat.[8]

**4. Kritik.** Sinn und Zweck der Regelung erscheinen nicht hinreichend durchdacht. **4** Ob besonders bei **Barangeboten** tatsächlich die Gefahr unseriöser, dh im Ergebnis nicht ausreichend finanzierter Angebote besteht,[9] ist zweifelhaft. Es wird kaum Bieter geben, die nur um die Zielgesellschaft zu behindern, ein wirtschaftlich nicht erfüllbares Barangebot

---

[1] Ausf. Überblick über die verschiedenen Möglichkeiten bei FK-WpÜG/*Vogel* Rn. 18–67.
[2] S. Angerer/Geibel/Süßmann/*Süßmann* Rn. 1; *Singhof/Weber* WM 2002, 1158 (1159) mwN.
[3] Angerer/Geibel/Süßmann/*Süßmann* Rn. 3; Assmann/Pötzsch/Schneider/*Krause* Rn. 14.
[4] *Häuser* FS Hadding, 2004, 833 (841); FK-WpÜG/*Vogel* Rn. 93.
[5] BT-Drs. 14/7034, 44.
[6] Vgl. auch *Singhof/Weber* WM 2002, 1158 (1159).
[7] FK-WpÜG/*Vogel* Rn. 94.
[8] FK-WpÜG/*Vogel* Rn. 102.
[9] So *Singhof/Weber* WM 2002, 1158 (1159) unter Hinweis auf *Liebscher* ZIP 2001, 853; *Zinser* WM 2002, 15 (17).

abgeben. Täten sie es, so wäre ihre Insolvenz logische Folge. Aus Sicht der Adressaten hätte die Insolvenz nur begrenzte Folgen: Der Insolvenzverwalter kann die durch das Angebot begründeten Ansprüche wegen § 3 Abs. 1 WpÜG nur entweder insgesamt erfüllen oder aber die Erfüllung insgesamt nach § 103 InsO ablehnen. Da für ersteres definitionsgemäß nicht genügend Mittel vorhanden sind, kommt nur letzteres in Betracht. Dann ist grundsätzlich ein Schadensersatzanspruch wegen Nichterfüllung Insolvenzforderung, die Adressaten behalten aber ihre Aktien. Warum sollte der Bieter diese Rechtsfolgen riskieren? Dass insbesondere durch die Vorschrift des § 31 Abs. 3 sich eine besondere Pflicht des Bieters zur Barzahlung ergeben kann, dürfte im Übrigen wohl kaum ein Argument für die Notwendigkeit der Finanzierungsbestätigung sein.[10] Ferner ist eine Haftung der bestätigenden Bank sowohl nach ihren Voraussetzungen als auch nach ihren Rechtsfolgen in Abs. 2 und Abs. 3 der Vorschrift unzureichend beschrieben und im Detail unklar. Insoweit schafft die Vorschrift wohl vor allem ein neues Geschäftsfeld für die Banken.[11]

5   Wenn es dem Gesetzgeber darum geht, dass der Bieter bereits vor der Erfüllung der zustande gekommenen Verträge das notwendige Vermögen für den Erwerb der Wertpapiere zur Verfügung hat, dann hat er seine Absicht nicht konsequent umgesetzt. Eine Regelung der **Art und Weise der Finanzierung** des öffentlichen Angebots enthält § 13 gerade nicht.[12] Die Vorschrift lässt Raum für Gestaltungen, in denen der Bieter sich das Angebot durch das Wertpapierdienstleistungsunternehmen vorfinanzieren lässt, den Kredit aber später durch den Verkauf des Tafelsilbers oder andere Formen der Verwendung des Vermögens der Zielgesellschaft refinanziert (leveraged buy out, LBO).[13] Das Wertpapierdienstleistungsunternehmen kann unproblematisch die Finanzierungsbestätigung abgeben, wenn es selbst einen Kredit in der notwendigen Höhe verauslagt hat.[14] Aber einer Gestaltung, in der der Bieter materiell die Transaktion aus dem Vermögen der Zielgesellschaft finanziert, wird so gerade nicht vorgebeugt.[15]

6   Bei **Tauschangeboten** stellt sich die Frage, inwieweit der Bieter hier überhaupt eine „Finanzierung" (vgl. gesetzliche Überschrift des § 13) sichern soll.[16] Bei Barangeboten gibt der Bieter unmittelbar einen Teil seines Vermögens für den Wertpapiererwerb weg. Dafür kann eine Finanzierung notwendig sein. Bei einem Tauschangebot gibt der Bieter dagegen prinzipiell überhaupt nichts auf, vielmehr werden die Vermögensgegenstände von Bieter und Zielgesellschaft miteinander kombiniert, den Adressaten des Angebots wird keine Abfindung gezahlt, sondern nur eine Beteiligung an den kombinierten Vermögensgegenständen angeboten. Dafür ist prinzipiell keine „Finanzierung" notwendig, sondern nur Vorsorge dafür, dass die Transaktion tatsächlich durchgeführt werden kann. Diese Überlegung hat Auswirkungen auf das notwendige Verständnis des Abs. 1 S. 1 (vgl. → Rn. 13 ff.).

## II. Pflichten des Bieters (Abs. 1 S. 1)

7   **1. Zur vollständigen Erfüllung notwendige Mittel. a) Grundsatz.** Das Gesetz spricht von den zur vollständigen Erfüllung des Angebots notwendigen Mitteln, gemeint ist aber die Erfüllung der sich aus der Annahme des Angebots ergebenden Verträge. Unter

---

[10] So aber *Singhof/Weber* WM 2002, 1158 (1159).

[11] Vgl. auch *Häuser* FS Hadding, 2004, 833 (835).

[12] S. auch *Vogel* ZIP 2002, 1421 (1422).

[13] Zu den Techniken des leveraged buy out vgl. FK-WpÜG/*Vogel* Rn. 44 ff., besonders 48; vgl. ferner *Georgieff/Hauptmann* AG 2005, 277 ff.; s. ferner zur Anwendung des § 71a AktG *Mayer-Uellner* AG 2013, 828 (836). Dass die Grundsätze der Eigenkapitalerhaltung oder des Konzernrechts dem Bieter den Erwerb unter Rückgriff auf das Vermögen der Zielgesellschaft „erschweren", wie *Vogel* ZIP 2002, 1421 (1422) sagt, mag zwar richtig sein, besagt aber nichts darüber, *wie sehr* sie ein solches Vorgehen erschweren. Verhindern können sie es jedenfalls nicht und alles andere ist nur eine Frage der Rechtstechnik und der Beratung durch gute Anwälte.

[14] Dazu, dass beides nicht miteinander vermengt werden darf, vgl. *Singhof/Weber* WM 2002, 1158 (1161).

[15] *Vogel* ZIP 2002, 1421 (1422) hält das auch unter Berücksichtigung der amerikanischen Erfahrungen aus den 80er Jahren des vergangenen Jahrhunderts für eine richtige Entscheidung, weil die Vorschriften der deutschen Unternehmensverfassung und das Bankaufsichtsrecht ausreichende Kontrollen darstellten.

[16] S. aber FK-WpÜG/*Vogel* Rn. 6 in Fn. 11.

„vollständig" ist der **Maximalbetrag** zu verstehen, der vom Bieter zu zahlen ist, wenn sämtliche Angebotsadressaten (→ Rn. 9 f.; → § 19 Rn. 16 ff.) das Angebot annehmen.[17] Sieht das Angebot eine mögliche Preisanpassung nach oben vor (earn-out; → § 31 Rn. 40, → § 31 Rn. 61), so ist der höchste sich daraus ergebende Betrag als gegeben zu unterstellen.[18] Der Bieter muss hingegen nicht die sich aus eventuellen Parallel- oder Nacherwerben ergebenden Anpassungen in den Maximalbetrag einbeziehen, da sie zur Zeit der Veröffentlichung der Unterlage noch nicht feststehen.[19] Zur Rechtslage bei Angebotsänderungen → § 21 Rn. 45. Bei einem Tauschangebot ist die maximale Zahl der Aktien gemeint, die den Aktionären zur Verfügung gestellt werden müssen.

Bei der Berechnung des Maximalbetrags sind auch **Erhöhungen** der Anzahl der ausgege- **8** benen Aktien der Zielgesellschaft mit zu berücksichtigen, soweit diese bereits vorauszusehen sind.[20] Dabei darf der Blick nicht nur bis zum Ende der Annahmefrist reichen, sondern muss auch die Frist für ein eventuelles Andienungsrechte der Aktionäre nach § 39c noch miteinbeziehen.[21] Ob der Bieter auch mögliche Abwehrmaßnahmen, etwa das Gebrauchmachen der Zielgesellschaft von einem genehmigten Kapital, zu berücksichtigen hat, ist zweifelhaft. Die Frage dürfte eher zu verneinen sein, da über Abwehrmaßnahmen und ihre Durchführung erst im Angebotsverfahren entschieden wird und sie keine solchen mehr wären, wenn der Bieter von vornherein die „Maximalverteidigung" zugrunde legen müsste.[22] Genauso wenig muss der Bieter, was eigentlich selbstverständlich ist, gem. § 13 Vorkehrungen für etwa aufgrund von change-of-control-Klauseln bei der Zielgesellschaft durch ein erfolgreiches Angebot ausgelöste Verbindlichkeiten treffen, er wird deren Auswirkungen freilich im eigenen Interesse bei der Entscheidung über die Abgabe des Angebots mit einbeziehen.[23]

**b) Adressatenkreis und eigene Aktien der Zielgesellschaft.** Grundsätzlich muss die **9** Finanzierung nach Auffassung der BAFin für sämtliche Aktien sichergestellt sein, die nicht der **Bieter selbst unmittelbar** hält. Innerhalb eines Konzerns soll die Bildung einer Bietergemeinschaft gem. § 2 Abs. 4 für die Herausnahme der von anderen Konzerngesellschaften gehaltenen Aktien sorgen können;[24] nach hier vertretener Auffassung ist das nicht notwendig, da diese Personen nach zutreffender Auffassung ohnehin nicht zum Adressatenkreis des Angebots gehören (→ § 19 Rn. 19 ff.). Einen Sonderfall bilden Aktien von Personen, die gem. § 24 vom Angebot ausgenommen sind (→ § 19 Rn. 19 ff.). Diese können nach Weiterveräußerung unter Umständen zur Annahme eingereicht werden, daher muss die Finanzierung auch für sie gesichert sein.[25]

Bei Pflichtangeboten sind gem. § 35 Abs. 2 S. 3 ausgenommen eigene Aktien der Zielge- **10** sellschaft sowie Aktien, die Töchtern der Zielgesellschaft gehören oder für deren Rechnung gehalten werden. Der Erwerb dieser Aktien muss dementsprechend auch nicht durch die Finanzierungsbestätigung abgesichert werden.[26] Bei Übernahmeangeboten ist das anders (→ § 19 Rn. 23),[27] jedoch ist die Praxis der BAFin hier zu streng. Wenn die Zielgesellschaft

---

[17] Angerer/Geibel/Süßmann/*Süßmann* Rn. 10; FK-WpÜG/*Vogel* Rn. 72; Steinmeyer/*Steinhardt* Rn. 4; *Singhof/Weber* WM 2002, 1158 (1161); nach *Georgieff/Hauptmann* AG 2005, 277 (278 f.) greift die gesetzliche Betrachtungsweise insbesondere bei fremdfinanzierten Barangeboten zu kurz, da sie nicht auch fällig werdende bzw. durch Kontrollwechsel ausgelöste Verbindlichkeiten der Zielgesellschaft mit in die Betrachtung einbezieht. Zugleich weisen die Autoren auf die kontrollierende Rolle des Darlehensgebers und der Finanzierungsbestätigung gem. Abs. 1 S. 2 hin.

[18] Baums/Thoma/*Marsch-Barner/Oppenhoff* Rn. 73.

[19] Baums/Thoma/*Marsch-Barner/Oppenhoff* Rn. 71 f.

[20] *Singhof/Weber* WM 2002, 1158 (1161); FK-WpÜG/*Vogel* Rn. 72 mwN; Assmann/Pötzsch/Schneider/*Krause* Rn. 27; Baums/Thoma/*Marsch-Barner/Oppenhoff* Rn. 74.

[21] *Boucsein/Schmiady* AG 2016, 597 (606 f.).

[22] Ähnlich FK-WpÜG/*Vogel* Rn. 72; Baums/Thoma/*Marsch-Barner/Oppenhoff* Rn. 75.

[23] Zutr. Baums/Thoma/*Marsch-Barner/Oppenhoff* Rn. 77 gegen Kölner Komm WpÜG/*Möllers* Rn. 54.

[24] *Boucsein/Schmiady* AG 2016, 597 (608); Assmann/Pötzsch/Schneider/*Krause* Rn. 17b.

[25] *Boucsein/Schmiady* AG 2016, 597 (608).

[26] *Boucsein/Schmiady* AG 2016, 597 (608).

[27] *Boucsein/Schmiady* AG 2016, 597 (608).

eine Nichtannahme zugesagt hat und dies in der Unterlage angegeben wird, sollten diese Aktien auch bei Übernahmeangeboten daher herausgenommen werden können (→ § 19 Rn. 23).[28]

**11**   **c) Nichtandienungsvereinbarungen.** Ein **Abschlag** im Hinblick darauf, dass nicht alle Adressaten (→ § 19 Rn. 16 ff.) das Angebot annehmen werden, ist nicht zulässig. Von der Verpflichtung zur Abgabe eines Vollangebots kann die BaFin keine Ausnahmegenehmigung erteilen, auch dann nicht, wenn dem Bieter von einem Großaktionär eine verbindliche Zusage vorliegt, dass dieser das Angebot nicht annehmen werde.[29] Denn diese Zusagen (**Nichtandienungsabreden,** non tender agreements) sind übernahmerechtlich nicht verbindlich (vgl. → § 19 Rn. 25 ff.); der Zusagende oder vertraglich Gebundene kann sich jederzeit umentscheiden. Die BaFin scheint neuerdings jedoch bei Nichtandienungsabreden, die mit einer qualifizierten Vertragsstrafe[30] sowie einer zusätzlichen Depotsperrvereinbarung[31] abgesichert sind, eine entsprechende Verminderung des Maximalbetrags im Rahmen des § 13 anzuerkennen.[32] Soweit solche Vereinbarungen mit **ghP** gem. § 2 Abs. 5 und 6 oder mit der **Muttergesellschaft** des Bieters abgeschlossen werden, sind sie nach hier vertretener Auffassung überflüssig (→ § 19 Rn. 19 ff.). Werden sie allerdings mit anderen Inhabern von Aktien der Zielgesellschaft getroffen, ändern sie richtigerweise weder etwas an deren Eigenschaft, Angebotsadressat zu sein, noch rechtfertigen sie eine Verminderung der Pflichten des Bieters nach § 13. Die Beschreibung der **Praxis der BaFin** ist im Übrigen wenig einheitlich, teilweise wird behauptet, die Handhabung beschränke sich auf ghP[33] oder aber die BaFin handele uneinheitlich.[34] Es wäre wünschenswert, wenn die BaFin derartige Praktiken in ihrem Emmittentenleitfaden offenlegte, damit zumindest die Praxis weiß, worauf sich einzustellen hat.

**12**   **2. Zeitpunkt.** Die nach 1. erforderlichen Mittel müssen dem Bieter „zum Zeitpunkt der Fälligkeit des Anspruchs auf die Gegenleistung zur Verfügung stehen". Dieser Zeitpunkt ergibt sich aus der Angebotsunterlage (§ 2 Nr. 4 WpÜG-AV).[35] Gemeint ist nicht ein Zeitpunkt für die Rechtzeitigkeit der notwendigen Maßnahmen, sondern nur das Ziel dieser Maßnahmen. Sie sollen sicherstellen, dass die Mittel rechtzeitig zur Erfüllung der abgeschlossenen Verträge zur Verfügung stehen. Die Maßnahmen selbst müssen bis zum Zeitpunkt der **Veröffentlichung der Angebotsunterlage** bereits ergriffen worden sein.[36] Zum Zeitpunkt der Veröffentlichung muss der Bieter also weder dinglich über die Gegenleistung verfügen, noch muss ihr Vorhandensein zum Fälligkeitszeitpunkt bereits sicher feststehen. Es müssen nur die erforderlichen Maßnahmen getroffen sein, damit die Gegenleistung rechtzeitig zur Verfügung steht.[37]

**13**   **3. Notwendige Maßnahmen, um 1. und 2. sicherzustellen. a) Allgemeines.** Unter dem Wortlaut ist nicht Sicherheitsleistung iSd §§ 232 ff. BGB zu verstehen. Vom Bieter wird auch weder der Abschluss einer Versicherung noch die Beibringung einer Garantie oder Bürgschaft durch ein Kreditinstitut wie in § 651k BGB verlangt, da er nicht

---

[28] Assmann/Pötzsch/Schneider/*Krause* Rn. 17a mwN.

[29] FK-WpÜG/*Vogel* Rn. 74; Steinmeyer/*Steinhardt* Rn. 4; aA wohl Assmann/Pötzsch/Schneider/*Krause* Rn. 17; Schwark/Zimmer/*Noack/Holzborn* Rn. 2; Baums/Thoma/*Marsch-Barner* Rn. 74.

[30] Dazu genauer *Klepsch/Schmiady/v. Buchwaldt* in Kämmerer/Veil, Übernahme- und Kapitalmarktrecht in der Reformdiskussion, 2013, 13: erforderlich sei ferner eine anredefreie Forderung, um eine Aufrechnungslage zu gewährleisten.

[31] Dazu *Hasselbach* BB 2015, 1033 (1038); Assmann/Pötzsch/Schneider/*Krause* Rn. 79a.

[32] *Mayer-Uellner* AG 2012, 399 (405); *Klepsch/Schmiady/v. Buchwaldt* in Kämmerer/Veil, Übernahme- und Kapitalmarktrecht in der Reformdiskussion, 2013, 13 f.; *Cascante/Tyrolt* AG 2012, 97 (108); vgl. auch Steinmeyer/*Steinhardt* Rn. 4; *Boucsein/Schmiady* AG 2016, 597 (608); Assmann/Pötzsch/Schneider/*Krause* Rn. 17; ausf. Baums/Thoma/*Marsch-Barner/Oppenhoff* Rn. 52, 117–122.

[33] Steinmeyer/*Steinhardt* Rn. 4.

[34] Assmann/Pötzsch/Schneider/*Krause* Rn. 17.

[35] Vgl. FK-WpÜG/*Vogel* Rn. 75; Angerer/Geibel/Süßmann/*Süßmann* Rn. 4–7.

[36] Vgl. Angerer/Geibel/Süßmann/*Süßmann* Rn. 4; Baums/Thoma/*Marsch-Barner/Oppenhoff* Rn. 40.

[37] Näher Baums/Thoma/*Marsch-Barner/Oppenhoff* Rn. 43–45.

wie dort „sicherzustellen" hat, sondern nur Maßnahmen mit dem Ziel der Sicherstellung zu ergreifen hat.[38] Über Details der Bedeutung dieser Begriffswahl kann man dabei trefflich streiten. Überwiegend wird gesagt, die vom Bieter zu ergreifenden Maßnahmen müssten bei erwartbaren Geschehensverlauf zur rechtzeitigen und vollständigen Erbringung der Gegenleistung führen, dabei die vorhersehbaren Risiken berücksichtigen und zumutbar sein.[39] Insgesamt ist die Wortwahl des Gesetzes geeignet, im Unklaren zu lassen bzw. es der Konkretisierung durch Rspr. und Lit., vor allem aber durch die Praxis zu überlassen, was der Bieter eigentlich genau tun soll.

**b) Barangebote.** Bei Barangeboten dürfte sich die Problematik bereits dadurch lösen, **14** dass die gemäß Abs. 1 S. 2 notwendige **Finanzierungsbestätigung** durch ein Wertpapierdienstleistungsunternehmen nur dann ausgestellt wird, wenn der Bieter kreditwürdig ist und – unabhängig von dem aktuellen Stand einer eventuellen Bar-Kapitalerhöhung[40] – die Mittel daher durch die Bank zur Verfügung gestellt werden können oder aber bereits tatsächlich auf einem Konto des Bieters vorhanden sind.[41] Sollen die Mittel durch eine **Kapitalerhöhung** beim Bieter aufgebracht werden, so wird die Bank auch dafür sorgen, dass dieses soweit vorbereitet ist, dass nennenswerte Risiken insoweit nicht bestehen, die in der Lit. genannten tatsächlichen Erfordernisse (Beschluss, Sicherstellung der Eintragung, Vereinbarung über den Ausschluss des Platzierungsrisikos)[42] sind insoweit überflüssig.

Daneben kann eine Kreditzusage der Bank vorliegen oder die Mittel können auf ein **15** Sperrkonto eingezahlt sein. Rechtlich notwendig sind diese Sicherungen allerdings kaum; es dürfte im Ergebnis auch ohne besondere Maßnahmen ausreichen, dass der Bieter das Geld in bar zur Verfügung hat, weil er dann eben keinerlei Maßnahmen durchführen muss, um die Erfüllung seiner Pflichten sicherzustellen. Eine insoweit erfolgende Fehlanzeige („Maßnahmen nicht erforderlich, die notwendigen Mittel sind vorhanden…") in der Angebotsunterlage hinsichtlich § 11 Abs. 2 S. 3 Nr. 1 Hs. 1 ist deshalb zulässig. Ist der Bieter tatsächlich kreditwürdig, so dürfte das Erwirken einer **Zusage eines Kredits** in Höhe des für die vollständige Erfüllung notwendigen Betrags durch einen Dritten ausreichende, aber auch notwendige Maßnahme sein.[43] Nicht genügend ist eine bloße Prognose des künftigen cash-flows.[44] Will oder muss der Bieter Vermögenswerte veräußern, um die Finanzierung sicherzustellen, so wird man bei **liquiden Vermögensgegenständen** iSd § 385 BGB lediglich das Vorhandensein zum Börsen- oder Marktpreis mit angemessenem Sicherheitsabschlag verlangen müssen, bei nicht liquiden Gegenständen hingegen weitergehend bereits eine (vor-)**vertragliche Bindung** eines Käufers.[45]

Noch weitergehende Anforderungen sind nicht zu stellen.[46] Der Bieter soll weder die **16** Solvenz seiner Kreditgeber garantieren noch besteht aus Sicht der Angebotsadressaten die Notwendigkeit, hier weiter nach den unterschiedlichen Vertragsgestaltungen oder Finanzierungsbedingungen zu differenzieren. Zu verlangen ist insoweit nur Transparenz in der Angebotsunterlage (→ § 11 Rn. 22 ff.).[47]

**c) Tauschangebote.** Schwieriger dürfte die Rechtslage bei Tauschangeboten zu beurtei- **17** len sein. Unproblematisch ist letztlich nur das Angebot von bislang vom Bieter gehaltener

---

[38]  Zu allem auch FK-WpÜG/*Vogel* Rn. 68 ff.
[39]  *Mayer-Uellner* AG 2012, 399 (401) mit Darstellung der unterschiedlichen Formulierungen und mwN.
[40]  Vgl. dazu FK-WpÜG/*Vogel* Rn. 82.
[41]  *Mayer-Uellner* AG 2013, 828 (835); vgl. auch *Singhof/Weber* WM 2002, 1158 (1161): „Präventionswirkung" der Bestätigung, 1162–1164 auch zu den vom Wertpapierdienstleistungsunternehmen vorzunehmenden Prüfungshandlungen, die jedoch sämtlich nicht rechtlich notwendig, sondern nur empfehlenswert sind; aA Kölner Komm WpÜG/*Möllers* Rn. 56, nach dem die entsprechenden Kreditverträge bereits bindend abgeschlossen sind.
[42]  Dazu etwa Baums/Thoma/*Marsch-Barner/Oppenhoff* Rn. 90 ff.; Assmann/Pötzsch/Schneider/*Krause* Rn. 42 ff.
[43]  Näher FK-WpÜG/*Vogel* Rn. 84 ff.
[44]  Baums/Thoma/*Marsch-Barner/Oppenhoff* Rn. 86.
[45]  Vgl. Baums/Thoma/*Marsch-Barner/Oppenhoff* Rn. 88 f.
[46]  AA hM, vgl. nur FK-WpÜG/*Vogel* Rn. 84 ff.; *Georgieff/Hauptmann* AG 2005, 280 ff.
[47]  Dazu auch *Mayer-Uellner* AG 2013, 828 (836 f.).

eigener Aktien, hierfür setzt aber die 10%-Grenze des § 71 Abs. 2 S. 1 AktG enge Grenzen.[48] Ansonsten muss der Bieter vor Beginn der Annahmefrist über ein ausreichendes noch nicht ausgenutztes genehmigtes Kapital verfügen, das zur Ausgabe der notwendigen Aktien benutzt werden kann, oder aber eine Kapitalerhöhung durchführen.[49] Die Absicht, sich die als Gegenleistung vorgesehenen Wertpapiere durch ein Wertpapierdarlehen zu verschaffen, genügte der BaFin im Fall ACS/Hochtief nicht.[50] Ist eine Kapitalerhöhung notwendig, so muss jedenfalls ein **Kapitalerhöhungsbeschluss** gefasst sein.[51] Strittig ist dagegen, inwieweit Anfechtungsrisiken einer Sicherstellung entgegenstehen. Nach nunmehr ganz überwiegender Auffassung müssen solche Risiken im maßgeblichen Zeitpunkt nicht eliminiert sein.[52] Die Gegenmeinung verlangt hingegen, dass die gerichtliche Sacheinlageprüfung gem. § 183 Abs. 3 AktG, § 184 Abs. 1 S. 2 AktG erfolgt ist und der Eintragung keine Hindernisse in Form von Widersprüchen der Aktionäre entgegenstehen.[53] Richtigerweise ist noch darüber hinaus die Eintragung des Kapitalerhöhungsbeschlusses vor Beginn der Annahmefrist zu verlangen.[54] Der Gesetzgeber geht angesichts der Verlängerungsmöglichkeit des § 14 Abs. 1 S. 3 davon aus, dass der Beschluss bereits vor Veröffentlichung der Unterlage herbeigeführt sein muss. Das ist erst bei Eintragung des Beschlusses (ggf. nach Durchführung des Freigabeverfahrens) der Fall, weil sonst die Willensbildung auf Seiten des Bieters nicht abgeschlossen ist. Die Tatsache, dass stets einzelne Aktionäre damit die Sicherstellung der Finanzierung verhindern können, ändert nichts daran. Durch ein Tauschangebot könnten sonst den Altaktionären des Bieters Mitgesellschafter ohne wirksamen Hauptversammlungsbeschluss aufgedrängt werden. Im Übrigen dürften die Möglichkeiten, die das genehmigte Kapital bietet, ausreichen.[55] Kann praktisch nur genehmigtes Kapital für Tauschangebote verwendet werden, ist angesichts der Volumengrenze des § 202 Abs. 3 S. 2 AktG auch sichergestellt, dass Tauschangebote nach dem WpÜG tatsächlich Unternehmenserwerb bleiben und nicht für Fusionen unter Gleichen unter Ausschaltung des UmwG missbraucht werden.

**18**    Wird **genehmigtes Kapital** verwendet, sollten die Aktionäre des Bieters bereits im Ermächtigungsbeschluss festlegen, inwieweit sie eine Verwässerung durch die Ausgabe junger Aktien autorisieren wollen. Andernfalls könnte der Vorstand des Bieters nicht ohne das aus § 255 Abs. 2 AktG resultierende Risiko einstweiligen Rechtsschutzes[56] den Adressaten der Zielgesellschaft eine Prämie auf den Börsenkurs zusagen.[57] Inwieweit von den Erleichterungen bei der Sachkapitalerhöhung durch das ARUG Gebrauch gemacht werden kann, ist zwar bislang ungeklärt. Es ist jedoch davon auszugehen, dass einstweiliger Rechtsschutz gegen die Durchführung der (genehmigten) Kapitalerhöhung jedenfalls dann nicht in Betracht kommt, wenn das (höchste) Verwässerungsmaß im Ermächtigungsbeschluss festgelegt ist und kein Großaktionär des Bieters zugleich maßgeblich an der Zielgesellschaft beteiligt ist und die Aktien der Zielgesellschaft gem. § 5 Abs. 1 WpÜG-AV[58] bewertet werden. Denn in diesem Fall ist eine weitergehende Verwässerung durch Überbewertung

---

[48]  FK-WpÜG/*Vogel* Rn. 88; Baums/Thoma/*Marsch-Barner/Oppenhoff* Rn. 141.

[49]  Ausf. dazu Assmann/Pötzsch/Schneider/*Krause* Rn. 69 ff.; FK-WpÜG/*Vogel* Rn. 65 ff.

[50]  *Klepsch/Schmiady/v. Buchwaldt* in Kämmerer/Veil, Übernahme- und Kapitalmarktrecht in der Reformdiskussion, 2013, 14.

[51]  FK-WpÜG/*Vogel* Rn. 88; Kölner Komm WpÜG/*Möllers* Rn. 51; Angerer/Geibel/Süßmann/*Süßmann* Rn. 5.

[52]  Assmann/Pötzsch/Schneider/*Krause* Rn. 46; Angerer/Geibel/Süßmann/*Süßmann* Rn. 5; jetzt auch Baums/Thoma/*Marsch-Barner/Oppenhoff* Rn. 130.

[53]  FK-WpÜG/*Vogel* Rn. 88.

[54]  AA die ganz hM, zB Steinmeyer/*Steinhardt* Rn. 6; FK-WpÜG/*Vogel* Rn. 82; Angerer/Geibel/Süßmann/*Süßmann* Rn. 5; erst Recht wohl Assmann/Pötzsch/Schneider/*Krause* Rn. 46.

[55]  AA Assmann/Pötzsch/Schneider/*Krause* Rn. 46a; der von Krause beschworene Grundsatz der Gleichberechtigung der Kapitalbeschaffung ist hier mE nicht einschlägig, da es in der Sache gerade nicht um eine Finanzierung geht, vgl. → Rn. 6.

[56]  Dazu BGH ZIP 2005, 2207 (2208) – Mangusta/Commerzbank II.

[57]  Zu diesem Problem *Drinkuth* in Marsch-Barner/Schäfer Börsennotierte AG-HdB Rn. 60.263; *Johannsen-Roth/Goslar* AG 2007, 573; Baums/Thoma/*Marsch-Barner* § 31 Rn. 60.

[58]  Auf § 33a Abs. 1 AktG kann es demgegenüber nicht ankommen, weil sonst der Vorstand des Bieters durch die gewährte Prämie selbst den Durchschnittskurs der Aktien der Zielgesellschaft beeinflussen könnte.

der Sacheinlage ausgeschlossen. Die BaFin verlangt ferner, dass **vor Veröffentlichung der Angebotsunterlage** die notwendigen Entscheidungen zur Ausnutzung des genehmigten Kapitals in Form von „bis zu" – Beschlüssen des Vorstands und des Aufsichtsrats getroffen sind.[59] Die Kapitalerhöhung selbst kann aus Rechtsgründen noch nicht eingetragen sein (vgl. § 188 Abs. 2 AktG, § 36a Abs. 2 AktG). Dies ist bei der Auslegung des § 18 zu berücksichtigen (→ § 18 Rn. 40 f.).

### III. Finanzierungsbestätigung (Abs. 1 S. 2)

**1. Anwendungsbereich. a) Zahlung einer Geldleistung.** Nur im Falle eines sog. 19 Barangebots hat der Bieter die Finanzierungsbestätigung eines unabhängigen Wertpapierdienstleisters beizubringen. Ob das Angebot ein Pflicht-, Übernahme- oder einfaches Erwerbsangebot ist, spielt dagegen keine Rolle. Unter einem Barangebot ist nach dem Gesetzeswortlaut die „Zahlung einer Geldleistung" als angebotene Gegenleistung zu verstehen. Eine angebotene Geldleistung muss nur bei Übernahme- und Pflichtangeboten gem. § 31 Abs. 2 auf Euro lauten. § 13 ist aber nicht nur bei Übernahme- und Pflichtangeboten einschlägig, sondern auch bei einfachen Erwerbsangeboten. Bei diesen kann eine Geldleistung auch in fremder Währung angeboten werden; dabei ist § 244 BGB zu berücksichtigen.[60]

**b) Kombinationsangebote, Wahlgegenleistung.** Ein Barangebot iSd Abs. 1 S. 2 liegt 20 auch dann vor, wenn ein Tauschangebot zusätzlich eine Barleistung vorsieht oder mit einer wahlweisen Barleistung verbunden wird. Zum Inhalt der Bestätigung in diesem Fall → Rn. 35.

**c) Angebotsänderungen.** Eine Zahlung einer Geldleistung liegt gem. § 21 Abs. 3 auch 21 dann vor, wenn eine Barleistung erstmalig im Rahmen einer Angebotsänderung nach § 21 Abs. 1 Nr. 2 angeboten wird und bei Erhöhungen der Barleistung nach § 21 Abs. 1 Nr. 1. In beiden Fällen ist eine (erneute) Bestätigung erforderlich. Zum Inhalt → Rn. 35.

**2. Wertpapierdienstleistungsunternehmen.** Der Begriff wird im WpÜG nicht defi- 22 niert, der Gesetzgeber verweist auf § 2 Abs. 10 WpHG (damals noch § 2 Abs. 4 WpHG).[61] Gemeint sein sollen damit inländische Kredit- und Finanzdienstleistungsinstitute sowie die entsprechenden Institute in anderen Staaten des EWR (zum EWR s. § 2 Abs. 8; → § 2 Rn. 71), die berechtigt sind, ohne erneute Zulassung im Inland durch Zweigniederlassungen oder im Wege des grenzüberschreitenden Dienstleistungsverkehrs im Inland tätig zu sein. Um diese Begründung zunächst überhaupt einmal nachvollziehen zu können, sind bereits einige Gedankensprünge notwendig. Denn § 2 Abs. 10 WpHG spricht nicht von Unternehmen mit Sitz im EWR, sondern beschreibt nur die Tätigkeit der Unternehmen. Zu § 2 Abs. 10 WpHG hat sich allerdings eine hM gebildet, dass die dort verwendeten Begriffe im gleichen Sinn zu verstehen seien wie im KWG.[62] Dort wiederum sind Kreditinstitute und Finanzdienstleistungsinstitute in § 1 Abs. 1 sowie Abs. 1a definiert; aus den §§ 53 und 53b KWG ergibt sich darüber hinaus, dass

- Kreditinstitute mit Hauptsitz in einem Staat des EWR ohne erneute Zulassung im Inland tätig werden dürfen (§ 53b Abs. 1 KWG) und
- Zweigstellen ausländischer Unternehmen außerhalb des EWR als Institute iSd KWG gelten (§ 53 Abs. 1 KWG) und dementsprechend nach Zulassung im Inland tätig werden können.

Aus alledem will der Gesetzgeber offenbar entnehmen, dass Wertpapierdienstleistungsunter- 23 nehmen nur solche mit Sitz innerhalb des EWR sein können. Demgegenüber müssen ausländische Institute aus Nicht-EWR-Staaten die Bestätigung nach § 13 jedenfalls dann

---

[59] Baums/Thoma/*Marsch-Barner*/*Oppenhoff* Rn. 135.
[60] Ebenso FK-WpÜG/*Vogel* Rn. 93.
[61] BT-Drs. 14/7034, 44.
[62] Vgl. Schäfer/Hamann/*Schäfer* WpHG § 2 Rn. 99; Assmann/Schneider/Mülbert/*Assmann* WpHG § 2 Rn. 199 ff.

ausstellen können, wenn sie eine Zweigstelle iSd § 53 Abs. 1 KWG im Inland aufrechterhalten.[63]

**24**  *Süßmann* meint noch darüber hinaus, dass die Begriffsdefinition des § 2 Abs. 10 WpHG auf die Anwendung des WpHG beschränkt ist und von daher Zweifel bestehen, ob die BaFin nicht ohnehin Finanzierungsbestätigungen von Banken aus Nicht-EWR-Staaten, zB Schweiz oder USA, anerkennen muss.[64]

**25**  Zwar ist der Wille des Gesetzgebers hier nach der Begründung eindeutig (nur Wertpapierdienstleistungsunternehmen iSd § 2 Abs. 10 WpHG). Allerdings kann dieser Wille bei der Auslegung des WpÜG nur berücksichtigt werden, soweit er im Gesetz selbst eine Andeutung gefunden hat.[65] Insoweit ist hier der Begriff des Wertpapierdienstleistungsunternehmens ausschlaggebend. Es wird weder von Banken noch von Kreditinstituten gesprochen, sondern ein Begriff verwendet, der in § 2 Abs. 10 WpHG in Verbindung mit den Vorschriften des KWG eine konkrete Ausgestaltung erfahren hat. Besteht der Zweck des § 13 Abs. 1 S. 2 auch darin, unseriöse Angebote zu verhindern, so dürfen die Anforderungen an den bestätigenden Dritten nicht ganz niedrig liegen. Dem entspricht es am ehesten, nur die Finanzierungsbestätigung solcher Banken anzuerkennen, die einer inländischen Aufsicht oder einer anerkannt gleichwertigen, nämlich innerhalb des EWR unterstehen. Daher spricht alles dafür, den Begriff des Wertpapierdienstleistungsunternehmens als mit dem des § 2 Abs. 4 WpHG verwendeten identisch zu verstehen.[66] Legte man den Begriff hingegen aus sich heraus ohne Rückgriff auf das WpHG aus, könnte man auch Banken aus exotischen Drittstaaten unter ihn subsumieren. Gegen diese wären aber Ansprüche aus § 13 Abs. 2 möglicherweise nicht durchsetzbar und böten daher weder die Sicherheit noch die Garantie für Seriosität, die das Gesetz erreichen will. Versteht man unter Wertpapierdienstleistungsunternehmen demzufolge nur solche iSd § 2 Abs. 4 WpHG, so sollte man, wie *Vogel* vorschlägt, auch die in § 3 WpHG (ehemals § 2a WpHG) aufgeführten Ausnahmen mitberücksichtigen, bei denen eine Aufsicht der BaFin fehlt.[67]

**26**  **3. Unabhängigkeit vom Bieter. a) Allgemeines.** Das Wertpapierdienstleistungsunternehmen muss weiter auch vom Bieter unabhängig sein. Mit Unabhängigkeit können grundsätzlich zwei verschiedene Dinge gemeint sein. Einmal kann es um die Sicherstellung einer privaten Kontrolle der Finanzierung der Transaktion gehen. Das entspricht offenbar der Absicht des Gesetzgebers, nach dem mit dem Erfordernis der Unabhängigkeit **Gefälligkeitsbescheinigungen verhindert** werden sollen.[68] Dann müssten aber Bieter und kontrollierende Bank in einem Interessengegensatz stehen. Denn die Bank kann nur dann sinnvoll kontrollieren, wenn sie nicht ohnehin auf Seiten des Bieters steht. Der Gesetzgeber hat indessen eine echte Kontrolle offenbar nicht gewollt. Davon zeugt schon der Begriff der Finanzierungs„bestätigung" und die Begründung, die durchaus von einer Zusammenarbeit von Bieter und Bank ausgeht, wenn sie meint, auch die beratende Bank könne die Bestätigung ausstellen.[69] Sind aber die Interessen von Bieter und Bank deshalb grundsätzlich gleichgerichtet, kann es nicht mehr um eine echte Kontrolle durch das Wertpapierdienstleistungsunternehmen gehen.[70] Vielmehr kann der Gesetzgeber – und das ist die angesprochene zweite Möglichkeit – durch die Finanzierungsbestätigung einfach den Angebotsadressaten (nach näherer Maßgabe des § 13 Abs. 2) einen **zweiten Schuldner** verschaffen wollen. Der zweite Schuldner nützt den Angebotsadressaten allerdings nur dann etwas, wenn er nicht als zumindest überwiegend mit zum Vermögen des Bieters gehört. **Tochtergesell-**

---

[63] *Singhof/Weber* WM 2002, 1158 (1160) Fn. 19; ferner FK-WpÜG/*Vogel* Rn. 95; *Häuser* FS Hadding, 2004, 833 (843); Baums/Thoma/*Marsch-Barner/Oppenhoff* Rn. 164; Schwark/Zimmer/*Noack/Holzborn* Rn. 13; *Georgieff/Hauptmann* AG 2005, 282; Steinmeyer/*Steinhardt* Rn. 8.
[64] Angerer/Geibel/*Süßmann* Rn. 27.
[65] BVerfGE 11, 126 (130 f.).
[66] IE auch Kölner Komm WpÜG/*Möllers* Rn. 70 ff., 72.
[67] *Vogel* ZIP 2002, 1421 (1424 f.); FK-WpÜG/*Vogel* Rn. 96.
[68] BT-Drs. 14/7034, 44.
[69] BT-Drs. 14/7034, 44.
[70] Vgl. auch FK-WpÜG/*Vogel* Rn. 98, der indes den genannten Zweck dadurch nur für „relativiert" hält.

**schaften des Bieters** sind also nicht unabhängig.[71] Ob Gesellschaften, an denen lediglich eine wesentliche Beteiligung des Bieters besteht, unabhängig sein können, ist streitig. Die eben angestellten Überlegungen sprechen aber dafür, den Begriff der Unabhängigkeit allein im Sinne einer **finanziellen Unabhängigkeit** vom Bieter zu verstehen.[72]

**b) Beratung des Bieters durch das Wertpapierdienstleistungsunternehmen.** 27 Nach der Begründung ist es zulässig, dass das bestätigende Wertpapierdienstleistungsunternehmen den Bieter bei Vorbereitung und Durchführung des Angebots berät.[73]

**c) Personelle Verflechtungen.** In der Lit. ist man sich unter Hinweis auf die Gesetzes- 28 begründung weitgehend einig, dass allein eine personelle Verflechtung zwischen Bieter und Wertpapierdienstleistungsunternehmen, etwa Bankenvertreter im Aufsichtsrat des Bieters, das Verdikt der Abhängigkeit nicht begründen können.[74] Eventuellen Interessenkonflikten sei dadurch zu begegnen, dass der entsprechende Organwalter bei der Entscheidung des Wertpapierdienstleistungsunternehmens einem Stimmverbot unterliege[75] oder aber sein Aufsichtsrats- oder Vorstandsmandat niederlegen müsse.[76] Vertritt man wie hier, dass es nur um finanzielle Unabhängigkeit vom Bieter geht, so ist dem ohne weiteres zuzustimmen.

**d) Abhängigkeit des Bieters vom Wertpapierdienstleistungsunternehmen,** 29 **Schwestergesellschaften.** Streit besteht hinsichtlich der Frage, ob auch ein Wertpapierdienstleistungsunternehmen, das zwar nicht vom Bieter abhängig ist, von dem jedoch der Bieter abhängig ist, eine Bestätigung abgeben kann. Die befürwortende Ansicht beruft sich auf den Gesetzeswortlaut (der Unabhängigkeit vom Bieter verlangt, nicht aber einen vom Wertpapierdienstleistungsunternehmen unabhängigen Bieter) sowie darauf, dass eine Muttergesellschaft nicht ohne weiteres die Haftungsfolge des § 13 in Kauf nimmt[77] Die wohl überwiegende Gegenauffassung meint, dass ein abhängiger Bieter nicht ohne Einverständnis seiner Muttergesellschaft ein öffentliches Angebot abgeben wird. Damit liege die Gefahr einer Gefälligkeitsbestätigung durch die Mutter auf der Hand.[78] Auch hier dürfte die Frage entscheidend sein, ob es dem Gesetzgeber tatsächlich um eine Verhinderung von unternehmerischer Einflussnahme (Gefälligkeitsbescheinigungen) ging; dann wäre vollständige gegenseitige Unabhängigkeit im Sinne der Gegenauffassung zu verlangen. Bei dem hier befürworteten Verständnis im Sinne finanzieller Unabhängigkeit dürfte dagegen sowohl eine Bestätigung des **Mutter-Wertpapierdienstleistungsunternehmen** für ihre Tochter-Bietergesellschaft zulässig sein als auch diejenige von Schwestergesellschaften des Bieters, zumal beide nicht zwingend zu dem Personenkreis gehören, der gem. § 12 für die Unterlage haftet (vgl. → § 12 Rn. 23). Haftet die Mutter allerdings bereits selbst nach § 12, dürfte eine Bestätigung durch sie oder eine Schwestergesellschaft des Bieters ausscheiden, da die Mutter dann wirtschaftlicher Bieter ist (und sich als solche nicht selbst eine Bescheinigung ausstellen kann) bzw. die bestätigende Schwester in Wahrheit vom (wirtschaftlichen) Bieter abhängig wäre.

---

[71] So auch die ganz hM, etwa Baums/Thoma/*Marsch-Barner/Oppenhoff* Rn. 167, mich in Fn. 294 zu Unrecht als aA zitierend.

[72] AA *Cahn/Senger* FB 2002, 277 (284) sowie Kölner Komm WpÜG/*Möllers* Rn. 75 ff., die Abhängigkeit iSd § 17 AktG verstehen; noch weitergehend Baums/Thoma/*Marsch-Barner/Oppenhoff* Rn. 167, die bereits eine unternehmerische Beteiligung für disqualifizierend betrachten.

[73] BT-Drs. 14/7034, 44.

[74] Baums/Thoma/*Marsch-Barner/Oppenhoff* Rn. 171; Angerer/Geibel/Süßmann/*Süßmann* Rn. 31; *Vogel* ZIP 2002, 1421 (1425); *Singhof/Weber* WM 2002, 1158 (1160); aA, aber ohne genaue Abgrenzung Steinmeyer/ *Steinhardt* Rn. 9; Kölner Komm WpÜG/*Möllers* Rn. 77 f., 79.

[75] So Angerer/Geibel/Süßmann/*Süßmann* Rn. 31; *Vogel* ZIP 2002, 1421 (1425); FK-WpÜG/*Vogel* Rn. 100.

[76] *Singhof/Weber* WM 2002, 1158 (1160).

[77] Baums/Thoma/*Marsch-Barner/Oppenhoff* Rn. 168; Kölner Komm WpÜG/*Möllers* Rn. 76; Schwark/ Zimmer/*Noack/Holzborn* Rn. 14.

[78] *Singhof/Weber* WM 2002, 1158 (1160); *Georgieff/Hauptmann* AG 2005, 277 (282); FK-WpÜG/*Vogel* Rn. 99; Angerer/Geibel/Süßmann/*Süßmann* Rn. 28; Assmann/Pötzsch/Schneider/*Krause* Rn. 92 ff.; *Häuser* FS Hadding, 2004, 833 (845).

**30**   **4. Schriftliche Bestätigung. a) Rechtscharakter der Bestätigung, Form.** Die Bestätigung ist keine Willenserklärung, sondern eine Wissenserklärung des Wertpapierdienstleistungsunternehmens. Als Tatsachenfeststellung kann man sie dagegen wohl nicht bezeichnen,[79] weil zur Tatsachenfeststellung nur Gerichte befugt sind. Sie enthält weder eine Finanzierungszusage noch überhaupt eine Zusage der bestätigenden Bank.[80]

**31**   Die Bestätigung hat gem. § 126 BGB schriftlich zu erfolgen und ist gem. § 11 Abs. 2 S. 3 Nr. 4 der Angebotsunterlage beizufügen. Dabei sind Firma, Sitz und Rechtsform des Wertpapierdienstleistungsunternehmens anzugeben. Die Bestätigung ist zusammen mit der Unterlage bei der BaFin einzureichen.

**32**   **b) Notwendiger Inhalt.** Das Wertpapierdienstleistungsunternehmen hat zu bestätigen, dass der Bieter die notwendigen Maßnahmen getroffen hat, um die vollständige Erfüllung aller vertraglichen Ansprüche zum Zeitpunkt ihrer Fälligkeit sicherzustellen.[81] Die Bank muss also weder bestätigen, dass dem Bieter ausreichende Barmittel bereits zur Verfügung stehen, noch dass die Barmittel ihm zur Verfügung stehen werden; sie hat lediglich die bereits erfolgte Durchführung der notwendigen Maßnahmen zu bestätigen.[82]

**33**   Um die Anforderungen zu erfüllen, kann, wie auch die bisherige Praxis bestätigt, grundsätzlich einfach der Gesetzestext abgeschrieben werden. Das Wertpapierdienstleistungsunternehmen braucht nicht die Maßnahmen im Einzelnen aufzuführen. Dies muss in der Angebotsunterlage vielmehr der Bieter selbst tun, da er ja auch derjenige ist, der eine ordnungsgemäße Finanzierung sicherzustellen hat. Der bestätigenden Bank sollte aber klar sein, dass die Erklärung, die sie abgibt, sich auch auf § 11 Abs. 2 S. 3 Nr. 1 bezieht. Die Bank bestätigt also, dass die vom Bieter in der Angebotsunterlage aufgeführten Maßnahmen tatsächlich durchgeführt wurden.

**34**   **c) Zeitpunkt der Abgabe der Bestätigung.** Da die Bank durch die Finanzierungsbestätigung erklärt zu wissen, dass der Bieter die nach § 11 Abs. 2 S. 3 Nr. 1 angegebenen Maßnahmen durchgeführt hat, muss sie die Bestätigung bis spätestens unmittelbar vor der Fertigstellung der Angebotsunterlage abgegeben haben.

**35**   **d) Angebotsänderungen und Kombinationsangebote.** In den Fällen, in denen sich die Notwendigkeit der Finanzierungsbestätigung aus § 21 Abs. 3 ergibt (dh bei **Angebotsänderungen**), hat sich die (erneute) Bestätigung nur auf den Betrag zu beziehen, der für den Bieter durch die Änderung maximal hinzukommen kann. Bei **Kombinationsangeboten** erfasst die Finanzierungsbestätigung nur den Teil der Gegenleistung, der als Geldleistung geschuldet ist.[83] Bei wahlweise angebotenen Geldbeträgen ist jeweils zugrunde zu legen, dass sämtliche Angebotsadressaten die Geldleistung und nicht die Aktien wählen. Nur so kann die vollständige Erfüllung sichergestellt werden.

**36**   **e) Aktualisierungspflicht?** Im Zusammenhang mit der Haftung des Wertpapierdienstleistungsunternehmens nach den Absätzen 2 und 3 stellt sich die Frage, ob, wenn eine Finanzierungsbestätigung unrichtig wird, eine Aktualisierungspflicht des Wertpapierdienstleistungsunternehmens besteht. Im Gegensatz zur Angebotsunterlage, bei der eine Aktualisierungspflicht des Bieters zu bejahen ist, kann bei der Finanzierungsbestätigung die bestätigende Bank wohl kaum eine Überwachungspflicht über das spätere Verhalten des Bieters haben. Veröffentlichungen sind ohnehin Sache des Bieters und nicht des Wertpapierdienstleistungsunternehmens.[84] Im Übrigen haftet das Wertpapierdienstleistungsunternehmen für

---

[79] So aber *Singhof/Weber* WM 2002, 1158 (1161), die aber wohl auch nicht davon ausgehen, dass die Bestätigung eine rechtlich verbindliche Tatsachenfeststellung enthalte.

[80] Zutr. *Singhof/Weber* WM 2002, 1158 (1161); Assmann/Pötzsch/Schneider/*Krause* Rn. 82 mwN.

[81] Zu den Prüfungshandlungen, die das Wertpapierdienstleistungsunternehmen zweckmäßigerweise zuvor durchführt, vgl. auch *Singhof/Weber* WM 2002, 1158 (1162 ff.).

[82] *Vogel* ZIP 2002, 1421 (1426) unter 2.5.

[83] Baums/Thoma/*Marsch-Barner/Oppenhoff* Rn. 162; Steinmeyer/*Steinhardt* Rn. 7 mwN.

[84] Gegen eine Pflicht zur Aktualisierung auch *Singhof/Weber* WM 2002, 1158 (1165); *Häuser* FS Hadding, 2004, 833 (859 f.); jetzt auch Baums/Thoma/*Marsch-Barner/Oppenhoff* Rn. 197; aA *Noack* FS Hadding, 2004, 991 (999).

nachträgliche Änderungen tatsächlicher Umstände ohnehin nicht (→ Rn. 41), so dass eine Aktualisierung der Bestätigung obsolet ist[85] (vgl. ferner → Rn. 46 zur Berichtigung).

### IV. Haftung des Wertpapierdienstleistungsunternehmens (Abs. 2 und 3)

**1. Allgemeines.** Abs. 2 und 3 sollen im Falle der Zahlungsunfähigkeit des Bieters den **37** geprellten Adressaten eine Inanspruchnahme des bestätigenden Wertpapierdienstleistungsunternehmens ermöglichen. Abs. 2 ist, wie auch die Bezugnahme auf § 12 Abs. 2–6 in Abs. 3 zeigt, ein Fall der Haftung für Fehlinformation des Kapitalmarktes.[86] Inhaltlich weicht er von dem auf das negative Interesse beschränkten Prospekthaftungsanspruch aus § 12 Abs. 1 ab. Letzterer gilt nur für die dort genannten Personen. Er hilft im Falle unrichtiger Finanzierungsangaben auch nicht weiter, da der Anspruch auf die Gegenleistung ja nicht beseitigt ist, aber eben praktisch nicht erfüllt werden kann. Persönlich trifft die Haftung nur das bestätigende Wertpapierdienstleistungsunternehmen. Da die Bestätigung Teil der Angebotsunterlage ist und dementsprechend veröffentlicht wird, handelt es sich nicht nur um einen Vertrag mit Schutzwirkung für Dritte zwischen Bank und Bieter;[87] vielmehr bestätigt das Wertpapierdienstleistungsunternehmen in erster Linie den Angebotsadressaten, dass der Bieter ausreichende Finanzierungsvorsorge getroffen hat.[88]

Der Gesetzgeber scheint davon auszugehen, dass im Falle der Zahlungsunfähigkeit des **38** Bieters die Ansprüche aus den einzelnen Verträgen teilweise erfüllt werden und Schadensersatzansprüche gegen das Wertpapierdienstleistungsunternehmen für den restlichen Teil des Erfüllungsanspruches bestehen. In welcher Höhe der Bieter die Ansprüche erfüllt, bleibt jedoch nicht ihm überlassen, sondern ist eine Frage des Schuldrechts und bei Zahlungsunfähigkeit des Insolvenzrechts (§§ 103 ff. InsO).[89]

**2. Voraussetzungen der Haftung. a) Fehlende Maßnahme des Bieters.** Der Bieter **39** hat entweder eine der in der Angebotsunterlage genannten Maßnahmen nicht durchgeführt oder es wurden bereits in der Angebotsunterlage nicht alle Maßnahmen genannt, die für eine Sicherung der Finanzierung notwendig gewesen wären. Ist Letzteres der Fall, hängt eine Haftung des Wertpapierdienstleistungsunternehmens davon ab, ob die Notwendigkeit der fraglichen Maßnahme nachgewiesen werden kann, was ein schwieriges Unterfangen sein dürfte.[90]

**b) Fehlende Mittel zur vollständigen Erfüllung.** Gemeint ist hier, dass die Mittel **40** nicht ausreichen, um die aus den tatsächlich zustande gekommenen Verträgen entstandenen Ansprüche der einzelnen Wertpapierinhaber vollständig erfüllen zu können. Entscheidend ist die tatsächliche Annahmequote. Hat der Bieter zB bei einem Übernahmeangebot genügend Barmittel, um eine Annahmequote von 70% bedienen zu können, so haftet das Wertpapierdienstleistungsunternehmen dann nicht, wenn tatsächlich nur 70% der Angebotsadressaten oder weniger das Angebot annehmen.

**c) Kausalität zwischen a) und b).** Nach dem Gesetzeswortlaut ist für eine Haftung **41** des Wertpapierdienstleistungsunternehmens zu verlangen, dass die Mittel des Bieters gerade deshalb nicht ausreichen, weil er nicht alle notwendigen Maßnahmen getroffen hat. Daran

---

[85]　AA für die Aktualisierung Baums/Thoma/*Marsch-Barner*/*Oppenhoff* Rn. 199, die das als „Berichtigung" bezeichnen.

[86]　Vgl. auch *Häuser* FS Hadding, 2004, 833 (855 f.); Steinmeyer/*Steinhardt* Rn. 16.

[87]　So FK-WpÜG/*Vogel* Rn. 112.

[88]　Dafür auch Begr. RegE, BT-Drs. 14/7034, 44, indem sie die Finanzierungsbestätigung als eine der für die Adressaten wesentlichen Angaben bezeichnet und sie für die Haftung gem. Abs. 3 „an die Stelle der Angebotsunterlage" treten lassen will.

[89]　Ohne Begr. mich insoweit als aA zitierend Baums/Thoma/*Marsch-Barner*/*Oppenhoff* Rn. 208 in Fn. 361.

[90]　Ähnlich Baums/Thoma/*Marsch-Barner*/*Oppenhoff* Rn. 206 und Assmann/Pötzsch/Schneider/*Krause* Rn. 112; wohl auch Angerer/Geibel/Süßmann/*Süßmann* Rn. 35; aA FK-WpÜG/*Vogel* Rn. 114, der aber nicht darlegt, wie sonst festgestellt werden soll, dass die ergriffenen Maßnahmen unzureichend waren. Dass der Anspruchsteller im Grundsatz die Beweislast trägt, ergibt sich aus allgemeinen Regeln.

fehlt es, wenn zB seit Erteilung der Bestätigung ein Schadensfall zu einer deliktischen Haftung des Bieters geführt hat und dieser die vorhandenen liquiden Mittel zur Begleichung des Schadens verwenden musste.

42    Waren keine Maßnahmen erforderlich, so kann es konsequenterweise auch keine Haftung geben. Das Wertpapierdienstleistungsunternehmen kann auch kaum dafür haften, dass der Bieter später etwas tut, was die Sicherung der Finanzierung wieder in Frage stellt.

43    Eine Haftung des Wertpapierdienstleistungsunternehmens scheidet auch dann aus, wenn die notwendigen Maßnahmen im Zeitpunkt der Erteilung der Bestätigung getroffen waren und das Ausbleiben der Mittel auf bei Testierung nicht absehbaren **sonstigen oder nachträglichen Ereignissen** beruhte.[91] Das Wertpapierdienstleistungsunternehmen haftet allerdings dann, wenn es vorhersehbare Risiken der Finanzierung durch den Bieter zum Zeitpunkt der Erteilung der Bestätigung falsch eingeschätzt hat und sich diese verwirklichen.[92] Die Beweislast für die Kausalität liegt nach dem Gesetzeswortlaut beim Anleger, jedoch werden aufgrund seines Beweisnotstandes die üblichen Erleichterungen greifen.[93]

44    **3. Weitere Voraussetzungen, die sich aus Abs. 3 ergeben. a) Allgemeines.** War die Bestätigung falsch, so soll dafür nach ähnlichen Maßstäben wie auch sonst bei Fehlern der Unterlage gehaftet werden, weshalb Abs. 3 die entsprechende Geltung des § 12 Abs. 2–6 anordnet. Während § 13 Abs. 2 also für die Wertpapierinhaber in Bezug auf die Finanzierung den Kreis der Haftenden über den in § 12 Abs. 1 festgelegten erweitert, sorgt § 13 Abs. 3 dafür, dass auch für den erweiterten Kreis die gleichen Regeln gelten wie für den Bieter und die anderen in § 12 Abs. 1 genannten Personen. Aus der Anwendung des § 12 ergeben sich einige **weitere Voraussetzungen** der Haftung (§ 12 Abs. 2 und 3; → § 12 Rn. 27 ff.), sowie die **Verjährung** des Schadensersatzanspruchs gegen das Wertpapierdienstleistungsunternehmen (§ 12 Abs. 4).

45    **b) Mindestens grob fahrlässige Unkenntnis des Wertpapierdienstleistungsunternehmens (Abs. 3 iVm § 12 Abs. 2).** War das Bestätigungsschreiben falsch und kann aber das Wertpapierdienstleistungsunternehmen beweisen, dass es die Unrichtigkeit der Bestätigung ohne grobe Fahrlässigkeit nicht gekannt hat, so entfällt seine Haftung. Dementsprechend ist weitere Haftungsvoraussetzung ein mindestens grob fahrlässiges Handeln des Wertpapierdienstleistungsunternehmens, das jedoch vermutet wird.[94]

46    **c) (Keine) Anwendung des § 12 Abs. 3.** Bemerkt das Wertpapierdienstleistungsunternehmen später die Unrichtigkeit der von ihm abgegebenen Bestätigung, so kann es nach dem Wortlaut des Abs. 3 gem. § 12 Abs. 3 Nr. 3 eine Berichtigung als Ad-hoc-Mitteilung veröffentlichen, was den Ausschluss seiner Haftung zur Folge hätte. Diesem Wortlaut steht allerdings der Zweck der Finanzierungsbestätigung entgegen, den Anlegern zusätzliche Sicherheit zu vermitteln. Denn ansonsten könnte jedes Wertpapierdienstleistungsunternehmens nach Veröffentlichung der Angebotsunterlage einfach eine Meldung veröffentlichen, nach der nicht alle notwendigen Maßnahmen getroffen wurden und sich auf diese Weise von jeder Haftung befreien. Die über Abs. 3 erfolgende Anwendung des § 12 Abs. 2–6 ist daher dahingehend teleologisch zu reduzieren, dass **§ 12 Abs. 3 Nr. 3 keine Anwendung** findet.[95] Gegen derartige Veröffentlichungsmöglichkeit des Wertpapierdienstleistungsunter-

---

[91] Angerer/Geibel/Süßmann/*Süßmann* Rn. 35; FK-WpÜG/*Vogel* Rn. 115; *Schüppen* WPg 2001, 958 (963); Steinmeyer/*Steinhardt* Rn. 18; Baums/Thoma/*Marsch-Barner*/*Oppenhoff* Rn. 210; *Singhof*/*Weber* WM 2002, 1158 (1165 f.).

[92] Steinmeyer/*Steinhardt* Rn. 18; FK-WpÜG/*Vogel* Rn. 115; dazu gehört entgegen Assmann/Pötzsch/Schneider/*Krause* Rn. 115 durchaus auch das Anfechtungsrisiko bei der Barkapitalerhöhung, falls der Bieter anderweitig nicht kreditwürdig ist.

[93] Baums/Thoma/*Marsch-Barner*/*Oppenhoff* Rn. 211.

[94] Näher Baums/Thoma/*Marsch-Barner*/*Oppenhoff* Rn. 213 ff.; Steinmeyer/*Steinhardt* Rn. 20 ff.; FK-WpÜG/*Vogel* Rn. 116.

[95] AA die hM, Baums/Thoma/*Marsch-Barner*/*Oppenhoff* Rn. 198 f., 222 f.; ihm folgend Assmann/Pötzsch/Schneider/*Krause* Rn. 121; ferner *Singhof*/*Weber* WM 2002, 1158 (1165); FK-WpÜG/*Vogel* Rn. 119; *Noack* FS Hadding, 2004, 991 (998); ausdrücklich gegen die hier vertretene Auffassung Steinmeyer/*Steinhardt* Rn. 23 in Fn. 59 mit der Überlegung, die Haftungsbefreiung wirke ohnehin nicht gegenüber den Wertpapierinhabern,

nehmens spricht auch die Tatsache, dass § 13 eindeutig keine Veröffentlichung, sondern nur eine schriftliche Bestätigung verlangt. Veröffentlichen soll ausschließlich der Bieter. Widerruft das Wertpapierdienstleistungsunternehmen die Bestätigung (gegenüber dem Bieter), so hat *der Bieter* die Unterlage entsprechend zu aktualisieren, ggf. untersagt dann die BaFin das Angebot insgesamt. Eine Haftungsbeschränkung der Bank durch Berichtigung kommt hingegen schon angesichts der Rechtsfolge der Norm (Ersatz des positiven Interesses) nicht in Betracht, solange das Angebot nicht insgesamt untersagt ist.

Auch **§ 12 Abs. 3 Nr. 1 und 2** können entgegen der hM auf die Haftung der Bank **47** nicht angewendet werden, § 13 Abs. 3 ist auch insoweit teleologisch zu reduzieren.[96] Das ergibt sich ebenfalls aus der in Abs. 2 angeordneten Rechtsfolge. Denn den Ersatz des positiven Interesses schuldet das Wertpapierdienstleistungsunternehmen im Hinblick auf seine Pflichtverletzung, die in der mangelnden Prüfung der vom Bieter ergriffenen Maßnahmen liegt. Durch die Anordnung des Ersatzes des positiven Interesses geht das Gesetz davon aus, dass bei ordnungsgemäßer Prüfung die notwendigen Maßnahmen ergriffen worden wären, um das Erfüllungsvermögen des Bieters zu sichern (und nicht: dass bei ordnungsgemäßer Prüfung das Angebot nicht veröffentlicht worden wäre). Die haftungsbegründende Kausalität ist bereits durch den erforderlichen Zusammenhang zwischen dieser mangelnden Prüfung und dem Unvermögen des Bieters gegeben (→ Rn. 41). Sämtliche Adressaten dürfen auf die Wirksamkeit der mit dem Bieter abgeschlossenen Verträge und damit auf das Erfüllungsvermögen des Bieters vertrauen, die Haftung nach Abs. 2 setzt ja gerade die Wirksamkeit der abgeschlossenen Verträge voraus. Daher kann das Gesetz nicht auf der einen Seite das Vertrauen in die Erfüllung der Verträge durch den Bieter für alle Vertragspartner positiv schützen, indem es an der Wirksamkeit der geschlossenen Verträge festhält und auf der anderen Seite den Pflichtverstoß des Wertpapierdienstleistungsunternehmen von einem gesonderten Vertrauen in diesen Erfüllungsschutz abhängig machen. Mit anderen Worten: Solange das Angebot nicht untersagt ist, dürfen sämtliche Vertragspartner auf die Erfüllung der geschlossenen Verträge vertrauen und müssen dann auch sämtlich den Erfüllungsschutz durch das Wertpapierdienstleistungsunternehmen genießen. Auf ein gesondertes Vertrauen der Adressaten in die Bestätigung kann es dementsprechend nicht ankommen, ein solcher Haftungsausschluss bei Kenntnis passt nur für die Haftung auf das negative Interesse, vgl. etwa § 122 Abs. 2 BGB einerseits und § 311a Abs. 2 BGB andererseits.

**4. Ersatz des positiven Interesses als Inhalt des Anspruchs.** Das Wertpapierdienst- **48** leistungsunternehmen haftet gem. Abs. 2 auf Ersatz des positiven Interesses. Es hat den Vertragspartner des Bieters so zu stellen, als hätte der Bieter ordnungsgemäß erfüllt. Was das bedeutet, ist unklar, denn bei Zahlungsunfähigkeit des Bieters steht erst am Ende eines Insolvenzverfahrens fest, welchen Schaden die Wertpapierinhaber tatsächlich haben. Von einem in der Lit. vertretenen Eintrittsrecht oder einer Eintrittspflicht[97] des Wertpapierdienstleistungsunternehmens oder einer Schadensberechnung, die die Weggabe der Aktien durch die geprellten Vertragspartner des Bieters an das Wertpapierdienstleistungsunternehmen voraussetzt, ist im Gesetz nirgends die Rede.[98] Ein solches Recht kann wegen Abs. 3 iVm § 12 Abs. 5 auch nicht in der Angebotsunterlage vorgesehen werden.[99] Der Gesetzgeber geht vielmehr davon aus, dass Schadensersatz nur dafür geschuldet wird, dass *für einen Teil* der angedienten Aktien keine Gegenleistung erfolgt und diese daher auch nicht an

die das Angebot bereits angenommen haben. Es widerspräche indes dem Gleichbehandlungsgebot des § 3 Abs. 1, wenn die Bank nur einem Teil der Vertragspartner des Bieters auf Erfüllung haftete.

[96] AA die hM, etwa Baums/Thoma/*Marsch-Barner/Oppenhoff* Rn. 219 f. mwN.

[97] Vgl. FK-WpÜG/*Vogel* Rn. 120; Angerer/Geibel/Süßmann/*Süßmann* Rn. 36; *Cahn/Senger* FB 2002, 277 (285); *Georgieff/Hauptmann* AG 2005, 284; *Häuser* FS Hadding, 2004, 833 (860 f.); Kölner Komm WpÜG/*Möllers* Rn. 97: Wahlrecht; *Thaeter/Barth* NZG 2001, 545 (548), die unzutr. von Aktionären sprechen, die das Angebot mangels Mitteln nicht annehmen konnten.

[98] Vgl. auch Steinmeyer/*Steinhardt* Rn. 25; Baums/Thoma/*Marsch-Barner/Oppenhoff* Rn. 232, mich insoweit in Fn. 405 zu Unrecht und mit falscher Rn. als aA zitierend.

[99] *Noack* FS Hadding, 2004, 991 (1003 f.).

den Bieter übereignet werden.[100] Das folgt aus dem Wortlaut des Abs. 2 („nicht vollständige Erfüllung").

49   Der Bieter ist, soweit er nicht vollständig bezahlen kann, entsprechend den Grundsätzen des § 19 jedenfalls in der Lage, allen Adressaten einen bestimmten Prozentsatz ihrer Aktien abzunehmen, daran wird man ihn (und die Adressaten) festhalten müssen, weil zweifelsohne eine teilbare Leistung vorliegt und man angesichts der Vielzahl der Adressaten auch nicht pauschal behaupten kann, diese hätten an der teilweisen Erfüllung kein Interesse (vgl. § 281 Abs. 1 S. 2 BGB).[101]

50   Zu ersetzen ist aber auch nicht einfach nur für jede angediente, aber nicht bezahlte Aktie der Unterschiedsbetrag zwischen dem Betrag des Barangebots und einem niedrigeren Kurswert der Aktien der Zielgesellschaft, nachdem das Scheitern des Angebots feststeht.[102] Vielmehr haben die Vertragspartner ihrerseits Schadensersatzansprüche wegen Nichterfüllung gegen den Bieter, deren Inhalt individuell zu bestimmen ist (je nachdem ob großer oder kleiner Schadensersatz geltend gemacht wird bzw. ein Rücktritt gem. § 323 BGB erfolgt),[103] die Haftung der Bank nach § 13 tritt als gesamtschuldnerische[104] dazu.

51   Eine die Haftung typisierende und begrenzende Norm wie in § 44 Abs. 1 S. 1 BörsG fehlt im WpÜG gerade. Das Wertpapierdienstleistungsunternehmen kann allerdings durch **Zahlung gem. § 267 BGB** den Schadensersatzanspruch abwenden. In diesem Fall sind die Wertpapiere vertragsgemäß an den Bieter zu übereignen.[105] Die Bank hat dann einen werthaltigen Rückgriffsanspruch gegen den Bieter. Dieses Vorgehen ist zu empfehlen, da anderenfalls kaum kalkulierbare (weil individuelle) Schadensersatzansprüche sämtlicher Adressaten gegen das Wertpapierdienstleistungsunternehmen bestehen.

52   Wenn sich das Unvermögen des Bieters herausstellt, wird der Kurs der Wertpapiere zudem unter Umständen sehr schnell verfallen. Dann würde die Haftung möglicherweise unüberschaubar, zumal der Rückgriff gegen den Bieter noch weniger wert ist, wenn dieser die Wertpapiere nur teilweise erwerben kann und damit zB die Übernahme der Kontrolle über die Zielgesellschaft verfehlt. Das Institut kann sich im Übrigen für den Fall seiner Haftung die Ansprüche des Bieters auf Erfüllung gegen die Adressaten abtreten lassen, so dass im praktischen Ergebnis über eine **vertragliche Regelung** die in der Lit. befürwortete Lösung (Bank erhält Aktien gegen Angebotspreis) erreicht werden kann.[106]

53   **5. Verjährung.** Der Anspruch nach Abs. 2 verjährt gem. Abs. 3 iVm § 12 Abs. 4 in einem Jahr seit Kenntnis des Angebotsadressaten von der fehlenden vollständigen Erfüllung, spätestens in drei Jahren seit Veröffentlichung der Unterlage.

54   **6. Konkurrenzen.** Vgl. → § 11 Rn. 6 ff.; → § 12 Rn. 39 ff.

## § 14 Übermittlung und Veröffentlichung der Angebotsunterlage

**(1) ¹Der Bieter hat die Angebotsunterlage innerhalb von vier Wochen nach der Veröffentlichung der Entscheidung zur Abgabe eines Angebots der Bundesanstalt**

---

[100]   Vgl. idS *Singhof/Weber* WM 2002, 1158 (1166); Schwark/Zimmer/*Noack/Holzborn* Rn. 19; Baums/ Thoma/*Marsch-Barner/Oppenhoff* Rn. 228; Steinmeyer/*Steinhardt* Rn. 24.

[101]   Deshalb dürften Schadensersatzansprüche wegen Nichterfüllung gegen den Bieter entgegen *Noack* FS Hadding, 2004, 991 (1004) aE doch wertlos sein, weil er zunächst soweit wie möglich die Verträge erfüllen muss.

[102]   So aber Baums/Thoma/*Marsch-Barner/Oppenhoff* Rn. 228; Kölner Komm WpÜG/*Möllers* Rn. 97; Details ungeklärt, etwa Zeitpunkt für die Bestimmung des Differenzbetrags; dazu Baums/Thoma/*Marsch-Barner/Oppenhoff* Rn. 229 ff.; vgl. *Singhof/Weber* WM 2002, 1158 (1166); Angerer/Geibel/Süßmann/*Süßmann* Rn. 37; abl. *Georgieff/Hauptmann* AG 2005, 284: Behalten der Aktien entspreche nicht den Interessen der Aktionäre.

[103]   Aus dem Rechtsverhältnis zum Bieter ergeben sich deshalb zweifelsfrei die von *Georgieff/Hauptmann* AG 2005, 277 (284) bestrittenen Handlungsoptionen der Angebotsadressaten. Nur im Verhältnis zur haftenden Bank haben die Adressaten lediglich einen einheitlichen Schadensersatzanspruch, dessen Inhalt aber eben von ihrem Verhalten gegenüber dem Bieter abhängt.

[104]   *Noack* FS Hadding, 2004, 991 (1004).

[105]   AA Kölner Komm WpÜG/*Möllers* Rn. 97: Angebotspreis Zug um Zug gegen Herausgabe der Aktien.

[106]   Ohne Begr. aA Baums/Thoma/*Marsch-Barner/Oppenhoff* Rn. 232; zur möglichen Befreiung des Wertpapierdienstleistungsunternehmens von einer eventuellen Angebotspflicht *Georgieff/Hauptmann* AG 2005, 277 (284).

zu übermitteln. ²Die Bundesanstalt bestätigt dem Bieter den Tag des Eingangs der Angebotsunterlage. ³Die Bundesanstalt kann die Frist nach Satz 1 auf Antrag um bis zu vier Wochen verlängern, wenn dem Bieter die Einhaltung der Frist nach Satz 1 auf Grund eines grenzüberschreitenden Angebots oder erforderlicher Kapitalmaßnahmen nicht möglich ist.

(2) ¹Die Angebotsunterlage ist gemäß Absatz 3 Satz 1 unverzüglich zu veröffentlichen, wenn die Bundesanstalt die Veröffentlichung gestattet hat oder wenn seit dem Eingang der Angebotsunterlage zehn Werktage verstrichen sind, ohne dass die Bundesanstalt das Angebot untersagt hat. ²Vor der Veröffentlichung nach Satz 1 darf die Angebotsunterlage nicht bekannt gegeben werden. ³Die Bundesanstalt kann vor einer Untersagung des Angebots die Frist nach Satz 1 um bis zu fünf Werktage verlängern, wenn die Angebotsunterlage nicht vollständig ist oder sonst den Vorschriften dieses Gesetzes oder einer auf Grund dieses Gesetzes erlassenen Rechtsverordnung nicht entspricht.

(3) ¹Die Angebotsunterlage ist zu veröffentlichen durch
1. Bekanntgabe im Internet und
2. Bekanntgabe im Bundesanzeiger oder durch Bereithalten zur kostenlosen Ausgabe bei einer geeigneten Stelle im Inland; im letzteren Fall ist im Bundesanzeiger bekannt zu machen, bei welcher Stelle die Angebotsunterlage bereit gehalten wird und unter welcher Adresse die Veröffentlichung der Angebotsunterlage im Internet nach Nummer 1 erfolgt ist.
²Der Bieter hat der Bundesanstalt die Veröffentlichung nach Satz 1 Nr. 2 unverzüglich mitzuteilen.

(4) ¹Der Bieter hat die Angebotsunterlage dem Vorstand der Zielgesellschaft unverzüglich nach der Veröffentlichung nach Absatz 3 Satz 1 zu übermitteln. ²Der Vorstand der Zielgesellschaft hat die Angebotsunterlage unverzüglich dem zuständigen Betriebsrat oder, sofern ein solcher nicht besteht, unmittelbar den Arbeitnehmern zu übermitteln. ³Der Bieter hat die Angebotsunterlage ebenso seinem zuständigen Betriebsrat oder, sofern ein solcher nicht besteht, unmittelbar den Arbeitnehmern unverzüglich nach der Veröffentlichung nach Absatz 3 Satz 1 zu übermitteln.

**Schrifttum:** *Lenz/Linke,* Die Handhabung des WpÜG in der aufsichtsrechtlichen Praxis, AG 2002, 361; *Noack,* Elektronische Publizität im Aktien- und Kapitalmarktrecht in Deutschland und Europa, AG 2003, 537.

## Übersicht

## I. Allgemeines

**1** **1. Überblick.** § 14 enthält wesentliche Vorschriften über den Fortgang des Verfahrens nach Veröffentlichung der Kontrollerlangung gem. § 35 oder der Entscheidung des Bieters zur Abgabe eines Angebots gem. § 10. Die Vorschrift regelt insbesondere, wann und wie die mit § 11 konforme Angebotsunterlage spätestens der BaFin zur Prüfung zugehen muss, und wann und wie anschließend eine Veröffentlichung der Angebotsunterlage zu erfolgen hat. Die Veröffentlichung selbst löst den Beginn anderer Fristen und Pflichten des Bieters aus (→ Rn. 34).

**2** **2. Funktion.** Die Regeln für Zeitpunkt und Art und Weise der Veröffentlichung besitzen vor allem Standardisierungsfunktion und erleichtern den Anlegern die Überprüfung, ob für ihre Aktien ein Angebot abgegeben wurde oder nicht. Daneben stellt § 14 sicher, dass die Willenserklärung des Bieters allen Angebotsadressaten und den sonstigen Beteiligten (Vorstand und Arbeitnehmer der Zielgesellschaft und den Arbeitnehmern des Bieters) zugänglich ist.

**3** § 14 enthält ferner zusammen mit § 15 die rechtlichen Grundlagen einer behördlichen Überprüfung des öffentlichen Angebots. Die BaFin soll Gelegenheit zur vorherigen, nach näherer Maßgabe des § 15 eingeschränkten Überprüfung der Unterlage erhalten.[1] Sie erhält ferner ein Referenzexemplar der Angebotsunterlage; dieses kann in Streitfällen eventuell entscheidend sein. Die Begründung spricht insoweit davon, dass die BaFin die Funktion einer Evidenzzentrale übernimmt und sie als zentraler Ansprechpartner mit anderen in- und ausländischen Behörden zusammenarbeitet.[2]

**4** **3. Verhältnis zum VerkProspG und zum WpPG bei Tauschangeboten.** Das WpÜG sieht bei Tauschangeboten umfangreiche Informationspflichten zu den vom Bieter angebotenen Aktien gem. den Vorschriften der Art. 13 ff. Prospekt-VO bzw. gem. § 8g VerkProspG vor (vgl. § 2 Nr. 2 und 2a WpÜG-AV). Die Veröffentlichungsregeln der Art. 20 ff. Prospekt-VO sind demgegenüber im Rahmen des WpÜG nicht anzuwenden, weil die §§ 14, 15 WpÜG insoweit als leges speciales anzusehen sind.[3] Eine zusätzliche Veröffentlichung nach der Prospekt-VO ist gem. Art. 1 Abs. 4 lit. f Prospekt-VO nicht erforderlich, soweit die Veröffentlichung nach § 14 WpÜG auch die Voraussetzungen des Art. 21 Abs. 2 Prospekt-VO erfüllt, was unproblematisch geschehen kann, da dort nur eine Beschränkung auf bestimmte Webseiten vorgenommen wird.[4]

## II. Übermittlung der Angebotsunterlage an die BaFin (Abs. 1)

**5** **1. Übermittlung der Angebotsunterlage an die BaFin.** Der Bieter hat das von ihm gem. § 11 Abs. 1 S. 5 unterzeichnete Exemplar (vgl. → § 11 Rn. 25) der Angebotsunterlage der BaFin zuzusenden. Unter **Übermitteln** ist nichts anderes als Zugang zu verstehen; die Wortwahl ist vermutlich dadurch bedingt, dass die BaFin nicht Adressat des Angebots ist.

---

[1] BT-Drs. 14/7034, 44.
[2] BT-Drs. 14/7034, 44.
[3] Ebenso Angerer/Geibel/Süßmann/*Geibel/Süßmann* Rn. 18 f.
[4] Assmann/Pötsch/Schneider/*Meyer* WpÜG-AV § 2 Rn. 7 aE.

Die bürgerlich-rechtlichen Regeln über den Zugang einer verkörperten Willenserklärung unter Abwesenden finden daher Anwendung. Erforderlich ist die Übersendung eines Exemplars mit Originalunterschrift.[5] Die Möglichkeit **elektronischer Signierung** steht dem Bieter nicht zur Verfügung,[6] da es nicht um die Erfüllung eines Schriftformerfordernisses geht, sondern das Erfordernis der Unterzeichnung in § 11 Abs. 1 S. 5 direkt angesprochen wird. § 3a Abs. 2 S. 1 VwVfG ersetzt aber nur die gesetzlich angeordnete Schriftform, nicht hingegen allgemein Erfordernisse eigenhändiger Unterzeichnung.[7] Der Zulässigkeit der (alleinigen) elektronischen Übermittlung der Angebotsunterlage steht ihre Referenzfunktion entgegen und die Tatsache, dass bei nicht rechtzeitiger Übermittlung zwingend die scharfe Sanktion der Untersagung gem. § 15 Abs. 1 Nr. 3 folgt. Im Übrigen hat die BaFin einen entsprechenden Zugang gem. § 3a Abs. 1 VwVfG bislang noch nicht eröffnet. Aus diesen Gründen scheidet auch die Übermittlung per E-Mail, Telefax oder die Übersendung einer Diskette (Textform, vgl. § 126b BGB) aus. Ein Telefax bzw. eine elektronische Übermittlung des gescannten Originals mit Unterschrift sollte allerdings – entsprechend der Handhabung des § 8 VerkProspG aF – von der BaFin als zur Fristwahrung ausreichend angesehen werden, wenn das Original unverzüglich nachgereicht wird;[8] diesem Ansatz folgt die BaFin-Praxis allerdings nicht.[9]

Bei der Übermittlung ist der BaFin nach ihrer Praxis mitzuteilen, wo und wie die **6** Unterlage veröffentlicht wird.[10] Die BaFin nimmt vor der Übermittlung keine informelle Vorprüfung der Unterlage vor, mag dies auch sinnvoll sein.[11] Sie beantwortet aber konkrete Zweifelsfragen, die sich bei der Erstellung der Unterlage ergeben.[12]

**2. Frist für die Übermittlung. a) Vierwochenfrist (Abs. 1 S. 1).** Die vierwöchige, **7** unter Umständen verlängerbare (→ Rn. 8) Frist des Abs. 1 S. 1 beginnt mit der **Veröffentlichung nach § 10 Abs. 1 S. 1, Abs. 3 S. 1.** Der Tag dieser Veröffentlichung zählt nach § 187 Abs. 1 BGB nicht mit, da nicht der Beginn dieses Tages, sondern das Ereignis der Veröffentlichung maßgebend ist. Für das **Fristende** gelten § 188 Abs. 2 BGB und § 193 BGB, ergänzt durch § 31 Abs. 3 VwVfG. Ist also die Veröffentlichung nach § 10 an einem **Samstag** geschehen, so ist der letzte Tag der Frist der darauf folgende Montag. Ist der letzte Tag der Frist ein **Feiertag,** so gilt Entsprechendes. Da es auf den fristwahrenden Eingang bei der in Frankfurt[13] ansässigen Behörde ankommt, gelten nur bundeseinheitliche und Feiertage des Landes Hessen als Feiertag iSd § 193 BGB.[14] Ist eine Unterlage einmal übermittelt, kann sie nicht mehr, auch nicht bis zum Ender der Vierwochenfrist, gegen

---

[5] Angerer/Geibel/Süßmann/*Geibel/Süßmann* Rn. 5.

[6] Wie hier Angerer/Geibel/Süßmann/*Uhlendorf* § 45 Rn. 3 mwN; vgl. auch Steinmeyer/*Schmiady* § 45 Rn. 5; jetzt auch Steinmeyer/*Bastian* Rn. 4; aA Angerer/Geibel/Süßmann/*Geibel* Rn. 5; Baums/Thoma/ *Thoma* Rn. 18; FK-WpÜG/*Scholz* Rn. 22.

[7] Die Argumentation von Angerer/Geibel/Süßmann/*Geibel/Süßmann* Rn. 5 mit § 126 Abs. 3 BGB ist abzulehnen, da hier nur § 3a VwVfG einschlägig ist. Die Begr. zum Gesetzesentwurf des 3. VwVfÄndG (BT-Drs. 14/9000, 27) verweist gerade nicht auf die entsprechende Stelle in BT-Drs. 14/4987, 14, sondern nur auf BT-Drs. 14/4987, 15 ff.

[8] Vgl. Bek. des BAWe zu § 8 VerkProspG idF vom 6.9.1999, BAnz. Nr. 177 vom 21.9.1999, 16180: „Per Fax übermittelte Prospekte müssen dem Originalprospekt entsprechen und insbesondere die Unterschrift enthalten. Eine Übermittlung per Fax ist nur dann ausreichend, wenn der Verkaufsprospekt mit der Original-unterschrift unverzüglich nachgereicht wird. Der Verkaufsprospekt kann nicht allein auf elektronischem Weg übermittelt werden." Wie hier Angerer/Geibel/Süßmann/*Geibel/Süßmann* Rn. 6, 12.

[9] Baums/Thoma/*Thoma* Rn. 24; Steinmeyer/*Bastian* Rn. 4; Assmann/Pötzsch/Schneider/*Assmann* Rn. 15; FK-WpÜG/*Scholz* Rn. 22 in Fn. 29 aE.

[10] Vgl. Steinmeyer/*Bastian* Rn. 9; Baums/Thoma/*Thoma* Rn. 25.

[11] So die Forderung von Angerer/Geibel/Süßmann/*Geibel/Süßmann* Rn. 14; s. dagegen *Lenz/Linke* AG 2002, 361 (363).

[12] Angerer/Geibel/Süßmann/*Geibel/Süßmann* Rn. 14; Assmann/Pötzsch/Schneider/*Assmann* Rn. 21; Baums/Thoma/*Thoma* Rn. 27.

[13] Für Fragen des fristwahrenden Eingangs bei der Behörde an Feiertagen dürfte § 1 Abs. 3 FinDAG analog anzuwenden sein, nach dem bei Klagen gegen die in Bonn und Frankfurt ansässige Behörde nur Frankfurt am Main als Sitz der Behörde gilt; aA offenbar Steinmeyer/*Bastian* Rn. 8: Ort der Einreichung des Angebots.

[14] Ebenso Angerer/Geibel/Süßmann/*Geibel/Süßmann* Rn. 11 mwN; Baums/Thoma/*Thoma* Rn. 23: in Hessen neben den bundeseinheitlichen Feiertagen nur noch Fronleichnam.

eine andere ausgetauscht werden, da der Prüfungszeitraum für die BAFin gem. Abs. 2 S. 1 mit dem Eingang der Unterlage bei ihr bereits begonnen hat.[15] Eine allfällige Fehlerbeseitigung kann gleichwohl nach Maßgabe von → Rn. 24 erfolgen.

**8**    **b) Verlängerungsmöglichkeit (Abs. 1 S. 3).** Reicht die vierwöchige Frist im Einzelfall nicht aus, so kann die BaFin sie auf Antrag um maximal weitere vier Wochen verlängern.[16] Abs. 1 S. 3 gilt auch für **Pflichtangebote** (ausf. → § 35 Rn. 183 mwN: fehlender Verweis in § 35 Abs. 2 ist Redaktionsversehen).[17] Voraussetzung für den Erfolg des Antrags ist, dass entweder bei einem grenzüberschreitenden Angebot (→ § 24 Rn. 6 ff.)[18] oder auf Grund erforderlicher Kapitalmaßnahmen[19] der Bieter die Angebotsunterlage nicht rechtzeitig fertig stellen kann. Der Gesetzgeber geht davon aus, dass in diesen Fällen die Frist von vier Wochen unter Umständen zu kurz ist.[20] Zum einen könne der Bieter nach den ausländischen Regelungen andere Fristen als nach dem WpÜG zu beachten haben. Zum anderen könne der Bieter, sofern er Wertpapiere als Gegenleistung anbieten will, eine längere Frist benötigen, um den für die Ausgabe von Aktien notwendigen Kapitalerhöhungsbeschluss der Hauptversammlung herbeizuführen.[21]

**9**    Liegen die Voraussetzungen vor, so steht eine Verlängerungsentscheidung im **Ermessen** der BaFin. Bei der Ausübung wird sie darauf abzustellen haben, ob die Übernahme feindlich oder freundlich ist. Im letzteren Fall dürfte eine Fristverlängerung leichter zu begründen sein. Ansonsten stehen die Interessen der Zielgesellschaft an rascher Verfahrensdurchführung einer Verlängerung regelmäßig entgegen, da es grundsätzlich das Problem des Bieters ist, wie und woher er die Gegenleistung nimmt. Es besteht kein Anlass, einen Bieter insoweit allein deshalb besser zu behandeln, weil er in der Rechtsform der Aktiengesellschaft organisiert ist. Wenn der Gesetzgeber meint, das Organisationsrecht der AG sei zu rigide, so muss er entsprechende Änderungen im AktG vornehmen. Im WpÜG haben sie keinen Platz, soweit dieses den Bieter und nicht die Zielgesellschaft betrifft.

**10**    Das **Ermessen** der BaFin wird **nicht** etwa **auf Null reduziert,** wenn der Bieter bei Einhaltung der deutschen Übermittlungsfrist gegen ausländisches Recht verstieße.[22] Bei anderer Bewertung könnte ein ausländischer Gesetzgeber die BaFin zu bestimmten Entscheidungen zwingen, was dem Territorialitätsprinzip widerspräche. Die Behörde ist im Verhältnis zu ausländischen Behörden autonom. Eine Ermessensreduzierung kann auch nicht mit dem Gedanken gerechtfertigt werden, dass dem Bieter ein Verstoß gegen ausländisches Recht nicht zumutbar ist. Vielmehr ist der Bieter in allen Fällen, in denen er sich nach deutschem Recht rechtlich einwandfrei verhält, im Inland vor abweichendem ausländischen Recht wirksam geschützt. Das bestätigt im Übrigen auch die Regelung des § 24. Denn eine Herausnahme ausländischer Wertpapierinhaber vom Geltungsbereich des Angebots muss keineswegs von ausländischen Behörden anerkannt sein. Es kann durchaus sein, dass die ausländische Behörde die von der BaFin angeordnete Herausnahme ablehnt und den Bieter zum Schadensersatz heranzieht. Wenn gleichwohl eine solche Herausnahme in § 24

---

[15]  Assmann/Pötzsch/Schneider/*Assmann* Rn. 5 mwN in Fn. 7.

[16]  Die Verlängerungsmöglichkeit war in der Stellungnahme vom 29.9.2001 des DAV-Handelsrechtsausschuss, ZIP 2001, 1736 vorgeschlagen worden; vgl. auch Angerer/Geibel/Süßmann/*Geibel/Süßmann* Rn. 22.

[17]  Angerer/Geibel/Süßmann/*Geibel/Süßmann* Rn. 27; Steinmeyer/*Bastian* Rn. 10.

[18]  Viel zu weit daher die Beschreibung dieser Voraussetzung bei Angerer/Geibel/Süßmann/*Geibel/Süßmann* Rn. 23; Steinmeyer/*Bastian* Rn. 12; Baums/Thoma/*Thoma* Rn. 36; *Behnke* WM 2002, 2229 (2232): woher soll die BaFin wissen, dass nicht mindestens ein Aktionär der Zielgesellschaft im Ausland sitzt?; mE nicht mehr mit dem Wortlaut vereinbar Assmann/Pötzsch/Schneider/*Assmann* Rn. 11: Grenzüberschreitung auch bei Sitz des Bieters im Ausland.

[19]  Was eine Kapitalmaßnahme und wann sie „erforderlich" ist, ist unklar, insbesondere bei ausländischen Bietern. Nach hM sind Satzungsänderungen sowohl für Bar- als auch Sachkapitalerhöhungen gemeint, s. etwa Baums/Thoma/*Thoma* Rn. 39 f.; Assmann/Pötzsch/Schneider/*Assmann* Rn. 12 f. Zwingend ist das nicht. Der Bieter hat jedenfalls der BaFin die Gründe für die beantragte Verlängerung darzulegen, diese muss sie gegen die Interessen der Zielgesellschaft abwägen, FK-WpÜG/*Scholz* Rn. 26 mwN.

[20]  BT-Drs. 14/7477, 52.

[21]  BT-Drs. 14/7477, 52.

[22]  AA die hM, vgl. Angerer/Geibel/Süßmann/*Geibel/Süßmann* Rn. 26 mwN.

für möglich erachtet wird, dann deshalb, weil die ausländische behördliche oder gesetzliche Entscheidung im Inland nicht anerkannt wird. Der deutsche Gesetzgeber muss sich in Bezug auf Gesellschaften mit Sitz im Inland ausländischem Druck nicht beugen, sondern kann deren Übernahme autonom regeln.

**3. Bestätigung des Eingangs durch die BaFin.** Die BaFin bestätigt dem Bieter gem.  **11** Abs. 1 S. 2, an welchem Tag die Angebotsunterlage im Original[23] bei ihr eingegangen ist. Die Bestätigung durch die Behörde erfolgt im Allgemeinen per Fax[24] und dient (nur) der Information des Bieters, der damit den Zeitpunkt seiner Veröffentlichungspflicht gem. Abs. 2 S. 1 berechnen kann, falls ihm die Veröffentlichung des Angebots nicht vorher ausdrücklich gestattet wird.[25]

### III. Veröffentlichung der Angebotsunterlage nach Prüfung (Abs. 2 und 3)

**1. Prüfung der Unterlage durch die BaFin (Abs. 2 S. 1). a) Zum Inhalt und den**  **12** **Maßstäben der Prüfung.** Näher → § 15 Rn. 2. Eine tatsächliche Prüfung durch die BaFin ist keine Voraussetzung für eine Veröffentlichung der Unterlage durch den Bieter.[26] Die BaFin prüft die Vollständigkeit und Richtigkeit der Unterlage nur im öffentlichen Interesse und ohne Anspruch auf Verbindlichkeit im Verhältnis von Adressaten oder Zielgesellschaft zum Bieter (vgl. auch → Rn. 18).

**b) Zeitraum für die Prüfung. aa) Allgemeines.** Die BaFin hat zunächst während  **13** einer Frist von 10 Werktagen seit Eingang der Angebotsunterlage die Möglichkeit zur Überprüfung auf Vollständigkeit (und eingeschränkt auf Richtigkeit) entsprechend den bei § 15 dargestellten Maßstäben. Die Frist bedeutet nicht, dass die BaFin nach ihrem Ablauf keine weitere Überprüfung der Unterlage vornehmen darf, vielmehr hat der Fristablauf nur die erste Freigabe der Unterlage zur Folge.[27] Ist die Prüfung vor Ablauf der Frist beendet und bestehen keine Anhaltspunkte für eine Untersagung, so wird die BaFin regelmäßig eine **ausdrückliche Gestattung** aussprechen.[28] Insoweit sei jedenfalls teilweise auf die bisherige Handhabung bei § 8a VerkProspG aF verwiesen.[29]

Bis zum Ablauf der Prüfungsfrist besteht ein Verbot der Veröffentlichung, das die BaFin  **14** ggf. um bis zu fünf Werktage verlängern kann (→ Rn. 17, → Rn. 24). Nach Ablauf der Prüfungsfrist besteht für den Bieter insoweit Klarheit, als er entweder eine Untersagungsverfügung erhalten hat oder Gelegenheit zur Verbesserung der Unterlage in Form einer Frist-

---

[23] Wie hier Steinmeyer/*Bastian* Rn. 14; aA Baums/Thoma/*Thoma* Rn. 34: bereits der Eingang eines Telefaxes sei zu bestätigen. Dies kommt aber erst dann in Betracht, wenn feststeht, dass er auch fristwahrende bzw. fristauslösende Bedeutung hat, dh nur und erst dann, wenn das Original unverzüglich nachgereicht wurde. Die Praxis der BaFin lässt ein derartiges Vorgehen ohnehin nicht zu.

[24] *Lenz*/*Behnke* BKR 2003, 43 (45).

[25] Ebenso Angerer/Geibel/Süßmann/*Geibel*/*Süßmann* Rn. 21; BT-Drs. 14/7034, 44; FK-WpÜG/*Scholz* Rn. 21.

[26] Irreführend die Überschrift vor Angerer/Geibel/Süßmann/*Geibel*/*Süßmann* Rn. 28: Prüfung als Veröffentlichungsvoraussetzung.

[27] AA offenbar Ehricke/Ekkenga/Oechsler/*Oechsler* § 5 Rn. 10.

[28] Zur vorzeitigen Gestattung verpflichtet ist die BaFin allerdings nicht, denn die Regelung in Abs. 2 S. 1 dient namentlich auch der Erleichterung ihrer Arbeit. Da sie nur zur Prüfung innerhalb von zehn Tagen verpflichtet ist, kann eine Übererfüllung ihrer Pflichten zu Rechtsschutzmöglichkeiten des Bieters führen; aA Angerer/Geibel/Süßmann/*Geibel*/*Süßmann* Rn. 32; Baums/Thoma/*Thoma* Rn. 58; Steinmeyer/*Bastian* Rn. 17.

[29] Bek. des BAWe zu § 8 VerkProspG idF vom 6.9.1999, BAnz. Nr. 177 vom 21.9.1999, 16180: 2. Gestattung und Untersagung: „Die Veröffentlichung des Verkaufsprospekts wird gestattet, sobald die Vollständigkeitsprüfung mit positivem Ergebnis abgeschlossen ist, auch wenn dieser Zeitpunkt vor Ablauf der zehn Werktage liegt. Da die Verkaufsprospekte nach der Reihenfolge ihres Eingangs beim Bundesaufsichtsamt geprüft werden, erfolgt diese vorzeitige Gestattung unabhängig von einem etwaigen Antrag des Anbieters auf Gestattung. Das Bundesaufsichtsamt untersagt die Veröffentlichung eines Verkaufsprospekts, bei dem die Angaben fehlen, die nach § 7 Abs. 1 Verkaufsprospektgesetz oder auf Grund der Verkaufsprospekt – Verordnung vorgeschrieben sind, wenn der Anbieter die fehlenden Angaben nicht innerhalb der zehntägigen Frist des § 8a Abs. 1 Verkaufsprospektgesetz ergänzt […]".

verlängerung erhalten hat oder aber die Angebotsunterlage unverändert veröffentlichen kann. Eine Beschränkung der Untersagungsmöglichkeit der BaFin gem. § 15 ist mit der Veröffentlichungserlaubnis allerdings nicht verbunden.

**15**    **bb) Fristlauf.** Die Prüfungszeitraum von zehn Werktagen beginnt nach dem ausdrücklichen Wortlaut („seit dem Eingang der Angebotsunterlage") gem. § 187 Abs. 1 BGB am Tag nach Eingang der Unterlage bei der BaFin, nicht etwa nach dem Zugang der Eingangsbestätigung durch die BaFin iSv → Rn. 11 beim Bieter.[30] Die Frist endet gem. § 188 Abs. 1 am letzten Tag der Frist, sofern dieser ein Werktag ist. Bei der Zählung werden die Sonn- und Feiertage weggelassen. Da kaum zu erwarten ist, dass die BaFin Fragen der frühestmöglichen Veröffentlichung in ihrer Praxis anders handhaben wird als sie bzw. das BAWe dies bisher bei der vergleichbaren Frist des § 8a VerkProspG getan haben, sei insoweit auf die entsprechende Bekanntmachung des BAWe zur Frage des Ablaufs der Zehntagefrist an einem Sonnabend oder Sonn- und Feiertag verwiesen.[31]

**Beispiel:**

**16**    Eingang am 1.8. (Montag), gezählt werden Dienstag bis Samstag (fünf Werktage) und anschließend Montag bis Freitag, den 12.8. (nochmals fünf Werktage). Am Freitag läuft um 24 Uhr die Prüfungsfrist ab. Am Samstag, den 13.8. kann (und muss) die Veröffentlichung der Angebotsunterlage mindestens im Internet (vgl. → Rn. 26) erfolgen, wenn nicht zuvor Beanstandungen erfolgten und die Frist nach Abs. 2 S. 3 verlängert wurde oder das Angebot untersagt ist.

**17**    **cc) Fristverlängerung.** Das Gesetz spricht in Abs. 2 S. 3 von einer Verlängerung der Frist des Abs. 2 S. 1. Das ist insoweit irreführend, als die BaFin ihre eigene Prüfungsfrist nicht verlängern kann. Denn die Verlängerung kann nur nach bereits erfolgter Prüfung und tatsächlich vorhandener Mängel der Unterlage ausgesprochen werden. Sie dient damit allein der Verlängerung des Veröffentlichungsverbotes des Abs. 2 S. 2 und der Beseitigung von Fehlern der Unterlage (→ Rn. 24).

**18**    **c) Gestattung oder Untersagung als vorläufiger Abschluss des Prüfungsverfahrens. aa) Allgemeines.** Das Prüfungsverfahren schließt entweder mit einer ausdrücklichen oder aus dem Fristablauf zu entnehmenden Gestattung der Veröffentlichung der Angebotsunterlage oder aber mit deren Untersagung. Zu den Voraussetzungen und Folgen einer Untersagung → § 15 Rn. 1 ff.

**19**    **bb) Keine Wirkung von Fristablauf oder Gestattung im Verhältnis zu Dritten.** Gestattung oder Fristablauf ohne Untersagung haben lediglich die vorläufige öffentlich-rechtliche Freigabe der Angebotsunterlage zur Folge. Da andere ein rechtlich geschütztes Interesse an der Nichtveröffentlichung haben können (insbesondere die Zielgesellschaft), die BaFin die Untersagung jedoch gem. § 4 Abs. 2 nur aus öffentlich-rechtlicher Sicht prüft, kann die Gestattung keine abschließende Entscheidung zulasten dieser Dritten haben. Andererseits ist auch kein öffentlich-rechtlicher Rechtsschutz des Dritten gegen die Gestattung oder das Verstreichenlassen der Frist möglich.[32]

---

[30] FK-WpÜG/*Scholz* Rn. 36; Baums/Thoma/*Thoma* Rn. 62.
[31] Bek. des BAWe zu § 8 VerkProspG idF vom 6.9.1999, BAnz. Nr. 177 vom 21.9.1999, 16180: „1. Frist. […] Fällt das Ende der Frist von zehn Werktagen auf einen Samstag, so endet die Frist mit Ablauf dieses Samstags; eine Verschiebung des Fristablaufs auf den darauf folgenden Werktag findet nicht statt. Bei der zehntägigen Frist des § 8a Abs. 1 Verkaufsprospektgesetz ist zu beachten, dass nur Werktage erfasst werden, dh Sonntage und Feiertage werden bei Berechnung dieser Frist nicht mitgezählt. Bei der Fristberechnung nach § 8a Abs. 1 Verkaufsprospektgesetz werden nur bundeseinheitlich festgelegte Feiertage berücksichtigt. Das Fristende kann nicht auf einen Sonn- oder Feiertag fallen. […]".
Die Anordnung des möglichen Fristendes an einem Samstag dürfte nicht gegen § 193 BGB oder gegen § 31 Abs. 3 VwVfG verstoßen, da es hier der Sache nach um das Ende des Veröffentlichungsverbots geht, also um eine den Bieter begünstigende Regelung. Daher dürfte auch die Nichtberücksichtigung anderer als bundeseinheitlicher Feiertage möglich sein; ähnlich Steinmeyer/*Bastian* Rn. 22.
[32] OLG Frankfurt ZIP 2003, 1251 – Wella; dazu *Seibt* ZIP 2003, 1865 (1870 ff.); ähnlich Steinmeyer/*Bastian* Rn. 28 f.

**d) Praxis des Prüfungsverfahrens.** In der bisherigen Praxis hat sich im Hinblick auf 20 eine mögliche Untersagung der Angebotsunterlage gem. § 15 Abs. 1 Nr. 1 und 2 eine bestimmte Verfahrensweise herausgebildet:[33] Die BaFin nimmt zunächst eine Prüfung innerhalb der Zehntagefrist vor. Bei Mängeln wird dem Bieter neben einer Unterrichtung über die Mängel eine Erörterung angeboten, je nach Zeitablauf bereits verbunden mit einer Fristverlängerung nach Abs. 2 S. 3. Durch Mängelmitteilung und/oder -Erörterung soll dem Bieter Gelegenheit zur Überarbeitung gegeben werden. Verbleibt nach Erörterung nicht noch genügend Zeit für eine Überarbeitung innerhalb der Zehntagefrist, wird ein Verlängerungsbescheid, soweit nötig, nach der Erörterung dem Bieter zugestellt.

**2. Verbot der Veröffentlichung/Bekanntmachung vor Abschluss der Prüfung** 21 **(Abs. 2 S. 2). a) Allgemeines.** Durch die Regelung des Abs. 2 S. 2 soll der BaFin Gelegenheit zur exklusiven Prüfung der Angebotsunterlage gegeben werden. Würde die Unterlage schon vor Abschluss der Prüfung bekannt gemacht, könnte die BaFin durch die öffentlich geäußerte Meinung (zB von Analysten oder anderen) in ihrer Entscheidung beeinflusst werden. Während der Prüfung durch die BaFin darf der Bieter die Angebotsunterlage daher nicht bekannt geben, dh veröffentlichen oder einem unbestimmten Personenkreis zugänglich machen,[34] wohl aber bei freundlichen Angeboten dem Vorstand der Zielgesellschaft.[35] Geschieht gleichwohl eine zu frühe Veröffentlichung des Angebots, so kann die BaFin allerdings nicht allein deshalb das Angebot untersagen; der Bieter begeht in diesem Fall nur eine Ordnungswidrigkeit (vgl. näher → § 15 Rn. 26).[36]

**b) Beginn des Veröffentlichungsverbotes.** Das Verbot der Bekanntgabe der Ange- 22 botsunterlage beginnt bereits vor Fertigstellung der Angebotsunterlage, nämlich mit der Entscheidung zur Abgabe des Angebots. Das folgt logisch zwingend schon daraus, dass eine einmal erfolgte Veröffentlichung nicht rückgängig gemacht werden kann. Ob dies Folgen für den Inhalt der in § 10 angeordneten Veröffentlichung hat, ist bei → § 10 Rn. 68 erläutert.

**c) Ende des Veröffentlichungsverbotes.** Das Veröffentlichungsverbot endet, wenn 23 entweder die zehntägige Prüfungsfrist von → Rn. 13 f. abgelaufen ist, ohne dass die BaFin das Angebot untersagt hat oder schon vorher, indem die BaFin die Veröffentlichung vor Ablauf der Zehntagefrist ausdrücklich gestattet.

**d) Verlängerung des Veröffentlichungsverbotes (Abs. 2 S. 3).** Problematisch ist der 24 Fall der gem. Abs. 2 S. 3 verlängerten Frist: Die Behörde hat bei der Prüfung Mängel festgestellt und dem Bieter einen Verlängerungsbescheid nach Abs. 2 S. 3 erteilt. Dieser Bescheid verlängert zunächst einmal jedenfalls die Dauer des Veröffentlichungsverbots nach Abs. 2 S. 2.[37] In diesem Fall endet das Veröffentlichungsverbot – entgegen dem durch den Gesetzeswortlaut geschaffenen Eindruck – jedoch auch nicht automatisch am Ende der verlängerten Frist, sondern allein durch ausdrückliche Gestattung der Behörde. Hat nämlich am Ende der verlängerten Frist der Bieter keine verbesserte Unterlage der Behörde übersandt, steht nach dem bisherigen Geschehen fest, dass sich bei der BaFin (nur) eine ungenügende und damit gesetzeswidrige Angebotsunterlage befindet. Ein solcher Tatbestand kann aber nicht das Veröffentlichungsrecht des Bieters auslösen, da die Behörde das vorhandene

---

[33] *Lenz/Linke* AG 2002, 361 (363).

[34] Assmann/Pötzsch/Schneider/*Assmann* Rn. 28; str. ist, ob nur Bieter Adressat des Verbots ist, so Angerer/Geibel/Süßmann/*Geibel/Süßmann* Rn. 42; aA Steinmeyer/*Bastian* Rn. 26: Bieter und Dritte; Baums/Thoma/*Thoma* Rn. 74; richtigerweise ist die Weitergabe an bestimmte Personen eine Frage des Insiderrechts, Assmann/Pötzsch/Schneider/*Assmann* Rn. 29; aA insoweit Angerer/Geibel/Süßmann/*Geibel/Süßmann* Rn. 41.

[35] So zutr. Angerer/Geibel/Süßmann/*Geibel/Süßmann* Rn. 43; Baums/Thoma/*Thoma* Rn. 75 f.; zu weitgehend wohl Assmann/Pötzsch/Schneider/*Assmann* Rn. 29: vorbehaltlich spezieller Vereinbarung auch an Aufsichtsrat der Zielgesellschaft zulässig.

[36] Wie hier Angerer/Geibel/Süßmann/*Geibel/Süßmann* Rn. 70; Baums/Thoma/*Thoma* Rn. 77; aA Steinmeyer/*Bastian* Rn. 26: Assmann/Pötzsch/Schneider/*Assmann* Rn. 30: Untersagung über allgemeine Missstandsaufsicht des § 4 Abs. 1 S. 3, das widerspricht aber der in § 15 vorgenommenen gesetzgeberischen Entscheidung.

[37] So auch Steinmeyer/*Bastian* Rn. 25.

Angebot ja gem. § 15 Abs. 1 Nr. 2 zu untersagen hat. In einem solchen Fall bleibt daher nur die Möglichkeit, das durch die Fristverlängerung verlängerte Veröffentlichungsverbot zu perpetuieren. Die Fristverlängerung ist in Wahrheit deshalb eine Nachfristsetzung mit vorläufiger unbefristeter Untersagung der Veröffentlichung. Bleibt die Behörde untätig, muss der Bieter sie deshalb zur Gestattung auffordern, ohne eine solche darf er die Angebotsunterlage überhaupt nicht veröffentlichen.

25    **3. Danach: Pflicht zur Veröffentlichung (Abs. 2 S. 1).** Nach dem Ende des Bekanntmachungsverbots entsteht unmittelbar eine Pflicht des Bieters zur ordnungsgemäßen Veröffentlichung in der von Abs. 3 vorgeschriebenen Art und Weise. Die Veröffentlichungspflicht folgt **im Grundsatz** bereits aus § 11 Abs. 1 S. 1 Alt. 2; Abs. 2 S. 1 legt nur einen Termin bzw. eine Frist für die Veröffentlichung fest.

26    Die Veröffentlichung hat **unverzüglich nach Ende des Verbots** zu erfolgen. Da der Bieter erst am Ende der Zehntagefrist sicher sein kann, dass er die Angebotsunterlage wie gewünscht veröffentlichen kann, geht die Lit. zum Teil davon aus, ihm sei kaum zuzumuten, bereits am nächsten Tag sämtliche Anforderungen des Abs. 3 S. 1 erfüllt zu haben. Insbesondere bei Wahl der Schalterpublizität müsste die Unterlage in hoher Auflage gedruckt werden, was selbst bei zureichender Vorbereitung eine gewisse Zeit erfordere.[38] Dem kann nicht zugestimmt werden. Der Bieter kann die Unterlage praktisch sofort ins Internet stellen. Die Veröffentlichung im Bundesanzeiger kann grundsätzlich so vorbereitet werden, dass sie **am nächsten Tag** erscheinen kann. Anders als im Rahmen des § 10 (→ § 10 Rn. 63) ist die Internetadresse der Unterlage den Adressaten aus ebendieser Veröffentlichung gem. § 10 auch bereits bekannt. Für die Schalterpublizität mag es hingegen ausreichen, wenn die Unterlage bei den entsprechenden Stellen erst zwei bis drei Tage später bereitliegt. (vgl. → Rn. 33). Die Veröffentlichung hat dementsprechend am nächsten Tag nach Fristablauf zu beginnen.[39]

27    **4. Art und Weise der Veröffentlichung (Abs. 3). a) Allgemeines.** Der Bieter hat die Angebotsunterlage sowohl in das Internet zu stellen als auch entweder im Bundesanzeiger zu veröffentlichen oder sie – was vermutlich praktisch ausschließlich gewählt wird – bei geeigneten Stellen bereitzuhalten und im eBundesanzeiger nur zu veröffentlichen, wo das geschieht (sog. Schalterpublizität). Anschließend ist die BaFin über den vom Bieter gewählten Weg zu informieren (Abs. 3 S. 2). Leider hat der Gesetzgeber nicht dafür gesorgt, dass die Angebotsadressaten auch tatsächlich von einem Angebot erfahren, was sich durch eine entsprechende Hinweispflicht durch die depotführende Bank leicht hätte in die Praxis umsetzen lassen.[40] Immerhin kann man sich durch einen Blick auf die Homepage der BaFin jederzeit über die zurzeit laufenden oder angekündigten Angebote informieren, entweder sind die Unterlagen dort bereits zum Download verfügbar oder es ist jedenfalls die entsprechende Internetseite angegeben. Gesetzlich vorgeschrieben ist dies nicht. Da zudem in jeder Angebotsunterlage gem. § 2 Nr. 10 WpÜG-AV ein Hinweis über den Veröffentlichungsort enthalten ist, kann man der Unterlage selbst immerhin entnehmen, wo die späteren Veröffentlichungen nach § 23 oder von Angebotsänderungen erfolgen werden.

28    **b) Bekanntgabe im Internet (Abs. 3 S. 1 Nr. 1).** Ziel dieser dem Bieter vorgeschriebenen Veröffentlichungsart ist es, den Adressaten die Unterlage möglichst einfach und schnell allgemein zugänglich zu machen. Eine Veröffentlichung kommt sowohl auf der Homepage des Bieters als auch auf einer eigens für das Angebot eingerichteten Homepage in Betracht. Das Gesetz enthält keinerlei Vorgaben dafür, unter welchen Umständen eine

---

[38] Angerer/Geibel/Süßmann/*Geibel/Süßmann* Rn. 40; Baums/Thoma/*Thoma* Rn. 71; FK-WpÜG/*Scholz* Rn. 42: zwei bis drei Tage.

[39] Für enge Maßstäbe auch FK-WpÜG/*Scholz* Rn. 42.

[40] Vgl. zu Ziff. 16 SoBedWp der deutschen Banken Angerer/Geibel/Süßmann/*Geibel/Süßmann* Rn. 56; FK-WpÜG/*Scholz* Rn. 48; *Riehmer/Schröder* BB-Beil. 5/2001, 1 (8): Ziff. 16 SoBedWp sei Konkretisierung des § 666 BGB; insbes. bei Pflichtangeboten hätte eine Pflicht zur Verbreitung zumindest der Internet-Adresse der Unterlage über das WM-System nahe gelegen.

Veröffentlichung im Internet als **ordnungsgemäß** erfolgt anzusehen ist. Art. 21 Prospekt-VO, der insoweit sinnvolle Vorgaben enthält, ist leider nicht anwendbar. Konkrete Anforderungen sind daher aus dem Zweck der Vorschrift zu entwickeln.

Die Veröffentlichung ist nicht ordnungsgemäß, wenn sie in einer so **großen Datei** 29 erfolgt, dass ein Herunterladen für die Adressaten unzumutbar wird. Wo die Grenze liegt, kann zwar nicht genau bestimmt werden, doch ist davon auszugehen, dass die Veröffentlichung jedenfalls dann nicht mehr ordnungsgemäß ist, wenn die Ladezeit für das Dokument länger dauert als der Weg zum Bankschalter. Es kommt auf die Umstände des Einzelfalls an, insbesondere bei Pflichtangeboten sollte man aber ein Auge auf den Umfang des Dokuments haben.

Der Bieter darf die Angebotsunterlage nicht in **Dateiformaten** ins Internet stellen, die 30 nicht ausreichend verbreitet sind.[41] Eine Veröffentlichung als pdf-Datei, wie sie die Regel ohne Ausnahme zu sein scheint, dürfte zulässig sein, wenngleich die Dateigröße dieses Formats, insbesondere bei Verwendung von Grafiken, schnell das den Adressaten zumutbare Maß überschreiten kann. Ebenfalls zulässig dürften Dokumente im Text-Format (txt) oder im Rich Text Format (rtf) sein. Dagegen werden möglicherweise einige Adressaten unnötigerweise von der Lektüre ausgeschlossen, wenn ein Format verwendet wird, das zu einer bestimmten Textverarbeitungssoftware gehört, wie zB WordPerfect- (wpd) oder Microsoft Word-Dokumente (docx).[42] Eine generelle Aussage kann im Übrigen nur dahingehend gemacht werden, dass nicht verbreitete Formate auch nicht verwendet werden dürfen, es sei denn, eine entsprechende Software zum Lesen der Angebotsunterlage sowie eine verständliche Anleitung werden zur Verfügung gestellt.

Der Bieter kann zwar nicht für etwaige Ausfälle der **Verbindung** einzustehen haben, 31 wohl aber für eine ordnungsgemäße Auswahl des Providers. Er muss insoweit – je nach Größe der Zielgesellschaft und ihres Aktionärskreises – auch für eine angemessen schnelle Verbindung sorgen.

**c) Bekanntgabe im Bundesanzeiger oder Schalterpublizität (Abs. 3 S. 1 Nr. 2).** 32 **aa) Bekanntgabe im Bundesanzeiger.** Wird die erste Alternative gewählt, so ist die gesamte Angebotsunterlage im (elektronischen)[43] Bundesanzeiger zu veröffentlichen. Die frühere Möglichkeit, das Angebot in einem Börsenpflichtblatt[44] abzudrucken, ist entfallen. In der Praxis wurde von dieser Möglichkeit wegen der damit verbundenen Kosten ohnehin kein Gebrauch gemacht.[45]

**bb) Schalterpublizität.** Der Bieter kann die Unterlage auch bei einer geeigneten Stelle 33 im Inland bereit halten und im Bundesanzeiger nur veröffentlichen, wo die geeignete Stelle sich befindet (sog. Hinweisbekanntmachung). In der Bekanntgabe im Internet liegt nicht zugleich ein Bereithalten zur kostenlosen Ausgabe, wie sich aus der zusätzlichen Pflicht des Bieters nach Nr. 1 zweifelsfrei ergibt.[46] Zulässig ist es aber, bei der in der Bekanntmachung genannten Stelle lediglich einen Drucker und die entsprechende Datei oder einen Internetzugang vorzuhalten, so dass ad hoc ein Ausdruck erstellt werden kann.[47] Da dem Bieter allerdings nicht vorgeschrieben werden kann, diesen Weg zu wählen, dürfte es ausreichend sein, wenn der Veröffentlichungsvorgang, der mit der Veröffentlichung im Internet beginnt,

---

[41] Ebenso Angerer/Geibel/Süßmann/*Geibel/Süßmann* Rn. 47; Baums/Thoma/*Thoma* Rn. 83; Steinmeyer/*Bastian* Rn. 30.

[42] AA wohl Steinmeyer/*Bastian* Rn. 30.

[43] Nachdem der BAnz. nur noch über das Internet herausgegeben wird, wurde das Wort „elektronisch" aus dem Gesetzeswortlaut gestrichen durch Gesetz vom 22.12.2011 (BGBl. 2011 I 3044); zum elektronischen BAnz. nach wie vor *Noack* AG 2003, 537 ff.

[44] Im Wesentlichen die Tageszeitungen mit überregionaler Verbreitung und die Börsen-Zeitung; vgl. näher § 37 Abs. 4 BörsG und Kommentare.

[45] Vgl. auch *Groß*, Kapitalmarktrecht, 2. Aufl. 2002, BörsG §§ 36–39 Rn. 17.

[46] Mit anderer Begr. Angerer/Geibel/Süßmann/*Geibel/Süßmann* Rn. 53; *Groß*, Kapitalmarktrecht, 4. Aufl. 2009, VerkProspG § 9 Rn. 4.

[47] Ebenso Angerer/Geibel/Süßmann/*Geibel/Süßmann* Rn. 54.

insgesamt erst nach zwei bis drei Tagen abgeschlossen ist. Ferner soll der Bieter in der Hinweisbekanntmachung die Internet-Adresse mitteilen, unter der die Angebotsunterlage veröffentlicht ist. Die Einfügung dieser neuen Vorschrift durch das Übernahme-RL-UG ist vor dem Hintergrund von § 10 Abs. 3 S. 2 nicht verständlich: Warum soll der Bieter die bereits öffentlich bekannte Adresse wiederholen? Bei einer Abweichung von der bereits genannten Adresse ist jedenfalls nicht ordnungsgemäß veröffentlicht (mit der Folge der Untersagungsmöglichkeit nach § 15 Abs. 2).

**34**    **d) Mitteilung an die BaFin (Abs. 3 S. 2).** Der BaFin ist ein Beleg über die Veröffentlichung nach Abs. 3 S. 1 Nr. 2, also über die Bekanntgabe im Bundesanzeiger oder über die Hinweisbekanntmachung zuzusenden, damit sie die Einhaltung der Verpflichtungen wirksam kontrollieren kann.

### 5. Rechtsfolgen der Veröffentlichung.

**35** – Beginn der Annahmefrist des § 16 gem. § 16 Abs. 1 S. 2.
– Beginn der Wochenfrist für die erste Zwischenveröffentlichung nach § 23 Abs. 1 Nr. 1 sowie des Zeitraums der Veröffentlichungspflicht für Parallel- oder Nacherwerben gem. § 23 Abs. 2.
– Beginn der Berücksichtigung von Parallelerwerben für das Auslösen von Nachbesserungspflichten nach § 31 Abs. 4.
– Beginn des dreijährigen Verjährungszeitraums für die Haftung von Bieter und anderen Personen nach § 12 Abs. 4 Alt. 2.

### IV. Mitteilung der Angebotsunterlage (Abs. 4)

**36**    **1. Pflichten des Bieters.** § 14 Abs. 4 S. 1 schreibt dem Bieter vor, dem Vorstand der Zielgesellschaft unverzüglich die Angebotsunterlage zu übermitteln. Zweck der Vorschrift ist es, dem Vorstand die Abgabe seiner Stellungnahme nach § 27 und die Erfüllung seiner Pflichten nach Abs. 4 S. 2 zu ermöglichen.[48] Die Angebotsunterlage ist nur dem Vorstand zu übermitteln, dieser hat seinerseits den Aufsichtsrat nach § 90 Abs. 1 S. 3 Hs. 1 AktG zu informieren, die Übermittlung an ein Mitglied des Vorstands ist ausreichend nach § 78 Abs. 2 S. 2 AktG.[49] Die Unterlage ist **unverzüglich nach Veröffentlichung zu übermitteln.** Unter **Übermittlung** könnte man bei unbefangener Betrachtung und in Anlehnung an die Gesetzesformulierung des Abs. 1 („die Angebotsunterlage") verstehen, dass der Vorstand ein (ausgedrucktes) Exemplar der Unterlage zu erhalten hat. Bei freundlichen Übernahmen wird das unproblematisch sein, bei feindlichen sind Rechtsstreitigkeiten über die Erfüllung der Vorschrift denkbar. Insbesondere könnte später der Vorstand behaupten, die ihm übermittelte Unterlage weiche inhaltlich von der veröffentlichten ab. Um solches zu vermeiden, sollte entgegen der wohl überwiegenden Auffassung[50] eine gültige Übermittlung auch dann angenommen werden, wenn dem Vorstand ein Hinweis auf die erfolgte Veröffentlichung der Angebotsunterlage zugeht.[51] Für den Nachweis des Zugangs dieser Mitteilung kann der Bieter selbst sorgen. Der beabsichtigten Information wird durch einen Hinweis auf die Internet-Adresse insbesondere auch deshalb Genüge getan, weil nicht einmal die Angebotsadressaten selbst angesichts der Möglichkeit der vollständigen Veröffentlichung im eBundesanzeiger zwingend ein gedrucktes Exemplar erhalten können. Ferner spricht dafür auch die neu eingefügte Vorschrift des Abs. 4 S. 3, nach der der Bieter die Unterlage auch seinem Betriebsrat bzw. mangels Vorhandenseins eines solchen seinen Arbeitnehmern die Unterlage zu übermitteln hat, was nach allgemeiner Auffassung eben gerade nicht bedeutet, dass alle Arbeitnehmer einen Ausdruck erhalten müssen (vgl. sinnge-

---

[48] Vgl. BT-Drs. 14/7034, 45.
[49] Angerer/Geibel/Süßmann/*Geibel/Süßmann* Rn. 59.
[50] Schwark/Zimmer/*Noack/Holzborn* Rn. 23; Assmann/Pötzsch/Schneider/*Assmann* Rn. 48; Steinmeyer/ *Bastian* Rn. 36 mwN in Fn. 49.
[51] Zu Recht Angerer/Geibel/Süßmann/*Geibel/Süßmann* Rn. 61; vgl. auch Kölner Komm WpÜG/*Seydel* Rn. 70; nicht eindeutig Baums/Thoma/*Thoma* Rn. 104.

mäß → Rn. 37). **Unverzüglich** meint ohne schuldhaftes Zögern; dh, dass der Hinweis möglichst noch am Tag der Veröffentlichung, spätestens am Tag danach zugegangen sein muss.

**2. Pflichten des Vorstands der Zielgesellschaft.** § 14 Abs. 4 S. 2 verlangt eine weitere **37** Übermittlung der Unterlage, nunmehr durch den Vorstand der Zielgesellschaft an den Betriebsrat oder die Arbeitnehmer (→ § 10 Rn. 73 ff.). In Bezug auf den Inhalt der Übermittlung ist wie schon für den Bieter davon auszugehen, dass den Arbeitnehmern der Gesellschaft kein Exemplar der Angebotsunterlage körperlich zugänglich zu machen ist. Vielmehr reicht ein Hinweis – am schwarzen Brett oder per E-Mail – darauf aus, wo die Angebotsunterlage im Internet zu finden ist und bei welcher Stelle sie ggf. zur Abholung bereitgehalten wird.[52] Arbeitsrechtlich mag sich in besonderen Fällen die Pflicht der Zielgesellschaft ergeben, den Arbeitnehmern auf irgendeine Weise Zugang zu einem ausgedruckten Exemplar zu verschaffen, wenn sie über keinen Internetzugang verfügen. Ist ein vorhandener Betriebsrat zu informieren, so hat der Arbeitgeber mit der Benachrichtigung des Vorsitzenden seine arbeitsrechtlichen Pflichten (vorbehaltlich einer Unterrichtung des Wirtschaftsausschusses; → § 10 Rn. 80) erfüllt, es ist dann dessen Sache, sich um die Information der Arbeitnehmer zu kümmern. Sind die Arbeitnehmer unmittelbar zu informieren, so dürfte ein Hinweis an mindestens einer Stelle in jedem Betrieb zur Erfüllung dieser Pflicht ausreichen (oder aber ein Rundschreiben). Auch hier ist davon auszugehen, dass diese Pflichten sofort, spätestens nach ein oder zwei Tagen erfüllt sein können und müssen.

### V. Sanktionen bei Verletzung einzelner Pflichten

Die Verletzung der in § 14 geregelten Veröffentlichungspflichten, -verbote, Übermittlungspflichten oder Mitteilungspflichten, ob nun durch einen falschen Zeitpunkt oder eine falsche Art und Weise bedingt, stellt gem. § 60 eine Ordnungswidrigkeit dar. Daneben führen insbesondere die **nicht erfolgte Übermittlung** der Unterlage an die BaFin[53] sowie die **verspätete oder nicht erfolgte Veröffentlichung** der Unterlage nach Ende des Veröffentlichungsverbots zu einer Untersagung nach näherer Maßgabe des § 15 mit der weiteren Folge einer Sperrfrist nach § 26; bei Verstoß gegen die vorgeschriebene Art und Weise der Veröffentlichung kann die BaFin immerhin untersagen. Wegen eines Verstoßes gegen das Bekanntmachungsverbot des Abs. 2 S. 2 sowie gegen die Übermittlungspflichten des Abs. 4 darf eine Untersagung hingegen nicht ausgesprochen werden. Schließlich ist bei **Pflichtangeboten** auf die Regelung des § 38 zu verweisen.

## § 15 Untersagung des Angebots

**(1) Die Bundesanstalt untersagt das Angebot, wenn**
1. **die Angebotsunterlage nicht die Angaben enthält, die nach § 11 Abs. 2 oder einer auf Grund des § 11 Abs. 4 erlassenen Rechtsverordnung erforderlich sind,**
2. **die in der Angebotsunterlage enthaltenen Angaben offensichtlich gegen Vorschriften dieses Gesetzes oder einer auf Grund dieses Gesetzes erlassenen Rechtsverordnung verstoßen,**
3. **der Bieter entgegen § 14 Abs. 1 Satz 1 der Bundesanstalt keine Angebotsunterlage übermittelt,**
4. **der Bieter entgegen § 14 Abs. 2 Satz 1 die Angebotsunterlage nicht veröffentlicht hat oder**
5. **die Veröffentlichung der Angebotsunterlage gegen die Sperrfristen nach § 26 Absatz 1 oder 2 verstößt oder der Bieter entgegen § 26 Absatz 1 oder 2 die**

---

[52] AA Angerer/Geibel/Süßmann/*Geibel/Süßmann* Rn. 66 aE, wenn nicht alle Arbeitnehmer über einen Internetzugang verfügen. Es dürfte aber doch wohl eher auf die Tatsache ankommen, dass in aller Regel wenigstens einige Arbeitnehmer über einen solchen Zugang verfügen.
[53] Beispiel bei OLG Frankfurt AG 2010, 296.

Entscheidung zur Veröffentlichung eines Angebots nach § 10 Absatz 3 Satz 1 veröffentlicht hat.

(2) Die Bundesanstalt kann das Angebot untersagen, wenn der Bieter die Veröffentlichung nicht in der in § 14 Abs. 3 Satz 1 vorgeschriebenen Form vornimmt.

(3) [1]Ist das Angebot nach Absatz 1 oder 2 untersagt worden, so ist die Veröffentlichung der Angebotsunterlage verboten. [2]Ein Rechtsgeschäft auf Grund eines nach Absatz 1 oder 2 untersagten Angebots ist nichtig.

**Schrifttum:** *Bulgrin/Danwerth,* Das erneute Angebot des Bieters im Lichte der Sperrfrist des § 26 WpÜG, BB 2020, 327; *Cahn,* Verwaltungsbefugnisse der Bundesanstalt für Finanzdienstleistungsaufsicht im Übernahmerecht und Rechtschutz Betroffener, ZHR 167 (2003), 262; *Klepsch/Schmiady/v. Buchwaldt,* Administration von Übernahmeverfahren in Kämmerer/Veil, Übernahme und Kapitalmarktrecht in der Reformdiskussion, 2013, 3; *Lenz/Linke,* Die Handhabung des WpÜG in der aufsichtsrechtlichen Praxis, AG 2002, 361; *Oechsler,* Rechtsgeschäftliche Anwendungsprobleme bei öffentlichen Übernahmeangeboten, ZIP 2003, 1330; *Pohlmann,* Rechtsschutz der Aktionäre der Zielgesellschaft im Wertpapiererwerbs- und Übernahmeverfahren, ZGR 2007, 1.

## I. Überblick

**1**  **1. Normzweck.** § 15 bildet die Rechtsgrundlage für **Untersagungsverfügungen** der BaFin. § 15 soll den Bieter dazu anhalten, bei öffentlichen Angeboten hinsichtlich Inhalts, Form und Verfahren die Vorschriften des WpÜG einzuhalten, da andernfalls eine Untersagung des Angebots durch die BaFin droht. Die Vorschrift unterstützt zum einen das in § 3 Abs. 2 niedergelegte Informationsziel des Gesetzes, dient andererseits aber auch der Verfahrensbeschleunigung iSd § 3 Abs. 4 S. 1.[1]

---

[1]  Näher Angerer/Geibel/Süßmann/*Angerer* Rn. 3; FK-WpÜG/*Scholz* Rn. 7 f.

**2. Inhalt.** Die BaFin hat öffentliche Angebote iSd § 2 Abs. 1 zu untersagen, wenn die **2** Angebotsunterlage **unvollständig** ist (Abs. 1 Nr. 1), wenn die Angaben, also der Angebotsinhalt **offensichtlich nicht gesetzeskonform** ist (Abs. 1 Nr. 2), wenn der BaFin die Angebotsunterlage **nicht rechtzeitig übermittelt** wird (Abs. 1 Nr. 3) oder sie nicht **rechtzeitig veröffentlicht** wird (Abs. 1 Nr. 4). Ein Ermessensspielraum für die BaFin besteht, wenn die **Veröffentlichung nicht ordnungsgemäß** erfolgt ist (Abs. 2). Nach Abs. 3 hat die Untersagungsverfügung zur **Folge,** dass noch nicht veröffentlichte Angebote nicht veröffentlicht werden dürfen; auf Grund des Angebots abgeschlossene Rechtsgeschäfte sind nichtig.[2] Weitere Rechtsfolgen sieht § 26 vor: Eine Untersagung löst eine einjährige Sperrfrist aus, innerhalb derer ein erneutes Angebot durch den Bieter unzulässig ist. Verstöße gegen Veröffentlichungs- und Neuangebotsverbot führen zu Sanktionen nach § 60.

**3. Besonderheiten bei Pflichtangeboten.** Gemäß § 39 gilt § 15 auch für Pflichtange- **3** bote nach § 35. Dieser Grundsatz ist allerdings in mehrfacher Hinsicht eingeschränkt.

Zunächst hat jede Untersagung nach § 15 **nicht** die einschneidende Rechtsfolge der **4** **einjährigen Sperrfrist** für ein erneutes Angebot. Das ordnet § 39 an (Nichtgeltung des § 26). Eine Sperrfrist hätte keinen Sinn, da der Bieter ja zum Angebot verpflichtet ist und bleibt.

Dementsprechend ist die **verspätete oder ordnungswidrige Veröffentlichung** durch **5** den Bieter nicht durch Untersagung mit Sperrfristfolge sanktioniert. So kann ein Pflichtangebot nicht nach § 15 Abs. 1 Nr. 4 oder Abs. 2 untersagt werden, weil insoweit die Verzinsungspflicht des Bieters nach **§ 38 Nr. 2 lex specialis** ist.[3] Das Pflichtangebot kann allerdings bei Abgabe einer **mangelhaften Angebotsunterlage** vorläufig gemäß § 15 Abs. 1 Nr. 1 und 2 untersagt werden, wie § 38 Nr. 3 voraussetzt. In diesem Fall gilt auch das Veröffentlichungsverbot nach § 15 Abs. 3, weil nur iSd § 15 Abs. 1 Nr. 1 und 2 mangelfreie Angebotsunterlagen veröffentlicht werden sollen.

Die Möglichkeit einer Untersagung nach § 15 Abs. 1 Nr. 3 wegen **verspäteter oder** **6** **nicht erfolgter Übermittlung der Unterlage** an die BaFin wird in § 38 Nr. 3 vorausgesetzt. Gleichwohl ist sie fraglich, da die Pflichtangebotsunterlage nicht nach § 14 Abs. 1 S. 1 der BaFin zu übermitteln ist, sondern nach § 35 Abs. 2 S. 1. Zwar beträgt die Frist dafür ebenso wie in § 14 Abs. 1 S. 1 vier Wochen, doch ist § 15 Abs. 1 Nr. 3 auf Fälle zugeschnitten, in denen der Bieter ein freiwilliges Angebot verzögert. Verzögerungen sind im Rahmen des Pflichtangebotes bereits durch die Verzinsungspflicht des § 38 ausreichend sanktioniert. Die Untersagung des Pflichtangebots wäre bei einer ordnungsgemäßen Angebotsunterlage mit der Rechtsfolge des Veröffentlichungsverbots praktisch sinnfrei, weil genau diese Angebotsunterlage möglichst rasch eben doch zu veröffentlichen wäre.[4] Allerdings wird man der BaFin aufgrund von § 15 Abs. 1 Nr. 3 die Möglichkeit geben müssen, eine vorläufige Untersagungsverfügung zu erlassen, mit der die Vorabprüfung durch die Anstalt gesichert wird. Eine Untersagung hat dann zur Folge, dass eine Veröffentlichung ohne Vorabmitteilung an die BaFin den Bußgeldtatbestand des § 60 Abs. 1 Nr. 6 verwirklicht.

**4. Untersagungsverfahren. a) Verfahrensvorschriften.** Für das Verfahren, das zur **7** Untersagung führt, gelten die Vorschriften des VwVfG, soweit nicht die §§ 40 ff. Abweichungen enthalten. Vor der Untersagung ist dem Bieter gem. § 28 VwVfG Gelegenheit zur **Stellungnahme** zu geben. Hinsichtlich der **Ermittlungsbefugnisse** der BaFin modifiziert § 40 die Vorschrift des § 26 VwVfG (→ § 40 Rn. 4). Der **Verwaltungsakt** muss gem. § 37 VwVfG hinreichend bestimmt sein. Er kann nach dem Grundsatz der

---

[2] Übersicht über die Praxis der BaFin bei *Klepsch/Schmiady/v. Buchwaldt* in Kämmerer/Veil, Übernahme- und Kapitalmarktrecht in der Reformdiskussion, 2013, 5 ff.

[3] IE ebenso Kölner Komm WpÜG/*Seydel* Rn. 13; Angerer/Geibel/Süßmann/*Angerer* Rn. 30; Assmann/Pötzsch/Schneider/*Meyer* Rn. 8.

[4] IE ebenso Kölner Komm WpÜG/*Seydel* Rn. 13; aA jedoch die hM: Baums/Thoma/*Thoma* Rn. 6; FK-WpÜG/*Scholz* Rn. 44; Angerer/Geibel/Süßmann/*Angerer* Rn. 27; Steinmeyer/*Steinhardt* Rn. 8; Assmann/Pötzsch/Schneider/*Meyer* Rn. 8.

Formfreiheit (§ 37 Abs. 2 VwVfG) auch **mündlich** ergehen; verlangt der Bieter gemäß § 37 Abs. 2 schriftliche Bestätigung oder ergeht er von vornherein schriftlich, so ist er gemäß § 39 schriftlich zu begründen. Die **Bekanntgabe** richtet sich grundsätzlich nach § 41 VwVfG. § 43 Abs. 1 enthält wegen der Schwierigkeiten einer Bekanntmachung an ausländische Bieter eine Sonderregelung, nach der auch eine Bekanntgabe an den Bevollmächtigten, mangels eines Bevollmächtigten auch im Wege der Veröffentlichung im Bundesanzeiger erfolgen kann. Zu den **Kosten** s. § 47 sowie WpÜG-GV. Für eine Untersagungsverfügung fallen Gebühren zwischen 10.000 und 100.000 Euro an (§ 47 iVm § 4 WpÜG-GV). Wird die Untersagungsverfügung nach § 44 veröffentlicht, so geschieht dies auf Kosten des Bieters.

8    **b) Fristen, Untersagung nach erfolgter Gestattung.** Die BaFin hat ihre Entscheidung über eine Untersagung nach **§ 15 Abs. 1 Nr. 1 und Nr. 2** zunächst innerhalb der Frist des § 14 Abs. 2 S. 1, also innerhalb von zehn Werktagen zu treffen. Ergibt sich die Möglichkeit einer kurzfristigen Vervollständigung oder Richtigstellung der Angebotsunterlage, so ist dies dem Bieter mitzuteilen und ihm eine bis zu fünftägige Frist zur Nachbesserung zu geben (vgl. näher → § 14 Rn. 17, → § 14 Rn. 24). Durch die Gestattung der Veröffentlichung oder Nichtuntersagung innerhalb der Frist des § 14 Abs. 2 S. 1 begibt sich die BaFin aber entgegen der hM nicht der Möglichkeit, **auch später noch** das Angebot zu untersagen, wenn sie dessen Unvollständigkeit oder Unrichtigkeit feststellt.[5] Die Gestattung ist lediglich eine vorläufige öffentlich-rechtliche Freigabe des weiteren Verfahrens (→ § 14 Rn. 18).[6] Werden nachträglich Umstände erkennbar, die die BaFin nicht berücksichtigt hat, sei es, weil sie diese Umstände nicht kannte oder aber übersehen hat, wäre es unangebracht, die strengen Regeln über die Rücknahme oder den Widerruf von Verwaltungsakten anzuwenden.[7] Vertrauensschutz des Bieters nach Art des § 48 Abs. 3 VwVfG kommt schon wegen § 48 Abs. 2 Nr. 2 VwVfG nicht in Betracht; ein Ermessen der BaFin hinsichtlich der Rücknahme schließt § 15 Abs. 1 gerade aus. Im Übrigen ist die BaFin nach ganz hM auch bei nicht offensichtlichen Verstößen zur Untersagung berechtigt (und verpflichtet, wenn sie einen solchen erkennt; → Rn. 18 mN). Damit wäre es unvereinbar, der vorläufigen Gestattung im Falle nicht offensichtlicher Verstöße die Wirkungen eines rechtmäßigen begünstigenden Verwaltungsaktes beizumessen und anschließend die Vorschrift über den Widerruf (§ 49 VwVfG) anzuwenden.[8] Schließlich nähme diese Auffassung dem Bieter einen wesentlichen Anreiz, unvollständige oder unrichtige Angebotsunterlagen zu berichtigen. § 15 ist vielmehr – bezogen auf die Gestattung – **lex specialis zu §§ 48, 49 VwVfG** und verlangt von der Behörde nur, in solchen Fällen möglichst rasch das Angebot zu untersagen. Im Übrigen ist die Lit. uneins, welche Tatbestände des Abs. 1 durch die Gestattung präkludiert sein sollen.[9]

9    Für die Untersagung nach **§ 15 Abs. 1 Nr. 3, 4 und 5** sieht das Gesetz keine Prüfungsfrist für die BaFin vor. Gleichwohl wäre eine rasche Untersagung (möglichst wenige Tage nach Ablauf der jeweiligen Frist bzw. Veröffentlichung, wobei dem Bieter Gelegenheit zur Stellungnahme zu geben ist) wünschenswert, da sich die möglichen Adressaten nach der Veröffentlichung auf das Angebot eingestellt haben.

---

[5]  Vgl. Kölner Komm WpÜG/*Seydel* Rn. 38; aA Baums/Thoma/*Thoma* Rn. 27; *Cahn* ZHR 167 (2003), 262 (278 f.); Assmann/Pötzsch/Schneider/*Meyer* Rn. 14; Steinmeyer/*Steinhardt* Rn. 16; Angerer/Geibel/Süßmann/*Angerer* Rn. 40; FK-WpÜG/*Scholz* Rn. 37; *Oechsler* ZIP 2003, 1330 (1333 f.).

[6]  Vgl. auch *Pohlmann* ZGR 2007, 1 (24 ff.): im Gegensatz zur Untersagung hat die Gestattung keinerlei gestaltende Wirkung für die Aktionäre der Zielgesellschaft.

[7]  So aber die zitierte hM; vgl. Baums/Thoma/*Thoma* Rn. 27; *Cahn* ZHR 167 (2003), 262 (278 f.); Assmann/Pötzsch/Schneider/*Meyer* Rn. 14; Steinmeyer/*Steinhardt* Rn. 16; Angerer/Geibel/Süßmann/*Angerer* Rn. 40; FK-WpÜG/*Scholz* Rn. 37; *Oechsler* ZIP 2003, 1330 (1333 f.).

[8]  Vgl. auch *Cahn* ZHR 167 (2003), 262 (279) in Fn. 56, der diese Konsequenz allerdings lediglich als „unglücklich" bezeichnet.

[9]  *Cahn* ZHR 167 (2003), 262 (279): Mangel, der von § 15 Abs. 1 erfasst ist; Angerer/Geibel/Süßmann/*Angerer* Rn. 40: Abs. 1 Nr. 1, 2 und 3, nicht aber Nr. 4; Steinmeyer/*Steinhardt* Rn. 16; FK-WpÜG/*Scholz* Rn. 37: nur für Nr. 2 problematisiert.

Eine auf **§ 15 Abs. 2** gestützte Untersagungsentscheidung der BaFin ist nach dem Geset- 10
zeswortlaut ebenfalls an keine Frist gebunden, da hier das Angebot nach Ablauf der Frist
des § 14 Abs. 2 oder durch ausdrückliche Erklärung bereits gestattet war. Damit gelten an
und für sich die allgemeinen Vorschriften (§ 10 VwVfG, § 75 VwGO). Da angesichts der
auf dem Spiel stehenden Interessen (vgl. § 3 Abs. 4) eine rasche Entscheidung der Behörde
geboten ist, bietet es sich an, eine Untersagung analog § 14 Abs. 2 S. 1 bis spätestens zehn
Tage nach der Falschveröffentlichung zu verlangen. Andernfalls gilt das Ermessen der BaFin
als dahingehend ausgeübt, dass eine Untersagung nach § 15 Abs. 2 nicht ausgesprochen
wird. Das ist geboten, weil im Falle des § 15 Abs. 2 die Angebotsunterlage in der Welt ist
und weil auch die Angebotsadressaten wissen müssen, woran sie sind.

**5. Begriff des Angebots.** Nur „Angebote" können untersagt werden. Der Angebotsbe- 11
griff des § 15 ist nicht notwendig identisch mit dem des § 2 Abs. 1, da die Untersagungs-
gründe des Abs. 1 auf solche Angebote zugeschnitten sind, bei denen der Bieter im Prinzip
nach dem vom WpÜG vorgeschriebenen Verfahren vorgehen wollte. Dies zeigen die Unter-
sagungsgründe, die stets einen Verstoß gegen einzelne, wenn auch wesentliche Elemente
des Verfahrens voraussetzen. Innerhalb dieser Kategorie von Angeboten sperrt § 15 als lex
specialis eine ebenfalls denkbare Untersagung gem. § 4 Abs. 1 S. 3.[10] Die BaFin kann auch
ein Angebot, das gem. § 10 angekündigt, aber nicht veröffentlicht wird, als **künftiges
Angebot** untersagen, um die Sperrfrist gem. § 26 auszulösen (näher → Rn. 24). Nach
§ 15 kann die BaFin auch **nichtige Angebote** untersagen. Das ergibt sich schon daraus,
dass die Veröffentlichung einer Untersagungsverfügung für die Adressaten eines Angebots
klarstellende Funktion hat. Im Übrigen können nur durch eine Untersagungsverfügung
bestimmte Rechtsfolgen ausgelöst werden, die zum Schutz der Adressaten eines nichtigen
Angebots (Veröffentlichungsverbot, § 15 Abs. 3 S. 1) oder der Zielgesellschaft (Sperrfrist,
§ 26) notwendig sind.

Hat der Bieter dagegen zB Privatangebote in so großer Zahl zu einheitlichen Bedingun- 12
gen (E-Mail-Aktion) abgegeben, kann auch dies auf Grund der weiten Definition des § 2
Abs. 1 unter den allgemeinen Angebotsbegriff fallen. Bei dieser zweiten Kategorie von
Angeboten (ausführlich → § 2 Rn. 14) stellt sich die Frage, ob § 15 Reichweite und
Rechtsgrundlage der Untersagungsverfügung bestimmt, oder ob insoweit die BaFin ein
Verbot gemäß § 4 Abs. 1 S. 3 aussprechen kann. Alles spricht dafür, angesichts der Vielgestal-
tigkeit des denkbaren Vorgehens bei Angeboten der zweiten Kategorie der BaFin ein auf
den jeweiligen Missstand abgestimmtes Vorgehen zu ermöglichen und sie nicht auf die
konkreten Rechtsfolgen des § 15 Abs. 3 iVm § 26 festzulegen. Damit bleibt die notwendige
Flexibilität gewahrt. Zur Frist für die Entscheidung der BaFin → Rn. 8 ff.

## II. Untersagung nach Abs. 1

**1. Formelle Vollständigkeitskontrolle (Abs. 1 Nr. 1).** Die BaFin hat das Angebot zu 13
untersagen, wenn die Angebotsunterlage nicht die, dh **sämtliche** nach § 11 Abs. 2 und § 2
WpÜG-AV erforderlichen Angaben enthält. Nr. 1 verlangt nur eine **formelle Überprüfung** der Unterlage durch die Behörde dahingehend, ob die in § 11 oder § 2 WpÜG-AV
enthaltenen Angaben gemacht wurden. Das ist eine Vollständigkeitsüberprüfung ähnlich
der Prüfung bei Verkaufsprospekten nach § 8a VerkProspG,[11] keine Richtigkeitsprüfung,
letztere erfolgt aber nach § 15 Abs. 1 Nr. 2. Anders handhabt es teilweise die BaFin, die zB
bei einer inhaltlich nicht den Anforderungen des § 13 genügenden Finanzierungsbestätigung
gem. Nr. 1 untersagt, nicht nach Nr. 2.[12] Angesichts gleicher Rechtsfolgen und ohnehin

---

[10]　Zutr. Kölner Komm WpÜG/*Seydel* Rn. 15.
[11]　So *Lenz/Linke* AG 2002, 361 (362).
[12]　S. dazu die Untersagung des Angebots zweier Bieter an die Aktionäre der German Brokers AG durch
die BaFin vom 5.12.2012, ferner die Untersagung des Angebots Guoshi Assets Investment Management
Limited an die Aktionäre der Panamax AG durch die BaFin vom 24.1.2014, beide Verfügungen abrufbar im
Internet unter www.BaFin.de/SharedDocs/Downloads/DE/Angebotsunterlage/guoshi_untersagung.html
sowie www.BaFin.de/SharedDocs/Downloads/DE/Angebotsunterlage/german_brokers.html.

nicht einfacher Abgrenzung zwischen unvollständig und fehlerhaft ist das jedoch nicht weiter bedenklich.

14    Die Behörde hat von den Vorschriften des Gesetzes auszugehen und die Angebotsunterlage Punkt für Punkt auf die geforderten Angaben zu überprüfen. Sinn hat eine solche Überprüfung nur dann, wenn nicht nur nach den Ziffern des § 11 Abs. 2 sowie § 2 WpÜG-AV unterschieden wird, sondern noch weiter nach den im Einzelnen geforderten Angaben. **Beispiele:** Die Angabe nur von Sitz und Firma der Zielgesellschaft gem. § 11 Abs. 2 S. 2 Nr. 2 genügt nicht, auch die Rechtsform ist anzugeben. Die Angabe der Anzahl der bereits gehaltenen Wertpapiere nach § 2 Nr. 5 WpÜG-AV genügt nicht, es ist getrennt davon die Zahl der damit verbundenen Stimmrechte anzugeben.

15    Widersprüche in den Angaben, Widersprüche zu früheren Veröffentlichungen, Verstöße gegen das Transparenzgebot oder die Unrichtigkeit einzelner Angaben können nur gemäß § 15 Abs. 1 Nr. 2 überprüft werden und zur Untersagung führen.

16    Um einer in der Lit. bereits angedeuteten Vermeidungsstrategie des Bieters (kryptische, aber vollständige Angaben in der Angebotsunterlage, die dann allenfalls nach Abs. 1 Nr. 2 zu einer Untersagung führen könnten) entgegenzuwirken, ist eine Erweiterung der Prüfungspflichten der BaFin nicht erforderlich. Solchen Verhaltensweisen kann durch die übrigen Rechtsfolgen fehlerhafter Angebotsunterlagen wirksam begegnet werden (vgl. → § 11 Rn. 107 ff.). Im Übrigen kann die BaFin in solchen Fällen nach § 15 Abs. 1 Nr. 2 untersagen (→ Rn. 18 f.).

17    Ergibt eine Überprüfung nach § 15 Abs. 1 Nr. 1 Beanstandungen, so werden diese im Regelfall nur dazu führen, dass der Bieter eine Nachfrist zur Ergänzung der Unterlage um die fehlenden Angaben erhält. (→ § 14 Rn. 20).[13]

18    **2. Offensichtliche Gesetzesverstöße (Abs. 1 Nr. 2).** Die BaFin nimmt im Rahmen des § 15 Abs. 1 Nr. 2 eine eingeschränkte materielle Richtigkeitskontrolle vor. Die Prüfung nach Nr. 2 sollte nicht dahingehend missverstanden werden, dass die BaFin Beschränkungen hinsichtlich ihres Prüfungsrechts unterliegt. Vielmehr beschränkt Nr. 2 im Interesse einer zügigen Durchführung des Verfahrens die Pflicht der BaFin zur materiellen Überprüfung. Das Merkmal der Offensichtlichkeit dient nicht einem rechtsuntreuen Bieter. Dieser kann sich nicht gegen eine Untersagungsverfügung mit der Begründung wehren, die Unrichtigkeit der Angebotsunterlage sei jedenfalls nicht offensichtlich.[14] Weder den Wertpapierinhabern der Zielgesellschaft noch ihren Arbeitnehmern oder den Arbeitnehmervertretungen (Betriebsrat, Konzernbetriebsrat) steht andererseits die Möglichkeit zur Verfügung, eine fehlende Untersagung durch die BaFin mit einer Verpflichtungsklage zu verlangen, weil die Unrichtigkeit angeblich offensichtlich war. Denn die BaFin nimmt gemäß § 4 Abs. 2 die Überprüfung nur im öffentlichen Interesse vor.[15]

19    **Gegenstände der inhaltlichen Überprüfung** werden regelmäßig sein,[16]
– ob die Angebotsunterlage gegen die gem. § 10 veröffentlichte Entscheidung zur Abgabe eines Angebots verstößt,
– ob die Angebotsunterlage dem Transparenzgrundsatz des § 11 Abs. 1 S. 4 genügt (vgl. → § 11 Rn. 22 ff.),
– ob das Angebot den Fristenrahmen nach § 16 einhält (vgl. aber → Rn. 32 ff.),[17]
– ob bei einem gem. § 10 angekündigten Umtauschangebot der etwa notwendige Kapitalerhöhungsbeschluss beim Bieter gefasst ist bzw. noch rechtzeitig gefasst werden kann,[18]

---

[13] Ähnlich Angerer/Geibel/Süßmann/*Angerer* Rn. 37.
[14] So auch Assmann/Pötzsch/Schneider/*Meyer* Rn. 13; Baums/Thoma/*Thoma* Rn. 22.
[15] OLG Frankfurt AG 2019, 615 = NZG 2019, 116; AG 2020, 183 = NZG 2020, 116.
[16] Vgl. auch *Lenz/Linke* AG 2002, 361 (363).
[17] Dazu die Untersagung des Angebots der Andrem Power S.C.A. an die Aktionäre der 3W Power S.A. durch die BaFin vom 5.4.2012, abrufbar im Internet unter www.BaFin.de. Hier war lediglich der voraussichtliche Beginn der weiteren Annahmefrist fehlerhaft angegeben.
[18] Dazu die Untersagung des Untersagung des am 20.9.2015 angekündigten Umtauschangebots der Deutsche Wohnen AG an die Aktionäre der LEG Immobilien AG durch die BaFin vom 28.10.2015, abrufbar im Internet unter www.BaFin.de.

– ob es als Angebot oder entgegen § 17 als invitatio ad offerendum ausgestaltet ist,
– ob es nach § 18 unzulässige Bedingungen oder Rücktrittsvorbehalte enthält,[19]
– ob es Regeln über die Zuteilung oder die Adressaten des Angebots enthält, die gegen § 19 oder § 3 Abs. 1 verstoßen. Dazu gehören auch die Herausnahme ausländischer Aktionäre aus dem Adressatenkreis oder „Geltungsbereich" des Angebots, soweit das mit § 24 unvereinbar ist.
– Zu einem Verstoß gegen eine Sperrfrist vgl. → Rn. 28; → § 26 Rn. 23.

Bei der Prüfung der Vereinbarkeit mit dem WpÜG können ggf. schwierige **Rechtsfragen** 20 auftauchen. Dabei darf sich die BaFin nicht auf eine nur kursorische Prüfung beschränken oder sie gar offenlassen.[20] Aus der Möglichkeit der **inhaltlichen Überprüfung** gem. Nr. 2 kann aber nicht abgeleitet werden, dass jeder Verstoß gegen das WpÜG, auch soweit in der Liste des § 15 nicht erwähnt, zu einer Untersagungsmöglichkeit der BaFin führt.[21] § 15 regelt insbesondere die Untersagungsmöglichkeit bei **Verfahrensverstößen** detailliert (Nr. 3, 4, Abs. 2) und damit abschließend. Hat der Bieter etwa keine Veröffentlichung gem. § 10 vorgenommen, so kann ein ansonsten ordnungsgemäßes Angebot also nicht etwa gem. § 15 Abs. 1 Nr. 2 und auch sonst nicht untersagt werden, soweit kein Inhaltsverstoß vorliegt. Bei einer nach Übermittlung an die BaFin zu früh erfolgten Veröffentlichung gilt entsprechendes (→ Rn. 26).

Eine materielle Prüfung der Richtigkeit der gemachten tatsächlichen Angaben kann 21 die BaFin regelmäßig nicht vornehmen, sie kann nur überprüfen, ob die Angaben vollständig sind und keine inneren **Widersprüche** aufweisen. Wenn ihr Informationen zur Verfügung stehen, darf sie die entsprechende Prüfung selbstverständlich vornehmen. Stehen der Behörde bestimmte **Daten allerdings typischerweise zur Verfügung,** so muss sie einen Abgleich der Daten vornehmen.[22] Die BaFin kann zB unproblematisch die Angaben des Bieters nach **§ 2 Nr. 5 WpÜG-AV** einer Plausibilitätsprüfung unterziehen, soweit der sich nach Zusammenrechnung mit den dort genannten Personen ergebende Gesamt-Stimmrechtsanteil des Bieters oberhalb der Schwelle von 5% liegt. Sie muss dazu nämlich nur einen Blick in die nach § 41 WpHG angelegte **Stimmrechtsdatenbank** werfen. Weichen die dort angegebenen, dem Bieter zuzurechnende Stimmrechtsanteile wesentlich von den Angaben nach § 2 Nr. 5 WpÜG-AV ab, besteht ausreichender Anlass zur Nachfrage beim Bieter; ggf. zu einer Untersagung des Angebots.[23] Angaben zum Stand behördlicher Genehmigungsverfahren nach § 2 Nr. 8 WpÜG-AV, insbesondere einer **kartellrechtlichen Genehmigung** können wegen § 7 ebenfalls einfach auf ihre Plausibilität überprüft werden.

Besonders ist hinzuweisen auf die Prüfung, ob die **Mindestpreisvorschriften** des § 31 22 iVm §§ 3–7 WpÜG-AV eingehalten wurden. Hier liegt auch in der Praxis der BaFin ein Schwerpunkt der Prüfung.[24] Soweit es dabei um die Börsenpreisreferenz des § 5 WpÜG WpÜG-AV geht, stehen momentan gemäß § 9 WpHG ausschließlich der BaFin die Datenbanken zur Verfügung, mit der die Einhaltung überprüft werden kann. In der Begründung ist zwar die Rede davon, dass eine zeitnahe Veröffentlichung der insoweit relevanten Daten

---

[19] Dazu die Untersagung des Angebots der Andrem Power S.C.A. an die Aktionäre der 3W Power S.A. durch die BaFin vom 5.4.2012, abrufbar im Internet unter www.BaFin.de. Hier sah die BaFin in der Einfügung einer möglicherweise im Zeitpunkt des Beginns der Annahmefrist bereits ausgefallenen Bedingung einen offensichtlichen Verstoß der Unterlage gegen § 18 WpÜG. Denn der Bieter würde sich die Möglichkeit eingeräumt, sich von dem Angebot zu lösen (will er das Angebot aufrechterhalten, so verzichtet er später auf die Bedingung). Daneben enthielt die Unterlage eine unzulässig lang laufende Kartellbedingung.
[20] Angerer/Geibel/Süßmann/*Angerer* Rn. 19; Kölner Komm WpÜG/*Seydel* Rn. 33 f.; Assmann/Pötzsch/ Schneider/*Meyer* Rn. 13; Steinmeyer/*Steinhardt* Rn. 7; Baums/Thoma/*Thoma* Rn. 23 ff.
[21] Wie hier Assmann/Pötzsch/Schneider/*Meyer* Rn. 12; aA offenbar Kölner Komm WpÜG/*Seydel* Rn. 25.
[22] Nach hM besteht eine begrenzte materielle Prüfungs- und Nachforschungspflicht der BaFin, s. Steinmeyer/*Steinhardt* Rn. 6 mwN; so wohl auch Angerer/Geibel/Süßmann/*Angerer* Rn. 16 ff.
[23] Zu den Rechtsfolgen bei Verletzung der Pflichten aus den §§ 33 ff. WpHG vgl. dagegen §§ 44, 120 WpHG.
[24] *Lenz/Linke* AG 2002, 361 (363); Assmann/Pötzsch/Schneider/*Meyer* Rn. 11 aE; vgl. auch OLG Stuttgart AG 2009, 707 (714).

durch die BaFin „vorgesehen" ist.[25] Näheres dazu enthalten jedoch weder Gesetz noch Begründung. Die BaFin teilt jedoch einem Bieter den gewichteten Durchschnittskurs auf Anfrage mit, mittlerweile werden die Durchschnittskurse auf der Homepage der BaFin veröffentlicht.[26] Da diese Möglichkeit besteht, ist jeder Verstoß gegen § 5 WpÜG-AV ein offensichtlicher Verstoß iSd § 15 Abs. 1 Nr. 2 und muss zur Untersagung führen, soweit er nicht rechtzeitig korrigiert werden kann. Zur Möglichkeit der Korrektur innerhalb der 10- oder 15-tägigen Prüfungsfrist der BaFin → § 14 Rn. 17, → § 14 Rn. 20, → § 14 Rn. 24. Anderes gilt für die §§ 4 und 6 WpÜG-AV, da insoweit nicht von einer typischerweise bestehenden Kenntnis der BaFin auszugehen ist.

23    *Lenz/Linke* schlagen darüber hinaus vor, unabhängig von ihrer inhaltlichen Richtigkeit und auch außerhalb des Geltungsbereichs des § 31 jede Angabe zum Durchschnittskurs, die nicht zuvor bei der BaFin in Erfahrung gebracht wurde, als offensichtlichen Verstoß iSd § 15 Abs. 1 Nr. 2 zu werten.[27] Das dürfte jedoch zu weit gehen, wenn in der Angebotsunterlage nicht behauptet wird oder der Eindruck erweckt wird, es handele sich insoweit um den in § 5 WpÜG-AV bezeichneten, offiziell ermittelten Kurs.

24    **3. Nicht rechtzeitige oder fehlende Übermittlung an die BaFin (Abs. 1 Nr. 3).** Das Angebot wird ebenfalls untersagt, wenn der Bieter entgegen § 14 Abs. 1 S. 1 die Angebotsunterlage nicht innerhalb von vier Wochen nach der Veröffentlichung der Entscheidung zur Abgabe eines Angebots der BaFin übermittelt hat. Hat die BaFin die Frist gemäß § 14 Abs. 1 S. 3 verlängert, so ist die verlängerte Frist maßgeblich. Wird der Bundesanstalt **überhaupt keine Unterlage** übermittelt und auch später **keine Angebotsunterlage** veröffentlicht, so hat gleichwohl eine Untersagung durch die BaFin zu erfolgen. Es liegt nicht etwa kein untersagungsfähiges Angebot vor, vielmehr wird die künftige Abgabe eines Angebots untersagt. Das Angebot ist bereits durch die Veröffentlichung gem. § 10 ausreichend konkretisiert. Die Möglichkeit einer solchen Untersagung folgt schon daraus, dass in diesem Fall sowohl der Untersagungsgrund des Nr. 3 als auch der des Nr. 4 gegeben ist. Sonst könnte der Bieter den Folgen einer Überschreitung der Frist des § 14 Abs. 1 S. 1 einfach durch die vollständige Nichtveröffentlichung des Angebots ausweichen und eine erneute Entscheidung nach § 10 veröffentlichen. Die Untersagung bezieht sich in diesem Fall auf die Veröffentlichung einer Angebotsunterlage und hat die Sperrfrist des § 26 zur Folge.

25    **4. Nicht rechtzeitige oder fehlende Veröffentlichung (Abs. 1 Nr. 4).** Eine Untersagung des Angebots erfolgt weiter dann, wenn der Bieter trotz ausdrücklicher oder fingierter Gestattung iSd § 14 Abs. 2 S. 1 **keine unverzügliche** Veröffentlichung vornimmt. Zur Rechtzeitigkeit der Veröffentlichung in diesem Sinne → § 14 Rn. 26. Ob man aus dem Wortlaut der Vorschrift („nicht veröffentlicht hat") ableiten kann, dass nach der zu späten, aber tatsächlich erfolgten Veröffentlichung eine Untersagung unzulässig ist,[28] erscheint zweifelhaft. Der Wortlaut gebietet dies nicht, weil auch nach erfolgter Veröffentlichung der Bieter eben zu spät, dh „entgegen § 14 Abs. 2 S. 1 nicht" veröffentlicht *hat*. Regelmäßig lässt sich erst ex post klären, ob der Bieter schuldhaft gehandelt hat, insbesondere lässt gerade der Zeitraum bis zur tatsächlichen Veröffentlichung Rückschlüsse auf die Fahrlässigkeit des Bieters zu, so dass man der BaFin durch allzu einengende Auslegung der Vorschrift jeden vernünftigen Beurteilungsspielraum nehmen würde.[29]

26    Veröffentlicht der Bieter die Angebotsunterlage nach Übermittlung an die BaFin, jedoch vor Gestattung oder vor Ablauf der Zehntagefrist, dh **zu früh**, so kann eine Untersagung nicht auf § 15 Abs. 1 Nr. 4 gestützt werden, weil die tatsächlich erfolgte Veröffentlichung dort

---

[25] BT-Drs. 14/7034, 80.
[26] *Lenz/Linke* AG 2002, 361 (363).
[27] *Lenz/Linke* AG 2002, 361 (363).
[28] Kölner Komm WpÜG/*Seydel* Rn. 43; Assmann/Pötzsch/Schneider/*Meyer* Rn. 17; Angerer/Geibel/Süßmann/*Angerer* Rn. 33.
[29] Wie hier Baums/Thoma/*Thoma* Rn. 36.

nicht als Untersagungsgrund genannt ist und die Norm auch nicht auf § 14 Abs. 2 S. 2 verweist.[30] Allerdings begeht der Bieter dadurch ggf.[31] eine Ordnungswidrigkeit nach § 60 Abs. 1 Nr. 3.

Ein Verstoß gegen die **Art und Weise** der Veröffentlichung kann nur gem. § 15 Abs. 2 **27** zur Untersagung führen.[32] Wird also rechtzeitig, aber nicht in der von § 14 Abs. 3 vorgeschriebenen Form veröffentlicht, oder liegt eine Verspätung nur mit einem der in § 14 Abs. 3 S. 1 genannten Veröffentlichungswege vor, so ist jedenfalls nicht nach Abs. 1 Nr. 4 zu untersagen.

**5. Veröffentlichung trotz Sperrfrist (Abs. 1 Nr. 5).** Im Zuge der Revision des § 26 **28** wurde im Jahr 2019 ein neuer Untersagungstatbestand geschaffen. Die zu kompliziert formulierte[33] Norm gebietet die Untersagung auch dann, wenn die Entscheidung nach § 10 oder die Veröffentlichung der Unterlage gegen § 26 Abs. 1 oder 2 verstieße. Entgegen in der Lit. geäußerten Zweifeln[34] erfasst die Vorschrift nach ihrem Wortlaut auch die Veröffentlichung durch ehemals mit dem ehemaligen Bieter gemeinsam handelnde Personen, da sie ja durch die Veröffentlichung zu dem von der Norm erfassten Bieter werden.

### III. Untersagung bei unrichtiger Veröffentlichung nach Abs. 2

**1. Ermessensentscheidung bei formal unrichtiger Veröffentlichung.** Hat der Bie- **29** ter für die Veröffentlichung der Angebotsunterlage nur einen unrichtigen Weg gewählt, oder nur einen der beiden in § 14 Abs. 3 S. 1 Nr. 1 und Nr. 2 vorgeschriebenen Wege beschritten, so hat die BaFin eine **Ermessensentscheidung** über die Untersagung zu treffen. Maßstab für die Entscheidung ist die Frage, ob durch den falschen Veröffentlichungsweg eine annähernd gleiche Information der Öffentlichkeit gewährleistet ist oder nicht.[35]

Unmittelbar auf § 15 Abs. 2[36] kann die Behörde nicht nur eine Untersagungsverfügung, **30** sondern als **milderes Mittel** auch eine Anordnung stützen, mit der dem Bieter eine Nachfrist zu Nachholung der ordnungsgemäßen Veröffentlichung gesetzt wird. Dies kommt jedoch nicht in Betracht, wenn der vom Bieter gewählte Weg die Öffentlichkeit nicht in annähernd gleicher Weise erreicht wie der in § 14 Abs. 3 S. 1 vorgeschriebene Weg. Wird zB die Unterlage nur in einer regionalen Tageszeitung veröffentlicht, verkürzt sich bei lebensnaher Betrachtungsweise die praktische Annahmefrist jedenfalls für einen Teil der Angebotsadressaten. In einem solchen Fall erscheint eine Untersagung des Angebots angesichts des Gleichbehandlungsgebots und der Wertung des § 15 Abs. 1 Nr. 4 sowie der in § 16 Abs. 1 vorgeschriebenen Mindestannahmefrist zwingend.[37] Im Übrigen beseitigt die Nachholung der ordnungsgemäßen Veröffentlichung nicht den möglicherweise bereits erfolgten Verstoß gegen § 16 Abs. 1 S. 1, vielmehr ist insoweit noch eine Verlängerung der Annahmefrist erforderlich (→ Rn. 34).

**2. Verhältnis des Abs. 2 zu Abs. 1 Nr. 2.** Erfolgt keine ordentliche Veröffentlichung, **31** so hat das unter Umständen Folgen für die Einhaltung des Fristenrahmens des § 16 Abs. 1 S. 1 und damit für die Frage, ob Abs. 1 Nr. 2 die einschlägige Regelung ist oder aber Abs. 2.

---

[30] Richtig Angerer/Geibel/Süßmann/*Angerer* Rn. 28; Assmann/Pötzsch/Schneider/*Meyer* Rn. 16; zu weitgehend demgegenüber Kölner Komm WpÜG/*Seydel* Rn. 25, der über § 15 Abs. 1 Nr. 2 offenbar der Verfahrensregel des § 14 Abs. 2 S. 2 einen effet utile geben will; ferner FK-WpÜG/*Scholz* Rn. 43 (Abs. 1 Nr. 4), dagegen aber → Rn. 19 aE.
[31] Dh bei Verschulden, das allerdings wegen der eindeutigen Gesetzeslage in § 14 Abs. 2 S. 2 regelmäßig zu bejahen sein dürfte.
[32] Assmann/Pötzsch/Schneider/*Meyer* Rn. 17; vgl. Angerer/Geibel/Süßmann/*Angerer* Rn. 31; Kölner Komm WpÜG/*Seydel* Rn. 41; Baums/Thoma/*Thoma* Rn. 34.
[33] Dazu *Bulgrin/Danwerth* BB 2020, 327 (333).
[34] *Bulgrin/Danwerth* BB 2020, 327 (333).
[35] Angerer/Geibel/Süßmann/*Angerer* Rn. 44; vgl. ferner Assmann/Pötzsch/Schneider/*Meyer* Rn. 18.
[36] Vgl. Angerer/Geibel/Süßmann/*Angerer* Rn. 45 sowie Baums/Thoma/*Thoma* Rn. 41 mwN, die iErg ein solches Vorgehen der Behörde allerdings aus § 4 Abs. 1 S. 3 bejahen. Doch dürfte § 15 Abs. 2 insoweit lex specialis sein.
[37] AA wohl die hM, vgl. Baums/Thoma/*Thoma* Rn. 41; Steinmeyer/*Steinhardt* Rn. 10; die von einer Nachfristsetzung als Regelfall ausgehen.

32    Ein Problem ergibt sich zunächst nicht daraus, dass § 16 Abs. 1 S. 2 den Beginn der Annahmefrist an den Zeitpunkt der iSd § 14 Abs. 3 S. 1 ordnungsgemäßen Veröffentlichung knüpft. Denn auch ohne formal richtige Veröffentlichung kann die vom Bieter bestimmte Annahmefrist zu laufen beginnen (→ § 16 Rn. 8). Jedoch kann bei nicht ordnungsgemäßer Veröffentlichung die Mindestannahmefrist des § 16 Abs. 1 S. 1 nicht eingehalten werden, da diese zum Schutz der Angebotsadressaten besteht und erst dann zu laufen beginnt, wenn die Formerfordernisse des § 14 Abs. 3 S. 1 vollständig erfüllt sind (vgl. → § 16 Rn. 12). Ohne ordnungsgemäße Veröffentlichung liegt also stets ein Verstoß gegen § 16 Abs. 1 S. 1 vor, so dass die BaFin das Angebot bereits wegen Nichteinhaltung der Mindestannahmefrist nach § 15 Abs. 1 Nr. 2 untersagen müsste.

33    Doch dürfte **§ 15 Abs. 2 die Folgen einer nicht ordnungsgemäßen Veröffentlichung abschließend regeln.** Soweit bereits aus der Angebotsunterlage ersichtlich ist, dass der Bieter den Fristenrahmen nicht einhalten wird, ist zwar § 15 Abs. 1 Nr. 2 die passende Norm. Ergibt sich der Verstoß gegen den Fristenrahmen aber erst aus der Art und Weise der Veröffentlichung, also nachträglich und nur mittelbar, steht die Untersagung nach Abs. 2 im Ermessen der BaFin. Denn der Schwerpunkt des Fehlverhaltens liegt in diesem Falle auf der Falschveröffentlichung, nicht auf dem Verstoß gegen die Mindestfrist.

34    Bei einer bloßen Verspätung mit einem der beiden in § 14 Abs. 3 S. 1 geforderten Veröffentlichungswege und einem daraus resultierender Verstoß gegen die Mindestfrist des § 16 Abs. 1 S. 1 wird man annehmen müssen, dass es zu einer fakultativen Untersagung gem. § 15 Abs. 2 nur dann kommen darf, wenn die zu spät erfolgte Veröffentlichung einen Verstoß gegen die Mindestannahmefrist zur Folge hatte.

35    Die BaFin kann dem Bieter in allen diesen Fällen gem. Abs. 2 auferlegen, die Annahmefrist der Mindestfrist des § 16 Abs. 1 S. 1 anzupassen (zur Zulässigkeit einer solchen Angebotsänderung → § 21 Rn. 34). Eine solche Änderung der Annahmefrist stellt gegenüber der Untersagung wegen Verletzung der Mindestannahmefrist das mildere Mittel dar und ist insoweit von Abs. 2 gedeckt.

36    Zu den Anforderungen an die Veröffentlichung → § 14 Rn. 27 ff.

### IV. Untersagungen im Zusammenhang mit Aktualisierung und Berichtigung

37    **1. Unterlassen notwendiger Aktualisierung.** Hat der Bieter eine erforderliche Aktualisierung (→ § 11 Rn. 18) der Angebotsunterlage nicht vorgenommen, stellt sich die Frage, ob die BaFin das nachträglich, während der Annahmefrist unrichtig oder unvollständig gewordene Angebot untersagen kann oder muss. Einer solchen Untersagung steht gem. → Rn. 8 nicht etwa die vorherige Gestattung der Unterlage im Wege. Bei unvollständig gewordenen Angebotsunterlagen kann die Untersagung auf § 15 Abs. 1 Nr. 1 gestützt werden, bei offensichtlich unrichtig gewordenen auf § 15 Abs. 1 Nr. 2. Eine Vorabinformation der BaFin kommt bei Aktualisierungen nicht in Betracht (→ § 11 Rn. 19), weshalb § 15 Abs. 1 Nr. 3 und 4 keine Anwendung finden können.

38    **2. Durch Aktualisierung unvollständig oder unrichtig gewordene Angebote.** Hier dürfte → Rn. 37 entsprechend gelten. Ein Angebot kann auch durch eine Angebotsänderung unrichtig werden, wenn zB Aktien als zusätzliche Gegenleistung angeboten werden und dann in der Unterlage eine Information nach § 2 Nr. 2 WpÜG-AV fehlt.

39    **3. Ausschluss der Untersagungsmöglichkeit nach Vornahme einer Berichtigung.** Analog **§ 12 Abs. 3 Nr. 3** kommt eine Untersagung von unrichtigen oder unvollständigen Angeboten nicht mehr in Frage, wenn die Unvollständigkeit oder Unrichtigkeit durch eine Berichtigung beseitigt wurde. Wenn die Berichtigung die Haftung des Bieters nach § 12 ausschließt, dann ist damit **ein allgemeines Prinzip** angesprochen: Wegen einer unvollständigen oder unrichtigen Angebotsunterlage darf eine Untersagung nur erfolgen, solange die Entscheidungsfreiheit der Aktionäre noch beeinträchtigt ist. Dass der Bieter dies etwa dazu missbrauchen könnte, falsche Angebotsunterlagen zu veröffentlichen und die

Angebotsadressaten dadurch unter Druck zu setzen, dass er erst kurz vor Ende der Annahmefrist die richtigen Informationen veröffentlicht, steht nicht zu befürchten. Denn er geht bis zur Berichtigung das Risiko der vollständigen Untersagung ein. Es liegt also gerade umgekehrt: Die Möglichkeit einer Untersagung hält ihn zu möglichst schnellen Berichtigung an.

### V. Untersagung von Angebotsänderungen

Auf eine Angebotsänderung erklärt § 21 Abs. 3 (nur) die Vorschrift des § 15 Abs. 1 **40** Nr. 2 für entsprechend anwendbar. Die Angebotsänderung kann also nur dann untersagt werden, wenn sie selbst unzulässig ist,[38] also zB gegen § 21 Abs. 6 verstößt. Wird eine Angebotsänderung untersagt, bezieht sich die Untersagung nur auf diese, dh das ursprüngliche Angebot bleibt von der Untersagung unberührt.[39] Die Folgen einer auf Grund der Angebotsänderung unrichtig gewordenen Unterlage bestimmen sich hingegen nach → Rn. 37 f.,[40] vgl. auch → § 21 Rn. 25, 43 zur Unterscheidung zwischen Angebotsänderung und geändertem Angebot. Eine Untersagung nicht veröffentlichter Angebotsänderungen ist entgegen *Angerer* nicht erforderlich;[41] insbesondere ist schon wegen § 31 Abs. 4 und 5 nicht zu befürchten, dass der Bieter auf diese Weise einigen Aktionären bessere Konditionen als den übrigen einräumen könnte. Hat die BaFin eine Angebotsänderung untersagt, so sind etwaige bereits erfolgte Annahmeerklärungen hinsichtlich des geänderten Angebots gem. → Rn. 43 nichtig. Soweit das **ursprüngliche Angebot** weiter angenommen werden kann, ist dafür folglich eine erneute Erklärung erforderlich. Diejenigen, die bereits das noch nicht geänderte Angebot angenommen hatten, bleiben an ihre ursprüngliche Erklärung grundsätzlich gebunden, haben indessen auch nach der Untersagung das Rücktrittsrecht des § 21 Abs. 4, weil die Untersagung der Änderung weder den Zweck noch die Wirkung haben kann, das einmal entstandene Rücktrittsrecht wieder zu beseitigen.

### VI. Rechtsfolgen der Untersagung (Abs. 3)

**1. Gesetzliches Veröffentlichungsverbot (Abs. 3 S. 1).** Ergeht die Untersagungsver- **41** fügung, bevor die Unterlage veröffentlicht ist, darf der Bieter sie nicht mehr veröffentlichen und zwar weder auf den in § 14 Abs. 3 Nr. 1 und 2 genannten Wegen, noch sonst wie.[42] Die in der Lit. in Betracht gezogene Erweiterung des Verbots auf andere Unterlagen, die mit der untersagten teilweise identisch sind,[43] ist dagegen nicht angebracht, sondern allein eine Frage des § 26 bzw. folgt für die andere Unterlage ein Veröffentlichungsverbot bereits aus dem Gesetz, da diese nicht zuvor der BaFin übermittelt wurde (§ 14 Abs. 2 S. 2; vgl. → Rn. 19 f., allerdings sanktionslos, vgl. → § 15 Rn. 26). Adressat des Verbots ist jedermann.[44] Maßgebend ist der Zeitpunkt des Wirksamwerdens des Verwaltungsaktes. Eine zur Zeit der Untersagung bereits erfolgte Veröffentlichung ist soweit wie möglich **rückgängig** zu machen, zB durch Löschen der Unterlage von der Internet-Seite oder Schließen der dafür besonders geschaffenen Seite.[45]

---

[38] Assmann/Pötzsch/Schneider/*Meyer* Rn. 19 f.; Baums/Thoma/*Thoma* Rn. 48 f.; FK-WpÜG/*Scholz* Rn. 61; Steinmeyer/*Steinhardt* Rn. 11.

[39] Angerer/Geibel/Süßmann/*Angerer* Rn. 53; Kölner Komm WpÜG/*Seydel* Rn. 54; FK-WpÜG/*Scholz* Rn. 62.

[40] Offenbar aA Assmann/Pötzsch/Schneider/*Meyer* Rn. 19 f.; Baums/Thoma/*Thoma* Rn. 48 f.; FK-WpÜG/*Scholz* Rn. 61; Steinmeyer/*Steinhardt* Rn. 11, da sie die Folgen der Änderung für die Unterlage nicht erwähnen.

[41] Angerer/Geibel/Süßmann/*Angerer* Rn. 51; wie hier die hM: Assmann/Pötzsch/Schneider/*Meyer* Rn. 20; FK-WpÜG/*Scholz* Rn. 60; Baums/Thoma/*Thoma* Rn. 50 f.

[42] AllgM, vgl. Angerer/Geibel/Süßmann/*Angerer* Rn. 57 mwN.

[43] Angerer/Geibel/Süßmann/*Angerer* Rn. 55 mwN; Assmann/Pötzsch/Schneider/*Meyer* Rn. 25; Baums/Thoma/*Thoma* Rn. 55.

[44] Angerer/Geibel/Süßmann/*Angerer* Rn. 55 mwN.

[45] Zust. Angerer/Geibel/Süßmann/*Angerer* Rn. 58.

**42**    Das Veröffentlichungsverbot kann gem. § 46 unter Zuhilfenahme von Zwangsmitteln durchgesetzt werden, seine Nichtbeachtung stellt eine Ordnungswidrigkeit nach § 60 Abs. 1 Nr. 6 dar.

**43**    **2. Nichtigkeit von Rechtsgeschäften (Abs. 3 S. 2). a) Rechtsgeschäfte auf Grund eines untersagten Angebots.** Zweifelhaft ist, was mit der Formulierung „auf Grund" gemeint ist. Nach der Begründung soll das gesetzliche Verbot nur **schuldrechtliche Geschäfte** erfassen, da der Gesetzgeber von der bereicherungsrechtlichen Rückabwicklung von gegen die Untersagung verstoßenden Geschäften spricht.[46] Die Lit. will der Formulierung des Abs. 3 demgegenüber ein weites Verbot und damit auch die Nichtigkeit dinglicher Rechtsgeschäfte entnehmen, ohne indessen auf die Begründung einzugehen.[47] Dem kann nicht zugestimmt werden. Die Übereignungsgeschäfte sind vom Regelungsziel des WpÜG nicht mehr erfasst, dieses regelt lediglich Voraussetzungen und Art und Weise öffentlicher Angebote zum Abschluss von schuldrechtlichen Wertpapiererwerbsgeschäften. Wem die Wertpapiere gehören, richtet sich nicht nach dem WpÜG. Den späteren **Privatverkauf** eines einzelnen Angebotsadressaten an den Bieter kann und will Abs. 3 S. 2 ohnehin nicht verbieten. Die BaFin untersagt grundsätzlich nur das öffentliche Angebot, jedoch weder den Kauf von Wertpapieren über die Börsen noch ausgehandelte Paketgeschäfte des Bieters mit einzelnen Aktionären der Zielgesellschaft. Welche Rechtsfolgen das Verbot für individuelle Geschäfte hat, bestimmt das Geschäft selbst. Die Aktionäre der Zielgesellschaft sind durch die Untersagung des Angebots und die ggf. entstehende Angebotspflicht ausreichend gewarnt bzw. geschützt. Das Verbot gilt im Übrigen auch für Rechtsgeschäfte, die ggf. nach der Unterlage ausländischem Recht unterfallen.[48] Die Nichtigkeit kommt auch im Falle der Untersagung nach Abs. 1 Nr. 4 in Betracht,[49] da die BaFin auch bei schuldhaft verzögerter Veröffentlichung zu untersagen hat (→ Rn. 25).

**44**    **b) Rechtsgeschäfte vor der Untersagung.** Haben nach der Veröffentlichung der Unterlage, aber vor dem Erlass der Untersagungsverfügung bereits einige Angebotsadressaten das Angebot angenommen, so stellt sich die Frage, ob dies **auf Grund eines untersagten Angebots** geschah. Sinn und Zweck der in § 15 Abs. 3 S. 2 angeordneten Nichtigkeit sprechen dafür, da sich die Untersagung gegen die öffentliche Willenserklärung des Bieters, nicht aber gegen die Annahmeerklärungen der Adressaten richtet.[50] Das ist mit dem Wortlaut der Norm vereinbar und gilt auch in Fällen, in denen die Angebotsunterlage erst später (zB durch eine Angebotsänderung) unrichtig geworden ist oder für eine Untersagung zunächst aufschiebende Wirkung gem. § 50 Abs. 3 angeordnet war.[51] Die Nichtigkeit auch der vor Erlass der Untersagungsverfügung geschlossenen Rechtsgeschäfte folgt auch aus § 3 Abs. 1 und § 19, nach denen die zeitliche Abfolge der Annahmeerklärungen grundsätzlich unbeachtlich ist und alle Angebotsadressaten gleich zu behandeln sind.

**45**    **3. Sperrfrist.** Vgl. → § 26 Rn. 1 ff.

**46**    **4. Weitere Rechtsfolgen. Kosten einer Veröffentlichung nach § 44** hat der Bieter zu tragen. Im Falle der Untersagung eines Pflichtangebots wird die **Zinszahlungspflicht** des § 38 Nr. 3 ausgelöst.

---

[46] BT-Drs. 14/7034, 46.

[47] Schwark/Zimmer/*Noack/Holzborn* Rn. 13; FK-WpÜG/*Scholz* Rn. 66; Angerer/Geibel/Süßmann/*Angerer* Rn. 60 f.; Baums/Thoma/*Thoma* Rn. 58; Steinmeyer/*Steinhardt* Rn. 18; Kölner Komm WpÜG/*Seydel* Rn. 69; Ehricke/Ekkenga/Oechsler/*Oechsler* Rn. 13; Assmann/Pötzsch/Schneider/*Meyer* Rn. 26.

[48] Wohl allg. Auffassung, vgl. nur Steinmeyer/*Steinhardt* Rn. 18; Angerer/Geibel/Süßmann/*Angerer* Rn. 59 mwN.

[49] AA Schwark/Zimmer/*Noack/Holzborn* Rn. 15; FK-WpÜG/*Scholz* Rn. 66 m. Fn. 75.

[50] Wie hier die hM FK-WpÜG/*Scholz* Rn. 66; Angerer/Geibel/Süßmann/*Angerer* Rn. 64; Baums/Thoma/*Thoma* Rn. 59; Steinmeyer/*Steinhardt* Rn. 19; Schwark/Zimmer/*Noack/Holzborn* Rn. 14; aA wohl *Oechsler* ZIP 2003, 1330 (1333) aE.

[51] Zutr. Angerer/Geibel/Süßmann/*Angerer* Rn. 65 gegen Assmann/Pötzsch/Schneider/*Meyer* Rn. 28: Erwerb während suspendierter Untersagung soll endgültig wirksam sein.

## VII. Rechtsschutz

**1. Bieter.** Gegen die Untersagungsverfügung ist nach § 41 Abs. 1 der Widerspruch (ohne **47** aufschiebende Wirkung, § 42) möglich, bei Nichtabhilfe gem. § 48 Abs. 1 S. 1 die Beschwerde, ebenfalls ohne aufschiebende Wirkung, § 49. Bei ernstlichen Zweifeln an der Rechtmäßigkeit der Untersagung oder unzumutbarer Härte kann der Bieter beim Beschwerdegericht die Anordnung der aufschiebenden Wirkung beantragen. Ein solcher Fall sollte insbesondere bei lediglich technischen und leicht korrigierbaren Fehlern anzunehmen sein oder wenn die BaFin es versäumt hat, dem Bieter eine Nachfrist gem. § 14 Abs. 2 S. 3 zu setzen (→ Rn. 8).[52]

**2. Aktionäre der Zielgesellschaft.** Die Aktionäre der Zielgesellschaft haben wegen **48** § 4 Abs. 2 keine subjektiv-öffentlichen Rechte aus dem WpÜG und können daher mangels Rechtsmittelbefugnis weder gegen die Gestattung der Veröffentlichung der Unterlage noch gegen die Untersagung des Angebots erfolgversprechend Widerspruch oder Beschwerde einlegen (ausführlich → § 4 Rn. 25 ff., → § 41 Rn. 13).

## § 16 Annahmefristen; Einberufung der Hauptversammlung

(1) [1]Die Frist für die Annahme des Angebots (Annahmefrist) darf nicht weniger als vier Wochen und unbeschadet der Vorschriften des § 21 Abs. 5 und § 22 Abs. 2 nicht mehr als zehn Wochen betragen. [2]Die Annahmefrist beginnt mit der Veröffentlichung der Angebotsunterlage gemäß § 14 Abs. 3 Satz 1.

(2) [1]Bei einem Übernahmeangebot können die Aktionäre der Zielgesellschaft, die das Angebot nicht angenommen haben, das Angebot innerhalb von zwei Wochen nach der in § 23 Abs. 1 Satz 1 Nr. 2 genannten Veröffentlichung (weitere Annahmefrist) annehmen. [2]Satz 1 gilt nicht, wenn der Bieter das Angebot von dem Erwerb eines Mindestanteils der Aktien abhängig gemacht hat und dieser Mindestanteil nach Ablauf der Annahmefrist nicht erreicht wurde.

(3) [1]Wird im Zusammenhang mit dem Angebot nach der Veröffentlichung der Angebotsunterlage eine Hauptversammlung der Zielgesellschaft einberufen, beträgt die Annahmefrist unbeschadet der Vorschriften des § 21 Abs. 5 und § 22 Abs. 2 zehn Wochen ab der Veröffentlichung der Angebotsunterlage. [2]Der Vorstand der Zielgesellschaft hat die Einberufung der Hauptversammlung der Zielgesellschaft unverzüglich dem Bieter und der Bundesanstalt mitzuteilen. [3]Der Bieter hat die Mitteilung nach Satz 2 unter Angabe des Ablaufs der Annahmefrist unverzüglich im Bundesanzeiger zu veröffentlichen. [4]Er hat der Bundesanstalt unverzüglich die Veröffentlichung mitzuteilen.

(4) [1]Die Hauptversammlung nach Absatz 3 ist mindestens 14 Tage vor der Versammlung einzuberufen. [2]Der Tag der Einberufung ist nicht mitzurechnen. [3]§ 121 Abs. 7 des Aktiengesetzes gilt entsprechend. [4]Abweichend von § 121 Abs. 5 des Aktiengesetzes und etwaigen Bestimmungen der Satzung ist die Gesellschaft bei der Wahl des Versammlungsortes frei. [5]Wird die Frist des § 123 Abs. 1 des Aktiengesetzes unterschritten, so müssen zwischen Anmeldung und Versammlung mindestens vier Tage liegen und sind Mitteilungen nach § 125 Abs. 1 Satz 1 des Aktiengesetzes unverzüglich zu machen; § 121 Abs. 7, § 123 Abs. 2 Satz 4 und § 125 Abs. 1 Satz 2 des Aktiengesetzes gelten entsprechend. [6]Die Gesellschaft hat den Aktionären die Erteilung von Stimmrechtsvollmachten soweit nach Gesetz und Satzung möglich zu erleichtern. [7]Mitteilungen an die Aktionäre, ein Bericht nach § 186 Abs. 4 Satz 2 des Aktiengesetzes und fristgerecht eingereichte Anträge von Aktionären sind allen Aktionären zugänglich und in Kurzfassung bekannt zu machen. [8]Die Zusendung von Mitteilungen kann unterbleiben, wenn zur Überzeugung des

---

[52] Kölner Komm WpÜG/*Seydel* Rn. 63.

Vorstands mit Zustimmung des Aufsichtsrats der rechtzeitige Eingang bei den Aktionären nicht wahrscheinlich ist.

**Schrifttum:** *Santelmann,* Notwendige Mindesterwerbsschwellen bei Übernahmeangeboten, AG 2002, 497; *Witt,* Übernahmen von Aktiengesellschaften und Transparenz der Beteiligungsverhältnisse, 1998.

## Übersicht

## I. Allgemeines

**1**   **1. Überblick.** Die Vorschrift regelt wesentliche Fragen, die die Laufzeit des Angebots betreffen. Abs. 1 S. 1 beschränkt die Möglichkeit des Bieters, gem. § 145 BGB die Frist zur Annahme des öffentlichen Angebots frei zu bestimmen. Die **Dauer der Annahmefrist** muss im Ausgangspunkt mindestens 4 und höchstens zehn Wochen betragen. Abs. 1 S. 2 knüpft den Beginn der Annahmefrist an die Veröffentlichung der Angebotsunterlage gem. § 14 Abs. 3. Abs. 2 räumt nur bei (erfolgreichen) Übernahmeangeboten den Aktionären der Zielgesellschaft eine sog. **weitere Annahmefrist** ein, dh die Möglichkeit ein, innerhalb eines zweiwöchigen Zeitraums das Angebot nachträglich anzunehmen. Abs. 3 und 4 enthalten Sonderregeln über Fristen und Durchführung einer **„Angebotshauptversammlung"** (oder Abwehrhauptversammlung) der Zielgesellschaft, um die aktienrechtlichen Regeln an die Sondersituation eines Wertpapiererwerbsangebotes anzupassen. Abs. 4 regelt Ausnahmen von Vorschriften des AktG zur Einberufung und Vorbereitung dieser Hauptversammlung, Abs. 3 ordnet im Falle der Einberufung eine **feste Annahmefrist von zehn Wochen** an, die sich durch Angebotsänderungen oder konkurrierende Angebote noch weiter verlängern können soll.

**2. Anwendungsbereich.** Die Beschränkungen der Freiheiten, die dem Bieter norma- 2
lerweise nach § 145 BGB zustehen, sowie die Regeln über die Angebotshauptversammlung
gelten grundsätzlich für **alle Angebote;** lediglich die weitere Annahmefrist des Abs. 2
kommt nur bei Übernahmeangeboten in Betracht. § 16 regelt Beschränkungen der Privatautonomie[1] des Bieters und verweist damit indirekt auf die grundsätzliche Anwendbarkeit der
§§ 145 ff. BGB, soweit die Norm selbst dem nicht entgegensteht.

**3. Normzweck.** Die Regeln konkretisieren auf der einen Seite den Grundsatz des 3
§ 3 Abs. 2, indem sie durch Mindestfristen den Wertpapierinhabern der Zielgesellschaft
ausreichend Zeit für ihre Entscheidung verschaffen. Andererseits dient die **Höchstfrist**
von zehn Wochen dem Schutz der Zielgesellschaft vor einer überlangen Belastung ihrer
Geschäftstätigkeit durch das Angebot und konkretisieren damit den Grundsatz des § 3 Abs. 4
S. 2. Die Regeln des Abs. 4 über die erleichterten Voraussetzungen für die Einberufung
einer Hauptversammlung sollen eine schnelle Reaktion der Zielgesellschaft auf das Angebot
ermöglichen.

Normzweck der **Mindestannahmefrist** sowie der **weiteren Annahmefrist** des Abs. 2 4
ist insbesondere eine Entlastung der Wertpapierinhaber der Zielgesellschaft von einem möglichen Entscheidungsdruck (pressure to tender), den der Bieter sonst durch extrem kurze
Annahmefristen aufbauen könnte.[2] Kurze Annahmefristen verhindern nämlich die denkbare
Abgabe eines Konkurrenzangebots und damit eine Chance der Wertpapierinhaber der Zielgesellschaft, einen höheren Preis für den Verkauf ihrer Wertpapiere zu erzielen.[3] Anders
gesagt: Könnte der Bieter die Annahmefrist extrem verkürzen, würde die anzubietende
Gegenleistung regelmäßig geringer ausfallen. Daneben verschafft die Fristenregelung dem
Vorstand der Zielgesellschaft eine gewisse Zeit, Abwehrmaßnahmen vorzubereiten. Die
weitere Annahmefrist gem. Abs. 2 vermindert daneben das *prisoners dilemma* der Wertpapierinhaber der Zielgesellschaft. Diese wissen nämlich grundsätzlich nicht, wie sich die anderen
Adressaten des Angebots verhalten. Sie treffen daher möglicherweise eine Entscheidung,
die nicht durch ihre Beurteilung des Angebots, sondern des angenommenen Verhaltens der
anderen beeinflusst ist (näher → Rn. 18 ff.)

## II. Annahmefrist (Abs. 1)

**1. Wirksamkeit des Angebots.** Vertragsrechtlich gesehen ist das öffentliche Angebot 5
ein Vertragsangebot „ad incertas personas". Wegen § 17 kann es nicht als invitatio ad offerendum ausgestaltet werden, der Bieter kann ferner entgegen § 145 BGB seine Bindung an
das Angebot nicht ausschließen. Da es um den Abschluss eines Vertrages geht, reichte die
Abgabe der Willenserklärung für ihre Wirksamkeit eigentlich nicht aus, erforderlich wäre
nach allgemeinem Vertragsrecht vielmehr noch Zugang iSd § 130 BGB, da Vertragsangebote
empfangsbedürftige Willenserklärungen sind. § 130 BGB ist freilich bei Angeboten „ad
incertas personas" nicht anwendbar; bei diesen entscheidet der Erklärende üblicherweise
selbst, ab welchem Zeitpunkt das Angebot wirksam sein soll.[4]

Der fragliche Zeitpunkt der Wirksamkeit ist durch Auslegung zu ermitteln. Im Zweifel 6
ist die Bindung bei nicht empfangsbedürftigen Willenserklärungen bereits mit der Abgabe
der Erklärung gewollt, dh hier mit der (endgültigen) zielgerichteten Entäußerung der Erklärung an die Öffentlichkeit, wenn und weil anzunehmen ist, dass der Erklärende dann auf den
Inhalt der Erklärung keinen Einfluss mehr nehmen will.[5] Das Angebot wird also regelmäßig
abgegeben und zugleich wirksam mit der **Veröffentlichung der Angebotsunterlage.**
Dies folgt allerdings nicht aus § 16 Abs. 1 S. 2. Diese Vorschrift regelt nicht die Wirksamkeit

---

[1] Assmann/Pötzsch/Schneider/*Seiler* Rn. 3.
[2] Assmann/Pötzsch/Schneider/*Seiler* Rn. 3.
[3] Vgl. dazu ausf. *Gilson/Black* Law 794 ff.; allg. zum Problem des pressure-to-tender *Bebchuk* Harv. L. Rev.
98 (1985), 1695 ff.
[4] Vgl. OLG Frankfurt NJW 1971, 2277 f.; s. auch LAG Berlin NZA-RR 2001, 491 f. zum vergleichbaren
Problem des Zeitpunkts der Wirksamkeit einer Gesamtzusage des Arbeitgebers an seine Arbeitnehmer.
[5] Vgl. OLG Frankfurt NJW 1971, 2277 f.

des Angebots, sondern schreibt nur den Beginn der im öffentlichen Interesse bestehenden Mindest- und Höchstfristen vor.

7 Gibt der Bieter ein öffentliches Angebot ab, ohne dabei die Vorschriften des WpÜG (insbesondere die §§ 10, 11, 14) zu beachten (→ § 2 Rn. 8 ff. zur Abgrenzung des öffentlichen Angebots), so ist dieses Angebot nach dem Gesagten mit der Veröffentlichung wirksam, solange es nicht gem. § 15 untersagt ist. Es kann von allen Angebotsadressaten (→ § 3 Rn. 5 ff.) angenommen werden; die Vorschriften des WpÜG, insbesondere § 19, bleiben auch auf solche Angebote anwendbar.

8 **2. Beginn der Annahmefrist (Abs. 1 S. 2).** Von der Wirksamkeit der bindenden Erklärung des Bieters zu unterscheiden ist die Frage, ab welchem **Zeitpunkt** die für den Vertragsschluss nötige **Annahmeerklärung der Adressaten wirksam abgegeben** werden kann. Auch dies entscheidet üblicherweise gem. §§ 145, 148 BGB der Erklärende, indem er den Beginn der Annahmefrist festlegt. Die Entscheidungsfreiheit des Bieters wird im Rahmen des WpÜG jedoch eingeschränkt. § 16 Abs. 1 S. 2 ordnet an, dass mit der Veröffentlichung der Unterlage nach § 14 Abs. 3 S. 1 (Bekanntgabe im Internet und Abdruck in einem überregionalen Börsenpflichtblatt oder Bekanntmachung, wo die Unterlage bereitgehalten wird) das Angebot auch angenommen werden kann. Die Aktionäre können bereits am **Veröffentlichungstag** das Angebot annehmen.[6] Dieser Zeitpunkt ist zwingend. Gibt der Bieter in der Angebotsunterlage einen späteren Zeitpunkt als den Tag der Veröffentlichung der Unterlage nach § 14 Abs. 3 S. 1 an, so kann das Angebot gleichwohl ab dem Zeitpunkt der Veröffentlichung angenommen werden.

9 § 14 Abs. 3 S. 1 schreibt die Einhaltung eines doppelten Veröffentlichungsweges vor (Internet und eBundesanzeiger oder Schalterpublizität). **Werden beide Wege nicht synchronisiert,** erscheinen etwa die Unterlage oder die Hinweisbekanntmachung im Bundesanzeiger erst einen Tag später als im Internet, so beginnt die Annahmefrist erst am Tag des letzten notwendigen Veröffentlichungserfolgs.[7] Wird die Angebotsunterlage noch später erst „bereitgehalten", so wäre es wohl übertrieben, die Frist erst zu diesem nur schwer zu beweisenden Zeitpunkt beginnen zu lassen.[8]

10 **3. Ende der Annahmefrist. Mindest- und Höchstfrist (Abs. 1 S. 1). a) Ende der Annahmefrist.** Über das Ende der Annahmefrist entscheidet zunächst der Bieter selbst, indem er das Ende der Frist in der Angebotsunterlage gem. § 11 Abs. 2 S. 1 Nr. 6 nennt. Legt der Bieter das Ende der Annahmefrist auf einen **Samstag, Sonn- oder Feiertag,** gilt gem. § 193 BGB der nächste Werktag als Ende der Annahmefrist. Die Besonderheiten des Kapitalmarktes verlangen nicht etwa, dass insoweit nur bundeseinheitliche Feiertage berücksichtigt werden.[9] Vielmehr sind sämtliche staatlichen Feiertage zu berücksichtigen, da der Bieter den Adressaten regelmäßig gem. § 2 Nr. 4 WpÜG-AV vorschreibt, die Annahme gegenüber ihrer depotführenden Bank zu erklären, was im gesamten Bundesgebiet geschehen kann. Der Bieter hat es selbst in der Hand, den Tag so festzulegen, dass er nicht mit einem lokalen Feiertag kollidiert.[10] Deshalb ist auch nicht auf den Ort abzustellen, an dem voraussichtlich die meisten Annahmeerklärungen abgegeben werden oder zugehen.[11] Diese – aus dem Wortlaut des § 193 BGB jedenfalls nicht ableitbare – Auffassung führte zu einem Verstoß gegen das Gleichbehandlungsgebot des § 3 Abs. 1, da einzelne Adressaten

---

[6] Angerer/Geibel/Süßmann/*Geibel/Süßmann* Rn. 14.

[7] Ganz hM: Steinmeyer/*Steinmeyer* Rn. 4 m. Fn. 4; ausf. Baums/Thoma/*Merkner/Sustmann* Rn. 20 ff.; FK-WpÜG/*Scholz* Rn. 12 m. Fn. 16; Assmann/Pötzsch/Schneider/*Seiler* Rn. 20.

[8] So auch Baums/Thoma/*Merkner/Sustmann* Rn. 23, mich in Fn. 33 zu Unrecht als aA zitierend; Assmann/Pötzsch/Schneider/*Seiler* Rn. 20.

[9] Wie hier Assmann/Pötzsch/Schneider/*Seiler* Rn. 23; aA Kölner Komm WpÜG/*Hasselbach* Rn. 35; ferner Schwark/Zimmer/*Noack/Zetzsche* Rn. 8; Baums/Thoma/*Merkner/Sustmann* Rn. 25.

[10] Das erkennen auch Baums/Thoma/*Merkner/Sustmann* Rn. 25, ohne daraus freilich Konsequenzen zu ziehen. Inwiefern damit „Rechtsunsicherheiten" verbunden sein sollen, erklären *Merkner/Sustmann* nicht.

[11] So aber Angerer/Geibel/Süßmann/*Geibel/Süßmann* Rn. 23.

de facto eine Fristverkürzung hinnehmen müssten.[12] Gleiches wäre bei Berücksichtigung nur der bundeseinheitlichen Feiertage der Fall. Nur dann, wenn die Erklärung auch unmittelbar an den Bieter erfolgen kann, ist allein auf die lokalen Feiertage am Sitz des Bieters abzustellen.

**b) Mindest- und Höchstfrist.** Die Bestimmung durch den Bieter ist nur der Ausgangs- **11** punkt. In einem zweiten Prüfungsschritt ist zu untersuchen, ob die Bestimmung sich **innerhalb des durch § 16 Abs. 1 S. 1 gesetzten Rahmens** hält. Ist das nicht der Fall, so ist das Angebot regelmäßig gem. § 15 Abs. 1 Nr. 2 zu untersagen; in Ausnahmefällen steht die Untersagung im Ermessen der BaFin (→ Rn. 13). Die Annahmefrist hat sich nach Abs. 1 S. 1 in einem Rahmen von vier bis zehn Wochen zu bewegen. Für die Fristberechnung gelten die § 187 Abs. 1 BGB, § 188 Abs. 2, 193 BGB. Will der Bieter von der Mindestfrist Gebrauch machen, so gilt Folgendes: Die Adressaten müssen mindestens vier Wochen die Möglichkeit haben, das Angebot anzunehmen. **Fristbeginn für die Mindestfrist** ist nach Abs. 1 S. 2 der Tag der Veröffentlichung der Angebotsunterlage gem. § 14 Abs. 3 S. 1. Dieser Tag zählt für die Berechnung nach § 187 Abs. 1 BGB nicht mit.[13] Infolgedessen ist das Angebot gem. § 188 Abs. 2 mindestens offen zu halten bis zum Ende des Tages, der vier Wochen später durch seine Benennung dem Veröffentlichungstag entspricht. Beispiel: Veröffentlichung am Dienstag, den 23.6., Ende der Mindestfrist am Dienstag, den 21.7., 24 Uhr.

Erfolgt eine **nicht synchrone Veröffentlichung** nach § 14 Abs. 3 S. 1, wird also zB **12** am 23.6. nur im Internet veröffentlicht, am 24.7. im eBundesanzeiger bekannt gegeben, wo die Unterlage bereit liegt, so verschiebt sich die Mindestfrist zum Schutz der Angebotsadressaten entsprechend nach hinten (dazu, dass bei Auseinanderfallen von Bekanntmachung und Verfügbarkeit nur auf die Hinweisbekanntmachung abzustellen ist, → Rn. 9).[14] Hat der Bieter das bei der Veröffentlichung der Angebotsunterlage nicht bedacht, oder haben technische Schwierigkeiten zu einer Verschiebung geführt, widerspricht möglicherweise das in der Angebotsunterlage genannte Ende der Annahmefrist der Mindestfrist des § 16 Abs. 1 S. 1. In diesem Falle stellt sich die Frage, ob die BaFin das Angebot gem. § 15 Abs. 1 Nr. 2 untersagen muss (wegen eines Verstoßes gegen die Mindestfrist) oder aber nur gem. § 15 Abs. 2 untersagen kann (Verstoß gegen den vorgeschriebenen Veröffentlichungsweg).

Folgende Lösung bietet sich an (→ § 15 Rn. 33): Bei nicht synchroner Veröffentlichung **13** wird der Bieter einen damit verbundenen Verstoß gegen die Mindestfrist regelmäßig nicht beabsichtigt haben, der Schwerpunkt eines Fehlverhaltens liegt auf dem falschen oder unvollständigen Veröffentlichungsweg. Der Gesetzgeber hat mit der Vorschrift des § 15 Abs. 2 zum Ausdruck gebracht, dass bei einer nicht ordnungsgemäßen Veröffentlichung jedenfalls die Möglichkeit besteht, dass das Angebot durchgeführt wird. Dementsprechend kommt nur eine **fakultative Untersagung** durch die BaFin in Betracht. Erfolgt keine Untersagung, so ist das vom Bieter gesetzte Ende der Annahmefrist dementsprechend wirksam, auch wenn der Zeitpunkt gegen die Mindestfrist des § 16 Abs. 1 S. 1 verstößt. Die BaFin kann nach hier vertretener Auffassung aber auch anordnen, dass der Bieter die Annahmefrist so weit verlängert, dass sie der Mindestfrist genügt (→ § 15 Rn. 35; → § 21 Rn. 34).

Für die Berechnung der **Höchstfrist** gelten die Ausführungen von → Rn. 11 entspre- **14** chend mit einem Unterschied: Die Höchstfrist dient nicht dem Schutz der Angebotsadressaten, sondern dem Schutz der Zielgesellschaft vor überlanger Verfahrensdauer gem. § 3 Abs. 4 S. 2. Deshalb beginnt die Höchstfrist nicht erst mit der endgültigen Veröffentlichung nach § 14 Abs. 3 S. 1, sondern bereits an dem Tag, in dem das Angebot erstmals als veröffentlicht zu betrachten ist (Veröffentlichung im Internet *oder* Hinweisbekanntmachung *oder* ggf. auch eine sonstige Veröffentlichung). Ferner wird dieser Tag bei der Fristberechnung anders als

---

[12] Bei Adressaten mit Sitz im Ausland ist diese Ungleichbehandlung dagegen nicht durch den Bieter veranlasst und daher hinzunehmen, nicht zutr. ist daher die von Angerer/Geibel/Süßmann *Geibel/Süßmann* Rn. 23 dargestellte Konsequenz.

[13] Ganz hM, s. etwa Angerer/Geibel/Süßmann *Geibel/Süßmann* Rn. 20; Assmann/Pötzsch/Schneider/ *Seiler* Rn. 22 mwN in Fn. 67.

[14] Vgl. auch Kölner Komm WpÜG/*Hasselbach* Rn. 31 f.

bei der Mindestfrist mitgezählt.[15] Soweit der Bieter sich innerhalb des durch Mindest- und Höchstfrist vorgegebenen Rahmens hält, kann er die Annahmefrist auch auf eine **bestimmte Uhrzeit** begrenzen, in dem in → Rn. 11 genannten Beispiel kommt eine Uhrzeitbegrenzung also frühestens für den 22.7. in Betracht, weil das Angebot mindestens bis zum Ende des 21.7. offengehalten werden muss.[16]

**15**    **c) Rechtsfolgen verspäteter Annahmeerklärungen.** Annahmeerklärungen sind verspätet, wenn sie bei der vom Bieter in der Angebotsunterlage für empfangszuständig bestimmten Stelle nach dem Ende der Annahmefrist eingehen. In diesem Falle zählen sie für die Auslösung einer eventuellen weiteren Annahmefrist gem. Abs. 2 oder für das Erreichen einer Mindestannahmeschwelle (Abs. 2 S. 2) nicht mit, auch wenn der Bieter sich das in der Angebotsunterlage vorbehält.[17] Falls die Umbuchung der Wertpapiere zur Wirksamkeitsvoraussetzung der Annahme gehört, kann der Bieter indes in der Unterlage vorsehen, dass es für die Rechtzeitigkeit auf die Erklärung gegenüber der Depotbank ankommt.[18] Verspätete Annahmeerklärungen werden in jedem Falle dann berücksichtigt, wenn es auch ohne sie zur weiteren Annahmefrist des Abs. 2 gekommen ist.[19]

**16**    **4. Spätere Veränderungen der Annahmefrist. a) Durch Bieterentscheidung.** Der Bieter kann während des Laufs der Annahmefrist diese verlängern, aber nicht verkürzen.[20] Die Annahmefrist ist Teil der Willenserklärung des Bieters, ihre Verlängerung stellt daher ebenso wie eine denkbare Verkürzung eine Angebotsänderung dar.[21] Während eine Verkürzung jedoch bereits nach allgemeiner Rechtsgeschäftslehre unzulässig ist, ist die Verlängerung als eine den Adressaten günstige Angebotsänderung – entgegen der Verwaltungspraxis der BaFin[22] – zulässig (vgl. → § 21 Rn. 13 f., → § 21 Rn. 34). Art und Weise der Bekanntgabe der Verlängerung richten sich nach § 21 Abs. 2–5 (näher → § 21 Rn. 15, → § 21 Rn. 41 ff.). Durch eine Verlängerung darf aber nicht die Höchstfrist des § 16 Abs. 1 S. 1 Hs. 2 überschritten werden.[23] Eine eventuelle Selbstbindung des Bieters, keine Verlängerung vorzunehmen (sog. *no extension statement*) ist wirksam und führt zur Unwirksamkeit einer dennoch erfolgenden Angebotsänderung (→ § 21 Rn. 36).

**17**    **b) Gesetzliche Regeln.** Die vom Bieter einseitig gesetzte Annahmefrist wird in verschiedenen Fällen gesetzlich verändert. Zu nennen sind hier die Fälle der Angebotsänderung (§ 21 Abs. 5), der Abgabe eines konkurrierenden Angebots (§ 22 Abs. 2) sowie die Einberu-

---

[15] Assmann/Pötzsch/Schneider/*Seiler* Rn. 22 aE; wohl aA Angerer/Geibel/Süßmann/*Geibel/Süßmann* Rn. 20.

[16] Vgl. Angerer/Geibel/Süßmann/*Geibel/Süßmann* § 11 Rn. 18.

[17] Vgl. Assmann/Pötzsch/Schneider/*Seiler* Rn. 24. Die Anwendung des § 149 BGB ist insoweit problematisch und passt wohl nicht zu § 18; anders Baums/Thoma/*Merkner/Sustmann* Rn. 27; jetzt auch Angerer/ Geibel/Süßmann/*Geibel/Süßmann* Rn. 24 f.

[18] Assmann/Pötzsch/Schneider/*Seiler* Rn. 25; Angerer/Geibel/Süßmann/*Geibel* Rn. 25.

[19] Assmann/Pötzsch/Schneider/*Seiler* Rn. 41 mwN.

[20] Ebenso Kölner Komm WpÜG/*Hasselbach* Rn. 20 ff.; Baums/Thoma/*Merkner/Sustmann* Rn. 14, freilich mit der unzutreffenden Begr., es handele sich dabei nicht um eine Angebotsänderung; wie hier Assmann/ Pötzsch/Schneider/*Seiler* Rn. 14 unter Hinweis auf abweichende Verwaltungspraxis der BaFin; FK-WpÜG/ *Scholz* Rn. 14 m. Fn. 19; vgl. ferner die Nachweise bei → § 21 Rn. 34; aA Ehricke/Ekkenga/Oechsler/ *Oechsler* Rn. 7; Steinmeyer/*Steinmeyer* Rn. 4; Schwark/Zimmer/*Noack/Zetzsche* Rn. 10; Angerer/Geibel/ Süßmann/*Geibel/Süßmann* Rn. 11, die auch eine Verlängerung für ausgeschlossen halten.

[21] AA Kölner Komm WpÜG/*Hasselbach* Rn. 20 ff., § 21 Rn. 36 f., ihm folgend Baums/Thoma/*Merkner/ Sustmann* Rn. 14. Eine Unterscheidung zwischen stets zulässigen bloß „technischen" und von § 21 kontrollierten „materiellen" Angebotsänderungen (so Kölner Komm WpÜG/*Hasselbach* Rn. 20 ff.; Baums/Thoma/ *Merkner/Sustmann* Rn. 14) ist nicht nur dem Gesetzeswortlaut fremd und widerspricht dem allgemeinen Vertragsrecht. Sie schafft auch Umgehungsspielräume für die Praxis (ist das möglicherweise ihr Zweck?) und berücksichtigt nicht, dass die WpÜG in weiten Teilen gerade die technischen Umstände öffentlicher Angebote regelt. Eine allgemeine „Bereichsausnahme" für technische Änderungen wäre daher besonders gefährlich und unterliefe potentiell die Funktion der wichtigen Verfahrensregeln des WpÜG. Im Rahmen des § 21 kommt es allein darauf an, ob die Willenserklärung des Bieters geändert wird oder nicht, vgl. → § 21 Rn. 4, → § 21 Rn. 36.

[22] Vgl. dazu Kölner Komm WpÜG/*Hasselbach* Rn. 26; Assmann/Pötzsch/Schneider/*Seiler* Rn. 14.

[23] Ebenso Kölner Komm WpÜG/*Hasselbach* Rn. 23.

fung einer Angebotshauptversammlung nach § 16 Abs. 3 → Rn. 31 ff. Von einer Verlängerung der regulären Annahmefrist zu unterscheiden ist dagegen die sog. weitere Annahmefrist
des § 16 Abs. 2 (→ Rn. 18 ff.).

### III. Weitere Annahmefrist (§ 16 Abs. 2)

**1. Normzweck.** § 16 Abs. 2 räumt bei Übernahmeangeboten den Aktionären der Ziel-  **18**
gesellschaft unter bestimmten Voraussetzungen die Möglichkeit ein, innerhalb eines zweiwöchigen Zeitraums nach dem Ende der Annahmefrist das Angebot nachträglich anzunehmen.
Diese sog. „Zaunkönigregelung" dient ebenso wie die Veröffentlichungspflichten des Bieters
nach § 23 dazu, den Aktionären eine Entscheidung in Kenntnis des Verhaltens der anderen
Aktionäre, insbesondere der Großaktionäre und institutionellen Investoren, zu ermöglichen
und soll damit das *prisoners dilemma*[24] (→ § 19 Rn. 4; → § 23 Rn. 2) vermindern. Diesen
Gesetzeszweck hat der Gesetzgeber in der Begründung ausdrücklich festgehalten.[25] Für die
Kleinaktionäre der Zielgesellschaft entstünde ohne die Zaunkönigregelung nämlich ein
besonderer Entscheidungsdruck dadurch, dass sie am Ende der ursprünglichen Annahmefrist
nicht wüssten, ob ein Kontrollwechsel durch das Übernahmeangebot stattfinden wird oder
nicht. Sie würden möglicherweise allein deshalb das Angebot annehmen, weil sie befürchten,
andernfalls später Minderheitsaktionäre in einer vom Bieter kontrollierten Gesellschaft zu
sein oder aber durch einen nachfolgenden Squeeze-out nach den §§ 327a ff. AktG zu einem
unter dem Übernahmeangebot liegenden Preis aus der Gesellschaft gedrängt zu werden.

**2. Erfolgreiches Übernahmeangebot. a) Übernahmeangebot.** Es muss sich zu-  **19**
nächst um ein Übernahmeangebot iSd § 29 Abs. 1 handeln, dh das Angebot muss auf
den Erwerb so vieler Aktien gerichtet sein, dass der Bieter bei Annahme durch sämtliche
Angebotsadressaten mehr als 30% der Stimmrechte an der Zielgesellschaft halten wird (näher
→ § 29 Rn. 1 ff.).

**b) Überschreiten der Kontrollschwelle nach regulärer Frist.** Das Angebot muss  **20**
weiter erfolgreich sein, dh am Ende der ursprünglichen Annahmefrist müssen so viele
Wertpapierinhaber das Angebot angenommen haben, dass der Bieter die Kontrolle iSd § 29
Abs. 2[26] über die Zielgesellschaft erlangt hat.[27] Diese **zusätzliche Voraussetzung** ergibt
sich nicht unmittelbar aus dem Tatbestand des Abs. 2 S. 1. Sie folgt aber aus entstehungsgeschichtlichen, teleologischen und systematischen Überlegungen.

Zweck der weiteren Annahmefrist ist es ausschließlich, die fehlende Koordinationsmög-  **21**
lichkeit der Aktionäre teilweise zu kompensieren. Sie sollen nicht ohne ihren Willen in die
Rolle eines Minderheitsaktionärs einer vom Bieter kontrollierten Gesellschaft gezwungen
werden. Dazu gibt ihnen Abs. 2 die Gelegenheit, zunächst das Ergebnis abzuwarten und

---

[24] Dazu Assmann/Pötzsch/Schneider/ *Seiler* Rn. 30 f.
[25] BT-Drs. 14/7034, 46: „Absatz 2 enthält eine Sonderregelung für Angebote, die den Erwerb der Kontrolle an der Zielgesellschaft zum Ziel haben. Die Regelung trägt der besonderen Situation Rechnung, in
der sich Minderheitsaktionäre befinden, denen ein koordiniertes Verhalten bei der Entscheidung über das
Übernahmeangebot faktisch nicht möglich ist. Sie räumt denjenigen Aktionären der Zielgesellschaft, die sich
innerhalb der in Absatz 1 genannten Frist nicht zur Annahme des Angebots entschließen konnten, die Möglichkeit ein, innerhalb von zwei Wochen nach der Veröffentlichung des Ergebnisses das Angebot des Bieters
doch noch anzunehmen, sofern das Angebot erfolgreich ist. Durch die Regelung können insbesondere Belegschaftsaktionäre, die dem Angebot krit. gegenüberstehen und ursprünglich an ihrer Aktie festhalten oder
zunächst den Verlauf des Verfahrens abwarten wollten, in Kenntnis des nun sicher bevorstehenden Kontrollwechsels bzw der Entstehung einer Kontrollsituation ihre Anteile dem Bieter verkaufen. Der Bieter erhält
durch diese Nachfrist zudem die Möglichkeit, seine Beteiligung am Zielunternehmen nach erfolgreichem
Kontrollerwerb weiter zu erhöhen."
[26] Es kommt nur auf den formellen Kontrollbegriff an, vgl. Assmann/Pötzsch/Schneider/ *Seiler* Rn. 36
und Angerer/Geibel/Süßmann/ *Geibel/Süßmann* Rn. 36.
[27] So zutr. Angerer/Geibel/Süßmann/ *Geibel/Süßmann* Rn. 36 f.; Baums/Thoma/ *Merkner/Sustmann*
Rn. 36; Schwark/Zimmer/ *Noack/Zetzsche* Rn. 17; Assmann/Pötzsch/Schneider/ *Seiler* Rn. 34; nunmehr
auch Steinmeyer/ *Steinmeyer* Rn. 7 und § 29 Rn. 6; FK-WpÜG/ *Scholz* Rn. 17; *Mühle,* Das Wertpapiererwerbs- und Übernahmegesetz, 2002, 431 f. mwN, jedoch nur de lege ferenda; aA Kölner Komm WpÜG/
*Hasselbach* Rn. 4; zu weitgehend *Santelmann* AG 2002, 497 ff.

sich erst dann zur Annahme zu entscheiden, wenn der Kontrollwechsel feststeht. Würde man nun auch bei zunächst erfolglosen Übernahmeangeboten eine weitere Annahmefrist einräumen, so bestünde die weitere Annahmefrist stets, wenn nicht der Bieter eine Mindestannahmequote zur Bedingung des Angebots gemacht hat. Dann würden aber sämtliche Wertpapierinhaber der Zielgesellschaft, also auch **Großaktionäre und institutionelle Investoren,** bei Übernahmeangeboten ihre Entscheidung stets erst während der weiteren Annahmefrist treffen.[28] Während dieser zwei Wochen erhalten die Aktionäre jedoch keine täglichen Informationen über den Stand der Annahmeerklärungen gem. § 23 (→ § 23 Rn. 19; → Rn. 25). Zweck der täglichen Information gem. § 23 Abs. 1 Nr. 1 Hs. 2 ist es – ebenso wie der des § 16 Abs. 2 –, die Informationslage der Wertpapierinhaber über das Verhalten der Mitaktionäre zu verbessern. Eine in jedem Fall bestehende weitere Annahmefrist triebe also die Aktionäre geradezu in eine Situation, in der sie die gesetzlich vorgeschriebene Information über das Verhalten der anderen Aktionäre nicht mehr erhalten und zwar ausgerechnet bei Übernahmeangeboten. Das stünde im Widerspruch zu den Normzwecken nicht nur des Abs. 2 sondern auch des § 23 und widerspricht insgesamt dem Informationsziel des WpÜG, das in § 3 Abs. 2 gesetzlich festgehalten ist.[29]

22  Während einer so begründeten weiteren Angebotsfrist wären zwei Verhaltensmuster der Kleinaktionäre denkbar: Entweder nehmen sie mangels Information über das Verhalten der anderen Wertpapierinhaber das Angebot an, weil sie fürchten, das Angebot könne doch noch erfolgreich sein. Oder aber sie nehmen das Angebot deshalb nicht an, weil bis zum Ende der ursprünglichen Frist (fast) niemand das Angebot angenommen hatte, da ja alle noch auf die weitere Annahmefrist warteten. In beiden Fällen entschieden irrationale Gründe bzw. bloßes Raten über Erfolg oder Misserfolg des Übernahmeangebots, was vernünftigerweise nicht gewollt sein kann.

23  Geht man hingegen davon aus, dass eine weitere Annahmefrist nur bei erfolgreichen Übernahmeangeboten ausgelöst wird, so müssen sich insbesondere institutionelle Investoren und Großaktionäre bis spätestens zum Ende der ursprünglichen Annahmefrist entscheiden, ob sie das Angebot annehmen oder nicht. Denn ihr Abwarten verhinderte den Erfolg des Angebots in vielen Fällen endgültig. Fällt ihre Entscheidung positiv aus, so dürfte das Signalwirkung für die Kleinaktionäre haben, die dann während der weiteren Frist eine vernünftige Entscheidung treffen können.[30]

24  Wie die Begründung zeigt, ging auch der **gesetzgeberische Wille** dahin, den Aktionären nur dann eine zweite Entscheidungsmöglichkeit zu geben, wenn der Kontrollwechsel tatsächlich stattgefunden hat.[31] Dieser gesetzgeberische Wille hat auch in Abs. 2 S. 2 seinen

---

[28] Insbes. gut informierte institutionelle Investoren neigen ohnehin bereits dazu, ihre Entscheidung erst gegen Ende der Annahmefrist zu treffen; zur Tendenz zum Abwarten bis zur letzten Minute Angerer/Geibel/Süßmann/*Geibel/Süßmann* Rn. 29; Assmann/Pötzsch/Schneider/*Seiler* Rn. 29; Kölner Komm WpÜG/*Möllers* § 23 Rn. 12, jeweils mwN; vgl. zur hier vertretenen Auffassung auch *Gilson/Black* Law 948 in Fn. 49.

[29] Dass der Bieter dem durch die Setzung einer Mindestannahmequote entgegenwirken kann, ist kein Gegenargument, vgl. aber FK-WpÜG/*Scholz* Rn. 20. Denn der Bieter hat am allerwenigsten ein Interesse daran, den durch das prisoners dilemma entstehenden Entscheidungsdruck der Wertpapierinhaber abzumindern. Denn ihm nützt dieser Druck gerade, weil er auch Angebote erfolgreich macht, die zu einem zu niedrigen Angebotspreis abgegeben werden, vgl. dazu *Witt,* Übernahmen von Aktiengesellschaften und Transparenz der Beteiligungsverhältnisse, 1998, 83 f.

[30] Abzulehnen ist daher die Argumentation in Kölner Komm WpÜG/*Hasselbach* Rn. 44 f., nach der die Aktionäre durch Abs. 2 S. 1 nur eine zusätzliche Entscheidungsmöglichkeit erhalten, die ihnen durch teleologische Reduktion nicht gegen den klaren Wortlaut der Vorschrift genommen werden dürfe. Zum einen misst *Hasselbach* selbst an anderer Stelle dem Wortlaut der Norm (zu Recht) keine entscheidende Bedeutung bei, vgl. Kölner Komm WpÜG/*Hasselbach* Rn. 20 ff. Zum zweiten gibt er den Kleinaktionären keine Entscheidungsmöglichkeit, sondern nimmt ihnen eine, nämlich die, ihre Entscheidung vom Erfolg des Übernahmeangebots bzw. vom Verhalten anderer (Großaktionäre und institutioneller Investoren) abhängig zu machen. Dass es dem Gesetzgeber aber gerade um dieses Verhältnis zwischen den sog. sophisticated investors und den Kleinaktionären ging, gibt *Hasselbach* selbst zu, vgl. Kölner Komm WpÜG/*Hasselbach* Rn. 42. Vgl. zu den Unterschieden zwischen institutionellen und Kleinaktionären auch *Witt,* Übernahmen von Aktiengesellschaften und Transparenz der Beteiligungsverhältnisse, 1998, 85 in Fn. 63 mwN.

[31] Vgl. BT-Drs. 14/7034, 46.

Ausdruck gefunden. Ein erfolgloses Übernahmeangebot (erfolglos, weil bis zum Ende der ursprünglichen Frist die vom Bieter verlangte Mindestquote nicht erreicht wird) löst nämlich die weitere Annahmefrist nicht aus. Zweifelhaft bleibt freilich, ob damit das nach der Andeutungstheorie erforderliche Moment des im Wortlaut zum Ausdruck gekommenen gesetzgeberischen Willens bereits ausreichend erfüllt ist. Das ist allerdings hier irrelevant, da sich das ungeschriebene Tatbestandsmerkmal – wie soeben gezeigt – zusätzlich aus teleologischen und systematischen Erwägungen ergibt.

Es wäre auch **keine Alternative,** die weitere Annahmefrist stattdessen auch bei erfolglo-  25
sen Übernahmeangeboten laufen zu lassen und **über eine analoge Anwendung** des § 23 Abs. 1 Nr. 1 eine tägliche Veröffentlichung während dieser zwei Wochen oder wenigstens in der letzten Woche zu erzwingen.[32] Denn diese „Lösung" gäbe den Kleinaktionären Steine statt Brot. Die institutionellen Anleger und Großaktionäre würden sich erst gegen Ende der weiteren Annahmefrist oder sogar „in letzter Minute" entscheiden, so dass die übrigen Aktionäre angesichts der unvermeidlichen Zeitverzögerung bis zur Veröffentlichung vom Bieter möglicherweise nicht mehr rechtzeitig informiert würden. Gerade diese Situation soll aber die zweiwöchige weitere Annahmefrist vermeiden.

**3. Nichterreichen einer eventuellen Mindestannahmequote (Abs. 2 S. 2).** Hat der  26
Bieter das Übernahmeangebot mit einer Mindestannahmequote versehen, muss diese am Ende der regulären Annahmefrist erfüllt sein, damit die weitere Annahmefrist besteht. Hinter dieser Regelung stehen ähnliche Überlegungen wie hinter der soeben erläuterten Bedingung des Erfolgs des Übernahmeangebots bis zum Ende der regulären Annahmefrist. In diesem Fall hat der Bieter selbst die Messlatte für den Erfolg des Angebotes festgelegt, was zulässig ist.

Damit der Bieter den bei → Rn. 21 ff. beschriebenen Entscheidungsdruck auf die Aktio-  27
näre nicht durch die Wahl einer besonders niedrigen Mindestannahmequote (im Extremfall: 1 Aktie) wieder einführen kann, kann hier nur eine Quote zu berücksichtigen sein, durch die der Bieter die **Kontrollschwelle des § 29 Abs. 2 überschreitet.**[33] Beispiel: Hält der Bieter noch keine Wertpapiere an der Zielgesellschaft und verlangt eine Mindestquote von 10%, so wird die weitere Annahmefrist gleichwohl nur dann ausgelöst, wenn für mindestens 30% der stimmberechtigten Aktien Annahmeerklärungen vorliegen. Dadurch werden im Übrigen auch die Probleme vermindert, die sich aus der Zulässigkeit einer späteren Herabsetzung der Mindestannahmequote durch den Bieter ergeben (→ § 21 Rn. 30 ff.).

Voraussetzung für den Lauf der weiteren Annahmefrist ist in diesen Fällen das **Erreichen**  28
**der Mindestannahmequote.** Das ist gegeben, wenn bis zum Zeitpunkt der Veröffentlichung gem. § 23 Abs. 1 Nr. 2[34] dem Bieter so viele Annahmeerklärungen zugegangen sind, wie in der Angebotsunterlage verlangt wurden. Es kommt nicht darauf an, ob der Bieter bereits das dingliche Eigentum an den Wertpapieren erlangt hat.[35] Hat der Bieter das Übernahmeangebot von der Annahme durch einen bestimmten Paketaktionär abhängig gemacht, so ist die Regelung des Abs. 2 S. 2 entsprechend anzuwenden.[36] Auch hier führt freilich die rechtzeitige Annahme durch den Paketaktionär nur dann zur weiteren Annahmefrist,

---

[32] So aber das Konzept von *Hasselbach* und *Möllers,* vgl. Kölner Komm WpÜG/*Hasselbach* Rn. 44, 57 einerseits und Kölner Komm WpÜG/*Möllers* § 23 Rn. 83 ff. andererseits.

[33] Unklar insoweit FK-WpÜG/*Scholz* Rn. 21.

[34] Das Gesetz spricht in § 16 Abs. 2 von „nach dem Ablauf der Annahmefrist". Das ist zeitlich unbestimmt und daher auslegungsbedürftig. Sinnvoll ist es allein, auf den Zeitpunkt abzustellen, in dem der Bieter die Veröffentlichung nach § 23 Abs. 1 Nr. 2 vorzunehmen hat, so wohl auch Angerer/Geibel/Süßmann/*Geibel/ Süßmann* Rn. 40. Dabei kommt es freilich auf den Zeitpunkt für das Tätigwerden des Bieters an, nicht auf den Erfolg der Veröffentlichung, doch dürften beide Zeitpunkte jedenfalls dann zusammenfallen, wenn man auf die Bekanntgabe im Internet abstellt. Diese kann nämlich praktisch sofort, dh innerhalb von wenigen Minuten bewirkt werden.

[35] Ebenso Assmann/Pötzsch/Schneider/*Seiler* Rn. 43 und Kölner Komm WpÜG/*Hasselbach* Rn. 53 in Fn. 40; Angerer/Geibel/Süßmann/*Geibel/Süßmann* Rn. 43; aA noch Baums/Thoma/*Merkner/Sustmann* Rn. 55.

[36] Ebenso Kölner Komm WpÜG/*Hasselbach* Rn. 56; aA Assmann/Pötzsch/Schneider/*Seiler* Rn. 44.

wenn der Bieter insgesamt mehr als 30% erreicht. Erreicht der Bieter auch ohne den Paketaktionär mindestens 30% der Stimmrechte und verzichtet der Bieter anschließend auf die Bedingung der Annahme durch den Paketaktionär, wird die weitere Annahmefrist ebenfalls ausgelöst.

**29**   **4. Rechtsfolgen.** Die zweiwöchige weitere Annahmefrist beginnt mit der Veröffentlichung des Ergebnisses gem. § 23 Abs. 1 S. 1 Nr. 2.[37] Während der weiteren Annahmefrist können das Angebot sämtliche Adressaten annehmen, auch wenn in Abs. 2 nur die „Aktionäre der Zielgesellschaft" genannt werden.[38] Der Begriff des Aktionärs ist im WpÜG nirgends definiert, daher kann damit auch „Wertpapierinhaber" gemeint sein. Deshalb können auch Inhaber zB von Optionsanleihen das Angebot noch innerhalb der weiteren Annahmefrist annehmen, soweit sich das Übernahmeangebot auf diese erstreckt. Eine Interpretation, die für die weitere Annahmefrist die Adressaten des Angebots in Aktionäre und andere Personen aufteilte, liefe dem Zweck des Abs. 2 zuwider und ist daher abzulehnen.[39] Im Übrigen bezieht sich Abs. 2 auf „das Angebot". Dieses umfasst je nach Bieterwillen nicht nur Aktien, sondern auch andere Wertpapiere.

**30**   Zur Abgabe **konkurrierender Angebote** während des Laufs der weiteren Annahmefrist → § 22 Rn. 9; zur Unzulässigkeit von **Angebotsänderungen** → § 21 Rn. 35.

## IV. Annahmefrist bei Einberufung einer Angebotshauptversammlung (Abs. 3)

**31**   **1. Normzweck.** Durch die Festlegung der Annahmefrist auf die Maximalfrist von zehn Wochen gem. Abs. 3 S. 1 soll „der Vorstand der Zielgesellschaft die Möglichkeit erhalten, kurzfristig einen Beschluss der Hauptversammlung herbeizuführen, um den Erfolg des Angebots zu verhindern…. Die Festlegung der Annahmefrist auf zehn Wochen soll sicherstellen, dass eine Hauptversammlung einberufen, durchgeführt und mögliche Beschlüsse der Hauptversammlung vom Vorstand umgesetzt werden können."[40]

**32**   **2. Anwendungsbereich.** Die gesetzliche Festlegung der Annahmefrist kommt bei sämtlichen Angeboten in Betracht, also nicht nur bei Übernahmeangeboten sondern auch bei Pflichtangeboten sowie einfachen Erwerbsangeboten.[41] Praktisch dürfte es zur Einberufung einer Angebotshauptversammlung jedoch ausschließlich bei **Übernahmeangeboten** kommen.[42]

**33**   **3. Einberufung im Zusammenhang mit dem Angebot.** Es muss sich um die Einberufung einer Hauptversammlung im Zusammenhang mit dem Angebot handeln. Wann ein solcher Zusammenhang gegeben ist, ist zweifelhaft. In der Lit. wird vorgeschlagen, sowohl einen zeitlichen als auch einen sachlichen Zusammenhang zu verlangen.[43] Unter dem zeitlichen Zusammenhang wird dabei freilich das Erfordernis verstanden, dass die Einberufung nach der Veröffentlichung der Unterlage stattzufinden hat, um die Fristfestlegung auslösen zu können.[44] Diese Frage gehört jedoch nicht mehr zum „Zusammenhang" und ist im Wortlaut der Norm auch getrennt geregelt (→ Rn. 36). Im Ergebnis wird man also nur einen sachlichen Zusammenhang als Tatbestandsvoraussetzung verlangen können.

---

[37] Zur Rechtslage bei Falschveröffentlichung Ehricke/Ekkenga/Oechsler/*Oechsler* Rn. 9; → § 23 Rn. 38.
[38] AA Angerer/Geibel/Süßmann/*Geibel/Süßmann* Rn. 37.
[39] AA Angerer/Geibel/Süßmann/*Geibel/Süßmann* Rn. 37 aber inkonsequent, da sie nicht auf die Aktionäre, sondern auf die von ihnen gehaltenen Aktien abstellen: Nähme man den Gesetzeswortlaut ernst, könnten Aktionäre, die zugleich Inhaber von Optionsanleihen sind, ihre Optionsanleihen während der weiteren Annahmefrist noch an den Bieter verkaufen, während Personen, die nur im Besitz von Optionsanleihen sind, dies nicht tun könnten. Das wäre ein geradezu absurdes Ergebnis.
[40] BT-Drs. 14/7034, 46; krit. *Oechsler* NZG 2001, 817 (824).
[41] Für einfache Erwerbsangebote ausdrücklich BT-Drs. 14/7034, 46; so jetzt auch Steinmeyer/*Steinmeyer* Rn. 13; Baums/Thoma/*Merkner/Sustmann* Rn. 62; s. ferner Assmann/Pötzsch/Schneider/*Seiler* Rn. 49 mwN.
[42] Vgl. auch Steinmeyer/*Steinmeyer* Rn. 14.
[43] Angerer/Geibel/Süßmann/*Geibel/Süßmann* Rn. 51 ff.; Kölner Komm WpÜG/*Hasselbach* Rn. 60 ff., 65.
[44] Vgl. Steinmeyer/*Steinmeyer* Rn. 13; Baums/Thoma/*Merkner/Sustmann* Rn. 62; Assmann/Pötzsch/Schneider/*Seiler* Rn. 49.

Wann ein **sachlicher Zusammenhang** vorliegt, ist zweifelhaft. Der Gesetzgeber hatte,  34
wie die Begründung zeigt, die sog. Abwehrhauptversammlung vor Augen, auf der sich der
Vorstand Verteidigungsmaßnahmen gegen das Angebot genehmigen lässt.[45] Der Wortlaut
setzt freilich nicht voraus, dass die von der Verwaltung oder sonst vorgeschlagenen Beschlussgegenstände Abwehrcharakter haben, zumal es nur auf die Einberufung, nicht auf die Tagesordnung ankommt. Im Übrigen wäre die „Eignung des Beschlussgegenstandes zur Abwehr
des Angebots" kaum ein justiziables Tatbestandsmerkmal.[46] Zudem kann es sein, dass sich
ein bestimmter Beschluss besonders zur Abwehr des Angebots eignet, sein Abwehrcharakter
vom Vorstand jedoch weder gesehen noch beabsichtigt ist. Schließlich dürfte auch (etwa
bei freundlichen Übernahmen) auch ein Beschluss im Zusammenhang mit dem Angebot
stehen, durch den das Gegenteil einer Abwehr, nämlich die Erleichterung der Übernahme
beabsichtigt ist. Zu nennen ist hier zB ein Hauptversammlungsbeschluss nach § 119 Abs. 2
AktG über den Verkauf eines wichtigen Vermögensgegenstandes, um etwa eine Zustimmung der Kartellbehörden zur Übernahme zu gewährleisten. Richtigerweise regelt Abs. 3
daher nicht den Fall einer Abwehrhauptversammlung, sondern den einer Angebotshauptversammlung.[47]

Gleichwohl verdeutlicht Abs. 3 S. 1 mit der Voraussetzung des „Zusammenhangs", dass es  35
zur Festlegung der Annahmefrist nicht stets kommt, sondern auch eine Hauptversammlung
denkbar ist, bei der die Annahmefrist unberührt bleibt. Angesichts der beschriebenen
Schwierigkeiten, den erforderlichen Zusammenhang rechtssicher zu definieren, liegt es
nahe, **den Willen des einberufenden Vorstandes** der Zielgesellschaft oder der **die Einberufung verlangenden Minderheit gem. § 122 Abs. 1** über den „Zusammenhang"
entscheiden zu lassen.[48] Zu einer im Ergebnis kaum abweichenden Lösung dürfte die Auffassung gelangen, die für die Auslösung der Fristfestlegung für nur einen „wie auch immer gearte-
ten" inhaltlichen Zusammenhang mit dem Angebot verlangt.[49] Auch sie überlässt es im
Wesentlichen dem Vorstand der Zielgesellschaft, über die Festlegung der Annahmefrist zu
entscheiden. Der Vorstand hat dementsprechend in der Einberufung anzugeben, ob es sich
um eine Hauptversammlung iSd Abs. 3 S. 1 handelt oder nicht. Im letztgenannten Fall wird
keine Festlegung der Frist ausgelöst, zB bei einer ordentlichen Hauptversammlung die
zufällig in den relevanten Zeitraum fällt.[50]

**4. Nach der Veröffentlichung der Angebotsunterlage.** Die zeitlichen Grenzen[51] für  36
die Einberufung der Hauptversammlung sind durch den Wortlaut der Norm festgelegt, die
Einberufung hat nämlich „nach der Veröffentlichung der Angebotsunterlage" zu erfolgen. Es
kommt auf die Einberufung an, nicht auf den Tag der Hauptversammlung. Dabei wird man
auf den Tag der Bekanntmachung gem. § 121 Abs. 3 bzw. Abs. 4 AktG abzustellen haben.
Dieser Tag muss nach der Veröffentlichung der Angebotsunterlage gem. § 14 Abs. 3 liegen,
frühestens kommt der Tag der Veröffentlichung selbst infrage. Die Vorschrift ist nicht analog
auf die Fälle anzuwenden, in denen die Einberufung nach der Veröffentlichung der Entscheidung zur Abgabe eines Angebots gem. § 10, aber vor der Veröffentlichung der Angebotsunterlage liegt.[52] Eine weitere zeitliche Grenze ist nur insoweit zu ziehen, als dass die Einberufung

---

[45]  Kölner Komm WpÜG/*Hasselbach* Rn. 61; Assmann/Pötzsch/Schneider/*Seiler* Rn. 50.
[46]  Ähnlich Kölner Komm WpÜG/*Hasselbach* Rn. 63; Assmann/Pötzsch/Schneider/*Seiler* Rn. 50; aA wohl
Angerer/Geibel/Süßmann/*Geibel/Süßmann* Rn. 52; unentschieden Steinmeyer/*Steinmeyer* Rn. 12.
[47]  So im praktischen Ergebnis auch Baums/Thoma/*Merkner/Sustmann* Rn. 64–66.
[48]  Eine „Verhinderungsabsicht" wird hier entgegen Kölner Komm WpÜG/*Hasselbach* Rn. 61 nicht verlangt. Auch kann *Hasselbach* nicht darlegen, inwieweit seine eigene Auffassung („irgendwie gearteter Zusammenhang") weniger „inhaltsleer" sein soll als die hier vertretene Ansicht.
[49]  So ausdrücklich Kölner Komm WpÜG/*Hasselbach* Rn. 62; vgl. auch Assmann/Pötzsch/Schneider/*Seiler*
Rn. 50.
[50]  Steinmeyer/*Steinmeyer* Rn. 15 in Fn. 32.
[51]  Zeitliche Grenzen in dem Sinne, dass durch die Einberufung die Rechtsfolge der Fristfestlegung auf
zehn Wochen ausgelöst wird. Selbstverständlich bleibt die Einberufung einer Hauptversammlung vor und
nachher zulässig.
[52]  Angerer/Geibel/Süßmann/*Geibel/Süßmann* Rn. 56; Kölner Komm WpÜG/*Hasselbach* Rn. 65; Baums/
Thoma/*Merkner/Sustmann* Rn. 67.

einer Hauptversammlung nach Ablauf der regulären, ggf. nach § 21 Abs. 5 oder § 22 Abs. 2 verlängerten Annahmefrist keine Auswirkungen auf die Annahmefrist mehr besitzen kann. Insbesondere eine Einberufung während der weiteren Annahmefrist kann die reguläre Annahmefrist nicht wieder aufleben lassen und auf zehn Wochen verlängern.

37   Eine darüber hinausgehende teleologische Reduzierung auf Fälle, in denen die Hauptversammlung selbst nicht mehr innerhalb der verlängerten Annahmefrist stattfinden könnte,[53] ist demgegenüber abzulehnen. Eine Abwehr- oder Annahmehauptversammlung kann auch dann noch Sinn haben, wenn das Angebot bereits abgelaufen ist, zB um kartellrechtliche Erfordernisse zu erfüllen. Im Übrigen kann bereits die Fristverlängerung selbst die Abgabe eines konkurrierenden Angebots erleichtern, so dass die Hauptversammlung möglicherweise dann innerhalb der zusätzlich nach § 22 Abs. 2 verlängerten Annahmefrist liegt. Würde man es anders sehen, müsste nach dem oben beschriebenen Normzweck in eine teleologische Reduktion auch der Inhalt der einzelnen Tagesordnungspunkte einbezogen werden. Nur wenn auch die Umsetzung der zu fassenden Beschlüsse innerhalb der Annahmefrist möglich wäre, dürfte die Hauptversammlung dann noch stattfinden. Eine solche Auslegung widerspricht jedoch dem Zweck der durch das WpÜG weitgehend formalisierten Verfahrensregelung öffentlicher Angebote, allen Beteiligten Rechtsklarheit zu bieten. Sie wäre auch praktisch undurchführbar, da die Tagesordnungspunkte zum Zeitpunkt der Einberufung wegen § 122 Abs. 2 AktG noch nicht endgültig feststehen, geschweige denn der Ausgang der Hauptversammlung vorhergesagt werden könnte.

38   **5. Verfassungswidrigkeit der gesetzlichen Fristfestlegung auf zehn Wochen.** Nach dem Gesagten kann der Vorstand der Zielgesellschaft durch die Einberufung der Hauptversammlung, also durch eine einseitige Maßnahme die Annahmefrist abweichend von den Vorstellungen des Bieters auf zehn Wochen festlegen. Diese Regelung ist international ohne Beispiel. Sie ist **verfassungswidrig,** da der Bieter möglicherweise lediglich für einen kürzeren Zeitraum an das Angebot gebunden sein will und ein Eingriff in diesen Willen gegen die von Art. 2 Abs. 1 GG geschützte Privatautonomie des Bieters verstößt.[54] An einer möglichst kurzen Annahmefrist hat der Bieter zum einen berechtigte Interessen, die insbesondere in der Gefahr der Abgabe eines konkurrierenden Angebots liegen. Er hat nämlich regelmäßig in die Informationsgewinnung über das Unternehmen der Zielgesellschaft Zeit und Geld investiert. Längere Annahmefristen führen aber zur Erleichterung konkurrierender Angebote. Es gilt demgegenüber der Grundsatz, dass das Recht dem Bieter zumindest die Chance lassen muss, einen selbsterarbeiteten Informationsvorsprung zu nutzen.[55]

39   Die Bieterinteressen hat der Gesetzgeber ebenso wie die der Adressaten grundsätzlich durch die Festlegung der Mindestfrist auf vier Wochen und eine mögliche Verlängerung gem. § 22 Abs. 2 auf die Frist des Konkurrenzangebotes abschließend berücksichtigt. Er darf sein Abwägungsergebnis nicht dadurch konterkarieren, dass er die vom Bieter privatautonom gesetzte Frist der abändernden Entscheidung eines Dritten (Vorstand) unterwirft und ihm keinerlei Ausweichmöglichkeiten belässt (→ Rn. 40). Der Vorstand ist als solcher zudem nicht an der ins Auge gefassten Transaktion zwischen Bieter und Angebotsadressaten beteiligt. Ein solches Recht ginge sogar noch über den im Privatrecht grundsätzlich verbotenen **Vertrag zulasten Dritter** hinaus, da es den Inhalt einer Willenserklärung (des Bieters) in einem entscheidenden Teil an eine einseitige Maßnahme eines anderen bindet. Erst recht erkennbar wird dies, wenn man berücksichtigt, dass der Vorstand eine solche Hauptversammlung ja auch wieder **absagen** kann und dies dann natürlich nichts mehr an der Fristver-

---

[53] So Angerer/Geibel/Süßmann/*Geibel/Süßmann* Rn. 56; ferner Kölner Komm WpÜG/*Hasselbach* Rn. 65; Baums/Thoma/*Merkner/Sustmann* Rn. 68; Assmann/Pötzsch/Schneider/*Seiler* Rn. 53 m. Fn. 157.

[54] AA Kölner Komm WpÜG/*Hasselbach* Rn. 66 in Fn. 118; Steinmeyer/*Steinmeyer* Rn. 8 in Fn. 19; Schwark/Zimmer/*Noack/Zetzsche* Rn. 22 in Fn. 23, sämtlich allerdings ohne Begr. Die übrige Literatur referiert lediglich ohne eigene Stellungnahme die hier vertretene Position.

[55] Vgl. *Mühle,* Das Wertpapiererwerbs- und Übernahmegesetz, 2002, 207; allg. *Easterbrook/Fischel* Stanf. L. Rev. 35 (1982), 1 ff.; vgl. auch *Fleischer,* Informationsasymmetrie im Vertragsrecht, 2001, 175 ff.

längerung zu ändern vermag.[56] Dies ist mit dem Grundsatz der Privatautonomie unvereinbar und verstößt deshalb gegen Art. 2 Abs. 1 GG.[57]

Dem (feindlichen) Bieter stehen auch keine **privatautonomen Gegenmaßnahmen** 40 gegen die Verlängerung der Frist zur Verfügung. Man könnte zunächst an eine (nach § 18 zulässige) Bedingung in der Angebotsunterlage denken, nach der das Angebot nur dann durchgeführt wird, wenn es zu keiner Veränderung der Annahmefrist gem. § 16 Abs. 3 S. 1 kommt. Mit dieser Bedingung würde der Bieter freilich die Entscheidung über das Angebot vollständig in die Hände des Vorstands der Zielgesellschaft legen, da dieser jederzeit die Hauptversammlung einberufen kann und dies bei einem feindlichen Angebot regelmäßig tun würde. Sie scheidet also schon aus praktischen Gründen aus. Man kann auch nicht die Einberufung als Verteidigungsmaßnahme iSd § 33 Abs. 1 verstehen, die dem Vorstand verboten wäre, wenn und weil sie wegen der Bedingung das Angebot zu Fall bringen würde. Denn ein solches Verständnis des Vereitelungsverbotes ginge eindeutig zu weit. Der Bieter könnte dann ganz allgemein durch entsprechende Bedingungen im Angebot dem Vorstand quasi diktieren, wie er auf das Angebot zu reagieren hat.

Ein weiterer entscheidender Punkt ist die Tatsache, dass die mit der Einberufung verbun- 41 dene Fristfestlegung unter Umständen mit dem Interesse oder dem Willen einzelner oder aller **Wertpapierinhaber der Zielgesellschaft** unvereinbar ist. Diese sind möglicherweise sogar daran interessiert, das Angebot schnell annehmen zu können und nach dem Vollzug eine neue Investitionsentscheidung zu tätigen. Diesen berechtigten Interessen der Adressaten (als Anleger, nicht als Gesellschafter der Zielgesellschaft) darf der Vorstand nicht durch seine Einberufungsentscheidung mit Fristverlängerungsfolge vorgreifen. Er handelt insoweit auch nicht etwa als Vertreter der Wertpapierinhaber, nach allgemeiner Auffassung vertritt er lediglich die juristische Person.

Wenn der Gesetzgeber meint, er müsse die Wertpapierinhaber der Zielgesellschaft durch 42 eine Verlängerung bzw. Festlegung der Annahmefrist schützen und ihnen durch die Einberaumung einer Hauptversammlung[58] ein koordiniertes Vorgehen ermöglichen, so kann er dieses Ziel erreichen, freilich auf andere als die in Abs. 3 S. 1 vorgesehene Weise. Er kann nämlich die Verlängerung der Annahmefrist von einem Beschluss der Angebotsadressaten auf der rechtzeitig einberufenen Hauptversammlung abhängig machen. Auf eine solche Regelung könnte der Bieter reagieren, indem er sein Angebot unter die Bedingung stellt, dass ein solcher Beschluss nicht stattfindet. Er wäre dann im Ergebnis nicht gezwungen, die längere Annahmefrist zu akzeptieren, der Erfolg seines Angebots hinge dann freilich von einem zustimmenden Hauptversammlungsbeschluss ab. Der Bieter könnte sich in diesem Fall also durch eine Gegenmaßnahme vor der belastenden Wirkung der Einberufung schützen, ohne zugleich den Erfolg des Angebots vollständig zu gefährden. Zwar wäre die damit verbundene Handlungspflicht des Bieters immer noch eine verfassungsrechtlich bedenkliche Beschränkung seiner Privatautonomie. Diese wäre aber gerade noch hinnehmbar, da es sich bei Übernahmen um besonders komplexe Transaktionen handelt und der Bieter insoweit ohnehin Rechtsrat hinzuziehen muss. Davor, dass eine entsprechende Bedingung in der Angebotsunterlage fehlt, schützt ihn dann die Anwaltshaftung.

**6. Mitteilungs- und Veröffentlichungspflichten (Abs. 3 S. 2–4). a) Mitteilungs-** 43 **pflicht des Vorstandes.** Der Vorstand hat dem Bieter und der BaFin gem. Abs. 3 S. 2 unverzüglich eine Mitteilung über die Einberufung zu machen. Es reicht aus, wenn er dem Bieter eine Mitteilung über die Tatsache macht, dass eine Einberufung einer Hauptversammlung iSd Abs. 3 S. 1 erfolgt ist, da sein Wille über die Einordnung als „Angebotshauptversammlung" entscheidet (→ Rn. 35). Er muss deshalb auch weder Tag oder Ort[59] noch die Tages-

---

[56] Insoweit zutr. Assmann/Pötzsch/Schneider/*Seiler* Rn. 54 und Angerer/Geibel/Süßmann/*Geibel/Süßmann* Rn. 60 mwN.

[57] S. nur Staudinger/*Klumpp,* 2015, BGB Vor § 328 Rn. 53 mwN.

[58] Es sind auch andere Mechanismen zur Ermöglichung einer „Abstimmung" über das öffentliche Angebot denkbar, vgl. dazu einerseits Rule 36.5 City Code sowie andererseits *Bebchuk* Harv. L. Rev. 98 (1985), 1695 ff.

[59] Wie hier Schwark/Zimmer/*Noack/Zetzsche* Rn. 26; aA Kölner Komm WpÜG/*Hasselbach* Rn. 68; Angerer/Geibel/Süßmann/*Geibel/Süßmann* Rn. 62; Assmann/Pötzsch/Schneider/*Seiler* Rn. 56.

ordnung[60] dem Bieter oder der BaFin mitteilen. Die Mitteilung an die BaFin hat gem. § 45 zu erfolgen,[61] bezüglich des Bieters reicht im Prinzip sogar ein Anruf mit folgendem Wortlaut aus: „Es wurde eine Hauptversammlung iSd § 16 Abs. 3 S. 1 WpÜG einberufen". Selbst den Zeitpunkt der Einberufung muss der Vorstand dem Bieter nicht mitteilen,[62] da dieser wegen des Bekanntmachungserfordernisses in § 121 Abs. 3 bzw. Abs. 4 AktG objektiv feststellbar ist.[63] **Unverzüglich** heißt Absendung der Mitteilung an dem Tag, an dem die Einberufung gem. § 121 Abs. 3 oder 4 AktG bekannt gemacht ist, da keine Gründe für eine weitere Verzögerung ersichtlich sind. **Rechtsfolgen** einer unterlassenen Mitteilung wegen der Verfassungswidrigkeit der Fristfestlegung (→ Rn. 38 ff.): keine. Folgt man dem nicht, bestehen allenfalls Schadensersatzansprüche der Angebotsadressaten aus § 93 Abs. 2 AktG, wenn sie die ursprüngliche Annahmefrist versäumt hatten und wegen der Unterlassung nun zu Unrecht meinten, kein Annahmerecht mehr zu haben und nur deshalb nicht mehr angenommen haben.[64] Die Voraussetzungen eines solchen Anspruchs wären freilich praktisch unbeweisbar.

**44**    **b) Veröffentlichungspflichten des Bieters (Abs. 3 S. 3).** Aus Transparenzgründen[65] hat der Gesetzgeber in Abs. 3 S. 3 den Bieter verpflichtet, die an ihn erfolgte Mitteilung unter Angabe der geänderten Annahmefrist im **Bundesanzeiger** zu veröffentlichen. Nach hier vertretener Auffassung (→ Rn. 38 ff.) bleibt die zu veröffentlichende Annahmefrist freilich durch die Einberufung unverändert. Warum gerade dieser Veröffentlichungsweg vorgeschrieben ist, ist außerdem nicht nachvollziehbar. Der Bieter wäre ohnehin verpflichtet, bei eventuellen Änderungen der Annahmefrist eine Aktualisierung der Unterlage zu veröffentlichen (vgl. → § 11 Rn. 17 ff., → § 11 Rn. 104). Selbst wenn das nicht der Fall wäre, ist nicht einzusehen, dass gerade auf die Bekanntgabe im Internet verzichtet wird, obschon sich dort gerade die besonders schutzbedürftigen Kleinaktionäre über den Verlauf des öffentlichen Angebots informieren werden.[66] Der Bieter muss lediglich die an ihn erfolgte Mitteilung wiedergeben und ist zu Veränderungen nicht berechtigt.[67] Die **Kosten der Bekanntmachung** kann der Bieter der Zielgesellschaft nach § 812 Abs. 1 S. 1 Alt. 2 BGB in Rechnung stellen. Informationen über die Hauptversammlung der Zielgesellschaft bekannt zu machen, ist grundsätzlich Sache der Gesellschaft selbst und geht ihn in seiner Funktion als Bieter nichts an. Daher ist mit der Veröffentlichungspflicht bereicherungsrechtlich keine Vermögenszuweisung von ihm an die Zielgesellschaft verbunden. Wenn der Gesetzgeber das anders hätte regeln wollen, so hätte er dies ausdrücklich klarstellen müssen (etwa durch die Wendung „auf seine Kosten").

**45**    **c) Nachmitteilung an die BaFin (Abs. 3 S. 4).** Der Bieter hat der BaFin „die Veröffentlichung mitzuteilen", sie also schriftlich unter Angabe der Links über die Veröffentlichung im Bundesanzeiger zu informieren, damit sie die Einhaltung der Verpflichtungen wirksam kontrollieren kann.

### V. Frist und Form für die Einberufung einer Angebotshauptversammlung (Abs. 4)

**46**    **1. Normzweck und Hinweis zu den Erläuterungen.** Durch die in Abs. 4 enthaltenen Vorschriften sollen bestimmte Anforderungen des Aktiengesetzes bezüglich Frist und Form der Vorbereitung und Durchführung der Angebotshauptversammlung entschärft werden, um der Zielgesellschaft eine schnelle Reaktion auf das öffentliche Angebot zu ermögli-

---

[60] Wie hier Angerer/Geibel/Süßmann/*Geibel/Süßmann* Rn. 62; aA Kölner Komm WpÜG/*Hasselbach* Rn. 68; Assmann/Pötzsch/Schneider/*Seiler* Rn. 56; unentschieden Baums/Thoma/*Merkner/Sustmann* Rn. 81.

[61] AA Assmann/Pötzsch/Schneider/*Seiler* Rn. 56.

[62] AA Angerer/Geibel/Süßmann/*Geibel/Süßmann* Rn. 62.

[63] Krit. auch Angerer/Geibel/Süßmann/*Geibel/Süßmann* Rn. 66; Schwark/Zimmer/*Noack/Zetzsche* Rn. 28.

[64] Zum umgekehrten Fall vgl. Angerer/Geibel/Süßmann/*Geibel/Süßmann* Rn. 65.

[65] BT-Drs. 14/7034, 46.

[66] Krit. auch Angerer/Geibel/Süßmann/*Geibel/Süßmann* Rn. 69.

[67] Angerer/Geibel/Süßmann/*Geibel/Süßmann* Rn. 67; Assmann/Pötzsch/Schneider/*Seiler* Rn. 58.

chen. Wesentliche Erläuterungen zu den in Abs. 4 enthaltenen Vorschriften sind bereits in der Gesetzesbegründung enthalten[68] und sollen hier nicht noch einmal mit eigenen Worten nacherzählt werden. Die nachfolgenden Erläuterungen beschränken sich daher auf Probleme, die in der Begründung nicht angesprochen oder falsch gelöst sind. S. im Übrigen auch die Erläuterungen zu §§ 121–126 AktG (→ AktG § 121 Rn. 1 ff.).

**2. Verkürzte Einberufungsfrist (Abs. 4 S. 1).** Die Verkürzung auf bis zu zwei **47** Wochen gilt in jedem Fall, also auch dann, wenn die Satzung der Zielgesellschaft abweichendes vorsieht. Die Gegenauffassung[69] kann nicht überzeugen, da sie dem Zweck des Abs. 4 widerspricht und keinen Wiederklang in Abs. 4 S. 1 findet. Die Vorschrift ermöglicht vielmehr eine Verkürzung in sämtlichen Fällen.[70] Jedenfalls wird man vor Inkrafttreten des WpÜG beschlossene Satzungsbestimmungen so auszulegen haben, dass sich die in ihnen enthaltene Frist gerade nicht auf Angebotshauptversammlungen bezieht, da bei Beschlussfassung die Folgen für Angebotshauptversammlungen noch nicht bedacht werden konnten.[71] Erst recht gilt das für solche Bestimmungen, die lediglich den Gesetzeswortlaut des § 123 AktG wiederholen.[72]

**3. Erleichterung von Stimmrechtsvollmachten (Abs. 4 S. 6).** Soweit die Begrün-  **48** dung darauf hinweist, dass mit der Pflicht zur Erleichterung der Erteilung von Vollmachten die

---

[68] BT-Drs. 14/7034, 47 lautet: „Absatz 4 regelt die für die Durchführung einer Hauptversammlung zu beachtenden Fristen und Formalien, sofern beschlossen wird, eine solche nach Absatz 3 einzuberufen. Die Zielgesellschaft muss – insbesondere im Fall eines Übernahmeangebots – sofort reagieren können. Dazu wird es ihr ermöglicht, die **Monatsfrist des § 123 Abs. 1** des Aktiengesetzes zu unterschreiten und eine außerordentliche Hauptversammlung einzuberufen. Die Hinterlegungsfrist (Inhaberaktien), die Anmeldefrist (Namensaktien) und die Frist nach § 125 Abs. 1 S. 1 Aktiengesetz (Mitteilung an Kreditinstitute) ist in diesem Fall auf zwingend vier Tage verkürzt. Die **Vollmachtserteilung** ist soweit möglich zu erleichtern. Damit werden die Möglichkeiten nicht-schriftlicher Vollmachtserteilung (Fax oder elektronische Post), die das Namensaktiengesetz (NaStraG) vom 18.1.2001 schafft (BGBl. 2001 I 123), aufgegriffen. **Mitteilungen an die Aktionäre und Gegenanträge** sind (gegebenenfalls in angemessener Form gekürzt) bekannt zu machen und ungekürzt zugänglich zu machen. Das gilt für Minderheitenverlangen gemäß § 124 Abs. 1 S. 2 des Aktiengesetzes und für den Vorstandsbericht, falls ein Bezugsrechtsausschluss Beschlussgegenstand ist. Zugänglich machen bedeutet Auslegen bei der Gesellschaft und Einstellen auf der Website der Gesellschaft. Die Bekanntmachung in Kurzfassung kann sehr knapp gefasst sein, wenn sie einen Hinweis auf die Fundstelle des Langtextes auf der Website enthält. Auf die Zusendung kann verzichtet werden, wenn nicht wahrscheinlich ist, dass die Unterlagen noch vor der Hauptversammlung zugehen. Der Vorstand hat hier einen Einschätzungsspielraum. Betroffen ist vor allem die postalische Übersendung schriftlicher Dokumente und dies insbesondere dann, wenn sie über Informationsmittler weitergeleitet werden müssen (zB Depotbanken bei Inhaberaktien) oder ins Ausland gehen sollen. Maßstab ist nicht der einzelne Aktionär. Es reicht aus, wenn ein Zugang bei einem nicht unerheblichen Teil der Aktionäre nicht wahrscheinlich ist. Bei Gegenanträgen wird die postalische Zusendung innerhalb der Minimalfrist von zwei Wochen regelmäßig scheitern. Dabei ist auch die erforderliche Zeit für die Vervielfältigung und das Versandhandling in Anschlag zu bringen. Wird von der Zusendung nach dieser Vorschrift abgesehen, kann eine Anfechtung der Beschlüsse nicht auf den fehlenden Eingang gestützt werden. Auch die Abstimmungsvorschläge der Kreditinstitute und Aktionärsvereinigungen können regelmäßig aus Zeitgründen nicht mehr rechtzeitig unterbreitet werden. In diesem Fall gilt die im NaStraG enthaltene Regelung auch bei Inhaberaktien, da gerade ein Ausfall der Stimmen der Kleinaktionäre vermieden werden soll. In der Kürze der zur Verfügung stehenden Zeit kann das Auffinden eines geeigneten **Versammlungsortes** erhebliche praktische Schwierigkeiten bereiten. Daher kann nach Satz 2 abweichend von § 121 Abs. 5 des Aktiengesetzes und etwaiger Satzungsregelungen ein Ort für die Abhaltung der Hauptversammlung frei bestimmt werden. Damit hat die Gesellschaft die nötige Flexibilität bei der Wahl des Versammlungsortes. Sie ist nicht mehr an satzungsmäßige oder satzungsmäßige Vorgaben gebunden, sondern kann im Rahmen des für die Aktionäre Zumutbaren jeden Ort wählen. Dies wird in der Regel ein Ort in Deutschland und ein verkehrstechnisch zumutbarer Ort sein. Es muss sich je nach Witterung nicht notwendig um einen überdachten Ort handeln (zB Stadion). Versammlungsorte im Ausland können nur in Betracht kommen, wenn dies für die Mehrzahl der Aktionäre zumutbar ist und die Fragen der notariellen Beurkundung gelöst sind“ [Hervorhebungen durch Verf.].

[69] Kölner Komm WpÜG/*Hasselbach* Rn. 73; Assmann/Pötzsch/Schneider/*Seiler* Rn. 64.

[70] Ebenso Schwark/Zimmer/*Noack/Zetzsche* Rn. 32; jetzt auch Angerer/Geibel/Süßmann/*Geibel/Süßmann* Rn. 75.

[71] Das scheint nunmehr hM zu sein, vgl. Assmann/Pötzsch/Schneider/*Seiler* Rn. 64; Kölner Komm WpÜG/*Hasselbach* Rn. 73; Baums/Thoma/*Merkner/Sustmann* Rn. 91.

[72] Ebenso Angerer/Geibel/Süßmann/*Geibel/Süßmann* Rn. 75; Baums/Thoma/*Merkner/Sustmann* Rn. 91.

Möglichkeiten zur nicht schriftlichen Vollmachtserteilung aufgegriffen würden, ist das mindestens eine Irreführung. Enthält die Satzung keine Möglichkeit zur nicht schriftlichen Erteilung, darf die Zielgesellschaft in Bezug auf die Angebotshauptversammlung eine solche Möglichkeit nicht vorsehen,[73] enthält sie eine entsprechende Regelung, kann die Zielgesellschaft die Satzungsregelung nicht noch weiter erleichtern.[74] Abs. 4 S. 4 geht also bezüglich der Erteilung der Vollmacht vollständig ins Leere. Er kann allenfalls eine Pflicht der Gesellschaft begründen, Stimmrechtsvertreter zu benennen, so dass die stimmberechtigten Aktionäre im Endergebnis zumindest eine Briefwahl vornehmen können und nicht persönlich erscheinen müssen.[75]

**49**    **4. Mitteilung, Bekanntmachung und Zugänglichmachung von Minderheitsverlangen und von Gegenanträgen (Abs. 4 S. 5).** Äußerst problematisch ist die Regelung des Abs. 4 S. 5, nach der und auch fristgerecht eingereichte Anträge von Aktionären allen Aktionären zugänglich und in Kurzfassung bekannt zu machen sind. Dazu gehören auch Minderheitsverlangen gem. § 122 Abs. 2 sowie Gegenanträge gem. § 126 AktG. Da Abs. 4 keine Sonderregeln zu § 124 Abs. 1 S. 2 AktG sowie § 126 Abs. 1 AktG enthält, können Gegenanträge noch bis zu einer Woche nach der Einberufung und Minderheitsverlangen noch „rechtzeitig" vor Ablauf der Frist des § 124 Abs. 1 S. 2 AktG eingereicht werden. Das wird insbesondere bei derartigen Anträgen des Bieters (soweit er die Voraussetzungen erfüllt) problematisch werden. Noch problematischer ist die Zubilligung eines „Einschätzungsspielraums"[76] an die Verwaltung der Zielgesellschaft, soweit es um einen möglichen Verzicht auf vorgeschriebene Mitteilungen an bestimmte Aktionäre, Aktionärsvereinigungen und Kreditinstitute geht. Wie die von einer feindlichen Übernahme betroffene Verwaltung ihren „Spielraum" nutzen wird, lässt sich leicht vorhersagen.

**50**    Soweit die Begründung für das „Zugänglichmachen" auf eine Veröffentlichung auf der Internetseite der Gesellschaft sowie Auslegen bei der Gesellschaft abstellt, ist dies dem Wortlaut des Abs. 4 S. 5 kaum zu entnehmen und hätte einer ausdrücklichen Regelung bedurft. Außerdem widerspricht diese Interpretation der Begründung dem Wortlaut des § 14 Abs. 3 S. 1 Nr. 1, nachdem die Bekanntgabe im Internet eher eine Veröffentlichung als ein bloßes „Zugänglichmachen" ist.

**51**    **5. Notwendigkeit verfahrensregelnder Anordnungen der BaFin.** Es liegt insoweit die Vermutung nahe, dass die gesamte Regelung des § 16 Abs. 4 nicht durchdacht und sachwidrig ist, weil sie in keiner Weise die Belange des Bieters berücksichtigt und keine hinreichenden Vorgaben dafür macht, ob und wie auf der Angebotshauptversammlung ein Kampf zwischen Bieter und Verwaltung der Zielgesellschaft um die Kontrolle über die Gesellschaft ablaufen kann. Da die Gefahr besteht, dass insbesondere zulässige Anträge des Bieters unterschlagen oder verwässert werden, ist die BaFin aufgerufen, den Ablauf solcher Angebotshauptversammlungen gem. § 4 Abs. 1 S. 3 durch entsprechende verfahrensregelnde Anordnungen zu steuern.

## § 17 Unzulässigkeit der öffentlichen Aufforderung zur Abgabe von Angeboten

**Eine öffentliche auf den Erwerb von Wertpapieren der Zielgesellschaft gerichtete Aufforderung des Bieters zur Abgabe von Angeboten durch die Inhaber der Wertpapiere ist unzulässig.**

---

[73] Abs. 4 S. 6 verpflichtet die Zielgesellschaft auch keinesfalls zu einer Erleichterung durch Satzungsänderung, da die Vorschrift ansonsten für sämtliche Aktiengesellschaften als potentielle Zielgesellschaften gelten müsste. Entsprechend wäre sie daher im AktG zu regeln, auch widerspräche eine solche Pflicht § 134 Abs. 3 S. 2 AktG, der das Gegenteil vorsieht, vgl. auch Kölner Komm WpÜG/*Hasselbach* Rn. 84 f. unter Verweis auf die Erleichterungen in § 134 Abs. 3 AktG.

[74] Vgl. insoweit auch Kölner Komm WpÜG/*Hasselbach* § 16 Rn. 85; Angerer/Geibel/Süßmann/*Geibel*/*Süßmann* Rn. 84. Den von Angerer/Geibel/Süßmann/*Geibel*/*Süßmann* Rn. 84 angesprochenen Fall, dass die Satzung den Inhalt der Formerleichterung in die Hände der Gesellschaft legt, kann es m E nicht geben, da die Satzung diese Frage selbst regeln muss.

[75] IE ebenso Angerer/Geibel/Süßmann/*Geibel*/*Süßmann* Rn. 96; wohl auch Kölner Komm WpÜG/*Hasselbach* Rn. 87.

[76] So Begr. RegE, BT-Drs. 14/7034, 47.

**Schrifttum:** *Berrar/Schnorbus,* Rückerwerb eigener Aktien und Übernahmerecht, ZGR 2003, 59; *Leuering,* Der Rückerwerb eigener Aktien im Auktionsverfahren, AG 2007, 435; *Veller,* Öffentliche Angebote zum Erwerb eigener Aktien, 2009.

## Übersicht

## I. Normzweck

§ 17 untersagt dem Bieter eine öffentliche Aufforderung zur Abgabe von Angeboten (sog. **1** invitatio ad offerendum). Mit einer Aufforderung an die Inhaber der Wertpapiere, ihrerseits ein Angebot abzugeben, würde der Bieter das Rechtsverhältnis zwischen sich und den Angebotsadressaten in sein Gegenteil verkehren. § 17 dient also dem Schutz der Anteilsinhaber der Zielgesellschaft. Er ist zum einen Ausdruck des **Gleichbehandlungsgrundsatzes** des § 3 Abs. 1. Er schließt nämlich sämtliche Gestaltungen der Angebotsunterlage aus, die zu unterschiedlichen Verträgen mit den Adressaten führen könnten, indem zB den Adressaten anheim gestellt wird, Preisvorschläge zu machen. Zum anderen ist er auch Ausdruck des **Transparenzgebots,** die Adressaten sollen nicht durch (möglicherweise in der Unterlage versteckte) Klauseln darüber getäuscht werden, dass die Möglichkeit der Annahme des Angebots noch unter Vorbehalten steht. In dieser Hinsicht steht § 17 in einem Zusammenhang zu § 18.

§ 17 dient auch der Durchsetzung der in § 19 enthaltenen Pflicht, jedes Angebot (auch **2** Teilangebote) an **alle Wertpapierinhaber der Zielgesellschaft** zu richten und bei Überzeichnung verhältnismäßig anzunehmen. Denn sonst könnte der Bieter ein Vollangebot abgeben und, wenn ein ihm genehmer Anteil der Adressaten angenommen hat, sein Angebot vorzeitig „beenden" und praktisch ein Teilangebot auf „first come first served"-Basis verwirklichen. § 17 formuliert damit eine Art Umgehungsschutz vor den verfahrensregelnden Vorschriften des WpÜG, die ansonsten durch eine entsprechende Gestaltung der Angebotsunterlage leicht ausgehebelt werden könnten.

§ 17 hilft den Wertpapierinhabern der Zielgesellschaft im Zusammenspiel mit § 16 Abs. 2, **3** § 19 und § 23, ihre **Interessen zu koordinieren** und vermindert damit die Probleme eines kollektiven Vorgehens (collective action problem), sowie des prisoners dilemma. Der Einzelunternehmer kann eine einheitliche Entscheidung treffen, die Aktionäre der Zielgesellschaft können aber eben nicht einheitlich entscheiden und werden durch § 17 davor geschützt, dass der Bieter sich die Aktionäre heraussucht, die bereit sind, zu schlechten Konditionen zu verkaufen. Gegenüber einem Einzelunternehmer, der (bei Teilangeboten) einen Teil seines Unternehmens oder (bei Vollangeboten) sein gesamtes Unternehmen verkaufen will, wäre ein Schutz durch § 17 nicht erforderlich, obwohl auch er sicherlich durch Verhandlungen über einen Verkauf seines Unternehmens in seiner Geschäftstätigkeit behindert würde.

Nach hM stellt § 17 im Hinblick auf den **Eingriff in die Geschäftstätigkeit** der Zielge- **4** sellschaft durch ein öffentliches Erwerbsangebot einen **Interessenausgleich** zwischen Bieter und Zielgesellschaft dar bzw. ist Ausfluss des Behinderungsverbots des § 3 Abs. 4 S. 2.[1] Nur bei einem verbindlichen Angebot sei es gerechtfertigt, der Zielgesellschaft Pflichten aufzuerlegen (etwa die Pflicht des Vorstandes zur Stellungnahme nach § 27 oder seine Verhaltenspflichten nach § 33). Dem kann nicht zugestimmt werden. Die Verbindlichkeit des Angebots ist kein „Gegengeschäft" zu den Verhaltenspflichten der Organe der Zielgesellschaft, vielmehr dienen diese genau wie § 17 den Interessen der Angebotsadressaten. Die

---

[1] So Begr. RegE, BT-Drs. 14/7034, 47; dieser folgend Angerer/Geibel/Süßmann/*Geibel/Süßmann* Rn. 4; FK-WpÜG/*Scholz* Rn. 3; Baums/Thoma/*Merkner/Sustmann* Rn. 6; Steinmeyer/*Steinmeyer* Rn. 2; *Berrar/Schnorbus* ZGR 2003, 59 (81).

Wertpapierinhaber sollen durch § 17 vor einem kapitalmarktrechtlich als unfair anzusehendem Vorgehen des Bieters (bzw. bei freundlichem Angebot: des Bieters und der Geschäftsleitung zusammen) geschützt werden. Wäre es anders, hätte der Gesetzgeber die Pflichten der §§ 27, 33 einfach nur an ein echtes Angebot zu binden brauchen. Dann hätte eine invitatio ad offerendum diese Pflichten eben nicht ausgelöst. Da er diesen Weg nicht gegangen ist, kann ein Interessenausgleich auch nicht Normzweck der Regelung sein.

## II. Verhältnis zu § 18

5    Zur Unzulässigkeit der Abgabe eines Antrags unter einer Bedingung (im Unterschied zur zulässigen Bedingung der abzuschließenden Kaufverträge) → Rn. 12 f. Zusätzlich schließt § 18 Abs. 2 Widerrufs- und Rücktrittsvorbehalte aus. Der Rücktritt ist ein vertraglich vereinbartes Recht des Bieters, ohne sachlichen Grund durch Willenserklärung von dem durch Annahme seines rechtsverbindlichen Angebots bereits zustande gekommenen Vertrag wieder Abstand zu nehmen. Der Widerruf stellt demgegenüber ein Recht des Bieters dar, auch nach Annahme des Angebots seine Willenserklärung zu widerrufen und damit einen trotz Annahme wegen der Widerrufsmöglichkeit noch in der Schwebe befindlichen Vertrag erst gar nicht zur Entstehung kommen zu lassen. Beide Rechte des Bieters beziehen sich (nur) auf bereits angenommene Angebote. Demgegenüber schließt § 17 Klauseln in der Angebotsunterlage aus, die ein Recht des Bieters meinen, die Annahmeerklärung selbst (unverzüglich) abzulehnen oder sein Angebot vor Annahme durch die Adressaten zu widerrufen.[2]

## III. Öffentliche, auf den Erwerb von Wertpapieren gerichtete Aufforderung

6    Die Vorschrift ist anwendbar auf alle durch Erklärung an die Öffentlichkeit erfolgte oder öffentlich bekannt gemachte Willensbekundungen des Bieters, einen Teil oder sämtliche außenstehende Wertpapiere der Zielgesellschaft zu erwerben (vgl. zum Begriff der Aufforderung → Rn. 10). In der Terminologie der Einteilung öffentlicher Angebote erstreckt sich das Verbot also sowohl auf den Bereich **freiwillige Erwerbs- und Übernahmeangebote als auch auf Pflichtangebote**. Während bei Pflichtangeboten § 17 überflüssig ist, da sich der Charakter eines Angebots nach § 35 bereits aus dem Zweck der Vorschrift ergibt, behält die Vorschrift ihren Sinn bei allen sonstigen Angebotsarten.

7    Die Anwendung auf **einfache Erwerbsangebote** ist kritisiert worden.[3] Zwar geht mit einem einfachen Erwerbsangebot normalerweise keine erhebliche Behinderung der Geschäftstätigkeit der Zielgesellschaft einher und der Vorstand wird in seinen Handlungsmöglichkeiten nicht durch § 33 beschnitten.[4] Jedoch kann auch ein einfaches Erwerbsangebot, etwa ein Aufstockungsangebot eines bereits kontrollierenden Aktionärs mit dem Ziel eines späteren Squeeze-out, für die Wertpapierinhaber einen erheblichen Verkaufsdruck erzeugen, der zu einem zu geringen Preis führen könnte.[5] Die Vorschrift ist nicht unverhältnismäßig und kann nicht im Wege der teleologischen Reduktion von ihrer Geltung für einfache Erwerbsangebote ausgenommen werden.[6]

8    Das Verbot gilt nur für öffentliche Aufforderungen, die sich auf den Erwerb von **Wertpapieren iSv § 2 Abs. 2** beziehen.

9    Der Bieter darf keine **öffentliche** Aufforderung zur Abgabe eines Angebots abgeben. Nicht untersagt ist es ihm dagegen, in **privaten Vertragsverhandlungen** über den Erwerb von Wertpapieren einer Zielgesellschaft eine invitatio ad offerendum abzugeben. Zur Abgrenzung zwischen Privatverkauf und öffentlichen Angeboten s. § 2 (→ § 1 Rn. 5).

---

[2] Die Abgrenzung zwischen einem Widerrufsvorbehalt und einem Ausschluss der Bindungswirkung iSd § 145 Hs. 2 BGB kann schwierig sein. Widerrufsvorbehalte können je nach Formulierung als Bindungsausschluss auszulegen sein, vgl. dazu Staudinger/*Bork,* 2020, BGB § 145 Rn. 27.

[3] Vgl. dazu DAV-Handelsrechtsausschuss, Stellungnahme vom April 2001 zu § 17 RefE, NZG 2001, 420 (424).

[4] FK-WpÜG/*Scholz* Rn. 24; Baums/Thoma/*Merkner/Sustmann* Rn. 11.

[5] Vgl. etwa das Angebot der Telekom an T-Online im Jahr 2005; dazu OLG Frankfurt AG 2007, 749.

[6] Assmann/Pötzsch/Schneider/*Meyer* Rn. 7; Angerer/Geibel/Süßmann/*Geibel/Süßmann* Rn. 5.

## IV. Aufforderung zur Abgabe von Angeboten, sonstige Einschränkungen der Verbindlichkeit

Die bloße **Aufforderung** zur Abgabe eines Angebots grenzt sich von einem Angebot durch **10** den aus dem Empfängerhorizont zu bestimmenden Rechtsbindungswillen des Erklärenden sowie durch den Willen zur Bindung an den Antrag ab. Sind beide vorhanden, so handelt es sich um ein Angebot. Der Rechtsbindungswille wird anhand des Erklärungstatbestandes festgestellt. Beides fehlt insbesondere bei einem sog. *bookbuilding* – Verfahren, in dem sich der Bieter zunächst Preisvorschläge der Adressaten einholt, um erkennen zu können, zu welchem Preis genügend Adressaten das – erst – dann gemachte Angebot annehmen.[7]

Fehlt nur der Wille zur Bindung an den Antrag iSd § 145 Hs. 2 BGB, so kann es sich **11** zwar gleichwohl um ein Angebot (mit fehlendem Bindungswillen) handeln. Der Ausschluss der Bindung an das Angebot bedeutet also nicht notwendig, dass es sich um eine invitatio ad offerendum handelt, vielmehr kann damit auch ein (sofort nach der Annahme auszuübendes)[8] **Widerrufsrecht** des Antragenden vereinbart sein.[9] Die Möglichkeit des Ausschlusses der Bindung des Bieters an das Angebot auch noch nach Eingang der Annahmeerklärung geht aber prinzipiell noch weiter und ist daher von § 17 (erst recht) untersagt.

Stellt der Bieter die Wirksamkeit seines Angebots (gemeint ist hier nur die Willenserklärung **12** des Bieters)[10] unter eine **aufschiebende Bedingung,** so verkürzt er damit faktisch die Annahmefrist für die Adressaten um den Zeitraum bis zum Eintritt der Bedingung und schränkt zugleich das Ob seiner Bindung ein. Eine solche Gestaltung widerspricht zum einen der vom Gesetzgeber intendierten (uneingeschränkten) Bindung des Bieters an sein Angebot und damit der ratio legis des § 17. Zum anderen verstößt eine solche Gestaltung gegen § 16 Abs. 1 S. 2, nach der die Möglichkeit der Annahme unmittelbar nach Veröffentlichung der Angebotsunterlage beginnt, dh zu beginnen hat. Eine aufschiebende Bedingung des Antrags steht zugleich im Widerspruch zur Festlegung einer bestimmten Annahmefrist in der Unterlage, was ebenfalls grundsätzlich zur Nichtigkeit des Antrags auf Grund von Perplexität führt.

Stellt der Bieter die Wirksamkeit seines Angebots unter die Bedingung des Eintritts einer **13** **auflösenden Bedingung,** so verkürzt er damit faktisch ebenfalls die Annahmefrist für die Adressaten um den Zeitraum vom Eintritt der Bedingung bis zum Ablauf der in der Angebotsunterlage festgelegten Annahmefrist, falls die Bedingung vorher eintritt. Das könnte zwar insofern unschädlich sein, als dass auch eine zulässige Bedingung des abzuschließenden Kaufvertrags (zB durch die Untersagung des Angebots seitens einer Behörde) bei entsprechend frühem Bedingungseintritt praktisch zur Verkürzung der Frist führt. Im Unterschied zu einem auflösend bedingten Kaufvertrag würde aber auf die Adressaten bei auflösender Bedingtheit (nur) des Angebots ein psychologischer Druck ausgeübt, das Angebot sofort anzunehmen. Denn nur bei sofortiger Annahme könnten die Adressaten sicher sein, ihre Wertpapiere an den Bieter veräußern zu können, ansonsten gingen sie das Risiko ein, dass zuvor die auflösende Bedingung eintritt. Dies widerspricht zum einen allen Regeln des WpÜG, die einen entsprechenden Druck auf die Adressaten gerade bekämpfen wollen (ausführlich → § 16 Rn. 18 ff.; → § 23 Rn. 2; → § 19 Rn. 4). Zum anderen aber behandelte es Aktionäre, die nach dem Eintritt der Bedingung, aber vor Ablauf der Annahmefrist annehmen und Aktionäre, die sofort annehmen, entgegen § 3 Abs. 1 ungleich. Im Übrigen verstieße eine solche Gestaltung auch gegen das Gebot der Transparenz der Angebotsunter-

---

[7] HM, ausf. Baums/Thoma/*Merkner*/*Sustmann* Rn. 2 mwN.

[8] Das Recht, den geschlossenen Kaufvertrag auch noch eine bestimmte oder unbestimmte Zeit nach Annahme des Angebots zu widerrufen, ist demgegenüber durch § 18 Abs. 2 untersagt, vgl. → Rn. 5. Zur Abgrenzung zwischen der Vereinbarung sofortigen Widerrufs durch Ausschluss der Bindung an das Angebot und beliebigen späteren Widerrufs (schwebender Vertrag) Soergel/*Wolf* BGB § 145 Rn. 12.

[9] BGH NJW 1984, 1885 f.

[10] Das verkennt Steinmeyer/*Steinmeyer* Rn. 3 m. Fn. 7, wenn er meint, es mache keinen Unterschied „ob das bedingte Erwerbsangebot vor oder nach Bedingungseintritt angenommen wird". Wer zB nur sein Angebot unter eine auflösende Bedingung stellt, nicht aber das Rechtsgeschäft, sorgt für wirksame Verträge, soweit die Annahme vor Eintritt der Bedingung erklärt wird. Das verbietet § 17.

lage (vgl. → § 11 Rn. 22 ff.), weil den Adressaten durch die Bestimmung der Annahmefrist nur vorgegaukelt würde, sie könnten bis dahin das Angebot annehmen.

**14**     Damit verbietet § 17 im Ergebnis **jede Einschränkung der Bindungswirkung** des Angebots gem. § 145 Hs. 2 BGB, dh nicht nur ihren vollständigen Ausschluss, sondern auch ihre Einschränkung. Zulässig bleiben nach dem WpÜG allein Bedingungen des durch die Annahme zustande gekommenen Vertrages im Rahmen des § 18 Abs. 1 sowie die Bestimmung einer Annahmefrist im Rahmen des § 16, nach deren Ablauf das Angebot gem. § 146 BGB seine Wirkung verliert. Zum Verhältnis zu § 18 Abs. 2 → Rn. 5.

### V. Rechtsfolgen

**15**     § 17 schließt insbesondere folgende denkbare Gestaltungsmöglichkeiten einer Veröffentlichung durch den Bieter aus:

– öffentliche Aufforderung an die Wertpapierinhaber der Zielgesellschaft, ein Verkaufsangebot zu einem feststehenden oder variablen Preis oder zu einem von den Adressaten frei zu bestimmenden Preis zu machen (zB *bookbuilding*). Dies gilt unabhängig davon, ob der Bieter sich bereits in der Unterlage verpflichtet, solche Angebote anzunehmen oder dann anzunehmen, wenn sie bestimmte Bedingungen erfüllen oder wenn sie sich innerhalb eines bestimmten Preisrahmens halten. Auch eine solche vorweggenommene Annahmeerklärung ändert nichts daran, dass es sich um eine invitatio ad offerendum handelt. Selbst eine Erklärung des Bieters, er werde Gebote zu einem bestimmten Preis am Ende der Annahmefrist in jedem Fall annehmen, unterfällt dem Verbot des § 17, weil auch hier die auf eine solche Erklärung erfolgenden Erklärungen der Adressaten noch keinen wirksamen Vertrag mit dem Bieter zustandebringen und infolgedessen nur Angebotserklärungen und keine Annahmeerklärungen sind.

– ein Teilangebot im Wege der holländischen Auktion *(dutch auction),*[11] vgl. näher → § 19 Rn. 46.

– Angebote, die die Möglichkeit oder Rechtswirksamkeit der Annahme des Angebots von einer Bedingung oder einem nicht erfolgenden Widerruf abhängig machen. Dazu gehören auch Klauseln wie „freibleibend" oder „unverbindlich" im Angebot.[12] Hingegen bleibt dem Bieter nach § 18 Abs. 1 die Möglichkeit, die durch die Annahme zustandekommenden Kaufverträge von einer Bedingung abhängig zu machen.

– die Veröffentlichung der Absicht des Bieters, an einer Börse innerhalb eines organisierten Marktes eine bestimmte Anzahl von Wertpapieren der Zielgesellschaft zu erwerben. Eine Veröffentlichung einer Absicht, ein öffentliches Angebot abzugeben, kann nur gem. § 10 erfolgen.

### VI. Sanktionen bei Verstoß

**16**     § 17 ist Verbotsgesetz iSd § 134.[13] Angebote, die einen nach § 17 unwirksamen Ausschluss von der Bindung an den Antrag enthalten, sind daher grundsätzlich nichtig, dh sie können nicht unmittelbar angenommen werden. Gleichwohl können aufgrund einer invitatio oder eines freibleibenden Angebots grundsätzlich Verträge zustandekommen, deren Wirksamkeit von § 17 zunächst nicht berührt wird, weil die Vorschrift nur das Rechtsge-

---

[11] Zur Funktionsweise der *dutch auction* s. *Veller,* Öffentliche Angebote zum Erwerb eigener Aktien, 2009, 22 ff. mwN; wie hier im Wesentlichen Assmann/Pötzsch/Schneider/*Meyer* Rn. 11; *Leuering* AG 2007, 435 (440); *Veller,* Öffentliche Angebote zum Erwerb eigener Aktien, 2009, 147 f., dort in Fn. 761 auch überzeugend zur Gegenansicht im Fall einer vorgegebenen Preisuntergrenze; aA für diesen Fall aber Steinmeyer/ *Steinmeyer* Rn. 4 f. mwN in Fn. 13; Baums/Thoma/*Merkner/Sustmann* Rn. 4; FK-WpÜG/*Scholz* Rn. 25; Angerer/Geibel/Süßmann/*Geibel/Süßmann* Rn. 8.

[12] Vgl. zu den verschiedenen Möglichkeiten, die Bindung an das Angebot einzuschränken oder auszuschließen, Staudinger/*Bork,* 2020, BGB § 145 Rn. 26 ff.

[13] Nur für von der BaFin untersagte „Angebote" auch Baums/Thoma/*Merkner/Sustmann* Rn. 12; Angerer/ Geibel/Süßmann/*Geibel/Süßmann* Rn. 11 und FK-WpÜG/*Scholz* Rn. 28 unter Verweis auf § 15 Abs. 3 S. 2; aA auch dann Schwark/Zimmer/*Noack/Holzborn* Rn. 8.

schäft selbst betrifft.[14] Aus diesem Grund kann die BaFin das „Angebot" gem. § 15 untersagen,[15] um die Rechtsfolgen des § 15 Abs. 3 und des § 26 auszulösen (Veröffentlichungsverbot, Sperrfrist, Nichtigkeit von Rechtsgeschäften). Anderes gilt für **Pflichtangebote.** Da hier eine Rechtspflicht besteht, ein Angebot zu machen, muss die BaFin berechtigt sein, nur die Bedingung zu untersagen, weil sie ein Missstand iSd § 4 Abs. 1 S. 3 ist. Man könnte insoweit sogar daran denken, die entsprechende Klausel für eine falsa demonstratio zu halten, da dem Bieter nicht die Möglichkeit gegeben werden darf, durch missbräuchliche Erklärungen die Erfüllung seiner Angebotspflicht zeitlich hinauszuschieben. Solange es nur um den verbotenen Ausschluss seiner Rechtsbindung geht, ist eine vollständige Untersagung des Angebots unangebracht.[16]

### § 18 Bedingungen; Unzulässigkeit des Vorbehalts des Rücktritts und des Widerrufs

**(1) Ein Angebot darf vorbehaltlich § 25 nicht von Bedingungen abhängig gemacht werden, deren Eintritt der Bieter, mit ihm gemeinsam handelnde Personen oder deren Tochterunternehmen oder im Zusammenhang mit dem Angebot für diese Personen oder Unternehmen tätige Berater ausschließlich selbst herbeiführen können.**

**(2) Ein Angebot, das unter dem Vorbehalt des Widerrufs oder des Rücktritts abgegeben wird, ist unzulässig.**

**Schrifttum:** *Berger/Filgut,* Material-Adverse-Change-Klauseln in Wertpapiererwerbs- und Übernahmeangeboten, WM 2005, 253; *Busch,* Bedingungen in Übernahmeangeboten, AG 2002, 145; *Fest,* Bedingungen in Pflichtangeboten, ZBB 2017, 178; *Fleischer,* Schnittmengen des WpÜG mit benachbarten Rechtsmaterien – eine Problemskizze, NZG 2002, 545; *Gei/Kiesewetter,* Praxisrelevante Aspekte öffentlicher Übernahmen in Zeiten volatiler Märkte, AG 2012, 741; *Hasselbach,* Taking Private – aktuelle Themen bei der Übernahme börsennotierter Unternehmen, BB 2015, 1033; *Hippeli,* Genehmigung von Auslandsdirektinvestitionen seitens chinesischer Staatskonzerne. Die Problematik entsprechender Angebotsbedingungen i.S.d. § 18 WpÜG, AG 2014, 267; *Hippeli,* Das öffentliche Übernahmerecht in der aktuellen Verwaltungspraxis, Der Konzern 2018, 465; *Hopt,* MAC-Klauseln im Finanz- und Übernahmerecht, FS Karsten Schmidt, 2009, 681; *Klepsch/Schmiady/v. Buchwaldt,* Administration von Übernahmeverfahren in Kämmerer/Veil, Übernahme- und Kapitalmarktrecht in der Reformdiskussion, 2013, 3; *Lenz/Behnke,* Das WpÜG im Praxistest, BKR 2003, 43; *Lenz/Linke,* Die Handhabung des WpÜG in der aufsichtsrechtlichen Praxis, AG 2002, 361; *Liebscher,* Das Übernahmeverfahren nach dem neuen Übernahmegesetz, ZIP 2001, 853; *Meyer,* Angebots- und Finanzierungssicherheit vs. Ausstiegsoptionalität – Bindung an Übernahmeangebote mit volatilen Märkten und Ausweichstrategien, in Mülbert/Kiem/Wittig, 10 Jahre WpÜG (ZHR-Beiheft Nr. 76), 2011, 226; *Mielke,* Zum Zeitpunkt des Bedingungseintritts bei Erwerbsangeboten nach dem WpÜG, DB 2012, 1969; *Hasselbach/Wirtz,* Die Verwendung von MAC-Klauseln in Angeboten nach dem WpÜG, BB 2005, 842; *Schiessl,* Sicherstellung und Bestätigung der Finanzierung von Übernahmeangeboten, FS U. H. Schneider, 2011, 1107; *Scholl/Siekmann,* Rechtsgeschäftliche Probleme im Übernahmerecht, BKR 2013, 316; *Seibt/Wollenschläger,* Unternehmenstransaktionen mit Auslandsbezug nach der Reform des Außenwirtschaftsrechts, ZIP 2009, 833; *Stöcker,* Widerruf oder Rücktritt von Angebotsankündigungen, NZG 2003, 993; *Wasse,* Der Eintritt auflösender Bedingungen vor Veröffentlichung der Angebotsunterlage bei Erwerbs- und Übernahmeangeboten nach dem WpÜG, WM 2013, 871.

[14] Zu weitgehend Schwark/Zimmer/*Noack/Holzborn* Rn. 8, wenn sie trotz Untersagungsverfügung abgeschlossene Verträge für wirksam halten. Das kann allenfalls dann gelten, wenn ein individueller Kontakt zwischen einzelnem Aktionär und Bieter zustandekommt.

[15] Ganz hM, vgl. Angerer/Geibel/Süßmann/*Geibel/Süßmann* Rn. 11; FK-WpÜG/*Scholz* Rn. 28; Steinmeyer/*Steinmeyer* Rn. 7; Assmann/Pötzsch/Schneider/*Meyer* Rn. 10 mit Änderungen.

[16] AA ohne Begr. Angerer/Geibel/Süßmann/*Geibel/Süßmann* Rn. 11.

# I. Allgemeines

**1**   **1. Normzweck.** § 18 enthält wie auch die §§ 16, 17, 19 und § 21 Eingriffe in die Vertragsgestaltungsfreiheit des Bieters. Gemeinsames Ziel von Abs. 1 und Abs. 2 ist es zu verhindern, dass der Bieter durch entsprechende Gestaltung seiner Angebotserklärung von den zustandegekommenen Verträgen im Wege späteren Handelns (Abs. 1) oder durch spätere Entscheidung (Abs. 2) wieder Abstand nehmen kann. Der Gesetzgeber erreicht dieses Ziel nicht durch das Einfügen des Erfordernisses eines Sachgrundes für eventuelle Bedingungen,[1] sondern durch ein striktes Bedingungsverbot für eine bestimmte Kategorie von Bedingungen sowie durch ein Rücktritts- und Widerrufsvorbehaltsverbot. Die Vorschrift untersagt dem Bieter zunächst, die **abzuschließenden Wertpapiergeschäfte** mit den Angebotsadressaten unter eine **Potestativbedingung** zu stellen. Eine (begrenzte) Ausnahme gilt allerdings für die Zustimmung der Gesellschafterversammlung des Bieters, wie der Vorbehalt des § 25 verdeutlicht. Dagegen darf er gem. § 17 die Wirksamkeit seiner Angebotserklärung grundsätzlich in keiner Weise beschränken (vgl. → § 17 Rn. 12 ff.). Zusätzlich verbietet die Vorschrift in Abs. 2 die Aufnahme von Vertragsklauseln in die Unterlage, durch die der Bieter sich ein Rücktritt- oder Widerrufsrecht einräumt.

**2**   **2. Verhältnis zu anderen Vorschriften.** Gemäß § 16 Abs. 1 muss die Annahmefrist mindestens vier Wochen betragen, nach § 17 darf das Angebot nicht als invitatio ad offerendum ausgestaltet sein. § 18 flankiert diese Regeln, soweit er rechtsgeschäftliche Gestaltungen verbietet, mit denen die durch die § 16 und § 17 sichergestellte Rechtsbindung des Bieters an sein Angebot während der Annahmefrist untergraben würde. Unterstützt wird das Verbot durch § 21, der spätere Änderungen des Angebots nur erlaubt, soweit sie sich zugunsten der Angebots-

---

[1] So zB Österreich in § 8 ÜbG, vgl. Kölner Komm WpÜG/*Hasselbach* Rn. 10; zur englischen Regelung in Rule 13 City Code Kölner Komm WpÜG/*Hasselbach* Rn. 7 ff.

empfänger auswirken. Soweit die Verträge noch von der Willensbildung in der Gesellschafterversammlung des Bieters abhängig gemacht werden dürfen, regelt die Vorschrift des § 25 Bieterpflichten zur rechtzeitigen Herbeiführung des entsprechenden Beschlusses.

**3. Verhältnis zu allgemeinem Vertragsrecht.** § 18 Abs. 1 kann keine abschließende **3** Regelung im Sinne einer Zulässigkeit oder Unzulässigkeit von Bedingungen entnommen werden. § 18 stellt lediglich übernahmerechtlich klar, was nicht erlaubt ist. Das allgemeine Vertragsrecht, insbesondere die §§ 158 ff. BGB, bleibt daneben anwendbar.[2] Ist eine Bedingung nach allgemeinem Vertragsrecht unzulässig, so ist sie es auch im Rahmen eines öffentlichen Übernahmeangebots. Insoweit kann sich etwa die Unzulässigkeit einer Bedingung aus der Anwendung einer ansonsten umgangenen Gesetzesvorschrift oder aus § 138 BGB ergeben.

**4. Geltung bei Pflichtangeboten, Verhältnis zum Kartellrecht und zum AWG.** **4** Pflichtangebote gem. §§ 35 ff. sind nach Auffassung des Gesetzgebers insgesamt bedingungsfeindlich,[3] weshalb er in § 39 die Nichtgeltung des Abs. 1 angeordnet hat. Allenfalls zusätzliche – und damit nicht den Pflichtangebotsregeln unterfallende – Wahlgegenleistungen (vgl. → § 31 Rn. 71) können unter die nach § 18 zulässigen Bedingungen gestellt werden.[4] Damit der Bieter nicht unter Umständen widersprüchlichen Rechtsbefehlen (Angebotspflicht auf der einen Seite, Verbot des Angebots etwa auf Grund der Zusammenschlusskontrolle gem. der FKVO oder den §§ 36 ff. GWB) ausgesetzt werde, müsse er allerdings auch das Pflichtangebot durch die Erteilung der behördlichen Genehmigung bedingen können.[5]

Dem ist allerdings zu entgegnen, dass die kartellrechtlichen Prüfungsverfahren sich auf den **5** **Zusammenschluss** zwischen Bieter und Zielgesellschaft beziehen. Bei der kartellrechtlichen Prüfung kann die Angebotspflicht des § 35 nicht außer Betracht bleiben. Sie betrifft daher schon vor einem Pflichtangebot das (regelmäßig) privatautonome Rechtsgeschäft, durch das der Bieter die Kontrolle iSd § 35 erlangt, weil mit diesem die Angebotspflicht verbunden ist.[6] Dagegen gerichtete Überlegungen, sich die abweichenden Kontrollbegriffe des WpÜG und des Kartellrechts zunutze zu machen, um zunächst fusionskontrollfrei Kontrolle iSd § 29 WpÜG zu erwerben,[7] sind abzulehnen. Bereits die **Verwirklichung eines pflichtangebotsauslösenden Tatbestands** ist gerade wegen der Rechtsfolge des § 35 stets der vorherigen Fusionskontrolle zu unterwerfen. Da zudem vor Abschluss des Verfahrens sowohl nach Art. 7 Abs. 1 FKVO als auch nach § 41 Abs. 1 GWB ein Vollzugsverbot besteht, ist bei Vollzug des die Angebotspflicht auslösenden Geschäfts, welcher mit dem Zeitpunkt der Erlangung der Kontrolle durch den Bieter zusammenfällt, die kartellrechtliche Überprüfung bereits abgeschlossen. Für ein bedingtes Pflichtangebot besteht daher kein Bedürfnis. Die abweichende hM kann zudem nicht erklären, was geschieht, wenn der Bieter von seinem angeblichen Recht zur Einfügung einer Bedingung keinen Gebrauch macht und dann die kartellrechtliche Genehmigung verweigert wird. Hier geht es um Normkonflikte zwingenden Marktrechts (GWB und WpÜG) und diese entziehen sich einer privatautonomen Regelung durch Bedingung.

Ähnliches gilt für das Verhältnis zum **Außenwirtschaftsrecht.** Gem. § 15 Abs. 3 AWG **6** steht der Eintritt der Rechtswirkungen des schuldrechtlichen Rechtsgeschäfts über den Unternehmens- oder Beteiligungserwerb an einem gebietsansässigen Unternehmen durch gemeinschaftsfremde Erwerber bis zum Ablauf des Prüfverfahrens unter der auflösenden

---

[2] So auch *Hippeli* AG 2014, 267 (268) in Fn. 6 f. mit der abwegigen Behauptung, hier würde etwas anderes vertreten werden.

[3] BT-Drs. 14/7034, 62; krit. zur Regelungstechnik FK-WpÜG/*Scholz* Rn. 8 f.

[4] Weitergehend Assmann/Pötzsch/Schneider/*Krause*/*Favoccia* Rn. 6, die auch bei einer Pflichtgegenleistung Bedingungen für zulässig halten, wenn bei Ausfall der Bedingung eine andere zulässige Gegenleistung geschuldet ist. ME steht das im Widerspruch zu Art. 5 Abs. 2 Übernahme-RL.

[5] BT-Drs. 14/7034, 62; *Fest* ZBB 2017, 178 (181); Angerer/Geibel/Süßmann/*Geibel*/*Süßmann* Rn. 5, 61; Baums/Thoma/*Merkner*/*Sustmann* Rn. 4; FK-WpÜG/*Scholz* Rn. 9 aE; Assmann/Pötzsch/Schneider/*Krause*/*Favoccia* Rn. 5 f.; Steinmeyer/*Steinmeyer* Rn. 4; *Fleischer* NZG 2002, 545 (551); Kölner Komm WpÜG/*v. Bülow* § 39 Rn. 51 ff.

[6] Vgl. dazu noch, freilich mit anderer Tendenz, → § 35 Rn. 219 f.; wie hier tendenziell *Lenz*/*Behnke* BKR 2003, 43 (47 f.).

[7] Ausf. Baums/Thoma/*Meyer-Lindemann* Einl. Rn. 4.124 ff.

Bedingung (§ 158 Abs. 2 BGB), dass das BMWi den Erwerb innerhalb der gesetzlichen Fristen untersagt. Diese Regelung hat Vorrang vor dem nur für privatautonome Regeln geltenden § 18. Gleichwohl können freiwillige Angebote zusätzlich unter die aufschiebende Bedingung der Freigabe durch das BMWi gestellt werden,[8] Pflichtangebote hingegen nicht.[9]

## II. Bedingungsverbot (Abs. 1)

**7**   **1. Inhalt des Verbots. a) Angebot.** Nach dem Wortlaut dürfen nur Angebote nicht unter bestimmte Bedingungen gestellt werden. Gemeint hat der Gesetzgeber aber, dass die durch die Annahme des öffentlichen Angebots zustande kommenden **Verträge** nicht unter eine Bedingung iSd Abs. 1 gestellt werden können. Sonst wäre das Verbot in § 17 nicht erklärbar, nach dem der Bieter seine rechtliche Bindung an das Angebot nicht ausschließen oder einschränken darf. Vgl. zur Unzulässigkeit von bedingten oder sonst in ihrer Bindungswirkung eingeschränkten Angebotserklärungen → § 17 Rn. 12 ff. Die Anwendung der Vorschrift auf Entscheidungen zur Abgabe von Angeboten gem. § 10 kommt nicht in Betracht.[10] Das steht nicht der Möglichkeit entgegen, in der Veröffentlichung nach § 10 auf Bedingungen des späteren Angebots hinzuweisen.[11]

**8**   **b) Bedingung.** Unter Bedingung sind aufschiebende oder auflösende Bedingungen iSd § 158 BGB zu verstehen. Daneben dürfte § 163 BGB ebenfalls gelten, so dass § 18 auch Zeitbestimmungen[12] mitumfasst. Gemeint ist das Abhängigmachen des Rechtsgeschäfts von einem ungewissen Umstand, über dessen Eintritt oder Ausfall (= endgültiger Nichteintritt) erst nach dem Wirksamwerden des Rechtsgeschäfts, dh in der Zukunft entschieden wird, so dass die Wirkungen des Rechtsgeschäfts für einen gewissen oder ungewissen Zeitraum in der Schwebe sind. Nach Auffassung der BaFin genügt die bloß subjektive Ungewissheit über einen bereits eingetretenen Umstand nicht, um das Angebot davon abhängig machen zu dürfen.[13]

**9**   Nicht erfasst von § 18 Abs. 1 sind sog. **Rechtsbedingungen,** da sie nur die ohnehin geltende Lage wiedergeben, etwa eine noch ausstehende behördliche Genehmigung.[14] Weiter erfasst § 18 auch nicht die einzelnen Klauseln der Angebotsunterlage, diese sind lediglich **Vertragsbedingungen,** für deren inhaltliche Zulässigkeit allenfalls die Vorschriften der §§ 305 ff. BGB gelten (allgemein → § 11 Rn. 3, → § 11 Rn. 6 ff.).[15] Vielmehr meint Bedingung eine **Voraussetzung für die Geltung** der zwischen Bieter und Adressat abgeschlossenen **Verträge.**

**10**   **c) Bieter, ghP oder deren Töchter.** Gemeint sind grundsätzlich die in § 2 Abs. 4–6 genannten Personen. Inwieweit einzelne, für diese Personen Handelnde mit ihnen zu identifizieren sind, ist eine Frage des Einzelfalls. Man wird grundsätzlich sagen müssen, dass gesetzliche und gewillkürte Vertreter und Organe des Bieters (Vorstand, Geschäftsführer, Aufsichtsrat) oder der ghP sowie ihrer Töchter diesen gleichstehen und die Geltung der Verträge deshalb nicht von einem Verhalten dieser Personen abhängig gemacht werden

---

[8]   *Seibt/Wollenschläger* ZIP 2009, 833 (841 f.).

[9]   Nur iErg ebenso *Seibt/Wollenschläger* ZIP 2009, 833 (841) m. Fn. 93; *Fest* ZBB 2017, 178 (182) für die sektorübergreifende Kontrolle nach §§ 55 ff. AWV; aA *Fest* für die sektorspezifische Prüfung nach §§ 60 ff. AWV mwN.

[10]   Letztlich allgM; der von Assmann/Pötzsch/Schneider/*Krause/Favoccia* Rn. 8a dargestellte Meinungsstreit dreht sich in der Sache nur um die Frage der Bindungswirkung der Veröffentlichung nach § 10; → § 10 Rn. 6 ff.

[11]   *Meyer* in Mülbert/Kiem/Wittig, 10 Jahre WpÜG, 2011, 264 f.

[12]   So könnte etwa in der Angebotsunterlage jedes einzelne Erwerbsgeschäft, soweit es während der Annahmefrist zustande gekommen ist, in seinen Wirkungen aufschiebend befristet werden auf das Ende der Annahmefrist.

[13]   Dazu ausf. *Wasse* WM 2013, 871; *Klepsch/Schmiady/v. Buchwaldt* in Kämmerer/Veil, Übernahme- und Kapitalmarktrecht in der Reformdiskussion, 2013, 9 f.

[14]   AA Assmann/Pötzsch/Schneider/*Krause/Favoccia* Rn. 13a, die aber auch kein Beispiel für die Einschränkung solcher Bedingungen durch § 18 geben können.

[15]   Wie hier Assmann/Pötzsch/Schneider/*Krause/Favoccia* Rn. 13a.

darf.[16] Das Gleiche gilt erst recht, wenn die Verträge von einem Verhalten von Personen abhängig gemacht werden, die von Organpersonen des Bieters und der anderen kontrolliert werden, also etwa Arbeitnehmer des Bieters.[17] Auch und gerade das Organ „Gesellschafterversammlung" ist mit dem Bieter zu identifizieren; hier ist jedoch mit näherer Maßgabe des § 25 eine Ausnahme vom Verbot des § 18 gegeben (näher → Rn. 22, → Rn. 31 ff.).

**d) Berater, die für diese Personen oder Unternehmen im Zusammenhang mit** 11 **dem Angebot tätig werden.** Ebenfalls im Lager des Bieters stehen üblicherweise die die Gegenleistung finanzierenden Banken und Rechtsanwälte, Wirtschaftsprüfer, Steuer- und Unternehmensberater, soweit sie das Angebot vorbereitet haben oder sonst damit befasst waren. Der nicht legaldefinierte Begriff des Beraters ist grundsätzlich weit auszulegen.[18] Dass eine Bank, die eine Finanzierungsbestätigung nach § 13 gegeben hat, gleichzeitig auch Berater iSd § 18 Abs. 1 ist, wird man nur dann annehmen können, wenn sie zugleich die Vorbereitung des Angebots begleitet hat.[19] Der in der Lit. geäußerten Auffassung, der Bieter könne die Feststellung des Eintritts einer force-majeure-Klausel einem unabhängigen Sachverständigen überlassen,[20] kann nicht zugestimmt werden, da der Bieter bereits durch die Auswahl des Sachverständigen zu viel Einfluss auf den Eintritt der Bedingung hätte (zur Problematik → Rn. 54 f.).[21]

**e) Deren Eintritt ausschließlich selbst herbeiführen können.** § 18 Abs. 1 erfasst 12 nach hM nur sog. **Potestativbedingungen,** dh solche, deren Eintritt der Bieter (im Folgenden stellvertretend für die in → Rn. 10 f. genannten Personen) selbst herbeiführen kann.[22] Nach dem genauen Wortlaut wird freilich nur ein Ausschnitt aus dem Bereich der Potestativbedingungen erfasst. Dieser beinhaltet solche, deren Eintritt der Bieter **ausschließlich** selbst herbeiführen kann. Bedingungen, die der Bieter selbst herbeiführen kann, die aber auch von anderen herbeigeführt werden könnten, wären nach dem Gesetzeswortlaut erlaubt. Dem Normzweck des Gesetzes entsprechend ist der Wortlaut jedoch teilweise zu erweitern:

Was das **Herbeiführen** der Bedingung angeht, so ist **(1)** zu berücksichtigen, dass Verträge 13 unter auflösende oder aufschiebende sowie affirmative oder negative Bedingungen gestellt werden können. Je nach Formulierung kann also das Herbeiführen des Bedingungseintritts in einem Fall die gleiche Wirkung haben wie das Verhindern des Eintritts im komplementär formulierten anderen Fall. Daher ist davon auszugehen, dass sowohl das **Herbeiführen** als auch das **Verhindern** des Eintritts des zur Bedingung erhobenen Ereignisses durch den Bieter gemeint ist.[23] Die Gegenauffassung, die sich jedoch nicht mit dem dargestellten Argument für die erweiternde Auslegung auseinandersetzt, prüft nur die Möglichkeit einer analogen Anwendung des Abs. 1 auf die Fälle des Verhinderns und verneint sie im Ergebnis mangels planwidriger Lücke; helfen soll dann § 162 BGB.[24] Die Bedingung einer behördlichen Genehmigung ist von dem Meinungsstreit letztlich nicht betroffen, da der Bieter nicht

---

[16] *Drinkuth* in Marsch-Barner/Schäfer Börsennotierte AG-HdB Rn. 60.92; Assmann/Pötzsch/Schneider/*Krause/Favoccia* Rn. 17 mwN.

[17] Für vom Bieter kontrollierte Dritte großzügiger *Drinkuth* in Marsch-Barner/Schäfer Börsennotierte AG-HdB Rn. 60.94.

[18] Assmann/Pötzsch/Schneider/*Krause/Favoccia* Rn. 21; Angerer/Geibel/Süßmann/*Geibel/Süßmann* Rn. 16.

[19] Vgl. *Busch* AG 2002, 145 (147) Fn. 14; Angerer/Geibel/Süßmann/*Geibel/Süßmann* Rn. 16; Assmann/Pötzsch/Schneider/*Krause/Favoccia* Rn. 22.

[20] *Drinkuth* in Marsch-Barner/Schäfer Börsennotierte AG-HdB Rn. 60.93; Assmann/Pötzsch/Schneider/*Krause/Favoccia* Rn. 21 aE.

[21] In diesem Sinne wohl auch Steinmeyer/*Steinmeyer* Rn. 8.

[22] Kölner Komm WpÜG/*Hasselbach* Rn. 18; Angerer/Geibel/Süßmann/*Geibel/Süßmann* Rn. 8; *Busch* AG 2002, 145.

[23] Im Grundsatz auch Baums/Thoma/*Merkner/Sustmann* Rn. 42 f.; iErg auch FK-WpÜG/*Scholz* Rn. 22–25; vgl. auch *Busch* AG 2002, 145 (149 f.) nach Fn. 37; Kölner Komm WpÜG/*Hasselbach* Rn. 21: § 18 analog, da sie letztlich nach dem Zweck der Vorschrift jede Abhängigkeit der Durchführung des Angebots vom Willen des Bieters verneinen.

[24] Steinmeyer/*Steinmeyer* Rn. 6, der nur § 162 BGB anwenden will; Angerer/Geibel/Süßmann/*Geibel/Süßmann* Rn. 10; stark einschr. auch Assmann/Pötzsch/Schneider/*Krause/Favoccia* Rn. 29.

den Behördenwillen kontrolliert. Ist die Behörde bzw. der sie tragende Staat freilich als ghP einzuordnen, liegt es anders (vgl. → Rn. 50).[25] – **(2)** Herbeiführen bedeutet zwar nicht: **über den Bedingungseintritt entscheiden,** doch folgt aus dem Sinn und Zweck der Norm, dem Bieter eine spätere Entscheidung bzw. Neubeurteilung abzuschneiden, dass dem Herbeiführen der Fall gleichzustellen ist, dass der Bieter sich einen Entscheidungsspielraum über den Eintritt oder Ausfall der Bedingung einräumt.[26]

**14**   Bedingungen, die eine Person **ausschließlich selbst** herbeiführen oder verhindern kann, gibt es nicht, da stets zumindest ein Vertreter das Gleiche tun kann wie die entsprechende Person. Gemeint sein kann daher nur, dass der Bieter oder die übrigen Adressaten des § 18 den Bedingungseintritt auch ohne das Zutun Dritter herbeiführen oder verhindern kann.[27] Damit scheidet das Zustandekommen eines vom Bieter mit anderen zu schließenden Vertrags als zulässige Bedingungen aus,[28] lediglich eine noch ausstehende Zustimmung eines Dritten zu einem bereits geschlossenen Vertrag (zB eine behördliche Genehmigung) ist nicht von dem Bedingungsverbot des § 18 Abs. 1 erfasst, etwa die Genehmigung eines Vorerwerbs. Derartige Bedingungen der Genehmigung eines Vertrages durch Dritte sind allerdings vom Bieter in der Angebotsunterlage **transparent** zu machen, den Angebotsadressaten muss erkennbar sein, inwieweit und in welche Richtung die zur Bedingung erhobene Zustimmung des Dritten die Entscheidung des Bieters zum veröffentlichten Angebot beeinflusst. Bei Intransparenz ist das Angebot zu untersagen.[29] Steht ein geschlossener Vertrag unter einer bestimmten Bedingung, so kann nicht pauschal der **Vollzug dieses Vertrages,** auf den der Bieter maßgebenden Einfluss hat, sondern nur nach Maßgabe des § 18 die fragliche Bedingung auch zur Bedingung des Angebots gemacht werden.[30]

**15**   Noch stärker als Potestativbedingungen in die Macht des Bieters gestellt sind sog. **Wollensbedingungen,** bei denen Bedingungseintritt oder -ausfall nicht von einem Tun oder Unterlassen des Bieters abhängen, sondern nur noch von seiner (zu erklärenden) Entscheidung.[31] Solche Bedingungen sind durch § 18 Abs. 1a minore ad maius untersagt.

**16**   **2. Anforderung an eine zulässige Bedingung.** Soweit die Bedingung nicht gegen das Verbot des Abs. 1 verstößt, muss sie gleichwohl weiteren Anforderungen entsprechen. Bereits aus allgemeinen Regeln und nicht aus Abs. 1 folgt, dass die Bedingung **präzise und genau formuliert** sein muss. Andernfalls ist sie bereits mangels Eindeutigkeit unwirksam.[32] Weiter muss sie wegen des Verbots von Potestativbedingungen (→ Rn. 13) so formuliert sein, dass der Bedingungseintritt **objektiv festgestellt werden** kann und nicht einem Beurteilungsspielraum des Bieters unterliegt.[33] Durch bereits eingetretene, aber dem Bieter noch unbekannte Umstände kann das Angebot nicht bedingt werden (→ Rn. 10 aE). Die Bedingungen müssen in der **Angebotsunterlage** gem. § 11 Abs. 2 Nr. 5 genannt werden,

---

[25] Dazu *Hippeli* AG 2014, 267 (269).

[26] So die hM, FK-WpÜG/*Scholz* Rn. 27; Angerer/Geibel/Süßmann/*Geibel/Süßmann* Rn. 9; Steinmeyer/*Steinmeyer* Rn. 5; vgl. auch *Busch* AG 2002, 145 (149 f.), der in Fn. 38 vorschlägt, § 18 Abs. 1 folgendermaßen zu lesen: [...] ausschließlich selbst herbeiführen können oder *deren Feststellung ausschließlich in ihrem Ermessen steht*; vgl. auch Kölner Komm WpÜG/*Hasselbach* Rn. 23.

[27] Offenbar aA FK-WpÜG/*Scholz* Rn. 20: „Willensbedingung".

[28] Ähnlich Assmann/Pötzsch/Schneider/*Krause/Favoccia* Rn. 30; iErg auch Baums/Thoma/*Merkner/Sustmann* Rn. 31; aA Steinmeyer/*Steinmeyer* Rn. 6.

[29] Nicht ganz unproblematisch insoweit das Angebot der RAG an die Aktionäre der Degussa vom 19.6.2002, S. 24, weil nicht erkennbar wird, welche Auflagen von E-ON nicht akzeptiert würden.

[30] Zu weitgehend deshalb *Drinkuth* in Marsch-Barner/Schäfer Börsennotierte AG-HdB Rn. 60.99, der lediglich die Offenlegung der Bedingung verlangt.

[31] Zur Unterscheidung vgl. Soergel/*Wolf* BGB Vor § 158 Rn. 25; vgl. auch Staudinger/*Bork,* 2020, BGB Vor § 158 Rn. 16.

[32] Wie hier die hM: FK-WpÜG/*Scholz* Rn. 26; Assmann/Pötzsch/Schneider/*Krause/Favoccia* Rn. 31; Steinmeyer/*Steinmeyer* Rn. 9; *Drinkuth* in Marsch-Barner/Schäfer Börsennotierte AG-HdB Rn. 60.96; zu eng dagegen *Liebscher* ZIP 2001, 853 (862): Bedingung darf nur nicht zur Unverständlichkeit der Angebotsunterlage führen. Näher zur hinreichenden Konkretisierung aus Sicht der BaFin *Klepsch/Schmiady/v. Buchwaldt* in Kämmerer/Veil, Übernahme- und Kapitalmarktrecht in der Reformdiskussion, 2013, 11 f.

[33] Assmann/Pötzsch/Schneider/*Krause/Favoccia* Rn. 31; FK-WpÜG/*Scholz* Rn. 27; *Hamann* ZIP 2001, 2249 (2253) Fn. 61; *Busch* AG 2002, 145 (149); Kölner Komm WpÜG/*Hasselbach* Rn. 23.

was allerdings selbstverständlich ist, da sie Teil des Wertpapiergeschäfts werden sollen. Das WpÜG enthält kein Verbot komplexer Angebote; § 11 Abs. 4 verlangt lediglich eine klare Darstellung. Daher kann ein Angebot nicht etwa schon durch die Aufnahme einer Vielzahl von Bedingungen intransparent werden.[34] Darüber hinaus ist aus Transparenz- und Informationsgründen stets ein Endtermin anzugeben, bis zu dem der Eintritt oder Ausfall feststeht (→ Rn. 27). Bedingungen, deren **Eintritt von vornherein unmöglich** ist (auch praktisch unerfüllbare Bedingungen genannt), sind schon nach allgemeinem Privatrecht unzulässig.[35] Während aber im allgemeinen Zivilrecht bei den Rechtsfolgen danach differenziert wird, ob es sich um aufschiebende oder auflösende Bedingungen handelt,[36] führt die Aufnahme einer solchen Bedingung in die Angebotsunterlage zu deren Intransparenz mit der Folge einer Untersagung des gesamten Angebots durch die BaFin.[37] Nach allgemeinem Privatrecht unzulässig sind weiter unverständliche, widersinnige oder willkürliche (nutzlose) sowie sittenwidrige Bedingungen.[38]

**3. Zeitliche Grenzen. a) Übersicht. aa) Praxis.** Der Gesetzgeber hat (bis auf § 25)   **17** davon abgesehen, nähere Regelungen zu der Frage zu treffen, bis wann über den Bedingungseintritt oder -ausfall Klarheit herrschen muss und ob dies Einfluss auf die Zulässigkeit der jeweiligen Bedingung besitzt. Nach hM und Praxis der BaFin muss regelmäßig bis zum **Ende der (ggf. verlängerten) Annahmefrist** Klarheit herrschen.[39] Begründet wird dies lediglich mit einem Hinweis auf den Gedanken des § 25 sowie auf den Beschleunigungsgrundsatz des § 3 Abs. 4,[40] teils auch mit rechtsvergleichenden Überlegungen sowie mit § 21.[41] Ausnahmen sind aber insbesondere bei **staatlichen Genehmigungen** möglich, da die entsprechenden Verfahren bis über den Ablauf der Annahmefrist andauern könnten (sog. long stop date).[42] Insbesondere die fusions- bzw. kartellrechtlichen und bankaufsichtsrechtlichen Verfahren sind hier zu nennen. Mittlerweile erkennt die BaFin auch bei anderen Bedingungen deutlich nach dem Ende der Annahmefrist ablaufende Fristen an, insbesondere soweit die für ein Tauschangebot notwendige **Kapitalerhöhung** erst bis zu sechs Monate nach dem Ende der Annahmefrist einzutragen ist.[43] Im Einzelfall sollen Bedingungen sogar noch länger als zwölf Monate nach der Annahmefrist laufen können, sofern der Bieter triftige Gründe hat.[44] In diesen Fällen verlangt die BAFin freilich, die für die Adressaten damit verbundenen Nachteile dadurch zu mindern, dass ihnen ein zusätzliches Rücktrittsrecht gewährt der Börsenhandels mit den eingereichten Aktien ermöglicht.[45]

---

[34] Zutr. Assmann/Pötzsch/Schneider/*Krause/Favoccia* Rn. 32 gegen Baums/Thoma/*Merkner/Sustmann* Rn. 47.

[35] Staudinger/*Bork*, 2020, BGB Vor § 158 Rn. 30.

[36] Vgl. Staudinger/*Bork*, 2020, BGB Vor § 158 Rn. 30: auflösende führt zur sofortigen Wirksamkeit, aufschiebende zur Unwirksamkeit des Geschäfts; Angerer/Geibel/Süßmann/*Geibel/Süßmann* Rn. 69 überträgt das zu Unrecht auf § 18, obschon sich ein Erst-Recht-Schluss zu Abs. 2 aufdrängt.

[37] Vgl. auch Kölner Komm WpÜG/*Hasselbach* Rn. 90 (Hasselbach hält die endgültige Unwirksamkeit des Angebotes jedoch für zu weitreichend); Assmann/Pötzsch/Schneider/*Krause/Favoccia* Rn. 119 f.

[38] Vgl. Staudinger/*Bork*, 2020, BGB Vor § 158 Rn. 31–33.

[39] Ausf. *Berger/Filgut* WM 2005, 253 (257 f.); *Mielke* DB 2012, 1969 (1970 f.); Kölner Komm WpÜG/*Hasselbach* Rn. 91; Angerer/Geibel/Süßmann/*Geibel/Süßmann* Rn. 58; Steinmeyer/*Steinmeyer* Rn. 33; FK-WpÜG/*Scholz* Rn. 66; Assmann/Pötzsch/Schneider/*Krause/Favoccia* Rn. 108; Schwark/Zimmer/*Noack/Holzborn* Rn. 6; zur Praxis der BAFin *Hippeli* Der Konzern 2018, 465 (469).

[40] Kölner Komm WpÜG/*Hasselbach* Rn. 91; Angerer/Geibel/Süßmann/*Geibel/Süßmann* Rn. 58; Baums/Thoma/*Merkner/Sustmann* Rn. 49; *Hippeli* Der Konzern 2018, 465 (469) mit Unterschieden iE.

[41] So *Berger/Filgut* WM 2005, 253 (257 f.).

[42] Kölner Komm WpÜG/*Hasselbach* Rn. 91; FK-WpÜG/*Scholz* Rn. 66; Assmann/Pötzsch/Schneider/*Krause/Favoccia* Rn. 109; Angerer/Geibel/Süßmann/*Geibel/Süßmann* Rn. 61 mit der Empfehlung, ein Rücktrittsrecht der Adressaten vorzusehen, falls nicht Klarheit bis zu einem bestimmten Zeitpunkt nach Ablauf der Annahmefrist herrscht; Beispiel für die Bedingung bankaufsichtsrechtlicher Genehmigungen im Übernahmeangebot der BNP Paribas Beteiligungsholding AG/DAB Bank AG vom 15.9.2014, S. 49 f. (ca. vier Monate nach dem Ende der Annahmefrist).

[43] Details bei *Hippeli* Der Konzern 2018, 465 (469 f.); Beispiel: Übernahmeangebot Deutsche Annington SE/Gagfah S.A. vom 19.12.2014, S. 56.

[44] *Hippeli* Der Konzern 2018, 465 (470) mit Beispielen.

[45] Assmann/Pötzsch/Schneider/*Krause/Favoccia* Rn. 109.

18   Stellungnahme: Wenn man zum Schutz der Adressaten im Grundsatz davon auszugehen hätte, dass die Aktionäre spätestens am Ende der Annahmefrist Klarheit über die Durchführung des Angebots haben müssen,[46] so könnte man **keine Ausnahme davon für behördliche Genehmigungspflichten oder Untersagungsrechte** begründen, die nicht die abgeschlossenen Wertpapiergeschäfte betreffen, sondern nur deren Erfüllung. Schon gar nicht ließe sich diese Ausnahme ihrerseits wieder auf 21 Tage nach dem Ende der ursprünglichen Annahmefrist[47] oder unter Abstellen auf eine Einzelfallentscheidung begrenzen,[48] weil das Gesetz weder für die Ausnahme noch ihre Begrenzung Anhaltspunkte enthält. Ein Abstellen auf die Zeit, innerhalb derer üblicherweise mit dem Abschluss des Genehmigungsverfahrens gerechnet werden kann,[49] kommt ohnehin nicht als zeitliche Grenze für die Zulässigkeit der Bedingung in Betracht, sondern beantwortet nur die Frage, wann eine Bedingung als ausgefallen gelten kann, wenn eine ausdrückliche Frist für die Entscheidung über die Bedingung fehlt.

19   **bb) Kein Grundsatz der Bedingungsentscheidung bis zum Ende der Angebotsfrist, sondern nur vor Vollzug der Verträge.** Es stellt sich jedoch darüber hinaus die Frage, ob der **behauptete Grundsatz** richtig ist, nach dem nur solche Bedingungen zulässig sind, deren Eintritt oder Ausfall spätestens am Ende der Annahmefrist feststeht (→ Rn. 17). Zwar stünde ein solcher Grundsatz in Übereinstimmung mit englischem[50] Recht und wäre rechtspolitisch möglicherweise zu befürworten. Dem WpÜG ist ein solches Prinzip aber – abgesehen von Mindestannahmequoten sowie Gesellschafterbeschlüssen – nicht zu entnehmen. In diesem Zusammenhang ist zunächst § 21 Abs. 1 Nr. 4 zu berücksichtigen, nachdem der Bieter bis zum vorletzten Tag der Annahmefrist auf die Bedingung verzichten kann. Nach der Begründung dient ein solcher Verzicht der Beseitigung rechtlicher Schwebezustände.[51] Das deutet entgegen *Berger/Filgut*[52] darauf hin, dass der Gesetzgeber auch Schwebezustände akzeptiert, die noch nach dem Ende der Annahmefrist andauern, sonst wäre deren Beseitigung durch Verzicht ja nicht notwendig.[53] Andererseits weist die Begründung zu § 18 Abs. 1 darauf hin, dass bis zum Ende des „Verfahrens" Klarheit herrschen soll.[54] Übernahmeverfahren einschließlich der Abwicklung der geschlossenen Verträge dauern aber stets noch nach dem Ende der Annahmefrist an, so dass die Begründung insoweit nicht eindeutig ist.

20   Entscheidend ist, dass das Gesetz selbst keine klare Regelung enthält. Deshalb sind im Grundsatz **aufschiebende Bedingungen,** deren spätester Eintritt oder Ausfall noch nach dem Ende der Annahmefrist liegt, zuzulassen, wenn nicht ein Rechtsmissbrauch anzunehmen ist. **Auflösende Bedingungen,** über die endgültig erst nach dem Vollzug der Wertpapiergeschäfte entschieden wird, verstoßen demgegenüber gegen die Wertung des Abs. 2 (→ Rn. 60).[55] Daraus kann man allgemein den Grundsatz ableiten, dass Bedingungen zeit-

---

[46] So die hM, *Berger/Filgut* WM 2005, 253 (257 f.); Kölner Komm WpÜG/*Hasselbach* Rn. 91; Angerer/Geibel/Süßmann/*Geibel/Süßmann* Rn. 58; Steinmeyer/*Steinmeyer* Rn. 33; FK-WpÜG/*Scholz* Rn. 66; Assmann/Pötzsch/Schneider/*Krause/Favoccia* Rn. 108; Schwark/Zimmer/*Noack/Holzborn* Rn. 6.

[47] So FK-WpÜG/*Scholz* Rn. 66.

[48] So aber die wohl hM, *Berger/Filgut* WM 2005, 253 (258); Kölner Komm WpÜG/*Hasselbach* § 18 Rn. 68; Angerer/Geibel/Süßmann/*Geibel/Süßmann* Rn. 60; Steinmeyer/*Steinmeyer* Rn. 33; FK-WpÜG/*Scholz* Rn. 66; Assmann/Pötzsch/Schneider/*Krause/Favoccia* Rn. 110.

[49] So Assmann/Pötzsch/Schneider/*Krause/Favoccia* Rn. 110; *Mielke* DB 2012, 1969 (1971).

[50] Rule 12.1 und 12.2 City Code stellen iVm Note (a) (iii) on Rules 35.1 and 35.2 City Code sogar sicher, dass die Aktionäre noch eine zusätzliche Annahmefrist erhalten, wenn die Genehmigung feststeht. Das Angebot wird bei der Einleitung von Verfahren durch die competition commission oder der EU-Kommission gem. § 12.2 City Code ausgesetzt und eine neue Annahmefrist beginnt, wenn das Verfahren beendet ist. Die Aktionäre wissen also in jedem Fall vor dem Ende der Annahmefrist, ob die Übernahme genehmigt ist oder nicht.

[51] Vgl. BT-Drs. 14/7034, 49.

[52] *Berger/Filgut* WM 2005, 253 (257).

[53] Nicht schlüssig daher die aA von *Mielke* DB 2012, 1969 (1970) nach Fn. 21.

[54] Vgl. BT-Drs. 14/7034, 47 f.: „dass während des Verfahrens Änderungen herbeigeführt werden".

[55] Der gegen diese Unterscheidung gerichtete Einwand von *Berger/Filgut* WM 2005, 253 (257) in Fn. 53 ist nicht zutr.: schon wegen der Rückabwicklungsregeln ist nicht gleichgültig, ob das Geschäft durch den Eintritt des Ereignisses unwirksam oder aber endgültig wirksam wird. Wie hier Assmann/Pötzsch/Schneider/*Krause/Favoccia* Rn. 119; ähnlich auch *Drinkuth* in Marsch-Barner/Schäfer Börsennotierte AG-HdB

lich zulässig sind, solange sichergestellt ist, dass **Eintritt oder Ausfall vor Vollzug der Geschäfte feststehen.**[56]

**cc) Grundsatz der Beschleunigung, Angabe einer Entscheidungsfrist.** Davon zu **21** trennen, aber letztlich entscheidend ist die Frage, **bis wann die geschlossenen Erwerbsverträge zu vollziehen** sind. Hierzu enthält das Gesetz keine Regeln (→ § 11 Rn. 80). Es ist aber davon auszugehen, dass wegen § 3 Abs. 4 der Bieter einen Sachgrund benötigt, die Fälligkeit der beiderseitigen Pflichten weiter als wenige Bankarbeitstage hinter das Ende der Annahmefrist zu legen. Einen solchen Sachgrund geben behördliche Vollzugsverbote und Genehmigungserfordernisse zwar, aber eben auch nur bis zu einem Zeitpunkt, in dem mit einer endgültigen Entscheidung zu rechnen ist.

In jedem Fall muss der Bieter – auch bei aufschiebenden Bedingungen – bereits in der **22** Angebotsunterlage **den Termin** nennen, bis zu dem über Eintritt oder Ausfall der Bedingung entschieden sein muss.[57] Bedingungen sind also nur in Verbindung mit einer Zeitbestimmung zulässig. Die Aktionäre können nämlich keine ausreichend informierte Entscheidung iSd § 11 Abs. 1 S. 2 treffen, wenn sie nicht wissen, wann spätestens nach dem Ende der Annahmefirst über die Gültigkeit des Vertrags entschieden ist. Im Übrigen schreibt dies auch § 2 Nr. 4 WpÜG-AV vor, da zu den Abwicklungsmodalitäten auch die Frage gehört, bis zu welchem Zeitpunkt nach dem Ende der Annahmefrist damit gewartet werden darf. Im Übrigen ist nach der Art der Bedingung zu differenzieren:

**b) Mindestschwellen.** Die Bedingung einer Mindestannahmequote bei Übernahmean- **23** geboten muss bis **zum Ablauf der Annahmefrist** erfüllt sein, da zu diesem Zeitpunkt klar sein muss, ob die weitere Annahmefrist des § 16 Abs. 2 ausgelöst wird oder nicht.[58] Bei einfachen Erwerbsangeboten gibt es zwar keine weitere Annahmefrist. Gleichwohl kommt auch hier eine Bedingung, die das Erreichen einer Mindestannahmequote zu einem späteren Zeitpunkt vorsieht, nicht in Frage, da die Annahmequote mit dem Ende der Annahmefrist feststeht.

**c) Beschluss der Gesellschafterversammlung.** Für die Bedingung eines Beschlusses **24** der Gesellschafterversammlung des Bieters gilt grundsätzlich § 25, nach dem bis zum fünften Werktag vor Ablauf der Annahmefrist Klarheit herrschen soll. Zulässig ist danach nur eine Bedingung, die das Angebot davon abhängig macht, ob **bis (spätestens) zum fünften Werktag vor Ablauf der Annahmefrist** ein zustimmender Gesellschafterbeschluss ergangen ist (→ § 25 Rn. 2). Zugleich verpflichtet § 25 den Bieter, bis dahin die Beschlussfassung herbeigeführt zu haben. Unterlässt er dies, ggf. auch schuldhaft oder treuwidrig, gilt die Bedingung nicht etwa gem. § 162 Abs. 1 BGB als eingetreten, sondern die Genehmigung als verweigert (näher → § 25 Rn. 5 ff.).

**d) Behördliche Zustimmung.** Für **behördliche Genehmigungen oder Untersa- **25** gungsmöglichkeiten** kann nicht ausgeschlossen werden, dass die jeweiligen Prüfungsverfahren länger als die Annahmefrist dauern, so insbesondere bei Beteiligung ausländischer Stellen.[59] Es ist gleichwohl fraglich, ob der Bieter deshalb eine erst nach dem Ende der Annahmefrist feststehende Genehmigung oder Nichtuntersagung zur Bedingung der Wertpapiergeschäfte erheben kann. Grundsätzlich kann wegen einer behördlichen Genehmigungspflicht oder Untersagungsmöglichkeit auch der vorherige Abschluss der einzelnen

---

Rn. 60.90: nur bis zum Ablauf der Annahmefrist zulässig; aA ohne Begr. Steinmeyer/*Steinmeyer* Rn. 33; ferner Baums/Thoma/*Merkner/Sustmann* Rn. 162.

[56] Wie hier letztlich *Drinkuth* in Marsch-Barner/Schäfer Börsennotierte AG-HdB Rn. 60.97: aber nur bei berechtigtem Interesse des Bieters.

[57] Vgl. *Meyer* in Mülbert/Kiem/Wittig, 10 Jahre WpÜG, 2011, 250 unter Verweis auf den Jahresbericht der BaFin 2004, 205, aus dem sich das freilich nicht ergibt; wie hier auch *Drinkuth* in Marsch-Barner/Schäfer Börsennotierte AG-HdB Rn. 60.96 und Baums/Thoma/*Merkner/Sustmann* Rn. 46 als Teil des Bestimmtheitsgebots.

[58] So auch *Mielke* DB 2012, 1969 (1970).

[59] Angerer/Geibel/Süßmann/*Geibel/Süßmann* Rn. 58; Kölner Komm WpÜG/*Hasselbach* Rn. 91.

Kauf- oder Tauschverträge untersagt sein. In solchen Fällen wird die BaFin bereits die Veröffentlichung der Angebotsunterlage untersagen. Die meisten gesetzlichen Vorbehalte begründen jedoch nicht ein vorheriges Verpflichtungsverbot, sondern verbieten lediglich die vorherige Erfüllung. Denn erst mit dem **Vollzug des Anteilserwerbs** ist der Machtzuwachs beim Bieter verbunden.

26    Die Aufnahme einer **entsprechenden Bedingung** in die Angebotsunterlage hat die Funktion, die Genehmigung oder Nichtuntersagung des Machtzuwachses beim Bieter zugleich zur Voraussetzung der Verträge mit den Angebotsadressaten werden zu lassen, damit der Bieter an die Verträge nur für den Fall gebunden ist, dass er den Machtzuwachs nach Kartellrecht oder Aufsichtsrecht auch tatsächlich erhalten kann. An dieser Bedingung hat er grundsätzlich ein schützenswertes Interesse. Die Interessen der Angebotsadressaten werden ausreichend dadurch berücksichtigt, dass in der Angebotsunterlage ein Termin genannt wird, bis zu dem über die Bedingung entschieden wird, dieser sich an der voraussichtlichen Verfahrensdauer orientiert und die Geschäfte vorher nicht vollzogen werden.

27    **e) Verteidigungsmaßnahmen und sonstige Bedingungen.** Für die Bedingung des Ergreifens oder Nichtergreifens bestimmter Verteidigungsmaßnahmen gegen Übernahmeangebote muss entsprechend den Überlegungen in → Rn. 16e zumindest eine Terminierung vorgesehen sein. Auflösende Bedingungen sind jedoch nur bis zum Vollzug der Verträge möglich (→ Rn. 60). Für allgemeine **Force-Majeure-Klauseln (MAC-Bedingungen)** gilt im Ergebnis ebenfalls der Vollzug des dinglichen Erwerbs als letzte Grenze (→ Rn. 56).

28    **4. Verzicht auf die Bedingung.** Durch die Annahme des Angebots kommen grundsätzlich Schuldverhältnisse (Kauf- oder Tauschverträge) über die Wertpapiere zustande, die Gegenstand des Angebots sind. Ob diese Verträge erfüllt werden müssen, richtet sich nach dem Bedingungseintritt. Der Vertragspartner des Bieters hat sich also darauf eingestellt, nur bei Bedingungseintritt das Geschäft gelten lassen zu müssen. Der Bieter kann auf die Bedingung als Teil des Vertrags nicht einfach verzichten, vielmehr ist zur Beseitigung der Bedingung grundsätzlich ein Änderungsvertrag erforderlich.[60] Freilich kann sich der Bieter bereits in der **Angebotsunterlage vorbehalten,** auf bestimmte Bedingungen bis einen Tag vor Ablauf der Annahmefrist zu verzichten[61] und zwar auch, wenn die Bedingung bis dahin bereits eingetreten oder ausgefallen ist.[62] Diese Klausel ist wirksam wegen § 21 Abs. 1 Nr. 4, allerdings rechtspolitisch zweifelhaft (→ § 21 Rn. 30 ff.). Die BaFin ist hingegen der Auffassung, nach der Entscheidung über eine Bedingung könne nicht mehr auf diese verzichtet werden, weshalb die Praxis dazu übergegangen ist, nicht mehr das Angebot, sondern den Vertragsvollzug unter Bedingungen zu stellen.[63] Auch dieses akzeptiert die BAFin allerdings nicht.[64] Die Adressaten, die bereits angenommen haben, haben im Falle eines wirksamen Verzichts ein Rücktrittsrecht (§ 21 Abs. 4) und alle Adressaten gem. § 21 Abs. 5 zwei zusätzliche Wochen zur Annahme des geänderten Angebots.

---

[60] BGH NJW-RR 1989, 291; vgl. auch *Pohlmann* NJW 1999, 190 f.; entgegen Steinmeyer/*Bastian* § 21 Rn. 24 aE ändert daran § 21 nichts, weil er dem Bieter nichts erlaubt, was vertragsrechtlich verboten ist, sondern nur seine Vertragsfreiheit beschränkt; ausf. → § 21 Rn. 9 ff.

[61] Diese Möglichkeit offenbar bestreitend *Hippeli* Der Konzern 2018, 465 (471). Die von ihm in Fn. 63 Zitierten äußern sich freilich nicht zu Vertragsregelungen, die den einseitigen Verzicht ermöglichen.

[62] So auch, allerdings zu weitgehend, da diese Möglichkeit auch ohne Vorbehalt und teilweise nach Ablauf der Annahmefrist bejahend: Assmann/Pötzsch/Schneider/*Krause*/*Favoccia* Rn. 48, 113 f.; Baums/Thoma/*Merkner*/*Sustmann* Rn. 55; nun auch Steinmeyer/*Bastian* § 21 Rn. 24; vgl. auch Kölner Komm WpÜG/*Hasselbach* § 21 Rn. 33 gegen Angerer/Geibel/Süßmann/*Thun* § 21 Rn. 19 ff.; aA – wie *Thun* – auch Schwark/Zimmer/*Noack*/*Holzborn* § 21 Rn. 13.

[63] *v. Bülow* in Mülbert/Kiem/Wittig, 10 Jahre WpÜG, 2011, 17 mit Beispielen in Fn. 44; *Meyer* in Mülbert/Kiem/Wittig, 10 Jahre WpÜG, 2011, 261 f., 269. Dass diese Änderung aus einem bedingten Angebot eine bloße Fälligkeitsregelung machte (so Assmann/Pötzsch/Schneider/*Krause*/*Favoccia* Rn. 113a), ist freilich zu bezweifeln.

[64] *Hippeli* Der Konzern 2018, 465 (471).

**5. Veröffentlichung des Eintritts oder Ausfalls der Bedingung.** Eine ausdrückliche  29
Regelung einer Veröffentlichungspflicht bei Bedingungseintritt oder -ausfall enthält das
WpÜG nicht. Dennoch hat nach überwiegender Auffassung eine Veröffentlichung gem.
§ 14 Abs. 3 S. 1 zu erfolgen.[65] Begründen lässt sich dies damit, dass die Unterlage gem.
§ 11 bei der Änderungen wesentlicher tatsächlicher Umstände zu aktualisieren ist. Eine
solche wesentliche Änderung ist der Eintritt oder Ausfall einer Bedingung, da von ihr die
Wirksamkeit der geschlossenen Verträge abhängt. Tritt der Bedingungseintritt oder -ausfall
während der Annahmefrist ein, so ist aus den gleichen Gründen zu verlangen, dass die
Veröffentlichung unverzüglich, dh spätestens am nächsten Tag, erfolgt. Bei **Mindestannahmequoten** ersetzt die Veröffentlichung nach § 23 Abs. 1 Nr. 2 die Aktualisierung der Angebotsunterlage. Für Bedingungen, deren Eintritt oder Ausfall erst **nach Ablauf der Annahmefrist** feststehen muss, kommt eine Analogie zu § 23 Abs. 2 S. 1 in Betracht.

### III. Einzelne Bedingungen

**1. Verhalten des Bieters, ghP oder deren Töchter sowie von Beratern.**  30
**a) Zustimmung der Gesellschafterversammlung des Bieters.** Aus dem Zusammenhang zwischen den §§ 10, § 18 Abs. 1 und § 25 ergibt sich, dass jedenfalls in bestimmten
Fällen die Zustimmung der Gesellschafterversammlung des Bieters zur Bedingung des Angebots gemacht werden darf. Zur Herbeiführung des Beschlusses, zu den dafür geltenden
Fristen und den Folgen eines zustimmenden Beschlusses bzw. der Unterlassung der Herbeiführung vgl. → Rn. 21; → § 25 Rn. 5 ff.

Weder aus dem Wortlaut des § 18 Abs. 1 noch aus dem des § 25 ergeben sich Anhalts-  31
punkte dafür, unter **welchen Voraussetzungen** eine solche Bedingung in das Angebot
aufgenommen werden darf. Dazu ist zum einen zu berücksichtigen, dass der Gesetzgeber
eine noch im Referentenentwurf enthaltene Bestimmung gestrichen hat, die dem Bieter
ausdrücklich die Verwendung dieser Bedingung erlaubte.[66] Welche genaue Bedeutung die
spätere Streichung hat, ist zweifelhaft.[67] Man wird ihr jedoch zumindest entnehmen müssen,
dass weder die uneingeschränkte Zulässigkeit noch die vollständige Unzulässigkeit dieser
Bedingung Gesetz geworden ist. Zu berücksichtigen ist weiter, dass die Zustimmung der
Gesellschafterversammlung des Bieters als subjektive Bedingung grundsätzlich unter den
Tatbestand des § 18 Abs. 1 fällt. Denn die Gesellschafterversammlung des Bieters ist (höchs-
tes) Willensbildungsorgan der Gesellschaft und ihre Entscheidung daher dem Bieter zuzurechnen.

In der Lit. wird vertreten, dass die Zulässigkeit einer entsprechenden Bedingung auf  32
solche Fälle zu beschränken ist, in denen die Zustimmung der Gesellschafterversammlung
**rechtlich zwingend** ist,[68] wobei allerdings offengelassen wird, ob insoweit schon eine
Satzungsbestimmung ausreicht oder aber die Zustimmung gesetzlich erforderlich ist. Offenbar soll ersteres gelten, da auch die Holzmüller/Gelatine-Fälle zu denjenigen gerechnet
werden, bei denen die Zustimmung zur Bedingung gemacht werden kann.[69] Dies aber
wäre falsch, weil dann der Bieter durch eine entsprechende Gestaltung seines Gesellschafts-
vertrages oder seiner Satzung über die Zulässigkeit der Bedingung entscheiden könnte. Auch
hier gilt – wie schon bei § 10 (vgl. → § 10 Rn. 44 ff.): Die Zulässigkeit von Maßnahmen

---

[65] Ganz hM: Kölner Komm WpÜG/*Hasselbach* Rn. 94; Angerer/Geibel/Süßmann/*Geibel/Süßmann*
Rn. 62; FK-WpÜG/*Scholz* Rn. 65; Assmann/Pötzsch/Schneider/*Krause/Favoccia* Rn. 112 mwN.

[66] § 18 Abs. 1 S. 2 RefE lautete: „Satz 1 gilt nicht für Entscheidungen der Gesellschafterversammlung des
Bieters."

[67] S. dazu Kölner Komm WpÜG/*Hasselbach* Rn. 4, nach dem der ursprüngliche Abs. 1 S. 2 als zu weitgehend empfunden wurde, andererseits durch den Finanzausschuss die jetzige Fassung („vorbehaltlich des § 25")
eingefügt wurde, um die grds. Möglichkeit dieser Bedingung klarzustellen; dazu auch BT-Drs. 14/7477, 52.

[68] Kölner Komm WpÜG/*Hasselbach* Rn. 75; FK-WpÜG/*Scholz* Rn. 41; Angerer/Geibel/Süßmann/*Gei-
bel/Süßmann* Rn. 24.

[69] Kölner Komm WpÜG/*Hasselbach* Rn. 76; Angerer/Geibel/Süßmann/*Geibel/Süßmann* Rn. 24 unter
ausdrücklichem Hinweis auf die Innenverfassung der Gesellschaft; vgl. auch *Hopt* ZGR 2002, 383 (405);
*Scholl/Siekmann* BKR 2013, 316 (319).

im Außenverhältnis des Bieters kann nicht von der Ausgestaltung von Geschäftsführungsfragen, also vom Innenrecht des Bieters abhängen.

**33**    Das entscheidende Kriterium für die Zulässigkeit einer solchen Bedingung findet sich daher in einem anderen Gedanken. Wäre die Bedingung der Zustimmung der Gesellschafterversammlung uneingeschränkt zulässig, könnte sie dazu missbraucht werden, dem Bieter bzw. den handelnden Personen, insbesondere einem eventuellen **Mehrheitsgesellschafter** des Bieters, eine praktische Rückzugsmöglichkeit aus dem Angebot offenzuhalten, indem er den Zustimmungsbeschluss scheitern lässt.[70] Daher ist die Möglichkeit der Bedingung auf Publikumsgesellschaften zu beschränken, bei denen die Beschlussfassung nicht durch den Vorstand vorhergesagt werden kann. Das ist nur der Fall, wenn sich mindestens die **Mehrheit der Anteile im Streubesitz** befindet und **keine** Gesellschaftergruppe über eine **Kontrollbeteiligung, dh mindestens 30% der Stimmrechte** verfügt. (Nur) in diesen Fällen ist die Zustimmung unsicher, weshalb eine aufschiebende Bedingung eines zustimmenden Beschlusses möglich sein muss.[71] Sie widerspricht dann auch nicht dem Sinn und Zweck des § 18, weil eine Umgehung des in § 18 enthaltenen Verbots der Selbsteinräumung einer Rückzugsmöglichkeit in diesem Fall ausgeschlossen ist. In den übrigen Fällen müssen Geschäftsleitung und Gesellschafter wegen § 10 schon vor der Entscheidung zur Angebotsabgabe die maßgeblichen Fragen gemeinsam klären.

**34**    Erfüllt die Zusammensetzung des Gesellschafterkreises des Bieters die soeben unter → Rn. 33 aufgezählten Voraussetzungen, so sind **weitere Voraussetzungen**[72] **unangebracht.** Der Gesetzgeber versteht § 18 iVm § 25 gerade als eine Ausnahme vom Verbot von Potestativbedingungen („vorbehaltlich § 25"), so dass deren Zulässigkeit nicht für die Fälle pauschal verneint werden kann, in denen die Geschäftsführung ohne Zustimmung der Gesellschafter entscheiden kann.[73] Fragt etwa der Vorstand einer Publikumsgesellschaft seine Aktionäre gem. § 119 Abs. 2 AktG freiwillig, ob sie der Übernahmeabsicht zustimmen, und macht er das Angebot von dieser Zustimmung abhängig, so unterläuft er damit nicht etwa die von § 17 oder § 18 geforderte Bindung des Bieters an das Angebot.[74] Bislang hatte die Hauptversammlung ja noch gar keine Gelegenheit, über die Frage eines Angebots abzustimmen, da sie über Geschäftsführungsfragen eben nur unter den Voraussetzungen des § 119 Abs. 2 AktG entscheidet.

**35**    Damit ist auch die Frage geklärt, um **welche Gesellschafterbeschlüsse** es bei den §§ 18, 25 geht. Die Antwort ist ganz einfach: es geht um solche, die in der Unterlage zur Bedingung gemacht werden. Das können zunächst Beschlüsse sein, mit denen die Zustimmung zum Angebot erklärt wird. Es kann sich aber auch zB um einen Kapitalerhöhungsbeschluss handeln, soweit dieser nicht für die Finanzierung des Angebots benötigt wird (sonst läge ein gem. → Rn. 38 ff. unzulässiger Finanzierungvorbehalt vor).[75] Diese Wertung stimmt mit den nach → Rn. 34 aufzustellenden Voraussetzungen überein. Denn in den Fällen, in denen zB ein Mehrheitsgesellschafter existiert, ist die maßgebende Entscheidung bei Abgabe des Angebots schon getroffen. Die Bedingung eines Gesellschafterbeschlusses räumte dann nur die Möglichkeit eines kontrollierten Rückzugs ein, was mit dem Normzweck des § 18 unvereinbar ist.

---

[70] Assmann/Pötzsch/Schneider/*Krause/Favoccia* Rn. 61 ff.; Steinmeyer/*Steinmeyer* Rn. 14; *Oechsler* NZG 2001, 817 (821); Angerer/Geibel/Süßmann/*Geibel/Süßmann* Rn. 22 spricht von übersichtlichen Mehrheitsverhältnissen beim Bieter als Missbrauchsfall; vgl. auch Steinmeyer/*Steinmeyer* § 18 Rn. 14; aA offenbar *Busch* AG 2002, 145 (148), der in diesen Fällen nur § 162 BGB anwenden will; idS – aber nur „prima facie" – auch Kölner Komm WpÜG/*Hasselbach* Rn. 74; dagegen Assmann/Pötzsch/Schneider/*Krause/Favoccia* Rn. 62.

[71] Genau das Gegenteil nimmt *Busch* AG 2002, 145 (148) an (allerdings nicht als Zulässigkeitsgrenze): solche Beschlüsse kämen praktisch nur bei Bietern mit einem zuverlässigen und kleinen Aktionärskreis in Frage. In diesem Falle aber können die Zustimmungsfragen schon vor Abgabe des Angebots geklärt werden, der Verdacht liegt nahe, dass es dann um eine Umgehung der §§ 17, 18 geht.

[72] Dazu Kölner Komm WpÜG/*Hasselbach* Rn. 76 ff.; auch *Busch* AG 2002, 145 (148) scheint davon auszugehen, dass es nur um notwendige Beschlüsse gehen soll.

[73] AA ohne überzeugende Begr. Kölner Komm WpÜG/*Hasselbach* Rn. 75; Angerer/Geibel/Süßmann/*Geibel/Süßmann* Rn. 24.

[74] So aber Angerer/Geibel/Süßmann/*Geibel/Süßmann* Rn. 24.

[75] Vgl. auch *Stöcker* NZG 2003, 993 (997) mwN.

**b) Zustimmung der Gesellschafterversammlung der Muttergesellschaft des** 36
**Bieters bei Tauschangeboten.** Ist der Bieter eine 100%ige Tochter-AG einer inländischen
Aktiengesellschaft und beabsichtigt der Vorstand der Mutter-AG, die Tochter ein **Tauschangebot** abgeben zu lassen, bei dem Aktien der Tochter als Gegenleistung angeboten
werden, so benötigt er dafür die Zustimmung seiner Hauptversammlung.[76] Dieser Beschluss
ist zwar nicht Wirksamkeitsvoraussetzung des Angebots, seine Unterlassung führt aber zu
Rückabwicklungspflichten, die der Vorstand vermeiden will. Daher stellt sich die Frage,
ob der Bieter analog § 18 iVm § 25 auch die Zustimmung nicht seiner, sondern der Gesellschafterversammlung seiner Muttergesellschaft zur Bedingung machen kann.[77] Das ist zu
bejahen, da bei 100%igen Tochtergesellschaften die einzigen Gesellschafter der Tochter die
Gesellschafter ihrer Muttergesellschaft sind.[78] Auch hier ist die Möglichkeit nach dem Sinn
und Zweck der Vorschrift auf solche Muttergesellschaften zu beschränken, die gem. dem
in → Rn. 33 Gesagten in Publikumshand sind.[79]

**c) Finanzierungsvorbehalte.** Das Angebot kann nicht **unter die Bedingung** gestellt 37
werden, dass dem Bieter die zur Erfüllung des Anspruchs auf die Gegenleistung erforderlichen Mittel rechtzeitig zur Verfügung stehen. Das folgt nach einer Auffassung nicht aus
§ 18 Abs. 1, sondern aus § 13 Abs. 1 S. 1.[80] Andere wollen es unmittelbar § 18 entnehmen.[81]
In § 13 Abs. 1 S. 1 wird vom Bieter nur die Durchführung bestimmter Sicherstellungsmaß-
nahmen im Hinblick auf die Erfüllung des Angebots verlangt; das schließt eine Bedingung
der Erfolglosigkeit derartiger Bemühungen des Bieters nicht aus. Daher kann § 13 zur
Begründung nicht herangezogen werden.

Die eigentliche Pflicht zur Finanzierung des Angebots folgt aus dem Angebot selbst und 38
der theoretischen Möglichkeit, dass alle Adressaten es annehmen. Ein Vertragsangebot, das
jemand unter der Bedingung abgibt, dass er über genügend Mittel zur Erfüllung des Vertrages
verfüge, ist ein Angebot, bei dem es am Rechtsbindungswillen des „Anbietenden" fehlt, weil
er in Wahrheit überhaupt nichts verspricht. Eine solche Bedingung schließt schon § 17 aus.
Zusätzlich handelt es sich um eine nach § 18 unzulässige Potestativbedingung, weil die Finanzierung der Erfüllung der bereits geschlossenen Verträge die Vertragspartner schon nach allgemeinem Schuldrecht nichts angeht, sondern vielmehr **ureigenste Angelegenheit** jedes Vertragspartners ist. Das gilt auch, wenn man berücksichtigt, dass ein eventueller Kredit zB von
der Entscheidung (Zustimmung) Dritter abhängen kann. Es ist Sache des Bieters, sich darum
zu kümmern. Auch aus § 13 folgt nichts anderes. Dort geht es nur darum, unseriöse Gestaltungen zu verhindern. Deshalb auferlegt die Vorschrift dem Bieter neben der bereits aus den
abgeschlossenen Verträgen folgenden privaten Pflicht eine zusätzliche öffentlich-rechtliche
Pflicht zum Ergreifen bestimmter Maßnahmen im Vorfeld des Angebots. An den aus dem
öffentlichen Angebot unmittelbar folgenden Pflichten ändert dies nichts.

**d) Kapitalmaßnahmen beim Bieter.** Problematisch sind Vorbehalte, die letztlich 39
Finanzierungsvorbehalten gleichkommen, indem ein bejahender Beschluss der Gesellschafterversammlung des Bieters über eine Kapitalerhöhung oder die Eintragung der Kapital-
höhung zur Bedingung des Angebots gemacht werden. In **Lit. und Praxis** werden solche
Bedingungen überwiegend für zulässig erachtet. Zwar kann die Fassung eines Kapitalerhöhungsbeschlusses nach hM nicht zur Bedingung gemacht werden.[82] Die (spätere) **Eintra-**

---

[76] Ausf. dazu *Wackerbarth* AG 2002, 14 ff. mwN auch zur Gegenauffassung.
[77] Bejahend Kölner Komm WpÜG/*Hasselbach* Rn. 77; im Grundsatz auch Steinmeyer/*Steinmeyer* Rn. 15.
[78] Ausf. *Wackerbarth* AG 2002, 14 ff.
[79] Dann scheidet eine Zurechnung der Gesellschafter der Muttergesellschaft zum Bieter als ghP aus; aA
wohl Assmann/Pötzsch/Schneider/*Krause/Favoccia* Rn. 66, der die Ausnahme auf den Sonderfall des Ange-
botsvehikels begrenzen will.
[80] Assmann/Pötzsch/Schneider/*Krause/Favoccia* Rn. 67; *Busch* AG 2002, 145 (147); wohl auch Angerer/
Geibel/Süßmann/*Geibel/Süßmann* Rn. 52; *Scholl/Siekmann* BKR 2013, 316 (319 f.).
[81] So wohl *Liebscher* ZIP 2001, 853 (862).
[82] Assmann/Pötzsch/Schneider/*Krause/Favoccia* Rn. 71 mwN; Angerer/Geibel/Süßmann/*Geibel/Süßmann*
Rn. 52 mwN; *Busch* AG 2002, 145 (147); aA Kölner Komm WpÜG/*Hasselbach* Rn. 86 f., der aber übersieht,
dass vom Finanzausschuss § 14 Abs. 1 S. 3 eingefügt wurde, gerade um die Durchführung der entsprechenden
Hauptversammlung *vor Beginn* der Annahmefrist noch zu ermöglichen, BT-Drs. 14/7477, 52.

**gung** des Beschlusses, jedenfalls der Durchführung der Kapitalerhöhung müsse dagegen zur Bedingung des Angebots gemacht werden können. Andernfalls sei es rechtlich unmöglich, ein entsprechendes Tauschangebot abzugeben.[83] Die BaFin hat entsprechende Bedingungen mindestens in drei Angeboten zugelassen.[84]

40 Dem kann nicht zugestimmt werden. Zwar kann die Durchführung der Kapitalerhöhung zurzeit der Veröffentlichung der Angebotsunterlage noch nicht eingetragen sein. Das bedeutet aber nicht, dass die tatsächliche Eintragung auf der anderen Seite zur Bedingung gemacht werden könnte. Denn der Vorstand des Bieters hat den Erfolg des Verfahrens spätestens nach dem wirksamen Beschluss der Hauptversammlung über die Kapitalerhöhung selbst in der Hand. Es ist seine Sache, die notwendigen Schritte zu ergreifen. Die Möglichkeit ihres Unterlassens darf dem Bieter nicht über eine entsprechende Bedingung einen Entscheidungsspielraum über das Angebot verschaffen, den § 18 gerade verhindern will. Allenfalls kann daran gedacht werden, die Abwicklung der Verträge insoweit aufschiebend zu befristen.

41 **e) Existenz des Bieters in einer bestimmten Rechtsform.** Vor allem bei sog. NewCo-Konstruktionen (SPV, Angebotsvehikel) könnten die eigentlich handelnden Personen auf den Gedanken kommen, das Angebot davon abhängig zu machen, dass der Bieter in einer bestimmten Rechtsform zur Entstehung gelangt. Dies könnte zB dann der Fall sein, wenn in der Muttergesellschaft für das Angebot ein Hauptversammlungsbeschluss erforderlich wäre und der Vorstand dies dadurch zu umgehen versucht, dass er eine Tochter gründet, die formal als Bieter auftritt. Im Grundsatz dürfte für die vom Bieter herbeizuführenden Registereintragungen gelten, dass die tatsächliche Eintragung nicht zur Bedingung gemacht werden darf. Zwar kann der Bieter die Eintragung nicht allein herbeiführen, wohl aber allein verhindern. Entsprechend den in → Rn. 13 f. angestellten Überlegungen ist das Bedingungsverbot auf solche Konstellationen zu erstrecken.

42 **2. Verhalten der Angebotsadressaten. a) Mindestannahmequote.** Soweit durch Bedingungen die Zielsetzung des Angebotes sichergestellt werden soll, steht ihr Eintritt oder Ausfall nicht in der Macht des Bieters. Gegen die Vereinbarung einer Mindestannahmequote bestehen daher keine Bedenken. Das gilt etwa auch für **besonders hohe Mindestannahmequoten.**[85] Der Bieter kann etwa das Erreichen von 95% zur Bedingung machen und die Quote später wieder gem. § 21 Abs. 1 S. 1 Nr. 3 auf 50% reduzieren.[86] Auch mit noch höheren Akzeptanzschwellen ist noch keine Lockerung seiner Bindung an das Angebot verbunden, die dem Zweck der §§ 17, 18 widerspräche.[87] Allerdings führt die Möglichkeit einer späteren Reduzierung der Annahmequote gem. § 21 dazu, dass die Aktionäre über die Annahme möglicherweise unter falschen Voraussetzungen entscheiden (vgl. → § 21 Rn. 31). Im Übrigen wird man bei sehr hohen Schwellen von einer praktisch unerfüllbaren und daher unzulässigen Bedingung (→ Rn. 16) auszugehen haben, wenn nicht im Einzelfall sachliche Gründe für die Aufnahme der Bedingung bestehen.[88]

43 Eine **Mindest-Mindestannahmequote** schreibt das WpÜG nicht vor. Der Bieter kann also – auch bei Übernahmeangeboten – davon absehen, sein Angebot von dem Erreichen einer bestimmten Schwelle abhängig zu machen.[89] Tut er dies oder setzt er die Schwelle

---

[83] *Busch* AG 2002, 145 (147); Assmann/Pötzsch/Schneider/*Krause/Favoccia* Rn. 72; Angerer/Geibel/Süßmann/*Geibel/Süßmann* Rn. 52 unter Hinweis auf § 188 Abs. 2 S. 1 iVm § 36a Abs. 2, § 189 AktG (→ § 13 Rn. 17); noch weitergehend Kölner Komm WpÜG/*Hasselbach* Rn. 86 f., der sogar die Fassung des Beschlusses als Bedingung anerkennt, solange sie „weitgehend gesichert" ist.

[84] Übernahmeangebot der alstria office REIT-AG/DO Deutsche Office AG vom 16.6.2015, S. 51; Übernahmeangebot Deutsche Annington SE/Gagfah S.A. vom 19.12.2014, S. 56; zuvor schon Übernahmeangebot ACS S.A./Hochtief AG vom 1.12.2010, S. 45 f.

[85] AA *Busch* AG 2002, 145 (146 f.).

[86] Assmann/Pötzsch/Schneider/*Krause/Favoccia* Rn. 34.

[87] Vgl. aber *Busch* AG 2002, 145 (147); Kölner Komm WpÜG/*Hasselbach* Rn. 28 mwN in Fn. 53.

[88] S. auch Assmann/Pötzsch/Schneider/*Krause/Favoccia* Rn. 36; Baums/Thoma/*Merkner/Sustmann* Rn. 99; Scholl/*Siekmann* BKR 2013, 316 (318).

[89] Kölner Komm WpÜG/*Hasselbach* Rn. 29 f.; jetzt auch Steinmeyer/*Steinmeyer* § 18 Rn. 20, § 29 Rn. 6; anders noch *Santelmann* AG 2002, 497 ff.

zu niedrig an,[90] so wird bei Übernahmen die weitere Annahmefrist des § 16 Abs. 2 gleichwohl nur dann ausgelöst, wenn der Bieter die Kontrollschwelle nach Ablauf der regulären Frist erreicht hat (vgl. → § 16 Rn. 27; → Rn. 24 ff.). Eine **Höchstannahmequote** (die ein einfaches Erwerbsangebote ausschaltete, wenn das Angebot für zu viele Aktien angenommen wird) hält die hM wegen der Zuteilungsregel des § 19 zu Recht für unzulässig.[91]

**b) Verhalten eines bestimmten Adressaten.** Problematisch ist die Frage, ob der Bieter **44** die Annahme (oder Nichtannahme) durch einen bestimmten Angebotsadressaten, etwa einen Großaktionär der Zielgesellschaft, zur Bedingung machen kann.[92] Eine solche Klausel legt jedenfalls den Verdacht nahe, dass Absprachen zwischen dem Bieter und dem Dritten bestehen und insoweit keine vom Bieter unbeeinflussbare Bedingung vorliegt. Für eine solche Bedingung besteht auch keine Notwendigkeit, da der Bieter stattdessen eine entsprechend hohe Mindestannahmequote verlangen kann oder das Angebot von der Durchführung eines bereits vereinbarten **Paketerwerbs** abhängig machen kann, dessen Bedingungen wiederum an § 18 zu messen und in der Angebotsunterlage offenzulegen sind, um Umgehungen zu verhindern.[93]

**3. Verhalten der Geschäftsführung der Zielgesellschaft.** Keine Bedenken inhaltlicher Art bestehen gegen die Möglichkeit, das **Ausbleiben von Abwehrmaßnahmen** zur **45** Bedingung des Angebots zu machen. Der (feindliche) Bieter wird freilich im Regelfall kein großes Interesse daran haben, weil er dem Vorstand der Zielgesellschaft damit eine besonders einfache Möglichkeit in die Hand gibt, das unerwünschte Angebot zu Fall zu bringen. Als Sicherheitsmaßnahme kann es sich freilich in „freundlich gewordenen" Angeboten anbieten, wenn sich der Bieter nicht sicher ist, ob sich der Vorstand an die getroffenen Vereinbarungen auch halten wird.[94]

Bei der Abfassung der entsprechenden Klauseln muss das **Bestimmtheitsgebot** beachtet **46** werden.[95] Soweit allerdings auf gesetzliche Definitionen Bezug genommen wird, etwa eine zustimmende oder jedenfalls nicht ablehnende Stellungnahme des Vorstands gem. § 27 oder das Fehlen von Verteidigungsmaßnahmen iSd § 33 zur Bedingung gemacht werden, bestehen dagegen schon deswegen keine Bedenken, weil von einem Bieter keine größere Genauigkeit als vom Gesetzgeber verlangt werden darf. Eine Klausel, in der das Nichtergreifen von „Abwehrmaßnahmen" zur Bedingung gemacht wird, dürfte hingegen zu weit gehen, da der Bieter sich damit einen Beurteilungsspielraum und damit praktisch eine Entscheidungsmacht einräumen würde, die § 18 gerade verhindern will.[96]

Zu den denkbaren Reaktionsmöglichkeiten des Vorstands der Zielgesellschaft zählt auch **47** die Durchführung einer **Abwehr-Hauptversammlung** nach § 16 Abs. 3. Will der Bieter sein Angebot davon abhängig machen, dass eine solche nicht einberufen wird, so reicht es nicht aus, das Fehlen von Verteidigungsmaßnahme iSd § 33 zur Bedingung zu machen, weil dort die Abwehr-Hauptversammlung nicht genannt ist. Ob eine **ablehnende oder**

---

[90] Eine Mindestquote unterhalb von 30% bei Übernahmeangeboten soll nach Kölner Komm WpÜG/*Hasselbach* Rn. 29 aE; Baums/Thoma/*Merkner*/*Sustmann* Rn. 93 widersprüchlich und daher unzulässig sein. Dem ist nicht zu folgen. Solange der Bieter ein Vollangebot macht, steht es ihm frei, die Wirksamkeit des Geschäfts auch an den Erwerb von nur 10% zu knüpfen. Das Ziel, Großaktionär zu werden, falls die Übernahme nicht klappt, ist nicht widersprüchlich.

[91] Assmann/Pötzsch/Schneider/*Krause*/*Favoccia* Rn. 38; Baums/Thoma/*Merkner*/*Sustmann* Rn. 100.

[92] Dafür etwa Baums/Thoma/*Merkner*/*Sustmann* Rn. 96; aA Steinmeyer/*Steinmeyer* Rn. 11: aus Gleichbehandlungsgründen.

[93] Unter Hinweis auf die Verwaltungspraxis der BaFin Baums/Thoma/*Merkner*/*Sustmann* Rn. 101, 120; Assmann/Pötzsch/Schneider/*Krause*/*Favoccia* Rn. 35.

[94] Vgl. etwa das Angebot der Finba Bakery Europe AG an die Aktionäre der Kamps AG v. 23.5.2002: Bedingung, dass „der Vorstand der Kamps AG bis zum Vollzug dieses Übernahmeangebots keine Handlungen vornimmt, durch die der Erfolg des Übernahmeangebots verhindert werden könnte (§ 33 Abs. 1 und 2 WpÜG)".

[95] Richtig FK-WpÜG/*Scholz* Rn. 48; *Scholl*/*Siekmann* BKR 2013, 316 (319); Kölner Komm WpÜG/*Hasselbach* Rn. 67.

[96] Etwas unglücklich formuliert, aber wohl nicht aA, Kölner Komm WpÜG/*Hasselbach* Rn. 66.

**positive Stellungnahme** des Vorstands oder Aufsichtsrats der Zielgesellschaft zur Bedingung gemacht werden kann, ist umstritten. Die BaFin und ein Teil der Lit. stehen auf dem Standpunkt, dem Vorstand der Zielgesellschaft würde so unzulässigerweise Einfluss auf den Erfolg des Angebots eingeräumt, daher sei diese Bedingung unzulässig.[97] Wenn man das Argument ernst nähme, dürfte jedoch auch das Nichtergreifen sonstiger Verteidigungsmaßnahmen nicht zur Bedingung gemacht werden. Im Übrigen ist es der Bieter selbst, der dem Vorstand diese Rechtsmacht einräumt, daher ist diese Bedingung mit der hM als zulässig anzusehen.[98] Der Bieter kann auch die Durchführung einer **Due Diligence** zur Bedingung seines Angebots machen,[99] die Ergebnisse einer solchen Prüfung allerdings nur nach Maßgabe von → Rn. 56.[100]

48      Strukturelle Übernahmehindernisse gesellschaftsrechtlicher Art, die bereits vor der Abgabe des Übernahmeangebots eingerichtet und aus dem Handelsregister ersichtlich sind, sind dem Bieter bekannt oder allenfalls fahrlässig unbekannt. Ihre Nichtexistenz kann daher nicht zur Bedingung des Angebots gemacht werden. Ein ausländischer Bieter kann sich nicht etwa während des Laufs der Angebotsfrist darauf berufen, die Arbeitnehmermitglieder im Aufsichtsrat hätten bereits angekündigt, nicht konstruktiv mit dem Bieter zusammenarbeiten zu wollen. Abwehrmaßnahmen, die durch entsprechende Beschlüsse bei der Zielgesellschaft bereits eingerichtet sind, aber zu ihrer Wirksamkeit noch einer **Handlung der Verwaltung** der Zielgesellschaft bedürfen, muss der Bieter konkret bezeichnen, um ihr Nichtergreifen wirksam zur Bedingung zu machen; dies gilt zB für genehmigtes Kapital.

49      Auch die Nicht-Eröffnung eines **Insolvenzverfahrens** über die Zielgesellschaft oder der (Nicht-)Eintritt materieller **Eröffnungsgründe** (§§ 17 ff. InsO) kann nach hM zur Bedingung gemacht werden.[101] Der Bieter muss allerdings eine Formulierung wählen, nach der es auf die Antragstellung durch die Geschäftsführung der Zielgesellschaft oder von solchen Gläubigern ankommt, die nicht der Bieter sind oder im Lager des Bieters stehen, da ansonsten eine verbotene Potestativbedingung vorläge.[102] Jüngst verwendet wurde noch darüber hinaus eine sog. **Compliance-Bedingung,** die im Hinblick auf eventuelle Folgen von unethischem Verhalten innerhalb der Zielgesellschaft (etwa Korruption) das Angebot von der Einhaltung bestimmter in der Angebotsunterlage konkret bezeichneter rechtlicher oder ethischer Verhaltensregeln abhängig gemacht wird.[103] Für die Gültigkeit derartiger Klauseln besteht im Hinblick auf Schwierigkeit der Feststellung entsprechender Verstöße ähnlich wie bei einer force-majeure-Klausel (→ Rn. 55) jedoch das Erfordernis sachverständiger Feststellung.[104]

50      **4. Verhalten Dritter. a) Behördliche Genehmigung.** Bei freiwilligen Angeboten, insbesondere bei Übernahmeangeboten zulässig sind solche Bedingungen, deren Eintritt in

---

[97] Assmann/Pötzsch/Schneider/*Krause*/*Favoccia* Rn. 79 f.; diff. *Hopt* FS K. Schmidt, 2009, 681 (694): Bedingung positiver Stellungnahme von Vorstand *und* Aufsichtsrat erlaubt.

[98] Ebenso Steinmeyer/*Steinmeyer* Rn. 29; FK-WpÜG/*Scholz* Rn. 56; Kölner Komm WpÜG/*Hasselbach* Rn. 71; Baums/Thoma/*Merkner*/*Sustmann* Rn. 113; *Drinkuth* in Marsch-Barner/Schäfer Börsennotierte AG-HdB Rn. 60.111; *Scholl*/*Siekmann* BKR 2013, 316 (319).

[99] Kölner Komm WpÜG/*Hasselbach* Rn. 65; zweifelnd Assmann/Pötzsch/Schneider/*Krause*/*Favoccia* Rn. 99 f.; iErg gegen die Zulässigkeit Baums/Thoma/*Merkner*/*Sustmann* Rn. 134 f.

[100] Wie hier Assmann/Pötzsch/Schneider/*Krause*/*Favoccia* Rn. 100; aA FK-WpÜG/*Scholz* Rn. 62, der solche Klauseln offenbar für unbeschränkt wirksam hält.

[101] Ausf. Assmann/Pötzsch/Schneider/*Krause*/*Favoccia* Rn. 94 ff.; Baums/Thoma/*Merkner*/*Sustmann* Rn. 126 f.; s. auch Angerer/Geibel/Süßmann/*Geibel*/*Süßmann* Rn. 47; Kölner Komm WpÜG/*Hasselbach* Rn. 61.

[102] Assmann/Pötzsch/Schneider/*Krause*/*Favoccia* Rn. 96; Baums/Thoma/*Merkner*/*Sustmann* Rn. 127; Angerer/Geibel/Süßmann/*Geibel*/*Süßmann* Rn. 47; Kölner Komm WpÜG/*Hasselbach* Rn. 61.

[103] Baums/Thoma/*Merkner*/*Sustmann* Rn. 128 ff.; *Drinkuth* in Marsch-Barner/Schäfer Börsennotierte AG-HdB Rn. 60.103a.

[104] Dazu *Klepsch*/*Schmiady*/*v. Buchwaldt* in Kämmerer/Veil, Übernahme- und Kapitalmarktrecht in der Reformdiskussion, 2013, 11; Baums/Thoma/*Merkner*/*Sustmann* Rn. 130; nach *Drinkuth* in Marsch-Barner/Schäfer Börsennotierte AG-HdB Rn. 60.103 kann auch auf eine Ad-hoc-Meldung der Zielgesellschaft abgestellt werden. Letzterem ist nur zu folgen, wenn die Bedingung nicht auf den materiellen Verstoß, sondern allein auf die (Nicht-)Veröffentlichung innerhalb einer bestimmten Frist abstellt.

der Macht eines Dritten stehen. Das betrifft vor allem behördliche Genehmigungen, dort in erster Linie die (aufschiebende) Bedingung der Kartellfreigabe[105] durch das BKartA oder die EU-Kommission oder der Nichtuntersagung durch die BaFin nach Bankaufsichtsrecht oder durch andere Behörden (zB im Rahmen des Außenwirtschaftsrechts durch das BMWi → Rn. 6).[106] Die jeweilige Bedingung kann auch nähere **inhaltliche Vorgaben** zu der Frage machen, ob eine Freigabe unter bestimmten Auflagen akzeptiert wird oder nicht. Freilich kann richtigerweise nicht eine unbestimmt wertenden Klausel wie eine „akzeptable" Auflage zur Bedingung gemacht werden (→ Rn. 54). Stellt die Bedingung zB nur auf die Freigabe ab, so erfüllt auch eine Freigabe unter Auflagen die Anforderungen, anders, wenn eine uneingeschränkte Freigabe für den Bedingungseintritt verlangt wird.[107] Der Bieter kann nicht nur,[108] sondern er muss stets einen **Termin** für die Entscheidung über Eintritt oder Ausfall der entsprechenden Bedingung angeben, dazu und zu den zeitlichen Vorgaben für die Zulässigkeit der Bedingung → Rn. 23 ff., 27. Die eventuelle kartellrechtliche Untersagung des Zusammenschlusses nach § 36 Abs. 1 GWB kann in den durch den Vollzug der Wertpapiergeschäfte gesetzten zeitlichen Grenzen auch zur auflösenden Bedingung des Angebots gemacht werden (→ Rn. 60). Der Bieter kann sein Angebot auch davon abhängig machen, dass die Kartellbehörde nicht in ein Hauptprüfungsverfahren eintritt.

Insbesondere bei der Genehmigung durch ausländische Behörden ist in jüngerer Zeit die **51** Frage aufgetaucht, ob die Behörde überhaupt Dritter im hier gemeinten Sinne ist, wenn ausländische **Staatsunternehmen** als Bieter auftreten und das Angebot unter die Bedingung einer Genehmigung von Auslandsinvestitionen durch staatliche Behörden ihres Heimatlandes stellen wollen. Die Frage sollte entgegen *Hippeli* nicht anhand einer umfangreichen Analyse der Staatsordnung des ausländischen Staates entschieden werden.[109] Die für derartige Analysen aufzuwendenden staatlichen Mittel stehen in keinem Verhältnis zum Erfolg und können schon kurzfristig überholt und damit verloren sein. Vielmehr sind Behördengenehmigungen von Investitionen staatlich kontrollierter Unternehmen stets vor der Einreichung der Unterlage zu erteilen, entsprechende Bedingung daher als Potestativbedingungen unzulässig.

**b) Besonderheiten bei Pflichtangeboten.** Für Pflichtangebote wurde bereits in **52** → Rn. 5 darauf hingewiesen, dass die Angebotspflicht grundsätzlich jeder Bedingung des Pflichtangebots entgegensteht. Die das Pflichtangebot auslösende Kontrollerlangung iSd § 35 Abs. 1 ist aus Sicht des Bieters jedenfalls regelmäßig kein Zufall, sondern vollzieht sich im Wege eines vom Bieter gewollten Anteilserwerbs (durch einen Paketkauf oder an der Börse). Über diesen Erwerb kann er frei entscheiden und unterliegt gerade keiner Angebotspflicht. Wenn ein Anteilserwerb oder eine andere privatautonome Entscheidung des Bieters die Angebotspflicht auslöst, ist aus behördlicher Sicht die Entscheidung des Bieters unter Berücksichtigung der Angebotspflicht zu beurteilen, weshalb vor Kontrollerlangung die behördlichen Verfahren durchgeführt werden können und müssen. Eventuelle Normkonflikte sind durch Auslegung der einschlägigen Gesetze und nicht durch den Bieter zu lösen. Eines bedingten Pflichtangebots bedarf es daher nicht.

**c) Konkurrierendes Angebot.** Zulässig ist es, das Angebot unter die Bedingung zu **53** stellen, dass kein konkurrierendes Angebot abgegeben wird. Dabei ist aber zu beachten,

---

[105] *Busch* AG 2002, 145 (146); *Fleischer* NZG 2002, 545 (550 f.); Kölner Komm WpÜG/*Hasselbach* Rn. 33; Angerer/Geibel/Süßmann/*Geibel/Süßmann*    Rn. 32 ff.;    Assmann/Pötzsch/Schneider/*Krause/Favoccia* Rn. 43 ff.

[106] Ausf. zu weiteren behördlichen Genehmigungen Angerer/Geibel/Süßmann/*Geibel/Süßmann* Rn. 35 f.; Kölner Komm WpÜG/*Hasselbach* Rn. 39 ff.; Assmann/Pötzsch/Schneider/*Krause/Favoccia* Rn. 51 ff.; Beispiele auch bei *Hippeli* AG 2014, 267 (269).

[107] *Busch* AG 2002, 145 (146); Assmann/Pötzsch/Schneider/*Krause/Favoccia* Rn. 47.

[108] So aber *Busch* AG 2002, 145 (146) nach Fn. 10; *Fleischer* NZG 2002, 545 (550) empfiehlt, nach Lösungen Ausschau zu halten, die der Schwebezeit Grenzen ziehen; zu einer solchen Lösung → Rn. 23 ff.

[109] So aber *Hippeli* AG 2014, 267 (270 ff.) mit umfangreicher Analyse der Rechts- und Wirtschaftsordnung der Volksrepublik China.

dass Erstangebot und konkurrierendes Angebot nicht notwendigerweise vollständig deckungsgleich sind (vgl. zur Definition des konkurrierenden Angebots → § 22 Rn. 4 ff.). Beispielsweise kann nach einem Übernahmeangebot auch ein konkurrierendes Teilangebot auf lediglich 5% der außenstehenden Aktien abgegeben werden. Der Erstbieter wird wegen eines solchen Angebots kaum auf die weitere Durchführung seines Angebots verzichten wollen. Er muss es aber auch nicht, da während einer gem. § 22 Abs. 2 verlängerten Annahmefrist im Unterschied zu einer Verlängerung nach § 21 Abs. 5 weitere Änderungen seines Angebots zulässig sind. Nach dem in → Rn. 28 Gesagten kann er demzufolge auf die Bedingung noch rechtzeitig verzichten, soweit er sich das ausdrücklich vorbehalten hat.

**54**    **5. Veränderung äußerer Umstände.** Zulässig sind auch Bedingungen, durch die das Angebot hinfällig wird, wenn sich äußere Umstände ändern, die einen wesentlichen nachteiligen Einfluss zB auf die Ertragsaussichten der Zielgesellschaft haben und das Angebot aus Sicht des Bieters wirtschaftlich entwerten **(sog. Material-Adverse-Change- (MAC-) oder force-majeure-Klauseln).**[110] Gegen ihre unbeschränkte Zulässigkeit spricht das Bestimmtheitsgebot.[111] Grundsätzlich gibt es nur zwei Lösungsmöglichkeiten für diese Problematik: Entweder überlässt man es dem Bieter zu bestimmen, welchen Veränderungen äußerer Umstände sein Angebot hinfällig machen. Dann ist eine **eindeutige Formulierung** der entsprechenden Klauseln verlangen, die keinen Beurteilungsspielraum lässt.[112] So verfährt derzeit offenbar die BaFin. Zu den verschiedenen Kategorien solcher MAC-Bedingungen gehören solche, die Veränderungen bei der Zielgesellschaft (target MAC, etwa Ergebnis, Erlöse, Umsätze) oder gesamtwirtschaftlicher Daten (economy MAC, zB die Veränderung bestimmter Indizes) betreffen.[113] Unzulässig dürfte allerdings ein sog. **bidder MAC** sein, mit der das Angebot von der Verschlechterung der wirtschaftlichen Lage des Bieters oder von einer Veränderung seines Börsenkurses abhängig gemacht wird,[114] oder indem die (nicht erfolgte) Kündigung der Finanzierung zur Bedingung erhoben wird.[115] Alle diese Bedingungen sind letztlich nur mehr oder weniger versteckte Finanzierungsvorbehalte. Nicht der Bieter soll, sondern vielmehr die Angebotsadressaten müssen etwa bei Insolvenz des Bieters von einem bereits geschlossenen Vertrag zurücktreten dürfen.

**55**    Oder aber man hält auch generalklauselartig formulierte Bedingungen für zulässig, so dass ein **Beurteilungsspielraum** entsteht. Dann muss die Entscheidung über Eintritt oder Ausfall der Bedingung einem unabhängigen Dritten übertragen werden. Als solcher kommen mangels Möglichkeit einer gemeinsamen Auswahl des Dritten durch Bieter und Adressaten des Angebots nur die BaFin oder ein von ihr ausgesuchter Dritter in Betracht. Diese Möglichkeit steht in Deutschland bedauerlicherweise nicht zur Verfügung.[116] Die Auswahl

---

[110] Ganz hM, Assmann/Pötzsch/Schneider/*Krause*/*Favoccia* Rn. 89 mwN; *Busch* AG 2002, 145 (150 f.); *Drinkuth* in Marsch-Barner/Schäfer Börsennotierte AG-HdB Rn. 60.103; Baums/Thoma/*Merkner*/*Sustmann* Rn. 116 ff.; FK-WpÜG/*Scholz* Rn. 61; einschr. Steinmeyer/*Steinmeyer* Rn. 25; Kölner Komm WpÜG/*Hasselbach* Rn. 58 ff.

[111] Steinmeyer/*Steinmeyer* Rn. 25.

[112] Ausf. idS *Berger*/*Filgut* WM 2005, 253 (256); Beispiele bei *Hasselbach* BB 2015, 1033 (1036 f.).

[113] Ausf. Steinmeyer/*Steinmeyer* Rn. 27 f.; *Drinkuth* in Marsch-Barner/Schäfer Börsennotierte AG-HdB Rn. 60.103, Assmann/Pötzsch/Schneider/*Krause*/*Favoccia* Rn. 91 f.

[114] Kölner Komm WpÜG/*Hasselbach* Rn. 85; *Schiessl* FS U.H. Schneider, 2011, 1107 (1116); *Drinkuth* in Marsch-Barner/Schäfer Börsennotierte AG-HdB Rn. 60.112, anders jedoch in Rn. 60.113 für Tauschangebote; für Tauschangebote ebenso Baums/Thoma/*Merkner*/*Sustmann* Rn. 153 ff.; aA *Meyer* in Mülbert/Kiem/Wittig, 10 Jahre WpÜG, 2011, 252 f., der jedoch die Gegenargumente nicht zu entkräften vermag. Das Gesetz spricht von „herbeiführen können"; dass der Bieter normalerweise keine Motivation zu Selbstschädigung hat, spielt in diesem Rahmen keine Rolle. Gerade bei Übernahmeangeboten kann es anders sein. Wie *Meyer* auch Assmann/Pötzsch/Schneider/*Krause*/*Favoccia* Rn. 68 mit unschlüssiger Argumentation: Ob der Bieter im Verhältnis zum finanzierenden Kreditinstitut § 490 BGB abbedingen darf oder muss, spielt für die Frage seiner Verpflichtung aus dem Angebot gerade keine Rolle.

[115] Baums/Thoma/*Merkner*/*Sustmann* Rn. 142; Kölner Komm WpÜG/*Hasselbach* Rn. 85; aA Assmann/Pötzsch/Schneider/*Krause*/*Favoccia* Rn. 68; auch *Meyer* in Mülbert/Kiem/Wittig, 10 Jahre WpÜG, 2011, 252 f., der jedoch auch die Bedenken darstellt und die Bedingung der nicht erfolgten Kündigung für in der Praxis ungebräuchlich hält.

[116] Assmann/Pötzsch/Schneider/*Krause*/*Favoccia* Rn. 90.

des unabhängigen Dritten durch den Bieter scheidet nach vorzugswürdiger Auffassung aus (→ Rn. 11).[117] Offenbar hält die **BaFin** eine solche Vorgehensweise allerdings – bei schwierigen Sachverhalten, die einer einfachen Überprüfung nicht unmittelbar zugänglich sind – für **zulässig** und verlangt nur, dass auf die Veröffentlichung des Gutachtens abgestellt wird und dem Bieter auf die Veröffentlichung des Gutachtens nach der Erstellung kein Einfluss zukommt.[118] De lege ferenda ist zu verlangen, dass die BaFin über die Auswahl des Sachverständigen im Interesse der Anleger entscheidet, da sich ein Beurteilungsspielraum in vielen Fällen nicht vermeiden lässt. Weder erforderlich noch ausreichend ist es dagegen, die Entscheidung über Eintritt oder Ausfall der Bedingung an eine Ad-hoc-Mitteilung der Zielgesellschaft oder die Pflicht zu einer solchen zu knüpfen.[119] Allenfalls kann man dem Fehlen einer Ad-hoc-Mitteilung der Zielgesellschaft entnehmen, dass jedenfalls eine Störung der Geschäftsgrundlage iSd § 313 BGB nicht eingetreten ist.

Auch ohne Klausel steht dem Bieter § 313 BGB zur Seite, der bereits eine allgemeine **56** Regelung darüber enthält, unter welchen Ausnahme-Umständen der Bieter vom Angebot zurücktreten darf.[120] Bei **unvorhersehbaren Umständen** wie zB ein Brand oder Unfall auf dem Hauptbetriebsgelände der Zielgesellschaft genügt diese Norm. Hier würde eine andere Auffassung nur zu überflüssigen und unleserlich langen Formulierungen in der Angebotsunterlage führen und einen Streit darüber ohnehin nicht verhindern. Soweit es jedoch um andere, unterhalb der Schwelle des § 313 BGB liegende Umstände geht, hat der Bieter grundsätzlich konkret die Umstände zu bezeichnen, die zum Bedingungseintritt führen. Schließlich ist die Frage bedeutsam, bis zu welchem **Zeitpunkt** das Risiko einer durch höhere Gewalt eingetretenen nachteiligen Veränderung bei der Zielgesellschaft im Ergebnis auf die Angebotsadressaten abgewälzt werden darf. Solange die Klauseln mit der gebotenen Eindeutigkeit formuliert sind, spricht nichts dagegen, die allgemeine Regel, nach der spätestens im Zeitpunkt des Vollzugs der Geschäfte entsprechend § 446 BGB das Risiko höherer Gewalt auf den Bieter übergeht, auch für Übernahmeangebote festzulegen.[121]

#### IV. Verbot von Rücktritts- und Widerrufsvorbehalten (Abs. 2)

**1. Abgrenzung zur auflösenden Bedingung.** Rücktritts- und Widerrufsvorbehalte **57** unterscheiden sich von einer auflösenden Bedingung in zweierlei Hinsicht. Einerseits gestaltet erst die Rücktrittserklärung oder der Widerruf selbst die Rechtslage um, während die Rechtsfolgen des Bedingungseintritts oder -ausfalls automatisch eintreten. Zum zweiten wandelt der Rücktritt das Schuldverhältnis in ein Rückabwicklungsverhältnis gem. §§ 346 ff. BGB um, während beim Eintritt einer auflösenden Bedingung nach § 812 Abs. 1 S. 2 BGB rückabzuwickeln ist.[122] Ein Widerruf hat im Wesentlichen ähnliche Rechtsfolgen wie die auflösende Bedingung mit dem Unterschied, dass diese Rechtsfolgen an die Erklärung des Bieters geknüpft sind.

**2. Verbot der Selbsteinräumung eines Gestaltungsrechts für den Bieter.** Aus dem **58** ersten Unterschied zwischen einer Bedingung iSd Abs. 1 und den in Abs. 2 gemeinten Gestaltungsrechten folgt zunächst der eine Teil des Normzwecks des Abs. 2. Dieser bestä-

---

[117] Bedenken auch bei Steinmeyer/*Steinmeyer* Rn. 25.
[118] Zur praktischen Ausgestaltung *Drinkuth* in Marsch-Barner/Schäfer Börsennotierte AG-HdB Rn. 60.103; *Berger/Filgut* WM 2005, 253 (256 f.); *Klepsch/Schmiady/v. Buchwaldt* in Kämmerer/Veil, Übernahme- und Kapitalmarktrecht in der Reformdiskussion, 2013, 11.
[119] Die BaFin verlangt eine solche Ad-hoc-Mitteilung offenbar, vgl. *Drinkuth* in Marsch-Barner/Schäfer Börsennotierte AG-HdB Rn. 60.103.
[120] Steinmeyer/*Steinmeyer* Rn. 35; FK-WpÜG/*Scholz* Rn. 61; *Berger/Filgut* WM 2005, 253 (256); stark einschr. Assmann/Pötzsch/Schneider/*Krause/Favoccia* Rn. 121; ferner Baums/Thoma/*Merkner/Sustmann* Rn. 125 mwN.
[121] Vgl. auch *Oechsler* NZG 2001, 817 (822); dagegen hält die hM den Ablauf der Annahmefrist für den spätesten Zeitpunkt: *Berger/Filgut* WM 2005, 253 (259); Steinmeyer/*Steinmeyer* Rn. 33; aber auch mit einer solchen Festlegung müssen die Adressaten noch während des Schwebezustands entscheiden.
[122] Dazu Soergel/*Wolf* BGB § 158 Rn. 29, BGB Vor § 158 Rn. 17; vgl. Staudinger/*Bork*, 2020, BGB Vor § 158 Rn. 10.

tigt eine auch in § 17 zum Ausdruck kommende **Grundwertung** des Übernahmegesetzes, dass nämlich der Bieter mit der Abgabe des Angebots seine eigene Entscheidung über das Angebot endgültig getroffen hat und nach dem Ende der Annahmefrist[123] nicht noch einmal über dessen Durchführung soll entscheiden dürfen. Daher ordnet Abs. 2 allgemein die Unzulässigkeit entsprechender Gestaltungen an. Nicht zugestimmt werden kann infolgedessen der Auffassung, die aus der Regelung des Abs. 1 auf die Interpretation des Abs. 2 schließen will und die Vorschrift einengend auslegen will. Danach sollen nur solche Rücktritts- oder Widerrufvorbehalte unzulässig sein, die an den Eintritt einer gem. Abs. 1 unzulässigen Bedingung anknüpfen oder gänzlich vorbehaltlos sind.[124] Nicht nur die Gesetzesbegründung,[125] sondern schon der Wortlaut der Vorschrift steht dem entgegen, indem er Widerrufs- und Rücktrittsvorbehalte uneingeschränkt für unwirksam erklärt.[126] Es ist auch nicht etwa vorteilhaft für den Adressaten, wenn der Bieter einen solchen Vorbehalt nicht ausübt,[127] sondern die Unsicherheit über die Ausübung ist nachteilig.

**59**   **3. Verbot späterer Rückabwicklung bereits vollzogener Wertpapiergeschäfte.** Jede Rückabwicklung der einmal geschlossenen und erfüllten Verträge verträgt sich nicht mit dem veränderten Einfluss, den der Bieter auf Grund der Geschäfte in der Schwebezeit auf die Zielgesellschaft ausüben kann. Den Anlegern ist eine spätere Rückabwicklung der Wertpapiergeschäfte stets unzumutbar, weil sie in eine möglicherweise veränderte Gesellschaft zurückkehren müssten. Deshalb schließt § 18 Abs. 2 jeden Vorbehalt aus, der zu einer solchen Rückabwicklung führen könnte. Beispiel: Der Bieter hat sich den Rücktritt von den Verträgen für den Fall vorbehalten, dass innerhalb von sechs Monaten nach dem Ende der Annahmefrist eine angekündigte Gesetzesänderung nicht erfolgt ist. Das Angebot ist erfolgreich, der Bieter übernimmt die Zielgesellschaft. In den anschließenden sechs Monaten trifft der Bieter auf der ordentlichen Hauptversammlung der Zielgesellschaft Personalentscheidungen, die nicht rückgängig gemacht werden können. Dann wird das Gesetz auf unbestimmte Zeit zurückgestellt. Sollen die Anleger nun tatsächlich verpflichtet sein, in die – vom Bieter zwischenzeitlich zumindest mitbeeinflusst – veränderte Zielgesellschaft zurückzukehren? Sollen sie bis dahin die Gegenleistung nicht anderweitig investieren können, weil sie ja mit dem Rücktritt rechnen müssen? Die Antwort kann nur „nein" lauten.

**60**   **4. Analoge Anwendung auf auflösende Bedingungen.** Aus den unter → Rn. 59 genannten Gründen ist § 18 Abs. 2 auf solche **auflösenden Bedingungen** analog anzuwenden, deren Eintritt nach der Formulierung der Bedingung bis zu einem Zeitpunkt nach dem Vollzug der Wertpapiergeschäfte möglich ist. Denn es macht aus Sicht der Anleger keinen Unterschied, ob der Bieter ein Rücktrittsrecht ausübt oder ähnliche Rechtsfolgen (→ Rn. 57) durch den Eintritt einer auflösenden Bedingung eintreten. Auflösende Bedingungen sind also nur dann zulässig, wenn für den Eintritt oder Ausfall als spätester Termin der Vollzug der Kaufverträge vorgesehen ist.[128] Bei einer **aufschiebenden Bedingung** hat der Gesetzgeber hingegen den Wertpapierinhabern zugemutet, den Eintritt der Bedingung innerhalb der vom Bieter anzugebenden Zeit (→ Rn. 27) abzuwarten. Es ist ihre Sache zu entscheiden, ob sie sich darauf einlassen.

---

[123] Fehlgehend daher die Kritik von Kölner Komm WpÜG/*Hasselbach* Rn. 97, wenn er auf die Verzichtsmöglichkeit des Bieters bei Bedingungen gem. § 21 Abs. 1 Nr. 4 hinweist und mangelnde Konsequenz des Gesetzgebers bemängelt. Ein Verzicht führt nämlich zu einer verlängerten Annahmefrist und zu Rücktrittsmöglichkeiten für diejenigen, die bereits akzeptiert hatten, vgl. § 21 Abs. 4 und 5.

[124] So *Busch* AG 2002, 145 in Fn. 2; *Stöcker* NZG 2003, 993 (994).

[125] Vgl. BT-Drs. 14/7034, 48, nach der Abs. 2 nur „zugleich" ausschließt, dass das Verbot des § 18 Abs. 1 umgangen wird.

[126] Vgl. auch Kölner Komm WpÜG/*Hasselbach* Rn. 97, nach denen auch gem. Abs. 1 zulässige Bedingungen nicht als Widerrufs- und Rücktrittsvorbehalt ausgestaltet werden können.

[127] So aber *Stöcker* NZG 2003, 993 (994).

[128] Wie hier Assmann/Pötzsch/Schneider/*Krause/Favoccia* Rn. 119; vgl. auch *Busch* AG 2002, 145 (151) liSp.

## V. Rechtsfolgen bei Verstoß gegen Abs. 1 oder 2

Ein Verstoß gegen Bedingungsverbot des § 18 Abs. 1 begründet die **Untersagungs-** **61**
**möglichkeit der BaFin** gem. § 15 Abs. 1 Nr. 2 mit der weiteren Folge der Nichtigkeit
von Rechtsgeschäften auf Grund des Angebots nach § 15 Abs. 3 S. 2. Abzulehnen ist
demgegenüber die Idee, die BaFin könne den Bieter zwingen, auf die unzulässige Bedingung nachträglich zu verzichten.[129] Bei fehlender Untersagung führt eine unzulässige
aufschiebende Bedingung nach allgemeiner Rechtsgeschäftslehre regelmäßig zur Nichtigkeit des gesamten Angebots.[130] Bei unzulässigen auflösenden Bedingungen kommt hingegen eine Fortgeltung des Restgeschäfts gem. § 139 BGB in Betracht,[131] dürfte aber mangels feststellbaren Parteiwillens kaum zu bejahen sein. Es stellt sich indessen insgesamt
die Frage, ob hier nicht die Rechtsgedanken des § 306 BGB Anwendung finden müssen,
da es sich bei den Bedingungen ja (auch) um allgemeine Geschäftsbedingungen handelt.
Zwar ist das Bedingungsverbot kein echtes Klauselverbot iSd §§ 307 ff. BGB. Doch
widerspräche es zB dem Sinn und Zweck des § 18 Abs. 1, wenn der Bieter, der die
Angebotsunterlage ja formuliert hat, sich seinerseits auf die Nichtigkeit des Angebots
berufen könnte. Umgekehrt wäre es kaum hinnehmbar, wenn sich die Adressaten noch
Jahre später auf die Nichtigkeit des Rechtsgeschäfts berufen könnten, nur weil die BaFin
es nicht untersagt hat. Die Anwendung des § 306 BGB ist daher zu befürworten, so
dass bei fehlender Untersagung das **Restgeschäft wirksam** bleibt, wenn damit nicht im
Einzelfall eine unzumutbare Härte für den Bieter verbunden wäre.

Für das Verbot von **Widerrufs- und Rücktrittsvorbehalten** formuliert Abs. 2, dass **62**
das Angebot unzulässig sei, meint aber vermutlich ebenfalls nur die Unzulässigkeit der
jeweiligen Vorbehalte. Im Ergebnis macht das allerdings kaum einen Unterschied, da auch
hier eine Untersagung durch die BaFin erfolgen kann und regelmäßig auch erfolgen wird.
Fehlt es an der Untersagung, dürfte sich nach § 306 BGB wiederum ergeben, dass das
Geschäft ohne den Vorbehalt wirksam ist.

Unzulässige Bedingungen in **Pflichtangeboten** führen auch ohne Berücksichtigung des **63**
§ 306 BGB nur zur Nichtigkeit der Bedingung, nicht des Angebots, soweit es nicht untersagt
ist. Das folgt schon aus dem Zweck der Angebotspflicht selbst, dem es zuwiderliefe, wenn
ein Fehlverhalten des Bieters zu einer weiteren Verzögerung des Austrittsrechts der außenstehenden Wertpapierinhaber führen könnte. Spätestens nach der Veröffentlichung der Angebotsunterlage muss der zum Angebot verpflichtete Bieter stets damit rechnen, auf Erfüllung
in Anspruch genommen zu werden.

## § 19 Zuteilung bei einem Teilangebot

**Ist bei einem Angebot, das auf den Erwerb nur eines bestimmten Anteils oder**
**einer bestimmten Anzahl der Wertpapiere gerichtet ist, der Anteil oder die Anzahl**
**der Wertpapiere, die der Bieter erwerben kann, höher als der Anteil oder die**
**Anzahl der Wertpapiere, die der Bieter zu erwerben sich verpflichtet hat, so sind**
**die Annahmeerklärungen grundsätzlich verhältnismäßig zu berücksichtigen.**

**Schrifttum:** *Paefgen,* Die Gleichbehandlung beim Aktienerwerb im Schnittfeld von Gesellschafts- und
Übernahmerecht, ZIP 2002, 1509; *Scholl/Siekmann,* Rechtsgeschäftliche Probleme im Übernahmerecht, BKR
2013, 316; *Veller,* Öffentliche Angebote zum Erwerb eigener Aktien, 2009.

---

[129] Zutr. Baums/Thoma/*Merkner/Sustmann* Rn. 164.
[130] Soergel/*Wolf* BGB § 158 Rn. 32; Staudinger/*Bork,* 2020, BGB Vor § 158 Rn. 44: Teilnichtigkeit oder
Umdeutung kommt nicht in Betracht, weil das unbedingte Geschäft ein Mehr gegenüber dem bedingten Geschäft
darstellt; aA Kölner Komm WpÜG/*Hasselbach* Rn. 95, der regelmäßig Teilnichtigkeit annehmen will, mit
der nicht überzeugenden Begr., das entspreche dem hypothetischen Parteiwillen.
[131] Soergel/*Wolf* BGB § 158 Rn. 32; Staudinger/*Bork,* 2020, BGB Vor § 158 Rn. 44.

## Übersicht

## I. Allgemeines

**1**   **1. Normzweck.** Die Regelung des § 19 ist in doppelter Weise Ausdruck des Gleichbehandlungsgrundsatzes des § 3 Abs. 1. Zum einen sorgt sie durch ihre Zuteilungsregel dafür, dass bei überzeichneten Teilangeboten die das Angebot annehmenden Wertpapierinhaber **gleichmäßig berücksichtigt** werden. Der Bieter kann in einem solchen Fall nicht selbst bestimmen, wessen Aktien und wie viele er kauft. Vielmehr schreibt ihm § 19 vor, alle Annahmeerklärungen teilweise, nämlich verhältnismäßig zu berücksichtigen (sog. Proratierung).

**2**   Zum zweiten enthält § 19, was in der Lit. oft übersehen wird, eine zentrale Aussage zum Adressatenkreis des Angebots. Die Regelung erstreckt nämlich jedes öffentliche Angebot zum Erwerb von Wertpapieren grundsätzlich auf sämtliche Wertpapiere der Gattung, die Gegenstand des Angebots ist. § 19 bestimmt den **Kreis der Adressaten des Angebots autonom,** dh unabhängig vom Willen des Bieters (näher → Rn. 16).

**3**   Der Gesetzgeber wollte vermeiden, dass der Bieter ein „Windhundrennen" veranstalten kann, indem er den Adressatenkreis anders als durch Wahl der Gattung beschränkt. § 19 schließt Beschränkungen aus sowohl nach Zahl der gehaltenen Aktien (nur wer mehr als 5% hält, soll Angebotsadressat sein), als auch in zeitlicher Hinsicht (wer zuerst annimmt, dessen Annahmeerklärung ist wirksam), als auch sonstige denkbare Differenzierungen (Inhaber mit Wohnsitz in Deutschland, dazu aber § 24). Zulässig und mit jedem Angebot notwendig verbunden ist allerdings die Differenzierung in zeitlicher Hinsicht dahingehend, dass nur solche Annahmeerklärungen Berücksichtigung finden, die innerhalb der Annahmefrist des § 16 zugehen.

**4**   Durch die Proratierung der Annahmeerklärungen bei überzeichneten Teilangeboten wird das **pressure-to-tender-**Problem vermindert, in dem sich die Wertpapierinhaber der Zielgesellschaft befinden. Ihre Entscheidungsfreiheit wird gesichert, da sie nicht befürchten müssen, durch das Verhalten der übrigen Aktionäre an der Annahme des Angebots praktisch gehindert zu werden. Sie können also über die Annahme nach ihrer eigenen Einschätzung des Angebots entscheiden. Ihre Entscheidungsmöglichkeit kann ihnen nicht durch das Verhalten der anderen Aktionäre genommen werden. Der Normzweck der Zuteilungsregel des § 19 ist von den Problemen abzugrenzen, die das sog. **prisoners dilemma** den Wertpapierinhabern der Zielgesellschaft stellt. Dieses besteht darin, dass eine Koordinationsmöglichkeit der Wertpapierinhaber der Zielgesellschaft nicht besteht und die Wertpapierinhaber daher grundsätzlich ohne Kenntnis des Verhaltens der Mitaktionäre entscheiden müssen. Dieses Problem wird vor allem durch Informationen über das Verhalten der anderen verkleinert. Diesem Zweck dienen § 16 Abs. 2 sowie § 23. Das Postulat, den Wertpapierinhabern Informationen über das Verhalten der anderen Aktionäre zugänglich zu machen, steht nicht im Widerspruch zu dem durch § 19 Gesetz gewordenen Postulat, ihre Entscheidung nicht durch das Verhalten der anderen unmöglich werden zu lassen. Beide Regeln, Proratierung und Information, dienen im Ergebnis der Sicherung der Entscheidungsfreiheit des einzelnen Aktionärs: Er soll zwar in Kenntnis der Entscheidung der anderen handeln können, zugleich aber nicht durch die Entscheidung der Mitaktionäre sein eigenes Entscheidungsrecht verlieren.

**2. Wesentlicher Regelungsgehalt und Anwendungsbereich.** § 19 verpflichtet den **5** Bieter bei Teilangeboten zu einer bestimmten Zuteilung, falls die Zahl der Aktien, für die das Angebot angenommen wurde, die Zahl der Aktien übersteigt, die der Bieter zu erwerben sich bereit erklärt hat. Er muss in diesem Falle „die Annahmeerklärungen verhältnismäßig berücksichtigen", dh jedem Vertragspartner die gleiche Quote der jeweils angedienten Aktien abnehmen und bezahlen. Das gilt nach dem Gesetzeswortlaut freilich nur „grundsätzlich" (näher → Rn. 41). Die Zuteilungsregel gilt in allen Fällen, in denen das Angebot des Bieters auf den Erwerb von weniger als 100% der Anteile der jeweiligen Gattung gerichtet ist, die noch nicht vom Bieter oder ihm zuzurechnenden Personen gehalten werden (sog. Teilangebote, zur gesetzlichen Definition näher → Rn. 9). Selbstverständlich gilt § 19 auch, soweit die Zielgesellschaft ein **öffentliches Angebot zum Erwerb eigener Aktien** abgibt.[1] Die (überwiegende) Gegenauffassung meint, die aktienrechtliche Zuteilung nach Beteiligungsquoten sei spezieller.[2] Doch § 71 Abs. 1 Nr. 8 S. 3 iVm § 53a AktG enthält überhaupt keine eindeutige Zuteilungsregel, diese wird von der hM erst durch Auslegung ermittelt. Schon von daher ist § 19 die speziellere Regelung, erst recht aber in Verbindung mit dem Umstand, dass sie ja nur für den Spezialfall des Rückerwerbs durch öffentliches Angebot eingreift.

**3. Zulässigkeit von Teilangeboten.** Wann ein Teilangebot zulässig ist, ist umstritten. **6** Einigkeit besteht zunächst darüber, dass Teilangebote eines bestimmten Bieters stets dann zulässig sind, wenn der Bieter **vor Durchführung des Angebots bereits die Kontrolle** iSd § 29 Abs. 2 über die Zielgesellschaft inne hat (sog. Aufstockungsangebot).[3] Zweitens sind Teilangebote in allen Fällen zulässig, in denen der Bieter vor dem Angebot keine Kontrolle iSd § 29 Abs. 2 an der Zielgesellschaft hält und **durch das Teilangebot die Kontrolle auch nicht erhalten** kann.[4] Teilangebote sind also stets dann möglich, wenn die zu erwerbenden Wertpapiere kein Stimmrecht vermitteln (Vorzugsaktien, andere Wertpapiere) sowie wenn der Bieter durch ein erfolgreiches Teilangebot die Kontrollschwelle nicht überschreitet (Beispiel: Bieter hält 5% der Stimmrechte, er kann ein Teilangebot auf 24% der Stimmrechtsaktien abgeben).

**Übernahmeangebote,** dh Angebote, durch die der Bieter die Kontrolle erwerben kann **7** (zur Definition → § 29 Rn. 12 ff.) dürfen dagegen nach hM nicht als Teilangebote abgegeben werden.[5] Dafür ist indes kein zwingender oder auch nur vernünftiger Grund ersichtlich, so dass dieser Auffassung, mag sie auch in § 32 Gesetz geworden sein, nicht zu folgen ist (näher § 29 Rn. 33 ff.). Selbst wenn man insoweit der hM folgte, kann ein freiwilliges

---

[1] Wie hier *Veller,* Öffentliche Angebote zum Erwerb eigener Aktien, 2009, 152; *Paefgen* ZIP 2002, 1509 (1517 ff.); vgl. auch *Lenz/Linke* AG 2002, 420 (422).
[2] Baums/Thoma/*Thoma* Rn. 38 f.; Assmann/Pötzsch/Schneider/*Favoccia* Rn. 3; FK-WpÜG/*Scholz* Rn. 32.
[3] Kölner Komm WpÜG/*Hasselbach* Rn. 13; Angerer/Geibel/Süßmann/*Geibel/Süßmann* Rn. 4.
[4] Kölner Komm WpÜG/*Hasselbach* Rn. 13; Angerer/Geibel/Süßmann/*Geibel/Süßmann* Rn. 4; FK-WpÜG/*Scholz* Rn. 6.
[5] Kölner Komm WpÜG/*Hasselbach* Rn. 13; Angerer/Geibel/Süßmann/*Geibel/Süßmann* Rn. 4; FK-WpÜG/*Scholz* Rn. 7; Steinmeyer/*Steinmeyer* Rn. 3; Baums/Thoma/*Thoma* Rn. 6; Assmann/Pötzsch/Schneider/*Favoccia* Rn. 2.

Übernahmeangebot im formellen Sinne des § 29 Abs. 1 jedoch zumindest dann als Teilange-bot abgegeben werden, wenn die BaFin den Bieter von einem **Pflichtangebot gem. § 37 iVm § 9 S. 2 WpÜG-AV befreien muss.**

8    Richtiger Auffassung zufolge können demgemäß **nur Pflichtangebote** nicht als Teilan-gebote abgegeben werden, in allen anderen Fällen ist ein Teilangebot zulässig, ein als Teilan-gebot abgegebenes Übernahmeangebot befreit allerdings nicht von einem nachfolgend abzugebenden Pflichtangebot.

### II. Tatbestandsmerkmale eines Teilangebots

9    **1. Allgemeines.** Das Gesetz definiert in § 19 zunächst das Teilangebot als Angebot, das auf den Erwerb nur eines bestimmten Anteils oder einer bestimmten Anzahl der Wertpapiere gerichtet ist. Die vom Bieter privatautonom bestimmte **Höchstmenge** (→ Rn. 10 ff.) unterschreitet also die **verfügbare Menge** der Wertpapiere. Die verfügbare Menge wird durch das Gesetz lediglich durch das Wort „nur" bestimmt. Ihre Größe unterliegt nicht dem Willen des Bieters, da sich das Angebot – eben wegen der Regelung in § 19 – grund-sätzlich an sämtliche Inhaber von Wertpapieren richtet, die nicht bereits dem Bieter gehören (→ Rn. 14 ff.)

10    **2. Höchstmenge. a) Bestimmung durch den Bieter.** Das Gesetz spricht von „einem bestimmten Anteil oder einer bestimmten Anzahl der Wertpapiere, auf die das Angebot gerichtet ist". Dies ist identisch mit „dem Anteil oder der Anzahl der Wertpapiere, die der Bieter zu erwerben sich verpflichtet hat". Gemeint ist mit beiden Satzteilen die Höchst-menge der Wertpapiere, die der Bieter durch das Erwerbsangebot erwerben will. Wenn das Gesetz von Anzahl oder Anteil spricht, so ist damit letztlich nur die **Zahl der Wertpapiere** gemeint, die der Bieter durch das öffentliche Teilangebot erwerben will. Dieser Wille des Bieters muss in der Angebotsunterlage nach § 2 Nr. 6 WpÜG-AV deutlich zum Ausdruck kommen. Die Bestimmung der Höchstzahl ist infolgedessen regelmäßig unproblematisch, sie ergibt sich aus dem Angebot.

11    **b) Nur relative Angabe in der Unterlage.** Gibt der Bieter in der Angebotsunterlage keine Zahl sondern einen Anteil (etwa einen Prozentsatz) an, so hat er deutlich zu machen, **worauf sich dieser Anteil bezieht.** Im Zweifel bezieht er sich auf die Gesamtmenge der ausgegebenen Wertpapiere der jeweiligen Gattung der Zielgesellschaft und ist unmittelbar umzurechnen in eine Höchstmenge, die als Anzahl der vom Bieter zu erwerbenden Wertpa-piere ausgedrückt werden kann. Der Anteil kann sich allerdings auch auf die Gesamtmenge der noch nicht dem Bieter gehörenden Wertpapiere beziehen. Beispiel: Von 200.000 ausge-gebenen Stammaktien gehören dem Bieter bereits 20.000 (= 10%). Richtet der Bieter sein Angebot auf 15% der ihm „noch nicht gehörenden Wertpapiere", so ist die Höchstmenge nicht 30.000 Aktien, sondern (15% von 180.000 =) 27.000 Aktien.

12    Problematisch kann die Auslegung der Angebotsunterlage werden, wenn sie nur mit prozentualen Angaben arbeitet. Welche Bedeutung hat es zB, wenn der Bieter im Beispiels-fall in der Unterlage angibt, er wolle 15% der ihm noch nicht gehörenden 90% erwerben? Gemeint sein kann hier einerseits wiederum 15% von 180.000 Aktien, also 27.000 Aktien. Ebenso kann aber gemeint sein, dass er statt der vollen 90% nur 15% hinzuerwerben will, also 30.000 Aktien. Wenn auch im Zweifel bei prozentualen Angaben davon auszugehen ist, dass die genannte Bezugsgröße wiederum als Gesamtmenge anzusehen ist, also die erste Auslegungsvariante richtig ist, so verbleiben in solchen Fällen relativer Bezugnahmen auf relative Größen Auslegungszweifel. ME muss der Bieter verpflichtet sein, dies in der Ange-botsunterlage dadurch klarzustellen, dass er in jedem Falle die **Höchstzahl der Wertpa-piere** angibt, die er durch das Angebot zu erwerben sich verpflichtet.

13    **c) Weitere zulässige Beschränkung der Höchstmenge durch den Bieter.** Der Bie-ter kann die Höchstmenge außer durch Angabe einer bestimmten Zahl oder durch einen bestimmten Anteil an der Gesamtmenge der ausgegebenen Aktien auch durch Angabe eines

Anteils am jeweiligen Bestand der Angebotsadressaten beschränken. Damit wird der „Anteil" iSd § 19 auf das jeweilige Depot des einzelnen Adressaten bezogen. Dies ist zulässig. Denn in diesem Falle wissen die Adressaten von vornherein, dass ihre Annahmeerklärung vollständig berücksichtigt wird, soweit die Zahl der angedienten Aktien sich unterhalb der vom Bieter angegebenen Höchstgrenze bewegt. Zu einer Überzeichnung kann es in diesen Fällen zwar ebenfalls kommen. Die Zuteilungsregel des § 19 ist in solchen Fällen indessen nicht anwendbar (vgl. näher → Rn. 43 ff.).

**3. Verfügbare Menge („nur"). a) Allgemeines.** Außerordentlich problematisch ist **14** das Tatbestandsmerkmal „nur", und zwar in mehrfacher Hinsicht: Der Wortlaut des § 19 erfasst grundsätzlich alle Wertpapiere der Zielgesellschaft iSd § 2 Abs. 2, die nicht bereits dem Bieter gehören. Nähme man das wörtlich, wäre zB ein Angebot zum Erwerb von 100% der Stimmrechtsaktien automatisch ein Teilangebot iSd § 19, wenn der Bieter auch Vorzugsaktien erwerben kann.[6] Insoweit besteht aber Einigkeit, dass aus der Beschränkung des Gleichbehandlungsgebots auf Inhaber von Aktien derselben Gattung in § 3 Abs. 1 folgt, dass es nicht um sämtliche Wertpapiere geht, sondern nur um die **Wertpapiere der Gattung,** auf die das Angebot sich bezieht.[7] Freilich soll § 32 das gewählte Beispiel ausschließen, indem er verlangt, dass sich Übernahmeangebote grundsätzlich auf sämtliche Aktiengattungen beziehen müssen. Zu der nach hier vertretener Auffassung einer beschränkten Reichweite des § 32 → Rn. 7.

Ob das Angebot nur ein Teilangebot ist, ist auch im Hinblick darauf problematisch, dass **15** dem Bieter möglicherweise eine bestimmte Anzahl von Wertpapieren bereits gehört oder sonst zuzurechnen ist. Diese Wertpapiere kann der Bieter im Rahmen des öffentlichen Angebots nicht erwerben. Beschränkt der Bieter also den Erwerb einfach auf die Aktien, die ihm nicht schon gehören, so liegt zweifelsohne kein Teilangebot vor. Da unter anderem das Gleichbehandlungsgebot in § 3 Abs. 1[8] vom Bieter verlangt, sein Angebot an alle Wertpapierinhaber zu richten, von denen er Wertpapiere der entsprechenden Gattung erwerben kann, muss also durch § 19 auch der **Adressatenkreis des Teilangebots** näher bestimmt sein.[9]

**b) Angebotsadressaten und Zurechnung zum Bieter. aa) Allgemeines.** Die **16** Zuteilungsregel des § 19 hat nur dann einen Sinn, wenn der Bieter den Adressatenkreis des Angebots nicht nach seinem Gutdünken bestimmen kann. Könnte er das Angebot von vornherein nur an bestimmte Wertpapierinhaber der Zielgesellschaft richten, so erreichte eine dann auf diesen Kreis beschränkte Zuteilungsregel nicht mehr den Normzweck des § 19.[10] Daher ist § 19 auch eine zwingende Bestimmung des Adressatenkreises zu entnehmen. Der Bieter muss das Angebot grundsätzlich an **sämtliche Wertpapierinhaber** der Zielgesellschaft richten. Von diesem Grundsatz sind allerdings Ausnahmen zu machen. Der Bieter kann zunächst nicht Wertpapiere erwerben, die ihm bereits gehören. Er selbst kann nicht Adressat seines eigenen Angebots sein. Dasselbe gilt für Bietergemeinschaften iSv § 2 Abs. 4. Als Angebotsadressaten sind – allgemein formuliert – darüber hinaus nur diejenigen Inhaber von Wertpapieren anzusehen, deren Wertpapiere nicht dem Bieter zuzurechnen sind, wobei das Gesetz insoweit eine ausdrückliche Zurechnungsregel vermissen lässt.

**bb) Keine Anwendung des § 30.** Die Vorschriften des § 30 können für eine entspre- **17** chende Zurechnung nicht herangezogen werden (vgl. auch → Rn. 20). Denn § 19 greift

---

[6] So in der Tat Kölner Komm WpÜG/*Hasselbach* Rn. 12, vgl. aber Rn. 17. Jedenfalls ein Angebot auf 100% der Vorzugsaktien kann nicht als Teilangebot iSv § 19 angesehen werden, da hier eine Überzeichnung und damit eine Zuteilung nicht in Betracht kommt.

[7] Angerer/Geibel/Süßmann/*Geibel/Süßmann* Rn. 9 mwN; Baums/Thoma/*Thoma* Rn. 24; FK-WpÜG/*Scholz* Rn. 28 aE; Kölner Komm WpÜG/*Hasselbach* Rn. 21.

[8] Dazu Kölner Komm WpÜG/*Versteegen* § 3 Rn. 20 ff. mit dem zusätzlichen argumentum e contrario § 24, nach dem der Bieter ausnahmsweise bestimmte Wertpapierinhaber aus dem Adressatenkreis ausschließen kann.

[9] Vgl. in diese Richtung auch Kölner Komm WpÜG/*Versteegen* § 3 Rn. 20.

[10] Ähnlich Kölner Komm WpÜG/*Versteegen* § 3 Rn. 20.

zB auch dann ein, wenn der Bieter ein Teilangebot auf den Erwerb von Vorzugsaktien abgibt. § 30 ist für die Zurechnung von Vorzugsaktien wegen des fehlenden Stimmrechts schon seinem Wortlaut nach ohne Aussage. Auch dient § 30 anderen Zwecken, namentlich der Ermittlung der Kontrollschwelle und damit des tatsächlichen unternehmerischen Einflusses des Bieters oder aber der Reichweite seiner Informationspflichten in der Angebotsunterlage, jedoch nicht der Bestimmung des Kreises der Angebotsadressaten.

**18**     **cc) Zurechnung nach dem Normzweck des § 19.** Eine Zurechnungsregel ist vielmehr aus dem **Normzweck des § 19** und dem Zusammenhang mit § 3 Abs. 1, § 24 zu entwickeln. Dabei sind folgende Überlegungen zielführend: Der Bieter muss an die einmal bestimmte Höchstmenge gebunden sein, er darf sie nicht später durch Manipulationen verändern können. Gibt ein Bieter, der etwa bereits 20% der Vorzugsaktien der Zielgesellschaft besitzt, während weitere 30% durch gemeinsam handelnde Personen (ghP) gehalten werden, ein „Teilangebot" auf 50% der Vorzugsaktien ab, so handelt es sich in Wahrheit um ein Vollangebot (in Bezug auf die Vorzüge). Sähe man es als Teilangebot an, so könnte der Bieter durch Herbeiführung oder Unterbindung der Annahme des Angebots durch ghP die Höhe der Zuteilungsquote nach Veröffentlichung der Angebotsunterlage beeinflussen. Gerade das aber soll die gesetzliche Zuteilungsregel verhindern, indem sie eine verhältnismäßige Berücksichtigung der Annahmeerklärungen vorschreibt. Dass ghP und vergleichbare Personen möglicherweise ihre Aktien an den Bieter ebenfalls veräußern sollen, spielt für die hier angestellte Betrachtung keine Rolle. Denn dies bleibt ihnen im Rahmen privater Kaufverträge weiter möglich. Der Rechtsgedanke des § 19 ist nur, Manipulationen der Zuteilung bei einem öffentlichen Teilangebot zu verhindern. Aus dem Normzweck des § 19 folgt insoweit, dass eine Grenze zwischen den Angebotsadressaten und denjenigen gezogen werden muss, die auf der Seite des Bieters stehen. Man kann nur entweder Adressat des Angebots sein oder zu der Seite gehören, die das Angebot abgibt.

**19**     **dd) Gemeinsam handelnde Personen.** Infolgedessen dürfen als Angebotsadressaten in diesem Sinne jedenfalls nicht **der Bieter** sowie die mit ihm nach **§ 2 Abs. 5 und 6** ghP angesehen werden.[11] Denn mit diesen Personen stimmt der Bieter sich definitionsgemäß im Hinblick auf den Wertpapiererwerb ab. Soweit die in der Angebotsunterlage als ghP genannten Personen der Auffassung sind, sie gehörten nicht zu diesem Personenkreis (und seien also Angebotsadressaten), so müssen sie sich durch eine einstweilige Verfügung gegen das Angebot zur Wehr setzen. In der Praxis dürfte es zu derartigen Auseinandersetzungen aber kaum kommen, da Bieter und ghP sich entsprechend abstimmen. Soweit der Bieter in der Angebotsunterlage die ghP gem. § 2 Nr. 1 WpÜG-AV genannt hat, ist eine spätere Manipulation ausgeschlossen.

**20**     Die einzige insoweit im WpÜG erkennbare Grenzlinie ist die des § 2 Abs. 5 und 6. Dagegen spielt die – ebenfalls im Rahmen des § 2 Nr. 1 WpÜG-AV anzugebende – Zurechnung von Stimmrechten gem. § 30 für die hier gestellte Frage keine Rolle. Der Bieter ist zB durchaus dazu verpflichtet, Personen die Möglichkeit der Annahmeerklärung im Rahmen des Teilangebots zu geben, deren Stimmrecht ihm zugerechnet wird, obschon er nicht Anteilsinhaber ist. Dass ein Dritter nur über treuhänderisches Eigentum an den Aktien iSd § 30 Abs. 1 Nr. 2 verfügt, schließt nicht aus, dass der Bieter von dem Dritten das formelle Eigentum an den Wertpapieren innerhalb des öffentlichen Angebots zurückerwerben muss. Denn § 30 Abs. 1 Nr. 2 schließt, wie schon der eindeutigen Unterscheidung zwischen ghP und unter § 30 fallenden Personen in § 2 Nr. 1 WpÜG-AV zu entnehmen ist, nicht aus, dass diese Personen nicht mit dem Bieter iSd § 2 Abs. 5 gemeinsam handeln. Wenn sie es nicht tun, sind sie nach der Grundentscheidung des § 19 automatisch solche Personen, die das Angebot annehmen können. Wenn sie aber mit dem Bieter gemeinsam handeln, sind sie als ghP in der Unterlage zu benennen und von der Annahme des Angebots ausgeschlossen.

---

[11] Vgl. auch Assmann/Pötzsch/Schneider/*Favoccia* Rn. 6, auf die offenbar gegenteilige Praxis der BaFin hinweisend.

**ee) Personen, von denen das Angebot wirtschaftlich ausgeht.** Auch die in § 12 **21** Abs. 1 Nr. 2 genannten Personen, von denen das Angebot wirtschaftlich ausgeht, können nicht Adressat eines Teilangebotes sein. Das ergibt sich schon daraus, dass sie und nicht die formell als Bieter auftretende Person über den Inhalt des Angebots entscheiden. Das betrifft etwa die **Muttergesellschaft** des Bieters (vgl. → § 2 Rn. 55). Der Bieter hat diese Personen in der Angebotsunterlage zu benennen (vgl. → § 11 Rn. 29).

**ff) Wertpapierinhaber mit Sitz im Ausland.** Einen Sonderfall bilden die Inhaber **22** solcher Wertpapiere, für die die BaFin eine Befreiung gem. § 24 erteilt hat. Sie sind nicht deshalb aus dem Adressatenkreis des Angebots herauszunehmen, weil eine Manipulationsgefahr besteht, sondern weil die Behörde es dem Bieter gestattet hat.

**gg) Eigene Aktien der Zielgesellschaft bei freundlichen Angeboten.** Grundsätz- **23** lich ist auch die Zielgesellschaft selbst Adressat eines **feindlichen Angebots,** soweit sie eigene Aktien hält.[12] Es ist kein Grund ersichtlich, die Zielgesellschaft von einem Teilangebot auszuschließen, zumal die Annahme durchaus zur Verbesserung der Liquidität der Zielgesellschaft beitragen kann und die eigenen Aktien auch als Verteidigungsmaßnahme gegen das Angebot eingesetzt werden können. Bei Teilangeboten, die keine Übernahmeangebote sind, unterliegt der Vorstand der Zielgesellschaft zudem nicht den Beschränkungen des § 33. Kein Gegenargument bildet die Vorschrift des § 35 Abs. 2 S. 3, nach der der Bieter bei einem Pflichtangebot nicht die eigenen Aktien der Zielgesellschaft und diesen gleichgestellte Aktien erwerben muss.[13] Vielmehr liegt der Gegenschluss aus § 35 Abs. 2 S. 3 nahe. Nur bei Pflichtangeboten lässt der Gesetzgeber zu, dass die eigenen Aktien der Zielgesellschaft vom Angebot ausgenommen werden. Damit einher geht eine verminderte Möglichkeit des Vorstands zum Einsatz eigener Aktien als Verteidigungsmaßnahme. Die damit verbundene Wertung ist stimmig. Denn bei Pflichtangeboten liegen Verteidigungsmaßnahmen des Vorstands der Zielgesellschaft noch ferner als bei freiwilligen Angeboten, da sie ein vom Gesetz gewolltes Austrittsrecht der Wertpapierinhaber der Zielgesellschaft torpedierten.

Hingegen haben Bieter und Geschäftsleitung der Zielgesellschaft sich bei einem **freund-** **24** **lichen Angebot** definitionsgemäß vor dem Angebot abgestimmt. Die Vereinbarungen werden stets auch die Frage betreffen, was mit eigenen Aktien der Zielgesellschaft zu geschehen hat. Bei freundlichen Angeboten besteht daher die gleiche Manipulationsgefahr wie bei den ghP. Legt die Geschäftsleitung der Zielgesellschaft sich vorher fest und wird dies in der Angebotsunterlage angegeben, so ist eine Manipulationsgefahr freilich ausgeräumt. Dann mag man die Höchstmenge unter Einbeziehung der eigenen Aktien der Zielgesellschaft berechnen. Dem Normzweck des § 19 ist in diesem Fall Rechnung getragen. Denn den Wertpapierinhabern der Zielgesellschaft wird vor Beginn der Annahmefrist verbindlich mitgeteilt, dass und in welchem Umfang jedenfalls die Geschäftsleitung der Zielgesellschaft das Teilangebot annehmen wird. Faktisch verkleinert sich dadurch nämlich die Höchstmenge entsprechend.

**c) Vorrang des § 19 vor Verträgen im Vorfeld des Angebots.** Problematisch sind **25** weiter die Inhaber von Wertpapieren, mit denen der Bieter schon **vor Angebotsabgabe** Kaufverträge über die Wertpapiere abgeschlossen hat, die entweder durch den Erfolg des Teilangebotes bedingt sind oder aber nach dem Beginn des Laufs der Angebotsfrist oder noch später zu erfüllen sind.

Ähnlich wie bei der Rücktrittsvorschrift des § 22 Abs. 3 (→ § 22 Rn. 27) stellt sich die **26** Frage, ob und inwieweit Rechtsgeschäfte mit einzelnen Wertpapierinhabern der Zielgesellschaft, die dem Angebot vorangehen, **de facto vom umfassenden Geltungsbereich eines öffentlichen Angebots ausgenommen** werden können. Nach hier vertretener Auffassung können entsprechende Gestaltungen keine Anerkennung finden, soweit die entsprechenden Personen nicht zugleich auch ghP iSv § 2 Abs. 5 und 6 sind (zu diesen vgl.

---

[12] AA Kölner Komm WpÜG/*Versteegen* § 3 Rn. 21.
[13] So aber Kölner Komm WpÜG/*Versteegen* § 3 Rn. 21.

→ Rn. 19). Das folgt allerdings nicht aus § 32, der auf Pflichtangebote zugeschnitten ist und dessen zwingender Charakter richtigerweise auch auf Pflichtangebote zu beschränken ist, sondern vielmehr aus § 3 Abs. 1 sowie aus § 19. Danach ist es dem Bieter nicht möglich, einzelne Wertpapierinhaber vom Geltungsbereich seines Angebots auszunehmen, soweit die jeweilige Person Inhaber von Wertpapieren der Gattung ist, auf die sich das Angebot bezieht.

**27**   Entsprechende Vereinbarungen mit Aktionären im Vorfeld des Angebots, das Angebot anzunehmen (irrevocable untertaking) oder nicht anzunehmen (non tender agreement, Nichtandienungsabrede), sind bei Teilangeboten daher **relativ unwirksam.** Nimmt der vertraglich gebundene Aktionär trotz einer **Nichtandienungsabrede** gleichwohl an, so erfolgt die Zuteilung nach § 19 unter Berücksichtigung auch seiner Annahmeerklärung, im umgekehrten Fall einer Nichtannahme trotz vertraglicher Bindung zur Annahme erfolgt die Zuteilung entsprechend ohne Berücksichtigung dieses Wertpapierinhabers.[14]

**28**   Hat ein Inhaber seine Wertpapiere bereits **bedingt an den Bieter übereignet,** also sich für den Fall, dass ein öffentliches Angebot erfolgreich ist, zur Übertragung seiner Aktien verpflichtet und die Aktien umbuchen lassen, so hat er keine Möglichkeit mehr, das Angebot anzunehmen, er ist praktisch aus dem Adressatenkreis des Angebots herausgefallen. Auch dem ist durch einen Vorrang des § 19 entgegenzuwirken. Will der Bieter ein Paket erwerben, so steht es ihm frei, dies zu tun. Überschreitet er durch den Paketerwerb die Kontrollschwelle, so hat er dies innerhalb von sieben Tagen bekannt zu geben und ein Pflichtangebot zu machen (§ 35 Abs. 1). Stehen ihm auf Grund schuldrechtlicher (Treuhand-) Abreden bereits vor der dinglichen Übertragung des Aktienpakets die Stimmrechte zu, so muss er wegen § 30 Abs. 1 oder Abs. 2 ebenfalls sofort die Kontrollerlangung veröffentlichen und kann kein Teilangebot abgeben.

**29**   Stehen ihm die Stimmrechte aber noch nicht zu, eben weil eine aufschiebend bedingte Übereignung vorliegt und keine Absprachen über das Stimmrecht bestehen, so kann der Bieter mangels erfolgten Kontrollwechsels zwar ein freiwilliges Angebot machen. In diesem Fall gebietet aber § 19, dass sämtliche Aktionäre, die noch dinglich Berechtigte und keine ghP oder sonst unter → Rn. 16 ff. beschriebenen Personen sind, das Angebot nach Maßgabe des § 19 annehmen können. Dies gilt erst recht für ein Vollangebot.

**30**   Ein durch ein erfolgreiches Angebot bedingter dinglicher Anteilserwerb des Bieters wäre also ein systemwidriger Ausschluss des Paketinhabers von der ihm durch § 19 eröffneten Option, an dem Angebot verhältnismäßig zu partizipieren oder dies nicht zu tun. Dem ist durch die Anwendung des § 19 auch auf solche Gestaltungen Rechnung zu tragen. Der Anteilsinhaber kann trotz einer etwa erfolgten Umbuchung seiner Wertpapiere das Angebot durch Erklärung gegenüber dem Bieter annehmen. Seine Aktien sind trotz der Umbuchung in die Höchstmenge einzubeziehen.

### III. Zuteilungsregel bei Überzeichnung

**31**   **1. Inhalt.** Die eigentliche Zuteilungsregel enthält Hs. 2 des § 19. Er ordnet die verhältnismäßige Berücksichtigung der Annahmeerklärungen an. Voraussetzung ist, dass nach Durchführung des Angebotsverfahrens die Zahl der Wertpapiere, für die Annahmeerklärungen abgegeben wurden, die vom Bieter angegebene Höchstmenge überschreitet, sog. Überzeichnung des Angebots. Für diesen Fall schreibt das Gesetz vor, die Annahmeerklärungen verhältnismäßig zu berücksichtigen. Beispiel: Erworben werden sollen 30.000 von 200.000 ausgegebenen Aktien. Annahmeerklärungen werden über 60.000 Aktien abgegeben. Aktionär A hat für 16 Aktien das Angebot angenommen. Der Bieter muss drei Sechstel, also die Hälfte der ihm von A angedienten Aktien, mithin acht Aktien abnehmen.

**32**   **2. Überzeichnung des Angebots.** Das Gesetz umschreibt die Überzeichnung des Angebots mit den Worten „Anteil der oder die Anzahl der Wertpapiere, die der Bieter erwerben kann," ist „höher als der Anteil oder die Anzahl der Wertpapiere, die der Bieter

---

[14] Vgl. iE ähnlich *Oechsler* ZIP 2003, 1330 (1333) gegen Kölner Komm WpÜG/*Seydel* § 11 Rn. 60.

zu erwerben sich verpflichtet hat". Die Anzahl oder der Anteil der Wertpapiere, die der Bieter erwerben kann, ergibt sich aus der Summe der durch die Annahmeerklärungen dem Bieter zum Kauf angedienten Wertpapiere, soweit sie für die Zuteilung zu berücksichtigen sind. Dabei sind nicht zu berücksichtigen insbesondere Annahmeerklärungen von Personen, die nach dem in → Rn. 16 ff. Gesagten keine Angebotsadressaten sind oder die Annahmeerklärungen für eine andere Wertpapiergattung abgegeben haben als die, die Gegenstand des Angebots war. Übersteigt diese Zahl die vom Bieter angegebene Höchstmenge, so werden die Rechtsfolgen des § 19 ausgelöst.

**3. Verhältnismäßige Berücksichtigung der Annahmeerklärungen. a) Annahme-** 33 **erklärungen.** Gemeint ist, wie sich aus dem Normzweck der Vorschrift ergibt, nicht die Zahl der Annahmeerklärungen, also eine Zuteilung nach Köpfen, sondern die Anzahl oder der Anteil der Wertpapiere, für die Annahmeerklärungen abgegeben wurden.[15] Die Adressaten des öffentlichen Angebots können selbst entscheiden, in welcher Höhe sie ein Angebot annehmen wollen, ob sie also die Annahmeerklärung für ihren gesamten Bestand an Wertpapieren der Zielgesellschaft abgeben wollen oder aber nur für einen Teil davon. Das Verfahren ist so auszugestalten, dass dem Bieter nicht Annahmeerklärungen für eine größere als die dem Adressaten gehörende Zahl von Wertpapieren zugehen können, da andernfalls (sog. **tendering short**) insbesondere zugunsten von Großaktionären die Zuteilungsregel des § 19 ausgeschaltet werden könnte.[16]

**b) Verhältnismäßig.** Die verhältnismäßige Berücksichtigung bezieht sich auf das Ver- 34 hältnis zwischen der vom Bieter angegebenen Höchstmenge und der Menge, die sich aus der Zahl der insgesamt angedienten Wertpapiere ergibt. Damit ist gemeint, dass jeder Angebotsadressat nur so viele der von ihm angedienten Anteile tatsächlich an den Bieter veräußern kann, wie es dem Anteil der Höchstmenge an der Gesamtzahl der angedienten Wertpapieren entspricht. Beispiel: Hat der Bieter bei einer Gesamtzahl von 1.000.000 Aktien sich nur zu einem Teilangebot in Höhe von 200.000 Aktien verpflichtet und werden ihm 300.000 Aktien angedient, so wird jeder Adressat mit zwei Drittel berücksichtigt.

**c) Berücksichtigung.** Das Verhältnis zwischen Höchstmenge und angedienter Gesamt- 35 menge soll nach der Rechtsfolgenanordnung des § 19 grundsätzlich als maßgebendes Kriterium für die Reichweite der Pflichten des Bieters in Bezug auf die zwischen ihm und den Adressaten durch die Annahmeerklärungen geschlossenen Kaufverträge „zu berücksichtigen" sein. In welcher Form die „Berücksichtigung" tatsächlich geschieht, lässt das Gesetz offen. Das **praktische Ergebnis** ist zunächst klar: Aus dem Verhältnis zwischen Höchstmenge und angedienter Gesamtmenge errechnet sich eine Quote. Im Ergebnis sind die Annehmenden berechtigt und verpflichtet, die der Quote entsprechende Zahl der von ihnen angedienten Aktien dem Bieter zu übertragen, dieser ist seinerseits berechtigt und verpflichtet, diese anzunehmen und die in der Unterlage festgelegte Gegenleistung zu erbringen.

Es sind verschiedene Vorschläge gemacht worden, diese Berücksichtigung in das **dogma-** 36 **tische System** des Zustandekommens von Verträgen einzuordnen. Zum einen könnte man daran denken, jedes durch Annahmeerklärung zustande gekommenes Geschäft als durch die Nicht-Überzeichnung bedingt anzusehen.[17] Das scheidet aber aus, weil die Rechtsfolge bei Überzeichnung Unwirksamkeit des Geschäfts und nicht Teilaufrechterhaltung wäre.[18] Zweitens wird eine Legalnovation, also eine nachträgliche Änderung des bereits durch die Annahmeerklärung zustande gekommenen Geschäfts vorgeschlagen.[19] Damit würde indes

---

[15] Angerer/Geibel/Süßmann/*Geibel/Süßmann* Rn. 11.

[16] Wie hier Ehricke/Ekkenga/Oechsler/*Oechsler* Rn. 5; unentschieden Angerer/Geibel/Süßmann/*Geibel/Süßmann* Rn. 7; aA Steinmeyer/*Steinmeyer* Rn. 9; Baums/Thoma/*Thoma* Rn. 23.

[17] Kölner Komm WpÜG/*Hasselbach* Rn. 15; dem folgend *Scholl/Siekmann* BKR 2013, 316 (323).

[18] Daher scheint Kölner Komm WpÜG/*Hasselbach* Rn. 15 iE auch von einer Legalnovation auszugehen, dazu im Folgenden.

[19] Steinmeyer/*Steinmeyer* Rn. 7.

übersehen, dass die Adressaten ihre Annahmeerklärung bereits in dem Wissen abgeben, dass sie möglicherweise nicht sämtliche Papiere tatsächlich an den Bieter verkaufen können.[20] Daher liegt die dritte Möglichkeit nahe, in den Annahmeerklärungen bereits die Zustimmung zur späteren verhältnismäßigen Zuteilung zu sehen, auf die in der Angebotsunterlage hinzuweisen ist.[21] Dem widerspricht freilich der Gesetzeswortlaut des § 19, weil die Annahmeerklärungen ja gerade nur verhältnismäßig zu berücksichtigen sein sollen. Die Vorschrift ordnet also nur scheinbar an, dass durch die Annahmeerklärungen erst nach Beendigung des Verfahrens Verträge zustande kommen,[22] was wiederum mit den vielfältigen Rücktrittsrechten im Gesetz (zB nach §§ 21, 22) nicht vereinbar wäre, die von bereits zustande gekommenen Verträgen ausgehen.

37    Richtigerweise meint das Wort Annahmeerklärung – wie in → Rn. 33 erläutert – jedoch die Zahl der angedienten Aktien. Jeder Wertpapierinhaber der Zielgesellschaft gibt nur eine Annahmeerklärung ab, dementsprechend kommt mit jedem Annehmenden auch nur ein Vertrag zustande. Der **Vertragsinhalt** wird nach Maßgabe des § 19 jedoch **erst am Ende der Annahmefrist konkretisiert,** wozu beide Parteien bei Vertragsschluss ihre Zustimmung gegeben haben. Da durch den Angebotspreis auch die Art und das Verhältnis von Leistung und Gegenleistung festgelegt sind, scheitert der Vertragsschluss nicht an der fehlenden Festlegung der essentialia negotii. Dass der Annehmende bei Vertragsschluss noch nicht weiß, wie viele von den angedienten Aktien letztlich übertragen werden können und müssen, ändert daran nichts, weil der genaue Inhalt nicht mehr von einer der Parteien privatautonom bestimmt wird, sondern durch das Angebotsverfahren am Ende der Annahmefrist feststeht.

38    **d) Kein Recht des Bieters zur weiteren Berücksichtigung von Annahmeerklärungen.** In der Lit. wird die Auffassung vertreten, der Bieter dürfe im Fall der Überzeichnung des Angebots auch über die von ihm bestimmte Höchstmenge hinaus Wertpapiere erwerben, solange er – wegen des Verbots des § 17 – in der Angebotsunterlage dies nicht vorher ankündigt und solange es bei den gleichen Konditionen bleibe.[23]

39    Dem ist energisch zu widersprechen. Zum einen hat der Bieter in der Angebotsunterlage verbindlich Auskunft über das Verfahren bei Überzeichnung gegeben. Er kann davon nicht später wieder nach eigenem Gutdünken abweichen, weil die Aktionäre über die Zahl der angedienten Wertpapiere (nur) in Kenntnis dieses Zuteilungsverfahrens entschieden haben. Ihre Entscheidung hätte anders ausfallen können, wenn ihnen diese Möglichkeit vorher bewusst gewesen wäre. Möglicherweise haben sie mehr Wertpapiere angedient, als sie übertragen wollen, da sie mit einer Überzeichnung rechneten. Die Angebotsunterlage ist die einzige **Entscheidungsgrundlage** für die Adressaten. Könnte der Bieter das tun, so müssten die Adressaten diese Möglichkeit in ihre Entscheidung miteinbeziehen, ohne dass sie aus der Unterlage ersichtlich wäre. Wenn sie der Bieter sich aber in der Unterlage vorbehält, lässt er die Adressaten im Unklaren darüber, wie viele Aktien er erwerben will, was mit § 18 iVm § 2 Nr. 6 WpÜG-AV unvereinbar ist. Zum zweiten müsste in diesem Fall den Wertpapierinhabern der Zielgesellschaft die Möglichkeit gegeben werden, den Inhalt ihrer Annahmeerklärung in der Form zu bestimmen, dass bei Überzeichnung nur insoweit angenommen werden soll, als dies dem angekündigten Zuteilungsverfahren entspricht. Darüber hinausgehende Annahmeerklärungen als unbedingtes Neuangebot anzusehen, das der Bieter sogar nach § 151 BGB annehmen könne,[24] widerspricht nicht nur der Wertung des § 150 Abs. 2 BGB, sondern stellt darüber hinaus auch eine reine Fiktion dar. Was die Wertpapier-

---

[20] AA Steinmeyer/*Steinmeyer* Rn. 7, ohne Begr.; gegen *Steinmeyer* auch Angerer/Geibel/Süßmann/*Geibel*/ *Süßmann* Rn. 6.

[21] Angerer/Geibel/Süßmann/*Geibel*/*Süßmann* Rn. 6; Baums/Thoma/*Thoma* Rn. 14 ff.; Assmann/ Pötzsch/Schneider/*Favoccia* Rn. 9; FK-WpÜG/*Scholz* Rn. 26.

[22] So in der Tat *Oechsler* ZIP 2003, 1330 (1335).

[23] Kölner Komm WpÜG/*Hasselbach* Rn. 28 ff.; dagegen aber *Oechsler* ZIP 2003, 1330 (1335) und Baums/ Thoma/*Thoma* Rn. 35 ff.; s. auch *Scholl*/*Siekmann* BKR 2013, 316 (323).

[24] Kölner Komm WpÜG/*Hasselbach* Rn. 28.

inhaber der Zielgesellschaft wollen, kann ihnen der Bieter nicht vorschreiben. Eine eventuell in der Angebotsunterlage enthaltene Erklärungsfiktion für den Fall der Überzeichnung verstößt im Übrigen gegen den Rechtsgedanken des § 308 Nr. 5 BGB. Schließlich und endlich ist diese Auffassung auch nicht mit dem Normzweck des § 19 zu vereinbaren.

**e) Besonderes Zuteilungsverfahren für jede Gattung.** Erstreckt sich ein Teilangebot **40** auf Wertpapiere verschiedener Gattungen, so ist ein Zuteilungsverfahren für jede Gattung gesondert durchzuführen.[25] Denkbar ist auch, dass der Bieter durch ein Teilangebot lediglich einen bestimmten Anteil am Grundkapital der Zielgesellschaft erlangen will, ihm dabei gleichgültig ist, ob ihm Stamm- oder Vorzugsaktien angedient werden. Gibt er also ein Teilangebot ab, das sich zB auf Vorzugs- und Stammaktien erstreckt, wobei er die Höchstmenge lediglich durch den zu erreichenden Anteil am Grundkapital festlegt, so erfolgt keine gesonderte Zuteilung je Gattung, sondern eine einheitliche Zuteilung. Ein solches Verfahren wird jedoch angesichts der Tatsache, dass Stamm- und Vorzugsaktien regelmäßig zu unterschiedlichen Kursen gehandelt werden, die Ausnahme bleiben.

**4. „Grundsätzlich" (Ausnahmen).** Abweichungen von der Grundregel sind nur in **41** engen Grenzen zulässig. Zur **Vermeidung von Splitterbeteiligungen** ist es völlig ausreichend, wenn ausnahmsweise von dem Maßstab der verhältnismäßigen Berücksichtigung in der Weise abgewichen wird, dass eine Abrundung oder Aufrundung auf ganze Aktienstücke stattfindet.[26] Gegebenenfalls kann der Bieter insoweit bestimmen, ab welchem Bruchteil die Auf- oder aber die Abrundung stattfindet.

Die zum Teil in der Lit. vorgeschlagene Abweichung zum Zwecke der bevorzugten **42** **Berücksichtigung von Kleinstmengen,**[27] geht dagegen viel zu weit, auch wenn sie in der Gesetzesbegründung Unterstützung finden.[28] Beispiel aus der Gesetzesbegründung: Eine Zuteilung erfolgt im Verhältnis 60:100, von jedem Wertpapierinhaber, der seine Papiere dem Bieter andient, werden jedoch mindestens 40 Stück der Wertpapiere erworben.[29] Der damit verbundenen nur unwesentlichen Bevorzugung der Kleinaktionäre[30] steht namentlich die Konsequenz einer wesentlichen Benachteiligung von Großaktionären gegenüber. Wenn der Bieter solche Mindestquoten für die Kleinaktionäre festsetzen dürfte, erlaubte man ihm, entgegen § 3 Abs. 1 Großaktionäre einfach schlechter zu behandeln. Angenommen, im dargestellten Beispiel existieren 10.000 Kleinaktionäre, die im Schnitt mit je 50 Aktien beteiligt sind, sowie 5 Großaktionäre, die mit je 100.000 Aktien beteiligt sind. Bei einer Höchstmenge von 60% und vollständiger Annahme des Angebots durch alle würden die Kleinaktionäre insgesamt 90% ihres Bestandes veräußern können, zusammen 400.000 Aktien. Damit bleiben nur noch 200.000 für die Großaktionäre, die dementsprechend nur je 40.000 und damit nur 40% (statt der vom Bieter angegebenen 60%) ihres Bestandes veräußern können. Mit solchen Zuteilungsregeln würde das Ziel des § 19, Manipulationen auf Bieterseite zu verhindern, konterkariert. Sie sind daher mit Ausnahme der in → Rn. 41 aufgezeigten Möglichkeit unzulässig.[31]

Eine weitgehende Ausnahme von der Grundregel des § 19 besteht, wenn der Bieter, wie **43** im Falle des Angebots der United Internet AG an die Aktionäre der Adlink Internet Media AG,[32] den freien Aktionären eine **Gelegenheit** geben will, an **einem zuvor erfolgten Paketverkauf in der Weise zu partizipieren,** dass sie jeweils den gleichen Anteil ihres Bestandes an den Bieter veräußern können wie der Paketaktionär. Auch hier steht eine

[25] AllgM, s. nur Angerer/Geibel/Süßmann/*Geibel/Süßmann* Rn. 9 mwN.
[26] Angerer/Geibel/Süßmann/*Geibel/Süßmann* Rn. 10 aE.
[27] Etwa Angerer/Geibel/Süßmann/*Geibel/Süßmann* Rn. 11 ff.; Baums/Thoma/*Thoma* Rn. 30; Steinmeyer/*Steinmeyer* Rn. 14 ff.; *Diekmann* WM 1997, 897 (899).
[28] BT-Drs. 14/7034, 48.
[29] BT-Drs. 14/7034, 48.
[30] So lautet die Argumentationslinie der hM.
[31] Krit. aus FK-WpÜG/*Scholz* Rn. 31.
[32] Angebot der United Internet an die Aktionäre der Adlink Internet AG, Angebotsunterlage vom 14.3.2002.

Höchstmenge (→ Rn. 10 ff.) fest, die sich aus dem prozentualen Anteil ergibt, den die Aktionäre an den Bieter verkaufen können sollen. Der Bieter hatte sich im genannten Beispiel etwa verpflichtet, bis zu 37% des *free float* zu erwerben. Über die Höchstmenge hinaus enthält das Angebot aber eine weitere Beschränkung auf 37% des jeweiligen Depots.

**44**    In einem solchen Fall führte die Anwendung der Zuteilungsregel des § 19 zu einer unzulässigen Ungleichbehandlung, wenn einige Aktionäre für ihren gesamten Bestand die Annahme erklären, andere hingegen nur für 37% ihres Bestandes. Das Angebot richtet sich nämlich von vornherein zwar an sämtliche Aktionäre (mit Ausnahme des Paketverkäufers), enthält zugleich aber eine zulässige Begrenzung der möglichen Annahmeerklärungen auf einen bestimmten Teil des jeweiligen Bestands. Würde man § 19 anwenden, so könnte folgende Situation entstehen: Angenommen wird ein Bestand von 2000 Aktien, je 1000 im Bestand von Aktionären der Kategorie A und der Kategorie B. Der Bieter gibt ein Teilangebot mit der Maßgabe ab, nur 37% des jeweiligen Bestandes erwerben zu wollen. Die A-Aktionäre geben Annahmeerklärungen jeweils für ihren gesamten Bestand ab (also für 1000 Aktien), die B-Aktionäre nur für den vom Bieter gewollten Teil (also für 370 Aktien). Da der Bieter im Höchstfalle 740 Aktien erwerben wollte, die Annahme jedoch für 1370 Aktien erfolgt ist, müsste der Bieter gem. § 19 nun für eine verhältnismäßige Zuteilung sorgen, dh 74/137, also ca. 54% sowohl der Annahmeerklärungen der Kategorie A, als auch der Kategorie B berücksichtigen. Dies würde jedoch zu einer Ungleichbehandlung der Aktionäre der Kategorie B führen, die sich entsprechend der Angebotsunterlage verhalten haben. Sie könnten gerade nicht 37% ihres Bestandes veräußern, sondern nur 54% von 37%, während die Aktionäre der Kategorie A nicht nur 37% sondern sogar 54% ihres gesamten Bestandes an den Bieter verkaufen könnten.

**45**    § 19 darf in diesen Fällen folglich nicht angewendet werden, da er gerade das Gegenteil von dem bewirkte, was er bezweckt. Es bleibt vielmehr bei der Gestaltung in der Angebotsunterlage. Der Bieter wird allerdings praktisch Schwierigkeiten haben festzustellen, für welchen Anteil des jeweiligen Bestandes Annahmeerklärungen abgegeben wurden. Derartige Angebote sind daher nicht zu empfehlen. Sein Ziel, den Aktionären eine gleiche Chance zu geben, kann der Bieter ebenso erreichen, wenn er ein normales Teilangebot abgibt, wobei er die Höchstmenge auf den gewünschten Teil begrenzt. Dann ist es Sache der Aktionäre zu entscheiden, für wie viele Aktien sie annehmen wollen, da sie darüber informiert sind, was bei einer Überzeichnung geschieht.

**46**    § 19 steht entgegen einer in der Lit. vertretenen Auffassung[33] in Verbindung mit § 17 auch einer sog. **holländischen Versteigerung** *(dutch auction)*[34] entgegen. Gegen die Zulässigkeit der holländischen Versteigerung spricht einerseits, dass die entscheidenden Willenserklärungen hier nicht vom Bieter, sondern von den Adressaten des Angebots abgegeben werden. Schon diese Umkehrung des Verhältnisses widerspricht den in §§ 17, 18 enthaltenen Rechtsgedanken. Zweitens würde nicht der Bieter, sondern letztlich die Adressaten über den Preis für den Aktienerwerb entscheiden, was der Pflicht zur Angabe der Gegenleistung in der Unterlage zuwiderliefe. Entscheidend aber ist die fehlende alleinige Abhängigkeit der Zuteilung von der Zahl der Wertpapiere, für die Annahmeerklärungen abgegeben werden. Gerade diese alleinige Abhängigkeit schreibt § 19 aber dem Bieter vor. Bei der holländischen Versteigerung würde neben der Zahl der angedienten Aktien auch die Erklärung der Adressaten zur Höhe der Gegenleistung über die Zuteilung bestimmen. Schließlich könnte den Adressaten die Andienungsmöglichkeit durch das Verhalten der übrigen Adressa-

---

[33]  *Paefgen* ZIP 2002, 1509 (1519).
[34]  Bei der holländischen Versteigerung setzt der Bieter keine feste Gegenleistung, sondern fordert die Aktionäre auf, selbst innerhalb eines vorgegebenen Rahmens „ihren Preis" zu nennen. Die holländische Auktion wird zB bei Blumenversteigerungen auf den Großmärkten in Amsterdam durchgeführt. Dort läuft für eine zum Verkauf stehende bestimmte Menge Blumen eine Preisuhr rückwärts, die anwesenden Bieter können die Uhr durch ihr Gebot anhalten. Wer zu früh drückt, zahlt einen zu hohen Preis, wer zu lange wartet, geht leer aus. Zur Funktionsweise der *Dutch auction* s. auch *Veller,* Öffentliche Angebote zum Erwerb eigener Aktien, 2009, 22 ff.

ten (Unterbieten) wieder genommen werden, was dem Normzweck des § 19 (→ Rn. 1 ff.) widerspräche.

**5. Nachträgliche Änderungen. a) Zuteilungsverfahren.** Soweit der Bieter nach dem 47 in → Rn. 41 ff. Gesagten auch eine von § 19 abweichende Zuteilung bestimmen kann, bleibt er an das einmal gewählte Verfahren gebunden (vgl. → § 21 Rn. 4, → § 21 Rn. 34).[35] Nachträgliche Änderungen bedeuten stets eine Verschiebung zwischen den Wertpapierinhabern und sind daher stets nur für einen Teil der Aktionäre günstig, für einen anderen Teil ungünstig. Der Bieter muss in der Angebotsunterlage das Zuteilungsverfahren endgültig festlegen, er darf sich auch nicht spätere Änderungen vorbehalten.[36]

**b) Höchstmenge.** In einer **Erhöhung** der vom Bieter zu erwerbenden Höchstmenge 48 kann entgegen der wohl hM[37] eine für die Wertpapierinhaber günstige und daher nach § 21 zulässige Änderung des Angebots gesehen werden. An der Vorteilhaftigkeit mögen zwar zunächst Bedenken bestehen, da die Adressaten über die Zahl der Wertpapiere, für die sie Annahmeerklärungen abgeben, zuvor unter Berücksichtigung des Zuteilungsverfahrens entschieden haben. Jede nachträgliche Erweiterung des Angebots verändert ihre Entscheidungsgrundlage. Allerdings dürfte das ausreichend kompensiert sein durch die Rücktrittsmöglichkeit des § 21 Abs. 4 und die Möglichkeit, einen erhöhten Anteil der Wertpapiere an den Bieter veräußern zu können. Eine nachträgliche **Verminderung** der Höchstmenge ist dementsprechend in jedem Fall unzulässig.

## § 20 Handelsbestand

(1) Die Bundesanstalt lässt auf schriftlichen Antrag des Bieters zu, dass Wertpapiere der Zielgesellschaft bei den ergänzenden Angaben nach § 11 Abs. 4 Nr. 2, den Veröffentlichungspflichten nach § 23, der Berechnung des Stimmrechtsanteils nach § 29 Abs. 2 und der Bestimmung der Gegenleistung nach § 31 Abs. 1, 3 und 4 und der Geldleistung nach § 31 Abs. 5 unberücksichtigt bleiben.

(2) Ein Befreiungsantrag nach Absatz 1 kann gestellt werden, wenn der Bieter, die mit ihm gemeinsam handelnden Personen oder deren Tochterunternehmen
1. die betreffenden Wertpapiere halten oder zu halten beabsichtigen, um bestehende oder erwartete Unterschiede zwischen dem Erwerbspreis und dem Veräußerungspreis kurzfristig zu nutzen und
2. darlegen, dass mit dem Erwerb der Wertpapiere, soweit es sich um stimmberechtigte Aktien handelt, nicht beabsichtigt ist, auf die Geschäftsführung der Gesellschaft Einfluss zu nehmen.

(3) Stimmrechte aus Aktien, die auf Grund einer Befreiung nach Absatz 1 unberücksichtigt bleiben, können nicht ausgeübt werden, wenn im Falle ihrer Berücksichtigung ein Angebot als Übernahmeangebot abzugeben wäre oder eine Verpflichtung nach § 35 Abs. 1 Satz 1 und Abs. 2 Satz 1 bestünde.

(4) [1]Beabsichtigt der Bieter Wertpapiere, für die eine Befreiung nach Absatz 1 erteilt worden ist, nicht mehr zu den in Absatz 1 Nr. 1 genannten Zwecken zu halten oder auf die Geschäftsführung der Gesellschaft Einfluss zu nehmen, ist dies der Bundesanstalt unverzüglich mitzuteilen. [2]Die Bundesanstalt kann die Befreiung nach Absatz 1 außer nach den Vorschriften des Verwaltungsverfahrensgesetzes widerrufen, wenn die Verpflichtung nach Satz 1 nicht erfüllt worden ist.

---

[35] Zutr. grds. Kölner Komm WpÜG/*Hasselbach* Rn. 33 gegen Angerer/Geibel/Süßmann/*Geibel/Süßmann* Rn. 19.

[36] AA wohl Kölner Komm WpÜG/*Hasselbach* Rn. 33, der aber übersieht, dass der Bieter sich damit eine nachträgliche Veränderung der Entscheidungsgrundlage der Wertpapierinhaber vorbehalten würde, was mit dem Normzweck des § 19 unvereinbar ist. Dieser will gerade eine feste Regel für den Fall der Überzeichnung vorsehen.

[37] Baums/Thoma/*Thoma* Rn. 4; Steinmeyer/*Steinmeyer* Rn. 12.

**Schrifttum:** *Hirte,* Der Handelsbestand – Bindeglied zwischen Kapitalmarkt- und Konzernrecht, FS Wiedemann, 2002, 955; *Holzborn/Friedhoff,* Die gebundenen Ausnahmen der Zurechnung nach dem WpÜG, WM 2002, 948; *Vogel,* Der Handelsbestand im Übernahmerecht – Offene Fragen des § 20 WpÜG, NZG 2005, 537.

## Übersicht

## I. Überblick

**1**  **1. Ausnahmen von gesetzlichen Pflichten für den Handelsbestand.** § 20 Abs. 1 sieht für bestimmte Wertpapiere, die dem Bieter oder ghP oder deren Töchtern gehören, nämlich für den vom Gesetzgeber sog. **Handelsbestand,** Ausnahmen von gesetzlichen Pflichten vor, die durch eine auf Antrag erteilte Erlaubnis der BaFin gewährt werden. Die Erlaubnis ist ein Verwaltungsakt, der neben begünstigenden Wirkungen auch belastende, wie zB das Stimmverbot des Abs. 3 enthält.

**2**  **2. Verfahren und Rechtsfolgen der Befreiung.** § 20 Abs. 2 regelt die Voraussetzungen und das Verfahren, in dem über die vom Bieter gewollte Nichtberücksichtigung entschieden wird; Abs. 3 sieht als Nebenfolge der Befreiung ein Stimmverbot für die Aktien vor. Abs. 4 regelt Teilaspekte der Beendigung der Befreiung.

**3**  **3. Normzweck.** Wertpapiere, die eine Person nur als kapitalistische Beteiligung an der Zielgesellschaft hält, sollen bei der Ermittlung der maßgeblichen Schwellen, aber auch bei der Information der Aktionäre der Zielgesellschaft sowie bei Bemessungsfragen hinsichtlich der anzubietenden Gegenleistung außer Betracht bleiben. Damit werden zwei Anliegen verfolgt: (1) Wer keinen unternehmerischen Einfluss ausüben will, sondern nur sein Vermögen verwaltet und durch Wertpapierhandel Gewinne zu erzielen versucht, soll insoweit von den Informationsvorschriften des WpÜG, ähnlich der Befreiung von Informationspflichten des WpHG befreit sein. (2) Nicht nur der Inhaber dieser Wertpapiere wird von bestimmten Pflichten befreit, sondern die Befreiung bewirkt auch, dass die Wertpapiere selbst von der Berücksichtigung bei der Ermittlung materiellrechtlicher Vorschriften des WpÜG ausgenommen werden. Daher können auch die Wertpapiere außer Betracht bleiben, die im Handelsbestand von gemeinsam handelnden Personen gehalten werden.

**4. Gesetzesgeschichte.** Betrachtet man den Weg, auf dem die Vorschrift in das Gesetz **4** gelangt ist, so entsteht für den unbefangenen Betrachter der Eindruck, die Vorschrift sei in ihrer konkreten Gestalt Ergebnis des Kinderspiels „stille Post". Ursprünglich sah Art. 9 RL 88/627/EWG (Transparenz-RL 1988) vor, dass **Wertpapierdienstleistungsunternehmen** von den Informations- und Zurechnungsvorschriften der §§ 33 ff. WpHG befreit werden können. Dies geschah im Hinblick darauf, dass sie berufsmäßig mit Wertpapieren handeln und daher für sie insbesondere bei intensiv gehandelten Aktiengesellschaften möglicherweise mehrmals am Tag die Mitteilungspflichten ausgelöst werden könnten.[1] Solange keine unternehmerische Einflussnahme beabsichtigt sei, würde damit jedoch der Zweck der Richtlinie verfehlt, Transparenz der Beteiligungen herzustellen. Da Wertpapierdienstleistungsunternehmen neben diesem Handelsbestand auch noch einen Anlagebestand halten, wurde die Ausnahme auf den Handelsbestand begrenzt (vgl. Art. 9 RL 88/627/EWG: „in seiner Eigenschaft als berufsmäßiger Wertpapierhändler").

Der deutsche Gesetzgeber regelte diesen **Handelsbestand** in § 23 Abs. 1 WpHG (ab **5** 3.1.2018 § 36 WpHG). Daneben sah er in § 23 Abs. 2 WpHG aF noch eine Ausnahme für den sog. Spekulationsbestand auch für Nichtbanken vor. Dieser in der RL 88/627/EWG nicht vorgesehene und äußerst zweifelhafte[2] **Spekulationstatbestand** wurde dann ohne irgendeine Begrenzung seines Anwendungsbereiches in § 20 WpÜG offensichtlich einfach abgeschrieben.[3] Dadurch ist die Überschrift unrichtig geworden, die Vorschrift erfasst von ihrer Definition her gerade nicht das, was üblicherweise als „Handelsbestand" bezeichnet wird.[4] Zunächst war der Tatbestand noch begrenzt auf Wertpapierdienstleistungsunternehmen.[5] Durch die **Beschlüsse des Finanzausschusses** ist er aber auf sämtliche Unternehmen für anwendbar erklärt worden,[6] weil „neben Wertpapierdienstleistungsunternehmen auch andere Unternehmen im Rahmen der Verwaltung ihres Vermögens in Wertpapiere investieren und hiermit regelmäßig keine unternehmerische Beteiligung beabsichtigt sei".[7] Nicht weiter erstaunlich ist es, dass bei der Neufassung des § 23 WpHG aF im Jahr 2007 durch das TUG (Transparenz-RL-Umsetzungsgesetz) vom 5.1.2007 (BGBl. 2007 I 10) die Parallelnorm des § 20 WpÜG einfach vergessen wurde.

**5. Kritik.** Die Ausnahme hätte systematisch bei den Ausnahmen vom Pflichtangebot **6** geregelt werden müssen. Ihr geht im Detail ein gewisses Maß an Absurdität nicht abhanden. Strebt ein Aktionär keine unternehmerische Einflussnahme an, sondern spekuliert lediglich, so soll er nicht zur Abgabe eines Übernahmeangebotes verpflichtet sein, wenn er sozusagen „zufällig" die 30%-Schwelle überschreitet. Das ist nachvollziehbar, betrifft aber nur die Freistellung einer Person von Pflichten, weil sie lediglich formal, nicht aber materiell die Auslöseschwellen überschreitet. Die Vorschrift hat wohl auch deshalb keine größere praktische Bedeutung erlangt.[8]

Dagegen ist eine Teil-Befreiung von Informationspflichten nach dem WpÜG (die in **7** Abs. 1 genannten § 11 Abs. 4 Nr. 2 und § 23) schon für freiwillige Teil-Angebote, jedenfalls aber für Übernahmeangebote in sich widersprüchlich, weil sie dem Informationsgebot des § 3 Abs. 2 und dem Marktverzerrungsverbot des § 3 Abs. 5 zuwiderläuft. Die freiwillige Abgabe eines öffentlichen Erwerbsangebotes dient, indem ein größeres Aktienpaket aufgebaut wird, immer der Gewinnung unternehmerischen Einflusses. Für freiwillige Übernahmeangebote kommt eine (Teil-)Befreiung nach § 20, obwohl nach dem Wortlaut möglich,

---

[1] Dazu und zum Folgenden auch *Hirte* FS Wiedemann, 2002, 955 (958 f.).
[2] Vgl. Assmann/Schneider/Mülbert/*Schneider* WpHG § 36 Rn. 39.
[3] BT-Drs. 14/7034, 48: „Orientierung" an § 23 WpHG.
[4] Vgl. auch FK-WpÜG/*Vogel* Rn. 2.
[5] Vgl. § 20 RegE, BT-Drs. 14/7034, 48; Begr. der Änderung in BT-Drs. 14/7477, 52.
[6] BT-Drs. 14/7477, 52.
[7] Vgl. auch FK-WpÜG/*Vogel* Rn. 7 f.; *Vogel* NZG 2005, 537 (538 f.) jedoch mit anderer Tendenz.
[8] Steinmeyer/*Klepsch* Rn. 3 f. mit Ausführungen zu relevanten Fällen.

wegen der Definition des Handelsbestandes erst recht nicht in Betracht ($\rightarrow$ Rn. 23). Die Widersprüche im Gesetz lassen sich nur durch die **Gesetzesgeschichte** erklären (vgl. $\rightarrow$ Rn. 4 f.).

## II. Voraussetzungen der Befreiung (Abs. 2)

**8**   **1. Inhaber der Wertpapierbestände (Abs. 2 Eingangssatz).** Voraussetzung nach Abs. 2 Eingangssatz iVm Abs. 2 Nr. 1 ist zunächst, dass Bieter oder ghP oder deren Töchter die Wertpapiere halten. Es muss sich um **Eigenbestände des Bieters oder der anderen Personen** handeln. Für Wertpapiere, die von den genannten Personen für Rechnung Dritter gehalten oder erworben werden, kann vom Bieter kein Befreiungsantrag gestellt werden. Das ergibt sich zwar trotz des Wortes „halten" nicht eindeutig aus dem Wortlaut des Abs. 2, wohl aber aus dem **Zweck der Vorschrift**. Sie gewährt eine Ausnahme von der Zurechnung im Hinblick darauf, dass die Aktien mit einer in Abs. 2 Nr. 1 genau bestimmten Absicht gehalten werden. Vereinbarungen mit Dritten über die Verwendung der Wertpapiere, die Ausübung von Stimmrechten oder auch Treuhandabreden zeigen, dass das Halten jedenfalls nicht nur zu dem im Gesetz für die Ausnahme vorausgesetzten, einzig zulässigen Zweck (nämlich der Nutzung von Preisunterschieden) geschieht.[9] Dieses Verständnis ist im Übrigen geboten, um ein Parken von Anteilen zu Umgehungszwecken zu verhindern.

**9**   **2. „Handelsbestand" (Abs. 2 Nr. 1). a) Allgemeines.** Die gesetzliche Überschrift vermittelt den Eindruck, es gehe bei der Regelung in § 20 um einen ähnlichen Sachverhalt wie in § 23 Abs. 1 WpHG aF. Der Tatbestand entspricht jedoch nicht § 23 Abs. 1 WpHG aF, sondern dem sog. **Spekulationsbestand** des früheren § 23 Abs. 2 WpHG (der seit 2007 abgeschafft ist). Dieser war gekennzeichnet durch die **Absicht kurzfristiger Nutzung** des Wertpapierinhabers. Objektive Kriterien lassen sich für die Einordnung der Wertpapiere als Spekulationsbestand anders als beim „echten" Handelsbestand iSd § 36 Abs. 1 WpHG nicht aufstellen.[10] Das gilt im Rahmen des WpÜG schon deshalb, weil auch nicht rechnungslegungspflichtige Personen als Antragsteller und Inhaber eines „Handelsbestands" in Betracht kommen und neben Unternehmen auch Privatanleger prinzipiell einen Antrag nach § 20 stellen können und die von der Befreiung betroffenen Bieter also nicht notwendig Vorschriften des KWG oder HGB unterliegen, mit denen eine auch später nachvollziehbare Zuordnung der Wertpapiere festgestellt werden könnte.[11]

**10**   Die Empfehlung, für den „Handelsbestand" ein **gesondertes Konto** zu führen, geht von daher ins Leere;[12] im Übrigen kann sie auch nicht gewährleisten, dass nicht doch für die im Handelsbestand gehaltenen Aktien abgestimmt wird. Zur Vermeidung von Widersprüchen zwischen § 23 WpHG und § 20 WpÜG will eine erhebliche Zahl von Autoren den **Handelsbestand iSd § 36 Abs. 1 Nr. 2 WpHG** in die Regelung des § 20 WpÜG hineininterpretieren (und auf Wertpapierdienstleistungsunternehmen begrenzen).[13] Für diese Erweiterung contra legem besteht jedoch kein Anlass. Die Vermeidung angeblicher Widersprüche allein kann die Unterschiede im Gesetzeswortlaut nicht überspielen.[14] Warum ordnet der Gesetzgeber nicht die entsprechende Geltung des § 36 WpHG an, wenn es ihm um die Vermeidung von Widersprüchen geht?[15]

---

[9] *Holzborn/Friedhoff* WM 2002, 948 (949).

[10] *Holzborn/Friedhoff* WM 2002, 948 (949); s. auch *Hirte* FS Wiedemann, 2002, 955 (966): kein Kontrollmechanismus durch den Abschlussprüfer.

[11] Allg. dazu *Holzborn/Friedhoff* WM 2002, 948 (949).

[12] FK-WpÜG/*Vogel* Rn. 15 aE; ähnlich Steinmeyer/*Klepsch* Rn. 15 mwN aE.

[13] *Hirte* FS Wiedemann, 2002, 955 (958 f.); *Vogel* NZG 2005, 537 (539); Assmann/Pötzsch/Schneider/ *Seiler* Rn. 15 ff.; vgl. auch FK-WpÜG/*Vogel* Rn. 16; Angerer/Geibel/Süßmann/*Süßmann* Rn. 5.

[14] Gegen *Hirte* etwa Baums/Thoma/*Diekmann* Rn. 40; wohl auch Steinmeyer/*Klepsch* Rn. 15.

[15] In BT-Drs. 16/1342, 1 (5) meint die Bundesregierung, die Erweiterung auf den Handelsbestand hätte nur klarstellenden Charakter und lehnt deshalb die vom Bundesrat vorgeschlagene dahingehende Änderung des § 20 WpÜG ab. Daraus kann das gewünschte Ergebnis der Befürworter einer Erstreckung allerdings nicht abgeleitet werden.

**b) Absicht der Nutzung von Preisunterschieden.** Der Gesetzgeber definiert die **11**
maßgebende Absicht dahingehend, dass der Inhaber der Wertpapiere bestehende oder
erwartete Unterschiede zwischen dem Erwerbspreis und dem Veräußerungspreis kurzfristig
zu nutzen beabsichtigt. Wie bei allen subjektiven Tatbestandsmerkmalen ist auf objektive
Kriterien (Indizien) zur Feststellung der Absicht zurückzugreifen, um eine in das Belieben
des Normadressaten gestellte Rechtslage zu verhindern.[16]

Als objektives Kriterium zur Feststellung der Absichten kommt, ähnlich wie bei § 36 **12**
WpHG, zunächst eine (einmalige) **Dokumentation** der diesbezüglichen unternehmerischen Entscheidung des Wertpapierinhabers in Betracht.[17] Der Antrag selbst dürfte, soweit
er vom Inhaber der Wertpapiere gestellt wird, eine solche Dokumentation der unternehmerischen Entscheidung darstellen.[18] Sind andere als der Bieter (ghP und ihre Töchter) sachenrechtlich Inhaber der fraglichen Wertpapiere, so ist ihre Stellungnahme in Form einer von
ihnen zu unterzeichnenden Aufstellung dem Antrag des Bieters beizufügen. Daraus folgt
zugleich, dass die von der Befreiung zu erfassenden Wertpapiere im Antrag genau zu
bezeichnen sind. Das kann nur dadurch geschehen, dass der Bieter eine Rechnung vorlegt,
in der auf der einen Seite die von ihm gehaltenen Wertpapiere aufgestellt sind, und sodann
genau bezeichnet wird, welcher Anteil zum „Handelsbestand" gehören soll. Daneben ist
für sämtliche dem Bieter zuzurechnenden Anteile Dritter eine solche Rechnung vorzulegen.
Schließlich hat der Bieter in einer Gesamtrechnung die ihm zunächst zuzurechnenden
Anteile zusammenzurechnen und sodann die auf Grund seines Handelsbestandes und dem
der Dritten zu befreienden Anteile zu abzuziehen.

*Holzborn/Friedhoff* haben als zweites Element zur Feststellung der Absicht des Bieters **13**
vorgeschlagen, eine zeitliche Grenze zur Konkretisierung des (Antrags?) **„kurzfristig"**
festzulegen. Dabei beziehen sie sich auf den in §§ 4 und 5 WpÜG-AV festgelegten Zeitraum.
So könne im Nachhinein festgestellt werden, ob tatsächlich die Absicht zur kurzfristigen
Nutzung vorgelegen habe.[19] Dagegen wird geltend gemacht, das Gesetz spreche nur von
der Absicht des Bieters, die Papiere kurzfristig zu nutzen. Aus einem tatsächlich längeren
Halten könnten keine Rückschlüsse auf die insoweit bestehenden Absichten gezogen werden, zumal sich kurzfristig ja auch Verluste ergeben könnten und niemand zur Verlustrealisie-
rung gezwungen werden dürfe.[20] Zuzustimmen ist grundsätzlich der erstgenannten Auffassung, da die zweite eine objektive Überprüfung der Absichten des Bieters und der ghP
ausschließt, was dem Gesetzeszweck zuwiderläuft. § 20 sieht eine Ausnahme von Pflichten
nach dem WpÜG vor, die nicht durch das Abstellen auf jederzeit änderbare und auch im
Nachhinein anhand von Indizien nicht überprüfbare Absichten des Normadressaten selbst
unterlaufen werden können dürfen.

**c) Kurzfristigkeit.** Welcher Zeitraum unter „kurzfristig" zu verstehen ist, ist strittig. **14**
Nach einer Auffassung ist der in §§ 4 und 5 WpÜG-AV festgelegte **Dreimonatszeitraum**
als Anhaltspunkt zugrunde zu legen. Dieser lege jedenfalls die untere Grenze für eine
Dauerhaftigkeit fest, so dass „kurzfristige" Nutzung einen Zeitraum unterhalb dieser
Grenze meine.[21] Dagegen stellen andere auf den Zeitraum **eines Jahres** ab.[22] Für diese
Auffassung werden unterschiedliche Begründungen gegeben. Zum einen wird auf die
Spekulationsfrist des § 23 Abs. 1 Nr. 2 EStG hingewiesen, der freilich nur Bedeutung

---

[16] *Holzborn/Friedhoff* WM 2002, 948 (949).
[17] *Holzborn/Friedhoff* WM 2002, 948 (949); zu § 23 WpHG aF vgl. Schäfer/Hamann/*Opitz* WpHG § 23
Rn. 6 aE, Angerer/Geibel/Süßmann/*Süßmann* § 20 Rn. 8.
[18] Dokumentation wird hier nicht im Sinne von ständiger, nachvollziehbarer Rechnungslegung verstanden.
Eine solche scheidet schon deshalb aus, weil auch Privatanleger prinzipiell einen Antrag nach § 20 stellen
können, diese aber nicht den Vorschriften des HGB unterliegen.
[19] *Holzborn/Friedhoff* WM 2002, 948 (950).
[20] Angerer/Geibel/Süßmann/*Süßmann* Rn. 4.
[21] *Holzborn/Friedhoff* WM 2002, 948 (950); Steinmeyer/*Klepsch* Rn. 16.
[22] FK-WpÜG/*Vogel* Rn. 20; Angerer/Geibel/Süßmann/*Süßmann* Rn. 4; Baums/Thoma/*Diekmann*
Rn. 27.

für die steuerliche Beurteilung hat.[23] Ferner wird auf die Hauptversammlungsfrequenz abgestellt.[24] Schließlich wird auch noch eine Frist von sechs Monaten als Anhaltspunkt vertreten.[25]

15    Im Hinblick auf die mit der auf subjektive Merkmale abstellenden Definition des „Handelsbestandes" verbundenen gefährlichen Reichweite des Ausnahmetatbestandes ist nach hier vertretener Auffassung eine scharfe Auslegung des Begriffs der Kurzfristigkeit vorzuziehen[26] und daher der Ansicht zu folgen, die auf den Dreimonatszeitraum abstellt. Das dagegen geltend gemachte Argument, dass sich während eines längeren Zeitraumes ja auch keine Kursunterschiede ergeben könnten, die zu nutzen sinnvoll gewesen wäre,[27] verkennt das Wesen des in Abs. 2 gemeinten „Handelsbestands". Kurzfristige Kursschwankungen bestehen immer, die Wertpapiere können insofern auch innerhalb eines Tages mehrfach ge- und verkauft werden. Nach drei Monaten ohne Handel steht daher zur Genüge fest, dass die Aktien nicht mit der Absicht kurzfristiger Ausnutzung von Preisschwankungen gehalten wurden. Man kann sich sogar fragen, ob die unbestimmte Ausnahme für kurzfristige Haltensabsicht nicht Art. 5 RL 2007/14/EG widerspricht, in Anbetracht dessen schließlich § 23 Abs. 2 WpHG durch das TUG (Transparenz-RL-Umsetzungsgesetz) vom 5.1.2007 (BGBl. 2007 I 10) dahingehend begrenzt wurde, dass nur noch das Halten während dreier Handelstage unter den Ausnahmetabestand fällt. Wenn die Bundesregierung meint, es sei ja ohnehin klar, dass im Rahmen des § 20 WpÜG auch der Handelsbestand des § 23 WpHG zu berücksichtigen sei (→ Rn. 10 aE mN), dann gilt das ja wohl auch für die Definition von „kurzfristig" durch § 23 Abs. 2 Nr. 1 WpHG (jetzt § 36 Abs. 3 Nr. 1 WpHG).

16    **3. Keine unternehmerische Einflussnahme beabsichtigt (Abs. 2 Nr. 2). a) Tatbestand.** Nach dem Gesetzeswortlaut ist weiter ein „Darlegen" des Bieters sowie ggf. der ghP und ihrer Töchter erforderlich, dass sie „mit dem Erwerb der Wertpapiere" keinen Einfluss auf die Geschäftsführung ausüben wollen. Die Formulierung entstammt unmittelbar Art. 9 RL 88/627/EWG (Transparenz-RL 1988), wo der Erwerbsbegriff als Gegensatz zum Begriff der Veräußerung verwendet wird und inhaltlich so wie in Abs. 2 Nr. 1 der beabsichtigte Erwerb und das Halten der Wertpapiere gemeint ist. Werden die Wertpapiere mit dem Ziel unternehmerischer Einflussnahme erworben und gehalten, so scheidet eine Befreiung unabhängig vom Vorliegen der sich aus Abs. 2 Nr. 1 ergebenden Kriterien aus. Zweifelhaft ist, ob die in Nr. 2 verlangte Darlegung eine bloße Formalie ist[28] oder ob aus ihr zusätzliche inhaltliche Kriterien für die Befreiungsvoraussetzungen oder gar zusätzliche Rechtsfolgen abgeleitet werden können.

17    **b) Hilfstatbestand zur negativen Feststellung der Spekulationsabsicht.** Bei tatsächlicher Ausübung **unternehmerischen Einflusses**[29] entfallen die Voraussetzungen der Befreiung, weil dann feststeht, dass die Aktien nicht zu kurzfristiger Spekulation, sondern

---

[23] Angerer/Geibel/Süßmann/*Süßmann* Rn. 4; dagegen FK-WpÜG/*Vogel* Rn. 20; Steinmeyer/*Klepsch* Rn. 16.

[24] Baums/Thoma/*Diekmann* Rn. 27.

[25] Kölner Komm WpÜG/*Hirte* Rn. 75.

[26] AA FK-WpÜG/*Vogel* Rn. 20.

[27] FK-WpÜG/*Vogel* Rn. 20.

[28] *Hirte* FS Wiedemann, 2002, 955 (960) spricht von einer verfahrensmäßigen Kontrolle der Voraussetzungen des § 20 Abs. 2 Nr. 1.

[29] Darunter versteht *Hirte* FS Wiedemann, 2002, 955 (961) die Stimmrechtsausübung (sowohl im Rahmen von satzungsändernden Beschlüssen als auch nach § 119 Abs. 2 AktG), Veranlassungen iSd § 311 AktG (= Ratschläge, Anregungen an die Geschäftsleitung usw.) sowie sogar die Geltendmachung von Aktionärsrechten wie das Erheben einer Anfechtungsklage, nicht aber den Bezug von Dividenden oder die Ausübung des Fragerechts. Richtiger erscheint es allerdings, nur die Veranlassungen als Einflussnahme auf die Geschäftsleitung zu verstehen, da in den anderen von *Hirte* genannten Fällen lediglich von Aktionärsrechten Gebrauch gemacht wird. § 20 Abs. 2 Nr. 2 spricht aber nicht von unternehmerischer Einflussnahme, sondern von Beeinflussung der Geschäftsleitung; vgl. auch → Rn. 20. IÜ impliziert die Auffassung *Hirtes* ein Stimmverbot für sämtliche Wertpapiere des Antragstellers, das § 20 Abs. 3 gerade nicht anordnet.

zu anderen Zwecken gehalten werden. Das hat indessen nur Bedeutung für die Frage der Erteilung und Rücknahme bzw. des Widerrufs der Befreiung. Eine selbstständig durchsetzbare Pflicht des Bieters, keinen Einfluss auszuüben, kann § 20 dagegen nicht entnommen werden.

**c) Teilausübung unternehmerischen Einflusses.** Das Gesetz geht scheinbar davon 18 aus, dass eine Person zugleich einen Teil der Wertpapiere der Zielgesellschaft **mit** und einen anderen Teil **ohne** Absicht der unternehmerischen Einflussnahme halten kann.[30] Das ist indes nur scheinbar der Fall. Nr. 2 ist wortwörtlich der Transparenz-RL entnommen und ohne weitere Begründung als zusätzliche Voraussetzung der Befreiung in das Gesetz eingefügt worden (→ Rn. 4 f.) Aus der Formulierung darf daher nicht auf – offenbar auch nicht vorhandene – bestimmte gesetzgeberische Absichten geschlossen werden.

Richtigerweise ist Abs. 2 Nr. 2 zusammen mit Abs. 4 zu lesen. Dort ist die maßgebliche 19 Abgrenzung enthalten, indem zwischen den Absichten in Bezug auf den Handelsbestand und den Absichten in Bezug auf die Zielgesellschaft streng unterschieden wird. Denkbar ist, dass bestimmte Wertpapiere der Zielgesellschaft dauerhaft, andere dagegen nur mit Spekulationsabsicht gehalten werden. Unternehmerischer Einfluss auf die Zielgesellschaft, dh der Versuch, die Geschäftsführung der Zielgesellschaft zu einem bestimmten Verhalten zu veranlassen, wird hingegen immer nur einheitlich ausgeübt.[31] Welche Aktien der Wertpapierinhaber dem Vorstand der Zielgesellschaft „zeigt", um seinen Einfluss geltend zu machen, dh ob er ihm nur einen Teil seines Bestandes offenbart oder alle, spielt keine Rolle für die Frage, ob er Einfluss ausüben will.[32] Kann also festgestellt werden, dass der Antragsteller oder ghP oder deren Töchter Einfluss ausüben wollen, so ist die entsprechende Darlegung im Antrag falsch und daher die Befreiung zu versagen. Haben sie in der Vergangenheit Einfluss ausgeübt, so ist dies offenzulegen und nachvollziehbar darzustellen, warum sich daran in Zukunft etwas ändert, ansonsten ist das Verhalten in der Vergangenheit als Indiz für die Absichten anzusehen.

**4. Konkretes Angebotsverfahren.** Der Antrag auf Befreiung nach § 20 kann nur im 20 Rahmen eines bestimmten Angebotsverfahrens gestellt werden. Das ergibt sich zum einen aus der Verwendung des Begriffs des „Bieters" sowie der ghP in Abs. 2. Zum anderen folgt es aus der Formulierung des Abs. 1, die auf die einzelnen Pflichten im Rahmen eines konkreten Übernahmeverfahrens abstellt.[33] Eine **Pauschalbefreiung** wie nach § 36 WpHG ist im Rahmen des § 20 nicht möglich.[34] Die Befreiung ist nur im Hinblick auf eine bestimmte Zielgesellschaft, nicht aber für bestimmte Aktienbestände des Bieters zu erteilen. Für mehrere potentielle Zielgesellschaften bedarf es getrennter Befreiungsanträge und Verwaltungsakte.

Soweit der Bieter kein Übernahmeangebot beabsichtigt, stellt sich wegen der Problematik 21 des Pflichtangebots die Frage, ab **welchem Zeitpunkt** von einem konkreten Verfahren auszugehen ist. Mangels anderer Anhaltspunkte im Gesetz ist das erst dann der Fall, wenn der Bieter auf Grund eines von ihm oder ghP oder Tochtergesellschaften konkret **geplanten Erwerbsgeschäfts** die Kontrollschwelle des § 29 Abs. 2 überschreiten würde. Zwar bestimmt § 2 Abs. 4, dass ohne entsprechende Angebotsabsicht von einem „Bieter" (sogar) erst dann gesprochen werden kann, wenn die Angebotspflicht des § 35 tatsächlich besteht, also nach Überschreiten der Kontrollschwelle. Jedoch verlegt Abs. 2 Nr. 2 die Antragsmöglichkeit auf beabsichtigte Erwerbsvorgänge vor. Im Übrigen gebieten Sinn und Zweck des § 20 eine solche Auslegung, da ansonsten zunächst die Angebotspflicht nach § 35 entstünde, die nach einer dann zu erteilenden

---

[30] FK-WpÜG/*Vogel* Rn. 23; gegen die Aufsplittung unternehmerischen Einflusses im Rahmen des § 36 WpHG zutr. → WpHG § 36 Rn. 7 (Anh. § 22 AktG); im Rahmen des WpÜG auch *Hirte* FS Wiedemann, 2002, 955 (962).

[31] Vgl. auch *Hirte* FS Wiedemann, 2002, 955 (962) unter zusätzlichem Verweis auf die Regelung des § 135 Abs. 1 S. 3 AktG.

[32] Vgl. auch die Bedenken bei *Witt* NZG 2000, 809 (815) nach Fn. 64 und 818 nach Fn. 95.

[33] *Holzborn/Friedhoff* WM 2002, 948 (951).

[34] Ebenso Angerer/Geibel/Süßmann/*Süßmann* Rn. 7; *Holzborn/Friedhoff* WM 2002, 948 (949); vgl. auch *Hirte* FS Wiedemann, 2002, 955 (967).

Befreiung wieder entfiele.[35] Will man das vermeiden, so muss der Antrag bereits vor dem für das Überschreiten der Kontrollschwelle entscheidenden Geschäft möglich sein.

22    **5. Beschränkung auf Teilangebote unterhalb der Kontrollschwelle.** Die Befreiung kommt nur für **Teilangebote** in Betracht, bei deren Erfolg die Stimmrechtsanteile des Bieters unterhalb der Kontrollschwelle des § 29 Abs. 2 bleiben. Freiwillige Übernahmeangebote sind dagegen bereits auf Grund der Definition in § 29 Abs. 1 zumindest auf die Erlangung formeller Kontrolle ausgerichtet; Pflichtangebote müssen gem. § 32 als Vollangebote ausgestaltet sein. Für beide Angebotsformen kommt eine Befreiungswirkung gem. Abs. 1 nicht infrage. Denn ein Übernahmeangebot ist definitionsgemäß auf die Erlangung der Kontrolle und damit auf die Geltendmachung unternehmerischen Einflusses gerichtet, für das eine Befreiung ausscheidet. Und die Angebotspflicht und damit auch das Pflichtangebot selbst resultiert gerade aus der Einschätzung des Gesetzgebers, dass der zum Angebot Verpflichtete einen bestimmenden Einfluss auf die Zielgesellschaft ausübt. Dieser aber ist nicht teilbar → Rn. 19.

### III. Verfahren (Abs. 1 und 2)

23    **1. Antragsberechtigung.** Antragsberechtigt ist nur der Bieter, wie sich aus der Formulierung des Abs. 1 ergibt. Dagegen kommt es auf die Absichten der Inhaber der Wertpapiere an, soweit es um die Feststellung geht, dass die Wertpapiere zum Handelsbestand gehören, vgl. die Formulierung des Abs. 2.

24    **2. Form.** Das Gesetz verlangt einen **schriftlichen Antrag** (→ § 45 Rn. 1 ff.). Einem begründeten, aber die Form nicht wahrenden Antrag, darf die BaFin nicht stattgeben. Geschieht dies dennoch, ist die Befreiung gleichwohl wirksam und die materiellen Rechtsfolgen treten ein.

25    **3. Inhalt des Antrags.** Der Antrag muss die Wertpapiere, für die eine Befreiung beantragt wird, **genau bezeichnen,** die Angabe der Wertpapierkennnummer dürfte genügen. Die **Anzahl** der Wertpapiere, für die eine Befreiung beantragt wird, ist in der in → Rn. 12 dargestellten Weise anzugeben. Der Antrag muss eine **Erklärung** enthalten, dass beabsichtigt ist, die Wertpapiere im Handelsbestand zu halten und nicht zur Einflussnahme auf die Geschäftsführung zu verwenden.

26    Der Antrag muss für seine Gültigkeit nicht die einzelnen sich aus Abs. 1 ergebenden Befreiungswirkungen aufzählen, der Bieter kann den Antrag jedoch inhaltlich auf bestimmte Befreiungswirkungen beschränken,[36] wenngleich praktische Fallkonstellationen für einen dahingehenden Wunsch des Bieters vorerst kaum denkbar sind.

27    **4. Entscheidung der Aufsichtsbehörde.** Die BaFin hat bei Vorliegen der Voraussetzungen des Abs. 2 die Befreiung zu erteilen, vgl. Wortlaut des Abs. 1, ein Ermessen besteht nicht.[37] Eine **Frist** für die Entscheidung der BaFin sieht das Gesetz nicht vor; ob die Notwendigkeit vorläufiger Entscheidungen durch die Behörde entstehen wird, bleibt abzuwarten.[38]

28    **5. Kosten.** Kosten entstehen gem. § 2 Nr. 4 WpÜG-GV. Die Gebühren betragen gem. § 4 Abs. 1 WpÜG-GV zwischen 2.000 und 5.000 Euro.

### IV. Rechtsfolgen der Erlaubnis (Abs. 1 und 3)

29    **1. Befreiungswirkungen (Abs. 1). a) Normadressat.** Die Erlaubnis der BaFin zeitigt Befreiungswirkungen nur für den Bieter als Antragsteller, nicht hingegen für die mit diesem gemeinsam Handelnden. Für die ghP entfaltet die Befreiung allerdings die belastende Wirkung des Stimmrechtsausschlusses in Abs. 3.

---

[35] Vgl. FK-WpÜG/*Vogel* Rn. 28.
[36] FK-WpÜG/*Vogel* Rn. 27.
[37] *Holzborn/Friedhoff* WM 2002, 948 (949).
[38] Dazu FK-WpÜG/*Vogel* Rn. 31.

Daneben hat die Befreiung keine Wirkungen zulasten anderer Anteilsinhaber an der 30
Zielgesellschaft, etwa im Hinblick auf das Pflichtangebot oder Mitteilungspflichten nach
dem WpHG. Beispiel: A, der 10% der Wertpapiere einer Zielgesellschaft im Handelsbestand
hält, während ein weiterer Aktionär B 29% der Anteile hält, stellt einen Befreiungsantrag.
Die erteilte Erlaubnis führt nicht etwa zur Angebotspflicht des B, weil sein relativer Anteil
nunmehr über 30% liegt. Denn die Befreiung ändert nichts am Gesamtbestand der Wertpapiere, sondern nur am relativen Anteil des A.

**b) Keine Aufspaltung der Befreiungswirkung.** Soweit die Erlaubnis den Bieter im 31
Hinblick auf den Handelsbestand von Pflichten befreit, bleibt es ihm unbenommen, den
Handelsbestand gleichwohl zu berücksichtigen. Allerdings kann er die Befreiungswirkung
nur einheitlich in Anspruch nehmen. Es geht nicht an, dass er den Handelsbestand zB in
der Angebotsunterlage nicht mit aufführt, wohl aber bei der Veröffentlichung nach § 23
berücksichtigt oder aber sein Angebot als Pflichtangebot bezeichnet und in der Angebotsunterlage nur einen von ihm bereits gehaltenen 29%igen Stimmrechtsanteil angibt, indem er
den Handelsbestand außen vor lässt. Ebenfalls unzulässig ist es, die Befreiungswirkungen
auf einen Teil der im Handelsbestand gehaltenen Wertpapiere zu begrenzen, da die Erlaubnis
nicht den Zweck hat, dem Bieter eine Anpassungs- oder Regelungsmöglichkeit an die
Hand zu geben. Allenfalls eröffnet sie ihm eine Wahlmöglichkeit.

**c) Befreiungswirkungen im Einzelnen.** Die Wertpapiere müssen nicht in der **Ange-** 32
**botsunterlage** aufgeführt werden, § 20 befreit insoweit von den Angabepflichten gemäß
§ 11 Abs. 4 S. 2 WpÜG iVm § 2 Nr. 1, 5 und 7 WpÜG-AV. Sie bleiben bei den **„Wasser-**
**standsmeldungen“,** dh den in § 23 geregelten Veröffentlichungspflichten des Bieters
außen vor.

Sie zählen bei der Feststellung des Überschreitens der **Kontrollschwelle** des § 29 Abs. 2 33
nicht mit auf der Zählerseite, wohl aber bei der Ermittlung der Gesamtzahl der stimmberechtigten Aktien der Zielgesellschaft (Nenner); ihre Nichtberücksichtigung kann also dazu
führen, dass (noch) kein Pflichtangebot gemäß § 35 zu erfolgen hat.

Sie bleiben ferner bei der Beantwortung der Fragen unberücksichtigt, die die **Gegenleis-** 34
**tung** betreffen. Die Erlaubnis lässt zu, dass die Fragen, ob die angebotene Gegenleistung
angemessen ist (§ 31 Abs. 1), ob der Bieter ein Übernahmeangebot als Barangebot abzugeben hat (§ 31 Abs. 3), ob sich das Angebot nachträglich, aber vor Ablauf der Annahmefrist
erhöht (§ 31 Abs. 4) und ob eine Nachzahlung auf Grund späterer Wertpapiererwerbsge-
schäfte des Bieters zu erfolgen hat (§ 31 Abs. 5), ohne Berücksichtigung des Handelsbestandes entschieden werden. Diese Befreiung von den Regeln des § 31 dürfte indes praktisch
nie zur Anwendung kommen. Denn § 31 gilt lediglich für Übernahme- und Pflichtangebote, bei denen es dem Bieter definitionsgemäß um die Ausübung unternehmerischen
Einflusses auf die Zielgesellschaft geht. In diesem Falle sind die Befreiungsvoraussetzungen
jedoch nicht gegeben (vgl. → Rn. 22).

**2. Stimmrechtsausschluss (Abs. 3). a) Allgemeines.** Stimmrechte aus den Aktien, 35
für die gemäß Abs. 2 eine wirksame Befreiung erteilt wurde, können während der Dauer
des Übernahmeverfahrens nicht ausgeübt werden, wenn im Falle ihrer Berücksichtigung
ein Angebot als Übernahmeangebot abzugeben wäre oder eine Pflicht zur Abgabe eines
Angebots nach § 35 bestünde. Der befreiende Verwaltungsakt nach Abs. 1 hat also neben
begünstigenden auch belastende Wirkungen für den Bieter und daneben drittbelastende
Wirkungen, soweit Dritte (ghP und ihre Töchter) als Inhaber von Handelsbeständen in
Betracht kommen. Diese belastende Wirkung des Befreiungsverwaltungsaktes darf aller-
dings nicht überschätzt werden, da der Einfluss eines Wertpapierinhabers häufig schon
allein auf Grund der Tatsache besteht, dass er den entsprechenden Anteil innehält. Ein
Vorstand wird sich demgegenüber kaum darauf verlassen, dass die jederzeit abänderbare
Absicht des Bieters, einen unternehmerischen Einfluss nicht auszuüben, tatsächlich
Bestand hat.

**36**   **b) Voraussetzungen.** Entscheidend ist neben dem Vorliegen einer **wirksamen Erlaubnis** allein die Frage, ob sich bei Zusammenrechnung sämtlicher vom Bieter gehaltenen sowie der ihm nach § 30 zuzurechnenden Stimmrechtsanteile eine **erstmalige Überschreitung der Kontrollschwelle** des § 29 Abs. 2 ergibt oder nicht. Durch die komplizierte Gesetzesformulierung wird zum Ausdruck gebracht, dass bei Vorliegen einer Befreiung vom Pflichtangebot oder bei Antragstellung von Bietern, die bereits vor Inkrafttreten des WpÜG die Kontrolle über die Zielgesellschaft innehatten, weder Angebote als Übernahmeangebote abzugeben sind noch ein Pflichtangebot abzugeben ist. In diesem Falle besteht auch kein Stimmverbot aus dem Handelsbestand.

**37**   Weitere Voraussetzungen bestehen nicht, insbesondere ist das Verhalten des Bieters für die Frage des Stimmverbots irrelevant. Hat er bei der Berechnung seines Stimmanteils die befreiten Handelsbestände tatsächlich doch berücksichtigt, so hat er insoweit auf die begünstigende Wirkung der Befreiung verzichtet; dies entbindet jedoch nicht von der Beachtung der belastenden Wirkungen.

**38**   **c) Umfang.** Im Rahmen der vergleichbaren Vorschrift des § 36 Abs. 6 WpHG ist umstritten, ob nur der die jeweilige Schwelle übersteigende Teil des Handelsbestandes vom Stimmrecht ausgeschlossen ist (kleine Lösung) oder aber der gesamte Handelsbestand (große Lösung).[39] Auch für § 20 wird die Frage unter Hinweis auf den Gesetzeswortlaut des Abs. 3 und das dort verwendete „wenn" diskutiert.[40] Die Frage ist dort wie hier schon aus praktischen Erwägungen im Sinne der **großen Lösung** zu beantworten.[41] Es ließe sich andernfalls schon gar nicht feststellen, für welche Wertpapiere genau ein Stimmverbot bestünde, da insbesondere bei mehreren ghP oder Tochtergesellschaften ein Ausschluss jeder der jeweiligen Handelsbestände vom Stimmrecht in Betracht käme und das Gesetz keine Anhaltspunkte dafür enthält, welche Bestände zu berücksichtigen wären und welche nicht (zutr. → 2. Aufl. 2004, WpHG § 23 Rn. 21 f. [Anh. § 22 AktG]).

**39**   Der Hinweis der Gegenauffassung auf die Begründung des Gesetzes[42] verfängt nicht, weil zum einen die Gesetzesbegründung keine Gesetzeskraft hat und sie zum zweiten ebenfalls nicht eindeutig ist. Der dort verwendete Begriff „insoweit" kann nach allgemeinem Sprachgebrauch auch nur ein Hinweis darauf sein, dass nicht jede Befreiung von Handelsbeständen zwingend ein Stimmverbot nach sich zieht, sondern eben nur solche, die aus Sicht des Bieters das Überschreiten von Schwellenwerten verhindern.

**40**   Das Stimmverbot für den gesamten Handelsbestand bei einer 30%igen oder größeren Beteiligung steht auch nicht im Widerspruch zur möglichen Stimmrechtsausübung bis zu 30% bei Beteiligungen unterhalb der Kontrollschwelle.[43] Vielmehr stellt die Vorschrift sicher, dass der Bieter bei einem Angebot den Informationspflichten des Gesetzes nachkommt und nicht de facto die Kontrollschwelle überschreitet, ohne dies den Anlegern der Zielgesellschaft mitzuteilen. Ansonsten könnte der Bieter einen Handelsbestand in unbegrenzter Höhe befreien lassen, müsste diesen nicht in der Angebotsunterlage angeben und könnte gleichwohl noch bis zu 30% abzüglich 1 Aktie in einer eventuellen Hauptversammlung der Zielgesellschaft abstimmen, so dass er unabhängig von der Hauptversammlungspräsenz die praktische Mehrheit, unter Umständen sogar die satzungsändernde Mehrheit hätte. Das kann nicht das gewollte Ergebnis sein; vielmehr soll Abs. 3 praktisch verhindern, dass der Bieter sich über den Umweg des Handelsbestands eine Einflussnahmemöglichkeit verschafft, über die die Angebotsadressaten nicht informiert sind.

---

[39]   Assmann/Schneider/Mülbert/*Schneider* WpHG § 36 Rn. 79 ff.

[40]   Für die kleine Lösung, also für das Verständnis des Gesetzes im Sinne von „soweit"; Angerer/Geibel/Süßmann/*Süßmann* Rn. 11; FK-WpÜG/*Vogel* Rn. 38; Assmann/Pötzsch/Schneider/*Seiler* Rn. 50 f.; Baums/Thoma/*Diekmann* Rn. 55.

[41]   Ebenso *Hirte* FS Wiedemann, 2002, 955, 965 f.; Kölner Komm WpÜG/*Hirte* Rn. 48; Steinmeyer/*Klepsch* Rn. 24; Angerer/Geibel/Süßmann/*Süßmann* Rn. 11; FK-WpÜG/*Vogel* Rn. 38; Assmann/Pötzsch/Schneider/*Seiler* Rn. 50 f.; Baums/Thoma/*Diekmann* Rn. 55.

[42]   FK-WpÜG/*Vogel* Rn. 38.

[43]   So aber FK-WpÜG/*Vogel* Rn. 38.

**d) Rechtsfolgen bei Nichtbeachtung.** Kommt es dennoch zu einer Stimmrechtsaus- **41** übung, so sind die abgegebenen Stimmen gemäß § 134 BGB nichtig (das Gesetz spricht von „nicht ausüben können", nicht von „dürfen"), werden sie gleichwohl mitgezählt, so ist der Hauptversammlungsbeschluss wegen Gesetzesverletzung anfechtbar. In Betracht kommt je nach den Umständen auch eine Schadensersatzpflicht des zu Unrecht Abstimmenden gegenüber der AG in Betracht. Die Rechtsfolgen entsprechen denen einer Verletzung der in § 136 AktG niedergelegten Stimmverbote (s. Erläuterungen zu § 136 AktG).

## V. Beendigung der Befreiung (Abs. 4)

**1. Allgemeine Vorschriften des VwVfG.** Möglich ist sowohl der Widerruf einer **42** rechtmäßigen Befreiung nach § 49 VwVfG als auch die Rücknahme einer rechtswidrigen Befreiung gem. § 48 VwVfG durch die BaFin, soweit die jeweiligen Voraussetzungen vorliegen. Dabei ist allerdings fraglich, nach welchen Vorschriften sich Rücknahme und Widerruf genau richten, da es sich unter Umständen um einen Verwaltungsakt mit Mischcharakter handelt, der sowohl begünstigende wie belastende Wirkungen für den Antragsteller wie für Dritte zeitigt. Richtig erscheint es, zwar das Stimmverbot des Abs. 3 als belastende Wirkung der Befreiung anzusehen, insoweit aber die Befreiung insgesamt als begünstigenden Verwaltungsakt iSv §§ 48 f. VwVfG anzusehen.[44]

**2. Verzicht des Bieters.** Nach der Gesetzesbegründung soll auch ein Verzicht des Bie- **43** ters die Befreiung erledigen können.[45] Mit Zugang einer einseitigen Erklärung des Bieters entfallen dann die Befreiungswirkungen des Verwaltungsaktes. Anderes gilt allerdings für das Stimmverbot, dh den belastenden Teil des Verwaltungsaktes. Für das Entfallen auch dieser Rechtsfolgen kann der Verzicht nicht ausreichen.

**3. Antrag auf Aufhebung des Verwaltungsaktes.** In Abs. 4 nicht ausdrücklich ange- **44** sprochen, gleichwohl möglich ist eine Aufhebung der Befreiung durch die BaFin. Diese muss erfolgen, sobald der Bieter einen dahingehenden Antrag stellt, da insoweit die Absichtsänderung des Bieters dem Antrag entnommen werden kann und der einseitige Verzicht nicht ausreicht (→ Rn. 43).

**4. Widerruf nach Abs. 4.** Nach Abs. 4 S. 1 besteht eine Pflicht des Bieters zur unverzügli- **45** chen Anzeige der Änderung seiner Absichten iSd Abs. 1. Verletzt er diese Pflicht, so kommt neben den allgemeinen Vorschriften über Rücknahme und Widerruf nach dem Verwaltungsverfahrensgesetz auch ein Widerruf wegen unterlassener Mitteilung der Absichtsänderung gem. Abs. 4 S. 2 in Betracht. Damit besteht die Möglichkeit, eine Verletzung der in Abs. 4 S. 1 begründeten Pflicht des Bieters wirksam zu sanktionieren, weil in diesem Fall die Entscheidung der BaFin nur an die ordnungsgemäße Ausübung seines Ermessen gebunden ist. Er kann sowohl die Befreiung insgesamt widerrufen als auch einen Teilwiderruf erklären, durch den lediglich die begünstigende Wirkung der Befreiung ex nunc beseitigt wird.

Unklar ist freilich, warum Abs. 4 S. 1 nur die Änderung der Absichten des Bieters nennt. **46** Was geschieht, wenn ghP oder deren Tochtergesellschaften ihre Absichten ändern, scheint die Vorschrift nicht zu regeln. Andererseits hat gem. Abs. 1 auch nur der Bieter die Antragsberechtigung für die Befreiung des Handelsbestands der ghP. Daraus wird man entnehmen müssen, dass nach dem Willen des Gesetzgebers der Bieter die Änderung der Absichten von ghP oder deren Töchtern unverzüglich mitzuteilen hat, andernfalls ein Widerruf nach Abs. 4 S. 2 möglich ist.

## § 21 Änderung des Angebots

(1) [1]Der Bieter kann bis zu einem Werktag vor Ablauf der Annahmefrist
1. die Gegenleistung erhöhen,
2. wahlweise eine andere Gegenleistung anbieten,

---

[44] Vgl. insoweit *Kopp/Ramsauer*, 9. Aufl. 2005, VwVfG § 48 Rn. 72.
[45] BT-Drs. 14/7034, 49.

3. **den Mindestanteil oder die Mindestzahl der Wertpapiere oder den Mindestanteil der Stimmrechte, von dessen Erwerb der Bieter die Wirksamkeit seines Angebots abhängig gemacht hat, verringern oder**
4. **auf Bedingungen verzichten.**
[2]**Für die Wahrung der Frist nach Satz 1 ist auf die Veröffentlichung der Änderung nach Absatz 2 abzustellen.**

(2) [1]**Der Bieter hat die Änderung des Angebots unter Hinweis auf das Rücktrittsrecht nach Absatz 4 unverzüglich gemäß § 14 Abs. 3 Satz 1 zu veröffentlichen.** [2]**§ 14 Abs. 3 Satz 2 und Abs. 4 gilt entsprechend.**

(3) **§ 11 Abs. 1 Satz 2 bis 5, Abs. 3, §§ 12, 13 und 15 Abs. 1 Nr. 2 gelten entsprechend.**

(4) **Im Falle einer Änderung des Angebots können die Inhaber von Wertpapieren der Zielgesellschaft, die das Angebot vor Veröffentlichung der Änderung nach Absatz 2 angenommen haben, von dem Vertrag bis zum Ablauf der Annahmefrist zurücktreten.**

(5) [1]**Im Falle einer Änderung des Angebots verlängert sich die Annahmefrist um zwei Wochen, sofern die Veröffentlichung der Änderung innerhalb der letzten zwei Wochen vor Ablauf der Angebotsfrist erfolgt.** [2]**Dies gilt auch, falls das geänderte Angebot gegen Rechtsvorschriften verstößt.**

(6) **Eine erneute Änderung des Angebots innerhalb der in Absatz 5 genannten Frist von zwei Wochen ist unzulässig.**

**Schrifttum:** *Assmann,* Erwerbs-, Übernahme- und Pflichtangebote aus Sicht der Bietergesellschaft, AG 2002, 114; *Busch,* Bedingungen in Übernahmeangeboten, AG 2002, 145; *Boucsein/Schmiady,* Aktuelle Entwicklungen bei der Durchführung von Übernahmeangeboten nach dem Wertpapiererwerbs- und Übernahmegesetz (WpÜG), AG 2016, 597; *Busch,* Die Frist für den Bedingungsverzicht gem. § 21 Abs. 1 WpÜG – Wie lange ist ein Werktag?, ZIP 2003, 102; *Cascante/Tyrolt,* 10 Jahre WpÜG – Reformbedarf im Übernahmerecht?, AG 2012, 97; *Frehse,* Die Angebotsänderung nach § 21 WpÜG – Erfolgsgarant oder doch nur hinausgezögertes Scheitern des öffentlichen Erwerbs- oder Übernahmeangebots?, BB 2018, 2312; *Klemm/Reinhardt,* Verbesserungspotenziale im deutschen Übernahmerecht, NZG 2007, 281; *Klepsch/Schmiady/v. Buchwaldt,* Administration von Übernahmeverfahren in Kämmerer/Veil, Übernahme- und Kapitalmarktrecht in der Reformdiskussion, 2013, 3; *Riehmer/Schröder,* Der Entwurf eines Übernahmegesetzes im Lichte von Vodafone/Mannesmann, NZG 2000, 820; *Rothenfußer/Friese-Dormann/Rieger,* Rechtsprobleme konkurrierender Übernahmeangebote nach dem WpÜG, AG 2007, 137; *Wollburg,* 10 Jahre WpÜG – Reformbedarf und Perspektiven, in Mülbert/Kiem/Wittig, 10 Jahre WpÜG (ZHR-Beiheft Nr. 76), 2011, 306.

## Übersicht

## I. Allgemeines

**1. Stellung und Normzweck.** § 21 ist im Zusammenhang mit den §§ 16, 17, 18, und **1** 19 zu lesen und enthält wie diese Eingriffe in die Privatautonomie des Bieters, wenn er ein öffentliches Angebot zum Erwerb von Wertpapieren einer Zielgesellschaft ändern will. Die Eingriffe sind vor allem verfahrensrechtlicher Art, § 21 schreibt Veröffentlichungspflichten und Fristen fest. Daneben klärt § 21 Abs. 1 die Zulässigkeit von Änderungen aus übernahmerechtlicher Sicht und ermöglicht dem Bieter, sein Angebot während der Annahmefrist an geänderte Umstände anzupassen und vor allem auf das möglicherweise zögerliche Annahmeverhalten der Adressaten zu reagieren.[1]

**2. Übersicht über den Inhalt.** § 21 Abs. 1 zählt übernahmerechtlich zulässige Änderungen des Angebots auf. Die Durchführung einer Änderung nach Abs. 1 und ihre vertraglichen Auswirkungen bestimmen sich nach allgemeinem Vertragsrecht (zum einen stellt sich die Frage, was mit dem ursprünglichen Angebot passiert, zum anderen die Frage, was mit bereits geschlossenen oder sogar bereits erfüllten Verträgen geschieht), soweit sich nicht aus den Abs. 2–6 wiederum Sonderregelungen ergeben.

Abs. 2 regelt die Pflicht zur Art und Weise der Veröffentlichung, Abs. 3 legt Inhalt und **3** Haftung für die Änderungsveröffentlichung fest und regelt eine begrenzte Untersagungsmöglichkeit der BaFin. Die Abs. 4–6 befassen sich mit den Folgen einer Angebotsänderung. Abs. 4 sieht ein Rücktrittsrecht für die Adressaten vor, die das ursprüngliche Angebot bereits angenommen hatten, Abs. 5 schreibt in bestimmten Fällen eine Verlängerung der Annahmefrist vor, Abs. 6 erklärt weitere Änderungen während der Fristverlängerung des Abs. 5 für unzulässig.

**3. Begriff der Angebotsänderung, Abgrenzung von Alternativangebot, Aktuali- 4 sierung und Berichtigung.** Die Angebotsänderung ist von anderen Eingriffen in die Angebotsunterlage abzugrenzen, insbesondere von einer Berichtigung (→ § 12 Rn. 33) und von einer Aktualisierung (→ § 11 Rn. 18) während der Annahmefrist. Eine Änderung im unmittelbaren Sinne der Abs. 2–6 liegt nur dann vor, wenn der **Inhalt der Willenserklärung des Bieters** geändert wird.[2] Die Willenserklärung des Bieters enthält nicht nur den Inhalt der abzuschließenden Verträge mit den Adressaten, sondern auch die Bedingungen ihrer Wirksamkeit oder Regeln für deren Zustandekommen. Daher handelt es sich zB auch bei einer Änderung von Zuteilungsregeln im Rahmen des § 19 um eine Angebotsänderung (zur ohnehin stark eingeschränkten Möglichkeit, Zuteilungsregeln festzusetzen, vgl. → § 19 Rn. 47; → Rn. 35).[3] Keine Angebotsänderung stellt nach richtiger Auffassung die Abweichung des Angebots von der **Ankündigung nach § 10** dar (→ § 10 Rn. 68).[4]

---

[1] Rechtstatsachen bei *Frehse* BB 2018, 2312 ff.

[2] AA offenbar FK-WpÜG/*Schröder* Rn. 11, der auf den Inhalt der abzuschließenden Verträge abstellt. Die Frage ist nicht gleichgültig (s. weiter im Text, → Rn. 4 ff.).

[3] Gegen Angerer/Geibel/Süßmann/*Thun* Rn. 26.

[4] Zutr. *Wollburg* in Mülbert/Kiem/Wittig, 10 Jahre WpÜG, 2011, 309; *Oechsler* ZIP 2003, 1330 (1333); Assmann/Pötzsch/Schneider/*Seiler* Rn. 16; *Drinkuth* in Marsch-Barner/Schäfer Börsennotierte AG-HdB Rn. 60.64 und Baums/Thoma/*Thoma* § 10 Rn. 57 gegen Kölner Komm WpÜG/*Hasselbach* Rn. 11; wie dieser auch Steinmeyer/*Santelmann/Steinhardt* § 10 Rn. 22; ferner *Klepsch/Schmiady/v. Buchwaldt* in Kämmerer/Veil, Übernahme- und Kapitalmarktrecht in der Reformdiskussion, 2013, 7 f.; zurückhaltend – im Hinblick auf „Selbstbindung" des Bieters genüge Missbrauchsaufsicht durch die BaFin – Assmann/Pötzsch/Schneider/*Assmann* § 10 Rn. 47.

**5**      Zu unterscheiden ist die Änderung des Angebots von einem Neuangebot durch den Bieter während des Laufs der Annahmefrist, auch **Alternativangebot** genannt.[5] Ein echtes Alternativangebot liegt nur vor, wenn der Bieter oder eine ihm zuzurechnende Person (→ § 22 Rn. 6 ff.) ein Angebot zum Erwerb von Wertpapieren einer Gattung abgibt, die nicht bereits Gegenstand des ursprünglichen Angebots sind, also zB ein Teilangebot auf Stammaktien, nachdem er zuvor ein Vollangebot auf die Vorzugsaktien der Zielgesellschaft gemacht hat. Demgegenüber liegt funktional betrachtet bei (auch nur teilweiser) Überschneidung mit dem Erstangebot lediglich eine Angebotsänderung (unechtes Alternativangebot) vor. Richtet sich das Angebot also (zumindest auch) auf Wertpapiere der Gattung, die bereits **Gegenstand des Erstangebots** war, so müssen die Vorschriften über die Angebotsänderung eingehalten werden.[6] Alternativangebote dürften daher praktisch eine Ausnahme sein. Insbesondere sind Alternativangebote entgegen der Auffassung von *Hasselbach* nicht grundsätzlich auch dann zulässig, wenn sie Abweichungen enthalten, die als Angebotsänderung unzulässig wären,[7] sondern nur dann, wenn sie echte Alternativangebote sind. Andernfalls könnte das Zweitangebot von der Nichtannahme des Erstangebots abhängig gemacht und auf diese Weise zB eine andere Gegenleistung durchgesetzt werden. Auf Alternativangebote können dann auch nicht die Vorschriften des § 22 über Annahmefristverlängerung oder Rücktritt analog angewendet werden, da die dort vorausgesetzte Konkurrenzsituation bei echten wie unechten Alternativangeboten definitionsgemäß fehlt.[8]

**6**      Eine **Aktualisierung** ist anzunehmen, wenn der Bieter die in der Angebotsunterlage enthaltenen Informationen der geänderten tatsächlichen Lage anpasst, ohne dabei die Willenserklärung zu ändern. Dabei ist zu berücksichtigen, dass auch die Änderung des Angebots neue Tatsachen schaffen kann, die eine Aktualisierungspflicht auslösen (vgl. → Rn. 25, → Rn. 43).

**7**      Eine **Berichtigung** liegt vor, wenn die Angebotsunterlage von Anfang an unvollständig oder unrichtig war und diese Unrichtigkeit später beseitigt wird (näher → § 11 Rn. 20; → § 12 Rn. 33 ff.). *Aha* vertritt die Auffassung, im Falle einer Berichtigung seien die Abs. 2–6 analog anzuwenden (insbesondere das Rücktrittsrecht des Abs. 4).[9] Dem scheint auf den ersten Blick entgegenzustehen, dass die Abs. 5 und 6, aber auch die Vorschriften über die Veröffentlichung oder Untersagung nicht recht auf die Berichtigung passen wollen. Insbesondere Abs. 6 würde unter Umständen Berichtigungen verbieten, was angesichts des Ziels der Versorgung mit Informationen als falsch erscheint. Wenn Berichtigungen aber bis kurz vor Toresschluss möglich sein müssten, verlöre auch die analoge Anwendung des Abs. 5 ihren Sinn. Die Anwendung der Abs. 2 und 3 ist sogar durch § 12 Abs. 3 Nr. 3 explizit ausgeschlossen, der eine Sonderregelung über die Art und Weise der Veröffentlichung enthält. Doch wird man im Ergebnis gleichwohl sehr weitgehend der Ansicht *Ahas* zustimmen müssen. Denn den Adressaten des Angebots muss einerseits bei Berichtigungen auf jeden Fall ein Rücktrittsrecht zur Seite stehen, da der Bieter durch die Berücksichtigung selbst einräumt, er habe die Anleger bisher falsch informiert (vgl. → § 11 Rn. 123).[10] Andererseits kann das durch eine Berichtigung ausgelöste Rücktrittsrecht nicht bis zum Ende aller Tage bestehen, weil ja nunmehr die Information der Adressaten gewährleistet ist. Der einzig sinnvolle Schlusstermin für das Rücktrittsrecht ist aber das Ende der Annahmefrist. Daher sind die **Abs. 4–6 bei Berichtigungen analog** anzuwenden.[11] Dass der Bieter daher in

---

[5] So etwa Kölner Komm WpÜG/*Hasselbach* Rn. 15.

[6] So letztlich auch *Drinkuth* in Marsch-Barner/Schäfer Börsennotierte AG-HdB Rn. 60.141, der Alternativangebote wegen Umgehung des § 21 für unzulässig erklärt, freilich ohne zwischen echten und unechten Alternativangeboten zu unterscheiden; aA Assmann/Pötzsch/Schneider/*Seiler* Rn. 17; Baums/Thoma/*Diekmann* Rn. 9, weil Adressaten auch ursprüngliches Angebot annehmen könnten; Steinmeyer/*Bastian* Rn. 3, ohne Begr.

[7] Kölner Komm WpÜG/*Hasselbach* Rn. 15.

[8] AA *Bachmann* in Mülbert/Kiem/Wittig, 10 Jahre WpÜG, 2011, 191, 199 mwN in Fn. 33.

[9] So *Aha* AG 2002, 160 (166).

[10] Zutr. *Aha* AG 2002, 160 (165 f.).

[11] FK-WpÜG/*Renner* § 12 Rn. 63; wohl auch Baums/Thoma/*Thoma* § 12 Rn. 65; vgl. auch Kölner Komm WpÜG/*Hasselbach* Rn. 35 f.; Ehricke/Ekkenga/Oechsler/*Oechsler* Rn. 19; aA Steinmeyer/*Steinhardt*

den letzten beiden Wochen einer bereits verlängerten Annahmefrist keine Berichtigungen mehr vornehmen darf, müssen er und die Adressaten hinnehmen. Das Interesse aller an einem Verfahrensende (vgl. § 3 Abs. 4) überwiegt insoweit die Informationsinteressen der Anleger und die Interessen des Bieters daran, nicht in die Haftung genommen zu werden. Im Übrigen wäre eine Berichtigung am Schluss der Annahmefrist meist kontraproduktiv, da sie einerseits Rücktrittsrechte zur Folge hat und andererseits Schadensersatzansprüche der Angebotsadressaten, die bereits angenommen haben, erleichtert (→ § 12 Rn. 36).

**4. Verhältnis des § 21 zum allgemeinen Vertragsrecht. a) Vorrang des § 21 vor** **8** **allgemeinem Vertragsrecht. aa) Meinungsstand.** Das Verhältnis des § 21 zum allgemeinen Vertragsrecht ist problematisch. Es stellen sich mehrere grundlegende Fragen. Die erste ist, ob § 21 Abs. 1 für die dort aufgezählten Tatbestände endgültig die Zulässigkeit anordnet oder ob sich ein mögliches Verbot daneben noch aus **allgemeinem Vertragsrecht** ergeben kann. § 21 Abs. 1 könnte also einerseits das allgemeine Vertragsrecht verdrängen oder andererseits bloß die übernahmerechtliche Zulässigkeit bestimmter Änderungen klären, ohne die vertragsrechtlichen Fragen zu präjudizieren. Als das Vertragsrecht verdrängende Spezialregelung sieht die wohl hM § 21 an, geht also von einer Autonomie des Übernahmerechts aus. Deshalb soll § 21 trotz seines Abs. 4 allgemein eine automatische Modifikation bereits abgeschlossener Verträge bewirken,[12] was nicht mit allgemeinen Grundsätzen der Rechtsgeschäftslehre (§ 311 Abs. 1 BGB) übereinstimmt. Demgegenüber bestimmt *Schröder* die Folgen einer Änderung, soweit sie nicht in § 21 Abs. 4 oder 5 ausdrücklich geregelt sind, offenbar nach allgemeinem Vertragsrecht.[13]

**bb) Stellungnahme.** Die Frage lässt sich nur beantworten, wenn man das Verhältnis **9** des WpÜG zum allgemeinen Vertragsrecht des BGB insgesamt betrachtet. Das WpÜG enthält insbesondere in den §§ 16–23 spezialgesetzliche **Abweichungen vom allgemeinen** **Vertragsrecht** des BGB. Der Bieter darf das Geschäft nicht unter beliebige Bedingungen iSd §§ 159 ff. BGB stellen (§ 18 Abs. 1). Er darf entgegen § 145 BGB seine Bindung an den Antrag nach § 18 Abs. 2 nicht ausschließen. Er darf seine späteren Vertragspartner nicht frei wählen, sondern muss das Angebot an alle Inhaber der Wertpapiergattung abgeben, die Gegenstand des Angebots ist (§ 19). Er darf dieses Angebot entgegen § 148 BGB nicht mit einer beliebigen, sondern nur mit einer Annahmefrist versehen, die im Rahmen des § 16 zu liegen hat und deren spätere Änderung durch das WpÜG im Einzelnen geregelt wird (§§ 16, 21 Abs. 5, § 22 Abs. 2). Auch § 21 gehört in diese Reihe: Eine Vertragsänderung darf, auch wenn sie vertragsrechtlich zulässig sein mag, nur unter den Kautelen des § 21 Abs. 2–6 erfolgen.

Diese ausdrücklichen Abweichungen für jeden Einzelfall zeigen, dass neben dem WpÜG **10** grundsätzlich das allgemeine Vertragsrecht (des BGB) Anwendung findet. So kann zB kein Zweifel daran bestehen, dass eine Annahmeerklärung eines Angebotsadressaten, die etwa unter eine nicht in der Unterlage aufgeführte Bedingung gestellt ist, gem. § 150 Abs. 2 BGB als Ablehnungserklärung, verbunden mit einem neuen Antrag anzusehen ist. Auch wendet die Bankpraxis zB § 149 BGB auf rechtzeitig abgesandte, aber verspätet zugegangene Annahmeerklärungen an, wenn von depotführenden Banken weitergeleitete Annahmeerklärungen nur wenig verspätet die vom Bieter benannte Abwicklungsstelle erreichen.[14] Auch die Vorschriften über den Wegfall der Geschäftsgrundlage (§ 313 BGB) sind nach ganz hM anwendbar (→ § 18 Rn. 56 mN). Ferner deuten die im Gesetz an vielen Stellen verwendeten Begriffe aus dem allgemeinen Vertragsrecht (Rücktritt, Angebot, Annahme-

---

§ 12 Rn. 21; Assmann/Pötzsch/Schneider/ *Seiler* Rn. 36; Baums/Thoma/ *Diekmann* Rn. 32; Angerer/Geibel/ Süßmann/ *Thun* Rn. 54.

[12] Steinmeyer/ *Bastian* Rn. 8 ff.; Kölner Komm WpÜG/ *Hasselbach* Rn. 17; Baums/Thoma/ *Diekmann* Rn. 54; Assmann/Pötzsch/Schneider/ *Seiler* Rn. 20; Schwark/Zimmer/ *Noack/Holzborn* Rn. 36, 45 f. für die Nr. 1, 3 und 4; *Stephan* AG 2003, 551 (560); Ehricke/Ekkenga/Oechsler/ *Oechsler* Rn. 18.

[13] FK-WpÜG/ *Schröder* Rn. 30 f., 34 ff.

[14] Angerer/Geibel/Süßmann/ *Geibel/Süßmann* § 16 Rn. 24.

frist, Aufforderung zur Abgabe von Angeboten usw.) darauf hin, dass auch das WpÜG sich innerhalb der **allgemeinen Zivilrechtsordnung** und insbesondere innerhalb der Rechtsgeschäftslehre bewegt. Es sieht lediglich aus Gründen der Funktionsfähigkeit des Kapitalmarktes Eingriffe in die Vertragsgestaltungs- und -abschlussfreiheit vor, die kein abschließendes, sondern nur ein ergänzendes Sondervertragsrecht beinhalten.

11    § 21 erklärt also nicht solche Änderungen für zulässig, die nach allgemeinem Vertragsrecht unzulässig sind. Er klärt nur, dass gegen die in Abs. 1 aufgeführten Änderungen keine **übernahmerechtlichen Bedenken** bestehen. Ob eine Vertragsänderung vertragsrechtlich möglich ist oder nicht, ist nicht Gegenstand der Regelung.

12    **b) Abschließende Aufzählung der zulässigen Änderungen in § 21 Abs. 1.** Zum zweiten könnte Abs. 1 für die Frage der inhaltlichen Zulässigkeit von Angebotsänderungen angesichts der Aufzählung bestimmter Änderungstatbestände eine **abschließende Regelung** enthalten. Andere Änderungen wären dann unzulässig, auch wenn sie nur die Situation der Adressaten verbessern. In diesem Falle würde auch § 21 Abs. 1 sich in die in → Rn. 9 genannten Gestaltungsfreiheitsbeschränkungen nahtlos einfügen. Es ist aber auch denkbar, dass § 21 Abs. 1 nur eine Klarstellung der Zulässigkeit bestimmter konkreter Änderungen enthält. Diese Frage wird in der Lit., soweit bislang erkennbar, in dem Sinne beantwortet, dass § 21 Abs. 1 eine abschließende Aufzählung der zulässigen Änderungen enthält.[15]

13    Dem kann nicht zugestimmt werden. Neben den in Abs. 1 Nr. 1–4 aufgezählten Änderungen kommen weitere Änderungen in Betracht. Der Gesetzgeber hat in § 21 weder ausdrücklich bestimmt, dass die Aufzählung in Abs. 1 abschließend sein soll (dann hätte es heißen müssen: „nur" zulässig), noch dass die dort genannten Tatbestände lediglich Regelbeispiele für zulässige Änderungen sein sollen (dann hätte es heißen müssen: „insbesondere"). Er hat in Abs. 1 auch **keinen Maßstab für die inhaltliche Zulässigkeit** oder Unzulässigkeit von Änderungen vorgegeben, sondern nur in der Begründung darauf verwiesen, dass es um Änderungen geht, „die aus Sicht der Wertpapierinhaber der Zielgesellschaft zu einer Verbesserung des Angebots führen, ihnen über das ursprüngliche Angebot hinausgehende Handlungsmöglichkeiten eröffnen oder zu einer verstärkten rechtlichen Bindung des Bieters an sein Angebot führen."[16]

14    Unter Berücksichtigung dieser Begründung und mangels konkreter Anhaltspunkte im Gesetz ist davon auszugehen, dass ein bestimmter gesetzgeberischer Wille aus § 21 Abs. 1 nicht abzuleiten ist. Die Aufzählung in Abs. 1 ist daher nicht abschließend, es kommen vielmehr weitere Änderungen in Frage. Neben rechtsvergleichenden Überlegungen[17] spricht dafür auch die Tatsache, dass Angebotsänderungen **zugunsten der Adressaten nach allgemeinem Vertragsrecht stets möglich** sind. Ein Verbot hätte im Gesetzeswortlaut deutlich zum Ausdruck kommen müssen, da auch im Rahmen des WpÜG der Grundsatz der Privatautonomie gilt. Ein Verbot solcher Änderungen hätte auch keinen erkennbaren Sinn. Zu verlangen ist für die Zulässigkeit allerdings, dass eine beabsichtigte Änderung für die Adressaten günstig ist, andernfalls ein Verstoß gegen § 17 bzw. das Prinzip der Bindung an ein einmal gemachtes Angebot oder eine erklärte Selbstbindung vorläge. Dabei wird man, ähnlich dem Günstigkeitsvergleich im Arbeitsrecht, einen Sachgruppenvergleich anzustellen haben. Zur Frage, welche nicht in Abs. 1 aufgeführten Änderungen in Frage kommen, → Rn. 34 f.

---

[15] In diesem Sinne Angerer/Geibel/Süßmann/*Thun* Rn. 23 ff.; Steinmeyer/*Bastian* Rn. 5; FK-WpÜG/*Schröder* Rn. 9; *Riehmer/Schröder* NZG 2000, 820 (823); *Assmann* AG 2002, 114 (123); *Drinkuth* in Marsch-Barner/Schäfer Börsennotierte AG-HdB Rn. 60.137, jeweils ohne nähere Begr.; die Begr. von Kölner Komm WpÜG/*Hasselbach* Rn. 20, der abschließende Charakter ergebe sich aus der Gesetzgebungstechnik und aus dem Fehlen einer Generalklausel, ist weder zwingend noch überzeugend, dazu im folgenden Text. Assmann/Pötzsch/Schneider/*Seiler* Rn. 37 meint, das folge auch aus der fehlenden Vorabprüfung durch die BaFin. Jedoch dürfte angesichts der Pflicht zur Belegübersendung (→ Rn. 43) die Untersagungsmöglichkeit nach § 15 ausreichen.

[16] BT-Drs. 14/7034, 49.

[17] Vgl. zur Lage in Österreich, Schweiz, Großbritannien, wo Änderungen zugunsten der Adressaten zulässig sind, FK-WpÜG/*Schröder* Rn. 3–7.

**5. Art und Weise der Vertragsänderung. a) Gesetzliche Regelung und Kritik der** 15
**Literatur.** Der Regelung des § 21 liegt folgende Vorstellung des Gesetzgebers vom Ablauf
einer Angebotsänderung zugrunde: Soweit zulässig, hat der Bieter die **Angebotsänderung
zu veröffentlichen** (Abs. 2). Dadurch entsteht ein Rücktrittsrecht für diejenigen Adressaten, die das ursprüngliche Angebot bereits angenommen haben (Abs. 4). Diese haben den
Rücktritt zu erklären und können danach (oder zugleich) das geänderte Angebot annehmen,
wenn sie dies wollen. Es besteht jedoch keine Pflicht dazu. Ist die Angebotsänderung sehr
spät, dh kurz vor Ablauf der ursprünglichen Annahmefrist erfolgt, so verlängert sich die
Annahmefrist um zwei Wochen, damit auch die Adressaten, die bislang nicht angenommen
haben, Zeit zur Prüfung des geänderten Angebots haben.

In der Lit. ist diese Regelungstechnik kritisiert worden. Das ganze Verfahren sei zu 16
umständlich, durch die Veröffentlichung der Änderung müssten daher die bereits zustande
gekommenen Verträge **automatisch modifiziert** werden.[18] Diesen Überlegungen ist im
Ergebnis teilweise Rechnung zu tragen, indem von den nach allgemeinem Vertragsrecht
zur Verfügung gestellten Möglichkeiten Gebrauch gemacht wird (dazu auch im Folgenden;
→ Rn. 33).

**b) Automatische Modifikation bei Verbesserung der Gegenleistung iSd Nr. 1.** 17
Reine Entgelterhöhungen iSd Abs. 1 Nr. 1 verändern **automatisch** die mit dem Bieter
bereits geschlossenen Verträge. Für eine Sonderbehandlung der Nr. 1 in Bezug auf die
Modifizierung der bereits geschlossenen Verträge spricht zunächst der Vergleich zwischen
§ 21 Abs. 1 Nr. 1 und § 31 Abs. 4.[19] Bei einer Verpflichtung zur Zahlung eines höheren
Entgelts nach § 31 Abs. 4 wegen eines Parallelerwerbs des Bieters zu einem höheren Preis
als dem Angebotspreis wird den Adressaten keine Rücktrittsobliegenheit auferlegt. Vielmehr
haben sie unmittelbar einen Anspruch auf die erhöhte Gegenleistung (vgl. → § 31 Rn. 17,
→ § 31 Rn. 81 ff., dort auch zum Verhältnis von § 31 zu § 21).[20] Der Gesetzgeber gibt
also selbst zu erkennen, dass er bei reinen Entgelterhöhungen für weitere Handlungen der
Adressaten keinen Bedarf sieht. Unterstützt wird diese Überlegung durch einen rechtsvergleichenden Blick. So ordnet das österreichische Recht in § 15 Abs. 2 öÜbG die automatische Vertragsänderung bei Verbesserungen zu Gunsten der Adressaten an. Das Gleiche gilt
nach Rule 32.3 City Code.[21]

Vertragsrechtlich lässt sich eine entsprechende „automatische" Änderung der Verträge 18
konstruieren. Dies gilt zunächst für ein fehlendes Handeln der Adressaten nach der Änderung. Denn bei den Adressaten **günstigen Vertragsänderungen** lässt es die Rspr. stets
genügen, wenn die entsprechende Zusage dem anderen Teil durch Aushang zur Kenntnis
gegeben wird und er nicht widerspricht.[22] Auf den Zugang einer Annahmeerklärung wird
gem. § 151 BGB verzichtet, die nach § 151 BGB eigentlich noch nötige Annahmebetäti-
gung kann bereits in der widerspruchslosen Hinnahme des günstigen Angebots gesehen
werden.[23]

Die zweite Frage ist, ob den Adressaten zumindest das Änderungsangebot des Bieters 19
hätte zugehen müssen, um derartige Folgen auslösen zu können. Doch ist darauf zu verweisen, dass das Gesetz selbst in § 16 Abs. 1 S. 2 die Wirksamkeit des Angebots mit Veröffentlichung der Unterlage anordnet (näher zur Wirksamkeit → § 16 Rn. 6). Für die Wirksamkeit

---

[18] Steinmeyer/*Bastian* Rn. 8 ff.; Kölner Komm WpÜG/*Hasselbach* Rn. 17 f.; Baums/Thoma/*Diekmann*
Rn. 54; Assmann/Pötzsch/Schneider/*Seiler* Rn. 20; Schwark/Zimmer/*Noack/Holzborn* Rn. 36, 45 f. für die
Nr. 1, 3 und 4; *Stephan* AG 2003, 551 (560); Ehricke/Ekkenga/Oechsler/*Oechsler* Rn. 18; apodiktisch *Rothen-
fußer/Friese-Dormann/Rieger* AG 2007, 137 (140 f.).
[19] Vgl. auch FK-WpÜG/*Schröder* Rn. 13.
[20] Vgl. Angerer/Geibel/Süßmann/*Thun* Rn. 51; dazu auch *Frehse* BB 2018, 2312 (2313); aA FK-WpÜG/
*Haarmann* § 31 Rn. 142 ff.
[21] FK-WpÜG/*Schröder* Rn. 3, 6.
[22] BGH NJW 2000, 276 f. mwN.
[23] BGH NJW 2000, 276 f. mwN; vgl. auch FK-WpÜG/*Schröder* Rn. 36 f., der dafür aber eine ausdrückliche Regelung in der Angebotsänderung verlangt und das Ganze dann auch noch an §§ 305 ff. BGB messen
will.

der Angebotsänderung kann nichts anderes gelten. Als Angebot „ad incertas personas" wird sie **mit ihrer Veröffentlichung wirksam** und kann dementsprechend auch die bereits geschlossenen Verträge ändern, soweit kein Widerspruch der Adressaten erfolgt.

20    Da die automatische Vertragsmodifikation teleologisch nahe liegt, nicht auf vertragsrechtliche Bedenken trifft und § 21 sie nicht verbietet, ist davon auszugehen, dass eine Erhöhung der Gegenleistung automatisch allen Angebotsadressaten zugute kommt, auch ohne dass sie ausdrücklich vom bereits geschlossenen Vertrag zurücktreten und das geänderte Angebot annehmen. An ihrem Rücktrittrecht nach Abs. 4, etwa um ein konkurrierendes Angebot annehmen zu können, ändert das nichts.[24]

21    **c) Automatische Modifikation bei sonstigen Änderungen?** Diese Überlegungen betreffen nur die Fälle des Abs. 1 Nr. 1. In den anderen Fällen der in Abs. 1 aufgezählten zulässigen Angebotsänderungen geht es nicht um eine den Adressaten bloß günstige Vertragsänderung.[25] Vielmehr wird die Entscheidungsgrundlage der Adressaten nachträglich geändert, weshalb ihre Entscheidungsfreiheit sichergestellt werden muss.[26] Das gebietet auch § 3 Abs. 2, wonach die **Sicherstellung der Entscheidungsfreiheit** der Adressaten eines der Grundziele des Gesetzes ist. Bei Einräumung einer zusätzlichen Wahlgegenleistung iSd Nr. 2 kann die abweichende hM schon nicht erklären, was mit den Verträgen geschieht, für die weder ein Rücktritt erklärt noch das Wahlrecht ausgeübt wird.[27] Man wird annehmen müssen, dass es in diesem Fall bei der Annahme der ursprünglich angebotenen Gegenleistung bleibt; die Annehmenden müssen aktiv werden, wenn sie die hinzugekommene Gegenleistung haben wollen. Die Herabsetzung von Annahmeschwellen ist ebenfalls nicht einfach günstig für die Adressaten, die bereits angenommen haben. Diese haben sich möglicherweise aus strategischen Gründen gerade nur unter der Bedingung binden wollen, dass auch genügend andere annehmen.[28] Ähnliches gilt für den Verzicht auf Bedingungen. Andererseits kann man für diese Änderungen auch nicht gut annehmen, dass es bei der Annahme des ursprünglichen Angebots bleibt, da es dann zu unterschiedlichen Vertragsinhalten je nach Zeitpunkt der Annahme käme.[29] Dennoch kann nicht ohne weiteres eine stillschweigende Zustimmung zur angebotenen Änderung angenommen werden, vielmehr besteht nur das in Abs. 4 genannte Rücktrittsrecht. Der Bieter kann diese Probleme durch einen entsprechenden Vorbehalt in der Angebotsunterlage vermeiden (→ Rn. 32 f.).

## II. Zulässige Änderungen (Abs. 1)

22    **1. Erhöhung der Gegenleistung.** Abs. 1 Nr. 1 betrifft den wichtigsten, wenngleich nicht häufigsten[30] Fall einer Änderung des Angebots, nämlich die Erhöhung der Gegenleistung. Zulässig ist zunächst bei **Barofferten** die nominelle Erhöhung des für jedes Wertpapier gebotenen Geldbetrages.

23    Fraglich ist, ob die (zusätzliche) **Zusage von liquiden Aktien** zum Zwecke der Erhöhung der (bisher nur baren) Gegenleistung von Nr. 1 gedeckt ist. Die Zweifel beruhen auf

---

[24] AllgM, s. nur Assmann/Pötzsch/Schneider/*Seiler* Rn. 46; Angerer/Geibel/Süßmann/*Thun* Rn. 56; *Rothenfußer/Friese-Dormann/Rieger* AG 2007, 137 (142).

[25] AA nachdrücklich *Rothenfußer/Friese-Dormann/Rieger* AG 2007, 137 (140 f.); Assmann/Pötzsch/Schneider/*Seiler* Rn. 20; s. auch *Frehse* BB 2018, 2312 (2313).

[26] Das geschieht bei automatischer Modifikation entgegen *Rothenfußer/Friese-Dormann/Rieger* AG 2007, 137 (141) in Fn. 21 gerade nicht: Den Vertragspartnern wird nämlich die Entscheidungsmöglichkeit, es bei dem einmal geschlossenen Vertrag zu belassen, genommen.

[27] Nicht nachvollziehbar deshalb Steinmeyer/*Bastian* Rn. 18, wenn er meint, die Änderung führe zum Recht der Vertragspartner, „im Rahmen der Erfüllung" die Gegenleistung zu bestimmen. Inhaltsbestimmung ist keine Frage der Erfüllung, sondern des Inhalts des Schuldverhältnisses, vgl. §§ 262 ff. BGB. Insbesondere ist § 264 Abs. 2 S. 2 nachteilig für den Gläubiger, so dass man insoweit nicht von einer „Verbesserung" durch die Änderung sprechen kann; wie hier auch Schwark/Zimmer/*Noack/Holzborn* Rn. 37; *Rothenfußer/Friese-Dormann/Rieger* AG 2007, 137 (140) aE.

[28] Nicht berücksichtigt von *Rothenfußer/Friese-Dormann/Rieger* AG 2007, 137 (140 f.); Assmann/Pötzsch/Schneider/*Seiler* Rn. 20.

[29] Zu Problemen bei der Absenkung von Mindestannahmeschwellen Steinmeyer/*Bastian* Rn. 12.

[30] *Frehse* BB 2018, 2312 (2313): nur 15 der von ihm untersuchten 62 Änderungen waren Erhöhungen.

dem Verweis des § 21 Abs. 3 auf § 11 Abs. 1 S. 2–5, Abs. 3. Da nicht auf § 11 Abs. 2, 4 und damit auch nicht auf § 2 Nr. 2 WpÜG-AV verwiesen wird, müsste der Bieter keine Informationen über die zusätzlich angebotenen Aktien veröffentlichen. Also könnte der Bieter ein wirtschaftlich inakzeptables Barangebot (1 Cent je Wertpapier) machen, das später um Aktien erweitert wird. Dann bräuchte er seinen Informationspflichten über die zum Tausch angebotenen Aktien nicht nachzukommen, was schwerlich mit dem Informationsgrundsatz des § 3 Abs. 2 vereinbar wäre.[31]

Selbst wenn man – wie in der Lit. vorgeschlagen – § 11 Abs. 4 iVm § 2 Nr. 2 WpÜG- **24** AV auf die zusätzliche Zusage von Wertpapieren anwenden wollte,[32] könnte die BaFin die Angebotsänderung wegen eines Verstoßes gegen diese Vorschriften nicht untersagen, da § 15 Abs. 1 Nr. 1 in Abs. 3 ebenfalls nicht in Bezug genommen wurde.[33]

Zur Lösung des Problems ist zu bedenken, dass eine derartige Angebotsänderung eine **25** Pflicht zur (unverzüglichen) **Aktualisierung** der Angebotsunterlage nach sich zieht. Entsprechend den bei → § 11 Rn. 18, → § 11 Rn. 20 dargestellten Grundsätzen handelt es sich insoweit bei einem zusätzlichen Angebot von Wertpapieren als Gegenleistung um eine nachträglich eingetretene tatsächliche Änderung, auf die § 11 und damit auch dessen Abs. 2 sowie § 2 Abs. 2 WpÜG-AV bei funktionaler Betrachtung **unmittelbar anwendbar ist.** Dann kommt auch eine Untersagung durch die BaFin unmittelbar aus § 15 in Frage. Eine solche hat sich allerdings auf das **gesamte Angebot,** nicht nur auf die Änderung zu erstrecken. Das ist zwar eine scharfe Sanktion für eine durch Angebotsänderung falsch gewordene Angebotsunterlage, im Interesse richtiger und vollständiger Angebotsunterlagen jedoch notwendig.

Von diesem Ausgangspunkt ist die Rechtslage bei **Tauschangeboten** zu beurteilen: **26** Unproblematisch ist eine für den Adressaten günstige Änderung des Umtauschverhältnisses. Möglich sein dürfte nach Nr. 1 auch die Zusage einer baren Zuzahlung, da dem Adressaten hier nicht wahlweise eine andere Gegenleistung, sondern zusätzlich eine Barleistung angeboten wird.[34] Anders als im umgekehrten Fall (zusätzliche Aktien bei Barofferten → Rn. 23) besteht hier auch keine Umgehungsgefahr in Bezug auf die Informationspflichten des Bieters, da bereits in der ursprünglichen Angebotsunterlage Informationen nach § 2 Nr. 2 WpÜG-AV enthalten sind; im Übrigen ist die Finanzierung sichergestellt, da gem. § 21 Abs. 3 die §§ 12, 13 entsprechend gelten. Eine **Verschlechterung des Umtauschverhältnisses** ist dagegen eine unzulässige Angebotsänderung, auch wenn sie nur mittelbar bewirkt wird. Das kann etwa geschehen, indem nicht die Zahl der als Gegenleistung angebotenen Wertpapiere einer neuen Gesellschaft verringert, aber stattdessen die Beteiligung Dritter an dieser neuen Gesellschaft erhöht wird.[35]

---

[31] Für unproblematisch hält diesen Fall dagegen FK-WpÜG/*Schröder* Rn. 12, weil die Aktionäre ja nur etwas zusätzlich erhalten; wie hier Baums/Thoma/*Diekmann* Rn. 36, dessen Lösung über § 11 Abs. 1 S. 2 freilich zu ungenau ist. Für eine Lösung über § 11 Abs. 1 S. 2 auch Steinmeyer/*Bastian* Rn. 33 m. Fn. 50, der auch weiterhin fälschlich behauptet, hier würde die Unzulässigkeit der Erhöhung der Gegenleistung durch zusätzliche Aktien vertreten; s. dagegen → Rn. 25.

[32] Angerer/Geibel/Süßmann/*Thun* Rn. 34 leiten den fehlenden Verweis für ein Redaktionsversehen, andere wollen dem Verweis auf § 11 Abs. 1 S. 2 die Geltung auch des Abs. 4 entnehmen, was mit dem Wortlaut des § 21 Abs. 3 unvereinbar ist, so etwa Assmann/Pötzsch/Schneider/*Seiler* Rn. 41; Baums/Thoma/*Diekmann* Rn. 36; Kölner Komm WpÜG/*Hasselbach* Rn. 40.

[33] Baums/Thoma/*Diekmann* Rn. 47 ff.; entgegen dem Gesetzeswortlaut will Assmann/Pötzsch/Schneider/*Seiler* Rn. 44 § 15 Abs. 1 Nr. 1 gleichwohl anwenden; für Missstandsaufsicht Kölner Komm WpÜG/*Hasselbach* Rn. 45 und Steinmeyer/*Bastian* Rn. 37; gegen ihn zutr. Baums/Thoma/*Diekmann* Rn. 47 ff.

[34] Insoweit zutr. FK-WpÜG/*Schröder* Rn. 12; Angerer/Geibel/Süßmann/*Thun* Rn. 9; Kölner Komm WpÜG/*Hasselbach* Rn. 22.

[35] Dazu in der Sache zutr. – dies freilich unzutr. schon für das Verhältnis Angebotsunterlage/Veröffentlichung nach § 10 annehmend – Klepsch/Schmiady/v. Buchwaldt in Kämmerer/Veil, Übernahme- und Kapitalmarktrecht in der Reformdiskussion, 2013, 7 f.; aA *Wollburg* in Mülbert/Kiem/Wittig, 10 Jahre WpÜG, 2011, 309 f., beide wohl für das Beispiel Dt. Börse/Euronext. Der rein formalistischen Betrachtung *Wollburgs* dürfte der Sinn und Zweck des WpÜG entgegenzuhalten sein. Damit wird aber eine schwierige Abgrenzung zwischen Wertveränderungen, die durch den Einfluss der Bieterseite hervorgerufen werden, und externen (Markt-) Einflüssen bzw. solchen, die im Rahmen des normalen Geschäftsganges der Drittgesellschaft entstehen, erforderlich; auch dazu Klepsch/Schmiady/v. Buchwaldt in Kämmerer/Veil, Übernahme- und Kapitalmarktrecht in der Reformdiskussion, 2013, 8.

27 Schließlich stellt sich die Frage, ob Nr. 1 auch die Fälle erfasst, in denen bei mehreren unterschiedlichen, den Adressaten **wahlweise versprochenen Gegenleistungen** oder wahlweise versprochenen Gegenleistungspaketen (bestehend aus verschiedenen Kombinationen von verschiedenen Arten von Gegenleistungen) nur jeweils eine der Gegenleistungen erhöht wird. Soweit man die Rechtsfolgen der Abs. 2–6 dabei auf sämtliche Adressaten erstreckt, auch wenn sie zB das gerade nicht erhöhte Gegenleistungspaket gewählt haben, bestehen keine Bedenken dagegen, solche Fälle unter Nr. 1 zu fassen. Entsprechendes gilt bei unterschiedlicher Erhöhung der mehreren wahlweise angebotenen Gegenleistungen.

28 **Andere Änderungen** mit einer materiell gleichen oder ähnlichen Wirkung werden von Nr. 1 nicht erfasst.[36] Verzichtet der Bieter zB auf die bisher den Wertpapierinhabern in Rechnung gestellten Kosten für die Annahme des Angebots, so liegt eine Änderung der Abwicklungsmodalitäten vor, deren Zulässigkeit sich allenfalls aus allgemeinen Überlegungen ergeben kann (zur Zulässigkeit → Rn. 34).[37] Sähe man das anders, würde Nr. 1 nicht nur Verbesserungen der Gegenleistung für zulässig erklären, sondern eine Gesamtbeurteilung jedwedes Änderungspaketes ermöglichen. Es müssten jeweils die Auswirkungen sämtlicher Änderungen auf das Verhältnis von Leistung und Gegenleistung überprüft und bilanziert werden. Dann könnten unter dem Deckmantel der Nr. 1 weitreichende, dh eine Verschiebung mehrerer Punkte beinhaltende, Angebotsänderungen vorgenommen werden.[38] Diese würden jeweils damit begründet, die Wertpapierinhaber stünden materiell nach dem Änderungspaket besser als ohne es. Demgegenüber ist zu verlangen, dass für jede einzelne Änderung festgestellt wird, ob sie den Adressaten gegenüber günstig oder ungünstig ist, weshalb nur die angesprochenen, weitgehend formal zu beurteilenden Anhebungen der Gegenleistung von Nr. 1 gedeckt sind.

29 **2. Andere Gegenleistung.** Der Bieter kann nach Abs. 1 Nr. 2 wahlweise eine andere Gegenleistung anbieten. Wahlweise bedeutet, dass es den Adressaten freisteht, statt der anderen die ursprüngliche Gegenleistung zu wählen. Zweifelhaft ist wie schon bei Nr. 1, ob der Bieter auch erstmals Wertpapiere als Wahlgegenleistung anbieten kann. Unter den bereits aufgeführten Kautelen, also insbesondere der Beachtung der Informationspflichten des § 11 Abs. 2 iVm § 2 Nr. 2 WpÜG-AV ist dies jedoch möglich. Abs 1 Nr. 2 verschafft dem Bieter nicht die Möglichkeit, eine aus Bar- und Sachkomponente bestehende Pflichtgegenleistung nachträglich abzuändern und das Verhältnis zwischen Bar- oder Sachanteil zu ändern.[39] Möglich ist eine Veränderung des Verhältnisses nur, indem entweder die Bar- oder die Sachkomponente nach Abs. 1 Nr. 1 aufgestockt wird (s. auch → Rn. 27 aE).[40] Die wahlweise angebotene Gegenleistung muss nicht den Anforderungen des § 31 entsprechen.[41] Da der Bieter bei Wahlgegenleistungen nicht wissen kann, welche angenommen wird, muss er die notwendigen Voraussetzungen für beide Gegenleistungen so schaffen, als ob sie die alleinige Gegenleistung wären, insbesondere die vollständige Finanzierung nach § 13 einschließlich der Finanzierungsbestätigung für eine angebotene Geldleistung sicherstellen.

30 **3. Verringerung der Mindestannahmequote oder Bedingungsverzicht.** Nr. 3 räumt dem Bieter die Möglichkeit ein, vor Ablauf der Annahmefrist die Mindestannahmequote herabzusetzen. Hat der Bieter ursprünglich das Erreichen einer qualifizierten Mehrheit zur Bedingung gemacht, kann es später für ihn unter Umständen sinnvoll sein, gleichwohl auch die nur erreichte einfache Mehrheit zu akzeptieren. Nr. 4 erklärt den Verzicht

---

[36] S. auch *Frehse* BB 2018, 2312 (2313).
[37] Wie hier Assmann/Pötzsch/Schneider/*Seiler* Rn. 23.
[38] Ebenso Baums/Thoma/*Diekmann* Rn. 17; Assmann/Pötzsch/Schneider/*Seiler* Rn. 23.
[39] *Boucsein/Schmiady* AG 2016, 597 (600).
[40] *Boucsein/Schmiady* AG 2016, 597 (600).
[41] FK-WpÜG/*Schröder* Rn. 15; Kölner Komm WpÜG/*Kremer/Oesterhaus* § 31 Rn. 37; Assmann/Pötzsch/Schneider/*Seiler* Rn. 27; aA Kölner Komm WpÜG/*Hasselbach* Rn. 26; Baums/Thoma/*Diekmann* Rn. 21; Schwark/Zimmer/*Noack/Holzborn* Rn. 7.

auf eine Bedingung für übernahmerechtlich zulässig, eine Änderung von Bedingungen kommt hingegen nach überwiegender Auffassung nicht in Frage.[42]

Die Regelung der Nr. 3 und 4 ist problematisch, weil eine Herabsetzung von Annahme- **31** quoten oder ein Bedingungswegfall die Entscheidungsgrundlage für die Angebotsadressaten verändert. Der Bieter könnte durch Gebrauchmachen von den in Nr. 3 und 4 zugelassenen Änderungsmöglichkeiten seine wahren Absichten verschleiern. Dies lässt sich am Beispiel der Annahmequote zeigen. Der Bieter könnte zB die Schwelle sehr hoch setzen und später wieder auf 30% reduzieren. Die Adressaten könnten sich durch die hohe Schwelle eher dazu veranlasst sehen, das Angebot anzunehmen, weil sie nicht zu einer verschwindend kleinen Minderheit gehören wollen und meinen, dass eine Annahme weitgehend risikofrei ist, da der Bieter die hohe Schwelle ja nicht erreichen werde. Später werden sie von der Entscheidung des Bieters überrascht. Dass sie dann ja von dem Vertrag gem. Abs. 4 zurücktreten können, ist nur ein scheinbares Gegenargument: Denn der Bieter könnte durch dieses Vorgehen einerseits faktisch die Annahmefrist verkürzen, da seine wahren Absichten erst während des Laufs der Annahmefrist zutage treten. Zum zweiten kommt dieses Vorgehen der Selbsteinräumung eines faktischen Rücktrittsrechts gleich, wenn er nämlich nicht auf die Bedingung verzichtet.[43]

Das Problem kann durch allgemeines Vertragsrecht teilweise gelöst werden. Danach **32** bedarf der Wegfall einer Bedingung in einem Verpflichtungsgeschäft grundsätzlich eines Änderungsvertrages.[44] Für die Änderung einer Bedingung kann nichts anderes gelten; die Herabsetzung der Annahmequote ist aber eine solche Bedingungsänderung. Nach dem in → Rn. 9 f. Gesagten schließen Nr. 3 oder Nr. 4 die Geltung des allgemeinen Vertragsrechts nicht aus. Einseitig kann der Bieter also die bereits geschlossenen Verträge nicht verändern.[45] Eine Ausnahme muss konsequenterweise gelten, wenn das Angebot und damit der geschlossene Vertrag selbst bereits diese Möglichkeit vorsieht. Denn dann stellt sie sich als vertragliches Recht des Bieters dar, das übernahmerechtlich wegen Nr. 3 oder Nr. 4 erlaubt ist.[46] Da Nr. 3 und Nr. 4 es nicht untersagen, kann sich der Bieter sogar das Recht einräumen, trotz bereits eingetretener auflösender Bedingung oder bereits ausgefallener aufschiebender Bedingung auf die Bedingung zu verzichten.[47]

Will der Bieter die Veränderung der Mindestannahmequote oder den Wegfall einer **33** Bedingung durch einseitige Angebotsänderung mit Wirkung für alle Adressaten erreichen, so muss er sich daher bereits in der Angebotsunterlage unmissverständlich[48] vorbehalten, dass bestimmte Bedingungen durch einen von ihm vor Ablauf der Annahmefrist ausgesprochenen Verzicht wieder wegfallen oder verändert werden können. Dann sind die Adressaten über das vom Bieter bereits geplante Vorgehen informiert. **De lege ferenda** sind Nr. 3

---

[42] *Drinkuth* in Marsch-Barner/Schäfer Börsennotierte AG-HdB Rn. 60.137; Kölner Komm WpÜG/*Hasselbach* Rn. 33; FK-WpÜG/*Schröder* Rn. 19; *Frehse* BB 2018, 2312 (2314): keine gleichzeitige Neuaufnahme von Bedingungen bei Verzicht; aA Ehricke/Ekkenga/Oechsler/*Oechsler* Rn. 8; Assmann/Pötzsch/Schneider/*Seiler* Rn. 33.

[43] Dazu Baums/Thoma/*Diekmann* Rn. 23; Angerer/Geibel/Süßmann/*Thun* Rn. 18.

[44] BGH NJW-RR 1989, 291; vgl. auch *Pohlmann* NJW 1999, 190 f.

[45] Seine Angebotserklärung selbst kann er wegen § 17 nicht unter eine Bedingung stellen, vgl. → § 17 Rn. 12 ff.

[46] Nur mit dieser Maßgabe kann daher Kölner Komm WpÜG/*Hasselbach* Rn. 33 zugestimmt werden; aA etwa Steinmeyer/*Bastian* Rn. 24 aE.

[47] Kölner Komm WpÜG/*Hasselbach* Rn. 33; Assmann/Pötzsch/Schneider/*Seiler* Rn. 34; Baums/Thoma/*Diekmann* Rn. 28; nunmehr auch Steinmeyer/*Bastian* Rn. 24; *Frehse* BB 2018, 2312 (2314); aA Angerer/Geibel/Süßmann/*Thun* Rn. 22; Schwark/Zimmer/*Noack/Holzborn* Rn. 13.

[48] Zu verlangen ist, dass der Bieter die Angebotsadressaten deutlich auf die vertraglich vorbehaltene Angebotsänderung hinweist. Denkbar ist darüber hinaus, dass aus dem Transparenzgrundsatz des § 11 Abs. 1 S. 4 noch schärfere Anforderungen an den vertraglichen Vorbehalt folgen, zB dass der Bieter bereits in der Angebotsunterlage angibt, unter welchen Umständen er von der Möglichkeit Gebrauch machen wird. Zusätzlich ist zu fragen, ob der Änderungsvorbehalt wegen § 308 Nr. 3 BGB möglicherweise nur dann zulässig ist, wenn der Bieter zugleich angibt, in welchen Fällen oder aus welchen Gründen er von der Änderungsmöglichkeit Gebrauch machen will. IErg ist die Frage zu verneinen, da Abs. 1 Nr. 3 und 4 vorrangig sind; vgl. allg. zum Verhältnis zum AGB-Recht → § 11 Rn. 6 ff.

und 4 zu streichen[49] und durch ein entsprechendes Verbot zu ersetzen, da der vorbehaltene Verzicht auf Bedingungen oder die vorbehaltene Herabsetzung einer Mindestannahmequote im Widerspruch zu den Informationsinteressen der Angebotsadressaten und zu dem in §§ 17, 18 zum Ausdruck gekommenen Prinzip steht, dass der Bieter nicht selbst nachträglich über die Verbindlichkeit seines Angebots entscheiden können soll.[50]

**34**    **4. Weitere Änderungen.** Möglich ist entgegen der hM[51] nach dem in → Rn. 13 f. Gesagten auch eine isolierte **Verlängerung der Annahmefrist** als eine den Adressaten günstige Änderung des Angebots.[52] Als Grenze ist nur die Zehnwochenfrist des § 16 Abs. 1 S. 1 anzusehen. Soweit die Fristverlängerung innerhalb der letzten beiden Wochen der ursprünglichen Annahmefrist veröffentlicht wird, hat der Bieter die Annahmefrist gem. § 21 Abs. 5 mindestens um zwei Wochen über das Ende der ursprünglichen Frist hinaus zu verlängern, eine erneute Verlängerung ist dann gem. Abs. 6 ausgeschlossen. Der Bieter kann ferner durch Änderung des Angebots **Kosten übernehmen,** die nach dem ursprünglichen Angebot den Wertpapierinhabern in Rechnung zu stellen wären, zB Gebühren der Depotbank für die Annahme des Angebots. Weiter kann der Bieter auch den **Anteil erhöhen, zu dessen Erwerb er sich bei Teilangeboten iSd § 19 verpflichtet hat.** Aus Sicht der Wertpapierinhaber der Zielgesellschaft handelt es sich um eine Verbesserung, da sie nach wie vor frei entscheiden können, wie viele Aktien sie andienen wollen, aber ihre Chance steigt, bei einer Zuteilung nach § 19 berücksichtigt zu werden. Dabei hat er allerdings bei einfachen Erwerbsangeboten zu beachten, dass er durch die Erweiterung des Anteils nicht die Kontrollschwelle des § 29 Abs. 2 überschreitet.

**35**    Dagegen kommt eine **Änderung der Zuteilungsregelung** entgegen einer in der Lit. vertretenen Auffassung[53] nicht in Betracht (vgl. → § 19 Rn. 47 f.). Durch jede Änderung der Zuteilungsregelung werden bei einer Überzeichnung einige Adressaten des Angebots benachteiligt, andere bevorzugt, schon deshalb ist eine spätere Änderung abzulehnen. Die Überlegung, es handele sich überhaupt nicht um eine Änderung des Angebots iSd § 21,[54] geht fehl. Der Inhalt der Willenserklärung des Bieters umfasst durchaus auch die Repartierungsregeln bei Überzeichnung, weil die Zuteilungsregel den Inhalt der Pflichten des Bieters und der Rechte der Adressaten in jedem einzelnen Vertragsverhältnis konkretisiert (ausführlich → § 19 Rn. 36 f.).[55] Dass die Adressaten zurzeit der Annahme nicht wissen, wie viele Aktien sie an den Bieter abgeben werden können, spielt dagegen keine Rolle. Denn der Vertragsinhalt steht im Verhältnis Bieter/Annehmender mit der Annahme fest und bleibt unverändert; die Pflichtenkonkretisierung auf Bieterseite durch Überzeichnung verändert nicht mehr den einzelnen Vertrag, sondern ist im Vertrag bereits vorgesehen.

**36**    **5. Zulässigkeit der Selbstbindung des Bieters.** Der Bieter kann insbesondere bei einem feindlichen Angebot versuchen, die Annahmequote dadurch zu verbessern, dass er eine spätere Änderung des Angebots von vornherein in der Angebotsunterlage ausschließt (sog. **no increase statement**). Dadurch kann zB eine Abwartehaltung der Adressaten vermindert werden, die wegen der sog. weiteren Annahmefrist des § 16 Abs. 2 wahrscheinlich ist. Eine solche Erklärung des Bieters ist nach richtiger Auffassung wirksam.[56] Das

---

[49] AA *Cascante/Tyrolt* AG 2012, 97 (100 ff.), die die geltenden Beschränkungen zugunsten des Bieters herabsetzen wollen.

[50] So auch *Bimberg,* Unternehmensübernahmen und Erwerbsangebote in Deutschland, 2009, 241 f. nach empirischer Auswertung.

[51] Angerer/Geibel/Süßmann/*Thun* Rn. 27; FK-WpÜG/*Schröder* Rn. 9; Steinmeyer/*Bastian* Rn. 5.

[52] Baums/Thoma/*Diekmann* Rn. 10; Assmann/Pötzsch/Schneider/*Seiler* Rn. 37; Assmann/Pötzsch/Schneider/*Seiler* § 16 Rn. 14; Kölner Komm WpÜG/*Hasselbach* Rn. 37.

[53] Angerer/Geibel/Süßmann/*Thun* Rn. 26.

[54] Angerer/Geibel/Süßmann/*Geibel/Süßmann* § 19 Rn. 19; Angerer/Geibel/Süßmann/*Thun* Rn. 26.

[55] Vgl. Kölner Komm WpÜG/*Hasselbach* § 19 Rn. 33; Baums/Thoma/*Thoma* § 19 Rn. 13; FK-WpÜG/*Scholz* § 19 Rn. 30.

[56] So auch Baums/Thoma/*Diekmann* Rn. 30 ff.; Schwark/Zimmer/*Noack/Holzborn* Rn. 5; Kölner Komm WpÜG/*Hasselbach* Rn. 25; Steinmeyer/*Bastian* Rn. 5; aA Angerer/Geibel/Süßmann/*Thun* Rn. 22; Assmann/Pötzsch/Schneider/*Seiler* Rn. 24.

Angebot ist keine echte empfangsbedürftige und daher erst mit Zugang wirksame Willenserklärung, sondern wird bereits mit der Veröffentlichung wirksam. Wirksam wird daher auch
die in der Willenserklärung enthaltene Selbstverpflichtung, das Angebot später nicht mehr
zu ändern. Eine später dennoch erfolgte Angebotsänderung stellt eine Abweichung von
dieser ersten Willenserklärung dar und ist deshalb nach allgemeinem Vertragsrecht unwirksam. Dies ist auch notwendig, da möglicherweise einige Angebotsadressaten, denen zB die
Gegenleistung als zu gering erschien, den weiteren Verlauf des Angebotsverfahrens nicht
mehr verfolgt, sondern sich auf die Erklärung des Bieters verlassen haben und dies auch
durften.[57]

Ein weiteres Beispiel für eine mögliche Selbstbindung des Bieters bildet bei einem **37**
Tauschangebot die Zusage, das Angebot würde auf jeden Fall nur dann wirksam, wenn die
Annahmequote erreicht werde. Das ist schon allein deshalb notwendig, weil unter Umstän-
den nur (→ § 31 Rn. 69) so die Liquidität der angebotenen Aktien gesichert werden kann.

### III. Zeitrahmen für zulässige Änderungen und Häufigkeit (Abs. 1, Abs. 6)

**1. Grundsatz.** Das Angebot kann gem. Abs. 1 S. 1 bis zu einem Werktag vor Ablauf **38**
der Annahmefrist beliebig oft geändert werden. Abs. 6 schließt hingegen Änderungen während des Laufs einer gemäß Abs. 5 verlängerten Annahmefrist aus. Zur Annahmefrist ist
auch eine gem. § 16 Abs. 3 oder § 22 Abs. 2 veränderte Annahmefrist zu rechnen, nicht
aber eine gem. § 21 Abs. 5 oder § 16 Abs. 2 (→ Rn. 40) verlängerte. Die letzte Änderungsmöglichkeit liegt damit so, dass die Wertpapierinhaber am letzten Tag der ursprünglichen
Annahmefrist sicher sein können, dass es nicht mehr vom Bieter einseitig geändert wird
(genauer → Rn. 39).[58] Für die zeitliche Zulässigkeit kommt es gem. Abs. 1 S. 2 auf den
Erfolg der Veröffentlichung der Änderung an, nicht hingegen auf die Abgabe der Ände-
rungserklärung durch den Bieter. Die Regelung fordert Kritik geradezu heraus:[59] Warum
sollen die Anleger zB am letzten Tag nicht noch eine Erhöhung der Gegenleistung erhalten
können, obwohl das sogar ihre Annahme- und damit Überlegungsfrist nach § 21 Abs. 5
noch um zwei Wochen verlängerte? Warum lässt der Gesetzgeber die Störung des Angebots
durch einen Dritten am letzten Tag der Annahmefrist zu?[60]

**2. Fristberechnung.** Für die Berechnung der Frist für die letzte Änderungsmöglichkeit **39**
gelten die §§ 187 ff. BGB mit der Besonderheit, dass hier von einem Endzeitpunkt an
rückwärts zu rechnen ist.[61] Will der Bieter den zeitlichen Rahmen für die Änderung voll
ausschöpfen, also möglichst spät ändern, so gilt folgendes: (1) Endet die Annahmefrist am
**Ende eines Tages,** zB an einem Mittwoch, so hat die Veröffentlichung spätestens am
Werktag davor zu erfolgen, also im Beispiel am Dienstag. § 21 Abs. 1 verlangt nämlich
(nur), dass den Adressaten noch ein voller Werktag zur Annahme zur Verfügung steht,
ohne dass das Angebot geändert werden kann.[62] Prinzipiell könnte die Veröffentlichung bis
spätestens Dienstag 24 Uhr erfolgen, aus praktischen Gründen wurde schon bislang früher
veröffentlicht.[63] Da eine Veröffentlichung nunmehr auch nur im Internet mit Hinweisbekanntmachung im Bundesanzeiger erfolgen kann, käme theoretisch nun auch eine Veröffentlichung bis 24 Uhr in Betracht.[64] Doch liegen die Publikationszeiten des eBundesanzei-
gers nur von Montag bis Freitag zwischen 8 und 18 Uhr, möglicherweise kann sogar nur

---

[57] Dieses Argument widerlegt Assmann/Pötzsch/Schneider/*Seiler* Rn. 24 nicht, wenn er auf den Schutz
durch die Veröffentlichung der Änderung hinweist. Wenn das no increase statement unwirksam wäre, dürfte
es erst gar nicht in die Unterlage aufgenommen werden.

[58] Vgl. auch Angerer/Geibel/Süßmann/*Thun* Rn. 35 f.

[59] Zu Recht krit. FK-WpÜG/*Schröder* Rn. 21 ff.

[60] Dazu *Klemm/Reinhardt* NZG 2007, 281 (282 f.).

[61] Zutr. *Busch* ZIP 2003, 102 (103).

[62] Baums/Thoma/*Diekmann* Rn. 34; Angerer/Geibel/Süßmann/*Thun* Rn. 35; *Drinkuth* in Marsch-Bar-
ner/Schäfer Börsennotierte AG-HdB Rn. 60.136.

[63] *Busch* ZIP 2003, 102 (103).

[64] Da weder eine Mitwirkung der Adressaten noch Zugang an diese erforderlich ist, wird man nicht
verlangen dürfen, dass die Veröffentlichung nur innerhalb der üblichen Geschäftszeiten erfolgen kann.

bis 15 Uhr veröffentlicht werden.[65] (2) Endet die Annahmefrist zu einer **bestimmten Uhrzeit,** zB Mittwoch, 12 Uhr, so folgt aus § 187 Abs. 1 BGB analog, dass der Mittwoch nicht mitgezählt werden kann. Folglich hat die Veröffentlichung bereits am Montag zu erfolgen.[66] (3) Ist der letzte Tag der Annahmefrist ein Montag, so kann der Bieter die Änderung am vorhergehenden **Sonntag** oder **Sonnabend** aus praktischen Gründen nicht veröffentlichen, da die Publikationszeiten des Bundesanzeigers nur zwischen Montag und Freitag liegen. Entsprechendes gilt für vorangehende Feiertage.[67] Da die Regelung den Adressaten einen vollen Werktag zur Annahme zur Verfügung stellen will, ohne dass der Bieter ändern kann, muss dann eine Veröffentlichung am vorhergehenden **Freitag erfolgen.**[68] Hingegen führt ein Ende der Annahmefrist am **Montag um 12 Uhr** zur letzten Veröffentlichungsmöglichkeit am **Donnerstag.** Denn den Adressaten stehen regelmäßig weder der Sonntag noch der Samstag für ihre Annahmeerklärung zur Verfügung, so dass ihnen der Freitag als voller Werktag zur Verfügung zu stellen ist. Anderes gilt nur dann, wenn die Adressaten auch am Samstag die Annahmeerklärungen abgeben können, was in der Angebotsunterlage aber durch die Pflicht zur Erklärung gegenüber der depotführenden Bank regelmäßig ausgeschlossen ist.

**40**      **3. Veränderung des Zeitrahmens durch Verlängerung oder weitere Annahmefrist.** Nach diesem Zeitpunkt ist eine weitere Angebotsänderung mit einer Ausnahme unzulässig. Zunächst ist eine **weitere Annahmefrist** gem. § 16 Abs. 2 nicht zu berücksichtigen, es bleibt also beim Ablauf des Werktages vor dem letzten Tag der regulären Annahmefrist. Sähe man das anders, würde aus der weiteren Annahmefrist wegen § 21 Abs. 5 wieder eine verlängerte reguläre Annahmefrist, was dem Zweck des § 16 Abs. 2 zuwiderliefe, (nur) den Kleinaktionären bei einem erfolgreichen Übernahmeangebot noch eine letzte Gelegenheit zu bieten.[69] Ist dagegen durch eine Angebotsänderung die Annahmefrist gem. § 21 Abs. 5 verlängert worden, ändert sich der maßgebende letztmögliche Zeitpunkt immerhin um einen Tag: Abs. 6 schließt Änderungen (nur) während der **verlängerten Annahmefrist** aus. Bis zum letzten Werktag der ursprünglichen Annahmefrist bleiben Angebotsänderungen also weiter möglich, insofern führt eine von Abs. 5 erzwungene Verlängerung der Annahmefrist zugleich zur Erweiterung der Änderungsmöglichkeiten des Bieters um einen Werktag.[70] Den Adressaten verbleibt am Ende jedenfalls noch ein Zeitraum von zwei Wochen, in dem sie über die Annahme entscheiden können, ohne weitere Änderungen befürchten zu müssen. Taucht allerdings während dieser Zeit ein konkurrierender Bieter auf, kann sich die Situation gem. § 22 Abs. 2 wieder ändern, weil dieser eine veränderte ursprüngliche Annahmefrist schafft.

### IV. Durchführung der Änderung (Abs. 2, Abs. 3)

**41**      **1. Wirksamkeit der Änderung, Veröffentlichungspflicht (Abs. 2).** Die Änderung wird erst wirksam, wenn sie veröffentlicht ist. Dies folgt aus Abs. 1 S. 2 und Abs. 2. Wie

---

[65] Vgl. *Rothenfußer/Friese-Dormann/Rieger* AG 2007, 137 (140).

[66] *Busch* ZIP 2003, 102 (103); eine Gegenauffassung wird entgegen *Drinkuth* in Marsch-Barner/Schäfer Börsennotierte AG-HdB Rn. 60.136 weder von Assmann/Pötzsch/Schneider/*Seiler* Rn. 11 f. noch von *Busch* ZIP 2003, 102 f. vertreten.

[67] Dazu, dass hier sämtliche lokalen Feiertage zu berücksichtigen sind, → § 16 Rn. 10; wie hier Angerer/Geibel/Süßmann/*Thun* Rn. 37; FK-WpÜG/*Schröder* Rn. 23; Kölner Komm WpÜG/*Hasselbach* Rn. 13; Schwark/Zimmer/*Noack/Holzborn* Rn. 20; aA nur *Drinkuth* in Marsch-Barner/Schäfer Börsennotierte AG-HdB Rn. 60.136 und Baums/Thoma/*Diekmann* Rn. 35: nur die Feiertage am Sitz der Zielgesellschaft, weil sonst uU die Arbeitnehmer nicht rechtzeitig unterrichtet werden könnten, das kann bei Berücksichtigung aller lokalen Feiertage aber gerade nicht geschehen.

[68] Vgl. *Busch* ZIP 2003, 102 (104); jetzt auch Steinmeyer/*Bastian* Rn. 6, die in der Sache richtig den Samstag als maßgebend ansehen, der lediglich an den genannten Publikationszeiten des Bundesanzeigers scheitert.

[69] So auch Angerer/Geibel/Süßmann/*Thun* Rn. 36; Steinmeyer/*Bastian* Rn. 6; *Rothenfußer/Friese-Dormann/Rieger* AG 2007, 137 (139 f.).

[70] Zutr. *Rothenfußer/Friese-Dormann/Rieger* AG 2007, 137 (140).

beim Angebot handelt es sich bei der Änderung um eine nicht empfangsbedürftige Willenserklärung des Bieters, die zu ihrer Wirksamkeit nicht des Zugangs an einzelne Adressaten bedarf. Nach Abs. 2 hat der Bieter die Änderung dementsprechend so zu veröffentlichen wie auch die Angebotsunterlage. Dagegen verlangt Abs. 2 keine Neuveröffentlichung der gesamten Angebotsunterlage. In Abs. 2 ebenfalls nicht genannt und damit nicht existent ist eine Pflicht des Bieters zur Vorabinformation der BaFin, wie dies bei der Veröffentlichung der ursprünglichen Unterlage gem. § 14 Abs. 1 S. 2 verlangt wird.

**2. Inhalt der Veröffentlichung, Haftung (Abs. 2, Abs. 3).** Nach Abs. 2 muss die **42** Änderungsveröffentlichung einen **Hinweis auf das Rücktrittsrecht** enthalten, dagegen wird ein gesonderter Hinweis auf eine eventuelle Verlängerung der Annahmefrist gem. § 21 Abs. 5 vom Gesetzgeber nicht verlangt. Er geht offenbar davon aus, dass die bereits in der Angebotsunterlage nach § 2 Nr. 9 WpÜG-AV erfolgte Information ausreichend ist. Damit leistet der Gesetzgeber intransparenter Information der Angebotsadressaten Vorschub.

Abs. 3 erklärt die Vorschriften des § 11 Abs. 1 S. 2–5 für anwendbar. Die Änderung **43** muss also in deutscher Sprache abgefasst, richtig und vollständig sowie transparent sein und vom Bieter unterzeichnet werden. Die allgemeinen inhaltlichen Anforderungen des Abs. 3 beziehen sich nur auf die **Änderungsveröffentlichung,** nicht auf das geänderte Angebot im ganzen. Soweit die Änderung des Angebots eine Aktualisierungspflicht in Bezug auf andere Punkte des Angebots auslöst, können diese in der Änderungsveröffentlichung mitangegeben werden (vgl. zur Aktualisierung → Rn. 25; → § 11 Rn. 18 f.). Der BaFin ist ein Beleg über die Veröffentlichung zu übermitteln, wegen Abs. 2 iVm § 14 Abs. 3 S. 2. Die Änderung der Angebotsunterlagen ist gem. dem ebenfalls anwendbaren § 14 Abs. 4 dem Vorstand der Zielgesellschaft und den Betriebsräten bzw. Arbeitnehmern beider Gesellschaften zuzuleiten.

Für die Richtigkeit der in der Veröffentlichung der Angebotsänderung enthaltenen Infor- **44** mationen haften die in § 12 Abs. 1 genannten Personen nach den dortigen Grundsätzen, regelmäßig aber nur derjenige, der die Änderung unterzeichnet hat. Da in der Veröffentlichung der Angebotsänderung kaum zusätzliche Informationen enthalten sein müssen, sind praktische Anwendungsfälle für eine Haftung nach § 12 kaum vorstellbar.

**3. Finanzierung (Abs. 3).** Für entsprechend anwendbar erklärt Abs. 3 auch § 13, so **45** dass bei einer Erhöhung der Gegenleistung nach Abs. 1 Nr. 1 eine neue Finanzierungsbestätigung gem. § 13 Abs. 1 S. 2 auszustellen ist. Das Gleiche hat zu gelten, soweit der Bieter zulässigerweise ein Teil-Barangebot erweitert (→ Rn. 34) oder als andere Gegenleistung iSd Abs. 1 Nr. 2 erstmals eine Geldleistung anbietet. Der Gesetzgeber hat hier nicht ausdrücklich vorgesehen, dass diese Bestätigung der Veröffentlichung der Angebotsänderung beizufügen ist, was in der Lit. bereits für ein Redaktionsversehen des Gesetzgebers gehalten wurde.[71] Erkennt man an, dass die Angebotsänderung zugleich eine Aktualisierungspflicht bezüglich des ursprünglichen Angebots auslöst (→ Rn. 25, → Rn. 43), so ergibt sich diese Pflicht aber aus dem unmittelbar anwendbaren § 11 Abs. 2 S. 2 Nr. 4. Ausreichend ist es, wenn die Finanzierungsbestätigung der Veröffentlichung der Angebotsänderung beigefügt ist.[72]

**4. Untersagungsmöglichkeit (Abs. 3).** Die Angebotsänderung kann die BaFin gem. **46** Abs. 3 nur nach § 15 Abs. 1 Nr. 2 untersagen, also dann, wenn die Änderung selbst gegen Vorschriften des WpÜG verstößt, zB gegen § 21 Abs. 6. Das auf Grund einer Angebotsänderung geänderte Angebot selbst kann die BaFin, soweit die Angebotsunterlage unrichtig oder unvollständig geworden ist, nach dem direkt anwendbaren § 15 untersagen. Wird nur die Änderung untersagt, so kann das ursprüngliche Angebot weiter angenommen werden; die untersagte Angebotsänderung verlängert dessen Annahmefrist § 21 Abs. 5 (→ Rn. 50). Zu den Rechtsfolgen einer Untersagung auch → § 15 Rn. 39.

---

[71] Angerer/Geibel/Süßmann/*Thun* Rn. 34; Baums/Thoma/*Diekmann* Rn. 37.
[72] IErg ebenso Baums/Thoma/*Diekmann* Rn. 37 und Assmann/Pötzsch/Schneider/*Seiler* Rn. 41.

## V. Rechtsfolgen der Änderung

**47**   **1. Rücktrittsrecht (Abs. 4). a) Allgemeines.** Eine zulässige Angebotsänderung löst ein Rücktrittsrecht der Adressaten aus, die das ursprüngliche Angebot bereits angenommen hatten. Auf dieses gesetzliche Rücktrittsrecht finden gem. § 346 Abs. 1 S. 2 BGB die Vorschriften des BGB über den Rücktritt Anwendung. Durch Abs. 4 gibt der Gesetzgeber zu erkennen, dass normalerweise, dh ohne Angebotsänderung, ein Rücktrittsrecht bis zum Ende der Annahmefrist nicht bestehen soll. Die Adressaten werden an ihrer einmal getroffenen Entscheidung festgehalten. Viele Bieter räumen in der Praxis indessen den Adressaten ein vertragliches Rücktrittsrecht bis zum Ende der Annahmefrist ein, um die Adressaten zu einer möglichst frühzeitigen Annahmeerklärung zu bewegen.

**48**   **b) Ausübung des Rücktrittsrechts.** Die **Rücktrittserklärung** hat sich auf die Annahme des Angebots im Ganzen zu beziehen, ein Teilrücktritt ist im Grundsatz (arg. e § 323 Abs. 5 BGB) zulässig.[73] Für die Auslegung der entsprechenden Erklärung gelten die §§ 133, 157 BGB, es genügt die Erkennbarkeit des Willens, an das Geschäft nicht mehr gebunden sein zu wollen. **Rücktrittsgegner** ist gem. § 349 BGB der Bieter, soweit nicht in der Angebotsunterlage – wie in aller Regel – ein Dritter ausschließlich oder zusätzlich zur Empfangnahme der Erklärung befugt ist. In der Regelung der Zuständigkeit der depotführenden Bank für Annahmeerklärungen wird man im Regelfall auch eine Ermächtigung zur Entgegennahme von Rücktrittserklärungen sehen dürfen. Dass der Bieter in aller Regel eine schriftliche Erklärung verlangt, wird man – obschon das WpÜG Schriftlichkeit nicht verlangt – nicht für eine unzulässige Erschwerung des gesetzlichen Rücktrittsrechts halten können. Vgl. → § 22 Rn. 26.

**49**   **c) Voraussetzungen.** Das Rücktrittsrecht steht nur Adressaten zu, die das ursprüngliche Angebot vor Veröffentlichung der Angebotsänderung nach Abs. 2 angenommen haben. Wer später annimmt, hat sich für das geänderte Angebot entschieden und bleibt an seine Entscheidung gebunden, wenn kein vertragliches Rücktrittsrecht besteht oder durch erneute Angebotsänderung oder ein Konkurrenzangebot wieder ein gesetzliches Rücktrittsrecht entsteht.

**50**   **2. Verlängerung der Annahmefrist bei später Änderung (Abs. 5).** Erfolgt die Änderung innerhalb der letzten zwei Wochen der Annahmefrist,[74] so verlängert sich diese um zwei Wochen. Den Adressaten soll auch in diesem Fall genügend Zeit bleiben, um über die Annahme des geänderten Angebots entscheiden zu können. Die Möglichkeit einer Verlängerung nach Abs. 5 besteht auch dann, wenn der Bieter bereits mit der regulären Annahmefrist die Höchstfrist von zehn Wochen ausgenutzt hat, da § 16 Abs. 1 diese Höchstfrist ausdrücklich unter den Vorbehalt des Abs. 5 gestellt hat.

**51**   Maßgebend für die Frage, ob es zu einer Verlängerung kommt,[75] ist die Veröffentlichung der Änderung. Für die **Fristberechnung** gelten die § 187 Abs. 1 BGB, § 188 Abs. 2 BGB analog. Bespiel 1: Ende der ursprünglichen Annahmefrist am Donnerstag, dem 14.7., 24 Uhr, Änderungsveröffentlichung am Donnerstag, dem 30.6., liegt noch nicht innerhalb der letzten zwei Wochen, sondern erst eine Änderungsveröffentlichung am Freitag, den 1.7. Beispiel 2: Ende der ursprünglichen Annahmefrist am Donnerstag, dem 14.7., 12 Uhr, Änderungsveröffentlichung am Donnerstag, dem 30.6., liegt innerhalb der letzten zwei Wochen, auch wenn sie vormittags erfolgt.

**52**   Die Verlängerung der Annahmefrist gilt gem. Abs. 5 S. 2 auch dann, wenn das geänderte Angebot gegen Rechtsvorschriften verstößt und dementsprechend die Änderung

---

[73] Steinmeyer/*Bastian* Rn. 45; Baums/Thoma/*Diekmann* Rn. 64; Assmann/Pötzsch/Schneider/*Seiler* Rn. 47; nun auch Schwark/Zimmer/*Noack/Holzborn* Rn. 42; aA noch Kölner Komm WpÜG/*Hasselbach* Rn. 47.

[74] Der Gesetzgeber spricht auf Grund eines Redaktionsversehens von „Angebotsfrist", vgl. dazu Angerer/Geibel/Süßmann/*Thun* Rn. 59.

[75] Assmann/Pötzsch/Schneider/*Seiler* Rn. 51.

möglicherweise untersagt wird. Hierdurch soll nach der Begründung vermieden werden, dass ein Streit über die Zulässigkeit eines geänderten Angebots am Markt Unklarheit über die Annahmefrist auslöst.[76] Unter „geändertem Angebot" dürfte die **Angebotsänderung,** nicht aber das geänderte Angebot zu verstehen sein. Ist also die Angebotsänderung von der BaFin gem. Abs. 3 iVm § 15 Abs. 1 Nr. 2 untersagt, so können die Adressaten das ursprüngliche (!) Angebot innerhalb der gem. Abs. 5 verlängerten Frist annehmen; die untersagte Angebotsänderung entfaltet also gleichwohl noch diese eine Rechtsfolge.[77]

## § 22 Konkurrierende Angebote

**(1) Konkurrierende Angebote sind Angebote, die während der Annahmefrist eines Angebots von einem Dritten abgegeben werden.**

**(2)** [1]**Läuft im Falle konkurrierender Angebote die Annahmefrist für das Angebot vor Ablauf der Annahmefrist für das konkurrierende Angebot ab, bestimmt sich der Ablauf der Annahmefrist für das Angebot nach dem Ablauf der Annahmefrist für das konkurrierende Angebot.** [2]**Dies gilt auch, falls das konkurrierende Angebot geändert oder untersagt wird oder gegen Rechtsvorschriften verstößt.**

**(3) Inhaber von Wertpapieren der Zielgesellschaft, die das Angebot angenommen haben, können bis zum Ablauf der Annahmefrist vom Vertrag zurücktreten, sofern der Vertragsschluss vor Veröffentlichung der Angebotsunterlage des konkurrierenden Angebots erfolgte.**

**Schrifttum:** *Bachmann,* Konkurrierende Angebote, in Mülbert/Kiem/Wittig, 10 Jahre WpÜG (ZHR-Beiheft Nr. 76), 2011, 191; *Boeckmann/Kießling,* Möglichkeiten der BaFin zur Beendigung von Übernahmeschlachten nach dem WpÜG, DB 2007, 1796; *Fleischer,* Konkurrenzangebote und due diligence, ZIP 2002, 651; *Hasselbach/Stepper,* Aktuelle Rechtsfragen bei konkurrierenden Übernahmeangeboten, NZG 2020, 170; *Klemm/Reinhardt,* Verbesserungspotenziale im deutschen Übernahmerecht, NZG 2007, 281; *Kuhn,* Exklusivvereinbarungen bei Unternehmenszusammenschlüssen, 2007; *v. Riegen,* Rechtsverbindliche Zusagen zur Annahme von Übernahmeangeboten (sog. „irrevocable undertakings"), ZHR 167 (2003), 702; *Rothenfußer/Friese-Dormann/Rieger,* Rechtsprobleme konkurrierender Übernahmeangebote nach dem WpÜG, AG 2007, 137; *Schnorbus,* Drittklagen im Übernahmeverfahren, ZHR 166 (2002), 72.

### Übersicht

[76] BT-Drs. 14/7034, 50.
[77] AA Angerer/Geibel/Süßmann/*Thun* Rn. 66; jedoch bezieht sich § 15 Abs. 3 S. 2 nur auf das geänderte, nicht auf das ursprüngliche Angebot.

## I. Allgemeines

**1**   **1. Übersicht, Normzweck.** § 22 will Auktionen fördern.[1] Das liegt im Interesse der Angebotsadressaten, die bei konkurrierenden Angeboten eine weitere Wahlmöglichkeit neben der Alternative erhalten, das Angebot abzulehnen. Ihre Entscheidungssituation wird verbessert. Dies gilt allerdings nur, wenn die Fristen beider (oder mehrerer) Angebote zugleich ablaufen (das sieht Abs. 2 vor), und wenn auch diejenigen, die bereits das erste Angebot angenommen haben, noch auf das zweite Pferd umsatteln können (das ist Zweck des in Abs. 3 vorgesehenen Rücktrittsrechts). Durch beide Regeln wird in die verfassungsrechtlich geschützte **Privatautonomie** des Bieters eingegriffen. Einerseits geschieht dies, indem die vom Bieter gesetzte Frist verlängert wird. Zum anderen erfolgt der Eingriff dadurch, dass entgegen dem Prinzip der Vertragsbindung dem einen Teil ein Rücktrittsrecht für den Fall eingeräumt wird, dass ein Dritter ein weiteres Angebot macht. Der Bieter kann der Fristverlängerung allerdings ausweichen, indem er sein Angebot unter die (gem. § 18 zulässige) Bedingung stellt, dass kein konkurrierendes Angebot abgegeben wird. Im Ergebnis dürften die in Abs. 2 und 3 enthaltenen Regeln daher nicht verfassungswidrig sein. § 22 dient ausschließlich dem Schutz der Adressaten der konkurrierenden Angebote.[2] Zum Verhältnis zwischen den Bietern, insbesondere zum Grundsatz der **Gleichbehandlung der Bieter,** vgl. → § 3 Rn. 5, → § 3 Rn. 11; → § 11 Rn. 75. Konkurrierende Angebote werden ferner in § 33 Abs. 1 S. 2 als Gegenstand zulässiger **Verteidigungsmaßnahmen** angesprochen.

**2**   **2. Zulässigkeit konkurrierender Angebote.** Zulässig sind konkurrierende Angebote jedenfalls bei einfachen Angeboten und bei Übernahmeangeboten. Ob ein konkurrierendes Angebot auch bei einem **Pflichtangebot** zulässig ist, könnte zweifelhaft sein. Denn § 35 will den Aktionären ein Austrittsrecht sichern. Ein mit dem Pflichtangebot konkurrierendes Angebot mit höherer Gegenleistung, das jedoch mit einer Mindestannahmequote versehen ist, könnte Aktionäre dazu verleiten, das Pflichtangebot nicht anzunehmen und im Ergebnis auf den Aktien sitzen zu bleiben, wenn die Mindestannahmequote nicht erreicht wird. Das ist jedoch hinzunehmen, solange man derartige Angebote durch solche Personen für unzulässig hält, die im Lager des Angebotspflichtigen stehen oder selbst zu dem von § 35 Abs. 1 erfassten Personenkreis gehören. Für konkurrierende Angebote ist zu erwägen, die Bestimmungen über den **Mindestpreis** insoweit anzupassen, als es um die Berechnung des Dreimonatszeitraums geht. Auf den Mindestpreis sollten Veröffentlichungen des Erstbieters gem. § 10 WpÜG keinen Einfluss haben, da dieser sonst durch Ankündigung eines hochpreisigen Übernahmeangebots den Mindestpreis für konkurrierende Angebote in die Höhe treiben könnte (näher → § 10 Rn. 69).

**3**   Angebote Dritter, die während der **weiteren Annahmefrist** des § 16 Abs. 2 abgegeben werden, sind zwar keine konkurrierenden Angebote, dh sie haben keinen Einfluss auf die Annahmefristen des Erstangebots und keine Rücktrittsfolgen (vgl. → Rn. 9). Das bedeutet jedoch nicht, dass sie unzulässig wären. Sie dürfen abgegeben werden, während der weiteren Annahmefrist können sich die Aktionäre, die das Erstangebot noch nicht angenommen haben, zwischen Erst- und Zweitangebot noch entscheiden.

---

[1] Zur konkurrenzfördernden Grundtendenz des WpÜG insgesamt *Fleischer* ZIP 2002, 651 (653); zum Streit um deren ökonomische Berechtigung prägnant Assmann/Pötzsch/Schneider/*Krause* Rn. 10 mwN; s. auch *Bachmann* in Mülbert/Kiem/Wittig, 10 Jahre WpÜG, 2011, 191, 193 f.
[2] Ähnlich Baums/Thoma/*Diekmann* Rn. 36; Steinmeyer/*Steinhardt* Rn. 7; aA tendenziell Assmann/Pötzsch/Schneider/*Krause* Rn. 3 ff.; *Rothenfußer/Friese-Dormann/Rieger* AG 2007, 137 (142 f.).

## II. Konkurrierendes Angebot (Abs. 1)

**1. Definitionsnorm.** § 22 Abs. 1 regelt durch die Definition konkurrierender Angebote **4** Inhalt und Reichweite der Fristveränderung nach Abs. 2 sowie des Rücktrittsrechts nach Abs. 3. Abs. 1 definiert konkurrierende Angebote als solche, die während des Laufs der Annahmefrist eines Angebots von einem Dritten abgegeben werden. Keine Konkurrenzangebote sind folglich die Veröffentlichung nach § 10 durch einen Konkurrenzbieter oder andere Veröffentlichungen wie etwa die Ankündigung eventueller späterer Angebote. Mit solchen Veröffentlichungen kann allerdings der Lauf eines Übernahmeangebotes beeinflusst werden. Ihre Zulässigkeit ist an § 10 und Art. 7 ff. MAR zu messen (→ Rn. 14).

**2. Angebote.** Der Wortlaut des Abs. 1 ist zu weit geraten und ist entsprechend dem **5** Sinn der Norm, nur konkurrierende Angebote zu erfassen, teleologisch zu reduzieren. Nach dem Wortlaut wäre ein konkurrierendes Angebot auch ein Angebot für Vorzugsaktien, das während des Laufs eines Angebots für Stammaktien der Zielgesellschaft abgegeben wurde. Gemeint sind jedoch nur Angebote, die jedenfalls zum Teil auf den Erwerb von Wertpapieren derselben Gattung gerichtet sind, auf die auch das Erstangebot abzielt.[3] Nur solche Angebote eröffnen zumindest einem Adressaten des Erstangebots eine Wahlmöglichkeit, die die Rechtsfolgen des Abs. 2 und Abs. 3 rechtfertigt. Konkurrierende Angebote sind daher zB **nicht Angebote für Wertpapiere anderer Gattungen** oder Angebote der Zielgesellschaft für Wertpapiere des Bieters, etwa zu Verteidigungszwecken (pac man defense).[4] Art und Höhe der angebotenen Gegenleistung spielen für die Einordnung als konkurrierendes Angebot keine Rolle, insbesondere kann ein konkurrierendes Angebot auch schlechtere Konditionen vorsehen.[5]

**3. Dritter.** Wer Dritter sein kann, ist streitig. Jedenfalls ist Dritter nicht der Bieter selbst **6** (zu Alternativangeboten durch den Bieter → § 21 Rn. 5) und auch nicht die Zielgesellschaft, diese ist vielmehr Zweiter iSd Abs. 1. Deshalb finden die Regeln des § 22 keine Anwendung auf die Abgabe öffentlicher **Rückerwerbsangebote** während der Annahmefrist (zum Rückerwerb eigener Aktien ausführlich → § 2 Rn. 25). Fraglich ist aber, ob es für das Vorhandensein eines Dritten allein auf eine formale Abgrenzung nach der rechtlichen Identität oder aber auf eine wertende Betrachtung ankommt. Wer Dritter ist, bestimmt eine Auffassung nach der rechtlichen Identität des Bieters.[6] Dafür könnte immerhin der Gesichtspunkt der Rechtsklarheit sprechen. Die wohl überwiegende Auffassung will hingegen **wertend abgrenzen,** wobei allerdings offenbar nur die Abgrenzung des Dritten von ghP und deren Töchtern als problematisch angesehen wird.[7] Einer weiteren Ansicht nach sollen ghP sowie deren Töchter keine konkurrierenden Angebote abgeben können.[8] Nach der Gegenauffassung können ghP die Zusammenarbeit mit dem Bieter hingegen aufkündigen und dann ein konkurrierendes Angebot abgeben.[9]

Für eine Stellungnahme ist von folgendem auszugehen: Der Begriff des „Dritten" dient **7** der Abgrenzung zwischen Angebotsänderungen und eigenständigen Angeboten und damit der Abgrenzung des § 22 von § 21.[10] Bereits aus diesem Grund kommt eine Abgrenzung

---

[3] So auch Steinmeyer/*Steinhardt* Rn. 5; FK-WpÜG/*Schröder* Rn. 11; Baums/Thoma/*Diekmann* Rn. 19; Assmann/Pötzsch/Schneider/*Krause* Rn. 14.

[4] *Bachmann* in Mülbert/Kiem/Wittig, 10 Jahre WpÜG, 2011, 191, 200: auch keine Analogie zu § 22.

[5] Ebenso *Riehmer/Schröder* BB-Beil. 5/2001, 1 (7, 13).

[6] Steinmeyer/*Steinhardt* Rn. 5; Baums/Thoma/*Diekmann* Rn. 15; Assmann/Pötzsch/Schneider/*Krause* Rn. 17 ff.; *Drinkuth* in Marsch-Barner/Schäfer Börsennotierte AG-HdB Rn. 60.142.

[7] Angerer/Geibel/Süßmann/*Thun* Rn. 8 f.; FK-WpÜG/*Schröder* Rn. 14 mwN; DAV-Handelsrechtsausschuss, Stellungnahme vom April 2001 zu § 22 RefE, NZG 2001, 420 (425); Schwark/Zimmer/*Noack/Holzborn* Rn. 5; Kölner Komm WpÜG/*Hasselbach* Rn. 16.

[8] Angerer/Geibel/Süßmann/*Thun* Rn. 8; DAV-Handelsrechtsausschuss, Stellungnahme vom April 2001 zu § 22 RefE, NZG 2001, 420 (425).

[9] Kölner Komm WpÜG/*Hasselbach* Rn. 17; vgl. auch Steinmeyer/*Steinhardt* Rn. 5 aE.

[10] Dies übersieht Baums/Thoma/*Diekmann* Rn. 15 ff., 17, wenn er meint, § 22 diene ausschließlich dem Schutz der Wertpapierinhaber der Zielgesellschaft. Diese müssen auch vor unzulässigen Angebotsänderungen geschützt werden: Was, wenn die Tochter lediglich ein Teilangebot (zu einem höheren Preis) auslegt, während ihre Mutter zuvor als Erstbieter ein Übernahmeangebot abgegeben hatte?

allein nach der rechtlichen Identität keinesfalls in Betracht: Die BaFin müsste dann Angebote von ghP in jedem Falle als konkurrierende Angebote zulassen, auch wenn sie eine offensichtliche Umgehung des § 21 wären.[11] Des Weiteren will § 22 **den Wettbewerb fördern** und hat damit unmittelbaren Bezug zum Kartellrecht. Die in § 2 Abs. 5 und 6 genannten Tatbestände deuten auf Wettbewerbsbeschränkungen zwischen rechtlich selbstständigen Personen hin, durch Absprachen oder Abhängigkeit. Das gilt aber auch zB für Muttergesellschaften, die nach § 2 Abs. 5 und 6 nicht notwendigerweise zu den ghP gehören (vgl. → § 2 Rn. 49). Ferner kann es an der Wettbewerbssituation auch dann fehlen, wenn bisher nicht mit dem Bieter zusammen handelnde Dritte ein Angebot abgeben, dessen Inhalt vorher ad hoc mit dem Bieter abgestimmt wurde. Derartige Verhaltensweisen sind freilich, da nicht in der Angebotsunterlage aufgeführt, praktisch für die BaFin nur schwer aufzudecken.

**8**    Wenn § 22 wettbewerbsfördernde Wirkung haben soll, darf er nicht vorschnell eine formal festgelegte Gruppe potentieller Dritter von der Möglichkeit eines Konkurrenzangebotes ausnehmen, sondern muss unabhängiges Verhalten fördern. Zu verlangen ist daher ein funktionales Verständnis des § 22. Als Dritter ist jede natürliche oder juristische Person anzusehen, die ein Angebot abgibt, **ohne dieses Angebot mit dem Bieter abgestimmt** zu haben. Dies kann nicht anhand formaler Kriterien (war die Person als ghP in der Angebotsunterlage genannt oder nicht?) festgestellt werden, sondern nur wertend im Einzelfall. Wenn jedoch eine in der Angebotsunterlage aufgeführte ghP ein konkurrierendes Angebot abgeben will, hat sie darzustellen, warum sie nicht mehr mit dem Bieter gemeinsam handelt, ferner ist ein Angebot erst dann zulässig, wenn der Bieter die unrichtig gewordene Angebotsunterlage aktualisiert und die ghP aus den Angaben gem. § 2 Nr. 1 WpÜG-AV herausgenommen hat,[12] wozu er verpflichtet ist und was ohne die Angabe des Hintergrunds der Beendigung der Zusammenarbeit nicht für zulässig gehalten werden sollte. Indizien für eine Abstimmung sind auch dem Inhalt des möglicherweise konkurrierenden Angebots zu entnehmen, insbesondere der Art und der Höhe der angebotenen Gegenleistung. Im Endeffekt kommt es darauf an, ob der (formale) Dritte den Aktionären eine echte Alternative anbieten will oder nicht. Ob ansonsten der Tatbestand des § 2 Abs. 5 oder 6 gegeben ist, spielt für sich genommen keine Rolle. Auch Angebote von Mutter- oder Schwestergesellschaften des Bieters können je nach den Umständen des Einzelfalles (unzulässige, weil nicht den Regeln des § 21 gehorchende) Angebotsänderungen oder eigenständige Angebote sein. Richtig ist allerdings, dass ein **von der BaFin zugelassenes Angebot** einer vom Bieter rechtlich verschiedenen Person in jedem Falle ein konkurrierendes Angebot iSd § 22 ist, solange die übrigen Voraussetzungen gegeben sind. Der Meinungsstreit dreht sich nur um die Frage, wie die BaFin eine materielle Angebotsänderung von einem Konkurrenzangebot abgrenzen soll. Stellt sich allerdings später eine von vornherein gegebene Abstimmung zwischen beiden Bietern heraus, ist das konkurrierende Angebot nachträglich zu untersagen.

**9**    **4. Während der Annahmefrist abgegeben.** Ein Konkurrenzangebot ist **abgegeben** am Tag der Veröffentlichung der Angebotsunterlage gem. **§ 14 Abs. 3** (vgl. → § 16 Rn. 6). Die vorherige Veröffentlichung nach § 10 Abs. 3 ist lediglich die Bekanntgabe der Entscheidung des konkurrierenden Bieters und kündigt die Abgabe des Angebots nur an.[13] Unter **Annahmefrist** ist die Frist iSd **§ 16 Abs. 1** zu verstehen, ggf. verlängert nach § 21 Abs. 5 oder (wenn bereits ein anderes konkurrierendes Angebot abgegeben wurde) nach § 22 Abs. 2 oder nach § 16 Abs. 3 S. 1, wenn man die letztgenannte Regelung entgegen der

---

[11] Unzutr. daher Assmann/Pötzsch/Schneider/*Krause* Rn. 20: Sein dort gegebenes Beispiel baut auf der zu beweisenden Prämisse auf. Wenn man wertend abgrenzt, kommt es gar nicht erst zur Veröffentlichung eines Angebots der Tochter eines Bieters: Da sie unwiderleglich ghP ist (§ 2 Abs. 5 S. 3), ist ihr Angebot zwingend eine Angebotsänderung und daher gem. § 15 Abs. 1 Nr. 2 zu untersagen, weil nicht der Bieter (dieser ist iSd § 21 Abs. 2 durchaus formal als die juristische Person zu verstehen, die das Erstangebot abgegeben hat), sondern eben seine Tochter eine Änderung des Angebots veröffentlichen will.

[12] Zur Notwendigkeit einer Aktualisierung → § 11 Rn. 18 ff. An der Wesentlichkeit der Beendigung einer solchen Zusammenarbeit dürften ja wohl keine Zweifel bestehen.

[13] *Hasselbach/Stepper* NZG 2020, 170 (171); zu Missbrauchsmöglichkeiten insoweit → Rn. 14 aE.

hier vertretenen Auffassung für verfassungsgemäß hält (vgl. → § 16 Rn. 38 ff.). Kein Angebot iSd Abs. 1 liegt vor, wenn es während der weiteren Annahmefrist des § 16 Abs. 2 abgegeben wird.[14] Begründet wird das damit, dass die weitere Annahmefrist nur den Entscheidungsdruck für loyale Aktionäre der Zielgesellschaft verringern soll und nicht zugunsten bereits durch die Annahmeerklärung gebundener Aktionäre laufe.[15] Dem ist zuzustimmen, solche Angebote sind als Neuangebot aufzufassen. Ein konkurrierender Bieter muss also, will er das Rücktrittsrecht nach § 22 Abs. 3 sichern, insoweit spätestens am letzten Tag der ordentlichen Annahmefrist das Angebot abgeben. Hat die BaFin zu diesem Zeitpunkt die Prüfung der Unterlage des Konkurrenzbieters nach § 14 Abs. 2 S. 1 noch nicht beendet, so kann der konkurrierende Bieter ggf. unter Inkaufnahme einer Ordnungswidrigkeit eine zu frühe Veröffentlichung der Unterlage vornehmen, ohne dass sein Angebot allein deshalb zu untersagen wäre (→ § 15 Rn. 25).

Keine konkurrierenden Angebote sind nach dem Gesetzeswortlaut Angebote, die **am 10 gleichen Tag** veröffentlicht werden. Denn die Annahmefrist für beide Angebote beginnt nach § 187 Abs. 1 BGB erst am Tag nach der Veröffentlichung, dh eine Priorität ist schlicht nicht feststellbar. Nichts spricht indes dagegen, auf solche Fälle § 22 Abs. 2 und Abs. 3 analog anzuwenden.[16] In Bezug auf das Rücktrittsrecht nach Abs. 3 ergeben sich keine Besonderheiten, ein Rücktritt kommt nur für diejenigen in Frage, die das Angebot eines der Bieter am Tag der Veröffentlichung angenommen haben (→ Rn. 24; zu Abs. 2 → Rn. 20).

### III. Anpassung der Annahmefrist (Abs. 2)

**1. Regelfall: Anpassung der Frist des Erstangebots an die des konkurrierenden 11 Angebots. a) Grundregel (Abs. 2 S. 1).** Nach Abs. 2 S. 1 verändert sich durch das konkurrierende Angebot die Annahmefrist des ursprünglichen Angebots. Sie wird durch Abs. 2 S. 1 dem Ende der Frist des Konkurrenzangebots angepasst, soweit dieses später als das Erstangebot abläuft. Die Möglichkeit einer solchen Verlängerung der Annahmefrist nach Abs. 2 besteht auch dann, wenn der Bieter bereits mit der regulären Annahmefrist die Höchstfrist von zehn Wochen ausgenutzt hat, da § 16 Abs. 1 diese Höchstfrist ausdrücklich unter den Vorbehalt des Abs. 2 gestellt hat. Damit wird den Angebotsadressaten beider Angebote die Möglichkeit gegeben, sich bis zu einem einheitlichen Fristende zwischen beiden Angeboten zu entscheiden. Zu **Ausnahmen** von diesem Grundsatz des gleichen Fristendes → Rn. 16. Zum **Sonderfall** der taggleichen Veröffentlichung beider Angebote → Rn. 20.

**b) Unzulässige und geänderte Konkurrenzangebote (Abs. 2 S. 2).** Die Anpassung 12 der Frist des Erstangebotes soll nach Abs. 2 S. 2 auch dann geschehen, wenn das konkurrierende Angebot geändert, untersagt wird oder gegen Rechtsvorschriften verstößt. Zu Auswirkungen von **Änderungen** → Rn. 17 f. Konkurrierende Angebote, die iSd Abs. 2 S. 2 untersagt werden können, sind nur solche, die **tatsächlich veröffentlicht** sind (→ Rn. 9).[17] Auf die Einhaltung des § 14 Abs. 3 kommt es allerdings nicht an. Wird zB nur im Internet veröffentlicht, so kann es sich durchaus um ein Konkurrenzangebot handeln, das nach seiner Untersagung die Frist des ursprünglichen Angebots verändert.

Unterbleibt nach einer nach § 10 veröffentlichten Entscheidung zur Abgabe eines konkurrierenden Angebots die Veröffentlichung, so kommt es auch nicht zur Fristverlängerung nach Abs. 2. Das gilt entsprechend dem genauen Wortlaut des Abs. 2 S. 2 auch dann, wenn 13

---

[14] Steinmeyer/*Steinhardt* Rn. 6; FK-WpÜG/*Schröder* Rn. 12; Angerer/Geibel/Süßmann/*Thun* Rn. 11 ff.; *Oechsler* NZG 2001, 817 (824 f.); Baums/Thoma/*Diekmann* Rn. 24 f.; Assmann/Pötzsch/Schneider/*Krause* Rn. 28.
[15] *Oechsler* NZG 2001, 817 (825); vgl. auch Assmann/Pötzsch/Schneider/*Krause* Rn. 28.
[16] IE auch Assmann/Pötzsch/Schneider/*Krause* Rn. 29, 32; Baums/Thoma/*Diekmann* Rn. 37; Angerer/Geibel/Süßmann/*Thun* Rn. 21 mwN, die aber von der unmittelbaren Anwendung der genannten Normen ausgehen und einfach das Angebot mit der längeren Annahmefrist als das konkurrierende Angebot behandeln.
[17] IE auch FK-WpÜG/*Schröder* Rn. 15.

die Veröffentlichung auf Grund einer Untersagung durch die BaFin unterbleibt, da in diesem Falle das Angebot nicht untersagt **wird,** sondern untersagt **ist.**[18]

**14**    **c) Missbrauch.** Wird das konkurrierende Angebot trotz einer vorherigen Untersagungsverfügung der BaFin veröffentlicht oder erfolgt die Veröffentlichung ohne vorherige Übermittlung der Unterlage an die BaFin, so ist davon auszugehen, dass ein **Missstand** iSd § 4 Abs. 1 S. 3 vorliegt.[19] Je nach den Umständen des Einzelfalls dürfte die BaFin dann neben der Untersagungsverfügung nach § 15 auch dazu berechtigt sein, die Nichtverlängerung der Annahmefrist mit Wirkung gegenüber allen zu verfügen und nach § 44 zu veröffentlichen. Ansonsten könnte jedermann auch ohne ernsthafte Übernahmeabsichten ohne weiteres die Rechtsfolgen des § 22 Abs. 2 S. 1 auslösen, was von Sinn und Zweck des Abs. 2 nicht gedeckt ist.[20] Einem Dritten, der seine **Entscheidung gem. § 10** zur Abgabe eines (formal nicht mehr konkurrierenden) Angebots vor dem Ablauf der Annahmefrist verkünden will,[21] um einen Bieterwettkampf zu vermeiden, gleichwohl aber die Adressaten zur Nichtannahme zu bewegen, sollte die BaFin mindestens die gleichzeitige Bekanntgabe des Angebotspreises, wenn nicht darüber hinaus sogar die Veröffentlichung der Entscheidung selbst (an diesem Tag) nach § 4 verbieten können. Wird eine solche Ankündigung gar ohne Vorabmitteilung an die BaFin veröffentlicht, sollte die BaFin ebenfalls sofort die Untersagung des angekündigten Angebots verfügen und diese Verfügung veröffentlichen können, damit die Adressaten des Erstangebots nicht im Unklaren gelassen werden.[22] Auswirkungen iSd § 22 Abs. 2 sollte das hingegen nicht haben.[23] Im Übrigen ist eine bloße unverbindliche Ankündigung noch nicht ausgereifter Übernahmepläne[24] gem. Art. 7 ff. MAR untersagt und ggf. sogar eine strafbare Marktmanipulation iSv Art. 12, 15 MAR (vgl. → § 10 Rn. 8, → § 10 Rn. 88 f.; → § 3 Rn. 38).

**15**    **2. Ausnahme: kürzere Frist des konkurrierenden Angebots. a) Meinungsstand.** Die beschriebene Anpassung erfolgt nach dem Gesetzeswortlaut allerdings nur dann, wenn **das Erstangebot an sich vor dem Konkurrenzangebot endete.** Die gesetzliche Regelung geht davon aus, dass die Annahmefrist des oder der konkurrierenden Angebote später als die des ursprünglichen Angebots endet. Angesichts der Regelung in § 16 Abs. 1 ist das jedoch nicht zwingend. Der Konkurrent kann, wenn er schnell handelt, auch ein Angebot abgeben, dessen Annahmefrist vor der des ursprünglichen Angebotes endet. In der Lit. wird überwiegend davon ausgegangen, dass die Frist des ursprünglichen Angebots in einem solchen Fall unverändert bleibt, es also zu unterschiedlichen Annahmefristen kommt.[25] Dem ist angesichts des klaren Wortlauts der Norm zuzustimmen.

**16**    **b) Analoge Anwendung des Abs. 2 bei Änderung des Erstangebots.** Folgen hat das freilich nur, wenn es anschließend zu keiner Änderung des Erstangebots derart kommt,

---

[18] IE auch FK-WpÜG/*Schröder* Rn. 15, der aber meint, der Wortlaut des § 22 Abs. 2 S. 2 sei missverständlich.

[19] So auch Assmann/Pötzsch/Schneider/*Krause* Rn. 43.

[20] Vgl. idS auch *Schüppen* WPg 2001, 958 (964 f.).

[21] Ausf. zum insoweit bestehenden Störpotential *Klemm/Reinhardt* NZG 2007, 281 (282 f.); vgl. auch *Hasselbach/Stepper* NZG 2020, 170 (174).

[22] Wieso all das nicht praktikabel sein soll, erläutern *Hasselbach/Stepper* NZG 2020, 170 (174) nicht.

[23] AA de lege ferenda *Klemm/Reinhardt* NZG 2007, 281 (285); die von *Bachmann* in Mülbert/Kiem/ Wittig, 10 Jahre WpÜG, 2011, 191, 200 f. erwogene Möglichkeit der Verlängerung der Annahmefrist in solchen Fällen durch den Bieter besteht nach richtiger Auffassung bereits de lega lata, vgl. → § 21 Rn. 14, → § 21 Rn. 34. Zu weiteren Vorschlägen de lege ferenda *Hasselbach/Stepper* NZG 2020, 170 (174).

[24] Diese wurden offenbar im Fall der Übernahme von OSRAM eingesetzt, vgl. dazu *Hasselbach/Stepper* NZG 2020, 170 (174).

[25] HM, Angerer/Geibel/Süßmann/*Thun* Rn. 19; FK-WpÜG/*Schröder* Rn. 18; Kölner Komm WpÜG/ *Hasselbach* Rn. 24; Baums/Thoma/*Diekmann* Rn. 34; Assmann/Pötzsch/Schneider/*Krause* Rn. 31, 36 ff.; *Drinkuth* in Marsch-Barner/Schäfer Börsennotierte AG-HdB Rn. 60.144; Schwark/Zimmer/*Noack/Holzborn* Rn. 12 f.; *Hasselbach/Stepper* NZG 2020, 170 (171); aA, nämlich die längere Frist für maßgebend haltend, Steinmeyer/*Steinhardt* Rn. 8 und *Bachmann* in Mülbert/Kiem/Wittig, 10 Jahre WpÜG, 2011, 191, 197 f. mwN, dessen Argumente freilich vor dem klaren Wortlaut des § 22 Abs. 2 S. 1 nicht überzeugen.

dass dieses wegen der Fristverlängerung des § 21 Abs. 5 nach dem konkurrierenden Angebot endet. Wird das Erstangebot nämlich geändert, so liegt aus Sicht der Angebotsadressaten genau die Situation vor, die der Gesetzgeber bei Schaffung des § 22 Abs. 2 vor Augen hatte: Ein „neues" (weil geändertes) Angebot konkurriert mit einem Angebot, dessen Annahmefrist vor der des neuen (geänderten) Angebots abläuft. Abs. 2 ist daher in diesen Fällen analog anzuwenden. Zu der Situation unterschiedlichen Ablaufs der Fristen kann es daher nur dann kommen, wenn das Erstangebot nicht mehr geändert wird. Schutzdefizite für die Anleger oder den Erstbieter sind aber auch in diesem Falle nicht erkennbar.[26]

**3. (Einmalige) Fristverlängerung durch Angebotsänderung.** Wird eines der Ange- **17** bote so rechtzeitig geändert, dass es zu keiner Fristverlängerung nach § 21 Abs. 5 kommt, so sind auch mehrfache Angebotsänderungen denkbar, die sich dann nach der allgemeinen Vorschrift des § 21 richten. Alle Bieter können jedoch nur bis zum Ende der ursprünglichen (ggf. gem. § 22 Abs. 2 verlängerten) Angebotsfrist eine **Angebotsänderung** vornehmen, die unter den Voraussetzungen des § 21 Abs. 5 die Annahmefrist um je zwei Wochen verlängert. Eine nochmalige Änderung des Angebots innerhalb der Nachfrist ist gem. § 21 Abs. 6 untersagt.

Die Verlängerung nach § 21 Abs. 5 erstreckt Abs. 2 auch auf das oder die **anderen** **18** **Angebote.**[27] Die Unzulässigkeit einer erneuten Änderung gem. § 21 Abs. 6 gilt hingegen nach hM nur für den jeweiligen Bieter, der sein Angebot geändert hat.[28] Der oder die anderen können dann noch während der Nachfrist ihre Angebote ändern. Dies wurde hier in der → 3. Aufl. 2011, Rn. 18 ebenfalls vertreten mit der Begründung, dass sonst ein Bieter dem anderen die Unzulässigkeit einer Änderung aufzwingen könnte, indem er als erster von der Verlängerungsmöglichkeit des § 21 Abs. 5 Gebrauch macht.[29] Hiergegen wurde indessen überzeugend eingewendet, dass ein solches Aufzwingen nicht geschehen kann, da jedenfalls bei Änderungen bis einige Tage vor dem Ende der ursprünglichen – ggf. gem. § 22 Abs. 2 verlängerten – Annahmefrist der andere Bieter ja noch reagieren kann und beide Bieter erst während der anschließenden letzten zwei Wochen gesperrt wären.[30] Daher ist mit der Gegenauffassung anzunehmen, dass die **Unzulässigkeit von Änderungen in der Nachfrist** genauso auf das oder die konkurrierenden Angebote zu erstrecken ist wie die Verlängerung der Frist selbst.[31] Erneute Fristverlängerungen nach § 21 Abs. 5 sind also ausgeschlossen, wenn einer der Bieter einmal eine solche Verlängerung ausgelöst hat.[32] Mit dem Wortlaut von § 21 Abs. 6 ist das entgegen anderslautenden Behauptungen unproblematisch vereinbar, da sich auch das Konkurrenzangebot dann in einer gem. § 21 Abs. 5 verlängerten Frist befindet, die über § 22 Abs. 2 lediglich auf das Konkurrenzangebot erstreckt wurde.[33]

Sähe man das mit der hM anders, so wendete man § 21 Abs. 5 und § 21 Abs. 6 bis ins **19** Unendliche an, das hat der Gesetzgeber sicher nicht bezweckt. Eine jeweils immer neu

---

[26] Auch *Bachmann* in Mülbert/Kiem/Wittig, 10 Jahre WpÜG, 2011, 191, 197 f., kann kein einleuchtendes Beispiel nennen, in dem die kürzere Frist des Konkurrenzangebots dem Erstbieter schadete.
[27] Ganz hM, statt aller Assmann/Pötzsch/Schneider/*Krause* Rn. 37 mwN in Fn. 58.
[28] So Angerer/Geibel/Süßmann/*Thun* Rn. 27 ff.; Baums/Thoma/*Diekmann* Rn. 43; Kölner Komm WpÜG/*Hasselbach* Rn. 28; *Hasselbach/Stepper* NZG 2020, 170 (173); Schwark/Zimmer/*Noack/Holzborn* Rn. 27; Assmann/Pötzsch/Schneider/*Krause* Rn. 38 ff., die davon ausgehen, dass es dadurch im Grundsatz unbegrenzt zu abwechselnden Fristverlängerungen kommen könnte; → Rn. 30 f.; aA *Bachmann* in Mülbert/Kiem/Wittig, 10 Jahre WpÜG, 2011, 191, 209 f.; *Rothenfußer/Friese-Dormann/Rieger* AG 2007, 137 (148 f.).
[29] Vgl. *Rothenfußer/Friese-Dormann/Rieger* AG 2007, 137 (148 f.); dagegen überzeugend *Bachmann* in Mülbert/Kiem/Wittig, 10 Jahre WpÜG, 2011, 191, 209.
[30] *Rothenfußer/Friese-Dormann/Rieger* AG 2007, 137 (147 f.); *Bachmann* in Mülbert/Kiem/Wittig, 10 Jahre WpÜG, 2011, 191, 209.
[31] *Rothenfußer/Friese-Dormann/Rieger* AG 2007, 137 (146 ff.); *Bachmann* in Mülbert/Kiem/Wittig, 10 Jahre WpÜG, 2011, 191, 209 f.
[32] Wie hier *Rothenfußer/Friese-Dormann/Rieger* AG 2007, 137 (146 ff.); *Bachmann* in Mülbert/Kiem/Wittig, 10 Jahre WpÜG, 2011, 191, 209 f.; aA die hM, s. etwa Baums/Thoma/*Diekmann* Rn. 43 mwN.
[33] Und nicht etwa in einer nur nach § 22 Abs. 2 verlängerten Frist, so aber Assmann/Pötzsch/Schneider/*Krause* Rn. 39; *Hasselbach/Stepper* NZG 2020, 170 (172).

laufende zweiwöchige Überlegungsfrist stellte auch eine mit § 3 Abs. 4 **unvereinbare Hinauszögerung** des Verfahrens dar und lüde zum Missbrauch ein.[34] Die gem. § 21 Abs. 6 einmal eingetretene Änderungssperre kann im Übrigen keinesfalls durch die spätere Änderung eines konkurrierenden Angebots wieder aufgehoben werden; die insoweit abweichende hM[35] zeigt für die Aufhebung der Sperre keinen Anhaltspunkt im Gesetz auf.[36] Zur Möglichkeit des gegenseitigen Überbietens und zur Bedeutung des Fristablaufs vgl. → Rn. 30 f. Wird bei einem der Angebote – wie hier für zulässig gehalten (→ § 21 Rn. 34) – lediglich die Annahmefrist innerhalb des zulässigen Rahmens geändert, so erstreckt sich die Fristverlängerung ebenfalls auf die Konkurrenzangebote.

20   **4. Taggleiche Angebote.** Sind Angebote am **gleichen Tag** abgegeben worden, so ist es für die Anpassung der Annahmefrist sachgerecht, beide Angebote als Erstangebot und zugleich als Konkurrenzangebot anzusehen. Eine Unterscheidung nach der Uhrzeit der Veröffentlichung erscheint dagegen angesichts der Zufälligkeit des so gefundenen Ergebnisses unangebracht. Sind aber beide Angebote Konkurrenzangebote, bestimmt sich die Annahmefrist analog § 22 Abs. 2 S. 1 nach dem länger laufenden der beiden Angebote, da nur in Bezug auf dieses die Tatbestandsvoraussetzungen für eine Anpassung des anderen gegeben sind.

## IV. Rücktrittsrecht (Abs. 3)

21   **1. Allgemeines.** § 22 Abs. 3 sieht ein gesetzliches Rücktrittsrecht der Adressaten des Angebots vor für den Fall, dass ein konkurrierendes Angebot iSd § 22 Abs. 1 abgegeben wird. Damit soll den Adressaten die Möglichkeit der Entscheidung zwischen beiden oder mehreren Angeboten gesichert werden.[37] Nach dem Wortlaut des Abs. 3 wird den Adressaten nur einmal ein solches Rücktrittsrecht zugebilligt. Sinn und Zweck des § 22 gebieten es jedoch, Abs. 3 in allen Fällen **analog anzuwenden,** in denen den Adressaten zB durch eine Angebotsänderung innerhalb der Annahmefrist eine **neue Wahlmöglichkeit** eröffnet wird.[38]

22   **2. Gesetzliches Rücktrittsrecht für diejenigen, die das Angebot angenommen haben. a) Inhalt.** Die Rücktrittserklärung hat sich auf die Annahme des Angebots im Ganzen zu beziehen, ein Teilrücktritt ist zulässig (vgl. → § 21 Rn. 48).[39] Für die Auslegung der entsprechenden Erklärung gelten die §§ 133, 157 BGB, es genügt die Erkennbarkeit des Willens, an das Geschäft nicht mehr gebunden sein zu wollen. Zur **Form** → Rn. 26.

23   **b) Rücktrittsgegner.** Rücktrittsgegner ist gem. § 349 BGB der Bieter und nur er,[40] soweit nicht in der Angebotsunterlage ein Dritter ausschließlich oder zusätzlich zur Empfangnahme der Erklärung befugt ist. In der Regelung der Zuständigkeit der depotführenden Bank für Annahmeerklärungen wird man im Regelfall auch eine Ermächtigung zur Entgegennahme von Rücktrittserklärungen sehen dürfen. Zu den Grenzen der vertraglichen Regelbarkeit → Rn. 26.

---

[34] AA Angerer/Geibel/Süßmann/*Thun* Rn. 28, der den Konflikt mit § 3 Abs. 4 zwar sieht, indes dem Interesse der Aktionäre an der zweiwöchigen Überlegungsfrist pauschal den Vorrang einräumt.

[35] Angerer/Geibel/Süßmann/*Thun* Rn. 27 ff.; Baums/Thoma/*Diekmann* Rn. 43; Kölner Komm WpÜG/ *Hasselbach* Rn. 28; Schwark/Zimmer/*Noack/Holzborn* Rn. 27; Assmann/Pötzsch/Schneider/*Krause* Rn. 38 ff.; *Drinkuth* in Marsch-Barner/Schäfer Börsennotierte AG-HdB Rn. 60.147.

[36] Insbes. die Ausführungen von Baums/Thoma/*Diekmann* Rn. 43 stehen im Widerspruch zu *seinen* Erl. bei Baums/Thoma/*Diekmann* § 21 Rn. 74.

[37] BT-Drs. 14/7034, 50.

[38] HM, statt aller Angerer/Geibel/Süßmann/*Thun* Rn. 46 ff., 49; *Drinkuth* in Marsch-Barner/Schäfer Börsennotierte AG-HdB Rn. 60.147 mwN; *Oechsler* NZG 2001, 817 (825).

[39] Vgl. Angerer/Geibel/Süßmann/*Thun* Rn. 38; Assmann/Pötzsch/Schneider/*Krause* Rn. 56; Baums/ Thoma/*Diekmann* Rn. 53.

[40] Steinmeyer/*Steinhardt* Rn. 15 hält auch ghP für empfangsbefugt, doch findet sich im Gesetz für diese Annahme keine Unterstützung.

**c) Vertragsschluss vor Veröffentlichung des Konkurrenzangebots.** Das Rück- 24
trittsrecht steht nur Adressaten zu, die das Erstangebot bereits **angenommen haben.** Wer
das Erstangebot nach Veröffentlichung des Konkurrenzangebots annimmt, hat sich gerade
zwischen Erst- und Konkurrenzangebot entschieden und bleibt an diese Entscheidung
gebunden, soweit nicht später (durch Änderung) erneut ein Rücktrittsrecht entsteht. Die
Voraussetzung (Vertragsschluss vor Veröffentlichung) ist entgegen der hM nur insofern weit
auszulegen, als der Zugang der Annahmeerklärung des Erstangebots am Tag der Veröffentlichung des Konkurrenzangebotes noch das Rücktrittsrecht offen hält. Zu begründen ist der
hier vertretene relativ enge Rahmen damit, dass auch der Erstbieter ein berechtigtes Interesse
an der Gültigkeit der ihm gegenüber abgegebenen Erklärungen hat, die nicht durch ein zu
weites Verständnis der Voraussetzungen aufgeweicht werden dürfen. Ferner erklärt Abs. 3
ausdrücklich den Vertragsschluss für maßgebend. Würde man mit der – die Interessen des
Bieters nicht berücksichtigenden – hM dagegen die **Absendung der Annahmeerklärung**
durch die Adressaten ausreichen lassen,[41] so führte das im Übrigen nur zu schwierigen
Beweisfragen. Einem Aktionär, dessen Annahmeerklärung noch nicht (sicher) bei der depotführenden Bank eingegangen ist, ist zuzumuten, am Tag der Veröffentlichung des Konkurrenzangebots einen Widerruf seiner Annahmeerklärung gem. § 130 Abs. 1 S. 2 BGB (ggf.
per Fax) zu erklären, wenn er sich alle Möglichkeiten offen halten will. Ist sein Angebot
bereits zugegangen, so spielt die Erklärung keine Rolle, das Rücktrittsrecht aus Abs. 3
besteht ohnehin. Fehlt es bisher am Zugang der Annahme, so wird auf diese Weise das
Gültigwerden seiner Annahmeerklärung verhindert. In beiden denkbaren Fällen ermöglicht
ein solcher Widerruf die Annahme des Konkurrenzangebots. Eine entsprechende Rücktrittserklärung am Tag der Veröffentlichung des Konkurrenzangebots dürfte den beschriebenen zugangsverhindernden Widerruf beinhalten.

**d) Rücktrittsfolgen.** Die Rücktrittsfolgen bestimmen sich nach §§ 346 ff. BGB. Die 25
gegenseitigen Verpflichtungen erlöschen, eine bereits erfolgte Übertragung ist rückgängig
zu machen,[42] ggf. Zug um Zug gegen eine bereits erbrachte Gegenleistung.

**e) Modifikationen in der Angebotsunterlage.** Das Rücktrittsrecht darf nicht durch 26
**Bedingungen und Regelungen des Erst-Bieters** in seiner Angebotsunterlage unangemessen beeinträchtigt werden, stets ist der Zweck des § 22 Abs. 3 zu beachten, den Adressaten eine Wahl auch praktisch zu ermöglichen. Deshalb darf die Ausübung des Rücktrittsrechts nicht an strengere Formalien gebunden werden als die Annahme des Angebots.[43] Ist
für dieses schriftliche Erklärung verlangt, kann der Bieter sie auch für die Erklärung des
Rücktritts fordern. Eine strengere **Form** scheint zwar nach dem Rechtsgedanken des § 309
Nr. 13 BGB unzulässig zu sein. Da die §§ 305 ff. BGB jedoch nach hier vertretener Auffassung nicht unmittelbar Anwendung finden, kann insbesondere die Umbuchung der fraglichen Wertpapiere in eine andere Identifikationsnummer ISIN für einen wirksamen Rücktritt verlangt werden.[44] Nichts spricht ferner dagegen, die Möglichkeit eines Teilrücktritts
auszuschließen zu können.[45] Stets muss aber sämtlichen Vertragspartnern noch **am letzten
Tag der Annahmefrist** die wirksame Ausübung des Rücktritts sowie die Annahme des
konkurrierenden Angebots ermöglicht werden, Anforderungen, insbesondere solche, mit
denen den Adressaten im Ergebnis praktisch die rechtzeitige Ausübung des Rücktritts abgeschnitten wird, sind nach dem Zweck des § 22 Abs. 3 unzulässig. Das dürfte insbesondere
für eine Regelung gelten, durch der Adressat Annahme und Rücktritt gegenüber **unterschiedlichen Personen** zu erklären hat, da schon das darin liegende Überraschungsmo-

---

[41] Assmann/Pötzsch/Schneider/*Krause* Rn. 50 mwN; Angerer/Geibel/Süßmann/*Thun* Rn. 36; Stein-
meyer/*Steinhardt* Rn. 14.
[42] Baums/Thoma/*Diekmann* Rn. 66; Assmann/Pötzsch/Schneider/*Krause* Rn. 48; Steinmeyer/*Steinhardt*
Rn. 16.
[43] Angerer/Geibel/Süßmann/*Thun* Rn. 42; Baums/Thoma/*Diekmann* Rn. 55, § 21 Rn. 62 ff.
[44] Wie hier Assmann/Pötzsch/Schneider/*Krause* Rn. 61; iE auch Baums/Thoma/*Diekmann* Rn. 56,
obschon § 309 BGB anwendbar sei; unklar Angerer/Geibel/Süßmann/*Thun* Rn. 42.
[45] Assmann/Pötzsch/Schneider/*Krause* Rn. 57.

ment für Adressaten zur Verhinderung ihres Wahlrechts führen könnte.[46] Ferner dürfte auch eine Modifikation des in → Rn. 24 erwähnten zugangsverhindernden Widerrufs nach § 130 Abs. 1 S. 2 BGB ausgeschlossen sein.

27   **3. Geltung für alle Angebotsadressaten, Unwirksamkeit widersprechender Abmachungen.** Das Rücktrittsrecht muss auch für solche Adressaten bestehen, die sich bereits außerhalb des öffentlichen Angebots gegenüber dem Bieter unwiderruflich zur Annahme des Angebots verpflichtet haben. Sonst könnte der Bieter insbesondere bei einer freundlichen Übernahme ein konkurrierendes Angebot durch vertragliche Gestaltungen mit den bisherigen Kontrollinhabern (sog. *irrevocable commitments bzw. irrevocable undertakings oder kurz: irrevocables*) ausschließen. Das liegt außerhalb der nach dem WpÜG, insbesondere der nach § 3 Abs. 1 und 2 zulässigerweise verfolgbaren Ziele. Die Entscheidungsfreiheit aller Aktionäre ist zu wahren.

28   Ein praktisches Argument für dieses Verständnis des Rücktrittsrechts sind die sonst gegebenen Möglichkeiten, durch außerhalb des Angebots eingegangene Bindungen **zeitliche Vorgaben für Pflichtangebote zu umgehen** (vgl. auch → § 19 Rn. 25 ff.). Dieses ist abzugeben, sobald der Bieter die Kontrolle erlangt, wobei es grundsätzlich auf den dinglichen Erwerb der Anteile ankommt. Wird ein Kontrollwechsel beabsichtigt, so schränkt das WpÜG die Gestaltbarkeit des Zeitpunktes, in dem ein Angebot abzugeben ist, nach Maßgabe des § 35 ein. Es wäre sonst möglich, eine geheime Übertragung von 29,9% der Anteile des 70%igen Mehrheitsaktionärs zu 300 Euro/Aktie am 31.1. zu vereinbaren sowie eine weitere Übernahme der restlichen 40,1% zu 100/Aktie im Rahmen eines öffentlichen Angebots, zu dessen Abgabe sich der Bieter erst am 31.8. „entschließt". Gleichzeitig wird eine Vertragsstrafe von 100 Euro/Aktie für den Fall vereinbart, dass der ehemalige Mehrheitsaktionär seine vertragliche Pflicht zur Annahme des Angebots verletzt. Der Preis des Vorerwerbs müsste nach der Sechsmonatsregel nicht angegeben werden, die Aktionäre erhalten den Eindruck, das sei ein gutes Angebot, weil auch der Mehrheitsaktionär es zu diesem Preis angenommen hat. Ein konkurrierender Bieter hätte selbst mit einem Angebot zu einem (möglicherweise angemessenen) Preis von 150 Euro je Aktie keine Chance, die Mehrheit zu erhalten, weil es sich für den ehemaligen Mehrheitsaktionär nicht rechnen würde, das Angebot des Konkurrenten anzunehmen. **Praktisches Ergebnis:** Der Zeitpunkt des Pflichtangebots[47] könnte manipuliert werden, obwohl die Übernahme vom Mehrheitsaktionär bereits „beschlossene Sache" ist. Die zu schützenden Aktionäre würden in ihrer Entscheidungsfreiheit beeinträchtigt, weil sie völlig legal den eigentlichen Preis der vom Bieter für die Aktien des Mehrheitsaktionärs gezahlten Gegenleistung nicht erfahren. Schließlich würden sie materiell eine geringere Gegenleistung für ihre Aktien erhalten, als die Bewertung des Unternehmens durch den konkurrierenden Bieter nahe legt und vor allem als dieser bereit ist zu bezahlen.[48]

29   Infolgedessen muss gem. § 22 Abs. 3 auch für durch Verträge gebundene (Groß-) Aktionäre bei Vorliegen der Voraussetzungen **ein Rücktritt von der Zusage möglich** und im Übrigen auch eine **Vertragsstrafe (break fee) unwirksam** sein, so dass auch vertraglich gebundene Aktionäre unproblematisch das Angebot des konkurrierenden Bieters annehmen

---

[46] Wohl auch Angerer/Geibel/Süßmann/*Thun* Rn. 43.

[47] Nicht: der Kontrollerwerb an sich, missverstanden von *Kuhn,* Exklusivvereinbarungen bei Unternehmenszusammenschlüssen, 2007, 324.

[48] Nicht durchschlagend gegen das hier dargestellte Beispiel *Kuhn,* Exklusivvereinbarungen bei Unternehmenszusammenschlüssen, 2007, 322 ff., die meint, hier würde nicht berücksichtigt, dass § 30 Abs. 1 Nr. 5 derartige Gestaltungen erlaubt. Indessen geht die hier vertretene Argumentation gerade davon aus, dass der Erwerb der 29,9% zu keiner Zurechnung führt (weil er noch nicht vollzogen ist). Sonst müsste der Übernehmer ja bereits nach § 34 Abs. 1 Nr. 5 WpHG zumindest den Erwerb von 29,9% veröffentlichen. Mit der hier allein zu beurteilenden Frage des Rücktrittsrechts des Mehrheitsaktionärs hat das indessen nichts zu tun. Dabei geht es allein darum, die entschärfende Wirkung eines Konkurrenzangebots zu wahren. Im Übrigen wird hier – entgegen der Darstellung von *Kuhn,* Exklusivvereinbarungen bei Unternehmenszusammenschlüssen, 2007, 322 – gerade nicht vertreten, dass durch solche Gestaltungen die Vorschriften des WpÜG iVm WpÜG-AV über die Angemessenheit der Gegenleistung umgangen würden, man lese bitte genau!

können.[49] Der konkurrierende Bieter weiß nicht notwendig von den zwischen einzelnen Aktionären und dem Erstbieter getroffenen Vereinbarungen. Sie dürfen für ihn nicht das Risiko begründen, dass er auf einem Teil der Aktien später als Minderheitsaktionär sitzen bleibt. Der von der Gegenauffassung bemühte Grundsatz der Vertragsfreiheit[50] tritt hier zurück. Das Gesetz sieht ausdrücklich ein kapitalmarktrechtliches Rücktrittsrecht vor, dieses geht im Rahmen seiner Zwecke der Vertragsfreiheit gerade vor. Die Argumentationslast liegt daher bei denjenigen, die behaupten, es könne einfach abbedungen werden.[51]

**4. Gegenseitiges Überbieten und Ende des Bieterwettstreits.** Nach § 21 Abs. 6 ist **30** während des Laufs der gemäß § 21 Abs. 5 verlängerten Annahmefrist eine erneute Änderung grundsätzlich ausgeschlossen (→ Rn. 17 f.). Manche vertreten, dass ein **gegenseitiges Überbieten zwischen konkurrierenden Bietern** auch nach derartigen Fristverlängerungen weiter möglich bleiben müsse, da es im Interesse der zu schützenden Angebotsadressaten liege und ihnen angesichts der Konkurrenzsituation auch zumutbar sei.[52] § 21 Abs. 6 sei zugeschnitten auf einfache Übernahmen ohne Konkurrenzsituation und daher bei konkurrierenden Angeboten jedenfalls insoweit nicht anwendbar, als lediglich die angebotene Gegenleistung erhöht wird. Diese Auffassung ist abzulehnen. Sie müsste letztlich auch ohne Konkurrenzangebot Erhöhungen im Zeitraum des § 21 Abs. 5 zulassen, was dem Wortlaut und Zweck des § 21 Abs. 6 widerspricht, der den Adressaten zwei Wochen Überlegungszeit ohne weitere Änderungen des Angebots verschaffen will.[53]

Gem. § 21 Abs. 1 Eingangssatz ist daher **am letzten Werktag der** regulären, ggf. nach **31** § 22 Abs. 2 angepassten, **Annahmefrist keine Änderung** mehr möglich (→ § 21 Rn. 38 ff.), alle Bieter müssen also bereits am vorletzten Tag unter Umständen blind eine letzte Entscheidung über die Höhe der von ihnen angebotenen Gegenleistung treffen. Damit besteht eine gesetzliche **„Guillotine-Lösung",** die weitere rechtspolitische Vorschläge überflüssig macht.[54] Entgegen einer in der Lit. vertretenen Auffassung verschafft das keinem Bieter Raum für taktische Spiele, da alle Bieter stets vor der gleichen Fristproblematik stehen und nicht wissen können, wie der andere sich entscheidet.[55] Es kommt auch nicht dazu, dass ein Bieter durch eine Änderung seines Angebots bewusst einem Konkurrenten die Möglichkeit nehmen kann den Preis zu erhöhen, wie in der Lit. behauptet wird.[56] Offenbar wird hier auch die Wirkungsweise des § 21 Abs. 5 missverstanden: Erhöht einer der konkurrierenden Bieter drei Tage vor dem Ende der Annahmefrist das Angebot, so

---

[49] Wie hier tendenziell *Bachmann* in Mülbert/Kiem/Wittig, 10 Jahre WpÜG, 2011, 191, 215 f. Zweifelnd *Angerer/Geibel/Süßmann/Thun* Rn. 45; zur Zurückhaltung mahnend, jedoch ohne eigene Stellungnahme *Johannsen-Roth/Illert* ZIP 2006, 2157 (2161) aE; aA *Assmann/Pötzsch/Schneider/Krause* Rn. 91 mit der nicht überzeugenden und statistisch nicht erwiesenen Pauschalbehauptung, es dann zu weniger Angebote käme; ferner *v. Riegen* ZHR 167 (2003), 702 (707 ff.), 713; *Kuhn,* Exklusivvereinbarungen bei Unternehmenszusammenschlüssen, 2007, 324 und nun *Hasselbach/Stepper* NZG 2020, 170 (173 f.). Warum die Möglichkeit bedingter Kaufverträge ein Argument gegen die hier vertretene Auffassung sein soll, erläutern die Autoren nicht und ist auch nicht einsichtig.

[50] *Assmann/Pötzsch/Schneider/Krause* Rn. 91; *Hasselbach/Stepper* NZG 2020, 170 (173).

[51] Verkannt bei *Hasselbach/Stepper* NZG 2020, 170 (173).

[52] *Angerer/Geibel/Süßmann/Thun* Rn. 29 f.; *Hasselbach/Stepper* NZG 2020, 170 (172) mwN.

[53] *Rothenfußer/Friese-Dormann/Rieger* AG 2007, 137 (147); *Bachmann* in Mülbert/Kiem/Wittig, 10 Jahre WpÜG, 2011, 191, 209 in Fn. 78.

[54] Etwa *Boeckmann/Kießling* DB 2007, 1796 ff. (Organisation eines Auktionsverfahrens durch die BaFin über § 4); Ähnliches gilt für *Assmann/Pötzsch/Schneider/Krause* Rn. 40, der ebenfalls einen Weg über § 4 vorschlägt und *Drinkuth* in Marsch-Barner/Schäfer Börsennotierte AG-HdB Rn. 60.148, dessen Vorschläge durch die hier vertretene Auffassung ebenfalls überflüssig werden. Allenfalls über die vergleichsweise kurzen Fristen kann man nachdenken, vgl. dazu *Bachmann* in Mülbert/Kiem/Wittig, 10 Jahre WpÜG, 2011, 191, 210 f.

[55] Das Beispiel 1 von *Rothenfußer/Friese-Dormann/Rieger* AG 2007, 137 (149) übersieht, dass Bieter 2 ebenfalls am „freigeschalteten" Tag noch einmal erhöhen kann, zweimalige Änderungen durch den gleichen Bieter sind also nicht verboten. Bieter 1 hat also keine Vorteile, vielmehr müssen beide damit rechnen, dass der jeweils andere noch ein letztes Mal erhöht. Gleiches gilt für den Beispielsfall 2. Vgl. ferner – aus anderen Gründen krit. – zu den beiden Beispielen *Bachmann* in Mülbert/Kiem/Wittig, 10 Jahre WpÜG, 2011, 191, 209 Fn. 81.

[56] *Hasselbach/Stepper* NZG 2020, 170 (172).

bleiben allen anderen Bietern noch zwei Tage, um ihrerseits darauf zu reagieren, erst anschließend kommt es zur zweiwöchigen Verlängerung mit Sperre für Änderungen (→ Rn. 18). Aus der Praxis berichtet die BaFin, dass ein „gegenseitiges Überbieten" auch schon durch die Schaffung von **Parallelerwerbstatbeständen** stattgefunden hat, die freilich den Nachteil haben, zwar eine Erhöhung für die bereits gebundenen Aktionäre herbeiführen zu können, den Vertragspartnern des konkurrierenden Bieters jedoch kein Rücktrittsrecht gem. § 22 Abs. 3 verschaffen.[57] Auch können sie nicht die Angebotsfrist verlängern, da sie keine Änderungen iSd § 21 darstellen.[58] Erfolgen sie während der nach § 21 Abs. 5 verlängerten Frist, so dürften sie daher so gut wir **keine Auswirkungen** auf die Entscheidung zwischen beiden Angeboten haben, entgegen *Bachmann* ermöglichen sie daher keine Fortsetzung des Bieterwettstreits während der letzten zwei Wochen.

32　　**5. Möglichkeit der Annahme beider Angebote durch die Adressaten?** Soweit es sich bei mindestens einem der Angebote um ein Teilangebot handelt, stellt sich die Frage, ob die gesetzlichen Regeln ausreichend sind. Beispiel: Zwei Angebote für jeweils 25% der Aktien einer Zielgesellschaft, deren Aktien sich zu 100% im free float befinden, werden von unterschiedlichen Bietern abgegeben. Ein Aktionär X hält 60 Aktien der Zielgesellschaft und will möglichst alle Aktien verkaufen. Er sorgt sich aber darum, dass er bei einer Überzeichnung der Angebote gem. § 19 im schlechtesten Falle nur 15 Aktien los wird. Kann er sowohl das Erst-, als auch das Zweitangebot annehmen? Die Frage ist in § 22 nicht geregelt, nach allgemeinem Vertragsrecht (Relativität der Schuldverhältnisse) allerdings im Grundsatz zu bejahen. Stellt sich nach Ablauf der Annahmefrist heraus, dass die Angebote insgesamt nur von 10% der Aktionäre angenommen wurden, werden allerdings möglicherweise beide Bieter auf Erfüllung bestehen. Zu dieser Situation wird es aber schon aus technischen Gründen nicht kommen, da der Aktionär für jedes Wertpapier nur je eine Annahmeerklärung zugunsten eines der beiden Bieter abgeben kann, anschließend wird seine Aktie umgebucht und steht damit für eine zweite Annahmeerklärung nicht mehr zur Verfügung (vgl. → § 11 Rn. 81).[59] Der Wunsch des Aktionärs, seinen gesamten Bestand im Rahmen des Angebots zu veräußern, ist dagegen übernahmerechtlich nicht schützenswert.

### § 23 Veröffentlichungspflichten des Bieters nach Abgabe des Angebots

(1) [1]**Der Bieter ist verpflichtet, die Anzahl sämtlicher ihm, den mit ihm gemeinsam handelnden Personen und deren Tochterunternehmen zustehenden Wertpapiere der Zielgesellschaft einschließlich der Höhe der jeweiligen Anteile und der ihm zustehenden und nach § 30 zuzurechnenden Stimmrechtsanteile und die Höhe der nach den §§ 38 und 39 des Wertpapierhandelsgesetzes mitzuteilenden Stimmrechtsanteile sowie die sich aus den ihm zugegangenen Annahmeerklärungen ergebende Anzahl der Wertpapiere, die Gegenstand des Angebots sind, einschließlich der Höhe der Wertpapier- und Stimmrechtsanteile**
1. **nach Veröffentlichung der Angebotsunterlage wöchentlich sowie in der letzten Woche vor Ablauf der Annahmefrist täglich,**
2. **unverzüglich nach Ablauf der Annahmefrist,**
3. **unverzüglich nach Ablauf der weiteren Annahmefrist und**
4. **unverzüglich nach Erreichen der für einen Ausschluss nach § 39a Abs. 1 und 2 erforderlichen Beteiligungshöhe**
**gemäß § 14 Abs. 3 Satz 1 zu veröffentlichen und der Bundesanstalt mitzuteilen.** [2]**§ 14 Abs. 3 Satz 2 und § 31 Abs. 6 gelten entsprechend.**

---

[57] Jahresbericht der BaFin 2007, 192 (REpower Systems AG).

[58] So die zutr. Praxis der BaFin, ferner Assmann/Pötzsch/Schneider/*Krause* § 31 Rn. 120; *Bachmann* in Mülbert/Kiem/Wittig, 10 Jahre WpÜG, 2011, 191, 206 f.; grds. auch *Drinkuth* in Marsch-Barner/Schäfer Börsennotierte AG-HdB Rn. 60.150, anders freilich gerade für die Frage der Fristverlängerung; aA *Rothenfußer/Friese-Dormann/Rieger* AG 2007, 137 (151 ff.).

[59] Vgl. *Riehmer/Schröder* BB-Beil. Nr. 5/2001, 1 (7, 15); Steinmeyer/*Steinhardt/Nestler* § 11 Rn. 84 ff.

(2) [1]Erwerben bei Übernahmeangeboten, bei denen der Bieter die Kontrolle über die Zielgesellschaft erlangt hat, und bei Pflichtangeboten der Bieter, mit ihm gemeinsam handelnde Personen oder deren Tochterunternehmen nach der Veröffentlichung der Angebotsunterlage und vor Ablauf eines Jahres nach der Veröffentlichung gemäß Absatz 1 Nr. 2 außerhalb des Angebotsverfahrens Aktien der Zielgesellschaft, so hat der Bieter die Höhe der erworbenen Aktien- und Stimmrechtsanteile unter Angabe der Art und Höhe der für jeden Anteil gewährten Gegenleistung unverzüglich gemäß § 14 Abs. 3 Satz 1 zu veröffentlichen und der Bundesanstalt mitzuteilen. [2]§ 31 Abs. 6 gilt entsprechend.

*Schrifttum: Kraak,* Directors' Dealings bei Erwerbs- und Übernahmeangeboten, AG 2016, 57; *Kraak,* Beteiligungspublizität bei Erwerbs- und Übernahmeangeboten, AG 2017, 677; *Lebherz,* Publizitätspflichten bei der Übernahme börsennotierter Unternehmen, WM 2010, 154; *Leyendecker-Langner/Läufer,* Transaktionssicherheit und übernahmerechtliche Meldepflichten, NZG 2014, 161; *Merkner/Sustmann,* Die Verwaltungspraxis der BaFin in Sachen Beteiligungstransparenz auf Grundlage der Neufassung des Emittentenleitfadens, NZG 2013, 1361; *Neumann/Ogorek,* Reichweite und verfassungsrechtliche Grenzen der Veröffentlichungs- und Mitteilungspflichten des § 23 Abs. 2 S. 1 Alt. 1 WpÜG bei fehlendem Kontrollerwerb, BB 2010, 1297; *Riehmer/Schröder,* Praktische Aspekte bei der Planung, Durchführung und Abwicklung eines Übernahmeangebots, BB-Beil. 5/2001, 1; *Witt,* Regelmäßige „Wasserstandsmeldungen" – unverzichtbarer Bestandteil eines künftigen Übernahmegesetzes, NZG 2000, 809.

## Übersicht

## I. Allgemeines

**1. Überblick.** § 23 ergänzt die Informationspflichten des Bieters während und nach 1 Beendigung der Laufzeit des Angebots und ist damit neben §§ 10, 11 wichtigste Konkretisierung des Informationsgrundsatzes des § 3 Abs. 2. Der Bieter ist nicht nur dazu verpflichtet, seinen Aktienbestand zur Zeit der Abgabe des Angebots anzugeben (→ § 11 Rn. 10 ff.), sondern nach Abs. 1 sämtliche Veränderungen im Bestand während des Laufs der Annahmefrist. Daneben soll durch „Wasserstandsmeldungen" den Angebotsadressaten Information über die Akzeptanz des Angebots, dh über das Verhalten der übrigen Wertpapierinhaber vermittelt werden. Hat der Bieter nach Ablauf der Annahmefrist formell Kontrolle über die Zielgesellschaft erlangt, so verpflichtet ihn Abs. 2 dazu, über Nacherwerbe noch während eines weiteren Jahres öffentlich Auskunft zu geben.

2    **2. Normzweck.** Die Regelungsziele des Abs. 1 unterscheiden sich maßgeblich von denen des Abs. 2.[1] Die Informationen nach Abs. 1 sollen die Anleger aus dem *prisoner's dilemma*[2] befreien, indem ihnen der Erfolg des Angebots und eventuell auf Grund anderer Umstände vergrößerter potentieller Einfluss des Bieters während der Annahmefrist vor Augen geführt werden.[3] Auch das Management der Zielgesellschaft soll insbesondere bei feindlichen Übernahmeangeboten über den aktuellen Stand der Dinge informiert werden.[4] Die Informationen nach Abs. 2 sollen einerseits der Durchsetzung von Nachbesserungsansprüchen nach § 31 Abs. 4 und 5 dienen, weshalb der Bieter in der Veröffentlichung nach Abs. 2 auch die Höhe der erbrachten Gegenleistung anzugeben hat. Andererseits schützen die Publizitätspflichten nach einem Angebot, bei dem der Bieter Kontrolle erlangt hat, die Aktionäre davor, von einem Squeeze-out oder anderen Strukturmaßnahmen des Bieters überrascht zu werden. Diesen Schutz verdeutlicht nun auch die durch das Übernahme-RL-UG in Abs. 1 eingefügte Nr. 4.

3    **3. Kritik.** Kritisiert wird einerseits, der Gesetzgeber sei mit der Regelung über das Ziel hinausgeschossen. Die von Abs. 1 Nr. 1 verlangte Frequenz der Meldungen (in der letzten Woche täglich) könne der Bieter praktisch kaum leisten. Auch sei der Anwendungsbereich zu weit geraten, da der Bieter auch bei einfachen Erwerbsangeboten Zwischenberichte abgeben müsse.[5] Es finden sich aber auch Stimmen, die meinen, die Regelung gehe nicht weit genug.[6] Insbesondere bei Übernahmeangeboten, bei denen der Bieter nur von einem geringen Beteiligungssockel aus starte, seien häufigere Meldungen geboten.[7] Gänzlich unverständlich sei, warum bei Übernahmeangeboten in der weiteren Annahmefrist des § 16 Abs. 2 keine täglichen Meldungen mehr verlangt würden; dies gelte insbesondere dann, wenn das Angebot bis zum Ende der regulären Frist noch nicht erfolgreich gewesen sei.[8] Die Auseinandersetzung zeigt, dass § 23 insgesamt ein tragfähiger Kompromiss zwischen unterschiedlichen Regelungsvorstellungen ist. Soweit die Kritik sich allerdings überhaupt gegen besondere Informationen während des Angebots richtet,[9] ist sie überzogen. Es ist gerade eines der Hauptziele des WpÜG, die Informationslage der Aktionäre der Zielgesellschaft während des Angebots zu verbessern; dies kommt insbesondere in § 3 Abs. 2 zum Ausdruck. Dass zusätzliche Informationen den Erfolg des Angebots beeinflussen können, bestätigt daher die Sinnhaftigkeit der Regelung und spricht für, nicht gegen sie.

4    **4. Verhältnis zu anderen Veröffentlichungspflichten.** Im Verhältnis zu § 20 AktG und §§ 33 ff. WpHG sind die Veröffentlichungspflichten des Bieters nach Abs. 1 **kumulativ anwendbar**, da in § 23, anders als in § 10 Abs. 6, eine Spezialität zum WpHG oder AktG nicht geregelt ist und die Veröffentlichungen nach § 23 Abs. 1 an Zeitpunkte, nicht an

---

[1] Ähnlich *Witt* NZG 2000, 809 (818).

[2] Dazu Ehricke/Ekkenga/Oechsler/*Oechsler* Rn. 1.

[3] Ausf. FK-WpÜG/*Schröder* Rn. 3 ff.; Kölner Komm WpÜG/*Möllers* Rn. 2 ff., Baums/Thoma/*Diekmann* Rn. 10 ff.; *Witt* NZG 2000, 809 (813); vgl. auch *Leyendecker-Langner/Läufer* NZG 2014, 161 (164): den Kapitalmarkt über den voraussichtlichen Erfolg oder Misserfolg des Angebots informieren.

[4] Unter Hinweis auf die Mannesmann-Übernahme durch Vodafone Angerer/Geibel/Süßmann/*Thun* Rn. 1.

[5] FK-WpÜG/*Schröder* Rn. 5 ff.

[6] *Witt* NZG 2000, 809 (817).

[7] *Witt* NZG 2000, 809 (817).

[8] *Witt* NZG 2000, 809 (817); dagegen lässt sich freilich einwenden, dass die meisten Übernahmeangebote eine Mindestakzeptanzschwelle vorsehen. Ist diese nicht erreicht, so gibt es keine weitere Annahmefrist. Ist das Angebot freilich unbedingt, so besteht die Gefahr tatsächlich. Sie ist dadurch etwas abgemildert, dass bei Schwellenüberschreitungen innerhalb der weiteren Annahmefrist die Meldepflichten nach §§ 33 ff. WpHG bestehen.

[9] So *Riehmer/Schröder* BB 2001, Beil. Nr. 5, 15 f.: Wenn man den Bieter zwinge, bestimmte Schwellenüberschreitungen auch während der Annahmefrist bekanntzugeben, könnte dies das Angebot gefährden.

Schwellen geknüpft sind.[10] Die Wasserstandsmeldungen (Zahl der dem Bieter zugegangenen Annahmeerklärungen) sind jedoch nicht auch als **Instrumente** iSd §§ 38 f. WpHG anzusehen.[11] Das folgt zwar nicht mehr aus dem Wortlaut der §§ 38 f. WpHG.[12] Entgegen manchen Stimmen in der Lit.[13] folgt es aber aus dem unterschiedlichen Zweck der beiden Regelungsregime, was auch nicht als europarechtswidrig angesehen werden kann, weil der Fokus des Publikums während eines Wertpapiererwerbsangebots auf den Wasserstandsmeldungen über den Erfolg des Angebots und nicht mehr auf der allgemeinen Berührung von Schwellenwerten liegt. Dem entspricht die Praxis der BAFin.[14] Der Bieter bleibt ferner gem. Art. 17 MAR zur **Ad-hoc-Publizität** verpflichtet, da die dortige Meldepflicht nicht im Hinblick auf die Zielgesellschaft, sondern im Hinblick auf Tatsachen erfolgt, die den Kurs des Bieters beeinflussen können. Aus Art. 17 MAR kann zB eine Pflicht des Bieters folgen, unverzüglich das Überschreiten einer eventuellen Mindestannahmequote oder anderer Bedingungen bekannt zu geben, da die Gültigkeit des Angebots und damit Verpflichtungen des Bieters davon abhängen, die kursrelevant sein können (→ Rn. 36 aE).[15]

Soweit die Einlieferung von Aktien auf das Angebot durch Führungskräfte der Zielgesell- **5** schaft erfolgt, muss neben der Veröffentlichung gem. § 23 durch den Bieter auch die Veröffentlichung gem. Art. 19 MAR iVm Art. 10 VO (EU) 2016/522 **(directors dealings)** durch erfolgen. Diese Pflicht trifft den Bieter nur dann, wenn es sich bei ihm zugleich um eine von Art. 19 Abs. 1 MAR erfasste Führungskraft handelt (oder sie den Bieter beherrscht), was nur selten vorkommen wird.[16] Ansonsten liegt hierin keine Konkurrenz – beide Veröffentlichungspflichten sind zu erfüllen.

## II. Regelmäßige Veröffentlichungen während der Annahmefrist (Abs. 1)

**1. Anwendungsbereich.** Die Veröffentlichungen nach § 23 Abs. 1 sind bei allen **6** Erwerbsangeboten Pflicht.[17] Kritik daran[18] ist nicht gerechtfertigt, da einfache Erwerbsangebote auch der Vorbereitung einer Übernahme dienen können und regelmäßig dienen werden. Die Aktionäre haben auch hier ein berechtigtes Interesse daran zu erfahren, wie die anderen Adressaten entscheiden und ob sich an der Ausgangslage während des Angebots Wesentliches ändert. Insbesondere kann der Bieter während eines einfachen Erwerbsangebotes auf Grund von Verträgen außerhalb des Angebots die Kontrolle erwerben und ein nachfolgendes Pflichtangebot ausgelöst werden; auch können Veränderungen im Handelsbestand (§ 20) eintreten, so dass den Aktionären entscheidungsrelevante Informationen iSd § 3 Abs. 2 vermittelt werden.

**2. Inhalt der jeweiligen Veröffentlichung. a) Überblick über die Beteiligungs-** **7** **verhältnisse.** Zu veröffentlichen sind gemäß § 23 Abs. 1 S. 1 Hs. 1 Alt. 1 zunächst „die Anzahl sämtlicher dem Bieter, den mit ihm gemeinsam handelnden Personen und deren Tochterunternehmen zustehenden Wertpapiere der Zielgesellschaft einschließlich der Höhe der jeweiligen Anteile". Die Information dient dazu, den Angebotsempfängern ein umfassendes Bild über die Beteiligungsverhältnisse zu verschaffen.[19] Anzugeben sind daher nicht nur die dem Bieter gehörenden Wertpapiere, die auch Gegenstand des Angebots sind,

---

[10] Einhellige Meinung, vgl. *Lebherz* WM 2010, 154 (159); Angerer/Geibel/Süßmann/*Thun* Rn. 5 f. mwN; FK-WpÜG/*Schröder* Rn. 9; *Riehmer/Schröder* BB-Beil. Nr. 5/2001, 16; *Witt* NZG 2000, 809 (810).

[11] Emittentenleitfaden, 5. Aufl., Modul B, I. 2.8.1.3, S. 43; Steinmeyer/*Steinhardt* Rn. 35 mwN.

[12] In der alten Fassung der §§ 25 f. WpHG aF war es noch ausdrücklich klargestellt, vgl. *Kraack* AG 2017, 677 (678).

[13] Assmann/Pötzsch/Schneider/*Assmann* Rn. 16a; *Kraack* AG 2017, 677 (682 ff.).

[14] Emittentenleitfaden, 5. Aufl., Modul B, I. 2.8.1.3, S. 43.

[15] S. auch Assmann/Pötzsch/Schneider/*Assmann* Rn. 51.

[16] Für diesen Sonderfall mit treffenden Argumenten eine teleologische Reduktion des Art. 19 MAR erwägend Kraack AG 2016, 57 (68 f.).

[17] FK-WpÜG/*Schröder* Rn. 6; Angerer/Geibel/Süßmann/*Thun* Rn. 7.

[18] Etwa FK-WpÜG/*Schröder* Rn. 5 f.; DAV-Handelsrechtsausschuss, Stellungnahme vom April 2001 zu § 17 RefE, NZG 2001, 420 (426).

[19] BT-Drs. 14/7034, 50.

sondern **sämtliche** von ihm oder ghP oder deren Töchtern gehaltenen **Wertpapiere** iSd § 2 Abs. 2 (→ § 2 Rn. 47 ff.).[20]

**8**  Die Formulierung weicht von § 2 Nr. 5 WpÜG-AV ab, indem sie von „zustehen" statt „halten" spricht, und sie verlangt über die Angabe der Zahl hinaus auch die Angabe der Höhe der von den verschiedenen Personen gehaltenen jeweiligen Anteile. Ein etwaiger Sinn der Wortlautabweichung ist insoweit nicht erkennbar, aus dem Sinn des Informationsgebots in § 3 Abs. 2 folgt vielmehr, dass auch nach § 2 Nr. 5 WpÜG-AV die Höhe der jeweiligen Anteile anzugeben ist. „**Zustehen**" den jeweiligen Personen solche Wertpapiere, an denen sie ein dinglich, gegen jedermann wirkendes Recht haben.[21] Anzugeben sind freilich auch solche Wertpapiere, die an den Bieter verkauft, aber noch nicht übereignet sind. Dies ergibt sich aus Abs. 1 S. 2, nach dem **§ 31 Abs. 6 entsprechend** anzuwenden ist. Ob derartige Verträge bedingt sind oder nicht, spielt keine Rolle. Dass sie zusätzlich gem. Abs. 1 S. 1 Hs. 1 Alt. 5 anzugeben sind (→ Rn. 14), macht ihre Angabe im Rahmen der Abs. 1 S. 1 Hs. 1 Alt. 1 und 2 nicht überflüssig,[22] da Alt. 5 lediglich auf Stimmrechte abzielt, während im Rahmen der Alt. 1 und 2 sämtliche Wertpapiergeschäfte eine Rolle spielen können. Der Normzweck der Alt. 1 und 2, den Adressaten eine umfassende Übersicht über die Beteiligungsverhältnisse an der Zielgesellschaft zu geben (zusätzlich zur Angabe des aktuellen Stimmrechtseinflusses des Bieters),[23] spricht ferner dafür, auch andere Vereinbarungen wie etwa den Abschluss von *stock option letters* für angabepflichtig zu erachten.[24]

**9**  Allerdings dürfen hier **nicht** die Wertpapiere miteinbezogen werden, die der Bieter auf Grund von **Annahmeerklärungen** auf sein Angebot hin gekauft oder möglicherweise schon dinglich erworben hat.[25] Zum einen ist über die Annahmeerklärungen gesondert Rechenschaft abzulegen (→ Rn. 15). Würden die sich aus Annahmeerklärungen ergebenden Anteile schon an dieser Stelle auch nur teilweise berücksichtigt, würde aus Sicht der Adressaten die wahre Situation des Bieters teilweise verschleiert. Zum anderen sind sämtliche Annahmeerklärungen vor Ablauf der Annahmefrist nicht sicher, da jederzeit ein konkurrierendes Angebot erfolgen kann. Im Übrigen ist davon auszugehen, dass § 31 Abs. 6 sich gerade auf außerhalb des Angebots erfolgende Rechtsgeschäfte bezieht. Mindestens ist die Doppelnennung in geeigneter Weise kenntlich zu machen.[26]

**10**  Anzugeben ist an dieser Stelle auch die Höhe der jeweiligen **Anteile,** § 23 Abs. 1 S. 1 Hs. 1 Alt. 2. Darunter ist der Anteil der Wertpapiere am Grundkapital der Zielgesellschaft zu verstehen,[27] eine Aufschlüsselung nach der Art der einzelnen der Bieterseite zustehenden Wertpapiere (etwa getrennt nach Stimmrechts- und Vorzugsaktien) ist dagegen nicht erforderlich.[28] Zweitens ist der Gesetzesformulierung zu entnehmen, dass für jede der in Abs. 1 Hs. 1 Alt. 1 genannten Personen eine **gesonderte Angabe** zu erfolgen hat.[29] Das folgt zwar nicht allein daraus, dass der Gesetzgeber zwischen dem Bieter und den anderen Personen differenziert, wohl aber daraus, dass er von der Höhe der **jeweiligen** Anteile spricht.

---

[20] Ebenso Kölner Komm WpÜG/*Möllers* Rn. 48; Assmann/Pötzsch/Schneider/*Assmann* Rn. 9.

[21] HM Assmann/Pötzsch/Schneider/*Assmann* Rn. 10; Angerer/Geibel/Süßmann/*Thun* Rn. 11; Steinmeyer/*Steinhardt* Rn. 13 mwN in Fn. 17.

[22] AA Leyendecker-Langner/*Läufer* NZG 2014, 161 (164 f.).

[23] BT-Drs. 14/7034, 50.

[24] Leyendecker-Langner/*Läufer* NZG 2014, 161 (163 f.), dort näher zum Inhalt von stock option letters.

[25] Str., wie hier FK-WpÜG/*Schröder* Rn. 24 in Fn. 28; Steinmeyer/*Steinhardt* Rn. 17 aE und wohl die BaFin; aA Schwark/Zimmer/*Noack/Holzborn* Rn. 13; Baums/Thoma/*Diekmann* Rn. 42 bestreitet das Problem, weil im Rahmen des § 31 Abs. 6 nur außerhalb des Verfahrens zustande gekommene Geschäfte genannt werden müssen, das Problem bleibt aber bei schon während der Annahmefrist abgewickelten Geschäften.

[26] FK-WpÜG/*Schröder* Rn. 24 mit Fn. 28; Kölner Komm WpÜG/*Möllers* Rn. 62; Schwark/Zimmer/*Noack/Holzborn* Rn. 13.

[27] Assmann/Pötzsch/Schneider/*Assmann* Rn. 13; FK-WpÜG/*Schröder* Rn. 23; Angerer/Geibel/Süßmann/*Thun* Rn. 13.

[28] Überzeugend Assmann/Pötzsch/Schneider/*Assmann* Rn. 12 f.; aA → 3. Aufl. 2011, Rn. 9.

[29] Ebenso Steinmeyer/*Steinhardt* Rn. 14; Schwark/Zimmer/*Noack/Holzborn* Rn. 7; Assmann/Pötzsch/Schneider/*Assmann* Rn. 8; Baums/Thoma/*Diekmann* Rn. 30.

**b) Übersicht über die Reichweite der aktuellen Kontrolle des Bieters.** Ferner **11** verlangen Abs. 1 S. 1 Hs. 1 Alt. 3 und 4 die (gesonderte)[30] Angabe der dem Bieter („ihm") zustehenden und der ihm nach § 30 zuzurechnenden Stimmrechtsanteile.[31] Damit werden die Adressaten bei etwaigen Veränderungen in den Abreden zwischen dem Bieter und Dritten über die Ausübung von Stimmrechten sowie über Veränderungen informiert, die sich zB aus einer Umwidmung des Handelsbestandes (§ 20) ergeben.[32] Veränderungen auf Grund erfolgter Annahmeerklärungen sind aus den → Rn. 9 dargestellten Gründen dagegen nicht zu berücksichtigen.[33] Verlangt wird insoweit nicht die Angabe der Zahl der dem Bieter zustehenden und ihm zuzurechnenden Stimmrechte, sondern das Verhältnis dieser zur Gesamtzahl der Stimmrechte („Stimmrechtsanteile"). Zur Berechnung ist im Ausgangspunkt auf → § 29 Rn. 47 ff. zu verweisen.

In Bezug auf die nach § 30 zuzurechnenden Stimmrechte ist auf → § 30 Rn. 17 ff. zu **12** verweisen. Der Annahme, dass die Berechnung anders als nach § 30 Abs. 1 Nr. 5 auch Kaufverträge (sowie Tausch und Optionsgeschäfte) über stimmrechtsvermittelnde Wertpapiere umfasst,[34] ist nicht zu folgen. § 23 Abs. 1 S. 1 verweist gerade auf § 30, so dass die dortige Abgrenzung maßgeblich zu sein hat. Für die Frage der aktuellen Kontrolle des Bieters, auf die seine Veröffentlichungspflicht bezüglich der Stimmrechte zielt, besitzt § 31 Abs. 6 hingegen keine Funktion.[35] Haben sich Bieter und Verkäufer darauf geeinigt, dass die Stimmrechte schon jetzt de facto dem Bieter zustehen sollen, hat ohnehin eine Zurechnung nach § 30 zu erfolgen, ansonsten würde eine Zurechnung allein wegen des Kaufvertrags die wahre Kontrollsituation verbergen anstatt sie zu erhellen. Allenfalls kann eine zusätzliche getrennte Veröffentlichung solcher Geschäfte bei den Stimmrechtsanteilen erfolgen, wenn die Verträge stimmrechtsvermittelnde Wertpapiere zum Gegenstand haben. Eine andere Auslegung verstieße gegen § 3 Abs. 2, weil das Gesetz dann unterschiedliche Standards für die Zurechnung von Stimmrechten zum Bieter kennen würde, was die wahre Lage entgegen dem Transparenzgebot für die Adressaten verschleierte.

Die Angaben sind nach dem Wortlaut zunächst nach eigenen und zuzurechnenden Antei- **13** len zu trennen. Da § 23 Abs. 1 im Unterschied zu § 35 Abs. 1 S. 3 und § 2 Nr. 5 WpÜG-AV nicht auch eine getrennte Angabe nach den einzelnen Zurechnungstatbeständen verlangt, reicht dies allerdings auch aus.[36]

**c) Angabe der vom Bieter gehaltenen (Finanz-)Instrumente (auch irrevocab-** **14** **les).** Gesondert anzugeben hat der Bieter gem. Abs. 1 S. 1 Hs. 1 Alt. 5, sofern die in §§ 38 f. WpHG genannten Schwellen überschritten sind,[37] die Zahl der von ihm gehaltenen Instrumente iSd § 38 WpHG. Mit der durch das AnsFuG in das WpHG eingefügten **Neuregelung** will der Gesetzgeber vor allem solche Abreden erfassen, die zwar dem Bieter noch nicht den rechtlichen Zugriff auf Aktien der Zielgesellschaft ermöglichen, jedoch seinen Erwerb einer wirtschaftlichen Logik unterstellen und damit wahrscheinlich machen (näher → § 30 Rn. 54 ff.). Mit Hilfe solcher Finanzinstrumente (zB sog. *credit default swaps*, allg. *contracts for difference*) wurde in mehreren Fällen das „Anschleichen" an eine Zielgesellschaft ermöglicht, dh ein verdeckter Beteiligungsaufbau durch den späteren Bieter. Anzuge-

---

[30] Zutr. Assmann/Pötzsch/Schneider/*Assmann* Rn. 16.

[31] Kritik am Wortlaut deshalb bei *Witt* NZG 2000, 809 (817); s. auch Steinmeyer/*Steinhardt* Rn. 16; dagegen Kölner Komm WpÜG/*Möllers* Rn. 58: Dem Bieter werden auch die von ghP oder Tochterunternehmen gehaltenen oder ihnen zugerechneten Stimmrechte jedenfalls in aller Regel über § 30 Abs. 2 sowie § 30 Abs. 1 S. 2 ebenfalls zugerechnet.

[32] Vgl. auch *Witt* NZG 2000, 809 (818) nach Fn. 95.

[33] So jetzt auch Steinmeyer/*Steinhardt* Rn. 17 aE.

[34] So Steinmeyer/*Steinhardt* Rn. 17; FK-WpÜG/*Schröder* Rn. 19; Angerer/Geibel/Süßmann/*Thun* Rn. 12, 15; Kölner Komm WpÜG/*Möllers* Rn. 56; *Leberz* WM 2010, 156 (162); tendenziell wie hier, aber nicht eindeutig Baums/Thoma/*Diekmann* Rn. 36: „zusätzlich".

[35] Vgl. auch *Leyendecker-Langner/Läufer* NZG 2014, 161 (162).

[36] Ebenso Assmann/Pötzsch/Schneider/*Assmann* Rn. 16; Angerer/Geibel/Süßmann/*Thun* Rn. 15 mwN.

[37] Steinmeyer/*Steinhardt* Rn. 17a; *Leyendecker-Langner/Läufer* NZG 2014, 161 (162).

ben sind nach zutreffender[38] Auffassung der BaFin hier auch die sog. *irrevocables*, dh Abreden, mit denen sich der Bieter vor Abgabe des Angebots die Annahme durch bestimmte Großaktionäre der Zielgesellschaft gesichert hat (zu *irrevocables* → § 19 Rn. 27; → § 22 Rn. 27).[39]

15    **d) Annahmeerklärungen.** Weiter muss der Bieter gem. § 23 Abs. 1 S. 1 Hs. 2 die Anzahl der Wertpapiere angeben, auf deren Erwerb das Angebot gerichtet ist, soweit für sie Annahmeerklärungen abgegeben wurden (und zugegangen sind).[40] Den Angebotsadressaten soll auf diese Weise eine Übersicht darüber gegeben werden, ob und wie das Angebot von den übrigen Wertpapierinhabern aufgenommen wird.[41] Diesem Zweck entsprechend ist bei jeder der gem. Abs. 1 vorzunehmenden Veröffentlichungen die **Gesamtzahl** der bis dahin erfolgten Annahmeerklärungen anzugeben. Es spielt demgegenüber keine Rolle, ob die Wertpapiere bereits übereignet wurden oder nicht,[42] da auch ohne dinglichen Vollzug das Angebot erfolgreich ist und die Adressaten darüber zu informieren sind. Sonst würde der falsche Eindruck entstehen, es hätte nur eine geringe Zahl der Adressaten angenommen. Aus diesem Grunde scheidet auch eine Berücksichtigung solcher Wertpapiere bei den Übersichten nach oben a) und b) aus (→ Rn. 7 ff.), die auf Grund von Annahmeerklärungen im Rahmen des Angebots übereignet wurden.

16    Anzugeben sind einerseits die Zahl der Wertpapiere, für die Annahmeerklärungen abgegeben wurden sowie andererseits die dadurch repräsentierten Wertpapier- und Stimmrechtsanteile, also wiederum Verhältnisse zur Gesamtzahl. Haben einzelne Adressaten einen wirksamen Rücktritt erklärt, ohne ein etwa geändertes Angebot des gleichen Bieters anzunehmen, so ist das entsprechend zu berücksichtigen. Das Gesetz verlangt aber nicht ausdrücklich eine getrennte Angabe der Anzahl der Rücktrittserklärungen,[43] obschon das wünschenswert wäre. Aufeinander folgende Veröffentlichungen während der Annahmefrist müssen also prinzipiell auch sinkende Anteile darstellen.

17    **3. Zeitpunkte. a) Wasserstandsmeldungen (Abs. 1 Nr. 1).** Während des Laufs der Annahmefrist, die der Bieter in den Grenzen des § 16 im Ausgangspunkt selbst bestimmt, ist zunächst eine mindestens wöchentliche Veröffentlichung, in der letzten Woche eine tägliche Veröffentlichung vorgesehen.[44] Die erste Meldung nach dem Tag der Veröffentlichung der Angebotsunterlage hat spätestens am gleichen Tag der darauf folgenden Woche zu erfolgen (§ 188 Abs. 2 Alt. 1 BGB).[45] Danach hat die Veröffentlichung jeweils spätestens am entsprechenden Tag der darauf folgenden Woche zu erfolgen. Wird eine kürzere Frist gewählt, errechnet sich die nachfolgende Wochenfrist ab dem tatsächlichen Veröffentlichungstag.[46]

18    Die Pflicht zur **täglichen Veröffentlichung beginnt** an dem Wochentag, der durch seine Benennung dem letzten Tag der Annahmefrist entspricht. Diese Auslegung ist geboten, da die Adressaten „in der letzten Woche **vor** Ablauf der Annahmefrist" täglich unterrichtet werden sollen. Beispiel: Die Adressaten können bis zum Freitag das Angebot annehmen; sie müssen von Freitag bis Donnerstag täglich informiert werden.[47] Eine Unterrichtung hat

---

[38] AA *Merkner/Sustmann* NZG 2013, 1361 (1368) mwN in Fn. 64.

[39] Emittentenleitfaden 2013, VIII. 2.9.1.1, 141, mittlerweile als veraltet gekennzeichnet; näher *Leyendecker-Langner/Läufer* NZG 2014, 161 (163) mwN in Fn. 25.

[40] Dazu ausf. Baums/Thoma/*Diekmann* Rn. 39: Bank ist Empfangsvertreter.

[41] Grdl. dazu *Witt* NZG 2000, 809.

[42] FK-WpÜG/*Schröder* Rn. 24 in Fn. 28; Schwark/Zimmer/*Noack/Holzborn* Rn. 13.

[43] Das folgert Steinmeyer/*Steinhardt* Rn. 18 aber aus dem Zweck der Norm; wie hier Baums/Thoma/*Diekmann* Rn. 43; Angerer/Geibel/Süßmann/*Thun* Rn. 18.

[44] Zur Kritik an der zeitlichen Regelung vgl. einerseits *Witt* NZG 2000, 809 (817), der darüber hinaus Veröffentlichungspflichten beim Überschreiten bestimmter Schwellenwerte verlangt, andererseits FK-WpÜG/*Schröder* Rn. 26 ff., die praktischen Schwierigkeiten betonend.

[45] Angerer/Geibel/Süßmann/*Thun* Rn. 21; krit. Assmann/Pötzsch/Schneider/*Assmann* Rn. 21.

[46] Ebenso Angerer/Geibel/Süßmann/*Thun* Rn. 21.

[47] Abweichend offenbar die Praxis der BaFin und auch Assmann/Pötzsch/Schneider/*Assmann* Rn. 22, die im gegebenen Beispiel die tägliche Veröffentlichung nur von Samstag bis Freitag fordern und damit im praktischen Ergebnis lediglich vier für die Adressaten nutzbare Veröffentlichungen zulassen wollen (nämlich

nur an Börsentagen zu erfolgen, da die Veröffentlichungspflicht an Samstagen und Sonntagen mangels Veröffentlichungsmöglichkeit im Bundesanzeiger nicht erfüllt werden kann.[48] Die in der Lit. dargestellten praktischen Schwierigkeiten[49] des Bieters bei der Erfüllung der täglichen Berichtspflicht dürften dazu führen, dass die Informationen jeweils nur den Stand des letzten oder vorletzten Tages beinhalten.[50] Vom Bieter ist zu erwarten, dass er den jeweils letzten Stand der Technik in Anspruch nimmt, um die täglichen Berichtspflichten so wirklichkeitsnah wie möglich auszugestalten.[51] Die Angebotsadressaten werden den täglichen Meldungen zumindest eine Tendenz entnehmen können. Im Übrigen ist vom Bieter zu verlangen, dass er angibt, auf welchem Stand (Datum, Uhrzeit) sich die Veröffentlichung jeweils befindet.[52]

**b) Verlängerungen der Annahmefrist.** Bei Verlängerungen der Annahmefrist auf **19** Grund eines konkurrierenden Angebots nach § 22 Abs. 2 oder auf Grund einer oder mehrerer Angebotsänderungen gemäß § 21 Abs. 5 kann sich nur die Frage stellen, ob der Bieter von einer bereits bestehenden täglichen Veröffentlichung wieder absehen und zunächst wöchentlich veröffentlichen darf. Das Gesetz regelt den Fall nicht ausdrücklich, es will aber erkennbar die tägliche Meldepflicht nur innerhalb der letzten Woche der Annahmefrist. Wird also zB am vorletzten Werktag der Annahmefrist das Angebot geändert, besteht für den Bieter nur die weitere Pflicht, eine Veröffentlichung nach einer weiteren Woche und erst danach die täglichen Veröffentlichungen vorzunehmen. Ein etwa am vorletzten Werktag abgegebenes konkurrierendes Angebot bestimmt den Fristlauf neu und entscheidet damit auch über die jeweils einzuhaltenden Wochenfristen.

**c) Bekanntmachung des Ergebnisses (Abs. 1 Nr. 2 und 3).** Bei sämtlichen Angebo- **20** ten besteht die Pflicht, das Endergebnis unverzüglich nach dem Ende der ggf. verlängerten Annahmefrist zu veröffentlichen (Abs. 1 Nr. 2). Hat (nur bei freiwilligen Übernahmeangeboten) eine weitere Annahmefrist nach § 16 Abs. 2 bestanden, so ist das Ergebnis zusätzlich unverzüglich nach Ende der weiteren Annahmefrist zu veröffentlichen (Abs. 1 Nr. 3). Während dieser weiteren Annahmefrist muss – anders als bei einer verlängerten Annahmefrist – eine tägliche Veröffentlichung nicht erfolgen.[53] § 23 Abs. 1 Nr. 1 kann auf die weitere Annahmefrist nicht analog angewendet werden,[54] da zu Beginn der weiteren Annahmefrist bereits feststeht, dass das Übernahmeangebot erfolgreich ist (vgl. → § 16 Rn. 25).

Wie der Begriff „unverzüglich" klar macht, darf die jeweilige Veröffentlichung erst dann **21** erfolgen, wenn sie sämtliche abgegebenen und gültigen Annahmeerklärungen berücksichtigen kann. Ob dem Bieter dafür eine zusätzliche Frist von fünf bis sieben Tagen einzuräumen ist,[55] ist zweifelhaft. Die Unverzüglichkeit dürfte vielmehr vor allem davon abhängen, ob es sich um ein grenzüberschreitendes Angebot handelt oder nicht. Die Praxis zeigt, dass eine Veröffentlichung in aller Regel in kürzerer Frist erfolgen kann. Damit dürfte dann auch der Rahmen für die „Unverzüglichkeit" konkretisiert werden. Andernfalls könnte der

---

die von Montag bis Donnerstag; die am Freitag ist, da erst um 15 Uhr erfolgend, praktisch nicht mehr nutzbar).

[48] Ebenso Angerer/Geibel/Süßmann/*Thun* Rn. 22; FK-WpÜG/*Schröder* Rn. 26; Assmann/Pötzsch/Schneider/*Assmann* Rn. 22 f. verlangt wohl lediglich, dass sämtliche Veröffentlichungen sich auf zeitnahe Stichtage beziehen; jetzt auch Steinmeyer/*Steinhardt* Rn. 21.

[49] FK-WpÜG/*Schröder* Rn. 27 ff.; Hauptproblem ist die Tatsache, dass für eine zuverlässige Feststellung nicht einfach Annahmeerklärungen gegenüber dem Bieter erfolgen können. Dieser hat keine Möglichkeit festzustellen, ob die Erklärenden tatsächlich Wertpapierinhaber sind. Das kann nur die depotführende Bank, über die die Annahmeerklärungen daher abgegeben werden müssen. Da die Informationen zentral zusammengeführt werden müssen, können sich zeitliche Verzögerungen ergeben.

[50] Maximal einen Werktag will Kölner Komm WpÜG/*Möllers* Rn. 75 ff.

[51] Angerer/Geibel/Süßmann/*Thun* Rn. 26 mwN.

[52] So auch Angerer/Geibel/Süßmann/*Thun* Rn. 26 mwN.

[53] Ebenso FK-WpÜG/*Schröder* Rn. 31; Steinmeyer/*Steinhardt* Rn. 23; Angerer/Geibel/Süßmann/*Thun* Rn. 25; krit. *Witt* NZG 2000, 809 (817); abweichend Kölner Komm WpÜG/*Möllers* Rn. 83 ff.

[54] So aber Kölner Komm WpÜG/*Möllers* Rn. 83 ff.; dagegen wie hier Baums/Thoma/*Diekmann* Rn. 55.

[55] So die ganz hM, vgl. Assmann/Pötzsch/Schneider/*Assmann* Rn. 26; Angerer/Geibel/Süßmann/*Thun* Rn. 29; Kölner Komm WpÜG/*Möllers* Rn. 79; Baums/Thoma/*Diekmann* Rn. 57.

Bieter auch mit den täglichen Meldungen nach Abs. 1 Nr. 1 zulässigerweise nur den Stand der jeweils vergangenen Woche wiedergeben. Das hat der Gesetzgeber ersichtlich nicht gewollt. Mehr als zwei Werktage sollten dem Bieter nicht zur Verfügung stehen, ggf. kann eine Berichtigung erfolgen.

**22**    **d) Erreichen der Schwelle des § 39a (Abs. 1 Nr. 4).** Das Übernahme-RL-UG hat eine weitere Veröffentlichungspflicht in das Gesetz aufgenommen. Die Durchführung eines Übernahme- oder Pflichtangebotes ist dafür nicht erforderlich, die Veröffentlichung ist zB auch bei Aufstockungsangeboten vorzunehmen.[56] Zwar soll die Information es den Wertpapierinhabern ermöglichen, ihr Sell-Out-Recht nach § 39c S. 1 durchzusetzen, und dieses besteht nicht bei Aufstockungsangeboten. Doch hat der Gesetzgeber die Informationspflicht erstens in Abs. 1 (und nicht in Abs. 2, der auf Übernahme- und Pflichtangebote beschränkt ist) geregelt und sie zweitens nicht unter entsprechende Kautelen gestellt. Ferner erfüllt die Information auch dann eine bedeutende Warnfunktion, wenn nicht ein erleichterter Ausschluss nach § 39a, sondern nur einer nach § 327a AktG in Betracht kommt. Ob die maßgeblichen Schwellenwerte des § 39a auch noch nach Ablauf der (ggf. verlängerten und weiteren) Annahmefrist überschritten werden können, ist streitig (→ § 39a Rn. 1 ff.).[57] Wenn das so ist, trifft den Bieter die Veröffentlichungspflicht auch noch bis zum Ablauf von drei Monaten nach dem Ende der Annahmefrist.[58] Da die Berechnung der Stimmrechtsschwelle in § 39a abweichend von § 23 Abs. 1 geregelt ist (Zurechnung nach § 16 AktG, nicht nach § 30), vertritt eine Auffassung in der Lit., dass die Veröffentlichung nach Nr. 4 sich dem anzupassen habe.[59] Dem ist nicht zuzustimmen, der Gesetzgeber nimmt lediglich die Schwellenüberschreitung zum Anlass für eine den Regeln des § 23 Abs. 1 folgende Veröffentlichungspflicht. Diese richtet sich nach dem eindeutigen Gesetzeswortlaut des § 23 Abs. 1 und nicht nach § 39a. Insbesondere ist deshalb auch davon auszugehen, dass eine Schwellenüberschreitung iSd Nr. 4 während der Annahmefrist unverzüglich – und nicht erst nach deren Ende[60] – zu veröffentlichen ist. Frühestens mit der Veröffentlichung nach Nr. 4 beginnt im Übrigen die Frist des § 39c S. 2 zu laufen.

**23**    **4. Form der Veröffentlichung und Mitteilungspflichten.** Der Bieter hat die Meldungen in der von § 14 Abs. 3 S. 1 vorgeschriebenen Art und Weise zu veröffentlichen (vgl. → § 14 Rn. 27 ff.); die BaFin ist anschließend jeweils entsprechend § 14 Abs. 3 S. 2 zu informieren (vgl. → § 14 Rn. 34).

### III. Nachveröffentlichung bei Übernahme- und Pflichtangeboten (Abs. 2)

**24**    **1. Anwendungsbereich, Verhältnis zu Abs. 1. a) Übersicht.** Zum Normzweck → Rn. 2. § 23 Abs. 2 verlängert die Publizitätspflichten des Bieters für ein Jahr bei Pflichtangeboten und bei Übernahmeangeboten, wenn formelle Kontrolle iSd § 29 Abs. 2 erlangt wurde. Zu veröffentlichen sind Details zu Erwerbsvorgängen außerhalb des Angebots. Die Pflicht trifft nur den Bieter, jedoch auch hinsichtlich der Erwerbe durch ghP und deren Tochterunternehmen. Ausgelöst wird die Pflicht einerseits durch ein Pflichtangebot und andererseits bei einem Übernahmeangebot, das von so vielen Adressaten angenommen wird, dass der Bieter dadurch die formelle Kontrollschwelle überschreitet.[61]

---

[56] AA Angerer/Geibel/Süßmann/*Thun* Rn. 34.
[57] Ausf. zu den vertretenen Auffassungen *Nagel* AG 2009, 393 (394).
[58] So Steinmeyer/*Steinhardt* Rn. 24.
[59] FK-WpÜG/*Schröder* Rn. 33a.
[60] FK-WpÜG/*Schröder* Rn. 33b in Fn. 38; entgegen *Schröder* besitzt § 39a Abs. 4 S. 2 keine Bedeutung für die Frage, wann aufgrund der Schwellenwertüberschreitung eine Veröffentlichung zu erfolgen hat (nämlich unverzüglich).
[61] Wie hier – wortlautgemäß – Steinmeyer/*Steinhardt* Rn. 32; FK-WpÜG/*Schröder* Rn. 35 f.; ebenfalls, aber von einem nicht nachvollziehbaren Ausgangspunkt Assmann/Pötzsch/Schneider/*Assmann* Rn. 32, 45; aA Baums/Thoma/*Diekmann* Rn. 59; Kölner Komm WpÜG/*Möllers* Rn. 89 ff.; Schwark/Zimmer/*Noack*/*Holzborn* Rn. 21, die auch ohne Kontrollerlangung Abs. 2 analog anwenden wollen.

**b) Zeitlicher Anwendungsbereich, Verhältnis zu Abs. 1, Verhältnis zu § 31** 25 **Abs. 4.** Ob die Kontrollschwelle überschritten wurde, kann regelmäßig erst am **Ende der Annahmefrist** entschieden werden, da bis dahin die Annahmeerklärungen und damit das Überschreiten der Kontrollschwelle durch den Bieter schon wegen der Möglichkeit eines konkurrierenden Angebots stets unsicher sind. Daher kann der Bieter bei **Übernahmeangeboten** auch erst nach der Veröffentlichung des Ergebnisses dazu verpflichtet sein, die außerhalb des Angebotsverfahrens erworbenen Aktien sowie die dafür gezahlte Gegenleistung im Einzelnen bekannt zu geben.[62] Die detaillierten Informationen nach Abs. 2 müssen also nicht schon während der Angebotsphase gegeben, bei einem Überschreiten der Kontrollschwelle allerdings nachgeholt werden, da Abs. 2 die Darlegung aller Erwerbsvorgänge seit Veröffentlichung der Angebotsunterlage verlangt.[63] Allerdings geht die **Praxis der BaFin** wohl dahin, bereits während des Laufs des Angebots Parallelerwerbsveröffentlichungen zu verlangen.[64] Die Adressaten des Angebots werden gem. Abs. 1 über den jeweils aktuellen Stand der dem Bieter zuzurechnenden Wertpapiere informiert, jedoch nicht über die Gegenleistung bei Parallelerwerben. Der gleiche Erwerbsvorgang kann dementsprechend sowohl bei den nach Abs. 1 als auch bei den nach Abs. 2 zu veröffentlichenden Informationen zu berücksichtigen sein. Für eine solche mögliche Doppelberücksichtigung spricht namentlich auch die in beiden Absätzen erfolgte Bezugnahme auf § 31 Abs. 6. Finden während der Annahmefrist eines Übernahmeangebots **preisändernde Parallelerwerbe** gem. § 31 Abs. 4 statt, so sind die Adressaten des Angebots in jedem Falle zusätzlich durch eine Aktualisierung der Angebotsunterlage zu informieren, vgl. → § 31 Rn. 86. Es besteht also nicht etwa ein Informationsproblem nach Abs. 2 deshalb, weil während des Laufs der Annahmefrist die Kontrolle noch nicht erlangt wurde.[65]

In Bezug auf die Informationen über außerhalb des Angebots erfolgten Aktienerwerb 26 bei einem Übernahmeangebot sind also **zwei Phasen** zu unterscheiden. Von der Veröffentlichung der Angebotsunterlage an bis zum Ende der Annahmefrist hat der Bieter den außerhalb des Angebots erfolgten Erwerb nach Abs. 1 in jedem Falle insoweit zu veröffentlichen, als sich sein Bestand an Wertpapieren der Zielgesellschaft verändert. Ab dem Zeitpunkt, in dem das Überschreiten der Kontrollschwelle feststeht, hat der Bieter (ggf. nachträglich) darüber hinaus auch die einzelnen Erwerbsvorgänge einschließlich der jeweils gewährten Gegenleistung darzulegen, soweit sie nicht lediglich die Abwicklung der durch die Annahmeerklärungen zustande gekommenen Verträge betreffen.[66]

**c) Beschränkung auf Aktien.** Die Verpflichtung nach Abs. 2 beschränkt sich auf den 27 Erwerb von **Aktien der Zielgesellschaft,** gilt also nicht auch für die in § 2 Abs. 2 Nr. 2 genannten Wertpapiere. Richtigerweise gehören zu den Aktien iSd Abs. 2 sämtliche Wertpapiere iSd § 2 Abs. 2 Nr. 1. Denn die Verpflichtung zur Information trifft Bieter, deren Angebot selbst sich als Pflichtangebot oder zwecks Übernahme auf stimmrechtsvermittelnde Wertpapiere bezieht (oder wegen § 32 auch auf Vorzugsaktien). Von daher muss auch der außerhalb des Angebots erfolgende Erwerb von ADRs oder anderen Aktien ersetzenden Wertpapieren Gegenstand der Mitteilungspflichten nach Abs. 2 sein.[67]

**2. Beginn und Ende der Veröffentlichungspflicht.** Bei Pflichtangeboten beginnt die 28 Veröffentlichungspflicht mit der Veröffentlichung der Angebotsunterlage, bei Übernahmeangeboten in dem Zeitpunkt, in dem das Überschreiten der Kontrollschwelle nach dem in

---

[62] Eine Ausnahme kommt nur dann in Betracht, wenn der Bieter die formale Kontrollschwelle während der Annahmefrist auf Grund außerhalb des Angebots erfolgter Erwerbe überschreitet.
[63] Ähnlich Assmann/Pötzsch/Schneider/*Assmann* Rn. 45; Steinmeyer/*Steinhardt* Rn. 34.
[64] *Leyendecker-Langner/Läufer* NZG 2014, 161 (165) mit Verweis auf anderslautende frühere Berichte von der Praxis der BaFin; insofern wäre eine entsprechende Veröffentlichung der Praxis durch die BaFin selbst zu begrüßen.
[65] So aber Angerer/Geibel/Süßmann/*Thun* Rn. 40.
[66] AA die Praxis der BaFin, die von der Veröffentlichung der Unterlage an doppelte Meldungen nach § 23 Abs. 1 und 2 verlangt; *Leyendecker-Langner/Läufer* NZG 2014, 161 (165).
[67] Ähnlich FK-WpÜG/*Schröder* Rn. 38 in Fn. 40.

→ Rn. 25 Gesagten feststeht, anders offenbar aber in der Praxis der BaFin, die die Pflicht stets mit der Veröffentlichung der Angebotsunterlage beginnen lässt.[68] Sie endet 1 Jahr nach Ablauf der Annahmefrist, dh durch die **Verlängerung** der Annahmefrist wegen Angebotsänderung nach § 21 Abs. 5 sowie ein konkurrierendes Angebot nach § 22 Abs. 2 verschiebt sich auch die Jahresfrist entsprechend. Durch eine **weitere** Annahmefrist iSv § 16 Abs. 2 wird die Jahresfrist hingegen nicht entsprechend nach hinten verschoben, weil § 23 Abs. 2 S. 1 nur auf § 23 Abs. 1 S. 1 Nr. 2 verweist.

29   **3. Inhalt der Veröffentlichung.** Anzugeben sind nach dem Gesetzeswortlaut die Höhe der erworbenen Anteile sowie die Höhe der damit verbundenen Stimmrechtsanteile sowie Art und Höhe der jeweils gewährten Gegenleistung. Es werden also auch hier drei Informationen geschuldet. Es ist zunächst der **Anteil der erworbenen Aktien** an der Gesamtzahl der entsprechenden Aktiengattung anzugeben, und zwar getrennt für jeden Erwerbsvorgang, da jeder Vorgang für sich die unverzügliche Veröffentlichungspflicht auslöst. Daneben ist der mit dem Erwerbsvorgang verbundene **Zuwachs an Stimmrechten** beim Bieter anzugeben.

30   Die Angabe der **Zahl der erworbenen Aktien** ist im Gesetz zwar (im Gegensatz zu Abs. 1) nicht ausdrücklich genannt.[69] Das spielt jedoch keine Rolle. Die vom Bieter gewährte Gegenleistung muss jedenfalls angegeben werden und eine insoweit präzise Angabe kann nur erfolgen, wenn sie der Zahl der Aktien gegenübergestellt wird und diese daher mit angegeben wird.[70]

31   Anzugeben sind weiter **Art und Höhe** der für jeden Anteil gewährten **Gegenleistung** und zwar unabhängig davon, ob der jeweilige Erwerb preisändernde Wirkung nach § 31 Abs. 4 oder 5 hat.[71] Bei einem Kauf ist der bezahlte Preis für den Anteil anzugeben. Hat der Bieter die Aktien im Wege eines Tauschangebots erlangt, ist die Zahl der im Gegenzug übereigneten Wertpapiere mit genauer Bezeichnung (Wertpapierkennnummer) zu nennen.[72] Bei drei- oder mehrseitigen Geschäften, wie zB einem **Ringtausch** (Bieter gewährt D Wertpapiere oder Geld, C gewährt Bieter Aktien an der Zielgesellschaft, D gewährt C Wertpapiere oder Geld) sind sämtliche damit im Zusammenhang stehende Geschäfte und eventuelle Ausgleichszahlungen anzugeben. Die Anleger sollen sich nach dem Zweck des Abs. 2 ein Bild von der tatsächlich wirtschaftlich erfolgten Gegenleistung des Bieters machen können.[73] Das gebietet, auch Zusatzabreden zu veröffentlichen, soweit sie Einfluss auf die wirtschaftliche Belastung des Bieters im Zusammenhang mit dem Erwerb der Aktien haben (zB eine Stundung der Gegenleistung, Ratenzahlung, vereinbarte Nebenleistungen usw). Transparent ist die Veröffentlichung bei komplizierten Vertragsgestaltungen nur dann, wenn sie eine übersichtsartige Zusammenfassung enthält, die die für die Aktien vom Bieter versprochene Gesamtleistung erkennen lässt. Nicht bereits gewährte, aber schon vereinbarte Gegenleistungen sind wegen des Verweises auf **§ 31 Abs. 6** ebenfalls anzugeben.[74]

32   **4. Form und Frist, keine Mitteilungspflicht an die BaFin (Abs. 2 S. 2).** Die Veröffentlichung ist jeweils unverzüglich nach Abschluss des jeweiligen **Verpflichtungsgeschäfts** vorzunehmen, weil Abs. 2 S. 2 § 31 Abs. 6 für entsprechend anwendbar erklärt, nachdem Verpflichtungsgeschäfte dem (dinglichen) Erwerb gleichgestellt sind. Sie hat in der Form

---

[68] *Leyendecker-Langner/Läufer* NZG 2014, 161 (165).

[69] Für ein redaktionelles Versehen FK-WpÜG/*Schröder* Rn. 40.

[70] Ebenso Steinmeyer/*Steinhardt* Rn. 29; Baums/Thoma/*Diekmann* Rn. 65 mwN; aA Angerer/Geibel/Süßmann/*Thun* Rn. 43 unter Fehlzitierung der soeben Genannten. Die theoretisch denkbare Angabe des genauen prozentualen Anteils auf mehrere Stellen hinter dem Komma ließe immer noch offen, von welcher Gesamtzahl der Bieter bei der Berechnung ausgegangen ist. Die damit verbundene Unsicherheit im Hinblick auf die Gegenleistung je Aktie wäre daher ein Verstoß gegen das Transparenzgebot.

[71] Assmann/Plötzsch/Schneider/*Assmann* Rn. 40.

[72] Angerer/Geibel/Süßmann/*Thun* Rn. 44; FK-WpÜG/*Schröder* Rn. 40.

[73] In diesem Sinne auch Angerer/Geibel/Süßmann/*Thun* Rn. 44 f.; Baums/Thoma/*Diekmann* Rn. 65; Assmann/Pötzsch/Schneider/*Assmann* Rn. 42; Steinmeyer/*Steinhardt* Rn. 30.

[74] AllgM, s. etwa Angerer/Geibel/Süßmann/*Thun* Rn. 44; FK-WpÜG/*Schröder* Rn. 40; Baums/Thoma/*Diekmann* Rn. 66; Steinmeyer/*Steinhardt* Rn. 30; Assmann/Pötzsch/Schneider/*Assmann* Rn. 42.

des § 14 Abs. 3 S. 1 zu erfolgen (vgl. → § 14 Rn. 27 ff.); der BaFin ist anschließend allerdings anders als nach Abs. 1 kein Beleg über die Veröffentlichung zu übersenden.

**5. Verhältnis zu § 31 Abs. 5.** Gemäß § 31 Abs. 5 besteht bei außerbörslichen Nacher- **33** werben nach einem Pflichtangebot ein Nachbesserungsanspruch der ehemaligen Inhaber von Wertpapieren der Zielgesellschaft, die das Angebot angenommen haben. Eine Auffassung in der Lit. meint, der Zusammenhang zwischen § 31 Abs. 5 und § 23 Abs. 2 müsse Folgen für die Auslegung des § 23 Abs. 2 haben. Wegen der Beschränkung des § 31 Abs. 5 auf außerbörsliche Erwerbe sei einerseits eine teleologische Reduktion des § 23 Abs. 2 ebenfalls auf außerbörsliche Erwerbe erforderlich,[75] andererseits müsse § 23 Abs. 2 teleologisch erweitert werden auf Übernahmeangebote, bei denen der Erwerber die Kontrolle nicht erlangt hat.[76] Beides ist abzulehnen:

Zunächst scheidet eine **teleologische Reduktion** auf außerbörsliche Erwerbe aus.[77] § 23 **34** Abs. 2 ist weder ein Redaktionsversehen noch systematisch verfehlt.[78] Für die Aktionäre fehlten nach einer Kontrollerlangung ohne die Regelung in § 23 Abs. 2 kapitalmarktrechtliche Informationen darüber, ob der Bieter nachfolgend die Mehrheit für Strukturmaßnahmen in der Zielgesellschaft erlangt. Zwar sind in § 33 WpHG teilweise Meldepflichten vorgesehen, doch zB nicht für die kritische Schwelle von 95% (wegen §§ 320, 327a AktG); auch erreichen sie die Wertpapierinhaber erst verspätet (wegen § 40 WpHG). Abs. 1 Nr. 4 bietet insoweit nur einen gegenüber Abs. 2 zeitlich begrenzten Schutz (→ Rn. 22). Soweit die Informationen nach §§ 33 ff. WpHG geschuldet sind, betreffen sie auch nur den allgemeinen Anlegerschutz, nicht aber den nach einer Kontrollerlangung nahe liegenden Schutz der Wertpapierinhaber der Zielgesellschaft, was zumindest bislang auch im unterschiedlichen Rahmen für Bußgelder nach WpHG und WpÜG zum Ausdruck kam.[79] Im Übrigen ermöglicht § 23 Abs. 2 im Unterschied zu §§ 33 f. WpHG kontinuierliche Information, die auch darüber informiert, ob und wann der Bieter in die Nähe der 75%- und 95%-Schwellen kommt. Die Veröffentlichungspflicht nach § 23 Abs. 2 dient zwar auch der Information über Nachbesserungsansprüche, jedoch ist dies, wie insbesondere aus der Beschränkung auf Kontrollerlangung zu ersehen ist, keineswegs einziges Ziel der Vorschrift. In der Begründung zu § 23 heißt es: „Die Informationen sind für die von einer Übernahme betroffenen Aktionäre im Hinblick auf die in § 31 Abs. 4 und 5 enthaltenen Nachbesserungsansprüche von Bedeutung,"[80] nicht hingegen: „Die Informationen dienen nur der Durchsetzung der Nachbesserungsansprüche". Dass nach § 23 Abs. 2 nicht über den Verkauf, also die Verringerung der Anteile des Bieters zu informieren ist, spielt für die Argumentation keine Rolle. Denn zusätzliche Gefahren bestehen vor allem dann, wenn der Bieter seine Kontrollstellung ausweitet und einen Squeeze-out oder den Abschluss eines Beherrschungsvertrages initiieren will. Dann aber wird er kaum zwischenzeitlich seine Beteiligungen verkaufen.

Richtig erscheint hingegen eine Ausnahme für die **Strukturänderungen nach 35 Abschluss des Übernahmeverfahrens** selbst.[81] Wird die Zielgesellschaft nach dem

---

[75] Angerer/Geibel/Süßmann/*Thun* Rn. 42; Baums/Thoma/*Diekmann* Rn. 61; Assmann/Pötzsch/Schneider/*Assmann* Rn. 37; so auch offenbar die Praxis der BaFin.

[76] So Baums/Thoma/*Diekmann* Rn. 59; Kölner Komm WpÜG/*Möllers* Rn. 89 ff.; unentschieden Angerer/Geibel/Süßmann/*Thun* Rn. 41, wegen Bußgeldbewehrung.

[77] Ebenso FK-WpÜG/*Schröder* Rn. 36; Steinmeyer/*Steinhardt* Rn. 33 mit weiteren Argumenten, auf die die abweichende Auffassung nicht eingeht.

[78] So aber FK-WpÜG/*Schröder* Rn. 35.

[79] Bei einem Verstoß gegen § 23 Abs. 2 betrug die Geldbuße bislang nach § 60 Abs. 1 Nr. 1 lit. b iVm Abs. 3 aF bis zu 500.000 Euro, bei einem Verstoß gegen § 33 WpHG hingegen nach § 39 Abs. 2 Nr. 2 lit. e WpHG iVm § 39 Abs. 3 WpHG aF lediglich 200.000 Euro. Mit der Neufassung durch das 2. FiMaNoG vom 23.6.2017 (BGBl. 2017 I 1693) sind die Rahmen angeglichen worden. Nunmehr beträgt die Geldbuße im WpÜG gem. § 60 Abs. 3–5 bis zu 2,5 Mio. Euro, bei juristischen Personen bis zu 5 Mio. Euro oder 2% des Vorjahresumsatzes bzw. bis zum Doppelten des erzielten wirtschaftlichen Vorteils, für einen Verstoß gegen die §§ 33 ff. WpHG kann gem. § 120 Abs. 17 WpHG nF hingegen eine Geldbuße bis zu 2 Mio. Euro, bei juristischen Personen bis zu 10 Mio. Euro oder 5% des Vorjahresumsatzes bzw. bis zum Doppelten des erzielten wirtschaftlichen Vorteils verhängt werden.

[80] BT-Drs. 14/7034, 51.

[81] *Leyendecker-Langner/Läufer* NZG 2014, 161 (166).

UmwG umgewandelt, erfolgt ein Squeeze-out oder der Abschluss eines Unternehmensvertrags und erwirbt der Bieter durch diese Maßnahmen Aktien der Zielgesellschaft, so verdrängen die entsprechenden Vorschriften des UmwG bzw. des AktG über die Durchführung der Änderungen die Veröffentlichungspflicht nach Abs. 2.

36    Eine teleologische Erweiterung kommt hingegen nur in Betracht, wenn sie die Wortlautgrenze nicht überschreitet. Da Abs. 2 ausdrücklich solche Übernahmeangebote ausnimmt, bei denen der Bieter die Kontrollschwelle nicht überschritten hat, scheidet eine gleichwohl erfolgende Erweiterung auf solche Fälle aus. Sie ist auch nicht erforderlich, da der Bieter bei einem nachfolgenden Überschreiten der Kontrollschwelle ein Pflichtangebot abzugeben hat und anschließend den Pflichten des § 23 Abs. 2 unterliegt. Denn § 35 Abs. 3 setzt für einen Ausschluss des Pflichtangebotes ein Übernahmeangebot voraus, durch das die Kontrollschwelle gerade überschritten wurde (vgl. → § 35 Rn. 255 ff.). Allerdings bleibt bis zu diesem Zeitpunkt eine gesetzliche Informationslücke bei Nacherwerben, deren Schließung überlegt werden muss.[82] Eine Aktualisierung der (ja jederzeit richtigen) Unterlage dürfte nach dem Ende der Annahmefrist nicht mehr in Betracht kommen, wenngleich das Übernahmeangebot immerhin noch die in § 31 Abs. 5 bezeichneten Nachwirkungen hat. Für börsliche Nacherwerbe und solche, die angesichts der Gegenleistung keine Preisänderung auslösen, kann diese Lücke hingenommen werden. Sind aber die Voraussetzungen des § 31 Abs. 5 erfüllt, kann man eine nachvertragliche leistungssichernde Anzeigepflicht des Bieters nur § 242 BGB entnehmen. Um dieser in zumutbarer Weise nachkommen zu können, sollte der Bieter immerhin eine Veröffentlichung entsprechend § 23 Abs. 2 vornehmen dürfen, ohne dass dann freilich die Sanktion des § 60 bei Nichterfüllung greifen könnte. Angesichts der möglicherweise erheblichen Bedeutung einer Pflicht nach § 31 Abs. 5 für die finanzielle Lage des Bieters kommt ferner die Notwendigkeit einer Ad-hoc-Mitteilung in Frage, soweit der Bieter der MAR unterliegt. Ferner gelten die §§ 33 ff. WpHG (→ Rn. 4).

### IV. Sanktionen

37    **1. Im WpÜG vorgesehene Sanktionen.** Zunächst ist ein vorsätzlicher oder leichtfertiger Verstoß gegen § 23 Abs. 1 S. 1 oder Abs. 2 eine **Ordnungswidrigkeit** nach § 60 Abs. 1 Nr. 1 lit. b, der mit Geldbuße bis zu 500.000 Euro (§ 60 Abs. 3 Fallgruppe 2) geahndet werden kann. Ein Verstoß gegen die Mitteilungspflicht an die BaFin gemäß § 14 Abs. 3 S. 2 (→ Rn. 23, Tatbestand: § 60 Abs. 1 Nr. 5) wird gemäß § 60 Abs. 3 Fallgruppe 3 mit bis zu 250.000 Euro geahndet.

38    Als weitere Sanktionsmöglichkeit kommt eine **Anordnung der BaFin gem. § 4 Abs. 1 S. 3** in Betracht.[83] Die unterlassene oder falsche Mitteilung gem. Abs. 1 ist ein Missstand iSd Abs. 1 S. 2. Fällt er rechtzeitig auf, so kann er insbesondere durch eine Anordnung der **Verlängerung der Angebotsfrist** bekämpft werden. Darüber hinaus kann die BaFin eine Ersatzvornahme auf Kosten des Bieters durchführen, soweit ihr eigene Informationen über die veröffentlichungspflichtigen Tatsachen vorliegen.

39    **2. Zusätzliche Sanktionen bei Verletzung des Abs. 1.** Insbesondere bei zu hoch angesetzten Wasserstandsmeldungen nach Abs. 1 kommt zusätzlich eine **Strafbarkeit wegen § 263 StGB** in Frage.[84] Dagegen sieht § 23 Abs. 1 kein Rücktrittsrecht der nicht oder falsch informierten Angebotsadressaten vor. Ein solches **Rücktrittsrecht** ist allerdings auch nicht explizit ausgeschlossen. Die Veröffentlichungsvorschriften des § 23 Abs. 1 Nr. 1 und Nr. 2 sind gesetzliche Konkretisierungen vorvertraglicher Informationspflichten gemäß § 241 Abs. 2 BGB nF, die per definitionem (§ 3 Abs. 2) für die Entscheidung der Adressaten kausal sind. Da (anders als § 15 im Verhältnis zur Angebotsunterlage) das WpÜG insoweit auch keine Spezialregelung enthält, ergibt sich das Rücktrittsrecht zwanglos aus § 324 BGB nF.[85]

---

[82]  Für analoge Anwendung des Abs. 2 *Neumann/Ogorek* BB 2010, 1297 ff.

[83]  S. dazu auch *Oechsler* ZIP 2003, 1330 (1334).

[84]  *Witt* NZG 2000, 809 (819); Angerer/Geibel/Süßmann/*Thun* Rn. 51.

[85]  AA FK-WpÜG/*Schröder* Rn. 43; Schwark/Zimmer/*Noack/Holzborn* Rn. 33; Steinmeyer/*Steinhardt* Rn. 37 (sämtlich ohne Begr.).

**3. Zusätzliche Sanktionen bei Verletzung des Abs. 2.** Nach erfolgreichen Über- **40** nahmen wird im Regelfall die Gegenwehr der Verwaltung der Zielgesellschaft erlahmen; es obliegt daher den ehemaligen und jetzigen Aktionären der Zielgesellschaft, über die Einhaltung der Pflichten aus § 23 Abs. 2 zu wachen. Ein Rücktrittsrecht nach § 324 BGB scheidet bei Verletzungen des Abs. 2 aus, da die Entscheidung der Angebotsadressaten hierdurch nicht beeinflusst ist. Schadensersatzpflichten nach § 823 Abs. 2 BGB[86] oder § 12[87] werden nur wenig helfen, da ein Schaden der Adressaten schwer feststellbar ist. Daher dürften auch andere Schadensersatzpflichten (zB wegen Verletzung nachvertraglicher Informationspflichten aus § 280 BGB) nicht viel bringen. Gleiches gilt für individuelle Auskunftspflichten.[88] Die von § 31 Abs. 5 angeordneten Nachbesserungspflichten sind materielle Ansprüche und unabhängig von der richtigen Veröffentlichung durchsetzbar, stehen dazu also in keinem Bezug und sind auch keine Sanktion für die Verletzung des § 23 Abs. 2.

Gleichwohl müssen die Informationspflichten nach Abs. 2 effektiv durchsetzbar sein, sonst **41** hätte man auf ihre Einführung verzichten können.[89] In Betracht kommt eine Anwendung des **Rechtsgedankens des § 44 WpHG:**[90] Aus nicht ordentlich veröffentlichten Nacherwerben können dann keine Rechte ausgeübt werden. Allerdings ist die in § 44 WpHG enthaltene Regelung nur mit Modifikationen übertragbar: Die Mitteilungspflicht besteht nur innerhalb eines Jahres, so dass nach Ablauf der Jahresfrist die Sanktion beendet sein muss. Die Wertpapierinhaber und ehemaligen Inhaber sollen wegen der Beschränkung auf die Jahresfrist lediglich zeitweise geschützt werden. Weiter kommt eine Hemmung der Verjährung von Rechten der Angebotsadressaten in Betracht, die an die Veröffentlichung nach Abs. 2 anknüpfen.

## § 24 Grenzüberschreitende Angebote

**Hat der Bieter bei grenzüberschreitenden Angeboten zugleich die Vorschriften eines anderen Staates außerhalb des Europäischen Wirtschaftsraums einzuhalten und ist dem Bieter deshalb ein Angebot an alle Inhaber von Wertpapieren unzumutbar, kann die Bundesanstalt dem Bieter auf Antrag gestatten, bestimmte Inhaber von Wertpapieren mit Wohnsitz, Sitz oder gewöhnlichem Aufenthalt in dem Staat von dem Angebot auszunehmen.**

**Schrifttum:** *Aha,* Die Cross-Border Rules der SEC und ihre Bedeutung für das deutsche Kapitalmarktrecht, AG 2002, 313; *Behnke,* Erste praktische Erfahrungen mit dem Ausschluss ausländischer Anteilsinhaber nach § 24 WpÜG, WM 2002, 2229; *Boucsein/Schmiady,* Aktuelle Entwicklungen bei der Durchführung von Übernahmeangeboten nach dem Wertpapiererwerbs- und Übernahmegesetz (WpÜG), AG 2016, 597; *Ekkenga/Kuntz,* Kollisionsrecht für grenzüberschreitende Übernahmeangebote, WM 2004, 2427; *v. Hein,* Grundfragen des europäischen Übernahmekollisionsrechts, AG 2001, 213; *v. Hein,* Zur Kodifikation des europäischen Übernahmekollisionsrechts, ZGR 2005, 528; *Hopt,* Grundsatz- und Praxisprobleme nach dem Wertpapiererwerbs- und Übernahmegesetz, ZHR 166 (2002), 383; *Holzborn,* Ausschluss ausländischer Aktionäre nach § 24 WpÜG – „Die Disclaimerproblematik", BKR 2002, 67; *Klepsch/Schmiady/v. Buchwaldt,* Administration von Übernahmeverfahren in Kämmerer/Veil, Übernahme- und Kapitalmarktrecht in der Reformdiskussion, 2013, 3; *Lenz,* Das Wertpapiererwerbs- und Übernahmegesetz in der Praxis der Bundesanstalt für Finanzdienstleistungsaufsicht, NJW 2003, 2073; *Lenz/Linke,* Die Handhabung des WpÜG in der aufsichtsrechtlichen Praxis, AG 2002, 361; *Unger/Witzel,* § 24 WpÜG – Ausschluss australischer Aktionäre? Australischer Lösungsansatz für das WpÜG?, RIW 2005, 429; *Veranneman/Gärtner,* Grenzüberschreitende Tauschangebote nach WpÜG, AG 2009, 648; *Zimmer,* Aufsicht bei grenzüberschreitenden Übernahmen, ZGR 2002, 731.

---

[86] Str., dafür Kölner Komm WpÜG/*Möllers* Rn. 105; Baums/Thoma/*Diekmann* Rn. 77; nur für § 23 Abs. 2 auch Assmann/Pötzsch/Schneider/*Assmann* Rn. 50; dagegen Ehricke/Ekkenga/Oechsler/*Oechsler* Rn. 14; Steinmeyer/*Steinhardt* Rn. 40 f.

[87] Kölner Komm WpÜG/*Möllers* Rn. 99 ff., dagegen aber die hM, statt aller Angerer/Geibel/Süßmann/*Thun* Rn. 52 mwN.

[88] Baums/Thoma/*Diekmann* Rn. 78.

[89] AA offenbar Baums/Thoma/*Diekmann* Rn. 78.

[90] Dagegen aber Steinmeyer/*Steinhardt* Rn. 37; die dort in Fn. 87 behauptete Nähe zu § 59 besteht nicht, da es nicht um die Angebotspflicht, sondern um Veröffentlichung von Stimmrechtsanteilen geht.

## Übersicht

## I. Allgemeines

**1**  **1. Überblick.** § 24 enthält eine Befugnis für die BaFin, dem Bieter in bestimmten Fällen zu gestatten, Aktionäre von der Reichweite seines öffentlichen Angebots auszunehmen. Die Vorschrift beinhaltet damit eine Ausnahme von dem in den §§ 35, 32 und § 19 zum Ausdruck kommenden Grundsatz, das jedes öffentliche Angebot zwingend an sämtliche nicht zum Bieter gehörende Inhaber der Wertpapiere der betroffenen Gattung zu richten ist (gesetzliche Bestimmung des Adressatenkreises). Die Norm ist angesichts Art. 4 Abs. 5 Übernahme-RL mit europäischem Recht zu vereinbaren, zumal sie nur Befreiungen im Verhältnis zum außereuropäischen Ausland erlaubt.[1]

**2**  Erhebt ein ausländisches Kapitalmarktrecht den Anspruch, eine dem WpÜG unterliegende Transaktion zu regeln,[2] so kann das für den Bieter, soweit er nicht von Ausnahmevorschriften des ausländischen Rechts Gebrauch machen kann, belastende Folgen haben. Denn das ausländische Recht nimmt möglicherweise keine Rücksicht auf die Anwendung des WpÜG, so dass der Bieter möglicherweise unterschiedlichen Rechtsbefehlen ausgesetzt ist.[3] Soweit das WpÜG tatsächlich anwendbar ist, besteht ein solches Dilemma allerdings nach richtiger Auffassung weitgehend gar nicht, da seine Anwendbarkeit die Anwendung anderer Rechtsordnungen weitgehend präkludiert (dazu im die folgenden Ausführungen).

**3**  **2. Geltungsanspruch des WpÜG im Verhältnis zum ausländischen Recht.** Soweit das WpÜG gem. § 1 anwendbar ist, schließt es (aus deutscher Perspektive) selbst bereits eine daneben etwa erfolgende Anwendung ausländischen Rechts aus. Die BaFin muss also bei ihrer Prüfung der Angebotsunterlage und der Einhaltung von Verfahrensvorschriften des WpÜG nicht zusätzlich ausländisches Eingriffsrecht berücksichtigen. Der Ausschluss der kumulativen Anwendung ausländischen Kapitalmarktrechts auf das dem WpÜG unterliegende Angebotsverfahren lässt sich wie folgt begründen. Die in § 1 iVm § 2 Abs. 7, 8 vorgesehene Anwendung deutschen Eingriffsrechts (WpÜG) enthält einen abschließenden Interessenausgleich, der die Privatautonomie des Bieters gegenüber den Anlegerschutzinteressen ausbalanciert. Er betrifft wegen § 3 Abs. 1 und § 19 grundsätzlich sämtliche Anleger der Zielgesellschaft, so dass das WpÜG insoweit automatisch auch einen Geltungsanspruch für die Anleger erhebt, die ihren Sitz nicht innerhalb Deutschlands haben. Mit der Anwen-

---

[1] Zutr. *v. Hein* ZGR 2005, 528 (560 f.); Steinmeyer/*Schmiady* Rn. 1; Assmann/Pötzsch/Schneider/*Schneider/Rosengarten* Rn. 7; iErg auch FK-WpÜG/*Schröder* Rn. 7 f.

[2] Das kann vor allem dann der Fall sein, wenn die ausländischen Übernahmerechtsregelungen nicht an den Sitz oder die Börsennotierung der Zielgesellschaft, sondern an den (Wohn-)Sitz ihrer Aktionäre anknüpfen, wie etwa USA, Kanada, Japan, Australien, vgl. *Klepsch/Schmiady/v. Buchwaldt* in Kämmerer/Veil, Übernahme- und Kapitalmarktrecht in der Reformdiskussion, 2013, 17; zur Ermittlung des Aufenthaltsorts der Aktionäre Kölner Komm WpÜG/*Versteegen* Rn. 52.

[3] *Lenz/Linke* AG 2002, 361 (364); *Klepsch/Schmiady/v. Buchwaldt* in Kämmerer/Veil, Übernahme- und Kapitalmarktrecht in der Reformdiskussion, 2013, 16.

dung des WpÜG auf die Transaktion wird also zugleich jeder weitere, darüber hinausgehende Eingriff (durch ausländisches Recht) ausgeschlossen. Bei ausschließlicher Börsennotierung im Inland wird das noch deutlicher: Dann begeben sich die Anleger aus anderen Ländern durch den Kauf der Wertpapiere freiwillig auf den deutschen Kapitalmarkt und müssen deshalb auch damit rechnen, nur nach deutschem Kapitalmarktrecht geschützt zu sein.

Das WpÜG wirkt im Übrigen selbst teilweise extraterritorial, soweit es sich auch auf **4** Aktien deutscher Gesellschaften bezieht, die allein im europäischen Ausland gehandelt werden. Die damit zusammenhängenden Fragen können aber hier außer Betracht bleiben (vgl. zum europäischen Übernahmekollisionsrecht → § 1 Rn. 11).[4] Jedenfalls ist der vom deutschen Recht vorgesehene Interessenausgleich abschließend und verbietet damit jede Einmischung durch ausländisches Recht.

**3. Die reziproke Problematik.** Ein „Dilemma" kann sich einem Bieter auch insoweit **5** stellen, als er (nur) an die im Ausland ansässigen Aktionäre einer inländischen Zielgesellschaft ein Angebot macht und dabei die in Deutschland zu lokalisierenden Aktionäre von dem Angebot ausschließt. Das WpÜG lässt eine solche Beschränkung des öffentlichen Angebots nämlich wegen §§ 1, 2 Abs. 1, § 19 nicht zu. Dementsprechend stellt sich auch aus deutscher Sicht die Frage, welche Wirkung sog. Disclaimer haben, die die Reichweite öffentlicher Angebote beschränken (→ Rn. 23). Die Antwort ist wegen § 19 eindeutig: Keine. Ist eine Stammaktie einer inländischen Zielgesellschaft an einen organisierten Markt zum Handel zugelassen, dann findet das WpÜG auch dann Anwendung und verlangt Einhaltung des vorgeschriebenen Verfahrens, wenn der Bieter sein Angebot zB nur in den USA veröffentlicht, um (nur) die ADR einzusammeln. Rechtsfolge ist die Untersagung des Angebots durch die BaFin wegen Nichteinhaltung des § 19. Es ist also keineswegs so, dass nur andere Rechtsordnungen bei Veröffentlichung eines Erwerbsangebots im Internet die Einhaltung ihrer spezifisch nationalen Vorschriften verlangen.[5] Das WpÜG verfährt genauso, soweit sich bloß die Öffentlichkeit des Angebots feststellen lässt (ausführlich → § 2 Rn. 8 ff.) und es sich um eine Zielgesellschaft mit Sitz im Inland und wenigstens auch einer Börsenzulassung innerhalb des EWR handelt.

## II. Tatbestandsvoraussetzungen

**1. Grenzüberschreitendes Angebot. a) Wohnsitz der Aktionäre.** Das Merkmal des **6** grenzüberschreitenden Angebots bestimmt sich nach **ganz hM** nach dem Sitz, Wohnsitz oder gewöhnlichen Aufenthalt der Angebotsadressaten.[6] Sind Wertpapierinhaber im außereuropäischen Ausland ansässig, soll ein grenzüberschreitendes Angebot zu bejahen sein. Die genannten Merkmale sind jedoch vollkommen ungeeignete Anknüpfungspunkte. Die Anknüpfung an den Sitz oder Aufenthalt der Aktionäre ergibt sich auch nicht aus dem Wortlaut des § 24. Dort ist zwar von den genannten Kriterien die Rede, aber **nicht auf der Tatbestands- sondern auf der Rechtsfolgenseite** der Vorschrift.

Der Bieter weiß nicht und muss auch nicht wissen, wo die Aktionäre der Zielgesellschaft **7** lokalisiert sind.[7] Daraus kann man aber nun nicht schließen, dass § 24 schon dann anwendbar ist, wenn nur **möglicherweise** Aktionäre ihren Wohnsitz im außereuropäischen Ausland haben.[8] Da prinzipiell jeder Aktionär in den unterschiedlichsten Teilen der Welt seinen

---

[4] *v. Hein* AG 2001, 213 ff.; *Zimmer* ZGR 2002, 731 ff.

[5] So aber *Lenz/Linke* AG 2002, 361 (364).

[6] *Lenz/Linke* AG 2002, 361 (365); Assmann/Pötzsch/Schneider/*Schneider/Rosengarten* Rn. 8; *Behnke* WM 2002, 2229 (2232); FK-WpÜG/*Schröder* Rn. 9 f.; Baums/Thoma/*Diekmann* Rn. 14; Kölner Komm WpÜG/*Versteegen* Rn. 11; Schwark/Zimmer/*Noack/Holzborn* Rn. 3; *Aha* AG 2002, 313 (323 f.); offenbar auch Angerer/Geibel/Süßmann/*Süßmann* Rn. 1 und Steinmeyer/*Schmiady* Rn. 3; *Ekkenga/Kuntz* WM 2004, 2427 (2435).

[7] Richtig Kölner Komm WpÜG/*Versteegen* Rn. 11; vgl. auch Angerer/Geibel/Süßmann/*Süßmann* Rn. 3; Baums/Thoma/*Diekmann* Rn. 15 f.

[8] So aber Kölner Komm WpÜG/*Versteegen* Rn. 11; Baums/Thoma/*Diekmann* Rn. 15 f.; Assmann/Pötzsch/Schneider/*Schneider/Rosengarten* Rn. 8; wie hier Steinmeyer/*Schmiady* Rn. 3.

ständigen Aufenthaltsort haben kann, müssten konsequenterweise bei jedem Angebot die Anwendbarkeit und der materielle Regelungsgehalt jedes Übernahmerechts der Welt geprüft und bei zu großer Strenge eine Befreiung bei der BaFin beantragt werden.[9] Das hat der Gesetzgeber nicht gewollt. Man kann es dem Begriff „grenzüberschreitend" auch nicht entnehmen. § 24 will zwar nicht dem Bieter über mangelnde Informationsmöglichkeiten über den Sitz der Aktionäre hinweghelfen,[10] die Norm darf aber auch nicht so ausgelegt werden, dass dem Bieter unüberwindbare Hürden für die Zulässigkeit eines Befreiungsantrags auferlegt werden.[11]

**8**     Anderer Auffassung scheint neben der hM im Schrifttum allerdings die BaFin zu sein.[12] Der Bieter müsse versuchen, die Aktionärsstruktur zu ermitteln oder durch **Research-Agenturen** ermitteln zu lassen.[13] Eine solche Pflicht ist weder im Gesetz vorgeschrieben noch dem Bieter zumutbar. Allein die Idee, als normaler Aktionär durch Privatdetektive von Research-Agenturen „ermittelt" zu werden, ist bemerkenswert. Möglicherweise entstünde so ein neuer Berufszweig.[14] Auch wettbewerbs- und datenschutzrechtlich bestehen gegen eine solche Vorgehensweise oder Verpflichtung des Bieters erhebliche Bedenken. Vor allem darf sie die BaFin nicht einfach frei erfinden, weil sie dafür nicht zuständig ist.

**9**     **b) Werbung außerhalb Deutschlands.** Die Vorschrift ist als Ausnahmeregelung konzipiert. Würde man deshalb auf die Grenzüberschreitung der Erklärung des Bieters (Angebot) abstellen, so wäre jedes Angebot, da im Internet veröffentlicht, prinzipiell grenzüberschreitend. Das kommt ebenfalls nicht in Betracht. Man könnte allerdings nur solche Angebote als grenzüberschreitend ansehen, für die der Bieter im Ausland Werbung macht oder die er zusätzlich in einer anderen Sprache bzw. in einem Printmedium im Ausland veröffentlicht.[15] Dieses Abgrenzungskriterium ist indessen zu unscharf (liegt etwa eine Überschreitung schon vor, wenn der Bieter auch eine englische Zusammenfassung auf der Homepage veröffentlicht?). Im Übrigen ist der Bieter ja verpflichtet, die Unterlage im Internet zu veröffentlichen und damit allen zugänglich zu machen. Auf solches Verhalten kann also ebenfalls nicht abgestellt werden.

**10**     **c) Geltungsanspruch des ausländischen Rechts.** Weiter könnte man die Überschreitung der Grenze anhand des Geltungsanspruchs des jeweiligen ausländischen Rechts bestimmen.[16] Dagegen spricht indessen schon, dass die Grenze ja auch durch das ausländische Recht selbst und nicht durch das Angebot überschritten werden kann, namentlich dann, wenn es sich um ein Kapitalmarktrecht mit extraterritorialem Geltungsanspruch handelt. Im Übrigen widerspricht das dem Wortlaut des § 24, der zwischen dem Geltungsanspruch des ausländischen Rechts („sind … einzuhalten") und der Grenzüberschreitung durch das Angebot genau unterscheidet.

**11**     **d) Zulassung zum Handel.** Es bleibt im Ergebnis nur die Möglichkeit, auf das mehrfache Listing der fraglichen Wertpapiere abzustellen.[17] Da der Bieter bei Inhaberaktien nicht

---

[9] Vgl. zB *Aha* AG 2002, 313 (324); *Lenz/Linke* AG 2002, 361 (365), die meinen, die Durchführung eines Angebots in anderen Staaten werde in der Regel davon abhängen, dass sich dort Aktionäre der Zielgesellschaft „befinden".

[10] Solches wurde hier entgegen *Ekkenga/Kuntz* WM 2004, 2427 (2435) auch an keiner Stelle behauptet.

[11] In der Praxis scheitern Befreiungsanträge offenbar häufig daran, dass der ausländische Wohnsitz von Aktionären nicht glaubhaft gemacht werden kann, s. *Lenz* NJW 2003, 2073 (2075).

[12] Vgl. *Lenz/Linke* AG 2002, 361 (365).

[13] So neben *Lenz/Linke* AG 2002, 361 (365) auch Assmann/Pötzsch/Schneider/*Schneider/Rosengarten* Rn. 41 ff., dort auch zu weiteren Indizien; Steinmeyer/*Schmiady* Rn. 6 aE mwN; dagegen Angerer/Geibel/Süßmann/*Süßmann* Rn. 15.

[14] S. auch Angerer/Geibel/Süßmann/*Süßmann* Rn. 15.

[15] Vgl., dies in Betracht ziehend, aber wegen der Begr. zum Regierungsentwurf verneinend, *Aha* AG 2002, 314 (323); wie hier auch Assmann/Pötzsch/Schneider/*Schneider/Rosengarten* Rn. 8.

[16] So *Aha* AG 2002, 314 (323); *v. Hein* ZGR 2005, 528 (559 f.), der zu Unrecht in Fn. 154 *Ekkenga/Kuntz* WM 2004, 2427 ff. und *Lenz/Linke* AG 2002, 361 ff. (diese legen sich nicht fest) unterstellt, dieselbe Definition des Tatbestandsmerkmals zu verwenden. Dass es „iErg" das Gleiche wäre, wenn man auf den Wohnsitz der Aktionäre abstellte, lässt sich nicht behaupten, so aber *v. Hein* ZGR 2005, 528 (559 f.).

[17] Vehement aA mit rhetorischen Fragen, aber in der Sache nicht zutr. *Ekkenga/Kuntz* WM 2004, 2427 (2435); ebenfalls ohne Begr. gegen die hier vertretene Auffassung FK-WpÜG/*Schröder* Rn. 9 in Fn. 12;

wissen kann, in welchem Land sich der eine oder andere Aktionär aufhält oder welche Nationalität er hat, ist es ihm nicht möglich, sich über die Aktionärsstruktur zu informieren. Es muss vielmehr ausreichen, dass er feststellt, an **welchen Börsen** die Wertpapiere zum Handel zugelassen sind. Solange die entsprechenden Wertpapiere nicht auch im Ausland an einer Börse notiert werden, was sich ohne größeren Aufwand feststellen lässt, kommt bereits mangels einer Grenzüberschreitung kein Befreiungsantrag in Betracht.

**2. Geltungsanspruch außereuropäischen ausländischen Rechts.** Weitere Voraus- **12** setzung einer Befreiung ist die **Anwendbarkeit des ausländischen Rechts** auf das Angebot. Es muss sich nicht notwendig um ein spezielles Übernahmeverfahren regelndes Recht handeln, der Geltungsanspruch für die fragliche Transaktion genügt. Der Geltungsanspruch knüpft zwar nicht stets an das mehrfache Listing an. So wenden zB die USA ihr Kapitalmarktrecht mit unterschiedlicher Intensität nach dem Auswirkungsprinzip auch auf Angebote an, die sich auf von ausländischen Gesellschaften emittierte Aktien beziehen, soweit US-Bürger zu den Aktionären gehören, wenn auch die Aktien nicht in den USA registriert sind.[18]

Es muss sich um Vorschriften eines Staates **außerhalb des EWR** handeln, damit eine **13** Befreiung in Betracht kommt. Als in der Praxis problematisch haben sich insbesondere die Regelungen in Australien,[19] Japan, Kanada und den Vereinigten Staaten erwiesen.[20] Auch mit der Schweiz kann es prinzipiell zu Problemen kommen, da die Vorschriften über konkurrierende Angebote (Art. 47 ff. UEV-UEK) möglicherweise nicht mit § 22 kompatibel sind.

**3. Unzumutbarkeit eines Angebots an alle Adressaten.** Das Gesetz verlangt weiter, **14** dass ein Angebot an alle Inhaber von Wertpapieren ihm wegen des Geltungsanspruchs des ausländischen Rechts unzumutbar ist.[21] Hauptbeispiel für die **Unzumutbarkeit** sollen unterschiedliche Fristen sein, die nicht zugleich erfüllt werden können oder andere – formelle oder materielle – Regeln, die einander widersprechen, dh widersprüchliche Rechtsbefehle.[22] Derartige unlösbare Fristenprobleme haben sich in der Vergangenheit vor allem im Verhältnis zu Japan ergeben.[23] Finanzielle Mehrbelastungen sind dagegen nur in Ausnahmefällen ausreichend.[24] Zu berücksichtigen soll in diesem Zusammenhang die Zahl der

---

Assmann/Pötzsch/Schneider/*Schneider/Rosengarten* Rn. 8; vgl. ferner *v. Hein* ZGR 2005, 528 (560) in Fn. 154, der zwar auch kein Gegenargument liefert, dafür aber behauptet, bei mehrfachem Listing *dürfe* eine Befreiung nach § 24 nicht erteilt werden, was angesichts des Wortlautes der Norm unvertretbar ist. Davon geht auch die BaFin nicht aus, vgl. den Jahresbericht der BaFin 2006, 183.

[18] *Buxbaum* Va. J. Int'l L. 42 (2002), 931 (975 f.) m. Fn. 233 ff.; näher *Aha* AG 2002, 314 ff.; näher auch *Klepsch/Schmiady/v. Buchwaldt* in Kämmerer/Veil, Übernahme- und Kapitalmarktrecht in der Reformdiskussion, 2013, 20 ff.

[19] Zu Australien nunmehr umfassend – Probleme nur bei Tauschangeboten, nicht bei Barofferten – *Unger/Witzel* RIW 2005, 429 ff.

[20] *Lenz/Linke* AG 2002, 361 (365) mwN in Fn. 8; Darstellung der verschiedenen Anknüpfungsregeln bei Assmann/Pötzsch/Schneider/*Schneider/Rosengarten* Rn. 14 ff.; zu den USA nun einschr. *Klepsch/Schmiady/v. Buchwaldt* in Kämmerer/Veil, Übernahme- und Kapitalmarktrecht in der Reformdiskussion, 2013, 20 ff.: Barangebote stellten unabhängig von der Registrierung der Zielgesellschaft in den USA für den Bieter keine unlösbaren Probleme dar; auch bei Tauschangeboten sei die SEC in aller Regel so kooperativ, dass sich keine unüberwindbaren Hürden für den Bieter ergäben.

[21] Vgl. auch *Ekkenga/Kuntz* WM 2004, 2427 (2431): ob die „Anwendung seitens der ausländischen Kapitalmarktaufsicht eine für den Bieter unzumutbare Verdoppelung des Verfahrensaufwandes zur Folge hat".

[22] *Hopt* ZHR 166 (2002), 383 (398); FK-WpÜG/*Schröder* Rn. 17; Kölner Komm WpÜG/*Versteegen* Rn. 23; auch *Lenz/Linke* AG 2002, 361 (364); vgl. auch *Klepsch/Schmiady/v. Buchwaldt* in Kämmerer/Veil, Übernahme- und Kapitalmarktrecht in der Reformdiskussion, 2013, 17 f.: Unmöglichkeit der Einhaltung der rechtlichen Vorgaben.

[23] *Klepsch/Schmiady/v. Buchwaldt* in Kämmerer/Veil, Übernahme- und Kapitalmarktrecht in der Reformdiskussion, 2013, 19.

[24] *Hopt* ZHR 166 (2002), 383 (398); *Lenz/Linke* AG 2002, 361 (364): allein finanzielle Mehraufwendungen nicht ausreichend; *Klepsch/Schmiady/v. Buchwaldt* in Kämmerer/Veil, Übernahme- und Kapitalmarktrecht in der Reformdiskussion, 2013, 17 f.: nur in Ausnahmefällen, auch bei „als unverhältnismäßig wahrgenommenem Mehraufwand"; Kölner Komm WpÜG/*Versteegen* Rn. 25: je nach Umständen des Einzelfalls; FK-WpÜG/*Schröder* Rn. 17: zusätzlicher Aufwand, der Verfahren insgesamt in Frage stellt; Baums/Thoma/*Diekmann* Rn. 25.

vom Ausschluss betroffenen Aktionäre sein. Je geringer sie sei, desto eher müsse die Unzumutbarkeit bei Mehraufwand zu bejahen sein.[25] Jedenfalls muss der Bieter nach der Praxis der BAFin durch geeignete Mittel glaubhaft machen, dass überhaupt Aktionäre von dem Angebot betroffen sind.[26]

15 Der Wortlaut des § 24 verlangt jedenfalls nicht, dass der Bieter durch das Angebot **widersprüchlichen Rechtsbefehlen** ausgesetzt ist,[27] sondern lediglich die Unzumutbarkeit für den Bieter, das Angebot an alle Wertpapierinhaber zu machen. Unzumutbarkeit darf nicht mit Unmöglichkeit verwechselt werden. Die Widersprüchlichkeit der Rechtsbefehle kann einerseits nicht ausreichen, da aus deutscher Sicht die Anwendung des WpÜG die zugleich erfolgende Anwendung des ausländischen Rechts ausschließt, so dass – aus deutscher Perspektive – der Geltungsanspruch der ausländischen Norm nicht berücksichtigt werden darf (→ Rn. 3). Andererseits ist die Widersprüchlichkeit der Rechtsbefehle auch nicht notwendig. Dem Bieter kann ein Angebot an alle auch dadurch unzumutbar werden, dass das ausländische Recht abweichende Fristen vorschreibt, die der Bieter zwar theoretisch einhalten kann, aber wegen des vom WpÜG ihm belassenen Freiraums eben nicht einhalten muss. Auszugehen ist davon, dass das WpÜG einen fest abgesteckten Rahmen für die Eingriffe in die Privatautonomie des Bieters enthält. Alles, was der Bieter danach darf, kann ihm nicht einfach durch ausländisches Eingriffsrecht genommen werden, da damit die Interessenabwägung durch das WpÜG konterkariert würde.[28]

16 Zu verlangen ist deshalb, dass dem Bieter wegen der Nichtbeachtung ausländischen Rechts **tatsächliche Nachteile** entstehen oder mit annähernder Sicherheit zu erwarten sind. Dazu muss berücksichtigt werden, welche Folgen eine vom ausschließlichen Geltungsanspruch des WpÜG abweichende Entscheidung im Ausland für den Bieter hat. Es reicht nicht aus, dass die Beachtung ausländischen Rechts bloß lästig, zeitaufwendig oder kostspielig ist.[29] Drohen dem Bieter zB Schadensersatzansprüche nach ausländischem Recht, so sind auch die Aussichten für deren Vollstreckbarkeit mit zu berücksichtigen und dementsprechend auch die Vermögensverhältnisse des Bieters (Vermögen im In- oder Ausland). Im Inland können sie auf Grund des Territorialprinzips nicht anerkannt noch vollstreckt werden, da die Einheit der Rechtsordnung es verbietet, den Bieter für ein Verhalten haften zu lassen, das ihm nationales Recht, iE das WpÜG, vorgeschrieben hat.

17 **4. Tatsächliche Wirksamkeit der Befreiung als Tatbestandsvoraussetzung.** Die tatsächliche Vermeidung oder rechtliche Abwendung fremden Rechts durch die Erlaubnis der Beschränkung des Angebots auf bestimmte Personen ist keine weitere Voraussetzung für einen Antrag nach § 24.[30] Wenn es tatsächlich auf die rechtliche Abwendbarkeit des Geltungsanspruchs des ausländischen Rechts ankäme, wäre § 24 stets dann nicht anwendbar, wenn das ausländische Recht seinen Geltungsanspruch unabhängig von hoheitlichen Maßnahmen in Deutschland festlegt. Das aber ist der Regelfall, wie ja auch das WpÜG seinen

---

[25] Kölner Komm WpÜG/*Versteegen* Rn. 25; Baums/Thoma/*Diekmann* Rn. 25; Schwark/Zimmer/*Noack*/*Holzborn* Rn. 7.

[26] Steinmeyer/*Schmiady* Rn. 7 nennt insoweit als geeignete Instrumente ua die Nachfrage bei Depotbanken, Börsennotierung, die Vorlage des Aktienregisters, von Hauptversammlungsteilnahmelisten, Stimmrechtsmitteilungen, Erhebungen zur Aktionärsstruktur oder ein besonder Bekanntheitsgrad der Zielgesellschaft.

[27] Wie hier Assmann/Pötzsch/Schneider/*Schneider*/*Rosengarten* Rn. 38; iErg auch *Klepsch*/*Schmiady*/*v. Buchwaldt* in Kämmerer/Veil, Übernahme- und Kapitalmarktrecht in der Reformdiskussion, 2013, 17: wenn vorhersehbar, dass Bieter trotz größter Sorgfalt die fremden Vorgaben nicht wird einhalten können; wohl auch, obschon nicht ganz eindeutig, Baums/Thoma/*Diekmann* Rn. 20 ff.; FK-WpÜG/*Schröder* Rn. 17; Schwark/Zimmer/*Noack*/*Holzborn* Rn. 6 f.: auch bei ganz erheblichen „zusätzlichen Aufwendungen"; aA Steinmeyer/*Schmiady* Rn. 7: muss sich aus Rechtsgründen ergeben, aber im Widerpruch zu Rn. 9 aE; Angerer/Geibel/Süßmann/*Süßmann* Rn. 16; *Holzborn* BKR 2002, 67 (68); wohl auch *Ekkenga*/*Kuntz* WM 2004, 2427 (2435), da auf Vergleichsgruppe „Normenwiderspruch" abstellend; wohl auch *v. Hein* ZGR 2005, 528 (562).

[28] Ausf. *Wackerbarth* Leitungsmacht 346 ff., insbes. 364 f.

[29] Vgl. *v. Hein* ZGR 2005, 528 (562).

[30] Offenbar aA Kölner Komm WpÜG/*Versteegen* Rn. 16, 18, nach dem die Geeignetheit des Ausschlusses zur Abwendung ausländischen Rechts Voraussetzung der Befreiung ist; ähnlich Baums/Thoma/*Diekmann* Rn. 28 f., Mitursächlichkeit genügen lassend.

Geltungsanspruch nicht von Behördenentscheidungen im Ausland abhängig macht. Die BaFin hat vielmehr nur **im Rahmen ihres Ermessens,** dh auf der Rechtsfolgenseite der Norm, die Folgen einer Befreiung zu berücksichtigen, soweit sie diese abschätzen kann. Sie darf die Befreiung zwar grundsätzlich nicht erteilen, wenn sie zu nichts führt. Das kann jedoch zunächst nur im Einzelfall entschieden werden, wobei ihr ein entsprechend weites Ermessen zur Verfügung stehen muss. Später mag sich eine Selbstbindung bzw. eine internationale Praxis durch Abstimmung zwischen den nationalen Behörden ergeben. Beides kann dann im Wege von Schreiben oder Bekanntmachungen durch die Behörde zu verlässlichen Regeln führen.

### III. Verfahren

**1. Antragserfordernis und -inhalt.** Die BaFin entscheidet über die Zulassung der **18** Beschränkung des Angebots auf Antrag. Dieser kann vom Bieter gestellt werden. Notwendiger Inhalt des Antrags ist zunächst nur die Benennung des oder der fraglichen Staaten sowie der Aktionäre, die von dem Angebot ausgeschlossen werden sollen. Die Benennung der Aktionäre hat nicht namentlich zu erfolgen, sondern kann auch abstrakt geschehen. Der Antrag soll weiter die anzuwendenden Rechtsvorschriften enthalten müssen, deren Einhaltung dem Bieter unzumutbar erscheint.[31] Ein **Entwurf der Unterlage** kann, muss der BaFin entgegen einer im Schrifttum vertretenen Auffassung aber nicht beigefügt werden,[32] da die Behörde bei der späteren Einreichung der Unterlage noch überprüfen kann, ob die Reichweite der erteilten Befreiung eingehalten wurde.

**2. Begründung.** Eine **Begründung** wird der Bieter dem Antrag schon aus praktischen **19** Gründen beifügen, da er in einem eventuellen Verfahren die Beweislast für das Vorliegen der Befreiungsvoraussetzungen trägt. Die BaFin ist aber durch § 24 VwVfG grundsätzlich verpflichtet, den Sachverhalt von Amts wegen zu ermitteln, so dass eine Begründungspflicht nicht besteht.[33] In der Praxis berücksichtigt die BaFin jedoch die Ernsthaftigkeit des Bemühens des Bieters, die ausländischen Regeln möglichst weitgehend einzuhalten, bei der Beurteilung der Unzumutbarkeit.[34]

**3. Zeitpunkt.** Der Antrag muss **vor der Veröffentlichung der Unterlage, nach hM 20 sogar spätestens bis zur Einreichung der Angebotsunterlage bei der BaFin** gestellt sein.[35] Nach der Veröffentlichung ist den betroffenen Adressaten jedenfalls bereits ein Antrag gemacht, der nicht mehr zurückgenommen werden kann.[36] Zwar schließt das eine nachträgliche Begrenzung des Adressatenkreises durch hoheitliche Entscheidung nicht grundsätzlich aus. Die Behörde erteilt aber gem. dem Wortlaut des § 24 nur eine Befreiung und verbietet die Einbeziehung der betreffenden Aktionäre nicht, so dass eine Rücknahme wegen § 145 BGB nicht in Betracht kommt.[37] Die BaFin lässt die Antragstellung frühestens mit der Veröffentlichung nach § 10 zu.[38] Eine solche Praxis ist freilich bei der Planung einer Transaktion, die ein Pflichtangebot auslöst, mehr als misslich und sollte dahingehend geändert werden, dass zumindest dann, wenn Bieter und Paketverkäufer gemeinsam den Antrag stellen, dieser

---

[31] *Lenz / Linke* AG 2002, 361 (364); *Klepsch / Schmiady / v. Buchwaldt* in Kämmerer/Veil, Übernahme- und Kapitalmarktrecht in der Reformdiskussion, 2013, 18.
[32] Kölner Komm WpÜG/*Versteegen* Rn. 32; vgl. dagegen *Lenz / Linke* AG 2002, 361 (364): Die BaFin entscheidet über die Befreiung gem. § 24 unabhängig von der Gestaltung der Angebotsunterlage.
[33] Kölner Komm WpÜG/*Versteegen* Rn. 33; Baums/Thoma/*Diekmann* Rn. 36; aA Assmann/Pötzsch/ Schneider/*Schneider/Rosengarten* Rn. 41; Steinmeyer/*Schmiady* Rn. 17; wohl auch FK-WpÜG/*Schröder* Rn. 19.
[34] *Klepsch / Schmiady / v. Buchwaldt* in Kämmerer/Veil, Übernahme- und Kapitalmarktrecht in der Reformdiskussion, 2013, 18.
[35] *Lenz / Linke* AG 2002, 361 (364); Kölner Komm WpÜG/*Versteegen* Rn. 34 f.; FK-WpÜG/*Schröder* Rn. 19; Steinmeyer/*Schmiady* Rn. 14; Baums/Thoma/*Diekmann* Rn. 35; *Holzborn* BKR 2002, 67 (68).
[36] Kölner Komm WpÜG/*Versteegen* Rn. 35.
[37] AA offenbar Assmann/Pötzsch/Schneider/*Schneider/Rosengarten* Rn. 45, dies allerdings nicht berücksichtigend.
[38] Vgl. *Lenz / Linke* AG 2002, 361 (364).

auch schon vorher zulässig ist. Dasselbe sollte gelten, wenn der Bieter (im Antrag) die Veröffentlichung nach § 10 nur noch von der Befreiung nach § 24 abhängig macht.

21     **4. Ermessensentscheidung.** Die BaFin ist bereits nach § 3 Abs. 1 zur möglichst weitgehenden Gleichbehandlung der Inhaber der betroffenen Wertpapiere verpflichtet. Daher sind hohe Anforderungen an die Voraussetzungen dieser Ausnahmegenehmigung zu stellen.[39] Da bereits bei Unzumutbarkeit und nicht erst bei Unmöglichkeit eine Entscheidung in Betracht kommt, ist eine „Ermessensreduzierung auf Null" für die BaFin andererseits nicht schon bei Unzumutbarkeit zu bejahen.[40] Die BaFin wird, wie *Lenz/Linke* darlegen, eine Befreiung erteilen, wenn es dem Bieter auch bei Anwendung aller Sorgfalt voraussichtlich nicht möglich ist, die Vorschriften der fraglichen Rechtsordnung einzuhalten.[41] Bei diesem Prüfungsmaßstab wird allerdings übersehen, dass auch die **Rechtsfolgen der Befreiung** mit in die Ermessensentscheidung einzubeziehen sind. Führt die Befreiung nicht zur Verbesserung der tatsächlichen Lage des Bieters,[42] kann sie auch nicht erteilt werden. Zumindest was das Verhältnis zum US-amerikanischen Recht angeht, ist darauf hinzuweisen, dass gerade für die Ausnahmen gem. den cross border rules der SEC grundsätzlich Voraussetzung ist, dass die US-Bürger gerade nicht von dem Angebot ausgeschlossen werden. Eine Befreiung und Ausnahme der US-Angehörigen hätte insofern sogar kontraproduktive Wirkung.[43] Weiter wird bei grenzüberschreitenden **Tauschangeboten** häufig eine Ausnahme auf bestimmte Aktionärsgruppen, wie zB Kleinaktionäre beschränkt werden und die Befreiung für institutionelle Investoren gerade nicht erteilt werden. Denn im Hinblick auf solche *qualified institutional investors* wird das ausländische Recht in aller Regel Ausnahmen von der Prospektpflicht kennen, so dass die Beachtung ausländischen Prospektrechts für diese Investoren gerade nicht erforderlich sein wird und ein Normenkonflikt insoweit gerade nicht besteht.[44]

22     Ferner hat die BaFin auf der Rechtsfolgenseite des Ermessens mildere Maßnahmen als den Ausschluss der Aktionäre mit Sitz in einem bestimmten Staat in Betracht zu ziehen. So kann es bereits de lege lata[45] geboten sein, nicht den Ausschluss bestimmter Aktionärsgruppen, sondern die **Einschaltung eines Treuhänders** vom Bieter zu verlangen, wenn auf diese Weise seine Belastungen wieder auf ein zumutbares Maß reduziert werden. Solches kommt insbesondere bei Tauschangeboten in Betracht, um den ausländischen Aktionären zumindest einen Ausstieg aus der Zielgesellschaft zu ermöglichen.[46] Für in den USA ansässige Aktionäre lässt die BAFin insoweit ein sog. *vendor placement* zu, durch das eine Registrierung der zum Tausch angebotenen Aktien in den USA unter Umständen vermieden werden kann. Dabei werden die als Gegenleistung gegebenen Aktien nach Rule 144A Securities Exchange Act an *qualified institutional buyers* übertragen und dann von diesen im Namen der Aktionäre über die Börse verkauft; der Erlös wird dann an die Aktionäre ausgekehrt.[47] Jedenfalls bei freundlichen Angeboten folgt bereits aus der organschaftlichen Treuepflicht des Vorstands der Zielgesellschaft und seiner aktienrechtlichen Pflicht zur Gleichbehandlung sämtlicher Aktionäre der Zielgesellschaft, dass eine Befreiung praktisch nicht in Frage kommt.

---

[39] Vgl. dazu *Hopt* ZHR 166 (2002), 383 (398).

[40] So aber ohne Begr. *Ekkenga/Kuntz* WM 2004, 2427 (2435); wohl auch Kölner Komm WpÜG/*Versteegen* Rn. 30; wie hier Assmann/Pötzsch/Schneider/*Schneider/Rosengarten* Rn. 48, wohl auch Steinmeyer/*Schmiady* Rn. 15; Baums/Thoma/*Diekmann* Rn. 30.

[41] *Lenz/Linke* AG 2002, 361 (364).

[42] Vgl. dazu Kölner Komm WpÜG/*Versteegen* Rn. 18 ff., der indes weitergehend die rechtliche Abwendung des ausländischen Rechts verlangt, zu erreichen gegebenenfalls erst in Verbindung mit weiteren Maßnahmen; dagegen → Rn. 17.

[43] *Buxbaum* Va. J. Int'l L. 42 (2002), 931 (975 f.) in Fn. 234.

[44] *Klepsch/Schmiady/v. Buchwaldt* in Kämmerer/Veil, Übernahme- und Kapitalmarktrecht in der Reformdiskussion, 2013, 19.

[45] Nur de lege ferenda schlagen *Unger/Witzel* RIW 2005, 429 (433) vor, in § 24 die Möglichkeit der Einschaltung eines solchen Treuhänders vorzusehen.

[46] Näher *Unger/Witzel* RIW 2005, 429 (432).

[47] S. *Boucein/Schmiady* AG 2016, 597 (606 f.).

## IV. Zulässigkeit sog. Disclaimer

*Lenz/Linke* haben zutreffend darauf hingewiesen, dass die Verwendung sog. disclaimer **23** zulässig ist, mit denen der Bieter deutlich macht, dass er die Angebotsunterlage nicht von sich aus in andere Länder versendet. Das ist zulässig, weil das WpÜG von ihm nicht verlangt, die Unterlage anders als durch Bekanntgabe im Internet bzw. im Börsenpflichtblatt zu veröffentlichen.[48] Möglicherweise kann der Bieter über eine solche **Distributionsbeschränkung** der extraterritorialen Anwendung eines ausländischen Rechts vorbeugen.[49] Es ist jedoch streng darauf zu achten, dass in einem solchen Disclaimer nicht der Eindruck erweckt wird, Aktionäre mit Sitz in diesen Ländern könnten das Angebot nicht annehmen. Dies ginge über eine Distributionsbeschränkung hinaus und müsste zur Untersagung des Angebots führen.[50] Anders ist das erst nach Erteilung der Befreiung nach § 24 zu beurteilen. Eine Genehmigung durch die BaFin ist nicht erforderlich;[51] innerhalb des EWR dürfte die Übernahme-RL Distributionsbeschränkungen freilich ausschließen.[52]

## § 25 Beschluss der Gesellschafterversammlung des Bieters

**Hat der Bieter das Angebot unter der Bedingung eines Beschlusses seiner Gesellschafterversammlung abgegeben, hat er den Beschluss unverzüglich, spätestens bis zum fünften Werktag vor Ablauf der Annahmefrist, herbeizuführen.**

### Übersicht

## I. Normzweck

§ 25 konkretisiert die **Handlungspflichten der Geschäftsführung** des Bieters, soweit **1** das Angebot in zulässiger Weise (→ § 18 Rn. 31 ff.) unter die Bedingung eines Beschlusses der Gesellschafterversammlung gestellt ist. Inhalt der Vorschrift ist zunächst nur die Verpflichtung des Bieters zur unverzüglichen Durchführung der Gesellschafterversammlung und eine Höchstfrist bis zum 5. Tag vor Ablauf der Annahmefrist.

## II. Zulässigkeit der Bedingung

Die Zulässigkeit einer solchen Bedingung ergibt sich nicht unmittelbar aus § 25,[1] sondern **2** aus § 18 Abs. 1.[2] Aus § 25 ist zunächst nur ersichtlich, dass in bestimmten Fällen die Bedingung möglich sein muss, sonst hätte es der Regelung nicht bedurft (näher → § 18 Rn. 31 ff.). Daneben ist der Vorschrift aber auch zu entnehmen, dass über die entsprechende

---

[48] *Lenz/Linke* AG 2002, 361 (365); ebenso die ganz hM in der Lit., FK-WpÜG/*Schröder* Rn. 18; Assmann/Pötzsch/Schneider/*Schneider/Rosengarten* Rn. 57 ff., jeweils mwN; Steinmeyer/*Schmiady* Rn. 2; vgl. auch Kölner Komm WpÜG/*Versteegen* Rn. 64, der freilich einen Verstoß gegen das Gleichbehandlungsgebot annimmt.

[49] Laut Assmann/Pötzsch/Schneider/*Schneider/Rosengarten* Rn. 58 ist das in aller Regel der Fall; aA *Verannemann/Gärtner* AG 2009, 648 (652).

[50] *Lenz/Linke* AG 2002, 361 (365); zust. Steinmeyer/*Schmiady* Rn. 2.

[51] Assmann/Pötzsch/Schneider/*Schneider/Rosengarten* Rn. 58 gegen Kölner Komm WpÜG/*Versteegen* Rn. 64.

[52] Assmann/Pötzsch/Schneider/*Schneider/Rosengarten* Rn. 59; Steinmeyer/*Schmiady* Rn. 2.

[1] AA *Busch* AG 2002, 145 (148); Assmann/Pötzsch/Schneider/*Schneider/Rosengarten* Rn. 1, jeweils ohne nähere Begr.

[2] Vgl. Baums/Thoma/*Diekmann* Rn. 12.

Bedingung auch bis zu diesem Zeitpunkt entschieden sein muss (näher → Rn. 5 ff.). Vor dem Hintergrund, dass Potestativbedingungen gem. § 18 im Grundsatz unzulässig sind, ist die Ausnahme so eng wie möglich auszulegen. Daher ist nur eine solche Bedingung zulässig, die das Angebot davon abhängig macht, dass bis (spätestens) zum 5. Tag vor Ablauf der Annahmefrist ein zustimmender Gesellschafterbeschluss ergangen ist.[3] Nicht mehr in der Hand des Bieters liegt allerdings die eventuelle Anfechtung eines Beschlusses, deren (Nicht-)Geltendmachung ist deshalb eine von § 25 nicht erfasste mögliche Bedingung, die der Bieter zusätzlich in die Unterlage aufnehmen kann (aber nicht muss).[4]

### III. Inhalt und Fristberechnung

3   § 25 enthält zunächst zwei Handlungspflichten für den Bieter, die im Regelfall seine Geschäftsleitung als gesetzliche Vertreter treffen. Mit dem Begriff „Beschluss" ist nicht ein zustimmender Beschluss gemeint, sondern die Beschlussfassung, da ansonsten die Bedingung keinen Sinn hätte. Der Bieter ist zunächst verpflichtet, den Beschluss **unverzüglich** herbeizuführen. Mit Herbeiführen gemeint ist hier – im Gegensatz zu der Rechtslage bei der Verpflichtung „spätestens" – das Ergreifen der für die Beschlussfassung notwendigen vorbereitenden Maßnahmen.[5] Für das Wort unverzüglich enthält § 25 keinen Bezugspunkt,[6] so dass sich die Frage stellt, mit welchem Ereignis die Herbeiführungspflicht beginnt. Frühestmöglicher Zeitpunkt ist die Veröffentlichung nach § 10,[7] spätester Zeitpunkt die Veröffentlichung der Angebotsunterlage.[8] Nach hier vertretener Auffassung ist auf die Entscheidung zur Abgabe des Angebots abzustellen, da bereits dann feststeht, dass die entsprechende Bedingung in das Angebot aufgenommen werden soll, vgl. auch § 10 Abs. 1 S. 2 und 3.[9]

4   Daneben ist der Bieter verpflichtet, den Beschluss **spätestens bis zum fünften Werktag vor Ablauf der Annahmefrist** herbeizuführen. Hierbei geht es um den Erfolg der Beschlussfassung, nicht um die Vornahme der dafür erforderlichen Handlungen. Zur Fristberechnung gem. § 187 Abs. 1 BGB analog[10] ist vom letzten Tag der Annahmefrist auszugehen. Dabei kommt es auf den tatsächlich letzten Tag an, nicht auf den in der Unterlage genannten, wenn dieser zB auf einen Feiertag fällt.[11] Der letzte Tag wird nur dann nicht mitgerechnet, wenn die Frist an einem bestimmten Zeitpunkt dieses Tages endet.[12] „Bis zum fünften Werktag" heißt, die Gesellschafterversammlung hat also so stattzufinden, dass den Adressaten danach noch fünf volle Werktage einschließlich des eventuell letzten vollen Tages der Annahmefrist zur Verfügung stehen. Endet die Annahmefrist am Freitag, ist die Beschlussfassung also noch bis zum vorhergehenden Sonntag, 24 Uhr möglich. Endet sie am Montag, ist die Beschlussfassung noch am vorhergehenden Dienstag bis 24 Uhr möglich.[13] § 193 BGB ist nicht zugunsten des Bieters anwendbar, da er dem Bieter, dessen Frist nach dem Gesagten an einem Sonntag enden würde, gestattete, noch am Montag die

---

[3] Steinmeyer/*Steinmeyer* § 18 Rn. 13; Steinmeyer/*Bastian* § 25 Rn. 8; aA offenbar Kölner Komm WpÜG/*Hasselbach* Rn. 19; FK-WpÜG/*Schröder* Rn. 10; s. auch *Drinkuth* in Marsch-Barner/Schäfer Börsennotierte AG-HdB Rn. 60.109: bis zum Ablauf der Annahmefrist, aber ohne Begr.

[4] Zutr. Assmann/Pötzsch/Schneider/*Krause/Favoccia* § 18 Rn. 59; Baums/Thoma/*Merkner/Sustmann* § 18 Rn. 87; abw. *Drinkuth* in Marsch-Barner/Schäfer Börsennotierte AG-HdB Rn. 60.109, der meint, der Bieter „müsse" die Nichterhebung einer Anfechtungsklage zur Bedingung machen; → Rn. 13.

[5] Steinmeyer/*Bastian* Rn. 3 f.; Assmann/Pötzsch/Schneider/*Schneider/Rosengarten* Rn. 9; Kölner Komm WpÜG/*Hasselbach* Rn. 16.

[6] Anders Steinmeyer/*Bastian* Rn. 5, der meint, die Formulierung stelle auf die Angebotsabgabe ab.

[7] Auf diesen Zeitpunkt abstellend Steinmeyer/*Bastian* Rn. 5.

[8] Auf diesen Zeitpunkt abstellend wohl Baums/Thoma/*Diekmann* Rn. 14; Kölner Komm WpÜG/*Hasselbach* Rn. 16 f.; dagegen aber zutr. Steinmeyer/*Bastian* Rn. 5 in Fn. 9.

[9] Wie hier neben Steinmeyer/*Bastian* Rn. 5 auch Schwark/Zimmer/*Noack/Holzborn* Rn. 3.

[10] Nur analog, da es um die Rückrechnung von einem Endtermin geht, vgl. Palandt/*Ellenberger* BGB § 187 Rn. 4.

[11] Ebenso Angerer/Geibel/Süßmann/*Süßmann* Rn. 6; Steinmeyer/*Bastian* Rn. 6.

[12] Palandt/*Ellenberger* BGB § 187 Rn. 4, sonst § 187 Abs. 2 BGB analog, vgl. dazu auch *Krause* NJW 1999, 1448 f.; zu pauschal daher Angerer/Geibel/Süßmann/*Süßmann* Rn. 6, der den letzten Tag der Annahmefrist stets ausnehmen will; diesem aber zust. Kölner Komm WpÜG/*Hasselbach* Rn. 18 in Fn. 15.

[13] Unklar Angerer/Geibel/Süßmann/*Süßmann* Rn. 7.

Beschlussfassung stattfinden zu lassen.[14] Das schließt aber § 25 gerade aus, indem er auf Werktage abstellt. Das Werktagserfordernis besteht zugunsten der Adressaten, die nach dem Zustimmungsbeschluss noch möglichst lange über die Annahme entscheiden können sollen. Die Beschlussfassung ist unverzüglich, dh spätestens am nächsten Tag, gem. § 14 Abs. 3 S. 1 **zu veröffentlichen**[15] (vgl. → § 18 Rn. 30).

### IV. Rechtsfolgen einer nicht rechtzeitig herbeigeführten Beschlussfassung

Fraglich ist was geschieht, wenn der Bieter, für den im Regelfall sein gesetzlicher Vertre- **5** ter, also der Vorstand oder der Geschäftsführer handelt, nicht bis zum letztmöglichen Termin die Beschlussfassung herbeigeführt hat. Die Frage ist umstritten. Nach Auffassung eines Teils Lit. führt die nicht rechtzeitige Herbeiführung des Beschlusses ohne weiteres zur **Unwirksamkeit des Angebots.**[16] Vorgeschlagen wurde auch eine (ggf. entsprechende) Anwendung des § 162 BGB.[17] Die mittlerweile überwiegende Auffassung behauptet, dass der Ablauf der in § 25 vorgesehenen Frist keine unmittelbaren Folgen für Eintritt oder Ausfall der Bedingung habe,[18] sondern vielmehr noch – wegen der Möglichkeit des Bedingungsverzichts nach § 21 Abs. 1 Nr. 4 – bis zum Ende der Annahmefrist der Beschluss nachgeholt werden könne. Erst danach sei die Bedingung ausgefallen. Darüber hinaus wird nach dem Verschulden oder der Treuwidrigkeit des Bieters an der nicht rechtzeitigen Beschlussfassung differenziert: Bei schuldhafter Verzögerung der Beschlussfassung sei die BaFin anordnungsbefugt, wobei aber regelmäßig offengelassen wird, was die BaFin denn anordnen könne.[19]

Der überwiegenden Auffassung ist nicht zu folgen. Nach dem Willen des Gesetzgebers **6** soll bis zum fünften Werktag vor Ablauf der Annahmefrist über die Zustimmung seitens der Gesellschafterversammlung des Bieters **Klarheit** herrschen.[20] Das Gesetz bringt diesen Willen durch das Wort „spätestens" auch ausreichend zum Ausdruck. § 25 **verpflichtet** den Bieter, bis spätestens zum fünften Werktag vor Ablauf der Annahmefrist eine Entscheidung über die Zustimmung durch die Gesellschafterversammlung herbeizuführen und enthält damit zugleich ein **Verbot,** die Entscheidung über den Bedingungseintritt oder -ausfall im Wege des Verzichts zu einem späteren Zeitpunkt stattfinden zu lassen. Ein entsprechender Vorbehalt eines Verzichts in der Angebotsunterlage (→ § 18 Rn. 29) widerspräche dem genannten Ziel. Die entsprechende Bedingung ist nur zulässig, wenn sie als spätesten Termin für die Beschlussfassung den in § 25 genannten vorsieht (vgl. → Rn. 2).

Es bleibt die Möglichkeit einer entsprechenden **Anwendung des § 162 BGB** zu prüfen. **7** Es ist indessen sehr fraglich, ob die Norm auf die Zustimmungsbedingung Anwendung finden kann. Sie ist zugeschnitten auf bedingte Verfügungsgeschäfte, bei denen Vor- und Nachteiligkeit des Bedingungseintritts oder -ausfalls für die eine oder andere Partei unproblematisch festgestellt werden kann. Jedenfalls auf Verpflichtungsgeschäfte über Unternehmensanteile passt sie nicht. Voraussetzung wäre sonst gem. § 162 BGB, dass man die Vor- oder Nachteiligkeit des jeweiligen Kauf- oder Tauschvertrags über die Wertpapiere objektiv

---

[14] So auch Steinmeyer/*Bastian* Rn. 6; aA Baums/Thoma/*Diekmann* Rn. 14; Angerer/Geibel/Süßmann/*Süßmann* Rn. 7, ohne Begr.

[15] Wie hier Steinmeyer/*Bastian* Rn. 11; aA Angerer/Geibel/Süßmann/*Süßmann* Rn. 8, der es nicht einmal für notwendig hält, eine Veröffentlichung innerhalb der Fünftagefrist vorzunehmen.

[16] Steinmeyer/*Bastian* Rn. 8, nunmehr allerdings mit kaum nachvollziehbaren Einschränkungen.

[17] FK-WpÜG/*Scholz* § 18 Rn. 43.

[18] Kölner Komm WpÜG/*Hasselbach* Rn. 20; Schwark/Zimmer/*Noack/Holzborn* Rn. 10–12; FK-WpÜG/*Schröder* Rn. 10; Baums/Thoma/*Diekmann* Rn. 21 f.: Gesellschafterversammlung könne noch bis zum Ablauf der Annahmefrist beschließen; so wohl auch Angerer/Geibel/Süßmann/*Süßmann* Rn. 3.

[19] FK-WpÜG/*Schröder* Rn. 10; Kölner Komm WpÜG/*Hasselbach* Rn. 20; Steinmeyer/*Bastian* Rn. 16; genauer nur Baums/Thoma/*Diekmann* Rn. 23: der Bieter könne aufgefordert werden, sich über das Zustandekommen des Beschlusses zu erklären bzw. ihn (endlich) herbeizuführen; die BaFin soll sogar die Annahmefrist verlängern können (!).

[20] BT-Drs. 14/7034, 51: „Somit ist den Empfängern des Angebots rechtzeitig vor Ablauf der Annahmefrist bekannt, ob die ggf. erforderliche Zustimmung der Gesellschafterversammlung des Bieters zu dem Angebot vorliegt".

bestimmen könnte. Das ist aber schon aus ganz praktischen Gründen ausgeschlossen. Ein Prozess, innerhalb dessen die Richtigkeit des Äquivalenzverhältnisses geklärt würde und davon die Nichtigkeit oder Gültigkeit der geschlossenen Verträge abhinge, wäre im Hinblick auf die bestehenden Unsicherheiten über die Feststellung eines Unternehmenswertes geradezu absurd. Eine zweite Möglichkeit wäre es, Leistung und Gegenleistung getrennt zu behandeln. Verletzt der Bieter treuwidrig seine Pflicht zur rechtzeitigen Herbeiführung des Gesellschafterbeschlusses, so wäre er lediglich verpflichtet, die Gegenleistung zu erbringen, aber nicht berechtigt, die Wertpapiere herauszuverlangen. Das würde indessen nur zu schwierigen, um nicht zu sagen: unlösbaren Problemen bei einem anschließenden Bereicherungsausgleich führen. Wie man es dreht und wendet, § 162 BGB enthält keine praktikable Regel, nach der die Folgen eines nicht herbeigeführten Gesellschafterbeschlusses einheitlich und rechtssicher ermittelt werden könnten.[21]

8    Angesichts der Tatsache, dass die Bedingung des Gesellschafterbeschlusses nur den Gesellschaftern des Bieters die Möglichkeit gibt, ihre Zustimmung zu der beabsichtigten Transaktion zu geben, liegt es deshalb nahe, auf die Rechtsfolgen einer **nicht rechtzeitig erteilten Genehmigung** abzustellen. Zwar enthalten die §§ 182 ff. BGB eine ausdrückliche Regel darüber nicht. Jedoch wird von der hM zu § 184 Abs. 1 BGB vertreten, durch einer Aufforderung der anderen Seite an die Person des Genehmigenden zur Erklärung über die Genehmigung sei analog §§ 108 Abs. 2 BGB, § 177 Abs. 2 BGB, § 1366 Abs. 3 BGB, § 1427 Abs. 1 BGB, § 1453 Abs. 1 BGB und § 1829 Abs. 2 BGB der Schwebezustand auf zwei Wochen zu verkürzen, nach deren Ablauf **die Genehmigung als verweigert** gilt.[22]

9    Auf das Übernahmerecht übertragen sind anderer Teil hier die Angebotsadressaten. Über deren mangelnde Möglichkeit, sich zu koordinieren und die entsprechende Aufforderung abzugeben, hilft ihnen die Regel des § 25 hinweg. Der Gesetzgeber übernimmt es gewissermaßen, die Gesellschafterversammlung des Bieters aufzufordern, bis zum fünften Werktag vor Ablauf der Frist sich über die Genehmigung zu erklären. Geschieht das nicht rechtzeitig, ob nun treuwidrig unterlassen oder nicht und unabhängig von der Frage, wer denn nun die Verantwortung für die Rechtzeitigkeit der Erklärung trägt, so sollte man daher von einer **(endgültigen) Verweigerung der Genehmigung** ausgehen.

10    Dieser Auffassung steht nicht entgegen, dass nach hM zustimmungsbedürftige Geschäfte iSd § 182 BGB nur solche sind, die einem gesetzlichen Zustimmungserfordernis unterliegen.[23] Unbestreitbar kann nämlich die Zustimmung nach Bedingungsrecht zur Wirksamkeitsvoraussetzung gemacht werden.[24] Und bei einer solchen Konstruktion können nach ebenfalls hM die Regeln des § 182 BGB weitgehend analog angewendet werden.[25] Das Gleiche muss für die Frage gelten, was geschieht, wenn die Frist für die Reaktion auf die Aufforderung, bzw. im Falle des Übernahmerechts der in § 25 bestimmte Tag abgelaufen ist.

## V. Rechtsfolgen einer rechtzeitig erteilten Genehmigung

11    Schließlich entspricht bei erteilter Genehmigung, dh rechtzeitiger Beschlussfassung und zustimmendem Beschlussausgang, auch die Rückwirkung des § 184 Abs. 1 BGB dem vermutlichen Parteiwillen. Dem stehen weder § 159 BGB noch die hM zu § 182 BGB entgegen, nach der bei rechtsgeschäftlichem Zustimmungserfordernis jedenfalls die in § 184 Abs. 1 BGB angeordnete absolute, dh gegenüber Dritten wirkende Rückwirkung ausgeschlossen ist.[26] Insbesondere hat der BGH sich zu der Frage noch nicht geäußert. In seiner Entscheidung vom 29.6.1989[27] hat er lediglich die entsprechende Anwendung der Rückwirkung einer

---

[21] So mit anderer Begr. iErg auch Baums/Thoma/*Diekmann* Rn. 13, 21; Angerer/Geibel/Süßmann/*Süßmann* Rn. 4; Steinmeyer/*Bastian* Rn. 13; Schwark/Zimmer/*Noack*/*Holzborn* Rn. 12; Assmann/Pötzsch/Schneider/*Schneider*/*Rosengarten* Rn. 12.
[22] MüKoBGB/*Bayreuther* BGB § 184 Rn. 9 mwN.
[23] MüKoBGB/*Bayreuther* BGB Vor § 182 Rn. 21; Staudinger/*Klumpp,* 2019, BGB Vor § 182 Rn. 28.
[24] MüKoBGB/*Bayreuther* BGB Vor § 182 Rn. 22; Staudinger/*Klumpp,* 2019, BGB Vor § 182 Rn. 29.
[25] MüKoBGB/*Bayreuther* BGB Vor § 182 Rn. 22.
[26] MüKoBGB/*Bayreuther* BGB Vor § 182 Rn. 22; Staudinger/*Klumpp,* 2019, BGB Vor § 182 Rn. 29.
[27] BGHZ 108, 172 (177) = NJW 1990, 109.

rechtsgeschäftlich vereinbarten Genehmigung einer Verfügung entsprechend § 184 Abs. 1 BGB abgelehnt. Um die absolute, dh auch gegenüber Dritten wirkende Rückwirkung geht es hier jedoch überhaupt nicht, da es sich um ein Verpflichtungsgeschäft handelt. Fraglich ist allein, was geschieht, wenn die erforderliche Zustimmung der Gesellschafterversammlung rechtzeitig vorliegt. Und dafür enthalten die Regeln über die Genehmigung den einschlägigen Rechtsgedanken. Die bereits abgeschlossenen Kaufverträge werden daher endgültig wirksam, für weitere Annahmeerklärungen wirkt der Gesellschafterbeschluss als Einwilligung.

### VI. Rechtsfolgen bei Nichtigkeit oder Anfechtbarkeit des Gesellschafterbeschlusses

**1. Gesetzliche Folgen.** Ein zustimmender Beschluss führt zur endgültigen Wirksamkeit **12** des Angebots. Nach der Gesetzesbegründung sollen die Anfechtbarkeit und auch die spätere tatsächliche Anfechtung des Beschlusses daran nichts mehr ändern.[28] In der Lit. wird dies zum Teil auf die eventuelle Nichtigkeit des Beschlusses erweitert.[29] Zutreffend ist allein der ebenfalls geäußerte Gedanke, die Adressaten des Angebots müssten sich insoweit gegenüber dem Bieter auf **Vertrauensschutz** berufen können.[30] Auch eine ggf. nichtige Beschlussfassung durch die Gesellschafterversammlung entfaltet ihnen gegenüber daher Außenwirkung, die aber nicht etwa durch die Eintragung in das Handelsregister bewirkt wird,[31] sondern durch die analog § 14 Abs. 3 S. 1 erfolgende Veröffentlichung (→ Rn. 4 aE).[32] Für einen solchen nach WpÜG stattfindenden Vertrauensschutz spricht auch die Zielsetzung des § 25, den Adressaten endgültig Klarheit über die Wirksamkeit des Angebots zu verschaffen. Im Ergebnis kommt es daher gar nicht so sehr auf den gefassten Beschluss selbst an, sondern auf das, was der Versammlungsleiter feststellt und später veröffentlicht. Ansonsten müsste man doch wieder zwischen (zB nach § 241 AktG) nichtigen und lediglich anfechtbaren Beschlüssen unterscheiden, da nichtige Beschlüsse von vornherein keine Wirkungen entfalten.[33] Eine Abweichung kommt allenfalls bei einem Nicht-Beschluss (Scheinbeschluss) in Frage. Vor einer Nicht- oder Falschveröffentlichung kann die Adressaten deshalb nur die Missstandsaufsicht durch die BaFin gem. § 4 Abs. 1 S. 3 schützen. Um Missbrauch zu verhindern, sollte deshalb auch ein Vertreter der BaFin bei einer eventuellen Beschlussfassung nach § 25 anwesend sein, wozu ihm § 40 bei richtigem Verständnis das notwendige Betretungsrecht verschafft. Welche Folgen anfechtbare oder nichtige Beschlüsse für die Haftung der Geschäftsleitung des Bieters haben, ist eine Frage des Innenrechts des Bieters, noch dazu eine des Einzelfalls, und daher hier nicht darzustellen.[34]

**2. Rechtsgeschäftliche Modifikation.** Der Bieter kann allerdings auch rechtsge- **13** schäftlich die Nichterhebung einer Anfechtungsklage gegen den gefassten Zustimmungsbeschluss zur Bedingung des Angebots machen (→ Rn. 2). Wird unter diesen Umständen bis zum spätestmöglichen Zeitpunkt für den Bedingungseintritt (Vollzug der Verträge, str.; → § 18 Rn. 17, → § 18 Rn. 28) Klage erhoben, so sind die Verträge unwirksam, wenn der Bieter nicht – was er sich in der Unterlage vorbehalten muss – bis zum vorletzten Tag der Annahmefrist auf die Bedingung verzichtet hat (spätestens zu diesem Zeitpunkt muss aus übernahmerechtlicher Sicht Klarheit über die Geltung der

---

[28] BT-Drs. 14/7034, 51; Assmann/Pötzsch/Schneider/*Schneider/Rosengarten* Rn. 14; Baums/Thoma/*Diekmann* Rn. 18 f.; iErg ganz hM, zT abw. nur Kölner Komm WpÜG/*Hasselbach* Rn. 21 ff.; *Drinkuth* in Marsch-Barner/Schäfer Börsennotierte AG-HdB Rn. 60.109, der verlangt, dass bis zum Ablauf der Annahmefrist keine Anfechtungsklage erhoben wird.

[29] Steinmeyer/*Bastian* Rn. 9.

[30] Baums/Thoma/*Diekmann* Rn. 19.

[31] Denn das würde bei ausländischen Gesellschaften als Bieter zu unlösbaren Schwierigkeiten führen.

[32] AA noch immer Steinmeyer/*Bastian* Rn. 9, leider ohne auf die hier im folgenden Text geäußerten Bedenken einzugehen; *Drinkuth* in Marsch-Barner/Schäfer Börsennotierte AG-HdB Rn. 60.109.

[33] Dies übersieht Steinmeyer/*Bastian* Rn. 9: Was soll denn die „tatsächliche Beschlussfassung" gerade in Zweifelsfällen sein, wenn etwa nicht ordnungsgemäß geladen und deshalb nur ein Teil der Gesellschafter anwesend war bzw. der Versammlungsleiter einfach falsch auszählte?

[34] Dazu ausschnittweise Steinmeyer/*Bastian* Rn. 15; Baums/Thoma/*Diekmann* Rn. 19.

Bedingungen des Angebots herrschen; → § 21 Rn. 38). Die Interna des Bieters gehen die Adressaten des Angebots nichts an, wie umgekehrt die Gesellschafter des Bieters sich nicht etwa für ihre eventuellen Anfechtungsklagen auf den Ablauf der Annahmefrist verweisen lassen müssen. Deshalb darf nicht etwa im Hinblick auf die gem. § 25 zulässige späte Beschlussfassung und die Anfechtungsfristen (zB § 246 AktG) eine Ausnahme von dem Zeitrahmen des § 18 gemacht werden.[35]

## § 26 Sperrfrist

(1) Ist ein Angebot nach § 15 Absatz 1 oder 2 untersagt worden, ist ein weiteres Angebot an die Aktionäre der Zielgesellschaft sowie die Veröffentlichung einer Entscheidung zur Abgabe eines solchen Angebots gemäß § 10 Absatz 3 Satz 1 vor Ablauf eines Jahres durch folgende Personen unzulässig:
1. den Bieter (des untersagten Angebots),
2. eine zum Zeitpunkt der Untersagung mit dem Bieter gemeinsam handelnde Person oder
3. eine Person, die zum Zeitpunkt der Veröffentlichung nach § 10 Absatz 3 Satz 1 gemeinsam mit dem Bieter oder einer Person nach Nummer 2 gemeinsam handelt.

(2) Hat der Bieter ein Angebot von dem Erwerb eines Mindestanteils der Wertpapiere abhängig gemacht und scheitert dieses Angebot, weil dieser Mindestanteil nach Ablauf der Annahmefrist nicht erreicht wurde, ist ein weiteres Angebot an die Aktionäre der Zielgesellschaft sowie die Veröffentlichung einer Entscheidung zur Abgabe eines solchen Angebots gemäß § 10 Absatz 3 Satz 1 vor Ablauf eines Jahres durch folgende Personen unzulässig:
1. den Bieter (des gescheiterten Angebots),
2. eine Person, die zwischen der Veröffentlichung des gescheiterten Angebots nach § 10 Absatz 3 Satz 1 und dem Ablauf der Annahmefrist mit dem Bieter gemeinsam handelte, oder
3. eine Person, die zum Zeitpunkt der Veröffentlichung nach § 10 Absatz 3 Satz 1 gemeinsam mit dem Bieter oder einer Person nach Nummer 2 gemeinsam handelt.

(3) [1]Die Jahresfrist nach Absatz 1 beginnt mit dem Tag der Bekanntgabe des Untersagungsbescheides. [2]Die Jahresfrist nach Absatz 2 beginnt mit dem Tag nach Ablauf der Annahmefrist des gescheiterten Angebots.

(4) Die Absätze 1 und 2 gelten nicht, wenn der jeweilige Bieter zur Veröffentlichung nach § 35 Absatz 1 Satz 1 und zur Abgabe eines Angebots nach § 35 Absatz 2 Satz 1 verpflichtet ist.

(5) Die Bundesanstalt kann den jeweiligen Bieter auf schriftlichen Antrag von dem Verbot nach den Absätzen 1 oder 2 befreien, wenn die Zielgesellschaft der Befreiung zustimmt.

**Schrifttum:** *Bulgrin/Danwerth,* Das erneute Angebot des Bieters im Lichte der Sperrfrist des § 26 WpÜG, BB 2020, 327.

### Übersicht

---

[35] AA Assmann/Pötzsch/Schneider/*Krause/Favoccia* § 18 Rn. 59 aE; Baums/Thoma/*Merkner/Sustmann* § 18 Rn. 87.

## I. Allgemeines

**1. Wesentlicher Regelungsgehalt.** Die Vorschrift untersagt dem Bieter und seit einer **1** Änderung des WpÜG im Jahr 2019[1] auch den mit ihm gemeinsam handelnden Personen zum Schutz der Zielgesellschaft, innerhalb eines Jahres nach einem durch mangelnde Akzeptanz gescheiterten (Abs. 1) oder untersagten (Abs. 2) Angebot ein erneutes Angebots zu machen. Nach Auffassung des Gesetzgebers überwiegt in diesen Fallgruppen „das Interesse der Zielgesellschaft an ungestörter Fortführung ihrer Geschäftätigkeit das Interesse des Bieters an einem eventuellen Neuangebot".[2] Allerdings will die Vorschrift nicht einer eventuellen Angebotspflicht im Wege stehen (Abs. 4) und sieht in Abs. 5 auf Wunsch von Bieter und Zielgesellschaft die Möglichkeit einer Befreiung durch die BaFin vor.

**2. Normzweck.** Die angesprochene Interessenabwägung fällt nur dann zugunsten der **2** Zielgesellschaft aus, wenn das Angebot untersagt ist oder eine vom Bieter gesetzte Mindestannahmequote nicht erreicht wird. Betrachtet man den möglichen Sinn der Vorschrift genauer, so fällt auf, dass Abs. 1 und Abs. 2 die Sperrfrist an das **endgültige Scheitern des Angebots** knüpfen. Das Scheitern des Angebots kann auf einen Fehler des Bieters (Untersagung) oder auf seine Fehleinschätzung des Verhaltens der Adressaten (Mindestannahmequote) zurückzuführen sein. Festzuhalten ist, dass es nicht um einen absoluten Schutz der Zielgesellschaft vor Behinderung geht. Gedacht ist nur an das Verhältnis zwischen Bieter und Zielgesellschaft. Andere Interessenten dürfen die Zielgesellschaft durchaus in ihrer Geschäftätigkeit durch Angebotsabgabe behindern (→ Rn. 17). Insofern ist die Norm nicht nur Ausdruck einer Interessenabwägung zwischen Bieter und Zielgesellschaft. Vielmehr soll die Rechtsfolge des § 26 den Bieter auch dazu anhalten, schon bei seinem ersten Angebot die Informations- und Verfahrensregelungen des WpÜG einzuhalten, besitzt also zugleich Sanktions- bzw. **Präventionscharakter,** soweit sie die Untersagung zur Voraussetzung macht.[3] Daher ist jedenfalls das in § 26 Abs. 1 enthaltene Verbot auch auf solche Neuangebote zu erstrecken, die auf eine andere Wertpapiergattung als das Erstangebot gerichtet sind.

**3. Verfassungswidrigkeit des Abs. 2 mangels erkennbaren Normzwecks.** Dage- **3** gen können bei einem auf Grund der Fehleinschätzung des Bieters gescheiterten Angebot (Abs. 2) weder Sanktion noch Prävention Sinn der Vorschrift sein, weil der Bieter sich hier korrekt verhalten hat.[4] Der Sinn der Sperrfrist bei einem Scheitern auf Grund mangelnder Akzeptanz ist im Übrigen nicht erkennbar. In der Lit. wird darauf aufmerksam gemacht,

---

[1] Ausf. *Bulgrin/Danwerth* BB 2020, 327 ff.
[2] BT-Drs. 14/7034, 51.
[3] Angerer/Geibel/Süßmann/*Angerer* Rn. 5; FK-WpÜG/*Scholz* Rn. 6; vgl. auch Baums/Thoma/*Diekmann* Rn. 3 und Kölner Komm WpÜG/*Seydel* Rn. 5 f., die allerdings die Sanktionswirkung nur als Reflex der Regelung ansehen, was Bedeutung für die Auslegung des Abs. 2 hat.
[4] Ebenso *Mielke* in Beckmann/Kersting/Mielke Übernahmerecht Rn. D 38.

ein erneutes Angebot würde mit großer Wahrscheinlichkeit ebenfalls scheitern.[5] Diese Einschätzung hätte der Gesetzgeber aber dem Bieter überlassen können, der insoweit ein erneutes Angebot modifizieren mag. Im Übrigen besagt das Scheitern eines Übernahmeangebots, das auf die Stammaktien gerichtet ist, weder etwas für das mögliche Scheitern eines entsprechenden Teilangebots noch für das Scheitern eines Angebots, das auf die Vorzugsaktien gerichtet wird. Schließlich würde grundsätzlich dieselbe ratio bei einem auf Grund eines Beschlusses der Gesellschafterversammlung des Bieters gescheiterten Angebot eingreifen, das aber gerade nicht zur Sperrfrist führt.

4   Die Gesetzesgeschichte weist zusätzlich darauf hin, dass es für Abs. 2 einen sachlichen Grund nicht gegeben hat. In § 18 Abs. 3 WpÜG-DiskE war die Sperrfrist noch auf den Fall der Untersagung eines Übernahmeangebotes beschränkt. Warum sich daran im Laufe des Gesetzgebungsverfahrens etwas geändert hat, ist nicht ersichtlich.[6] Für die abstrakte Interessenbewertung des Gesetzgebers in Abs. 2 lässt sich auch ansonsten kein vernünftiger Grund finden. Wenn sie im Scheitern des Angebots auf Grund einer Fehleinschätzung des Bieters begründet wäre, hätte sie konsequenterweise – wie etwa in Österreich[7] – auf andere Fälle des Nichteintritts einer Bedingung erstreckt werden müssen.[8] Im Übrigen bleibt die Fehleinschätzung des Bieters grundsätzlich die gleiche, wenn er später auf die Mindestannahmequote verzichtet (allerdings fehlt es dann am Scheitern des Angebots). Wenn es, wie jetzt in der Lit. geltend gemacht wird,[9] nur um die Verhinderung der Belästigung der Zielgesellschaft ginge, dann müsste jedes gescheiterte Angebot die Sperrfrist auslösen; Abs. 2 verstieße dann gegen das Willkürverbot. Geradezu absurd ist es, das Verbot auch auf einfache Erwerbsangebote zu erstrecken, die mangels Anwendbarkeit des § 33 die Zielgesellschaft in der Fortführung ihrer Geschäftätigkeit nicht behindern.[10]

5   Weil es also an jedem vernünftigen Grund für die Vorschrift, dh an einem erkennbaren Rechtsgedanken fehlt und der Gesetzgeber selbst keine Begründung für dieses klar in die Privatautonomie des Bieters eingreifende Verbot gegeben hat, ist die Vorschrift nach Art. 2 Abs. 1 GG iVm Art. 3 Abs. 1 GG verfassungswidrig. Das Verbot des § 26 ist daher auf die Fälle der Untersagung zu beschränken. Für den Fall, dass der hier vertretenen Auffassung nicht gefolgt wird, wird die Vorschrift dennoch in → Rn. 10 f. kommentiert.

## II. Untersagung (Abs. 1)

6   **1. Angebot.** Die Vorschrift gilt nach ihrem Wortlaut sowohl für **einfache Erwerbs-** als auch für **Übernahmeangebote.** Nach dem vom Gesetzgeber behaupteten Schutzzweck hätte sie dagegen auf feindliche Angebote beschränkt werden müssen, da bei freundlichen Angeboten nicht von einer Beschränkung der Geschäftätigkeit der Zielgesellschaft gesprochen werden kann; diese ist ja mit dem Angebot gerade einverstanden. Man wird jedoch auch bei freundlichen, aber untersagten Angeboten von der Möglichkeit einer Sperrfrist auszugehen haben, da die Sperrfrist auch zur Einhaltung der Vorschriften des WpÜG anhalten will (→ Rn. 2).

---

[5] *Mielke* in Beckmann/Kersting/Mielke Übernahmerecht Rn. D 38.

[6] Möglicherweise hat sich die Einschätzung des Gesetzgebers auf Grund der Anhörung am 25.7.2000 im Bundesministerium der Finanzen geändert. Darüber sind öffentlich zugängliche Informationen indes nicht verfügbar.

[7] FK-WpÜG/*Scholz* Rn. 9; Baums/Thoma/*Diekmann* Rn. 9.

[8] Dies de lege lata überlegend FK-WpÜG/*Scholz* Rn. 21, iErg abl.; ebenso die ganz hM, s. etwa Assmann/Pötzsch/Schneider/*Assmann* Rn. 7; Baums/Thoma/*Diekmann* Rn. 22 f.; Kölner Komm WpÜG/*Seydel* Rn. 23. Entscheidend ist insoweit allerdings nicht allein der klare Wortlaut, sondern die Tatsache, dass an eine analoge Anwendung schon deshalb nicht zu denken ist, weil der Sinn des Abs. 1 S. 2 nicht ermittelt werden kann. Rechtspolitische Kritik unter rechtsvergleichenden Aspekten aber auch bei Kölner Komm WpÜG/*Seydel* Rn. 15.

[9] Angerer/Geibel/Süßmann/*Angerer* Rn. 6; Steinmeyer/*Bastian* Rn. 7.

[10] Der Hinweis auf angebliche internationale Standards, so Assmann/Pötzsch/Schneider/*Assmann* Rn. 3, ersetzt nach hier vertretener Auffassung keine Auseinandersetzung mit der Frage der Willkürfreiheit der Norm.

**2. Untersagung.** Die Sperrfrist wird nach Abs. 1 S. 1 durch die Untersagung des Ange-  7
bots ausgelöst. Nach dem Wortlaut der Vorschrift kommt es nicht auf die Gründe für die
Untersagung an, auch eine Untersagung wegen nur technischer Fehler des Bieters führt
zur Sperrfrist. Das Angebot ist untersagt, wenn die BaFin die entsprechende Verfügung
bekanntgegeben hat (vgl. → § 15 Rn. 7). Voraussetzung ist die **Wirksamkeit** der Verfügung. Eine nichtige Untersagung genügt dafür nicht. Dagegen beseitigt die Durchführung
des Rechtsmittelverfahrens der §§ 41, 48 nicht die Wirksamkeit der Untersagung, da
Rechtsbehelfe gegen die Untersagung grundsätzlich keine aufschiebende Wirung haben
(vgl. §§ 42, 49).

Fraglich ist allein, ob die Sperrfrist auch dann fortbesteht, wenn die aufschiebende  8
Wirkung gem. § 50 Abs. 3 angeordnet wird. Dazu wird in der Lit. die Auffassung vertreten, während der Dauer einer Anordnung der aufschiebenden Wirkung des Rechtsbehelfs
bestehe kein Verbot zur Unterbreitung eines erneuten Angebots.[11] Dem ist grundsätzlich
zuzustimmen. Untersagt ist allerdings in erster Linie das ursprüngliche Angebot, das nach
Anordnung der aufschiebenden Wirkung zunächst einmal durchzuführen ist. Ein Neuangebot kommt während des Laufs der Annahmefrist ohnehin nur insoweit in Betracht, als
es sich auf Wertpapiere bezieht, die nicht schon Gegenstand des Erstangebots waren
(→ § 21 Rn. 5). Die Frage ist also nur für echte Alternativangebote[12] oder Neuangebote
nach dem Ende der Annahmefrist relevant. Insoweit kann nicht angenommen werden,
dass die Wirkung der Sperrfrist zum Vollzug der Untersagung gehört. Vielmehr ist sie
ein vom Gesetzgeber vorgegebener Teil des Inhalts der Verfügung der BaFin gem. § 50
Abs. 3. Das bedeutet, dass bei der Anordnung der aufschiebenden Wirkung des Rechtsbehelfs auch differenziert werden kann. Die Anordnung kann, muss sich aber nicht auf
das Erstangebot und die Sperrfrist beziehen. Vielmehr wird zu entscheiden sein, ob ggf.
die aufschiebende Wirkung nur in Bezug auf das Erstangebot oder nur in Bezug auf die
Sperrfrist angeordnet wird.

**3. Ausnahme bei Pflichtangeboten (Abs. 4).** Keine Sperrfrist lösen untersagte  9
**Pflichtangebote** aus. Das folgt bereits unmittelbar aus § 39, der nicht auf § 26 verweist,
aber auch aus der weiten Formulierung des Abs. 4, der die Nichtgeltung der Abs. 1 und 2
bei Angebotspflicht bestimmt. (vgl. auch → § 15 Rn. 4, → § 39 Rn. 1 ff.).

### III. Mangelnde Akzeptanz (Abs. 2)

**1. Nichterreichen der Mindestannahmequote.** Der Gesetzgeber ordnet eine Sperr-  10
frist auch im Falle mangelnder Akzeptanz des Angebots an. Dieses wird dahingehend definiert, dass eine vom Bieter zur Bedingung gemachte Mindestannahmequote nach Ablauf
der Annahmefrist nicht erreicht wird. Erfasst werden nicht nur gescheiterte Übernahmeangebote, sondern auch einfache Erwerbsangebote, bei denen der Bieter unter Umständen
nur eine ganz geringe Mindestquote zur Bedingung gemacht hat.[13] Die Sperrfrist wird
nach dem Gesetzeswortlaut nur ausgelöst, wenn tatsächlich eine Mindestannahmequote
Bedingung war. Erfolglose Übernahmeangebote, bei denen keine Mindestannahmequote
zur Bedingung gemacht wurde (zur Zulässigkeit dieser Gestaltung → § 16 Rn. 20 in Fn. 17;
→ § 29 Rn. 14),[14] lösen daher keine Sperrfrist aus, auch wenn sie nicht zu einem tatsächlichen Kontrollwechsel führen. Ebenso wenig soll eine Sperrfrist bestehen, wenn auf die
Mindestannahmequote wirksam gem. § 21 Abs. 1 Nr. 4 verzichtet wurde.[15] Das folgt indes
nicht zwingend aus dem Gesetzeswortlaut, der das Bestehen der Quote im Zeitpunkt des
Ablaufs der Annahmefrist nicht zur Voraussetzung macht. Es kann aber damit begründet

---

[11] Kölner Komm WpÜG/*Seydel* Rn. 20; Baums/Thoma/*Diekmann* Rn. 17 f.
[12] Dh Angebote, die sich auf eine andere Gattung beziehen.
[13] Kölner Komm WpÜG/*Seydel* Rn. 23.
[14] Vgl. auch Kölner Komm WpÜG/*Seydel* Rn. 24; Baums/Thoma/*Diekmann* Rn. 20; FK-WpÜG/*Scholz*
Rn. 19.
[15] Kölner Komm WpÜG/*Seydel* Rn. 25; Baums/Thoma/*Diekmann* Rn. 21; FK-WpÜG/*Scholz* Rn. 20;
Steinmeyer/*Bastian* Rn. 7.

werden, dass § 26 nur das Ziel eines endgültig gescheiterten Angebots vor erneuten Angriffen schützen will.

**11**   **2. Kausalität.** Fraglich ist, ob die Sperrfrist auch dann ausgelöst wird, wenn das Nichterreichen der Annahmequote **nicht kausal** für das Scheitern des Angebots war. Das ist zB der Fall, wenn die Mindestannahmequote zwar nicht erreicht wurde, jedoch gleichzeitig eine Verteidigungsmaßnahme ergriffen wurde, deren Nichtvornahme der Bieter zur Bedingung des Angebots gemacht hatte. Die Möglichkeit, dass das Angebot zusätzlich am Eintritt oder Ausfall einer anderen Bedingung scheitert, zeigt, dass der im Gesetz genannte Fall des Scheiterns des Angebots nicht losgelöst von anderen Unwirksamkeitsgründen des Angebots betrachtet werden darf, die Beschränkung des Verbots auf diesen Fall daher verfassungswidrig ist (→ Rn. 3 f.). Wie in diesen Fällen zu entscheiden ist, muss mangels erkennbaren Normzwecks der Vorschrift hier offen bleiben.

### IV. Rechtsfolge: Sperrfrist (Abs. 3)

**12**   **1. Sperrfrist.** Die Sperrfrist **beginnt** im Fall der Untersagung mit gem. Abs. 3 S. 1 mit der Bekanntgabe der Verfügung. Die Einlegung von Rechtsbehelfen ändert grundsätzlich nichts am Lauf der Sperrfrist.[16] Wird ausnahmsweise die aufschiebende Wirkung angeordnet und auch auf die Sperrfrist bezogen (→ Rn. 8), so ist der Lauf der Sperrfrist **gehemmt** und verlängert sich dementsprechend bei Wiederherstellung der Wirksamkeit der Untersagung um den Zeitraum der aufschiebenden Wirkung.[17] Die Sperrfrist endet gem. § 31 VwVfG iVm §§ 187, 188 Abs. 2 BGB. Beispiel: Bekanntgabe der Untersagungsverfügung am 13.2., Ablauf der Sperrfrist am 13.2. des nächsten Jahres, 24 Uhr. Im Falle eines gescheiterten Angebots beginnt die Frist gem. Abs. 3 S. 2 am Tag nach dem Ablauf der Annahmefrist. Trotz der Wortlautgleichheit mit Abs. 3 S. 1 („mit dem Tag") wird man gem. § 187 Abs. 2 S. 1 BGB den Tag nach der Annahmefrist bereits mitrechnen müssen. Beispiel: Ende der Annahmefrist am 13.2. (24 Uhr), Beginn der Sperrfrist am 14.2. (0.00 Uhr) Ablauf der Sperrfrist am 13.2. des nächsten Jahres, 24 Uhr.

**13**   **2. Erneutes Angebot.** Die Vorschrift untersagt während des Sperrjahres ein erneutes Angebot. Untersagt sind nur freiwillige Erwerbs- oder Übernahmeangebote, nicht dagegen Pflichtangebote wegen der Ausnahme in Abs. 4.[18]

**14**   Ein Angebot liegt erst vor, wenn die Angebotsunterlage veröffentlicht ist. Durch das Verbot der Veröffentlichung der Angebotsunterlage wird aber auch die Veröffentlichung nach § 10 erfasst, solange sie in ein gem. § 26 unzulässiges Angebot mündet. Das ist nur dann der Fall, wenn die Veröffentlichung der Entscheidung so früh geschieht, dass die Veröffentlichung der Angebotsunterlage zu ihrem spätestmöglichen Termin (nämlich vier Wochen später) noch innerhalb der Sperrfrist liegt. Eine weitergehende Beschränkung ist mit dem Wortlaut der Vorschrift unvereinbar und auch mit Zwecküberlegungen nicht zu rechtfertigen.[19]

**15**   Nach seinem Wortlaut würde nicht nur ein Angebot an die Wertpapierinhaber der Zielgesellschaft, sondern jedes Angebots des Bieters während der Sperrfrist untersagt sein. Das Verbot ist jedoch entsprechend dem Normzweck (Schutz der Zielgesellschaft vor Behinderung ihrer Geschäftstätigkeit) auf Angebote zu beschränken, die sich **an die Wertpapierinhaber der Zielgesellschaft** richten. Dabei spielt wegen des Sanktionscharakters der Norm jedenfalls bei einer Sperrfrist auf Grund einer Untersagung des Angebots die **Gat-**

---

[16] Kölner Komm WpÜG/*Seydel* Rn. 30.

[17] AA Kölner Komm WpÜG/*Seydel* Rn. 31 und Baums/Thoma/*Diekmann* Rn. 29; Angerer/Geibel/Süßmann/*Angerer* Rn. 25.

[18] Zur rechtspolitischen Kritik daran, nach der es nahegelegen hätte, dem Bieter bereits die Kontrollerlangung zu untersagen, Kölner Komm WpÜG/*Seydel* Rn. 15.

[19] Wie hier Kölner Komm WpÜG/*Seydel* Rn. 35; FK-WpÜG/*Scholz* Rn. 22 in Fn. 34; Assmann/Pötzsch/Schneider/*Assmann* Rn. 13; aA Baums/Thoma/*Diekmann* Rn. 13, 32 f.; Steinmeyer/*Bastian* Rn. 6; Schwark/Zimmer/*Noack/Holzborn* Rn. 10.

tung der Wertpapiere, auf die sich das Neuangebot richtet, keine Rolle. Ein untersagtes Angebot zum Erwerb der Vorzugsaktien sperrt auch Neuangebote zum Erwerb von Stammaktien.

Bei einer nach § 26 Abs. 2 ausgelösten Sperrfrist ist dagegen fraglich, ob auch Neuangebote zum Erwerb anderer Gattungen untersagt sind. Sieht man den Grund für das Verbot des § 26 Abs. 1 S. 2 in der Prognose, dass ein zweites Angebot ebenfalls erfolglos wäre, dürften nur Angebote erfasst sein, die eine gewisse Ähnlichkeit mit dem Erstangebot aufweisen. Sieht man den Grund in dem vom Bieter durch die Bedingung verursachten Scheitern, gilt gleiches wie nach → Rn. 15 für die Untersagungsfälle. **16**

**3. Verbotsadressaten (Abs. 1, Abs. 2 Nr. 1, 2, 3).** Unzulässig ist nur ein erneutes **17** Angebot des Bieters und mit ihm gemeinsam handelnder Personen. **Dritte** sind an der Abgabe eines Angebots nicht gehindert. § 26 erfasst zunächst Bieter iSd § 2 Abs. 4. Ferner sind in der Vorschrift nunmehr ausdrücklich auch ghP genannt, so dass auch diese der Sperrfrist unterliegen. Die **Umgehungsmöglichkeiten** nach der früheren Formulierung sollten mit der Neufassung beseitigt werden. Der Bieter kann also weder das erneute Angebot durch eine Tochtergesellschaft abgeben lassen oder an seiner Stelle eine mit ihm ghP handeln lassen. Man konnte die Umgehungsmöglichkeiten schon de lege lata nicht unter Hinweis auf ein angebliches Analogieverbot bei öffentlich-rechtlichen Verbotsnormen hinnehmen.[20]

Für die **gemeinsam handelnden Personen** unterscheidet das Gesetz zwischen den **18** ehemals und jetzt ghP. Abs. 1 Nr. 2 stellt für die Untersagungsfälle zunächst darauf ab, ob die ghP im Zeitpunkt der Untersagung mit dem Bieter gemeinsam handelten, während es im Rahmen des Abs. 2 Nr. 2 auf den Zeitraum zwischen der Veröffentlichung nach § 10 und dem Scheitern des Angebots ankommt. Ausreichen dürfte, dass eine Zusammenarbeit irgendwann in diesem Zeitraum stattfand. Im Ergebnis unterliegen damit solche Angebote der Sperrfrist, die von **ehemals** mit dem Bieter gemeinsam handelnden Personen abgegeben werden sollen (so bereits → 4. Aufl. 2017, Rn. 18).[21] Darüber hinaus fallen gem. Abs. 1 Nr. 3 und Abs. 2 Nr. 3 auch sämtliche Angebote unter die Sperrfrist fallen, bei denen **der frühere Bieter ghP** iSd § 2 Abs. 5 ist, also zB Angebote durch die Muttergesellschaft des Bieters, weil der Bieter hier stets ghP iSd § 2 Abs. 5 S. 3 ist. Nach der Neufassung kommt es für die Beurteilung der Eigenschaft als ghP auf den Zeitpunkt der Veröffentlichung nach § 10 an. Wird diese unterlassen, dürfte der Zeitpunkt der (gem. § 26 unzulässigen) Veröffentlichung der Angebotsunterlage entscheiden.

### V. Ausnahmen: Befreiung durch die BaFin (Abs. 5)

**1. Antrag.** Will jemand ein Angebot abgeben, das unter das Verbot des Abs. 1 fällt, so **19** kann die BaFin auf schriftlichen Antrag hin eine Befreiung aussprechen, wenn die Zielgesellschaft zustimmt. Erforderlich ist zunächst ein **schriftlicher Antrag,**[22] der vom Bieter iSd § 2 Abs. 4 des neuen Angebots zu stellen ist.[23] Der Antrag kommt wegen des Erfordernisses der Zustimmung der Zielgesellschaft praktisch nur bei **freundlichen Angeboten** infrage. Er muss vor der Veröffentlichung gem. § 10 gestellt werden, da sonst bereits diese Veröffentlichung innerhalb der Sperrfrist zur Untersagung führen würde.

---

[20] So aber Angerer/Geibel/Süßmann/*Angerer* Rn. 34; iE auch Steinmeyer/*Bastian* Rn. 9; Assmann/Pötzsch/Schneider/*Assmann* Rn. 11; Baums/Thoma/*Diekmann* Rn. 14, 35 f.; dagegen mit Recht der Gesetzgeber selbst in der Begr. zum geänderten § 26, BT-Drs. 19/15196; s. auch *Bulgrin/Danwerth* BB 2020, 327 (330); → § 30 Rn. 11.

[21] Kölner Komm WpÜG/*Seydel* Rn. 39.

[22] Nach Kölner Komm WpÜG/*Seydel* Rn. 44 und Baums/Thoma/*Diekmann* Rn. 38 handelt es sich bei Abs. 2 um eine redaktionelle Ungenauigkeit, so dass auch die Übermittlung nach § 45 S. 2 zulässig sei. Systematisch ist Abs. 2 jedoch lex specialis, worauf Kölner Komm WpÜG/*Seydel* Rn. 44 zutr. hinweist, so dass insoweit auch ein Argument für die Gegenauffassung und daher eine Unsicherheit über die Zulässigkeit der Übermittlung nach § 45 S. 2 besteht. Daher ist bis zu einer Äußerung der BaFin nur ein schriftlicher Antrag empfehlenswert.

[23] Kölner Komm WpÜG/*Seydel* Rn. 44.

**20**   **2. Zustimmung der Zielgesellschaft.** Diese kann in Form eines Einverstanden-Vermerks der Zielgesellschaft auf dem Antrag bereits erklärt sein. Das Einverständnis wird durch den Vorstand mit Bindungswirkung für die Zielgesellschaft erklärt. Es geht hier allein um die Frage, wer für die Zielgesellschaft handeln kann. Zuständigkeitsfragen innerhalb der Zielgesellschaft[24] spielen für die Wirksamkeit der vom Vertretungsorgan erteilten Zustimmung keine Rolle. Da es nach dem Normzweck um das Interesse an ungestörter Fortführung der Geschäftätigkeit der Zielgesellschaft geht, dürfte die entsprechende Entscheidung in aller Regel auch eine reine Geschäftsführungsentscheidung sein, deren Richtigkeit angesichts des der Geschäftsleitung insoweit eingeräumten Ermessens regelmäßig gerichtlich nicht überprüft werden kann.

**21**   **3. Ermessensentscheidung der BaFin.** Hat die Zielgesellschaft zugestimmt, so wird man regelmäßig eine Reduzierung des Ermessens der BaFin annehmen müssen.[25] Sie wird die Befreiung auch nicht in den Fällen versagen können, in denen der Vorstand oder Aufsichtsrat durch die Zustimmung ihre Sorgfaltspflichten iSd § 93 AktG verletzt haben,[26] da die BaFin für die Sanktionierung solcher Verstöße nicht zuständig ist (vgl. § 4 Abs. 1). In Betracht kommt die Nichtbefreiung aber dann, wenn sich bereits aus den Gründen für die Untersagung des Erstangebotes ergibt, dass der **Bieter unzuverlässig** ist, was sowohl bei freundlichen als auch bei feindlichen Erstangeboten in Betracht kommt. Zu denken ist insoweit an eine nicht ordnungsgemäße Sicherstellung der Finanzierung des früheren Angebots oder daran, dass der Bieter (eventuell mit der Geschäftsleitung der Zielgesellschaft gemeinsam handelnd) wesentliche Informationen verschwiegen hatte, die für eine zutreffende Beurteilung des Angebots erforderlich waren. Gegen die Entscheidung der BaFin ist Rechtsschutz gem. §§ 41, 48 möglich.

## VI. Sanktionen

**22**   **1. Geldbuße.** Bei einem Verstoß gegen die Sperrfrist begehen die in Abs. 1, 2 Nr. 1, Nr. 2 und Nr. 3 genannten Personen eine Ordnungswidrigkeit gem. § 60 Abs. 1 Nr. 7, der gem. § 60 Abs. 3 mit einer Geldbuße bis zu 1 Million Euro geahndet werden kann.

**23**   **2. Untersagung.** Das erneute Angebot ist gem. § 15 Abs. 1 Nr. 5 zu untersagen. Erfolgt die Untersagung, sind die Rechtsgeschäfte nach § 15 Abs. 3 nichtig, im Übrigen wird eine erneute Sperrfrist ausgelöst.

**24**   **3. Nichtigkeit des Angebots und der Erwerbsgeschäfte.** Auch, wenn zB in den Fällen der Abgabe eines Angebots durch Mutter-, Tochter- oder Schwestergesellschaft eine Untersagung unterbleibt, ist die Abgabe des Angebots iSd § 134 BGB entgegen der ganz hM[27] gesetzlich untersagt.[28] Der Unterschied im Wortlaut zwischen § 15 Abs. 3 („verboten" bzw. „nichtig") und § 26 („unzulässig") rechtfertigt keine unterschiedlichen Rechtsfolgen.[29] § 15 Abs. 3 bezieht sich auf die Rechtsfolgen einer behördlichen Untersagung und muss diese selbst aussprechen, § 26 hingegen spricht selbst ein gesetzliches Verbot aus, dessen Folgen § 134 BGB regelt. Selbst wenn man die Sperrfrist des § 26 als Inhalt der Untersagungsverfügung der BaFin ansieht (vgl. → Rn. 8), ergibt sich nichts anderes, da in diesem Falle § 15 Abs. 3 direkt, mindestens aber analog anzuwenden wäre.

---

[24] Dazu ausf. Kölner Komm WpÜG/*Seydel* Rn. 47 ff.

[25] Ähnlich Steinmeyer/*Bastian* Rn. 12; FK-WpÜG/*Scholz* Rn. 37; Kölner Komm WpÜG/*Seydel* Rn. 53 f.

[26] AA Steinmeyer/*Bastian* Rn. 12, insoweit der Begr. RegE, BT-Drs. 14/7034, 52 folgend; in diesem Fall auf eine Interessenabwägung verweist Kölner Komm WpÜG/*Seydel* Rn. 54 f.; zweifelnd Angerer/Geibel/Süßmann/*Angerer* Rn. 20: BaFin könne das nicht feststellen.

[27] Baums/Thoma/*Diekmann* Rn. 49; Steinmeyer/*Bastian* Rn. 15; Schwark/Zimmer/*Noack/Holzborn* Rn. 11; Kölner Komm WpÜG/*Seydel* Rn. 61; FK-WpÜG/*Scholz* Rn. 44.

[28] Wie hier nur Ehricke/Ekkenga/Oechsler/*Oechsler* Rn. 4.

[29] So aber Kölner Komm WpÜG/*Seydel* Rn. 61; FK-WpÜG/*Scholz* Rn. 44.

## § 27 Stellungnahme des Vorstands und Aufsichtsrats der Zielgesellschaft

(1) [1]Der Vorstand und der Aufsichtsrat der Zielgesellschaft haben eine begründete Stellungnahme zu dem Angebot sowie zu jeder seiner Änderungen abzugeben. [2]Die Stellungnahme muss insbesondere eingehen auf

1. die Art und Höhe der angebotenen Gegenleistung,
2. die voraussichtlichen Folgen eines erfolgreichen Angebots für die Zielgesellschaft, die Arbeitnehmer und ihre Vertretungen, die Beschäftigungsbedingungen und die Standorte der Zielgesellschaft,
3. die vom Bieter mit dem Angebot verfolgten Ziele,
4. die Absicht der Mitglieder des Vorstands und des Aufsichtsrats, soweit sie Inhaber von Wertpapieren der Zielgesellschaft sind, das Angebot anzunehmen.

(2) Übermitteln der zuständige Betriebsrat oder, sofern ein solcher nicht besteht, unmittelbar die Arbeitnehmer der Zielgesellschaft dem Vorstand eine Stellungnahme zu dem Angebot, hat der Vorstand unbeschadet seiner Verpflichtung nach Absatz 3 Satz 1 diese seiner Stellungnahme beizufügen.

(3) [1]Der Vorstand und der Aufsichtsrat der Zielgesellschaft haben die Stellungnahme unverzüglich nach Übermittlung der Angebotsunterlage und deren Änderungen durch den Bieter gemäß § 14 Abs. 3 Satz 1 zu veröffentlichen. [2]Sie haben die Stellungnahme gleichzeitig dem zuständigen Betriebsrat oder, sofern ein solcher nicht besteht, unmittelbar den Arbeitnehmern zu übermitteln. [3]Der Vorstand und der Aufsichtsrat der Zielgesellschaft haben der Bundesanstalt unverzüglich die Veröffentlichung gemäß § 14 Abs. 3 Satz 1 Nr. 2 mitzuteilen.

**Schrifttum:**[1] *Ebke*, Die Haftung von Vorstand und Aufsichtsrat für fehlerhafte Stellungnahmen nach § 27 WpÜG, FS Hommelhoff, 2012, 161; *Fleischer*, Zur rechtlichen Bedeutung der Fairness Opinion im deutschen Aktien- und Übernahmerecht, ZIP 2011, 201; *Friedl*, Die Haftung des Vorstands und Aufsichtsrats für eine fehlerhafte Stellungnahme gemäß § 27 WpÜG, NZG 2004, 448; *Fleischer/Schmolke*, Zum Sondervotum einzelner Vorstands- oder Aufsichtsratsmitglieder bei Stellungnahmen nach § 27 WpÜG, DB 2007, 95; *Grobys*, Arbeitsrechtliche Aspekte des Wertpapiererwerbs- und Übernahmegesetzes, NZA 2002, 1; *Harbarth*, Die Stellungnahme des Vorstands und Aufsichtsrats zur Gegenleistung bei Übernahmeangeboten, ZIP 2004, 3; *Hasselbach/Stepper*, Aktuelle Rechtsfragen bei konkurrierenden Übernahmeangeboten, NZG 2020, 170; *Heß*, Investorenvereinbarungen – Eine Untersuchung der aktien- und übernahmerechtlichen Zulässigkeit und Schranken von Vereinbarungen zwischen Investor und Aktiengesellschaft, 2014; *Hippeli/Diesing*, Business Combination Agreements bei M&A-Transaktionen, AG 2015, 185; *Hippeli/Hofmann*, Die Stellungnahme des Vorstands und Aufsichtsrats der Zielgesellschaft nach § 27 WpÜG in der Anwendungspraxis der BaFin, NZG 2014, 850; *Hitzer/Simon/Düchting*, Behandlung eigener Aktien der Zielgesellschaft bei öffentlichen Übernahmeangeboten, AG 2012, 237; *Hopt*, Übernahmen, Geheimhaltung und Interessenkonflikte: Probleme für Vorstände, Aufsichtsräte und Banken, ZGR 2002, 333; *Hopt*, Verhaltenspflichten des Vorstands der Zielgesellschaft bei feindlichen Übernahmen – Zur aktien- und übernahmerechtlichen Rechtslage in Deutschland und Europa, FS Lutter, 2000, 1361; *Kiem*, Investorenvereinbarungen im Lichte des Aktien- und Übernahmerechts, AG 2009, 301; *Kiesewetter/Kreymborg*, Die Stellungnahme von Vorstand und Aufsichtsrat gem. § 27 WpÜG – ein Praxisbericht (Januar 2007 – Juni 2013), CFL 2013, 105; *Kort*, Rechte und Pflichten des Vorstands der Zielgesellschaft bei Übernahmeversuchen, FS Lutter, 2000, 1421; *Kossmann*, Bewertungspflichten von Vorstand und Aufsichtsrat nach § 27 WpÜG unter Berücksichtigung von IDW ES 8, NZG 2011, 46; *Leyendecker/Kleinhenz*, Keine Wertindikation im Rahmen der Stellungnahme nach § 27 WpÜG, BB 2011, 2952; *Leyendecker-Langner*, Die Stellungnahme nach § 27 WpÜG bei Interessenkonflikten von Organmitgliedern, NZG 2016, 1213; *Mohamed*, Ansprüche der Wertpapierinhaber bei einer fehlerhaften Stellungnahme nach § 27 Abs. 1 WpÜG, DStR 2015, 2290; *Otto*, Obligatorische Bindungsverträge zwischen Aktionär und AG-Vorstand über die Ausübung von Mitgliedschaftsrechten und Organkompetenzen, NZG 2013, 930; *Schall*, Business Combination Agreements und Investorenvereinbarungen, in Kämmerer/Veil, Übernahme- und Kapitalmarktrecht in der Reformdiskussion, 2013, 75; *Schiessl*, Die Rolle des Aufsichtsrats der Zielgesellschaft bei der Anbahnung öffentlicher Übernahmen, FS Hoffmann-Becking, 2013, 1019; *Schmoll*, Die Stellungnahme der Zielgesellschaft und die Gegenleistung in der Unternehmensübernahme, 2020; *Seibt*, Arbeitsrechtliche Aspekte des Wertpapiererwerbs- und Übernahmegesetzes, DB 2002, 529; *Seibt*, Verhaltenspflichten und Handlungsoptionen des Aufsichtsrats der Zielgesellschaft in Übernahmesituationen, FS Hoffmann-Becking, 2013, 1119; *Seibt/Wunsch*, Investorenvereinbarungen bei öffentlichen Übernahmen, Konzern 2009, 195; *Weishaupt*, Scha-

---

[1] Verf. dankt Herrn Rechtsanwalt Dr. Oliver van der Hoff für die Unterstützung an §§ 27, 28.

densersatzansprüche der Wertpapierinhaber der Zielgesellschaft im Falle einer fehlerhaften Stellungnahme nach § 27 WpÜG, 2007.

# I. Allgemeines

**1** **1. Überblick.** § 27 Abs. 1 S. 1 **verpflichtet** die Geschäftsleitung der Zielgesellschaft, eine **begründete Stellungnahme** zu dem Angebot und jeder seiner Änderungen abzuge-ben. Nach S. 2 muss die Stellungnahme und auch **insbesondere** auf die voraussichtlichen Folgen eines erfolgreichen Angebots für die Zielgesellschaft, ihre Arbeitnehmer und die Standorte der Gesellschaft sowie die vom Bieter mit dem Angebot verfolgten Ziele einge-hen. Die Pflicht zur Stellungnahme wird in Abs. 2 durch ein Recht des Betriebsrats der Zielgesellschaft bzw. der Arbeitnehmer, sofern kein Betriebsrat existiert, zur Abgabe einer gesonderten Stellungnahme ergänzt. Abs. 3 enthält verfahrensrechtliche Vorgaben zur Veröf-fentlichung der Stellungnahme.

**2** **2. Normzweck.** Durch die Regelung des § 27 Abs. 1 S. 1 werden Vorstand und Auf-sichtsrat verpflichtet, zu dem Angebot **Stellung zu nehmen.** Bereits durch die Anordnung, dass die Stellungnahme „begründet" zu sein hat, wird eine lediglich pauschale Bewertung des Angebots verhindert.[2] Die begründete Stellungnahme schafft eine weitere Informations-quelle, um den Wertpapierinhabern der Zielgesellschaft gem. § 3 Abs. 2 eine Entscheidung in Kenntnis der Sachlage zu erleichtern. Es soll für sie also mit der Stellungnahme die **Grundlage** verbreitet werden, auf der sie über die Annahme oder Ablehnung des Angebots entscheiden.[3] Die Vorschrift stellt daneben eine **Ausprägung des** allgemeinen **Transpa-renzgrundsatzes** dar.[4]

---

[2] Kölner Komm WpÜG/*Hirte* Rn. 30; OLG Stuttgart AG 2019, 527 (535).
[3] Kölner Komm WpÜG/*Hirte* Rn. 2; vgl. auch Baums/Thoma/*Harbarth* Rn. 1 mwN in Fn. 1.
[4] OLG Stuttgart AG 2019, 527 (535); *Hippeli/Hoffmann* NZG 2014, 850; *Mohamed* DStR 2015, 2290 (2291).

Weiterer Zweck der Vorschrift ist es, die **Geschäftsleitung** anzuhalten, die in der der   3
Gesellschaft zusammentreffenden Interessen, neben den Wertpapierinhabern insbesondere
die Arbeitnehmer und das Gemeinwohl, im Wege praktischer Konkordanz auszugleichen.[5]

Auch die Vorschrift des Abs. 2 dient der Transparenz. und sorgt dafür, dass die Wertpapierin-   4
haber nicht nur über die Position des Vorstands und des Aufsichtsrates, sondern auch über die
Haltung der Arbeitnehmer der Zielgesellschaft zu dem Angebot informiert werden.[6]

**3. Verfahren.** Für die gesellschaftsinterne Entscheidung über die Stellungnahme(n) gelten   5
die allgemeinen Regeln, dh, der Aufsichtsrat entscheidet durch **Beschluss** gem. § 108 AktG
(→ AktG § 108 Rn. 8), für die Entscheidung des Vorstands gilt § 77 AktG (→ AktG § 77
Rn. 8 ff., → AktG § 77 Rn. 20 ff.). Auch die Allgemeinen Regeln über **Interessenkonflikte**
sind anwendbar.[7] Vorstand und Aufsichtsrat können anders als bei der Erklärung nach § 161
AktG auch zwei getrennte Stellungnahmen abgegeben.[8] Sie sind dazu verpflichtet, wenn sie
hinsichtlich der Bewertung des Angebots, auch wenn diese sich nur auf einzelne Punkte
beziehen, unterschiedlicher Auffassung sind. Ansonsten wäre dem Sinn und Zweck der Vorschrift, die Wertpapierinhaber über die Position der Verwaltung zu informieren, nicht Genüge
getan. Kommen Vorstand und Aufsichtsrat hingegen zu einer übereinstimmenden Bewertung
des Angebots, können sie durch Abgabe einer gemeinsamen Stellungnahme deren Gewicht
erhöhen.[9] Sowohl aus einer etwaigen gemeinsamen Stellungnahme, als auch aus gesonderten
Stellungnahmen von Vorstand und Aufsichtsrat muss schließlich klar hervorgehen, ob das jeweilige zur Stellungnahme verpflichtete Organ dem Angebot entweder zustimmt, widerspricht
oder sich enthält (zur Anforderung an die Begründung einer neutralen Stellungnahme
→ Rn. 11).

**4. Bedeutung der Stellungnahmepflicht.** Der Stellungnahme der Geschäftsleitung   6
wird insbesondere bei Übernahmeangeboten zu Recht eine erheblich wirtschaftliche Bedeutung beigemessen.[10] Vor allem in feindlichen Übernahmeverfahren hat sie eine bedeutende
Abwehrfunktion.[11] Jedoch ist zu beachten, dass im Rahmen von **feindlichen Übernahmeangeboten** die Verpflichtung der Geschäftsleitung zu einer den Anforderungen des § 27 genügenden Stellungnahme **von eher geringer Bedeutung** ist, da die Geschäftsleitung die in § 27
normierte Pflicht vielmehr **als Recht** wahrnehmen wird, um die Wertpapierinhaber dazu zu
bewegen, dass Übernahmeangebot abzulehnen. Daher wird sie in der Regel den Wertpapierinhabern sämtliche kritischen Punkte des Angebots offen legen, um sie zu überzeugen, dass eine
Annahme des Angebots nicht im Interesse der Gesellschaft liegen kann. Hierbei muss sich die
Stellungnahme allerdings innerhalb der durch § 28 gesetzten Grenzen bewegen (→ Rn. 7).
**Große Bedeutung** erhält die in § 27 angeordnete **Stellungnahmepflicht** hingegen **bei
freundlichen Übernahmeangeboten**. Es ist vorstellbar, dass Bieter und Geschäftsleitung im
Rahmen freundlicher Übernahmeverhandlungen Abreden treffen oder Versprechungen
machen, die geeignet sind, die Geschäftsleitung in einen Interessenkonflikt zu bringen. Insofern
besteht bei freundlichen Übernahmeangeboten die Gefahr, dass die Geschäftsleitung bei solchen Interessenkonflikten geneigt ist, kritische Punkte des Angebotes den Wertpapierinhabern
gegenüber zu verschweigen, um diese zur Annahme des Angebotes zu bewegen.[12] Da die Verpflichtung der Geschäftsleitung, die Wertpapierinhaber auch über Interessenkonflikte zu infor-

---

[5] BT-Drs. 14/7034, 52.
[6] BT-Drs. 14/7034, 52.
[7] *Leyendecker-Langner* NZG 2016, 1213 (1215 ff.); s. auch für den Aufsichtsrat → AktG § 100 Rn. 85 ff.,
→ AktG § 100 Rn. 93, insbes. → AktG § 100 Rn. 89 zu Übernahmen sowie → AktG § 108 Rn. 29 ff. zum
Stimmrechtsausschluss bei der Beschlussfassung; für den Vorstand → AktG § 93 Rn. 61 ff. zum allgemeinen
Verfahren bei Interessenkonflikten sowie → AktG § 93 Rn. 102 f. zur Stellungnahmepflicht.
[8] *Schiessl* FS Hoffmann-Becking, 2013, 1019 (1032): In der Praxis überwiegt die gemeinsame Stellungnahme.
[9] BT-Drs. 14/7034, 52.
[10] Vgl. BT-Drs. 14/7034, 52.
[11] *Krause* NJW 2002, 705 (711).
[12] So auch Kölner Komm WpÜG/*Hirte* Rn. 16; Assmann/Pötzsch/Schneider/*Krause*/*Pötzsch* Rn. 20.

mieren,[13] dazu führt, dass diese das Angebot umfassend bewerten können, erlangt § 27 bei freundlichen Übernahmen einen bedeutenden Stellenwert. Bei feindlichen Übernahmen sind solche Interessenkonflikte kaum denkbar, es sei denn, dass zunächst freundliche Übernahmeverhandlungen stattgefunden haben und das Angebot erst danach feindlich geworden ist. Die Stellungnahmepflicht des Aufsichtsrats erlangt insbesondere in den Fällen eines Management-Buyouts besondere Bedeutung, da hier regelmäßig davon ausgegangen werden muss, dass von Seiten der Geschäftsleitung allein der Aufsichtsrat zu einer kritischen Stellungnahme in der Lage ist.[14]

7   **5. Verhältnis zu anderen Rechtsvorschriften.** Soweit § 27 den obligatorischen Mindestinhalt in Hinblick auf die Stellungnahme vorschreibt, ist die Vorschrift gegenüber § 28 als lex specialis anzusehen. Denn der dort vorgeschriebene Inhalt kann nicht zugleich Werbung iSd § 28 sein, da ansonsten die Stellungnahmepflicht unter dem Untersagungsvorbehalt der BaFin stünde. § 28 ist indes anwendbar, soweit die Grenzen der Stellungnahmepflicht überschritten wird (→ § 28 Rn. 10).[15]

8   **Art. 9 Abs. 5 Übernahme-RL** enthält ebenfalls die Verpflichtung des Leitungs- bzw. Verwaltungsorgans der Zielgesellschaft, zu dem Angebot des Bieters Stellung zu nehmen. In Bezug auf § 27, der sowohl den Vorstand als auch den Aufsichtsrat verpflichtet, bestand für den deutschen Gesetzgeber kein Umsetzungsbedarf. Der von der Richtlinie geforderte Inhalt der Stellungnahme wird von § 27 Abs. 1 S. 2 Nr. 2 und 3 erfasst.[16] Schließlich normiert § 27 ebenso das Erfordernis der gleichzeitigen Übermittlung der Stellungnahme an die Arbeitnehmerschaft (§ 27 Abs. 3 S. 2) sowie die Pflicht zur Beifügung der Stellungnahme an die Arbeitnehmerschaft (§ 27 Abs. 2).

9   **6. Rechtslage im Vereinigten Königreich.** Auch Rule 25 City Code enthält eine detaillierte Regelung zur Pflicht der Geschäftsleitung *(board of directors)* hinsichtlich der Stellungnahme gegenüber den Wertpapierinhabern. Hervorzuheben ist, dass Rule 3.1 City Code die Geschäftsleitung verpflichtet, kompetente unabhängige Beratung *(competent independent advice)* zur Beurteilung des Angebots einzuholen. Nach Rule 25. 1 City Code muss dann die Geschäftsleitung den Wertpapierinhabern seine Meinung zu dem vorgelegten Angebot mitteilen und sie über die **wesentlichen Inhalte der Beratung informieren.** Ferner findet sich in Note 2 zu Rule 25.1 City Code eine Regelung, wonach bei Meinungsverschiedenheit innerhalb der Geschäftsleitung *(split boards)*, die überstimmte Minderheit gehalten ist, ihre Meinung der Stellungnahme beizufügen.

## II. Stellungnahme des Vorstands und des Aufsichtsrates (Abs. 1)

10   **1. Pflicht zur begründeten Stellungnahme (Abs. 1 S. 1). a) Rechtsnatur der Stellungnahmepflicht.** Die in § 27 normierte Stellungnahmepflicht ist eine eigene durch das WpÜG geschaffene **kapitalmarktrechtliche Pflicht,** die die bereits nach Aktienrecht bestehende Pflicht des Vorstands zur ordnungsgemäßen Leitung und Geschäftsführung der Zielgesellschaft gemäß §§ 76, 93 AktG erweitert und konkretisiert.[17] Die auf Empfehlung des Finanzausschusses in Abs. 1 S. 1 in den Anwendungsbereich der Vorschrift einbezogene

---

[13] Beispiele bei *Schiessl* FS Hoffmann-Becking, 2013, 1019 (1034 ff.); s. auch *Leyendecker-Langner* NZG 2016, 1213 (1215 ff.).

[14] Kölner Komm WpÜG/*Hirte* Rn. 18; Assmann/Pötzsch/Schneider/*Krause/Pötzsch* Rn. 41; Steinmeyer/ *Steinmeyer* Rn. 14; dazu auch *Schiessl* FS Hoffmann-Becking, 2013, 1019 (1033); *Seibt* FS Hoffmann-Becking, 2013, 1119 (1138).

[15] So auch Assmann/Pötzsch/Schneider/*Krause/Pötzsch* Rn. 15; s. auch Kölner Komm WpÜG/*Hirte* Rn. 16 sowie Baums/Thoma/*Harbarth* Rn. 18, die die Grenze zur Werbung erreicht sehen, wenn das Recht zur mehrfachen Stellungnahme missbräuchlich eingesetzt wird; aA Angerer/Geibel/Süßmann/*Louven* Rn. 2: § 27 sei gegenüber § 28 generell lex specialis.

[16] Assmann/Pötzsch/Schneider/*Krause/Pötzsch* Rn. 26.

[17] Angerer/Geibel/Süßmann/*Louven* Rn. 6; Kölner Komm WpÜG/*Hirte* Rn. 16; Assmann/Pötzsch/ Schneider/*Krause/Pötzsch* Rn. 18 f.; Steinmeyer/*Steinmeyer* Rn. 6; abw. Baums/Thoma/*Harbarth* Rn. 20 f.; FK-WpÜG/*Röh* Rn. 16 für kapitalmarkt- und aktienrechtliche Doppelnatur; so auch *Schmoll,* Die Stellungnahme der Zielgesellschaft und die Gegenleistung in der Unternehmensübernahme, 2020, 65 ff.

Stellungnahmepflicht des Aufsichtsrates[18] ist als spezialgesetzliche Ausprägung seiner allgemeinen Berichts- und Rechenschaftspflicht gegenüber der Hauptversammlung nach § 171 AktG anzusehen.[19]

**b) Begriff der Stellungnahme.** Sowohl der Vorstand als auch der Aufsichtsrat sollen **11 eindeutig Stellung beziehen.**[20] Nach der Gesetzesbegründung kann die Stellungnahme sowohl zustimmenden als auch ablehnenden Charakter haben.[21] Auch ist denkbar, dass eine Stellungnahme dem Angebot neutral gegenübersteht. Dann muss jedoch aus der Begründung hervorgehen, dass sowohl positive als auch kritische Aspekte des Angebots dazu führen, dass eine Annahme wie eine Ablehnung des Angebots in gleichem Maße im Interesse der Gesellschaft liegen kann.[22] Um dem Transparenzgedanken der Vorschrift Rechnung zu tragen, sollte bei der Stellungnahme der „Tenor" der Entscheidung bereits zu Beginn der Stellungnahme klar hervortreten (zB „Der Vorstand empfiehlt, das Angebot des Bieters X anzunehmen."). Eine konkrete Handlungsempfehlung an die Aktionäre gehört jedoch nicht zum Begriff einer Stellungnahme.[23] Im Falle einer Ablehnung des Angebots können den Wertpapierinhabern darüber hinaus konkrete Abwehrmaßnahmen empfohlen werden.[24] In der Praxis der BaFin kommt dem Erfordernis einer **Begründung der Stellungnahme** besonderes Gewicht zu.[25] Insbesondere wenn das Angebot abgelehnt wird, verlangt die BaFin von der Geschäftsleitung, die Gesichtspunkte, die gegen das Angebot sprechen, für die Adressaten des Angebots nachvollziehbar und folgerichtig darzustellen. Das schließt es etwa aus, lediglich pauschal die Gegenleistung als „unangemessen" oder „zu gering" zu bezeichnen (→ Rn. 23).

**c) Gegenstand der Stellungnahme.** Unabhängig von den in § 27 Abs. 1 S. 2 vorge- **12** schriebenen obligatorischen Inhalten (→ Rn. 20 ff.) sind in der Stellungnahme alle relevanten Tatsachen, die **aus Sicht der Wertpapierinhaber für die Bewertung des Angebotes relevant** sind, offen zu legen.[26] Die Stellungnahme sollte sich dabei nicht nur an dem in § 11 Abs. 2 vorgeschriebenen Inhalt der Angebotsunterlage orientieren.[27] Es ist stets zu beachten, dass auch das freundliche Angebot nicht durch Verschweigen relevanter negativer Tatsachen „geschönt" werden darf. Zu den relevanten Tatsachen gehören daher vor allem kritische Aspekte des Angebots. Um dem Sinn und Zweck der Vorschrift, größere Transparenz für die Wertpapierinhaber zu schaffen, Rechnung zu tragen, muss die Verpflichtung auch die Tatsachen umfassen, die insbesondere im Rahmen von freundlichen Übernahmeangeboten geeignet sind, einen **Interessenkonflikt** der Geschäftsleitung auszulösen (→ Rn. 6). Bei Besorgnis der Befangenheit einzelner Mitglieder der Geschäftsleitung sind die Interessenkonflikte darzulegen.[28] Diese Mitglieder bleiben grundsätzlich berechtigt, aber nicht verpflichtet, an der Abfassung der Stellungnahme mitzuwirken.[29] Auch sollte offen

---

[18] Ausf. zur Gesetzesgeschichte Kölner Komm WpÜG/*Hirte* Rn. 3 ff.

[19] Kölner Komm WpÜG/*Hirte* Rn. 16; FK-WpÜG/*Röh* Rn. 17.

[20] Das entspricht offenbar auch der Auffassung der BaFin, s. *Hippeli/Hoffmann* NZG 2014, 850 (852 f.).

[21] BT-Drs. 14/7034, 52; s. auch *Hippeli/Hoffmann* NZG 2014, 850 (852 f.): Leerformeln genügen nicht, eine Wertung muss erkennbar sein, ggf. indirekt, aber deutlich.

[22] Zu den einzelnen Gründen für eine neutrale Haltung, die in Stellungnahmen der Jahre 2007–2013 zu finden sind, *Kiesewetter/Kreymborg* CFL 2013, 105 (106); ausf. *Schmoll,* Die Stellungnahme der Zielgesellschaft und die Gegenleistung in der Unternehmensübernahme, 2020, 233 ff.

[23] *Drinkuth* in Marsch-Barner/Schäfer Börsennotierte AG-HdB Rn. 60.162; tendenziell enger *Hippeli/Hoffmann* NZG 2014, 850 (854); Assmann/Pötzsch/Schneider/*Krause/Pötzsch* Rn. 31, 90 ff., die betonen, dass darauf nur in Ausnahmefällen verzichtet werden kann; ferner Steinmeyer/*Steinmeyer* Rn. 30.

[24] Vgl. BT-Drs. 14/7034, 52.

[25] Dies betonend *Hippeli/Hoffmann* NZG 2014, 850 (853 f.).

[26] OLG Frankfurt BeckRS 2008, 13889; *Hopt* FS Lutter, 2000, 1361 (1380 f.); *Kort* FS Lutter, 2000, 1421, 1437 f.

[27] Kölner Komm WpÜG/*Hirte* Rn. 17.

[28] Assmann/Pötzsch/Schneider/*Krause/Pötzsch* Rn. 37, 58 mwN.

[29] Kölner Komm WpÜG/*Hirte* Rn. 22 mwN; Assmann/Pötzsch/Schneider/*Krause/Pötzsch* Rn. 37 mwN; ausf. in Bezug auf Aufsichtsratsmitglieder Baums/Thoma/*Harbarth* Rn. 31 mwN; *Leyendecker-Langner* NZG 2016, 1213 (1217): außer wenn Vorstandsmitglied mit Doppelmandat schon an Vorbereitung des Angebots als Repräsentant des Bieters beteiligt war.

gelegt werden, ob und aus welchen Gründen feindlich geführte Übernahmeverhandlungen freundlich geworden sind und umgekehrt. Eine „Stellungnahme zum Angebot" verlangt hingegen nicht notwendig die Angabe **geplanter Verteidigungsmaßnahmen** der Zielgesellschaft, zumal dies möglicherweise deren Erfolg gefährdete.[30] In der Stellungnahme ist schon wegen der Nähe zu Nr. 4 auch die Absicht der Zielgesellschaft anzugeben, das Angebot für **eigene Aktien** anzunehmen oder abzulehnen.[31] Ebenso ist in der Stellungnahme anzugeben, ob sich die Geschäftsleitung bereits durch **Vereinbarung mit dem Bieter** – unwirksam[32] – verpflichtet hat, eine Empfehlung des Übernahmeangebots auszusprechen. Auch Vereinbarungen über *inducement fees* oder *break fees,* also Abreden, mit denen sich die Zielgesellschaft für den Fall des Scheiterns des Übernahmeverfahrens zur Zahlung einer Geldleistung verpflichtet, sind anzugeben.[33] Ganz allgemein sind wesentliche Teile von **Business Combination Agreementes** (BCA, Investorenvereinbarungen) in der Stellungahme anzugeben.[34] Da es ferner Sinn des § 27 ist, die Wertpapierinhaber wissen zu lassen, was die einzelnen Mitglieder der Geschäftsleitung von dem Angebot halten, besteht auch eine Verpflichtung dahingehend, in der Stellungnahme offen zu legen, mit welcher **Mehrheit** diese zustande gekommen ist.[35] Dies trifft freilich auf den Vorstand nicht zu, wenn mangels abweichender Regelung in der Satzung oder Geschäftsordnung der Einstimmigkeitsgrundsatz (§ 77 Abs. 1 AktG) gilt. Auch sollte die Meinung einer etwaigen Minderheit in der Stellungnahme in Anlehnung der Note 2 zu Rule 25.1 City Code für *split boards* in der Regel bekannt gemacht werden, um die Transparenz in Hinblick auf die verschiedenen Auffassungen innerhalb der Gesellschaft zu fördern (→ Rn. 7).[36] Schließlich ist es auch nach der Regierungsbegründung den Vorstandsmitgliedern gestattet, ihre abweichende Auffassung zu dem Angebot öffentlich zu verlautbaren, sofern sich aus gesellschaftsrechtlichen Grundsätzen nichts anderes ergibt.[37] Eine Verpflichtung zur Veröffentlichung von Sondervoten einzelner Vorstands- oder Aufsichtsratsmitglieder lässt sich § 27 hingegen nicht entnehmen.[38]

**13**     **d) Stellungnahmepflicht als Ermittlungs- und Prüfungspflicht.** Umstritten ist, inwieweit die Geschäftsleitung verpflichtet ist, über die Angebotsunterlage hinaus Informationen zur Beurteilung des Angebots zu beschaffen.[39] Eine lückenlose Informationsbe-

---

[30] Kölner Komm WpÜG/*Hirte* Rn. 16; Assmann/Pötzsch/Schneider/*Krause/Pötzsch* Rn. 59; Baums/Thoma/*Harbarth* Rn. 83; aA Steinmeyer/*Steinmeyer* Rn. 32; Schwark/Zimmer/*Noack/Holzborn* Rn. 9.

[31] So wohl auch *Hitzer/Simon/Düchting* AG 2012, 237 (246); nur de lege ferenda *Kiesewetter/Kreymborg* CFL 2013, 105 (110) unter Verweis auf das Fehlen einer einheitlichen Marktpraxis.

[32] Zur Empfehlung des Übernahmeangebots als Gegenstand von Investorenvereinbarungen vgl. allg. *Kiem* AG 2009, 301 (311 f.); *Seibt/Wunsch* Konzern 2009, 195 (202); für unzulässig bzw. unwirksam hält eine entsprechende Verpflichtung aber zu Recht *Schall* in Kämmerer/Veil, Übernahme- und Kapitalmarktrecht in der Reformdiskussion, 2013, 75, 93, 103 f.: Aufsichtsrat und Vorstand als Kollektivorgane können sich nicht, ihre Mitglieder dürfen sich nicht (iSv § 134 BGB) zu einem bestimmten Handeln vertraglich verpflichten, soweit solches Handeln – wie eben durch § 27– bereits Erfüllung gesetzlicher Pflicht ist; tendenziell auch *Otto* NZG 2013, 930 (933 ff.); vgl. ferner *Heß*, Investorenvereinbarungen – Eine Untersuchung der aktien- und übernahmerechtlichen Zulässigkeit und Schranken von Vereinbarungen zwischen Investor und Aktiengesellschaft, 2014, 196 ff.

[33] Baums/Thoma/*Harbarth* Rn. 37; Kölner Komm WpÜG/*Hirte* Rn. 34; *Hopt* ZGR 2002, 333 (363 f.); Assmann/Pötzsch/Schneider/*Krause/Pötzsch* Rn. 57.

[34] S. dazu *Hippeli/Diesing* AG 2015, 185 (190) unter Verweis auf *Seibt* im Diskussionsbericht von *Fleischer* in Kämmerer/Veil, Übernahme- und Kapitalmarktrecht in der Reformdiskussion, 2013, 135, 136.

[35] *Hopt* ZGR 2002, 333 (355); ausf. und zutr. Assmann/Pötzsch/Schneider/*Krause/Pötzsch* Rn. 38.

[36] S. auch Kölner Komm WpÜG/*Hirte* Rn. 20.

[37] BT-Drs. 14/7034, 52.

[38] Vgl. auch ausf. *Fleischer/Schmolke* DB 2007, 95 (99); *Seibt* FS Hoffmann-Becking, 2013, 1119 (1138 f.); Assmann/Pötzsch/Schneider/*Krause/Pötzsch* Rn. 38; Angerer/Geibel/Süßmann/*Louven* Rn. 22; aA *Hopt* ZGR 2002, 333 (354 f.) sowie Baums/Thoma/*Harbarth* Rn. 25 f.

[39] *Kort* FS Lutter, 2000, 1421 (1438), der von einer umfassenden, lückenlosen Informationsbeschaffungspflicht des Vorstandes ausgeht; ähnlich Baums/Thoma/*Harbarth* Rn. 68 f. sowie FK-WpÜG/*Röh* Rn. 21 mwN; Kölner Komm WpÜG/*Hirte* Rn. 16, 32 für eine Informationsbeschaffungspflicht sowohl des Vorstands als auch des Aufsichtsrats; Angerer/Geibel/Süßmann/*Louven* Rn. 11 für eine bloße „Obliegenheit zur Selbstinformation" des Vorstands.

schaffungspflicht der Geschäftsleitung lässt sich aus dem Gesetz nicht herleiten. Jedoch setzt die Stellungnahmepflicht voraus, dass sich die Geschäftsleitung mit dem Angebot auseinandersetzt und dieses prüft, um es überhaupt bewerten zu können. Eine Ermittlungs- und Prüfungspflicht wird somit für den Vorstand zumindest im Rahmen des § 93 AktG und für den Aufsichtsrat im Rahmen des § 171 AktG bestehen. Daher ist zu beachten, dass Angaben „ins Blaue hinein" ein sorgfaltswidriges Verhalten der Geschäftsleitung begründen können. Ist es nach Ansicht der Geschäftsleitung nicht möglich, gewisse für die Bewertung des Angebots relevante Informationen zu besorgen, muss sie diesen Umstand in der Stellungnahme offen legen, da in diesem Falle ein Verschweigen ebenfalls ein sorgfaltswidriges Verhalten darstellen kann. Ansonsten wird die der Geschäftsleitung obliegende Ermittlungs- und Prüfungspflicht bereits implizit durch das aus Abs. 3 S. 1 folgende Gebot der unverzüglichen Abgabe der Stellungnahme begrenzt.[40]

Die Geschäftsleitung sollte, um seiner aus Stellungnahmepflicht folgenden Prüfungs- **14** und Ermittlungspflicht Genüge zu tun, bei Zweifeln vor Abgabe der Stellungnahme **sachverständigen Rat** von externen Beratern einholen. Eine dahingehende Verpflichtung wie sie in 3.1 City Code besteht, ist im Laufe des Gesetzgebungsverfahrens fallen gelassen worden. Eine Verpflichtung zur Einholung von sachverständigem Rat wäre zu begrüßen gewesen, da durch Vorliegen einer „unabhängigen" Stellungnahme die Transparenz des Angebots für die Wertpapierinhaber wesentlich erhöht worden wäre.[41] Jedenfalls bei großen Übernahmen gehört die Einholung einer *fairness opinion* einer beratenden Investmentbank zum Marktstandard.[42] Eine teleologische Auslegung der Norm zur Begründung einer solchen Pflicht lässt sich schon auf Grund des Willens des Gesetzgebers nicht rechtfertigen, da dieser die im damaligen Diskussionsentwurf enthaltene Pflicht mit dem Argument fallen ließ, dass die Zielgesellschaft selbst am besten wisse, wie sie das Angebot zu bewerten habe.[43] Zu beachten ist, dass bei Einholung eines sachverständigen Rates das wesentliche Ergebnis dieser „externen Stellungnahme" *(fairness opinion* oder *inadequacy opinion)* entsprechend Rule 25.1 City Code mitgeteilt werden muss, da ansonsten eine etwaige haftungsbegründende „Schönung" des Angebots vorliegen könnte (→ Rn. 12).[44]

**e) Stellungnahmepflicht bei Änderungen des Angebots.** Bei Änderung des Ange- **15** bots sind sowohl der Vorstand, als auch der Aufsichtsrat zur Abgabe einer erneuten Stellungnahme verpflichtet. Der Aufsichtsrat kann jedoch auf Grund der gebotenen Eile zur Abgabe der Stellungnahme, die Pflicht nach § 107 Abs. 3 AktG auf einen Ausschuss übertragen.[45] Werden die in der Stellungnahme enthaltenen, ursprünglich zutreffenden und vollständigen Angaben nachträglich, dh nach Abgabe der Stellungnahme und vor Ablauf der Annahmefrist,

---

[40] Kölner Komm WpÜG/*Hirte* Rn. 17; Assmann/Pötzsch/Schneider/*Krause/Pötzsch* Rn. 47; *Seibt* FS Hoffmann-Becking, 2013, 1119 (1135).

[41] AA iErg *Fleischer* ZIP 2011, 201 (207).

[42] *Schiessl* FS Hoffmann-Becking, 2013, 1019 (1033); zur fairness opinion ausf. *Fleischer* ZIP 2011, 201 ff.

[43] *Hopt* ZGR 2002, 333 (355); gleichwohl uU eine Pflicht bejahend *Kossmann* NZG 2011, 46 (51), dessen Argumente aber eher aus einer aktienrechtlichen Perspektive (Pflichtverletzung des Vorstands) herrühren. Jedoch ist nicht die Unterlassung der Einholung von Rat eine Pflichtverletzung, sondern der Sachverständige hilft dem Vorstand nur, eine Pflichtverletzung zu vermeiden, die darin besteht, fahrlässig mit der Stellungnahme eine Fehlinformation in die Welt zu setzen; vgl. ferner *Fleischer* ZIP 2011, 201 (205 ff.), der sowohl eine Pflicht aus § 27 WpÜG wie auch aus § 93 AktG bejahen will, iErg freilich nur – wie auch hier vertreten – verhindern will, dass die Geschäftsleitung sich auf mangelnde Sachkenntnis zurückziehen kann.

[44] OLG Frankfurt BeckRS 2008, 13889; OLG Stuttgart AG 2019, 527 (536): aber nicht auch deren Bewertungsgrundlagen; Kölner Komm WpÜG/*Hirte* Rn. 33; iErg auch Assmann/Pötzsch/Schneider/*Krause/Pötzsch* Rn. 49 mwN in Fn. 125; Steinmeyer/*Steinmeyer* Rn. 29; *Fleischer* ZIP 2011, 201 (210): offenzulegen seien der *opinion letter* und die wesentlichen Ergebnisse des *valuation memorandum* (das halten Assmann/Pötzsch/Schneider/*Krause/Pötzsch* Rn. 49 mwN in Fn. 125 mwN für zu weitgehend); offenlassend OLG Stuttgart, insoweit nicht in AG 2019, 527 mitabgedruckt; aA FK-WpÜG/*Röh* Rn. 53 in Fn. 97.

[45] Kölner Komm WpÜG/*Hirte* Rn. 25; dies kann auch dem Umgang mit Interessenkonflikten dienen, *Schiessl* FS Hoffmann-Becking, 2013, 1019 (1037).

unrichtig oder unvollständig,[46] löst dies nach überwiegender Auffassung in der Lit. eine Pflicht zur Aktualisierung der Stellungnahme aus.[47]

16 **f) Stellungnahmepflicht bei konkurrierenden Angeboten.** Liegen konkurrierende Angebote (s. § 22) vor, ist die Geschäftsleitung verpflichtet, zu beiden Angeboten Stellung zu nehmen. Ferner hat sie zu erklären, welches sie als vorzugswürdig erachtet,[48] sie kann gleichwohl im Ergebnis beide Angebote ablehnen.[49] Dabei darf sie nicht aus Eigeninteresse handeln, sondern muss die Interessen aller stakeholder berücksichtigen. Dass sie deshalb nur in Ausnahmefällen nicht das höhere Angebot befürworten dürfte,[50] folgt daraus aber nicht.[51] Vielmehr liegt es gerade im Interesse der Wertpapierinhaber zu erfahren, warum die Geschäftsleitung möglicherweise aus Sicht der Zielgesellschaft Bedenken gegen den Höherbietenden hat (und welche das sind). Dass sie bei der Entscheidung für diesen Bieter eine höhere Gegenleistung erhalten, wissen die Angebotsadressaten schon selbst.

17 **g) Haftung für unrichtige oder unvollständige Angaben in der Stellungnahme.** Anders als in § 12 für die Angebotsunterlage ist in § 27 die Frage nicht geregelt, nach welchen Maßstäben die Geschäftsleitung für eine Verletzung der Stellungnahmepflicht haftet. Mangels Möglichkeit einer Analogie zu § 12 oder sonstigen spezialgesetzlichen Prospekthaftungstatbeständen[52] kommt für eine Haftung der Geschäftsleitung gegenüber den Wertpapierinhabern grundsätzlich die allgemeine zivilrechtliche Prospekthaftung in Betracht.[53] Dies wurde auch hier bis zur → 4. Aufl. 2017, Rn. 17 vertreten. Die besseren Argumente sprechen jedoch **gegen die Anwendung der Prospekthaftung.** Es geht letztlich um ein Sanktion für das Verhalten der Verwaltungsorgane der Aktiengesellschaft in einer bestimmten Situation. Dafür sind die allgemeinen Vorschriften des Aktienrechts grundsätzlich als abschließende Regelung aufzufassen, eventueller Missbrauch kann unter Zuhilfenahme des § 826 BGB ausreichend bekämpft werden (→ Rn. 19). Eine Prospekthaftung nur der Geschäftsleitungsmitglieder persönlich passt im Übrigen nicht zu den sonst auch den Emittenten treffenden Regeln der Prospekthaftung. Wie in der Lit. letztlich überzeugend dargelegt wurde, fehlt die für die Prospekthaftung typische Verkaufs- bzw. Vertriebssituation.[54] Die Befürworter müssen zudem untypische Korrekturen vornehmen, da auch sie es nicht für gerechtfertigt halten, die Haftung der Geschäftsleitung weiter reichen zu lassen als die Haftung des Bieters für die von ihm veröffentlichte Angebotsunterlage. Deshalb sei die Haftung in entsprechender Anwendung des § 12 auf grobe Fahrlässigkeit

---

[46] Beispielsweise durch Abschluss einer Investorenvereinbarung nach Abgabe der Stellungnahme wie im Übernahmeverfahren der Continental AG durch Schaeffler, s. *Seibt/Wunsch* Konzern 2009, 195 (210) in Fn. 120.

[47] Ausf. Baums/Thoma/*Harbarth* Rn. 90 ff.; aA offenbar die BaFin-Praxis, vgl. dazu *Kiesewetter/Kreymborg* CFL 2013, 105 (111); einschr. Assmann/Pötzsch/Schneider/*Krause/Pötzsch* Rn. 97 ff. sowie *Seibt/Wunsch* Konzern 2009, 195 (210): nur bei wesentlicher Bedeutung der Angaben.

[48] Baums/Thoma/*Harbarth* Rn. 96; Kölner Komm WpÜG/*Hirte* Rn. 26; Assmann/Pötzsch/Schneider/ *Krause/Pötzsch* Rn. 103; Steinmeyer/*Steinmeyer* Rn. 54; aA Angerer/Geibel/Süßmann/*Louven* Rn. 16.

[49] Baums/Thoma/*Harbarth* Rn. 97; Assmann/Pötzsch/Schneider/*Krause/Pötzsch* Rn. 103; Steinmeyer/ *Steinmeyer* Rn. 54.

[50] *Hasselbach/Stepper* NZG 2020, 170 (177).

[51] Implizit Steinmeyer/*Steinmeyer* Rn. 54 in Fn. 109.

[52] So die hM, nachgewiesen bei *Mohamed* DStR 2015, 2290 (2292 f.) in Fn. 36, 37; ausf. *Schmoll,* Die Stellungnahme der Zielgesellschaft und die Gegenleistung in der Unternehmensübernahme, 2020, 285 mwN.

[53] Kölner Komm WpÜG/*Hirte* Rn. 27 mit dem Hinweis darauf, dass die Stellungnahmepflicht kapitalmarktrechtlich ausgestaltet ist; FK-WpÜG/*Röh* Rn. 86 ff.; Schwark/Zimmer/*Noack/Holzborn* Rn. 36; *Mohamed* DStR 2015, 2290 (2293); aA Baums/Thoma/*Harbarth* Rn. 137 ff.; Assmann/Pötzsch/Schneider/*Krause/ Pötzsch* Rn. 145; Angerer/Geibel/Süßmann/*Louven* Rn. 55; *Weishaupt,* Schadensersatzansprüche der Wertpapierinhaber der Zielgesellschaft im Falle einer fehlerhaften Stellungnahme nach § 27 WpÜG, 2007, 122 ff.; *Ebke* FS Hommelhoff, 2012, 161, 171 f.; ausdrücklich offenlassend *Friedl* NZG 2004, 448 (453).

[54] Assmann/Pötzsch/Schneider/*Krause/Pötzsch* Rn. 145; Baums/Thoma/*Harbarth* Rn. 139; Angerer/Geibel/Süßmann/*Louven* Rn. 55; Steinmeyer/*Steinmeyer* Rn. 78; *Ebke* FS Hommelhoff, 2012, 161, 171 f.; *Schmoll,* Die Stellungnahme der Zielgesellschaft und die Gegenleistung in der Unternehmensübernahme, 2020, 285 mwN.

zu beschränken.[55] Auch die Notwendigkeit dieser Korrektur spricht letztlich gegen die Anwendung der Grundsätze der Prospekthaftung.

Trotz der erheblichen Bedeutung der Stellungnahmepflicht für die Wertpapierinhaber **18** (→ Rn. 6) lässt sich aus § 27 kein Schutzgesetzcharakter ableiten, womit eine Haftung gemäß § 823 Abs. 2 BGB iVm § 27 abzulehnen ist.[56]

Eine Haftung der Geschäftsleitung gegenüber den Wertpapierinhabern für eine fehlerhafte **19** Stellungnahme kann sich ferner aus § 117 Abs. 1 S. 2 AktG bzw. § 117 Abs. 2 S. 1 AktG iVm § 177 Abs. 1 S. 2 AktG ergeben.[57] Hierbei ist zu berücksichtigen, dass die Haftung des bestimmenden Vorstands- bzw. Aufsichtsratsmitglieds nach § 117 Abs. 1 S. 1 AktG Vorsatz voraussetzt. Zudem können Vorstand und Aufsichtsrat gegenüber den Aktionären unter den engen Voraussetzungen des § 826 BGB schadensersatzpflichtig sein.[58] Gegenüber der Gesellschaft kommt eine Haftung unter den Voraussetzungen des § 93 Abs. 2 AktG in Betracht. Eine darüber hinausgehende Sachwalterhaftung der Geschäftsleitung gegenüber den Aktionären für die Inanspruchnahme von Vertrauen nach § 311 Abs. 3 S. 2 BGB erscheint hingegen durch die insoweit als abschließend zu wertenden gesetzlichen Entscheidungen in §§ 93, 116 AktG auf der einen Seite und den kapitalmarktrechtlichen Vorschriften auf der anderen Seite ausgeschlossen.[59] Ob diese Sanktionslage EU-rechtskonform ist, ist zweifelhaft.[60]

**2. Obligatorischer Inhalt (Abs. 1 S. 2).** Nach § 27 Abs. 1 S. 2 hat die Stellungnahme **20** in jedem Fall auf die dort genannten Punkte (Nr. 1–4) einzugehen.[61] Dabei empfiehlt die BaFin eine Trennung auch in der Form der Darstellung, da ansonsten die Vermischung dazu führen kann, dass insbesondere die Stellungnahme zu Folgen und Zielen der Übernahme (Nr. 2 und Nr. 3) lückenhaft ist.[62]

**a) Art und Höhe der angebotenen Gegenleistung (Abs. 1 S. 2 Nr. 1).** Die **21** Geschäftsleitung hat zunächst darauf einzugehen, ob die vom Bieter angebotene Gegenleistung angemessen ist. Dieser Punkt ist sowohl bei freundlichen als auch bei feindlichen Übernahmeangeboten von besonderer Bedeutung für die Beurteilung des Angebots.

Bei der **Art** der Gegenleistung ist zu unterscheiden, ob ein Barangebot oder ein Aktien- **22** tauschangebot vorliegt. Bei einen reinen Barangebot wird eine Stellungnahme wohl nur dann erforderlich sein, wenn ausnahmsweise eine Gegenleistung in Aktien attraktiver sein kann.[63] Bei einem Aktientauschangebot ist die Geschäftsleitung hingegen verpflichtet, aus-

---

[55] FK-WpÜG/*Röh* Rn. 90; Kölner Komm WpÜG/*Hirte* Rn. 27; Angerer/Geibel/Süßmann/*Louven* Rn. 56 mwN; *Mohamed* DStR 2015, 2290 (2293); insoweit auch *Seibt* FS Hoffmann-Becking, 2013, 1119 (1133); dagegen aber *Ebke* FS Hommelhoff, 2012, 161 (172): „nicht begründbar".

[56] *Friedl* NZG 2004, 448 (450); Baums/Thoma/*Harbarth* Rn. 141 ff.; Assmann/Pötzsch/Schneider/*Krause/Pötzsch* Rn. 150; Steinmeyer/*Steinmeyer* Rn. 81; ausf. *Ebke* FS Hommelhoff, 2012, 161, 178 ff.; Schwark/Zimmer/*Noack/Holzborn* Rn. 35; aA FK-WpÜG/*Röh* Rn. 92; *Weishaupt*, Schadensersatzansprüche der Wertpapierinhaber der Zielgesellschaft im Falle einer fehlerhaften Stellungnahme nach § 27 WpÜG, 2007, 131 ff.; *Seibt* FS Hoffmann-Becking, 2013, 1119 (1133); nach Abwägung auch *Mohamed* DStR 2015, 2290 (2293 f.).

[57] Baums/Thoma/*Harbarth* Rn. 152 mwN; Assmann/Pötzsch/Schneider/*Krause/Pötzsch* Rn. 146 ff. mwN; Angerer/Geibel/Süßmann/*Louven* Rn. 52; Schwark/Zimmer/*Noack/Holzborn* Rn. 34; *Ebke* FS Hommelhoff, 2012, 161 (176 f.).

[58] Vgl. hierzu Baums/Thoma/*Harbarth* Rn. 148 ff. mwN; ausf. Assmann/Pötzsch/Schneider/*Krause/Pötzsch* Rn. 153 mwN; *Ebke* FS Hommelhoff, 2012, 161 (180 f.), der allerdings recht weitgehend Leichtfertigkeit und Gewissenlosigkeit bejaht. Hat die Geschäftsleitung eine fairness opinion eingeholt, wird man hingegen gerade bei ungeprüfter Übernahme den Vorsatz regelmäßig verneinen müssen; wie *Ebke* wohl abw. *Schmoll*, Die Stellungnahme der Zielgesellschaft und die Gegenleistung in der Unternehmensübernahme, 2020, 289.

[59] AA *Ebke* FS Hommelhoff, 2012, 161 (173 ff.), der diese Haftung nur für im Allgemeinen ausgeschlossen hält; die von *Ebke* gegebenen Beispiele bekäme man iÜ auch mit § 826 BGB bzw. mit der zivilrechtlichen Prospekthaftung in den Griff.

[60] Dazu *Ebke* FS Hammelhoff, 2012, 161 (184); ausf. *Schmoll*, Die Stellungnahme der Zielgesellschaft und die Gegenleistung in der Unternehmensübernahme, 2020, 291 ff. mit Forderungen de lege ferenda.

[61] Erweiterte Checkliste für den Aufsichtsrat bei *Seibt* FS Hoffmann-Becking, 2013, 1119 (1133 ff.).

[62] *Hippeli/Hoffmann* NZG 2014, 850 (854).

[63] Baums/Thoma/*Harbarth* Rn. 40; Kölner Komm WpÜG/*Hirte* Rn. 38; FK-WpÜG/*Röh* Rn. 30; vgl. auch Assmann/Pötzsch/Schneider/*Krause/Pötzsch* Rn. 63; s. auch *Schmoll*, Die Stellungnahme der Zielgesellschaft und die Gegenleistung in der Unternehmensübernahme, 108 ff., 121.

führlich zu der Art stellen zu nehmen. Zum einen muss sie auf die Liquidität der Aktien eingehen (s. § 31 Abs. 2 S. 1 Alt. 2);[64] zum anderen muss sie den Aktien einen Wert beimessen. Hierbei muss insbesondere dazu Stellung genommen werden, ob der Börsenkurs der Aktien die Bewertung der Gesellschaft richtig widerspiegelt.[65]

23    Bei der Frage, ob die **Höhe** der Gegenleistung angemessenen ist, hat sich die Stellungnahme der Geschäftsleitung insbesondere auf das Entwicklungspotential der Zielgesellschaft zu beziehen.[66] Ein bloßer Verweis auf die Einhaltung der Mindestpreisregeln genügt nicht.[67] Auch eine Bezugnahme allein auf das Verhältnis zum (derzeitigen, durchschnittlichen) Börsenkurs reicht nicht aus.[68] Wollen Vorstand und Aufsichtsrat in ihrer Stellungnahme von einem deutlich über dem Börsenkurs liegenden Wert der Zielgesellschaft ausgehen, so bedarf das einer sorgfältigen Begründung.[69] Dabei ist zu prognostizieren, wie sich die Zielgesellschaft auf einer *stand-alone*-Basis im Vergleich zu einer erwartenden Wertsteigerung im Falle der Beteiligung des Bieters oder einer Übernahme durch den Bieter entwickeln wird.[70] Auch wenn der Geschäftsleitung der Zielgesellschaft keine Planzahlen des Bieters für die Ermittlung von Synergien zur Verfügung stehen, ist dennoch zu verlangen, dass zumindest auf entsprechende Darlegungen in der Angebotsunterlage eingegangen wird.[71] Zu weitgehend wäre es indessen, von der Geschäftsleitung der Zielgesellschaft zu verlangen, eine begründete eigene Unternehmensbewertung vorzunehmen und einen so ermittelten Wert der Aktie der angebotenen Gegenleistung gegenüberzustellen;[72] das verlangt auch die BaFin nicht.[73]

24    **b) Voraussichtliche Folgen eines erfolgreichen Angebots für die Zielgesellschaft (Abs. 1 S. 2 Nr. 2).** Des Weiteren muss die Geschäftsleitung auf die voraussichtlichen Folgen eines erfolgreichen Angebots für die Zielgesellschaft, die Arbeitnehmer und ihren Vertretungen, die Beschäftigungsbedingungen und die Standorte der Zielgesellschaft eingehen.

25    Zunächst ist zweifelhaft, was man unter einem **erfolgreichen Angebot** zu verstehen hat. Das Gesetz verwendet diesen Ausdruck lediglich in zwei Vorschriften, nämlich einerseits in § 11 Abs. 2 S. 3 Nr. 1 und andererseits in § 27 Abs. 1 Nr. 2; die Begründung verwendet ihn teilweise in verschiedenen Zusammenhängen.[74] Der Zusammenhang zwischen Stellungnahme der Geschäftsleitung und Angebotsunterlage deutet zunächst auf gleiche Begriffsinhalte hin. Dagegen spricht aber, dass es bei § 11 Abs. 2 S. 3 Nr. 1 um die –

---

[64] *Kossmann* NZG 2011, 46 (50); Assmann/Pötzsch/Schneider/*Krause*/*Pötzsch* Rn. 62 mwN; ausf. *Schmoll*, Die Stellungnahme der Zielgesellschaft und die Gegenleistung in der Unternehmensübernahme, 2020, 129 ff.
[65] Kölner Komm WpÜG/*Hirte* Rn. 38; vgl. Assmann/Pötzsch/Schneider/*Krause*/*Pötzsch* Rn. 62; sehr zurückhaltend *Kossmann* NZG 2011, 46 (50 f.): allenfalls Wertsituation am Tag der Stellungnahme.
[66] OLG Stuttgart AG 2019, 527 (536) mwN.
[67] *Kiesewetter*/*Kreymborg* CFL 2013, 105 (106).
[68] *Kossmann* NZG 2011, 46 (50); Assmann/Pötzsch/Schneider/*Krause*/*Pötzsch* Rn. 66; Baums/Thoma/*Harbarth* Rn. 42 f.
[69] OLG Stuttgart AG 2019, 529 (537); Assmann/Pötzsch/Schneider/*Krause*/*Pötzsch* Rn. 72.
[70] OLG Frankfurt BeckRS 2008, 13889; vgl. auch Baums/Thoma/*Harbarth* Rn. 46 mwN, *Harbarth* ZIP 2004, 3 (8), allerdings von der regelmäßigen Unfähigkeit der Geschäftsleitung ausgehend, die Entwicklung unter Berücksichtigung von Synergieeffekten zu beurteilen.
[71] *Kiesewetter*/*Kreymborg* CFL 2013, 105 (107, 108); angeblich ist das auch BaFin-Praxis, taucht allerdings bei *Hippeli*/*Hoffmann* NZG 2014, 850 ff. nicht auf.
[72] Richtig *Leyendecker*/*Kleinhenz* BB 2011, 2952 (2953 ff.) gegen Assmann/Pötzsch/Schneider/*Krause*/*Pötzsch* Rn. 73: „Anhaltsziffer"; Baums/Thoma/*Harbarth* Rn. 49; Steinmeyer/*Steinmeyer* Rn. 40; vgl. ausf. *Schmoll*, Die Stellungnahme der Zielgesellschaft und die Gegenleistung in der Unternehmensübernahme, 2020, 180 ff., der ab 189 ff. indessen eben doch eine „Unternehmensbewertung im Schnelldurchgang" verlangt.
[73] So jedenfalls *Hippeli*/*Hoffmann* NZG 2014, 850 (853 f.); abw. Darstellung der BaFin-Praxis aber bei *Leyendecker*/*Kleinhenz* BB 2011, 2952 (2953).
[74] So spricht BT-Drs. 14/7034, 27, 46, 50, 52, 58, 61 von einer „erfolgreichen Übernahme" und meint entweder solche, bei denen der Bieter die Gesellschaft nach dem Angebot kontrollieren kann (S. 27, 58) oder am Ende der Annahmefrist die vom Bieter gesetzte Mindestannahmequote überschritten wurde (S. 46, 50, 61); auf S. 29 ist von einem erfolgreichen Angebot die Rede, womit die vollständige Annahme des Angebots durch die Adressaten gemeint ist; in BT-Drs. 14/7034, 46 ist und ist auch noch vom erfolgreichen Kontrollerwerb die Rede.

prinzipiell berechenbaren – Auswirkungen auf die Finanzlage des Bieters geht, weshalb man dort zwingend den *„worst case"* zugrundezulegen hat. Im Rahmen der Nr. 2 geht es dagegen um die voraussichtlichen Auswirkungen eines erfolgreichen Angebots, dh nicht unmittelbar um die Annahme des Angebots (diese selbst hat keinerlei unmittelbare Folgen für die in Nr. 2 genannten Personen und Gegenstände).

Hinzuweisen ist hier deshalb vor allem auf die Möglichkeiten der Ausübung und Verstär- **26** kung des unternehmerischen Einflusses des Bieters auf die Zielgesellschaft, wenn das Angebot in dem Sinne erfolgreich ist, dass die Beteiligung des Bieters gesellschaftsrechtlich relevante Schwellenwerte überschreitet. Das ist der Fall, wenn
- er eine Sperrminorität an der Zielgesellschaft erwirbt
- er die Kontrolle an der Zielgesellschaft erwirbt
- er eine Drei-Viertel-Mehrheit erwirbt (wegen der Möglichkeit zum Abschluss eines Beherrschungsvertrages)
- er eine 90%ige Mehrheit erwirbt (wegen der Möglichkeit zur Eingliederung der Zielgesellschaft)
- er eine 95%ige Mehrheit erwirbt (wegen der Möglichkeit zur Durchführung eines anschließenden Squeeze-outs).

Diese Angaben sind sowohl bei feindlichen als auch bei freundlichen Angeboten zu machen. **27**

**Ausschließlich bei freundlichen Angeboten** kommt dagegen eine Stellungnahme der **28** Geschäftsleitung zu der Frage in Betracht, ob der Bieter von diesen Möglichkeiten auch tatsächlich Gebrauch machen will. Denn von voraussichtlichen Folgen kann und darf bei feindlichen Angeboten insoweit nicht gesprochen werden, weil es sich insoweit nur um eine argumentative Wiederlegung der in der Angebotsunterlage gegebenen Informationen zu diesen Fragen durch den Bieter handeln kann, es sich also um bloßes **Raten** der Geschäftsleitung der Zielgesellschaft handelt, für das die Spezialregelung der Nr. 3 gilt. Aus dem gleichen Grund kommt ebenfalls nur bei freundlichen Angeboten eine Stellungnahme zu den Auswirkungen auf die Arbeitnehmer und ihre Vertretungen, die Beschäftigungsbedingungen und die Standorte der Zielgesellschaft in Frage (→ Rn. 31).

**c) Die vom Bieter mit dem Angebot verfolgten Ziele (Abs. 1 S. 2 Nr. 3).** Zum **29** anderen muss die Geschäftsleitung auch die vom Bieter mit dem Angebot verfolgten Ziele darlegen. **Grundlage** der Stellungnahme können nur die **Angaben des Bieters in der Angebotsunterlage** über seine strategische Planung in Hinblick auf die Zielgesellschaft sein.[75] Demnach empfiehlt es sich für die Geschäftsleitung, zu allen in § 11 Abs. 2 S. 3 Nr. 2 vorgegebenen Angaben Stellung zu nehmen; andere wollen diese Angaben schon unter die Folgen für die Zielgesellschaft fassen.[76] In jedem Falle muss die Geschäftsleitung nicht unbedingt ein eigenes Übernahmeszenario entwickeln, sondern lediglich eine **Plausibilitätskontrolle** der in der Angebotsunterlage enthaltenen Angaben vornehmen.[77]

Die Stellungnahme zu Nr. 3 kommt nur bei feindlichen Übernahmeangeboten in Frage. **30** Hier wird die Geschäftsleitung versuchen, alle Aspekte darzulegen, die gegen eine Annahme des Angebots sprechen, um die Wertpapierinhaber zu einer Ablehnung zu bewegen. Dies ist in den Grenzen des § 28 zulässig (→ Rn. 6). Darüber hinaus ist Geschäftsleitung in diesem Fall berechtigt, konkrete Abwehrmaßnahmen zu empfehlen.[78] Bei freundlichen Übernahmeangeboten ist die Geschäftsleitung hingegen verpflichtet, auch die negativen Aspekte in Hinblick auf die Folgen für die Zielgesellschaft darzulegen (→ Rn. 6). Dies zu ermöglichen, dient Nr. 2 (→ Rn. 28).

In Hinblick auf mögliche Folgen für Arbeitnehmer und ihre Vertretungen muss die **31** Geschäftsleitung insbesondere dann Stellung nehmen, wenn eine erfolgreiche Übernahme

---

[75] BT-Drs. 14/7034, 52.

[76] Vgl. etwa Assmann/Pötzsch/Schneider/*Krause/Pötzsch* Rn. 82; offenbar auch OLG Stuttgart AG 2019, 527 (536).

[77] OLG Stuttgart AG 2019, 527 (536); *Seibt* DB 2002, 529 (534); Kölner Komm WpÜG/*Hirte* Rn. 42; Assmann/Pötzsch/Schneider/*Krause/Pötzsch* Rn. 75.

[78] Vgl. auch Kölner Komm WpÜG/*Hirte* Rn. 42 sowie FK-WpÜG/*Röh* Rn. 47.

den **Verlust von Mitbestimmungsrechten** der Arbeitnehmer und des Betriebsrat nach sich ziehen würde.[79] Ebenfalls besteht eine Stellungnahmepflicht, wenn der Bieter für den Fall einer erfolgreichen Übernahme **Umstrukturierungen,** wie zB die Verlagerung oder den Verkauf einzelner Gesellschaften oder Standorte, oder **Personalmaßnahmen** zur Verwirklichung von Synergieeffekten in der Angebotsunterlage angekündigt hat.[80]

32    **d) Eigene Annahmeabsicht der Geschäftsleitungsmitglieder (Abs. 1 S. 2 Nr. 4).** Nach § 27 Abs. 1 S. 2 Nr. 4 muss ferner die eigene Annahmeabsicht der Mitglieder des Vorstands und des Aufsichtsrat angegeben werden, soweit sie Inhaber von Wertpapieren der Zielgesellschaft sind. Die Beteiligungshöhe muss dabei nach BaFin-Praxis (nur)[81] angegeben werden, wenn das Mitglied die Absicht hat, das Angebot lediglich teilweise anzunehmen.[82] Anzugeben ist ggf. auch die Tatsache, dass überhaupt keine Wertpapiere gehalten werden, da in diesem Fall der Aussage über die Annahmeabsicht keine Bedeutung zukommt.[83] Diese Information ist für die übrigen Wertpapierinhaber von besonderer Bedeutung, da sie die Glaubhaftigkeit der Stellungnahme in ihrem Ergebnis unterstreichen oder in Frage stellen kann.[84] Sobald die Annahmeabsicht aller betroffenen Mitglieder nicht einheitlich ist, lassen sich durch diese Mitteilungspflicht für die übrigen Wertpapierinhaber die Differenzen in der Bewertung des Angebots erkennen. Die Mitteilung der Annahmeabsicht löst keinen zivilrechtlichen Zwang zur Annahme des Angebots aus.[85]

### III. Stellungnahmerecht von Betriebsrat oder Arbeitnehmern (Abs. 2)

33    **1. Allgemeines.** § 27 Abs. 2 gibt dem Betriebsrat oder den Arbeitnehmern der Zielgesellschaft das **Recht,** eine eigene von der Geschäftsleitung unabhängige Stellungnahme zu dem Angebot zu übermitteln und diese veröffentlichen zu lassen. Die Regelung bezweckt, dass die Wertpapierinhaber nicht nur über die Position der Geschäftsleitung, sondern auch über die Haltung der Arbeitnehmer der Zielgesellschaft zu dem Angebot informiert werden.

34    Eine Stellungnahme des Betriebsrats bzw. der Arbeitnehmer ist dem Vorstand zu **übermitteln.** Eine Übermittlung der Stellungnahme hat so zu erfolgen, dass sie der Stellungnahme der Geschäftsleitung ohne nennenswerte Schwierigkeiten beigefügt werden kann. Der Inhalt der Stellungnahme muss zweifelsfrei feststehen, so dass mündliche Erklärungen von Arbeitnehmerseite nicht ausreichen.[86] Einwände gegen eine Übermittlung per Fax oder E-Mail sind hingegen nicht ersichtlich.[87]

35    Ein erneutes Stellungnahmerecht zu Änderungen des Angebots besteht für den Betriebsrat bzw. die Arbeitnehmer nicht, da Änderungen des Angebots nur als Verbesserungen möglich sind (s. § 21 Abs. 1) und damit kein Grund für eine erneute Stellungnahme besteht.[88]

36    **2. Stellungnahme des Betriebsrats.** Welcher Betriebsrat für die Stellungnahme zuständig ist, ergibt sich spiegelbildlich zu der Unterrichtungspflicht nach § 10 Abs. 5 S. 2

---

[79] FK-WpÜG/*Röh* Rn. 39 mwN.

[80] Baums/Thoma/*Harbarth* Rn. 56; Angerer/Geibel/Süßmann/*Louven* Rn. 17.

[81] *Hippeli/Hoffmann* NZG 2014, 850 (854) gegen *Kiesewetter/Kreymborg* CFL 2013, 105 (109), die eine abweichende Praxis der BaFin behaupten (nämlich in jedem Fall eine individualisierte Aufstellung der Beteiligung unter Namensnennung zu verlangen).

[82] *Hippeli/Hoffmann* NZG 2014, 850 (854) gegen Baums/Thoma/*Harbarth* Rn. 61, Angerer/Geibel/Süßmann/*Louven* Rn. 19 und Kölner Komm WpÜG/*Hirte* Rn. 46, die in keinem Fall eine Offenlegung verlangen.

[83] *Hippeli/Hoffmann* NZG 2014, 850 (854); *Kiesewetter/Kreymborg* CFL 2013, 105 (109).

[84] Kölner Komm WpÜG/*Hirte* Rn. 45.

[85] Kölner Komm WpÜG/*Hirte* Rn. 48; Angerer/Geibel/Süßmann/*Louven* Rn. 20 mwN.

[86] Baums/Thoma/*Harbarth* Rn. 109; Angerer/Geibel/Süßmann/*Louven* § 27 Rn. 26.

[87] Ebenso Baums/Thoma/*Harbarth* Rn. 109; Kölner Komm WpÜG/*Hirte* Rn. 54; FK-WpÜG/*Röh* Rn. 67 mwN.

[88] So auch einschr. Kölner Komm WpÜG/*Hirte* Rn. 55, der die Einräumung eines erneuten Stellungnahmerechts aufgrund „spezieller Umstände des Einzelfalls" analog Abs. 2 für möglich erachtet; aA Baums/Thoma/*Harbarth* Rn. 115; Assmann/Pötzsch/Schneider/*Krause/Pötzsch* Rn. 110.

(daher → § 10 Rn. 74 ff.).[89] Stellungnahmen eines unzuständigen Betriebsrats oder einzelner Arbeitnehmer müssen nicht veröffentlicht werden.[90]

Keine Vorgaben macht das Gesetz für den **Inhalt** der Stellungnahme. Dem Betriebsrat **37** steht es daher frei, sich zustimmend oder ablehnend zu dem Angebot zu äußern.[91] Da Abs. 2 ein **Stellungnahmerecht und keine -pflicht** der Arbeitnehmerseite anordnet, sind an die Begründung der Stellungnahme weitaus geringere Anforderungen zu stellen. Der Betriebsrat kann, wie auch die Geschäftsleitung (→ Rn. 14), sachverständigen Rat von externen Beratern einholen, da eine Mitwirkung Dritter an der Stellungnahme nach dem Gesetz nicht ausgeschlossen ist.[92]

**3. Stellungnahme der Arbeitnehmer.** Sofern ein Betriebsrat nicht besteht, sind die **38** Arbeitnehmer der Zielgesellschaft zur Stellungnahme berechtigt. Um Umsetzungsschwierigkeiten in der Praxis zu vermeiden, ist die Vorschrift des Abs. 2 wortwörtlich dahingehend auszulegen, dass sich die Beifügungspflicht des Vorstandes nur auf **eine** auf einem Zusammenschluss mehrerer Arbeitnehmer beruhende Stellungnahme reduziert. Gehen daher mehrere Stellungnahmen einzelner Arbeitnehmer oder Arbeitnehmergruppen ein, ist die Vorschrift teleologisch so auszulegen, dass der Vorstand **keine** davon seiner Stellungnahme beizufügen hat.[93]

Den Arbeitnehmern steht nach dem Gesetz für die Erstellung der Stellungnahme kein **39** Kostenerstattungsanspruch zu. Ein solcher ergibt sich auch nicht aus allgemeinen zivil- bzw. arbeitsrechtlichen Anspruchsgrundlagen.[94]

**4. Pflicht zur Beifügung der Stellungnahme.** § 27 Abs. 2 verpflichtet den Vorstand, **40** die Stellungnahme von Arbeitnehmerseite seiner eigenen Stellungnahme beizufügen. Er kann sie mit dieser in einem Dokument zusammenfassen, wobei jedoch deutlich darauf hinzuweisen ist, dass es sich um eine besondere Stellungnahme von Arbeitnehmerseite handelt.[95] Der Vorstand darf die Stellungnahme nicht kürzen oder sonstwie verändern, auch nicht mit Erläuterungen oder Beispielen versehen.[96] Im Grundsatz besteht darüber Einigkeit. Grenzen werden allerdings angenommen, wenn sich die Verwaltungsorgane durch die Veröffentlichung strafbar machten oder die Stellungnahme selbst strafbaren Inhalt (zB Beleidigungen) enthält oder sich mit dem Angebot überhaupt nicht befasst.[97] Dem wird man nur in Extremfällen beipflichten können, da es nicht Aufgabe der Verwaltung ist, die Begehung von Straftaten durch den Betriebsrat zu verhindern, und auf diese Weise doch wieder eine Zensur der Stellungnahme erfolgte.

Unberührt von der Beifügungspflicht bleibt nach § 27 Abs. 2 die Pflicht der Geschäftslei- **41** tung zur unverzüglichen Stellungnahme. Die Geschäftsleitung sollte daher schon bei der Übermittlung der Angebotsunterlage des Bieters an die Arbeitnehmer nach § 14 Abs. 4 S. 2 Kontakt mit dem zuständigen Betriebsrat bzw. den Arbeitnehmern aufzunehmen, um abzuklären, wann eine Stellungnahme von Arbeitnehmerseite zu erwarten ist.[98] Eine bestimmte Frist zur Übermittlung der Stellungnahme an den Vorstand sieht das Gesetz nicht vor. Da das Gesetz aber auch keine Pflicht zur gemeinsamen und damit zeitgleichen Veröffentlichung vorsieht, hat der Vorstand auch eine später eingehende Stellungnahme

---

[89] BT-Drs. 14/7034, 52.

[90] Baums/Thoma/*Harbarth* Rn. 101; Kölner Komm WpÜG/*Hirte* Rn. 56; Assmann/Pötzsch/Schneider/ *Krause/Pötzsch* Rn. 112.

[91] Angerer/Geibel/Süßmann/*Louven* Rn. 27.

[92] Baums/Thoma/*Harbarth* Rn. 107; Kölner Komm WpÜG/*Hirte* Rn. 58; Assmann/Pötzsch/Schneider/ *Krause/Pötzsch* Rn. 108; Angerer/Geibel/Süßmann/*Louven* Rn. 29.

[93] Kölner Komm WpÜG/*Hirte* Rn. 59; abw. Angerer/Geibel/Süßmann/*Louven* Rn. 30; diff. Assmann/ Pötzsch/Schneider/*Krause/Pötzsch* Rn. 114 mwN.

[94] Kölner Komm WpÜG/*Hirte* Rn. 61; Angerer/Geibel/Süßmann/*Louven* Rn. 32.

[95] Kölner Komm WpÜG/*Hirte* Rn. 62; ähnlich Baums/Thoma/*Harbarth* Rn. 112.

[96] *Grobys* NZA 2002, 1 (5 f.); Baums/Thoma/*Harbarth* Rn. 111; Kölner Komm WpÜG/*Hirte* Rn. 62; Assmann/Pötzsch/Schneider/*Krause/Pötzsch* Rn. 116 mwN; Angerer/Geibel/Süßmann/*Louven* § 27 Rn. 33.

[97] Assmann/Pötzsch/Schneider/*Krause/Pötzsch* Rn. 118 mwN.

[98] BT-Drs. 14/7034, 52.

zu veröffentlichen.[99] Die Veröffentlichungspflicht besteht freilich nur bis zum Ablauf der Annahmefrist nach § 16.

### IV. Veröffentlichungspflicht (Abs. 3)

**42**  **1. Pflicht zur unverzüglichen Veröffentlichung (Abs. 3 S. 1).** Die Stellungnahme ist unverzüglich nach Übermittlung der Angebotsunterlage zu veröffentlichen. „Unverzüglich" bedeutet nach § 121 Abs. 1 S. 1 BGB „ohne schuldhaftes Zögern". Um den rechtlichen und tatsächlichen Anforderungen an eine ordnungsgemäße Stellungnahme Rechnung zu tragen, sollte die Frist für die Veröffentlichung **regelmäßig höchstens zwei Wochen**[100] nach Übermittlung der Angebotsunterlage durch den Bieter[101] betragen. Durch die Vorschrift ist nicht ausgeschlossen, dass die Stellungnahme gleichzeitig mit der Angebotsunterlage veröffentlicht wird; das ist bei einem freundlichen Übernahmeangebote denkbar, wenn also Verhandlungen zwischen dem Bieter und der Zielgesellschaft vorausgegangen sind und der Vorstand der Zielgesellschaft seinen Wertpapierinhabern die Annahme des Angebots empfehlen will.[102] Wie sich aus dem Verweis auf § 14 Abs. 3 S. 1 ergibt, gelten für die Form der Veröffentlichung dieselben Vorgaben wie für die Veröffentlichung der Angebotsunterlage durch den Bieter. Insbesondere hat die Veröffentlichung damit nach § 14 Abs. 3 Nr. 1 unter anderem zwingend im Internet zu erfolgen.

**43**  **2. Pflicht zur Übermittlung der Stellungnahme an den Betriebsrat oder die Arbeitnehmer (Abs. 3 S. 2).** Vorstand und Aufsichtsrat haben ihre Stellungnahmen gleichzeitig mit der Veröffentlichung an die Arbeitnehmerseite zu übermitteln. Eine **gleichzeitige** Übermittlung liegt dann vor, wenn die Veröffentlichung der Stellungnahme und die Übermittlung an die Belegschaft durch praktisch zwei unmittelbar aufeinander folgende Geschäftshandlungen erfolgt, wobei es unerheblich ist, wann der Erfolg dieser Maßnahmen eintritt.[103]

**44**  **3. Mitteilung der Veröffentlichung gegenüber der BaFin (Abs. 3 S. 3).** Die Veröffentlichung der Stellungnahme gemäß § 14 Abs. 3 S. 1 Nr. 2 ist der BaFin unverzüglich mitzuteilen. Nach Neufassung des S. 3 ist die Übersendung eines Belegs nicht mehr erforderlich. Ein Nachweis innerhalb von drei Tagen wurde nach alter Rechtslage noch als rechtzeitig angesehen.[104]

### V. Rechtsfolgen, Sanktionen

**45**  Für unrichtige oder unvollständige Angaben in der Stellungnahme haftet die Geschäftsleitung gegenüber den Wertpapierinhabern de lege lata nur nach § 826 BGB und § 117 AktG (→ Rn. 17 ff.). Auf die Wirksamkeit des ordnungsgemäßen Angebots hat dies keinen Einfluss.

**46**  Weigert sich die Geschäftsleitung eine Stellungnahme abzugeben, kann die BaFin nach § 4 Abs. 1 S. 3 aufsichtsbehördliche Maßnahmen ergreifen. Auch in diesem Fall bleibt die Wirksamkeit des „ordnungsgemäßen" Angebots unberührt. Rechte der Arbeitnehmer oder

---

[99] *Grobys* NZA 2002, 1 (6); Baums/Thoma/*Harbarth* Rn. 113 mwN; Angerer/Geibel/Süßmann/*Louven* Rn. 38 ff. mwN.

[100] So OLG Frankfurt AG 2006, 207; *Drinkuth* in Marsch-Barner/Schäfer Börsennotierte AG-HdB Rn. 60.164; *Hippeli/Hoffmann* NZG 2014, 850 (855); vgl. auch Kölner Komm WpÜG/*Hirte* Rn. 67; Assmann/Pötzsch/Schneider/*Krause/Pötzsch* Rn. 125 mwN; FK-WpÜG/*Röh* Rn. 77 mwN.

[101] So *Hippeli/Hoffmann* NZG 2014, 850 (856): das gilt auch für den Aufsichtsrat; ebenso Assmann/Pötzsch/Schneider/*Krause/Pötzsch* Rn. 125; anders Kölner Komm WpÜG/*Hirte* Rn. 67: im Fall des Aufsichtsrats laufe die Regelfrist erst nach Weiterleitung durch den Vorstand; ebenso *Drinkuth* in Marsch-Barner/Schäfer Börsennotierte AG-HdB Rn. 60.164; Baums/Thoma/*Harbarth* Rn. 121; gegen diese aber überzeugend *Hippeli/Hoffmann* NZG 2014, 850 (856).

[102] BT-Drs. 14/7034, 52.

[103] Assmann/Pötzsch/Schneider/*Krause/Pötzsch* Rn. 131; Angerer/Geibel/Süßmann/*Louven* Rn. 45.

[104] OLG Frankfurt ZIP 2003, 2117 = NJW 2003, 1214.

ihrer Vertretungen auf ein Einschreiten der BAFin resultieren daraus nicht, da die Regeln des WpÜG nicht drittschützend sind.[105]

Die unterlassene Beifügung der Stellungnahme nach Abs. 2 stellt, wenn dies vorsätzlich **47** oder leichtfertig geschieht, eine Ordnungswidrigkeit nach § 60 Abs. 1 Nr. 2 lit. b dar.

Verletzt die Geschäftsleitung ihre Pflicht nach Abs. 3 S. 1, indem sie die Veröffentlichung **48** unterlässt, eine nicht vollständige Stellungnahme, zB ohne die Beifügung der Stellungnahme nach Abs. 2, veröffentlicht oder die Stellungnahme nicht nach der in Satz 1 vorgeschriebenen Art und Weise veröffentlicht, so stellt dies eine Ordnungswidrigkeit nach § 60 Abs. 1 Nr. 1 lit. b dar. Diese kann nach § 60 Abs. 3 mit einer Geldbuße bis zu 500.000 Euro geahndet werden.

Verletzt die Geschäftsleitung ihre Übermittlungspflicht nach Abs. 3 S. 2, so liegt eine **49** Ordnungswidrigkeit nach § 60 Abs. 1 Nr. 2 lit. c vor, wenn dies vorsätzlich oder leichtfertig geschehen ist. Diese kann ebenfalls nach § 60 Abs. 3 aE mit einer Geldbuße bis zu 200.000 Euro geahndet werden.

Der unterlassene, nicht richtige oder nicht rechtzeitige Nachweis der Veröffentlichung **50** nach Abs. 3 S. 3 stellt nach § 60 Abs. 1 Nr. 5 eine Ordnungswidrigkeit dar, wenn dies vorsätzlich oder leichtfertig geschehen ist. Auch diese kann nach § 60 Abs. 3 aE mit einer Geldbuße von bis zu 200.000 Euro geahndet werden.

## § 28 Werbung

**(1) Um Missständen bei der Werbung im Zusammenhang mit Angeboten zum Erwerb von Wertpapieren zu begegnen, kann die Bundesanstalt bestimmte Arten der Werbung untersagen.**

**(2) Vor allgemeinen Maßnahmen nach Absatz 1 ist der Beirat zu hören.**

**Schrifttum:** *Möllers,* Das neue Werberecht der Wertpapierfirmen: § 36b WpHG, ZBB 1999, 134.

### Übersicht

## I. Allgemeines

**1. Normzweck.** § 28 ist Resultat der internationalen Erfahrungen, dass insbesondere **1** feindliche Übernahmeangebote regelmäßig von intensiven Werbemaßnahmen des Bieters einerseits und der Zielgesellschaft andererseits begleitet werden.[1] Eindrucksvollstes Beispiel hierfür ist die Werbeschlacht bei der Übernahme von Mannesmann durch Vodafone in den Jahren 1999/2000. Allein der Werbeaufwand von Mannesmann soll laut Presseberichten zwischen 400 Mio. und 700 Mio. DM betragen haben.[2] § 28 will verhindern,

---

[105] OLG Frankfurt AG 2020, 183 (185).
[1] BT-Drs. 14/7034, 52.
[2] *Hopt* FS Lutter, 2000, 1361 (1382); *Horn* ZIP 2000, 482 mwN in Fn. 93.

dass das Angebotsverfahren dadurch beeinträchtigt wird, dass den Wertpapierinhabern zugänglich gemachte Informationen durch bestimmte Werbemaßnahmen verfälscht bzw. verschleiert werden. Insofern ist die Vorschrift eine besondere Ausprägung des allgemein formulierten Informationsgrundsatzes des § 3 Abs. 2. Um sicherzustellen, dass die Informationen der Wertpapierinhaber nicht durch bestimmte Werbemaßnahmen beeinträchtigt werden, normiert § 28 eine Eingriffsbefugnis der BaFin, wobei jedoch von der **grundsätzlichen Zulässigkeit von Werbemaßnahmen** während der Angebotsphase ausgegangen wird (im Gegensatz dazu zur entsprechenden Vorschrift in Großbritannien → Rn. 4). Die Befugnis der BaFin richtet sich sowohl gegen den Bieter und die ghP iSv § 2 Abs. 5, als auch gegen die Zielgesellschaft. § 28 wurde entsprechenden Regelungen im Kreditwesengesetz (§ 23 KWG) und dem Wertpapierhandelsgesetz (§ 92 WpHG) nachgebildet.

2    **2. Verhältnis zu anderen Rechtsvorschriften.** § 28 konkretisiert die allgemeine Eingriffsbefugnis des § 4 Abs. 1 S. 3 und ist ihr gegenüber lex specialis. Auch im Verhältnis zu § 23 KWG und § 92 WpHG ist § 28 die speziellere Norm. Das gilt weiter auch im Verhältnis zur allgemeineren Vorschrift des § 80 WpHG, soweit es sich bei einem Bieter oder einer Zielgesellschaft um ein Wertpapierdienstleistungsunternehmen handelt.[3]

3    Gemäß Art. 8 Abs. 1 Übernahme-RL haben die Mitgliedstaaten sicherzustellen, dass das Angebot so bekannt zu machen ist, dass insbesondere die Veröffentlichung und Verbreitung falscher oder irreführender Angaben ausgeschlossen wird. Damit sind auch falsche oder irreführende Angaben in Werbemaßnahmen zu unterbinden. Für den deutschen Gesetzgeber bestand aufgrund der Regelung des § 28 kein Umsetzungsbedarf.

4    **3. Rechtslage im Vereinigten Königreich.** Eine sehr restriktive Regelung zur Zulässigkeit von Werbung im Zusammenhang mit einem Übernahmeangebot enthält Rule 19.4 City Code. Diese Vorschrift normiert ein **grundsätzliches Verbot** von Werbung während der Angebotsphase. Dieses Verbot betrifft, wie die Regelung des § 28, sowohl den Bieter, als auch die Zielgesellschaft. Ausnahmen werden nur in aufgezählten Fällen zugelassen, wie zum Beispiel bei Imagewerbung, die auf das Angebot keinen Bezug nimmt, bei Produktwerbung oder bei öffentlichen Mitteilungen über unstreitige Informationen in Bezug auf das Angebots, wie zB die Mitteilung über die Fristen für ein Angebot. In letzterem Fall muss jedoch grundsätzlich eine Ausnahmegenehmigung durch das Panel erteilt werden. Eine besondere Einschränkung für Telefonwerbung enthält Rule 19.5 City Code.

## II. Untersagung von Werbemaßnahmen (Abs. 1)

5    **1. Werbung. a) Definition.** § 28 enthält keine Legaldefinition des Begriffs Werbung. – Im Zusammenhang mit öffentlichen Angeboten zum Erwerb von Wertpapieren ist Werbung jeder planvolle Einsatz von Kommunikationsmitteln mit dem Zweck der Beeinflussung der Angebotsadressaten und dem Ziel, diese zur Annahme oder Ablehnung des Angebots zu bewegen.[4] Kommunikationsmittel sind sämtliche Medien, durch die „werbende" Botschaften übertragen werden können. Werbung kann somit durch Zeitungskampagnen, Spots in Rundfunk und/oder Fernsehen, Aussagen auf Plakaten, Werbebannern im Internet oder aber auch bei öffentlichen Veranstaltungen erfolgen.

6    **b) Abgrenzung zu Informationsvermittlung.** Abzugrenzen ist die Werbung von der bloßen Information über den Bieter oder die Zielgesellschaft. Lässt eine Veröffentlichung oder Äußerung über das betreffende Unternehmen keine Absicht erkennen, die Wertpapierinhaber zur Annahme oder Ablehnung des Angebots zu bewegen und dient sie somit lediglich der Informationsvermittlung, ist § 28 nicht einschlägig.

---

[3] Angerer/Geibel/Süßmann/*Süßmann* Rn. 3.
[4] Ähnlich Assmann/Pötzsch/Schneider/*Assmann* Rn. 8; FK-WpÜG/*Röh* Rn. 7; abstrakter Schwark/Zimmer/*Noack/Holzborn* Rn. 1 und Angerer/Geibel/Süßmann/*Süßmann* Rn. 5; sich an den wettbewerbsrechtlichen Begriff anlehnend Baums/Thoma/*Harbarth* Rn. 16 f.

Der Anwendungsbereich der Vorschrift soll auch dann nicht eröffnet sein, wenn eine **7** Information ihrem Inhalt und Form nach „lediglich" geeignet ist, das Ansehen des Bieters oder der Zielgesellschaft und ihrer Bewertung durch den Kapitalmarkt zu beeinflussen und somit nur mittelbar die Annahme oder Ablehnung eines Angebots beeinflussen kann.[5] Dieser Ansicht wäre nach oben genannter Definition (→ Rn. 5) nur dann zuzustimmen, wenn die sog. „Information" nicht mit dem **Zweck der Beeinflussung** der Wertpapierinhaber und dem Ziel eingesetzt wird, sie zur Annahme oder Ablehnung des Angebots zu bewegen. Davon kann jedoch grundsätzlich nicht ausgegangen werden, da bei Geeignetheit der Information zur Einwirkung auf den Entscheidungsfindungsprozess der Wertpapierinhaber, ihr in der Regel auch die Einflussfunktion nicht abgesprochen werden kann. Bei grundsätzlicher Geeignetheit der Maßnahme zur Beeinflussung spricht damit eine (unwiderlegbare) tatsächliche Vermutung dafür, dass hinter dieser Informationsvermittlung auch die Absicht steckt, die Inhaber zur Annahme oder Ablehnung eines Angebots zu bewegen. Insofern liegt Werbung iSd § 28 bereits dann vor, wenn die „Information" objektiv geeignet ist, auf den Entscheidungsfindungsprozess der Wertpapierinhaber einzuwirken.[6] Insbesondere die Angebotsunterlage ist demnach auch Werbung iSv § 28, allerdings durch das WpÜG gesetzlich vorgeschrieben und daher nicht durch die BaFin untersagbar.

**c) Zusammenhang mit Angeboten zum Erwerb von Wertpapieren.** Vorausset- **8** zung nach § 28 ist, dass die Werbung im Zusammenhang mit einem Angebot stehen muss, um die Eingriffsbefugnis der BaFin auszulösen. **Angebote** im Sinne der Vorschrift sind sowohl feindliche als auch freundliche Angebote. Allein der Umstand, dass Hintergrund der Entstehung des § 28 ein feindlich geführtes Übernahmeverfahren war (→ Rn. 1), rechtfertigt es nicht etwa, den Anwendungsbereich der Vorschrift teleologisch auf feindliche Übernahmeangebote zu reduzieren. Beeinflussende Werbung wird nicht allein in einem Übernahmekampf eingesetzt. Auch bei Zustimmung der Geschäftsleitung der Zielgesellschaft ist der Einsatz von Werbung auf Seiten des Bieters und der Zielgesellschaft denkbar. Die Gefahr, dass der Entscheidungsfindungsprozess der Wertpapierinhaber unzulässig beeinflusst wird, ist bei freundlichen Angeboten möglicherweise sogar größer, da es gerade bei diesen an einem Korrektiv durch Gegenwerbung fehlen wird.[7]

**d) Einzelfälle.** Laufende Werbung eines Unternehmens für seine **Produkte und 9 Dienstleistungen** im Rahmen des gewöhnlichen Geschäftsbetriebes stellt keine Werbung iSd § 28 dar und fällt demnach nicht unter den Anwendungsbereich der Vorschrift,[8] da es sich hierbei um Werbung handelt, die nicht in Zusammenhang mit dem Angebot gebracht werden kann (→ Rn. 4). Auch Veröffentlichungen eines Unternehmens, die zur Erfüllung **gesetzlicher Berichtspflichten** (zB nach § 325 Abs. 1 HGB) oder infolge **behördlicher oder gerichtlicher Anordnungen** ergehen, fallen nicht unter den Begriff der Werbung iSd § 28.[9] Weiterhin stellen öffentliche Mitteilungen über **unstreitige Tatsachen,** wie zB die Mitteilung über die Fristen für ein Angebot, eine bloße Informationsvermittlung dar.

Fraglich ist, ob werbende Äußerungen in der **Angebotsunterlage** oder der **Stellung- 10 nahme gem. § 27** iSd § 28 als Werbung anzusehen sein können. Einer Ansicht zufolge ist zumindest die Stellungnahme der Zielgesellschaft immer als bloße Information anzusehen, auch für den Fall, dass sie werbende Äußerungen enthält.[10] Einer weiteren Ansicht nach fallen Angebotsunterlage und Stellungnahme, auch wenn diese Werbecharakter haben sollten, deshalb nicht unter den Anwendungsbereich des § 28, weil sie als speziell geregelte Formen der Kommunikation anzusehen seien.[11] Einer dritten Ansicht zufolge können wer-

---

[5] Angerer/Geibel/Süßmann/*Süßmann* Rn. 8 f.
[6] Mit ähnlicher Begr. Kölner Komm WpÜG/*Hirte* Rn. 15.
[7] Kölner Komm WpÜG/*Hirte* Rn. 16.
[8] So auch Assmann/Pötzsch/Schneider/*Assmann* Rn. 12 mwN; Angerer/Geibel/Süßmann/*Süßmann* Rn. 9; aA Baums/Thoma/*Harbarth* Rn. 23.
[9] Angerer/Geibel/Süßmann/*Süßmann* Rn. 9 mwN; *Siebel/Gebauer* WM 2001, 118 ff.
[10] Angerer/Geibel/Süßmann/*Süßmann* Rn. 9.
[11] FK-WpÜG/*Röh* Rn. 8 mit Begr. in Fn. 14.

bende Äußerungen in der Stellungnahme der Zielgesellschaft nach § 28 beanstandet werden, da es auf den konkreten Zeitpunkt und den konkreten Anlass der Werbung nicht ankomme.[12]

**11**    Der letztgenannten Ansicht ist sowohl für die Stellungnahme als auch für die Angebotsunterlage zuzustimmen. Soweit Äußerungen dem Zwecke der Beeinflussung dienen, fallen sie grundsätzlich auch unter den Anwendungsbereich der Vorschrift und zwar unabhängig davon, ob sie Inhalt der Angebotsunterlage oder Stellungnahme sind. Sowohl § 11 als auch § 27 sind gegenüber § 28 nur zum Teil als lex specialis anzusehen. § 11 normiert die Pflicht des Bieters zur Erstellung einer Angebotsunterlage und schreibt deren maßgeblichen Inhalt vor. Ebenso regelt § 27 die Pflicht zur Äußerung auf ein Angebot und deren notwendigen Inhalt. Der dort vorgeschriebene Inhalt kann nicht zugleich Werbung iSd § 28 sein, da die Pflichten des Bieters und der Zielgesellschaft sonst unter dem Untersagungsvorbehalt der BaFin stünden. Demgegenüber ist § 28 anwendbar, soweit in Angebotsunterlage oder Stellungnahme die Grenzen der in §§ 11, 27 normiertem Pflichten überschritten werden.[13] Werbende Äußerungen in der Stellungnahme der Zielgesellschaft fallen unter § 28, ob sie nun in Bezug auf die Angebotsunterlage zustimmenden oder widersprechenden Charakter haben. Denn die Gefahr der Beeinflussung der Wertpapierinhaber besteht in beiden Fällen und es geht nicht darum, in welche Richtung die Wertpapierinhaber beeinflusst werden (→ Rn. 8).

**12**    Streitig ist ferner die Einordnung **kapitalmarktbezogener Presse- und Analystenkonferenzen** sowie sog. **Road-Shows,** die im Zusammenhang mit einem Angebot stehen. Einer Auffassung zufolge fallen solche Maßnahmen generell nicht unter den Begriff der Werbung nach § 28.[14] Nach anderer Auffassung fallen solche Maßnahmen nur dann nicht unter § 28, wenn sie sich darauf beschränken, den Inhalt der Angebotsunterlage bzw. der Stellungnahme nach § 27 wiederzugeben.[15] Eine dritte Ansicht geht davon aus, dass solche Maßnahmen grundsätzlich unter den Begriff der Werbung iSd § 28 zu subsumieren sind.[16] Der letztgenannten Ansicht ist zuzustimmen. Sobald insbesondere öffentliche Veranstaltungen dazu geeignet sind, die Wertpapierinhaber zu beeinflussen, sind keine Gründe ersichtlich, sie dem Anwendungsbereich des § 28 generell zu entziehen (→ Rn. 7 aE). Da ferner auch die Angebotsunterlage und die Stellungnahme der Zielgesellschaft werbende Äußerungen enthalten können und insoweit nach § 28 beanstandet werden können (→ Rn. 11), ist eine Beschränkung auf den Inhalt dieser Unterlagen ohnehin nicht geeignet, eine öffentliche Veranstaltungen der Kontrolle der BaFin zu entziehen.

**13**    **2. Missstand. a) Begriff.** Ferner muss ein „Missstand" vorliegen, um die Eingriffsbefugnis der BaFin auszulösen. Ein Missstand iSd Abs. 1 ist gegeben, wenn bestimmte Werbemaßnahmen dazu geeignet sind, die in § 3 normierten Grundsätze und damit die ordnungsgemäße Durchführung des Übernahmeangebots zu beeinträchtigen. Das ist insbesondere dann der Fall, wenn die Maßnahmen geeignet sind, die Information der Wertpapierinhaber der Zielgesellschaft über die Vor- und Nachteile des Angebots und ihre darauf aufbauende freie Entscheidung über Annahme oder Ablehnung des Angebots wesentlich zu erschweren oder zu vereiteln.[17] Nicht erforderlich ist, dass ein bestimmter Missstand bereits eingetreten ist, die BaFin ist vielmehr auch zu verbeugenden Maßnahmen berechtigt.[18] Bei dem Begriff „Missstand" handelt es sich um einen unbestimmten Rechtsbegriff, der in einem gerichtlichen Verfahren inhaltlich voll überprüfbar ist.[19]

---

[12] Kölner Komm WpÜG/*Hirte* Rn. 20; einschr. Baums/Thoma/*Harbarth* Rn. 24, der die Anwendbarkeit des § 28 bei erster Stellungnahme verneint, nicht aber bei der Durchführung einer „Werbekampagne" in Form zahlreicher Stellungnahmen.

[13] Ebenso in Bezug auf die Stellungnahme Kölner Komm WpÜG/*Hirte* Rn. 20, § 27 Rn. 16.

[14] Angerer/Geibel/Süßmann/*Süßmann* Rn. 9 mwN.

[15] FK-WpÜG/*Röh* Rn. 10.

[16] Assmann/Pötzsch/Schneider/*Assmann* Rn. 11 mwN; Baums/Thoma/*Harbarth* Rn. 20 mwN; grds. auch Kölner Komm WpÜG/*Hirte* Rn. 19.

[17] Angerer/Geibel/Süßmann/*Süßmann* Rn. 11; ähnlich Kölner Komm WpÜG/*Hirte* Rn. 22.

[18] BT-Drs. 14/7034, 52.

[19] Baums/Thoma/*Harbarth* Rn. 29 mwN; Kölner Komm WpÜG/*Hirte* Rn. 21.

**b) Intensität.** Die Maßnahmen können sowohl den Inhalt, als auch den Umfang der **14** Werbung und die zu ihrer Übermittlung eingesetzten Medien betreffen.[20] Darüber, wann im konkreten Fall ein Missstand vorliegt, geben Gesetzestext und Regierungsbegründung keine Auskunft. Da aber Eingriffe in die Werbefreiheit an Art. 12 Abs. 1 GG (Berufsfreiheit) zu messen sind, muss der Missstand zumindest eine **gewisse Intensität** aufweisen.[21] Regelmäßig dürfte ein Missstand vorliegen, wenn die Maßnahme zugleich einen **Verstoß gegen §§ 3, 5 UWG** darstellt.[22] Insbesondere ist der Anwendungsbereich des § 28 insofern weiter als der der §§ 3, 5 UWG, da nicht Voraussetzung ist, dass Bieter und Zielgesellschaft zueinander in einem Wettbewerbsverhältnis stehen.

**c) Einzelne Missstände.** Ob **öffentliche Präsentationen** wie beispielsweise Road- **15** Shows einen Missstand iSd § 28 begründen können, hängt sowohl vom Umfang der Veranstaltungen, als auch von der Intensität der werbenden Äußerungen bei den einzelnen Veranstaltungen ab. Hier wird es auf den Einzelfall ankommen.

Als unzulässig ist im Hinblick auf die Rspr. zu § 1 UWG aF und die Regelungen der **16** §§ 3, 7 UWG nF die **unaufgeforderte Telefon-, Telefax- oder E-Mail-Werbung** zu sehen.[23] Auch Werbung, die geeignet ist, einen nicht unerheblichen Teil der Wertpapierinhaber über die Konsequenzen einer Annahme oder Ablehnung des Angebots **in die Irre zu führen** (vgl. § 5 UWG) ist als unzulässig anzusehen. Damit sind auch Aussagen unzulässig, die mit Selbstverständlichkeiten werben. Beispielsweise dann, wenn der Bieter den Wertpapierinhabern gewisse Handlungen verspricht, zu denen er bei einer erfolgreichen Übernahme sowieso gesetzlich verpflichtet wäre. Ebenfalls unzulässig ist **gefühlsbetonte Werbung,** die versucht, bei den Wertpapierinhabern Ängste hervorzurufen oder zu verstärken und dabei mehr auf die Suggestivkraft ihrer Aussagen als auf den tatsächlichen Kern abstellt.[24] Ferner sind auch **rufschädigende Äußerungen** über den Bieter oder die Zielgesellschaft als unzulässig zu betrachten.

**3. Untersagung. a) Untersagung bestimmter Arten von Werbung.** Schon vor Ein- **17** tritt eines Missstands kann die BaFin bestimmte Arten der Werbung durch Allgemeinverfügung (§ 35 S. 2 VwVfG) untersagen. Die Untersagung einer bestimmten Art von Werbung kann also nicht nur anlässlich eines bestimmten Übernahmeverfahrens erfolgen, sondern auch allgemein für spätere Angebote anderer Bieter. Damit wird der BaFin Regelungskompetenz zuerkannt. Die Untersagung darf sich nur gegen die Art der Werbung richten. Der Grund für die Untersagung muss in der Werbeart selbst liegen, nicht etwa in der Person des Werbenden.[25] Die BaFin darf zwar bestimmte Werbemaßnahmen oder -methoden verbieten. Sie muss die entsprechende Verfügung freilich so konkret fassen, dass der Untersagungsgrund (Missstand) erkennbar wird. Ob ein solcher allein in dem verwendeten Kommunikationsmittel liegen kann, ist zweifelhaft und eher zu verneinen. **Voraussetzungen** einer Allgemeinverfügung sind Begehungsgefahr[26] und die vorherige Anhörung des Beirats (→ Rn. 20).

**b) Untersagung im Einzelfall.** Die BaFin ist darüber hinaus befugt, Werbemaßnah- **18** men im Einzelfall zu untersagen. Ob und inwieweit sie eingreift, liegt grundsätzlich in ihrem **Ermessen** („kann … untersagen"). Dies ergibt sich aus dem systematischen Zusam-

---

[20] BT-Drs. 14/7034, 52.
[21] Kölner Komm WpÜG/*Hirte* Rn. 22.
[22] So auch Kölner Komm WpÜG/*Hirte* Rn. 22; FK-WpÜG/*Röh* Rn. 16 mwN; enger Assmann/Pötzsch/Schneider/*Assmann* Rn. 13 mwN und Angerer/Geibel/Süßmann/*Süßmann* Rn. 13; unklar Steinmeyer/*Steinmeyer* Rn. 3.
[23] S. auch Baums/Thoma/*Harbarth* Rn. 48 mwN; Kölner Komm WpÜG/*Hirte* Rn. 22; Angerer/Geibel/Süßmann/*Süßmann* Rn. 13.
[24] Kölner Komm WpÜG/*Hirte* Rn. 22; *Möllers* ZBB 1999, 134 (141); abl. Angerer/Geibel/Süßmann/*Süßmann* Rn. 14.
[25] Kölner Komm WpÜG/*Hirte* Rn. 28.
[26] Vgl. Kölner Komm WpÜG/*Hirte* Rn. 26; Angerer/Geibel/Süßmann/*Süßmann* Rn. 17 (Wiederholungsgefahr).

menhang von Abs. 1 und Abs. 2, da letzterer bestimmt, dass vor allgemeinen Maßnahmen der Beirat zu hören ist. Das kann nur bedeuten, dass Abs. 1 neben den allgemeinen Maßnahmen auch Einzelfallmaßnahmen zulässt. Grundsätzlich gelten hier die allgemeinen Vorschriften des Verwaltungsverfahrensrechtes (VwVfG), wobei jedoch die spezialgesetzlichen Regeln des Abschnitts 6 des WpÜG über das Verfahren (§§ 40 ff.) zu beachten sind.

**19**    **c) Rechtsfolgen einer Zuwiderhandlung.** Die Zuwiderhandlung gegen eine Untersagungsverfügung der BaFin nach Abs. 1 stellt eine Ordnungswidrigkeit iSv § 60 Abs. 2 Nr. 1 dar, die mit einer Geldbuße bis zu 200.000 Euro geahndet werden kann (§ 60 Abs. 3 aE). Eine Untersagung des Angebots gem. § 15 scheidet dagegen als Sanktion grundsätzlich aus. Anderes gilt auch dann nicht, wenn der Verstoß gegen eine Allgemeinverfügung gerade im Inhalt der Angebotsunterlage liegt und offensichtlich ist (§ 15 Abs. 1 Nr. 2). Denn die Verfügung ist weder eine Vorschrift noch eine Rechtsverordnung iSd § 15 Abs. 1 Nr. 2.

### III. Anhörung des Beirats vor allgemeinen Maßnahmen (Abs. 2)

**20**    Vor allgemeinen Maßnahmen nach Abs. 1 hat die BaFin nach Abs. 2 den nach § 5 gebildeten Beirat zu hören. Die Anhörung stellt sicher, dass in die Entscheidung der BaFin der Sachverstand der Wirtschaft und der beteiligten Kreise einfließen können.[27] Gerade auf Grund der weitreichenden Wirkung einer allgemeinen Untersagungsverfügung soll deren Verhältnismäßigkeit durch ein unabhängiges Gremium geprüft werden.[28] Der Beirat **muss angehört** werden; eine zu Unrecht unterbliebene oder nicht ordnungsgemäß durchgeführte Anhörung führt zur Rechtswidrigkeit der Untersagung. In diesem Fall kann die Maßnahme, soweit sie den Charakter eines Verwaltungsaktes hat, dann im Wege der Anfechtungsklage gemäß § 42 VwGO angegriffen werden.

---

[27] BT-Drs. 14/7034, 36.
[28] FK-WpÜG/*Röh* Rn. 16.

# Abschnitt 4. Übernahmeangebote

## § 29 Begriffsbestimmungen

(1) Übernahmeangebote sind Angebote, die auf den Erwerb der Kontrolle gerichtet sind.

(2) [1]Kontrolle ist das Halten von mindestens 30 Prozent der Stimmrechte an der Zielgesellschaft aus dem Bieter gehörenden Aktien der Zielgesellschaft oder dem Bieter nach § 30 zugerechneten Stimmrechten an der Zielgesellschaft. [2]Stimmrechte aus Aktien, die zu einem von einer Kapitalverwaltungsgesellschaft verwalteten Sondervermögen gehören, das kein Spezialsondervermögen ist und dessen Vermögensgegenstände im Miteigentum der Anleger stehen, gelten für die Anwendung von Satz 1 als Stimmrechte der Kapitalverwaltungsgesellschaft.

**Schrifttum:** *Busch,* Eigene Aktien bei der Stimmrechtsmitteilung – Zähler, Nenner, Missstand, AG 2009, 425; *Berrar/Schnorbus,* Rückerwerb eigener Aktien und Übernahmerecht, ZGR 2003, 59; *Cahn,* Der Kontrollbegriff im WpÜG, in Mülbert/Kiem/Wittig, 10 Jahre WpÜG (ZHR-Beiheft Nr. 76), 2011, 77; *Fleischer/Körber,* Der Rückerwerb eigener Aktien und das Wertpapiererwerbs- und Übernahmegesetz, BB 2001, 2589; *Harbarth,* Kontrollerlangung und Pflichtangebot, ZIP 2002, 321; *Kossmann/Horz,* Außerbörslicher Paketerwerb und befreiendes Übernahmeangebot nach § 35 III WpÜG, NZG 2006, 481; *Kleindiek,* Funktion und Geltungsanspruch des Pflichtangebots nach dem WpÜG – Kapitalmarktrecht – Konzernrecht – Umwandlungsrecht, ZGR 2002, 546; *Krämer/Heinrich,* Emittentenleitfaden „reloaded", ZIP 2009, 1737; *R. Koch,* Passiver Kontrollerwerb und Pflichtangebot, ZIP 2008, 1260; *Krause,* Eigene Aktien bei Stimmrechtsmitteilung und Pflichtangebot, AG 2015, 553; *Merkner/Sustmann,* Die Neuauflage des Emittentenleitfadens der BaFin – Rechtssicherheit bei der Abgabe von Stimmrechtsmitteilungen, NZG 2009, 813; *Santelmann,* Notwendige Mindesterwerbsschwellen bei Übernahmeangeboten, AG 2002, 497; *Scholz,* Das Übernahme- und Pflichtangebot bei der KGaA, NZG 2006, 445; *S. H. Schneider,* Zur Bedeutung der Gesamtzahl der Stimmrechte börsennotierter Unternehmen für die Stimmrechtsmeldepflichten der Aktionäre, NZG 2009, 121; *Sudmeyer,* Mitteilungs- und Veröffentlichungspflichten nach §§ 21, 22 WpHG, BB 2002, 685; *Tyrolt/Cascante,* Pflichtangebotsbefreiung durch Übernahmeangebot und Mindestpreisregelungen, in Mülbert/Kiem/Wittig, 10 Jahre WpÜG (ZHR-Beiheft Nr. 76), 2011, 110.

## Übersicht

## I. Allgemeines

**1**  **1. Normzweck und wesentlicher Regelungsgehalt.** Abs. 1 enthält eine Definitionsnorm für **Übernahmeangebote,** die nach den Vorstellungen des Gesetzgebers die Regeln der §§ 31–34 auslöst, dh Übernahmeangebote unter andere Kautelen stellt als einfache Erwerbsangebote, für die lediglich die §§ 1–28, 40 ff. gelten. Abs. 1 entscheidet also über die Anwendung der Vorschriften des 4. Abschnitts auf das Angebot (sowie zusätzlich über die Anwendung des § 16 Abs. 2).

**2**  Abs. 2 definiert die sog. **Kontrollschwelle** und dient iVm der Zurechnungsvorschrift des § 30 einerseits der Konkretisierung des Begriffs der Übernahmeangebote. Daneben hilft Abs. 2 bei der Ermittlung der Angebotspflicht, wobei die Kontrollschwelle einerseits definierende Funktion hat (ab welchem Stimmrechtsanteil unterliegt ein Anteilinhaber der Angebotspflicht nach § 35?), andererseits den Zeitpunkt der Angebotspflicht mitbestimmt (wann unterliegt ein Anteilsinhaber der Angebotspflicht?). Abs. 2 hat seine geltende Fassung durch zwei Gesetzesänderungen im Jahr 2015 erhalten, die allerdings keine inhaltlichen Änderungen bezweckten.[1]

**3**  **2. Übernahmeangebote und andere Angebote.** Nach § 29 Abs. 1 sind Übernahmeangebote auf Kontrollerlangung gerichtete Angebote. Abs. 2 definiert als Kontrolle das Halten von mindestens 30% der Stimmrechte an der Zielgesellschaft. § 30 klärt, unter welchen Umständen dem Bieter Stimmrechte zugerechnet werden. Aus dem Zusammenhang dieser Regeln folgt, dass Übernahmeangebote solche Angebote sind, bei deren vollständiger Annahme dem Bieter erstmals mindestens 30% der Stimmrechte an der Zielgesellschaft zugerechnet werden. Hält er bereits vor dem Angebot 30% der Stimmrechte, so handelt es sich bei einem Angebot nicht um ein Übernahmeangebot iSd Abs. 1, weil das Angebot definitionsgemäß nicht mehr auf den Erwerb der Kontrolle gerichtet ist.

**4**  Dementsprechend sind **Pflichtangebote,** die gerade durch das Überschreiten der Kontrollschwelle ausgelöst werden, keine Übernahmeangebote iSd Abs. 1.[2] Für die Anwendung der §§ 30–33 auf Pflichtangebote spielt das jedoch keine Rolle, da die sinngemäße Anwendung dieser Vorschriften in § 39 ausdrücklich angeordnet ist. Auch **Aufstockungsangebote** und **einfache Erwerbsangebote** sind nicht auf den Erwerb der Kontrolle gerichtet, weil bei Aufstockungsangeboten der Bieter bereits vor dem Angebot Kontrolle hält und er die Kontrolle durch ein einfaches Erwerbsangebot definitionsgemäß nicht erhalten kann. Zur näheren Erläuterung der hier verwendeten Begriffe → Rn. 11.

**5**  **3. Die Zulässigkeit der verschiedenen Formen des Angebots.** Aus der Tatsache, dass die Vorschriften des 4. Abschnitts Sonderregeln für Übernahmeangebote und die des 5. Abschnitts Sonderregeln für Pflichtangebote enthalten, resultieren Folgen für den zulässigen Inhalt eines Angebots und der Angebotsunterlage. Angebote, die die Vorschriften des 4. Abschnitts nicht beachten, sind unzulässig, wenn man sie nach ihrem Inhalt als Übernahmeangebot zu qualifizieren hat. Angebote, die nach der Erlangung der Kontrolle abgegeben werden, unterliegen als Pflichtangebote den Regeln des 5. Abschnitts, aus denen sich dann ebenfalls die Unzulässigkeit eines Angebots ergeben kann, das diese Regeln nicht beachtet. Daher gehören die Definitionsnormen der §§ 29, 30 zu den **Kernvorschriften** des WpÜG.

---

[1] Kleinanlegerschutzgesetz vom 3.7.2015 (BGBl. 2015 I 1114), dazu BT-Drs. 18/3394, 56 iVm 53; Transparenz-RL-Änderungsrichtline-UG vom 20.11.2015 (BGBl. 2015 I 2029); dazu BT-Drs. 18/5010, 56 (55) iVm 42.

[2] Vgl. auch Angerer/Geibel/*Süßmann/Süßmann* Rn. 2; s. auch BT-Drs. 14/7034, 29 (60); Kölner Komm WpÜG/*v. Bülow* Rn. 26.

Die Frage, ob ein Übernahmeangebot vorliegt oder ein Pflichtangebot abzugeben ist, 6 richtet sich nicht nur nach dem Inhalt des Angebots, sondern auch nach den vom Bieter gehaltenen Stimmrechtsanteilen. Diese können sich vor, während und nach der Annahmefrist ständig verändern. Daher ist die Frage besonders bedeutsam, in welchem **Zeitpunkt** über die Zulässigkeit eines Angebots entschieden wird und welche Folgen sich aus späteren **Veränderungen** für die weitere Durchführung des Angebots ergeben (→ Rn. 18 ff.).

**4. Die formale Kontrollschwelle des Abs. 2.** Der Gesetzgeber hat sich in Abs. 2 dafür 7 entschieden, als Schwelle für das Auslösen einer Angebotspflicht und für die Definition eines Übernahmeangebotes einen **Stimmrechtsanteil von 30%** festzulegen. Damit enthält das Gesetz eine grundsätzlich klare und einfach zu handhabende Begriffsbestimmung für den Kontrollbegriff. Für die formell zu bestimmende Kontrolle iSd § 29 Abs. 2 spielt es keine Rolle, ob die Zielgesellschaft zugleich materiell abhängig iSd § 17 AktG ist oder nicht.[3] Die Übernahme-RL macht keine Vorgaben zur Bestimmung der Kontrollschwelle, sondern verweist auf die Rechtsordnungen der Mitgliedstaaten (vgl. Art. 5 Abs. 3 Übernahme-RL). Die Wahl von 30% entspricht der Regelung in vielen anderen europäischen Ländern,[4] weshalb man ihr schon von daher keine Willkür unterstellen kann. Der Begriff der Kontrolle spielt aber nicht nur im Übernahmerecht, sondern auch sonst im Gesellschafts-, Steuer-, Bilanz- und kollektiven Arbeitsrecht eine zentrale Rolle, dort freilich in Gestalt materieller Kontrolle (Leitungsmacht) und unter Abstellen auch auf andere Gesichtspunkte als den des Stimmrechtsanteils.[5] Gemeinsam ist allen Definitionen, dass sie „auf der Suche" nach der Person sind, die einen beherrschenden Einfluss auf die Gesellschaft iSd § 17 AktG ausüben kann.

Der soeben erwähnte **materielle Kontrollbegriff** kommt auch im WpÜG zum Aus- 8 druck, allerdings nicht in § 29 Abs. 2 sondern bei den Befreiungsvorschriften der §§ 36, 37.[6] Die Frage, ob der Bieter mit einer Kontrollposition iSd Abs. 2 auch tatsächlich einen beherrschenden Einfluss auf die Gesellschaft ausüben kann, ist nämlich tragender Aspekt bei einer Befreiung nach § 37 Abs. 1. Die Vorschrift nennt insbesondere die Beteiligungsverhältnisse an der Zielgesellschaft oder die Möglichkeit zur Ausübung der Kontrolle iSd § 37 Abs. 1 und wird weiter konkretisiert durch § 9 S. 2 Nr. 1 und Nr. 2 WpÜG-AV (höherer Stimmrechtsanteil eines Dritten, Abstellen auf ständige Hauptversammlungsmehrheit). Bei der Frage also, ob eine Person, die formal die Kontrolle erlangt hat, gleichwohl von der Angebotspflicht zu befreien ist, können dementsprechend auch die sonst vorhandenen Rechtsgedanken zur Bestimmung des beherrschenden Einflusses hilfsweise oder ergänzend herangezogen werden, wie umgekehrt die Regeln der §§ 36, 37 jedenfalls teilweise auch bei der Ermittlung der Abhängigkeit einer Gesellschaft im konzernrechtlichen Sinne heranzuziehen sind.

Stellt man die Frage nach der Zulässigkeit oder sachlichen Angemessenheit einer **forma-** 9 **len Bestimmung** der Kontrollschwelle,[7] so kann man diese zunächst im Hinblick darauf analysieren, ob sie denn, obwohl formal gewählt, wenigstens regelmäßig mit der materiellen Kontrolle übereinstimmt. Dabei ist davon auszugehen, dass eine Person, die 30% der Stimmrechte hält, regelmäßig auf der Hauptversammlung der Zielgesellschaft über eine **Hauptversammlungsmehrheit** verfügt, also praktisch die Entscheidungen in ihrem Sinne wird treffen können.[8] Weiter ist zu berücksichtigen, dass der Gesetzgeber hier eine an internatio-

---

[3] Ganz hM, vgl. nur BGH NZG 2012, 1033 Rn. 22 mwN.

[4] In England, Frankreich, Italien, Österreich und der Schweiz wird ebenfalls auf eine 30%-Schwelle abgestellt, ausf. zu England, Österreich, Schweiz Kölner Komm WpÜG/*v. Bülow* Rn. 9 ff.

[5] Ausf. zum Begriff der Leitungsmacht und den verschiedenen Definitionen *Wackerbarth* Leitungsmacht 42–70, auch mit rechtsvergleichendem Überblick, freilich ohne Berücksichtigung des Übernahmerechts.

[6] Vgl. dazu *Kleindiek* ZGR 2002, 546 (555, 563 f.).

[7] Dagegen zB *Mülbert* ZIP 2001, 1221 (1225, 1227); dafür *Kleindiek* ZGR 2002, 546 (563 f.) mwN; *Houben* WM 2000, 1873 (1879); *Krause* WM 1996, 893 (899).

[8] ZB BT-Drs. 14/7034, 53; *Mielke* in Beckmann/Kersting/Mielke Übernahmerecht Rn. B 11 in Fn. 19: durchschnittliche Hauptversammlungsmehrheit bei 63%; vgl. weiter Assmann/Pötzsch/Schneider/*Assmann/Favoccia* Rn. 9; Angerer/Geibel/Süßmann/*Süßmann* Rn. 17 mwN; Steinmeyer/*Steinmeyer* Rn. 14; *Kleindiek* ZGR 2002, 546 (563).

nalen Vorbildern ausgerichtete bewusste Entscheidung getroffen hat, die sowohl andere (höhere, niedrigere) Schwellenwerte als auch die Alternative einer materiellen Kontrollschwelle in Betracht zog.[9] Eventuelle Kritik an der formalen Schwelle muss sich auch damit auseinandersetzen, dass der Gesetzgeber insbesondere durch die Befreiungsvorschriften dem Ziel der Feststellung materieller Kontrolle bereits weitgehend entgegengekommen ist.[10] Die formelle Begriffsbildung im Rahmen des § 29 Abs. 2 stellt einen Kompromiss zwischen dem Wunsch nach einer rechtsklaren und -sicheren Regelung und dem Ziel dar, tatsächlich „institutionalisierte Mehrheiten" zu erfassen. Das ist verfassungsrechtlich auf Grund der Einschätzungsprärogative des Gesetzgebers gedeckt, solange die typisierende Begriffsbildung selbst nicht völlig ungeeignete Anknüpfungspunkte wählt. Das aber kann man von der 30%-Schwelle angesichts derzeitiger Hauptversammlungspräsenzen nicht sagen.[11] Anders mag man es für die KG aA als Zielgesellschaft beurteilen.[12]

10    Noch auf einen weiteren zentralen Unterschied zu den gesellschaftsrechtlichen Begriffen der Abhängigkeit bzw. des beherrschenden Einflusses sei hingewiesen. Zumindest im deutschen Gesellschaftsrecht geht die hM davon aus, das allein ein beherrschender Einfluss nicht genügt, um das Sonderrecht für Konzerne auszulösen. Dieses versteht sich nicht als Sonderregel für kontrollierte Gesellschaften, sondern als Sonderrecht für **durch ein Unternehmen** kontrollierte Gesellschaften. Privatpersonen als Inhaber der Kontrolle bleiben außen vor, da zwischen ihnen und der Gesellschaft nicht der berüchtigte unternehmerische Interessenkonflikt bestehen soll.[13] Anders freilich das europäisch beeinflusste Bilanzrecht[14] sowie das Arbeitsrecht.[15] Der Gedanke des unternehmerischen Interessenkonflikts ist ausländischen Rechtsordnungen fremd, und zwar auch im Gesellschaftsrecht.[16] Mit dem WpÜG, seinem Gegenstand nach Kapitalmarktrecht, funktional jedoch Börsengesellschaftsrecht,[17] beginnt nun (vielleicht, hoffentlich) auch der deutsche Gesetzgeber, sich von diesem verfehlten[18] Sonderweg zu lösen.

### 5. Definitionen der im Folgenden verwendeten Begriffe.

11    – **Einfaches Erwerbsangebot:** Angebot, das nicht auf den Erwerb der Kontrolle iSd Abs. 2 gerichtet ist. Der Bieter hat vor Abgabe des Angebots und im Falle vollständiger Annahme des Angebots durch die Adressaten keine Kontrollposition inne. Denkbar allein in Form eines Teilgebotes (§ 19). Dieses Angebot wird auch „kontrollneutrales Angebot", „Erwerbsangebot" oder „kontrollfreies Teilangebot" genannt.[19] Die Vorschriften des 4. Abschnitts finden keine Anwendung.

– **Übernahmeangebot:** Angebot, das auf den Erwerb der Kontrolle iSd Abs. 2 gerichtet ist. Der Bieter hat vor Abgabe des Angebots keine Kontrollposition inne, erhält sie aber durch vollständige Annahme des Angebots. Denkbar sowohl als Vollangebot wie auch als Teilangebot. Abzugrenzen vom Pflichtangebot, das gerade durch die Erlangung der Kontrolle ausgelöst wird und dem deshalb auch die Funktion des Kontrollerwerbs fehlt.

– **Aufstockungsangebot:** Der Bieter hat bereits vor Abgabe des Angebots Kontrolle iSd Abs. 2. Denkbar sowohl als Vollangebot wie auch als Teilangebot. Die Vorschriften des 4. Abschnitts finden keine Anwendung.

---

[9] Vgl. dazu Angerer/Geibel/Süßmann/*Süßmann* Rn. 17; FK-WpÜG/*Haarmann* Rn. 3; Steinmeyer/*Steinmeyer* Rn. 13; BT-Drs. 14/7034, 53.

[10] Dazu auch *Kleindiek* ZGR 2002, 546 (555, 563 f.).

[11] Vgl. Angerer/Geibel/Süßmann/*Meyer* § 35 Rn. 12 mwN.

[12] Für die Anwendbarkeit des § 29 Abs. 2 auf die KGaA Steinmeyer/*Steinmeyer* Rn. 17 mwN; ausf. *Scholz* NZG 2006, 445 (446).

[13] Dazu *Wackerbarth* Leitungsmacht 12, 50 ff.

[14] Zum Abstellen auf das Control-Konzept in §§ 290 ff. HGB *Wackerbarth* Leitungsmacht 65 ff.

[15] Dazu *Wackerbarth* in Lutter/Bayer Holding-HdB § 12 Rn. 12, 89 ff.

[16] Zum US-amerikanischen Recht vgl. *Wackerbarth* Leitungsmacht 62; s. iÜ *Druey* in Lutter, Konzernrecht im Ausland, 1994, 310 (388 ff.).

[17] Zum Begriff *Fleischer* ZHR 165 (2001), 513 (515); *Fleischer* NZG 2002, 545 f.

[18] Dazu *Wackerbarth* Leitungsmacht 257 ff.

[19] Vgl. Kölner Komm WpÜG/*v. Bülow* Rn. 17 ff. mit weiteren, in der Begr. verwendeten Benennungen.

– **Erwerbsangebot:** Als Erwerbsangebot wird nachfolgend auch ein Angebot bezeichnet, auf das die Vorschriften des 4. Abschnitts keine Anwendung finden, das mithin das einfache Erwerbsangebot und das Aufstockungsangebot unter einem Oberbegriff zusammenfasst.

## II. Begriff und Zulässigkeit des Übernahmeangebots (Abs. 1)

**1. Angebote.** Unter „Angebote" sind mangels abweichender Anhaltspunkte Angebote **12** iSd § 1 iVm § 2 zu verstehen, dh öffentliche Kauf- oder Tauschangebote zum Erwerb von Wertpapieren der Zielgesellschaft. Mit dem Begriff sind freiwillige Angebote gemeint, die Vorschriften des 4. Abschnitts sind jedoch gem. § 39 auch auf Pflichtangebote anwendbar. Durch Abs. 1 und dem Erfordernis öffentlicher Angebote klargestellt, dass die Vorschriften des 4. Abschnitts nicht für private Transaktionen gelten, die zu einem Kontrollwechsel führen (sie gelten dann allerdings für ein nachfolgendes Pflichtangebot).

**2. Gerichtet auf Kontrollerwerb. a) Grundsatz: erfolgreiches Angebot führt zur 13 Kontrollerlangung.** Das Angebot ist nur dann auf den Erwerb der Kontrolle gerichtet, wenn der Bieter unter der Hypothese, dass sämtliche Angebotsadressaten das Angebot annehmen und die geschlossenen Verträge vollzogen werden (= erfolgreiches Angebot iSd § 11 Abs. 2 S. 3 Nr. 1),[20] die Kontrolle über die Zielgesellschaft erlangt, ohne bereits vor der Abgabe des Angebots Kontrolle innezuhaben (zur Berechnung → Rn. 47 ff.).

Ob das Angebot tatsächlich erfolgreich ist, also zur Erlangung der Kontrolle führt oder **14** nicht, ist für die Behandlung als Übernahmeangebot nicht maßgeblich.[21] Keine Rolle spielt auch, ob der Bieter das Angebot von dem Erwerb eines **Mindestanteils** abhängig gemacht hat. Eine in der Lit. vereinzelt vertretene Verpflichtung, Übernahmeangebote zwingend mit einer Mindesterwerbsschwelle in Höhe von 30% zu versehen,[22] ist im Gesetz weder angeordnet[23] noch zur Durchsetzung irgendwelcher Ziele des WpÜG erforderlich.[24] Sie ergibt sich auch nicht aus einem Gesamtzusammenhang zwischen einzelnen Regeln des WpÜG.[25]

Hat der Bieter bereits vor Abgabe des Angebots Kontrolle, so handelt es sich um ein **15** sog. **Aufstockungsangebot,** nicht um ein Übernahmeangebot. Zu der Möglichkeit, dass ein Erfolg im hier beschriebenen Sinne einen darüber hinausgehenden **weiteren Stimmrechtszuwachs** beim Bieter auslöst, → Rn. 26 ff. Hat der Bieter das Angebot von einer **Bedingung** abhängig gemacht, bei deren Eintritt oder Ausfall sich sein Stimmrechtsanteil vergrößern würde, so ist unter einem erfolgreichen Angebot eines zu verstehen, bei dem der vergrößerte Stimmrechtsanteil zugrundegelegt wird.[26]

---

[20] Wie hier Schwark/Zimmer/*Noack/Zetzsche* Rn. 4; was an dieser Definition missverständlich sein soll, wird wohl das Geheimnis von Steinmeyer/*Steinmeyer* Rn. 6 mit Fn. 10 bleiben. Selbstverständlich werden mit der gegebenen Definition nicht nur Angebote erfasst, die nur bei vollständiger Annahme zum Überschreiten der Schwelle führen.

[21] Baums/Thoma/*Diekmann* Rn. 21; FK-WpÜG/*Haarmann* Rn. 18; Schwark/Zimmer/*Noack/Zetzsche* Rn. 4; Steinmeyer/*Steinmeyer* Rn. 6. Der Verweis von Angerer/Geibel/Süßmann/*Süßmann* Rn. 6 auf die Ansicht *Mülberts* ZIP 2001, 1221 (1224) betrifft nicht die Qualifikation als Übernahmeangebot, sondern die Frage, unter welchen Umständen ein Übernahmeangebot von einem nachfolgenden Pflichtangebot befreit, vgl. dazu → § 35 Rn. 252 ff.

[22] *Santelmann* AG 2002, 497 ff.

[23] Baums/Thoma/*Diekmann* Rn. 22; Schwark/Zimmer/*Noack/Zetzsche* Rn. 20; Steinmeyer/*Steinmeyer* Rn. 6.

[24] AA *Santelmann* AG 2002, 497 ff. Die gegebene Begr. mit der sonst ungerechtfertigten Auslösung der weiteren Annahmefrist rechtfertigt die behauptete Gegenmaßnahme (zwingende Mindesterwerbsschwelle) nicht. Den Bedenken kann bereits im Rahmen des § 16 Abs. 2 Rechnung getragen werden, indem nur ein Angebot, das tatsächlich innerhalb der regulären Annahmefrist zum Kontrollerwerb geführt hat, die weitere Annahmefrist auslöst, vgl. → § 16 Rn. 20 ff. Die zusätzliche Begr. mit der Sperrfrist des § 26 beweist gerade die Unrichtigkeit einer zwingenden Mindesterwerbsschwelle. Der Gesetzgeber wollte durch die Regelung in § 26 Abs. 1 S. 2 mehrere hintereinandergeschaltete Übernahmeangebote gerade nicht verhindern, sondern zulassen. Im Übrigen ist die Sperrfristregelung des § 26 Abs. 1 S. 2 verfassungswidrig, vgl. → § 26 Rn. 3 ff.

[25] AA *Santelmann* AG 2002, 497 ff., dazu s. bereits Fn. zuvor.

[26] Dazu Kölner Komm WpÜG/*v. Bülow* Rn. 41 f.

**16**     **b) Objektive Beurteilung.** Für die Feststellung der Zielrichtung des Angebots sind allein **objektive Umstände** erheblich. Die Formulierung „gerichtet auf" ist funktional zu verstehen, dh die Absicht des Bieters, tatsächlich Kontrolle zu erlangen, spielt keine Rolle.[27] Beispiel: Gibt der Bieter an sämtliche Wertpapierinhaber der Zielgesellschaft ein unattraktives Angebot ab, so dass von einer vollständigen Annahme durch die Aktionäre nicht ausgegangen werden kann, so liegt gleichwohl ein Übernahmeangebot vor, für das die Regeln der §§ 29 ff. zunächst einmal Geltung beanspruchen. Zu begründen ist das damit, dass für Übernahmeangebote gegenüber einfachen Erwerbsangeboten jedenfalls die zusätzlichen Vorschriften des § 33 gelten, deren Anwendung § 29 Abs. 1 gerade klären will. Seine Absichten können jedenfalls nicht in der Weise Berücksichtigung finden, dass sie trotz Erfüllung der objektiven Kriterien eines Übernahmeangebots zur Nichtanwendung dieser Vorschriften führen. Umgekehrt kann ohne Vorliegen der Voraussetzungen nicht die Absicht des Bieters entscheidend sein, doch „irgendwie" Kontrolle zu erlangen. Die Anwendung des § 33 kann nicht vom Willen des Bieters abhängen.

**17**     **c) Formelle Kontrolle.** Fraglich kann noch sein, ob Kontrolle in § 29 Abs. 1 im **formellen Sinne des Abs. 2** zu verstehen ist, oder aber materiell im Sinne beherrschenden Einflusses (§ 17 AktG). Richtig und ausweislich der Begründung gewollt[28] ist es, stets den formellen Kontrollbegriff des Abs. 2 zugrundezulegen.[29] Ein Übernahmeangebot gibt danach nur jemand ab, der vor dem Angebot keine formelle Kontrolle innehat und jedenfalls bei maximaler Annahme die Kontrolle iSd Abs. 2 erlangte.[30] Umgekehrt gibt jemand, der formell keine Kontrolle innehat, auch dann ein Übernahmeangebot ab, wenn er bereits beherrschenden Einfluss ausüben konnte (Beispiel: ständige Hauptversammlungsmehrheit bei lediglich 20%iger Beteiligung). Probleme, die sich auf Grund einer möglichen Befreiung des formell Kontrollierenden von einem Pflichtangebot ergeben, sind über die Vorschriften des 5. Abschnittes zu lösen. Daher ist auch in den Fällen, in denen solche Befreiungstatbestände nach einem erfolgreichen Übernahmeangebot unzweifelhaft vorliegen, nicht etwa der Anwendungsbereich der Vorschriften des 4. Abschnitts „teleologisch zu reduzieren".[31] Vielmehr ist die Regelung des Gesetzgebers als abschließend zu verstehen, so dass eine Befreiung gem. § 37 nur von einem Pflichtangebot in Frage kommt.

**18**     **3. Zeitpunkte für die Beurteilung. a) Veröffentlichung nach § 10.** Für die Frage, ob ein Angebot ein Übernahmeangebot ist, ist zunächst auf den Zeitpunkt der Veröffentlichung nach § 10 abzustellen.[32] Denn nur für Übernahmeangebote ist § 33 anwendbar. Diese Vorschrift enthält das sog. Vereitelungsverbot für die Geschäftsleitung der Zielgesellschaft und bestimmt in § 33 Abs. 1 S. 1, dass dieses Verbot zeitlich mit der Veröffentlichung

---

[27] Kölner Komm WpÜG/*v. Bülow* Rn. 45 f.; FK-WpÜG/*Haarmann* Rn. 18; Schwark/Zimmer/*Noack*/ *Zetzsche* Rn. 4; vgl. auch Assmann/Pötzsch/Schneider/*Assmann/Favoccia* Rn. 4; Baums/Thoma/*Diekmann* Rn. 20.
[28] BT-Drs. 14/7034, 53.
[29] Ebenso wohl Angerer/Geibel/Süßmann/*Süßmann* Rn. 6 f.; Steinmeyer/*Steinmeyer* Rn. 6; FK-WpÜG/ *Haarmann* Rn. 17.
[30] Steinmeyer/*Steinmeyer* Rn. 6.
[31] So aber *Oechsler* NZG 2001, 817 (825) mwN; vgl. auch *Cahn/Senger* FB 2002, 277 (286), die von den Vorschriften der §§ 31 ff. nur dann absehen wollen, wenn ein Aktionär die absolute Stimmenmehrheit innehat; FK-WpÜG/*Haarmann* Vor §§ 29–34 Rn. 11 ff. will in solchen Fällen dem Bieter gestatten, einen Antrag auf Dispens von den Vorschriften des 4. Abschnitts zu gestatten, ebenso Schwark/Zimmer/*Noack*/*Zetzsche* Rn. 22 mwN. All dies führt nur zu weiterem Verwaltungsaufwand und sachwidriger Regulierung bzw. hypothetischen Überlegungen (möglicherweise müsste eine Befreiung nach § 37 beantragt werden, obgleich sich später herausstellt, dass das freiwillige Übernahmeangebot doch nicht erfolgreich war oder es würde eine Befreiung erteilt, obgleich sich während des Übernahmeangebots die tatsächlichen Umstände ändern und damit die Voraussetzung für die Befreiung entfällt). Derartige Reduktionen des Begriffs des Übernahmeangebots oder die analoge Anwendung der Befreiungsmöglichkeiten des 5. Abschnitts sind aber auch nicht notwendig, wenn man, wie hier vertreten, die Mindestpreisregeln des § 31 sowie die Vollangebotspflicht des § 32 ohnehin für unanwendbar auf Übernahmeangebote hält (→ Rn. 33 ff.).
[32] Steinmeyer/*Steinmeyer* Rn. 6; aA Kölner Komm WpÜG/*v. Bülow* Rn. 47 ff.: frühester Zeitpunkt sei Beginn der Annahmefrist; ebenso Baums/Thoma/*Diekmann* Rn. 30.

nach § 10 beginnt. Der Bieter muss infolgedessen bereits in der Veröffentlichung nach § 10 angeben, ob er ein Übernahmeangebot abzugeben beabsichtigt oder nicht, damit sich die Geschäftsleitung der Zielgesellschaft darauf einstellen kann. Vgl. zu den Mindestangaben in der Veröffentlichung nach § 10 auch → § 10 Rn. 67. Die Beurteilung, ob es sich bei dem Angebot um ein Erwerbsangebot, entweder in Form eines kontrollfreien Teilangebots oder in Form eines Aufstockungsangebots, oder um ein Übernahmeangebot handelt, nimmt also zunächst der Bieter selbst vor.

Durch die Veröffentlichung der Entscheidung nach § 10 tritt **keine Selbstbindung** des **19** Bieters ein.[33] Hat er ein **Übernahmeangebot** angekündigt und überlegt es sich anschließend anders, so kann er auch ein einfaches Erwerbsangebot abgeben. Überschreitet er bis zur Veröffentlichung der Unterlage die Kontrollschwelle, so unterliegt er den Pflichten des § 35. Die Veröffentlichung nach § 10 ersetzt allerdings nicht die Pflicht zur Veröffentlichung der Kontrollerlangung und das Angebot ist an die veränderten Umstände (Angebotspflicht) anzupassen.[34] Namentlich bestimmte Bedingungen, wie etwa eine Mindesterwerbsschwelle, sind bei Pflichtangeboten unzulässig, so dass das Angebot nur dann zulässig ist, wenn die für Pflichtangebot geltenden Regeln eingehalten werden. An dieser Rechtslage ändert die Vorschrift des § 35 Abs. 3 nichts, da sie den Kontrollerwerb auf Grund eines Übernahmeangebots voraussetzt, was den hier beschriebenen Fall nicht erfasst.[35] Auch wenn der Bieter sich zur Abgabe eines **einfachen Erwerbsangebots** entschieden hat, so kann er nachfolgend gleichwohl ein Übernahmeangebot oder ein Pflichtangebot abgeben.[36] Soweit in allen diesen Fällen das abgegebene Angebot nicht mit dem angekündigten übereinstimmt, kann eine Verletzung der Pflichten aus § 10 oder § 35 Abs. 1 vorliegen, deren Sanktion allerdings nicht in der Untersagung des Angebots bestehen kann (vgl. → § 10 Rn. 105 ff.).

**b) Abgabe des Angebots.** Ob tatsächlich ein Übernahmeangebot vorliegt oder nicht, **20** entscheidet sich endgültig erst im Zeitpunkt der Abgabe des Angebots.[37] Das ist der Zeitpunkt der Veröffentlichung gem. § 14 Abs. 3.

**c) Unbeachtlichkeit späterer Veränderungen.** Die Beurteilung im Zeitpunkt der **21** Abgabe des Angebots und die damit verbundene Qualifikation als Erwerbs- oder Übernahmeangebot ist endgültig. Mit der Veröffentlichung der Unterlage steht fest, dass und welche Regeln des WpÜG auf das Angebot Anwendung finden. Spätere tatsächliche Veränderungen in den Stimmrechtsanteilen des Bieters können daran nichts mehr ändern.[38] Das gebieten zum einen der Grundsatz eines transparenten und beschleunigten Verfahrens, zum anderen die Interessen sowohl der Adressaten eines Angebots, auf die spätere Veränderungen nur verwirrend wirken und die sich auf die Gültigkeit der einmal durch den Bieter abgegebenen Willenserklärung nach Maßgabe der §§ 17, 18 verlassen können sollen. Schließlich folgt das Verbot der Berücksichtigung späterer Änderungen auch aus den berechtigten Interessen des Bieters, dem nur eine einmalige ex ante zu erfolgende Zulässigkeitsprüfung und Vorbereitung des Angebots zumutbar ist. Spätere Veränderungen können im Übrigen ausreichend dadurch berücksichtigt werden, dass nach dem Abschluss eines freiwilligen Angebots ggf. ein Pflichtangebot des Bieters nachfolgt.

Bei anderer Betrachtungsweise (also einer auch nachträglichen Berücksichtigung von **22** Veränderungen der Stimmrechtsanteile des Bieters) würde man dem Bieter bei einem frei-

---

[33] Zu Recht Schwark/Zimmer/*Noack/Zetzsche* Rn. 13; Kölner Komm WpÜG/*v. Bülow* Rn. 49; anders → 3. Aufl. 2011, Rn. 19 im Widerspruch zu → § 10 Rn. 107.

[34] AA Assmann/Pötzsch/Schneider/*Assmann/Favoccia* Rn. 4, die annehmen, der Bieter müsse nicht „auf ein Pflichtangebot umstellen".

[35] AA Schwark/Zimmer/*Noack/Zetzsche* Rn. 13.

[36] Vgl. dazu Schwark/Zimmer/*Noack/Zetzsche* Rn. 13.

[37] Insoweit besteht letztlich keine Meinungsverschiedenheit mit Kölner Komm WpÜG/*v. Bülow* Rn. 49: Ob ein abgegebenes Angebot ein Übernahmeangebot ist oder nicht, kann selbstverständlich erst im Zeitpunkt der endgültigen Veröffentlichung festgestellt werden.

[38] Ebenso Assmann/Pötzsch/Schneider/*Assmann/Favoccia* Rn. 4; Angerer/Geibel/Süßmann/*Süßmann* Rn. 10; nunmehr auch Kölner Komm WpÜG/*v. Bülow* Rn. 59 ff.; aA Baums/Thoma/*Diekmann* Rn. 31 ff.; Schwark/Zimmer/*Noack/Zetzsche* Rn. 14.

willigen Übernahmeangebot praktisch vorschreiben, wann und wie er die zustandegekommenen Erwerbsverträge zu erfüllen hätte. Er dürfte nicht bereits während der Annahmefrist die einzelnen Verträge abwickeln (obwohl das im Interesse der Adressaten liegen kann), da die Abwicklung dazu führen könnte, dass aus einem Übernahmeangebot ein Pflichtangebot wird.[39]

23      Eine andere Frage ist es, ob bei vom Bieter während der Annahmefrist durchgeführten privaten Paketkäufen das (Tausch-)Angebot unzulässig wird, weil es nunmehr gegen § 31 Abs. 3 verstößt (vgl. → § 31 Rn. 76) oder was geschieht, wenn der Bieter während der Annahmefrist auf andere Art und Weise als durch die Annahme seines öffentlichen Angebots die Kontrolle erlangt, dazu noch die folgenden Ausführungen.

24      **4. Zusätzlicher Erwerb von Stimmrechten bei einem einfachen Erwerbsangebot. a) Durch ein erfolgreiches Angebot bedingter weiterer Stimmrechtszuwachs beim Bieter.** In der Lit. wird der Fall beschrieben, dass ein erfolgreiches Angebot (Erfolg im Sinne des Erreichens eines bestimmten Mindestanteils des Bieters) auf Grund eines **bedingten Vorerwerbs** mit einem Aktionär der Zielgesellschaft einen über das Angebot hinausgehenden weiteren Stimmrechtszuwachs beim Bieter auslöst.[40] Damit zusammenhängend wird die Frage aufgeworfen, ob dieser weitere Zuwachs bei der Beurteilung zu berücksichtigen ist, ob das Angebot auf Kontrollerwerb gerichtet ist.

25      Verknüpft der Bieter das Angebot solchermaßen mit einem bedingten Vorerwerb, so bestehen nach hier vertretener Auffassung nur zwei Alternativen. Entweder kann er bei Abgabe des Angebots über die Stimmrechte noch nicht verfügen. Dann ist das **einfache Erwerbsangebot** in Form eines Teilgebots zulässig, allerdings kann der Paketverkäufer nach seinem Belieben auch das Teilgebot annehmen, er gehört zwingend mit zu den Angebotsadressaten (→ § 19 Rn. 28 ff.).[41] Oder aber der Vorerwerb hat bereits zu einer (zB treuhänderischen) Übertragung des Stimmrechts auf den Bieter geführt. Dann sind diese Stimmrechte von vornherein bei der Feststellung zu berücksichtigen, ob der Bieter vor dem Angebot bereits formell Kontrollinhaber ist.[42] Vgl. → § 22 Rn. 28; → § 19 Rn. 28. Gegebenenfalls ist dann nur ein **Pflichtangebot** iSd § 35 zulässig und erforderlich.

26      Hinsichtlich eines sonst bedingten oder befristeten Paketerwerbs, bei dem der Bieter auf Grund des Eintritts der Bedingung oder des entsprechenden Termins die Stimmrechte während der Annahmefrist erwirbt, gelten die Ausführungen in → Rn. 27 ff.

27      **b) Parallelerwerb während der Annahmefrist.** Zweifelhaft ist, was geschieht, wenn der Bieter während der Annahmefrist, etwa an der Börse oder durch eine private Transaktion, weitere stimmrechtsvermittelnde Wertpapiere der Zielgesellschaft erwirbt und so bereits während des Laufs der Annahmefrist eines öffentlichen Angebots die Kontrolle erlangt. Es bestehen prinzipiell vier Möglichkeiten zur Lösung des Problems. (1) Der Bieter kann sein Angebot zu Ende bringen und muss erst anschließend ein Pflichtangebot abgeben.[43] (2) Der Bieter muss sofort die Kontrollerlangung veröffentlichen, das Angebotsverfahren wird abgebrochen (zB durch eine Untersagung der BaFin) und der Bieter muss stattdessen das Pflichtangebot durchführen. (3) Das Angebot kann fortgeführt werden, der Bieter muss aber zugleich entsprechend den Regeln über das Pflichtangebot ein Alternativangebot abgeben.[44] Zum Begriff des Alternativangebots → § 21 Rn. 5. (4) Das Angebot muss als

---

[39] Eine aus dem Gesetz jedenfalls nicht begründbare Rückausnahme wollen für solche Fälle Schwark/Zimmer/*Noack*/*Zetzsche* Rn. 17 machen, deren unzutreffendes Konzept jedoch keine Gefolgschaft verdient.

[40] Angerer/Geibel/Süßmann/*Süßmann* Rn. 8 ff.; Kölner Komm WpÜG/*v. Bülow* Rn. 42.

[41] Hiergegen Schwark/Zimmer/*Noack*/*Zetzsche* Rn. 11; vgl. auch Kölner Komm WpÜG/*v. Bülow* Rn. 42.

[42] Das wäre zB nicht der Fall, wenn das Angebot sich auf 20% der ausgegebenen Aktien bezieht und der Bieter zusätzlich 5% durch den bedingten Vorerwerb erhält, so dass seine Beteiligung an der Zielgesellschaft auch nach dem Angebot unterhalb der Kontrollschwelle bliebe.

[43] Steinmeyer/*Steinmeyer* Rn. 8 nur für den Fall, dass während eines Aufstockungsangebots die Kontrollschwelle zunächst unter- und dann wieder überschritten wurde, dies steht aber letztlich im Widerspruch zu seinen Ausführungen in Steinmeyer/*Steinmeyer* Rn. 9.

[44] Dafür Steinmeyer/*Steinmeyer* Rn. 9.

Pflichtangebot weitergeführt werden, also so geändert werden, dass es den Anforderungen an ein Pflichtangebot entspricht.

Lösung (4) scheidet aus, da die Annahmefrist für das Pflichtangebot sonst möglicherweise **28** unangemessen verkürzt wird, sowie aus den in → Rn. 21 ff. genannten Gründen.[45] Gegen Lösung (3) spricht die Tatsache, dass Alternativangebote nur zulässig sind, wenn sie nicht auf die gleiche Gattung gerichtet sind (→ § 21 Rn. 5). Das wäre bei Pflichtangeboten jedoch in aller Regel der Fall, da sie gem. § 32 sowohl für Stamm- als auch für Vorzugsaktien abzugeben sind. Lösung (2) hat für sich, dass auf diese Weise auch die bisherigen Adressaten des Teilangebots die Möglichkeit erhalten, ein Pflichtangebot mit einer unter Umständen höheren Gegenleistung statt des Teilangebotes anzunehmen. Entscheidend gegen diese Lösung spricht jedoch, dass die Untersagung gem. § 15 Abs. 3 zwingend auch die Unwirksamkeit der bereits vor der Kontrollerlangung geschlossenen Erwerbsverträge zwischen Bieter und annehmenden Adressaten zur Folge hätte. Die Angebotspflicht wird aber erst durch die Kontrollerlangung ausgelöst, die vorher abgeschlossenen Verträge zwischen Bieter und Adressaten sind daher wirksam und dürfen nicht einfach untersagt werden, nur weil den Bieter jetzt eine Angebotspflicht trifft.

Es bleibt Lösung (1) oder eine im Gesetz nicht vorgesehene Beschränkung der Untersa- **29** gung auf die nach Kontrollerlangung abgeschlossenen Verträge. Letzteres wäre schon aus praktischen Gründen kaum durchführbar.[46] Vor allem aber hat Lösung (1) praktisch eine ähnliche Wirkung wie eine solche gespaltene Untersagungsverfügung, aber ohne deren Nachteile. Wegen der Veröffentlichungspflichten des Bieters sowohl nach § 23 Abs. 1 Nr. 1 als auch nach § 35 Abs. 1 erfahren die Adressaten nämlich spätestens nach einer Woche von der Kontrollerlangung und können dann selbst entscheiden, ob sie lieber das spätere Pflichtangebot annehmen wollen oder das jetzige Angebot.[47]

Ist der Paketerwerb zu einem Preis oberhalb des Angebotspreises zustande gekommen, **30** so geht es nicht nur um die Veränderung der Stimmrechtsanteile, sondern auch um die Höhe der Gegenleistung. Hier schützt § 31 Abs. 4 (analog → § 31 Rn. 14 f.) sowohl die Adressaten, die bereits angenommen haben, als auch die anderen Wertpapierinhaber der Zielgesellschaft. Auch dieser Schutz spricht für Lösung (1) gegenüber der Untersagungsvariante.

**5. Zulässigkeit von Übernahme-Teilangeboten.** Liegt ein Übernahmeangebot vor, **31** so hat der Bieter nach der Gesetzessystematik die Vorschriften der §§ 31, 32 einzuhalten, für den Vorstand der Zielgesellschaft gilt § 33. Allerdings bedeutet das entgegen der gesetzgeberischen Absicht im Ergebnis dennoch nicht, dass für ein Übernahmeangebot zwingend die Vorschrift des § 32 gilt. Vielmehr bedeutet die Regel des § 35 Abs. 3 zunächst nur, dass der Bieter, soweit ein Übernahmeangebot die Vorschriften der §§ 31 f. einhält, von einem nachfolgenden Pflichtangebot befreit ist. Für das Pflichtangebot selbst ist die Anwendung der §§ 31 und 32 sachlich gerechtfertigt, da diese den Inhalt der Angebotspflicht konkretisieren. Soweit der Gesetzgeber jedoch auch die zwingende Geltung der §§ 31 f. für freiwillige Übernahmeangebote angeordnet hat, ist dem zu widersprechen. Eine solche zwingende Anwendung wäre ein verfassungswidriger Eingriff in die Privatautonomie des Bieters.

Der fehlende Zwangscharakter von § 32 ergibt sich zunächst aus der Begründung. Diese **32** führt zum Verhältnis von freiwilligen Angeboten und Pflichtangeboten aus,[48] das Verbot von Teilangeboten in § 32 gelte auch für freiwillige Übernahmeangebote, weil diese gemäß

---

[45] Für diese Lösung aber Baums/Thoma/*Diekmann* Rn. 32 ff.; Schwark/Zimmer/*Noack*/*Zetzsche* Rn. 15 f., ferner *Kossmann*/*Horz* NZG 2006, 481 (485 f.), allerdings ohne Widerlegung der Gegenargumente.

[46] Die Untersagung würde stets zu spät kommen und könnte wohl kaum rückwirkend gelten, da auch die Möglichkeit besteht, dass die Annahme des Teilangebots für die Adressaten günstiger als die des späteren Pflichtangebots ist, sie sich also vielleicht die Annahme gar nicht untersagen lassen wollen. Jedenfalls vor nachträglicher Untersagung muss ihnen daher Vertrauensschutz eingeräumt werden.

[47] Wie hier jetzt auch Kölner Komm WpÜG/*v. Bülow* Rn. 59; aA Schwark/Zimmer/*Noack*/*Zetzsche* Rn. 15 aE.

[48] BT-Drs. 14/7034, 57.

§ 35 Abs. 3 von einem Pflichtangebot befreien. Damit hat der Gesetzgeber begründet, warum sämtliche freiwillige Übernahmeangebote, die als Vollangebot und unter Beachtung der Mindestpreisregeln abgegeben wurden, von einem nachfolgenden Pflichtangebot befreien. Er hat allerdings **keine Begründung** dafür abgegeben, dass und warum freiwillige Übernahme-Teilangebote unzulässig sein sollen.[49] Ein gesetzliches Verbot solcher Angebote verstieße daher gegen Art. 2 Abs. 1 GG, weil dem Bieter Handlungsmöglichkeiten genommen würden, ohne dass es dafür eine vernünftige oder auch nur irgendeine sachliche Begründung gäbe.[50] Dass die Zielgesellschaft dadurch unter Umständen zwei aufeinanderfolgenden Angeboten ausgesetzt sein könnte, ist entgegen *Tyrolt/Cascante*[51] ebenfalls kein Gegenargument, schließlich kann sie auch jetzt einem einfachen Erwerbsangebot (oder einem aufgrund einer Bedingung gescheitertem Übernahmeangebot) und nachfolgend einem Übernahme- oder Pflichtangebot durch den gleichen Bieter ausgesetzt sein. In gleicher Weise gebietet Art. 63 Abs. 1 AEUV, dass dem Bieter keine unverhältnismäßigen Beschränkungen für Investitionsentscheidungen auferlegt werden.[52] Dementsprechend darf die BaFin freiwillige Übernahmeangebote auch nicht nach § 15 Abs. 1 Nr. 2 mit der Begründung untersagen, dass die Angebotsunterlage gegen § 32 verstoße. Ähnliches gilt für weite Teile des § 31 (→ § 31 Rn. 6 ff.).

33     Für die hier vertretene Auffassung sprechen insbesondere hinsichtlich des § 32 noch weitere Argumente. So zeigt sich die Sachwidrigkeit der Anwendung des § 32 in den Fällen, in denen ein erfolgreiches Angebot zum **Kontrollerwerb eines Dritten** führt.

---

[49] Die Begr. des Gesetzgebers demgegenüber kritiklos übernehmend Assmann/Pötzsch/Schneider/*Assmann/Favoccia* Rn. 3; ohne Auseinandersetzung auch Baums/Thoma/*Marsch-Barner* § 31 Rn. 19 sowie Assmann/Pötzsch/Schneider/*Favoccia* § 32 Rn. 4–7; Kölner Komm WpÜG/*v. Bülow* Rn. 26; Kölner Komm WpÜG/*Kremer/Oesterhaus* § 31 Rn. 2; ohne Begr. auch Steinmeyer/*Santelmann/Nestler* § 31 Rn. 5: „wiegt nicht schwer"; Assmann/Pötzsch/Schneider/*Krause* § 31 Rn. 13: „erscheint als [...] die sachgerechtere Lösung".

[50] Nachträgliche Erklärungsversuche sind sämtlich als gescheitert zu bezeichnen und können die mangelnde Begr. des Gesetzgebers für den mit § 32 verbundenen scharfen Eingriff in die Privatautonomie nicht ersetzen. Die von FK-WpÜG/*Vogel* § 32 Rn. 3 geltend gemachten Sachgründe für die Regelung treffen nicht zu. Die Verhinderung spekulativer Angebote ist erstens nicht vom Gesetzgeber zum Ziel des WpÜG gemacht worden, noch hat *Vogel* auch nur annähernd konkretisiert, was er mit spekulativen Angeboten meint. Er meint ferner, § 32 vermeide, dass Aktionäre nach einem Teilangebot auf im Wert möglicherweise geminderten Aktien sitzen bleiben. Dem ist erstens entgegenzuhalten, dass bei Erwerb der Kontrolle auf Grund des Teilangebots ein Pflichtangebot durchgeführt wird, und zweitens, dass bei erlaubten Teilangeboten unterhalb der Kontrollschwelle unter Umständen das gleiche Problem auftaucht, indes vom Gesetzgeber nicht als ausreichend für ein Verbot sämtlicher Teilangebote angesehen wird, wie § 19 zeigt.
*Oechsler* NZG 2001, 817 (822) sieht den Normzweck des § 32 darin, die Ausbeutung kollektiver Entscheidungszwänge und das Entstehen ungewollter Minderheitsbeteiligungen zu verhindern, ähnlich Assmann/Pötzsch/Schneider/*Favoccia* § 32 Rn. 5. Soweit es die kollektiven Entscheidungszwänge anbelangt, reicht § 19 vollkommen aus, um dieses Ziel zu erreichen. Das Entstehen ungewollter Minderheitsbeteiligungen verhindert bereits das Pflichtangebot selbst, das mit seinen Preisregeln auch dem von *Favoccia* beschworenen front-end-loaded offer vorbeugt. Einer zweiten Zwangsregelung wie der in § 32 auch für Übernahmeangebote enthaltenen bedarf es dafür nicht.
Dass § 32 dem bisherigen Hauptaktionär in kontrollierten Gesellschaften ersparen will, in die Rolle eines Minderheitsaktionärs zu geraten, wie *Cahn/Senger* FB 2002, 277 (286) meinen, ist eine durch nichts gestützte Behauptung, die nicht nur dem Gleichbehandlungsgrundsatz des § 3 Abs. 1 widerspricht, sondern auch noch gerade demjenigen, vor dem in kontrollierten Gesellschaften geschützt werden muss, einen Anspruch auf Sonderschutz vor der Minderheit einräumen will. Gegen die durch nichts zu rechtfertigende Privilegierung des Mehrheitsgesellschafters vgl. *Wackerbarth* Leitungsmacht, passim, insbes. 127, 504 f.
Die von *Mühle*, Das Wertpapiererwerbs- und Übernahmegesetz, 2000, 251 zitierte Stellungnahme *Hopts* ZHR 161 (1997), 368 (388 f.) bezog sich lediglich auf Pflichtangebote, nicht, wie *Mühle* glauben machen will, auf freiwillige Übernahmeangebote (!). Freiwillige Übernahme-Teilangebote gehören iÜ sehr wohl zum internationalen Standard, jedenfalls in den USA, wo bereits das Pflichtangebot unbekannt ist, in Österreich (Art. 20 öUebG) sowie nach der Übernahme-RL; zum Sonderfall Großbritannien vgl. Kölner Komm WpÜG/*Hasselbach* § 19 Rn. 5. Der deutschen Regel ähnlich ist lediglich Art. 10 Abs. 5 Schweizerische Übernahmeverordnung (UEV-UEK). Dem von *Houben* WM 2000, 1873 (1871) aufgeworfenen Problem des Schutzes der Vorzugsaktionäre ist entgegenzuhalten, dass die Preisregeln des Pflichtangebots, die auf einen Durchschnittswert abstellen, ausreichenden Schutz bieten.

[51] *Tyrolt/Cascante* in Mülbert/Kiem/Wittig, 10 Jahre WpÜG, 2011, 110, 113.

[52] Dazu bereits *Wackerbarth* WM 2001, 1741 (1749).

Beispielsweise hält die Muttergesellschaft des Bieters bereits 10% der Stimmrechte an der Zielgesellschaft, während der Bieter keine Stimmrechte hält und ein Angebot auf 25% abgibt. In diesem Fall soll das Angebot des Bieters kein Übernahmeangebot sein, da nur auf die formell als Bieter auftretende Person abzustellen ist.[53] Würde hingegen die Mutter das Angebot abgeben, so wäre es wegen der Zurechnung nach § 30 Abs. 1 Nr. 1 ein Übernahmeangebot. Es wäre jedoch eine Ungleichbehandlung, die nicht sachlich gerechtfertigt wäre, wenn die Muttergesellschaft die Vorschriften über das Vollangebot des § 32 nur dann nicht beachten müsste, wenn sie ihre Tochter das Angebot abgeben lässt.

Weiter wird von der hM zu § 32 vertreten, dass ein Übernahmeangebot, das auf den **34** Kontrollerwerb an einer Gesellschaft X gerichtet ist, die ihrerseits mehr als 30% an einer börsennotierten Aktiengesellschaft Y hält, nicht auch zugleich auf (alle) Aktien der Y gerichtet sein muss (→ § 32 Rn. 16).[54] Vielmehr sei wegen des **mittelbaren Kontrollerwerbs** an Y nachfolgend ein Pflichtangebot abzugeben. Auch hierin liegt eine Ungleichbehandlung. Möglicherweise ist Ziel des Bieters gar nicht X sondern die Kontrolle an Y. Warum darf der Bieter zunächst ein Angebot abgeben, das ihm in Bezug auf die Y formell Kontrolle verschafft, ohne die Vorschrift des § 32 zu beachten?

Der Bieter kann 29% der Aktien im Wege eines Teilangebots erwerben, auch wenn er **35** während der Annahmefrist durch börslichen oder außerbörslichen Wertpapiererwerb die Kontrollschwelle des § 29 Abs. 2 überschreitet und damit am Ende des Teilangebots Kontrolle iSd § 35 Abs. 1 hat. Selbst wenn man ihm dies untersagen will, so zeigt schon die Möglichkeit unbeabsichtigter (passiver) Kontrollerlangung, dass es zu solchen Ergebnissen am Ende eines Teilangebots kommen kann (vgl. ausführlich → Rn. 29 ff.). Auch § 38 weist in diese Richtung: Warum gibt es keine staatlich angeordnete und kontrollierte Durchsetzung des Pflichtangebotes, wenn der Bieter ein solches doch nach § 35 durchführen „muss", es aber einfach nicht tut? Die fehlende direkte Durchsetzung der Angebotspflicht zeigt, dass das Pflichtangebot selbst vom Gesetzgeber nicht so streng gehandhabt wird, dass er Anlass hätte, auf der anderen Seite freiwillige Übernahmeteilangebote zu untersagen.

Im Übrigen führt die Anwendung des § 32 zu absurden Änderungserfordernissen, wenn **36** sich der Stimmrechtsanteil des Bieters während der Annahmefrist so verändert, dass das Angebot einen anderen Charakter erhält (→ Rn. 21 ff.).

Zur Sachwidrigkeit der Anwendung des § 32 auf einfache Übernahmeangebote kommt **37** noch die Tatsache hinzu, dass kaum ein anderes Land eine ähnliche Bestimmung kennt[55] und deutsche Sonderwege traditionell zweifelhaft sind.

Die mit der hier vertretenen Auffassung verbundenen zusätzlichen Gestaltungsmöglich- **38** keiten für den Bieter können zB in folgendem Fall auch wirtschaftlich-tatsächliche Bedeutung erlangen. Zielgesellschaft Z hat 100.000 Aktien ausgegeben. Bieter B (30%ige Beteiligung − 1 Aktie) und Großaktionär G (50%iger Anteil − 1 Aktie) bewerten den Wert des Unternehmens mit 1,2 Mio. Euro, also 12 Euro/Aktie, die Aktien werden schon seit längerer Zeit um die 10 Euro börslich gehandelt. B verhandelt mit G über einen Paketverkauf, G verlangt 15 Euro je Aktie, was B als zu hoch erscheint und er auch nicht finanzieren kann. Stattdessen macht B nun ein öffentliches Teilangebot − beschränkt auf 20% + 2 der ausgegebenen Aktien − zu 12 Euro je Aktie, das von allen außenstehenden Aktionären auf Grund des Aufschlags auf den Börsenkurs angenommen wird. Nimmt auch G das Angebot an, erfolgt eine Zuteilung nach § 19. B erhält also 20% + 2 Aktien dazu, und auch 10% von G, er muss dafür 240.000 Euro aufwenden. B erwirbt die tatsächliche Kontrolle über Z (30 + 20 = 50%), während G nach der Annahme nur noch 40% der Anteile besitzt. Danach muss ein Pflichtangebot zu 12 Euro erfolgen. Nimmt G hingegen das Angebot nicht an, so erlangt B 50% − 1 Aktie, ein nachfolgendes Pflichtangebot zu 12 Euro je Aktien wird entweder kaum erfolgreich sein oder verschafft dem B die gewünschte Kontrolle zum richtigen Preis. Ein Pflichtangebot muss er nicht abgeben,

---

[53] Kölner Komm WpÜG/*v. Bülow* Rn. 36 f.
[54] Vgl. Kölner Komm WpÜG/*Hasselbach* § 32 Rn. 10; Kölner Komm WpÜG/*v. Bülow* Rn. 50 ff.
[55] Vgl. aber § 10 Abs. 5 Schweizer Übernahmeverordnung (UEV-UEK).

wenn sich G durch ein konkurrierendes Teilangebot wehrt, das die außenstehenden Aktionäre annehmen. In diesem Fall wird B selbst bei Überschreiten der Kontrollschwelle von einem nachfolgenden Pflichtangebot nach § 37 iVm § 9 S. 2 Nr. 2 WpÜG-AV befreit, weil er tatsächlich nicht die Kontrolle ausüben kann.

**39**    Würde B dagegen von vornherein zu einem Vollangebot verpflichtet, so müsste er die Finanzierung auch für den Fall einer Annahme durch G sicherstellen. Zwar würde auch ein solches Vollangebot dazu führen, dass B später kein Pflichtangebot abgeben müsste, doch besitzt allein diese Möglichkeit des billigen Teilangebots durch G für den B abschreckende Wirkung: G kann sich unter Einsatz sehr viel geringerer Finanzmittel als B gegen den Versuch der Übernahme wehren, von Waffengleichheit kann nicht gesprochen werden und die potentiell wertschaffende Übernahme wird verhindert.

### III. Begriff der Kontrolle (Abs. 2)

**40**    **1. 30%-Schwelle.** § 29 Abs. 2 definiert den Kontrollbegriff für den Anwendungsbereich des Übernahmegesetzes. Abgestellt wird auf eine Schwelle von 30% der Stimmrechte, die freilich trotz des scheinbar eindeutigen Wortlauts durch Berechnungsfragen (→ Rn. 47 ff. und § 30) und Befreiungsbestimmungen (dazu §§ 36, 37) zu vielfältigen Abgrenzungsproblemen führt.

**41**    Die Schwelle wurde nach der Begründung gewählt, da sie einerseits international üblich ist, andererseits 30% der Stimmrechte bei den heute üblichen Hauptversammlungspräsenzen regelmäßig die praktische Mehrheit in der Hauptversammlung und damit eine Einflussnahme iSd § 17 AktG ermöglichen (ausführlich → Rn. 7 ff.).[56] Deshalb kommt es für die Berechnung der 30%-Schwelle auch nicht auf die Hauptversammlungspräsenzen bei der Zielgesellschaft an, sondern auf die **Gesamtzahl aller Stimmrechte** (näher → Rn. 47 ff.).[57]

**42**    **2. Der Begriff des „Haltens" von Stimmrechten.** Kontrolle wird anhand der vom Bieter gehaltenen Stimmrechte ermittelt. Was „Halten" ist, bestimmt das Gesetz nicht näher und muss infolgedessen unter Berücksichtigung des Gesetzes- und konkreten Normzwecks durch Auslegung geklärt werden. Bei einer Wortlautauslegung weist „Halten" eines Rechts einerseits auf wirtschaftliches Eigentum im Sinne des Zustehens oder Gehörens hin, andererseits auf eine gewisse Dauer[58] sowie drittens auf die tatsächliche Möglichkeit der Ausübung des Stimmrechts. Halten kann also kurz gesagt im Sinne der **Kontrolle über das Stimmrecht** verstanden werden.

**43**    Da es grundsätzlich auf das Halten, nicht auf das dingliche Eigentum ankommt, kann letzteres nur als ein erster, freilich wichtiger Anhaltspunkt für das Halten gewertet werden.[59] Eine nähere Erörterung des Aspekts des Eigentums sowie der tatsächlichen Möglichkeit der Ausübung des Stimmrechts erübrigt sich an dieser Stelle, da der Gesetzgeber in § 30 die Fälle der Zurechnung bei Dritteigentum und Absprachen über die tatsächliche Stimmrechtsausübung näher definiert hat.[60] Allerdings kommt auch eine Zurechnung

---

[56] BT-Drs. 14/7034, 53.

[57] BT-Drs. 14/7034, 53.

[58] Angerer/Geibel/Süßmann/*Süßmann* Rn. 19 aE; Assmann/Pötzsch/Schneider/*Assmann/Favoccia* Rn. 22; aA Kölner Komm WpÜG/*v. Bülow* Rn. 103 f.; FK-WpÜG/*Haarmann* Rn. 26; *Drinkuth* in Marsch-Barner/ Schäfer Börsennotierte AG-HdB Rn. 60.190; Baums/Thoma/*Diekmann* Rn. 43; nicht eindeutig, da es um einen längeren Zeitraum ging, OLG Frankfurt ZIP 2007, 864 (867).

[59] AA offenbar *Harbarth* ZIP 2002, 321 (323 f.), der meint, Halten deute auf die Notwendigkeit dinglichen Erwerbs hin. Soweit er zur näheren Begr. auf § 30 Abs. 1 S. 1 Nr. 1 und 2 WpÜG Bezug nimmt, beweist er gerade das Gegenteil, weil der Gesetzgeber hier eindeutig Dritten gehörende Anteile dem Bieter zurechnet, also das „Halten" durch den Bieter im Sinne der Grundnorm § 29 Abs. 2 offenbar als unabhängig von seinem dinglichen Eigentum als gegeben ansieht; im Sinne *Harbarths* aber Kölner Komm WpÜG/*v. Bülow* Rn. 104, es komme nur auf den Eigentumserwerb an; iErg richtig Steinmeyer/*Steinmeyer* Rn. 18 f.: Eigentum oder Zurechnung nach § 30.

[60] Vgl. aber FK-WpÜG/*Haarmann* Rn. 26 ff., 27, der offenbar zwischen der Zurechnung nach § 30 und dem Halten von Stimmrechten unterscheidet. Bis auf die Frage der gewissen Dauer dürfte sich daraus eine inhaltliche Unterscheidung aber kaum ergeben.

von Stimmrechten Dritter gemäß § 30 nur unter der zusätzlichen Voraussetzung in Betracht, dass der Dritte die Stimmrechte iSd § 29 Abs. 2 „hält". Die im Jahr 2015 eingefügte Ergänzung des Abs. 2 S. 1 stellt dies nur noch einmal klar, indem sie auf die beiden Möglichkeiten der Stimmrechtskontrolle (Eigentum oder Zurechnung nach § 30) verweist.[61]

Es bleibt noch der Aspekt der **„gewissen Dauer".** Der Umfang des Stimmrechtsan- 44 teils einer Person an börsennotierten Gesellschaften kann sich ständig und kurzfristig ändern. Will der Gesetzgeber also durch die Angebotspflicht oder besondere Regeln für Übernahmeangebote in das Geschehen am Kapitalmarkt eingreifen, so wird er nicht auf langfristige Veränderungen warten können. Andernfalls gäbe er jedem die Möglichkeit in die Hand, kurzfristig Schwellenwerte zu überschreiten, ohne etwa eine Mitteilung nach den §§ 33 ff. WpHG zu machen oder aber nach § 35 Abs. 1 WpÜG zu veröffentlichen. Auch könnte dann ein Angebot nur unter erschwerten Umständen als Übernahmeangebot qualifiziert werden, da man am Tag der Veröffentlichung bestimmte Anteile (die nur kurzfristig im Eigentum des Bieters stehen) herausrechnen müsste. Der Gesetzgeber muss die Pflichten vielmehr auch an eine kurzfristige Überschreitung der Kontrollschwelle binden bzw. eine Unterscheidung der verschiedenen Kategorien von Angeboten am Tag der Veröffentlichung einer Entscheidung zur Angebotsabgabe ermöglichen. Daher erscheint es gerechtfertigt, eine sehr kurze Dauer für den Begriff des Haltens ausreichen zu lassen. Mehr als ein Abwarten bis zum **Ende des Börsentages** ist nicht zu verlangen.[62] Dass aber bereits ein Überschreiten der Kontrollschwelle während des Laufs eines Börsentages die Angebotspflicht mit nachfolgender Befreiung auslösen soll,[63] erscheint übertrieben. Im Unterschied zu § 33 WpHG[64] ist dementsprechend das Über- und Unterschreiten der Kontrollschwelle innerhalb eines Handelstages nicht gem. § 35 Abs. 1 zu veröffentlichen.[65]

**3. Kapitalanlagegesellschaften.** Der im Jahr 2015 in Abs. 2 eingefügte S. 2 hat keine 45 Änderung der bisherigen Rechtslage zur Folge. Es wurde lediglich die bislang in § 94 KAGB enthaltene Regelung in Abs. 2 überführt. Danach gelten Stimmrechte aus Aktien, die im Sondervermögen der Anleger einer Kapitalanlagegesellschaft stehen, als Stimmrechte dieser Gesellschaft selbst. Die Regelung unterscheidet sich von einer Stimmrechtszurechnung wie der in § 30 geregelten dadurch, dass hier zwar auch Stimmrechte zugerechnet werden, jedoch anders als in § 30[66] keine Berücksichtigung mehr beim Eigentümer selbst stattfindet.[67] Handelt es sich um ein Spezialsondervermögen,[68] sind die Stimmrechte aus den zum Sondervermögen zählenden Aktien bei den Anlegern (Miteigentümern) quotal entsprechend ihrer Beteiligung am Sondervermögen zu berücksichtigen.[69]

---

[61] Vgl. BT-Drs. 18/3394, 56 iVm 53.

[62] Wie hier Schwark/Zimmer/*Noack*/*Zetzsche* Rn. 25: „über den Tag hinaus"; wohl auch Assmann/Pötzsch/Schneider/*Assmann*/*Favoccia* Rn. 22; aA Baums/Thoma/*Diekmann* Rn. 43: „auch nicht über den Tag hinausgehend"; Kölner Komm WpÜG/*v. Bülow* Rn. 104; wohl nunmehr auch Angerer/Geibel/Süßmann/*Süßmann* Rn. 19 ff.; vgl. auch FK-WpÜG/*Haarmann* Rn. 26.

[63] So Kölner Komm WpÜG/*v. Bülow* Rn. 105; Baums/Thoma/*Diekmann* Rn. 43, die auch bei einem nur ganz kurzzeitigen, punktuellen Erreichen der Kontrollschwelle die Angebotspflicht ausgelöst wissen wollen.

[64] Dazu Assmann/Schneider/Mülbert/*Schneider* WpHG § 33 Rn. 23, 66 ff.; aA der Emittentenleitfaden 2013, Ziff. VIII.2.3.5, S. 108 (unverändert in der 5. Aufl. in Modul B I. 2.3.5).

[65] Dafür spricht auch die Behandlung von Schwellenüberschreitungen im Rahmen des § 21 WpHG aF durch die BaFin, dazu Emittentenleitfaden 2013, Ziff. VIII.2.3.5, S. 108 (unverändert in der 5. Aufl. in Modul B I. 2.3.5).

[66] S. die Erläuterungen dort in Rn. 11 iVm den Erläuterungen von → WpHG § 34 Rn. 4 (Anh. § 22 AktG).

[67] Wie hier Assmann/Pötzsch/Schneider/*Assmann*/*Favoccia* Rn. 24.

[68] Das sind gem. § 1 Abs. 6 KAGB Sondervermögen, deren Anteile aufgrund schriftlicher Vereinbarungen mit der Verwaltungsgesellschaft oder aufgrund der sie konstituierenden Dokumente (zB Satzung) ausschließlich von professionellen (§ 1 Abs. 19 Nr. 32 KAGB) oder semiprofessionellen (§ 1 Abs. 19 Nr. 33 KAGB) Anlegern gehalten werden.

[69] Emittentenleitfaden 5. Aufl., Modul B I. 2.5.12.3.

## IV. Berechnung des Stimmrechtsanteils

**46**   **1. Allgemeines.** Um den Anteil der Stimmrechte einer Person an der Zielgesellschaft zu ermitteln, muss gedanklich zuerst die Gesamtzahl vorhandener Stimmrechte (= Nenner) geklärt werden, weil an danach nicht zu zählenden Stimmrechten auch kein Anteil des Bieters bestehen kann. Anschließend sind die einer Person unmittelbar oder mittelbar zustehenden Stimmrechte zu zählen (= Zähler) und der Gesamtzahl gegenüberzustellen. Daraus ergibt sich ein Verhältnis, das den Stimmrechtsanteil des Bieters wiedergibt.

**47**   **2. Ermittlung der Gesamtzahl der Stimmrechte („Nenner"). a) Alle vorhandenen Stimmrechte, Veröffentlichung gem. § 41 WpHG.** Gezählt werden im Ausgangspunkt alle im Zeitpunkt der Beurteilung vorhandenen stimmrechtsvermittelnden Aktien, die von der Zielgesellschaft ausgegeben wurden, dh im Regelfall nur die **Stammaktien.** Die Gesamtzahl aller vorhandenen stimmrechtsvermittelnden Aktien war bis zum 26.11.2015 von der Zielgesellschaft in aller Regel gem. § 26a WpHG aF iVm § 17 Abs. 4 WpAIV aF am Ende jedes Kalendermonats zu veröffentlichen. Diese Veröffentlichung durfte der Bieter seiner Berechnung zugrundelegen, durfte aber bei zwischenzeitlichen Veränderungen auch auf die davon abweichende tatsächliche Lage abstellen.[70] Obwohl die WpAIV aF nur für Stimmrechtsmitteilungen nach dem WpHG galt, war die Rechtslage zur Vermeidung von Irritationen am Kapitalmarkt für das WpÜG zu übernehmen.[71]

**48**   Nunmehr hat die Zielgesellschaft die Gesamtzahl der vorhandenen stimmrechtsvermittelnden Aktien gem. **§ 41 WpHG nF** unverzüglich, spätestens innerhalb von 2 Handelstagen zu veröffentlichen. Diese Veröffentlichung hat der Bieter seiner Berechnung gem. **§ 12 Abs. 3 WpAV** künftig zugrundelegen. Trotz dieses Wortlauts ist es nach Auffassung der BAFin zulässig und geboten, eine abweichende tatsächliche Stimmrechtsanzahl der Meldung zugrundezulegen, soweit sie dem Meldepflichtigen bekannt ist oder sein musste.[72]

**49**   Für die Frage, ob ein Übernahmeangebot vorliegt, kann eine bereits beschlossene Kapitalmaßnahme der Zielgesellschaft nicht miteinbezogen werden, solange diese nicht bereits wirksam ist, da dieser Zeitpunkt nicht sicher vorausgesagt werden kann.[73] Das Stimmrecht muss nicht dauerhaft mit der Aktie verknüpft sein, weshalb **Vorzugsaktien,** die keine Stimmrechte vermitteln, (nur) im Fall des Auflebens des Stimmrechts gem. § 140 Abs. 2 S. 1 AktG mitgezählt werden.[74]

**50**   **Mehrstimmrechte** können nach der Abschaffung des § 12 Abs. 3 S. 2 AktG nicht mehr neu begründet werden. Gelten sie durch entsprechenden Hauptversammlungsbeschluss fort (§ 5 Abs. 1 EGAktG), sind sie bei Ermittlung des Stimmrechtsanteils zu berücksichtigen. Rechtstechnisch bestehen, soweit das Mehrstimmrecht allgemein und nicht nur für besondere Fragen gilt, für die Berechnung der Anzahl der Stimmen keine Schwierigkeiten, es werden die Stimmrechte, nicht die Aktien gezählt.[75] Soweit sich die Mehrstimmrechte nur auf ausgewählte Beschlussgegenstände beziehen, gilt nichts anderes, insoweit kommt aber je nach Reichweite des Mehrstimmrechts eine Befreiung des Bieters nach § 37 Abs. 1 WpÜG in Betracht, wenn er solche Aktien hält oder erwirbt.[76]

**51**   Zu den Auswirkungen einer **Befreiung nach § 36** auf die Gesamtzahl der Stimmrechte → § 36 Rn. 73.

---

[70] Näher dazu *Schneider* NZG 2009, 121 ff.; *Busch* AG 2009, 425 ff.; *Merkner/Sustmann* NZG 2009, 813 (814 f.); Emittentenleitfaden 2013, Ziff. VIII.2.3.2, S. 105 f.

[71] So auch Angerer/Geibel/Süßmann/*Süßmann* Rn. 24.

[72] Emittentenleitfaden, 5. Aufl., Modul B. I.2.3.2.1 aE.

[73] Vgl. *Harbarth* ZIP 2002, 322 (325 f.); Kölner Komm WpÜG/*v. Bülow* Rn. 92.

[74] HM, Assmann/Pötzsch/Schneider/*Assmann/Favoccia* Rn. 18; FK-WpÜG/*Haarmann* Rn. 37; Kölner Komm WpÜG/*v. Bülow* Rn. 87; Angerer/Geibel/Süßmann/*Süßmann* Rn. 26; s. auch Steinmeyer/*Steinmeyer* Rn. 20, der zu Recht eine Befreiungsmöglichkeit von einem Pflichtangebot annimmt, wenn der Bieter durch Nichtzahlung der Vorzüge in die Angebotspflicht gedrängt wird.

[75] Assmann/Pötzsch/Schneider/*Assmann/Favoccia* Rn. 20; Angerer/Geibel/Süßmann/*Süßmann* Rn. 27; Kölner Komm WpÜG/*v. Bülow* Rn. 89; FK-WpÜG/*Haarmann* Rn. 35.

[76] Näher *Harbarth* ZIP 2002, 322 (326).

**b) Relative Hindernisse für die Stimmrechtsausübung.** Nach der Begründung zum  **52**
WpÜG ist das Bestehen von Hindernissen ganz allgemein unbeachtlich, es wird insofern auf
die hM zur Parallelregelung in § 33 WpHG verwiesen.[77] Diese Auffassung muss auch für das
WpÜG als herrschend bezeichnet werden.[78] Gegenüber dieser formalen Begründung wird
in der Lit. darauf verwiesen, dass es auf die effektiven Kontrollverhältnisse in der Zielgesellschaft
ankomme. Daher sei den Rechtsgedanken des § 290 Abs. 4 S. 2 HGB sowie § 16 Abs. 3 S. 2
AktG zu entnehmen, dass bei bestimmten Ausübungshindernissen die entsprechenden Aktien
außen vor zu bleiben hätten.[79] Der hM ist grundsätzlich zuzustimmen. Der Gesetzgeber hat
in § 29 Abs. 2 eine formale Schwelle zugrundegelegt, die tatsächlichen Mehrheitsverhältnisse
sind nur im Rahmen der Befreiungsvorschriften des § 37 relevant.[80] Freilich ist die Reichweite
dieser Aussage für einige Gestaltungen näher zu überprüfen.

Das betrifft zunächst **Höchststimmrechte.** Solche bestehen gemäß § 5 Abs. 7 EGAktG  **53**
seit dem 1.6.2000 nicht mehr, auch nicht in der Volkswagen-AG.[81] Sollte das WpÜG auf
Grund europäischer Vorgaben zum internationalen Gesellschaftsrecht ausnahmsweise auf
ausländische Aktiengesellschaften zur Anwendung kommen, so wird man eine eventuelle
Höchststimmregel für die Berechnung der Gesamtzahl außer Betracht lassen müssen, da sie
nicht generell die Zahl der ausübbaren Stimmrechte vermindert, sondern nur die Ausübung
durch ihren jeweiligen Inhaber beschränkt (vgl. → Rn. 64). Das gilt auch im Falle des
§ 328 Abs. 1 AktG.[82]

**Stimmverbote,** die sich etwa aus § 20 (→ § 20 Rn. 35 ff., → § 20 Rn. 43) oder § 136  **54**
AktG ergeben oder aus dem fehlenden Eintrag von **Namensaktien**[83] in das Aktienregister
aus § 67 Abs. 2 AktG, ändern nichts am Bestehen dieser Stimmrechte, weshalb diese zu zählen
sind. Dies gilt auch für schuldrechtliche Abreden (Stimmrechtsausschlussvereinbarungen;
→ § 35 Rn. 95). Gleiches muss für **Rechtsverluste** nach § 44 WpHG oder § 59 WpÜG
gelten.[84] Obwohl in diesen Fällen schon keine „Rechte bestehen", kann daraus nicht etwa
geschlossen werden, dass zB der Rechtsverlust des § 44 WpHG die Aktien auch aus der zu
ermittelnden Gesamtmenge der Stimmrechte heraus nimmt.[85] Der Rechtsverlust ist Sanktion
für rechtswidriges Verhalten eines Aktionärs. Aus diesem rechtswidrigen Verhalten dürfen
anderen Aktionären keine Nachteile entstehen. Das wäre aber der Fall, wenn sich ihr jeweiliger
relativer Stimmrechtsanteil durch den Stimmrechtsverlust nach § 44 WpHG oder § 59 WpÜG
ändern könnte.[86] Im Übrigen könnte der Bieter sonst unter Inkaufnahme eines möglichen
Bußgelds den Zeitpunkt seines Pflichtangebotes selbst bestimmen, weil auch ihm sein Anteil
mangels Bestehen des Stimmrechtes nicht zugerechnet werden könnte.[87]

**c) Absolute Hindernisse für die Stimmrechtsausübung.** Anders ist es im Fall **eige-  55
ner Aktien** der Zielgesellschaft. Zur Frage der Anwendbarkeit des WpÜG auf den Rückerwerb eigener Aktien → § 2 Rn. 25 ff. Nach §§ 71b, 71d S. 4 AktG stehen der Zielgesellschaft
aus eigenen Aktien der Zielgesellschaft und Aktien, die von abhängigen oder in Mehrheitsbesitz stehenden Unternehmen oder von Dritten für Rechnung der Zielgesellschaft gehaltenen
Aktien keine Stimmrechte zu. Hier geht es also um einen möglicherweise auf Dauer[88] beste-

---

[77] BT-Drs. 14/7034, 53; zum WpHG vgl. Assmann/Schneider/*Mülbert/Schneider* WpHG § 33 Rn. 32;
Schäfer/Hamann/*Opitz* WpHG § 21 Rn. 18.
[78] Assmann/Pötzsch/Schneider/*Assmann/Favoccia* Rn. 21; Baums/Thoma/*Diekmann* Rn. 60; Angerer/
Geibel/Süßmann/*Süßmann* Rn. 31; Kölner Komm WpÜG/*v. Bülow* Rn. 110 ff.; FK-WpÜG/*Haarmann*
Rn. 36; Schwark/Zimmer/*Noack/Zetzsche* Rn. 46 f.; im Grundsatz auch Steinmeyer/*Steinmeyer* Rn. 22.
[79] *Fleischer/Körber* BB 2001, 2589 (2593 f.); *Harbarth* ZIP 2002, 322 (326).
[80] Kölner Komm WpÜG/*v. Bülow* Rn. 142.
[81] Dazu *Rapp-Jung/Bartosch* BB 2009, 2210 (2211) mit Fn. 10.
[82] Zutr. FK-WpÜG/*Haarmann* Rn. 36.
[83] Angerer/Geibel/Süßmann/*Süßmann* Rn. 29; vgl. → Rn. 62 zu vinkulierten Namensaktien.
[84] So auch *R. Koch* ZIP 2008, 1260 (1264) mwN.
[85] So aber *Sudmeyer* BB 2002, 685 (687).
[86] Ähnlich Steinmeyer/*Steinmeyer* Rn. 27; Schwark/Zimmer/*Noack/Zetzsche* Rn. 47.
[87] Diese Konsequenz sieht *Sudmeyer* BB 2002, 687 selbst, übersieht freilich, dass sie eines der stärksten
Gegenargumente gegen seine Auffassung ist.
[88] *Harbarth* ZIP 2002, 322 (326).

henden Ausschluss der Stimmrechte, der sämtliche Inhaber von Anteilsrechten an der Zielgesellschaft in gleicher Weise betrifft.[89] Der Gesetzgeber geht zwar davon aus, dass sie mitzuzählen sind,[90] hat dies aber nicht ausdrücklich angeordnet.[91] Die Lit. ist gespalten, die überwiegende Auffassung und die BaFin[92] zählen eigenen Anteile aber mit.[93]

**56**   **De lege lata** ist der hM zuzustimmen. Das folgt aber nicht schon daraus, dass die Zielgesellschaft grundsätzlich nicht in der Lage sein darf, durch einseitige Maßnahmen eine Angebotspflicht auszulösen. Denn eine Mitzählung der eigenen Aktien endet jedenfalls dann, wenn sie eingezogen werden (vgl. dazu § 9 S. 1 Nr. 5 WpÜG-AV).[94] Ein gewisses Manipulationspotential der Zielgesellschaft ist daher unvermeidbar. Andererseits besteht im Hinblick auf die Art der Kontrollerlangung eine Befreiungsmöglichkeit vom Pflichtangebot.[95] Vielmehr folgt die Richtigkeit der hM letztlich aus der **mangelhaften Umsetzung der Transparenz-RL** durch den deutschen Gesetzgeber. Wer wirtschaftlich denkt, muss eigene Aktien aus der Gesamtmenge ausscheiden, da bei 10% eigenen Aktien bereits das Halten von 27% der Anteile die Stimmkraft von 30% vermittelt und damit die Kontrollschwelle überschritten ist. Darüber sind sich letztlich auch alle einig, halten es aber zu Recht für dem Bieter nicht zumutbar, ständig den möglicherweise schwankenden Anteil eigener Aktien der Gesellschaft ermitteln zu müssen.[96] Auch aus der Regelung in § 40 Abs. 1 S. 2 WpHG, nach der die Aktiengesellschaft den Erwerb oder die Veräußerung eigener Aktien zu veröffentlichen hat, sobald Schwellenwerte gem. § 33 Abs. 1 S. 1 WpHG berührt sind, kann nichts anderes folgen. Denn zwischen den Schwellenwerten bleibt der potentielle Bieter über die genaue Zahl eigener Aktien im Unklaren.

**57**   **De lege ferenda** ist allerdings eine Regelung wie die des österreichischen[97] oder englischen[98] Rechts zu bevorzugen. Danach wäre die Zielgesellschaft im Rahmen des § 41

---

[89]   Vgl. *Fleischer/Körber* BB 2001, 2589 (2593); *Harbarth* ZIP 2002, 322 (326).

[90]   BT-Drs. 14/7034, 53.

[91]   Ebenso *Fleischer/Körber* BB 2001, 2589 (2593).

[92]   Emittentenleitfaden 2013, Ziff. VIII.2.3.2, 105 (unverändert in 5. Aufl., Modul B. I.2.3.2.2).

[93]   **Gegen** eine Zählung eigener Aktien *Fleischer/Körber* BB 2001, 2589 (2593 f.); *Harbarth* ZIP 2002, 322 (326 f.); *Cahn/Senger* FB 2002, 277 (285); vgl. auch *Schüppen* WPg 2001, 958 (966) in Fn. 30; *R. Koch* ZIP 2008, 1260 ff.; **dafür** Assmann/Pötzsch/Schneider/*Assmann/Favoccia* Rn. 21; Baums/Thoma/*Diekmann* Rn. 59; Angerer/Geibel/Süßmann/*Süßmann* Rn. 31; Kölner Komm WpÜG/*v. Bülow* Rn. 141 mwN; FK-WpÜG/*Haarmann* Rn. 36; *Drinkuth* in Marsch-Barner/Schäfer Börsennotierte AG-HdB Rn. 60.194; Schwark/Zimmer/*Noack/Zetzsche* Rn. 49; Steinmeyer/*Steinmeyer* Rn. 26; *Hopt* ZHR 166 (2002), 383 (415) aE; *Krause* AG 2015, 553 (554); ausf. zu einigen Argumenten, aber ohne eigenes Ergebnis *Berrar/Schnorbus* ZGR 2003, 59 (87 ff.); → § 35 Rn. 91; im Rahmen des § 33 WpHG für eine Zählung die ganz hM – wegen Art. 9 Abs. 1 S. 2 Transparenz-RL – Assmann/Schneider/Mülbert/*Schneider* WpHG § 33 Rn. 54; Schäfer/Hamann/*Opitz* WpHG § 21 Rn. 18; → WpHG § 33 Rn. 20 (Anh. § 22 AktG); ferner *Busch* AG 2009, 425 (426 f.).

[94]   Nach *Berrar/Schnorbus* ZGR 2003, 59 (94 ff.) soll aus § 9 S. 1 Nr. 5, 6 WpÜG-AV folgen, dass der Verordnungsgeber eine Lösung des Problems über die Befreiungsmöglichkeit wollte (also keine Zählung der eigenen Aktien), während der Gesetzesbegründung und dem ersten Entwurf der WpÜG-AV (in der nur von einer Befreiungsmöglichkeit nach Einziehung die Rede war) das Gegenteil, also die Mitzählung der eigenen Aktien entnommen werden müsse. Der Wille des Verordnungsgebers ändere zwar nichts an der normativen Kraft der Gesetzesbegründung, *Berrar/Schnorbus* ZGR 2003, 59 (97), die Lösung durch eine Befreiung sei aber insgesamt vorzuziehen, auch im Hinblick auf den Standpunkt des österreichischen Rechts; *Berrar/Schnorbus* ZGR 2003, 59 (98).

[95]   Dazu ausf. *Berrar/Schnorbus* ZGR 2003, 59 (94 ff.).

[96]   Vgl. etwa *Busch* AG 2009, 425 (426); *Krause* AG 2015, 553 (554); Assmann/Schneider/Mülbert/*Schneider* WpHG § 33 Rn. 54.

[97]   § 22 Abs. 6 öÜbG: Bei der Berechnung der in diesem Teil vorgesehenen Hundertsätze bleiben Stimmrechte, welche nach den Grundsätzen des Erwerbs eigener Aktien ruhen, außer Betracht.

[98]   Disclosure Rules and Transparency Rules (DTR) der FCA, https://handbook.fca.org.uk/handbook/DTR/ (zuletzt abgerufen am 24.1.2021).
An issuer must, at the end of each calendar month during which an increase or decrease has occurred, disclose to the public:
(1) the total number of voting rights and capital in respect of each class of share which it issues. And
(2) the total number of voting rights attaching to shares of the issuer which are held by it in treasury.
DTR 5.8.8:
The number of voting rights to be considered when calculating whether a threshold is reached, exceeded or fallen below is the number of voting rights in existence according to the issuer's most recent disclosure made in accordance with DTR 5.6.1 R but disregarding voting rights attached to any treasury shares held by the issuer (in accordance with the issuer's most recent disclosure of such holdings).

WpHG zu verpflichten, bei der Veröffentlichung der Gesamtzahl der Stimmrechte auch den aktuellen Stand der eigenen Aktien anzugeben.[99] Auf diese Weise würde die Rechtslage im Rahmen der WpHG-Stimmrechtsmitteilungen und im Rahmen des WpÜG der wirtschaftlichen Realität angepasst, ferner würde der Widerspruch zu § 290 Abs. 4 S. 2 HGB beseitigt, schließlich würden irreführende Stimmrechtsmitteilungen oder die Notwendigkeit vorsorglicher Stimmrechtsmitteilungen vermindert. Ein Verstoß einer solchen Änderung gegen Art. 9 Abs. 1 S. 2 Transparenz-RL wäre entgegen *Busch*[100] nicht zu befürchten. Dort ist von Aussetzung der Stimmrechte die Rede und *Busch* begründet selbst, warum die fehlenden Rechte aus eigenen Aktien etwas ganz anderes sind als das Ruhen von Rechten nach § 44 WpHG, § 59 WpÜG oder der Ausschluss des Stimmrechts nach § 136 AktG.[101]

Eine ganz andere Frage und keineswegs automatische Konsequenz einer solchen **58** Herausnahme eigener Aktien aus dem Nenner ist, ob dadurch die Zielgesellschaft mittels eines Rückerwerbs eigener Aktien dem Bieter eine Angebotspflicht aufdrängen kann.[102] Für die Verhinderung derartiger Manipulation bieten nämlich die Befreiungsvorschriften des § 36 und § 37 iVm §§ 8 f. WpÜG-AV, insbesondere die Befreiung im Hinblick auf die Art der Erlangung der Kontrolle ausreichende Möglichkeiten (→ § 36 Rn. 1 ff.; → § 37 Rn. 1 ff.).[103]

Nach dem Gesagten sind eigene Aktien **de lege lata** erst nach einer **Einziehung** (etwa **59** nach Kapitalherabsetzung) nicht mehr zu berücksichtigen.[104] **Kaduzierte Aktien** sind im Nenner grundsätzlich wie eigene Aktien zu zählen (→ § 35 Rn. 97; zur Berücksichtigung im Zähler → Rn. 63).[105]

**3. Ermittlung der vom Bieter gehaltenen Stimmrechte ("Zähler"). a) Vorge- 60 hensweise.** Komplizierter ist die Ermittlung der vom Bieter gehaltenen Stimmrechte. Auszugehen ist von einer sachenrechtlichen Basis, dh den im Eigentum einer beliebigen Person[106] stehenden stimmrechtsvermittelnden Wertpapieren. Sodann sind die Wertpapiere wieder abzuziehen, von deren Berücksichtigung die BaFin gemäß §§ 20 und 36 auf schriftlichen Antrag befreit hat. Schließlich sind die von Dritten gehaltenen Wertpapiere unter den Voraussetzungen des § 30 hinzuzurechnen (→ § 30 Rn. 1 ff.). Dabei ergeben sich die im Folgenden besprochenen Einzelfragen.

**b) Im Eigentum des Bieters stehende Stimmrechtsaktien.** Gezählt werden Stimm- **61** rechte, nicht Aktien. Die **Vorzugsaktien** werden nur im Ausnahmefall berücksichtigt (wie → Rn. 48). Hinsichtlich der **Mehrstimmrechtsaktien** ist auf → Rn. 50 zu verweisen. Die durch **Depositary Receipts** (ADR) verbrieften Aktien stehen in der Regel zwar im Eigentum der entsprechenden Bank, die Stimmrechte daraus werden dem Inhaber des Receipts aber gem. § 30 Abs. 1 Nr. 2 zugerechnet.[107]

Bei den danach grundsätzlich (vorbehaltlich § 134 Abs. 2 AktG) zu zählenden **Stamm- 62 aktien** ist noch zwischen Inhaberaktien und Namensaktien zu unterscheiden. Zwar steht das Stimmrecht auch bei Namensaktien grundsätzlich dem zivilrechtlichen Eigentümer zu. Zu beachten ist aber, dass im Falle der **Vinkulierung** Erwerbsverträge über Namensaktien bis zur Zustimmung der Gesellschaft schwebend unwirksam sind.[108]

---

[99] Was unproblematisch mit einer marginalen Veränderung von § 41 WpHG und § 17 Abs. 1 Nr. 5 WpAIV erreicht werden könnte. Vgl. mit ähnlichen Verbesserungsvorschlägen auch *Witt* AG 2001, 233 (240 f.).

[100] *Busch* AG 2009, 425 (426).

[101] *Busch* AG 2009, 425 (428 f.).

[102] Anders FK-WpÜG/*Haarmann* Rn. 36.

[103] Dazu *Berrar/Schnorbus* ZGR 2003, 59 (94 ff.); *R. Koch* ZIP 2008, 1260 (1261 f.).

[104] Steinmeyer/*Steinmeyer* Rn. 28; Assmann/Schneider/Mülbert/*Schneider* WpHG § 33 Rn. 34.

[105] Steinmeyer/*Steinmeyer* Rn. 28.

[106] Vom Gesetzgeber in § 30 als "Bieter" bezeichnet, auch wenn er noch kein Übernahmeangebot beabsichtigt; die Terminologie wird im Folgenden übernommen.

[107] Schwark/Zimmer/*Noack/Zetzsche* Rn. 38; Steinmeyer/*Steinmeyer* Rn. 18 aE in Fn. 41; vgl. Angerer/Geibel/Süßmann/*Süßmann* Rn. 29 f. mwN; aA Baums/Thoma/*Diekmann* Rn. 54,§ 30 Rn. 44.

[108] Zutr. Kölner Komm WpÜG/*v. Bülow* Rn. 101 und Angerer/Geibel/Süßmann/*Süßmann* Rn. 27, wenn wegen einer Vinkulierung mangels Zustimmung der Bieter noch kein Eigentum erworben hat. In diesem Fall kann sich aber eine Zurechnung nach § 30 ergeben.

**63**    **c) Hindernisse für die Stimmrechtsausübung.** Der Gesetzgeber geht davon aus, dass das Bestehen von Hindernissen ganz allgemein unbeachtlich sei und verweist auf die hM zur Parallelregelung in § 33 WpHG.[109] Diese Auffassung überwiegt auch für das WpÜG.[110] Das Problem **eigener Aktien** kann auch im Zähler auftauchen, wenn es nämlich um die Zurechnung eigener Aktien der Zielgesellschaft gem. § 30 Abs. 1 Nr. 1 an den Bieter geht.[111] Zwar wird das Problem in aller Regel nicht bei der Berechnung der Kontrollschwelle auftauchen, da die Zielgesellschaft (noch) keine Tochtergesellschaft des Bieters iSd § 290 HGB ist.[112] Ausnahmen sind aber denkbar, so kann ein Großaktionär ausnahmsweise bereits bei einer unter 30% liegenden Beteiligung konzernrechtliche Kontrolle innehaben, so dass sich die Frage nach einer Zurechnung stellt. Ferner kann es zB bei Aufstockungsangeboten auftauchen, da nämlich bei Veröffentlichungen gem. § 23 Abs. 1 auch die Stimmrechtsanteile des Bieters zu veröffentlichen sind. Nach dem Emittentenleitfaden der BaFin zählen eigene Aktien im Zähler nicht mit,[113] offenbar handhabe die BaFin das aber in der Praxis anders,[114] richtiger Auffassung nach zu Unrecht.[115] Im Dezember 2014 hat die BaFin ihre Verwaltungspraxis jedoch entsprechend geändert und rechnet eigene Aktien auch Muttergesellschaften nun nicht mehr zu.[116] Auch kaduzierte Aktien zählen im Zähler nicht mit.[117]

**64**    Das Problem von **Höchststimmrechten** besteht gemäß § 5 Abs. 7 EGAktG seit dem 1.6.2000 in börsennotierten Aktiengesellschaften deutschen Rechts nicht mehr, auch nicht in der Volkswagen-AG.[118] Sollte das WpÜG ausnahmsweise auf ausländische Aktiengesellschaften zur Anwendung kommen, so wird man die Berechnung des Stimmrechtsanteils anhand der höchstens ausübbaren Stimmrechte vorzunehmen haben, wobei Satzungsregeln (vergleichbar denen des § 134 Abs. 1 S. 2, 3, 4 AktG) über die Zurechnung zu berücksichtigen sind.[119] Ein Überschreiten der Kontrollschwelle ist, soweit solche Regeln über die Zurechnung fehlen, durch die Begrenzung nicht ausgeschlossen. Denn in diesem Fall kann durch Abreden mit Dritten oder Anteile im Besitz von Tochtergesellschaften des Aktionärs die Kontrollschwelle tatsächlich überschritten werden. Eine Zurechnung solcher Drittanteile erfolgt dann ganz normal gem. § 30. Sind aber Satzungsregeln über die Zurechnung vorhanden und die entsprechenden Abreden oder tatsächlichen Verhältnisse offengelegt, greift die Höchststimmregel ein, weshalb der Aktionär dann tatsächlich nur über die höchstens ausübbaren Stimmrechte verfügt. Ob die Zurechnungsregel des § 30 Abs. 2 an der regelmäßig mangelnden Transparenz solcher Abreden etwas ändern wird, bleibt abzuwarten.

**65**    **Stimmverbote** stellen, wenn sie nicht ohnehin nur für den Einzelfall gelten und aus diesem Grund unberücksichtigt bleiben (zB 136 AktG), häufig eine Sanktion für eine Pflichtverletzung des Bieters dar. Da er aus dem Stimmverbot keine Vorteile ziehen darf, sind die Aktien, für die das Stimmrecht ausgeschlossen ist, grundsätzlich bei der Ermittlung des Stimmrechtsanteils zu berücksichtigen.[120] Das gilt etwa für die Aktien, auf deren Zuordnung zum Handelsbestand der Bieter verzichtet hat, ohne dass die Befreiung aufgehoben

---

[109]  BT-Drs. 14/7034, 53; zum WpHG Assmann/Schneider/Mülbert/*Schneider* WpHG § 33 Rn. 32; Schäfer/Hamann/*Opitz* WpHG § 21 Rn. 18.

[110]  *Assmann/Pötzsch/Schneider/Assmann/Favoccia* Rn. 21; Baums/Thoma/*Diekmann* Rn. 60; Angerer/Geibel/Süßmann/*Süßmann* Rn. 31; Kölner Komm WpÜG/*v. Bülow* Rn. 109; FK-WpÜG/*Haarmann* Rn. 36; Schwark/Zimmer/*Noack/Zetzsche* Rn. 46 f.; im Grundsatz auch Steinmeyer/*Steinmeyer* Rn. 22.

[111]  Dazu ausf. *Busch* AG 2009, 425 ff.

[112]  *Busch* AG 2009, 425.

[113]  Emittentenleitfaden 2013, Ziff. VIII.2.3.2, 105 (unverändert in 5. Aufl., Modul B. I.2.3.2.2).

[114]  *Busch* AG 2009, 425 (427); *Krämer/Heinrich* ZIP 2009, 1737 (1743).

[115]  Zutr. *Busch* AG 2009, 425 (428 ff.) mwN in Fn. 26; *Krämer/Heinrich* ZIP 2009, 1737 (1743) mwN in Fn. 52.

[116]  BaFin-Journal 12/2014, 5; dies begrüßend *Krause* AG 2015, 553 (554 ff.).

[117]  Steinmeyer/*Steinmeyer* Rn. 23.

[118]  Dazu *Rapp-Jung/Bartosch* BB 2009, 2210 (2211) mit Fn. 10.

[119]  AA wohl Schwark/Zimmer/*Noack/Zetzsche* Rn. 46 und die hM zu § 21 WpHG aF, vgl. *Burgard* WM 2000, 611 (614) mwN; Kölner Komm WpHG/*Hirte*, 2. Aufl. 2014, WpHG § 21 Rn. 90 mwN auch zur Gegenauffassung.

[120]  Ebenso Kölner Komm WpÜG/*v. Bülow* Rn. 110; Angerer/Geibel/Süßmann/*Süßmann* Rn. 31; Steinmeyer/*Steinmeyer* Rn. 27; *Harbarth* ZIP 2002, 322 (326).

wurde (→ § 20 Rn. 43) oder für die Aktien, für die der Bieter gem. § 44 WpHG oder nach § 59 keine Stimmrechte ausüben darf.[121] Auch Namensaktien, die er bereits erworben hat, die aber noch nicht in das Aktienregister eingetragen sind, sind mitzuzählen.[122]

## § 30 Zurechnung von Stimmrechten; Verordnungsermächtigung

(1) [1]Stimmrechten des Bieters stehen Stimmrechte aus Aktien der Zielgesellschaft gleich,
1. die einem Tochterunternehmen des Bieters gehören,
2. die einem Dritten gehören und von ihm für Rechnung des Bieters gehalten werden,
3. die der Bieter einem Dritten als Sicherheit übertragen hat, es sei denn, der Dritte ist zur Ausübung der Stimmrechte aus diesen Aktien befugt und bekundet die Absicht, die Stimmrechte unabhängig von den Weisungen des Bieters auszuüben,
4. an denen zugunsten des Bieters ein Nießbrauch bestellt ist,
5. die der Bieter durch eine Willenserklärung erwerben kann,
6. die dem Bieter anvertraut sind oder aus denen er die Stimmrechte als Bevollmächtigter ausüben kann, sofern er die Stimmrechte aus diesen Aktien nach eigenem Ermessen ausüben kann, wenn keine besonderen Weisungen des Aktionärs vorliegen,
7. aus denen der Bieter die Stimmrechte auf Grund einer Vereinbarung, die eine zeitweilige Übertragung der Stimmrechte ohne die damit verbundenen Aktien gegen Gegenleistung vorsieht, ausüben kann,
8. die bei dem Bieter als Sicherheit verwahrt werden, sofern dieser die Stimmrechte hält und die Absicht bekundet, sie auszuüben.
[2]Für die Zurechnung nach Satz 1 Nummer 2 bis 8 stehen dem Bieter Tochterunternehmen des Bieters gleich. [3]Stimmrechte des Tochterunternehmens werden dem Bieter in voller Höhe zugerechnet.

(2) [1]Dem Bieter werden auch Stimmrechte eines Dritten aus Aktien der Zielgesellschaft in voller Höhe zugerechnet, mit dem der Bieter oder sein Tochterunternehmen sein Verhalten in Bezug auf die Zielgesellschaft auf Grund einer Vereinbarung oder in sonstiger Weise abstimmt; ausgenommen sind Vereinbarungen in Einzelfällen. [2]Ein abgestimmtes Verhalten setzt voraus, dass der Bieter oder sein Tochterunternehmen und der Dritte sich über die Ausübung von Stimmrechten verständigen oder mit dem Ziel einer dauerhaften und erheblichen Änderung der unternehmerischen Ausrichtung der Zielgesellschaft in sonstiger Weise zusammenwirken. [3]Für die Berechnung des Stimmrechtsanteils des Dritten gilt Absatz 1 entsprechend.

(3) [1]Für die Zurechnung nach dieser Vorschrift gilt ein Wertpapierdienstleistungsunternehmen hinsichtlich der Beteiligungen, die von ihm im Rahmen einer Wertpapierdienstleistung nach § 2 Absatz 8 Satz 1 Nummer 7 des Wertpapierhandelsgesetzes verwaltet werden, unter den folgenden Voraussetzungen nicht als Tochterunternehmen im Sinne des § 2 Absatz 6:
1. das Wertpapierdienstleistungsunternehmen übt die Stimmrechte, die mit den betreffenden Aktien verbunden sind, unabhängig vom Bieter aus,
2. das Wertpapierdienstleistungsunternehmen
   a) darf die Stimmrechte nur aufgrund von in schriftlicher Form oder über elektronische Hilfsmittel erteilten Weisungen ausüben oder

---

[121] Ebenso Kölner Komm WpÜG/*v. Bülow* Rn. 112; Angerer/Geibel/Süßmann/*Süßmann* Rn. 32; Steinmeyer/*Steinmeyer* Rn. 27; *Harbarth* ZIP 2002, 322 (326).
[122] Zutr. Kölner Komm WpÜG/*v. Bülow* Rn. 100, 110.

b) stellt durch geeignete Vorkehrungen sicher, dass die Finanzportfolioverwaltung unabhängig von anderen Dienstleistungen und unter Bedingungen erfolgt, die gleichwertig sind denen der Richtlinie 2009/65/EG des Europäischen Parlaments und des Rates vom 13. Juli 2009 zur Koordinierung der Rechts- und Verwaltungsvorschriften betreffend bestimmte Organismen für gemeinsame Anlagen in Wertpapieren (OGAW) (ABl. L 302 vom 17.11.2009, S. 32) in der jeweils geltenden Fassung,

3. der Bieter teilt der Bundesanstalt den Namen dieses Wertpapierdienstleistungsunternehmens und die für dessen Überwachung zuständige Behörde oder das Fehlen einer solchen Behörde mit und

4. der Bieter erklärt gegenüber der Bundesanstalt, dass die Voraussetzungen der Nummer 1 erfüllt sind.

(4) Für die Zurechnung nach dieser Vorschrift gelten Kapitalverwaltungsgesellschaften im Sinne des § 17 Absatz 1 des Kapitalanlagegesetzbuchs und EU-Verwaltungsgesellschaften im Sinne des § 1 Absatz 17 des Kapitalanlagegesetzbuchs hinsichtlich der Beteiligungen, die zu den von ihnen verwalteten Investmentvermögen gehören, unter den folgenden Voraussetzungen nicht als Tochterunternehmen im Sinne des § 2 Absatz 6:

1. die Verwaltungsgesellschaft übt ihre Stimmrechte unabhängig vom Bieter aus,

2. die zum verwalteten Investmentvermögen gehörenden Beteiligungen im Sinne der §§ 29 und 30 werden nach Maßgabe der Richtlinie 2009/65/EG des Europäischen Parlaments und des Rates vom 13. Juli 2009 zur Koordinierung der Rechts- und Verwaltungsvorschriften betreffend bestimmte Organismen für gemeinsame Anlagen in Wertpapieren (OGAW) (ABl. L 302 vom 17.11.2009, S. 32), die zuletzt durch die Richtlinie 2014/91/EU (ABl. L 257 vom 28.8.2014, S. 186) geändert worden ist, verwaltet,

3. das Mutterunternehmen teilt der Bundesanstalt den Namen dieser Verwaltungsgesellschaft und die für deren Überwachung zuständige Behörde oder das Fehlen einer solchen mit und

4. das Mutterunternehmen erklärt gegenüber der Bundesanstalt, dass die Voraussetzungen der Nummer 1 erfüllt sind.

(5) Ein Unternehmen mit Sitz in einem Drittstaat, das nach § 32 Absatz 1 Satz 1 in Verbindung mit § 1 Absatz 1a Satz 2 Nummer 3 des Kreditwesengesetzes einer Zulassung für die Finanzportfolioverwaltung oder einer Erlaubnis nach § 20 oder § 113 des Kapitalanlagegesetzbuchs bedürfte, wenn es seinen Sitz oder seine Hauptverwaltung im Inland hätte, gilt nicht als Tochterunternehmen im Sinne dieses Abschnitts, wenn

1. das Unternehmen bezüglich seiner Unabhängigkeit Anforderungen genügt, die denen nach Absatz 3 oder Absatz 4, auch in Verbindung mit einer Rechtsverordnung nach Absatz 7, jeweils gleichwertig sind,

2. der Bieter der Bundesanstalt den Namen dieses Unternehmens und die für dessen Überwachung zuständige Behörde oder das Fehlen einer solchen Behörde mitteilt und

3. der Bieter gegenüber der Bundesanstalt erklärt, dass die Voraussetzungen der Nummer 1 erfüllt sind.

(6) Abweichend von den Absätzen 3 bis 5 gelten Wertpapierdienstleistungsunternehmen und Verwaltungsgesellschaften jedoch dann als Tochterunternehmen im Sinne des § 2 Absatz 6, wenn

1. der Bieter oder ein anderes Tochterunternehmen des Bieters seinerseits Anteile an der von dem Unternehmen verwalteten Beteiligung hält und

2. das Unternehmen die Stimmrechte, die mit diesen Beteiligungen verbunden sind, nicht nach freiem Ermessen, sondern nur auf Grund unmittelbarer oder

mittelbarer Weisungen ausüben kann, die ihm vom Bieter oder von einem anderen Tochterunternehmen des Bieters erteilt werden.

(7) Das Bundesministerium der Finanzen kann durch Rechtsverordnung, die nicht der Zustimmung des Bundesrates bedarf, nähere Bestimmungen erlassen über die Umstände, unter denen in den Fällen der Absätze 3 bis 6 eine Unabhängigkeit des Unternehmens vom Bieter gegeben ist.

**Schrifttum:** s. AktG Anh. § 22.

**Früheres Schrifttum:** *Burgard,* Kapitalmarktrechtliche Lehren aus der Übernahme Vodafone-Mannesmann, WM 2000, 611; *Franck,* Die Stimmrechtszurechnung nach § 22 WpHG und § 30 WpÜG, BKR 2002, 709; *Harbarth,* Kontrollerlangung und Pflichtangebot, ZIP 2002, 321; *Lenz/Linke,* Die Handhabung des WpÜG in der aufsichtsrechtlichen Praxis, AG 2002, 361; *Liebscher,* Die Zurechnungstatbestände des WpHG und des WpÜG, ZIP 2002, 1005; *Ransiek,* Zur prozessualen Durchsetzung des Insiderstrafrechts, DZWir 1995, 53; *Sudmeyer,* Mitteilungs- und Veröffentlichungspflichten nach §§ 21, 22 WpHG, BB 2002, 685; *Witt,* Die Änderungen der Mitteilungs- und Veröffentlichungspflichten nach §§ 21 ff. WpHG durch das geplante Wertpapiererwerbs- und Übernahmegesetz, AG 2001, 233.

**Übergreifende Fragen:** *Berger/Filgut,* „Acting in Concert" nach § 30 Abs. 2 WpÜG, AG 2004, 592; *Brellochs,* Die Auslegung der kapitalmarktrechtlichen Melde- und Zurechnungsnormen im Licht der BGH-Rechtsprechung, ZIP 2011, 2225; *v. Bülow/Bücker,* Abgestimmtes Verhalten im Kapitalmarkt- und Gesellschaftsrecht, ZGR 2004, 669; *Cahn,* Die sog. gespaltene Auslegung im Kapitalmarktrecht, FS 25 Jahre WpHG, 2019, 41; *Cahn/Ostler,* Eigene Aktien und Wertpapierleihe, AG 2008, 221; *Fleischer,* Finanzinvestoren im ordnungspolitischen Gesamtgefüge von Aktien-, Bankaufsichts- und Kapitalmarktrecht, ZGR 2008, 185; *Habersack,* Beteiligungstransparenz adieu?, AG 2008, 817; *Hamann,* In concert or not in concert? Eine methodische Konkretisierung von § 30 Abs. 2 Satz 1 WpÜG, ZIP 2007, 1088; *Hammen,* Analogieverbot beim Acting in Concert?, Konzern 2009, 18; *Hippeli,* Wertpapierdarlehen bei öffentlichen Übernahmen AG 2017, 771; *Merkner/Sustmann,* Die Verwaltungspraxis der BaFin in Sachen Beteiligungstransparenz auf Grundlage der Neufassung des Emittentenleitfadens, NZG 2013, 1361; *Schneider,* Acting in Concert – ein kapitalmarktrechtlicher Zurechnungstatbestand, WM 2006, 1321; *Schneider/Anzinger,* Umgehung und missbräuchliche Gestaltungen oder: Brauchen wir eine § 42 AO entsprechende Vorschrift im Kapitalmarktrecht?, ZIP 2009, 1; *Schockenhoff/Schumann,* Acting in Concert – geklärte und ungeklärte Rechtsfragen, ZGR 2005, 568; *Schockenhoff/Wagner,* Zum Begriff des „acting in concert", NZG 2008, 361; *Schürnbrand,* Wider den Verzicht auf die gespaltene Auslegung im Kapitalmarktrecht, NZG 2011, 1213; *Spindler,* Acting in Concert – Begrenzung von Risiken durch Finanzinvestoren?, WM 2007, 2357; *Wackerbarth,* Die Zurechnung nach § 30 WpÜG zum Alleingesellschafter-Geschäftsführer einer GmbH, ZIP 2005, 1217; *Widder/Kocher,* Die Behandlung eigener Aktien im Rahmen der Mitteilungspflichten nach §§ 21 ff. WpHG, AG 2007, 13; *Zetzsche,* Challenging Wolf Packs – Thoughts on the Efficient Enforcement of Shareholder Transparency Rules, Working Paper, abrufbar unter www.ssrn.com.

**WMF-Entscheidung und Risikobegrenzungsgesetz:** *Borges,* Acting in Concert: Vom Schreckgespenst zur praxistauglichen Zurechnungsnorm, ZIP 2007, 357; *Brandt,* Transparenz nach RisikobegrenzungsG – und darüber hinaus?, BKR 2008, 441; *Brellochs,* Konkretisierung des Acting in Concert durch den BGH, AG 2019, 29; *v. Bülow/Stephanblome,* Acting in Concert und neue Offenlegungspflichten nach dem Risikobegrenzungsgesetz, ZIP 2008, 1797; *Buck-Heeb,* Acting in Concert nach § 22 Abs. 2 WpHG a. F.: Änderung der unternehmerischen Ausrichtung, BKR 2019, 8; *Casper/Bracht,* Abstimmung bei der Wahl des Aufsichtsrats – Ein Fall für ein Pflichtangebot?, NZG 2005, 839; *Diekmann,* Acting in Concert: Absprachen zur Besetzung des Aufsichtsrats, DStR 2007, 445; *Diekmann/Merkner,* Erhöhte Transparenzanforderungen im Aktien- und Kapitalmarktrecht – ein Überblick über den Regierungsentwurf zum Risikobegrenzungsgesetz, NZG 2007, 921; *Drinkuth,* Gegen den Gleichlauf des Acting in Concert nach § 22 WpHG und § 30 WpÜG, ZIP 2008, 675; *Gätsch/Schäfer,* Abgestimmtes Verhalten nach § 22 II WpHG und § 30 II WpÜG in der Fassung des Risikobegrenzungsgesetzes, NZG 2008, 846; *Halasz/Kloster,* Acting in concert im Lichte der aktuellen höchstrichterlichen Rechtsprechung, Konzern 2007, 344; *Horcher/Kovács,* Die Reichweite der Stimmrechtszurechnung wegen Acting in Concert nach dem BGH-Urteil vom 25.9.2018 (II ZR 190/17), DStR 2019, 388; *Korff,* Das Risikobegrenzungsgesetz und seine Auswirkungen auf das WpHG, AG 2008, 692; *Pluskat,* Acting in Concert in der Fassung des Risikobegrenzungsgesetzes – jetzt alles anders?, DB 2009, 383; *Saenger/Kessler,* Abgestimmtes Verhalten iSd § 30 Abs. 2 WpÜG bei der Aufsichtsratswahl, ZIP 2006, 837; *Schneider,* Acting in Concert: Vereinbarung oder Abstimmung über Ausübung von Stimmrechten?, ZGR 2007, 440; *Zimmermann,* Die kapitalmarktrechtliche Beteiligungstransparenz nach dem Risikobegrenzungsgesetz, ZIP 2009, 57; *Wackerbarth,* Die Auslegung des § 30 Abs. 2 WpÜG und die Folgen des Risikobegrenzungsgesetzes, ZIP 2007, 2340.

**Übernahme-RL:** *Arnold,* Die neue konzernweite Stimmrechtszurechnung gemäß § 30 Abs. 1 Satz 1 Nr. 1 WpÜG – eine neue Dimension der Zurechnung im Konzern, AG 2006, 567; *Engert,* Hedgefonds als aktivistische Aktionäre, ZIP 2006, 2105; *Hopt/Mülbert/Kumpan,* Reformbedarf im Übernahmerecht, AG 2005, 109; *Mülbert,* Umsetzungsfragen der Übernahmerichtlinie – erheblicher Änderungsbedarf bei den heutigen Vorschriften des WpÜG, NZG 2004, 633; *Nelle,* Stimmrechtszurechnung und Pflichtangebot nach Umsetzung der Übernahmerichtlinie Korrekturbedarf bei § 30 WpÜG nF, ZIP 2006, 2057; *Schmidtbleicher,* Das „neue" acting in concert – ein Fall für den EuGH?, AG 2008, 73.

**Beteiligungsaufbau:** *Baums/Sauter,* Anschleichen an Übernahmeziele mit Hilfe von Aktienderivaten, ZHR 173 (2009), 454; *Bedkowski,* Der neue Emittentenleitfaden der BaFin, BB 2009, 394; *Cascante/Töpf,* „Auf leisen Sohlen"? – Stakebuilding bei der börsennotierten AG, AG 2009, 53; *Fleischer/Schmolke,* Kapitalmarktrechtliche Beteiligungstransparenz nach §§ 21 ff. WpHG und „Hidden Ownership", ZIP 2008, 1501; *Fleischer/Schmolke,* Das Anschleichen an eine börsennotierte Aktiengesellschaft- Überlegungen zur Beteiligungstransparenz de lege lata und de lege ferenda, NZG 2009, 401; *Krause,* „Stakebuilding" im Kapitalmarkt- und Übernahmerecht in Kämmerer/Veil, Übernahme- und Kapitalmarktrecht in der Reformdiskussion, 2013, 163, *Meyer/Kiesewetter,* Rechtliche Rahmenbedingungen des Beteiligungsaufbaus im Vorfeld von Unternehmensübernahmen, WM 2009, 340; *Schanz,* Schaeffler/Continental: Umgehung von Meldepflichten bei öffentlichen Übernahmen durch Einsatz von derivativen Finanzinstrumenten, DB 2008, 1899; *Schiessl,* Beteiligungsaufbau mittels Cash-settled Total Return Equity Swaps – neue Modelle und Einführung von Meldepflichten, Konzern 2009, 291; *Wackerbarth,* Ein Seismograph für Übernahmeaktivitäten, ZIP 2010, 1527; *Weber/Meckbach,* Finanzielle Differenzgeschäfte – Ein legaler Weg zum Anschleichen an die Zielgesellschaft bei Übernahmen?, BB 2008, 2022; *Zetzsche,* Hidden Ownership in Europe: BaFin's Decision in Schaeffler v. Continental, EBOR 2009, 115; *Zetzsche,* Insider-Information beim verdeckten Beteiligungsaufbau („Anschleichen") mittels Total Return Swaps?, AG 2015, 381.

**Pool:** *Braun,* Das einflusslose Mitglied im Stimmrechtspool, NZG 2008, 928; *Kocher/Mattig,* Zurechnung beim Acting in Concert nur auf kontrollierende Poolmitglieder?, BB 2018, 1667; *Krämer/Heinrich,* Emittentenleitfaden „reloaded", ZIP 2009, 1737; *Merkner/Sustmann,* Die Neuauflage des Emittentenleitfadens der BaFin – Rechtssicherheit bei der Abgabe von Stimmrechtsmitteilungen, NZG 2009, 813; *Mutter,* Die Holdinggesellschaft als reziproker Familienpool – Pflichten nach WpHG und WpÜG, DStR 2007, 2013; *Nietsch,* Kapitalmarktrechtliche Transparenz bei Treuhandverhältnissen, WM 2012, 2217; *Veil,* Stimmrechtszurechnungen aufgrund von Abstimmungsvereinbarungen gemäß § 22 Abs. 2 WpHG und § 30 Abs. 2 WpÜG, FS Karsten Schmidt, 2009, 1645.

**Interessenschutzklauseln:** *v. Falkenhausen,* Die Übernahme der Postbank – Neues zum Recht des Pflichtangebots, NZG 2014, 1368; *Krause,* Zum richterrechtlichen Anspruch der Aktionäre auf angemessene Gegenleistung bei Übernahme- und Pflichtangeboten, AG 2014, 833; *Scheibenpflug/Tönningsen,* Interessenschutzklausel als acting in concert und Rechtsfolgen eines verspäteten Übernahmeangebots, BKR 2015, 140.

**Dissertationen:** *Löhdefink,* Acting in Concert und Kontrolle im Übernahmerecht, 2007; *Raloff,* Acting in Concert, 2007; *Weiß,* Der wertpapierhandelsrechtliche und übernahmerechtliche Zurechnungstatbestand des acting in concert, 2007; *Adam,* Acting in Concert: Die Zurechnung von Stimmrechten im Übernahmerecht, 2008.

## Übersicht

# I. Allgemeines

**1. Übersicht.** § 30 enthält die entscheidende Bestimmung über die Zurechnung von 1 Stimmrechten Dritter an den Bieter. Zugerechnet werden Stimmrechte aber nicht nur an denjenigen, der bereits seine Entscheidung veröffentlicht hat, ein Angebot abgeben zu wollen. Die Vorschrift rechnet nicht nur zu, um Übernahmeangebote von einfachen Erwerbsangeboten abzugrenzen, sondern auch, um die Angebotspflicht feststellen zu können. Zugerechnet wird also auch an potentiell zur Abgabe eines Übernahmeangebots verpflichtete Personen, die das Gesetz pauschal auch dann als Bieter bezeichnet, wenn sie noch kein Übernahmeangebot abgegeben haben oder abzugeben beabsichtigen.

Die Zurechnungsvorschriften sind im Hinblick auf die verfestigten Anteilseigner-Struk- 2 turen in Deutschland[1] besonders kritische Regeln des WpÜG. Sie können unter Umständen scharfe Waffen gegen Strukturen sein, die zu einer Selbstkontrolle der Verwaltung eines Unternehmens beitragen bzw. diese verfestigen und absichern. Dazu bedarf es aber nicht nur der Normen selbst, sondern auch ihrer **effizienten Durchsetzung.**

Durch § 30 WpÜG erkennt der Gesetzgeber ebenso wie durch die parallele Regelung 3 des § 34 WpHG den Grundsatz an, dass es im Hinblick auf einflussvermittelnde Beteiligungen an börsennotierten Aktiengesellschaften kein Recht auf Anonymität gibt.[2] Vielmehr soll durch die Zurechnungsvorschriften durchgesetzt werden, dass auf dem Kapitalmarkt Transparenz über die Beteiligungsstruktur von Aktiengesellschaften herrscht, soweit es um die Vermittlung unternehmerischer Einflussmöglichkeiten geht. Damit werden unmittelbar die einflusslosen Kleinaktionäre durch Information geschützt, weil sie wissen können sollen, auf wen sie sich einlassen, wenn sie Aktien einer Gesellschaft an der Börse erwerben (§§ 33 f. WpHG) oder im Rahmen eines Erwerbsangebotes verkaufen (§ 30 iVm §§ 11, 23).

**2. Normzweck, Verhältnis zu § 34 WpHG. a) Entstehungsgeschichte.** Die Vor- 4 schrift ist mit § 34 WpHG weitgehend wortlautidentisch; im Zuge der Einführung des WpÜG ist § 34 WpHG zunächst modifiziert worden,[3] um Zweifelsfragen klarzustellen und Lücken in der Zurechnung zu schließen.[4] Ein zwischenzeitlicher Wortlautunterschied, der durch die Änderung des § 30 durch das Übernahme-RL-UG zustande kam,[5] ist zwischenzeitlich durch mehrere Änderungen wieder beseitigt worden, zuletzt wurden die Vorschrif-

---

[1] Dazu ausf. mit statistischen Daten *Wackerbarth* ZGR 2005, 686 ff. Signifikante Änderungen seit 2005 sind nicht ersichtlich.

[2] Zu den Zwecken der §§ 33 ff. WpHG (ehemals §§ 21 ff. WpHG aF) vgl. *Schäfer/Hamann/Opitz* WpHG Vor §§ 21–30 Rn. 1 ff.; dazu auch, vor allem aber zu den Schwierigkeiten der Umsetzung der Transparenz-RL in das deutsche Recht *Assmann/Schneider/Mülbert/Schneider* WpHG Vor §§ 33–47 Rn. 1 ff.

[3] Vgl. BT-Drs. 14/7034, 22.

[4] BT-Drs. 14/7034, 53, 70.

[5] Dazu ausf. *Arnold* AG 2006, 567 ff.

ten geändert durch das Gesetz zur Umsetzung der Transparenz-RL-Änderungsrichtlinie vom 20.11.2015 (BGBl. 2015 I 2029).

**5**    **b) Unterschiedliche Zwecke von §§ 33 ff. WpHG und WpÜG?** Nach der Begründung sollen die Zurechnungstatbestände des § 30 und des § 34 WpHG **parallel laufen,** um Irritationen des Kapitalmarktes zu vermeiden[6] dies wurde bei der (letzten) Änderung beider Vorschriften noch einmal bestätigt.[7] In Lit.[8] und Rspr.[9] wird gleichwohl häufig die Auffassung vertreten, die Zurechnungsvorschriften müssten unterschiedlich ausgelegt werden. Insoweit sei zu beachten, dass das WpÜG mit der Zurechnung andere Zwecke als das WpHG verfolgt. So gehe es in § 30 vor dem Hintergrund der Angebotspflicht nicht um Markttransparenz iSd § 33 WpHG sondern um die Zuordnung materieller Stimmrechtsherrschaft bzw. Schutz vor Kontrolle.[10] § 30 WpÜG und § 34 WpHG seien jeweils rechtsfolgenorientiert auszulegen, so dass die unterschiedlichen Folgen beider Vorschriften auch eine unterschiedliche Auslegung nahelege.[11] Ferner sei zu berücksichtigen, dass beide Vorschriften auf **unterschiedlichen Richtlinien** beruhten (§ 34 WpHG auf der Transparenz-RL, § 30 WpÜG auf der Übernahme-RL).[12] Schließlich wisse man bei geforderter Einheitlichkeit nicht, ob sich die Auslegung von § 30 an § 34 WpHG orientieren soll oder gerade umgekehrt.[13]

**6**    **Stellungnahme:** Dem ist nicht zu folgen (→ WpHG § 34 Rn. 29).[14] Sowohl § 34 WpHG als auch § 30 WpÜG rechnen zu, um tatsächliche Stimmblöcke im Hinblick auf den von diesem Block ausgeübten unternehmerischen Einfluss auf die Gesellschaft festzustellen. Daraus ziehen erst weitere Vorschriften, namentlich die §§ 11, 23, 29, 35 rechtliche Konsequenzen. Diese sind im Rahmen des WpÜG zum Teil ohnehin mit denen des WpHG identisch, soweit nämlich die **Herstellung von Transparenz** auch im WpÜG wesentliche Folge der Zurechnung ist. Die Anleger der Zielgesellschaft werden dadurch geschützt, dass sie anhand der in § 11 iVm § 2 Nr. 5 WpÜG-AV vermittelten Informationen beurteilen können, um was für eine Angebot es sich handelt (Übernahmeangebot oder einfaches Erwerbsangebot) und aus welcher Ausgangslage heraus der Bieter handelt, und sie werden durch die Veröffentlichungspflicht des § 35 Abs. 1 WpÜG geschützt. Ferner ist § 30 WpÜG auch bei einfachen Erwerbsangeboten anwendbar, da er für die Informationen nach § 23 benötigt wird.[15] Es kann deshalb kein Zweifel daran bestehen, dass die Vorschrift nicht

---

[6] BT-Drs. 14/7034, 53, 70.

[7] BT-Drs. 18/5010, 56: „Interesse eines möglichst engen Gleichlaufs".

[8] Kölner Komm WpÜG/*v. Bülow* Rn. 19 ff.; *Franck* BKR 2002, 709 (711 ff.); *Pluskat* DB 2009, 383 (384 f.); Assmann/Pötzsch/Schneider/*Schneider/Favoccia* Rn. 14; *Schneider* WM 2006, 1321 ff.; *Adam,* Acting in Concert, 2008, 150 ff. unter Vergleich mit Schweizer Recht; *Drinkuth* ZIP 2008, 675 (678); *v. Bülow/ Bücker* ZGR 2004, 669 (696); *Fleischer* ZGR 2008, 185 (197 f.); Steinmeyer/*Steinmeyer* Rn. 3; *Borges* ZIP 2007, 357 (361); *Casper* ZIP 2003, 1469 (1473); *Eidenmüller* DStR 2007, 2116 (2119 f.); *Seibt* ZIP 2004, 1829 (1830); *Seibt* ZIP 2005, 729 (732 f.); DAV-Handelsrechtsausschuss, Stellungnahme zum Risikobegrenzungsgesetz, NZG 2008, 60; Schäfer/Hamann/*Opitz* WpHG § 22 Rn. 101.

[9] OLG Stuttgart AG 2005, 125 (129).

[10] So insbes. Kölner Komm WpÜG/*v. Bülow* Rn. 20; s. auch *Franck* BKR 2002, 709 ff.; *Drinkuth* ZIP 2008, 675 (678); s. auch *Diekmann* DStR 2007, 445 (446); vgl. gar Baums/Thoma/*Diekmann* Rn. 2: Zweck sei es, den Aktionären den Austritt aus der Gesellschaft zu ermöglichen.

[11] Schwark/Zimmer/*Noack/Zetzsche* Rn. 4; Assmann/Pötzsch/Schneider/*Schneider/Favoccia* Rn. 14; *Fleischer* ZGR 2008, 185 (197); *Eidenmüller* DStR 2007, 2116 (2119 f.).

[12] *Fleischer* ZGR 2008, 185 (197); vgl. Assmann/Pötzsch/Schneider/*Schneider/Favoccia* Rn. 20; Baums/ Thoma/*Diekmann* Rn. 2; bezeichnet OLG Stuttgart AG 2005, 125 (129): § 22 Abs. 2 WpHG setze die Transparenz-RL um und habe daher nicht (!) wie § 30 Abs. 2 WpÜG den Zweck, den deutschen Kapitalmarkt zu stärken, sondern die Marktöffentlichkeit zu informieren.

[13] *Fleischer* ZGR 2008, 185 (198).

[14] Wie hier FK-WpÜG/*Walz* Rn. 88; *Diekmann/Merkner* NZG 2007, 921 (922); *Engert* ZIP 2006, 2105 (2111); *Spindler* WM 2007, 2356 (2358); Fuchs/*Dehlinger/Zimmermann* WpHG Vor §§ 21–30 Rn. 26 f.; ausf. *Wackerbarth* ZIP 2007, 2340 ff. mwN; ferner *Weiß,* Der wertpapierhandelsrechtliche und übernahmerechtliche Zurechnungstatbestand des acting in concert, 2007, 19 ff., 33 ff.; *Raloff,* Acting in Concert, 2007, 150 ff.; *Nelle* ZIP 2006, 2056 (2063); *Veil* FS K. Schmidt, 2009, 1645, 1659; vgl. auch Angerer/Geibel/Süßmann/ *Süßmann* Rn. 1; wN bei *Fleischer* ZGR 2008, 185 (197) in Fn. 79; vgl. noch *Hamann* ZIP 2007, 1088 (1093) und *Schockenhoff/Schuhmann* ZGR 2005, 568 (608 f.), die eine einheitlich restriktive Auslegung wollen.

[15] Das gibt *Drinkuth* ZIP 2008, 675 (678) zu, ohne daraus entsprechende Schlüsse zu ziehen.

lediglich in das Gesetz eingefügt wurde, um die Frage zu klären, ob jemand zur Abgabe eines Angebots verpflichtet ist.[16] Sofern es um Information geht, müssen also ohnehin die die auch für § 34 WpHG relevanten Auslegungsregeln gelten.

Aber auch, wenn es um die **Kontrollerlangung** bzw. die Feststellung der **Angebots- 7 pflicht** geht, kann nichts anderes gelten. Denn die Feststellung des Überschreitens der Kontrollschwelle des § 29 Abs. 2 besagt noch nichts für die Frage, ob und wann die Angebotspflicht nach § 35 tatsächlich besteht und durchgesetzt wird oder werden kann.[17] § 30 ist lediglich eine Hilfsnorm, die selbst keine eigenen Zwecke verfolgt, außer eben Stimmrechtsblöcke festzustellen. Demgegenüber bilden die §§ 35 ff. ein eigenes System, das seinerseits konterkariert würde, wenn man dem Bieter aus Transparenzgründen (→ Rn. 6) auferlegte, in der Angebotsunterlage eine andere Beteiligungshöhe anzugeben als materiell für die Frage seiner Kontrollerlangung berücksichtigt wird. Ob der Bieter nach der Kontrollerlangung tatsächlich einer Angebotspflicht unterliegt, ist dementsprechend gesondert festzustellen und für die Auslegung des § 30 deshalb ohne Bedeutung.

Was die angeblich **unterschiedlichen Zwecke** der beiden Normen angeht, so kommt 8 es zunächst nicht auf die Zwecke und Ziele „des WpÜG" gegenüber denen „des WpHG" an, sondern auf den Zweck der Zurechnungsnorm selbst.[18] Im Übrigen ist auch Transparenz nie reiner Selbstzweck, sondern bedeutet Erleichterung der Steuerung durch den Markt durch Verbesserung der Information der Akteure und Ausschaltung von marktverzerrenden Informationsasymmetrien. Daher trifft schon die Gegenüberstellung von bloßer Information durch das WpHG einerseits und Regelung durch das WpÜG andererseits nicht zu. Die Zurechnung innerhalb des WpÜG verfolgt ebenso Transparenzziele wie sie innerhalb des WpHG auch Regelungsziele verfolgt. Auch das WpHG rechnet nur im Hinblick auf den materiellen Einfluss auf die fragliche Gesellschaft zu, da nur die Stimmrechtsvermittlung erfasst ist. Wenn es dem WpHG ausschließlich um Transparenz der Beteiligungsverhältnisse ginge, müsste auch das Überschreiten reiner Kapitalschwellen meldepflichtig sein.[19] Die Tatsache, dass beiden Regelungen **unterschiedliche Richtlinien** zugrundeliegen, besagt für die Einheitlichkeit der Auslegung nicht das Geringste: Beide Rechtsgrundlagen stammen von ein- und demselben Gesetzgeber, nämlich der EU. Auch innerhalb der EU gilt das Gebot der Einheit der Rechtsordnung, sollten die Richtlinien sich also widersprechen, wäre ein solcher Widerspruch auf europäischer Ebene aufzulösen. Zu widersprüchlichen Zurechnungsanforderungen *kann* es deshalb nicht kommen. Im Zuge der geänderten Transparenz-RL wird wegen des in Art. 3 Abs. 1a UAbs. 4 RL 2013/50/EU festgeschriebenen Prinzips der **Vollharmonisierung** vermehrt vertreten, die Zurechnung im Rahmen des § 34 Abs. 2 WpHG gehe über das EU-rechtlich zulässige Maß hinaus, da die RL in Art. 10a eine Zurechnung nur aufgrund rechtlich bindender Vereinbarungen zulasse.[20]

Allerdings wird man nach den jüngsten Änderungen des WpHG trotz der weitgehenden 9 Wortlautidentität von § 30 Abs. 1, 2 WpÜG mit § 34 Abs. 1, 2 WpHG **nicht mehr von identischen Ergebnissen bei der Zurechnung** ausgehen können (was freilich an der eben dargestellten Kritik der zweckorientierten Interpretation durch die herrschende Lehre nichts ändert). Das liegt zum einen daran, dass für bestimmte Finanzinstrumente eine neues Melderegime geschaffen wurde, um mit den Beteiligungsmeldungen nach dem WpHG

---

[16] Näher *Wackerbarth* ZIP 2007, 2340 (2341).

[17] Anders *Drinkuth* ZIP 2008, 675 (678): die Kontrollerlangung habe nicht nur eine Indizwirkung für die Angebotspflicht. Die formelle Regelung in § 35 kann aber nicht darüber hinweg täuschen, dass das Gesetz nun einmal ein zweistufiges Verfahren vorsieht, um die Angebotspflicht zu klären. Deshalb entscheidet materiell letztlich die BaFin endgültig über die Angebotspflicht, nicht die formale Kontrollerlangung. Falls *Drinkuth* mit seiner Behauptung auf die formelle Rechtstechnik des Gesetzes abstellen will, trifft das ebenfalls nicht zu, weil die Rechtsfolge des § 30 lediglich die Zurechnung selbst ist. Die Kontrollerlangung folgt demgegenüber aus § 29, die Angebotspflicht aus § 35 Abs. 2.

[18] Anders *Drinkuth* ZIP 2008, 675 (677 f.).

[19] So bereits *Wackerbarth* ZIP 2005, 1217 (1218 f.).

[20] So etwa *Hitzer/Hauser* NZG 2016, 1365 (1368); *Kraack* AG 2017, 677 (680); vgl. auch *Kocher/Mattig* BB 2018, 1667 (1668 f.); dagegen aber *Seibt/Wollenschläger* ZIP 2014, 545 (549); Assmann/Schneider/Mülbert/*Schneider* WpHG § 34 Rn. 142 mwN zum WpHG.

auch potentiellen Stimmrechtseinfluss transparent zu machen, der im Rahmen des WpÜG keine Rolle spielt. Hier muss man im Einzelfall beurteilen, ob ein bestimmtes Finanzinstrument iSd § 38 WpHG zugleich die Zurechnungsvorschriften des § 30 WpÜG erfüllt und damit zwar nach § 30 WpÜG, nicht aber nach § 34 WpHG zuzurechnen ist (zB schuldrechtliche Optionen, vgl. → Rn. 28). Zum anderen liegt es an der Entscheidung des Gesetzgebers, nur im Rahmen von § 33 Abs. 3 WpHG die schuldrechtliche Vereinbarung (den Kauf) dem dinglichen Erwerb gleichzustellen, so dass im Rahmen des WpHG bereits der Kaufvertrag eine „Zurechnung" der Wertpapiere zum Käufer begründet, während eine entsprechende Anordnung im WpÜG fehlt.[21]

**10**   **3. Funktionale Auslegung des § 30.** Unter Hinweis auf die einschneidende Konsequenz der Angebotspflicht wollen manche zu einer einschränkenden Auslegung des § 30 WpÜG gelangen, insbesondere auch in Gegenüberstellung zu § 34 WpHG.[22] Selbst wenn die Angebotspflicht bei Zurechnung gem. § 30 WpÜG unmittelbar ausgelöst würde und wenn man sie denn als besonders gravierende Folge ansähe, so spricht das dennoch nicht für eine einschränkende Auslegung des § 30 WpÜG, sondern allenfalls für eine einschränkende Auslegung oder für eine teleologische Reduktion des § 35 WpÜG, in dem die Angebotspflicht geregelt ist. Denn § 30 WpÜG ist – wie dargelegt – nicht nur Hilfsnorm für das Pflichtangebot, sondern auch für andere Vorschriften im WpÜG. Daher kann nicht unter Verweis auf das Erfordernis restriktiver Auslösung einer bestimmten Folge die Hilfsnorm selbst reduziert werden, da ansonsten ihre Funktion für die übrigen Rechtsfolgen beeinträchtigt würde. Aber auch das Gegenteil, namentlich eine weite oder „dynamische" Auslegung der Zurechnungsvorschriften, kann nicht überzeugen. Eine uferlose Zurechnung bei sämtlichen Kontakten von Aktionären verdeckte am Ende doch nur die tatsächlichen Stimmblöcke, die sich an der Zielgesellschaft gebildet haben.[23] Den verschiedenen Tatbeständen der Zurechnung liegen jeweils eine ratio bzw. ein oder mehrere Rechtsgedanken zugrunde, die im Wege der Auslegung herauszuschälen und – ggf. auch im Wege einer Analogie – zur Anwendung zu bringen sind.[24]

**11**   **4. Analogieverbot.** Fraglich ist, ob die Vorschriften des § 30 einem Analogieverbot unterliegen. Eine stark vertretene Auffassung in der Lit. bejaht dies. Da ein Verstoß gegen die Pflichten aus § 35 Abs. 1 und 2 WpÜG gemäß § 60 Abs. 1 Nr. 2 lit. a und b WpÜG als Ordnungswidrigkeit bußgeldbewehrt sei, finde ein aus der Bußgeldbewehrung folgendes Analogieverbot (§ 3 OWiG) auch auf die Auslegung der diese Ordnungswidrigkeit definierenden Tatbestände Anwendung. Da die Frage nach einer Stimmrechtszurechnung nach § 30 WpÜG entscheidend für das Merkmal der Kontrollbeteiligung nach § 29 Abs. 2 WpÜG sein kann, gelte das Analogieverbot insbesondere auch für die Auslegung des § 30 WpÜG.[25] Dem hat sich – pauschal und ohne weitere Begründung – auch der BGH angeschlossen.[26] Dagegen befürworten andere, insbesondere auch das BVerfG[27] und das

[21] Hierzu *Kraack* AG 2017, 677 (678).

[22] *Löhdefink,* Acting in Concert und Kontrolle im Übernahmerecht, 2007, 173; *Casper* ZIP 2003, 1469 (1472 f.); *Schockenhoff/Schumann* ZGR 2005, 568 (577 in Fn. 33, 608); *Hamann* ZIP 2007, 1088 (1093); Kölner Komm WpÜG/*v. Bülow* Rn. 20; *Adam,* Acting in Concert, 2008, 158 ff.; *Fleischer* ZGR 2008, 185 (197 f.); vgl. Schwark/Zimmer/*Noack/Zetzsche* Rn. 4. Das von vielen als Beleg für diese Auffassung zitierte Urteil des OLG Frankfurt NJW 2004, 3716 (3718) – Pixelpark äußert nur, dass der Ausnahmetatbestand nicht „besonders eng" ausgelegt werden dürfe.

[23] OLG Frankfurt NJW 2004, 3617 (3618); *Raloff,* Acting in Concert, 2007, 147.

[24] IErg ebenso *Raloff,* Acting in Concert, 2007, 146 f.; vgl. differenziert *Weiß,* Der wertpapierhandelsrechtliche und übernahmerechtliche Zurechnungstatbestand des acting in concert, 2007, passim, zB für Abs. 1 Nr. 5 S. 51 einerseits, für Abs. 2 S. 62 ff. andererseits. Ähnlich, aber tendenziell doch einer restriktiven Auslegung zuneigend Fuchs/*Dehlinger/Zimmermann* WpHG Vor §§ 21–30 Rn. 23.

[25] *Liebscher* ZIP 2002, 1005 (1010); *Pentz* ZIP 2003, 1478 (1480); *Casper* ZIP 2003, 1469 (1473); ferner *v. Bülow/Bücker* ZGR 2004, 669 (713); Kölner Komm WpÜG/*v. Bülow* Rn. 35 f.; *Schanz* DB 2008, 1899 (1904); Fuchs/*Dehlinger/Zimmermann* WpHG Vor §§ 21–30 Rn. 25; trotz – berechtigter – Bedenken iErg auch *Raloff,* Acting in Concert, 2007, 145 f.; ferner *Brellochs* ZIP 2011, 2225 (2228); *Brellochs* AG 2019, 29 (30).

[26] BGH NZG 2011, 1147 Rn. 33; 2006, 945 Rn. 17 – WMF; 2019, 1350 Rn. 39.

[27] BVerfG NVwZ 2006, 926 (927).

BVerwG,[28] eine sog. **gespaltene Auslegung,** dh sie beschränken das Analogieverbot auf die straf- oder ordnungswidrigkeitsrechtlichen Konsequenzen.[29] Letzterem ist zu folgen. Warum ein und derselbe Sachverhalt nicht je nach Rechtsfolge unterschiedlich beurteilt werden können soll, leuchtet nicht ein. Es handelt sich vielmehr um eine Selbstverständlichkeit. Wenn zB der Staat bei einem Verkehrsunfall dem X eine Ordnungswidrigkeit nicht nachzuweisen vermag, so kann X dennoch dem anderen Beteiligten aus Beweislastgründen Schadensersatz schulden. Auch im Kartellrecht ist die Meinungslage weniger eindeutig, als manche glauben machen wollen,[30] auch im Markenrecht ist die Normspaltung unausweichlich.[31] Ferner haben weder das BVerfG[32] noch der BGH[33] sich bislang ausdrücklich zu der Frage geäußert, ob eine solche Normspaltung zumindest dann zulässig (und möglicherweise geboten) ist, wenn der Gesetzgeber mit dem Bußgeldtatbestand die Schutzwirkung der fraglichen Vorschrift nur verstärken wollte und ihm nicht klar war, dass damit ein Analogieverbot für den Anknüpfungstatbestand auch im allgemeinen Zivilrecht verbunden sein könnte.[34]

**5. Beschränkung der Erläuterungen.** Von der Erörterung von Detailfragen zur **12** Zurechnung nach Abs. 1 und zu den Grundsätzen der Stimmrechtszurechnung wird im Folgenden abgesehen. Zum einen ist auf die Kommentierung von *Bayer* zu den Zurechnungstatbeständen des mit § 34 WpHG wortlautidentischen § 22 WpHG aF (Anh. § 22 AktG) zu verweisen (→ WpHG § 34 Rn. 1 ff.). S. dort ferner zu den Grundsätzen **keine Absorption** (→ WpHG § 34 Rn. 4) und **Kettenzurechnung** (→ WpHG § 34 Rn. 6 ff.). Zu den einzelnen Zurechnungstatbeständen Nr. 1 (Tochterunternehmen) → WpHG § 35 Rn. 2 ff.; zu Nr. 2 (Treuhand) → WpHG § 34 Rn. 11 ff.; → Rn. 14 ff.; Nr. 3 (Sicherheitsübertragung) → WpHG § 34 Rn. 19 f.; → Rn. 17; Nr. 4 (Nießbrauch) → WpHG § 34 Rn. 21; Nr. 5 (Optionen) → WpHG § 34 Rn. 22 ff.; → Rn. 18; Nr. 6 (anvertraute Aktien) → WpHG § 34 Rn. 26 ff.; zu Abs. 1 S. 2 (Gleichstellung von Tochterunternehmen) → WpHG § 34 Rn. 34; zu Abs. 2 (acting in concert) → WpHG § 34 Rn. 35 ff.; → Rn. 19 ff. Zur **Zurechnung eigener Aktien** vgl. → § 29 Rn. 63. Zur **Zurechnung eigener Aktien** vgl. → § 29 Rn. 63. Zu den durch das Risikobegrenzungsgesetz erfolgten Neuerungen vgl. → Rn. 29 ff. Unabhängig von den einzelnen Zurechnungstatbeständen geht es im Prinzip darum, dass eine Person die Stimmrechte bereits kontrolliert (Abs. 1) oder eine ausgesprochene oder unausgesprochene **Verständigung** (näher → Rn. 21) **zwischen Inhabern der Kontrolle**[35] **über die Koordination der Stimmrechte** stattgefunden hat (Abs. 2). Nur auf diese Verständigung bzw. auf die Kontrolle über das Stimmrecht kommt es an, wenn man feststellen will, ob eine Person allein oder im Zusammenwirken mit anderen einen Stimmrechtseinfluss auf die Zielgesellschaft ausüben kann.

**6. Durchsetzung der Zurechnungsregeln. a) Die tatsächliche Feststellung der** **13** **Zurechnungstatbestände.** Die wesentlichen Fragen des § 30 liegen nicht in erster Linie

---

[28]  BVerwG NVwZ 2011, 1142 Rn. 50.

[29]  *Cahn* ZHR 162 (1998), 1 (7 ff.); *Cahn* ZHR 168 (2004), 483; ausf. *Cahn* FS 25 Jahre WpHG, 2019, 41 ff.; *Neumann/Ogorek* BB 2010, 1297 (1301); *Verse* NZG 2009, 1331 (1334); Großkomm HGB/*Grundmann* Rn. 139; von *Casper* ZIP 2003, 1469 (1473) in Fn. 45 zu Unrecht allein wegen der Komplexität der praktischen Rechtsanwendung bezweifelt. Vgl. auch den Diskussionsbericht von *Markwardt* ZIP 2003, 1492, wonach gar eine Mehrheit der Diskussionsbeiträge unter Einschluss von *Ulmer* gegen derartige Schlüsse aus der Bußgeldbewehrung war; s. ferner zum WpHG Assmann/Schneider/Mülbert/*Schneider* WpHG Vor §§ 33–47 Rn. 53 f.; gegen ein Analogieverbot auch *Hammen* Konzern 2009, 18 ff.; ausf. auch *Schürnbrand* NZG 2011, 1213 ff.; → AktG § 71d Rn. 60; unentschieden *Fleischer/Schmolke* ZIP 2008, 1501 (1506).

[30]  S. etwa Immenga/Mestmäcker/*Dannecker/Biermann* GWB Vor § 81 Rn. 71 f. mwN: Normspaltung nicht wünschenswert, aber unvermeidbar.

[31]  LG Hamburg BeckRS 2012, 6778 – insoweit nicht abgedruckt in CR 2012, 544.

[32]  In BVerfGE 21, 292 (305) ging es um das allein im öffentlichen Interesse bestehende und deshalb eben nicht (auch) privatrechtlich sanktionierte Rabattverbot; vgl. auch BVerfG NZG 2006, 499 (500).

[33]  In der Teerfarben-Entscheidung BGHSt 24, 54 (62) = GRUR 1971, 276 ging es um das damals ebenfalls nur öffentlich-rechtlich sanktionierte Kartellverbot.

[34]  Ausf. *Wackerbarth* ZIP 2005, 1217 (1221).

[35]  Die Kontrolle kann sachenrechtlich über das Eigentum oder gesellschaftsrechtlich über Tochtergesellschaften bzw. den Gesellschaftsvertrag vermittelt werden.

in der inhaltlich-sachlichen Reichweite der Zurechnungsnormen. Vielmehr liegen sie ganz offensichtlich in der Durchsetzung seines Regelungsziels. Dieser besteht in der **Feststellung der tatsächlichen Stimmrechtskonzentration.** Über die Stimmrechtskonzentration hat gem. §§ 33 f. WpHG sowie nach § 11 iVm § 2 Nr. 1, 5 WpÜG-AV Transparenz zu herrschen. Und an sie knüpfen weitere wesentliche Rechtsfolgen an, wie zB die grundsätzliche Verpflichtung, ab 30% ein Pflichtangebot abzugeben bzw. die Anwendung der §§ 31 ff. auf Übernahmeangebote.

14    § 30 stellt für sich genommen lediglich eine Definitionsnorm dar, die selbst unmittelbar keine Rechtfolgen auslöst. Wenn hier dennoch von einer **Durchsetzung der Zurechnungsregeln** die Rede ist, so ist damit gemeint, dass es insbesondere in § 11 iVm § 2 Nr. 1, 5 WpÜG und in §§ 33 f. WpHG um die praktische Durchsetzung der öffentlichen Information auch über die Zurechnung geht und das sowohl WpHG als auch WpÜG insgesamt durch Transparenz dem Schutz des Kapitalmarktes dienen. Die letztlich Durchsetzung der Transparenz der Beteiligungsverhältnisse kann letztlich nur durch die den Kapitalmarkt beaufsichtigende Behörde, dh die BaFin erfolgen. Dies zeigen unter anderem die Erfahrungen in den USA, in denen die Durchsetzung der Transparenzvorschriften der SEC obliegt,[36] obwohl gerade das amerikanische Recht grundsätzlich der Durchsetzung auch wirtschaftsverwaltungsrechtlicher Verbotsnormen durch Privatklageverfahren viel offener gegenübersteht als das kontinentaleuropäische Recht.

15    Worin die fehlende Durchsetzungsmöglichkeit im Wege zivilrechtlicher Schadensersatzansprüche begründet ist, lässt sich leicht erkennen. Es fehlt ohne hoheitliche Durchsetzung schon an **tatsächlicher Information** über Vereinbarungen, mit denen die Transparenzvorschriften umgangen werden. Die Absprachen sind im Übrigen ebenso schwer aufzudecken wie gegen § 1 GWB verstoßende Preisabsprachen, die zwischen zwei Vorständen beim Restaurantbesuch ausgehandelt und nirgends dokumentiert werden. Das insoweit den Kartellbehörden zur Verfügung stehende Instrumentarium (zB die Kronzeugenregelung) ist allerdings deutlich besser als das der BaFin, obwohl es doch auch im Bereich des WpÜG/WpHG um wettbewerbsrelevante Verhaltensweisen und Markteingriffe, dh um den Wettbewerb der Unternehmen um das Anlegerkapital geht. Hier ist zukünftig auch der Hebel anzusetzen, wenn es dem Gesetzgeber darum geht, aus den Lippenbekenntnissen des § 30 tatsächlich wirkende Rechtsnormen zu machen.

16    **b) Hindernisse effizienter Durchsetzung der Transparenzvorschriften.** De lege lata scheint es mit der Durchsetzung demgegenüber schlecht auszusehen: Im Rahmen eines Übernahmeverfahrens sind die Bußgeldvorschriften des § 60 wegen dessen Beschränkung auf Leichtfertigkeit sowie einen Rahmen von bis zu 1 Million Euro möglicherweise wenig wirksam, wenn die anvisierte Transaktion ihrerseits das 1000- oder Mehrfache dieses Betrages erreicht.[37] Im Hinblick auf die Sanktionen des § 120 WpHG (= § 39 WpHG aF) sieht es nicht besser aus.[38] Die Anordnung des Rechtsverlustes bei Nichtabgabe eines Pflichtangebots (§ 59) lehnt sich an § 44 WpHG (= § 28 WpHG aF) an und stellt wie dieser kaum eine wirksame Sanktion dar,[39] zumal die Nichterfüllung der Publizitätsvorschriften gerade unbemerkt bleibt. Gerade deshalb könnten auch zivilrechtliche Schadensersatzansprüche – sollten sie überhaupt bestehen – keine Präventionswirkung entfalten.[40]

---

[36] Vgl. dazu grds. *Gilson/Black* Law 900 ff.; zur Durchsetzung der Transparenzvorschrift des section 13 (d) SEA s. SEC v. First City Financial Corp., 890 F. 2d 1215 (D. C. Cir. 1989); IBS Financial Corp. v. Seidman & Associates, L. L. C., Fed. Sec. L. Rep. (CCH) 99, 455 (D. N. J. 1997); SEC v. Evans Fed. Sec. L. Rep. (CCH) 94, 802 (D. D. C. 1989); vgl. auch In re Phillips Petroleum Securities Litigation, 881 F. 2d 1236 (3 d Cir. 1989); Lou v. Belzberg 728 F. Supp. 1010 (S. D. N. Y. 1990); Kamerman v. Steinberg 744 F. Supp. 59 (S. D. N. Y. 1990), 681 F. Supp. 206 (S. D. N. Y. 1988); Seagoing Uniform Corporation v. Texaco 705 F. Supp. 918 (S. D. N. Y. 1989); Fry v. Trump 681 F. Supp. 252 (D. N. J. 1988).

[37] *Burgard* WM 2000, 611 (615).

[38] *Burgard* WM 2000, 611 (615).

[39] Auch dazu *Burgard* WM 2000, 611 (615).

[40] Abgesehen davon fehlen Sammelklagemöglichkeiten, die Möglichkeiten einer pre-trial discovery US-amerikanischer Prägung und erfolgsbezogene Anwaltshonorare, zu allem vgl. *Wackerbarth* Leitungsmacht 295 f.

Zusätzlich wurde in der Lit. insbesondere von Seiten der Anwaltschaft ein Bollwerk **17** gegen eine funktionale Auslegung der Transparenzvorschriften aufgebaut. So wird dafür plädiert, wegen des Ordnungswidrigkeitentatbestands die Vorschriften des § 30 insgesamt, dh auch für die mit enthaltene zivilrechtliche Regelung, unter ein Analogieverbot zu stellen, (→ Rn. 8) es wird gegen Beweiserleichterungen Stellung bezogen (→ Rn. 21); der BaFin wird der volle Nachweis des Zurechnungstatbestandes auferlegt (dagegen ist nichts zu sagen), ohne ihr zugleich die nötigen Mittel für die Beweisführung an die Hand zu geben[41] (→ Rn. 18).

**c) Falsche oder fehlende Angaben als Insiderstraftat.** Es gibt aber auch einen Erfolg **18** versprechenden Ansatz, um die Durchsetzung der Transparenz und damit zugleich der Angebotspflicht zu verbessern. Dieser wurde freilich in der Lit. bislang meist übersehen.[42] Falsche Angaben in der Angebotsunterlage über die tatsächlich vom Bieter kontrollierten Stimmrechte können nämlich zu einer Bestrafung des Bieters oder der für ihn handelnden Personen nach § 120 Abs. 3 WpHG führen (ausführlich → § 3 Rn. 41). Gemeint ist damit der Kauf von Wertpapieren der Zielgesellschaft an der Börse oder im Rahmen eines öffentlichen Angebots, ohne dass zuvor die Mitteilungspflichten des § 33 WpHG erfüllt wurden bzw. ohne dass die Angabepflichten in der Angebotsunterlage gem. § 11 iVm § 2 Nr. 1 und Nr. 5 WpÜG korrekt erfüllt wurden. Zu diesen Angaben gehört auch die Angabe der dem Bieter gem. § 30 zuzurechnenden Stimmrechtsanteile. Unterlässt der Bieter die korrekte Angabe der ihm zuzurechnenden Aktien in der Unterlage, so nutzt er durch das öffentliche Angebot eine unter Umständen kursbeeinflussende, aber jedenfalls nicht öffentlich bekannte Tatsache iSd Art. 7 MAR aus, nämlich sein Unterlassen der Angaben über die tatsächlichen Beteiligungsverhältnisse an der Zielgesellschaft und die damit verbundene fehlende Kenntnis der Adressaten davon (ausführlich → § 3 Rn. 41).

**d) Konsequenz: Anwendung des § 6 WpHG.** Dementsprechend stehen der BaFin **19** zur Durchsetzung richtiger Information über zuzurechnende Wertpapiere sowohl im Rahmen des WpHG als auch im Rahmen des WpÜG die Mittel des § 6 WpHG zur Verfügung. Sie kann insbesondere gem. § 6 Abs. 3 S. 1 WpHG nunmehr ganz allgemein die Vorlage von Unterlagen verlangen, darunter – jedenfalls in konkreten Verdachtsfällen – auch die Herausgabe von E-Mails von Arbeitnehmern.[43] Gem. § 6 Abs. 3 S. 2 WpHG kann sie Auskunft über die Bestandsveränderungen in Wertpapieren der Zielgesellschaft verlangen, zB Einblick in Konten und Depots nehmen.[44] Ferner kann die BaFin gem. § 6 Abs. 11 WpHG Räume betreten, nach Abs. 12 sogar durchsuchen. Bei verdachtsbegründenden Tatsachen für eine Straftat gem. § 120 WpHG ist die Staatsanwaltschaft einzuschalten (§ 11 WpHG). Genügender Anlass für die Ausübung dieser Befugnisse kann sich zB aus der Angebotsunterlage selbst ergeben, wenn die Angaben dort nicht mit der Stimmrechtsdatenbank bzw. mit den Meldungen nach Art. 26 MiFIR übereinstimmen. Denn dann liegt es nahe, dass zwischen der letzten Mitteilung nach § 33 WpHG und der Veröffentlichung der Angebotsunterlage eine Schwellenüberschreitung ohne Mitteilung stattgefunden hat. Anhaltspunkte für falsche Angaben in der Unterlage selbst können zB dann bestehen, wenn nur kurze Zeit nach dem Ende des Angebotsverfahrens Mitteilungen gem. § 33 WpHG gemacht werden oder wenn nach oder während des Angebotsverfahrens ghP größere Aktienbestände an der Börse verkaufen, ohne dass der Bieter Angaben über die Zurechnung von Stimmrechten dieser Personen in der Unterlage gemacht hatte. Allerdings ist die prozessuale Durchsetzung des Insiderstrafrechts ihrerseits erheblichen Problemen ausgesetzt.[45]

---

[41] *Liebscher* ZIP 2002, 1005 (1009).

[42] Anders jedoch *Burgard* WM 2000, 611 (615), aber zweifelnd.

[43] Dazu VG Frankfurt CR 2009, 125 mAnm *Nolte/Becker*.

[44] Zu den durch das AnSVG erweiterten Befugnissen etwa Fuchs/*Schlette/Bouchon* WpHG § 4 Rn. 39 ff.; Assmann/Schneider/Mülbert/*Döhmel* WpHG § 6 Rn. 60 ff., dort auch zu Erweiterungen durch das 2. FiMaNoG.

[45] Ausf. dazu *Ransiek* DZWiR 1995, 53 ff.; vgl. ferner Fuchs/*Wasner* WpHG Vor §§ 38–40b Rn. 16; deshalb krit. *Park* NStZ 2007, 369 ff.

**20**   **e) Überlegungen de lege ferenda.** Die Problematik der Durchsetzung der kapitalmarktrechtlichen Beteiligungstransparenz ist Gegenstand einer umfangreichen Diskussion
geworden, innerhalb derer auf der einen Seite über die Auslegung und Konzeption des
materiellen Rechts **(prinzipien- gegenüber regelorientierter Normsetzung)** gestritten
wird.[46] Auf der anderen Seite sind enforcement-orientierte Ansätze zu nennen,[47] die über
ein Belohnungssystem ein **autopoietisches System** einführen wollen, mit dem – vergleichbar der kartellrechtlichen Kronzeugenregelung unter Berücksichtigung spieltheoretischer
Ansätze – Anreize zur frühzeitigen Offenlegung von geheimen Absprachen über die Stimm-
rechtsbündelung geschaffen werden sollen. Was das System aus Zurechnung und Angebotspflicht angeht, ist darüber hinaus festzustellen, dass die Praxis weitgehenden Zurechnungsregeln und auch deshalb ablehnend gegenübersteht, weil sie die **Transaktionssicherheit**
gefährden. Solange bei der BaFin keine Übernahmekommission eingerichtet ist, die
geplante Strukturen *vor* ihrer Durchführung rechtsverbindlich prüft und bescheidet, wird
der praktische Druck auf Gesetzgeber und Justiz, die Zurechnungstatbestände restriktiv zu
handhaben, nicht abnehmen. Dass die Einrichtung einer solchen Kommission mit erhöhten
Kosten verbunden ist, ist klar. Es ist aber darauf hinzuweisen, dass in Deutschland für den
Schutz des Kapitalmarktes im internationalen Vergleich deutlich zu wenig ausgegeben wird
und zwar unabhängig davon, ob man absolute oder relative Zahlen zugrundelegt.[48]

**21**   **7. Beweislast.** Derjenige, der sich auf die Zurechnung beruft, trägt die Beweislast für
die objektiven und subjektiven Voraussetzungen des jeweiligen Tatbestands. Bloße Ver-
dachtsmomente reichen nicht aus.[49] Es bestehen keine gesetzlichen Vermutungsregeln für
die Erfüllung der einzelnen Alternativen, auch nicht des Abs. 2.[50] Dies gilt auch innerhalb
von Familien.[51] Davon zu trennen ist erstens die Frage, ob die Tatbestände selbst letztlich
nur Vermutungen enthalten (so etwa Nr. 2 oder Nr. 5 des Abs. 1). Im Rahmen allgemeiner
prozessualer Regeln kommen zweitens durchaus auch Beweiserleichterungen in Betracht,
wenn – etwa im Rahmen eines Zivilrechtsstreits, nicht aber bei einer Maßnahme der
BaFin – dem Beweispflichtigen naturgemäß die Mittel fehlen, den Beweis zu führen.[52]
Ein allgemeines Verbot solcher Erleichterungen besteht ebenso wenig wie eine allgemeine
Vermutung für die Erfüllung eines Zurechnungstatbestandes. In einer bedenklichen Entscheidung aus dem Jahr 2018 hat der BGH insoweit zwei Feststellungen der Vorinstanz
nicht genügen lassen um solche Beweiserleichterungen anzunehmen: Zum einen war davon
auszugehen, dass zwei Aktionäre eine Vereinbarung über eine Stimmrechtsausübung bei
einer Aufsichtsratswahl getroffen hatten. Zweitens stand eine Absprache über die darüber
hinausgehenden dauerhaften Ausrichtung der Unternehmenspolitik fest. Mögen auch beide

---

[46] *Schneider/Anzinger* ZIP 2009, 1 ff.; *Fleischer/Schmolke* NZG 2009, 401 (406 f.); dazu auch *Baums/Sauter*
ZHR 173 (2009), 454 (487 ff.).
[47] Dazu *Zetzsche,* Challenging Wolf Packs, working paper, http://papers.ssrn.com/sol3/
papers.cfm?abstract_id=1428899 (zuletzt abgerufen am 18.8.2020).
[48] Ausf. dazu mit eindeutigen Zahlen *Coffee,* Law and the Market: The Impact of Enforcement, Working
Paper 2007, http://ssrn.com/abstract=967482 (zuletzt abgerufen am 23.1.2021); *Jackson,* Variation in the
Intensity of Financial Regulation: Preliminary Evidence and Potential Influence, Harvard Law and Economics
Discussion Paper No. 521, 2005, http://ssrn.com/abstract=839250 (zuletzt abgerufen am 18.8.2020).
[49] Vgl. OLG Frankfurt NJW 2004, 3716 (3718) – Pixelpark; OLG Stuttgart AG 2005, 125 (129).
[50] OLG Stuttgart AG 2005, 125 (129); Assmann/Schneider/Mülbert/*Schneider* WpHG § 34 Rn. 176;
*Fleischer* ZGR 2008, 185 (203) empfiehlt de lege ferenda die Einführung widerleglicher Vermutungen.
[51] OLG Stuttgart AG 2005, 125 (129); LG Köln AG 2008, 336 (338); *Pentz* ZIP 2003, 1478 (1485);
*Schockenkoff/Schumann* ZGR 2005, 568 (591 ff.); vgl. auch Assmann/Schneider/Mülbert/*Schneider* WpHG
§ 34 Rn. 190; ausf. *Adam,* Acting in Concert, 2008, 298 ff.; *Weiß,* Der wertpapierhandelsrechtliche und
übernahmerechtliche Zurechnungstatbestand des acting in concert, 2007, 160 f. mwN. Die familiäre Verbundenheit muss nicht zu einem übereinstimmenden Verhalten der Gesellschafter führen. Wenn der Gesetzgeber
es anders regeln will, steht ihm das frei, er hat es allerdings – anders als etwa in § 89 Abs. 3 AktG – nicht
getan; s. aber auch *Weiß,* Der wertpapierhandelsrechtliche und übernahmerechtliche Zurechnungstatbestand
des acting in concert, 2007, 107, 161 zur Berücksichtigung familiärer Beziehungen bei der Abstimmung in
sonstiger Weise.
[52] Das ist aber nicht der Fall, wenn der Beweispflichtige – wie auch in der WMF-Entscheidung – ein
Insider ist, vgl. BGH NZG 2008, 831 Rn. 6 – Strabag; gänzlich abl. Baums/Thoma/*Diekmann* Rn. 90 f.

Tatsachen für sich nicht den Tatbestand des acting in concert erfüllen, so hätte aufgrund der dauerhaften Absichten der Parteien die Beweislast bei den sich abstimmenden Aktionären liegen müssen, dass ihre Vereinbarung über die Stimmrechtsausübung lediglich für einen Einzelfall getroffen war.[53]

## II. Einzelne Zurechnungstatbestände

**1. § 30 Abs. 1 Nr. 2 (für Rechnung halten).** Besonders weitreichend und wenig klar **22** scheint der Tatbestand der Zurechnung in Treuhandfällen zu sein. Darüber, wann ein Dritter Aktien für Rechnung des Bieters hält, besteht Streit. Nach hM ist erforderlich, dass das formale und das wirtschaftliche Eigentum auseinanderfallen, der Bieter die aus den Aktien folgenden **wirtschaftlichen Chancen und Risiken** trägt *und* auf die Stimmrechtsausübung durch den Dritten Einfluss nehmen kann.[54] Zu den Risiken und Chancen gehören etwa die einer Veränderung des Börsenkurses, die Chancen einer Dividendenzahlung und das Insolvenzrisiko der Zielgesellschaft.[55] Der Emittentenleitfaden erwähnt daneben noch das Bezugsrecht und Abfindung und Ausgleich.[56] **Stimmrechtseinfluss** ist gegeben, wenn der Dritte nach Weisungen des Bieters abstimmt bzw. eine Stimmrechtsabgabe im Sinne des Bieters rechtlich oder tatsächlich gesichert erscheint.[57] Das ist bereits dann der Fall, wenn der Dritte nach dem Vertrag zwar weisungsfrei, aber im Interesse des Bieters abstimmt.[58] Bei Wertpapierdarlehen wird es für die Frage einer Zurechnung zum Bieter als Darlehensgeber typischerweise gerade auf diese Frage des Stimmrechtseinflusses ankommen.[59]

Nach einer Auffassung genügt es auch, wenn es infolge des Einflusses des Bieters zur **23** Nichtausübung der Stimmrechte kommt (zB weil die Aktien beim Dritten zur Deckung von Geschäften mit dem Bieter im Handelsbestand gehalten werden).[60] Das bewusste **Ausschalten der Stimmrechte** reduziere den für die tatsächliche Kontrolle über die Gesellschaft erforderlichen Stimmrechtsanteil, wodurch die an die formale Kontrollschwelle des § 29 Abs. 2 gebundene Angebotspflicht umgangen werden könne.[61] Dagegen spricht aber, dass fehlendes Eigeninteresse an der Ausübung der Stimmrechte noch nicht bedeutet, dass der Dritte das Stimmrecht im Interesse des Bieters ausübt.[62] Die Aktien sind insoweit vielmehr einfach „aus dem Spiel genommen", was keine Zurechnung rechtfertigt (zu cash settled equity swaps → Rn. 51 ff.).

Abs. 1 Nr. 2 kann weiter auch Bedeutung im Zusammenhang mit **Vorschaltgesell- 24 schaften** erlangen, soweit diese Aktien treuhänderisch für ihre Gesellschafter hält (→ Rn. 63 f.). Weiter wird die Norm auch bei Kommissionsgeschäften und bei der Wertpapierleihe bzw. beim -pensionsgeschäft diskutiert.[63]

---

[53] Dies nicht berücksichtigend BGH NJW 2019, 219 Rn. 30.

[54] BGH NZG 2014, 985 Rn. 49 f. – Postbankübernahme; zuvor OLG Köln ZIP 2013, 1325 Rn. 37 ff.; OLG Schleswig ZIP 2006, 421 (423); VG Frankfurt a.M. BKR 2007, 40 (43), nrkr; vgl. ferner BGH NZG 2011, 1147 Rn. 32; 2009, 585 Rn. 34; OLG München ZIP 2009, 2095, alle zu § 22 Abs. 1 Nr. 2 WpHG aF; *Angerer/Geibel/Süßmann/Süßmann* Rn. 6; s. auch *Assmann/Pötzsch/Schneider/Schneider/Favoccia* Rn. 69 ff.

[55] BGH NZG 2014, 985 Rn. 49 – Postbankübernahme.

[56] Emittentenleitfaden 2013, Ziff. VIII.2.5.2, 115 (unverändert 5. Aufl., Modul B. I.2.5.2).

[57] LG Köln BeckRS 2011, 20382 = ZIP 2012, 229 unter 1.1.2. – insoweit in ZIP nicht abgedruckt; *Fleischer/Schmolke* ZIP 2008, 1501 (1503); VG Frankfurt a.M. BKR 2007, 40 (43).

[58] VG Frankfurt a.M. BKR 2007, 40 (43); Baums/Thoma/*Diekmann* Rn. 32 mwN; vgl. auch *Nietsch* WM 2012, 2217 (2219); aA *Brellochs* ZIP 2011, 2225 (2227): Weisungsrecht erforderlich; *v. Falkenhausen* NZG 2014, 1368 (1371), der dann allerdings ein acting in concert in Betracht zieht.

[59] *Hippeli* AG 2017, 771 (773 f.).

[60] Ausf. *Zetzsche* EBOR 2009, 115 (137 ff.); s. auch Schwark/Zimmer/*Noack/Zetzsche* Rn. 11; vgl. ferner *Weber/Meckbach* BB 2008, 2022 (2028 f.); aA *Fleischer/Schmolke* ZIP 2008, 1501 (1506) mwN in Fn. 43: Nr. 2 kein allgemeiner Auffangtatbestand; *Meyer/Kiesewetter* WM 2009, 340 (347 f.); *Cascante/Topf* AG 2009, 53 (67 f.); *Baums/Sauter* ZHR 173 (2009), 454 (464 ff.).

[61] *Zetzsche* EBOR 2009, 115 (139).

[62] *Fleischer/Schmolke* ZIP 2008, 1501 (1506) mwN: „non voting policy", beträchtliche Variation in der Praxis der Banken; s. auch *Baums/Sauter* ZHR 173 (2009), 454 (462, 467).

[63] Dazu Baums/Thoma/*Diekmann* Rn. 45 ff.

**25**   Im Falle des § 34 Abs. 1 Nr. 2 WpHG findet nach richtiger hM **keine wechselseitige Zurechnung** zwischen Treugeber und Treuhänder statt.[64] Zwar verliert der Treuhänder nicht durch die Zurechnung an den Treugeber die Stimmrechte (es findet im Rahmen des Abs. 1 grundsätzlich keine Absorption statt), aber die umgekehrte Zurechnung von Stimmrechten aus Aktien, die der Treugeber sonst hält oder die ihm zugerechnet werden, auch an den Treuhänder ist in Nr. 2 gerade nicht vorgesehen.

**26**   **2. § 30 Abs. 1 Nr. 3 (Sicherheitsübertragung).** Bei einer Sicherungsübereignung genügt die bloße Bekundung der Absicht des Sicherungsnehmers, die Stimmrechte auszuüben, nicht, um die Zurechnung zum Sicherungsgeber auszuschließen.[65] Vielmehr muss sich dazu die Bekundung gerade auf die Ausübung **unabhängig von den Weisungen** des Sicherungsgebers beziehen. In der Anmeldung des Sicherungsnehmers zur Hauptversammlung der Zielgesellschaft liegt nach richtiger Auffassung nicht eine (konkludente) Absichtsbekundung.[66] Auch im Rahmen der Nr. 3 können die Stimmrechte sowohl dem Sicherungsgeber (nach Nr. 3) als auch dem Sicherungsnehmer (als Eigentümer nach § 29 Abs. 2) zugerechnet werden können (nämlich immer dann, wenn keine ausreichende Absichtsbekundung des Sicherungsnehmers erfolgt ist).[67] Dagegen wird geltend gemacht, dass hier ausnahmsweise ein Grundsatz der alternativen Zurechnung bestehe, wonach im Rahmen der Nr. 3 nur entweder bei dem Sicherungsgeber oder beim Sicherungsnehmer gezählt werden dürfe.[68] Der Gesetzgeber ist der Auffassung, dass die alternative Zurechnung bei der Parallelvorschrift des § 34 WpHG spätestens durch die Transparenz-RL-Änderungsrichtlinie aufgegeben wurde; dem hat sich die BaFin angeschlossen.[69]

**27**   **3. § 30 Abs. 1 Nr. 5 (Dingliche Option).** Der Gesetzgeber wollte durch die gegenüber § 22 WpHG aF geänderte Formulierung dieses Zurechnungstatbestandes klarstellen, dass der bloße Abschluss von Kaufverträgen über stimmrechtsvermittelnde Aktien nicht ausreicht, um eine Zurechnung zu begründen.[70] Nach hM erfasst Nr. 5 deshalb nur noch Vereinbarungen, durch die einer Person eine **dingliche Option** auf das stimmrechtsvermittelnde Wertpapier eingeräumt ist, der Erwerb also nur noch von einer Potestativbedingung zugunsten des Bieters abhängig ist (→ WpHG § 34 Rn. 22 ff.).[71] Dem hat sich der BGH im Fall der Postbankübernahme angeschlossen.[72] Der Gesetzgeber hat es jedoch zum einen unterlassen, das Verhältnis des Abs. 1 Nr. 5 zu Abs. 2 zu klären (allgemein → Rn. 35). Eine Person kann auch dann, wenn der Grundfall des § 30 Abs. 1 Nr. 5 gegeben ist, nicht aus solchen Aktien, die sie erst noch durch Willenserklärung erwerben muss, das Stimmrecht ausüben. Die Zurechnung erfolgt aber, weil beim Abschluss derartiger Verträge der Verdacht besteht, dass zwischen Verkäufer und Erwerber bereits Abmachungen über die koordinierte Ausübung des Stimmrechts getroffen sind.[73] In den Fällen des Nr. 5 ist diese Vermutung

---

[64] BGH NZG 2011, 1147 Rn. 29 ff. für § 22 WpHG aF; für das WpÜG s. Kölner Komm WpÜG/*v. Bülow* Rn. 104 aE; Baums/Thoma/*Diekmann* Rn. 40a; aA OLG München ZIP 2009, 2095; Assmann/Schneider/*Mülbert*/*Schneider* WpHG § 34 Rn. 56.

[65] *Witt* AG 2001, 233 (237).

[66] Angerer/Geibel/Süßmann/*Süßmann* Rn. 19; Kölner Komm WpÜG/*v. Bülow* Rn. 153 gegen Schwark/Zimmer/*Noack*/*Zetzsche* Rn. 13.

[67] BT-Drs. 18/5010, 45; idS Kölner Komm WpÜG/*v. Bülow* Rn. 156; Assmann/Pötzsch/Schneider/*Schneider*/*Favoccia* Rn. 107 ff, jeweils mwN; Emittentenleitfaden, 5. Aufl., Modul B I.2.5.3.1.

[68] *Veil* FS K. Schmidt, 2009, 1645, 1649 f.; vgl. Baums/Thoma/*Diekmann* Rn. 51.

[69] BT-Drs. 18/5010, 45; BaFin, FAQ zum Transparenz-RL-Änderungsrichtlinie-Umsetzungsgesetz, Stand: 22.1.2016, Antwort zu Frage 28.

[70] *Witt* AG 2001, 233 (237) mwN zu dieser bereits nach altem Recht vertretenen Auffassung; Kölner Komm WpÜG/*v. Bülow* Rn. 163; Angerer/Geibel/Süßmann/*Süßmann* Rn. 22 ff.; Steinmeyer/*Steinmeyer* Rn. 41; Baums/Thoma/*Diekmann* Rn. 55.

[71] Emittentenleitfaden 2013, Ziff. VIII.2.5.5, 117 f. mit Beispielen (unverändert 5. Aufl., Modul B. I.2.5.5); *Weiß*, Der wertpapierhandelsrechtliche und übernahmerechtliche Zurechnungstatbestand des acting in concert, 2007, 49 ff.; s. auch *Franck* BKR 2002, 709 (714); Baums/Thoma/*Diekmann* Rn. 56 ff.

[72] BGH NZG 2014, 985 Rn. 40 mwN.

[73] Ähnlich nach altem Recht bereits *Burgard* WM 2000, 611 (613 f.); vgl. jetzt auch *Weiß*, Der wertpapierhandelsrechtliche und übernahmerechtliche Zurechnungstatbestand des acting in concert, 2007, 175 f. für

unwiderleglich. In allen anderen Fällen bereits abgeschlossener Erwerbsverträge und bloß **schuldrechtlicher Optionen** (nicht aber für Derivate, bei denen kein Anspruch auf Lieferung von Aktien besteht; → Rn. 51 ff.) sollte aber eine Vermutung eingreifen, dass Abreden über die Stimmrechtsausübung getroffen wurden, die dann von den Parteien widerlegt werden könnten (→ Rn. 63). Kann eine solche Abrede festgestellt werden, so besteht nach hier vertretener Auffassung deshalb mindestens ein Anfangsverdacht, der Maßnahmen nach § 6 WpHG durch die BaFin rechtfertigt (→ Rn. 19).

Im Übrigen hat der Gesetzgeber die Vorschrift nicht verändert, als er im Jahr 2015 **die 28 Transparenz-RL-Änderungsrichtlinie** umgesetzt hat. Nach der (geänderten) Transparenz-RL selbst (vgl. Art. 13 Abs. 1b lit. b Transparenz-RL) unterliegen Optionen stets der Meldepflicht für Finanzinstrumente und wären daher angesichts der von der Richtlinie nunmehr angestrebten Vollharmonisierung (angeordnet in Art. 3 Abs. 1a UAbs. 4 Transparenz-RL) nur nach § 38 WpHG zu veröffentlichen. Das könnte zur Unwirksamkeit des § 34 Abs. 1 Nr. 5 WpHG führen, mit fraglichen Auswirkungen auf § 30 Abs. 1 Nr. 5 WpÜG. Die Gesetzesbegründung weist darauf hin, dass sich im Rahmen des WpÜG unter Umständen Abweichungen ergeben können.[74] Offenbar meint der Gesetzgeber, im Rahmen des WpÜG komme es nach wie vor entscheidend auf die dingliche Rechtslage an. Das wiederum ist schon deshalb falsch, weil erstens in § 30 Abs. 1 WpÜG ganz generell Stimmrechte aus Aktien zugerechnet werden, die dem Bieter gerade nicht gehören und weil zweitens § 30 Abs. 2 WpÜG unmissverständlich klarmacht, dass es zentral auf die Möglichkeit der Beeinflussung der Stimmrechtsausübung durch den Bieter ankommt. Diese Beeinflussung kann unabhängig von der dinglichen Rechtslage allein durch Vereinbarung sichergestellt werden. Im Ergebnis hat es daher bei der in → Rn. 27 dargestellten Rechtslage zu bleiben.

### III. Acting in Concert (Abs. 2)

**1. Gesetzesgeschichte, Einfügung des Abs. 2 S. 2, Verhältnis zu § 2 Abs. 5.** Seit 29 der Einfügung des § 30 Abs. 2 S. 2 durch das Risikobegrenzungsgesetz und den vorherigen mehrfachen Änderungen durch das Übernahme-RL-UG sowie das TUG (Transparenz-RL-Umsetzungsgesetz) vom 5.1.2007 (BGBl. 2007 I 10) ist es ausgeschlossen, den Vorschriften des § 2 Abs. 5 und § 30 Abs. 2 einen identischen Inhalt beizumessen.[75] Der Gesetzgeber hatte zunächst in § 30 Abs. 1 Nr. 1 den Anforderungen der Übernahme-RL durch Einfügen der konzernweiten Zurechnung Rechnung getragen und diese Änderung nach massiver Kritik[76] und über 500 Befreiungsanträgen bei der BaFin[77] anschließend wieder zurückgenommen.[78] Von jeher erfasst zwar § 2 Abs. 5 den abgestimmten Aktienerwerb, dies wurde für § 30 bei der Entstehung des Risikobegrenzungsgesetzes ebenfalls erwogen, schließlich aber wieder verworfen.[79] Der Gesetzgeber will also ganz offensichtlich nicht, dass die Eigenschaft, Schwestergesellschaft zu sein, oder der abgestimmte Aktienerwerb zurechnungsbegründend iSd Abs. 2 wirken.[80] Und wenn man den Wortlaut des Abs. 2

eine Sonderkonstellation; gerade das Gegenteil nehmen an Kölner Komm WpÜG/*v. Bülow* Rn. 161; *Liebscher* ZIP 2002, 1005 (1012).

[74] BT-Drs. 18/5010, 45.

[75] So aber – für die Rechtslage vor dem Risikobegrenzungsgesetz – *Raloff*, Acting in Concert, 2007, 157 ff.; wie hier bislang die hM, vgl. etwa *Schockenhoff/Wagner* NZG 2008, 361 (363 ff.); *Schockenhoff/Schuhmann* ZGR 2005, 568 (573); *Berger/Filgut* AG 2004, 592 (597); *Wackerbarth* ZIP 2007, 2340 (2343); *Weiß*, Der wertpapierhandelsrechtliche und übernahmerechtliche Zurechnungstatbestand des acting in concert, 2007, 94; *Adam*, Acting in Concert, 2008, 225; *Drinkuth* in Marsch-Barner/Schäfer Börsennotierte AG-HdB Rn. 60.210.

[76] *Arnold* AG 2006, 567 ff.

[77] FK-WpÜG/*Walz* Rn. 6.

[78] Transparenzrichtlinie-Umsetzungsgesetz vom 5.1.2007 (BGBl. I 10).

[79] Beschlussempfehlung Finanzausschuss, BT-Drs. 16/9778, 9 (15).

[80] Zum Aktienerwerb *Pluskat* DB 2009, 383 (385); *Meyer/Kiesewetter* WM 2009, 340 (348); aA wohl *Korff* AG 2008, 692 (694).

ernst nimmt, dann erfüllen beide Konstellationen den insofern durch Abs. 2 S. 2 nunmehr eingeschränkten Wortlaut nicht (mehr).

30    Im Rahmen des § 30 Abs. 2 S. 2 verlangt der Gesetzgeber nunmehr, für die Zurechnung auf materielle Gesichtspunkte – namentlich das „Ziel einer dauerhaften und erheblichen Änderung der unternehmerischen Ausrichtung der Zielgesellschaft" – abzustellen, um eine Zurechnung zu bewirken. Insoweit ist festzustellen, dass die bislang äußerst weite Zurechnung des § 30 Abs. 2, auf die sich viele bisherige – deshalb überholte – Stellungnahmen beziehen, durch den neuen S. 2 eingeschränkt wurde:[81] Die Intention des Gesetzgebers mag eine andere gewesen sein, nämlich die Zurechnung gegenüber der restriktiven Rspr. des BGH im WMF-Fall auszuweiten.[82] Es ist aber eine Frage, was der Gesetzgeber regeln *wollte* und eine andere, was er geregelt *hat*. Und geregelt *hat* er eine Einschränkung des ehemals weiten Tatbestands des § 30 Abs. 2 WpÜG (und des identischen § 34 Abs. 2 WpHG). Das ist für alles Weitere zugrunde zu legen.

31    **2. Richtlinienkonforme Auslegung des § 30 Abs. 2 und Rechtsfortbildung des WpÜG. a) Anforderungen der Übernahme-RL.** Streit besteht bereits darüber, was genau die Übernahme-RL vorschreibt. Folgendes ist zugrundezulegen:
- Wenn eine Person unter Hinzurechnung der Bestände gemeinsam handelnder Personen durch einen Erwerb die Kontrollschwelle überschreitet, entsteht die Angebotspflicht gem. Art. 5 Abs. 1 Übernahme-RL.
- Gemeinsam handelnde Personen sind in Art. 2 Abs. 1 lit. d Übernahme-RL definiert als Personen, die mit dem Bieter zusammenarbeiten, um die Kontrolle zu erhalten. Darüber hinaus gelten Mutter-, Tochter- und Schwestergesellschaften gem. Art. 2 Abs. 2 Übernahme-RL als jeweils miteinander gemeinsam handelnd.
- Kontrolle ist eine formale Schwelle, da Art. 5 Abs. 3 Übernahme-RL vorschreibt, dass die Mitgliedstaaten sie als prozentualen Anteil der Stimmrechte festlegen.
- Lediglich die Höhe und die Berechnung des Anteils der Personen, um deren gemeinsames Handeln es geht, stehen den Mitgliedstaaten gem. Art. 5 Abs. 3 Übernahme-RL frei.
- Ferner gestattet Art. 4 Abs. 5 Übernahme-RL iVm Erwägungsgrund 6 Übernahme-RL den Mitgliedstaaten, durch Gesetz oder Entscheidung der Aufsichtsbehörde Befreiungsmöglichkeiten von der durch die formale Schwelle ausgelösten Pflicht vorzusehen, soweit damit nicht die Ausnahme zur Regel gemacht wird.

32    **b) Unvereinbarkeit des neuen gesetzlichen Konzepts mit der Übernahme-RL.** Nach dem Inkrafttreten der Übernahme-RL erfüllt der Zurechnungstatbestand nach dem soeben dargestellten gesetzlichen Konzept die Anforderungen der Richtlinie nicht mehr. Das lässt sich anhand von zwei Einzelfragen zeigen: Zunächst muss nach der Richtlinie ein koordinierter **Aktienerwerb** zur Angebotspflicht führen.[83] Art. 2 Abs. 1 lit. d Übernahme-RL lässt die Zusammenarbeit mit dem Bieter zum Zwecke des Kontrollerwerbs ausreichen. Da die Übernahme-RL den Begriff der Kontrolle rein formell versteht, ist damit der schlichte abgestimmte Erwerb eines ausreichend großen Stimmanteils gemeint.[84] Die Gegenauffassung, nach der zusätzlich die Absicht erforderlich sei, die Kontrolle auch auszu-

---

[81] Vgl. den Wortlaut des Abs. 2 S. 2: „setzt voraus, dass"; gegenteilige Ansicht „Ausweitung des Zurechnungstatbetands" bei Schwark/Zimmer/Noack/Zetzsche Rn. 38; *Korff* AG 2008, 692.

[82] BT-Drs. 16/7438, 13.

[83] Eingehende Begr. bei *Berger/Filgut* AG 2004, 592 (595 f., 600); *Engert* ZIP 2006, 2105 (2111); *Hopt/Mülbert/Kumpan* AG 2005, 109 (111); *Mülbert* NZG 2004, 633 (637); *Fleischer* ZGR 2008, 185 (198 f.); *Raloff,* Acting in Concert, 2007, 137 ff.; *Adam,* Acting in Concert, 2008, 248 f.; aA, jedoch ohne genaue Berücksichtigung der unionsrechtlichen Vorgaben *Seibt/Heiser* ZGR 2005, 200 (216 f.); *Schockenhoff/Schumann* ZGR 2005, 568 (577) in Fn. 33; Schwark/Zimmer/Noack/Zetzsche Rn. 37.

[84] *Engert* ZIP 2006, 2105 (2111); *Berger/Filgut* AG 2004, 592 (596); zum formellen Kontrollbegriff auch *Braun* NZG 2008, 928 (930 f.); entgegen Schwark/Zimmer/Noack/Zetzsche Rn. 37 überlässt Art. 5 Abs. 3 Übernahme-RL den Mitgliedstaaten gerade *nicht* die Präzisierung des Kontrollbegriffs, sondern nur die Festlegung der Prozentzahl und allgemeine Berechnungsfragen wie etwa die Herausnahme eigener Aktien etc.

üben und auf die Gesellschaft gemeinsam einzuwirken,[85] berücksichtigt dies nicht, und sie kann auch die Frage nicht beantworten, warum eine solche Absicht bei einer Einzelperson, die die Kontrollschwelle überschreitet, gerade nicht erforderlich ist. Ferner folgt dies auch aus der Entstehungsgeschichte der Übernahme-RL.[86] Da nach § 30 Abs. 2 S. 2 nunmehr entweder die Verständigung über die Stimmrechtsausübung oder aber ein bestimmtes Ziel der Abstimmung Voraussetzung der Zurechnung ist, verstößt die Vorschrift bereits aus diesem Grund gegen die Gemeinschaftsvorgaben. Hinzukommt die Entstehungsgeschichte des Abs. 2 S. 2, nach der der Aktienerwerb letztlich bewusst außen vor gelassen wurde (→ Rn. 29).

Ferner verlangt Art. 2 Abs. 2 Übernahme-RL für das Entstehen der Angebotspflicht **33** die Zusammenrechnung der Anteile von Mutter-, Tochter- und Schwestergesellschaften jedenfalls dann, wenn ein Anteilserwerb (Art. 5 Abs. 1 Übernahme-RL) erfolgt. Demgegenüber rechnet § 30 Abs. 1 Nr. 1 nur von unten nach oben zu. Die **Sidestream- und Downstream-Zurechnung** im Falle von Tochtergesellschaften mindestens im Falle des Anteilserwerbs ist nach der Übernahme-RL daher ebenfalls erforderlich. Das Gesetz hat die durch das Übernahme-RL-UG kurzzeitig eingeführte konzernweite Zurechnung innerhalb einer Unternehmensgruppe allerdings wieder aufgegeben (→ Rn. 29). Damit ist das gesetzliche Konzept des § 30 auch in dieser Hinsicht eindeutig und ebenso eindeutig richtlinienwidrig.[87] Die Upstream-Zurechnung reicht insoweit nicht aus, weil ansonsten eine Tochtergesellschaft, die selbst keine Aktien der Zielgesellschaft hält, trotz bereits bestehender 29,9%iger Beteiligung der Mutter oder Schwester ein freiwilliges einfaches Erwerbsangebot abgeben könnte, ohne dass die Vorschriften der §§ 33–34 einschlägig wären.[88] Nur bei zusätzlicher Zurechnung von oben nach unten bzw. seitwärts wäre dies ausgeschlossen, da es sich (nur) dann um ein Übernahmeangebot handelte. Der Wortlaut der Übernahme-RL ist insoweit zwar nur für die Zurechnung der Anteile von Schwestergesellschaften eindeutig. Da aber als Grund für die Zurechnung von Anteilen der Schwester allein die Leitungsmacht der gemeinsamen Mutter tragender Grund sein kann, ergibt sich die Downstream-Zurechnung zwingend. Das ist auch für § 2 Abs. 5 zu berücksichtigen (vgl. → § 2 Rn. 64; → Rn. 34). Davon abgesehen würde die hier abgelehnte Auffassung der Sache nach der Mutter freiwillige Übernahmeteilangebote ermöglichen, was zwar nicht richtlinienwidrig und nach hier vertretener Auffassung ohnehin zulässig ist (→ § 32 Rn. 8; → § 29 Rn. 33 ff.), indessen nach dem gesetzlichen Konzept (§ 32) gerade unzulässig sein soll. Die fehlende konzernweite Zurechnung bedeutete deshalb eine de-facto-Ungleichbehandlung von potentiellen Bietern mit und ohne Tochtergesellschaften, was gegen Art. 3 Abs. 1 GG verstößt.

**c) Richtlinienkonforme Auslegung und Rechtsfortbildung.** Überwiegend wird **34** angenommen, Abs. 2 könne, falls die Norm richtlinienwidrig sei, angesichts des eindeutigen Willens des Gesetzgebers nicht richtlinienkonform ausgelegt werden, der europarechtswidrige Rechtszustand müsse vielmehr durch den Gesetzgeber korrigiert werden.[89] Dabei wird allerdings übersehen, dass im „Quelle"-Urteil der BGH[90] die dort entstandene Zweifelsfrage dem EuGH vorgelegt hatte, obschon er angesichts des historischen Willens des Gesetzgebers von einem eindeutigen Wortlaut ausging, der einer richtlinienkonformen Auslegung im Wege stand. Nachdem der EuGH die Frage eindeutig abweichend von der deutschen Regelung beantwortet hatte, hat der BGH darauf abgestellt, dass der Gesetzgeber insgesamt

---

[85] *Nelle* ZIP 2006, 2059 (2061); *Seibt/Heiser* ZGR 2005, 200 (216 f.); *Seibt/Heiser* AG 2006, 301 (307 f.); *Schmidtbleicher* AG 2008, 73 (75); vgl. auch *Raloff,* Acting in Concert, 2007, 140.

[86] *Engert* ZIP 2006, 2105 (2111).

[87] FK-WpÜG/*Hommelhoff/Witt* § 35 Rn. 28; *Nelle* ZIP 2006, 2057 (2058); aA *Arnold* AG 2006, 567 (571).

[88] So aber ohne Berücksichtigung der Übernahme-RL ausdrücklich Schwark/Zimmer/*Noack/Zetzsche* § 29 Rn. 19; ferner Kölner Komm WpÜG/*v. Bülow* Rn. 91, § 29 Rn. 36 f.; *Baums/Thoma/Diekmann* Rn. 26, § 29 Rn. 23, 27.

[89] *Gätsch/Schäfer* NZG 2008, 846 (849); *Weber/Meckbach* BB 2008, 2022 (2026).

[90] BGH NJW 2009, 427 Ls. b) – Quelle.

durchaus die Richtlinie habe umsetzen wollen.[91] Es liege ein Irrtum des Gesetzgebers vor, der im Wege der richtlinienkonformen Rechtsfortbildung korrigiert werden könne.[92] In gleicher Weise kann (und muss) im Rahmen des WpÜG verfahren werden. Auch hier ging der Gesetzgeber bei dem Erlass des Übernahme-RL-UG und der nachfolgenden Gesetze zweifelsfrei davon aus, die Richtlinie korrekt umzusetzen, hat freilich dabei die Reichweite der Art. 5 Übernahme-RL und Art. 2 Übernahme-RL verkannt. Deshalb steht einer richtlinienkonformen Rechtsfortbildung des WpÜG mitnichten ein (durchaus existierender) abweichender Wille des Gesetzgebers in den Einzelfragen „Abgestimmter Aktienerwerb" und „konzernweite Zurechnung" entgegen.

35   **3. Verhältnis zu Abs. 1.** Im Grundsatz werden gem. Abs. 1 Stimmrechte zugerechnet, weil der Bieter auf die Ausübung dieser Stimmrechte typischerweise Einfluss ausüben kann. Daher erfolgt im Grundsatz auch nur eine einseitige Zurechnung. Abs. 2 rechnet dagegen wechselseitig zu. Das Gesetz hat in den Fällen des Abs. 1 „**vertikale**" Beziehungen im Auge, es wird in diesen Fällen vermutet, dass der Bieter die Stimmrechtsausübung des Aktionärs lenken kann, dieser also im Interesse jenes abstimmt.[93] Demgegenüber geht Abs. 2 von einer Gleichordnung zweier Personen aus, die ihre jeweils eigenen Interessen **horizontal** koordinieren (bündeln). Das erst rechtfertigt die wechselseitige Zurechnung.[94] Dementsprechend ist Abs. 2 nicht Auffangtatbestand für Abs. 1,[95] was andererseits seiner Lückenschließungsfunktion nicht entgegensteht.[96] Daraus folgt: Soweit **Vorschaltgesellschaften** dazu dienen, Aktien zu poolen, kommt nicht nur eine einseitige Zurechnung gem. Abs. 1, sondern auch eine wechselseitige Zurechnung zwischen den Gesellschaftern der Zwischengesellschaft gem. Abs. 2 in Frage, wenn sie sich über die Ausübung der Stimmrechte durch die Vorschaltgesellschaft abstimmen (näher → Rn. 63 f.).[97]

36   **4. Tatbestandsvoraussetzungen. a) Abstimmung seines Verhaltens mit dem Dritten.** Erforderlich für eine Abstimmung ist eine Koordinierung der Verhaltensweisen auf Grund eines bewussten geistigen Kontakts,[98] was die Möglichkeit miteinschließt, dass die Koordination nicht freiwillig erfolgt, sondern einer der Beteiligten den oder die anderen unter Druck setzt. Ein Verhalten des Bieters oder des Dritten genügt, es ist keine Abstimmungsrichtung vorgegeben.[99]

37   **b) Durch Vereinbarung oder in sonstiger Weise.** Abstimmen können sich die Parteien im Wege einer Vereinbarung oder „auf sonstige Weise". Im Ausgangspunkt sind weder eine langfristige gemeinschaftliche Zielverfolgung[100] der sich Abstimmenden noch eine verpflichtende Vereinbarung Voraussetzungen der Zurechnung. Allerdings hat die Rspr. nach

[91] BGH NJW 2009, 427 Rn. 31 – Quelle.

[92] BGH NJW 2009, 427 (430) Ls. b) und Rn. 31 – Quelle.

[93] *Weiß*, Der wertpapierhandelsrechtliche und übernahmerechtliche Zurechnungstatbestand des acting in concert, 2007, 93, 95; Fuchs/*Dehlinger/Zimmermann* WpHG § 22 Rn. 3.

[94] *Weiß*, Der wertpapierhandelsrechtliche und übernahmerechtliche Zurechnungstatbestand des acting in concert, 2007, 95.

[95] *Weiß*, Der wertpapierhandelsrechtliche und übernahmerechtliche Zurechnungstatbestand des acting in concert, 2007, 94 f.; vgl. auch LG München I AG 2009, 918 Rn. (freilich mit anderer Tendenz).

[96] *Weiß*, Der wertpapierhandelsrechtliche und übernahmerechtliche Zurechnungstatbestand des acting in concert, 2007, 96.

[97] Zutr. *Weiß*, Der wertpapierhandelsrechtliche und übernahmerechtliche Zurechnungstatbestand des acting in concert, 2007, 152 f.; vgl. auch FK-WpÜG/*Walz* Rn. 44; s. auch *Pentz* ZIP 2003, 1478 (1484); aA *Liebscher* ZIP 2002, 1005 (1012); Kölner Komm WpÜG/*v. Bülow* Rn. 261 f.; Fuchs/*Dehlinger/Zimmermann* WpHG § 22 Rn. 105; Baums/Thoma/*Diekmann* Rn. 73; auch LG München I AG 2009, 918 (923).

[98] Vgl. *Liebscher* ZIP 2002, 1005 (1008).

[99] Zutr. *Raloff*, Acting in Concert, 2007, 203 ff.; *Weiß*, Der wertpapierhandelsrechtliche und übernahmerechtliche Zurechnungstatbestand des acting in concert, 2007, 66 f.; wer wem folgt, spielt keine Rolle, entscheidend ist die Abstimmung des Verhaltens; s. auch Fuchs/*Dehlinger/Zimmermann* WpHG § 22 Rn. 91 mwN; aA – der Dritte müsse dem Bieter folgen – ohne Begr. (der Wortlaut legt gerade das Gegenteil nahe) Schwark/Zimmer/*Noack/Zetzsche* Rn. 30.

[100] Dieses Kriterium durch das Erfordernis nachhaltiger Einflussnahme wieder einführend aber *Liebscher* ZIP 2002, 1005 (1008).

Einfügung des Abs. 2 S. 2 durch das Risikobegrenzungsgesetz dies wieder eingeschränkt (näher → Rn. 48 f.). Worüber die Abstimmung stattfindet, klärt das Gesetz in § 30 Abs. 2 S. 2: über die Stimmrechtsausübung oder über ein Zusammenwirken in sonstiger Weise.

Unter den Begriff der **Vereinbarung** fallen sämtliche Absprachen. Auf die **Verbindlich-** 38 **keit** der Vereinbarung kommt es nicht (mehr) an, da dieses noch in § 22 Abs. 1 Nr. 3 WpHG aF enthaltene Tatbestandsmerkmal[101] mit Absicht gestrichen wurde.[102] Deshalb ist es auch nicht erforderlich, dass die Nichtbefolgung der Absprache durch Vertragsstrafen oder auf andere Weise gesichert ist oder vor Gericht erzwungen werden kann.[103] Gerade die Möglichkeit, dass die Beteiligten wegen des Abspaltungsverbots auch eine verbindliche Vereinbarung stets brechen können, beweist, dass weitergehende Anforderungen an die Vereinbarung nicht zu stellen sind.[104]

Neben der Vereinbarung werden auch **in sonstiger Weise erfolgende Abstimmungen** 39 erfasst. Viele denken dabei an die aus dem Kartellrecht bekannten Gentlemen's Agreements,[105] die freilich schon unter den Begriff der Vereinbarung fallen.[106] Das ergibt sich auch daraus, dass nur Vereinbarungen durch die Ausnahme für Einzelfälle privilegiert sind, es hätte keinen Sinn, gerade die schwächere Variante der unverbindlichen Absprache von der Privilegierung auszunehmen.[107] Eine Abstimmung in sonstiger Weise liegt vor, wenn keine (auch keine unverbindliche) Absprache getroffen wurde, sondern vielmehr **tatsächliche Umstände** geschaffen wurden, die – ähnlich den Grundsätzen für die Mehrmütterherrschaft im Konzern- und Kartellrecht – eine gleichgerichtete Stimmabgabe in der Hauptversammlung erwarten lassen.[108] Beispiele dafür bilden vor allem die Fälle der Personenidentität, etwa die identische Besetzung von Leitungsorganen mehrerer Gesellschaften oder eine identische Anteilseignerstruktur.[109] Die aus dem Kartellrecht bekannten abgestimmten Verhaltensweisen iSd § 1 GWB können dagegen nicht unter den Tatbestand des Abs. 2 fallen.[110]

Eine bloß gleichgerichtete Stimmabgabe auf der Hauptversammlung der Zielgesellschaft 40 reicht materiell weder für die Annahme einer Vereinbarung noch für eine Abstimmung in sonstiger Weise aus,[111] kann aber einen Anhaltspunkt für das Vorliegen einer Koordination der Stimmabgabe bilden, der zu Untersuchungen seitens der BaFin führt.[112]

---

[101] § 22 Abs. 1 Nr. 3 WpHG lautete: „die einem Dritten gehören, mit dem der Meldepflichtige […] eine Vereinbarung getroffen hat, die beide verpflichtet, langfristig gemeinsame Ziele bezüglich der Geschäftsführung der der börsennotierten Gesellschaft zu verfolgen, indem sie ihre Stimmrechte einvernehmlich ausüben".

[102] Vgl. ausf. und zutr. *Weiß*, Der wertpapierhandelsrechtliche und übernahmerechtliche Zurechnungstatbestand des acting in concert, 2007, 115 f.; s. auch Fuchs/*Dehlinger/Zimmermann* WpHG § 22 Rn. 88 m. Fn. 213.

[103] AA Schwark/Zimmer/*Noack/Zetzsche* Rn. 43.

[104] *Weiß*, Der wertpapierhandelsrechtliche und übernahmerechtliche Zurechnungstatbestand des acting in concert, 2007, 116.

[105] Assmann/Pötzsch/Schneider/*Schneider/Favoccia* Rn. 160; Kölner Komm WpÜG/*v. Bülow* Rn. 214; *Liebscher* ZIP 2002, 1005 (1007 f.); Schwark/Zimmer/*Noack/Zetzsche* Rn. 46; Baums/Thoma/*Diekmann* Rn. 68.

[106] Seit dem Risikobegrenzungsgesetz ist die früher umstrittene Frage wieder aktuell, wie hier ausf. *Weiß*, Der wertpapierhandelsrechtliche und übernahmerechtliche Zurechnungstatbestand des acting in concert, 2007, 114 f.; Assmann/Schneider/*Schneider*, 2. Aufl. 1999, WpHG § 22 Rn. 73; FK-WpÜG/*Walz* Rn. 71; aA *Raloff*, Acting in Concert, 2007, 183 f.; *Casper* ZIP 2003, 1469 (1475); Schwark/Zimmer/*Noack/Zetzsche* Rn. 46; s. ferner zum WpHG auch Assmann/Schneider/Mülbert/*Schneider* WpHG § 34 Rn. 141; → WpHG § 34 Rn. 31 (Anh. § 22 AktG).

[107] So geradezu zwingend *Weiß*, Der wertpapierhandelsrechtliche und übernahmerechtliche Zurechnungstatbestand des acting in concert, 2007, 115; gerade umgekehrt ziehen Schwark/Zimmer/*Noack/Zetzsche* Rn. 50 aus der falschen Prämisse, unverbindliche Vereinbarungen seien ein Fall der Abstimmung in sonstiger Weise, die ebenso falsche Schlussfolgerung, dass die Einzelfallausnahme auch für Abstimmungen in sonstiger Weise gelten müsse.

[108] *Weiß*, Der wertpapierhandelsrechtliche und übernahmerechtliche Zurechnungstatbestand des acting in concert, 2007, 123.

[109] Näher mit Beispielen *Weiß*, Der wertpapierhandelsrechtliche und übernahmerechtliche Zurechnungstatbestand des acting in concert, 2007, 162 ff.

[110] So bereits zum alten Recht zutr. *Weiß*, Der wertpapierhandelsrechtliche und übernahmerechtliche Zurechnungstatbestand des acting in concert, 2007, 121–123 gegen *Liebscher* ZIP 2002, 1005 (1007 f.).

[111] Kölner Komm WpÜG/*v. Bülow* Rn. 215; Schwark/Zimmer/*Noack/Zetzsche* Rn. 47.

[112] Vgl., dies freilich abl. *Liebscher* ZIP 2002, 1005 (1008 f.).

**41**     **c) In Bezug auf die Zielgesellschaft.** Ein lediglich mittelbarer Bezug zur Zielgesellschaft reicht aus, weshalb auch eine Abstimmung in einer Vorschaltgesellschaft die Zurechnung begründen kann.[113] Der neu eingefügte Abs. 2 S. 2 hat an dieser Rechtslage nichts geändert, da er lediglich zur Voraussetzung erklärt, dass über die Ausübung von Stimmrechten eine Verständigung erfolgt, das ist auch bei der Verständigung über die Abstimmung in der Vorschaltgesellschaft der Fall.

**42**     **d) Ausnahme für Einzelfälle.** Die ursprünglich zweifach begrenzte (nur Vereinbarungen und nur Stimmrechtsausübung) Ausnahme für Einzelfälle ist in einer Hinsicht ausgeweitet worden: Sie besteht nunmehr generell für die Abstimmungsvariante Vereinbarung. Sie gilt damit nach dem klaren und gültigen Wortlaut **nicht für die Abstimmung in sonstiger Weise.**[114] Vor der Änderung durch das Risikobegrenzungsgesetz betraf sie lediglich Vereinbarungen über die Stimmabgabe in der Hauptversammlung. Daraus hatte der BGH zu Unrecht gefolgert, abgestimmtes Verhalten müsse sich stets auf die Stimmrechtsausübung beziehen, sonst komme eine Anwendung des § 30 Abs. 2 nicht in Betracht.[115] Ob die Änderung der Ausnahmevorschrift dieser unhaltbaren Auslegung[116] nur vorbeugen wollte oder die Ausnahme für Einzelfälle tatsächlich auf sämtliche Vereinbarungsgegenstände erweitern wolle, ist den Beschlüssen des Finanzausschusses nicht zu entnehmen,[117] richtigerweise ist (im Zweifel) von der **Beibehaltung der alten Rechtslage** auszugehen. Die Einzelfallausnahme soll die Aktionärsdemokratie schützen.[118]

**43**     Demgegenüber scheint der BGH nunmehr davon auszugehen, dass auch Vereinbarungen über ein **Zusammenwirken außerhalb der Stimmrechtsausübung** kein acting in concert darstellen, wenn diese Vereinbarung nur einen Einzelfall darstellt.[119] Dem ist schärfstens zu widersprechen: Wie der BGH selbst sagt, verlangt das Gesetz in diesen Fällen bereits das Ziel der dauerhaften und erheblichen Änderung der Unternehmenspolitik. Dass einmalige Politikwechsel einen Einzelfall darstellen und damit sanktionslos erlaubt sein sollen, hat der Gesetzgeber weder nachweisbar gewollt, noch ergäbe eine solche Auslegung irgendeinen Sinn.[120]

---

[113] Zutr. *Weiß,* Der wertpapierhandelsrechtliche und übernahmerechtliche Zurechnungstatbestand des acting in concert, 2007, 152 f.; *Raloff,* Acting in Concert, 2007, 244 f.; *Pentz* ZIP 2003, 1478 (1484); Steinmeyer/*Steinmeyer* Rn. 62; aA *Liebscher* ZIP 2002, 1005 (1008, 1012 f.); Baums/Thoma/*Diekmann* Rn. 69; Kölner Komm WpÜG/*v. Bülow* Rn. 261 f.; wohl auch Schwark/Zimmer/*Noack/Zetzsche* Rn. 25, die meinen, ein Bezug *auf die Aktien* der Zielgesellschaft sei kein Bezug auf die Zielgesellschaft (aber zu eng).

[114] S. bereits *Wackerbarth* ZIP 2007, 2340 (2344); wie hier ausf. *Weiß,* Der wertpapierhandelsrechtliche und übernahmerechtliche Zurechnungstatbestand des acting in concert, 2007, 126 ff., 159; aA Angerer/ Geibel/Süßmann/*Süßmann* Rn. 32; *Pluskat* DB 2009, 383 (385 f.) unter Verkennung des klaren Wortlauts; *v. Bülow*/*Stephanblome* ZIP 2008, 1797 (1799) unter kryptischem Hinweis auf „teleologische Gründe" und ohne Auseinandersetzung mit den Argumenten der Gegenauffassung; diesen folgend *Gätsch/Schäfer* NZG 2008, 846 (850); auch Schwark/Zimmer/*Noack/Zetzsche* Rn. 50; → Rn. 36; ferner *Brellochs* AG 2019, 29 (32) mit unzutr. Erst-Recht-Schluss; Baums/Thoma/*Diekmann* Rn. 75 ohne Begr.; Assmann/Pötzsch/Schneider/ *Schneider/Favoccia* Rn. 186 mwN: im Wege der Analogie mwN; ferner *Horcher/Kovács* DStR 2019, 388 (391); zur entspr. Frage bei § 22 WpHG K. Schmidt/Lutter/*Veil* WpHG § 22 Rn. 36 mwN; Assmann/Schneider/ *Mülbert/Schneider* WpHG § 34 Rn. 166.

[115] BGH NZG 2006, 945 (946) – WMF.

[116] *Engert* JZ 2007, 314 (315); *Wackerbarth* ZIP 2007, 2340 (2341); dem BGH aber zust. *Halasz/Kloster* Konzern 2007, 344 (346 f.); *Spindler* WM 2007, 2357 f. mwN.

[117] BT-Drs. 16/9778, 3, wo von „Beibehaltung" der Einzelfallausnahme die Rede ist; ferner Bericht Finanzausschuss, BT-Drs. 16/9821, 12, in der für die Einzelfallausnahme ausschließlich (!) Beispiele zitiert werden, die Vereinbarungen über die Stimmrechtsausübung in der Hauptversammlung betreffen; dies nicht berücksichtigend DAV-Handelsrechtsausschuss, Stellungnahme SN 33/14 vom 28.5.2013 zum Entwurf einer Überarbeitung von Teilen des Emittentenleitfadens der Bundesanstalt für Finanzdienstleistungsaufsicht (BaFin), Rn. 10.

[118] Ausf. *Wackerbarth* ZIP 2007, 2340 (2344); *Weiß,* Der wertpapierhandelsrechtliche und übernahmerechtliche Zurechnungstatbestand des acting in concert, 2007, 126 ff.

[119] BGH NJW 2019, 219 Rn. 38; so versteht auch *Oppenhoff* NJW 2019, 224 die Ausführungen; ferner *Horcher/Kovács* DStR 2019, 388 (391); *Buck-Heeb* BKR 2019, 8 (10); zweifelnd *Brellochs* AG 2019, 29 (32).

[120] So auch *Oppenhoff* NJW 2019, 224; nicht nachvollziehbar die Beispiele bei Assmann/Pötzsch/Schneider/*Schneider/Favoccia* Rn. 191, da diese sämtlich keine Politikwechsel beschreiben. Gleiches gilt für die Beispiele von *Horcher/Kovács* DStR 2019, 388 (391); auch *Buck-Heeb* BKR 2019, 8 (10) bleibt ein sinnvolles Beispiel schuldig.

Die Ausnahme für einen Einzelfall ist deshalb auf Fälle der abgestimmten **Stimmrechts-** 44
**ausübung** in der Hauptversammlung zu begrenzen. In diesem Rahme, stellt sich das Problem des formellen oder materiellen Verständnisses der Ausnahme. Der BGH vertritt zu § 22 WpHG aF nunmehr ein **formales Verständnis,** wonach als Einzelfall alle Abstimmungen gelten, deren Umsetzung nur eine einmalige Handlung der Aktionäre erfordert[121] Entscheidend ist die Zahl der aus der Abstimmung resultierenden Umsetzungsakte.[122] Das soll freilich auch verschiedene Beschlussgegenstände auf einer Hauptversammlung erfassen können.[123] Resultiert die Abstimmung der Stimmrechtsausübung aus einer Interessenschutzklausel (→ Rn. 68), durch die das Abstimmungsverhalten an die Zustimmung der anderen Partei geknüpft wird, kommt indessen schon wegen des Dauercharakters nach der formalen Betrachtung kein Einzelfall in Betracht.[124] Das gilt auch dann, wenn im Geltungszeitraum keine Hauptversammlung geplant ist.[125]

In der Entscheidung des BGH aus dem Jahr 2018 war ausschließlich von einer Abstim- 45
mung zur Wahl von Aufsichtsratsmitgliedern auszugehen. Diese einmalige Abstimmung hätte für sich genommen zwar die Annahme eines Einzelfalls gerechtfertigt.[126] Allerdings waren mit dieser Abstimmung nach den Feststellungen des Gerichts langfristige Ziele verbunden. Beides zusammen hätte Beweiserleichterungen für die fragliche AG nahegelegt (→ Rn. 21), die der BGH zu Unrecht nicht einmal in Betracht zog.[127] Das zeigt die Kontrollüberlegung, dass eine Zielgesellschaft sonst mehrere Hauptversammlungen abwarten müsste, bis sie eine über einen Einzelfall hinausgehende Verständigung auch nur darlegen könnte.[128] Mit dem Erfordernis schnellen Handelns in Übernahmesituationen ist ein solches Verständnis nicht vereinbar.

Die Begrenzung der Ausnahme auf die Stimmrechtsausübung ist auch sinnvoll. Erstens 46
erfasst die Ausnahme dann sämtliche einschlägigen Fälle, in denen gerade außenstehende Aktionäre sich zB über das Instrumentarium des Aktionärsforums (§ 127a AktG) zur Erreichung bestimmter Mindestquoren oder durch eine Rede auf der Hauptversammlung abstimmen.[129] Eine bloße teleologische Reduktion allein im Hinblick auf den gewählten Abstimmungsweg[130] ist demgegenüber abzulehnen. Ein Stimmrechtsblock besteht unabhängig von den verwendeten Kommunikationswegen. Findet ein bestimmtes Verhalten gerade außerhalb der Stimmrechtsausübung in der Hauptversammlung statt, so ist das zweitens ein besonders klares Zeichen dafür, dass nicht nur eine Bündelung von Stimmrechtsmacht selbst vorlag, sondern darüber hinaus auch tatsächlich die Zusammensetzung und/oder das Verhalten anderer Organe beeinflusst werden sollte.[131] Gerade dann kann nicht mehr geltend

---

[121] BGH NJW 2019, 219 Rn. 30 ff. mzN; für § 30 WpÜG schon Schwark/Zimmer/*Noack/Zetzsche* Rn. 50; Kölner Komm WpÜG/*v. Bülow* Rn. 236; für materielles Verständnis noch Assmann/Schneider/*Mülbert/Schneider* WpHG § 34 Rn. 191a; nunmehr aber Assmann/Pötzsch/Schneider/*Schneider/Favoccia* Rn. 189 zur Übertragung der Entscheidung auf § 30 WpÜG.

[122] BGH NJW 2019, 219 Rn. 32; klar *Horcher/Kovács* DStR 2019, 388 (390); missverständlich die Formulierung bei *Buck-Heeb* BKR 2019, 8 (9), wenn sie von der „Häufigkeit des Abstimmungsverhaltens" spricht, so formulierte freilich auch der BGH selbst in der WMF-Entscheidung, BGH NZG 2006, 945 Rn. 20.

[123] *Horcher/Kovács* DStR 2019, 388 (390); *Oppenhoff* NJW 2019, 224; Assmann/Pötzsch/Schneider/*Schneider/Favoccia* Rn. 186 mwN in Fn. 344, so schon Begr. RegE zum Risikobegrenzungsgesetz, BT-Drs. 16/9821, 12.

[124] LG Köln BeckRS 2017, 130130 Rn. 163.

[125] LG Köln BeckRS 2017, 130130 Rn. 163.

[126] BGH NJW 2019, 219 Rn. 29 f.; *Buck-Heeb* BKR 2019, 8 (10).

[127] Solche ebenfalls nicht in Betracht ziehend *Horcher/Kovács* DStR 2019, 388 (391); *Buck-Heeb* BKR 2019, 8 (10).

[128] Dies in der Tat verlangend im Nachgang zur eben angesprochenen BGH-Entscheidung OLG Stuttgart AG 2019, 772 (773); vgl. auch *Buck-Heeb* BKR 2019, 8 (10) mwN in Fn. 29.

[129] Zutr. *Weiß,* Der wertpapierhandelsrechtliche und übernahmerechtliche Zurechnungstatbestand des acting in concert, 2007, 159.

[130] So Schwark/Zimmer/*Noack/Zetzsche* Rn. 38, die in diesem Zusammenhang von „gewünschter, statt durch Zurechnung zu sanktionierende Kommunikation" sprechen. § 30 ist aber keine Sanktionsvorschrift.

[131] Deshalb nicht überzeugend die „Kontrollüberlegung" von *Löhdefink,* Acting in Concert und Kontrolle im Übernahmerecht, 2007, 285: Es hat entgegen *Löhdefink* durchaus Sinn, die Stimmrechtsausübung gegenüber der weitergehenden Machtausübung durch Drohung mit Stimmrechtsausübung zu privilegieren.

gemacht werden, dass sich die Parteien lediglich im Rahmen des **gesetzlichen Leitbildes** der Aktiengesellschaft abgestimmt haben. Im WMF-Fall hat die vom BGH in den Vordergrund gestellte Unabhängigkeit der Aufsichtsratsmitglieder[132] offenbar niemanden davon abgehalten, eine Beeinflussung zumindest zu versuchen. Allerdings darf – soweit nur die Abstimmung in Bezug auf die Beeinflussung derartiger Personalentscheidungen nachweisbar ist – wegen des neuen Abs. 2 S. 2 Hs. 2 ohnehin nun nicht mehr ohne weiteres zugerechnet werden. Eine ganz andere Frage ist, ob aus einer Zurechnung bei Abstimmung in sonstiger Weise zwingend eine Angebotspflicht resultieren muss. Richtigerweise können die Aspekte, die das OLG Frankfurt dazu bewogen haben, eine Angebotspflicht zu verneinen,[133] im Rahmen des § 37 WpÜG berücksichtigt werden – aber eben nicht bei Abs. 2 WpÜG.

**47**  **e) Verständigung über die Ausübung von Stimmrechten oder gemeinsames Ziel einer dauerhaften und erheblichen Änderung der unternehmerischen Ausrichtung der Zielgesellschaft (Abs. 2 S. 2).** Ist eine Verständigung über die Ausübung von Stimmrechten nachweisbar (Abs. 2 S. 2 Hs. 1), so ist keine weitere (langfristige) Absicht der Abstimmenden für die Zurechnung erforderlich (wegen des „oder"). Fraglich ist, was mit der **Verständigung über die Ausübung von Stimmrechten** gemeint ist, da der Gesetzgeber in Abs. 2 S. 2 anders als in Abs. 2 S. 1 nicht den Begriff der Vereinbarung verwendet. Nach hier vertretener Auffassung bezieht sich die Vorschrift auf beide Varianten der Verhaltensabstimmung iSd Abs. 2 S. 1. Absichten der Beteiligten brauchen also auch dann nicht geprüft zu werden, wenn die horizontale Koordination der Stimmrechtsausübung nicht durch Vereinbarung, sondern auf sonstige Weise, etwa durch Personenidentität, erfolgt. In keinem Fall kommt es auf die tatsächliche Stimmabgabe in der Hauptversammlung an (aus ihr kann schon nicht auf das Vorliegen einer Vereinbarung geschlossen werden; → Rn. 37), sondern vielmehr auf das Vorhandensein einer Vereinbarung oder einer Abstimmung in sonstiger Weise. Die zusätzliche Voraussetzung in Abs. 2 S. 2 Hs. 1 schließt lediglich solche Abstimmungen aus, die sich von vornherein auf eine Frage beziehen, für die die Hauptversammlung nicht zuständig ist. Kann also – wie im WMF-Fall – lediglich eine Absprache zur Wahl des Vorsitzenden des Aufsichtsrates bewiesen werden, führt allein diese Absprache nicht zur Zurechnung, wenngleich dieser Vorgang selbstverständlich vermuten lässt, dass die sich Absprechenden auch darüber hinaus künftig ihre Stimmen abgestimmt abgeben werden (zu Beweiserleichterungen → Rn. 21). Insoweit hat der Gesetzgeber der WMF-Entscheidung nachgegeben.

**48**  Nur soweit es um die Abstimmung eines Verhaltens geht, das nicht in der Stimmrechtsausübung besteht,[134] sondern **andere Verhaltensweisen** betrifft, namentlich die Ausübung von Druck (etwa bei Personalentscheidungen mit Ausnahme der Wahl der Mitglieder des Aufsichtsrates selbst) oder den Aktienerwerb, ist durch das Risikobegrenzungsgesetz mit Abs. 2 S. 2 Hs. 2 wieder eine subjektive Tatbestandsvoraussetzung in das Gesetz eingefügt worden: zwar nicht eine langfristige Politik, wohl aber eine dauerhafte und erhebliche Änderung der unternehmerischen Ausrichtung der Zielgesellschaft muss **Ziel der Abstimmung** sonstiger Verhaltensweisen sein, damit eine Zurechnung erfolgt. Darunter zu verstehen ist nach Auffassung des BGH die vom Vorstand im Rahmen seiner Leitungsmacht festgelegte **Unternehmenspolitik.**[135] Diese ist nicht identisch mit dem Unternehmensgegenstand, sondern umfasst die grundlegenden Weichenstellungen wie Geschäftsmodell, Finanzierungsstruktur, Ausrichtung der Geschäftsbereiche.[136] Wir die Geschäftspolitik im Rahmen einer wirtschaftlichen Neugründung **erstmals festgelegt,** so handelt es sich nicht um die erforderliche Änderung.[137] Soweit mit der gesetzgeberischen Formulierung der bloß abgestimmte **Erwerb von Aktien** (ohne weitere Ziele) als Abstimmungsgegenstand

[132] BGH NZG 2006, 945 (946); dazu abl. *Wackerbarth* ZIP 2007, 2340 (2343); s. auch *Spindler* WM 2007, 2357 (2360) mwN; *Hammen* Konzern 2009, 18 (22).
[133] OLG Frankfurt NJW 2004, 3716 (3719) – Pixelpark.
[134] So mit Recht LG Köln BeckRS 2017, 130130 Rn. 100 ff.
[135] BGH NJW 2019, 219 Rn. 15 ff.
[136] BGH NJW 2019, 219 Rn. 17.
[137] BGH NJW 2019, 219 Rn. 18.

ausgeschlossen ist, entspricht dies nicht den Anforderungen der Übernahme-RL und ist durch **richtlinienkonforme Rechtsfortbildung** zu korrigieren (→ Rn. 32, → Rn. 50).

Der Begriff der Änderung der unternehmerischen Ausrichtung kann nur relativ zu den **49** Zielen und Plänen des derzeitigen Inhabers der Kontrolle (Vorstand oder Großaktionär)[138] der Zielgesellschaft verstanden werden, da dieser die unternehmerische Ausrichtung bestimmt.[139] Andernfalls würde man die Zurechnung gerade in den Fällen bejahen, in denen Aktionäre den derzeitigen Inhaber der Kontrolle unterstützen. In diesem Falle ist ihr Ziel jedoch nicht kontrollrelevant, eine Zurechnung ergäbe keinen Sinn. Das Gesetz will aber in erster Linie auf einen bevorstehenden oder erfolgten Kontrollwechsel reagieren bzw. diesen sichtbar machen. Beabsichtigt also etwa der Vorstand (oder ein Großaktionär, soweit vorhanden) selbst eine strategische Änderung, so wäre das Ziel der Beibehaltung der bisherigen Ausrichtung seinerseits auf eine Änderung iSd Abs. 2 S. 2 Hs. 2 gerichtet.[140] Im Ergebnis geht es also lediglich um einen **dauerhaften und erheblichen Gegensatz der sich Abstimmenden zum derzeitigen Inhaber der Kontrolle.** Das bedeutet im Ergebnis nicht viel mehr, als das bereits bei einer bloßen Verabredung zu einem Kontrollwechsel die Zurechnung erfolgen kann, die Vorschrift kann jedoch wegen ihres Hs. 1 nicht die Berücksichtigung sonstiger Verhaltensweisen von Aktionären bei der Prüfung verhindern, ob ein Stimmblock durch Vereinbarung oder in sonstiger Weise entstanden ist oder nicht.

### IV. Einzelfragen

**1. Abgestimmter Aktienerwerb.** Eine Zurechnung nach Abs. 2 kommt bei richtlini- **50** enkonformer Rechtsfortbildung (→ Rn. 32, → Rn. 34) auch dann in Betracht, wenn die Abstimmung lediglich zum Zwecke des abgestimmten Erwerbs von stimmrechtsvermittelnden Aktien erfolgte (vgl. → Rn. 32 mwN).[141] Geht die Abstimmung nicht über den Erwerb hinaus, so mag zwar eine Befreiung vom Pflichtangebot gerechtfertigt sein. Die Erwerber mögen vor der BaFin im Rahmen des § 37 darlegen, dass und warum sie keine gemeinsamen Absichten in Bezug auf die Zielgesellschaft verfolgen.

Würde man das anders sehen, könnte – wie im Pixelpark-Fall geschehen und gerichtlich **51** abgesegnet – der Inhaber einer Kontrollbeteiligung allzu leicht seine Kontrollbeteiligung an mehrere verkaufen, ohne mit den Konsequenzen des WpÜG rechnen zu müssen. Gerade bei einem solchen Verkauf der Kontrollbeteiligung an mehrere liegt die Umgehung des Pflichtangebots auf der Hand. Es mag ja sein, dass im Ergebnis die Erwerber kein Pflichtangebot abgeben müssen, weil tatsächlich mit dem Verkauf gerade eine Auflösung einer Kont-

---

[138] AA *Gätsch/Schäfer* NZG 2008, 846 (850): wegen § 76 AktG Einwirkung auf den Vorstand erforderlich; dem folgend *Pluskat* DB 2009, 383 (385).

[139] Vgl. dagegen Bericht Finanzausschuss, BT-Drs. 16/9821, 12: grundlegende Änderung des Geschäftsmodells oder eine Trennung wesentlicher Geschäftsbereiche; dem folgend *Gätsch/Schäfer* NZG 2008, 846 (850); *v. Bülow/Stephanblome* ZIP 2008, 1797 (1798 f.); s. auch *Pluskat* DB 2009, 383 (385), die bezweifelt, dass es jemals zur Tatbestandsverwirklichung kommt.

[140] Offenbar aA Schwark/Zimmer/*Noack/Zetzsche* Rn. 36, die jedoch ihr eigenes Auslegungsergebnis als dunkelsinnig ansehen, es aber offenbar gleichwohl vom Wortlaut der Vorschrift für geboten erachten. An anderer Stelle messen sie dem Wortlaut indes deutlich weniger Bedeutung bei, vgl. Schwark/Zimmer/*Noack/ Zetzsche* Rn. 50, obwohl es gerade dort nicht angebracht wäre; wie *Noack/Zetzsche* auch Baums/Thoma/ *Diekmann* Rn. 74 aE; Kölner Komm WpÜG/*v. Bülow* Rn. 233. Entgegen *v. Bülow/Stephanblome* ZIP 2008, 1797 (1798 f.) besagt der Bericht des Finanzausschusses, BT-Drs. 16/9821, 11 nichts anderes, an der zitierten Stelle geht es erkennbar nur um die Aufrechterhaltung der Aktionärsdemokratie und es ist keine Rede davon, dass der Gegensatz zum Inhaber der Kontrolle *keine* Rolle spielt.

[141] AA die hM, BGH NZG 2006, 945 – WMF, indem er die Abstimmung auf die Stimmrechtsausübung in der Hauptversammlung beschränkt; dies nicht berücksichtigend *Raloff*, Acting in Concert, 2007, 211, die unterstellt, der BGH habe auf Abstimmungsvorgänge innerhalb des Aufsichtsrates abgestellt; weshalb der Entscheidung nichts für den abgestimmten Erwerb zu entnehmen sei. Demgegenüber ging es durchaus um den gemeinsam ausgeübten Einfluss der Aktionäre, BGH NZG 2006, 945 Rn. 14 f. Für die hM s. ferner LG Hamburg AG 2007, 177 (179); Assmann/Pötzsch/Schneider/*Schneider/Favoccia* Rn. 164 – der von *Schneider/Favoccia* betonte Wille des Gesetzgebers steht einer richtlinienkonformen Rechtsfortbildung nicht im Weg; → Rn. 34; Schwark/Zimmer/*Noack/Zetzsche* Rn. 25, 37; Baums/Thoma/*Diekmann* Rn. 82; Kölner Komm WpÜG/*v. Bülow* Rn. 278 f., jeweils mwN.

rollposition einhergeht. Nahe liegt das aber nicht. Im Gegenteil ist zu fragen, warum ein Inhaber einer Kontrollposition diese nicht „in den Markt" verkauft, sondern an Einzelne. Normalerweise geschieht das zur Sicherung der Kontrollprämie,[142] die – würde ein Pflichtangebot folgen – allen Aktionären zugutekäme und damit für den Verkäufers des Pakets geringer ausfiele. Dementsprechend ist auch eine Vereinbarung zwischen den Erwerbern nicht erforderlich,[143] vielmehr genügt die Abstimmung des Erwerbs durch den Verkäufer zur Auslösung der Zurechnung.[144] Die BaFin mag im Hinblick auf die mit dem Geschäft verfolgten Absichten der beiden Erwerber und des Verkäufers im Befreiungsverfahren beurteilen, ob und wer ein Pflichtangebot abgeben muss.[145] Die pauschale Verneinung der Zurechnung schon dann, wenn man den Erwerbern eine über den gemeinsamen Erwerb hinausgehende Absprache nicht nachweisen kann, führt hingegen nur dazu, dass § 30 Abs. 2 seine Funktion nicht erfüllen kann.[146] In der Konstellation der **Beiersdorf-Entscheidung** der BaFin[147] kommt noch hinzu, dass der abgestimmte Erwerb durch die fragliche Gruppe eine potentiell sinnvolle Übernahme durch einen Dritten verhinderte und dem Kontrollinhaber ein deutlicher Paketzuschlag auf den Börsenpreis bezahlt wurde, von dem die übrigen Aktionäre ausgeschlossen wurden. Hier war nicht nur die Nichtzurechnung unangebracht, vielmehr hätte in dieser Konstellation ein Pflichtangebot abgegeben werden müssen.[148]

**52**     Soweit die Erwerber aber von der abgestimmten Vorgehensweise des Verkäufers, dh voneinander, nichts wissen, haben sie sich an der Abstimmung nicht beteiligt und ist eine Zurechnung ausgeschlossen. Eine Zurechnung scheidet auch beim **abgestimmten Erwerb von Vorzugsaktien** aus. Die Aktionäre mögen dann gemeinsam handelnde Personen iSd § 2 Abs. 5 sein, da dieser ausdrücklich von „Wertpapieren" spricht. Da § 30 jedoch der Ermittlung von Stimmrechtsblöcken dient und die Aktionäre hier lediglich stimmrechtslose Aktien hinzuerwerben, liegt darin keine gemeinsame Verstärkung der Stimmrechtsmacht.[149]

**53**     **2. Standstill-Vereinbarungen.** Auch Vereinbarungen über das Halten von Aktien, sog. Standstill Agreements, können im Rahmen eines Wertpapiererwerbs- oder Übernahmeangebots entgegen der hM[150] (→ WpHG § 34 Rn. 35) durchaus maßgebende Bedeutung erlangen. Das liegt nicht nur daran, wie *Uwe H. Schneider* für § 34 WpHG geltend gemacht hat, dass solche Vereinbarungen auch das Abstimmungsverhalten der Beteiligten (etwa bei Kapitalmaßnahmen) festlegen können.[151] Vielmehr können solche Vereinbarungen an sich bereits **unmittelbaren Bezug zur Kontrolle** über die Gesellschaft haben. Wenn sich zB drei Aktionäre, die jeweils rund 17% der Aktien innehaben, dazu verabreden, ein bevorstehendes Übernahmeangebot zu verhindern, das ein vierter Aktionär beabsichtigt, so arbeiten sie zusammen und verhindern möglicherweise effektiv, dass dieser vierte Aktionär das Angebot überhaupt abgibt, weil er keine tatsächliche Kontrolle über die Zielgesellschaft erlangen kann.[152] Damit verabreden die Parteien durchaus einen koordinierten Einfluss auf die

---

[142] *Borges* ZIP 2007, 357 (364); vgl. auch *Weiß*, Der wertpapierhandelsrechtliche und übernahmerechtliche Zurechnungstatbestand des acting in concert, 2007, 135 ff.; *Raloff*, Acting in Concert, 2007, 210 f.
[143] Anders *Borges* ZIP 2007, 357 (364 f.).
[144] *Wackerbarth* ZIP 2007, 2340 (2345).
[145] *Weiß*, Der wertpapierhandelsrechtliche und übernahmerechtliche Zurechnungstatbestand des acting in concert, 2007, 137; *Wackerbarth* ZIP 2007, 2340 (2345).
[146] IErg ebenso *Borges* ZIP 2007, 357 (364 f.).
[147] Pressemitteilung der BaFin vom 23.1.2004, dazu FAZ v. 27.1.2004, S. 21.
[148] *Weiß*, Der wertpapierhandelsrechtliche und übernahmerechtliche Zurechnungstatbestand des acting in concert, 2007, 137 f.; tendenziell auch *Raloff*, Acting in Concert, 2007, 210 f.; das LG Hamburg AG 2007, 177 beschäftigt sich insoweit ausschließlich mit Randfragen.
[149] Insoweit nicht eindeutig, aber in der Sache wohl ebenso *Borges* ZIP 2007, 357 (364 f.).
[150] LG Hamburg AG 2007, 177 (179); *Schockenhoff/Schumann* ZGR 2005, 568 (579); Baums/Thoma/*Diekmann* Rn. 82; Kölner Komm WpÜG/*v. Bülow* Rn. 282 mwN; Schwark/Zimmer/*Noack/Zetzsche* Rn. 25; s. ferner die Nachweise bei *Löhdefink*, Acting in Concert und Kontrolle im Übernahmerecht, 2007, 343 in Fn. 1220; *Brellochs* ZIP 2011, 2225 (2228).
[151] Assmann/Schneider/*Schneider* WpHG § 34 Rn. 172; anders aber nun Assmann/Pötzsch/Schneider/*Schneider/Favoccia* Rn. 214.
[152] Diese Fallgestaltung berücksichtigt nicht *Löhdefink*, Acting in Concert und Kontrolle im Übernahmerecht, 2007, 342.

Gesellschaft, nämlich auf die Zusammensetzung des Gesellschafterkreises. Daher ist auch hier ein Verhalten in Bezug auf die Zielgesellschaft zu bejahen und eine Zurechnung gem. Abs. 2 kommt in Betracht.[153] Insbesondere stellt sich die Frage, ob der Wille, eine Änderung der unternehmerischen Ausrichtung der Zielgesellschaft *zu verhindern*, nicht eine ggf. analoge Anwendung bzw. eine Bejahung der Voraussetzungen des Abs. 2 S. 2 Hs. 2 gebieten kann.[154] Stand-Still-Vereinbarungen sind daher bei Überschreitung der maßgeblichen Grenzen offenzulegen. Ein Pflichtangebot dürfte in solchen Fällen nur ausnahmsweise zu bejahen sein (§ 37), doch hängt dies im Einzelnen von den durch die betreffenden Aktionäre verfolgten Zielen ab, die der BaFin offen zu legen sind.

**3. Beteiligungsaufbau mittels derivativer Finanzinstrumente. a) Die Problema-** **54** **tik nach früherer Rechtslage.** Im Zusammenhang mit der Übernahme der Continental AG durch die Schaeffler-Gruppe wurde die Problematik des verdeckten Beteiligungsaufbaus im Vorfeld eines Übernahmeangebots erstmals öffentlich wahrnehmbar. Nach Sinn und Zweck der §§ 33 ff. WpHG soll der Beteiligungsaufbau transparent erfolgen. Gleichwohl gelang es Schaeffler, sich durch Gestaltung mit derivativen Finanzinstrumenten vor dem Angebot Zugriff auf einen großen Teil der Aktien der Continental AG zu sichern. Die dazu verwendeten *cash settled equitiy swaps* (US-amerikanisch: *total return equity swaps,* allgemein: *contracts for difference*) weisen die Besonderheit auf, dass der Ersteller, üblicherweise eine Investmentbank, nicht die Pflicht zur Lieferung von Aktien trifft, weshalb eine Zurechnung von Stimmrechten zum Bieter nach **Abs. 1 Nr. 5** ebenso ausscheidet wie eine Veröffentlichungspflicht gem. **§ 25 WpHG aF.**[155] Es ist nicht einmal sicher, dass der Vertragspartner zur Absicherung des Geschäfts selbst Aktien erwirbt, vielmehr kann er das eingegangene Risiko selbst durch ein spiegelbildliches Geschäft an Dritte weitergeben.[156] Selbst wenn die eingeschaltete Bank die Aktien physisch hält, fehlt es an dem erforderlichen Stimmrechtseinfluss des Vertragspartners.[157] Wie *Zetzsche* nachvollziehbar darlegt, wurden durch die von Schaeffler eingegangenen Verträge Stimmrechte letztlich aus dem Spiel genommen; die Banken hatten durch die Vertragsgestaltung **kein eigenes wirtschaftliches Interesse** an den Aktien.[158] Will man nicht das Kriterium des Stimmrechtseinflusses in Abs. 1 Nr. 2 ganz aufgeben, muss die Zurechnung (auch in der von Schaeffler gewählten Gestaltung) ausgeschlossen sein, solange nicht mindestens tatsächlich wirkende[159] Absprachen über das Stimmrecht vorhanden waren.

Eine **Zurechnung nach Abs. 2** schied vor dem Hintergrund aus, dass in diesen Konstel- **55** lationen nicht zwei Personen ihre jeweiligen eigenen Interessen koordinieren.[160] Das besondere an der von Schaeffler gewählten Gestaltung war gerade die ökomische Aufspaltung der Aktie in ein wirtschaftliches Eigentum (Interesse) auf der einen und das formale Eigentum mit Stimmrecht auf der anderen Seite. Diese ökonomische Aufspaltung verstößt nicht gegen das aktienrechtliche Abspaltungsverbot. Eine zusätzliche Absprache zwischen dem formal Berechtigten und dem wirtschaftlich Interessierten mag zwar zu einer Zurechnung gem. Abs. 1 Nr. 2 führen. Diese ist aber naturgemäß eine einseitige, weil sie die Aufspaltung lediglich rückgängig macht, Abs. 2 passt auf diese Fälle nicht.

---

[153] *Weiß,* Der wertpapierhandelsrechtliche und übernahmerechtliche Zurechnungstatbestand des acting in concert, 2007, 139; *Schneider* WM 2006, 1321 (1325); *Raloff,* Acting in Concert, 2007, 239 f.; nur für § 22 WpHG auch *Eidenmüller* DStR 2007, 2116 (2120); *Sudmeyer* BB 2002, 685 (688).

[154] Während der Tatbestand die "Änderung" verlangt, reicht nach Beschluss Finanzausschuss, BT-Drs. 16/9778, 3 bereits die "Beeinflussung". Möglicherweise liegt hier also eine verdeckte Lücke vor. Zum Nichtbestehen eines Analogieverbots → Rn. 11.

[155] Fast kommentarartig die Erläuterungen im Jahresbericht der BaFin 2008, 179 f., www.bafin.de/Shared Docs/Downloads/DE/Jahresbericht/dl_jb_2008.html. Darüber besteht in der Lit. wohl Einigkeit, vgl. nur *Cascante/Topf* AG 2009, 53 (68) mwN.

[156] Näher *Schanz* DB 2008, 1902 f.; *Meyer/Kiesewetter* WM 2009, 340 (348).

[157] So auch *Cascante/Topf* AG 2009, 53 (67 f.).

[158] *Zetzsche* EBOR 2009, 115 (137 ff., 139).

[159] Vgl. VG Frankfurt BKR 2007, 40 (43).

[160] So die ganz hM, s. nur *Schanz* DB 2008, 1902 f.; *Meyer/Kiesewetter* WM 2009, 340 (348); *Baums/Sauter* ZHR 173 (2009), 454 (468); *Cascante/Topf* AG 2009, 53 (66).

**56**    **b) Jetzt: Transparenz nach § 38 WpHG.** Der Gesetzgeber versucht, solchen Gestaltungen im Rahmen des WpHG nunmehr durch eine Verschärfung der Meldepflichten für Finanzinstrumente gem. § 38 WpHG beizukommen. Letztlich steht dahinter die Vermutung einer (augenzwinkernden) Absprache über den Stimmrechtseinfluss derjenigen Partei, die das wirtschaftliche Risiko trägt. Es erscheint jedoch kaum gerechtfertigt, Stimmrechte aus Finanzinstrumente ohne Lieferungsanspruch mit solchen aus bereits physisch gehaltenen Aktien zusammenzurechnen. Denn so bleibt der bereits aktuelle Stimmrechtseinfluss des Mitteilungspflichtigen dahinter verborgen.[161] Gleichwohl ordnet § 39 WpHG eine solche Zusammenrechnung im WpHG weitgehend an. Nach den ersten Erfahrungen mit dem neuen Melderegime finden sich vorsichtig positive Bewertungen.[162]

**57**    **Stellungnahme:** Inwieweit die Dynamik eines Beteiligungsaufbaus transparent zu machen ist, ist zuvörderst eine Frage des WpHG. Für das WpÜG spielt der Beteiligungsaufbau insoweit eine Rolle, als die Preisregeln (§ 31) auf die Geschäfte des Bieters und ghP vor der Abgabe eines Übernahmeangebots (oder Pflichtangebots) Rücksicht nehmen. Jedoch sichern die beschriebenen Geschäfte dem Bieter gerade den Preis für einen erheblichen Teil der Aktien vor dem Bekanntwerden des Angebots, sie hätten also, selbst wenn sie im Rahmen des § 31 Abs. 6 berücksichtigt würden, in aller Regel keine oder eine nur marginal preiserhöhende Wirkung. Eine Zurechnung der Stimmrechte aus den in § 38 WpHG genannten Finanzinstrumenten kommt hingegen im Rahmen des § 30 WpÜG nach wie vor nicht in Betracht. Das kann dazu führen, dass ein potentieller Bieter gem. § 38 WpHG einen kumulierten Stimmanteil von über 30% veröffentlicht, ohne zugleich eine Kontrollmitteilung gem. § 35 WpÜG zu veröffentlichen oder zu einem Angebot nach Maßgabe des § 35 WpÜG verpflichtet zu sein. Die Zurechnungsregeln nach WpHG und WpÜG entwickeln sich daher auseinander, auch wenn der Gesetzgeber noch an der teilweisen Wortlautgleichheit in den beiden Gesetzen festhält (vgl. auch → Rn. 9, → Rn. 28).

**58**    **c) De lege ferenda.** Vielversprechender wäre es, wenn das Interesse an der Stimmrechtsausübung des Eigentümers und formal Stimmberechtigten durch wirtschaftliche Gestaltungen ausgeschaltet ist,[163] genau diese **Interessenausschaltung** transparent zu machen.[164] Das führte gerade nicht zu einer Zurechnung im Rahmen des § 30 bzw. § 34 WpHG, sondern vielmehr zu einer unmittelbaren Veröffentlichung desjenigen, der das Stimmrecht aus den Aktien ausüben kann, ohne dass ihn das wirtschaftliche Risiko der Aktien trifft (empty voting). Eine solche Veröffentlichung bezöge sich sachlich letztlich auf den **Nenner,** nicht auf den Zähler im Rahmen der Berechnung des Stimmrechtsanteils (freilich ohne dass eine solche Veröffentlichung formal etwas an der Gesamtzahl der Stimmrechte änderte). Eine solche Transparenz müsste bei sehr viel niedrigeren Schwellenwerten ansetzen (zB 0,5%) und in der Stimmrechtsdatenbank der BaFin zu einem gesonderten Betrag zusammengefasst werden. Weder die Identität der jeweils haltenden Personen noch der derjenigen, die das wirtschaftliche Risiko tragen, müsste veröffentlicht werden. Veränderungen dieses Betrags wirkten dann wie ein Seismograph für Übernahmeaktivitäten, ohne dass aber die Identität desjenigen offengelegt würde, den das wirtschaftliche Risiko aus den Wertpapieren trifft und der eventuell ein Übernahmeangebot beabsichtigt. Damit bliebe weiter Raum für Überraschungsangriffe eines bestimmten Bieters. Gleichzeitig wäre der Markt aber frühzeitig – rechtzeitig – vor dem Aufbau solcher Positionen gewarnt, potentiell konkurrierende Bieter könnten ein Konkurrenzangebot vorbereiten. Das diente dem Markt für Unterneh-

---

[161] Auf diese Gefahr hinweisend die Expertengruppe Europäische Wertpapiermärkte (ESME), Bericht über die Transparenz-RL vom 5.12.2007, 5 f.; vgl. auch *Fleischer/Schmolke* NZG 2009, 401 (407).

[162] *Krause* in Kämmerer/Veil, Übernahme- und Kapitalmarktrecht in der Reformdiskussion, 2013, 182 ff.: Verdeckter Beteiligungsaufbau nur noch unterhalb von 5% möglich, aber keine Vebesserung der Transparenz.

[163] Beispielsweise eben das fehlende Interesse des Erstellers (Originators) eines cash settled equity swaps, soweit er selbst Referenzaktien hält, bzw. desjenigen, der in der durch spiegelbildliche Derivate entstehende Kette dahinter die Aktien selbst hält. Vgl. *Weber/Meckbach* BB 2008, 2022 (2023); *Schanz* DB 2008, 1899 (1902); *Zetzsche* EBOR 2009, 115 (134, 138 f.) (Schaeffler took de facto 28% of Conti's shares out of the game).

[164] Ausf. *Wackerbarth* ZIP 2010, 1527 ff.; s. auch ESME, Bericht über die Transparenz-RL vom 5.12.2007, 6.

menskontrolle, der bei allzu perfekter Zurechnung und Veröffentlichung hingegen eingeschränkt würde.[165]

**4. Einflussnahme außerhalb der Hauptversammlung, insbesondere Personal-** **59** **entscheidungen.** Durch Abs. 2 S. 2 Hs. 2 ist das Gesetz fast wieder zu der Fassung zurückgekehrt, die die Vorschrift des § 22 Abs. 1 Nr. 3 WpHG idF vor 2002 hatte. Die Rspr. des BGH, die den bisherigen Wortlaut des Abs. 2 in der WMF-Entscheidung[166] unhaltbar[167] verengte, hat sich damit praktisch durchgesetzt. Eine Verständigung zwischen Aktionären über Personalentscheidungen, auf die die Hauptversammlung lediglich mittelbaren Einfluss hat (Vorstand, Aufsichtsratsvorsitzender), können allenfalls bei nachgewiesener Zielsetzung iSd Abs. 2 S. 2 Hs. 2 zur Zurechnung führen.[168]

**5. Organe und Gesellschaft.** Im Verhältnis zwischen **Geschäftsführer und Gesell-** **60** **schaft** erfolgt eine Zurechnung nur dann, wenn entweder der Geschäftsführer auch als Gesellschafter die Kontrolle iSd Abs. 1 Nr. 1 hat oder aber die Voraussetzungen des Abs. 2 vorliegen.[169] Dem Alleingesellschaftergeschäftsführer einer GmbH sind stets die Anteile der GmbH zuzurechnen, da der Begriff der Tochtergesellschaft in § 2 Abs. 6 (ebenso wie der in § 35 WpHG) nicht im konzernrechtlichen Sinne zu verstehen ist.[170] Hält ein Organ einer Gesellschaft privat Aktien der Zielgesellschaft, werden die Anteile dagegen nicht zwingend mit den von der Gesellschaft gehaltenen gem. Abs. 2 zusammengerechnet, es kommt jedoch auf die Umstände des Einzelfalls an.[171]

**6. Konzernweite Zurechnung beim Anteilserwerb.** Stimmrechte, die der **Mutter-** **61** **gesellschaft des Bieters** gehören oder ihr gem. § 30 Abs. 1 oder Abs. 2 zugerechnet werden, können dem Bieter nach dem Konzept des Gesetzes nur unter der Voraussetzung des Abs. 2 zugerechnet werden, da eine entsprechende Regelung der Zurechnung von oben nach unten in Abs. 1 Nr. 1 fehlt.[172] Für die Existenz der Angebotspflicht an sich spielt die Frage zunächst keine Rolle, da die Zurechnung bis zur Muttergesellschaft durch Abs. 1 Nr. 1 jedenfalls gesichert ist. Relevant werden kann es aber, wenn es darum geht, ob der Bieter ein einfaches Erwerbsangebot abgeben darf oder aber ein Übernahmeangebot abgeben muss (→ Rn. 29). Denn in diesem Falle geht es um einen Anteilserwerb und dann schreibt die Richtlinie die Zurechnung auch von oben nach unten vor. In der Vorauf. wurde vertreten, dass eine Zurechnung erfolgen müsse, wenn die Muttergesellschaft als wirtschaftlicher Urheber des Angebots iSd § 12 Abs. 1 Nr. 2 anzusehen ist. Denn dann bestimmt sie das Verhalten des Bieters, was noch über das „in sonstiger Weise abstimmen" iSd Abs. 2 hinausgeht. Diese bereits in der Vorauflage angedeutete Auffassung ist infolge des Inkrafttretens der Übernahme-RL wegen Art. 2 Abs. 2 Übernahme-RL zwingend und im Wege der richtlinienkonformen Rechtsfortbildung des § 30 Abs. 2 herzustellen

[165] Davor warnend *Fleischer* ZGR 2008, 185 (200 f.); *Fleischer/Schmolke* ZIP 2008, 1501 (1510); *Fleischer/Schmolke* NZG 2009, 401 (406), jeweils mwN; tendenziell andere Einschätzung bei *Baums/Sauter* ZHR 172 (2009), 454 (478).
[166] BGH NZG 2006, 945 Rn. 17 – WMF.
[167] *Engert* JZ 2007, 314 (315); *Wackerbarth* ZIP 2007, 2340 (2341).
[168] Vgl. Baums/Thoma/*Diekmann* Rn. 80; einschr. auch *Korff* AG 2008, 692 (695); nicht gemeint ist entgegen *Spindler* WM 2007, 2357 (2360), dass ein Aufsichtsratsmitglied Einfluss ausübt oder dass sein Verhalten zur Zurechnung führen könnte. Es geht allein darum, ob eine Vereinbarung zwischen Aktionären, die solche Personalentscheidungen betrifft, für die die Hauptversammlung nicht zuständig ist, zur wechselseitigen Zurechnung zwischen diesen Aktionären führen kann oder nicht. Missverständlich auch Bericht des Finanzausschusses, BT-Drs. 16/9821, 12 und FK-WpÜG/*Schüppen/Walz* Rn. 86; dass bei „Koalitionen innerhalb des Aufsichtsrates" eine Zurechnung erfolgen müsse, hat nie jemand behauptet.
[169] Zu weit daher Assmann/Schneider/*Schneider* WpHG § 34 Rn. 195; wie hier *v. Bülow/Bücker* ZGR 2004, 669 (717 f.).
[170] Ausf. *Wackerbarth* ZIP 2005, 1217 (1218 ff.) gegen *Seibt* ZIP 2005, 729 ff.; wie hier Fuchs/*Dehlinger/Zimmermann* WpHG § 22 Rn. 27 mwN; vgl. auch OLG Stuttgart AG 2005, 125 (128) unter 1 b cc (1) c).
[171] Näher *Weiß*, Der wertpapierhandelsrechtliche und übernahmerechtliche Zurechnungstatbestand des acting in concert, 2007, 163 f.
[172] Baums/Thoma/*Diekmann* Rn. 26; Kölner Komm WpÜG/*v. Bülow* Rn. 91.

( → Rn. 34). Gibt der Bieter seine Mutter ausnahmsweise nicht als ghP an oder verneint eine Zurechnung der von ihr gehaltenen Aktien, so ist das Angebot deshalb zu untersagen.[173]

62   **7. Stimmpool. a) Vorschaltgesellschaft, Zwischengesellschaft.** Hat ein Pool die Rechtsform einer Außengesellschaft angenommen, sind die in → Rn. 35 bereits angesprochenen Grundsätze zu berücksichtigen. Bei sämtlichen Gesellschaften, die Aktien der Zielgesellschaft halten (also nicht nur solchen mit Poolcharakter), kommt zunächst eine **einseitige Zurechnung** des gesamten gehaltenen Bestandes gem. Abs. 1 Nr. 1 iVm § 2 Abs. 6 an den die Vorschaltgesellschaft etwa beherrschenden Gesellschafter oder nach den Grundsätzen der Mehrmütterherrschaft auch an mehrere herrschende Gesellschafter in Betracht.[174] Ferner ist eine **quotale Zurechnung** an die Gesellschafter gem. Abs. 1 Nr. 2 zu erwägen, wenn die Vorschaltgesellschaft die Aktien für Rechnung der Gesellschafter hält ( → WpHG § 34 Rn. 11 [Anh. § 22 AktG] mwN).[175] Vorschaltgesellschaften, die dazu dienen, Aktien ihrer Gesellschafter zu poolen, sollen nach wohl überwiegender Auffassung nur vorliegen, wenn das Halten der Aktien alleiniger Zweck der Vorschaltgesellschaft ist.[176] Richtig ist jedoch nur, dass nicht jede Zwischengesellschaft die Aktien treuhänderisch für die Gesellschafter hält und umgekehrt der alleinige Zweck der Vermögensverwaltung klar für eine Treuhand spricht.[177] Ein zusätzlicher unternehmerischer Zweck steht einer Treuhandabrede indessen nicht entgegen. Übertragen die Mitglieder eines Stimmpools die Aktien auf eine von den ehemaligen Poolpartnern gemeinsam beherrschte unternehmenstragende Gesellschaft, so spricht – unabhängig von den Mehrheitsverhältnissen und den Abstimmungsmodalitäten in der Gesellschaft – alles für eine (quotale) Zurechnung gem. Abs. 1 Nr. 2.

63   Stattdessen bzw. darüber hinaus kann auch eine **wechselseitige** Zurechnung der eigenen Aktien zwischen allen Gesellschafter der Zwischengesellschaft gem. Abs. 2 erfolgen, wenn sie sich über die Ausübung der Stimmrechte durch die Vorschaltgesellschaft abstimmen.[178] Diese wechselseitig Zurechnung betrifft dann *ihre eigenen und ggf. die ihnen über Abs. 1 Nr. 1 oder Nr. 2 zugerechneten Aktien(!)*. Von einer Zurechnung gem. Abs. 2 ist namentlich dann auszugehen, wenn in der Zwischengesellschaft das Einstimmigkeitsprinzip gilt.[179] Durch eine solche wechselseitige Zurechnung wird nicht nur die ggf. quotale Zurechnung nach Abs. 1 Nr. 2 neutralisiert, sondern es werden darüber hinaus auch die außerhalb der Vor-

---

[173] Unverständlich daher das Merkblatt – Auslegung des § 35 Abs. 3 WpÜG durch die BaFin vom 12.7.2007 (www.bafin.de unter Veröffentlichungen), in dem die BaFin in Fallgruppe 4 davon ausgeht, es könne „oberhalb vom Bieter" in der Unterlage nicht offengelegte Beteiligungsstrukturen geben, ohne dass das Angebot zu untersagen ist, vielmehr könne das Angebots Befreiungswirkung iSd § 35 Abs. 3 zeitigen. Diese Auffassung verstößt klar gegen die Richtlinie, da nach Art. 2 Abs. 2 Übernahme-RL Mutter und Tochter stets gemeinsam handeln (vgl. auch § 2 Abs. 5 WpÜG → Rn. 33), so dass Angaben über die Mutter gem. § 2 Nr. 1 und 5 WpÜG-AV zwingend sind und ihr Fehlen zur Untersagung gem. § 15 Abs. 1 Nr. 1 führen muss.

[174] Vgl. auch Schwark/Zimmer/*Noack*/*Zetzsche* Rn. 48; Baums/Thoma/*Diekmann* Rn. 43.

[175] Ferner *Nietsch* WM 2012, 2217 (2220); Baums/Thoma/*Diekmann* Rn. 42; nach Fuchs/*Dehlinger*/*Zimmermann* WpHG § 22 Rn. 53 f. kommt auch eine von der quotalen abweichende Zurechnung in Betracht, wenn das Treugut unmittelbar einzelnen Gesellschaftern zuzuordnen ist. Tendenziell gegen eine Zurechnung nach Abs. 1 Nr. 2 für Vorschaltgesellschaften *Mutter* DStR 2007, 2013 (2016); gänzlich abl. Angerer/Geibel/*Süßmann*/*Süßmann* Rn. 9; vgl. auch Schwark/Zimmer/*Noack*/*Zetzsche* Rn. 48, die erst bei Mehrmütterherrschaft eine Zurechnung auch an die herrschende Gesellschafter erwägen.

[176] Vgl. FK-WpÜG/*Walz* Rn. 44; Assmann/Schneider/Mülbert/*Schneider* WpHG § 34 Rn. 67 ff.; Steinmeyer/*Steinmeyer* Rn. 22 f.; dagegen aber ausf. und zutr. *Weiß*, Der wertpapierhandelsrechtliche und übernahmerechtliche Zurechnungstatbestand des acting in concert, 2007, 149.

[177] Ähnlich *Nietsch* WM 2012, 2217 (2220).

[178] Zutr. *Weiß*, Der wertpapierhandelsrechtliche und übernahmerechtliche Zurechnungstatbestand des acting in concert, 2007, 152 f.; vgl. auch FK-WpÜG/*Walz* Rn. 44; s. auch *Pentz* ZIP 2003, 1478 (1484); aA *Liebscher* ZIP 2002, 1005 (1012); Kölner Komm WpÜG/*v. Bülow* Rn. 261 f.; Fuchs/*Dehlinger*/*Zimmermann* WpHG § 22 Rn. 105; Baums/Thoma/*Diekmann* Rn. 73; *Raloff,* Acting in Concert, 2007, 24; ferner LG München I AG 2009, 918 (923) sowie Ls. 5.

[179] *Weiß*, Der wertpapierhandelsrechtliche und übernahmerechtliche Zurechnungstatbestand des acting in concert, 2007, 154 gegen *Liebscher* ZIP 2002, 1005 (1012 f.).

schaltgesellschaft gehaltenen Bestände der Gesellschafter wechselseitig zugerechnet.[180] Wie namentlich *Weiß* nachgewiesen hat, steht dem nicht entgegen, dass in dieser Konstellation die Zwischengesellschaft ggf. keine (gemeinsame) Tochter der Gesellschafter ist. Denn die bloße Tatsache, dass ein vertikaler Zurechnungsgrund nicht erfüllt ist, besagt nichts für die Frage, ob die Gesellschafter ihre Interessen horizontal koordiniert haben.[181] Abs. 1 Nr. 1 liefe wegen einer solchen Zurechnung auch nicht „leer".[182] Und auch die Formulierung in Abs. 2 S. 3 (= Abs. 2 S. 2 aF) schließt eine wechselseitige Zurechnung der eigenen und der nach Abs. 1 zugerechneten Bestände des Dritten gerade nicht aus.

**b) Poolverträge (Innengesellschaft, Konsortium), Stimmbindungsvertrag.** In- **64** wieweit Abs. 2 die Abstimmung durch Poolverträge[183] erfasst, ist fraglich. Zwar besteht im Ausgangspunkt kein Zweifel,[184] dass gerade der Abschluss eines Poolvertrags zur Abstimmung über die Stimmrechtsausübung durch Vereinbarung dient und damit zentraler Gegenstand des Abs. 2 ist. Umstritten ist aber, ob in allen Fällen eine **wechselseitige Zurechnung** stattfindet. So könnte die Auffassung vertreten werden, eine wechselseitige Zurechnung zu allen Gesellschaftern gehe dann an der Wirklichkeit vorbei, wenn die Gesellschaft einen bestimmten Organisationsgrad überschritten habe. Denn dann liege die eigentliche Stimmrechtsmacht nicht mehr bei den sich abstimmenden Gesellschaftern, sondern bei der Geschäftsführung des Pools oder bei einem den Pool **beherrschenden Gesellschafter.** In der Lit. wird in solchen Fällen eine von der Rechtsfolgenanordnung des Abs. 2 abweichende Zurechnung nur zu dem den Pool beherrschenden Aktionär vertreten.[185]

Diese Zweifel waren allerdings vor dem Hintergrund der Befreiungsmöglichkeit des § 37 **65** letztlich unbegründet. Die Praxis der BaFin geht zu Recht von einer **wechselseitigen Zurechnung** auch in diesen Fällen aus.[186] Der Gesetzgeber hatte gerade Poolverträge vor Augen, als er die wechselseitige Zurechnung anordnete.[187] Das gesamte gesetzliche Konzept stellt in einem ersten Schritt auf eine rein **formale Betrachtung** ab, indem die Kontrollschwelle anhand eines abstrakten Stimmrechtsanteils einschließlich der Zurechnung nach § 30 festgestellt wird,[188] und auferlegt es der BaFin, in einem zweiten Schritt die materielle Berechtigung einer Angebotspflicht zu prüfen. Dass sich die Stimmverhältnisse in der Zielgesellschaft durch den Beitritt eines einflusslosen Mitglieds nicht maßgeblich ändern und ggf. auch kein Kontrollwechsel stattfindet, kann im Rahmen des durch die Zurechnung und

---

[180] *Weiß,* Der wertpapierhandelsrechtliche und übernahmerechtliche Zurechnungstatbestand des acting in concert, 2007, 152; diese Rechtsfolge übersieht *Raloff,* Acting in Concert, 2007, 246 f., wenn sie meint, Abs. 2 laufe in diesem Zusammenhang leer.

[181] So aber *Raloff,* Acting in Concert, 2007, 247 mwN in Fn. 1204.

[182] *Weiß,* Der wertpapierhandelsrechtliche und übernahmerechtliche Zurechnungstatbestand des acting in concert, 2007, 153; dies übersehend *Raloff,* Acting in Concert, 2007, 247 mwN in Fn. 1205; aA auch – aber die Gegenargumente nicht berücksichtigend – Kölner Komm WpÜG/*v. Bülow* Rn. 261 f.; ferner *Liebscher* ZIP 2002, 1005 (1012 f.); Fuchs/*Dehlinger*/*Zimmermann* WpHG § 22 Rn. 105.

[183] Zur Abgrenzung gegenüber hierarchischer Stimmbindung und Zurechnung im letzteren Fall *Weiß,* Der wertpapierhandelsrechtliche und übernahmerechtliche Zurechnungstatbestand des acting in concert, 2007, 143 ff.

[184] S. aber nun *Kocher*/*Mattig* BB 2018, 1667 (1670).

[185] So die wohl überwM in der Lit., s. etwa *v. Bülow*/*Bücker* ZGR 2004, 669 (708); Baums/Thoma/ *Diekmann* Rn. 87; *Pentz* ZIP 2003, 1478 (1488); *Casper* ZIP 2003, 1469 (1474); *Kocher*/*Mattig* BB 2018, 1667 ff., die eine wechselseitige Zurechnung allg. ablehnen; ausf. *Veil* FS K. Schmidt, 2009, 1645, 1653 ff. mwN; *Löhdefink,* Acting in Concert und Kontrolle im Übernahmerecht, 2007, 329; Schwark/Zimmer/ *Noack*/*Zetzsche* Rn. 41; Assmann/*Pötzsch*/*Schneider*/*Schneider*/*Favoccia* Rn. 203; aA aber Assmann/Schneider/*Mülbert*/*Schneider* WpHG § 34 Rn. 185.

[186] Emittentenleitfaden 2013, VIII.2.5.8.3, 122 f. (unverändert in 5. Aufl., Modul B I. 2.5.10.3, S. 28 f.); ebenso *Weiß,* Der wertpapierhandelsrechtliche und übernahmerechtliche Zurechnungstatbestand des acting in concert, 2007, 142; *Raloff,* Acting in Concert, 2007, 259; *Braun* NZG 2008, 928 ff.; Baums/Thoma/*Baums*/ *Hecker* § 35 Rn. 78; *Merkner*/*Sustmann* NZG 2009, 813 (818); für § 22 WpHG auch Schäfer/Hamann/*Opitz* WpHG § 22 Rn. 93; Fuchs/*Dehlinger*/*Zimmermann* WpHG § 22 Rn. 102; aus Gründen der Richtlinienkonformität *Hopt*/*Mülbert*/*Kumpan* AG 2005, 109 (113); unentschieden Angerer/Geibel/Süßmann/*Süßmann* Rn. 39.

[187] So bereits *Lenze*/*Linke* AG 2002, 361 (368 f.).

[188] Zutr. *Braun* NZG 2008, 928 ff.

anschließende Befreiung angeordneten zweistufigen Verfahrens ausreichend berücksichtigt werden. Es ist gerade der Vorteil und dient der Rechtssicherheit, dass durch die Zweistufigkeit des Verfahrens die Poolmitglieder an die BaFin herantreten müssen und die Verhältnisse offenlegen müssen und nicht umgekehrt die BaFin von derartigen Absprachen gar nicht erst erfährt.[189] Die dagegen gerichteten Einwände von *Veil*[190] sind teilweise nicht nachvollziehbar,[191] und zum anderen verweisen sie nur auf das rechtspolitische Problem, dass nämlich eine verbindliche Vorabentscheidung über die Befreiung von der BaFin nicht erteilt wird (→ Rn. 20).[192] Das sollte in der Tat Anlass genug für eine Änderung bei der BaFin sein, nicht aber für eine teleologische Reduktion des Abs. 2.

66    **c) Übernahme-RL.** *Veil* meint weiter, weder die Transparenz-RL noch die Übernahme-RL stünden einer restriktiven Auslegung entgegen.[193] Das ist sicher richtig, soweit keine Aktien gekauft werden. *Veil* bezieht sich auf die Ausnahme wegen der „Berechnung der Stimmrechtsanteile" und darauf, dass es fernliege, dass die Übernahme-RL den Gesetzgeber in einer Detailfrage der Zurechnung in ein Prokrustesbett zwingen wolle.[194] Doch ist die Frage, ob bei Aktienerwerb eine Zurechnung unter erleichterten Bedingungen in Frage kommt, keine bloße Detailfrage, sondern – da die Übernahme-RL gerade und vor allem den Beteiligungsaufbau im Auge hat – die zentrale Regelung der Richtlinie (Art. 5 Abs. 1 Übernahme-RL iVm Art. 2 Abs. 2 lit. d Übernahme-RL). Ferner meint *Veil* an anderer Stelle selbst, dass es sich um eine essentielle Frage handele.[195]

67    **d) Teilpooling.** Seit dem Emittentenleitfaden 2009 der BaFin soll es möglich sein, dass Aktionäre nur Teile ihres jeweils gehaltenen Aktienpakets poolen.[196] Diese Änderung kam für viele überraschend.[197] Sie ist für den Regelfall abzulehnen:[198] Das liegt nicht nur an den damit eröffneten Umgehungsmöglichkeiten, sondern ist vielmehr eine Rechtsfrage. Abs. 2 betrifft die horizontale Koordination eigener Interessen. Welche Gründe soll es dafür geben, nur einen Teil der Aktien, die man *im eigenen Interesse* hält, einer koordinierten Stimmrechtsausübung zu unterwerfen? Das kommt allenfalls für Wertpapierdienstleistungsunternehmen in Frage, die Aktien für Rechnung anderer halten und diesen anderen so die Beteiligung an Stimmpools ermöglichen wollen.[199]

68    **8. Interessenschutzklauseln in Verpflichtungsgeschäften.** Insbesondere bei Paketverkäufen, deren Erfüllung zum Zweck der Vermeidung unerwünschter Preiswirkungen des § 31 WpÜG weit in die Zukunft verschoben wird, kommt es zu einem Auseinanderfallen von Stimmrecht an den verkauften Aktien (bleibt beim Verkäufer der Aktien) und wirtschaftlichem Interesse an der Ausübung des Stimmrechts. Letzteres liegt beim Käufer, der mit der Festlegung des Preises für das Aktienpaket das wirtschaftliche Risiko der verkauften Aktien zu tragen hat.[200] Es liegt daher nahe, dass bei solchen Geschäften die Parteien

---

[189] *Weiß*, Der wertpapierhandelsrechtliche und übernahmerechtliche Zurechnungstatbestand des acting in concert, 2007, 142 f.; s. auch *Raloff*, Acting in Concert, 2007, 259: häufig kaum feststellbar, wer die Aktionärsgruppe beherrscht; *Merkner/Sustmann* NZG 2009, 813 (818): Abgrenzung praktisch unmöglich.

[190] *Veil* FS K. Schmidt, 2009, 1645, 1658.

[191] Soweit sich *Veil* FS K. Schmidt, 2009, 1645 (1658) auf die formale Kontrollschwelle beruft, spricht dies doch gerade *für* eine Zurechnung mit anschließender Befreiung.

[192] Immerhin bietet die BaFin nunmehr gerade für Zurechnungsfragen die vorherige Kontaktaufnahme an; s. Emittentenleitfaden 2009, 140 und 148 (in 5. Aufl., Modul B S. 18, 30).

[193] *Veil* FS K. Schmidt, 2009, 1645 (1659 ff.).

[194] *Veil* FS K. Schmidt, 2009, 1645 (1663).

[195] *Veil* FS K. Schmidt, 2009, 1645 (1647).

[196] Emittentenleitfaden 2013, VIII.2.5.8.3, 122 f. (unverändert in 5. Aufl., Modul B I. 2.5.10.3, 28 f.): maßgebend sei, ob die Vereinbarung eine „zahlenmäßige Beschränkung" enthalte.

[197] S. etwa *Merkner/Sustmann* NZG 2009, 813 (818); *Krämer/Heinrich* ZIP 2009, 1737 (1744).

[198] Bedenken auch bei *Merkner/Sustmann* NZG 2009, 813 (818 f.); der BaFin zust. nun aber *Merkner/Sustmann* NZG 2013, 1361 (1366); wie die BaFin das OLG Düsseldorf BeckRS 2013, 21114; zurückhaltend demgegenüber *Krämer/Heinrich* ZIP 2009, 1737 (1744).

[199] Ein solcher Fall lag der Entscheidung des OLG Düsseldorf BeckRS 2013, 21114 nicht zugrunde.

[200] Das ist die von *v. Falkenhausen* NZG 2014, 1368 (1371) angemahnte Begr. für die von mir angenommene Vermutung.

**Abreden über die Ausübung des Stimmrechts** treffen, die das Gebot des § 242 BGB, den Vertragszweck nicht zu gefährden, konkretisieren.[201] Soweit das tatsächlich der Fall ist, soll nach der Postbankübernahme-Entscheidung eine Zurechnung der Stimmrechte aus dem verkauften Aktienpaket gem. Abs. 2 schon vor der Erfüllung des Geschäfts in Frage kommen.[202] Dabei greift allerdings nach der Entscheidung keine zur Beweislastumkehr führende Vermutung solcher Abreden, auch ist ungeklärt, ob die Parteien des Paketverkaufs zur Vorlage des Vertrags gezwungen werden können. Welcher Art diese Abreden über die Bindung der Stimmrechtsausübung an das Interesse des Käufers sein müssen, hat der II. Zivilsenat darüber hinaus offengelassen.[203] In der Lit. wird eine über die Wiederholung des § 242 BGB hinausgehende konkrete Bindung des Verkäufers dauerhafter Art verlangt.[204] Richtigerweise wird man bereits eine allgemein gehaltene Interessenschutzklausel genügen lassen müssen, solange sie nicht nur den Gesetzeswortlaut wiederholt.[205] Das gebietet die Systematik des § 30. Denn auch bei § 30 Abs. 1 Nr. 2 genügt es, wenn juristisches Eigentum und wirtschaftliches Interesse auseinanderfallen und der für Rechnung haltende Dritte nach dem Vertrag zwar weisungsfrei, aber im Interesse des Bieters abstimmt (→ Rn. 22 mN).

## § 31 Gegenleistung

(1) ¹Der Bieter hat den Aktionären der Zielgesellschaft eine angemessene Gegenleistung anzubieten. ²Bei der Bestimmung der angemessenen Gegenleistung sind grundsätzlich der durchschnittliche Börsenkurs der Aktien der Zielgesellschaft und Erwerbe von Aktien der Zielgesellschaft durch den Bieter, mit ihm gemeinsam handelnder Personen oder deren Tochterunternehmen zu berücksichtigen.

(2) ¹Die Gegenleistung hat in einer Geldleistung in Euro oder in liquiden Aktien zu bestehen, die zum Handel an einem organisierten Markt zugelassen sind. ²Werden Inhabern stimmberechtigter Aktien als Gegenleistung Aktien angeboten, müssen diese Aktien ebenfalls ein Stimmrecht gewähren.

(3) Der Bieter hat den Aktionären der Zielgesellschaft eine Geldleistung in Euro anzubieten, wenn er, mit ihm gemeinsam handelnde Personen oder deren Tochterunternehmen in den sechs Monaten vor der Veröffentlichung gemäß § 10 Abs. 3 Satz 1 bis zum Ablauf der Annahmefrist insgesamt mindestens 5 Prozent der Aktien oder Stimmrechte an der Zielgesellschaft gegen Zahlung einer Geldleistung erworben haben.

(4) Erwerben der Bieter, mit ihm gemeinsam handelnde Personen oder deren Tochterunternehmen nach Veröffentlichung der Angebotsunterlage und vor der Veröffentlichung gemäß § 23 Abs. 1 Satz 1 Nr. 2 Aktien der Zielgesellschaft und wird hierfür wertmäßig eine höhere als die im Angebot genannte Gegenleistung gewährt oder vereinbart, erhöht sich die den Angebotsempfängern der jeweiligen Aktiengattung geschuldete Gegenleistung wertmäßig um den Unterschiedsbetrag.

(5) ¹Erwerben der Bieter, mit ihm gemeinsam handelnde Personen oder deren Tochterunternehmen innerhalb eines Jahres nach der Veröffentlichung gemäß § 23

---

[201] BGH NZG 2014, 985 Rn. 60 – Postbankübernahme.

[202] Der BGH hat den konkreten Rechtsstreit zur Klärung des Vorhandenseins der Klausel im Vertrag über den Paketverkauf an die Vorinstanz zurückverwiesen.

[203] BGH NZG 2014, 985 Rn. 57.

[204] v. Falkenhausen NZG 2014, 1368 (1371 f.); Krause AG 2014, 833 (840); Scheibenpflug/Tönningsen BKR 2015, 140 (141); gänzlich abl. noch vor der Postbankübernahme-Entscheidung Baums/Thoma/Diekmann Rn. 86 und Kölner Komm WpÜG/v. Bülow Rn. 291 f., die eine Zurechnung an die Einzelfallausnahme scheitern lassen wollen; s. auch LG Köln BeckRS 2017, 130130 Rn. 112.

[205] Im Rahmen der Postbankübernahme hat das LG Köln eine Klausel ausreichen lassen, nach der dem verkaufenden Paketaktionär untersagt war, Satzungsänderungen, Umwandlungen, Dividenden und „anderen Maßnahmen" zuzustimmen, die der vorgesehenen Transaktion zuwiderlief, s. LG Köln BeckRS 2017, 130130 Rn. 108 ff.

**Abs. 1 Satz 1 Nr.** 2 außerhalb der Börse Aktien der Zielgesellschaft und wird hierfür wertmäßig eine höhere als die im Angebot genannte Gegenleistung gewährt oder vereinbart, ist der Bieter gegenüber den Inhabern der Aktien, die das Angebot angenommen haben, zur Zahlung einer Geldleistung in Euro in Höhe des Unterschiedsbetrages verpflichtet. [2]Satz 1 gilt nicht für den Erwerb von Aktien im Zusammenhang mit einer gesetzlichen Verpflichtung zur Gewährung einer Abfindung an Aktionäre der Zielgesellschaft und für den Erwerb des Vermögens oder von Teilen des Vermögens der Zielgesellschaft durch Verschmelzung, Spaltung oder Vermögensübertragung.

(6) [1]Dem Erwerb im Sinne der Absätze 3 bis 5 gleichgestellt sind Vereinbarungen, auf Grund derer die Übereignung von Aktien verlangt werden kann. [2]Als Erwerb gilt nicht die Ausübung eines gesetzlichen Bezugsrechts auf Grund einer Erhöhung des Grundkapitals der Zielgesellschaft.

(7) [1]Das Bundesministerium der Finanzen kann durch Rechtsverordnung, die nicht der Zustimmung des Bundesrates bedarf, nähere Bestimmungen über die Angemessenheit der Gegenleistung nach Absatz 1, insbesondere die Berücksichtigung des durchschnittlichen Börsenkurses der Aktien der Zielgesellschaft und der Erwerbe von Aktien der Zielgesellschaft durch den Bieter, mit ihm gemeinsam handelnder Personen oder deren Tochterunternehmen und die hierbei maßgeblichen Zeiträume sowie über Ausnahmen von dem in Absatz 1 Satz 2 genannten Grundsatz und die Ermittlung des Unterschiedsbetrages nach den Absätzen 4 und 5 erlassen. [2]Das Bundesministerium der Finanzen kann die Ermächtigung durch Rechtsverordnung auf die Bundesanstalt übertragen.

### § 3 WpÜG-AV Grundsatz

[1]Bei Übernahmeangeboten und Pflichtangeboten hat der Bieter den Aktionären der Zielgesellschaft eine angemessene Gegenleistung anzubieten. [2]Die Höhe der Gegenleistung darf den nach den §§ 4 bis 6 festgelegten Mindestwert nicht unterschreiten. [3]Sie ist für Aktien, die nicht derselben Gattung angehören, getrennt zu ermitteln.

### § 4 WpÜG-AV Berücksichtigung von Vorerwerben

[1]Die Gegenleistung für die Aktien der Zielgesellschaft muss mindestens dem Wert der höchsten vom Bieter, einer mit ihm gemeinsam handelnden Person oder deren Tochterunternehmen gewährten oder vereinbarten Gegenleistung für den Erwerb von Aktien der Zielgesellschaft innerhalb der letzten sechs Monate vor der Veröffentlichung nach § 14 Abs. 2 Satz 1 oder § 35 Abs. 2 Satz 1 des Wertpapiererwerbs- und Übernahmegesetzes entsprechen. [2]§ 31 Abs. 6 des Wertpapiererwerbs- und Übernahmegesetzes gilt entsprechend.

### § 5 WpÜG-AV Berücksichtigung inländischer Börsenkurse

(1) Sind die Aktien der Zielgesellschaft zum Handel an einer inländischen Börse zugelassen, muss die Gegenleistung mindestens dem gewichteten durchschnittlichen inländischen Börsenkurs dieser Aktien während der letzten drei Monate vor der Veröffentlichung nach § 10 Abs. 1 Satz 1 oder § 35 Abs. 1 Satz 1 des Wertpapiererwerbs- und Übernahmegesetzes entsprechen.

(2) Sind die Aktien der Zielgesellschaft zum Zeitpunkt der Veröffentlichung nach § 10 Abs. 1 Satz 1 oder § 35 Abs. 1 Satz 1 des Wertpapiererwerbs- und Übernahmegesetzes noch keine drei Monate zum Handel an einer inländischen Börse zugelassen, so muss der Wert der Gegenleistung mindestens dem gewichteten durchschnittlichen inländischen Börsenkurs seit der Einführung der Aktien in den Handel entsprechen.

(3) Der gewichtete durchschnittliche inländische Börsenkurs ist der nach Umsätzen gewichtete Durchschnittskurs der der Bundesanstalt für Finanzdienstleistungsaufsicht (Bundesanstalt) nach Artikel 26 der Verordnung (EU) Nr. 600/2014 des Europäischen Parlaments und des Rates vom 15. Mai 2014 über Märkte für Finanzinstrumente und zur Änderung der Verordnung (EU) Nr. 648/2012 (ABl. L 173 vom 12.6.2014, S. 84; L 6 vom 10.1.2015, S. 6; L 270 vom 15.10.2015, S. 4), die zuletzt durch die Verordnung (EU) 2016/1033 (ABl. L 175 vom 30.6.2016, S. 1) geändert worden ist, oder von einer zentralen Gegenpartei nach § 22 Absatz 3 des Wertpapierhandelsgesetzes als an einem organisierten Markt getätigten gemeldeten oder übermittelten Geschäfte.

(4) Sind für die Aktien der Zielgesellschaft während der letzten drei Monate vor der Veröffentlichung nach § 10 Abs. 1 Satz 1 oder § 35 Abs. 1 Satz 1 des Wertpapiererwerbs- und Übernahmege-

setzes an weniger als einem Drittel der Börsentage Börsenkurse festgestellt worden und weichen mehrere nacheinander festgestellte Börsenkurse um mehr als 5 Prozent voneinander ab, so hat die Höhe der Gegenleistung dem anhand einer Bewertung der Zielgesellschaft ermittelten Wert des Unternehmens zu entsprechen.

## § 6 WpÜG-AV Berücksichtigung ausländischer Börsenkurse

(1) Sind die Aktien der Zielgesellschaft ausschließlich zum Handel an einem organisierten Markt im Sinne des § 2 Abs. 7 des Wertpapiererwerbs- und Übernahmegesetzes in einem anderen Staat des Europäischen Wirtschaftsraums im Sinne des § 2 Abs. 8 des Wertpapiererwerbs- und Übernahmegesetzes zugelassen, muss die Gegenleistung mindestens dem durchschnittlichen Börsenkurs während der letzten drei Monate vor der Veröffentlichung nach § 10 Abs. 1 Satz 1 oder § 35 Abs. 1 Satz 1 des Wertpapiererwerbs- und Übernahmegesetzes des organisierten Marktes mit den höchsten Umsätzen in den Aktien der Zielgesellschaft entsprechen.

(2) Sind die Aktien der Zielgesellschaft zum Zeitpunkt der Veröffentlichung nach § 10 Abs. 1 Satz 1 oder § 35 Abs. 1 Satz 1 des Wertpapiererwerbs- und Übernahmegesetzes noch keine drei Monate zum Handel an einem Markt im Sinne des Absatzes 1 zugelassen, so muss der Wert der Gegenleistung mindestens dem durchschnittlichen Börsenkurs seit Einführung der Aktien in den Handel an diesem Markt entsprechen.

(3) [1]Der durchschnittliche Börsenkurs ist der Durchschnittskurs der börsentäglichen Schlussauktion der Aktien der Zielgesellschaft an dem organisierten Markt. [2]Wird an dem organisierten Markt nach Absatz 1 keine Schlussauktion durchgeführt, ist der Durchschnittskurs auf der Grundlage anderer, zur Bildung eines Durchschnittskurses geeigneter Kurse, die börsentäglich festgestellt werden, zu bestimmen.

(4) Werden die Kurse an dem organisierten Markt nach Absatz 1 in einer anderen Währung als in Euro angegeben, sind die zur Bildung des Mindestpreises herangezogenen Durchschnittskurse auf der Grundlage des jeweiligen Tageskurses in Euro umzurechnen.

(5) Die Grundlagen der Berechnung des durchschnittlichen Börsenkurses sind im Einzelnen zu dokumentieren.

(6) § 5 Abs. 4 ist anzuwenden.

## § 7 WpÜG-AV Bestimmung des Wertes der Gegenleistung

Besteht die vom Bieter angebotene Gegenleistung in Aktien, sind für die Bestimmung des Wertes dieser Aktien die §§ 5 und 6 entsprechend anzuwenden.

**Schrifttum (allgemein):** *Aisenbrey,* Die Preisfindung im Übernahmerecht, 2017; *Aisenbrey,* § 31 Abs. 6 Satz 1 WpÜG bei mehraktigen Erwerbsvorgängen, AG 2018, 102; *Baums,* Low Balling, Creeping in und deutsches Übernahmerecht, ZIP 2010, 2374; *Baums/Sauter,* Anschleichen an Übernahmeziele mit Hilfe von Aktienderivaten, ZHR 173 (2009), 454; *Bicker/Parameswaran,* Die Angemessenheit der Gegenleistung nach dem WpÜG im Falle negativer Abweichung des Unternehmenswerts vom Börsenkurs, ZIP 2007, 1787; *Berrar/Schnorbus,* Variable Angebotsgegenleistung bei öffentlichen Übernahmen, CF 2019, 106; *Boucsein/Schmiady,* Aktuelle Entwicklungen bei der Durchführung von Übernahmeangeboten nach dem Wertpapiererwerbs- und Übernahmegesetz (WpÜG), AG 2016, 597; *Brandi/Nartowska/Kiefer,* Abfindungsvereinbarungen als Nacherwerb iSv § 31 V, VI WpÜG, NZG 2021, 226; *Brellochs,* Zur Angemessenheit der Gegenleistung im Übernahmerecht, ZGR 2018, 811; *Clark,* Corporate Law, 1986; *v. Falkenhausen,* Das nachgeholte Pflichtangebot, NZG 2010, 1213; *Gei/Kiesewetter,* Praxisrelevante Aspekte öffentlicher Übernahmen in Zeiten volatiler Märkte, AG 2012, 741; *Grundmann,* Der Treuhandvertrag, 1996; *Houben,* Die Gestaltung des Pflichtgebots unter dem Aspekt des Minderheitenschutzes und der effizienten Allokation der Unternehmenskontrolle, WM 2000, 1873; *Hopt/Mülbert/Kumpan,* Reformbedarf im Übernahmerecht, AG 2005, 109; *Krause,* Die geplante Takeover-Richtlinie der Europäischen Union mit Ausblick auf das geplante Übernahmegesetz, NZG 2000, 905; *Loehr,* Der freiwillige Aktienkodex, in v. Rosen/Seifert, Übernahme börsennotierter Unternehmen, 1999; *Merkt/Binder,* Änderungen im Übernahmerecht nach Umsetzung der EG-Übernahmerichtlinie: Das deutsche Umsetzungsgesetz und verbleibende Problemfelder, BB 2006, 1285; *Mülbert,* Übernahmerecht zwischen Kapitalmarkt- und Aktien(konzern)recht – die konzeptionelle Schwachstelle des RegE WpÜG, ZIP 2001, 1221; *Mülbert,* Umsetzungsfragen der Übernahmerichtlinie – erheblicher Änderungsbedarf bei den heutigen Vorschriften des WpÜG, NZG 2004, 633; *Mülbert/Schneider,* Der außervertragliche Abfindungsanspruch im Recht der Pflichtangebote, WM 2003, 2301; *Paul,* Gesetzgeberisches Regelungsanliegen und rechtsdogmatische Einordnung von § 35 WpÜG – Wider die These vom Konzerneingangsschutz, Konzern 2009, 80; *Piltz,* Unternehmensbewertung und Börsenkurs im aktienrechtlichen Spruchstellenverfahren, ZGR 2001, 185; *Pohlmann,* Rechtsschutz der Aktionäre der Zielgesellschaft im Wertpapiererwerbs- und Übernahmeverfahren, ZGR 2007, 1; *Reuschle,* Ein neuer Weg zur Bündelung und Durchsetzung gleichgerichteter Ansprüche – Zum Entwurf eines Kapitalanleger-Musterverfahrensgesetzes (KapMuG), WM 2004, 2334; *Rodewald/Siems,* Der Preis ist heiß – Zur Angemessenheit der Gegenleistung bei Übernahmeangeboten, ZIP 2002, 926; *Rübsaamen,* Berücksichtigung des Erwerbs von Wandelanleihen für die Bestimmung der

Gegenleistung bei Übernahmeangeboten, WM 2017, 2007; *Schmoll,* Die Stellungnahme der Zielgesellschaft und die Gegenleistung in der Unternehmensübernahme, 2020; *Schulz,* Unternehmensübernahmen – Festsetzung der Gegenleistung (Teil 1), M&A-Review 2003, 114; *Simon,* Zur Herleitung zivilrechtlicher Ansprüche aus §§ 35 und 38 WpÜG, NZG 2005, 541; *Stengel/Naumann,* Börslicher versus außerbörslicher Erwerb nach einem Übernahme- oder Pflichtenangebot, WM 2013, 2345; *Süßmann,* Anwendungsprobleme des WpÜG, WM 2003, 1453; *Süßmann,* Vereinbarung einer Abfindung im Vorfeld eines Unternehmensvertrags – Relevanter Nacherwerb gemäß § 31 V, VI WpÜG?, NZG 2019, 771; *Tominski/Kuthe,* Ermittlung der Mindesthöhe der Gegenleistung bei Übernahmeangeboten im Zusammenhang mit Vorerwerben, BKR 2004, 10; *Traugott/Schaefer,* Zulässigkeit von Paketzuschlägen – Rechtsvergleichende Untersuchung und praktische Konsequenzen für die Auslegung des deutschen WpÜG, NZG 2004, 158; *Tuttlies/Bredow,* Berücksichtigung einer Earn-out-Abrede im nachfolgenden Pflichtangebot, BB 2008, 911; *Tyrolt/Cascante,* Pflichtangebotsbefreiung durch Übernahmeangebot und Mindestpreisregelungen, in Mülbert/Kiem/Wittig, 10 Jahre WpÜG (ZHR-Beiheft Nr. 76), 2011, 110; *Veranneman/Gärtner,* Grenzüberschreitende Tauschangebote nach WpÜG, AG 2009, 648; *Vetter,* Die Gegenleistung für den Erwerb einer Aktie bei Ausübung einer Call Option, AG 2003, 478; *Verse,* Zum zivilrechtlichen Rechtsschutz bei Verstößen gegen die Preisbestimmungen des WpÜG, ZIP 2004, 199; *Verse,* Rechtsschutz der Zielgesellschaft und ihrer Aktionäre im Übernahmerecht, in Mülbert/Kiem/Wittig, 10 Jahre WpÜG (ZHR-Beiheft Nr. 76), 2011, 276; *Wackerbarth,* Das neue Delisting Angebot nach § 39 BörsG oder: Hat der Gesetzgeber hier wirklich gut nachgedacht, WM 2016, 385; *Wasse,* Die Angemessenheit des Angebotspreises bei aufeinanderfolgenden Übernahmeangeboten, AG 2012, 784; *Wymeersch,* Übernahmeangebote und Pflichtangebote, ZGR 2002, 520.

**Postbankübernahme-Entscheidung:** *Ekkenga,* Neuere Entwicklungen zur Preisverantwortung des Bieters im Übernahmerecht – das Postbank-Urteil des BGH, ZGR 2015, 485; *v. Falkenhausen,* Die Übernahme der Postbank – Neues zum Recht des Pflichtangebots, NZG 2014, 1368; *Krause,* Zum richterrechtlichen Anspruch der Aktionäre auf angemessene Gegenleistung bei Übernahme- und Pflichtangeboten, AG 2014, 833; *Löhdefink/Jaspers,* Fortgeschrittenenveranstaltung zum WpÜG – Die Postbank-Entscheidung des BGH und ihre praktischen Implikationen, ZIP 2014, 2261; *Stephan,* Zivilrechtlicher Rechtsschutz im Übernahmerecht nach der „McKesson"-Entscheidung, Der Konzern 2018, 45; *Verse,* Neues zum Rechtsschutz der Aktionäre im Übernahmerecht, Der Konzern 2015, 1; *Wackerbarth,* Die Umgehung der Mindestpreisregeln des WpÜG durch zeitlich gestreckte Erwerbsvorgänge – und ihre Verhinderung, ZIP 2012, 253; *Witt,* Angemessenheit eines Übernahme- oder Pflichtangebots und Zurechnung von Stimmrechten: Die Postbank-Entscheidung des BGH, DStR 2014, 2132; *Zschocke,* Zum Schutz des mit annehmenden Aktionärs nach dem WpÜG, FS Marsch-Barner, 2018, 607.

## Übersicht

## I. Allgemeines

**1. Überblick.** § 31 enthält im Zusammenspiel mit den abgedruckten Vorschriften der **1** WpÜG-AV die maßgeblichen Regeln über die **Art und Höhe der Gegenleistung** bei einem öffentlichen Angebot. Die Vorschrift soll sowohl bei freiwilligen Übernahmeangeboten als auch bei Pflichtangeboten eingreifen, und neben freundlichen auch feindliche Angebote erfassen. Indessen bestehen bei den unterschiedlichen Angebotsformen auch unterschiedliche Interessenlagen, weshalb an der insoweit fehlenden Differenzierung bereits Kritik geübt wurde,[1] der durch verfassungskonforme Auslegung der Vorschriften Rechnung getragen werden muss (→ Rn. 6 ff.). Bei **einfachen Erwerbsangeboten** gelten die Vorschriften schon nach der gesetzlichen Systematik (Stellung des § 31 im 4. Abschnitt des Gesetzes) nicht, so dass hier auch eine „unangemessene" Gegenleistung angeboten werden kann, deren Erfolg freilich nicht wahrscheinlich ist.

§ 31 Abs. 1 enthält den Grundsatz, dass den Aktionären der Zielgesellschaft eine angemes- **2** sene Gegenleistung anzubieten ist. Der Gesetzgeber sieht im Grundsatz den **Börsenkurs** vor der Übernahme sowie die Höhe des Preises für konkrete Geschäfte vor der Übernahme **(Vorerwerbe)** als Indizien für die Angemessenheit der Gegenleistung **der Höhe nach** an. § 31 Abs. 1 enthält also zwei kumulativ anzuwendende Preisregeln. Den Adressaten muss mindestens angeboten werden, was der Bieter selbst im Vorfeld der Übernahme für die Wertpapiere bezahlt hat, und die Gegenleistung darf ferner nicht die Bewertung durch den Kapitalmarkt unterschreiten.[2] Diese wird allerdings mehr oder weniger willkürlich an einem durchschnittlichen gewichteten Börsenkurs im Vorfeld der Übernahme gemessen.

Tätigt der Bieter während des Angebotsverfahrens oder nach dessen Ende weitere **3** Geschäfte über Wertpapiere der Zielgesellschaft, so führt das zu einer Erhöhung der Gegenleistung oder einem Nachbesserungsanspruch. Derartige Geschäfte des Bieters und ghP sowie ihrer Töchter **nach der Veröffentlichung der Angebotsunterlage** werden in Abs. 4, solche **nach Ende der Angebotsfrist** in Abs. 5 berücksichtigt. Das Angebot erhöht sich jeweils um den Unterschiedsbetrag, wenn eine höhere als die angebotene Gegenleistung in den Privatgeschäften vereinbart ist. Bei Erwerbsvorgängen über die Börse scheidet eine Nachforderung der Angebotsempfänger dagegen aus. Soweit die Mindesthöhe der Gegen-

---

[1] *Krause* NZG 2000, 905 (908); *Mülbert* ZIP 2001, 1221 (1223); *Houben* WM 2000, 1873 (1881).
[2] Vgl. demgegenüber die Regelung in Italien, bei der ein Mittelwert aus Durchschnittskurs und Vorerwerbspreis gebildet wird; dazu *Wymeersch* ZGR 2002, 520 (532).

leistung gem. Abs. 1 iVm § 4 WpÜG-AV und Abs. 4–6 an sonstigen Erwerbsgeschäften des Bieters gemessen wird, wirkt sich ein vom Bieter gezahlter Preis nur auf Wertpapiere der **Aktiengattung** aus, die der Bieter tatsächlich außerhalb des Angebots erworben hat. Diese Beschränkung der Gleichbehandlung auf die jeweilige Gattung, die auch in § 3 Abs. 1 angeordnet ist, ist die ökonomisch zutreffende Regel. Aus der Tatsache, dass der Bieter stimmrechtsvermittelnde Aktien zu einem bestimmten (über dem Börsenwert liegenden) Preis erwirbt, kann nicht auf seine Bewertung der stimmrechtslosen Vorzugsaktien geschlossen werden.[3] Es mag richtig sein, den Vorzugsaktionären bei einem Kontrollwechsel einen Ausstieg aus der Zielgesellschaft zu ermöglichen. Damit erhalten sie jedoch bereits mehr als durch den Kontrollwechsel veranlasst ist. Denn durch den Kauf einer Vorzugsaktie verzichtet man gerade auf die Beteiligung an der Verwaltung der Gesellschaft. Umgekehrt besagt der Erwerb einer Vorzugsaktie zu einem etwa über dem Preis für Stimmrechtsaktien liegenden Preis jedenfalls so lange nichts für die Bewertung der Stimmrechtsaktien, wie der Preisunterschied nicht den relativen Vorzug (§ 139 AktG) übersteigt.

4    Neben der Höhe spielt die **Art der Gegenleistung** eine wichtige Rolle für die Entscheidung der Aktionäre, das Angebot anzunehmen oder abzulehnen. § 31 Abs. 2 erklärt im Grundsatz das **Barangebot** und das **Umtauschangebot** als gleichwertig, verlangt allerdings, dass bei Umtauschangeboten die als Gegenleistung angebotenen Aktien „liquide" sein müssen. In bestimmten Fällen verlangt § 31 Abs. 3 ein Barangebot, namentlich dann, wenn der Bieter oder ghP einschließlich ihrer Töchter **vor oder während des Angebots** Bargeschäfte über die Wertpapiere der Zielgesellschaft in erheblichem Umfang getätigt haben.

5    In § 31 Abs. 6 soll durch Gleichstellung bestimmter schuldrechtlicher Gestaltungen mit dem Erwerb von Aktien einer Umgehung der Abs. 3–5 entgegengewirkt werden. Abs. 7 schließlich enthält die Grundlage für die §§ 3–7 WpÜG-AV, die die Grundregel des § 31 Abs. 1 näher ausgestalten.

6    **2. Weitgehende teleologische Reduktion des § 31.** Die Mindestpreisregel des § 31 Abs. 1 iVm §§ 3–7 WpÜG-AV ist sachlich notwendig nur bei Pflichtangeboten.[4] Eine Preisregel hat aus ökonomischer Sicht Sinn nur im Zusammenhang mit der Einrichtung einer Angebotspflicht; diese hätte ihrerseits keinen Sinn, würde man den kontrollierenden Aktionär nicht auch zur Einhaltung eines Mindestpreises verpflichten.[5] Bei **freiwilligen Übernahmeangeboten** sind Mindestpreise prinzipiell entbehrlich, weil die Aktionäre bei einem zu niedrigen Angebot ihre Aktien nicht verkaufen werden. Der Gesetzgeber hat sie allerdings systematisch nicht im Abschnitt 5 des Gesetzes geregelt, sondern im Abschnitt 4 über Übernahmeangebote. Ausweislich der Begründung liegt das einerseits an gesetzessystematischen Gründen, namentlich an § 35 Abs. 3. Ein freiwilliges Übernahmeangebot befreit nämlich vom Zwang zu einem nachfolgenden Pflichtangebot und diese Regel kann nur Bestand haben, wenn die Mindestpreisregeln des § 31 eingehalten wurden.[6] Zum anderen

---

[3]   BVerfG ZIP 2004, 950 (951) – Wella; *Habersack* ZIP 2003, 1123 (1128); Schwark/Zimmer/*Noack*/ *Zetzsche* Rn. 7; Baums/Thoma/*Marsch-Barner* Rn. 21 f.; s. ferner *Drinkuth* in Marsch-Barner/Schäfer Börsennotierte AG-HdB Rn. 60.253; Assmann/Pötzsch/Schneider/*Krause* Rn. 29 ff.; aA Angerer/Geibel/Süßmann/ *Süßmann* Rn. 90 ff.

[4]   Vgl. auch *Krause* NZG 2000, 905 (908); *Houben* WM 2000, 1873 (1881); *Mülbert* ZIP 2001, 1221 (1223 f.).

[5]   Näher *Houben* WM 2000, 1873 (1879).

[6]   Begr. RegE, BT-Drs. 14/7034, 30, führt dazu folgendes aus: „Von besonderer Bedeutung ist das Verhältnis der Regeln über Pflichtangebote zu den Regeln über freiwillige Übernahmeangebote. Nach dem Konzept des Gesetzes gelten für freiwillige Übernahmeangebote und für Pflichtangebote grds. die gleichen Vorschriften (Artikel 1 § 39). Dieser Regelung liegt die Überlegung zugrunde, dass jemand, der eine Kontrollmehrheit auf Grund eines freiwilligen Übernahmeangebots erlangt hat, nicht verpflichtet sein soll, im Anschluss an dieses Übernahmeangebot nunmehr ein weiteres Übernahmeangebot – diesmal als Pflichtangebot – abzugeben, da dies zu unnötigem Zeit- und Kostenaufwand führen würde. Eine solche „befreiende Wirkung" des freiwilligen Übernahmeangebots im Hinblick auf ein nachfolgendes Pflichtangebot ist allerdings nur dann gerechtfertigt, wenn das freiwillige Übernahmeangebot bereits den Anforderungen unterliegt, die für ein Pflichtangebot gelten, da ansonsten die für ein Pflichtangebot geltenden Schutzmechanismen, insbesondere die sog. Mindestpreisregelung, durch ein freiwilliges Übernahmeangebot unterlaufen werden könnten. In konsequenter Verfol-

soll auch deshalb eine Mindestpreisregel für freiwillige Übernahmeangebote gelten, weil ansonsten „die Mindestpreisregelung bei Pflichtangeboten durch ein freiwilliges Übernahmeangebot unterlaufen werden" könnte.[7]

Wenn die Begründung zum Verhältnis von freiwilligem und Pflichtangebot ausführt, **7** eine Mindestpreisregel des § 31 gelte für Übernahmeangebote, weil diese gemäß **§ 35 Abs. 3 von einem Pflichtangebot befreien,** so hat der Gesetzgeber begründet, warum sämtliche freiwilligen Übernahmeangebote, die unter Beachtung der Mindestpreisregeln und des § 32 abgegeben wurden, von einem nachfolgenden Pflichtangebot befreien. Er hat allerdings keine Begründung dafür abgegeben, dass und warum freiwillige Übernahmeangebote ohne Beachtung der Mindestpreisregeln unzulässig sein sollen.[8] Dass mit der Regelung unnötiger Zeit- und Kostenaufwand vermieden werden können, rechtfertigt ebenfalls lediglich § 35 Abs. 3, nicht aber die zwingende Geltung des § 31 für freiwillige Übernahmeangebote.[9]

In Bezug auf die „**Umgehung der Mindestpreisregeln** bei Pflichtangeboten" ist § 31 **8** jedenfalls nicht das mildeste Mittel.[10] Darauf kommt es aber noch nicht einmal an, da es bei einem freiwilligen Übernahmeangebot Sache der Aktionäre ist, sich für oder gegen die Annahme zu entscheiden. Macht der Bieter ein zu geringes Angebot, so wird es nicht erfolgreich sein. Liegt es zB unter dem sich aus § 31 ergebenden Mindestpreis und wird es trotzdem von einer Mehrheit der Aktionäre angenommen, so ist das zunächst einmal ihr Problem. Aus am Maßstab des § 31 zu geringen Preisen auf eine Übervorteilung der Aktionäre zu schließen, ist auch deshalb unangebracht, weil der Markt vielleicht keinen höheren Preis hergibt, weil momentan eine Baisse herrscht und ein späteres Angebot zu noch niedrigeren Preisen gemacht werden dürfte.

Für ein Verbot von Übernahmeangeboten zu Konditionen unterhalb des § 31 Abs. 1–3 **9** iVm §§ 3–7 WpÜG-AV sind auch sonst keine Gründe ersichtlich. Ein solches Angebot verstößt weder gegen die Gleichbehandlungsregel des § 3 Abs. 1, noch gegen den Informationsgrundsatz des § 3 Abs. 2 noch gegen sonstige in § 3 aufgezählte allgemeine Grundsätze des Übernahmerechts.[11] Der Anwendungsbereich des § 31 Abs. 1–3 ist daher teleologisch auf Pflichtangebote zu reduzieren. Sollte sich die Auffassung durchsetzen, dass damit die Grenzen zulässiger Auslegung überschritten seien, bestehen durchgreifende **verfassungs- und europarechtliche Bedenken** gegen § 31. Das darin enthaltene Verbot verstieße namentlich gegen Art. 2 Abs. 1 GG, weil dem Bieter Handlungs- und Gestaltungsmöglichkeiten genommen würden, ohne dass es dafür eine sachliche Begründung gäbe. Ferner verstößt die Regelung gegen die Kapitalverkehrsfreiheit, da sie eine unverhältnismäßige Einschränkung der Kapitalverkehrsfreiheit bedeutet, nicht aber unmittelbar gegen die Übernahme-RL selbst.[12] Dementsprechend darf auch die BaFin freiwillige Übernahmeangebote

---

gung dieses Konzeptes besteht die Verpflichtung zur Abgabe eines Pflichtangebots dann nicht, wenn die Kontrolle über die Zielgesellschaft auf Grund eines freiwilligen Übernahmeangebots nach diesem Gesetz erlangt wurde. Zugleich gelten insbesondere die unter 5. dargestellten Regelungen hinsichtlich der Gegenleistung des Bieters sowohl für freiwillige Übernahmeangebote wie auch für Pflichtangebote".

[7] Vgl. vorhergehende Fn.

[8] Vgl. auch *Mülbert* ZIP 2001, 1221 (1223 ff.) sowie 1225 zum Verstoß gegen EU-Grundfreiheiten; ferner *Tröger* DZWir 2002, 397 (398): trifft nicht den Punkt; s. auch *Houben* WM 2000, 1873 (1881) zur fehlenden ökonomischen Rechtfertigung; aA mit unlogischer zirkulärer Begr. *Rodewald/Siems* ZIP 2002, 926 (928): wenn wegen § 35 Abs. 3 nur ein Angebot erforderlich sei, dann müssten für dieses auch die Pflichtangebotsregeln gelten.

[9] AA ohne nähere Begr. *Rodewald/Siems* ZIP 2002, 926 (928).

[10] Vgl. *Mülbert* ZIP 2001, 1221 (1224 f.).

[11] AA Angerer/Geibel/Süßmann/*Süßmann* Rn. 4 unter Bezugnahme auf § 3 Abs. 3 (gemeint wohl: Abs. 4); ebenso *Tyrolt/Cascante* in Mülbert/Kiem/Wittig, 10 Jahre WpÜG, 2011, 110, 113. Das Beschleunigungsgebot gilt jedoch erstens nur für das jeweils in Frage stehende Angebot und sieht nicht vor, dass die Zielgesellschaft nicht durch mehrere Angebote belastet werden darf. Im Übrigen hat der Bieter doch nach einem erfolgreichen Teil-Übernahmeangebot Kontrolle und das Pflichtangebot belastet daher in erster Linie ihn selbst und er kann es ja durch Erfüllung der Regeln bereits im Übernahmeangebot vermeiden.

[12] So aber *Mülbert* NZG 2004, 633 (640); zust. *Hopt/Mülbert/Kumpan* AG 2005, 109 (111). Dass der Übernahme-RL eine weniger einschr. Konzeption zugrundeliegt, ist zwar richtig, jedoch angesichts der ausdrücklichen Erlaubnis zur strengeren nationalen Regulierung in Art. 3 Abs. 2 lit. b Übernahme-RL unbeachtlich; s. auch *Tyrolt/Cascante* in Mülbert/Kiem/Wittig, 10 Jahre WpÜG, 2011, 110, 113. Gegenüber

nicht nach § 15 Abs. 1 Nr. 2 mit der Begründung untersagen, dass die in der Angebotsunterlage angebotene Gegenleistung gegen § 31 verstoße.

10    Die Regelung ist auch nicht unter Hinweis auf einen angeblich „merkwürdigen Dualismus" zu begrüßen, wie ihn der die **Übernahme-RL** vorgibt, oder gar die „elegantere Lösung".[13] Weder *Altmeppen* noch *Hommelhoff/Witt* haben außerhalb der zitierten Schlagworte Argumente dafür, dass freiwillige Übernahme- und Pflichtangebote einheitlich behandelt werden müssten. Gleiches gilt für Begriffe wie „stimmig"[14] oder „sachgerecht".[15] *Santelmann/Nestler* meinen, der Eingriff wiege nicht schwer, da der Bieter ohnehin regelmäßig sein Angebot attraktiv ausgestalten werde und die zu berücksichtigenden Vor- und Nacherwerbe leicht vermeiden könne.[16] Ob die Mindestpreise und die Vorschrift über die Art der Gegenleistung den Bieter in seiner Entscheidungsfreiheit beeinträchtigen, dürfte aber eine Frage des Einzelfalls sein, keinesfalls rechtfertigen diese Erwägungen den Eingriff, sondern behaupten lediglich seine mangelnde Intensität.

11    *Haarmann* meint, bei Übernahmeangeboten, die zur Kontrolle führen, bestünde bei Nichtanwendung des § 31 die Möglichkeit, dass sie ein späteres Pflichtangebot zu einem höheren Preis nach sich zögen (Das ist sicher richtig). Da **alle gleichbehandelt** werden müssten, wären komplizierte Nachbesserungsvorschriften erforderlich.[17] Daran ist bereits die Prämisse falsch. Eine Gleichbehandlung ist zwar insoweit erforderlich, als die Chancen zur Annahme eines freiwilligen Angebots allen zu geben ist, und nicht einzelne Aktionäre bevorzugt werden dürfen. Aber warum muss jemand, der von jemandem zunächst 50 Liter Öl für 50 Euro kauft, später noch 10 Euro nachzahlen, nur weil das Gesetz diesem Verkäufer ein Andienungsrecht für weitere 50 Liter zu 60 Euro gibt? Zumindest mir leuchtet das nicht ein.

12    Es sind doch gerade die Verkäufe durch die Anteilsinhaber, die in der von *Haarmann* beschriebenen Konstellation zu einem späteren Pflichtangebot geführt haben. Ohne diese Verkäufe würde überhaupt kein Pflichtangebot notwendig bzw. möglich. Warum sollen denn die Anteilsinhaber vor **ihrer eigenen Entscheidung,** ihre Anteile zu einem bestimmten Preis zu verkaufen, geschützt werden? Folgte man der Auffassung *Haarmanns,* käme es überhaupt nicht zu einem Pflichtangebot, weil der Bieter vorher möglicherweise gar kein freiwilliges Angebot abgeben will, da er ja befürchten muss, bei einem nachträglichen Pflichtangebot würde der Preis nachträglich „nachgebessert". Dann wären die Aktionäre aber überhaupt nicht geschützt und könnten nur ihre Aktien zum aktuellen Börsenkurs verkaufen, der praktisch stets unter der Gegenleistung eines freiwilligen Angebots liegt. Mir ist jedenfalls kein einfaches Erwerbsangebot oder Aufstockungsangebot (für die § 31 nicht gelten soll) zu einem Preis unter dem Börsenkurs bekannt, erst recht keines, das zu einer besonders hohen Annahmequote geführt hätte.

13    Auch vor der insbesondere von *Oechsler* beschworenen **Dawn Raid-Strategie**[18] eines feindlichen Bieters sind die Aktionäre der Zielgesellschaft bereits ohne Preisvorschriften bei freiwilligen Übernahmeangeboten praktisch geschützt. Denn entgegen der Auffassung *Oechslers* führt bereits die durch die Informationspflichten des WpÜG sowie die Mitteilungspflichten

---

dieser Erlaubnis ist das Argument unbeachtlich, dass das freiheitlichere Konzept der Richtlinie auch in der Differenzierung gem. Art. 15 Abs. 5 Übernahme-RL und Art. 16 Abs. 3 Übernahme-RL zum Ausdruck kommt; s. auch *Merkt/Binder* BB 2006, 1288.

[13] So aber *Altmeppen* ZIP 2001, 1073 (1081); zust. FK-WpÜG/*Hommelhoff/Witt* Vor §§ 35–39 Rn. 5.

[14] *Rodewald/Siems* ZIP 2002, 926 (928).

[15] *Assmann/Pötzsch/Schneider/Krause* Rn. 13; *Tyrolt/Cascante* in Mülbert/Kiem/Wittig, 10 Jahre WpÜG, 2011, 110, 113.

[16] *Steinmeyer/Santelmann/Nestler* Rn. 5.

[17] FK-WpÜG/*Haarmann* Vor §§ 29–34 Rn. 12; vgl. auch Baums/Thoma/*Marsch-Barner* Rn. 19.

[18] *Oechsler* NZG 2001, 817 (825): Der Bieter könnte innerhalb kürzester Zeit einen 29%igen Anteil an der Zielgesellschaft erwerben und die Aktionäre damit „unter Druck setzen", sie namentlich überrumpeln und so wenigstens einen Teil von ihnen dazu bringen, bei einem Übernahmeangebot zu einem Preis nur wenig über dem aktuellen Börsenkurs an den Bieter zu veräußern. Folglich erlange er Kontrolle zu preiswert. Die Aktionäre seien in diesem Falle in der Gesellschaft gefangen, da der Marktwert infolge der Antezipierung der Kontrollerlangung durch den Bieter möglicherweise sinke; darauf abstellend wohl auch *Tröger* DZWir 2002, 397 (398); vgl. auch Assmann/Pötzsch/Schneider/*Krause* Rn. 13.

der §§ 33 ff. WpHG sichergestellte Entscheidungsfreiheit der Aktionäre der Zielgesellschaft dazu, dass eine *Dawn Raid*-Strategie entweder erfolglos bleiben muss, weil die Aktionäre das (schlechte) Angebot ablehnen oder aber der niedrige Preis nur ein Zeichen dafür ist, dass das Angebot zu einem nur wenig über dem Börsenkurs der Gesellschaft liegenden Preis ökonomisch das Richtige getroffen hat. Insbesondere ist auch nicht zu befürchten, dass der Marktwert der Zielgesellschaft wegen des vom Bieter aufgebauten Drohpotentials sinkt.[19] Im Gegenteil spricht alles dafür, dass er steigt: Vor Abgabe des Übernahmeangebots muss der Bieter, der eine knapp unterhalb der Kontrollschwelle liegende Beteiligung aufbauen will, vier (3%, 5%, 10%, 25%) Mitteilungen gem. § 33 WpHG machen, die die Zielgesellschaft gem. § 40 Abs. 1 WpHG, notfalls die BaFin gem. § 6 Abs. 14 WpHG tunlichst **sofort** nach Erhalt der Meldungen veröffentlichen wird. Spätestens bei Überschreitung der zweiten Schwelle ist der Markt gewarnt, der Kurs der Zielgesellschaft wird steigen. Bei einem derartigen Vorgehen des Bieters ist das Unverzüglichkeitserfordernis der §§ 33 Abs. 1, 40 Abs. 1 WpHG sehr ernst zu nehmen. „Vergisst" oder verzögert er die Mitteilung, so ist sein weiteres Vorgehen nach den Insiderregeln der Art. 7 ff. MAR iVm § 119 Abs. 3 WpHG strafbar (→ § 3 Rn. 41; vgl. auch → § 30 Rn. 15 f.), daneben bestehen nach richtiger Auffassung Schadensersatzpflichten, soweit eventuell die Veröffentlichung gem. § 10 gleich mit unterlassen wurde (ausführlich → § 10 Rn. 106; für den Zeitpunkt der Veröffentlichungspflicht → § 10 Rn. 27). Verhält der Bieter sich also nicht rechtswidrig (was man ihm im Ausgangspunkt zubilligen muss),[20] wird der Markt so rechtzeitig informiert, dass insbesondere institutionelle Anleger, die sich nicht drohen lassen und genügend Wertpapiere der Zielgesellschaft aufkaufen, so dass der Kurs der Zielgesellschaft infolgedessen steigen und nicht sinken wird. Allgemein sind die Regeln im WpÜG zur Verminderung des Problems des Entscheidungsdrucks der Angebotsadressaten auch ohne die Erstreckung von §§ 31, 32 WpÜG auf Übernahmeangebote ausreichend (namentlich § 11 iVm § 2 Nr. 3 und Nr. 7 WpÜG-AV, § 16 Abs. 2; → § 16 Rn. 18, → § 17 Rn. 3, → § 19 Rn. 4, → § 23 Rn. 2).[21]

### 3. Entsprechende Anwendung des Rechtsgedankens des § 4 WpÜG-AV iVm 14 § 31 Abs. 4, Abs. 5.

Die vom Gesetzgeber gewollte Reichweite des § 31 hat nicht nur überschießende Tendenz. Vielmehr lässt § 31 auch planwidrige Lücken. Wird den Aktionären einer Zielgesellschaft ein **Teilangebot**, zB zum Erwerb von 29% der stimmberechtigten Aktien, gemacht und erwirbt der Bieter während der Dauer des Angebots oder danach ein Aktienpaket vom bisherigen Kontrollinhaber, so dass er die Kontrollschwelle überschreitet, so ist eine analoge Anwendung des in § 4 WpÜG-AV iVm § 31 Abs. 4, Abs. 5 enthaltenen Rechtsgedankens geboten.[22] Die Gleichpreisregel errichtet nämlich während des Zeitraums von sechs Monaten vor dem Angebot bis zum Ablauf eines Jahres nach seinem Ende eine Barriere für einen Pakethandel zu einem Preis oberhalb des Angebotspreises bzw. zieht daraus Konsequenzen für die Angebotsadressaten. Der dahinter stehende Rechtsgedanke ist, dass ein Kontrollinhaber bei einem Verkauf des Pakets am besten den Wert des Unternehmens der Gesellschaft kennt und die Aktionäre mit geringem Anteilsbesitz daher auf seine Kenntnisse angewiesen sind (→ Rn. 27 ff.). Wenn der Bieter die Kontrolle an der Gesellschaft erwerben will, soll er sich also entweder an den Kontrollinhaber wenden und bei der Preisverhandlung die Gleichbehandlungsregel miteinbeziehen oder aber versuchen, die Kontrolle gegen den Willen des Kontrollinhabers durch ein an alle gerichtetes Übernahmeangebot zu erreichen.

Eine andere Auffassung würde zu Ergebnissen führen, die der Gesetzgeber ersichtlich 15 nicht gewollt hat. Man stelle sich vor, der Erwerber verhandelt mit einem Paketaktionär, der 30% der Anteile besitzt, über einen Paketverkauf. Der Käufer will die satzungsändernde

---

[19] So aber *Oechsler* NZG 2001, 817 (825); gegen *Oechsler* auch Angerer/Geibel/Süßmann/*Süßmann* Rn. 33 aE.

[20] AA offenbar *Tröger* DZWir 2002, 397 (398), der meint, es bestehe Unsicherheit, ob sich der Bieter dem Pflichtangebot beugen werde. Das dürfte durch die Erfahrungen mit dem WpÜG indessen widerlegt sein.

[21] AA ohne Begr. iE *Tröger* DZWir 2002, 397 (398).

[22] Vgl. auch *Oechsler* ZIP 2003, 1330 (1332).

Mehrheit in der Zielgesellschaft erreichen und ist bereit, für das Paket einen 20% über dem Börsenpreis liegenden Zuschlag zu zahlen. Doch für die gewollte Mehrheit reichen ihm 30% noch nicht aus. Er überlegt also, daneben noch ein öffentliches Angebot abzugeben. Kommt zunächst der Paketverkauf zustande, so wäre bei einem nachfolgenden Pflichtangebot gem. § 4 WpÜG-AV der Paketpreis die Untergrenze (→ Rn. 26 ff.). Der Bieter müsste also auch den restlichen 70% ein Angebot mit 20%igem Aufschlag machen, was er nicht will. Dementsprechend kommen Veräußerer und Erwerber vor der Einigung über das Paketgeschäft (!) auf eine „tolle" Idee: Der Erwerber macht ein öffentliches Teilangebot zum Erwerb von 29% zu einem Preis, der lediglich 3% über dem Börsenkurs liegt (aber dennoch im Ergebnis von allen außenstehenden Aktionären angenommen wird, ggf. wird ein zweites Teilangebot gemacht). Während des Angebots oder besser: kurz nach dessen Beendigung erwirbt der Bieter das Paket mit 20%igem Aufschlag. Anschließend macht er für die nunmehr nur noch verbleibenden etwa 40% der Aktien ein Pflichtangebot zum Mindestpreis entsprechend § 31, dh mit 20%igem Aufschlag. Da er ohnehin bereits Kontrolle hat, werden die außenstehenden Aktionäre zwar vielleicht nicht begeistert sein, aber gleichwohl annehmen. Praktisches Ergebnis: der Paketaufschlag wird entgegen dem in Abs. 1 S. 2 iVm § 4 WpÜG-AV enthaltenen Prinzip nicht (jedenfalls nicht vollständig) an die Angebotsadressaten weitergegeben.

**16**    Ferner fehlt im Gesetz eine den Abs. 4 und 5 vergleichbare Regel für **Aufstockungsangebote,** die zB mit dem Ziel des Erreichens der Schwelle zum Abschluss eines Unternehmensvertrags oder eines Squeeze-out (75, 95%) abgegeben werden.[23] Nicht tragfähig bzw. nicht vollständig sind daher die auf *Koppensteiner* zurückgehenden Erwägungen des OLG Stuttgart in der Entscheidung v. 1.12.2008 zur Treuwidrigkeit eines Vorgehens, bei dem der Mehrheitsaktionär außerhalb des Aufstockungsangebots möglicherweise außerbörslich weitere Erwerbe zu höheren Preisen tätigte, um die Squeeze-out-Schwelle zu erreichen. Das OLG meint unter Verweis auf die DAT/Altana-Entscheidung des BVerfG, es sei anerkannt, dass der Preis, den ein Mehrheitsaktionär für Aktien zu zahlen bereit ist, zu dem „wahren" Wert des Anteilseigentums in der Hand des Minderheitsaktionärs regelmäßig keine Beziehung habe. In ihm komme vielmehr der Grenznutzen zum Ausdruck, den der Mehrheitsaktionär aus den erworbenen Aktien ziehen kann (eben die angestrebte Schwellenüberschreitung), weshalb er bereit sei, für die Aktien, die ihm noch für ein bestimmtes Quorum fehlen, einen „Zuschlag" zu zahlen. Ein Minderheitsaktionär habe kein Recht, ein entsprechendes Entgelt zu erhalten, wenn und weil es ihm gerade nicht gelungen sei, *seine* Aktien an den Mehrheitsaktionär zu verkaufen.[24] Diese Auffassung nimmt einseitig nur die Bewertung der entscheidenden Aktien durch den Bieter ins Auge. Dass diese nicht für die Abfindung der später auszuschließenden Aktionäre bzw. der im Rahmen eines Unternehmensvertrags abzufindenden Aktionäre maßgebend sein kann, hat das BVerfG in der DAT/Altana-Entscheidung zu Recht festgestellt.[25] Davon unabhängig ist aber die Frage, ob der Mehrheitsaktionär-Bieter sich aussuchen darf, *von welchen Aktionären* er die zur Schwellenüberschreitung notwendigen und damit entscheidenden Aktien zu einem deutlich höheren als dem Börsen-Preis kauft. Richtigerweise müssen sämtliche Aktionäre die gleiche Chance erhalten, die entscheidenden Aktien an den Bieter zu veräußern. Und deshalb ist die entsprechende Anwendung der Abs. 4 und 5 auf solche Angebote richtigerweise zu bejahen.

**17**    Die DAT/Altana Rspr. des BVerfG und ihre Unterscheidung zwischen dem Wert von Aktien in den Händen eines Minderheitsaktionärs und der Bewertung durch einen Mehrheitsaktionär beim Erwerb schwellenüberschreitender Aktien verdeckt im Übrigen die

---

[23] Beispiel: Angebot an die Minderheitsaktionäre der Allianz Lebensversicherung AG vom 28.2.2007.

[24] OLG Stuttgart BeckRS 2009, 8824 Rn. 262 – insoweit nicht in AG 2009, 204 abgedruckt, unter Verweis auf BVerfG NJW 1999, 3769 (3771) – DAT/Altana.

[25] BVerfG NJW 1999, 3769 (3771) – DAT/Altana; richtig daher LG Berlin BeckRS 2007, 11131 unter B III 1d) dd) = NZG 2007, 800 Ls.; vgl. auch nachfolgend KG BeckRS 2008, 16184 unter B II 3d 3.1; im gegebenen Verfahren stand die Angemessenheit der Abfindung ohnehin nicht zur Überprüfung.

Bedeutung, die einem **„Aufstockungs"-Paketerwerb** zukommt. Hält ein Großaktionär im Zeitpunkt eines Paketerwerbs bereits die Kontrolle an der Zielgesellschaft (und ist er deshalb nicht gem. § 35 zu einem Angebot verpflichtet), so hat der Paketerwerb sehr wohl Bedeutung, wenn später eine Abfindung nach aktienrechtlichen Grundsätzen erforderlich wird. Zu ihr kann der Erwerber etwa durch den späteren Abschluss eines Beherrschungsvertrags gem. § 305 AktG oder aufgrund eines Squeeze-outs gem. § 327b AktG verpflichtet sein. Die Bewertung der Zielgesellschaft durch den Großaktionär, so wie sie im Paketerwerb zum Ausdruck gekommen ist, darf bei der Ermittlung des Unternehmenswertes nämlich nicht außen vor gelassen werden.[26]

**4. Art der Gegenleistung.** Wird den Aktionären ein **Barangebot** gemacht, so ist die **18** Annahme des Angebots für sie gleichbedeutend mit einer Desinvestition. Ihre Verfügungsbefugnis wird in vollem Umfang wiederhergestellt. Die Aktionäre können selbst entscheiden, ob überhaupt und in welches Unternehmen sie das wiedergewonnene Vermögen neu investieren wollen. Wird dagegen ein **Umtauschangebot** gemacht, so haben sie diese Verfügungsbefugnis nur eingeschränkt, nämlich von der Entwicklung des Börsenkurses der angebotenen Aktien abhängig. Sinken oder steigen diese bis zu dem Zeitpunkt, in dem die Aktionäre die erhaltenen Aktien wieder verkaufen können, ändert sich die Höhe der Gegenleistung für die Aktionäre der Zielgesellschaft entsprechend. Dazwischen kann ein erheblicher Zeitraum liegen.[27]

**5. Low balling, Creeping in.** Mehrere praktische Fälle[28] haben gezeigt, dass es eine **19** aus Sicht des Bieters erfolgversprechende Strategie sein kann, zunächst eine Beteiligung von knapp unterhalb der Kontrollschwelle von 30% aufzubauen und anschließend ein Übernahmeangebot zum Mindestpreis gem. § 31 abzugeben. Selbst wenn die Annahmequote sehr gering ist, überschreitet der Bieter damit die Kontrollschwelle und wird gem. § 35 Abs. 3 WpÜG für alle weiteren Paketkäufe und öffentlichen Angebote von der Einhaltung von Preisvorschriften befreit.[29] Dieser Strategie wird in anderen europäischen Ländern entgegengewirkt, ohne dass dies von der Übernahme-RL geboten wäre. Das geschieht durch zusätzliche Angebotspflichten bei weiterer (ggf. marginaler) Erhöhung der Beteiligung des Bieters zwischen den Schwellen 30% und 50%. Ein entsprechender Gesetzesantrag der SPD-Fraktion[30] zur Änderung des WpÜG hat sich indessen nicht durchsetzen können.

## II. Vorschriften über die Höhe der Gegenleistung
### (Abs. 1 und §§ 3–7 WpÜG-AV)

**1. Grundsatz der Angemessenheit.** Nach dem Grundsatz in Abs. 1 S. 1 ist den Aktio- **20** nären eine angemessene Gegenleistung anzubieten. Abs. 1 S. 2 enthält die Grundwertung des Gesetzgebers, dass Börsenpreis und Vorerwerbe maßgebliche Anhaltspunkte für die Angemessenheit bilden. Dass es insoweit nur um eine Grundwertung geht, wird aus der Formulierung „grundsätzlich" deutlich. Konkretisierende Details enthalten §§ 3–7 WpÜG-AV. Diese sind „Bestimmungen über die Angemessenheit" iSd § 31 Abs. 7.

Grundsätzlich bestehen zwei Möglichkeiten der Auslegung von § 31 Abs. 1 iVm §§ 3–7 **21** WpÜG-AV: entweder geht man davon aus, dass § 31 Abs. 1 ein echtes Angemessenheitserfordernis enthält und die WpÜG-AV nur einen Mindestpreis festlegt, so dass neben der WpÜG-

---

[26] Zutr. LG Köln AG 2009, 835 (838) unter 2.3.7 = GWR 2009, 324 mAnm *Querfurth,* zur Teilhabe der Minderheit an der Vergütung späterer Synergieeffekte, die durch den Paketverkauf zT dem Verkäufer des Pakets zugewendet werden; dazu auch die Anm. v. *Santelmann* BB 2009, 2363; aA tendenziell OLG Frankfurt AG 2010, 751 Rn. 91, 100 ff.

[27] Vgl. zu der Interessenlage bei der Entscheidung zwischen Bar- und Umtauschangebot aus Bieter- und Adressatensicht auch *Mühle,* Das Wertpapiererwerbs- und Übernahmegesetz, 2002, 254 ff.

[28] Paradigma ist das Übernahmeangebot ACS S.A./Hochtief AG vom 1.12.2010.

[29] Ausf. mit Beispielen *Tyrolt/Cascante* in Mülbert/Kiem/Wittig, 10 Jahre WpÜG, 2011, 110, 140 ff.; *Baums* ZIP 2010, 2374 ff.

[30] BT-Drs. 17/3481.

AV gleichwohl noch das Angemessenheitserfordernis des § 31 Abs. 1 besteht.[31] Dann würden allerdings dem Gesetz keine Kriterien der Angemessenheit zu entnehmen sein. Die zweite Möglichkeit ist es, dass es sich bei dem Wort Angemessenheit nur um einen sprachlichen Missgriff des Gesetzgebers handelt, gemeint ist mit „Angemessenheit" die **Festlegung eines Mindestpreises** zum Schutz der Wertpapierinhaber der Zielgesellschaft.[32] Diese zweite Interpretation entspricht der Systematik des § 31 iVm § 3 WpÜG-AV. Insofern ist darauf abzustellen, dass § 3 S. 2 WpÜG-AV offenbar den Begriff der Angemessenheit iSd § 3 S. 1 konkretisiert und der gesamte Regelungskomplex der Sache nach lediglich Mindestpreisregeln enthält. Damit bestimmt das Gesetz also Mindestpreise, enthält aber kein Angemessenheitserfordernis, das praktisch ohnehin nicht zu konkretisieren oder durchzusetzen wäre. Die angemessene Preisbildung ist vielmehr so weit als möglich dem Kapitalmarkt zu überlassen.

22   **2. Anwendungsbereich.** Nach der gesetzlichen Absicht gelten die nachfolgend beschriebenen Preisregeln sowohl für Übernahmeangebote (dazu aber → Rn. 6 ff.; zur Begriffsbildung vgl. → § 29 Rn. 11) als auch für Pflichtangebote. Dagegen sind die Vorschriften unanwendbar auf einfache Erwerbsangebote, dh Teilangebote, die nicht zur Kontrolle des Bieters führen, sowie auf Aufstockungsangebote, die aus einer bereits bestehenden Kontrollposition abgegeben werden.

23   **3. Grundregel (§ 3 WpÜG-AV).** Die Vorschrift legt das Erfordernis eines Mindestpreises fest (S. 1 und 2 durch Verweis auf die §§ 4–6 WpÜG-AV). Entspricht die Höhe der angebotenen Gegenleistung dem Mindestpreis oder liegt darüber, sind die Anforderungen aus § 31 Abs. 1 erfüllt. Eine zweite Prüfung, ob im Einzelfall nur eine noch höhere Gegenleistung angemessen ist, findet nicht statt.

24   Rechtstechnisch sind die in § 4 und §§ 5, 6 WpÜG-AV aufgestellten Mindestschwellen **kumulativ** in dem Sinne zu verstehen, dass die jeweils höchste, aus der Anwendung der Vorschriften sich ergebende Schwelle durch das Angebot überschritten sein muss. § 3 S. 2 WpÜG-AV bringt das dadurch zum Ausdruck, dass er auf den „nach den §§ 4–6 festgelegten Mindestwert" verweist.

25   § 3 S. 3 WpÜG-AV schreibt vor, dass der Mindestpreis für jede Aktiengattung getrennt zu ermitteln ist. Angesichts der unterschiedlichen Einflussmöglichkeiten und Dividendenberechtigung und daher unterschiedlichem Wert der Aktien verschiedener Gattungen ist dies eine Konsequenz des in § 3 Abs. 1 WpÜG festgelegten Gleichbehandlungsgrundsatzes.

26   **4. Vorerwerbsregel (§ 4 WpÜG-AV). a) Allgemeines.** Die Vorschrift konkretisiert die Gleichbehandlung unter den Aktionären der Zielgesellschaft anhand einzelner Rechtsgeschäfte des Bieters vor dem Angebot zunächst in zeitlicher Hinsicht: Berücksichtigt werden Vorerwerbe nur bis zu sechs Monaten vor der Veröffentlichung der Angebotsunterlage (bei einem freiwilligen Angebot nach § 14, bei einem Pflichtangebot nach § 35 Abs. 2 S. 1). Diese Referenzperiode weicht bezüglich des maßgebenden Ereignisses von § 5 WpÜG-AV sowie § 31 Abs. 3 (sechs Monate vor der Veröffentlichung nach § 10 oder § 35 Abs. 1 S. 1) ab. Worin der Sinn für diese Abweichung liegt, ist nicht erkennbar, und es bestehen Zweifel an der Richtlinienkonformität (→ Rn. 33).

27   Die Vorerwerbsregel ist eine der zentralen Vorschriften des WpÜG. Sie enthält zusammen mit § 3 Abs. 1 und der in § 35 geregelten Angebotspflicht den **Grundsatz,** dass ein Paketverkauf dem Verkäufer **keinen Paketzuschlag** im Verhältnis zu den übrigen Aktionären der Zielgesellschaft bringen darf.[33] Dieser Grundsatz steht allerdings unter der Voraussetzung, dass der Paketverkauf den Bieter entweder unmittelbar über die Kontrollschwelle des

---

[31] So FK-WpÜG/*Haarmann* Rn. 22 ff., 24; stark eingeschränkt auch Schwark/Zimmer/*Noack/Zetzsche* Rn. 42: seltene Ausnahmefälle.

[32] So die hM, Steinmeyer/*Santelmann/Nestler* Rn. 8 f.; ausf. Assmann/Pötzsch/Schneider/*Krause* Rn. 34 ff.; *Drinkuth* in Marsch-Barner/Schäfer Börsennotierte AG-HdB Rn. 60.251 f.; wohl auch Baums/Thoma/ *Marsch-Barner* Rn. 16; *Habersack* ZIP 2003, 1123 (1125 ff.); *Rodewald/Siems* ZIP 2002, 926 (928); Angerer/ Geibel/Süßmann/*Süßmann* Rn. 5; jetzt auch Kölner Komm WpÜG/*Kremer/Oesterhaus* Rn. 20.

[33] Vgl. BT-Drs. 14/7034, 79 f.; ausf. *Paul* Konzern 2009, 80 (82 f.).

§ 29 Abs. 2 bringt (großer Paketverkauf) oder der Bieter innerhalb von knapp fünf Monaten nach einem kleineren Paketverkauf[34] die Kontrolle über die Zielgesellschaft erlangt. Wenn der Bieter dagegen lediglich bis zu 29 % der Anteile erwirbt und innerhalb der nachfolgenden sechs Monate kein weiteres Angebot abgibt, so verliert der dem Verkäufer gezahlte Preis seine (mit-)bestimmende Wirkung für die Mindesthöhe der Gegenleistung (→ Rn. 36 zum mittelbaren Vorerwerb).[35] Keine preisbestimmende Wirkung hat der Paketerwerb auch dann, wenn der Bieter bereits vor dem Angebot 30% der Anteile der Zielgesellschaft hält (Aufstockungsangebot; → Rn. 16 f.).[36]

Der Diskussionsentwurf des Gesetzes hatte die Vorerwerbsregel noch insoweit begrenzt, **28** als auch ein 15% unter dem höchsten Vorerwerbspreis liegendes Angebot das Angemessenheitskriterium erfüllt hätte.[37] Damit wäre der Grundsatz der Gleichbehandlung der Wertpapierinhaber der Zielgesellschaft der Sache nach aufgegeben worden. Die Entscheidung des Gesetzgebers, davon Abstand zu nehmen und damit einen **Paketzuschlag** auf Fälle zu begrenzen, in denen dem Erwerber weniger als die zur Überschreitung der Kontrollschwelle notwendigen stimmrechtsvermittelnden Aktien verkauft werden, ist zu begrüßen. Sie ist weder politisch verfehlt noch verfassungsrechtlich bedenklich,[38] sondern kapitalmarktrechtlicher Ausdruck des und auch in §§ 11, 271 Abs. 2 AktG erkennbaren Vertrags zwischen den Gesellschaftern, nach dem die Vermögensrechte regelmäßig dem jeweiligen Anteil am Grundkapital entsprechen, Sondervorteile also grundsätzlich vertragswidrig sind.

In der Vorerwerbsregel kulminieren **drei wesentliche Grundprobleme** des Gesell- **29** schaftsrechts der Publikumsgesellschaft bzw. ihre Lösung durch drei entsprechende Grundsätze, die wegen der Art der Problematik naturgemäß im Kapitalmarktrecht zu regeln waren. Es handelt sich um (1) das Problem der koordinierten Wahrnehmung der gemeinsamen Interessen der Aktionäre mit geringem individuellen Anteilsbesitz, dh um das sog. collective-action-problem, (2) das daraus folgende Problem des quasi-autonomen Geschäftsleiters in Publikumsgesellschaften und schließlich (3) das aus dem unvollständigen Gesellschaftsvertrag folgende Problem der praktischen Sicherstellung der Bindung des Mehrheitsaktionärs an die nach der Satzung festgeschriebene Verteilung des aus dem gemeinsam mit den Minderheitsgesellschaftern erzielten Gewinns aus dem Unternehmen der Gesellschaft, also letztlich eine Kontrolle der Einhaltung des Gesellschaftsvertrags.[39]

Spiegelbildliche Lösung des ersten Problems ist der sog. **sole owner-standard** im Recht **30** der börsennotierten (Aktien-)Gesellschaft. Es geht um das Prinzip der möglichst weitgehenden Gleichstellung der Anteilsinhaber einer Publikumsgesellschaft mit einem nicht dem Problem kollektiver Handlung unterliegenden einheitlichen Unternehmer. Spiegelbild des

---

[34] Grund für diesen Zeitraum ist die Regelung des § 35 Abs. 1 S. 1, Abs. 2: Der Bieter kann gem. diesen Regeln nach dem Zeitpunkt des Kontrollerwerbs mit der Veröffentlichung des Pflichtangebots bis zu fünf Wochen warten. Die Anknüpfung an die Veröffentlichung der Unterlage ist allerdings möglicherweise richtlinienwidrig; vgl. → Rn. 33.

[35] Zu weiteren Vermeidungsmöglichkeiten *Traugott/Schäfer* NZG 2004, 158 (161 f.); *Süßmann* WM 2003, 1453 (1463).

[36] Nach EuGH DB 2009, 2366 (2368) = NZG 2009, 1350 – Audiolux – enthält weder die Übernahme-RL noch das sonstige Unionsrecht einen Rechtsgrundsatz, nach dem aus einem die Kontrolle lediglich verstärkenden Paketerwerb eine Angebotspflicht resultieren müsste, wiewohl die Empfehlung 77/534/EWG der Kommission vom 25.7.1977 betreffend europäische Wohlverhaltensregeln für Wertpapiertransaktionen die Einführung entsprechender Rechtsregeln in den Grundsätzen 3 und 17 den Mitgliedstaaten empfiehlt und in Nr. 6 der Begr. von einem weitgehenden Konsens über diese Grundsätze ausgeht.

[37] Vgl. dazu Kölner Komm WpÜG/*Kremer/Oesterhaus* WpÜG-AV § 4 Rn. 22 (Anh. § 31); *Paul* Konzern 2009, 80 (82).

[38] Tendenziell abl. Kölner Komm WpÜG/*Kremer/Oesterhaus* WpÜG-AV § 4 Rn. 23 f. (Anh. § 31). Eher für die 15%-Regel oder eine vergleichbare Beschränkung auch *Pötzsch/Möller* WM 2000, Sonderbeil. 2, 23; *Krause* NZG 2001, 905 (909); vgl. auch *Schiessl* AG 1999, 442 (450); *Liebscher* ZIP 2001, 853 (864 f.); *Houben* WM 2000, 1873 (1880, 1882); ferner *Süßmann* WM 2003, 1453 (1463); dagegen aber *Thaeter/Barth* NZG 2001, 547; ausf. schon *Grundmann,* Der Treuhandvertrag, 1996, 465 ff. mwN auch zur älteren Literatur und zum US-amerikanischen Recht. Zu dieser Grundfrage des Übernahmerechts auch *Buxbaum* FS Wiedemann, 2002, 769 (722 ff.).

[39] Dazu ausf. *Grundmann,* Der Treuhandvertrag, 1996, 478 ff.: Der Kontrollinhaber halte die Kontrollprämie treuhänderisch für alle Gesellschafter, weshalb auch alle an ihr partizipieren müssten.

zweiten Problems[40] ist neben der Möglichkeit[41] von Aktionärsklagen in Publikumsgesellschaften sowie der Holzmüller-Rspr. des BGH[42] die Möglichkeit einer feindlichen Übernahme, durch die ein kontrollierender Aktionär geschaffen werden kann, demgegenüber
der Geschäftsleiter nicht (mehr) quasi-autonom handeln kann. Spiegelbild des sich daraus
wiederum ergebenden dritten Problems der Kontrolle des Mehrheitsgesellschafters ist der
Grundsatz des Ausschlusses seiner Leitungsmacht bei In-Sich-Geschäften,[43] der allerdings
beim Paketverkauf gerade keine Anwendung finden kann.[44]

**31**     Die deshalb notwendige Gleichbehandlungsregel des § 4 WpÜG-AV ermöglicht als
Ersatzregel jedoch dreierlei: Einmal verhindert sie, dass der Mehrheitsgesellschafter sich den
Gesamtwert der mit der Kontrolle einhergehenden Möglichkeiten auszahlen lässt, die in
der Ausbeutung der Minderheit im Wege verdeckter Gewinnausschüttungen bestehen.[45]
Zweitens gewährleistet ein frei ausgehandelter Vertrag zwischen Bieter und Paketverkäufer
besser als eine manipulationsanfällige Unternehmensbewertung oder die Bewertung durch
die Börse eine korrekte Bewertung der Zielgesellschaft.[46] Schließlich zwingt sie den Käufer,
soweit der Paketpreis **teilweise spätere Verbundvorteile** (Konzernrente) reflektiert, diese
nicht nur dem Verkäufer, sondern auch den außenstehenden Gesellschaftern zu zahlen,
denen sie nach dem Gesellschaftsvertrag anteilig zustehen.[47] Damit sind wir wieder beim
ersten Problem: Der Kontrollinhaber kann – anders als die Kleinaktionäre – eine koordinierte Entscheidung treffen, er unterliegt nicht dem collective-action-Problem. Wenn aber
der Paketinhaber einen Käufer für das Paket ausfindig gemacht hat, der bereit ist, einen
Preis oberhalb des Börsenwertes der Aktien zu bezahlen, so steht der Paketzuschlag nicht
dem Verkäufer zu, sondern den Gesellschaftern insgesamt (**gleichberechtigte Teilhabe
an der Kontrollprämie**).[48] Der Zuschlag repräsentiert nämlich bei korrekter Betrachtung
einen Teil des Potentials, das der Käufer in der zukünftigen Leitung des Unternehmens der
Zielgesellschaft durch sich erkennt. Solange das Paket aber noch nicht verkauft ist, muss
der bisherige Inhaber (!)[49] des Pakets sich dieses Potential als zukünftigen Gewinn wie jeden
anderen Gewinn auch mit den übrigen Gesellschaftern teilen, gerade weil er ihn schon jetzt
liquidieren will.[50] Dass der einzelne Streubesitzaktionär die Kontrolle dem Käufer nicht
vermitteln kann, spielt dafür keine Rolle.[51] Durch die Gleichbehandlungsregel wird gewähr-

---

[40] Dazu ausf. bereits *Wackerbarth* Leitungsmacht 468 ff.; *Wackerbarth* WM 2001, 1741 ff.; *Wackerbarth* AG
2002, 14 ff.

[41] Man ergänze: in Deutschland noch weitgehend abgelehnten Möglichkeit.

[42] BGHZ 83, 122 = NJW 1982, 1703.

[43] Ausf. *Wackerbarth* Leitungsmacht 255 ff., 303 ff., 319 ff. zum deutschen Recht, rechtsvergleichend
S. 279 ff.

[44] AA *Yedidia Z. Stern* J. Corp. L. 25 (2000), 511 ff., besonders 541 ff.; *Yedidia Z. Stern* J. Corp. L. 25
(2001), 675 (703). Ihrer Lösung kann nicht gefolgt werden. Denn es besteht stets die Möglichkeit, dass der
vom Käufer gezahlte Preis keinen Paketzuschlag für die durch die Kontrolle auf ihn übergehende Möglichkeit,
sich durch In-Sich-Geschäfte Sondervorteile zu verschaffen, enthält. Fehlt aber dieser „Transfer der Bereiche-
rungsmöglichkeit", so kommt ein Verbot der Transaktion durch die Minderheit keinesfalls in Betracht. Damit
ist aber noch nicht über die Frage entschieden, ob sie an der gezahlten Prämie durch eine Gleichpreisregel
zu beteiligen sind. Zudem handelt es sich beim Verkauf eines kontrollierenden Anteils, aber schon beim
Anteilsverkauf an sich um ein körperschaftliches Rechtsgeschäft, für das eine Ausnahme vom Verbot des In-
Sich-Geschäfts zu gelten hat; dazu bereits *Wackerbarth* Leitungsmacht 465 f.

[45] Zu dieser indirekten Wirkung *Clark,* Corporate Law, 1986, 495 f.

[46] Vgl. dazu LG Köln AG 2009, 835 (838) unter 2.3.4.

[47] Ausf. *Wackerbarth* Leitungsmacht 461 f.

[48] Ausf. ökonomische Analyse bei *Clark,* Corporate Law, 1986, 494 ff. mwN.

[49] AA Steinmeyer/*Santelmann/Nestler* Rn. 14 in Fn. 30. Das mag in dieser Allgemeinheit kein Rechts-
grundsatz des EU-Rechts für sämtliche Gesellschaften sein, EuGH DB 2009, 2366 = NZG 2009, 1350 –
Audiolux, folgt aber zumindest bei börsennotierten Gesellschaften letztlich aus dem Gesellschaftsvertrag der
Aktiengesellschaft und daraus ergebenden kapitalmarktbezogenen Treuepflicht des Groß- bzw. Mehrheitsaktionärs. Vgl. auch LG Köln AG 2009, 835 = GWR 2009, 324 mAnm *Querfurth,* unter 2.3.7 zur
Teilhabe der Minderheit an dem Wert späterer Synergieeffekte, der durch den Paketverkauf zT dem Verkäufer
des Pakets vergütet wird; dazu auch *Santelmann* BB 2009, 2363.

[50] Dazu nochmals *Grundmann,* Der Treuhandvertrag, 1996, 478 ff.

[51] So aber offenbar Steinmeyer/*Santelmann/Nestler* Rn. 14 aE. Gegen ihre Argumentation spricht erstens,
dass der Paketinhaber das mit der Kontrolle verbundene Potential selbst ebenfalls nicht heben kann, sonst

leistet, dass der Käufer nicht einen Teil des Potentials bereits bei der Kontrolltransaktion nur dem Verkäufer zuwendet, um dessen Verkaufsbereitschaft zu sichern, sondern die Mitgesellschafter an der Transaktion teilhaben.[52]

Zur Frage, inwieweit Vorerwerbe in der Angebotsunterlage anzugeben sind, vgl. → § 11  **32** Rn. 65 ff. (zu § 2 Nr. 3 WpÜG-AV); → § 11 Rn. 90 ff. (zu § 2 Nr. 7 WpÜG-AV); → Rn. 33 aE.

**b) Zeitraum.** Das Gesetz verlangt nach seinem Wortlaut gemäß § 4 S 1 Berücksichtigung  **33** der Vorerwerbe innerhalb der letzten **sechs Monate vor der Veröffentlichung der Angebotsunterlage gem. § 14 Abs. 2 S. 1 oder § 35 Abs. 2 S. 1.** Gemeint sein kann nur der Zeitpunkt, in dem eine Veröffentlichung spätestens hätte erfolgen müssen.[53] Unterlässt der Bieter rechtswidrig eine Veröffentlichung der Kontrollerlangung nach § 35 Abs. 1 oder des Pflichtangebots nach § 35 Abs. 2 S. 1, so kann das auf den Beginn des Vorerwerbszeitraums keinen Einfluss haben, da der Bieter durch rechtswidriges Verhalten nicht den Inhalt seiner Angebotspflicht zu seinen Gunsten verändern können darf. Nach dem Inkrafttreten der Übernahme-RL bestehen erhebliche Zweifel an der **Richtlinienkonformität** der Bestimmung. Zum einen verstößt die unterschiedliche Anknüpfung der Referenzzeiträume in § 4 WpÜG-AV (Veröffentlichung der Unterlage) und § 31 Abs. 3 (Kontrollerlangung bzw. Veröffentlichung gem. § 10) gegen den eindeutigen Wortlaut von Art. 5 Abs. 5 UAbs. 3 Übernahme-RL („zu demselben Zeitpunkt"). Zum zweiten ist die Anknüpfung an die Veröffentlichung der Unterlage als Verstoß gegen Art. 5 Abs. 1 S. 2 Übernahme-RL iVm Art. 5 Abs. 4 UAbs. 1 S. 1 Übernahme-RL anzusehen. Denn wenn das Angebot der Kontrollerlangung zeitlich so schnell wie möglich nachfolgen soll und ein Mindestreferenzzeitraum von sechs Monaten vorgegeben wird, unterläuft die deutsche Anknüpfung diesen Mindestzeitraum, weil dem Bieter keine Pflicht zur unverzüglichen Veröffentlichung, sondern eine starre Frist von vier Wochen für die Veröffentlichung des Pflichtangebots gegeben wird. Auch Pflichtangebote sind in aller Regel vom Bieter geplant. Davon abgesehen ist die Wahl der Anknüpfung willkürlich.[54] Der Bieter kann schon wegen der Unsicherheit, wie lange die BaFin für die Prüfung benötigt, den Referenzzeitraum nicht genau bestimmen, er muss aber in der Angebotsunterlage eine Gegenleistung festsetzen. Europarechtlich zulässig wäre daher nur entweder ein längerer Referenzzeitraum oder seine Anknüpfung an die Entscheidung nach § 10 bzw. an den Zeitpunkt der Kontrollerlangung, mithin die in § 31 Abs. 3 vorgesehene Anknüpfung. Wird der Vorerwerb so gestaltet, dass zB von einem 30%-Paket die ersten 15% für 100 Euro je Aktie und anschließend die zweiten 15% (innerhalb des Dreimonatszeitraums) für 50 Euro je Aktie verkauft werden, so ist in der Angebotsunterlage unter Umständen gem. § 2 Nr. 7 WpÜG-AV darauf hinzuweisen; ansonsten müssen die beiden Paketverkäufe eventuell gem. § 33 WpHG angegeben werden. Neben diesen Publizitätsvorschriften könnte allenfalls noch auf § 2 Nr. 3 WpÜG-AV zurückgegriffen werden, um wenigstens die Information der Wertpapierinhaber der Zielgesellschaft über derartige Geschäfte zu ermöglichen, da sie zumindest für die Bewertung der Zielgesellschaft durch den Bieter aussagekräftig sind. Für die Ermittlung des Mindestpreises ist hingegen nach der eindeutigen Entscheidung des Gesetzgebers im Beispiel nur auf das zweite Geschäft abzustellen.

---

würde er ja nicht verkaufen. Allein das zeigt schon, dass der mit Kontrolle verbundene Wert allen Gesellschaftern gemeinsam zusteht und nicht einem Paketinhaber. Und im Übrigen gibt es eine Grenz-Aktie, ab deren Verkauf die Kontrolle wechselt. Hat der Käufer schon eine so große Beteiligung, dass ihm lediglich diese Grenz-Aktie fehlt, so kann ihm auch jeder Streubesitzaktionär die Kontrolle verkaufen.

[52] Ausf. zu allem *Wackerbarth* Leitungsmacht 454 ff.

[53] So nun auch BGH NZG 2014, 985 Rn. 34 f. – Postbankübernahme; ebenso Steinmeyer/*Santelmann/ Nestler* Rn. 19; Angerer/Geibel/Süßmann/*Süßmann* Rn. 84; Baums/Thoma/*Marsch-Barner* Rn. 86; im Rahmen des Abs. 3 auch Kölner Komm WpÜG/*Kremer/Oesterhaus* Rn. 47; dem BGH zust. *Witt* DStR 2014, 2132 (2135); *Ekkenga* ZGR 2015, 485 (490); *Verse* Der Konzern 2015, 1 (5 f.); aA *Tyrolt/Cascante* in Mülbert/ Kiem/Wittig, 10 Jahre WpÜG, 2011, 110, 137 f.; *v. Falkenhausen* NZG 2010, 1213 (1214 f.); ihnen tendenziell zust. Assmann/Pötzsch/Schneider/*Krause* Rn. 76a.

[54] Vgl. *Schulz* M&A-Review 2003, 114 bei Fn. 8; zu den Berechnungsschwierigkeiten auch Steinmeyer/ *Santelmann/Nestler* Rn. 19.

**34**   Für die **Ermittlung** des Zeitraumes gelten die §§ 187 f. BGB entsprechend (genauer → Rn. 45). Danach rechnet der Tag der Veröffentlichung der Unterlage nicht mehr dazu, ab diesem Zeitpunkt greift allerdings die Regel des § 31 Abs. 4 ein (→ Rn. 81 ff.). Auf einen verkürzten Zeitraum ist nach dem Gedanken des § 5 Abs. 2 WpÜG-AV zurückzugreifen, wenn die Aktien der Zielgesellschaft noch keine sechs Monate zum Handel an einer inländischen Börse zugelassen sind.

**35**   Grundsätzlich kommt es für die Frage, ob der Erwerb innerhalb des fraglichen Zeitraums erfolgte, allein auf den **Zeitpunkt des dinglichen Erwerbs der Wertpapiere** durch den Bieter oder gleichgestellte Personen an. Fällt der dingliche Erwerb in den Referenzzeitraum, so kann das zugrundeliegende Verpflichtungsgeschäfts auch Jahre vorher abgeschlossen sein, der Zeitpunkt seines Abschlusses spielt keine Rolle.[55] Auch der Zeitpunkt der Erbringung der Gegenleistung durch den Bieter ist irrelevant.[56] Der **innere Grund** für diese Regelung liegt darin, dass mit der schuldrechtlichen Vereinbarung einer Gegenleistung für den Erwerb eine Selbstbindung des Bieters gegenüber Dritten zustandekommt, aus der auf die subjektiven Einschätzung des Werts der Aktien der Zielgesellschaft durch den Bieter geschlossen werden kann.[57] Diese Selbstbindung des Bieters endet erst mit der Übereignung der Wertpapiere an ihn, weil er bis dahin ja schon ihr Kursrisiko trägt, ohne jedoch Rechte aus ihnen zu besitzen. (Erst) nach der Übereignung an den Bieter kommt der Einschätzung in der schuldrechtlichen Vereinbarung die Indizwirkung nicht mehr zu, weil nunmehr Rechtsinhaberschaft und Risiko zusammenfallen. Das Gesetz hält die Bewertung im Verpflichtungsgeschäft allerdings erst wiederum sechs Monate nach der Übereignung für nicht mehr rechtlich relevant. Zur Gleichstellung schuldrechtlicher Vereinbarungen mit dem dinglichen Erwerb → Rn. 93 ff.

**36**   **c) Vorerwerb.** Maßgebend für die Ermittlung des Mindestpreises ist der Wert der Gegenleistung für den Erwerb von Aktien der Zielgesellschaft. Gemeint sind nur Vorerwerbe von **Stamm- oder Vorzugsaktien** der Zielgesellschaft sowie von Wertpapieren, die diesen gem. § 2 Abs. 2 Nr. 1 gleichstehen (Zwischenscheine, ADR); vgl. → § 2 Rn. 25.[58] Geschäfte über Wertpapiere iSd § 2 Abs. 2 Nr. 2 werden nur berücksichtigt, wenn durch sie die Vorerwerbsregel umgangen werden soll, wofür etwa der Umfang der Geschäfte bzw. ihr zeitlicher Zusammenhang mit dem Pflichtangebot sprechen können.[59] Hat der Bieter wie regelmäßig nur Vorerwerbe über stimmrechtsvermittelnde Aktien getätigt, kann der Vorerwerbspreis für andere Gattungen nicht herangezogen werden. Für diese ist dann nur der durchschnittlichen Börsenpreis gem. §§ 5, 6 WpÜG-AV zugrundezulegen. Zu Optionen → Rn. 93 f. Erfasst ist unter bestimmten Umständen auch der **mittelbare Vorerwerb,** soweit er sich nämlich unter Zwischenschaltung einer Gesellschaft (special purpose vehicle, SPV) vollzieht, deren *alleiniger* Vermögensgegenstand die in die Gesellschaft vorhandenen oder eingebrachten Aktien der Zielgesellschaft sind.[60] Um weitere Umgehungen zu verhindern, sollte man das auf solche Fälle erweitern, in denen die gehaltenen Aktien den *wesentlichen* Vermögensgegenstand der Zwischengesellschaft (im Sinne der Holzmüller/Gelatine-Rspr. des BGH) darstellen. Kein Erwerb ist analog Abs. 5 S. 2 die Abfindung im Rahmen eines Unternehmensvertrags oder eines Squeeze-outs.

---

[55] Ganz hM, vgl. *Wackerbarth* ZIP 2012, 253 (254) mwN in Fn. 2; Baums/Thoma/*Marsch-Barner* Rn. 25; Assmann/Pötzsch/Schneider/*Krause* WpÜG-AV § 4 Rn. 8; aA offenbar LG Köln ZIP 2012, 229 (233), liSp: „darin" liege „ein gewisser Widerspruch und eine massive zeitliche Ausdehnung des Vorerwerbszeitraums. Auf diese Weise würden die gesetzlich normierten Vorerwerbszeiträume Makulatur, da zwischen der schuldrechtlichen Vereinbarung und der dinglichen Umsetzung mehrere Jahre liegen können".
[56] Baums/Thoma/*Marsch-Barner* Rn. 24; Assmann/Pötzsch/Schneider/*Krause* WpÜG-AV § 4 Rn. 8.
[57] *Wackerbarth* ZIP 2012, 253 (254 f., 259); vgl. auch BGH NZG 2018, 106 Rn. 23.
[58] Kölner Komm WpÜG/*Kremer/Oesterhaus* WpÜG-AV § 4 Rn. 9 (Anh. § 31).
[59] Vgl. näher Kölner Komm WpÜG/*Kremer/Oesterhaus* Rn. 51.
[60] Kölner Komm WpÜG/*Kremer/Oesterhaus* Rn. 52; *Schulz* M&A-Review 2003, 114 (120); vgl. auch Assmann/Pötzsch/Schneider/*Krause* Rn. 71 und WpÜG-AV § 4 Rn. 20; einschr. Baums/Thoma/*Marsch-Barner* Rn. 82; FK-WpÜG/*Haarmann* Rn. 104 aE; das schließt die von *Traugott/Schaefer* NZG 2004, 158 (162) vorgeschlagene „Einziehungslösung" aus; ihnen folgend aber *Beisel* in Beisel/Klumpp, Unternehmenskauf, 7. Aufl. 2016, § 14 Rn. 25; aA *Süßmann* WM 2003, 1453 (1463); Angerer/Geibel/Süßmann/*Süßmann* Rn. 86.

Unerheblich ist nach hM, ob der Vorerwerb börslich oder außerbörslich stattgefunden **37** hat.[61] Dafür spricht immerhin ein Umkehrschluss aus § 31 Abs. 5. Auf diese Weise würde aber neben der auf den Durchschnittskurs abstellenden Marktregel des § 5 WpÜG-AV zusätzlich die Regel eingeführt, dass der höchste Börsenkurs, zu dem die in § 4 genannten Personen Geschäfte getätigt haben, die Untergrenze der anzubietenden Gegenleistung wäre. Es sprechen einige Argumente dafür, im Rahmen des § 4 WpÜG-AV nur **außerbörsliche Erwerbe** zu berücksichtigen. Denn Geschäfte des Bieters an der Börse beeinflussen jedenfalls innerhalb der letzten drei Monate den gem. § 5 WpÜG-AV zu berechnenden Mindestpreis und sollten nicht doppelt berücksichtigt werden. Erreicht werden könnte dies de lege lata durch eine teleologische Reduktion des § 4 WpÜG-AV. Denn § 5 WpÜG-AV sieht insoweit eine spezielle Regelung für die Frage vor, inwieweit der Börsenkurs der Zielgesellschaft für die Berechnung des Mindestpreises zu berücksichtigen ist. Dort wird zwar nicht darauf abgestellt, ob der Bieter zu den jeweiligen Kursen tatsächlich Geschäfte getätigt hat. Seine Erwerbsgeschäfte gehen aber in den Durchschnittskurs ein. Umgekehrt bedeutet das, dass das Verhalten des Bieters „am Markt" auch nur nach der Regel des § 5 WpÜG-AV zu berücksichtigen sein dürfte. Insbesondere wegen der Einbeziehung des Handels von ghP und deren Töchtern käme es sonst unter Umständen zu vom Bieter unbeabsichtigten, ihm gleichwohl zurechenbaren Erwerben geringer Mengen zu überhöhten Preisen, die einen extremen Ausschlag auf die mindestens anzubietende Gesamtgegenleistung des Bieters zur Folge hätten.[62]

**d) Gegenleistung.** Maßgebend ist der Wert der höchsten, innerhalb des Referenzzeit- **38** raums gewährten oder vereinbarten Gegenleistung. Gemeint ist, was die Parteien als **wirtschaftlichen Gesamtwert** der Leistungen des Käufers für das Wertpapierpaket angesehen haben (Austauschverhältnis).[63] Entscheidend ist also die schuldrechtliche Vereinbarung. In ihr kommt die Bewertung der Wertpapiere der Zielgesellschaft durch den Bieter[64] zum Ausdruck. Eine Beurteilung, was im Austauschverhältnis steht, ist der BaFin nur möglich, wenn das **gesamte Vertragswerk** ihr zusammen mit der Angebotsunterlage vorliegt.[65] Der wirtschaftliche Gesamtwert ist grundsätzlich aus dem Barzahlungspreis zuzüglich eventueller Sach- und sonstiger Nebenleistungen des Käufers zu ermitteln.[66] Die **Sachleistungen** müssen ihrerseits bewertet werden, wobei es zwar grundsätzlich auf die Bewertung durch den Bieter zurzeit des Geschäfts ankommt,[67] mangels konkreter Anhaltspunkte für diesen subjektiven Wert aber nur der objektive Wert zum Zeitpunkt des Geschäfts herangezogen werden kann. Besteht die Sachleistung in Wertpapieren, so ist maßgebend der Verkehrswert der Wertpapiere, bei Börsennotierung ihr Börsenkurs, zum **Zeitpunkt des Geschäfts.**[68]

---

[61] Kölner Komm WpÜG/*Kremer/Oesterhaus* WpÜG-AV § 4 Rn. 10 (Anh. § 31); Angerer/Geibel/Süß-mann/*Süßmann* Rn. 85.

[62] So in der Tat Kölner Komm WpÜG/*Kremer/Oesterhaus* WpÜG-AV § 4 Rn. 10 (Anh. § 31); Angerer/Geibel/Süßmann/*Süßmann* Rn. 87; davor warnend und dem Bieter ein zentrales Meldemanagement empfehlend *Schulz* M&A Review 2003, 114 (120).

[63] *Drinkuth* in Marsch-Barner/Schäfer Börsennotierte AG-HdB Rn. 60.257; Baums/Thoma/*Marsch-Barner* Rn. 29; Assmann/Pötzsch/Schneider/*Krause* Rn. 115; Assmann/Pötzsch/Schneider/*Krause* WpÜG-AV § 4 Rn. 17 mit dem Beispiel von Halteprämien für Aktionäre, die zugleich im Management der Zielgesellschaft tätig sind (management incentives).

[64] Auf sie kommt es an, vgl. *Wackerbarth* ZIP 2012, 253 (254) mwN in Fn. 4.

[65] Vgl. dazu FK-WpÜG/*Haarmann* Rn. 77; einschr. Baums/Thoma/*Marsch-Barner* Rn. 35 und Assmann/Pötzsch/Schneider/*Krause* WpÜG-AV § 4 Rn. 29: einschlägige Auszüge genügen.

[66] Näher Kölner Komm WpÜG/*Kremer/Oesterhaus* WpÜG-AV § 4 Rn. 13 ff. (Anh. § 31); Baums/Thoma/*Marsch-Barner* Rn. 28 ff.; vgl. auch Steinmeyer/*Santelmann/Nestler* Rn. 21 ff.; Schwark/Zimmer/*Noack/Zetzsche* Rn. 28 ff.; zu Koppelungsgeschäften ausf. *Tyrolt/Cascante* in Mülbert/Kiem/Wittig, 10 Jahre WpÜG, 2011, 110, 129 f.: Die BaFin verlangt in solchen Fällen ein Bewertungsgutachten.

[67] Sonst müsste man auch bei Bargeschäften auf den objektiven Wert der verkauften Wertpapiere und nicht auf die vom Bieter gewährte Gegenleistung abstellen, vgl. auch Steinmeyer/*Santelmann/Nestler* Rn. 21.

[68] Im Grundsatz auch *Boucsein/Schmiady* AG 2016, 597 (602); Kölner Komm WpÜG/*Kremer/Oesterhaus* WpÜG-AV § 4 Rn. 17 (Anh. § 31); Assmann/Pötzsch/Schneider/*Krause* WpÜG-AV § 4 Rn. 20 f.; Gei/*Kiesewetter* AG 2012, 741 (745); aA Steinmeyer/*Santelmann/Nestler* Rn. 22; FK-WpÜG/*Haarmann* Rn. 75; *Drinkuth* in Marsch-Barner/Schäfer Börsennotierte AG-HdB Rn. 60.258; Schwark/Zimmer/*Noack/Zetzsche* Rn. 30, die auf §§ 5, 6 WpÜG-AV analog abstellen wollen und daher Durchschnittskurse bilden; ferner Baums/Thoma/*Marsch-Barner* Rn. 31.

Demgegenüber meint die BaFin, es komme auf den Wert der Gegenleistung sowohl zum Zeitpunkt des schuldrechtlichen Geschäfts und zusätzlich auf den Wert zum Zeitpunkt des Vollzugs des Geschäfts an, wobei sie offenlässt, ob nun der Eigentumsübergang der Zielgesellschafts-Aktien oder der der Gegenleistung oder gar alle drei Zeitpunkte maßgeblich sein sollen.[69] Das ist insgesamt abzulehnen. Die Vorerwerbsregel nimmt die Bewertung durch den Bieter als entscheidenden Anhaltspunkt, diese Bewertung findet aber nur einmal statt, und zwar zum Zeitpunkt des schuldrechtlichen Geschäfts. Liegt dieses außerhalb des Referenzzeitraums, der Vollzug jedoch innerhalb des Zeitraums, so bleibt der vorher vereinbarte Preis maßgeblich. Die Auffassung der BaFin führte auch zu willkürlichen Ungleichbehandlungen, zB wenn der Vollzug erst kurz nach Ende des Nacherwerbszeitrums erfolgt. In aller Regel werden die Parteien jedoch bei derartiger zeitlich verzögerter Abwicklung eine Anpassungsregel vorsehen, dann ergibt sich der gewollte Preis aus der Abrede.[70]

39    Das WpÜG trifft besondere Bestimmungen über den Zeitpunkt, in dem Kontrollerlangung und Pflichtangebot veröffentlicht werden müssen. Zudem werden in die Vorerwerbsregel nach Abs. 6 auch solche Geschäfte einbezogen, die erst später zu vollziehen sind. Daher sind zunächst positive oder negative **Zinseffekte** nicht zu berücksichtigen.[71] Schließlich sind von der so ermittelten Gegenleistung (anteilig) **Sondereffekte** abzuziehen, die zwischen dem Vorerwerb und der Veröffentlichung der Angebotsunterlage liegen.[72] Das betrifft etwa Kapitalerhöhungseffekte, Aktiensplits, Dividendenzahlungen oder den Rückerwerb eigener Aktien durch öffentliches Angebot der Zielgesellschaft.

40    **e) Besserungsabreden (Earn-Out).** Besonderes gilt für sog. **Earn-Out-Abreden,**[73] bei denen zum maßgeblichen Zeitpunkt die Gegenleistung für den Vorerwerb noch nicht endgültig feststeht, sondern von weiteren Umständen abhängt, die ggf. erst Jahre nach dem Ende des Angebots geklärt sind. Der Vertrag über den Vorerwerb enthält also eine feste und eine variable Kaufpreiskomponente.[74] Fraglich ist, ob die damit verbundene Unsicherheit des Paketverkäufers auch in das öffentliche Angebot übernommen werden kann (bzw. muss). Dann würden den Adressaten des Angebots gesetzliche Nachbesserungsansprüche analog § 31 Abs. 4 und 5 zustehen (so die hM[75]). Alternativ könnte der Wert des variablen Teils bereits zum Zeitpunkt der Veröffentlichung der Unterlage geschätzt werden und wäre als Pauschale zum Basiskaufpreis zu addieren, um den Mindestpreis zu bestimmen.[76] Letzteres dürfte zu willkürlichen Ergebnissen führen, da der Bieter sich ja mit dem Verkäufer gerade nicht auf einen festen Preis hat einigen können.[77] Entgegen der hM kommt es aber auch nicht in Betracht, § 31 Abs. 4 und 5 analog anzuwenden, wenn es im Nachhinein zu einer Anhebung des Vorerwerbspreises kommt.[78] Denn dann müsste man konsequenterweise auch die zeitlichen Grenzen des Abs. 5 (ein Jahr) auf die Earn-out-Abrede anwenden, die Adressaten erhiel-

---

[69] So Jahresbericht der BaFin 2011, 226 f.; vgl. auch *Gei/Kiesewetter* AG 2012, 741 (745 f.); *Boucsein/Schmiady* AG 2016, 597 (602); was die Zeitpunkte angeht, stimmen dem auch Schwark/Zimmer/*Noack/Zetzsche* Rn. 30 und Assmann/Pötzsch/Schneider/*Krause* Rn. 112 sowie Kölner Komm WpÜG/*Kremer/Oesterhaus* Rn. 70 zu.

[70] Vgl. zum Angebot der Lenovo Holding an die Aktionäre der Medion AG den Jahresbericht der BaFin 2011, 227.

[71] Mit ähnlicher Begr. Kölner Komm WpÜG/*Kremer/Oesterhaus* Rn. 88, WpÜG-AV § 4 Rn. 16 (Anh. § 31); ferner Assmann/Pötzsch/Schneider/*Krause* WpÜG-AV § 4 Rn. 16, für Nacherwerbe entsprechend Assmann/Pötzsch/Schneider/*Krause* Rn. 142; Baums/Thoma/*Marsch-Barner* Rn. 28; anders Steinmeyer/*Santelmann/Nestler* Rn. 25 bei Zahlungszeiträumen von über 1 Jahr.

[72] Kölner Komm WpÜG/*Kremer/Oesterhaus* WpÜG-AV § 4 Rn. 18 (Anh. § 31); Steinmeyer/*Santelmann/Nestler* Rn. 23; Assmann/Pötzsch/Schneider/*Krause* WpÜG-AV § 4 Rn. 22.

[73] Zum Begriff und zur Abgrenzung von sog. Milestone Payments *Berrar/Schnorbus* CF 2019, 106 f.

[74] Zu Sonderformen, in denen Dividenden an den Bieter vereinbart werden, *Berrar/Schnorbus* CF 2019, 106 (108).

[75] Steinmeyer/*Santelmann/Nestler* Rn. 24; Angerer/Geibel/Süßmann/*Süßmann* Rn. 93; *Drinkuth* in Marsch-Barner/Schäfer Börsennotierte AG-HdB Rn. 60.257 aE; *Tuttlies/Bredow* BB 2008, 911 (913).

[76] *Tóminski/Kuthe* BKR 2004, 10 (16); Baums/Thoma/*Marsch-Barner* Rn. 30 will ggf. sogar die Gegenleistung reduzieren.

[77] Vgl. auch *Tuttlies/Bredow* BB 2008, 911 (912 f.).

[78] So aber Steinmeyer/*Santelmann/Nestler* Rn. 24; *Tuttlies/Bredow* BB 2008, 911 (912 f.).

ten dann unter Umständen weniger als der Paketverkäufer. In Betracht kommt nur, den Bieter **unmittelbar aus § 4 WpÜG-AV** für verpflichtet zu halten, bereits in der Unterlage für die Adressaten eine vertragliche Anpassung nach oben in der gleichen Weise vorzusehen, wie sie für den Verkäufer des Pakets nach dem Vorerwerbsvertrag gilt.[79] Andernfalls ist die Angebotsunterlage unrichtig und das Angebot zu untersagen. Der Unterschied zur hM besteht neben der zeitlichen Freiheit darin, dass der vertragliche Anpassungsanspruch von den Maßnahmen des Bieters zur Sicherstellung der Finanzierung und von der **Finanzierungsbestätigung** gem. § 13 Abs. 1 S. 2 abgedeckt sein muss (vgl. → § 13 Rn. 7; → Rn. 61 aE).[80] Wird der Vorerwerbspreis später reduziert, führt dies nicht zu einer entsprechenden Absenkung der im Übernahme- bzw. Pflichtangebot gewährten Gegenleistung;[81] denn eine solche Unsicherheit über die Höhe der Gegenleistung oder gar Rückzahlungspflichten wären den Adressaten des Angebots nicht zumutbar. Diesem Ergebnis steht nicht die Möglichkeit entgegen, dass die feste Kaufpreiskomponente des Vorerwerbs sehr gering ist. Denn dies ist angesichts der im Folgenden beschriebenen (→ Rn. 42 ff.) Marktregel hinnehmbar, die eine von § 4 WpÜG-AV unabhängige zweite Mindestgrenze setzt. Die Anpassung kann in diesem Falle vorsehen, dass eine Nachzahlung erst dann erfolgt, wenn die in der Unterlage angebotene Gegenleistung überschritten wird. Dementsprechend ist umgekehrt eine Regelung in der Unterlage in allen Fällen erforderlich, in denen die maximale Leistung aus einer Earn-Out-Regelung im Rahmen eines Vorerwerbs den sich aufgrund der §§ 5, 6 WpÜG-AV ergebenden Mindestpreis überschreitet (es sei denn, der Bieter bietet von sich aus eine höhere Gegenleistung an).

**f) Gewährleistung.** Mit den soeben dargestellten Grundsätzen lässt sich auch das Prob- **41** lem einer eventuellen Gewährleistung des Verkäufers aus dem Vorerwerbsgeschäft erfassen. Beim *share deal* haftet der Verkäufer nur ausnahmsweise auch für das mittelbar verkaufte Unternehmen, wobei die konkret zu überschreitende Schwelle freilich zweifelhaft und nicht gerichtlich geklärt ist.[82] Soweit wie in aller Regel eine gesetzliche Gewährleistung des Paketverkäufers für einen Mangel des Unternehmens nicht besteht, ist ein Abschlag auf den Mindestpreis wegen der vom Verkäufer gleichwohl übernommenen Gewährleistung nicht angebracht, da es grundsätzlich sein Problem ist, wenn er sich auf eine solche Vertragsgestaltung einlässt.[83] Wenn Bieter und Vorbehaltsverkäufer die Adressaten des späteren Angebots am Gewährleistungsrisiko beteiligen wollen, so können sie das tun, indem sie einen niedrigeren Preis vereinbaren und bei Nicht-Inanspruchnahme des Verkäufers aus der Gewährleistungsregel innerhalb bestimmter Fristen einen Aufschlag vereinbaren. In diesem Fall gelten die Ausführungen von → Rn. 40 entsprechend. Anders ist die Lage zu beurteilen, wenn die Gewährleistung der gesetzliche Ausgangsfall ist. Problematisch erscheint daher insbesondere die Übernahme von Anteilen zwischen 50% und 95% im Wege des Vorerwerbs. In der Lit. wird nämlich zum Teil bereits ein Verkauf von 50% der Aktien als ausreichend angesehen, um eine gesetzliche Gewährleistung des Paketverkäufers auszulösen.[84] In diesen

---

[79] Ausf. *Tyrolt/Cascante* in Mülbert/Kiem/Wittig, 10 Jahre WpÜG, 2011, 110, 131 f.; so auch Assmann/Pötzsch/Schneider/*Krause* WpÜG-AV § 4 Rn. 18a; so verfährt offenbar auch die BaFin, wie sich aus den Angeboten zum Erwerb der Aktien der Hamborner AG vom 23.1.2007 (Ziff. 4.4 (3)) sowie der der Schnigge Wertpapierhandelsbank AG vom 5.2.2008 (Ziff. 10.1.4 der Angebotsunterlage) ergibt; vgl. auch *Gei/Kiesewetter* AG 2012, 741 f.; *Aisenbrey,* Die Preisfindung im Übernahmerecht, 2017, 208–211; *Berrar/Schnorbus* CF 2019, 106 (108 f.); jetzt auch Schwark/Zimmer/*Noack/Zetzsche* Rn. 33.

[80] Darin sehen *Gei/Kiesewetter* AG 2012, 741 (742) das Hauptproblem; *Tyrolt/Cascante* in Mülbert/Kiem/Wittig, 10 Jahre WpÜG, 2011, 110, 132 f. meinen, das sei allenfalls dann der Fall, wenn die maximale Höhe der Nachzahlung bezifferbar sei; s. dazu auch *Berrar/Schnorbus* CF 2019, 106 (109).

[81] Insoweit zutr. *Süßmann* WM 2003, 1453 (1462); s. auch Angerer/Geibel/Süßmann/*Süßmann* Rn. 93; *Gei/Kiesewetter* AG 2012, 741 (742) mwN in Fn. 12; *Berrar/Schnorbus* CF 2019, 106 (108 f.); jetzt auch Schwark/Zimmer/*Noack/Zetzsche* Rn. 33.

[82] Dazu *Klumpp* in Beisel/Klumpp, Unternehmenskauf, 7. Aufl. 2016, § 16 Rn. 22 ff.; BeckOK BGB/*Faust* BGB § 453 Rn. 32; *Lange* ZGS 2003, 300 (304 f.); *Grunewald* NZG 2003, 372 f.

[83] Anders Kölner Komm WpÜG/*Kremer/Oesterhaus* WpÜG-AV § 4 Rn. 13 (Anh. § 31); *Tominski/Kuthe* BKR 2004, 10 (14).

[84] Vgl. *Klumpp* in Beisel/Klumpp, Unternehmenskauf, 7. Aufl. 2016, § 16 Rn. 22 ff.; *Lange* ZGS 2003, 300 (304 f.); aA die hM.

Fällen hat ein Pflichtangebot nachzufolgen, für das der Vorerwerbspreis eine Mindestgrenze setzt. Eine gesetzliche Gewährleistung rechtfertigt zwar an und für sich einen Abschlag auf den Mindestpreis. Andererseits können Bieter und Paketverkäufer diese Gewährleistung auch abbedingen, was mit einer Reduzierung des Kaufpreises und damit auch des Mindestpreises einhergeht. Daraus folgt: Nur soweit eine gesetzliche Gewährleistung besteht und nicht abbedungen wurde, kommt ein **Abschlag auf den Mindestpreis**[85] gem. § 4 WpÜG-AV in Betracht. Das wird der seltene Ausnahmefall sein. Soweit es um verschuldensabhängige Gewährleistungsansprüche geht, haben diese allerdings außen vor zu bleiben, denn es ist allein Sache des Paketverkäufers (und nicht der außenstehenden Aktionäre), für sein Verhalten und seine Zusagen einzustehen. Auch hier kann im Übrigen eine Besserungsabrede die Gewährleistung weitgehend substituieren. Dass die Vorerwerbsregel des § 4 WpÜG-AV die Verhandlungen zwischen Bieter und Paketverkäufer belastet, liegt in der Natur der Vorerwerbsregel. Der Paketaufschlag wird insoweit stets geringer ausfallen, weil der Bieter weiß, dass er ihn auch den außenstehenden Aktionären zahlen muss.

42    **5. Marktregel (§ 5 WpÜG-AV). a) Allgemeines.** Die Gegenleistung muss weiter mindestens dem Durchschnittskurs der Wertpapiere der Zielgesellschaft in den letzten drei Monaten vor der Entscheidung des Bieters nach § 10 oder der Kontrollerlangung gem. § 35 entsprechen. Maßgebend ist ausschließlich der inländische Börsenkurs, schon wenn nur eine Zulassung zum Handel an einer inländischen Börse besteht; zum Verhältnis zu § 6 WpÜG-AV → Rn. 55.

43    Für die Bemessung des Wertes der Wertpapiere der Zielgesellschaft war diese sog. **Börsenpreisregel** auf Grund der Entscheidungen des BVerfG in den Fällen „DAT/Altana" und „Hartmann & Braun" geboten.[86] Aus der Übernahme-RL folgt sie hingegen nicht. Der dreimonatige Referenzzeitraum entspricht der Rspr. des BGH zu Festsetzung der Gegenleistung im Rahmen der Abfindung beim Abschluss von Unternehmensverträgen.[87] Kritik an der Regel wird vor allem im Hinblick auf den angeblich zu kurzen Zeitraum geübt.[88] Freilich lässt sich auch unter Hinweis auf einen funktionierenden Kapitalmarkt vertreten, dass die Bewertung des Kapitalmarktes zu jedem Stichtag richtig ist und jeder Referenzzeitraum verfälscht. Andererseits würde ein Abstellen auf einen vom Bieter ja wählbaren Zeitpunkt zu „gestaltbaren" Ergebnissen führen.[89] Das Gesetz stellt einen den Streit jedenfalls entscheidenden, wenn auch die zugrundeliegenden Probleme nicht lösenden Kompromiss dar.[90] Der entsprechend § 5 WpÜG-AV ermittelte Börsenkurs ist in der Angebotsunterlage anzugeben (vgl. → § 11 Rn. 65 ff.).

44    **b) Zeitraum (§ 5 Abs. 1, Abs. 2 WpÜG-AV).** Das Gesetz verlangt gemäß § 5 Abs. 1 WpÜG-AV Berücksichtigung der Kurse innerhalb der letzten **drei Monate vor der Veröffentlichung nach § 10 oder § 35**. Bei Angeboten, die vom Bieter zur Erfüllung der gesetzlichen Voraussetzungen für ein Delisting gem. § 39 BörsG gemacht werden **(Delisting-Angebote)**, beträgt die Frist gem. § 39 Abs. 3 BörsG nF sechs Monate.[91] Gemeint ist der Zeitpunkt, in dem eine Veröffentlichung nach den genannten Vorschriften hätte erfolgen müssen. Unterlässt der Bieter rechtswidrig eine Veröffentlichung nach § 35 Abs. 1, so hat das auf den Beginn der Referenzperiode nur einen begrenzten Einfluss, da der Bieter

---

[85]  Zu den Schwierigkeiten seiner Schätzung *Tominski/Kuthe* BKR 2004, 10 (14 f.).
[86]  BVerfG ZIP 1999, 1436 = NZG 1999, 931 – DAT/Altana; ZIP 1999, 1804 – Hartmann & Braun.
[87]  BGH NJW 2001, 2080.
[88]  Zeitraum zu kurz/Durchschnittskurs zu gering, *Loehr* in v. Rosen/Seifert, Die Übernahme börsennotierter Unternehmen, 1999, 161; *Houben* WM 2000, 1873 (1881); *Piltz* ZGR 2001, 185 (200); Hüffer/Koch/ *Koch* AktG § 305 Rn. 42 ff.; weitergehend *v. Falkenhausen* ZHR 174 (2010), 293 (301 ff.), der die Norm hinter § 4 WpÜG-AV zurücktreten lassen will.
[89]  Dazu auch BGH NJW 2001, 2080 (2082) – DAT/Altana; bezüglich des Stichtags BGH DB 2010, 1693 Rn. 25 – Stollwerck.
[90]  In diesem Sinne auch Angerer/Geibel/Süßmann/*Süßmann* Rn. 99.
[91]  Ausf. dazu und zur Möglichkeit des Bieters, uU zwischen beiden Fristen zu wählen, *Wackerbarth* WM 2016, 385 ff.

durch rechtswidriges Verhalten nicht den Inhalt seiner Angebotspflicht zu seinen Gunsten verändern können darf. Die Unterlassung führt dazu, dass bei sinkenden Durchschnittskursen auf den Zeitpunkt der Kontrollerlangung abzustellen ist (und § 5 Abs. 1 WpÜG-AV insoweit teleologisch zu reduzieren ist).[92] Bei steigenden Durchschnittskursen ist der Wortlaut hingegen ernst zu nehmen.[93] Demgegenüber erwägt der BGH eine „Verlängerung" des Referenzzeitraums, wenn der Bieter seiner Angebotspflicht nicht nachkommt, was dazu führen würde, dass sich nach dem Kontrollerwerb sinkende Durchschnittskurse zulasten der Adressaten auswirkten.[94] Daher sprechen die besseren Argumente für die **Vorverlagerung des Referenzzeitraums** auf den Zeitpunkt der Veröffentlichungspflicht.[95] § 38 schließt diese Vorverlagerung des Referenzzeitraums nicht aus. Die Norm ist insoweit **nicht** als **lex specialis** anzusehen, da die dort vorgesehene Zahlungsverpflichtung Sanktionscharakter besitzt und auch die Aktionäre schützt, die das Angebot nicht angenommen haben oder annehmen werden (vgl. → Rn. 100 mN).

Für die **Ermittlung** des Zeitraumes gelten die §§ 187 f. BGB entsprechend, entsprechend deshalb, weil das Gesetz nur Vorschriften für zukünftige Fristen kennt, nicht für Referenzzeiträume. Setzt man Referenzzeitraum mit Frist gleich, so ist davon auszugehen, dass die Veröffentlichung am Tag nach Fristende stattfindet und die am ersten (§ 187 Abs. 2 BGB) und am letzten Tag (§ 188 Abs. 2 BGB) des Referenzzeitraumes ermittelten Kurse sämtlich in die Berechnung einfließen. Dann folgt aus der entsprechenden Anwendung des § 188 Abs. 2 BGB, dass sich der Referenzzeitraum vom vorhergehenden Tag bis zum Tag des früheren Monats erstreckt, der durch seine Benennung dem Tag der Veröffentlichung entspricht. Beispiel: Veröffentlichung am 4.6.: Berücksichtigung der vom 4.3.–3.6. festgestellten Kurse. § 188 Abs. 3 BGB kann ebenfalls entsprechende Anwendung finden. Beispiele: Veröffentlichung am 31.5., Berücksichtigung der vom 28.2.–30.5. ermittelten Kurse. Veröffentlichung am 1.6., Zeitraum vom 28.2.–31.5. **45**

Auf einen **verkürzten Zeitraum** ist nach Abs. 2 zurückzugreifen, wenn die Aktien der Zielgesellschaft noch keine drei Monate zum Handel an einer inländischen Börse zugelassen waren. **46**

**c) Gewichteter durchschnittlicher Börsenkurs nach § 5 Abs. 3 WpÜG-AV.** Dieser wird auf Grund der der BaFin gemäß Art. 26 MiFIR als börslich gemeldeten Geschäfte bestimmt. In die Durchschnittsberechnung fließen neben den Kursen auch Handelsvolumina ein, daher gewichteter Durchschnittskurs.[96] Die in der Begründung angesprochene zeitnahe **Veröffentlichung der Durchschnittskurse** durch die BaFin erfolgt unter www.bafin.de. **47**

In den **Erläuterungen der BaFin** aaO zu der Datenbank der Mindestpreise heißt es: **48**

„Die Bundesanstalt errechnet diesen Mindestpreis nach den Vorgaben des § 5 Abs. 3 WpÜG-AV auf der Basis der ihm nach Art. 26 MiFIR als börslich gemeldeten Wertpapiergeschäfte. Jedes Geschäft wird dabei nach seinem Umsatz (Menge * Preis) in Bezug auf den Gesamtumsatz der zugehörigen Börse gewichtet, so dass zB eine gemessen am Umsatz große Transaktion stärker in die Berechnung eingeht, als eine kleine Transaktion. **49**

In die Berechnung gehen alle Geschäfte ein, die in den fraglichen Aktien in den drei Monaten vor Veröffentlichung der Entscheidung zur Abgabe eines Angebotes bzw. der Kontrollerlangung an Börsen in

---

[92] Wie hier Schwark/Zimmer/Noack/Zetzsche Rn. 13; Baums/Thoma/Baums/Hecker § 39 Rn. 37; Löhdefink/Jaspers ZIP 2014, 2261 (2267 f.); Verse Der Konzern 2015, 1 (5 f.); ähnlich Steinmeyer/Santelmann/Nestler Rn. 31a; aA v. Falkenhausen NZG 2010, 1213 (1214 f.), der meint, das sei eine ungerechtfertigte Sanktionierung rechtwidrigen Bieterverhaltens. Das wiederum trifft nicht zu, die Günstigkeitsprüfung dient vielmehr der Prävention; wie v. Falkenhausen aber auch Tyrolt/Cascante in Mülbert/Kiem/Wittig, 10 Jahre WpÜG, 2011, 110, 137 f.: anders allenfalls für vorsätzlich unterlassene Pflichtangebote.

[93] Verse Der Konzern 2015, 1 (6) mwN in Fn. 52; Stephan Der Konzern 2018, 45 (49).

[94] BGH NZG 2014, 985 Rn. 35 – Postbankübernahme; vgl. insofern krit. v. Falkenhausen NZG 2014, 1368 (1370 f.); Löhdefink/Jaspers ZIP 2014, 2261 (2267 f.); Krause AG 2014, 833 (836 f.) Verse Der Konzern 2015, 1 (5); zust. aber Ekkenga ZGR 2015, 485 (490); und, ohne freilich zu bemerken, dass die Aussage des BGH auch § 5 WpÜG-AV betrifft, Witt DStR 2014, 2132 (2135).

[95] Verse Der Konzern 2015, 1 (5).

[96] Näher Mühle, Das Wertpapiererwerbs- und Übernahmegesetz, 2002, 263 f. mit Beispiel in Fn. 263.

Deutschland im Amtlichen Handel, im Geregelten Markt sowie am Neuen Markt in Frankfurt und am Start Up Market in Hamburg (inländische organisierte Märkte) gemacht wurden. [...].

Die Berechnung des Mindestpreises kann auch einen kürzeren Zeitraum als die vorgeschriebenen drei Monate umfassen, wenn die vom Bieter zu erwerbenden Aktien noch keine drei Monate zum Handel an einem organisierten Markt zugelassen sind. In diesem Fall wird die Berechnung des Mindestpreises nach § 5 Abs. 2 WpÜG-AV auf den Zeitraum beschränkt, in dem die Aktie zum Handel an einem organisierten Markt zugelassen ist.

Wenn die Zahl der Geschäfte, die für die Berechnung des Mindestpreises herangezogen werden, nicht ausreicht, wird für eine Aktie unter engen gesetzlichen Voraussetzungen kein Mindestpreis berechnet. Dies ist nach § 5 Abs. 4 WpÜG-AV der Fall, wenn an weniger als einem Drittel der Börsentage im Berechnungszeitraum Börsenkurse festgestellt wurden und mehrere nacheinander festgestellte Börsenkurse um mehr als fünf Prozent voneinander abweichen. In diesem Fall ist in der Datenbank der berechnete Mindestpreis durch die Bezeichnung „Nein" in der Spalte „Gueltig" markiert.

Die beschriebene Berechnungsmethode wird nach § 7 WpÜG-AV auch angewendet, wenn als Gegenleistung vom Bieter nicht Bargeld sondern Aktien angeboten werden (Aktientausch). Der Mindestpreis der als Gegenleistung angebotenen Aktien ist ebenfalls in der Datenbank enthalten, wenn die Aktien an einem organisierten Markt in Deutschland zum Handel zugelassen sind. Unter Berücksichtigung des Umtauschverhältnisses können in diesem Fall die Mindestpreise der beiden Aktien zueinander gegenübergestellt werden."

**50**   **d) Unternehmensbewertung nach § 5 Abs. 4 WpÜG-AV. aa) Inhalt und Anwendungsbereich.** Eine Ausnahme von der Marktregel des § 5 WpÜG-AV sieht dessen Abs. 4 vor. Statt des durchschnittlichen Börsenkurses ist eine Unternehmensbewertung ausschlaggebend, wenn der Börsenkurs nach den Voraussetzungen des Ausnahmetatbestandes nicht als zutreffende Bewertungsgrundlage erscheint. Weitere Ausnahmefälle bestehen bei Delisting-Angeboten nach § 39 Abs. 3 BörsG.[97] Die Ausnahme stellt auf Faktoren ab, die eine **Markt-illiquidität** definieren. Insoweit ist der Ausnahmetatbestand als abschließend anzusehen. Andere als die dort genannten Kriterien können dementsprechend nicht herangezogen werden um die Illiquidität des Marktes für Wertpapiere der Zielgesellschaft anzuzeigen.[98]

**51**   Freilich kann der Börsenkurs auch aus **anderen Gründen** unzutreffendes Kriterium für die Bewertung sein. Beispiel: Die Zielgesellschaft hat eine **Sonderdividende** angekündigt, woraufhin der Kurs um den Betrag der Sonderdividende gestiegen ist, die noch vor dem Zeitpunkt der Übertragung der Wertpapiere auf den Bieter an die Aktionäre auszuzahlen ist. In diesem Fall spricht alles dafür, den Durchschnittskurs um die Dividende zu verringern. Solche Ausnahmetatbestände müssen aber vom Bieter dargelegt werden. Dieser muss auch darlegen, dass und warum es sich nicht um eine Ausnahme wegen Markt-Illiquidität handelt, für die § 5 Abs. 4 WpÜG-AV abschließend wäre. Dabei dürfte die Tatsache, dass der Kurs annähernd um den Betrag einer Sonderdividende gestiegen ist, ausreichender Anhaltspunkt dafür sein, dass gerade ein ausreichend liquider Markt vorhanden ist.

**52**   Im Übrigen kann der Bieter solchen Fällen auch vorbeugen, indem er nach § 18 Abs. 1 vorgeht: Er stellt das Angebot unter die aufschiebende Bedingung, dass die Adressaten, die das Angebot annehmen, mit der Übertragung der Aktien auch zwischenzeitlich gezahlte Dividenden dem Bieter übereignen. (Nur) insoweit muss auch ein **Pflichtangebot** zulässigerweise bedingt werden können. (Dazu, dass bei einem Pflichtangebot üblicherweise keine Bedingungen abgegeben werden können, → § 35 Rn. 217 ff.; → § 18 Rn. 7 ff. Ein Bedingungsverbot ordnet das Gesetz aber eben nicht ausdrücklich an, die Bedingungsfeindlichkeit des Pflichtangebots folgt nur aus allgemeinen Grundsätzen und diese kennen wie jede Regel Ausnahmen in begründeten Einzelfällen.) Denn § 31 enthält eine Regelung des Mindestpreises, die der Gesetzgeber als zulässigen Austrittspreis ansieht. Mehr wird vom Bieter nicht verlangt. Weniger will er mit der Bedingung aber auch nicht anbieten, sondern nur verhindern, dass die Zielgesellschaft bzw. ihr Management meint, noch kurz vor Schluss ihren Aktionäre ein unverdientes Bonbon geben zu müssen. Weiteres Beispiel: Der gewichtete Börsenkurs ist innerhalb der Referenzperiode gesunken, weil in erheblichem Umfang börsliche Geschäfte zwischen Bieter und ghP oder deren Töchtern stattgefunden haben.

---

[97] Krit. dazu *Wackerbarth* WM 2016, 385 (387 f.).
[98] Bedenkenswerte Kritik an der Begrenzung der Ausnahme mit Vorschlag eines ergänzenden S. 2 bei *Bicker/Parameswaran* ZIP 2007, 1787 (1793).

Zur Angabepflicht vgl. → § 11 Rn. 66 (zu § 2 Nr. 3 WpÜG-AV). Hier wird freilich ein erhebliches Nachweisproblem bestehen.

**bb) Voraussetzungen.** Marktilliquidität ist nach der gesetzlichen Definition anzuneh- **53** men, wenn innerhalb des Referenzzeitraums an weniger als einem Drittel der Börsentage Kurse festgestellt wurden (vgl. dazu § 29 Abs. 3 BörsG, § 75 BörsG). Die Vorschrift ist wörtlich zu nehmen, die Zahl der Börsentage ist durch drei zu teilen. Ergibt sich eine ganze Zahl, so entspricht die nächstniedrigere weniger als einem Drittel. Bei einer Nachkomma-stelle ist einfach abzurunden. Beispiele: Bei 60 Börsentagen dürfen höchstens an (20–1 =) 19 Tagen, bei 61 Börsentagen (20, 33) höchstens an 20 Tagen Kurse festgestellt worden sein. Umsätze im Freiverkehr werden nicht berücksichtigt.[99] Kumulativ ist Voraussetzung, dass nacheinander mehrere festgestellte Börsenkurse um mehr als 5% voneinander abweichen (sog. Kurssprünge). Unter mehreren sind mindestens zwei Kurssprünge zu verstehen.[100] Das **zwei Kurssprünge** hingegen stets ausreichen, dürfte aber zu bezweifeln sein.[101] Ein einfaches Hin- und Herspringen spricht insoweit eher für eine „Ausnahmeerscheinung".[102] Man wird indes auch keine Tendenz der Kurssprünge verlangen können,[103] da es nur um die Ermittlung fehlender Marktliquidität geht. Im Gegenteil spricht die Rspr. des BGH dafür, bei einer Tendenz der Kurssprünge mit der Annahme von Marktilliquidität vorsichtig zu sein.[104] Insgesamt wird man nur eine **Einzelfallbetrachtung** vornehmen können. Dabei hat man neben der Häufigkeit und Intensität der Kurssprünge auch die Zahl der Tage zu berücksichtigen, an denen überhaupt Kurse festgestellt wurden. Dass die Aktien der Zielgesellschaft möglicherweise im Ausland liquide gehandelt werden, spielt für die Prüfung nach § 5 Abs. 4 WpÜG-AV de lege lata keine Rolle.[105]

**cc) Folgen.** Folge ist nach Abs. 4 die Gleichsetzung der Angemessenheit mit dem Unter- **54** nehmenswert der Zielgesellschaft, der anhand einer **Bewertung der Zielgesellschaft** ermittelt werden soll. Eine bestimmte Methode der Unternehmensbewertung schreibt die Vorschrift nicht vor,[106] der Bieter hat die von ihm gewählte Methode gem. § 2 Nr. 3 WpÜG-AV in der Unterlage offenzulegen. Zu den Methoden im Einzelnen ausführlich → AktG § 305 Rn. 145, → AktG § 305 Rn. 79 ff., → AktG § 305 Rn. 83b.[107] In der Lit. ist bereits darauf hingewiesen worden, dass diese Rechtsfolge den **feindlichen** Bieter vor nicht unerhebliche praktische Probleme stellen wird, da er die erforderlichen Daten nicht notwendig besitzt.[108] Handelt es sich um ein Angebot nach Durchführung einer *due diligence* bei der Zielgesellschaft, so wird man indes in bestimmten Fällen verlangen müssen, dass der Bieter die Ergebnisse offenlegt (vgl. → § 11 Rn. 71 ff., → § 11 Rn. 75 f.).[109]

---

[99] Krit. *Gei/Kiesewetter* AG 2012, 741 (744) unter Hinweis auf die entsprechende Praxis der BaFin.

[100] So Kölner Komm WpÜG/*Kremer/Oesterhaus* WpÜG-AV § 5 Rn. 23 (Anh. § 31); Angerer/Geibel/Süßmann/*Süßmann* Rn. 106.

[101] So aber die wohl hM einschließlich der BaFin, Assmann/Pötzsch/Schneider/*Krause* WpÜG-AV § 5 Rn. 25; FK-WpÜG/*Haarmann* Rn. 36; Kölner Komm WpÜG/*Kremer/Oesterhaus* WpÜG-AV § 5 Rn. 22 (Anh. § 31) mwN in Fn. 32.

[102] Vgl. Kölner Komm WpÜG/*Kremer/Oesterhaus* WpÜG-AV § 5 Rn. 23 (Anh. § 31).

[103] So aber Kölner Komm WpÜG/*Kremer/Oesterhaus* WpÜG-AV § 5 Rn. 23 (Anh. § 31).

[104] BGH NJW 2001, 2080 Ls. 3 (2082), wenn er ausführt, für einen Referenzkurs, der eine kontinuierliche Entwicklung des Börsenkurses im maßgeblichen Zeitraum repräsentiere, müssten „außergewöhnliche Tages-ausschläge oder sprunghafte Entwicklungen innerhalb weniger Tage, *die sich nicht verfestigen* – gleichgültig, ob es sich um steigende oder fallende Kurse handelt – unberücksichtigt bleiben" (Hervorhebung durch Verf.).

[105] FK-WpÜG/*Haarmann* Rn. 36; Assmann/Pötzsch/Schneider/*Krause* WpÜG-AV § 5 Rn. 24 mit Vor-schlägen de lege ferenda.

[106] *Drinkuth* in Marsch-Barner/Schäfer Börsennotierte AG-HdB Rn. 60.260; FK-WpÜG/*Haarmann* Rn. 37 mwN.

[107] Krit. LG Frankfurt NZG 2009, 553; tendenziell wird die Ertragswertermittlung in der obergerichtli-chen Rechtsprechung weiter zurückgedrängt, dazu auch *Querfurth* GWR 2009, 324; LG Köln AG 2009, 835 (837 ff.); OLG Frankfurt NZG 2010, 1141 (1142).

[108] Kölner Komm WpÜG/*Kremer/Oesterhaus* WpÜG-AV § 5 Rn. 24 (Anh. § 31) mwN in Fn. 38; Ange-rer/Geibel/Süßmann/*Süßmann* Rn. 107; *Gei/Kiesewetter* AG 2012, 741 (744).

[109] Vgl. Kölner Komm WpÜG/*Kremer/Oesterhaus* WpÜG-AV § 5 Rn. 24 (Anh. § 31); vgl. auch Assmann/Pötzsch/Schneider/*Krause* WpÜG-AV § 5 Rn. 37.

Kommt aber der feindliche Bieter den sich aus § 11 Abs. 2 S. 3 Nr. 2 iVm § 2 Nr. 3 WpÜG-AV ergebenden Pflichten nach, so ist andererseits eine darüber hinausgehende weitere Offenlegung der von ihm auf andere Art und Weise ermittelten Daten über die Zielgesellschaft nicht über § 5 Abs. 4 WpÜG-AV geboten. Auch dies zeigt, dass der feindliche freiwillige Bieter nicht an die Angemessenheitsvorschriften des § 31 gebunden sein kann. Denn was er nicht gem. § 11 offenzulegen hat, kann auch nicht später dazu verwendet werden, das Angebot wegen Nichteinhaltung eines Mindestpreises für unzulässig zu erklären. Für einen feindlichen Bieter, der sich in die Angebotspflicht hat manövrieren lassen, gilt andererseits, dass er bei einer Fehlbewertung der unter Abs. 4 fallenden Zielgesellschaft unter Umständen die Untersagung des Angebots (durch ein Gericht oder die BaFin) befürchten muss bzw. ein zweites Pflichtangebot abgeben muss, das einen (vom Vorstand der Zielgesellschaft nachgewiesenen) höheren Unternehmenswert gem. Abs. 4 berücksichtigen muss.

**55**     **6. Berücksichtigung ausländischer Börsenkurse (§ 6 WpÜG-AV).** Für Zielgesellschaften mit Sitz in Deutschland, deren Aktien ausschließlich zum Handel an einem organisierten Markt außerhalb Deutschlands, aber innerhalb des EWR zugelassen sind, sieht § 6 WpÜG-AV eine dem § 5 WpÜG-AV vergleichbare Ermittlung des Mindestpreises anhand des durchschnittlichen ausländischen Börsenkurses vor. Die Vorschrift findet nicht bereits dann Anwendung, wenn das Handelsvolumen an der ausländischen Börse größer als das an der umsatzstärksten Börse innerhalb Deutschlands ist, sondern nur, wenn **innerhalb Deutschlands keine Zulassung zum Handel** besteht.

**56**     Abgestellt wird in diesem Fall gem. § 6 Abs. 1 WpÜG-AV auf den ausländischen Markt mit den **höchsten Umsätzen** in den Aktien der Zielgesellschaft, man ergänze wohl: während des maßgeblichen Referenzzeitraumes.[110] Der in § 6 Abs. 1, Abs. 2 WpÜG-AV festgelegte **Zeitraum** entspricht dem nach § 5 WpÜG-AV (→ Rn. 44 ff.), auch die Ausnahme bei Marktilliquidität ist gem. § 6 Abs. 6 WpÜG-AV entsprechend anzuwenden (→ Rn. 50 ff.).

**57**     Statt auf einen gewichteten Kurs wie bei § 5 wird auf den **Durchschnittskurs der börsentäglichen Schlussauktion** abgestellt (§ 6 Abs. 3 WpÜG-AV), bei Fehlen dieser Auktion muss im Einzelfall ein anderer börsentäglich ermittelter Kurs, notfalls an einem anderen Markt mit geringerem Volumen zugrundegelegt werden.[111] Wird in anderen Währungen als Euro gehandelt, so ist anhand des **Tageskurses** umzurechnen (§ 6 Abs. 3 WpÜG-AV). Der Bieter hat gem. § 6 Abs. 5 WpÜG-AV zu dokumentieren, wie er den Durchschnittskurs ermittelt hat, so dass die BaFin überprüfen kann, ob die Einhaltung der Vorschriften gewährleistet ist.

**58**     **7. Bewertung der Gegenleistung bei Tauschangeboten (§ 7 WpÜG-AV).** § 7 WpÜG-AV erklärt für die Bewertung der Bieteraktien, die zum Tausch mit den Wertpapieren der Zielgesellschaft angeboten werden, nur die §§ 5–6 WpÜG-AV für entsprechend anwendbar. Der so ermittelte Wert fungiert, da es um die Bewertung der Gegenleistung geht, hier als Ober- und nicht als Untergrenze.[112] Nicht verwiesen wird auf § 4 WpÜG-AV. Der Gesetzgeber wollte vermeiden, dass der Bieter durch einen Rückkauf eigener Aktien zu überhöhten Preisen den Wert seiner Aktien selbst bestimmen kann.[113]

**59**     Das bedeutet jedoch nicht, dass bei Umtauschangeboten die Grenze des § 4 WpÜG-AV keine Rolle spielt. Zum einen wird der Wert der Aktien der Zielgesellschaft unter Berücksichtigung der Vorerwerbe ermittelt (→ Rn. 26 ff.). Dieser ist bei einem Barangebot ausschlaggebend. Zum zweiten aber bedeutet der fehlende Verweis auf § 4 in § 7 WpÜG-AV nicht, dass bei Umtauschangeboten etwa das beim Vorerwerb vereinbarte Wertverhältnis unterschritten werden dürfte. Das folgt schon aus § 31 Abs. 1, nachdem Vorerwerbe des Bieters und anderer Personen grundsätzlich zu berücksichtigen sind. Anschaulich machen kann man dies an Fällen,

---

[110]  Kölner Komm WpÜG/*Kremer/Oesterhaus* WpÜG-AV § 6 Rn. 12 (Anh. § 31).
[111]  Kölner Komm WpÜG/*Kremer/Oesterhaus* WpÜG-AV § 6 Rn. 14 (Anh. § 31).
[112]  Baums/Thoma/*Marsch-Barner* Rn. 56; *Veranneman/Gärtner* AG 2009, 648 (650).
[113]  Baums/Thoma/*Marsch-Barner* Rn. 55; BT-Drs. 14/7034, 80.

in denen ein Vorerwerb im Wege eines Aktientausches zwischen Bieter und Paketveräußerer zustandekam. Hat der Bieter dem Paketinhaber zB 10 seiner Aktien gegen 1 Aktie der Zielgesellschaft angeboten, so darf das Verhältnis beim Pflichtangebot nicht zB nur 9 zu 1 lauten, weil etwa der durchschnittliche Börsenkurs der Wertpapiere des Bieters 10 Euro ist, der der Zielgesellschaft hingegen 90 Euro, der aktuelle Kurs der Aktien des Bieter jedoch am Tag des Vorerwerbs bei lediglich 9 Euro gelegen hat. Der Bieter darf die dem Vorerwerb zugrundeliegende Wertrelation also nicht unter Berufung auf den gestiegenen Durchschnittskurs seiner Wertpapiere unterschreiten. Dadurch werden die Aktionäre der Zielgesellschaft auch bei bisherigem Fehlen eines Börsenkurses für die Aktien des Bieters geschützt, wenngleich bei solchen Konstellationen ohnehin an der gem. § 31 Abs. 2 erforderlichen „Liquidität" der zum Tausch angebotenen Aktien Zweifel bestehen.

### III. Art der Gegenleistung (Abs. 2)

**1. Normzweck.** Abs. 2 enthält eine allgemeine Beschränkung der zulässigen Art der **60** vom Bieter anzubietenden Gegenleistung. Der mit dieser Einschränkung verbundene Schutz der Adressaten ist unverzichtbar und Ausdruck des § 3 Abs. 1. Sonst könnten etwa durch ein Pflichtangebot Sachleistungen versprochen werden, die nur von einzelnen Adressaten verwertbar sind (zB schnell verderbliche Ware) oder Güter, für die nur bestimmte Personen den notwendigen Lagerplatz besitzen (zB große Mengen Holz oder Rohöl oder gefährliche Stoffe).[114] Geld oder Wertpapiere sind fungibel und benötigen fast keinen oder keinen Platz.

**2. Barangebot.** Zulässige Gegenleistung ist zum einen Geldleistung in Euro (Abs. 2 S. 1 **61** Hs. 1). In diesem Fall liegt ein sog. Barangebot vor. Die Regelung schließt die Vereinbarung echter und unechter Fremdwährungsverbindlichkeiten iSd § 244 Abs. 1 BGB aus, um die Angebotsadressaten als Gläubiger vor dem Währungsrisiko und den Wechselkosten zu schützen.[115] Barangebote sind stets **zulässig.** Im Gegensatz zur hM[116] müssen sie allerdings auch stets auf eine **bestimmte Geldsumme** lauten. Den Adressaten ist die Berechnung anhand einer Formel nicht nur ausnahmsweise nicht zuzumuten.[117] Vielmehr ist sie entweder unnötig, weil die Berechnung einen festen Betrag ergibt, dann verstößt die Angabe einer Formel gegen das Transparenzgebot. Oder aber sie wäre inhaltlich unzulässig, weil sie die Höhe der Gegenleistung von späteren Veränderungen bestimmter Umstände abhängig machte. Denn dann würde die Annahmefrist für die Adressaten rechtswidrig verkürzt. Zulässig ist es allenfalls, eine – den Anforderungen an die Mindesthöhe entsprechende – feste Geldleistung anzubieten und in der Unterlage eine Preisanpassung nach oben bei nachträglichen Veränderungen von Umständen vorzusehen. Damit können etwa **earn-out-Abreden** bei Vorerwerben in ein Pflichtangebot transportiert werden (→ Rn. 40).

**3. Umtauschangebot. a) Allgemeine Voraussetzungen.** Der Bieter kann stattdessen **62** gem. Abs. 2 S. 1 Hs. 2 auch Aktien als Gegenleistung anbieten, sofern es sich nicht um ein Delisting-Angebot[118] (§ 39 Abs. 3 S. 2 BörsG nF) handelt. Die Aktien müssen an einem

---

[114] Auf diese Art und Weise könnte der Bieter auch den Adressatenkreis des Angebots praktisch beschränken, was ihm durch § 19 jedoch gerade untersagt ist. An § 19 iVm § 3 Abs. 1 sind andere Sachleistungen dementsprechend bei einfachen Erwerbsangeboten bzw. nach hier vertretener Auffassung (→ Rn. 6 ff.) auch bei freiwilligen Übernahmeangeboten zu messen. Zulässig sind also auch außerhalb der Geltung des Abs. 2 – zB auch bei einer zusätzlichen Wahlgegenleistung – allenfalls Sachleistungen, die auch in geringen Mengen leicht in Geld umzusetzen sind, keines großen Lagerraumes bedürfen und nicht oder nur schwer verderblich sind, also etwa Edelmetalle, nicht aber zB landwirtschaftliche Produkte.

[115] BT-Drs. 14/7034, 55; Kölner Komm WpÜG/*Kremer/Oesterhaus* Rn. 24; FK-WpÜG/*Haarmann* Rn. 79; Steinmeyer/*Santelmann/Nestler* Rn. 65; Angerer/Geibel/Süßmann/*Süßmann* Rn. 8.

[116] Angerer/Geibel/Süßmann/*Süßmann* Rn. 8; zust. Kölner Komm WpÜG/*Kremer/Oesterhaus* Rn. 22; Steinmeyer/*Santelmann/Nestler* Rn. 66; Assmann/Pötzsch/Schneider/*Krause* Rn. 40; Baums/Thoma/*Marsch-Barner* Rn. 63.

[117] So aber Angerer/Geibel/Süßmann/*Süßmann* Rn. 8; zust. Kölner Komm WpÜG/*Kremer/Oesterhaus* Rn. 22 mwN.

[118] Dazu *Wackerbarth* WM 2016, 385 ff.

organisierten Markt (§ 2 Abs. 7, 8) zugelassen sein.[119] Es muss sich nach hM nicht um Aktien „des Bieters" handeln,[120] vielmehr können auch Aktien anderer Gesellschaften im Tausch mit den Wertpapieren der Zielgesellschaft angeboten werden (→ Rn. 68). Umtauschangebote unterliegen zunächst den Schranken des Abs. 3 (→ Rn. 72 ff.), dh sie sind unter den dort genannten Voraussetzungen unzulässig. Es darf dann nur ein Barangebot gemacht werden.

**63**    **b) Liquide Aktien.** Umtauschangebote müssen als Gegenleistung liquide Aktien anbieten. Was darunter zu verstehen ist, war seit dem Referentenentwurf des Gesetzes umstritten, da die Rechtsordnung den Begriff der liquiden Aktie bisher nicht kannte.[121] Letzteres hat sich zwischenzeitlich geändert, ersteres nicht. In der Lit. wird zunächst ein Abgrenzungskriterium für die Liquidität in der Regel des § 5 Abs. 4 WpÜG-AV gesehen.[122] Nach *Kremer/ Oesterhaus* soll es auch dabei bleiben, da ansonsten eine einzelfallbezogene Bewertung erforderlich sei, die auf das erwartete Handelsvolumen, etwaigen „Abgabedruck", Existenz und Verhalten von Paketinhabern sowie auf die Aufnahmebereitschaft der Aktionäre abstellen müsse.[123] Zu Recht wird demgegenüber geltend gemacht, dass sich ein alleiniges Abstellen auf § 5 Abs. 4 WpÜG-AV verbietet, da dort nur Anhaltspunkte für fehlende Liquidität gegeben werden.[124] Nach *Mühle* kommt es auf stetigen Handel sowie auf den Gesamtumsatz an.[125] *Krause* verlangt eine Einzelfallbetrachtung, in der die Aufnahmefähigkeit des Kapitalmarktes geprüft wird.[126] Die Liquidität soll ferner bei Aktien aus Kapitalerhöhungen anhand einer Prognose zu ermitteln sein, die von der vollständigen Annahme des Tauschangebots ausgeht.[127]

**64**    Abzustellen ist richtigerweise auf den Begriff der liquiden Aktie iSd **MIFID-DVO**.[128] Der Begriff der liquiden Aktie ist europarechtskonform auszulegen, da er auf Art. 5 Abs. 5 Übernahme-RL zurückgeht. Was die Übernahme-RL mit diesem Begriff meint, ist vor dem Hintergrund zu sehen, dass auch die Richtlinie über Märkte und Finanzinstrumente (RL 2004/39/EG), die in etwa zur selben Zeit wie die Übernahme-RL entstand, diesen Begriff verwendet. Er wird erstmals in Art. 22 MIFID-DVO definiert. Danach ist der Tatbestand einer liquiden Aktie gegeben, wenn sie täglich gehandelt wird und der Streubesitz nicht weniger als 500 Mio. Euro beträgt sowie eine der nachfolgend genannten Bedingungen erfüllt ist:
a) Die durchschnittliche tägliche Zahl der Geschäfte mit dieser Aktie liegt nicht unter 500;
b) der durchschnittliche Tagesumsatz in dieser Aktie liegt nicht unter 2 Mio. Euro.

**65**    Ferner werden in Art. 22 Abs. 4 Übernahme-RL als im Streubesitz befindlich nur solche Aktien angesehen, die nicht im Paket mit mehr als 5% der Gesamtstimmrechte des Emittenten gehalten werden. Ausnahmen gelten für die Beteiligung von „Organismen für gemeinsame Anlagen" oder Pensionsfonds. Mag auch die Verordnung nicht im Sinn gehabt haben, den Begriff auch iSd Übernahme-RL festzulegen, so ist umgekehrt kein Grund dafür

---

[119] Nach FK-WpÜG/*Haarmann* Rn. 87 wollte der Gesetzgeber mit dieser Voraussetzung sicherstellen, dass die Adressaten nicht auf außereuropäisches, uU ein geringeres Schutzniveau bietendes, Kapitalmarktrecht verwiesen werden. Freilich kann man darin auch eine protektionistische Maßnahme sehen, da insbesondere auf dem US-amerikanischen Kapitalmarkt mit Sicherheit kein geringeres Schutzniveau herrscht als auf dem deutschen; krit. auch *Veranneman/Gärtner* AG 2009, 648 (649).
[120] Kölner Komm WpÜG/*Kremer/Oesterhaus* Rn. 26 f.; FK-WpÜG/*Haarmann* Rn. 81.
[121] Ausf. Kölner Komm WpÜG/*Kremer/Oesterhaus* Rn. 30; FK-WpÜG/*Haarmann* Rn. 82 ff.
[122] Kölner Komm WpÜG/*Kremer/Oesterhaus* Rn. 30; FK-WpÜG/*Haarmann* Rn. 83 mwN; Angerer/Geibel/Süßmann/*Süßmann* Rn. 11: Anhaltspunkt; vgl. auch *Veranneman/Gärtner* AG 2009, 648 (649).
[123] Kölner Komm WpÜG/*Kremer/Oesterhaus* Rn. 30.
[124] *Mühle,* Das Wertpapiererwerbs- und Übernahmegesetz, 2002, 257; FK-WpÜG/*Haarmann* Rn. 83; Assmann/Pötzsch/Schneider/*Krause* Rn. 48.
[125] *Mühle,* Das Wertpapiererwerbs- und Übernahmegesetz, 2002, 257.
[126] Assmann/Pötzsch/Schneider/*Krause* Rn. 48 ff.
[127] *Veranneman/Gärtner* AG 2009, 648 (649) in Fn. 6; vgl. auch Angerer/Geibel/Süßmann/*Süßmann* Rn. 12; *Krause* NZG 2000, 905 (909).
[128] VO (EG) 1287/2006 vom 10.8.2006 (ABl. 2006 L 241, 1); so jetzt auch Steinmeyer/*Santelmann/Nestler* Rn. 70; keine Auseinandersetzung mit den hier vorgetragenen Argumenten bislang bei Assmann/Pötzsch/Schneider/*Krause* Rn. 48 ff.

ersichtlich, dass die Übernahme-RL auf einen von dieser Definition abweichenden Begriff der liquiden Aktie abstellen wollte. Die Definition der Verordnung ist deshalb über eine (übernahme-)richtlinienkonforme Auslegung in das WpÜG zu übernehmen. Bei einem von der Verordnung abweichenden Verständnis des Begriffs hat das erkennende Gericht die Frage dem EuGH vorzulegen. Eine europaweite Liste mit liquiden Aktien kann auf der Seite des ESMA[129] gefunden werden.

**c) Zulässiger Emittent.** Nach hM können nicht nur Aktien des Bieters als Gegenleis- **66** tung angeboten werden, sondern auch solche anderer Gesellschaften.[130] Zulässig ist es nach den bisherigen Stellungnahmen auch, den Adressaten Aktien einer börsennotierten Tochtergesellschaft anzubieten.[131] Letzterem kann indessen nicht zugestimmt werden (vgl. → Rn. 68).

**d) Stimmrechtsaktien (Abs. 2 S. 2).** Für Aktien der Zielgesellschaft, die ein Stimm- **67** recht gewähren, müssen als Gegenleistung ebenfalls stimmrechtsvermittelnde Aktien angeboten werden. Eine bestimmte Stimmkraft je Aktie ist nicht vorgeschrieben. Gewähren die Aktien einer als Gegenleistung vorgesehenen Gattung nur eine geringes Stimmrecht, so wird der Börsenpreis entsprechend gering sein, so dass entsprechend mehr Aktien anzubieten sind.[132] Die Stimmkraft der angebotenen Aktien muss aber einheitlich sein. Sind verschiedene Gattungen mit Stimmrecht als mögliche Gegenleistung vorhanden (zB Gattung a mit 1 Stimmrecht und Gattung b mit ⅒ Stimmrecht), so dürfen wegen § 3 Abs. 1 als Gegenleistung für Stimmrechtsaktien einer Gattung nicht etwa teilweise Aktien mit 1 Stimmrecht und teilweise solche mit ⅒ Stimmrecht angeboten werden. Vorzugsaktionären müssen keine stimmrechtsvermittelnden Aktien angeboten werden, auch dann nicht, wenn jene zurzeit der Angebotsveröffentlichung gem. § 140 Abs. 2 AktG ausnahmsweise das Stimmrecht gewähren.[133] Umgekehrt haben auch die (Stamm-)Aktionäre Anrecht auf Stimmaktien, deren Stimmrecht ein zeitweiliges Ausübungshindernis entgegensteht. Zulässig ist es, allen Aktionären, auch bei unterschiedlichen Gattungen, nur eine einheitliche Gattung von Stimmrechtsaktien als Gegenleistung anzubieten.

**e) Stellungnahme.** Sieht man sich die von der hM verlangten Voraussetzungen insge- **68** samt an, so laufen sie auf die **praktische Abschaffung des Pflichtangebots** hinaus. Insbesondere wenn auch Aktien einer kontrollierten Gesellschaft (→ Rn. 66) angeboten werden können oder sich nur 25% der Aktien im Streubesitz befinden müssen (→ Rn. 63), kann man die Aktionäre der Zielgesellschaft auch gleich in der nunmehr vom Bieter kontrollierten Gesellschaft lassen, ohne ihnen ein Angebot zu machen.[134] Das wäre dann auch sehr effizient, da kostensparend. Man kann gegen die Einführung des Pflichtangebots verschiedene Argumente vorbringen.[135] Wenn der Gesetzgeber sich aber dafür entschieden hat und das auch durfte, so gilt es, diese Entscheidung nun auch umzusetzen. Es kann nicht Ziel des Pflichtangebots sein, die Bedrohung der Aktionäre durch den Tausch noch zu verschärfen.

---

[129] S. https://registers.esma.europa.eu (zuletzt abgerufen am 18.8.2020).
[130] Kölner Komm WpÜG/*Kremer/Oesterhaus* Rn. 27; FK-WpÜG/*Haarmann* Rn. 81; Angerer/Geibel/Süßmann/*Süßmann* Rn. 9.
[131] Ausf. Kölner Komm WpÜG/*Kremer/Oesterhaus* Rn. 28: Schutz der Aktionäre werde allein durch Liquiditätserfordernis erreicht, alles andere wäre unverhältnismäßig; dem folgend FK-WpÜG/*Haarmann* Rn. 81, 90; Angerer/Geibel/Süßmann/*Süßmann* Rn. 9; *Technau* AG 2002, 260 (265): mangels ausdrücklicher Regelung.
[132] Vgl. Angerer/Geibel/Süßmann/*Süßmann* Rn. 20; Kölner Komm WpÜG/*Kremer/Oesterhaus* Rn. 36.
[133] FK-WpÜG/*Haarmann* Rn. 92; Kölner Komm WpÜG/*Kremer/Oesterhaus* Rn. 35; aA Angerer/Geibel/Süßmann/*Süßmann* Rn. 18.
[134] Vgl. auch Kölner Komm WpÜG/*Kremer/Oesterhaus* Rn. 28, die das selbst erkennen, aber meinen, es reiche aus, den Aktionären einen indirekten Ausstieg aus der Gesellschaft zu ermöglichen. Den haben sie aber schon in der kontrollierten Gesellschaft zum derzeitigen Marktpreis. Warum dann noch ein Pflichtangebot? Nur wegen der Durchschnittsbildung nach §§ 5–7 WpÜG-AV? Dann kann man dem Bieter auch gestatten, den Aktionären den Differenzbetrag in bar zu geben. Warum er sich noch mit einer großen Zahl „liquider" Aktien für das Angebot versorgen soll, kann dann nicht mehr erklärt werden.
[135] Vgl. dazu *Wackerbarth* WM 2001, 1741 (1746) mwN.

Ihre Stellung soll gerade wegen der Kontrollerlangung – und dass kann nur heißen: im Hinblick auf die Kontrolle – verbessert, nicht aber verschlechtert werden. Deshalb können mit liquiden Aktien nur Aktien eines Emittenten gemeint sein, bei dem nach der Transaktion **keine institutionalisierte Mehrheit** (dh keine Person oder Gruppe, innerhalb derer die Stimmrechte wechselseitig oder einseitig zuzurechnen sind) besteht, die mindestens 30% der Stimmrechte kontrolliert. Auf die in → Rn. 64, 65 beschriebenen Aktien wird das in aller Regel zutreffen. Folgt man dem, so besteht für den Bieter nicht nur die Möglichkeit, Aktien *anderer* Gesellschaften als Gegenleistung anzubieten. Vielmehr **muss** er das in bestimmten Fällen sogar tun.

**69**   **f) Maßgeblicher Zeitpunkt.** Sämtliche eben unter → Rn. 62 ff. beschriebenen Voraussetzungen müssen erst nach dem Ende der Annahmefrist vorliegen, nämlich im Zeitpunkt der **Fälligkeit der Gegenleistung**.[136] Anders wäre ein Angebot, bei den Aktien aus einer Kapitalerhöhung zugesagt werden sollen, nicht durchführbar (vgl. → § 13 Rn. 17; → § 18 Rn. 41 mwN).

**70**   **4. Kombinationsangebot.** Kombinationsangebote aus Aktien und Bargeld sind ebenfalls zulässig.[137] Sie sind bei Tauschangeboten sogar in aller Regel geboten, weil regelmäßig nicht für eine Aktie der Zielgesellschaft ein natürliches Vielfaches an Bieteraktien angeboten wird. Je nach der Zahl der von einem Adressaten angedienten Aktien kann es deshalb zu Ansprüchen auf Bruchteile von Bieteraktien kommen, die der Bieter letztlich nur durch Geldleistung erfüllen kann. Aber auch außerhalb solcher notwendigen Barkomponenten ist eine Kombination möglich.

**71**   **5. Andere (Wahl-)Gegenleistung.** Der Bieter kann wahlweise eine andere Gegenleistung als die unter → Rn. 61 ff. genannten anbieten. Wahlweise bedeutet, dass die Adressaten in jedem Fall die Möglichkeit haben müssen, nach ihrer Wahl als Gegenleistung eine der zulässigen Gegenleistungen zu erhalten. Eine solche Wahlgegenleistung muss auch **nicht die Preisvorschriften** der WpÜG-AV erfüllen und auch die Regeln über Parallel- oder Nacherwerbe sind nicht anwendbar.[138] Anderer Auffassung ist allerdings die BAFin in ständiger Verwaltungspraxis, die Umgehungsgeschäfte befürchtet.[139] Sieht das Angebot zwei alternative Gegenleistungen (zB liquide Aktien und alternativ Geld) vor, die beide den Vorschriften des § 31 Abs. 1, §§ 3 ff. WpÜG-AV genügen, so sollte der Bieter zweckmäßigerweise in der Unterlage deutlich kenntlich machen, welche von beiden die Pflichtgegenleistung ist. Tut er das nicht, müssen beide als Pflichtgegenleistung angesehen werden, so dass sämtliche Regeln des § 31 auf beide Gegenleistungsarten angewendet werden.[140] Eine Wahlgegenleistung, die nicht den Regeln des § 31 unterliegt, darf durch ihre Ausgestaltung jedoch nicht dazu führen, dass sie praktisch nur von einigen Adressaten angenommen werden kann (→ Rn. 60); damit ist den Bedenken der BAFin[141] ausreichend Rechnung getragen. Insbesondere bestehen die befürchteten Umgehungsmöglichkeiten nicht, da das Angebot ja auch ohne die alternativ angebotene Gegenleistung zulässig wäre, wählen die Aktionäre die alternative Gegenleistung, so tun sie dies auf eigenes Risiko.

---

[136] Kölner Komm WpÜG/*Kremer/Oesterhaus* Rn. 31 f.; FK-WpÜG/*Haarmann* Rn. 84, 88; *Krause* NZG 2000, 905 (909); Assmann/Pötzsch/Schneider/*Krause* Rn. 54; nur für die Voraussetzung der Zulassung zum Handel an einem organisierten Markt auch noch Steinmeyer/*Santelmann/Nestler* Rn. 72 f.; Angerer/Geibel/Süßmann/*Süßmann* Rn. 14: Zeitpunkt ist die Übereignung an die Adressaten.

[137] Ausf. Kölner Komm WpÜG/*Kremer/Oesterhaus* Rn. 38; s. auch *Drinkuth* in Marsch-Barner/Schäfer Börsennotierte AG-HdB Rn. 60.266; FK-WpÜG/*Haarmann* Rn. 100; Baums/Thoma/*Marsch-Barner* Rn. 61.

[138] HM, s. nur Assmann/Pötzsch/Schneider/*Krause* Rn. 38, 36e mwN; *Drinkuth* in Marsch-Barner/Schäfer Börsennotierte AG-HdB Rn. 60.266; zu Contingent Value Rights als Gegenleistung vgl. *Gei/Kiesewetter* AG 2012, 741 (743); *Berrar/Schnorbus* CF 2019, 106 (110 f.).

[139] Ausf. *Boucsein/Schmiady* AG 2016, 597 (600 f.); s. dagegen Assmann/Pötzsch/Schneider/*Krause* Rn. 36e.

[140] AA Assmann/Pötzsch/Schneider/*Krause* Rn. 111, 122 für Parallelerwerbe, jedoch ist diese Auffassung nicht haltbar, wenn die Adressaten nicht wissen, ob sie nach der Annahme einer der Alternativen durch § 31 geschützt werden oder nicht.

[141] Dargestellt bei *Boucsein/Schmiady* AG 2016, 597 (600 f.); Assmann/Pötzsch/Schneider/*Krause* Rn. 38, 36e.

## IV. Zwang zum Barangebot (Abs. 3)

**1. Normzweck und Allgemeines.** Bei Vorerwerben ist neben der Gleichbehandlung **72** der Höhe nach (Abs. 1 iVm § 4 WpÜG-AV → Rn. 26 ff.) auch eine Gleichbehandlung der Art nach vorgesehen. Die Wertpapierinhaber sollen eine Gegenleistung in Euro, dh ein Barangebot erhalten, wenn der Bieter oder ghP sowie deren Töchter während eines Referenzzeitraumes einen erheblichen Teil der Wertpapiere, die Gegenstand des Angebots sind, gegen eine Geldleistung erworben haben. Rechtsgedanke ist erneut die Gleichstellung der Wertpapierinhaber der Zielgesellschaft untereinander bzw. ein Verbot für den Bieter, einzelne Aktionäre besser zu behandeln. Dies könnte er tun, indem er ihnen mit der Leistung von Bargeld die Möglichkeit verschafft, ihre Abfindung beliebig neu zu investieren, während die anderen Aktionäre nur wählen können, ob sie in der Zielgesellschaft verbleiben oder Gesellschafter einer anderen Gesellschaft werden wollen.

**2. Erwerb gegen Zahlung oder Vereinbarung einer Geldleistung (Abs. 3, 73 Abs. 6). a) Erwerb von 5% der Aktien oder Stimmrechte.** Die Pflicht zum Barangebot kann nur durch den Erwerb von 5% der Aktien oder der Stimmrechte ausgelöst werden. Erworben werden können sowohl Stamm- als auch Vorzugsaktien der Zielgesellschaft, allgemein die in § 2 Abs. 2 Nr. 1 genannten Wertpapiere, nicht aber die in § 2 Abs. 2 Nr. 2 genannten.[142] Der Zwang zum Barangebot wird nur ausgelöst, wenn die im Referenzzeitraum stattfindenden Erwerbsvorgänge sich auf insgesamt 5% kumulieren, zwischen den einzelnen Erwerben liegende Veräußerungsgeschäfte werden aber nicht abgezogen.[143] Für die Beurteilung, ob der Bieter einen Anteil von mindestens 5% des Grundkapitals der Zielgesellschaft erworben hat, werden Erwerbe von Stamm- und Vorzugsaktien zusammengezählt.[144] Zweitens löst auch der Erwerb von stimmrechtsvermittelnden Aktien (das ist mit Stimmrechten gemeint) unterhalb der Kapitalschwelle die Barangebotspflicht aus, wenn damit Stimmrechte von mindestens 5% vom Bieter erworben werden.[145]

**b) Gegen Zahlung einer Geldleistung.** Unter **Erwerb** iSd Abs. 3 Nr. 1 bzw. allge- **74** mein im Rahmen der Abs. 3–5 ist neben dem dinglichen Wertpapiererwerb wegen § 31 Abs. 6 auch der Abschluss bzw. das Bestehen von schuldrechtlichen Geschäften über den Erwerb zu verstehen, soweit der Erwerber aus dem Geschäft die Übereignung der Wertpapiere verlangen kann. Erfasst werden grundsätzlich alle betagten Rechtsgeschäfte sowie bestimmte Optionsgeschäfte, nicht aber die Ausübung gesetzlicher Bezugsrechte (näher → Rn. 93 ff.). Erforderlich ist ferner, dass der Bieter eine **Geldleistung** als Gegenleistung für den Erwerb vorgesehen hat. Der Erwerb **auch** gegen eine Geldleistung reicht aus, sonst könnte die Vorschrift zu leicht umgangen werden.[146] Bei der Einräumung eines Wahlrechts zwischen Geld- und Sachleistung an den Käufer oder Verkäufer oder der Abtretung von Forderungen erfüllungshalber oder an Erfüllungs Statt liegt ebenfalls der Verdacht einer Umgehung des Abs. 3 nahe.[147]

**3. Referenzzeitraum.** Berücksichtigt werden kumulativ Vorerwerbe des Bieters wäh- **75** rend eines sechsmonatigen Referenzzeitraums vor der Veröffentlichung der Kontrollerlangung gem. § 35 Abs. 1. § 31 Abs. 3 stellt zwar auf die Veröffentlichung nach § 10 ab. Im Unterschied zu § 5 WpÜG-AV erwähnt er nicht auch die Regelung des § 35. Da jedoch § 39 die sinngemäße Anwendung des § 31 auf Pflichtangebote anordnet, ist bei Pflichtange-

---

[142] Assmann/Pötzsch/Schneider/*Krause* Rn. 70; Baums/Thoma/*Marsch-Barner* Rn. 78.
[143] *Drinkuth* in Marsch-Barner/Schäfer Börsennotierte AG-HdB Rn. 60.271.
[144] HM, Assmann/Pötzsch/Schneider/*Krause* Rn. 70; Baums/Thoma/*Marsch-Barner* Rn. 78.
[145] Vgl. näher Kölner Komm WpÜG/*Kremer/Oesterhaus* Rn. 41.
[146] Wie hier Steinmeyer/*Santelmann/Nestler* Rn. 77; Angerer/Geibel/Süßmann/*Süßmann* Rn. 37; der Vorschlag von Kölner Komm WpÜG/*Kremer/Oesterhaus* Rn. 56, ein entsprechendes Kombinationsangebot an die Adressaten zu verlangen, ist von der Rechtsfolge der Vorschrift nicht mehr gedeckt; wie diese aber *Drinkuth* in Marsch-Barner/Schäfer Börsennotierte AG-HdB Rn. 60.272; Assmann/Pötzsch/Schneider/*Krause* Rn. 90; Schwark/Zimmer/*Noack/Zetzsche* Rn. 72; für Schwerpunktbetrachtung Baums/Thoma/*Marsch-Barner* Rn. 85.
[147] Vgl. dazu Kölner Komm WpÜG/*Kremer/Oesterhaus* Rn. 55, 57.

boten entsprechend auf einen Zeitraum von sechs Monaten vor der Veröffentlichung nach § 35 Abs. 1 abzustellen. Zur genauen Ermittlung des maßgeblichen Zeitraumes → Rn. 45. Danach rechnet der Tag der Veröffentlichung nicht mehr dazu.

76 Der Referenzzeitraum erstreckt sich weiter über die Dauer des Angebots selbst. Er reicht bis zum letzten Tag der Annahmefrist (einschließlich). Strittig ist, ob unter der Annahmefrist auch die weitere Annahmefrist des § 16 Abs. 2 zu verstehen ist. Das Problem stellt sich nur, wenn man § 31 entgegen der hier vertretenen Auffassung (→ Rn. 6 ff.) auch auf Übernahmeangebote für anwendbar hält. Nach überwiegender Auffassung gehört die **weitere Annahmefrist** nicht mit zum Referenzzeitraum.[148] Die Gegenansicht beruft sich auf den von Abs. 4 abweichenden Wortlaut des Abs. 3.[149] Es sei auch kein Grund dafür ersichtlich, Erwerbe während des Laufs der weiteren Annahmefrist für irrelevant zu halten. Da während der weiteren Annahmefrist der Erfolg des Angebots bereits feststeht und Abs. 3 ohnehin die einmalige Neueröffnung einer bereits endgültig gewordenen Frist ermöglicht (→ Rn. 79), ist der zuletzt genannten Auffassung zuzustimmen. Die Argumente, mit denen der ähnliche Wortlaut im Rahmen von § 22 Abs. 1 anders auszulegen ist, spielen hier keine Rolle (→ § 22 Rn. 9).[150]

77 **4. Rechtsfolgen. a) Pflicht zum Barangebot.** Soweit die Voraussetzungen von Abs. 3 Nr. 1 oder Nr. 2 gegeben sind, ist das Angebot zumindest mit einer alternativ angebotenen Geldleistung als Gegenleistung zu veröffentlichen. Die BaFin wird die Veröffentlichung andernfalls gem. § 15 Abs. 1 Nr. 2 untersagen, wenn sie von dem Erwerbstatbestand Kenntnis hat.

78 **b) Angebotsänderung.** Wird der Erwerbstatbestand des Abs. 3 erst nach Veröffentlichung der Unterlage verwirklicht, muss das Angebot unter Einhaltung der Vorschriften des § 21 geändert werden.[151] Wegen des Rücktrittsrechts nach § 21 Abs. 4 können auch die Adressaten, die das Umtauschangebot bereits angenommen haben, nach Veröffentlichung der Änderung noch das Barangebot annehmen.

79 **c) Verhältnis zu § 21 Abs. 6.** Abs. 3 scheint auf den ersten Blick zudem ein praktisches Verbot für die letzten zwei Wochen der Annahmefrist eines geänderten Angebots zu enthalten.[152] Bei Tauschangeboten, die dann gem. § 21 Abs. 6 nicht mehr geändert werden können, führte ein Parallelerwerb gegen Barleistung, mit dem der Bieter die 5%-Schwelle überschreitet, dann dazu, dass der Inhalt des Angebots gegen § 31 Abs. 3 verstößt und von der BaFin gem. § 15 Abs. 1 Nr. 2 zu untersagen wäre. Jedoch ist Abs. 3 mit der hM als **Spezialvorschrift** zu § 21 Abs. 6 anzusehen und als gesetzliche Angebotsänderung anzusehen, mit der die Annahmefrist noch einmal gem. § 21 Abs. 5 um zwei weitere Wochen verlängert wird.[153] Der Bieter kann nicht etwa damit die Annahmefrist mehrmals verlängern (weil eine Änderung nach Abs. 3 naturgemäß nur einmal erfolgen kann) und die Höchstfrist des § 16 Abs. 1 steht ohnehin unter dem Vorbehalt des § 21 Abs. 5.

80 **d) Zusammentreffen mit Abs. 4.** Bei einem relevanten Parallelerwerb kann sich auch die Höhe der Gegenleistung gem. Abs. 4 ändern. Soweit das der Fall ist, muss die Angebotsänderung jedenfalls ein Barangebot, und zwar zu dem gem. Abs. 4 vorgeschriebenen Preis, enthalten.[154] Fraglich ist, ob daneben auch **das ursprüngliche Tauschangebot** auf den nach Abs. 4

---

[148] Assmann/Pötzsch/Schneider/*Krause* Rn. 76c; Kölner Komm WpÜG/*Kremer/Oesterhaus* Rn. 48; Baums/Thoma/*Marsch-Barner* Rn. 87; Angerer/Geibel/Süßmann/*Süßmann* Rn. 34; *Drinkuth* in Marsch-Barner/Schäfer Börsennotierte AG-HdB Rn. 60.273.

[149] Steinmeyer/*Santelmann/Nestler* Rn. 84; Schwark/Zimmer/*Noack/Zetzsche* Rn. 71.

[150] Darauf abstellend aber Angerer/Geibel/Süßmann/*Süßmann* Rn. 34.

[151] Kölner Komm WpÜG/*Kremer/Oesterhaus* Rn. 59.

[152] Von Angerer/Geibel/Süßmann/*Süßmann* Rn. 43 zu Unrecht als „Erwerbsperre" bezeichnet. Jedoch wäre der Erwerb nicht unzulässig, er löste nur die weiter im Text beschriebene Folge aus.

[153] Überzeugend deshalb Steinmeyer/*Santelmann/Nestler* Rn. 84 in Fn. 158; Angerer/Geibel/Süßmann/*Süßmann* Rn. 43; Baums/Thoma/*Marsch-Barner* Rn. 91.

[154] Kölner Komm WpÜG/*Kremer/Oesterhaus* Rn. 60; Baums/Thoma/*Marsch-Barner* Rn. 92; Schwark/Zimmer/*Noack/Zetzsche* Rn. 74; so auch FK-WpÜG/*Haarmann* Rn. 141.

geschuldeten höheren Betrag **angehoben** werden muss. Eine bislang vereinzelte Auffassung bestreitet das. Das zusätzliche Wahlrecht der Adressaten, eine nach Abs. 3 iVm Abs. 4 erhöhte Barleistung erhalten zu können, sei als ausreichender „Ersatz" für die fehlende Notwendigkeit anzusehen, auch das Tauschangebot zu erhöhen.[155] Dieser Auffassung ist schon deshalb nicht zu folgen, weil dann unklar bliebe, was mit solchen Adressaten geschieht, die bereits das Tauschangebot angenommen haben und anschließend ihr Wahlrecht nicht ausüben. Auch ihnen muss daher der Parallelerwerb automatisch zugute kommen können. Richtig dürfte es dagegen sein, dem Bieter zu gestatten, sich bereits in der Angebotsunterlage vorzubehalten, eventuelle Ansprüche aus Abs. 4 stets in Bargeld zu erfüllen (zur näheren Begründung → Rn. 84).

### V. Vertragsänderung als Folge von Parallelerwerben (Abs. 4)

**1. Inhalt.** Nach § 31 Abs. 4 ändert sich die den Adressaten „geschuldete", dh die in der  **81**
Unterlage angebotene (Pflicht-)Gegenleistung, wenn der Bieter oder ghP während des Laufs der Annahmefrist Aktien der Zielgesellschaft zu einem höheren Preis als dem in der Unterlage angebotenen erwerben (Parallelerwerb). Die Änderung erfolgt gattungsbezogen. Das bedeutet, dass ein Parallelerwerb von Vorzugsaktien nur den für die Vorzüge angebotenen Preis erhöht, entsprechendes gilt für den Parallelerwerb von Stammaktien. Die Änderung bereits geschlossener Verträge erfolgt automatisch, ein Rücktritt mit Neuannahme durch die Adressaten ist nicht erforderlich (wohl aber vielleicht eine Klage, wenn der Bieter den Erwerb geheim hält).[156] Praktisch dürfte es zu Erhöhungen gem. Abs. 4 nur selten kommen, da der Bieter den Erwerb zu einem höheren Preis als dem allen angebotenen tunlichst vermeiden wird. Eine Ausnahme ergibt sich bei Konkurrenzangeboten (vgl. → § 22 Rn. 31 aE).

**2. Voraussetzungen.** Nach dem Tatbestand ist erforderlich, dass der Bieter bei einem  **82**
Parallelerwerb „wertmäßig eine höhere als die im Angebot genannte Gegenleistung gewährt oder vereinbart". Im Unterschied zum Parallelerwerb gem. Abs. 3 kommt es hier also nicht auf das „Ob" einer Geldleistung an, sondern auf das „Wieviel", dh auf den Wert der Gegenleistung des Bieters insgesamt. Zur Ermittlung der Höhe der gewährten Gegenleistung ist auf die zu § 4 WpÜG-AV dargestellten Grundsätze zu verweisen (vgl. → Rn. 38). Eine Mindestschwelle wie in Abs. 3 ist nicht vorgesehen, bereits der Erwerb einer Aktie zu einem höheren Preis soll den Adressaten zugute kommen.[157] Verträge, die mit dem Bieter durch Annahme gerade des Angebots zustandekommen, etwa bei zwei sich im Wert unterscheidenden Wahlgegenleistungen, sind selbstverständlich keine Parallelerwerbe iSd Abs. 4.[158]

**3. Zeitraum.** Der Zeitraum beginnt am Tag der Veröffentlichung und knüpft nahtlos  **83**
an das Ende des Referenzzeitraums des § 4 WpÜG-AV an (→ Rn. 34). Er endet am Tag der Veröffentlichung des Ergebnisses des Verfahrens nach § 23 Abs. 1 S. 1 Nr. 2 und damit in aller Regel zu einem späteren Zeitpunkt als die Frist des Abs. 3. Anschließend beginnt der Nacherwerbszeitraum des Abs. 5.

**4. Rechtsfolgen.** Das Gesetz geht vom Grundfall aus, in dem das Angebot nur *eine*  **84**
Gegenleistung vorsieht. Unproblematisch ist insoweit allerdings nur ein reines **Barangebot**. Das Gesetz spricht von Erhöhung der *geschuldeten* Gegenleistung. Gemeint sind aber entgegen dem missverständlichen Wortlaut nicht nur die durch Annahme bereits geschlossenen Verträge. Diese werden zwar automatisch angepasst. Darüber hinaus erhöht sich aber auch die in der Unterlage versprochene Gegenleistung, mithin das Angebot selbst.[159]

---

[155] FK-WpÜG/*Haarmann* Rn. 141. Wie sich aus dem von ihm gebildeten Beispiel ergibt, will *Haarmann* – entgegen der missverständlichen Formulierung, es sei lediglich Abs. 3 Nr. 2 anzuwenden – auf die alternativ anzubietende Barleistung durchaus Abs. 4 anwenden.
[156] Ganz hM; vgl. FK-WpÜG/*Haarmann* Rn. 129 mN in Fn. 241.
[157] Vgl. Assmann/Pötzsch/Schneider/*Krause* Rn. 103, der deshalb ein zentrales Transaktionsmanagement empfiehlt.
[158] FK-WpÜG/*Haarmann* Rn. 97, 143; Assmann/Pötzsch/Schneider/*Krause* Rn. 104 – das von *Krause* erwähnte Paradoxon existiert in Wahrheit nicht; vgl. → § 21 Rn. 17 ff.
[159] Zutr. *Pohlmann* ZGR 2007, 1 (14 f.).

85    Bei einem **reinen Tauschangebot** ist im Ausgangspunkt nach dem Wortlaut der Norm das Umtauschverhältnis zugunsten der Adressaten zu verbessern.[160] Der Bieter hat dagegen im Grundsatz **keine Ersetzungsbefugnis,**[161] die Erhöhung auch in bar zu leisten. Auch Unmöglichkeit der Erfüllung eines entsprechend erhöhten Umtauschverhältnisses für den Bieter ist kein Grund, einfach vom Gesetz abzuweichen.[162] Kann der Bieter seine Pflichten später nicht erfüllen, so begeht er eine Pflichtverletzung, deren Rechtsfolgen nach allgemeinen Regeln des Schuldrechts aufzulösen sind. Bei einem (zulässigen; → Rn. 70) **Kombinationsangebot** aus Aktien und Bargeld erhöhen sich beide Komponenten im zugesagten Verhältnis, es sei denn die Barkomponente dient lediglich dem Ausgleich von Spitzen. Die im Parallelerwerb versprochene Gegenleistung kann keinen Einfluss darauf haben, welche von **zwei etwa alternativ versprochenen Pflichtgegenleistungen** erhöht wird.[163] Soweit der Bieter nicht ausdrücklich kenntlich gemacht hat, welche der beiden Gegenleistungen die Pflichtgegenleistung sein soll, erhöhen sich beide. Dem Bieter ist aber größtmögliche **Freiheit** zu lassen, sich bereits in der Unterlage vorzubehalten, dass bei Parallelerwerben lediglich eine Barkomponente zu Tausch- oder Kombinationsgegenleistung hinzukommen kann. Das ergibt sich zwanglos, wenn man berücksichtigt, dass nicht nur Parallelerwerbe, sondern auch Vorerwerbe für die Höhe der anzubietenden Gegenleistung beachtlich sein können. Hat der Bieter Vorerwerbe gegen Geld getätigt, steht es ihm aber gleichwohl frei, neben einer ausreichenden Barleistung wahlweise sogar eine nicht den Mindestpreisen genügende Gegenleistung in Aktien oder ein Kombinationsangebot vorzusehen (ganz hM, vgl. → Rn. 71). Daher muss es ihm möglich sein, die Folgen eines Parallelerwerbs in der Angebotsunterlage auf eine Barkomponente und auf eine von mehreren alternativ angebotenen Gegenleistungen zu begrenzen, soweit dies nicht dem Zweck des Gesetzes zuwiderläuft.

86    Besonderes gilt hinsichtlich der **Information** der Adressaten des Angebots. Zwar muss der Bieter keine Änderungsveröffentlichung gem. § 21 Abs. 3 vornehmen,[164] dafür aber eine Aktualisierung der Angebotsunterlage, weil sich auch das Angebot selbst ändert (→ § 11 Rn. 18 f.), ferner eine Veröffentlichung gem. § 23 Abs. 2. Zur Finanzierung nebst Finanzierungsbestätigung → § 13 Rn. 21.

## VI. Nachbesserungsanspruch bei Nacherwerben (Abs. 5)

87    **1. Inhalt.** § 31 Abs. 5 verschafft den ehemaligen Aktionären einen (einklagbaren) **Anspruch auf Geldzahlung in Euro** in Höhe des Differenzbetrages zwischen der ihnen gewährten Gegenleistung und späteren Gegenleistungen des Bieters für den Erwerb von Wertpapieren an der Zielgesellschaft. Dieser Anspruch wird **fällig,** sobald der Tatbestand des Abs. 5 erfüllt ist, also bei Erwerb oder mit dem Abschluss einer nach Abs. 6 gleichgestellten Vereinbarung.[165] Erfasst werden nur **außerbörsliche Erwerbsvorgänge** des Bieters. Ein

---

[160] So im Ausgangspunkt auch die hM, s. etwa Assmann/Pötzsch/Schneider/*Krause* Rn. 121; Kölner Komm WpÜG/*Kremer/Oesterhaus* Rn. 76; Steinmeyer/*Santelmann/Nestler* Rn. 89; FK-WpÜG/*Haarmann* Rn. 130.

[161] So aber Assmann/Pötzsch/Schneider/*Krause* Rn. 121, 123; FK-WpÜG/*Haarmann* Rn. 130 mwN; Kölner Komm WpÜG/*Kremer/Oesterhaus* Rn. 77; Schwark/Zimmer/*Noack/Zetzsche* Rn. 86.

[162] AA Assmann/Pötzsch/Schneider/*Krause* Rn. 121.

[163] AA Assmann/Pötzsch/Schneider/*Krause* Rn. 122.

[164] Str., *Rothenfußer/Friese-Dormann/Rieger* AG 2007, 137 (140 f.) wollen § 21 auf die Fälle des § 31 Abs. 4 anwenden und gelangen dadurch zu einem Verbot von Parallelerwerben im Zeitraum des § 21 Abs. 5; dies abl. *Drinkuth* in Marsch-Barner/Schäfer Börsennotierte AG-HdB Rn. 60.150, der bei Parallelerwerben aber immerhin den Adressaten, die noch nicht angenommen haben, über die Anwendung des § 21 Abs. 5 noch einen Mindestzeitraum von zwei Wochen zur Annahme des Angebots einräumen will. Das dürfte aber mit der Systematik des § 31, besonders mit Abs. 5 nicht vereinbar sein, da bei Nacherwerben ebenfalls nur den Vertragspartnern, nicht allen Adressaten der Anspruch eingeräumt wird. Zur Kritik daran → Rn. 91; wie hier Assmann/Pötzsch/Schneider/*Krause* Rn. 120 mwN.

[165] Ganz hM, Assmann/Pötzsch/Schneider/*Krause* Rn. 145; Kölner Komm WpÜG/*Kremer/Oesterhaus* Rn. 93; Baums/Thoma/*Marsch-Barner* Rn. 115; Angerer/Geibel/Süßmann/*Süßmann* Rn. 58; aA *Drinkuth* in Marsch-Barner/Schäfer Börsennotierte AG-HdB Rn. 60.279: erst mit Fälligkeit der Gegenleistung aus dem Parallelerwerb. Das übersieht jedoch, dass dann auch beim wortlautgleichen Abs. 4 entsprechend verfahren werden müsste, das Gesetz aber im Gegenteil von einer automatischen sofortigen Erhöhung ausgeht. Das ist

Erwerb über ein multilaterales Handelssystem gem. § 72 WpHG ist, soweit die dort gebilde-ten Preise gem. § 24 Abs. 2 S. 3 BörsG für die Ermittlung des Börsenpreises berücksichtigt werden, als börslicher Erwerb zu behandeln. Dabei ist nach hM die Verpflichtung zur Nachbesserung aber auch dann ausgeschlossen, wenn der Bieter zwar außerbörslich, aber zu einem Preis erwirbt, der nicht höher als der Börsenkurs der Zielgesellschaft liegt.[166] Dem wird man allerdings nur für ganz geringe Volumina zustimmen können, weil deren börslicher Erwerb sonst Einfluss auf den Börsenkurs hätte und zu einem höheren Kurs führen würde. Umgekehrt kann durch ein Börsengeschäft ein **außerbörslicher Erwerb verdeckt** werden. In diesem Falle ist Abs. 5 anwendbar.[167] Das ist anzunehmen, wenn durch die Gestaltung des börslich abgewickelten Geschäfts den übrigen Marktteilnehmer die Chance vorenthalten wurde, ihre Aktien über die Börse an den Bieter zu veräußern oder Aktien vom Paketaktionär zu erwerben, dh der Marktmechanismus gestört ist.[168] Anhaltspunkte dafür sind neben einem unüblichem Volumen des Börsengeschäfts die vorhe-rige Absprache zwischen Bieter und Drittem sowie die Gestaltung des Geschäfts selbst.[169]

Zur Ermittlung der **Höhe der vom Bieter gewährten Gegenleistung** ist auf die zu 88 § 4 WpÜG-AV dargestellten Grundsätze zu verweisen (vgl. → Rn. 38 f.). Eine Mindest-schwelle wie in Abs. 3 ist nicht vorgesehen, bereits der Erwerb einer Aktie zu einem höheren Preis soll den Adressaten zugute kommen. Der Gesetzgeber hat auf Forderungen nach einer Bagatellschwelle im Gesetzgebungsverfahren nicht reagiert.[170] Im Unterschied zum Parallelerwerb gem. Abs. 4 beschränkt Abs. 5 den Nachbesserungsanspruch nicht ausdrück-lich auf diejenigen ehemaligen Aktionäre, die Aktien der **Gattung** gehalten haben, die der Bieter später nacherwirbt. Aus § 3 Abs. 1 folgt jedoch, dass der Nachbesserungsanspruch ebenfalls nur ehemaligen Inhaber der jeweils nacherworbenen Gattung zusteht (zur Recht-fertigung → Rn. 3).[171]

**Abfindungszahlungen** etwa beim Abschluss eines Beherrschungsvertrages mit der Ziel- 89 gesellschaft (§ 305 AktG), bei der Eingliederung (§ 320b AktG), beim Squeeze-out gem. §§ 327a ff. AktG oder bei Maßnahmen nach dem UmwG bleiben gem. Abs. 5 S. 2 außen vor. Dadurch wird vermieden, dass der Bieter einem unkalkulierbaren Kostenrisiko aus einer übernahmerechtlichen Nachbesserungspflicht ausgesetzt ist, wenn er innerhalb des Nacherwerbszeitraumes eine der genannten Strukturänderungen (etwa einen Squeeze-out) durchführt. Das gilt nicht nur, soweit solche Abfindungszahlungen im Rahmen eines Spruchverfahrens oder durch Abfindungsvergleich[172] bei gerichtlicher Auseinandersetzung erhöht werden, sondern bereits für die im Rahmen der Maßnahme angebotene Abfin-dung.[173] Die Vorschrift ist analog anwendbar auf **Vor- und Parallelerwerbe**.[174] Umge-

---

für Abs. 5 zu übernehmen, zumal der Anspruch selbst stets auf Geld gerichtet ist und sich auch insoweit von der Gegenleistung des Nacherwerbs unterscheidet.

[166] Kölner Komm WpÜG/*Kremer/Oesterhaus* Rn. 90; Steinmeyer/*Santelmann/Nestler* Rn. 95; Angerer/ Geibel/Süßmann/*Süßmann* Rn. 52; Assmann/Pötzsch/Schneider/*Krause* Rn. 135; aA aber Baums/Thoma/ *Marsch-Barner* Rn. 110: Gesetz stelle nur auf den Erwerbsweg ab; *Aisenbrey,* Die Preisfindung im Übernahme-recht, 2017, 213 f.
[167] *Stengel/Naumann* WM 2013, 2345 ff.; vgl. auch LG Berlin BeckRS 2007, 11131 = NZG 2007, 800 Ls.
[168] *Stengel/Naumann* WM 2013, 2345 (2349).
[169] Vgl. LG Berlin BeckRS 2007, 11131 unter B III 1 d) dd), das die Anforderungen an den Nachweis eines verdeckten Geschäfts möglicherweise zu niedrig ansetzt. Immerhin hatte der Bieter in diesem Fall an einem Tag innerhalb kürzerer Zeit mindestens 10% der noch außenstehenden Aktien erworben, was als ausreichendes Indiz für einen verdeckten Paketerwerb anzusehen ist. Allerdings stand im gegebenen Verfahren die Wirksamkeit eines Unternehmensvertrags in Streit, darauf hat Abs. 5 keinen Einfluss; vgl. zu dieser Frage auch ausf. *Stengel/Naumann* WM 2013, 2345 ff.: es gehe um Geschäfte, bei denen der Marktmechanismus aufgrund Absprache (pre-arranged trades) oder durch die faktischen Verhältnisse (sehr kurzer Zeitraum, in dem das Angebot angenommen werden kann, oder fill-or-kill orders) ausgeschaltet wird.
[170] Angerer/Geibel/Süßmann/*Süßmann* Rn. 54; s. auch Assmann/Pötzsch/Schneider/*Krause* Rn. 136.
[171] AA, soweit ersichtlich, nur Angerer/Geibel/Süßmann/*Süßmann* Rn. 91 ff.
[172] Ausf. Kölner Komm WpÜG/*Kremer/Oesterhaus* Rn. 94; s. auch *Drinkuth* in Marsch-Barner/Schäfer Börsennotierte AG-HdB Rn. 60.279 aE.
[173] Insoweit zutr. LG Frankfurt NZG 2019, 782 Rn. 25; missverständlich → 4. Aufl. 2017, Rn. 80.
[174] *Drinkuth* in Marsch-Barner/Schäfer Börsennotierte AG-HdB Rn. 60.259; Assmann/Pötzsch/Schnei-der/*Krause* Rn. 150.

---

kehrt gilt aber keinesfalls ein Berücksichtigungsverbot des im Rahmen eines Übernahmeangebots gezahlten Preises für die entsprechenden aktienrechtlichen Abfindungszahlungen. Auch lässt sich die Ausnahme nicht auf solche Gegenleistungen erweitern, die im Rahmen eines späteren zweiten Wertpapiererwerbsangebots gezahlt werden.[175] Schließt der Bieter wie im Fall der Übernahme von STADA einen Vertrag, in dem sich ein Paketaktionär verpflichtet, einem späteren Unternehmensvertrag mit einer der Höhe nach festgelegten Abfindung zuzustimmen, liegt in der Absprache zwar kein unmittelbarer Nacherwerb iSd Abs. 5, wohl aber ein Erwerb nach Abs. 6, für den die Ausnahme des Abs. 5 S. 2 ihrem Sinn und Zweck nach keine Anwendung findet (→ Rn. 98).[176]

**90**    **2. Zeitraum.** Der Zeitraum knüpft nahtlos an das Ende des Referenzzeitraums des Abs. 4 an (→ Rn. 83) und endet am Tag, der durch seine Benennung der Veröffentlichung des Ergebnisses des Verfahrens nach § 23 Abs. 1 S. 1 Nr. 2 entspricht.

**91**    **3. Kritik.** Fraglich ist, warum nur die **Aktionäre, die das Angebot angenommen haben,** die Nachbesserung erhalten. Die Vorschrift steht in einem Spannungsverhältnis zu § 3 Abs. 1. Es ist denkbar, dass ein Aktionär das Angebot nur deshalb nicht annimmt, weil er die Aktien höher bewertet als der Bieter. Liegt seine eigene Bewertung jedoch unter dem Preis, den der Bieter bei einem auf das Angebot folgenden außerbörslichen Nacherwerb zahlt, so wird dieser Aktionär benachteiligt: Er hätte das Angebot zu diesem Preis angenommen und bleibt gleichwohl davon ausgeschlossen. Ökonomisch gesehen erscheint das problematisch: Diejenigen, die das Unternehmen geringer bewertet und ihre Aktien bereits rechtsgültig verkauft hatten, erhalten einen typischen Windfall-Profit, der allenfalls unter dem Gesichtspunkt der denkbaren Umgehung der Preisregeln zu rechtfertigen ist.[177] Diejenigen Aktionäre, die das Angebot offensichtlich zutreffend für zu gering gehalten haben, werden von einem Verkauf ihrer Aktien ausgeschlossen, obwohl gerade sie doch die richtige Einschätzung vorgenommen haben. Wegen des außerbörslichen Erwerbs haben sie nicht einmal die Chance, ihre Anteile über die Börse zu einem entsprechenden Preis zu veräußern. Die Regelung erzeugt damit einen Annahmedruck, den das WpÜG doch gerade bekämpfen will und der mit § 3 Abs. 2 unvereinbar ist. Vgl. zum Problem des pressure to tender → § 19 Rn. 3 f.[178] Richtig wäre es de lege ferenda[179] dementsprechend, das Andienungsrecht des § 39c auf die Fälle zu erweitern, in denen ein preisrelevanter Nacherwerb iSd Abs. 5 stattgefunden hat.[180]

**92**    **4. Verhältnis zu § 23 Abs. 2.** Näher → § 23 Rn. 33 ff. Aus der Tatsache, dass § 23 Abs. 2 *auch* der Information der Adressaten über Nacherwerbe dient, kann nicht geschlossen werden, dass Nacherwerbe nur bei solchen Übernahmeangeboten zu einem Anspruch auf Nachzahlung führt, durch die der Bieter die 30%-Schwelle tatsächlich überschritten hat.[181]

## VII. Erwerbsbegriff (Abs. 6)

**93**    **1. Gleichstellung schuldrechtlicher Geschäfte (Abs. 6 S. 1). a) Grundsatz.** Grundsätzlich werden bei den Preisregeln der Abs. 3, 4 und 5 sowie bei den Vorerwerben

---

[175] So aber *Wasse* AG 2012, 784 (786 f.) im Wege teleologischer Reduktion von Abs. 5 S. 1 mit systematischen Erwägungen (Nähe des Erwerbs durch öffentliches Angebot zu börslichem Erwerb), die jedoch nicht überzeugen und nicht auf die Gefahr eingehen, dass Bieter und Paketverkäufer das zweite Angebot absprechen, um den Paketzuschlag nicht mit den außenstehenden Aktionären teilen zu müssen.

[176] Zutr. *Süßmann* NZG 2019, 771 (772); s. auch *Brandi/Nartowska/Kiefer* NZG 2021, 226 (228); aA LG Frankfurt NZG 2019, 782 Rn. 27; nachfolgend OLG Frankfurt NZG 2020, 1391 Rn. 67.

[177] Abl. *Ekkenga/Hofschroer* DStR 2002, 768 (770); vgl. auch *Aisenbrey,* Die Preisfindung im Übernahmerecht, 2017, 141.

[178] S. auch *Zschocke* FS Marsch-Barner, 2018, 607 (616); *Rübsaamen* WM 2017, 2007 (2012) zum fehlenden gerichtlichen Rechtsschutz nicht annehmenden Aktionäre.

[179] Richtig *Verse* Der Konzern 2015, 1 (3).

[180] Den hier gemachten Vorschlag als Analogie für das geltende Recht abl. *Aisenbrey,* Die Preisfindung im Übernahmerecht, 2017, 150 f., die dortigen Verschuldenserwägungen sind allerdings unangebracht; dazu → § 11 Rn. 113 ff.

[181] So aber FK-WpÜG/*Haarmann* Rn. 137; wie hier die hM, zutreffende Begr. bei Angerer/Geibel/Süßmann/*Süßmann* Rn. 55; ferner Steinmeyer/*Santelmann/Nestler* Rn. 97; Assmann/Pötzsch/Schneider/*Krause* Rn. 131; Kölner Komm WpÜG/*Kremer/Oesterhaus* Rn. 91; Baums/Thoma/*Marsch-Barner* Rn. 113.

gem. § 4 WpÜG-AV nur solche Vorgänge berücksichtigt, bei denen der Bieter das dingliche Eigentum an den Wertpapieren erhält (vgl. → Rn. 35). Abs. 6 stellt dem Vereinbarungen gleich, auf Grund derer der Bieter die Übereignung von Aktien verlangen kann. Gemeint sind damit alle Formen aufschiebend befristeter oder betagter Verpflichtungen zur Übertragung der Aktien auf den Erwerber.

**b) Begriff der Vereinbarung.** Mit dem Begriff der Vereinbarung in § 31 Abs. 6 WpÜG **94** ist nicht der Abschluss, sondern das **Bestehen eines Schuldverhältnisses** gemeint. Das ergibt sich daraus, dass bei der unmittelbaren Anwendung des § 4 WpÜG-AV ebenso wie bei der des Abs. 3 (dh ohne Abs. 6) die entscheidende Bewertung aus dem Inhalt des schuldrechtlichen Geschäfts folgt (→ Rn. 35, → Rn. 38), dessen Abschlusszeitpunkt auch deutlich vor Beginn des Referenzzeitraums liegen kann, und das gleichwohl für die Frage der Höhe des Mindestpreises entscheidend ist. In Abs. 6 wird nun dem dinglichen Erwerb die Vereinbarung gleichgestellt. Die Vereinbarung erfüllt damit eine doppelte Funktion. Zum einen folgt aus ihr die Höhe des Mindestpreises, sie ist die „Vereinbarung der Gegenleistung" iSd § 4 S. 1 WpÜG-AV. Für diese Funktion kommt es nur auf die Tatsache ihres Abschlusses an; wie bei unmittelbarer Anwendung des § 4 S. 1 WpÜG-AV ist der **Zeitpunkt des Abschlusses irrelevant** (→ Rn. 35, → Rn. 38).[182] Zum anderen ist die Vereinbarung per gesetzlicher Fiktion des Abs. 6 „Erwerb" iSd § 4 S. 1 WpÜG-AV. Insoweit kommt es darauf an, ob die aus der schuldrechtlichen Vereinbarung folgende Indizwirkung für die Bewertung der Zielgesellschaft durch den Bieter innerhalb des Referenzzeitraums noch immer Wirkung entfaltet oder ob diese Wirkung ggf. wieder beendet ist (→ Rn. 35). Im Normalfall des § 4 S. 1 WpÜG-AV endet die Indizwirkung der Vereinbarung mit dem dinglichen Erwerb, weil in diesem Moment das **Spannungsverhältnis** endet, dass sich aus der Tragung des Kursrisikos durch den Bieter[183] und seiner zugleich fehlenden Rechtsinhaberschaft[184] ergibt. Im Falle der gem. Abs. 6 gleichgestellten Vereinbarung besteht das Spannungsverhältnis, bis die Vereinbarung (durch Rücktritt, Vertragsaufhebung, Unmöglichkeit oÄ) wieder beendet ist.[185] Besteht also die einem Erwerb gleichgestellte Vereinbarung innerhalb des Referenzzeitraums fort, so ist die sich aus der Vereinbarung ergebende Gegenleistung auch preisrelevant, da ein durch Abs. 6 gleichgestellter Erwerb während des Referenzzeitraums vorliegt. Würde man es anders sehen, erlaubte man entgegen dem Grundanliegen des WpÜG dem Bieter und dem Paketverkäufer, den Paketerwerb so zu strukturieren, dass den außenstehenden Aktionären die **gleichberechtigte Teilhabe an der Kontrollprämie** (→ Rn. 31) **vorenthalten** wird.[186]

Der BGH ist dem unter Beifall der Lit. in der Entscheidung zur Postbankübernahme nicht **95** gefolgt, und zwar ohne sich mit den oben angestellten Überlegungen auseinanderzusetzen.[187] Die genannte Auslegung des Begriffs der Vereinbarung sei schon vom Wortlaut der Vorschriften nicht gedeckt.[188] Sie widerspreche auch dem gesetzgeberischen Willen und dem Sinn

---

[182] Offenbar aA aber nicht nachvollziehbar *Aisenbrey*, Die Preisfindung im Übernahmerecht, 2017, 178: § 4 Abs. 1 WpÜG-AV knüpft entgegen *Aisenbrey* ausdrücklich nicht nur an den den dinglichen Erwerb, sondern auch die Gegenleistungsvereinbarung an und deren Abschlusszeitpunkt ist nach allg. Meinung eben gleichgültig.

[183] Der Bieter trägt das Risiko einer Kursveränderung, weil der Kaufpreis für die Aktien ja durch die Vereinbarung festgelegt ist.

[184] Ihm stehen vor Übereignung weder Stimm- noch Dividendenrecht zu.

[185] Ausf. *Wackerbarth* ZIP 2012, 253 (254 f.).

[186] Dies erkennend, aber zugleich begrüßend *Krause* AG 2014, 833 (836) mwN in Fn. 40; ebenso *Stephan* Der Konzern 2018, 45 (50). Entgegen *Stephan* ist eine entsprechende Struktur des Paketverkaufs nicht mit dem Fahren von Tempo 50 in geschlossenen Ortschaften zu vergleichen, sondern mit dem Frisieren eines Mofas auf Tempo 70 und der anschließenden Behauptung, angesichts der bauartbedingten Höchstgeschwindigkeit des Gefährts könne man ja nicht schneller als 25 km/h gefahren sein. Immerhin rechtspolitische Bedenken äußernd *Verse* Der Konzern 2015, 1 (4).

[187] BGH NZG 2014, 985 Rn. 28–32 – Postbankübernahme; zust. *v. Falkenhausen* NZG 2014, 1368 (1369); *Krause* AG 2014, 833 (836) mwN in Fn. 40; *Löhdefink/Jaspers* ZIP 2014, 2261 (2269); *Witt* DStR 2014, 2132 (2134); *Ekkenga* ZGR 2015, 485 (490); mit Bedenken auch *Verse* Der Konzern 2015, 1 (4).

[188] BGH NZG 2014, 985 Rn. 31 (ohne Begr.); dagegen bereits *Wackerbarth* ZIP 2012, 253 (256).

und Zweck der Vorschriften. Der Gesetzgeber wollte der Umgehung der Vorschriften über Vor-, Parallel- und Nacherwerb entgegenwirken. Wenn innerhalb der gesetzlich festgelegten Fristen eine schuldrechtliche Vereinbarung über einen späteren Erwerb geschlossen und das dingliche Geschäft nach Ablauf dieser Fristen vollzogen werde, so sei auf die Vereinbarung abzustellen. Indessen ist vom **Abschluss der Vereinbarung** innerhalb der Fristen in Abs. 6 keine Rede[189] und dafür, dass der Gesetzgeber nur einen eingeschränkten Umgehungsschutz wollte, bietet die Gesetzesbegründung keinen Anhalt.[190] Ferner meint der BGH, ein „weiterer Zeitraum" neben der Sechsmonatsfrist des § 4 S. 1 WpÜG-AV ist im Gesetz nicht vorgesehen und wäre mit dem Sinn und Zweck der Sechsmonatsfrist des § 4 S. 1 WpÜG-AV auch nicht vereinbar. Einen „weiteren Zeitraum" hat jedoch niemand verlangt, der BGH widerlegt hier Behauptungen, die niemand aufgestellt hat.[191] Soweit der BGH schließlich äußert, mit der zeitlichen Begrenzung auf sechs Monate sollte der Bieter an einem Preis festgehalten werden, den er in zeitlicher Nähe zu seinem Übernahmeangebot selbst für angemessen gehalten hat, und dies könne sich nur an dem Erwerb oder der ihn ersetzenden schuldrechtlichen Vereinbarung manifestieren,[192] entbehrt die Begründung der Nachvollziehbarkeit. Denn sie erklärt nicht, warum sich im Normalfall des § 4 S. 1 WpÜG-AV ganz unstreitig (→ Rn. 35) im bloßen Vertragsvollzug die möglicherweise Jahre zuvor beim Vertragsschluss abgegebene Bewertung durch den Bieter (erneut) manifestieren soll,[193] und erst recht nicht, warum das nur bei dem Vertragsvollzug durch Übereignung der Wertpapiere so sein soll, nicht aber bei Vollzug durch Zahlung der Gegenleistung. Insofern ist die Begründung des II. Senats in sich widersprüchlich. Dies wird auch in der Lit. teils verkannt.[194]

**96**      **c) Optionen, andere Instrumente.** Nach der Begründung zum Gesetzesentwurf fällt unter den Begriff der Vereinbarung iSd Abs. 6 auch die Übertragung von **Call-Optionen,** die den Bieter zum Erwerb von Aktien berechtigen. Erfasst werden auch Wandelanleihen und Optionsanleihen.[195] Dass diese nicht unmittelbar, sondern erst nach Ausübung des Wandlungsrechts zum Bezug von Aktien berechtigen, spielt keine Rolle, ebenso wenig die Frage, ob das Wandlungsrecht tatsächlich ausgeübt wurde. Anders wird man aber entscheiden müssen, wenn das Wandlungsrecht von Bedingungen abhängig ist und erst nach Ablauf des maßgeblichen Referenzzeitraums entsteht. Bei der Ermittlung der Gegenleistung ist auf den Ausübungspreis sowie die für den Erwerb der Option gezahlte Prämie abzustellen bzw. auf den Kaufpreis für die Anleihe. Der Gesamtpreis ist nicht um die laufzeit- und volatilitätsbedingte Komponente zu bereinigen, da es nicht um die Ermittlung des Wertes der Option geht,[196] sondern nur zu ermitteln ist, was der Bieter bereit war, für die Möglichkeit des Erwerbes auszugeben.

---

[189] Vgl. bereits *Wackerbarth* ZIP 2012, 253 (257) unter 2.5.

[190] *Wackerbarth* ZIP 2012, 253 (256 f.) unter 2.3 und 2.4.

[191] Dies übersehend auch *Löhdefink/Jaspers* ZIP 2014, 2261 (2269): Wenn die Bewertung durch den Bieter denklogisch immer auf einen bestimmten Zeitpunkt bezogen wäre, dürfte es schon im Normalfall des § 4 S. 1 WpÜG-AV nicht auf den Zeitpunkt des Vollzugs des Kaufvertrags durch den Paketverkäufer ankommen. Der Gesetzgeber hat sich gerade nicht dafür entschieden, „nur solche Preise für berücksichtigungsfähig zu erachten, deren Festlegung in den durch § 31 Abs. 1, 4 und 5 WpÜG (ggf. iVm § 4 WpÜG-AV) bestimmten Zeitraum fallen."

[192] BGH NZG 2014, 985 Rn. 31.

[193] Auch *Verse* Der Konzern 2015, 1 (4) kann diese Fallgestaltung nicht erklären, bezeichnet aber gleichwohl die Argumentation des BGH als nachvollziehbar.

[194] Nicht erkannt wird dies von *Witt* DStR 2014, 2132 (2134): „Denn würden § 31 Abs. 6 S. 1 WpÜG, § 4 S. 2 WpÜG-AV die zeitliche Streckung von der (schuldrechtlichen) Vereinbarung bis zu deren Vollzug erfassen, auch wenn beide Rechtsakte nicht innerhalb des gesetzlich vorgegebenen Referenzzeitraums lägen, so wäre der Referenzzeitraum Makulatur." Das trifft nicht zu: Liegen Vereinbarung und Vollzug vor (oder nach) dem Referenzzeitraum, so liegt kein relevanter Vorerwerb vor. Warum also würde der Referenzzeitraum Makulatur, wenn man ihn auf Umgehungsgestaltungen wie im Postbank-Fall anwendete? Eine Antwort auf diese Frage bleibt der Autor schuldig.

[195] Kölner Komm WpÜG/*Kremer/Oesterhaus* Rn. 98; FK-WpÜG/*Haarmann* Rn. 150; Steinmeyer/*Santelmann/Nestler* Rn. 104; Baums/Thoma/*Marsch-Barner* Rn. 122.

[196] AA Kölner Komm WpÜG/*Kremer/Oesterhaus* Rn. 99; FK-WpÜG/*Haarmann* Rn. 152; Steinmeyer/*Santelmann/Nestler* Rn. 106; Baums/Thoma/*Marsch-Barner* Rn. 123; ausf. auch *Vetter* AG 2003, 478 (482 ff.); *Drinkuth* in Marsch-Barner/Schäfer Börsennotierte AG-HdB Rn. 60.281; wie hier nur Angerer/Geibel/

Dies bestätigt die Entscheidung des BGH in der Sache Celesio/McKesson.[197] Hier erwarb der Bieter innerhalb des Referenzzeitraums Wandelschuldverschreibungen und übte auch sein Wandlungsrecht aus. Der BGH sah in der höchsten für den Erwerb der Schuldverschreibungen gezahlten Gegenleistung die maßgebliche Bewertung durch den Bieter.[198] Dass der Bieter bei einer Call-Option zusätzliche vermögenswerte Rechte neben der Aktie erhält,[199] ist wegen der in Abs. 6 angeordneten Gleichstellung irrelevant. Das ergibt sich auch daraus, dass sich die in Abs. 3–5 genannten Erwerbe im Grundsatz gerade nicht auch auf Wertpapiere iSd § 2 Abs. 2 Nr. 2 beziehen, sondern der Erwerb solcher Wertpapiere in Abs. 6 nur zur Verhinderung von **Umgehungsgeschäften** gleichgestellt wird. Aus der Gleichstellung des Verpflichtungsgeschäfts mit dem dinglichen Erwerb der Aktien folgt auch die Irrelevanz der Frage, ob der Bieter die Option oder das Umtauschrecht ausgeübt hat.[200] Ferner dürfte die Vorschrift angesichts ihres Zwecks, Umgehungen zu verhindern, auch auf hintereinander geschaltete Geschäfte (Option auf Einräumung einer Option) anzuwenden sein.[201]

Soweit eine **Put-Option** den Bieter dazu berechtigt, Wertpapiere der Zielgesellschaft **97** zu veräußern, ist sie nicht zu berücksichtigen. Wird aber einem anderen das Recht eingeräumt, dem Bieter Wertpapiere der Zielgesellschaft anzudienen, so dürfte eine solche Vereinbarung ausreichen, da der andere dann verlangen kann, dem Bieter Wertpapiere zu übereignen.[202] Abs. 6 S. 1 stellt gerade nicht darauf ab, ob *der Bieter* die Übereignung verlangen kann.[203] Entscheidend ist, dass eine Rechtsbindung besteht, die zum Erwerb von Wertpapieren durch den Bieter führt. Nach Auffassung der hM soll eine Put-Option, die zur Zeit ihrer Begründung deutlich „im Geld" ist, einen Kaufvertrag verdecken können und insoweit unter Umgehungsgesichtspunkten preisbestimmend wirken können.[204] Dem ist mit der Maßgabe zuzustimmen, dass bereits eine marginal „im Geld" befindliche Put-Option eine wirtschaftliche Bindung[205] des Bieters auslöst und diese erst – aber dann auch endgültig – wieder beendet ist, wenn der Börsenkurs über den Ausübungspreis gestiegen ist.[206] Kommt es aufgrund der Put-Option innerhalb des Referenzzeitraums zu einem dinglichen Erwerb, sind die Vorschriften über den Vor-, Parallel- und Nacherwerb unmittelbar anwendbar.[207]

Die von den eben dargestellten Grundsätzen abweichende Auffassung des OLG Frankfurt **98** im Rahmen des Übernahmeangebots an die Aktionäre der STADA[208] setzt sich nicht

---

Süßmann/*Süßmann* Rn. 67 und *Aisenbrey*, Die Preisfindung im Übernahmerecht, 2017, 193–195, die hiesigen Erläuterungen zu Unrecht in Fn. 777 der Gegenauffassung zurechnend.

[197] BGH NZG 2018, 106; zuvor schon OLG Frankfurt NZG 2016, 269; zust. *Zschocke* DB 2016, 581 f.

[198] BGH NZG 2018, 106 Rn. 35 f.; insoweit abl. *Brellochs* ZGR 2018, 811 (830); s. auch *Rübsaamen* WM 2017, 2007 (2011 f.); zweifelnd *Stephan* Der Konzern 2018, 45 (51 f.).

[199] Darauf will *Vetter* AG 2003, 478 (482) abstellen.

[200] So jetzt auch Angerer/Geibel/Süßmann/*Süßmann* Rn. 67; ebenso Baums/Thoma/*Marsch-Barner* Rn. 122 mwN in Fn. 230; vgl. auch *Brellochs* ZGR 2018, 811 (827), die hiesigen Ausführunge zu Unrecht als aA zitierend.

[201] Ausf. *Aisenbrey*, Die Preisfindung im Übernahmerecht, 2017, 195–200.

[202] Vgl. auch *Brandi/Nartowska/Kiefer* NZG 2021, 226 (228); aA Kölner Komm WpÜG/*Kremer/Oesterhaus* Rn. 100; Assmann/Pötzsch/Schneider/*Krause* Rn. 153 m. Fn. 277, die darin nur unter den Voraussetzungen eines Scheingeschäfts (wenn die Option „im Geld" ist) einen verdeckten Kaufvertrag sehen wollen. Auch dagegen sind Baums/Thoma/*Marsch-Barner* Rn. 122 und Angerer/Geibel/Süßmann/*Süßmann* Rn. 65.

[203] So aber unter Verkennung des Wortlauts Assmann/Pötzsch/Schneider/*Krause* Rn. 157; FK-WpÜG/*Haarmann* Rn. 153; *Brellochs* ZGR 2018, 811 (823); *Aisenbrey* S. 191 f., deren Alternativformulierung („verlangt werden oder geschuldet sein") lediglich eine Tautologie enthält. Das Wort „der Bieter" fehlt nun einmal im Gesetz.

[204] *Schwark/Zimmer/Noack/Zetzsche* Rn. 95; FK-WpÜG/*Haarmann* Rn. 162; Kölner Komm WpÜG/*Kremer/Oesterhaus* Rn. 100; Assmann/Pötzsch/Schneider/*Krause* Rn. 157; aA Baums/Thoma/*Marsch-Barner* Rn. 122; Angerer/Geibel/Süßmann/*Süßmann* Rn. 65.

[205] Ausf. mit Beispielen *Wackerbarth* ZIP 2012, 253 (258 ff.); unzutr. die Kritik von Schwark/Zimmer/*Noack/Zetzsche* Rn. 95 in Fn. 413; die gegebene Begründung liegt nicht im Wortlaut des Abs. 6, sondern in der wirtschaftl. Bindung durch die Put-Option.

[206] Ausf. *Wackerbarth* ZIP 2012, 253 (259 ff.), dort auch zu Doppeloptionen wie im Fall der Übernahme der Postbank.

[207] Assmann/Pötzsch/Schneider/*Krause* Rn. 157.

[208] OLG Frankfurt NZG 2020, 1391 Rn. 60 ff.; LG Frankfurt NZG 2019, 782 Rn. 25 ff.

hinreichend mit dem Wortlaut und Zweck des Abs. 6 auseinander. Hier hatte der Bieter mit einem Paketaktionär, dessen Zustimmung für einen späteren Unternehmensvertrag benötigt wurde, am letzten Tag des Übernahmeangebots eine Vereinbarung getroffen. Nach dieser verpflichtete sich der Paketaktionär, einem späteren Beherrschungs- und Gewinnabführungsvertrag zuzustimmen, sofern der Bieter eine Abfindung von 74,40 € anbieten werde. Durch diese Absprache erhielt der Bieter das Recht, einseitig ein Andienungsrecht des Paketaktionärs zu diesem Preis auszulösen. Ähnlich wie bei einer Call Option stand damit eine bestimmte Bewertung durch den Bieter fest, weil er damit rechnen musste, bei Ausübung der Option die festgelegte Abfindung zu zahlen.

**99**    **2. Ausnahme für das gesetzliche Bezugsrecht (Abs. 6 S. 2).** Keinen Erwerbsvorgang iSd Abs. 3–5, § 4 WpÜG-AV stellt die Ausübung des Bezugsrechts durch den Bieter bei einer Kapitalerhöhung dar. Von der Ausnahme erfasst wird aber nicht generell jeder Erwerb im Zusammenhang mit einer Kapitalerhöhung, etwa der durch den Erwerb von Bezugsrechten Dritter bedingte Erwerb oder der Erwerb von eigenen Aktien der Zielgesellschaft.[209]

### VIII. Rechtsmittel und Sanktionen

**100**    **1. Zinszahlung. a) Eigenständigen Anspruch aus § 38.** Im Falle des Bestehens einer **Angebotspflicht**[210] gibt § 38 den Aktionären nach freilich nicht hM (zu ihr → Rn. 101 ff.) einen selbständigen Anspruch auf Zinsen. Da diese „auf die Gegenleistung" berechnet werden, kann im Rahmen des § 38 die Erfüllung der Mindeststandards des § 31 iVm WpÜG-AV überprüft werden. Denn inzidenter muss für den Anspruch aus § 38 geklärt werden, welches die zutreffende Mindestgegenleistung ist. Dass § 38 einen eigenständigen, nicht nur einen akzessorischen Anspruch gewährt, folgt schon aus dem Wortlaut der Norm. Denn der Anspruch auf Zinsen nach dem eindeutigen Gesetzeswortlaut gilt auch für Zeiten, in denen es noch keinen Anspruch auf die Gegenleistung gibt, weil nämlich die Angebotsunterlage noch nicht erstellt ist, namentlich also im Falle des § 38 Nr. 1. Mindestens § 38 Nr. 1 kann also überhaupt **keinen akzessorischen Zinsanspruch** geben. Das ist zwingend. Vor diesem Hintergrund hätte es einer Begründung für ein abweichendes Verständnis des § 38 Nr. 2 bedurft, die der BGH in der BKN-Entscheidung schuldig bleibt. (§ 38 Nr. 2 ist lediglich einer von drei Tatbeständen, in den es zur in § 38 S. 1 festgelegten Zahlungspflicht kommt. Die Rechtsfolge ist in allen drei Nummern des § 38 dieselbe, so dass man nicht für Nr. 1 zu einer anderen Rechtsfolge gelangen kann als für Nr. 2.) Zusätzliches Argument für den eigenständigen, nicht akzessorischen Anspruch aus § 38 ist, dass es sonst allein von der **Evidenzkontrolle der BaFin** abhinge, ob ein Pflichtangebot zu den Mindestkonditionen des § 31 abgegeben wird oder nicht.[211] Dies erkennt der gleiche Senat des BGH in seiner nachfolgenden Entscheidung zur Postbankübernahme vom 29.7.2014 zu § 31 auch inhaltlich an.[212] Zu einer gerichtlichen Prüfung der Höhe der Gegenleistung können die Aktionäre den Bieter allerdings nicht zwingen, wenn er zwar ein Pflichtangebot abgibt, dieses aber (möglicherweise) nicht den Regeln des § 31 entspricht, es sei denn, die BaFin untersagt das Angebot (zutreffend → § 38 Rn. 18 mN auch zur Gegenauffassung).[213] Denn § 38 Abs. 1 Nr. 3 ist in diesem Falle spezieller. Ferner besteht ohne Angebot zunächst **kein unmittelbarer Anspruch auf die Gegenleistung,** da § 31 Abs. 1 keine individuelle und unmittelbare Anspruchsgrundlage

---

[209] Krit. insoweit Kölner Komm WpÜG/*Kremer/Oesterhaus* Rn. 102; s. auch FK-WpÜG/*Haarmann* Rn. 155 mwN.

[210] Nur in diesem Fall: Baums/Thoma/*Marsch-Barner* Rn. 130; ferner FK-WpÜG/*Haarmann* Rn. 161; zweifelnd Assmann/Pötzsch/Schneider/*Krause* Rn. 168.

[211] So auch FK-WpÜG/*Haarmann* Rn. 157; vgl. auch *Verse* ZIP 2004, 199 (204); das spricht entscheidend gegen die Argumentation von *Simon* NZG 2005, 541 (543).

[212] BGH NZG 2014, 985 Rn. 24 – Postbankübernahme.

[213] Assmann/Pötzsch/Schneider/*Krause* Rn. 168; Steinmeyer/*Steinmeyer* § 38 Rn. 21 sowie *Drinkuth* in Marsch-Barner/Schäfer Börsennotierte AG-HdB Rn. 60.282.

für die Aktionäre der Zielgesellschaft enthält (→ Rn. 105) und – ebenso wie § 35 – kein Schutzgesetz iSd § 823 Abs. 2 ist (→ § 35 Rn. 245 ff. mN auch zur Gegenauffassung).[214]

**b) Abweichende Auffassung des BGH.** Demgegenüber kann nach der BKN-Entschei- **101** dung des BGH vom 11.6.2013[215] kein Aktionär den Bieter auf die Erfüllung seiner ihm gegenüber bestehenden Zinszahlungspflicht aus § 38 verklagen. Die Zinszahlungspflicht ist nach dieser Entscheidung akzessorisch zum Bestehen eines Anspruchs auf die Gegenleistung und setzt daher die Veröffentlichung eines Pflichtangebots voraus.[216] Diese Entscheidung des BGH ist mangelhaft begründet und übergeht sämtliche Argumente der Gegenseite (→ Rn. 100). Der Gesellschaftsrechtssenat beruft sich auf den **Wortlaut** des § 38 („Zinsen auf die Gegenleistung");[217] dieser Wortlaut spricht indessen gerade für einen eigenständigen Anspruch, weil es dort eben heißt, dass „der Bieter … zur Zahlung von Zinsen … verpflichtet" sei und nicht wie in § 288 BGB, dass „eine Schuld zu verzinsen" sei. Mindestens aber ist der Wortlaut für die Frage unergiebig. Widersprüchlich sind die Ausführungen des BGH zu **Sinn und Zweck** der Norm:[218] Wenn § 38 Verzögerungen bei der Veröffentlichung des Angebots sanktionieren wollte, dann trifft die Behauptung des Senats, bei späterem Unterschreiten der Kontrollschwelle wäre der Zinslauf unbegrenzt, nicht zu. Vielmehr endet der Zinslauf eben in dem Moment, in dem die Angebotspflicht wieder entfällt (zB nach § 37 Abs. 1). Das hat im Übrigen nichts mit der Frage zu tun, ob § 38 einen eigenständigen Anspruch gibt.

Der II. Senat behauptet ferner, es gehe auch nicht an, dass Aktionäre aus § 38 begünstigt **102** werden, die ihre **Aktien gar nicht verkaufen wollen**.[219] Jedoch kann kein Aktionär wissen, ob er verkaufen will, wenn ihm ein Angebot mit den vielfältigen Informationen der Angebotsunterlage (§ 11) gerade vorenthalten wird. Das Argument führt gerade zum gegenteiligen Ergebnis: Weil er allen (!) Aktionären eine informierte Entscheidung unmöglich macht, muss der Kontrollinhaber für die Dauer des Verstoßes an alle zahlen, auch an die, die später nicht verkaufen (wollen).

Was die Möglichkeit **unterschiedlicher Ausurteilung** solcher Ansprüche durch die **103** Untergerichte angeht,[220] so handelt es sich allenfalls um ein rechtspolitisches Argument, das zudem vor dem Hintergrund des KapMuG an Überzeugungskraft verliert. Es wäre in erster Linie Aufgabe des II. Zivilsenats, dafür zu sorgen, dass es nicht zu divergierenden Entscheidungen kommt. Fehl geht schließlich der Hinweis des II. Senats auf die Möglichkeit des Bieters, statt einer Geldgegenleistung auch **Aktien anzubieten**[221] Das spreche angeblich gegen einen eigenständigen Zinsanspruch. Was der Senat damit sagen will, ist nicht klar. Denn ob nun Aktien angeboten werden oder Geld – in jedem Falle ist die Mindestgegenleistung gem. § 4 WpÜG-AV oder § 5 WpÜG-AV in Geld zu bemessen und kann daher ein Zinsanspruch auf die Mindestgegenleistung stets leicht berechnet werden.

**2. Untersagung durch die BaFin.** Wird ein Übernahme- oder ein Pflichtangebot dage- **104** gen tatsächlich abgegeben, so führt ein Verstoß gegen § 31 unter den Voraussetzungen des § 15 Abs. 1 Nr. 2 zunächst grundsätzlich zur **Untersagung des Angebots**. Im Falle eines Pflichtangebots erhöht das den Zinszahlungsanspruch der Aktionäre gem. § 38 Abs. 1 Nr. 3.

---

[214] BGH NZG 2013, 939 Rn. 33 ff. – BKN; für § 31 ferner Steinmeyer/*Santelmann*/*Nestler* Rn. 111; *Verse* ZIP 2004, 199 (204); *Verse* in Mülbert/Kiem/Wittig, 10 Jahre WpÜG, 2011, 276, 297 mwN in Fn. 77; Schwark/Zimmer/*Noack*/*Zetzsche* Rn. 108 mwN; zu § 823 Abs. 2 BGB auch Assmann/Pötzsch/Schneider/ *Krause* Rn. 166 f.
[215] BGH NZG 2013, 939 – BKN.
[216] BGH NZG 2013, 939 Rn. 25 ff. – BKN; offengelassen noch von BGH NZG 2006, 945 f. – WMF; aA die dort nachgewiesene überwiegende Auffassung in der Lit. und → § 38 Rn. 2 mwN (*Schlitt*); ferner *Diekmann* DStR 2007, 445 (448); LG Hamburg AG 2007, 177 und nach Abwägung *Drinkuth* in Marsch-Barner/Schäfer Börsennotierte AG-HdB Rn. 60.363; wie der BGH noch *Pohlmann* ZGR 2007, 1 (19); *Verse* in Mülbert/Kiem/Wittig, 10 Jahre WpÜG, 2011, 276, 296 f. mwN in Fn. 75.
[217] BGH NZG 2013, 939 Rn. 28 – BKN.
[218] BGH NZG 2013, 939 Rn. 19 f. – BKN.
[219] BGH NZG 2013, 939 Rn. 28 f. – BKN.
[220] BGH NZG 2013, 939 Rn. 28 iVm 22 – BKN.
[221] BGH NZG 2013, 939 Rn. 28 iVm 23 – BKN.

**105**   **3. Erfüllungsansprüche. a) Meinungsstand.** Kommt es hingegen nicht zur Untersagung des Angebots, so sehen zunächst die Abs. 4 und Abs. 5 in den dort angeordneten Fällen einen ausdrücklichen Zahlungsanspruch (Abs. 5; → Rn. 87) bzw. einen Anspruch aus dem gesetzlich geänderten Vertrag (Abs. 4; → Rn. 84) vor. Das betrifft allerdings nur Handlungen des Bieters nach Veröffentlichung der Angebotsunterlage. Erfüllt die angebotene Gegenleistung hingegen von Anfang an nicht die gesetzlichen Anforderungen, so ist umstritten, ob bzw. inwieweit den Aktionären gegenüber dem Bieter ein Anspruch auf Zahlung des Mindestpreises bzw. des Unterschiedsbetrages zu diesem Preis (Abs. 1) sowie ein Anspruch auf eine ihrer Art nach zulässige Gegenleistung (Abs. 2, Abs. 3) zusteht.[222] Nach hM soll sich unmittelbar aus Abs. 1 in Verbindung mit dem bzw. vermittelt durch den geschlossenen Vertrag **ein Anspruch der das Angebot annehmenden Aktionäre** auf eine angemessene Gegenleistung ergeben.[223] Dabei wird dann noch danach unterschieden, ob nun gerade nach oder vor Annahme des Angebots geprüft wird, so dass entweder das Angebot oder aber der geschlossene Vertrag gesetzlich geändert wird.[224] Jedenfalls soll Abs. 1 iVm §§ 3–7 WpÜG-AV privatrechtsgestaltende Wirkung haben. Darüber hinaus wird eine solche Wirkung auch noch für Abs. 3 in Betracht gezogen.[225] Zur genauen Dogmatik hat sich der BGH bislang freilich noch nicht ausdrücklich geäußert.[226] Demgegenüber wird auch vertreten, dass aus Abs. 1 ein Nachbesserungsanspruch unmittelbar nicht abgeleitet werden könne, weil das ein für den Bieter unkalkulierbares Risiko bedeutete.[227] Nach dieser Auffassung soll lediglich ein individueller Schadensersatzanspruch aus § 12, gerichtet auf das positive Interesse, für die Aktionäre bestehen, die das Angebot angenommen haben.

**106**   **b) Stellungnahme.** Jedenfalls für Abs. 3 kann der hM nicht zugestimmt werden:[228] Würde auch Abs. 3 den geschlossenen Vertrag gesetzlich modifizieren, dann hätten Aktionäre ggf. noch Jahre später ein Wahlrecht, welche der Leistungen sie annehmen wollten. Das wäre, wie *Noack* überzeugend darlegen,[229] mit den Zielen des WpÜG, namentlich mit dem Beschleunigungsgrundsatz des § 3 Abs. 4 nicht vereinbar. Insbesondere gestaltet Abs. 3 weder die bereits abgeschlossenen Verträge um, noch modifiziert er zwingend die anzubietende Gegenleistung (→ § 21 Rn. 21 zur Wahlgegenleistung). Vielmehr sorgt er lediglich für eine Pflicht des Bieters, wahlweise eine Gegenleistung in Geld vorzusehen. Auch Abs. 2 kann keine vertragsgestaltende Wirkung zukommen. Wenn der Bieter etwa – von der BaFin unbeanstandet – nicht-liquide Aktien als Gegenleistung angeboten hat, welche Rechtsfolgen sollen dann aus Abs. 2 für die bereits geschlossenen Verträge oder das Angebot folgen?

**107**   Wenn aber schon Abs. 3 und Abs. 2 nicht unmittelbar vertragsgestaltend wirken, sollte man mit der Annahme einer Privatrechtsgestaltungswirkung des Abs. 1 äußerst vorsichtig

---

[222] Ausf. Darstellung des Streits bei *Aisenbrey,* Die Preisfindung im Übernahmerecht, 2017, 133 ff.

[223] BGH NZG 2014, 985 Rn. 22–27 – Postbankübernahme; vgl. auch BGH NZG 2018, 106 Rn. 11; zust. *v. Falkenhausen* NZG 2014, 1368 (1369); *Witt* DStR 2014, 2132 f.; *Verse* Der Konzern 2015, 1 ff.; schon vorher FK-WpÜG/*Haarmann* Rn. 157; Kölner Komm WpÜG/*Kremer/Oesterhaus* Rn. 107; Baums/Thoma/*Marsch-Barner* Rn. 128; *Mülbert/Schneider* WM 2003, 2301 (2302); *Pohlmann* ZGR 2007, 1 (15) mwN in Fn. 66; *Verse* ZIP 2004, 199 (202 ff.); s. auch *Reuschle* WM 2004, 2334 (2336); *Brellochs* ZGR 2018, 811 (817); *Aisenbrey,* Die Preisfindung im Übernahmerecht, 2017, 136; bloß referierend *Zschocke* FS Marsch-Barner, 2018, 607, 617 f.; aA Assmann/Pötzsch/Schneider/*Krause* Rn. 166b; *Tyrolt/Cascante* in Mülbert/Kiem/Wittig, 10 Jahre WpÜG, 2011, 110, 139 f.; Schwark/Zimmer/*Noack/Zetzsche* Rn. 105; *Lappe/Stafflage* BB 2002, 2185 (2189 f.); wohl auch Steinmeyer/*Santelmann/Nestler* Rn. 111.

[224] Vgl. dazu *Pohlmann* ZGR 2007, 1 (15 f.); Kölner Komm WpÜG/*Kremer/Oesterhaus* Rn. 107; Baums/Thoma/*Marsch-Barner* Rn. 128.

[225] *Verse* ZIP 2004, 199 (202) in Fn. 26 f.; FK-WpÜG/*Haarmann* Rn. 157; Baums/Thoma/*Marsch-Barner* Rn. 128; Angerer/Geibel/*Süßmann* Rn. 75: Vertrag iVm § 31 Abs. 3–5; s. demgegenüber *Pohlmann* ZGR 2007, 1 (15, 17): Abs. 1, 4 und 5.

[226] Vgl. BGH NZG 2014, 985 Rn. 22–27 – Postbankübernahme.

[227] Schwark/Zimmer/*Noack/Zetzsche* Rn. 105; *Lappe/Stafflage* BB 2002, 2185 (2189 f.).

[228] Nicht ohne Zweifel offenbar auch *Verse* ZIP 2004, 199 (202) in Fn. 26 f.

[229] Schwark/Zimmer/*Noack/Zetzsche* Rn. 105; s. auch *Verse* ZIP 2004, 199 (204); Begr. RegE, BT-Drs. 14/7034, 27.

sein. Dort ist – wie in Abs. 3 und im scharfen Gegensatz zu Abs. 4 – nicht von Erhöhung der geschuldeten Gegenleistung die Rede, sondern von der Pflicht des Bieters, eine den Mindestpreisbestimmungen entsprechende Gegenleistung *anzubieten*. Der Bieter hat bei einem freiwilligen feindlichen Übernahmeangebot und unter Umständen auch bei einem Pflichtangebot nicht notwendig sämtliche Informationen, um etwa eine im Fall des § 5 Abs. 4 WpÜG-AV verlangte Unternehmensbewertung der Zielgesellschaft genügend konkret vorzunehmen. Insoweit ist es ihm sicher unzumutbar, sich auf nachfolgende lange Auseinandersetzungen mit den (ehemaligen) Aktionären der Zielgesellschaft über das korrekte Ergebnis einer solchen Bewertung einzulassen.[230] Man kann dem Bieter auch nicht zumuten, zur Vermeidung der Unternehmensbewertung aussagekräftige Vorerwerbe abzuschließen.[231] Es ist ja gerade der „Clou" am Übernahmeangebot, dass die Aktionäre entscheiden können sollen, ob ihnen der angebotene Preis reicht oder nicht. Das WpÜG kann von Bieter nur verlangen, genügende und zutreffende Information bereitzustellen. Solange der Bieter offenlegt, was § 11 iVm § 2 WpÜG-AV von ihm verlangen, ist es Sache der Aktionäre, darüber zu befinden, ob sie zu diesen Konditionen „gehen" wollen. Eine langwierige gerichtliche Auseinandersetzung über die Angemessenheit des Preises passt dazu gerade nicht, auch nicht beim Pflichtangebot. Infolgedessen können aus Abs. 1 iVm §§ 5–7 WpÜG-AV ebenso wie aus Abs. 2 oder Abs. 3 **keine einklagbaren Individualansprüche** der Aktionäre folgen, auch nicht in Verbindung mit dem abgeschlossenen Vertrag. Die abweichende Auffassung des BGH in seiner Entscheidung zur Übernahme der Postbank v. 29.7.2014 geht auf diese Argumente nicht ein und kann daher nicht überzeugen.[232]

Etwas anderes muss hingegen für § 4 WpÜG-AV gelten Der Bieter hat es in der Hand, **108** komplexe Bewertungsfragen bei **Vorerwerben** zu vermeiden, indem er klare Verträge schließt. Tut er es nicht, kann er sich nicht darauf berufen, das WpÜG müsse ihm eine verfahrensmäßig einfache und rechtssichere Übernahme ermöglichen (→ § 35 Rn. 247).[233] Insoweit ist eine analoge Anwendung von Abs. 4 und Abs. 5 hier geboten.[234] Bei Vorerwerben ist die Wertungslage mit der von Parallel- und Nacherwerben identisch. „Spruchstellenartige Auseinandersetzungen"[235] sind hierbei in aller Regel auch nicht zu befürchten und werden vom Gesetzgeber bei Parallel- und Nacherwerbern dem Bieter ja auch zugemutet. Nur insoweit kann der Entscheidung des BGH vom 29.7.2014 daher zugestimmt werden.[236]

**c) Details des Erfüllungsanspruchs.** Richtigerweise ist bei der weiteren Betrachtung **109** des Erfüllungsanspruchs nicht nach dem Zeitpunkt von Antrag und Annahme, sondern danach zu differenzieren, **wann sich die Unrichtigkeit der Angaben in der Angebotsunterlage herausstellt:** Während des Laufs der Angebotsfrist ist bezüglich der Höhe der Gegenleistung Abs. 4 entsprechend anzuwenden, sobald preiserhöhende Vorerwerbe bekannt werden. Die automatische Modifikation bei Parallelerwerben muss erst recht gelten, wenn der preisentscheidende Erwerb schon vorher stattgefunden hat, aber erst während der Angebotsfrist bekannt wird.[237] Für die Art der Gegenleistung ist während der Angebotsfrist Abs. 3 ohnehin unmittelbar einschlägig (vgl. → Rn. 79 f.). Stellt sich **nach dem Ablauf**

---

[230] Schwark/Zimmer/*Noack/Zetzsche* Rn. 105.

[231] So aber *Verse* in Mülbert/Kiem/Wittig, 10 Jahre WpÜG, 2011, 276, 290 de lege ferenda mit der Überlegung, in diesen Fällen könnte man auf eine Unternehmensbewertung verzichten.

[232] BGH NZG 2014, 985 Rn. 22–27; dem BGH aber undifferenziert zust. *v. Falkenhausen* NZG 2014, 1368 (1369); *Witt* DStR 2014, 2132 f.; *Löhdefink/Jaspers* ZIP 2014, 2261 (2266 f.); konsequent abl. *Krause* AG 2014, 833 (834 f.).

[233] So auch *Verse* in Mülbert/Kiem/Wittig, 10 Jahre WpÜG, 2011, 276, 288 f.; aA *Tyrolt/Cascante* in Mülbert/Kiem/Wittig, 10 Jahre WpÜG, 2011, 110, 139 f.; Assmann/Pötzsch/Schneider/*Krause* Rn. 166b ff., die – freilich ohne Berücksichtigung der Gegenargumente – Individualansprüche auch in diesem Fall verneinen.

[234] Steinmeyer/*Santelmann/Nestler* Rn. 111.

[235] Schwark/Zimmer/*Noack/Zetzsche* Rn. 105.

[236] BGH NZG 2014, 985 Rn. 22–27 – Postbanübernahme.

[237] Zutr. Steinmeyer/*Santelmann/Nestler* Rn. 111; vgl. auch *Verse* ZIP 2004, 199 (202): insoweit ist das Argument von *Pohlmann* ZGR 2007, 1 (16), in Abs. 1 ginge es um Angemessenheit und nicht wie in Abs. 4 und 5 um Gleichbehandlung, gegenstandslos.

**der Annahmefrist** der Verstoß gegen die Mindestpreisregeln heraus, so folgt aus der Wertung des Abs. 5, dass keine nachträgliche Änderung der Art der Gegenleistung (Abs. 2, Abs. 3) mehr erfolgen kann, sondern vielmehr lediglich Ansprüche auf Zahlung eines Geldbetrags bestehen.[238] Diese Ansprüche sind sofort fällig (→ Rn. 87). Sie **verjähren** nach §§ 195, 199 BGB, die Sonderverjährung des § 12 Abs. 4 ist nicht anwendbar.[239] Soweit danach aus Abs. 4 oder Abs. 5 Nachzahlungsansprüche herzuleiten sind, können sie im Wege des **Musterverfahrens** geltend gemacht werden (§ 1 Abs. 1 S. 1 Nr. 2 KapMuG).[240] De lege ferenda ist daran zu denken, für derartige Ansprüche ein Verfahren mit Wirkung **inter omnes** vorzusehen.[241]

110   **4. Schadensersatz, Prospekthaftung.** Ob neben den eben genannten Ansprüchen noch eine Haftung wegen Mängeln der Angebotsunterlage besteht, ist umstritten.[242] Der Bieter begeht eine insiderrechtliche Straftat, wenn er relevante Bewertungsinformationen aus einer durchgeführten due diligence bei der Zielgesellschaft oder Vorerwerbe in der Angebotsunterlage **nicht vollständig offenlegt** (→ § 11 Rn. 65 ff.). In diesen Fällen liegen Haftungsansprüche sämtlicher Anleger nahe, ggf. aus § 826 BGB. Eine Beschränkung auf eine Erfüllungshaftung nur gegenüber denjenigen, die das Angebot angenommen haben, wie sie sich aus Abs. 4 und Abs. 5 bzw. aus § 12 Abs. 1 ergäbe, ist dann unangebracht; vgl. → Rn. 91; → § 12 Rn. 20, → § 12 Rn. 40; → § 11 Rn. 113 ff.

## § 32 Unzulässigkeit von Teilangeboten

**Ein Übernahmeangebot, das sich nur auf einen Teil der Aktien der Zielgesellschaft erstreckt, ist unbeschadet der Vorschrift des § 24 unzulässig.**

**Schrifttum:** Börsensachverständigenkommission beim Bundesministerium der Finanzen, Standpunkte der Börsensachverständigenkommission zur künftigen Regelung von Unternehmensübernahmen, 1999, 20; *Cascante/Tyrolt,* 10 Jahre WPÜG – Reformbedarf im Übernahmerecht?, AG 2012, 97; *Ekkenga/Hofschroer,* Das Wertpapiererwerbs- und Übernahmegesetz (Teil II), DStR 2002, 768; *Land/Hasselbach,* Das neue deutsche Übernahmegesetz – Einführung und kritische Anmerkungen zum Diskussionsentwurf –, DB 2000, 1747; *Lenz/Behnke,* Das WpÜG im Praxistest, BKR 2003, 43; *Mayer-Uellner,* Die Finanzierung öffentlicher Übernahmen im Lichte des Vollangebotsgrundsatzes, AG 2012, 399; *Pötzsch,* Das neue Übernahmerecht, 2002; *Wackerbarth,* Das neue Delisting-Angebot nach § 39 BörsG oder: Hat der Gesetzgeber hier wirklich gut nachgedacht?, WM 2016, 385.

---

[238] Damit sind die in der Tat ansonsten berechtigten Bedenken von Schwark/Zimmer/*Noack/Zetzsche* Rn. 105 gegenstandslos.

[239] Richtig *Verse* Der Konzern 2015, 1 (3 f.); ferner Assmann/Pötzsch/Schneider/*Krause* Rn. 166e mwN; LG Köln BeckRS 2017, 130130 Rn. 225 ff.

[240] Vgl. auch BGH NZG 2014, 985 Rn. 26; ebenso Angerer/Geibel/Süßmann/*Süßmann* Rn. 76; Steinmeyer/*Santelmann/Nestler* Rn. 111; *Pohlmann* ZGR 2007, 1 (14, 17); *Brellochs* AG 2018, 811 (818) mwN.

[241] *Verse* in Mülbert/Kiem/Wittig, 10 Jahre WpÜG, 2011, 276, 291; *Aisenbrey* AG 2018, 102 (104).

[242] Dafür FK-WpÜG/*Haarmann* Rn. 157 aE mwN; dagegen Steinmeyer/*Santelmann/Nestler* Rn. 111.

## I. Allgemeines

**1. Regelungsgegenstand.** § 32 statuiert die Unzulässigkeit von Übernahmeangeboten, **1** die sich nur auf einen Teil der Aktien der Zielgesellschaft beziehen (sog. **Teilangebot**). Zum Begriff des Teilangebots → § 19 Rn. 9 ff. Angebote, mit denen der Bieter die Erlangung der Kontrolle der Gesellschaft anstrebt, müssen sich vielmehr stets auf alle Aktien der Gesellschaft erstrecken.[1] Die Bestimmung stellt eine spezielle Ausprägung des allgemeinen, in § 3 Abs. 1 verankerten Grundsatzes dar, nach dem Inhaber von Wertpapieren, die derselben Gattung angehören, gleich zu behandeln sind.[2] Gleichzeitig begründet sie eine Ausnahme zur allgemeinen Regelung des § 19, nach der Angebote zum Erwerb von Wertpapieren auf den Erwerb eines bestimmten Anteils oder einer bestimmten Anzahl der Wertpapiere beschränkt werden dürfen.

**2. Normzweck.** Die Regelung zielt darauf ab, allen Aktionären im Hinblick auf den **2** vom Bieter beabsichtigten Kontrollerwerb die Möglichkeit einzuräumen, durch Veräußerung ihrer Aktien aus der Gesellschaft auszuscheiden und von einer etwaigen Übernahmeprämie zu profitieren.[3] Die Regelung soll insbesondere die Inhaber von Vorzugsaktien schützen, da sich der Aktienkurs von Vorzugsaktien im Falle eines Kontrollwechsels häufig nachteilig entwickelt.[4] Letztlich dient sie der **Gleichbehandlung aller Aktionäre,** da sie es dem Bieter unmöglich macht, sein Angebotes auf die zur Kontrollerlangung erforderliche Zahl zu beschränken, um die restlichen Aktien im Zuge eines zweiten Angebotes zu einem unter Umständen reduzierten Preis zu erwerben (sog. *front-end loaded-offer*).[5] Die Befreiung von einem Pflichtangebot gem. § 35 Abs. 3, wenn die Kontrolle auf Grund eines freiwilligen Angebotes erlangt wurde, ist nur gerechtfertigt, wenn sich das freiwillige Übernahmebot zuvor auf alle Aktien erstreckt hat.[6] All dies rechtfertigt allerdings die Regelung nicht (vgl. → Rn. 8; → § 29 Rn. 33 ff.).

**3. Anwendungsbereich.** Seinem Wortlaut nach gilt § 32 zunächst für freiwillige Über- **3** nahmeangebote (vgl. aber → Rn. 8). Die Regelung findet auf Grund des in § 39 enthaltenen Verweises auf den Abschnitt 4 auch auf **Pflichtangebote** (§§ 35 ff.) Anwendung. Besonderheiten gelten bei **Delisting-Angeboten.**[7] Eine Begrenzung des Angebotes auf einen Teil der Aktien würde dem Zweck des Pflichtangebotes widersprechen, allen Aktionären die Möglichkeit zu eröffnen, ihre Aktien im Falle eines Kontrollerwerbs zu veräußern. Die Aktionäre wären gezwungen, einen Teil ihrer Aktien zu behalten oder im Falle eines Kursrückgangs zu schlechteren Konditionen über die Börse zu verkaufen.[8]

**4. Entstehungsgeschichte.** Der Übernahmekodex der Börsensachverständigenkom- **4** mission sah keine ausdrückliche Pflicht vor, ein Übernahmeangebot als Vollangebot zu unterbreiten.[9] Lediglich für den Fall der Überzeichnung eines Teilangebotes war eine antei-

---

[1] Begr. RegE, BT-Drs. 14/7034, 57.
[2] *Hopt* ZHR 166 (2002), 383 (400).
[3] *Baums* ZIP 1989, 1376 (1379); *Ekkenga/Hofschroer* DStR 2002, 768 (769); *Tröger* DZWiR 2002, 397 (401).
[4] *Strenger* WM 2000, 952; Kölner Komm WpÜG/*Hasselbach* Rn. 1.
[5] *Hommelhoff/Kleindiek* AG 1990, 106 (107); *Liebscher* ZIP 2001, 853 (856); Ehricke/Ekkenga/Oechsler/ *Ekkenga* Rn. 1.
[6] *Kalss* in Semler/Volhard ÜN-HdB § 51 Rn. 91.
[7] Dazu *Wackerbarth* WM 2016, 385 f. unter III.
[8] FK-WpÜG/*Vogel* Rn. 1 f.
[9] Aus Art. 1 ÜbK iVm Art. 16 ÜbK wurde jedoch die Verpflichtung des Bieters hergeleitet, im Falle der Kontrollerlangung auf Grund eines Teilübernahmeangebotes den Wertpapierinhabern der Zielgesellschaft, die nicht Adressat des Angebotes waren, ein Pflichtangebot zu unterbreiten, Kölner Komm WpÜG/*Hasselbach* Rn. 2.

lige Berücksichtigung der das Angebot annehmenden Aktionäre vorgeschrieben. Entsprechende Regelungen fanden sich in dem *Baums*-Entwurf von 1997[10] und in dem darauf beruhenden Entwurf der SPD-Fraktion im deutschen Bundestag.[11]

5 Die Pflicht zur Abgabe eines Vollangebotes war bereits im **DiskE** vom 29.6.2000 (§ 22 WpHG-DiskE) und im **RefE** vom 12.3.2001 (§ 32 WpÜG-RefE) enthalten. Der Vorbehalt im Hinblick auf grenzüberschreitende Angebote, bei denen nach Maßgabe von § 24 bestimmte Inhaber von Wertpapieren vom Angebot ausgenommen werden können, wurde insbesondere im Hinblick auf das strenge Regelungsregime der *US-securities laws* auf Anregungen aus der Wirtschaft hin erst in den **RegE** aufgenommen.

6 **5. Europäisches Recht.** Die Übernahme-RL enthält keine Vorgabe, dass Übernahmeangebote stets als Vollangebote abgegeben werden müssen (vgl. Art. 2 Abs. 1 lit. a Übernahme-RL). Pflichtangebote, die nach Erlangung der Kontrolle gemacht werden müssen, haben sich demgegenüber auf alle Aktien zu beziehen (Art. 5 Abs. 1 S. 2 Übernahme-RL).

7 **6. Rechtslage im Vereinigten Königreich.** Der City Code sieht kein Verbot von Teilangeboten vor. Indessen darf ein Teilangebot nur nach Rule 36.1 (1) City Code mit Zustimmung des Panel abgegeben werden *(The Panel's consent is required for any partial offer)*. Im Falle eines Angebotes, das nicht dazu führen kann, dass der Anteilsbesitz des Bieters 30% der Stimmrechte erreicht oder übersteigt, wird die Zustimmung regelmäßig erteilt (Rule 36.1 (2) City Code). Die Zustimmung wird jedoch dann regelmäßig verwehrt, wenn der Bieter oder Personen, mit denen er zusammenwirkt *(acting in concert)* innerhalb von zwölf Monaten vor dem Antrag eine signifikante Anzahl von Aktien in der Zielgesellschaft erworben hat oder wenn der Bieter zu einer Zeit, zu der er bereits Übernahmepläne hatte, Aktienerwerbe durchgeführt hat (Rule 36.2 City Code). Teilangebote, die zu einer höheren Beteiligung des Bieters als 30% der Stimmrechte führen können, müssen unter der Bedingung stehen, dass dem Angebot Aktionäre, die mindestens 50% der Stimmrechte halten, zustimmen (Rule 36.5 (1) City Code). Dem Bieter ist es verboten, während der Laufzeit eines Teilangebotes weitere Aktien an der Zielgesellschaft zu erwerben (Rule 36.3 City Code). Bei einer das Angebot übersteigenden Nachfrage sind die Aktionäre *pro rata* zu berücksichtigen (Rule 36.7 City Code). Hat die Zielgesellschaft mehrere Gattungen von Aktien ausgegeben, muss, wenn das Angebot dazu führen kann, dass der Bieter mindestens 30% der Stimmrechte hält, ein vergleichbares *(comparable)* Angebot für jede Aktiengattung abgegeben werden (Rule 36.8 City Code). Hat der Bieter die Kontrollschwelle von 30% der Stimmrechte erreicht, muss er ein Pflichtangebot abgeben.

8 **7. Rechtspolitische Kritik und Zulässigkeit von Übernahmeteilangeboten.** Die eine Pflicht zur Abgabe eines Vollangebotes etablierende Regelung wurde im Laufe des Gesetzgebungsverfahrens teilweise kritisiert. Es wurde eingewandt, dass eine starke Reduzierung des *freefloats* die Notwendigkeit für ein Delisting mit sich bringen könne.[12] Weiterhin wurde auf die damit zwangsläufig verbundene Verteuerung von Übernahmeangeboten hingewiesen, was insbesondere die Durchführung von *leveraged buy-outs* durch Finanzinvestoren erschwere.[13] Der Gesetzgeber hat sich diese Bedenken nicht zu eigen gemacht und an der Verpflichtung zur Abgabe eines Vollangebotes festgehalten, um allen Aktionären eine Teilhabe an einer eventuellen Übernahmeprämie zu ermöglichen und um zu vermeiden, dass sie gegen ihren Willen zu außenstehenden Aktionären eines (neuen) kontrollierenden Aktionärs werden.[14] Angesichts der durch ein Übernahmeteilangebot ausgelösten Angebotspflicht können diese Überlegungen es jedoch nicht rechtfertigen, auch freiwillige Übernahmeangebote zwangsweise als Vollangebot auszugestalten (ausführlich → § 29 Rn. 33 ff.).[15] Da die

---

[10] Abgedruckt in ZIP 1997, 1310 ff.
[11] BT-Drs. 13/8164.
[12] Vgl. etwa *Land/Hasselbach* DB 2000, 1747 (1751).
[13] *Schiessl* AG 1999, 442 (550).
[14] So auch *Ekkenga/Hofschroer* DStR 2002, 768 (769).
[15] AA die ganz hM, etwa Angerer/Geibel/Süßmann/*Thun* Rn. 3; Schwark/Zimmer/*Noack/Zetzsche* Rn. 1 f.

hier vertretene Auffassung sich bislang jedoch nicht durchsetzen konnte, wird im Folgenden die hM zugrundegelegt, nach der das in § 32 angeordnete Verbot wirksam ist.

## II. Pflicht zum Vollangebot

**1. Verbot des Teilangebotes. a) Grundsatz.** § 32 bestimmt die Unzulässigkeit von **9** Übernahmeangeboten, die sich nur auf einen Teil der Aktien der Zielgesellschaft erstrecken. Folglich muss sich das Angebot im Grundsatz auf alle Aktien der Zielgesellschaft erstrecken. Auf die **Gattung und Ausstattung** der Aktien kommt es nicht an. Das Angebot muss sich daher grundsätzlich auf Stamm- und Vorzugsaktien, Inhaber- und Namensaktien sowie Nennbetrags- und Stückaktien erstrecken (→ Rn. 12 ff.). Eine Ausnahme ist auch nicht für verpfändete oder nicht volleingezahlte Aktien zu machen.[16]

Das Verbot nach § 32 bezieht sich auf **Übernahmeangebote,** also solche Angebote, die **10** auf den Erwerb der Kontrolle an der Zielgesellschaft gerichtet sind (→ § 29 Rn. 13 ff.). Dabei ist eine objektive, vom Angebotsvolumen ausgehende Betrachtung vorzunehmen, bei der – anders als im Hinblick auf den Angebotsumfang (→ Rn. 32 ff.) auf den Zeitpunkt der Abgabe des Angebots abzustellen ist (→ § 29 Rn. 20 f.). Durch eine nachträgliche Änderung der Rahmenbedingungen (Kapitalerhöhung bei der Zielgesellschaft; Wegfall eines Zurechnungstatbestandes etc) wird ein zulässiges Teilangebot nicht unzulässig (oder umgekehrt).[17]

§ 32 begründet keine Pflicht des Bieters, die im Zuge des Angebotes erworbenen Aktien **11** auch **auf Dauer zu behalten.** Vielmehr ist ihm eine unverzügliche Veräußerung nach Abschluss des Angebotes gestattet.

**b) Beschränkung auf börsennotierte Wertpapiere?** Ob sich ein Übernahmeangebot **12** auch auf nicht zu einem organisierten Markt iSv § 2 Abs. 7 zugelassene Aktien beziehen muss, ist umstritten. Von einer verbreiteten Auffassung wird dies verneint.[18] Der Anwendungsbereich des WpÜG sei auf Angebote zum Erwerb von Wertpapieren begrenzt, die zum Handel an einem organisierten Markt iSv § 2 Abs. 7 zugelassen sind. Auch die Mindestpreisbestimmungen der §§ 5 und 6 WpÜG-AV gingen ersichtlich davon aus, dass die dem Angebot unterliegenden Wertpapiere börsennotiert sind und sehen nur für den Fall der fehlenden Liquidität das Erfordernis einer Unternehmensbewertung vor (§ 5 Abs. 4 WpÜG-AV; vgl. → § 35 Rn. 194). Folglich müssten Übernahme- und Pflichtangebote sich nur auf *börsennotierte Wertpapiere* erstrecken. Die Gegenauffassung verlangt hingegen, das Vollangebotsgebot des § 32 auch auf **nicht oder außerhalb des EWR börsennotierte Aktien** zu erstrecken.[19] Dies folgt zwingend aus der Übernahme-RL[20] und entspricht der Praxis der BaFin.[21] Ist einmal eine Angebotspflicht entstanden, so sind auch die Inhaber nicht börsennotierter Aktien durch § 32 geschützt. Eine andere Frage ist es, was unter „Aktien" iSd § 32 zu verstehen ist (→ Rn. 29 f.).

**c) Vorhandensein verschiedener Aktiengattungen.** Bei Vorhandensein mehrerer **13** Aktiengattungen wirft die Regelung eine Reihe von Zweifelsfragen auf.

---

[16] Steinmeyer/*Steinmeyer* Rn. 10; Assmann/Pötzsch/Schneider/*Favoccia* Rn. 8; Schwark/Zimmer/*Noack*/*Zetzsche* Rn. 4; aA Ehricke/Ekkenga/Oechsler/*Ekkenga* Rn. 8; Angerer/Geibel/Süßmann/*Thun* Rn. 11.

[17] Ehricke/Ekkenga/Oechsler/*Ekkenga* Rn. 6.

[18] Schwark/Zimmer/*Noack*/*Zetzsche* Rn. 13; Kölner Komm WpÜG/*v. Bülow* § 39 Rn. 26; *Kalss* in Semler/Volhard ÜN-HdB § 51 Rn. 60; Ehricke/Ekkenga/Oechsler/*Ekkenga* Rn. 9; *Thaeter* in Thaeter/Brandi Übernahmen Teil 2 Rn. 111.

[19] Assmann/Pötzsch/Schneider/*Favoccia* Rn. 12; Angerer/Geibel/Süßmann/*Thun* Rn. 4; Angerer/Geibel/Süßmann/*Angerer* § 1 Rn. 86; NK-AktKapMarktR/*Haouache* Rn. 2; ABBD/*Lohrmann*/*v. Dryander* Sec. 32 Rn. 1; FK-WpÜG/*Vogel* Rn. 15; vgl. auch Steinmeyer/*Steinmeyer* Rn. 7 mwN in Fn. 11; nun auch Kölner Komm WpÜG/*Hasselbach* Rn. 8 iVm § 35 Rn. 54 f.

[20] Ausf. und zutr. Assmann/Pötzsch/Schneider/*Krause*/*Pötzsch* § 35 Rn. 28, 221 mwN; vgl. auch Steinmeyer/*Steinmeyer* Rn. 7; nicht überzeugend dagegen Schwark/Zimmer/*Noack*/*Zetzsche* Rn. 15: die Formulierung von Erwägungsgrund 2 Übernahme-RL tritt klar hinter die eindeutige Anordnung von Art. 1 Abs. 1 Übernahme-RL iVm Art. 2 Abs. 1 lit. e Übernahme-RL und Art. 5 Abs. 1 S. 2 Übernahme-RL zurück.

[21] Assmann/Pötzsch/Schneider/*Favoccia* Rn. 12.

**14**   **aa) Börsenzulassung aller Aktiengattungen.** Unproblematisch ist zunächst der Fall, dass die Gesellschaft über verschiedene Aktiengattungen verfügt und diese allesamt zum Börsenhandel zugelassen sind. In diesem Fall muss sich das Angebot auf alle Aktiengattungen erstrecken. Praktisch bedeutsam ist vor allem der Fall, dass die Gesellschaft Stamm- und Vorzugsaktien ausgegeben hat. Insofern darf sich das Übernahme- oder Pflichtangebot nicht nur auf die Stammaktien erstrecken, sondern muss auch die **Vorzugsaktien** einbeziehen.[22] Vorzugsaktien, bei denen das Stimmrecht ganz regelmäßig ausgeschlossen wird (§ 139 Abs. 1 AktG), sind zwar nicht geeignet, die Kontrolle an der Gesellschaft zu vermitteln, da der Kontrolltatbestand nicht an den Anteilsbesitz, sondern an den Stimmrechtsanteil anknüpft (§ 29 Abs. 2). Da den Vorzugsaktionären – abgesehen vom Stimmrecht – jedoch die gleichen Mitgliedschaftsrechte zustehen, sind sie nach den Erwägungen des Gesetzgebers in gleicher Weise von einem Übernahme- oder Pflichtangebot betroffen wie die stimmberechtigten Stammaktionäre.[23] Folglich soll auch den Vorzugsaktionären eine Veräußerung ihrer Aktien zu angemessenen Konditionen ermöglicht werden. Da maßgeblich für die Beurteilung des Angebotsumfangs der Ablauf der Angebotsfrist ist (→ Rn. 33), gilt dies auch dann, wenn die Zielgesellschaft – als Abwehrmaßnahme (→ § 33 Rn. 83 ff.) **erstmals oder weitere Vorzugsaktien** ausgibt.[24]

**15**   **bb) Beschränkung der Börsenzulassung auf eine Aktiengattung.** Schwieriger liegen die Dinge in den Fällen, in denen nur eine Gattung der Aktien börsennotiert und die andere Gattung entweder überhaupt nicht zum Börsenhandel zugelassen ist oder die Aktien an einem Markt gehandelt werden, der die Voraussetzungen eines organisierten Marktes iSv § 2 Abs. 7 nicht erfüllt. Schließt man sich der hier vertretenen Ansicht an, wonach sich die Verpflichtung, ein Vollangebot abzugeben, auch auf solche Aktien bezieht, die nicht zu einem organisierten Markt zugelassen sind, gilt Folgendes:

**16**   **(1) Börsennotierte Stammaktien.** Sind nur die Stammaktien an einem organisierten Markt iSv § 2 Abs. 7 zugelassen und erstreckt sich **das freiwillige Übernahmeangebot** auf diese Stammaktien, handelt es sich um ein Angebot, das in den Anwendungsbereich von § 1 fällt. Hieraus ergibt sich, dass das Angebot auch auf Vorzugsaktien zu erstrecken ist, selbst wenn diese nicht börsenzugelassen sind.[25] Dem ist aus den in → Rn. 12 genannten Gründen zu folgen. Schutzbedürftig sind die Inhaber sämtlicher Aktien.

**17**   Entsprechendes gilt, wenn der Bieter im Rahmen eines Paketerwerbs (mindestens) 30% der Stimmrechte an der Zielgesellschaft erworben hat. Dann muss sich das von ihm abzugebende **Pflichtangebot** auf die restlichen börsennotierten Stammaktien sowie auf die nicht börsennotierten Vorzugsaktien erstrecken.

**18**   **(2) Börsennotierte Vorzugsaktien.** Anders liegen die Dinge im umgekehrten Fall, in dem nur die Vorzugsaktien, nicht aber die Stammaktien zum Handel an einem organisierten Markt zugelassen sind. Bezieht sich das **freiwillige Übernahmeangebot** nur auf die nicht börsennotierten Stammaktien, handelt es sich nicht um ein Angebot zum Erwerb von Wertpapieren, die zum Handel an einem organisierten Markt zugelassen sind. Damit ist der Anwendungsbereich des § 1 von vornherein nicht eröffnet.[26] Eine Anwendung des § 32 scheidet mithin aus. Zwar scheint die Gesetzesbegründung, nach der das Angebot „sowohl Stammaktien als auch Vorzugsaktien erfassen" muss,[27] in die entgegengesetzte Richtung zu

---

[22] *Thoma* NZG 2002, 105 (112); *Pötzsch, Das neue Übernahmerecht,* 2002, 38; Angerer/Geibel/Süßmann/*Thun* Rn. 2; Steinmeyer/*Steinmeyer* Rn. 3; Assmann/Pötzsch/Schneider/*Favoccia* Rn. 8; Schwark/Zimmer/*Noack/Zetzsche* Rn. 4; ABBD/*Lohrmann/v. Dryander* Sec. 32 Rn. 1; *AMRS* Public Company Takeovers 153; *Tröger* DZWiR 2002, 397 (401); *Hopt* ZHR 166 (2002), 383 (405).

[23] Begr. RegE, BT-Drs. 14/7034, 57; Schwark/Zimmer/*Noack/Zetzsche* Rn. 4; *Pötzsch, Das neue Übernahmerecht,* 2002, 38.

[24] Ehricke/Ekkenga/Oechsler/*Ekkenga* Rn. 5; Assmann/Pötzsch/Schneider/*Favoccia* Rn. 8.

[25] Assmann/Pötzsch/Schneider/*Favoccia* Rn. 12; *Krause* NJW 2002, 705 (709); Angerer/Geibel/Süßmann/*Thun* Rn. 4; FK-WpÜG/*Vogel* Rn. 15.

[26] Wie hier Schwark/Zimmer/*Noack/Zetzsche* Rn. 14; Ehricke/Ekkenga/Oechsler/*Ekkenga* Rn. 10; Assmann/Pötzsch/Schneider/*Favoccia* Rn. 13; aA Angerer/Geibel/Süßmann/*Thun* Rn. 4; FK-WpÜG/*Vogel* Rn. 15.

[27] Begr. RegE, BT-Drs. 14/7034, 57.

weisen. Die Regierungsbegründung hat indessen den Fall vor Augen, dass sowohl die Stamm- als auch die Vorzugsaktien der Zielgesellschaft börsennotiert sind. Die hier diskutierte Fallgestaltung erfasst sie nicht. Jedoch gilt anschließend das in → Rn. 19 Ausgeführte.

Auch wenn nur die Vorzugsaktien börsennotiert sind, ist der Anwendungsbereich des **19** WpÜG in Bezug auf das Pflichtangebot eröffnet (vgl. → § 1 Rn. 40). Deshalb muss, wenn der Bieter einen Kontrollanteil an den nicht börsennotierten Stammaktien erlangt hat, sich das **Pflichtangebot** nach richtiger Ansicht und mit der derzeitigen Praxis der Bundesanstalt[28] auch auf die Vorzugsaktien erstrecken. Das ergibt sich bereits aus den in → Rn. 14 dargestellten Erwägungen, auch die Vorzugsaktionäre seien von einem Übernahme- oder Pflichtangebot betroffen.[29]

Sind nur die Vorzugsaktien börsennotiert und erwirbt der Bieter nur mindestens 30%, **20** aber nicht alle **nicht börsennotierten Stammaktien,** ist er dementsprechend verpflichtet, auch den anderen Inhabern der nicht börsennotierten Stammaktien ein Pflichtangebot abzugeben.[30]

**d) Eigene Aktien.** § 35 Abs. 2 S. 3 nimmt eigene Aktien der Zielgesellschaft vom **21** Pflichtangebot aus. Eine entsprechende Regelung fehlt für **Übernahmeangebote** in § 32. Die der Regelung des § 35 Abs. 2 S. 3 zugrundeliegende gesetzgeberische Erwägung, dass es im Hinblick auf solche Aktien an der typischen Schutzbedürftigkeit eines Minderheitsaktionärs fehle, trifft jedoch nach ganz hM auch im hier interessierenden Zusammenhang zu. Es sei kein schützenswertes Interesse der Zielgesellschaft erkennbar, ihre Aktien ebenfalls an den Bieter veräußern zu können. Es liege daher eine planwidrige Regelungslücke vor, die eine analoge Anwendung des § 35 Abs. 2 S. 3 rechtfertige.[31] Damit könnten eigene Aktien der Zielgesellschaft sowie die übrigen in § 35 Abs. 2 S. 3 genannten Aktien vom Vollangebot ausgenommen werden. Zugleich wird darauf hingewiesen, dass diese Ausnahme nicht mehr greife, wenn die Aktien noch während der Annahmefrist an Dritte veräußert werden.[32]

Der zuletzt genannte Aspekt führt jedoch dazu, dass der Bieter bereits bei der Finanzie- **22** rung des freiwilligen Übernahmeangebots auch die eigenen Aktien der Zielgesellschaft einkalkulieren und insoweit auch die Pflichten nach § 13 erfüllen muss. Im Ergebnis ist die hM daher abzulehnen. Bei freiwilligen Angeboten muss der Bieter auch Annahmeerklärungen der Zielgesellschaft hinnehmen. Die vorherige Veräußerung an Dritte wäre eine bloße Förmelei, da sich der Kurs der Wertpapiere der Zielgesellschaft nach Angebotsabgabe in aller Regel auf der Höhe des Angebotspreises einpendelt. Dies entspricht auch der **Praxis der BaFin.**[33]

**e) Tochter- und Beteiligungsgesellschaften.** Fraglich ist, ob § 32 auch auf Aktien von **23** börsennotierten Tochter- und Beteiligungsgesellschaften der Zielgesellschaft anwendbar ist, über die der Bieter im Fall der Annahme seines Angebotes mittelbar die Kontrolle erlangen würde. Dagegen sprechen sowohl der Wortlaut als auch der Zweck der Regelung.[34] Die Tochter- und Beteiligungsgesellschaft ist nicht Zielgesellschaft im Sinne des Gesetzes. Erlangt der Bieter allerdings auf Grund des Kontrollerwerbs an der Zielgesellschaft mittelbar Kontrolle über eine börsennotierte Tochtergesellschaft, ist er grundsätzlich verpflichtet, ein (zusätzliches) Angebot für die Aktien der Tochtergesellschaft abzugeben (→ § 35 Rn. 111 ff.).

---

[28] *Lenz/Behnke* BKR 2003, 43 (49); *Lenz* NJW 2003, 2073 (2075). So wurde den Vorzugsaktionären der Gardena AG bei der Übernahme im Jahr 2002 auch ein Pflichtangebot unterbreitet.
[29] Wie hier Schwark/Zimmer/*Noack/Zetzsche* Rn. 14.
[30] *Lenz/Behnke* BKR 2003, 43 (49).
[31] Schwark/Zimmer/*Noack/Zetzsche* Rn. 11 mwN; Angerer/Geibel/Süßmann/*Thun* Rn. 6 f.; Steinmeyer/*Steinmeyer* Rn. 5 f.; FK-WpÜG/*Vogel* Rn. 18; Assmann/Pötzsch/Schneider/*Favoccia* Rn. 10; Kölner Komm WpÜG/*Hasselbach* Rn. 9: teleologische Reduktion.
[32] Schwark/Zimmer/*Noack/Zetzsche* Rn. 11 mwN; Angerer/Geibel/Süßmann/*Thun* Rn. 7.
[33] *Cascante/Tyrolt* AG 2012, 97 (106) in Fn. 82.
[34] FK-WpÜG/*Vogel* Rn. 19; Schwark/Zimmer/*Noack/Zetzsche* Rn. 16; Kölner Komm WpÜG/*Hasselbach* Rn. 9; Ehricke/Ekkenga/Oechsler/*Ekkenga* Rn. 11; Assmann/Pötzsch/Schneider/*Favoccia* Rn. 16.

**24**  **f) Während der Angebotsfrist erworbene Aktien.** Das Angebot muss sich im Grundsatz auch auf Aktien beziehen, die Dritte vom Bieter oder von anderen während des Laufs der Annahmefrist erworben haben.[35] Die Möglichkeit der Veräußerung durch den Bieter während der Annahmefrist wird vom WpÜG weder geschützt noch behindert. Der Bieter mag sich gegen nicht gewollte Rückandienung durch einen privaten Vertrag schützen (Nichtandienungsvertrag),[36] der freilich keine dingliche Wirkung entfalten kann.[37] Erst Recht will das WpÜG nicht den normalen Handel mit den Aktien der Zielgesellschaft während der Annahmefrist nicht behindern.[38]

**25**  **g) Umwandlungen.** Eine Ausnahme von der Vollangebotspflicht kann auch in Umwandlungskonstellationen bestehen. Verfügt die übertragende Gesellschaft über einen kontrollierenden Aktionär und erlangt dieser im Zuge der Umwandlung die Kontrolle über die übernehmende Zielgesellschaft, sehen sich die Altaktionäre der übernehmenden Gesellschaft einer neuen Kontrollsituation ausgesetzt. In diesem Fall ist den **Altaktionären der übernehmenden Gesellschaft** im Grundsatz ein Pflichtangebot zu unterbreiten. Das Pflichtangebot muss sich jedoch nicht auf die Aktien erstrecken, die den **Gesellschaftern der übertragenden Gesellschaft** im Zuge der Verschmelzung ausgegeben wurden, da sich ihre Kontrollsituation nicht geändert hat und die Umwandlung als solche eine Angebotspflicht nicht rechtfertigt (im Einzelnen → § 35 Rn. 123 ff., → § 35 Rn. 141 ff.).

**26**  **h) Dem Bieter nach § 30 zugerechnete Aktien?** In der Lit. wird teilweise vertreten, dass Übernahmeangebote sich nicht auf Aktien erstrecken müssen, deren Stimmrechte dem Bieter zugerechnet werden. Nach auch von der BaFin geteilten Auffassung muss das Angebot diese Aktien hingegen miteinbeziehen.[39] Ausführlich → § 19 Rn. 16 ff. Die Zurechnungsvorschrift des § 30 hat für die hier interessierende Frage keine Funktion. Jedoch bezieht sich das Angebot nicht auf solche Aktien, die den mit dem Bieter **gemeinsam handelnden Personen iSd § 2 Abs. 5, 6** gehören (also etwa Tochtergesellschaften des Bieters), da diese Personengruppen sich mit dem Bieter definitionsgemäß im Hinblick auf den Wertpapiererwerb abstimmen, und auch nicht auf solche, die der Muttergesellschaft des Bieters gehören (→ § 19 Rn. 19 ff.).[40]

**27**  **2. Andere Wertpapiere. a) Wandlungs- und Optionsrechte.** Es ist denkbar, dass Aktien erst während der Laufzeit der regulären (ggf. nach § 21 Abs. 5 oder § 22 Abs. 2 verlängerten) Annahmefrist auf Grund der Ausübung von Options- und Wandlungsrechten und der Ausgabe der Aktien durch die Gesellschaft (§ 200 AktG) entstehen. Es besteht Einigkeit darüber, dass sich das Übernahme- oder Pflichtangebot auf solche später entstehenden **Aktien** zu erstrecken hat (→ Rn. 33).[41]

**28**  Fraglich ist indessen, ob sich das Angebot auch auf solche Wertpapiere beziehen muss, die den Erwerb von Aktien, mit diesen vergleichbaren Wertpapieren oder Zertifikaten, die Aktien vertreten, zum Gegenstand haben (§ 2 Abs. 2 Nr. 2) und eine Umwandlung dieser Wertpapiere in Aktien nicht vor Ablauf der Annahmefrist erfolgt. Praktische Relevanz gewinnt diese Frage namentlich dann, wenn die Zielgesellschaft **Wandelschuld- und Optionsschuldverschreibungen** gemäß § 221 AktG oder nackte **Optionsrech-**

---

[35] Assmann/Pötzsch/Schneider/*Favoccia* Rn. 19; Angerer/Geibel/Süßmann/*Thun* Rn. 10; Schwark/Zimmer/*Noack/Zetzsche* Rn. 18 f.; aA Ehricke/Ekkenga/Oechsler/*Ekkenga* Rn. 12; FK-WpÜG/*Vogel* Rn. 20.
[36] Hierzu Schwark/Zimmer/*Noack/Zetzsche* Rn. 19; Steinmeyer/*Steinmeyer* Rn. 11.
[37] So zu Recht Angerer/Geibel/Süßmann/*Thun* Rn. 10; Assmann/Pötzsch/Schneider/*Favoccia* Rn. 19.
[38] Schwark/Zimmer/*Noack/Zetzsche* Rn. 18.
[39] *Mayer-Uellner* AG 2012, 399 (404) mwN zum Meinungsstand; *Cascante/Tyrolt* AG 2012, 97 (106) mwN in Fn. 85. Solange nicht der Bieter ein Weisungsrecht gegenüber dem Inhaber der Aktien hat, muss auch die Finanzierungsvorsorge des Bieters diese Aktien miteinkalkulieren, vgl. *Mayer-Uellner* AG 2012, 399 (405).
[40] Vgl. zum Pflichtangebot in der Sache ähnlich, aber einige Vorschriften des § 30 anwendend, → § 35 Rn. 201 *(Schlitt)*; insgesamt auf § 30 abstellen wollen Schwark/Zimmer/*Noack/Zetzsche* Rn. 12; Schwark/Zimmer/*Noack/Zetzsche* § 35 Rn. 43; Angerer/Geibel/Süßmann/*Meyer* § 35 Rn. 75.
[41] Assmann/Pötzsch/Schneider/*Favoccia* Rn. 15; Angerer/Geibel/Süßmann/*Thun* Rn. 20; Ehricke/Ekkenga/Oechsler/*Ekkenga* Rn. 15.

te[42] (→ AktG § 221 Rn. 36 f.) ausgegeben hat. Der Wortlaut des § 32 spricht – anders als etwa der des § 24 – gegen eine solche Erstreckung, da er sich ausschließlich auf „Aktien" der Zielgesellschaft bezieht und nicht den Begriff des „Wertpapiers" verwendet. Damit werden „andere Wertpapiere" iSv § 2 Abs. 2 Nr. 2 nicht in Bezug genommen. Auch nach der Regierungsbegründung ist das Angebot (nur) „an sämtliche Aktionäre" zu richten.[43] Wertpapiere, die den Erwerb von Aktien der Gesellschaft zum Gegenstand haben, müssen daher **nicht** vom Übernahmeangebot **erfasst** werden.[44] Entsprechendes gilt im Falle eines Pflichtangebotes (→ § 35 Rn. 203).

**b) Vergleichbare Wertpapiere; Aktien vertretende Zertifikate.** Im Hinblick auf **29** die Bestimmung in § 2 Abs. 2 Nr. 1 muss sich das Pflichtangebot auch auf Wertpapiere beziehen, die mit Aktien **vergleichbar** und zum Handel an einem organisierten Markt zugelassen sind. Hierzu können Zwischenscheine iSv § 8 Abs. 6 AktG und *tracking stocks* zählen, die aktienähnliche Mitgliedschaftsrechte verkörpern;[45] nicht ausreichend ist dagegen die für Genussscheine übliche Einräumung einer Beteiligung am Gewinn- bzw. am Liquidationserlös (wozu auch die Auflösung stiller Reserven zählt) (§§ 60, 271 AktG).

Gleiches gilt für sonstige mit Aktien vergleichbare Wertpapiere sowie aktienvertretende **30** Zertifikate (§ 2 Abs. 2 Nr. 1). Solche Zertifikate vertreten bereits bestehende Aktien und unterscheiden sich damit von Wandlungs- und Optionsrechten, die lediglich das Recht einräumen, eine Mitgliedschaftsposition zu erlangen. Praktische Bedeutung hat dies vor allem für *depositary receipts,* insbesondere ADRs, die an Stelle der von einem Treuhänder gehaltenen Aktien ausgegeben wurden, um die Zulassung von Inhaberaktien an einer ausländischen Börse zu erlangen.[46] Adressat des Übernahme- und Pflichtangebotes wäre an sich die die *depositary receipts* emittierende Depotbank als rechtliche Eigentümerin der Aktien. Aufgrund ihrer Treuhänderstellung ist diese jedoch nicht berechtigt, über die Annahme des Übernahme- oder Pflichtangebots zu entscheiden. Schutzwürdig sind vielmehr die wirtschaftlichen Eigentümer der Aktien. Es erscheint daher gerechtfertigt, eine ungewollte, eine analoge Anwendung des § 32 rechtfertigende, Regelungslücke anzunehmen.[47] Zu der möglichen Einschränkung des Angebotes bei grenzüberschreitenden Angeboten → Rn. 36 und § 24.

Anders verhält es sich bei **Genussscheinen.**[48] Diese vermitteln ihren Inhabern nämlich **31** nur mitgliedschaftsähnliche Vermögensrechte, jedoch keine unmittelbaren mitgliedschaftlichen Beteiligungsrechte.

**3. Relevanter Zeitpunkt.** Weder der Wortlaut des Gesetzes noch die Gesetzesbegrün- **32** dung geben eindeutigen Aufschluss darüber, welcher Zeitpunkt für die Beurteilung des

---

[42] Zur Zulässigkeit nackter Optionen etwa *Schlitt/Löschner* BKR 2002, 150; dagegen OLG Stuttgart DB 2002, 2638.

[43] Begr. RegE, BT-Drs. 14/7034, 57.

[44] Assmann/Pötzsch/Schneider/*Favoccia* Rn. 14; *Tröger* DZWiR 2002, 397 (401); *Ekkenga/Hofschroer* DStR 2002, 768 (769, 771); Angerer/Geibel/Süßmann/*Thun* Rn. 12 f.; Steinmeyer/*Steinmeyer* Rn. 8; Schwark/ Zimmer/Noack/*Zetzsche* Rn. 5; Mielke in Beckmann/Kersting/ Mielke Übernahmerecht Rn. B 87; NK-AktKapMarktR/*Haouache* Rn. 3; *Schlitt/Seiler/Singhof* AG 2003, 254 (267); *v. Bülow/Bücker* Konzern 2003, 185 (194); Ehricke/Ekkenga/Oechsler/*Ekkenga* Rn. 10; krit. dazu *Houben* WM 2000, 1873 (1874); FK-WpÜG/*Hommelhoff/Witt* § 35 Rn. 47 Fn. 32.

[45] Kölner Komm WpÜG/*v. Bülow* § 39 Rn. 35; ABBD/*Kopp/v. Dryander* Sec. 2 Rn. 12.

[46] Dazu ABBD/*Kopp/v. Dryander* Sec. 2 Rn. 12; *Thaeter* in Thaeter/Brandi Übernahmen Teil 2 Rn. 111, der uU darauf hinweist, dass ADRs typischerweise an US-amerikanischen Börsen gehandelt werden und daher regelmäßig nicht vom Anwendungsbereich des § 1 erfasst sind. Zu American Depositary Receipts allg. *Böckenhoff/Ross* WM 1993, 1781 ff.; *Böckenhoff/Ross* WM 1993, 1825 ff.; *Bungert/Paschos* DZWiR 1995, 133 ff.; *Bungert/Paschos* DZWir 1995, 221 ff.; *Zachert* ZIP 1993, 1426 ff.; *Harrer* RIW 1998, 661 ff.; *Wieneke* AG 2001, 504 ff.

[47] Wie hier Assmann/Pötzsch/Schneider/*Favoccia* Rn. 20 ff.; FK-WpÜG/*Vogel* Rn. 14; Baums/Thoma/ *Diekmann* Rn. 12; Kölner Komm WpÜG/*Hasselbach* Rn. 15; NK-AktKapMarktR/*Haouache* Rn. 2; iErg auch Angerer/Geibel/Süßmann/*Thun* Rn. 16: über eine idR vorhandene Tauschmöglichkeit; aA Ehricke/ Ekkenga/Oechsler/*Ekkenga* Rn. 10; Schwark/Zimmer/Noack/*Zetzsche* Rn. 5 f.; Steinmeyer/*Steinmeyer* Rn. 9.

[48] *Baum* ZBB 2003, 9 (13 ff.); ABBD/*Kopp/v. Dryander* Sec. 2 Rn. 12.

Vollangebotes maßgeblich sein soll. Diese Frage ist von praktischer Bedeutung, da nach Beginn der Angebotsfrist durch Kapitalmaßnahmen der Gesellschaft oder durch die Ausübung von Umtausch- und Wandlungsrechten **weitere Aktien** entstehen können, etwa weil die Gesellschaft zur Abwehr des Übernahmeangebots eine Kapitalerhöhung beschließt (→ § 33 Rn. 83 ff.). Es ist wie folgt zu differenzieren:

33    Aktionäre, die ihre Mitgliedschaftsstellung während der **Laufzeit der Annahmefrist** iSv § 16 Abs. 1 erlangen, müssen nach ganz hM ebenfalls von dem Angebot erfasst sein (→ Rn. 10).[49] Zwar sind die neuen Aktionäre nicht in der gleichen Weise schutzwürdig wie die bisherigen Aktionäre der Zielgesellschaft, so dass ihnen ebenfalls die Möglichkeit einer Veräußerung ihrer Beteiligung ermöglicht werden muss. Dies entspricht der Rechtslage bei Abschluss eines Beherrschungs- und Gewinnabführungsvertrages, bei dem auch solche Personen Anspruch auf eine Abfindung haben, die erst nach Abschluss bzw. Wirksamwerden des Unternehmensvertrages Aktionär der Untergesellschaft geworden sind (→ § 305 AktG Rn. 18).[50] Das Risiko, dass die Zielgesellschaft während der Laufzeit des Angebotes eine Kapitalmaßnahme durchführt und weitere Aktionäre aufnimmt, trägt damit der Bieter.

34    Aktionäre, die ihre Rechtsstellung erst während der **weiteren Annahmefrist** gemäß § 16 Abs. 2 erlangt haben, müssen dagegen nicht in das Übernahme- oder Pflichtangebot einbezogen werden.[51] Der Zweck des § 16 Abs. 2 erschöpft sich nämlich darin, denjenigen Aktionären, die sich während der gewöhnlichen Annahmefrist nicht zur Annahme des Angebotes entscheiden konnten, die Möglichkeit zu eröffnen, das Angebot während einer Frist von zwei weiteren Wochen noch zu akzeptieren. Dass § 16 Abs. 2 nicht darauf abzielt, solchen Personen, die erst nach Ablauf der Annahmefrist Aktionäre der Gesellschaft werden, erstmals eine Annahmemöglichkeit zu eröffnen, ergibt sich überdies aus dem Wortlaut des § 16 Abs. 2 S. 1. Die Formulierung „Aktionäre der Zielgesellschaft, die das Angebot nicht angenommen haben, können das Angebot innerhalb einer weiteren Annahmefrist annehmen" impliziert, dass die Aktionäre während der ursprünglichen, ggf. nach § 21 Abs. 5 oder § 22 Abs. 2 verlängerten Annahmefrist bereits zu einer Annahme des Angebots in der Lage sein mussten. Bei Dividendengleichheit wird es schwer fallen, alte und erst während der weiteren Annahmefrist entstehende Aktien voneinander zu unterscheiden.[52] Damit muss sich der Bieter darauf einstellen, dass er faktisch auch die erst während der weiteren Annahmefrist entstehenden Aktien erwerben muss.

35    Aktien, die erst nach dem **Ablauf der Annahmefrist** zur Entstehung gelangen, müssen nicht Gegenstand des Angebotes sein. Auf sie findet § 32 keine Anwendung. Das Übernahmeangebot muss sich auch nicht auf solche Personen erstrecken, die mit Ablauf der Annahmefrist noch nicht Aktionär sind, sondern die Aktionärsstellung erst aufgrund eines Termingeschäfts zu einem späteren Zeitpunkt erlangen.[53]

36    **4. Grenzüberschreitende Angebote.** Sofern der Bieter bei grenzüberschreitenden Angeboten zugleich die Vorschriften eines anderen Staates außerhalb des Europäischen Wirtschaftsraumes einzuhalten hat und ihm deshalb ein Angebot an alle Inhaber von Wertpapieren unzumutbar ist, kann die Bundesanstalt dem Bieter auf Antrag gestatten, bestimmte Inhaber von Wertpapieren mit Wohnsitz, Sitz oder gewöhnlichem Aufenthalt in dem betref-

---

[49] Ebenso *Mayer-Uellner* AG 2012, 399 (401) mwN; Angerer/Geibel/Süßmann/*Thun* Rn. 19 ff.; FK-WpÜG/*Vogel* Rn. 16; Assmann/Pötzsch/Schneider/*Favoccia* Rn. 19; Baums/Thoma/*Diekmann* Rn. 7 f.; Kölner Komm WpÜG/*Hasselbach* Rn. 5; Kölner Komm WpÜG/*v. Bülow* § 39 Rn. 31; *Mielke* in Beckmann/Kersting/Mielke Übernahmerecht Rn. B 87; Ehricke/Ekkenga/Oechsler/*Ekkenga* Rn. 14; aA Schwark/Zimmer/*Noack*/Zetzsche Rn. 7 f. – anders aber bei Nichtunterscheidbarkeit der neuen Aktien und Ausübung von Bezugsrechten; Angerer/Geibel/Süßmann/*Geibel* § 18 Rn. 30; *Geibel/Süßmann* BKR 2002, 52 (66 f.).

[50] Hüffer/Koch/*Koch* AktG § 304 Rn. 2.

[51] Fast einhM, *Mayer-Uellner* AG 2012, 399 (401) mwN; Assmann/Pötzsch/Schneider/*Favoccia* Rn. 15; FK-WpÜG/*Vogel* Rn. 17; Schwark/Zimmer/*Noack*/Zetzsche Rn. 9 mwN; Kölner Komm WpÜG/*Hasselbach* Rn. 6; Baums/Thoma/*Diekmann* Rn. 8 f.; Steinmeyer/*Steinmeyer* Rn. 8; NK-AktKapMarktR/*Haouache* Rn. 4; Ehricke/Ekkenga/Oechsler/*Ekkenga* Rn. 14.

[52] Angerer/Geibel/Süßmann/*Thun* Rn. 22.

[53] Ehricke/Ekkenga/Oechsler/*Ekkenga* Rn. 11, 15.

fenden Staat von dem Angebot auszunehmen (§ 24). Diese erst in einem späten Stadium des Gesetzgebungsverfahren eingeführte Regelung (→ Rn. 5) begründet eine Ausnahme von der Pflicht zur Gleichbehandlung von Inhabern von Wertpapieren der gleichen Gattung (§ 3 Abs. 1). Im Anwendungsbereich der Übernahme- und Pflichtangebote kollidiert diese Ausnahmemöglichkeit mit der Pflicht zur Abgabe von Vollangeboten, so dass es der Aufnahme eines entsprechenden Vorbehaltes in § 32 bedurfte. Der Vorbehalt wird in all den Fällen relevant, in denen ein grenzüberschreitendes Angebot auch das Recht eines anderen Staates zu berücksichtigen hat, ohne dass es darauf ankäme, dass die Aktien, die Gegenstand des Angebotes sind, auch in dem betreffenden Drittstaat zum Handel zugelassen sind.[54]

**5. Teleologische Reduktion?** § 37 eröffnet in bestimmten Situationen die Möglichkeit **37** einer Befreiung von der Pflicht zur Veröffentlichung der Kontrollerlangung und der Abgabe eines Pflichtangebotes. Entsprechende Befreiungstatbestände sind für die Pflicht, ein Vollangebot abzugeben, nicht ausdrücklich vorgesehen. Es sind jedoch Konstellationen denkbar, in denen eine Einschränkung der Pflicht zur Abgabe eines Vollangebotes gleichermaßen gerechtfertigt erscheint. Zu denken ist etwa an den Fall, dass ein Bieter einen Anteil von 30% der Stimmrechte einer Zielgesellschaft erwerben möchte, die bereits über einen kontrollierenden Aktionär, dem 45% des stimmberechtigten Grundkapitals zustehen, verfügt. Würde der Bieter 30% der Stimmrechte außerhalb eines öffentlichen Angebots erwerben, könnte er gem. § 37 iVm § 9 S. 2 Nr. 1 WpÜG-AV eine Befreiung vom Pflichtangebot erlangen. Er wäre also nicht verpflichtet, alle Aktien der Gesellschaft zu erwerben. Nichts anderes sollte für einen Bieter gelten dürfen, der einen Stimmrechtsanteil von 30% im Wege eines öffentlichen Angebotes erwerben will, ohne dass sich damit eine tatsächliche Kontrollerlangung verbinden würde. Das scheint auf den ersten Blick dafür zu sprechen, dass sich der Bieter von der Pflicht zu einem Vollangebot in entsprechender Anwendung von § 37 iVm § 9 WpÜG-AV befreien lassen kann.[55] Dem ist im Ergebnis jedoch nicht zu folgen:[56] Der Widerspruch zeigt nur, wie wenig durchdacht das gesetzliche Verbot von Übernahmeteilangeboten ist (→ Rn. 8), rechtfertigt aber keine Übertragung von Regeln des 5. Abschnitts des Gesetzes auf den 4. Abschnitt (vgl. → § 29 Rn. 17), sondern allenfalls – de lege ferenda – die Verlegung des § 32 in den 5. Abschnitt, wo er systematisch hingehört. Das Übernahmeangebot ist deshalb so durchzuführen wie § 32 es verlangt, erst nach dem Kontrollerwerb kann die Befreiung von einem Pflichtangebot beantragt werden. Der Bieter kann sich im Übrigen nicht darauf verlassen, dass sich bis zum Ende der Annahmefrist die Verhältnisse in der Zielgesellschaft nicht so verändert haben, dass eine Befreiung ausscheidet.

### III. Rechtsfolgen

Übernahme- und Pflichtangebote, die sich entgegen § 32 nicht auf alle Aktien der Gesell- **38** schaft beziehen, sind zwar nicht wegen Verstoß gegen ein gesetzliches Verbot nichtig (§ 134 BGB), jedoch **unzulässig**.[57] Die Bundesanstalt hat daher das Angebot zu untersagen (§ 15). Geschieht das aus irgendwelchen Gründen nicht, so legt § 19 fest, dass gleichwohl sämtliche Inhaber von Aktien auch Angebotsadressaten sind und sich dementsprechend gegenüber dem Bieter auf eine verhältnismäßige Zuteilung berufen können.[58]

---

[54] In diesem Zusammenhang sind insbes. die *Cross-Border Tender Offer Rules* der SEC vom 23.10.2008 von Bedeutung, www.sec.gov/rules/final/2008/33-8957fr.pdf (zuletzt abgerufen am 18.8.2020).

[55] So *Tröger* DZWiR 2002, 397 (398); einschr. *Cahn/Senger* FB 2002, 277 (286), die eine Dispensmöglichkeit nur dann zulassen, wenn der andere Aktionär eine absolute Stimmenmehrheit innehat. Zudem sei die Dispensentscheidung der Bundesanstalt unter die auflösende Bedingung zu stellen, dass der andere Großaktionär über mehr Stimmrechte verfügt und beide ihr Verhalten in Bezug auf die Ausübung von Stimmrechten aufeinander abstimmen; weitergehend *Oechsler* NZG 2002, 8172 (825); der sogar eine telelogische Einschränkung von § 29 Abs. 2 befürwortet.

[56] Wie hier Assmann/Pötzsch/Schneider/*Favoccia* Rn. 24.

[57] Assmann/Pötzsch/Schneider/*Favoccia* Rn. 25; Schwark/Zimmer/*Noack/Zetzsche* Rn. 20; *Riehmer/Schröder* BB 2001, Beil. Nr. 5, 5; Ehricke/Ekkenga/Oechsler/*Ekkenga* Rn. 16.

[58] Nach aA entsteht automatisch ein Vollangebot; so Kölner Komm WpÜG/*Hasselbach* Rn. 20; Assmann/Pötzsch/Schneider/*Favoccia* Rn. 26 mit den Haftungsfolgen des § 12 wegen Unrichtigkeit der Angebotsunter-

## § 33 Handlungen des Vorstands der Zielgesellschaft

(1) [1]Nach Veröffentlichung der Entscheidung zur Abgabe eines Angebots bis zur Veröffentlichung des Ergebnisses nach § 23 Abs. 1 Satz 1 Nr. 2 darf der Vorstand der Zielgesellschaft keine Handlungen vornehmen, durch die der Erfolg des Angebots verhindert werden könnte. [2]Dies gilt nicht für Handlungen, die auch ein ordentlicher und gewissenhafter Geschäftsleiter einer Gesellschaft, die nicht von einem Übernahmeangebot betroffen ist, vorgenommen hätte, für die Suche nach einem konkurrierenden Angebot sowie für Handlungen, denen der Aufsichtsrat der Zielgesellschaft zugestimmt hat.

(2) [1]Ermächtigt die Hauptversammlung den Vorstand vor dem in Absatz 1 Satz 1 genannten Zeitraum zur Vornahme von Handlungen, die in die Zuständigkeit der Hauptversammlung fallen, um den Erfolg von Übernahmeangeboten zu verhindern, sind diese Handlungen in der Ermächtigung der Art nach zu bestimmen. [2]Die Ermächtigung kann für höchstens 18 Monate erteilt werden. [3]Der Beschluss der Hauptversammlung bedarf einer Mehrheit, die mindestens drei Viertel des bei der Beschlussfassung vertretenen Grundkapitals umfasst; die Satzung kann eine größere Kapitalmehrheit und weitere Erfordernisse bestimmen. [4]Handlungen des Vorstands auf Grund einer Ermächtigung nach Satz 1 bedürfen der Zustimmung des Aufsichtsrats.

**Schrifttum:**[1] *Adams,* Was spricht gegen eine unbehinderte Übertragbarkeit der in Unternehmen gebundenen Ressourcen durch ihre Eigentümer?, AG 1990, 243; *Altmeppen,* Neutralitätspflicht und Pflichtangebot nach dem neuen Übernahmerecht, ZIP 2001, 1073; *Arnold/Wenninger,* Maßnahmen zur Abwehr feindlicher Übernahmeangebote, CFL 2010, 79; *Assmann,* Verhaltensregeln für freiwillige öffentliche Übernahmeangebote, AG 1995, 563; *Assmann/Bozenhardt,* Übernahmeangebote als Regelungsproblem zwischen gesellschaftsrechtlichen Normen und zivilrechtlich begründeten Verhaltensgeboten, in Assmann/Basaldua/Bozenhardt/Peltzer, Übernahmeangebote, ZGR-Sonderheft 9 (1990), 1; *v. Aubel,* Vorstandspflichten bei Übernahmeangeboten, 1996; *Bauer/Arnold,* Vorstandsverträge im Kreuzfeuer der Kritik, DB 2006, 260; *Bayer,* Vorsorge- und präventive Abwehrmaßnahmen gegen feindliche Übernahmen, ZGR 2002, 588; *Baums,* Vorschlag eines Gesetzes zu öffentlichen Übernahmeangeboten, ZIP 1997, 1310; *Baums,* Notwendigkeit und Grundzüge einer gesetzlichen Übernahmeregelung in v. Rosen/Seifert, Die Übernahme börsennotierter Unternehmen, 1999, 165; *Becker,* Verhaltenspflichten des Vorstands der Zielgesellschaft bei feindlichen Übernahmen, ZHR 165 (2001), 280; *Beckmann/Kersting/Mielke,* Das neue Übernahmerecht, 2003; *Berding,* Gesellschafts- und kapitalmarktrechtliche Grundsätze im Übernahmerecht, WM 2002, 1149; *Bunz,* Vorbereitungs- und Reaktionsmöglichkeiten börsennotierter Unternehmen auf Shareholder Activism, NZG 2014, 1049; *Busch,* Die Notwendigkeit der spezialgesetzlichen Regelung von öffentlichen Übernahmeangeboten in Deutschland, 1996; *Cahn/Senger,* Das Gesetz zur Regelung von öffentlichen Angeboten zum Erwerb von Wertpapieren und Unternehmensübernahmen, FB 2002, 277; *Dauner-Lieb/Lamandini,* Der neue Kommissionsvorschlag einer Übernahmerichtlinie und das Europäische Parlament, Der Konzern 2003, 168; *Diekmann,* Änderungen im Wertpapiererwerbs- und Übernahmegesetz anlässlich der Umsetzung der EU-Übernahmerichtlinie in das deutsche Recht, NJW 2007, 17; *Dimke/Heiser,* Neutralitätspflicht, Übernahmegesetz und Richtlinienvorschlag 2000, NZG 2001, 241; *Dregger/Winner,* Deutsches und österreichisches Übernahmerecht aus Anlegersicht, WM 2002, 1583; *Drinkuth,* Informationspflichten bei Ermächtigungsbeschlüssen nach § 33 WpÜG, AG 2005, 597; *Drygala,* Die neue deutsche Übernahmeskepsis und ihre Auswirkungen auf die Vorstandspflichten nach § 33 WpÜG, ZIP 2001, 1861; *Ebenroth/Daum,* Die Kompetenz des Vorstands einer Aktiengesellschaft bei der Durchführung und Abwehr koordinierter Übernahmen, DB 1991, 1105 (Teil I) und DB 1991, 1157 (Teil II); *Ebenroth/Rapp,* Abwehr von Unternehmensübernahmen, DWiR 1991, 2; *Ekkenga,* § 33 WpÜG: Neutralitätsgebot oder Grundsatz der Abwehrbereitschaft?, FS Kümpel, 2003, 95; *Ekkenga,* Kapitalmarktrechtliche Aspekte der „Investor Relations", NZG 2001, 1; *Ekkenga/Hofschroer,* Das Wertpapier- und Übernahmegesetz, DStR 2002, 724 (Teil I) und DStR 2002, 768 (Teil II); *Fest,* Bedingungen in Pflichtangeboten, ZBB 2017, 178; *Fleischer,* Konkurrenzangebote und Due Diligence, ZIP 2002, 651; *Fleischer,* Die „Business Judgment Rule" im Spiegel von Rechtsvergleichung und Rechtsökonomie, FS Wiedemann, 2002, 827; *Fleischer,* Zulässigkeit und Grenzen von Break-Fee-Vereinbarungen im Aktien- und Kapitalmarktrecht, AG 2009, 345; *Fleischer,* Das Gesetz zur Angemessenheit der Vorstandsvergütung, NZG 2009, 801; *Fleischer,* Investor Relations und informationelle Gleichbehandlung im Aktien-, Konzern- und Kapital-

lage. Nach noch aA bleibt es bei dem unzulässigen Teilangebot ohne Anwendung des § 19; so Steinmeyer/Steinmeyer Rn. 14 mit der Folge einer möglichen Angebotspflicht nach § 35, da das unzulässige Teilangebot nicht die Wirkung des § 35 Abs. 3 auslöst, das ist auch die Konsequenz der hier vertretenen Auffassung.

[1] Der Verfasser dankt *Christian Knoth, LL.M. (Leipzig)* und *Tim Maximilian Hacke* für die Unterstützung bei der Überarbeitung des Manuskriptes zu den §§ 33–39, § 59.

marktrecht, ZGR 2009, 505; *Fleischer/Kalss,* Das neue Wertpapiererwerbs- und Übernahmegesetz, 2002; *Friedl,* Die Stellung des Aufsichtsrats der Zielgesellschaft bei der Abgabe eines Übernahmeangebots nach dem neuen Übernahmerecht unter Berücksichtigung des Regierungsentwurfs zum Übernahmerichtlinie-Umsetzungsgesetz, NZG 2006, 422; *Glade/Haak/Hellich,* Die Umsetzung der Übernahmerichtlinie in das deutsche Recht (Teil II), Der Konzern 2004, 515; *Grunewald,* Europäisierung des Übernahmerechts, AG 2001, 288; *Grundmann/Schwintowski/Singer/Weber,* Anleger- und Funktionsschutz durch Kapitalmarktrecht, Schriften zum Europäischen Privat-, Bank- und Wirtschaftsrecht, Bd. 7, 2004; *Guinomet,* Break fee-Vereinbarungen, 2003; *Habersack,* Verhinderungsverbot und Pflichtangebotsregel – Eckpfeiler des europäischen Übernahmerechts?, ZHR 181 (2017), 603; *Harbarth,* Abwehr feindlicher Übernahmen in den USA, ZVglRWiss 100 (2001), 275; *Harbarth,* Europäische Durchbrechungsregel im deutschen Übernahmerecht, ZGR 2007, 37; *Hauschka/Roth,* Übernahmeangebote und deren Abwehr im deutschen Recht, AG 1988, 181; *Hirte,* Verteidigung gegen Übernahmeangebote und Rechtsschutz des Aktionärs gegen eine Verteidigung, ZGR 2002, 623; *Hirte/Schander,* Organpflichten bei Unternehmensübernahmen, in v. Rosen/Seifert, Die Übernahme börsennotierter Unternehmen, 1999, 341; *Hitzer/Simon/Düchting,* Behandlung eigener Aktien der Zielgesellschaft bei öffentlichen Übernahmeangeboten, AG 2012, 237; *Hoffmann-Becking,* Rechtliche Anmerkungen zur Vorstands- und Aufsichtsratsvergütung, ZHR 169 (2005), 155; *Hommelhoff/Witt,* Bemerkungen zum deutschen Übernahmegesetz nach dem Scheitern der Richtlinie, RIW 2001, 561; *Hopt,* Präventivmaßnahmen zur Abwehr von Übernahme- und Beteiligungsversuchen, WM-FG Heinsius, WM-Sonderheft 1991, 22; *Hopt,* Aktionärskreis und Vorstandsneutralität, ZGR 1993, 534; *Hopt,* Europäisches und deutsches Übernahmerecht, ZHR 161 (1997), 368; *Hopt,* Verhaltenspflichten des Vorstands der Zielgesellschaft bei feindlichen Übernahmen – zur aktien- und übernahmerechtlichen Rechtslage in Deutschland und Europa, FS Lutter, 2000, 1361; *Hopt,* Auf dem Weg zum deutschen Übernahmegesetz – Gemeinsamer Standpunkt des Rates zur 13. Richtlinie und Diskussionsentwurf des Übernahmegesetzes, FS Koppensteiner, 2001, 61; *Hopt,* Übernahmen, Geheimhaltung und Interessenkonflikte: Probleme für Vorstände, Aufsichtsräte und Banken, ZGR 2002, 333; *Hopt,* Grundsatz- und Praxisprobleme nach dem Wertpapiererwerbs- und Übernahmegesetz, ZHR 166 (2002), 383; *Hopt,* Stand der Harmonisierung der europäischen Übernahmerechte – Bestandsaufnahme, praktische Erfahrungen und Ausblicke, in Mülbert/Kiem/Wittig, 10 Jahre Wertpapiererwerbs- und Übernahmegesetz (WpÜG), 2011, 42; *Kallmayer,* Die Mängel des Übernahmekodexes der Börsensachverständigenkommission, ZHR 161 (1997), 435; *Kiem,* Investorenvereinbarungen im Lichte des Aktien- und Übernahmerechts, AG 2009, 301; *Kirchner,* Neutralitäts- und Stillhaltepflicht des Vorstands der Zielgesellschaft im Übernahmerecht, AG 1999, 481; *Kirchner,* Managementpflichten bei „feindlichen" Übernahmeangeboten, WM 2000, 1821; *C. Kniehase,* Standstill Agreements in Deutschland und den USA, 2001; *M. Kniehase,* Derivate auf eigene Aktien, 2005; *Knoll,* Die Übernahme von Kapitalgesellschaften unter besonderer Berücksichtigung des Schutzes von Minderheitsaktionären nach amerikanischem, englischem und deutschem Recht, 1992; *Knott,* Freiheit, die ich meine: Abwehr von Übernahmeangeboten nach der Umsetzung der EU-Richtlinie, NZG 2006, 849; *Bastian Koch,* Die Neutralitätspflicht des Vorstandes einer börsennotierten Aktiengesellschaft bei Abwehrmaßnahmen gegen feindliche Übernahmeangebote, Diss. Kiel 2001; *Raphael Koch,* Unzulänglichkeiten im Übernahmerecht? Das Verhinderungsverbot aus institutionenökonomischer Perspektive, WM 2010, 1155; *Körner,* Die Neuregelung der Übernahmekontrolle nach deutschem und europäischem Recht – insbesondere zur Neutralitätspflicht des Vorstands, DB 2001, 367; *Kort,* Rechte und Pflichten des Vorstands der Zielgesellschaft bei Übernahmeversuchen, FS Lutter, 2000, 1421; *Kraupa-Tuskany,* Verhaltenspflichten des Vorstands des Zielunternehmens während öffentlicher Übernahmeverfahren, 2013; *Krause,* Das obligatorische Übernahmeangebot, 1996; *Krause,* Zur „Pool- und Frontenbildung" im Übernahmekampf und zur Organzuständigkeit für Abwehrmaßnahmen gegen „feindliche" Übernahmeangebote, AG 2000, 217; *Krause,* Das neue Übernahmerecht, NJW 2002, 705; *Krause,* Prophylaxe und prophylaktische Übernahmeangebote, AG 2002, 133; *Krause,* Die Abwehr feindlicher Übernahmeangebote auf der Grundlage von Ermächtigungsbeschlüssen der Hauptversammlung, BB 2002, 1053; *Krause,* Von „goldenen Aktien", dem VW-Gesetz und der Übernahmerichtlinie, NJW 2002, 2747; *Krause,* Der Kommissionsvorschlag für die Revitalisierung der EU-Übernahmerichtlinie, BB 2002, 2341; *Krause,* Die EU-Übernahmerichtlinie – Anpassungsbedarf im Wertpapiererwerbs- und Übernahmegesetz, BB 2004, 113; *Krause,* BB-Europareport: Die EU-Übernahmerichtlinie – Anpassungsbedarf im Wertpapiererwerbs- und Übernahmegesetz, BB 2004, 113; *Krieger,* Das neue Übernahmegesetz: Preisfindung beim Übernahmeangebot und Neutralitätspflicht des Vorstands der Zielgesellschaft, in Henze/Hoffmann-Becking, RWS-Forum Gesellschaftsrecht 2001, 289; *Lammers,* Verhaltenspflichten von Verwaltungsorganen in Übernahmeauseinandersetzungen: eine rechtsvergleichende Untersuchung des US-amerikanischen, deutschen und europäischen Rechts, 1994; *Land,* Das neue Wertpapiererwerbs- und Übernahmegesetz – Anmerkungen zum Regierungsentwurf, DB 2001, 1707; *Leyendecker-Langner,* (Un-)Zulässigkeit von Aktienrückkaufprogrammen bei öffentlicher Übernahme, BB 2013, 2051; *Liebscher,* Das Übernahmeverfahren nach dem neuen Übernahmegesetz, ZIP 2001, 853; *Liebscher,* Ungeschriebene Hauptversammlungszuständigkeiten im Lichte von Holzmüller, Macroton und Gelatine, ZGR 2005, 1; *Liekefett,* Bietergleichbehandlung bei öffentlichen Übernahmeangeboten, AG 2005, 802; *Lutter/Schneider,* Die Beteiligung von Ausländern an inländischen Aktiengesellschaften – Möglichkeiten der Beschränkung nach geltendem Recht und Vorschläge de lege ferenda, ZGR 1975, 182; *Maier-Reimer,* Verhaltenspflichten des Vorstands der Zielgesellschaft bei feindlichen Übernahmen, ZHR 165 (2001), 258; *Martens,* Der Einfluß von Vorstand und Aufsichtsrat auf Kompetenzen und Struktur der Aktionäre – Unternehmensverantwortung contra Neutralitätspflicht, FS Beusch, 1993, 529; *Maul,* Die EU-Übernahmerichtlinie – ausgewählte Fragen, NZG 2005, 151; *Meier-Schatz,* Managermacht und Marktkontrolle. Bemerkungen zur amerikanischen Debatte um Übernahmeangebote und Markt für Unternehmenskontrolle, ZHR 149 (1985), 76; *Merkt,* Verhaltenspflichten des Vorstands der Zielgesellschaft bei feindlichen Übernahmen,

ZHR 165 (2001), 224; *Meyer*, Änderungen im WpÜG durch die Umsetzung der EU-Übernahmerichtlinie, WM 2006, 1135; *Michalski*, Abwehrmechanismen gegen unfreundliche Übernahmeangebote („unfriendly takeovers") nach deutschem Aktienrecht, AG 1997, 152; *Möller/Pötzsch*, Das neue Übernahmerecht – Der Regierungsentwurf vom 11. Juli 2001, ZIP 2001, 1256; *Mülbert*, Aktiengesellschaft, Unternehmensgruppe und Kapitalmarkt, 1995; *Mülbert*, Die Zielgesellschaft im Vorschlag 1997 einer Takeover-Richtlinie – zwei folgenreiche Eingriffe ins deutsche Aktienrecht, IStR 1999, 83; *Mülbert/Birke*, Das übernahmerechtliche Behinderungsverbot – Die angemessene Rolle der Verwaltung einer Zielgesellschaft in einer feindlichen Übernahme, WM 2001, 705; *Neye*, Der gemeinsame Standpunkt des Rates zur 13. Richtlinie – ein entscheidender Weg zu einem europäischen Übernahmerecht, AG 2000, 289; *Nörr/Stiefenhofer*, Takeover Law in Germany, 2003; *v. Nussbaum*, Aktiengesellschaft als Zielgesellschaft, 2003; *Pennington*, The City Code on Takeover and Mergers, FS Duden, 1997, 379; *Pötzsch*, Das künftige Übernahmerecht, WM-Sonderbeil. 2/2000, 2; *Pötzsch/Möller*, Das neue Übernahmerecht, 2002; *Rümker*, Übernahmeangebote – Verhaltenspflichten des Vorstandes der Zielgesellschaft und Abwehrmöglichkeiten, FS Heinsius, 1991, 683; *Schaefer/Eichner*, Abwehrmöglichkeiten des Vorstands von börsennotierten Aktiengesellschaften bei feindlichen Übernahmeversuchen – ein Rechtsvergleich zwischen Deutschland und den USA, NZG 2003, 150; *Schanz*, Feindliche Übernahmen und ihre Zulässigkeit im Lichte der Aktienreform, NZG 2000, 337; *Schanz*, Verteidigungsmechanismen gegen feindliche Übernahmen nach Umsetzung der Übernahmerichtlinie im deutschen Recht, NZG 2007, 927; *Schlitt/Löschner*, Abgetrennte Optionsrechte und Naked Warrants, BKR 2002, 150; *U. H. Schneider*, Die Zielgesellschaft nach Abgabe eines Übernahme- oder Pflichtangebots, AG 2002, 125; *U. H. Schneider/Burgard*, Übernahmeangebote und Konzerngründung – Zum Verhältnis von Übernahmerecht, Gesellschaftsrecht und Konzernrecht, DB 2001, 963; *Schüppen*, WpÜG-Reform: Alles Europa, oder was?, BB 2006, 165; *Seibt/Heiser*, Der neue Vorschlag für eine EU-Übernahmerichtlinie und das deutsche Übernahmerecht, ZIP 2002, 2193; *Seibt/Heiser*, Analyse der EU-Übernahmerichtlinie und Hinweise für eine Reform des deutschen Übernahmerechts, ZGR 2005, 200; *Seibt/Heiser*, Analyse des Übernahmerichtlinie-Umsetzungsgesetzes (Regierungsentwurf), AG 2006, 301; *Simon*, Entwicklungen im WpÜG, Der Konzern 2006, 12; *Stephan*, Das übernahmerechtliche Verhinderungsverbot, Der Konzern 2019, 473; *Süßmann*, Unerwünschte Übernahmen, NZG 2011, 1281; *Thaeter*, Zur Abwehr feindlicher Übernahmeversuche im RegE eines Gesetzes zur Regelung von öffentlichen Angeboten zum Erwerb von Wertpapieren und von Unternehmensübernahmen (WÜG-RegE), NZG 2001, 789; *Thaeter/Barth*, RefE eines Wertpapiererwerbs- und Übernahmegesetzes, NZG 2001, 545; *Thaeter/Brandi*, Öffentliche Übernahmen – Recht und Praxis der Übernahme börsennotierter Unternehmen, 2003; *Thoma*, Der neue Übernahmekodex der Börsensachverständigenkommission, ZIP 1996, 1725; *Thoma*, Das Wertpapiererwerbs- und Übernahmegesetz im Überblick, NZG 2002, 105; *Thümmel*, Haftungsrisiken von Vorständen und Aufsichtsräten bei der Abwehr von Übernahmeversuchen, DB 2000, 461; *Tröger*, Unternehmensübernahmen im deutschen Recht (II) – Pflichtangebot, Squeeze-Out, DZWiR 2002, 397; *Wackerbarth*, Von golden shares und poisen pills: Waffengleichheit bei internationalen Übernahmeangeboten, WM 2001, 1741; *Weisgerber*, Der Übernahmekodex in der Praxis, ZHR 161 (1997), 421; *Weisner*, Verteidigungsmaßnahmen gegen unfreundliche Übernahmeversuche in den USA, Deutschland und nach europäischem Recht, 2000; *Wiese/Demisch*, Unternehmensführung bei feindlichen Unternehmensübernahmen, DB 2001, 849; *Wiesner*, Binnenmarkt und Wettbewerb bleiben auf der Strecke – Zum Kommissionsvorschlag für eine neue Übernahmerichtlinie, ZIP 2002, 1967; *Wiesner*, Die neue Übernahmerichtlinie und die Folgen, ZIP 2004, 343; *Winter/Harbarth*, Verhaltenspflichten von Vorstand und Aufsichtsrat der Zielgesellschaft bei feindlichen Übernahmeangeboten nach dem WpÜG, ZIP 2002, 1; *M. Wolf*, Konzerneingangsschutz bei Übernahmeangeboten. Neuere Entwicklungen zu Verteidigungsmaßnahmen im Spannungsfeld zum EU-Richtlinienvorschlag, AG 1998, 212; *A. Wolf*, Der Mythos „Neutralitätspflicht" nach dem Übernahmerichtlinie-Umsetzungsgesetz, ZIP 2008, 300; *Zschocke*, Europapolitische Mission: Das neue Wertpapiererwerbs- und Übernahmegesetz, DB 2002, 79.

## Übersicht

*Schlitt*

## I. Allgemeines

**1**    **1. Regelungsgegenstand.** § 33 statuiert die Verhaltenspflichten für den Vorstand in der Übernahmesituation und ist damit eine der zentralen Vorschriften des Übernahmerechts.[2]

**2**    **Abs. 1 S. 1** begründet im Ausgangspunkt ein Verbot von Handlungen, durch die der Erfolg des Angebotes verhindert werden könnte. Dieses prinzipielle Verhinderungsverbot wird jedoch durch die weitreichende **Ausnahmetrias** des **Abs. 1 S. 2** erheblich eingeschränkt. So ist dem Vorstand zunächst die Vornahme solcher Handlungen erlaubt, die auch ein ordentlicher und gewissenhafter Geschäftsleiter einer Gesellschaft vorgenommen hätte, die nicht von einem Übernahmeangebot betroffen ist (Var. 1). Des Weiteren darf der Vorstand nach einem konkurrierenden Bieter *(white knight)* suchen (Var. 2). Schließlich sind solche Handlungen vom Verhinderungsverbot ausgenommen, denen der Aufsichtsrat der Zielgesellschaft zugestimmt hat (Var. 3).

**3**    **Abs. 2** enthält Vorgaben für Prophylaxeermächtigungen der Hauptversammlung zur Vornahme von Abwehrmaßnahmen, die in die Zuständigkeit der Hauptversammlung fallen. Um den Aktionären der Zielgesellschaft die weitreichenden Folgen solcher Ermächtigungsbeschlüsse vor Augen zu führen,[3] sind nach **Abs. 2 S. 1** die Abwehrmaßnahmen, zu deren Vornahme die Hauptversammlung den Vorstand vor der Veröffentlichung eines Angebotes ermächtigt, der Art nach zu bestimmen. **Abs. 2 S. 2** befristet die Laufzeit der Ermächtigung auf eine Dauer von höchstens 18 Monaten. Nach **Abs. 2 S. 3** bedarf der Beschluss der Hauptversammlung einer Mehrheit, die mindestens drei Viertel des bei der Beschlussfassung vertretenen Grundkapitals umfasst, sofern die Satzung keine größere Kapitalmehrheit oder weitere Erfordernisse vorsieht. Um eine Kontrolle des Vorstandshandelns in der konkreten Übernahmesituation zu ermöglichen,[4] hängt die Ausübung der Ermächtigung nach **Abs. 2 S. 4** von der Zustimmung des Aufsichtsrates ab.

**4**    **Abs. 3 aF** wurde durch das Übernahme-RL-UG vom 14.7.2006 (BGBl. 2006 I 1426) gestrichen. Eine entsprechende Regelung findet sich nun in § 33d nF.

**5**    § 33 ist nur anwendbar, wenn die **Satzung** der Zielgesellschaft nicht bestimmt, dass dies nicht der Fall sein soll (§ 33a Abs. 1).[5]

**6**    **2. Normzweck.** Die Regelungen des Abs. 1 und 2 zielen darauf ab, einen sachgerechten **Ausgleich der Interessen** der an einer Übernahme beteiligten Personen herzustellen. Zum einen wollen die Bestimmungen das Interesse der **Aktionäre der Zielgesellschaft** berücksichtigen, in ihrer Entscheidung über die Annahme des Übernahmeangebotes nicht durch Abwehrmaßnahmen des Vorstandes beeinträchtigt zu werden, um bei einem Verkauf ihrer Aktien an den Bieter ggf. einen höheren Preis für die Wertpapiere als bei einem regulären Verkauf über die Börse erzielen zu können.[6] Wirtschaftswissenschaftlich wird dieses Problem im Rahmen der **Principal-Agent-Theorie** erörtert, die das Spannungsfeld beleuchtet, das entsteht, wenn Eigentum und Kontrolle in korporativ verfassten Organisationen dauerhaft auseinanderfallen.[7] Die Vorschrift steht in engem inneren Zusammenhang mit dem allgemeinen Grundsatz des § 3 Abs. 2, wonach die Inhaber von Wertpapieren der Zielgesellschaft über genügend Zeit und ausreichende Informationen verfügen müssen, um in Kenntnis der Sachlage über das Angebot entscheiden zu können.[8]

---

[2]  Zur rechtspolitischen Bewertung ausf. *Habersack* ZHR 181 (2017), 603 (614 ff.).

[3]  Begr. RegE, BT-Drs. 14/7034, 58.

[4]  Begr. RegE, BT-Drs. 14/7034, 58.

[5]  Baums/Thoma/*Grunewald* Rn. 15.

[6]  *Dimke/Heiser* NZG 2001, 241 (250 f.); Ehricke/Ekkenga/Oechsler/*Ekkenga* Rn. 3, 11. Es ist aber neben dem Interesse der Aktionäre auch das Interesse der Arbeitnehmer und der Gesellschaft insgesamt zu berücksichtigen, s. Begr. RegE, BT-Drs. 14/7034, 35; dazu auch *Vaupel/Lißmann* GWR 2013, 77. Diese womöglich divergierenden Interessen hat der Vorstand auszugleichen bzw. abzuwägen, Baums/Thoma/*Baums/Hecker* § 3 Rn. 34.

[7]  *Assmann/Bozenhardt* ZGR-Sonderheft 9 (1990), 43; Assmann/Pötzsch/Schneider/*Krause/Pötzsch/Stephan* Rn. 6; dazu *Koch* WM 2010, 1155 ff.

[8]  *Grunewald* AG 2001, 288 (289); Kölner Komm WpÜG/*Hirte* Rn. 3.

Gleichzeitig will der Gesetzgeber den **potentiellen Interessenkonflikt** auflösen, in dem 7 sich die Mitglieder von Vorstand und Aufsichtsrat in einer Übernahmesituation typischerweise befinden, da sie sich dem Risiko ausgesetzt sehen, die eigene Position zu verlieren oder zumindest eine nicht unerhebliche Schwächung des eigenen Einflusses hinnehmen zu müssen.[9] Die Anordnung eines prinzipiellen Verhinderungsverbots soll sicherstellen, dass die Abwehr des Übernahmeversuches im Interesse der Gesellschaft und nicht zur Sicherung der eigenen Funktion erfolgt. Insoweit stellt es eine Spezialregelung zu dem in § 3 Abs. 3 verankerten Prinzip dar, demzufolge Vorstand und Aufsichtsrat der Zielgesellschaft stets im Interesse der Zielgesellschaft handeln müssen.[10] Nach der Regierungsbegründung ist damit das Unternehmensinteresse gemeint, das sich auf die Interessen der Aktionäre, der Arbeitnehmer und des Gemeinwohls bezieht.[11]

Indem Abs. 1 S. 2 Var. 1 dem Vorstand die Vornahme solcher Handlungen erlaubt, die 8 auch ein ordentlicher und gewissenhafter Geschäftsleiter einer Gesellschaft vorgenommen hätte, die nicht von einem Übernahmeangebot betroffen ist, konkretisiert das Gesetz den allgemeinen Grundsatz, dass die Zielgesellschaft während des laufenden Angebotes **nicht unangemessen in ihrer Geschäftstätigkeit behindert** werden darf (§ 3 Abs. 4 S. 2).[12] Die Gestattung der Suche nach einem konkurrierenden Bieter (Abs. 1 S. 2 Var. 2) soll es der Zielgesellschaft ermöglichen, durch Hinzuholen eines weiteren Bewerbers im Interesse aller Aktionäre für möglichst **attraktive Angebotsbedingungen** zu sorgen.[13]

Insgesamt will die Vorschrift in erster Linie die **Interessen der Aktionäre** schützen.[14] 9 Nur mittelbar im Sinne eines Rechtsreflexes schützt das Verhinderungsverbot auch den **Bieter** (zur Problematik des haftungsrechtlichen Drittschutzes).[15]

**3. Anwendungsbereich.** § 33 gilt in erster Linie für **Übernahmeangebote,** also solche 10 öffentliche Erwerbsangebote, die auf die Erlangung der Kontrolle der Zielgesellschaft gerichtet sind (s. § 29 Abs. 1).[16] Auf **Pflichtangebote** findet die Regelung über den in § 39 enthaltenen Verweis auf die Vorschriften des Abschnittes 4 entsprechende Anwendung. Nach richtiger, indessen nicht unumstrittener Meinung findet das Verhinderungsverbot nicht auch auf sog. **einfache Erwerbsangebote** Anwendung. Zum sachlichen und zeitlichen Anwendungsbereich im Einzelnen → Rn. 66 ff., → Rn. 69 ff.

Die Vornahme von Abwehrmaßnahmen wird die Zielgesellschaft nur dann in Erwägung 11 ziehen, wenn das Übernahmeangebot nicht die Unterstützung der Verwaltung findet oder von ihr sogar abgelehnt wird. Für ein Angebot, das von der Verwaltung nicht unterstützt bzw. abgelehnt wird, wurde, ausgehend von der angelsächsischen Terminologie des *unfriendly* bzw. *hostile takeover bid,* der Begriff des **unfreundlichen** bzw. **feindlichen Übernahmeangebots** geprägt.[17] Dies steht in Einklang mit der in § 27 verankerten Verpflichtung von Vorstand und Aufsichtsrat, zu dem Angebot Stellung zu nehmen.

---

[9] Begr. RegE, BT-Drs. 14/7034, 57; dazu auch etwa FK-WpÜG/*Röh* Rn. 1; *Richter* in Semler/Volhard ÜN-HdB § 52 Rn. 25; Baums/Thoma/*Grunewald* Rn. 9.

[10] *Krause* NJW 2002, 705 (707) Fn. 34; eingehend zuvor bereits *Mülbert* IStR 1999, 83 (84 ff.); *Schanz* NZG 2007, 927.

[11] Begr. RegE, BT-Drs. 14/7034, 58 zu § 33; ähnlich BT-Drs. 14/7034, 35 zu § 3; s. auch *Stephan* Der Konzern 2019, 473 (474).

[12] Begr. RegE, BT-Drs. 14/7034, 58; Kölner Komm WpÜG/*Hirte* Rn. 2; Assmann/Pötzsch/Schneider/ *Krause*/*Pötzsch*/*Stephan* Rn. 10; *Vaupel*/*Lüßmann* GWR 2013, 77.

[13] Begr. RegE, BT-Drs. 14/7034, 58; Assmann/Pötzsch/Schneider/*Krause*/*Pötzsch*/*Stephan* Rn. 163.

[14] *Maier-Reimer* ZHR 165 (2001), 258 (260 f.); *Cahn* ZHR 167 (2003), 262 (283); Ehricke/Ekkenga/ Oechsler/*Ekkenga* Rn. 9; Assmann/Pötzsch/Schneider/*Krause*/*Pötzsch*/*Stephan* Rn. 7; einschr. Baums/ Thoma/*Grunewald* Rn. 100 ff.

[15] Kölner Komm WpÜG/*Hirte* Rn. 3; weitergehend *Ekkenga*/*Hofschroer* DStR 2002, 724 (732); Ehricke/ Ekkenga/Oechsler/*Ekkenga* Rn. 13; aA *Maier-Reimer* ZHR 165 (2001), 258 (260 f.), der einen Schutz des Bieters ablehnt; FK-WpÜG/*Röh* Rn. 27; *Stephan* Der Konzern 2019, 473 (479). Für eine vorwirkende Treuepflicht des Vorstands zugunsten des Bieters als „potentiellem" Aktionär *Berding* WM 2002, 1149 (1152).

[16] Zu dem Verhältnis des gesetzlichen Vereitelungsverbots des § 33 WpÜG und dem DCGK vgl. *Bachmann* WM 2013, 2009 (2010).

[17] *Peltzer* ZIP 1989, 69; *Horn* ZIP 2000, 473 (474); *Berger* ZIP 1991, 1644 (1646); *Rümker* FS Heinsius, 1991, 683 (685); *Klein* NJW 1997, 2085; *Krause* WM 1996, 845; *Wackerbarth* WM 2001, 1741 (1742);

**12**     **4. Europäisches Recht.** Die Diskussion über die Verhaltenspflichten der Organe deutscher Aktiengesellschaften wurde maßgeblich durch die Überlegungen auf europäischer Ebene über den Inhalt der 13. RL auf dem Gebiet des Gesellschaftsrechts betreffend Übernahmeangebote beeinflusst.[18] Den ersten Entwurf für eine europäische Übernahme-RL hatte die EU-Kommission bereits im Jahre **1974** vorgelegt. Dieser auch als **Pennington-Entwurf** bezeichnete Vorschlag hatte, geprägt vom Konzept des City Codes (→ Rn. 31 ff.), eine strikte Neutralitätspflicht der Verwaltung vorgesehen und in Art. 22 Übernahme-RL-E einen Katalog unzulässiger Verteidigungsmaßnahmen enthalten.[19]

**13**     Nachdem über den Inhalt dieses Entwurfes keine Einigkeit erzielt werden konnte, legte die EU-Kommission im Jahr **1989** einen weiteren Richtlinienvorschlag vor,[20] der **1990** im Europäischen Parlament geändert[21] und dem Ministerrat in geänderter Form zugeleitet wurde.[22] Das Neutralitätsgebot hatte sich, wenn auch etwas abgeschwächt, in dem von der Kommission am 7.2.1996 vorgelegten Vorschlag für eine Rahmenrichtlinie,[23] in dem am 10.11.1997 dem Ministerrat übermittelten geänderten Vorschlag für eine 13. RL[24] sowie in dem vom Rat am 19.6.2000 vorgelegten gemeinsamen Standpunkt wiedergefunden.[25]

**14**     Nach Art. 9 Abs. 1 Übernahme-RL-E in der Fassung des **Gemeinsamen Standpunkts** hatte das Leitungs- oder das Verwaltungsorgan der Zielgesellschaft nach der Veröffentlichung eines Übernahmeangebots – mit der Ausnahme der Suche nach konkurrierenden Angeboten – die Vornahme jedweder Handlungen zu unterlassen, durch die das Angebot vereitelt würde, es sei denn, die Hauptversammlung hatte während der Frist für die Annahme des Angebotes zuvor die Zustimmung zu einer Abwehrmaßnahme erteilt; das Vereitelungsverbot sollte insbesondere für die Ausgabe von Gesellschaftsanteilen gelten, durch die der Bieter auf Dauer an der Erlangung der Kontrolle über die Zielgesellschaft gehindert werden könnte.[26] Nach Art. 9 Abs. 2 Übernahme-RL-E sollte das Leitungs- und Verwaltungsorgan im Wege eines Vorratsbeschlusses zur Erhöhung des Kapitals der Gesellschaft während der Annahmefrist ermächtigt werden können, sofern die Hauptversammlung die Ermächtigung nicht früher als 18 Monate vor Beginn des Angebotes erteilt hatte und die Aktien unter Wahrung des Bezugsrechts ausgegeben wurden. Insbesondere wegen der Kritik an dem Konzept einer strengen Neutralitätspflicht und an der fehlenden Möglichkeit, Abwehrbeschlüsse „auf Vorrat" zu fassen, wurde der am 6.6.2001 durch den Vermittlungsausschuss gebilligte **Gemeinsame Entwurf**[27] – maßgeblich auf Drängen der Bundesrepublik – am 4.7.2001 im Europäischen Parlament abgelehnt.[28]

---

krit. *Richter* in Semler/Volhard ÜN-HdB § 52 Rn. 12 f., der auf die Vereinbarkeit des Angebots mit dem Unternehmensinteresse abstellt.

[18] Zur Entwicklung auf europäischer Ebene etwa *Lehne* in Hirte, WpÜG, 2002, 1, 33 ff.

[19] Dazu *Pennington* FS Duden, 1977, 379 ff.; Assmann/Pötzsch/Schneider/*Krause/Pötzsch/Stephan* Rn. 26; FK-WpÜG/*Röh* Vor § 33 Rn. 6; *Habersack* ZHR 181 (2017), 603 (604).

[20] Vorschlag für eine Dreizehnte Richtlinie des Rates auf dem Gebiet des Gesellschaftsrechts für Übernahmeangebote vom 19.1.1989, ABl. 1989 C 64, 8.

[21] ABl. 1990 C 38, 41.

[22] ABl. 1990 C 240, 7.

[23] ABl. 1996 C 162.

[24] Geänderter Vorschlag für eine Dreizehnte Richtlinie des Parlaments und des Rates auf dem Gebiet des Gesellschaftsrechts über Übernahmeangebote (KOM/97/0565/2 endg.), ABl. 1997 C 378, 10; dazu etwa *Habersack/Meyer* ZIP 1997, 2141 ff.

[25] Gemeinsamer Standpunkt von Kommission und Rat vom 19.6.2000, ABl. 2001 C 23; dazu iE *Pötsch/Möller* WM-Sonderbeil. 2/2000, 4 ff.; *Neye* AG 2000, 289 ff.; *Krause* NZG 2000, 905 ff.; *Hopt* FS Koppensteiner, 2001, 61 ff.; *Lehne* in Hirte, WpÜG, 2002, 33, 39 ff.

[26] Dazu etwa *Pötzsch/Möller* WM-Sonderbeil. 2/2000, 10; *Neye* AG 2000, 289 (294 f.); *Neye* ZIP 2001, 1120 (1122 f.); *Grunewald* AG 2001, 288 (289 ff.); *Hopt* FS Koppensteiner, 2001, 68 f.; *Merkt* ZHR 165 (2001), 224 (230 f.); Assmann/Pötzsch/Schneider/*Krause/Pötzsch/Stephan* Rn. 26; *Habersack* ZHR 181 (2017), 603 (605).

[27] Kompromissvorschlag der Arbeitsgruppe von Parlament, Kommission und Rat vom 6.6.2001, Dossier 96/0085 (COD), PE-CONS 3629/01 (6.6.2001).

[28] Dazu etwa *Möller/Pötzsch* ZIP 2001, 1256 ff.; *Neye* ZIP 2001, 1120 ff.; *Pluskat* WM 2001, 1937 ff.; *Hommelhoff/Witt* RIW 2001, 561 ff.; *Wackerbarth* WM 2001, 1741 ff.; *Krause* ZGR 2002, 500 ff.; FK-WpÜG/*Röh* Vor § 33 Rn. 6.

Die EU-Kommission nahm das vorläufige Scheitern der Verabschiedung der Über- **15** nahme-RL zum Anlass, eine **Expertengruppe** („Winter Committee") einzusetzen.[29] Der von der Expertengruppe am 10.1.2002 vorgelegte Abschlussbericht[30] enthielt insbesondere Vorschläge für die Offenlegung und Durchbrechung struktureller Übernahmehindernisse.

Unter Berücksichtigung von Anregungen dieser Expertengruppe präsentierte die Kom- **16** mission am 2.10.2002 einen **neuen Vorschlag** für eine Übernahme-RL.[31] Art. 9 Übernahme-RL-E, der die Pflichten des Leitungs- und Verwaltungsorgans in der Übernahmesituation regelt, hat gegenüber dem vorangehenden Entwurf substantielle Änderungen erfahren: So muss das Leitungs- bzw. Verwaltungsorgan der Zielgesellschaft nach dem neuen Vorschlag die Genehmigung der Hauptversammlung einholen, bevor es – mit Ausnahme der Suche nach einem konkurrierenden Angebot – Maßnahmen ergreift, durch die das Angebot vereitelt werden könnte (Art. 9 Abs. 2 S. 1 Übernahme-RL-E).[32] Das Genehmigungserfordernis gilt insbesondere für die Ausgabe von Wertpapieren, durch die der Bieter auf Dauer an der Erlangung der Kontrolle über die Zielgesellschaft gehindert werden könnte. Es besteht zumindest ab dem Zeitpunkt der Übermittlung von Informationen über das Angebot an die Zielgesellschaft und solange, bis das Ergebnis des Angebotes bekannt gemacht oder das Angebot hinfällig wird (Art. 9 Abs. 2 S. 2 Übernahme-RL-E). Maßnahmen mit Vereitelungseignung außerhalb des gewöhnlichen Geschäftsverlaufes, die vor diesem Zeitpunkt gefasst wurden, aber noch nicht vollständig umgesetzt wurden, bedürfen einer Genehmigung oder Bestätigung der Hauptversammlung (Art. 9 Abs. 3 Übernahme-RL-E).

Die im vorangegangenen Entwurf für die Mitgliedstaaten vorgesehene Möglichkeit, **17** einen **Vorratsbeschluss** der Zielgesellschaft zuzulassen, ist entfallen. Strukturelle Besonderheiten, bedeutende direkte und indirekte Kapitalbeteiligungen (Pyramidenstrukturen etc), **Abwehrmechanismen,** wie beispielsweise Beschränkungen in der Übertragung von Aktien oder Aktien mit besonderen Rechten (zB Entsendungsrechte), sowie bedeutende Vereinbarungen, an denen die Gesellschaft beteiligt ist und die bei einem Kontrollwechsel wirksam werden, sich ändern oder enden, muss die Zielgesellschaft im Lagebericht **offen legen** und ggf. nach Maßgabe der einschlägigen kapitalmarktrechtlichen Vorschriften aktualisieren (Art. 10 Abs. 1 und 2 Übernahme-RL-E).[33] Die Hauptversammlung muss sich mindestens alle zwei Jahre zu den vom Vorstand zu **begründenden**[34] strukturellen Aspekten „**äußern**"[35] (Art. 10 Abs. 3 Übernahme-RL-E).

In Ergänzung zu diesem Transparenzerfordernis führte Art. 11 Übernahme-RL-E eine **18** sog. **Durchbruchsregelung** ein. Um dem Ziel näher zu kommen, ein *level playing field* für feindliche Übernahmen in Europa zu schaffen,[36] können nach dem Entwurf Beschränkungen im Hinblick auf die Übertragung der Aktien während der Frist für die Annahme des Angebotes dem Bieter nicht entgegengehalten werden (Art. 11 Abs. 2 Übernahme-RL-E). Des Weiteren entfalten, wenn die Hauptversammlung über Abwehrmaßnahmen abstimmt, in der

---

[29] Mitglieder dieser von *Jaap Winter* geleiteten Kommission waren: *Jan Schans Christensen, José Maria Garrido Garcia, Klaus J. Hopt, Jonathan Rickford, Guido Rossi, Joelle Simon;* dazu auch *Meyer* WM 2006, 1135 (1135).

[30] Report of the High Level Group of Company Law Experts on issues related to takeover bids vom 10.2.2002.

[31] Vorschlag für eine Richtlinie des Europäischen Parlaments und des Rates betreffend Übernahmeangebote vom 2.10.2002, KOM (2002) 534 = Ratsdokument 12846/02 = BR-Drs. 800/02; dazu etwa *Neye* NZG 2002, 1144 ff.; *Krause* BB 2002, 2341 ff.; *Seibt/Heiser* ZIP 2002, 2193 ff.; *Wiesner* ZIP 2002, 1967 ff.; *Schuster* in Zschocke/Schuster ÜbernahmeR-HdB Rn. A 48 ff.; *Lehne/Haak* Der Konzern 2003, 163 ff.; *Dauner-Lieb/Lamandini* Der Konzern 2003, 168 ff.; *Dauner-Lieb* BB 2003, 265 ff.; *Dauner-Lieb* DStR 2003, 555 ff.

[32] Krit. dazu *Kallmeyer* DB 2002, 2695.

[33] Dazu iE *Seibt/Heiser* ZGR 2005, 201 (236 ff.); *Seibt/Heiser* ZIP 2002, 2193 (2196 ff.), nach deren Ansicht auch schuldrechtliche Übertragungsbeschränkungen, nicht aber Vereinbarungen mit Nicht-Aktionären offenzulegen sind; *Wiesner* ZIP 2004, 343 (347 f.).

[34] Die Begründungsdichte hängt vom Inhalt der Maßnahmen ab, *Seibt/Heiser* ZIP 2002, 2193 (2199).

[35] Eine Beschlusskompetenz sollte dadurch nicht begründet werden, *Seibt/Heiser* ZIP 2002, 2193 (2198).

[36] Krit. dazu *Wackerbarth* WM 2001, 1741 (1742 f.).

Satzung vorgesehene Stimmrechtsbeschränkungen keine Wirkung (Art. 11 Abs. 3 S. 1 Übernahme-RL-E).[37] Von der Unwirksamkeit gleichermaßen erfasst sind zwischen der Zielgesellschaft und ihren Aktionären vereinbarte oder unter den Aktionären begründete **Übertragungs- und Stimmrechtsbeschränkungen** (Art. 11 Abs. 3 S. 2 Übernahme-RL-E). Demgegenüber wurden aus verfassungsrechtlichen Gründen **Mehrfachstimmrechte,** die zwar von der Offenlegungspflicht nach Art. 10 erfasst sind, nicht in die Durchbruchsregelung einbezogen.[38] Nach Art. 11 Abs. 5 Übernahme-RL-E sind auch stimmrechtslose **Vorzugsaktien** aus dem Anwendungsbereich der Durchbruchsregel herausgenommen.[39]

19    Ähnliche Bestimmungen finden sich im Vorschlag des Rates vom 27.11.2003, dem das Europäische Parlament mit einigen Änderungsvorschlägen zugestimmt hat. In Abweichung zu dem Richtlinienvorschlag vom 2.10.2002 sind vertragliche Vereinbarungen, die vor der Annahme der Richtlinie geschlossen wurden, von der Durchbruchsregel ausgenommen (Art. 11 Abs. 2 UAbs. 2 Übernahme-RL-E). Auch sind nunmehr Mehrstimmrechtsaktien von der Durchbruchsregel erfasst, die in einer über Abwehrmaßnahmen beschließenden Hauptversammlung nur eine Stimme gewähren (Art. 11 Abs. 3 UAbs. 3 Übernahme-RL-E). Die Nichtanwendung von Übertragungs- und Stimmrechtsbeschränkungen sowie Entsendungsrechten ist an das Erreichen von 75% des stimmberechtigten Kapitals geknüpft (Art. 11 Abs. 4 Übernahme-RL-E). In Ergänzung zu dem grundsätzlich feststehenden Verhinderungsverbot und der Durchbruchsregel sieht die **endgültige Fassung der Richtlinie** ein **zweistufiges Optionsmodell** vor.[40] Danach sind die Mitgliedstaaten berechtigt, von der Umsetzung des Verhinderungsverbots und der Durchbruchsregelung abzusehen (sog. opt out; Art. 12 Abs. 1 Übernahme-RL). Mitgliedstaaten, die von dieser Opt-out-Möglichkeit Gebrauch machen, müssen den Gesellschaften mit Sitz in ihrem Hoheitsgebiet die Möglichkeit einräumen, sich dem Genehmigungserfordernis nach Art. 9 Übernahme-RL und der Durchbruchsregel nach Art. 11 Übernahme-RL zu unterwerfen (sog. opt in; Art. 12 Abs. 2 Übernahme-RL). Die in Art. 10 Übernahme-RL verankerte Offenlegungspflicht bezieht sich nur auf der Gesellschaft bekannte Gesellschaftervereinbarungen. Die **Umsetzung** der Richtlinie in nationales Recht musste innerhalb von zwei Jahren, also bis 2006 erfolgen. In Deutschland ist dies durch das Übernahme-RL-UG vom 14.7.2006 (BGBl. 2006 I 1426) geschehen.

20    Deutschland hat durch das Übernahme-RL-UG von der **Opt-out-Möglichkeit** Gebrauch gemacht, was zur Folge hatte, dass das grundsätzliche Verhinderungsverbot in § 33 zunächst unberührt geblieben ist.[41] Im Rahmen des Übernahme-RL-UG wurden allerdings die §§ 33a–33d eingefügt. Hiernach wird der Zielgesellschaft die Möglichkeit eröffnet, sich durch Hauptversammlungsbeschluss für das europäische Verhinderungsverbot (§ 33a) und/oder für die Durchbrechungsregel des Art. 11 Übernahme-RL (§ 33b) zu entscheiden (opt-in).[42] Macht die Gesellschaft von der Opt-in-Möglichkeit keinen Gebrauch, verbleibt es bei der Regelung des § 33.[43]

21    **5. Entstehungsgeschichte.** Bei § 33 handelt es sich um die im Gesetzgebungsverfahren in rechtspolitischer Hinsicht am meisten diskutierte Vorschrift des WpÜG. Sie war bis zu

---

[37] *Krause* BB 2002, 2341 (2342); *Kallmeyer* DB 2002, 2695; Assmann/Pötzsch/Schneider/*Krause/Pötzsch/Stephan* Rn. 31.

[38] Mit Recht krit. dazu *Krause* BB 2002, 2341 (2342); *Schuster* in Zschocke/Schuster ÜbernahmeR-HdB Rn. A 48e; *Lehne/Haak* Der Konzern 2003, 163; *Dauner-Lieb/Lamandini* Der Konzern 2003, 168 (172); *Arnold* Der Konzern 2003, 173 ff.; einen Verstoß gegen die vom EuGH entwickelte, gemeinschaftsrechtliche Eigentumsgarantie oder gegen die in der EMRK und den mitgliedstaatlichen Verfassungen enthaltenen Eigentumsgrundrechte abl. *Schumacher/Sanders* Der Konzern 2003, 178 ff.

[39] *Seibt/Heiser* ZIP 2002, 2193 (2199 f.); *Arnold* Der Konzern 2003, 173 (176 ff.).

[40] Eingehend dazu *Diekmann* NJW 2007, 17 (17 ff.); *Harbarth* ZGR 2007, 37 (38); *Seibt/Heiser* AG 2006, 301 (310 ff.); *Seibt/Heiser* ZGR 2005, 200 (222 ff.); *Krause* BB 2004, 113 (114 ff.); *Glade/Haak/Hellich* Der Konzern 2004, 515 (516 f.); *Kindler/Horstmann* DStR 2004, 866 (869, 871 f.); *Maul/Muffat-Jeandet* AG 2004, 306 (310 ff.); *Maul* AG 2005, 151 (152 ff.).

[41] Vgl. bereits *Maul* NZG 2005, 151 (152).

[42] *Merkt* BB 2006, 1285 (1288); FK-WpÜG/*Röh/Vogel* Vor § 33 Rn. 38; Baums/Thoma/*Grunewald* Rn. 6.

[43] *Knott* NZG 2006, 849 (849); *Schüppen* BB 2006, 165 (166); *Simon* Der Konzern 2006, 12 (13); *Krause* BB 2004, 113 (114); Angerer/Geibel/Süßmann/*Brandi* Rn. 2.

ihrer Verabschiedung Gegenstand heftiger politischer Auseinandersetzungen und wird, im Lichte des Entwurfs der europäischen Übernahme-RL, auch jetzt noch kontrovers diskutiert.

**a) Übernahmekodex.** Die Verhaltenspflichten des Vorstandes der Zielgesellschaft unter  22
dem freiwilligen Übernahmekodex der Börsensachverständigenkommission[44] waren von dem Konzept des Vereitelungsverbots des City Codes (→ Rn. 31 f.) geprägt. Nach Art. 19 Übernahmekodex durfte das Verwaltungs- und Leitungsorgan der Zielgesellschaft nach Bekanntgabe eines öffentlichen Angebots und bis zur Offenlegung des Ergebnisses des Angebotes keine Maßnahmen ergreifen, die dem Interesse der Wertpapierinhaber zuwiderlaufen, von dem Angebot Gebrauch zu machen. Dem lag die Erwägung zu Grunde, dass der Vorstand in der Übernahmesituation typischerweise einem Interessenkonflikt unterliege und daher den Erfolg des Übernahmeangebotes nicht verhindern dürfe.[45] Als unzulässige Maßnahmen wurden insbesondere Beschlüsse über die Ausgabe neuer Wertpapiere, die Änderung des Aktiv- und Passivbestandes der Zielgesellschaft in erheblichem Umfang sowie der Abschluss von außerhalb des gewöhnlichen Geschäftsbetriebes liegenden Verträgen definiert. Erlaubt war dem Verwaltungsorgan demgegenüber lediglich die Umsetzung laufender Kapitalmaßnahmen und die Erfüllung von Verträgen, die vor der Bekanntgabe eines öffentlichen Angebotes von der Zielgesellschaft geschlossen wurden, oder die Durchführung solcher Maßnahmen, die die Hauptversammlung ausdrücklich für den Fall eines öffentlichen Angebotes genehmigt hatte.

**b) Gesetzgebungsverfahren.** Die Regelung über Abwehrmaßnahmen hat im Laufe  23
des Gesetzgebungsverfahrens zum Teil erhebliche Änderungen erfahren. § 33 unterscheidet sich sowohl inhaltlich als auch strukturell erheblich von den im Rahmen des Gesetzgebungsverfahrens vorgelegten Entwürfen.

**aa) Diskussionsentwurf.** Der Diskussionsentwurf hatte in § 31 Abs. 1, unter dem Ein-  24
druck des damaligen in Art. 9 Abs. 1 Übernahme-RL-E vorgesehenen strikten Neutralitätsgebots, noch ein **generelles Verhinderungsverbot** vorgesehen.[46] Der Vorstand war danach gehalten, „alle Handlungen zu unterlassen, die geeignet sind, den Erfolg des Angebotes zu verhindern". Abs. 2 sah einen nicht abschließenden Maßnahmenkatalog unzulässiger Abwehrmaßnahmen vor, der die Ausgabe von Aktien (Nr. 1), den Erwerb eigener Aktien durch die Zielgesellschaft (Nr. 2) und den Abschluss von Rechtsgeschäften, die zur Folge hätten, dass der Aktiv- oder Passivbestand der Zielgesellschaft in bedeutender Weise geändert würde (Nr. 3), umfasste.

Das prinzipielle **Verhinderungsverbot** war lediglich durch bestimmte, in Abs. 3  25
abschließend aufgeführte Maßnahmen gelockert. Hierzu zählte die Suche nach einem Konkurrenzangebot (Nr. 1), die Vornahme von Handlungen auf Grund eines nach Veröffentlichung der Angebotsunterlage gefassten Beschlusses der Hauptversammlung der Zielgesellschaft (Nr. 2), die Ausgabe von Aktien unter Wahrung des Bezugsrechts der Aktionäre (Nr. 3), die sorgfältige Führung der laufenden Geschäfte im Interesse der Gesellschaft (Nr. 4), der Erwerb von Aktien für den Handelsbestand (Nr. 5) sowie die Erfüllung vertraglicher und sonstiger, vor der Bekanntgabe des Angebotes begründeter Rechtspflichten (Nr. 6). In Abs. 3 wurde der Hauptversammlung erstmals die Kompetenz eingeräumt, mittelbaren Einfluss auf die Zusammensetzung des Aktionärskreises zu nehmen.[47]

---

[44] In der Fassung vom 1.1.1998, abgedruckt in AG 1998, 133; dazu etwa *Thoma* ZIP 1996, 1725 ff.; *Kallmeyer* ZHR 161 (1997), 435 ff.; *Weisgerber* ZHR 161 (1997), 421 ff.; *Hirte/Schander* in v. Rosen/Seifert, Die Übernahme börsennotierter Unternehmen, 1999, 341, 349 ff.; Assmann/Pötzsch/Schneider/*Krause/Pötzsch/Stephan* Rn. 17; FK-WpÜG/*Röh* Rn. 4.

[45] *Thoma* ZIP 1996, 1725 (1730 f.); dazu auch *Hirte/Schander* in v. Rosen/Seifert, Die Übernahme börsennotierter Unternehmen, 1999, 341, 358; FK-WpÜG/*Röh* Rn. 4.

[46] Zum DiskE *Kiem* ZIP 2000, 1509 ff.; *Kirchner* WM 2000, 1821 ff.; *Witte* BB 2000, 2161 ff.; *Körner* DB 2001, 367 ff.

[47] Kölner Komm WpÜG/*Hirte* Rn. 11; Assmann/Pötzsch/Schneider/*Krause/Pötzsch/Stephan* Rn. 20.

**26**    Im Gegensatz zur jetzigen Rechtslage waren Abwehrmaßnahmen des Vorstandes auf Grund eines **Beschlusses der Hauptversammlung** nach Abs. 3 Nr. 2 nur dann zulässig, wenn der Beschluss nach Veröffentlichung der Angebotsunterlage gefasst wurde. Wie im Gemeinsamen Standpunkt war eine Ausnahme nur für die Ausgabe von Aktien unter Wahrung des Bezugsrechts vorgesehen, die auf Grund einer nicht länger als 18 Monate bestehenden Ermächtigung erfolgen durfte.

**27**    **bb) Referentenentwurf.** Die Regelung über die Verhaltenspflichten des Vorstands in § 33 RefE entsprach § 31 DiskE nahezu wörtlich.[48] Ergänzt wurde eine dem ehemaligen Abs. 3 entsprechende Bestimmung über ein Verbot der Gewährung von ungerechtfertigten Geldleistungen und anderen Vorteilen an die Mitglieder der Verwaltung der Zielgesellschaft (§ 33 Abs. 4 RefE).

**28**    **cc) Regierungsentwurf.** Vor dem Hintergrund des vorläufigen Scheiterns der Übernahme-RL im Europäischen Parlament und des Fehlens bindender Vorgaben für die Ausgestaltung des Übernahmerechts in Deutschland, wurde das **Neutralitätsgebot** im RegE erheblich **abgeschwächt.** § 33 Abs. 1 S. 1 RegE sah zwar ebenfalls noch ein grundsätzliches Verhinderungsverbot vor, demzufolge Handlungen des Vorstandes, durch die der Erfolg des Angebotes verhindert werden könnte, der Ermächtigung der Hauptversammlung bedürfen. Anstelle eines eng begrenzten Kataloges zulässiger Maßnahmen, wie er in den Vorgängerentwürfen enthalten war, hat das Verhinderungsverbot durch die Einfügung der Ausnahmevorschrift des § 33 Abs. 1 S. 2 eine nicht unerhebliche Einschränkung erfahren. Danach waren – in Anlehnung an den Sorgfaltsmaßstab des § 93 AktG[49] – solche Maßnahmen zulässig, die auch ein ordentlicher und gewissenhafter Geschäftsleiter einer nicht von einem Übernahmeangebot betroffenen Gesellschaft vorgenommen hätte. Klargestellt wurde, dass es sich bei der Suche nach einem konkurrierenden Angebot um eine zulässige Abwehrmaßnahme handelt. Es blieb jedoch zunächst dabei, dass weitergehende Abwehrmaßnahmen – entsprechend der Regelungen in § 31 Abs. 3 Nr. 2 DiskE bzw. § 33 Abs. 3 Nr. 2 RefE – nur mit Zustimmung einer nach Veröffentlichung der Entscheidung zur Abgabe eines Angebotes einberufenen Hauptversammlung vorgenommen werden durften. Darüber hinaus sah § 33 Abs. 2 vor, dass die Hauptversammlung sog. Ermächtigungsbeschlüsse fassen konnte.

**29**    **dd) Weiteres parlamentarisches Verfahren.** Das danach immer noch in vielen Fällen bestehende Erfordernis der Hauptversammlungszustimmung für die Vornahme von Abwehrmaßnahmen wurde von Seiten einiger Industriezweige und Gewerkschaften im weiteren Gesetzgebungsverfahren zum Teil heftig kritisiert. Im Anschluss an diese Diskussion wurde – quasi auf der Zielgeraden des Gesetzgebungsverfahrens – auf Grund der Beschlussempfehlung des **Finanzausschusses** des Bundestages[50] die weitreichende Ausnahmeregelung des Abs. 1 S. 2 Var. 3 eingefügt.

**30**    Danach ist die Vornahme von erfolgsverhindernden Abwehrmaßnahmen des Vorstandes nicht mehr von der Zustimmung der Hauptversammlung, sondern lediglich von der des Aufsichtsrates abhängig. Damit wurde das ursprünglich im DiskE vorgesehene strikte Verhinderungsverbot erheblich ausgehöhlt. In Abs. 2 wurde präzisiert, dass sich die Vorratsermächtigung auf Handlungen bezieht, die in die Zuständigkeit der Hauptversammlung fallen. Zudem ist jetzt vorgesehen, dass es für die Fassung eines Vorratsbeschlusses ausreichend ist, wenn die Handlungen, zu deren Vornahme der Vorstand ermächtigt wird, „der Art nach bestimmt" sind. Gegenüber der Formulierung im RegE, nach der die Maßnahmen „im Einzelnen" zu konkretisieren waren, bedeutet dies einen geringeren Grad an Spezifizierung, der die Abwehrmaßnahmen der Zielgesellschaft weniger leicht berechenbar machen sollte.[51]

---

[48]   Zum RefE *Altmeppen* ZIP 2001, 1073 (1074 ff.); *Zinser* NZG 2001, 391 ff.; *Pluskat* DStR 2001, 879 ff.; *Liebscher* ZIP 2001, 853 (856 ff.); *Thaeter/Barth* NZG 2001, 545 ff.; Assmann/Pötzsch/Schneider/*Krause/ Pötzsch/Stephan* Rn. 21; FK-WpÜG/*Röh* Rn. 7.

[49]   Begr. RegE, BT-Drs. 14/7034, 58.

[50]   Begr. Beschluss Finanzausschuss, BT-Drs. 14/7477, 2, 53.

[51]   Begr. Beschluss Finanzausschuss, BT-Drs. 14/7477, 2, 53.

**6. Rechtslage im Vereinigten Königreich.** Im Vereinigten Königreich sind Über- **31** nahmeangebote im City Code on Takeovers and Mergers **(City Code)** geregelt.[52] Dieser enthielt vor Implementierung der Übernahme-RL im Jahr 2006 ein striktes Vereitelungsverbot in No. 7 seiner General Principles.[53] Im Zuge der Umsetzung der Übernahme-RL wurden die General Principles in ihrer Gesamtheit durch die allgemeinen Directive Principles der Übernahme-RL ersetzt. Der Regelungsgehalt der ehemaligen General Principles – mithin auch der des Vereitelungsverbots – wurde jedoch in den korrespondierenden Spezialnormen des City Codes ergänzt und gilt insoweit fort.[54] So wurde etwa eine dem Vereitelungsverbot der früheren No. 7 General Principles entsprechende generalklauselartige Formulierung in Rule 21.1 City Code (restrictions on frustrating action) aufgenommen.[55]

Im Übrigen ist es dem *board* der Zielgesellschaft nach Rule 21.1 City Code während **32** eines Angebotes (oder wenn er Grund zur Annahme hat, dass ein solches Angebot bevorsteht) untersagt, **ohne Zustimmung der Versammlung der Anteilseigner,** neue Aktien auszugeben oder Bezugsrechte auf noch nicht ausgegebene Aktien auszugeben oder zu gewähren, Wertpapiere mit Umtausch- oder Bezugsrechten auf Aktien auszugeben, wesentliche Vermögensgegenstände zu erwerben oder zu veräußern oder sich hierzu zu verpflichten und außerhalb des gewöhnlichen Geschäftsbetriebs vertragliche Verpflichtungen einzugehen.[56] Nach Rule 21.1 (b) (i) City Code ist der Verwaltung der Zielgesellschaft auch der Erwerb eigener Aktien ohne Zustimmung der Hauptversammlung untersagt. Die Ausschüttung von Zwischendividenden, die Verbesserung der Konditionen in den Anstellungsverträgen der *directors* sowie eine Erhöhung der Verpflichtungen der Zielgesellschaft unter einem Pensionsvorsorgeprogramm können ebenfalls unzulässig sein (Notes on Rule 21.1 (3), (5), (7) City Code).

Vom Vereitelungsverbot war die **Erfüllung eines bereits geschlossenen Vertrages** **33** ausgenommen. Diese Ausnahme wurde mit der Umsetzung der Übernahme-RL relativiert. Seit der Neufassung ist für Maßnahmen, die in Erfüllung einer vertraglichen oder sonstigen rechtlichen Verpflichtung oder eines vorherigen Entschlusses vorgenommen werden sollen, ein Dispens vom Erfordernis der Zustimmung der Versammlung der Anteilseigner einzuholen, den das Takeover Panel erteilen kann (vgl. Rule 21.1 (A) und (B) City Code). Weiterhin nicht vom Vereitelungsverbot erfasst ist die Suche nach einem **konkurrierenden Angebot** *(white knight*; vgl. Rule 25.1. City Code). Indem das Vereitelungsverbot bereits einsetzt, wenn Grund zu der Annahme besteht *(„has reasons to believe"),* dass ein Übernahmeangebot bevorsteht, ist der Handlungsspielraum des *board* bereits zu einem früheren Zeitpunkt eingeschränkt als nach deutschem Recht.

Die den City Code zugrundeliegenden Rechtsvorschriften und einige Bestimmungen **33a** des City Codes selbst werden derzeit aktualisiert, um der Tatsache Rechnung zu tragen, dass das EU-Recht im Vereinigten Königreich nicht mehr gelten wird, nachdem das Vereinigte Königreich die EU verlassen hat. Die meisten Änderungen sind technischer Natur und verändern den City Code nicht wesentlich. Eine wesentliche Änderung besteht darin, dass die gemeinsame Zuständigkeit für bestimmte Übernahmen mit anderen Regulierungsbehörden endet und die Rolle der Kommission als Wettbewerbsregulierer im Vereinigten Königreich insgesamt beendet wird.

---

[52] 12. Fassung vom 12.9.2016, http://www.thetakeoverpanel.org.uk/wp-content/uploads/2008/11/code.pdf (zuletzt abgerufen am 5.12.2020); s. auch *Stephan* Der Konzern 2019, 473.

[53] Vgl. → 2. Aufl. 2004, Rn. 33.

[54] Erläuterungen des Panel on Takeovers and Mergers zu den entsprechenden Änderungen des City Codes: Consultation Paper PCP 2005/5 vom 18.11.2005, 38 (2.1) und 71 (7.2), http://www.thetakeoverpanel.org.uk/consultation/previous-consultation-papers (zuletzt abgerufen am 19.8.2020).

[55] „During the course of an offer, or even before the date of the offer if the board of the offeree company has reason to believe that a bona fide offer might be imminent, the board must not, without the approval of the shareholders in general meeting…take any action which may result in any offer or bona fide possible offer being frustrated or in shareholders being denied the opportunity to decide on its merits…"; dazu auch *Stephan* Der Konzern 2019, 473 f.

[56] Dazu auch Assmann/Pötzsch/Schneider/*Krause/Pötzsch/Stephan* Rn. 326.

**33b**    Das Takeover Panel, das Gremium, das öffentliche Fusionen und Übernahmen im Vereinigten Königreich reguliert, hat ein öffentliches Konsultationspapier[57] zu vorgeschlagenen Änderungen der Vorschriften über die Angebotskonditionen und den Angebotszeitplan, die im City Code festgelegt sind, veröffentlicht.

**33c**    Einige der vorgeschlagenen Änderungen sollen sicherstellen, dass der City Code offizielle Genehmigungen und Freigaben einheitlich behandelt, während andere Vorschläge darauf abzielen, die Integrität der Finanzmärkte zu fördern, indem sie die Gewissheit bieten, dass ein einmal angekündigtes verbindliches öffentliches Angebot nicht ohne triftigen Grund zurückgezogen wird oder erlischt.

**33d**    Das Konsultationspapier hat um Kommentare bis zum 15.1.2021 gebeten. Das Kodex Komitee des Takeover Panels rechnet damit, im Frühjahr 2021 eine Antworterklärung mit den endgültigen Änderungen des City Codes zu veröffentlichen, wobei die genehmigten Änderungen etwa drei Monate nach der Veröffentlichung der Antworterklärung in Bezug auf feste Angebote, die nach diesem Zeitpunkt angekündigt werden, in Kraft treten werden.

**34**    **7. Rechtslage in den USA.** Regelungen über feindliche Übernahmen finden sich zunächst im *Williams Act* von 1968.[58] Das Gesetz enthält insbesondere Bestimmungen über die vom Bieter bei einem öffentlichen Übernahmeangebot einzuhaltenden Publizitäts- und Verfahrenspflichten. Ziel des Gesetzes ist es, die Anteilseigner mit ausreichenden Informationen zu versehen und ihre Gleichbehandlung sicherzustellen. Das Gesetz enthält jedoch keine Vorgaben für die Verhaltenspflichten des Leitungsorgans *(board of directors);* diese ergeben sich teilweise aus dem Recht der einzelnen Bundesstaaten. Der Handlungsspielraum der Mitglieder des Leitungsorgans wird dabei entscheidend durch die treuhänderischen Pflichten *(fiduciary duties)* seiner Mitglieder bestimmt. Zudem erlaubt das Gesellschaftsrecht der Einzelstaaten verschiedene Möglichkeiten zur Abwehr feindlicher Übernahmen.[59]

**35**    Die Zulässigkeit von Abwehrmaßnahmen gegen ein öffentliches Übernahmeangebot bestimmt sich nach der **business judgment rule.**[60] Bei der *business judgment rule* handelt es sich um eine auch außerhalb des Anwendungsbereiches von Unternehmensübernahmen geltende Beweislastregel, nach der eine widerlegbare Vermutung besteht, dass das Leitungsorgan bei Geschäftsführungsmaßnahmen unter Berücksichtigung aller zur Verfügung stehenden Informationen in dem guten Glauben gehandelt hat, die Entscheidung im Interesse der Gesellschaft zu treffen.[61] Dem Leitungsorgan wird also ein weiter, gerichtlich nicht nachprüfbarer Ermessensspielraum zugestanden. Mit § 93 Abs. 1 S. 2 AktG hat die business judgment rule Einzug ins deutsche Aktienrecht erhalten.

**36**    In der konkreten Übernahmesituation wird die *business judgment rule* im Hinblick auf das regelmäßig bestehende Eigeninteresse des Managements durch eine Umkehr der Beweislast **modifiziert** *(qualified* oder *enhanced business judgment rule)* und durch die „Unocal"- oder durch die „Revlon"-Doktrin konkretisiert. Nach der **„Unocal"-Doktrin** kann das *board of directors* aus eigener Zuständigkeit Abwehrmaßnahmen ergreifen, ist also nicht zur Neutralität gegenüber dem Übernahmeangebot verpflichtet, sofern er die Verhältnismäßigkeit sei-

---

[57] PCP 2020/1, 27 October 2020, The Takeover Panel, Public Consultation by the Code Committee, Conditions to Offers and the Offer Timetable.

[58] Dazu *Schaaff* RIW 1985, 273 (276 ff.); *Schaefer/Eichner* NZG 2003, 150 ff.; *Schanz* NZG 2007, 927; *Kirchner* BB 2000, 105 (107 f.); *Helmis* RIW 2001, 825 (826 ff.).

[59] *Schneider/Burgard* DB 2001, 963 (966); Assmann/Pötzsch/Schneider/*Krause/Pötzsch/Stephan* Rn. 328.

[60] Ausf. *Block/Barton/Radin,* The Business Judgment Rule, 5. Aufl. 1998, 631; aus dem deutschsprachigen Schrifttum s. ferner *Ebenroth/Eyles* RIW 1988, 413 ff.; *Trockels* AG 1990, 139 (140); *T. C. Paefgen* RIW 1991, 103 ff.; *Lammers,* Verhaltenspflichten von Verwaltungsorganen in Übernahmeauseinandersetzungen, 1994, 35; *Busch,* Die Notwendigkeit der spezialgesetzlichen Regelung von öffentlichen Übernahmeangeboten in Deutschland, 1996, 142 ff.; *Bungert* AG 1994, 297 ff.; *Wagner,* Standstill Agreements bei feindlichen Übernahmen nach US-amerikanischem und deutschem Recht, 1999, 68; *C. Kniehase,* Standstill Agreements in Deutschland und den USA, 2001, 20 ff.; *Kirchner* AG 1999, 483 (489); *Weisner,* Verteidigungsmaßnahmen gegen unfreundliche Übernahmeversuche in den USA, Deutschland und nach europäischem Recht, 2000, 60; *Schaefer/Eichner* NZG 2003, 150 ff.; Assmann/Pötzsch/Schneider/*Krause/Pötzsch/Stephan* Rn. 328; *Stephan* Der Konzern 2019, 473.

[61] *Helmis* RIW 2001, 825 ff.; FK-WpÜG/*Röh* Rn. 28.

ner Abwehrmaßnahmen beweisen kann.[62] Die Mitglieder des *board of directors* der Zielgesellschaft müssen sich für wirtschaftliche Fehlentscheidungen in einer Übernahmesituation nicht verantworten, sofern sie in gutem Glauben handeln, mit der Sorgfalt eines ordentlichen Amtsinhabers vorgehen und vernünftigerweise erwarten können, dass die getroffene Maßnahme dem Interesse der Gesellschaft entspricht.[63]

Noch strengere Maßstäbe greifen ein, wenn die Übernahme der Zielgesellschaft nach **37** Auffassung des *board of directors* unabwendbar geworden ist. Dann schränkt die „Revlon"- **Doktrin** den Handlungsspielraum des *board of directors* in der Weise ein, dass das *board* das aus Sicht der Aktionäre bestmögliche Angebot aushandeln muss.[64]

**8. Umsetzung in anderen EU-Mitgliedstaaten.** Das europäische Verhinderungsver- **38** bot wurde ursprünglich in 19 Mitgliedstaaten eingeführt: Bulgarien, Estland, Finnland, Frankreich, Griechenland, Irland, Italien, Lettland, Litauen, Malta, Österreich, Portugal, Rumänien, Slowenien, Slowakische Republik, Spanien, Tschechische Republik, Vereinigtes Königreich und Zypern.[65] Nach dem Austritt des Vereinigten Königreich, aus der EU besteht das ergänzte Verhinderungsverbot dort fort. Neben Deutschland haben zB Niederlande, Belgien und Dänemark von der Möglichkeit eines Opt-Outs Gebrauch gemacht.

**9. Verfassungsmäßigkeit.** An der Verfassungsmäßigkeit des Abs. 1 und 2 wurden im **39** Zuge des Gesetzgebungsverfahrens Zweifel geäußert.[66] Indem das Gesetz dem Vorstand und dem Aufsichtsrat gestatte, die Freiheit des Aktionärs einzuschränken, über das Übernahmeangebot frei zu entscheiden, werde in das durch Art. 14 GG garantierte Eigentumsrecht der Aktionäre eingegriffen. Mit besonderer Schärfe stelle sich das Problem in Gesellschaften, die nach Maßgabe des MitbestG paritätisch mitbestimmt sind, da dort der Einfluss der Anteilseigner im Aufsichtsrat ohnehin erheblich abgeschwächt sei. Hiergegen wurde von anderer Seite eingewandt, dass Vorstand und Aufsichtsrat bei der Entscheidung über die Durchführung von Abwehrmaßnahmen rechtlichen Bindungen unterliegen und auch die Interessen der Anteilseigner an der freien Veräußerbarkeit ihrer Aktien berücksichtigen müssen.[67] Es reiche mithin aus, die Ausnahmetatbestände des Abs. 1 S. 2 verfassungskonform auszulegen. Im Übrigen handele es sich um einen Fall der Sozialbindung des Eigentums. Im Hinblick darauf, dass der Vorstand weitreichende Abwehrmaßnahmen mit bloßer Aufsichtsratszustimmung durchführen darf und die Entscheidungsfreiheit der Aktionäre, über das Angebot zu entscheiden, dadurch erheblich eingeschränkt wird, können diese Erwägungen die Bedenken an der Verfassungsmäßigkeit jedenfalls bei paritätisch mitbestimmten Gesellschaften nicht völlig beseitigen. Allerdings haben diese mit der Einführung des § 33a an Bedeutung verloren, da dieser die Möglichkeit bietet, das strengere europäische Verhinderungsverbot nach § 33a zu implementieren.[68]

**10. Rechtspolitische Kritik.** Durch die weitgehende Einschränkung des Verhinde- **40** rungsverbotes in Abs. 1 S. 2 und Abs. 2 wird dem Vorstand ein zu weiter Handlungsspielraum bei der Abwehr von Unternehmensübernahmen eingeräumt, der über das in anderen

---

[62] Unocal Corp. v. Mesa Petroleum Co. 493 Ald. 946 (Del. 1985); dazu *Lammers,* Verhaltenspflichten von Verwaltungsorganen in Übernahmeauseinandersetzungen, 1994, 64 ff.; *Schaefer/Eichner* NZG 2003, 150 f.; s. auch *Stephan* Der Konzern 2019, 473.

[63] *Trockels* AG 1990, 139 (142 ff.).

[64] Revlon Inc. v. Mac Andrews & Forbes Holdings Inc. 506 A. 2d. 173 (Del. 1985); s. auch *Weisner,* Verteidigungsmaßnahmen gegen unfreundliche Übernahmeversuche in den USA, Deutschland und nach europäischem Recht, 2000, 91 ff.; FK-WpÜG/*Röh* Rn. 30; *Fleischer/Kalss,* Das neue WpÜG, 2002, 122; *Schaefer/Eichner* NZG 2003, 150 (151 f.).

[65] Kommission, Bericht über die Anwendung der RL 2004/25/EG betreffend Übernahmeangebote vom 28.6.2012, COM(2012) 347, Ziff. 7.

[66] *Winter/Harbarth* ZIP 2002, 1 (8); *Cahn/Senger* FB 2002, 277 (289); *Ekkenga/Hofschroer* DStR 2002, 724 (734); *Zschocke* DB 2002, 79 (82 f.).

[67] *U. H. Schneider* AG 2002, 125 (129); FK-WpÜG/*Röh* Rn. 13; *Hirte* ZGR 2002, 623 (643); Kölner Komm WpÜG/*Hirte* Rn. 84; *Hens,* Vorstandspflichten bei feindlichen Übernahmeangeboten, 2004, 212 ff.

[68] FK-WpÜG/*Röh* Rn. 14.

EU-Staaten übliche Maß hinausgeht.[69] Dies gilt insbesondere für die Möglichkeit, Abwehrmaßnahmen mit bloßer Zustimmung des Aufsichtsrats vorzunehmen (Abs. 1 S. 2 Var. 3), sowie Vorratsbeschlüsse im Vorfeld einer Unternehmensübernahme zu fassen.[70] Diese Ausnahmebestimmung des Abs. 1 S. 2 ermöglicht dem Vorstand nämlich auch die Durchführung solcher Abwehrmaßnahmen, die in der Unternehmensstrategie nicht mal ansatzweise angelegt waren, ohne die Hauptversammlung mit dem Vorgang zu befassen (→ Rn. 29 f.)[71] und verkehrt damit das formal in Abs. 1 angelegte **Regel-Ausnahme-Verhältnis** in sein Gegenteil.[72]

41    Zwar ist zutreffend, dass deutschen Unternehmen im Vergleich zu europäischen[73] und amerikanischen Unternehmen,[74] insbesondere im Hinblick auf die Abschaffung der Höchststimmrechte durch das KonTraG im Jahre 1998,[75] kein *level playing field* zur Verfügung steht. Ob dieser Befund die weitreichenden Abwehrbefugnisse, wie sie derzeit in Abs. 1 S. 2 Var. 3 und Abs. 2 vorgesehen sind, legitimieren kann, ist zweifelhaft. Dies gilt insbesondere mit Blick darauf, dass der **EuGH** in seinen „golden shares"-Urteilen staatliche Sonderrechte in privatisierten Unternehmen erheblich eingeschränkt bzw. weitgehend für unzulässig erklärt hat, weil diese gegen die Freiheit des Kapitalverkehrs und damit gegen einen wesentlichen Grundsatz des Gemeinschaftsrechts verstoßen.[76] Der Umstand, dass nach dem Recht einiger europäischer Staaten in vereinzelten Fällen noch Mehrstimmrechte zulässig sind,[77] reicht für sich nicht aus, die weitreichenden Abwehrmöglichkeiten des Vorstandes zu rechtfertigen; diese lassen sich mit seiner Treuhänderstellung nur schwerlich in Einklang bringen. Die Möglichkeit des Vorstandes, Abwehrmaßnahmen mit bloßer Zustimmung des Aufsichtsrates durchzuführen, sollte daher wieder beseitigt werden.[78] Die Suche nach einem konkurrierenden Angebot verschafft dem Vorstand demgegenüber die Möglichkeit, eine Wertsteigerung der Aktien der Aktionäre zu bewirken und sollte daher beibehalten werden.[79] Dem Vorbild von Rule 21.1 City Code folgend sollte das Verhinderungsverbot bereits dann einsetzen, wenn der Vorstand ausreichenden Anlass zur Annahme hat, dass ein **Übernahmeangebot bevorsteht.**[80] Schließlich sollte die Möglichkeit, im Vorfeld einer Übernahme Vorratsbeschlüsse zu fassen, ersatzlos entfallen, nicht zuletzt, weil solche Ermächtigungen wegen der Reduzierung der „Übernahmephantasie" tendenziell zu einem Sinken des Aktienkurses der Zielgesellschaft

---

[69] Vgl. insbes. *Stephan* Der Konzern 2019, 473 ff.

[70] Zu Recht krit. *Drygala* ZIP 2001, 1861 (1867); *Winter/Harbarth* ZIP 2002, 1 (3), 8; *Krause* AG 2002, 133 (136 f.); *Ekkenga/Hofschroer* DStR 2002, 724 (733); *Hopt* ZGR 2002, 333 (360 f.); *Ulmer* AcP 202 (2002), 143 (153 f.); *Zschocke* DB 2002, 79 (82); *Gordon* AG 2002, 670 ff.; *Schuster* in Zschocke/Schuster ÜbernahmeR-HdB Rn. A 38; Kölner Komm WpÜG/*Hirte* Rn. 23 f.; *Schanz* NZG 2007, 927; zuletzt dazu auch *Hopt* in Mülbert/Kiem/Wittig, 10 Jahre WpÜG, 2011, 42 (53 f.).

[71] *Winter/Harbarth* ZIP 2002, 1 (8).

[72] *Fleischer/Kalss,* Das neue WpÜG, 2002, 125; Kölner Komm WpÜG/*Hirte* Rn. 79; Ehricke/Ekkenga/ Oechsler/*Ekkenga* Rn. 4; Baums/Thoma/*Grunewald* Rn. 16.

[73] *Kirchner* AG 1999, 481 (486); *Kirchner* WM 2000, 1821 (1824); *U. H. Schneider/Burgard* DB 2001, 963 (966); s. auch *U. H. Schneider* AG 2002, 125 f.

[74] Dazu etwa *Kirchner* BB 2000, 105 (113); *Horn* ZIP 2000, 473 (482); *U. H. Schneider/Burgard* DB 2001, 963 (965).

[75] Die Abschaffung der Höchststimmrechte erfolgte insbes. im Hinblick auf ihre Unternehmensübernahmen behindernde Wirkung, vgl. Begr. RegE, BT-Drs. 13/9712, 20.

[76] EuGH NZG 2007, 942 = AG 2007, 817 – VW-Gesetz; vgl. zuletzt EuGH NZG 2010, 983 – Portugal; NJW 2002, 2303 – Königreich Belgien; NJW 2002, 2305 – Französische Republik; NJW 2002, 2307 – Portugiesische Republik; ZIP 2003, 991 – Spanien; ZIP 2003, 995 – Vereinigtes Königreich Großbritannien; dazu etwa *Bayer* BB 2002, 2289 ff.; *Grundmann/Möslein* BKR 2002, 758; *Krause* NJW 2002, 2747 ff.; zur Problematik von golden shares eingehend auch *Stöber* NZG 2010, 977; *Wackerbarth* WM 2001, 1741 (1746 ff.); *Pießkalla* EuZW 2007, 701 ff.; *Mockenhaupt*, VW-Gesetz und Goldene Aktien, 2012.

[77] Dazu etwa *Krause* BB 2002, 2341 (2342).

[78] Im Ergebnis auch Kölner Komm WpÜG/*Hirte* Rn. 21; *Berding* WM 2002, 1149 (1157); krit. auch *Habersack* ZHR 166 (2002), 619 f.

[79] Ebenso Kölner Komm WpÜG/*Hirte* Rn. 23.

[80] So auch Börsensachverständigenkommission beim BMF, Standpunkte der Börsensachverständigenkommission zur künftigen Regelung von Unternehmensübernahmen, Februar 1999, 23 f.; ebenso *Merkt* ZHR 165 (2001), 224 (250); dazu auch *Baums* in v. Rosen/Seifert, Die Übernahme börsennotierter Unternehmen, 1999, 165, 176.

führen, Übernahmen damit sogar erleichtern und sich letztlich als kontraproduktiv erweisen können.[81] Zudem konnten sich solche Vorratsbeschlüsse in der Praxis nicht durchsetzen.

## II. Aktienrechtliche Neutralitätspflicht und übernahmerechtliches Verhinderungsverbot

**1. Existenz einer aktienrechtlichen Neutralitätspflicht – Diskussionsstand vor** **42** **dem Inkrafttreten des WpÜG.** Die Frage, ob und unter welchen Voraussetzungen die Verwaltung der Zielgesellschaft Abwehrmaßnahmen gegen ein Übernahmeangebot ergreifen kann, war vor dem Inkrafttreten des WpÜG Gegenstand einer intensiv geführten Diskussion, die nachfolgend nur skizziert, nicht aber in all ihren Facetten nachgezeichnet werden soll. Im Kern ging es um die Frage, ob der Vorstand einer Neutralitätspflicht[82] unterliegt, die ihm die Vornahme von Abwehrmaßnahmen gegen ein Übernahmeangebot verbietet.

**a) Herrschende Meinung.** Die überwiegende Meinung im rechtswissenschaftlichen **43** Schrifttum hat eine solche Neutralitätspflicht des Vorstandes bejaht. Ohne die Etablierung eines Neutralitätsgebotes lasse sich der Interessenkonflikt, in dem sich Vorstand und Aufsichtsrat in einer Übernahmesituation typischerweise befinden, nicht auflösen. Sofern man Abwehrhandlungen des Vorstandes uneingeschränkt zulasse und damit die Entscheidungsfreiheit der Aktionäre über die Annahme des Angebotes einschränke, könne ein funktionierender **Markt für Unternehmenskontrolle**[83] nicht geschaffen werden. Innerhalb der hM ließen sich – bei vergröbernder Betrachtung – zwei Ansätze unterscheiden.

**aa) Aktienrechtlicher Ansatz.** Zum Teil wurde die Neutralitätspflicht aktienrechtlich **44** entwickelt.[84] Innerhalb dieser Meinung wurde die Neutralitätspflicht aus der Pflicht des Vorstandes zur **fremdnützigen Interessenwahrung** entwickelt. Aus dieser Pflicht resultiere ein Verbot, aktiven Einfluss auf die Zusammensetzung des Aktionärskreises zu neh-

---

[81] *Kirchner* AG 1999, 481 (488); Kölner Komm WpÜG/*Hirte* Rn. 24; s. auch DAV-Handelsrechtsausschuss NZG 2001, 1003 (1006) zum RegE.

[82] Der Begriff der Neutralitätspflicht ist terminologisch unscharf, was bereits vor Inkrafttreten des WpÜG zu Recht kritisiert wurde, vgl. *Baums* in v. Rosen/Seifert, Die Übernahme börsennotierter Unternehmen, 1999, 165, 178; *Drygala* ZIP 2001, 1861 (1863); *Möller/Pötzsch* ZIP 2001, 1256 (1259); *Grunewald* AG 2001, 288 (289); *Hommelhoff/Witt* RIW 2001, 561 (565); *Land* DB 2001, 1707 (1711); s. auch *Bayer* ZGR 2002, 588 (603); *Hopt* ZHR 166 (2002), 383 (424) Fn. 197. Dies ist jedenfalls nach der jetzigen Gesetzeslage zutreffend, da den Vorstand keine Pflicht trifft, sich in der Übernahmesituation vollkommen neutral oder still zu verhalten. Vielmehr ist er nicht nur berechtigt, sondern auch verpflichtet, eine Stellungnahme zu dem Angebot des Bieters abzugeben (s. § 27); zur Frage, ob eine Neutralitätspflicht bei nicht börsennotierten Unternehmen gelten soll, vgl. *Kocher/Eisermann* DB 2008, 225 (226 f.); zutr. jetzt Großkomm AktG/*Hopt/ Roth* AktG § 93 Rn. 213, die den Begriff des Vereitelungs- und Verhinderungsverbots verwenden und den Begriff der „Neutralitätspflicht" als irreführend bezeichnen; anders noch Großkomm AktG/*Hopt*, 4. Aufl. 2008, AktG § 93 Rn. 122: „Neutralitätsgebot".

[83] Dazu und allg. zu der in den USA entwickelten Theorie eines Marktes für Unternehmenskontrolle *Meier-Schatz* ZHR 149 (1985), 76 (93); *Adams* AG 1989, 333 ff.; *Seifert/Voth* in v. Rosen/Seifert, Die Übernahme börsennotierter Unternehmen, 1999, 187, 192 ff.; *Mülbert/Birke* WM 2001, 705 (706); *Dimke/Heiser* NZG 2001, 241 (253 ff.); grdl. *Grundmann* in Grundmann/Schwintowski/Singer/Weber, Anleger- und Funktionsschutz durch Kapitalmarktrecht, 2004, 78 ff.; *Richter* in Semler/Volhard ÜN-HdB § 52 Rn. 16; krit. *Krause* WM 1996, 893 (896); *U. H. Schneider/Burgard* DB 2001, 963 ff.; *U. H. Schneider* AG 2002, 125.

[84] Kölner Komm AktG/*Mertens* AktG § 76 Rn. 26; *Mertens* AG 1990, 258; Großkomm AktG/*Hopt/Roth* AktG § 93 Rn. 213 ff.; *Hopt* ZGR 1993, 534; *Hopt* ZHR 161 (1997), 391; *Hopt* FS Lutter, 2000, 1361; *Mestmäcker* BB 1961, 945 (946 f.); Assmann/Pötzsch/Schneider/*Krause/Pötzsch/Stephan* Rn. 47; *Adams* AG 1990, 243 (246 ff.); *Assmann/Bozenhardt* ZGR-Sonderheft 9 (1990), 112 ff.; *Rümker* FS Heinsius, 1991, 683 (688); *Immenga/Noll,* Feindliche Übernahmeangebote aus wettbewerbspolitischer Sicht, 1990, 32 ff.; *Ebenroth/ Daum* DB 1991, 1157; *Lüttmann,* Kontrollwechsel in Kapitalgesellschaften, 1992, 168; *Knoll,* Die Übernahme von Kapitalgesellschaften unter besonderer Berücksichtigung des Schutzes von Minderheitsaktionären nach amerikanischem, englischem und deutschem Recht, 1992, 273 ff.; *Brandi* in Thaeter/Brandi, Öffentliche Übernahmen, 2003, Teil 3 Rn. 271 ff.; *C. Kniehase,* Standstill Agreements in Deutschland und den USA, 2001, 81 ff.; *AMRS,* Public Company Takeovers in Germany, 2002, 201 f.; *Krause* AG 1996, 209 (214); *Krause* WM 1996, 845 (851); *Krause* AG 2000, 217 (273 ff.); *Michalski* AG 1997, 152 (159); *Hirte/Schander* in v. Rosen/Seifert, Die Übernahme börsennotierter Unternehmen, 1999, 341, 348; *Mülbert* IStR 1999, 83 (88); *Thümmel* DB 2000, 461 (462).

men.[85] Aufgrund des typischerweise vorhandenen Interesses am Erhalt seiner eigenen Position sei der Vorstand zur Wahrnehmung der Interessen der Aktionäre nur eingeschränkt in der Lage. Soweit der Bieter bereits an der Zielgesellschaft beteiligt sei, folge die Neutralitätspflicht des Vorstandes zudem aus dem aktienrechtlichen **Gleichbehandlungsgrundsatz** (§ 53a AktG).[86] Auch wurde geltend gemacht, dass der Vorstand durch die Vornahme von Abwehrmaßnahmen mittelbar in das Entscheidungsrecht der Aktionäre eingreife.[87]

**45**     **bb) Kapitalmarktrechtlicher Ansatz.** Eine verbreitete Auffassung begründete die Neutralitätspflicht primär kapitalmarktrechtlich.[88] Der Vorstand sei nicht berechtigt, die Möglichkeit der Aktionäre zu vereiteln, ihre Aktien bestmöglich am Kapitalmarkt zu verkaufen. Eine generelle Pflicht des Vorstands, keinen Einfluss auf die Zusammensetzung des Aktionärskreises zu nehmen, sei aktienrechtlich nicht anerkannt. Vielmehr enthalte das Aktienrecht zahlreiche Regeln, nach denen der Vorstand darüber entscheiden könne, wer Aktionär der Gesellschaft werden dürfe und wer nicht. Dies gelte etwa für die Entscheidung über die Zustimmung zur Übertragung vinkulierter Namensaktien (§ 68 Abs. 2 AktG), die Zuteilung von neuen Aktien bei Kapitalerhöhungen mit Bezugsrechtsausschluss (§ 186 Abs. 3 AktG) sowie die Veräußerung eigener Aktien (§ 71 AktG).[89] Insbesondere im Zusammenhang mit Kapitalerhöhungen mit Bezugsrechtsausschluss sei anerkannt, dass der Vorstand nicht verpflichtet sei, die neuen Aktien öffentlich anzubieten, sondern sie gezielt an ausgewählte Investoren platzieren könne.[90] Denn die Gesellschaft könne durchaus ein achtenswertes Interesse daran haben, dass neue Aktien aus einer Kapitalerhöhung bei bestimmten Investoren platziert werden.[91] Sofern der Bieter noch nicht an der Gesellschaft beteiligt sei, stelle der Gleichbehandlungsgrundsatz keine taugliche Grundlage für die Herleitung der Neutralitätspflicht dar.[92] Denn das Interesse des Bieters, Aktionär der Gesellschaft zu werden, werde durch den Gleichbehandlungsgrundsatz nicht geschützt.

**46**     **cc) Inhalt der Neutralitätspflicht.** Über die Reichweite der Neutralitätspflicht herrschte, unabhängig davon, ob sie verbandsrechtlich oder kapitalmarktrechtlich begründet wurde, weitgehend Konsens. Der Vorstand hat sich nach Vorlage eines Übernahmeangebotes jeder aktiven Einflussnahme zu enthalten, um die Entscheidungsfreiheit der Aktionäre nicht einzuschränken. Die Entscheidung über die Zusammensetzung des Aktionärskreises in der Übernahmesituation[93] fällt damit in die Kompetenz der Hauptversammlung und nicht in die der Verwaltung.[94] In keinem Widerspruch dazu steht der Befund, dass der Vorstand auf Grund seiner Treuhänderstellung gegenüber den Aktionären berechtigt und verpflichtet ist, eine begründete Stellungnahme abzugeben, ob die beabsichtigte Übernahme im Interesse

---

[85] *Assmann/Bozenhardt* ZGR-Sonderheft 9 (1990), 112 ff.; *Ebenroth/Daum* DB 1991, 1157 (1158); *Rümker* FS Heinsius, 1991, 683, 688; *Hopt* ZGR 1993, 534 (537 f.); Großkomm AktG/*Hopt* AktG § 93 Rn. 122; *Hopt* FS Lutter, 2000, 1361 (1376); *Michalski* AG 1997, 152 (159).

[86] Großkomm AktG/*Hopt/Roth* AktG § 93 Rn. 213; Kölner Komm AktG/*Mertens* AktG § 76 Rn. 18, 26; *Ebenroth/Daum* DB 1991, 1157 (1158); *Michalski* AG 1997, 152 (159); *Schanz* NZG 2000, 337 (340); aA *Maier-Reimer* ZHR 165 (2001), 258 (260).

[87] *Dimke/Heiser* NZG 2001, 241 (246).

[88] *Kiem* ZIP 2000, 1509 (1510); *Merkt* ZHR 165 (2001), 224 (247 ff.); *Maier-Reimer* ZHR 165 (2001), 258 (260); *Grunewald* AG 2001, 288 (289); vgl. Angerer/Geibel/Süßmann/*Brandi* Rn. 12 ff.; FK-WpÜG/*Röh* Rn. 17.

[89] *Grunewald* AG 2001, 288 (290); *Weisner,* Verteidigungsmaßnahmen gegen unfreundliche Übernahmeversuche in den USA, Deutschland und nach europäischem Recht, 2000, 145; Angerer/Geibel/Süßmann/*Brandi* Rn. 13.

[90] Zu Sanierungssituationen MHdB AG/*Scholz* § 57 Rn. 119j.

[91] *Dimke/Heiser* NZG 2001, 241 (244); *Grunewald* AG 2001, 288 (290); *Maier-Reimer* ZHR 165 (2001), 258 (259).

[92] *Maier-Reimer* ZHR 165 (2001), 258 (260).

[93] Auch innerhalb der eine Neutralitätspflicht befürwortenden Autoren war weitgehend anerkannt, dass dem Vorstand – außerhalb einer konkreten Übernahmesituation – eine Einflussnahme auf die Zusammensetzung des Aktionärskreises nicht vollständig verboten ist; *Maier-Reimer* ZHR 165 (2001), 258 (259) mwN.

[94] Hieraus folgte, dass die Hauptversammlung den Vorstand und den Aufsichtsrat nicht abstrakt zur Vornahme von Abwehrmaßnahmen für eine nicht konkret bevorstehende Übernahme ermächtigen konnte, dazu *Grunewald* WM 1989, 1233 (1237); *Bayer* ZGR 2002, 588 (601 f.).

der Zielgesellschaft liegt und ob die Konditionen des Übernahmeangebotes angemessen sind.[95]

**Ausnahmen** von der Neutralitätspflicht wurden nur für speziell gelagerte Fälle aner- **47** kannt. Hierzu wurden etwa persönliche Eigenschaften des Bieters, die zu einer Schädigung der Zielgesellschaft führen können (wie zB die Übernahme durch einen „politisch exponierten" Staat),[96] die erkennbare Absicht des Bieters, das Vermögen der Gesellschaft entgegen §§ 57, 71a AktG zur **Finanzierung** des Kaufpreises zu verwenden,[97] sowie die Gefahr sonstiger schwerer und irreversibler Schädigungen der Zielgesellschaft[98] gezählt. Zum Teil wurde auch die Verhinderung von **evidenten Gesetzesverstößen** durch den Bieter oder einer sonstigen rechtswidrigen Aktivität des Bieters als ausreichend angesehen.[99]

Als **nicht ausreichend** angesehen wurde überwiegend eine beabsichtigte **Umstrukturie-** **48** **rung** der Zielgesellschaft,[100] die Beeinträchtigung von Gemeinwohlinteressen oder Interessen der Arbeitnehmer,[101] der Verlust der finanziellen Unabhängigkeit und der Eintritt der Gesellschaft in eine **Abhängigkeitssituation**.[102] Selbst die Absicht des Bieters, die Zielgesellschaft nach der Übernahme zu liquidieren, wurde nicht als Ausnahmetatbestand anerkannt, da die Entscheidung über die **Auflösung** in die Kompetenz der Aktionäre falle.[103]

**b) Gegenansicht.** Eine nicht unbeträchtliche Mindermeinung lehnte eine Neutralitäts- **49** pflicht des Vorstandes in der Übernahmesituation ab.[104] Die Verpflichtung des Vorstandes auf das Unternehmensinteresse stehe der Annahme einer Neutralitätspflicht entgegen. Auch habe der Vorstand ein legitimes Interesse daran, bestimmen zu können, ob sich die von

---

[95] *Assmann/Bozenhardt* ZGR-Sonderheft 9 (1990), 112 ff.; *Hahn,* Die feindliche Übernahme von Aktiengesellschaften, 1992, 19; *Hirte/Schander* in v. Rosen/Seifert, Die Übernahme börsennotierter Unternehmen, 1999, 341, 348; *Wolf* AG 1998, 212 (219); *Krause* AG 2000, 217 ff.; *Hopt* FS Lutter, 2000, 1361 (1379); *Bayer* ZGR 2002, 588 (603); teilweise abw. *Merkt* ZHR 165 (2001), 224 (248), der – in der Konsequenz seines Ansatzes – die Verpflichtung zur Stellungnahme kapitalmarktrechtlich herleitet.

[96] Kölner Komm AktG/*Mertens* AktG § 76 Rn. 26; *v. Aubel,* Vorstandspflichten bei Übernahmeangeboten, 1996, 43 f.; *Hopt* ZGR 1993, 555; Großkomm AktG/*Hopt/Roth* AktG § 93 Rn. 216; *Mülbert* IStR 1999, 83 (89); *Kort* FS Lutter, 2000, 1421 (1436 f.); *Maier-Reimer* ZHR 165 (2001), 258 (271); aA *Adams* AG 1990, 243 (246); *Brandi* in Thaeter/Brandi, Öffentliche Übernahmen, 2003, Teil 3 Rn. 274; *Assmann/Bozenhardt* ZGR-Sonderheft 9 (1990), 114; *Rümker* FS Heinsius, 1991, 683, 691; *Dimke/Heiser* NZG 2001, 241 (247); *Weisser,* Feindliche Übernahmeangebote und Verhaltenspflichten der Leitungsorgane, 1994, 204.

[97] *Lutter/Wahlers* AG 1989, 1 (8 ff.); *Hopt* FS Lutter, 2000, 1392 ff.; Großkomm AktG/*Hopt/Roth* AktG § 93 Rn. 216; Kölner Komm AktG/*Mertens* AktG § 76 Rn. 26; *Brandi* in Thaeter/Brandi, Öffentliche Übernahmen, 2003, Teil 3 Rn. 274; aA *Assmann/Bozenhardt* ZGR-Sonderheft 9 (1990), 113 f.

[98] *Geibel/Süßmann/Schwennicke,* 2. Aufl. 2008, Rn. 16; aA nunmehr auch Angerer/Geibel/Süßmann/*Brandi* Rn. 16.

[99] Zustimmend *Hopt* ZGR 1993, 534 (553 f.); Großkomm AktG/*Hopt/Roth* AktG § 93 Rn. 216; Kölner Komm AktG/*Mertens* AktG § 76 Rn. 26: „Mafia-Organisation"; *Grunewald* WM 1989, 1233 (1237); *Kort* FS Lutter, 2000, 1421 (1436); *Maier-Reimer* ZHR 165 (2002), 258 (272); *Brandi* in Thaeter/Brandi, Öffentliche Übernahmen, 2003, Teil 3 Rn. 274; *AMRS,* Public Company Takeovers in Germany, 2002, 202; aA *Adams* AG 1990, 243 (246); *Assmann/Bozenhardt* ZGR-Sonderheft 9 (1990), 113; *Ebenroth/Daum* DB 1991, 1157 (1160); *Rümker* FS Heinsius, 1991, 683, 692; *Dimke/Heiser* NZG 2001, 241 (247); *B. Koch,* Die Neutralitätspflicht des Vorstandes einer börsennotierten AG bei Abwehrmaßnahmen gegen feindliche Übernahmeangebote, 2001, 39 ff.

[100] *Assmann/Bozenhardt* ZGR-Sonderheft 9 (1990), 101; *Hopt* ZGR 1993, 534 (550 f.); Kölner Komm AktG/*Mertens* AktG § 76 Rn. 26; *Dimke/Heiser* NZG 2001, 241 (247).

[101] *Hopt* ZGR 1993, 534 (552); *Hopt* FS Lutter, 2000, 1361 (1392); Großkomm AktG/*Hopt/Roth* AktG § 93 Rn. 215; aA *Kort* FS Lutter, 2000, 1421 (1435); *Wackerbarth* WM 2001, 1741 (1744).

[102] Großkomm AktG/*Hopt/Roth* AktG § 93 Rn. 215; *Hopt* ZGR 1993, 534 (550 f.); *v. Aubel,* Vorstandspflichten bei Übernahmeangeboten, 1996, 45 f.; *Dimke/Heiser* NZG 2001, 241 (247); MHdB AG/*Krieger* § 70 Rn. 18; *Michalski* AG 1997, 152 (155); *Mülbert* IStR 1999, 83 (89); *Rümker* FS Heinsius, 1991, 683, 691.

[103] *Rümker* FS Heinsius, 1991, 683, 690 f.; Großkomm AktG/*Hopt/Roth* AktG § 93 Rn. 215; *Hopt* ZGR 1993, 534 (550); *Krause* AG 1996, 209 (214); aA *Hauschka/Roth* AG 1988, 181 (192); *Klein* NJW 1997, 2085 (2088); *Dimke/Heise* NZG 2001, 241 (246 f.).

[104] *Martens* FS Beusch, 1993, 529 (542 ff., 546); *W. Müller* FS Semler, 1993, 195, 210 f.; *Bungert* ZHR 159 (1995), 261 (267); *Bungert* NJW 1998, 488 (492); *Werner,* Probleme „feindlicher" Übernahmeangebote im Aktienrecht, 1989, 16; *Kirchner* AG 1999, 481 (489); *Kirchner* WM 2000, 1821 (1825); *Kort* FS Lutter, 2000, 1421 (1432); *Thümmel* DB 2000, 461 (462); *Weisner,* Verteidigungsmaßnahmen gegen unfreundliche Übernahmeversuche in den USA, Deutschland und nach europäischem Recht, 2000, 144; *Krieger* RWS-Forum Gesellschaftsrecht 2001, 289, 303 f.; *Grunewald* AG 2001, 287 (289); *U. H. Schneider/Burgard* DB 2001, 963 (967); *Wiese/Demisch* DB 2001, 849 (850 f.); *Hüffer/Koch/Koch* AktG § 76 Rn. 40.

ihm geleitete Gesellschaft in eine (neue) Abhängigkeitssituation begebe oder nicht. Sofern die Veränderung des Aktionärskreises oder eine in unmittelbarem Zusammenhang mit der drohenden Übernahme stehende Maßnahme die Vermögens- und Ertragslage der Gesellschaft nachteilig beeinflussten, sei der Vorstand nicht nur berechtigt, sondern auch **verpflichtet,** Maßnahmen zu ergreifen, die auf die Abwehr des Übernahmeangebotes abzielen.[105] Die Anerkennung einer Neutralitätspflicht wurde ferner mit dem Argument abgelehnt, dass sie der Verwaltung die Entscheidungsbefugnis entziehe, ohne dass damit ein Kompetenzzuwachs der Hauptversammlung verbunden sei, da diese innerhalb der kurzen Angebotsfrist den Vorstand kaum zur Vornahme von Abwehrmaßnahmen ermächtigen könne.[106] Zudem würde man, wenn man Abwehrmaßnahmen für unzulässig halte, dem Management die Möglichkeit nehmen, durch die Vornahme von Verteidigungsmaßnahmen den Kurs der Aktien der Zielgesellschaft positiv zu beeinflussen.[107] Die Anerkennung einer Neutralitätspflicht, so wurde argumentiert, gewährleiste die Waffengleichheit zwischen dem Bieter und der Zielgesellschaft nicht mehr.[108] Der Markt für Unternehmenskontrolle könne nur dann funktionieren, wenn der Vorstand berechtigt sei, im wohlverstandenen Interesse der Gesellschaft liegende Abwehrmaßnahmen vorzunehmen. Schließlich wurde darauf hingewiesen, dass die Abgrenzung zwischen zulässigen Geschäftsführungsmaßnahmen und unzulässigen Abwehrmaßnahmen schwer falle, sodass der Vorstand in einer Übernahmesituation ständig der Gefahr von Schadensersatzansprüchen ausgesetzt wäre.[109]

**50**   **2. Verhältnis der Neutralitätspflicht zum (eingeschränkten) übernahmerechtlichen Verhinderungsverbot.** Abs. 1 S. 1 normiert ein prinzipielles übernahmerechtliches Verhinderungsverbot. Der weit gefasste Wortlaut des Abs. 1 S. 1 könnte zunächst die Annahme nahe legen, dass der Gesetzgeber die von der hM vor Inkrafttreten des Gesetzes entwickelte Neutralitätspflicht kodifiziert hat. Der Blick auf den in Abs. 1 S. 2 verankerten Ausnahmekatalog, der weit über die von der hM anerkannten Ausnahmen hinausgeht, zeigt indessen, dass sich der Gesetzgeber gegen die Etablierung einer strikten Neutralitätsverpflichtung entschieden hat, indem er durch die gesetzliche Regelung die **Handlungsoptionen** des Vorstandes in der Übernahmesituation erheblich **erweitert** und damit das Verhinderungsverbot in sein Gegenteil verkehrt hat.[110]

**51**   Damit ist die Frage nach dem Verhältnis zwischen der von der hM vor Inkrafttreten des Gesetzes bejahten Neutralitätspflicht und dem in Abs. 1 S. 1 verankerten übernahmerechtlichen Verhinderungsverbot aufgeworfen. In der **Regierungsbegründung** wird darauf verwiesen, dass „nach im Schrifttum verbreiteter Auffassung das der Regelung zu Grunde liegende Verbot erfolgsverhindernder Maßnahmen durch Vorstand und Aufsichtsrat bereits nach geltendem Recht besteht".[111] Das Verbot erfolgsverhindernder Maßnahmen durch Vorstand und Aufsichtsrat sei gesellschaftsrechtlich aus der Funktion des Vorstandes als Wahrer fremder Interessen abzuleiten. Damit geht der Gesetzgeber erkennbar davon aus, dass ein Verhinderungsverbot bereits vor dem Inkrafttreten des Gesetzes bestanden hat und lediglich durch Abs. 1 S. 1 kodifiziert wurde.[112] Er hat sich damit inzident der Meinung im Schrifttum angeschlossen, die eine verbandsrechtlich begründete Neutralitätspflicht bereits vor Inkrafttreten des Gesetzes anerkannt hat und jetzt in Abs. 1 S. 1 als kodifiziert sieht.[113] Abs. 1 S. 1

---

[105] *Kort* FS Lutter, 2000, 1421 (1434); *Krieger* RWS-Forum Gesellschaftsrecht 2001, 289, 303; *U. H. Schneider/Burgard* DB 2001, 963 (967); *U. H. Schneider* AG 2002, 125 (130).

[106] *Kirchner* AG 1999, 481 (488); *Kirchner* BB 2000, 105 (110); aA *Ulmer* AcP 202 (2002), 143 (153 f.).

[107] *Wiese/Demisch* DB 2001, 849 (850).

[108] *Ebenroth/Daum* DB 1991, 1157 (1160); *Kirchner* BB 2000, 105 (113).

[109] *Thümmel* DB 2000, 461 (462).

[110] *Winter/Harbarth* ZIP 2002, 1 (4); *Cahn/Senger* FB 2002, 277 (288); *Ekkenga/Hofschroer* DStR 2002, 724 (731); *Richter* in Semler/Volhard ÜN-HdB § 52 Rn. 37 ff.; Assmann/Pötzsch/Schneider/*Krause/Pötzsch* Rn. 54 und 126 ff.

[111] Begr. RegE, BT-Drs. 14/7034, 57.

[112] Begr. RegE, BT-Drs. 14/7034, 57.

[113] Im Ergebnis auch FK-WpÜG/*Röh* Rn. 23 f.; demgegenüber sehen die Vertreter des kapitalmarktrechtlichen Standpunktes in § 33 eine (erstmalige) Kodifikation der Neutralitätspflicht, so etwa Angerer/Geibel/Süßmann/*Brandi* Rn. 10.

kommt als *lex specialis* und *lex posterior* gegenüber der aktienrechtlichen Pflichtenstellung Vorrang zu.[114] Unberührt bleiben allerdings solche zwingenden aktienrechtlichen Vorschriften, die den materiellen und formellen Rahmen für Geschäftsleitungsmaßnahmen des Vorstandes ziehen. Hierzu zählen etwa die Pflicht des Vorstandes zur sorgfaltsmäßigen Geschäftsführung (§§ 93, 76 AktG), oder die Beachtung der 10% Obergrenze beim Erwerb eigener Aktien (§ 71 Abs. 1 Nr. 8 AktG).[115]

Angesichts des klaren gesetzgeberischen Willens ist in der Übernahmephase für eine **52** **weitergehende Neutralitätspflicht,** unabhängig davon, ob man sie kapitalmarktrechtlich oder verbandsrechtlich herleitet,[116] mithin **kein Raum.**[117] Abs. 1 lässt zwar − wie in der Regierungsbegründung klargestellt ist[118] − die allgemeinen aktienrechtlichen Erfordernisse unberührt, bestimmt aber den Umfang der Pflichten des Vorstandes in der Übernahmesituation abschließend.

Umgekehrt steht fest, dass dem Vorstand kein, der *business judgment rule* des US-ameri- **53** kanischen Rechts (→ Rn. 34 ff.) entsprechendes weites unternehmerisches Ermessen zusteht, das die Grundlage für weitergehende Abwehrmaßnahmen bilden könnte.[119] Die *business judgement rule* ist mit dem in Abs. 1 S. 1 etablierten Verhinderungsverbot und den damit einhergehenden Einschränkungen für das Vorstandshandeln in Abs. 1 nicht in Einklang zu bringen. Auch der Paradigmenwechsel, der mit der Abkehr von dem im DiskE und im RefE verankerten generellen Verbot von erfolgsverhindernden Maßnahmen bei fehlender Hauptversammlungszustimmung und der Zuwendung zu einem bloßen Zustimmungsvorbehalt zugunsten des Aufsichtsrates eingetreten ist, lässt keinen anderen Schluss zu. Zwar hat der Gesetzgeber davon abgesehen, eine strikte Neutralitätspflicht zu implementieren.[120] Die Geschäftsführungsbefugnis des Vorstandes erfährt jedoch auch nach geltendem Recht während der Dauer des Übernahmeangebots Einschränkungen, die mit dem weiten Ermessen, das bei Anwendung der *business judgment rule* bestünde, nicht harmonisiert werden könnte (zum Ermessenspielraum des Vorstandes auch → Rn. 132 ff.).

### III. Ad-hoc-Abwehrmaßnahmen während des Angebotsverfahrens (Abs. 1)

**1. Überblick.** Nach dem allgemeinen, in § 3 Abs. 3 normierten Grundsatz sind Vorstand **54** und Aufsichtsrat der Zielgesellschaft während des gesamten Übernahmeverfahrens auf das Interesse der Zielgesellschaft verpflichtet. Das Interesse des Unternehmens setzt sich dabei nach den Erwägungen des Gesetzgebers aus den Interessen seiner Aktionäre, seiner Arbeitnehmer und dem Gemeinwohl zusammen.[121] Das in Abs. 1 S. 1 begründete Verbot der Vornahme verhinderungsgeeigneter Handlungen kann mit der Verpflichtung der Verwaltung der Zielgesellschaft, im Interesse der Zielgesellschaft zu handeln, kollidieren. Um diesen Konflikt aufzulösen, eröffnet Abs. 1 S. 2 weitreichende Ausnahmen von dem prinzipiellen Verhinderungsverbot. Danach sind neben der Suche nach einem konkurrierenden Angebot solche Handlungen nicht vom Verhinderungsverbot erfasst, die auch ein ordentlicher und gewissenhafter Geschäftsleiter einer nicht von einem Übernahmeangebot betroffenen

---

[114] *Bayer* ZGR 2002, 588 (605); *Hopt* ZHR 166 (2002), 383 (425); *Thiel* in Semler/Volhard ÜN-HdB § 54 Rn. 58; Baums/Thoma/*Grunewald* Rn. 8; ähnlich FK-WpÜG/*Röh* Rn. 23; Kölner Komm WpÜG/ *Hirte* Rn. 28.
[115] FK-WpÜG/*Röh* Rn. 24.
[116] Vgl. hierzu FK-WpÜG/*Röh* Rn. 20 ff.
[117] So auch Hüffer/Koch/*Koch* AktG § 76 Rn. 40; *Wolf* ZIP 2008, 300 (301); *Kiem* AG 2009, 301 (311); *Krause* AG 2002, 133 (136); *v. Falkenhausen* NZG 2007, 97; Steinmeyer/*Steinmeyer* Rn. 6; *Stephan* Der Konzern 2019, 473 (476).
[118] Begr. RegE, BT-Drs. 14/7034, 58; s. auch Hüffer/Koch/*Koch* AktG § 76 Rn. 40.
[119] Angerer/Geibel/Süßmann/*Brandi* Rn. 15; aA offenbar *Drygala* ZIP 2001, 1861 (1867); *Wiese/Demisch* DB 2001, 849 (851).
[120] Angerer/Geibel/Süßmann/*Brandi* Rn. 10.
[121] Begr. RegE, BT-Drs. 14/7034, 58; Schwark/Zimmer/*Noack/Zetzsche* Rn. 4; Assmann/Pötzsch/ Schneider/*Krause/Pötzsch/Stephan* Rn. 56; FK-WpÜG/*Röh* Rn. 25 f.; Steinmeyer/*Steinmeyer* Rn. 2 ff.; *Süßmann* NZG 2011, 1281; gegen eine Berücksichtigung der Arbeitnehmerinteressen im Übernahmerecht *Wackerbarth* WM 2001, 1741 (1744).

Gesellschaft vorgenommen hätte oder denen der Aufsichtsrat der Zielgesellschaft zugestimmt hat.

**55**   **2. Verbot zur Vornahme verhinderungsgeeigneter Maßnahmen (Abs. 1 S. 1).**
**a) Allgemeines.** Abs. 1 S. 1 regelt die Pflichten des Vorstandes in der Übernahmesituation. Danach ist dem Vorstand nach Veröffentlichung der Entscheidung zur Abgabe eines Angebots bis zur Veröffentlichung des Ergebnisses nach § 23 Abs. 1 S. 1 Nr. 2 die Vornahme von Handlungen verboten, durch die der Erfolg des Angebotes verhindert werden könnte.

**56**   Das Verhinderungsverbot bezieht sich zum einen auf Maßnahmen, die nach allgemeinen gesellschaftsrechtlichen Grundsätzen in die **Geschäftsführungsbefugnis** des Vorstandes fallen. Es findet aber auch dann Anwendung, wenn der Vorstand von einer ihm von der Hauptversammlung erteilten **Ermächtigung** nach allgemeinem Aktienrecht, etwa zur Ausnutzung eines genehmigten Kapitals oder zum Erwerb eigener Aktien, Gebrauch macht. Nicht erfasst von Satz 1 sind Maßnahmen des Vorstandes, die dieser auf Grund eines vor der Angebotsphase gefassten Ermächtigungsbeschlusses vornimmt, da sich insoweit in Abs. 2 S. 4 eine spezielle Regelung findet.

**57**   Die **Begriffsbildung** für das Verbot der Durchführung verhinderungsgeeigneter Maßnahmen ist uneinheitlich. Manche sprechen von der Neutralitätspflicht[122] oder von dem Stillhaltegebot,[123] andere vom Behinderungsverbot[124] bzw. Einmischungsverbot,[125] wieder andere vom Vereitelungsverbot.[126] Es wäre erst recht irreführend, den durch Abs. 1 gezogenen weiten Handlungsrahmen des Vorstandes mit dem Begriff der Neutralitätspflicht zu beschreiben.[127] Der Begriff der Neutralitätspflicht wurde bereits vor dem Inkrafttreten des WpÜG mit Recht als missverständlich kritisiert.[128] Denn der Vorstand ist bei Vorliegen eines Übernahmeangebotes keineswegs verpflichtet, eine neutrale Position einzunehmen. Im Gegenteil ist er berechtigt und verpflichtet, sich über das Angebot des Bieters eine eigene Meinung zu bilden und eine begründete Stellungnahme zum Angebot abzugeben (§ 27). Überdies ist es dem Vorstand gestattet, in gewissem Umfang Werbung für das eigene unternehmerische Konzept zu betreiben (§ 28). Dies zeigt, dass der Vorstand sich durchaus zu dem Angebot positionieren darf (und muss), sodass der Begriff der Neutralitätspflicht seinen Handlungsrahmen nicht zutreffend kennzeichnen würde. Vielmehr ist der Pflichtenrahmen des Vorstandes nach Abs. 1 S. 1 nicht zuletzt unter Berücksichtigung des Wortlauts des Gesetzes mit dem Begriff des **Verhinderungsverbotes** am treffendsten umschrieben.[129]

**58**   In dogmatischer Hinsicht fragt sich, ob das Verhinderungsverbot als **Organpflicht** des Vorstandes oder als **Kompetenznorm** zu verstehen ist. Praxisrelevant wird dies etwa bei der Beantwortung der Frage, ob der Hauptversammlung ein Initiativrecht hinsichtlich der Beschlussfassung von Abwehrmaßnahmen zusteht, oder ob ein nicht verteidigungswilliger Vorstand einer Zielgesellschaft zur Vornahme von Abwehrmaßnahmen gezwungen werden

---

[122] *Grunewald* AG 2001, 288; *Merkt* ZHR 165 (2001), 224 (244); *Cahn/Senger* FB 2002, 277 (288); s. auch *Pötzsch,* Das neue Übernahmerecht, 2002, 39.
[123] *Schuster* in Zschocke/Schuster ÜbernahmeR-HdB Rn. A 37: „eingeschränkte Stillhaltepflicht"; *Kalss* in Semler/Volhard ÜN-HdB § 51 Rn. 85; *Kraupa-Tuskany,* Verhaltenspflichten des Vorstands des Zielunternehmens während öffentlicher Übernahmeverfahren, 2013, 249.
[124] *Mülbert/Birke* WM 2001, 705 ff.; *Möller/Pötzsch* ZIP 2001, 1256 (1259); *Geibel/Süßmann* BKR 2002, 52 (64) Fn. 83; *Fleischer/Kalss,* Das neue WpÜG, 2002, 123.
[125] *Ehricke/Ekkenga/Ekkenga* Rn. 1.
[126] *Krause* AG 2000, 217 (219); *Krause* NJW 2002, 711 Fn. 76; *Maier-Reimer* ZHR 165 (2001), 258 (260 f.); *Drygala* ZIP 2001, 1861 (1864); *Ekkenga/Hofschroer* DStR 2002, 724 (732); *Hopt* ZHR 166 (2002), 383 (424).
[127] *Krause* AG 2002, 133 (136); FK-WpÜG/*Röh* Rn. 10; s. aber auch *Pötzsch,* Das neue Übernahmerecht, 2002, 39.
[128] Vgl. *Baums* in v. Rosen/Seifert, Die Übernahme börsennotierter Unternehmen, 1999, 169, 178; *Drygala* ZiP 2001, 1861 (1863); *Möller/Pötzsch* ZiP 2001, 1256 (1259); *Grunewald* AG 2001, 288 (289); *Hommelhoff/Witt* RiW 2001, 561 (565); *Land* DB 2001, 1707 (1711); s. auch *Bayer* ZGR 2002, 588 (603); *Hopt* ZHR 166 (2002), 383 (424) Fn. 197.
[129] *Hirte* in Hirte, WpÜG, 2002, 1, 20; Kölner Komm WpÜG/*Hirte* Rn. 26; Assmann/Pötzsch/Schneider/ *Krause/Pötzsch/Stephan* Rn. 8; *Thiel* in Semler/Volhard ÜN-HdB § 54 Rn. 75; vgl. auch DAV-Handelsrechtsausschuss NZG 2001, 420 (429) zum RefE; NZG 2001, 1003 (1006) zum RegE, nach denen das Wort „vereiteln" im Gegensatz zu „verhindern" auch ein subjektives Element enthält.

kann.[130] Vor dem Inkrafttreten des WpÜG wurde die Neutralitätspflicht überwiegend als Kompetenznorm eingeordnet, die dem Vorstand die Entscheidung über die Abwehrmaßnahmen entzieht und in die Zuständigkeit der Hauptversammlung verweist.[131] Nach einer verbreiteten Ansicht soll dies auch für das Verhinderungsverbot des Abs. 1 S. 1 gelten.[132] Dies wäre zwar für das im RegE vorgesehene Regelungskonzept zutreffend gewesen, nach dem verhinderungsgeeignete Handlungen des Vorstandes und des Aufsichtsrates der Zielgesellschaft der Zustimmung der Hauptversammlung bedurft hätten. Nach der Änderung auf Grund des Gesetzentwurfs infolge der Beschlussempfehlung des Finanzausschusses kann jedoch nur noch schwerlich angenommen werden, dass die Zuständigkeit für die Durchführung von Abwehrmaßnahmen in die grundsätzliche Kompetenz der Hauptversammlung fällt.[133] Folgerichtig wird man das **Verhinderungsverbot als bloße Organpflicht** zu qualifizieren haben. Zu den Rechtsfolgen eines Verstoßes gegen das Verhinderungsverbot → Rn. 240 ff.

**b) Verhinderungseignung.** Unzulässig sind alle Handlungen, die **objektiv geeignet 59** sind, ein Übernahmeangebot zu verhindern.[134] Die objektive Eignung zur Verhinderung ist immer dann zu bejahen, wenn die Maßnahme der Verwaltung im Falle ihrer Durchführung den Aktionären die Möglichkeit nimmt oder einschränkt, selbst über die Annahme oder Ablehnung des Übernahmeangebotes zu entscheiden und die Verwaltung der Zielgesellschaft die Entscheidung der Aktionäre durch ihre Entscheidung ersetzen würde.[135] Die Handlung muss von **keiner Verhinderungsabsicht** getragen werden.[136] Ohne Relevanz ist auch, ob die Handlungen das Angebot des Bieters tatsächlich verhindert haben, respektive, ob die Maßnahme das Angebot sicher verhindert.[137] Auch kommt es nicht darauf an, ob die Maßnahmen für andere Bieter die gleichen Auswirkungen hätten.[138] Was unter dem **Bezugspunkt** des Verhinderungsverbots, dem „Erfolg des Angebots" zu verstehen ist, ist allerdings umstritten. Teilweise wird diesbezüglich auf die Verhinderung der Durchführung des Angebots abgestellt.[139] Die wohl überwiegende Auffassung bezieht in den Anwendungsbereich zusätzlich Maßnahmen ein, die die Aktionäre in ihrer Entscheidung über das Angebot **behindern,** mit anderen Worten dem Bieter die Durchführung des Angebotes **nicht unwesentlich** erschweren.[140] Gegen die erste Ansicht spricht, dass sie den Bieter dazu

[130] FK-WpÜG/*Röh* Rn. 30.
[131] *Hopt* ZGR 1993, 534 (548 ff.); *Hirte* ZGR 2002, 651; *Busch,* Die Notwendigkeit der spezialgesetzlichen Regelung von öffentlichen Übernahmeangeboten in Deutschland, 1996, 170; *Altmeppen* ZIP 2001, 1073 (1075); *Drygala* ZIP 2001, 1861 (1862); aA – für eine Einordnung als Organpflicht – *v. Aubel,* Vorstandspflichten bei Übernahmeangeboten, 1996, 155 ff.; *Mülbert* IStR 1999, 83 (88); wohl auch Kölner Komm AktG/ *Mertens* AktG § 76 Rn. 26.
[132] *Winter/Harbarth* ZIP 2002, 1 (17); *Hopt* ZHR 166 (2002), 383 (425); FK-WpÜG/*Röh* Rn. 30 ff.; *Fleischer/Kalss,* Das neue WpÜG, 2002, 130; Emmerich/Habersack/*Habersack* AktG Vor § 311 Rn. 23; wohl auch *Pötzsch,* Das neue Übernahmerecht, 2002, 42 Fn. 131; *Ekkenga/Hofschroer* DStR 2002, 724 (734).
[133] So zutr. Angerer/Geibel/Süßmann/*Brandi* Rn. 18; Steinmeyer/*Steinmeyer* Rn. 9; *Marsch-Barner* in Zschocke/Schuster ÜbernahmeR-HdB Rn. E 40; iErg auch *Bürgers/Holzborn* ZIP 2003, 2273; *Cahn* ZHR 167 (2003), 262 (283); *Ekkenga* FS Kümpel, 2003, 95, 99; Ehricke/Ekkenga/Oechsler/*Ekkenga* Rn. 6.
[134] *Winter/Harbarth* ZIP 2002, 1 (4); *Cahn/Senger* FB 2002, 277 (288); *Krause* NJW 2002, 705 (711); *Tröger* DZWiR 2002, 397 (403); *Mielke* in Beckmann/Kersting/Mielke, Das neue Übernahmerecht, 2003, Rn. C 24; ABBD/*Lohrmann/v. Dryander* Sec. 33 Rn. 22; *Brandi* in Thaeter/Brandi, Öffentliche Übernahmen, 2003, Teil 3 Rn. 345 f.; Assmann/Pötzsch/Schneider/*Krause/Pötzsch/Stephan* Rn. 83.
[135] Vgl. Angerer/Geibel/Süßmann/*Brandi* Rn. 18.
[136] Begr. RegE, BT-Drs. 14/7034, 57; zust. *Glade/Maak/Hellich* Der Konzern 2004, 515 (517); *Winter/ Harbarth* ZIP 2002, 1 (4); *Krause* NJW 2002, 705 (712); *Cahn/Senger* FB 2002, 277 (288); Angerer/Geibel/ Süßmann/*Brandi* Rn. 18; Steinmeyer/*Steinmeyer* Rn. 16; ABBD/*Lohrmann/v. Dryander* Sec. 33 Rn. 22; *Stephan* Der Konzern 2019, 473 (478); krit. *Witte* BB 2000, 2161 (2164).
[137] Begr. RegE, BT-Drs. 14/7034, 57; OLG Stuttgart Der Konzern 2019, 509 = BeckRS 2018, 35625; s. auch *Krause* NJW 2002, 705 (712); Baums/Thoma/*Grunewald* Rn. 28; Kölner Komm WpÜG/*Hirte* Rn. 55; ABBD/*Lohrmann/v. Dryander* Sec. 33 Rn. 22; *Stephan* Der Konzern 2019, 473 (478).
[138] Baums/Thoma/*Grunewald* Rn. 28.
[139] Assmann/Pötzsch/Schneider/*Krause/Pötzsch/Stephan* Rn. 84; Angerer/Geibel/Süßmann/*Brandi* Rn. 18; *Stephan* Der Konzern 2019, 473 (478 f.).
[140] *Maier-Reimer* ZHR 165 (2001), 258 (267); *Mielke* in Beckmann/Kersting/Mielke, Das neue Übernahmerecht, 2003, Rn. C 26; Ehricke/Ekkenga/Oechsler/*Ekkenga* Rn. 23; Baums/Thoma/*Grunewald* Rn. 27;

bringt, sich gegen „Verteuerungsmaßnahmen" des Vorstands der Zielgesellschaft durch Bedingungen abzusichern[141] und zudem könnte der Bieter das Angebot durch die Verweigerung von etwaigen Konzessionen im Rahmen einer kartellrechtlichen Freigabe bei bestimmten Maßnahmen des Vorstandes scheitern lassen.[142] Die besseren Gründe sprechen somit dafür, auch solche Maßnahmen in den Anwendungsbereich des Verhinderungsverbots einzubeziehen, die den Angebotserfolg aus Sicht des Bieters nicht unwesentlich erschweren. Eine solche Erschwerung ist etwa dann zu bejahen, wenn das Angebot für den Bieter teurer wird, weil er mehr Aktien erwerben oder sein Angebot nachbessern muss. Andererseits würde es zu weit führen, wenn sich die Zielgesellschaft bereits vor erfolgreichem Abschluss des Übernahmeangebotes an der Geschäftspolitik des Bieters orientieren müsste, wenn diese von der eigenen abweicht.[143] Für die Beurteilung der Zulässigkeit von Abwehrmaßnahmen ist es auch ohne Relevanz, ob die **Gegenleistung** in einer Geldleistung oder in liquiden Aktien besteht.[144]

**60**  **c) Adressaten des Verhinderungsverbotes. aa) Vorstand; persönlich haftender Gesellschafter.** Das Verhinderungsverbot richtet sich, dem Wortlaut des § 33 Abs. 1 S. 1 folgend, in erster Linie an den Vorstand. Der Vorstand unterliegt dem Verhinderungsverbot nur in seiner Eigenschaft als Organmitglied, nicht aber als Aktionär. In einer **Kommanditgesellschaft auf Aktien** ist Adressat der persönlich haftende Gesellschafter. Ist der persönlich haftende Gesellschafter eine juristische Person oder eine Personenhandelsgesellschaft,[145] trifft das Verbot deren Organe.

**61**  **bb) Aufsichtsrat.** Der Aufsichtsrat ist im Gegensatz zum europäischen Verhinderungsverbot in Abs. 1 S. 1 nicht als Adressat des Verhinderungsverbotes genannt.[146] Dies wirft die Frage auf, welcher Pflichtenbindung das Kontrollorgan in der Übernahmesituation unterliegt. Vor dem Inkrafttreten des WpÜG ist man überwiegend davon ausgegangen, dass auch der Aufsichtsrat einer Neutralitätspflicht unterworfen ist.[147] Im Einklang mit der hM hatten der RefE und der RegE konsequenterweise vorgesehen, dass das Verhinderungsverbot für Vorstand und Aufsichtsrat gleichermaßen gilt.[148] Dass der Aufsichtsrat nicht mehr in Abs. 1 S. 1 genannt ist, geht offenbar darauf zurück, dass der Aufsichtsrat den Vorstand nach Abs. 1 S. 2 Var. 3 zur Vornahme verhinderungsgeeigneter Maßnahmen ermächtigen kann. Bei der Streichung des Aufsichtsrates in Abs. 1 S. 1 hat sich der Gesetzgeber ersichtlich von der Überlegung leiten lassen, dass der Aufsichtsrat, wenn er über die Zulässigkeit von Abwehrmaßnahmen entscheidet, nicht mehr Adressat eines Verhinderungsverbotes sein kann.[149]

**62**  Hieran ist richtig, dass der Aufsichtsrat dann nicht dem gleichen Verhinderungsverbot unterworfen sein kann wie der Vorstand, wenn er als **Kontrollorgan** tätig wird, insbesondere, wenn er nach Maßgabe von Abs. 1 S. 2 Var. 3 über die Zustimmung zu verhinderungsgeeigneten Maßnahmen entscheidet.[150] Denn dann würde er bei einer Zustimmung zu einer Abwehrmaßnahme des Vorstandes stets gegen das Verhinderungsverbot verstoßen, sodass die Ausnahmeregelung des Abs. 1 S. 2 Var. 3 letztlich leer laufen würde (näher → Rn. 182).

---

*Pachos* in Pachos/Fleischer ÜbernahmeR-HdB § 24 Rn. 95 f; offenlassend OLG AG 2019, 527 (530 f.) = NZG 2019, 345 Ls.

[141] *Pachos* in Pachos/Fleischer ÜbernahmeR-HdB § 24 Rn. 95.

[142] *Pachos* in Pachos/Fleischer ÜbernahmeR-HdB § 24 Rn. 95.

[143] Baums/Thoma/*Grunewald* Rn. 27.

[144] Kölner Komm WpÜG/*Hirte* Rn. 56; Assmann/Pötzsch/Schneider/*Krause/Pötzsch/Stephan* Rn. 83.

[145] Zur kapitalistischen KGaA → AktG § 278 Rn. 268 ff.; *Schlitt,* Die Satzung der Kommanditgesellschaft auf Aktien, 1999, 120 ff.

[146] *Friedl* NZG 2006, 422.

[147] *Hopt* ZGR 1993, 534 (565); *Mülbert* IStR 1999, 83 (89).

[148] *Stephan* Der Konzern 2019, 473 (476).

[149] *Friedl* NZG 2006, 422; *Stephan* Der Konzern 2019, 473 (476); *Winter/Harbarth* ZIP 2002,1, 11; *Krause* BB 2002, 1053 (1059); Kölner Komm WpÜG/*Hirte* Rn. 49.

[150] *Winter/Harbarth* ZIP 2002, 1 (11); *Krause* BB 2002, 1053 (1059); Kölner Komm WpÜG/*Hirte* Rn. 51; weitergehend *Wagner* Die Bank 2002, 66 (70): „keine Neutralitätspflicht"; *Brandi* in Thaeter/Brandi, Öffentliche Übernahmen, 2003, Teil 3 Rn. 381 ff.; *Stephan* Der Konzern 2019, 473 (476, 483); *Fest* ZBB 2017, 178 (185).

Anders verhält es sich indessen in den Fällen, in denen der Aufsichtsrat ausnahmsweise **63** selbst als **Verwaltungsorgan** initiativ wird. Dies gilt insbesondere für die Bestellung und Abberufung von Vorstandsmitgliedern (§ 84 AktG), die Festlegung der Vergütung des Vorstandes (§ 87 AktG), die Erteilung des Auftrages an den Abschlussprüfer (§ 111 Abs. 2 S. 3 AktG), die Vertretung der Gesellschaft gegenüber dem Vorstand (§ 112 AktG) sowie für die Mitwirkung bei der Feststellung des Jahresabschlusses (§ 172 AktG). Zwar wird in der Lit. teilweise vertreten, dass die Erstreckung des Verhinderungsverbotes auf den Aufsichtsrat bei einem Tätigwerden als Verwaltungsorgan allenfalls im Wege der analogen Anwendung von § 33 Abs. 1 S. 1 erreicht werden könne, wofür es angesichts der für den Aufsichtsrat geltenden aktienrechtlichen Bindungen einerseits sowie der Gesetzgebungsgeschichte andererseits bereits an einer planwidrigen Lücke fehle.[151] Den Gesetzesmaterialien lässt sich allerdings kein Hinweis darauf entnehmen, dass solche Entscheidungen des Aufsichtsrates privilegiert werden sollen. Vielmehr tritt der Aufsichtsrat in diesen Fällen an die Stelle des Vorstandes, sodass es angemessen erscheint, auch ihn einem **Verhinderungsverbot** zu unterwerfen.[152]

**cc) Hauptversammlung.** Die Hauptversammlung unterliegt keinem Verhinderungs- **64** verbot.[153] Dies lässt sich der Vorschrift des Abs. 2 S. 1 im Wege eines „Erst-Recht-Schlusses" entnehmen. Wenn die Hauptversammlung den Vorstand sogar schon im Vorfeld einer Übernahmesituation zu Maßnahmen ermächtigen kann, „um den Erfolg des Angebotes zu verhindern", muss ihr dies erst recht nach der Veröffentlichung zur Abgabe eines Angebotes möglich sein (zur Zulässigkeit von Ad-hoc-Beschlüssen der Hauptversammlung → Rn. 195 ff.). Auch das europäische Verhinderungsverbot (Art. 9 Abs. 2 und 3 Übernahme-RL) und der City Code (Rule 21.1 City Code) erlauben es der Hauptversammlung, Abwehrmaßnahmen zu beschließen.[154] Im Rahmen des WpÜG kann die Hauptversammlung im Voraus durch Erteilung von Ermächtigungen nach § 33 Abs. 2 tätig werden, die gerade den Zweck der Verhinderung einer Übernahme haben.[155]

**dd) Organe abhängiger Unternehmen.** Aus ihrer Nichterwähnung in Abs. 1 S. 1 **65** kann nicht ohne weiteres gefolgert werden, dass Organe abhängiger Gesellschaften vom Anwendungsbereich des Verhinderungsverbotes ausgenommen werden. Vielmehr entspricht es dem Zweck des Verhinderungsverbotes, dass Organe von der Zielgesellschaft **abhängiger Unternehmen** (§ 17 Abs. 1 AktG) ebenfalls keine Maßnahmen ergreifen dürfen, die geeignet sind, den Erfolg des Angebotes zu verhindern.[156] Da die Stimmrechte in der Hauptversammlung vom Vorstand des herrschenden Unternehmens ausgeübt werden, unterliegt damit faktisch auch die Hauptversammlung abhängiger Unternehmen dem Verhinderungsverbot des Abs. 1 S. 1.[157]

**d) Sachlicher Anwendungsbereich.** Im Hinblick auf die systematische Einordnung **66** des § 33 in den Abschnitt 4 des Gesetzes und den Wortlaut seines Abs. 1 S. 2 ergibt sich, dass das Verhinderungsverbot in erster Linie für **Übernahmeangebote** gilt, also solche

---

[151] Assmann/Pötzsch/Schneider/*Krause/Pötzsch/Stephan* Rn. 79; *Stephan* Der Konzern 2019, 473 (476); *Friedl* NZG 2006, 422 (422 ff.).

[152] Zutr. *Hirte* ZGR 2002, 623 (629); Kölner Komm WpÜG/*Hirte* Rn. 49; *Ekkenga* FS Kümpel, 2003, 95, 100; Ehricke/Ekkenga/Oechsler/*Ekkenga* Rn. 24; Baums/Thoma/*Grunewald* Rn. 22; ähnlich zuvor bereits *Winter/Harbarth* ZIP 2002, 1 (11); *Hopt* ZHR 166 (2002), 383 (424); wohl auch FK-WpÜG/*Röh* Rn. 34, 96. Zur Differenzierung zwischen Geschäftsführungsentscheidungen und Überwachungsentscheidungen des Aufsichtsrats allg. *Semler* FS Lutter, 2000, 627 (628).

[153] *Bayer* ZGR 2002, 588 (604), 619; Kölner Komm WpÜG/*Hirte* Rn. 46; Ehricke/Ekkenga/Oechsler/*Ekkenga* Rn. 5, 9; *AMRS,* Public Company Takeovers in Germany, 2002, 206 f.

[154] *Stephan* Der Konzern 2019, 473 (477).

[155] S. Vorratsbeschlüsse der IM Internationalmedia AG, eBAnz vom 17.4.2003 und vom 27.5.2004; hierzu LG München I ZIP 2005, 352 = AG 2005, 261 mAnm *Grunewald*; s. auch *Stephan* Der Konzern 2019, 473 (477).

[156] Kölner Komm WpÜG/*Hirte* Rn. 53; Assmann/Pötzsch/Schneider/*Krause/Pötzsch/Stephan* Rn. 81; aA Ehricke/Ekkenga/Oechsler/*Ekkenga* Rn. 25; Baums/Thoma/*Grunewald* Rn. 23.

[157] Kölner Komm WpÜG/*Hirte* Rn. 53.

öffentlichen Erwerbsangebote, die auf die Erlangung der Kontrolle der Zielgesellschaft gerichtet sind.

**67**   Auf **Pflichtangebote** findet die Regelung auf Grund des in § 39 enthaltenen Verweises auf § 33 entsprechende Anwendung.[158] Allerdings hat der Bieter bei Auslösung der Angebotspflicht nach § 35 notwendigerweise bereits die Kontrolle über die Zielgesellschaft erlangt, sodass Abwehrmaßnahmen praktisch kaum Bedeutung zukommen dürften. Allerdings bleiben Fälle denkbar, in denen der Vorstand durch die Vornahme von Abwehrmaßnahmen versucht, die Erhöhung der Beteiligung durch den Kontrollerwerber zu verhindern. Gerade nach einer Kontrollerlangung muss den Minderheitsaktionären die Möglichkeit gegeben werden, ihre Investitionsentscheidung rückgängig zu machen.[159] In dieser Situation dürften die Grenzen zulässiger Verteidigungsmaßnahmen tendenziell sogar eher noch enger zu ziehen sein als bei einem Übernahmeangebot.[160] Näher → § 39 Rn. 16.

**68**   Zur Frage, ob das Verhinderungsverbot auch auf **einfache Erwerbsangebote** Anwendung findet → Rn. 79 f.

**69**   **e) Zeitlicher Anwendungsbereich. aa) Grundsatz.** Das Verhinderungsverbot greift nach dem Wortlaut des Abs. 1 S. 1 in dem Zeitraum zwischen der Veröffentlichung der Entscheidung zur Abgabe eines Angebotes bis zur Veröffentlichung des Ergebnisses nach § 23 Abs. 1 S. 1 Nr. 2 ein. Damit werden in erster Linie repressive Abwehrmaßnahmen verboten.

**70**   **bb) Beginn.** Das Verbot, verhinderungsgeeignete Maßnahmen zu ergreifen, beginnt mit der formellen **Veröffentlichung der Entscheidung über die Abgabe des Angebotes.**[161] Das Gesetz nimmt damit auf die Veröffentlichung nach § 10 Bezug.[162] Entscheidend könnte danach der Zeitpunkt sein, in dem der Bieter seine Entscheidung nach Maßgabe von § 10 Abs. 3 veröffentlicht. Alternativ könnte an den Zeitpunkt angeknüpft werden, in dem der Bieter dem Vorstand der Zielgesellschaft seine Absicht, ein Angebot abzugeben, nach § 10 Abs. 5 mitgeteilt hat. Richtigerweise ist auf den Zeitpunkt abzustellen, in dem der Vorstand erstmals von dem Angebot erfährt.[163] Die Veröffentlichung der Entscheidung erfolgt durch Bekanntgabe im Internet und über ein elektronisch betriebenes Informationsverbreitungssystem (§ 10 Abs. 3).[164] Erlangt der Vorstand von dem Angebot auf Grund der Mitteilung nach § 10 Abs. 5 Kenntnis, darf er sich nicht darauf berufen, von der Veröffentlichung gemäß § 10 Abs. 3 noch nicht erfahren zu haben. Eine zusätzliche Karenzzeit kann dem Vorstand nicht zugebilligt werden.[165] Zum Teil wird mit Hinweis auf den Gesetzeswortlaut argumentiert, dass es für die Auslösung der Pflichten des § 33 nicht auf die Kenntnis des Vorstandes von dem Angebot ankomme.[166] Dem kann nicht gefolgt werden, da dies letztlich auf eine Informationsbeschaffungspflicht der Vorstände von börsennotierten Gesellschaften hinaus liefe. Das Bestehen einer solchen Beschaffungspflicht lässt sich allerdings weder aus dem Gesetz noch aus den Gesetzesmaterialien herleiten.[167]

**71**   Man könnte an eine Einschränkung des Verhinderungsverbotes denken, sobald das Angebot des Bieters **bindend** (§ 17) geworden ist. Denn ab diesem Zeitpunkt ist eine Vereitelung des Angebotes in rechtlicher Hinsicht an sich nicht mehr denkbar. Gleichwohl folgt aus dem Zweck und der Systematik des Gesetzes, dass das Verhinderungsverbot wirtschaftlich

---

[158] *Glade/Haak/Hellich* Der Konzern 2004, 515 (517).
[159] FK-WpÜG/*Hommelhoff/Witt* § 39 Rn. 2; Kölner Komm WpÜG/*v. Bülow* § 39 Rn. 37; Kölner Komm WpÜG/*Hirte* Rn. 29.
[160] So Kölner Komm WpÜG/*Hirte* Rn. 29.
[161] *v. Falkenhausen* NZG 2007, 97; *Arnold/Wenninger* CFL 2010, 79.
[162] *Fleischer* AG 2009, 345 (354).
[163] Kölner Komm WpÜG/*Hirte* Rn. 34; Assmann/Pötzsch/Schneider/*Krause/Pötzsch/Stephan* Rn. 62 f.
[164] Assmann/Pötzsch/Schneider/*Krause/Pötzsch/Stephan* Rn. 62.
[165] Kölner Komm WpÜG/*Hirte* Rn. 36; Assmann/Pötzsch/Schneider/*Krause/Pötzsch* Rn. 64.
[166] Baums/Thoma/*Grunewald* Rn. 18.
[167] Assmann/Pötzsch/Schneider/*Krause/Pötzsch/Stephan* Rn. 63.

zu verstehen ist und während des gesamten Zeitraums bis zur Erklärung des Bieters nach § 23 Abs. 1 S. 1 Nr. 2 Geltung beansprucht.[168] Kommt der Bieter seinen Pflichten nach § 10 nicht nach, gelangt § 33 grundsätzlich nicht zur Anwendung.[169]

Das Verbot greift daher zu einem späteren Zeitpunkt ein als das Vereitelungsverbot nach **72** Rule 21.1 City Code, nach dem die Zielgesellschaft verhinderungsgeeignete Maßnahmen bereits dann unterlassen muss, wenn sie damit rechnen muss, dass ein Übernahmeangebot **bevorsteht**[170] (→ Rn. 31). Bloße Ahnungen von oder Mutmaßungen über ein bevorstehendes Übernahmeangebot führen nach geltendem Recht jedoch noch nicht zur Anwendung des Verhinderungsverbotes.[171]

Nach vereinzelter Ansicht soll das Verhinderungsverbot ausnahmsweise dann nicht ein- **73** greifen, wenn es sich um ein offensichtlich **missbräuchliches** Angebot handelt.[172] Hiergegen wird eingewandt, dass in vielen Fällen nicht eindeutig zu beurteilen ist, ob das Angebot tatsächlich missbräuchlich ist.[173] Zudem habe die Bundesanstalt die Möglichkeit, rechtsmissbräuchliche Angebote zu untersagen (§ 15). Letztlich wird man eine Unbeachtlichkeit des Verhinderungsverbotes nur dann annehmen können, wenn das Angebot bewusst zum Schein abgegeben wurde.[174]

**cc) Ende.** Das Verhinderungsverbot **endet** mit dem Abschluss des Angebotsverfahrens **74** durch Veröffentlichung des Ergebnisses nach § 23 Abs. 1 S. 1 Nr. 2. Ob der Vorstand Kenntnis von der Veröffentlichung nach § 23 Abs. 1 S. 1 hat, ist irrelevant.[175] Im Falle einer Verlängerung der Annahmefrist wegen einer Angebotsänderung nach § 21 Abs. 5 endet das Verhinderungsverbot erst, wenn das Ergebnis der Annahme nach Ablauf der weiteren Annahmefrist bekannt gemacht wurde (§ 23 Abs. 1 S. 1 Nr. 3), da den Aktionären entsprechend länger die Möglichkeit offen stehen muss, in Kenntnis der Sachlage unbehindert über das Angebot entscheiden zu können.[176] Im Einzelfall kann eine Fortwirkung des Verhinderungsverbotes in Betracht kommen.[177]

Im Falle einer **Zurücknahme** des Angebots durch den Bieter endet das Verhinderungs- **75** verbot mit der Bekanntmachung der entsprechenden Entscheidung des Bieters.[178] Nimmt der Bieter von seiner veröffentlichten Übernahmeentscheidung ohne formelle Bekanntmachung **Abstand** oder übermittelt er der Bundesanstalt nicht rechtzeitig die Angebotsunterlage, endet das Verhinderungsverbot grundsätzlich bereits mit Ablauf des Tages, an dem der Bieter spätestens die Angebotsunterlage hätte einreichen müssen.[179] Entsprechendes gilt für andere Handlungen des Bieters, mit denen er zum Ausdruck bringt, dass er das Übernahmeangebot nicht mehr weiterverfolgen will (zB Nichtweiterverfolgung des Angebots nach Untersagung gemäß § 15).[180]

---

[168] *Ekkenga/Hofschroer* DStR 2002, 724 (732); Baums/Thoma/*Grunewald* Rn. 19 f.; Kölner Komm WpÜG/*Hirte* Rn. 3.

[169] AA Baums/Thoma/*Grunewald* Rn. 17, die in diesem Fall auf den Zeitpunkt des Bekanntwerdens in der Öffentlichkeit abstellt.

[170] Rule 21.1 City Code: „after the board of the offeree company has reason to believe that a bona fide offer might be imminent".

[171] Steinmeyer/*Steinmeyer* Rn. 10; Kölner Komm WpÜG/*Hirte* Rn. 37.

[172] Angerer/Geibel/Süßmann/*Brandi* Rn. 37; Assmann/Pötzsch/Schneider/*Krause/Pötzsch/Stephan* Rn. 73.

[173] Baums/Thoma/*Grunewald* Rn. 79; s. auch *Baums* in v. Rosen/Seifert, Die Übernahme börsennotierter Unternehmen, 1999, 177.

[174] Kölner Komm WpÜG/*Hirte* Rn. 40; NK-AktKapMarktR/*Glade* Rn. 5.

[175] Baums/Thoma/*Grunewald* Rn. 18.

[176] Kölner Komm WpÜG/*Hirte* Rn. 41; Ehricke/Ekkenga/Oechsler/*Ekkenga* Rn. 26.

[177] *Hopt* FS Lutter, 2000, 1361 (1400); Ehricke/Ekkenga/Oechsler/*Ekkenga* Rn. 32; so auch Kölner Komm WpÜG/*Hirte* Rn. 44, der als Beispiele die technische Abwicklung des Übernahmeangebotes und noch ausstehende kartellrechtliche Genehmigungen nennt.

[178] Kölner Komm WpÜG/*Hirte* Rn. 43.

[179] Angerer/Geibel/Süßmann/*Brandi* Rn. 36; Assmann/Pötzsch/Schneider/*Krause/Pötzsch/Stephan* Rn. 72; Ehricke/Ekkenga/Oechsler/*Ekkenga* Rn. 27; so auch Kölner Komm WpÜG/*Hirte* Rn. 43, der zu Recht darauf hinweist, dass im Einzelfall eine Mitteilungspflicht nach § 15 WpHG bestehen kann.

[180] Baums/Thoma/*Grunewald* Rn. 19; Assmann/Pötzsch/Schneider/*Krause/Pötzsch/Stephan* Rn. 72.

**76**   **dd) Verhaltenspflichten außerhalb eines konkreten Übernahmeangebots.**
**(1) Vorbemerkung.** Vor dem Inkrafttreten des WpÜG war innerhalb der herrschenden,
eine Neutralitätspflicht bejahenden Meinung umstritten, ob die Neutralitätspflicht auch im
Stadium vor einem konkreten Angebot besteht. Das Eingreifen eines Verhinderungsverbotes in
der Vor-Angebotsphase wurde insbesondere von denjenigen bejaht, die die Neutralitätspflicht
aktienrechtlich begründet hatten.[181] Die wohl herrschende Gegenansicht vertrat den Standpunkt, dass in der Zeit vor einem konkreten Übernahmeangebot keine Neutralitätspflicht
bestehe bzw. diese stark abgeschwächt sei.[182] Die Geschäftsführung der Zielgesellschaft würde
anderenfalls in ihrem Handlungsfreiraum über Gebühr eingeschränkt.[183] Auch befinde sich
der Vorstand der Zielgesellschaft erst in der konkreten Übernahmesituation in dem ein Neutralitätsgebot rechtfertigenden Interessenkonflikt. Der Vorstand bleibe jedoch an den Gleichbehandlungsgrundsatz gebunden und unterliege dem Gebot der Fremdinteressenwahrung.[184]

**77**   Nach Inkrafttreten des WpÜG wird die Frage nach dem Inhalt der Verhaltenspflichten
des Vorstandes im Vorfeld einer konkreten Übernahmesituation in zweifacher Hinsicht
virulent. Zum einen stellt sich die Frage, ob der Vorstand berechtigt ist, im Rahmen der
„Übernahmeprophylaxe" präventive Abwehrmaßnahmen vorzunehmen (→ Rn. 78). Im
engen Zusammenhang steht die Frage, ob das Verhinderungsverbot nach Abs. 1 S. 1 und
die Ausnahmen des Abs. 1 S. 2 und Abs. 2 auch auf einfache Übernahmeangebote Anwendung findet (→ Rn. 79 f.).

**78**   **(2) Präventive Abwehrmaßnahmen.** Der Umstand, dass der zeitliche Anwendungsbereich des Abs. 1 S. 1 auf die Übernahmephase beschränkt ist, könnte darauf schließen lassen,
dass im Vorfeld eines konkreten Übernahmeangebotes das allgemeine aktienrechtliche Neutralitätsgebot eingreift.[185] Zum Teil wird aber auch in Zweifel gezogen, ob angesichts der speziellen Regelung des § 33 noch Raum für die Anwendbarkeit der verbandsrechtlich begründeten
Neutralitätspflicht ist.[186] Letztlich dürften beide Auffassungen zu ähnlichen Ergebnissen führen, jedenfalls dann, wenn man mit der vor dem Inkrafttreten des WpÜG überwiegenden
Auffassung davon ausgeht, dass die Neutralitätspflicht außerhalb einer konkreten Übernahmesituation abgeschwächt ist (→ Rn. 76). Dann unterliegt der Vorstand nämlich (lediglich) dem
allgemeinen aktienrechtlichen Regelungsregime.[187] Dies dürfte sich mit der Vorstellung des
Gesetzgebers decken, soweit er in der Regierungsbegründung ausführt, dass „die in Satz 1
angeordnete Modifikation der Handlungsspielräume des Managements der Zielgesellschaft
mit der Veröffentlichung der Entscheidung zur Abgabe eines Übernahmeangebotes durch
den Bieter beginnt und § 33 Abs. 1 S. 1 daher vorbeugenden Maßnahmen des Managements
zur Verhinderung oder Erschwerung von Übernahmen nicht entgegensteht".[188] Auch aus
Abs. 2 lässt sich nicht entnehmen, dass die Fassung von Vorratsbeschlüssen der einzig zulässige
Weg präventiver Abwehrmaßnahmen ist.[189] Folglich sind präventive Abwehrmaßnahmen im
Grundsatz **zulässig** (im Einzelnen → Rn. 203 ff.).[190] So ist der Vorstand berechtigt, etwa im

---

[181] In diese Richtung etwa *Mülbert* IStR 1999, 83 (88) Fn. 46; tendenziell ähnlich aber auch auf Grundlage
seines kapitalmarktrechtlichen Ansatzes *Merkt* ZHR 165 (2001), 224 (251): „bestimmte prophylaktische Maßnahmen inkriminieren"; s. auch *Immenga* AG 1992, 79 (81 ff.).
[182] Großkomm AktG/*Hopt/Roth* AktG § 93 Rn. 217; *Hopt* ZGR 1993, 534 (558 ff.): Differenzierung
zwischen abstraktem und einem konkreten Neutralitätsgebot; *Kort* FS Lutter, 2000, 1421 (1432 ff.).
[183] Großkomm AktG/*Hopt/Roth* AktG § 93 Rn. 217.
[184] *Hopt* ZGR 1993, 534 (560).
[185] So denn auch FK-WpÜG/*Röh* Rn. 40; NK-AktKapMarktR/*Glade* Rn. 9; auch *Ekkenga* FS Kümpel,
2003, 95, 102; Ehricke/Ekkenga/Oechsler/*Ekkenga* Rn. 31 f.; Angerer/Geibel/Süßmann/*Brandi* Rn. 62;
Schmidt/Lutter/*Seibt* AktG § 76 Rn. 26; wohl auch *Hopt* ZHR 166 (2002), 383 (425).
[186] *Krause* AG 2002, 133 (136); *Wolf* ZIP 2008, 300 (301); *v. Falkenhausen* NZG 2007, 97 (97); ähnlich
*Richter* in Semler/Volhard ÜN-HdB § 52 Rn. 52.
[187] Im Ergebnis auch Kölner Komm WpÜG/*Hirte* Rn. 44; Emmerich/Habersack/*Habersack* AktG Vor
§ 311 Rn. 15; *Stohlmeier* in Semler/Volhard/Reichert HV-HdB § 40 Rn. 16.
[188] Begr. RegE, BT-Drs. 14/7034, 58.
[189] Zutr. Baums/Thoma/*Grunewald* Rn. 114.
[190] So auch *Pötzsch*, Das neue Übernahmerecht, 2002, 40; *Krause* AG 2002, 133 (135 f.); *Cahn/Senger* FB
2002, 277 (288); *Fleischer/Kalss*, Das neue WpÜG, 2002, 125; *R. Müller* in Zschocke/Schuster ÜbernahmeR-

Rahmen der Auswahl der Investoren bei einer Kapitalerhöhung aus genehmigtem Kapital, Einfluss auf die Zusammensetzung des Aktionärskreises zu nehmen.[191]

**(3) Einfache Erwerbsangebote.** Ähnlich gelagert ist die Frage, ob das Verhinderungs- **79** verbot und die hierfür geltenden Ausnahmen auch auf einfache Erwerbsangebote iSv §§ 10 ff. Anwendung finden, also auf solche Angebote, die nicht auf eine Übernahme der Gesellschaft, sondern nur auf ihre Vorbereitung gerichtet sind. Nach einer teilweise vertretenen Ansicht gelten das Verhinderungsverbot nach Abs. 1 S. 1 sowie die nach Abs. 1 S. 2 und Abs. 2 zugelassenen Abwehrmaßnahmen auch für einfache Erwerbsangebote.[192] Der Umstand, dass sich lediglich Abs. 2 S. 1 auf „Übernahmeangebote" bezieht, lasse den Schluss zu, dass das Verhinderungsverbot des Abs. 1 S. 1 mit seinen Ausnahmen auch für einfache Erwerbsangebote gilt. Auch die Tatsache, dass § 16 Abs. 3 und 4 die Erleichterungen für die Einberufung einer Hauptversammlung nicht auf Übernahmesituationen beschränkt, könne als Indiz gewertet werden, dass das Verhinderungsverbot auch auf einfache Erwerbsangebote anzuwenden ist.[193] Für ein Eingreifen des Verhinderungsverbotes spreche schließlich, dass andernfalls der Handlungsspielraum des Vorstandes bei einfachen Erwerbsangeboten weiter wäre als bei Übernahme- oder Pflichtangeboten.[194] Die überwiegende Meinung steht demgegenüber auf dem Standpunkt, dass das übernahmerechtliche Verhinderungsverbot nach Abs. 1 S. 1 auf einfache Erwerbsangebote keine Anwendung findet.[195]

Letztere Ansicht verdient Zustimmung. Im Ausgangspunkt gelten die in → Rn. 76 **80** dargelegten Erwägungen entsprechend. Der einzige Unterschied besteht darin, dass es an einem Angebot eines Bieters nicht völlig fehlt, sondern von ihm ein einfaches Erwerbsangebot unterbreitet wurde. Ein solches ist indessen nicht auf die Übernahme der Gesellschaft gerichtet, sodass das Risiko eines Interessenkonflikts für den Vorstand gering ist. Schon aus teleologischen Gründen scheint daher eine Anwendung des Verhinderungsverbots auf einfache Erwerbsangebote nicht erforderlich. Dafür, dass § 33 die Verhaltenspflichten ausschließlich für die konkrete Übernahmephase regelt, spricht vor allem die systematische Einbettung des § 33 in den Abschnitt 4 (Übernahmeangebote). Richtigerweise findet das Verhinderungsverbot außerhalb eines konkreten Übernahmeangebotes keine Anwendung, sodass es bei den **allgemeinen aktienrechtlichen Vorschriften** verbleibt.[196] Letztlich ergeben sich zu der Gegenansicht sachlich keine großen Unterschiede, da Abs. 1 S. 1 im Lichte der weiten Ausnahmetatbestände des Abs. 1 S. 2 nur geringfügig höhere Hürden aufstellt als die nach den allgemeinen aktienrechtlichen Grundsätzen bestehenden. Zudem ist eine analoge Anwendung der Ausnahmetatbestände des Abs. 1 S. 2 im Einzelfall nicht ausgeschlossen.[197]

Fraglich ist, wie Fälle zu behandeln sind, in denen zum Zeitpunkt der Veröffentlichung **81** der Entscheidung zur Abgabe eines Angebots noch nicht feststeht, ob es sich hierbei um ein einfaches Erwerbs- oder ein Übernahmeangebot handelt. Derartige Konstellationen sind denkbar, da die Information nach § 10 lediglich beinhalten muss, dass die Abgabe eines Angebotes beabsichtigt ist. Eine Festlegung des Bieters auf ein Erwerbs- oder Übernahmeangebot ist zu diesem Zeitpunkt noch nicht erforderlich.[198] Zum Teil wird mit Hinweis auf

---

HdB Rn. D 39, 45; *Richter* in Semler/Volhard ÜN-HdB § 52 Rn. 52 f.; Assmann/Pötzsch/Schneider/*Krause*/*Pötzsch*/*Stephan* Rn. 243.

[191] So bereits Großkomm AktG/*Hopt*/*Roth* AktG § 93 Rn. 217; *Arnold*/*Wenninger* CFL 2010, 79 (80).

[192] *Hirte* ZGR 2002, 623 (626); Kölner Komm WpÜG/*Hirte* Rn. 30 f.; Baums/Thoma/*Grunewald* Rn. 21.

[193] Kölner Komm WpÜG/*Hirte* Rn. 31; aA *Oechsler* NZG 2001, 817 (824).

[194] Kölner Komm WpÜG/*Hirte* Rn. 31.

[195] Assmann/Pötzsch/Schneider/*Krause*/*Pötzsch*/*Stephan* Rn. 60; FK-WpÜG/*Röh* Rn. 33; Steinmeyer/ *Steinmeyer* Rn. 11; *Mielke* in Beckmann/Kersting/Mielke, Das neue Übernahmerecht, 2003, Rn. C 23; *Kalss* in Semler/Volhard ÜN-HdB § 51 Rn. 85; Emmerich/Habersack/*Habersack* AktG Vor § 311 Rn. 15; Ehricke/ Ekkenga/Oechsler/*Ekkenga* Rn. 19; *Brandi* in Thaeter/Brandi, Öffentliche Übernahmen, 2003, Teil 3 Rn. 309.

[196] Steinmeyer/*Steinmeyer* Rn. 11; Emmerich/Habersack/*Habersack* AktG Vor § 311 Rn. 15.

[197] *Bayer* ZGR 2002, 588 (618 f.); Emmerich/Habersack/*Habersack* AktG Vor § 311 Rn. 15.

[198] Assmann/Pötzsch/Schneider/*Krause*/*Pötzsch*/*Stephan* Rn. 61.

den Wortlaut von Abs. 1 S. 1 vertreten, auch in diesen Fällen gelte bereits § 33.[199] Dem kann indes nicht zugestimmt werden, da der Bieter in den beschriebenen Fällen nicht schutzbedürftig ist. Vielmehr hat er es selbst in der Hand, die Abgabe eines Übernahmeangebotes anzukündigen und somit den Anwendungsbereich des § 33 zu eröffnen.[200]

82    **f) Fehlen eines Unterstützungsverbotes.** Abs. 1 S. 1 verbietet, Maßnahmen zu ergreifen, die geeignet sind, den Erfolg des Übernahmeangebotes zu verhindern. Umgekehrt ist dem Vorstand gestattet, die vom Bieter beabsichtigte Übernahme der Zielgesellschaft zu fördern.[201] Dies ergibt sich nicht zuletzt aus Abs. 1 S. 2 Var. 2, wonach der Vorstand nach einem konkurrierenden Bieter suchen darf. Allerdings darf der Vorstand mit dem Bieter keine Maßnahmen ergreifen, die dazu führen, dass die Chancen der Aktionäre nach einem bestmöglichen Veräußerungserlös beeinträchtigt werden. Auch wäre es den Mitgliedern des Vorstandes nicht gestattet, eigene Aktien zu einem besonders günstigen Preis zu veräußern und hierauf in der Stellungnahme nach § 27 hinzuweisen, um die übrigen Aktionäre zu einer Annahme des Angebotes zu bewegen.[202]

83    **g) Einzelfälle verhinderungsgeeigneter Maßnahmen. aa) Ausgabe neuer Aktien.** Die Emission neuer Aktien durch die Zielgesellschaft ist im Grundsatz geeignet, den Erfolg des Übernahmeangebotes zu verhindern.[203] Auch in der Gesetzesbegründung ist die Verhinderungseignung der Ausgabe neuer Aktien hervorgehoben.[204] Denn durch die Emission neuer Aktien erhöht sich automatisch die Zahl der Aktien, die der Bieter zum Erwerb der Kontrolle über die Zielgesellschaft benötigt. Da der Bieter sein Übernahmeangebot nach § 32 grundsätzlich auf alle Aktien zu erstrecken hat, verteuert sich auf diese Weise die beabsichtigte Übernahme. Auch dann, wenn der Bieter sein Übernahmeangebot von dem Erreichen einer bestimmten Beteiligungshöhe abhängig macht, muss er bei der Ausgabe neuer Aktien eine größere Anzahl von Aktien erwerben und damit einen höheren finanziellen Einsatz erbringen, um die von ihm gewünschte Beteiligungshöhe zu erreichen. Die Aktionäre der Zielgesellschaft sind somit zum einen dadurch betroffen, dass ihnen die Veräußerungschance im Übernahmeverfahren genommen wird. Zum anderen droht ihnen eine Verwässerung ihrer Beteiligung, wenn die Kapitalerhöhung – wie zumeist in derartigen Fällen – unter Ausschluss des Bezugsrechts durchgeführt wird.[205]

84    Für die Verhinderungseignung ist es ohne Relevanz, ob die neuen Aktien im Rahmen einer **ordentlichen Kapitalerhöhung** (§ 182 AktG) oder durch Ausnutzung eines vorhandenen **genehmigten Kapitals** (§ 202 AktG) ausgegeben werden.[206]

85    Die Verhinderungseignung kann insbesondere dann vorliegen, wenn die neuen Aktien unter **Ausschluss des Bezugsrechts** an einen oder mehrere ausgewählte Investoren ausgege-

---

[199] FK-WpÜG/*Röh* Rn. 33; *v. Nussbaum*, Aktiengesellschaft als Zielgesellschaft, 2003, 106.

[200] Assmann/Pötzsch/Schneider/*Krause*/*Pötzsch*/*Stephan* Rn. 61.

[201] *Hopt* ZGR 1993, 534 (557); Ehricke/Ekkenga/Oechsler/*Ekkenga* Rn. 14.

[202] *v. Aubel*, Vorstandspflichten bei Übernahmeangeboten, 1996, 37 f.; Ehricke/Ekkenga/Oechsler/*Ekkenga* Rn. 14; s. aber *Bezzenberger*, Erwerb eigener Aktien durch die AG, 2002, Rn. 152 Fn. 322; diff. *M. Kniehase*, Derivate auf eigene Aktien, 2005, Teil 4 § 16 II.4. c) aa) aE.

[203] *Kraupa-Tuskany*, Verhaltenspflichten des Vorstands des Zielunternehmens während öffentlicher Übernahmeverfahren, 2013, 158; *Krause* NZG 2000, 905 (911); *Schanz* NZG 2000, 337 (443); *Maier-Reimer* ZHR 165 (2001), 258 (267); *Cahn*/*Senger* FB 2002, 277 (288); *Bayer* ZGR 2002, 588 (594 f.); FK-WpÜG/*Röh* Rn. 46; Baums/Thoma/*Grunewald* Rn. 29; *Brandi* in Thaeter/Brandi, Öffentliche Übernahmen, 2003, Teil 3 Rn. 473, zu den Anforderungen eines Bezugsrechtsausschlusses 478 ff.; *AMRS*, Public Company Takeovers in Germany, 2002, 216 ff.; ABBD/*Lohrmann*/*v. Dryander* Sec. 33 Rn. 30 ff.; Assmann/Pötzsch/Schneider/*Krause*/*Pötzsch*/*Stephan* Rn. 88; Steinmeyer/*Steinmeyer* Rn. 86.

[204] Begr. RegE, BT-Drs. 14/7034, 57.

[205] *Liebscher* ZGR 2005, 1 (30).

[206] Aufgrund des zeitaufwändigen Verfahrens und des Anfechtungsrisikos dürften ordentliche Kapitalerhöhungen trotz der in § 16 Abs. 4 vorgesehenen Einberufungserleichterungen regelmäßig ausscheiden; s. *Richter* in Semler/Volhard ÜN-HdB § 52 Rn. 107; *Brandi* in Thaeter/Brandi, Öffentliche Übernahmen, 2003, Teil 3 Rn. 470 f.; ABBD/*Lohrmann*/*v. Dryander* Sec. 33 Rn. 25 f., 28; *AMRS*, Public Company Takeovers in Germany, 2002, 215 ff. und 224; *Nörr*/*Stiefenhofer*, Takeover Law in Germany, 2003, 59 bzgl. genehmigten Kapitals.

ben werden.[207] In diesem Fall verringert sich nämlich der Anteil der für den Bieter erreichbaren stimmberechtigten Aktien, sodass eine von ihm etwa bereits gehaltene Beteiligung an der Zielgesellschaft „verwässert" wird. Die Verhinderungseignung liegt insbesondere dann auf der Hand, wenn die Aktien von der Zielgesellschaft unter Ausschluss des Bezugsrechts *en bloc* an ein **„befreundetes" Unternehmen** oder einen kooperationsbereiten Aktionär (*„white squire"*)[208] ausgegeben werden, das bzw. der sich verpflichtet, das Angebot des Bieters zum Erwerb dieser Aktien nicht anzunehmen oder selbst ein konkurrierendes Angebot abzugeben.[209] Dem steht auch nicht entgegen, dass der Nennbetrag des genehmigten Kapitals die Hälfte des Grundkapitals nicht übersteigen darf (§ 202 Abs. 3 S. 1 AktG) und demgemäß nur maximal ein Drittel des erhöhten Grundkapitals bei einem Dritten platziert werden kann.[210] Die Verhinderungseignung kann auch daraus folgen, dass der Bieter die zum Squeeze-Out der Minderheitsgesellschafter berechtigende Schwelle von 95% des Grundkapitals (§ 327a AktG) bzw. 90% des Grundkapitals (§ 62 Abs. 5 UmwG) oder die für den Abschluss eines Gewinnabführungs- und/oder Beherrschungsvertrages oder der Durchführung eines Formwechsels erforderliche Mehrheit von 75% des bei der Beschlussfassung vertretenen Grundkapitals (§ 293 Abs. 1 S. 2 AktG; § 240 Abs. 1 S. 1 UmwG) nicht erreicht.[211]

Aber auch die Ausgabe von Aktien unter **Einräumung eines Bezugsrechts** an die **86** Aktionäre kann geeignet sein, das Übernahmeangebot zu verhindern.[212] Die Möglichkeit, dass Aktionäre bei einer Bezugsrechtsemission von ihrem Bezugsrecht keinen Gebrauch machen und der Bieter somit unter Umständen leichter Aktien erwerben kann, fällt dabei nicht entscheidend ins Gewicht.[213] Eine Verhinderungseignung wird jedenfalls dann zu bejahen sein, wenn sich durch die Ausgabe der neuen Aktien die Anzahl der Aktien der Zielgesellschaft, die der Bieter für die Erlangung der Kontrolle benötigt, nicht unwesentlich erhöht und die Übernahme aus Sicht des Bieters damit nicht unerheblich verteuert wird.[214]

Während vereinzelt Kapitalerhöhungen generell als vom Verhinderungsverbot erfasst **87** angesehen werden,[215] setzt die objektive Eignung zur Verhinderung nach hM voraus, dass es sich bei den neu ausgegebenen Aktien um einen **nicht unerheblichen Anteil** im Verhältnis zum Grundkapital der Zielgesellschaft handelt.[216] Unklarheit herrscht indessen darüber, wann die Unwesentlichkeitsschwelle überschritten ist. Nach einer Auffassung ist eine Erheblichkeit in der Regel dann abzulehnen, wenn die Kapitalerhöhung 5% des Grundkapitals nicht übersteigt.[217] Nach einer strengeren Ansicht kann bereits

---

[207] Assmann/Pötzsch/Schneider/*Krause/Pötzsch/Stephan* Rn. 89; *Assmann/Bozenhardt* ZGR-Sonderheft 9 (1990), 126 ff.; *Hahn,* Die feindliche Übernahme von Aktiengesellschaften, 1992, 217 ff.; *Herrmann,* Zivilrechtliche Abwehrmaßnahmen gegen unfreundliche Übernahmeversuche in Deutschland und Großbritannien, 1993, 113 ff.; *Martens* FS Beusch, 1993, 546; *Kort* FS Lutter, 2000, 1421 (1430 f.); *Maier-Reimer* ZHR 165 (2001), 258 (267); *Michalski* AG 1997, 160; *Wolf* AG 1998, 212 f.; *Schanz* NZG 2000, 337 (343); *Geibel/Süßmann* BKR 2002, 52 (65); Angerer/Geibel/Süßmann/*Brandi* Rn. 22; *Bayer* ZGR 2002, 588 (594 f.); Kölner Komm WpÜG/*Hirte* Rn. 60; Baums/Thoma/*Grunewald* Rn. 31; *Brandi* in Thaeter/Brandi, Öffentliche Übernahmen, 2003, Teil 3 Rn. 471.

[208] In diesem Zusammenhang wird zuweilen ebenfalls von einem *white knight* gesprochen; s. etwa *Michalski* AG 1997, 152 (160). Nachfolgend soll dieser Begriff nur dann gebraucht werden, wenn der Dritte selbst ein eigenes Übernahmeangebot auf die Aktien der Zielgesellschaft abgibt.

[209] *Krause* BB 2002, 1053 (1055); Ehricke/Ekkenga/Oechsler/*Ekkenga* Rn. 101; ABBD/*Lohrmann/v. Dryander* Sec. 33 Rn. 30; *AMRS,* Public Company Takeovers in Germany, 2002, 217.

[210] *Krause* BB 2002, 1053 (1055); Assmann/Pötzsch/Schneider/*Krause/Pötzsch/Stephan* Rn. 89.

[211] *Krause* BB 2002, 1053 (1055); Assmann/Pötzsch/Schneider/*Krause/Pötzsch/Stephan* Rn. 89.

[212] *Geibel/Süßmann* BKR 2002, 52 (65); FK-WpÜG/*Röh* Rn. 46 ff.

[213] So auch Baums/Thoma/*Grunewald* Rn. 29, die zutr. darauf hinweist, dass anderes gilt, wenn die Ausgabe der neuen Aktien ausnahmsweise im Interesse des Bieters liegt.

[214] *Immenga/Noll,* Feindliche Übernahmeangebote aus wettbewerbspolitischer Sicht, 1990, 109 f.; *v. Aubel,* Vorstandspflichten bei Übernahmeangeboten, 1996, 11; *Krause* NZG 2000, 905 (911); Angerer/Geibel/Süßmann/*Brandi* Rn. 23.

[215] Kölner Komm WpÜG/*Hirte* Rn. 60.

[216] Begr. RegE, BT-Drs. 14/7034, 57; *Maier-Reimer* ZHR 165 (2001), 258 (267); Baums/Thoma/*Grunewald* Rn. 30; aA FK-WpÜG/*Röh* Rn. 46 Fn. 71.

[217] Angerer/Geibel/Süßmann/*Schwennicke,* 2. Aufl. 2008, Rn. 25; s. auch Ehricke/Ekkenga/Oechsler/*Ekkenga* Rn. 96: Erheblichkeitsschwelle bei 10% des Grundkapitals überschritten.

eine Quote von 1% nicht mehr als unerheblich angesehen werden.[218] Letzterem wird man im Grundsatz folgen können. Die Etablierung von starren Aufgreifschwellen verbietet sich indessen.[219] Vielmehr sind stets die Besonderheiten des Einzelfalls zu berücksichtigen.

88      Erhöht die Zielgesellschaft ihr Grundkapital aus **Gesellschaftsmitteln,** ohne neue Aktien auszugeben (§ 207 Abs. 2 S. 2 Hs. 1 AktG), fehlt es stets an einer Verhinderungseignung.[220] Problematisch ist, ob dies auch dann gilt, wenn im Rahmen der Kapitalerhöhung aus Gesellschaftsmitteln **neue Aktien** ausgegeben werden. Zum Teil wird dies verneint.[221] Zwar müsse der Bieter sein Angebot modifizieren, da das Grundkapital nach dem Abschluss der Kapitalerhöhung in eine größere Anzahl von Aktien aufgeteilt sei. Indessen verändere sich der Unternehmenswert durch die Kapitalmaßnahme nicht. Diese Ansicht verkennt jedoch, dass eine Kapitalerhöhung unter Ausgabe neuer Aktien vom Markt typischerweise als faktische Ankündigung einer Dividendenerhöhung verstanden wird, mit der Folge, dass der Kurs der Aktien und damit die Marktkapitalisierung der Zielgesellschaft steigt. Folglich kann eine Verhinderungseignung auch bei einer Kapitalerhöhung aus Gesellschaftsmitteln bestehen, wenn die Zielgesellschaft neue Aktien ausgibt.[222]

89      **bb) Veräußerung eigener Aktien.** Fraglich ist, ob auch die Veräußerung von eigenen, insbesondere gemäß § 71 Abs. 1 Nr. 8 S. 5 AktG erworbenen Aktien durch die Zielgesellschaft ein Übernahmeangebot verhindern kann. Weitgehende Einigkeit besteht darüber, dass eine Verhinderungseignung jedenfalls dann anzunehmen ist, wenn die eigenen Aktien **außerhalb der Börse** unter Beachtung der Anforderungen an einen Bezugsrechtsausschluss nach § 186 Abs. 3 und 4 AktG an einen befreundeten Dritten oder Aktionär (*„white squire"*) veräußert werden.[223] Auch die Begründung zum Regierungsentwurf differenziert hinsichtlich der Verhinderungseignung nicht danach, ob von der Zielgesellschaft neue, im Rahmen einer Kapitalerhöhung geschaffene Aktien ausgegeben oder eigene Aktien veräußert werden. Werden die Aktien außerhalb der Börse veräußert, liegt die Annahme einer Verhinderungseignung besonders nahe, da die veräußerten Aktien für den Bieter in der Regel nicht erreichbar sind. Dies gilt insbesondere dann, wenn die eigenen Aktien *en bloc* an einen mit der Zielgesellschaft befreundeten Dritten oder Aktionär veräußert werden (→ Rn. 85).[224]

90      Zum Teil wird die Verhinderungseignung indessen dann verneint, wenn die Aktien **über die Börse** veräußert werden.[225] In diesem Fall werde der Bieter nicht behindert, da der Aktienkurs typischerweise sinke, wodurch sich die Attraktivität des Übernahmeangebots tendenziell eher erhöhe. Dem ist nicht zu folgen. Zwar erhöht sich bei einer Veräußerung eigener Aktien nicht die Gesamtzahl der vorhandenen Aktien, wohl aber die der im Markt erreichbaren Aktien. Somit kann sich die Übernahme der Zielgesellschaft für den Bieter auch dann verteuern, wenn die Gesellschaft die eigenen Aktien über die Börse veräußert.[226] Im Ergebnis dürfte es sich bei einem Verkauf von eigenen Aktien über die Börse dennoch nicht um ein effektives Abwehrmittel handeln, da der Bieter durch den Erwerb von Aktien seine Beteiligung aufstocken kann.

---

[218] Baums/Thoma/*Grunewald* Rn. 30.

[219] Nunmehr auch Angerer/Geibel/Süßmann/*Brandi* Rn. 20.

[220] Baums/Thoma/*Grunewald* Rn. 32; Kölner Komm WpÜG/*Hirte* Rn. 63; auf den Einzelfall abstellend FK-WpÜG/*Röh* Rn. 49.

[221] Baums/Thoma/*Grunewald* Rn. 32.

[222] FK-WpÜG/*Röh* Rn. 49; Kölner Komm WpÜG/*Hirte* Rn. 63.

[223] *Krause* NZG 2000, 905 (912); *Maier-Reimer* ZHR 165 (2001), 258 (268); FK-WpÜG/*Röh* Rn. 53; Kölner Komm WpÜG/*Hirte* Rn. 60; Angerer/Geibel/Süßmann/*Brandi* Rn. 22; Assmann/Pötzsch/Schneider/*Krause*/*Pötzsch*/*Stephan* Rn. 98; wohl auch Ehricke/Ekkenga/Oechsler/*Ekkenga* Rn. 104; *AMRS,* Public Company Takeovers in Germany, 2002, 219 f.; aA Baums/Thoma/*Grunewald* Rn. 34; vgl. auch Begr. RegE, BT-Drs. 14/7034, 58.

[224] Vgl. *Krause* BB 2002, 1053 (1059).

[225] Angerer/Geibel/Süßmann/*Brandi* Rn. 21; s. Ehricke/Ekkenga/Oechsler/*Ekkenga* Rn. 98.

[226] FK-WpÜG/*Röh* Rn. 86; Kölner Komm WpÜG/*Hirte* Rn. 60; ohne Differenzierung auch *Geibel*/*Süßmann* BKR 2002, 52 (65).

**cc) Erwerb eigener Aktien.** Im Grundsatz kann auch ein Erwerb eigener Aktien geeignet **91** sein, den Erfolg des Übernahmeangebotes zu verhindern.[227] Denn der Erwerb von eigenen Aktien führt – worauf in der Gesetzbegründung zu Recht hingewiesen wird[228] – auf Grund der verstärkten Nachfrage am Markt typischerweise zu **steigenden Börsenkursen** der Aktien der Zielgesellschaft. Durch die damit verbundene Reduzierung zwischen Aktienkurs und dem vom Bieter angebotenen Preis wird die Attraktivität des Übernahmeangebots eingeschränkt; die Übernahme verteuert sich und der Bieter wird ggf. zu einer Nachbesserung seines Angebotes gezwungen.[229] Hinzu kommt, dass – wenn die Gesellschaft die eigenen Aktien hält – sich die **Anzahl der im Markt verfügbaren Aktien** reduziert, was die Chancen des Bieters, die von ihm gewünschte Anzahl von Aktien zu erwerben, vermindert.[230] Der Erwerb eigener Aktien durch die Zielgesellschaft weist daher Verhinderungseignung auf.[231] Konsequenterweise war der Erwerb von eigenen Aktien in dem in § 33 Abs. 2 Nr. 2 RefE enthaltenen Katalog als unzulässige Maßnahme definiert. Die Verhinderungseignung fällt grundsätzlich auch nicht dadurch weg, dass der Rückerwerb der Verbesserung der Kapitalstruktur dient.[232] Dem kann nicht entgegen gehalten werden, dass die Zielgesellschaft aus den eigenen Aktien kein Stimmrecht ausüben kann (§ 71b AktG) und sich damit der dem Bieter zustehende Stimmrechtsanteil relativ betrachtet erhöht.[233] Die Zielgesellschaft hat nämlich stets die Möglichkeit, die zuvor erworbenen Aktien an einen befreundeten Dritten weiterzuveräußern, der seinerseits die Stimmrechte wieder ausüben könnte.[234] Problematisch ist, ob der Erwerb eigener Aktien dann zulässig ist, wenn diese dem Handelsbestand zugeführt werden sollen.[235]

Wie in der Gesetzesbegründung zu Recht hervorgehoben wird, hängt die Verhinderungs- **92** eignung auch davon ab, dass der Erwerb von Aktien in **nicht unwesentlichem Umfang** erfolgt.[236] Wann die Wesentlichkeitsschwelle erreicht ist, ist eine Frage der Umstände des Einzelfalls (vgl. → Rn. 87).[237] Je höher der Anteil des *freefloats* ist, desto eher kann die Eignung zur Verhinderung des Erfolgs des Übernahmeangebotes fraglich sein.

---

[227] Begr. RegE, BT-Drs. 14/7034, 58; OLG Stuttgart AG 2019, 527 (532) = NZG 2019, 345 Ls.; s. auch *Kraupa-Tuskany*, Verhaltenspflichten des Vorstands des Zielunternehmens während öffentlicher Übernahmeverfahren, 2013, 159; *Leyendecker-Langner* BB 2013, 2051; *Hitzer/Simon/Düchting* AG 2012, 237 ff.; *Michalski* AG 1997, 152 (154); *Schander* BB 1997, 1901 (1803); *Schander* ZIP 1998, 2087 (2088); *Wolf* AG 1998, 212 (218); *Merkt* ZHR 165 (2001), 224 (249); *Krause* BB 2002, 1053 (1059); *U. H. Schneider* AG 2002, 125 (130); Assmann/Pötzsch/Schneider/*Krause/Pötzsch/Stephan* Rn. 92; *Hirte* ZGR 2002, 623 (632); Kölner Komm WpÜG/*Hirte* Rn. 61; Baums/Thoma/*Grunewald* Rn. 36; *Schaefer/Eichner* NZG 2003, 150 (152); Steinmeyer/*Steinmeyer* Rn. 86; *Brandi* in Thaeter/Brandi, Öffentliche Übernahmen, 2003, Teil 3 Rn. 502 ff.; ABBD/*Lohrmann/v. Dryander* Sec. 33 Rn. 35 f.: nicht besonders effektiv; *v. Nussbaum*, Aktiengesellschaft als Zielgesellschaft, 2003, 220; aA *Maier-Reimer* ZHR 165 (2001), 258 (268); *Stephan* Der Konzern 2019, 473 (480); *Krieger* RWS-Forum Gesellschaftsrecht 2001, 289, 310 f., der darauf abstellt, dass der Vorstand Gesellschaftsvermögen nicht gegen die Aktionäre einsetzt, sondern es ihnen zuwendet.
[228] Begr. RegE, BT-Drs. 14/7034, 58.
[229] *Assmann/Bozenhardt* ZGR-Sonderheft 9 (1990), 132 f.; *v. Falkenhausen* FS Stiefel, 1987, 163, 185 f.; *Knoll*, Die Übernahme von Kapitalgesellschaften unter besonderer Berücksichtigung des Schutzes von Minderheitsaktionären nach amerikanischem, englischem und deutschem Recht, 1992, 204; *Leyendecker-Langner* BB 2013, 2051; *Michalski* AG 1997, 152 (154 f.); *Schander* ZIP 1998, 2087 (2089); *Wolf* AG 1998, 212 (218); *Böhm* in v. Rosen/Seifert, Die Übernahme börsennotierter Unternehmen, 1999, 328 f., 334 ff.; *Krause* BB 2002, 1053 (1059); Angerer/Geibel/Süßmann/*Brandi* Rn. 26; Kölner Komm WpÜG/*Hirte* Rn. 61.
[230] OLG Stuttgart AG 2019, 527 (531) = NZG 2019, 345 Ls.; diff. Assmann/Pötzsch/Schneider/*Krause/Pötzsch/Stephan* Rn. 92.
[231] *Immenga/Noll*, Feindliche Übernahmeangebote aus wettbewerbspolitischer Sicht, 1990, 110; *Knoll*, Die Übernahme von Kapitalgesellschaften unter besonderer Berücksichtigung des Schutzes von Minderheitsaktionären nach amerikanischem, englischem und deutschem Recht, 1992, 204; *Krause* BB 2002, 1053 (1059); Angerer/Geibel/Süßmann/*Brandi* Rn. 26; Steinmeyer/*Steinmeyer* Rn. 86; FK-WpÜG/*Röh* Rn. 52; aA *Maier-Reimer* ZHR 165 (2001), 258 (268); s. auch Ehricke/Ekkenga/Oechsler/*Ekkenga* Rn. 95, der Aktienrückkäufe gem. Abs. 1 S. 2 Var. 2 generell als gerechtfertigt ansieht.
[232] Baums/Thoma/*Grunewald* Rn. 37; einschr. *Becker* ZHR 165 (2001), 280 (285).
[233] Kölner Komm WpÜG/*Hirte* Rn. 61.
[234] Baums/Thoma/*Grunewald* Rn. 36.
[235] Dazu eingehend Kölner Komm WpÜG/*Hirte* Rn. 64.
[236] Begr. RegE, BT-Drs. 14/7034, 58: „in größerem Umfang".
[237] Angerer/Geibel/Süßmann/*Brandi* Rn. 26, gegen die Festlegung von generellen Grenzwerten Kölner Komm WpÜG/*Hirte* Rn. 61.

**93**   Daneben hängt die Bewertung insbesondere auch davon ab, ob die Zielgesellschaft vor und/oder nach Veröffentlichung der Mitteilung nach § 10 eigene Aktien erwirbt, welchen Zweck das Programm verfolgt und wie hoch das Übernahmepremium ist. Erfolgt der Erwerb der eigenen Aktien vor der Mitteilung nach § 10 WpÜG, scheidet ein Verstoß gegen § 33 WpÜG aus und auch ein Verstoß gegen das Verbot der Marktmanipulation (Art. 15 MAR iVm Art. 12 MAR) dürfte in der Praxis nicht in Betracht kommen.[238] Nach veröffentlichter Mitteilung nach § 10 verstößt der Erwerb eigener Aktien nicht gegen das Verhinderungsverbot, sofern das Rückkaufprogramm dem Drittvergleich gemäß § 33 Abs. 1 S. 2 Var. 1 standhält oder gemäß § 33 Abs. 1 S. 2 Var. 3 der Aufsichtsrat dem Erwerb eigener Aktien zugestimmt hat und die Abwicklung des Aktienrückkaufprogramms im qualifizierten Unternehmensinteresse liegt.

**94**   **Aktienrechtlich** ist ein Erwerb eigener Aktien möglich, wenn einer der Tatbestände des § 71 Abs. 1 AktG erfüllt ist.[239] Auch in einer Übernahmesituation dürfte ein Erwerb von eigenen Aktien nur ausnahmsweise auf § 71 Abs. 1 Nr. 1 AktG gestützt werden, da ein bevorstehender Kontrollerwerb durch einen Dritten in der Regel **keinen schweren Schaden** für die Zielgesellschaft bedeutet.[240] Dies soll dann anders sein, wenn der Bieter die Vernichtung der Gesellschaft anstrebt.[241] In der Praxis dürfte der Rückerwerb daher regelmäßig nur auf eine Ermächtigung des Vorstandes durch die Hauptversammlung nach § 71 Abs. 1 Nr. 8 gestützt werden können.[242]

**95**   In besonders gelagerten Situationen kann es vorkommen, dass ein Dritter der Zielgesellschaft die **Veräußerung eines Aktienpakets** an einen Übernahmeinteressenten androht, für den Fall, dass die Zielgesellschaft nicht bereit ist, die vom Dritten an der Zielgesellschaft gehaltenen Aktien zu erwerben. Ein Erwerb von Aktien durch die Zielgesellschaft auf Grund eines solchen *Green-Mailing* wäre geeignet, den Erfolg des Angebotes durch den Übernahmeinteressenten zu verhindern.[243] Der Ankauf der Aktien wäre jedoch bereits aktienrechtlich unzulässig.[244] Da die Aktien von der Zielgesellschaft typischerweise zu einem Preis oberhalb des aktuellen Börsenkurses angekauft werden sollen, würde die Zahlung des Kaufpreises in der Regel eine unzulässige Rückgewähr von Einlagen (§§ 57, 62 AktG) darstellen.[245] Zudem wäre ein solcher Erwerb unter dem Gesichtspunkt des Gleichbehand-

---

[238]   *Leyendecker-Langner* BB 2013, 2051 (2055) noch zu § 20a WpHG aF.

[239]   Dazu auch *Hitzer/Simon/Düchting* AG 2012, 238. Eine Vereinbarung in einem Business Combination Agreement, wonach die Zielgesellschaft nach Veröffentlichung der Angebotsunterlage keine eigenen Aktien erwerben darf, kann wegen Verstoßes gegen die aktienrechtliche Kompetenzordnung unzulässig sein, vgl. OLG München ZIP 2012, 773; dazu *Paschos* NZG 2012, 1142; *König* NZG 2013, 453.

[240]   *Otto* DB-Sonderbeil. 12/1998, 8; *Hauschka/Roth* AG 1998, 181 (187); *Assmann/Bozenhardt* ZGR-Sonderheft 9 (1990), 132 ff.; *Baums* AG 1990, 221 (240); *Harrer/Grabowski* DStR 1992, 1326 (1328 f.); *Hopt* WM-FG Heinsius, 1991, 22, 27; *Hopt* ZGR 1993, 534 (549); *Lammers*, Verhaltenspflichten von Verwaltungsorganen in Übernahmeauseinandersetzungen, 1994, 147 ff.; *Michalski* AG 1997, 152 (155); *Krause* BB 2002, 1053 (1059 f.); *Bayer* ZGR 2002, 588 (593); *Thiel* in Semler/Volhard ÜN-HdB § 54 Rn. 68; aA – für den Fall der Vernichtung der Gesellschaft – *Kort* FS Lutter, 2000, 1421 (1428); *Hüffer/Koch/Koch* AktG § 71 Rn. 9; *U. H. Schneider* AG 2002, 125 (130): „Übernahme durch Wettbewerber"; weniger streng auch *Richter* in Semler/Volhard ÜN-HdB § 52 Rn. 132.

[241]   Steinmeyer/*Steinmeyer* Rn. 86; krit. *Hopt* WM-FG Heinsius, 1991, 22, 27 mwN.

[242]   So zutr. *Bayer* ZGR 2002, 588 (593); *Brandi* in Thaeter/Brandi, Öffentliche Übernahmen, 2003, Teil 3 Rn. 509 ff.

[243]   *Hauschka/Roth* AG 1988, 181 (194); *Assmann/Bozenhardt* ZGR-Sonderheft 9 (1990), 145 f.; *Hopt* FS Lutter, 2000, 1361 (1388); *Ehricke/Ekkenga/Oechsler/Ekkenga* Rn. 118; aA *B. Koch*, Die Neutralitätspflicht des Vorstandes einer börsennotierten AG bei Abwehrmaßnahmen gegen feindliche Übernahmeangebote, 2001, 146.

[244]   *Assmann/Bozenhardt* ZGR-Sonderheft 9 (1990), 148 f.; *Schander* BB 1997, 1801 (1803); *Escher-Weingarten/Kübler* ZHR 162 (1998), 537 (555); *Hopt* FS Lutter, 2000, 1361 (1388); *Angerer/Geibel/Süßmann/Brandi* Rn. 27; Steinmeyer/*Steinmeyer* Rn. 87; offenlassend *Weimer/Breuer* BB 1991, 2318.

[245]   *Assmann/Bozenhardt* ZGR-Sonderheft 9 (1990), 148 f.; *v. Aubel*, Vorstandspflichten bei Übernahmeangeboten, 1996, 20; *Böhm* in v. Rosen/Seifert, Die Übernahme börsennotierter Unternehmen, 1999, 337; *v. Falkenhausen* FS Stiefel, 1987, 195; *Schanz* NZG 2007, 927 (932); *Hauschka/Roth* AG 1988, 181 (194); s. aber auch Großkomm AktG/*Henze* AktG § 57 Rn. 56, nach dem der Erhalt der Unabhängigkeit eine Prämie rechtfertigen kann.

lungsgrundsatzes (§ 53a AktG) problematisch.[246] Das Verhalten des Aktionärs dürfte zudem in der Regel gegen die aktienrechtliche Treuepflicht verstoßen sowie einen Fall von § 826 BGB darstellen.[247] Unzulässig ist auch ein Erwerb von **Aktien des Bieters** durch die Zielgesellschaft zu einem überhöhten Preis, um auf diese Weise das Übernahmeangebot abzuwenden.[248]

Grundsätzlich keine Verhinderungseignung kommt der **Einziehung** von eigenen Aktien   **96** zu, sofern diese zuvor zulässig erworben wurden.[249]

**dd) Ausgabe von Wandel- oder Optionsschuldverschreibungen.** Eine verhinde-   **97** rungsgeeignete Maßnahme kann auch in der Ausgabe einer nicht unerheblichen Anzahl von Wandel- oder Optionsschuldverschreibungen (§ 221 AktG) zu erblicken sein.[250] Die bei Ausübung des Bezugs- bzw. Optionsrechts eintretende Stimmrechtsverwässerung kann dem Bieter die Kontrolle über die Zielgesellschaft erschweren.[251] Denn der Bieter muss, um dauerhaft eine bestimmte Quote des Grundkapitals zu erreichen, weitere Aktien der Zielgesellschaft beziehen und hierfür zusätzliche finanzielle Mittel aufwenden. Insoweit liegen die Dinge ähnlich wie bei der Ausgabe von neuen Aktien (→ Rn. 83 ff.). Dies gilt namentlich dann, wenn im Rahmen der Emission der Wandel- oder Optionsschuldver-schreibungen das **Bezugsrecht** der Aktionäre ausgeschlossen wird,[252] da die bei Ausübung des Wandlungs- bzw. Optionsrechts eintretende Verwässerung der Beteiligung des Bieters die Kontrollerlangung erschwert.[253] Diese Erwägungen gelten entsprechend für die Ausgabe von *naked warrants,*[254] sofern man sie als Finanzierungsinstrumentarium für zulässig hält.[255]

**ee) Ausnutzung einer *Cash Settlement Option* gegenüber wandlungswilligen   98 Inhabern von Wandelschuldverschreibungen.** Hat die Zielgesellschaft Wandelschuld-verschreibungen emittiert, wird der Bieter unter Umständen versuchen, die Inhaber der Wandelschuldverschreibung auf seine Seite zu holen. Umgekehrt wird die Zielgesellschaft versuchen, eine Wandlung durch Ausübung einer Cash Settlement Option zu verhindern. Ein solches Verhalten der Zielgesellschafft kann eine Abwehrmaßnahme darstellen.[256]

---

[246] Kölner Komm WpÜG/*Hirte* Rn. 62; *Richter* in Semler/Volhard ÜN-HdB § 52 Rn. 134; ausf. zu den am Gleichbehandlungsgebot zu messenden Erwerbsarten des Paketerwerbs (sog. *negotiated repurchase*), Festpreisange-bots (sog. *fixed price tender offer*), Preisspannenangebots (sog. *Dutch auction tender offer*) oder übertragbaren Andie-nungsrechte (sog. *transferable put rights*) MAH AktR/*Pajunk/Polte* § 31 Rn. 50; *Leuering* AG 2007, 435.

[247] *Michalski* AG 1997, 152 (162); Steinmeyer/*Steinmeyer* Rn. 87.

[248] Baums/Thoma/*Grunewald* Rn. 38.

[249] FK-WpÜG/*Röh* Rn. 53; Kölner Komm WpÜG/*Hirte* Rn. 61.

[250] *Hirte* ZIP 1989, 1233 (1245 f.); *Assmann/Bozenhardt* ZGR-Sonderheft 9 (1990), 129; *Herrmann,* Zivil-rechtliche Abwehrmaßnahmen gegen unfreundliche Übernahmeversuche in Deutschland und Großbritan-nien, 1993, 121 ff.; *v. Aubel,* Vorstandspflichten bei Übernahmeangeboten, 1996, 15 f.; *Krause* NZG 2000, 905 (911); *Schanz* NZG 2000, 337 (344); Angerer/Geibel/Süßmann/*Brandi* Rn. 25; FK-WpÜG/*Röh* Rn. 50; *Bayer* ZGR 2002, 588 (595); *Hirte* ZGR 2002, 623 (632); *Thiel* in Semler/Volhard ÜN-HdB § 54 Rn. 82; Baums/Thoma/*Grunewald* Rn. 35; *Brandi* in Thaeter/Brandi, Öffentliche Übernahmen, 2003, Teil 3 Rn. 493 ff.; *v. Falkenhausen/v. Klitzing* ZIP 2006, 1514; aA *Werner,* Probleme „feindlicher" Übernahmeange-bote im Aktienrecht, 1989, 23 f.: bei Einräumung eines Bezugsrechts.

[251] Voraussetzung ist allerdings, dass es der Gesellschaft gelingt, die Wandelschuldverschreibungen bei befreundeten Investoren zu platzieren, die nicht bereit sind, sie an den Bieter zu veräußern.

[252] *Bayer* ZGR 2002, 588 (595). Zu den aktienrechtlichen Voraussetzungen des Bezugsrechtsausschlusses bei der Ausgabe von Wandelschuldverschreibungen iE Hüffer/Koch/*Koch* AktG § 221 Rn. 39 ff.; Schlitt/Seiler/*Singhof* AG 2003, 254 (258 ff.); *Brandi* in Thaeter/Brandi, Öffentliche Übernahmen, 2003, Teil 3 Rn. 497 ff.

[253] *Krause* BB 2002, 1053 (1060).

[254] Kölner Komm WpÜG/*Hirte* Rn. 60.

[255] Offenlassend OLG Stuttgart DB 2002, 2638; Schlitt/*Löschner* BKR 2002, 150 ff.; BeckOGK/*Rieckers* AktG § 192 Rn. 39; → AktG § 192 Rn. 51 mwN.

[256] S. auch jüngst der Übernahmekampf zwischen *Deutsche Wohnen* und *Vonovia. Deutsche Wohnen* (Zielge-sellschaft) hatte zwei Wandelschuldverschreibungen emittiert, welche ein außerordentliches Wandlungsrecht vorsahen. Dieses Wandlungsrecht stand zum einen unter der Bedingung, dass das Übernahmeangebot erfolg-reich sein würde und zum anderen enthielten die Wandelschuldverschreibungsbedingungen für den Fall einer Wandlungserklärung das Recht des Emittenten, in diesem Fall statt der Lieferung von Wandlungsaktien einen Barbetrag zu zahlen (sog. *Cash Settlement Option*). Nachdem *Deutsche Wohnen* zunächst noch bekanntgegeben hatte, von dieser Option keinen Gebrauch zu machen, machte sie später bekannt, dass sie sich diese Barzahlung

**99** **ff) Ausgabe von Aktienoptionen.** Im Grundsatz kann auch die Ausgabe von Aktienoptionen an Mitglieder des Vorstandes und Arbeitnehmer Verhinderungseignung aufweisen.[257] Aufgrund der Volumenbeschränkung auf maximal 10% des Grundkapitals (§ 192 Abs. 3 AktG) und der vierjährigen Mindestwartefrist für die Ausübung der Optionen (§ 193 Abs. 2 Nr. 4 AktG) wird die Ausgabe von Aktienoptionen an Mitglieder des Vorstandes und Arbeitnehmer als Abwehrmittel keine praktische Bedeutung erlangen. Die Bedienung der Optionen durch Ausgabe von Bezugsaktien ist unbedenklich.[258]

**100** **gg) Verkauf oder Ausgliederung von Bestandteilen des Gesellschaftsvermögens (*„crown jewels"*).** Der Verkauf wesentlicher, für den Bieter interessanter Bestandteile des Gesellschaftsvermögens (Betriebe, Betriebsteile, wesentliche Beteiligungen etc) an einen Dritten kann ebenfalls geeignet sein, den Erfolg des Übernahmeangebots zu verhindern.[259] Auch die Regierungsbegründung hebt den Abwehrcharakter einer solchen Maßnahme hervor.[260] Die **Veräußerung** wesentlicher Bestandteile des Gesellschaftsvermögens kann nämlich zur Folge haben, dass die Attraktivität der Zielgesellschaft aus Sicht des Bieters abnimmt, etwa weil der Bieter bei einem Verkauf der Vermögensbestandteile die von ihm erhofften Synergieeffekte nicht mehr realisieren kann. Inwieweit der in Frage stehende Vermögensbestandteil für den Bieter von Interesse ist, kann sich häufig aus der Angebotsunterlage ergeben.[261] Es ist allerdings zu bedenken, dass die Zielgesellschaft durch den Verkauf von Vermögensbestandteilen im Gegenzug Geldmittel erhält. Eine Verhinderungseignung wird also nur dann anzunehmen sein, wenn aus Sicht des Bieters die zugeflossenen Mittel den Verlust der veräußerten Vermögensbestandteile nicht aufwiegen können.[262] Zudem kann die mit der Veräußerung der Vermögensgegenstände einhergehende Erhöhung der Liquidität einen anderen Bieter anziehen, der etwa an einer Zerschlagung der Gesellschaft interessiert ist.[263] Die Verhinderungseignung tritt besonders deutlich zu Tage, wenn sich die Zielgesellschaft ein Rückerwerbsrecht einräumen lässt. Verhinderungseignung kann auch die **Ausgliederung** von Vermögensgegenständen in eine andere Gesellschaft, etwa Gemeinschaftsunternehmen, gegen die Gewährung von Gesellschaftsanteilen aufweisen.[264]

---

statt der Lieferung von Aktien ausdrücklich v orbehalte. Dabei machte *Deutsche Wohnen* deutlich, dass es sich dabei um eine Reaktion auf das (inzwischen geänderte) Übernahmeangebot durch *Vonovia* handelte.

[257] Assmann/Pötzsch/Schneider/*Krause/Pötzsch/Stephan* Rn. 101; FK-WpÜG/*Röh* Rn. 51; Kölner Komm WpÜG/*Hirte* Rn. 63; *Thiel* in Semler/Volhard ÜN-HdB § 54 Rn. 82; *Nörr/Stiefenhofer,* Takeover Law in Germany, 2003, 57.

[258] So zutr. Kölner Komm WpÜG/*Hirte* Rn. 63; *Brandi* in Thaeter/Brandi, Öffentliche Übernahmen, 2003, Teil 3 Rn. 534.

[259] Assmann/Pötzsch/Schneider/*Krause/Pötzsch/Stephan* Rn. 103; Steinmeyer/*Steinmeyer* Rn. 83; *Assmann/Bozenhardt* ZGR-Sonderheft 9 (1990), 141; *Ebenroth/Daum* DB 1991, 1157 (1158); *Kraupa-Tuskany,* Verhaltenspflichten des Vorstands des Zielunternehmens während öffentlicher Übernahmeverfahren, 2013, 160; *Daum,* Die unkoordinierte Übernahme einer Aktiengesellschaft nach deutschem Recht, 1992, 193; *v. Aubel,* Vorstandspflichten bei Übernahmeangeboten, 1996, 21; *Michalski* AG 1997, 152 (159); *Otto* DB-Sonderbeil. 12/1998, 8; *Hauschka/Roth* AG 1988, 181 (1888); *Mülbert* IStR 1999, 83 (89); *Pötzsch/Möller* WM-Sonderbeil. 2/2000, 25; *Hopt* FS Lutter, 2000, 1361 (1388); *Altmeppen* ZIP 2001, 1073 (1079); *Cahn/ Senger* FB 2002, 277 (288); Angerer/Geibel/Süßmann/*Brandi* Rn. 28; *Hirte* ZGR 2002, 623 (631); Kölner Komm WpÜG/*Hirte* Rn. 58; Baums/Thoma/*Grunewald* Rn. 39; diff. *Maier-Reimer* ZHR 165 (2001), 258 (268 f.); *Brandi* in Thaeter/Brandi, Öffentliche Übernahmen, 2003, Teil 3 Rn. 542 ff.; *AMRS,* Public Company Takeovers in Germany, 2002, 225 f.; ABBD/*Lohrmann/v. Dryander* Sec. 33 Rn. 38; aA *Lüttmann,* Kontrollwechsel in Kapitalgesellschaften, 1992, 170; *W. Müller* FS Semler, 1993, 195 (211 ff.); *Herrmann,* Zivilrechtliche Abwehrmaßnahmen gegen unfreundliche Übernahmeversuche in Deutschland und Großbritannien, 1993, 127; *B. Koch,* Die Neutralitätspflicht des Vorstandes einer börsennotierten AG bei Abwehrmaßnahmen gegen feindliche Übernahmeangebote, 2001, 149; *Krieger* RWS-Forum Gesellschaftsrecht 2001, 289 (311): „Einzelfallbeurteilung".

[260] Begr. RegE, BT-Drs. 14/7034, 58.

[261] Assmann/Pötzsch/Schneider/*Krause/Pötzsch/Stephan* Rn. 104.

[262] Baums/Thoma/*Grunewald* Rn. 39.

[263] *Assmann/Bozenhardt* ZGR-Sonderheft 9 (1990), 140 f.; *Michalski* AG 1997, 152 (159); Angerer/Geibel/ Süßmann/*Brandi* Rn. 28.

[264] *Altmeppen* ZIP 2001, 1073 (1080); Baums/Thoma/*Grunewald* Rn. 39; *Brandi* in Thaeter/Brandi, Öffentliche Übernahmen, 2003, Teil 3 Rn. 550 ff.

Einigkeit dürfte darüber herrschen, dass nicht jeder Verkauf eines Vermögensgegenstandes **101** geeignet sein kann, den Erfolg des Angebotes des Bieters zu verhindern. Vielmehr muss es sich um einen **nicht unwesentlichen Bestandteil** handeln. Die Frage, wann die Wesentlichkeitsschwelle erreicht ist, hängt von den Umständen des Einzelfalls ab. Festzuhalten ist zunächst, dass der Umstand, ob die Veräußerung bzw. Einbringung der Vermögensgegenstände nach den Holzmüller-Grundsätzen, die durch die „Gelatine"-Rspr. bestätigt wurden, der Zustimmung der Hauptversammlung bedarf, für die Beurteilung der Verhinderungseignung nicht relevant ist, da die insoweit maßgeblichen Schwellenwerte höher anzusetzen sind.[265] In Anlehnung an Note 2 zu Rule 21.1 City Code (*„material amount"*) wird die **Wesentlichkeit** verbreitet dann bejaht, wenn (i) die Gegenleistung für die Vermögensgegenstände 10% der Marktkapitalisierung der Zielgesellschaft, (ii) der Buchwert der Vermögensgegenstände 10% des Anlagevermögens der Zielgesellschaft übersteigt oder (iii) das Betriebsergebnis, das den betreffenden Vermögensgegenständen zugewiesen werden kann, 10% des Betriebsergebnisses der Zielgesellschaft erreicht oder übersteigt.[266] Soweit diese Schwellenwerte erreicht oder überschritten werden, dürfte die Verhinderungseignung tatsächlich indiziert sein. Letztlich sind stets die Besonderheiten des Einzelfalles zu berücksichtigen. Kommt es dem **Bieter** auf die veräußerten bzw. zur Veräußerung anstehenden Vermögensbestandteile besonders an, was dadurch dokumentiert werden kann, dass sie und die von ihnen erwarteten Synergieeffekte in der Angebotsunterlage besonders hervorhoben werden, so können – in Anlehnung an Note 2 zu Rule 21.1 City Code – auch niedrigere Schwellenwerte maßgeblich sein.[267] Umgekehrt kann es trotz höherer involvierter Werte an der Wesentlichkeit fehlen, wenn der Vermögensgegenstand für den Bieter ohne Bedeutung ist. Anders als in den sog. Holzmüller-Gelatine-Fällen ist die Frage der Wesentlichkeit also **nicht rein objektiv** zu beantworten.[268]

**Aktienrechtlich** ist der Verkauf von Vermögensgegenständen nur in den Grenzen des **102** § 179a AktG zulässig. Die Ausgliederung von wesentlichen Vermögensgegenständen in Tochtergesellschaften bedarf nach der Holzmüller-Gelatine-Rspr. der Zustimmung der Hauptversammlung (→ AktG § 119 Rn. 31 ff.).[269] Nach umstrittener Meinung gilt dies auch für einen Verkauf der Vermögensgegenstände.[270] In jedem Fall muss der Verkauf vom Unternehmensgegenstand gedeckt sein und im **Unternehmensinteresse** liegen. Dies dürfte insbesondere dann zweifelhaft sein, wenn sich die Zielgesellschaft ein **Rückerwerbsrecht** einräumen lässt, da dann der Abwehrcharakter offen auf der Hand liegt und die Ausübung der Rückkaufoption zusätzliche Kosten auslöst.[271]

In der **Praxis** dürfte der Verkauf von wesentlichen Vermögensgegenständen nur in den **103** seltensten Fällen eine geeignete Abwehrmaßnahme sein. Ein Verkauf von wesentlichen

---

[265] *Hopt* FS Lutter, 2000, 1361 (1388); Baums/Thoma/*Grunewald* Rn. 39.

[266] In diese Richtung etwa Kölner Komm WpÜG/*Hirte* Rn. 58; aA Ehricke/Ekkenga/Oechsler/*Ekkenga* Rn. 113, der darauf abstellt, ob sich die Art des Geschäftsbetriebs dauerhaft ändert.

[267] Note on Rule 21.1: *„although relative values lower than 10% may be considered material if the asset is of particular importance"* s. auch *Brandi* in Thaeter/Brandi, Öffentliche Übernahmen, 2003, Teil 3 Rn. 544, der darauf abstellt, ob der betreffende Unternehmensteil aus Bietersicht einen besonderen Stellenwert besitzt. S. auch Angerer/Geibel/Süßmann/*Brandi* Rn. 29, der die Wesentlichkeit anhand der objektiven Umstände des Einzelfalles bemisst. Das Überschreiten der zuvor genannten Schwellenwerte habe allenfalls indizielle Bedeutung für den jeweiligen Einzelfall, so auch Assmann/Pötzsch/Schneider/*Krause*/*Pötzsch*/*Stephan* Rn. 104; Baums/Thoma/*Grunewald* Rn. 39.

[268] FK-WpÜG/*Röh* Rn. 61; Kölner Komm WpÜG/*Hirte* Rn. 58; Baums/Thoma/*Grunewald* Rn. 39; in diese Richtung nunmehr auch Angerer/Geibel/Süßmann/*Brandi* Rn. 29.

[269] BGHZ 83, 122 = NJW 1982, 1703; BGH NJW 2004, 1860 = AG 2004, 384; *Liebscher* ZGR 2005, 1 ff.; eine Zusammenfassung des Streitstandes auch bei Semler/Stengel/*Schlitt* UmwG Anh. § 173 Rn. 29 ff.; *Brandi* in Thaeter/Brandi, Öffentliche Übernahmen, 2003, Teil 3 Rn. 545 f.; *AMRS*, Public Company Takeovers in Germany, 2002, 225 f.; ABBD/*Lohrmann*/*v. Dryander* Sec. 33 Rn. 37.

[270] Zweifelnd, ob die Holzmüller-Gelatine-Rspr. auf die Veräußerung von Vermögensgegenständen anwendbar ist, BGH NZG 2007, 234; LG Frankfurt ZIP 1997, 1698 (1701 f.); *Wollburg*/*Gehling* FS Lieberknecht, 1997, 133, 155 f.; aA mit beachtlichen Gründen Emmerich/Habersack/*Habersack* AktG Vor § 311 Rn. 39 mwN zum Streitstand.

[271] Steinmeyer/*Steinmeyer* Rn. 83.

Vermögensgegenständen dürfte sich bereits aus Zeitgründen regelmäßig kaum realisieren lassen. In der Regel werden einem solchen Verkauf umfangreiche *due diligence*-Prüfungen durch den Erwerber und längere und komplexe Verhandlungen vorausgehen. Zudem wird sich durch einen Verkauf von wichtigen Unternehmensteilen die Position der Zielgesellschaft am Markt häufig schwächen.

**104**    **hh) Erwerb von Unternehmen (*„defensive acquisitions"*) oder sonstigen relevanten Assets.** Verhinderungseignung kann, wie in der Gesetzesbegründung zu Recht hervorgehoben wird,[272] auch der Erwerb von Unternehmen und Beteiligungen an Gesellschaften haben, die mit dem Bieter im direkten Wettbewerb stehen. Die Eignung, das Übernahmeangebot des Bieters zu verhindern, ist insbesondere dann anzunehmen, wenn die Akquisition in großem Umfang fremdfinanziert wird und die Zielgesellschaft infolge der Verschuldung für den Bieter weniger attraktiv geworden ist.[273] Gleiches gilt, wenn die Akquisition der Zielgesellschaft **kartellrechtlich problematisch** ist.[274] Die Verhinderungseignung entfällt auch nicht dadurch, dass die zuständige Kartellbehörde den Zusammenschluss zwischen dem Bieter und der Zielgesellschaft möglicherweise unter der Auflage der Veräußerung des betroffenen Unternehmensteils genehmigt (§ 40 Abs. 3 S. 1 GWB).[275]

**105**    **Aktienrechtlich** ist der Kauf eines Unternehmens oder einer Unternehmensbeteiligung zudem nur dann zulässig, wenn der Erwerb im Unternehmsinteresse liegt.[276] Dass der Erwerb bei der Abwehr eines Übernahmeangebotes dienlich ist, reicht für sich genommen nicht aus. In der **Praxis** wird der Erwerb eines anderen Unternehmens auf Grund des damit verbundenen zeitlichen Aufwandes regelmäßig keine taugliche Abwehrmaßnahme darstellen und hat in den bislang durchgeführten Übernahmen auch keine Rolle gespielt.[277]

**106**    Einen ähnlichen Effekt wie der Erwerb eines gesamten Unternehmens oder von Anteilen an einem Unternehmen kann auch der **Erwerb umfangreicher Assets** sein.[278] Dadurch erhöht sich der Wert der Zielgesellschaft und die Übernahme verteuert sich. Neben dem Verteuerungseffekt kommt es ferner in Betracht, dass der Erwerb nicht mit den strategischen Zielen des Bieters vereinbar ist. Außerdem können sich bei entsprechendem Volumen des Zukaufs kartellrechtliche Probleme stellen.

**107**    Denkbar wäre in solchen Fällen, dass der Erwerb nicht mit den strategischen Zielen des Bieters vereinbar ist oder das Übernahmevolumen zu groß wird. Außerdem können sich bei entsprechendem Volumen des Zukaufs ebenfalls kartellrechtliche Probleme stellen.

**108**    **ii) Änderungen in der Finanzierungsstruktur (*„poison debt"*).** Auch in der Übernahmesituation vorgenommene Änderungen der Finanzierungsstruktur der Gesellschaft, etwa

---

[272]  Begr. RegE, BT-Drs. 14/7034, 58.

[273]  *Thiel* in Semler/Volhard ÜN-HdB § 54 Rn. 85.

[274]  *Kraupa-Tuskany*, Verhaltenspflichten des Vorstands des Zielunternehmens während öffentlicher Übernahmeverfahren, 2013, 161; *Hauschka/Roth* AG 1988, 181 (191 f.); *Assmann/Bozenhardt* ZGR-Sonderheft 9 (1990), 147; *Schander* BB 1997, 1801 (1803); *Pötzsch/Möller* WM-Sonderbeil. 2/2000, 27; *Schanz* NZG 2000, 337 (347); *Hopt* FS Lutter, 2000, 1361 (1389); *B. Koch*, Die Neutralitätspflicht des Vorstands einer börsennotierten AG bei Abwehrmaßnahmen gegen feindliche Übernahmeangebote, 2001, 138; *Geibel/Süßmann* BKR 2002, 52 (65); *Cahn/Senger* FB 2002, 277 (288); *Steinmeyer/Steinmeyer* Rn. 84; FK-WpÜG/*Röh* Rn. 58; *Hirte* ZGR 2002, 623 (631); Kölner Komm WpÜG/*Hirte* Rn. 58; *Thiel* in Semler/Volhard ÜN-HdB § 54 Rn. 84; diff. *Maier-Reimer* ZHR 165 (2001), 258 (269 f.); weniger streng auch *Krieger* RWS-Forum Gesellschaftsrecht 2001, 289 (311): „Einzelfallbeurteilung"; ABBD/*Barthelmess/Schulz/Häring* Part 3 A Rn. 76 ff.; *Brandi* in Thaeter/Brandi, Öffentliche Übernahmen, 2003, Teil 3 Rn. 557 ff.

[275]  *Angerer/Geibel/Süßmann/Brandi* Rn. 30 (einzelfallabhängig); Ehricke/Ekkenga/Oechsler/*Ekkenga* Rn. 105; weniger streng *Thiel* in Semler/Volhard ÜN-HdB § 54 Rn. 66. Die Erteilung der kartellrechtlichen Freigabe kommt dann in Betracht, wenn sich der Bieter verpflichtet, die kartellrechtlich problematischen Teile des Unternehmens unverzüglich nach erfolgter Übernahme der Zielgesellschaft an einen Dritten zu veräußern; vgl. *Hauschka/Roth* AG 1988, 181 (192); *Assmann/Bozenhardt* ZGR-Sonderheft 9 (1990), 147; FK-WpÜG/*Röh* Rn. 58; vgl. auch ABBD/*Barthelmess/Schulz/Häring* Part 3 A Rn. 47 ff.; *Brandi* in Thaeter/Brandi, Öffentliche Übernahmen, 2003, Teil 3 Rn. 560.

[276]  Assmann/Pötzsch/Schneider/*Krause/Pötzsch/Stephan* Rn. 107.

[277]  *Thiel* in Semler/Volhard ÜN-HdB § 54 Rn. 85; Steinmeyer/*Steinmeyer* Rn. 84.

[278]  So hat zB *Deutsche Wohnen* im Übernahmekampf gegen *Vonovia* ein Wohnungsportfolio im Volumen von 1,2 Milliarden Euro von *Patrizia Immobilien* erworben. Allerdings hielt der Bieter an seinem Übernahmeangebot fest.

die Emission einer Anleihe, die Aufnahme eines Bankkredits oder die Änderung der Kreditbedingungen,[279] können verhinderungsgeeignete Wirkung haben. Dies gilt insbesondere dann, wenn sich auf diese Weise das *rating* der Gesellschaft durch die Rating-Agenturen nachteilig verändert.[280]

Wird für den Fall des Kontrollwechsels *(change of control)* die **vorzeitige Fälligkeit** des **109** Fremdfinanzierungsinstrumentes bzw. ein Kündigungsrecht des Gläubigers vereinbart und auf diese Weise eine *poison debt* geschaffen, kann dies ebenfalls Verhinderungseignung haben.[281] Die Einräumung eines Kündigungsrechts wird sich dabei in vielen Fällen als Fortführung des Tagesgeschäfts darstellen, wenn die Klausel in erster Linie die Belange des Gläubigers schützt.[282] Dies gilt insbesondere für Vereinbarungen, nach denen die Vorfälligkeit eintritt, wenn das Kredit-Ranking der Gesellschaft hinter einen bestimmten Wert zurückfällt, selbst wenn die Ranking-Änderung durch die Übernahme veranlasst ist.[283]

**jj) Wechselseitige Beteiligungen.** Das Eingehen von wechselseitigen Beteiligungen **110** bewirkt eine Reduzierung der Anzahl der durch das Übernahmeangebot erreichbaren freien Aktien und hat damit eine gewisse „Verriegelung des Aktionärskreises" zur Folge.[284] Es unterfällt daher dem Verbot des Abs. 1 S. 1. Zu der Begründung einer wechselseitigen Beteiligung kann es insbesondere bei einem Gegenangebot der Zielgesellschaft auf die Aktien der Bietergesellschaft kommen (→ Rn. 111 ff.).

**kk) Gegenangebot auf Aktien des Bieters *(„pac man defense").*** Auch ein Gegenan- **111** gebot der Zielgesellschaft auf die Aktien der Bietergesellschaft kann geeignet sein, den Erfolg des Angebots des Bieters zu verhindern und stellt damit im Grundsatz nach richtiger, aber bestrittener Auffassung eine verhinderungsgeeignete Abwehrmaßnahme dar.[285] Diese Maßnahme richtet sich zwar nicht unmittelbar gegen das Übernahmeangebot; gleichwohl kann durch ein solches Gegenangebot der Erfolg des Angebotes des Bieters verhindert werden.

Gelingt es der Zielgesellschaft im Zuge des Gegenangebotes **25% des Grundkapitals** **112** der Bietergesellschaft zu erwerben, entsteht eine wechselseitige Beteiligung iSv § 19 Abs. 1 AktG. Sobald der Bietergesellschaft das Bestehen der wechselseitigen Beteiligung bekannt geworden ist oder ihr die Zielgesellschaft eine Mitteilung nach § 20 Abs. 3 AktG oder § 21 Abs. 1 AktG gemacht hat, kann die Bietergesellschaft die Rechte aus den Anteilen, die ihr an der Zielgesellschaft gehören, nur für höchstens den vierten Teil aller Anteile des anderen Unternehmens ausüben (§ 328 Abs. 1 S. 1 AktG).

Noch größeren Erfolg würde ein Gegenangebot als Abwehrmaßnahme dann haben, **113** wenn es der bedrohten Zielgesellschaft zuerst gelingen würde, die **Mehrheit** an der Bie-

[279] Baums/Thoma/*Grunewald* Rn. 49; Kölner Komm WpÜG/*Hirte* Rn. 59; FK-WpÜG/*Röh* Rn. 62; *Maier-Reimer* ZHR 165 (2001), 258 (272) mit weiteren Beispielen.

[280] Baums/Thoma/*Grunewald* Rn. 49; Assmann/Pötzsch/Schneider/*Krause/Pötzsch/Stephan* Rn. 108.

[281] *Krause* AG 2002, 133 (143); FK-WpÜG/*Röh* Rn. 62 Fn. 101; *Arnold/Wenninger* CFL 2010, 79 (86).

[282] *Thiel* in Semler/Volhard ÜN-HdB § 54 Rn. 65; iErg auch Ehricke/Ekkenga/Oechsler/*Ekkenga* Rn. 116.

[283] Im Ergebnis auch *Krause* AG 2002, 133 (143); Kölner Komm WpÜG/*Hirte* Rn. 169.

[284] *Assmann/Bozenhardt* ZGR-Sonderheft 9 (1990), 134; *Otto* AG 1991, 369 (371); *Harrer/Grabowski* DStR 1992, 1326 (1329); *Krause* AG 2002, 133 (140); *Bayer* ZGR 2002, 588 (596); FK-WpÜG/*Röh* Rn. 87.

[285] *Assmann/Bozenhardt* ZGR-Sonderheft 9 (1990), 63 ff.; *Kraupa-Tuskany,* Verhaltenspflichten des Vorstands des Zielunternehmens während feindlicher Übernahmeverfahren, 2013, 242; *Michalski* AG 1997, 152 (161); *Mülbert* IStR 1999, 83 (89); *Hopt* FS Lutter, 2000, 1365 (1389 f.); *Pötzsch/Möller* WM-Sonderbeil. 2/ 2000, 27; *Becker* ZHR 165 (2001), 280 (282); Angerer/Geibel/Süßmann/*Brandi* Rn. 54; FK-WpÜG/*Röh* Rn. 55; *Hirte* ZGR 2002, 623 (632); Kölner Komm WpÜG/*Hirte* Rn. 59; Ehricke/Ekkenga/Oechsler/ *Ekkenga* Rn. 119; Baums/Thoma/*Grunewald* Rn. 42; weniger krit. *Ebenroth/Daum* DB 1991, 1157 (1160); aA *Krause* NZG 2000, 905 (912); *B. Koch,* Die Neutralitätspflicht des Vorstandes einer börsennotierten AG bei Abwehrmaßnahmen gegen feindliche Übernahmeangebote, 2001, 158; *Krieger* RWS-Forum Gesellschaftsrecht 2001, 289 (311): „Einzelfallbeurteilung"; *Maier-Reimer* ZHR 165 (2001), 258 (273 f.) für den Fall eines Umtauschangebotes; *U. H. Schneider* AG 2002, 125 (130); *Brandi* in Thaeter/Brandi, Öffentliche Übernahmen, 2003, Teil 3 Rn. 566 ff.; ABBD/*Lohrmann/v. Dryander* Sec. 33 Rn. 44; *AMRS,* Public Company Takeovers in Germany, 2002, 226. Während sich die Begr. RegE zur Zulässigkeit eines Gegenangebotes nicht mehr äußert, wurde es in der Begr. RefE noch zu den unzulässigen Maßnahmen gezählt.

tergesellschaft zu erlangen oder diese zu beherrschen, bevor die Bietergesellschaft dieses Ziel bei der Zielgesellschaft erreicht. In diesem Fall würden die sonst bei wechselseitigen Beteiligungen geltenden aktienrechtlichen Beschränkungen nicht bestehen (§ 19 Abs. 4 AktG).

114    Ein Gegenangebot der Zielgesellschaft führt daher zu einem **Wettlauf** mit dem Bieter um die erste Mitteilung der Beteiligungsverhältnisse, um dadurch den Stimmrechtsverlust aus den Aktien an dem jeweils anderen Unternehmen zu vermeiden. In der Praxis wird es, jedenfalls bei deutschen Bietern, auf Grund der Fristvorgaben des WpÜG indessen schwierig sein, ein Gegenangebot innerhalb des zur Verfügung stehenden Zeitrahmens erfolgreich umzusetzen.[286]

115    **ll) Verweigerung der Zustimmung zur Übertragung von vinkulierten Namensaktien.** Hat die Zielgesellschaft vinkulierte Namensaktien ausgegeben, kann die Gesellschaft prinzipiell die Übertragung von Aktien auf einen unerwünschten Bieter verhindern. Die ablehnende Entscheidung des Vorstandes stellt mithin eine verhinderungsgeeignete Maßnahme dar.[287]

116    **Aktienrechtlich** fällt die Erteilung der Zustimmung zur Übertragung der Aktien in die Kompetenz des Vorstandes, soweit die Satzung nicht bestimmt, dass Aufsichtsrat und Hauptversammlung über die Zustimmung zu entscheiden haben (§ 68 Abs. 2 S. 2 und 3 AktG). Über die Zustimmung hat der Vorstand nach pflichtgemäßem Ermessen und Berücksichtigung des Unternehmensinteresses und des Gleichbehandlungsgrundsatzes zu entscheiden.[288] Er hat dabei das Interesse des veräußerungswilligen Aktionärs und das der Gesellschaft gegeneinander abzuwägen.[289] Indessen darf die Ausübung des Ermessens nicht dazu führen, dass die Aktien auf unabsehbare Zeit unveräußerlich sind.[290] Da eine Börsenzulassung von vinkulierten Namensaktien nur dann erfolgt, wenn der Vorstand eine Blankettversicherung zur Sicherstellung der Handelbarkeit abgegeben hat (s. § 5 Abs. 2 Nr. 2 BörsZulV) und eine Vinkulierung durch schuldrechtliche Vereinbarung wenigstens faktisch ausgehöhlt werden kann,[291] stellt die Vinkulierung von Namensaktien letztlich nur ein bedingt effektives Abwehrmittel dar.[292]

117    **mm) Schuldrechtliche Übertragungsbeschränkungen** *("lock-up agreements").* Denkbar ist, dass die Zielgesellschaft mit einzelnen Aktionären Vereinbarungen trifft, nach der diese ihre Aktien im Falle eines Übernahmeangebotes nicht veräußern dürfen.[293] Durchgreifenden aktienrechtlichen Bedenken sehen sich solche schuldrechtlichen Vereinba-

---

[286] *Richter* in Semler/Volhard ÜN-HdB § 52 Rn. 182; ebenso *Thiel* in Semler/Volhard ÜN-HdB § 54 Rn. 81; zuvor bereits *Schanz* NZG 2000, 337 (344).

[287] *Assmann/Bozenhardt* ZGR-Sonderheft 9 (1990), 146; *Knoll,* Die Übernahme von Kapitalgesellschaften unter besonderer Berücksichtigung des Schutzes von Minderheitsaktionären nach amerikanischem, englischem und deutschem Recht, 1992, 246; *Schanz* NZG 2000, 337 (341); *B. Koch,* Die Neutralitätspflicht des Vorstandes einer börsennotierten AG bei Abwehrmaßnahmen gegen feindliche Übernahmeangebote, 2001, 165; *Thiel* in Semler/Volhard ÜN-HdB § 54 Rn. 83; *Richter* in Semler/Volhard ÜN-HdB § 52 Rn. 65; Ehricke/Ekkenga/Oechsler/*Ekkenga* Rn. 99; aA *Herrmann,* Zivilrechtliche Abwehrmaßnahmen gegen unfreundliche Übernahmeversuche in Deutschland und Großbritannien, 1993, 62 f.; *Lammers,* Verhaltenspflichten von Verwaltungsorganen in Übernahmeauseinandersetzungen, 1994, 161 f.; *Weisner,* Verteidigungsmaßnahmen gegen unfreundliche Übernahmeversuche in den USA, Deutschland und nach europäischem Recht, 2000, 177.

[288] BGH NJW 1987, 1019 (1020); LG Aachen AG 1992, 410 (411 ff.); Kölner Komm AktG/*Lutter* AktG § 68 Rn. 30; *Hopt* WM-FG Heinsius, 1991, 22, 27; *Harrer/Grabowski* DStR 1992, 1326 (1327); Hüffer/Koch/*Koch* AktG § 68 Rn. 15 mwN; *C. Kniehase,* Standstill Agreements in Deutschland und den USA, 2001, 95 f., 101 ff.

[289] BGH NJW 1987, 1019 (1020).

[290] BGH NJW 1987, 1019 (1020); OLG Koblenz ZIP 1989, 301 (305); Kölner Komm AktG/*Lutter* AktG § 68 Rn. 30; zum Anspruch auf Genehmigung zur Übertragung vinkulierter Namensaktien BB 1985, 1364 (1366).

[291] Zur Zulässigkeit von Umgehungskonstruktionen *Sieveking/Technau* AG 1989, 17 ff.; *Otto* AG 1991, 369 (372); *Liebscher* ZIP 2003, 825 ff.

[292] *Richter* in Semler/Volhard ÜN-HdB § 52 Rn. 67.

[293] *Arnold/Wenninger* CFL 2010, 79 (85).

rungen nicht ausgesetzt.[294] Übernahmerechtlich kommt ihnen in der Regel verhinderungsgeeigneter Charakter zu, da sie die Möglichkeit des Bieters einschränkt, Aktien an der
Zielgesellschaft zu erwerben.[295] Bei Gesellschaften mit einem hohen Streubesitz stellt sich
jedoch für den Vorstand der Zielgesellschaft faktisch die Schwierigkeit, eine ausreichende
Anzahl von Aktionären zu erreichen.[296]

**nn) Stillhaltevereinbarungen (*„stand still agreements"*).** Auch der Abschluss von Still- **118**
haltevereinbarungen zwischen der Zielgesellschaft und dem Bieter in der Übernahmesituation kann geeignet sein, den Erfolg des Übernahmeangebotes des Bieters zu verhindern.[297]
In solchen sog. *stand still agreements* verpflichtet sich der Bieter, seine Beteiligung an der
Zielgesellschaft nicht weiter zu erhöhen. Im Übrigen kann sich der Investor im Fall von
Übernahme- bzw. Pflichtangeboten möglicherweise durch eine solche Vereinbarung wegen
§ 32 zu einer unmöglichen Leistung verpflichten, da er verpflichtet ist, sein Angebot auf
alle Aktien zu erstrecken.[298]

**oo) Kündigungsrechte bei Kontrollwechsel (*„change of control"*).** In vielen Fällen **119**
sehen Verträge, insbesondere bei Dauerschuldverhältnissen, vor, dass einer Vertragspartei
ein außerordentliches Kündigungsrecht zusteht, wenn es bei der anderen Partei zu einem
Kontrollwechsel kommen sollte *(change of control clauses).* Solche Vertragsbestimmungen können dazu führen, dass die Zielgesellschaft für den Bieter unattraktiv wird, etwa weil im
Falle eines Kontrollwechsels ein erheblicher Refinanzierungsbedarf ausgelöst wird. In den
vergangenen Jahren sind Change of Control-Klauseln, die in Vorstandsverträgen enthalten
sind, weiterhin von Relevanz geblieben[299] Die Begründung solcher auf den Kontrollwechsel
bezogener Kündigungsrechte in der Übernahmesituation kann Verhinderungseignung aufweisen. Dies gilt im besonderen Maße, wenn eine solche Klausel nachträglich im Wege der
**Vertragsänderung** aufgenommen wird.[300] Anders ist es dann, wenn solche Vertragsbestimmungen nachweisbar dem Schutz des Vertragspartners der Zielgesellschaft dienen und auf
seine Initiative zurückgehen; dann gebührt den Interessen des Gläubigers Vorrang.[301]

**pp) Sonderkonditionen für Vorstandsmitglieder (*„golden parachutes"*).** Vereinba- **120**
rungen mit Mitgliedern des Vorstandes, nach denen diese für den Fall des **Kontrollwechsels**
finanzielle **Sonderleistungen** oder – für den Fall ihres Ausscheidens – **Abfindungen**
beanspruchen können, wird überwiegend Verhinderungseignung beigemessen.[302] Dem

---

[294] *Assmann/Bozenhardt* ZGR-Sonderheft 9 (1990), 120; *Marquardt* WiB 2002, 537 (538); *Schanz* NZG
2002, 337 (341); FK-WpÜG/*Röh* Rn. 54; *C. Kniehase,* Standstill Agreements in Deutschland und den USA,
2001, 80 ff.; *Barthelmess/Braun* AG 2000, 172 ff.; zur Frage des Schadensersatzes bei Vereinbarung längerer
lock-up-Fristen OLG München NZG 2004, 527.

[295] Baums/Thoma/*Grunewald* Rn. 47; zur Frage, ob Break-up-Fees als faktische Lock-up Agreements
eingestuft werden können, vgl. *Hilgard* BB 2008, 286 (292). Zu Break-up-Fees auch → Rn. 121.

[296] *Assmann/Bozenhardt* ZGR-Sonderheft 9 (1990), 120.

[297] *Wagner,* Standstill Agreements bei feindlichen Übernahmen nach US-amerikanischem und deutschem
Recht, 1999, 182; *C. Kniehase,* Standstill Agreements in Deutschland und den USA, 2001, 38 ff. mit Vertrags-
beispiel im Anh. A, 133 ff.; *Weisner,* Verteidigungsmaßnahmen gegen unfreundliche Übernahmeversuche in
den USA, Deutschland und nach europäischem Recht, 2000, 259; Angerer/Geibel/Süßmann/*Brandi* Rn. 32;
einschr. Ehricke/Ekkenga/Oechsler/*Ekkenga* Rn. 100; Baums/Thoma/*Grunewald* Rn. 41; zweifelnd auch
*Kiem* AG 2009, 301 (311), der darauf hinweist, dass im Fall von Investorenvereinbarungen der Bieter gerade
in das Verwaltungshandeln der Zielgesellschaft mit einbezogen werde.

[298] Baums/Thoma/*Grunewald* Rn. 41.

[299] Vgl. dazu Assmann/Pötzsch/Schneider/*Krause/Pötzsch/Stephan* Rn. 117; *Bauer/Arnold* DB 2006, 260
(263 ff.); *Hoffmann-Becking* ZHR 169 (2005), 155 (170 f.); *Kort* AG 2006, 106.

[300] Kölner Komm WpÜG/*Hirte* Rn. 59; Baums/Thoma/*Grunewald* Rn. 48; s. auch *AMRS,* Public Company Takeovers in Germany, 2002, 210; *Brandi* in Thaeter/Brandi, Öffentliche Übernahmen, 2003, Teil 3
Rn. 587.

[301] *Krause* AG 2002, 133 (143).

[302] *Michalski* AG 1997, 152 (160); *Schander* BB 1997, 1901 (1802); *Hopt* FS Lutter, 2000, 1361 (1389);
*Geibel/Süßmann* BKR 2002, 52 (66); Angerer/Geibel/Süßmann/*Brandi* Rn. 31; *Hirte* ZGR 2002, 623 (631);
Kölner Komm WpÜG/*Hirte* Rn. 59; Baums/Thoma/*Grunewald* Rn. 40; *Schaefer/Eichner* NZG 2003, 150
(153); Assmann/Pötzsch/Schneider/*Krause/Pötzsch/Stephan* Rn. 116; *Brandi* in Thaeter/Brandi, Öffentliche
Übernahmen, 2003, Teil 3 Rn. 585 f.: untergeordnete Rolle; *AMRS,* Public Company Takeovers in Germany,

kann nicht entgegen gehalten werden, dass es sich um einen Vergütungsbestandteil handelt, für dessen Festlegung der Aufsichtsrat zuständig ist,[303] da der Aufsichtsrat hier Verwaltungsfunktionen wahrnimmt und demgemäß ebenfalls dem Verhinderungsverbot unterliegt (→ Rn. 61). Vereinbarungen, die sich im aktienrechtlich zulässigen Rahmen halten (vgl. § 87 AktG), dürften demgegenüber in der Regel die Verhinderungseignung fehlen.[304]

**121**    Verhinderungseignung können auch Vereinbarungen haben, nach denen die Vorstandsmitglieder im Falle einer **Kurserhöhung** zusätzliche Zahlungen beanspruchen können.[305]

**122**    Eine vorzeitige „übernahmeresistente" **Neubestellung des Vorstandes** ist, unabhängig von den aktienrechtlichen Problemen, die sich mit ihr verbinden,[306] übernahmerechtlich unzulässig.[307]

**123**    **qq) Abschluss, Änderung oder Kündigung sonstiger Vereinbarungen.** Auch der Abschluss, die Kündigung oder die Änderung sonstiger Vereinbarungen, kann verhinderungsgeeignete Wirkung entfalten. Zu denken ist etwa an den Abschluss einer **Betriebsvereinbarung** oder eines Standortsicherungsvertrages, wodurch eine Kündigung von Arbeitnehmern und damit die Durchführung von Restrukturierungsmaßnahmen bei der Zielgesellschaft nach erfolgter Übernahme erschwert wird.[308] Entsprechendes gilt für eine nachteilige Änderung der **Kreditbedingungen** (→ Rn. 108 f.). Hierher gehört auch die Kündigung eines Unternehmensvertrages, in deren Folge die Ausübung der Kontrolle über ein abhängiges Unternehmen beeinträchtigt wird.[309]

**124**    **rr) Anreizversprechen.** Vereinbarungen zwischen dem Bieter und der Zielgesellschaft, nach denen der Bieter in bestimmten Situationen eine Geldzahlung verlangen kann, die den Erfolg des Übernahmeangebotes verhindern und zu einem Scheitern der Transaktion führen kann (zB Unterstützung eines konkurrierenden Übernahmeangebotes)[310] **(inducement fees, deal protection fees, break fees),** sind im anglo-amerikanischen Raum weit verbreitet; sie spielen mittlerweile aber auch bei deutschen Übernahmetransaktionen eine wichtige Rolle.[311] Die Verhinderungseignung solcher Vereinbarungen liegt

---

2002, 213; ABBD/*Lohrmann/v. Dryander* Sec. 33 Rn. 50; allg. zu aktuellen Anforderungen an Vergütungsregelungen *Mujan* BB 2013, 1653 ff.

[303]    So aber *Dreher* AG 2002, 214 (217).

[304]    *Harrer/Grabowski* DStR 1992, 1326 (1329); *Steinmeyer/Steinmeyer* Rn. 85; *Bayer* ZGR 2002, 588 (597); vgl. auch *Krause* AG 2002, 133 (143); großzügiger *Dreher* AG 2002, 214 (217), der eine Verhinderungseignung bei aktienrechtlicher Angemessenheit stets ablehnt; einschr. FK-WpÜG/*Röh* Rn. 63, der die aktienrechtliche Vereinbarkeit der Abfindungszahlung mit § 87 AktG regelmäßig nicht für die Bejahung der Zulässigkeit nach § 33 ausreichen lassen will. Hierbei ist jedoch zu beachten, dass durch das VorstAG die Anforderungen an die Angemessenheit der Vergütung verschärft wurden. Vgl. hierzu etwa *Fleischer* NZG 2009, 801 ff.

[305]    *Baums/Thoma/Grunewald* Rn. 40; vgl. auch *Becker* ZHR 165 (2001), 280 (287).

[306]    Dazu etwa Hüffer/Koch/*Koch* AktG § 84 Rn. 6 f.

[307]    Ehricke/Ekkenga/Oechsler/*Ekkenga* Rn. 106.

[308]    *Wackerbarth* WM 2001, 1741 (1750); *Seibt* DB 2002, 529 (535); Kölner Komm WpÜG/*Hirte* Rn. 59; *Richter* in Semler/Volhard ÜN-HdB § 52 Rn. 166; ABBD/*Lohrmann/v. Dryander* Sec. 33 Rn. 41.

[309]    *Maier-Reimer* ZHR 165 (2001), 258 (272); Kölner Komm WpÜG/*Hirte* Rn. 59.

[310]    So zB bei dem geplanten Zusammenschluss Deutsche/Börse/NYSE (2011); nach Auffassung der BaFin ist zwar die Bedingung einer positiven Stellungnahme der Zielgesellschaft unzulässig; gleichwohl sind Bedingungen, dass kein konkurrierendes Angebot erfolgt oder ein konkurrierendes Angebot nicht unterstützt wird, zulässig; vgl. Assmann/Pötzsch/Schneider/*Krause/Favoccia* § 18 Rn. 77 ff., sowie entsprechende Beispiele in der Liste in Assmann/Pötzsch/Schneider/*Krause/Favoccia* § 18 Rn. 127; *Stephan* Der Konzern 2019, 473 (481).

[311]    Dazu zB die Transaktionsvereinbarung TKH/Augusta vom 3./25.4.2012 sowie die Grundsatzvereinbarung Fresenius/Rhön-Klinikum vom 24.5.2012. Vgl. die Übernahme Bayer/Monsanto (2018) und den versuchte Zusammenschluss Deutsche Börse/NYSE (2011), bei denen die break fees 2 Mrd. USD bzw. 340 Mio. USD betragen. Zu solchen Vereinbarungen auch *Vaupel/Lißmann* GWR 2013, 77 ff. und eingehend *Fleischer* AG 2009, 345 (347); *Hilgard* BB 2008, 286; *Hopt* ZGR 2002, 333 (361); vgl. auch *Paul/Krause/Horan* Acquisitions Monthly, September 2002, 12; *AMRS,* Public Company Takeovers in Germany, 2002, 181 ff.; ABBD/*Kopp/v. Dryander* Sec. 3 Rn. 9 ff.; *v. Dryander,* Business Combination Agreements in Horn, Cross-Border Mergers and Acquisitions and the Law, 2001, 131 (135), 138 ff.; *Sieger/Hasselbach* BB 2000, 625 ff.; *Aha* BB 2001, 2225 ff.; *Guinomet,* Break fee-Vereinbarungen, 2003, passim; *Stephan* Der Konzern 2019, 473 (481).

zunächst nicht auf der Hand, da sie auch darauf abzielen, den Erfolg des Angebotes sicher zu stellen.[312] Anders kann es jedoch sein, wenn ein konkurrierendes Angebot im Raum steht. Dann können solche Vereinbarungen, wenn sie eine gewisse Größenordnung übersteigen,[313] Verhinderungseignung aufweisen.[314] In diesen Fällen wird eine Rechtfertigung durch die verschiedenen Varianten des § 33 Abs. 1 S. 2 nur schwer anzunehmen sein.[315]

**ss) Werbemaßnahmen.** Neben rechtlichen Abwehrmaßnahmen spielt in Abwehr- **125** kämpfen, wie insbesondere „Mannesmann/Vodafone" gezeigt hat, eine intensive Informationspolitik über das jeweilige eigene unternehmerische Konzept für das Wertsteigerungspotential der Aktien *(shareholder value)* eine eher untergeordnete Rolle, um in dem „Wettbewerb der Konzepte" zu obsiegen.[316] § 28 räumt der Bundesanstalt die Möglichkeit ein, im Falle von Missständen bei der Werbung bestimmte Arten der Werbung zu untersagen. Dieser Regelung lässt sich entnehmen, dass Werbemaßnahmen, die sich im angemessenen Rahmen bewegen, **unbedenklich** sind.[317] Allerdings dürfen die Werbemaßnahmen der Zielgesellschaft nicht mit einem unvertretbaren Aufwand verbunden sein.[318] Insbesondere darf die Werbekampagne der Verwaltung nicht ausschließlich den Zweck verfolgen, die eigene Position zu sichern. Kostspielige Werbemaßnahmen finden ihre aktienrechtliche Grenze zudem im allgemeinen Schädigungsverbot.[319]

Zulässig ist auch die Durchführung anderer **Investor-Relations-Maßnahmen,** wie **126** etwa die Veranstaltung von **Road Shows** und One-on-One-Gespräche mit institutionellen Anlegern.[320] Dies gilt insbesondere dann, wenn auch der Bieter entsprechende Aktivitäten entfaltet. Der Vorstand darf im Rahmen des Verhältnismäßigen für die Position des Managements werben und hierfür Gesellschaftsmittel einsetzen.[321] Eine Kontaktpflege zu Aktionären, Analysten und sonstigen Marktteilnehmern sowie ein diesbezüglicher Informationsaustausch kann dazu beitragen, das Krisenmanagement zu optimieren und das Vertrauen des Kapitalmarkts in die Zielgesellschaft zu stärken.[322] Insbesondere dann, wenn die Unternehmensstrategie der Zielgesellschaft konsistent und überzeugend im Kapitalmarkt platziert wurde, wird es potentiellen Bietern schwerer fallen, ihrerseits durch Öffentlichkeitsarbeit

---

[312] *Stephan* Der Konzern 2019, 473 (481); Assmann/Pötzsch/Schneider/*Krause/Pötzsch/Stephan* Rn. 120; Angerer/Geibel/Süßmann/*Brandi* Rn. 33.

[313] In Anlehnung an Rule 21.2 City Code dürfte ein Betrag in der Größenordnung von 1% des Wertes des Übernahmeangebotes in der Regel zulässig sein; im Einzelfall können auch höhere Prozentsätze gerechtfertigt sein, s. *Guinomet,* Break fee-Vereinbarungen, 2003, 248 ff.; *Hilgard* BB 2008, 286 (292); *Fleischer* AG 2009, 345 (355); *Krüger/Kaufmann* ZIP 2009, 1095 (1100).

[314] *Hopt* ZGR 2002, 333 (362); *Stephan* Der Konzern 2019, 473 (481); zustimmend Ehricke/Ekkenga/ Oechsler/*Ekkenga* Rn. 16; *Fleischer* AG 2009, 345 (355).

[315] *Fleischer* AG 2009, 345 (355); *Stephan* Der Konzern 2019, 473 (481).

[316] Assmann/Pötzsch/Schneider/*Krause/Pötzsch/Stephan* Rn. 121a.

[317] *Körner* DB 2001, 367 (369 f.); *Maier-Reimer* ZHR 165 (2001), 258 (264); *R. Müller* in Zschocke/ Schuster ÜbernahmeR-HdB Rn. D 49; Kölner Komm WpÜG/*Hirte* Rn. 63; Ehricke/Ekkenga/Oechsler/ *Ekkenga* Rn. 94; vor dem Inkrafttreten des WpÜG bereits LG Düsseldorf AG 2000, 233 = BeckRS 2000, 2827; vgl. auch DAV-Handelsrechtsausschuss NZG 2001, 420 (429) zum RefE; *Brandi* in Thaeter/Brandi, Öffentliche Übernahmen, 2003, Teil 3 Rn. 187 f. und Rn. 343 f.; *AMRS,* Public Company Takeovers in Germany, 2002, 222 f.; *Nörr/Stiefenhofer,* Takeover Law in Germany, 2003, 60 ff.; ABBD/*Lohrmann/v. Dryander* Sec. 33 Rn. 42 f.; *Arnold/Wenninger* CFL 2010, 79 (81); dem folgend OLG Stuttgart AG 2019, 527 (531) = NZG 2019, 345 Ls.; aA FK-WpÜG/*Röh* Rn. 59; wohl auch Baums/Thoma/*Grunewald* Rn. 13, nach deren Ansicht der Umfang der zulässigen Werbemaßnahmen ausschließlich aus § 33 zu entwickeln ist.

[318] *Krieger* RWS-Forum Gesellschaftsrecht 2001, 289, 318; *Winter/Harbarth* ZIP 2002, 1 (16); strenger *Altmeppen* ZIP 2001, 1073 (1076, 1078); *Brandi* in Thaeter/Brandi, Öffentliche Übernahmen, 2003, Teil 3 Rn. 190.

[319] Kölner Komm WpÜG/*Hirte* Rn. 73.

[320] *Drygala* ZIP 2001, 1861 (1863 f.); *Maier-Reimer* ZHR 165 (2001), 258 (263); Ehricke/Ekkenga/Oechsler/*Ekkenga* Rn. 94; einschr. Kölner Komm WpÜG/*Hirte* Rn. 63: Gleichbehandlung erforderlich; aA FK-WpÜG/*Röh* Rn. 59.

[321] Assmann/Pötzsch/Schneider/*Krause/Pötzsch/Stephan* Rn. 121a; *Krause* AG 2000, 217 (220); *Winter/ Harbarth* ZIP 2002, 1 (16); Kölner Komm WpÜG/*Hirte* Rn. 63, 73.

[322] BeckHdB M&A/*Strehle* § 58 Rn. 8; *Fleischer* ZGR 2009, 505 (508 f.); *Ekkenga* NZG 2001, 1 ff.

die übrigen Aktionäre gegen die Verwaltung der Zielgesellschaft aufzubringen.[323] Darüber hinaus kann die Zielgesellschaft durch einen regelmäßigen Kontakt mit ihren Aktionären besser auf Kritik aus dem Aktionärskreis reagieren und eventuelle Schwachstellen in der Unternehmenskommunikation und -strategie identifizieren.[324] Wichtig hierbei ist vor allem auch, dass die strategische Grundrichtung des Unternehmens klar kommuniziert und eingehalten wird. Insbesondere ist dabei zu beachten, dass bei Analysten- und Investorengesprächen sowie anderen öffentlichen Stellungnahmen seitens des Managements einheitlich kommuniziert wird.[325] Werden Pläne und Ziele der Zielgesellschaft verfehlt oder Erwartungen in Finanzanalysen enttäuscht, sollte die Gesellschaft proaktiv etwaige Gründe hierfür erläutern.[326] Sinnvoll kann ferner ein laufender Vergleich mit den Unternehmen sein, die von der Gesellschaft oder den Analysten und Investoren als sog. Peers angesehen werden.[327]

**127**   **tt) Argumentative Verteidigung.** Die in § 27 verankerte Pflicht von Vorstand und Aufsichtsrat, eine begründete Stellungnahme zu dem Übernahmeangebot abzugeben, zeigt, dass sich der Vorstand gegen das Übernahmeangebot „argumentativ" verteidigen darf.[328] Zwar ist der Vorstand generell nicht gehindert, seine Auffassung über den angebotenen Preis für die Aktien auch außerhalb der Stellungnahme nach § 27 kundzutun, sollte sich gleichwohl vorher mit Aussagen eher zurückhalten.[329] Der Vorstand ist überdies im Rahmen seiner **Investor-Relations-Maßnahmen** nicht daran gehindert, sich darüber hinaus mit Informationen und Bewertungen an die Aktionäre zu wenden, um deren Annahmeverhalten zu beeinflussen, wenn er sich dabei in den „Grenzen objektiver Tatsacheninformationen und vertretbarer Wertung" hält.[330] Diesbezügliche Informationen können und sollen die Annahmequote des Angebots reduzieren und können bezüglich einer vom Bieter gesetzten Mindestannahmequote Verhinderungseignung haben.[331] Objektiv richtige Tatsachenmitteilungen und vertretbare Wertungen unterstützen das Ziel, die Aktionäre in die Lage zu versetzen, in Kenntnis der Sachlage über das Angebot zu entscheiden (§ 3 Abs. 2) und fallen somit nicht in den Anwendungsbereich von § 33 Abs. 1 S. 1.[332] Wäre hierauf das Verhinderungsverbot anwendbar, käme als Ausnahme nur die Zustimmung des Aufsichtsrats in Betracht, da § 33 Abs. 1 S. 2 Var. 1 nicht auf Maßnahmen Anwendung findet, die spezifisch mit Verhinderungsabsicht getroffen werden oder nur in einer Übernahmesituation denkbar sind.[333] Die Veröffentlichung von für die Aktionäre sinnvollen und angemessenen Informationen, die der Vorstand außerhalb der Übernahmesituation nicht veröffentlicht hätte, sind ebenfalls zulässig.[334] Dem Vorstand ist es auch gestattet, die Kartellbehörden auf eine mögliche kartellrechtliche Unzulässigkeit der Übernahme hinzuweisen.[335]

[323] BeckHdB M&A/*Strehle* § 58 Rn. 8; vgl. auch *Bunz* NZG 2014, 1049 (1051); *Schiessl* ZIP 2009, 689 (696); *Reichert,* Die Abwehr feindlicher Übernahmen bei Aktiengesellschaften in Deutschland und Österreich, 2011, 52.

[324] *Bunz* NZG 2014, 1049 (1051); BeckHdB M&A/*Jäckle*/*Strehle* § 58 Rn. 8.

[325] *Schiessl* ZIP 2009, 689 (696).

[326] *Schiessl* ZIP 2009, 689 (696).

[327] *Schiessl* ZIP 2009, 689 (696).

[328] *Hopt* FS Lutter, 2000, 1361 (1380); *Altmeppen* ZIP 2001, 1073 (1076, s. aber auch 1078); *Drygala* ZIP 2001, 1861 (1863); *Winter/Harbarth* ZIP 2002, 1 (16).

[329] Assmann/Pötzsch/Schneider/*Krause*/*Pötzsch*/*Stephan* Rn. 121; vgl. auch in der Übernahme Daimler/ Rolls-Royce/Tognum die Ad-hoc-Mitteilung der Tognum AG vom 9.3.2011 einerseits (Grundsatzvereinbarung geschlossen, keine Einigung über den Preis) und die Stellungnahme nach § 27 vom 15.4.2011 andererseits (Angebot unternehmerisch sinnvoll, Preis zu niedrig).

[330] OLG Stuttgart BeckRS 2018, 35625; *Stephan* Der Konzern 2019, 473 (479); Assmann/Pötzsch/Schneider/*Krause*/*Pötzsch*/*Stephan* Rn. 121.

[331] *Stephan* Der Konzern 2019, 473 (479).

[332] *Stephan* Der Konzern 2019, 473 (479 f.); Assmann/Pötzsch/Schneider/*Krause*/*Pötzsch*/*Stephan* Rn. 121 f.

[333] Zur Veröffentlichung einer mittelfristigen Planung OLG Stuttgart BeckRS 2018, 35625; *Stephan* Der Konzern 2019, 473 (480); Assmann/Pötzsch/Schneider/*Krause*/*Pötzsch*/*Stephan* Rn. 152; Emmerich/Habersack/*Habersack* AktG Vor § 311 Rn. 19.

[334] *Stephan* Der Konzern 2019, 473 (480).

[335] *Hopt* FS Lutter, 2000, 1361 (1389); Kölner Komm WpÜG/*Hirte* Rn. 63.

Der Verwaltung ist es auch nicht untersagt, auf **Koalitionen zwischen den Aktionären** 128 hinzuwirken, die sich gegenseitig zusagen, das Angebot nicht anzunehmen und diese Abrede in einer Stillhaltevereinbarung festzuhalten (zu Stillhaltevereinbarungen unter Beteiligung der Zielgesellschaft → Rn. 118).[336] Denkbar ist auch, dass Aktionäre, die der Verwaltung gegenüber loyal eingestellt sind, auf ihr Betreiben einen **Abwehrpool** errichten.

**uu) Änderung der Unternehmenspolitik/Dividendenerhöhung.** Ändert der Vor- 129 stand seine **Unternehmenspolitik** zu Gunsten der Aktionäre oder kündigt er dies an, mag dies die Zielgesellschaft für Übernahmeangebote zwar weniger attraktiv machen, liegt aber im Interesse der Aktionäre. Da sich eine so geänderte Unternehmenspolitik nicht gegen einen bestimmten Bieter richtet, kann sie nicht unzulässig sein, auch wenn die Änderung erst nach Abgabe des Übernahmeangebotes erfolgt.[337] Dies gilt auch für die Ankündigung oder Auszahlung einer **erhöhten Dividende,**[338] selbst wenn hierfür Rücklagen oder stille Reserven aufgelöst werden.[339]

**vv) Einberufung einer Hauptversammlung.** Der Vorstand kann während des laufen- 130 den Übernahmeverfahrens eine Hauptversammlung einberufen, um Ad-hoc-Ermächtigungen zur Vornahme von Abwehrmaßnahmen beschließen zu lassen (im Einzelnen → Rn. 195 ff.). Die Einberufung einer solchen Hauptversammlung, für die nach § 16 Abs. 4 Erleichterungen gelten, hat zur Folge, dass die Annahmefrist – unbeschadet des § 21 Abs. 5 und des § 22 Abs. 2 – zehn Wochen beträgt. In der Regel hat die Einberufung einer solchen Hauptversammlung eine erhebliche Verlängerung der Angebotsfrist zur Folge, was sich aus Sicht des Bieters tendenziell nachteilig auswirkt. Gleichwohl wird man in der Einberufung einer Hauptversammlung, selbst wenn sie – was zulässig ist[340] – nur zu Informations- bzw. Erläuterungszwecken erfolgt, keine verhinderungsgeeignete Maßnahme erblicken können, da sie im Gesetz als zulässige Handlungsoption der Zielgesellschaft vorgesehen ist.[341] Die Einberufung einer Hauptversammlung für die Beratung der Aktionäre über das Übernahmeangebot wird sogar ausdrücklich empfohlen (Anregung A.5 DCGK idF vom 16.12.2019).

**ww) Suche nach einem konkurrierenden Angebot (*„white knight"*).** Keine 131 Abwehrmaßnahme im engeren Sinne ist die Suche nach einem konkurrierenden Bieter. Hierdurch wird die Entscheidungsfreiheit der Aktionäre, über die Annahme des ursprünglichen Angebotes zu entscheiden, nicht eingeschränkt. Im Einzelnen → Rn. 154 ff.

**3. Zulässige Maßnahmen (Abs. 1 S. 2). a) Allgemeines.** Abs. 1 S. 2 schränkt das in 132 Satz 1 vorgesehene Verhinderungsverbot durch Begründung einer Ausnahmetrias erheblich ein.[342] Danach sind dem Vorstand solche Handlungen nicht verboten, die auch ein ordentlicher und gewissenhafter Geschäftsleiter einer Gesellschaft, die nicht von einem Übernahmeangebot betroffen ist, vorgenommen hätte (Var. 1). Des Weiteren darf der Vorstand nach einem konkurrierenden Bieter suchen (Var. 2). Schließlich sind solche Handlungen vom Verhinderungsverbot ausgenommen, denen der Aufsichtsrat der Zielgesellschaft zugestimmt hat (Var. 3). Zwischen den Ausnahmebestimmungen besteht **kein Rangverhältnis; sie** stehen gleichrangig nebeneinander.[343] Die Durchführung von Maßnahmen nach Abs. 1 S. 2 soll zudem durch die Möglichkeit zur Ermächtigung von Abwehrmaßnahmen nach

---

[336] *Maier-Reimer* ZHR 165 (2001), 258 (263); Kölner Komm WpÜG/*Hirte* Rn. 63; Ehricke/Ekkenga/ *Oechsler/Ekkenga* Rn. 100.
[337] *Mülbert* IStR 1999, 83 (89); Baums/Thoma/*Grunewald* Rn. 44.
[338] Wie im Jahr 2015 auch bei „Deutsche Wohnen" im Rahmen des Übernahmekampfes mit „Vonovia".
[339] *Becker* ZHR 165 (2001), 280 (285); Kölner Komm WpÜG/*Hirte* Rn. 63; krit. *Krieger* RWS-Forum Gesellschaftsrecht 2001, 289, 310.
[340] *Marsch-Barner* in Zschocke/Schuster ÜbernahmeR-HdB Rn. E 36.
[341] Assmann/Pötzsch/Schneider/*Krause/Pötzsch/Stephan* Rn. 124.
[342] *Drinkuth* AG 2005, 597 (598); *Merkt/Binder* BB 2006, 1285 (1286).
[343] Kölner Komm WpÜG/*Hirte* Rn. 65; Assmann/Pötzsch/Schneider/*Krause/Pötzsch/Stephan* Rn. 137.

Abs. 2 nicht eingeschränkt werden.[344] Die **Beweislast** dafür, dass eine Maßnahme nach Abs. 1 S. 2 zulässig ist, obliegt dem Vorstand.[345]

133 Grundsätzlich greifen die Ausnahmen nach Abs. 1 S. 2 zum gleichen **Zeitpunkt** ein wie das Verhinderungsverbot selbst, nämlich mit Veröffentlichung der Entscheidung zur Abgabe eines Angebotes (→ Rn. 153).[346] Anderes gilt nur für solche Abwehrmaßnahmen des Vorstandes, die mit Zustimmung des Aufsichtsrates vorgenommen werden. Insoweit ist nach richtiger, aber umstrittener Ansicht das unternehmerische Handlungsermessen des Vorstandes eingeschränkt, bis die Angebotsunterlage des Bieters vorliegt (im Einzelnen → Rn. 184).

134 Maßnahmen, mit denen die Verwaltung den zur Annahme des Angebotes entschlossenen Aktionär nicht nur wirtschaftlich hindern will, sondern die ihn auch der **rechtlichen Möglichkeit** berauben sollen, das Angebot anzunehmen, sind stets unzulässig, ohne dass es darauf ankäme, ob die Voraussetzungen eines Ausnahmetatbestandes des Abs. 1 S. 2 vorliegen.[347]

135 **b) Handlungen eines ordentlichen und gewissenhaften Geschäftsleiters (Var. 1). aa) Grundsatz.** Das Gesetz erlaubt dem Vorstand zunächst die Vornahme solcher Handlungen, die auch ein ordentlicher und gewissenhafter Geschäftsleiter einer nicht von einem Übernahmeangebot betroffenen Gesellschaft vorgenommen hätte. Diese Ausnahmeregelung, die der Zielgesellschaft ein *going concern* ermöglicht,[348] soll dem Umstand Rechnung tragen, dass das Management der Zielgesellschaft auch während des gesamten Übernahmeverfahrens verpflichtet bleibt, die „in der Gesellschaft zusammentreffenden Interessen der Aktionäre, der Arbeitnehmer und des Gemeinwohls" wahrzunehmen.[349] Sie will sicherstellen, dass die Gesellschaft in ihrer Handlungsfähigkeit nicht unangemessen eingeschränkt wird.[350] Da diese Pflicht mit dem in Abs. 1 S. 1 vorgesehenen Verbot, den Erfolg des Angebotes verhindernde Handlungen durchzuführen, kollidieren kann, gestattet das Gesetz dem Vorstand die Vornahme solcher Handlungen, die auch ein pflichtgemäß handelnder Vorstand einer nicht von einem Übernahmeangebot betroffenen Gesellschaft vorgenommen hätte. Die Regelung ist weiter als die in § 33 Abs. 3 Nr. 4 RefE enthaltene Gestattung, der Fortführung der „laufenden" Geschäfte:[351] Ausweislich der Gesetzesmaterialien ist der Vorstand nicht nur berechtigt, das **Tagesgeschäft** (→ Rn. 138), sondern auch verpflichtet, eine bereits eingeschlagene **Unternehmensstrategie** fortzuführen (→ Rn. 139 ff.).[352]

136 Um zu vermeiden, dass die Zielgesellschaft durch das Übernahmeangebot in ihrer Geschäftstätigkeit unangemessen behindert wird, konserviert das Gesetz den Handlungsspielraum zugunsten des Vorstandes.[353] Gleichzeitig macht das Gesetz deutlich, dass der Bieter keinen Anspruch darauf hat, die Zielgesellschaft genau in dem Zustand zu übernehmen, in dem sie sich bei der Übernahme befunden hat.[354] Die Pflicht zur Unternehmensführung des Vorstandes wird durch das laufende Übernahmeverfahren also nicht grundsätzlich eingeschränkt, sondern lediglich **modifiziert**.[355] Da nicht ausgeschlossen werden kann,

---

[344] Begr. Beschluss Finanzausschuss, BT-Drs. 14/7477, 69.

[345] Baums/Thoma/*Grunewald* Rn. 80.

[346] Kölner Komm WpÜG/*Hirte* Rn. 39; Assmann/Pötzsch/Schneider/*Krause/Pötzsch/Stephan* Rn. 127; ABBD/*Lohrmann/v. Dryander* Sec. 33 Rn. 3.

[347] Kölner Komm WpÜG/*Hirte* Rn. 55, der exemplarisch den Aufbau technischer Hürden im Bereich der Wertpapierverwahrung nennt.

[348] *Ekkenga* FS Kümpel, 2003, 95 (100); ähnlich plakativ *U. H. Schneider* AG 2002, 125 (128): „business as usual"; ebenso *Thiel* in Semler/Volhard ÜN-HdB § 54 Rn. 59; *AMRS,* Public Company Takeovers in Germany, 2002, 204.

[349] Begr. RegE, BT-Drs. 14/7034, 58; Assmann/Pötzsch/Schneider/*Krause/Pötzsch/Stephan* Rn. 145.

[350] Ehricke/Ekkenga/Oechsler/*Ekkenga* Rn. 44; Assmann/Pötzsch/Schneider/*Krause/Pötzsch/Stephan* Rn. 145; *Kindler/Horstmann* DStR 2004, 866 (872).

[351] *Bayer* ZGR 2002, 588 (609).

[352] Begr. RegE, BT-Drs. 14/7034, 58; vgl. auch *Kindler/Hartmann* DStR 2004, 866 (872).

[353] Begr. RegE, BT-Drs. 14/7034, 58; *Pötzsch,* Das neue Übernahmerecht, 2002, 40; zuvor bereits *Hopt* FS Lutter, 2000, 1361 (1391); *Maier-Reimer* ZHR 165 (2001), 258 (274).

[354] FK-WpÜG/*Röh* Rn. 68; Kölner Komm WpÜG/*Hirte* Rn. 66.

[355] *Hopt* FS Lutter, 2000, 1361 (1391 f.); *Maier-Reimer* ZHR 165 (2001), 258 (266); *Mülbert* IStR 1999, 83 (91); Angerer/Geibel/Süßmann/*Brandi* Rn. 42.

dass das Übernahmeangebot mangels ausreichender Akzeptanz keinen Erfolg hat, muss der Vorstand sicherstellen, dass das Unternehmen durch die Unterlassung erforderlicher Maßnahmen nicht beeinträchtigt wird.[356] Ein völliger Stillstand in der Geschäftsführung würde die Zielgesellschaft schädigen und ihre Aktionäre letztlich dazu zwingen, das Angebot anzunehmen.[357]

**bb) Zulässige Maßnahmen.** Zu beantworten bleibt die Frage, welche Maßnahmen **137** dem Vorstand auf Grundlage dieses Ausnahmetatbestandes im Einzelnen gestattet sind. Da sich der Wortlaut des Gesetzes an aktienrechtliche Parallelbestimmungen anlehnt, die an das Verhalten eines „ordentlichen und gewissenhafter Geschäftsleiters" anknüpfen (s. § 93 Abs. 1 S. 1 AktG, § 317 Abs. 2 AktG), kann bei der Auslegung auf die zu diesen Vorschriften entwickelten Grundsätze zurückgegriffen werden.[358] Es ist mithin ein **hypothetischer Vergleich** mit einer nicht von einem Übernahmeangebot betroffenen Gesellschaft anzustellen.[359] Anders als es die Gesetzesformulierung vielleicht nahe legt, ist nicht entscheidend, ob der Geschäftsleiter einer nicht von einem Übernahmeangebot betroffenen Gesellschaft die fragliche Handlung *tatsächlich* vorgenommen hätte.[360] Wie im Anwendungsbereich der aktienrechtlichen Parallelvorschriften ist nicht auf ein tatsächliches Vorstandshandeln abzustellen. Vielmehr ist entscheidend, ob der Vorstand die betreffende Maßnahme auch bei Ausblendung des Übernahmeangebotes *hätte vornehmen dürfen*.[361] Die **Beweislast** für das Vorliegen dieser Voraussetzungen liegt bei der Zielgesellschaft.[362]

**(1) Fortführung des Tagesgeschäfts.** Der Gesetzgeber will dem Vorstand zum einen **138** die Fortführung des Tagesgeschäftes ermöglichen.[363] Es kommt also auf Art und Umfang des Geschäftsbetriebes an, wie er vor dem Übernahmeangebot stattgefunden hat. Der oben bereits erwähnte hypothetische Vergleich ist insoweit in Form eines „historischen Eigenvergleiches" anzustellen.[364] Zur **Erfüllung von Vertrags- und sonstigen Rechtspflichten,** die vor der Veröffentlichung der Entscheidung zur Abgabe des Angebots wirksam begründet wurden, ist die Zielgesellschaft ohnehin auf Grund der gegenüber ihrem Vertragspartner bestehenden Verpflichtungen berechtigt, ohne dass die Übernahmesituation an dieser Verpflichtung etwas ändern würde.[365] Es kann dem Vorstand auch erlaubt sein, **neue Vertragsverhältnisse** einzugehen, da die Gesellschaft nur auf diese Weise ihren bestehenden Geschäftsbetrieb aufrechterhalten kann. Auch der Erwerb von eigenen Aktien oder anderen Wertpapieren mit dem Zweck, diese dem Handelsbestand zuzuführen, kann zulässig sein, sofern sich dies als Fortsetzung des Tagesgeschäfts darstellt.[366] Zu den zulässigen Handlungen zählen ferner solche, deren Durchführung vor Veröffentlichung der Entscheidung zur Abgabe eines Angebotes durch den Bieter **bereits eingeleitet** wurde oder für die die Zustimmung des Aufsichtsrates bereits eingeholt wurde.[367] Unter diesen Voraussetzungen kann auch die Ausgabe von neuen Aktien aus genehmigtem Kapital zulässig sein.[368]

---

[356] Angerer/Geibel/Süßmann/*Brandi* Rn. 42; *Brandi* in Thaeter/Brandi, Öffentliche Übernahmen, 2003, Teil 3 Rn. 361.

[357] *Maier-Reimer* ZHR 165 (2001), 258 (266).

[358] Begr. RegE, BT-Drs. 14/7034, 58; Kölner Komm WpÜG/*Hirte* Rn. 67; *Brandi* in Thaeter/Brandi, Öffentliche Übernahmen, 2003, Teil 3 Rn. 368; Assmann/Pötzsch/Schneider/*Krause/Pötzsch/Stephan* Rn. 146; *Schanz* NZG 2007, 927 (928).

[359] Kölner Komm WpÜG/*Hirte* Rn. 67.

[360] In diese Richtung aber offenbar *Thaeter* NZG 2001, 789.

[361] *Winter/Harbarth* ZIP 2002, 1 (6); FK-WpÜG/*Röh* Rn. 69; Kölner Komm WpÜG/*Hirte* Rn. 67; aA offenbar *Ekkenga/Hofschroer* DStR 2002, 724 (732).

[362] FK-WpÜG/*Röh* Rn. 72; Kölner Komm WpÜG/*Hirte* Rn. 69.

[363] Begr. RegE, BT-Drs. 14/7034, 58; *Arnold/Wenninger* CFL 2010, 79 (80).

[364] Kölner Komm WpÜG/*Hirte* Rn. 68, der auf den Zeitpunkt „völliger Ahnungslosigkeit" abstellt.

[365] *Maier-Reimer* ZHR 165 (2001), 258 (274); *Hopt* ZHR 166 (2002), 383 (426); *Thiel* in Semler/Volhard ÜN-HdB § 54 Rn. 65.

[366] *Hopt* ZHR 166 (2002), 383 (426); Kölner Komm WpÜG/*Hirte* Rn. 68.

[367] Vgl. FK-WpÜG/*Röh* Rn. 73; *Hopt* ZHR 166 (2002), 383 (426); tendenziell strenger *Fleischer/Kalss,* Das neue WpÜG, 2002, 127: „könnte man vielleicht sogar schon erste Schritte zur Implementierung verlangen".

[368] *Cahn/Senger* FB 2002, 277 (288).

**139**   **(2) Weiterverfolgung der Unternehmensstrategie.** Darüber hinaus soll dem Vorstand ermöglicht werden, eine bereits eingeschlagene Unternehmensstrategie weiterzuverfolgen.[369] Anders als nach Rule 21.1 City Code[370] und der im RefE enthaltenen Regelung wird die Geschäftsführungsbefugnis des Vorstands nicht auf die Fortführung der laufenden Geschäfte und die Erfüllung bereits abgeschlossener Verträge beschränkt. Vielmehr darf der Vorstand auch **außergewöhnliche Geschäfte** durchführen, sofern sie sich in die Unternehmensstrategie einfügen.[371] Nachdem das zunächst im RefE enthaltene Verbot von Maßnahmen, die den Aktiv- oder Passivbestand der Zielgesellschaft bedeutend geändert hätten, nicht Gesetz wurde (→ Rn. 23 ff.), gilt dies auch für den Kauf oder Verkauf von Vermögensgegenständen.[372] Erlaubt kann auch die (seit längerem in Aussicht genommene) Akquisition von Unternehmen sein, selbst wenn dadurch kartellrechtliche oder sonstige regulatorische Probleme geschaffen werden.[373] Zulässig können auch die Durchführung einer Bar- oder Sachkapitalerhöhung oder der Erwerb eigener Aktien sein, auch wenn sich die Übernahme für den Bieter verteuert.[374] Es kommen indessen nur Handlungen in Betracht, die auch von einer nicht von einem Übernahmeangebot betroffenen Zielgesellschaft hätten vorgenommen werden dürfen. Handlungen, die ohne die konkrete Übernahmesituation nicht in Betracht gezogen worden wären, können vom Vorstand auch in der Übernahmesituation nicht durchgeführt werden.[375] Zu den erhöhten Anforderungen nach den Deutschen Corporate Governance Grundsätzen → Rn. 191.

**140**   Eine andere Frage ist, inwieweit sich die Unternehmensstrategie bereits vor Ankündigung des Übernahmeangebotes **verfestigt** haben muss. Die Begründung zum RegE gibt hierzu keinen näheren Aufschluss. Um zu vermeiden, dass das Verhinderungsverbot ausgehöhlt wird, sind an die Verfestigung der Unternehmensstrategie **hohe Anforderungen** zu stellen.[376] Die Leitlinien der Unternehmensstrategie müssen von der Verwaltung bereits vor der konkreten Übernahmesituation festgelegt worden sein. Bloße abstrakte Planungen sind dabei nicht genügend. Vielmehr muss die Unternehmensstrategie **inhaltlich konkretisiert** sein.[377] Sie darf also nicht völlig konturenlos sein. So kann etwa eine allgemeine

---

[369] Begr. RegE, BT-Drs. 14/7034, 58.

[370] Rule 21.1 City Code: „Where it is felt that: (A) the proposed action is in pursuance of a contract entered into earlier or another pre-existing obligation; or (B) a decision to take the proposed action had been taken before the beginning of the period referred to above which: (i) has been partly or fully implemented before the beginning of that period; or (ii) has not been partly or fully implemented before the beginning of that period but is in the ordinary course of business, the Panel must be consulted and its consent to proceed without a shareholders meeting obtained."

[371] *Drygala* ZIP 2001, 1861 (1866); *Winter/Harbarth* ZIP 2002, 1 (6); *Thoma* NZG 2002, 105 (110); *Cahn/Senger* FB 2002, 277 (288); *Krause* NJW 2002, 705 (712); *Tröger* DZWiR 2002, 397 (402); Angerer/Geibel/Süßmann/*Brandi* Rn. 46; *U. H. Schneider* AG 2002, 125 (128 f.); *Mielke* in Beckmann/Kersting/Mielke, Das neue Übernahmerecht, 2003, Rn. C 38; *Fleischer/Kalss,* Das neue WpÜG, 2002, 126; *Hopt* ZHR 166 (2002), 383 (426); Baums/Thoma/*Grunewald* Rn. 60 f.; *R. Müller* in Zschocke/Schuster ÜbernahmeR-HdB Rn. D 47; *Marsch-Barner* in Zschocke/Schuster ÜbernahmeR-HdB Rn. E 43; Kölner Komm WpÜG/*Hirte* Rn. 70; krit. mdgegenüber Steinmeyer/*Steinmeyer* Rn. 20; FK-WpÜG/*Röh* Rn. 73.

[372] *Winter/Harbarth* ZIP 2002, 1 (6); *Ekkenga/Hofschroer* DStR 2002, 724 (732); Kölner Komm WpÜG/*Hirte* Rn. 70.

[373] *U. H. Schneider* AG 2002, 125 (129); *Tröger* DZWiR 2002, 397 (402); *Brandi* in Thaeter/Brandi, Öffentliche Übernahmen, 2003, Teil 3 Rn. 365; *Wolf* ZIP 2008, 300 (303), der darauf hinweist, dass sich dies nun auch aus dem Gegenschluss zu § 33a Abs. 2 Nr. 2 ergibt.

[374] *Ekkenga/Hofschroer* DStR 2002, 724 (732).

[375] *Hopt* ZHR 166 (2002), 383 (426); Ehricke/Ekkenga/Oechsler/*Ekkenga* Rn. 45, der zwischen zulässigen abwehrgeeigneten und unzulässigen abwehrgerichteten Maßnahmen differenziert; Baums/Thoma/*Grunewald* Rn. 53.

[376] *Winter/Harbarth* ZIP 2002, 1 (7); Steinmeyer/*Steinmeyer* Rn. 20 f.; *Fleischer/Kalss,* Das neue WpÜG, 2002, 126; *Brandi* in Thaeter/Brandi, Öffentliche Übernahmen, 2003, Teil 3 Rn. 371, nach dem der Vorstand auch erst während des Übernahmeverfahrens eine neue Unternehmensstrategie einschlagen kann, sofern sie nicht durch das Angebot veranlasst ist.

[377] *Winter/Harbarth* ZIP 2002, 1 (7); *Hopt* ZHR 166 (2002), 383 (426); Kölner Komm WpÜG/*Hirte* Rn. 70; Baums/Thoma/*Grunewald* Rn. 60 f.; strenger wohl noch Ehricke/Ekkenga/Oechsler/*Ekkenga* Rn. 46, nach dessen Ansicht der Vorstand darlegen und beweisen muss, dass die Maßnahme auf Planungen vor Beginn der Übernahmesituation zurückgeht; krit. dagegen *Brandi* in Thaeter/Brandi, Öffentliche Über-

Diversifizierungsstrategie nicht jede Unternehmensakquisition durch die Zielgesellschaft rechtfertigen. **Strategiewechsel** sind grundsätzlich nur mit Zustimmung des Aufsichtsrates möglich (→ Rn. 177).[378] In jedem Fall ist von einer hinreichenden Konkretisierung auszugehen, wenn die fragliche Maßnahme im Zeitpunkt des Angebotes bereits beschlossen war.[379]

Ergänzend wird verbreitet gefordert, dass die Strategie in öffentlich zugänglichen Unterla- **141** gen (Geschäftsberichten etc) **dokumentiert** wurde.[380] Dies erscheint zu weitgehend.[381] Denn das Gesetz fordert eine solche Dokumentation nicht. Bloße Erklärungen in der Öffentlichkeit, etwa auf Pressekonferenzen oder in individuellen Gesprächen mit Pressevertretern oder Analysten, sind daher ausreichend, sofern sie den Schluss auf eine verdichtete Unternehmensstrategie zulassen. Andererseits empfiehlt sich aus Sicht des Vorstandes der Zielgesellschaft, eine entsprechende Dokumentation vorzuhalten, um etwaigen Vorwürfen begegnen zu können, man habe nicht wie ein ordentlicher und gewissenhafter Geschäftsleiter gehandelt.[382]

Sofern es sich um außergewöhnliche Maßnahmen handelt, wird es auf Grund eines **142** in der Satzung, der Geschäftsordnung oder in einem Aufsichtsratsbeschluss enthaltenen Zustimmungsvorbehalt regelmäßig der **Zustimmung des Aufsichtsrates** bedürfen.[383] Dies gilt insbesondere mit Blick darauf, dass die Satzung oder der Aufsichtsrat nach § 111 Abs. 4 S. 2 AktG zu bestimmen hat, dass bestimmte Arten von Geschäften nur mit Zustimmung des Aufsichtsrates vorgenommen werden dürfen. Die Aufsichtsratszustimmung kann auch nach speziellen aktienrechtlichen Regelungen erforderlich sein (zB § 204 Abs. 1 S. 2 AktG). Die Möglichkeit des Vorstandes, Abwehrmaßnahmen nach Abs. 1 S. 2 Var. 3 mit Zustimmung des Aufsichtsrates durchzuführen, hat nicht etwa zur Folge, dass im Anwendungsbereich des Abs. 1 S. 2 Var. 1 eine nach allgemeinen Regeln erforderliche Zustimmung des Aufsichtsrates entbehrlich wäre. Da der Aufsichtsrat dann als Kontrollorgan tätig wird, unterliegt er nicht dem Verhinderungsverbot des Abs. 1 S. 1 (→ Rn. 62 f.). Ihm steht vielmehr der gleiche **Entscheidungsspielraum** zu wie dem Vorstand.[384]

**(3) Sonstige Maßnahmen.** Fraglich ist, ob es weitere Maßnahmen geben kann, die **143** Handlungen eines ordentlichen und gewissenhaften Geschäftsleiters darstellen, aber weder dem Tagesgeschäft zuzuordnen sind noch der Weiterverfolgung einer bereits eingeschlagenen Unternehmensstrategie dienen. Zum Teil wird dies bejaht.[385] Da der Ausnahmetatbestand durch die Einbeziehung von außergewöhnlichen Geschäften schon sehr weit interpretiert wird, wird man dies richtigerweise abzulehnen haben. Solche Maßnahmen können demnach allenfalls nach Abs. 1 S. 2 Var. 3 zulässig sein.[386]

**(4) Ausnutzung von Ermächtigungsbeschlüssen. (a) Grundsatz.** Man könnte die **144** Zuständigkeit des Vorstandes zur Vornahme von Abwehrmaßnahmen dann in Zweifel ziehen, wenn es sich um Abwehrmaßnahmen handelt, die nicht in seinen originären Zuständigkeitsbereich fallen, sondern zu deren Vornahme er von der Hauptversammlung ermächtigt wurde, ohne dass der Ermächtigungsbeschluss ausnahmsweise vorsieht, dass

---

nahmen, 2003, Teil 3 Rn. 367, nach dem die Konkretisierung einer Strategie nicht erforderlich ist und nur bei der Beweislast des Vorstands gem. § 93 Abs. 2 S. 2 AktG Bedeutung hat.

[378] Weniger streng *Thiel* in Semler/Volhard ÜN-HdB § 54 Rn. 66.

[379] Baums/Thoma/*Grunewald* Rn. 59.

[380] *Winter/Harbarth* ZIP 2002, 1 (7); *Cahn/Senger* FB 2002, 277 (288); *Hopt* ZHR 166 (2002), 383 (426 f.): „in der Regel"; *R. Müller* in Zschocke/Schuster ÜbernahmeR-HdB Rn. D 48; *Thiel* in Semler/Volhard ÜN-HdB § 54 Rn. 66.

[381] *Hirte* ZHR 2002, 623 (636); Kölner Komm WpÜG/*Hirte* Rn. 70; Baums/Thoma/*Grunewald* Rn. 61; Assmann/Pötzsch/Schneider/*Krause/Pötzsch/Stephan* Rn. 149.

[382] Kölner Komm WpÜG/*Hirte* Rn. 70.

[383] Kölner Komm WpÜG/*Hirte* Rn. 71; Assmann/Pötzsch/Schneider/*Krause/Pötzsch/Stephan* Rn. 150.

[384] Ehricke/Ekkenga/Oechsler/*Ekkenga* Rn. 52.

[385] *Pötzsch,* Das neue Übernahmerecht, 2002, 40.

[386] *Winter/Harbarth* ZIP 2002, 1 (8).

der Bezugsrechtsausschluss „zur Abwehr einer feindlichen Übernahmeangebotes" bzw. „zur Abwendung drohender Abhängigkeit" erfolgen kann. Zu solchen, dem **derivativen Kompetenzbereich** des Vorstandes zuzuordnenden Maßnahmen gehört etwa die Ausübung einer von der Hauptversammlung erteilten Ermächtigung zur Erhöhung des Grundkapitals (§ 202 AktG) oder zum Erwerb eigener Aktien (§ 71 AktG). Fraglich ist, ob der Vorstand unter den Voraussetzungen des Abs. 1 S. 2 Var. 1 auch von solchen **generellen Ermächtigungen** Gebrauch machen kann. Diese Frage ist umstritten.[387]

145 Der **Wortlaut** des Abs. 1 S. 1 spricht zunächst dafür, dass auch die Ausnutzung von generellen Ermächtigungsbeschlüssen zulässig ist, da es sich um Maßnahmen handelt, die in den Zuständigkeitsbereich des Vorstandes fallen.[388] In dieselbe Richtung deutet eine **historische** Auslegung.[389] Der Finanzausschuss hat in seiner Begründung zur Beschlussempfehlung hervorgehoben, dass Abs. 2 die Kompetenz des Vorstandes zur Vornahme von Abwehrmaßnahmen, die auf Ermächtigungen anderer Rechtsvorschriften beruhen, nicht einschränkt. Die Ausnutzung eines genehmigten Kapitals nach § 202 AktG oder der Rückkauf eigener Aktien nach § 71 Abs. 1 Nr. 8 AktG komme daher auch während des Angebotsverfahrens in Betracht, soweit die Anforderungen von Abs. 1 S. 2 eingehalten würden.[390] Im Vergleich zu der engeren Regelung des § 33 Abs. 3 Nr. 4 RefE, der nur die sorgfältige Führung der laufenden Geschäfte im Interesse der Gesellschaft von dem Verhinderungsverbot ausgenommen hat, ergibt sich, dass der Entscheidungsspielraum des Vorstandes erweitert werden sollte.[391] In **systematischer** Hinsicht könnte hingegen die spezielle Regelung in Abs. 2 dafür sprechen, dass Abwehrmaßnahmen des Vorstandes, die in die originäre Zuständigkeit der Hauptversammlung fallen, nur dann zulässig sind, wenn die Anforderungen an einen Vorratsbeschluss erfüllt wurden.[392] Indessen ist Abs. 2 bei richtiger Betrachtung nicht als lex specialis anzusehen, da die Regelung nicht vollständig im Anwendungsbereich des Abs. 1 S. 2 aufgeht.[393] Diesem Befund widerspricht auch eine **teleologische Auslegung** nicht. Der Zweck des Abs. 1 S. 2 besteht nämlich darin, den Kompetenzspielraum des Vorstandes zu erweitern, um deutsche Gesellschaften im Übernahmekampf im internationalen Vergleich nicht schlechter zu stellen.[394] Damit wird man de lege lata konstatieren müssen, dass die Möglichkeit, den Vorstand nach Abs. 2 auf Vorrat zu Abwehrmaßnahmen zu ermächtigen, die Befugnis, allgemein erteilte Ermächtigungsbeschlüsse auch unter Ausschluss des Bezugsrechts auszunutzen, unberührt lässt. Folglich kann der Vorstand mit Zustimmung des Aufsichtsrates ein genehmigtes Kapital nach § 202 AktG ausnutzen oder Aktien nach Maßgabe von § 71 Abs. 1 Nr. 8 AktG erwerben, selbst wenn die Ermächtigung nicht ausdrücklich für den Fall der Übernahme erteilt wurde. Für die Ausnutzung solcher Ermächtigungen gelten die speziellen Vorgaben des Abs. 2 daher nicht.

146 **(b) Kapitalerhöhung mit Bezugsrechtsausschluss.** Die Ausgabe neuer Aktien kann auf Grundlage eines Hauptversammlungsbeschlusses (§ 182 Abs. 1 AktG) oder unter Ausnutzung eines vorhandenen genehmigten Kapitals (§ 202 AktG) erfolgen. Im Falle eines genehmigten Kapitals kann der Bezugsrechtsausschluss entweder von der Hauptversamm-

---

[387] Für eine Ausnutzungsbefugnis *Winter/Harbarth* ZIP 2002, 1 (9); *Krause* AG 2002, 133 (137); *Krause* BB 2002, 1053 (1055); *Cahn/Senger* FB 2002, 277 (289); *Zschocke* DB 2002, 79 (83); Angerer/Geibel/Süßmann/*Brandi* Rn. 55; Hüffer/Koch/*Koch* AktG § 76 Rn. 40; Habersack/*Habersack* AktG Vor § 311 Rn. 17; ABBD/*Lohrmann/v. Dryander* Sec. 33 Rn. 34 ff.; vgl. auch *Brandi* in Thaeter/Brandi, Öffentliche Übernahmen, 2003, Teil 3 Rn. 488 iVm 379; Steinmeyer/*Steinmeyer* Rn. 22; aA – für die Erforderlichkeit eines Beschlusses nach Abs. 2 – *Bayer* ZGR 2002, 588 (612 ff.); *Hirte* ZGR 623, 647 ff.; Kölner Komm WpÜG/*Hirte* Rn. 67, 92; *Diregger/Winner* WM 2002, 1583 (1591); diff. zwischen abwehrgeeigneten und abwehrgerichteten Maßnahmen Ehricke/Ekkenga/Oechsler/*Ekkenga* Rn. 50 f.

[388] *Krause* BB 2002, 1053 (1054); Assmann/Pötzsch/Schneider/*Krause/Pötzsch/Stephan* Rn. 153.

[389] *Krause* BB 2002, 1053 (1054).

[390] Begr. Beschluss Finanzausschuss, BT-Drs. 14/7477, 69.

[391] Die Änderung geht auf einen Vorschlag des DAV-Handelsrechtsausschusses in seiner Stellungnahme zum RefE zurück, s. NZG 2001, 420 (429).

[392] Ähnlich NK-AktKapMarktR/*Glade* Rn. 17.

[393] *Krause* BB 2002, 1053 (1054); vgl. ferner Hüffer/Koch/*Koch* AktG § 76 Rn. 45.

[394] Begr. Beschluss Finanzausschuss, BT-Drs. 14/7477, 50; *Krause* BB 2002, 1053 (1054).

lung selbst beschlossen werden (§ 203 Abs. 1 AktG) oder die Hauptversammlung kann den Vorstand zum Ausschluss des Bezugsrechts ermächtigen (§ 203 Abs. 2 AktG). Sofern die Ausgabe der neuen Aktien nicht nach Maßgabe der Bestimmungen über den erleichterten Bezugsrechtsausschlusses nach § 186 Abs. 3 S. 4 AktG erfolgt, muss der Ausschluss **sachlich gerechtfertigt** sein. Nachdem die ältere Rspr. des BGH den einen Bezugsrechtsausschluss vorsehenden Ermächtigungsbeschluss über ein genehmigtes Kapital noch einer strengen Verhältnismäßigkeitsprüfung unterzogen hatte,[395] hat der BGH in seiner „Siemens/Nold"-Entscheidung[396] die Anforderungen an die sachliche Rechtfertigung gelockert. Danach reicht es in formeller Hinsicht aus, wenn die Maßnahme, zu deren Umsetzung das Bezugsrecht der Altaktionäre ausgeschlossen werden soll, der Hauptversammlung in allgemeiner und abstrakter Form bekanntgegeben wird und wenn sich die Zweckbestimmung des genehmigten Kapitals nicht aus dem Beschluss über die Kapitalerhöhung, sondern aus dem Bericht über den Bezugsrechtsausschluss ermitteln lässt.[397] In materieller Hinsicht darf der Vorstand von der ihm erteilten Ermächtigung Gebrauch machen, wenn die zugrundeliegenden konkreten Tatsachen der abstrakten Umschreibung des Vorhabens entsprechen und die Durchführung im wohlverstandenen Interesse der Gesellschaft liegt.[398] Ob der BGH damit auch die an den Vorstandsbeschluss zu stellenden Anforderungen gelockert hat, ist umstritten. Nach verbreiteter Meinung beziehen sich diese Erleichterungen nur auf den Hauptversammlungsbeschluss, während der Vorstandsbeschluss noch der strengen Verhältnismäßigkeitsprüfung unterzogen wird.[399]

Vor diesem Hintergrund stellt sich die Frage, ob die Abwehr eines feindlichen Übernahmeangebotes ein im Gesellschaftsinteresse liegender Zweck ist, der einen Bezugsrechtsausschluss legitimieren kann. Genauer formuliert geht es um die Frage, ob die Gesellschaft ein schützenswertes Interesse an der Erhaltung der **Zusammensetzung ihres Aktionärskreises** hat. Vor Inkrafttreten des WpÜG wurde dies, namentlich von denjenigen, die eine verbandsrechtlich begründete Neutralitätspflicht des Vorstandes angenommen haben, überwiegend verneint.[400] Demgegenüber konnte nach der Gegenansicht im Einzelfall durchaus ein Interesse der Gesellschaft bestehen, unerwünschte Aktionäre fernzuhalten.[401] Andere haben einen Bezugsrechtsausschluss zum Erhalt der Unabhängigkeit und zur Verhinderung des Eintritts in eine Konzernierung sogar für generell zulässig gehalten.[402] **147**

Fraglich ist, wie sich die Rechtslage seit **Inkrafttreten des WpÜG** darstellt. Weder die Begründung zum RegE noch die Beschlussempfehlung und der Bericht des Finanzausschusses behandeln diese Frage explizit. Im Hinblick darauf, dass die Kapitalerhöhung mit Bezugsrechtsausschluss zu den klassischen Abwehrmaßnahmen gehört und der Gesetzgeber die Abwehrmöglichkeiten erleichtern wollte, wird man davon ausgehen müssen, dass der Gesetzgeber ein Interesse der Gesellschaft anerkannt hat, Einfluss auf die Zusammensetzung ihres Aktionärskreises zu nehmen.[403] Indessen muss die bezugsrechtsfreie Ausgabe von Aktien einem der im Ermächtigungsbeschluss vorgegebenen Zwecke (zB Einbringung von Unternehmen im Wege der Sacheinlage) entsprechen. Ferner muss die Kapitalmaßnahme im wohlverstandenen Interesse der Gesellschaft liegen, wobei dem Vorstand kein weiter Ermessensspielraum zusteht. Schließlich unterliegt die Maßnahme der Missbrauchskontrolle. **148**

---

[395] BGHZ 71, 40 (45) = NJW 1978, 1316 – Kali + Salz; BGHZ 83, 319 (321) = NJW 1982, 2444 – Holzmann.
[396] BGHZ 136, 133 = NJW 1997, 2815.
[397] BGHZ 136, 133 (139) = NJW 1997, 2815.
[398] BGHZ 136, 133 (140) = NJW 1997, 2815.
[399] *Bayer* ZHR 163 (1999), 505 (513); Großkomm AktG/*Hopt/Roth* AktG § 203 Rn. 71; Hüffer/Koch/*Koch* AktG § 203 Rn. 35; aA *Cahn* ZHR 163 (1999), 554 (571 ff.); *Kindler* ZGR 1998, 25 (48 ff.).
[400] Abl. *Mestmäcker* BB 1961, 945 (946 f.); *Schilling* FS Hengeler, 1972, 226 (237 ff.); *Hirte,* Bezugsrechtsausschluss und Konzernbildung, 1986, 50 ff.; *Assmann/Bozenhardt* ZGR-Sonderheft 9 (1990), 129; *Hopt* WM-FG Heinsius, 1991, 22 (26); *W. Müller* FS Semler, 1993, 195 (212 f.); *Altmeppen* ZIP 2001, 1073 (1079 f.).
[401] Großkomm AktG/*Wiedemann* AktG § 186 Rn. 161 ff.
[402] Kölner Komm AktG/*Lutter* AktG § 186 Rn. 71; Hüffer/Koch/*Koch* AktG § 186 Rn. 32; Steinmeyer/*Steinmeyer* Rn. 93; für den Fall der Vernichtung BGHZ 33, 175 (186) = NJW 1961, 26.
[403] *Krause* BB 2002, 1053 (1056 f.); Assmann/Pötzsch/Schneider/*Krause*/*Pötzsch*/*Stephan* Rn. 155.

**149**    **(c) Veräußerung eigener Aktien.** Eine ähnliche Problematik stellt sich bei der Veräußerung eigener Aktien, insbesondere, wenn sie *en bloc* an einen Dritten erfolgt (→ Rn. 89). Insoweit gilt das zur Kapitalerhöhung Ausgeführte entsprechend (→ Rn. 83 ff., → Rn. 146 ff.).

**150**    **(d) Weitere Fälle.** Die Ausnutzung von Ermächtigungsbeschlüssen kommt schließlich im Zusammenhang mit der Ausgabe von Bezugsrechten an Arbeitnehmer oder der Mitglieder der Geschäftsleitung (§ 192 Abs. 2 Nr. 3 AktG) oder dem Abschluss oder der Aufhebung von Unternehmensverträgen in Betracht (§§ 291, 296 AktG).

**151**    **cc) Ausübung des unternehmerischen Ermessens.** In allen Fällen ist fraglich, wie weit das Ermessen des Vorstandes als ordentlicher und gewissenhafter Geschäftsleiter reicht. Konkreter formuliert lautet die Frage, ob die zunächst vom BGH in seiner **ARAG-Entscheidung**[404] entwickelten Prinzipien und nachfolgend vom Gesetzgeber bewusst aufgenommenen **aktienrechtlichen Handlungsstandards**[405] (§ 93 Abs. 1 S. 1 AktG, § 317 Abs. 2 AktG) zur Ermessensausübung Anwendung finden. Danach hat der Vorstand im Grundsatz ein weites unternehmerisches Ermessen bei der Verfolgung des Unternehmensinteresses. Sofern die Entscheidungsvorbereitung nicht mangelhaft war oder sich der Vorstand nicht in einem Interessenkonflikt befunden hat, sind seine unternehmerischen Entscheidungen nur darauf überprüfbar, ob die Grenzen verantwortlicher Unternehmensführung deutlich überschritten oder unverantwortliche Risiken eingegangen wurden. Unzulässig ist das Vorstandshandeln nur dann, wenn es schlechthin unvertretbar und mit wirtschaftlichen Argumenten nicht zu rechtfertigen ist.[406]

**152**    Einer verbreiteten Meinung zufolge ist die Anwendbarkeit der **Business Judgement Rule** in der Übernahmesituation abzulehnen.[407] Die Vertreter dieser Ansicht weisen darauf hin, dass das Fehlen eines Interessenkonflikts negative Tatbestandsvoraussetzung für das Bestehen eines derart weiten Ermessens sei.[408] Der Umstand, dass sich die Mitglieder des Vorstandes wegen des potentiellen Verlustes ihrer eigenen Position typischerweise in einem Interessenkonflikt befinden (→ Rn. 43), stehe einer Übernahme der business judgement rule-Grundsätze entgegen. Nach der wohl überwiegenden Gegenansicht sind die business judgement rule-Grundsätze im Bereich des Abs. 1 S. 2 Var. 1 **anwendbar.**[409] Dem ist zuzustimmen. Für eine Übernahme der business-judgement-Grundsätze spricht zunächst der Wortlaut des Abs. 1 S. 2 Var. 1, der zur Beurteilung der Zulässigkeit des Vorstandshandelns eine hypothetische Betrachtung unter Ausblendung der Übernahmesituation vorschreibt.[410] Je mehr also die in Frage stehende Maßnahme des Vorstandes den Anschein erweckt, allein durch das Übernahmeangebot motiviert zu sein, desto überzeugender muss dargelegt werden, dass die Maßnahmen auch unter Außerachtlassung des Übernahmeangebots erfolgt wären.[411] Da der Vorstand nach § 93 Abs. 2 S. 2 AktG selbst die Beweislast für die Einhaltung der Grenzen des § 33

---

[404] BGHZ 135, 244 = NJW 1997, 1926; dazu etwa *Kindler* ZHR 162 (1998), 101; *Hirte* KapGesR Rn. 231.

[405] Begr. RegE, BT-Drs. 14/7034, 58; Assmann/Pötzsch/Schneider/*Krause/Pötzsch/Stephan* Rn. 146; Kölner Komm WpÜG/*Hirte* Rn. 67.

[406] BGHZ 135, 244 (253 f.) = NJW 1997, 1926; aus der Lit. BeckOGK/*Fleischer* AktG § 93 Rn. 99; Kölner Komm AktG/*Mertens/Kahn* AktG § 93 Rn. 25 ff.; *v. Falkenhausen* NZG 2007, 97 f.; *Baums* ZGR 2011, 218 ff.

[407] So *Cahn* ZHR 163 (1999), 554 (591); *Ekkenga/Hofschroer* DStR 2002, 724 (733 f.); *Krause* BB 2002, 1053 (1058); *Marsch-Barner* in Zschocke/Schuster ÜbernahmeR-HdB Rn. E 39 – s. aber auch Rn. E 45; ähnlich auch *Fleischer/Kalss,* Das neue WpÜG, 2002, 126; s. auch *Merkt* ZHR 165 (2001), 224 (244) zum DiskE; Assmann/Pötzsch/Schneider/*Krause/Pötzsch/Stephan* Rn. 161; *v. Falkenhausen* NZG 2007, 98, jeweils mwN.

[408] *Fleischer* FS Wiedemann, 2002, 827 ff.

[409] *Winter/Harbarth* ZIP 2002, 1 (6); *Drygala* ZIP 2001, 1861 (1865), 1867; Steinmeyer/*Steinmeyer* Rn. 22; Kölner Komm WpÜG/*Hirte* Rn. 69; *v. Falkenhausen* NZG 2007, 98 (100); Emmerich/Habersack/*Habersack* AktG Vor § 311 Rn. 17; Ehricke/Ekkenga/Oechsler/*Ekkenga* Rn. 48 f.; *Brandi* in Thaeter/Brandi, Öffentliche Übernahmen, 2003, Teil 3 Rn. 368 ff.; *Stelmaszczyk,* Barkapitalemission mit erleichtertem Bezugsrechtsausschluss bei feindlichen Übernahmen, 2013, 441; *Stephan* Der Konzern 2019, 473 (482).

[410] *Winter/Harbarth* ZIP 2002, 1 (6).

[411] FK-WpÜG/*Röh* Rn. 70.

Abs. 1 trägt, sollte dem Vorstand auch im Streitfall die Möglichkeit zustehen, zu beweisen, dass seine Entscheidung nicht durch einen Interessenkonflikt veranlasst worden ist. Kann er diesen Beweis führen, soll ihm auch die Haftungserleichterung des § 93 Abs. 1 S. 2 AktG zugute kommen.[412] Dem kann auch nicht entgegengehalten werden, dass sich der Vorstand in einer Übernahmesituation wegen der Gefahr des Verlustes seiner eigenen Position typischerweise in einem Interessenkonflikt befindet.[413] Denn letztlich ist der Vorstand nach Abs. 1 S. 2 Var. 1 nur zu solchen Handlungen befugt, die entweder Teil des Tagesgeschäftes sind oder die in Verfolgung einer bereits vor der Übernahmesituation eingeschlagenen Unternehmensstrategie vorgenommen werden, die also nicht durch ein Übernahmeangebot veranlasst sind. Zu diesem Zeitpunkt hat der Interessenkonflikt des Vorstandes aber noch nicht bestanden, sodass es einer zusätzlichen Einschränkung der durch die business judgement rule geschaffenen Freiräume nicht bedarf.[414]

**dd) Zeitlicher Anwendungsbereich.** Abs. 1 S. 1 verbietet dem Vorstand die Vornahme **153** verhinderungsgeeigneter Maßnahmen ab der Veröffentlichung der Entscheidung zur Abgabe eines Angebotes. Maßnahmen, die Teil des Tagesgeschäfts sind oder in Verfolgung einer gefestigten Unternehmensstrategie vorgenommen werden, sind damit grundsätzlich auch nach Veröffentlichung der Entscheidung zur Abgabe eines Angebotes weiterhin zulässig, selbst wenn ihnen Verhinderungseignung zukommt.[415] Anders als bei Abwehrmaßnahmen, die auf die Zustimmung des Aufsichtsrates gestützt werden (Abs. 1 S. 2 Var. 3), kommt es auf die Kenntnis der Zielgesellschaft vom konkreten Inhalt des Angebotes in der Regel nicht an.

**c) Suche nach einem konkurrierenden Angebot („white knight") (Var. 2).** **154** **aa) Grundsatz.** Nach Abs. 1 S. 2 Var. 2 ist dem Vorstand ferner die Suche nach einem konkurrierenden Angebot erlaubt. Dies beruht auf dem Gedanken, dass der Vorstand mit der Suche nach einem weiteren Interessenten für die Übernahme der Gesellschaft für attraktivere Angebotskonditionen sorgt.[416] Der durch die Suche nach einem konkurrierenden Bieter (white knight) erzeugte Wettbewerb zwischen den Bietern wirkt sich nämlich typischerweise positiv auf den Angebotspreis und ggf. auf andere Konditionen des Angebots aus.[417]

Die Suche nach einem konkurrierenden Angebot macht den Aktionären die Entschei- **155** dung über das andere Angebot nicht unmöglich, sondern eröffnet ihnen eine **weitere Entscheidungsalternative.**[418] Es war daher bereits vor Inkrafttreten des Gesetzes anerkannt, dass die Suche nach einem anderen Bieter keine unzulässige, mit der Neutralitätspflicht des Vorstandes kollidierende Abwehrmaßnahme darstellt. Vielmehr wurde die Suche nach einem konkurrierenden Angebot zu Recht als mit dem in §§ 76, 93 AktG verankerten Gebot der Wahrung der Aktionärsinteressen als vereinbar angesehen.[419] Dies ist in Abs. 1

---

[412] *v. Falkenhausen* NZG 2007, 98.
[413] *Winter/Harbarth* ZIP 2002, 1 (6); Ehricke/Ekkenga/Oechsler/*Ekkenga* Rn. 58; Steinmeyer/*Steinmeyer* Rn. 29.
[414] *Winter/Harbarth* ZIP 2002, 1 (7); Kölner Komm WpÜG/*Hirte* Rn. 69; Assmann/Pötzsch/Schneider/ *Krause/Pötzsch/Stephan* Rn. 162.
[415] *Winter/Harbarth* ZIP 2002, 1 (14); einschr. FK-WpÜG/*Röh* Rn. 38.
[416] Begr. RegE, BT-Drs. 14/7034, 58.
[417] *Sünner* AG 1987, 276 (282); *Knoll,* Die Übernahme von Kapitalgesellschaften unter besonderer Berücksichtigung des Schutzes von Minderheitsaktionären nach amerikanischem, englischem und deutschem Recht, 1992, 220 f.; *Kraupa-Tuskany,* Verhaltenspflichten des Vorstands des Zielunternehmens während öffentlicher Übernahmeverfahren, 2013, 163 f.; *Herrmann,* Zivilrechtliche Abwehrmaßnahmen gegen unfreundliche Übernahmeversuche in Deutschland und Großbritannien, 1993, 246 ff.; *Hopt* ZGR 1993, 534 (557); *Krause* NZG 2000, 905 (911); *Maier-Reimer* ZHR 165 (2001), 258 (264); *Cahn/Senger* FB 2002, 277 (288 f.); Kölner Komm WpÜG/*Hirte* Rn. 75; *Richter* in Semler/Volhard ÜN-HdB § 52 Rn. 197 ff.; *Brandi* in Thaeter/Brandi, Öffentliche Übernahme, 2003, Teil 3 Rn. 351; *AMRS,* Public Company Takeovers in Germany, 2002, 204, 223 f.; ABBD/*Lohrmann/v. Dryander* Sec. 33 Rn. 59.
[418] *Mülbert/Birke* WM 2001, 705 (710); Steinmeyer/*Steinmeyer* Rn. 24; FK-WpÜG/*Röh* Rn. 75; Kölner Komm WpÜG/*Hirte* Rn. 75; Baums/Thoma/*Grunewald* Rn. 64.
[419] Großkomm AktG/*Hopt/Roth* AktG § 93 Rn. 217; *Hopt* ZGR 1993, 534 (556 f.); *Hopt* ZHR 166 (2002), 383 (425 f.); *Hauschka/Roth* AG 1988, 181 (193 f.); *Immenga/Noll,* Feindliche Übernahmeangebote aus wettbewerbspolitischer Sicht, 1990, 116; *Assmann/Bozenhardt* ZGR-Sonderheft 9 (1990), 106 ff.; *Herrmann,* Zivilrecht-

S. 2 Var. 2 jetzt **klargestellt**.[420] Das durch Abs. 1 S. 1 geschützte Interesse der Aktionäre, selbst über die Annahme des Angebotes entscheiden zu können, wird durch die Suche nach einem konkurrierenden Angebot nicht berührt.

156    Die Suche nach einem *white knight* wird auch nicht dadurch unzulässig, dass das ursprüngliche Angebot unter der **auflösenden Bedingung** des Unterbleibens eines Konkurrenzangebotes steht und das Auftreten eines zusätzlichen Bieters damit zum Wegfall des ersten Angebotes führt.[421] Denn der Wegfall des Angebotes ist in diesem Fall primär Folge der Angebotsgestaltung durch den ursprünglichen Bieter.

157    Die Suche nach einem Konkurrenzangebot oder die Unterstützung eines solchen bedarf auch unter Berücksichtigung der Holzmüller/Gelatine-Grundsätze nicht der Zustimmung der **Hauptversammlung**.[422] Bei dem konkurrierenden Angebot handelt es sich nämlich um einen Vorgang auf Aktionärsebene, der die mitgliedschaftlichen Rechtspositionen der Aktionäre unberührt lässt.

158    Umstritten ist, ob die Ausnahme des Abs. 1 S. 2 Var. 2 auch dann einschlägig ist, wenn der **Vorstand** oder ein mit ihm verbundenes Unternehmen das Konkurrenzangebot abgibt. Zum Teil wird dies bejaht.[423] Im Hinblick darauf, dass der Vorstand typischerweise über einen höheren Informationsstand verfügt als jeder außenstehende Bieter, bedarf es in diesem Fall der Zustimmung des Restvorstandes und des Aufsichtsrates.[424]

159    Umstritten ist, ob der Vorstand **verpflichtet** ist, nach einem konkurrierenden Angebot zu suchen.[425] Richtigerweise wird man dies allenfalls dann annehmen können, wenn sich für den Vorstand ein anderer Bieter konkret aufdrängt.[426]

160    **bb) Durchführung.** Eine erfolgreiche Suche nach einem konkurrierenden Angebot wird in vielen Fällen **praktisch** nur dann möglich sein, wenn die Zielgesellschaft bereits vor der Bekanntgabe des Bieters zur Abgabe eines Angebotes sondierende Gespräche mit einem Interessenten geführt hat.[427] Beginnt der Vorstand die Suche erst nach der Veröffentlichung der Entscheidung zur Abgabe eines Angebotes, stehen ihm – da die Angebotsunterlage grundsätzlich innerhalb einer Frist von vier Wochen vorliegen muss (§ 14 Abs. 1 S. 1) und die Frist für die Annahme höchstens zehn Wochen beträgt (§ 16 Abs. 1 S. 1) – regelmäßig nur 14 Wochen für die Vorlage eines Konkurrenzangebotes durch einen weiteren Bieter

liche Abwehrmaßnahmen gegen unfreundliche Übernahmeversuche in Deutschland und Großbritannien, 1993, 137; v. *Aubel,* Vorstandspflichten bei Übernahmeangeboten, 1996, 171 f.; *Baums* in v. Rosen/Seifert, Die Übernahme börsennotierter Unternehmen, 1999, 165, 178; *Mülbert* IStR 1999, 83 (88 f.); *B. Koch,* Die Neutralitätspflicht des Vorstandes einer börsennotierten AG bei Abwehrmaßnahmen gegen feindliche Übernahmeangebote, 2001, 167 ff.; *Becker* ZHR 165 (2001), 280 (283 ff.); *Merkt* ZHR 165 (2001), 224 (248 ff.).

[420] Assmann/Pötzsch/Schneider/*Krause*/Pötzsch/*Stephan* Rn. 163; *Winter/Harbarth* ZIP 2002, 1 (4); Steinmeyer/*Steinmeyer* Rn. 25; *Fleischer/Kalss,* Das neue WpÜG, 2002, 127; *Marsch-Barner* in Zschocke/Schuster ÜbernahmeR-HdB Rn. E 46; Emmerich/Habersack/*Habersack* AktG Vor § 311 Rn. 18; aA *Oechsler* NZG 2001, 817 (822); Kölner Komm WpÜG/*Hirte* Rn. 74; *Stephan* Der Konzern 2019, 473 (482); Ehricke/Ekkenga/Oechsler/*Ekkenga* Rn. 53, die auf die Vereitelungswirkung für den Fall eines erfolgreichen Konkurrenzangebotes hinweisen.

[421] *Ekkenga/Hofschroer* DStR 2002, 724 (733); vgl. auch *Oechsler* NZG 2001, 817 (822); *Nörr/Stiefenhofer,* Takeover Law in Germany, 2003, 65.

[422] *Decher* FS Lutter, 2000, 1209 (1223); *Winter/Harbarth* ZIP 2002, 1 (5); Kölner Komm WpÜG/*Hirte* Rn. 75.

[423] Baums/Thoma/*Grunewald* Rn. 64; aA *Hirte* ZGR 2002, 623 (639).

[424] Ähnlich Kölner Komm WpÜG/*Hirte* Rn. 75, der in bestimmten Situationen auch die Zustimmung der Hauptversammlung verlangt.

[425] Bejahend *Busch,* Die Notwendigkeit der spezialgesetzlichen Regelung von öffentlichen Übernahmeangeboten in Deutschland, 1996, 109; *Hopt* ZHR 166 (2002), 383 (426): „wenn am Verlust der Unabhängigkeit kein Weg mehr vorbeiführt"; abl. FK-WpÜG/*Röh* Rn. 76; Kölner Komm WpÜG/*Hirte* Rn. 76 aE; Assmann/Pötzsch/Schneider/*Krause*/Pötzsch/*Stephan* Rn. 168.

[426] So auch *Arnold/Wenninger* CFL 2010, 79 (82).

[427] Assmann/Pötzsch/Schneider/*Krause*/Pötzsch/*Stephan* Rn. 170; *Krieger* RWS-Forum Gesellschaftsrecht 2001, 289 (313 f.); *Winter/Harbarth* ZIP 2002, 1 (5); *Mielke* in Beckmann/Kersting/Mielke, Das neue Übernahmerecht, 2003, Rn. C 40; *Marsch-Barner* in Zschocke/Schuster ÜbernahmeR-HdB Rn. E 48; Kölner Komm WpÜG/*Hirte* Rn. 76; ausf. *Heinrich,* Der weiße Ritter als Maßnahme zur Abwehr eines feindlichen Übernahmeangebots, 2009, 273 ff.

zur Verfügung.[428] Dies wird in vielen Fällen nicht ausreichen, um mit dem konkurrierenden Bieter zu einer Einigung zu gelangen.

Die Ermächtigung ist ungeachtet des nicht völlig klaren Gesetzestextes nicht auf die **161** konkrete Übernahmesituation beschränkt. Nach einer verbreiteten Auffassung soll es der Zielgesellschaft jedoch aus **insiderrechtlichen Gründen** in der **pre-bid-Phase** nicht gestattet sein, nach einem konkurrierenden Bieter zu suchen.[429] Dies ist im Hinblick auf die ausdrückliche Gestattung des Abs. 1 S. 2 Var. 2 nicht zutreffend.[430] Dem kann auch nicht entgegengehalten werden, dass sich diese Regelung nur auf die *post-bid*-Phase bezieht, da es der Zielgesellschaft schon aus zeitlichen Gründen nicht gelingen wird, erst nach der Veröffentlichung der Entscheidung zur Abgabe eines Angebotes zu einer Einigung mit einem dritten Bieter zu kommen. Die Ausnahmeregelung des Abs. 1 S. 2 Var. 2 hätte damit praktisch keinen Anwendungsbereich mehr.

Bei der Suche nach einem konkurrierenden Angebot darf der Vorstand alle **Handlungen** **162** vornehmen, die erforderlich sind, damit ein weiterer Bieter ein Konkurrenzangebot abgibt.[431] Er ist insbesondere berechtigt, mit industriellen Investoren und Finanzinvestoren zu sprechen.[432] In diesem Zusammenhang stellt sich häufig die Frage, ob der Vorstand pflichtgemäß handelt, wenn er dem (potentiellen) konkurrierenden Bieter **Informationen** über die Zielgesellschaft zur Verfügung stellt oder ihm die Durchführung einer **Due Diligence** gestattet. Von der hM wird die Weitergabe von Informationen über das Unternehmen an einen potentiellen Erwerber der Gesellschaft als zulässig angesehen, sofern die aktienrechtlichen Voraussetzungen, insbesondere der Abschluss einer Vertraulichkeitsvereinbarung, eingehalten werden.[433] Folglich unterliegt auch die Weitergabe von Informationen an einen konkurrierenden Bieter im Grundsatz keinen Bedenken.[434] Dies gilt richtigerweise auch dann, wenn das ursprüngliche Angebot unter der auflösenden Bedingung steht, dass kein konkurrierender Bieter auftritt oder dem konkurrierenden Bieter keine Informationen zur Verfügung gestellt werden.[435]

Davon zu unterscheiden ist die Frage, ob der Vorstand der Zielgesellschaft zur Wahrung **163** der Gleichbehandlung der beiden Bieter – entsprechend Rule 20.1 City Code[436] – **verpflichtet** ist, also die Informationen, die er einem konkurrierenden Bieter zur Verfügung stellt, auch dem ursprünglichen Bieter zur Verfügung stellen muss.[437] Dies wird mit Recht überwiegend bejaht.[438] Zwar ist die Zielgesellschaft grundsätzlich nicht verpflichtet, einem

---

[428] Die Vorlage des Konkurrenzangebotes führt dazu, dass sich die Annahmefrist für das ursprüngliche Angebot bis zum Ablauf der Annahmefrist für das konkurrierende Angebot verlängert, § 22 Abs. 2; dazu *Krieger* RWS-Forum Gesellschaftsrecht 2001, 289 (313 f.); *Brandi* in Thaeter/Brandi, Öffentliche Übernahmen, 2003, Teil 3 Rn. 353.

[429] Ehricke/Ekkenga/*Oechsler* Rn. 15, 54; ABBD/*Apfelbacher/Mann* Part 3 B Rn. 46.

[430] Zutr. *Hopt* ZGR 2002, 333 (357); *Assmann* ZGR 2002, 697 (706, 708).

[431] FK-WpÜG/*Röh* Rn. 78; Assmann/Pötzsch/Schneider/*Krause/Pötzsch/Stephan* Rn. 164.

[432] FK-WpÜG/*Röh* Rn. 78.

[433] Dazu *Roschmann/Frey* AG 1996, 449 ff.; *Schroeder* DB 1997, 2161 ff.; *Stoffels* ZHR 165 (2001), 362 (373 f.); *Linker/Zinger* NZG 2002, 487 ff.; *Assmann* ZGR 2002, 697 (708); *Brandi* in Thaeter/Brandi, Öffentliche Übernahmen, 2003, Teil 3 Rn. 47 f.; deutlich restriktiver *Lutter* ZIP 1997, 613 (617); *Ziemons* AG 1999, 492 (495); *Arnold/Wenninger* CFL 2010, 79 (82).

[434] *Maier-Reimer* ZHR 165 (2001), 258 (264 f.); *Winter/Harbarth* ZIP 2002, 1 (5); *Ekkenga/Hofschroer* DStR 2002, 724 (733); *Fleischer* ZIP 2002, 651 (652 ff.); FK-WpÜG/*Röh* Rn. 77; *Hopt* ZGR 2002, 333 (357); Kölner Komm WpÜG/*Hirte* Rn. 77; Baums/Thoma/*Grunewald* Rn. 65.

[435] *Fleischer* ZIP 2002, 651 (655); Kölner Komm WpÜG/*Hirte* Rn. 77.

[436] Rule 20.2 (1) City Code: „Any information given to one offeror or potential offeror, whether named or unnamed, must, on request, be given equally and promptly to another offeror or bona fide potential offeror even if that other offeror is less welcome."

[437] Vgl. hierzu ausf. *Liekefett* AG 2005, 802 ff.; *Heinrich,* Der weiße Ritter als Maßnahme zur Abwehr eines feindlichen Übernahmeangebots, 2009, 241 ff.

[438] *Liekefett* AG 2005, 802 (803 ff.); *Becker* ZHR 165 (2001), 280 (286); *Fleischer* ZIP 2002, 651 (654); *Hopt* ZGR 2002, 333 (358); *Hirte* ZGR 2002, 628 (640); Kölner Komm WpÜG/*Hirte* Rn. 77; *Marsch-Barner* in Zschocke/Schuster ÜbernahmeR-HdB Rn. E 48; Emmerich/Habersack/*Habersack* AktG Vor § 311 Rn. 18; Ehricke/Ekkenga/*Oechsler* Rn. 54; Baums/Thoma/*Grunewald* Rn. 66; für den Pakethandel bereits *Stoffels* ZHR 165 (2001), 362 (382); *Brandi* in Thaeter/Brandi, Öffentliche Übernahmen, 2003, Teil 3 Rn. 47 ff. (52 ff.); aA *Maier-Reimer* ZHR 165 (2001), 258 (264 f.); *Assmann* ZGR 2002, 697 (709); Assmann/

Bieter bei einer feindlichen Übernahme Informationen zugänglich zu machen.[439] Die Situation stellt sich aber anders dar, wenn zwei konkurrierende Bieter auftreten und einem der beiden Informationen über die Gesellschaft zur Verfügung gestellt wurden. Für eine Gleichbehandlung der beiden Bieter spricht zunächst die in § 22 angelegte „Synchronisierung"[440] beider Angebote. Darüber hinaus liegt die Weitergabepflicht auch grundsätzlich im Aktionärsinteresse, da die ergänzenden Informationen den ersten Bieter unter Umständen dazu veranlassen, die Konditionen seines ursprünglichen Angebotes zu verbessern. Es spricht jedoch viel dafür, dass die Weitergabe der Informationen – entsprechend Rule 20.1 City Code – nur auf **Verlangen des Erstbieters** erfolgen muss.[441] Indessen müssen auch die gesellschaftsrechtlichen Voraussetzungen für eine Weitergabe der Informationen vorliegen. Daran kann es fehlen, wenn der ursprüngliche Bieter ein Konkurrenzunternehmen der Zielgesellschaft ist oder er den Abschluss einer Vertraulichkeitserklärung verweigert hat.[442]

164    Nicht gestattet ist dem Vorstand indessen, Maßnahmen zu ergreifen, die darauf gerichtet sind, den Erfolg des ursprünglichen Angebotes zu **verhindern,** um dem Konkurrenzangebot zum Erfolg zu verhelfen, da dies die Entscheidungsfreiheit der Aktionäre beeinträchtigen würde.[443]

165    Die **finanzielle Unterstützung** von Konkurrenzangeboten durch die Zielgesellschaft ist dem Vorstand nicht erlaubt.[444] Nach § 71a Abs. 1 S. 1 AktG darf die Zielgesellschaft keine Vorschüsse, Darlehen oder Sicherheiten für den Erwerb ihrer Aktien gewähren. Gleichwohl durchgeführte Geschäfte wären nichtig. Hieraus folgt jedoch nicht, dass die Gesellschaft bei der Suche nach einem konkurrierenden Angebot überhaupt keine Aufwendungen tätigen darf. Der Zielgesellschaft müssen alle Maßnahmen erlaubt sein, mit denen ein Zweitbieter angeworben werden kann.[445] Da die Suche nach einem Konkurrenzangebot notwendigerweise mit gewissen Kosten (Honorare für Berater etc) verbunden ist, würde man, wenn man § 71a AktG insoweit als einschlägig ansehen wollte, die Suche nach einem Konkurrenzangebot unmöglich machen. Eine solche Folge hat der Gesetzgeber ersichtlich nicht gewollt. Insoweit ist Abs. 1 S. 2 Var. 2 als lex specialis zu §§ 57, 71a AktG anzusehen. Den Dritten unter In-Aussichtstellung finanzieller Vorteile aus ihrem Vermögen davon zu überzeugen, ein konkurrierendes Angebot abzugeben, ist der Zielgesellschaft freilich verboten.

166    **d) Maßnahmen mit vorheriger Zustimmung des Aufsichtsrates (Var. 3). aa) Grundsatz.** Der Vorstand darf schließlich solche Abwehrmaßnahmen durchführen, denen der Aufsichtsrat zuvor zugestimmt (§ 183 BGB) hat. Diese Regelung, die erst in einem sehr späten Stadium des Gesetzgebungsverfahrens auf Grund der Beschlussempfehlung des Finanzausschusses in das Gesetz eingefügt worden ist,[446] ist rechtspolitisch äußerst umstritten (→ Rn. 40 f.) und von großer praktischer Bedeutung.[447] Mit Zustimmung des Aufsichtsrates darf der Vorstand nämlich nicht nur solche Handlungen durchführen, die zum Tagesgeschäft gehören oder sich im Rahmen einer bereits verfestigten Unternehmens-

---

Pötzsch/Schneider/*Krause/Pötzsch/Stephan* Rn. 165; diff. danach, ob die Abwehr des ursprünglichen Bieters zur Abwendung einer Gefahr für das Unternehmen erforderlich ist, Angerer/Geibel/Süßmann/*Louven* § 3 Rn. 31.

[439] *Hopt* ZGR 2002, 333 (358).

[440] *Marsch-Barner* in Zschocke/Schuster ÜbernahmeR-HdB Rn. E 48; krit. *Liekefett* AG 2005, 802 (806).

[441] In diese Richtung auch *Hopt* ZGR 2002, 333 (358).

[442] S. auch *Fleischer* ZIP 2002, 651 (654 f.); Kölner Komm WpÜG/*Hirte* Rn. 77; Baums/Thoma/*Grunewald* Rn. 65; *Brandi* in Thaeter/Brandi, Öffentliche Übernahmen, 2003, Teil 3 Rn. 52 ff.

[443] *Winter/Harbarth* ZIP 2002, 1 (5); Kölner Komm WpÜG/*Hirte* Rn. 77.

[444] *Krause* AG 2002, 133 (139); *Krieger* RWS-Forum Gesellschaftsrecht 2001, 289, 314; *Winter/Harbarth* ZIP 2002, 1 (5); *Bayer* ZGR 2002, 588 (611); Kölner Komm WpÜG/*Hirte* Rn. 77; *Nörr/Stiefenhofer*, Takeover Law in Germany, 2003, 65; ABBD/*Lohrmann/v. Dryander* Sec. 33 Rn. 59.

[445] Ehricke/Ekkenga/Oechsler/*Ekkenga* Rn. 54; Assmann/Pötzsch/Schneider/*Krause/Pötzsch/Stephan* Rn. 164.

[446] Begr. Beschluss Finanzausschuss, BT-Drs. 14/7477, 69.

[447] *Winter/Harbarth* ZIP 2002, 1 (9); *Krause* AG 2002, 133 (137); Kölner Komm WpÜG/*Hirte* Rn. 78; *Schanz* NZG 2007, 927 (928); *Stephan* Der Konzern 2019, 473 (483).

strategie bewegen.[448] Anders als nach Variante 1 sind also mit Zustimmung des Aufsichtsrates auch solche Maßnahmen möglich, die durch das konkrete Übernahmeangebot motiviert wurden.[449] Allerdings stehen Abs. 1 S. 2 Variante 3 und Variante 1 in keinem Ausschlussverhältnis zueinander. Mithin kann eine Abwehrmaßnahme sowohl durch die Zustimmung des Aufsichtsrates als auch durch Variante 1 gerechtfertigt sein.[450] Konstruktiv ähnelt die Regelung der Bestimmung des § 111 Abs. 4 S. 2 AktG über Zustimmungsvorbehalte zugunsten des Aufsichtsrates.

In einer **Kommanditgesellschaft auf Aktien** soll die Ausnahmeregelung des Abs. 1 **167** S. 2 Var. 3 wegen der eingeschränkten Rechtsstellung des Aufsichtsrates keine Anwendung finden.[451] Im Hinblick darauf, dass § 33 auf Aktiengesellschaften und Kommanditgesellschaften auf Aktien gleichermaßen Anwendung findet, wird man dem de lege lata nicht folgen können.[452]

**bb) Sachlicher Anwendungsbereich.** Die Ausnahmevorschrift ermöglicht im Grund- **168** satz auch die Durchführung solcher Maßnahmen, die sich nicht als ein Handeln eines ordentlichen und gewissenhaften Geschäftsleiters iSd Abs. 1 S. 1 Var. 1 rechtfertigen lassen. Die fragliche Maßnahme muss sich also nicht notwendigerweise in die bisherige **Unternehmensstrategie** einfügen;[453] vielmehr kann sie auch der Verfolgung einer neuen Unternehmensstrategie dienen. Die Zustimmung des Aufsichtsrates kann sich ferner auf eine (Abwehr-)Maßnahme beziehen, die durch das Angebot veranlasst ist.[454]

Indessen ist der Vorstand auch mit Zustimmung des Aufsichtsrates nur zu solchen Hand- **169** lungen berechtigt, die von seiner aktienrechtlichen Geschäftsführungsbefugnis (§ 77 AktG) gedeckt sind.[455] Maßnahmen, die nach allgemeinen gesellschaftsrechtlichen Grundsätzen in die Kompetenz der **Hauptversammlung** fallen, verbleiben weiterhin in der Zuständigkeit der Aktionäre.[456] Dies ergibt sich aus einem Umkehrschluss aus der auf Grund der Empfehlung des Finanzausschusses in Abs. 2 S. 1 aufgenommenen Klarstellung (→ Rn. 210).[457] Wäre der Vorstand mit bloßer Zustimmung des Aufsichtsrates zur Durchführung von in den Kompetenzbereich der Hauptversammlung fallenden Maßnahmen berechtigt, hätte Abs. 2 keinen Anwendungsbereich mehr.[458] Dies gilt auch für solche Maßnahmen, die der Vorstand nach den Holzmüller/Gelatine-Grundsätzen der Hauptversammlung zur Zustimmung vorzulegen hat. Kapitalerhöhungen ohne entsprechende Beschlussfassung der Hauptversammlung sind – auch im Hinblick auf die europarechtlichen Vorgaben in Art. 25 der Zweiten (Kapital-)Richtlinie – stets unzulässig.[459] Die Ausnutzung von Ermächtigungsbeschlüssen ist dem Vorstand mit Zustimmung des Aufsichtsrates indessen möglich (→ Rn. 237 f.).

**(1) Zustimmung zu Ad-hoc-Maßnahmen.** Von der Ausnahmeregelung gedeckt sind **170** alle Geschäftsführungsmaßnahmen des Vorstandes, die verhinderungsgeeignet sind und

---

[448] *Winter/Harbarth* ZIP 2002, 1 (8); Kölner Komm WpÜG/*Hirte* Rn. 83; Baums/Thoma/*Grunewald* Rn. 68 f.
[449] OLG Stuttgart AG 2019, 527 (532) = NZG 2019, 345 Ls.; Assmann/Pötzsch/Schneider/*Krause*/*Pötzsch*/*Stephan* Rn. 175.
[450] FK-WpÜG/*Röh* Rn. 82; Baums/Thoma/*Grunewald* Rn. 68; aA *Schnieder* AG 2002, 125 (129).
[451] Kölner Komm WpÜG/*Hirte* Rn. 78.
[452] Assmann/Pötzsch/Schneider/*Krause*/*Pötzsch*/*Stephan* Rn. 173; FK-WpÜG/*Röh* Rn. 83.
[453] *Steinmeyer*/*Steinmeyer* Rn. 28.
[454] OLG Stuttgart AG 2019, 527 (532) = NZG 2019, 345 Ls.; Angerer/Geibel/Süßmann/*Brandi* Rn. 54; Assmann/Pötzsch/Schneider/*Krause*/*Pötzsch*/*Stephan* Rn. 175 f., 177.
[455] *Krause* NJW 2002, 705 (712).
[456] Begr. Beschluss Finanzausschuss, BT-Drs. 14/7477, 53; OLG Stuttgart AG 2019, 527 (534) = NZG 2019, 345 Ls.; Cahn/Senger FB 2002, 277 (289); Angerer/Geibel/Süßmann/*Brandi* Rn. 52; Steinmeyer/*Steinmeyer* Rn. 27; *Pötzsch*, Das neue Übernahmerecht, 2002, 41; Kölner Komm WpÜG/*Hirte* Rn. 80; *Brandi* in Thaeter/Brandi, Öffentliche Übernahmen, 2003, Teil 3 Rn. 374; Assmann/Pötzsch/Schneider/*Krause*/*Pötzsch*/*Stephan* Rn. 174.
[457] Kölner Komm WpÜG/*Hirte* Rn. 80.
[458] *Winter/Harbarth* ZIP 2002, 1 (9); Kölner Komm WpÜG/*Hirte* Rn. 80.
[459] Ausf. Kölner Komm WpÜG/*Hirte* Rn. 82.

deren Durchführung nicht von der Zustimmung der Hauptversammlung abhängt.[460] Exemplarisch sind zu nennen:

**171** – die Abgabe eines **Gegenangebots** auf Aktien des Bieters *(pac man-defense)* (→ Rn. 111 ff.).[461] Aktienrechtlich kommt ein solches Gegenangebot nur dann in Betracht, wenn es aus Sicht der Zielgesellschaft auch tatsächlich wirtschaftlich sinnvoll ist.[462] Einer Zustimmung der Hauptversammlung der Zielgesellschaft bedarf es grundsätzlich nicht. Anderes gilt nur dann, wenn die Zielgesellschaft als Gegenleistung Aktien anbietet, die erst im Rahmen einer Kapitalerhöhung geschaffen werden müssen, oder es sich bei dem Angebot für die Aktien des Bieters ausnahmsweise um eine strukturändernde Maßnahme im Sinne der Holzmüller/Gelatine-Rspr. handelt.

**172** – die Verweigerung der Zustimmung zur Übertragung **vinkulierter Namensaktien.** Hat die Zielgesellschaft vinkulierte Namensaktien ausgegeben, ist der Vorstand für die Erteilung der Zustimmung zur Übertragung zuständig, sofern die Satzung nicht bestimmt, dass der Aufsichtsrat oder die Hauptversammlung über die Zustimmung beschließt (§ 68 Abs. 2 S. 2 und 3 AktG). Die Verweigerung der Zustimmung zur Übertragung stellt grundsätzlich eine verhinderungsgeeignete Maßnahme des Vorstandes dar (→ Rn. 115). Nach der früheren Rspr. des BGH darf der Vorstand in einer Übernahmesituation bei Beachtung des Gleichbehandlungsgrundsatzes (§ 53a AktG) die Zustimmung zu einer Übertragung verweigern, um die Unabhängigkeit der Gesellschaft zu bewahren, sofern die Satzung die Verweigerungsgründe nicht abschließend benennt.[463] Nach derzeitiger Rechtslage bedarf er nach Veröffentlichung der Entscheidung zur Abgabe eines Angebotes der Zustimmung des Aufsichtsrates.[464]

– die Durchführung von spezifischen angebotsbezogenen Kommunikations- und Werbemaßnahmen sowie insbesondere **Road Shows** bei Investoren, sofern man die Durchführung von spezifischen angebotsbezogenen Kommunikations- und Werbemaßnahmen sowie insbesondere Road Shows bei Investoren – entgegen der hier vertretenen Auffassung – als zur Verhinderung geeignete Maßnahme ansieht (→ Rn. 125 f.).[465]

**173** **(2) Ausnutzung von generellen Ermächtigungsbeschlüssen der Hauptversammlung.** Problematisch ist, ob der Vorstand mit Zustimmung des Aufsichtsrates auch von Ermächtigungen Gebrauch machen kann, die ihm von der Hauptversammlung im Vorfeld eines Angebotes erteilt wurden, ohne dass der Ermächtigungsbeschluss vorsieht, dass der Bezugsrechtsausschluss „zur Abwehr eines feindlichen Übernahmeangebotes" bzw. „zur Abwendung drohender Abhängigkeit" erfolgen kann. Die wichtigsten Fälle solcher genereller Ermächtigungen sind die **Ausnutzung eines genehmigten Kapitals** nach § 202 AktG oder der Rückkauf von **eigenen Aktien** nach § 71 Abs. 1 Nr. 8 AktG. Es wurde bereits (→ Rn. 144 ff.) festgestellt, dass der Vorstand unter den Voraussetzungen des Abs. 1 S. 2 Var. 1 (gewissenhafter Geschäftsleiter) zur Ausnutzung von einfachen Ermächtigungsbeschlüssen berechtigt ist. Im Anwendungsbereich des Abs. 1 S. 2 Var. 3 kann nichts anderes gelten.[466] Aus den unter → Rn. 211 aufgeführten Gründen kann auch nicht eingewandt

[460] Angerer/Geibel/Süßmann/*Brandi* Rn. 52.

[461] Angerer/Geibel/Süßmann/*Brandi* Rn. 54; FK-WpÜG/*Röh* Rn. 81; *Marsch-Barner* in Zschocke/Schuster ÜbernahmeR-HdB Rn. E 50.

[462] *Hopt* FS Lutter, 2000, 1389 f.; *Brandi* in Thaeter/Brandi, Öffentliche Übernahmen, 2003, Teil 3 Rn. 570.

[463] BGH NJW 1987, 1019 f.; aA *Marquardt* WiB 1994, 537 (538); *Assmann/Bozenhardt* ZGR-Sonderheft 9 (1990), 117; *C. Kniehase,* Standstill Agreements in Deutschland und den USA, 2001, 94 ff.; *Schanz* NZG 2000, 337 (341).

[464] Auch *Thiel* in Semler/Volhard ÜN-HdB § 54 Rn. 83; *Brandi* in Thaeter/Brandi, Öffentliche Übernahmen, 2003, Teil 3 Rn. 436.

[465] FK-WpÜG/*Röh* Rn. 59, 87.

[466] *Winter/Harbarth* ZIP 2002, 1 (9); *Krause* BB 2002, 1053 (1055); *Thoma* NZG 2002, 105 (110); *Tröger* DZWiR 2002, 397 (403); *Zschocke* DB 2002, 79 (83); FK-WpÜG/*Röh* Rn. 82; *Mielke* in Beckmann/Kersting/Mielke, Das neue Übernahmerecht, 2003, Rn. C 60; *Emmerich/Habersack/Habersack* AktG Vor § 311 Rn. 19; *Brandi* in Thaeter/Brandi, Öffentliche Übernahmen, 2003, Teil 3 Rn. 373; aA *Bayer* ZGR 2002, 588 (613), 617; *Diregger/Winter* WM 2002, 1583 (1591); *Hirte* ZGR 2002, 623 (641); Steinmeyer/*Steinmeyer* Rn. 27; Ehricke/Ekkenga/Oechsler/*Ekkenga* Rn. 57; *Stephan* Der Konzern 2019, 473 (480).

werden, dass der Anwendungsbereich des Abs. 2 auf diese Weise zu sehr eingeschränkt sei.[467] Für diese Lesart spricht schließlich die die Pflichten von Vorstand und Aufsichtsrat in der Übernahmesituation regelnde frühere Ziff. 3.7 DCGK 2017 (zum **neuen DCGK 2019** → Rn. 191 ff.), die die Ausnutzung von Ermächtigungsbeschlüssen ebenfalls erfasst (→ Rn. 191).

**cc) Ausübung des unternehmerischen Ermessens durch den Vorstand.** Die Mög- **174** lichkeit, Abwehrmaßnahmen mit Zustimmung des Aufsichtsrates durchzuführen, lässt die allgemeinen aktienrechtlichen Voraussetzungen unberührt.[468] Mithin muss die vom Vorstand ergriffene Maßnahme stets im **Unternehmensinteresse** geeignet und erforderlich sein.[469] Nicht im Unternehmensinteresse liegende Maßnahmen können auch durch eine bloße Zustimmung des Aufsichtsrates nicht legitimiert werden.[470] Die Ausnahmevorschrift ermöglicht im Grundsatz auch die Durchführung von Maßnahmen, die ein ordentlicher und gewissenhafter Geschäftsleiter, der nicht von einem Übernahmeangebot betroffen ist, nicht vorgenommen hätte. Denn andernfalls wäre die Maßnahme bereits von Abs. 1 S. 2 Var. 1 legitimiert. Der Umstand, dass sich die fragliche Maßnahme nicht notwendigerweise in die bisherige Unternehmensstrategie einfügen muss (→ Rn. 168), könnte zu der Annahme verleiten, dass dem Vorstand auch insoweit das weite, in der **ARAG-Entscheidung**[471] entwickelte und in der business judgement rule weitergeführte unternehmerische Ermessen zusteht. Allerdings ist zu berücksichtigen, dass der Vorstand in einer feindlichen Übernahmesituation wegen der potenziellen Gefährdung seiner eigenen Stellung typischerweise einem Interessenkonflikt ausgesetzt ist (→ Rn. 44). Vor diesem Hintergrund wird zu Recht in Zweifel gezogen, dass dem Vorstand dann der gleiche unternehmerische Spielraum zusteht wie außerhalb einer Übernahmesituation.[472]

Vielmehr bedarf die business judgement rule nach richtiger Ansicht einer **Modifizie- 175 rung**.[473] Bei der vorzunehmenden Abwägung zwischen dem Abwehrinteresse des Unternehmens und dem Interesse der Aktionäre, über das Angebot unbehindert von Maßnahmen des Vorstandes entscheiden zu können, müssen die Interessen der Aktionäre eindeutig überwiegen. Das **Unternehmensinteresse** muss also **qualifiziert** sein.[474] Ist dies nicht der Fall, muss die Maßnahme unterbleiben oder kann nur auf Grundlage eines Ermächtigungsbeschlusses der Hauptversammlung erfolgen.

In der konkreten Anwendung bedeutet dies, dass eine auf die bloße Aufsichtsratszustim- **176** mung gestützte Abwehrmaßnahme zunächst in den Fällen in Betracht kommt, für die bereits nach altem Recht eine Ausnahme von der Neutralitätspflicht anerkannt war (→ Rn. 47), oder wenn die Veränderung im Aktionärskreis sich aller Voraussicht nach nachteilig auf die Vermögens- und Ertragslage der Gesellschaft auswirken wird.[475] Anders als im Anwendungs-

---

[467] So aber *Bayer* ZGR 2002, 588 (613); *Hirte* ZGR 2002, 623 (641).

[468] Assmann/Pötzsch/Schneider/*Krause*/*Pötzsch*/*Stephan* Rn. 177; Schwark/*Zimmer*/*Noack*/*Zetzsche* Rn. 18; *Winter*/*Harbarth* ZIP 2002, 1 (4); *Krause* AG 2002, 133.

[469] OLG Stuttgart AG 2019, 527 (533) = NZG 2019, 345 Ls.; Baums/Thoma/*Grunewald* Rn. 68; Assmann/Pötzsch/Schneider/*Krause*/*Pötzsch*/*Stephan* Rn. 177; Angerer/Geibel/Süßmann/*Brandi* Rn. 56.

[470] Angerer/Geibel/Süßmann/*Brandi* Rn. 55; Assmann/Pötzsch/Schneider/*Krause*/*Pötzsch*/*Stephan* Rn. 177.

[471] BGHZ 135, 244 = NJW 1997, 1926; vgl. dazu BeckOGK/*Fleischer* AktG § 93 Rn. 78 ff.; Kölner Komm AktG/*Mertens*/*Kahn* AktG § 93 Rn. 25 ff.; *v. Falkenhausen* NZG 2007, 97 ff.; *Baums* ZGR 2011, 218 ff.

[472] Zum Diskussionsstand Assmann/Pötzsch/Schneider/*Krause*/*Pötzsch*/*Stephan* Rn. 178.

[473] *Winter*/*Harbarth* ZIP 2002, 1 (9 f.); Steinmeyer/*Steinmeyer* Rn. 29; FK-WpÜG/*Röh* Rn. 90 ff.; *Hirte* ZGR 2002, 623 (642); Kölner Komm WpÜG/*Hirte* Rn. 83; *Hopt* ZHR 166 (2002), 383 (428); Emmerich/Habersack/*Habersack* AktG Vor § 311 Rn. 19; Ehricke/Ekkenga/Oechsler/*Ekkenga* Rn. 58 f.; iErg auch *Marsch-Barner* in Zschocke/Schuster ÜbernahmeR-HdB Rn. E 39; *Semler* FS Lutter, 2000, 627 (639), nach dessen Ansicht ein Übernahmeangebot regelmäßig die persönlichen Interessen der Vorstandsmitglieder berührt, sodass diesen keine eigenständige Geschäftsführungsprärogative zustehen kann; aA *Tröger* DZWiR 2002, 397 (403); Angerer/Geibel/Süßmann/*Brandi* Rn. 56.

[474] FK-WpÜG/*Röh* Rn. 93; Kölner Komm WpÜG/*Hirte* Rn. 83. Dazu iE Ehricke/Ekkenga/Oechsler/*Ekkenga* Rn. 60 f.; *Brandi* in Thaeter/Brandi, Öffentliche Übernahmen, 2003, Teil 3 Rn. 387.

[475] *Winter*/*Harbarth* ZIP 2002, 1 (10); *Brandi* in Thaeter/Brandi, Öffentliche Übernahmen, 2003, Teil 3 Rn. 389.

bereich von Abs. 1 S. 2 Var. 1 müssen die Maßnahmen nicht in der bisherigen Unternehmensstrategie angelegt sein.[476] **Strategiewechsel** der Zielgesellschaft sind danach nicht völlig ausgeschlossen. Nach zutreffender Ansicht sind solche Maßnahmen indessen nur dann zulässig, wenn sie **unaufschiebbar** sind, also mit ihrer Durchführung nicht bis zum Abschluss des Übernahmeverfahrens zugewartet werden kann.[477]

**177** **dd) Zustimmung des Aufsichtsrates. (1) Form.** Die Zustimmungsentscheidung des Aufsichtsrates muss sich auf **konkrete Abwehrmaßnahmen** beziehen. Eine pauschale Ermächtigung zur Vornahme bestimmter Abwehrmaßnahmen ist nicht zulässig, da andernfalls eine wirksame Kontrolle des Vorstandshandelns durch den Aufsichtsrat nicht möglich wäre.[478] Anderes soll gelten, wenn in dem Beschluss des Aufsichtsrates die Umstände aufgeführt werden, in denen die Ermächtigung gelten soll.[479]

**178** Der Wortlaut des Gesetzes („zugestimmt hat") deutet darauf hin, dass die Zustimmung des Aufsichtsrats **vor der Vornahme** der Maßnahme vorliegen muss. Folgerichtig nimmt die überwiegende Meinung an, dass die Zustimmung in aller Regel vor Durchführung der Maßnahme in Form einer **Einwilligung** (§ 183 BGB) erteilt werden muss. Die nachträgliche Billigung reicht grundsätzlich nicht, da die Entscheidung des Aufsichtsrates andernfalls faktisch präjudiziert würde.[480] Die zu § 111 Abs. 4 S. 2 AktG entwickelten Grundsätze können entsprechend herangezogen werden (→ Rn. 237 f.).[481] Auch eine Generalermächtigung durch den Aufsichtsrat genügt nicht.[482]

**179** Der Aufsichtsrat entscheidet gem. § 108 Abs. 1 AktG durch **Beschluss,** der der Mehrheit der Stimmen bedarf. Für die Beschlussfassung des Aufsichtsrates gelten im Übrigen die allgemeinen aktienrechtlichen Bestimmungen.

**180** Die Übertragung der Entscheidungsbefugnis auf einen **Ausschuss** ist zulässig, da die Zustimmung in dem enumerativen Katalog des § 107 Abs. 3 S. 2 AktG nicht aufgeführt ist und es sich bei der Entscheidung über die Zustimmung zu Abwehrmaßnahmen nicht um eine Vorbehaltsaufgabe handelt.[483] Der Gesetzgeber hat zudem davon abgesehen, im Wege der Änderungen durch das VorstAG, durch das der Katalog des § 107 Abs. 3 S. 2 AktG noch erweitert wurde, die Zustimmung des Aufsichtsrates nach Abs. 1 S. 2 in diesen Katalog aufzunehmen. Auch ist es zulässig, einen „Verteidigungsausschuss" zu schaffen, der erst in der Übernahmesituation aktiv wird.[484]

**181** Bedarf die beabsichtigte Maßnahme auch nach allgemeinen **aktienrechtlichen Grundsätzen** der Zustimmung des Aufsichtsrates, kann die Zustimmung gleichzeitig in einem

---

[476] Winter/Harbarth ZIP 2002, 1 (8); Kölner Komm WpÜG/Hirte Rn. 85; Brandi in Thaeter/Brandi, Öffentliche Übernahmen, 2003, Teil 3 Rn. 375.
[477] Drygala ZIP 2001, 1861 (1866 f.); Maier-Reimer ZHR 165 (2001), 258 (266 f.); Hirte ZGR 2002, 623 (644); Kölner Komm WpÜG/Hirte Rn. 85; vgl. auch Thiel in Semler/Volhard ÜN-HdB § 54 Rn. 67.
[478] OLG Stuttgart AG 2019, 527 (532) = NZG 2019, 345 Ls.; Winter/Harbarth ZIP 2002, 1 (8); U. H. Schneider AG 2002, 125 (129); Baums/Thoma/Grunewald Rn. 74; Brandi in Thaeter/Brandi, Öffentliche Übernahmen, 2003, Teil 3 Rn. 392; enger insoweit Assmann/Pötzsch/Schneider/Krause/Pötzsch/Stephan Rn. 180.
[479] Hirte ZGR 2002, 623 (644); Kölner Komm WpÜG/Hirte Rn. 86; aA Baums/Thoma/Grunewald Rn. 74.
[480] Winter/Harbarth ZIP 2002, 1 (8); FK-WpÜG/Röh Rn. 97; Assmann/Pötzsch/Schneider/Krause/Pötzsch/Stephan Rn. 179; R. Müller in Zschocke/Schuster ÜbernahmeR-HdB Rn. D 53; Ehricke/Ekkenga/Oechsler/Ekkenga Rn. 62; Baums/Thoma/Grunewald Rn. 76; auch Thiel in Semler/Volhard ÜN-HdB § 54 Rn. 75; Brandi in Thaeter/Brandi, Öffentliche Übernahmen, 2003, Teil 3 Rn. 392; iErg auch Kölner Komm WpÜG/Hirte Rn. 86; → Rn. 236 zum ähnlich gelagerten Zustimmungsvorbehalt nach Abs. 2; Arnold/Wenninger CFL 2010, 79 (81).
[481] Begr. RegE, BT-Drs. 14/7034, 58.
[482] Ehricke/Ekkenga/Oechsler/Ekkenga Rn. 62.
[483] OLG Stuttgart AG 2019, 527 (532) = NZG 2019, 345 Ls.; iErg auch FK-WpÜG/Röh Rn. 98; Seibt DB 2002, 529 (531); Hirte ZGR 2002, 623 (645); Kölner Komm WpÜG/Hirte Rn. 87; auch Thiel in Semler/Volhard ÜN-HdB § 54 Rn. 76; Brandi in Thaeter/Brandi, Öffentliche Übernahmen, 2003, Teil 3 Rn. 393; Assmann/Pötzsch/Schneider/Krause/Pötzsch/Stephan Rn. 182; jetzt auch Baums/Thoma/Grunewald Rn. 76.
[484] Dazu näher Seibt DB 2002, 529 (531); Kölner Komm WpÜG/Hirte Rn. 87, die eine Berichterstattung über diesen Ausschuss nach § 171 AktG für entbehrlich, aber im Hinblick auf die Mitberücksichtigung von Arbeitnehmerinteressen die Besetzung mit Arbeitnehmervertretern für erforderlich halten.

Beschluss erteilt werden. Indessen muss sich dem Beschluss zumindest im Wege der Auslegung entnehmen lassen, dass der Aufsichtsrat bzw. der Ausschuss auch unter Berücksichtigung der Verhinderungseignung der Maßnahme entschieden hat.[485]

**(2) Ermessen.** Auch für den Aufsichtsrat stellt sich die Frage, welcher Pflichtenbindung **182** er bei der Entscheidung über die Erteilung oder Versagung der Zustimmung unterliegt. Vor dem Inkrafttreten des WpÜG ist die überwiegende Meinung davon ausgegangen, dass auch der Aufsichtsrat einer **Neutralitätspflicht** unterliegt.[486] Auch nach dem RefE und dem RegE waren Vorstand und Aufsichtsrat gleichermaßen vom **Verhinderungsverbot** erfasst. Auch wenn Abs. 1 S. 1 ausdrücklich nur noch den Vorstand erwähnt, erscheint es zutreffend, den Aufsichtsrat, soweit er an Maßnahmen mitwirkt, die Einfluss auf die Zusammensetzung des Aktionärskreises haben können, den gleichen Einschränkungen zu unterwerfen, wie sie für den Vorstand gelten.[487] Gegenteiliges lässt sich weder dem Wortlaut des Abs. 1 S. 1 noch der Begründung des Finanzausschusses entnehmen.[488] Andererseits würde es zu weit gehen, den Aufsichtsrat einem strikten Verhinderungsverbot zu unterwerfen (→ Rn. 61 ff.). Denn dann würde der Aufsichtsrat bei einer Zustimmung zu einer Abwehrmaßnahme des Vorstandes stets gegen diese Neutralitätspflicht verstoßen, was letztlich dazu führen würde, dass die Ausnahmeregelung des Abs. 1 S. 2 Var. 3 leer liefe.[489] Im Ergebnis erscheint es richtig, dem Aufsichtsrat den **gleichen (engen) Entscheidungsspielraum** zuzugestehen wie dem Vorstand.[490] Die einen weiten Ermessensspielraum zulassenden nunmehr in § 93 Abs. 1 S. 2 AktG kodifizierten **ARAG-Grundsätze** kommen daher nur zum Tragen, sofern sich der Aufsichtsrat nachweisbar ausnahmsweise nicht in einem Interessenkonflikt befindet. In jedem Fall hat der Aufsichtsrat seine Entscheidung am Unternehmensinteresse auszurichten.[491]

**(3) Entbehrlichkeit.** Das Zustimmungserfordernis des Aufsichtsrates ist auch dann nicht **183** entbehrlich, wenn nach Ansicht des Vorstandes **Gefahren** für das Unternehmen von Seiten des Bieters ausgehen.[492] Dies gilt selbst dann, wenn der Bieter die Zerschlagung des Unternehmens plant oder Gesetzesverstöße zu befürchten sind. Die Einschätzung, ob Nachteile für das Unternehmen drohen, dürfte in vielen Fällen schwierig sein und sollte dem Vorstand daher nicht alleine überlassen bleiben.

**ee) Zeitlicher Anwendungsbereich.** Nach Abs. 1 S. 1 ist es dem Vorstand ab Veröf- **184** fentlichung der Entscheidung des Bieters zur Abgabe eines Angebotes verboten, verhinderungsgeeignete Maßnahmen zu ergreifen. Sofern die Maßnahme Teil des Tagesgeschäftes oder einer verfestigten Unternehmensstrategie ist (→ Rn. 135 ff.), bestehen keine durchgreifenden Bedenken dagegen, dass der Vorstand Abwehrmaßnahmen bereits nach der Veröffentlichung der Entscheidung zur Abgabe eines Angebotes durchführt. Anders verhält es sich bei Abwehrmaßnahmen, die auf eine bloße Aufsichtsratszustimmung gestützt werden. Aufgrund der Reichweite dieses Ausnahmetatbestandes erscheint es zweifelhaft, ob der Vorstand Abwehrmaßnahmen durchführen kann, ohne dass ihm der konkrete Inhalt des Angebots, insbesondere die Art und Höhe der Gegenleistung, bekannt ist. Richtigerweise ist das unternehmerische Handlungsermessen des Vorstandes

---

[485] Ähnlich auch *Richter* in Semler/Volhard ÜN-HdB § 52 Rn. 42; *Thiel* in Semler/Volhard ÜN-HdB § 54 Rn. 76.
[486] *Hopt* ZGR 1993, 534 (565); *Mülbert* IStR 1999, 83 (99).
[487] *Winter/Harbarth* ZIP 2002, 1 (11); aA FK-WpÜG/*Röh* Rn. 94 ff.
[488] Dazu eingehend *Winter/Harbarth* ZIP 2002, 1 (11).
[489] *Krause* BB 2002, 1053 (1059); *Brandi* in Thaeter/Brandi, Öffentliche Übernahmen, 2003, Teil 3 Rn. 380 ff., nach dem das übernahmerechtliche Vereitelungsverbot für den Aufsichtsrat aber überhaupt nicht gelten soll.
[490] *Winter/Harbarth* ZIP 2002, 1 (11); Kölner Komm WpÜG/*Hirte* Rn. 84; Ehricke/Ekkenga/Oechsler/ *Ekkenga* Rn. 62; s. aber auch *Semler* FS Lutter, 2000, 627 (639).
[491] *U. H. Schneider* AG 2002, 125 (129); Kölner Komm WpÜG/*Hirte* Rn. 84; Baums/Thoma/*Grunewald* Rn. 75; *Arnold/Wenninger* CFL 2010, 79 (81).
[492] Baums/Thoma/*Grunewald* Rn. 78.

insoweit eingeschränkt, bis die **Angebotsunterlage** des Bieters vorliegt.[493] Jedenfalls ist es dem Vorstand nicht gestattet, bis zu diesem Zeitpunkt irreversible Maßnahmen vorzunehmen. Anderes gilt nur dann, wenn der Angebotsinhalt ausnahmsweise bereits mit der Entscheidung über die Abgabe eines Angebots veröffentlicht wurde. Eine Ausnahme soll ferner dann gelten, wenn absehbar ist, dass sich die Kontrollerlangung durch den Bieter nachteilig auf die Vermögens- und Ertragslage der Zielgesellschaft auswirken wird.[494]

185     **e) Anwendbarkeit allgemeiner aktienrechtlicher Bestimmungen.** Die Regelung des Abs. 1 S. 2 befreit den Vorstand nur vom (eingeschränkten) Verhinderungsverbot. Die allgemeinen aktienrechtlichen Bestimmungen bleiben hierdurch **unberührt.**[495]

186     Abwehrmaßnahmen, für die nach allgemeinen gesellschaftsrechtlichen Grundsätzen die **Hauptversammlung** zuständig ist, werden daher nicht in den Kompetenzbereich des Vorstandes verwiesen.[496] Dies gilt insbesondere für die Ausgliederung von wesentlichen Vermögensgegenständen *(crown jewels)* in eine Tochtergesellschaft und, sofern man auch insoweit eine Hauptversammlungszuständigkeit nach den **Holzmüller/Gelatine-Grundsätzen** annimmt,[497] für ihren Verkauf an einen Dritten.[498] Zudem muss die Maßnahme, was etwa beim Erwerb oder der Veräußerung von Unternehmen relevant ist, vom **Unternehmensgegenstand** gedeckt sein.[499]

187     Bei der Durchführung von Abwehrmaßnahmen hat sich der Vorstand weiterhin am **Unternehmensinteresse** auszurichten (vgl. § 3 Abs. 3). Demzufolge unterliegt der Vorstand dem aktienrechtlichen **Schädigungsverbot.**[500] Die Vornahme vermögensmindernder Maßnahmen ist dem auf das Unternehmensinteresse verpflichteten Vorstand folglich nicht gestattet. Der vom Bundesrat in seiner Stellungnahme zum Regierungsentwurf angeregten Klarstellung, dass „zu Abwehrmaßnahmen ermächtigende Vorratsbeschlüsse der Hauptversammlung sich nicht auf vermögensmindernde Maßnahmen beziehen dürfen",[501] bedurfte es daher nicht. Die Veräußerung von **Vermögensgegenständen** *(crown jewels;* → Rn. 100 ff., → Rn. 294) an Dritte oder ihre Einbringung in eine Joint-Venture-Gesellschaft darf auch in der Übernahmesituation nur zu einer angemessenen Gegenleistung erfolgen.[502]

188     Bei Kapitalerhöhungen oder bei der Ausgabe von Wandelschuldverschreibungen muss der **Bezugsrechtsausschluss sachlich gerechtfertigt** sein. Einigkeit besteht weitgehend darüber, dass ein Bezugsrechtsausschluss dann nicht in Betracht kommt, wenn die

---

[493] Steinmeyer/*Steinmeyer* Rn. 30; ähnlich *Winter/Harbarth* ZIP 2002, 1 (14); aA Kölner Komm WpÜG/*Hirte* Rn. 39.

[494] Steinmeyer/*Steinmeyer* Rn. 30.

[495] *Winter/Harbarth* ZIP 2002, 1 (15); *Krause* AG 2002, 133; FK-WpÜG/*Röh* Rn. 85; *Mielke* in Beckmann/Kersting/Mielke, Das neue Übernahmerecht, 2003, Rn. C 37; Kölner Komm WpÜG/*Hirte* Rn. 72 f.

[496] Steinmeyer/*Steinmeyer* Rn. 18; Kölner Komm WpÜG/*Hirte* Rn. 73; Baums/Thoma/*Grunewald* Rn. 56; *Stohlmeier* in Semler/Volhard/Reichert HV-HdB § 40 Rn. 11 f.

[497] Zweifelnd, ob die Holzmüller-Gelatine-Rspr. auf die Veräußerung von Vermögensgegenständen anwendbar ist, BGH NZG 2007, 234; LG Frankfurt ZiP 1997, 1698 (1701 f.); *Wollburg/Gehling* FS Lieberknecht, 1997, 133 (155 f.); aA mit beachtlichen Gründen Emmerich/Habersack/*Habersack* AktG Vor § 311 Rn. 39 mwN zum Streitstand.

[498] *Zschocke* DB 2002, 79 (83); *Geibel/Süßmann* BKR 2002, 52 (65); *Hopt* ZHR 166 (2002), 383 (425), 427; aA *Ekkenga* FS Kümpel, 2003, 95 (108 f.); Ehricke/Ekkenga/Oechsler/*Ekkenga* Rn. 64, der annimmt, dass es sich bei Abs. 1 S. 2 Var. 3 um eine die Holzmüller-Doktrin ausschließende Spezialnorm handelt.

[499] *Winter/Harbarth* ZIP 2002, 1 (15); *Tieves,* Der Unternehmensgegenstand der Kapitalgesellschaft, 1998, 282 ff.; Assmann/Pötzsch/Schneider/*Krause/Pötzsch/Stephan* Rn. 132; *Fleischer/Kalss,* Das neue WpÜG, 2002, 130. – Nach hM beschränkt der Unternehmensgegenstand nicht nur die Geschäftsführungsbefugnis des Vorstandes, sondern verpflichtet den Vorstand auch zu seiner Ausfüllung, vgl. *Tieves,* Der Unternehmensgegenstand der Kapitalgesellschaft, 1998, 300 ff.; Semler/Stengel/*Schlitt* UmwG Anh. § 173 Rn. 22 f.

[500] *Winter/Harbarth* ZIP 2002, 1 (16); *Krause* AG 2002, 133; *Ekkenga/Hofschroer* DStR 2002, 724 (732); Assmann/Pötzsch/Schneider/*Krause/Pötzsch/Stephan* Rn. 133; *Fleischer/Kalss,* Das neue WpÜG, 2002, 129; Kölner Komm WpÜG/*Hirte* Rn. 73; Baums/Thoma/*Grunewald* Rn. 58.

[501] Begr. Beschluss BR, BT-Drs. 14/7034, 85 f.

[502] *Winter/Harbarth* ZIP 2002, 1 (16).

Zielgesellschaft vor Überfremdung durch einen neuen Aktionär geschützt werden soll.[503] Umstritten ist, ob ein Bezugsrechtsausschluss dann zulässig sein kann, wenn auf diese Weise ein feindliches unternehmerisches Verhalten abgewehrt werden soll (→ Rn. 83 ff.). Die Ausgabe neuer Aktien an einen Dritten ist nur dann zulässig, wenn der **Ausgabepreis** angemessen ist (§ 255 Abs. 2 AktG).[504] Die Geltung der allgemeinen aktienrechtlichen Grundsätze führt allerdings nicht dazu, dass die vor Inkrafttreten des Gesetzes von der hM angenommene Neutralitätspflicht (→ Rn. 42 ff.) Anwendung findet, da andernfalls die gesetzgeberische Wertung des Abs. 1 umgangen würde (→ Rn. 49 ff.).

Der Vorstand ist überdies gehalten, **übereilte Maßnahmen** zu vermeiden. Irreversible **189** Maßnahmen sind daher grundsätzlich erst dann zulässig, wenn die **Angebotsunterlage** vorliegt, da erst dann der konkrete Inhalt des Angebots, insbesondere die Art und Höhe der Gegenleistung, feststeht und dem Vorstand eine umfassende Abwägung der widerstreitenden Interessen vorher kaum möglich ist.[505] Anderes gilt nur dann, wenn der Angebotsinhalt ausnahmsweise bereits mit der Entscheidung über die Abgabe eines Angebots veröffentlicht wurde (→ Rn. 184).

Anders als der RefE enthält die Vorschrift **keine allgemeine Kompetenzzuweisung** **190** zu Lasten des Vorstandes und zu Gunsten der **Hauptversammlung.** Die Mitwirkung der Hauptversammlung ist nur dann erforderlich, wenn die Maßnahmen des Vorstandes nach allgemeinen gesellschaftsrechtlichen Grundsätzen von der Zustimmung der Hauptversammlung abhängt (→ Rn. 186). Der vereinzelt geäußerten Forderung, dass Abwehrmaßnahmen stets als Holzmüller-Maßnahmen zu qualifizieren seien und demgemäß der Zustimmung der Hauptversammlung bedürfen,[506] ist mit der gesetzlichen Konzeption nicht vereinbar.[507] Andernfalls wäre insbesondere die Regelung des S. 2, die gerade von einer Zuständigkeit des Vorstandes ausgeht, gegenstandslos.

f) DCGK. Ziff. 3.7 Abs. 2 DCGK 2017[508] verbat dem Vorstand nach Bekanntgabe des **191** Übernahmeangebots **Handlungen, durch die der Erfolg des Angebots verhindert werden könnte,** soweit solche Handlungen nicht nach den gesetzlichen Regelungen erlaubt sind. Ziff. 3.7 Abs. 2 DCGK 2017 wurde im Rahmen der Revision des Kodex 2012[509] neu gefasst. Früher war unklar, ob der Kodex höhere Anforderungen an die Rechtfertigung der Vorstandhandlung als § 33 WpÜG stellt.[510] Diese Unklarheit wurde beseitigt, indem der Zusatz „soweit solche Handlungen nicht nach den gesetzlichen Regelungen erlaubt sind" eingefügt wurde.[511] Im **DCGK 2019** ist eine der Ziff. 3.7 Abs. 2 DCGK 2017 entsprechende Regelung **nicht mehr enthalten.**[512]

Nach A.5 DCGK sollte der Vorstand bei einem Übernahmeangebot eine außerordentli- **192** che **Hauptversammlung** einberufen, in der die Aktionäre über das Übernahmeangebot beraten und ggf. über gesellschaftsrechtliche Maßnahmen beschließen. Die Regelung geht

---

[503] Kölner Komm AktG/*Lutter* AktG § 186 Rn. 74; GHEK/*Hefermehl/Bungeroth* AktG § 186 Rn. 135; Hüffer/Koch/*Koch* AktG § 186 Rn. 32; aA Großkomm AktG/*Wiedemann* AktG § 186 Rn. 162 ff.

[504] *Winter/Harbarth* ZIP 2002, 1 (16); *Krause* AG 2002, 133 (134); *Krause* BB 2002, 1053 (1059); *Hopt* ZHR 166 (2002), 383 (427).

[505] *Winter/Harbarth* ZIP 2002, 1 (4); *Krause* AG 2002, 133; in diese Richtung auch *U. H. Schneider* AG 2002, 125 (130); Baums/Thoma/*Grunewald* Rn. 59.

[506] In diese Richtung *Mülbert* IStR 1999, 83 (88).

[507] *Kirchner* AG 1999, 481 (487 ff.); *Krause* AG 2000, 217 (221); Steinmeyer/*Steinmeyer* Rn. 18; Ekkenga/*Hofschroer* DStR 2002, 724 (734); Kölner Komm WpÜG/*Hirte* Rn. 103; Baums/Thoma/*Grunewald* Rn. 57; ähnlich FK-WpÜG/*Röh* Rn. 85.

[508] Allg. zum DCGK 2017 *Schüppen* DB 2002, 1117 ff.; *Claussen* DB 2002, 1199 ff.; *Werder* DB 2002, 801 ff.; *Mutschler/Mersmann* DB 2003, 79; *Oser/Orth* DB 2003, 1337 ff.; *Roth* WM 2012, 1985; allg. zum DCGK 2019: *Johannsen-Roth/Illert/Ghassemi-Tabar,* Deutscher Corporate Governance Kodex: DCGK, 2020; *Arnold/Gralla* NZG 2020, 529; *Leuering/Herb* NJW Spezial 2019, 399; *Müller* BB 2020, Heft 10, Umschlagteil I; *Wilsing/Winkler* BB 2019, 1603; *Needham/Müller* BC 2020, 236.

[509] Vgl. zur Reform 2012 *Roth* WM 2012, 1985.

[510] Vgl. dazu noch → 4. Aufl. 2017, Rn. 189; KBLW/*Bachmann* DCGK 2017 Rn. 589 f.; Kölner Komm WpÜG/*Hirte* Rn. 25; *Peltzer,* Deutsche Corporate Governance, 2. Aufl. 2004, Rn. 311.

[511] KBLW/*Bachmann* DCGK 2017 Rn. 589 f.

[512] Assmann/Pötzsch/Schneider/*Krause/Pötzsch/Stephan* Rn. 136.

über die gesetzliche Regelung hinaus. Die Formulierung („sollte") macht deutlich, dass es sich nur um eine Anregung handelt, von der ohne Offenlegung abgewichen werden kann.[513]

**193**   Bis zur Reform des Kodex 2012 enthielt die Regelung die zusätzliche Einschränkung, dass die Hauptversammlung nur einberufen werden sollte, wenn ein „angezeigter Fall" vorliege. Diese Einschränkung sorgte für Unklarheit, wann ein solcher angezeigter Fall vorlag.[514] Erfreulicherweise wurde diese Einschränkung gestrichen, sodass nun Klarheit herrscht. Die Vorschrift intendiert die Einberufung der Hauptversammlung **bei jedem Übernahmeangebot**. In der Praxis wird diese Vorschrift allerdings kaum beachtet.[515]

**194**   **g) Verpflichtung zur Vornahme von Abwehrmaßnahmen.** Das WpÜG regelt nur, unter welchen Voraussetzungen der Vorstand zur Vornahme von Abwehrmaßnahmen berechtigt ist. Ob der Vorstand auch verpflichtet ist, gegen das Angebot eines Bieters vorzugehen richtet sich somit nach Aktienrecht. Aufgrund der ihn treffenden Sorgfaltspflicht (§ 93 Abs. 1 S. 1 AktG) kann der Vorstand ausnahmsweise zur Vornahme von Abwehrmaßnahmen verpflichtet sein, wenn durch die Übernahme für die Zielgesellschaft eine **Gefahr droht**.[516] In der Sache kommt eine solche Pflicht nur in den Fällen in Betracht, in denen die hM vor dem Inkrafttreten des WpÜG eine Ausnahme vom Neutralitätsverbot anerkannt hat (→ Rn. 47).[517]

**195**   **4. Ad-hoc-Ermächtigungen der Hauptversammlung während des Angebotsverfahrens. a) Grundsatz.** Abs. 2 enthält eine spezielle Regelung über Ermächtigungsbeschlüsse der Hauptversammlung, die sich, ihrem Wortlaut folgend, nur auf solche Beschlüsse erstreckt, die vor Ankündigung des Übernahmeangebotes gefasst werden (sog. Vorratsbeschlüsse). Von Abs. 2 nicht erfasst sind im Wege eines **Ad-hoc-Beschlusses** der Hauptversammlung in der Übernahmesituation erteilte Ermächtigungen. Die **Zulässigkeit** solcher Beschlüsse nach Veröffentlichung der Angebotsunterlage *(post bid)* ist indessen allgemein anerkannt.[518] Sie ergibt sich nicht zuletzt aus § 16 Abs. 4, der Erleichterungen für die Form und Frist der Einberufung von Hauptversammlungen nach Veröffentlichung der Angebotsunterlage vorsieht.

**196**   Die Einberufung einer Hauptversammlung erweist sich immer dann als erforderlich, wenn die geplante Abwehrmaßnahme **nicht** in die **Geschäftsführungskompetenz** des Vorstandes fällt oder – wegen der in → Rn. 177 ff. genannten Einschränkungen – auch nicht mit Zustimmung des Aufsichtsrates umgesetzt werden kann.[519] Zu den in den Zuständigkeitsbereich der Hauptversammlung fallenden Maßnahmen zählen beispielsweise die Vornahme von Kapitalerhöhungen (§§ 182, 186 AktG), die Ermächtigung zum Erwerb eigener Aktien (§ 71 AktG), die Ermächtigung zur Ausgabe von Wandel- und Gewinnschuldverschreibungen (§ 221 AktG) oder die Durchführung strukturändernder Maßnahme im Sinne der Holzmüller-Gelatine-Rspr.[520] Aber auch dann, wenn der Vorstand aktien-

---

[513] *Hopt* ZHR 166 (2002) 383 (428); *Grunewald* in Baums/Thoma Rn. 81; in Assmann/Pötzsch/Schneider/*Krause/Pötzsch/Stephan* Rn. 136.

[514] Vgl. dazu KBLW/*Bachmann* DCGK 2017 Rn. 596 ff.

[515] DAV-Handelsrechtsausschuss NZG 2015, 86 (89).

[516] Ehricke/Ekkenga/Oechsler/*Ekkenga* Rn. 68.

[517] S. auch Ehricke/Ekkenga/Oechsler/*Ekkenga* Rn. 69 ff.

[518] Begr. RegE, BT-Drs. 14/7034, 58; Assmann/Pötzsch/Schneider/*Krause/Pötzsch/Stephan* Rn. 188; *Thaeter* NZG 2001, 789; *Winter/Harbarth* ZIP 2002, 1 (13); *Krause* NJW 2002, 705 (713); *Tröger* DZWiR 2002, 397 (403); *Bayer* ZGR 2002, 588 (606); *Hopt* ZHR 166 (2002), 383 (423); FK-WpÜG/*Röh* Rn. 107; *Pötzsch*, Das neue Übernahmerecht, 2002, 42; *Marsch-Barner* in Zschocke/Schuster ÜbernahmeR-HdB Rn. E 52; Kölner Komm WpÜG/*Hirte* Rn. 89; Ehricke/Ekkenga/Oechsler/*Ekkenga* Rn. 88; Baums/Thoma/ *Grunewald* Rn. 85 ff.; iErg auch *Ekkenga* FS Kümpel, 2003, 95, 106; *Brandi* in Thaeter/Brandi, Öffentliche Übernahmen, 2003, Teil 3 Rn. 400; *AMRS*, Public Company Takeovers in Germany, 2002, 206; ABBD/ *Lohrmann/v. Dryander* Sec. 33 Rn. 7, 52; *Nörr/Stiefenhofer*, Takeover Law in Germany, 2003, 65 ff.; *Stephan* Der Konzern 2019, 473 (477).

[519] *Winter/Harbarth* ZIP 2002, 1 (13); Kölner Komm WpÜG/*Hirte* Rn. 88; *Brandi* in Thaeter/Brandi, Öffentliche Übernahmen, 2003, Teil 3 Rn. 394.

[520] Angerer/Geibel/Süßmann/*Brandi* Rn. 59; *Mielke* in Beckmann/Kersting/Mielke, Das neue Übernahmerecht, 2003, Rn. C 53; s. auch Kölner Komm WpÜG/*Hirte* Rn. 90.

rechtlich zur Durchführung der Maßnahme befugt ist, kann sich aus Sicht des Vorstandes die freiwillige Vorlage an die Hauptversammlung empfehlen, wenn der Vorstand auf diese Weise eine mögliche aktienrechtliche Haftung ausschließen will (§ 93 Abs. 4 S. 1 AktG).[521] Denn die bloße Zustimmung des Aufsichtsrates nach Abs. 1 S. 2 beseitigt dieses Risiko nicht (§ 93 Abs. 4 S. 2 AktG). Darüber hinaus kann ein Ermächtigungsbeschluss im Hinblick auf alle Maßnahmen gefasst werden, die zur Verhinderung des Übernahmeangebotes **geeignet** sind.[522] Denkbar ist auch ein **Feststellungsbeschluss** mit dem Inhalt, dass das Angebot nicht im Interesse der Aktionäre liegt oder dass die Begründung einer Abhängigkeit nicht erwünscht ist, sowie ein **Zustimmungsbeschluss** zu einem (unter Umständen erst bevorstehenden) Angebot eines konkurrierenden Bieters.[523]

Angesichts der weitreichenden in Abs. 1 S. 2 verankerten Ausnahmetatbestände vom **197** Verhinderungsverbot kommt Ad-hoc-Ermächtigungen indes keine große Bedeutung zu.[524] Trotz der in § 16 Abs. 4 vorgesehenen Erleichterungen für die Durchführung der Hauptversammlung (→ Rn. 198) steht der Gesellschaft für die Fassung und die Umsetzung eines Abwehrbeschlusses nur ein enger Zeitrahmen von höchstens acht Wochen zur Verfügung, sodass es in vielen Fällen fraglich sein dürfte, ob die Maßnahme noch rechtzeitig implementiert werden kann.[525] Hinzu kommt das Risiko einer Anfechtung der Beschlüsse (→ Rn. 201). Ad-hoc-Ermächtigungsbeschlüsse dürften vor allem dann in Betracht kommen, wenn es sich um Maßnahmen handelt, die außerhalb der verfestigten Unternehmensstrategie liegen und für die kein überragendes Unternehmensinteresse streitet oder wenn der Vorstand einen bereits vorhandenen Ermächtigungsbeschluss wegen des drohenden Vorwurfs einer Zweckentfremdung aus Haftungsgründen nicht nutzen möchte.[526]

**b) Einberufungserleichterungen.** Für Ad-hoc-Hauptversammlungen gelten die in § 16 **198** Abs. 4 genannten Erleichterungen. Nach § 16 Abs. 4 S. 1 wird die Einberufungsfrist für Hauptversammlungen, die im Zusammenhang mit dem Angebot einberufen werden, auf 14 Tage verkürzt, wobei der Tag der Einberufung nicht mitzurechnen ist (§ 16 Abs. 4 S. 2) und auf die Berechnung § 121 Abs. 7 AktG entsprechend anzuwenden ist (§ 16 Abs. 4 S. 3). Dies gilt nach richtiger Ansicht auch dann, wenn die **Satzung** eine längere Frist vorsieht oder sie die gesetzliche Frist des § 123 Abs. 1 AktG wiederholt.[527] § 16 Abs. 4 kommt insoweit satzungsdurchbrechende Wirkung zu. Auch ist die Gesellschaft bei der Wahl des Versammlungsortes frei (§ 16 Abs. 4 S. 4). Des Weiteren müssen zwischen der Anmeldung und der Hauptversammlung nur mindestens vier Tage liegen (§ 16 Abs. 4 S. 5 Hs. 1). Abweichend von § 125 Abs. 1 S. 1 AktG sind die dort genannten Mitteilungen unverzüglich zu machen (§ 16 Abs. 4 S. 5 Hs. 1). Außerdem ist die Gesellschaft verpflichtet, den Aktionären die Erteilung von Stimmrechtsvollmachten, soweit dies nach Gesetz und Satzung möglich ist, zu erleichtern (§ 16 Abs. 4 S. 6). Weitere Sonderregelungen finden sich in § 16 Abs. 4 S. 7 und 8. Voraussetzung für das Eingreifen der Privilegierungen ist stets, dass die Hauptversammlung **nach Veröffentlichung der Angebotsunterlage** einberufen wurde (§ 16 Abs. 4 S. 1 iVm § 16 Abs. 3 S. 1). Es ist daher nicht ausreichend, dass die Hauptversammlung nach Veröffentlichung der Entscheidung zur Abgabe eines Angebotes, aber vor Veröffentlichung der Angebotsunterlage einberufen wurde, selbst

---

[521] Kölner Komm WpÜG/*Hirte* Rn. 88; *Brandi* in Thaeter/Brandi, Öffentliche Übernahmen, 2003, Teil 3 Rn. 401, 415. Im Falle einer erfolgreichen Anfechtung tritt der Entlastungseffekt indessen nicht ein.

[522] Kölner Komm WpÜG/*Hirte* Rn. 90; Assmann/Pötzsch/Schneider/*Krause/Pötzsch/Stephan* Rn. 191.

[523] Zu den Beschlussmöglichkeiten der Hauptversammlung iE *U. H. Schneider* AG 2002, 125 (131); Kölner Komm WpÜG/*Hirte* Rn. 90; *Brandi* in Thaeter/Brandi, Öffentliche Übernahmen, 2003, Teil 3 Rn. 401; zur Frage, ob die Hauptversammlung zur bloßen Erörterung des Angebots ohne Beschlussfassung einberufen werden darf, s. *Stohlmeier* in Semler/Volhard/Reichert HV-HdB § 40 Rn. 40 mwN.

[524] *Winter/Harbarth* ZIP 2002, 1 (13); *Mielke* in Beckmann/Kersting/Mielke, Das neue Übernahmerecht, 2003, Rn. C 53; *Marsch-Barner* in Zschocke/Schuster ÜbernahmeR-HdB Rn. E 50.

[525] *U. H. Schneider* AG 2002, 125 (132).

[526] *Winter/Harbarth* ZIP 2002, 1 (13).

[527] *Marsch-Barner* in Zschocke/Schuster ÜbernahmeR-HdB Rn. E 54; nunmehr auch Angerer/Geibel/Süßmann/*Geibel/Süßmann* § 16 Rn. 75; *Mielke* in Beckmann/Kersting/Mielke, Das neue Übernahmerecht, 2003, Rn. C 44.

wenn der Grund für die Durchführung der Hauptversammlung ausschließlich das Übernahme-angebot ist.[528] Zu den Einzelheiten → § 16 Rn. 1 ff.

**199**     **c) Beschlusserfordernisse.** Die Hauptversammlung kann den Vorstand im Grundsatz zu allen Maßnahmen ermächtigen, die zur Verhinderung des Übernahmeangebotes geeignet sind. Durch Abs. 1 wird die Kompetenz der Hauptversammlung nicht eingeschränkt, da Adressat dieser Regelung nur Vorstand und Aufsichtsrat sind. Die Abwehrmaßnahme des Vorstandes muss indessen, um zulässig zu sein, von der Hauptversammlung **konkret definiert** sein.[529] Die in Abs. 2 S. 1 vorgesehene Erleichterung, nach der die Abwehrmaßnahme nur der Art nach bestimmt werden muss (→ Rn. 219 ff.), findet keine Anwendung, da im Zeitpunkt der Beschlussfassung das Angebot vorliegt und demgemäß konkrete Abwehrmaß-nahmen beschlossen werden können.[530] Blankoermächtigungen der Hauptversammlung wären unzulässig und keine taugliche Grundlage für eine Abwehrmaßnahme. Mit welcher **Mehrheit** der Beschluss der Hauptversammlung zu fassen ist, richtet sich nach allgemeinen aktienrechtlichen Grundsätzen;[531] das für Vorratsbeschlüsse in Abs. 2 S. 3 vorgesehene Mehrheitserfordernis findet keine Anwendung. Es genügt also grundsätzlich die einfache Mehrheit.[532] Soweit der Bieter an der Zielgesellschaft bereits beteiligt ist, unterliegt er bei der Beschlussfassung **keinem Stimmverbot**.[533]

**200**     Bei der Ermächtigung durch die Hauptversammlung und ihre Ausnutzung durch den Vorstand müssen die allgemeinen **aktienrechtlichen Vorgaben** beachtet werden.[534] So bedarf beispielsweise eine Kapitalerhöhung unter Ausschluss des Bezugsrechts der Altaktio-näre (§ 186 Abs. 3 AktG) einer sachlichen Rechtfertigung. Ob ein Bezugsrechtsausschluss sachlich gerechtfertigt ist, wenn die Zielgesellschaft auf Grund der Übernahme in eine Abhängigkeitssituation gerät, ist umstritten.[535]

**201**     **d) Anfechtung des Ermächtigungsbeschlusses.** Wie jeder andere Hauptversamm-lungsbeschluss kann der Ermächtigungsbeschluss von den Aktionären angefochten werden. Ein solches **Anfechtungsrisiko** besteht vor allem dann, wenn der Bieter – wie in aller Regel – bereits an der Zielgesellschaft beteiligt ist, da er alle Maßnahmen ergreifen wird, um seinem Angebot zum Erfolg zu verhelfen.[536] Dies gilt insbesondere im Hinblick auf die **Berichtspflicht**, die den Vorstand hinsichtlich der Ermächtigung zur Vornahme von Abwehrmaßnahmen trifft.[537] Durch rechtskräftiges Urteil für ex tunc nichtig erklärte

---

[528] *Mielke* in Beckmann/Kersting/Mielke, Das neue Übernahmerecht, 2003, Rn. C 42.

[529] *Kiem* ZIP 2000, 1509 (1516); Angerer/Geibel/Süßmann/*Brandi* Rn. 60; Kölner Komm WpÜG/*Hirte* Rn. 90; *Brandi* in Thaeter/Brandi, Öffentliche Übernahmen, 2003, Teil 3 Rn. 413 ff.

[530] Baums/Thoma/*Grunewald* Rn. 85.

[531] *Winter/Harbarth* ZIP 2002, 1 (14); *Hopt* ZHR 166 (2002), 383 (423); Baums/Thoma/*Grunewald* Rn. 85; teilweise abw. *Tröger* DZWiR 2002, 397 (404); *Brandi* in Thaeter/Brandi, Öffentliche Übernahmen, 2003, Teil 3 Rn. 404; ABBD/*Lohrmann/v. Dryander* Sec. 33 Rn. 52; *Nörr/Stiefenhofer,* Takeover Law in Germany, 2003, 65.

[532] Emmerich/Habersack/*Habersack* AktG Vor § 311 Rn. 22; Ehricke/Ekkenga/Oechsler/*Ekkenga* Rn. 89.

[533] *Kiem* ZIP 2000, 1509 (1512); *B. Koch,* Die Neutralitätspflicht des Vorstandes einer börsennotierten AG bei Abwehrmaßnahmen gegen feindliche Übernahmeangebote, 2001, 68; *Krieger* RWS-Forum Gesellschafts-recht 2001, 289, 315; *Winter/Harbarth* ZIP 2002, 1 (14); *U. H. Schneider* AG 2002, 125 (131); Kölner Komm WpÜG/*Hirte* Rn. 89; Emmerich/Habersack/*Habersack* AktG Vor § 311 Rn. 22; *Brandi* in Thaeter/Brandi, Öffentliche Übernahmen, 2003, Teil 3 Rn. 406; *Stohlmeier* in Semler/Volhard/Reichert HV-HdB § 40; aA *Maier-Reimer* ZHR 165 (2001), 258 (276 f.).

[534] Kölner Komm WpÜG/*Hirte* Rn. 90.

[535] Dafür Hüffer/Koch/*Koch* AktG § 186 Rn. 32; Kölner Komm AktG/*Lutter* AktG § 186 Rn. 71; Groß-komm AktG/*Wiedemann* AktG § 186 Rn. 161; MHdB AG/*Scholz* § 57 Rn. 119k; Angerer/Geibel/Süßmann/*Brandi* Rn. 59; dagegen *Assmann/Bozenhardt* ZGR-Sonderheft 9 (1990), 129; *Bungert* ZHR 159 (1995), 268; *Rümker* FS Heinsius, 1991, 683 (702); bejahend für den Fall der Vernichtung BGHZ 33, 175 (186) = NJW 1961, 26.

[536] S. auch *Krause* AG 2002, 705 (713); *Hopt* ZHR 166 (2002), 383 (423); Kölner Komm WpÜG/*Hirte* Rn. 89; *Thiel* in Semler/Volhard ÜN-HdB § 54 Rn. 92.

[537] Zum Bestehen einer solchen Berichtspflicht *Herrmann,* Zivilrechtliche Abwehrmaßnahmen gegen unfreundliche Übernahmeversuche in Deutschland und Großbritannien, 1993, 113 f.; *Lammers,* Verhaltens-pflichten von Verwaltungsorganen in Übernahmeauseinandersetzungen, 1994, 142 f.; *Kort* FS Lutter, 2000, 1421 (1432); Kölner Komm WpÜG/*Hirte* Rn. 89.

Beschlüsse entfalten für und gegen alle Aktionäre sowie die Mitglieder des Vorstandes und des Aufsichtsrates keine Wirkung (§ 248 Abs. 1 AktG). Da bis zum Abschluss des Übernahmeverfahrens das Anfechtungsverfahren nicht abgeschlossen sein wird, besteht, wenn in der Hauptversammlung Widerspruch zu Protokoll erhoben wird, aus Sicht des Vorstandes der Zielgesellschaft die praktische Unsicherheit, ob er eine belastbare Grundlage für die Durchführung der Abwehrmaßnahme hat.[538]

**e) Ausnutzung der Ad-hoc-Ermächtigung durch den Vorstand.** Handlungen des 202 Vorstandes in Ausnutzung eines solchen Ad-hoc-Beschlusses verstoßen nicht gegen das Verhinderungsverbot des Abs. 1 S. 1.[539] Bei der Ausnutzung der Ad-hoc-Ermächtigung hat der Vorstand die allgemeinen **aktienrechtlichen Grundsätze** zu beachten.[540] Dies gilt namentlich für dass Schädigungsverbot. Insoweit gilt das unter → Rn. 185 ff. Ausgeführte entsprechend.

### IV. Vorratsermächtigungen der Hauptversammlung (Abs. 2)

**1. Ermächtigungsbeschluss der Hauptversammlung zu präventiven Abwehr-** 203 **maßnahmen. a) Allgemeines.** Abs. 2 eröffnet der Hauptversammlung die Möglichkeit, den Vorstand vor der Veröffentlichung der Entscheidung zur Abgabe eines Angebotes zur Vornahme von Handlungen zu ermächtigen, die in die Zuständigkeit der Hauptversammlung fallen, um den Erfolg von Übernahmeangeboten zu verhindern. Durch die Fassung eines solchen **Vorratsbeschlusses** kann die Hauptversammlung den Vorstand bereits zu einem Zeitpunkt zur Durchführung von Abwehrmaßnahmen ermächtigen, zu dem noch kein konkretes Übernahmeangebot vorliegt. Die Erweiterung des Handlungsspielraums des Vorstandes geht zwangsläufig mit einer Einschränkung der Entscheidungsfreiheit der Aktionäre über die Annahme eines späteren Übernahmeangebots einher.[541]

Dem Umstand, dass den Vorstand zur Vornahme von Abwehrmaßnahmen ermächti- 204 gende Vorratsbeschlüsse typischerweise die Entscheidungsfreiheit der Aktionäre der Zielgesellschaft beeinträchtigen, will Abs. 2 durch die Begründung **qualifizierter Voraussetzungen** Rechnung tragen.[542] Die Abwehrmaßnahmen, zu deren Durchführung der Vorstand berechtigt ist, sind in der Ermächtigung zunächst der Art nach zu bestimmen (Abs. 2 S. 1). Zudem ist die Dauer der Ermächtigung auf einen Zeitraum von 18 Monaten begrenzt (Abs. 2 S. 2). Der Beschluss bedarf einer Mehrheit von mindestens drei Vierteln des bei der Beschlussfassung vertretenen Grundkapitals (Abs. 2 S. 3). Außerdem ist die Ausübung der Ermächtigung stets an die Zustimmung des Aufsichtsrates nach Abs. 2 S. 4 geknüpft (Abs. 2 S. 4).

Die Regelung in Abs. 2 lässt die Zulässigkeit von **Ad-hoc-Beschlüssen** der Hauptver- 205 sammlung nach der Ankündigung des Übernahmeangebotes durch den Bieter unberührt (→ Rn. 195). Will oder kann sich der Vorstand nicht auf einen der Ausnahmetatbestände nach Abs. 1 S. 2 stützen, steht es ihm frei, sich in der Übernahmesituation *(post bid)* unter Ausnutzung der Erleichterungen für die Durchführung einer Hauptversammlung gemäß § 16 Abs. 4 eine spezielle Ermächtigung erteilen zu lassen.

Die Möglichkeit der Hauptversammlung, die Verwaltung zu Abwehrmaßnahmen zu 206 ermächtigen, wurde erstmals in den RegE aufgenommen. In den **früheren Entwurfsfassungen** des Gesetzes war sie nicht vorgesehen (→ Rn. 28). In Übereinstimmung mit dem damaligen Entwurf der EU-Übernahme-RL beschränkte sich die Zulässigkeit von Vorratsbeschlüssen auf Kapitalerhöhungen mit Bezugsrecht der Aktionäre, wobei die Ermächtigung längstens für eine Dauer von 18 Monaten erteilt werden durfte.

---

[538] *Krause* NJW 2002, 705 (713); auf diesen Aspekt hat bereits der BR in seiner Stellungnahme zum RegE hingewiesen, s. BT-Drs. 574/01, 5.
[539] *Krause* NJW 2002, 705 (713); *Mielke* in Beckmann/Kersting/Mielke, Das neue Übernahmerecht, 2003, Rn. C 41.
[540] *Winter/Harbarth* ZIP 2002, 1 (15).
[541] Begr. RegE, BT-Drs. 14/7034, 58; Steinmeyer/*Steinmeyer* Rn. 40 f.; *Drinkuth* AG 2005, 597 (598).
[542] Begr. RegE, BT-Drs. 14/7034, 58.

**207**   Abs. 2 widerspricht scheinbar Art. 9 Abs. 2 UAbs. 1 Übernahme-RL. Danach muss das Leitungsorgan innerhalb der Laufzeit des Angebots die Genehmigung der Hauptversammlung einholen, bevor es Maßnahmen ergreift, die das Angebot vereiteln können. Allerdings können sich die Mitgliedstaaten das Recht vorbehalten, Art. 9 Abs. 2 Übernahme-RL nicht anzuwenden (Art. 12 Abs. 1 Übernahme-RL). Davon hat Deutschland Gebrauch gemacht.

**208**   Die **praktische Bedeutung** von Vorratsbeschlüssen ist allerdings bisher gering geblieben.[543] Keines der Dax 30-Unternehmen hat auf seiner Hauptversammlung einen entsprechenden Vorratsbeschluss gefasst. Da der Vorstand nach Abs. 1 S. 2 Var. 3 Abwehrmaßnahmen mit Zustimmung des Aufsichtsrates durchführen darf, dürfte der Weg über einen Vorratsbeschluss unpraktikabel sein. Hinzu kommt, dass der Vorstand mit der Unterbreitung eines entsprechenden Beschlussvorschlages implizit signalisiert, dass er die Gesellschaft als potentiellen Übernahmekandidat ansieht, was sich unter Umständen belastend auf den Kurs der Aktie zunächst auswirken kann.[544] Schließlich besteht die Gefahr, dass Vorratsbeschlüsse im Wege der **Anfechtungsklage** angegriffen werden.[545] Aus Sicht des Vorstandes dürfte die Fassung eines Vorratsbeschlusses daher nur dann in Betracht kommen, wenn er einen generellen Ermächtigungsbeschluss wegen des drohenden Vorwurfs einer Zweckentfremdung aus Haftungsgründen nicht nutzen möchte.

**209**   **b) Handlungen zur Verhinderung des Übernahmeangebots.** Die Hauptversammlung kann zur Vornahme von Handlungen ermächtigen, „um den Erfolg von Übernahmeangeboten zu verhindern". Nach dem Wortlaut des Gesetzes scheint dabei der Zweck der Erfolgsverhinderung maßgebend zu sein. Im Sinne des Anlegerschutzes und einer mit Abs. 1 konsistenten Auslegung wird man richtigerweise auf die **Wirkung** der Maßnahme abstellen müssen.[546]

**210**   **c) Zuständigkeit der Hauptversammlung. aa) Grundsatz.** Nach dem Wortlaut des Abs. 2 kann die Hauptversammlung zu solchen Maßnahmen ermächtigen, die in die „Zuständigkeit der Hauptversammlung" fallen. Diese Formulierung geht auf die Beschlussempfehlung des Finanzausschusses zurück, der angeregt hatte, zu präzisieren, dass „Maßnahmen, die nach allgemeinen gesellschaftsrechtlichen Grundsätzen in die Zuständigkeit der Hauptversammlung fallen, auch weiter in ihrer Zuständigkeit verbleiben".[547] Sie scheint in sich widersprüchlich zu sein, da Entscheidungen, die in den Kompetenzbereich der Hauptversammlung fallen, an sich nicht auf ein anderes Organ verlagert werden können.[548] Angesichts des wenig präzisen Wortlautes überrascht es nicht, dass der Anwendungsbereich des Abs. 2 umstritten ist.

**211**   Eine verbreitete Meinung legt Abs. 2 dahingehend aus, dass der Vorstand zu **allen in die Zuständigkeit der Hauptversammlung fallenden Entscheidungen** ermächtigt werden könne.[549] Dass die Bestimmung eine Delegationsmöglichkeit für alle in die Zuständigkeit der Hauptversammlung fallenden Maßnahmen eröffne, ergebe sich insbesondere aus der Beschlussempfehlung des Finanzausschusses. Danach darf der Vorstand Maßnahmen,

---

[543] FK-WpÜG/*Röh* Rn. 12; *Krause* NJW 2004, 3681 (3684); übereinstimmend *Winter/Harbarth* ZIP 2002, 1 (12); *Zschocke* DB 2002, 79 (83); *Thoma* NZG 2002, 105 (111); *Ekkenga/Hofschroer* DStR 2002, 768; *Krause* NJW 2002, 705 (712); *Hopt* ZHR 166 (2002), 383 (423); *Fleischer/Kalss*, Das neue WpÜG, 2002, 129; *Emmerich/Habersack/Habersack* AktG Vor § 311 Rn. 21; *Brandi* in Theater/Brandi, Öffentliche Übernahmen, 2003, Teil 3 Rn. 328 ff.; *Stohlmeier* in Semler/Volhard/Reichert HV-HdB § 40 Rn. 20.

[544] DAV-Handelsrechtsausschuss NZG 2001, 1003 (1006) zum RegE; *Winter/Harbarth* ZIP 2002, 1 (12); *Krause* NJW 2002, 705 (712); *Marsch-Barner* in Zschocke/Schuster ÜbernahmeR-HdB Rn. E 64; krit. auch *Wackerbarth* WM 2001, 1741 (1750).

[545] Die Anregung des BR, an die Stelle einer „wirtschaftlich unsinnige[n] Rückabwicklung" andere Ausgleichsmöglichkeiten vorzusehen, wurde nicht aufgegriffen, BR-Drs. 574/01, 5; dazu auch Kölner Komm WpÜG/*Hirte* Rn. 140.

[546] Kölner Komm WpÜG/*Hirte* Rn. 108.

[547] Begr. Beschluss Finanzausschuss, BT-Drs. 14/7477, 53.

[548] So bereits zutr. FK-WpÜG/*Röh* Rn. 102; Kölner Komm WpÜG/*Hirte* Rn. 96.

[549] *Steinmeyer/Steinmeyer* Rn. 35 ff.; *Schneider* AG 2002, 125 (131).

die nach allgemeinen gesellschaftsrechtlichen Grundsätzen in die Zuständigkeit der Hauptversammlung fallen, „nur dann durchführen, wenn er hierzu von der Hauptversammlung ermächtigt wurde".[550] Würde man die Ermächtigungsmöglichkeit nicht umfassend verstehen, hätte die Regelung des Abs. 2 im Vergleich zu Abs. 1 S. 2 Var. 3 im Übrigen keinen Anwendungsbereich mehr. Nach der wohl herrschenden Gegenansicht erfasst Abs. 2 im Grundsatz nur solche Maßnahmen, zu deren Durchführung die Verwaltung nach **allgemeinen Vorschriften von der Hauptversammlung ermächtigt** werden kann.[551] Dies erscheint im Ergebnis zutreffend. Es ist nämlich nicht denkbar, dass die Hauptversammlung den Vorstand beispielsweise zur Durchführung einer Umwandlung oder Übertragung des gesamten Gesellschaftsvermögens ermächtigt. Wie Abs. 1 S. 2 will auch die Regelung des Abs. 2 den Vorstand nur vom übernahmerechtlichen Verhinderungsverbot befreien. Es kann nicht davon ausgegangen werden, dass der Gesetzgeber mit der Schaffung des Abs. 2 beabsichtigt hat, die allgemeine aktienrechtliche Zuständigkeitsordnung zu ändern. Folglich bleibt die Notwendigkeit, bei der konkreten Umsetzung der Maßnahme eine nochmalige Beschlussfassung der Hauptversammlung herbeizuführen, unberührt.[552]

Hiervon zu unterscheiden ist die Frage, ob die Hauptversammlung den Vorstand zu **212** Handlungen ermächtigen kann, die in den Zuständigkeitsbereich des Vorstandes fallen, aber vom Erfolgsverhinderungsverbot des Abs. 1 S. 1 erfasst sind. Dies wird verbreitet bejaht.[553] Da die Entscheidung über die Ausübung der Ermächtigung dem Vorstand selbst obliege, verbinde sich damit keine unzulässige Einmischung in die Geschäftsführung. Dem ist nicht zu folgen.[554] Dass die Hauptversammlung nicht über die Durchführung von **Geschäftsführungsmaßnahmen** entscheiden kann, folgt bereits aus dem insoweit klaren Gesetzeswortlaut („Handlungen, die in die Zuständigkeit der Hauptversammlung fallen"). Es besteht also **keine Allkompetenz der Hauptversammlung.** Entscheidungen über Fragen der Geschäftsführung kann die Hauptversammlung nur treffen, wenn es der Vorstand nach § 119 Abs. 2 AktG verlangt oder eine Zuständigkeit der Hauptversammlung nach Holzmüller/Gelatine-Grundsätzen gegeben ist.

**bb) Einzelfälle. (1) Aktienrechtliche Delegationsmöglichkeiten.** Ein Vorratsbe-   **213** schluss kommt zunächst dann in Betracht, wenn eine Delegation nach allgemeinem Aktienrecht erlaubt ist. Hierzu gehört etwa die Ermächtigung zur Durchführung einer **Kapitalerhöhung** aus genehmigtem Kapital.[555] Auch der Erwerb **eigener Aktien** kann Gegenstand einer Vorratsermächtigung sein, wobei die Erwerbsobergrenze von 10% auch in diesem Fall zu beachten ist.[556] Zulässig ist auch die Ermächtigung zur Ausgabe von **Wandel- und Optionsanleihen** (§ 221 AktG)[557] oder von **Bezugsrechten** an Arbeitnehmer oder Mitglieder der Geschäftsführung (§ 192 Abs. 2 Nr. 3 AktG) sowie die Ermächtigung zum Abschluss oder zur Aufhebung von **Unternehmensverträgen**.[558] In all diesen Fällen wer-

---

[550] Begr. Beschluss Finanzausschuss, BT-Drs. 14/7477, 53.
[551] Kölner Komm WpÜG/*Hirte* Rn. 96; NK-AktKapMarktR/*Glade* Rn. 17 f.; Emmerich/Habersack/*Habersack* AktG Vor § 311 Rn. 21; Ehricke/Ekkenga/Oechsler/*Ekkenga* Rn. 76; offenbar auch *Cahn/Senger* FB 2002, 277 (289); *Brandi* in Thaeter/Brandi, Öffentliche Übernahmen, 2003, Teil 3 Rn. 318; wohl auch *Stohlmeier* in Semler/Volhard/Reichert HV-HdB § 40 Rn. 21; FK-WpÜG/*Röh* Rn. 102.
[552] Emmerich/Habersack/*Habersack* AktG Vor § 311 Rn. 21.
[553] FK-WpÜG/*Röh* Rn. 104; Baums/Thoma/*Grunewald* Rn. 89.
[554] Ehricke/Ekkenga/Oechsler/*Ekkenga* Rn. 78.
[555] Steinmeyer/*Steinmeyer* Rn. 43; FK-WpÜG/*Röh* Rn. 102; *Bayer* ZGR 2002, 588 (610); *Mielke* in Beckmann/Kersting/Mielke, Das neue Übernahmerecht, 2003, Rn. C 31; *Marsch-Barner* in Zschocke/Schuster ÜbernahmeR-HdB Rn. E 60; *Brandi* in Thaeter/Brandi, Öffentliche Übernahmen, 2003, Teil 3 Rn. 327; *AMRS,* Public Company Takeovers in Germany, 2002, 207 Fn. 662; *Nörr/Stiefenhofer,* Takeover Law in Germany, 2003, 67.
[556] FK-WpÜG/*Röh* Rn. 100; *Mielke* in Beckmann/Kersting/Mielke, Das neue Übernahmerecht, 2003, Rn. C 31; Kölner Komm WpÜG/*Hirte* Rn. 99; *Brandi* in Thaeter/Brandi, Öffentliche Übernahmen, 2003, Teil 3 Rn. 327; ABBD/*Lohrmann/v. Dryander* Sec. 33 Rn. 35 f.; *Nörr/Stiefenhofer,* Takeover Law in Germany, 2003, 67.
[557] *Bayer* ZGR 2002, 588 (610).
[558] Kölner Komm WpÜG/*Hirte* Rn. 99.

den die allgemeinen gesellschaftsrechtlichen Voraussetzungen durch die speziellen Vorgaben des Abs. 2 überlagert.[559]

214   **(2) Ungeschriebene Hauptversammlungszuständigkeit.** Der Anwendungsbereich des Abs. 2 erstreckt sich auch auf die Fälle, in denen eine ungeschriebene Hauptversammlungszuständigkeit besteht. Dies gilt insbesondere für die Fälle, in denen nach der Holzmüller/Gelatine-Rspr. des BGH[560] eine Zustimmung der Hauptversammlung erforderlich ist.[561] So kann die Hauptversammlung, was in der Beschlussempfehlung des Finanzausschusses hervorgehoben wird, den Vorstand auch ermächtigen, **wesentliche Vermögensgegenstände** *(crown jewels),* etwa einen wichtigen Betriebsteil, zu veräußern.[562]

215   Nicht abschließend diskutiert ist indessen, welche inhaltlichen Anforderungen an einen solchen Ermächtigungsbeschluss zu stellen sind. Nach einer teilweise vertretenen Ansicht ist es zulässig, aber nicht erforderlich, die Konditionen festzulegen, zu denen die Veräußerung möglich sein soll.[563] Nach der vorzugswürdigen Gegenansicht kann der Hauptversammlung nur ein konkretes Veräußerungsvorhaben zur Zustimmung vorgelegt werden.[564] Danach ist es zwar zulässig, dass die Hauptversammlung über die nach den Holzmüller-Grundsätzen in ihre Zuständigkeit fallenden Maßnahmen lediglich einen „**Konzeptbeschluss**" fasst. Dieser muss jedoch – allgemeinen Grundsätzen folgend[565] – zumindest die *Essentialia* der Transaktion definieren. Folgt man dem, ist es in den Fällen, in denen die Veräußerung nur abstrakt umrissen wurde, unvermeidbar, vor Ausnutzung der Ermächtigung **nochmals die Zustimmung der Hauptversammlung** einzuholen.[566]

216   Die Hauptversammlung darf den Vorstand nicht zur Vornahme von die Zielgesellschaft **schädigenden Maßnahmen** ermächtigen.[567] Dies gilt, obwohl der Bundestag der Anregung des Bundesrates nicht nachgekommen ist, eine Klarstellung aufzunehmen, dass sich die zu Abwehrmaßnahmen ermächtigenden Vorratsbeschlüsse nicht auf vermögensmindernde Maßnahmen beziehen dürfen.[568] Eine solche Handlung würde nämlich der allgemeinen, auch in § 3 Abs. 3 zum Ausdruck gekommenen Verpflichtung der Verwaltung auf das Unternehmensinteresse zuwiderlaufen.[569]

217   **(3) Weitere Maßnahmen.** Folgt man – entgegen der herrschenden und hier vertretenen Ansicht – der Meinung, wonach der Vorstand zu allen Handlungen ermächtigt werden kann, die in die Zuständigkeit der Hauptversammlung fallen (→ Rn. 210 f.), wären auch Ermächtigungen über die Verwendung des **Bilanzgewinnes** oder die **Auflösung** der

---

[559] Kölner Komm WpÜG/*Hirte* Rn. 101.
[560] BGHZ 83, 122 = NJW 1982, 1703; BGH NJW 2004, 1860 = AG 2004, 384.
[561] LG München ZIP 2005, 352 = AG 2005, 261; *v. Falkenhausen* NZG 2007, 97 (99); Kölner Komm WpÜG/*Hirte* Rn. 102.
[562] Begr. Beschluss Finanzausschuss, BT-Drs. 14/7477, 69; *Brandi* in Thaeter/Brandi, Öffentliche Übernahmen, 2003, Teil 3 Rn. 326, 547. Die Zuständigkeit der Hauptversammlung bei der Veräußerung wesentlicher Beteiligungen ist nicht unumstritten; abl., sofern der Unternehmensgegenstand noch ausgefüllt wird, Emmerich/Habersack/*Habersack* AktG Vor § 311 Rn. 39 mwN zum Streitstand; nach Ansicht von Kölner Komm WpÜG/*Hirte* Rn. 103 ist die Schwelle für eine Hauptversammlungszuständigkeit in der konkreten Übernahmesituation herabgesetzt.
[563] Steinmeyer/*Steinmeyer* Rn. 43; wohl auch Baums/Thoma/*Grunewald* Rn. 91; *Drinkuth* AG 2005, 597 (598); ähnlich Kölner Komm WpÜG/*Hirte* Rn. 105, der insoweit eine Delegationsmöglichkeit der Entscheidungsbefugnis annimmt.
[564] *Krause* AG 2002, 133 (134); *Krause* NJW 2002, 705 (713); Assmann/Pötzsch/Schneider/*Krause/Pötzsch/Stephan* Rn. 216; *Brandi* in Thaeter/Brandi, Öffentliche Übernahmen, 2003, Teil 3 Rn. 326, 547: keine Pauschalermächtigung, sondern hinreichende Konkretisierung der Maßnahme; vgl. auch *Thaeter* NZG 2001, 789 f.; *Fleischer/Kalss,* Das neue WpÜG, 2002, 130, nach denen der Ermächtigungsbeschluss bei strukturverändernden Maßnahmen nicht von der nochmaligen Vorlage an die Hauptversammlung befreien kann.
[565] *Lutter/Leinekugel* ZIP 1998, 805 (811 ff.); Semler/Stengel/*Schlitt* UmwG Anh. § 173 Rn. 17.
[566] *Liebscher* ZGR 2005, 1 (29 f.); *Winter/Hartbarth* ZIP 2002, 1 (16); *Bayer* ZGR 2002, 588 (612); *Krause* NJW 2002, 705 (712 f.); Emmerich/Habersack/*Habersack* AktG Vor § 311 Rn. 21; vgl. auch DAV-Handelsrechtsausschuss NZG 2001, 1003 (1006) zum RegE.
[567] *Winter/Hartbarth* ZIP 2002, 1 (15); Kölner Komm WpÜG/*Hirte* Rn. 103.
[568] BR-Drs. 574/01, 5 f.
[569] Steinmeyer/*Steinmeyer* Rn. 15; Kölner Komm WpÜG/*Hirte* Rn. 103.

Gesellschaft zulässig.[570] **Verschmelzungen** können indessen auch nach dieser Ansicht nur nach den Wertungen des Umwandlungsgesetzes auf der Grundlage eines konkreten Verschmelzungsvertrages beschlossen werden.[571]

**d) Zeitpunkt.** Die Regelung des Abs. 2 gilt für den Zeitraum vor der Veröffentlichung **218** der Entscheidung zur Abgabe eines Angebotes. Dieser Zeitpunkt grenzt die Vorratsbeschlüsse von den sog. Ad-hoc-Beschlüssen in der konkreten Übernahmesituation ab (im Einzelnen → Rn. 195 ff.). Der Unterschied ist jedoch nur formaler Natur, da die Hauptversammlung nicht gehindert ist, bei Ermächtigungsbeschlüssen in der konkreten Übernahmesituation die speziellen Vorgaben des Abs. 2 zu beachten.[572]

**e) Anforderungen an den Inhalt des Ermächtigungsbeschlusses. aa) Bestim-** **219** **mung der Handlung „der Art nach".** Abs. 2 S. 1 bestimmt, dass Handlungen, die das Übernahmeangebot verhindern sollen, im Ermächtigungsbeschluss der Hauptversammlung der Art nach bestimmt werden müssen. Der RegE hatte demgegenüber noch verlangt, dass die Maßnahmen „im Einzelnen" bestimmt werden. Dies hätte es erforderlich gemacht, die Abwehrmaßnahmen genau zu spezifizieren.[573] Für den Fall einer Veräußerung von Vermögensgegenständen hätte dies bedeutet, dass der Ermächtigungsbeschluss Vorgaben hinsichtlich der zu veräußernden Gegenstände, der Gegenleistung sowie der übrigen Bedingungen der Veräußerung hätte machen müssen. Dass die Handlungen nur „der Art nach" zu bestimmen sind, geht auf eine Anregung des Bundesrates zurück, klarzustellen, in welchem Maß in Vorratsbeschlüssen die Abwehrhandlungen des Vorstandes zu konkretisieren sind.[574] Aus der Begründung des Finanzausschusses wird deutlich, dass eine **abstrakte Beschreibung,** etwa in der Form „Durchführung einer Kapitalerhöhung, Veräußerung von Beteiligungen, Rückkauf von Aktien" genügend sein soll.[575] Zulässig sei auch die Aufstellung eines **Maßnahmekatalogs.**[576] Auch nach dem neuen Wortlaut bleiben reine **Blankettermächtigungen** unzulässig.[577] Ein Beschluss der Hauptversammlung, durch den der Vorstand ermächtigt wird, „alle zur Abwehr eines Übernahmeangebotes geeigneten oder sinnvollen Maßnahmen zu treffen", käme daher nicht in Betracht. Andererseits dürfen die Anforderungen an den Inhalt des Beschlusses nicht zu hoch angesetzt werden.[578] Möglich ist auch, dass der Vorstand zur Vornahme mehrerer Abwehrmaßnahmen ermächtigt wird, solange jede einzelne Abwehrmaßnahme ihrer Art nach ausreichend bestimmt ist.[579] Eine Angabe von Gründen oder Vorgaben für ein etwaiges Volumen einer Abwehrkapitalerhöhung wird nicht gefordert.[580] Falls der Beschluss diesen Anforderungen nicht genügt, ist er nicht nach § 241 Nr. 3 AktG nichtig, sondern nur anfechtbar.[581]

---

[570] *U. H. Schneider* AG 2002, 125 (131); *Marsch-Barner* in Zschocke/Schuster ÜbernahmeR-HdB Rn. E 60; aA Kölner Komm WpÜG/*Hirte* Rn. 97.

[571] *Winter/Hartbarth* ZIP 2002, 1 (16).

[572] Im Ergebnis auch Assmann/Pötzsch/Schneider/*Krause/Pötzsch/Stephan* Rn. 204; Kölner Komm WpÜG/*Hirte* Rn. 110 f.

[573] Kölner Komm WpÜG/*Hirte* Rn. 118 unter Hinweis auf die Holzmann-Rspr. des BGH zum genehmigten Kapital.

[574] Begr. Beschluss BR, BT-Drs. 14/7034, 85.

[575] Begr. Beschluss Finanzausschuss, BT-Drs. 14/7477, 69; *Winter/Harbarth* ZIP 2002, 1 (13); FK-WpÜG/*Röh* Rn. 110; *Mielke* in Beckmann/Kersting/Mielke, Das neue Übernahmerecht, 2003, Rn. C 34; *Brandi* in Thaeter/Brandi, Öffentliche Übernahmen, 2003, Teil 3 Rn. 323; *AMRS,* Public Company Takeovers in Germany, 2002, 207; ABBD/*Lohrmann/v. Dryander* Sec. 33 Rn. 55; *Nörr/Stiefenhofer,* Takeover Law in Germany, 2003, 67; vgl. auch DAV-Handelsrechtsausschuss NZG 2001, 1003 (1007) zum RegE.

[576] Begr. RegE, BT-Drs. 14/7034, 58.

[577] Begr. RegE, BT-Drs. 14/7034, 58; LG München ZIP 2005, 352 = AG 2005, 261 (261); Kölner Komm WpÜG/*Hirte* Rn. 118; Ehricke/Ekkenga/Oechsler/*Ekkenga* Rn. 82; *Brandi* in Thaeter/Brandi, Öffentliche Übernahmen, 2003, Teil 3 Rn. 323; unklar FK-WpÜG/*Röh* Rn. 110.

[578] Steinmeyer/*Steinmeyer* Rn. 43.

[579] Steinmeyer/*Steinmeyer* Rn. 43.

[580] Kölner Komm WpÜG/*Hirte* Rn. 118.

[581] Kölner Komm WpÜG/*Hirte* Rn. 11; FK-WpÜG/*Röh* Rn. 112.

**220**  **bb) Verwendungszweck.** Aus dem Beschluss muss hervorgehen, dass die Ermächtigung zur Abwehr eines Übernahmeangebotes verwendet werden darf.[582] Aus dem Beschluss muss sich also **ausdrücklich** ergeben, dass die Ermächtigung ab der Veröffentlichung der Entscheidung zur Abgabe eines Angebotes ausgenutzt werden kann. Ein bloßer Hinweis im Bericht des Vorstandes auf die Nutzung als Abwehrmaßnahme ist nicht ausreichend.[583] Bei Schaffung eines genehmigten Kapitals kann die Zweckbestimmung entweder in den Ermächtigungsbeschluss integriert werden oder es kann ein gesondertes „Abwehrkapital" geschaffen werden.[584] Fehlt der Hinweis auf den Verwendungszweck, kann ein Vorratsbeschluss über die Schaffung eines genehmigten Kapitals oder die Ermächtigung zum Erwerb eigener Aktien in der Regel als genereller Ermächtigungsbeschluss (dh ohne die spezielle Zweckbestimmung der Verhinderung einer Übernahme) ausgelegt werden.[585]

**221**  **cc) Weiterer Inhalt.** Der Hauptversammlungsbeschluss kann auch weitere **Vorgaben** enthalten,[586] etwa unter welchen Voraussetzungen der Vorstand von der Ermächtigung Gebrauch machen darf. Der Beschluss kann auch bestimmen, in welchen Fällen der Vorstand verpflichtet ist, die ihm eingeräumten Abwehrbefugnisse auszunutzen.

**222**  Ein Beschluss der Hauptversammlung, der darauf abzielen würde, dem Vorstand die Durchführung von Abwehrmaßnahmen zu **untersagen,** wäre demgegenüber nicht zulässig.[587] Dies ergibt sich bereits aus dem Wortlaut des Abs. 2, nach dem die Hauptversammlung nur zur Vornahme von Abwehrmaßnahmen ermächtigen kann. Ein entsprechender Beschlussinhalt wäre zudem nach allgemeinen aktienrechtlichen Grundsätzen unzulässig, da die Hauptversammlung nicht in den Kompetenzbereich des Vorstandes eingreifen darf.

**223**  **f) Dauer der Ermächtigung (S. 2).** Die Hauptversammlung kann die Ermächtigung – in Anlehnung an die frühere Fassung von § 71 Abs. 1 Nr. 8 AktG – höchstens für eine Dauer von 18 Monaten erteilen. Damit wird die Hauptversammlung praktisch gezwungen, die Ermächtigung jährlich zu erneuern. Die Frist muss im Beschluss konkret festgelegt werden („bis zum 31.1.2004" oder „vom Tag der Beschlussfassung an für 18 Monate").[588] Eine Verweisung auf die gesetzliche Regelung ist nicht ausreichend.[589] Ein solcher Beschluss kann dann auch nicht dahingehend ausgelegt werden, dass die gesetzliche Höchstfrist gelten soll.[590] Fehlt die Angabe oder wird ein zu langer Zeitraum vorgesehen, ist der Beschluss nichtig (§ 241 Nr. 3 AktG).[591]

**224**  **Fristbeginn** ist der Tag der Beschlussfassung durch die Hauptversammlung, sofern die Ermächtigung sofort wirksam wird. Ist – wie bei Schaffung eines genehmigten Kapitals – eine Eintragung in das Handelsregister erforderlich, kommt es auf den Tag der Eintragung an.[592] Ob die Ausnutzung fristgerecht erfolgt, hängt davon ab, ob der Vorstand über die Ausnutzung innerhalb des Ermächtigungszeitraumes beschließt.[593] Es ist nicht erforderlich, dass die betreffende Maßnahme bereits komplett abgeschlossen wurde.

---

[582] Angerer/Geibel/Süßmann/*Brandi* Rn. 85; Kölner Komm WpÜG/*Hirte* Rn. 116.

[583] Assmann/Pötzsch/Schneider/*Krause/Pötzsch/Stephan* Rn. 218; Kölner Komm WpÜG/*Hirte* Rn. 116.

[584] Assmann/Pötzsch/Schneider/*Krause/Pötzsch/Stephan* Rn. 218; Kölner Komm WpÜG/*Hirte* Rn. 119.

[585] Dazu näher Baums/Thoma/*Grunewald* Rn. 94.

[586] Begr. RegE, BT-Drs. 14/7034, 58; Kölner Komm WpÜG/*Hirte* Rn. 118.

[587] Steinmeyer/*Steinmeyer* Rn. 42; Kölner Komm WpÜG/*Hirte* Rn. 120; Assmann/Pötzsch/Schneider/*Krause/Pötzsch/Stephan* Rn. 219; aA Baums/Thoma/*Grunewald* Rn. 89.

[588] Angerer/Geibel/Süßmann/*Brandi* Rn. 88; *Brandi* in Thaeter/Brandi, Öffentliche Übernahmen, 2003, Teil 3 Rn. 321.

[589] Kölner Komm WpÜG/*Hirte* Rn. 121.

[590] Ehricke/Ekkenga/Oechsler/*Ekkenga* Rn. 81; Baums/Thoma/*Grunewald* Rn. 94.

[591] Angerer/Geibel/Süßmann/*Brandi* Rn. 88; FK-WpÜG/*Röh* Rn. 113; Kölner Komm WpÜG/*Hirte* Rn. 121; Baums/Thoma/*Grunewald* Rn. 94; *Brandi* in Thaeter/Brandi, Öffentliche Übernahmen, 2003, Teil 3 Rn. 321.

[592] Kölner Komm WpÜG/*Hirte* Rn. 123; Assmann/Pötzsch/Schneider/*Krause/Pötzsch/Stephan* Rn. 225.

[593] Steinmeyer/*Steinmeyer* Rn. 45; Baums/Thoma/*Grunewald* Rn. 95.

Die Hauptversammlung kann die Ermächtigung auch vor Ablauf der 18-Monatsfrist **225** erneuern.[594] Mit Ablauf der Frist kann von der Ermächtigung kein Gebrauch mehr gemacht werden. Etwaige Ausübungsbeschlüsse der Verwaltung sind nichtig.[595]

**g) Beschlussmehrheit (Abs. 2 S. 3).** Der Ermächtigungsbeschluss bedarf einer Mehr- **226** heit, die mindestens **drei Viertel des bei der Beschlussfassung vertretenen Grundkapitals** umfasst, sofern die Satzung keine größere Kapitalmehrheit oder weitere Erfordernisse bestimmt (Abs. 2 S. 3).[596] Soweit der Bieter an der Zielgesellschaft bereits beteiligt ist, unterliegt er bei der Beschlussfassung **keinem Stimmverbot.**[597] Bieter, die 25% des in der Hauptversammlung vertretenen Grundkapitals halten, können die Fassung von Vorratsbeschlüssen damit verhindern.[598] Der Forderung des Bundesrates, zur Vermeidung einer solchen Blockademöglichkeit lediglich ein einfaches Mehrheitserfordernis festzusetzen,[599] ist der Bundestag nicht nachgekommen.

Im Übrigen gelten die allgemeinen aktienrechtlichen Grundsätze. Insbesondere bedarf **227** es zusätzlich der **einfachen Stimmenmehrheit** nach § 133 Abs. 1 AktG.[600] Ist die Ermächtigung – wie etwa im Falle des genehmigten Kapitals – materieller Satzungsbestandteil oder soll die Ermächtigung freiwillig in die Satzung aufgenommen werden, bedarf es eines satzungsändernden Beschlusses. Im Übrigen reicht – wie beispielsweise bei der Ermächtigung zum Erwerb eigener Aktien – ein schlichter Hauptversammlungsbeschluss aus.[601]

Abs. 2 S. 3 enthält keine spezielle Regelung über das Erfordernis eines **Sonderbeschlus- 228 ses.** Hat die Zielgesellschaft mehrere Gattungen von Aktien ausgegeben, greifen demnach die allgemeinen aktienrechtlichen Grundsätze über die Erforderlichkeit eines Sonderbeschlusses ein.[602]

**h) Berichtspflicht.** Eine gesonderte Berichtspflicht des Vorstandes an die Hauptver- **229** sammlung, die über die Vorratsermächtigung beschließen soll, sieht das Gesetz nicht vor. Ob der Vorstand zu einem Bericht verpflichtet ist, richtet sich nach allgemeinen Grundsätzen[603] und hängt folglich von dem speziellen Ermächtigungsinhalt ab.[604] Zum Teil wird gefordert, dass der Vorstand auf die weitreichenden Folgen hinweisen muss, die ein Ermächtigungsbeschluss haben kann.[605]

**i) Eintragung in das Handelsregister.** Eine generelle Pflicht, Ermächtigungsbe- **230** schlüsse nach Abs. 2 in das Handelsregister einzutragen, sieht das Gesetz nicht vor. Das Eintragungserfordernis richtet sich damit nach allgemeinen Grundsätzen. Sofern der Beschluss nicht in das Handelsregister einzutragen ist, wird der Beschluss mit der Feststellung des Abstimmungsergebnisses durch den Versammlungsleiter wirksam.[606]

---

[594] Baums/Thoma/*Grunewald* Rn. 95.

[595] Kölner Komm WpÜG/*Hirte* Rn. 123. Zur Problematik, wie mit ausgegebenen Aktien im Rahmen einer Kapitalerhöhung auf Basis einer nichtigen Ermächtigung umzugehen ist, vgl. Assmann/Pötzsch/Schneider/*Krause*/*Pötzsch*/*Stephan* Rn. 226.

[596] Die Satzung kann indessen nicht vorsehen, dass Ermächtigungen zur Übernahmeabwehr nicht eingeführt werden können.

[597] *Winter*/*Harbarth* ZIP 2002, 1 (14); Ehricke/Ekkenga/Oechsler/*Ekkenga* Rn. 79; Baums/Thoma/*Grunewald* Rn. 97; aA *Maier-Reimer* ZHR 165 (2001), 258 (276 f.).

[598] *Land* DB 2001, 1707 (1712); Kölner Komm WpÜG/*Hirte* Rn. 122, 126.

[599] BR-Drs. 574/01, 4.

[600] Steinmeyer/*Steinmeyer* Rn. 47.

[601] Kölner Komm WpÜG/*Hirte* Rn. 125; Assmann/Pötzsch/Schneider/*Krause*/*Pötzsch*/*Stephan* Rn. 229.

[602] Kölner Komm WpÜG/*Hirte* Rn. 129.

[603] LG München ZIP 2005, 352 = AG 2005, 261 (261), das indes sehr strenge Anforderungen im konkreten Fall an die Berichtspflicht zu einem Vorratsbeschluss gestellt hat; *Drinkuth* AG 2005, 597 (601 ff.).

[604] Weitergehend Ehricke/Ekkenga/Oechsler/*Ekkenga* Rn. 80, der eine Berichtspflicht auch bei „sonstigen Ermächtigungen" annimmt; vgl. auch Kölner Komm WpÜG/*Hirte* Rn. 106, 116, der eine Berichtspflicht in erster Linie bei Ausnutzung der Ermächtigung für erforderlich hält; so auch *Brandi* in Thaeter/Brandi, Öffentliche Übernahmen, 2003, Teil 3 Rn. 324.

[605] Kölner Komm WpÜG/*Hirte* Rn. 89; abl. ABBD/*Lohrmann*/*v. Dryander* Sec. 33 Rn. 56; nunmehr auch Angerer/Geibel/Süßmann/*Brandi* Rn. 87.

[606] Kölner Komm WpÜG/*Hirte* Rn. 113, 132.

231    **j) Anfechtung des Ermächtigungsbeschlusses.** Für die Anfechtung des Ermächtigungsbeschlusses gelten die allgemeinen Grundsätze. Vorratsbeschlüsse nach Abs. 2 sind nach geltendem Recht mit keinem stärkeren Bestandsschutz ausgestaltet als gewöhnliche Hauptversammlungsbeschlüsse.[607] Sofern eine Ermächtigung der Eintragung in das Handelsregister bedarf (→ Rn. 230), wird die Eintragung – anders als im Umwandlungsrecht – nicht durch die Erhebung einer Anfechtungsklage gehindert.[608]

232    **k) Aufhebung und Änderung der Ermächtigung.** Die Hauptversammlung kann ihren Ermächtigungsbeschluss jederzeit, dh auch während des laufenden Übernahmeverfahrens, **aufheben.**[609] Ein solcher Aufhebungsbeschluss kommt namentlich dann in Betracht, wenn die Konditionen des Übernahmeangebotes aus Sicht der Aktionäre so günstig sind, dass sie das Risiko eines Ergreifens von Abwehrmaßnahmen durch den Vorstand reduzieren möchten. Im Übrigen gelten für die Aufhebung des Ermächtigungsbeschlusses die allgemeinen aktienrechtlichen Grundsätze.[610]

233    Auch eine **Änderung** des Ermächtigungsbeschlusses ist möglich, da es sich im Vergleich zu einer Aufhebung um ein Weniger handelt.[611] Denkbar sind etwa eine volumenmäßige Reduzierung eines genehmigten Kapitals oder einer Ermächtigung zum Erwerb eigener Aktien oder eine zeitliche Reduzierung der Ermächtigungsdauer. Zur Verlängerung des Beschlusses → Rn. 223.

234    **2. Ausnutzung der Ermächtigung (Abs. 2 S. 4). a) Grundsatz.** Der Vorstand darf von der Ermächtigung nur dann Gebrauch machen, wenn die Ermächtigung wirksam ist, also nicht an formellen oder materiellen Mängeln leidet, die zur Nichtigkeit des Ermächtigungsbeschlusses führen. Wird der Ermächtigungsbeschluss angefochten, ändert dies zwar zunächst nichts an dessen Wirksamkeit. Allerdings liefe der Vorstand Gefahr, im Falle einer erfolgreichen Anfechtung ohne Ermächtigungsgrundlage gehandelt zu haben.[612] Zudem muss die Abwehrmaßnahme von der Ermächtigung eines etwa vor ihrer Erteilung vom Vorstand erstatteten Berichts gedeckt sein.[613] Der Vorstand darf von ihr also nur bei Vorliegen eines konkreten Übernahmeangebotes Gebrauch machen. Im Übrigen liegt die Entscheidung über die Ausübung grundsätzlich in seinem **pflichtgemäßen Ermessen.**[614] Eine Pflicht zur Ausübung der Ermächtigung besteht nicht.[615] Bei der Ausübung muss sich der Vorstand, wie sich nicht zuletzt aus § 3 Abs. 3 ergibt, vom **Unternehmensinteresse** leiten lassen. Aufgrund der vorgegebenen Zweckbestimmung durch die Hauptversammlung ist die Entscheidung, ob die Abwehrmaßnahme im Interesse der Gesellschaft liegt, regelmäßig erleichtert.[616] An etwaige Vorgaben der Hauptversammlung für die Ausübung der Ermächtigung ist der Vorstand gebunden.

235    Darüber hinaus hat der Vorstand die allgemeinen aktienrechtlichen Grundsätze, insbesondere das **Schädigungsverbot,** zu beachten.[617] So wäre etwa die Ausnutzung einer Ermächtigung zu einer Kapitalerhöhung unzulässig, wenn ihr Umfang in keinem angemessenen Verhältnis zum Finanzierungsbedürfnis der Gesellschaft stehen würde.[618] Von der Einhaltung

---

[607] Dem dahingehenden Vorschlag des BR (Begr. Beschluss BR, BT-Drs. 14/7034, 85) wurde nicht gefolgt; s. auch *Winter/Harbarth* ZIP 2002, 1 (13); *Stohlmeier* in Semler/Volhard/Reichert HV-HdB § 40 Rn. 33.

[608] Kölner Komm WpÜG/*Hirte* Rn. 152.

[609] *Steinmeyer*/*Steinmeyer* Rn. 41; Kölner Komm WpÜG/*Hirte* Rn. 131.

[610] Zu den Einzelheiten Kölner Komm WpÜG/*Hirte* Rn. 131 ff.

[611] Kölner Komm WpÜG/*Hirte* Rn. 133 f.

[612] FK-WpÜG/*Röh* Rn. 115.

[613] FK-WpÜG/*Röh* Rn. 117; Kölner Komm WpÜG/*Hirte* Rn. 144.

[614] FK-WpÜG/*Röh* Rn. 116; einschr. Ehricke/Ekkenga/Oechsler/*Ekkenga* Rn. 86; *Brandi* in Thaeter/Brandi, Öffentliche Übernahmen, 2003, Teil 3 Rn. 399.

[615] Kölner Komm WpÜG/*Hirte* Rn. 114.

[616] Auch *Thiel* in Semler/Volhard ÜN-HdB § 54 Rn. 78.

[617] *Winter/Harbarth* ZIP 2002, 1 (15); FK-WpÜG/*Röh* Rn. 101; Baums/Thoma/*Grunewald* Rn. 100; *Stohlmeier* in Semler/Volhard/Reichert HV-HdB § 40 Rn. 38.

[618] Kölner Komm WpÜG/*Hirte* Rn. 118; s. auch *Krause* NZG 2000, 905 (911).

dieser Erfordernisse kann auch die Hauptversammlung nicht **dispensieren,** da ein entsprechender Beschluss einen Treuepflichtverstoß gegenüber den übrigen Aktionären begründen würde. Insbesondere ist dem Vorstand die Ausgabe neuer Aktien mit Bezugsrechtsausschluss zu einem unangemessen niedrigen Ausgabepreis verboten.[619] Insoweit gilt das unter → Rn. 185 Ausgeführte entsprechend. Eine Berichtspflicht bei Ausnutzung trifft den Vorstand nicht.[620] Ebenso wenig kann vom Vorstand verlangt werden, nachträglich über die Ausnutzung der Ermächtigung nach Abs. 2 Rechenschaft abzulegen. Dies ergibt sich aus einem Umkehrschluss aus § 71 Abs. 3 S. 1 AktG.[621]

Der Vorstand kann sich gegenüber dem Bieter oder einem sonstigen Dritten nicht zur **236** **Ausnutzung** oder **Unterlassung** der Ermächtigung verpflichten. Insoweit gilt Entsprechendes wie bei Maßnahmen, die eine unmittelbare Satzungsänderung zum Gegenstand haben.[622]

**b) Zustimmung des Aufsichtsrates.** Nach Abs. 2 S. 4 bedarf der Vorstand für die **237** Ausnutzung der Ermächtigung der Zustimmung des Aufsichtsrates. Durch die Etablierung des Zustimmungserfordernisses soll nach den Erwägungen des Gesetzgebers ein **„Korrelat"** dafür geschaffen werden, dass der ermächtigende Hauptversammlungsbeschluss nicht in Kenntnis des konkreten Angebotes gefasst wurde.[623] Der Zustimmung des Kontrollgremiums bedarf es mithin auch dann, wenn die Zustimmung nach den speziellen, für die jeweilige Ermächtigung geltenden Vorschriften nicht erforderlich sein sollte.[624]

Da es sich hierbei um eine präventive Abwehrmaßnahme handelt, muss die Zustimmung **238** in aller Regel vor Durchführung der Maßnahme in Form einer **Einwilligung** (§ 183 BGB) erteilt werden. Eine nachträgliche Zustimmung (§ 184 Abs. 1 BGB) ist also nur ausnahmsweise in besonders gelagerten Konstellationen ausreichend.[625] Nach den Erwägungen des Gesetzgebers können dabei die zu § 111 Abs. 4 S. 2 AktG entwickelten Grundsätze herangezogen werden.[626] Die Übertragung der Entscheidungsbefugnis auf einen **Ausschuss** ist zulässig (vgl. auch → Rn. 180).[627]

**c) Zeitliche Begrenzung.** Die Ausnutzung einer Ermächtigung nach Abs. 2 ist **239** grundsätzlich erst dann zulässig, wenn die **Angebotsunterlage** vorliegt, da erst dann der konkrete Inhalt des Angebots, insbesondere die Art und Höhe der Gegenleistung, feststeht und dem Vorstand eine umfassende Abwägung der widerstreitenden Interessen erst dann möglich ist.[628] Es dürfen jedenfalls keine irreversiblen Maßnahmen getroffen werden (→ Rn. 181).

### V. Rechtsfolgen von gegen Abs. 1 und 2 verstoßenden Handlungen

Die Rechtsfolgen von gegen Abs. 1 verstoßende Abwehrmaßnahmen sind im Gesetz **240** nicht speziell geregelt. Es gelten daher die allgemeinen aktienrechtlichen Grundsätze.

---

[619] Unangemessen niedrig ist der Ausgabebetrag insbes. dann, wenn er unter dem vom Bieter gebotenen Preis liegt, vgl. FK-WpÜG/*Röh* Rn. 101; *Brandi* in Thaeter/Brandi, Öffentliche Übernahmen, 2003, Teil 3 Rn. 412.

[620] Über die Ausnutzung des genehmigten Kapitals ist auf der nächsten Hauptversammlung Bericht zu erstatten; vgl. BGHZ 136, 133 = NJW 1997, 2815; s. auch OLG Frankfurt NZG 2012, 1029 (1030).

[621] FK-WpÜG/*Röh* Rn. 111; aA Ehricke/Ekkenga/Oechsler/*Ekkenga* Rn. 87.

[622] Kölner Komm WpÜG/*Hirte* Rn. 115. S. auch *Mertens* AG 1978, 309 ff.

[623] Begr. RegE, BT-Drs. 14/7034, 58.

[624] *Winter/Harbarth* ZIP 2002, 1 (13); Kölner Komm WpÜG/*Hirte* Rn. 136.

[625] Begr. RegE, BT-Drs. 14/7034, 58; Steinmeyer/*Steinmeyer* Rn. 50; *Brandi* in Thaeter/Brandi, Öffentliche Übernahmen, 2003, Teil 3 Rn. 396 f.; enger FK-WpÜG/*Röh* Rn. 117: keine Ausnahme bei Eilbedürftigkeit; weiter Kölner Komm WpÜG/*Hirte* Rn. 137, 173.

[626] Begr. RegE, BT-Drs. 14/7034, 58.

[627] Kölner Komm WpÜG/*Hirte* Rn. 136; aA Steinmeyer/*Steinmeyer* Rn. 50; *Brandi* in Thaeter/Brandi, Öffentliche Übernahmen, 2003, Teil 3 Rn. 398.

[628] Steinmeyer/*Steinmeyer* Rn. 48; Ehricke/Ekkenga/Oechsler/*Ekkenga* Rn. 84; *Stohlmeier* in Semler/Volhard/Reichert HV-HdB § 40 Rn. 34; s. auch Baums/Thoma/*Grunewald* Rn. 100, die jedoch lediglich eine Empfehlung dahingehend abgibt.

**241**   **1. Wirksamkeit der Maßnahme im Außenverhältnis.** Das in Abs. 1 S. 1 normierte Verhinderungsverbot stellt nach richtiger Ansicht keine Kompetenznorm, sondern eine Organpflicht des Vorstandes dar, die der Vorstand bei seiner Geschäftsführung zu beachten hat (→ Rn. 58).[629] Die Pflichtwidrigkeit einer Maßnahmen des Vorstandes ändert nichts an ihrer Wirksamkeit im Außenverhältnis (vgl. § 82 AktG).[630] Insoweit gilt Gleiches wie bei Maßnahmen im Sinne der Holzmüller/Gelatine-Rspr., die der Vorstand ergreift, ohne hierfür die Zustimmung der Hauptversammlung einzuholen.[631] Eine Unwirksamkeit der Maßnahme im Außenverhältnis kommt nur dann in Betracht, wenn die Grundsätze des Missbrauchs der Vertretungsmacht einschlägig sind, etwa weil der Vorstand der Zielgesellschaft und ein Dritter **kollusiv** zusammenwirken.[632]

**242**   **2. Schadensersatz; Unterlassung. a) Ansprüche gegen die Gesellschaft. aa) Unterlassungsanspruch.** Fraglich ist, ob die **Aktionäre** die Unterlassung von unzulässigen Abwehrmaßnahmen des Vorstandes verlangen können. Ist der Bieter – wie in vielen Fällen – bereits an der Zielgesellschaft beteiligt, stellt sich diese Frage mit besonderer Schärfe. Das Bestehen eines **vorbeugenden Unterlassungsanspruchs** wird insbesondere von denjenigen bejaht, die das Verhinderungsverbot nicht als bloße Organpflicht, sondern als Kompetenznorm verstehen (→ Rn. 58).[633] Die hM differenziert.[634] Danach steht den Aktionären ein Unterlassungsanspruch insoweit nicht zu, als das Handeln des Vorstandes bloße Geschäftsführungsmaßnahmen betrifft. Soweit es sich demgegenüber um Maßnahmen handelt, die in den **Kompetenzbereich** der **Hauptversammlung** fallen, könnten die Aktionäre Unterlassung verlangen.

**243**   Der hM ist zu folgen. Nach den vom BGH in seiner Holzmüller-Entscheidung vorgezeichneten und durch die Gelatine-Entscheidungen konkretisierten Grundsätzen besteht ein Unterlassungs- bzw. Beseitigungsanspruch des Aktionärs, wenn durch die Maßnahme der Verwaltung in seine Mitgliedschaftsstellung eingegriffen wird.[635] Ein Unterlassungsanspruch besteht folglich nur dann, wenn die Abwehrmaßnahme eine **Kompetenzüberschreitung** des Vorstandes zu Lasten der Hauptversammlung begründet. Anders als nach dem RegE, nach dem alle verhinderungsgeeigneten Maßnahmen von Vorstand und Aufsichtsrat der Zustimmung der Hauptversammlung bedurften, wird man im Hinblick auf den geänderten Wortlaut nicht davon ausgehen können, dass jede Abwehrmaßnahme des Vorstandes einen Eingriff in die Zuständigkeit der Hauptversammlung begründet.[636] Der Unterlassungsanspruch richtet sich gegen die **Zielgesellschaft,** der das pflichtwidrige Ver-

---

[629] *Hopt* FS Lutter, 2000, 1361 (1386); *Merkt* ZHR 165 (2001), 224 (245) zum DiskE; Angerer/Geibel/Süßmann/*Brandi* Rn. 17; Steinmeyer/*Steinmeyer* Rn. 56.

[630] Angerer/Geibel/Süßmann/*Brandi* Rn. 93; *Kort* FS Lutter, 2000, 1421 (1446); FK-WpÜG/*Röh* Rn. 133; *Mielke* in Beckmann/Kersting/Mielke, Das neue Übernahmerecht, 2003, Rn. C 63; *Müller* in Zschocke/Schuster ÜbernahmeR-HdB Rn. D 42; *Marsch-Barner* in Zschocke/Schuster ÜbernahmeR-HdB Rn. E 40; Kölner Komm WpÜG/*Hirte* Rn. 145; Ehricke/Ekkenga/Oechsler/*Ekkenga* Rn. 35; *Brandi* in Thaeter/Brandi, Öffentliche Übernahmen, 2003, Teil 3 Rn. 605 ff.

[631] Dazu etwa Semler/Stengel/*Schlitt* UmwG Anh. § 173 Rn. 43 mwN.

[632] *Mielke* in Beckmann/Kersting/Mielke, Das neue Übernahmerecht, 2003, Rn. C 63; Kölner Komm WpÜG/*Hirte* Rn. 145; Ehricke/Ekkenga/Oechsler/*Ekkenga* Rn. 35; *Brandi* in Thaeter/Brandi, Öffentliche Übernahmen, 2003, Teil 3 Rn. 605.

[633] *Bayer* NJW 2000, 2609 (2611); *Dimke/Heise* NZG 2001, 241 ff.; *Thaeter* NZG 2001, 789 (791); *Krieger* RWS-Forum Gesellschaftsrecht 2001, 289, 319 f.; *Fleischer/Kalss,* Das neue WpÜG, 2002, 130; NK-AktKapMarktR/*Glade* Rn. 25; Emmerich/Habersack/*Habersack* AktG Vor § 311 Rn. 23; *Habersack,* ZHR 181 (2017), 603 (624 f.); einschr. FK-WpÜG/*Röh* Rn. 130, der einen solchen Unterlassungsanspruch nur einer Aktionärsminderheit zubilligen will, die ein Quorum nach § 122 Abs. 2 AktG auf sich vereinigt.

[634] LG Düsseldorf AG 2000, 233 = BeckRS 2000, 2827 – Mannesmann; *Cahn* ZHR 165 (2000), 129 (133 ff.); *Krause* AG 2000, 217; *Liebscher* ZIP 2001, 867; Angerer/Geibel/Süßmann/*Brandi* Rn. 94; Steinmeyer/*Steinmeyer* Rn. 58; *Schlitt/Seiler* ZHR 166 (2002), 544 (560 f.); *Marsch-Barner* in Zschocke/Schuster ÜbernahmeR-HdB Rn. E 40; Baums/Thoma/*Grunewald* Rn. 104; wohl auch Kölner Komm WpÜG/*Hirte* Rn. 147, 151; s. auch *Cahn/Senger* FB 2002, 277 (290); weiter einschr. Ehricke/Ekkenga/Oechsler/*Ekkenga* Rn. 41; *Brandi* in Thaeter/Brandi, Öffentliche Übernahmen, 2003, Teil 3 Rn. 617 ff.; ABBD/*Lohrmann/v. Dryander* Sec. 33 Rn. 77 ff.

[635] BGHZ 83, 122 (133 ff.) = NJW 1982, 1703; vgl. dazu auch *Seiler/Singhof* Der Konzern 2003, 313 ff.

[636] AA *Winter/Harbarth* ZIP 2002, 1 (17).

halten ihres Vorstandes nach § 31 BGB zuzurechnen ist.[637] **Klagebefugt** sind (nur) die Aktionäre der Zielgesellschaft.[638] Die Unterlassungsklage ist grundsätzlich innerhalb eines Monats zu erheben.[639] Stimmt die Hauptversammlung nachträglich zu, wird die Klage nachträglich unbegründet.[640]

Der Unterlassungsanspruch kann unter Umständen im Wege einer **einstweiligen Verfü-** **244** **gung** geltend gemacht werden.[641] In diesem Fall bestehen jedoch die Haftungsrisiken nach § 945 ZPO.[642]

Hat der Vorstand die Abwehrmaßnahme in rechtswidriger Weise **vollzogen,** tritt an die **245** Stelle des Unterlassungsanspruches der Anspruch auf **Rückabwicklung.**[643] Eine Rückabwicklung scheidet indessen dann aus, wenn sie nicht mehr möglich ist oder nur mit unverhältnismäßigem Aufwand umsetzbar ist (§ 251 BGB).

**bb) Schadensersatzanspruch.** Fraglich ist, ob bei rechtswidrigen Abwehrmaßnahmen **246** Schadensersatzsprüche der Aktionäre gegen die **Zielgesellschaft** in Betracht kommen. Soweit es sich bei den unzulässigen Abwehrmaßnahmen um bloße **Geschäftsführungs-** **maßnahmen** des Vorstandes handelt, scheidet eine Haftung der Gesellschaft nach § 823 Abs. 2 BGB grundsätzlich aus. Bei dem Verhinderungsverbot nach Abs. 1 S. 1 handelt es sich nämlich nach richtiger, aber umstrittener Ansicht **nicht um ein Schutzgesetz** zugunsten der Aktionäre iSv § 823 Abs. 2 BGB, sondern lediglich um eine Verhaltensnorm.[644] Zudem muss das Unternehmensinteresse mit dem Interesse der Aktionäre nicht notwendigerweise deckungsgleich sein. Ansprüche der Aktionäre gegenüber der Gesellschaft können auch nicht auf § 823 Abs. 1 BGB gestützt werden, da die Durchführung unzulässiger Abwehrmaßnahmen, soweit es sich um bloße Geschäftsführungsmaßnahmen handelt, nur das Vermögen des Aktionärs betrifft, nicht aber seine Mitgliedschaftsstellung als absolut geschütztes Recht iSv § 823 Abs. 1 BGB tangiert.[645]

Schadensersatzansprüche sind daher nur dann denkbar, wenn der Vorstand in die **Kom-** **247** **petenz der Hauptversammlung** fallende Maßnahmen vornimmt.[646] In diesem Fall wird in die Mitgliedschaftsstellung der Aktionäre als ein durch § 823 Abs. 1 BGB geschütztes Recht eingegriffen. Aber auch dann kommt ein Schadensersatzanspruch nur insoweit in Betracht, wie den Aktionären ein **Schaden** entstanden ist, der über den Schaden der Gesellschaft hinausgeht.[647] Die durch die Abwehrmaßnahmen entstehenden Kosten stellen nur einen nicht erstattungsfähigen Reflexschaden dar.[648] Nicht erstattungsfähig ist auch ein Kursverlust, den die Aktie der Zielgesellschaft auf Grund des Scheiterns des Übernahmeangebots erleidet.[649] Ein Schadensersatzanspruch kann dann bestehen, wenn der Aktionär

---

[637] Vgl. BGHZ 83, 122 (134) = NJW 1982, 1703; Kölner Komm WpÜG/*Hirte* Rn. 148.

[638] Assmann/Pötzsch/Schneider/*Krause*/*Pötzsch*/*Stephan* Rn. 306; FK-WpÜG/*Röh* Rn. 128; aA *Thaeter* NZG 2001, 789 (791); Kölner Komm WpÜG/*Hirte* Rn. 147, die auch künftigen Aktionären eine Klagemöglichkeit einräumen wollen.

[639] Kölner Komm WpÜG/*Hirte* Rn. 148; s. auch Semler/Stengel/*Schlitt* UmwG Anh. § 173 Rn. 94.

[640] Zutr. Kölner Komm WpÜG/*Hirte* Rn. 147.

[641] *Schlitt*/*Seiler* ZHR 166 (2002), 544 (560 f.); Kölner Komm WpÜG/*Hirte* Rn. 149; Ehricke/Ekkenga/ Oechsler/*Ekkenga* Rn. 43.

[642] *Cahn* ZHR 164 (2000), 113 (118).

[643] *Cahn* ZHR 164 (2000), 113 (143); Kölner Komm WpÜG/*Hirte* Rn. 154; Assmann/Pötzsch/Schneider/*Krause*/*Pötzsch*/*Stephan* Rn. 306.

[644] *Krause* AG 2000, 217; Angerer/Geibel/Süßmann/*Brandi* Rn. 96; Steinmeyer/*Steinmeyer* Rn. 59; *Winter*/*Harbarth* ZIP 2002, 1 (16); Baums/Thoma/*Grunewald* Rn. 107; *Brandi* in Thaeter/Brandi, Öffentliche Übernahme, 2003, Teil 3 Rn. 633, 635; aA – für die Annahme des Schutzgesetzcharakters – FK-WpÜG/ *Röh* Rn. 142; *Hirte* ZGR 2002, 623 (655); Kölner Komm WpÜG/*Hirte* Rn. 159; Ehricke/Ekkenga/Oechsler/*Ekkenga* Rn. 37.

[645] Angerer/Geibel/Süßmann/*Brandi* Rn. 97; FK-WpÜG/*Röh* Rn. 141; Baums/Thoma/*Grunewald* Rn. 109; Ehricke/Ekkenga/Oechsler/*Ekkenga* Rn. 37; aA *Hirte* ZGR 2002, 623 (654).

[646] Im Ergebnis auch zust. die Autoren, die einen Schutzgesetzcharakter des § 33 iSd § 823 Abs. 2 BGB annehmen, vgl. *Hirte* ZGR 2002, 623 (655); Ehricke/Ekkenga/Oechsler/*Ekkenga* Rn. 39; aA nunmehr Angerer/Geibel/Süßmann/*Brandi* Rn. 97.

[647] Assmann/Pötzsch/Schneider/*Krause*/*Pötzsch*/*Stephan* Rn. 320.

[648] FK-WpÜG/*Röh* Rn. 143; Assmann/Pötzsch/Schneider/*Krause*/*Pötzsch*/*Stephan* Rn. 320.

[649] FK-WpÜG/*Röh* Rn. 143.

durch die Abwehrmaßnahme daran gehindert wird, das Übernahmeangebot wirksam anzunehmen. In diesem Fall besteht der Schaden in der Differenz zwischen der vom Bieter angebotenen Gegenleistung und dem Verkehrswert der vom Aktionär gehaltenen Aktien.[650]

248    **b) Schadensersatzansprüche gegen Mitglieder des Vorstandes. aa) Ansprüche der Gesellschaft.** Mitglieder des Vorstands, die ihre Pflichten verletzen, sind der Gesellschaft zum Ersatz des daraus entstehenden Schadens als Gesamtschuldner verpflichtet (§ 93 Abs. 2 S. 1 AktG).[651] Die **Pflichtverletzung** kann etwa darin bestehen, dass der Vorstand das Übernahmeangebot ermessensfehlerhaft als nicht im Interesse des Unternehmens ansieht und verhinderungsgeeignete Maßnahmen durchführt oder dass die von ihm ergriffenen Abwehrmaßnahmen verhinderungsgeeignet sind, aber nicht nach Abs. 1 S. 2 oder Abs. 2 legitimiert sind. In diesem Fall geht es also um die Entscheidung über das „ob" der Einleitung von Abwehrmaßnahmen.[652] Eine Pflichtverletzung des Vorstandes kann allerdings auch dann bestehen, wenn er zwar ermessensfehlerfrei vom Vorliegen eines feindlichen Übernahmeangebotes ausgegangen ist, die von ihm eingeleiteten Abwehrmaßnahmen allerdings den durch § 33 gesetzten Rahmen überschreiten. In diesem Fall ist das „wie" der Abwehrmaßnahmen betroffen.[653] Die Beweislast für das pflichtgemäße Handeln liegt beim Vorstand (§ 93 Abs. 2 S. 2 AktG).

249    Ein **Schaden** entsteht der Gesellschaft dann, wenn das Vermögen der Gesellschaft eine Minderung erfährt. Dabei ist ein Vergleich zwischen dem Ist- und dem Soll-Zustand anzustellen.[654] Insoweit gelten allgemeine aktienrechtliche Grundsätze. Auch kommt es nicht darauf an, ob das Übernahmeangebot erfolgreich war oder nicht.[655] Der Schaden der Gesellschaft kann etwa in den **Aufwendungen für die Abwehrmaßnahmen** (Beratungskosten, Kosten für Werbemaßnahmen etc) für den rechtswidrigen Abwehrversuch liegen.[656] Der Zielgesellschaft kann ein Schaden auch dadurch entstehen, dass der Vorstand einen für den Bieter wichtigen Betriebsteil zu einem zu niedrigen Preis veräußert hat. Bei der Verletzung des Bezugsrechts dürfte es dagegen regelmäßig an einem Schaden der Gesellschaft fehlen.[657]

250    Die Abwehrmaßnahme muss für die Schädigung jedoch auch **kausal** geworden sein.[658]

251    Die **Zuständigkeit** für die Geltendmachung des Schadensersatzanspruches liegt grundsätzlich beim Aufsichtsrat (§ 112 AktG). Zur Geltendmachung kann die Hauptversammlung besondere Vertreter bestellen (§ 147 Abs. 2 AktG). Dies dürfte insbesondere dann sachgerecht sein, wenn der Aufsichtsrat der Abwehrmaßnahme zugestimmt hat. Durch das Gesetz zur Unternehmensintegrität und Modernisierung des Anfechtungsrechts (UMAG) vom 22.9.2005 (BGBl. 2005 I 2802) haben Aktionäre, die mit mindestens 1% oder einem anteiligen Wert von 100.000 Euro am Grundkapital der Gesellschaft beteiligt sind, die Möglichkeit, im Wege eines zweistufigen Verfahrens im eigenen Namen die Ersatzansprüche der Gesellschaft geltend zu machen (§§ 147, 148 AktG).[659] Diese Möglichkeit ist allerdings subsidiär gegenüber einer Klageerhebung durch die Gesellschaft (§ 148 Abs. 3 S. 1 AktG).[660]

252    **bb) Ansprüche der Aktionäre.** Die Mitglieder des **Vorstandes** haften den Aktionären gegenüber nicht unmittelbar nach § 93 Abs. 2 AktG.[661] Eine Haftung nach § 823 Abs. 2 BGB

---

[650] FK-WpÜG/*Röh* Rn. 143; *Brandi* in Thaeter/Brandi, Öffentliche Übernahmen, 2003, Teil 3 Rn. 633.

[651] BGHZ 136, 133 (140 f.) = NJW 1997, 2815; Kölner Komm WpÜG/*Hirte* Rn. 158; *Brandi* in Thaeter/Brandi, Öffentliche Übernahmen, 2003, Teil 3 Rn. 608 f. Die Schadensersatzpflicht kann auch die Mitglieder des Vorstandes von Tochtergesellschaften treffen, Kölner Komm WpÜG/*Hirte* Rn. 163.

[652] FK-WpÜG/*Röh* Rn. 135 f.; s. auch *Mielke* in Beckmann/Kersting/Mielke, Das neue Übernahmerecht, 2003, Rn. C 65.

[653] FK-WpÜG/*Röh* Rn. 136.

[654] FK-WpÜG/*Röh* Rn. 137.

[655] Angerer/Geibel/Süßmann/*Brandi* Rn. 95.

[656] Kölner Komm WpÜG/*Hirte* Rn. 159; Ehricke/Ekkenga/Oechsler/*Ekkenga* Rn. 36; FK-WpÜG/*Röh* Rn. 137.

[657] Kölner Komm WpÜG/*Hirte* Rn. 158.

[658] FK-WpÜG/*Röh* Rn. 138.

[659] FK-WpÜG/*Röh* Rn. 139.

[660] Hüffer/Koch/*Koch* AktG § 148 Rn. 13.

[661] *Winter/Harbarth* ZIP 2002, 1 (10); *Cahn/Senger* FB 2002, 277 (290); Baums/Thoma/*Grunewald* Rn. 106; aA *Hirte* ZGR 2002, 623 (654).

scheidet mangels Schutzgesetzcharakter des § 33 aus. Auch können unmittelbare Ansprüche der Aktionäre nicht auf § 823 Abs. 1 BGB gestützt werden.[662] Eine direkte Haftung gegenüber den Aktionären ist daher nur unter den strengen Voraussetzungen der § 826 BGB bzw. § 823 Abs. 2 BGB iVm Straftatbeständen denkbar.[663] (Beachte aber die Möglichkeit der Geltendmachung im zweistufigen Klageverfahren nach §§ 147, 148 AktG; → Rn. 251).

**c) Schadensersatzansprüche gegen Mitglieder des Aufsichtsrates.** Die Haftung **253** der Mitglieder des Aufsichtsrates gegenüber der Gesellschaft folgt aus § 116 AktG iVm § 93 Abs. 2 AktG. Insoweit gilt im Grundsatz entsprechendes wie für die Haftung der Vorstandsmitglieder (→ Rn. 248 f.).[664] Die Pflichtverletzung der Aufsichtsratsmitglieder kann darin bestehen, dass sie einer nicht im Unternehmensinteresse liegenden Abwehrmaßnahme zugestimmt haben oder ihre Überwachungspflichten bei ausschließlich vom Vorstand durchgeführten Maßnahmen vernachlässigt haben.[665]

**d) Weitere Rechtsfolgen.** Bei Verstößen gegen Abs. 1 und Abs. 2 kommen darüber **254** hinaus die Verweigerung der **Entlastung** der Mitglieder des Vorstandes und des Aufsichtsrates sowie die Anordnung einer **Sonderprüfung** in Betracht.[666]

**3. Ansprüche des Bieters.** Da es zwischen dem Bieter und der Zielgesellschaft bzw. **255** ihren Organen an einer rechtsgeschäftlichen oder sondergesetzlichen Verbindung fehlt, kommt allenfalls ein Schadensersatzanspruch nach § 823 Abs. 2 BGB in Betracht. Abs. 1 stellt jedoch **kein Schutzgesetz** iSv § 823 Abs. 2 BGB zugunsten des Bieters dar, da das Interesse des Bieters, die Kontrolle über die Zielgesellschaft zu erlangen, durch diese Vorschrift jedenfalls nicht unmittelbar geschützt wird.[667] Er ist daher grundsätzlich auf die Rechte eines Aktionärs beschränkt, sofern er bereits an der Zielgesellschaft beteiligt ist.

**4. Ordnungswidrigkeit.** Die vorsätzliche oder leichtfertige Vornahme von Handlungen **256** durch den **Vorstand,** die gegen Abs. 1 S. 1 verstoßen, begründen eine Ordnungswidrigkeit iSv § 60 Abs. 1 Nr. 8. Sie können von der Bundesanstalt als nach § 61 zuständiger Verwaltungsbehörde mit einer Geldbuße bis zu einer Million Euro geahndet werden (§ 60 Abs. 3). Der noch in der Beschlussfassung des Bundestages enthaltene Zusatz, dass die Handlung „ohne Ermächtigung der Hauptversammlung" vorgenommen sein musste, wurde erst bei der Schlussredaktion des Gesetzes gestrichen.[668] Bedenklich im Hinblick auf das verfassungsrechtliche Bestimmtheitsgebot ist, dass durch den Verweis auf Abs. 1 S. 1 unbestimmte Rechtsgriffe mit in Bezug genommen werden.[669] Die Anordnung eines Zwangsgeldes passt im Übrigen nicht zu dem Schutzzweck des § 33, die Aktionäre der Zielgesellschaft zu schützen, und ist daher rechtspolitisch bedenklich.[670] Im Einzelnen → § 60 Rn. 1 ff.

Gegen den **Aufsichtsrat** kann bei der Vornahme rechtswidriger Abwehrmaßnahmen **257** kein Bußgeld verhängt werden.[671] Dies gilt selbst dann, wenn sich nachträglich herausstellt, dass die Handlung des Vorstandes, der er zustimmt, rechtswidrig ist.

---

[662] Ehricke/Ekkenga/Oechsler/*Ekkenga* Rn. 37; Assmann/Pötzsch/Schneider/*Krause/Pötzsch/Stephan* Rn. 312.

[663] Angerer/Geibel/Süßmann/*Brandi* Rn. 98 f.; Ehricke/Ekkenga/Oechsler/*Ekkenga* Rn. 37; *Brandi* in Thaeter/Brandi, Öffentliche Übernahmen, 2003, Teil 3 Rn. 621 ff.

[664] Ehricke/Ekkenga/Oechsler/*Ekkenga* Rn. 38.

[665] FK-WpÜG/*Röh* Rn. 145.

[666] Kölner Komm WpÜG/*Hirte* Rn. 167; Assmann/Pötzsch/Schneider/*Krause/Pötzsch/Stephan* Rn. 322.

[667] Angerer/Geibel/Süßmann/*Brandi* Rn. 99; FK-WpÜG/*Röh* Rn. 133; *Mielke* in Beckmann/Kersting/Mielke, Das neue Übernahmerecht, 2003, Rn. C 66; Baums/Thoma/*Grunewald* Rn. 110; vgl. ABBD/*Lohrmann/v. Dryander* Sec. 33 Rn. 80; *Thaeter* in Thaeter/Brandi, Öffentliche Übernahmen, 2003, Teil 2 Rn. 206 f.; tendenziell anders *Ekkenga/Hofschroer* DStR 2002, 724 (732).

[668] Zu Recht krit. dazu etwa Kölner Komm WpÜG/*Hirte* Rn. 65, 164; Assmann/Pötzsch/Schneider/*Krause/Pötzsch/Stephan* Rn. 299.

[669] Kölner Komm WpÜG/*Hirte* Rn. 165.

[670] So zutr. bereits *Cahn* ZHR 167 (2003), 262 (283) Fn. 67.

[671] *Cahn/Senger* FB 2002, 277 (290); *Brandi* in Thaeter/Brandi, Öffentliche Übernahmen, 2003, Teil 3 Rn. 603.

258   **5. Sonstige Rechtsfolgen.** In besonders gelagerten Fällen können bei unzulässigen Abwehrmaßnahmen Ansprüche des Bieters gegen die Zielgesellschaft (oder einen konkurrierenden Bieter) nach §§ 8 und 9 UWG in Betracht kommen.[672]

259   **6. Befugnisse der Bundesanstalt.** Zum Teil wird auch eine Möglichkeit der Bundesanstalt bejaht, gegen unzulässige Abwehrmaßnahmen einzuschreiten.[673] Das Verhinderungsverbot will indessen allein die Aktionäre der Zielgesellschaft schützen (→ Rn. 6 ff.). Eine Befugnis der Bundesanstalt, durch die Anordnung von Zwangsmaßnahmen in das Kompetenzgefüge der Gesellschaft einzugreifen, wollte der Gesetzgeber ersichtlich nicht schaffen. Der Bundesanstalt ist es daher verwehrt, im Rahmen der allgemeinen Missstandsaufsicht gegen unzulässige Abwehrmaßnahmen einzuschreiten.[674]

### VI. Auswirkungen von Abwehrmaßnahmen auf das Angebot des Bieters

260   Welche Auswirkungen Abwehrmaßnahmen der Zielgesellschaft auf das Angebot des Bieters haben, regelt das Gesetz nicht ausdrücklich. Im Grundsatz wird man daher davon ausgehen müssen, dass der Bieter an das Angebot gebunden bleibt (vgl. § 14 Abs. 1 S. 1, Abs. 2 S. 1, § 17, § 18, § 21). Anders ist es selbst dann nicht, wenn die Abwehrmaßnahmen zu einer grundlegenden Änderung der Zielgesellschaft führt.[675] Ein Rücktritt des Bieters würde zu Lasten der annahmewilligen Aktionäre gehen, die sich das Verhalten ihres Vorstandes zurechnen lassen müssen. Aus Sicht des Bieters empfiehlt es sich daher, das Übernahmeangebot unter die **Bedingung** zu stellen, dass es zu keinen Abwehrmaßnahmen kommt. Eine solche Bedingung unterliegt keinen Bedenken.[676] Bei Pflichtangeboten wäre eine solche Bedingung indessen unzulässig.[677] Zu Bedingungen bei Pflichtangeboten → § 35 Rn. 217 ff.

### VII. Sonstige präventive Abwehrmaßnahmen im Vorfeld des Übernahmeangebotes

261   **1. Zulässigkeit.** Im Vorfeld eines Übernahmeangebotes kommen – über die Ermächtigung des Vorstandes zur Vornahme von Abwehrmaßnahmen nach Abs. 2 hinaus – weitere präventive Abwehrmaßnahmen in Betracht. Aus Sicht des Vorstandes der Zielgesellschaft besteht Anlass zur Einleitung derartiger präventiver Abwehrmaßnahmen immer dann, wenn eine umfassende nach betriebswirtschaftlichen Kriterien durchgeführte **„Analyse der Verwundbarkeit"**[678] ergeben hat, dass die Zielgesellschaft auf Grund ihrer Bewertung, ihres derzeitigen Aktienkurses bzw. der Zusammensetzung ihres Aktionärskreises ein potentielles Ziel einer Übernahme ist. Teil dieser Analyse ist die Beobachtung von etwaigen Veränderungen des Aktionärskreises. Zwar verschaffen die Mitteilungspflichten nach Art. 19 MAR sowie §§ 33 ff. WpHG der Zielgesellschaft eine gewisse Transparenz darüber, ob eine Konzentration von Beteiligungsbesitz in der Hand von einem oder mehreren Aktionären stattfindet. Den Zusammenkauf von Aktien durch einen Bieter kann die Gesellschaft freilich nicht verhindern. Wenn sich die Gesellschaft nicht darauf verlassen will, dass sie den mit dem Bieter vor den Aktionären ausgetragenen „Wettstreit um das bessere Konzept für die Wertsteigerung der Aktien"[679] gewinnt, kann ein Bedürfnis nach einer Abwehrstrategie bestehen.

---

[672] Dazu *Schnorbus* ZHR 166 (2002), 72 (117); s. auch Kölner Komm WpÜG/*Hirte* Rn. 167. Zu Ansprüchen bei einem Bieterwettbewerb auch *Cahn* ZHR 167 (2003), 262 (288).

[673] Kölner Komm WpÜG/*Hirte* Rn. 167; in diese Richtung auch Ehricke/Ekkenga/Oechsler/*Ekkenga* Rn. 34: abhängig von Größe der Zielgesellschaft und Umfang des *free floats*.

[674] *Cahn* ZHR 167 (2003), 262 (283).

[675] *Ekkenga/Hofschroer* DStR 2002, 768 (769); ABBD/*Brems/Apfelbacher* Sec. 18 Rn. 19; aA *Geibel/Süßmann* BKR 2002, 52 (66); tendenziell auch *Oechsler* NZG 2001, 817 (822).

[676] *Geibel/Süßmann* BKR 2002, 52 (66); ABBD/*Brems/Apfelbacher* Sec. 18 Rn. 20; *Thaeter* in Thaeter/Brandi, Öffentliche Übernahmen, 2003, Teil 2 Rn. 206 ff.

[677] *Geibel/Süßmann* BKR 2002, 52 (66).

[678] *Krause* AG 2002, 133 (134); Kölner Komm WpÜG/*Hirte* Rn. 180; Assmann/Pötzsch/Schneider/*Krause/Pötzsch/Stephan* Rn. 243.

[679] *Becker* ZHR 165 (2001), 280 (281 f.); *Krause* AG 2002, 133 (135).

Präventive Abwehrmaßnahmen der Zielgesellschaft sind nicht von vornherein **unzuläs-** 262
**sig.**[680] Das in Abs. 1 S. 1 normierte Verhinderungsverbot steht vorbeugenden Maßnahmen, die auf eine Verhinderung oder Erschwerung von Übernahmeangeboten abzielen, nicht entgegen, da es erst mit der Veröffentlichung der Entscheidung zur Abgabe eines Übernahmeangebotes durch die Bieter eingreift und den Handlungsspielraum des Vorstandes nur für die konkrete Übernahmesituation verengt.[681] Auch die Regelung des Abs. 2 steht präventiven Abwehrmaßnahmen nicht entgegen, da sie sich nur auf Vorratsbeschlüsse der Hauptversammlung bezieht, die nach der Übernahmeentscheidung durch den Bieter ausgenutzt werden sollen, ihre Wirkung also erst in der konkreten Übernahmesituation entfalten (→ Rn. 203). Bei der Vornahme präventiver Maßnahmen sind demzufolge nur die allgemeinen **aktienrechtlichen Schranken** zu beachten.[682] Dies bedeutet, dass die Maßnahmen im Unternehmensinteresse liegen müssen und nicht gegen das Schädigungsverbot verstoßen dürfen.[683]

**2. Zuständigkeit.** Die Zuständigkeit für die Durchführung präventiver Abwehrmaß- 263
nahmen richtet sich nach den allgemeinen aktienrechtlichen Bestimmungen. Abwehrmaßnahmen sind nicht *per se* strukturändernde Maßnahmen, die stets der Zustimmung der Hauptversammlung bedürfen.[684] Dem Vorstand ist die Vornahme präventiver Maßnahmen damit nicht generell untersagt.

**3. Einzelfälle.** Im Grundsatz können alle Maßnahmen, die unter → Rn. 83 ff. als ver- 264
hinderungsgeeignete Maßnahmen dargestellt wurden, von der Gesellschaft auch im Vorfeld einer Übernahme erwogen werden. Nachfolgend sollen einige präventive Abwehrmaßnahmen exemplarisch dargestellt werden.[685] Eine eingehende Bewertung ihrer Voraussetzungen und Konsequenzen bleibt den aktienrechtlichen Kommentierungen vorbehalten.

**a) Ausgabe von Vorzugsaktien.** Als Abwehrmittel kommt zunächst die Ausgabe von 265
stimmrechtslosen Vorzugsaktien in Betracht. Bei Aktien, die mit einem Gewinnvorzug ausgestattet sind, kann das Stimmrecht ausgeschlossen werden (§ 139 Abs. 1 AktG). Die Ausgabe von Vorzugsaktien kann eine Möglichkeit darstellen, Kapital aufzunehmen, ohne die Mehrheitsverhältnisse in der Gesellschaft zu verändern, um auf diese Weise Übernahmeversuchen entgegen zu wirken.[686] Effektiv ist dieses Abwehrmittel indessen nur dann, wenn an der Börse ausschließlich die Vorzugsaktien (und ggf. zusammen mit einem keine Kontrolle vermittelnden Teil von Stammaktien; im Bereich des regulierten Marktes müssen grundsätzlich alle Aktien einer Gattung zugelassen sein, § 7 Abs. 1 BörsZulV) notiert sind.[687]

---

[680] Vgl. so auch *Pötzsch,* Das neue Übernahmerecht, 2002, 40; *Krause* AG 2002, 133 (135 f.); *Cahn/Senger* Finanz Betrieb 2002, 277 (288); *Fleischer/Kalss,* Wertpapiererwerbs- und Übernahmegesetz, 125; *R. Müller* in Zschocke/Schuster Rn. D 39, 45; *Richter* in Semler/Volhard üN Hdb. § 52 Rn. 52 f.; iErg auch NK-AktKapMarktR/*Glade* Rn. 1; Assmann/Pötzsch/Schneider/*Krause/Pötzsch* Rn. 243.

[681] Begr. RegE, BT-Drs. 14/7034, 58.

[682] *Hopt* FS Lutter, 2000, 1361 (1399); *Winter/Harbarth* ZIP 2002, 1 (4); Angerer/Geibel/Süßmann/ *Brandi* Rn. 62; *Mielke* in Beckmann/Kersting/Mielke, Das neue Übernahmerecht, 2003, Rn. C 29; *Brandi* in Thaeter/Brandi, Öffentliche Übernahmen, 2003, Teil 3 Rn. 331 f.; *AMRS,* Public Company Takeovers in Germany, 2002, 207 f.; ABBD/*Lohrmann/v. Dryander* Sec. 33 Rn. 62; *v. Falkenhausen* NZG 2007, 97 (98).

[683] *Winter/Harbarth* ZIP 2002, 1 (15); dazu Großkomm AktG/*Hopt/Roth* AktG § 93 Rn. 218; Kölner Komm AktG/*Mertens* AktG § 93 Rn. 29.

[684] Vgl. so auch *Pötzsch,* Das neue Übernahmerecht, 2002, 40; *Krause* AG 2002, 133 (135 f.); *Cann/Senser* Finanz Betrieb 2002, 277 (288); *Fleischer/Kalss,* Wertpapiererwerbs- und Übernahmegesetz, 125; *R. Müller* in Zschocke/Schuster Rn. D 39, 45; *Richter* in Semler/Volhard ÜN HdB § 52 Rn. 52 f.; iErg auch NK-AktKapMarktR/*Glade* Rn. 1; Assmann/Pötzsch/Schneider/*Krause/Pötzsch* Rn. 243.

[685] S. ferner auch *Hopt* WM-FG Heinsius, 1991, 22 ff.; FK-WpÜG/*Röh/Vogel* Vor § 33 Rn. 70 ff.; Assmann/Pötzsch/Schneider/*Krause/Pötzsch/Stephan* Rn. 248 ff.

[686] *Lutter/Schneider* ZGR 1975, 183 (192); *Assmann/Bozenhardt* ZGR-Sonderheft 9 (1990), 125; *Brandi* in Thaeter/Brandi, Öffentliche Übernahmen, 2003, Teil 3 Rn. 450 ff.; *AMRS,* Public Company Takeovers in Germany, 2002, 213.

[687] Ehricke/Ekkenga/Oechsler/*Ekkenga* Rn. 111; *Brandi* in Thaeter/Brandi, Öffentliche Übernahmen, 2003, Teil 3 Rn. 450.

266    Da die **nachträgliche Umwandlung** von Stammaktien in Vorzugsaktien der Zustimmung aller Aktionäre bedarf,[688] kommt ihre Ausgabe praktisch nur vor dem Börsengang der Gesellschaft oder im Rahmen einer Kapitalerhöhung in Betracht.[689] Vorzugsaktien erfreuen sich indessen am deutschen Kapitalmarkt einer zunehmend geringeren Beliebtheit. Ursache hierfür ist in erster Linie der zur Reduzierung des Emissionserlöses bei einer Kapitalerhöhung führende Bewertungsabschlag.[690] Zudem lebt das Stimmrecht wieder auf, wenn die Gesellschaft den Vorzugsbetrag nicht oder nicht vollständig zahlen kann und der Rückstand im nächsten Jahr nicht neben dem vollen Vorzug dieses Jahres gezahlt werden kann (§ 140 Abs. 2 AktG). Diese Nachteile haben eine Vielzahl von börsennotierten Unternehmen veranlasst, eine Umwandlung der Vorzugsaktien in Stammaktien zu beschließen.[691] Die Ausgabe von Vorzugsaktien dürfte sich daher nur in seltenen Fällen als wirklich effektives präventives Abwehrmittel erweisen.[692]

267    **Genussscheine** vermitteln ihren Inhabern zwar keine unmittelbaren mitgliedschaftlichen Beteiligungsrechte, sondern lediglich mitgliedschaftsähnliche Vermögensrechte. Die Emission von in Genussscheinen verbrieften Genussrechten ermöglicht der Gesellschaft damit eine Verbesserung der Finanzierungssituation, ohne die Beteiligungsverhältnisse zu verändern. Auch wenn sich das Übernahmeangebot- oder Pflichtangebot nicht auf Genussscheine erstreckt werden muss (→ § 32 Rn. 31), verbindet sich mit der Emission von Genussscheinen eine gewisse präventive Wirkung.[693]

268    **b) Ausgabe von vinkulierten Namensaktien.** Als präventive Abwehrmaßnahme kommt ferner die Ausgabe von vinkulierten Namensaktien in Betracht.[694] Im Gegensatz zu Inhaberaktien kann die Übertragung von Namensaktien von der Zustimmung der Gesellschaft abhängig gemacht werden. Eine Vinkulierung ermöglicht es der Gesellschaft damit im Grundsatz, die Übertragung von Aktien auf einen feindlichen Bieter zu verhindern. Für die Erteilung der Zustimmung ist der Vorstand der Gesellschaft zuständig, soweit die Satzung nicht den Aufsichtsrat oder die Hauptversammlung als zuständiges Organ bestimmt (§ 68 Abs. 2 S. 2 und 3 AktG). Solange die Übertragbarkeit der Aktien nicht völlig ausgeschlossen wird, kann die Satzung Verweigerungsgründe prinzipiell frei definieren,[695] sodass auch das Vorliegen eines Übernahmeangebotes als Verweigerungsgrund bestimmt werden kann.[696] Sofern die Satzung keine Vorgaben macht, entscheidet der Vorstand oder das sonst zuständige Organ nach **pflichtgemäßem Ermessen** unter Beachtung des Gleichbehandlungsgrundsatzes.

269    Eine **nachträgliche Vinkulierung** der Aktien hängt indessen von der Zustimmung jedes Aktionärs ab und kommt damit praktisch nicht in Frage (§ 180 Abs. 2 AktG).[697] Dies gilt auch bei der Ausgabe von neuen vinkulierten Namensaktien, wenn die Satzung bislang noch keine Vinkulierungsklausel enthalten hat und das Bezugsrecht nicht ausgeschlossen wird.[698] Auch die Verschärfung einer bereits vorhandenen Vinkulierungsklausel bedarf der Zustimmung aller Aktionäre.[699]

---

[688] BGHZ 70, 117 (122) = NJW 1978, 540; *Lutter/Schneider* ZGR 1975, 183 (192 f.); Hüffer/Koch/*Koch* AktG § 139 Rn. 12.

[689] *Krause* AG 2002, 133 (140); *Bayer* ZGR 2002, 588 (592); Kölner Komm WpÜG/*Hirte* Rn. 176; Assmann/Pötzsch/Schneider/*Krause/Pötzsch/Stephan* Rn. 260.

[690] *Schlitt* in Semler/Volhard ÜN-HdB § 23 Rn. 19; Kölner Komm WpÜG/*Hirte* Rn. 176.

[691] *Senger/Vogelmann* AG 2002, 193 ff.; *Krause* AG 2002, 133 (140); *Brandi* in Thaeter/Brandi, Öffentliche Übernahmen, 2003, Teil 3 Rn. 453.

[692] So zutr. *Hopt* WM-FG Heinsius, 1991, 22, 26; *Richter* in Semler/Volhard ÜN-HdB § 52 Rn. 78.

[693] *Hopt* WM-FG Heinsius, 1991, 22, 26; *Baum* ZBB 2003, 9 (13).

[694] Dazu *Schanz* NZG 2007, 927 (930); *Lutter/Schneider* ZGR 1975, 183 (185 ff.); *Assmann/Bozenhardt* ZGR-Sonderheft 9 (1990), 119; *Ebenroth/Rapp* DWiR 1991, 25; *Klein* NJW 1997, 2085 (2087); *Otto* DB-Sonderbeil. 12/1998, 1 (7); *Richter* in Semler/Volhard ÜN-HdB § 52 Rn. 61 ff.; *Brandi* in Thaeter/Brandi, Öffentliche Übernahmen, 2003, Teil 3 Rn. 435 ff.; sehr krit. aber *AMRS*, Public Company Takeovers in Germany, 2002, 214.

[695] Kölner Komm AktG/*Lutter* AktG § 68 Rn. 25.

[696] *Richter* in Semler/Volhard ÜN-HdB § 52 Rn. 63.

[697] *Bayer* ZGR 2002, 588 (591); Kölner Komm WpÜG/*Hirte* Rn. 172.

[698] Hüffer/Koch/*Koch* AktG § 180 Rn. 7; Assmann/Pötzsch/Schneider/*Krause/Pötzsch/Stephan* Rn. 252.

[699] Kölner Komm WpÜG/*Hirte* Rn. 172; Assmann/Pötzsch/Schneider/*Krause/Pötzsch/Stephan* Rn. 252; FK-WpÜG/*Röh/Vogel* Vor §§ 33 ff. Rn. 85.

**c) Ausgabe von Wandel- und Optionsschuldverschreibungen.** Auch die Ausgabe 270
von Wandel- oder Optionsschuldverschreibungen kann die Attraktivität der Zielgesellschaft
aus Sicht des Bieters einschränken.[700] Im Falle der Ausübung des Wandlungs- oder Bezugsrechts erhöht sich nämlich die Anzahl der für die Stimmenmehrheit erforderlichen Aktien,
sodass der Bieter für die Kontrollerlangung mehr Aktien erwerben muss.

Darüber hinaus kann aus Sicht des Bieters das Risiko bestehen, dass im Falle einer 271
Ausübung der Umtausch- bzw. Bezugsrechte nach der abgeschlossenen Übernahme eine
**Änderung der Beteiligungsverhältnisse** eintritt, was dazu führen kann, dass der Bieter
die zunächst erworbene Kontrolle an der Zielgesellschaft wieder verliert. Zur Kontrollerhal-
tung müsste der Bieter daher bei Ausübung der Umtausch- bzw. Bezugsrechte weitere
Aktien hinzuerwerben.

Nachteilig kann für den Bieter auch der Umstand sein, dass sich in den Anleihebedingun- 272
gen für den Fall des Kontrollwechsels ein Kündigungsrecht des Anleihegläubigers oder eine
Pflicht zur **vorzeitigen Rückzahlung** befindet (zu *change of control*-Klauseln auch
→ Rn. 109). In diesem Fall kann sich die Gesellschaft bei einem Kontrollwechsel erheblichen
Liquiditätsschwierigkeiten ausgesetzt sehen. Um zu vermeiden, dass die Zielgesellschaft kurzfristig in großem Umfang Forderungen zu bedienen hat, muss der Bieter das Angebot auf
die Inhaber der Wandelanleihe erstrecken, was zu einer Verteuerung der Übernahme führt.

**d) Erwerb eigener Aktien.** Der Erwerb eigener Aktien durch die Zielgesellschaft kann 273
nicht nur in der Übernahmesituation (→ Rn. 91 ff.), sondern bereits im Vorfeld einer
Übernahme als Abwehrmaßnahme effektiviert werden.[701] Um die eigenen Aktien erwerben
zu können, bedarf der Vorstand folglich einer Ermächtigung der Hauptversammlung nach
näherer Maßgabe des § 71 Abs. 1 Nr. 8 AktG. In praktischer Hinsicht dürfte der Erwerb
von eigenen Aktien wegen der Erwerbsobergrenze von 10% des Grundkapitals indessen in
vielen Fällen nicht ausreichen, den Erfolg des Übernahmeangebotes zu verhindern.[702]

**e) Mitarbeiterbeteiligung.** Arbeitnehmer der Zielgesellschaft stehen, insbesondere, 274
wenn der Bieter weitreichende Restrukturierungsmaßnahmen plant, in einer Übernahmesituation der bisherigen Verwaltung tendenziell loyal gegenüber und sind daher weniger bereit,
das Angebot des Bieters anzunehmen.[703] Jedenfalls muss der Bieter damit rechnen, dass Arbeitnehmer, die von der Gesellschaft Aktien oder Optionsrechte im Rahmen eines Mitarbeiterbe-
teiligungsprogrammes erhalten haben, ihre Aktien nicht ohne weiteres zu veräußern bereit
sind. Die Mitarbeiterbeteiligung kann auf verschiedene Weise erfolgen. Die Gesellschaft kann
zunächst eigene Aktien erwerben, um sie den Mitarbeitern als **Belegschaftsaktien** zu gewähren (vgl. § 71 Abs. 1 Nr. 2 AktG). Weiterhin kann die Satzung die Ausgabe von neuen Aktien
unter Ausnutzung eines genehmigten Kapitals an Arbeitnehmer der Gesellschaft vorsehen;
dabei gelten Erleichterungen für den Bezugsrechtsausschluss (§ 202 Abs. 4 AktG, § 203 Abs. 4
AktG). Mitarbeiteraktien können schließlich auch durch Ausübung von **Stock-Options**
(§ 192 Abs. 2 Nr. 3 AktG) **oder Wandel- bzw. Optionsschuldverschreibungen** (§ 221
AktG) entstehen. In der Praxis ist die Mitarbeiterbeteiligung indessen in der Regel kein
wirklich verlässliches Mittel zur Verhinderung von Übernahmeangeboten.[704]

Sehen bei einer Ausgabe von Stock-Options die Optionsbedingungen vor, dass sich die 275
Wartefrist bei Ankündigung eines Übernahmeangebotes automatisch verkürzt oder auf

[700] *Assmann/Bozenhardt* ZGR-Sonderheft 9 (1990), 129 f.; *Schanz* NZG 2000, 337 (344); Angerer/Geibel/
Süßmann/*Brandi* Rn. 68; *Brandi* in Thaeter/Brandi, Öffentliche Übernahmen, 2003, Teil 3 Rn. 493 ff.
[701] *Krause* AG 2002, 133 (144); FK-WpÜG/*Röh/Vogel* Vor § 33 Rn. 74; s. auch *M. Kniehase*, Derivate
auf eigene Aktien, 2005, Teil 3 § 11 A. III, der darauf hinweist, dass der Aktienrücklauf mittels der Ausgabe
so genannter *transferable put rights* („TPRs") zum Ausscheiden derjenigen Aktionäre mit geringen Preisvorstellungen führt, während mehrheitlich nur noch Aktionäre mit hohen Preisvorstellungen *(„reservation value")* in
der Gesellschaft verbleiben. Dadurch wird eine Übernahme verteuert.
[702] Steinmeyer/*Steinmeyer* Rn. 70; *Schander* ZIP 1998, 2087 (2089); FK-WpÜG/*Röh/Vogel* Vor § 33
Rn. 74.
[703] *Assmann/Bozenhardt* ZGR-Sonderheft 9 (1990), 132; *Thiel* in Semler/Volhard ÜN-HdB § 54 Rn. 94;
*Brandi* in Thaeter/Brandi, Öffentliche Übernahmen, 2003, Teil 3 Rn. 533 ff.
[704] *Krause* AG 2002, 133 (138); Assmann/Pötzsch/Schneider/*Krause/Pötzsch/Stephan* Rn. 254.

Grund eines Beschlusses von Vorstand und Aufsichtsrat verkürzt werden kann,[705] wäre ein Ermächtigungsbeschluss der Hauptversammlung nur bei Einhaltung der Voraussetzungen des Abs. 2 zulässig.[706]

**276**   **f) Zwangseinziehung.** Eine Zwangseinziehung von Aktien eines bestimmten Aktionärs scheidet als präventives Abwehrmittel aus.[707] Eine Zwangseinziehung ist nämlich nur dann zulässig, wenn sie in der ursprünglichen Satzung oder durch eine Satzungsänderung angeordnet oder gestattet war, bevor die einzuziehenden Aktien erworben werden (§ 237 Abs. 1 S. 2 AktG).

**277**   **g) Begründung eines Erwerbsverbotes.** Die statutarische Begründung eines Erwerbsverbotes zu Lasten bestimmter Personengruppen kommt nicht in Betracht. Eine solche Regelung würde gegen den Grundsatz der Satzungsstrenge und das nur durch die Möglichkeit der Ausgabe vinkulierter Namensaktien eingeschränkte Prinzip der freien Übertragbarkeit der Aktien verstoßen.[708]

**278**   **h) Ankaufs- oder Vorkaufsrechte.** Dinglich wirkende Ankaufs- oder Vorkaufsrechte können statutarisch nicht verankert werden.[709] Dies folgt aus § 54 Abs. 1 AktG. In Betracht kommen nur schuldrechtliche Vereinbarungen zwischen den Aktionären über die Begründung von An- und Vorkaufsrechten.

**279**   **i) Errichtung einer „Sicherungs-GmbH"; Abwehrpool.** Als denkbare Abwehrstrategie wird auch die Errichtung einer **Sicherungs-GmbH** diskutiert. Bei einer Sicherungs-GmbH handelt es sich um eine von verschiedenen Publikumsgesellschaften gegründete Gesellschaft, deren Unternehmensgegenstand die Abwehr von Übernahmeangeboten auf ihre Gesellschafter zum Gegenstand hat.[710] Im Falle einer drohenden Übernahme soll die Sicherungs-GmbH dann als konkurrierender Bieter auftreten und eine wesentliche Beteiligung an der Zielgesellschaft erwerben. Die Gründung und die Finanzierung einer solchen Gesellschaft sowie die Abgabe eines Konkurrenzangebotes durch die GmbH wirft jedoch kartellrechtliche[711] und unter dem Blickwinkel von §§ 71a, 71d AktG gesellschaftsrechtliche[712] Probleme auf, sodass diese Form der Abwehr in der Praxis bislang keine besondere Bedeutung erlangt hat.

**280**   Denkbar ist auch, dass Aktionäre, die der Verwaltung gegenüber loyal eingestellt sind, auf ihr Betreiben, einen **Abwehrpool** errichten.[713]

**281**   **j) Wechselseitige Beteiligungen.** Wechselseitige Beteiligungen reduzieren den Anteil des Streubesitzes am Grundkapital und führen damit zu einer gewissen „Verriegelung" des Aktionärskreises.[714] Sie waren in Deutschland, entweder in Form von Kreuz- oder

---

[705] S. auch Kölner Komm WpÜG/*Hirte* Rn. 169.

[706] *Krause* BB 2002, 1053 (1060).

[707] *Krause* AG 2002, 133 (138); Kölner Komm WpÜG/*Hirte* Rn. 174; Assmann/Pötzsch/Schneider/*Krause*/*Pötzsch*/*Stephan* Rn. 251.

[708] BGH WM 1987, 174 (175); BayObLG ZIP 1989, 638 (640); MHdB AG/*Sailer-Coceani* § 14 Rn. 16; *Krause* AG 2002, 133 (137); zur Europarechtswidrigkeit des vorherigen staatlichen Genehmigungserfordernisses für den Erwerb von Gesellschaftsanteilen wegen unzulässiger Beschränkung der Kapitalverkehrsfreiheit (Art. 63 AEUV) s. EuGH NJW 2003, 2663 – Goldene Aktie IV; NJW 2003, 2666 – Goldene Aktie V.

[709] Kölner Komm AktG/*Lutter* AktG § 54 Rn. 16; Großkomm AktG/*Henze* AktG § 54 Rn. 47; *Krause* AG 2002, 133 (137); Kölner Komm WpÜG/*Hirte* Rn. 173.

[710] *Krause* AG 2002, 133 (139); *Richter* in Semler/Volhard ÜN-HdB § 52 Rn. 97 ff.; *Brandi* in Thaeter/Brandi, Öffentliche Übernahmen, 2003, Teil 3 Rn. 530 ff.

[711] *Sünner* FS Quack, 1991, 457, 474; Assmann/Pötzsch/Schneider/*Krause*/*Pötzsch*/*Stephan* Rn. 255.

[712] Dazu eingehend *Krause* AG 2002, 133 (139); Kölner Komm WpÜG/*Hirte* Rn. 181; *Richter* in Semler/Volhard ÜN-HdB § 52 Rn. 99; *Brandi* in Thaeter/Brandi, Öffentliche Übernahmen, 2003, Teil 3 Rn. 532.

[713] *Richter* in Semler/Volhard ÜN-HdB § 52 Rn. 95 f.; Ehricke/Ekkenga/Oechsler/*Ekkenga* Rn. 111.

[714] *Lutter*/*Schneider* ZGR 1975, 182 (197); Assmann/Bozenhardt ZGR-Sonderheft 9 (1990), 134; *Marquardt* WiB 2002, 537 (541); Otto AG 1991, 369 (371); *Wastl*/*Wagner* AG 1997, 241 ff.; *Krause* AG 2002, 133 (140); *Bayer* ZGR 2002, 588 (596 f.); FK-WpÜG/*Röh*/*Vogel* Vor § 33 Rn. 86; Kölner Komm WpÜG/*Hirte* Rn. 181; *Brandi* in Thaeter/Brandi, Öffentliche Übernahmen, 2003, Teil 3 Rn. 522 ff.; *AMRS*, Public Company Takeovers in Germany, 2002, 208 ff.; ABBD/*Lohrmann*/*v. Dryander* Sec. 33 Rn. 46; Assmann/Pötzsch/Schneider/*Krause*/*Pötzsch*/*Stephan* Rn. 256 f.

Ringbeteiligungen, in der Vergangenheit häufig anzutreffen. In einigen Fällen sind Kreuzbeteiligungen auch zur Verhinderung von möglichen Übernahmeversuchen eingegangen worden. Eine wechselseitige Beteiligung liegt vor, wenn jedem Unternehmen mehr als der vierte Anteil des anderen Unternehmens gehört (§ 19 Abs. 1 S. 1 AktG). Ein abhängiges Unternehmen kann Aktien an der Zielgesellschaft nur in einem Umfang von 10% des Grundkapitals erwerben (§ 71d S. 2 AktG). Diejenige Gesellschaft, die zuerst von der anderen über das Vorliegen einer wechselseitigen Beteiligung informiert wurde, kann die Rechte aus ihren Aktien indessen nur in Höhe von 25% aller Anteile der anderen Gesellschaft ausüben (§ 328 Abs. 1 und 2 AktG). Dies gilt nach hM nicht für ringförmige Beteiligungen, da § 328 AktG eine gegenseitige Beteiligung voraussetzt.[715] In der jüngeren Vergangenheit ist ein starker Abbau der bestehenden Kreuz- und Ringbeteiligungen zu beobachten, sodass nicht zu erwarten ist, dass diesem Instrument als präventive Abwehrmaßnahme große Bedeutung zukommen wird. Zudem lässt sich das Risiko, dass das vormals befreundete Unternehmen selbst zu einen unfreundlichen Bieter wird, nie ausschließen.

**k) Veräußerung von Aktien der Zielgesellschaft an einen befreundeten Dritten** **282** *(„white squire").* Als Abwehrmaßnahme kann sich im Einzelfall auch die Veräußerung von einem Sperrminorität vermittelnden Aktienpaketes an einen befreundeten Dritten erweisen.[716] Denkbar ist, dass die Zielgesellschaft selbst neue oder eigene Aktien an einen Dritten veräußert. Denkbar ist auch, dass die Veräußerung der Aktien durch einen Aktionär erfolgt. Allerdings hängt der Erfolg dieser Maßnahme davon ab, dass der Dritte die Aktien im Falle des Übernahmeangebotes nicht veräußert oder nicht seinerseits ein Übernahmeangebot auf die Aktien der Zielgesellschaft abgibt, was den Abschluss eines *Standstill agreement* erforderlich macht. Sofern die Zielgesellschaft gleichzeitig an dem Dritten beteiligt ist, entsteht eine wechselseitige Beteiligung iSv § 19 Abs. 1 AktG. Dies kann nach § 328 AktG zu einem Verlust von Stimmrechten des Dritten führen (vgl. → Rn. 281). Der Erwerb von Aktien durch ein von der Zielgesellschaft abhängiges Unternehmen ist nach § 71d AktG im Grundsatz unzulässig, auch wenn hierdurch die dingliche Unwirksamkeit des Erwerbs nicht berührt wird (§ 71d S. 4 AktG, § 71 Abs. 4 S. 1 und 2 AktG).[717]

**l) Statutarische Konzernabwehrklausel.** Eine Satzungsklausel, nach der eine faktische **283** Konzernierung der Gesellschaft eines qualifizierten Zustimmungsbeschlusses der Hauptversammlung bedarf, könnte es dem Bieter unmöglich machen, die Zielgesellschaft in seinen Konzern zu integrieren. Nach hM würde eine solche Abwehrklausel indessen gegen den Grundsatz der Satzungsstrenge verstoßen (§ 23 Abs. 5 AktG; → AktG Vor § 311 Rn. 70).[718]

**m) Begründung von Mehrstimmrechten (*„dual class plan"*) und Höchststimm-** **284** **rechten.** Die Einräumung von **Mehrstimmrechten** an bestimmte Aktionärsgruppen *(„dual class plan")* stellt in den USA ein verbreitetes Abwehrmittel dar. In Deutschland ist die Begründung von Mehrstimmrechten indessen seit der Aufhebung der Ausnahmebestimmung in § 12 Abs. 2 S. 2 AktG durch das KonTraG vom 24.4.1998 aktienrechtlich **unzulässig**.[719] Auch der Bestandsschutz für bestehende Mehrstimmrechte ist am 1.6.2003 ausgelaufen.

Auch durch Höchststimmrechte lassen sich die Stimmrechtsverhältnisse in einer Aktien- **285** gesellschaft abweichend von den tatsächlichen Beteiligungsverhältnissen regeln. **Höchst-**

[715] Kölner Komm AktG/*Koppensteiner* AktG § 19 Rn. 17; *Assmann/Bozenhardt* ZGR-Sonderheft 9 (1990), 136; *Brandi* in Thaeter/Brandi, Öffentliche Übernahmen, 2003, Teil 3 Rn. 525, der bei einem beidseitig abgesprochenem Aufbau einer wechselseitigen Beteiligung keines der Unternehmen als schutzwürdig ansieht, sodass der Stimmrechtsverlust auf beide Unternehmen Anwendung finden soll.

[716] *Weimar/Breuer* BB 1991, 2309 (2318); *Richter* in Semler/Volhard ÜN-HdB § 52 Rn. 159.

[717] *Assmann/Bozenhardt* ZGR-Sonderheft 9 (1990), 135.

[718] Emmerich/Habersack/*Habersack* AktG Vor § 311 AktG Rn. 2; *Mülbert*, Aktiengesellschaft, Unternehmensgruppe und Kapitalmarkt, 1995, 455; *Krause* AG 2002, 133 (141); FK-WpÜG/*Röh/Vogel* Vor §§ 33 ff. Rn. 76; Kölner Komm WpÜG/*Hirte* Rn. 178; aA *U. H. Schneider/Burgard* DB 2001, 963 (967).

[719] Nach § 5 Abs. 1 S. 1 EGAktG sind bereits bestehende Mehrstimmrechte am 1.6.2003 erloschen, wenn nicht die Hauptversammlung mit einer Mehrheit von mindestens drei Viertel des bei der Beschlussfassung vertretenen Kapitals ihre Fortgeltung beschlossen hat; dazu etwa *Saenger* ZIP 1997, 42.

**stimmrechte** können jedoch bei börsennotierten Gesellschaften nicht mehr begründet werden (§ 134 Abs. 1 S. 2 AktG; vgl. → Rn. 41).[720] Beide Instrumentarien scheiden daher als Abwehrmaßnahmen aus.[721]

286   **n) Verschärfung von Mehrheitserfordernissen.** Der Bieter ist typischerweise daran interessiert, nach Abschluss des Übernahmeangebotes in der Zielgesellschaft strukturändernde Maßnahmen umzusetzen, ohne auf die Zustimmung der außenstehenden Gesellschafter angewiesen zu sein. Die Übernahmebereitschaft eines potentiellen Bieters kann daher dadurch reduziert werden, dass die statutarischen Mehrheitserfordernisse verschärft werden, insbesondere die Durchführung von Strukturmaßnahmen von der Zustimmung eines höheren Anteils des bei der Beschlussfassung vertretenen Grundkapitals oder von weiteren Erfordernissen abhängig gemacht wird.[722] Solche Klauseln könnten sich beispielsweise auf die Abberufung von Aufsichtsratsmitgliedern (§ 103 Abs. 1 S. 2 AktG),[723] Satzungsänderungen (§ 179 Abs. 2 AktG), Kapitalerhöhungen (§ 182 Abs. 1 S. 2 AktG), Unternehmensverträge, Verschmelzungen (§ 65 Abs. 1 S. 2 UmwG) oder Formwechsel (§ 233 Abs. 2 S. 2 UmwG) beziehen. Allerdings hat eine solche Verschärfung von Mehrheitserfordernissen zwangsläufig zur Folge, dass der gegenwärtige Hauptaktionär ebenfalls in seiner Handlungsfähigkeit eingeschränkt wird, sodass sie nur in Ausnahmefällen als zweckmäßig angesehen werden.[724] Dies kann unter Umständen dadurch vermieden werden, dass die Hauptversammlung über die Verschärfung der Mehrheitserfordernisse beschließt, den Vorstand und den Aufsichtsratsvorsitzenden aber anweist, den Beschluss erst bei einer drohenden feindlichen Übernahme anzumelden.[725]

287   **o) Entsendungsrecht** *(„golden share")*. Die Satzung kann vorsehen, dass bestimmten Aktionären oder – bei Ausgabe vinkulierter Namensaktien – den jeweiligen Inhabern bestimmter Aktien das Recht zusteht, Mitglieder in den Aufsichtsrat zu entsenden (§ 101 Abs. 2 S. 1 und 2 AktG). Durch die Begründung eines Entsendungsrechts kann der Einfluss des potentiellen Bieters auf die Besetzung des Aufsichtsrates und damit mittelbar auf den Vorstand eingeschränkt, wenn auch nicht verhindert werden.[726] Da die Höchstzahl der Entsendungsrechte auf ein Drittel der sich aus dem Gesetz oder der Satzung ergebenden Zahl der Aufsichtsratsmitglieder begrenzt ist, bleibt die Wirkung dieser Maßnahme jedoch beschränkt. In Gesellschaften, die der paritätischen Mitbestimmung nach dem MitbestG unterliegen, kann der Bieter gegen den Willen der Entsendungsberechtigten und Arbeitnehmervertreter keine Personalentscheidung treffen (vgl. § 31 Abs. 2–5 MitbestG). Die **nachträgliche** Begründung von Entsendungsrechten bedarf nach verbreiteter Meinung der Zustimmung aller Aktionäre.[727] Damit scheidet eine spätere Einführung einer Aktie oder Aktiengattung, der das Recht zusteht, Aufsichtsratsmitglieder zu wählen *(golden share)*, aus.[728]

---

[720] Zum alten Recht vgl. *Adams* AG 1990, 63.

[721] *Bayer* ZGR 2002, 588 (589 f.). Eine Ausnahme bilden die Stimmrechtsbeschränkungen nach dem VW-Privatisierungsgesetz vom 21.7.1960 (BGBl. 1960 I 585) idF vom 8.12.2008 (BGBl. 2008 I 2369); dazu etwa *Rapp-Jung/Bartosch* BB 2009, 2210 ff.; *Hellwig/Behme* AG 2009, 261 ff.

[722] *Bayer* ZGR 2002, 588 (591); *Brandi* in Thaeter/Brandi, Öffentliche Übernahmen, 2003, Teil 3 Rn. 454 ff.; *AMRS,* Public Company Takeovers in Germany, 2002, 211.

[723] Dazu *Lammers,* Verhaltenspflichten von Verwaltungsorganen in Übernahmeauseinandersetzungen, 1994, 190 ff.; *Krause* AG 2002, 133 (141); *Brandi* in Thaeter/Brandi, Öffentliche Übernahmen, 2003, Teil 3 Rn. 456; *AMRS,* Public Company Takeovers in Germany, 2002, 211.

[724] *Krause* AG 2002, 133 (141); Steinmeyer/*Steinmeyer* Rn. 72; Kölner Komm WpÜG/*Hirte* Rn. 178.

[725] Zu einem solchen unter einer „unechten" Bedingung stehenden Hauptversammlungsbeschluss *Richter* in Semler/Volhard ÜN-HdB § 52 Rn. 156.

[726] *Assmann/Bozenhardt* ZGR-Sonderheft 9 (1990), 133 f.; *Krause* AG 2002, 133 (142); FK-WpÜG/*Röh/Vogel* Vor § 33 Rn. 73; *Thiel* in Semler/Volhard ÜN-HdB § 54 Rn. 97; *Brandi* in Thaeter/Brandi, Öffentliche Übernahmen, 2003, Teil 3 Rn. 581; *AMRS,* Public Company Takeovers in Germany, 2002, 212.

[727] Großkomm AktG/*Brändel* AktG § 11 Rn. 25 f.; Kölner Komm AktG/*Kraft* AktG § 11 Rn. 37 f.; aA *AMRS,* Public Company Takeovers in Germany, 2002, 212: qualifizierte Mehrheit des vertretenen stimmberechtigten Kapitals und zusätzlich 50% der Stimmrechte insgesamt.

[728] *Krause* AG 2002, 133 (141); Kölner Komm WpÜG/*Hirte* Rn. 176; Der Begriff *„golden share"* wird auch für vorherige behördliche Genehmigungserfordernisse bezüglich eines Anteilerwerbs an einer Gesellschaft bzw. der Veräußerung von Vermögen einer Gesellschaft (oder sonstiger gesellschaftsrechtlicher Maßnahmen)

**p) Staffelung der Amtszeit von Organmitgliedern (,,staggered board").** Erfahrungs- 288
gemäß ist dem Bieter daran gelegen, die Organe der Zielgesellschaft neu zu besetzen. Aufsichtsratsmitglieder können für eine Zeit bis zur Beendigung der Hauptversammlung bestellt
werden, die über die Entlastung für das vierte Geschäftsjahr nach dem Beginn der Amtszeit
beschließt (§ 102 Abs. 1 S. 1 AktG). Die vorzeitige Abberufung eines von den Anteilseignern
gewählten Aufsichtsratsmitgliedes kann auf Grund eines Hauptversammlungsbeschlusses erfolgen, der einer Mehrheit von drei Vierteln der abgegebenen Stimmen bedarf, sofern die
Satzung keine andere Mehrheit oder weitere Erfordernisse vorsieht (§ 103 Abs. 1 S. 1–3
AktG). Sofern der Bieter diese Mehrheiten nach dem Abschluss seines Angebotes nicht
erreicht, kann die Neubesetzung des **Aufsichtsrats** durch die Festlegung kürzerer Amtszeiten
für einen Teil der Mitglieder verzögert werden. Die so bewirkte Staffelung der Amtszeiten
der Aufsichtsratsmitglieder *(staggered board)* kann die Kontrollerlangung über den Aufsichtsrat
erschweren.[729] Dies gilt insbesondere für nach dem MitbestG 2009 paritätisch mitbestimmte
Gesellschaften, in denen der Bieter, um die Kontrolle über den Aufsichtsrat zu erlangen, alle
Anteilseigner auswechseln müsste.[730] Rechtliche Bedenken gegen solche gestaffelte Amtszeiten bestehen nicht.[731] Die Auswechslung von Aufsichtsratsmitgliedern kann zudem dadurch
erschwert werden, dass die Abberufung von einem höheren Mehrheitserfordernis abhängig
gemacht wird (→ Rn. 286). In der Praxis bestimmen Satzungen zumeist, dass Beschlüsse mit
einfacher Mehrheit des vertretenen Grundkapitals gefasst werden können. Diese Regelung
gilt dann auch für die Abberufung von Aufsichtsratmitgliedern.

Theoretisch denkbar ist auch eine Staffelung der Amtszeit für die Mitglieder des **Vorstandes.** 289
Da die Abberufung eines Vorstandsmitglieds eines wichtigen Grundes bedarf (§ 84 Abs. 3 S. 1
AktG), kann eine solche Staffelung die Kontrollausübung durch den Übernehmer erschweren.[732] Ein wichtiger Grund liegt jedoch dann vor, wenn die Hauptversammlung dem jeweili-
gen Vorstandsmitglied das Vertrauen entzieht, es sei denn, dass das Vertrauen aus offenbar
unsachlichen Gründen entzogen worden ist (§ 84 Abs. 3 S. 2 Var. 3 AktG). Die Festlegung der
Amtszeiten der Vorstandsmitglieder fällt in die ausschließliche Zuständigkeit des Aufsichtsrates;
die Satzung kann für die Festlegung der Amtszeiten keine entsprechende Vorgabe machen.[733]
Die Satzung kann jedoch eine Höchstzahl der Vorstandsmitglieder festlegen, sodass ein neuer
Aufsichtsrat nicht ohne weiteres neue Vorstandsmitglieder bestellen kann.[734]

Die Eignung von gestaffelten Amtszeiten von Mitgliedern der Verwaltung als präventives 290
Abwehrmittel darf indessen nicht überschätzt werden, da sie den Austausch der Verwaltungsmitglieder nicht endgültig verhindert, sondern **nur vorübergehend erschwert.**[735] Schließlich kann der Bieter die Wirkung der Staffelung der Amtszeit unter Umständen dadurch

---

aufgrund von Sonderaktien verwendet, EuGH NJW 2003, 2663 – Goldene Aktie IV; NJW 2003, 2666 –
Goldene Aktie V. Zuletzt hat der EuGH in diesem Zusammenhang klargestellt, dass das Veto-Recht Portugals
beim Telekommunikationsunternehmen Portugal Telecom (PT) europarechtswidrig ist, EuGH NZG 2010,
983. Insoweit dürfte die praktische Bedeutung solcher Sonderrechte in Zukunft weiter schwinden; vgl.
→ Rn. 40.

[729] *Assmann/Bozenhardt* ZGR-Sonderheft 9 (1990), 137 f.; *Hopt* WM–FG Heinsius, 1991, 22 (27 f.);
*Harrer/Grabowski* DStR 1992, 1326 (1329); *Michalski* AG 1997, 152 (155 ff.); *Krause* AG 2002, 133 (142);
FK-WpÜG/*Röh/Vogel* §§ 33 ff. Rn. 76; *Bayer* ZGR 2002, 588 (591); Kölner Komm WpÜG/*Hirte* Rn. 177;
*Schaefer/Eichner* NZG 2003, 150 (152 f.); *Thiel* in Semler/Volhard ÜN-HdB § 54 Rn. 98; *Brandi* in Thaeter/
Brandi, Öffentliche Übernahmen, 2003, Teil 3 Rn. 578 ff.; *ABBD/Lohrmann/v. Dryander* Sec. 33 Rn. 48;
*Nörr/Stiefenhofer,* Takeover Law in Germany, 2003, 56.

[730] *Hopt* FS Heinsius, 1991, 22, 27; *Assmann/Bozenhardt* ZGR-Sonderheft 9 (1990), 137 f.; *Krause* AG
2002, 133 (142).

[731] Vgl. aber auch Baums/Thoma/*Grunewald* Rn. 45, nach der solche Maßnahmen dem Verhinderungsverbot nach Abs. 1 S. 1 unterfallen.

[732] *Hopt* WM–FG Heinsius, 1991, 22 (28).

[733] Kölner Komm AktG/*Mertens* AktG § 84 Rn. 17; dazu auch *Krause* AG 2002, 133 (142); Kölner Komm
WpÜG/*Hirte* Rn. 177; *Brandi* in Thaeter/Brandi, Öffentliche Übernahmen, 2003, Teil 3 Rn. 579; Assmann/
Pötzsch/Schneider/*Krause/Pötzsch/Stephan* Rn. 270.

[734] *Krause* AG 2002, 133 (142); Kölner Komm WpÜG/*Hirte* Rn. 177; *Brandi* in Thaeter/Brandi, Öffentliche Übernahmen, 2003, Teil 3 Rn. 580.

[735] *Michalski* AG 1997, 152 (156); *Richter* in Semler/Volhard ÜN-HdB § 52 Rn. 139.

abschwächen, dass er die Zahl der Gremienmitglied durch satzungsändernden Beschluss auf die Höchstzahl erhöhen und gleichzeitig ihm loyale Mitglieder hinzuwählen lässt. Schließlich zeigt die Erfahrung, dass die Mitglieder der Verwaltung eine langfristige Konfrontation mit dem neuen kontrollierenden Mehrheitsgesellschafter vermeiden und nicht gegen ihren Willen im Unternehmen verbleiben, sondern zu angemessenen Konditionen zu einem Ausscheiden bereit sind.[736]

291     **q) Begründung persönlicher Voraussetzungen für Organmitglieder.** Die Satzung kann für Vorstandmitglieder[737] und Anteilseignervertreter im Aufsichtsrat (§ 100 Abs. 4 AktG) persönliche Voraussetzungen begründen. Auf diese Weise kann in einem gewissen Umfang der Kreis der vom Bieter wählbaren Personen eingeschränkt werden. Letztlich dürfte es sich insoweit um ein wenig geeignetes Mittel handeln, da durch solche Satzungsbestimmungen das Auswahlermessen von Hauptversammlung und Aufsichtsrat nicht unangemessen eingeschränkt werden darf.[738]

292     **r) Ausgabe besonderer Titel (*„poison pills"*).** In den USA hat die Ausgabe von besonderen Titeln *(poison pills)* als präventives Abwehrmittel eine große Bedeutung.[739] Diese Titel verbrieten ein Bezugsrecht auf Aktien der Zielgesellschaft zu einem unter dem Börsenkurs liegenden Bezugspreis, von dessen Ausübung die Bieter ausgeschlossen ist. Das Recht ist ausübbar, sobald der Bieter einen bestimmten Schwellenwert überschreitet und kann durch Beschluss des board of directors außer Kraft gesetzt werden. In Deutschland kommt die Ausgabe solcher Rechte, insbesondere im Hinblick auf den zwingenden Gleichbehandlungsgrundsatz (§ 53a AktG), nicht in Betracht.[740]

293     Dies gilt insbesondere für die Begründung von **Flip-in bzw. Flip-over-Bestimmungen** in der Satzung der Zielgesellschaft, die in den USA ein verbreitetes Abwehrmittel darstellen. *Flip-over*-Bestimmungen begründen ein Vorzugsrecht, das es allen Aktionären – mit Ausnahme des übernehmenden Mehrheitsgesellschafters – erlaubt, im Falle eines Zusammenschlusses Aktien des Übernehmers zu verbilligten Konditionen zu erwerben.[741] Ähnlich gelagert sind *Flip-in*-Bestimmungen, die ein Recht einräumen, verbilligt Aktien der Zielgesellschaft zu erwerben. Auf diese Weise soll vermieden werden, dass der übernehmende Mehrheitsgesellschafter zur Umgehung der *Flip-over*-Bestimmung auf die Zielgesellschaft verschmolzen wird.[742] Sowohl *Flip-over*- als auch *Flip-in*-Bestimmungen können, nicht zuletzt weil sie gegen den aktienrechtlichen Gleichbehandlungsgrundsatz (§ 53a AktG) verstoßen, nach deutschem Recht nicht wirksam vereinbart werden.[743]

---

[736] *U. H. Schneider/Burgard* DB 2001, 963 (967); *Krause* AG 2002, 133 (142).

[737] Assmann/Pötzsch/Schneider/*Krause/Pötzsch/Stephan* Rn. 272.

[738] *Assmann/Bozenhardt* ZGR-Sonderheft 9 (1990), 140; MHdB AG/*Wiesner* § 20 Rn. 5 ff.; Assmann/Pötzsch/Schneider/*Krause/Pötzsch/Stephan* Rn. 272; *Krause* AG 2002, 133 (142); *Richter* in Semler/Volhard ÜN-HdB § 52 Rn. 149.

[739] *Poison pills* wurden vom Delaware Supreme Court in der Entscheidung Moran v. Household International, Inc. 500 A. 2d 1346 (Del. 1985) erstmals für zulässig erklärt; aus dem deutschsprachigen Schrifttum etwa *Harbarth* ZVglRWiss 100 (2001), 275 (294 ff.); *Merkt,* US-amerikanisches Gesellschaftsrecht, 1991, Rn. 1131 ff.; *T. C. Paefgen* AG 1991, 189 ff.; *Knoll,* Die Übernahme von Kapitalgesellschaften unter besonderer Berücksichtigung des Schutzes von Minderheitsaktionären nach amerikanischem, englischem und deutschem Recht, 1992, 210 ff.; *Lüttmann,* Kontrollwechsel in Kapitalgesellschaften, 1992, 106 f.; *Weisner,* Verteidigungsmaßnahmen gegen unfreundliche Übernahmeversuche in den USA, Deutschland und nach europäischem Recht, 2000, 19 ff.; *Schaefer/Eichner* NZG 2003, 150 (152); *Nörr/Stiefenhofer,* Takeover Law in Germany, 2003, 53 ff.; ABBD/*Banke* Part 3 C Rn. 32.

[740] *Steinmeyer/Steinmeyer* Rn. 74; *Gordon* AG 2002, 670 (673); *Schaefer/Eichner* NZG 2003, 150 (152); *Richter* in Semler/Volhard ÜN-HdB § 52 Rn. 105; *Nörr/Stiefenhofer,* Takeover Law in Germany, 2003, 55.

[741] *Hauschka/Roth* AG 1988, 181 (189 f.); *T. C. Paefgen* AG 1991, 189 (190 ff.); *Gordon* AG 2002, 670 (673); *Arnold/Wenninger* CFL 2010, 79 (85).

[742] *Hauschka/Roth* AG 1988, 181 (190).

[743] *Hauschka/Roth* AG 1988, 181 (190); FK-WpÜG/*Röh/Vogel* §§ 33 ff. Rn. 71; *Knoll,* Die Übernahme von Kapitalgesellschaften unter besonderer Berücksichtigung des Schutzes von Minderheitsaktionären nach amerikanischem, englischem und deutschem Recht, 1992, 210 ff.; *Harrer/Grabowski* DStR 1992, 1326 (1329); *Weisner,* Verteidigungsmaßnahmen gegen unfreundliche Übernahmeversuche in den USA, Deutschland und nach europäischem Recht, 2000, 21 f.; FK-WpÜG/*Röh/Vogel* Vor § 33 Rn. 71; Kölner Komm WpÜG/*Hirte* Rn. 178.

**s) Verkauf von Vermögensgegenständen *(„crown jewels")*.** Veränderungen im 294 Gesellschaftsvermögen können die Attraktivität der Zielgesellschaft aus der Perspektive des Bieters unter Umständen nicht unerheblich beeinträchtigen. Die Veräußerung von Bestandteilen des Gesellschaftsvermögens, sofern sie vor der Veröffentlichung der Entscheidung zur Abgabe eines Übernahmeangebotes erfolgt, ist im Grundsatz zulässig. Sie muss freilich im Unternehmensinteresse liegen (→ Rn. 100 ff.). Eine Vereinbarung, nach der der Verkauf der Vermögensgegenstände durch einen Kontrollwechsel aufschiebend bedingt ist, würde aber mit dem Verhinderungsverbot nach Abs. 1 S. 1 kollidieren[744] und wäre daher nur unter den Voraussetzungen des Abs. 1 S. 2 oder des Abs. 2 zulässig.

**t) Ausgliederung von Unternehmensbereichen *(„asset lock-up")*.** Beim sog. *asset* 295 *lock-up* werden Unternehmensbereiche in Tochtergesellschaften ausgegliedert, die Beteiligungen unter dem Dach einer (Abwehr-)Holding gebündelt und einem befreundeten Dritten Kaufoptionen auf die Anteile an der Holding eingeräumt.[745] Sofern es sich bei den betroffenen Unternehmensbereichen um wesentliche Unternehmensteile handelt, kann eine Zustimmung der Hauptversammlung nach den Holzmüller-Grundsätzen hinsichtlich ihrer Ausgliederung in die Holding erforderlich sein. Sofern die Kaufoption nur im Fall einer Übernahme ausgeübt werden kann, sprechen gewichtige Gründe dafür, dass eine solche Vereinbarung gegen das Verhinderungsverbot nach Abs. 1 S. 1 verstoßen würde und daher nur unter den Voraussetzungen des Abs. 1 S. 2 oder des Abs. 2 zulässig wäre.[746]

**u) Börsengang von Tochtergesellschaften *(„equity carve out")*.** Ein Börsengang 296 einer Tochtergesellschaft kann ebenfalls präventive Wirkung haben. Übernimmt der Bieter die Zielgesellschaft, muss er wegen des damit verbundenen mittelbaren Kontrollerwerbs (→ § 35 Rn. 112) grundsätzlich auch den außenstehenden Aktionären der Tochtergesellschaft ein Abfindungsangebot unterbreiten (zu der Möglichkeit der Erlangung einer Befreiung nach § 9 S. 2 Nr. 3 WpÜG-AV → § 37 Rn. 37 f.). Damit kann sich die Übernahme der Zielgesellschaft für den Bieter nicht unerheblich verteuern.[747] Indessen wird die Zielgesellschaft ein *going public* einer Tochtergesellschaft nicht als reine Abwehrmaßnahmen legitimieren,[748] sondern nur bei Vorliegen anderer Gründe, wie etwa zur Finanzierung des weiteren Wachstums der Tochtergesellschaft, umsetzen können.[749]

## § 33a Europäisches Verhinderungsverbot

(1) ¹Die Satzung einer Zielgesellschaft kann vorsehen, dass § 33 keine Anwendung findet. ²In diesem Fall gelten die Bestimmungen des Absatzes 2.

(2) ¹Nach Veröffentlichung der Entscheidung zur Abgabe eines Angebots bis zur Veröffentlichung des Ergebnisses nach § 23 Abs. 1 Satz 1 Nr. 2 dürfen Vorstand und Aufsichtsrat der Zielgesellschaft keine Handlungen vornehmen, durch die der Erfolg des Angebots verhindert werden könnte. ²Dies gilt nicht für

1. Handlungen, zu denen die Hauptversammlung den Vorstand oder Aufsichtsrat nach Veröffentlichung der Entscheidung zur Abgabe eines Angebots ermächtigt hat,

---

[744] *Krause* AG 2002, 133 (142).

[745] Dazu *v. Falkenhausen* NZG 2007, 97 (98 f.); *Krause* AG 2002, 133 (142); *Bayer* ZGR 2002, 588 (597); *Schaefer/Eichner* NZG 2003, 150 (152); *Richter* in Semler/Volhard ÜN-HdB § 52 Rn. 80; *Thiel* in Semler/Volhard ÜN-HdB § 54 Rn. 103; *Brandi* in Thaeter/Brandi, Öffentliche Übernahmen, 2003, Teil 3 Rn. 542 ff.

[746] *Krause* AG 2002, 133 (143); *Brandi* in Thaeter/Brandi, Öffentliche Übernahmen, 2003, Teil 3 Rn. 544 ff.; wohl auch Kölner Komm WpÜG/*Hirte* Rn. 175.

[747] *U. H. Schneider/Burgard* DB 2001, 963 (966); *Bayer* ZGR 2002, 588 (595 f.); FK-WpÜG/*Röh/Vogel* Vor § 33 Rn. 72; vgl. auch DAV-Handelsrechtsausschuss NZG 2001, 1003 (1007) zum RegE; nach zutr. Ansicht von Baums/Thoma/*Grunewald* Rn. 50 verstößt eine solche Maßnahme in der Übernahmesituation daher gegen das Verhinderungsverbot nach Abs. 1 S. 1; ABBD/*Lohrmann/v. Dryander* Sec. 33 Rn. 40; *Brandi* in Thaeter/Brandi, Öffentliche Übernahmen, 2003, Teil 3 Rn. 554 ff.

[748] *U. H. Schneider/Burgard* DB 2001, 963 (966).

[749] Dazu etwa *Schlitt* in Semler/Volhard ÜN-HdB § 23 Rn. 137.

2. **Handlungen innerhalb des normalen Geschäftsbetriebs,**
3. **Handlungen außerhalb des normalen Geschäftsbetriebs, sofern sie der Umsetzung von Entscheidungen dienen, die vor der Veröffentlichung der Entscheidung zur Abgabe eines Angebots gefasst und teilweise umgesetzt wurden, und**
4. **die Suche nach einem konkurrierenden Angebot.**

**(3) Der Vorstand der Zielgesellschaft hat die Bundesanstalt sowie die Aufsichtsstellen der Staaten des Europäischen Wirtschaftsraums, in denen Wertpapiere der Gesellschaft zum Handel an einem organisierten Markt zugelassen sind, unverzüglich davon zu unterrichten, dass die Zielgesellschaft eine Satzungsbestimmung nach Absatz 1 Satz 1 beschlossen hat.**

**Schrifttum:** *Bachmann,* Kapitalmarktrecht im Kodex, WM 2013, 2009; *Diekmann,* Änderungen im Wertpapiererwerbs- und Übernahmegesetz anlässlich der Umsetzung der EU-Übernahmerichtlinie in das deutsche Recht, NJW 2007, 17; *v. Falkenhausen,* Übernahmeprophylaxe – Die Pflichten des Vorstands der Zielgesellschaft, NZG 2007, 97; *Friedl,* Die Stellung des Aufsichtsrats der Zielgesellschaft bei Abgabe eines Übernahmeangebots nach neuem Übernahmerecht unter Berücksichtigung des Regierungsentwurfs zum Übernahmerichtlinie-Umsetzungsgesetz, NZG 2006, 422; *Glade/Haak/Hellich,* Die Umsetzung der Übernahmerichtlinie in das deutsche Recht, Der Konzern 2004, 515; *Grundmann/Schwintowski/Singer/Weber,* Anleger- und Funktionsschutz durch Kapitalmarktrecht, Schriften zum Europäischen Privat-, Bank- und Wirtschaftsrecht, Bd. 7, 2004; *v. Kann/Just,* Der Regierungsentwurf zur Umsetzung der europäischen Übernahmerichtlinie, DStR 2006, 328; *Kindler/Horstmann,* Die EU-Übernahmerichtlinie – Ein „europäischer" Kompromiss, DStR 2004, 866; *Knott,* Freiheit, die ich meine: Abwehr von Übernahmeangeboten nach Umsetzung der EU-Richtlinie, NZG 2006, 849; *Maul,* Die EU-Übernahmerichtlinie – ausgewählte Fragen, NZG 2005, 151; *Merkt/Binder,* Änderungen im Übernahmerecht nach Umsetzung der EG-Übernahmerichtlinie: Das deutsche Umsetzungsgesetz und verbleibende Problemfelder, BB 2006, 1285; *Meyer,* Änderungen im WpÜG durch die Umsetzung der EU-Übernahmerichtlinie, WM 2006, 1135; *Schanz,* Verteidigungsmechanismen gegen feindliche Übernahmen nach Umsetzung der Übernahmerichtlinie im deutschen Recht, NZG 2007, 927; *Schüppen,* WpÜG-Reform: Alles Europa, oder was?, BB 2006, 165; *Seibt/Heiser,* Analyse des Übernahmerichtlinie-Umsetzungsgesetzes (Regierungsentwurf), AG 2006, 301; *Seibt/Heiser,* Analyse der EU-Übernahmerichtlinie und Hinweise für eine Reform des deutschen Übernahmerechts, ZGR 2005, 200; *Simon,* Entwicklungen im WpÜG, Der Konzern 2006, 12; *Stephan,* Das übernahmerechtliche Verhinderungsverbot, Der Konzern 2019, 473; *Wolf,* Der Mythos „Neutralitätspflicht" nach dem Übernahmerichtlinien-Umsetzungsgesetz, ZIP 2008, 300.

## Übersicht

## I. Allgemeines

**1. Regelungsgegenstand.** Abs. 1 räumt der Zielgesellschaft die Möglichkeit ein, durch **1** **Satzungsregelung** die Geltung des allgemeinen Verhinderungsverbots des § 33 **abzubedingen** und sich stattdessen dem strengeren[1] Verhinderungsverbot des Abs. 2 (europäisches Verhinderungsverbot) zu unterwerfen (sog. Opt-in).

Abs. 2 S. 1 begründet in dem Zeitraum nach der Veröffentlichung der Entscheidung zur **2** Abgabe eines Angebots bis zur Veröffentlichung des Ergebnisses nach § 23 Abs. 1 S. 1 Nr. 2 für den Vorstand und den Aufsichtsrat ein **Verbot von Handlungen,** durch die der Erfolg des Angebots verhindert werden könnte. Dieses Verhinderungsverbot wird durch die in Abs. 2 S. 2 aufgezählten Ausnahmen **eingeschränkt.** Danach sind Handlungen zulässig, zu denen die Hauptversammlung den Vorstand oder Aufsichtsrat nach Veröffentlichung der Entscheidung zur Abgabe eines Angebots ermächtigt hat (Abs. 2 S. 2 Nr. 1). Des Weiteren darf der Vorstand Handlungen innerhalb des normalen Geschäftsbetriebs vornehmen; Handlungen außerhalb des normalen Geschäftsbetriebs sind zulässig, sofern sie der Umsetzung von Entscheidungen dienen, die vor der Veröffentlichung der Entscheidung zur Abgabe eines Angebots gefasst und teilweise umgesetzt wurden (Abs. 2 S. 2 Nr. 2 und 3). Schließlich dürfen Vorstand und Aufsichtsrat nach einem konkurrierenden Bieter (*white knight*) suchen (Abs. 2 S. 2 Nr. 4).

Abs. 3 legt dem Vorstand der Zielgesellschaft eine **Unterrichtungspflicht** über das **3** Opt-in der Zielgesellschaft gegenüber der Bundesanstalt sowie ggf. gegenüber einer oder mehreren weiteren Aufsichtsstellen innerhalb des Europäischen Wirtschaftsraums auf.

**2. Anwendungsbereich.** Abs. 1 findet ausschließlich auf **inländische Zielgesellschaf- 4** **ten** Anwendung, deren Aktien zu einem **organisierten Markt** zugelassen sind (im Einzelnen → Rn. 8). Abs. 2 gilt – wie § 33 – in erster Linie für **Übernahmeangebote,** also solche öffentlichen Erwerbsangebote, die auf die Erlangung der Kontrolle der Zielgesellschaft gerichtet sind (s. § 29 Abs. 1). Auf **Pflichtangebote** findet die Regelung über den in § 39 enthaltenen Verweis auf die Vorschriften des Abschnitts 4 entsprechende Anwendung. Auf sog. **einfache Erwerbsangebote** findet Abs. 2 dagegen keine Anwendung (zum Anwendungsbereich im Einzelnen → Rn. 23 ff.).

**3. Europäisches Recht.** § 33a wurde im Jahre 2006 durch das **Übernahme-RL-UG 5** vom 14.7.2006 (BGBl. 2006 I 1426) in das WpÜG aufgenommen und setzt das in Art. 12 Abs. 1, 2 und 4 Übernahme-RL iVm Art. 9 Abs. 2 und 3 Übernahme-RL (zur Entstehungsgeschichte der Übernahme-RL im Einzelnen → § 33 Rn. 12 ff.) vorgesehene **Optionsmodell** um.[2] Dieses Optionsmodell berechtigt die Mitgliedstaaten, von der Umsetzung des europäischen Verhinderungsverbots des Art. 9 Übernahme-RL abzusehen (Opt-out der

---

[1] *Bachmann* WM 2013, 2009 (2010); Baums/Thoma/*Kiem* Rn. 1; Angerer/Geibel/Süßmann/*Süßmann* Rn. 5; Assmann/Pötzsch/Schneider/*Stephan* Rn. 1; Steinmeyer/*Bastian* Rn. 2; *Meyer* WM 2006, 1135 (1139); *Seibt*/*Heiser* AG 2006, 301 (310); *Stephan* Der Konzern 2019, 473 (475 f.).

[2] Begr. RegE, BT-Drs. 16/1003, 19; Schwark/Zimmer/*Noack*/*Zetzsche* Rn. 1; *Koch* BKR 2007, 101 (103); NK-AktKapMarktR/*Glade* Rn. 1; zur Übernahme-RL insgesamt *Glade/Haak/Hellich* Der Konzern 2004, 515 ff.; *Kindler/Horstmann* DStR 2004, 866 ff.; *Seibt/Heiser* ZGR 2005, 200 ff.

Mitgliedstaaten) und es bei der jeweiligen nationalen Regelung dieses Verbots zu belassen, wenn die Mitgliedstaaten ihren jeweiligen Zielgesellschaften die Möglichkeit einräumen, freiwillig das strengere europäische Verhinderungsverbot anzuwenden (Opt-in der Gesellschaften).[3] Mit diesem Optionsmodell wurde ein Kompromiss hinsichtlich der bei der Verhandlung der Übernahme-RL umstrittenen Frage erzielt, inwieweit Abwehrmaßnahmen der Leitungsorgane der Zielgesellschaft in einem Übernahmeverfahren zulässig sein sollen.[4] Der deutsche Gesetzgeber entschied sich für dieses Optionsmodell und mithin für ein Opt-out, weil die Übernahme-RL kein *level playing field,* dh keine gleichen Ausgangsbedingungen für Unternehmensübernahmen in den verschiedenen Mitgliedstaaten, schafft.[5] So werden durch die Übernahme-RL die Unterschiede bei den Verteidigungsmöglichkeiten gegen Übernahmen in den einzelnen Mitgliedstaaten sowie im Verhältnis zu Drittstaaten nicht beseitigt.[6] Deshalb hätte die verbindliche Einführung des europäischen Verhinderungsverbots eine Benachteiligung deutscher Zielgesellschaften gegenüber ausländischen Gesellschaften bewirkt, sofern diese nach ihrem jeweiligen Recht weitergehende Abwehrmechanismen in Anspruch nehmen können.[7]

**6**   **4. Entstehungsgeschichte.** § 33a wurde im Laufe des **Gesetzgebungsverfahrens** nur in Abs. 2 S. 2 Nr. 3 und in Abs. 3 geändert. So sah der Referentenentwurf in Abs. 2 S. 2 Nr. 3 vor, dass verhinderungsgeeignete Maßnahmen, die außerhalb des normalen Geschäftsbetriebs liegen, zulässig sind, sofern sie der Umsetzung von Entscheidungen dienen, die vor der Veröffentlichung der Entscheidung zur Abgabe eines Angebots gefasst und *„noch nicht vollständig umgesetzt wurden".* Diese Formulierung war missverständlich, weil darunter auch Maßnahmen hätten subsumiert werden können, mit deren Umsetzung noch gar nicht begonnen wurde.[8] Im Regierungsentwurf wurde diese Ungenauigkeit des Abs. 2 S. 2 Nr. 3 durch die Formulierung *„und teilweise umgesetzt wurden"* behoben. Der Referentenentwurf und der Regierungsentwurf sahen des Weiteren vor, dass der Vorstand der Zielgesellschaft „unverzüglich einen Beleg über die Eintragung der Satzungsbestimmung nach Abs. 1 in das Handelsregister zu übersenden" hat. In der finalen Fassung des Abs. 3 wurde die Pflicht zur Übersendung eines Belegs durch eine bloße Unterrichtungspflicht ersetzt. Diese Änderung wurde vorgenommen, da die Übersendung eines Belegs über die Eintragung einer Satzungsbestimmung nach Abs. 1 in das Handelsregister nicht möglich ist.[9] Im Falle einer Satzungsänderung wird nämlich nach den allgemeinen Bestimmungen (§§ 39, 181 AktG), die durch Abs. 3 nicht erweitert werden sollten, im Handelsregister nicht der Wortlaut der Satzungsänderung selbst veröffentlicht, sondern grundsätzlich nur vermerkt, dass die Satzung geändert worden ist.[10]

## II. Ausschluss der Anwendbarkeit des § 33 (Abs. 1)

**7**   **1. Wahlrecht der Zielgesellschaft.** Durch Abs. 1 wird der Zielgesellschaft das **Wahlrecht** eingeräumt, es entweder bei der Anwendbarkeit des allgemeinen Verhinderungsverbots des § 33 zu belassen oder sich stattdessen für die Einführung des strengeren europäischen Verhinderungsverbots zu entscheiden.[11] Eingeführt werden kann das europäische Verhinderungsverbot **ausschließlich** durch **Fassung** eines entsprechenden **Hauptversammlungs-**

---

[3] Begr. RegE, BT-Drs. 16/1003, 13 f.; Schwark/Zimmer/*Noack/Zetzsche* Rn. 1; *Maul* NZG 2005, 151 (152); *Schanz* NZG 2007, 927 (928); *van Kann/Just* DStR 2006, 328 (329).

[4] Begr. RegE, BT-Drs. 16/1003, 13; Baums/Thoma/*Kiem* Rn. 5.

[5] Begr. RegE, BT-Drs. 16/1003, 13; *Merkt/Binder* BB 2006, 1285 (1288); *Meyer* WM 2006, 1135 (1136); *Wolf* ZIP 2008, 300 (302); vgl. bereits *Maul* NZG 2005, 151 (152); *Seibt/Heiser* ZGR 2005, 200 (231).

[6] Begr. RegE, BT-Drs. 16/1003, 13 f.

[7] Begr. RegE, BT-Drs. 16/1003, 14.

[8] FK-WpÜG/*Röh* Rn. 70 m. Fn. 46.

[9] Beschlussempfehlung und Bericht Finanzausschuss, BT-Drs. 16/1541, 12.

[10] Beschlussempfehlung und Bericht Finanzausschuss, BT-Drs. 16/1541, 12; Angerer/Geibel/Süßmann/ *Süßmann* Rn. 13; zum Verhältnis des gesetzlichen Vereitelungsverbots des § 33a und dem DCGK vgl. *Bachmann* WM 2013, 2009 (2010).

[11] Baums/Thoma/*Kiem* Rn. 9; Assmann/Pötzsch/Schneider/*Stephan* Rn. 18; *Diekmann* NJW 2007, 17.

**beschlusses.** Wird ein solcher nicht gefasst, verbleibt es bei der Anwendbarkeit des allgemeinen Verhinderungsverbots des § 33.[12]

**a) Anwendungsbereich der Norm.** Die Möglichkeit, das allgemeine Verhinderungs- 8 verbot des § 33 zugunsten des europäischen Verhinderungsverbots in der Satzung abzubedingen, steht ausschließlich Gesellschaften zu, deren Aktien zum Handel **an einem organisierten Markt** iSd § 2 Abs. 7 zugelassen sind.[13] Für nicht börsennotierte Gesellschaften ist nämlich bereits der Anwendungsbereich des WpÜG nicht eröffnet (§ 1).[14] Dies schließt jedoch nicht die Möglichkeit aus, dass die Hauptversammlung einer Gesellschaft bereits im **Vorfeld** eines geplanten Börsengangs einen Beschluss nach Abs. 1 fasst. In einem solchen Fall muss die Hauptversammlung den Vorstand aber anweisen, die beschlossene Satzungsänderung erst nach erfolgter Zulassung zum Börsenhandel zum Handelsregister anzumelden.[15] Sollte die Börsennotierung der Gesellschaft aufgrund eines **Delistings** enden, so ist ab diesem Zeitpunkt eine Satzungsregelung nach Abs. 1 wegen Verstoßes gegen § 23 Abs. 5 AktG unwirksam und daher aufgrund eines Hauptversammlungsbeschlusses oder – bei Vorliegen einer Ermächtigung nach § 179 Abs. 1 S. 2 AktG – eines Aufsichtsratsbeschlusses aus der Satzung zu entfernen.[16]

Abs. 1 findet des Weiteren nur auf **inländische Zielgesellschaften** iSd § 2 Abs. 3 Nr. 1 9 Anwendung.[17] Die Übernahme-RL ermöglicht den Mitgliedstaaten nur, Zielgesellschaften mit Sitz in dem jeweiligen Mitgliedsstaat die Möglichkeit eines Opt-in einzuräumen (Art. 12 Abs. 1 und 2 Übernahme-RL). Auch spricht die Entstehungsgeschichte des Abs. 1 für dieses Ergebnis. So enthielt bereits die Begründung des Regierungsentwurfs den Hinweis darauf, dass der Anwendungsbereich des Abs. 1 auf inländische Zielgesellschaften beschränkt sein soll.[18] Zwar wurde der Vorschlag des Bundesrats,[19] zu Klarstellungszwecken die Wendung „im Sinne des § 2 Abs. 3 Nr. 1" in den Wortlaut des Abs. 1 aufzunehmen, nicht aufgegriffen. Jedoch unterblieb dies nur deshalb, weil nach Auffassung der Bundesregierung eine solche Klarstellung nicht erforderlich war.[20] Schließlich findet nach § 2 WpÜG-Anwendbarkeitsverordnung § 33a insgesamt auf Zielgesellschaften iSd § 2 Abs. 3 Nr. 2 keine Anwendung.

**b) Motive für einen Beschluss nach Abs. 1.** Grund für die Fassung eines Beschlusses 10 nach Abs. 1 ist die Erwartung, dass sich dadurch der **Kurs der Aktie** der Zielgesellschaft zukünftig **positiv entwickeln** wird.[21] Denn durch die eingeschränkte Verteidigungsmöglichkeit der Verwaltung wird die in der Aktie liegende „Übernahmephantasie" erhöht. Eine Beschlussfassung nach Abs. 1 empfiehlt sich zudem auch, wenn die inländische Zielgesellschaft beabsichtigt, **zukünftig selbst als Bieterin** für die Aktien einer anderen europäischen Zielgesellschaft aufzutreten und sie in dieser Übernahmesituation ihre Erfolgschance erhöhen möchte.[22] Hat sich nämlich die Bieterin selbst für die Anwendung des europäischen Verhinderungsverbots entschieden, so ist der Zielgesellschaft in der Übernahmesituation die Berufung auf den Gegenseitigkeitsvorbehalt des § 33c Abs. 1 abgeschnitten. Der Gegensei-

---

[12] Baums/Thoma/*Kiem* Rn. 9; Angerer/Geibel/Süßmann/*Süßmann* Rn. 2; NK-AktKapMarktR/*Glade* Rn. 2; *Knott* NZG 2006, 849; *Wolf* ZIP 2008, 300 (302).

[13] FK-WpÜG/*Röh* Rn. 11; Assmann/Pötzsch/Schneider/*Stephan* Rn. 18; Steinmeyer/*Bastian* Rn. 4; *Schüppen* BB 2006, 165 (168); *Seibt/Heiser* AG 2006, 301 (311).

[14] FK-WpÜG/*Röh* Rn. 11; Baums/Thoma/*Kiem* Rn. 11; Steinmeyer/*Bastian* Rn. 4; *Schüppen* BB 2006, 165 (167 f.); *Seibt/Heiser* AG 2006, 301 (311); aA Kölner Komm WpÜG/*Hirte* Rn. 11.

[15] FK-WpÜG/*Röh* Rn. 11; *Seibt/Heiser* AG 2006, 301 (311); Baums/Thoma/*Kiem* Rn. 11; aA Assmann/Pötzsch/Schneider/*Stephan* Rn. 18.

[16] FK-WpÜG/*Röh* Rn. 11.

[17] FK-WpÜG/*Röh* Rn. 10; Steinmeyer/*Bastian* Rn. 4.

[18] Begr. RegE, BT-Drs. 16/1003, 19.

[19] Stellungnahme BR, BR-Drs. 154/06, 2.

[20] Unterrichtung durch die BReg., BT-Drs. 16/1342, 5 f.

[21] FK-WpÜG/*Röh* Rn. 4; Baums/Thoma/*Kiem* Rn. 10; Steinmeyer/*Bastian* Rn. 5; *Seibt/Heiser* AG 2006, 301 (312).

[22] FK-WpÜG/*Röh* Rn. 4; Baums/Thoma/*Kiem* Rn. 10; Steinmeyer/*Bastian* Rn. 5; NK-AktKapMarktR/*Glade* Rn. 5; *Seibt/Heiser* AG 2006, 301 (311); *Maul* NZG 2005, 151 (153).

tigkeitsvorbehalt ermöglicht es einer Zielgesellschaft, die sich dem europäischen Verhinderungsverbot unterworfen hat oder diesem aufgrund des auf sie anwendbaren Rechts unterliegt, von diesem nicht gedeckte Verteidigungsmaßnahmen durchzuführen, solange der Bieter selbst keinen Beschluss nach Abs. 1 gefasst hat.[23]

**11**     **2. Teilweise Einführung.** Das europäische Verhinderungsverbot kann **nur vollständig** und nicht teilweise oder in modifizierter Form eingeführt werden.[24] Dies ergibt sich bereits aus dem Wortlaut der Vorschrift. Dieser besagt, dass im Falle einer Abbedingung „die Bestimmungen des Absatzes 2" gelten (Abs. 1 S. 2). Die Möglichkeit, Zwischenlösungen zwischen dem allgemeinen Verhinderungsverbot und dem europäischen Verhinderungsverbot zu installieren, ist ausdrücklich nicht vorgesehen.[25] Auch Sinn und Zweck der Regelung sprechen gegen die Gestattung von Zwischenlösungen. Durch die Regelung des Art. 12 Übernahme-RL sollte Zielgesellschaften die Möglichkeit eingeräumt werden, statt der jeweiligen unterschiedlichen nationalen Regelungen eine Regelung über das Verhinderungsverbot zu etablieren, die europaweit einheitlich ist.[26] Mit diesem Ziel vertragen sich Zwischenlösungen nicht.

**12**     Dem Satzungsgeber ist es des Weiteren **nicht möglich,** das allgemeine Verhinderungsverbot oder das europäische Verhinderungsverbot **zu verschärfen.**[27] Die Maßnahmen, die der Vorstand einer Zielgesellschaft im Rahmen eines Übernahmeangebots ergreift, zählen zum Kompetenzbereich der Geschäftsführung. In diesen darf der Satzungsgeber aber ausschließlich in den gesetzlich geregelten Ausnahmefällen eingreifen.[28]

**13**     **3. Ausübung des Wahlrechts.** Das Wahlrecht, das der Hauptversammlung der inländischen Zielgesellschaft durch Abs. 1 eingeräumt worden ist, kann **ausschließlich** durch die Fassung eines **Beschlusses zur Änderung der Satzung** der Zielgesellschaft ausgeübt werden, für den die allgemeinen aktienrechtlichen Regelungen für Satzungsänderungen uneingeschränkt gelten (vgl. §§ 179 ff. AktG).[29] Eine andere Möglichkeit, die Verwaltung der inländischen Zielgesellschaft den Beschränkungen des Abs. 2 zu unterwerfen, gibt es nicht.[30] Folglich ist jede andere Form der Willensäußerung der Hauptversammlung für die Organe der Zielgesellschaft unbeachtlich.[31]

**14**     **a) Vorschlagsrecht.** Das Vorschlagsrecht für das europäische Verhinderungsverbot liegt – wie bei jeder Satzungsänderung – grundsätzlich beim **Vorstand und beim Aufsichtsrat** der Zielgesellschaft (§ 124 Abs. 3 S. 1 AktG). Eine **Pflicht** der Verwaltung, eine Entscheidung der Hauptversammlung darüber einzuholen, ob von der Möglichkeit des Opt-in Gebrauch gemacht werden soll, **besteht nicht.** Daher bleibt es grundsätzlich bei der Anwendbarkeit des allgemeinen Verhinderungsverbots (§ 33 Abs. 1 WpÜG), solange die Verwaltung der Zielgesellschaft die Fassung eines Beschlusses über ein Opt-in nicht vorschlägt.[32] Jedoch können **Aktionäre,** die zusammen mindestens eine Beteiligung in Höhe von **5%** des Grundkapitals oder einen **anteiligen Betrag von 500.000 Euro** erreichen, verlangen, dass eine Beschlussfassung über ein Opt-in auf die Tagesordnung gesetzt und bekanntgemacht wird (§ 122 Abs. 2 AktG). Sofern Aktionäre, die zusammen über eine Mindestbeteiligung von 5% verfügen, Gründe dafür anbringen können, dass mit einer Beschlussfassung über ein Opt-in nicht bis zur nächsten ordentlichen Hauptversammlung

---

[23] FK-WpÜG/*Röh* Rn. 4; Baums/Thoma/*Kiem* Rn. 10; Steinmeyer/*Bastian* Rn. 5.
[24] Baums/Thoma/*Kiem* Rn. 14; FK-WpÜG/*Röh* Rn. 13; Angerer/Geibel/Süßmann/*Süßmann* Rn. 2; Seibt/*Heiser* AG 2006, 301 (312); *Knott* NZG 2006, 849 (850); Steinmeyer/*Bastian* Rn. 4.
[25] Baums/Thoma/*Kiem* Rn. 14; *Krause* BB 2004, 113 (114); daran zweifelnd *Merkt/Binder* BB 2006, 1285 (1288).
[26] Baums/Thoma/*Kiem* Rn. 14.
[27] Baums/Thoma/*Kiem* Rn. 15.
[28] Baums/Thoma/*Kiem* Rn. 15.
[29] Begr. RegE, BT-Drs. 16/1003, 19; Baums/Thoma/*Kiem* Rn. 12; Steinmeyer/*Bastian* Rn. 4.
[30] Baums/Thoma/*Kiem* Rn. 12 f.
[31] Baums/Thoma/*Kiem* Rn. 13.
[32] Baums/Thoma/*Kiem* Rn. 16; FK-WpÜG/*Röh* Rn. 15.

zugewartet werden kann, haben sie sogar die Möglichkeit, die Einberufung einer außerordentlichen Hauptversammlung zu verlangen (§ 122 Abs. 1 AktG). Eine solche Aktionärsgruppe verfügt daher über die Möglichkeit, einen Hauptversammlungsbeschluss über ein Opt-in auch gegen den Willen der Verwaltung der Zielgesellschaft zu erzwingen.[33]

**b) Einberufung der Hauptversammlung.** Die Einberufung der Hauptversammlung **15** hat neben den **Beschlussvorschlägen** von Vorstand und Aufsichtsrat (§ 124 Abs. 3 S. 1 AktG) und den sonstigen Pflichtangaben (§ 121 Abs. 3 AktG) den **vollständigen Wortlaut** der vorgeschlagenen Satzungsänderung zu enthalten (§ 124 Abs. 2 S. 3 Var. 1 AktG). Die vorgeschlagene Satzungsänderung muss aber nicht besonders begründet werden.[34]

**c) Beschlussmehrheit, Sonderbeschlüsse und Stimmrecht.** Der Opt-in Beschluss **16** der Hauptversammlung bedarf grundsätzlich einer **Mehrheit,** die mindestens **drei Viertel** des bei der Beschlussfassung vertretenen Grundkapitals umfasst (§ 179 Abs. 2 S. 1 AktG).[35] Bestimmt die Satzung der Zielgesellschaft für Satzungsänderungen eine davon abweichende Kapitalmehrheit (vgl. § 179 Abs. 2 S. 2 AktG), so findet diese Anwendung.[36] Daneben muss stets mindestens die einfache Stimmenmehrheit gegeben sein (§ 133 Abs. 1 S. 1 AktG).[37]

Fraglich ist, ob im Falle des Bestehens mehrerer Aktiengattungen Sonderbeschlüsse zu **17** fassen sind. Dies ist jedoch grundsätzlich abzulehnen.[38] Für Vorzugsaktien folgt dies daraus, dass der Beschluss der Hauptversammlung über die Etablierung des europäischen Verhinderungsverbots den Vorzug weder unmittelbar beseitigt noch beschränkt.[39] Nur eine unmittelbare Beseitigung oder Beschränkung des Vorzugs macht aber die Fassung eines Sonderbeschlusses erforderlich.[40]

Sollten die Mitglieder des Vorstands oder des Aufsichtsrats Aktien der Zielgesellschaft **18** halten, so können sie die aus diesen Aktien resultierenden Stimmrechte bei der Beschlussfassung über das Opt-in ausüben.[41] Das **Stimmverbot** des § 136 Abs. 1 AktG greift nicht ein, da keiner der dort abschließend aufgeführten Fälle (Entlastung, Befreiung von einer Verbindlichkeit, Geltendmachung eines Anspruchs) einschlägig ist.[42] Außerdem wird eine generelle Erweiterung des § 136 Abs. 1 AktG auf andere Interessenkollisionen (eine Interessenkollision könnte darin gesehen werden, dass die Vorstands- und Aufsichtsratsmitglieder indirekt über ihre zukünftige Pflichtenlage als Organmitglieder bestimmen)[43] im Wege der Analogie von der hM zu Recht abgelehnt.[44] Erfolgt die Beschlussfassung über das Opt-in nach Angebotsabgabe, so ist der **Bieter** aus den vorstehend genannten Erwägungen ebenfalls nicht daran gehindert, seine Stimmrechte auszuüben.[45]

**d) Inhalt des Beschlusses.** Die inhaltlichen Anforderungen an den Opt-in Beschluss **19** sind **gering.** Ausreichend ist es, wenn der Beschluss die **schlichte Nichtanwendung** des § 33 festlegt.[46] Dies folgt bereits aus dem Wortlaut des Abs. 1 („die Satzung einer Zielgesellschaft kann vorsehen, dass § 33 keine Anwendung findet"). Außerdem bestehen auch bei einem solchen Beschlussinhalt keine Zweifel daran, welche gesetzlichen Regelungen an die Stelle des allgemeinen Verhinderungsverbots des § 33 treten, da dies in Abs. 1 S. 2 ausdrück-

---

[33] Baums/Thoma/*Kiem* Rn. 16.
[34] Baums/Thoma/*Kiem* Rn. 18.
[35] Vgl. Assmann/Pötzsch/Schneider/*Stephan* Rn. 21; Steinmeyer/*Bastian* Rn. 4; *Glade/Haak/Hellich* Der Konzern 2004, 515 (516).
[36] Angerer/Geibel/Süßmann/*Süßmann* Rn. 3.
[37] Steinmeyer/*Bastian* Rn. 4 Fn. 4; Hüffer/Koch/*Koch* AktG § 179 Rn. 14 mwN.
[38] FK-WpÜG/*Röh* Rn. 14; Assmann/Pötzsch/Schneider/*Stephan* Rn. 21; Angerer/Geibel/Süßmann/*Süßmann* Rn. 3; *Schüppen* BB 2006, 165 (166).
[39] FK-WpÜG/*Röh* Rn. 14.
[40] OLG Celle AG 2008, 858 (859); Hüffer/Koch/*Koch* AktG § 141 Rn. 4.
[41] Baums/Thoma/*Kiem* Rn. 20.
[42] Baums/Thoma/*Kiem* Rn. 20.
[43] Baums/Thoma/*Kiem* Rn. 20.
[44] BGHZ 97, 28 (33) = NJW 1986, 2051; Hüffer/Koch/*Koch* AktG § 136 Rn. 18 mwN.
[45] Baums/Thoma/*Kiem* Rn. 20.
[46] Baums/Thoma/*Kiem* Rn. 21; Assmann/Pötzsch/Schneider/*Stephan* Rn. 23; FK-WpÜG/*Röh* Rn. 13.

lich geregelt ist.[47] Die Aufnahme des **vollständigen Wortlauts** des Abs. 2 in die Satzung der Zielgesellschaft ist zulässig, wenn gleichzeitig klargestellt wird, dass das allgemeine Verhinderungsverbot des § 33 keine Anwendung findet.[48] Sie empfiehlt sich aber nicht.[49] Zwar mag dadurch die Transparenz erhöht werden,[50] jedoch bringt sie den gravierenden Nachteil mit sich, dass etwaige Änderungen des Abs. 2 in der Satzung der Zielgesellschaft nachvollzogen werden müssen.[51] Sollte die Formulierung des Opt-in Beschlusses nicht dem Wortlaut des Abs. 1 oder Abs. 2 entsprechen, so ist dies **unschädlich,** wenn aus dem Beschluss hervorgeht, dass die Hauptversammlung das allgemeine Verhinderungsverbot des § 33 abbedingen wollte.[52]

**20**     **e) Wirksamkeit.** Der Hauptversammlungsbeschluss über das Opt-in wird – wie jeder andere Satzungsänderungsbeschluss – erst wirksam, wenn er in das Handelsregister des Sitzes der Zielgesellschaft **eingetragen** worden ist (§ 181 Abs. 3 AktG).

**21**     **f) Widerruf.** Hat die Hauptversammlung einen Opt-in Beschluss gefasst, so ist sie an diesen **nicht dauerhaft gebunden.** Vielmehr kann sie ihre Entscheidung widerrufen.[53] Die jederzeitige Widerrufsmöglichkeit des Opt-in Beschlusses ist bereits in Art. 12 Abs. 2 Übernahme-RL festgelegt. Ein solcher Widerruf kann auch **während eines Angebotsverfahrens** erfolgen, weil die Hauptversammlung der Zielgesellschaft – anders als ihr Vorstand und ihr Aufsichtsrat – nicht dem europäischen Verhinderungsverbot unterliegt.[54] Allerdings ist der **Bieter** berechtigt, die Stimmrechte aus den von ihm bereits gehaltenen Aktien bei dieser Beschlussfassung auszuüben. Verfügt der Bieter bereits über 25% (plus eine Aktie) des in der Hauptversammlung vertretenen Grundkapitals, kann er den Widerruf des Opt-in Beschlusses verhindern, da der Widerrufsbeschluss – wie der ursprüngliche Beschluss über ein Opt-in – grundsätzlich eine **Mehrheit** erfordert, die mindestens **drei Viertel** des bei der Beschlussfassung vertretenen Grundkapitals umfasst (§ 119 Abs. 1 Nr. 6 AktG, §§ 179 ff. AktG).[55] Da der Widerruf den actus contrarius zum Opt-in Beschluss darstellt, wird dieser unter denselben Voraussetzungen wie der Opt-in Beschluss wirksam.[56]

### III. Europäisches Verhinderungsverbot (Abs. 2)

**22**     **1. Überblick.** Die Regelung des Abs. 2 soll einerseits gewährleisten, dass die Aktionäre der Zielgesellschaft ihre Entscheidung über die Annahme des Angebots treffen können, **ohne** dabei durch zu weitgehende Abwehrmaßnahmen des Vorstands oder Aufsichtsrats **beeinträchtigt zu werden.**[57] Andererseits soll sichergestellt werden, dass die Zielgesellschaft während des laufenden Angebots **nicht unangemessen** in ihrer Geschäftstätigkeit beeinträchtigt wird. Daher ist es Vorstand und Aufsichtsrat erlaubt, die Geschäfte der Zielgesellschaft im bisherigen Rahmen fortzuführen (Nr. 2). Daneben können Vorstand und Aufsichtsrat auch Maßnahmen fortführen, mit deren Umsetzung sie bereits vor der Veröffentlichung der Entscheidung zur Abgabe eines Angebots begonnen hatten (Nr. 3), oder nach einem White Knight suchen (Nr. 4).[58] Weitergehende Abwehrmaßnahmen sind nur zulässig, wenn sie von der Hauptversammlung der Zielgesellschaft beschlossen wurden (Nr. 1).

---

[47] FK-WpÜG/*Röh* Rn. 13; Assmann/Pötzsch/Schneider/*Stephan* Rn. 23; Baums/Thoma/*Kiem* Rn. 21.
[48] Baums/Thoma/*Kiem* Rn. 21.
[49] AA Baums/Thoma/*Kiem* Rn. 21.
[50] So Baums/Thoma/*Kiem* Rn. 21.
[51] Darauf weist auch Baums/Thoma/*Kiem* Rn. 21 hin.
[52] Baums/Thoma/*Kiem* Rn. 21; Assmann/Pötzsch/Schneider/*Stephan* Rn. 23.
[53] Begr. RegE, BT-Drs. 16/1003, 19; Baums/Thoma/*Kiem* Rn. 23; Assmann/Pötzsch/Schneider/*Stephan* Rn. 25; Schwark/Zimmer/*Noack/Zetzsche* Rn. 3; FK-WpÜG/*Röh* Rn. 18.
[54] Begr. RegE, BT-Drs. 16/1003, 19; Baums/Thoma/*Kiem* Rn. 23.
[55] Baums/Thoma/*Kiem* Rn. 23.
[56] FK-WpÜG/*Röh* Rn. 18; Assmann/Pötzsch/Schneider/*Stephan* Rn. 25; Steinmeyer/*Bastian* Rn. 4.
[57] Baums/Thoma/*Kiem* Rn. 24.
[58] Baums/Thoma/*Kiem* Rn. 24.

**2. Anwendungsbereich. a) Sachlicher Anwendungsbereich.** Das WpÜG regelt 23 einfache Erwerbsangebote, Übernahmeangebote und Pflichtangebote. Auf welche dieser Angebote das europäische Verhinderungsverbot Anwendung findet, lässt sich dem Wortlaut des Abs. 2 nicht entnehmen, da dieser lediglich von „Angeboten" spricht. Aufgrund der systematischen Stellung der Norm in Abschnitt 4 (Übernahmeangebote) ist sie jedenfalls auf **Übernahmeangebote** und – wegen der Verweisung in § 39 – auch auf **Pflichtangebote** anwendbar.[59] Fraglich ist aber, ob sie auch im Rahmen von **einfachen Erwerbsangeboten** zu beachten ist. Dies wird von der hM[60] zu Recht **abgelehnt.** Die Übernahme-RL, durch die die Regelung des § 33a „Eins zu Eins"[61] in nationales Recht umgesetzt wurde,[62] bezieht sich nämlich ausschließlich auf Übernahme- und Pflichtangebote (vgl. Art. 2 Abs. 1 lit. a Übernahme-RL).[63] Da ein einfaches Erwerbsangebot zudem nicht auf die Erlangung der Kontrolle über die Zielgesellschaft gerichtet ist, bleibt das Risiko eines Interessenkonflikts für den Vorstand und den Aufsichtsrat gering. Die Anwendung des europäischen Verhinderungsverbots auf einfache Erwerbsangebote ist daher auch aus teleologischen Gründen nicht erforderlich. Schließlich spricht auch die systematische Einbettung des § 33a in den Abschnitt 4 (Übernahmeangebote) gegen eine Erstreckung dieser Regelung auf einfache Erwerbsangebote.

**b) Zeitlicher Anwendungsbereich.** Das europäische Verhinderungsverbot greift nach 24 dem Wortlaut des Abs. 2 in dem **Zeitraum** zwischen der Veröffentlichung der Entscheidung zur Abgabe eines Angebots bis zur Veröffentlichung des Ergebnisses nach § 23 Abs. 1 S. 1 Nr. 2 ein. Der zeitliche Anwendungsbereich des europäischen Verhinderungsverbots **entspricht** daher der Regelung des § 33.[64] Von der in Art. 9 Abs. 2 UAbs. 2 Übernahme-RL eingeräumten Möglichkeit, für den Beginn des europäischen Verhinderungsverbots auf einen früheren Zeitpunkt als den Zeitpunkt der Veröffentlichung der Entscheidung zur Abgabe eines Angebots abzustellen, hat der deutsche Gesetzgeber **keinen Gebrauch gemacht.**[65] Vielmehr hat er sich dafür entschieden, den zeitlichen Anwendungsbereich des europäischen und des allgemeinen Verhinderungsverbots einheitlich festzulegen.[66] Wegen der Einzelheiten des zeitlichen Anwendungsbereichs des europäischen Verhinderungsverbots wird daher auf die Ausführungen zu § 33 (→ Rn. 69 ff.) verwiesen, die im Rahmen des Abs. 2 entsprechend gelten.

**c) Abschließende Regelung.** Das europäische Verhinderungsverbot regelt – wie das 25 allgemeine Verhinderungsverbot des § 33 – innerhalb seines sachlichen und zeitlichen Anwendungsbereichs den Umfang der Pflichten des Vorstands und des Aufsichtsrats in der Übernahmesituation **abschließend.** Für eine **weitergehende Neutralitätspflicht,** wie sie vor dem Inkrafttreten des WpÜG von der überwiegenden Meinung in der Lit. bejaht wurde, ist in der Übernahmesituation mithin kein Raum (zu den Einzelheiten → § 33 Rn. 76 ff.).[67]

**3. Adressaten des europäischen Verhinderungsverbots. a) Vorstand.** Adressat des 26 europäischen Verhinderungsverbots ist – wie im Rahmen des § 33 – zunächst der **Vorstand** der Zielgesellschaft. Der Vorstand unterliegt auch dem europäischen Verhinderungsverbot nur in seiner Eigenschaft als Organmitglied, nicht aber als Aktionär. In einer Kommanditgesellschaft auf Aktien ist Adressat der persönlich haftende Gesellschafter. Ist der persönlich

---

[59] Baums/Thoma/*Kiem* Rn. 25; Assmann/Pötzsch/Schneider/*Stephan* Rn. 29; FK-WpÜG/*Röh* Rn. 32; aA Kölner Komm WpÜG/*Hirte* § 33a Rn. 13.
[60] Baums/Thoma/*Kiem* Rn. 25; Assmann/Pötzsch/Schneider/*Stephan* Rn. 29; FK-WpÜG/*Röh* Rn. 32; Steinmeyer/*Bastian* Rn. 8 iVm Steinmeyer/*Steinmeyer* § 33 Rn. 10 ff.
[61] So ausdrücklich Begr. RegE zum Übernahme-RL-UG, BT-Drs. 16/1003, 12.
[62] Begr. RegE, BT-Drs. 16/1003, 19.
[63] FK-WpÜG/*Röh* Rn. 32; Baums/Thoma/*Kiem* Rn. 25.
[64] Assmann/Pötzsch/Schneider/*Stephan* Rn. 30; *v.* Falkenhausen NZG 2007, 97.
[65] Baums/Thoma/*Kiem* Rn. 26; Angerer/Geibel/Süßmann/*Süßmann* Rn. 4.
[66] Baums/Thoma/*Kiem* Rn. 26.
[67] So auch Baums/Thoma/*Kiem* Rn. 31.

haftende Gesellschafter eine juristische Person oder eine Personenhandelsgesellschaft, trifft das Verbot deren Organe (im Einzelnen → § 33 Rn. 60 ff.).

27      **b) Aufsichtsrat.** In Abs. 2 wird in Umsetzung von Art. 9 Abs. 6 Übernahme-RL als weiterer Adressat des europäischen Verhinderungsverbots ausdrücklich der **Aufsichtsrat** der Zielgesellschaft genannt. Insofern **unterscheidet** sich der Wortlaut des europäischen von dem des allgemeinen Verhinderungsverbots des § 33, in dem der Aufsichtsrat nicht **ausdrücklich** als Adressat angesprochen wird.[68] Aufgrund der Nichterwähnung des Aufsichtsrats in § 33 ist fraglich, welcher Pflichtenbindung der Aufsichtsrat in einer Übernahmesituation unterliegt. Einigkeit besteht nur darüber, dass der Aufsichtsrat nicht dem gleichen Verhinderungsverbot unterworfen sein kann wie der Vorstand, wenn er als **Kontrollorgan** tätig wird, insbesondere, wenn er nach Maßgabe des § 33 Abs. 1 S. 2 Var. 3 über die Zustimmung zu verhinderungsgeeigneten Maßnahmen entscheidet. Umstritten ist aber, ob der Aufsichtsrat dann dem allgemeinen Verhinderungsverbot unterfällt, wenn er ausnahmsweise selbst als **Verwaltungsorgan** initiativ tätig wird (im Einzelnen → § 33 Rn. 63). Wegen des **eindeutigen Wortlauts** des Abs. 2 stellt sich die Frage im Rahmen des europäischen Verhinderungsverbots nicht. Der Aufsichtsrat unterliegt sowohl bei Ausübung seiner Kontrollfunktion als auch bei Wahrnehmung seiner Verwaltungsfunktion dem Verhinderungsverbot des Abs. 2.[69]

28      **c) Hauptversammlung.** Im Gegensatz dazu unterliegt die Hauptversammlung der Zielgesellschaft **nicht dem europäischen Verhinderungsverbot.**[70] Dafür sprechen neben dem Wortlaut des Abs. 2 auch die Gesetzesmaterialien („Die Hauptversammlung einer Zielgesellschaft unterliegt nicht dem Verhinderungsverbot.").[71] Außerdem dient das europäische Verhinderungsverbot primär dem Schutz der Aktionäre der Zielgesellschaft.[72] Sie sollen ihre Entscheidung über die Annahme des Angebots treffen können, ohne dabei durch Abwehrmaßnahmen des Vorstands oder Aufsichtsrats beeinträchtigt zu werden. Wenn das Verhinderungsverbot aber primär dem Schutz der Aktionäre dient, dann müssen sie auch auf diesen Schutz verzichten können.

29      **d) Organe abhängiger Unternehmen.** Aus der Nichterwähnung in Abs. 2 und in Art. 9 Abs. 6 Übernahme-RL kann nicht ohne Weiteres gefolgert werden, dass Organe abhängiger Gesellschaften vom Anwendungsbereich des europäischen Verhinderungsverbots ausgenommen werden.[73] Vielmehr entspricht es dem Zweck des europäischen Verhinderungsverbots, dass Organe von Zielgesellschaften abhängiger Unternehmen (§ 17 AktG) **ebenfalls** keine Maßnahmen ergreifen dürfen, die geeignet sind, den Erfolg des Angebots zu verhindern.[74] Da die Stimmrechte in der Hauptversammlung vom Vorstand des herrschenden Unternehmens ausgeübt werden, unterliegt damit faktisch auch die Hauptversammlung abhängiger Unternehmen dem Verhinderungsverbot des Abs. 2.[75]

30      **4. Verbot der Vornahme verhinderungsgeeigneter Maßnahmen (Abs. 2 S. 1). a) Verhinderungseignung.** Die Vorschrift des Abs. 2 S. 1 verbietet dem Vorstand und dem Aufsichtsrat der Zielgesellschaft die Vornahme von Handlungen, durch die der Erfolg des Angebots verhindert werden könnte. Ausweislich der Gesetzesbegründung sollen von

---

[68] Kölner Komm WpÜG/*Hirte* Rn. 14; Baums/Thoma/*Kiem* Rn. 32; Steinmeyer/*Bastian* Rn. 8; *Friedl* NZG 2006, 422 (423); *Kiem* AG 2009, 301 (311); *Meyer* WM 2006, 1135 (1139); *van Kann/Just* DStR 2006, 328 (330).
[69] Baums/Thoma/*Kiem* Rn. 34.
[70] BT-Drs. 16/1003, 19; Baums/Thoma/*Kiem* Rn. 35.
[71] Begr. RegE, BT-Drs. 16/1003, 19.
[72] Baums/Thoma/*Kiem* Rn. 35.
[73] Kölner Komm WpÜG/*Hirte* § 33 Rn. 52.
[74] Kölner Komm WpÜG/*Hirte* § 33 Rn. 53; Assmann/Pötzsch/Schneider/*Krause/Pötzsch/Stephan* § 33 Rn. 80 ff.; aA Ehricke/Ekkenga/Oechsler/*Ekkenga* § 33 Rn. 25; Baums/Thoma/*Grunewald* § 33 Rn. 23; Steinmeyer/*Steinmeyer* § 33 Rn. 13.
[75] Kölner Komm WpÜG/*Hirte* § 33 Rn. 53; Assmann/Pötzsch/Schneider/*Krause/Pötzsch/Stephan* § 33 Rn. 81.

diesem Verbot – wie im Rahmen des wortlautgleichen § 33 Abs. 1 S. 1 – alle Handlungen erfasst sein, die **objektiv**[76] **geeignet sind,** den Erfolg des Angebots zu verhindern.[77] Wegen der Einzelheiten der Verhinderungseignung wird auf die Ausführungen unter → § 33 Rn. 55 ff. verwiesen, die im Rahmen des Abs. 2 entsprechend gelten.

**b) Organpflicht oder Kompetenznorm.** Wie bei § 33 fragt sich in dogmatischer **31** Hinsicht, ob das europäische Verhinderungsverbot des Abs. 2 als Organpflicht des Vorstands und des Aufsichtsrats oder vielmehr als Kompetenznorm zu verstehen ist.[78] Eine verbreitete Auffassung stuft das allgemeine Verhinderungsverbot des § 33 als Organpflicht ein (→ § 33 Rn. 58). Dem ist jedoch hinsichtlich des europäischen Verhinderungsverbots nicht zu folgen. Im Rahmen des allgemeinen Verhinderungsverbots liegt die Zuständigkeit für die Vornahme von Verteidigungsmaßnahmen grundsätzlich beim Vorstand und beim Aufsichtsrat der Zielgesellschaft. So kann der Vorstand sämtliche Verteidigungsmaßnahmen vornehmen, denen der Aufsichtsrat zugestimmt hat (§ 33 Abs. 1 S. 2 Var. 3). Bei Abs. 2 ist dies jedoch anders. Die Zuständigkeit für die Vornahme von Verteidigungsmaßnahmen fällt in die **grundsätzliche Kompetenz der Hauptversammlung** der Zielgesellschaft. Folglich ist das europäische Verhinderungsverbot als Kompetenznorm zu qualifizieren.[79]

**5. Zulässige Maßnahmen (Abs. 2 S. 2). a) Allgemeines.** Abs. 2 S. 2 schränkt das in **32** Abs. 2 S. 1 vorgesehene Verhinderungsverbot durch die Begründung von vier Ausnahmetatbeständen ein.[80] Danach sind dem Vorstand und dem Aufsichtsrat Handlungen nicht verboten, zu denen die Hauptversammlung den Vorstand oder Aufsichtsrat nach Veröffentlichung der Entscheidung zur Abgabe eines Angebots ermächtigt hat (Nr. 1). Außerdem dürfen Vorstand und Aufsichtsrat Handlungen vornehmen, die sich innerhalb des normalen Geschäftsbetriebs halten (Nr. 2). Des Weiteren dürfen auch Handlungen außerhalb des normalen Geschäftsbetriebs vorgenommen werden, sofern sie der Umsetzung von Entscheidungen dienen, die vor der Veröffentlichung der Entscheidung zur Abgabe eines Angebots gefasst und teilweise umgesetzt wurden (Nr. 3). Schließlich dürfen Vorstand und Aufsichtsrat nach einem konkurrierenden Bieter suchen (Nr. 4). Zwischen den vier Ausnahmetatbeständen besteht **kein Rangverhältnis;** sie stehen **gleichrangig** nebeneinander.[81] Sie haben aber **abschließenden Charakter.**[82] Die **Beweislast** dafür, dass die Handlung nach Maßgabe des Abs. 2 S. 2 zulässig ist, obliegt dem Vorstand und dem Aufsichtsrat.[83]

**b) Ermächtigung durch die Hauptversammlung (Abs. 2 S. 2 Nr. 1).** Verhinde- **33** rungsgeeignete Maßnahmen des Vorstands oder des Aufsichtsrats sind zunächst dann zulässig, wenn die Hauptversammlung sie nach Veröffentlichung der Entscheidung zur Abgabe eines Angebots **gestattet** hat.

**aa) Allgemeines.** Der Ausnahmetatbestand der Hauptversammlungsermächtigung setzt **34** die Vorgaben von Art. 9 Abs. 2 UAbs. 1 Übernahme-RL in deutsches Recht um.[84] Dieser Ausnahmetatbestand ist dem deutschen Recht nicht fremd, da er auch als ungeschriebene Ausnahme im Rahmen des allgemeinen Verhinderungsverbots des § 33 anerkannt ist (sog. „Ad-hoc-Ermächtigung"; → § 33 Rn. 195).[85] Da die Hauptversammlung nicht Adres-

---

[76] So bereits *Glade/Haak/Hellich* Der Konzern 2004, 515 (517); Assmann/Pötzsch/Schneider/*Krause/ Pötzsch/Stephan* § 33 Rn. 83.
[77] Begr. RegE, BT-Drs. 16/1003, 19.
[78] Baums/Thoma/*Kiem* Rn. 40.
[79] Steinmeyer/*Bastian* Rn. 16; FK-WpÜG/*Röh* Rn. 31; *Grundmann* in Grundmann/Schwintowski/Singer/Weber, Anleger- und Funktionsschutz durch Kapitalmarktrecht, 2004, 86; aA neuerdings auch Baums/ Thoma/*Kiem* Rn. 40 f., beide für Organpflicht.
[80] Assmann/Pötzsch/Schneider/*Stephan* Rn. 41.
[81] Assmann/Pötzsch/Schneider/*Stephan* Rn. 41.
[82] Baums/Thoma/*Kiem* Rn. 43; Steinmeyer/*Bastian* Rn. 9.
[83] Diff. dagegen Assmann/Pötzsch/Schneider/*Stephan* Rn. 41; dazu auch BGH NZG 2011, 549 (550).
[84] Begr. RegE, BT-Drs. 16/1003, 19.
[85] FK-WpÜG/*Röh* Rn. 42; Steinmeyer/*Bastian* Rn. 10; vgl. auch Assmann/Pötzsch/Schneider/*Stephan* § 33 Rn. 188 mwN.

sat des Verhinderungsverbots des Abs. 2 S. 1 ist, kann sie den Vorstand oder den Aufsichtsrat grundsätzlich zu **allen Maßnahmen** ermächtigen, die zur Verhinderung des Angebots geeignet sind.[86] Die grundsätzliche Verlagerung der Ermächtigungskompetenz vom Aufsichtsrat zur Hauptversammlung liegt darin begründet, dass neben dem Vorstand auch der Aufsichtsrat Adressat des europäischen Verhinderungsverbots ist.[87] Ob diesem Ausnahmetatbestand – im Gegensatz zur Ad-hoc-Ermächtigung im Rahmen des § 33 – allerdings eine große **praktische Bedeutung** zukommen wird, ist fraglich. Dafür spricht zwar, dass sich die Zielgesellschaften, die einen Opt-in Beschluss gefasst haben, nicht auf den weitreichenden Ausnahmetatbestand der Aufsichtsratszustimmung (§ 33 Abs. 1 S. 2 Var. 3) berufen können.[88] Jedoch steht den Zielgesellschaften trotz der in § 16 Abs. 4 vorgesehenen Erleichterungen für die Durchführung der Hauptversammlung für die Fassung und die Umsetzung eines Abwehrbeschlusses (wie bei einer Ad-hoc-Ermächtigung) nur ein **enger Zeitrahmen** zur Verfügung, sodass es in vielen Fällen fraglich sein dürfte, ob die jeweilige Maßnahme noch rechtzeitig umgesetzt werden kann. Hinzu kommt das **Anfechtungsrisiko,** das auch hinsichtlich eines Beschlusses nach Abs. 2 S. 2 Nr. 1 besteht (→ Rn. 38).[89]

**35** **bb) Einberufungserleichterungen.** Sollte die Hauptversammlung der Zielgesellschaft – wie in aller Regel – **nach Veröffentlichung der Angebotsunterlage** einberufen werden,[90] gelten die Erleichterungen des § 16 Abs. 4. Nach § 16 Abs. 4 S. 1 wird die Einberufungsfrist für Hauptversammlungen, die im Zusammenhang mit dem Angebot einberufen werden, auf 14 Tage verkürzt, wobei der Tag der Einberufung nicht mitzurechnen (§ 16 Abs. 4 S. 2) und auf die Berechnung § 121 Abs. 7 AktG entsprechend anzuwenden ist (§ 16 Abs. 4 S. 3). Dies gilt nach zutreffender Ansicht auch dann, wenn die Satzung der Zielgesellschaft eine längere Einberufungsfrist vorsieht[91] oder sie die gesetzliche Frist des § 123 Abs. 1 AktG wiederholt.[92] Der Vorschrift des § 16 Abs. 4 kommt insoweit satzungsdurchbrechende Wirkung zu. Auch ist die Zielgesellschaft bei der Wahl des Versammlungsortes frei (§ 16 Abs. 4 S. 4). Des Weiteren müssen zwischen der Anmeldung und der Hauptversammlung nur mindestens vier Tage liegen (§ 16 Abs. 4 S. 5 Hs. 1). Abweichend von § 125 Abs. 1 S. 1 AktG sind die dort genannten Mitteilungen unverzüglich zu machen (§ 16 Abs. 4 S. 5 Hs. 1). Außerdem ist die Zielgesellschaft verpflichtet, den Aktionären die Erteilung von Stimmrechtsvollmachten, soweit dies nach Gesetz und Satzung möglich ist, zu erleichtern (§ 16 Abs. 4 S. 6). Weitere Sonderregelungen finden sich in § 16 Abs. 4 S. 7 und 8 (zu den Einzelheiten → § 16 Rn. 1 ff.).

**36** **cc) Beschlusserfordernis.** Die Hauptversammlung der Zielgesellschaft kann Vorstand und Aufsichtsrat im Grundsatz zu **allen Maßnahmen** ermächtigen, die zur Verhinderung des Angebots geeignet sind. Durch Abs. 2 S. 1 wird die Kompetenz der Hauptversammlung nicht eingeschränkt, da Adressat dieser Regelung lediglich Vorstand und Aufsichtsrat der Zielgesellschaft sind.[93] Die Abwehrmaßnahme von Vorstand oder Aufsichtsrat muss, um zulässig zu sein, von der Hauptversammlung der Zielgesellschaft **konkret definiert** sein.[94]

---

[86] Baums/Thoma/*Kiem* Rn. 45.
[87] *Meyer* WM 2006, 1135 (1139).
[88] FK-WpÜG/*Röh* Rn. 42.
[89] FK-WpÜG/*Röh* Rn. 42.
[90] Eine zeitlich vorgelagerte Einberufung wäre zwar vom Wortlaut des Abs. 2 S. 2 Nr. 1 gedeckt, jedoch könnten Vorstand und Aufsichtsrat den Inhalt der Angebotsunterlage bei ihrer Berichterstattung über die geplanten verhinderungsgeeigneten Maßnahmen – soweit eine Berichterstattung nach den allgemeinen aktienrechtlichen Vorgaben erforderlich ist (→ Rn. 38) – nicht berücksichtigen; vgl. dazu FK-WpÜG/*Röh* Rn. 44 ff.
[91] Assmann/Pötzsch/Schneider/*Seiler* § 16 Rn. 64, 47; Kölner Komm WpÜG/*Hasselbach* § 16 Rn. 56; wohl auch Baums/Thoma/*Merkner/Sustmann* § 16 Rn. 91.
[92] So auch Angerer/Geibel/Süßmann/*Geibel/Süßmann* § 16 Rn. 75; Kölner Komm WpÜG/*Hasselbach* § 16 Rn. 56; Baums/Thoma/*Merkner/Sustmann* § 16 Rn. 91.
[93] Baums/Thoma/*Kiem* Rn. 35; FK-WpÜG/*Röh* Rn. 51.
[94] Baums/Thoma/*Kiem* Rn. 47 ff.; FK-WpÜG/*Röh* Rn. 51; gegen überzogene Anforderungen Schwark/Zimmer/*Noack/Zetzsche* Rn. 19 sowie Assmann/Pötzsch/Schneider/*Stephan* Rn. 46.

Die in § 33 Abs. 2 S. 1 für Ermächtigungsbeschlüsse vorgesehene Erleichterung, nach der die Abwehrmaßnahme nur der Art nach bestimmt werden muss, findet keine Anwendung, da im Zeitpunkt der Beschlussfassung das Angebot vorliegt und demgemäß konkrete Abwehrmaßnahmen beschlossen werden können.[95] Muss neben dem Vorstand auch der Aufsichtsrat bei der Implementierung der Abwehrmaßnahme mitwirken, so müssen diese beiden Organe von der Hauptversammlung nach Abs. 2 S. 2 Nr. 1 ermächtigt werden.[96] Mit welcher **Mehrheit** der Ermächtigungsbeschluss der Hauptversammlung der Zielgesellschaft gefasst werden muss, richtet sich nach den allgemeinen aktienrechtlichen Grundsätzen. Insbesondere ist das für Vorratsbeschlüsse im Rahmen des allgemeinen Verhinderungsverbots in § 33 Abs. 2 S. 3 vorgesehene Mehrheitserfordernis nicht anwendbar. Es genügt also grundsätzlich die einfache Mehrheit.[97] Soweit der **Bieter** – wie in der Regel – bereits an der Zielgesellschaft beteiligt ist, unterliegt er bei der Beschlussfassung über die Ermächtigung zur Implementierung von Verteidigungsmaßnahmen nicht dem Stimmverbot des § 136 Abs. 1 AktG.[98]

Bei der Ermächtigung durch die Hauptversammlung der Zielgesellschaft und ihre Aus- **37** nutzung durch den Vorstand oder den Aufsichtsrat sind die **allgemeinen aktienrechtlichen Vorgaben** zu beachten.[99] Eine Kapitalerhöhung unter Bezugsrechtsausschluss der Altaktionäre (§ 186 Abs. 3 AktG) bedarf daher einer sachlichen Rechtfertigung.[100] Die Abwehr eines feindlichen Übernahmeangebots kann einen sachlichen Grund darstellen. Der Gesetzgeber hat durch die Einführung des Abs. 2 S. 2 Nr. 1 zu erkennen gegeben, dass er der Hauptversammlung der Zielgesellschaft die Möglichkeit einräumen möchte, Übernahmeangebote, die nicht die Zustimmung der Hauptversammlung finden, mit den ihr zur Verfügung stehenden Mitteln abzuwehren.[101]

**dd) Anfechtung des Ermächtigungsbeschlusses.** Der Ermächtigungsbeschluss der **38** Hauptversammlung der Zielgesellschaft kann – wie jeder andere Hauptversammlungsbeschluss – von den Aktionären angefochten werden.[102] Ein solches **Anfechtungsrisiko** besteht insbesondere dann, wenn der Bieter bereits Aktionär der Zielgesellschaft ist, weil er alle Möglichkeiten ausschöpfen wird, die seinem Angebot zum Erfolg verhelfen.[103] Stützen könnte der Bieter eine Anfechtungsklage beispielsweise auf eine nicht ordnungsgemäße oder hinreichende **Berichterstattung** des Vorstands der Zielgesellschaft.[104] Jedoch besteht eine gesonderte Berichtspflicht des Vorstands an die Hauptversammlung, die über die Ermächtigung beschließen soll, nicht generell, da das WpÜG eine solche Pflicht nicht vorsieht.[105] Ob der Vorstand zur Erstattung eines Berichts verpflichtet ist, richtet sich vielmehr nach den allgemeinen aktienrechtlichen Grundsätzen und hängt folglich von dem speziellen Ermächtigungsinhalt ab.[106] Sollte eine **Anfechtungsklage** erhoben und der Ermächtigungsbeschluss durch rechtskräftiges Urteil für ex tunc nichtig erklärt werden, entfaltet dieser für und gegen alle Aktionäre sowie die Mitglieder des Vorstands und des Aufsichtsrats keine Wirkung (§ 248 Abs. 1 AktG). Da bis zum Abschluss des Übernahmever-

---

[95] FK-WpÜG/*Röh* Rn. 51.

[96] FK-WpÜG/*Röh* Rn. 51; *Maul/Muffat-Jeandet* AG 2004, 306 (310 f.).

[97] FK-WpÜG/*Röh* Rn. 53; Assmann/Pötzsch/Schneider/*Stephan* Rn. 49; Baums/Thoma/*Kiem* Rn. 45; Angerer/Geibel/Süßmann/*Süßmann* Rn. 7.

[98] FK-WpÜG/*Röh* Rn. 53; Kölner Komm WpÜG/*Hirte* Rn. 16; *Winter/Harbarth* ZIP 2002, 1 (14).

[99] FK-WpÜG/*Röh* Rn. 52; Kölner Komm WpÜG/*Hirte* Rn. 16; Assmann/Pötzsch/Schneider/*Stephan* Rn. 49.

[100] FK-WpÜG/*Röh* Rn. 52; Assmann/Pötzsch/Schneider/*Stephan* Rn. 50.

[101] FK-WpÜG/*Röh* Rn. 52.

[102] FK-WpÜG/*Röh* Rn. 42; Assmann/Pötzsch/Schneider/*Krause/Pötzsch/Stephan* § 33 Rn. 198.

[103] Assmann/Pötzsch/Schneider/*Krause/Pötzsch/Stephan* § 33 Rn. 198; *Krause* NJW 2002, 705 (713); Kölner Komm WpÜG/*Hirte* § 33 Rn. 89.

[104] Zur Anfechtbarkeit eines Bezugsrechtsausschlusses wegen nicht ordnungsgemäßer oder hinreichender Berichterstattung Hüffer/Koch/*Koch* AktG § 186 Rn. 42.

[105] Baums/Thoma/*Kiem* Rn. 46; Angerer/Geibel/Süßmann/*Süßmann* Rn. 7; Assmann/Pötzsch/Schneider/*Stephan* Rn. 48; aA FK-WpÜG/*Röh* Rn. 50.

[106] Baums/Thoma/*Kiem* Rn. 46; aA FK-WpÜG/*Röh* Rn. 50.

fahrens der Anfechtungsprozess nicht abgeschlossen sein wird, besteht, wenn in der Hauptversammlung Widerspruch zu Protokoll erhoben wird, aus Sicht des Vorstands und des Aufsichtsrats der Zielgesellschaft die **praktische Unsicherheit,** ob sie eine belastbare Grundlage für die Durchführung der Verteidigungsmaßnahme haben.[107] Schließlich muss der Vorstand auch **nicht** auf die ggf. **weitreichenden Folgen der Maßnahme hinweisen,** zu deren Vornahme er von der Hauptversammlung ermächtigt werden soll, denn anders als bei § 33 Abs. 2 entscheiden die Aktionäre über die Vornahme einer konkreten Maßnahme, deren Tragweite sie daher vollständig abschätzen können.[108]

39    **ee) Ausnutzung der Ermächtigung.** Bei der Ausnutzung der von der Hauptversammlung erteilten Ermächtigung haben Vorstand und Aufsichtsrat die **allgemeinen aktienrechtlichen Grundsätze** und die **zusätzlichen Anforderungen,** von denen die Hauptversammlung die Ausnutzung der Ermächtigung abhängig gemacht hat, zu beachten.[109] So haben Vorstand und Aufsichtsrat insbesondere das Schädigungsverbot zu befolgen und sind bei der Ausnutzung an das Gesellschaftsinteresse gebunden (zu Einzelheiten des Schädigungsverbots → § 33 Rn. 187).[110]

40    **c) Handlungen innerhalb des normalen Geschäftsbetriebs (Abs. 2 S. 2 Nr. 2).** Handlungen, denen eine verhinderungsgeeignete Wirkung zukommt, sind des Weiteren zulässig, wenn sich diese Handlungen **innerhalb des normalen Geschäftsbetriebs**[111] der Zielgesellschaft bewegen.

41    **aa) Allgemeines.** Dieser zweite Ausnahmetatbestand beruht auf Art. 9 Abs. 3 Übernahme-RL. Er soll gewährleisten, dass die Zielgesellschaft in einem Übernahmekampf nicht unangemessen in ihrer allgemeinen Handlungsfreiheit eingeschränkt wird.[112] Der Zweck der Vorschrift entspricht daher dem des § 33 Abs. 1 S. 2 Var. 1.[113] Fraglich ist aber, ob der Ausnahmetatbestand des Abs. 2 S. 2 Nr. 2 im **Einklang mit der Übernahme-RL** steht. Dies wird teilweise mit der Begründung bestritten, dass Art. 9 Abs. 3 Übernahme-RL nur solche Handlungen vom Vereitelungsverbot ausnehme, die sich innerhalb des normalen Geschäftsbetriebs bewegen und auf einer im Vorfeld des Übernahmeangebots getroffenen Entscheidung beruhen.[114] Indem der deutsche Gesetzgeber die Zulässigkeit von verhinderungsgeeigneten Maßnahmen aber allein davon abhängig mache, dass sie sich innerhalb des normalen Geschäftsbetriebs bewegen, gehe er deutlich über den Wortlaut des Art. 9 Abs. 3 Übernahme-RL hinaus.[115] Erwägungsgrund 16 Übernahme-RL spreche zwar für das vom deutschen Gesetzgeber zugrunde gelegte weite Verständnis, stehe aber im Widerspruch zum eindeutigen Wortlaut des Art. 9 Abs. 3 Übernahme-RL und könne daher die vom deutschen Gesetzgeber gewählte generelle Ausnahme für sämtliche Handlungen, die sich innerhalb des normalen Geschäftsbetriebs halten, nicht begründen.[116] Der Ausnahmetatbestand des Abs. 2 S. 2 Nr. 2 sei daher richtlinienkonform dahingehend auszulegen, dass er nur solche Handlungen vom Verhinderungsverbot ausnehme, die der Umsetzung von Entscheidungen dienen, die vor der Veröffentlichung eines Angebots gefasst worden sind und innerhalb des normalen Geschäftsbetriebs liegen.[117] Dem kann nicht gefolgt werden. Vielmehr hat sich der deutsche Gesetzgeber mit der Schaffung des Abs. 2 S. 2 Nr. 2 im Rahmen

---

[107]  Assmann/Pötzsch/Schneider/*Krause/Pötzsch/Stephan* § 33 Rn. 198; *Krause* NJW 2002, 705 (713).
[108]  Baums/Thoma/*Kiem* Rn. 46; Assmann/Pötzsch/Schneider/*Stephan* Rn. 48.
[109]  FK-WpÜG/*Röh* Rn. 54.
[110]  Assmann/Pötzsch/Schneider/*Stephan* Rn. 53; FK-WpÜG/*Röh* Rn. 54.
[111]  Krit. zum Begriff „Geschäftsbetrieb" *Seibt/Heiser* AG 2006, 301 (311), nach dem dieser Begriff ein größeres Betätigungsfeld umschreiben soll als der in Art. 9 Abs. 3 Übernahme-RL verwandte Begriff „Geschäftsverlauf".
[112]  Begr. RegE, BT-Drs. 16/1003, 19; FK-WpÜG/*Röh* Rn. 55.
[113]  Begr. RegE, BT-Drs. 16/1003, 19.
[114]  *Seibt/Heiser* AG 2006, 301 (311); FK-WpÜG/*Röh* Rn. 56.
[115]  *Seibt/Heiser* AG 2006, 301 (311); s. auch *Stephan* Der Konzern 2019, 473 (475).
[116]  *Seibt/Heiser* AG 2006, 301 (311).
[117]  *Seibt/Heiser* AG 2006, 301 (311); FK-WpÜG/*Röh* Rn. 56.

der Übernahme-RL gehalten.[118] Aus Erwägungsgrund 16 Übernahme-RL ergibt sich, dass eine Beschränkung der Befugnisse von Vorstand und Aufsichtsrat auf bereits im Vorfeld angelegte Maßnahmen ausschließlich im Hinblick auf außergewöhnliche Handlungen erfolgen soll.[119] Eine weitergehende Beschränkung auch für Handlungen die sich im Rahmen des normalen Geschäftsbetriebs halten, ist dort gerade nicht angelegt. Nur ein solches Verständnis gewährleistet auch, dass die Zielgesellschaft in ihrer normalen Geschäftstätigkeit nicht unangemessen behindert wird.[120] Eine unangemessene Behinderung der Geschäftstätigkeit der Zielgesellschaft soll durch die Übernahme-RL aber gerade verhindert werden (vgl. Erwägungsgrund 16 aE Übernahme-RL).

**bb) Zulässige Handlungen.** Unter Berufung auf diesen Ausnahmetatbestand ist jeden- **42** falls – wie auch im Rahmen des § 33 Abs. 1 S. 2 Var. 1 (→ § 33 Rn. 135 ff.) – die **Fortführung des Tagesgeschäfts** der Zielgesellschaft zulässig.[121] Es können also alle Maßnahmen vorgenommen werden, die in Art und Umfang dem Geschäftsverlauf im Zeitpunkt des Übernahmeangebots entsprechen.[122] Die Zielgesellschaft kann daher jedenfalls ihre vertraglichen und sonstigen Rechtspflichten, die sie vor der Veröffentlichung der Entscheidung zur Abgabe eines Angebots begründet und an deren Wirksamkeit das Vorliegen eines Übernahmeangebots nichts geändert hat, erfüllen (business as usual).[123] Des Weiteren können aber auch neue Vertragsverhältnisse begründet werden, sofern diese der Art und dem Umfang nach den Verträgen entsprechen, die die Zielgesellschaft vor dem Übernahmeangebot abgeschlossen hat.[124] Dass diese Verträge wertmäßig erheblich oder in sonstiger Weise signifikant sind, ist unerheblich, solange solche Verträge auch vor dem Übernahmeangebot regelmäßig abgeschlossen wurden.[125] Ferner ist auch nicht entscheidend, ob der Vertragsabschluss oder die sonstige Handlung der Zustimmung des Aufsichtsrats bedarf.[126] Würde allein die Zustimmungspflicht zur Nichtanwendbarkeit des Abs. 2 S. 2 Nr. 2 führen, so hätte dieser Ausnahmetatbestand in Bezug auf den Aufsichtsrat (fast) keinen Anwendungsbereich. Erfasst würden dann allenfalls die Maßnahmen, in denen der Aufsichtsrat keine Kontroll-, sondern ausnahmsweise eine Verwaltungsfunktion wahrnimmt.

Fraglich ist dagegen, ob es dem Vorstand und dem Aufsichtsrat wie im Rahmen des **43** § 33 Abs. 1 S. 2 Var. 1 (→ § 33 Rn. 135 ff.) auch möglich ist, eine bereits eingeschlagene Unternehmensstrategie weiterzuverfolgen. Im Ergebnis läuft dies auf die Frage hinaus, ob Vorstand und Aufsichtsrat unter Berufung auf diesen Ausnahmetatbestand auch **außergewöhnliche Geschäfte** vornehmen dürfen, sofern sich diese außergewöhnlichen Geschäfte in die bisherige Unternehmensstrategie einfügen. Anders als im Rahmen des § 33 Abs. 1 S. 2 Var. 1 ist dies hinsichtlich des europäischen Verhinderungsverbots zu verneinen.[127] Dies folgt schon aus der Existenz des Ausnahmetatbestands des Abs. 2 S. 2 Nr. 3, der gerade eine Sonderregelung für außergewöhnliche Geschäfte trifft. Außergewöhnliche Geschäfte entsprechen zudem in Art und Umfang gerade nicht dem Geschäftsverlauf im Zeitpunkt des Übernahmeangebots und fallen daher nicht unter den Ausnahmetatbestand des Abs. 2 S. 2 Nr. 2.[128]

---

[118] Baums/Thoma/*Kiem* Rn. 52 f.; Assmann/Pötzsch/Schneider/*Stephan* Rn. 54; Kölner Komm WpÜG/ *Hirte* Rn. 18; Steinmeyer/*Bastian* Rn. 11; *Meyer* WM 2006, 1135 (1139); *Glade/Haak/Hellich* Der Konzern 2004, 515 (519); *Hopt/Mülbert/Kumpan* AG 2005, 109 (112).

[119] So auch Steinmeyer/*Bastian* Rn. 11.

[120] Baums/Thoma/*Kiem* Rn. 53.

[121] Assmann/Pötzsch/Schneider/*Stephan* Rn. 56; Baums/Thoma/*Kiem* Rn. 56; Steinmeyer/*Bastian* Rn. 12.

[122] Baums/Thoma/*Kiem* Rn. 54; Steinmeyer/*Bastian* Rn. 12.

[123] Baums/Thoma/*Kiem* Rn. 56; Steinmeyer/*Bastian* Rn. 12.

[124] Baums/Thoma/*Kiem* Rn. 56; Assmann/Pötzsch/Schneider/*Stephan* Rn. 56.

[125] Baums/Thoma/*Kiem* Rn. 54.

[126] AA Steinmeyer/*Bastian* Rn. 12; Assmann/Pötzsch/Schneider/*Stephan* Rn. 56; FK-WpÜG/*Röh* Rn. 60.

[127] Baums/Thoma/*Kiem* Rn. 57; Assmann/Pötzsch/Schneider/*Krause/Pötzsch/Stephan* § 33 Rn. 148; *Meyer* WM 2006, 1135 (1139).

[128] Baums/Thoma/*Kiem* Rn. 57.

**44**    **d) Vor dem Angebot gefasste und teilweise umgesetzte Entscheidungen außerhalb des normalen Geschäftsbetriebs (Abs. 2 S. 2 Nr. 3).** Vom europäischen Verhinderungsverbot nicht erfasst sind außerdem Handlungen außerhalb des normalen Geschäftsbetriebs, sofern sie der Umsetzung von Entscheidungen dienen, die (i) vor der Veröffentlichung der Entscheidung zur Abgabe eines Angebots gefasst und (ii) teilweise umgesetzt wurden.

**45**    **aa) Allgemeines.** Durch diesen dritten Ausnahmetatbestand wird Art. 9 Abs. 3 Übernahme-RL in deutsches Recht umgesetzt.[129] Die Regelung stellt die gesetzliche Vermutung auf, dass auch verhinderungsgeeignete Maßnahmen, die außerhalb des normalen Geschäftsbetriebs liegen, aber der Umsetzung von Entscheidungen dienen, die vor der Veröffentlichung der Entscheidung zur Abgabe eines Angebots gefasst und teilweise umgesetzt wurden, nicht vorgenommen werden, um den Erfolg des Übernahmeangebots zu verhindern.[130] Insoweit wird dem Interesse der Zielgesellschaft, in ihrer normalen Geschäftstätigkeit nicht unangemessen behindert zu werden, der **Vorrang** vor den Interessen der Aktionäre an einem von Vorstand und Aufsichtsrat möglichst unbeeinflussten Ablauf des Übernahmeverfahrens eingeräumt.[131]

**46**    Die **Beweislast** für das Vorliegen der tatbestandlichen Voraussetzungen liegt bei der Zielgesellschaft. Es ist deshalb empfehlenswert, sämtliche Beschlüsse von Vorstand und Aufsichtsrat sorgfältig zu dokumentieren.[132]

**47**    Sind die Tatbestandsvoraussetzungen der Vorschrift erfüllt, so sind von diesem Ausnahmetatbestand **sämtliche Umsetzungsmaßnahmen** gedeckt, die zur vollständigen Implementierung der Maßnahme erforderlich sind.[133] Sollten aufgrund des Übernahmeangebots weitere Umsetzungsschritte erforderlich werden, so sind auch diese von dem Ausnahmetatbestand gedeckt.[134]

**48**    **bb) Handlungen außerhalb des normalen Geschäftsbetriebs.** Der Anwendungsbereich des Abs. 2 S. 2 Nr. 3 erfasst im Gegensatz zu Abs. 2 S. 2 Nr. 2 auch Handlungen außerhalb des normalen Geschäftsbetriebs, wobei dem Begriff „Geschäftsbetrieb" dieselbe Bedeutung zukommt wie im Rahmen des Abs. 2 S. 2 Nr. 2 (→ Rn. 40 ff.). Von Abs. 2 S. 2 Nr. 3 werden also zunächst alle Maßnahmen erfasst, die in Art und Umfang nicht dem Geschäftsverlauf der Zielgesellschaft im Zeitpunkt des Übernahmeangebots entsprechen. Es muss sich mit anderen Worten um einen **außergewöhnlichen Geschäftsvorfall** handeln.[135]

**49**    **cc) Vor dem Angebot gefasste Entscheidung.** Die Entscheidung zur Vornahme der verhinderungsgeeigneten Maßnahme muss vor der Veröffentlichung der Entscheidung zur Abgabe eines Angebots **gefasst worden sein.** Wann eine Entscheidung gefasst ist, richtet sich nach den jeweiligen Regularien der Zielgesellschaft.[136] Ist für die Vornahme einer Maßnahme ein Beschluss des Gesamtvorstands der Zielgesellschaft erforderlich, so ist die Entscheidung erst dann gefasst, wenn der Gesamtvorstand der Vornahme der Maßnahme wirksam durch Beschluss zugestimmt hat. Ist des Weiteren nach der Satzung oder der Geschäftsordnung der Zielgesellschaft die Zustimmung des Aufsichtsrats erforderlich (§ 111 Abs. 4 S. 2 AktG), so ist die Entscheidung erst mit wirksamer Beschlussfassung des Aufsichtsrats gefasst.[137]

**50**    **dd) Teilweise Umsetzung.** Die Maßnahme muss außerdem im Zeitpunkt der Veröffentlichung der Entscheidung zur Abgabe eines Angebots bereits teilweise umgesetzt sein.[138]

---

[129]  Baums/Thoma/*Kiem* Rn. 58.
[130]  FK-WpÜG/*Röh* Rn. 64; krit. hierzu *Simon* Der Konzern 2006, 12 (13), der darauf hinweist, dass Art. 9 Abs. 3 Übernahme-RL nach Bekanntwerden des Angebots solche Entscheidungen, die vorher gefasst wurden, aber noch nicht vollständig umgesetzt wurden, nur mit Zustimmung der Hauptversammlung zu Ende geführt werden dürfen.
[131]  FK-WpÜG/*Röh* Rn. 64.
[132]  FK-WpÜG/*Röh* Rn. 71.
[133]  Baums/Thoma/*Kiem* Rn. 62.
[134]  Baums/Thoma/*Kiem* Rn. 62.
[135]  Assmann/Pötzsch/Schneider/*Stephan* Rn. 56; Baums/Thoma/*Kiem* Rn. 59; FK-WpÜG/*Röh* Rn. 67.
[136]  Baums/Thoma/*Kiem* Rn. 60.
[137]  Baums/Thoma/*Kiem* Rn. 60; iErg ebenso FK-WpÜG/*Röh* Rn. 68; Steinmeyer/*Bastian* Rn. 14.
[138]  Assmann/Pötzsch/Schneider/*Stephan* Rn. 56; *Schüppen* BB 2006, 165 (166).

Ausweislich der Gesetzesmaterialien ist eine teilweise Umsetzung gegeben, wenn im maßgeblichen Zeitpunkt die Umsetzung der jeweiligen Maßnahme bereits **in die Wege geleitet worden** ist.[139] Mithin ist es hinreichend, wenn die Zielgesellschaft bereits mit der Implementierung der jeweiligen Maßnahme begonnen hat.[140] Einer teilweisen Umsetzung der Maßnahme bedarf es nicht.[141] Des Weiteren ist im Rahmen des Abs. 2 S. 2 Nr. 3 auch irrelevant, ob die bislang vorgenommenen Maßnahmen wieder **rückgängig** gemacht werden könnten.[142] Nicht erforderlich ist weiterhin, dass die Umsetzungsmaßnahme bereits die **Sphäre** der Zielgesellschaft verlassen hat.[143] Vielmehr kann auch bei rein internen Umsetzungsmaßnahmen der Ausnahmetatbestand des Abs. 2 S. 2 Nr. 3 erfüllt sein.[144]

**e) Suche nach einem konkurrierenden Angebot (Abs. 2 S. 2 Nr. 4).** Schließlich 51 ist es der Verwaltung der Zielgesellschaft gestattet, während des Übernahmeangebots nach einem konkurrierenden Angebot zu suchen. Die Suche nach einem konkurrierenden Angebot nimmt den Aktionären der Zielgesellschaft nämlich nicht die Möglichkeit, sich für das ursprüngliche Angebot zu entscheiden, und steht damit zu dem Zweck des europäischen Verhinderungsverbots, die Entscheidungsfreiheit der Aktionäre zu schützen, nicht in Widerspruch.[145] Ausweislich der Gesetzesbegründung **entspricht** dieser Ausnahmetatbestand der nach § 33 Abs. 1 S. 2 Var. 2 ebenfalls zulässigen Suche nach dem Angebot eines weiteren Interessenten.[146] Wegen der Einzelheiten der Suche nach einem konkurrierenden Angebot wird daher auf die Erläuterungen unter → § 33 Rn. 154 ff. verwiesen, die im Rahmen des Abs. 2 S. 2 Nr. 4 entsprechend gelten.

**6. Europäisches Verhinderungsverbot außerhalb eines Übernahmeangebots.** Das 52 europäische Verhinderungsverbot greift wie das Verhinderungsverbot des § 33 (→ § 33 Rn. 69 ff.) **nur während** eines konkreten Übernahme- bzw. Pflichtangebots ein. Liegt ein solches nicht vor, unterliegen Vorstand und Aufsichtsrat ausschließlich dem allgemeinen aktienrechtlichen Regelungsregime.[147]

**7. Rechtsfolgen von gegen Abs. 2 verstoßenden Handlungen.** Die Rechtsfolgen 53 von gegen Abs. 2 verstoßenden Abwehrmaßnahmen sind im WpÜG nicht speziell geregelt, sodass – wie im Anwendungsbereich des § 33 – die **allgemeinen aktienrechtlichen Grundsätze** gelten.

**a) Wirksamkeit der Handlungen im Außenverhältnis.** Verstoßen Vorstand oder 54 Aufsichtsrat gegen das Verbot des Abs. 2 S. 1, so ändert dies – wie im Rahmen des allgemeinen Verhinderungsverbots (→ § 33 Rn. 50 ff.) – grundsätzlich nichts an der Wirksamkeit der durchgeführten Handlung im Außenverhältnis.[148] Eine **Unwirksamkeit** der Maßnahme im Außenverhältnis kommt nur dann in Betracht, wenn die Grundsätze des Missbrauchs der Vertretungsmacht einschlägig sind, etwa bei einem kollusiven Zusammenwirken zwischen der Verwaltung der Zielgesellschaft und einem Dritten.[149]

**b) Unterlassung; Schadensersatz. aa) Ansprüche gegen die Gesellschaft. (1) Un-** 55 **terlassungsanspruch.** Fraglich ist, ob die Aktionäre der Zielgesellschaft die Unterlassung

---

[139] Begr. RegE, BT-Drs. 16/1003, 19.

[140] Baums/Thoma/*Kiem* Rn. 61.

[141] Baums/Thoma/*Kiem* Rn. 61; aA hingegen *Arnold/Wenninger* CFL 2010, 79 (84); Steinmeyer/*Bastian* Rn. 14, die eine teilweise Umsetzung nach außen verlangen.

[142] Baums/Thoma/*Kiem* Rn. 61.

[143] Baums/Thoma/*Kiem* Rn. 61.

[144] Baums/Thoma/*Kiem* Rn. 61; aA wohl Steinmeyer/*Bastian* Rn. 14, der fordert, dass sich die Umsetzung der beschlossenen Maßnahme „nach außen manifestiert" hat; so nunmehr auch Angerer/Geibel/Süßmann/ *Süßmann* Rn. 9.

[145] Begr. RegE, BT-Drs. 16/1003, 19; Baums/Thoma/*Kiem* Rn. 59; Steinmeyer/*Bastian* Rn. 15.

[146] Begr. RegE, BT-Drs. 16/1003, 19; Assmann/Pötzsch/Schneider/*Stephan* Rn. 67.

[147] Baums/Thoma/*Kiem* Rn. 68.

[148] Baums/Thoma/*Kiem* Rn. 69; Angerer/Geibel/Süßmann/*Süßmann* Rn. 12.

[149] Baums/Thoma/*Kiem* Rn. 69; *U. H. Schneider* AG 2002, 125 (129).

von unzulässigen Verteidigungsmaßnahmen des Vorstands und des Aufsichtsrats verlangen können. Im Rahmen des allgemeinen Verhinderungsverbots des § 33 bejaht die hM das Bestehen eines Unterlassungsanspruchs, soweit es sich um Verteidigungsmaßnahmen handelt, die in den **Kompetenzbereich** der Hauptversammlung fallen (→ § 33 Rn. 242). Dieser Auffassung ist auch hinsichtlich des europäischen Verhinderungsverbots zu folgen.[150] Im Anwendungsbereich des Abs. 2 bedeutet dies, dass die Aktionäre der Zielgesellschaft die Unterlassung von verhinderungsgeeigneten Maßnahmen verlangen können, die zulässigerweise nur mit ihrer Ermächtigung durchgeführt werden dürfen. Dies trifft auf sämtliche Maßnahmen zu, die nicht die Tatbestandsvoraussetzungen des Abs. 2 S. 2 Nr. 2, Nr. 3 oder Nr. 4 erfüllen. Wegen der weiteren Einzelheiten des Unterlassungsanspruchs wird auf → § 33 Rn. 242 ff. verwiesen, die hinsichtlich des europäischen Verhinderungsverbots entsprechend gelten.

**56**   **(2) Schadensersatzanspruch.** Fraglich ist weiterhin, ob den Aktionären im Falle von unzulässigen Verteidigungsmaßnahmen Schadensersatzansprüche gegen die Zielgesellschaft zustehen können. Solche Schadensersatzansprüche können jedenfalls nicht auf § 823 Abs. 2 BGB iVm § 31 BGB gestützt werden, denn Abs. 2 S. 1 stellt wie § 33 Abs. 1 S. 1 **kein Schutzgesetz** zugunsten der Aktionäre dar (→ § 33 Rn. 246).[151] Eine Norm kann nur dann als Schutzgesetz qualifiziert werden, wenn von dieser Norm erkennbar die Schaffung eines individuellen Schadensersatzanspruchs erstrebt wird.[152] Weder aus dem Wortlaut des Abs. 2 S. 1 noch aus den Gesetzesmaterialien ergeben sich aber Anhaltspunkte dafür, dass Verstöße gegen das europäische Verhinderungsverbot die Aktionäre der Zielgesellschaft zur Geltendmachung von Schadensersatzansprüchen berechtigen sollen.

**57**   Den Aktionären der Zielgesellschaft können aber Schadensersatzansprüche gegen die Zielgesellschaft nach § 823 Abs. 1 BGB zustehen, wenn Vorstand oder Aufsichtsrat der Zielgesellschaft in die **Kompetenz der Hauptversammlung** fallende Verteidigungsmaßnahmen vornehmen. Im Rahmen des europäischen Verhinderungsverbots trifft das auf alle Handlungen zu, die nicht die Tatbestandsvoraussetzungen des Abs. 2 S. 2 Nr. 2, Nr. 3 oder Nr. 4 erfüllen. In einem solchen Fall wird nämlich in die Mitgliedschaftsstellung der Aktionäre als ein durch § 823 Abs. 1 BGB geschütztes Recht eingegriffen. Ein Schadensersatzanspruch steht den Aktionären aber auch in einem solchen Fall nur zu, wenn ihnen ein Schaden entstanden ist, der über den Schaden der Gesellschaft hinausgeht. Die der Zielgesellschaft durch die Durchführung der Verteidigungsmaßnahmen entstandenen Kosten stellen nur einen nicht erstattungsfähigen **Reflexschaden** dar.[153] Nicht erstattungsfähig ist auch ein **Kursverlust,** den die Aktie der Zielgesellschaft aufgrund des Scheiterns des Übernahmeangebots erleidet.[154] Ein **Schadensersatzanspruch** kann aber dann bestehen, wenn der Aktionär durch die Verteidigungsmaßnahme daran gehindert wird, das Übernahmeangebot wirksam anzunehmen. In diesem Fall besteht der Schaden in der Differenz zwischen der vom Bieter angebotenen Gegenleistung und dem Verkehrswert der vom Aktionär gehaltenen Aktien.[155]

**58**   **bb) Schadensersatzansprüche gegen Mitglieder des Vorstands. (1) Ansprüche der Gesellschaft.** Mitglieder des Vorstands, die ihre Pflichten verletzen, sind der Gesellschaft zum Ersatz des daraus entstehenden Schadens als Gesamtschuldner verpflichtet (§ 93 Abs. 2 S. 1 AktG). Die **Pflichtverletzung** kann darin bestehen, dass die vom Vorstand ergriffenen Verteidigungsmaßnahmen verhinderungsgeeignet sind, aber nicht unter einen der Ausnahmetatbestände des Abs. 2 S. 2 fallen. Die **Beweislast** für das pflichtgemäße

---

[150] Baums/Thoma/*Kiem* Rn. 70; FK-WpÜG/*Röh* Rn. 74; Schwark/Zimmer/*Noack/Zetzsche* Rn. 30; Steinmeyer/*Bastian* Rn. 16.

[151] Steinmeyer/*Bastian* Rn. 16; Schwark/Zimmer/*Noack/Zetzsche* Rn. 29; Baums/Thoma/*Kiem* Rn. 73; Baums/Thoma/*Grunewald* § 33 Rn. 107; aA FK-WpÜG/*Röh* Rn. 74.

[152] Jauernig/*Teichmann* BGB § 823 Rn. 44.

[153] FK-WpÜG/*Röh* § 33 Rn. 143.

[154] FK-WpÜG/*Röh* § 33 Rn. 143.

[155] FK-WpÜG/*Röh* § 33 Rn. 143.

Handeln liegt beim Vorstand (§ 93 Abs. 2 S. 2 AktG).[156] Neben der Pflichtverletzung muss der Zielgesellschaft ein **Schaden** entstanden und die Verteidigungsmaßnahme muss für das Scheitern des Übernameangebots **kausal** geworden sein. Insoweit und zu den sonstigen Einzelheiten gelten die Ausführungen unter → § 33 Rn. 248 ff. entsprechend.

**(2) Ansprüche der Aktionäre.** Aus § 93 Abs. 2 AktG selbst können die Aktionäre der **59** Zielgesellschaft keine Schadensersatzansprüche herleiten, da nach dieser Norm **ausschließlich** die Zielgesellschaft anspruchsberechtigt ist.[157] Ferner ist nach ganz hM § 93 Abs. 2 AktG auch nicht als **Schutzgesetz** iSd § 823 Abs. 2 BGB anzusehen.[158] Gleiches gilt wie dargelegt (→ Rn. 56) auch für Abs. 2 S. 1. **Unmittelbare Ansprüche** der Aktionäre gegen die Mitglieder des Vorstands können aber aus § 823 Abs. 1 BGB resultieren. Dies kann der Fall sein, wenn der Vorstand der Zielgesellschaft verhinderungsgeeignete Maßnahmen vornimmt, die zulässigerweise nur mit Ermächtigung der Hauptversammlung der Zielgesellschaft durchgeführt werden dürfen. Dies trifft auf sämtliche Maßnahmen zu, die nicht die Tatbestandsvoraussetzungen des Abs. 2 S. 2 Nr. 2 oder Nr. 3 erfüllen (→ Rn. 32).[159] Daneben kann sich eine unmittelbare Haftung der Vorstandsmitglieder aus § 826 BGB und aus § 823 Abs. 2 BGB iVm Straftatbeständen ergeben.

**cc) Schadensersatzansprüche gegen Mitglieder des Aufsichtsrats. (1) Ansprüche 60 der Gesellschaft.** Die Haftung der Mitglieder des Aufsichtsrats gegenüber der Gesellschaft folgt aus § 116 AktG iVm § 93 Abs. 2 AktG. Da der Aufsichtsrat – anders als im Rahmen des § 33 – selbst Adressat des europäischen Verhinderungsverbots ist, gelten die zum Vorstand gemachten Ausführungen **entsprechend** (→ Rn. 58 ff.).

**(2) Ansprüche der Aktionäre.** Auch insoweit gelten die zum Vorstand gemachten **61** Ausführungen **entsprechend** (→ Rn. 59).

**dd) Weitere Rechtsfolgen.** Ein Verstoß gegen das europäische Verhinderungsverbot **62** kann des Weiteren die **Verweigerung der Entlastung** für die Mitglieder des Vorstands und des Aufsichtsrats sowie die Anordnung einer **Sonderprüfung** zur Folge haben.[160]

**c) Ansprüche des Bieters.** Sofern der Bieter bereits Aktionär der Zielgesellschaft ist, **63** stehen ihm die **Rechte eines Aktionärs** zu (→ Rn. 55). **Weitergehende Ansprüche** stehen ihm dagegen nicht zu. Insbesondere stellt Abs. 2 S. 1 auch kein Schutzgesetz zugunsten des Bieters dar, da das Interesse des Bieters, die Kontrolle über die Zielgesellschaft zu erlangen, durch diese Vorschrift jedenfalls nicht unmittelbar geschützt wird.[161]

**d) Ordnungswidrigkeit.** Die vorsätzliche und leichtfertige Vornahme von Handlungen **64** durch den Vorstand oder den Aufsichtsrat, die gegen Abs. 2 S. 1 verstoßen, begründen eine Ordnungswidrigkeit iSv § 60 Abs. 1 Nr. 8. Sie können von der Bundesanstalt als nach § 61 zuständiger Verwaltungsbehörde mit einer **Geldbuße** bis zu einer Million Euro geahndet werden (§ 60 Abs. 3).

**e) Sonstige Rechtsfolgen.** In besonders gelagerten Fällen können – wie im Rahmen **65** des allgemeinen Verhinderungsverbots – bei unzulässigen Verteidigungsmaßnahmen Ansprüche des Bieters gegen die Zielgesellschaft (oder einen konkurrierenden Bieter) nach **§§ 8 und 9 UWG** in Betracht kommen (→ § 33 Rn. 258).

**f) Befugnisse der Bundesanstalt.** Der Bundesanstalt ist es auch beim europäischen **66** Verhinderungsverbot verwehrt, im Rahmen der **allgemeinen Missstandsaufsicht** gegen unzulässige Verteidigungsmaßnahmen einzuschreiten (→ § 33 Rn. 259).

---

[156] Steinmeyer/*Bastian* Rn. 13; Baums/Thoma/*Kiem* Rn. 72.
[157] Vgl. insoweit nur Hüffer/Koch/*Koch* AktG § 93 Rn. 61.
[158] Vgl. insoweit nur Hüffer/Koch/*Koch* AktG § 93 Rn. 61.
[159] Baums/Thoma/*Grunewald* § 33 Rn. 107.
[160] Kölner Komm WpÜG/*Hirte* § 33 Rn. 167.
[161] Angerer/Geibel/Süßmann/*Brandi* § 33 Rn. 99.

**67**    **8. Auswirkungen von Abwehrmaßnahmen auf das Angebot des Bieters.** Insoweit gelten die Ausführungen zum allgemeinen Verhinderungsverbot (→ § 33 Rn. 260) entsprechend.

### IV. Unterrichtungspflicht (Abs. 3)

**68**    **1. Überblick.** Durch Abs. 3, der dem Vorstand der Zielgesellschaft eine unverzügliche **Unterrichtungspflicht** hinsichtlich der Beschlussfassung über ein Opt-in gegenüber der Bundesanstalt und ggf. ausländischen Aufsichtsstellen auferlegt, wird Art. 12 Abs. 2 UAbs. 2 Übernahme-RL in deutsches Recht umgesetzt.[162] Abs. 3 soll durch die Unterrichtungspflicht die Transparenz erhöhen und sicherstellen, dass die Aufsichtsbehörden permanent darüber informiert sind, welches Verhinderungsverbot (das allgemeine oder das europäische) auf die jeweilige Zielgesellschaft Anwendung findet.[163]

**69**    **2. Unterrichtungszeitpunkt.** In der Lit. ist umstritten, ab welchem Zeitpunkt der Vorstand der Zielgesellschaft zur Unterrichtung verpflichtet ist. Teilweise wird vertreten, dass die Unterrichtungspflicht des Vorstands erst einsetzt, nachdem die **Handelsregistereintragung** über die Satzungsbestimmung nach Abs. 1 S. 1 erfolgt ist.[164] Durch das Abstellen auf den Zeitpunkt der Beschlussfassung könnte der Eindruck erweckt werden, ein Opt-in sei bereits wirksam vorgenommen worden, obwohl dies zu diesem Zeitpunkt mangels Handelsregistereintragung noch gar nicht der Fall sei. Zudem sei nach der Fassung des Regierungsentwurfs der Zeitpunkt der Handelsregistereintragung für das Entstehen der Unterrichtungspflicht maßgeblich gewesen. Durch die im Rahmen des Gesetzgebungsverfahrens vorgenommene Anpassung des Gesetzeswortlauts habe der maßgebliche Anknüpfungspunkt nicht verändert werden sollen. Die Anpassung des Gesetzeswortlauts diene vielmehr lediglich der Klarstellung. Im Gegensatz dazu hat nach einer anderen Auffassung die Unterrichtung durch den Vorstand unverzüglich nach der **Beschlussfassung** der Hauptversammlung zu erfolgen.[165] Letzterer Auffassung ist zu folgen. Dafür spricht zunächst der eindeutige Wortlaut des Abs. 3, der auf die Beschlussfassung durch die Hauptversammlung („beschlossen hat") und nicht auf die Wirksamkeit der Satzungsänderung abstellt. Zudem stützt auch der Wortlaut des Art. 12 Abs. 2 UAbs. 2 Übernahme-RL diese Auslegung, da diese Vorschrift auf „die Entscheidung" der Zielgesellschaft Bezug nimmt. Schließlich lässt sich den Gesetzesmaterialien nicht entnehmen, dass der Gesetzgeber durch die Anpassungen des Wortlauts nicht auch den Anknüpfungspunkt für die Unterrichtungspflicht verändern wollte. Daher sprechen die besseren Gründe dafür, dass die Unterrichtungspflicht des Vorstands der Zielgesellschaft an die Beschlussfassung der Hauptversammlung und nicht erst an die Eintragung der Satzungsänderung anknüpft.

**70**    Fraglich ist, **wie viel Zeit** dem Vorstand der Zielgesellschaft zur Erfüllung der Unterrichtungspflicht zur Verfügung steht. Ausweislich des Gesetzeswortlauts hat der Vorstand die Unterrichtung unverzüglich, dh ohne schuldhaftes Zögern (§ 121 Abs. 1 S. 1 BGB), vorzunehmen. Unverzüglich bedeutet in der Regel – innerhalb von drei Werktagen.[166] Mithin hat der Vorstand der Zielgesellschaft die maßgeblichen Aufsichtsstellen innerhalb von drei Werktagen über die Beschlussfassung der Hauptversammlung über ein Opt-in zu unterrichten.

**71**    **3. Form.** Bei der Unterrichtung nach Abs. 3 handelt es sich um eine Mitteilung an die Bundesanstalt iSv § 45 S. 1.[167] Sie hat daher in **schriftlicher Form** zu erfolgen (§ 45 S. 1). Die Mitteilung kann aber auch im Wege der elektronischen Datenfernübertragung

---

[162] Begr. RegE, BT-Drs. 16/1003, 19 f.; Assmann/Pötzsch/Schneider/*Stephan* Rn. 75.
[163] Baums/Thoma/*Kiem* Rn. 79.
[164] FK-WpÜG/*Röh* Rn. 20.
[165] Baums/Thoma/*Kiem* Rn. 81.
[166] Assmann/Pötzsch/Schneider/*Stephan* Rn. 77; FK-WpÜG/*Röh* Rn. 21; Steinmeyer/*Bastian* Rn. 6: „zwei bis drei Werktage".
[167] Assmann/Pötzsch/Schneider/*Stephan* Rn. 77; FK-WpÜG/*Röh* Rn. 22; Steinmeyer/*Bastian* Rn. 6.

vorgenommen werden, sofern der Absender zweifelsfrei zu erkennen ist (§ 45 S. 2; zu Einzelheiten → § 45 Rn. 1 ff.). Der Vorstand der Zielgesellschaft ist nicht verpflichtet, der Unterrichtung als Anlage einen **Auszug aus der notariellen Niederschrift** der Hauptversammlung beizufügen. Eine solche Beifügung ist gleichwohl unter Dokumentationsgesichtspunkten zweckmäßig.[168]

**4. Sprache.** Die Unterrichtung gegenüber der Bundesanstalt hat in **deutscher Sprache** 72 zu erfolgen. In welcher Sprache die Unterrichtung zu erfolgen hat, die sich an eine Aufsichtsstelle im Europäischen Wirtschaftsraum richtet, die eine andere Amtssprache als Deutsch aufweist, ist weder im WpÜG noch in der Übernahme-RL geregelt. Es ist daher davon auszugehen, dass diese Unterrichtung ebenfalls in deutscher Sprache erfolgen kann.[169] Dem Vorstand der Zielgesellschaft ist es jedoch unbenommen, die Unterrichtung in der jeweiligen Landessprache oder in englischer Sprache vorzunehmen, um die Kommunikation mit der jeweiligen Aufsichtsstelle zu vereinfachen.[170]

**5. Adressat der Unterrichtung.** Adressaten der Unterrichtungspflicht sind die **Bun-** 73 **desanstalt** (Bundesanstalt für Finanzdienstleistungsaufsicht, vgl. § 1 Abs. 3 Nr. 2 lit. b Doppellit. bb sowie sämtliche **Aufsichtsstellen** der Staaten des EWR, in denen Wertpapiere der Zielgesellschaft zum Handel an einem organisierten Markt zugelassen sind. Was unter **Wertpapieren** zu verstehen ist, ergibt sich aus § 2 Abs. 2, also beispielsweise Aktien (Stamm- und Vorzugsaktien), Optionsanleihen, Wandelschuldverschreibungen, Wandelgenussscheine und Optionsscheine, sofern diese zum Bezug von Aktien berechtigen (→ § 2 Rn. 28 ff.). Die Unterrichtungspflicht gegenüber den ausländischen Aufsichtsstellen wird bereits dann ausgelöst, wenn die Zulassung der Wertpapiere der Zielgesellschaft zu einem organisierten Markt innerhalb des Europäischen Wirtschaftsraums **beantragt** worden ist.[171] Zwar enthält der Wortlaut des Abs. 3 dafür keinen Anhaltspunkt, jedoch sieht Art. 12 Abs. 2 UAbs. 2 S. 2 Übernahme-RL eine Mitteilungspflicht des Vorstands der Zielgesellschaft bereits dann vor, wenn der Zulassungsantrag gestellt worden ist. Diese Anknüpfung an die Stellung des Zulassungsantrags ist im Wege einer richtlinienkonformen Auslegung in den Abs. 3 hineinzulesen.[172]

**6. Erneute Unterrichtung.** Der Vorstand der Zielgesellschaft ist auch dann zur Unter- 74 richtung der maßgeblichen Aufsichtsstellen verpflichtet, wenn der Hauptversammlungsbeschluss über ein Opt-in im Wege einer erfolgreichen **Anfechtungsklage** oder eines **Widerrufs** später beseitigt wird.[173]

**7. Ordnungswidrigkeit.** Unterlässt der Vorstand vorsätzlich oder leichtfertig die Unter- 75 richtung nach Abs. 3 oder nimmt er sie vorsätzlich oder leichtfertig nicht richtig, nicht vollständig oder nicht rechtzeitig vor, so begeht er eine Ordnungswidrigkeit iSv § 60 Abs. 1 Nr. 9. Diese Ordnungswidrigkeit kann von der Bundesanstalt als nach § 61 zuständiger Verwaltungsbehörde mit einer **Geldbuße** bis zu zweihunderttausend Euro geahndet werden (§ 60 Abs. 3).

### § 33b Europäische Durchbrechungsregel

**(1) Die Satzung einer Zielgesellschaft kann vorsehen, dass Absatz 2 Anwendung findet.**

**(2)** [1]**Nach Veröffentlichung der Angebotsunterlage nach § 14 Abs. 3 Satz 1 gelten die folgenden Bestimmungen:**

---

[168] FK-WpÜG/*Röh* Rn. 22.
[169] FK-WpÜG/*Röh* Rn. 23.
[170] FK-WpÜG/*Röh* Rn. 23.
[171] Assmann/Pötzsch/Schneider/*Stephan* Rn. 75; Baums/Thoma/*Kiem* Rn. 80.
[172] Baums/Thoma/*Kiem* Rn. 80; FK-WpÜG/*Röh* Rn. 25.
[173] Baums/Thoma/*Kiem* Rn. 82.

1. während der Annahmefrist eines Übernahmeangebots gelten satzungsmäßige, zwischen der Zielgesellschaft und Aktionären oder zwischen Aktionären vereinbarte Übertragungsbeschränkungen von Aktien nicht gegenüber dem Bieter,
2. während der Annahmefrist eines Übernahmeangebots entfalten in einer Hauptversammlung, die über Abwehrmaßnahmen beschließt, Stimmbindungsverträge keine Wirkung und Mehrstimmrechtsaktien berechtigen zu nur einer Stimme und
3. in der ersten Hauptversammlung, die auf Verlangen des Bieters einberufen wird, um die Satzung zu ändern oder über die Besetzung der Leitungsorgane der Gesellschaft zu entscheiden, entfalten, sofern der Bieter nach dem Angebot über mindestens 75 Prozent der Stimmrechte der Zielgesellschaft verfügt, Stimmbindungsverträge sowie Entsendungsrechte keine Wirkung und Mehrstimmrechtsaktien berechtigen zu nur einer Stimme.

[2]Satz 1 gilt nicht für Vorzugsaktien ohne Stimmrecht sowie für vor dem 22. April 2004 zwischen der Zielgesellschaft und Aktionären oder zwischen Aktionären vereinbarten Übertragungsbeschränkungen und Stimmbindungen.

(3) Der Vorstand der Zielgesellschaft hat die Bundesanstalt sowie die Aufsichtsstellen der Staaten des Europäischen Wirtschaftsraums, in denen Wertpapiere der Gesellschaft zum Handel an einem organisierten Markt zugelassen sind, unverzüglich davon zu unterrichten, dass die Zielgesellschaft eine Satzungsbestimmung nach Absatz 1 beschlossen hat.

(4) Für die Einberufung und Durchführung der Hauptversammlung im Sinne des Absatzes 2 Satz 1 Nr. 3 gilt § 16 Abs. 4 entsprechend.

(5) [1]Werden Rechte auf der Grundlage des Absatzes 1 entzogen, ist der Bieter zu einer angemessenen Entschädigung in Geld verpflichtet, soweit diese Rechte vor der Veröffentlichung der Entscheidung zur Abgabe des Angebots nach § 10 Abs. 1 Satz 1 begründet wurden und der Zielgesellschaft bekannt sind. [2]Der Anspruch auf Entschädigung nach Satz 1 kann nur bis zum Ablauf von zwei Monaten seit dem Entzug der Rechte gerichtlich geltend gemacht werden.

**Schrifttum:** *Arnold,* Mehrstimmrechte und stimmrechtslose Vorzugsaktien in der Übernahmerichtlinie, Der Konzern 2003, 173; *Diekmann,* Änderungen im Wertpapiererwerbs- und Übernahmegesetz anlässlich der Umsetzung der EU-Übernahmerichtlinie in das deutsche Recht, NJW 2007, 17; *Glade/Haak/Hellich,* Die Umsetzung der Übernahmerichtlinie in das deutsche Recht, Der Konzern 2004, 515; *Harbarth,* Europäische Durchbrechungsregel im deutschen Übernahmerecht, ZGR 2007, 37; *Knott,* Freiheit, die ich meine: Abwehr von Übernahmeangeboten nach Umsetzung der EU-Richtlinie, NZG 2006, 849; *Krause,* BB-Europareport: Die EU-Übernahmerichtlinie – Anpassungsbedarf im Wertpapiererwerbs- und Übernahmegesetz, BB 2004, 113; *Maul,* Die EU-Übernahmerichtlinie – ausgewählte Fragen, NZG 2005, 151; *Maul/Muffat-Jeandet,* Die EU-Übernahmerichtlinie – Inhalt und Umsetzung in nationales Recht (Teil II), AG 2004, 306; *Meyer,* Änderungen im WpÜG durch die Umsetzung der EU-Übernahmerichtlinie, WM 2006, 1135; *Schüppen,* WpÜG-Reform: Alles Europa, oder was?, BB 2006, 165; *Seibt/Heiser,* Analyse des Übernahmerichtlinie-Umsetzungsgesetzes (Regierungsentwurf), AG 2006, 301; *Seibt/Heiser,* Analyse der EU-Übernahmerichtlinie und Hinweise für eine Reform des deutschen Übernahmerechts, ZGR 2005, 200.

## Übersicht

# I. Allgemeines

**1. Regelungsgegenstand.** Abs. 1 räumt einer Zielgesellschaft die Möglichkeit ein, **1** durch eine Satzungsregelung die Geltung bestimmter vertraglicher und satzungsmäßiger **Übernahmehindernisse** während eines Übernahmeangebots auszuschließen (sog. Opt-in zugunsten der europäischen Durchbrechungsregel).[1]

Wird von dieser Möglichkeit Gebrauch gemacht, so gelten zunächst grundsätzlich wäh- **2** rend eines Übernahmeangebots satzungsmäßige und vertragliche **Übertragungsbeschrän- kungen** von Aktien nicht **gegenüber dem Bieter** (Abs. 2 S. 1 Nr. 1). Außerdem entfalten während dieses Zeitraums in einer Abwehrhauptversammlung **Stimmbindungsverträge** keine Wirkung und **Mehrstimmrechtsaktien** berechtigen nur zu einer Stimme (Abs. 2 S. 1 Nr. 2). Schließlich entfalten unter bestimmten Voraussetzungen auch in der ersten Hauptversammlung nach Abschluss des Übernahmeangebots **Stimmbindungsverträge** sowie **Entsendungsrechte** keine Wirkung und **Mehrstimmrechtsaktien** berechtigen nur zu einer Stimme (Abs. 2 S. 1 Nr. 3). Für **Vorzugsaktien ohne Stimmrecht** und für **Ver- träge,** die vor der Unterzeichnung der Übernahme-RL abgeschlossen wurden, gilt Abs. 2 nicht (Abs. 2 S. 2).

Abs. 3 erlegt dem Vorstand der Zielgesellschaft eine **Unterrichtungspflicht** über das **3** Opt-in zugunsten der europäischen Durchbrechungsregel gegenüber der Bundesanstalt sowie ggf. gegenüber einer oder mehreren weiteren Aufsichtsstellen innerhalb des EWR auf.

Abs. 4 sieht vor, dass die **Erleichterungen** der Einberufung und Durchführung der **4** Hauptversammlung nach § 16 Abs. 4 auch für die erste Hauptversammlung nach Abschluss des Übernahmeangebots iSd Abs. 2 S. 1 Nr. 3 gelten.

---

[1] Begr. RegE, BT-Drs. 16/1003, 20.

**5**     Abs. 5 ordnet unter bestimmten Voraussetzungen eine **Entschädigungspflicht** des Bieters an, wenn auf der Grundlage des Abs. 1 Rechte entzogen werden.

**6**     **2. Anwendungsbereich.** Abs. 1 findet ausschließlich auf **inländische Zielgesellschaften** Anwendung, deren Aktien zu einem **organisierten Markt** zugelassen sind (→ Rn. 12). Abs. 2 gilt – wie § 33a Abs. 2 – in erster Linie für **Übernahmeangebote,** also solche öffentlichen Erwerbsangebote, die auf die Erlangung der Kontrolle der Zielgesellschaft gerichtet sind (s. § 29 Abs. 1). Auf **Pflichtangebote** findet die Regelung über den in § 39 enthaltenen Verweis auf die Vorschriften des Abschnitts 4 entsprechende Anwendung. Auf sog. **einfache Erwerbsangebote** findet Abs. 2 dagegen keine Anwendung (zum Anwendungsbereich → Rn. 27 ff.).

**7**     **3. Europäisches Recht.** § 33b wurde im Jahre 2006 durch das Übernahme-RL-UG vom 14.7.2006 (BGBl. 2006 I 1426) in das WpÜG aufgenommen und setzt das in Art. 12 Abs. 1, 2 und 4 Übernahme-RL iVm Art. 11 Übernahme-RL (zur Entstehungsgeschichte der Übernahme-RL im Einzelnen → § 33 Rn. 12 ff.) vorgesehene **Optionsmodell** um.[2] Dieses Optionsmodell berechtigt die Mitgliedstaaten, von der Umsetzung der europäischen Durchbrechungsregel gemäß Art. 11 Übernahme-RL abzusehen (Optout der Mitgliedstaaten), wenn die Mitgliedstaaten ihren jeweiligen Zielgesellschaften die Möglichkeit einräumen, freiwillig die europäische Durchbrechungsregel anzuwenden (Opt-in der Gesellschaften).[3] Mit diesem Optionsmodell wurde ein Kompromiss hinsichtlich der bei den Verhandlungen der Übernahme-RL umstrittenen Frage erzielt, inwieweit satzungsmäßige und vertragliche Abwehrrechte in einem Übernahmeverfahren zulässig sein sollen.[4] Der deutsche Gesetzgeber entschied sich für dieses Optionsmodell, weil die Übernahme-RL kein *level playing field,* dh keine gleichen Ausgangsbedingungen für Unternehmensübernahmen in den verschiedenen Mitgliedstaaten, schafft.[5] So werden durch die Übernahme-RL die Unterschiede hinsichtlich der Verteidigungsmöglichkeiten gegen Übernahmen in den einzelnen Mitgliedstaaten sowie im Verhältnis zu Drittstaaten nicht beseitigt.[6] Deshalb hätte die verbindliche Einführung der europäischen Durchbrechungsregel eine Benachteiligung deutscher Zielgesellschaften gegenüber ausländischen Gesellschaften bewirkt, sofern diese nach ihrem jeweiligen Recht weitergehende Abwehrmechanismen in Anspruch nehmen können.[7] In dem Bericht der Kommission aus dem Jahr 2012, der insbesondere ein Augenmerk auf die Untersuchung der Kontrollstrukturen durch die Aktionäre und Übernahmehindernisse werfen sollte, zeigt sich, dass die freiwilligen Umsetzungsvorgaben nur wenig Wirkung entfaltet haben.[8] Die Umsetzungspraxis der Mitgliedstaaten hat gezeigt, dass auch ohne Anwendung der Durchgriffsvorschrift ausreichend Möglichkeiten vorhanden sind, um entsprechende Übernahmehindernisse zu überwinden.[9]

**8**     **4. Entstehungsgeschichte.** Die **Regelungstechnik** der europäischen Durchbrechungsregel wurde im Laufe des Gesetzgebungsverfahrens geändert.[10] Während der Referentenentwurf noch vorsah, dass die derzeit in Abs. 2 enthaltenen Bestimmungen im Einzelnen in die Satzung der Zielgesellschaft aufgenommen werden konnten, verfolgte bereits der Regierungsentwurf den derzeit in Abs. 1 enthaltenen Ansatz, dass die europäische Durch-

---

[2] Begr. RegE, BT-Drs. 16/1003, 20; Angerer/Geibel/Süßmann/*Süßmann* Rn. 1.
[3] Begr. RegE, BT-Drs. 16/1003, 13 f.; *Diekmann* NJW 2007, 17 (18).
[4] Begr. RegE, BT-Drs. 16/1003, 13; Baums/Thoma/*Kiem* Rn. 2.
[5] Begr. RegE, BT-Drs. 16/1003, 13.
[6] Begr. RegE, BT-Drs. 16/1003, 13 f.
[7] Begr. RegE, BT-Drs. 16/1003, 14.
[8] Europäische Kommission, Bericht an das Europäische Parlament, den Rat, den Europäischen Wirtschafts- und Sozialausschuss und den Ausschuss der Regionen zur Anwendung der RL 2004/25/EG betreffend Übernahmeangebote COM(2012) 347 vom 28.6.2012; zu dem Verhältnis des gesetzlichen Vereitelungsverbots des § 33b und dem DCGK vgl. *Bachmann* WM 2013, 2009 (2011).
[9] Europäische Kommission, Bericht zur Anwendung der RL 2004/25/EG Tz. 19.
[10] Assmann/Pötzsch/Schneider/*Meyer* Rn. 1 f.; Baums/Thoma/*Kiem* Rn. 1 ff.; FK-WpÜG/*Vogel* Rn. 8.

brechungsregel in der Satzung für anwendbar erklärt werden kann.[11] Außerdem wurde § 33b in Abs. 2 Nr. 2 und 3 geändert. So wurden im Gesetzgebungsverfahren die in Abs. 2 Nr. 2 und 3 enthaltenen Bezugnahmen auf **satzungsmäßige Stimmrechtsbeschränkungen** gestrichen, da es solche bei börsennotierten deutschen Zielgesellschaften seit dem 1.6.2000 nicht mehr gibt (§ 134 Abs. 1 S. 2 AktG, § 5 Abs. 7 EGAktG) und deren Erwähnung daher entbehrlich ist.[12]

Auch § 33b Abs. 3 wurde im Laufe des Gesetzgebungsverfahrens geändert. So sahen der **9** Referenten- und der Regierungsentwurf noch vor, dass der Vorstand der Zielgesellschaft „unverzüglich einen Beleg über die Eintragung der Satzungsbestimmung nach § 33b Abs. 1 in das Handelsregister zu übersenden" hat. In der finalen Fassung des § 33b Abs. 3 wurde die Pflicht zur Übersendung eines Belegs durch eine **bloße Unterrichtungspflicht** ersetzt, da die Übersendung eines Belegs über die Eintragung einer Satzungsbestimmung nach § 33b Abs. 1 in das Handelsregister nicht möglich ist.[13] Im Falle einer Satzungsänderung wird nämlich nach den allgemeinen Bestimmungen, die durch § 33b Abs. 3 WpÜG nicht erweitert werden sollten, im Handelsregister nicht der Wortlaut der Satzungsänderung selbst veröffentlicht, sondern grundsätzlich nur vermerkt, dass die Satzung geändert worden ist.[14]

Schließlich wurde Abs. 5 im Laufe des Gesetzgebungsverfahrens erheblich verändert. So **10** enthielten weder der Referenten- noch der Regierungsentwurf die derzeit in Abs. 5 S. 1 enthaltene Beschränkung, dass eine Entschädigung nur dann zu leisten ist, wenn die entzogenen Rechte **vor dem in § 10 Abs. 1 S. 1** genannten Zeitpunkt **begründet** wurden und der Zielgesellschaft bekannt waren („soweit diese Rechte vor der Veröffentlichung der Entscheidung zur Abgabe des Angebots nach § 10 Abs. 1 S. 1 begründet wurden und der Zielgesellschaft bekannt sind").[15] Diese Beschränkung wurde vom Gesetzgeber aufgenommen, da dadurch der Missbrauchsmöglichkeit im Hinblick auf vertragliche Übertragungsbeschränkungen und Stimmrechtsvereinbarungen begegnet werden kann.[16] Es wird verhindert, dass Vereinbarungen mit dem Ziel getroffen werden, eine Entschädigung zu erlangen.[17] Ferner war weder im Referenten- noch im Regierungsentwurf die derzeit in Abs. 5 S. 2 enthaltene **Frist für die Geltendmachung** der Entschädigung enthalten. Diese Befristung auf zwei Monate wurde auf Anregung des Bundesrats aus Gründen der Rechtssicherheit aufgenommen.[18]

## II. Einführung der europäischen Durchbrechungsregel (Abs. 1)

**1. Wahlrecht der Zielgesellschaft.** Durch Abs. 1 wird der **Hauptversammlung** der **11** Zielgesellschaft das Recht eingeräumt, durch eine **Satzungsänderung** die europäische Durchbrechungsregelung einzuführen.[19] Macht sie von diesem Wahlrecht keinen Gebrauch, verbleibt es bei der Wirksamkeit etwaiger Übertragungsbeschränkungen.[20]

**a) Anwendungsbereich der Norm.** Dieses Wahlrecht steht Gesellschaften zu, deren **12** Aktien zum Handel an einem **organisierten Markt** iSd § 2 Abs. 7 zugelassen sind,[21] da nur für solche Gesellschaften der Anwendungsbereich des WpÜG eröffnet ist (§ 1).[22] Dies schließt jedoch nicht die Möglichkeit aus, dass die Hauptversammlung einer Gesellschaft

[11] FK-WpÜG/*Vogel* Rn. 8.
[12] Beschlussempfehlung und Bericht Finanzausschuss, BT-Drs. 16/1541, 12.
[13] Beschlussempfehlung und Bericht Finanzausschuss, BT-Drs. 16/1541, 12.
[14] Beschlussempfehlung und Bericht Finanzausschuss, BT-Drs. 16/1541, 12.
[15] FK-WpÜG/*Vogel* Rn. 9.
[16] Beschlussempfehlung und Bericht Finanzausschuss, BT-Drs. 16/1541, 12.
[17] Beschlussempfehlung und Bericht Finanzausschuss, BT-Drs. 16/1541, 12.
[18] Beschlussempfehlung und Bericht Finanzausschuss, BT-Drs. 16/1541, 12.
[19] Baums/Thoma/*Kiem* Rn. 5; Assmann/Pötzsch/Schneider/*Meyer* Rn. 11; FK-WpÜG/*Vogel* Rn. 11.
[20] Angerer/Geibel/Süßmann/*Süßmann* Rn. 2.
[21] Begr. RegE, BT-Drs. 16/1003, 15; Baums/Thoma/*Kiem* Rn. 7; Steinmeyer/*Bastian* Rn. 13; *Schüppen* BB 2006, 165 (167 f.); *Seibt/Heiser* AG 2006, 301 (311); Assmann/Pötzsch/Schneider/*Meyer* Rn. 10; aA Kölner Komm WpÜG/*Hirte* Rn. 13.
[22] Assmann/Pötzsch/Schneider/*Meyer* Rn. 9; FK-WpÜG/*Vogel* Rn. 13.

bereits im Vorfeld eines geplanten Börsengangs einen Beschluss nach Abs. 1 fasst. In einem solchen Fall muss die Hauptversammlung den Vorstand aber anweisen, die beschlossene Satzungsänderung erst nach erfolgter Zulassung zum Börsenhandel zum Handelsregister anzumelden.[23] Sollte die Börsennotierung der Gesellschaft aufgrund eines Delistings enden, so verstößt ab diesem Zeitpunkt eine Satzungsregelung nach Abs. 1 gegen § 23 Abs. 5 AktG und ist daher aufgrund eines Hauptversammlungsbeschlusses oder – bei Vorliegen einer Ermächtigung nach § 179 Abs. 1 S. 2 AktG – eines Aufsichtsratsbeschlusses aus der Satzung zu entfernen.[24]

13     § 33b Abs. 1 findet zudem – wie § 33a Abs. 1 – nur auf **inländische Zielgesellschaften** iSd § 2 Abs. 3 Nr. 1 Anwendung.[25] Die Übernahme-RL gibt den Mitgliedstaaten nur vor, Zielgesellschaften mit Sitz in dem jeweiligen Mitgliedsstaat die Möglichkeit eines Opt-in einzuräumen (Art. 12 Abs. 1 und 2). Außerdem wird in der Gesetzesbegründung ausschließlich auf inländische Zielgesellschaften Bezug genommen.[26] Schließlich findet nach § 2 WpÜG-Anwendbarkeitsverordnung § 33b auf Zielgesellschaften iSd § 2 Abs. 3 Nr. 2 insgesamt keine Anwendung.

14     **b) Motive für einen Beschluss nach Abs. 1.** Ein Grund, der die Hauptversammlung einer inländischen Zielgesellschaft dazu bewegen könnte, einen Opt-in Beschluss hinsichtlich der europäischen Durchbrechungsregel zu fassen, ist – wie bei § 33a Abs. 1 – die Hoffnung, dass sich dadurch der **Kurs der Aktie** der Zielgesellschaft zukünftig positiv entwickeln wird.[27] Durch die Beseitigung von Übernahmehindernissen wird die Wahrscheinlichkeit erhöht, dass die Gesellschaft Ziel eines Übernahmeangebots wird.[28] Des Weiteren kann ein Beschluss nach Abs. 1 gefasst werden, weil die inländische Zielgesellschaft beabsichtigt, zukünftig **selbst als Bieterin** für die Aktien einer anderen europäischen Zielgesellschaft aufzutreten und sie in dieser Übernahmesituation ihre Erfolgschance erhöhen möchte.[29] Hat sich die Bieterin selbst für die Anwendung der europäischen Durchbrechungsregel entschieden, so ist der Zielgesellschaft in der Übernahmesituation die Berufung auf den Gegenseitigkeitsvorbehalt des § 33c Abs. 2 abgeschnitten.[30] Schließlich unterstreicht die Zielgesellschaft durch die Fassung eines Opt-in Beschlusses auch ihr **Vertrauen in die eigene Stärke.** Sie macht deutlich, dass sie zur Abwendung von Übernahmeangeboten nicht auf Übernahmehindernisse zurückgreifen muss.[31]

15     **2. Teilweise Einführung.** Die europäische Durchbrechungsregel kann **nur vollständig** und nicht teilweise oder in modifizierter Form eingeführt werden.[32] Dies ergibt sich bereits aus den Gesetzesmaterialien. Während der Wortlaut des Referentenentwurfs diese Frage nicht eindeutig beantwortete, hat sich der Gesetzgeber in der Begründung des Regierungsentwurfs darauf festgelegt, dass ausschließlich eine vollständige Einführung der europäischen Durchbrechungsregel zulässig sein soll („müssen die in Satz 1 genannten Bestimmungen kumulativ vorliegen").[33] Außerdem sprechen die pauschale Bezugnahme des Abs. 1 auf Abs. 2,[34] der Wortlaut des Abs. 2 („gelten die folgenden Bestimmungen"), die Formulierung „und" in Abs. 2 S. 1 Nr. 2 aE[35] und der Wortlaut des Art. 12 Abs. 2 Übernahme-RL („die widerrufliche Möglichkeit ein, Art. 9 Abs. 2 und 3 und/oder Art. 11 unbeschadet von

23  FK-WpÜG/*Röh* § 33a Rn. 11.
24  FK-WpÜG/*Röh* § 33a Rn. 11.
25  FK-WpÜG/*Röh* § 33a Rn. 10; Steinmeyer/*Bastian* § 33a Rn. 4.
26  Begr. RegE, BT-Drs. 16/1003, 20.
27  Baums/Thoma/*Kiem* Rn. 6; *Harbarth* ZGR 2007, 1 (6).
28  Baums/Thoma/*Kiem* Rn. 6.
29  Baums/Thoma/*Kiem* Rn. 6.
30  Vgl. *Maul* NZG 2005, 151 (154).
31  Baums/Thoma/*Kiem* Rn. 6.
32  Baums/Thoma/*Kiem* Rn. 9; Assmann/Pötzsch/Schneider/*Meyer* Rn. 11; Angerer/Geibel/Süßmann/ *Süßmann* Rn. 4; Steinmeyer/*Bastian* Rn. 3; *Knott* NZG 2006, 849 (851); *Meyer* WM 2006, 1135 (1140).
33  Begr. RegE, BT-Drs. 16/1003, 20; Baums/Thoma/*Kiem* Rn. 9.
34  *Harbarth* ZGR 2007, 37 (41).
35  *Harbarth* ZGR 2007, 37 (41).

Art. 11 Abs. 7 anzuwenden") dafür, dass ein Opt-in nur hinsichtlich aller Bestimmungen der europäischen Durchbrechungsregel zusammen erfolgen kann.[36] Der Hauptversammlung der Zielgesellschaft steht mithin nur ein Wahlrecht hinsichtlich des „ob", aber nicht hinsichtlich des „wie", dh der Ausgestaltung im Einzelfall, der europäischen Durchbrechungsregel zu.[37]

Indes besteht **keine zwingende gesetzliche Verbindung** zwischen § 33a und § 33b. **16** So ist die isolierte Optierung für das europäische Verhinderungsverbot oder nur in die europäische Durchbrechungsregel durchaus möglich.[38]

**3. Ausübung des Wahlrechts.** Das Wahlrecht des Abs. 1 kann ausschließlich durch die **17** Fassung eines **Satzungsänderungsbeschlusses** ausgeübt werden, für den die allgemeinen aktienrechtlichen Regelungen für Satzungsänderungen uneingeschränkt gelten.[39] Eine andere Möglichkeit, die europäische Durchbrechungsregel einzuführen, gibt es nicht.[40]

**a) Vorschlagsrecht.** Das Vorschlagsrecht für die Einführung der europäischen Durch- **18** brechungsregel liegt – wie bei jeder Satzungsänderung – grundsätzlich beim Vorstand und beim Aufsichtsrat der Zielgesellschaft (§ 124 Abs. 3 S. 1 AktG). Eine **Pflicht** der Verwaltung, eine Entscheidung der Hauptversammlung darüber einzuholen, ob von der Möglichkeit des Opt-in hinsichtlich der europäischen Durchbrechungsregel Gebrauch gemacht werden soll, besteht nicht.[41] Daher bleibt es grundsätzlich bei der Geltung der vorgesehenen Übernahmehindernisse.[42] Die Aktionäre haben jedoch unter Umständen die Möglichkeit, ihre Rechte gemäß § 122 Abs. 1 und 2 AktG geltend zu machen und dadurch einen Hauptversammlungsbeschluss über ein Opt-in hinsichtlich der europäischen Durchbrechungsregel auch gegen den Willen der Verwaltung der Zielgesellschaft zu erzwingen (→ § 33a Rn. 14).

**b) Einberufung der Hauptversammlung.** Zur Einberufung der Hauptversammlung **19** gelten die Erläuterungen unter → § 33a Rn. 15 entsprechend.

**c) Beschlussmehrheit.** Der Opt-in Beschluss der Hauptversammlung bedarf grundsätz- **20** lich einer Mehrheit, die **mindestens drei Viertel** des bei der Beschlussfassung vertretenen Grundkapitals umfasst (§ 179 Abs. 2 S. 1 AktG). Bestimmt die Satzung der Zielgesellschaft für Satzungsänderungen eine davon abweichende Kapitalmehrheit (vgl. § 179 Abs. 2 S. 2 AktG), so findet diese Anwendung. Daneben muss stets mindestens die einfache Stimmenmehrheit gegeben sein (§ 133 Abs. 1 S. 1 AktG).

Fraglich ist, ob der Beschluss über das Opt-in zusätzlich der **Zustimmung aller betrof- 21 fenen Aktionäre** der Zielgesellschaft bedarf. Nach einer in der Lit. vertretenen Auffassung ist dies der Fall, da der Entzug von Sonderrechten (im Rahmen des § 33b insbesondere eines Entsendungsrechts) nach allgemeinen aktienrechtlichen Grundsätzen, die nach der gesetzlichen Regelung nicht abbedungen werden sollen, nur mit Zustimmung des jeweils Berechtigten zulässig ist.[43] Nach der hM in der Lit. erfordert die Einführung der europäischen Durchbrechungsregel demgegenüber nicht die Zustimmung aller betroffenen Aktionäre.[44] Die grundsätzliche Zustimmungsbedürftigkeit nach § 35 BGB wird für den Bereich des Übernahmerechts durch den spezielleren § 33b verdrängt. Dies verdient Zustimmung. Zum einen führt die europäische Durchbrechungsregel nur dazu, dass die Sonderrechte lediglich vorübergehend nicht gelten, während sie ansonsten wirksam bleiben (zum zeitli-

---

[36] DAV-Handelsrechtsausschuss NZG 2006, 177 (178) zum RefE; Baums/Thoma/*Kiem* Rn. 9; FK-WpÜG/*Vogel* Rn. 7.

[37] Baums/Thoma/*Kiem* Rn. 9.

[38] FK-WpÜG/*Vogel* Rn. 3.

[39] Begr. RegE, BT-Drs. 16/1003, 20; Baums/Thoma/*Kiem* Rn. 8; Steinmeyer/*Bastian* Rn. 3; FK-WpÜG/*Vogel* Rn. 14.

[40] Baums/Thoma/*Kiem* § 33a Rn. 10 f.

[41] FK-WpÜG/*Vogel* Rn. 19.

[42] FK-WpÜG/*Vogel* Rn. 19.

[43] *Schüppen* BB 2006, 165 (167).

[44] Assmann/Pötzsch/Schneider/*Meyer* Rn. 13; Baums/Thoma/*Kiem* Rn. 14; FK-WpÜG/*Vogel* Rn. 17; *Harbarth* ZGR 2007, 37 (41); *Seibt/Heiser* AG 2006, 301 (314).

chen Anwendungsbereich im Einzelnen → Rn. 29). Durch einen Beschluss nach Abs. 1 kommt es mithin nicht zu einer vollständigen Beseitigung der Sonderrechte.[45] Zum anderen wollen sowohl die Übernahme-RL als auch § 33b den Zielgesellschaften die Möglichkeit einräumen, Übernahmen durch die Beseitigung von Übernahmehindernissen zu erleichtern. Dieses Ziel würde aber konterkariert, wenn einzelne Aktionäre die Möglichkeit hätten, die Einführung dieser Erleichterungen gegen die weit überwiegende Mehrzahl der sonstigen Aktionäre zu verhindern.[46] Außerdem ist zu bedenken, dass der betroffene Aktionär für die vorübergehende Beschneidung seiner Sonderrechte nach Abs. 5 entschädigt wird.[47]

**22**    Fraglich ist des Weiteren, ob ein Opt-in Beschluss durch den **Abschluss eines Stimmbindungsvertrags,** der die Vertragspartner zur Ablehnung eines solchen Beschlusses verpflichtet, unterbunden werden kann.[48] Praktisch relevant wird dies, wenn ein solcher Stimmbindungsvertrag mit Aktionären geschlossen wird, die zusammen über eine Sperrminorität in der Hauptversammlung der Zielgesellschaft verfügen und damit die Fassung eines Opt-in Beschlusses verhindern können.[49] Ein derartiger Stimmbindungsvertrag ist jedoch **unwirksam.**[50] Durch ihn könnte nämlich sichergestellt werden, dass die in Abs. 2 S. 1 genannten vertraglichen Vereinbarungen auch im Rahmen von Übernahme- und Pflichtangeboten wirksam bleiben.[51] Dies würde aber Sinn und Zweck von Art. 11 Übernahme-RL und von § 33b nicht entsprechen, die die Wirksamkeit der in Abs. 2 S. 1 aufgeführten Verträge zur Disposition der Hauptversammlung stellen.[52]

**23**    **d) Inhalt des Beschlusses.** Die inhaltlichen Anforderungen an den Opt-in Beschluss hinsichtlich der Einführung der europäischen Durchbrechungsregel sind **gering.** Ausreichend ist es, wenn aus dem Hauptversammlungsbeschluss hervorgeht, dass die europäische Durchbrechungsregel eingeführt werden soll.[53] Dies ist zum einen der Fall, wenn der Beschlusswortlaut schlicht die Geltung des Abs. 2 anordnet.[54] Zum anderen ist auch die Aufnahme des vollständigen Wortlauts des Abs. 2 in die Satzung der Zielgesellschaft zulässig.[55] Sie empfiehlt sich aber nicht.[56] Zwar mag dadurch die Transparenz erhöht werden,[57] jedoch bringt sie den gravierenden Nachteil mit sich, dass etwaige Änderungen des Abs. 2 in der Satzung der Zielgesellschaft nachvollzogen werden müssen.[58]

**24**    **e) Wirksamkeit.** Der Hauptversammlungsbeschluss über das Opt-in wird – wie jeder andere Satzungsänderungsbeschluss – erst wirksam, wenn er in das Handelsregister des Sitzes der Zielgesellschaft **eingetragen** worden ist (§ 181 Abs. 3 AktG).

**25**    **f) Widerruf.** Zum Widerruf des Opt-in Beschlusses gelten die Erläuterungen unter → § 33a Rn. 21 entsprechend.

### III. Europäische Durchbrechungsregel (Abs. 2)

**26**    **1. Überblick.** Durch die Regelung des § 33b und § 33a wird das in der Übernahme-RL vorgesehene **Optionsmodell** in deutsches Recht umgesetzt.[59] Die europäische Durch-

---

[45] Baums/Thoma/*Kiem* Rn. 14.
[46] *Harbarth* ZGR 2007, 37 (41); Baums/Thoma/*Kiem* Rn. 14.
[47] FK-WpÜG/*Vogel* Rn. 18.
[48] *Harbarth* ZGR 2007, 37 (62).
[49] *Harbarth* ZGR 2007, 37 (62).
[50] *Harbarth* ZGR 2007, 37 (62).
[51] Die vertraglich gebundenen Aktionäre würden nämlich regelmäßig nicht für die Fassung des Opt-in Beschlusses stimmen, da sie andernfalls ihre vertraglichen Verpflichtungen verletzen und daher Schadensersatzansprüchen ausgesetzt wären.
[52] *Harbarth* ZGR 2007, 37 (62).
[53] Assmann/Pötzsch/Schneider/*Meyer* Rn. 12; *Harbarth* ZGR 2007, 37 (41); Baums/Thoma/*Kiem* Rn. 15.
[54] *Harbarth* ZGR 2007, 37 (41); Kölner Komm WpÜG/*Hirte* Rn. 14; Baums/Thoma/*Kiem* Rn. 15.
[55] Assmann/Pötzsch/Schneider/*Meyer* Rn. 12; Kölner Komm WpÜG/*Hirte* Rn. 16; Baums/Thoma/*Kiem* Rn. 15.
[56] *Harbarth* ZGR 2007, 37 (41).
[57] So Assmann/Pötzsch/Schneider/*Meyer* Rn. 12 und Baums/Thoma/*Kiem* Rn. 15.
[58] Darauf weist auch Baums/Thoma/*Kiem* Rn. 15 hin.
[59] *Seibt/Heiser* AG 2006, 301 (313).

brechungsregel soll dem Bieter die Übernahme einer Zielgesellschaft erleichtern, indem in Übernahmesituationen (i) in der Satzung festgelegte oder vertraglich vereinbarte Übertragungsbeschränkungen gegenüber dem Bieter nicht gelten, (ii) in einer Hauptversammlung, die über Abwehrmaßnahmen beschließt, Stimmbindungsverträge keine Wirkung entfalten und Mehrstimmrechtsaktien nur zu einer Stimme berechtigen und (iii) in der ersten Hauptversammlung, die auf Verlangen des Bieters einberufen wird, unter bestimmten Voraussetzungen Stimmbindungsverträge sowie Entsendungsrechte keine Wirkung entfalten und Mehrstimmrechte nur zu einer Stimme berechtigen.[60]

**2. Anwendungsbereich. a) Sachlicher Anwendungsbereich.** Wegen des eindeuti- **27** gen Wortlauts des Abs. 2 S. 1 Nr. 1 und 2 und der systematischen Stellung der Norm ist die europäische Durchbrechungsregel jedenfalls auf **Übernahmeangebote** anzuwenden.[61] Demgegenüber ist in der Lit. umstritten, ob sie auch im Rahmen von **Pflichtangeboten** Geltung beansprucht.[62] Dafür spricht zunächst die Verweisungsnorm des § 39, die die sinngemäße Geltung des § 33b auch im Rahmen von Pflichtangeboten anordnet.[63] Ferner soll allen Aktionären der Zielgesellschaft im Falle des Kontrollerwerbs bzw. des Kontrollwechsels die Möglichkeit gegeben werden, zu angemessenen Konditionen aus der Zielgesellschaft auszutreten. Diese Austrittsmöglichkeit für alle Aktionäre ist aber nur dann gewährleistet, wenn aufgrund der europäischen Durchbrechungsregel auch im Falle eines Pflichtangebots bestehende Übertragungsbeschränkungen hinsichtlich der Aktien der Zielgesellschaft nicht gelten.[64]

Auf **einfache Erwerbsangebote** findet die Regelung des § 33b dagegen keine Anwen- **28** dung.[65] So bezieht sich die Übernahme-RL, durch die die Regelung des § 33b „Eins zu Eins"[66] in nationales Recht umgesetzt wurde,[67] ausschließlich auf Übernahme- und Pflichtangebote (vgl. Art. 2 Abs. 1 lit. a Übernahme-RL). Ferner enthält auch der Wortlaut des § 33b keinerlei Anhaltspunkte dafür, dass die europäische Durchbrechungsregel auch auf einfache Erwerbsangebote Anwendung finden soll.[68] Außerdem ist ein einfaches Erwerbsangebot nicht auf die Erlangung der Kontrolle über die Zielgesellschaft gerichtet, sodass kein Bedarf für ein Austrittsrecht aller Aktionäre besteht. Die Anwendung der europäischen Durchbrechungsregel auf einfache Erwerbsangebote ist daher auch aus teleologischen Gründen nicht erforderlich. Schließlich spricht auch die systematische Einbettung des § 33b in den Abschnitt 4 (Übernahmeangebote) gegen eine Erstreckung dieser Regelung auf einfache Erwerbsangebote.[69]

**b) Zeitlicher Anwendungsbereich.** Der zeitliche Anwendungsbereich der europä- **29** ischen Durchbrechungsregel erstreckt sich auf **zwei Phasen.**[70] Die erste, für die Anwendbarkeit der Durchbrechungstatbestände des Abs. 2 S. 1 Nr. 1 und 2 maßgebliche Phase, entspricht der **Annahmefrist des Angebots.**[71] Sie beginnt daher mit der ordnungsgemäßen Veröffentlichung (§ 14 Abs. 3 S. 1) der Angebotsunterlage (§ 16 Abs. 1 S. 2) und endet mit dem letzten Tag der Annahmefrist.[72] Die Dauer der Annahmefrist ist gesetzlich festgelegt

---

[60] *Seibt/Heiser* AG 2006, 301 (313).
[61] *Baums/Thoma/Kiem* Rn. 21.
[62] Für die Anwendbarkeit der europäischen Durchbrechungsregel auf Pflichtangebote Steinmeyer/*Bastian* Rn. 6; FK-WpÜG/*Vogel* Rn. 12; Kölner Komm WpÜG/*Hirte* Rn. 14; Assmann/Pötzsch/Schneider/*Meyer* Rn. 16; zweifelnd *Seibt/Heiser* AG 2006, 301 (314); aA *Baums/Thoma/Kiem* Rn. 21.
[63] Assmann/Pötzsch/Schneider/*Meyer* Rn. 16; Kölner Komm WpÜG/*Hirte* Rn. 14; Steinmeyer/*Bastian* Rn. 6; zweifelnd *Seibt/Heiser* AG 2006, 301 (314) m. Fn. 97.
[64] *Seibt/Heiser* AG 2006, 301 (314); Steinmeyer/*Bastian* Rn. 6; FK-WpÜG/*Vogel* Rn. 12.
[65] *Harbarth* ZGR 2007, 37 (48) m. Fn. 42.
[66] Vgl. Begr. RegE zum Übernahme-RL-UG, BT-Drs. 16/1003, 12.
[67] Begr. RegE, BT-Drs. 16/1003, 20.
[68] *Harbarth* ZGR 2007, 37 (48) m. Fn. 42.
[69] *Harbarth* ZGR 2007, 37 (48) m. Fn. 42.
[70] Kölner Komm WpÜG/*Hirte* Rn. 22; Steinmeyer/*Bastian* Rn. 5; NK-AktKapMarktR/*Glade* Rn. 3; Glade/Haak/Hellich Der Konzern 2004, 515 (521); *Krause* BB 2004, 113 (115).
[71] Begr. RegE, BT-Drs. 16/1003, 20; Kölner Komm WpÜG/*Hirte* Rn. 22; Baums/Thoma/*Kiem* Rn. 22; FK-WpÜG/*Vogel* Rn. 33.
[72] Baums/Thoma/*Kiem* Rn. 22.

und beträgt mindestens vier und grundsätzlich nicht mehr als zehn Wochen (§ 16 Abs. 1 S. 1). Wird im Zusammenhang mit dem Angebot nach der Veröffentlichung der Angebotsunterlage eine Hauptversammlung der Zielgesellschaft einberufen, beträgt die Annahmefrist unbeschadet der Vorschriften des § 21 Abs. 5 und § 22 Abs. 2 zwingend, dh unabhängig von der Länge der vom Bieter in der Angebotsunterlage bestimmten Annahmefrist,[73] zehn Wochen ab der Veröffentlichung der Angebotsunterlage (§ 16 Abs. 3).

30    Fraglich ist, ob auch die **gesetzlich vorgesehenen Verlängerungen** der ursprünglich festgelegten Annahmefrist erfasst werden. Namentlich handelt es sich um die Verlängerungen, die sich bei einer Änderung des Angebots durch den Bieter (§ 21 Abs. 5), bei Abgabe eines konkurrierenden Angebots (§ 22 Abs. 2) oder aufgrund der weiteren Annahmefrist (sog. „Zaunkönigregelung", § 16 Abs. 2) ergeben.[74] Sinn und Zweck der europäischen Durchbrechungsregel erfordern, dass sich der zeitliche Anwendungsbereich auch auf diese gesetzlichen Verlängerungen der Annahmefrist erstreckt.[75] Anderenfalls liefe die Zaunkönigregelung und die Verlängerung nach § 21 Abs. 5 leer, weil dann die Übertragungsbeschränkungen während dieser Verlängerungen wieder eingriffen und damit verhinderten, dass veräußerungswillige Aktionäre ihre Aktien an den Bieter übertragen können.[76] Außerdem kann nur eine Einbeziehung der Verlängerung des § 22 Abs. 2 eine einseitige Bevorzugung des das konkurrierende Angebot abgebenden Bieters verhindern. Würde die Verlängerung nach § 22 Abs. 2 nicht erfasst, so würde die Durchbrechungsregel nur zugunsten des konkurrierenden Bieters eingreifen und ausschließlich ihm die Erlangung der Aktien ermöglichen.[77]

31    Fraglich ist weiterhin, welche Folgen sich ergeben, wenn die **dingliche Übertragung** des Eigentums an den angedienten Aktien erst **nach Ablauf der Annahmefrist** des Angebots erfolgt. Dieser Fall kann beispielsweise eintreten, wenn das Angebot unter der aufschiebenden Bedingung der Kartellfreigabe abgegeben wurde und diese erst (lange Zeit) nach Ablauf der Annahmefrist erteilt wird.[78] Nach einer in der Lit. vertretenen Auffassung[79] greifen die Übertragungsbeschränkungen nach Ablauf der Annahmefrist wieder ein. Eine Erstreckung der europäischen Durchbrechungsregel auf die Dauer der Angebotsabwicklung sei wegen des eindeutigen Wortlauts der Vorschrift („während der Annahmefrist eines Übernahmeangebots") nicht anzuerkennen. Ferner könne eine Erstreckung auf die Angebotsabwicklung auch nicht im Wege einer richtlinienkonformen Auslegung gewonnen werden. Zum einen sehe die Übernahme-RL selbst eine Erstreckung auf die Angebotsabwicklung nicht vor. Zum anderen stehe eine richtlinienkonforme Auslegung nur zur Verfügung, wenn der Wortlaut der nationalen Bestimmung einen Entscheidungsspielraum belasse. Dies sei bei Abs. 2 S. 1 Nr. 1 und 2 aber gerade nicht der Fall. Dieser Auffassung ist nicht zu folgen. Vielmehr umfasst der zeitliche Anwendungsbereich der europäischen Durchbrechungsregel auch die Abwicklung des Angebots.[80] Nur durch eine solche Auslegung kann das Ziel der europäischen Durchbrechungsregel, die Übernahme von Zielgesellschaften zu erleichtern, erreicht werden, da bei den meisten Übernahmeangeboten die Abwicklung des Angebots erst nach Ablauf der Annahmefrist erfolgt.[81]

32    Die zweite Phase, die für die Anwendbarkeit des Durchbrechungstatbestands des Abs. 2 S. 1 Nr. 3 entscheidend ist, erstreckt sich insbesondere auf die **erste Hauptversammlung**

---

[73] Baums/Thoma/*Merkner/Sustmann* § 16 Rn. 12 ff.
[74] FK-WpÜG/*Vogel* Rn. 33.
[75] Assmann/Pötzsch/Schneider/*Meyer* Rn. 18; FK-WpÜG/*Vogel* Rn. 34; für § 16 Abs. 2 auch Baums/Thoma/*Kiem* Rn. 36; Steinmeyer/*Bastian* Rn. 11.
[76] FK-WpÜG/*Vogel* Rn. 34; Baums/Thoma/*Kiem* Rn. 36; Harbarth ZGR 2007, 37 (49).
[77] FK-WpÜG/*Vogel* Rn. 34.
[78] FK-WpÜG/*Vogel* Rn. 35; *Glade/Haak/Hellich* Der Konzern 2004, 515 (522); *Meyer* WM 2006, 1135 (1140); *Seibt/Heiser* AG 2006, 301 (313).
[79] Baums/Thoma/*Kiem* Rn. 37.
[80] FK-WpÜG/*Vogel* Rn. 35; Steinmeyer/*Bastian* Rn. 11; *Meyer* WM 2006, 1135 (1140); vgl. bereits *Glade/Haak/Hellich* Der Konzern 2004, 515 (522); *Krause* BB 2004, 113 (115).
[81] FK-WpÜG/*Vogel* Rn. 35; *Meyer* WM 2006, 1135 (1140); *Seibt/Heiser* AG 2006, 301 (313).

nach Durchführung des Übernahme- oder Pflichtangebots, die auf Verlangen des Bieters einberufen wird.[82] Da für jeden in Abs. 2 enthaltenen Durchbrechungstatbestand der zeitliche Anwendungsbereich separat bestimmt ist, kommt Abs. 2 S. 1 Hs. 1 keine eigenständige Bedeutung zu.[83]

**c) Nichtanwendbarkeit der europäischen Durchbrechungsregel. aa) Vorzugsak-** 33 **tien ohne Stimmrecht.** Die europäische Durchbrechungsregel ist grundsätzlich nicht anwendbar **auf Vorzugsaktien ohne Stimmrecht** (Abs. 2 S. 2 Alt. 1), dh auf Aktien, die mit einem nachzuzahlenden Vorzug bei der Verteilung des Gewinns ausgestattet sind, aber keine Stimmrechte gewähren (§ 139 Abs. 1 AktG).[84] Damit werden die Vorgaben der Übernahme-RL umgesetzt, da Vorzugsaktien ohne Stimmrecht nicht dem Wertpapierbegriff der Übernahme-RL (vgl. Art. 2 Abs. 1 lit. e Übernahme-RL) unterfallen.[85] Gewähren die Vorzugsaktien dagegen ein Stimmrecht, so ist die europäische Durchbrechungsregel auf diese Vorzugsaktien anwendbar. Aus welchem Grund die Vorzugsaktien ein Stimmrecht gewähren, ist unerheblich. Daher ist die europäische Durchbrechungsregel auch dann anwendbar, wenn der Vorzugsbetrag in einem Jahr nicht oder nicht vollständig gezahlt und der Rückstand im nächsten Jahr nicht neben dem vollen Vorzug dieses Jahres nachgezahlt wird und den Inhabern von Vorzugsaktien ohne Stimmrecht daher ausnahmsweise doch ein Stimmrecht zusteht (§ 140 Abs. 2 S. 1 AktG).[86]

**bb) Altverträge.** Ferner sind von der europäischen Durchbrechungsregel vor dem 34 22.4.2004 (Tag nach der Unterzeichnung der Übernahme-RL) zwischen der Zielgesellschaft und Aktionären oder zwischen Aktionären **vereinbarte Übertragungsbeschränkungen** und **Stimmbindungen** nicht erfasst. Durch diesen Ausnahmetatbestand werden die in Art. 11 Abs. 2 und 3 Übernahme-RL enthaltenen Vorgaben in deutsches Recht umgesetzt und damit hinsichtlich solcher Vereinbarungen, die vor der Unterzeichnung der Übernahme-RL abgeschlossen wurden, Bestandsschutz gewährt;[87] der Beginn der Vertragslaufzeit ist für die Gewährung dieses Bestandsschutzes dagegen irrelevant.[88]

Fraglich ist, welche Folgen sich ergeben, wenn vor dem 22.4.2004 geschlossene Vereinba- 35 rungen nach diesem Datum **inhaltlich geändert** werden. Einigkeit besteht insoweit, als Änderungsverträge, die **erstmalig** Übertragungsbeschränkungen oder Stimmbindungen enthalten oder erweitern (beispielsweise durch die Erstreckung auf zusätzliche Aktien der Zielgesellschaft), nicht in den Anwendungsbereich des Abs. 2 S. 2 Alt. 2 fallen, also von der Durchbrechungsregel erfasst sind.[89] Dagegen stehen solche Änderungsverträge, die sich **ausschließlich** auf Regelungen der Vereinbarung beziehen, die sich **nicht mit Übertragungsbeschränkungen oder Stimmbindung** befassen, einer Berufung auf Abs. 2 S. 2 nicht entgegen.[90] Werden die Übertragungsbeschränkungen oder die Stimmbindung durch eine nach dem 22.4.2004 geschlossene Änderungsvereinbarung **modifiziert,** so gilt Folgendes: Bei einer Lockerung der Übertragungsbeschränkung oder der Stimmbindung (zB durch die Aufnahme von zusätzlichen Ausnahmen von der Übertragungsbeschränkung oder der Stimmbindung) ist eine Berufung auf den Bestandsschutz des Abs. 2 S. 2 statthaft, da die neue Regelung lediglich ein „Minus" zu der vor dem 22.4.2004 vereinbarten Regelung darstellt.[91] Ansonsten wird man danach zu unterscheiden haben, ob durch die Änderungs-

---

[82] Baums/Thoma/*Kiem* Rn. 22.
[83] Baums/Thoma/*Kiem* Rn. 22.
[84] *Maul/Muffat-Jeandet* AG 2004, 306 (311).
[85] Begr. RegE, BT-Drs. 16/1003, 20; Baums/Thoma/*Kiem* Rn. 20; FK-WpÜG/*Vogel* Rn. 29; Steinmeyer/*Bastian* Rn. 17; *Arnold* Der Konzern 2003, 173 (176 f.).
[86] Steinmeyer/*Bastian* Rn. 17 m. Fn. 29; aA Baums/Thoma/*Kiem* Rn. 20.
[87] Begr. RegE, BT-Drs. 16/1003, 20; Assmann/Pötzsch/Schneider/*Meyer* Rn. 23; Baums/Thoma/*Kiem* Rn. 19; *Harbarth* ZGR 2007, 37 (50 f.).
[88] Assmann/Pötzsch/Schneider/*Meyer* Rn. 23; *Harbarth* ZGR 2007, 37 (51).
[89] *Harbarth* ZGR 2007, 37 (51).
[90] Assmann/Pötzsch/Schneider/*Meyer* Rn. 23; *Harbarth* ZGR 2007, 37 (51); Baums/Thoma/*Kiem* Rn. 19.
[91] *Harbarth* ZGR 2007, 37 (51).

vereinbarung der Kernbereich der Übertragungsbeschränkung oder der Stimmbindung betroffen ist. Wird beispielsweise nur die Frist für die Erteilung der Zustimmung hinsichtlich einer Übertragungsbeschränkung geändert, so wird dadurch der Kernbereich nicht betroffen. Eine Berufung auf Abs. 2 S. 2 ist daher weiterhin möglich.[92] Anders ist zu entscheiden, wenn beispielsweise die Voraussetzungen, unter denen eine Zustimmung zu einer Übertragung der Aktien der Zielgesellschaft erteilt werden kann, grundlegend verändert werden. In einem solchen Fall ist eine Berufung auf den Ausnahmetatbestand des Abs. 2 S. 2 ausgeschlossen.[93]

36    Eine andere Frage ist, ob eine vor dem 22.4.2004 geschlossene Übertragungsbeschränkung oder Stimmbindung im **ursprünglich vereinbarten Umfang** fortgilt, obwohl nach diesem Datum im Rahmen einer Änderungsvereinbarung eine neue Bestimmung in Kraft gesetzt wurde, die nicht unter den Ausnahmetatbestand des Abs. 2 S. 2 fällt. Dies kann beispielsweise bei einer nachträglichen Erweiterung des Anwendungsbereichs der Übertragungsbeschränkung der Fall sein.[94] Insoweit wird man anhand des rechtsgeschäftlichen Willens der Vertragsparteien hinsichtlich der Fortgeltung der „alten" Regelung zu differenzieren haben.[95]

37    Auf **satzungsmäßige Übertragungsbeschränkungen** (sog. Vinkulierungsklauseln iSd § 68 Abs. 2 AktG) findet die europäische Durchbrechungsregel stets Anwendung, dh auch dann, wenn diese vor dem 22.4.2004 in die Satzung aufgenommen wurden.[96] Dies folgt bereits aus dem eindeutigen Wortlaut des Abs. 2 S. 2, der im Gegensatz zu Abs. 2 S. 1 Nr. 1 satzungsmäßige Übertragungsbeschränkungen nicht in Bezug nimmt, sondern ausschließlich von „vereinbarten Übertragungsbeschränkungen" spricht. Außerdem sieht auch die Übernahme-RL einen Vertrauensschutz ausschließlich für vertraglich vereinbarte Übertragungsbeschränkungen vor (vgl. dazu UAbs. 2 im Gegensatz zu UAbs. 1 des Art. 11 Abs. 2 Übernahme-RL). Zudem spricht auch die Gesetzesbegründung für dieses Ergebnis, da diese lediglich von „Altverträgen" spricht („Außerdem werden Altverträge aus der Zeit vor Unterzeichnung der Übernahme-RL … nicht in die Durchbrechungsregel … einbezogen.").[97]

38    **cc) Gesetzliche Übertragungsbeschränkungen.** Nach dem Wortlaut des Abs. 2 S. 1 gilt die europäische Durchbrechungsregel ausschließlich für vertraglich vereinbarte oder (ausschließlich) statutarisch festgeschriebene Übernahmehindernisse. **Nicht erfasst** werden demgegenüber Übernahmehindernisse, die auf einer gesetzlichen Regelung beruhen, auch wenn sie zusätzlich (rein deklaratorisch) in die Satzung der Zielgesellschaft aufgenommen worden sind.[98] Ein solches gesetzliches Übernahmehindernis stellt beispielsweise die in § 2 Abs. 1 LuftNaSiG[99] enthaltene Verpflichtung zur Ausgabe von vinkulierten Namensaktien dar, die sich an börsennotierte Aktiengesellschaften mit Sitz im Inland richtet, die ein Luftfahrtunternehmen betreiben (zB Deutsche Lufthansa AG).[100] Diese können mithin durch einen Opt-in Beschluss der Hauptversammlung der Zielgesellschaft nicht beseitigt werden.

39    **3. Keine Geltung von Übertragungsbeschränkungen (Abs. 2 S. 1 Nr. 1).** Hat die Hauptversammlung einen Opt-in Beschluss hinsichtlich der europäischen Durchbrechungs-

[92] *Harbarth* ZGR 2007, 37 (51).
[93] *Harbarth* ZGR 2007, 37 (51).
[94] *Harbarth* ZGR 2007, 37 (51).
[95] *Harbarth* ZGR 2007, 37 (51).
[96] So wohl auch *Meyer* WM 2006, 1135 (1140); Baums/Thoma/*Kiem* Rn. 19; aA FK-WpÜG/*Vogel* Rn. 39; wohl auch *Diekmann* NJW 2007, 17 (18).
[97] Begr. RegE, BT-Drs. 16/1003, 20.
[98] Assmann/Pötzsch/Schneider/*Meyer* Rn. 21; FK-WpÜG/*Vogel* Rn. 30; Baums/Thoma/*Kiem* Rn. 18; *Harbarth* ZGR 2007, 37 (43); *Meyer* WM 2006, 1135 (1140); zu Art. 11 Übernahme-RL *Seibt/Heiser* ZIP 2002, 2193 (2200); *Seibt/Heiser* ZGR 2005, 200 (226 f.) m. Fn. 148.
[99] Gesetz zur Sicherung des Nachweises der Eigentümerstellung und der Kontrolle von Luftfahrtunternehmen für die Aufrechterhaltung der Luftverkehrsbetriebsgenehmigung und der Luftverkehrsrechte vom 5.6.1997, BGBl. 1997 I 1322.
[100] FK-WpÜG/*Vogel* Rn. 31; *Meyer* WM 2006, 1135 (1140); *Seibt/Heiser* ZGR 2005, 200 (227).

regel gefasst, gelten während der Annahmefrist des Angebots **satzungsmäßige und vertragliche Übertragungsbeschränkungen** von Aktien nicht gegenüber dem Bieter. Durch diese Regelung wird Art. 11 Abs. 2 Übernahme-RL in deutsches Recht umgesetzt.

**a) Übertragungsbeschränkungen isd Abs. 2 S. 1 Nr. 1. aa) Satzungsmäßige 40 Übertragungsbeschränkungen.** Von Abs. 2 S. 1 Nr. 1 werden zum einen satzungsmäßige Übertragungsbeschränkungen erfasst. Darunter sind Satzungsbestimmungen zu verstehen, die die rechtsgeschäftliche Übertragung der Aktien der Zielgesellschaft – abweichend vom allgemeinen Grundsatz der freien Verfügbarkeit – an die Zustimmung der Zielgesellschaft binden (sog. **Vinkulierungsklauseln** isd § 68 Abs. 2 AktG).[101] Solche Vinkulierungsklauseln sind nur bei Namens-, nicht dagegen bei Inhaberaktien zulässig.[102] Für die Anwendbarkeit des Abs. 2 S. 1 Nr. 1 ist es unerheblich, welches Organ – in Betracht kommen insoweit Vorstand, Aufsichtsrat oder die Hauptversammlung der Zielgesellschaft[103] – im Innenverhältnis über die Erteilung der Zustimmung entscheidet.[104]

**bb) Vereinbarte Übertragungsbeschränkungen.** Von Abs. 2 S. 1 Nr. 1 werden zum **41** anderen **vereinbarte Übertragungsbeschränkungen** erfasst. Ob eine Übertragungsbeschränkung zwischen der Zielgesellschaft und ihren Aktionären oder ausschließlich zwischen Aktionären vereinbart worden ist, ist nach dem Wortlaut des Abs. 2 S. 1 Nr. 1 unerheblich. Freilich werden Übertragungsbeschränkungen, die zwischen der Zielgesellschaft und ihren Aktionären vereinbart werden, die Ausnahme darstellen, weil Übertragungsbeschränkungen in der Praxis regelmäßig nur zwischen Aktionären ohne Beteiligung der Zielgesellschaft abgeschlossen werden.[105]

**(1) Aktionärseigenschaft erforderlich.** Fraglich ist, ob vom Anwendungsbereich des **42** Abs. 2 S. 1 Nr. 1 auch Vereinbarungen zwischen Aktionären und **Nicht-Aktionären** erfasst werden. Dagegen spricht der Wortlaut des Abs. 2 S. 1 Nr. 1 und des Art. 11 Abs. 2 UAbs. 2 Übernahme-RL, da diese Normen Vereinbarungen mit Dritten nicht erwähnen.[106] Außerdem ist eine über den Wortlaut hinausgehende Auslegung nicht angezeigt, da eine Außerkraftsetzung privatautonomer Gestaltungen im deutschen Recht die absolute Ausnahme darstellt und deshalb eine restriktive Auslegung angezeigt ist.[107] Vereinbarungen mit Nicht-Aktionären werden daher grundsätzlich nicht von Abs. 2 S. 1 Nr. 1 erfasst.[108] Dies gilt auch dann, wenn die Übertragungsbeschränkung nicht nur gegenüber einem Nicht-Aktionär, sondern – ggf. sogar in demselben Vertrag – auch gegenüber einem Aktionär abgegeben wird.[109] Die mit dem Nicht-Aktionär geschlossene (Teil-)Vereinbarung unterfällt nicht Abs. 2 S. 1 Nr. 1, solange der Nicht-Aktionär nicht ausschließlich aus **Umgehungsgesichtspunkten** an der vertraglichen Übertragungsbeschränkung beteiligt wird.[110] Ein Indiz für die Umgehungsabsicht kann in einem fehlenden eigenen wirtschaftlichen Interesse des Nicht-Aktionärs an dem Vertragsschluss gesehen werden.[111] **Maßgeblicher Zeitpunkt** für die Beurteilung der Aktionärseigenschaft ist der Beginn der Annahmefrist.[112]

---

[101] Begr. RegE, BT-Drs. 16/1003, 20; Assmann/Pötzsch/Schneider/*Meyer* Rn. 20; Baums/Thoma/*Kiem* Rn. 25; Hüffer/Koch/*Koch* AktG § 68 Rn. 10; Angerer/Geibel/Süßmann/*Süßmann* Rn. 5; Steinmeyer/*Bastian* Rn. 8; *Harbarth* ZGR 2007, 37 (43); *Stoppel* WM 2008, 147; *Krause* BB 2004, 113 (115).

[102] Hüffer/Koch/*Koch* AktG § 68 Rn. 10; *Lieder* ZHR 172 (2008), 306 (308 ff.).

[103] Hüffer/Koch/*Koch* AktG § 68 Rn. 14.

[104] Baums/Thoma/*Kiem* Rn. 25; *Harbarth* ZGR 2007, 37 (43).

[105] Baums/Thoma/*Kiem* Rn. 26.

[106] *Harbarth* ZGR 2007, 37 (45).

[107] *Harbarth* ZGR 2007, 37 (45).

[108] Kölner Komm WpÜG/*Hirte* Rn. 22; Assmann/Pötzsch/Schneider/*Meyer* Rn. 22; Schwark/Zimmer/Noack/*Zetzsche* Rn. 9; *Harbarth* ZGR 2007, 37 (45); Baums/Thoma/*Kiem* Rn. 26; Steinmeyer/*Bastian* Rn. 7; FK-WpÜG/*Vogel* Rn. 41.

[109] *Harbarth* ZGR 2007, 37 (46).

[110] *Harbarth* ZGR 2007, 37 (46); Schwark/Zimmer/Noack/*Zetzsche* Rn. 9; FK-WpÜG/*Vogel* Rn. 41.

[111] *Harbarth* ZGR 2007, 37 (46).

[112] *Harbarth* ZGR 2007, 37 (47).

**43**    Vereinbarungen mit **ehemaligen oder zukünftigen Aktionären** unterfallen dem Anwendungsbereich des Abs. 2 S. 1 Nr. 1, wenn diese Vereinbarungen gerade im Hinblick auf die ehemalige oder zukünftige Aktionärseigenschaft geschlossen werden.[113] Von Abs. 2 S. 1 Nr. 1 werden auch Vereinbarungen mit **Nicht-Aktionären** erfasst, wenn die Beteiligung des Nicht-Aktionärs an der Vereinbarung einem Aktionär zurechenbar ist.[114] Eine Zurechnung erfolgt, wenn der Aktionär den Abschluss der Vereinbarung mit dem Nicht-Aktionär veranlasst hat oder der Nicht-Aktionär wirtschaftlicher Eigentümer der Aktien ist.[115] Außerdem unterfallen dem Abs. 2 S. 1 Nr. 1 Vereinbarungen mit **Ehegatten, Lebenspartnern oder minderjährigen Kindern** von Aktionären sowie Vereinbarungen **auf Veranlassung oder Rechnung** dieser Personen (Rechtsgedanke der § 89 Abs. 3 S. 1 AktG, § 115 Abs. 2 AktG).[116] Schließlich ist Abs. 2 S. 1 Nr. 1 auch dann anwendbar, wenn die Vereinbarung mit einer Gesellschaft geschlossen wird, die nicht an der Zielgesellschaft beteiligt ist, an der der Aktionär aber eine **Mehrheitsbeteiligung** hält.[117]

**44**    Übertragungsbeschränkungen, die mit Aktionären der Zielgesellschaft abgeschlossen wurden, unterfallen ausnahmsweise nicht dem Anwendungsbereich des Abs. 2 S. 1 Nr. 1, wenn **kein inhaltlicher Bezug** zwischen der Übertragungsbeschränkung und der Aktionärsstellung besteht, der Begünstigte der Übertragungsbeschränkung nur zufällig auch noch Aktionär der Zielgesellschaft ist.[118] Die Ungleichbehandlung im Vergleich zu einem Nicht-Aktionär wäre in dieser Konstellation nicht gerechtfertigt.[119]

**45**    **(2) Zeitpunkt des Vertragsschlusses.** Aus dem Gegenschluss zu Abs. 5 S. 1 ergibt sich, dass Abs. 2 S. 1 Nr. 1 auch Vereinbarungen erfasst, die **nach** der Veröffentlichung der Entscheidung zur Abgabe des Angebots nach § 10 Abs. 1 S. 1 begründet wurden.[120]

**46**    **(3) Erfasste Vereinbarungen.** Fraglich ist, welche Arten von Vereinbarungen von Abs. 2 S. 1 Nr. 1 erfasst werden. Klarheit besteht insoweit, als Abs. 2 S. 1 Nr. 1 **keine dingliche Wirkung** der vereinbarten Übertragungsbeschränkung voraussetzt, da schuldrechtlichen Vereinbarungen nach § 137 BGB eine solche dingliche Wirkung gar nicht zukommen kann.[121] Anderenfalls hätten Abs. 2 S. 1 Nr. 1 Var. 2 und 3 von vornherein keinen Anwendungsbereich.[122] Daher findet Abs. 2 S. 1 Nr. 1 auf alle Vereinbarungen Anwendung, die die Übertragung von Aktien der Zielgesellschaft an bestimmte Voraussetzungen knüpfen.[123]

**47**    Vom Anwendungsbereich des Abs. 2 S. 1 Nr. 1 werden mithin solche Vereinbarungen erfasst, die die Übertragung von Aktien der Zielgesellschaft insgesamt, über eine bestimmte Anzahl hinaus oder an bestimmte Personen untersagen oder die Übertragung von der Zustimmung einer Person abhängig machen (in Betracht kommen beispielsweise die Zustimmung der Zielgesellschaft, eines einzelnen Aktionärs, einer Gruppe von Aktionären oder von sonstigen Dritten).[124] Ein in der Praxis häufig vorkommender Fall sind sog. **Lock-up-Vereinbarungen.**[125] Solche Vereinbarungen werden insbesondere bei Börsengängen mit den veräußernden Aktionären abgeschlossen und untersagen den veräußernden Aktionären während eines bestimmten Zeitraums nach Börsenzulassung der Aktien (häufig wird

---

[113] Assmann/Pötzsch/Schneider/*Meyer* Rn. 22; *Harbarth* ZGR 2007, 37 (46 f.).
[114] Schwark/Zimmer/*Noack*/*Zetzsche* Rn. 9; *Harbarth* ZGR 2007, 37 (46).
[115] *Harbarth* ZGR 2007, 37 (46).
[116] *Harbarth* ZGR 2007, 37 (46).
[117] *Harbarth* ZGR 2007, 37 (46).
[118] *Harbarth* ZGR 2007, 37 (47); Steinmeyer/*Bastian* Rn. 7.
[119] *Harbarth* ZGR 2007, 37 (47); FK-WpÜG/*Vogel* Rn. 41.
[120] *Harbarth* ZGR 2007, 37 (47).
[121] *Harbarth* ZGR 2007, 37 (44); Baums/Thoma/*Kiem* Rn. 27; Assmann/Pötzsch/Schneider/*Meyer* Rn. 26; *Meyer* WM 2006, 1135 (1140); Angerer/Geibel/Süßmann/*Süßmann* Rn. 5.
[122] *Harbarth* ZGR 2007, 37 (44).
[123] Baums/Thoma/*Kiem* Rn. 27.
[124] *Harbarth* ZGR 2007, 37 (44); Baums/Thoma/*Kiem* Rn. 28.
[125] Baums/Thoma/*Kiem* Rn. 31; Assmann/Pötzsch/Schneider/*Meyer* Rn. 25; Angerer/Geibel/Süßmann/*Süßmann* Rn. 5.

ein Zeitraum zwischen drei und zwölf Monaten vereinbart) ohne Zustimmung der Emissionsbank weitere Aktien der Zielgesellschaft zu verkaufen.[126] Unter den Anwendungsbereich des Abs. 2 S. 1 Nr. 1 fallen Lock-up-Vereinbarungen dann, wenn die Vertragsparteien im maßgeblichen Zeitpunkt Aktionäre der Zielgesellschaft sind (→ Rn. 45). Von der europäischen Durchbrechungsregel werden dagegen reine **Unterrichtungspflichten** oder **Sprechklauseln** nicht erfasst, da sie die Übertragung der Aktien der Zielgesellschaft nicht beschränken, sondern lediglich Verfahrensregelungen aufstellen.[127]

Nicht unter den Anwendungsbereich des Abs. 2 S. 1 Nr. 1 fallen außerdem **schuldrecht-** 48 **liche Vereinbarungen** über die Übertragung von Aktien, also insbesondere Kaufverträge, da solche Vereinbarungen nicht auf die Verhinderung oder Erschwerung der Übertragung der Aktien der Zielgesellschaft abzielen, sondern die Verhinderung oder Erschwerung der Übertragung lediglich Reflex einer solchen Vereinbarung ist.[128] Dieses Ergebnis wird auch durch die Gesetzesmaterialien bestätigt, die ausdrücklich schuldrechtliche Veräußerungsvorgänge vom Anwendungsbereich der europäischen Durchbrechungsregel ausnehmen.[129]

Aus denselben Gründen fallen die **Übertragungstatbestände selbst** ebenfalls nicht 49 unter den Anwendungsbereich der europäischen Durchbrechungsregel.[130]

Die europäische Durchbrechungsregel findet dagegen auch auf **Vorkaufsrechte** Anwen- 50 dung.[131] Zwar sind Übertragungen von Aktien der Zielgesellschaft an einen Dritten, die der Vorkaufsverpflichtete trotz Ausübung des Vorkaufsrechts durch den Vorkaufsberechtigten durchführt, dinglich nicht unwirksam. Sie setzen den Vorkaufsverpflichteten jedoch Schadensersatzansprüchen des Vorkaufsberechtigten aus und beeinträchtigen damit die Bereitschaft des Vorkaufsverpflichteten, die Aktien an den Bieter zu übertragen.[132] Ihnen kommt mithin eine übertragungsbeschränkende Wirkung zu.[133]

Wegen der funktionalen Vergleichbarkeit von Vorkaufsrechten und **Vorerwerbsrechten** 51 findet die europäische Durchbrechungsregel auch auf Letztere Anwendung.[134]

Wird in einem Vertrag eine **Vertragsstrafe** für den Fall versprochen, dass eine Veräuße- 52 rung von Aktien der Zielgesellschaft an den Bieter erfolgt, so ist insoweit ebenfalls der Anwendungsbereich des Abs. 2 S. 1 Nr. 1 eröffnet.[135] Durch das Vertragsstrafversprechen wird nämlich – wie beim Bestehen von Schadensersatzansprüchen bei einem Vorkaufsrecht (→ Rn. 50) – die Bereitschaft des zur Zahlung Verpflichteten beeinträchtigt, die Aktien an den Bieter zu übertragen.

Fraglich ist, ob auch **Call Optionen** oder **Forward Verträge** in den Anwendungsbe- 53 reich des Abs. 2 S. 1 Nr. 1 fallen. Teilweise werden Call Optionen als Übertragungsbeschränkung angesehen, wenn sie einen eindeutigen Bezug zur Abgabe eines Übernahmeangebots aufweisen.[136] Dies sei beispielsweise der Fall, wenn eine Andienungspflicht für den Fall der Unterbreitung eines Übernahmeangebots besteht. Im Gegensatz dazu seien marktgängige

---

[126] *Grunewald/Schlitt,* Einführung in das Kapitalmarktrecht, 4. Aufl. 2020, § 8 IV.1.d), 177; vgl. zu Lock-up-Vereinbarungen auch *C. Schäfer* ZGR 2008, 455 (472); *Schäcker/Kunze/Wohlgefahrt* in Habersack/Mülbert/Schlitt Unternehmensfinanzierung § 2 Rn. 2.14; *Fleischer* WM 2002, 2305 ff.; *Singhof/Weber* in Habersack/Mülbert/Schlitt Unternehmensfinanzierung § 3 Rn. 3.36 ff.; umfassend dazu *Höhn,* Ausgewählte Probleme bei Lock-up-agreements, 2004; *Bungert/Wansleben* ZIP 2013, 1841.

[127] Baums/Thoma/*Kiem* Rn. 28.

[128] *Harbarth* ZGR 2007, 37 (45); Baums/Thoma/*Kiem* Rn. 27; Steinmeyer/*Bastian* Rn. 10.

[129] Begr. RegE, BT-Drs. 16/1003, 20.

[130] Baums/Thoma/*Kiem* Rn. 27.

[131] Assmann/Pötzsch/Schneider/*Meyer* Rn. 25; *Harbarth* ZGR 2007, 37 (44); Baums/Thoma/*Kiem* Rn. 29; Angerer/Geibel/Süßmann/*Süßmann* Rn. 5.

[132] *Harbarth* ZGR 2007, 37 (44); Baums/Thoma/*Kiem* Rn. 29.

[133] Baums/Thoma/*Kiem* Rn. 29.

[134] *Harbarth* ZGR 2007, 37 (44); Assmann/Pötzsch/Schneider/*Meyer* Rn. 25; Angerer/Geibel/Süßmann/*Süßmann* Rn. 5; Baums/Thoma/*Kiem* Rn. 27.

[135] Baums/Thoma/*Kiem* Rn. 32; Assmann/Pötzsch/Schneider/*Meyer* Rn. 25; nach *Harbarth* ZGR 2007, 37 (45) ist im Einzelfall zu prüfen, ob es sich bei der Vereinbarung von Strafzahlungen wegen Funktionsäquivalenz um eine Umgehung des Abs. 2 S. 1 Nr. 1 handelt; zu Art. 11 Übernahme-RL *Seibt/Heiser* ZIP 2002, 2193 (2200).

[136] Baums/Thoma/*Kiem* Rn. 29.

Optionsrechte mit dem Aktionär als Stillhalter einer Call Option kein Fall des Abs. 2 S. 1 Nr. 1, weil kein Grund bestehe, in Geschäfte einzugreifen, denen im Kern ein Veräußerungsgeschäft zugrunde liege. Aus diesem Grunde würden auch Forward Verträge über Aktien nicht unter die europäische Durchbrechungsregel fallen. Nach einer anderen Auffassung ist zwischen schuldrechtlichen und dinglichen Optionsvereinbarungen zu unterscheiden.[137] Während schuldrechtliche Optionsvereinbarungen, worunter insbesondere Call-Optionen und aufschiebend bedingte Verkaufsvereinbarungen zu verstehen seien, grundsätzlich nicht in den Anwendungsbereich des Abs. 2 S. 1 Nr. 1 fielen, sei dies bei dinglichen Optionen dagegen der Fall. Schließlich sollen nach einer weiteren Auffassung Optionsrechte dann von der europäischen Durchbrechungsregel erfasst sein, wenn deren Ausübbarkeit an die (beabsichtigte) Veräußerung von Aktien der Zielgesellschaft geknüpft ist.[138] Der zuletzt genannten Auffassung ist zu folgen. Ist die Ausübbarkeit der Option an die (beabsichtigte) Veräußerung geknüpft, so ist die Option in funktioneller Hinsicht mit einem Vorkaufsrecht vergleichbar.[139] Daher ist es geboten, diese Optionen im Rahmen der europäischen Durchbrechungsregel wie Vorkaufsrechte zu behandeln.[140]

**54**   Im Gegensatz dazu fallen **Forward Verträge** grundsätzlich nicht in den Anwendungsbereich des Abs. 2 S. 1 Nr. 1.[141] Bei Forward Verträgen handelt es sich in der Regel um einen Kaufvertrag, bei dem die Fälligkeit des Lieferanspruch hinsichtlich der Aktien auf einen bestimmten Zeitpunkt in der Zukunft hinausgeschoben ist.[142] Daher sind Forward Verträge im Ergebnis wie „normale" Kaufverträge (insoweit → Rn. 48) zu behandeln.

**55**   Auf die Abgabe eines Übernahmeangebots **bedingte Übertragungen** von Aktien der Zielgesellschaft (insbesondere auf Organmitglieder der Zielgesellschaft oder auf diesen nahe stehende Personen) fallen nicht in den Anwendungsbereich des Abs. 2 S. 1 Nr. 1.[143] Die Übertragung wurde nämlich zeitlich vor Beginn der Annahmefrist vorgenommen (aufschiebend bedingt) und stellt daher nach Beginn der Annahmefrist keine Übertragungsbeschränkung mehr dar.[144] Eine über den Wortlaut der Vorschrift hinausgehende Auslegung ist auch nicht angezeigt, da die Nichterfassung solcher Konstellationen Übernahmen nicht sonderlich erschweren sollten. Es ist nämlich davon auszugehen, dass keiner der an der aufschiebend bedingten Übertragung Beteiligten das Übernahmeangebot angenommen hätte.[145]

**56**   **b) Rechtsfolgen. aa) Allgemein.** Abs. 2 S. 1 Nr. 1 bestimmt, dass Übertragungsbeschränkungen von Aktien nicht **gegenüber dem Bieter** gelten. Folge der europäischen Durchbrechungsregel ist mithin, dass bei Übertragungen von Aktien der Zielgesellschaft an den Bieter die Übertragungsbeschränkungen nicht eingreifen.[146] Ob der Aktionär der Zielgesellschaft das Übernahmeangebot annimmt oder sich außerhalb des Übernahmeverfahrens (beispielsweise im Rahmen eines Paketverkaufs) mit dem Bieter über die Veräußerung der Aktien einigt, ist für die Anwendbarkeit des Abs. 2 S. 1 Nr. 1 unerheblich, solange die Einigung innerhalb der Annahmefrist erfolgt.[147] Im Gegensatz dazu werden von Abs. 2 S. 1 Nr. 1 Übertragungen der Aktien **an Dritte nicht** erfasst. Im Rahmen einer solchen

---

[137] *Meyer* WM 2006, 1135 (1140).

[138] *Harbarth* ZGR 2007, 37 (44).

[139] *Harbarth* ZGR 2007, 37 (44) m. Fn. 33.

[140] *Harbarth* ZGR 2007, 37 (44).

[141] Baums/Thoma/*Kiem* Rn. 29.

[142] Baums/Thoma/*Kiem* Rn. 29.

[143] Baums/Thoma/*Kiem* Rn. 33; Assmann/Pötzsch/Schneider/*Meyer* Rn. 26; Schwark/Zimmer/*Noack*/*Zetzsche* Rn. 7; nach *Harbarth* ZGR 2007, 37 (45) ist im Einzelfall zu prüfen, ob es sich bei der aufschiebend bedingten Übereignung wegen Funktionsäquivalenz um eine Umgehung des Abs. 2 S. 1 Nr. 1 handelt; aA Steinmeyer/*Bastian* Rn. 10; wohl auch *Meyer* WM 2006, 1135 (1140); offenlassend *Seibt*/*Heiser* AG 2006, 301 (313).

[144] Baums/Thoma/*Kiem* Rn. 33; zu Art. 11 Übernahme-RL *Glade*/*Haak*/*Hellich* Der Konzern 2004, 515 (522 f.); *Seibt*/*Heiser* ZIP 2002, 2193 (2200).

[145] Baums/Thoma/*Kiem* Rn. 33.

[146] *Harbarth* ZGR 2007, 37 (49); Steinmeyer/*Bastian* Rn. 7; Baums/Thoma/*Kiem* Rn. 34.

[147] *Harbarth* ZGR 2007, 37 (49 f.); Baums/Thoma/*Kiem* Rn. 34.

Übertragung greifen die Übertragungsbeschränkungen in vollem Umfang ein.[148] Der europäischen Durchbrechungsregel kommt somit „lediglich" eine relative und keine absolute Wirkung zu.[149]

**bb) Rechtsfolgen bei satzungsmäßigen Übertragungsbeschränkungen.** Die europäische Durchbrechungsregel führt dazu, dass Aktionäre ihre Aktien trotz einer in der Satzung enthaltenen Vinkulierungsklausel **ohne Zustimmung** der Zielgesellschaft in rechtswirksamer Weise auf den Bieter übertragen können.[150] Die Wirksamkeit der Übertragung der Aktien an den Bieter wird auch nicht nachträglich dadurch beseitigt, dass der Bieter nach Durchführung des Übernahmeangebots nicht über mindestens 75% der Stimmrechte der Zielgesellschaft verfügt.[151] Der Gesetzgeber ist nämlich einem derartigen Vorschlag aus der Lit.[152] nicht gefolgt.[153]

Die Wirksamkeit der Vinkulierungsklausel ist jedoch nicht für einen zeitlich unbeschränkten Zeitraum aufgehoben, sondern grundsätzlich lediglich für die **Dauer der Annahmefrist** (dazu und zur Erstreckung der europäischen Durchbrechungsregel auch auf die Angebotsabwicklung → Rn. 29, → Rn. 31).

**cc) Rechtsfolgen bei vereinbarten Übertragungsbeschränkungen.** Die Rechtsfolgen des Eingreifens der europäischen Durchbrechungsregel stellen sich hinsichtlich der vertraglich vereinbarten Übertragungsbeschränkungen wie folgt dar: Zum einen kann der Vertragspartner **keine Unterlassung** der Übertragung der Aktien der Zielgesellschaft auf den Bieter verlangen.[154] Zum anderen kann sich der Vertragspartner **nicht auf Sekundäransprüche** und auf **andere vertragliche Ansprüche** zur mittelbaren Durchsetzung wie beispielsweise Vertragsstrafen berufen.[155] Die Sekundäransprüche und die anderen vertraglichen Ansprüche zur mittelbaren Durchsetzung entfallen, da wegen der europäischen Durchbrechungsregel keine Verpflichtung besteht, die Übertragung der Aktien auf den Bieter zu unterlassen.[156]

**c) Erneutes Eingreifen der Übertragungsbeschränkungen.** Die europäische Durchbrechungsregel ist in zeitlicher Hinsicht auf die Annahmefrist und die Abwicklung des Übernahmeangebots beschränkt (→ Rn. 31). Daher greifen nach diesem Zeitpunkt die satzungsmäßigen oder vertraglichen Übertragungsbeschränkungen wieder ein.[157]

Für die vertraglichen Übertragungsbeschränkungen bedeutet dies, dass die Vertragsparteien wieder dem **Pflichtenprogramm** unterliegen, das vor dem Übernahmeangebot bestand. Dieses Pflichtenprogramm erstreckt sich jedoch nur noch auf die Aktien der Zielgesellschaft, die die Vertragsparteien nach Durchführung des Übernahmeangebots noch halten. Sollten sämtliche Aktien an den Bieter übertragen worden sein, sind die vertraglichen Regelungen gegenstandslos geworden.[158] **Der Bieter** selbst unterliegt freilich – außer er ist selbst Vertragspartei – nicht den vertraglich vereinbarten Übertragungsbeschränkungen.[159] Zwar wurde in der rechtswissenschaftlichen Lit. im Vorfeld der Schaffung des Abs. 2 S. 1 Nr. 1 teilweise gefordert, den Bieter nach Durchführung des Übernahmeangebots den gleichen Übertragungsbeschränkungen zu unterwerfen, die für den veräußernden Aktionär der Zielgesellschaft galten (beispielsweise für

---

[148] Baums/Thoma/*Kiem* Rn. 34; *Harbarth* ZGR 2007, 37 (49).
[149] Baums/Thoma/*Kiem* Rn. 34.
[150] Baums/Thoma/*Kiem* Rn. 35; Steinmeyer/*Bastian* Rn. 7; *Harbarth* ZGR 2007, 37 (48); zu Art. 11 Übernahme-RL *Glade/Haak/Hellich* Der Konzern 2004, 515 (522).
[151] Baums/Thoma/*Kiem* Rn. 35.
[152] Zur Umsetzung des Art. 11 Übernahme-RL in deutsches Recht *Seibt/Heiser* ZIP 2002, 2193 (2200); abl. *Glade/Haak/Hellich* Der Konzern 2004, 515 (522).
[153] Baums/Thoma/*Kiem* Rn. 35.
[154] *Harbarth* ZGR 2007, 37 (48); Baums/Thoma/*Kiem* Rn. 23 und 35.
[155] *Harbarth* ZGR 2007, 37 (48); Assmann/Pötzsch/Schneider/*Meyer* Rn. 26; Schwark/Zimmer/*Noack/Zetzsche* Rn. 5; Baums/Thoma/*Kiem* Rn. 23; Steinmeyer/*Bastian* Rn. 9; *Simon* Der Konzern 2006, 12 (13).
[156] *Harbarth* ZGR 2007, 37 (48).
[157] Baums/Thoma/*Kiem* Rn. 38; Assmann/Pötzsch/Schneider/*Meyer* Rn. 15.
[158] Baums/Thoma/*Kiem* Rn. 38.
[159] Steinmeyer/*Bastian* Rn. 7; *Harbarth* ZGR 2007, 37 (50).

Lock-up-Vereinbarungen),[160] jedoch ist eine solche Bindung des Bieters in Abs. 2 S. 1 Nr. 1 nicht festgeschrieben worden. Da dies unterblieben ist, muss es beim allgemeinen Grundsatz der Relativität der Schuldverhältnisse verbleiben.[161]

62   Im Gegensatz dazu wirkt die in der Satzung der Zielgesellschaft festgeschriebene Vinkulierungsklausel **dinglich**. Dies bedeutet, dass nach Ablauf der Annahmefrist bzw. nach Abwicklung des Übernahmeangebots und dem damit verbundenen Wiederaufleben dieser Klausel **auch der Bieter** mit seinen Aktien an der Zielgesellschaft der Vinkulierungsklausel unterliegt.[162] Diese Bindung an die Vinkulierungsklausel kann er nur durch einen **satzungsändernden Beschluss** beseitigen, durch den die Vinkulierungsklausel aus der Satzung entfernt wird.[163] Ein solcher Beschluss kann in einer Hauptversammlung nach Abs. 2 S. 1 Nr. 3 gefasst werden.[164] Die Fassung eines solchen Beschlusses wird dem Bieter keine Schwierigkeiten bereiten, wenn er aufgrund des Übernahmeangebots mindestens 75% der Stimmrechte der Zielgesellschaft erlangt hat, da er dann alleine mit seinen Stimmen diese Satzungsänderung beschließen kann. Nach Eintragung der Satzungsänderung im Handelsregister kann er ohne das Erfordernis der Zustimmung der Zielgesellschaft seine Aktien an Dritte übertragen.

63   Hat der Bieter jedoch aufgrund des Übernahmeangebots weniger als 75% der Stimmrechte der Zielgesellschaft erworben, wird es ihm unter Umständen nicht möglich sein, die Aufhebung der Vinkulierungsklausel zu beschließen. Er wird daher bei **Weiterübertragungen** seiner Aktien die Vinkulierungsklausel zu beachten haben. Das Risiko, dass der Bieter in einer solchen Konstellation in der Zielgesellschaft „eingemauert" wird, weil die Zielgesellschaft ihre Zustimmung zu einer Weiterveräußerung der Aktien durch den Bieter nicht erteilt, dürfte jedoch relativ gering sein.[165] Vinkulierte Namensaktien dürfen nämlich nur dann zum Börsenhandel zugelassen werden, wenn das Zustimmungserfordernis nicht zu einer Störung des Börsenhandels führt (§ 5 Abs. 2 Nr. 2 BörsZulV). Nach der Verwaltungspraxis der Geschäftsführungen der Börsen liegt eine solche Störung nicht vor, wenn die Zielgesellschaft schriftlich gegenüber den Geschäftsführungen der Börsen erklärt, von der Möglichkeit der Zustimmungsverweigerung keinen bzw. nur in außerordentlichen Fällen im Gesellschaftsinteresse Gebrauch zu machen.[166] Die Einhaltung dieser Verpflichtungserklärung der Zielgesellschaft wird durch die Geschäftsführungen der Börsen regelmäßig überwacht und kann bei gravierenden Verstößen zu einem Widerruf der Zulassung durch diese führen. Da die Zielgesellschaft einen Widerruf der Zulassung nicht riskieren dürfte, wird sie in aller Regel die Zustimmung zu einer Veräußerung der Aktien durch den Bieter an einen Dritten erteilen.

64   **4. Stimmbindungsverträge und Mehrstimmrechtsaktien in Abwehrhauptversammlung (Abs. 2 S. 1 Nr. 2).** Hat die Hauptversammlung einen Opt-in Beschluss nach Maßgabe von Abs. 1 gefasst, entfalten in einer **Abwehrhauptversammlung** Stimmbindungsverträge keine Wirkung; zudem berechtigen Mehrstimmrechtsaktien nur zu einer Stimme. Durch diese Regelung wird Art. 11 Abs. 3 Übernahme-RL in deutsches Recht umgesetzt.

65   **a) Stimmbindungsverträge.** Von Abs. 2 S. 1 Nr. 2 werden zum einen **Stimmbindungsverträge** erfasst. Unter einem Stimmbindungsvertrag versteht man einen Vertrag, durch den sich die Vertragsteile gegenseitig verpflichten, die ihnen zustehenden Stimmrechte in der Hauptversammlung der Zielgesellschaft in der vertraglich festgelegten Weise auszuüben oder von der Ausübung der Stimmrechte Abstand zu nehmen.[167] Die Zwecke,

---

[160] *Seibt/Heiser* AG 2006, 301 (313 f.); *Glade/Haak/Hellich* Der Konzern 2004, 515 (522).
[161] *Harbarth* ZGR 2007, 37 (50).
[162] Baums/Thoma/*Kiem* Rn. 38.
[163] Baums/Thoma/*Kiem* Rn. 38.
[164] Baums/Thoma/*Kiem* Rn. 38.
[165] AA Baums/Thoma/*Kiem* Rn. 24 und 38.
[166] Dazu auch Schwark/Zimmer/*Heidelbach* BörsZulV § 5 Rn. 3.
[167] Hüffer/Koch/*Koch* AktG § 133 Rn. 25; Assmann/Pötzsch/Schneider/*Meyer* Rn. 30; Baums/Thoma/*Kiem* Rn. 39; *Gätsch* in Marsch-Barner/Schäfer AG-HdB § 4 Rn. 4.74; MHdB AG/*Hoffmann-Becking* § 39 Rn. 42.

für die Stimmbindungsverträge abgeschlossen werden, die Dauer und die Art und Weise der internen Entscheidungsfindung sind vielfältig.[168] Stimmbindungsverträgen ist jedoch gemeinsam, dass die Beteiligten ihre Stimmenmacht bündeln, um so den Einfluss der einzelnen Beteiligten Aktionäre auf die Zielgesellschaft zu verstärken. Ob die Stimmbindungsverträge in die Satzung der Zielgesellschaft integriert oder vielmehr – zur Vermeidung der in der Praxis unerwünschten Publizität – außerhalb der Satzung abgeschlossen werden, ist für die Anwendbarkeit des Abs. 2 S. 1 Nr. 2 unerheblich.[169]

Ein typisches Beispiel für einen Stimmbindungsvertrag ist ein sog. **Poolvertrag,** durch **66** den sich die vertragsschließenden Aktionäre der Zielgesellschaft verpflichten, die Stimmrechte aus den dem Poolvertrag zugrunde liegenden Aktien entsprechend einer einvernehmlich oder mehrheitlich getroffenen Entscheidung der Vertragsparteien auszuüben (→ § 30 Rn. 62).[170]

Gleichfalls vom Anwendungsbereich des Abs. 2 S. 1 Nr. 2 erfasst wird der sog. **Stimm-** **67** **rechtsausschlussvertrag** als Sonderfall eines Stimmbindungsvertrags.[171] Darunter versteht man einen Vertrag, durch den sich ein Aktionär verpflichtet, seine Stimmrechte während der Vertragslaufzeit nicht auszuüben.[172]

**b) Mehrstimmrechtsaktien.** Weitere Folge eines Beschlusses nach Abs. 1 ist, dass **68** Mehrstimmrechtsaktien nach Abs. 2 S. 1 Nr. 2 **zu nur einer Stimme** berechtigen. In der Praxis dürfte diese Bestimmung indes keine große Rolle spielen.[173] Zum einen dürfen Mehrstimmrechtsaktien nach § 12 Abs. 2 AktG nicht neu begründet werden. Zum anderen gelten „alte" Mehrstimmrechtsaktien nur dann fort, wenn die Hauptversammlung der Zielgesellschaft vor dem 1.6.2003 deren Fortgeltung beschlossen und sich die Hauptversammlung der Zielgesellschaft im weiteren Verlauf nicht für die Beseitigung der Mehrstimmrechtsaktien ausgesprochen hat (§ 5 EGAktG).[174]

**c) Zeitlicher Anwendungsbereich.** Abs. 2 S. 1 Nr. 2 ist bei jeder Hauptversammlung **69** der Zielgesellschaft zu beachten, die während der **Annahmefrist** eines Übernahmeangebots (→ Rn. 29) über die Durchführung von Verteidigungsmaßnahmen entscheidet.[175] Ihren Anwendungsbereich hat die Vorschrift daher im Falle der Anwendbarkeit des europäischen Verhinderungsverbots bei Beschlüssen nach § 33a Abs. 2 S. 2 Nr. 1 oder im Falle der Anwendbarkeit des allgemeinen Verhinderungsverbots bei Fassung von sog. Ad-hoc-Ermächtigungsbeschlüssen.[176] Diese Beschlüsse können in Hauptversammlungen gefasst werden, die unter den Erleichterungen des § 16 Abs. 4 einberufen worden sind, jedoch ist die Ausnutzung dieser Erleichterungen für die Anwendbarkeit des Abs. 2 S. 1 Nr. 2 nicht entscheidend.[177]

**d) Rechtsfolgen.** Abs. 2 S. 1 Nr. 2 bewirkt, dass von der Zielgesellschaft ausgegebene **70** Mehrstimmrechtsaktien in der Abwehrhauptversammlung **lediglich eine Stimme** gewähren.[178]

Hinsichtlich der **Stimmbindungsverträge** ist zunächst zu bemerken, dass diesen ohne- **71** hin keine Außenwirkung zukommt, vertragswidrig abgegebene Stimmen also stets gültig

---

[168] *Noack,* Gesellschaftervereinbarungen bei Kapitalgesellschaften, 1994, 19 ff.
[169] *Harbarth* ZGR 2007, 37 (54).
[170] Baums/Thoma/*Kiem* Rn. 39.
[171] Baums/Thoma/*Kiem* Rn. 39.
[172] Hüffer/Koch/*Koch* AktG § 133 Rn. 25.
[173] Begr. RegE, BT-Drs. 16/1003, 20; *Harbarth* ZGR 2007, 37 (54); Baums/Thoma/*Kiem* Rn. 40; *Simon* Der Konzern 2006, 12 (13) m. Fn. 11; Assmann/Pötzsch/Schneider/*Meyer* Rn. 31; Steinmeyer/*Bastian* Rn. 12.
[174] *Harbarth* ZGR 2007, 37 (54); Steinmeyer/*Bastian* Rn. 13. Zur Rechtslage vor Inkrafttreten des KonTraG Kölner Komm AktG/*Zöllner* AktG § 12 Rn. 7 ff.
[175] Baums/Thoma/*Kiem* Rn. 41; Assmann/Pötzsch/Schneider/*Meyer* Rn. 29.
[176] Baums/Thoma/*Kiem* Rn. 41.
[177] Baums/Thoma/*Kiem* Rn. 41.
[178] Baums/Thoma/*Kiem* Rn. 42; *Harbarth* ZGR 2007, 1 (18).

sind.[179] Die Rechtsfolgen der Durchbrechungsregel stellen sich wie folgt dar: Zum einen kann der Vertragspartner nicht ein bestimmtes **Abstimmungsverhalten** von der verpflichteten Vertragspartei verlangen.[180] Zum anderen bewirkt das Eingreifen des Abs. 2 S. 1 Nr. 2 aber auch, dass sich der Vertragspartner nicht auf **Sekundäransprüche** und auf **andere vertragliche Ansprüche** zur mittelbaren Durchsetzung wie beispielsweise Vertragsstrafen berufen kann.[181] Sekundäransprüche und andere vertragliche Ansprüche zur mittelbaren Durchsetzung entfallen, da wegen Abs. 2 S. 1 Nr. 2 keine Verpflichtung besteht, in der Hauptversammlung der Zielgesellschaft in einer bestimmten Weise abzustimmen.[182]

72    Fraglich ist jedoch, ob die Durchbrechungsregel des Abs. 2 S. 1 Nr. 2 auf **sämtliche Beschlussfassungen** Anwendung findet, die während der Abwehrhauptversammlung der Zielgesellschaft gefasst werden. Zwar scheinen der Wortlaut des Abs. 2 S. 1 Nr. 2 und des Art. 11 Abs. 3 Übernahme-RL auf ein solches Verständnis hinzudeuten, jedoch wäre ein solches mit dem Sinn und Zweck der Vorschrift nicht zu vereinbaren.[183] Durch Abs. 2 S. 1 Nr. 2 soll nämlich lediglich gewährleistet werden, dass die Aktionäre frei und unter gleichem Stimmengewicht über die Durchführung von Verteidigungsmaßnahmen entscheiden können.[184] Für eine Erstreckung auf sämtliche Beschlussgegenstände, über die in einer Abwehrhauptversammlung mitentschieden wird, fehlt dagegen die Rechtfertigung.[185] Abs. 2 S. 1 Nr. 2 erfasst daher nur die Beschlüsse, die mögliche Abwehrmaßnahmen der Zielgesellschaft zum Gegenstand haben.[186]

73    **Nach Abschluss** der Abwehrhauptversammlung entfalten die abgeschlossenen Stimmbindungsverträge wieder ihre Wirksamkeit und die Mehrstimmrechtsaktien berechtigen ihren Inhaber wieder zu der festgelegten Anzahl von Stimmrechten, sofern keine Aufhebung oder Änderung vorgenommen wird.

74    **5. Stimmbindungsverträge, Entsendungsrechte und Mehrstimmrechtsaktien in der ersten Hauptversammlung nach dem Übernahmeangebot (Abs. 2 S. 1 Nr. 3).** Hat die Hauptversammlung einen Opt-in Beschluss hinsichtlich der europäischen Durchbrechungsregel gefasst, entfalten schließlich unter bestimmten Voraussetzungen in der ersten Hauptversammlung nach Abschluss des Übernahmeangebots **Stimmbindungsverträge** sowie **Entsendungsrechte** keine Wirkung; zudem berechtigen **Mehrstimmrechtsaktien** nur zu einer Stimme. Durch diese Regelung wird Art. 11 Abs. 4 Übernahme-RL in deutsches Recht umgesetzt,[187] jedoch ohne Berücksichtigung der in Art. 11 Abs. 4 Übernahme-RL vorgesehenen Wirksamkeitsdurchbrechung von Übertragungsbeschränkungen.[188]

75    **a) Einberufungsverlangen des Bieters.** Das Eingreifen des Abs. 2 S. 1 Nr. 3 setzt zunächst voraus, dass die Hauptversammlung der Zielgesellschaft auf **Verlangen des Bieters** einberufen worden ist. Umstritten ist, ob die Regelung des Abs. 2 S. 1 Nr. 3 ein **förmliches Einberufungsverlangen** nach § 122 Abs. 1 AktG voraussetzt oder vielmehr auch ein **formloses** ausreichend ist. Nach einer in der Lit. vertretenen Auffassung muss das Einberufungsverlangen nicht die Anforderungen des § 122 Abs. 1 AktG erfüllen, sondern kann vielmehr auch mündlich oder konkludent erklärt werden.[189] Nach der Gegenauffassung eröffnet dagegen nur ein förmliches Einberufungsverlangen nach § 122 Abs. 1 AktG den

[179] Steinmeyer/*Bastian* Rn. 12; Hüffer/Koch/*Koch* AktG § 133 Rn. 25; *Simon* Der Konzern 2006, 12 (14).

[180] Baums/Thoma/*Kiem* Rn. 23 und Rn. 42; für Übertragungsbeschränkungen auch *Harbarth* ZGR 2007, 37 (48).

[181] Baums/Thoma/*Kiem* Rn. 23 und Rn. 42; Steinmeyer/*Bastian* Rn. 12; FK-WpÜG/*Vogel* Rn. 43; *Simon* Der Konzern 2006, 12 (14); für Übertragungsbeschränkungen auch *Harbarth* ZGR 2007, 37 (48).

[182] Für Übertragungsbeschränkungen *Harbarth* ZGR 2007, 37 (48).

[183] *Harbarth* ZGR 2007, 37 (54).

[184] *Harbarth* ZGR 2007, 37 (54).

[185] *Harbarth* ZGR 2007, 37 (54).

[186] Baums/Thoma/*Kiem* Rn. 42; *Harbarth* ZGR 2007, 37 (54); Steinmeyer/*Bastian* Rn. 12.

[187] Baums/Thoma/*Kiem* Rn. 43.

[188] *Harbarth* ZGR 2007, 37 (55) m. Fn. 64.

[189] *Harbarth* ZGR 2007, 37 (56).

Anwendungsbereich des Abs. 2 S. 1 Nr. 3.[190] Ein solches formelles Einberufungsverlangen sei aus Rechtssicherheitsgründen und wegen der Tragweite des Verlangens des Bieters erforderlich. Der zuletzt genannten Auffassung ist zu folgen. Neben Rechtssicherheitserwägungen spricht für diese Auffassung, dass Abs. 2 S. 1 Nr. 3 keine spezielle Regelung für das Einberufungsverlangen des Bieters trifft und daher die allgemeine aktienrechtliche Bestimmung des § 122 Abs. 1 AktG anwendbar bleibt.[191] Dem steht auch nicht entgegen, dass § 122 Abs. 1 AktG das Vorliegen eines Quorums in Höhe von 5% verlangt, denn der Bieter wird diese Voraussetzung stets erfüllen. Die Regelung des Abs. 2 S. 1 Nr. 3 ist nämlich nur anwendbar, wenn der Bieter nach Durchführung des Angebots über mindestens 75% der Stimmrechte der Zielgesellschaft verfügt (→ Rn. 81).[192] Schließlich steht dieser Ansicht auch nicht § 122 Abs. 1 S. 3 AktG iVm § 142 Abs. 2 S. 2 AktG entgegen. **§ 142 Abs. 2 S. 2 AktG** ist nämlich bei der Einberufung der Hauptversammlung durch den Bieter **nicht anwendbar,** da es mit dem Sinn und Zweck des Abs. 2 S. 1 Nr. 3 nicht zu vereinbaren ist, dass der Bieter, um die Einberufung der Hauptversammlung verlangen zu können, seit mindestens drei Monaten Inhaber von mindestens 5% der Stimmrechte der Zielgesellschaft sein muss.[193]

**b) Erste Hauptversammlung nach Abschluss des Übernahmeangebots.** Abs. 2 **76** S. 1 Nr. 3 beschränkt seine Rechtswirkungen auf die „erste Hauptversammlung, die auf Verlangen des Bieters einberufen wird". Welche Hauptversammlung der Zielgesellschaft damit gemeint ist, ist in der Lit. umstritten. Nach einer Auffassung[194] kann Abs. 2 S. 1 Nr. 3 von vornherein nur in der **ersten Hauptversammlung** der Zielgesellschaft eingreifen, die **überhaupt** nach Durchführung des Übernahmeangebots abgehalten wird. In dieser Hauptversammlung kommt Abs. 2 S. 1 Nr. 3 aber nur zur Anwendung, wenn sie auf Verlangen des Bieters einberufen wurde. Im Gegensatz dazu kommt es nach einer anderen Auffassung[195] für das Eingreifen des Abs. 2 S. 1 Nr. 3 nicht entscheidend darauf an, dass es sich bei der fraglichen Hauptversammlung um die erste Hauptversammlung der Zielgesellschaft handelt, die überhaupt nach Ablauf der Annahmefrist durchgeführt wird. Es sei vielmehr denkbar, dass eine **weitere Hauptversammlung** zwischen dem Ablauf der Annahmefrist und der ersten Hauptversammlung liege, die auf Verlangen des Bieters einberufen worden ist. Das Recht des Bieters nach Abs. 2 S. 1 S. 3 bestehe aber auch nicht ohne zeitliche Begrenzung. Vielmehr müsse das Einberufungsverlangen des Bieters spätestens bis zur Einberufung der ersten ordentlichen Hauptversammlung nach Ablauf der Annahmefrist gestellt werden. Zur Begründung wird angeführt, dass für eine Änderung der Satzung der Zielgesellschaft oder die Neuwahl der Aufsichtsratsmitglieder der Anteilseignerseite eine gewisse Vorbereitungszeit erforderlich sei. Diese Vorbereitungszeit dürfe nicht dadurch durchkreuzt werden, dass von Dritter Seite eine Hauptversammlung der Zielgesellschaft einberufen werde.

Der zuletzt genannten Auffassung ist zu folgen. Anderenfalls hätte die Verwaltung der **77** Zielgesellschaft die Möglichkeit, dem Bieter ein Vorgehen nach Abs. 2 S. 1 Nr. 3 dadurch unmöglich zu machen, dass sie ihrerseits eine Hauptversammlung der Zielgesellschaft einberuft.[196] Dies wäre mit dem Sinn und Zweck der Vorschrift nicht zu vereinbaren.

**c) Änderung der Satzung oder Besetzung der Leitungsorgane.** Abs. 2 S. 1 Nr. 3 **78** greift nur ein, wenn der Bieter die Einberufung der Hauptversammlung verlangt hat, um die Satzung zu ändern oder über die Besetzung der Leitungsorgane der Zielgesellschaft zu

---

[190] Baums/Thoma/*Kiem* Rn. 44; Assmann/Pötzsch/Schneider/*Meyer* Rn. 32; Steinmeyer/*Bastian* Rn. 16.

[191] In diese Richtung auch Steinmeyer/*Bastian* Rn. 16 und wohl auch Begr. RegE, BT-Drs. 16/1003, 20.

[192] Baums/Thoma/*Kiem* Rn. 44.

[193] Steinmeyer/*Bastian* Rn. 16; Assmann/Pötzsch/Schneider/*Meyer* Rn. 32.

[194] Steinmeyer/*Bastian* Rn. 15; FK-WpÜG/*Vogel* Rn. 46; *Simon* Der Konzern 2006, 12 (13); *Meyer* WM 2006, 1135 (1141) m. Fn. 58; zu Art. 11 Übernahme-RL *Glade/Haak/Hellich* Der Konzern 2004, 515 (523).

[195] Baums/Thoma/*Kiem* Rn. 45; Angerer/Geibel/Süßmann/*Süßmann* Rn. 7; Assmann/Pötzsch/Schneider/*Meyer* Rn. 33; *Meyer* WM 2006, 1135 (1141).

[196] Baums/Thoma/*Kiem* Rn. 45.

entscheiden. Die Anwendbarkeit des Abs. 2 S. 1 Nr. 3 setzt aber nicht voraus, dass auf der Hauptversammlung der Zielgesellschaft **ausschließlich über diese Gegenstände** Beschluss gefasst wird. Vielmehr können weitere Gegenstände auf die Tagesordnung der Hauptversammlung gesetzt werden.[197]

**79**    Für die Anwendbarkeit des Abs. 2 S. 1 Nr. 3 ist es außerdem unerheblich, **welche Satzungsbestimmung** der Bieter ändern möchte. Solange der Bieter auch nur die Änderung einer einzigen Satzungsregelung vorschlägt, ist der Anwendungsbereich des Abs. 2 S. 1 Nr. 3 eröffnet.[198]

**80**    Der Anwendungsbereich des Abs. 2 S. 1 Nr. 3 ist alternativ auch dann eröffnet, wenn der Bieter die Einberufung der Hauptversammlung verlangt, um über die **Besetzung der Leitungsorgane** der Zielgesellschaft zu entscheiden. Fraglich ist, was unter dem Begriff „Leitungsorgane" der Zielgesellschaft zu verstehen ist. Leitungsorgan der Zielgesellschaft ist nach § 76 Abs. 1 AktG grundsätzlich der Vorstand der Zielgesellschaft. Der Vorstand der Zielgesellschaft wird aber nicht von der Hauptversammlung, sondern vom Aufsichtsrat bestellt und abberufen (§ 84 AktG). Da aus der Gesetzesbegründung nicht ersichtlich ist, dass der Gesetzgeber durch die Schaffung des § 33b das Kompetenzgefüge des Aktiengesetzes verändern wollte, der Gesetzgeber sogar vielmehr in der Gesetzesbegründung[199] ausschließlich Bezug auf die Neubesetzung des Aufsichtsrats nimmt, ist unter dem Begriff „Leitungsorgane" ausschließlich der Aufsichtsrat zu verstehen.[200] Über die Besetzung des Aufsichtsrats wird nicht nur bei der Bestellung (§ 101 AktG), sondern auch bei der Abberufung von Aufsichtsratsmitgliedern (§ 103 AktG) entschieden.[201]

**81**    **d) Bieter verfügt über mindestens 75% der Stimmrechte.** Um sich auf Abs. 2 S. 1 Nr. 3 berufen zu können, muss der Bieter nach dem Angebot über mindestens 75% der Stimmrechte der Zielgesellschaft verfügen. Diese Voraussetzung ist jedenfalls erfüllt, wenn der Bieter **selbst unmittelbar** mindestens 75% des stimmberechtigten Kapitals[202] der Zielgesellschaft hält. Ausreichend ist es aber auch, wenn der Bieter durch **Zurechnung** die Schwelle von 75% des stimmberechtigten Kapitals der Zielgesellschaft erreicht. Unter welchen Voraussetzungen Stimmrechte dem Bieter zugerechnet werden, lässt sich dem Abs. 2 S. 1 Nr. 3 selbst nicht entnehmen. Mangels Vorliegens einer Spezialvorschrift ist mithin auf die allgemeine Zurechnungsvorschrift des § 30 WpÜG abzustellen.[203]

**82**    Fraglich ist, zu welchem **Zeitpunkt** der Bieter die 75%-Schwelle erreicht oder überschritten haben muss. Abs. 2 S. 1 Nr. 3 gibt insoweit nur vor, dass dies „nach dem Angebot" der Fall sein muss. Nach dem Sinn und Zweck der Vorschrift ist es nicht ausreichend, dass der Bieter zu irgendeinem Zeitpunkt nach Durchführung des Angebots die 75%-Schwelle erreicht oder überschritten hat. Vielmehr muss der Bieter diese Voraussetzung sowohl im Zeitpunkt der Stellung des Einberufungsverlangens nach § 122 Abs. 1 AktG als auch im Zeitpunkt der Hauptversammlung iSd Abs. 2 S. 1 Nr. 3 erfüllen.[204]

**83**    **e) Rechtsfolgen.** Das Eingreifen des Abs. 2 S. 1 Nr. 3 führt für **Mehrstimmrechtsaktien** und für **Stimmbindungsverträge** die auch von Abs. 2 S. 1 Nr. 2 angeordneten Rechtsfolgen (→ Rn. 70 f.) herbei.

---

[197] Baums/Thoma/*Kiem* Rn. 46; *Harbarth* ZGR 2007, 37 (55); FK-WpÜG/*Vogel* Rn. 46; Assmann/Pötzsch/Schneider/*Meyer* Rn. 34; FK-WpÜG/*Vogel* Rn. 46; Steinmeyer/*Bastian* Rn. 15; *Glade/Haak/Hellich* Der Konzern 2004, 515 (523); Begr. RegE, BT-Drs. 16/1003, 20.

[198] Baums/Thoma/*Kiem* Rn. 47; Assmann/Pötzsch/Schneider/*Meyer* Rn. 34; Angerer/Geibel/Süßmann/ *Süßmann* Rn. 7.

[199] Begr. RegE, BT-Drs. 16/1003, 20.

[200] *Harbarth* ZGR 2007, 37 (55); Baums/Thoma/*Kiem* Rn. 48; Assmann/Pötzsch/Schneider/*Meyer* Rn. 34; vgl. auch Steinmeyer/*Bastian* Rn. 14.

[201] *Harbarth* ZGR 2007, 37 (55).

[202] Baums/Thoma/*Kiem* Rn. 49; Assmann/Pötzsch/Schneider/*Meyer* Rn. 35; Schwark/Zimmer/*Noack*/ *Zetzsche* Rn. 21; Kölner Komm WpÜG/*Hirte* Rn. 25; Steinmeyer/*Bastian* Rn. 15; FK-WpÜG/*Vogel* Rn. 45.

[203] *Harbarth* ZGR 2007, 37 (57); Baums/Thoma/*Kiem* Rn. 50; Steinmeyer/*Bastian* Rn. 15.

[204] So wohl auch Baums/Thoma/*Kiem* Rn. 50; allein auf den Zeitpunkt der Durchführung der Hauptversammlung abstellend Assmann/Pötzsch/Schneider/*Meyer* Rn. 35; *Harbarth* ZGR 2007, 37 (57).

Zusätzlich bestimmt Abs. 2 S. 1 Nr. 3, dass auch **Entsendungsrechte** keine Wirkung 84 entfalten. Insoweit ist unstreitig, dass diese jedenfalls in der Hauptversammlung iSd Abs. 2 S. 1 Nr. 3 nicht zur Anwendung gelangen.[205] Die Nichtgeltung der Entsendungsrechte führt nicht zu einer automatischen Beendigung der Amtsstellung der Aufsichtsratsmitglieder, die aufgrund dieser Rechte in den Aufsichtsrat entsandt wurden.[206] Denn nach allgemeinen aktienrechtlichen Grundsätzen bewirkt ein Entfallen der Entsendungsrechte nicht die automatische Beendigung der Amtsstellung der entsandten Aufsichtsratsmitglieder.[207] Daher bewirkt das Eingreifen des Abs. 2 S. 1 Nr. 3, dass in der ersten Hauptversammlung nach Durchführung des Angebots die entsandten Aufsichtsratsmitglieder nach § 103 Abs. 2 S. 2 AktG von der Hauptversammlung mit einfacher Stimmenmehrheit abberufen werden können.[208] Im Anschluss an diese Abwahl können in der gleichen Hauptversammlung anstelle der „alten" Aufsichtsratsmitglieder nach Maßgabe der allgemeinen gesetzlichen und statutarischen Bestimmungen von der Hauptversammlung neue Aufsichtsratsmitglieder gewählt werden.[209] Der Bieter hat somit die Möglichkeit, den Aufsichtsrat der Zielgesellschaft mit von ihm ausgewählten Personen zu besetzen und auf diesem Wege Einfluss auf die Zielgesellschaft zu nehmen.[210]

Fraglich ist demgegenüber, ob die **Entsendungsrechte** nach Abschluss der Hauptver- 85 sammlung iSd Abs. 2 S. 1 Nr. 3 **sofort wieder wirksam** werden. Dies würde dazu führen, dass die Berechtigten ihre Entsendungsrechte unmittelbar nach Beendigung der Hauptversammlung wieder ausüben und damit die vom Bieter vorgenommene Besetzung des Aufsichtsrats teilweise wieder rückgängig machen könnten.[211] Dies würde dem Sinn und Zweck des Abs. 2 S. 1 Nr. 3 nicht entsprechen, der dem Bieter die von Entsendungsrechten unbeeinträchtigte Besetzung des Aufsichtsrats über einen gewissen Zeitraum ermöglichen möchte.[212] Daher werden etwaige Entsendungsrechte nicht unmittelbar nach Beendigung der Hauptversammlung iSd Abs. 2 S. 1 Nr. 3, sondern erst nach Ablauf der ersten Amtszeit der von dieser Hauptversammlung gewählten Aufsichtsratsmitglieder wieder wirksam.[213]

Auch unter Zugrundelegung dieser über den Wortlaut hinausgehenden Auslegung ist 86 der Schutz des Abs. 2 S. 1 Nr. 3 aber nur **unvollkommen,** da die vor dem Angebot bestehenden Entsendungsrechte durch diese Norm nicht dauerhaft beseitigt werden. Es ist deshalb fraglich, ob in der Hauptversammlung iSd Abs. 2 S. 1 Nr. 3 durch eine entsprechende Satzungsänderung etwaige Entsendungsrechte mit **dauerhafter Wirkung** abgeschafft werden können. Dies würde eine Abweichung von den allgemeinen aktienrechtlichen Grundsätzen bedeuten, nach denen Sonderrechte iSd § 35 BGB, zu denen das Entsendungsrecht nach § 101 AktG gehört,[214] nur durch eine Satzungsänderung in Verbindung mit einer entsprechenden Zustimmung des durch das Sonderrecht Berechtigten aufgehoben werden können.[215] In der Gesetzesbegründung finden sich aber keine Anhaltspunkte dafür, dass von den allgemeinen aktienrechtlichen Grundsätzen abgewichen werden sollte. Vielmehr spricht der Umstand, dass der während des Gesetzgebungsverfahrens von der Lit. unterbreitete Vorschlag, eine dauerhafte Abschaffung der Entsendungsrechte im Falle des Abs. 2 S. 1 Nr. 3 durch Satzungsänderung zu ermöglichen,[216] nicht aufgegriffen wurde, gegen eine

[205] *Harbarth* ZGR 2007, 37 (57 f.); Assmann/Pötzsch/Schneider/*Meyer* Rn. 36; Baums/Thoma/*Kiem* Rn. 51; Steinmeyer/*Bastian* Rn. 14 f.
[206] *Harbarth* ZGR 2007, 37 (58); Steinmeyer/*Bastian* Rn. 14.
[207] Hüffer/Koch/*Koch* AktG § 103 Rn. 8; *Harbarth* ZGR 2007, 37 (58).
[208] Baums/Thoma/*Kiem* Rn. 51; *Harbarth* ZGR 2007, 37 (58).
[209] Baums/Thoma/*Kiem* Rn. 51; *Harbarth* ZGR 2007, 37 (58).
[210] Baums/Thoma/*Kiem* Rn. 51.
[211] *Harbarth* ZGR 2007, 37 (58).
[212] *Harbarth* ZGR 2007, 37 (58).
[213] Assmann/Pötzsch/Schneider/*Meyer* Rn. 36; *Harbarth* ZGR 2007, 37 (58); so wohl auch Baums/Thoma/*Kiem* Rn. 51.
[214] Hüffer/Koch/*Koch* AktG § 101 Rn. 10.
[215] Hüffer/Koch/*Koch* AktG § 101 Rn. 10; Assmann/Pötzsch/Schneider/*Meyer* Rn. 36; Baums/Thoma/*Kiem* Rn. 54; *Harbarth* ZGR 2007, 37 (57).
[216] *Seibt/Heiser* ZGR 2005, 200 (230); *Seibt/Heiser* AG 2006, 301 (314).

Abweichung von den allgemeinen aktienrechtlichen Grundsätzen.[217] Mithin können die vor dem Angebot bestehenden Entsendungsrechte dauerhaft nur mit Zustimmung des Berechtigten aufgehoben werden.[218]

87   Abs. 2 S. 1 Nr. 3 findet – wie Abs. 2 S. 1 Nr. 2 (→ Rn. 72) – **nicht auf sämtliche Beschlussfassungen** Anwendung, die in der ersten Hauptversammlung nach Abschluss des Angebots gefasst werden. Erfasst sind vielmehr nur die Beschlüsse über Satzungsänderungen oder über die Besetzung des Aufsichtsrats der Zielgesellschaft (einschließlich etwaiger Ersatzmitglieder).[219]

88   Für das Eingreifen des Abs. 2 S. 1 Nr. 3 auf Entsendungsrechte ist es unerheblich, ob diese vor oder nach dem 22.4.2004 begründet wurden, da Entsendungsrechte in Abs. 2 S. 2 nicht erwähnt werden. Sie entfalten daher im Falle eines Opt-in der Zielgesellschaft und des Vorliegens der Tatbestandsvoraussetzungen des Abs. 2 S. 1 Nr. 3 keine Wirkung.[220] Ein Bestandsschutz wird insoweit nicht gewährt.

### IV. Unterrichtungspflicht (Abs. 3)

89   Zur Unterrichtungspflicht gelten die Erläuterungen zum wortlautgleichen § 33a Abs. 3 entsprechend (vgl. → § 33a Rn. 68 ff.).

### V. Erleichterungen für die Einberufung und Durchführung der ersten Hauptversammlung (Abs. 4)

90   Abs. 4 bestimmt, dass für die Einberufung und Durchführung der Hauptversammlung iSd Abs. 2 S. 1 Nr. 3 die **Erleichterungen des § 16 Abs. 4** entsprechende Anwendung finden (zu diesen Erleichterungen → § 33a Rn. 35; → § 16 Rn. 1 ff.).

91   Verlangt der Bieter nach § 122 Abs. 1 AktG die Einberufung der Hauptversammlung, so hat der Vorstand der Zielgesellschaft dem beim Vorliegen der Tatbestandsvoraussetzungen zu entsprechen.[221] Er ist des Weiteren verpflichtet, diese Hauptversammlung unter Ausnutzung der Erleichterungen des § 16 Abs. 4 **kurzfristig einzuberufen.**[222] Dies ergibt sich zwar nicht aus dem Wortlaut des Abs. 4, folgt jedoch aus einer richtlinienkonformen Auslegung des Art. 11 Abs. 4 UAbs. 2 Übernahme-RL.

### VI. Entschädigungspflicht des Bieters (Abs. 5)

92   **1. Überblick.** Abs. 5 sieht vor, dass der Bieter zu einer angemessenen Entschädigung in Geld verpflichtet ist, wenn Rechte auf der Grundlage des Abs. 1 entzogen werden. Die Entschädigungspflicht besteht jedoch nur, wenn diese Rechte **vor der Veröffentlichung** der Entscheidung zur Abgabe eines Angebots nach § 10 Abs. 1 S. 1 **begründet** wurden und der **Zielgesellschaft bekannt** sind. Durch diese Entschädigungspflicht des Bieters werden die Vorgaben des Art. 11 Abs. 5 Übernahme-RL in deutsches Recht umgesetzt.[223]

93   Sollte der Anwendungsbereich der europäischen Durchbrechungsregel durch einen entsprechenden Opt-in Beschluss eröffnet sein, muss der Bieter in der **Angebotsunterlage** nach § 11 Abs. 2 Nr. 4a die Höhe der für den Entzug von Rechten gebotenen Entschädi-

---

[217] Baums/Thoma/*Kiem* Rn. 54.

[218] Baums/Thoma/*Kiem* Rn. 54; Assmann/Pötzsch/Schneider/*Meyer* Rn. 36; Steinmeyer/*Bastian* Rn. 14 m. Fn. 27; aA *Harbarth* ZGR 2007, 37 (58) m. Fn. 80, der die Abschaffung etwaiger Entsendungsrechte im Rahmen einer Hauptversammlung iSd Abs. 2 S. 1 Nr. 3 allein durch Satzungsänderung ohne Zustimmung des Berechtigten zulassen will.

[219] *Harbarth* ZGR 2007, 37 (58 f.); Steinmeyer/*Bastian* Rn. 15; FK-WpÜG/*Vogel* Rn. 46.

[220] *Harbarth* ZGR 2007, 37 (59).

[221] Assmann/Pötzsch/Schneider/*Meyer* Rn. 44; Kölner Komm WpÜG/*Hirte* Rn. 27.

[222] Baums/Thoma/*Kiem* Rn. 60; Kölner Komm WpÜG/*Hirte* Rn. 27; Assmann/Pötzsch/Schneider/*Meyer* Rn. 44; Steinmeyer/*Bastian* Rn. 16.

[223] Begr. RegE, BT-Drs. 16/1003, 20; Baums/Thoma/*Kiem* Rn. 61; Steinmeyer/*Bastian* Rn. 18; FK-WpÜG/*Vogel* Rn. 49.

gung nach Abs. 5[224] angeben.[225] Außerdem muss er in einem solchen Fall auch noch nach § 2 Nr. 3a die zur Berechnung der Entschädigung nach Abs. 5 angewandten Berechnungsmethoden, sowie die Gründe, warum die Anwendung dieser Methoden angemessen ist, in seine Angebotsunterlage aufnehmen.[226]

**2. Rechte iSd Abs. 5.** Unter Rechten iSd Abs. 5 sind die Positionen zu verstehen, **94** deren Wirksamkeit nach Abs. 2 beeinträchtigt werden können. Dies sind namentlich **Übertragungsbeschränkungen** (Abs. 2 S. 1 Nr. 1), **Stimmbindungsverträge** (Abs. 2 S. 1 Nr. 2 und Nr. 3), **Mehrstimmrechtsaktien** (Abs. 2 S. 1 Nr. 2 und Nr. 3) und **Entsendungsrechte** (Abs. 2 S. 1 Nr. 3).[227]

Ob diese Rechte **vor oder nach dem 22.4.2004 begründet** worden sind, ist für das **95** Bestehen einer Entschädigungspflicht unerheblich.[228] Der Auffassung, die eine Entschädigungspflicht für die Durchbrechung von Übertragungsbeschränkungen und Stimmbindungen, die auf nach dem 22.4.2004 abgeschlossenen Vereinbarungen beruhen, mangels Vorliegens eines Schutzbedürfnisses ablehnt,[229] ist nicht zu folgen. Für die Durchbrechung von Stimmbindungsabreden und Übertragungsbeschränkungen müsste anderenfalls nämlich nie eine Entschädigung geleistet werden, sodass die Entschädigungspflicht insoweit leer laufen würde. Wurde die Stimmbindungsvereinbarung oder die Übertragungsbeschränkung vor dem 22.4.2004 vereinbart, erfolgt nach Abs. 2 S. 2 keine Durchbrechung und ist mithin nach Abs. 5 keine Entschädigung zu leisten. Für nach diesem Zeitpunkt vereinbarte Stimmbindungen oder Übertragungsbeschränkungen kommt es zwar zu einer Durchbrechung, jedoch wäre mangels Schutzbedürftigkeit auch in diesem Fall keine Entschädigung zu leisten. Außerdem trifft es zwar zu, dass der Berechtigte, der nach dem 22.4.2004 eine entsprechende Vereinbarung abschließt, mit einer Durchbrechung seiner Rechtsposition rechnen muss, jedoch bringt er durch den Abschluss der Vereinbarung nach diesem Zeitpunkt nicht zum Ausdruck, dass er im Durchbrechungsfall auf eine Entschädigung verzichtet.[230]

**3. Rechtsentzug iSd Abs. 5.** Die Rechte iSd Abs. 5 müssen auf der Grundlage des **96** Abs. 1 entzogen werden. Ein solcher Entzug könnte bereits in der **Beschlussfassung** über ein Opt-in hinsichtlich der europäischen Durchbrechungsregel und der anschließenden Eintragung dieser Satzungsänderung im Handelsregister zu sehen sein.[231] Durch den Hauptversammlungsbeschluss und die Eintragung im Handelsregister wird aber nur die Grundlage für einen späteren Rechtsentzug geschaffen. Der Rechtsentzug selbst verwirklicht sich richtigerweise erst mit der **Veröffentlichung der Angebotsunterlage** und der **Erfüllung der Tatbestandsvoraussetzungen** des Abs. 2 S. 1 Nr. 1, Nr. 2 oder Nr. 3.[232] Bei Erfüllung dieser Voraussetzungen tritt der Entzug der Rechte automatisch ein. Einer auf den Rechtsentzug gerichteten Erklärung des Bieters bedarf es nicht.[233]

**4. Maßgebliche Zeitpunkte. a) Begründung der Rechte.** Eine Entschädigungs- **97** pflicht des Bieters besteht nur dann, wenn die Rechte **vor der Veröffentlichung** der Entscheidung zur Abgabe des Angebots nach § 10 Abs. 1 S. 1 **begründet** worden sind. Begründet sind die Rechte, wenn die der Vereinbarung zugrunde liegenden Willenserklä-

---

[224] Bei der Bezugnahme in § 11 Abs. 2 S. 2 Nr. 4a auf § 33b Abs. 4 handelt es sich offensichtlich um ein Redaktionsversehen; so auch *Steinmeyer/Nestler* § 11 Rn. 32 m. Fn. 68.

[225] FK-WpÜG/*Renner* § 11 Rn. 62; Assmann/Pötzsch/Schneider/*Meyer* Rn. 46; Steinmeyer/*Bastian* Rn. 19.

[226] Baums/Thoma/*Kiem* Rn. 61; FK-WpÜG/*Vogel* Rn. 54.

[227] Baums/Thoma/*Kiem* Rn. 63; FK-WpÜG/*Vogel* Rn. 51; *Maul* NZG 2005, 151 (154); Assmann/Pötzsch/Schneider/*Meyer* Rn. 49 mwN; Schwark/Zimmer/Noack/Zetzsche Rn. 29.

[228] Baums/Thoma/*Kiem* Rn. 63; *Harbarth* ZGR 2007, 37 (61); so wohl auch *Meyer* WM 2006, 1135 (1141).

[229] *Seibt/Heiser* AG 2006, 301 (314); *Seibt/Heiser* ZGR 2005, 200 (228 f.); Steinmeyer/*Bastian* Rn. 18 für Stimmbindungen; FK-WpÜG/*Vogel* Rn. 51 für Stimmbindungen.

[230] Baums/Thoma/*Kiem* Rn. 63; *Harbarth* ZGR 2007, 37 (61).

[231] So *Schüppen* BB 2006, 165 (167).

[232] Baums/Thoma/*Kiem* Rn. 68; *Harbarth* ZGR 2007, 37 (60); *Seibt/Heiser* AG 2006, 301 (315).

[233] *Harbarth* ZGR 2007, 37 (60).

rungen wirksam werden. Der Zeitpunkt des Inkrafttretens der vertraglichen Vereinbarung ist demgegenüber irrelevant.[234] Die Beweispflicht für die Begründung der Rechte vor diesem Zeitpunkt trifft den Anspruchsteller.[235]

**98**    **b) Kenntnis der Zielgesellschaft.** Zudem müssen der Zielgesellschaft die Rechte iSd Abs. 5 bekannt sein. Zu **welchem Zeitpunkt** dies der Fall sein muss, geht aus dem Wortlaut des Abs. 5 nicht zweifelsfrei hervor. Man könnte den Wortlaut („begründet wurden" und „bekannt sind") so auslegen, dass es für die Kenntnis der Zielgesellschaft nicht auf den Veröffentlichungszeitpunkt, sondern vielmehr auf den Zeitpunkt der Geltendmachung des Entschädigungsanspruchs ankommt.[236] Gegen diese Auslegung spricht aber schon der Sinn und Zweck der Norm. Die Norm soll nämlich Missbrauchsmöglichkeiten so weit wie möglich einschränken.[237] Zudem sprechen auch die Gesetzesmaterialien gegen ein solches Verständnis. In der Beschlussempfehlung und dem Bericht des Finanzausschusses wird nämlich hinsichtlich der Begründung der Rechte und der Kenntnis der Zielgesellschaft einheitlich auf den Veröffentlichungszeitpunkt abgestellt („…die vor der Ankündigung des Angebots begründet und der Zielgesellschaft bekannt sind").[238] Mithin besteht eine Entschädigungspflicht des Bieters nur dann, wenn sowohl die Rechte vor der Veröffentlichung der Entscheidung zur Abgabe des Angebots nach § 10 Abs. 1 S. 1 begründet wurden als auch die Zielgesellschaft spätestens zu diesem Zeitpunkt Kenntnis von diesen Rechten hatte.[239] Dabei ist auf die Kenntnis mindestens eines Vorstandsmitglieds abzustellen (§ 166 Abs. 1 BGB iVm § 78 Abs. 2 AktG).[240]

**99**    Auf **welche Weise** die Zielgesellschaft Kenntnis von den Rechten erlangt hat, ist unerheblich.[241] Ausreichend ist es daher, wenn beispielsweise der Berechtigte der Zielgesellschaft formlos das Bestehen von Rechten iSd Abs. 5 mitteilt.[242] Um der Zielgesellschaft eine Einordnung des jeweiligen Rechts zu ermöglichen, sollten in dieser formlosen Mitteilung die wesentlichen Eckpunkte der Vereinbarung wie Abschlussdatum, Vertragsparteien und Vertragsgegenstand mitgeteilt werden.[243]

**100**    **5. Umfang und Art der Entschädigung. a) Umfang.** Im Falle des Vorliegens der Voraussetzungen des Abs. 5 hat der Bieter eine **angemessene Entschädigung** zu leisten. Die Bestimmung der Angemessenheit bereitet in der Praxis erhebliche Schwierigkeiten.[244] Eine nähere Konkretisierung, anhand welcher Kriterien die Angemessenheit der Entschädigung zu bestimmen ist, findet sich nämlich – entgegen den Vorgaben des Art. 11 Abs. 5 S. 2 Übernahme-RL, die eine solche Festlegung durch die Mitgliedstaaten ausdrücklich gefordert hat – weder im Gesetzeswortlaut noch in den Gesetzesmaterialien.[245] Zudem kann auf die **üblichen Methoden** der Unternehmensbewertung bei der Bestimmung der Angemessenheit der Entschädigung nicht zurückgegriffen werden, da es im Rahmen des Abs. 5 nicht auf den Wert der Zielgesellschaft bzw. ihrer Aktien, sondern vielmehr auf den Wert der Wahrung der Kontrolle über die Zielgesellschaft ankommt.[246] Eine Orientierung

---

[234] *Harbarth* ZGR 2007, 37 (59).
[235] Kölner Komm WpÜG/*Hirte* Rn. 18; Baums/Thoma/*Kiem* Rn. 65.
[236] *Harbarth* ZGR 2007, 37 (60).
[237] Beschlussempfehlung und Bericht Finanzausschuss, BT-Drs. 16/1541, 12.
[238] Assmann/Pötzsch/Schneider/*Meyer* Rn. 47; *Harbarth* ZGR 2007, 37 (59 f.) m. Fn. 90; aA Baums/Thoma/*Kiem* Rn. 66.
[239] Assmann/Pötzsch/Schneider/*Meyer* Rn. 47; *Harbarth* ZGR 2007, 37 (59 f.); aA Baums/Thoma/*Kiem* Rn. 66. Er geht davon aus, „dass die betreffenden Rechte der Zielgesellschaft nicht bereits vor der Veröffentlichung der Entscheidung des Bieters, aber doch spätestens vor Beginn der Annahmefrist bekannt gemacht sein müssen".
[240] Assmann/Pötzsch/Schneider/*Meyer* Rn. 47; wohl auch Kölner Komm WpÜG/*Hirte* Rn. 18.
[241] Kölner Komm WpÜG/*Hirte* Rn. 18; Baums/Thoma/*Kiem* Rn. 65.
[242] Baums/Thoma/*Kiem* Rn. 65.
[243] Baums/Thoma/*Kiem* Rn. 65.
[244] Vgl. *Diekmann* NJW 2007, 17 (18); zur Kritik an der Umsetzung auch Schwark/Zimmer/*Noack/Zetzsche* Rn. 36 f.
[245] Assmann/Pötzsch/Schneider/*Meyer* Rn. 50; *Meyer* WM 2006, 1135 (1141).
[246] *Meyer* WM 2006, 1135 (1141); Baums/Thoma/*Kiem* Rn. 69.

an **Marktpreisen** scheidet ebenfalls aus, da solche für die Rechte iSd Abs. 5 nicht existieren.[247]

Grundsätzlich ist eine Entschädigung dann angemessen, wenn sie die vermögensmäßigen **101** Nachteile ausgleicht, die dem Rechtsinhaber durch den Entzug des Rechts entstehen.[248] Bei der Bemessung der vermögensmäßigen Nachteile sind insbesondere die Art und der Umfang des entzogenen Rechts sowie die Vorteile zu berücksichtigen, die das entzogene Recht seinem Inhaber im Einzelfall gewährt hat.[249] Im Einzelnen gilt für die Rechte iSd Abs. 5 Folgendes:

**aa) Übertragungsbeschränkungen. (1) Satzungsmäßige Übertragungsbeschrän-** **102** **kung (Vinkulierung).** Die Durchbrechung einer Vinkulierungsklausel führt nicht zu einer Entschädigungspflicht des Bieters, wenn für die interne Willensbildung über die Erteilung der Zustimmung entweder der **Vorstand oder der Aufsichtsrat** der Zielgesellschaft zuständig ist.[250] In einem solchen Fall entsteht durch die Vinkulierungsklausel nämlich keine unmittelbare Rechtsposition zugunsten der anderen Aktionäre der Zielgesellschaft. Ein Entzug ist daher nicht möglich.[251] Demgegenüber ist eine Entschädigungspflicht zu bejahen, wenn die **Hauptversammlung** der Zielgesellschaft über die Erteilung der Zustimmung im Innenverhältnis entscheidet und einem Aktionär oder einer Gruppe von Aktionären die Gelegenheit genommen wurde, die Übertragung der Aktien an den Bieter zu vereiteln.[252] Die Höhe der Entschädigung kann vom Gericht durch eine Schätzung nach § 287 ZPO unter Berücksichtigung der unter → Rn. 100 genannten Kriterien festgelegt werden.

**(2) Vertragliche Übertragungsbeschränkung.** Die Durchbrechung einer vertragli- **103** chen Übertragungsbeschränkung verpflichtet den Bieter dem Grunde nach zur Leistung einer Entschädigung, weil dem aus der Vereinbarung Berechtigten seine Rechtsposition entzogen wird. Die Höhe der Entschädigung kann vom Gericht durch Schätzung nach § 287 ZPO anhand der unter → Rn. 100 genannten Kriterien ermittelt werden. Für **Stimmbindungsverträge** gilt Entsprechendes.[253] Dass die vertragliche Übertragungsbeschränkung oder der Stimmbindungsvertrag erst nach dem 22.4.2004 vereinbart wurden, lässt die Entschädigungspflicht nicht entfallen (im Einzelnen → Rn. 95).

**bb) Mehrstimmrechtsaktien.** Für die Durchbrechung von Mehrstimmrechten ist dem **104** Grunde nach eine Entschädigung zu leisten.[254] Bei der Bestimmung der Höhe der Entschädigung kann auf die zu § 5 Abs. 3 EGAktG entwickelten Grundsätze zurückgegriffen werden.[255] Demnach ist der besondere Vermögenswert des Mehrstimmrechts auf der Übernahmehauptversammlung oder der Hauptversammlung iSd Abs. 2 S. 1 Nr. 3 zu ermitteln.[256] Diesbezüglich kann eine Schätzung durch das Gericht nach § 287 ZPO vorgenommen werden.[257]

**cc) Entsendungsrechte.** Ob für den vorübergehenden (→ Rn. 85) Entzug eines Ent- **105** sendungsrechts eine Entschädigung zu zahlen ist, ist in der Lit. umstritten. Nach einer

[247] Schwark/Zimmer/*Noack/Zetzsche* Rn. 37; Baums/Thoma/*Kiem* Rn. 69.
[248] Assmann/Pötzsch/Schneider/*Meyer* Rn. 50; *Harbarth* ZGR 2007, 37 (61); *Knott* NZG 2006, 849 (852).
[249] *Harbarth* ZGR 2007, 37 (61).
[250] *Harbarth* ZGR 2007, 37 (61).
[251] NK-AktKapMarktR/*Glade* Rn. 16; *Seibt/Heiser* ZGR 2005, 200 (229); *Harbarth* ZGR 2007, 37 (61).
[252] *Harbarth* ZGR 2007, 37 (61); eine Entschädigungspflicht für die Durchbrechung einer Vinkulierungsklausel lehnen grundsätzlich ab *Seibt/Heiser* ZGR 2005, 200 (229); Baums/Thoma/*Kiem* Rn. 70; Steinmeyer/ *Bastian* Rn. 18; FK-WpÜG/*Vogel* Rn. 50; *Meyer* WM 2006, 1135 (1141); in diese Richtung auch LG München I ZIP 2001, 1959 (1961).
[253] Baums/Thoma/*Kiem* Rn. 74; eine Entschädigungspflicht für die Durchbrechung von Stimmbindungsverträgen und vertraglichen Übertragungsbeschränkungen lehnen grundsätzlich ab Schwark/Zimmer/*Noack/Zetzsche* Rn. 30; FK-WpÜG/*Vogel* Rn. 51; Steinmeyer/*Bastian* Rn. 18; *Seibt/Heiser* ZGR 2005, 200 (228 f.); *Seibt/Heiser* AG 2006, 301 (314).
[254] Steinmeyer/*Bastian* Rn. 18; Baums/Thoma/*Kiem* Rn. 71; FK-WpÜG/*Vogel* Rn. 53; *Seibt/Heiser* AG 2006, 301 (314); *Seibt/Heiser* ZGR 2005, 200 (228).
[255] Steinmeyer/*Bastian* Rn. 20.
[256] Steinmeyer/*Bastian* Rn. 20.
[257] Assmann/Pötzsch/Schneider/*Meyer* Rn. 52; Steinmeyer/*Bastian* Rn. 20; aA Schwark/Zimmer/*Noack/Zetzsche* Rn. 38.

Auffassung[258] scheidet eine Entschädigungspflicht aus, weil durch den Entzug kein relevantes Vermögensinteresse des Entsendeberechtigten beeinträchtigt wird. Das Aufsichtsratsmandat sei nämlich höchstpersönlicher Natur und bei der Ausübung des Aufsichtsratsmandats habe sich das entsandte Mitglied allein an den Interessen der beaufsichtigten Aktiengesellschaft zu orientieren. Nach der wohl hM[259] ist dagegen für den vorübergehenden Entzug des Entsendungsrechts eine Entschädigung zu leisten. Der zuletzt genannten Auffassung ist zu folgen. Zwar trifft es zu, dass sich das entsandte Mitglied bei der Ausübung seines Amtes an den Interessen der Aktiengesellschaft zu orientieren hat. Jedoch wird es regelmäßig mehrere Entscheidungsvarianten geben, die alle die Interessen der Aktiengesellschaft in gleicher Weise wahren. Bei der Auswahl zwischen diesen Varianten kann das entsandte Aufsichtsratsmitglied die Interessen des Berechtigten berücksichtigen. Das Entsendungsrecht vermittelt dem Berechtigten mithin eine Einflussnahmemöglichkeit auf die Aktiengesellschaft, deren Entzug eine Werteinbuße herbeiführt.[260] Diese Werteinbuße ist durch die Leistung einer Entschädigung auszugleichen, deren Höhe ggf. durch eine Schätzung des Gerichts nach § 287 ZPO ermittelt werden kann.[261]

**106**  **b) Art.** Die Art der Entschädigung ergibt sich eindeutig aus dem Gesetzeswortlaut des Abs. 5. Sie ist in **Geld** zu leisten.[262]

**107**  **6. Rechtsfolgen der Nichtleistung und Geltendmachung des Entschädigungsanspruchs.** Sollte der Bieter die Entschädigung nach Abs. 5 nicht freiwillig leisten, so bleibt die Übernahme dennoch **wirksam** und die Wirkungen des Abs. 2 treten ein.[263] Der Inhaber des entzogenen Rechts ist darauf verwiesen, den Anspruch auf Entschädigung nach Abs. 5 gegen den Bieter **gerichtlich** geltend zu machen.[264] Die **Zuständigkeit** des Gerichts bestimmt sich nach § 66.[265]

**108**  Den Anspruch auf Entschädigung muss der Anspruchsberechtigte innerhalb von **zwei Monaten** seit dem Entzug des Rechts geltend machen. Diese Frist wurde erst im Laufe des Gesetzgebungsverfahrens auf Anregung des Bundesrats in den Abs. 5 aufgenommen, um dem Bieter Rechtssicherheit zu gewähren.[266] Die Frist beginnt im Falle des Abs. 2 S. 1 Nr. 1 mit dem Ende der Angebotsfrist, in den Fällen des Abs. 2 S. 1 Nr. 2 und 3 mit dem Ende der jeweiligen Hauptversammlung.[267] Bei der Festlegung der Frist des Abs. 5 hat sich der Gesetzgeber an den Vorgaben des § 5 Abs. 3 S. 2 EGAktG orientiert.[268]

### § 33c Vorbehalt der Gegenseitigkeit

**(1) Die Hauptversammlung einer Zielgesellschaft, deren Satzung die Anwendbarkeit des § 33 ausschließt, kann beschließen, dass § 33 gilt, wenn der Bieter**

---

[258] *Mülbert* NZG 2004, 633 (640); *Schwark/Zimmer/Noack/Zetzsche* Rn. 30; FK-WpÜG/*Vogel* Rn. 52 f.

[259] *Baums/Thoma/Kiem* Rn. 73; *Assmann/Pötzsch/Schneider/Meyer* Rn. 53; *Meyer* WM 2006, 1135 (1141); *Seibt/Heiser* ZGR 2005, 200 (230); *Seibt/Heiser* AG 2006, 301 (314); *Maul* NZG 2005, 151 (154); *Steinmeyer/Bastian* Rn. 18 ff.

[260] *Baums/Thoma/Kiem* Rn. 73.

[261] *Steinmeyer/Bastian* Rn. 20.

[262] *Assmann/Pötzsch/Schneider/Meyer* Rn. 50.

[263] *Meyer* WM 2006, 1135 (1141); *Harbarth* ZGR 2007, 37 (62); FK-WpÜG/*Vogel* Rn. 55.

[264] FK-WpÜG/*Vogel* Rn. 55.

[265] *Baums/Thoma/Kiem* Rn. 76; *Harbarth* ZGR 2007, 37 (62); *Meyer* WM 2006, 1135 (1141). Die Vorschriften über das Spruchverfahren auf die Geltendmachung des Entschädigungsanspruchs ist nicht geboten, *Assmann/Pötzsch/Schneider/Meyer* Rn. 58; aA *Steinmeyer/Bastian* Rn. 21; *Schwark/Zimmer/Noack/Zetzsche* Rn. 39.

[266] Beschlussempfehlung und Bericht Finanzausschuss, BT-Drs. 16/1541, 12.

[267] Beschlussempfehlung und Bericht Finanzausschuss, BT-Drs. 16/1541, 12; *Harbarth* ZGR 2007, 37 (62); *Baums/Thoma/Kiem* Rn. 77; *Assmann/Pötzsch/Schneider/Meyer* Rn. 57; *Steinmeyer/Bastian* Rn. 21 stellt dagegen in dem Fall des Abs. 2 S. 1 Nr. 1 auf den Tag der Annahme für die von der Übertragungsbeschränkung betroffenen Aktien ab.

[268] Beschlussempfehlung und Bericht Finanzausschuss, BT-Drs. 16/1541, 12; *Assmann/Pötzsch/Schneider/Meyer* Rn. 57.

oder ein ihn beherrschendes Unternehmen einer dem § 33a Abs. 2 entsprechenden Regelung nicht unterliegt.

(2) Die Hauptversammlung einer Zielgesellschaft, deren Satzung eine Bestimmung nach § 33b Abs. 1 enthält, kann beschließen, dass diese Bestimmung keine Anwendung findet, wenn der Bieter oder ein ihn beherrschendes Unternehmen einer dieser Bestimmung entsprechenden Regelung nicht unterliegt.

(3) [1]Der Vorbehalt der Gegenseitigkeit gemäß den Absätzen 1 und 2 kann in einem Beschluss gefasst werden. [2]Der Beschluss der Hauptversammlung gilt für höchstens 18 Monate. [3]Der Vorstand der Zielgesellschaft hat die Bundesanstalt und die Aufsichtsstellen der Staaten des Europäischen Wirtschaftsraums, in denen stimmberechtigte Aktien der Gesellschaft zum Handel an einem organisierten Markt zugelassen sind, unverzüglich von der Ermächtigung zu unterrichten. [4]Die Ermächtigung ist unverzüglich auf der Internetseite der Zielgesellschaft zu veröffentlichen.

**Schrifttum:** *Diekmann,* Änderungen im Wertpapiererwerbs- und Übernahmegesetz anlässlich der Umsetzung der EU-Übernahmerichtlinie in das deutsche Recht, NJW 2007, 17; *Glade/Haak/Hellich,* Die Umsetzung der Übernahmerichtlinie in das deutsche Recht, Der Konzern 2004, 515; *Harbarth,* Europäische Durchbrechungsregel im deutschen Übernahmerecht, ZGR 2007, 37; *Kersting,* Die Reziprozitätsregel im europäischen Übernahmerecht und ihre Anwendung auf Gesellschaften aus Drittstaaten, EuZW 2007, 528; *Knott,* Freiheit, die ich meine: Abwehr von Übernahmeangeboten nach Umsetzung der EU-Richtlinie, NZG 2006, 849; *Krause,* BB-Europareport: Die EU-Übernahmerichtlinie – Anpassungsbedarf im Wertpapiererwerbs- und Übernahmegesetz, BB 2004, 113; *Maul,* Die EU-Übernahmerichtlinie – ausgewählte Fragen, NZG 2005, 151; *Maul/Muffat-Jeandet,* Die EU-Übernahmerichtlinie – Inhalt und Umsetzung in nationales Recht (Teil II), AG 2004, 306; *Meyer,* Änderungen im WpÜG durch die Umsetzung der EU-Übernahmerichtlinie, WM 2006, 1135; *Seibt/Heiser,* Analyse des Übernahmerichtlinie-Umsetzungsgesetzes (Regierungsentwurf), AG 2006, 301; *Seibt/Heiser,* Analyse der EU-Übernahmerichtlinie und Hinweise für eine Reform des deutschen Übernahmerechts, ZGR 2005, 200; *Wiesner,* Die neue Übernahmerichtlinie und die Folgen, ZIP 2004, 343.

## I. Allgemeines

**1. Regelungsgegenstand/Normzweck.** Bei der Vorschrift handelt es sich um eine **1** Regelung zu Gunsten solcher Gesellschaften, die sich **freiwillig** dem europäischen Verhinderungsverbot (§ 33a) oder der europäischen Durchbrechungsregel (§ 33b) unterworfen haben. Ihnen wird durch § 33c die Möglichkeit eingeräumt, diese bieterfreundlichen Regeln für solche Fälle **abzubedingen,** in denen sich der Bieter oder das den Bieter beherrschende Unternehmen nicht ebenfalls für die Geltung des § 33a oder des § 33b entschieden hat.[1] In einem solchen Fall verbleibt es hinsichtlich des Verhinderungsverbots (§ 33a) bei der

---

[1] Baums/Thoma/*Kiem* Rn. 1; Assmann/Pötzsch/Schneider/*Meyer* Rn. 1 f.; Kölner Komm WpÜG/*Hirte* Rn. 2; Angerer/Geibel/Süßmann/*Süßmann* Rn. 1.

Regelung des § 33, während die europäische Durchbrechungsregel (§ 33b) vollständig entfällt.[2] Die Entscheidung für den Vorbehalt der Gegenseitigkeit erfolgt durch einen **Hauptversammlungsbeschluss** der Zielgesellschaft, dessen maximale Geltungsdauer auf **18 Monate** begrenzt ist (Abs. 3 S. 2). Aus Transparenzgründen muss die Bundesanstalt sowie ggf. weitere Aufsichtsstellen innerhalb des Europäischen Wirtschaftsraums unverzüglich von der Ermächtigung **unterrichtet** (Abs. 3 S. 3) und diese auf der **Internetseite** der Zielgesellschaft veröffentlicht werden (Abs. 3 S. 4).

2   Durch die Vorschrift soll sichergestellt werden, dass Gesellschaften durch die Einführung der strengeren europäischen Durchbrechungs- bzw. Verhinderungsverbotsregelungen im Vergleich zu anderen Gesellschaften **kein Nachteil** entsteht.[3] Insofern trägt die Norm dazu bei, tatsächlich gleiche Wettbewerbsbedingungen und somit ein *level playing field* zu schaffen.[4] Ausländische Zielgesellschaften verfügen nämlich teilweise immer noch über Abwehrmöglichkeiten, die inländischen Gesellschaften nicht zur Verfügung stehen (zur Anwendbarkeit gegenüber Bietergesellschaften aus Drittstaaten außerhalb des EWR vgl. → Rn. 4).[5]

3   **2. Europäisches Recht/Entstehungsgeschichte.** Die Norm des § 33c wurde – wie die Regelungen der §§ 33a und 33b – durch das Übernahme-RL-UG in das WpÜG eingeführt. Der deutsche Gesetzgeber hat hiermit von der in Art. 12 Abs. 3 Übernahme-RL festgeschriebenen **Option** Gebrauch gemacht.[6] Diese ermöglicht es den Mitgliedstaaten, die Geltung des europäischen Verhinderungsverbots und der europäischen Durchbrechungsregel unter den Vorbehalt der Gegenseitigkeit zu stellen (Gegenseitigkeitsvorbehalt, Grundsatz der Reziprozität).[7]

## II. Anwendungsbereich

4   **1. Persönlicher Anwendungsbereich.** Vom Anwendungsbereich der Norm sind **alle Bieter** erfasst.[8] Richtigerweise gehören hierzu nicht nur Bieter aus einem **Staat des Europäischen Wirtschaftsraums,** sondern auch solche aus **Drittstaaten.**[9] Dies wurde teilweise mit dem Argument in Zweifel gezogen, dass Bietern aus Drittstaaten das Opting für Regelungen, die dem europäischen Verhinderungsverbot bzw. der europäischen Durchbrechungsregel entsprechen, unter Umständen nicht möglich sei.[10] Aus diesem Grund bestünde die Gefahr, dass die Anwendung der Gegenseitigkeitsregelung auch gegenüber Gesellschaften aus Drittstatten internationale Abkommen verletzen könnte. Für Deutschland ist in diesem Zusammenhang etwa der Freundschaftsvertrag[11] mit den USA relevant.[12] Dieser

[2] Baums/Thoma/*Kiem* Rn. 21; Schwark/Zimmer/*Noack*/*Zetzsche* Rn. 2; Steinmeyer/*Bastian* Rn. 3.

[3] Baums/Thoma/*Kiem* Rn. 2; Schwark/Zimmer/*Noack*/*Zetzsche* Rn. 1; Angerer/Geibel/Süßmann/*Süßmann* Rn. 2; Steinmeyer/*Bastian* Rn. 1; NK-AktKapMarktR/*Glade* Rn. 2; *Seibt*/*Heiser* ZGR 2005, 200 (234); *Diekmann* NJW 2007, 17 (18).

[4] FK-WpÜG/*Vogel* Rn. 1; Assmann/Pötzsch/Schneider/*Meyer* Rn. 2; Baums/Thoma/*Kiem* Rn. 3; *Meyer* WM 2006, 1135 (1142); *Knott* NZG 2006, 849 (852).

[5] FK-WpÜG/*Vogel* Rn. 1; Assmann/Pötzsch/Schneider/*Meyer* Rn. 2; *Wiesner* ZIP 2004, 343 (346).

[6] FK-WpÜG/*Vogel* Rn. 1; Assmann/Pötzsch/Schneider/*Meyer* Rn. 1; NK-AktKapMarktR/*Glade* Rn. 1. Zur Anwendung in anderen Mitgliedstaaten s. Europäische Kommission, Bericht an das Europäische Parlament, den Rat, den Europäischen Wirtschafts- und Sozialausschuss und den Ausschuss der Regionen zur Anwendung der RL 2004/25/EG betreffend Übernahmeangebote, COM(2012) 347, vom 28.6.2012, Tz. 7 (S. 4).

[7] Baums/Thoma/*Kiem* Rn. 3; Assmann/Pötzsch/Schneider/*Meyer* Rn. 7; *Maul*/*Muffat-Jeandet* AG 2004, 306 (310).

[8] Schwark/Zimmer/*Noack*/*Zetzsche* Rn. 8; FK-WpÜG/*Vogel* Rn. 6.

[9] Begr. RegE, BT-Drs. 16/1003, 21; Assmann/Pötzsch/Schneider/*Meyer* Rn. 10; Schwark/Zimmer/*Noack*/*Zetzsche* Rn. 7; Baums/Thoma/*Kiem* Rn. 10; FK-WpÜG/*Vogel* Rn. 8; Angerer/Geibel/Süßmann/*Süßmann* Rn. 2; Steinmeyer/*Bastian* Rn. 3. In der Lit. wird teilweise mit guten Gründen bezweifelt, ob die Erstreckung des Vorbehalts der Gegenseitigkeit auf Bieter aus Drittstaaten mit internationalen Abkommen vereinbar ist; s. *Seibt*/*Heiser* AG 2006, 301 (312); *Seibt*/*Heiser* ZGR 2005, 200 (235); vgl. auch Steinmeyer/*Bastian* Rn. 1 Fn. 1.

[10] *Krause* BB 2004, 113 (116); *Maul* NZG 2005, 151 (154); *Glade*/*Haak*/*Hellich* Der Konzern 2004, 515 (516); *Seibt*/*Heiser* ZGR 2005, 200 (234).

[11] Gesetz zu dem Freundschafts-, Handels-, und Schifffahrtsvertrag vom 29.10.1954 zwischen der Bundesrepublik Deutschland und den Vereinigten Staaten von Amerika, BGBl. 1956 II 487.

[12] Baums/Thoma/*Kiem* Rn. 10.

sieht unter anderem vor, dass der Handel zwischen den Staaten gefördert, Kapitalanlagen angeregt und Diskriminierungen vermieden werden sollen (Art. III FrHSchV D–USA). Diesen Bedenken kann indes nicht gefolgt werden. Sie berücksichtigen nämlich nicht, dass die Anwendung der strengeren europäischen Verhinderungs- und Durchbrechungsregeln ohnehin den Zielgesellschaften durch die Opt-in-Möglichkeit freisteht. Träfe nun ein Bieter aus einem Drittstaat auf einen Gegenseitigkeitsvorbehalt, so stellte sich die Situation nicht anders dar, als wenn die Zielgesellschaft von vorne herein nicht von der Möglichkeit des Opt-in Gebrauch gemacht hätte.[13] Auch wenn in Drittstaaten keine den §§ 33a und 33b entsprechende gesetzliche Regelungen mit Opt-in-Möglichkeiten bestehen, steht es den Gesellschaften dennoch frei, inhaltlich entsprechende Regelungen statutarisch festzulegen. Somit „belastet" die Gegenseitigkeitsregelung Bieter aus EWR-Staaten und solche aus Drittstaaten im Ergebnis gleich stark.[14] Außerdem würde durch eine Beschränkung der Reziprozitätsregel auf Bieter aus EWR-Staaten der Zweck der Norm konterkariert. Die Reziprozitätsregelung soll verhindern, dass durch die freiwillige Einwahl in das europäische Verhinderungsverbot bzw. in die europäische Durchbrechungsregel Nachteile entstehen. Diese entstünden aber, wenn der Gegenseitigkeitsvorbehalt gegenüber Bietern aus Drittstaaten keine Anwendung fände.[15]

Handelt es sich beim Bieter um ein beherrschtes Unternehmen (§ 290 HGB), so erstreckt **5** sich das Gegenseitigkeitserfordernis auch auf das **beherrschende Unternehmen** (Abs. 2).[16] Es müssen in diesem Fall nach dem Wortlaut sowohl das beherrschte als auch das beherrschende Unternehmen dem Gegenseitigkeitserfordernis gerecht werden. Dadurch sollen Umgehungen verhindert werden.[17] Zulässig erscheint zunächst, **Zielgesellschaften** die Möglichkeit zu geben, das europäische Verhinderungsverbot (§ 33a) bzw. die europäische Durchbrechungsregel (§ 33b) durch einen Beschluss nach § 33c zu suspendieren, wenn das den Bieter beherrschende Unternehmen über keine gleichwertigen Regelungen verfügt.[18] Fraglich ist allerdings, ob dies auch im **umgekehrten Fall** gelten sollte. Dies erscheint zweifelhaft, weil häufig zum Zwecke von Unternehmensübernahmen eigens hierfür eingerichtete Zweckgesellschaften (*special purpose vehicle*) verwendet werden.[19] In derartigen Fällen spricht viel dafür, den Wortlaut von Abs. 1 und Abs. 2 teleologisch zu reduzieren und allein auf die Muttergesellschaft abzustellen.[20]

**2. Sachlicher Anwendungsbereich.** Zwar enthält der Wortlaut des § 33c keinen Hin- **6** weis darauf, auf welche Arten von Angeboten sich die Reziprozitätsregel erstreckt. Allerdings ergibt sich der sachliche Anwendungsbereich aus der Reichweite des europäischen Verhinderungsverbotes und der europäischen Durchbrechungsregel. Somit beschränkt sich der Gegenseitigkeitsvorbehalt auf **Übernahme- und Pflichtangebote,** während **einfache Erwerbsangebote** von § 33c nicht erfasst werden.[21]

### III. Hauptversammlungsbeschluss der Zielgesellschaft

**1. Allgemeines.** Die Entscheidung über die Einführung eines Gegenseitigkeitsvorbe- **7** halts fällt in die alleinige **Zuständigkeit der Hauptversammlung** der Zielgesell-

---

[13] Assmann/Pötzsch/Schneider/*Meyer* Rn. 10. Baums/Thoma/*Kiem* Rn. 10, der allerdings darauf hinweist, dass in solchen Mitgliedstaaten, in denen den Zielgesellschaften eine vergleichbare Wahlmöglichkeit nicht gewährt wird, das Verhinderungsverbot diskriminierende Wirkung entfalten kann.
[14] Assmann/Pötzsch/Schneider/*Meyer* Rn. 10; FK-WpÜG/*Vogel* Rn. 8.
[15] *Glade/Haak/Hellich* Der Konzern 2004, 515 (516).
[16] Baums/Thoma/*Kiem* Rn. 11; Schwark/Zimmer/*Noack/Zetzsche* Rn. 8; Kölner Komm WpÜG/*Hirte* Rn. 12; Steinmeyer/*Bastian* Rn. 6; *Seibt/Heiser* AG 2006, 301 (312); *Harbarth* ZGR 2007, 36 (65).
[17] Baums/Thoma/*Kiem* Rn. 11; Schwark/Zimmer/*Noack/Zetzsche* Rn. 8; FK-WpÜG/*Vogel* Rn. 6; Angerer/Geibel/Süßmann/*Süßmann* Rn. 3.
[18] Baums/Thoma/*Kiem* Rn. 11; Schwark/Zimmer/*Noack/Zetzsche* Rn. 10; *Harbarth* ZGR 2007, 36 (66).
[19] Baums/Thoma/*Kiem* Rn. 11; Assmann/Pötzsch/Schneider/*Meyer* Rn. 18; Schwark/Zimmer/*Noack/Zetzsche* Rn. 10; *Seibt/Heiser* ZGR 2005, 200 (234).
[20] Baums/Thoma/*Kiem* Rn. 11; Schwark/Zimmer/*Noack/Zetzsche* Rn. 10; *Harbarth* ZGR 2007, 36 (66).
[21] Assmann/Pötzsch/Schneider/*Meyer* Rn. 19; Baums/Thoma/*Kiem* Rn. 12.

schaft.[22] Voraussetzung für die Möglichkeit eines Beschlusses nach § 33c ist freilich, dass die Zielgesellschaft von der Möglichkeit des Opt-in Gebrauch gemacht hat, also grundsätzlich die Anwendung des **europäischen Verhinderungsverbots und/oder der europäischen Durchbrechungsregel** statutarisch bestimmt ist.[23] Es besteht indes die Möglichkeit, die Entscheidung über die Anwendung von § 33a bzw. § 33b und diejenige über die Geltung des Gegenseitigkeitsvorbehalts in **einem Beschluss** zusammenzufassen.[24] Unzulässig ist es allerdings, den Gegenseitigkeitsvorbehalt **unmittelbar** in die nach § 33a Abs. 1 oder § 33b Abs. 1 eingeführte Satzungsbestimmung aufzunehmen. Die Folge wäre nämlich eine zeitlich unbefristete Geltung des Gegenseitigkeitsvorbehalts, die unzulässig wäre (Abs. 3 S. 2).[25]

8   Der Hauptversammlungsbeschluss der Zielgesellschaft über die Geltung der Reziprozitätsregel bedarf der **einfachen Mehrheit**.[26] Für die Beschlussfassung gelten im Grundsatz die **allgemeinen aktienrechtlichen Bestimmungen**.[27] Die mit dem Beschluss einhergehende Möglichkeit der Hauptversammlung, die Satzung der Gesellschaft zeitweise außer Kraft zu setzen, bleibt unterhalb der Schwelle einer Satzungsänderung.[28] Der Beschluss muss daher auch **nicht in das Handelsregister** eingetragen werden (vgl. aber zur Publizitätspflicht → Rn. 18).[29]

9   **2. Zeitliche Begrenzung.** Die zeitliche Dauer der Anwendung des Gegenseitigkeitsvorbehalts ist auf maximal **18 Monate** beschränkt (Abs. 3 S. 2). Auf diese Weise wird sichergestellt, dass sich die Hauptversammlung in regelmäßigen Abständen mit der Frage des Gegenseitigkeitsvorbehalts auseinandersetzt.[30] Enthält der Hauptversammlungsbeschluss keine entsprechende Befristung, ist er nichtig (§ 241 Nr. 3 AktG). Auch die Fassung eines „**Vorratsbeschlusses**" ist nicht gestattet.[31]

10   **3. Bezugspunkte des Beschlusses.** Der Hauptversammlungsbeschluss über die Geltung des Gegenseitigkeitsvorbehalts kann sich auf das europäische Verhinderungsverbot (§ 33a), auf die europäische Durchbrechungsregel (§ 33b) oder auf beides beziehen.[32] Nicht möglich ist dagegen, den Gegenseitigkeitsvorbehalt auf bestimmte **Teilbereiche** von § 33a oder § 33b zu beschränken.[33] Soll sich die Geltung der Reziprozitätsregel sowohl auf § 33a als auch auf § 33b erstrecken, besteht die Möglichkeit, die entsprechenden Beschlüsse nach Abs. 1 und Abs. 2 in einem Beschluss zu verbinden (Abs. 3 S. 1).[34]

11   **4. Zulässigkeit während eines Angebots.** § 33c verwehrt es der Hauptversammlung der Zielgesellschaft nicht, einen Beschluss über den Gegenseitigkeitsvorbehalt auch während eines Angebots zu fassen.[35] Die Zulässigkeit der Fassung eines solchen Beschlusses nach der Bekanntgabe der Entscheidung über die Abgabe eines Angebots ergibt sich aus § 33a Abs. 2

---

[22] Schwark/Zimmer/*Noack/Zetzsche* Rn. 11; Assmann/Pötzsch/Schneider/*Meyer* Rn. 20; Baums/Thoma/*Kiem* Rn. 4; Angerer/Geibel/Süßmann/*Süßmann* Rn. 5.

[23] Steinmeyer/*Bastian* Rn. 3.

[24] Baums/Thoma/*Kiem* Rn. 4; Angerer/Geibel/Süßmann/*Süßmann* Rn. 5; *Harbarth* ZGR 2007, 37 (66).

[25] Angerer/Geibel/Süßmann/*Süßmann* Rn. 5.

[26] Assmann/Pötzsch/Schneider/*Meyer* Rn. 24; Schwark/Zimmer/*Noack/Zetzsche* Rn. 11; Angerer/Geibel/Süßmann/*Süßmann* Rn. 5; FK-WpÜG/*Vogel* Rn. 4; *Harbarth* ZGR 2007, 37 (68); *Meyer* WM 2006, 1135 (1142).

[27] Baums/Thoma/*Kiem* Rn. 7; NK-AktKapMarktR/*Glade* Rn. 6.

[28] Steinmeyer/*Bastian* Rn. 7; Schwark/Zimmer/*Noack/Zetzsche* Rn. 11; FK-WpÜG/*Vogel* Rn. 4.

[29] Baums/Thoma/*Kiem* Rn. 5; Assmann/Pötzsch/Schneider/*Meyer* Rn. 24; FK-WpÜG/*Vogel* Rn. 11.

[30] Angerer/Geibel/Süßmann/*Süßmann* Rn. 6; Assmann/Pötzsch/Schneider/*Meyer* Rn. 22; Baums/Thoma/*Kiem* Rn. 2.

[31] Schwark/Zimmer/*Noack/Zetzsche* Rn. 13; Baums/Thoma/*Kiem* Rn. 7.

[32] Assmann/Pötzsch/Schneider/*Meyer* Rn. 20; Schwark/Zimmer/*Noack/Zetzsche* Rn. 12; FK-WpÜG/*Vogel* Rn. 3.

[33] Baums/Thoma/*Kiem* Rn. 6.

[34] Angerer/Geibel/Süßmann/*Süßmann* Rn. 5; Schwark/Zimmer/*Noack/Zetzsche* Rn. 12; FK-WpÜG/*Vogel* Rn. 4; NK-AktKapMarktR/*Glade* Rn. 6.

[35] Kölner Komm WpÜG/*Hirte* Rn. 18; Assmann/Pötzsch/Schneider/*Meyer* Rn. 23; Angerer/Geibel/Süßmann/*Süßmann* Rn. 5.

Nr. 1. Sofern sich die Zielgesellschaft der Geltung der europäischen Durchbrechungsregel (§ 33b) unterworfen hat, ist bei einer Beschlussfassung während der Annahmefrist § 33b Abs. 2 Nr. 2 zu beachten. Sollte der **Bieter** bereits an der Zielgesellschaft beteiligt sein, ist er nicht daran gehindert, gegen die Einführung des Gegenseitigkeitsvorbehalts zu stimmen.[36]

**5. Widerruf.** Der einmal gefasste Beschluss über den Gegenseitigkeitsvorbehalt kann durch **12** einen entsprechenden gegenläufigen Hauptversammlungsbeschluss widerrufen werden.[37] Dieser Beschluss bedarf als *actus contrarius* der einfachen Mehrheit; auf ihn finden des Weiteren die **allgemeinen aktienrechtlichen Bestimmungen Anwendung.** Einer Eintragung im Handelsregister bedarf es ebenfalls nicht (vgl. aber zur Publizitätspflicht → Rn. 18).

### IV. Gleichwertigkeit des Regelungsregimes

**1. Allgemeines.** Voraussetzung dafür, dass trotz eines freiwilligen Opt-in der Zielgesell- **13** schaft nicht das europäische, sondern das allgemeine Verhinderungsverbot nach § 33 gilt und die europäische Durchbrechungsregel vollständig wegfällt, ist, dass die Bietergesellschaft über keine dem § 33a bzw. § 33b entsprechende Regelung verfügt.[38] Die Ermittlung des Vorliegens eines **gleichwertigen Regelungsregimes** bereitet bei aus dem europäischen Wirtschaftsraum stammenden Bietergesellschaften keine großen Probleme. Es kommt einzig darauf an, ob die fragliche Gesellschaft bzw. die sie beherrschende Gesellschaft Art. 9 Abs. 2 und 3 Übernahme-RL und/oder Art. 11 Übernahme-RL umgesetzt haben.[39] Dies ist stets der Fall, sofern der betreffende Mitgliedstaat die europäischen Regeln zwingend vorgeschrieben hat.[40] Wurde die Entscheidung über die Geltung der europäischen Vorschriften – wie in Deutschland – den Aktionären überlassen, ist maßgebend, ob von der Möglichkeit des Opt-in Gebrauch gemacht wurde.[41] Schwieriger gestaltet sich dagegen die Beurteilung der Gleichwertigkeit bei Bietergesellschaften aus **Drittstaaten.** Hier muss ein **inhaltlicher Vergleich** der für die Bietergesellschaft maßgeblichen Regelungen mit den §§ 33a und 33b erfolgen.[42] In diesem Fall ist Zielgesellschaften vor der Ergreifung von Abwehrmaßnahmen, die zwar nach dem allgemeinen Verhinderungsverbot (§ 33), nicht aber nach dem europäischen Verhinderungsverbot (§ 33a) zulässig sind, die Einholung eines umfassenden Rechtsgutachtens zu empfehlen, um etwaige Pflichtverletzungen zu vermeiden.[43]

Da sich der Gegenseitigkeitsvorbehalt sowohl nur auf die europäische Durchbrechungsre- **14** gel als auch ausschließlich auf das europäische Verhinderungsverbot beziehen kann (vgl. → Rn. 10), muss auch hinsichtlich der Beurteilung der Gleichwertigkeit eine **getrennte Prüfung** erfolgen.[44] Die Gleichwertigkeitsprüfung obliegt der Zielgesellschaft.[45]

**2. Beteiligung der Bundesanstalt.** Fraglich ist, inwieweit die Bundesanstalt in die **15** **Beurteilung der Gleichwertigkeit** mit einbezogen werden kann. Auch wenn die Gleichwertigkeitsprüfung im Grundsatz von der Zielgesellschaft durchgeführt wird, ist es sachgerecht, im Falle einer offensichtlich fehlerhaften Prüfung durch die Zielgesellschaft der Bundesanstalt eine Eingriffsmöglichkeit im Rahmen der allgemeinen Missbrauchsaufsicht (§ 4 Abs. 1 S. 3) zuzugestehen.[46] Sie könnte im Einzelfall (beispielsweise durch eine Untersa-

---

[36] Baums/Thoma/*Kiem* Rn. 8.

[37] Schwark/Zimmer/*Noack/Zetzsche* Rn. 14; Baums/Thoma/*Kiem* Rn. 9.

[38] Steinmeyer/*Bastian* Rn. 4.

[39] *Harbarth* ZGR 2007, 36 (64); kurzer Überblick bei Assmann/Pötzsch/Schneider/*Meyer* Rn. 3 ff.

[40] Steinmeyer/*Bastian* Rn. 4; Baums/Thoma/*Kiem* Rn. 13.

[41] Baums/Thoma/*Kiem* Rn. 13.

[42] Baums/Thoma/*Kiem* Rn. 13; Assmann/Pötzsch/Schneider/*Meyer* Rn. 13; Steinmeyer/*Bastian* Rn. 4; *Harbarth* ZGR 2007, 36 (64); *Kersting* EuZW 2007, 528 (532).

[43] Steinmeyer/*Bastian* Rn. 5.

[44] Baums/Thoma/*Kiem* Rn. 13; Assmann/Pötzsch/Schneider/*Meyer* Rn. 14; aA Kölner Komm WpÜG/ *Hirte* Rn. 13.

[45] Angerer/Geibel/Süßmann/*Süßmann* Rn. 2; Assmann/Pötzsch/Schneider/*Meyer* Rn. 14; Baums/ Thoma/*Kiem* Rn. 17; Steinmeyer/*Bastian* Rn. 5.

[46] NK-AktKapMarktR/*Glade* Rn. 5; *Seibt/Heiser* AG 2006, 301 (313); zurückhaltend Baums/Thoma/ *Kiem* Rn. 18; Steinmeyer/*Bastian* Rn. 5; aA Angerer/Geibel/Süßmann/*Süßmann* Rn. 2.

gungsverfügung) die Gleichwertigkeit der Regelungsregime klären.[47] Letztlich ist diese auf Einzelfälle beschränkte Kontrollmöglichkeit der Bundesanstalt vor dem Hintergrund erheblicher Rechtsunsicherheiten (insbesondere bei Bietern aus Drittstaaten) über das Vorliegen einer gleichwertigen Regelung und den damit einhergehenden Transaktionsrisiken unbefriedigend. Daher ist den Stimmen in der Lit.[48] zuzustimmen, die de lege ferenda die Einführung eines Verfahrens zur allgemeinverbindlichen Feststellung der Gleichwertigkeit durch die Bundesanstalt fordern.

**16**  **3. Rechtsschutzmöglichkeiten des Bieters.** Insbesondere auf Seiten des Bieters wird häufig ein großes Interesse daran bestehen, die Entscheidungen der Zielgesellschaft hinsichtlich der Gleichwertigkeit anzugreifen und somit die Chance der geplanten Übernahme zu erhöhen.[49] Allerdings sind die Rechtsschutzmöglichkeiten des **Bieters stark begrenzt,** da für eine Feststellungsklage regelmäßig das Feststellungsinteresse fehlt. Ein solches liegt nämlich grundsätzlich nur dann vor, wenn einem subjektiven Recht des Klägers eine gegenwärtige Gefahr droht.[50] § 33a und § 33b bezwecken jedoch gerade nicht den Schutz des Bieters.[51]

**17**  Aktionären der Zielgesellschaft steht dagegen die Möglichkeit zur Verfügung, sich gegen Eingriffe in den Kompetenzbereich der Hauptversammlung durch eine Fehlbeurteilung bei der Prüfung der Gleichwertigkeit durch eine **Unterlassungsklage** zu schützen.[52] Ist der **Bieter** bereits an der Zielgesellschaft beteiligt, steht auch ihm diese Möglichkeit offen.[53]

### V. Unterrichtungs- und Veröffentlichungspflicht

**18**  Der Vorstand der Zielgesellschaft ist verpflichtet, die Bundesanstalt sowie die Aufsichtsstellen der Staaten des Europäischen Wirtschaftsraums, in denen die **stimmberechtigten Aktien** der Gesellschaft zum Handel an einem organisierten Markt zugelassen sind oder die Zulassung beantragt worden ist (vgl. → § 33a Rn. 68 ff.), unverzüglich (dh innerhalb von drei Werktagen nach der Beschlussfassung; vgl. insoweit auch → § 33a Rn. 70)[54] über die Ermächtigung zu unterrichten (Abs. 3 S. 3). Ferner ist er auch dann zur unverzüglichen Unterrichtung der maßgeblichen Aufsichtsstellen verpflichtet, wenn der Beschluss nach § 33c im Wege einer erfolgreichen Anfechtungsklage oder eines Widerrufs später **beseitigt wird.** Der **Ablauf des Ermächtigungszeitraums** eines Beschlusses gemäß § 33c, der spätestens nach 18 Monaten eintritt, löst dagegen keine Unterrichtungspflicht aus.[55] Ein Informationsbedürfnis der maßgeblichen Aufsichtsstellen besteht insoweit nicht, da der zeitliche Rahmen des ursprünglich gefassten Ermächtigungsbeschlusses den Aufsichtsstellen aufgrund der ursprünglichen Unterrichtung bekannt ist. Hinsichtlich der **Form** und der **Sprache** der Unterrichtung gelten die Erläuterungen unter → § 33a Rn. 71 f. entsprechend. Ferner muss die Ermächtigung bzw. ihr Widerruf unverzüglich auf der **Internethomepage** des Unternehmens veröffentlicht werden (Abs. 3 S. 4).

### VI. Zuwiderhandlungen

**19**  Sowohl vorsätzliche als auch leichtfertige Verstöße gegen die Unterrichtungs- und Veröffentlichungspflichten stellen eine **Ordnungswidrigkeit** dar (§ 60 Abs. 1 Nr. 9). Sie können mit einer Geldbuße von bis zu 200.000 Euro sanktioniert werden (§ 60 Abs. 3).

---

[47] FK-WpÜG/*Vogel* Rn. 10.
[48] FK-WpÜG/*Vogel* Rn. 10; *Seibt/Heiser* AG 2006, 301 (312 f.); dagegen Steinmeyer/*Bastian* Rn. 5; Assmann/Pötzsch/Schneider/*Meyer* Rn. 14; Angerer/Geibel/Süßmann/*Süßmann* Rn. 2.
[49] Baums/Thoma/*Kiem* Rn. 22.
[50] Musielak/Voit/*Foerste* ZPO § 256 Rn. 8.
[51] Baums/Thoma/*Kiem* Rn. 23.
[52] Baums/Thoma/*Kiem* Rn. 24; Steinmeyer/*Bastian* Rn. 5.
[53] Baums/Thoma/*Kiem* Rn. 23.
[54] FK-WpÜG/*Röh* Rn. 12.
[55] Assmann/Pötzsch/Schneider/*Meyer* Rn. 25.

## § 33d Verbot der Gewährung ungerechtfertigter Leistungen

**Dem Bieter und mit ihm gemeinsam handelnden Personen ist es verboten, Vorstands- oder Aufsichtsratsmitgliedern der Zielgesellschaft im Zusammenhang mit dem Angebot ungerechtfertigte Geldleistungen oder andere ungerechtfertigte geldwerte Vorteile zu gewähren oder in Aussicht zu stellen.**

**Schrifttum:** *Adolff/Meister/Randell/Stephan*, Public Company Takeovers in Germany, 2002; *Hohaus/Weber*, Aktuelles zu Managementbeteiligungen in Private-Equity-Transaktionen, BB 2008, 2358; *Hopt*, Grundsatz- und Praxisprobleme nach dem Wertpapiererwerbs- und Übernahmegesetz, ZHR 166 (2002), 383; *Horn*, Internationale Unternehmenszusammenschlüsse, ZIP 2000, 473; *Kirchner*, Managementpflichten bei feindlichen Übernahmeangeboten, WM 2000, 1821; *Kort*, Rechte und Pflichten des Vorstands der Zielgesellschaft bei Übernahmeversuchen, FS Lutter, 2000, 1421; *Krause*, Das neue Übernahmerecht, NJW 2002, 705; *Merkt*, Verhaltenspflichten des Vorstands der Zielgesellschaft bei feindlichen Übernahmen, ZHR 165 (2001), 224; *Mülbert*, Shareholder Value aus rechtlicher Sicht, ZGR 1997, 129; *Mülbert*, Die Zielgesellschaft im Vorschlag 1997 einer Takeover-Richtlinie – zwei folgenreiche Eingriffe ins deutsche Aktienrecht, IStR 1999, 83; *Mülbert/Birke*, Das übernahmerechtliche Behinderungsverbot – Die angemessene Rolle der Verwaltung einer Zielgesellschaft in einer feindlichen Übernahme, WM 2001, 705; *Nießen/Stöwe*, Die Vergütung des Vorstands beim öffentlichen Übernahmeangebot, DB 2010, 885; *U. H. Schneider/Burgard*, Übernahmeangebote und Konzerngründung – zum Verhältnis von Übernahmerecht, Gesellschaftsrecht und Konzernrecht, DB 2001, 963.

### Übersicht

### I. Allgemeines

**1. Regelungsgegenstand.** § 33d verbietet dem Bieter und mit ihm zusammenwirken- **1** den Personen, den Mitgliedern des Vorstandes und des Aufsichtsrates der Zielgesellschaft im Zusammenhang mit dem Angebot ungerechtfertigte Geldleistungen oder Vorteile zu gewähren oder in Aussicht zu stellen.

**2. Anwendungsbereich.** Wegen der systematischen Stellung des § 33d im Abschnitt 4 **2** ist die Norm jedenfalls auf **Übernahmeangebote** anzuwenden. Die Norm des § 33d findet des Weiteren auch im Rahmen von **Pflichtangeboten** Anwendung. Dies ergibt sich aus der Verweisungsnorm des § 39, der die sinngemäße Geltung des § 33d auch bei Pflichtangeboten anordnet. Auf sog. **einfache Erwerbsangebote** ist die Norm des § 33d dagegen nicht anzuwenden. Dies ergibt sich bereits aus der systematischen Stellung der Norm im Abschnitt 4. Zudem ist ein sog. einfaches Erwerbsangebot nicht auf die Übernahme der Gesellschaft gerichtet, sodass das Risiko eines Interessenkonflikts für den Vorstand und den Aufsichtsrat gering ist.

**3. Normzweck.** Das Verbot des § 33d ist vor dem Hintergrund der großen wirtschaftli- **3** chen Bedeutung von Unternehmensübernahmen und dem stets immanenten Risiko zu sehen, dass das Übernahmeangebot keine ausreichende Akzeptanz findet. Der Gesetzgeber will durch diese Regelung der Gefahr vorbeugen, dass der Bieter Versuche unternimmt, den Vorstand und Aufsichtsrat der Zielgesellschaft durch das Versprechen von Vorteilen zu einem nicht am Interesse des Unternehmens[1] und seiner Aktionäre orientierten Verhalten

---

[1] Bereits vor Inkrafttreten des § 33 Abs. 3 aF war umstritten, ob sich das Unternehmensinteresse nur aus den Interessen der Aktionäre zusammensetzt – dafür etwa *Mülbert* ZGR 1997, 129 (156); *Mülbert* IStR 1999,

zu veranlassen.[2] So soll verhindert werden, dass der Bieter die Mitglieder der Verwaltung der Zielgesellschaft in unzulässiger Weise dahingehend beeinflusst, eine positive Stellungnahme zum Übernahmeangebot abzugeben (vgl. § 27) oder einen ggf. bereits geäußerten Widerstand zu einem Übernahmeangebot zu revidieren.[3] Die Begründung eines Verbotes der Gewährung nicht gerechtfertigter Vorteile soll sicherstellen, dass **keine Zweifel an der Unabhängigkeit** der Entscheidungen von Vorstand und Aufsichtsrat aufkommen.[4]

4      Die Bestimmung ähnelt den gegenüber Amtsträgern bestehenden strafrechtlichen Verboten der Vorteilsgewährung (§ 333 StGB) und der Bestechung (§ 334 StGB). Bei der Auslegung der Tatbestandsmerkmale kann daher die Rspr. und das einschlägige Schrifttum zu den strafrechtlichen Bestimmungen herangezogen werden.[5]

5      **4. Entstehungsgeschichte.** Die Vorschrift wurde als eigenständiger Paragraph durch das Übernahme-RL-UG in das WpÜG aufgenommen. Sie ist wortgleich mit § 33 Abs. 3 aF.[6] Ein Grund für die Verlagerung der Vorschrift dürfte in der systematischen Kritik an § 33 Abs. 3 aF liegen, Verhaltensvorschriften des Bieters und solche der Organe der Zielgesellschaft in einer Norm zu regeln.[7]

## II. Die Regelung im Einzelnen

6      **1. Adressaten.** Das Verbot, ungerechtfertigte Geldleistungen oder Vorteile zu gewähren oder in Aussicht zu stellen, richtet sich gegen den **Bieter** und mit ihm gemeinsam handelnde Personen. Auch wenn es an einer ausdrücklichen Regelung fehlt, korrespondiert hiermit ein entsprechendes Verbot der Vorstands- und Aufsichtsratsmitglieder, ungerechtfertigte Geldleistungen oder Vorteile anzunehmen, da es sich um ein sorgfaltspflichtwidriges Verhalten iSv § 93 Abs. 1 S. 1 AktG handeln würde.[8]

7      **2. Ungerechtfertigte Vorteilsgewährungen. a) Adressaten der Vorteile.** Verboten ist die Vorteilsgewährung an Mitglieder des Vorstandes und des Aufsichtsrates der Zielgesellschaft. Wie sich aus der Formulierung des Gesetzes („oder") ergibt, müssen die Vorteile nicht notwendigerweise gleichzeitig Vorstand und Aufsichtsrat zu Gute kommen.[9] Auch müssen nicht alle Mitglieder eines Gremiums begünstigt werden.[10] Verboten ist auch die Gewährung von Vergünstigungen an Angehörige und sonstige den Mitgliedern der Verwaltung **nahestehende Personen**.[11] Ferner können auch Vermögensgewährungen an von

---

83 (84 ff.); *Mülbert/Birke* WM 2001, 705 (715 f.); *Merkt* ZHR 165 (2001), 224 (239 ff.) – oder ob auch Interessen der stakeholder, insbesondere der Arbeitnehmer und Gläubiger der Gesellschaft, zu berücksichtigen sind; in diese Richtung *Horn* ZIP 2000, 473 (481); *Kirchner* WM 2000, 1821 (1824); *Kort* FS Lutter, 2000, 1421 (1435); *U. H. Schneider/Burgard* DB 2001, 963 (967). Der Gesetzgeber geht davon aus, dass das Unternehmensinteresse nicht mit dem Aktionärsinteresse gleichzusetzen ist; Begr. RegE, BT-Drs. 14/7034, 35 zu § 33: „... auch während eines Angebotsverfahrens (müssen) Vorstand und Aufsichtsrat der Zielgesellschaft weiterhin im Interesse des Unternehmens handeln ... Dabei sind die Interessen der Aktionäre, der Arbeitnehmer und die Interessen der Gesellschaft zu berücksichtigen"; s. auch Ehricke/Ekkenga/Oechsler/*Ekkenga* Rn. 9. Verbreitet wird angenommen, dass sich Vorstand und Aufsichtsrat nicht nur an den Interessen der Aktionäre und den Belangen der Arbeitnehmer, sondern auch am Gemeinwohl ausrichten müssen; vgl. *Richter* in Semler/Volhard ÜN-HdB § 52 Rn. 30.

  [2] Begr. RegE, BT-Drs. 14/7034, 59 zu § 33; Assmann/Pötzsch/Schneider/*Krause/Pötzsch/Stephan* § 33 Rn. 324.

  [3] Assmann/Pötzsch/Schneider/*Krause/Pötzsch/Stephan* Rn. 1; FK-WpÜG/*Röh* Rn. 2.

  [4] Begr. RegE, BT-Drs. 14/7034, 59 zu § 33; Assmann/Pötzsch/Schneider/*Krause/Pötzsch/Stephan* Rn. 1; Steinmeyer/*Bastian* Rn. 1.

  [5] Kölner Komm WpÜG/*Hirte* § 33 Rn. 10 mwN; aA Baums/Thoma/*Kiem* Rn. 3; Assmann/Pötzsch/Schneider/*Krause/Pötzsch/Stephan* Rn. 3.

  [6] Schwark/Zimmer/Noack/*Zetzsche* Rn. 1; FK-WpÜG/*Röh* Rn. 1; Baums/Thoma/*Kiem* Rn. 2.

  [7] FK-WpÜG/*Röh* Rn. 1; ähnlich auch Schwark/Zimmer/Noack/*Zetzsche* Rn. 1.

  [8] FK-WpÜG/*Röh* Rn. 3; ähnlich auch Steinmeyer/*Bastian* Rn. 3.

  [9] Kölner Komm WpÜG/*Hirte* 12.

  [10] Kölner Komm WpÜG/*Hirte* 12.

  [11] Baums/Thoma/*Kiem* Rn. 8; Kölner Komm WpÜG/*Hirte* 12; Angerer/Geibel/Süßmann/*Süßmann* Rn. 2; Steinmeyer/*Bastian* Rn. 2.

einem Organmitglied der Zielgesellschaft beherrschte Gesellschaften vom Verbot des § 33d erfasst sein.[12]

Unbedenklich ist demgegenüber die Gewährung an leitende Angestellte oder sonstige **8** **Nicht-Organmitglieder,** da diese letztlich nicht über die Durchführung von Abwehrmaßnahmen oder den Inhalt der Stellungnahme nach § 27 entscheiden.[13] Ihnen kann etwa eine höhere Position für den Fall einer erfolgreichen Übernahme versprochen werden.

**b) Geldleistung oder geldwerter Vorteil.** Unter einer Geldleistung sind alle Zahlun- **9** gen zu verstehen, unabhängig davon, in welcher Weise sie erfolgen (Bar, Scheck, Überweisung).[14] Der Begriff des geldwerten Vorteils ist weit zu verstehen.[15] Er umfasst nicht nur unmittelbare Geldzahlungen, sondern sämtliche Leistungen, die das Organmitglied wirtschaftlich besser stellen (Reisen, Stock Options etc).[16] Auch der Verzicht auf Schadensersatzansprüche kann einen Vorteil darstellen.[17] Immaterielle Vorteile sind nicht von § 33d erfasst.[18] Richtigerweise kann es auch nicht darauf ankommen, ob die Leistungen vom Bieter selbst (zB Einbeziehung in einen konzernweiten Stock Option Plan) oder – nach der Übernahme – auf seine Veranlassung von der Zielgesellschaft erbracht werden.[19]

**c) Gewähren und Inaussichtstellen.** Unter dem Gewähren versteht man die unmittel- **10** bare Zuwendung des Vorteils an das Organmitglied.[20] Ausreichend ist die Begründung eines Anspruchs auf Leistung. Vom Inaussichtstellen sind sämtliche Formen des Ankündigens eines Vorteils erfasst.[21] Einer verbindlichen Zusage bedarf es nicht.[22] Erforderlich ist stets, dass das Inaussichtstellen in einem sachlichen und zeitlichen **Zusammenhang** mit dem Übernahmeangebot steht.[23] In diesem Kontext ist es nicht erforderlich, dass das Gewähren oder das Inaussichtstellen unter der Bedingung eines bestimmten Handelns durch die Organmitglieder erfolgt ist.[24]

**d) Mangelnde Rechtfertigung.** Nicht jede Gewährung oder jegliches Inaussichtstel- **11** len von Vorteilen ist verboten. Ungerechtfertigt sind Zuwendungen und Zusagen nur dann, wenn die Organe der Zielgesellschaft zu einem nicht am Interesse der Gesellschaft und ihrer Anteilseigner ausgerichteten Verhalten veranlasst werden sollen.[25] Dies ist der Fall, wenn für die Gewährung dieser Vorteile keine sachlich nachvollziehbaren Gründe bestehen.[26] Entscheidend ist, ob der Vorteil dem Organmitglied auch **von der Zielgesellschaft hätte gewährt oder in Aussicht gestellt werden dürfen.**[27] Ausreichend ist,

---

[12] Baums/Thoma/*Kiem* Rn. 8.

[13] Kölner Komm WpÜG/*Hirte* Rn. 12; Assmann/Pötzsch/Schneider/*Krause/Pötzsch/Stephan* Rn. 9; Steinmeyer/*Bastian* Rn. 2; Assmann/Pötzsch/Schneider/*Krause/Pötzsch/Stephan* Rn. 9; krit. Baums/Thoma/*Kiem* Rn. 9.

[14] Schwark/Zimmer/*Noack/Zetzsche* Rn. 3; Baums/Thoma/*Kiem* Rn. 10; FK-WpÜG/*Röh* Rn. 4.

[15] Steinmeyer/*Bastian* Rn. 4; Assmann/Pötzsch/Schneider/*Krause/Pötzsch/Stephan* Rn. 10.

[16] FK-WpÜG/*Röh* Rn. 5; Baums/Thoma/*Kiem* Rn. 10.

[17] Kölner Komm WpÜG/*Hirte* Rn. 13.

[18] Assmann/Pötzsch/Schneider/*Krause/Pötzsch/Stephan* Rn. 10; Baums/Thoma/*Kiem* Rn. 10.

[19] Baums/Thoma/*Kiem* Rn. 6. Streitig ist, ob die Vorschrift mittelbare Zuwendungen des Bieters untersagt, wie zB eine bindende Erklärung des Bieters, der Gesellschaft die durch eine Zusage an Verwaltungsmitglieder entstehenden Kosten zu erstatten, so etwa Schwark/Zimmer/*Noack/Zetzsche* Rn. 3 mwN.

[20] FK-WpÜG/*Röh* Rn. 8; Kölner Komm WpÜG/*Hirte* Rn. 14.

[21] FK-WpÜG/*Röh* Rn. 9; Baums/Thoma/*Kiem* Rn. 11.

[22] Assmann/Pötzsch/Schneider/*Krause/Pötzsch/Stephan* Rn. 11; Kölner Komm WpÜG/*Hirte* Rn. 14.

[23] FK-WpÜG/*Röh* Rn. 7; Kölner Komm WpÜG/*Hirte* Rn. 14; Baums/Thoma/*Kiem* Rn. 11.

[24] Assmann/Pötzsch/Schneider/*Krause/Pötzsch/Stephan* Rn. 11; Kölner Komm WpÜG/*Hirte* Rn. 14; Steinmeyer/*Bastian* Rn. 4.

[25] *Krause* NJW 2002, 705 (713); Steinmeyer/*Bastian* Rn. 5; ABBD/*Lohrmann/v. Dryander* Sec. 33 Rn. 84; *AMRS,* Public Company Takeovers in Germany, 2002, 213.

[26] Begr. RegE, BT-Drs. 14/7034, 59 zu § 33; FK-WpÜG/*Röh* Rn. 11; Kölner Komm WpÜG/*Hirte* Rn. 15; krit. zur mitunter unscharfen Abgrenzung von gerechtfertigten und ungerechtfertigten Zuwendungen Baums/Thoma/*Kiem* Rn. 4.

[27] Kölner Komm WpÜG/*Hirte* Rn. 15; ABBD/*Lohrmann/v. Dryander* Sec. 33 Rn. 84 und *Selzner* AG 2013, 818 (821) mwN, der zur Bestimmung übernahmerechtlich ungerechtfertigter geldwerter Leistungen

dass die Gewährung durch den Bieter in der Erwartung eines entsprechenden Verhaltens erfolgt ist.

12    Gerechtfertigt kann das Versprechen sein, den Vorstand nach erfolgreichem Übernahmeangebot **weiter zu beschäftigen,** da der Wert des Unternehmens maßgeblich von dem bisherigen Management abhängen kann.[28] In vielen Fällen ist nämlich das Übernahmeangebot insgesamt oder jedenfalls der gebotene Preis nur dann vertretbar, wenn sichergestellt ist, dass die Organmitglieder auch nach der Übernahme noch für die Zielgesellschaft tätig sind.[29] Um Missbräuche zu vermeiden, wird man fordern müssen, dass die Berechtigung zum Behalt der Zahlungen an dem Verbleib im Unternehmen gebunden wird.

13    Fraglich ist, wie sog. **Management-Buy-out**-Sachverhalte in Hinblick auf § 33d zu bewerten sind. Beim Management-Buy-out erfolgt eine Übernahme unter Beteiligung des Managements der Zielgesellschaft. Ihm wird die Möglichkeit gewährt, sich nach erfolgter Übernahme an der Zielgesellschaft zu beteiligen.[30] Die Inaussichtstellung einer künftigen Beteiligung stellt fraglos einen geldwerten Vorteil iSd § 33d dar.[31] Von einer Rechtfertigung (und damit Zulässigkeit solcher Maßnahmen) wird man jedoch dann ausgehen können, wenn konkurrierenden Bietern eine gleichwertige Informationsversorgung bezüglich der Zielgesellschaft gewährt und die Konditionen der zukünftigen Managementbeteiligung vollständig offen gelegt werden.[32] Drohenden Interessenkonflikten des Managements der Zielgesellschaft wird hierdurch nämlich angemessen Rechnung getragen.[33]

14    **3. Publizität.** Gewährte oder in Aussicht gestellte Geldleistungen oder Vorteile müssen nach § 11 Abs. 2 S. 3 Nr. 3 in der **Angebotsunterlage** offengelegt werden. Richtigerweise sind auch etwaige ungerechtfertigte Leistungen zu veröffentlichen.[34] Die Verwaltung muss in ihrer Stellungnahme auf solche gewährten oder in Aussicht gestellten Geldleistungen und Vorteile eingehen (§ 27 Abs. 1 S. 2 Nr. 2).[35]

15    **4. Rechtsfolgen.** Bei § 33d handelt es sich um ein gesetzliches Verbot (§ 134 BGB).[36] Unzulässige Rechtsgeschäfte bzw. Vorteilszusagen sind demgemäß **nichtig.**[37] Bereits gewährte Leistungen sind nach Maßgabe von § 812 Abs. 1 S. 1 Var. 1 BGB zurück zu gewähren.[38] § 817 S. 2 BGB steht der Rückforderung nicht entgegen, da sich das Verbot gerade auch gegen das Erfüllungsgeschäft richtet.[39] Nehmen die Organe einer Bietergesellschaft die Auszahlung vor bzw. unterlassen sie die Rückforderung einer bereits erfolgten Vorteilsgewährung, verhalten sie sich pflichtwidrig.[40]

des Bieters an Mitglieder des Vorstandes oder Aufsichtsrates auf die aktienrechtlichen Anforderungen von Drittvergütungen zurückgreifen möchte und diese übertragen möchte; krit. Baums/Thoma/*Kiem* Rn. 14, der zulässige Vorteilsgewährungen anhand von Fallgruppen bestimmen möchte.

[28] Begr. RegE, BT-Drs. 14/7034, 59 zu § 33; *Krause* NJW 2002, 705 (713); *Hopt* ZHR 166 (2002), 383 (429); Baums/Thoma/*Kiem* Rn. 17; Assmann/Pötzsch/Schneider/*Krause/Pötzsch/Stephan* Rn. 10; ABBD/ *Lohrmann/v. Dryander* Sec. 33 Rn. 84.

[29] Nach Kölner Komm WpÜG/*Hirte* Rn. 15 wäre ein Versprechen über eine höherwertige Position unzulässig; ähnlich wohl auch Steinmeyer/*Bastian* Rn. 6.

[30] Baums/Thoma/*Kiem* Rn. 20.

[31] Baums/Thoma/*Kiem* Rn. 21.

[32] Baums/Thoma/*Kiem* Rn. 22.

[33] Vgl. hierzu auch *Hohaus/Weber* BB 2008, 2358 (2359).

[34] Ehricke/Ekkenga/Oechsler/*Ekkenga* Rn. 123; aA offenbar *Krause* NJW 2002, 705 (713); *Hopt* ZHR 166 (2002), 383 (429): „gerechtfertigte Zusagen"; ABBD/*Lohrmann/v. Dryander* Sec. 33 Rn. 85.

[35] Assmann/Pötzsch/Schneider/*Krause/Pötzsch/Stephan* Rn. 22; Kölner Komm WpÜG/*Hirte* Rn. 11.

[36] Begr. RegE, BT-Drs. 14/7034, 59 zu § 33; FK-WpÜG/*Röh* Rn. 14; Angerer/Geibel/Süßmann/*Süßmann* Rn. 6; *Nießen/Stöwe* DB 2010, 885; Steinmeyer/*Bastian* Rn. 7.

[37] Steinmeyer/*Bastian* Rn. 7; *Hopt* ZHR 166 (2002), 383 (429); Baums/Thoma/*Kiem* Rn. 24; ABBD/ *Lohrmann/v. Dryander* Sec. 33 Rn. 86; *Hopt* ZHR 166 (2002), 383 (429).

[38] Kölner Komm WpÜG/*Hirte* Rn. 16; Baums/Thoma/*Kiem* Rn. 24.

[39] Steinmeyer/*Bastian* Rn. 7; FK-WpÜG/*Röh* Rn. 14; Kölner Komm WpÜG/*Hirte* Rn. 16; Assmann/ Pötzsch/Schneider/*Krause/Pötzsch/Stephan* Rn. 23.

[40] Begr. RegE, BT-Drs. 14/7034, 58 zu § 33; FK-WpÜG/*Röh* Rn. 3; s. auch Kölner Komm WpÜG/ *Hirte* Rn. 16, der zu Recht auf die insoweit bestehende Problematik bei ausländischen Bietern aufmerksam macht.

Ein Verstoß gegen § 33d begründet **keine Ordnungswidrigkeit** nach § 60.[41]  **16**

**5. Vorteilsgewährung durch die Zielgesellschaft.** Nicht erfasst von § 33d ist die **17** Gewährung oder Inaussichtstellung von Geldleistungen oder Vorteilen an die Mitglieder des Vorstandes und des Aufsichtsrates **durch die Zielgesellschaft** selbst, um auf die Abwehr oder Unterstützung eines Angebotes hinzuwirken. Die Zulässigkeit solcher Vorteile richtet sich nach den allgemeinen aktienrechtlichen Vorschriften, insbesondere nach §§ 87, 113 AktG.[42] Ungerechtfertigte Leistungen aus dem Gesellschaftsvermögen können im Einzelfall den Tatbestand der Untreue begründen (§ 266 StGB).[43]

## § 34 Anwendung der Vorschriften des Abschnitts 3

**Für Übernahmeangebote gelten die Vorschriften des Abschnitts 3, soweit sich aus den vorstehenden Vorschriften nichts anderes ergibt.**

**Schrifttum:** s. § 29; *Mülbert,* Übernahmerecht zwischen Kapitalmarktrecht und Aktien(konzern)recht – die konzeptionelle Schwachstelle des RegE, ZIP 2001, 1221.

### I. Anwendung der Vorschriften des Abschnittes 3

Ein auf den Erwerb der Kontrolle gerichtetes Übernahmeangebot ist nach der Konzep- **1** tion des WpÜG ein spezieller Fall eines Angebotes zum Erwerb von Wertpapieren, die in Abschnitt 3 des Gesetzes geregelt sind.[1] Die in § 34 vorgesehene Regelung, wonach die für schlichte Erwerbsangebote geltenden Vorschriften des Abschnittes 3 auf Übernahmeange- bote zur Anwendung gelangen, sofern der Abschnitt 4 keine verdrängenden Spezialbestim- mungen enthält, hat damit lediglich klarstellenden Charakter. Zur Gesetzeshistorie → § 33 Rn. 23 ff.

### II. Ausnahmen

Eine Anwendung der allgemeinen Vorschriften kommt also nur in Betracht, soweit sich **2** aus den Bestimmungen des Abschnittes 4 über Übernahmeangebote nichts anderes ergibt. Eine solche Ausnahme begründet § 31, der bei der Festsetzung der Gegenleistung inhaltlich engere Grenzen setzt. Gleiches gilt für § 32, der die Ausgestaltung von Übernahmeange- ten als Teilangebote (vgl. § 19) verbietet (zu den Einzelheiten → § 32 Rn. 9 ff.).[2]

---

[41] Assmann/Pötzsch/Schneider/*Krause*/*Pötzsch*/*Stephan* Rn. 23.
[42] *Hopt* ZHR 166 (2002), 383 (429); Kölner Komm WpÜG/*Hirte* § 33d Rn. 17; Steinmeyer/*Bastian* Rn. 3.
[43] Kölner Komm WpÜG/*Hirte* Rn. 17.
[1] Assmann/Pötzsch/Schneider/*Pötzsch*/*Assmann* Rn. 8; Kölner Komm WpÜG/*Kremer*/*Oesterhaus* Rn. 4; FK-WpÜG/*Vogel* Rn. 1; krit. zu der Konzeption *Mülbert* ZIP 2001, 1221 (1223).
[2] Begr. RegE, BT-Drs. 14/7034, 59.

# Abschnitt 5. Pflichtangebote

## § 35 Verpflichtung zur Veröffentlichung und zur Abgabe eines Angebots

(1) [1]Wer unmittelbar oder mittelbar die Kontrolle über eine Zielgesellschaft erlangt, hat dies unter Angabe der Höhe seines Stimmrechtsanteils unverzüglich, spätestens innerhalb von sieben Kalendertagen, gemäß § 10 Abs. 3 Satz 1 und 2 zu veröffentlichen. [2]Die Frist beginnt mit dem Zeitpunkt, zu dem der Bieter Kenntnis davon hat oder nach den Umständen haben musste, dass er die Kontrolle über die Zielgesellschaft erlangt hat. [3]In der Veröffentlichung sind die nach § 30 zuzurechnenden Stimmrechte für jeden Zurechnungstatbestand getrennt anzugeben. [4]§ 10 Abs. 2, 3 Satz 3 und Abs. 4 bis 6 gilt entsprechend.

(2) [1]Der Bieter hat innerhalb von vier Wochen nach der Veröffentlichung der Erlangung der Kontrolle über eine Zielgesellschaft der Bundesanstalt eine Angebotsunterlage zu übermitteln und nach § 14 Abs. 2 Satz 1 ein Angebot zu veröffentlichen. [2]§ 14 Abs. 2 Satz 2, Abs. 3 und 4 gilt entsprechend. [3]Ausgenommen von der Verpflichtung nach Satz 1 sind eigene Aktien der Zielgesellschaft, Aktien der Zielgesellschaft, die einem abhängigen oder im Mehrheitsbesitz stehenden Unternehmen der Zielgesellschaft gehören, und Aktien der Zielgesellschaft, die einem Dritten gehören, jedoch für Rechnung der Zielgesellschaft, eines abhängigen oder eines im Mehrheitsbesitz stehenden Unternehmens der Zielgesellschaft gehalten werden.

(3) Wird die Kontrolle über die Zielgesellschaft auf Grund eines Übernahmeangebots erworben, besteht keine Verpflichtung nach Absatz 1 Satz 1 und Absatz 2 Satz 1.

**Schrifttum:** *Adolff/Meister/Randell/Stephan,* Public Company Takeovers in Germany, 2002; *Altmeppen,* Neutralitätspflicht und Pflichtangebot nach dem neuen Übernahmerecht, ZIP 2001, 1073; *Apfelbacher/Barthelmess/Buhl/v. Dryander,* German Takeover Law, 2002; *Assmann,* Unternehmenszusammenschlüsse und Kapitalmarkt, ZHR 172 (2008), 635; *Assmann,* Übernahmeangebote im Gefüge des Kapitalmarktrechts, insbesondere im Lichte des Insiderrechts, der Ad hoc-Publizität und des Manipulationsverbots, ZGR 2002, 697; *Assmann/Bozenhardt,* Übernahmeangebote als Regelungsproblem zwischen gesellschaftsrechtlichen Normen und zivilrechtlich begründeten Verhaltensgeboten, in Assmann/Basaldua/Bozenhardt/Peltzer, Übernahmeangebote, ZGR-Sonderheft 9 (1990), 1; *Basaldua,* Der Vorschlag für eine dreizehnte Richtlinie des Rates auf dem Gebiet des Gesellschaftsrechts über öffentliche Übernahmeangebote, in Assmann/Basaldua/Bozenhardt/Peltzer, Übernahmeangebote, ZGR-Sonderheft 9 (1990), 157; *Baum,* Vorzüge und Genussrechte in übernahmerechtlicher Hinsicht, ZBB 2003, 9; *Baums,* Übernahmeregeln in der Europäischen Gemeinschaft, ZIP 1989, 1376; *Baums,* Notwendigkeit und Grundzüge einer gesetzlichen Übernahmeregelung in v. Rosen/Seifert, Die Übernahme börsennotierter Unternehmen, 1999, 165; *Benner-Heinacher,* Mindeststandards für Übernahmeregeln in Deutschland, DB 1997, 2521; *Braun,* Die Befreiung vom Pflichtangebot nach dem WpÜG, 2008; *Braun,* Das einflusslose Mitglied im Stimmrechtspool, NZG 2008, 928; *Burg/Braun,* Austrittsrechte nach Verschmelzung von börsennotierten Aktiengesellschaften bei gleich bleibender Kontrolle im aufnehmenden Rechtsträger?, AG 2009, 22; *Cahn,* Verwaltungsbefugnisse der Bundesanstalt für Finanzdienstleistungsaufsicht im Übernahmerecht und Rechtsschutz Betroffener, ZHR 167 (2003), 262; *Brellochs,* Konzernrechtliche Beherrschung und übernahmerechtliche Kontrolle, NZG 2012, 1010; *Cahn/Senger,* Das Gesetz zur Regelung von öffentlichen Angeboten zum Erwerb von Wertpapieren und von Unternehmensübernahmen, FB 2002, 277; *Drinhausen/Keinath,* Regierungsentwurf eines Gesetzes zur Umsetzung der Aktionärsrichtlinie (ARUG) – Überblick über die Änderungen gegenüber dem Referentenentwurf, BB 2009, 64; *Eidenmüller/Engert,* Reformperspektiven einer Umwandlung von Fremd- in Eigenkapital (Debt-Equity-Swap), ZIP 2009, 541; *Ekkenga/Hofschroer,* Das Wertpapiererwerbs- und Übernahmegesetz (Teil II), DStR 2002, 768; *v. Falkhausen,* Die Übernahme der Postbank – Neues zum Recht des Pflichtangebots, NZG 2014, 1368; *Fest,* Bedingungen in Pflichtangeboten, ZBB 2017, 178; *Fleischer,* Schnittmengen des WpÜG mit benachbarten Rechtsmaterien – eine Problemskizze, NZG 2002, 545; *Fleischer/Körber,* Der Rückerwerb eigener Aktien und das Wertpapiererwerbs- und Übernahmegesetz, BB 2001, 2589; *Geibel/Süßmann,* Erwerbsangebote nach dem Wertpapiererwerbs- und Übernahmegesetz, BKR 2002, 52; *Grabbe/Fett,* Pflichtangebot im Zuge von Verschmelzungen, NZG 2003, 755; *Grunewald/Schlitt,* Einführung in das Kapitalmarktrecht, 4. Aufl. 2020; *Habersack/Mayer,* Der neue Vorschlag einer Takeover-Richtlinie – Überlegungen zur Umsetzung in das nationale Recht, ZIP 1997, 2141; *Habersack,* Reformbedarf im Übernahmerecht, ZHR 166 (2002), 619; *Habersack,* Verhinderungsverbot und Pflichtangebotsregel – Eckpfeiler des europäischen Übernahmerechts?, ZHR 181 (2017), 603; *Harbarth,* Kontrollerlangung und Pflichtangebot, ZIP 2002, 321; *Hasselbach/Hoffmann,* Die Sanierungsbefreiung nach § 37 WpÜG bei der Übernahme börsennotierter Unternehmen, DB 2009, 327; *Heckschen,* WpÜG und Verschmelzungen, in Heckschen/Simon, Umwandlungsrecht, 2002, 199; *Heiser,* Interessenkonflikte in der Aktiengesellschaft und ihre Lösung am Beispiel des Zwangsangebots, 1999; *Heusel,* Das Instrumentarium zur Durchsetzung unterlassener Pflichtangebote im Lichte der BKN-Entscheidung des BGH, AG 2014, 232; *Hommelhoff,* Konzerneingangs-Schutz durch Übernahme-Recht? – Eine Betrachtung zur europäischen Rechtspolitik, FS Semler, 1993, 455; *Hommelhoff/Kleindiek,* Takeover-Richtlinie und europäisches Übernahmerecht, AG 1990, 106; *Hopt,* Europäisches und deutsches Übernahmerecht, ZHR 161 (1997), 368; *Hopt,* Auf dem Weg zum deutschen Übernahmegesetz, FS Zöllner, Bd. I, 1998, 253; *Hopt,* Übernahmen, Geheimhaltung und Interessenkonflikte: Probleme für Vorstände, Aufsichtsräte und Banken, ZGR 2002, 333; *Hopt,* Grundsatz- und Praxisprobleme nach dem Wertpapiererwerbs- und Übernahmegesetz, ZHR 166 (2002), 383; *Houben,* Die Gestaltung des Pflichtangebots unter dem Aspekt des Minderheitenschutzes und der effizienten Allokation der Unternehmenskontrolle, WM 2000, 1873; *Ihrig,* Rechtsschutz Drittbetroffener im Übernahmerecht ZHR 167 (2003), 315; *Jünemann,* Die angemessene Gegenleistung nach § 31 Abs. 1 WpÜG im Lichte des Verfassungsrechts, 2008; *Kallmeyer,* Die Mängel des Übernahmekodex der Börsensachverständigenkommission, ZHR 161 (1997), 435; *Kallmeyer,* Pflichtangebote nach dem Übernahmekodex und dem neuen Vorschlag 1997 einer Takeover-Richtlinie, ZIP 1997, 2147; *Kleindiek,* Funktion und Geltungsanspruch des Pflichtangebots nach dem WpÜG, ZGR 2002, 546; *Knoll,* Die Übernahme von Kapitalgesellschaften: Unter besonderer Berücksichtigung des Schutzes von Minderheitsaktionären nach amerikanischem, englischem und deutschem Recht, 1992; *Koch,* Passiver Kontrollerwerb und Pflichtangebot, ZIP 2008, 1260; *Kossmann/Horz,* Außerbörslicher Erwerb und betreiendes Übernahmeangebot nach § 35 III WpÜG, NZG 2006, 481; *Krause,* Das obligatorische Übernahmeangebot: Eine juristische und ökonomische Analyse, 1996; *Krause,* Zur Gleichbehandlung der Aktionäre bei Übernahmeangeboten und Beteiligungserwerb, WM 1996, 851 und WM 1996, 893; *Krause,* Die geplante Takeover-Richtlinie der Europäischen Union mit Ausblick auf das geplante deutsche Übernahmegesetz, NZG 2000, 905; *Krause,* Das neue Übernahmerecht, NJW 2002, 705; *Krause,* Der Kommissionsvorschlag für die Revitalisierung der EU-Übernahmerichtlinie, BB 2002, 2341; *Krause,* Die EU-Übernahmerichtlinie – Anpassungsbedarf im Wertpapiererwerbs- und Übernahmegesetz, BB 2004, 113; *Krause,* Zum richterrechtlichen Anspruch der Aktionäre auf angemessene Gegenleistung bei Übernahme- und Pflichtangeboten, AG 2014, 833; *Krause,* Eigene Aktien bei Stimmrechtsmitteilungen und Pflichtangebot, AG 2015, 553; *Land/Hasselbach,* Das neue Übernahmegesetz – Einführung und kritische Anmerkungen zum Diskussionsentwurf des BMF, DB 2000, 1747; *Lenz/Linke,* Die Handhabung des WpÜG in der aufsichtsrechtlichen Praxis, AG 2002, 361; *Lenz/Behnke,* Das WpÜG im Praxistest, BKR 2003, 43; *Letzel,* Das Pflichtangebot nach dem Übernahmekodex – mit Vorausschau auf das Pflichtangebot nach dem ÜbG, NZG 2001, 260; *Letzel,* Das Pflichtangebot nach dem WpÜG, BKR 2002, 293; *Liebscher,* Das Übernahmeverfahren nach dem neuen Übernahmegesetz, ZIP 2001, 853; *Löhdefink/Jaspers,* Fortgeschrittenenveranstaltung zum WpÜG – Die Postbank-Entscheidung des BGH und ihre praktischen Implikationen, ZIP 2014, 2261; *Loritz/Wagner,* Das „Zwangsübernahmeangebot" der EG-Takeover-Richtlinie aus verfassungsrechtlicher Sicht, WM 1991, 709; *Mertens,* Förderung von, Schutz vor, Zwang zu Übernahmeangeboten?, AG 1990, 252; *Meilicke/Meilicke,* Die Postbank-Übernahme durch die Deutsche Bank – eine Gestaltung zur Vermeidung von Pflichtangeboten nach § 35 WpÜG?, ZIP 2010, 558; *Möller,* Rechtsmittel und Sanktionen nach dem WpÜG, AG 2002, 170; *Möller/Pötzsch,* Das neue Übernahmerecht – Der Regierungsentwurf vom 11. Juli 2001, ZIP 2001, 1256; *Mülbert,* Umsetzungsfragen der Übernahmerichtlinie – erheblicher Änderungsbedarf bei den heutigen Vorschriften des WpÜG, NZG 2004, 633; *Mülbert,* Übernahmerecht zwischen Kapitalmarktrecht und Aktien(konzern)recht – die konzeptionelle Schwachstelle des RegE WpÜG, ZIP 2001, 1221; *Mülbert/Schneider,* Der außervertragliche Abfindungsanspruch im Recht der Pflichtangebote, WM 2003, 2301; *Munscheck,* Das Übernahmeangebot als Konzernbildungskontrolle – Überlegungen zu Höhe und Ausgestaltung des Stimmrechtsanteils, der die Angebotsverpflichtung auslöst, RIW 1995, 998; *Nelle,* Stimmrechtszurechnung und Pflichtangebot nach Umsetzung der Übernahmerichtlinie, ZIP 2006, 2057; *Nörr/Stiefenhofer,* Takeover Law in Germany, 2003; *Oechsler,* Der RegE zum Wertpapiererwerbs- und Übernahmegesetz – Regelungsbedarf auf der Zielgeraden, NZG 2001, 817; *Paschos/Goslar,* Der Regierungsentwurf des Gesetzes zur Umsetzung der Aktionärsrichtlinie, AG 2009, 14; *Paul,* Pflichtangebot nach § 35 WpÜG – ein verzichtbares Recht der Minderheitsaktionäre, DB 2008, 2125; *Paul,* Die Relevanz des Wertpapiererwerbs- und Übernahmegesetzes (WpÜG) für Verschmelzungen und Spaltungen unter Beteiligung der Zielgesellschaft, 2007; *Pentz,* Acting in Concert – Ausgewählte Einzelprobleme zur Zurechnung und zu den Rechtsfolgen, ZIP 2003, 1478; *Pietzke,* Das zwingende Übernahmeangebot bei Erwerb einer Kontrollmehrheit, FS Fikentscher, 1998, 601; *Pohlmann,* Rechtsschutz der Aktionäre der Zielgesellschaft im Wertpapier- und Übernahmeverfahren, ZGR 2007, 1; *Pötzsch,* Das neue Übernahmerecht, 2002; *Pötzsch/Möller,* Das künftige Übernahmerecht – Der Diskussionsentwurf des Bundesministeriums der Finanzen zu einem Gesetz zur Regelung von Unternehmensübernahmen und der Gemeinsame Standpunkt des Rates zur europäischen Übernahmerichtlinie, WM-Sonderbeil. 2/2000; *Redecker,* Kontrollerwerb an Krisengesellschaften: Chancen und Risiken des Debt-Equity Swap, BB 2007, 673; *Reul,* Die Pflicht zur Gleichbehandlung der Aktionäre bei privaten Kontrolltransaktionen – Eine juristische und ökonomische Analyse, 1991; *Richter,* Der Kapitalmarkt und sein Gesellschaftsrecht – Überlegungen zu einem kapitalmarktgemäßen Gesellschaftsrecht börsennotierter Gesellschaften, ZHR 172 (2008), 419; *Riehmer/Schröder,* Praktische Aspekte bei der Planung, Durchführung und Abwicklung eines Übernahmeangebots, BB-Beil. 5/2001; *Rubner/Leuering,* Das unterlassene Pflichtangebot, NJW-Spezial 2015, 79; *Sailer,* Offenlegung von „Change of Control-Klauseln" im Jahresabschluss, AG 2006, 913; *Sandberger,* Teilübernahmeangebote und Zwangsübernahmeangebote im Europäischen Takeover-Recht, DZWiR 1993, 319; *Schander,* Selbstregulierung versus Kodifizierung – Versuch einer Standortbestimmung des deutschen Übernahmerechts, NZG 1998, 799; *Scheibenpflug/Tönningsen,* Interessenschutzklausel als *acting in concert* und Rechtsfolgen eines verspäteten Übernahmeangebots, BKR 2015, 140; *Schmidt/Schlitt*, Debt Equity Swap – Eine attraktive Form der Restrukturierung?, Der Konzern 2009, 279; *Seibt/Heiser*, Regelungskonkurrenz zwischen neuem Übernahmerecht und Umwandlungsrecht, ZHR 165 (2001), 466; *Simon*, Rechtsschutz im Hinblick auf ein Pflichtangebot nach § 35 WpÜG, 2005; *Simon*, Zur Herleitung zivilrechtlicher Ansprüche aus §§ 35 und 38 WpÜG, NZG 2005, 541; *Streißle*, Insiderrechtliche Aspekte von Pflichtangeboten, BKR 2003, 788; *Süßmann*, Anwendungsprobleme des WpÜG, WM 2003, 1453; *Technau*, Übernahmerechtliche Austrittsrechte in Verschmelzungsfällen, AG 2002, 260; *Teichmann*, Austrittsrecht und Pflichtangebot bei Gründung einer europäischen Aktiengesellschaft, AG 2004, 67; *Thies*, Pflichtangebot nach Umwandlungen, 2006; *Thaeter/Brandi*, Öffentliches Übernahmen – Recht und Praxis der Übernahme börsennotierter Unternehmen, 2003; *Thoma*, Der neue Übernahmekodex der Börsensachverständigenkommission, ZIP 1996, 1725; *Thoma*, Das Wertpapiererwerbs- und Übernahmegesetz im Überblick, NZG 2002, 105; Übernahmekommission, 3 Jahre Übernahmekommission – Bericht der Übernahmekommission, 1999; *Veil*, Übernahmerecht in Praxis und Wissenschaft, 2009; *Verse*, Übergang von gemeinsam zu alleiniger Kontrolle – ein Fall für das Pflichtangebot?, NZG 2009, 1331; *Wackerbarth/Kreße*, Suspensiveffekt des Antrags nach §§ 36 ff. WpÜG?, NZG 2010, 418; *Wagner*, Zur Rechtstellung Dritter nach dem WpÜG, NZG 2003, 718; *Weber-Rey/Schütz*, Zum Verhältnis von Übernahmerecht und Umwandlungsrecht, AG 2001, 325; *Weisgerber*, Der Übernahmekodex in der Praxis, ZHR 161 (1997), 421; *Werner*, Probleme feindlicher Übernahmeangebote im Aktienrecht, 1989; *Wieneke/Fett*, Das neue Finanzmarktstabilisierungsgesetz unter besonderer Berücksichtigung der aktienrechtlichen Sonderregelungen, NZG 2009, 8; *Wiesbrock*, Rechtsfragen der Befreiung vom Pflichtangebot nach WpÜG in Sanierungsfällen, NZG 2005, 294; *Wirth/Weiler*, Änderung des Übernahmekodex ab 1.1.1998: Das erweiterte Pflichtangebot, DB 1998, 117; *Witt*, Übernahmen von Aktiengesellschaften und Transparenz der Beteiligungsverhältnisse, 1998; *Witt*, Angemessenheit eines Übernahme- oder Pflichtangebots und Zurechnung von Stimmrechten: Die Postbank-Entscheidung des BGH, DStR 2014, 2132; *Wolf*, Konzerneingangsschutz bei Übernahmeangeboten, AG 1998, 212; *Wymeersch*, Übernahmeangebote und Pflichtangebote, ZGR 2002, 520; *Zietsch/Holzborn*, Freibrief für pflichtangebotsfreie Unternehmensübernahmen?, WM 2001, 1753; *Zinser*, Pflichtangebotsregelungen in europäischen Staaten, NZG 2000, 573; *Zinser*, Der RefE eines „Gesetzes zur Regelung von öffentlichen Angeboten zum Erwerb von Wertpapieren und von Unternehmensübernahmen" vom 12.3.2001, NZG 2001, 391; *Zinser*, Das neue Gesetz zur Regelung von öffentlichen Angeboten zum Erwerb von Wertpapieren und von Unternehmensübernahmen vom 1. Januar 2002, WM 2002, 15; *Zschocke*, Europapolitische Mission: Das neue Wertpapiererwerbs- und Übernahmegesetz, DB 2002, 79.

## Übersicht

## I. Allgemeines

**1** **1. Regelungsgegenstand.** Der 5. Abschnitt enthält mit den Bestimmungen über Pflichtangebote ein Kernstück des Wertpapiererwerbs- und Übernahmegesetzes. Gemäß § 35 Abs. 1 und Abs. 2 ist derjenige, der unmittelbar oder mittelbar die Kontrolle über die Zielgesellschaft erlangt hat, verpflichtet, diese Tatsache zu veröffentlichen und im Anschluss daran ein öffentliches Angebot für den Erwerb aller Aktien der Zielgesellschaft abzugeben. Nach Abs. 3 bestehen diese Pflichten nur dann nicht, falls die Kontrolle über die Zielgesellschaft auf Grund eines Übernahmeangebotes erlangt wurde.

**2** § 35 statuiert weder ausdrücklich eine Pflicht des Kontrollerwerbers zur Abgabe eines Angebotes noch enthält die Vorschrift explizite Vorgaben für den Umfang und den Inhalt eines Pflichtangebotes; diese ergeben sich vielmehr aus dem Verweis von § 39 auf die Bestimmungen der Abschnitte 3 und 4.[1] Das Pflichtangebot ist Rechtsfolge einer bereits erlangten Kontrolle und damit kein freiwilliges, sondern ein erzwungenes Angebot.[2]

---

[1] *Thoma* NZG 2002, 105 (106); Assmann/Pötzsch/Schneider/*Krause*/*Pötzsch* Rn. 2; Baums/Thoma/ *Baums/Hecker* Rn. 3; Kölner Komm WpÜG/*Hasselbach* Rn. 7.
[2] *Fleischer/Kalss,* Das neue WpÜG, 2002, 131.

Im Einzelnen gilt: **Abs. 1 S. 1** ordnet eine unverzügliche Publizität der Kontrollerlangung 3 an, indem dieser Umstand unverzüglich, spätestens innerhalb von sieben Kalendertagen zu veröffentlichen ist. **Abs. 1 S. 2–4** regeln den Beginn der Frist sowie den Inhalt der Veröffentlichung. **Abs. 2 S. 1 und 2** bestimmen, dass der Bieter innerhalb von 4 Wochen nach der Veröffentlichung der Erlangung der Kontrolle der Bundesanstalt eine Angebotsunterlage zu übermitteln und nach näherer Maßgabe von § 14 zu veröffentlichen hat. **Abs. 2 S. 3** regelt, welche Aktien von dem Pflichtangebot nicht erfasst werden müssen. Die Pflichten des kontrollierenden Aktionärs sind damit ähnlich wie die des Bieters bei einfachen Erwerbsangeboten und Übernahmeangeboten nach §§ 10, 29 ausgestaltet, wobei statt der Entscheidung über die Abgabe eines Angebotes die Kontrollerlangung zu veröffentlichen ist. **Abs. 3** bestimmt, dass ein Pflichtangebot dann nicht abzugeben ist, wenn die Kontrolle auf Grund eines Übernahmeangebotes erworben wurde.

§ 35 nimmt den **Kontrollbegriff** des § 29 Abs. 2 in Bezug. Die Pflicht, ein Angebot 4 an die übrigen Aktionäre zur Übernahme ihrer Aktien zu unterbreiten, wird folglich dann ausgelöst, sobald der Bieter 30% oder mehr der Stimmrechte unmittelbar oder mittelbar erlangt hat. Bei der Bemessung des **Schwellenwertes von 30%** der Stimmrechte hat sich der Gesetzgeber einerseits an den Regelungen in anderen europäischen Rechtsordnungen sowie an den Präsenzen in Hauptversammlungen deutscher Aktiengesellschaften orientiert, bei denen eine Mehrheit von 30% der Stimmrechte in der Regel eine Stimmenmehrheit vermittelt ( → Rn. 55).[3] Eine niedrigere Mehrheit hätte nach Ansicht des Gesetzgebers die Möglichkeit, Minderheitsbeteiligungen zu erwerben, faktisch sehr eingeschränkt.[4] Dabei ist es im Grundsatz irrelevant, ob der Stimmrechtsanteil von 30% dem Bieter **tatsächlich** die Kontrolle über die Zielgesellschaft verschafft (im Einzelnen → Rn. 66).[5] Da sich die Pflicht zur Unterbreitung eines Angebotes in bestimmten Fällen als unangemessen darstellen kann, sieht das Gesetz aber eine Reihe von **Ausnahmetatbeständen** vor. Bei den von § 36 erfassten Konstellationen bleiben bestimmte Stimmrechte bei der Feststellung, ob die Kontrollschwelle erreicht oder überschritten wurde, auf Antrag unberücksichtigt. Außerdem eröffnet § 37 der Bundesanstalt die Möglichkeit, in bestimmten Fällen eine Befreiung von der Veröffentlichungs- und Angebotspflicht zu erteilen.

**2. Normzweck.** Im Falle der Kontrollerlangung durch einen neuen Großaktionär 5 sehen sich die außenstehenden Aktionäre neuen Beherrschungsverhältnissen gegenüber. Die Übernahme der Zielgesellschaft führt in vielen Fällen zu einer Änderung der Geschäftspolitik und der Unternehmensorganisation, die sich auf die Ertragsaussichten und das Risiko der Altaktionäre nachteilig auswirken kann.[6] Die durch seine Beteiligung vermittelten Einflussmöglichkeiten des Großaktionärs bergen aus Sicht der Minderheitsaktionäre die Gefahr, dass es zu Gewinn- und Vermögensverlagerungen zu ihren Lasten kommt, die von dem Einzelausgleichsystem der §§ 311 ff. AktG unter Umständen nicht zureichend erfasst werden.[7] Im Lichte dessen und mit Blick darauf, dass bereits in den meisten nationalen Rechtsordnungen europäischer Staaten Regelungen über Pflichtangebote verankert waren,[8] sah sich der deutsche Gesetzgeber veranlasst, die Lücke im Minderheitenschutz zu schließen, und zur Erhaltung der **Wettbewerbsfähigkeit** des Finanzplat-

---

[3] Begr. RegE AT, BT-Drs. 14/7034, 30; zuvor bereits *Krause* WM 1996, 893 (897); *Benner-Heinacher* DB 1997, 2521; *Angerer/Geibel/Süßmann/Meyer* Rn. 12; dazu auch *Drinhausen/Keinath* BB 2009, 64 (67); *Paschos/Goslar* AG 2009, 14 (18 f.) virtuelle Hauptversammlungen sind gem. § 1 Abs. 2 COVMG möglich; dazu zB *Simons/Hauser* NZG 2020, 488 mwN; *Wicke* DStR 2020, 885.

[4] BT-Drs. 14/7034, 53; FK-WpÜG/*Hommelhoff/Witt* Vor §§ 35–39 Rn. 26.

[5] Assmann/Pötzsch/Schneider/*Krause/Pötzsch* Rn. 66 f.; *Letzel* BKR 2002, 293 (300); *Kalss* in Semler/Volhard ÜN-HdB § 51 Rn. 63.

[6] FK-WpÜG/*Hommelhoff/Witt* Vor §§ 35–39 Rn. 33; *Liebscher* ZIP 2001, 853 (866); *Fleischer/Kalss,* Das neue WpÜG, 2002, 131; *Angerer/Geibel/Süßmann/Meyer* Rn. 9; *Grunewald/Schlitt* KapMarktR 363.

[7] *Cahn/Senger* FB 2002, 277 (290); *Fleischer/Kalss,* Das neue WpÜG, 2002, 132; FK-WpÜG/*Hommelhoff/Witt* Vor §§ 35–39 Rn. 33; *Angerer/Geibel/Süßmann/Meyer* Rn. 9; *Baums/Thoma/Baums/Hecker* Vor § 35 Rn. 90.

[8] Dazu eingehend *Wymeersch* ZGR 2002, 520 ff.; *Zinser* NZG 2000, 573 ff.

zes Deutschland eine entsprechende Angleichung an international geltende Standards herbeizuführen.[9]

6   Die Pflichtangebotsregeln wollen für den Fall einer Kontrollerlangung über ein Unternehmen, der kein freiwilliges Übernahmeangebot unmittelbar vorausgegangen ist, die Erwartungen der Anleger in eine Kontinuität der Beteiligungsverhältnisse schützen.[10] In diesem Kontext will die in Abs. 1 statuierte Veröffentlichungspflicht zunächst eine **Publizität** der Kontrollerlangung bewirken. Indem die Veröffentlichung der Kontrollerlangung sodann die Pflicht zur Abgabe eines Angebotes an die außenstehenden Aktionäre zum Erwerb ihrer Aktien auslöst, wird den Minderheitsaktionären die Möglichkeit eröffnet, ihre Beteiligung an dem Unternehmen zu einem angemessenen Preis zu veräußern.[11] Die Begründung einer Erwerbsverpflichtung des Bieters vermittelt den außenstehenden Gesellschaftern ein übernahmerechtliches Recht zum **Ausscheiden** aus der Gesellschaft *(sog. exit)*.[12] Die Vorschriften über das Pflichtangebot dienen damit der Verwirklichung des **Schutzes der Minderheitsaktionäre**.[13]

7   Andererseits ist derjenige, der die Kontrolle mittels eines **freiwilligen Übernahmeangebotes** erlangt hat, nicht verpflichtet, im Anschluss an das Übernahmeangebot nochmals ein zeit- und kostenaufwendiges Pflichtangebot abzugeben.[14] Die in Abs. 3 angeordnete befreiende Wirkung eines freiwilligen Übernahmeangebotes ist Teil des gesetzgeberischen Konzepts, Übernahmeangebote und Pflichtangebote im Wesentlichen den gleichen Regelungen zu unterwerfen.[15] Diese Regelung ist gerechtfertigt, da nach der gesetzgeberischen Konzeption für Pflichtangebote grundsätzlich die gleichen Vorschriften gelten wie für freiwillige Übernahmeangebote (§ 39), sodass ein Bieter die für Pflichtangebote geltenden Vorgaben nicht unterlaufen kann.

8   Die **rechtssystematische** Einordnung der Vorschriften über das Pflichtangebot ist umstritten.[16] Vereinzelt wird angenommen, es handele sich um eine spezielle Ausprägung der gesellschaftsrechtlichen Treuepflicht.[17] Eine verbreitete Auffassung ordnet das Pflichtangebot in erster Linie als Institut der **konzernrechtlichen Eingangskontrolle** ein.[18] Indem das Pflichtangebot den Minderheitsaktionären die Möglichkeit einräume, im Fall eines Kontrollwechsels bzw. einer Konzernierung eine Desinvestitionsentscheidung zu solchen Bedingungen zu treffen, die ohne Konzernierung bzw. Kontrollwechsel geherrscht hätten, diene es der Verwirklichung des aktienrechtlichen Minderheitenschutzes.[19] Die wohl überwiegende Ansicht, sieht das Pflichtangebot weniger als ein gesellschaftsrechtliches, sondern vielmehr als ein **kapitalmarktrechtliches Institut**

---

[9] Begr. RegE AT, BT-Drs. 14/7034, 27 f.

[10] Angerer/Geibel/Süßmann/*Meyer* Rn. 9; Baums/Thoma/*Baums/Hecker* Vor § 35 Rn. 90 ff.; Steinmeyer/*Santelmann* Rn. 7.

[11] Begr. RegE AT, BT-Drs. 14/7034, 30.

[12] Emmerich/Habersack/*Habersack* AktG Vor § 311 Rn. 25, der zutr. darauf hinweist, dass es sich nicht um ein Austrittsrecht im engeren Sinne handelt.

[13] Begr. RegE AT, BT-Drs. 14/7034, 30; Angerer/Geibel/Süßmann/*Meyer* Rn. 1; FK-WpÜG/*Hommelhoff/Witt* Rn. 1; *Fleischer* NZG 2002, 545 (546); *Fleischer/Kalss,* Das neue WpÜG, 2002, 131; *Ekkenga/Hofschroer* DStR 2002, 768 (771); Emmerich/Habersack/*Habersack* AktG Vor § 311 Rn. 25; Kölner Komm WpÜG/*Hasselbach* Rn. 1; *Thaeter* in Thaeter/Brandi, Öffentliche Übernahmen, 2003, Teil 2 Rn. 516.

[14] Begr. RegE AT, BT-Drs. 14/7034, 30.

[15] FK-WpÜG/*Hommelhoff/Witt* Rn. 3; Steinmeyer/*Santelmann* Rn. 119; Assmann/Pötzsch/Schneider/*Krause/Pötzsch* Rn. 270; vgl. auch Begr. RegE, BT-Drs. 14/7034, 61 zu § 39.

[16] Zur dogmatischen Fundierung der Verpflichtung zur Abgabe eines Pflichtangebotes bereits instruktiv *Reul,* Die Pflicht zur Gleichbehandlung der Aktionäre, 1991, passim; *Mülbert,* Aktiengesellschaft, Unternehmensgruppe und Kapitalmarkt, 1995,457; s. auch Assmann/Pötzsch/Schneider/*Krause/Pötzsch* Rn. 31 ff.; FK-WpÜG/*Hommelhoff/Witt* Vor §§ 35–39 Rn. 35 ff.

[17] *Berding* WM 2002, 1149 (1157); *Fleischer* NZG 2002, 545 (546).

[18] *Hopt* FS Rittner, 1991, 187, 201, *Richter* ZHR 172 (2008), 419 (431) Fn. 70; *Mülbert* ZIP 2001, 1221 (1222), 1226 f.; *Letzel* BKR 2002, 293 (299); *Harbarth* ZIP 2002, 321 (322); *Mülbert/Schneider* WM 2003, 2301; ähnlich wohl *Fleischer/Kalss,* Das neue WpÜG, 2002, 132; *Fleischer* NZG 2002, 545 (546 f.): „verbandsrechtlicher Teil hinter der kapitalmarktrechtlichen Fassade"; in diese Richtung auch *Ihrig* ZHR 167 (2003), 315 (342).

[19] So noch *Steinmeyer/Häger,* 1. Aufl. 2002, Rn. 22.

an.[20] Hierfür spricht bereits, dass es – anders als im Konzernrecht – nicht auf die Unternehmenseigenschaft des Bieters ankommt und dass ein Pflichtangebot nicht nur bei der erstmaligen Kontrollerlangung, sondern auch bei einem Kontrollwechsel zu unterbreiten ist.[21] Auch der Umstand, dass die Pflicht zur Abgabe eines Pflichtangebotes – wie das Gesetz insgesamt – an die Börsennotierung der Zielgesellschaft anknüpft, unterlegt dieses Verständnis.[22] Zudem lässt sich die Zahlung eines über dem Börsenkurs liegenden „Premiums" zur Erlangung der Kontrolle (sog. Kontrollprämie) nur aus kapitalmarktrechtlicher, nicht jedoch aus gesellschaftsrechtlicher Sicht nachvollziehen.[23] Schließlich zielt die Pflichtangebotsregelung, deren Einhaltung durch eine Aufsichtsbehörde überwacht wird, weniger auf einen Rechtsausgleich in einem individuellen Rechtsverhältnis, als vielmehr auf die Funktionsfähigkeit des Kapitalmarktes ab.[24]

Mit dem Vorteil der Aktionäre, ihre Aktien zu einem angemessenen Preis veräußern zu **9** können, korrespondiert der für den Kontrollerwerber nachteilige Umstand, dass sich die mit einer Unternehmensübernahme verbundenen **Kosten,** insbesondere mit Blick auf die Vollangebotspflicht und die Anwendbarkeit der Mindestpreisbestimmungen substantiell erhöhen.[25] Diese Folge hat der Gesetzgeber erkannt, aber hingenommen. Zur rechtspolitischen Kritik → Rn. 38 ff.

**3. Europäisches Recht.** Die mögliche Etablierung eines Pflichtangebotes und seine **10** inhaltliche Ausgestaltung waren einer der Hauptstreitpunkte in der Diskussion um die Übernahme-RL. Anders als der Streit um den Umfang der Abwehrmaßnahmen des Vorstandes bei einem feindlichen Übernahmeangebot führte sie jedoch nicht zum (vorläufigen) Scheitern der Richtlinie.

Die Diskussion auf europarechtlicher Ebene über die Einführung und Ausgestaltung **11** eines Pflichtangebotes dauert nunmehr schon über 30 Jahre an. So sah bereits der Pennington-Bericht 1974 in Art. 7 Pennington-Bericht eine solche Regelung vor[26] und auch die **Europäischen Wohlverhaltensregeln für Wertpapiertransaktionen von 1977** enthielten eine Empfehlung für ein Pflichtangebot.[27] Gleichfalls hatte der Erste **Richtlinienentwurf von 1989** eine Pflicht zur Abgabe eines Angebotes an alle Aktionäre vorgesehen.[28] Ein Pflichtangebot sollte unterbreiten müssen, wer einen bestimmten Stimmrechtsanteil an einer börsennotierten oder relativ großen Gesellschaft erwerben wollte (Art. 4 Abs. 1 Übernahme-RL-E). Die Festsetzung des genauen Schwellenwertes sollte nationalem Recht vorbehalten bleiben, aber höchstens ein Drittel aller Stimmrechte betragen. Der **Richtlinienentwurf von 1990** modifizierte diese Regelung dahingehend, dass es

---

[20] *Heiser,* Interessenkonflikte in der Aktiengesellschaft und ihre Lösung am Beispiel des Zwangsangebots, 1999, 47 ff., 350 ff.; *Houben* WM 2000, 1873 (1877); Angerer/Geibel/Süßmann/*Meyer* Rn. 5; *Kleindiek* ZGR 2002, 546 (558 ff.); Schwark/Zimmer/*Noack/Zetzsche* Rn. 6; Emmerich/Habersack/*Habersack* AktG Vor § 311 Rn. 25; Ehricke/Ekkenga/Oechsler/*Ekkenga/Schulz* Rn. 5; Assmann/Pötzsch/Schneider/*Krause/Pötzsch* Rn. 31 ff.; Steinmeyer/*Santelmann* Rn. 8; vgl. bereits *Forum Europaeum Konzernrecht* ZGR 1998, 672 (727); FK-WpÜG/*Hommelhoff/Witt* Vor §§ 35–39 Rn. 39 mwN.

[21] Emmerich/Habersack/*Habersack* AktG Vor § 311 Rn. 25; Steinmeyer/*Santelmann* Rn. 9; Assmann/Pötzsch/Schneider/*Krause/Pötzsch* Rn. 33.

[22] Angerer/Geibel/Süßmann/*Meyer* Rn. 5; Assmann/Pötzsch/Schneider/*Krause/Pötzsch* Rn. 32.

[23] Assmann/Pötzsch/Schneider/*Krause/Pötzsch* Rn. 33; zu dieser Erwägung auch Angerer/Geibel/Süßmann/*Meyer* Rn. 7 f.

[24] *Kleindiek* ZGR 2002, 546 (558 ff.); Emmerich/Habersack/*Habersack* AktG Vor § 311 Rn. 25; Steinmeyer/*Santelmann* Rn. 9; Assmann/Pötzsch/Schneider/*Krause/Pötzsch* Rn. 32.

[25] *Harbarth* ZIP 2002, 321 (322); *Grunewald* WM 1989, 1233 (1238); *Mertens* AG 1990, 252 (258).

[26] S. hierzu den Bericht des britischen Professors *Robert Pennington,* Pennington-Report „On Takeover and other General Bids", EG-Dokument XI/56/74-D; zum Pennington Bericht auch *Paul,* Die Relevanz des WpÜG für Verschmelzungen und Spaltungen unter Beteiligung der Zielgesellschaft, 2007, 54 f.

[27] Europäische Wohlverhaltensregeln für Wertpapiertransaktionen vom 25.7.1977, ABl. 1977 L 212.

[28] Vorschlag für eine Dreizehnte Richtlinie des Rates auf dem Gebiet des Gesellschaftsrechts für Übernahmeangebote vom 19.1.1989, ABl. 1989 C 64, 8; zu den Richtlinienentwürfen von 1989 und 1990 bereits *Baums* ZIP 1989, 1376 (1379 ff.); *Grunewald* WM 1989, 1233 (1236 ff.); *Basaldua* ZGR-Sonderheft 9 (1990), 157 (170 ff.); *Hommelhoff/Kleindiek* AG 1990, 106 (108 ff.); *Hommelhoff* FS Semler, 1993, 455 ff.; *Martens* AG 1990, 252 (256 ff.); FK-WpÜG/*Hommelhoff/Witt* Vor §§ 35–39 Rn. 18.

nicht mehr darauf ankam, ob der Erwerber den Anteil erwerben wollte, sondern, ob er ihn tatsächlich innehatte.[29] Nach den Vorschlägen der Jahre 1989 und 1990 war das Pflichtangebot zwingend als Vollangebot auf alle Wertpapiere der Zielgesellschaft konzipiert.

12   Im Lichte der insbesondere in Deutschland geäußerten Bedenken sah der **Richtlinienentwurf von 1996** in Abkehr von der bisherigen Konzeption vor, dass es der Entscheidung der einzelnen Mitgliedstaaten überlassen bleiben sollte, Regelungen zu schaffen, nach denen im Falle eines Kontrollerwerbs ein Pflichtangebot ausgelöst wird.[30] Alternativ zu einem Pflichtangebot konnten für den Fall des Kontrollerwerbs „andere geeignete und mindestens **gleichwertige Mechanismen** zum Schutz der Minderheitsaktionäre" geschaffen werden (Art. 3 Abs. 1 Übernahme-RL-E). Diese Regelung hätte es Deutschland mit Blick auf das bestehende Konzernrecht erlaubt, von der Etablierung eines Pflichtangebotes abzusehen.[31] Die Festlegung des den Kontrollwechsel begründenden Stimmrechtsanteils sollte wiederum den einzelnen Mitgliedstaaten überlassen bleiben. Auch musste sich bei der vorgesehenen Implementierung einer Pflicht zur Abgabe eines Angebotes an die außenstehenden Gesellschafter dieses (nur) auf einen „wesentlichen Teil" der Wertpapiere der Gesellschaft erstrecken (Art. 10 Abs. 1 Übernahme-RL-E). Im **Richtlinienentwurf von 1997** wurde das Konzept des Entwurfes von 1996 im Wesentlichen beibehalten.[32] Lediglich der Begriff des „wesentlichen Teils der Wertpapiere" wurde konkretisiert, indem festgelegt wurde, dass sich das Pflichtangebot mindestens auf 70% der Wertpapiere der Zielgesellschaft hätte beziehen müssen (Art. 10 Abs. 2 Übernahme-RL-E).

13   In Rückkehr zur ursprünglichen Konzeption sah der **Gemeinsame Standpunkt von 2000** vor, dass die nationalen Rechtsordnungen für den Fall der Kontrollerlangung eine Pflicht zur Unterbreitung eines Angebotes begründen sollten (Art. 5 Abs. 1 Übernahme-RL-E).[33] Anders als die Vorentwürfe aus den Jahren 1996 und 1997 musste das Pflichtangebot jedoch zwingend als Vollangebot ausgestaltet sein (Art. 5 Abs. 1 S. 2 Übernahme-RL-E). Auch wurde die vom Bieter den außenstehenden Aktionären anzubietende Gegenleistung konkretisiert. Sofern die vom Bieter angebotene Gegenleistung nicht aus „liquiden Wertpapieren, die zum Handel an einem organisierten Markt zugelassen sind", bestand, hätte zumindest eine Geldleistung als mögliche Gegenleistung angeboten werden müssen (Art. 5 Abs. 1 S. 3 Übernahme-RL-E). Die umstrittene „Gleichwertigkeitsklausel" (→ Rn. 12) fand in diesem Entwurf keine Entsprechung mehr.[34] Für „andere geeignete und mindestens gleichwertige Vorkehrungen zum Schutz der Minderheitsaktionäre" war lediglich noch eine Übergangszeit von einem Jahr vorgesehen (Art. 5 Abs. 3 Übernahme-RL-E). Über diesen Übergangszeitraum hinaus hätten zusätzliche Schutzbestimmungen nur dann beibehalten

---

[29] ABl. 1990 C 240, 7; dazu *Grunewald* WM 1991, 1316 (1362); *Knoll,* Die Übernahme von Kapitalgesellschaften unter besonderer Berücksichtigung des Schutzes von Minderheitsaktionären nach amerikanischem, englischem und deutschem Recht, 1992, 172 ff.; *Sandberger* DZWiR 1993, 319 (322); *Munscheck* RIW 1995, 388 (391 ff.); zum Verhältnis des Richtlinienentwurfs zum deutschen Konzernrecht *Hommelhoff* FS Semler, 1993, 455, 467; FK-WpÜG/*Hommelhoff/Witt* Vor §§ 35–39 Rn. 18.

[30] ABl. 1996 C 162, 5; dazu *Roos* WM 1996, 2177 (2183); *Hopt* ZHR 161 (1997), 368 (384 f.); *Krause* AG 1996, 209 (211 ff.); Baums/Thoma/*Baums/Hecker* Vor § 35 Rn. 37 ff.; FK-WpÜG/*Hommelhoff/Witt* Vor §§ 35–39 Rn. 19.

[31] *Neye* DB 1996, 1121 (1125); *Roos* WM 1996, 2177 (2184); *Schuster* EuZW 1997, 237 (239); an der Gleichwertigkeit der konzernrechtlichen Schutzmechanismen zweifelnd indessen *Habersack/Mayer* ZIP 1997, 2141 (2143 ff.); *Hopt* ZHR 161 (1997), 368 (387 f.); *Hopt* FS Zöllner, Bd. I, 1999, 253 (258); *Houben* WM 2000, 1873 (1875 f.); Baums/Thoma/*Baums/Hecker* Vor § 35 Rn. 38; FK-WpÜG/*Hommelhoff/Witt* Vor §§ 35–39 Rn. 19.

[32] Geänderter Vorschlag für eine Dreizehnte Richtlinie des Parlaments und des Rates auf dem Gebiet des Gesellschaftsrechts über Übernahmeangebote (KOM/97/0565/2 endg.), ABl. 1997 C 378, 10; dazu *Kallmeyer* ZIP 1997, 2147 f.; *ABBD* Preface Rn. 6.

[33] Gemeinsamer Standpunkt von Kommission und Rat vom 19.6.2000, ABl. 2001 C 23; dazu *Neye* AG 2000, 289 (292 f.); *Pötzsch/Möller* WM-Sonderbeil. 2/2000, 1 (8); Baums/Thoma/*Baums/Hecker* Vor § 35 Rn. 40; FK-WpÜG/*Hommelhoff/Witt* Vor §§ 35–39 Rn. 20.

[34] Vgl. *Neye* AG 2000, 289 (293); Baums/Thoma/*Baums/Hecker* Vor § 35 Rn. 40; FK-WpÜG/*Hommelhoff/Witt* Vor §§ 35–39 Rn. 20.

werden können, sofern sie den normalen Gang des Angebotsverfahrens nicht behindert hätten (Art. 5 Abs. 4 Übernahme-RL-E). Der Entwurf sah vor, den Kontrolltatbestand durch Vorgabe eines bestimmten Schwellenwertes zu konkretisieren. Der die Kontrolle verschaffende Stimmrechtsanteil und seine Berechnung sollte sich nach den Vorschriften des Mitgliedsstaates richten, in dem die Zielgesellschaft ihren Sitz hat (Art. 5 Abs. 5 Übernahme-RL-E). Ferner sollte eine Angebotspflicht – in Einklang mit dem jetzt geltenden Recht – dann nicht bestehen, wenn die Kontrolle auf Grund eines an alle Aktionäre der Zielgesellschaft gerichteten Übernahmeangebotes erlangt wurde (Art. 5 Abs. 2 Übernahme-RL-E).[35]

Diese Regelungen fanden sich unverändert in dem vom Vermittlungsausschuss gebilligten **Gemeinsamen Entwurf** vom 6.6.2001.[36] Lediglich die Bestimmungen über die Gegenleistung wurden ergänzt. Nach Art. 5 Abs. 1 S. 4 Übernahme-RL-E hätte der Bieter in jedem Fall zumindest eine Geldleistung als mögliche Gegenleistung anbieten müssen, wenn er innerhalb eines bestimmten Zeitraums, der mindestens drei Monate vor der Bekanntmachung des Angebotes beginnt und mit dem Ablauf der Annahmefrist endet, mehr als 5% der Aktien oder Stimmrechte an der Zielgesellschaft erworben hätte. Die Verabschiedung des Gemeinsamen Entwurfes ist indessen – nicht zuletzt auf Grund des Widerstands der Bundesrepublik Deutschland – im Europäischen Parlament am 4.7.2001 gescheitert.[37]   **14**

Die EU-Kommission nahm das vorläufige Scheitern zum Anlass, eine **Expertengruppe** („Winter Committee") einzusetzen,[38] die am 10.1.2002 ihren Abschlussbericht vorlegte.[39] Unter Berücksichtigung von Anregungen dieser Expertengruppe präsentierte die Kommission am 2.10.2002 einen **neuen Vorschlag** für eine Übernahme-RL.[40] Nahezu wortgleiche Regelungen enthielt der Vorschlag des Rates vom 27.11.2003, dem das Europäische Parlament am 16.12.2003 mit einigen Änderungsvorschlägen zugestimmt hat. Die Richtlinie wurde am 30.4.2004 verkündet (ABl. 2004 L 142, 12), trat 20 Tage später (Art. 22 Übernahme-RL) am 20.5.2004 in Kraft und musste daraufhin innerhalb von zwei Jahren (Art. 21 Abs. 1 Übernahme-RL), also spätestens bis zum 20.5.2006, in nationales Recht **umgesetzt** werden.   **15**

Wie in dem Vorgängerentwurf sind die Mitgliedstaaten auch nach der Richtlinie dazu verpflichtet, zum Schutz der Minderheitsaktionäre Regelungen über ein **verpflichtendes Angebot** zu implementieren (Art. 5 Abs. 1 S. 1 Übernahme-RL), das zudem gem. Art. 5 Abs. 1 S. 2 Übernahme-RL als **Vollangebot** auszugestalten ist.[41] Die Festlegung der Kontrollschwelle überlässt die Richtlinie ebenfalls der Entscheidung des betreffenden Mitgliedstaates (Art. 5 Abs. 3 Übernahme-RL). Nachdem der im Juli 2001 gescheiterte Richtlinienvorschlag sich auf die Vorgabe beschränkt hatte, dass das Pflichtangebot zu einem **angemessenen Preis** zu unterbreiten ist, ohne diesen näher zu definieren, ist nunmehr bestimmt, dass der höchste Preis als angemessen gilt, den der Bieter innerhalb eines sechs-   **16**

---

[35] Baums/Thoma/*Baums/Hecker* Vor § 35 Rn. 40; anders als nach deutschem Recht waren nach dem Übernahme-RL-E Teilübernahmeangebote zulässig; hierzu krit. *Altmeppen* ZIP 2001, 1073 (1080 f.).

[36] Kompromissvorschlag der Arbeitsgruppe von Parlament, Kommission und Rat vom 6.6.2001, Dossier 96/0085 (COD), PE-CONS 3629/01 (6.6.2001).

[37] Dazu etwa *Krause* ZGR 2002, 500 ff.; *ABBD* Preface Rn. 6 (S. 4); Baums/Thoma/*Baums/Hecker* Vor § 35 Rn. 43.

[38] Mitglieder dieser von *Jaap Winter* geleiteten Kommission sind: *Jan Schans Christensen, José Maria Garrido Garcia, Klaus J. Hopt, Jonathan Rickford, Guido Rossi, Joelle Simon*; zum „Winter Committee" auch Baums/Thoma/*Baums/Hecker* Vor § 35 Rn. 44 ff.

[39] Report of the High Level Group of Company Law Experts on issues related to takeover bids vom 10.2.2002.

[40] Vorschlag für eine Richtlinie des Europäischen Parlaments und des Rates betreffend Übernahmeangebote vom 2.10.2002, KOM(2002) 534 = Ratsdokument 12846/02 = BR-Drs. 800/02; dazu etwa *Neye* NZG 2002, 1144 ff.; *Krause* BB 2002, 2341 (2342); *Seibt/Heiser* ZIP 2002, 2193 (2194); *Wiesner* ZIP 2002, 1967 ff.; *Schuster* in Zschocke/Schuster ÜbernahmeR-HdB Rn. A 48 ff.; Baums/Thoma/*Baums/Hecker* Vor § 35 Rn. 45.

[41] Zu Art. 5 Übernahme-RL *Habersack* ZHR 181 (2017), 603 (633 ff.).

bis zwölfmonatigen Zeitraums vor dem Angebot für die Aktie der Zielgesellschaft gezahlt hatte (Art. 5 Abs. 4 UAbs. 1 S. 1 Übernahme-RL).[42] Diese Vorgabe der Richtlinie wurde in § 4 WpÜG-AV umgesetzt, der nun eine **Referenzperiode** von **sechs Monaten** vorsieht.[43] Ferner ist bestimmt, dass der Bieter sein Angebot erhöhen muss, wenn er oder eine mit ihm gemeinsam handelnde Person nach Bekanntmachung des Angebots und vor Ablauf der Annahmefrist Wertpapiere zu einem höheren als dem Angebotspreis erwirbt (Art. 5 Abs. 4 UAbs. 1 S. 2 Übernahme-RL). Darüber hinaus sieht die Richtlinie vor, dass die Aufsichtsorgane unter genau festzulegenden Voraussetzungen und nach eindeutig festzulegenden Kriterien zur Erhöhung oder Ermäßigung des anzubietenden Preises ermächtigt werden können (Art. 5 Abs. 4 UAbs. 2 S. 1 Übernahme-RL). Die Richtlinie nennt exemplarisch die Festlegung des Höchstpreises in einer Vereinbarung zwischen Käufer und Verkäufer, die Manipulation des Marktpreises der betreffenden Wertpapiere, die Beeinflussung des Marktpreises durch außergewöhnliche Umstände oder die Rettung des Unternehmens auf Grund finanzieller Schwierigkeiten (Art. 5 Abs. 4 UAbs. 2 S. 2 Übernahme-RL). Diese Bestimmung könnte die Möglichkeit schaffen, Regelungen in das WpÜG aufzunehmen, nach denen die Minderheitsaktionäre – anders als nach geltendem Recht – nicht notwendigerweise an einer dem Großaktionär gezahlten Kontrollprämie zwangsläufig partizipieren *müssen*.[44] Schließlich regelt Art. 5 Abs. 2 Übernahme-RL die systematische Beziehung zwischen Pflicht- und Übernahmeangeboten. Danach kann ein Pflichtangebot entfallen, wenn die Kontrolle auf der Grundlage eines freiwilligen (Übernahme-)Angebots erlangt wurde, das „im Einklang der Richtlinie" als Vollangebot ausgestaltet ist.

**17**   **4. Entstehungsgeschichte. a) Übernahmekodex.** Beeinflusst durch den britischen City Code on Takeovers and Mergers (City Code) ist die Regulierung von Unternehmensübernahmen in Deutschland zunächst im Wege der freiwilligen Selbstkontrolle erfolgt. Die im Januar 1979 von der Börsensachverständigenkommission veröffentlichten **„Leitsätze für öffentliche freiwillige Kauf- und Umtauschangebote"** enthielten indessen keine Verpflichtung zur Abgabe eines Angebotes im Falle der Kontrollerlangung.[45]

**18**   Dies änderte sich mit der Verabschiedung des **Übernahmekodex vom 14.7.1995** (ÜbK) durch die Börsensachverständigenkommission. Nach Art. 16 ÜbK war derjenige, der durch börslichen oder außerbörslichen Erwerb die Schwelle von 50% der Stimmrechte an einer börsennotierten Zielgesellschaft überschritt, verpflichtet, allen anderen Aktionären der Zielgesellschaft ein Angebot zur Übernahme der Aktien zu machen.[46]

**19**   In der ab dem **1.10.1998 geltenden Fassung** wurde nicht mehr ausschließlich an die Erlangung von 50% der Stimmrechte, sondern an die **Kontrollerlangung** angeknüpft und die Regelung über Pflichtangebote erheblich verschärft.[47] Die Kontrolle über die Zielgesellschaft hatte nach Art. 16 S. 2 ÜbK erlangt, (i) wer einschließlich der ihm in entsprechender

---

[42] Krit. dazu *Kallmeyer* DB 2002, 2695; vgl. auch FK-WpÜG/*Hommelhoff/Witt* Vor §§ 35–39 Rn. 22; Baums/Thoma/*Baums/Hecker* Vor § 35 Rn. 46; *Mülbert* NZG 2004, 633 (642).

[43] Dazu schon *Krause* BB 2002, 2341 (2343); *Krause* BB 2004, 113 (116); Baums/Thoma/*Baums/Hecker* Vor § 35 Rn. 48.

[44] *Krause* BB 2002, 2341 (2343); *Krause* BB 2004, 113 (117); Baums/Thoma/*Baums/Hecker* Vor § 35 Rn. 48, der allerdings auf die Gefahr einer Verfahrensverzögerung hinweist.

[45] FK-WpÜG/*Hommelhoff/Witt* Vor §§ 35–39 Rn. 23; Assmann/Pötzsch/Schneider/*Pötzsch* Einl. Rn. 17 f.

[46] Dazu *Assmann* AG 1995, 563 (569 ff.); *Schuster* Die Bank 1995, 609 (611 ff.); *Thoma* ZIP 1996, 1725 (1726 ff.); *Kallmeyer* AG 1996, 169 (170); *Weisgerber* ZHR 161 (1997), 421 (426 ff.); *Pietzke* FS Fikentscher, 1998, 601 (607 ff.); ABBD Preface Rn. 3 (S. 2) mit statistischen Angaben zum ÜbK; Assmann/Pötzsch/Schneider/*Pötzsch* Einl. Rn. 19 ff.; FK-WpÜG/*Hommelhoff/Witt* Vor §§ 35–39 Rn. 24.

[47] Dazu *Wirth/Weiler* DB 1998, 117 ff.; *Schander* NZG 1998, 799 (801 f.); *Zinser* NZG 2000, 573 (577 f.); *Riehmer/Schröder* BB-Beil. 5/2000, 1 (9 f.); *Letzel* NZG 2001, 260 ff. – Nach den Standpunkten der Börsensachverständigenkommission zur künftigen Regelung von Unternehmensübernahmen vom Februar 1999, 14 ff. sollte Kontrolle vorliegen, wenn ein Wertpapierinhaber über mehr als 50% der regelmäßig vertretenen Stimmrechte verfügt. Die Pflicht zur Abgabe eines Angebotes sollte jedoch nicht bestehen, wenn der Aktionär weniger als 30% des stimmberechtigten Kapitals hält, vgl. auch *Baums* in v. Rosen/Seifert, Die Übernahme börsennotierter Unternehmen, 1999, 165, 170 f.; ABBD Preface Rn. 4; FK-WpÜG/*Hommelhoff/Witt* Vor §§ 35–39 Rn. 25; Baums/Thoma/*Baums/Hecker* Vor § 35 Rn. 32.

Anwendung des § 22 Abs. 1 Nr. 1–7 WpHG aF zuzurechnenden Stimmrechte über die Mehrheit der Stimmrechte der Zielgesellschaft verfügte, (ii) wem auf Grund einer mit anderen Wertpapierinhabern der Zielgesellschaft getroffenen Vereinbarung die Mehrheit der Stimmrechte allein oder gemeinsam mit anderen Wertpapierinhabern zustand, (iii) wem das Recht zustand, die Mehrheit des Verwaltungs-, Leitungs- oder Aufsichtsorgans der Zielgesellschaft zu bestellen oder abzuberufen oder (iv) wer durch Erwerb oder auf sonstige Weise einen Stimmrechtsanteil erlangt hatte, der bei der ersten Beschlussfassung in allen drei vorhergehenden ordentlichen Hauptversammlungen der Zielgesellschaft zu einem Stimmrechtsanteil von jeweils mindestens drei Vierteln des präsenten, stimmberechtigten Grundkapitals geführt hatte.

Das Pflichtangebot musste nach dem ÜbK nicht nur an alle Aktionäre, sondern auch **an 20 alle Wertpapierinhaber** adressiert werden. Es musste sich daher auch auf Wertpapiere erstrecken, die lediglich zum Bezug von Aktien berechtigten. Der Angebotspreis musste nach Art. 17 S. 1 ÜbK in einem angemessenen Verhältnis zum **höchsten Börsenpreis** der Wertpapiere in den letzten drei Monaten vor Erreichen der Kontrolle liegen (Art. 17 S. 1 ÜbK). Im Falle der **mittelbaren Kontrollerlangung** bestand eine Pflicht zur Abgabe eines Pflichtangebots nur dann, wenn der Erwerb der Zielgesellschaft das eigentliche Ziel der Transaktion war.[48]

Der ÜbK sah einen umfangreichen Katalog von **Ausnahmetatbeständen** vor. Nach 21 Art. 16 S. 3 ÜbK musste kein Pflichtangebot abgegeben werden, wenn (i) die Kontrolle auf Grund von Wertpapieren erreicht wurde, die der betroffene Wertpapierinhaber nur zum Zwecke der Weiterplatzierung an Dritte vorübergehend gehalten hatte, (ii) ein Wertpapierinhaber die Kontrolle unbeabsichtigt erreicht und unverzüglich wieder abgegeben hatte oder (iii) beabsichtigt war, innerhalb von 18 Monaten nach Erreichen der Kontrolle Beschlüsse des Wertpapierinhabers und der Zielgesellschaft über einen Unternehmensvertrag gemäß §§ 291 ff. AktG, die Eingliederung der Zielgesellschaft gemäß §§ 319 ff. AktG, den Formwechsel der Zielgesellschaft gemäß §§ 190 ff. UmwG oder (iv) die Verschmelzung der Zielgesellschaft gemäß §§ 2 ff. UmwG herbeizuführen und diese Absicht nach Erreichen der Kontrolle nicht aufgegeben wurde. Darüber hinaus konnte die Hauptversammlung der Zielgesellschaft den Mehrheitsaktionär innerhalb von 18 Monaten nach Überschreiten der Kontrollschwelle von der Pflicht zur Abgabe eines Angebotes befreien (sog. *white wash*-Beschluss), wobei der Mehrheitsaktionär allerdings nicht stimmberechtigt war (Art. 16 S. 3 aE ÜbK).

Zwar sah der ÜbK keine ausdrückliche, dem jetzigen Abs. 3 inhaltlich entsprechende 22 Ausnahmeregelung vor. Gleichwohl entsprach es der Praxis der Übernahmekommission, keine Pflicht zur Abgabe eines Angebotes bei Überschreiten von 50% der Stimmrechte an der Zielgesellschaft anzunehmen, sofern das freiwillige Angebot den Anforderungen an ein Pflichtangebot genügt hat.[49] Ein solches **freiwilliges Pflichtangebot** erfüllte die Voraussetzungen eines Pflichtangebotes nach Art. 17 ÜbK.[50] Ein Pflichtangebot wurde ferner dann als entbehrlich angesehen, wenn der Kontrollerwerb Folge konzerninterner Umstrukturierungsmaßnahmen war.[51]

Letztlich wurde die Pflichtangebotsregelung im ÜbK vielfach als einer der zentralen 23 Gründe für die **mangelnde Akzeptanz** des Regelwerks angeführt.[52] Richtigerweise war der Hauptnachteil des ÜbK weniger die inhaltliche Ausgestaltung der Pflichtangebotsrege-

---

[48] Vgl. Übernahmekommission, 3 Jahre Übernahmekodex, 2009, 33.
[49] Börsensachverständigenkommission, Standpunkte der Börsensachverständigenkommission zur zukünftigen Regelung von Unternehmensübernahmen, 1999, 27; Übernahmekommission, 3 Jahre Übernahmekodex, 2009, 20; *Diekmann* WM 1997, 897 (902); *Letzel* NZG 2001, 260 (265); *Krause* NJW 2002, 705 (713).
[50] Vgl. Übernahmekommission, 3 Jahre Übernahmekodex, 2009, 27.
[51] Vgl. Übernahmekommission, Anm. zum Übernahmekodex der Börsensachverständigenkommission, 1996, 25.
[52] Statt vieler *Weisgerber* ZHR 161 (1997), 421 (428); *Letzel* NZG 2001, 260 f.; *Letzel* BKR 2002, 293.

lung als der Umstand, dass sich nicht alle börsennotierten Gesellschaften seinem Regime unterworfen hatten.[53]

**24**    **b) Gesetzgebungsverfahren. aa) Diskussionsentwurf.** Die Pflichtangebotsregelung im DiskE (§ 33) entsprach bereits im Wesentlichen der jetzt geltenden Regelung. Nicht ausdrücklich vorgesehen war, wann die Frist für die Veröffentlichung der Kontrollerlangung zu laufen beginnt und dass auch die mittelbare Kontrollerlangung ein Pflichtangebot auslöst. Auch sah der DiskE für die Veröffentlichung der Kontrollerlangung mit zwei Werktagen und für die Veröffentlichung der Angebotsunterlage mit zwei Wochen noch deutlich kürzere Fristen vor. Keine ausdrückliche Entsprechung in der Gesetz gewordenen Regelung findet die Bestimmung des § 33 Abs. 3 DiskE, nach der es bei einer gemeinsamen Kontrollerlangung auf Grund abgestimmten Verhaltens ausreichend ist, wenn die Verpflichtungen von einer Person erfüllt werden.

**25**    **bb) Referentenentwurf.** Im RefE (§ 35) wurde die jetzt in Abs. 1 S. 2 enthaltene Regelung über den Fristbeginn ergänzt sowie die Frist für die Vorlage der Angebotsunterlage auf 4 Wochen ausgedehnt. Ferner wurde die Bestimmung des Abs. 2 S. 3 aufgenommen, nach der bestimmte Aktien vom Pflichtangebot ausgenommen sind. Darüber hinaus wurde die in § 37 DiskE enthaltene Regelung, nach der bei Kontrollerlangung auf Grund eines freiwilligen Übernahmeangebotes keine Pflicht zur Abgabe eines Pflichtangebotes besteht, als Abs. 3 in die Zentralbestimmung für das Pflichtangebot integriert.

**26**    **cc) Regierungsentwurf.** Angesichts der bereits aufgekommenen Diskussion im Schrifttum, ob ein Pflichtangebot auch durch einen mittelbaren Kontrollerwerb ausgelöst werden kann,[54] wurden im RegE die Worte „unmittelbar und mittelbar" eingefügt. Im Hinblick auf die Zurechnungsvorschrift des § 30 Abs. 1 Nr. 1 sollte es sich nach Ansicht des Gesetzgebers um eine reine Klarstellung handeln (→ Rn. 104 ff.).[55] Flankierend dazu wurde in die WpÜG-AV bei einer mittelbaren Kontrollerlangung eine Befreiungsmöglichkeit für den Fall aufgenommen, dass der Buchwert der Beteiligung der Gesellschaft an der Zielgesellschaft weniger als 20% des buchmäßigen Aktivvermögens der Gesellschaft beträgt (→ § 37 Rn. 48). Ferner wurde die Frist zur Veröffentlichung der Kontrollerlangung von zwei Werktagen auf sieben Kalendertage erhöht, um eine Vereinheitlichung mit der Regelung in § 21 Abs. 1 S. 1 WpHG aF herbeizuführen.[56]

**27**    **5. Rechtslage im Vereinigten Königreich.** Das in § 35 verankerte Institut des Pflichtangebotes findet sein Vorbild in der in Section F *(The Mandatory Offer and its Terms)* verankerten Rule 9 des City Code on Takeovers and Mergers (City Code).[57] Rule 9.1 (a) City Code begründet eine Angebotspflicht zu Lasten desjenigen, der alleine oder im Zusammenwirken mit anderen *(sog. acting in concert)* 30% der Stimmrechte an einer Gesellschaft erlangt. Das Angebot ist auf sämtliche Aktien dieser Zielgesellschaft zu erstrecken. Anders als nach deutschem Recht kommt es nicht darauf an, ob die Aktien der Zielgesellschaft börsennotiert sind oder nicht. Das Angebot hat unter der Bedingung zu stehen, dass der Bieter mindestens 50% der

---

[53] Zutr. *Kleindiek* ZGR 2002, 546 (554); Steinmeyer/*Steinmeyer* Einl. Rn. 12.

[54] Vgl. insoweit krit. DAV-Handelsrechtsausschuss NZG 2001, 420 (427) zum RefE; s. auch *Land/Hasselbach* DB 2000, 1747 (1753); *Riehmer/Schröder* BB- Beil. 5/2001, 10; FK-WpÜG/*Hommelhoff/Witt* Rn. 43 ff.; Steinmeyer/*Santelmann* Rn. 25 ff.

[55] Begr. RegE, BT-Drs. 14/7034, 59.

[56] Dies geht zurück auf eine Anregung des DAV-Handelsrechtsausschuss NZG 2001, 420 (429); vgl. auch *Möller/Pötzsch* ZIP 2001, 1256 (1261).

[57] Dazu etwa *Davies,* Gower's Principles of Modern Company Law, 10. Aufl. 2016, 772; *Lee* in Hopt/ Wymeersch, European Takeovers – Law and Practice, 1992, 133 ff.; Assmann/Pötzsch/Schneider/*Krause/ Pötzsch* Rn. 286; *Defriez* in v. Rosen/Seifert, Die Übernahme börsennotierter Unternehmen, 1999, 29 ff.; aus dem deutschsprachigen Schrifttum etwa *Schuberth,* Konzernrelevante Regelungen im britischen Recht, 1997, 34 ff.; *Zinser,* Übernahmeangebote (takeover bids) im englischen und deutschen Recht, 2000, 67 ff.; *Wymeersch* ZGR 2002, 520 ff.; ABBD/*Banke* Part 3 C Rn. 103 ff.; Text des Takeover Code: https://www.the takeoverpanel.org.uk/wp-content/uploads/2008/11/code.pdf?v=7Nov2019 in der 12. Edition vom 12.9. 2016 (zuletzt abgerufen am 18.8.2020).

Stimmrechte erlangt (Rule 9.3 (a) City Code). Wird diese Schwelle nicht erreicht, hat der Bieter seinen Schwellenwert ggf. auf unter 30% zu verringern (Notes on Rule 9.3 (2) City Code).[58] Der Bieter muss als Gegenleistung zumindest auch eine Barabfindung anbieten (Rule 9.5 (a) (1) City Code). Eine Angebotspflicht besteht nach Rule 9.1 (b) City Code ferner dann, wenn der kontrollierende Gesellschafter, der alleine oder im Zusammenwirken mit anderen bereits zwischen 30% und 50% der Stimmrechte innehat, seinen Stimmrechtsanteil durch Aktienzukäufe erhöht (sog. *creeping in*).[59] Nach Rule 2.2 (b) City Code ist der Kontrollinhaber verpflichtet, die Kontrollerlangung über die Zielgesellschaft zu veröffentlichen.

Der **mittelbare Kontrollerwerb** löst nur in besonderen Konstellationen eine Angebots-    28 pflicht aus, etwa wenn es sich aus Sicht der die Kontrolle vermittelnden Gesellschaft um eine wesentliche Beteiligung an der Zielgesellschaft (mindestens 50% des Anlagevermögens oder des Ertrages) handelt oder die Erlangung der Kontrolle über die mittelbare Zielgesellschaft eigentlicher oder wesentlicher Zweck des Erwerbs der die Kontrolle vermittelnden Gesellschaft war (Note 8 on Rule 9.1 City Code). Man spricht insoweit vom sog. *chain principle*.[60]

In bestimmten Situationen **entfällt** die Pflicht des Kontrollerwerbers zur Abgabe eines    29 Angebotes.[61] Dies gilt beispielsweise dann, wenn die Kontrolle über die Zielgesellschaft auf Grund der Ausgabe neuer Aktien erlangt wurde und die (vom Bieter unabhängigen) Aktionäre der Zielgesellschaft im Rahmen eines sog. *white wash*-Beschlusses einem Verzicht des Panel auf die Verpflichtung zur Abgabe eines Pflichtangebotes zugestimmt haben (Notes on Dispensation from Rule 9 City Code). Zu den Einzelheiten → § 37 Rn. 26. Zur Auswirkung des Brexit → § 33 Rn. 33a ff.

**6. Rechtslage in den USA.** In den USA besteht im Falle der Kontrollerlangung über    30 die Zielgesellschaft keine (bundesweit geltende) Pflicht des Bieters zur Abgabe eines Angebotes zum Erwerb der Aktien der Minderheitsaktionäre.[62] Die von einigen Bundesstaaten erlassenen „Takeover Statutes" sollen die in dem jeweiligen Staat ansässigen Unternehmen vor feindlichen Übernahmen schützen.[63] Die Rechtslage in den USA ist vor dem Hintergrund der ausschließlichen Ausrichtung des *boards* auf die Interessen der Aktionäre zu sehen.

**7. Verfassungsmäßigkeit. a) Meinungsstand.** Vor dem Inkrafttreten des Gesetzes sind    31 von verschiedenen Stimmen in der Lit. Zweifel an der Verfassungsmäßigkeit eines Pflichtangebotes geäußert worden.[64] Zum Teil bezog sich diese Kritik auf den Übernahmekodex, zum Teil auf die Entwürfe einer EU-Richtlinie. Zu weiten Teilen ist die Kritik überholt, da sie sich gegen Regelungen richtete, die letztlich nicht Gesetz geworden bzw. Gegenstand einer Befreiungsmöglichkeit nach § 36 und § 37 geworden sind. Es verbleibt insbesondere der Einwand, dass der Erwerbsinteressent im Falle einer Kontrollerlangung nicht nur das Paket des Veräußerers, sondern möglicherweise auch noch die Aktien aller außenstehenden Aktionäre erwerben müsse, sodass Art. 14 GG in der Ausprägung einer „negativen" Eigentumsfreiheit verletzt sei.[65]

**b) Stellungnahme.** Die Verpflichtung, ein Pflichtangebot nach Maßgabe der §§ 35 ff.    32 zu unterbreiten, ist verfassungsgemäß. Es werden weder Grundrechte des Veräußerers noch des Bieters verletzt.

---

[58] Vgl. auch Assmann/Pötzsch/Schneider/*Krause/Pötzsch* Rn. 287; *Zinser* RIW 2001, 481 (484 f.); FK-WpÜG/*Hommelhoff/Witt* Vor §§ 35–39 Rn. 11.

[59] Dazu *Crawshay* in Veil, Übernahmerecht in Praxis und Wissenschaft, 2009, 83, 84 f.

[60] Dazu auch Assmann/Pötzsch/Schneider/*Krause/Pötzsch* Rn. 291.

[61] S. die Notes on Dispensation from Rule 9 City Code; dazu *Zinser* RIW 2001, 481 (484 f.); Kölner Komm WpÜG/*Versteegen* § 37 Rn. 9.

[62] *Pietzke* FS Fikentscher, 1998, 601 (615); *Zinser* RIW 1999, 844 (845); *Tröger* DZWiR 2002, 353; *Hopt* ZHR 166 (2002), 383 (415); *Wymeersch* ZGR 2002, 520 (522); Ehricke/Ekkenga/Oechsler/*Ekkenga/Schulz* Rn. 8.

[63] *Pietzke* FS Fikentscher, 1998, 601 (615).

[64] *Loritz/Wagner* WM 1991, 709 ff.; *Kallmeyer* ZHR 161 (1997), 435 (436); *Letzel* BKR 2002, 293 (295); *Thoma* ZIP 1996, 1725 (1731 ff.); die Verfassungsmäßigkeit demgegenüber explizit bejahend *Krause,* Das obligatorische Übernahmeangebot, 1996, 162 ff.

[65] *Loritz/Wagner* WM 1991, 709 (714); *Thoma* ZIP 1996, 1725 (1732).

**33**    **c) Rechte des Veräußerers der Aktien. aa) Art. 14 GG.** Eine Verletzung des in Art. 14 GG gewährleisteten Eigentumsgrundrechts könnte darin liegen, dass die Veräußerungsmöglichkeiten des Aktieninhabers eingeschränkt werden. Zwar bezieht sich die Veräußerungsbeschränkung nur auf den Verkauf von Paketbeteiligungen. Gleichwohl lässt sich schwerlich leugnen, dass der Kreis der Erwerbsinteressenten dadurch geringer werden kann, dass der Paketerwerb beim Erwerber ein Pflichtangebot auslöst. Diese faktische Veräußerungsbeschränkung berührt den Schutzbereich des Art. 14 GG, da auch die Freiheit, eine Beteiligung zu veräußern, von der Eigentumsgarantie erfasst ist.[66] Indessen stellt die Regelung über Pflichtangebote eine zulässige Inhalts- bzw. Schrankenbestimmung der aus Art. 14 GG fließenden Rechte dar. Mit der Einführung des Pflichtangebotes hat der Gesetzgeber den legitimen **Zweck** verfolgt, die Interessen der Minderheitsaktionäre zu schützen sowie die Funktionsfähigkeit des deutschen Kapitalmarktes und die Wettbewerbsfähigkeit des Finanzplatzes Deutschland zu stärken (→ Rn. 5 f.). Die Pflichtangebotsregelungen halten auch den Anforderungen an das **Übermaßverbot** (Verhältnismäßigkeit im weiteren Sinne) stand. Sie sind zunächst **geeignet,** die gesetzgeberischen Zwecke zu erreichen. Sie sind auch **erforderlich,** da **kein gleich geeignetes milderes Mittel erkennbar ist, die vom Gesetzgeber verfolgten Ziele zu erreichen.** Dies zeigt sich auch daran, dass das Institut des Pflichtangebots an den wichtigsten europäischen Finanzmärkten bereits vor Einführung der deutschen Regelung Geltung beanspruchte.[67] Schließlich fehlt es auch nicht an der **Verhältnismäßigkeit im engeren Sinne.**[68] Zwar bleiben Fälle denkbar, in denen ein veräußerungswilliger Hauptaktionär keinen Abnehmer für seine Beteiligung findet, da die möglichen Erwerbsinteressenten nicht bereit sind, auch noch die Aktien der außenstehenden Gesellschafter zu erwerben, und auch eine Veräußerung der Aktien in mehreren Paketen ausscheidet. Die hierin liegende Beschränkung des Eigentums ist indessen im Ergebnis als so gering anzusehen, dass die Interessen des Veräußerers im Rahmen der Abwägung mit den von dem Gesetzgeber beabsichtigten Zwecken keinen Vorrang beanspruchen können.[69]

**34**    **bb) Art. 2 Abs. 1 GG.** Es dürfte unbestreitbar sein, dass das Pflichtangebot in die von Art. 2 Abs. 1 GG im Grundsatz geschützte Vertragsabschlussfreiheit eingreift.[70] Zwar wird der potenzielle Erwerber nicht zu einem Erwerb des das Pflichtangebot auslösenden Aktienpakets gezwungen. Indessen ist die Vertragsabschlussfreiheit aus Sicht des Veräußerers betroffen, wenn er keinen Erwerber für das Aktienpaket findet, der auch bereit und in der Lage ist, möglicherweise auch die Aktien aller Minderheitsaktionäre zu erwerben. Aus den oben genannten Gründen erweisen sich die §§ 35 ff. aber als zulässige Schrankenbestimmung.

**35**    **d) Rechte des Bieters. aa) Art. 14 GG.** Soweit es die Rechte des potenziellen Erwerbers der Anteile betrifft, dürfte es bereits an einer Berührung des Schutzbereiches des Art. 14 GG fehlen, denn die Eigentumsfreiheit erfasst nicht auch die Freiheit kein neues Eigentum erwerben zu müssen (sog. „negative" Eigentumsfreiheit).[71] Zwar muss der Bieter bei Erwerb von mindestens 30% der Stimmrechte ein Angebot für den Erwerb der übrigen Aktien

---

[66] Steinmeyer/*Santelmann* Rn. 13; Ehricke/Ekkenga/Oechsler/*Ekkenga/Schulz* Rn. 10; Assmann/Pötzsch/Schneider/*Krause/Pötzsch* Rn. 41.

[67] Eingehend dazu *Krause,* Das obligatorische Übernahmeangebot, 1996, 180 ff.

[68] *Krause,* Das obligatorische Übernahmeangebot, 1996, 177 ff.; Angerer/Geibel/Süßmann/*Meyer* Rn. 17; Kölner Komm WpÜG/*Hasselbach* Rn. 44; ähnlich *Stumpf* NJW 2003, 9 (12): „kein Eingriff in die Eigentumsfreiheit"; Ehricke/Ekkenga/Oechsler/*Ekkenga/Schulz* Rn. 11; Assmann/Pötzsch/Schneider/*Krause/Pötzsch* Rn. 41.

[69] *Krause,* Das obligatorische Übernahmeangebot, 1996, 209; Angerer/Geibel/Süßmann/*Meyer* Rn. 17.

[70] *Thoma* ZIP 1996, 1725 (1732); Angerer/Geibel/Süßmann/*Meyer* Rn. 23; Assmann/Pötzsch/Schneider/*Krause/Pötzsch* Rn. 40; Baums/Thoma/*Baums/Hecker* Vor § 35 Rn. 125.

[71] *Braun,* Die Befreiung vom Pflichtangebot nach dem WpÜG, 2008, 76 f.; *Krause,* Das obligatorische Übernahmeangebot, 1996, 170 ff.; Baums/Thoma/*Baums/Hecker* Vor § 35 Rn. 118 ff.; Angerer/Geibel/Süßmann/*Meyer* Rn. 18; Kölner Komm WpÜG/*Hasselbach* Rn. 44 f.; *Thaeter* in Thaeter/Brandi, Öffentliche Übernahmen, 2003, Teil 2 Rn. 519; Assmann/Pötzsch/Schneider/*Krause/Pötzsch* Rn. 38; vgl. aber auch *Loritz/Wagner* WM 1991, 709 ff.; *Thoma* ZIP 1996, 1725 (1732); Ehricke/Ekkenga/Oechsler/*Ekkenga/Schulz* Rn. 10.

abgeben. Indessen ist der Bieter zu einem Erwerb der die Kontrolle verschaffenden Aktien nicht verpflichtet.[72] Selbst wenn man der Meinung wäre, dass der Schutzbereich des Art. 14 GG betroffen wäre, würde es sich im Hinblick auf die Regelungen des § 36 und des § 37 sowie aus den oben genannten Gründen (→ Rn. 33) zumindest um eine verhältnismäßige Inhalts- und Schrankenbestimmung des Eigentumsrechts handeln.[73]

**bb) Art. 12 Abs. 1 GG.** Auch fehlt es an einer Verletzung von Art. 12 Abs. 1 GG. Der **36** Schutzbereich von Art. 12 GG kann von vornherein nur dann berührt sein, wenn der potenzielle Erwerber die Aktien zu unternehmerischen Zwecken erwirbt. Ein ausschließlich der Kapitalanlage dienender Aktienerwerb unterfällt nicht dem Schutzbereich des Art. 12 Abs. 1 GG. Zudem würde es sich nicht um eine Einschränkung der Berufswahlfreiheit, sondern lediglich der Berufsausübungsfreiheit handeln, da der Betroffene nicht darin eingeschränkt wird, als Unternehmer tätig zu sein, sondern nur darin, gleichzeitig kontrollierender Aktionär der betreffenden Gesellschaft zu sein.[74] Selbst wenn man einen Eingriff in die Berufsausübungsfreiheit annehmen wollte, wäre dieser in seiner Intensität gering und würde somit nicht gegen das Übermaßverbot verstoßen.[75] Insoweit gilt auch hier, dass die mit der Einführung des Pflichtangebotes verfolgten Zwecke, nämlich die Stärkung des Schutzes der Aktionärsminderheit und die Verbesserung der Funktions- und Wettbewerbsfähigkeit des deutschen Kapitalmarktes (→ Rn. 33), einen möglichen Eingriff in das Grundrecht rechtfertigen.

**cc) Art. 2 Abs. 1 GG.** Schließlich fehlt es auch an einem Verstoß gegen Art. 2 Abs. 1 **37** GG. Zwar ist die Vertragsabschluss- und Vertragsgestaltungsfreiheit insoweit betroffen, als der Bieter im Rahmen des von ihm zu unterbreitenden Angebotes nicht frei ist, sondern die Bestimmungen des WpÜG, insbesondere hinsichtlich des anzubietenden Preises, beachten muss. Im Hinblick auf die gesetzgeberischen Zwecke stellt sich diese Einschränkung indessen als zulässige Schrankenbestimmung dar, zumal dem Gesetzgeber im Rahmen von Art. 2 Abs. 1 GG aufgrund des weiten Schutzbereichs ein großer Handlungsspielraum zukommt.[76] Wird das Pflichtangebot durch Zuerwerb von Stimmrechten ausgelöst, die dem Bieter nach § 30 zuzurechnen sind, und ergeben sich hieraus nicht gerechtfertigte Härten, ist dem durch eine erweiternde Auslegung von § 37 entgegenzuwirken.[77]

**8. Rechtspolitische Kritik. a) Meinungsstand.** Vor Inkrafttreten des Gesetzes war die **38** Begründung einer Pflicht zur Abgabe eines Angebotes bei Kontrollerlangung keineswegs unumstritten.[78] Teile des Schrifttums haben mit Nachdruck die Auffassung vertreten, dass eine entsprechende Regelung **entbehrlich** ist.[79] Das bestehende Konzernrecht sehe einen

---

[72] *Krause,* Das obligatorische Übernahmeangebot, 1996, 171 f.
[73] Angerer/Geibel/Süßmann/*Meyer* Rn. 19; iErg auch Ehricke/Ekkenga/Oechsler/*Ekkenga/Schulz* Rn. 11.
[74] *Krause,* Das obligatorische Übernahmeangebot, 1996, 168 f.; Baums/Thoma/*Baums/Hecker* Vor § 35 Rn. 124; Assmann/Pötzsch/Schneider/*Krause/Pötzsch* Rn. 39; aA wohl Ehricke/Ekkenga/Oechsler/*Ekkenga/ Schulz* Rn. 10: „Zugang zur eigentlich gewünschten selbstständigen Berufstätigkeit".
[75] *Krause,* Das obligatorische Übernahmeangebot, 1996, 169 f.; Angerer/Geibel/Süßmann/*Meyer* Rn. 20 ff.; Assmann/Pötzsch/Schneider/*Krause/Pötzsch* Rn. 39; so auch Ehricke/Ekkenga/Oechsler/ *Ekkenga/Schulz* Rn. 11.
[76] Assmann/Pötzsch/Schneider/*Krause/Pötzsch* Rn. 40; *Krause,* Das obligatorische Übernahmeangebot, 1996, 210 f.; Angerer/Geibel/Süßmann/*Meyer* Rn. 23; *Thaeter* in Thaeter/Brandi, Öffentliche Übernahmen, 2003, Teil 2 Rn. 520 ff.; nicht vollkommen überzeugt, s. *Thaeter* in Thaeter/Brandi, Öffentliche Übernahmen, 2003, Teil 2 Rn. 524.
[77] So auch Steinmeyer/*Santelmann* Rn. 11; Ehricke/Ekkenga/Oechsler/*Ekkenga/Schulz* Rn. 11.
[78] Zur Diskussion etwa *Baums* ZIP 1989, 1376 ff.; *Hommelhoff/Kleindiek* AG 1990, 106 ff.; *Mertens* AG 1990, 252 ff.; *Hommelhoff* FS Semler, 1993, 455 ff.; *Assmann* AG 1995, 563 ff.; *Krause* AG 1996, 209 ff.; *Hopt* ZHR 161 (1997), 368 (384 ff.); *Kallmeyer* ZHR 161 (1997), 435 ff.; *Houben* WM 2000, 1873 ff.; *Neye* AG 2000, 289 (292); *Bernau* WM 2004, 809 (810 f.); *Altmeppen* ZIP 2001, 1073 (1082 ff.); dazu auch Kölner Komm WpÜG/*Hasselbach* Rn. 9 f.
[79] *Hommelhoff/Kleindiek* AG 1990, 106 ff.; *Mertens* AG 1990, 225 (258 f.); *Assmann* AG 1995, 563 (570); *Kallmeyer* ZHR 161 (1997), 435 (436); *Altmeppen* ZIP 2001, 1073 (1082 ff.); tendenziell auch *Wackerbarth* WM 2001, 1741 (1745 f.); vgl. auch Forum Europaeum Konzernrecht ZGR 1998, 672 (727); vgl. auch Angerer/Geibel/Süßmann/*Meyer* Rn. 3; Assmann/Pötzsch/Schneider/*Krause/Pötzsch* Rn. 43.

ausreichenden Minderheitenschutz vor, sodass ein zusätzlicher Konzerneingangsschutz in Gestalt eines Pflichtangebotes verzichtbar sei.[80] Andere haben eingewandt, es fehle bereits an einer Schutzbedürftigkeit der Minderheitsaktionäre, da der neue kontrollierende Gesellschafter ebenfalls kein Interesse an einem Sinken des Börsenkurses habe.[81] Auch sei nicht empirisch belegt, dass sich der Eintritt eines neuen Mehrheitsaktionärs nachteilig auf den Börsenkurs auswirke. Es wurde ferner darauf hingewiesen, dass das Pflichtangebot ein Fremdkörper im deutschen Aktienrecht darstellen würde.[82] Es trete mit dem aktienrechtlichen Prinzip in Konflikt, dass sich die mitgliedschaftliche Leistungspflicht eines Aktionärs in der Erbringung seiner Einlage erschöpfe. Zudem schränke ein kontrollierender Mehrheitsaktionär die Mitgliedschaftsrechte der außenstehenden Aktionäre nicht ein. Die faktische Reduzierung der Stimmrechtsrelevanz sei der Mitgliedschaft immanent. Schließlich wurde kritisch eingewandt, dass das Pflichtangebot die Kosten eines Übernahmeangebotes unangemessen erhöhe.[83]

**39**     Die hM stand demgegenüber auf dem Standpunkt, dass der im deutschen Gesellschafts- und Konzernrecht verankerte Minderheitenschutz hinter dem namentlich durch Rule 9 des City Codes geprägten internationalen Standard zurückgeblieben sei, sodass ein dringendes Bedürfnis für die gesetzliche Verankerung eines Pflichtangebots bestanden habe.[84] Die Begründung einer Pflicht zur Abgabe eines Angebotes zum Erwerb der Aktien sei geeignet, diese Lücke zu schließen.[85] Teilweise wurde die Notwendigkeit eines Pflichtangebotes auch damit begründet, dass die Minderheitsaktionäre ohne Pflichtangebot an dem Verkauf eines Aktienpakets über dem Börsenkurs nicht partizipieren könnten. In vielen Fällen komme es nach einem Kontrollerwerb zu einem Kursverfall, der die außenstehenden Aktionäre gegenüber denjenigen benachteilige, die ihre Aktien im Rahmen des Paketverkaufes veräußern konnten.[86] In diesem Kontext wurde darauf hingewiesen, dass es für die Liquidität, Funktionsfähigkeit und Attraktivität des Wertpapiermarktes von erheblicher Bedeutung sei, die Gefahr eines Kursverfalls im Falle eines Kontrollwechsels möglichst gering zu halten.[87] Aufgrund der möglichen Änderung der Unternehmenspolitik könne sich der Anleger in einer Situation wiederfinden, in der er seine Anlageentscheidung nicht aufrechterhalten wolle.[88]

**40**     Zum Teil richtete sich die Kritik gegen die **inhaltliche Ausgestaltung** der Kontrollschwelle. Es wurde argumentiert, ein Drittel der Stimmrechte an der Zielgesellschaft vermittle noch keine sichere Kontrolle an der Gesellschaft.[89] Stattdessen wurde, namentlich von *Mülbert,* eine Ausrichtung der Pflichtangebotsregeln am aktienrechtlichen Abhängigkeitstatbestand gefordert.[90] Kritisiert wurde, dass auch Privatpersonen ohne unternehmerische Ambitionen der Angebotspflicht unterliegen können.[91] Auch wurde beklagt, dass die im Übernahmekodex enthaltenen, Flexibilität verschaffenden Ausnahmetatbestände (beab-

[80] *Hommelhoff* FS Semler, 1993, 455, 466; *Assmann* AG 1995, 563 (570); *Altmeppen* ZIP 2001, 1073 (1082 f.); *Pluskat* WM 2001, 1937 (1941); *Letzel* BKR 2002, 293 (296); aA *Hopt* ZHR 1997, 368 (387 f.); *Habersack/Mayer* ZIP 1997, 2141 (2143 f.); dazu auch Kölner Komm WpÜG/*Hasselbach* Rn. 10.
[81] *Pietzke* FS Fikentscher, 1998, 601 (612 f.); *Letzel* BKR 2002, 293 (297); vgl. dazu auch Angerer/Geibel/Süßmann/*Meyer* Rn. 4.
[82] *Assmann* AG 1995, 563 (570); *Heiser,* Interessenkonflikte in der Aktiengesellschaft und ihre Lösung am Beispiel des Zwangsangebots, 1999, 349 f.; hierzu auch Angerer/Geibel/Süßmann/*Meyer* Rn. 5; Kölner Komm WpÜG/*Hasselbach* Rn. 10.
[83] *Grunewald* WM 1989, 1233 (1238); *Mertens* AG 1990, 252 (258); *Hommelhoff/Kleindiek* AG 1990, 106 (108); *Assmann* AG 1995, 563 (569); *Kallmeyer* ZHR 161 (1997), 435 (436); *Letzel* BKR 2002, 293 (294).
[84] *Wolf* AG 1998, 212 (220); *Houben* WM 2000, 1873 (1875 ff.); *Hopt* ZHR 166 (2002), 383 (415).
[85] *Krause* WM 1996, 891 (897 ff.); *Baums* ZIP 1997, 1310; *Kallmeyer* ZIP 1997, 2147; *Hopt* ZHR 161 (1997), 368 (387); *Hopt* ZHR 166 (2002), 383 (415).
[86] *Hommelhoff* FS Semler, 1993, 457; FK-WpÜG/*Hommelhoff/Witt* Vor §§ 35–39 Rn. 34 f.
[87] *Houben* WM 2000, 1873; FK-WpÜG/*Hommelhoff/Witt* Vor §§ 35–39 Rn. 33.
[88] *Weber-Rey/Schütz* AG 2001, 325 (328).
[89] *Loritz/Wagner* WM 1991, 709 (716); für eine höhere Schwelle auch *Pluskat* WM 2001, 1937 (1942); krit. zur alleinigen Anknüpfung an einen Stimmrechtsanteil bereits *Munscheck* RIW 1995, 998 (999 f.).
[90] *Mülbert* ZIP 2001, 1221 (1225 ff.); in diese Richtung auch *Ekkenga/Hofschroer* DStR 2002, 768 (771).
[91] *Ekkenga/Hofschroer* DStR 2002, 768 (771).

sichtigter Abschluss eines Beherrschungsvertrages, Verschmelzung, Eingliederung, Formwechsel etc) im Gesetz nicht verankert seien. Zum Teil wurde auch eine Beschränkung des Pflichtangebotes auf den unmittelbaren Kontrollerwerb gefordert.[92] Schließlich wurde die Regelung kritisiert, dass Minderheitsaktionäre zwingend an einem Paketzuschlag partizipieren müssten.[93] Eine Gleichbehandlung sei insoweit nicht geboten, da die Preisfindung allein Sache der Beteiligten sei.

Die wohl überwiegende Meinung hat die Ausgestaltung der Pflichtangebotsregelung **41** begrüßt.[94] Die Regelung, die Kontrollerlangung an den Erwerb von 30% der Stimmrechte zu knüpfen, stelle im Hinblick auf die üblichen Präsenzen in Hauptversammlungen deutscher Aktiengesellschaften einen angemessenen Durchschnittswert dar und biete zudem ein hohes Maß an Planungssicherheit. Die erforderliche Flexibilität werde durch die Befreiungsvorschriften geschaffen. Ferner stelle die Beschränkung der Angebotspflicht auf börsennotierte Gesellschaften keine sachwidrige Anknüpfung dar.[95] Schließlich sei die Erstreckung des Pflichtangebotes auf den mittelbaren Kontrollerwerb sachgerecht.[96]

**b) Stellungnahme.** Die Begründung einer Pflicht, im Falle einer Kontrollerlangung **42** über eine Zielgesellschaft, ein Angebot an die außenstehenden Aktionäre abzugeben, ist im Grundsatz sachgerecht. Die Praxis hat gezeigt, dass jedenfalls nicht ausgeschlossen werden kann, dass sich sowohl mit einer erstmaligen Kontrollerlangung als auch einem Kontrollwechsel häufig eine Änderung der Unternehmenspolitik und -strategie verbindet. Die Übernahme der Gesellschaft durch einen neuen kontrollierenden Aktionär kann sich negativ auf den Aktienkurs der Zielgesellschaft oder die Ausschüttungspolitik auswirken.[97] Dass ein Schutzbedürfnis der Minderheit bei einem Kontrollerwerb besteht, lässt sich mithin schwerlich leugnen. Das Pflichtangebot verschafft den außenstehenden Aktionären die Möglichkeit, ihre Investitionsentscheidung zu überdenken und ggf. rückgängig zu machen.[98] Ob die Entscheidung sachgerecht ist, die Kontrollschwelle an das Erlangen von 30% der Stimmrechte zu knüpfen, erscheint aber zweifelhaft. Es wäre vorzugswürdig gewesen, den Kontrolltatbestand am Abhängigkeitstatbestand auszurichten, um auf diese Weise eine **Harmonisierung mit den Konzernrechtsregeln** herzustellen (vgl. auch → Rn. 40).[99] In jedem Fall bleibt der Gesetzgeber aufgerufen, regelmäßig zu überprüfen, ob die Anknüpfung an einen Anteil von lediglich 30% der Stimmrechte auch in Zukunft angemessen ist.[100]

Auch wäre es vorzugswürdig gewesen, wenn der Gesetzgeber den Aktionären die Mög- **43** lichkeit eröffnet hätte, satzungsmäßig einen höheren Schwellenwert festzulegen (*opting up*) oder die Angebotspflicht vollständig abzubedingen (*opting out*).[101] Die entsprechenden Regelungen im Übernahmerecht der **Schweiz,** die ein Anheben des gesetzlichen Schwellenwertes für ein Pflichtangebot von 33⅓% auf bis zu 49% erlauben (Art. 32 Abs. 1 BEHG-

---

[92] So etwa das Forum Europaeum Konzernrecht ZGR 1998, 672 (730), anders indessen, wenn die Tochter das wirtschaftliche Ziel des Erwerbs darstellt; krit. zum Umfang der Stimmrechtszurechnung im Konzern auch *Nelle* ZIP 2006, 2057 (2058 f.).

[93] *Letzel* BKR 2002, 293 (297); dazu auch FK-WpÜG/*Hommelhoff/Witt* Vor §§ 35–39 Rn. 34; Angerer/ Geibel/Süßmann/*Meyer* Rn. 7.

[94] *Houben* WM 2000, 1873 (1878); *Zinser* NZG 2001, 391 (396); *Zinser* WM 2002, 15 (21); FK-WpÜG/ *Hommelhoff/Witt* Vor §§ 35–39 Rn. 35; Angerer/Geibel/Süßmann/*Meyer* Rn. 8 f.; *Kleindiek* ZGR 2002, 546 (563).

[95] *Kleindiek* ZGR 2002, 546 (563).

[96] *Hopt* ZHR 166 (2002), 383 (416).

[97] Angerer/Geibel/Süßmann/*Meyer* Rn. 4; FK-WpÜG/*Hommelhoff/Witt* Vor §§ 35–39 Rn. 33.

[98] *Weber-Rey/Schütz* AG 2001, 325 (328); Assmann/Pötzsch/Schneider/*Krause/Pötzsch* Rn. 44; FK-WpÜG/*Hommelhoff/Witt* Vor §§ 35–39 Rn. 33.

[99] Instruktiv *Mülbert* ZIP 2001, 1221 (1225 ff., 1227); in diese Richtung auch *Habersack* ZHR 166 (2002), 619 (623) mit dem Vorschlag, § 17 Abs. 1 AktG um eine widerlegliche Vermutung des Inhalts zu ergänzen, dass eine Abhängigkeit beim Erwerb von 30% der Stimmrechte anzunehmen ist.

[100] Dies gilt ungeachtet der Tatsache, dass die Präsenz in den Hauptversammlungen trotz der neuen Teilnahmemöglichkeiten eher gering ausfällt.

[101] Hierfür bereits FK-WpÜG/*Hommelhoff/Witt* Vor §§ 35–39 Rn. 29; krit. demgegenüber *Baums* in v. Rosen/Seifert, Die Übernahme börsennotierter Unternehmen, 1999, 165, 170.

Schweiz bzw. Art. 22 Abs. 2 BEHG-Schweiz), haben sich bewährt.[102] Wenig zweckmäßig ist auch die Regelung, nach der ein Paketzuschlag, der beim Erwerb eines die Kontrolle vermittelnden Aktienpaketes typischerweise entrichtet wird, bei der Bemessung der Gegenleistung in voller Höhe zu berücksichtigen ist (§ 31 iVm § 4 WpÜG-AV). Eine Notwendigkeit, alle anderen Aktionäre in vollem Umfang an einem solchen Zuschlag partizipieren zu lassen, ist nicht ersichtlich.[103] Diese Regelung wird faktisch dazu führen, dass für größere Beteiligungen an börsennotierten Gesellschaften keine Zuschläge mehr gezahlt werden können.[104]

44    Ferner ist es angezeigt, das sehr problematische Verhältnis zwischen Umwandlungs- und Aktienrecht einerseits und Übernahmerecht andererseits (→ Rn. 123 ff.) ausdrücklich zu regeln.[105] Der wichtigste Einwand richtet sich gegen die Ausnahmebestimmungen des § 36 und § 37, die in ihrem Anwendungsbereich zu eng gefasst sind. Insbesondere wäre es begrüßenswert gewesen, wenn für den Fall, dass im engen zeitlichen Zusammenhang mit der Übernahme ein Beherrschungsvertrag zwischen dem Bieter und der Zielgesellschaft abgeschlossen wird oder der Bieter einen Squeeze-Out der Minderheitsaktionäre bewirkt, eine ausdrückliche Befreiung von der Angebotspflicht vorgesehen worden wäre.[106] Auf diese Weise wäre vermieden worden, dass neben dem Pflichtangebot ein weiteres Abfindungsangebot (§§ 305, 327a AktG) abzugeben ist.[107]

## II. Adressat der Veröffentlichungs- und Angebotspflicht

45    **1. Grundsatz.** Adressat der Veröffentlichungspflicht nach Abs. 1 S. 1 ist jede Person, die die Kontrolle über die Zielgesellschaft erlangt hat. Zur Abgabe des Angebotes verpflichtet Abs. 2 S. 1 demgegenüber den **„Bieter".** Da Bieter nach § 2 Abs. 4 (nur) natürliche oder juristische Personen sowie Personengesellschaften sein können, ist der Kreis der nach Abs. 1 S. 1 Verpflichteten größer als im Anwendungsbereich von Abs. 2 S. 1. Im Hinblick darauf, dass das Gesetz die Angebotspflicht an die Veröffentlichungspflicht knüpft, wird man indessen von einem identischen Adressatenkreis der Angebots- und Veröffentlichungspflicht ausgehen müssen.[108] Der ratio des Gesetzes folgend, den Aktionären bei einer Kontrollerlangung die Möglichkeit zur Veräußerung ihrer Aktien zu einem angemessenen Preis zu eröffnen, sind als Bieter iSv § 35 im Grundsatz alle Rechtssubjekte anzusehen, die unmittelbar oder mittelbar die Kontrolle über die Zielgesellschaft erlangen.[109] Im Übrigen ist die in Abs. 2 gewählte Bezeichnung des zur Abgabe des Angebotes Verpflichteten als „Bieter" insoweit missverständlich, als sie ein aktives Handeln impliziert, eine Person jedoch auch ohne ihr eigenes Zutun die Kontrolle über eine Gesellschaft erlangen kann (zur passiven Kontrollerlangung im Einzelnen → Rn. 89 ff.).

46    Ob der Bieter seinen Sitz im Inland oder **Ausland** hat, spielt keine Rolle.[110] Anders als etwa im Rahmen der Mitteilungspflicht nach § 20 AktG kommt es auch nicht darauf an, ob der Adressat als **Unternehmen** im Sinne des Rechts der verbundenen Unternehmen

---

[102] Text des Bundesgesetzes über die Börsen und den Effektenhandel (BEHG-Schweiz): http://www.admin.ch/opc/de/classified-compilation/19950081/index.html (zuletzt abgerufen am 18.8.2020).

[103] Zutr. *Letzel* NZG 2001, 260 (262); FK-WpÜG/*Hommelhoff/Witt* Vor §§ 35–39 Rn. 34; krit. zu den Mindestpreisregeln auch *Mülbert* ZIP 2001, 1221 (1223 f.).

[104] So auch Kölner Komm WpÜG/*Hasselbach* Rn. 42.

[105] Assmann/Pötzsch/Schneider/*Krause/Pötzsch* Rn. 133 ff. und Steinmeyer/*Santelmann* Rn. 14 ff.

[106] FK-WpÜG/*Hommelhoff/Witt* Vor §§ 35–39 Rn. 41 für den Beherrschungsvertrag; FK-WpÜG/*Schüppen/Tretter* AktG Vor § 327a Rn. 31 f. für den aktienrechtlichen Squeeze-Out; ähnlich bereits *Riehmer/Schröder* BB-Beil. 5/2001, 1 (10).

[107] Es kommt allerdings eine Befreiung vom Pflichtangebot durch die BaFin in Betracht, vgl. dazu den Jahresbericht der BaFin 2007, 195 f.

[108] Baums/Thoma/*Baums/Hecker* Rn. 10; Kölner Komm WpÜG/*Hasselbach* Rn. 63; Assmann/Pötzsch/Schneider/*Krause/Pötzsch* Rn. 49.

[109] Eingehend Kölner Komm WpÜG/*Hasselbach* Rn. 63; Steinmeyer/*Santelmann* Rn. 92; Assmann/Pötzsch/Schneider/*Krause/Pötzsch* Rn. 49.

[110] Angerer/Geibel/Süßmann/*Angerer* § 2 Rn. 10; Assmann/Pötzsch/Schneider/*Krause/Pötzsch* Rn. 51.

(§§ 15 ff. AktG) zu qualifizieren ist.[111] Daher kann die Angebotspflicht auch eine natürliche Person treffen, die keinen anderweitigen Interessenbindungen unterliegt.

**2. Sonderfälle. a) Gesellschaft bürgerlichen Rechts.** Im Hinblick darauf, dass der  **47** GbR Rechtsfähigkeit zukommt, kann sie auch Aktionärin einer Zielgesellschaft sein.[112] Erlangt die GbR Kontrolle über eine Zielgesellschaft, ist Adressat der Veröffentlichungs- und Angebotspflicht die GbR selbst und nicht die an ihr beteiligten Gesellschafter, sofern die Gesellschaft nicht nur als reine Innengesellschaft ausgestaltet ist.[113]

Im Falle eines **schuldrechtlichen Pools** ist zu differenzieren:[114] Besitzt keines der Pool-  **48** mitglieder die interne Stimmenmehrheit, sind aufgrund der wechselseitigen Zurechnung der Stimmrechte alle Poolmitglieder als Bieter anzusehen (zur Angebotspflicht → Rn. 52). Wird der Pool demgegenüber nur durch eines oder mehrere Mitglieder beherrscht, sind nur diese als Bieter anzusehen.

**b) Bruchteilsgemeinschaft.** Sind mehrere Personen Miteigentümer einer Aktie, bilden  **49** sie eine Bruchteilsgemeinschaft (§§ 1008, 741 BGB). In diesem Fall stehen den Miteigentü- mern die Stimmrechte entsprechend der Höhe ihres Miteigentumsanteils zu. Den Pflichten des Abs. 1 und 2 unterliegen Miteigentümer an Aktien daher nur dann, wenn ihr auf Grund des Miteigentums vermittelter Stimmrechtsanteil mindestens 30% beträgt.[115] Praktisch wird dies insbesondere bei girosammelverwahrten Aktien, bei denen die Aktionäre Miteigentü- mer des Sammelbestands sind und eine Gemeinschaft nach Bruchteilen bilden (s. § 6 DepotG). Im Einzelfall kann freilich eine Zurechnung von Stimmrechten erfolgen.

**c) Erben- und Gütergemeinschaft.** Werden Aktien von einer Erben- oder Güterge-  **50** meinschaft gehalten, sind die Stimmrechte den Mitgliedern der Gemeinschaft quotal zuzu- rechnen. Die Pflichten des Abs. 1 und 2 treffen daher jedes Mitglied und nicht die Gemein- schaft als solche, vorausgesetzt, dass der auf ein einzelnes Mitglied entfallende Stimmrechts- anteil 30% erreicht oder übersteigt.[116]

**d) Sonderfonds Finanzmarktstabilisierung (SoFFin).** Das als Artikelgesetz am  **51** 18.10.2008 in Kraft getretene Finanzmarktstabilisierungsgesetz (FMStG) vom 17.10.2008 (BGBl. 2008 I 1982) sieht in Art. 1 FMStG die Errichtung eines Gesetzes zur Errichtung eines „Stabilisierungsfonds-FMS", der auch „Sonderfonds Finanzmarktstabilisierung" oder „SoFFin" genannt wird, vor. Es handelt sich dabei um ein nicht rechtsfähiges Sondervermö- gen iSv Art. 110 Abs. 1 GG, Art. 115 Abs. 2 GG. Der Fonds kann allerdings rechtsgeschäft- lich tätig werden, klagen und verklagt werden (vgl. dazu § 2 Abs. 2 FMStFG, § 3 FMStFG). Im Falle eines Kontrollerwerbes durch den Fonds spricht die Bundesanstalt gem. § 12 FMStBG eine Befreiung von der Angebotspflicht aus, wobei ihr hierbei kein Ermessen zukommt.[117]

**3. Mehrzahl von Verpflichteten.** Erlangt eine Mehrzahl von Aktionären, etwa auf  **52** Grund einer Zurechnung von Aktien, die Kontrolle über die Zielgesellschaft gleichzeitig,

---

[111] *Cahn/Senger* FB 2002, 277 (290); Angerer/Geibel/Süßmann/*Meyer* Rn. 27; Baums/Thoma/*Baums/ Hecker* Rn. 11.

[112] BGHZ 146, 341 = NJW 2001, 1056; BGHZ 118, 83 (99) = NJW 1992, 2222; *Thaeter* in Thaeter/ Brandi, Öffentliche Übernahmen, 2003, Teil 2 Rn. 556; Assmann/Pötzsch/Schneider/*Krause/Pötzsch* Rn. 52; Steinmeyer/*Santelmann* § 2 Rn. 12.

[113] Angerer/Geibel/Süßmann/*Angerer* § 2 Rn. 8; Kölner Komm WpÜG/*v. Bülow* Rn. 41; Ehricke/ Ekkenga/Oechsler/*Ekkenga/Schulz* Rn. 47; Assmann/Pötzsch/Schneider/*Krause/Pötzsch* Rn. 52.

[114] Assmann/Pötzsch/Schneider/*Krause/Pötzsch* Rn. 54; *Braun* NZG 2008, 928 (930); *Pentz* ZIP 2003, 1478 (1488) mwN.

[115] Kölner Komm WpÜG/*v. Bülow* § 29 Rn. 41; Ehricke/Ekkenga/Oechsler/*Ekkenga/Schulz* Rn. 47; Ass- mann/Pötzsch/Schneider/*Krause/Pötzsch* Rn. 53; aA Angerer/Geibel/Süßmann/*Meyer* Rn. 27; Baums/ Thoma/*Baums/Hecker* Rn. 15.

[116] Assmann/Pötzsch/Schneider/*Krause/Pötzsch* Rn. 53; Kölner Komm WpÜG/*Hasselbach* Rn. 65; für die Erbengemeinschaft Baums/Thoma/*Baums/Hecker* Rn. 12 ff.

[117] BT-Drs. 16/10 600, 19: „gebundene Entscheidung"; hierzu eingehend *Wieneke/Fett* NZG 2009, 8 (14).

stellt sich die Frage, ob es ausreichend ist, wenn das Angebot von einem Angebotsverpflichteten abgegeben wird. Relevant wird diese Frage insbesondere bei einem **schuldrechtlichen Aktionärspool,** bei dem keines der Poolmitglieder die interne Stimmenmehrheit hält (→ Rn. 48) und einem **mittelbaren Kontrollerwerbs** (→ Rn. 104 ff.).[118] Das Meinungsspektrum reicht von der generellen Ablehnung der Verpflichtung mehrerer[119] bis hin zu der grundsätzlichen Bejahung der Veröffentlichungs- und Angebotspflicht aller Beteiligten durch die wohl hM (zum Meinungsbild auch → Rn. 108 ff. für den Fall der mittelbaren Kontrollerlangung).[120] Nach § 33 Abs. 3 DiskE war es für den Fall der wechselseitigen Zurechnung infolge abgestimmten Verhaltens ausreichend, wenn die Veröffentlichungs- und Angebotspflicht von einer dieser Personen erfüllt wird. Diese Regelung wurde jedoch weder in den RefE noch in den RegE übernommen. Damit scheint das Gesetz zu fordern, dass jeder Aktionär die Kontrollerlangung zu veröffentlichen und ein Angebot abzugeben hat.[121] Der Schutzzweck des § 35, den Minderheitsaktionären eine Möglichkeit zu geben, sich zu angemessenen Bedingungen von ihren Aktien zu trennen, erfordert es indessen nicht, dass den Minderheitsaktionären mehrere Veräußerungsmöglichkeiten eröffnet werden.[122] Vielmehr muss es ausreichend sein, wenn **nur eine Person** mit befreiender Wirkung für die anderen die Veröffentlichung der Kontrollerlangung vornimmt und das **Pflichtangebot** unterbreitet.[123] Zur Herstellung der gebotenen Transparenz müssen in der Veröffentlichung der Kontrollerlangung nach Abs. 1 alle mittelbar oder unmittelbar kontrollierenden Personen aufgeführt werden.[124] Um die Befreiungswirkung zu legitimieren, muss das Angebot zudem inhaltlich dem entsprechen, was aus Sicht der Aktionäre der Zielgesellschaft im für sie günstigsten Fall nach § 39 iVm § 31 hätte geboten werden müssen, wobei dies sowohl für die Art der Gegenleistung (§ 39 iVm § 31 Abs. 2) als auch für ihre Höhe (§ 39 iVm § 31 Abs. 4–6 WpÜG-AV) gilt. Dann ist dem Anlegerschutz ausreichend Genüge getan.

### III. Kontrollerlangung über eine Zielgesellschaft

53   **1. Grundsatz.** Abs. 1 und Abs. 2 knüpfen die Veröffentlichungs- und Angebotspflicht an das Erlangen der Kontrolle über eine Zielgesellschaft.

54   **a) Zielgesellschaften.** Zielgesellschaften sind nach der in § 2 Abs. 3 enthaltenen Legaldefinition Aktiengesellschaften oder Kommanditgesellschaften auf Aktien mit Sitz im Inland und Gesellschaften mit Sitz in einem anderen Staat des EWR. Zum Anwendungsbereich des WpÜG bei sog. europäischen Angeboten → § 2 Rn. 44.[125] Die Veröffentlichungs- und

---

[118] Vgl. dazu auch *Mayer-Uellner* AG 2012, 403; Assmann/Pötzsch/Schneider/*Krause/Pötzsch* Rn. 55.

[119] Vgl. *Seibt/Heiser* ZHR 165 (2001), 466 (491 f.) für den Fall der mittelbaren Kontrollerlangung; *Pentz* ZIP 2003, 1478 (1488) für den Fall des Stimmrechtspools.

[120] FK-WpÜG/*Hommelhoff/Witt* Rn. 71; Assmann/Pötzsch/Schneider/*Krause/Pötzsch* Rn. 58; Ehricke/Ekkenga/Oechsler/*Ekkenga/Schulz* Rn. 49; Kölner Komm WpÜG/*v. Bülow* Rn. 132; Angerer/Geibel/Süßmann/*Meyer* Rn. 39.

[121] Assmann/Pötzsch/Schneider/*Krause/Pötzsch* Rn. 55 f.; Steinmeyer/*Santelmann* Rn. 32. Anders soll es sein, wenn in einem Pool einem Mitglied ein vertraglich verankertes Letztentscheidungsrecht zusteht.

[122] Steinmeyer/*Santelmann* Rn. 33, 93 ff.; ähnlich Angerer/Geibel/Süßmann/*Meyer* Rn. 37 zum Verhältnis von Mutter- und Tochtergesellschaft; ABBD/*Kopp/v. Dryander* Sec. 35 Rn. 11, die darauf hinweisen, dass Paralellangebote dem Anlegerschutz sogar zuwiderlaufen könnten; aA *Harbarth* ZIP 2002, 321 (323); Baums/Thoma/*Baums/Hecker* Rn. 293, die lediglich für eine Befreiungsmöglichkeit durch die BaFin eintreten.

[123] Vgl. Angerer/Geibel/Süßmann/*Meyer* Rn. 37; *Lenz/Behnke* BKR 2003, 43 (50); *Süßmann* WM 2003, 1453 (1457); ABBD/*Kopp/v. Dryander* Sec. 35 Rn. 13; strenger *Thaeter* in Thaeter/Brandi, Öffentliche Übernahmen, 2003, Teil 2 Rn. 558; zwischen Veröffentlichungs- und Angebotspflicht diff. Assmann/Pötzsch/Schneider/*Krause/Pötzsch* Rn. 61, 194 ff.; *Pentz* ZIP 2003, 1478 (1488 f.), die jedoch ein gemeinsames Angebot für zulässig halten. – Vorbehaltlich der im Poolvertrag getroffenen Absprachen steht es allen Mitgliedern eines schuldrechtlichen Pools frei, ein eigenes Angebot abzugeben, um auf diese Weise ggf. die alleinige Kontrolle über die Zielgesellschaft zu erlangen. Das Angebot muss sich dann aber auch auf die Aktien der anderen Poolmitglieder erstrecken.

[124] *Lenz/Behnke* BKR 2003, 43 (50); eine Bündelung der Veröffentlichungen aus Transparenzgründen bejahen iErg auch Assmann/Pötzsch/Schneider/*Krause/Pötzsch* Rn. 61.

[125] FK-WpÜG/*Schüppen* § 2 Rn. 53 ff.; FK-WpÜG/*Hommelhoff/Witt* Vor §§ 35–39 Rn. 6.

Angebotspflicht besteht indes nur dann, wenn die Zielgesellschaft Aktien oder mit Aktien vergleichbare Wertpapiere ausgegeben hat, die zum **Handel an einem organisierten Markt** isv § 2 Abs. 7 zugelassen sind.[126] Nicht ausreichend ist es hingegen, wenn die Gesellschaft börsennotierte Wandel-, Umtausch- oder Optionsanleihen ausgegeben hat.[127] Auf Zielgesellschaften, deren Aktien ausschließlich an einer Börse notiert sind, die die Anforderungen an einen organisierten Markt isv § 2 Abs. 7 nicht erfüllt (zB NASDAQ), finden die Bestimmungen über das Pflichtangebot ebenfalls keine Anwendung.

**b) Kontrolle. aa) Begriff.** Abs. 1 nimmt den Kontrollbegriff des § 29 Abs. 2 in Bezug. **55** Dort ist Kontrolle als das Halten von mindestens 30% der Stimmrechte an der Zielgesellschaft definiert (im Einzelnen → § 29 Rn. 42 ff.).[128] Bei der Bemessung dieses Schwellenwertes hat sich der Gesetzgeber einerseits an den Regelungen in anderen europäischen Staaten orientiert, die die Pflicht zur Abgabe eines Pflichtangebotes häufig ebenfalls an das Innehaben von 30% der Stimmrechte knüpfen, sowie andererseits an den Präsenzen in Hauptversammlungen deutscher Unternehmen, bei denen eine Mehrheit von 30% der Stimmrechte in der Regel eine Hauptversammlungsmehrheit vermittelt (→ Rn. 4). Dabei kommt es grundsätzlich nicht darauf an, ob die Kontrolle mit oder ohne den **Willen** des Bieters erlangt wurde (zum passiven Kontrollerwerb → Rn. 89 ff.).

Bei der Berechnung des Stimmrechtsanteils von 30% bleiben **Vorzugsaktien,** die ohne **56** Stimmrecht ausgegeben wurden (vgl. §§ 139–141 AktG) grundsätzlich unberücksichtigt. Dass Vorzugsaktien bei Maßnahmen stimmberechtigt sind, durch die ihr Vorzug aufgehoben, beschränkt oder beeinträchtigt wird (§ 141 AktG), ist unerheblich.[129] Sie sind nur dann in die Berechnung einzustellen, wenn das Stimmrecht nach § 140 Abs. 2 AktG auflebt, sofern der Vorzugsbetrag in einem Jahr nicht oder nicht vollständig gezahlt und der Rückstand im nächsten Jahr nicht neben dem vollen Vorzug dieses Jahres nachgezahlt wird. Durch ein Aufleben des Stimmrechts kann es zu einem passiven Kontrollerwerb von Aktien kommen (→ Rn. 98 f.).

Bei einer ordentlichen **Kapitalerhöhung** oder Kapitalerhöhung aus genehmigtem Kapi- **57** tal verändert sich die Höhe des Grundkapitals erst mit der Eintragung der Durchführung der Kapitalerhöhung (§§ 189, 203 Abs. 1 S. 1 AktG). Erfolgt die Kapitalerhöhung dagegen aus bedingtem Kapital, tritt die Veränderung des Grundkapitals bereits mit der Ausgabe der Bezugsaktien ein (§ 200 AktG). Da die Eintragung in das Handelsregister dann nur deklaratorischen Charakter hat, sind die Stimmrechte der neuen Aktien bereits ab dem Ausgabezeitpunkt in die Berechnung der Kontrollschwelle einzubeziehen.[130] Im Falle einer ordentlichen oder vereinfachten **Kapitalherabsetzung** reduziert sich die Anzahl der Aktien mit der Eintragung des Beschlusses der Hauptversammlung über die Herabsetzung des Grundkapitals (§ 224 AktG iVm § 229 AktG). Erfolgt die Herabsetzung des Grundkapitals der Zielgesellschaft auf Grund einer Einziehung von Aktien nach §§ 237 ff. AktG verringert sich das Grundkapital mit der Eintragung des Herabsetzungsbeschlusses oder, wenn die Einziehung nachfolgt, erst mit der Einziehung der Aktien (§ 238 S. 1 AktG). Erst dann sind die Stimmrechte aus den untergegangenen Aktien bei der Berechnung der Kontrollschwelle außer Acht zu lassen.

---

[126] Kölner Komm WpÜG/*Hasselbach* Rn. 48; ABBD/*Kopp/v. Dryander* Sec. 35 Rn. 2, 15; Assmann/Pötzsch/Schneider/*Krause/Pötzsch* Rn. 64; FK-WpÜG/*Hommelhoff/Witt* Rn. 34.

[127] Kölner Komm WpÜG/*Hasselbach* Rn. 49; ABBD/*Kopp/v. Dryander* Sec. 35 Rn. 15. Nach § 11 Abs. 1 BörsZulV können Wertpapiere, die ein Umtausch- oder Bezugsrecht verbriefen, ohnehin nur dann zum amtlichen oder geregelten Markt zugelassen werden, wenn auch die Wertpapiere, auf die sich das Umtausch- oder Bezugsrecht bezieht, zum Handel zugelassen bzw. in den Handel einbezogen sind oder gleichzeitig zugelassen oder einbezogen werden.

[128] Zu Definitionsproblemen bzgl. des Begriffs „Kontrollwechsel" im Rahmen von *Change of Control*-Klauseln vgl. *Sailer* AG 2006, 913 (916); zum Begriff allg. auch Schwark/Zimmer/*Noack/Zetzsche* Rn. 5 ff.

[129] *Harbarth* ZIP 2002, 321 (325); *Thaeter* in Thaeter/Brandi, Öffentliche Übernahmen, 2003, Teil 2 Rn. 552; Assmann/Pötzsch/Schneider/*Krause/Pötzsch* Rn. 126; Steinmeyer/*Steinmeyer* § 29 Rn. 20; FK-WpÜG/*Haarmann* Rn. 37.

[130] *Harbarth* ZIP 2002, 321 (325 f.); Assmann/Pötzsch/Schneider/*Assmann* § 29 Rn. 19; Steinmeyer/*Santelmann* Rn. 56; zu diesem Aspekt auch OLG Frankfurt NZG 2006, 792.

**58**     Die bei der Zielgesellschaft vor der Kontrollerlangung bestehende Kontrollsituation ist unerheblich. Die Pflicht zur Unterbreitung eines Angebotes hängt also nicht davon ab, ob – etwa auf Grund einer Vereinigung von verschiedenen Aktienpaketen in einer Hand eines Aktionärs – bei der Zielgesellschaft **erstmals eine Kontrollsituation** entsteht oder ob der Paketverkauf eines kontrollierenden Aktionärs an einen anderen Investor einen **Kontrollwechsel** bewirkt.[131] Auch bei einem Kontrollwechsel sind Minderheitsaktionäre schutzwürdig, da hier gleichermaßen die Gefahr besteht, dass der neue kontrollierende Aktionär eine andere Unternehmens- oder Dividendenausschüttungspolitik verfolgt. Die Rechtslage ähnelt derjenigen bei Abschluss eines Beherrschungsvertrages. Auch hier führt der Austausch des herrschenden Unternehmens nach hM zur Pflicht zur Abgabe eines Abfindungsangebotes.[132] Maßgeblich ist mithin ausschließlich, dass ein Aktionär die Kontrolle erlangt hat, die er zuvor nicht innehatte. Dies ergibt sich auch aus dem Befreiungstatbestand des § 37 iVm § 9 S. 2 Nr. 1 WpÜG-AV, der die Möglichkeit einer Befreiung von der Veröffentlichungs- und Angebotspflicht eröffnet, wenn ein Dritter über einen höheren, nicht zuzurechnenden Stimmrechtsanteil verfügt und damit verdeutlicht, dass die Kontrolle auch dann erlangt werden kann, wenn ein Dritter zuvor über eine kontrollierende Stellung verfügt hat.

**59**     Aufgrund der formalisierten Betrachtung können auch **konzerninterne Umstrukturierungen** die Veröffentlichungs- und Angebotspflicht auslösen, wenn die Beteiligung an der Zielgesellschaft künftig von einer anderen Konzerngesellschaft gehalten wird.[133] Da auf Grund des fortbestehenden Einflusses der Muttergesellschaft aber keine Änderung der materiellen Kontrollposition eintritt, wird in den meisten Fällen eine Nichtberücksichtigung von Stimmrechten nach § 36 Nr. 3 in Betracht kommen (→ § 36 Rn. 33 ff.).

**60**     Irrelevant ist im Grundsatz auch, für welche **Dauer** die Kontrolle erlangt wurde. Auch ein nur vorübergehendes Erreichen bzw. Überschreiten der Schwelle von 30% der Stimmrechte, etwa auf Grund einer kurzfristigen Zurechnung von Aktien, löst die Veröffentlichungs- und Angebotspflicht aus.[134] Auch verfassungsrechtliche Gründe zwingen nicht zu einer teleologischen Reduktion des Abs. 1 in der Weise, dass die Kontrollposition noch bei Beginn der Annahmefrist bestehen muss.[135] Anderes gilt, wenn die Bundesanstalt eine Gestattung nach § 20 Abs. 1 oder § 36 erst nach Erreichen bzw. Überschreiten der Kontrollschwelle erteilt. Einer solchen Nichtberücksichtigungsentscheidung kommt **Rückwirkung** zu, die die Kontrollerlangung und damit die Veröffentlichungs- und Angebotspflicht rückwirkend entfallen lässt.[136]

**61**     Die Veröffentlichungs- und Angebotspflicht besteht auch dann, wenn der Bieter, nachdem er bereits 30% der Stimmrechte gehalten hatte, die Schwelle **kurzfristig unterschreitet,** aber auf Grund eines Zuerwerbs wieder erreicht oder überschreitet.[137] Auch hier wird

---

[131] *Altmeppen* AG 2001, 1073 (1082); *Seibt/Heiser* ZHR 165 (2001), 466 (479); *Liebscher* ZIP 2001, 853 (866); *Letzel* BKR 2002, 293 (301); *Harbarth* ZIP 2002, 321 (323); *Kleindiek* ZHR 2002, 546 (547); FK-WpÜG/*Hommelhoff/Witt* Rn. 33; Kölner Komm WpÜG/*Hasselbach* Rn. 132; *Kalss* in Semler/Volhard ÜN-HdB § 51 Rn. 62; Baums/Thoma/*Baums/Hecker* Vor § 35 Rn. 115; krit. *Ekkenga/Hofschroer* DStR 2002, 768 (774). Nicht völlig klar ist insoweit allerdings die Gesetzesbegründung zu § 35 Abs. 2, die nur den „Kontrollwechsel" explizit erwähnt, Begr. RegE, BT-Drs. 14/7034, 59.

[132] Vgl. Hüffer/Koch/*Koch* AktG § 305 Rn. 2.

[133] *Lenz/Linke* AG 2002, 361 (366); *Seibt/Heiser* ZHR 165 (2001), 466 (492 f.); aA *Fuhrmann/Oltmanns* NZG 2003, 17 (18), die indessen nicht ausreichend zwischen der Situation des an der Konzernspitze stehenden Unternehmens und der erwerbenden Tochtergesellschaft differenzieren.

[134] *Ekkenga/Hofschroer* DStR 2002, 768 (773); Steinmeyer/*Santelmann* Rn. 23; Kölner Komm WpÜG/*Hasselbach* Rn. 142, 200, 225; Ehricke/Ekkenga/Oechsler/*Ekkenga/Schulz* Rn. 18; Assmann/Pötzsch/Schneider/*Krause/Pötzsch* Rn. 74; Baums/Thoma/*Baums/Hecker* Vor § 35 Rn. 114; *Thaeter* in Thaeter/Brandi, Öffentliche Übernahmen, 2003, Teil 2 Rn. 549; Angerer/Geibel/Süßmann/*Süßmann* § 29 Rn. 19 ff.; aA *Geibel/Süßmann* BKR 2002, 52 (63).

[135] *Ekkenga/Hofschroer* DStR 2002, 768 (771); Kölner Komm WpÜG/*Hasselbach* Rn. 132 f.; aA *Geibel/Süßmann* BKR 2002, 52 (64).

[136] Kölner Komm WpÜG/*Hasselbach* Rn. 134, 141 ff.

[137] OLG Frankfurt AG 2007, 592 (594) = NZG 2007, 553; Steinmeyer/*Santelmann* Rn. 23; Kölner Komm WpÜG/*v. Bülow* Rn. 90; Emmerich/Habersack/*Habersack* AktG Vor § 311 Rn. 28.

jedoch in vielen Fällen eine Nichtberücksichtigung von Stimmrechten nach § 20 oder eine Befreiung von den Pflichten des § 35 Abs. 1 und 2 gem. § 37 (Art der Kontrollerlangung) in Frage kommen.[138]

Aufgrund des formalen Ansatzes findet der Kontrollbegriff auch bei einer **Kommandit-** 62 **gesellschaft auf Aktien** Anwendung.[139] Dies wird verbreitet unter Hinweis darauf bestritten, dass den Kommanditaktionären auf Grund der besonderen Verfassung der KGaA und der starken Stellung der persönlich haftenden Gesellschafter weniger Rechte zustehen als den Aktionären einer AG (→ § 29 Rn. 9). Dies gelte insbesondere dann, wenn die KGaA kapitalistisch ausgestaltet ist, indem die Stellung des persönlich haftenden Gesellschafters von einer juristischen Personen oder Personengesellschaft ausgefüllt wird (→ AktG § 278 Rn. 17 ff.).[140] Richtigerweise kann die Veröffentlichungs- und Angebotspflicht auch bei einer KGaA ausgelöst werden, wenn eine Person 30% der Stimmrechte erlangt.[141] Den Besonderheiten der Struktur der KGaA ist durch Erteilung von Befreiungen Rechnung zu tragen (→ § 37 Rn. 48).

Verfügt ein Aktionär über einen Anteil von 30% der Stimmrechte, löst das bloße **Hinzu-** 63 **treten weiterer Minderheitsaktionäre** keine Angebotspflicht aus. Der Einfluss des kontrollierenden Aktionärs wird in diesem Fall nämlich tendenziell geschwächt; zudem besteht kein Schutzbedürfnis der Minderheitsaktionäre, da diese eine kontrollierte Gesellschaft vorfinden.[142]

**bb) Zeitpunkt der Kontrollerlangung.** Die Kontrolle wird in dem Zeitpunkt erlangt, 64 zu dem die Aktien **dinglich** erworben wurden.[143] Durch den bloßen Abschluss des schuldrechtlichen Geschäfts gehen die Stimmrechte noch nicht über. Anders ist es nur dann, wenn der Bieter die Aktien durch eine dingliche Willenserklärung erwerben kann (§ 30 Abs. 1 Nr. 5). Indessen führt der bloße Abschluss eines schuldrechtlichen Kaufvertrages oder die Begründung einer (schuldrechtlichen) Put- oder Call-Option nicht zur Zurechnung von Aktien nach § 30 und damit auch nicht zu einer Kontrollerlangung.[144] Fraglich ist, wie Fälle zu behandeln sind, in denen vom Bieter zunächst ein knapp unter 30% liegender Stimmrechtsanteil an der Zielgesellschaft erworben, jedoch zu diesem Zeitpunkt bereits schuldrechtlich vereinbart wird, dass zu einem späteren Zeitpunkt der Bieter die restlichen, zur Kontrollerlangung erforderlichen Stimmrechte dinglich erwerben soll. Der Zeitpunkt der formalen Kontrollerlangung könnte dann so gewählt werden, dass das Pflichtangebot für den Bieter preislich günstig ausfiele.[145] Vereinzelt wird vertreten, dass den Bieter bereits dann die Angebotspflicht treffe, wenn schuldrechtlich der spätere Kontrollerwerb vereinbart sei und er schon zu diesem Zeitpunkt die Preisgefahr und die Gefahr des zufälligen Untergangs (gemeint ist wohl die Insolvenz) trage. In diesem Fall finde nämlich eine Stimmrechtszurechnung nach § 30 Abs. 1 Nr. 2 statt.[146] Dies kann richtigerweise jedoch nur dann gelten, wenn der Bieter bereits vor Erlangung einer 30% Beteiligung insoweit Einfluss auf

---

[138] Kölner Komm WpÜG/*Hasselbach* Rn. 142.

[139] Zutr. Angerer/Geibel/Süßmann/*Meyer* Rn. 30; Steinmeyer/*Steinmeyer* § 29 Rn. 17; *Kleindiek* ZGR 2002, 546 (547); ABBD/*Kopp/v. Dryander* Sec. 35 Rn. 2.

[140] Zur kapitalistischen Ausgestaltung der KGaA etwa *Schlitt*, Die Satzung der KGaA, 1999, 4.

[141] Ehricke/Ekkenga/Oechsler/*Ekkenga/Schulz* Rn. 20; Angerer/Geibel/Süßmann/*Meyer* Rn. 30.

[142] Ehricke/Ekkenga/Oechsler/*Ekkenga/Schulz* Rn. 21.

[143] *Letzel* NZG 2001, 260; *Letzel* BKR 2002, 293 (299); *Harbarth* ZIP 2002, 321 (323 f.); *Lenz/Behnke* BKR 2003, 43 (47); FK-WpÜG/*Hommelhoff/Witt* Rn. 34; Emmerich/Habersack/*Habersack* AktG Vor § 311 Rn. 28; Kölner Komm WpÜG/*Hasselbach* Rn. 80; Assmann/Pötzsch/Schneider/*Krause/Pötzsch* Rn. 78.

[144] Begr. RegE, BT-Drs. 14/7034, 54 zu § 30; *Pötzsch/Möller* WM-Sonderbeil. 2/2000, 18; Angerer/Geibel/Süßmann/*Süßmann* § 30 Rn. 22 f.; *Krause* NJW 2002, 705 (713); Assmann/Pötzsch/Schneider/*Krause/Pötzsch* Rn. 78; Steinmeyer/*Santelmann* Rn. 37; aA – zu § 22 WpHG – Assmann/Schneider/*U. H. Schneider* WpHG § 22 Rn. 105 ff.; *Thaeter* in Thaeter/Brandi, Öffentliche Übernahmen, 2003, Teil 2 Rn. 572, demzufolge eine Zurechnung stattfindet, sofern die Option sofort ausübbar ist; in diese Richtung auch *Meilicke/Meilicke* ZIP 2010, 558 (561).

[145] Dies entspricht der Struktur der Postbank-Übernahme durch die Deutsche Bank; vgl. ausf. *Meilicke/Meilicke* ZIP 2010, 558 ff.

[146] *Meilicke/Meilicke* ZIP 2010, 558 (561).

die Zielgesellschaft hat, dass der Verkäufer verpflichtet ist, die ihm noch dinglich gehörenden Stimmrechte im Interesse des Bieters auszuüben.[147]

65    Auf den dinglichen Erwerb ist auch dann abzustellen, wenn der Zusammenschluss auf Grund eines **kartellrechtlichen Verfahrens** schwebt. Im Hinblick auf das Vollzugsverbot des schuldrechtlichen Anteilskaufes nach § 41 Abs. 1 GWB kommt eine Kontrollerlangung erst mit der Freigabeentscheidung des Bundeskartellamts bzw. mit der sich anschließenden Anteilsübertragung *(closing)* in Betracht.[148] Gleiches gilt, wenn der Zusammenschluss der europäischen Fusionskontrolle unterfällt. Zwar verbietet Art. 7 Abs. 2 FKVO bei öffentlichen Kauf- oder Tauschangeboten, die bei der Kommission angemeldet wurden, nicht den Vollzug der Transaktion, aber die Ausübung der Stimmrechte, auf die es für die Kontrollerlangung iSv § 35 jedoch gerade ankommt.[149]

66    **cc) Fehlende tatsächliche Ausübungsmöglichkeit.** Ob ein 30% oder mehr betragender Stimmrechtsanteil den Aktionär in die Lage versetzt, die Kontrolle auch tatsächlich auszuüben, ist für das Eingreifen der Pflichten nach Abs. 1 und 2 unerheblich.[150] Im Gegensatz zu der Regelung im freiwilligen Übernahmekodex (→ Rn. 19) hat sich der Gesetzgeber im Interesse der Rechtssicherheit bewusst für einen starren Wert entschieden, sodass es auf die tatsächliche Kontrollausübungsmöglichkeit in der Hauptversammlung für das Eingreifen der Veröffentlichungs- und Angebotspflicht im Ausgangspunkt nicht ankommt.[151] Dies bedeutet, dass bei Innehaben eines Stimmrechtsanteils von 30% die Kontrolle auch dann als erlangt gilt, wenn der betreffende Aktionär auf Grund besonders hoher Präsenzen in der Hauptversammlung oder des Vorhandenseins eines anderen Aktionärs mit einer höheren Beteiligung oder des abgestimmten Verhaltens von Aktionären mit kleineren Aktienpaketen **keine Möglichkeit** hat, die Kontrolle über die Zielgesellschaft **tatsächlich auszuüben.**[152] Vereinzelt unternommenen Versuchen, den Anwendungsbereich des § 29 Abs. 2 um solche Fälle teleologisch zu reduzieren,[153] kann angesichts des klaren Wortlauts des Gesetzes nicht gefolgt werden.[154]

67    Auch der bloße Abschluss eines **Entherrschungsvertrages** führt nicht zum Ausschluss der Kontrollerlangung. Er eröffnet jedoch eine Befreiungsmöglichkeit nach § 37 (→ § 37 Rn. 56).

68    Freilich ist es nicht so, dass die tatsächlichen Gegebenheiten völlig irrelevant wären. Sie finden jedoch nur in der **Befreiungsmöglichkeit** nach § 37 iVm § 9 WpÜG-AV Berücksichtigung.[155] So eröffnet § 9 S. 2 Nr. 1 WpÜG-AV eine Befreiungsmöglichkeit, wenn ein Dritter über einen höheren Anteil an Stimmrechten verfügt, die weder dem Bieter noch mit diesem gemeinsam handelnden Personen gemäß § 30 gleichstehen oder zuzurechnen sind. Nach § 9 S. 2 Nr. 2 WpÜG-AV kann eine Befreiung ferner dann erfolgen, wenn auf Grund der Hauptversammlungspräsenzen in der Vergangenheit nicht zu erwarten ist, dass der erwerbende Aktionär über mehr als 50% der tatsächlich vertretenen Stimmrechte verfügen wird.[156]

---

[147] Vgl. *Schäfer* in Marsch-Barner/Schäfer AG-HdB § 18 Rn. 18.22.

[148] *Lenz/Behnke* BKR 2003, 43 (47); Baums/Thoma/*Meyer-Lindemann* Einl. Rn. 4.100; Baums/Thoma/*Baums/Hecker* Rn. 56.

[149] *Lenz/Behnke* BKR 2003, 43 (47); Baums/Thoma/*Meyer-Lindemann* Einl. Rn. 4.70.

[150] *Letzel* BKR 2002, 293 (300); *Mielke* in Beckmann/Kersting/Mielke, Das neue Übernahmerecht, 2003, Rn. B 40; *Kalss* in Semler/Volhard ÜN-HdB § 51 Rn. 63; Kölner Komm WpÜG/*Hasselbach* Rn. 75 f.; FK-WpÜG/*Hommelhoff/Witt* Rn. 42; Assmann/Pötzsch/Schneider/*Krause/Pötzsch* Rn. 66.

[151] Kölner Komm WpÜG/*Hasselbach* Rn. 75 f.; Steinmeyer/*Santelmann* Rn. 23.

[152] *Ekkenga/Hofschroer* DStR 2002, 768 (772); Kölner Komm WpÜG/*Hasselbach* Rn. 75 f.; Assmann/Pötzsch/Schneider/*Krause/Pötzsch* Rn. 66; Steinmeyer/*Santelmann* Rn. 23.

[153] Vgl. *Oechsler* NZG 2001, 817 (825).

[154] *Thoma* NZG 2002, 105 (111); Ehricke/Ekkenga/Oechsler/*Ekkenga/Schulz* Rn. 14; Assmann/Pötzsch/Schneider/*Krause/Pötzsch* Rn. 66.

[155] S. auch FK-WpÜG/*Hommelhoff/Witt* Vor §§ 35–39 Rn. 27; Assmann/Pötzsch/Schneider/*Krause/Pötzsch* Rn. 66.

[156] Kölner Komm WpÜG/*v. Bülow* Rn. 46; Steinmeyer/*Schmiady* § 37 Rn. 40; FK-WpÜG/*Hommelhoff/Witt* § 37 Rn. 47.

**dd) Kontrollmöglichkeit unterhalb der Kontrollschwelle.** Das Abstellen auf den 69 abstrakten Kontrollbegriff führt andererseits dazu, dass keine Pflicht zur Unterbreitung eines Angebotes besteht, wenn ein über einen Stimmrechtsanteil von weniger als 30% verfügender Aktionär auf Grund ungewöhnlich niedriger Hauptversammlungspräsenzen ausnahmsweise die Kontrolle über die Zielgesellschaft ausüben kann.[157]

**2. Art und Weise der Kontrollerlangung.** Auf welche Weise die Kontrolle erreicht 70 wurde, ist im Grundsatz unerheblich.[158] Dies entspricht auch den Vorstellungen des Gesetzgebers.[159] Entscheidend ist allein, dass die Schwelle von 30% der Stimmrechte erreicht bzw. überschritten wurde. Eine Ausnahme von der Veröffentlichungs- und Angebotspflicht sieht das Gesetz in Abs. 3 nur für den Fall vor, dass die Stimmrechte auf Grund eines Übernahmeangebotes erworben wurden.

**a) Rechtsgeschäftlicher Erwerb.** In den meisten Fällen wird die Kontrollerlangung 71 auf einen rechtsgeschäftlichen Erwerb von Aktien zurückgehen. Dabei spielt es keine Rolle, ob der Erwerb über die **Börse** oder **außerbörslich** erfolgt ist.[160]

Auch der Erwerb von neuen Aktien im Rahmen einer **Kapitalerhöhung** der Zielgesell- 72 schaft kann dazu führen, dass der Inferent die Kontrolle über die Gesellschaft erlangt, wenn er eine entsprechende Zahl neuer Stammaktien zeichnet.[161] Dabei kommt es nicht darauf an, ob es sich um eine ordentliche Kapitalerhöhung oder um eine Ausnutzung eines vorhandenen genehmigten Kapitals handelt bzw. ob die Kapitalerhöhung gegen **Bareinlagen** oder gegen **Sacheinlagen** erfolgt ist.[162] Wird etwa bei der Sanierung einer börsennotierten Aktiengesellschaft angestrebt, Kredite im Wege einer Sachkapitalerhöhung in Eigenkapital umzuwandeln (sog. Debt-Equity Swap), so kann der Gläubiger auch auf diese Weise die Schwelle des § 29 Abs. 2 überschreiten und damit zu einem Angebot verpflichtet sein.[163] In diesem Fall kommt eine Befreiung aufgrund des in § 37 Abs. 1 iVm § 9 WpÜG-AV geregelten Sanierungsprivilegs (im Einzelnen → § 37 Rn. 102 ff.) in Betracht.[164] Zur Möglichkeit einer Befreiung auf Grund eines *white wash*-Beschlusses → § 37 Rn. 26.

Die Kontrollbeteiligung kann auch im Wege des **Tausches**[165] und dadurch erlangt 73 worden sein, dass die Aktien auf Grund eines Wertpapierdarlehensvertrages,[166] Wertpapierpensionsgeschäfts[167] oder einer Sicherungsabrede[168] erworben wurden. Ohne Relevanz ist auch, dass der Erwerb **unentgeltlich** erfolgt ist.[169] Dies ergibt sich aus § 36 Nr. 1

---

[157] *Harbarth* ZIP 2002, 321 (323); *Thoma* NZG 2002, 105 (111); *Mielke* in Beckmann/Kersting/Mielke, Das neue Übernahmerecht, 2003, Rn. B 40 Fn. 51; Assmann/Pötzsch/Schneider/*Krause*/*Pötzsch* Rn. 67; krit. dazu *Mülbert* ZIP 2001, 1221 (1225 f.).
[158] *Fleischer/Kalss*, Das neue WpÜG, 2002, 135; *Harbarth* ZIP 2002, 321 (323); *Lenz/Linke* AG 2002, 361 (367); *Angerer/Geibel/Süßmann/Meyer* Rn. 31; Kölner Komm WpÜG/*Hasselbach* Rn. 78; Assmann/Pötzsch/Schneider/*Krause*/*Pötzsch* Rn. 70; wohl auch FK-WpÜG/*Hommelhoff/Witt* § 37 Rn. 33.
[159] Begr. RegE, BT-Drs. 14/7034, 59.
[160] *Harbarth* ZIP 2002, 321 (323); FK-WpÜG/*Hommelhoff/Witt* Rn. 34; Kölner Komm WpÜG/*Hasselbach* Rn. 52; Assmann/Pötzsch/Schneider/*Krause*/*Pötzsch* Rn. 70; *AMRS*, Public Company Takeovers in Germany, 2002, 239 f.; ABBD/*Kopp/v. Dryander* Sec. 35 Rn. 2.
[161] Kölner Komm WpÜG/*Hasselbach* Rn. 135; *Kalss* in Semler/Volhard ÜN-HdB § 51 Rn. 65; *AMRS*, Public Company Takeovers in Germany, 2002, 240; *Nörr/Stiefenhofer*, Takeover Law in Germany, 2003, 83 f.; Steinmeyer/*Santelmann* Rn. 56; Assmann/Pötzsch/Schneider/*Krause*/*Pötzsch* Rn. 80; Baums/Thoma/*Baums*/*Hecker* Rn. 60.
[162] *AMRS*, Public Company Takeovers in Germany, 2002, 240; *Süßmann* WM 2003, 1453 (1454); Ehricke/Ekkenga/Oechsler/*Ekkenga*/*Schulz* Rn. 15; Assmann/Pötzsch/Schneider/*Krause*/*Pötzsch* Rn. 80.
[163] *Eidenmüller/Engert* ZIP 2009, 541 (552); *Redecker* BB 2007, 673 (678); *Schmidt/Schlitt* Der Konzern 2009, 279 (285).
[164] Dazu *Schmidt/Schlitt* Der Konzern 2009, 279 (286 f.); *Redecker* BB 2007, 673 (678 f.); *Hasselbach/Hoffmann* DB 2009, 327; *Wiesbrock* NZG 2005, 294.
[165] *Fleischer/Kalss*, Das neue WpÜG, 2002, 135; Assmann/Pötzsch/Schneider/*Krause*/*Pötzsch* Rn. 79; Steinmeyer/*Santelmann* Rn. 36.
[166] Kölner Komm WpÜG/*Hasselbach* Rn. 80.
[167] Baums/Thoma/*Baums*/*Hecker* Rn. 59.
[168] Steinmeyer/*Santelmann* Rn. 36.
[169] *Fleischer/Kalss*, Das neue WpÜG, 2002, 135; Kölner Komm WpÜG/*Hasselbach* Rn. 80; Assmann/Pötzsch/Schneider/*Krause*/*Pötzsch* Rn. 79.

sowie § 37 Abs. 2 iVm § 9 S. 1 Nr. 2 WpÜG-AV, die für bestimmte Konstellationen des schenkweisen Erwerbes eine Nichtberücksichtigung von Stimmrechten bzw. eine Befreiung vorsehen.

**74**  Dass der Stimmrechtserwerb zunächst **rechtsgrundlos** erfolgt ist und das zum Kontrollerwerb führende Geschäft wieder rückabgewickelt wird, steht der Kontrollerlangung nicht entgegen.[170] Entscheidend ist nur, dass die Kontrollschwelle zunächst erreicht war. Indessen wird in vielen Fällen eine Befreiung des interimistischen Kontrollerwerbers von der Veröffentlichungs- und Angebotspflicht nach § 37 in Betracht kommen.

**75**  **b) Sonstige Erwerbstatbestände.** Der zur Kontrollerlangung führende Erwerb von Aktien kann auch auf **gesetzlichem Weg** erfolgen.[171]

**76**  Praktische Bedeutung hat insbesondere der Erwerb von Aktien im Wege der Gesamtrechtsnachfolge auf Grund **Tod** des bisherigen Eigentümers (§ 1922 BGB). Im Falle des Erwerbs von Todes wegen ruht die Veröffentlichungs- und Angebotspflicht richtigerweise bis zum Ablauf der Ausschlagungsfrist. Ansonsten würde durch die sofortige Angebotspflicht der Zweck der Ausschlagungsfrist verfehlt, dem Erben einen vorübergehenden Entscheidungsfreiraum zu gewähren (→ § 37 Rn. 98).[172] Zu Altfällen → Rn. 150 ff.

**77**  Der bloße **Rechtsformwechsel** des Bieters führt auf Grund des Identitätsprinzips nicht zu einer Kontrollerlangung.[173] Es bedarf daher auch keiner Befreiung nach § 36 Nr. 2 (vgl. → § 36 Rn. 27 ff.).[174] Hingegen können **Verschmelzungs- oder Spaltungsvorgänge** auf Aktionärsebene, dh ohne Beteiligung der Zielgesellschaft selbst, eine Kontrollerlangung bewirken (zu den hiervon zu unterscheidenden Fällen einer Umwandlung unter Beteiligung der Zielgesellschaft → Rn. 138 ff.).[175] Durch Eintragung der Verschmelzung in das für den übernehmenden Rechtsträger bzw. der Spaltung in das für den übertragenden Rechtsträger zuständige Handelsregister geht das gesamte Vermögen bzw. das abgespaltene oder ausgegliederte Vermögen auf den übernehmenden Rechtsträger über (§ 20 Abs. 1 S. 1 UmwG, § 131 Abs. 1 Nr. 1 UmwG). Damit werden auch die Aktien an der Zielgesellschaft, die Bestandteil des zu übertragenden Vermögens sind, Eigentum des übernehmenden Rechtsträgers. Erwirbt der übernehmende Rechtsträger auf Grund der Umwandlung zusammen mit ihm bereits gehörenden oder zuzurechnenden Stimmrechten einen Stimmrechtsanteil von mindestens 30%, erlangt er die Kontrolle über die Zielgesellschaft und unterliegt somit den Pflichten des § 35 Abs. 1 und 2. Dies ist nicht der Fall, wenn der übernehmende Rechtsträger bereits vor der Verschmelzung oder Spaltung mindestens 30% der Stimmrechte an dem aufnehmenden Rechtsträger gehalten hat. Die Verschmelzung bzw. Spaltung allein führt insofern nicht zu einer (nochmaligen) Kontrollerlangung durch den aufnehmenden Rechtsträger.[176] Zu Altfällen → Rn. 150 ff.

**78**  Die Kontrollbeteiligung kann auch durch die Ausübung von **Bezugs- oder Umtauschrechten** oder auf Grund der **Ausschüttung als Sachdividende** nach § 58 Abs. 5 AktG erworben werden.[177]

---

[170] Kölner Komm WpÜG/*Hasselbach* Rn. 80; Assmann/Pötzsch/Schneider/*Krause/Pötzsch* Rn. 87; Steinmeyer/*Santelmann* Rn. 36; dies ist dann anders, wenn ausnahmsweise auch das dingliche Geschäft angefochten wird oder der Nichtigkeitsgrund auch den Eigentumserwerb ex tunc erfasst (zB § 105 BGB).

[171] Ehricke/Ekkenga/Oechsler/*Ekkenga/Schulz* Rn. 16; Kölner Komm WpÜG/*Hasselbach* Rn. 82 f.; Steinmeyer/*Santelmann* Rn. 38; Assmann/Pötzsch/Schneider/*Krause/Pötzsch* Rn. 86 für den Erwerb von Todes wegen; FK-WpÜG/*Hommelhoff/Witt* Rn. 34.

[172] Ehricke/Ekkenga/Oechsler/*Ekkenga/Schulz* Rn. 17; Assmann/Pötzsch/Schneider/*Krause/Pötzsch* Rn. 86; abw. Steinmeyer/*Santelmann* Rn. 38; *Harbarth* ZIP 2002, 321 (324), der eine Pflicht der BaFin zur Erteilung einer Befreiung annimmt.

[173] Ehricke/Ekkenga/Oechsler/*Ekkenga/Schulz* Rn. 26; *AMRS,* Public Company Takeovers in Germany, 2002, 236; ABBD/*Kopp/v. Dryander* Sec. 36 Rn. 3.

[174] FK-WpÜG/*Hommelhoff/Witt* Rn. 52; Assmann/Pötzsch/Schneider/*Krause/Pötzsch* Rn. 83.

[175] Kölner Komm WpÜG/*Hasselbach* Rn. 106 ff.; Assmann/Pötzsch/Schneider/*Krause/Pötzsch* Rn. 84; Steinmeyer/*Santelmann* Rn. 39.

[176] Kölner Komm WpÜG/*Hasselbach* Rn. 106 ff.; Ehricke/Ekkenga/Oechsler/*Ekkenga/Schulz* Rn. 28; Assmann/Pötzsch/Schneider/*Krause/Pötzsch* Rn. 84.

[177] Kölner Komm WpÜG/*Hasselbach* Rn. 82; Ehricke/Ekkenga/Oechsler/*Ekkenga/Schulz* Rn. 15; Assmann/Pötzsch/Schneider/*Krause/Pötzsch* Rn. 81.

**c) Zurechnungstatbestände.** Bei der Prüfung der Frage, ob ein Aktionär die Kon-  79
trolle erlangt hat, kommt es nicht alleine auf die von ihm selbst gehaltenen Aktien an.
Die Kontrolle kann auch durch ein Verhalten erlangt werden, das zu einer Zurechnung
von Stimmrechten aus anderen Aktien führt (§ 30 iVm § 39).[178] Folglich kann ein
Pflichtangebot ausgelöst werden, wenn der Bieter insgesamt 30% der Stimmrechte
erlangt, weil

– ein **Tochterunternehmen** des Bieters (weitere) Aktien an der Zielgesellschaft erwirbt  80
  (§ 30 Abs. 1 S. 1 Nr. 1). Gleiches gilt, wenn der Bieter eine Gesellschaft erwirbt, die
  ihrerseits Anteile an der Zielgesellschaft hält, oder wenn die Zielgesellschaft, ihrerseits
  eine oder mehrere Tochterzielgesellschaften kontrolliert (zum mittelbaren Kontrollerwerb
  im Einzelnen → Rn. 104 ff.)[179] Im Zuge des Übernahmerichtlinie-Umsetzungsgesetzes
  vom 14.7.2006 wurde die Zurechnung nach § 30 Abs. 1 S. 1 Nr. 1 vorübergehend dahingehend geändert, dass neben der Zurechnung der von der Tochter gehaltenen Stimmrechte an die Muttergesellschaft (*up-stream*) auch eine umgekehrte Zurechnung (*down-
  stream*) und sogar eine Zurechnung zwischen Schwestergesellschaften (*side-stream*) möglich
  war.[180] Diese Regelung führte zu einem großen Verwaltungsaufwand gerade für große
  Konzerne und zu einer Flut von Befreiungsanträgen, sodass die alte Rechtslage durch
  das Transparenzrichtlinie-Umsetzungsgesetz – nach Auffassung der Bundesanstalt ex
  tunc[181] – wiederhergestellt wurde;[182]
– ein Dritter (weitere) stimmberechtigte Aktien erwirbt, die er **für Rechnung des Bieters**  81
  hält (§ 30 Abs. 1 S. 1 Nr. 2);
– zugunsten des Bieters an den stimmberechtigten Aktien ein **Nießbrauch** bestellt wird  82
  (§ 30 Abs. 1 S. 1 Nr. 4);
– der Bieter die stimmberechtigten Aktien **durch eine Willenserklärung erwerben** kann  83
  (§ 30 Abs. 1 S. 1 Nr. 5). Nach zutreffender hM sind nur solche Sachverhalte erfasst, auf
  Grund derer zum Eigentumserwerb durch den Bieter nur noch seine Willenserklärung
  erforderlich ist (→ Rn. 64). Rein schuldrechtliche Vereinbarungen lösen daher keine
  Zurechnung aus.
– Im Rahmen von **Derivaten mit Barausgleich und Differenzgeschäften** kommt es
  auf die konkrete Ausgestaltung an.[183] Insbesondere im Rahmen sog. *total return equity
  swaps* oder auch einfacher Put- und Call-Optionen mit Barausgleich wird sich eine Partei
  regelmäßig absichern, indem sie Aktien erwirbt oder gegenläufige Derivate abschließt.
  Der Investor hat allerdings keinerlei Einfluss auf eine bestimmte Risikoabsicherung oder
  einen Anspruch auf Lieferung von physischen Aktien.
– Bei solchen Derivaten kann zwar unter den dort genannten Voraussetzungen eine Mitteilungspflicht nach § 38 WpHG in Betracht kommen, was jedoch für die Bestimmung der
  Kontrollschwelle nicht relevant ist. Es kommt lediglich darauf an, ob die Gegenpartei
  sich durch Ewerb von Referenzaktien abgesichert hat und dem Investor diese Aktien
  nach § 30 zuzurechnen sind. Eine Zurechnung kommt in Betracht, wenn die Aktien von
  der Gegenpartei für Rechnung des Investors gehalten werden (§ 30 Abs. 1 S. 1 Nr. 2)
  oder wenn sich beide Parteien hinsichtlich der Zielgesellschaft abstimmen (§ 30 Abs. 2).

---

[178] *Thaeter* in Thaeter/Brandi, Öffentliche Übernahmen, 2003, Teil 2 Rn. 559; Steinmeyer/*Santelmann*
Rn. 61; FK-WpÜG/*Hommelhoff/Witt* Rn. 35; Assmann/Pötzsch/Schneider/*Krause/Pötzsch* Rn. 103; Baums/
Thoma/*Baums/Hecker* Rn. 19.

[179] *Harbarth* ZIP 2002, 321 (323); FK-WpÜG/*Hommelhoff/Witt* Rn. 43 ff.; *Thaeter* in Thaeter/Brandi,
Öffentliche Übernahmen, 2003, Teil 2 Rn. 560 ff.; *AMRS*, Public Company Takeovers in Germany, 2002,
230 ff.; Baums/Thoma/*Baums/Hecker* Rn. 76 ff.; Assmann/Pötzsch/Schneider/*Krause/Pötzsch* Rn. 88 ff.;
Steinmeyer/*Santelmann* Rn. 25 ff.

[180] Dazu *Arnold* AG 2006, 657; FK-WpÜG/*Walz* § 30 Rn. 6; Jahresbericht der BaFin 2007, 195.

[181] vgl. Jahresbericht der BaFin 2006, 185: „Wie bisher werden damit nur Stimmrechte der Tochterunternehmen dem Mutterunternehmen zugerechnet. Das gilt auch für die vor Inkrafttreten des TUG liegenden
Fälle, in denen die BaFin eine einschränkende Auslegung der Zurechnung nach § 30 Abs. 1 S. 1 Nr. 1 WpÜG
vornimmt".

[182] FK-WpÜG/*Walz* § 30 Rn. 6.

[183] Dazu ausf. Assmann/Pötzsch/Schneider/*Krause/Pötzsch* Rn. 158a, 158b.

Solche Konstellationen sind allerdings sehr atypisch, sodass eine solche Zurechnung im Regelfall ausscheidet.[184]

**84**  – dem Bieter stimmberechtigte Aktien **anvertraut** werden, sofern der Bieter die Stimmrechte nach eigenem Ermessen ausüben kann, wenn keine besonderen Weisungen des Aktionärs vorliegen (§ 30 Abs. 1 S. 1 Nr. 6);

**85**  – der Bieter oder sein Tochterunternehmen sein Verhalten in Bezug auf die Zielgesellschaft auf Grund einer Vereinbarung oder in sonstiger Weise mit anderen Aktionären **abstimmt** *(acting in concert)*, sofern es sich nicht um eine Vereinbarung über die Ausübung von Stimmrechten in Einzelfällen handelt (§ 30 Abs. 2; im Einzelnen → § 30 Rn. 29 ff.).[185] Der in der Praxis bedeutsamste Fall ist der Abschluss eines **Stimmbindungs- bzw. Poolvertrages.**[186] Anders ist es hingegen, wenn eine Partei des Stimmbindungsvertrages alle Aktien der übrigen Vertragsparteien erwirbt und auf diese Weise die Zurechnungsgemeinschaft endet.[187]

**86**  Werden einem kontrollierenden Aktionär Aktien anderer Personen gem. § 30 zugerechnet, führen spätere Übertragungen von Aktien zwischen dem Kontrollinhaber und diesen anderen Personen nicht zur Auslösung eines Pflichtangebotes, da die Kontrolle in diesem Fall nicht erneut *erlangt* wird.[188] Gleiches gilt, wenn sich die Art des Zurechnungstatbestandes ändert. In all diesen Fällen bleibt die **absolute Höhe des Stimmrechtsanteils** des Kontrollinhabers unverändert, sodass kein berechtigtes Interesse der Minderheitsaktionäre besteht, ein Pflichtangebot unterbreitet zu bekommen. Ihren Interessen wird durch die Erfüllung der Mitteilungspflichten nach § 33 WpHG Genüge getan.

**87**  Nichts anderes gilt für den Fall des Übergangs von gemeinsamer Kontrolle zu alleiniger Kontrolle. Auch in diesem Fall ist die erneute Abgabe eines Pflichtangebotes nach § 35 nicht erforderlich.[189] Soweit zum Teil[190] in derartigen Gestaltungen von einer weiteren Angebotspflicht ausgegangen wird, kann dem nicht gefolgt werden. Denn der alleinige Kontrollaktionär übte von vorne herein Kontrolle über die Zielgesellschaft aus, sodass eine Kontinuität der Machtverhältnisse gegeben ist.[191] Es wurde mithin keine Kontrolle erlangt, vielmehr bestand diese bereits vorher. Auch eine analoge Anwendung von § 35 kommt nicht in Betracht, da dies dem bewußt formalisierten Verständnis des Kontrollbegriffs zuwider liefe und somit zu Transaktionsunsicherheiten führte.[192]

**88**  Hiervon zu trennen sind indes Fälle, in denen die gemeinsamen Erwerber der Kontrolle über eine Zielgesellschaft eine Befreiung nach § 37 WpÜG iVm §§ 8 ff. WpÜG-AV erhalten haben und diese Befreiung eine auflösende Bedingung oder einen Widerrufsvorbehalt für den Fall enthält, dass sich die Machtverhältnisse innerhalb der Kontrollgruppe wesentlich verändern. Hier lebt die ursprüngliche Angebotspflicht durch den Wegfall der Befreiung wieder auf.[193]

**89**  **d) Passiver Kontrollerwerb.** Fraglich ist, ob die Veröffentlichungs- und Angebotspflicht auch dann ausgelöst wird, wenn der Aktionär den Kontrollanteil von 30% der Stimmrechte

---

[184] *Cascante/Topf* AG 2009, 53 (68); *Schiessl* Der Konzern 2009, 291 (295); *Meyer/Kiesewetter* WM 2009, 340 (348); aA *Weber/Meckbach* BB 2008, 2022 (2026).

[185] Zu den Voraussetzungen des *acting in concert* auch OLG München BB 2005, 1411 (1412 ff.); vgl. insbes. auch BGH NZG 2018, 1350.

[186] *Kalss* in Semler/Volhard ÜN-HdB § 51 Rn. 65, 77; *Thaeter* in Thaeter/Brandi, Öffentliche Übernahmen, 2003, Teil 2 Rn. 584 ff.; Assmann/Pötzsch/Schneider/*Krause/Pötzsch* Rn. 105 f.; Steinmeyer/*Santelmann* Rn. 62; *Brellochs* NZG 2012, 1010 (1014).

[187] *Liebscher* ZIP 2002, 1005 (1015); Ehricke/Ekkenga/Oechsler/*Ekkenga/Schulz* Rn. 19; FK-WpÜG/ *Hommelhoff/Witt* Rn. 51.

[188] Zutr. *Liebscher* ZIP 2002, 1005 (1015); FK-WpÜG/*Hommelhoff/Witt* Rn. 50; Kölner Komm WpÜG/ *Hasselbach* Rn. 137; Assmann/Pötzsch/Schneider/*Krause/Pötzsch* Rn. 108; Steinmeyer/*Santelmann* Rn. 29 f., 61; Ehricke/Ekkenga/Oechsler/*Ekkenga/Schulz* Rn. 38 f.; *Verse* NZG 2009, 1331 (1333); diff. Baums/ Thoma/*Baums/Hecker* Rn. 35, 128 ff.

[189] So auch Kölner Komm WpÜG/*Hasselbach* Rn. 137; FK-WpÜG/*Hommelhoff/Witt* Rn. 51; Angerer/ Geibel/Süßmann/*Meyer* Rn. 45; eingehend hierzu *Verse* NZG 2009, 1331 ff.

[190] So etwa Baums/Thoma/*Baums/Hecker* Rn. 128 ff.

[191] *Verse* NZG 2009, 1331 (1332).

[192] *Verse* NZG 2009, 1331 (1332).

[193] *Verse* NZG 2009, 1331.

ohne unmittelbares eigenes Zutun erreicht. Dies hängt zunächst davon ab, ob das WpÜG einen solchen passiven Kontrollerwerb[194] überhaupt erfasst. Unter Hinweis auf die Vorschrift des § 11 Abs. 2 S. 2 Nr. 2[195] könnte eingewendet werden, dass das Gesetz davon ausgeht, dass der Kontrollerwerb auf einen aktiven Erwerbsplan zurückgeht. Anderseits ist der Wortlaut des § 35 so weit gefasst, dass er auch solche Konstellationen erfasst, in denen ein Aktionär **ohne sein unmittelbares Zutun in eine Kontrollbeteiligung hineinwächst.** Auch der Umstand, dass die Frist für die Veröffentlichung der Kontrollerlangung nach Abs. 1 S. 2 erst mit dem Zeitpunkt an zu laufen beginnt, zu dem der Bieter Kenntnis davon hatte oder nach den Umständen haben musste, dass er die Kontrolle über die Zielgesellschaft erlangt hat, deutet darauf hin, dass der Gesetzgeber auch die Fälle des passiven Kontrollerwerbs in die Angebotspflicht einbeziehen wollte. Zudem kann der Kontrollerwerber in den meisten Fällen des passiven Kontrollerwerbs eine Nichtberücksichtigungsentscheidung nach § 36 oder eine Befreiung nach § 37 erlangen. Dies führt zu dem Befund, dass man die Fälle des passiven Kontrollerwerbs nicht *a priori* aus dem Anwendungsbereich des § 35 ausklammern darf.[196]

Virulent wird die Frage des passiven Kontrollerwerbs insbesondere in den folgenden **90** Konstellationen:

**aa) Erwerb eigener Aktien.** Aus den von ihr erworbenen Aktien kann die Zielgesell- **91** schaft die Stimmrechte nicht ausüben (§ 71b AktG). Damit sinkt die Gesamtanzahl der stimmberechtigten Aktien und erhöht sich der Anteil des Bieters am stimmberechtigten Kapital zumindest vorübergehend. Nach einer Ansicht soll bereits der **bloße Rückkauf eigener Aktien** einen passiven, die Angebotspflicht auslösenden Kontrollerwerb begründen können.[197] Aus dem Rechtsgedanken von § 290 Abs. 4 S. 2 HGB und des § 16 Abs. 3 S. 2 AktG ergebe sich, dass eigene Aktien der Zielgesellschaft bei der Berechnung der Gesamtzahl der stimmberechtigten Aktien unberücksichtigt bleiben müssen.[198] Das WpÜG trage den Belangen des passiven Kontrollerwerbs dadurch Rechnung, dass die Veröffentlichungsfrist erst mit Kenntnis oder Kennenmüssen des Kontrollerwerbs beginne.[199] Die Gegenansicht nimmt – in Einklang mit der hM zu § 33 WpHG[200] – an, dass allein der bloße Rückerwerb von eigenen Aktien keinen passiven Kontrollerwerb begründen kann.[201] Sie verweist dabei auf die Regierungsbegründung zu § 29, nach der Aktien, bei denen der Ausübung des Stimmrechts Hindernisse entgegenstehen, bei der Berechnung des Kapitals mitzählen.[202] Dies erscheint vorzugswürdig. Im Hinblick auf die verschiedenen Schwellenwerte (Konzernrecht: im Allgemeinen 50%, Übernahmerecht: grundsätzlich 30%) und die unterschiedlichen Bezugsgrößen (Konzernrecht: Hauptversammlungspräsenz; Übernahme-

---

[194] Zum Begriff *Fleischer/Körber* BB 2001, 2589 ff.; *Kalss/Zollner* SWI 2002, 36 (39 f.); Kölner Komm WpÜG/*Hasselbach* Rn. 91 ff.

[195] Danach muss der Bieter seine Absichten im Hinblick auf die künftige Geschäftstätigkeit der Zielgesellschaft deutlich machen.

[196] *Fleischer/Körber* BB 2001, 2589 (2594); *Letzel* BKR 2002, 293 (300); *Harbarth* ZIP 2002, 321 (325); *Technau* AG 2002, 260 (261); *Kalss* in Semler/Volhard ÜN-HdB § 51 Rn. 72 f.; Ehricke/Ekkenga/Oechsler/ *Ekkenga/Schulz* Rn. 22; s. auch DAV-Handelsrechtsausschuss NZG 2001, 420 (429) zum RefE; Emmerich/ Habersack/*Habersack* AktG Vor § 311 Rn. 28; Assmann/Pötzsch/Schneider/*Krause/Pötzsch* Rn. 110; FK-WpÜG/*Hommelhoff/Witt* Rn. 40; aA scheinbar *Tröger* DZWiR 2002, 397 (404): „nur im Wege des Paketerwerbs … oder des Zukaufs über die Börse".

[197] *Koch* ZIP 2008, 1260 (1260 ff.); *Fleischer/Körber* BB 2001, 2589 (2593 ff.); *Harbarth* ZIP 2001, 321 (326); *Cahn/Senger* FB 2002, 277 (290); *Holzborn* in Zschocke/Schuster ÜbernahmeR-HdB Rn. C 3; *Nörr/ Stiefenhofer,* Takeover Law in Germany, 2003, 87; vgl. auch DAV-Handelsrechtsausschuss NZG 2001, 420 (429) zum RefE.

[198] *Fleischer/Körber* BB 2001, 2589 (2594).

[199] *Fleischer/Körber* BB 2001, 2589 (2594).

[200] Assmann/Schneider/*U. H. Schneider* WpHG § 21 aF Rn. 56 ff.

[201] *Ekkenga/Hofschroer* DStR 2002, 768 (773); *Hopt* ZHR 166 (2002), 383 (415); Ehricke/Ekkenga/ Oechsler/*Ekkenga/Schulz* Rn. 24; *AMRS,* Public Company Takeovers in Germany, 2002, 237 f. iVm 118; ABBD/*Lohrmann/v. Dryander* Sec. 29 Rn. 9; ABBD/*Kopp/v. Dryander* Sec. 37 Rn. 3; Kölner Komm WpÜG/ *Hasselbach* Rn. 101; Assmann/Pötzsch/Schneider/*Krause/Pötzsch* Rn. 117; Baums/Thoma/*Baums/Hecker* Rn. 52 ff.

[202] Begr. RegE, BT-Drs. 14/7034, 53 zu § 29.

recht: Gesamtzahl der Stimmrechte), ist der in den § 290 Abs. 4 S. 2 HGB und § 16 Abs. 3 S. 2 AktG zum Ausdruck kommende Rechtsgedanke keineswegs verallgemeinerungsfähig.[203] Auch aus dem Wortlaut des § 9 S. 1 Nr. 5 WpÜG-AV („Verringerung der Gesamtzahl der Stimmrechte") kann nicht geschlossen werden, dass der bloße Rückkauf von eigenen Aktien zu einer Reduzierung der Bemessungsgröße führt.[204] Schließlich müsse verhindert werden, dass der Vorstand auf Grund der Durchführung eines Aktienrückkaufprogrammes einen Großaktionär gegen dessen Willen zu einem *squeeze-in* zwinge.[205]

92    Jüngst hat zudem die **Bundesanstalt** ihre Verwaltungspraxis dahingehend geändert, dass eigene Aktien der Gesellschaft bei der **Berechnung des Stimmrechtsanteils** sowohl im Zähler als auch im Nenner außer Betracht bleiben.[206] Dies bedeutet, dass im Nenner die Gesamtzahl der ausgegebenen Aktien maßgeblich ist. Aktionäre dürfen sich dabei an der letzten von der Gesellschaft bekannt gemachten Gesamtzahl der Stimmrechte gemäß § 41 WpHG orientieren. Ein Abzug der von der Gesellschaft selbst gehaltenen eigenen Aktien findet nicht statt; ein mittelbarer Kontrollerwerb durch Rückkauf eigener Aktien ist damit ausgeschlossen. Außerdem sind nach neuester Praxis der Bundesanstalt die eigenen Aktien der Gesellschaft auch nicht im Zähler zu berücksichtigen. In der Vergangenheit kam eine Zurechnung der von der Gesellschaft gehaltenen eigenen Aktien immer dann in Betracht, wenn die Gesellschaft selbst als Tochterunternehmen des einzelnen (Groß)Aktionars zu qualifizieren war (§ 34 Abs. 3 WpHG, § 2 Abs. 6 WpÜG). Dem Aktionär wurden dadurch die (ruhenden) Stimmrechte der Gesellschaft aus eigenen Aktien zugerechnet. Auch so war also bisher ein passiver Kontrollerwerb möglich. Dies ist allerdings nach neuer Verwaltungspraxis der Bundesanstalt ebenfalls nicht mehr möglich.

93    **bb) Hindernisse bei der Stimmrechtsausübung.** Fraglich ist, ob ein Fall des passiven Kontrollerwerbs dann vorliegt, wenn Aktieninhaber auf Grund gesetzlicher Anordnung an der Ausübung ihres Stimmrechtes gehindert sind. Ausgeschlossen werden kann dies zunächst für **Stimmverbote** nach § 136 AktG, da diese nur für bestimmte Beschlussgegenstände gelten, den Aktionär also nicht insgesamt von der Stimmrechtsausübung ausschließen.[207]

94    Schwieriger liegen die Dinge bei einem **Stimmrechtsverlust** des Aktionärs wegen Nichterfüllung der Mitteilungspflichten nach § 44 WpHG. Der Stimmrechtsverlust ist zwar unter Umständen **nur vorübergehend,** aber umfassend (→ § 59 Rn. 20 ff.). Da die Stimmrechte nicht endgültig verloren gegangen sind, entspricht es zu Recht der hM, dass die Stimmrechte – wie in der Regierungsbegründung ausdrücklich hervorgehoben[208] – aus den betroffenen Aktien bei der Berechnung der Gesamtzahl der stimmberechtigten Aktien einzubeziehen sind.[209]

95    Ist ein Aktionär auf Grund eines **Stimmrechtsausschlussvertrages** an der Stimmrechtsausübung in der Hauptversammlung gehindert, führt eine solche Vereinbarung auf Grund ihrer lediglich schuldrechtlichen Wirkung nicht zu einer Reduzierung des stimmberechtigten Grundkapitals. Auch wenn es sich um eine nicht nur vorübergehende Vereinbarung handelt, wird durch eine vertragliche Ausübungsbeschränkung keine Angebotspflicht ausgelöst.[210]

96    **cc) Kapitalherabsetzung.** Erreicht oder überschreitet ein Aktionär auf Grund einer ordentlichen Kapitalherabsetzung, einer vereinfachten Kapitalherabsetzung oder einer Kapi-

---

[203] *Ekkenga/Hofschroer* DStR 2002, 768 (773); insoweit auch zutr. *Harbarth* ZIP 2001, 321 (326).
[204] AA *Harbarth* ZIP 2001, 321 (326).
[205] Ehricke/Ekkenga/Oechsler/*Ekkenga/Schulz* Rn. 24; Assmann/Pötzsch/Schneider/*Krause/Pötzsch* Rn. 117.
[206] BaFin Journal 12/2014, 5; dazu *Krause* AG 2015, 553.
[207] *Ekkenga/Hofschroer* DStR 2002, 768 (772 f.); Assmann/Pötzsch/Schneider/*Krause/Pötzsch* Rn. 120.
[208] Begr. RegE, BT-Drs. 14/7034, 53 zu § 29.
[209] *Harbarth* ZIP 2001, 321 (326); *Pötzsch,* Das neue Übernahmerecht, 2002, 46 f.; *Ekkenga/Hofschroer* DStR 2002, 768 (773); *Holzborn* in Zschocke/Schuster ÜbernahmeR-HdB Rn. C 3; Ehricke/Ekkenga/Oechsler/*Ekkenga/Schulz* Rn. 23; Assmann/Pötzsch/Schneider/*Krause/Pötzsch* Rn. 118; Baums/Thoma/*Baums/Hecker* Rn. 50 ff.
[210] *Harbarth* ZIP 2001, 321 (326); Ehricke/Ekkenga/Oechsler/*Ekkenga/Schulz* Rn. 25; zum Stimmrechtsausschlussvertrag *Reichert/Harbarth* ZIP 2001, 447 (453); Assmann/Pötzsch/Schneider/*Krause/Pötzsch* Rn. 121, 129 f.

talherabsetzung durch **Einziehung von Aktien** (§§ 224, 229, 237 AktG; → Rn. 57) einen Stimmrechtsanteil von 30%, begründet dies den Tatbestand eines Kontrollerwerbs.[211] Für die Annahme einer passiven Kontrollerlangung spricht vor allem, dass § 37 Abs. 2 iVm § 9 S. 1 Nr. 5 WpÜG-AV eine Befreiungsmöglichkeit vorsieht, wenn die Kontrolle auf Grund einer Verringerung der Gesamtzahl der Stimmrechte erlangt wird, und damit den Fall der Kapitalherabsetzung als möglichen Fall des passiven Kontrollerwerbs anerkennt.

**dd) Kaduzierung.** Aktien von Aktionären, die ihrer Pflicht zur Einzahlung von Einla- **97** gen (§ 54 Abs. 1 AktG) trotz Aufforderung durch den Vorstand nicht nachgekommen sind, können nach § 64 Abs. 1 AktG aus der Gesellschaft ausgeschlossen werden. Zwar bewirkt die Kaduzierung den Verlust der Mitgliedschaft einschließlich des Stimmrechts, sie führt jedoch − anders als die Einziehung − nicht zum Untergang der kaduzierten Aktien. Diese sind vielmehr unter den in § 65 Abs. 3 AktG genannten Voraussetzungen zu veräußern. Da die Kaduzierung mithin nicht zu einer Reduzierung der Gesamtzahl der Stimmrechte führt, kann sie keinen Fall der passiven Kontrollerlangung bewirken.[212]

**ee) Aufleben des Stimmrechts bei Vorzugsaktien.** Vorzugsaktien ohne Stimmrecht **98** bleiben bei der Berechnung der Kontrollschwelle von 30% der Stimmrechte grundsätzlich unberücksichtigt (→ Rn. 56). Wird der Vorzugsbetrag in einem Jahr nicht oder nicht vollständig gezahlt und wurde der Rückstand im nächsten Jahr nicht neben dem vollen Vorzug dieses Jahres nachgezahlt, lebt das Stimmrecht wieder auf (§ 140 Abs. 2 AktG). In diesem Fall erhöht sich die Gesamtzahl der Stimmrechte der Gesellschaft bis zu dem Zeitpunkt, zu dem alle aufgelaufenen Rückstände neben dem vollen Vorzugsbetrag des letzten Geschäftsjahres nachgezahlt sind. Bei besonders gelagerten Beteiligungsverhältnissen kann es vorkommen, dass Inhaber der Vorzugsaktien auf diese Weise (vorübergehend) einen Stimmrechtsanteil von 30% erlangen. In diesem Fall wird man eine die Veröffentlichungs- und Angebotspflicht auslösende Kontrollerlangung annehmen müssen.[213] In der Regel wird jedoch eine Befreiung von den Pflichten nach § 37 Abs. 1 Var. 1 (Art der Kontrollerlangung) in Betracht kommen (→ § 37 Rn. 23).

Erlischt das Stimmrecht nach erfolgter **Nachzahlung** der ausstehenden Rückstände wie- **99** der, verringert sich die Anzahl der Stimmrechte. Gleichzeitig erhöhen sich wiederum die Stimmrechtsanteile der Stammaktionäre, was dazu führen kann, dass ein Stammaktionär wieder in seine vormalige Kontrollstellung hineinwächst. Auch dies löst im Grundsatz die Veröffentlichungs- und Angebotsfrist aus.[214] Auch in diesem Fall wird in der Regel eine Befreiung von den Pflichten nach § 35 Abs. 1 und 2 gem. § 9 S. 1 Nr. 5 WpÜG-AV (Verringerung der Gesamtzahl der Stimmrechte) zu erlangen sein.

**ff) Erstmalige Börsennotierung.** In vielen Fällen besitzt ein Aktionär vor der erstmali- **100** gen Zulassung der Aktien der Gesellschaft zum Börsenhandel 30% der Stimmrechte. Mit Zulassung der Aktien zum amtlichen Markt oder geregelten Markt erfüllt die Gesellschaft erstmals die Voraussetzungen einer Zielgesellschaft iSv § 1 WpÜG. Dies wirft die − insbesondere beim Börsengang von Tochtergesellschaften − virulent werdende Frage auf, ob der Hauptaktionär verpflichtet ist, ein Pflichtangebot abzugeben. Vereinzelt wird dies bejaht.[215] Der Aktionär erlange im Zeitpunkt der Börseneinführung Kontrolle über eine Zielgesell-

---

[211] *Letzel* BKR 2002, 293 (300); *Fleischer/Körber* BB 2001, 2589 (2595); *Ekkenga/Hofschroer* DStR 2002, 768 (774); *Fleischer/Kalss,* Das neue WpÜG, 2002, 135 f.; *Holzborn* in Zschocke/Schuster ÜbernahmeR-HdB Rn. C 3; Kölner Komm WpÜG/*Hasselbach* Rn. 95; Ehricke/Ekkenga/Oechsler/*Ekkenga/Schulz* Rn. 23; *AMRS,* Public Company Takeovers in Germany, 2002, 238; Assmann/Pötzsch/Schneider/*Krause/Pötzsch* Rn. 122 f.; FK-WpÜG/*Hommelhoff/Witt* Rn. 40.

[212] Kölner Komm WpÜG/*Hasselbach* Rn. 95; Assmann/Pötzsch/Schneider/*Krause/Pötzsch* Rn. 125; Baums/Thoma/*Baums/Hecker* Rn. 107.

[213] *Cahn/Senger* FB 2002, 277 (290); *Fleischer/Kalss,* Das neue WpÜG, 2002, 136; Kölner Komm WpÜG/ *Hasselbach* Rn. 96; Ehricke/Ekkenga/Oechsler/*Ekkenga/Schulz* Rn. 22; wohl auch *Harbarth* ZIP 2002, 321 (325); Assmann/Pötzsch/Schneider/*Krause/Pötzsch* Rn. 127; FK-WpÜG/*Hommelhoff/Witt* Rn. 37.

[214] Kölner Komm WpÜG/*v. Bülow* Rn. 96; Assmann/Pötzsch/Schneider/*Krause/Pötzsch* Rn. 128.

[215] *Mielke* in Beckmann/Kersting/Mielke, Das neue Übernahmerecht, 2003, Rn. B 59.

schaft, sodass der das Pflichtangebot auslösende Tatbestand des § 35 WpÜG erfüllt sei. Dem ist mit der ganz hM nicht zu folgen.[216] Wenn die eine Kontrolle verschaffende Beteiligung (iSd WpÜG) bereits bei **erstmaliger Zulassung** der Aktien zum Handel an einem organisierten Markt besteht, liegt kein Fall der Kontrollerlangung vor. Als entscheidend erweist sich in diesem Zusammenhang der Aspekt, dass sich die Person des kontrollierenden Aktionärs nicht ändert, sodass kein schützenswertes Interesse der außenstehenden Gesellschafter an der Unterbreitung eines Pflichtangebotes besteht.[217] Eine kontrollierende Beteiligung kann folglich auch nach erfolgter Börsenzulassung **erhöht** werden, ohne dass hierdurch ein Pflichtangebot ausgelöst würde.

101    **gg) Stimmrechtszurechnung.** Ein Kontrollerwerb kann auch dann eintreten, wenn einem Aktionär ohne sein Zutun erstmals oder weitere Stimmrechte zugerechnet werden, sodass er die Kontrollschwelle von 30% der Stimmrechte erreicht oder überschreitet. Die Zurechnung nach § 30 hängt nämlich in vielen Fällen nicht von der Mitwirkung der die Kontrolle erlangenden Person oder seiner Kenntnis ab. In der Praxis ist vor allem der Fall von Bedeutung, dass eine Tochtergesellschaft des Zurechnungssubjekts Aktien an einer Zielgesellschaft erwirbt und die Stimmrechte daraus dann der Muttergesellschaft nach § 30 Abs. 1 S. 1 Nr. 1 zugerechnet werden.[218]

102    **hh) Entherrschungsvertrag.** Der Abschluss eines Entherrschungsvertrages oder die Beendigung eines Beherrschungsvertrages[219] lassen die Stimmrechte in der Gesellschaft unberührt. Sie haben daher keinen Einfluss auf die Kontrollsituation und können keinen passiven Kontrollerwerb bewirken.[220]

103    **ii) Wegfall einer Befreiung nach § 37 oder einer Gestattung nach § 20 Abs. 1, 36.** Gestattungen der Bundesanstalt nach § 20 Abs. 1, § 36 und Befreiungen nach § 37 haben einen Suspensiveffekt. Wenn die Befreiung oder die Gestattung zurückgenommen wird, entfällt dieser Suspensiveffekt ex nunc und die Pflichten aus § 35 leben wieder auf (→ § 36 Rn. 58; → § 37 Rn. 62).[221]

104    **3. Mittelbarer Kontrollerwerb.** Anders als der Referentenentwurf sieht die Gesetz gewordene Fassung des Abs. 1 S. 1 vor, dass nicht nur ein unmittelbarer, sondern auch ein mittelbarer Kontrollerwerb die Pflicht zur Abgabe eines Angebotes auslösen kann.

105    Die **Regierungsbegründung** benennt zwei Konstellationen des mittelbaren Kontrollerwerbs:[222] zum einen den Fall, dass der Bieter für den Erwerb der Zielgesellschaft eine Tochtergesellschaft einschaltet (→ Rn. 106 ff.), und zum anderen den Fall, dass die erworbene Zielgesellschaft ihrerseits andere börsennotierte Gesellschaften kontrolliert (→ Rn. 111 ff.). Nicht ausdrücklich erwähnt, aber ebenfalls einen Fall des mittelbaren Kontrollerwerbs stellt die Situation dar, dass der Bieter Anteile an einer nicht börsennotierten (Holding-)Gesellschaft erwirbt, die ihrerseits eine Beteiligung an einer börsennotierten Gesellschaft hält (→ Rn. 119 ff.). Zum Austausch zwischen unmittelbarer und mittelbaren Kontrolle → § 36 Rn. 38.

106    **a) Erwerb der Zielgesellschaft durch Tochterunternehmen des Bieters. aa) Grundsatz.** Mittelbare Kontrolle über die Zielgesellschaft kann der Bieter dadurch erlan-

[216] *Ekkenga/Hofschroer* DStR 2002, 768 (774); FK-WpÜG/*Hommelhoff/Witt* Rn. 49; Kölner Komm WpÜG/*Hasselbach* Rn. 102; Ehricke/Ekkenga/Oechsler/*Ekkenga/Schulz* Rn. 27; Assmann/Pötzsch/Schneider/*Krause/Pötzsch* Rn. 76; Baums/Thoma/*Baums/Hecker* Rn. 20, 29; Steinmeyer/*Santelmann* Rn. 29.

[217] Kölner Komm WpÜG/*Hasselbach* Rn. 102; Assmann/Pötzsch/Schneider/*Krause/Pötzsch* Rn. 113.

[218] Kölner Komm WpÜG/*Hasselbach* Rn. 93.

[219] Zur aktienrechtlichen Anerkennung von Entherrschungsverträgen *Hommelhoff,* Die Konzernleitungspflicht, 1982, 80 ff.; *Götz,* Der Entherrschungsvertrag im Aktienrecht, 1992; Emmerich/Habersack/*Emmerich* § 17 Rn. 42 ff.

[220] *Harbarth* ZIP 2001, 321 (326); Kölner Komm WpÜG/*Hasselbach* Rn. 98; Assmann/Pötzsch/Schneider/*Krause/Pötzsch* Rn. 129.

[221] Assmann/Pötzsch/Schneider/*Krause/Pötzsch* Rn. 131 f.

[222] Begr. RegE, BT-Drs. 14/7034, 59 (82); ebenso *Pötzsch,* Das neue Übernahmerecht, 2002, 45; *Cahn/Senger* FB 2002, 277 (291); *Ekkenga/Hofschroer* DStR 2002, 768 (775); Emmerich/Habersack/*Habersack* AktG Vor § 311 Rn. 29; Assmann/Pötzsch/Schneider/*Krause/Pötzsch* Rn. 88.

gen, dass er den die Kontrolle vermittelnden Anteil an der Zielgesellschaft nicht selbst erwirbt, sondern durch eine Tochtergesellschaft erwerben lässt. Dieser Konstellation kommt in der Praxis durchaus große Bedeutung zu, da in vielen Fällen das die Akquisition initiierende Unternehmen nicht selbst als Käufer auftritt, sondern die Aktien an der Zielgesellschaft durch eine unter Umständen eigens zu diesem Zweck gegründete **Erwerbsgesellschaft** (sog. *special purpose vehicle*) erwerben lässt.[223] In der Regel steht die Erwerbsgesellschaft im alleinigen oder jedenfalls überwiegenden Anteilsbesitz des Bieters, sodass die Stimmrechte eines Tochterunternehmens an der Zielgesellschaft dem Bieter gemäß § 39 iVm § 30 Abs. 1 S. 1 Nr. 1 iVm § 2 Abs. 6 zugerechnet werden.[224] Denkbar ist auch, dass die Erwerbsgesellschaft ein Tochterunternehmen mehrerer Dritter ist, die dann gleichzeitig mittelbar Kontrolle über die Zielgesellschaft erlangen.[225] Vorstellbar ist schließlich, dass die Kontrolle über die Zielgesellschaft nicht durch eine, sondern durch mehrere Erwerbsgesellschaften erlangt wird.[226] Auf Rechtsform, Sitz und Börsennotierung der Tochter kommt es nicht an.[227]

**bb) Anforderungen an die Beteiligungsverhältnisse.** Hier ist zwischen der Beteili- **107** gung des Bieters an dem erwerbenden Tochterunternehmen einerseits und der Beteiligung der Erwerbsgesellschaft an der Zielgesellschaft andererseits zu differenzieren. Im letzteren Verhältnis unterliegt es keinem Zweifel, dass eine Beteiligung von mindestens 30% der Stimmrechte für die Kontrollerlangung erforderlich, aber auch ausreichend ist (§ 29 Abs. 2). Fraglich ist indessen, ob auch im Verhältnis zwischen Bieter und Erwerbsgesellschaft ein Stimmrechtsanteil von 30% als Voraussetzung einer Stimmrechtszurechnung genügend ist. Eine Ansicht bejaht dies für den Fall, dass es sich bei der eingeschalteten Erwerbergesellschaft um eine Aktiengesellschaft handelt.[228] Man wird die Regierungsbegründung demgegenüber aber so verstehen müssen, dass die ausdrückliche Erwähnung des mittelbaren Kontrollerwerbs in Abs. 1 S. 1 lediglich klarstellenden Charakter hat und nur solche Fälle erfasst, nach denen die Aktien an der Tochtergesellschaft dem Bieter nach § 30 Abs. 1 S. 1 Nr. 1 zugerechnet werden.[229] Nach zutreffender hM muss es sich bei der Erwerbsgesellschaft folglich um ein Tochterunternehmen iSv § 2 Abs. 6 handeln, sodass eine Mehrheitsbeteiligung erforderlich ist.[230]

**cc) Adressat der Angebotspflicht.** Erwirbt der Bieter die Zielgesellschaft über ein **108** Tochterunternehmen (→ Rn. 106 f.), sind, wenn man dem Wortlaut des Gesetzes folgt, sowohl das Mutterunternehmen als auch das Tochterunternehmen zur Veröffentlichung der Kontrollerlangung sowie zur Abgabe eines Angebotes verpflichtet. Diskutiert werden und auch die folgenden Lösungen:
– die Gesellschaften müssen ein gemeinsames Angebot unterbreiten;[231]
– es ist genügend, wenn die Muttergesellschaft als „eigentliche" Bieterin die Veröffentli-  **109**
chung vornimmt und das Angebot unterbreitet;[232]

---

[223] *Fleischer/Kalss,* Das neue WpÜG, 2002, 134; ABBD/*Kopp/v. Dryander* Sec. 35 Rn. 12; *AMRS,* Public Company Takeovers in Germany, 2002, 232 ff.; Assmann/Pötzsch/Schneider/*Krause/Pötzsch* Rn. 89.

[224] Angerer/Geibel/Süßmann/*Meyer* Rn. 37; Assmann/Pötzsch/Schneider/*Krause/Pötzsch* Rn. 89; Steinmeyer/*Santelmann* Rn. 26; FK-WpÜG/*Hommelhoff/Witt* Rn. 43; s. aber auch *Hopt* ZHR 166 (2002), 383 (416).

[225] Kölner Komm WpÜG/*Hasselbach* Rn. 86; Assmann/Pötzsch/Schneider/*Krause/Pötzsch* Rn. 90; *Pentz* ZIP 2003, 1478 (1484 ff.) mit differenzierter Einzelfallbetrachtung.

[226] Angerer/Geibel/Süßmann/*Meyer* Rn. 37.

[227] Emmerich/Habersack/*Habersack* AktG Vor § 311 Rn. 29; Assmann/Pötzsch/Schneider/*Krause/Pötzsch* Rn. 89.

[228] *Cahn/Senger* FB 2002, 277 (291); *Ekkenga/Hofschroer* DStR 2002, 768 (775).

[229] Begr. RegE, BT-Drs. 14/7034, 59; s. auch *Möller/Pötzsch* ZIP 2001, 1256 (1260); Kölner Komm WpÜG/*Hasselbach* Rn. 84; *Hopt* ZHR 166 (2002), 383 (417); Kölner Komm WpÜG/*Versteegen* WpÜG-AV § 9 Rn. 36 (WpÜG Anh. § 37); aA *Land* DB 2001, 1707 (1713); FK-WpÜG/*Hommelhoff/Witt* Rn. 44 ff.

[230] Im Ergebnis auch *Geibel/Süßmann* BKR 2002, 52 (63); Angerer/Geibel/Süßmann/*Meyer* § 35 Rn. 40; Kölner Komm WpÜG/*Hasselbach* Rn. 85; Assmann/Pötzsch/Schneider/*Krause/Pötzsch* Rn. 93; vgl. auch DAV-Handelsrechtsausschuss NZG 2001, 1003 (1007) zum RegE.

[231] So *Hopt* ZHR 166 (2002), 383 (416 f.).

[232] In diese Richtung *Seibt/Heiser* ZHR 165 (2001), 466 (491 f.); s. auch *Ekkenga/Hofschroer* DStR 2002, 768 (776), nach deren Ansicht Mutter- und Tochtergesellschaft zur Veröffentlichung verpflichtet sind, die

– die Tochtergesellschaft kann bei einem Angebot durch die Mutter eine Befreiung von der Angebotspflicht gem. § 37 erlangen;[233]

– der Inhaber des höchsten Stimmrechtsanteils muss – entsprechend Rule 9.2 City Code[234] – das Angebot abgeben;[235]

– Mutter- und Tochtergesellschaft sind beide zur Angebotsabgabe verpflichtet, eine von beiden kann jedoch (unter Umständen) eine Befreiung nach § 37 bewirken;[236]

– es reicht aus, wenn nur eine der beiden Gesellschaften der Veröffentlichungs- und Angebotspflicht mit befreiender Wirkung für die andere Gesellschaft nachkommt.[237]

**110** Letztere Ansicht erscheint aus den oben (→ Rn. 52) genannten Gründen vorzugswürdig. Jedoch müssen zur Herstellung der gebotenen Transparenz in der Veröffentlichung der Kontrollerlangung alle mittelbar oder unmittelbar kontrollierenden Personen aufgeführt werden.[238] Um die Befreiungswirkung zu legitimieren, muss das Angebot jedoch inhaltlich dem entsprechen, was aus Sicht der Aktionäre der Zielgesellschaft im für sie günstigsten Fall nach § 39 iVm § 31 hätte geboten werden müssen, wobei dies sowohl für die Art der Gegenleistung (§ 39 iVm § 31 Abs. 2) als auch für ihre Höhe (§ 39 iVm § 31 Abs. 4–6 WpÜG-AV) gilt. Dann ist dem Anlegerschutz ausreichend Genüge getan. Bis zu einer abschließenden Klärung dürfte es sich in der Praxis allerdings empfehlen, vorsorglich Befreiungen für die anderen als Kontrollerwerber in Betracht kommenden Personen zu erlangen.

**111**   **b) Erwerb einer börsennotierten Zielgesellschaft mit börsennotierten Tochterunternehmen. aa) Grundsatz.** Ein mittelbarer Kontrollerwerb kann auch darin liegen, dass die übernommene Zielgesellschaft ihrerseits eine oder mehrere börsennotierte Tochtergesellschaften besitzt, die die Anforderungen an börsennotierte Zielgesellschaften gem. § 1 iVm § 2 Abs. 3 erfüllen, also als inländische AG bzw. KGaA oder als Gesellschaft mit einem Sitz in einem anderen Staat des EWR verfasst sind und zum Handel an einem organisierten Markt zugelassene Wertpapiere iSv § 2 Abs. 2 ausgegeben haben.[239] Durch den Erwerb der Zielgesellschaft werden deren Töchter ebenfalls zu Zielgesellschaften. Der Bieter muss daher auch den Aktionären der börsennotierten Tochtergesellschaften eine Ausscheidensmöglichkeit durch Abgabe eines Pflichtangebotes eröffnen, solange er nicht eine Befreiung nach § 37 iVm § 9 S. 2 Nr. 3 WpÜG-AV erlangen kann (→ § 37 Rn. 37 f.). Auch wenn sich das Angebot **nicht auf die Zielgesellschaft** in ihrer Eigenschaft als Aktionärin der Tochtergesellschaften erstrecken muss,[240] verteuert die Pflicht zur Abgabe des Angebotes an die außenstehenden Aktionäre der Tochtergesellschaft die Unternehmensübernahme für den Bieter nicht unerheblich.[241]

---

Erfüllung der Veröffentlichungspflicht durch die Mutter jedoch befreiende Wirkung für die Tochtergesellschaft hat. Die Angebotspflicht entstehe in diesem Fall nur in der Person der Mutter.

[233] Dafür *Pötzsch,* Das neue Übernahmerecht, 2002, 45; ähnlich *Fleischer/Kalss,* Das neue WpÜG, 2002, 135; offengelassen von *Cahn/Senger* FB 2002, 277 (291).

[234] Note on Rule 9.2 City Code: „The prime responsibility for making an offer under this Rule normally attaches to the person who makes the acquisition which imposes the obligation to make an offer".

[235] *Krause* NJW 2002, 705 (713 f.); s. auch *Hopt* ZHR 166 (2002), 383 (417).

[236] Emmerich/Habersack/*Habersack* AktG Vor § 311 Rn. 29; Ehricke/Ekkenga/Oechsler/*Ekkenga/Schulz* Rn. 49; *AMRS,* Public Company Takeovers in Germany, 2002, 233; ABBD/*Kopp/v. Dryander* Sec. 35 Rn. 12; s. auch *Harbarth* ZIP 2002, 321 (323), 330, der annimmt, dass das Tochterunternehmen bei einer Befreiung der Muttergesellschaft in entsprechender Anwendung des § 305 Abs. 2 Nr. 2 AktG eine Barleistung oder Aktien der Muttergesellschaft anbieten muss; s. DAV-Handelsrechtsausschuss NZG 2001, 1003 (1007) zum RegE; wohl auch FK-WpÜG/*Hommelhoff/Witt* § 37 Rn. 44.

[237] *Angerer/Geibel/Süßmann/Meyer* Rn. 37 f.; *Ekkenga/Hofschroer* DStR 2002, 768 (775 f.); *Lenz/Behnke* BKR 2003, 43 (50); iÜ könne die Veröffentlichung auf Grund entsprechender Vollmachten erfolgen; vgl. auch ABBD/*Kopp/v. Dryander* Sec. 35 Rn. 12: Freistellung der Mutter, wenn Tochter bürgt; diff. Assmann/Pötzsch/Schneider/*Krause/Pötzsch* Rn. 61, 194 ff.

[238] *Lenz/Behnke* BKR 2003, 43 (50); eine Bündelung der Veröffentlichungen aus Transparenzgründen bejahen iErg auch Assmann/Pötzsch/Schneider/*Krause/Pötzsch* Rn. 64.

[239] *Pötzsch,* Das neue Übernahmerecht, 2002, 45; Angerer/Geibel/Süßmann/*Meyer* Rn. 41 f.; *Krause* NJW 2002, 705 (713); *Thiel* in Semler/Volhard ÜN-HdB § 53 Rn. 69; Emmerich/Habersack/*Habersack* AktG Vor § 311 Rn. 29; Assmann/Pötzsch/Schneider/*Krause/Pötzsch* Rn. 95 f.

[240] Emmerich/Habersack/*Habersack* AktG Vor § 311 Rn. 29; *AMRS,* Public Company Takeovers in Germany, 2002, 231; *Thaeter* in Thaeter/Brandi, Öffentliche Übernahmen, 2003, Teil 2 Rn. 565 ff.

[241] Zutr. *Cahn/Senger* FB 2002, 277 (291 f.).

Die Beurteilung würde anders ausfallen, wenn in einer solchen Konstellation § 35 Abs. 3 **112** anwendbar wäre. Nach dieser Vorschrift besteht eine Verpflichtung zur Abgabe eines Pflichtangebotes dann nicht, wenn die **Kontrolle auf Grund eines Übernahmeangebotes** erlangt wurde. Nach einer am Wortlaut orientierten Auslegung der Vorschrift könnte man zu dem Schluss gelangen, dass kein Pflichtangebot abzugeben ist, wenn der Bieter die Kontrolle über die börsennotierten Tochtergesellschaften auf Grund eines freiwilligen Übernahmeangebotes erlangt hat. Ein solches Verständnis würde indessen dem Zweck des § 35 Abs. 3 widersprechen, lediglich die Durchführung eines zweiten Angebotsverfahrens vermeiden zu wollen (→ Rn. 70). Bei einem auf die Muttergesellschaft beschränkten freiwilligen Übernahmeangebot würde den Aktionären der börsennotierten Tochtergesellschaften indessen keine Ausscheidensmöglichkeit gewährt. Die besseren Gründe sprechen also dafür, dass § 35 Abs. 3 in dieser Situation keine Anwendung findet.[242]

Anders wäre es nur dann, wenn sich das freiwillige Übernahmeangebot des Bieters nicht **113** nur auf die Aktionäre der Obergesellschaft, sondern auch auf die Minderheitsaktionäre der Tochtergesellschaften erstrecken würde. Ein so von Beginn an auf die Aktionäre der Tochtergesellschaften **erweitertes Übernahmeangebot** ist zulässig, gleichwohl nicht zwingend erforderlich.[243] Auch die Möglichkeit, das Angebot auf die Aktien der Tochtergesellschaften unter die Bedingung der Kontrollerlangung über die Obergesellschaft zu stellen, zwingt nicht zu dieser Vorgehensweise. In praktischer Hinsicht besteht das nicht auszuschließende Risiko, dass das Angebot nur von den Aktionären der Tochtergesellschaften, nicht aber von denen der Obergesellschaft angenommen wird.

**bb) Anforderungen an die Beteiligungsverhältnisse.** Im Verhältnis zwischen Mut- **114** tergesellschaft und Tochtergesellschaft muss ein Stimmrechtsanteil von mindestens 30% bestehen.

Im Verhältnis zwischen Bieter und Muttergesellschaft soll es nach einer vereinzelt vertre- **115** tenen Ansicht[244] ebenfalls ausreichen, wenn der Erwerber lediglich eine 30%ige Beteiligung an der Muttergesellschaft erwirbt. Die wohl hM lässt demgegenüber die Erlangung einer **Kontrollbeteiligung iSv § 29 Abs. 2** für die Annahme eines mittelbaren Kontrollerwerbes **nicht genügen.**[245] Dies erscheint zutreffend. Ausweislich der Regierungsbegründung hat die ausdrückliche Erwähnung des mittelbaren Kontrollerwerbs in Abs. 1 S. 1 lediglich klarstellenden Charakter, da die Zielgesellschaft durch den Erwerb zum Tochterunternehmen wird und die von ihr gehaltenen Beteiligungen an ihren Tochterunternehmen dem Bieter nach § 30 Abs. 1 S. 1 Nr. 1 zugerechnet werden.[246] Der in § 30 Abs. 1 Nr. 1 enthaltene Verweis auf § 2 Abs. 6 hat zur Folge, dass die mittelbare Kontrolle nur über ein **Tochterunternehmen iSv § 290 HGB** erlangt werden kann.[247]

**Beispiel:** Die A-AG erwirbt 30% der Stimmrechte der börsennotierten B-AG, die wie- **116** derum 30% der Stimmen an der börsennotierten C-AG innehat. Zwar erfüllt die C-AG hier die Voraussetzungen einer Zielgesellschaft iSv § 2 Abs. 3 iVm § 1. Allerdings werden

---

[242] *Cahn/Senger* FB 2002, 277 (292); Steinmeyer/*Santelmann* Rn. 121; FK-WpÜG/*Hommelhoff/Witt* Rn. 107; Kölner Komm WpÜG/*Hasselbach* Rn. 245; Ehricke/Ekkenga/Oechsler/*Ekkenga/Schulz* Rn. 39, 69; Assmann/Pötzsch/Schneider/*Krause/Pötzsch* Rn. 272; Baums/Thoma/*Baums/Hecker* Rn. 85, 288.

[243] *Cahn/Senger* FB 2002, 277 (292).

[244] *Mielke* in Beckmann/Kersting/Mielke, Das neue Übernahmerecht, 2003, Rn. B 50; wohl auch Angerer/Geibel/*Süßmann/Meyer* Rn. 41.

[245] So zutr. Steinmeyer/*Santelmann* Rn. 26; Kölner Komm WpÜG/*Hasselbach* Rn. 89; vgl. bereits DAV-Handelsrechtsausschuss NZG 2001, 1003 (1007) zum RegE; Assmann/Pötzsch/Schneider/*Krause/Pötzsch* Rn. 93; aA FK-WpÜG/*Hommelhoff/Witt* Rn. 44; *AMRS,* Public Company Takeovers in Germany, 2002, 230 f.

[246] Begr. RegE, BT-Drs. 14/7034, 59; s. auch *Möller/Pötzsch* ZIP 2001, 1256 (1260); Steinmeyer/*Santelmann* Rn. 26; Kölner Komm WpÜG/*Hasselbach* Rn. 89; *Liebscher* ZIP 2002, 1005 (1001); *Hopt* ZHR 166 (2002), 383 (417); aA *Land* DB 2001, 1707 (1713); FK-WpÜG/*Hommelhoff/Witt* Rn. 44; Ehricke/Oechsler/*Ekkenga/Schulz* Rn. 36 f.

[247] Halten andere Tochtergesellschaften der Muttergesellschaft Beteiligungen an der Tochterzielgesellschaft, werden dieser der Muttergesellschaft ebenfalls zugerechnet, vgl. *Mielke* in Beckmann/Kersting/Mielke, Das neue Übernahmerecht, 2003, Rn. B 53 mit einem Beispiel.

die Stimmrechte der B-AG an der C-AG der A-AG nicht nach § 30 Abs. 1 S. 1 Nr. 1 zugerechnet werden, da es sich bei der B-AG auf Grund der bloß 30%igen Beteiligung nicht um ein Tochterunternehmen der A-AG gem. § 2 Abs. 6 handelt. Folglich liegt kein Fall eines mittelbaren Kontrollerwerbs im Verhältnis zwischen der A-AG und der C-AG vor, sodass die A-AG nicht verpflichtet ist, ein Pflichtangebot zugunsten der Aktionäre der C-AG abzugeben. Anders wäre es, wenn die Beteiligung der A-AG an der B-AG 50% der Stimmrechte übersteigen würde.

**117**    Nicht ausdrücklich geregelt ist der Fall, dass der Bieter eine **ausländische börsennotierte Gesellschaft** übernimmt, die ihrerseits eine Kontrollbeteiligung in einer deutschen börsennotierten Zielgesellschaft hält. Folgt man der zutreffenden Auffassung, dass es für die Beurteilung, ob ein Tochterunternehmen iSv § 2 Abs. 6 iVm § 290 HGB vorliegt, anders als im Bilanzrecht nicht auf den Sitz des Mutterunternehmens ankommt,[248] ist dies zu bejahen.

**118**    **cc) Adressat der Angebotspflicht.** Die Veröffentlichungs- und Angebotspflicht trifft in diesem Fall den erwerbenden Bieter.[249]

**119**    **c) Erwerb einer nicht börsennotierten Gesellschaft mit einer Beteiligung an einer börsennotierten Tochtergesellschaft. aa) Grundsatz.** Auch wenn dieser Fall von der Regierungsbegründung nicht ausdrücklich erwähnt wird, kann ein mittelbarer Kontrollerwerb auch dann vorliegen, wenn der Bieter keine Kontrollbeteiligung an einer börsennotierten Zielgesellschaft, sondern Anteile einer nicht börsennotierten (Holding-)Gesellschaft erwirbt, die ihrerseits eine Beteiligung an einer börsennotierten Gesellschaft hält.[250]

**120**    **bb) Anforderungen an die Beteiligungsverhältnisse.** Auch in dieser Konstellation ist im Verhältnis zwischen der erworbenen Muttergesellschaft und der börsennotierten Tochtergesellschaft ein Stimmrechtsanteil von 30% ausreichend.

**121**    Die Pflicht zur Abgabe eines Angebots an die außenstehenden Aktionäre hängt indessen davon ab, dass der Bieter seinerseits **Mutterunternehmen iSv § 290 HGB** ist.[251] Im Hinblick auf die fehlende Börsennotierung der Aktien der Muttergesellschaft kann der Erwerber die Kontrolle über die Muttergesellschaft und damit mittelbar über die Tochtergesellschaft nämlich nur dann ausüben, wenn er über die Muttergesellschaft einen beherrschenden Einfluss, wie etwa in den Fällen des § 290 Abs. 2 HGB, ausüben kann.

**122**    **cc) Adressat der Angebotspflicht.** Die Veröffentlichungs- und Angebotspflicht trifft in diesem Fall den erwerbenden Bieter.[252]

**123**    **4. Verhältnis zu Umstrukturierungsfällen. a) Ausgangslage. aa) Fragestellung.** Es wurde bereits festgestellt, dass der Erwerb einer Kontrollbeteiligung auch durch Verschmelzungs- und Spaltungsvorgänge erfolgen kann, an der die Aktionäre der Zielgesellschaft beteiligt sind (→ Rn. 77). Von diesen Vorgängen auf Aktionärsebene zu unterscheiden sind Umwandlungskonstellationen, an denen die **Zielgesellschaft selbst** beteiligt ist. Hierzu gehört insbesondere der Fall, dass ein Rechtsträger auf eine börsennotierte Aktiengesellschaft verschmolzen wird. Die Anteilsinhaber des übertragenden Rechtsträgers werden im Zuge einer Verschmelzung oder Auf- bzw. Abspaltung Anteilsinhaber des

---

[248] Steinmeyer/*Santelmann* § 2 Rn. 37; Kölner Komm WpÜG/*Versteegen* § 2 Rn. 188; Assmann/Pötzsch/Schneider/*Krause/Pötzsch* Rn. 89; wohl auch Begr. RegE, BT-Drs. 14/7034, 35 zu § 2 Abs. 6, wonach die Rechtsform und der Sitz der Beteiligten unerheblich sind.

[249] *Mielke* in Beckmann/Kersting/Mielke, Das neue Übernahmerecht, 2003, Rn. B 49; *Thaeter* in Thaeter/Brandi, Öffentliche Übernahmen, 2003, Teil 2 Rn. 567; *AMRS,* Public Company Takeovers in Germany, 2002, 231.

[250] Angerer/Geibel/Süßmann/*Meyer* Rn. 39; *Mielke* in Beckmann/Kersting/Mielke, Das neue Übernahmerecht, 2003, Rn. 49; insoweit unzutr. FK-WpÜG/*Hommelhoff/Witt* Rn. 44.

[251] AA *Mielke* in Beckmann/Kersting/Mielke, Das neue Übernahmerecht, 2003, Rn. B 51: Erwerb von 30% der Stimmrechte der Muttergesellschaft ausreichend.

[252] *Mielke* in Beckmann/Kersting/Mielke, Das neue Übernahmerecht, 2003, Rn. B 49.

übernehmenden Rechtsträgers. Je nach den Beteiligungsverhältnissen kann eine solche Verschmelzung dazu führen, dass auf der Ebene der übernehmenden Gesellschaft die kontrollierende Stellung eines Aktionärs entweder entsteht, bestehen bleibt oder beendet wird.

In derartigen Konstellationen stellt sich daher stets die Frage nach dem **Verhältnis** 124 der Vorschriften des **UmwG** und des **Übernahmerechts.**[253] Angestoßen wurde die Diskussion bereits vor Inkrafttreten des Gesetzes durch den „HypoVereinsbank/Bank Austria"-Fall, bei dem die Bank Austria im Juni 2000 samt ihren Tochtergesellschaften in einer mehrstufigen verschmelzungsähnlichen Transaktion in den HypoVereinsbank-Konzern eingebracht wurde.[254] Dieser Fall wurde von der österreichischen Übernahmekommission aufgegriffen.[255] Sie bejahte in ihrer Stellungnahme nach § 22 öÜbG die analoge Anwendung der Pflichtangebotsvorschriften unter Hinweis darauf, dass Minderheitsaktionären bei einem erstmaligen Entstehen einer kontrollierenden Beteiligung oder bei einem Wechsel des kontrollierenden Aktionärs eine Austrittsmöglichkeit gewährt werden müsse, ohne dass es auf die Art und Weise der Kontrollerlangung ankäme.[256] Das österreichische Schrifttum hat sich dieser Sichtweise überwiegend angeschlossen.[257] Auch nach dem englischen City Code können die in sec. 895 ff. Companies Act geregelten Verschmelzungen *(arrangements and reconstructions)* dem Angebotsbegriff unterfallen und ein Pflichtangebot auslösen.[258]

Der **deutsche Gesetzgeber** hat die Problematik des Spannungsverhältnisses zwischen 125 Umwandlungs- und Übernahmerecht zwar gesehen, aber auf eine ausdrückliche Regelung bewusst verzichtet. Er hat sich mit dem Hinweis begnügt, dass sich die Zulässigkeit strukturändernder Maßnahmen stets nach den jeweils einschlägigen Rechtsvorschriften beurteilt.[259] Ob und inwieweit für bestimmte Fallkonstellationen im Schnittbereich zwischen Umwandlungs-, Aktien- und Übernahmerecht in der Praxis besondere gesetzliche Regelungen erforderlich sind, müsse abgewartet werden, bis man mit den Vorschriften des Gesetzes Erfahrungen gewonnen habe.[260]

**bb) Meinungsstand.** Im Hinblick auf diese wenig klare Festlegung überrascht es nicht, 126 dass das Verhältnis zwischen Umwandlungs- und Übernahmerecht im Schrifttum eine kontroverse Diskussion hervorgerufen hat.

Eine **verbreitete Meinung** lehnt die Anwendung des WpÜG in Verschmelzungssitua- 127 tionen generell ab.[261] Das Umwandlungsgesetz vermittele bereits mit dem Mehrheitserfordernis von drei Vierteln des bei der Beschlussfassung vertretenen Grundkapitals (§ 65 Abs. 1 S. 1 UmwG), der Begründung eines festen Umtauschverhältnisses, den Berichtspflichten der Geschäftsführungsorgane sowie der Pflicht, im Falle der Mischverschmelzung oder bei einer Verfügungsbeschränkung der Anteile eine angemessene Barabfindung anzu-

---

[253] Dazu eingehend *Assmann* ZHR 172 (2008), 635 (660 ff.); *Weber-Rey/Schütz* AG 2001, 325 ff.; *Seibt/ Heiser* ZHR 165 (2001), 466 ff.; *Technau* AG 2002, 260 ff.; *Teichmann* AG 2004, 67 (77 ff.); *Lenz/Linke* AG 2002, 361 ff.; *Burg/Braun* AG 2009, 22; FK-WpÜG/*Hommelhoff/Witt* Rn. 54 ff.; Assmann/Pötzsch/Schneider/*Krause/Pötzsch* Rn. 133 ff.; Steinmeyer/*Santelmann* Rn. 14 ff., 39 ff.

[254] Zu den Einzelheiten *Weber-Rey/Schütz* AG 2001, 325 f.; *Seibt/Heiser* ZHR 165 (2001), 466 (468); *Kleindiek* ZGR 2002, 546 (565 f.); Assmann/Pötzsch/Schneider/*Krause/Pötzsch* Rn. 134.

[255] ÜbK vom 12.9.2000, NZG 2001, 282 ff.

[256] ÜbK vom 12.9.2000, NZG 2001, 282 (286).

[257] *Doralt* GesRZ 2000, 197 (199); *Bruder/Khol* ecolex 2000, 876; *Kalss/Winner* ÖBA 2000, 51 ff.; *Karollus/ Geist* NZG 2000, 1145 ff.

[258] Definition of the City Code (S. 63): „Offer – Any reference to an offer includes any transaction subject to the Code as referred to in section 3(b) of the Introduction".

[259] Begr. RegE, BT-Drs. 14/7034, 31; *Krause* NJW 2002, 705 (715); Assmann/Pötzsch/Schneider/*Krause/ Pötzsch* Rn. 135; aA insoweit unzutr. *Heckschen* in Heckschen/Simon, Umwandlungsrecht, 2002, § 6 Rn. 24.

[260] Begr. RegE, BT-Drs. 14/7034, 31.

[261] *Weber-Rey/Schütz* AG 2001, 325 (328 f.); *Vetter* AG 2002, 1999 ff.; *Heckschen* in Heckschen/Simon, Umwandlungsrecht, 2002, § 6 Rn. 16; *Süßmann* WM 2003, 1453 (1455); *Nörr/Stiefenhofer*, Takeover Law in Germany, 2003, 84 ff. (86); *Grabbe/Fett* NZG 2003, 755 (759 ff.); krit. auch *Assmann* ZHR 172 (2008), 635 (660 ff.).

bieten (§ 29 Abs. 1 UmwG), einen hinreichenden Aktionärsschutz.[262] Die Preisbildung und Preiskontrolle sei im Umwandlungs- und Übernahmerecht vergleichbar.[263] Auch werde durch eine ausschließliche Anwendung der umwandlungsrechtlichen Vorschriften eine hinreichende Transparenz hergestellt. Der das UmwG prägende Liberalisierungsgedanke würde durch eine parallele Anwendung des WpÜG konterkariert.[264] Durch ein sich an die Umwandlung anschließendes Pflichtangebot würde sich die Umwandlung, die an sich mit Eintragung in das Handelsregister abgeschlossen sei, zudem wesentlich in die Länge ziehen.[265] Überdies würden Umstrukturierungen erheblich verteuert, wenn der auf Grund der Umwandlung in die Kontrollstellung wachsende Anteilseigner verpflichtet wäre, ein Angebot für die übrigen Aktien der Gesellschaft abzugeben. Schließlich würden auch verfassungsrechtliche Überlegungen gegen eine Anwendung der übernahmerechtlichen Vorschriften sprechen.[266]

**128**   Demgegenüber bejahen die wohl **hM** und die BaFin[267] im Grundsatz die gleichzeitige Anwendbarkeit der beiden konkurrierenden Regelungsregime.[268] Der Zweck des Pflichtangebotes, die Erwartungen der Aktionäre in eine Kontinuität der bestehenden Mehrheitsverhältnisse zu schützen und den Aktionären im Falle einer Übernahme ein Ausscheiden zu einem angemessenen Preis zu ermöglichen, werde durch die Bestimmungen des UmwG nicht erreicht.[269] Zudem bestünden materiellrechtliche Regelungsunterschiede zwischen dem umwandlungsrechtlichen Abfindungsangebot und dem übernahmerechtlichen Pflichtangebot.[270] Beide Gesetze stellten etwa unterschiedliche Anforderungen an die Bemessung der Höhe der Gegenleistung und die Überprüfung ihrer Angemessenheit.[271] Schließlich könne nicht auf das bei Umwandlungen bestehende Erfordernis eines Hauptversammlungsbeschlusses verwiesen werden, da das übernahmerechtliche Austrittsrecht nicht zur Disposition der anderen Aktionäre stünde.[272]

**129**   **cc) Stellungnahme.** Zunächst ist festzuhalten, dass das WpÜG keine Bestimmung enthält, die eine gleichzeitige Anwendbarkeit des Übernahmerechts auf Umwandlungsfälle ausschließt. Der **Wortlaut des Gesetzes** spricht mithin eher dafür, dass bei einer im Zuge einer Verschmelzung oder Spaltung erlangten Kontrolle über eine Zielgesellschaft die Veröffentlichungs- und Angebotspflicht nach § 35 Abs. 1 und 2 ausgelöst werden kann.[273] Auch die Hinweise in der Gesetzesbegründung, dass „die Art und Weise der Kontrollerlangung

---

[262] *Weber-Rey/Schütz* AG 2001, 325 (328 f.); *Vetter* AG 2002, 1999 (2001 ff.); *Heckschen* in Heckschen/Simon, Umwandlungsrecht, 2002, § 6 Rn. 21.

[263] *Vetter* AG 2002, 1999 (2003 ff.).

[264] *Heckschen* in Heckschen/Simon, Umwandlungsrecht, 2002, § 6 Rn. 17.

[265] *Heckschen* in Heckschen/Simon, Umwandlungsrecht, 2002, § 6 Rn. 18.

[266] *Weber-Rey/Schütz* AG 2001, 325 (329).

[267] Jahresbericht der BaFin 2002, 172. Ein praktischer Anwendungsfall war in dem Pflichtangebot Carl Zeiss Jena/Carl Zeiss Meditech vom 25.7.2002 zu sehen.

[268] *Seibt/Heiser* ZHR 165 (2001), 466 (475 ff.); *Technau* AG 2002, 260 (262 ff.); *Lenz/Linke* AG 2002, 361 (367 f.); *Fleischer/Kalss,* Das neue WpÜG, 2002, 69; *Fleischer* NZG 2002, 545 (549 f.); *Hopt* ZHR 166 (2002), 466 (477); *Holzborn/Blank* NZG 2002, 948 (953); *Kleindiek* ZGR 2002, 546 (568 ff.); *Ekkenga/Hofschroer* DStR 2002, 768 (774); *Holzborn* in Zschocke/Schuster ÜbernahmeR-HdB Rn. C 50; Kölner Komm WpÜG/ *Hasselbach* Rn. 107, 110; NK-AktKapMarktR/*Sohbi* Rn. 11; Assmann/Pötzsch/Schneider/*Krause/Pötzsch* Rn. 139; FK-WpÜG/*Hommelhoff/Witt* Rn. 54 ff.; *Kalss* in Semler/Volhard ÜN-HdB § 51 Rn. 66; ABBD/ *Kopp/v. Dryander* Sec. 35 Rn. 3 ff.; *AMRS,* Public Company Takeovers in Germany, 2002, 240 ff.; *Stohlmeier* in Semler/Volhard/Reichert HV-HdB § 39 Rn. 31; *Süßmann* WM 2003, 1453 (1455); *Ehricke/Ekkenga/ Oechsler/Ekkenga/Schulz* Rn. 30; *Angerer/Geibel/Süßmann/Meyer* Rn. 48; vgl. bereits DAV-Handelsrechtsausschuss NZG 2001, 420 zum RefE.

[269] *Fleischer/Kalss,* Das neue WpÜG, 2002, 69; dazu auch FK-WpÜG/*Hommelhoff/Witt* Rn. 56; Assmann/ Pötzsch/Schneider/*Krause/Pötzsch* Rn. 139.

[270] *Seibt/Heiser* ZHR 165 (2001), 466 (477); Baums/Thoma/*Baums/Hecker* Rn. 110 f.; Steinmeyer/*Santelmann* Rn. 15 f.

[271] *Seibt/Heiser* ZHR 165 (2001), 466 (477); *Lenz/Linke* AG 2002, 361 (368); Kölner Komm WpÜG/ *v. Bülow* Rn. 75; Assmann/Pötzsch/Schneider/*Krause/Pötzsch* Rn. 139; FK-WpÜG/*Hommelhoff/Witt* Rn. 56.

[272] Kölner Komm WpÜG/*Hasselbach* Rn. 107; Assmann/Pötzsch/Schneider/*Krause/Pötzsch* Rn. 139.

[273] *Seibt/Heiser* ZHR 165 (2001), 466 (470); *Fleischer* NZG 2002, 545 (549); ABBD/*Kopp/v. Dryander* Sec. 35 Rn. 2; Assmann/Pötzsch/Schneider/*Krause/Pötzsch* Rn. 136.

irrelevant ist"[274] und „die Zulässigkeit von sich nach aktienrechtlichen und umwandlungsrechtlichen Vorschriften richtender strukturändernder Maßnahmen stets nach den jeweils einschlägigen Rechtsvorschriften beurteilt",[275] wird man in dem Sinne zu verstehen haben, dass der Gesetzgeber jedenfalls keinen Vorrang der umwandlungsrechtlichen Bestimmungen begründen wollte.[276] Auch die Gesetzesbegründung zu § 36 Nr. 2, nach der eine Nichtberücksichtigung von Stimmrechten nur bei Rechtsformwechsel außerhalb des Umwandlungsgesetzes in Betracht kommt,[277] lässt auf den **Willen des Gesetzgebers** schließen, dass umwandlungsrechtliche Vorgänge nicht von vornherein dem Anwendungsbereich des § 35 entzogen sind.[278]

Auch eine **teleologische Betrachtung** spricht für eine parallele Anwendbarkeit der **130** beiden konkurrierenden Regelungsregime. Das Pflichtangebot will die Erwartungen der Aktionäre in eine Kontinuität der bestehenden Mehrheitsverhältnisse schützen und den Aktionären im Falle einer Übernahme die Möglichkeit eröffnen, aus der Gesellschaft zu einem angemessenen Preis auszuscheiden (→ Rn. 6). Dieser Schutz wird durch die Bestimmungen des UmwG allein nicht erreicht. Nach § 29 UmwG besteht das umwandlungsrechtliche Austrittsrecht nämlich nur bei Mischverschmelzungen oder wenn die Anteile des übernehmenden Rechtsträgers vinkuliert sind. Zudem unterscheidet sich das umwandlungsrechtliche Abfindungsangebot in struktureller Hinsicht nicht unerheblich von dem übernahmerechtlichen Pflichtangebot:[279] Während das umwandlungsrechtliche Abfindungsangebot nach § 29 Abs. 1 UmwG vom übernehmenden Rechtsträger nur den Anteilseignern des übertragenden Rechtsträgers zu unterbreiten ist, die in der Gesellschafterversammlung Widerspruch zur Niederschrift erklärt haben, kommen im Falle einer Kontrollerlangung alle Aktionäre der Zielgesellschaft in den Genuss des übernahmerechtlichen Pflichtangebotes. Das Pflichtangebot orientiert sich zudem am Best-Price-Prinzip, wohingegen nach den umwandlungsrechtlichen Bestimmungen nur eine „angemessene Barabfindung" zu leisten ist (vgl. § 29 Abs. 1 UmwG).[280] Schließlich vermittelt auch das bei Umwandlungen bestehende Erfordernis eines, wenn auch mit qualifizierter Mehrheit zu fassenden Hauptversammlungsbeschlusses keinen dem Übernahmerecht gleichwertigen Schutz der Minderheitsaktionäre, da die Veröffentlichungs- und Angebotspflicht nach § 35 Abs. 1 und 2 von einem auf einen Dispens gerichteten Hauptversammlungsbeschluss unberührt bleibt.[281]

Vor diesem Hintergrund wird man de lege lata im Grundsatz von einer parallelen **131** Anwendbarkeit der aktien- und umwandlungsrechtlichen Vorschriften einerseits und der übernahmerechtlichen Regelungen andererseits ausgehen müssen,[282] wobei die Verfahren zeitlich nacheinander ablaufen.[283] Dieser Befund schließt es freilich nicht aus, dass der Anwendungsbereich des § 35 im Einzelfall **teleologisch reduziert** wird, wenn die außenstehenden Aktionäre der beteiligten Rechtsträger nicht schutzbedürftig sind.

**b) Folgerungen.** Auf Grundlage dieses Befundes lassen sich für Umwandlungskonstella- **132** tionen folgende Grundsätze festhalten:

– Ob ein Kontrollwechsel stattgefunden hat, ist aus Sicht der Aktionäre der beteiligten **133** Gesellschaften zu beurteilen. Kontrollerwerber kann nicht der übernehmende Rechtsträger, sondern nur der **die übernehmende Gesellschaft kontrollierende Aktionär** sein.

---

[274] Begr. RegE, BT-Drs. 14/7034, 59; *Lenz/Linke* AG 2002, 361 (368).
[275] Begr. BT-Drs. 14/7034, 31.
[276] *Technau* AG 2002, 260 (261); *Hopt* ZHR 166 (2002), 383 (396); Kölner Komm WpÜG/*v. Bülow* Rn. 69; Assmann/Pötzsch/Schneider/*Krause/Pötzsch* Rn. 137; FK-WpÜG/*Hommelhoff/Witt* Rn. 54.
[277] Begr. RegE, BT-Drs. 14/7034, 60 zu § 36; Assmann/Pötzsch/Schneider/*Krause/Pötzsch* Rn. 137.
[278] Kölner Komm WpÜG/*Hasselbach* Rn. 108; Assmann/Pötzsch/Schneider/*Krause/Pötzsch* Rn. 137.
[279] *Lenz/Linke* AG 2002, 361 (368); Ehricke/Ekkenga/Oechsler/*Ekkenga/Schulz* Rn. 29; Assmann/Pötzsch/Schneider/*Krause/Pötzsch* Rn. 139.
[280] FK-WpÜG/*Hommelhoff/Witt* Rn. 56.
[281] *Lenz/Linke* AG 2002, 361 (368); Kölner Komm WpÜG/*Hasselbach* Rn. 108 f.
[282] Kölner Komm WpÜG/*Hasselbach* Rn. 107; Steinmeyer/*Santelmann* Rn. 15; Assmann/Pötzsch/Schneider/*Krause/Pötzsch* Rn. 140.
[283] FK-WpÜG/*Hommelhoff/Witt* Rn. 57; Baums/Thoma/*Baums/Hecker* Rn. 110.

**134** – Der Aktionär, der über den übernehmenden Rechtsträger die Kontrolle erlangt, muss, wenn es sich bei dem übernehmenden Rechtsträger um eine börsennotierte deutsche Aktiengesellschaft oder KGaA handelt, die Tatsache der Kontrollerlangung veröffentlichen und den **Aktionären der übernehmenden Zielgesellschaft** ein Angebot unterbreiten. Dabei kommt es nicht darauf an, ob es sich bei dem die Kontrolle erlangenden Aktionär um einen Altaktionär der übernehmenden Gesellschaft handelt, der auf Grund seiner Beteiligung an der übertragenden Gesellschaft die Kontrollschwelle im Zuge der Verschmelzung erst erreicht oder überschreitet, oder ob ein Aktionär der übertragenden Gesellschaft zum kontrollierenden Aktionär der übernehmenden Zielgesellschaft wird.

**135** – Da im Rahmen einer Verschmelzung oder Spaltung stets nur Anteile am übernehmenden, nicht aber solche am übertragenden Rechtsträger erworben werden, können Verschmelzungs- und Spaltungsvorgänge niemals zu einer Erlangung der Kontrolle über den übertragenden Rechtsträger führen und damit eine Pflicht zur Abgabe eines Angebotes auf die **Aktien des übertragenden Rechtsträgers** nicht auslösen.[284]

**136** – Der Schutzzweck des § 35, den Minderheitsaktionären im Falle einer Kontrollerlangung durch einen Aktionär ein Ausscheiden gegen eine angemessene Abfindung zu ermöglichen, wird dann nicht berührt, wenn sich die **materielle Kontrollsituation nicht verändert** hat. Ist die Person des kontrollierenden Aktionärs aus der Sicht des Minderheitsaktionärs gleich geblieben, besteht aus seiner Sicht folglich kein Bedürfnis nach der Unterbreitung eines Pflichtangebotes. In diesem Fall ist § 35 **teleologisch zu reduzieren**. Konsequenz ist, dass nur einem Teil der nach der Umwandlung an der übernehmenden Zielgesellschaft vorhandenen Aktionäre ein Pflichtangebot zu unterbreiten ist.[285]

**137** – Die übernehmende Gesellschaft muss im **Zeitpunkt** der Erlangung der Kontrolle Zielgesellschaft sein.[286] Bei einer Verschmelzung ist folglich auf den Zeitpunkt der Eintragung in das Handelsregister des übernehmenden Rechtsträgers (§ 20 Abs. 1 UmwG), bei der Auf- bzw. Abspaltung auf die Eintragung in das Handelsregister des übertragenden Rechtsträgers abzustellen (§ 131 Abs. 1 Nr. 3 UmwG).

**138**   **c) Einzelfälle. aa) Verschmelzung einer Aktiengesellschaft auf eine andere börsennotierte Aktiengesellschaft.** Wird eine Aktiengesellschaft auf eine andere börsennotierte Aktiengesellschaft verschmolzen, geht die übertragende Gesellschaft unter und ihre Gesellschafter werden zu Aktionären der übernehmenden Gesellschaft (§ 20 Abs. 1 Nr. 2 und 3 UmwG). Eine solche Verschmelzung kann zur Folge haben, dass auf Ebene der übernehmenden Gesellschaft die kontrollierende Stellung eines Aktionärs entsteht, bestehen bleibt oder beendet wird. Es ist wie folgt zu differenzieren:

**139**   **(1) Unveränderte Kontrollsituation bei der übernehmenden Gesellschaft.** Verfügt die übernehmende Zielgesellschaft über einen kontrollierenden Aktionär und wird dessen Kontrollstellung durch die Umwandlung nicht berührt, wird die Kontrollsituation lediglich, wenn auch ggf. mit veränderten Beteiligungsverhältnissen, perpetuiert. In diesem Fall haben die **Altaktionäre der übernehmenden Zielgesellschaft** keinen Anspruch auf Abgabe eines Pflichtangebotes.[287]

**140**   Fraglich ist indessen, ob wenigstens den **Aktionären der übertragenden Gesellschaft,** die im Zuge der Verschmelzung zu neuen Gesellschaftern der Zielgesellschaft werden, ein Pflichtangebot zu unterbreiten ist. Ihre Situation stellt sich anders dar, da sie nun einem neuen kontrollierenden Aktionär gegenüberstehen. Dieser Umstand veranlasst eine verbreitete Meinung, diesen Aktionären einen Anspruch auf Abgabe eines Pflichtangebotes zuzu-

---

[284] *Weber-Rey/Schütz* AG 2001, 325 (328); FK-WpÜG/*Hommelhoff/Witt* Rn. 58; Kölner Komm WpÜG/ *Hasselbach* Rn. 114; Assmann/Pötzsch/Schneider/*Krause/Pötzsch* Rn. 151.
[285] Assmann/Pötzsch/Schneider/*Krause/Pötzsch* Rn. 145; Kölner Komm WpÜG/*Hasselbach* Rn. 119.
[286] Kölner Komm WpÜG/*Hasselbach* Rn. 116.
[287] FK-WpÜG/*Hommelhoff/Witt* Rn. 64; *Holzborn* in Zschocke/Schuster ÜbernahmeR-HdB Rn. C 50; *AMRS*, Public Company Takeovers in Germany, 2002, 242 f.; Assmann/Pötzsch/Schneider/*Krause/Pötzsch* Rn. 148; Baums/Thoma/*Baums/Hecker* Rn. 116.

billigen.[288] Die Gewährung eines solchen Anspruchs ergebe sich aus der *ratio legis,* den außenstehenden Aktionären im Falle eines Kontrollwechsels eine Veräußerungsmöglichkeit zu gewähren. Dem wird man indessen nicht folgen können.[289] § 35 ist bereits nach seinem Wortlaut nicht einschlägig. Da der Aktionär die kontrollierende Stellung bereits vor der Verschmelzung innehatte, liegt **kein Erlangen der Kontrolle** iSv § 35 Abs. 1 vor. Durch die Verschmelzung hat sich an der Kontrollsituation bei der übernehmenden Gesellschaft nichts geändert. Diese hat lediglich zusätzlich das Vermögen des übertragenden Rechtsträgers erworben. Da dem Gesetzgeber die Problematik bekannt war, kann insoweit auch nicht von einer planwidrigen Regelungslücke ausgegangen werden. Die Aktionäre der übertragenden Gesellschaft sind auch nicht schutzbedürftig, da sie die ihnen im Rahmen der Verschmelzung gewährten Aktien an der Zielgesellschaft nicht im Hinblick auf eine bestimmte, vor der Verschmelzung bestehende Kontrollsituation bei der Zielgesellschaft erworben haben.[290] Eine analoge Anwendung der Regelungen über das Pflichtangebot scheidet mangels planwidriger Regelungslücke sowie im Hinblick auf die einschneidenden Folgen aus verfassungsrechtlichen Gründen aus.[291] Den Anteilsinhabern der übertragenden Gesellschaft steht ein Abfindungsanspruch nur unter den Voraussetzungen des § 29 UmwG zu.

**(2) Veränderte Kontrollsituation bei der übernehmenden Gesellschaft.** Verfügt **141** die übertragende Gesellschaft über einen kontrollierenden Aktionär und erlangt dieser im Zuge der Umwandlung die Kontrolle über die übernehmende Zielgesellschaft, sehen sich die Altaktionäre der übernehmenden Gesellschaft einer neuen Kontrollsituation ausgesetzt.[292] In diesem Fall ist den **Altaktionären der übernehmenden Gesellschaft** im Grundsatz ein Pflichtangebot zu unterbreiten.[293] Dabei macht es keinen Unterschied, ob die übernehmende Zielgesellschaft bereits über einen kontrollierenden Aktionär verfügt hat und es auf Grund der Verschmelzung zu einem Kontrollwechsel gekommen ist, oder ob erstmals eine Kontrollsituation eingetreten ist. Hinsichtlich der Mindesthöhe der den Altaktionären anzubietenden **Gegenleistung** ist ausschließlich auf den Börsenkurs der übernehmenden Gesellschaft abzustellen.[294] Umstritten ist dabei aber, ob die Zustimmung der Aktionäre der übernehmenden Gesellschaft zum Verschmelzungsvertrag als Verzicht auf die Unterbreitung eines Pflichtangebotes gewertet werden kann.[295] Zur Befreiungsmöglichkeit auf Grund eines *white wash*-Beschlusses → Rn. 149.

Jedenfalls muss sich das Pflichtangebot nicht auf die Aktien erstrecken, die den **Gesell- 142 schaftern der übertragenden Gesellschaft** im Zuge der Verschmelzung ausgegeben wur-

[288] *Seibt/Heiser* ZHR 165 (2001), 466 (481 f.); FK-WpÜG/*Hommelhoff/Witt* Rn. 64; *Kleindiek* ZGR 2002, 546 (571); für das österreichische Übernahmerecht *Kalss/Winner* ÖBA 2000, 51 (53 ff.).
[289] *Burg/Braun* AG 2009, 22 (24); *Weber-Rey/Schütz* AG 2001, 325 (328); *Technau* AG 2002, 260 (263); *Vetter* AG 2002, 1999; Kölner Komm WpÜG/*Hasselbach* Rn. 117; *Süßmann* WM 2003, 1453 (1455); *AMRS,* Public Company Takeovers in Germany, 2002, 242 f.; ABBD/*Kopp/v. Dryander* Sec. 35 Rn. 3; Baums/ Thoma/*Baums/Hecker* Rn. 116 f.; Assmann/Pötzsch/Schneider/*Krause/Pötzsch* Rn. 150; vgl. auch DAV-Handelsrechtsausschuss NZG 2001, 420 zum RefE; für das österreichische Übernahmerecht *Nowotny* RdW 2000, 330 f.; krit. zur überwiegenden Ansicht *Assmann* ZHR 172 (2008), 635 (661 f.).
[290] *Technau* AG 2002, 260 (262).
[291] Im Einzelnen *Technau* AG 2002, 260 (264 f.); *Liebscher* ZIP 2002, 1005 (1016); *Vetter* AG 2002, 1999 (2000); *Ekkenga/Hofschroer* DStR 2002, 768 (774); Ehricke/Ekkenga/Oechsler/*Ekkenga/Schulz* Rn. 32 f. s. auch *Habersack* ZHR 166 (2002), 619 (623 f.); Assmann/Pötzsch/Schneider/*Krause/Pötzsch* Rn. 150.
[292] Zu dieser Konstellation auch *Paul,* Die Relevanz des WpÜG für Verschmelzungen und Spaltungen unter Beteiligung der Zielgesellschaft, 2007, 139 f.; Assmann/Pötzsch/Schneider/*Krause/Pötzsch* Rn. 142 ff.
[293] *Seibt/Heiser* ZHR 165 (2001), 466 (479); *Technau* AG 2002, 260 (262); FK-WpÜG/*Hommelhoff/Witt* Rn. 62; Assmann/Pötzsch/Schneider/*Krause/Pötzsch* Rn. 144; *Kleindiek* ZGR 2002, 546 (570); Kölner Komm WpÜG/*Hasselbach* Rn. 118; *Süßmann* WM 2003, 1453 (1455); Ehricke/Ekkenga/Oechsler/*Ekkenga/Schulz* Rn. 31; *AMRS,* Public Company Takeovers in Germany, 2002, 241 f.; ABBD/*Kopp/v. Dryander* Sec. 35 Rn. 3; vgl. auch DAV-Handelsrechtsausschuss NZG 2001, 420 zum RefE; für das österreichische Übernahmerecht *Kalss/Winner* ÖBA 2000, 51 (53 ff.); aA *Vetter* AG 2002, 1999 (2001).
[294] *Seibt/Heiser* ZHR 165 (2001), 466 (483).
[295] Andeutend *Fleischer* NZG 2002, 545 (550); aA *Seibt/Heiser* ZHR 165 (2001), 466 (483), die von einer unzulässigen Willensfiktion ausgehen; Ehricke/Ekkenga/Oechsler/*Ekkenga* § 37 Rn. 22; Assmann/Pötzsch/ Schneider/*Krause/Pötzsch* Rn. 144; *Paul* DB 2008, 2125 (2125) mwN.

den, wenn sich ihre Kontrollsituation nicht geändert hat, da die Umwandlung als solche eine Angebotspflicht nicht rechtfertigt.[296] Hierin liegt kein Verstoß gegen das Gleichbehandlungsgebot des § 3 Abs. 1.[297] Aus dem gleichen Grund ist eine Ausnahme von der Vollangebotspflicht nach § 32 gerechtfertigt.[298]

**143**      Um die **Unterscheidbarkeit** der beiden Aktionärsgruppen sicherzustellen, müssen die Aktien, die den Gesellschaftern der übertragenden Gesellschaft im Zuge der Verschmelzung ausgegeben werden, mit einer gesonderten Wertpapier-Kenn-Nummer (ISIN-Nummer) gekennzeichnet werden.[299]

**144**      **bb) Verschmelzung eines Rechtsträgers anderer Rechtsform auf eine börsennotierte Aktiengesellschaft.** Die Bewertung unterscheidet sich nicht von den vorherigen Ausführungen nicht, wenn es sich um einen Rechtsträger anderer Rechtsform handelt. Insoweit gilt das unter aa) Gesagte.

**145**      **cc) Verschmelzung einer börsennotierten Aktiengesellschaft auf eine nicht börsennotierte Aktiengesellschaft.** Handelt es sich bei der übernehmenden Gesellschaft um eine nicht börsennotierte Gesellschaft, werden die Aktionäre des übertragenden Rechtsträgers mit Wirksamwerden der Verschmelzung Aktionäre eines Rechtsträgers, der die Voraussetzungen an eine Zielgesellschaft iSv § 1 iVm § 2 Abs. 3 nicht erfüllt. Damit ist die Regelung des § 35 mangels Vorhandensein einer börsennotierten Zielgesellschaft nicht anwendbar.[300] Der Rechtsschutz der Aktionäre der übertragenden Gesellschaft bei dieser Form des **kalten Delisting** richtete sich früher nach den im Anschluss an die „Macrotron"-Entscheidung des BGH zum **regulären Delisting** entwickelten Grundsätzen.[301] Mit der Neufassung des § 29 Abs. 1 UmwG durch das Zweite Gesetz zur Änderung des UmwG vom 19.4.2007 (BGBl. 2007 I 542) hat der Gesetzgeber allerdings die Schutzlücke im Hinblick auf diesen Fall des kalten Delistings geschlossen, indem er einen Abfindungsanspruch für die Aktionäre des übertragenden Rechtsträgers geschaffen hat.[302] Somit richtet sich der Aktionärsschutz nunmehr nach vorgenannter Norm. Voraussetzung des Anspruchs ist allerdings, dass der Aktionär gegen den Verschmelzungsbeschluss Widerspruch zur Niederschrift erklärt hat. Streitigkeiten über die Höhe der angemessenen Barabfindung werden – wie dies auch nach den Grundsätzen der „Macroton"-Rspr. der Fall war[303] – im Spruchverfahren beigelegt (§ 34 UmwG).

**146**      **dd) Verschmelzung auf eine NewCo.** Werden ähnlich – wie im Fall „Daimler/Chrysler" – eine oder zwei börsennotierte Gesellschaften im Zuge eines Unternehmenszusam-

---

[296] *Seibt/Heiser* ZHR 165 (2001), 466 (479 f.); Steinmeyer/*Santelmann* Rn. 100; Assmann/Pötzsch/Schneider/*Krause/Pötzsch* Rn. 145; FK-WpÜG/*Hommelhoff/Witt* Rn. 62; *Technau* AG 2002, 260 (262); *Kleindiek* ZGR 2002, 546 (572); Kölner Komm WpÜG/*v. Bülow* Rn. 78; *Kalss* in Semler/Volhard ÜN-HdB § 51 Rn. 67; Ehricke/Ekkenga/Oechsler/*Ekkenga/Schulz* Rn. 31; so wohl auch *AMRS,* Public Company Takeovers in Germany, 2002, 241 f.

[297] *Technau* AG 2002, 260 (262).

[298] *Technau* AG 2002, 260 (262).

[299] *Süßmann* WM 2003, 1453 (1456), der zu Recht auf die damit verbundene Einschränkung der Liquidität hinweist; Assmann/Pötzsch/Schneider/*Krause/Pötzsch* Rn. 146; Kölner Komm WpÜG/*Hasselbach* Rn. 119.

[300] *Seibt/Heiser* ZHR 165 (2001), 466 (485 ff.); FK-WpÜG/*Hommelhoff/Witt* Rn. 59; ABBD/*Kopp/v. Dryander* Sec. 35 Rn. 3; *Süßmann* WM 2003, 1453 (1455); Ehricke/Ekkenga/Oechsler/*Ekkenga/Schulz* Rn. 2; aA *Kleindiek* ZGR 2002, 546 (573); zuvor für das österreichische Übernahmerecht bereits *Kalss/Winner* ÖBA 2000, 51 (56 f.); *Karollus/Geist* NZG 2000, 1145 (1147); *Kalss* in Semler/Volhard ÜN-HdB § 51 Rn. 68 aE; *Paul,* Die Relevanz des WpÜG für Verschmelzungen und Spaltungen unter Beteiligung der Zielgesellschaft, 2007, 275 ff., 279.

[301] Vgl. BGH ZIP 2003, 387 = NZG 2003, 280 – Macrotron; dazu eingehend etwa *Krämer/Theiß* AG 2003, 225; *Beck/Hedtmann* BKR 2003, 190 ff.; *Pfüller/Anders* NZG 2003, 459 ff.; *Wilsing/Kruse* WM 2003, 1110; *K. Schmidt* NJW 2003, 601; vgl. zum kalten Delisting Assmann/Pötzsch/Schneider/*Krause/Pötzsch* Rn. 154; FK-WpÜG/*Hommelhoff/Witt* Rn. 61; zum Begriff des kalten Delisting mit weiteren Beispielen *Grunewald/Schlitt* KapMarktR 346.

[302] *Widmann/Mayer/Wälzholz* UmwG § 29 Rn. 13; vgl. auch Begr. RegE, BT-Drs. 16/2919, 25; dazu auch FK-WpÜG/*Hommelhoff/Witt* Rn. 60.

[303] Vgl. dazu BGH ZIP 2003, 387 (387) Ls. 3 = NZG 2003, 280.

menschlusses auf eine zunächst nicht börsennotierte Aktiengesellschaft (NewCo) verschmolzen, werden die von der NewCo an die Gesellschafter der übertragenden Gesellschaft ausgegebenen Aktien zumeist unmittelbar nach Wirksamwerden der Verschmelzung zum Börsenhandel zugelassen. Im Zeitpunkt des Wirksamwerdens der Verschmelzung sind die Aktien der NewCo noch nicht börsennotiert, da die Börsenzulassung das Entstehen der Aktien voraussetzt. Somit erfüllt die NewCo im Zeitpunkt der Kontrollerlangung noch nicht die Voraussetzungen an eine Zielgesellschaft, sodass ein solcher Unternehmenszusammenschluss bei richtiger Betrachtung **keine Angebotspflicht** auslösen kann.[304] Außerdem sind im Zeitpunkt der Kontrollerlangung keine schutzbedürftigen außenstehenden Aktionäre vorhanden.[305] Aus den oben genannten Gründen scheidet auch eine analoge Anwendung des § 35 aus.[306] Dies gilt auch dann, wenn ein kontrollierender Gesellschafter seine Beteiligung an einem der übertragenden Unternehmen bereits in die NewCo gegen Ausgabe neuer Aktien einbringt.[307]

Entsprechendes gilt bei der **Verschmelzung zur Neugründung.**[308] Auch hier folgt **147** die Börsennotierung der aufnehmenden Gesellschaft der Kontrollerlangung stets nach.

**ee) Kontrollerlangung durch Spaltung.** Für die im Zuge einer Spaltung erlangte **148** Kontrolle gilt im Grundsatz das für die Verschmelzung Ausgeführte entsprechend. Die Angebotspflicht kann den die übertragende Gesellschaft kontrollierenden Gesellschafter treffen, falls er auf Grund der Spaltung die Kontrolle über die aufnehmende (börsennotierte) Zielgesellschaft erlangt.[309] Bei Ausgliederungen nach § 123 Abs. 3 Nr. 1 UmwG kann auch die übertragende Gesellschaft selbst angebotspflichtig sein.[310] Spaltungen zur Neugründung könnten übernahmerechtliche Relevanz erlangen, da die Spaltung zunächst in das Register des neuen Rechtsträgers eingetragen wird und erst die anschließende Eintragung im Register des übertragenden Gesellschafters zur Vermögensübertragung (auf einen somit schon existenten Rechtsträger) führt (§§ 135, 130, 131 UmwG), sodass es zu einer Kontrollerlangung durch den **neuen Rechtsträger** kommen kann.[311] Dieser neue Rechtsträger muss allerdings, wenn er selbst **als Zielgesellschaft** in Frage kommen soll, über eine Börsenzulassung verfügen (→ Rn. 54). Da die Zulassung aber erst nach Entstehen der Aktien möglich ist und diese erst durch Eintragung in das Handelsregister des übertragenden Rechtsträgers entstehen, kann es nicht zu einem Kontrollerwerb an der neuen Gesellschaft kommen.[312]

**ff) Befreiungsmöglichkeit gem. § 37.** In vielen Umwandlungskonstellationen dürfte **149** die Verpflichtung des kontrollierenden Aktionärs zur Abgabe eines Angebotes als nicht sachgerecht erscheinen. In diesen Fällen dürfte eine Befreiungsentscheidung der BaFin nach

[304] *Technau* AG 2002, 260 (263); *Vetter* AG 2002, 1999 ff.; *Süßmann* WM 2003, 1453 (1456); ABBD/*Kopp/ v. Dryander* Sec. 35 Rn. 3; *Nörr/Stiefenhofer,* Takeover Law in Germany, 2003, 84; FK-WpÜG/*Hommelhoff/ Witt* Rn. 65; *Assmann/Pötzsch/Schneider/Krause/Pötzsch* Rn. 155; aA *Seibt/Heiser* ZHR 165 (2001), 466 (480), die eine Angebotspflicht gegenüber denjenigen Aktionären annehmen, die sich bislang noch nicht dem nach der Verschmelzung die NewCo kontrollierenden Aktionär gegenüber gesehen haben.

[305] *Technau* AG 2002, 260 (263); *Vetter* AG 2002, 1999; *Assmann/Pötzsch/Schneider/Krause/Pötzsch* Rn. 155.

[306] *Technau* AG 2002, 260 (264); *Assmann/Pötzsch/Schneider/Krause/Pötzsch* Rn. 155; FK-WpÜG/*Hommelhoff/Witt* Rn. 65.

[307] *Technau* AG 2002, 260 (263).

[308] *Seibt/Heiser* ZHR 165 (2001), 466 (488); *Technau* AG 2002, 260 (263 f.); FK-WpÜG/*Hommelhoff/Witt* Rn. 66; *Assmann/Pötzsch/Schneider/Krause/Pötzsch* Rn. 156.

[309] *Ehricke/Ekkenga/Oechsler/Ekkenga/Schulz* Rn. 34; *Steinmeyer/Santelmann* Rn. 50; *Assmann/ Pötzsch/Schneider/Krause/Pötzsch* Rn. 157; *Baums/Thoma/Baums/Hecker* Rn. 122.

[310] *Ehricke/Ekkenga/Oechsler/Ekkenga/Schulz* Rn. 34; *Steinmeyer/Santelmann* Rn. 52; *Baums/Thoma/ Baums/Hecker* Rn. 123; *Assmann/Pötzsch/Schneider/Krause/Pötzsch* Rn. 157.

[311] *Steinmeyer/Santelmann* Rn. 51; Diese Reihenfolge ist gesetzlich vorgesehen und zwingend, vgl. Lutter/ *Priester* UmwG § 130 Rn. 9. Bei dem schon existenten Rechtsträger handelt es sich ab dem Spaltungsbeschluss bis zur Eintragung um eine Vorgesellschaft, vgl. *Widmann/Mayer/Mayer* UmwG § 135 Rn. 75 ff. (Vor-GmbH), 111 (Vor-AG).

[312] *Technau* AG 2002, 260 (263): Verschmelzung zur Neugründung; *Steinmeyer/Santelmann* Rn. 51; Assmann/*Pötzsch/Schneider/Krause/Pötzsch* Rn. 157.

§ 37 Var. 1 (Art der Erlangung der Kontrolle) in Betracht kommen.[313] Soweit eine Befreiung nur dann für möglich gehalten wird,[314] wenn die Voraussetzungen des § 29 UmwG vorliegen, erscheint dies als zu eng. Nach zutreffender Ansicht ist eine Befreiung auch dann zu gewähren, wenn die Hauptversammlung der übernehmenden Zielgesellschaft einen Beschluss über die Befreiung des kontrollierenden Aktionärs von der Veröffentlichungs- und Angebotspflicht gefasst hat (→ § 37 Rn. 26).[315] Ein solcher, im City Code (→ Rn. 29) und vormals im ÜbK (→ Rn. 21) vorgesehener *white wash*-Beschluss bedarf einer Mehrheit von 75% des bei der Beschlussfassung vertretenen Grundkapitals, wobei der kontrollierende Aktionär nicht stimmberechtigt ist.[316] Gleiches muss gelten, wenn der Kontrollerwerber oder die übernehmende Gesellschaft ein **freiwilliges Übernahmeangebot** abgegeben hat, jedenfalls dann, wenn es den Mindestkonditionen für ein Pflichtangebot entsprochen hat.[317] In § 9 WpÜG-AV sind diese Fälle zwar nicht ausdrücklich als Befreiungstatbestand aufgeführt; da die dort genannten Fälle jedoch nicht abschließend sind (→ § 37 Rn. 3), steht dies einer Befreiung nicht entgegen.

**150**   **5. Altfälle. a) Identität von formaler und materieller Kontrolle.** Kontrollierende Beteiligungen, die bereits bei Inkrafttreten des Gesetzes am 1.1.2002 bestanden haben, lösen keine Veröffentlichungspflicht nach Abs. 1 und keine Verpflichtung zur Abgabe eines Angebotes nach Abs. 2 aus. Diese Regelung wurde in rechtspolitischer Hinsicht kritisiert, da sie zu einer Verfestigung bestehender Strukturen führe, ein Umgehungspotential berge und die Interessen der Minderheitsaktionäre nicht hinreichend berücksichtige.[318] Indessen ergibt sich aus dem Wortlaut des Gesetzes, der an das „Erlangen" der Kontrolle und nicht an das „Bestehen" einer kontrollierenden Beteiligung anknüpft, unzweifelhaft, dass sog. „Altfälle" vom Gesetz nicht erfasst werden.[319] Dies entspricht auch dem in der Gesetzesbegründung zum Ausdruck gekommenen Willen des Gesetzgebers.[320] Die Pflichten nach Abs. 1 und Abs. 2 bestehen mithin nur dann, wenn die Kontrolle über die Zielgesellschaft nach dem 1.1.2002 erlangt wurde (s. auch § 68 Abs. 3). Altfälle fallen damit **nicht in den Anwendungsbereich** der Vorschriften über das Pflichtangebot.[321] Eine andere Sichtweise ließe sich auch mit dem verfassungsrechtlichen Rückwirkungsverbot nicht in Einklang bringen.[322] Dabei kommt es nicht darauf an, ob der Aktionär seinen Anteil kurz vor Inkrafttreten des WpÜG auf 30% aufgestockt hat, selbst wenn er kein Pflichtangebot nach dem Übernahmekodex abgeben musste.[323]

**151**   Die Veröffentlichungs- und Angebotspflichten werden auch nicht dadurch ausgelöst, dass ein kontrollierender Gesellschafter eine **Aufstockung seiner Beteiligung** vornimmt. Der

---

[313] Kölner Komm WpÜG/*v. Bülow,* 1. Aufl. 2003, WpÜG Rn. 82; ABBD/*Kopp/v. Dryander* Sec. 35 Rn. 4.
[314] So *Lenz/Linke* AG 2002, 361 (368).
[315] Kölner Komm WpÜG/*v. Bülow,* 1. Aufl. 2003, Rn. 82; Kölner Komm WpÜG/*Versteegen* § 37 Rn. 44; FK-WpÜG/*Hommelhoff/Witt* § 37 Rn. 16; *Thies,* Pflichtangebot nach Umwandlungen, 2006, 122 ff.; aA *Steinmeyer/Santelmann* Rn. 12 Fn. 25; *Paul* DB 2008, 2125; Assmann/Pötzsch/Schneider/*Krause/Pötzsch* Rn. 158.
[316] Kölner Komm WpÜG/*Hasselbach* Rn. 124.
[317] Ähnlich Kölner Komm WpÜG/*Hasselbach* Rn. 125; FK-WpÜG/*Hommelhoff/Witt* § 37 Rn. 16. Der BGH hat jüngst in seinem „Postbank-Urteil" offensichtlich das Pflichtangebot nach § 35 mit „einem als freiwilliges Übernahmeangebot nach § 29 Abs. 1 bezeichneten Angebot" gleichgesetzt; vgl. BGH NZG 2014, 985 (988); dazu *Scheibenpflug/Tönningsen* BKR 2015, 140 (143).
[318] *Zietsch/Holzborn* WM 2001, 1753 (1754); FK-WpÜG/*Hommelhoff/Witt* Vor §§ 35–39 Rn. 30 f.; vgl. auch die Presserklärung der Börsensachverständigenkommission vom 19.12.2001.
[319] *Mülbert* FS Raiser, 2005, 273 (287 ff.); *Thoma* NZG 2002, 105 (112); *Cahn/Senger* FB 2002, 277 (290); ABBD/*Kopp/v. Dryander* Sec. 35 Rn. 8; ABBD/*Sperlich/Apfelbacher* Sec. 68 Rn. 4; Angerer/Geibel/Süßmann/*Meyer* Rn. 67; Assmann/Pötzsch/Schneider/*Krause/Pötzsch* Rn. 75.
[320] Begr. RegE, BT-Drs. 14/7034, 59; FK-WpÜG/*Hommelhoff/Witt* Vor §§ 35–39 Rn. 30.
[321] *Altmeppen* ZIP 2001, 1073 (1081); *Letzel* BKR 2002, 293 (301); *Harbarth* ZIP 2002, 321 (324); *Liebscher* ZIP 2002, 1005 (1014); FK-WpÜG/*Hommelhoff/Witt* Vor §§ 35–39 Rn. 31; *Mielke* in Beckmann/Kersting/Mielke, Das neue Übernahmerecht, 2003, Rn. B 43; Baums/Thoma/*Baums/Hecker* Rn. 28.
[322] So zutr. *Altmeppen* ZIP 2001, 1081; *Harbarth* ZIP 2002, 321 (324); FK-WpÜG/*Hommelhoff/Witt* Vor §§ 35–39 Rn. 31; Angerer/Geibel/Süßmann/*Meyer* Rn. 67.
[323] *Zschocke* DB 2002, 79 (84); *Mielke* in Beckmann/Kersting/Mielke, Das neue Übernahmerecht, 2003, Rn. B 43.

Gesetzgeber hat auf die Aufnahme einer sog. *creeper*-Regelung, wie sie Rule 9.1 (b) City Code vorsieht (→ Rn. 27), bewusst verzichtet. Ein Änderungsantrag der CDU/CSU-Fraktion, nach dem ein Pflichtangebot dann unterbreitet werden sollte, wenn innerhalb eines Kalenderjahres zwei weitere Prozent der Stimmrechte erworben wurden, wurde im Finanzausschuss abgelehnt.[324] Auch ist der Gesetzgeber vereinzelt unterbreiteten Vorschlägen nicht gefolgt, eine Übergangsregelung aufzunehmen, nach der Gesellschafter, die vor dem Inkrafttreten des Gesetzes zwar über 30%, jedoch weniger als 50% der Stimmrechte innehaben (und damit kein Pflichtangebot nach Art. 16 ÜbK abgeben mussten) bei Überschreiten der Schwelle von 50% ein Pflichtangebot unterbreiten müssen.[325] Auch die Erhöhung eines kontrollierenden Stimmrechtsanteils führt damit nicht zu einer die Veröffentlichungs- und Angebotspflicht auslösenden Kontrollerlangung.[326]

Beruht die Erlangung der Kontrollbeteiligung auf einem **Erwerb von Todes wegen** **152** und war der Erblasser nach dem Gesagten von der Angebotspflicht freigestellt, unterliegt der Erbe nach richtiger Ansicht keiner Veröffentlichungs- und Angebotspflicht, da auf Grund des Prinzips der Universalsukzession auch diese Privilegierungsposition auf den Erben übergeht.[327] Entsprechendes gilt **für Verschmelzungsvorgänge auf Aktionärsebene** (→ Rn. 77), wenn die übertragende Gesellschaft ihre Kontrollposition bereits vor dem 1.1.2002 erlangt hatte.[328]

**b) Divergenz zwischen formaler und materieller Kontrolle.** Es bleiben die Fälle **153** zu betrachten, in denen der Bieter im Zeitpunkt des Inkrafttreten des Gesetzes zwar mindestens 30% der Stimmrechte innegehabt und demgemäß formal über eine Kontrollbeteiligung verfügt hatte, materiell aber aus bestimmten Gründen zunächst keine Kontrolle ausüben konnte und dieser Hinderungsgrund später entfallen ist. Dabei geht es vor allem um die Konstellationen, in denen die Bundesanstalt eine Nichtberücksichtigungs- oder Befreiungsverfügung nach §§ 36, 37 hätte erlassen können, wenn das Gesetz schon früher in Kraft getreten wäre.

Zu denken ist insbesondere an die Fälle, in denen neben dem Bieter zunächst ein weiterer **154** Gesellschafter mit einer höheren Beteiligung vorhanden war (vgl. → § 37 Rn. 49), dieser aber nach dem 1.1.2002 seine Beteiligung vollständig veräußert bzw. unter diejenige des Bieters reduziert hat oder der Bieter so viele Aktien hinzuerworben hat, dass seine Beteiligungsquote die des anderen Gesellschafters übersteigt.[329] Ähnlich gelagert ist der Fall, dass die Präsenzen in den zurückliegenden Hauptversammlungen so hoch waren, dass 30% der Stimmrechte ausnahmsweise keine Kontrolle verschafften (vgl. → § 37 Rn. 52), sich aber in den Folgejahren so geändert haben, dass die Kontrolle ausgeübt werden kann. Richtigerweise lösen solche Fälle des **nachträglichen Erlangens der materiellen Kontrolle** ebenfalls keine Veröffentlichungs- und Angebotspflicht nach Abs. 1 und 2 aus.[330] Voraussetzung für das Entstehen der Veröffentlichungs- und der Angebotspflicht nach Abs. 1 und 2 ist nämlich allein das Erlangen von 30% der Stimmrechte. Wurde eine solche Kontrollbeteiligung aber bereits vor dem 1.1.2002 gehalten, greift § 35 nicht ein, auch wenn dem Gesellschafter die tatsächliche Kontrolle erst später zugefallen ist.

## IV. Veröffentlichung der Kontrollerlangung

Der Kontrollerwerb ist unverzüglich, spätestens innerhalb von sieben Kalendertagen nach **155** näherer Maßgabe von § 10 Abs. 3 S. 1 und 2 zu veröffentlichen (Abs. 1 S. 1). Diese Rege-

---

[324] BT-Drs. 14/7477, 5; dazu ABBD/*Sperlich/Apfelbacher* Sec. 68 Rn. 4.
[325] *Zietsch/Holzborn* WM 2001, 1753 (1755); ähnlich auch FK-WpÜG/*Hommelhoff/Witt* Vor §§ 35–39 Rn. 31.
[326] *Letzel* BKR 2002, 293 (301); *Harbarth* ZIP 2002, 321 (324); *Geibel/Süßmann* BKR 2002, 52 (62); *Kleindiek* ZHR 2002, 546 (547); *Pötzsch,* Das neue Übernahmerecht, 2002, 44; Assmann/Pötzsch/Schneider/ *Krause/Pötzsch* Rn. 75.
[327] Zutr. Ehricke/Ekkenga/Oechsler/*Ekkenga/Schulz* Rn. 17.
[328] Ehricke/Ekkenga/Oechsler/*Ekkenga/Schulz* Rn. 28.
[329] *Cahn/Senger* FB 2002, 277 (290); Baums/Thoma/*Baums/Hecker* Rn. 28.
[330] *Cahn/Senger* FB 2002, 277 (290).

lung ist § 33 Abs. 1 S. 1 WpHG nachgebildet. Sie soll eine selektive Verbreitung der insider-relevanten Information der Kontrollerlangung vermeiden.[331] Besteht, etwa auf Grund komplexer Zurechnungstatbestände, Unklarheit darüber, ob eine Kontrollerlangung stattgefunden hat, kann es sich im Hinblick auf den möglichen Rechtsverlust nach § 59 und die Bußgeldandrohung nach § 60 empfehlen, die Veröffentlichung vorsorglich vorzunehmen.[332]

**156**    **1. Inhalt (Abs. 1 S. 1 und S. 3).** In der Veröffentlichung ist zunächst die Tatsache der **Kontrollerlangung** anzugeben. Darüber hinaus müssen Bieter und Zielgesellschaft hinreichend genau bezeichnet werden. Dabei ist es genügend, wenn Name bzw. Firma und Adresse bzw. Sitz des **Bieters** sowie der **Zielgesellschaft** angegeben werden.[333] Darüber hinaus entspricht es der Übung in der Praxis, auch die Wertpapier-Kenn-Nummer (ISIN-Nummer) der Aktien der Zielgesellschaft in die Veröffentlichung aufzunehmen.

**157**    Die Veröffentlichung muss ferner die Gesamthöhe des **Stimmrechtsanteils** enthalten. Anzugeben sind auch die nach § 30 zuzurechnenden Stimmrechte. Dabei sind die Einzelnen, in § 30 Abs. 1 und 2 geregelten Zurechnungstatbestände gesondert auszuweisen (Abs. 1 S. 3). Anzugeben ist der prozentuale Stimmrechtsanteil als auch die absolute Anzahl der Stimmrechte.[334] Indessen müssen weder Personen, deren Stimmrechte zugerechnet werden, noch die Sachverhalte, die zur Zurechnung führen, beschrieben werden.[335]

**158**    Schließlich ist in der Veröffentlichung die **Internetadresse** anzugeben, unter der die Veröffentlichung der Angebotsunterlage nach Abs. 2 S. 2 iVm § 14 Abs. 3 S. 1 Nr. 1 erfolgen wird (S. 1 iVm § 10 Abs. 3 S. 2).[336]

**159**    Eine Pflicht, auf einen gestellten, aber noch nicht beschiedenen bzw. erst noch beabsichtigen Nichtberücksichtigungsantrag nach § 20 Abs. 1 oder § 36 oder einen **Befreiungsantrag** nach § 37 hinzuweisen, besteht nicht. Es entspricht indessen verbreiteter Übung, einen entsprechenden Hinweis in die Veröffentlichung mit aufzunehmen.[337]

**160**    Die Veröffentlichung ist in **deutscher Sprache** vorzunehmen (S. 1 iVm § 10 Abs. 3 S. 1). Im Übrigen muss sie für den Rechtsverkehr als Mitteilung nach § 35 Abs. 1 erkennbar sein, was die Vornahme zusätzlicher Angaben, die für die Beschreibung der Kontrollerlangung nicht erforderlich sind, weitgehend ausschließt.[338] Zu Einzelheiten → § 10 Rn. 10 ff.

**161**    Findet ein gleichzeitiger Kontrollerwerb an **mehreren Zielgesellschaften** statt, etwa weil ein Fall des mittelbaren Kontrollerwerbs vorliegt (→ Rn. 103 ff.), besteht die Veröffentlichungspflicht grundsätzlich für jeden Kontrollerwerber. Die Veröffentlichungen können jedoch redaktionell zusammengefasst werden.[339]

**162**    **2. Frist (Abs. 1 S. 1 und S. 2).** Die Bekanntmachung hat unverzüglich, spätestens innerhalb von sieben Kalendertagen zu erfolgen (Abs. 1 S. 1).

**163**    **a) Unverzüglich.** Es entspricht einer verbreiteten Fehlvorstellung in der Praxis, dass der Bieter die Frist von sieben Kalendertagen stets in voller Länge ausschöpfen darf. Vielmehr muss die Mitteilung unverzüglich erfolgen. Unverzüglich ist iSd in § 121 BGB enthaltenen Legaldefinition zu verstehen. Folglich muss die Veröffentlichung **ohne schuldhaftes**

---

[331] FK-WpÜG/*Hommelhoff/Witt* Rn. 73; *AMRS,* Public Company Takeovers in Germany, 2002, 243.

[332] Kölner Komm WpÜG/*Hasselbach* Rn. 148; Assmann/Pötzsch/Schneider/*Krause/Pötzsch* Rn. 160.

[333] Kölner Komm WpÜG/*Hasselbach* Rn. 150; *AMRS,* Public Company Takeovers in Germany, 2002, 243; Assmann/Pötzsch/Schneider/*Krause/Pötzsch* Rn. 163; FK-WpÜG/*Hommelhoff/Witt* Rn. 75.

[334] FK-WpÜG/*Hommelhoff/Witt* Rn. 76; Assmann/Pötzsch/Schneider/*Krause/Pötzsch* Rn. 164.

[335] FK-WpÜG/*Hommelhoff/Witt* Rn. 75; Kölner Komm WpÜG/*Hasselbach* Rn. 153; Assmann/Pötzsch/Schneider/*Krause/Pötzsch* Rn. 164.

[336] Assmann/Pötzsch/Schneider/*Krause/Pötzsch* Rn. 165; FK-WpÜG/*Hommelhoff/Witt* Rn. 73.

[337] In diesem Fall sollte zur Herstellung der gewünschten Markttransparenz auch die Entscheidung über den Nichtberücksichtigungs- bzw. Befreiungsantrag gleichermaßen veröffentlicht werden; Kölner Komm WpÜG/*Hasselbach* Rn. 155; Assmann/Pötzsch/Schneider/*Krause/Pötzsch* Rn. 166; Ehricke/Ekkenga/Oechsler/*Ekkenga/Schulz* Rn. 41.

[338] Kölner Komm WpÜG/*Hasselbach* Rn. 155; Assmann/Pötzsch/Schneider/*Krause/Pötzsch* Rn. 167.

[339] Kölner Komm WpÜG/*Hasselbach* Rn. 186; Assmann/Pötzsch/Schneider/*Krause/Pötzsch* Rn. 161.

**Zögern** erfolgen.[340] Dies bedeutet keineswegs, dass die Mitteilung stets sofort erfolgen muss. Vielmehr ist der kontrollierende Aktionär berechtigt, vor der Mitteilung sachkundigen Rat einzuholen.[341] In schwierig gelagerten Fällen, etwa bei möglichen Stimmrechtsanteils-zurechnungen, wird man dem Bieter die Ausschöpfung der vollen Frist zubilligen können. Andererseits darf der Kontrollerwerber – wie bei der Vornahme von Ad-hoc-Meldungen nach Art. 17 MAR und § 26 WpHG[342] – nur wegen der Vermeidung einer möglichen Kursaussetzung mit der Veröffentlichung nicht bis zum Ende des Börsenhandels zuwarten.[343]

Hat der Bieter einen Antrag auf **Nichtberücksichtigung** von Stimmrechten nach § 20 **164** Abs. 1 oder § 36 oder einen **Befreiungsantrag** nach § 37 gestellt und hat er sich zuvor um eine rechtzeitige Antragstellung bemüht, sind Verzögerungen bei der Antragstellung von ihm grundsätzlich nicht zu vertreten;[344] die Stellung eines Nichtberücksichtigungs- oder Befreiungsantrages entfaltet nämlich nach richtiger Ansicht einen **Suspensiveffekt** (→ § 36 Rn. 56 ff.; → § 37 Rn. 58 ff.).[345] Gleichwohl empfiehlt es sich, die Mitteilung der Kontrollerlangung spätestens nach sieben Tagen vorzunehmen.

**b) Fristbeginn und -ende.** Die Frist **beginnt,** sobald der Bieter Kenntnis davon hat **165** oder nach den Umständen haben muss, dass er die Kontrolle über die Zielgesellschaft erlangt hat (Abs. 1 S. 2). Solange dem Aktionär die Kontrollerlangung noch nicht bekannt war oder bekannt sein musste, beginnt die Frist damit noch nicht zu laufen, sodass zu dieser Zeit weder eine Verzinsungspflicht nach § 38 noch ein Rechtsverlust nach § 59 eintreten kann.[346] Für den Fristbeginn kommt es also nicht notwendigerweise auf den Zeitpunkt des Erwerbs der die Kontrollstellung verschaffenden Aktien an.

**Kenntnis** bedeutet positives Wissen vom Kontrollerwerb und seiner Relevanz für die **166** Veröffentlichungspflicht.[347] Dabei kommt es auf das Wissen eines organschaftlichen oder gesetzlichen Vertreters an. Ein **Kennenmüssen** liegt vor, wenn die Unkenntnis vom Kont-rollerwerb auf Fahrlässigkeit beruht (§ 122 Abs. 2 BGB).[348] Dabei sind abweichend vom gewöhnlichen Fahrlässigkeitsmaßstab (§ 276 Abs. 1 S. 2 BGB), bei dem es ausschließlich auf das Außerachtlassen der im Verkehr erforderlichen Sorgfalt ankommt, ergänzend auch die Umstände mit zu berücksichtigen, die zum Kontrollerwerb führten.[349] In diesem Zusammenhang sollen den Erwerber entsprechende **Organisations- und Informations-pflichten** treffen.[350] Ob bei einem Zuerwerb von Stimmrechten durch abhängige Unter-nehmen regelmäßig von einer grob fahrlässigen Unkenntnis ausgegangen werden kann,[351] ist indessen zweifelhaft, da zwischen lediglich faktisch verbundenen Unternehmen nicht ohne weiteres unterjährige Auskunftsrechte bestehen.[352] Die Annahme einer ständigen akti-ven Informationspflicht über die Beteiligungsverhältnisse sowie den Eintritt von Zurech-

---

[340] Kölner Komm WpÜG/*Hasselbach* Rn. 159; Assmann/Pötzsch/Schneider/*Krause*/*Pötzsch* Rn. 168; FK-WpÜG/*Hommelhoff*/*Witt* Rn. 77.

[341] FK-WpÜG/*Hommelhoff*/*Witt* Rn. 77; Kölner Komm WpÜG/*v. Bülow* Rn. 110; Ehricke/Ekkenga/Oechsler/*Ekkenga*/*Schulz* Rn. 42; Assmann/Pötzsch/Schneider/*Krause*/*Pötzsch* Rn. 168.

[342] Vgl. die Mitteilung des Bundesaufsichtsamts für den Wertpapierhandel vom 12.2.2002; s. auch Emitten-tenleitfaden Modul C der BaFin, Stand 28.3.2020, Ziff. I.3.4.

[343] Kölner Komm WpÜG/*Hasselbach* Rn. 159; Assmann/Pötzsch/Schneider/*Krause*/*Pötzsch* Rn. 168; aA FK-WpÜG/*Walz* § 10 Rn. 47.

[344] Kölner Komm WpÜG/*Hasselbach* Rn. 161.

[345] Vgl. hierzu jüngst abl. *Wackerbarth*/*Kreße* NZG 2010, 418.

[346] Kölner Komm WpÜG/*Hasselbach* Rn. 164.

[347] Kölner Komm WpÜG/*Hasselbach* Rn. 165; Baums/Thoma/*Baums*/*Hecker* Rn. 155, 177; enger Ass-mann/Pötzsch/Schneider/*Krause*/*Pötzsch* Rn. 171.

[348] FK-WpÜG/*Hommelhoff*/*Witt* Rn. 78; Kölner Komm WpÜG/*Hasselbach* Rn. 167; *AMRS,* Public Company Takeovers in Germany, 2002, 243 Fn. 92; Steinmeyer/*Santelmann* Rn. 72; Assmann/Pötzsch/Schneider/*Krause*/*Pötzsch* Rn. 172.

[349] Kölner Komm WpÜG/*Hasselbach* Rn. 167; Steinmeyer/*Santelmann* Rn. 72.

[350] Kölner Komm WpÜG/*Hasselbach* Rn. 167; ähnlich NK-AktKapMarktR/*Sohbi* Rn. 8; diff. Assmann/Pötzsch/Schneider/*Krause*/*Pötzsch* Rn. 173.

[351] In diese Richtung *Steinmeyer*/*Santelmann* Rn. 72.

[352] Ehricke/Ekkenga/Oechsler/*Ekkenga*/*Schulz* Rn. 44; Kölner Komm WpÜG/*Hasselbach* Rn. 167.

nungstatbeständen würde zu weit gehen.[353] Eine nicht-fahrlässige Unkenntnis kann dann vorliegen, wenn Personen, mit denen der Bieter iSv § 30 Abs. 2 gemeinsam handelt, weitere Aktien hinzuwerben, ohne dass dies dem Kontrollerwerber bekannt wäre.[354] Gleiches muss gelten, wenn dem Kontrollerwerber der Erwerb von Aktien durch einen Dritten zwar bekannt ist, er aber nach Einholung sachkundigen Rates davon ausgeht, dass keine Zurechnung stattfindet.[355] Entgegen einer verbreiteten Meinung wird man keine Pflicht des Kontrollerwerbers annehmen müssen, sich über die Veröffentlichungen im Bundesanzeiger oder der Datenbank der Bundesanstalt zu informieren.[356]

167   Für die Einhaltung der Frist kommt es auf die **Veröffentlichung** der Bekanntmachung an; die bloße Einleitung der für die Veröffentlichung erforderlichen Maßnahmen reicht nicht aus.[357] Für die Fristberechnung gelten im Übrigen § 31 Abs. 1 VwVfG iVm § 187 Abs. 1 BGB, § 188 Abs. 2 Alt. 1 BGB. Mithin ist der Tag, in dessen Verlauf das die Kontrollerlangung auslösende Ereignis fällt, nicht mitzurechnen.[358] Sonntag, Sonnabende oder an einem Sitz der Bundesanstalt staatlich anerkannte allgemeine Feiertage sind bei der Fristberechnung zu berücksichtigen. Sitz der BaFin ist nach § 1 Abs. 2 FinDAG sowohl Bonn (Nordrhein-Westfalen) als auch Frankfurt a.M. (Hessen). Fällt der letzte Tag der Frist auf einen Sonntag, Sonnabend oder einem an einem Sitz des Bundesanstalt staatlich anerkannten Feiertag, endet die Frist erst am Ende des nächsten Tages, der kein Sonntag, Sonnabend oder kein an einem Sitz des Bundesanstalt staatlich anerkannter Feiertag ist (§ 31 Abs. 3 S. 1 VwVfG).[359]

168   **3. Art und Weise der Veröffentlichung (Abs. 1 S. 1 und S. 4).** Die Art und Weise der Veröffentlichung richtet sich nach den bei einem freiwilligen Angebot bestehenden Vorgaben für die Veröffentlichung der Entscheidung über die Abgabe eines Angebotes zum Erwerb von Wertpapieren (Abs. 1 S. 1 iVm § 10 Abs. 3 S. 1 und 2).

169   **a) Vorabmitteilung.** Vor der allgemeinen Veröffentlichung muss die Tatsache der Kontrollerlangung den Geschäftsführungen der **Börsen,** an denen Wertpapiere oder Derivate des Bieters, der Zielgesellschaft und anderer durch das Angebot unmittelbar betroffener Gesellschaften zum Handel zugelassen sind, sowie der **Bundesanstalt** mitgeteilt werden (§ 10 Abs. 2 S. 1). Dabei empfiehlt sich eine schriftliche Mitteilung, wenn diese auch gesetzlich nicht vorgeschrieben ist. Unmittelbar betroffen sind etwa solche Gesellschaften, deren Aktien der Bieter als Gegenleistung anzubieten beabsichtigt, sofern hierauf in der Veröffentlichung nach Abs. 1 S. 1 bereits hingewiesen wird. Dass es sich um eine Tochtergesellschaft des Kontrollerwerbers oder der Zielgesellschaft handelt, begründet für sich genommen keine unmittelbare Betroffenheit.[360] Hat der Kontrollerwerber seinen Wohnort bzw. Sitz im Ausland, kann die Bundesanstalt gestatten, dass die Mitteilung gleichzeitig mit der Veröffentlichung nach Abs. 1 S. 1 vorgenommen wird, wenn dadurch die Entscheidung der Geschäftsführungen der Börsen über die Aussetzung oder Einstellung der Festsetzung des Börsenpreises nicht beeinträchtigt wird (§ 10 Abs. 2 S. 3).

170   **b) Veröffentlichung der Kontrollerlangung.** Im Anschluss an die Vorabmitteilung ist die Kontrollerlangung im Internet und über ein elektronisch betriebenes **Informationsverbreitungssystem,** das bei den angeführten Marktteilnehmern weit verbreitet ist, zu veröffentlichen (§ 10 Abs. 3 S. 1). Der Veröffentlichung darf keine Veröffentlichung in anderer Weise vorausgehen (§ 10 Abs. 3 S. 3). Den Geschäftsführungen der betroffenen Börsen und

---

[353] Kölner Komm WpÜG/*Hasselbach* Rn. 167; Ehricke/Ekkenga/Oechsler/*Ekkenga/Schulz* Rn. 44; so auch Steinmeyer/*Santelmann* Rn. 72; Assmann/Pötzsch/Schneider/*Krause/Pötzsch* Rn. 173.

[354] Wohl auch Assmann/Pötzsch/Schneider/*Krause/Pötzsch* Rn. 173.

[355] Kölner Komm WpÜG/*Hasselbach* Rn. 167.

[356] Steinmeyer/*Steinmeyer* § 30 Rn. 74; aA Kölner Komm WpÜG/*Hasselbach* Rn. 167.

[357] Kölner Komm WpÜG/*Hasselbach* Rn. 170.

[358] Kölner Komm WpÜG/*Hasselbach* Rn. 170; Assmann/Pötzsch/Schneider/*Krause/Pötzsch* Rn. 174.

[359] Kölner Komm WpÜG/*Hasselbach* Rn. 170; Assmann/Pötzsch/Schneider/*Krause/Pötzsch* Rn. 174.

[360] Kölner Komm WpÜG/*Hasselbach* Rn. 174.

der Bundesanstalt ist unverzüglich ein **Beleg** über die Veröffentlichung zu übersenden (§ 10 Abs. 4 S. 1). Eine Ausnahme kann für ausländische Kontrollerwerber gelten (§ 10 Abs. 4 S. 2). Darüber hinaus muss der Kontrollinhaber den **Vorstand der Zielgesellschaft** schriftlich informieren (§ 10 Abs. 5 S. 1). Der Vorstand der Zielgesellschaft hat seinerseits unverzüglich den zuständigen **Betriebsrat** oder, sofern ein solcher nicht besteht, unmittelbar die Arbeitnehmer zu unterrichten (§ 10 Abs. 5 S. 2). Dies gilt ebenso für den Bieter im Hinblick auf dessen Betriebsrat oder dessen Arbeitnehmer (§ 10 Abs. 5 S. 3).

**c) Ad-hoc-Mitteilung.** Eine Pflicht zur Abgabe einer gesonderten Ad-hoc-Mitteilung **171** trifft den **Kontrollerwerber** nicht.[361] Da § 39 die Regelung des § 10 Abs. 6 in Bezug nimmt, kommt die Bestimmung des Art. 17 Abs. 1 MAR nicht zur Anwendung. Andererseits besteht die Veröffentlichungspflicht auch dann, wenn der Kontrollerwerb nicht geeignet ist, den Börsenpreis der Wertpapiere iSv Art. 17 Abs. 1 MAR erheblich zu beeinflussen. Für **andere Tatsachen** als die Kontrollerlangung und für Veröffentlichungspflichten **anderer Personen** als dem Kontrollerwerber, bleibt die Bestimmung des Art. 17 Abs. 1 MAR anwendbar.[362] Andere Tatsachen können etwa bereits feststehende Konditionen des Pflichtangebotes sein, die in der Veröffentlichung nach Abs. 1 S. 1 nicht enthalten sind.[363] Im Einzelnen → § 10 Rn. 1 ff.

Hiervon zu sondern ist die Frage, ob die **Zielgesellschaft** eine Pflicht zur Vornahme **172** einer Ad-hoc-Veröffentlichung nach Art. 17 Abs. 1 MAR trifft. Hiervon wird in der Regel auszugehen sein, da nach Ansicht des Gesetzgebers bereits der Zugang eines Übernahmeangebots eine Publizitätspflicht auslöst[364] und für die Benachrichtigung über die Kontrollerlangung nichts anderes gelten kann.[365] Eine Ad-hoc-Pflicht kann etwa auch bestehen, wenn die Übernahme mit der Zielgesellschaft abgestimmt ist.[366] Allerdings stellt die bloße Einräumung einer Due Diligence-Prüfung in der Regel noch keine Ad-hoc-pflichtige Tatsache dar.[367] Zu weit geht es auch, wenn angenommen wird, dass eine Befreiung des Bieters vom Pflichtangebot nach § 37 stets eine kursrelevante Tatsache darstellt.[368]

**4. Verhältnis zu den Mitteilungen nach § 33 WpHG.** Nach § 33 Abs. 1 oder 1a **173** WpHG hat derjenige, der durch Erwerb, Veräußerung oder auf sonstige Weise 3%, 5%, 10%, 15%, 20%, 25%, 30%, 50% oder 75% der Stimmrechte an einer börsennotierten Gesellschaft erreicht, überschreitet oder unterschreitet der Gesellschaft und der Bundesanstalt das Erreichen, Überschreiten oder Unterschreiten der genannten Schwellen sowie die Höhe seines Stimmrechtsanteils unter Angabe seiner Anschrift und des Tages des jeweiligen Ereignisses schriftlich mitzuteilen.[369] In bestimmten Situationen, etwa wenn ein Aktionär seinen Anteil an stimmberechtigten Aktien von 25% auf 30% erhöht, bestehen die Mitteilungspflichten nach § 33 WpHG und Abs. 1 S. 1 nebeneinander. Dies wirft die Frage auf, ob bei einem Überschreiten der 30%-Schwelle der Bieter seiner Mitteilungspflicht nach Abs. 1 S. 1 und § 33 WpHG genügt, wenn er nur eine Mitteilung vornimmt. Zum Teil

---

[361] Eingehend dazu *Assmann* ZGR 2002, 697 (711 ff.); *AMRS,* Public Company Takeovers in Germany, 2002, 243; ABBD/*Apfelbacher/Mann* Part 3 B Rn. 53; Kölner Komm WpÜG/*Hasselbach* Rn. 182; Assmann/Pötzsch/Schneider/*Krause/Pötzsch* Rn. 182; allg. zur Ad-hoc-Publizität bei M&A-Transaktionen vgl. auch den Emittentenleitfaden-E Modul C der BaFin vom 1.7.2019, I.2.1.5.6.
[362] *Hopt* ZGR 2002, 333 (344); Kölner Komm WpÜG/*Hasselbach* Rn. 182; Assmann/Pötzsch/Schneider/*Krause/Pötzsch* Rn. 182.
[363] Kölner Komm WpÜG/*Hasselbach* Rn. 182 nennt den Fall, dass die Gegenleistung deutlich über dem Mindestangebotspreis gem. § 39 iVm § 31 liegt.
[364] Vgl. dazu Begr. RegE zum Anlegerschutzverbesserungsgesetz, BT-Drs. 15/3174, 35.
[365] Assmann/Pötzsch/Schneider/*Krause/Pötzsch* Rn. 183; ausf. dazu Angerer/Geibel/Süßmann/*Louven* § 10 Rn. 128 ff.
[366] *Hopt* ZGR 2002, 333 (347); Kölner Komm WpÜG/*Hasselbach* Rn. 183.
[367] *Assmann* ZGR 2002, 697 (715).
[368] So aber Ehricke/Ekkenga/Oechsler/*Ekkenga/Schulz* Rn. 50.
[369] Nach der Begr. RegE können die zu § 28 WpHG aF entwickelten Grundsätze gleichfalls herangezogen werden, s. Begr. RegE, BT-Drs. 14/7034, 68 zu § 59; vgl. iE → § 59 Rn. 1 ff.

wird dies verneint.[370] Ob die Pflichten nach beiden Gesetzen erfüllt sind, hängt richtigerweise vom Inhalt und Zeitpunkt der Mitteilung ab. Enthält die Mitteilung des Bieters alle von § 33 WpHG und Abs. 1 S. 1 geforderten Angaben, also neben dem Stimmrechtsanteil noch einen Hinweis auf die damit verbundene Kontrollerlangung, sind die Mitteilungspflichten nach beiden Vorschriften erfüllt.[371]

### V. Erstellung und Veröffentlichung der Angebotsunterlage (Abs. 2 S. 1 und 2)

174   Der die Kontrolle erlangende Aktionär hat innerhalb von vier Wochen nach der Veröffentlichung der Erlangung der Kontrolle der Bundesanstalt eine Angebotsunterlage zu übermitteln und nach § 14 Abs. 2 S. 1 ein Angebot zu veröffentlichen (Abs. 2 S. 1). Während Abs. 2 S. 1 lediglich die Pflicht zur Abgabe eines Pflichtangebotes begründet, stellt erst das in der Angebotsunterlage enthaltene Angebot des Kontrollerwerbers das eigentlich bindende Pflichtangebot dar.[372]

175   **1. Angebotsverpflichtete. a) Grundsatz.** Die Pflicht, nach Abs. 2 S. 1 eine Angebotsunterlage an die Bundesanstalt zu übermitteln und das Pflichtangebot zu veröffentlichen, trifft nach dem Wortlaut des Gesetzes nur denjenigen, der die Kontrolle über die Zielgesellschaft erlangt und diesen Umstand nach Abs. 1 S. 1 veröffentlicht hat. Zur Rechtslage bei mehreren Angebotsverpflichteten → Rn. 52.[373] Damit der Schutzzweck des § 35, den außenstehenden Aktionären eine Austrittsmöglichkeit zu angemessenen Konditionen zu ermöglichen, erreicht werden kann, trifft die Verpflichtung zur Unterbreitung eines Angebotes zutreffender Weise auch denjenigen, der die Veröffentlichung nach Abs. 1 S. 1 nicht vorgenommen hat.[374] Anderenfalls könnte sich der Kontrollerwerber durch die Nichtveröffentlichung der Kontrollerlangung der Angebotspflicht entziehen.

176   **b) Nachträgliche Befreiungsentscheidung.** Die Angebotspflicht kann nachträglich entfallen, wenn die Bundesanstalt den Kontrollerwerber gemäß § 37 von der Verpflichtung zur Abgabe eines Angebots befreit hat.[375] Eine solche Befreiung kommt auch noch nach Veröffentlichung der Kontrollerlangung in Betracht. Zu den Auswirkungen einer nachträglichen Nichtberücksichtigungsentscheidung nach § 20 Abs. 1 → § 36 Rn. 229.

177   **c) Unrichtige Veröffentlichung der Kontrollerlangung.** Es sind Situationen denkbar, in denen die Veröffentlichung der Kontrollerlangung nach Abs. 1 S. 1, beispielsweise wegen einer fälschlicherweise vorgenommenen Zurechnung von Stimmrechten, unrichtig erfolgt ist. Es stellt sich dann die Frage, ob der Veröffentlichende auch zwangsläufig zur Unterbreitung eines Angebotes verpflichtet ist. Dies ist sicher dann nicht der Fall, wenn der vermeintliche Kontrollerwerber die Mitteilung nach Abs. 1 S. 1 nur **vorsorglich** abgegeben und dies in der Veröffentlichung auch entsprechend klargestellt hat.[376] In allen anderen Fällen soll der Kontrollerwerber, sofern sich die Unrichtigkeit der Kontrollveröffentlichung **vor der Veröffentlichung** der Angebotsunterlage herausstellt, zur Unterbreitung eines Angebotes verpflichtet sein, insbesondere wenn die Veröffentlichung nach Abs. 1 S. 1 bereits die Ankündigung eines Angebotes enthalten hat, da diese Mitteilung als Veröffentlichung einer Entscheidung nach § 10 Abs. 1 S. 1 zu werten sei.[377] Dies erscheint zweifelhaft,

---

[370] Angerer/Geibel/Süßmann/*Tschauner* § 59 Rn. 6; wohl auch Kölner Komm WpÜG/*Hasselbach* Rn. 189.

[371] Assmann/Pötzsch/Schneider/*Krause*/*Pötzsch* Rn. 184: „redaktionelle Zusammenfassung".

[372] Steinmeyer/*Santelmann* Rn. 90; Assmann/Pötzsch/Schneider/*Krause*/*Pötzsch* Rn. 185.

[373] Assmann/Pötzsch/Schneider/*Krause*/*Pötzsch* Rn. 194 ff.

[374] Kölner Komm WpÜG/*Hasselbach* Rn. 188; Assmann/Pötzsch/Schneider/*Krause*/*Pötzsch* Rn. 188; Ehricke/Ekkenga/Oechsler/*Ekkenga*/*Schulz* Rn. 55; Steinmeyer/*Santelmann* Rn. 91.

[375] Kölner Komm WpÜG/*Hasselbach* Rn. 201.

[376] Kölner Komm WpÜG/*Hasselbach* Rn. 196 ff.

[377] So Kölner Komm WpÜG/*Hasselbach* Rn. 196, der – in der Konsequenz seiner Auffassung – davon ausgeht, dass ein solches Angebot nicht den Bestimmungen des Abschnittes 5 unterliegt und somit mit Bedingungen versehen werden kann.

da ein Pflichtangebot eine andere Qualität hat als ein freiwilliges Übernahmeangebot und bei einer irrtümlichen Annahme einer Kontrollerlangung nicht ohne weiteres auf den Willen zur Abgabe eines freiwilligen Angebotes geschlossen werden kann, ein Pflichtangebot abzugeben.[378] Das Erkennen des Irrtums stellt regelmäßig eine Ad-hoc-pflichtige Tatsache dar.[379]

Hat der Kontrollerwerber die Angebotsunterlage bereits **veröffentlicht,** kann er von **178** dem Angebot in der Regel keinen Abstand mehr nehmen, da das Angebot nicht mit einem Widerrufs- oder Rücktrittsvorbehalt versehen werden kann (§ 39 iVm § 18 Abs. 2).[380]

**d) Rechtliche Unzulässigkeit eines Erwerbs weiterer Aktien.** Es sind Fälle vorstell- **179** bar, in denen sich der Erwerb von (weiteren) Aktien durch den Kontrollerwerber im Zuge eines Pflichtangebotes aus kartellrechtlichen oder sonstigen regulatorischen Gründen als unzulässig darstellt. Nach einer vereinzelten Auffassung soll der Kontrollerwerber in diesem Fall verpflichtet sein, die Gegenleistung zu entrichten, ohne die Aktien selbst erwerben zu können.[381] Dass dies eine wenig sachgerechte Lösung ist, liegt auf der Hand. Zum Teil wird versucht das Problem damit zu lösen, dass es dem Bieter gestattet wird, das Pflichtangebot mit einer aufschiebenden Bedingung zu versehen.[382] Richtigerweise wird man Abs. 2 S. 1 in diesem Fall **teleologisch reduzieren** müssen, sodass die Angebotspflicht nicht besteht.[383] Die Interessen der außenstehenden Aktionäre müssen in diesem Fall aus übergeordneten Gründen zurückstehen.

**2. Erstellung einer Angebotsunterlage.** Der Bieter hat eine Angebotsunterlage zu **180** erstellen. Ihr Inhalt richtet sich nach den allgemeinen Vorschriften. Dies ergibt sich aus der in § 39 enthaltenen Verweisung auf die Vorschriften des Abschnittes 3. Zum **Inhalt** der Angebotsunterlage → Rn. 216 ff.; → § 11 Rn. 1 ff.

**3. Übermittelung an die Bundesanstalt. a) Frist.** Die Angebotsunterlage ist der **181** Bundesanstalt innerhalb von vier Wochen nach der Veröffentlichung nach Abs. 1 S. 1 zu übermitteln.[384] Es soll nicht auf den Zeitpunkt der tatsächlichen Bekanntmachung ankommen, sondern auf den Tag, an dem die Veröffentlichung hätte spätestens vorgenommen werden müssen.[385] Für die Fristberechnung gelten im Übrigen § 31 Abs. 1 VwVfG iVm § 187 Abs. 1 BGB, § 188 Abs. 2 Alt. 1 BGB. Mithin ist der Tag, in dessen Verlauf die Veröffentlichung der Kontrollerlangung fällt, nicht mitzurechnen.[386] Sonntage, Sonnabende oder an einem Sitz der Bundesanstalt staatlich anerkannte allgemeine Feiertage sind bei der Fristberechnung zu berücksichtigen. Sitz der BaFin ist nach § 1 Abs. 2 FinDAG sowohl Bonn (Nordrhein-Westfalen) als auch Frankfurt a.M. (Hessen). Fällt der letzte Tag der Frist auf einen Sonntag, Sonnabend oder an einem Sitz des Bundesanstalt staatlich anerkannten Feiertag, endet die Frist erst am Ende des nächsten Tages, der kein Sonntag, Sonnabend oder kein an einem Sitz des Bundesanstalt staatlich anerkannter Feiertag ist (§ 31 Abs. 3 S. 1 VwVfG).[387] Maßgebend für die Fristwahrung ist der Tag des Eingangs der Angebotsunterlage bei der Bundesanstalt.[388]

Die Frist wird gewahrt, wenn die Angebotsunterlage per **Telefax bzw. E-Mail** an die **182** Bundesanstalt übermittelt und das Original unverzüglich nachgereicht wird. Eine solche

---

[378] Assmann/Pötzsch/Schneider/*Krause/Pötzsch* Rn. 190; Baums/Thoma/*Baums/Hecker* Rn. 200; iErg auch Ehricke/Ekkenga/Oechsler/*Ekkenga/Schulz* Rn. 56.

[379] Ehricke/Ekkenga/Oechsler/*Ekkenga/Schulz* Rn. 56.

[380] Kölner Komm WpÜG/*Hasselbach* Rn. 195; Ehricke/Ekkenga/Oechsler/*Ekkenga/Schulz* Rn. 56; Assmann/Pötzsch/Schneider/*Krause/Pötzsch* Rn. 193; für die Möglichkeit der Erfüllungsverweigerung wegen Zweckverfehlung Baums/Thoma/*Baums/Hecker* Rn. 201.

[381] Kölner Komm WpÜG/*Versteegen* § 37 Rn. 56.

[382] Assmann/Pötzsch/Schneider/*Krause/Pötzsch* Rn. 233.

[383] *Ekkenga/Hofschroer* DStR 2002, 724 (768, 772) mit Beispielen.

[384] Assmann/Pötzsch/Schneider/*Krause/Pötzsch* Rn. 202.

[385] Vgl. Ehricke/Ekkenga/Oechsler/*Ekkenga/Schulz* Rn. 58.

[386] Assmann/Pötzsch/Schneider/*Krause/Pötzsch* Rn. 204.

[387] Kölner Komm WpÜG/*Hasselbach* Rn. 170; Assmann/Pötzsch/Schneider/*Krause/Pötzsch* Rn. 204, 174.

[388] Kölner Komm WpÜG/*Hasselbach* Rn. 170.

Vorgehensweise wurde vom BAWe für die Übermittlung von Verkaufsprospekten anerkannt;[389] für Angebotsunterlagen kann nichts anderes gelten.

**183**   Der kontrollierende Aktionär kann eine Verlängerung der **Frist** um bis zu weitere vier
Wochen beantragen, wenn ihm die Einhaltung der Vierwochenfrist auf Grund eines grenzüberschreitenden Angebots oder erforderlicher Kapitalmaßnahmen nicht möglich ist.[390]
Dies ergibt sich aus dem in § 39 enthaltenen Verweis auf die Vorschriften des Abschnittes
3. Dem steht scheinbar entgegen, dass Abs. 2 nicht auf die eine **Verlängerung** zulassende
Regelung des § 14 Abs. 1 S. 3 verweist. Dennoch greift der § 14 Abs. 1 S. 3 zugrundeliegende Gedanke bei Pflichtangeboten gleichermaßen ein.[391] Eine Verlängerung der Über-
mittelungsfrist kann sich aus den gleichen Gründen als erforderlich erweisen wie bei freiwilligen Übernahmeangeboten (→ § 14 Rn. 8 ff.). Insbesondere kann eine Fristverlängerung
notwendig werden, wenn der Bieter einen Kapitalerhöhungsbeschluss herbeiführen muss,
um (ausnahmsweise) Aktien als Gegenleistung anbieten zu können.[392]

**184**   **b) Form.** Die Angebotsunterlage muss der Bundesanstalt entweder im Original oder
als elektronisches, mit einer qualifizierten elektronischen Signatur versehenes Dokument
übermittelt werden, wohingegen die Übermittlung per Telefax nicht genügt.[393] Zur Fristwahrung durch Übermittelung per Telefax bzw. Email → Rn. 182.

**185**   Die Bundesanstalt hat dem Bieter den Tag des Eingangs der Angebotsunterlage zu **bestätigen.**[394] Dem steht nicht entgegen, dass Abs. 2 nicht ausdrücklich auf die eine Bestätigung ver-
langende Bestimmung des § 14 Abs. 1 S. 2 verweist, da es sich hierbei um ein offensichtliches
Redaktionsversehen handelt. Zudem muss der kontrollierende Aktionär den Zeitpunkt des
Eingangs für die Berechnung der Frist zur Veröffentlichung der Angebotsunterlage kennen.

**186**   **4. Prüfung der Angebotsunterlage durch die Bundesanstalt. a) Antrag.** In den
meisten Fällen wird der kontrollierende Aktionär einen ausdrücklichen Antrag auf die
Gestattung der Angebotsunterlage stellen. Zwingend ist dies indessen nicht, weil die Über-
mittlung der Angebotsunterlage einen entsprechenden konkludenten Antrag beinhaltet.[395]
Der Antrag kann zurückgenommen werden, solange die Einreichung einer geänderten
Angebotsunterlage noch fristgerecht möglich ist.[396]

**187**   **b) Prüfungsverfahren.** Der Prüfungsumfang ergibt sich aus § 39 iVm § 15 Abs. 1. Die
Bundesanstalt prüft die Angebotsunterlage folglich in zweifacher Hinsicht. Zunächst findet
eine **formelle** Überprüfung statt, ob die Angebotsunterlage vollständig ist, dh alle nach
§ 11 Abs. 2 iVm § 2 WpÜG-AV erforderlichen Angaben beinhaltet. Darüber hinaus findet
eine **eingeschränkte inhaltliche** Überprüfung dahingehend statt, ob der Inhalt der Angebotsunterlage offensichtliche Verstöße gegen das WpÜG oder eine auf Grund des WpÜG
erlassene Rechtsverordnung enthält. Bei Vorliegen eines offensichtlichen Gesetzesverstoßes
hat die Bundesanstalt das Angebot zu untersagen. Entscheidet die Bundesanstalt innerhalb
der Frist von zehn Werktagen bzw. der nach § 39 iVm § 14 Abs. 2 S. 3 um fünf Tage
verlängerten Frist nicht ausdrücklich, gilt die Veröffentlichung als gestattet.

---

[389] Bekanntmachung des Bundesaufsichtsamtes für den Wertpapierhandel zum Wertpapier-Verkaufspros-
pekt vom 6.9.1999, BAnz. Nr. 177 vom 21.9.1999, 16180.
[390] *Thoma* NZG 2002, 105 (107); *Cahn/Senger* FB 2002, 277 (293); FK-WpÜG/*Hommelhoff/Witt* Rn. 86;
*Hopt* ZHR 166 (2002), 383 (418); *Rahlf* in Zschocke/Schuster ÜbernahmeR-HdB Rn. C 290; Kölner Komm
WpÜG/*v. Bülow* Rn. 152; *AMRS,* Public Company Takeovers in Germany, 2002, 244.
[391] Bei der Nichtverweisung dürfte es sich um ein Redaktionsversehen handeln, das darauf zurückgeht,
dass § 14 Abs. 1 S. 3 erst auf Grund der Empfehlung des Finanzausschusses eingefügt wurde.
[392] *Cahn/Senger* FB 2002, 277 (293).
[393] Kölner Komm WpÜG/*Hasselbach* Rn. 202; Assmann/Pötzsch/Schneider/*Krause/Pötzsch* Rn. 207 f.;
zur gesicherten E-Mail-Kommunikation mit der BaFin: https://www.bafin.de/DE/DieBaFin/Kontakt/Gesi-
cherteKommunikation/gesicherte_kommunikation_node.html (zuletzt abgerufen am 18.8.2020).
[394] *Ekkenga/Hofschroer* DStR 2002, 768 (771); FK-WpÜG/*Hommelhoff/Witt* Rn. 87; Assmann/Pötzsch/
Schneider/*Krause/Pötzsch* Rn. 206.
[395] Kölner Komm WpÜG/*Hasselbach* Rn. 209; Angerer/Geibel/Süßmann/*Geibel* § 14 Rn. 16; Assmann/
Pötzsch/Schneider/*Krause/Pötzsch* Rn. 209.
[396] Kölner Komm WpÜG/*Hasselbach* Rn. 209; Assmann/Pötzsch/Schneider/*Krause/Pötzsch* Rn. 209.

**c) Prüfungsfrist.** Die Prüfungsfrist beträgt regelmäßig zehn Tage (Abs. 2 S. 1 iVm § 14 **188** Abs. 2 S. 1). Fraglich ist, ob die Bundesanstalt die Frist zur Veröffentlichung der Angebotsunterlage um **fünf Tage verlängern** kann, wenn die Angebotsunterlage nicht vollständig ist oder sonst den Vorschriften des Gesetzes oder einer auf Grund des Gesetzes erlassenen Rechtsverordnung nicht entspricht. Die bei freiwilligen Angeboten bestehende Verlängerungsmöglichkeit nach § 14 Abs. 2 S. 3 wird zwar von dem in § 35 Abs. 2 S. 2 enthaltenen Verweis nicht ausdrücklich erfasst. Eine Verlängerungsmöglichkeit besteht gleichwohl, da der in § 39 enthaltene Generalverweis auf die Vorschriften des dritten und vierten Abschnittes die Regelung des § 14 Abs. 2 S. 3 nicht ausnimmt.[397] Im Übrigen besteht auch bei Pflichtangeboten ein Interesse an einer vollständigen und gesetzesmäßigen Angebotsunterlage. Die Bundesanstalt kann die Frist daher um bis zu fünf Werktage verlängern, wenn die Angebotsunterlage nicht vollständig ist oder gegen Vorschriften des WpÜG oder einer auf seiner Grundlage erlassenen Rechtsverordnung verstößt.

**d) Entscheidung durch die Bundesanstalt.** Liegt keine Untersagungsvoraussetzung **189** vor, wird die Bundesanstalt die Veröffentlichung der Angebotsunterlage in aller Regel ausdrücklich gestatten. Im Übrigen gilt die Veröffentlichung als gestattet, wenn die (ggf. um bis zu fünf Werktage verlängerte) zehntägige Prüfungsfrist abgelaufen ist, ohne dass die Bundesanstalt das Angebot untersagt hat (§ 35 Abs. 2 S. 1 iVm § 14 Abs. 2 S. 1).[398] Unter den Voraussetzungen des § 15 kann die Bundesanstalt das Angebot untersagen.

**5. Veröffentlichung der Angebotsunterlage. a) Frist.** Die Angebotsunterlage ist **190** vom Bieter **unverzüglich** zu veröffentlichen, wenn die Bundesanstalt die Veröffentlichung gestattet hat oder die Veröffentlichung wegen Ablauf der (ggf. verlängerten) Prüfungsfrist als gestattet gilt (→ Rn. 188). Die Veröffentlichung muss also ohne schuldhaftes Zögern erfolgen (§ 121 Abs. 1 S. 1 BGB).[399]

**b) Form.** Die Veröffentlichung hat durch Bekanntgabe im Internet und im Bundesanzeiger **191** ger oder durch Bereithalten zur kostenlosen Ausgabe bei einer geeigneten Stelle (sog. Schalterpublizität) zu erfolgen. Im letzteren Fall muss im elektronischen Bundesanzeiger der Ort der geeigneten Stelle genannt werden. Vor der Veröffentlichung darf die Angebotsunterlage nicht anderweitig bekannt gemacht werden (Abs. 2 S. 2 iVm § 14 Abs. 2 S. 2). Der Bundesanstalt ist im Fall der Schalterpublizität unverzüglich eine Kopie der Hinweisbekanntmachung zu übersenden (Abs. 2 S. 2 iVm § 14 Abs. 3 S. 2).

**c) Information der Zielgesellschaft.** Die Angebotsunterlage ist nach ihrer Veröffentli- **192** chung unverzüglich dem **Vorstand** der Zielgesellschaft zu übermitteln (Abs. 2 S. 2 iVm § 14 Abs. 4 S. 1). Dieser hat die Angebotsunterlage wiederum unverzüglich dem zuständigen **Betriebsrat** oder, sofern ein solcher nicht besteht, unmittelbar den Arbeitnehmern der Zielgesellschaft zu übermitteln (Abs. 2 S. 2 iVm § 14 Abs. 4 S. 2).[400]

Die Pflicht von Vorstand und Aufsichtsrat, eine **begründete Stellungnahme** zu dem **193** Angebot abzugeben, besteht auch im Falle eines Pflichtangebotes (§ 39 iVm § 27 Abs. 1). Der Vorstand und der Aufsichtsrat haben die Stellungnahme unverzüglich nach Übermittlung der Angebotsunterlage zu veröffentlichen (§ 27 Abs. 3 S. 1) sowie der Bundesanstalt unverzüglich einen Beleg über die Veröffentlichung zu übersenden (§ 27 Abs. 3 S. 3). Letzterem Erfordernis ist in der Regel genügt, wenn der Beleg innerhalb von drei Tagen bei der Behörde eingeht.[401]

**6. Begünstigte des Pflichtangebotes (Abs. 2 S. 3). a) Erfasste Aktien.** Uneinheit- **194** lich wird beurteilt, ob sich das Pflichtangebot nur auf **börsennotierte Wertpapiere**

---

[397] Steinmeyer/*Santelmann* Rn. 103; Assmann/Pötzsch/Schneider/*Krause*/*Pötzsch* Rn. 211.

[398] Assmann/Pötzsch/Schneider/*Krause*/*Pötzsch* Rn. 212; Steinmeyer/*Santelmann* Rn. 103.

[399] Kölner Komm WpÜG/*Hasselbach* Rn. 219; Assmann/Pötzsch/Schneider/*Krause*/*Pötzsch* Rn. 214; FK-WpÜG/*Hommelhoff*/*Witt* Rn. 89.

[400] FK-WpÜG/*Hommelhoff*/*Witt* Rn. 89; Assmann/Pötzsch/Schneider/*Krause*/*Pötzsch* Rn. 218.

[401] OLG Frankfurt NJW 2003, 2111; *AMRS,* Public Company Takeovers in Germany, 2002, 244.

erstreckt.[402] Hierfür könnte sprechen, dass der Anwendungsbereich des WpÜG auf Angebote zum Erwerb von Wertpapieren begrenzt zu sein scheint, die zum Handel an einem organisierten Markt iSv § 2 Abs. 7 zugelassen sind. Auch die Mindestpreisbestimmungen der §§ 5 und 6 WpÜG-AV, die nach ihrem Wortlaut davon ausgehen, dass die dem Angebot unterliegenden Wertpapiere börsennotiert sind und nur für den Fall der fehlenden Liquidität die Erforderlichkeit einer Unternehmensbewertung vorsehen (§ 5 Abs. 4 WpÜG-AV), sprechen für eine solche Betrachtungsweise. Gegen eine solche Auslegung spricht allerdings, dass in diesem Fall die Wertung des § 32 ignoriert wird, wonach Teilangebote unzulässig sind. Zudem würde außer Betracht gelassen, dass Art. 5 Abs. 1 S. 2 Übernahme-RL alle, also auch nichtnotierte Aktien erfasst. Die damit notwendigerweise richtlinienkonforme Auslegung muss folglich zu dem Ergebnis kommen, dass auch Anteilsinhabern nichtnotierter Papiere ein Pflichtangebot zu unterbreiten ist.[403]

**195**     Aus § 2 Abs. 2 Nr. 1 folgt, dass sich das Pflichtangebot nicht nur auf **Aktien,** sondern auch auf solche Wertpapiere beziehen muss, die mit Aktien **vergleichbar** und zum Handel an einem organisierten Markt zugelassen sind. Dies gilt auch für sog. *depositary receipts,* insbesondere ADRs (→ § 32 Rn. 30). Hierzu können ferner Zwischenscheine iSv § 8 Abs. 6 AktG und *tracking stocks,* die aktienähnliche Mitgliedschaftsrechte verkörpern, zählen.[404] Anders verhält es sich bei **Genussscheinen.**[405] Diese vermitteln ihren Inhabern nur mitgliedschaftsähnliche Vermögensrechte, jedoch keine unmittelbaren mitgliedschaftlichen Beteiligungsrechte.

**196**     **b) Abgabe als Vollangebot.** Das Angebot ist stets als **Vollangebot** abzugeben und hat sich grundsätzlich auf alle Aktien der Zielgesellschaft zu erstrecken. Dass Teilangebote nicht nur bei freiwilligen Übernahmeangeboten, sondern auch bei Pflichtangeboten unzulässig sind, folgt aus § 39, der die Vorschrift des § 32 (Unzulässigkeit von Teilangeboten) in Bezug nimmt sowie die Vorschrift des § 19 (Zuteilung bei einem Teilangebot) ausdrücklich für unanwendbar erklärt.[406] Nach den in der Regierungsbegründung zum Ausdruck gekommenen Erwägungen des Gesetzgebers sollen alle Minderheitsaktionäre die Möglichkeit haben, im Falle der Kontrollerlangung durch einen Aktionär ihre Aktien zu einem angemessenen Preis zu veräußern.[407]

**197**     Das Angebot hat sich demnach nicht nur auf Stammaktien, sondern auch auf **Vorzugsaktien** zu erstrecken.[408] Dies gilt jedenfalls dann, wenn beide Aktiengattungen zum Handel an der Börse zugelassen sind. Problematischer sind die Fälle, in denen nur eine Aktiengattung börsennotiert ist.

**198**     Hat der Bieter im Rahmen eines Paketerwerbs (mindestens) 30% der Stimmrechte an der Zielgesellschaft erworben, muss sich das von ihm abzugebende Pflichtangebot nicht nur auf die restlichen börsennotierten Stammaktien, sondern auch auf die **nicht börsennotierte Vorzugsaktien** erstrecken. Denn aus den in → Rn. 194 genannten Gründen muss sich das Pflichtangebot auch auf nicht börsennotierte Aktien beziehen (→ § 32 Rn. 12).

[402] Bejahend Kölner Komm WpÜG/*v. Bülow* § 39 Rn. 25 ff.; FK-WpÜG/*Hommelhoff/Witt* Rn. 92; *Kalss* in Semler/Volhard ÜN-HdB § 51 Rn. 60; Schwark/Zimmer/*Noack/Zetzsche* Rn. 41; Ehricke/Ekkenga/ Oechsler/*Ekkenga/Schulz* Rn. 61; so auch noch → 2. Aufl. 2004, § 35 Rn. 193.

[403] Assmann/Pötzsch/Schneider/*Krause/Pötzsch* Rn. 221; Angerer/Geibel/Süßmann/*Thun* § 32 Rn. 4; FK-WpÜG/*Hommelhoff/Witt* Rn. 31; Baums/Thoma/*Baums/Hecker* Rn. 202; Steinmeyer/*Santelmann* Rn. 96; so auch die Verwaltungspraxis der BaFin, vgl. das Pflichtangebot der P7S 1 Holding LP an die Aktionäre der ProSiebenSat.1 Media AG vom 16.10.2003.

[404] Kölner Komm WpÜG/*v. Bülow* § 39 Rn. 35; *Baum* ZBB 2003, 9 (13); Assmann/Pötzsch/Schneider/ *Krause/Pötzsch* Rn. 222.

[405] *Baum* ZBB 2003, 9 (13 ff.); ABBD/*Kopp/v. Dryander* Sec. 35 Rn. 15; Assmann/Pötzsch/Schneider/ *Krause/Pötzsch* Rn. 223; Steinmeyer/*Santelmann* § 32 Rn. 9.

[406] *Letzel* BKR 2002, 293 (302); Kölner Komm WpÜG/*v. Bülow* § 39 Rn. 27; Assmann/Pötzsch/Schneider/*Krause/Pötzsch* Rn. 224.

[407] Begr. RegE, BT-Drs. 14/7034, 30 zu § 39.

[408] Steinmeyer/*Santelmann* Rn. 96; Kölner Komm WpÜG/*v. Bülow* § 39 Rn. 28; *Baum* ZBB 2003, 9 (11 f.); *AMRS,* Public Company Takeovers in Germany, 2002, 245; ABBD/*Kopp/v. Dryander* Sec. 35 Rn. 15.

Sind nur die Vorzugsaktien, nicht aber die vom Bieter erworbenen Stammaktien an **199** einem organisierten Markt **zugelassen,** fragt sich ebenfalls, ob der Bieter im Hinblick auf die börsennotierten Vorzugsaktien ein Pflichtangebot abgeben muss. Man wird dies – entgegen verbreiteter Ansicht und der bisherigen Praxis der Bundesanstalt[409] – verneinen müssen, da sich diese Konstellation nicht im Anwendungsbereich der Richtlinie bewegt (→ § 32 Rn. 19).[410] Erst recht besteht keine Pflicht, den Inhabern der nicht börsennotierten Stammaktien ein Pflichtangebot zu unterbreiten, wenn der Bieter nur mindestens 30% der Stimmrechte, nicht aber alle Stammaktien erwirbt.[411] Zu den Einzelheiten → § 32 Rn. 20.

c) **Ausgenommene Aktien.** Das Gesetz nimmt bestimmte Aktien von der Angebots- **200** pflicht aus. Nach Abs. 2 S. 3, der der Regelung des § 71d S. 2 AktG nachgebildet ist, gehören hierzu **eigene Aktien** der Zielgesellschaft und solche Aktien der Zielgesellschaft, deren Inhaber ein abhängiges (§ 16 AktG) oder im Mehrheitsbesitz stehendes (§ 17 AktG) Unternehmen der Zielgesellschaft ist. Des Weiteren sind Aktien ausgenommen, die einem Dritten gehören, jedoch **für Rechnung der Zielgesellschaft,** eines abhängigen oder eines im Mehrheitsbesitz stehenden Unternehmens der Zielgesellschaft gehalten werden. Hinter dieser Regelung steht die Erkenntnis des Gesetzgebers, dass es für diese Aktien an dem typischen **Schutzbedürfnis** des Minderheitsaktionärs fehlt, der sich nach einem Kontrollwechsel einem neuen kontrollierenden Aktionär gegenüber sieht und dem deshalb ein Austritt aus der Gesellschaft ermöglicht werden muss.[412] Dass sich das Angebot außerdem nicht auf diejenigen Aktien erstrecken muss, die dem Bieter selbst gehören, bedurfte keiner ausdrücklichen Regelung im Gesetz.

Umstritten ist, ob das Pflichtangebot auch an die Inhaber von Aktien gerichtet werden **201** muss, die dem Bieter nach § 30 **zugerechnet** werden. Zum Teil wird das Schutzbedürfnis dieser Aktionärsgruppe generell verneint.[413] Nach einer anderen Auffassung kann den Inhabern dieser Aktien das Schutzbedürfnis nicht abgesprochen werden, da auch ihnen die Möglichkeit eines Desinvestments ermöglicht werden muss.[414] Es erscheint richtig, danach zu differenzieren, ob die Aktien, deren Stimmrechte dem Bieter zugerechnet werden, ihm bereits auch **wirtschaftlich schon zustehen.**[415] Sofern dies der Fall ist, muss sich das Angebot auf diese Aktien nicht erstrecken. Dies trifft zu auf Aktien, die Tochterunternehmen des Bieters iSv § 2 Abs. 6 gehören (§ 30 Abs. 1 S. 1 Nr. 1) oder die einem Dritten gehören und von diesem für Rechnung des Bieters oder eines seiner Tochterunternehmen gehalten werden (§ 30 Abs. 1 S. 1 Nr. 2). Nichts anderes kann für Aktien gelten, die Aktionären gehören, mit denen der Bieter sein Verhalten in Bezug auf die Zielgesellschaft abstimmt (§ 30 Abs. 2). Hingegen sind etwa Aktionäre schutzwürdig, deren Aktien der Bieter durch eine Willenserklärung erwerben kann (§ 30 Abs. 1 S. 1 Nr. 5), da der Erwerb insoweit noch von einer Entscheidung des Bieters abhängt. Zum **mittelbaren Kontrollerwerb,** bei dem die Zielgesellschaft ihrerseits über börsennotierte Tochtergesellschaften verfügt → Rn. 111 ff.

Hat der Veräußerer eines **Aktienpakets** bei dem Verkauf einen Teil seiner Aktien an **202** der Zielgesellschaft zurückbehalten, muss der Kontrollerwerber (der Käufer des Aktienpakets) das Pflichtangebot auch auf diese Aktien erstrecken. Zwar sprechen gewisse Gründe

---

[409] Vgl. den Jahresbericht der BaFin 2003, 208; *Lenz/Behnke* BKR 2003, 43 (49); FK-WpÜG/*Hommelhoff/Witt* Rn. 92.

[410] FK-WpÜG/*Hommelhoff/Witt* Rn. 92; Assmann/Pötzsch/Schneider/*Krause/Pötzsch* Rn. 28.

[411] AA *Lenz/Behnke* BKR 2003, 43 (49).

[412] Begr. RegE, BT-Drs. 14/7034, 60 zu § 39; *Kalss* in Semler/Volhard ÜN-HdB § 51 Rn. 61; ABBD/*Kopp/v. Dryander* Sec. 35 Rn. 15; FK-WpÜG/*Hommelhoff/Witt* Rn. 95; Assmann/Pötzsch/Schneider/*Krause/Pötzsch* Rn. 226.

[413] *Mülbert* ZIP 2001, 1221 (1222) Fn. 17; Schwark/Zimmer/*Noack/Zetzsche* Rn. 43; Angerer/Geibel/Süßmann/*Meyer* Rn. 75.

[414] Kölner Komm WpÜG/*v. Bülow* § 39 Rn. 34; Steinmeyer/*Santelmann* Rn. 98; Assmann/Pötzsch/Schneider/*Krause/Pötzsch* Rn. 227; Baums/Thoma/*Baums/Hecker* Rn. 204.

[415] So bereits FK-WpÜG/*Hommelhoff/Witt* Rn. 97; aA Ehricke/Ekkenga/Oechsler/*Ekkenga/Schulz* Rn. 63, die danach differenzieren, ob ein „schutzwertes Äquivalenzinteresse" besteht.

dafür, dass es an der Schutzbedürftigkeit des Veräußerers mangelt. Indessen kann sich der Kontrollerwerber durch vertragliche Vereinbarungen mit dem Veräußerer davor schützen, auch die restlichen Aktien übernehmen zu müssen.[416]

**203**    **d) Wandel- und Optionsanleihen.** Nicht zu erstrecken ist das Angebot auf die Inhaber von Wandel- oder Optionsschuldverschreibungen iSv § 221 AktG ( → § 32 Rn. 27 f.).[417] Dem kann de lege lata auch nicht entgegengehalten werden, dass die Inhaber solcher Anleihen im Falle der Ausübung ihrer Wandlungs- bzw. Optionsrechte zu Aktionären der Zielgesellschaft werden.

**204**    **e) Grenzüberschreitende Angebote.** Der Grundsatz, dass ein Pflichtangebot an alle Aktionäre für sämtliche ihrer Aktien abzugeben ist, wird neben § 35 Abs. 2 S. 3 auch in § 24 durchbrochen. Liegen die in § 24 normierten Voraussetzungen vor, kann die Bundesanstalt dem Bieter auf Antrag gestatten, Wertpapierinhaber aus entsprechenden Drittstaaten von dem Angebot auszunehmen.[418]

**205**    **7. Gegenleistung. a) Art der Gegenleistung.** Wie bei freiwilligen Übernahmeangeboten hat der Bieter im Grundsatz ein Wahlrecht, ob er den Aktionären eine Gegenleistung in Form von **Geld** oder **liquiden Aktien** anbietet (§ 31 Abs. 2 S. 1 iVm § 39).[419] Dabei ist zu beachten, dass Inhabern stimmberechtigter Aktien als Gegenleistung nur solche Aktien angeboten werden können, die ebenfalls über ein Stimmrecht verfügen (§ 31 Abs. 2 S. 2).

**206**    Nach § 31 Abs. 3 ist indessen **zwingend eine Geldleistung** in Euro anzubieten, wenn der Bieter, mit ihm gemeinsam handelnde Personen oder deren Tochterunternehmen innerhalb von sechs Monaten vor der Veröffentlichung der Entscheidung über die Abgabe eines Angebotes mindestens 5% der Aktien oder Stimmrechte an der Zielgesellschaft gegen Zahlung einer Geldleistung erworben hat. Diese Vorschrift ist auch bei Pflichtangeboten anwendbar, wobei an die Stelle der Veröffentlichung der Entscheidung über die Abgabe eines Angebotes die Veröffentlichung der Kontrollerlangung tritt.[420] Damit dürfte praktisch in all den Fällen, in denen das Pflichtangebot durch einen Paketerwerb des Bieters gegen Barzahlung ausgelöst wurde, eine Geldleistung in Euro anzubieten sein.

**207**    **b) Höhe der Gegenleistung. aa) Grundsatz.** Die den Minderheitsaktionären anzubietende Gegenleistung muss angemessen sein (§ 31 Abs. 1 S. 1 iVm § 39). Bei der Bestimmung der Angemessenheit der Gegenleistung sind der durchschnittliche Börsenkurs der Aktien der Zielgesellschaft und Vorerwerbe von Aktien der Zielgesellschaft durch den Bieter, mit ihm gemeinsam handelnder Personen oder deren Tochterunternehmen zu berücksichtigen (§ 31 Abs. 1 S. 2 iVm §§ 3 ff. WpÜG-AV). Die zwingende Berücksichtigung von Vorerwerben nach § 4 WpÜG-AV führt dazu, dass die Minderheitsaktionäre an einem **Paketzuschlag** *(premium)* partizipieren können, den der Kontrollerwerber einem Großaktionär im Vorfeld der Übernahme versprochen oder gewährt hat.[421] Im Übrigen bemisst sich der Mindestpreis nach dem gewichteten durchschnittlichen Börsenkurs während der letzten

---

[416] Im Ergebnis ebenso *Letzel* BKR 2002, 293 (302) Fn. 99.

[417] *Ekkenga/Hofschroer* DStR 2002, 768 (771); *Schlitt/Seiler/Singhof* AG 2003, 254 (267); ABBD/*Kopp/ v. Dryander* Sec. 35 Rn. 15; Assmann/Pötzsch/Schneider/*Krause/Pötzsch* Rn. 223; FK-WpÜG/*Hommelhoff/ Witt* Rn. 93.

[418] Assmann/Pötzsch/Schneider/*Krause/Pötzsch* Rn. 228.

[419] Vgl. Steinmeyer/*Santelmann* Rn. 102; Emmerich/Habersack/*Habersack* AktG Vor § 311 Rn. 30; FK-WpÜG/*Hommelhoff/Witt* Rn. 102; Assmann/Pötzsch/Schneider/*Krause/Pötzsch* Rn. 230.

[420] Assmann/Pötzsch/Schneider/*Krause/Pötzsch* Rn. 230. Nach Kölner Komm WpÜG/*v. Bülow* § 39 Rn. 22 ist auf den Zeitpunkt abzustellen, in dem der Kontrollerwerber die Veröffentlichung hätte vornehmen müssen, da er sich andernfalls durch eine verspätete Mitteilung Vorteile verschaffen könnte. Diese Annahme steht jedoch im Widerspruch zum Wortlaut des Gesetzes.

[421] *Möller/Pötzsch* ZIP 2001, 1256 (1259); *Fleischer* NZG 2002, 545 (546); *AMRS,* Public Company Takeovers in Germany, 2002, 246; Steinmeyer/*Santelmann* Rn. 102; krit. *Letzel* BKR 2002, 293 (303). Zur Nichtanwendbarkeit des § 31 Abs. 4, wenn die Tochtergesellschaft zuvor Anteile an der Zielgesellschaft erworben hat, s. Ehricke/Ekkenga/Oechsler/*Ekkenga* § 36 Rn. 10; Zur gesamtwirtschaftlichen Wirkung der Gleichpreisregel im Hinblick auf Paketzuschläge vgl. *Jünemann,* Die angemessene Gegenleistung nach § 31 Abs. 1 WpÜG im Lichte des Verfassungsrechts, 2008, 54 ff., 190.

drei Monate vor der Veröffentlichung der Kontrollerlangung. Nicht zu folgen ist der von *Mülbert/Schneider* vertretenen Ansicht, nach der ein etwaiger höherer innerer Anteilswert stets erhöhend zu berücksichtigen ist.[422] Bei hinreichend liquiden Aktien ist für eine Unternehmensbewertung angesichts des klaren Wortlauts von § 31 Abs. 1 S. 2 iVm §§ 4 und 5 WpÜG-AV kein Raum.[423]

Muss sich das Pflichtangebot sowohl auf Stammaktien als auch auf Vorzugsaktien beziehen **208** (→ Rn. 197), ist der angemessene Preis nach § 3 S. 3 WpÜG-AV für jede **Aktiengattung** getrennt zu berechnen.[424] Dies gilt auch für die Berücksichtigung von Vorerwerben nach § 4 WpÜG-AV. Dies kann dazu führen, dass **Vorzugsaktionäre** an einem beim Erwerb von Stammaktien gezahlten Paketzuschlag nicht teilhaben können.[425] Der Gleichbehandlungsgrundsatz ist also auf die jeweilige Gattung begrenzt; dieses Ergebnis kann auch nicht durch einen Rückgriff auf das Erfordernis einer „angemessenen Gegenleistung" iSv § 31 Abs. 1 S. konterkariert werden.[426]

Nimmt man – entsprechend der hier vertretenen Ansicht (→ Rn. 194) – an, dass sich **209** das Pflichtangebot auch auf die **nicht börsennotierten Aktiengattungen** erstrecken muss, ist eine Unternehmensbewertung analog § 5 Abs. 4 WpÜG-AV vorzunehmen.[427] In der Sache geht es um die Ermittlung eines kapitalmarktrechtlich begründeten Abfindungsanspruches.

Anwendung finden auch die Regelungen des § 31 Abs. 4 und 5, die eine **Nachbesse-** **210** **rungspflicht** des Bieters vorsehen.[428] Erwerben der Kontrollerwerber, mit ihm gemeinsam handelnde Personen oder deren Tochterunternehmen nach Veröffentlichung der Angebotsunterlage und vor der Veröffentlichung des Ergebnisses des Pflichtangebotes nach § 23 Abs. 1 S. 1 Nr. 2 weitere Aktien und wird hierfür wertmäßig eine höhere Gegenleistung gewährt oder vereinbart, erhöht sich die den Angebotsempfängern der jeweiligen Aktiengattung geschuldete Gegenleistung wertmäßig um den Unterschiedsbetrag.

Für den Zeitraum innerhalb **eines Jahres nach der Veröffentlichung des Ergebnisses** **211** **des Pflichtangebotes** ordnet § 31 Abs. 5 eine Nachbesserungspflicht zugunsten der Personen an, die das Pflichtangebot angenommen haben, falls bei Nacherwerben wertmäßig eine höhere Gegenleistung gewährt oder vereinbart wird. Die Nachbesserungspflicht ist allerdings auf außerbörsliche Erwerbe beschränkt.

Anders als bei der Frage, ab welchem Zeitpunkt die Kontrolle erlangt wird (→ Rn. 64 f.), **212** kommt es für die Bestimmung von Art und Höhe der Gegenleistung nicht auf den dinglichen Erwerb der Aktien an. Vielmehr sind dem Erwerb nach § 31 Abs. 3–5 solche **Vereinbarungen gleichgestellt,** auf Grund derer die Übereignung von Aktien verlangt werden kann (§ 31 Abs. 6 S. 1).

**bb) Besonderheiten beim mittelbaren Kontrollerwerb.** Besondere Fragen stellen **213** sich bei der Bestimmung des Mindestpreises im Falle des mittelbaren Kontrollerwerbs.

– **Erwerb einer börsennotierten Zielgesellschaft mit börsennotierten Unterneh-** **214** **men.** Hierzu gehört zunächst der Fall, dass die börsennotierte Zielgesellschaft ihrerseits über börsennotierte Zielgesellschaften verfügt (→ Rn. 111 ff.). Wenn der Bieter nicht ausnahmsweise unmittelbar Aktien der börsennotierten Tochterzielgesellschaften erworben hat, bemisst sich der Mindestpreis für die Aktien der Tochterzielgesellschaften nach dem gewichteten Durchschnitt während der Letzten drei Monate vor der Veröffentlichung der Kontrollerlangung (§§ 5 f. WpÜG-AV). Eine Bestimmung, nach der die Aktio-

---

[422] *Mülbert/Schneider* WM 2003, 2301 (2310 ff.).

[423] *Habersack* ZIP 2003, 1123 (1127).

[424] BVerfG ZIP 2004, 950 (951) = NZG 2004, 617 – Wella; *Lenz/Behnke* BKR 2003, 43 (49); Assmann/Pötzsch/Schneider/*Krause* § 31 Rn. 29 f.

[425] BVerfG ZIP 2004, 950 (951) = NZG 2004, 617 – Wella; *Tröger* DZWiR 2002, 397 (400); Assmann/Pötzsch/Schneider/*Krause* § 31 Rn. 31; ausf. dazu *Habersack* ZIP 2003, 1123 (1128).

[426] *Habersack* ZIP 2003, 1123 (1128).

[427] *Lenz/Behnke* BKR 2003, 43 (49); zur Notwendigkeit der Durchführung einer Unternehmensbewertung auch *Lappe/Stafflage* BB 2002, 2185 ff.

[428] *Letzel* BKR 2002, 293 (303); dazu Assmann/Pötzsch/Schneider/*Krause* § 31 Rn. 99 ff., 130 ff.

näre der Tochterzielgesellschaft an einem Paketzuschlag, der den Aktionären der Zielge-
sellschaft zuteil wird (→ Rn. 206), partizipieren könnten, sieht das Gesetz nicht vor.
Eine solche Regelung kann im Hinblick auf die klare Bestimmung des § 3 S. 3 WpÜG-
AV auch nicht aus einer analogen Anwendung von § 4 WpÜG-AV abgeleitet werden.

215 – **Erwerb einer nicht börsennotierten Gesellschaft mit einer Beteiligung an einer
börsennotierten Tochtergesellschaft.** Ein Fall des mittelbaren Kontrollerwerbs besteht
ferner dann, wenn der Bieter Anteile an einer nicht börsennotierten Gesellschaft erwirbt,
die ihrerseits eine Kontrollbeteiligung an einer börsennotierten Gesellschaft hält
(→ Rn. 119 ff.). Sofern der Bieter nicht ausnahmsweise auch unmittelbar Aktien der
börsennotierten Tochtergesellschaft erworben hat, findet die Regelung über die Berücksichtigung von Vorerwerben in § 4 WpÜG-AV keine direkte Anwendung. Folge wäre,
dass der Bieter – im Unterschied zu dem in → Rn. 206 beschriebenen Fall – den
Paketzuschlag, den er den Verkäufern der Gesellschaftsanteile gewährt hat, keinen anderen
Aktionären zukommen lassen müsste. Fraglich ist, ob die **Vorerwerbsregelung** des § 4
WpÜG-AV in einer solchen Situation in der Weise analog anzuwenden ist, dass der
Kaufpreis für die Anteile an der nicht börsennotierten **Gesellschaft** auf die von ihr an
der Zielgesellschaft gehaltenen Aktien aufzuteilen und der so ermittelte fiktive Kaufpreis
sodann als Vorerwerbspreis iSv § 4 WpÜG-AV anzusehen ist. Hiergegen spricht jedoch,
dass im Gegensatz zu § 35 der mittelbare Erwerb in § 31 und §§ 3 ff. WpÜG-AV nicht
ausdrücklich geregelt ist. Obwohl dem Gesetzgeber die Problematik des mittelbaren
Kontrollerwerbs bewusst war, hat er darauf verzichtet, eine Teilhabe der außenstehenden
Aktionäre der Tochtergesellschaft an dem den Verkäufern der Gesellschaftsanteile der
Muttergesellschaft gewährten Paketzuschlag vorzusehen. Im Grundsatz wird man daher
eine analoge Anwendung des § 4 WpÜG-AV abzulehnen haben.[429]

216 Anderes kann für **Umgehungsfälle** gelten. Einen solchen wird man dann annehmen können, sofern es sich bei der nicht börsennotierten Gesellschaft um eine reine Holding-
Gesellschaft handelt, die keine weiteren Vermögensgegenstände mehr hält oder sonstige
Geschäftsaktivitäten entfaltet. In einer solchen Situation ist es evident, dass es dem Bieter
beim Erwerb der Holding-Gesellschaft ausschließlich um den Erwerb der Aktien der Tochtergesellschaft geht, sodass eine analoge Anwendung des § 4 WpÜG-AV angezeigt ist. Folge-
probleme stellen sich, sofern die Holding-Gesellschaft nicht nur Stammaktien, sondern
auch **Vorzugsaktien** der Tochtergesellschaft hält. Sofern der Gesellschaftsvertrag oder eine
ergänzende Gesellschaftervereinbarung Regelungen über die Aufteilung des Kaufpreises an
die Gesellschafter unter Berücksichtigung der von den Gesellschaftern eingebrachten
Stamm- bzw. **Vorzugsaktien** enthält, könnte man erwägen, die Aufteilung des Paktzu-
schlags entsprechend der gesellschafterinternen Regelung vorzunehmen, oder – sofern es
an einer solchen Abrede mangelt – als Aufteilungsmaßstab das Verhältnis der Börsenkurse
von Stamm- und Vorzugsaktien heranzuziehen. Eine solche Vorgehensweise würde indessen
unberücksichtigt lassen, dass der Gleichbehandlungsgrundsatz nur für Aktionäre einer Aktiengattung Anwendung findet und der Bieter nicht gehindert ist, für Aktien verschiedener
Gattungen unterschiedliche Preise anzubieten (vgl. § 3 S. 3 WpÜG-AV). Letztlich muss die
Aufteilung des Paketzuschlages im Ermessen des Bieters stehen.

217 **8. Weiterer Angebotsinhalt. a) Allgemeines.** Auch hinsichtlich des Inhalts des Angebots gelten allgemeine Grundsätze. Die Annahmefrist darf vier Wochen nicht unterschreiten
und grundsätzlich zehn Wochen nicht überschreiten (§ 39 iVm § 16 Abs. 1 S. 1). Das Angebot muss stets als bindendes Angebot und darf nicht etwa nur als *invitatio ad offerendum*
abgegeben werden (§ 39 iVm § 17).[430] Pflichtangebote dürfen auch nicht unter dem Vorbe-

---

[429] Erwerbe von Aktien an der Zielgesellschaft, die die nicht börsennotierte Gesellschaft vor dem Erwerb
ihrer Gesellschaftsanteile durch den Bieter vorgenommen hat, stellen keine Vorerwerbe iSv § 4 WpÜG-AV
dar, solange sie nicht ausnahmsweise auf Veranlassung des Bieters erfolgt sind.
[430] FK-WpÜG/*Hommelhoff/Witt* Rn. 100; Kölner Komm WpÜG/*Hasselbach* Rn. 193; Baums/Thoma/
*Baums/Hecker* Rn. 200; Steinmeyer/*Santelmann* Rn. 90.

halt des Widerrufs oder Rücktritts stehen (§ 39 iVm § 18 Abs. 2), da dies dem Charakter des Pflichtangebotes widersprechen würde.

**b) Bedingungen. aa) Grundsatz.** § 18 Abs. 1 verbietet es, das Angebot von solchen **218** Bedingungen abhängig zu machen, deren Eintritt der Bieter und mit ihm gemeinsam handelnde Personen oder Tochterunternehmen oder im Zusammenhang mit dem Angebot für diese Personen und Unternehmen tätige Berater ausschließlich selbst herbeiführen können. Nach § 39 ist die Regelung des § 18 Abs. 1 bei Pflichtangeboten nicht anwendbar. Dies könnte den Schluss nahelegen, dass Bedingungen bei Pflichtangeboten generell zulässig sind. Dies wäre jedoch zu weitgehend. Nach den Vorstellungen des Gesetzgebers sind Pflichtangebote bereits ihrer Natur nach grundsätzlich **bedingungsfeindlich** ($\rightarrow$ § 39 Rn. 23).[431] Man wird die Regelung des § 39 so zu lesen haben, dass sie nur die erlaubende, nicht aber die verbietende Funktion des § 18 ausschließen will. Andernfalls könnte sich der Bieter der Pflicht zur Abgabe eines Pflichtangebotes dadurch entziehen, dass er das Angebot von einer Bedingung abhängig macht. Unzulässig sind insbesondere auch sog. *material adverse change*-Klauseln.[432] Auch eine Bedingung, dass der Bieter keine Abwehrmaßnahme vornimmt, wäre bei einem Pflichtangebot unzulässig.[433]

**bb) Kartellrechtliche Vollzugsverbote.** Von diesem Grundsatz ist nach Ansicht des **219** Gesetzgebers dann eine Ausnahme zu machen, wenn das Pflichtangebot gegen andere gesetzliche Bestimmungen, etwa gegen kartellrechtliche Bestimmungen verstoßen würde. In diesem Fall ergibt sich bereits aus allgemeinen Grundsätzen, dass das Angebot unter einer Bedingung abzugeben ist, da der Bieter andernfalls zu einem rechtswidrigen Verhalten verpflichtet wäre.[434] Dies gilt jedenfalls für das **nationale Vollzugsverbot** von Zusammenschlussvorhaben vor Freigabe durch das Bundeskartellamt nach § 41 GWB.[435]

Anderes soll für das Vollzugsverbot nach Art. 7 Abs. 1 **FKVO** gelten.[436] Zwar steht das **220** Vollzugsverbot der Verwirklichung von öffentlichen Kauf- oder Tauschangeboten, die bei

---

[431] DAV-Handelsrechtsausschuss NZG 2001, 420 (424) zum RefE; Jahresbericht der BaFin 2004, 204 f.; Angerer/Geibel/Süßmann/*Meyer* § 39 Rn. 6; Steinmeyer/*Bastian* § 39 Rn. 7; *Liebscher* ZIP 2001, 853 (862); *Krause* NJW 2002, 705 (709), 713; *Holzborn/Israel* BKR 2002, 982 (986); Steinmeyer/*Santelmann* Rn. 105; Schwark/Zimmer/*Noack/Zetzsche* Rn. 44; FK-WpÜG/*Hommelhoff/Witt* § 39 Rn. 16; *Hopt* ZGR 166 (2002), 383 (418); Kölner Komm WpÜG/*v. Bülow* § 39 Rn. 45; *Thiel* in Semler/Volhard ÜN-HdB § 53 Rn. 72; s. auch Begr. RegE, BT-Drs. 14/7034, 62 zu § 39; *ABBD/Kopp/v. Dryander* Sec. 35 Rn. 16; *AMRS*, Public Company Takeovers in Germany, 2002, 245; *Fest* ZBB 2017, 178 (179); eingehend zu Bedingungen in Übernahmeangeboten *Busch* AG 2002, 145 ff.

[432] Im Ergebnis auch *Holzborn* in Zschocke/Schuster ÜbernahmeR-HdB Rn. B 119; grdl. zu Material Adverse change Klauseln Baums/Thoma/*Merkner/Sustmann* § 18 Rn. 116 ff.

[433] *Geibel/Süßmann* BKR 2002, 52 (66).

[434] Begr. RegE, BT-Drs. 14/7034, 62 zu § 39; Steinmeyer/*Santelmann* Rn. 105; FK-WpÜG/*Hommelhoff/Witt* § 39 Rn. 17; *ABBD/Kopp/v. Dryander* Sec. 35 Rn. 16; Ehricke/Ekkenga/Oechsler/*Ekkenga/Schulz* Rn. 57; *Bosch/Kobbelt* in Thaeter/Brandi, Öffentliche Übernahmen, 2003, Teil 4 Rn. 128; *Fest*, ZBB 2017, 178 (180); iErg zust. auch *Holzborn/Israel* BKR 2002, 982 (986 ff.); *Fleischer* NZG 2002, 545 (551), der in Anlehnung an Rule 9.4 City Code iVm Rule 12.1 City Code de lege ferenda für eine Aussetzung der Angebotspflicht bis zur Erteilung der kartellrechtlichen Freigabeentscheidung durch die Kartellbehörde eintritt, um die zwar in der Angebotsunterlage offenzulegende, gleichwohl unerwünscht bleibende Ungewissheit über den Ausgang des kartellrechtlichen Anmeldeverfahrens zu vermeiden.

[435] Vgl. dazu auch den Jahresbericht der BaFin 2004, 204 (VK Mühlen AG); Kölner Komm WpÜG/*v. Bülow* § 39 Rn. 50, der – mit Recht – die Auffassung vertritt, dass der Bieter grundsätzlich verpflichtet ist, beim Bundeskartellamt einen Antrag auf Befreiung vom Vollzugsverbot zu stellen. Hat der Kontrollerwerber nicht alles für ihn Zumutbare unternommen, um den Eintritt der Bedingung herbeizuführen, kommt die Anwendung des § 162 Abs. 1 BGB in Betracht, s. *Busch* AG 2002, 145 (146). – Ob der Bieter bei einem bedingten Angebot bis zum Wegfall der Bedingung tatsächlich vom Stimmrecht ausgeschlossen ist, so Kölner Komm WpÜG/*v. Bülow* § 39 Rn. 61, ist mangels eines ausdrücklichen Stimmverbots zweifelhaft. Fraglich ist auch, ob der Bieter verpflichtet ist, beim Nichteintritt der Bedingung wegen fehlender Freigabe des Zusammenschlusses durch das Kartellamt seinen Anteil unter die Kontrollschwelle von 30 % der Stimmrechte abzusenken; so aber Kölner Komm WpÜG/*v. Bülow* § 39 Rn. 62; zu Bedingungen in der Angebotsunterlage bei fusionskontrollrechtlichen Fällen s. auch das Merkblatt zur Auslegung des § 35 Abs. 3 durch die BaFin vom 12.7.2007.

[436] Kölner Komm WpÜG/*v. Bülow* § 39 Rn. 48 f., der eine Ausnahme nur für den Fall macht, dass das Zusammenschlussvorhaben von der EU-Kommission für mit dem Gemeinsamen Markt unvereinbar erklärt wird.

der Kommission angemeldet worden sind, nicht entgegen, sofern der Erwerber die mit den Anteilen verbundenen Stimmrechte nicht oder nur zur Erhaltung des vollen Wertes seiner Investition und auf Grund einer von der Kommission erteilten Befreiung ausübt (§ 7 Abs. 3 FKVO), sodass der Bieter nicht am dinglichen Erwerb der Aktien gehindert ist. Indessen muss der Bieter im Falle einer Untersagung die erworbenen Aktien auf Weisung der Kommission innerhalb einer von ihr gesetzten Frist wieder veräußern. Um eine solche Wiederveräußerung zu vermeiden, muss es zulässig sein, das Pflichtangebot von der Freigabeentscheidung der Kommission abhängig zu machen.[437]

221    **cc) Sonstige aufsichtsrechtliche Sachverhalte.** Mangels eines dem § 41 GWB vergleichbaren Vollzugsverbotes kann der Bieter das Pflichtangebot beim Erwerb oder bei Erhöhung einer bedeutenden Beteiligung an **Kredit- oder Finanzdienstleistungsinstituten** nicht unter den Vorbehalt einer Freigabeentscheidung durch die Bundesanstalt oder den Ablauf der Wartefrist nach § 2c Abs. 1a S. 1 KWG stellen.[438] Zulässig ist es indessen, das Angebot unter die auflösende Bedingung zu stellen, dass der Erwerb von Aktien an der Zielgesellschaft nach Beginn der Annahmefrist und vor Vollzug des Angebots von der Bundesanstalt nach § 2c Abs. 1a S. 1 KWG untersagt wird.[439]

222    Gleiches gilt beim Erwerb oder bei Erhöhung einer bedeutenden Beteiligung an **Versicherungsunternehmen.** Auch hier kann das Angebot nicht unter den Vorbehalt einer Freigabeentscheidung durch die Bundesanstalt oder den Ablauf der Wartefrist nach § 104 Abs. 1a VAG gestellt werden.[440] Möglich ist jedoch auch insoweit, das Angebot unter die auflösende Bedingung zu stellen, dass der Erwerb von Aktien an der Zielgesellschaft nach Beginn der Annahmefrist und vor Vollzug des Angebots von der Bundesanstalt untersagt wird.[441]

223    Mangels eines gesetzlichen Vollzugsverbotes kann auch der Erwerb einer Beteiligung an einem **privaten Veranstalter von Rundfunkprogrammen** nicht unter die Bedingung der Erteilung der Unbedenklichkeitsbestätigung nach § 29 RStV gestellt werden.[442]

224    Hieran ändert es auch nichts, dass dem Veranstalter nach § 29 Abs. 4 RStV die Zulassung widerrufen werden kann, wenn die Veränderung der Beteiligungsverhältnisse von der zuständigen Landesmedienanstalt nicht als unbedenklich bestätigt werden kann, und dass der Vollzug der Veränderung ohne vorherige Anmeldung bei der zuständigen Landesmedienanstalt nach § 49 Abs. 1 S. 2 Nr. 4 RStV eine Ordnungswidrigkeit darstellt.

225    **dd) Zustimmung von Gesellschaftergremien.** Problematisch ist, ob das Pflichtangebot auch von der Zustimmung der Gesellschafterversammlung oder des Aufsichtsrates des Bieters bzw. seiner Muttergesellschaft abhängig gemacht werden kann. Soweit es sich um gesetzlich nicht vorgeschriebene Zustimmungsvorbehalte des **Aufsichtsrates** handelt, ist dies von vornherein zu verneinen.[443] Dies gilt auch, soweit die Zustimmungsvorbehalte nach § 111 Abs. 4 S. 2 AktG begründet wurden.

226    Schwieriger zu beantworten ist die Frage, ob das Pflichtangebot von der Zustimmung der Gesellschafterversammlung des Bieters oder seiner Muttergesellschaft abhängig gemacht werden kann, wenn der Erwerb der Zielgesellschaft – einer verbreiteten Meinung zufolge[444] – nach den ungeschriebenen **Holzmüller/Gelatine-Grundsätzen** der Zustimmung

---

[437] S. auch *Busch* AG 2002, 145 (146); so offenbar auch ABBD/*Barthelmess/Schulz/Häring* Part 3 A Fn. 25; s. aber auch *Böttcher/Krömker* DB 2003, 1831 (1832).

[438] Kölner Komm WpÜG/*v. Bülow* § 39 Rn. 52 f.; *Fest* ZBB 2017, 178 (180); dazu auch Baums/Thoma/ *Baums/Hecker* Rn. 244 ff.

[439] Kölner Komm WpÜG/*v. Bülow* § 39 Rn. 53; Baums/Thoma/*Baums/Hecker* Rn. 246.

[440] Kölner Komm WpÜG/*v. Bülow* § 39 Rn. 52 f.; Baums/Thoma/*Baums/Hecker* Rn. 247.

[441] Kölner Komm WpÜG/*v. Bülow* § 39 Rn. 55.

[442] Kölner Komm WpÜG/*v. Bülow* § 39 Rn. 56; Baums/Thoma/*Baums/Hecker* Rn. 248; *Fest,* ZBB 2017, 178 (183).

[443] FK-WpÜG/*Hommelhoff/Witt* § 39 Rn. 18; Angerer/Geibel/Süßmann/*Meyer* § 39 Rn. 7; Kölner Komm WpÜG/*v. Bülow* § 39 Rn. 59; *Fest,* ZBB 2017, 178 (184).

[444] BGHZ 83, 122 = NJW 1982, 1703; zum Streitstand Emmerich/Habersack/*Habersack* AktG Vor § 311 Rn. 42 mit Hinweis auf den Nichtannahmebeschluss des BGH im Zusammenhang mit dem Erwerb der Dresdner Bank AG durch die Commerzbank AG vom 7.2.2012.

der Hauptversammlung unterliegt. Selbst wenn man dies annehmen wollte, würde sich der Zustimmungsvorbehalt auf die gesamte Akquisition der Aktien an der Zielgesellschaft beziehen. Dies hätte zur Folge, dass der Zustimmungsbeschluss der Hauptversammlung bereits vor dem Erwerb der die Angebotspflicht auslösenden Kontrollbeteiligung eingeholt werden müsste. Dass nur der Erwerb der restlichen Aktien an der Zielgesellschaft einen Holzmüller-Fall darstellt, ist kaum denkbar. Folglich kann das Pflichtangebot nicht von der Zustimmung der Gesellschafterversammlung des Bieters abhängig gemacht werden.[445]

**ee) Vinkulierte Namensaktien.** Hat die Zielgesellschaft vinkulierte Namensaktien **227** ausgegeben, kann der Bieter sein Angebot unter die Bedingung stellen, dass die Zielgesellschaft die Zustimmung nach § 68 Abs. 2 AktG zur Übertragung der Aktien erteilt (zur Möglichkeit der Gesellschaft, die Zustimmung zur Übertragung der Aktien auf den Bieter zu verweigern → § 33 Rn. 115 ff.).[446]

**c) Inhalt der Angebotsunterlage.** In der Angebotsunterlage sind im Übrigen die in **228** § 11 Abs. 1–3 sowie § 2 WpÜG-AV vorgeschriebenen Angaben zu machen. Da das Pflichtangebot zwingend als Vollangebot abzugeben ist (→ Rn. 196 ff.), findet die Bestimmung des § 2 Nr. 6 WpÜG-AV über Teilangebote keine Anwendung.[447] Bei einem Pflichtangebot können die nach § 2 Nr. 3 WpÜG-AV in der Angebotsunterlage zu machenden Angaben zu den angewandten Bewertungsmethoden entfallen, wenn die vom Kontrollerwerber im Rahmen des Pflichtangebotes angebotene Gegenleistung lediglich dem Mindestpreis nach § 31 iVm §§ 3 ff. WpÜG-AV entspricht.[448]

**9. Wegfall der Angebotspflicht.** Erlässt die Bundesanstalt einen Nichtberücksichti- **229** gungs- oder Befreiungsbescheid, nachdem der Bieter (trotz des richtigerweise anzunehmenden Suspensiveffekts; → Rn. 164) die Angebotsunterlage bereits veröffentlicht hatte, besteht ein Widerrufs- bzw. Rücktrittsrecht des Bieters.[449] Zum Teil wird dieses Ergebnis auf die Grundsätze des Wegfalls der Geschäftsgrundlage gestützt.[450] Vorzugswürdig erscheint die Auffassung, die ein ausdrücklich oder konkludent vereinbartes Widerrufs- bzw. Rücktrittsrecht annimmt, wenn der Bieter auf den gestellten Befreiungsantrag in der Angebotsunterlage hingewiesen hat.[451]

### VI. Sanktionen; Durchsetzung

**1. Sanktionen einer Verletzung der Pflichten nach Abs. 1 und nach Abs. 2.** Für **230** den Fall, dass der Bieter seiner Veröffentlichungs- und Angebotspflicht nicht, nicht rechtzeitig oder nicht ordnungsgemäß nachkommt, sieht das Gesetz verschiedene Sanktionen vor.[452]

**a) Untersagung des Angebotes.** Übermittelt der Bieter eine **unvollständige** Ange- **231** botsunterlage oder **verstoßen** die in der Angebotsunterlage enthaltenen Angaben offensichtlich gegen Vorschriften des Gesetzes oder einer auf Grund des Gesetzes erlassenen Rechtsvorschrift, ist das Angebot nach § 39 iVm § 15 Abs. 1 von der Bundesanstalt zu

---

[445] Steinmeyer/*Santelmann* Rn. 105; FK-WpÜG/*Hommelhoff/Witt* § 39 Rn. 18; *Holzborn* in Zschocke/Schuster ÜbernahmeR-HdB Rn. C 119; Kölner Komm WpÜG/*v. Bülow* § 39 Rn. 59, 66; ABBD/*Kopp/v. Dryander* Sec. 35 Rn. 16; *Stohlmeier* in Semler/Volhard/Reichert HV-HdB § 39 Rn. 16 Fn. 31; Angerer/Geibel/*Süßmann/Meyer* § 39 Rn. 7.

[446] *Thiel* in Semler/Volhard ÜN-HdB § 53 Rn. 72.

[447] Kölner Komm WpÜG/*v. Bülow* § 39 Rn. 83; Assmann/Pötzsch/Schneider/*Pötzsch/Assmann/Stephan* § 39 Rn. 29; Baums/Thoma/*Baums/Hecker* Rn. 224; FK-WpÜG/*Hommelhoff/Witt* Rn. 82.

[448] Kölner Komm WpÜG/*v. Bülow* § 39 Rn. 72.

[449] AA Assmann/Pötzsch/Schneider/*Krause/Pötzsch* Rn. 237; Kölner Komm WpÜG/*Hasselbach* Rn. 225, die davon ausgehen, dass der Bieter an sein Angebot gebunden bleibt, da er durch sein Handeln trotz des bestehenden Suspensiveffektes nicht mehr schutzwürdig erscheint.

[450] Angerer/Geibel/Süßmann/*Louven* § 10 Rn. 145; aA Kölner Komm WpÜG/*Hasselbach* Rn. 225 sowie Ehricke/Ekkenga/Oechsler/*Ekkenga/Schulz* Rn. 66.

[451] Ehricke/Ekkenga/Oechsler/*Ekkenga/Schulz* Rn. 66.

[452] Überblick bei *Möller* AG 2002, 170 (174 ff.); FK-WpÜG/*Hommelhoff/Witt* Rn. 110 ff.; Assmann/Pötzsch/Schneider/*Krause/Pötzsch* Rn. 247 ff.

untersagen.[453] Die **Nichterfüllung** der Verpflichtung, innerhalb einer Frist von vier Wochen die Angebotsunterlage zu übermitteln, begründet demgegenüber keine Untersagungsmöglichkeit nach § 39 iVm § 15 Abs. 1 Nr. 3, da dies – anders als beim freiwilligen Angebot – dem Schutzzweck des § 35 widersprechen würde.[454] Anders ist es, wenn die Angebotsunterlage nicht unverzüglich veröffentlicht wird. In diesem Fall besteht die Möglichkeit einer Untersagung, um die Vorlage einer neuen Angebotsunterlage zu erzwingen.

232    **b) Rechtsverlust.** Kommt der Kontrollerwerber seiner Pflicht zur Veröffentlichung nach § 35 Abs. 1 S. 1 oder der Angebotspflicht nach § 35 Abs. 2 S. 1 nicht nach, bestehen die Rechte aus den Aktien, die dem Bieter, mit ihm gemeinsam handelnden Personen oder deren Tochterunternehmen gehören oder aus denen ihm, mit ihm gemeinsam handelnden Personen oder deren Tochterunternehmen Stimmrechte gemäß § 30 Abs. 1 S. 1 Nr. 2 zugerechnet werden, für die Zeit, für welche die Veröffentlichungspflicht nicht erfüllt wird, nicht (§ 59 S. 1). Kommt der Verpflichtete der Veröffentlichungspflicht nach Abs. 1 nicht nach und ist die Veröffentlichung oder das Angebot nicht vorsätzlich unterlassen und nachgeholt worden, so bleiben dem Verpflichteten die Ansprüche auf den Bilanzgewinn (§ 58 Abs. 4 AktG) und den anteiligen Liquidationserlös (§ 271 AktG) erhalten (§ 59 S. 2). Zu den Einzelheiten → § 59 Rn. 1 ff.

233    Soweit vereinzelt die Auffassung vertreten wurde, dass der Kontrollerwerber die von ihm hinzuerworbenen Stimmrechte in der Zeit zwischen der Veröffentlichung nach Abs. 1 S. 1 bis zur (rechtzeitigen) Veröffentlichung der Angebotsunterlage **vorübergehend** nicht ausüben kann,[455] ist dem nicht zu folgen.[456] Der Regelung des § 59 ist vielmehr zu entnehmen, dass ein Verlust des Stimmrechts nur dann eintritt, wenn die Pflichten nach § 35 Abs. 1 S. 1 und Abs. 2 S. 1 nicht oder nicht rechtzeitig erfüllt werden.

234    **c) Zinsanspruch.** Das Unterlassen der Veröffentlichung der Kontrollerlangung begründet einen Zinsanspruch der Aktionäre (§ 38 Nr. 1). Entsprechendes gilt für den Fall, dass der Kontrollerwerber seiner Angebotspflicht nicht nachkommt (§ 38 Nr. 2) oder die Bundesanstalt das Angebot des Kontrollerwerbers untersagt (§ 38 Nr. 3). Trifft bei einem mittelbaren Kontrollerwerb sowohl das Mutter- als auch das Tochterunternehmen die Veröffentlichungs- und Angebotspflicht und kommt keines der beiden Unternehmen dieser Pflicht nach, schulden beide Unternehmen die Zinsen als Gesamtschuldner.[457] Im Einzelnen → § 38 Rn. 1 ff.

235    **d) Bußgeldandrohung.** Jeder Kontrollerwerber, der die **Veröffentlichung** der Kontrollerlangung nach Abs. 1 Satz 1 oder die Veröffentlichung der **Angebotsunterlage** nach Abs. 2 S. 1 nicht oder nicht richtig oder nicht vollständig, nicht in der vorgeschriebenen Weise oder nicht rechtzeitig vornimmt, begeht eine Ordnungswidrigkeit (§ 60 Abs. 1 Nr. 1 lit. a).[458] Die Geldbuße kann bis zu 1 Million Euro betragen (§ 60 Abs. 3).

236    Nimmt der kontrollierende Aktionär die **Vorabmitteilung** der Angebotsunterlage an die Bundesanstalt entgegen Abs. 1 S. 4 iVm § 10 Abs. 2 S. 1 vorsätzlich oder leichtfertig nicht oder nicht richtig oder nicht vollständig, nicht in der vorgeschriebenen Weise oder nicht rechtzeitig vor, handelt er ordnungswidrig (§ 60 Abs. 1 Nr. 2 lit. a). Ordnungswidrig handelt auch, wer entgegen Abs. 2 S. 1 die Angebotsunterlage vorsätzlich oder leichtfertig nicht, nicht richtig, nicht vollständig, nicht in der vorgeschriebenen Weise oder nicht

---

[453] Im Jahr 2013 wurden 23 Angebotsunterlagen geprüft und in allen Fällen deren Veröffentlichung gestattet. In einem Fall untersagtesie ein Angebot, da die Bietergesellschaft es im Bundesanzeiger veröffentlicht hatte, ohne zuvor eine Angebotsunterlage bei der BaFin einzureichen; vgl. dazu iE den Jahresbericht der BaFin 2013, 179.

[454] Kölner Komm WpÜG/*Hasselbach* Rn. 259 ff.; aA Assmann/Pötzsch/Schneider/*Krause/Pötzsch* Rn. 259.

[455] *Steinmeyer/Häger*, 1. Aufl. 2002, Rn. 22.

[456] Zutr. Kölner Komm WpÜG/*Hasselbach* Rn. 207a; Assmann/Pötzsch/Schneider/*Krause/Pötzsch* Rn. 261.

[457] Angerer/Geibel/Süßmann/*Meyer* § 38 Rn. 3; Assmann/Pötzsch/Schneider/*Krause/Pötzsch* Rn. 262.

[458] Vgl. dazu die Jahresberichte der BaFin 2007, 196; 2006, 187; 2003, 208; 2002, 177.

rechtzeitig an die **Bundesanstalt übermittelt** (§ 60 Abs. 1 Nr. 2 lit. a). Die Geldbuße kann dann bis zu 500.000 Euro betragen (§ 60 Abs. 3).

Ein vorsätzlicher oder leichtfertiger Verstoß gegen die Pflicht zur **Unterrichtung der** 237 **Zielgesellschaft** gem. Abs. 1 S. 4 iVm § 10 Abs. 5 ist ebenfalls bußgeldbewehrt (§ 60 Abs. 1 Nr. 2 lit. b). Gleiches gilt für einen Verstoß gegen die Pflicht zur Übermittelung der Angebotsunterlage an die Zielgesellschaft gemäß Abs. 2 S. 2 iVm § 14 Abs. 4 (§ 60 Abs. 1 Nr. 2 lit. b). Die Geldbuße kann in diesen beiden Fällen bis zu 200.000 Euro betragen (§ 60 Abs. 3).

Verstößt der Kontrollerwerber vorsätzlich oder leichtfertig gegen das Verbot der **Vorab-** 238 **veröffentlichung** eines erfolgten Kontrollerwerbes (Abs. 1 S. 4 iVm § 10 Abs. 3 S. 3), handelt er gleichfalls ordnungswidrig (§ 60 Abs. 1 Nr. 3). Entsprechendes gilt bei einem Verstoß gegen das Verbot der Vorabveröffentlichung der Angebotsunterlage Abs. 2 S. 2 iVm § 14 Abs. 2 S. 2 (§ 60 Abs. 1 Nr. 3). Die Geldbuße kann in beiden Fällen bis zu 1 Million Euro betragen (§ 60 Abs. 3).

Schließlich kann ein vorsätzlicher oder leichtfertiger Verstoß gegen die Pflicht zur Über- 239 sendung eines **Belegs** über die Veröffentlichung des **Kontrollerwerbs** (Abs. 1 S. 4 iVm § 10 Abs. 4 S. 1) mit einer Geldbuße geahndet werden (§ 60 Abs. 1 Nr. 4). Die Geldbuße kann bis zu 500.000 Euro betragen (§ 60 Abs. 3).

Eine Ordnungswidrigkeit stellt auch der vorsätzliche oder leichtfertige Verstoß gegen die 240 Pflicht zur Übersendung eines **Belegs** hinsichtlich der Veröffentlichung der **Angebotsun-terlage** nach Abs. 2 S. 2 iVm § 14 Abs. 3 S. 2 dar (§ 60 Abs. 1 Nr. 5). Die Geldbuße kann bis zu 200.000 Euro betragen (§ 60 Abs. 3).

Treffen bei einem **mittelbaren Kontrollerwerb** sowohl das Mutter- als auch das Toch- 241 terunternehmen die Pflichten nach Abs. 1 S. 1 und Abs. 2 S. 1 und kommt keines der beiden Unternehmen diesen Pflichten nach, kann gegen beide Unternehmen eine Geldbuße verhängt werden.[459] Erfüllt hingegen ein Unternehmen die Veröffentlichungs- bzw. Angebotspflicht, scheidet die Verhängung eines Bußgeldes gegen das andere Unternehmen aus (zur Befreiungswirkung der Handlung eines Verpflichteten → Rn. 52).

Schließlich kann die pflichtwidrige Nichterfüllung der Veröffentlichungs- und Ange- 242 botspflicht als **Marktmanipulation** (Art. 15 MAR iVm Art. 12 MAR) gewertet wer-den.[460]

**e) Schadensersatzansprüche.** Minderheitsaktionäre können aus einer Verletzung der 243 Angebots- oder Veröffentlichungspflicht keine **Schadensersatzansprüche** ableiten. Denn § 35 kommt nach zutreffender Auffassung keine Schutzgesetzeigenschaft zu (im Einzelnen → § 59 Rn. 53).[461]

**2. Durchsetzung der Bieterpflichten. a) Bundesanstalt.** Die Bundesanstalt kann 244 gegen den Bieter, wenn dieser seiner Angebotspflicht nicht nachkommt, nach § 60 Abs. 1 Nr. 1 lit. a ein Bußgeld verhängen (→ Rn. 235). Darüber hinaus enthält das Gesetz keine ausdrückliche Regelung, die der Bundesanstalt die Möglichkeit einräumen würde, den Bieter zur Abgabe des geschuldeten Pflichtangebotes anzuhalten. Auch die Gesetzesmateria-lien schweigen zu dieser Frage. Eine solche Befugnis der Bundesanstalt kann daher nur aus der **allgemeinen Missstandsaufsicht** nach § 4 Abs. 1 S. 3 folgen. Danach kann die Bundesanstalt alle Anordnungen treffen, die geeignet und erforderlich sind, Missstände zu beseitigen oder zu verhindern, die eine ordnungsgemäße Durchführung des Verfahrens beeinträchtigen oder erhebliche Nachteile für den Wertpapierhandel bewirken können. Der

---

[459] Assmann/Pötzsch/Schneider/*Krause*/*Pötzsch* Rn. 269.
[460] *Assmann* ZGR 2002, 697 (723) (jeweils zu § 20a aF); Assmann/Schneider/*Vogel* WpHG § 20a Rn. 110; Kölner Komm WpHG/*Stoll* WpHG § 20a Rn. 193.
[461] BGH NZG 2014, 985 (986); 2013, 939 = AG 2013, 634 – BKN; zuletzt bestätigt durch BGH NZG 2014, 985 (986) – Postbank; *Derlin* BB 2013, 2318 (2321); *Heusel* AG 2014, 235; *Seibt* ZIP 2013, 1568; *Witt* LMK 2013, 351281; *Simon* NZG 2005, 541 (542); FK-WpÜG/*Hommelhoff*/*Witt* Rn. 118; Angerer/Geibel/Süßmann/*Tschauner* § 59 Rn. 83 ff.

Wortlaut der Vorschrift deckt ein Eingreifen der Bundesanstalt zur Durchsetzung eines Pflichtangebotes. Gleichwohl geht eine gewichtige Meinung davon aus, dass die Durchsetzung eines pflichtwidrig unterbliebenen Pflichtangebotes durch die Bundesanstalt auf Grund der allgemeinen Eingriffsnorm nicht in Betracht kommt.[462] Zwar ist davon auszugehen, dass die gesetzlich angeordneten Sanktionen der Verzinsungspflicht gem. § 38 (→ Rn. 234), des Stimmrechtsverlustes nach § 59 und der Androhung einer Geldbuße nach § 60 (→ Rn. 235) grundsätzlich effektiv genug sind, um den Bieter zur Erfüllung seiner Pflichten anzuhalten[463] und durch eine gerichtliche Entscheidung des OLG Frankfurt im Ordnungswidrigkeitenverfahren in der Regel auch die Frage beantwortet wird, ob der Bieter ein Pflichtangebot abzugeben hat.[464] Allerdings wird man als letzte Möglichkeit aus § 4 Abs. 1 S. 3 dann eine Befugnis der Bundesanstalt ableiten können, wenn kein milderes Mittel in Betracht kommt und ansonsten Rechtsschutzlücken drohen, die im öffentlichen Interesse zu beseitigen sind.[465]

**245**   **b) Minderheitsaktionäre. aa) Einschreiten der Bundesanstalt.** Weitgehende Einigkeit dürfte zunächst darüber bestehen, dass Minderheitsaktionäre als Dritte kein Einschreiten der Bundesanstalt verlangen können, wenn der Bieter pflichtwidrig ein Pflichtangebot nicht abgibt.[466]

**246**   **bb) Ansprüche gegen den Bieter. (1) Abgabe eines Angebotes.** Konsens besteht auch darüber, dass auch ein einzelner Minderheitsaktionär vom Bieter nicht die Abgabe eines **öffentlichen Angebotes** an alle Aktionäre beanspruchen kann.[467] Dem steht vor allem der mangelnde drittschützende Charakter des § 35 entgegen (→ § 36 Rn. 62 ff.).

**247**   **(2) Andienung der Aktien.** Umstritten ist, inwieweit dem einzelnen Aktionär ein Anspruch gegen den Bieter auf Andienung seiner Aktien zusteht.[468] Nach einer teilweise vertretenen Ansicht ergibt sich aus der Regelung des § 38 Nr. 2, dass den Minderheitsaktionären gegen den Bieter ein individueller Anspruch auf **Abnahme der von ihnen gehaltenen Aktien** gegen eine angemessene Gegenleistung zusteht.[469] Der Anspruch ergebe sich aus § 35 selbst.[470] Eine weitere Ansicht nimmt zwischen dem säumigen Bieter und den Aktionären ein durch die Kontrollerlangung ausgelöstes Schuldverhältnis als Ausprägung der Mitgliedschaft an und leitet hieraus einen gesellschaftsrechtlichen Abfindungsanspruch her.[471] Die Existenz eines solchen Anspruchs werde durch die Regelung des § 38 belegt. Nach einer weiteren Ansicht stehen den Minderheitsaktionären Schadensersatz- nicht aber

---

[462] Baums/Thoma/*Baums/Hecker* Rn. 295; *Lenz* NJW 2003, 2074 (2075); *Habersack* ZHR 166 (2002), 619 (621 f.); offengelassen von *Ihrig* ZHR 167 (2003), 315 (348 f.).

[463] Im Ergebnis auch *Cahn* ZHR 167 (2003), 262 (267 ff.).

[464] *Cahn* ZHR 167 (2003), 262 (271 f.), der eine Bindungswirkung anderer Gerichte an diese Vorfrage annimmt. Es bleiben die Fälle, in denen ein objektiver Verstoß gegen die Pflichten des § 35 vorliegt, der Bieter aber nicht leichtfertig gehandelt hat.

[465] Im Ergebnis auch Kölner Komm WpÜG/*Hasselbach* Rn. 257; Schwark/Zimmer/*Noack/Zetzsche* Rn. 51; Emmerich/Habersack/*Habersack* AktG Vor § 311 Rn. 24; Assmann/Pötzsch/Schneider/*Krause/Pötzsch* Rn. 248; Angerer/Geibel/Süßmann/*Meyer* Rn. 61; FK-WpÜG/*Hommelhoff/Witt* Rn. 113, der § 35 als Ermächtigungsgrundlage auffasst; Steinmeyer/*Santelmann* Rn. 114.

[466] *Schnorbus* WM 2003, 657 (660); *Ihrig* ZHR 167 (2003), 315 (349); Assmann/Pötzsch/Schneider/*Krause/Pötzsch* Rn. 249; Baums/Thoma/*Baums/Hecker* Rn. 296; *Merkt* FS *Schwark*, 2009, 529 (547); so auch die Verwaltungspraxis der BaFin, vgl. die Presseerklärung vom 1.8.2002 (Gerhard Schmid/France Télécom).

[467] Steinmeyer/*Santelmann* Rn. 109; *Mülbert/Schneider* WM 2003, 2301.

[468] Eingehende Darstellung des Streitstandes bei *Pohlmann* ZGR 2007, 1 (9 ff.); Assmann/Pötzsch/Schneider/*Krause/Pötzsch* Rn. 250 ff.

[469] *Ihrig* ZHR 167 (2003), 315 (349); Baums/Thoma/*Baums/Hecker* Rn. 297 ff.; *Ekkenga/Hofschroer* DStR 2002, 768 (777); vgl. auch *Pötzsch,* Das neue Übernahmerecht, 2002, 51; *Wagner* NZG 2003, 718 (719); *Thaeter* in Thaeter/Brandi, Öffentliche Übernahmen, 2003, Teil 2 Rn. 539 f.; *Seibt* ZIP 2003, 1865 (1876); so auch noch → 2. Aufl. 2004, § 35 Rn. 245; offengelassen von OLG Frankfurt DB 2003, 1371 (1373) – ProSieben.

[470] *Seibt* ZIP 2003, 1865 (1876); *Wagner* NZG 2003, 718 (719).

[471] *Mülbert/Schneider* WM 2003, 2301 (2305 f.); dazu eingehend Assmann/Pötzsch/Schneider/*Krause/Pötzsch* Rn. 255 ff.

Erfüllungsansprüche zu.[472] Nach nunmehr hM scheiden Erfüllungs- und Schadensersatzansprüche[473] der Minderheitsaktionäre jedoch ganz aus.[474] Dem ist letztlich zuzustimmen. Bereits der Wortlaut des § 35 lässt keinen Schluss auf das Vorliegen einer Anspruchsgrundlage zu.[475] Auch ein Anspruch aus § 823 Abs. 2 BGB iVm § 35 Abs. 2 muss mangels Schutzgesetzeigenschaft des § 35 ausscheiden.[476] Da die Bundesanstalt das Recht hat, den kontrollierenden Aktionär zur Abgabe eines Angebotes zu verpflichten (→ Rn. 244), sind die außenstehenden Aktionäre zudem nicht schutzlos gestellt.[477] Schließlich lassen sich verfassungsrechtliche Bedenken im Hinblick auf die Gewaltenteilung vorbringen, wenn ein Anspruch – contra legem – im Wege der richterlichen Rechtsfortbildung trotz einer abschließenden Regelung geschaffen wird.[478]

**(3) Anspruch auf angemessene Gegenleistung.** Kommt der Bieter seiner Angebots- **248** pflicht zwar im Grundsatz nach, ist jedoch die angebotene Gegenleistung zu niedrig, ergibt sich ein Anspruch der Aktionäre gegen den Bieter auf angemessene Gegenleistung nicht aus § 35.[479] Jüngst hat der BGH[480] jedoch einen Anspruch der Aktionäre auf Zahlung des Differenzbetrages im Falle eines unangemessen niedrigen Angebotes aus § 31 Abs. 1 S. 1 bejaht.

## VII. Due Diligence und Insiderrecht

**1. Zulässigkeit einer Due Diligence bei der Zielgesellschaft.** Es entspricht der **249** üblichen Praxis, dass der Erwerbsinteressent vor Abschluss des das Pflichtangebot auslösenden Aktienkauf- und Übertragungsvertrages eine Due Diligence Prüfung durchführt. Die Zulässigkeit einer Due Diligence-Prüfung ist auch bei börsennotierten Aktiengesellschaften weitgehend anerkannt.[481] Die Entscheidung über die Gestattung einer Due Diligence-Prüfung und ihren Umfang fällt in die Kompetenz des Vorstandes, der bei seiner Entscheidung das Interesse der Gesellschaft an einer Übernahme durch den Erwerbsinteressenten gegen das Geheimhaltungsinteresse abzuwägen hat.[482] Der Vorstand muss sich jedoch der

---

[472] Kölner Komm WpÜG/*Hasselbach* Rn. 275; Ehricke/Ekkenga/Oechsler/*Ekkenga/Schulz* Rn. 76 f.

[473] Eine Ausnahme wird jedoch nach den allgemeinen Regeln dann zu machen sein, wenn die Voraussetzungen des § 826 BGB gegeben sind; ebenso Assmann/Pötzsch/Schneider/*Krause/Pötzsch* Rn. 254; dazu auch eingehend *Simon*, Rechtsschutz im Hinblick auf ein Pflichtangebot nach § 35 WpÜG, 2005, 259 ff.

[474] Das hat auch die Rspr. so entschieden, vgl. BGH NZG 2013, 939 = AG 2013, 634 – BKN; ausführlicher *Heusel* AG 2014, 232 ff.; zuletzt bestätigt durch BGH NZG 2014, 985 (986) – Postbank; Emmerich/Habersack/*Habersack* AktG Vor § 311 Rn. 24; Steinmeyer/*Santelmann* Rn. 114; Assmann/Pötzsch/Schneider/*Krause/Pötzsch* Rn. 250 ff.; Angerer/Geibel/Süßmann/*Meyer* Rn. 63; wohl auch FK-WpÜG/*Hommelhoff/Witt* Rn. 117 f.; *Pohlmann* ZGR 2007, 1 (12 f.); *Simon* NZG 2005, 541 ff.; aus der Rspr. auch OLG Köln BeckRS 2013, 10385.

[475] Assmann/Pötzsch/Schneider/*Krause/Pötzsch* Rn. 252.

[476] BGH NZG 2013, 939 = AG 2013, 634 – BKN; *Derlin* BB 2013, 2318 (2321); *Heusel* AG 2014, 235 ff.; *Seibt* ZIP 2013, 1568 ff.; Steinmeyer/*Santelmann* Rn. 112; Assmann/Pötzsch/Schneider/*Krause/Pötzsch* Rn. 253.

[477] Steinmeyer/*Santelmann* Rn. 114; Emmerich/Habersack/*Habersack* AktG Vor § 311 Rn. 24.

[478] Assmann/Pötzsch/Schneider/*Krause/Pötzsch* Rn. 257.

[479] AA *Lappe/Stafflage* BB 2002, 2189 (2191); *Ihrig* ZHR 167 (2003), 315 (346 f.); vgl. auch → 2. Aufl. 2004, § 35 Rn. 246.

[480] BGH NZG 2014, 985; dazu *Löhdefink/Jaspers* ZIP 2014, 2261; *v. Falkenhausen* NZG 2014, 1368; *Scheibenpflug/Tönningsen* BKR 2015, 140; *Krause* AG 2014, 833; *Witt* DStR 2014, 2132; *Rubner/Leuering* NJW-Spezial 2015, 79.

[481] *Roschmann/Frey* AG 1996, 449 (452); *Mertens* AG 1997, 541 (546); *Müller* NJW 2000, 3452 (3454); *Marsch-Barner* in Semler/Volhard ÜN-HdB § 7 Rn. 80; *Körber* NZG 2002, 263 (269); *Fleischer* ZIP 2002, 651; einschr. *Ziemons* AG 1999, 492 (497); *Kiethe* NZG 1999, 976 (979); *Assmann* ZGR 2002, 697 (708); *Brandi* in Thaeter/Brandi, Öffentliche Übernahmen, 2003, Teil 3 Rn. 31 ff., 37 ff.; *Nörr/Stiefenhofer*, Takeover Law in Germany, 2003, 76; *AMRS,* Public Company Takeovers in Germany, 2002, 144 ff., 147 ff.; aA nur *Lutter* ZIP 1997, 613 (618).

[482] *Müller* NJW 2000, 3452 (2453); *Körber* NZG 2002, 263 (269 f.); *Brandi* in Thaeter/Brandi, Öffentliche Übernahmen, 2003, Teil 3 Rn. 33 ff.; *Nörr/Stiefenhofer*, Takeover Law in Germany, 2003, 76; Hüffer/Koch/*Koch* AktG § 93 Rn. 8; *AMRS,* Public Company Takeovers in Germany, 2002, 144 ff., 147 ff.; Assmann/Pötzsch/Schneider/*Krause/Pötzsch* Rn. 241: Gesamtvorstand.

Ernsthaftigkeit des Erwerbsinteresses und der Vertraulichkeit des Erwerbsinteressenten versichern. Dies geschieht regelmäßig durch den Abschluss einer Vertraulichkeitserklärung und eines *letter of intent*.[483] Zudem kann es sich als zweckmäßig erweisen, dem Erwerbsinteressenten einen gestuften, vom Fortgang der Transaktion abhängigen Zugang zu sensiblen Unternehmensinterna zu gewähren. Hat sich der Vorstand ermessensfehlerfrei entschieden, dem Erwerbsinteressenten Informationen zur Verfügung zu stellen, erfolgt die Offenlegung von Unternehmensinformationen nicht unbefugt iSv Art. 14 lit. c MAR.

**250**   **2. Verwenden von Insidertatsachen.** Im Rahmen einer Due Diligence-Prüfung werden dem potenziellen Bieter häufig Insiderinformationen iSv Art. 7 MAR bekannt. Er unterfällt damit dem Insiderhandelsverbot nach Art. 14 lit. a MAR, sodass es ihm verboten ist, unter Verwendung seiner Kenntnis von der Insidertatsache Aktien der Zielgesellschaft zu erwerben.[484] Das Insiderhandelsverbot erfasst auch den außerbörslichen Erwerb sowie den Erwerb von Aktien im Rahmen eines öffentlichen Kauf- oder Tauschangebotes.[485] Fraglich ist indessen, ob der Erwerbsinteressent die im Rahmen der Due Diligence gewonnenen Informationen iSd Art. 14 MAR auch tatsächlich *verwendet*, wenn er nach Beendigung der Due Diligence das Aktienpaket erwirbt und im Zuge des wegen der Kontrollerlangung abzugebenden Pflichtangebotes weitere Aktien der Zielgesellschaft hinzuerwirbt.

**251**   Ein **Verwenden** iSd Art. 14 MAR ist dann nicht gegeben, wenn der Erwerb der Aktien der Zielgesellschaft im Zuge des Pflichtangebots nicht *auf Grund* der in der Due Diligence gewonnenen Kenntnisse über die Zielgesellschaft erfolgt. Zunächst gilt, dass der Erwerb von Aktien im Rahmen eines **Paketkaufes,** wenn Verkäufer und Käufer der Aktien gleichermaßen Kenntnis von der Insidertatsache haben und damit ein gleich hohes Informationsniveau besteht, nicht gegen das Insiderhandelsverbot verstößt.[486] Im Übrigen liegt, wenn der Erwerb der Aktien unabhängig von den erlangten Kenntnissen auf Grund eines vorher gefassten **unternehmerischen (Erwerbs-)Entschlusses** *(master plan concept)* erfolgt, nach hM kein verbotenes Verwenden von Insiderinformationen vor. Wird der Erwerber in einem vorher festgelegten Plan zum Erwerb der Aktien durch Auswertung der erhaltenen Informationen lediglich bestärkt, fehlt es an der für das Ausnutzen erforderlichen Kausalität zwischen den gewonnenen Insiderinformationen und dem Erwerbsvorgang.[487] Entsprechendes gilt, wenn sich der Erwerbsinteressent nach Auswertung der Informationen entschließt, von dem Vorhaben abzusehen.[488] Denn dann unterbleibt der Kaufvorgang insgesamt. Nach einer verbreitet vertretenen einschränkenden Auffassung fehlt es an einem Verwenden allerdings nur dann, wenn bei der Umsetzung des vorgefassten Planes zum Aktienerwerb kein Ermessensspielraum mehr besteht.[489] Ebenso soll ein verbotenes Verwenden auch dann noch vorliegen, wenn in die Erwerbsvorgänge die zuvor in der Due Diligence gewonnenen Insiderinformationen eingeflossen sind. In jedem Fall ist daher zu empfehlen, den der Due Diligence vorgelagerten Entschluss zum Erwerb hinreichend zu dokumentieren. So ist etwa der Abschluss eines *letter of intent*[490] im Grundsatz geeignet, eine solche Dokumentation

---

[483] *Mertens* AG 1997, 541 (546); *Kiethe* NZG 1999, 976 (979); *Körber* NZG 2002, 263 (270); *Fleischer* ZIP 2002, 651 (652); *Brandi* in Thaeter/Brandi, Öffentliche Übernahmen, 2003, Teil 3 Rn. 45; *Nörr/Stiefenhofer*, Takeover Law in Germany, 2003, 76; *AMRS,* Public Company Takeovers in Germany, 2002, 146, 148.

[484] Zu diesem Problemkreis ausf. auch Kölner Komm WpHG/*Klöhn* WpHG § 14 Rn. 395 ff. – noch bei § 14 WpHG aF.

[485] *Hopt* ZGR 2002, 333 (356, 358); Kölner Komm WpÜG/*v. Bülow* Rn. 176.

[486] Schäfer/Hamann/*Schäfer* WpHG § 14 Rn. 9; Ehricke/Ekkenga/Oechsler/*Ekkenga/Schulz* Rn. 52; *Streißle* BKR 2003, 788 (789); diff. Assmann/Schneider/*Assmann* WpHG § 14 Rn. 28, jeweils noch zu § 14 WpHG aF.

[487] Begr. RegE zum 2. Finanzmarktförderungsgesetz, BT-Drs. 12/6679, 47; BAWe/Deutsche Börse, Insiderhandelsverbote und Ad hoc-Publizität nach dem WpHG, 1998, 10; Assmann/Schneider/*Assmann* WpHG § 14 Rn. 45; *Knott/Mielke/Weidlich*, Unternehmenskauf, 2001, Rn. 19; *Hopt* in Schimansky/Bunte/Lwowski BankR-HdB II § 107 Rn. 43, 61; *Assmann* ZGR 2002, 697 (701); *Streißle* BKR 2003, 788 (789); *Vaupel/Uhl* WM 2003, 2126 (2128), jeweils noch zu § 14 WpHG aF.

[488] Assmann/Schneider/*Assmann* WpHG § 14 Rn. 45; *Weimann* DStR 1998, 1556 (1559).

[489] Schäfer/Hamann/*Schäfer* WpHG § 14 Rn. 9; *Marsch-Barner* in Semler/Volhard ÜN-HdB § 7 Rn. 120.

[490] Zum letter of intent zusammenfassend etwa *Schlitt* in Semler/Volhard ÜN-HdB § 6 Rn. 24 ff.

eines vorgefassten Erwerbsvorgangs darzustellen. – Erfolgt danach bereits der Paketverkauf ohne Ausnutzung von Insiderkenntnissen, verletzt auch der nachfolgende **Erwerb** von Aktien im Rahmen des **Pflichtangebotes** nicht das Insiderhandelsverbot.[491]

### VIII. Vorangegangenes Übernahmeangebot (Abs. 3)

**1. Grundsatz.** Abs. 3 regelt das **Verhältnis** zwischen einem Pflichtangebot und einem **252** vorausgehenden freiwilligen Übernahmeangebot. Danach besteht eine Verpflichtung zur Abgabe eines Pflichtangebotes dann nicht, wenn die Kontrolle über die Zielgesellschaft auf Grund eines freiwilligen Übernahmeangebotes erworben wurde. Diese gesetzliche **Privilegierung** des Kontrollerwerbs durch ein freiwilliges Übernahmeangebot ist Teil des in § 39 zum Ausdruck kommenden gesetzgeberischen Konzepts der „Parallelisierung von Pflichtangebot und freiwilligem Vollangebot",[492] das dadurch gekennzeichnet ist, für freiwillige Übernahmeangebote und Pflichtangebote im Grundsatz die gleichen Bestimmungen zur Anwendung kommen zu lassen. Vor diesem Hintergrund ist es nicht nur gerechtfertigt, sondern auch zur Vermeidung einer Verdoppelung von Angeboten *(„two tier bid")* geboten, denjenigen, der die Kontrolle auf Grund eines freiwilligen Angebotes erlangt hat, von der Verpflichtung zu entbinden, im Anschluss an das Übernahmeangebot nochmals ein mit erheblichem Zeit- und Kostenaufwand verbundenes Pflichtangebot zu veröffentlichen.[493] Insoweit fehlt es an einem Schutzbedürfnis der Minderheitsaktionäre.[494] Diese müssen vielmehr im Falle eines Übernahmeangebotes damit rechnen, dass der Bieter auch die Kontrolle über die Zielgesellschaft erlangt. An einem neuerlichen Angebot haben sie kein schützenswertes Interesse. Insgesamt dient die Vorschrift damit in erster Linie dem Schutz des Bieters und weniger dem Interesse der Zielgesellschaft, vor einem weiteren Angebot verschont zu werden.[495] Vor dem Hintergrund dieser Überlegungen, sieht sich auch die Bundesanstalt dazu gehalten, das gesetzgeberische Bestreben durch eine entsprechend weite Auslegung des § 35 Abs. 3 im Rahmen ihrer Verwaltungspraxis zu fördern.[496]

**2. Übernahmeangebot.** Die befreiende Wirkung greift grundsätzlich nur dann ein, **253** wenn das Angebot vom Kontrollerwerber selbst ausgeht. Das Angebot eines Dritten befreit den Kontrollerwerber – entsprechend der Situation bei mehreren Verpflichteten (→ Rn. 52) – nur dann, wenn die vom Dritten angebotenen Konditionen nicht ungünstiger waren als diejenigen, die der Kontrollerwerber hätte anbieten müssen.[497]

Erlangt ein Bieter auf Grund eines freiwilligen Übernahmeangebotes die Kontrolle über **254** die Zielgesellschaft, die ihrerseits über eine oder mehrere börsennotierte Tochtergesellschaften verfügt (→ Rn. 111 ff.) und wurde das freiwillige Übernahmeangebot nicht von vornherein auch auf diese Tochtergesellschaften erstreckt, hatten die Aktionäre der Tochtergesellschaft keine Möglichkeit zum Austritt. Da ihr Schutzbedürfnis folglich fortbesteht, bezieht sich die Privilegierungswirkung des Abs. 3 bei einem solchen **mittelbaren Kontrollerwerb** nur auf die Aktien der Zielgesellschaft, über die auf Grund des Übernahmeangebotes die Kontrolle erlangt wurde (→ Rn. 112 f.).[498]

Voraussetzung für die gesetzliche Befreiung von der Verpflichtung zur Abgabe eines **255** Pflichtangebotes ist, dass das vorangehende Übernahmeangebot **ordnungsgemäß** durchge-

---

[491] Im Ergebnis auch *Streißle* BKR 2003, 788 (792).

[492] *Mülbert* ZIP 2001, 1221 (1223); FK-WpÜG/*Hommelhoff/Witt* Rn. 104; Steinmeyer/*Santelmann* Rn. 119.

[493] Begr. RegE, BT-Drs. 14/7034, 60; *Pötzsch/Möller* WM-Sonderbeil. 2/2000, 20; *Kalss* in Semler/Volhard ÜN-HdB § 51 Rn. 84; FK-WpÜG/*Hommelhoff/Witt* Rn. 104.

[494] FK-WpÜG/*Hommelhoff/Witt* Rn. 104 f.; Steinmeyer/*Santelmann* Rn. 119; Angerer/Geibel/Süßmann/*Meyer* Rn. 77.

[495] *Letzel* BKR 2002, 293 (301).

[496] Vgl. dazu das Merkblatt zur Auslegung des § 35 Abs. 3 durch die BaFin vom 12.7.2007.

[497] Kölner Komm WpÜG/*Hasselbach* Rn. 243.

[498] Kölner Komm WpÜG/*Hasselbach* Rn. 245; Ehricke/Ekkenga/Oechsler/*Ekkenga/Schulz* Rn. 69; FK-WpÜG/*Hommelhoff/Witt* Rn. 107; Steinmeyer/*Santelmann* Rn. 121; Baums/Thoma/*Baums/Hecker* Rn. 85, 288; Assmann/Pötzsch/Schneider/*Krause/Pötzsch* Rn. 272.

führt wurde.[499] Dabei reicht es jedoch aus, dass das Angebot materiell den Anforderungen des Abschnittes 4 genügt hat und auch der Mindestpreis angeboten wurde.[500] Unrichtigkeiten in der Angebotsunterlage oder von der Bundesanstalt nicht gerügte Verfahrensmängel hindern den Eintritt der Befreiungswirkung nicht.[501]

256    **3. Kausalität.** Die Kontrolle muss „auf Grund" eines Übernahmeangebotes erworben sein. Dies bedeutet nicht, dass das Übernahmeangebot unmittelbar ursächlich für die Kontrollerlangung gewesen sein muss.[502] Vielmehr muss ein **zeitlicher und sachlicher Zusammenhang** zwischen Übernahmeangebot und Kontrollerlangung vorliegen.[503] Demnach reicht es aus, wenn der Bieter die Kontrolle über die Zielgesellschaft während, aber **außerhalb des Übernahmeangebots** erlangt hat. Folglich besteht jedenfalls immer dann keine Pflicht, ein Angebot zu unterbreiten, wenn die Kontrolle in der Zeit **zwischen dem Beginn und dem Ende der Angebotsfrist** erlangt wird. Darauf, ob der Erwerb der Aktien im Rahmen des förmlichen Übernahmeverfahrens erfolgt, kommt es nicht an.[504]

257    Zum Teil wird es für das Eingreifen der Privilegierungsbestimmung für ausreichend gehalten, wenn die Kontrollbeteiligung nach der Veröffentlichung der **Entscheidung zur Abgabe eines Übernahmeangebotes** erworben wird, es also auf die Veröffentlichung der Angebotsunterlage nicht ankommt.[505] Dem ist zu folgen. Denn auch in diesem Fall haben sich die Minderheitsaktionäre, die ihre Aktien nicht an den Bieter veräußert haben, bewusst für einen Verbleib in der Gesellschaft entschieden. Eine Gefahr, dass die Vorschriften über das Pflichtangebot umgangen werden, besteht nicht. Die Aktionäre sind durch die Mindestpreisbestimmung des § 4 WpÜG-AV (Vorerwerbe) und die Erhöhungsregel des § 31 Abs. 4 ausreichend geschützt.

258    Demnach besteht eine Angebotspflicht dann nicht, wenn der Bieter einen **Kontrollanteil im Wege eines Paketerwerbs** *(block trade)* erworben hat, und im gleichzeitig unterbreiteten freiwilligen Übernahmeangebot weitere Aktien hinzuerwirbt. Ein Schutzbedürfnis der Minderheitsaktionäre an der Durchführung eines Pflichtangebots ist nicht gegeben.

259    Die Privilegierungsbestimmung des Abs. 3 ist indessen dann **nicht** anwendbar, wenn die Kontrolle erst **nach Abschluss** eines (nicht erfolgreichen) freiwilligen Übernahmeangebots erlangt worden ist.[506] Dies ist beispielsweise der Fall, wenn der Bieter auf Grund eines freiwilligen Übernahmeangebotes (nur) 25% der Stimmrechte erwirbt und nach Abschluss des Verfahrens weitere 5% der Stimmrechte hinzukauft.[507] Im Einzelfall mag eine Befreiung nach § 37 Abs. 1 Var. 1 im Hinblick auf die Art der Kontrollerlangung in Betracht kommen. Andernfalls muss der Bieter ein Pflichtangebot abgeben.

260    Die Bundesanstalt hat aus ihren bisherigen Erfahrungen **fünf Fallgruppen** abgeleitet, die sie unter die Privilegierung des § 35 Abs. 3 subsumiert.[508] Sie gibt damit der Praxis

---

[499] Steinmeyer/*Santelmann* Rn. 120; Kölner Komm WpÜG/*Hasselbach* Rn. 245; Assmann/Pötzsch/ Schneider/*Krause/Pötzsch* Rn. 271.

[500] Abw. *Mülbert/Schneider* WM 2003, 2301 (2317), nach denen die Sperrwirkung nicht eingreifen soll, wenn der innere Anteilswert der Aktien höher ist als der im Rahmen des freiwilligen Übernahmeangebots offerierte Preis.

[501] Kölner Komm WpÜG/*Hasselbach* Rn. 245; ABBD/*Kopp/v. Dryander* Sec. 35 Rn. 19.

[502] OLG Düsseldorf DB 2006, 2223 (2228); FK-WpÜG/*Hommelhoff/Witt* Rn. 105; Assmann/Pötzsch/ Schneider/*Krause/Pötzsch* Rn. 275; Angerer/Geibel/Süßmann/*Meyer* Rn. 78; dazu eingehend *Kossmann/Horz* NZG 2006, 481 (482 ff.).

[503] Vgl. dazu das Merkblatt zur Auslegung des § 35 Abs. 3 WpÜG durch die BaFin vom 12.7.2007; strengere Anforderungen stellen FK-WpÜG/*Hommelhoff/Witt* Rn. 105: „enger zeitlicher Zusammenhang".

[504] *Geibel/Süßmann* BKR 2002, 52 (53); Angerer/Geibel/Süßmann/*Meyer* Rn. 78; *Mielke* in Beckmann/ Kersting/Mielke, Das neue Übernahmerecht, 2003, Rn. B 46; Kölner Komm WpÜG/*Hasselbach* Rn. 247; Ehricke/Ekkenga/Oechsler/*Ekkenga/Schulz* Rn. 67; wohl auch FK-WpÜG/*Hommelhoff/Witt* Rn. 105; *Harbarth* ZIP 2002, 321 (327); Assmann/Pötzsch/Schneider/*Krause/Pötzsch* Rn. 275.

[505] *Lenz/Behnke* BKR 2003, 43 (48), die dieses Ergebnis auf eine analoge Anwendung von Abs. 3 stützen.

[506] *Harbarth* ZIP 2002, 321 (327); *Lenz/Behnke* BKR 2003, 43 (48); Steinmeyer/*Santelmann* Rn. 125; aA *Geibel/Süßmann* BKR 2002, 52 (53); *Letzel* BKR 2002, 293 (301).

[507] Beispiel nach *Harbarth* ZIP 2002, 321 (327).

[508] Vgl. dazu das Merkblatt zur Auslegung des § 35 Abs. 3 durch die BaFin vom 12.7.2007, in dem die fünf Fallgruppen (Vollzugsfälle, fusionskontrollrechtliche Fälle, Änderungen in der Beteiligungsstruktur des Bieters während des Übernahmeangebotes, nicht offen gelegte Beteiligungsstruktur oberhalb des Bieters,

eine Richtschnur an die Hand, in welchen Fällen nach ihrer Ansicht ein zeitlicher und sachlicher Zusammenhang vorliegen soll. Die erste Fallgruppe erfasst **Vollzugsfälle** *(settlements)*. Hier soll § 35 Abs. 3 erfüllt sein, wenn die Kontrollerlangung durch das marktübliche Settlement eines vor bzw. auf den Ablauf der Annahmefrist abgeschlossenen Verpflichtungsgeschäftes während der bzw. nach Ablauf der (weiteren) Annahmefrist erfolgt. Des Weiteren sind die Voraussetzungen des § 35 Abs. 3 dann erfüllt, wenn der dingliche Vollzug von Vorerwerben zwischen den Veröffentlichungen nach § 10 Abs. 1 S. 1 und § 14 Abs. 2 S. 1 und Parallelerwerben iSd § 31 Abs. 4 zur Kontrollerlangung nach § 29 Abs. 2 führt. Die zweite Fallgruppe bilden **fusionskontrollrechtliche Fälle.** Hierbei reicht es aus, wenn die Kontrollerlangung durch das Wirksamwerden des Übernahmeangebotes in Folge der fusionskontrollrechtlichen Freigabe nach Ablauf der (weiteren) Annahmefrist erfolgt und die Angebotsunterlage auf diesen Umstand hinweist. Die dritte Fallgruppe befasst sich mit **Änderungen in der Beteiligungsstruktur** des Bieters während des Übernahmeangebotes. So sind etwa die Voraussetzungen des § 35 Abs. 3 auch hinsichtlich derjenigen Personen erfüllt, die zwischen der Veröffentlichung der Angebotsunterlage nach § 14 Abs. 2 S. 1 und dem Ablauf der Annahmefrist Mutterunternehmen iSd § 2 Abs. 6 des Bieters werden. Dafür ist allerdings erforderlich, dass die neu hinzutretenden Personen ihrerseits als Tochterunternehmen entweder von dem auch den Bieter beherrschenden Konzernunternehmen iSd § 18 Abs. 1 AktG oder von einer auch den Bieter beherrschenden Person, die kein Unternehmen iSd §§ 15 ff. AktG ist, beherrscht werden. In einer vierten Fallgruppe wird die Behandlung von **nicht offen gelegten Beteiligungsstrukturen** oberhalb des Bieters erörtert. Danach sind die Voraussetzungen des § 35 Abs. 3 WpÜG erfüllt, wenn die Kontrollerlangung auf Grund der Zurechnung nach § 30 Abs. 1 S. 1 Nr. 1 WpÜG durch eine nicht in der Angebotsunterlage aufgeführte Person erfolgt, die sich als Tochterunternehmen innerhalb eines „Konzerns", dem auch der Bieter des Übernahmeangebotes als Tochterunternehmen angehört, befindet, sofern von dieser nicht aufgeführten Person keine die Gegenleistung erhöhenden Vor- und Parallelerwerbe getätigt wurden. Schließlich wird im Rahmen einer fünfte Fallgruppe darauf hingewiesen, dass § 35 Abs. 3 auch dann erfüllt ist, wenn die Kontrollerlangung durch die Eintragung der **Verschmelzung** eines vor Ablauf der Annahmefrist eingeleiteten Verschmelzungsprozesses nach Ablauf der (weiteren) Annahmefrist erfolgt und hierauf in der Angebotsunterlage hingewiesen wird.

**4. Entscheidungsparameter.** Beabsichtigt ein Investor bei bestehender Veräußerungs- **261** bereitschaft des Hauptaktionärs die Übernahme einer börsennotierten Gesellschaft, bietet sich ihm die Möglichkeit, entweder

– ein freiwilliges Übernahmeangebot abzugeben, nachdem er – ggf. unter Einschaltung **262** eines Börsenmaklers – Aktienpakete unterhalb der Stimmrechtsschwelle von 30% erworben hat (sog. *dawn raid*) und sich auf Grund flankierender schuldrechtlicher Vereinbarungen mit den Hauptaktionären *(tender agreements, irrevocable undertakings)*[509] versichert hat, dass er ihre Aktien im Zuge des Angebotes erwerben kann, oder

– die Kontrollbeteiligung eines oder mehrerer Hauptaktionäre im Rahmen eines Paketkaufs **263** zu erwerben und anschließend das erforderliche Pflichtangebot für den Erwerb der Aktien der außenstehenden Aktionäre abzugeben.

Für die Durchführung eines freiwilligen Übernahmeangebotes können zunächst **zeitliche 264** Gesichtspunkte sprechen. Der Umstand der Kontrollerlangung muss nämlich spätestens

---

Verschmelzungsfälle) eingehend erläutert werden; dazu auch Kölner Komm WpÜG/*Hasselbach* Rn. 249 ff.; Assmann/Pötzsch/Schneider/*Krause/Pötzsch* Rn. 276 ff.

[509] Eine solche Vereinbarung kann verschiedenartig ausgestaltet sein. Es kann sich um einen aufschiebend bedingten Kaufvertrag handeln, bei dem die Bedingung mit dem erfolgreichen Abschluss des Übernahmeangebotes eintritt, s. Lenz/*Behnke* BKR 2003, 43 (48 f.). Denkbar ist auch die Vereinbarung einer schuldrechtlichen Call-Option zugunsten des Bieters oder ein Vertrag, in dem sich der Aktionär unwiderruflich verpflichtet, seine Aktien im Rahmen des Angebotes dem Bieter zu verkaufen. Alle diese Vereinbarungen führen grundsätzlich nicht zu einer Zurechnung der Stimmrechte nach § 30 Abs. 1 Nr. 5. Dazu auch *Paul/Krause/Horan,* Acquisitions Monthly, September 2002, 2.

innerhalb von sieben Tagen nach dem Erwerb der Kontrollbeteiligung veröffentlicht werden (→ Rn. 163). Die Angebotsunterlage ist dann grundsätzlich innerhalb einer Frist von vier Wochen der Bundesanstalt zu übermitteln (→ Rn. 181) und nach der Gestattung unverzüglich zu veröffentlichen (→ Rn. 190). Ausschlaggebende Bedeutung dürfte dieser Aspekt in der Praxis nur selten haben, da mit den Vorbereitungen für ein Pflichtangebot bereits vor dem Paketerwerb begonnen werden kann, ohne dass eine solche Vorbereitung bereits als Entscheidung zur Abgabe eines Angebotes angesehen werden könnte.[510]

265    Als maßgeblich erweist sich dagegen die Flexibilität im Hinblick auf die Art und Höhe der **Gegenleistung,** die sich dem Bieter bei einem freiwilligen Übernahmeangebot eröffnet. Zwar kann der Bieter auch bei einem Pflichtangebot als Gegenleistung liquide Aktien statt einer Barzahlung anbieten. Ist der Erwerb des Aktienpaketes des Hauptaktionärs gegen Barzahlung erfolgt, ist auch den Minderheitsaktionären regelmäßig eine Barzahlung anzubieten (→ Rn. 205). Im Hinblick auf die Höhe der Gegenleistung ist zu beachten, dass im Rahmen eines Pflichtangebotes die bei einem vorherigen Paketkauf gezahlte Prämie unter den Voraussetzungen des § 4 WpÜG-AV zu berücksichtigen ist.[511] Hinzu kommt ein weiterer Aspekt: Der vom Bieter anzubietende Mindestpreis knüpft bei einem freiwilligen Übernahmeangebot an den Dreimonatszeitraum vor dem Tag der Bekanntgabe der Entscheidung zur Abgabe eines Angebotes an, während bei einem Pflichtangebot auf den Sechsmonatszeitraum vor dem Tag der Erlangung der Kontrolle abzustellen ist (→ Rn. 205). Sofern zwischen Bekanntgabe des Paketkaufes und seinem Vollzug, etwa auf Grund kartellrechtlicher Genehmigungsverfahren, ein längerer Zeitraum liegt, würde der Bieter bei der Pflichtangebots-Variante das Risiko des Anstiegs des Börsenkurses tragen.

266    Anders als ein Pflichtangebot, das grundsätzlich bedingungsfeindlich ist (→ Rn. 217), darf das Übernahmeangebot von dem Eintritt von **Bedingungen** abhängig gemacht werden, sofern der Bieter, mit ihm gemeinsam handelnde Personen oder deren Tochterunternehmen oder im Zusammenhang mit dem Angebot tätige Berater den Eintritt der Bedingung nicht ausschließlich selbst herbeiführen können (§ 18 Abs. 1). Von der Möglichkeit, das Angebot unter eine Bedingung zu stellen, werden insbesondere diejenigen Investoren Gebrauch machen, die mindestens einen bestimmten Anteil an der Zielgesellschaft erwerben wollen. Auch die Möglichkeit für die Bundesanstalt, die Frist zur Prüfung des Angebotes um bis zu fünf Werktage zu verlängern (§ 14 Abs. 2 S. 3), besteht nur bei einem freiwilligen Übernahmeangebot. Ferner gibt es bei einem Pflichtangebot **keine weitere Annahmefrist** nach § 16 Abs. 2.

267    Insgesamt besteht daher bei einem **freiwilligen Übernahmeangebot mehr Flexibilität** als bei einem Pflichtangebot.[512] Will der Hauptaktionär die Veräußerung seiner Beteiligung nicht von dem Erreichen einer Mindestschwelle durch den Bieter abhängig machen, wird indessen vielfach nur ein Paketverkauf mit einem sich anschließenden Pflichtangebot in Betracht kommen.

### § 36 Nichtberücksichtigung von Stimmrechten

**Die Bundesanstalt lässt auf schriftlichen Antrag zu, dass Stimmrechte aus Aktien der Zielgesellschaft bei der Berechnung des Stimmrechtsanteils unberücksichtigt bleiben, wenn die Aktien erlangt wurden durch**

1. **Erbgang, Erbauseinandersetzung oder unentgeltliche Zuwendung unter Ehegatten, Lebenspartnern oder Verwandten in gerader Linie und bis zum dritten Grade oder durch Vermögensauseinandersetzung aus Anlass der Auflösung einer Ehe oder Lebenspartnerschaft,**
2. **Rechtsformwechsel oder**
3. **Umstrukturierungen innerhalb eines Konzerns.**

---

[510] Kölner Komm WpÜG/*v. Bülow* Rn. 150.
[511] S. auch FK-WpÜG/*Hommelhoff/Witt* Rn. 105.
[512] Vgl. auch *Zschocke* in Zschocke/Schuster ÜbernahmeR-HdB Rn. B 67 f.; Kölner Komm WpÜG/*Hasselbach* Rn. 256.

**Schrifttum:** *Aha,* Rechtsschutz der Zielgesellschaft bei mangelhaften Übernahmeangeboten, AG 2002, 160; *Braun,* Die Befreiung vom Pflichtangebot nach dem WpÜG, 2008; *v. Bülow/Bücker* Das Konzernprivileg des § 36 Nr. 3 WpÜG – Tatbestand, Rechtsfolgen, Verfahren, Der Konzern 2003, 185; *Cahn,* Verwaltungsbefugnisse der Bundesanstalt für Finanzdienstleistungsaufsicht im Übernahmerecht und Rechtsschutz Betroffener, ZHR 167 (2003), 262; *Fuhrmann/Oltmanns,* Pflichtangebot bei konzerninternen Umstrukturierungen, NZG 2003, 17; *Harbarth,* Kontrollerlangung und Pflichtangebot, ZIP 2002, 321; *Hasselbach/Alles,* Übernahmerechtliche Aspekte der Unternehmensnachfolge in börsennotierten Familienunternehmen, DB 2020, 29; *Hippeli/Schmiady,* Übernahmerechtliche Aspekte der Unternehmensnachfolge bei börsennotierten Familienunternehmen, ZIP 2015, 705; *Holzborn/Blank,* Die Nichtzurechnung nach §§ 20, 36 WpÜG und die Befreiung vom Pflichtangebot nach § 37 WpÜG, §§ 8 ff. WpÜGAngVO, NZG 2002, 948; *Holzborn/Friedhoff,* Die gebundenen Ausnahmen der Zurechnung nach dem WpÜG, WM 2002, 948; *Ihrig,* Rechtsschutz Drittbetroffener im Übernahmerecht, ZHR 167 (2003), 315; *Koch,* Passiver Kontrollerwerb und Pflichtangebot, ZIP 2008, 1260; *Lenz/Linke,* Die Handhabung des WpÜG in der aufsichtsrechtlichen Praxis, AG 2002, 361; *Liebscher,* Die Zurechnungstatbestände des WpHG und WpÜG, ZIP 2002, 1005; *Meyer/Lipsky,* Suspensiveffekt des Antrags gem. §§ 36, 37 OpiG, NZG 2009, 1092; *Möller,* Das Verwaltungs- und Beschwerdeverfahren nach dem Wertpapiererwerbs- und Übernahmegesetz unter besonderer Berücksichtigung Dritter, ZHR 167 (2002), 301; *Pohlmann,* Rechtsschutz der Aktionäre der Zielgesellschaft im Wertpapier- und Übernahmeverfahren, ZGR 2007, 1; *Pötzsch,* Das neue Übernahmerecht, 2002; *v. Riegen,* Verwaltungsrechtsschutz Dritter im WpÜG, Der Konzern 2003, 583; *Schnorbus,* Drittklagen im Übernahmeverfahren, ZHR 166 (2002), 72; *Schnorbus,* Rechtsschutz im Übernahmeverfahren (Teil II), WM 2003, 657; *Seibt,* Rechtsschutz im Übernahmerecht, ZIP 2003, 1865; *Seibt/Heiser,* Regelungskonkurrenz zwischen neuem Übernahmerecht und Umwandlungsrecht, ZHR 165 (2001), 466; *Wackerbarth/Kreiße,* Suspensiveffekt des Antrags nach §§ 36 f. WpÜG?, NZG 2010, 418; *Wagner,* Zur Rechtsstellung Dritter nach dem WpÜG, NZG 2003, 718.

## Übersicht

## I. Allgemeines

**1. Regelungsgegenstand.** Die Pflicht zur Veröffentlichung der Kontrollerlangung und **1** zur Abgabe eines Pflichtangebotes wird nach § 35 Abs. 1 und 2 durch die Erlangung von 30% der Stimmrechte ausgelöst. Bei der Berechnung des Stimmrechtsanteils werden im Grundsatz alle Stimmrechte des kontrollierenden Aktionärs mitgerechnet. § 36 enthält eine **Trias** von Ausnahmefällen, in denen Stimmrechte des Bieters aus bestimmten Aktien bei der Berechnung dessen Stimmrechtsanteils unberücksichtigt bleiben. Dies gilt für Aktien, die durch Erbgang, Erbauseinandersetzung oder eine unentgeltliche Zuwendung unter Ehegatten, Lebenspartnern oder Verwandten in gerader Linie (Nr. 1), durch Rechtsformwechsel (Nr. 2) oder durch Umstrukturierungen innerhalb eines Konzerns (Nr. 3) erlangt wurden. Diese Aufzählung von Unberücksichtigungstatbeständen ist **abschließend.**[1]

**2**  § 36 bewirkt, dass der betreffende Stimmrechtsanteil unberücksichtigt bleibt. Die Norm stellt also keinen Befreiungstatbestand dar, sondern verhindert bereits das Entstehen der Veröffentlichungs- und Angebotspflicht von Anfang an.[2]

**3**  Die Stimmrechte aus den entsprechenden Aktien bleiben jedoch bei Vorliegen der jeweiligen Tatbestandsvoraussetzungen nicht automatisch unberücksichtigt. Vielmehr bedarf es einer Entscheidung durch die **Bundesanstalt,** die bei ihrer Entscheidung über den Antrag des Bieters indessen **kein Ermessen** hat.[3] Die Bundesanstalt muss also, sofern die Voraussetzungen der Nr. 1, 2 oder 3 vorliegen, dem Antrag entsprechen. Aufgrund der Nichtberücksichtigungswirkung kommt der Entscheidung rechtsgestaltende Wirkung zu.[4] Von der hiervon zu sondernden Frage der rechtsgestaltenden Wirkung gegenüber Dritten → Rn. 74.

**4**  **2. Normzweck.** Der Gesetzgeber will mit dieser Ausnahmeregelung dem Umstand Rechnung tragen, dass es Fälle gibt, in denen die Pflicht zur Abgabe eines Angebotes an die außenstehenden Aktionäre als **nicht sachgerecht** erscheint.[5] Die auf erb- und familienrechtliche Sachverhalte bezogene Ausnahme nach Nr. 1 bezweckt die Erleichterung der Nachfolge bei Familienunternehmen. Die Verpflichtung zur Abgabe eines Pflichtangebotes würde auf Grund der damit zwangsläufig verbundenen Kosten die Fortführung solcher Unternehmen häufig wirtschaftlich unmöglich machen.[6] Die Ausnahmen nach Nr. 2 und Nr. 3 sollen Änderungen der Rechtsform des Stimmberechtigten und Umstrukturierungen innerhalb des Konzerns ermöglichen. Sie sollen dem Umstand Rechnung tragen, dass es in diesen Fällen nicht zu einer Veränderung der materiellen Kontrollsituation kommt.[7]

**5**  Die Nichtberücksichtigungsregelung nach § 36 wird durch die Vorschrift des § 37 ergänzt, nach der der Bieter in bestimmten Fällen von der Veröffentlichungs- und Angebotspflicht nach § 35 **befreit** werden kann. Eine mit § 36 verwandte Regelung findet sich in § 20, die eine Nichtberücksichtigung von Stimmrechten aus bestimmten Aktien, die zum **Handelsbestand** des Bieters gehören, vorsieht. Anders als im Anwendungsbereich des § 20 bezieht sich die Nichtberücksichtigung nur auf die Feststellung, ob die die Kontrolle vermittelnde Schwelle von 30% der Stimmrechte erreicht oder überschritten wurde, nicht aber auf die Veröffentlichungspflichten nach § 23 und die Berechnung der Gegenleistung nach § 35.[8]

**6**  Die Nichtberücksichtigungsregelung des § 36 hat große **praktische Bedeutung.**[9] Allein im ersten Jahr seit Inkrafttreten des WpÜG sind 67 Anträge auf Nichtberücksichtigung von Stimmrechten gestellt worden.[10] Alle betrafen die Nichtberücksichtigung von Stimmrechten wegen einer konzerninternen Umstrukturierung nach § 36 Nr. 3. Diese Zahlen waren der Beginn einer Tendenz, die sich bis heute fortgesetzt hat.[11]

---

[1] Begr. RegE, BT-Drs. 14/7034, 60; *Kalss* in Semler/Volhard ÜN-HdB § 51 Rn. 82; Steinmeyer/*Klepsch* Rn. 11.

[2] *v. Bülow/Bücker* Der Konzern 2003, 185 (186); Assmann/Pötzsch/Schneider/*Schneider/Rosengarten* Rn. 1; Steinmeyer/*Klepsch* Rn. 1.

[3] *Harbarth* ZIP 2002, 321 (327); Kölner Komm WpÜG/*v. Bülow* Rn. 1; FK-WpÜG/*Hommelhoff/Witt* Rn. 2; Baums/Thoma/*Hecker* Rn. 6, 129; Angerer/Geibel/Süßmann/*Meyer* Rn. 1.

[4] *v. Bülow/Bücker* Der Konzern 2003, 185 (186).

[5] Begr. RegE, BT-Drs. 14/7034, 60; Angerer/Geibel/Süßmann/*Meyer* Rn. 1; FK-WpÜG/*Hommelhoff/Witt* Rn. 1; Assmann/Pötzsch/Schneider/*Schneider/Rosengarten* Rn. 1; Schwark/Zimmer/*Noack/Zetzsche* Rn. 1.

[6] Begr. RegE, BT-Drs. 14/7034, 60.

[7] Kölner Komm WpÜG/*v. Bülow* Rn. 17; Angerer/Geibel/Süßmann/*Meyer* Rn. 19 f.; Steinmeyer/*Klepsch* Rn. 20, 22.

[8] FK-WpÜG/*Hommelhoff/Witt* Rn. 1; hierzu auch eingehend Baums/Thoma/*Hecker* Rn. 130 f.

[9] Vgl. *Hasselbach/Alles* DB 2020, 39 (40): „zentrale Vorschrift"; ferner *Hippeli/Schmiady* ZIP 2015, 705 (707).

[10] *Lenz* NJW 2003, 2073 (2074 f.).

[11] Nach den Jahresberichten der BaFin werden die meisten Anträge im Bereich des Sanierungsprivilegs (§ 37 iVm § 9 S. 1 Nr. 3 WpÜG-AV, vgl. → § 37 Rn. 97 ff.) und im Bereich der Umstrukturierung (§ 36 Nr. 3) gestellt, vgl. dazu die Jahresberichte 2009, 205; 2008, 183; 2007, 195; 2006, 185. Seit dem Jahresbericht 2010 weist die BaFin keine differenzierten Zahlen mehr aus.

**3. Entstehungsgeschichte. a) Übernahmekodex.** Der ÜbK war von dem Prinzip des 7
Vorrangs des gesellschaftsrechtlichen Minderheitenschutzes gegenüber der Angebotspflicht
geprägt.[12] Die Verpflichtung zur Abgabe eines Angebots bestand danach unter anderem
dann nicht, wenn beabsichtigt war, innerhalb von 18 Monaten nach Erreichen der Kontrolle
Beschlüsse des Wertpapierinhabers und der Zielgesellschaft über einen Unternehmensvertrag gemäß §§ 291 ff. AktG, die Eingliederung der Zielgesellschaft gemäß §§ 319 ff. AktG,
den Formwechsel der Zielgesellschaft gemäß §§ 190 ff. UmwG oder die Verschmelzung
der Zielgesellschaft gemäß §§ 2 ff. UmwG herbeizuführen und diese Absicht nach Erreichen
der Kontrolle nicht aufgegeben wurde (Art. 16 S. 3 ÜbK). Ein auf familien- und erbrechtliche Sachverhalte bezogener Ausnahmetatbestand war im ÜbK zwar nicht vorgesehen. Die
Übernahmekommission konnte den Kontrollerwerber aber auch insoweit nach ihrem
pflichtgemäßen Ermessen von einzelnen Vorschriften ganz oder teilweise befreien, sofern
dieser ein berechtigtes Interesse für sich in Anspruch nehmen konnte.[13]

**b) Gesetzgebungsverfahren.** Eine Bestimmung über die Nichtberücksichtigung von 8
Stimmrechten war bereits im **DiskE** vom 29.6.2000 (§ 35) und im **RefE** vom 12.3.2001
(§ 36) enthalten, die in wesentlichen Punkten der jetzigen gesetzlichen Regelung entsprach.[14] Im **RegE** wurde die Nichtberücksichtigung von Stimmrechten bei Erbgang,
Erbauseinandersetzung oder unentgeltlicher Zuwendung auf Ehegatten und Lebenspartner
ausgedehnt sowie eine Nichtberücksichtigung bei Auflösung einer Lebenspartnerschaft eingeführt. Anders als in den Vorentwürfen wurde die Nichtberücksichtigungsmöglichkeit auf
Verwandte in gerader Linie und bis zum dritten Grade beschränkt.

**4. Europäisches Recht.** Nach Art. 5 Abs. 3 Übernahme-RL[15] bleibt sowohl die Festle- 9
gung der Kontrollschwelle als auch die Art der Berechnung des Anteils den Mitgliedstaaten
überlassen. Konsequenterweise enthält die Richtlinie auch keine Regelung über die Nichtberücksichtigung von Stimmrechten.

**5. Rechtslage im Vereinigten Königreich.** Der City Code enthält keine dem § 36 10
vergleichbare Vorschrift über die Nichtberücksichtigung von Stimmrechten. Der Takeover
Panel kann jedoch im Einzelfall von der Pflicht zur Abgabe eines Angebotes befreien (im
Einzelnen → § 37 Rn. 15). Zu der Auswirkung des Brexit → § 33 Rn. 33a ff.

**6. Rechtspolitische Kritik.** Das gesetzgeberische Konzept, die Nichtberücksichtigung 11
von Stimmrechten in den von § 36 erfassten Fällen von einer Entscheidung der Bundesanstalt abhängig zu machen, wurde zu Recht kritisiert.[16] Es wäre vorzugswürdig, wenn in
den ohnehin eng begrenzten Ausnahmefällen die Stimmrechte von Gesetzes wegen nicht
berücksichtigt würden. Das zusätzlich durchzuführende Antragsverfahren stellt einen überflüssigen Formalismus dar, zumal die Bundesanstalt bei ihrer Entscheidung keinen Ermessensspielraum hat (→ Rn. 3).[17] Klargestellt werden sollte, dass § 36 auch Fälle des mittelbaren Erwerbs erfasst (→ Rn. 26, → Rn. 32 und → Rn. 43).[18]

## II. Erwerbstatbestände

**1. Erb- und familienrechtliche Sachverhalte (Nr. 1). a) Erbgang, Erbauseinan-** 12
**dersetzung und unentgeltliche Zuwendungen.** Nach Nr. 1 sind Stimmrechte nicht

---

[12] Vgl. auch Übernahmekommission, Anm. zum Übernahmekodex der Börsensachverständigenkommission, 1996, 24.
[13] Vgl. Übernahmekommission, 3 Jahre Übernahmekodex, 2009, 35.
[14] Dazu auch FK-WpÜG/*Hommelhoff/Witt* Rn. 3 f.
[15] Vgl. zuvor den Vorschlag für eine Richtlinie des Europäischen Parlaments und des Rates betreffend
Übernahmeangebote vom 2.10.2002, KOM(2002) 534 = Ratsdokument 12846/02 = BR-Drs. 800/02; dazu
etwa *Neye* NZG 2002, 1144 ff.; *Krause* BB 2002, 2341 (2342); *Seibt/Heiser* ZIP 2002, 2193 (2194); *Wiesner*
ZIP 2002, 1967 ff.; *Schuster* in Zschocke/Schuster ÜbernahmeR-HdB Rn. A 48 ff.
[16] *Steinmeyer/Häger*, 1. Aufl. 2002, Rn. 2; *Hippeli/Schmiady* ZIP 2015, 705 (707); *Hasselbach/Alles* DB 2020,
39.
[17] AA Kölner Komm WpÜG/*v. Bülow* Rn. 11, der eine Anpassung an das Befreiungsverfahren nach § 37
fordert; s. auch *Hasselbach/Alles* DB 2020, 39.
[18] Kölner Komm WpÜG/*v. Bülow* Rn. 12.

zu berücksichtigen, die auf Grund Erbgang, Erbauseinandersetzung oder unentgeltlicher Zuwendung unter Ehegatten, Lebenspartnern oder Verwandten in gerader Linie erlangt werden.

13   Die Regelung zielt nach dem Willen des Gesetzgebers darauf ab, die Nachfolge in Familienunternehmen zu erleichtern, da die Abgabe eines Pflichtangebotes an die außenstehenden Aktionäre angesichts der damit verbundenen Kosten die Fortführung des Unternehmens häufig nicht mehr möglich machen würde.[19] Hieran ist richtig, dass der neue Aktionär in vielen Fällen nicht über die **Mittel zur Finanzierung** eines Pflichtangebotes verfügen dürfte und, da er auf das Vermögen der Gesellschaft nicht zugreifen darf (§ 57 AktG), Aktien veräußern müsste, was sich kursreduzierend auswirken und den Interessen der Minderheitsaktionäre letztlich zuwiderlaufen dürfte.[20] Trotz dieser Zielrichtung ist der Anwendungsbereich der Bestimmung keineswegs auf solche Gesellschaften beschränkt, deren Aktien sich überwiegend in der Hand einer Familie befinden.[21] Auch ist die Bundesanstalt nicht berechtigt zu prüfen, ob der kontrollierende Aktionär nicht doch über ausreichende Mittel verfügt, um ein Pflichtangebot zu finanzieren.[22] Die im Schrifttum erwogenen Versuche, den Anwendungsbereich der Vorschrift auf solche Fälle **teleologisch zu reduzieren,** bei denen tatsächlich eine bestehende Kontrollposition auf den Erwerber übergeht, und solche Konstellationen auszuklammern, bei denen eine Kontrollsituation erstmals entsteht, finden weder im Wortlaut noch im Zweck des Gesetzes, die Unternehmensnachfolge zu privilegieren, eine hinreichende Stütze.[23]

14   **aa) Erbgang, Erbauseinandersetzung.** Die Erlangung von Aktien im **Erbgang** erfasst den Erwerb im Rahmen der gesetzlichen Erbfolge oder auf Grund eines Testaments im Wege der Gesamtrechtsnachfolge (§ 1922 BGB). Erfasst werden auch der Erwerb in Erfüllung eines durch Testament oder Erbvertrages begründeten Vermächtnisses (§§ 2147 ff. BGB), einer Auflage (§ 1940 BGB) oder eines Erbersatzanspruches (§ 2042 BGB).[24] Gleiches gilt für Schenkungen von Todes wegen (§ 2301 Abs. 1 BGB) und Erwerbe eines Pflichtteilsberechtigten, wenn dieser anstelle des an sich geschuldeten Geldes Aktien an Erfüllung statt annimmt.[25] Die vorweggenommene Erbfolge ist nach den Regeln für die Schenkung zu beurteilen (→ Rn. 17).[26]

15   Unter einer **Erbauseinandersetzung** versteht man alle Sachverhalte, bei denen Stimmrechte aus Aktien im Rahmen der Verteilung des Nachlassvermögens auf einen Miterben übertragen werden (§§ 2032 ff. BGB), unabhängig von dem im Einzelfall gewählten Verfahren.[27] Dies gilt auch für Aktien, die dem Kontrollerwerber zugerechnet werden. Die Übertragung von Aktien aus dem Privatvermögen eines Miterben auf einen anderen Miterben kommt nicht in den Genuss der Privilegierungswirkung, auch wenn die Übertragung anlässlich einer Erbauseinandersetzung stattfindet, da es in diesem Fall an der erforderlichen kausalen Verknüpfung mit dem Erbfall mangelt.[28] Erst recht nicht erfasst ist der Erwerb durch einen außenstehenden Dritten, selbst wenn die Aktien aus einem Nachlass stammen.[29] Dies gilt auch für die Befriedigung eines Nachlassgläubigers, sofern es sich nicht um die Erfüllung eines Vermächtnisses handelt.

---

[19] Begr. RegE, BT-Drs. 14/7034, 60; FK-WpÜG/*Hommelhoff/Witt* Rn. 10; Angerer/Geibel/Süßmann/ *Meyer* Rn. 13; Assmann/Pötzsch/Schneider/*Schneider/Rosengarten* Rn. 4; *Hasselbach/Alles* DB 2020, 39 (40).

[20] *Mielke* in Beckmann/Kersting/Mielke, Das neue Übernahmerecht, 2003, Rn. B 55 f.; aA Steinmeyer/ *Klepsch* Rn. 13, der primär auf die grundrechtlich geschützte Testierfreiheit abstellt.

[21] Ehricke/Ekkenga/Oechsler/*Ekkenga* Rn. 17.

[22] Steinmeyer/*Klepsch* Rn. 13; *Hasselbach/Alles* DB 2020, 39 (40).

[23] Kölner Komm WpÜG/*v. Bülow* Rn. 23; iErg auch *Harbarth* ZIP 2002, 321 (329); *Koch* ZIP 2008, 1260 (1263).

[24] *Harbarth* ZIP 2002, 321 (328); Steinmeyer/*Klepsch* Rn. 15; FK-WpÜG/*Hommelhoff/Witt* Rn. 12; Baums/Thoma/*Hecker* Rn. 24 f.

[25] FK-WpÜG/*Hommelhoff/Witt* Rn. 12; Baums/Thoma/*Hecker* Rn. 25.

[26] Ehricke/Ekkenga/Oechsler/*Ekkenga* Rn. 19.

[27] *Harbarth* ZIP 2002, 321 (328); FK-WpÜG/*Hommelhoff/Witt* Rn. 13; Assmann/Pötzsch/Schneider/ *Schneider/Rosengarten* Rn. 6; zum Begriff auch Baums/Thoma/*Hecker* Rn. 28.

[28] Kölner Komm WpÜG/*v. Bülow* Rn. 31; FK-WpÜG/*Hommelhoff/Witt* Rn. 13.

[29] Kölner Komm WpÜG/*v. Bülow* Rn. 31.

Erwirbt der Aktionär die Kontrollbeteiligung in mehreren Schritten, kommt es nach 16 richtiger, aber nicht unumstrittener Meinung nicht darauf an, ob gerade der **letzte Übertragungsakt** im Wege des Erbganges erfolgt (zum Kausalitätserfordernis → Rn. 45 f.).

**bb) Unentgeltliche Zuwendungen.** Unentgeltlich sind Zuwendungen, wenn sie ohne 17 Rücksicht auf eine Gegenleistung erfolgen. Hierzu gehören in erster Linie Schenkungen iSv § 516 BGB, unbenannte Zuwendungen unter Ehegatten, zu Lebzeiten des Schenkers vollzogene Schenkungen von Todes wegen sowie Übertragungen im Rahmen einer vorweggenommenen Erbfolge.[30]

Ob eine Nichtberücksichtigung auch im Falle einer **verschleierten Schenkung** erlangt 18 werden kann, ist umstritten,[31] richtigerweise aber zu bejahen. In Abgrenzung zu einer **gemischten Schenkung,** bei der der zugewendete Gegenstand real unteilbar ist, spricht man von einer verschleierten Schenkung, wenn bei Teilbarkeit des zugewendeten Gegenstandes zwischen diesem und der erbrachten Leistung ein Missverhältnis besteht und sich die Parteien darüber einig sind, dass der Mehrwert unentgeltlich zugewendet werden soll.[32] Liegen diese Voraussetzungen vor, wird man richtigerweise nur im Hinblick auf die Stimmrechte aus den Aktien, die den nicht durch die Gegenleistung abgedeckten Mehrwert repräsentieren, von einer unentgeltlichen Zuwendung ausgehen können.

Dass sich der Schenker an den Aktien einen **Nießbrauch** vorbehält, steht der Erteilung 19 einer Befreiung nicht entgegen. Da der Nießbraucher nach hM nur an den Vermögensrechten partizipiert, verbleiben die Stimmrechte beim Nießbrauchsbesteller,[33] sodass das Bedürfnis nach einer Befreiung bestehen bleibt.

Erwirbt der Aktionär die Kontrollbeteiligung in mehreren Schritten, kommt es nach 20 richtiger, aber nicht unumstrittener Meinung nicht darauf an, ob gerade der **letzte Übertragungsakt** unentgeltlich erfolgt (zum Kausalitätserfordernis → Rn. 46).

**cc) Familiäres Näheverhältnis.** Die Privilegierung erbrechtlicher und familienrechtli- 21 cher Sachverhalte ist auf Personen beschränkt, die in einem besonderen verwandtschaftlichen Näheverhältnis zu der Person stehen, von der die Aktien erlangt wurden. Der Erwerber muss ein Ehegatte, Lebenspartner oder Verwandter bis zum dritten Grade in gerader Linie des Erblassers bzw. des Zuwendenden sein.[34] Bei Miterben kommt es hinsichtlich des Näheverhältnisses nicht auf die Beziehung zwischen den Miterben, sondern auf das Verhältnis zwischen dem erwerbenden Miterben und dem Erblasser an.[35]

Die Eigenschaft als **Ehegatte** setzt das Bestehen einer Ehe voraus. **Lebenspartner** sind 22 Personen, die eine Lebenspartnerschaft nach dem LPartG vom 16.2.2001 (BGBl. 2001 I 266) eingegangen sind.[36] Zu beachten ist jedoch, dass neue Lebenspartnerschaften nach dem 30.9.2017 nicht mehr begründet werden können. Dies deshalb, weil mit Beschluss des Bundestages von 30.6.2017 die Eheschließung von gleichgeschlechtlichen Paaren seit dem 1.10.2017 ermöglicht wurde. Dass die Ehegatten oder Lebenspartner getrennt leben, steht der Anwendung des § 36 nicht entgegen.[37] **Verwandte** in gerader Linie sind solche Perso-

---

[30] FK-WpÜG/*Hommelhoff/Witt* Rn. 14; Baums/Thoma/*Hecker* Rn. 33; Assmann/Pötzsch/Schneider/*Schneider/Rosengarten* Rn. 7.

[31] Bejahend *Harbarth* ZIP 2002, 321 (329); weitergehend Ehricke/Ekkenga/Oechsler/*Ekkenga* Rn. 20, der den Begriff der „Unentgeltlichkeit" etwa bei der Leistung krankheitsbedingter Pflegedienste einschränkt; aA Kölner Komm WpÜG/*v. Bülow* Rn. 33.

[32] *Harbarth* ZIP 2002, 321 (329).

[33] Zum Nießbrauch als Instrument der vorweggenommenen Unternehmensnachfolge *Reichert/Schlitt/Düll* GmbHR 1998, 565 ff.; *Reichert/Schlitt* FS Flick, 1997, 241 ff.

[34] Steinmeyer/*Klepsch* Rn. 16; Assmann/Pötzsch/Schneider/*Schneider/Rosengarten* Rn. 8. Die Formulierung „unter Ehegatten, Lebenspartnern oder Verwandten in gerader Linie und bis zum dritten Grade" bezieht sich nicht nur auf „unentgeltliche Zuwendung", sondern auch auf „Erbgang oder Erbauseinandersetzung"; zutr. bereits *Harbarth* ZIP 2002, 321 (328); FK-WpÜG/*Hommelhoff/Witt* Rn. 16; *AMRS,* Public Company Takeovers in Germany, 2002, 236.

[35] *Harbarth* ZIP 2002, 321 (328); Kölner Komm WpÜG/*v. Bülow* Rn. 35.

[36] Allg. etwa *Kaiser* JZ 2001, 617 ff.; *Dethloff* NJW 2001, 2598 ff.

[37] FK-WpÜG/*Hommelhoff/Witt* Rn. 15; Assmann/Pötzsch/Schneider/*Schneider/Rosengarten* Rn. 8.

nen, bei denen eine von der anderen abstammt (§ 1589 S. 1 BGB). Es muss sich um eine Verwandtschaft mindestens im **dritten Grade** handeln. Der Grad der Verwandtschaft bestimmt sich nach der Zahl der sie vermittelnden Geburten (§ 1589 S. 3 BGB). Erfasst werden damit nur Erwerbssachverhalte zwischen Kindern und Eltern, Enkelkindern und Großeltern sowie zwischen Urenkeln und Urgroßeltern.[38]

23    Zugunsten von **Geschwistern** des Erblassers bzw. Zuwendungsgebers kann eine Nichtberücksichtigung nicht erlangt werden.[39] Sofern die Voraussetzungen des Nr. 1 nicht vorliegen, kommt unter Umständen eine Befreiung nach § 37 iVm § 9 S. 1 Nr. 1 und Nr. 2 WpÜG-AV in Betracht, die weitere erbrechtliche und familienrechtliche Sachverhalte erfassen; die diesbezügliche Entscheidung über die Befreiung von der Veröffentlichungs- und Angebotspflicht ist jedoch in das Ermessens der Bundesanstalt gestellt.[40]

24    **b) Auflösung einer Ehe oder Lebenspartnerschaft.** Nach Nr. 1 nicht zu berücksichtigen sind auch Stimmrechte aus Aktien, die auf Grund einer Vermögensauseinandersetzung anlässlich der Auflösung einer Ehe oder Lebenspartnerschaft erlangt wurden. Insoweit kommt es naturgemäß auf ein Verwandtschaftsverhältnis nicht an. **Vermögensauseinandersetzungen** in diesem Sinne sind Übertragungen anlässlich der Aufhebung (§§ 1313 ff. BGB) oder Scheidung (§§ 1564 ff. BGB) einer Ehe bzw. der Aufhebung einer Lebenspartnerschaft (§§ 15 ff. LPartG).[41] Dabei sind auch solche Ehen und Lebenspartnerschaften erfasst, die nach ausländischem Recht aufgelöst werden.[42] Aus welchem Grund die Ehe oder Lebensgemeinschaft aufgelöst wird, spielt keine Rolle. Die Übertragung der stimmberechtigten Aktien auf eine andere Person als den Ehegatten oder Lebenspartner nimmt an der Privilegierungswirkung nicht teil, auch wenn sie durch die Auflösung einer Ehe oder Lebensgemeinschaft veranlasst ist.[43] Vielmehr muss die Übertragung im Verhältnis der Ehe- bzw. Lebenspartner stattfinden.

25    Die Auflösung von **nichtehelichen bzw. eheähnlichen Lebensgemeinschaften** fällt nicht unter den Nichtberücksichtigungstatbestand des § 36 Nr. 1.[44] Bei Schenkungen und Erbgängen bzw. Erbauseinandersetzungen kommt jedoch eine Befreiung nach § 9 S. 1 Nr. 1 bzw. Nr. 2 WpÜG-AV in Betracht.

26    **c) Mittelbarer Erwerb.** Eine Nichtberücksichtigung von Stimmrechten hat auch in den Fällen des mittelbaren Erwerbs zu erfolgen. Hierzu gehört etwa der Fall, dass der Erblasser seinem Sohn die Anteile an einer GmbH hinterlässt, die ihrerseits mehr als 30% der Stimmrechte an einer börsennotierten Aktiengesellschaft hält.[45] Es reicht aus, wenn dem Kontrollerwerber die Aktien nach § 30 zugerechnet werden. Andernfalls würde der die Privilegierung rechtfertigende Gedanke, die mit einem Pflichtangebot verbundenen Kosten nicht auszulösen (→ Rn. 4), nicht zum Tragen kommen.[46]

27    **2. Rechtsformwechsel (Nr. 2). a) Grundsatz.** Nr. 2 erklärt Stimmrechte, die auf Grund eines Rechtsformwechsels erlangt wurden, als nicht zu berücksichtigen. Hinter der

---

[38] FK-WpÜG/*Hommelhoff/Witt* Rn. 16.

[39] Steinmeyer/*Klepsch* Rn. 16; Kölner Komm WpÜG/*v. Bülow* Rn. 27; *Hasselbach/Alles* DB 2020, 39 (40); vgl. auch *Hippeli/Schmiady* ZIP 2015, 705 (708), die den Anwendungsbereich auch auf Neffen, Nichten, Geschwister und insbes. Stief- und Schwiegerkinder ausweiten möchten.

[40] Kölner Komm WpÜG/*v. Bülow* Rn. 29; FK-WpÜG/*Hommelhoff/Witt* Rn. 16.

[41] *Holzborn/Bank* NZG 2002, 948 (949); Assmann/Pötzsch/Schneider/*Schneider/Rosengarten* Rn. 9; *Thaeter* in Thaeter/Brandi, Öffentliche Übernahmen, 2003, Teil 2 Rn. 611; ABBD/*Kopp/v. Dryander* Sec. 36 Rn. 2; Angerer/Geibel/Süßmann/*Meyer* Rn. 18; FK-WpÜG/*Hommelhoff/Witt* Rn. 18; Baums/Thoma/*Hecker* Rn. 38.

[42] Begr. RegE, BT-Drs. 14/7034, 60; Steinmeyer/*Klepsch* Rn. 17; *Holzborn/Bank* NZG 2002, 948 (949); ABBD/*Kopp/v. Dryander* Sec. 36 Rn. 2; Angerer/Geibel/Süßmann/*Meyer* Rn. 18; Baums/Thoma/*Hecker* Rn. 38; FK-WpÜG/*Hommelhoff/Witt* Rn. 18.

[43] *Harbarth* ZIP 2002, 321 (328); Kölner Komm WpÜG/*v. Bülow* Rn. 36; Baums/Thoma/*Hecker* Rn. 40.

[44] *Holzborn/Bank* NZG 2002, 948 (949); Assmann/Pötzsch/Schneider/*Schneider/Rosengarten* Rn. 9; FK-WpÜG/*Hommelhoff/Witt* Rn. 18; Ehricke/Ekkenga/Oechsler/*Ekkenga* Rn. 21.

[45] Beispiel nach Steinmeyer/*Klepsch* Rn. 18.

[46] Kölner Komm WpÜG/*v. Bülow* Rn. 18 f.

Regelung steht die (sich allerdings in der Gesetzesbegründung nicht niederschlagende) gesetzgeberische Erwägung, dass ein bloßer Rechtsformwechsel die materielle Kontrollsituation in der Zielgesellschaft unberührt lässt.[47]

Anders als es der Wortlaut des Gesetzes zunächst vermuten lässt, soll der **Formwechsel** **28** **nach Maßgabe der §§ 190 ff. UmwG** nicht vom Anwendungsbereich dieser Regelung erfasst sein.[48] Hierfür besteht für den Regelfall eines Formwechsels auch tatsächlich kein Bedürfnis, da im Falle eines solchen „technischen" Formwechsels eine Übertragung von Vermögensgegenständen nicht stattfindet, sondern die rechtliche Identität des Rechtsträgers fortbesteht.[49] Da die Beteiligungen an dem formwechselnden Rechtsträger bestehen bleiben, kann es auf Grund des Formwechsels auch nicht zu einem Kontrollerwerb kommen. Erhöht ein Anteilseigner bei einem **nicht verhältniswahrenden** Formwechsel[50] seinen Anteilsbesitz und erwirbt er auf diese Weise die Kontrolle über die Zielgesellschaft, kommt – da § 36 Nr. 2 von einer unveränderten Kontrollsituation ausgeht (→ Rn. 27) – nur eine Befreiung nach § 37 in Betracht.[51]

Im Übrigen findet die Regelung in erster Linie auf die **sonstigen Fälle des Rechts- 29 formwechsels** Anwendung, bei denen die Identität des Rechtsträgers nicht gewahrt bleibt. Es geht also insbesondere um die Fälle, in denen ein Rechtsträger sein gesamtes Vermögen im Wege der **Einzelrechtsnachfolge** auf einen anderen Rechtsträger überträgt.[52] Erfasst sind also die Fälle der **rechtsgeschäftlichen Übertragung** des gesamten Vermögens auf eine andere Gesellschaft, vorausgesetzt bei der übertragenden Gesellschaft besteht eine unveränderte Kontrollsituation.[53] Wichtigster Fall in der Praxis dürfte jedoch die **Anwachsung** des Vermögens der GmbH & Co. KG bei der Komplementär-GmbH auf Grund des Ausscheidens der Kommanditisten aus der Gesellschaft sein.[54] Hat die GmbH & Co. KG eine Beteiligung an der Zielgesellschaft gehalten, wächst diese Beteiligung der Komplementär-GmbH zu. Gleiches gilt, wenn die Kommanditisten ihre Beteiligung in die Komplementär-GmbH im Wege der Sacheinlage einbringen.[55] Erfasst ist auch der Fall, dass eine OHG durch den Beitritt eines beschränkt haftenden Gesellschafters zu einer KG wird.[56] In besonders gelagerten Fällen können solche Umstrukturierungen dazu führen, dass sich die materielle Kontrolle über die Zielgesellschaft ändert.

Die Ausnahmeregelung bezieht sich auf einen Rechtsformwechsel des **Aktionärs** und **30** nicht der Zielgesellschaft selbst. Denn Fälle eines Rechtsformwechsels außerhalb des UmwG, bei dem die formwechselnde Gesellschaft eine Zielgesellschaft iSv § 2 Abs. 3 ist, sind praktisch kaum denkbar.

§ 36 Nr. 2 liegt die ungeschriebene Annahme zugrunde, dass der Rechtsformwechsel **31** die **materielle Kontrollsituation unberührt** lässt (→ Rn. 27). Ändert sich auf Grund

---

[47] Kölner Komm WpÜG/*v. Bülow* Rn. 18 f.; *Assmann/Pötzsch/Schneider/Schneider/Rosengarten* Rn. 10; Ehricke/Ekkenga/Oechsler/*Ekkenga* Rn. 1, 22; FK-WpÜG/*Hommelhoff/Witt* Rn. 19; Baums/Thoma/*Hecker* Rn. 47 ff.

[48] Begr. RegE, BT-Drs. 14/7034, 60; Baums/Thoma/*Hecker* Rn. 41; FK-WpÜG/*Hommelhoff/Witt* Rn. 19; Angerer/Geibel/Süßmann/*Meyer* Rn. 19.

[49] ABBD/*Kopp/v. Dryander* Sec. 36 Rn. 3; *AMRS,* Public Company Takeovers in Germany, 2002, 236; *Thaeter* in Thaeter/Brandi, Öffentliche Übernahmen, 2003, Teil 2 Rn. 612; Lutter/*Decher* UmwG § 202 Rn. 13; Kallmeyer/*Meister/Klöcker* UmwG § 202 Rn. 2; Semler/Stengel/*Kübler* UmwG § 202 Rn. 7 ff.; zum Identitätsgrundsatz auch *Wiedemann* ZGR 1999, 568 ff.

[50] Die Zulässigkeit eines nicht verhältniswahrenden Formwechsels ist anerkannt, s. Semler/Stengel/*Schlitt* UmwG § 218 Rn. 20 mwN.

[51] Kölner Komm WpÜG/*v. Bülow* Rn. 38; dazu auch Baums/Thoma/*Hecker* Rn. 43, 46.

[52] FK-WpÜG/*Hommelhoff/Witt* Rn. 19; Steinmeyer/*Klepsch* Rn. 21; *Holzborn/Friedhoff* WM 2002, 948 (951); ABBD/*Kopp/v. Dryander* Sec. 36 Rn. 3, die den Hauptanwendungsbereich der Vorschrift bei der Umwandlung von GbR's, stillen Gesellschaften und Stiftungen sehen; offengelassen von der BaFin in der Befreiungsentscheidung bezüglich der Zielgesellschaft Adler Real Estate AG vom 28.3.2014, 4.

[53] Strenger Ehricke/Ekkenga/Oechsler/*Ekkenga* Rn. 23: „zu gleichen Verhältnissen beteiligt".

[54] Angerer/Geibel/Süßmann/*Meyer* Rn. 19; *Holzborn/Bank* NZG 2002, 948 (949) Fn. 15; Kölner Komm WpÜG/*v. Bülow* Rn. 41; FK-WpÜG/*Hommelhoff/Witt* Rn. 20; Assmann/Pötzsch/Schneider/*Schneider/Rosengarten* Rn. 10; zu Anwachsungsmodellen etwa Semler/Stengel/*Schlitt* UmwG § 214 Rn. 33.

[55] Kölner Komm WpÜG/*v. Bülow* Rn. 41 mwN.

[56] *Holzborn/Bank* NZG 2002, 948 (949); FK-WpÜG/*Hommelhoff/Witt* Rn. 20.

des Rechtsformwechsels ausnahmsweise die Kontrollsituation bei der Zielgesellschaft, spricht viel dafür, den Anwendungsbereich der Ausnahmeregelung **teleologisch zu reduzieren.**[57] In vielen Fällen wird dann aber eine Befreiung von der Veröffentlichungs- und Angebotspflicht nach § 37 in Frage kommen.

32    **b) Mittelbarer Erwerb.** Auch wenn dies keinen ausdrücklichen Niederschlag im Gesetzeswortlaut gefunden hat, kann eine Nichtberücksichtigung von Stimmrechten erfolgen, wenn der Rechtsformwechsel nicht auf unmittelbarer Aktionärsebene stattfindet, sondern auf Ebene einer Muttergesellschaft. Denn auch insoweit kann der gesetzgeberische Zweck zum Tragen kommen, die Fälle von einem Pflichtangebot freizustellen, in denen es nicht zu einer Veränderung der materiellen Kontrollsituation bei der Zielgesellschaft kommt. Folglich kommt eine Nichtberücksichtigung auch dann in Frage, wenn die Kontrolle auf Grund einer Zurechnung gemäß § 30 mittelbar erworben wurde.[58]

33    **3. Konzernumstrukturierung (Nr. 3). a) Grundsatz.** Nach Nr. 3 bleiben Stimmrechte, die durch Umstrukturierungen innerhalb des Konzerns erlangt wurden, unberücksichtigt. Hinter dieser praktisch relevantesten Regelung steht ebenfalls die gesetzgeberische Erwägung, dass die materielle Kontrollsituation bei der Zielgesellschaft unverändert bleibt.[59] Aufgrund der einheitlichen Willensbildung innerhalb eines Konzerns durch die Konzernobergesellschaft haben Übertragungen innerhalb des Konzerns keine Auswirkungen auf die Kontrollmöglichkeit der Konzernobergesellschaft und damit auf die (ultimative) materielle Kontrolle bei der Zielgesellschaft.[60] Die außenstehenden Gesellschafter sind mithin nicht schutzbedürftig.

34    **b) Konzernbegriff.** Nach den Erwägungen des Gesetzgebers ist bei der Betrachtung, ob eine Nichtberücksichtigung von Stimmrechten in Betracht kommt, der **aktienrechtliche Konzernbegriff** zugrunde zu legen.[61] Dieser Betrachtungsweise hat sich das Schrifttum bislang ganz überwiegend angeschlossen.[62]

35    Das Aktiengesetz definiert einen Konzern als Zusammenfassung eines herrschenden sowie eines oder mehrerer abhängiger Unternehmen unter der **einheitlichen Leitung** des herrschenden Unternehmens (§ 18 Abs. 1 S. 1 AktG). Dabei wird von einem anhängigen Unternehmen vermutet, dass es mit dem herrschenden Unternehmen einen Konzern bildet (§ 18 Abs. 1 S. 3 AktG). Rechtlich selbstständige Unternehmen, die unter einheitlicher Leitung zusammengefasst sind, ohne dass ein Unternehmen vom anderen abhängig ist, bilden einen Gleichordnungskonzern (§ 18 Abs. 2 AktG). Eine Abhängigkeit wird vermutet, wenn ein Unternehmen im Mehrheitsbesitz eines anderen Unternehmens steht (§ 17 Abs. 2 AktG).

36    Das ausschließliche Abstellen auf den aktienrechtlichen Konzernbegriff wird zu Recht kritisiert.[63] Da der Begriff des Tochterunternehmens iSv § 2 Abs. 6 auch Mutter-Tochter-Beziehungen iSv § 290 HGB erfasse, sei der **übernahmerechtliche Abhängigkeitsbe-**

---

[57] Angerer/Geibel/Süßmann/*Meyer* Rn. 19; Kölner Komm WpÜG/*v. Bülow* Rn. 42; wohl auch *Harbarth* ZIP 2002, 321 (330).

[58] Kölner Komm WpÜG/*v. Bülow* Rn. 18 f.

[59] Angerer/Geibel/Süßmann/*Meyer* Rn. 20; Kölner Komm WpÜG/*v. Bülow* Rn. 39; FK-WpÜG/*Hommelhoff/Witt* Rn. 23; Assmann/Pötzsch/Schneider/*Schneider/Rosengarten* Rn. 11.

[60] Der Wechsel der herrschenden Gesellschaft im Rahmen einer konzerninternen Umstrukturierung im Wege der Gesamtrechtsnachfolge löse kein Abfindungsangebot aus, vgl. LG München I WM 2012, 698.

[61] Begr. RegE, BT-Drs. 14/7034, 60.

[62] *Harbarth* ZIP 2002, 321 (330); *Zinser* WM 2002, 15 (20); Assmann/Pötzsch/Schneider/*Schneider/Rosengarten* Rn. 12; Angerer/Geibel/Süßmann/*Meyer* Rn. 20; Steinmeyer/*Klepsch* Rn. 22; FK-WpÜG/*Hommelhoff/Witt* Rn. 23; Baums/Thoma/*Hecker* Rn. 55; *Holzborn/Friedhoff* WM 2002, 948 (951); *Holzborn/Bank* NZG 2002, 948 (950); *Lenz/Behnke* BKR 2003, 43 (50); *Thaeter* in Thaeter/Brandi, Öffentliche Übernahmen, 2003, Teil 2 Rn. 613; ABBD/*Kopp/v. Dryander* Sec. 36 Rn. 5 f.; weitergehend *v. Bülow/Bücker* Der Konzern 2003, 185 (193), die zwar ebenfalls den aktienrechtlichen Konzernbegriff für maßgeblich erachten, nach denen § 36 Nr. 3 aber immer dann anwendbar sein soll, wenn die „Zurechnungsspitze" unverändert bleibt.

[63] Kölner Komm WpÜG/*v. Bülow* Rn. 51; Ehricke/Ekkenga/Oechsler/*Ekkenga* Rn. 25; Baums/Thoma/*Hecker* Rn. 56.

griff weiter als der aktienrechtliche Konzernbegriff. Die Anwendbarkeit des aktienrechtlichen Konzernbegriffs würde daher zu planwidrigen Gesetzeslücken führen. Somit werden von Nr. 3 auch solche Fälle erfasst, in denen die betreffenden Unternehmen zwar Tochterunternehmen iSv § 2 Abs. 6, aber keine Konzernunternehmen iSv § 18 AktG sind.

**c) Kontrollerwerb.** Voraussetzung für das Eingreifen des Nichtberücksichtigungstatbe- 37 standes ist, dass ein Konzernunternehmen die Kontrolle über eine Zielgesellschaft erlangt. Der Kontrollerwerb wird in der Regel auf einen rechtsgeschäftlichen Erwerb von Aktien zurückgehen. Erforderlich ist dies aber nicht. Um dem Schutzzweck des Nr. 3 Genüge zu tun, liegt eine **„Erlangung von Aktien"** bei jedem kontrollrelevanten Vorgang zwischen Konzernunternehmen, insbesondere einer Zurechnung von Stimmrechten aus Aktien, vor.[64]

An einem relevanten Kontrollerwerb fehlt es indessen, wenn die Stimmrechte an der 38 Zielgesellschaft der Konzerngesellschaft **bereits zuzurechnen** sind (§ 39 iVm § 30 Abs. 1 S. 1 Nr. 1). So erlangt das herrschende Mutterunternehmen bei einem Erwerb der Stimmrechte von der die Zielgesellschaft kontrollierenden Tochtergesellschaft (etwa im Wege eines *upstream merger*) nicht erneut Kontrolle. In diesem Fall wird durch den Erwerb der Stimmrechte von vornherein keine Veröffentlichungs- und Angebotspflicht ausgelöst, sodass auch der Anwendungsbereich des § 36 Nr. 3 nicht eröffnet ist.[65] Dabei ist es unerheblich, auf welcher Stufe des Konzerns der Erwerb stattfindet. Ein Wechsel zwischen mittelbarer und unmittelbarer Kontrolle oder eine Änderung der Intensität der mittelbaren Kontrolle begründet keinen Kontrollerwerb.

Soweit es das herrschende Unternehmen betrifft, ist der Anwendungsbereich der Nicht- 39 berücksichtigungsbestimmung im **Unterordnungskonzern** eng. Auf der Ebene der **herrschenden Muttergesellschaft** findet eine Kontrollerlangung auch dann nicht statt, wenn die Beteiligung an der Zielgesellschaft, von einer kontrollierten **Tochtergesellschaft auf eine andere Tochtergesellschaft** übertragen wird, gleich ob die Übertragung im Zuge einer Verschmelzung, Ausgliederung, Abspaltung oder rechtsgeschäftlichen Abtretung erfolgt.[66] Anders verhält es sich in diesem Fall im Hinblick auf die erwerbende Tochtergesellschaft, die nach dem Vollzug der Übertragung erstmals eine Kontrollbeteiligung an der fraglichen Zielgesellschaft hält. Insoweit liegt ein Kontrollerwerb vor, der jedoch vom Befreiungstatbestand des Nr. 3 erfasst ist.[67]

Der Nichtberücksichtigungstatbestand des Nr. 3 ist also immer dann anwendbar, wenn es 40 auf der Ebene des an der Konzernspitze stehenden Unternehmens nicht zu einer Änderung des kontrollierenden Gesellschafters kommt.[68] Dass ein **Dritter** im Zuge der Umstrukturierung eine unmittelbare oder mittelbare Beteiligung an der Zielgesellschaft erwirbt, ist andererseits so lange unerheblich, wie die Kontrollsituation der hinter den beteiligten Tochtergesellschaften stehenden Person über die Zielgesellschaft **materiell unverändert** bleibt.[69]

---

[64] *Steinmeyer/Klepsch* Rn. 23; Assmann/Pötzsch/Schneider/*Schneider/Rosengarten* Rn. 13; Kölner Komm WpÜG/*v. Bülow* Rn. 52; *v. Bülow/Bücker* Der Konzern 2003, 185 (194); ABBD/*Kopp/v. Dryander* Sec. 36 Rn. 6; FK-WpÜG/*Hommelhoff/Witt* Rn. 24.

[65] *Seibt/Heiser* ZHR 165 (2001), 466 (492 f.); FK-WpÜG/*Hommelhoff/Witt* Rn. 24; *Liebscher* ZIP 2002, 1005 (1015); *v. Bülow/Bücker* Der Konzern 2003, 185 (187); Ehricke/Ekkenga/Oechsler/*Ekkenga/Schulz* § 35 Rn. 19, 38.

[66] *Holzborn/Blank* NZG 2002, 948 (950); *Liebscher* ZIP 2002, 1005 (1016); *v. Bülow/Bücker* Der Konzern 2003, 185 (188); Ehricke/Ekkenga/Oechsler/*Ekkenga/Schulz* § 35 Rn. 39; Ehricke/Ekkenga/Oechsler/*Ekkenga* Rn. 25; FK-WpÜG/*Hommelhoff/Witt* Rn. 24; Baums/Thoma/*Hecker* Rn. 63; Assmann/Pötzsch/Schneider/*Schneider/Rosengarten* Rn. 13.

[67] *Seibt/Heiser* ZHR 165 (2001), 466 (493); *Liebscher* ZIP 2002, 1005 (1015); *v. Bülow/Bücker* Der Konzern 2003, 185 (188); Ehricke/Ekkenga/Oechsler/*Ekkenga/Schulz* § 35 Rn. 39; ABBD/*Kopp/v. Dryander* Sec. 36 Rn. 4.

[68] *Angerer/Geibel/Süßmann/Meyer* Rn. 20; *Holzborn/Blank* NZG 2002, 948 (950); *Liebscher* ZIP 2002, 1005; *v. Bülow/Bücker* Der Konzern 2003, 185 (191 ff., 196); „Gedanke der überlagernden Kontrollposition der Konzernspitze".

[69] Kölner Komm WpÜG/*v. Bülow* Rn. 41; *v. Bülow/Bücker* Der Konzern 2003, 185 (195); Angerer/Geibel/Süßmann/*Meyer* Rn. 20; Baums/Thoma/*Hecker* Rn. 54; Assmann/Pötzsch/Schneider/*Schneider/Rosengarten* Rn. 14.

**41**   Eine Nichtberücksichtigung von Stimmrechten kann demnach auch in einem **Gleichordnungskonzern** in Betracht kommen.[70] Anders verhält es sich indessen dann, wenn die Konzernverbindung erst durch die Umstrukturierung geschaffen wird, es sei denn sie mediatisiert lediglich eine bereits bestehende Kontrollposition.[71]

**42**   **d) Umstrukturierung.** Die Aktien müssen zudem auf Grund einer Umstrukturierung innerhalb des Konzerns erlangt worden sein. Der Begriff der Umstrukturierung ist weit zu verstehen. Er erfasst nicht nur Umstrukturierungsmaßnahmen im engeren Sinne (Vermögensübertragung gem. § 179a AktG, Holzmüller-Gelatine-Fälle, Maßnahmen nach dem Umwandlungsgesetz etc), sondern auch rechtsgeschäftliche Übertragungen im Zuge einer bloßen konzerninternen Reorganisation sowie konzerninterne Maßnahmen, die zu einer erstmaligen Zurechnung von Stimmrechten aus Aktien der Zielgesellschaft führen.[72]

**43**   **e) Mittelbarer Erwerb.** In dieser Fallkonstellation stellt sich die Frage, ob auch bei einem bloß mittelbaren Erwerb eine Nichtberücksichtigung von Stimmrechten stattfinden kann, in besonderer Schärfe. Dies ist zu bejahen, da auch hier die gesetzgeberische Erwägung eingreift, dass es letztlich nicht zu einer Veränderung der materiellen Kontrollsituation kommt. Dies wird besonders deutlich, wenn man sich die Situation eines **mehrstufigen Konzerns** vor Augen hält, im Rahmen dessen eine Enkelgesellschaft eine kontrollierende Beteiligung auf eine andere Enkelgesellschaft überträgt. In diesem Fall kann nicht nur die erwerbende Enkelgesellschaft, sondern jede Konzerngesellschaft Kontrolle über die Zielgesellschaft erlangen, der die Stimmrechte der Zielgesellschaft zugerechnet werden.[73]

### III. Erfasste Aktien

**44**   Sofern die Voraussetzungen der Nr. 1, 2 oder 3 vorliegen, bleiben zunächst Stimmrechte aus solchen Aktien unberücksichtigt, die dem betreffenden Aktionär selbst gehören. Aus der Verwendung des Begriffes „erlangt" ergibt sich jedoch, dass von der Nichtberücksichtigungsmöglichkeit auch solche Aktien erfasst werden können, die dem Aktionär **zugerechnet** werden.[74] Ausreichend ist, dass die Voraussetzungen des § 36 im jeweiligen Übertragungsverhältnis vorliegen. Im Hinblick auf die insbesondere im Anwendungsbereich des § 30 Abs. 2 (abgestimmtes Verhalten in Bezug auf die Zielgesellschaft) bestehende wechselseitige Zurechnung von Stimmrechten würde andernfalls das Ergebnis eintreten, dass zwar einer der sich abstimmenden Aktionäre die Ausnahme von der Angebotspflicht für sich in Anspruch nehmen könnte, der andere aber nicht.

### IV. Kausalität

**45**   Nach dem Wortlaut des Gesetzes spielt es für die Nichtberücksichtigung keine Rolle, zu welchem Zeitpunkt der Bieter die Aktien erlangt hat. Folglich könnte ein Nichtberücksichtigungsantrag auch dann noch gestellt werden, wenn die Aktien bereits längere Zeit vor der Kontrollerlangung erworben wurden. Einer verbreiteten Ansicht zufolge ist § 36 im Wege der teleologischen Reduktion so auszulegen, dass nur solche Erwerbe unberücksichtigt bleiben, die in **unmittelbarem zeitlichen Zusammenhang** mit der Kontrollerlangung erfolgt sind,[75] oder – noch strenger – durch deren Erwerb die 30%-Schwelle erreicht oder

---

[70] FK-WpÜG/*Hommelhoff/Witt* Rn. 25; Assmann/Pötzsch/Schneider/*Schneider/Rosengarten* Rn. 11; Baums/Thoma/*Hecker* Rn. 66.

[71] ABBD/*Kopp/v. Dryander* Sec. 36 Rn. 4; Ehricke/Ekkenga/Oechsler/*Ekkenga* Rn. 27 f.

[72] *v. Bülow/Bücker* Der Konzern 2003, 185 (194 f.); FK-WpÜG/*v. Bülow/Bücker* Rn. 56; Steinmeyer/*Klepsch* Rn. 23; *Braun,* Die Befreiung vom Pflichtangebot nach dem WpÜG, 2008, 156 f.

[73] Kölner Komm WpÜG/*v. Bülow* Rn. 17.

[74] Ehricke/Ekkenga/Oechsler/*Ekkenga* Rn. 14; Kölner Komm WpÜG/*v. Bülow* Rn. 18; Steinmeyer/*Klepsch* Rn. 3; Assmann/Pötzsch/Schneider/*Schneider/Rosengarten* Rn. 3; Baums/Thoma/*Hecker* Rn. 13 f.; FK-WpÜG/*Hommelhoff/Witt* Rn. 29 mit illustrativem Beispiel.

[75] Angerer/Geibel/Süßmann/*Meyer* Rn. 2; Kölner Komm WpÜG/*v. Bülow* Rn. 20; vgl. auch *Fleischer/Kalss,* Das neue WpÜG, 2002, 138.

überschritten wird. Eine Nichtberücksichtigung käme nach dieser Ansicht nur hinsichtlich der Stimmrechte in Betracht, die im Falle ihrer Berücksichtigung zum Kontrollerwerb führen würden.[76] Anders ließe sich der von § 35 bezweckte Anlegerschutz nicht sicherstellen. Bei den in Nr. 1 genannten Fällen sei die Nichtberücksichtigung gerechtfertigt, weil es sich um besondere Fälle des unentgeltlichen Erwerbs handele; bei den in Nr. 2 und Nr. 3 geregelten Fällen stelle die Legitimation für die Nichtberücksichtigung der Stimmrechte der Umstand dar, dass sich nichts an der materiellen Kontrollsituation ändert. Vor diesem Hintergrund sei es nicht gerechtfertigt, einen Erwerb von Stimmrechtsanteilen unberücksichtigt zu lassen, wenn er wirtschaftlich motiviert sei bzw. es tatsächlich zu einem Wechsel in der Kontrolle komme.

Dem kann nicht uneingeschränkt gefolgt werden. Zwar ist es im Ausgangspunkt zutref- **46** fend, dass die Nichtberücksichtigung zur Abwendung des Kontrollwechsels **kausal** sein muss. Eine Nichtberücksichtigung von Stimmrechten muss jedoch, jedenfalls in gewissen Grenzen, auch dann noch möglich sein, wenn der eine Nichtberücksichtigung rechtfertigende Erwerb von Aktien vor dem Erreichen bzw. Überschreiten der Kontrollschwelle erfolgt ist, und die Kontrollschwelle erst durch einen Erwerb überschritten wird, der eine Nichtberücksichtigungs- oder Befreiungsentscheidung seinerseits nicht rechtfertigen würde.[77] Dies muss jedenfalls dann gelten, wenn der die Nichtberücksichtigung rechtfertigende Erwerb noch nicht zu lange zurückliegt. Entscheidend ist stets, ob insgesamt 30% der Stimmrechte erworben wurden, ohne dass ein Nichtberücksichtigungstatbestand eingreift. **Beispiel:** Ein Aktionär, der im Mai 2010 20% der Stimmrechte im Wege des Erbgangs erworben hat und im Mai 2011 weitere 10% der Stimmrechte hinzuerwirbt, kann noch einen Nichtberücksichtigungsantrag hinsichtlich der zunächst erworbenen 20% stellen. Bei einer umgekehrten zeitlichen Reihenfolge würde die Nichtberücksichtigungsmöglichkeit außer Frage stehen. In welcher zeitlichen Reihenfolge die Erwerbssachverhalte eintreten, kann sich nicht nachteilig für den Aktionär auswirken. Insoweit ist die Kausalität der Nichtberücksichtigung für die Abwendung des Kontrollerwerbs noch zu bejahen. Anders ist es freilich dann, wenn der Antragsteller im Zusammenhang mit der Stellung des Nichtberücksichtigungsantrages weitere Stimmrechte der Zielgesellschaft unmittelbar oder mittelbar erwirbt, für die eine Nichtberücksichtigung nicht in Frage kommt. Insoweit fehlt es dann an der erforderlichen Kausalität.[78]

### V. Verfahren

**1. Antrag.** Auch bei Vorliegen der Voraussetzungen nach Nr. 1 bis Nr. 3 bleiben die **47** Stimmrechtsanteile nicht automatisch unberücksichtigt, sondern nur dann, wenn die Bundesanstalt dies zugelassen hat. Folglich bedarf es eines an die Bundesanstalt zu richtenden Antrages.[79]

**a) Antragsteller.** Zur Stellung des Antrags berechtigt ist grundsätzlich jeder, der auf **48** Grund eines in Nr. 1–3 erfassten Sachverhaltes **unmittelbar oder mittelbar** – und sei es über die Zurechnung von Stimmrechten nach § 30 – die Kontrolle über die Zielgesellschaft erlangt.[80] Um Unsicherheit über die Pflicht zur Abgabe eines Angebotes zu vermeiden, wird man es, insbesondere bei konzerninternen Umstrukturierungen, als zulässig ansehen müssen, dass der Antrag bereits vor der Kontrollerlangung von dem späteren Erwerber der Aktien gestellt wird (→ Rn. 51), sofern er auf Grund des Aktienerwerbs die Kontrolle über

---

[76] Kölner Komm WpÜG/*v. Bülow* Rn. 20; FK-WpÜG/*Hommelhoff/Witt* Rn. 31; Baums/Thoma/*Hecker* Rn. 16; Angerer/Geibel/Süßmann/*Meyer* Rn. 2; dazu auch *Harbarth* ZIP 2002, 321 (330).
[77] *Harbarth* ZIP 2002, 321 (330); auch FK-WpÜG/*Hommelhoff/Witt* Rn. 31 räumen ein, dass das Kausalitätserfordernis nicht zu unbilligen Ergebnissen führen darf.
[78] Insoweit zutr. Kölner Komm WpÜG/*v. Bülow* Rn. 20.
[79] FK-WpÜG/*Hommelhoff/Witt* Rn. 32; Steinmeyer/*Klepsch* Rn. 3; Baums/Thoma/*Hecker* Rn. 67.
[80] Kölner Komm WpÜG/*v. Bülow* Rn. 67 ff.; Ehricke/Ekkenga/Oechsler/*Ekkenga* Rn. 7; Baums/Thoma/*Hecker* Rn. 68; Assmann/Pötzsch/Schneider/*Schneider/Rosengarten* Rn. 15; FK-WpÜG/*Hommelhoff/Witt* Rn. 32.

die Zielgesellschaft erlangen würde.[81] Ausnahmsweise ist auch eine Antragstellung durch den übertragenden Rechtsträger ausreichend, etwa wenn die Aktien im Rahmen einer Konzernumstrukturierung auf eine neu zu gründende Gesellschaft übertragen werden.[82]

**49**    **b) Form.** Der Antrag ist **schriftlich** zu stellen. Die Übermittlung im Wege der elektronischen Datenübertragung ist ausreichend, sofern der Absender zweifelsfrei zu erkennen ist (§ 45 S. 2). Ausreichend ist eine sog. qualifizierte elektronische Signatur.[83] Der Antrag ist grundsätzlich in deutscher Sprache zu stellen (§ 23 Abs. 1 VwVfG).[84] Im Antrag sind die **Voraussetzungen** für die Nichtberücksichtigung darzulegen. Aus dem Antrag müssen sich die Grundlagen für die Nichtberücksichtigung und die Anzahl der betroffenen Aktien ergeben.[85] Nicht unbedingt erforderlich, wiewohl zweckmäßig, ist die Angabe, ob der Antrag auf Nr. 1, 2 oder 3 gestützt wird.[86] Die Erfüllung der Voraussetzungen für eine Nichtberücksichtigung ist ggf. durch die Vorlage von Unterlagen nachzuweisen.[87] Der Antrag kann auch durch einen Dritten im Namen und mit **Vollmacht** des betroffenen Rechtsträgers gestellt werden.[88]

**50**    **c) Zeitpunkt.** Nach dem Wortlaut des Gesetzes ist der Antrag nach § 36 nicht fristgebunden.[89]

**51**    **aa) Frühester Termin.** Einer verbreiteten Meinung und der derzeitigen Praxis der Bundesanstalt zufolge kann der Befreiungsantrag erst dann gestellt werden, wenn der Antragsteller die Aktien **tatsächlich erworben** hat.[90] Diese Ansicht stützt sich im Wesentlichen darauf, dass es eine dem § 8 S. 2 WpÜG-AV entsprechende Regelung, die bei einem Befreiungsantrag nach § 37 eine Antragstellung bereits vor der Erlangung der Kontrolle zulässt, im Anwendungsbereich des § 36 nicht gibt und der Wortlaut des § 36 („Aktien erlangt wurden") dieses Ergebnis gebiete. Zudem handele es sich um eine gebundene Entscheidung, sodass es dem Antragsteller zuzumuten sei, den Antrag erst zu stellen, wenn der Aktienerwerb abgeschlossen sei. Dies erscheint, nicht zuletzt aus Praktikabilitätsgründen, als wenig sachgerecht. Außerdem ist zu bedenken, dass die Angebotsverordnung keine Aussage hinsichtlich der Nichtberücksichtigung von Stimmrechten trifft, sodass ein *argumentum e contrario* aus § 8 S. 2 WpÜG-AV nicht zwingend ist[91] und der Gesetzgeber im Rahmen von § 36 keine verbindliche Regelung für das Verfahren getroffen hat.[92] Im Hinblick auf die auch im Anwendungsbereich des § 36 möglichen Zweifelsfragen ist es deshalb gerechtfertigt, § 8 S. 2 WpÜG-AV analog anzuwenden. Folglich ist es zulässig (und in vielen Fällen empfehlenswert), den Antrag auf Nichtberücksichtigung von Stimmrechten bereits im **Vorfeld** eines Stimmrechtserwerbs zu stellen.[93] Jedenfalls ist es möglich, durch die Vereinbarung

---

[81] *v. Bülow/Bücker* Der Konzern 2003, 185 (197).

[82] Kölner Komm WpÜG/*v. Bülow* Rn. 68.

[83] *v. Bülow/Bücker* Der Konzern 2003, 185 (198); FK-WpÜG/*Hommelhoff/Witt* Rn. 32; Assmann/Pötzsch/ Schneider/*Schneider/Rosengarten* Rn. 15.

[84] Bei Antragstellung in ausländischer Sprache findet § 23 Abs. 2 bis 4 VwVfG Anwendung.

[85] FK-WpÜG/*Hommelhoff/Witt* Rn. 39; Baums/Thoma/*Hecker* Rn. 77.

[86] Baums/Thoma/*Hecker* Rn. 78; aA FK-WpÜG/*Hommelhoff/Witt* Rn. 39.

[87] FK-WpÜG/*Hommelhoff/Witt* Rn. 39; Baums/Thoma/*Hecker* Rn. 78.

[88] *v. Bülow/Bücker* Der Konzern 2003, 185 (198).

[89] Angerer/Geibel/Süßmann/*Meyer* Rn. 11; Steinmeyer/*Klepsch* Rn. 4; Assmann/Pötzsch/Schneider/ *Schneider/Rosengarten* Rn. 16.

[90] *Lenz/Linke* AG 2002, 361 (366); *Lenz/Behnke* BKR 2003, 43 (50); NK-AktKapMarktR/*Sohbi* Rn. 2; so auch Steinmeyer/*Klepsch* Rn. 3, nach deren Ansicht es sich bei der Entscheidung der BaFin über einen vor Kontrollerlangung gestellten Antrag lediglich um eine unverbindliche Einschätzung handelt; vgl. auch den Jahresbericht der BaFin 2004, 208.

[91] *v. Bülow/Bücker* Der Konzern 2003, 185 (199); *Braun*, Die Befreiung vom Pflichtangebot nach dem WpÜG, 2008, 125.

[92] FK-WpÜG/*Hommelhoff/Witt* Rn. 35; *Braun*, Die Befreiung vom Pflichtangebot nach dem WpÜG, 2008, 125.

[93] Angerer/Geibel/Süßmann/*Meyer* Rn. 12; Baums/Thoma/*Hecker* Rn. 69 ff.; FK-WpÜG/*Hommelhoff/ Witt* Rn. 36 f.; Kölner Komm WpÜG/*v. Bülow* Rn. 81; Assmann/Pötzsch/Schneider/*Schneider/Rosengarten* Rn. 17; *Fuhrmann/Oltmanns* NZG 2003, 17 (18); *v. Bülow/Bücker* Der Konzern 2003, 185 (199); Ehricke/ Ekkenga/Oechsler/*Ekkenga* Rn. 9.

einer aufschiebenden **Bedingung** (Erteilung des Nichtberücksichtigungsbescheides) oder einer auflösenden Bedingung (Ablehnung oder Nichterteilung des begehrten Bescheides innerhalb eines bestimmten Zeitraumes) im Übertragungsvertrag das Risiko der Schaffung irreversibler Tatsachen zu vermeiden.[94] Um die Bundesanstalt vor einer unverhältnismäßigen Belastung zu bewahren, erscheint es sachgerecht, ein entsprechendes Sachentscheidungsinteresse zu fordern,[95] an das jedoch keine zu hohen Anforderungen gestellt werden können.

**bb) Spätester Termin.** Anders als bei Befreiungsanträgen sieht das Gesetz keine Frist **52** vor, innerhalb dessen der Nichtberücksichtigungsantrag gestellt werden kann. Gleichwohl wird zum Teil eine analoge Anwendung der für einen Befreiungsantrag nach § 37 geltenden Vorschriften des § 8 S. 2 WpÜG-AV erwogen, nach der der Antrag innerhalb von sieben Kalendertagen nach dem Zeitpunkt gestellt werden muss, zu dem der Bieter Kenntnis davon hat oder nach den Umständen haben musste, dass er die Kontrolle über die Zielgesellschaft erlangt hat.[96] Im Hinblick auf die einschneidende Wirkung einer Ausschlussfrist bedarf es hierfür einer ausdrücklichen gesetzlichen Anordnung. Auch aus den Gesetzesmaterialien ergibt sich kein Anhalt für eine Befristung. Der Antrag auf Nichtberücksichtigung von Stimmrechten darf daher auch noch **nach Ablauf einer Frist** von sieben Kalendertagen gestellt werden.[97] Allerdings empfiehlt es sich aus Sicht des Kontrollerwerbers, den Antrag so frühzeitig zu stellen, dass die Bundesanstalt dem Nichtberücksichtigungsantrag innerhalb der Frist des § 35 Abs. 1 stattgeben kann, da – auch wenn man mit der hier vertretenen Ansicht (→ Rn. 56 ff.) einen Suspensiveffekt des Antrages annimmt – andernfalls die nachteiligen Rechtsfolgen eintreten, die an eine verspätete Veröffentlichung der Kontrollerlangung und der Angebotsunterlage geknüpft sind (→ § 35 Rn. 229 ff.).[98] Andererseits kommt es, wenn der Antragsteller den Antrag nicht rechtzeitig gestellt hat, nicht darauf an, ob die Voraussetzungen für eine Wiedereinsetzung nach § 32 VwVfG vorliegen. Vielmehr treten die nachteiligen Rechtsfolgen nicht ein bzw. entfallen dann wieder.

**d) Antragsinhalt.** Aus dem Antrag muss sich zumindest im Wege der Auslegung erge- **53** ben, auf welchen Nichtberücksichtigungstatbestand sich der Antragsteller beruft. Wird der Antrag – was zulässig ist (→ Rn. 51) – bereits vor Kontrollerlangung gestellt, muss der Antragsteller glaubhaft darlegen, dass es zu einem Kontrollerwerb kommen kann.[99] Ein Antrag kann auch mit einem Befreiungsantrag nach § 37 (alternativ oder hilfsweise) verbunden werden.[100] Ungeachtet des geltenden Amtsermittlungsgrundsatzes empfiehlt es sich, den zugrundeliegenden Sachverhalt ausführlich darzulegen.[101]

**e) Unterlagen.** Der Antragsteller sollte seinem Antrag die Unterlagen beifügen, aus **54** denen sich die Voraussetzungen für eine Nichtberücksichtigung ergeben. Hierzu zählen im Falle einer Umstrukturierung etwa die Verträge über die Veräußerung der Aktien, ggf. ein entsprechender Depotauszug sowie Dokumente, aus denen sich ergibt, dass die involvierten Unternehmen in einer Konzernbeziehung stehen.[102] Wird der Antrag vor Kontrollerlangung gestellt, sollten, sofern möglich, zumindest entsprechende Entwürfe überreicht werden.

---

[94] *Fuhrmann/Oltmanns* NZG 2003, 17 (18).

[95] *Braun,* Die Befreiung vom Pflichtangebot nach dem WpÜG, 2008, 125 f.; FK-WpÜG/*Hommelhoff/Witt* Rn. 35; Baums/Thoma/*Hecker* Rn. 69.

[96] So wohl Kölner Komm WpÜG/*v. Bülow* Rn. 48; *Lenz/Linke* AG 2002, 361 (366); FK-WpÜG/*Hommelhoff/Witt* Rn. 38.

[97] *Lenz/Behnke* BKR 2003, 43 (50); *v. Bülow/Bücker* Der Konzern 2003, 185 (199); Ehricke/Ekkenga/Oechsler/*Ekkenga* Rn. 6; *Braun,* Die Befreiung vom Pflichtangebot nach dem WpÜG, 2008, 126.

[98] So ähnlich Angerer/Geibel/Süßmann/*Meyer* Rn. 8; FK-WpÜG/*Hommelhoff/Witt* Rn. 36; Baums/Thoma/*Hecker* Rn. 69; Kölner Komm WpÜG/*v. Bülow* Rn. 45.

[99] Kölner Komm WpÜG/*v. Bülow* Rn. 81; FK-WpÜG/*Hommelhoff/Witt* Rn. 36; Baums/Thoma/*Hecker* Rn. 69.

[100] Kölner Komm WpÜG/*v. Bülow* Rn. 72.

[101] Kölner Komm WpÜG/*v. Bülow* Rn. 72; vgl. auch Angerer/Geibel/Süßmann/*Meyer* Rn. 9; Baums/Thoma/*Hecker* Rn. 77 ff.

[102] *Lenz/Linke* AG 2002, 361 (366); FK-WpÜG/*Hommelhoff/Witt* Rn. 39.

**55**    **f) Veröffentlichung.** Anders als bei Befreiungen nach § 24, für die das Gesetz in § 43 Abs. 1 S. 2 eine Bekanntmachungspflicht anordnet, besteht keine Pflicht des Antragsstellers oder der Bundesanstalt, den Nichtberücksichtigungsantrag nach § 36 bekannt zu machen.[103]

**56**    **2. Suspensiveffekt des Antrages.** Es fragt sich, ob der Antragsteller den Veröffentlichungs- und Angebotspflichten nach § 35 auch in der Zeit unterliegt, bevor die Bundesanstalt über den Nichtberücksichtigungsantrag entschieden hat. Dies wird – insbesondere unter Hinweis auf den Wortlaut des Gesetzes – verbreitet bejaht.[104] Der Antragsteller habe es bei einer rechtzeitigen Stellung seines Antrages in der Hand, wann die Bundesanstalt über die Nichtberücksichtigung der Stimmrechte entscheide. Einer möglichen Intransparenz bei der Publizität könne dadurch zuvorgekommen werden, dass auf das laufende Nichtberücksichtigungsverfahren hingewiesen werde. Vereinzelt wird ein Anspruch des Antragstellers gegen die Bundesanstalt auf eine vorläufige Gestattung angenommen, nach der die betreffenden Stimmrechte vorübergehend nicht zu berücksichtigen sind.[105] Die wohl hM steht – in Übereinstimmung mit der bisherigen Praxis der Bundesanstalt[106] – demgegenüber auf dem Standpunkt, dass die Pflichten des Bieters bis zur Entscheidung durch die Bundesanstalt suspendiert sind.[107] Andernfalls bestünde die Gefahr, dass der Anwendungsbereich des § 36 leerlaufen würde, da der Bieter gezwungen sei, der Veröffentlichungs- und Angebotspflicht nachzukommen, obwohl er durch die Antragstellung von dieser gerade befreit werden wolle. Außerdem ließe sich aus der Parallelität der Fristen in § 35 Abs. 1 S. 1 und § 8 S. 2 WpÜG-AV schließen, dass die Anträge nach §§ 36 und 37 einen Suspensiveffekt haben müssten. Dem Argument, dass es der Bieter durch die Wahl des Zeitpunktes der Antragstellung selbst in der Hand habe, wann über seinen Antrag entschieden wird, wird entgegen gehalten, dass dies bei unerwartet auftretenden Sachverhalten, wie zB Erbschaften, gerade nicht der Fall sei.[108]

**57**    Im Ergebnis erscheint die Annahme eines **Suspensiveffekts** aus den von der hM genannten Gründen sachgerecht. Allerdings muss der Antrag, um den Suspensiveffekt auszulösen, vor Ablauf der in § 35 vorgesehenen Fristen gestellt worden sein.[109] Die von der Gegenansicht vorgeschlagene vorläufige Gestattung führt zu einem ähnlichen Ergebnis, findet aber im Gesetz keine Stütze; sie wirft überdies die Frage auf, welcher Prüfungsmaßstab bei einer solchen vorläufigen Entscheidung Anwendung finden sollte.

**58**    Der Suspensiveffekt dauert an, bis über den Antrag entschieden ist. Während dieser Zeit treten mithin die nachteiligen Rechtsfolgen der §§ 38, 59 und § 60 nicht ein. Wird der Nichtberücksichtigungsantrag zurückgewiesen oder zurückgenommen, entfällt der Suspensiveffekt mit **ex-nunc-Wirkung** und die Pflichten nach § 35 leben wieder auf. Soweit die in § 35 vorgesehenen Fristen im Zeitpunkt der Stellung des Nichtberücksichtigungsantrages bereits zu laufen begonnen hatten, laufen sie ab dem Zeitpunkt der Zurücknahme oder Zurückweisung weiter. Eine Rückwirkung findet nicht statt.[110] Dies gilt namentlich für den Zinsanspruch nach § 38.

---

[103] FK-WpÜG/*Hommelhoff/Witt* Rn. 44 Fn. 94; Angerer/Geibel/Süßmann/*Meyer* Rn. 22; Steinmeyer/*Klepsch* Rn. 7; aA *Ihrig* ZHR 167 (2003), 315 (345).

[104] Kölner Komm WpÜG/*v. Bülow* Rn. 74; Ehricke/Ekkenga/Oechsler/*Ekkenga/Schulz* § 35 Rn. 45; *Wackerbart/Kreße* NZG 2010, 418; wohl auch *Harbarth* ZIP 2002, 321 (328).

[105] Kölner Komm WpÜG/*v. Bülow* Rn. 73; FK-WpÜG/*Hommelhoff/Witt* Rn. 40 f.; ähnlich *v. Bülow/Bücker* Der Konzern 2003, 185 (200); Ehricke/Ekkenga/Oechsler/*Ekkenga* Rn. 15; *Meyer/Lipsky* NZG 2009, 1092 (1096).

[106] Vgl. *Lenz/Linke* AG 2002, 361 (366); *Braun,* Die Befreiung vom Pflichtangebot nach dem WpÜG, 2008, 114 f.

[107] FK-WpÜG/*Hommelhoff/Witt* Rn. 40; Assmann/Pötzsch/Schneider/*Schneider/Rosengarten* Rn. 19; Angerer/Geibel/Süßmann/*Meyer* Rn. 5, 26; *Lenz/Linke* AG 2002, 361 (366); *Schnorbus* WM 2002, 657 (662); *Cahn* ZHR 167 (2003), 262 (294) Fn. 103; einschr. Steinmeyer/*Klepsch* Rn. 9; *Meyer/Lipsky* NZG 2009, 1092 ff.; aA etwa Schwark/Zimmer/*Noack/Zimmer* Rn. 4; *Wackerbarth/Kreße* NZG 2010, 418 f.

[108] *Meyer/Lipsky* NZG 2009, 1092 (1094).

[109] Angerer/Geibel/Süßmann/*Meyer* Rn. 6.

[110] Angerer/Geibel/Süßmann/*Meyer* Rn. 7; Assmann/Pötzsch/Schneider/*Schneider/Rosengarten* Rn. 20; wohl auch FK-WpÜG/*Hommelhoff/Witt* Rn. 41.

Ein Suspensiveffekt besteht dann nicht, wenn die Voraussetzungen für eine Nichtberück- 59
sichtigung offenkundig nicht vorgelegen haben, sodass ein **rechtsmissbräuchlicher** Antrag
vorliegt.[111]

**3. Verfahrensbeteiligte. a) Grundsatz.** An dem Verwaltungsverfahren sind grundsätz- 60
lich nur der **Bieter** und die **Bundesanstalt** beteiligt.

**b) Beteiligung Dritter.** Fraglich ist, ob auch die **Zielgesellschaft** und ihre **Aktionäre** 61
im Verfahren vor der Bundesanstalt zu beteiligen sind. Das WpÜG enthält keine ausdrückli-
che Regelung über die Beteiligung Dritter im Verfahren vor der Bundesanstalt, sodass im
Grundsatz die allgemeine Regelung des § 13 VwVfG zur Anwendung gelangt.[112] Weder
die Zielgesellschaft noch ihre Aktionäre gehören zu den „geborenen" **Beteiligten** isv § 13
Abs. 1 Nr. 1–3 VwVfG, woran auch die Stellung eines Antrages an die Bundesanstalt auf
Einschreiten gegen den Bieter nichts ändert.[113] Umstritten ist, ob ein Fall der **notwendigen
Beiladung** nach § 13 Abs. 1 Nr. 4 iVm Abs. 2 S. 2 VwVfG vorliegt. Dies wäre der Fall,
wenn der Ausgang des Verfahrens **rechtsgestaltende Wirkung** für den Dritten hat. Einer
Maßnahme kommt rechtsgestaltende Wirkung zu, wenn sie ein subjektives Recht begründet, verändert oder aufhebt. Zum Teil wird dies für rechtswidrige Nichtberücksichtigungs-
und Befreiungsbescheide bejaht.[114] Da die Minderheitsaktionäre nicht mehr geltend machen
können, dass ihnen gegenüber eine Angebotspflicht besteht, entfalte die Nichtberücksichti-
gungs- oder Befreiungsentscheidung (zivil-)rechtsgestaltende Wirkung. Die hM lässt dies
nicht ausreichen und lehnt die rechtsgestaltende Wirkung unter Hinweis darauf ab, dass die
Aktionärseigenschaft durch die Entscheidung nicht berührt wird.[115] Folgt man dem, haben
diejenigen, deren rechtliche Interessen durch den Verfahrensausgang berührt werden, lediglich einen Anspruch auf ermessensfreie Entscheidung über die Hinzuziehung als Beteiligter
nach § 13 Abs. 2 S. 1 VwVfG **(einfache Beiladung).**[116]

Ein Recht auf Beteiligung im Verwaltungs- und Beschwerdeverfahren könnte daher nur 62
dann bestehen, wenn die Aktionäre oder die Zielgesellschaft nach Maßgabe der **Schutz-
normlehre** subjektiv-öffentliche Rechte für sich in Anspruch nehmen können. Danach
kommt ein Drittschutz in Betracht, wenn die Norm nicht nur die Interessen der Allgemeinheit, sondern auch den Individualinteressen des Dritten zu dienen bestimmt ist und sich
der Schutz des Dritten nicht nur rein tatsächlich aus einem Rechtsreflex ergibt.[117] Ausgangspunkt der Überlegungen, ob die Zielgesellschaft, ihre Aktionäre oder sonstige Dritte, eigene
subjektive Rechte für sich in Anspruch nehmen können, ist die Vorschrift des § 4 Abs. 2.

---

[111] Angerer/Geibel/Süßmann/*Meyer* Rn. 7; Kölner Komm WpÜG/*v. Bülow* Rn. 73; FK-WpÜG/*Hom-
melhoff/Witt* Rn. 41; *Meyer/Lipsky* NZG 2009, 1092 (1094).

[112] OLG Frankfurt ZIP 2003, 1392 (1393) – Wella; so schon *Schnorbus* ZHR 166 (2002), 72 (98); *v. Riegen*
Der Konzern 2003, 583 (596); FK-WpÜG/*Hommelhoff/Witt* Rn. 42; Assmann/Pötzsch/Schneider/*Seiler* § 37
Rn. 95; *Pohlmann* ZGR 2007, 1 (22).

[113] OLG Frankfurt DB 2003, 1371 (1372) – ProSieben; ZIP 2003, 1392 (1393) – Wella; zuvor bereits
*Möller* ZHR 167 (2003), 301 (308); *v. Riegen* Der Konzern 2003, 583 (597); abw. *Schnorbus* ZHR 166 (2002),
72 (100), die annimmt, dass sich Dritte durch die förmliche Einlegung eines Widerspruchs die Stellung eines
Verfahrensbeteiligten sichern können.

[114] *Ihrig* ZHR 167 (2003), 315 (341); *Wagner* NZG 2003, 718 (719), der darauf hinweist, dass durch die
Nichtberücksichtigungs- bzw. Befreiungsentscheidung (§§ 20, 36, 37) die Angebotspflicht und damit die
aktionärsschützenden Sanktionen der Zinszahlungspflicht sowie des Rechtsverlusts (§§ 38, 59) entfallen. Beide
Entscheidungen hätten somit privatrechtsgestaltende Wirkung, mit der Folge, dass die Aktionäre auf entsprechenden Antrag *notwendig* beizuladen seien (§ 13 Abs. 1 Nr. 4, Abs. 2 S. 2 VwVfG); ähnlich *Cahn* ZHR 167
(2003), 262 (297); *Seibt* ZIP 2003, 1865 (1872), 1875; *Mülbert/Schneider* WM 2003, 2301 (2302).

[115] OLG Frankfurt ZIP 2003, 1392 (1393) – Wella; ZIP 2003, 1297 (1298 f.) – Pro Sieben; FK-WpÜG/
*Hommelhoff/Witt* Rn. 43; *Pohlmann* ZGR 2007, 1 (22 ff., 27 f.); *Möller* ZHR 167 (2003), 301 (309 f.); *v. Riegen*
Der Konzern 2003, 583 (598); iErg abw. *Schnorbus* ZHR 166 (2002), 72 (101 ff.).

[116] OLG Frankfurt ZIP 2003, 1392 (1393) – Wella; ZIP 2003, 1297 (1299 f.) – Pro Sieben; *Schnorbus*
ZHR 166 (2002), 72 (101); *Möller* ZHR 167 (2003), 301 (309 f.); vgl. auch Beschlussempfehlung und
Bericht Finanzausschuss zu § 53 aF (mittlerweile § 52), wonach keine Hinzuziehung von Personen oder
Personenvereinigungen durch die BaFin erfolgt, BT-Drs. 14/7477, 53.

[117] BVerfGE 27, 297, 307; BVerwGE 27, 29, 31 ff.; BVerwG NJW 1999, 592 (593).

Danach nimmt die Bundesanstalt ihre Aufgaben **im öffentlichen Interesse** wahr. Ob aus dieser Vorschrift ein Ausschluss des Drittschutzes abgeleitet werden kann, ist umstritten.

63   Eine verbreitete Ansicht im Schrifttum **bejaht** die Annahme eines **Drittschutzes** zugunsten der außenstehenden Aktionäre.[118] Diese Ansicht stützt sich insbesondere auf die Regierungsbegründung zu § 49, in der die Regelung, die aufschiebende Wirkung der Beschwerde auf wenige Fälle zu beschränken, mit der Notwendigkeit einer zügigen Durchführung des Verfahrens begründet wird. Diese Vorschrift setze einen Drittschutz zwingend voraus.[119] Ein solcher Drittschutz bestehe insbesondere bei Nichtberücksichtigungsentscheidungen nach § 36, da der Bieter in diesem Fall nicht der Veröffentlichungs- und Angebotspflicht unterliegt, die ihrerseits den Interessen der außenstehenden Aktionäre diene.[120]

64   Die Gegenansicht und die Rspr. bejahen mit Recht einen **Ausschluss eines Drittschutzes.**[121] § 4 Abs. 2 stellt klar, dass die Bundesanstalt die ihr durch das Gesetz übertragenen Aufgaben und Befugnisse der Aufsicht bei Angeboten ausschließlich zur Erhaltung der Funktionsfähigkeit der Wertpapiermärkte und der ordnungsgemäßen Abwicklung von Wertpapieren und Unternehmensübernahmen wahrnimmt.[122] Daraus lässt sich zunächst ableiten, dass die Wahrung von Individualrechten nicht Aufgabe der Bundesanstalt ist.[123] Zwar liegt auf der Hand, dass diese Bestimmung nicht den Rechtsschutz von Personen ausschließen will, die unmittelbare Adressaten von belastenden Verwaltungsmaßnahmen der Bundesanstalt sind. Indessen soll die Vorschrift aber den Rechtsschutz nicht unmittelbar betroffener Personen ausschließen. Die Regelung zielt darauf ab, Amtshaftungsansprüche von Personen auszuschließen, die nicht Adressaten aufsichtsbehördlicher Maßnahmen sind.[124] Folglich wird man anzunehmen haben, dass die Bestimmung drittgerichtete Amtspflichten generell entgegensteht.[125]

65   Das Verständnis, dass der Gesetzgeber eine Beschränkung des Kreises der Beteiligten im Verwaltungsverfahren gewollt hat und Dritten im Grundsatz **keine subjektiven Rechte** zugebilligt werden sollten, wird auch durch die Streichung der ursprünglich in § 42 RegE enthaltenen Schadensersatzpflicht bei missbräuchlichen Widersprüchen und Beschwerden belegt.[126] Die Streichung geht auf einen Vorschlag des Finanzausschusses zurück, da die

---

[118] *Aha* AG 2002, 160 (161); Kölner Komm WpÜG/*Pohlmann* § 48 Rn. 69 ff.; *Zschocke/Rahlf* DB 2003, 1374 (1375); *v. Bülow/Bücker* Der Konzern 2003, 185 (201); *Cahn* ZHR 167 (2003), 262 (289 ff., 293 ff.), der darauf abstellt, ob sich aus einzelnen Vorschriften über das Angebotsverfahren ein Drittschutz ableiten lässt, was er für §§ 36, 37 bejaht; im hier interessierenden Kontext iErg auch *Ihrig* ZHR 167 (2003), 315 (320, 340 ff.), der zwar grds. einen Drittschutz ablehnt, jedoch für den Fall einer Nichtberücksichtigungs- oder Befreiungsentscheidung eine Ausnahme macht, da eine rechtswidrige Nichtberücksichtigung bzw. Befreiung einen Eingriff in den Schutzbereich des Art. 14 GG darstellt; ebenso *Wagner* NZG 2003, 718 (719); *Seibt* ZIP 2003, 1865 (1872).

[119] *Cahn* ZHR 167 (2003), 262 (291).

[120] *v. Bülow/Bücker* Der Konzern 2003, 185 (201); *Seibt* ZIP 2003, 1865 (1872).

[121] OLG Frankfurt NZG 2012, 302; ZIP 2003, 1392 – Wella mAnm *Zschokel/Rahlf* DB 2003, 1785; zuvor bereits im einstweiligen Verfügungsverfahren OLG Frankfurt DB 2003, 1374 (1375) mAnm *Zschocke/Rahlf* DB 2003, 1374 (1375 f.); s. auch OLG Frankfurt DB 2003, 1371 (1372) – ProSieben, ebenfalls einstweiliges Verfügungsverfahren; aus dem Schrifttum *Seibt/Heiser* ZHR 165 (2001), 466 (484 f.); FK-WpÜG/*Linke* § 4 Rn. 39; Baums/Thoma/*Hecker* Rn. 90 ff.; FK-WpÜG/*Schweizer* § 41 Rn. 13; *Angerer/Geibel/Süßmann/Uhlendorf* § 41 Rn. 14; *Möller* ZHR 167 (2003), 301 (305 ff.); *Lenz* NJW 2003, 2073 (2075); *v. Riegen* Der Konzern 2003, 583 (584 ff.); ähnlich auch *Liebscher* ZIP 2001, 853 (858); iErg auch *Schnorbus* ZHR 166 (2002), 72 (82 ff.), der zwar aus § 4 Abs. 2 keinen Ausschluss des Drittschutzes ableitet, *Schnorbus* ZHR 166 (2002), 72 (85 f.), jedoch unter Hinweis auf die Entstehungsgeschichte die Anerkennung subjektiv-öffentlicher Rechte der Aktionäre ablehnt, *Schnorbus* ZHR 166 (2002), 72 (86 ff.); s. auch DAV-Handelsrechtsausschuss NZG 2001, 420 (421) zum RefE.

[122] *Möller* ZHR 167 (2003), 301 (305); *v. Riegen* Der Konzern 2003, 583 (586); vgl. Begr. RegE, BT-Drs. 14/7034, 36.

[123] *Cahn* ZHR 167 (2003), 262 (284).

[124] *Angerer/Geibel/Süßmann/Louven* § 4 Rn. 12; *Schnorbus* ZHR 166 (2002), 72 (84); *Cahn* ZHR 167 (2003), 262 (284).

[125] *Möller* ZHR 167 (2003), 301 (306); *Cahn* ZHR 167 (2003), 262 (286); aA insoweit *Schnorbus* ZHR 166 (2002), 72 (85 f.).

[126] OLG Frankfurt ZIP 2003, 1392 (1394) – Wella; DB 2003, 1371 (1372) – ProSieben; *Möller* ZHR 167 (2003), 301 (306); s. auch *Pötzsch*, Das neue Übernahmerecht, 2002, 265 f.; *Schnorbus* ZHR 166 (2002), 72 (86 f.); *Ihrig* ZHR 167 (2003), 315 (321); aA *Aha* AG 2002, 160 (161).

Vorschrift „keinen praktischen Anwendungsbereich habe, da Dritte durch Verfügungen des Bundesaufsichtsamtes nicht in ihren Rechten verletzt sein können und demzufolge keinen Widerspruch oder Beschwerde einlegen können, der als missbräuchlich zu qualifizieren wäre".[127] Hieraus wird deutlich, dass erst in einer späten Phase des Gesetzgebungsverfahrens, nämlich auf Grund der Beschlussempfehlung des Finanzausschusses den Vorschriften des WpÜG der drittschützende Charakter abgesprochen werden sollte. Ein Drittschutz ergebe sich auch nicht aus der Konzentration der gerichtlichen Zuständigkeit nach § 48 Abs. 4, da für sich aus dem WpÜG ergebende Rechtsstreitigkeiten die Landgerichte zuständig sind (§ 66 Abs. 1).[128] Auch § 41 Abs. 1 S. 2 lasse nicht den zwingenden Schluss auf einen Drittschutz zu, da sich eine erstmalige Beschwer bereits dann ergebe, wenn die Bundesanstalt für den Bieter andere Auflagen mache als zuvor.[129]

Der Drittschutz von Zielgesellschaft und Aktionären kann auch nicht aus **Grundrechten** **66** hergeleitet werden.[130] Art. 14 Abs. 1 GG ist nicht verletzt, da das Eigentum an den Aktien nicht berührt ist. Auch im Übrigen lassen sich gegen die Verweigerung eines Drittschutzes keine durchgreifenden verfassungsrechtlichen Bedenken einwenden.[131] Ein schützenswertes Interesse der Zielgesellschaft sowie der Aktionäre an einer Beteiligung am Verwaltungsverfahren besteht nicht.[132] Muss der Bieter auf Grund einer fehlerhaften Nichtberücksichtigungsentscheidung ein Pflichtangebot nicht abgeben, wird den Aktionären nur eine Geschäftschance genommen, die nicht in den durch Art. 14 GG geschützten Bereich des Eigentums fällt.[133] Auch aus dem EG-Recht lässt sich ein Drittschutz nicht herleiten.[134] Eine Einbeziehung von Dritten würde schließlich, jedenfalls soweit es die Aktionäre der Zielgesellschaft betrifft, der Intention des Gesetzgebers widersprechen, das Verfahren nach dem WpÜG möglichst zügig durchzuführen.[135]

Diese Erwägungen gelten auch für das Verfahren nach §§ 36, 37. Auch insoweit wollte **67** der Gesetzgeber dem einzelnen Aktionär keine im Verwaltungs- oder Beschwerdeverfahren durchsetzbare Rechtsposition einräumen.[136] Bei der Betroffenheit der Minderheitsaktionäre handelt es sich um einen Rechtsreflex.

**4. Entscheidung der Bundesanstalt.** Die Bundesanstalt hat die Tatbestandsvorausset- **68** zungen des Ausnahmetatbestandes zu prüfen und bei Vorliegen der Voraussetzungen dem Antrag zu entsprechen. Anders als im Rahmen von § 37 steht der Bundesanstalt bei der Entscheidung über die Nichtberücksichtigung von Stimmrechten **kein Ermessen** zu.[137] Bei der Nichtberücksichtigungsentscheidung handelt es sich um einen begünstigenden **Verwaltungsakt** (§ 35 VwVfG).[138] Da es sich um eine gebundene Entscheidung handelt, darf sie nicht mit Nebenbestimmungen versehen werden, sofern hierdurch nicht die gesetzlichen Voraussetzungen für den Erlass der Verfügung geschaffen werden (§ 36 Abs. 1 Alt. 2, Abs. 2

---

[127] Beschlussempfehlung Finanzausschuss, BT-Drs. 14/7477, 70.
[128] OLG Frankfurt NZG 2012, 302 (303); ZIP 2003, 1392 (1394) – Wella.
[129] OLG Frankfurt ZIP 2003, 1392 (1396) – Wella; *Schnorbus* ZHR 166 (2002), 72 (88).
[130] OLG Frankfurt NZG 2012, 302 (306); ZIP 2003, 1392 (1395 f.) – Wella; ZIP 2003, 1297 (1299 f.) – Pro Sieben.
[131] OLG Frankfurt ZIP 2003, 1392 (1395 f.) – Wella; insoweit auch zutr. *Cahn* ZHR 167 (2003), 262 (286 f.); iErg auch *Zschocke/Rahlf* DB 2003, 1785, nach denen sich aber aus der Macrotron-Entscheidung des BGH herleiten lassen soll, dann der Schutzbereich den Art. 14 Abs. 1 GG dann betroffen sein kann, wenn die Aktionäre durch das Übernahmeangebot aus der Gesellschaft hinausgedrängt werden.
[132] *Schnorbus* ZHR 166 (2002), 72 (90); *Möller* ZHR 167 (2003), 301 (306).
[133] OLG Frankfurt NZG 2012, 302 (306); ZIP 2003, 1392 (1395) – Wella; *Möller* ZHR 167 (2003), 301 (306); *Schnorbus* ZHR 166 (2002), 72 (90); aA *Ihrig* ZHR 167 (2003), 315 (342).
[134] OLG Frankfurt NZG 2012, 302 (305); ZIP 2003, 1392 (1396) – Wella.
[135] OLG Frankfurt NZG 2012, 302 (306); ZIP 2003, 1392 (1395 f.) – Wella; *Möller* ZHR 167 (2003), 301 (302), 311; *v. Riegen* Der Konzern 2003, 583 (592).
[136] Vgl. OLG Frankfurt DB 2003, 1372 (1372) – ProSieben; *v. Riegen* Der Konzern 2003, 583 (591).
[137] Begr. RegE, BT-Drs. 14/7034, 60; Angerer/Geibel/Süßmann/*Meyer* Rn. 1; Steinmeyer/*Klepsch* Rn. 7; FK-WpÜG/*Hommelhoff/Witt* Rn. 2; Kölner Komm WpÜG/*v. Bülow* Rn. 87; Baums/Thoma/*Hecker* Rn. 96; *Hasselbach/Alles* DB 2020, 39 (40).
[138] *Harbarth* ZIP 2002, 321 (328); FK-WpÜG/*Hommelhoff/Witt* Rn. 46; Steinmeyer/*Klepsch* Rn. 7; Baums/Thoma/*Hecker* Rn. 1; Ehricke/Ekkenga/Oechsler/*Ekkenga* Rn. 12.

VwVfG).[139] Die Bundesanstalt kann die Nichtberücksichtigungsverfügung nach allgemeinen Grundsätzen widerrufen oder zurücknehmen (§§ 48, 49 VwVfG).

69 Liegen die Voraussetzungen des Ausnahmetatbestandes nicht vor, hat die Bundesanstalt den Antrag zurückzuweisen. Denkbar ist, dass die Voraussetzungen für eine Nichtberücksichtigung nur für einen **Teil** der vom Antrag umfassten Aktien vorliegen. Dann muss die Bundesanstalt dem Antrag in dem Umfang stattgeben, wie die Voraussetzungen für eine Nichtberücksichtigung vorliegen.[140]

70 Vor einer vollständigen oder teilweisen Zurückweisung des Antrages hat die Bundesanstalt stets zu prüfen, ob der Antrag auf Nichtberücksichtigung von Stimmrechten nicht als **Befreiungsantrag nach § 37** aufrechterhalten werden kann, da es dem antragstellenden Kontrollerwerber letztlich darum geht, die Veröffentlichungs- und Antragspflicht nach § 35 Abs. 1 und 2 zu vermeiden.[141]

71 Die Nichtberücksichtigungsentscheidung kann von der Bundesanstalt auf Kosten des Adressaten im Bundesanzeiger veröffentlicht werden (§ 44). Bei der Entscheidung über die **Veröffentlichung** steht der Bundesanstalt grundsätzlich Ermessen zu. Zur Herstellung der erforderlichen Transparenz wird das Ermessen bei stattgebenden Entscheidungen regelmäßig reduziert sein.[142] Bei zurückweisenden Entscheidungen besteht das Transparenzinteresse demgegenüber nur eingeschränkt. Die **Kosten** der Nichtberücksichtigungsentscheidung hat der Antragsteller selbst zu tragen (§ 47).[143] Nach § 4 Abs. 1 WpÜG-GV beträgt die Gebühr zwischen 3.000 und 10.000 Euro.

72 **5. Rechtsfolgen. a) Nichtberücksichtigung der Stimmrechte.** Spricht die Bundesanstalt die Nichtberücksichtigung aus, bleiben die Stimmrechte aus den Aktien des betreffenden Aktionärs bei der Berechnung des Stimmrechtsanteils nach § 35 iVm § 29 Abs. 2 unberücksichtigt. Sofern die Schwelle von 30% der Stimmrechte auf diese Weise nicht überschritten wird, ist der Aktionär von der Veröffentlichungs- und Angebotspflicht nach § 35 Abs. 1 und 2 befreit. Anders als im Anwendungsbereich des § 20 Abs. 3 können die Rechte aus den betroffenen Aktien weiterhin ausgeübt werden.[144] Die Nichtberücksichtigungsentscheidung wirkt grundsätzlich auf den Zeitpunkt, zu dem die tatbestandlichen Voraussetzungen des § 35 Abs. 1 erfüllt wurden.[145]

73 Eine andere Frage ist, ob die betreffenden Stimmrechte nicht nur bei der Berechnung der dem Bieter zustehenden Stimmrechte, sondern auch bei der Berechnung der **Gesamtzahl der Stimmrechte** unberücksichtigt bleiben. Dies wird vereinzelt bejaht.[146] Die Kontrollschwelle von 30% der Stimmrechte sei auf Grundlage der reduzierten Stimmrechte zu berechnen. Damit könne es sein, dass ein Bieter, der vor dem Erwerb der unberücksichtigt bleibenden Stimmrechte weniger als 30% der Stimmrechte innehatte, die Kontrollstellung erlangt. Dem ist nicht zu folgen.[147] Zweck der Nichtberücksichtigungsbestimmung ist die Vermeidung der Auslösung der Veröffentlichungs- und Angebotspflicht (→ Rn. 4). Dieses Ziel würde konterkariert, wenn man die Stimmrechte auch bei der Gesamtzahl der Stimmrechte in Abzug bringen würde. Zudem könnte es zu unrichtigen Mitteilungen nach §§ 33 ff. WpHG kommen.[148]

---

[139] FK-WpÜG/*Hommelhoff/Witt* Rn. 46; Ehricke/Ekkenga/Oechsler/*Ekkenga* Rn. 12; Kölner Komm WpÜG/*v. Bülow* Rn. 52; Steinmeyer/*Klepsch* Rn. 7; *Hasselbach/Alles* DB 2020, 39 (40).

[140] Kölner Komm WpÜG/*v. Bülow* Rn. 88; Baums/Thoma/*Hecker* Rn. 96.

[141] Kölner Komm WpÜG/*v. Bülow* Rn. 89; aA Steinmeyer/*Klepsch* Rn. 11, der annimmt, es müsse ein Hilfsantrag gestellt werden; ähnlich auch Baums/Thoma/*Hecker* Rn. 100, der allerdings die BaFin gem. § 25 VwVfG für verpflichtet hält, den Antragsteller auf die Möglichkeit einer Befreiung nach § 37 hinzuweisen.

[142] Kölner Komm WpÜG/*v. Bülow* Rn. 90; Assmann/Pötzsch/Schneider/*Schneider/Rosengarten* Rn. 21.

[143] Kölner Komm WpÜG/*v. Bülow* Rn. 91.

[144] FK-WpÜG/*Hommelhoff/Witt* Rn. 54; *v. Bülow/Bücker* Der Konzern 2003, 185 (196); Baums/Thoma/*Hecker* Rn. 113; Assmann/Pötzsch/Schneider/*Schneider/Rosengarten* Rn. 25.

[145] *v. Bülow/Bücker* Der Konzern 2003, 185 (196); Baums/Thoma/*Hecker* Rn. 110.

[146] *Harbarth* ZIP 2002, 321 (330); Ehricke/Ekkenga/Oechsler/*Ekkenga* Rn. 13.

[147] FK-WpÜG/*Hommelhoff/Witt* Rn. 55; Baums/Thoma/*Hecker* Rn. 126; Steinmeyer/*Klepsch* Rn. 7.

[148] FK-WpÜG/*Hommelhoff/Witt* Rn. 55; Assmann/Pötzsch/Schneider/*Schneider/Rosengarten* Rn. 22.

**b) Stimmrechte Dritter.** Fraglich ist, ob eine stattgebende Nichtberücksichtigungsent- **74** scheidung der Bundesanstalt ausschließlich Wirkung zugunsten des Antragstellers entfaltet oder ob die betreffenden Stimmrechte, wenn sie gleichzeitig einem Dritten nach § 30 zuzurechnen sind, im Hinblick auf den Dritten bei der Berechnung der Kontrollschwelle nach § 29 Abs. 2 ebenfalls unberücksichtigt bleiben. Nach der überwiegenden Ansicht wird die Erstreckungswirkung zugunsten des Dritten abgelehnt.[149] Der Dritte sei darauf angewiesen, seinerseits einen Nichtberücksichtigungs- oder Befreiungsantrag zu stellen, wobei die Nichtberücksichtigungs- oder Befreiungsvoraussetzungen auch in seiner Person vorliegen müssen. Dem wird man nicht folgen können.[150] Vielmehr ist eine **einheitliche Betrachtung** notwendig. Dies lässt sich am folgenden Beispiel verdeutlichen: Stimmen sich zwei Aktionäre, die jeweils über einen Stimmrechtsanteil von 10% verfügen, über ihr Verhalten im Hinblick auf die Zielgesellschaft ab und erwirbt einer der beiden Aktionäre weitere 15% der Stimmrechte im Wege des Erbgangs, muss sich eine Nichtberücksichtigungsentscheidung hinsichtlich dieser 15% zugunsten beider Aktionäre auswirken. Jedenfalls muss hinsichtlich der Aktien, deren Stimmrechte unberücksichtigt bleiben, die Zurechnungswirkung nach § 30 Abs. 2 entfallen. Andernfalls würde dies zu dem wenig sachgerechten Ergebnis führen, dass nur der nicht-erbende Aktionär ein Pflichtangebot unterbreiten müsste.

**c) Zuerwerb von Stimmrechten nach Nichtberücksichtigung.** Rechtsfolge einer **75** Entscheidung der Bundesanstalt nach § 36 ist, dass die betreffenden Stimmrechte des Bieters bei der Berechnung des Stimmrechtsanteils unberücksichtigt bleiben (→ Rn. 72). Damit wird der Bieter so behandelt, als ob er diese Stimmrechte nie erworben hat. Der Wortlaut des Gesetzes spricht dafür, dass der Stimmrechtsanteil des Bieters stets unter Außerachtlassung der betreffenden Stimmrechte zu berechnen ist. Hieraus schließt eine verbreitete Meinung, dass der Bieter, wenn der so berechnete Stimmrechtsanteil auf Grund eines weiteren Zuerwerbs die Schwelle von 30% überschreitet, die Kontrollerlangung veröffentlichen und ein Pflichtangebot abgeben muss.[151] Auch teleologische Gründe sprächen dafür, dass der Bieter beim zweiten Erwerbstatbestand zur Abgabe eines Pflichtangebotes verpflichtet ist. Dem kann nicht uneingeschränkt gefolgt werden.

Selbst wenn man eine dauerhafte Nichtberücksichtigung der Stimmrechte annehmen **76** wollte, würde es zu weit gehen, wenn jeder Zuerwerb von Aktien unabhängig von seinem Umfang als Kontrollerlangung anzusehen wäre. Vielmehr kann die Veröffentlichungs- und Angebotspflicht allenfalls dann ausgelöst werden, wenn der Zuerwerb bei Ausklammerung der von der Nichtberücksichtigungsentscheidung erfassten Stimmrechte zum Erreichen bzw. Überschreiten der 30%-Schwelle führt.[152] Beispiel: Standen A an der B-AG zunächst 25% der Stimmrechte zu und konnte er für weitere 10%, die ihm von seinen Eltern unentgeltlich zugewandt wurden, eine Nichtberücksichtigungsentscheidung nach § 36 Nr. 1 erlangen, muss er ein Pflichtangebot abgeben, wenn er in Folgezeit weitere 5% über die Börse erwirbt, nicht aber, wenn der Zuerwerb lediglich 3% umfasst.

Darüber hinaus bestehen Zweifel, ob eine dauerhafte Nichtberücksichtigung der Stimm- **77** rechte sachgerecht ist. Jedenfalls im Anwendungsbereich des **Nr. 3** würde eine dauerhafte Nichtberücksichtigung von Stimmrechten dem Regelungszweck der Nichtberücksichtigung widersprechen.[153] Die Annahme einer Veröffentlichungs- und Angebotspflicht bei einer späteren Erhöhung des Stimmrechtsanteils würde dem Zweck der Nr. 3 zuwiderlaufen, die Veröffentlichungs- und Angebotspflicht bei **konzerninternen Umstrukturierungen** immer dann auszuschließen, wenn sich die Kontrollsituation an der Konzernspitze nicht verändert hat.

---

[149] *v. Bülow/Bücker* Der Konzern 2003, 185 (198); Baums/Thoma/*Hecker* Rn. 118; FK-WpÜG/*Hommelhoff/Witt* Rn. 29 Fn. 56.
[150] Ehricke/Ekkenga/Oechsler/*Ekkenga* Rn. 14.
[151] Für den Fall von Befreiungen *Harbarth* ZIP 2002, 321 (324); *Mielke* in Beckmann/Kersting/Mielke, Das neue Übernahmerecht, 2003, Rn. B 45.
[152] AA *Harbarth* ZIP 2002, 321 (324).
[153] *v. Bülow/Bücker* Der Konzern 2003, 185 (196 f.); FK-WpÜG/*v. Bülow/Bücker* Rn. 107; FK-WpÜG/*Hommelhoff/Witt* Rn. 56; FK-WpÜG/*Hommelhoff/Witt* Rn. 29 Fn. 56 f.

78    Aber auch im Anwendungsbereich der **Nr. 1** und **Nr. 2** sprechen gute Gründe für eine lediglich punktuelle Nichtberücksichtigung der Stimmrechte. Eine dauerhafte Nichtberücksichtigung der Stimmrechte hätte nämlich das systemwidrige Ergebnis zu Folge, dass die an sich von weniger strengen Voraussetzungen abhängige Befreiungsentscheidung nach § 37 – jedenfalls, wenn man der hM folgt ( → § 37 Rn. 70 ff.) – für den betroffenen Aktionär zu besseren Ergebnissen führen würde als bei einer Nichtberücksichtigung nach § 36.[154]

79    **d) Verzicht auf Nichtberücksichtigung von Stimmrechten.** Denkbar ist, dass der Bieter nach der Kontrollerlangung einen Nichtberücksichtigungsantrag nach § 36 hätte stellen können, von dieser Möglichkeit aber keinen Gebrauch macht, sondern die Kontrollerlangung veröffentlicht und ein Pflichtangebot abgibt. Wirtschaftlich kann dies sinnvoll sein, wenn der Börsenkurs der Zielgesellschaft im betreffenden Zeitpunkt niedrig, aber tendenziell mit einer Kurssteigerung zu rechnen ist. Erreicht der Bieter trotz des Pflichtangebotes die tatsächliche Kontrolle zunächst nicht, sondern erst auf Grund eines weiteren Zuerwerbs, führt dies nicht dazu, dass ein neuerliches Pflichtangebot ausgelöst würde, sofern der Stimmrechtsanteil des Bieters in der Zwischenzeit nicht unter 30% gefallen ist.[155]

80    **6. Rechtsbehelfe. a) Ablehnende Entscheidung.** Lehnt die Bundesanstalt die begehrte Nichtberücksichtigung ab, kann der **Bieter Widerspruch** zum Widerspruchsausschuss bei der Bundesanstalt erheben (§ 41 Abs. 1 S. 1).[156] Der Widerspruch ist innerhalb eines Monats nach Zugang der ablehnenden Entscheidung bei der Bundesanstalt einzulegen (§ 41 Abs. 1 S. 3 iVm § 70 Abs. 1 S. 1 VwGO).

81    Wird dem Widerspruch nicht abgeholfen, steht dem antragstellenden Bieter der Rechtsbehelf der **Beschwerde** zu (§ 48 Abs. 3 S. 1). Zuständig für die Entscheidung über die Beschwerde ist ausschließlich das OLG Frankfurt (§ 48 Abs. 4).

82    Entscheidet die Bundesanstalt nicht oder ohne sachlichen Grund nicht innerhalb angemessener Frist über den Antrag auf Nichtberücksichtigung, kann der Antragsteller **Untätigkeitsbeschwerde** einlegen (§ 48 Abs. 3 S. 2), die an keine Frist gebunden ist (§ 51 Abs. 2).

83    Nimmt man mit der hier vertretenen Ansicht an, dass dem Nichtberücksichtigungsantrag Suspensiveffekt zukommt, besteht aus Sicht des Kontrollerwerbers bis zur Bescheidung des Antrags durch die Bundesanstalt kein Bedürfnis, **einstweiligen Rechtsschutz** entsprechend § 123 VwGO zu beantragen, um eine vorläufige Nichtberücksichtigung der Stimmrechte zu erlangen.[157] Nachdem die Bundesanstalt den Nichtberücksichtigungsantrag abschlägig beurteilt hat und der Suspensiveffekt damit entfällt,[158] kann der Kontrollerwerber einen Antrag nach § 123 VwGO an das OLG Frankfurt stellen.[159]

84    **b) Stattgebende Entscheidung. aa) Verwaltungsrechtsweg.** Gibt die Bundesanstalt dem Nichtberücksichtigungsantrag statt, fragt sich, ob der **Zielgesellschaft** und ihren **Aktionären** die Rechtsbehelfe des Widerspruchs (§ 41) bzw. der Anfechtungsbeschwerde (§ 48) zustehen. Einer verbreiteten Ansicht zufolge ist die Beteiligteneigenschaft im Verwaltungsverfahren keine notwendige Voraussetzung für die Beschwerdebefugnis.[160] Vielmehr stehe die Befugnis, Anfechtungswiderspruch und -beschwerde zu erheben, jedem zu, der geltend machen kann, durch die angegriffene Verfügung in seinen Rechten verletzt zu sein. § 42

[154] *v. Bülow/Bücker* Der Konzern 2003, 185 (197) für Nr. 3; FK-WpÜG/*Hommelhoff/Witt* Rn. 57.

[155] Im Ergebnis auch *v. Bülow/Bücker* Der Konzern 2003, 185 (197).

[156] *Ihrig* ZHR 167 (2003), 315 (341 f.); Steinmeyer/*Klepsch* Rn. 9; Kölner Komm WpÜG/*v. Bülow* Rn. 93; Assmann/Pötzsch/Schneider/*Schneider/Rosengarten* Rn. 28; FK-WpÜG/*Hommelhoff/Witt* Rn. 48; Baums/Thoma/*Hecker* Rn. 106.

[157] Angerer/Geibel/Süßmann/*Meyer* Rn. 26; *Schnorbus* WM 2002, 657 (662); anders freilich, wenn man eine Suspensivwirkung annimmt, insoweit konsequent Kölner Komm WpÜG/*v. Bülow* Rn. 94; ähnlich *v. Bülow/Bücker* Der Konzern 2003, 185 (200); Baums/Thoma/*Hecker* Rn. 85 f., 105; *Wackerbarth/Kreße* NZG 2010, 418 (419).

[158] Assmann/Pötzsch/Schneider/*Schneider/Rosengarten* Rn. 29.

[159] FK-WpÜG/*Hommelhoff/Witt* Rn. 51 f.; Baums/Thoma/*Hecker* Rn. 85 f., 105; Assmann/Pötzsch/Schneider/*Schneider/Rosengarten* Rn. 29.

[160] *Cahn* ZHR 167 (2003), 262 (296).

Abs. 2 VwGO gelte entsprechend.[161] Ein Dritter könne sich auf diese Weise die Stellung eines Verfahrensbeteiligten verschaffen, ohne dass es auf die Zulässigkeit und Begründetheit des Widerspruchs ankäme.[162] Den praktischen Schwierigkeiten, die eine Einbeziehung einer Vielzahl von Aktionären mit sich bringe, könne durch die Bestellung eines gemeinsamen Vertreters (vgl. § 18 VwVfG) begegnet werden.[163]

Demgegenüber lehnt die Rspr. und die hM im Schrifttum die **Widerspruchs- und** 85 **Beschwerdebefugnis** Dritter ab.[164] § 48 Abs. 2 statuiere – für die Anfechtungsbeschwerde – eine formalisierte Beschwerdebefugnis und begrenze, seinem Wortlaut entsprechend, die Beschwerdebefugnis auf die am Verfahren vor der Bundesanstalt Beteiligten.[165] Allein durch die Einlegung eines Widerspruchs könne die Beschwerdebefugnis nicht begründet werden. § 52 sehe im Übrigen vor, dass an dem Verfahren vor dem Beschwerdegericht nur der Beschwerdeführer und die Bundesanstalt beteiligt seien. Auch kann ein Recht auf Teilhabe am Beschwerdeverfahren mangels planwidriger Regelungslücke nicht auf eine analoge Anwendung des § 65 VwGO gestützt werden.[166]

**bb) Zivilrechtsweg.** Eine andere Frage ist, ob die Minderheitsaktionäre die Möglichkeit 86 haben, bei einer aus ihrer Sicht zu Unrecht ergangenen Nichtberücksichtigungsentscheidung ihre Ansprüche vor dem zuständigen (§ 66) **Zivilgericht** zu korrigieren und den Bieter auf Abnahme ihrer Aktien (→ § 35 Rn. 246) und ggf. auf Zinszahlung zu verklagen.[167] Eine verbreitete Ansicht bejaht dies.[168] Das Gericht sei an eine fehlerhafte Nichtberücksichtigungsentscheidung der Bundesanstalt nicht gebunden und habe die Nichtberücksichtigungsvoraussetzungen inzident zu prüfen. Die Gegenansicht lehnt dies unter Hinweis auf die zivilrechtsgestaltende Wirkung der Nichtberücksichtigungsentscheidung ab.[169] Die Wirkung der Entscheidung der Bundesanstalt könne zivilrechtlich nicht mehr korrigiert werden. Letzterer Ansicht ist zuzustimmen (vgl. im Einzelnen → § 37 Rn. 78).

## § 37 Befreiung von der Verpflichtung zur Veröffentlichung und zur Abgabe eines Angebots

**(1) Die Bundesanstalt kann auf schriftlichen Antrag den Bieter von den Verpflichtungen nach § 35 Abs. 1 Satz 1 und Abs. 2 Satz 1 befreien, sofern dies im Hinblick auf die Art der Erlangung, die mit der Erlangung der Kontrolle beabsichtigte Zielsetzung, ein nach der Erlangung der Kontrolle erfolgendes Unterschreiten der Kontrollschwelle, die Beteiligungsverhältnisse an der Zielgesellschaft oder die tatsächliche Möglichkeit zur Ausübung der Kontrolle unter Berücksichtigung der Interessen des Antragstellers und der Inhaber der Aktien der Zielgesellschaft gerechtfertigt erscheint.**

**(2) ¹Das Bundesministerium der Finanzen kann durch Rechtsverordnung, die nicht der Zustimmung des Bundesrates bedarf, nähere Bestimmungen über die Befreiung von den Verpflichtungen nach § 35 Abs. 1 Satz 1, Abs. 2 Satz 1 erlassen. ²Das Bundesministerium der Finanzen kann die Ermächtigung durch Rechtsverordnung auf die Bundesanstalt übertragen.**

---

[161] *Schnorbus* ZHR 166 (2002), 72 (91 f.), 103 ff.; *v. Bülow/Bücker* Der Konzern 2003, 185 (201).

[162] *Cahn* ZHR 167 (2003), 262 (297); *Schnorbus* ZHR 166 (2002), 72 (100).

[163] *Cahn* ZHR 167 (2003), 262 (298); krit. dazu *Ihrig* ZHR 167 (2003), 315 (344 f.).

[164] OLG Frankfurt ZIP 2003, 1392 (1393) – Wella; BaFin Widerspruchsbescheid ZIP 2004, 223; Baums/Thoma/*Hecker* Rn. 108; Steinmeyer/*Klepsch* Rn. 10; FK-WpÜG/*Hommelhoff/Witt* Rn. 50.

[165] OLG Frankfurt ZIP 2003, 1392 (1393) – Wella; zuvor bereits *Möller* ZHR 167 (2003), 301 (310); *Ihrig* ZHR 167 (2003), 315 (328 f.), 332; iErg auch Steinmeyer/*Klepsch* Rn. 10.

[166] *Möller* ZHR 167 (2003), 301 (310).

[167] Assmann/Pötzsch/Schneider/*Seiler* § 37 Rn. 100 ff.; offengelassen von OLG Frankfurt DB 2003, 1371 (1372) – ProSieben; relativierend OLG Frankfurt ZIP 2003, 2254 (2257) – Berliner Effektengesellschaft.

[168] *Seibt* ZIP 2003, 1865 (1876 f.); dazu auch FK-WpÜG/*Schweizer* § 41 Rn. 11 ff.

[169] *Ihrig* ZHR 167 (2003), 315 (341) Fn. 104; *Wagner* NZG 2003, 718 (719); *v. Riegen* Der Konzern 2003, 583 (591); Baums/Thoma/*Hecker* Rn. 127; FK-WpÜG/*Hommelhoff/Witt* Rn. 50.

### § 8 WpÜG-AV Antragstellung

[1]Der Antrag auf Befreiung von der Pflicht zur Veröffentlichung nach § 35 Abs. 1 Satz 1 des Wertpapiererwerbs- und Übernahmegesetzes und zur Abgabe eines Angebots nach § 35 Abs. 2 Satz 1 des Wertpapiererwerbs- und Übernahmegesetzes ist vom Bieter bei der Bundesanstalt zu stellen. [2]Der Antrag kann vor Erlangung der Kontrolle über die Zielgesellschaft und innerhalb von sieben Kalendertagen nach dem Zeitpunkt gestellt werden, zu dem der Bieter Kenntnis davon hat oder nach den Umständen haben musste, dass er die Kontrolle über die Zielgesellschaft erlangt hat.

### § 9 WpÜG-AV Befreiungstatbestände

[1]Die Bundesanstalt kann insbesondere eine Befreiung von den in § 8 Satz 1 genannten Pflichten erteilen bei Erlangung der Kontrolle über die Zielgesellschaft

1. durch Erbschaft oder im Zusammenhang mit einer Erbauseinandersetzung, sofern Erblasser und Bieter nicht verwandt im Sinne des § 36 Nr. 1 des Wertpapiererwerbs- und Übernahmegesetzes sind,
2. durch Schenkung, sofern Schenker und Bieter nicht verwandt im Sinne des § 36 Nr. 1 des Wertpapiererwerbs- und Übernahmegesetzes sind,
3. im Zusammenhang mit der Sanierung der Zielgesellschaft,
4. zum Zwecke der Forderungssicherung,
5. auf Grund einer Verringerung der Gesamtzahl der Stimmrechte an der Zielgesellschaft,
6. ohne dass dies vom Bieter beabsichtigt war, soweit die Schwelle des § 29 Abs. 2 des Wertpapiererwerbs- und Übernahmegesetzes nach der Antragstellung unverzüglich wieder unterschritten wird.

[2]Eine Befreiung kann ferner erteilt werden, wenn

1. ein Dritter über einen höheren Anteil an Stimmrechten verfügt, die weder dem Bieter noch mit diesem gemeinsam handelnden Personen gemäß § 30 des Wertpapiererwerbs- und Übernahmegesetzes gleichstehen oder zuzurechnen sind,
2. auf Grund des in den zurückliegenden drei ordentlichen Hauptversammlungen vertretenen stimmberechtigten Kapitals nicht zu erwarten ist, dass der Bieter in der Hauptversammlung der Zielgesellschaft über mehr als 50 Prozent der vertretenen Stimmrechte verfügen wird,
3. auf Grund der Erlangung der Kontrolle über eine Gesellschaft mittelbar die Kontrolle an einer Zielgesellschaft im Sinne des § 2 Abs. 3 des Wertpapiererwerbs- und Übernahmegesetzes erlangt wurde und der Buchwert der Beteiligung der Gesellschaft an der Zielgesellschaft weniger als 20 Prozent des buchmäßigen Aktivvermögens der Gesellschaft beträgt.

### § 10 WpÜG-AV Antragsinhalt

Der Antrag muss folgende Angaben enthalten:
1. Name oder Firma und Wohnsitz oder Sitz des Antragstellers,
2. Firma, Sitz und Rechtsform der Zielgesellschaft,
3. Anzahl der vom Bieter und den gemeinsam handelnden Personen bereits gehaltenen Aktien und Stimmrechte und die ihnen nach § 30 des Wertpapiererwerbs- und Übernahmegesetzes zuzurechnenden Stimmrechte,
4. Tag, an dem die Schwelle des § 29 Abs. 2 des Wertpapiererwerbs- und Übernahmegesetzes überschritten wurde, und
5. die den Antrag begründenden Tatsachen.

### § 11 WpÜG-AV Antragsunterlagen

Die zur Beurteilung und Bearbeitung des Antrags erforderlichen Unterlagen sind unverzüglich bei der Bundesanstalt einzureichen.

### § 12 WpÜG-AV Prüfung der Vollständigkeit des Antrags

[1]Die Bundesanstalt hat nach Eingang des Antrags und der Unterlagen zu prüfen, ob sie den Anforderungen der §§ 10 und 11 entsprechen. [2]Sind der Antrag oder die Unterlagen nicht vollständig, so hat die Bundesanstalt den Antragsteller unverzüglich aufzufordern, den Antrag oder die Unterlagen innerhalb einer angemessenen Frist zu ergänzen. [3]Wird der Aufforderung innerhalb der von der Bundesanstalt gesetzten Frist nicht entsprochen, gilt der Antrag als zurückgenommen.

**Schrifttum:** *Altmeppen,* Neutralitätspflicht und Pflichtangebot nach dem neuen Übernahmerecht, ZIP 2001, 1073; *Bernau,* Die Befreiung vom Pflichtangebot nach § 37 WpÜG, WM 2004, 809; *Braun,* Die Befreiung vom Pflichtangebot nach dem WpÜG, 2008; *Bredow/Liebscher,* Befreiung vom Pflichtangebot nach WpÜG bei Selbstverpflichtung zur Durchführung eines Squeeze-Out, DB 2003, 1368; *Brellochs,* Konzernrechtliche Beherrschung und übernahmerechtliche Kontrolle, NZG 2012, 1010; *Cahn,* Verwaltungsbefugnisse der Bundesanstalt für Finanzdienstleistungsaufsicht im Übernahmerecht und Rechtsschutz Betroffener, ZHR

167 (2003), 262; *Ekkenga/Hofschroer,* Das Wertpapiererwerbs- und Übernahmegesetz, DStR 2002, 768; *v. Falkenhausen,* Das nachgeholte Pflichtangebot, NZG 2010, 1213; *Fleischer/Körber,* Der Rückerwerb eigener Aktien und das Wertpapiererwerbs- und Übernahmegesetz, BB 2001, 2589; *Grunewald/Schlitt,* Einführung in das Kapitalmarktrecht, 4. Aufl. 2020; *Harbarth,* Kontrollerlangung und Pflichtangebot, ZIP 2002, 321; *Hasselbach/Alles,* Übernahmerechtliche Aspekte der Unternehmensnachfolge in börsennotierte Familienunternehmen, DB 2020, 39; *Hasselbach/Hoffmann,* Die Sanierungsbefreiung nach § 37 WpÜG bei der Übernahme börsennotierter Unternehmen, DB 2009, 327; *Hecker,* Die Beteiligung der Aktionäre am übernahmerechtlichen Befreiungsverfahren, ZBB 2004, 41; *Holzborn/Blank,* Die Nichtzurechnung nach §§ 20, 36 WpÜG und die Befreiung vom Pflichtangebot nach § 37 WpÜG, §§ 8 ff. WpÜGAngVO, NZG 2002, 948; *Holzborn/Friedhoff,* Die Befreiung vom Pflichtangebot bei Sanierung der Zielgesellschaft nach § 37 WpÜG, § 9 Satz 1 Nr. 3 RVWpÜG, BKR 2001, 114; *Holzborn/Israel,* Die Befreiung vom Pflichtangebot aufgrund eines Sanierungsfalls, WM 2004, 309; *Ihrig,* Rechtsschutz Drittbetroffener im Übernahmerecht, ZHR 167 (2003), 315; *Kiesewetter,* Befreiung vom Pflichtangebotsverfahren bei anschließendem Squeeze-Out, ZIP 2003, 1638; *Klepsch/Kiesewetter,* Befreiung vom Pflichtangebot beim Erwerb zur Sanierung, BB 2007, 1403; *Lenz,* Das Wertpapiererwerbs- und Übernahmegesetz in der Praxis der Bundesanstalt für Finanzdienstleistungsaufsicht, NJW 2003, 2073; *Lenz/Linke,* Die Handhabung des WpÜG in der aufsichtsrechtlichen Praxis, AG 2002, 361; *Meyer/Bundschuh,* Sicherungsübereignung börsennotierter Aktien, WM 2003, 960; *Meyer/Lipsky,* Suspensiveffekt des Antrags gem. §§ 36, 37 WpÜG, NZG 2009, 1092; *Möller,* Das verwaltungs- und Beschwerdeverfahren nach dem Wertpapiererwerbs- und Übernahmegesetz unter besonderer Berücksichtigung Dritter, ZHR 167 (2002), 301; *Pohlmann,* Rechtsschutz der Aktionäre der Zielgesellschaft im Wertpapiererwerbs- und Übernahmeverfahren, ZGR 2007, 1; *Reichert,* GmbH & Co. KG, 7. Aufl. 2015; *Schmidt/Schlitt,* Debt Equity Swap − Eine attraktive Form der Restrukturierung?, Der Konzern 2009, 279; *Schnorbus,* Drittklagen im Übernahmeverfahren, ZHR 166 (2002), 72; *Schnorbus,* Rechtsschutz im Übernahmeverfahren (Teil II), WM 2003, 657; *Seibt,* Rechtsschutz im Übernahmerecht, ZIP 2003, 1865; *Simon,* Rechtsschutz im Hinblick auf ein Pflichtangebot nach § 35 WpÜG, 2005; *Stadler,* Befreiung des Treuhänders gem. § 37 WpÜG von der Abgabe eines Pflichtangebots bei der Übernahme börsennotierter Aktien, insbesondere im Falle doppelnütziger Sanierungstreuhandschaften, NZI 2010, 44; *Süßmann,* Anwendungsprobleme des WpÜG, WM 2003, 1453; *Thies,* Pflichtangebot bei Umwandlungen, 2006; *Veil,* Übernahmerecht in Praxis und Wissenschaft, 2009; *Wackerbarth/Kreße,* Suspensiveffekt des Antrags nach §§ 36 f. WpÜG?, NZG 2010, 418; *Wagner,* Zur Rechtsstellung Dritter nach dem WpÜG, NZG 2003, 718; *Wernicke,* Die Befreiung vom Pflichtangebot auf Grund höheren Stimmrechtsanteil Dritter, NZG 2011, 1404; *Widder,* Erwerb einer Kontrollbeteiligung: Widerruf einer Befreiung vom Pflichtangebot wegen Sanierungsabsicht nach erfolgreicher Sanierung der Zielgesellschaft?, DB 2004, 1875; *Wiesbrock,* Rechtsfragen der Befreiung vom Pflichtangebot nach dem WpÜG in Sanierungsfällen, NZG 2005, 294; *Zschocke/Schuster,* Handbuch zum Übernahmerecht, 2003.

## Übersicht

# I. Allgemeines

**1**   **1. Regelungsgegenstand.** Die Pflicht zur Veröffentlichung der Kontrollerlangung und zur Abgabe eines Pflichtangebotes wird nach § 35 durch die Erlangung von 30% der Stimmrechte ausgelöst. Bei der Berechnung des Stimmrechtsanteils werden grundsätzlich alle Stimmrechte des Bieters mitgerechnet. § 37 erfasst Konstellationen, in denen die Berücksichtigung von Stimmrechten aus bestimmten Aktien bei der Berechnung, ob die Kontrollschwelle erreicht oder überschritten ist, nicht sachgerecht erscheint und eröffnet eine Befreiungsmöglichkeit von der Pflicht zur unverzüglichen Veröffentlichung der Kontrollerlangung und zur Abgabe eines Angebotes an alle Aktionäre.[1]

**2**   Nach **Abs. 1** kommt eine Befreiung in Betracht, wenn dies im Hinblick auf die Art der Erlangung, die mit der Erlangung der Kontrolle beabsichtigte Zielsetzung, ein nach Erlangung der Kontrolle erfolgendes Unterschreiten der Kontrollschwelle, die Beteiligungsverhältnisse an der Zielgesellschaft oder die tatsächliche Möglichkeit zur Ausübung der Kontrolle unter Berücksichtigung der Interessen des Antragstellers und der Inhaber der Aktien der Zielgesellschaft als gerechtfertigt erscheint. Der Katalog ist **abschließend**.[2] Anders als die Entscheidung über die Nichtberücksichtigung von Stimmrechten nach § 36 handelt es sich nicht um eine gebundene Entscheidung der Bundesanstalt. Vielmehr steht sie in ihrem **Ermessen.**[3] Die Bundesanstalt hat bei der Befreiungsentscheidung nach § 37 die unterschiedlichen Interessen des die Befreiung beantragenden Aktionärs gegen das der Minderheitsaktionäre an einer Angebotsabgabe gegeneinander abzuwägen.

**3**   **Abs. 2 S. 1** ermächtigt das BMF eine Rechtsverordnung mit näheren Bestimmungen über die Befreiung von der Verpflichtung zur Abgabe eines Angebotes zu erlassen. Zweck

---

[1] FK-WpÜG/*Hommelhoff/Witt* Rn. 1; Assmann/Pötzsch/Schneider/*Seiler* Rn. 1; *Grunewald/Schlitt* Kap-MarktR S. 363; Kölner Komm WpÜG/*Versteegen* Rn. 1; Steinmeyer/*Schmiady* Rn. 1.

[2] *Harbarth* ZIP 2002, 321 (330); Angerer/Geibel/Süßmann/*Meyer* Rn. 30; Assmann/Pötzsch/Schneider/ *Seiler* Rn. 2; *Holzborn* in Zschocke/Schuster ÜbernahmeR-HdB Rn. C 37; Kölner Komm WpÜG/*Versteegen* Rn. 73; unklar FK-WpÜG/*Hommelhoff/Witt* Rn. 2; Ehricke/Ekkenga/Oechsler/*Ekkenga* Rn. 16; *Thaeter* in Thaeter/Brandi, Öffentliche Übernahmen, 2003, Teil 2 Rn. 619; aA *Bernau* WM 2004, 809 (811).

[3] Assmann/Pötzsch/Schneider/*Seiler* Rn. 1; FK-WpÜG/*Hommelhoff/Witt* Rn. 2.

dieser Ermächtigung ist es, angesichts der Vielzahl der denkbaren Fälle die erforderliche Rechtssicherheit für alle Beteiligten zu schaffen.[4] Nach **Abs. 2 S. 2** kann das BMF die Ermächtigung durch Rechtsverordnung auf die Bundesanstalt übertragen. Von der Möglichkeit, eine konkretisierende **Rechtsverordnung** zu erlassen, hat das BMF durch den Vierten Abschnitt der WpÜG-AV (§§ 8–12 WpÜG-AV) Gebrauch gemacht. Die Befreiungstatbestände sind in der Rechtsverordnung nur beispielhaft aufgeführt und haben daher – anders als § 37 – keinen **abschließenden** Charakter.[5]

Die Befreiungsmöglichkeit **ergänzt** die Bestimmung über die Nichtberücksichtigung  **4** des Handelsbestandes nach § 20 sowie die Regelung über die Nichtberücksichtigung von bestimmten Stimmrechten nach § 36.[6] Anders als im Anwendungsbereich des § 37 besteht bei Vorliegen der Voraussetzungen des § 20 bzw. des § 36 jedoch ein Anspruch auf eine stattgebende Entscheidung.

**2. Normzweck.** § 37 begründet in den Fällen, in denen die Berücksichtigung von  **5** Stimmrechten aus bestimmten Aktien bei der Berechnung, ob die Kontrollschwelle erreicht oder überschritten ist, nicht sachgerecht erscheint, eine Befreiungsmöglichkeit von der Veröffentlichungs- und Angebotspflicht. Der Befreiungsvorbehalt nach § 37 stellt ein **Korrektiv** zu der Regelung des § 35 dar, die die Kontrollerlangung an das Erreichen des starren Schwellenwertes von 30% der Stimmrechte knüpft.[7] Insbesondere im Hinblick auf die weitreichenden Zurechnungstatbestände nach § 30 sowie den Umstand, dass es zu einer Kontrollerlangung auch ohne Zutun des Bieters kommen kann, kann die Angebotspflicht eine unzumutbare Härte darstellen.[8] In Ergänzung zu der typisierenden Regelung des § 35 eröffnet die Vorschrift des § 37 die Möglichkeit der Berücksichtigung der individuellen Interessen der Beteiligten.

Die Befreiungsregelung des § 37 hat große **praktische Bedeutung.** Allein im ersten  **6** Jahr seit Inkrafttreten des WpÜG sind 43 Anträge auf Befreiung vom Pflichtangebot gestellt worden.[9] Insgesamt wurden zwischen 2002 und 2009 749 Anträge auf Befreiung nach § 37 WpÜG gestellt.[10] In den Jahren 2009 bis 2014 wurden weitere 348 Befreiungsanträge (58 pro Jahr im Durchschnitt) nach § 37 WpÜG gestellt.[11] In den Jahren 2015 bis 2018 betrug die Anzahl der Befreiungsanträge nach § 37 WpÜG allerdings nur noch 98 (24,5 pro Jahr im Durchschnitt).[12] Jedenfalls im Zeitraum bis einschließlich 2009

---

[4] Begr. RegE, BT-Drs. 14/7034, 61; FK-WpÜG/*Hommelhoff/Witt* Rn. 4.

[5] *Cahn/Senger* FB 2002, 277. 293; FK-WpÜG/*Hommelhoff/Witt* Rn. 2; *Holzborn* in Zschocke/Schuster ÜbernahmeR-HdB Rn. C 39; *Lenz/Linke* AG 2002, 361 (366); *Hopt* ZHR 166 (2002), 383 (418); *Liebscher* ZIP 2002, 1005 (1014); Kölner Komm WpÜG/*Versteegen* WpÜG-AV § 9 Rn. 4 (WpÜG Anh. § 37); *Ehricke/Ekkenga/Oechsler/Ekkenga* Rn. 16; *Thaeter* in Thaeter/Brandi, Öffentliche Übernahmen, 2003, Teil 2 Rn. 618; ABBD/*Kopp/v. Dryander* Sec. 37 Rn. 8; *AMRS,* Public Company Takeovers in Germany, 2002, 236 f.; *Hasselbach/Alles* DB 2020, 39 (41).

[6] Steinmeyer/*Schmiady* Rn. 1; Assmann/Pötzsch/Schneider/*Seiler* Rn. 1. § 36 ist keine lex specialis gegenüber § 37, sodass bei Vorliegen der Tatbestandsvoraussetzungen des § 36 Nr. 1 bis 3 einem Befreiungsantrag stets stattzugeben ist, *v. Bülow/Bücker* Der Konzern 2003, 185 (187) Fn. 15; vgl. auch *AMRS,* Public Company Takeovers in Germany, 2002, 234.

[7] Assmann/Pötzsch/Schneider/*Seiler* Rn. 5; Angerer/Geibel/Süßmann/*Meyer* Rn. 4; *Krause,* Das obligatorische Übernahmeangebot, 1996, 205 f.

[8] Kölner Komm WpÜG/*Versteegen* Rn. 2 f.; Assmann/Pötzsch/Schneider/*Seiler* Rn. 5 weisen in diesem Zusammenhang zu Recht darauf hin, dass durch die Befreiungsmöglichkeit verfassungsrechtliche Bedenken hinsichtlich des Pflichtangebots abgebaut werden; ebenso *Krause,* Das obligatorische Übernahmeangebot, 1996, 214.

[9] *Lenz* NJW 2003, 2073 (2074); vgl. zur praktischen Relevanz auch *Braun,* Die Befreiung vom Pflichtangebot nach dem WpÜG, 2008, 111 sowie die Jahresberichte der BaFin 2008, 183 ff.; 2007, 195 f. und 2006, 176 f.

[10] Vgl. dazu die Jahresberichte aus den Jahren 2002 bis 2008. Die hohe Anzahl der Anträge im Jahr 2006 lässt sich auf eine vorübergehende Änderung der Zurechungsvorschriften zurückführen. Hierauf geht der Jahresbericht der BaFin 2008, 185 f. ein.

[11] Vgl. dazu die Jahresberichte der BaFin aus den Jahren 2009, 205; 2010, 227; 2011, 228; 2012, 199; 2013, 180 und 2014, 235.

[12] S. dazu die Jahresberichte der BaFin aus den Jahren 2015, 250; 2016, 191; 2017, 148 und 2018, 147 f.

betrafen die meisten Anträge die beabsichtigte Sanierung der Zielgesellschaft (§ 9 S. 1 Nr. 3 WpÜG-AV).[13]

**7**    **3. Entstehungsgeschichte. a) Übernahmekodex.** Der Übernahmekodex sah zwar keine Befreiungskompetenz zugunsten der Börsensachverständigenkommission vor. Er enthielt jedoch in Art. 16 S. 3 ÜbK einen weitreichenden Katalog von Tatbeständen, bei Vorliegen derer Voraussetzungen ein Pflichtangebot **nicht abgegeben** werden musste. Der Bieter unterlag danach der Angebotspflicht nicht, wenn

**8**    – die Kontrolle auf Grund von Wertpapieren erreicht wurde, die der betroffene Wertpapierinhaber nur zum Zwecke der Weiterplatzierung an Dritte vorübergehend gehalten hatte;

**9**    – ein Wertpapierinhaber die Kontrolle unbeabsichtigt erreicht und unverzüglich wieder abgegeben hatte;

**10**    – beabsichtigt war, innerhalb von 18 Monaten nach Erreichen der Kontrolle Beschlüsse des Wertpapierinhabers und der Zielgesellschaft über einen Unternehmensvertrag gemäß §§ 291 ff. AktG, die Eingliederung der Zielgesellschaft gemäß §§ 319 ff. AktG, den Formwechsel der Zielgesellschaft gemäß §§ 190 ff. UmwG;

**11**    – die Verschmelzung der Zielgesellschaft gemäß §§ 2 ff. UmwG herbeizuführen und diese Absicht nach Erreichen der Kontrolle nicht aufgegeben wurde. Darüber hinaus konnte die Hauptversammlung der Zielgesellschaft den Mehrheitsaktionär innerhalb von 18 Monaten nach Überschreiten der Kontrollschwelle von der Pflicht zur Abgabe eines Angebotes befreien (sog. *white wash*-Beschluss), wobei der Mehrheitsaktionär nicht stimmberechtigt war (Art. 16 S. 3 aE ÜbK).

**12**   Die jetzt in § 37 vorgesehenen Befreiungstatbestände „besondere Beteiligungsverhältnisse an der Zielgesellschaft" und „fehlende tatsächliche Möglichkeit zur Ausübung der Kontrolle" hatten im ÜbK keine Entsprechung gefunden. Dies lag darin begründet, dass der Kontrollbegriff des ÜbK – anders als der nach geltendem Recht – an das Innehaben der Mehrheit der Stimmrechte anknüpfte (→ § 35 Rn. 19).

**13**    **b) Gesetzgebungsverfahren.** Die Regelung entspricht im Wesentlichen wörtlich den Bestimmungen im DiskE (§ 36) und RefE (§ 37).

**14**    **4. Europäisches Recht.** Der am 6.6.2001 vom Vermittlungsausschuss gebilligte **Gemeinsame Entwurf**[14] sah in Art. 4 Abs. 5 vor, dass die Mitgliedstaaten Vorschriften erlassen konnten, nach denen die Aufsichtsorgane auf der Grundlage einer mit Gründen versehenen Entscheidung bei bestimmten Arten von Fällen und in Einzelfällen, in denen dies angemessen erscheint, Ausnahmen von der in Art. 4 Abs. 1 geregelten Pflicht zur Unterbreitung eines Angebotes an alle Aktionäre bewilligen können. Art. 4 Abs. 5 S. 2 Übernahme-RL[15] enthält eine nahezu wortgleiche Vorschrift. Die Bestimmung des § 37 ist danach von der Übernahme-RL gedeckt.

**15**    **5. Rechtslage im Vereinigten Königreich.** Rule 9.1 City Code enthält von der generellen Pflicht zur Unterbreitung eines Angebotes (→ § 35 Rn. 27) einen Befreiungsvorbehalt zugunsten des Takeover Panel (*„except with the consent of the panel"*). Nach den Notes on Dispensations from Rule 9 (1) City Code kann der Kontrollerwerber, wenn das Überschreiten der Kontrollschwelle auf den Erwerb von neuen Aktien im Rahmen einer Bar- oder Sachkapitalerhöhung zurückgeht, durch Beschluss der (vom Bieter unabhängigen)

---

[13] S. die Jahresberichte der BaFin 2009, 205; 2008, 183; 2007, 195 sowie 2004, 208. Seit dem Jahresbericht 2010 enthalten die Jahresberichte der BaFin keine Angaben mehr zu den Gründen, auf welche sich die Befreiungsanträge stützen.

[14] Kompromissvorschlag der Arbeitsgruppe von Parlament, Kommission und Rat vom 6.6.2001, Dossier 96/0085 (COD), PE-CONS 3629/01 (6.6.2001).

[15] Vgl. zuvor den Vorschlag für eine Richtlinie des Europäischen Parlaments und des Rates betreffend Übernahmeangebote vom 2.10.2002, KOM(2002) 534; auch veröffentlicht als Ratsdokument 12 846/02 und als BR-Drs. 800/02; dazu etwa *Neye* NZG 2002, 1144 ff.; *Krause* BB 2002, 2341 (2342); *Seibt/Heiser* ZIP 2002, 2193 (2194); *Wiesner* ZIP 2002, 1967 ff.; *Schuster* in Zschocke/Schuster ÜbernahmeR-HdB Rn. A 48 ff.; FK-WpÜG/*Hommelhoff/Witt* Rn. 10 f.

Aktionäre der Zielgesellschaft von der Angebotspflicht freigestellt werden (sog. *white wash*-Beschluss), sofern die Aktionäre über die entstehende Kontrollbeteiligung und die begehrte Befreiung in der Einberufung unterrichtet wurden. Eine Befreiung wird regelmäßig auch dann erteilt, wenn der Erwerb der Kontrollbeteiligung im Zuge der Verwertung einer Sicherheit für ein Darlehen *(enforcement of security for a loan)* erfolgt (Notes on Dispensations from Rule 9 (2) City Code). Eine Befreiung von der Verpflichtung zur Abgabe eines Pflichtangebotes kommt auch dann in Betracht, wenn der Erwerb neuer Aktien Bestandteil einer Sanierung der Zielgesellschaft *(rescue operations)* ist (Notes on Dispensations from Rule 9 (3) City Code). Eine Befreiung kann ferner erlangt werden, wenn der Erwerb der die Kontrolle verschaffenden Aktien auf Grund eines Versehens *(due to an inadvertent mistake)* erfolgt ist und die Aktien innerhalb einer angemessenen Frist *(within limited period)* wieder an einen Dritten veräußert werden (Notes on Dispensations from Rule 9 (4) City Code). Ein Angebot muss unter Umständen auch dann nicht unterbreitet werden, wenn ein anderer Aktionär bereits 50% der Stimmrechte hält (Notes on Dispensations from Rule 9 (5) (b) City Code). Keine Entsprechung im deutschen Recht findet der Befreiungstatbestand, nach dem ein Angebot dann nicht unterbreitet werden muss, wenn Aktionäre, die mindestens 50% der Stimmrechte auf sich vereinen, erklären, dass sie das Angebot nicht annehmen würden (Notes on Dispensations from Rule 9 (5) (a) City Code). Schließlich trifft denjenigen keine Angebotspflicht, der mindestens 30% der Stimmrechte hält, weil das Stimmrecht zunächst stimmrechtsloser Aktien auflebt, falls er mit dem Aufleben des Stimmrechts *(enfranchisement of non-voting shares)* nicht bereits im Zeitpunkt des Erwerbs rechnen musste (Notes on Dispensations from Rule 9 (6) City Code). Vgl. auch die Auswirkung des Brexit → § 33 Rn. 33a ff.

**6. Rechtspolitische Kritik.** Ähnlich – wie gegen die Regelung des § 36 – wurden **16** auch gegen die Befreiungsregelung des § 37 Einwendungen erhoben. In formeller Hinsicht wurde kritisiert, dass es bei Vorliegen der Voraussetzungen eines Ausnahmetatbestandes einer Befreiungsentscheidung der Bundesanstalt bedarf und dieser dabei noch Ermessen zusteht.[16] In der Tat wäre es vorzugswürdig gewesen, Tatbestände zu schaffen, bei denen die Angebotspflicht von Gesetzes wegen entfällt. In materieller Hinsicht wurde die Auswahl der Ausnahmetatbestände bemängelt.[17] Da es kaum möglich ist, alle Fälle, in denen eine Befreiung wegen der Interessenlage der Beteiligten angezeigt ist, verlässlich abschließend zu definieren,[18] wäre es vorzugswürdig gewesen, nicht nur in der WpÜG-AV, sondern auch auf der Ebene des WpÜG von der Festlegung eines abschließenden Kataloges abzusehen. Da eine Befreiung nur innerhalb des durch § 37 gezogenen Rahmens in Betracht kommt, werden Fälle verbleiben, bei denen eine Befreiung nicht möglich ist, obwohl sie sachgerecht wäre. Zudem sollte (klarstellend) geregelt werden, dass die Bundesanstalt zur Herstellung der Rechtssicherheit über die Möglichkeit verfügt, das Nichtbestehen einer Angebotspflicht mit Wirkung gegen alle Beteiligten durch Erlass eines sog. Negativattests festzustellen (→ Rn. 85).[19]

## II. Befreiungsgründe (Abs. 1)

**1. Allgemeines. a) Befreiungsrahmen.** Abs. 1 enthält einen Katalog von **Befreiungs- 17 gründen,**[20] in denen die Bundesanstalt von der Pflicht zur Veröffentlichung der Kontrollerlangung und zur Abgabe eines Angebots befreien kann. Eine Befreiung kommt in Betracht, wenn besondere Umstände der Art oder der Zielsetzung der Kontrollerlangung, ein nach Kontrollerlangung erfolgendes Unterschreiten der Schwelle von 30% der Stimmrechte, besonders gela-

---

[16] *Ekkenga/Hofschroer* DStR 2002, 768 (772); *Habersack* ZHR 166 (2002), 619 (622 f.); *Habersack* ZHR 166 (2002), 619 (622); Ehricke/Ekkenga/Oechsler/*Ekkenga* Rn. 1; Assmann/Pötzsch/Schneider/*Seiler* Rn. 14.
[17] Kölner Komm WpÜG/*Versteegen* Rn. 19; Assmann/Pötzsch/Schneider/*Seiler* Rn. 15.
[18] In diese Richtung auch Begr. zu § 9 WpÜG-AV, BT-Drs. 14/7034, 81.
[19] Kölner Komm WpÜG/*Versteegen* Rn. 18; FK-WpÜG/*Hommelhoff/Witt* Rn. 18; Baums/Thoma/ *Baums/Hecker* § 35 Rn. 142 ff.
[20] Assmann/Pötzsch/Schneider/*Seiler* Rn. 2, 19; FK-WpÜG/*Hommelhoff/Witt* Rn. 12.

gerte Beteiligungsverhältnisse bei der Zielgesellschaft oder die (fehlende) Möglichkeit zur Ausübung der Kontrolle dies als gerechtfertigt erscheinen lassen. Allen Befreiungsgründen ist gemeinsam, dass vom Regelfall eines Kontrollerwerbs abweichende **besondere Umstände** vorliegen müssen und das Interesse des Kontrollerwerbers an einer Befreiung von der Veröffentlichungs- und Angebotspflicht das **Interesse** der Aktionäre der Zielgesellschaft an der Veröffentlichung der Kontrollerlangung und der Unterbreitung eines Angebotes überwiegt.[21]

18 Der Befreiungskatalog ist, wie sich aus dem Wortlaut der Vorschrift ergibt, **abschließend** (→ Rn. 2). Dass der Gesetzgeber die aus seiner Sicht befreiungswürdigen Sachverhalte abschließend abdecken wollte, zeigt nicht zuletzt die fehlende Verwendung des Begriffes „insbesondere". Kann der Kontrollerwerber keinen der in § 37 benannten Befreiungsgründe für sich in Anspruch nehmen, ist er, sofern auch eine Nichtberücksichtigung von Stimmrechten nach § 20 oder § 36 ausscheidet, zur Veröffentlichung der Kontrollerlangung und Unterbreitung eines Pflichtangebotes verpflichtet.

19 Erweist sich der Zuerwerb weiterer Aktien im Zuge eines Pflichtangebotes ausnahmsweise als rechtlich unzulässig, bedarf es keiner Befreiungsentscheidung durch die Bundesanstalt. In diesem Fall fehlt es – auf Grund einer teleologischen Reduktion des § 35 Abs. 2 S. 1 – bereits an einer Angebotspflicht (→ § 35 Rn. 179).

20 **b) Konkretisierung durch die WpÜG-AV.** Abs. 2 S. 1 ermächtigt das BMF eine Rechtsverordnung mit näheren Bestimmungen über die Befreiung von der Verpflichtung zur Abgabe eines Angebotes zu erlassen. Von dieser Ermächtigung hat das BMF durch Erlass der WpÜG-AV Gebrauch gemacht. Das BMF kann die Ermächtigung durch Rechtsverordnung auf die Bundesanstalt übertragen (Abs. 2 S. 2). Dies ist bislang nicht erfolgt.

21 § 9 WpÜG-AV enthält einen Katalog von Befreiungstatbeständen, der, wie das Tatbestandsmerkmal „insbesondere" verdeutlicht, **nicht abschließender** Natur ist (→ Rn. 3).[22] Früher wurde zum Teil die Auffassung vertreten, dass § 9 WpÜG-AV die Anwendung des § 37 in der Weise präjudiziert, dass dann, wenn einer der in § 9 WpÜG-AV aufgeführten Befreiungstatbestände „der Art nach einschlägig" ist, die dort genannten Voraussetzungen aber nicht erfüllt sind, eine Befreiung nicht in Betracht kommt.[23] Dem ist nicht zu folgen.[24] Wie sich aus dem Wortlaut des Abs. 2 ergibt, ist der Verordnungsgeber berechtigt, „nähere Bestimmungen über die Befreiung" zu erlassen. Ihm steht damit nur die Befugnis zu, den Befreiungsrahmen auszufüllen, nicht aber einzuschränken. Folglich kommt eine Befreiung nach Abs. 1 auch dann in Betracht, wenn einzelne, nicht aber alle Merkmale eines Befreiungstatbestandes des § 9 WpÜG-AV erfüllt sind, solange die Voraussetzungen eines Befreiungsgrundes nach § 37 WpÜG vorliegen (→ Rn. 87 f.).

22 **2. Art des Erlangens der Stimmrechte (Abs. 1 Var. 1). a) Grundsatz.** Eine Befreiung kommt im Hinblick auf die Art der Erlangung der Stimmrechte in Betracht (Abs. 1 Var. 1). Unter der „Art der Erlangung" ist die Gesamtheit der Umstände zu verstehen, die dem Erwerb zugrunde liegen und die für die Beurteilung, ob das Interesse des Kontrollerwerbers das Interesse der Aktionäre überwiegt, relevant sind.[25] Diese Voraussetzungen liegen typischerweise in den folgenden Situationen vor:

23 – **Fehlende Verantwortlichkeit des Kontrollerwerbers für den Aktienerwerb (sog. passiver Kontrollerwerb).** Eine Befreiung ist in der Regel dann sachgerecht, wenn ein

---

[21] FK-WpÜG/*Hommelhoff/Witt* Rn. 2, 12; Assmann/Pötzsch/Schneider/*Seiler* Rn. 19; zu weitgehend Kölner Komm WpÜG/*Versteegen* Rn. 22, der eine signifikante Abweichung von der im Regelfall des Kontrollerwerbs anzutreffenden Interessenlage verlangt.

[22] Assmann/Pötzsch/Schneider/*Seiler* WpÜG-AV § 9 Rn. 2; Angerer/Geibel/Süßmann/*Meyer* Rn. 31; Steinmeyer/*Schmiady* Rn. 22.

[23] Kölner Komm WpÜG/*Versteegen*, 1. Aufl. 2003, Rn. 23; jetzt im Einklang mit der hM, vgl. Kölner Komm WpÜG/*Versteegen*, 2. Aufl. 2010, Rn. 31.

[24] Zutr. *Harbarth* ZIP 2002, 321 (323); Assmann/Pötzsch/Schneider/*Seiler* Rn. 24; Assmann/Pötzsch/Schneider/*Seiler* WpÜG-AV § 9 Rn. 3; Baums/Thoma/*Hecker* Rn. 21; *Braun*, Die Befreiung vom Pflichtangebot nach dem WpÜG, 2008, 214 f.

[25] Kölner Komm WpÜG/*Versteegen* Rn. 33; Assmann/Pötzsch/Schneider/*Seiler* Rn. 25 ff.; FK-WpÜG/*Hommelhoff/Witt* Rn. 12.

Aktionär ohne sein Zutun in eine Kontrollposition gelangt ist und keine Möglichkeit hatte, das Erlangen der Kontrolle zu steuern oder zu verhindern. Dies gilt etwa für den Kontrollerwerb im Zuge einer **Erbschaft** oder Erbauseinandersetzung, da hier die Initiative für den Erwerb der Aktien nicht vom Erwerber ausgeht und daher von ihm nicht steuerbar ist (→ Rn. 34). Dies entspricht dem Inhalt der Regierungsbegründung, die als mögliche Befreiungstatbestände die Schenkung, den Erbgang oder die Erbauseinandersetzung nennt, soweit diese nicht bereits unter § 36 Nr. 1 fallen.[26] Hierzu zählt auch der **Rückerwerb eigener Aktien** durch die Zielgesellschaft, wenn man insoweit überhaupt einen passiven Kontrollerwerb annehmen möchte (str., → Rn. 120 ff.; → § 35 Rn. 91). Eine Befreiung ist regelmäßig auch dann sachgerecht, wenn der Kontrollerwerb auf eine Verringerung der Gesamtzahl der Stimmrechte auf Grund einer **Einziehung** von Aktien zurückgeht.[27] Da der Aktionär den Kontrollerwerb auch in diesem Fall nicht beeinflussen kann, stellt die Angebotspflicht regelmäßig eine ungerechtfertigte Härte dar. Gleiches gilt beim **Aufheben des Stimmrechts** bei Vorzugsaktien (→ § 35 Rn. 98 f.).[28] An der Verantwortlichkeit kann es darüber hinaus dann fehlen, wenn ein Dritter, ohne dass der Bieter hierauf Einfluss nehmen konnte, Aktien erworben hat, die dem Bieter nach § 30 **zuzurechnen** sind und dies zu einem Kontrollerwerb des Bieters führt.[29] Zu denken ist insbesondere an den Fall, dass ein Tochterunternehmen ohne Wissen der Muttergesellschaft Aktien der Zielgesellschaft erwirbt und es auf Grund der Zurechnung nach § 30 Abs. 1 S. 1 aus Sicht der Muttergesellschaft zu einem mittelbaren Kontrollerwerb kommt (→ § 35 Rn. 105 ff.). Eine Befreiung der Muttergesellschaft kommt vor allem dann in Betracht, wenn das Tochterunternehmen selbst zur Unterbreitung eines Angebotes verpflichtet ist.[30] Die Voraussetzungen für eine Befreiung liegen häufig auch dann vor, wenn ein Mitglied eines schuldrechtlichen Pools weitere Aktien an der Zielgesellschaft erwirbt und es bei den anderen Aktionären auf Grund der Zurechnung nach § 30 Abs. 2 zu einem Kontrollerwerb kommt. Schließlich kann der **unbeabsichtigte Erwerb** einer Kontrollbeteiligung eine Befreiung rechtfertigen.[31] Allerdings wird man in diesem Fall fordern müssen, dass der betreffende Aktionär die Kontrollschwelle zeitnah wieder unterschreitet (→ Rn. 44).

– **Mangelnde Schutzbedürftigkeit der Aktionäre der Zielgesellschaft.** Eine Befrei-  24
ung kann außerdem in Betracht kommen, wenn die Aktionäre der Zielgesellschaft nicht oder nur eingeschränkt schutzbedürftig sind.

Dies ist etwa der Fall, wenn der Bieter die Zielgesellschaft nicht selbst, sondern durch **Ein-  25
schaltung einer Tochtergesellschaft** erwirbt. In diesem Fall des **mittelbaren Kontrollerwerbs** kommt regelmäßig eine Befreiung der Mutter- oder der Tochtergesellschaft von der Veröffentlichungs- und Angebotspflicht in Betracht, sofern man nicht bereits eine Absorption der Angebotspflicht annimmt (→ § 35 Rn. 52).[32] Dem Schutzbedürfnis der Aktionäre der Zielgesellschaft ist Genüge getan, wenn sie ein Angebot eines Kontrollerwerbers erhalten.

An einem Schutzbedürfnis kann es auch in **Umwandlungsfällen** fehlen.[33] Dies gilt regel-  26
mäßig dann, wenn den Aktionären zuvor ein freiwilliges Angebot unterbreitet wurde und dieses den Mindestkonditionen für ein Pflichtangebot entsprochen hat. An einer Schutzbedürftigkeit der Aktionäre der Zielgesellschaft fehlt es richtigerweise auch dann, wenn sie mit

---

[26] Begr. RegE, BT-Drs. 14/7034, 61.
[27] So Kölner Komm WpÜG/*Versteegen* Rn. 35; ABBD/*Kopp/v. Dryander* Sec. 37 Rn. 3; *AMRS,* Public Company Takeovers in Germany, 2002, 237 f.; Assmann/Pötzsch/Schneider/*Seiler* Rn. 27.
[28] Assmann/Pötzsch/Schneider/*Seiler* Rn. 28; Baums/Thoma/*Hecker* Rn. 28.
[29] Kölner Komm WpÜG/*Versteegen* Rn. 36; Assmann/Pötzsch/Schneider/*Seiler* Rn. 29.
[30] FK-WpÜG/*Hommelhoff/Witt* Rn. 44; Kölner Komm WpÜG/*Versteegen* Rn. 36.
[31] Baums/Thoma/*Hecker* Rn. 31; Assmann/Pötzsch/Schneider/*Seiler* Rn. 30; Kölner Komm WpÜG/*Versteegen* Rn. 39.
[32] *Harbarth* ZIP 2002, 321 (330); Assmann/Pötzsch/Schneider/*Seiler* Rn. 32; Kölner Komm WpÜG/*Versteegen* Rn. 43; Baums/Thoma/*Hecker* Rn. 59 ff.
[33] Kölner Komm WpÜG/*Versteegen* Rn. 41; aA Ehricke/Ekkenga/Oechsler/*Ekkenga* Rn. 21. Überblicksartig zu den möglichen Konstellationen einer Verschmelzung und dem Eingreifen der Angebotspflicht → § 35 Rn. 138 ff.; *Seibt/Heiser* ZHR 165 (2001), 466 ff.; *Grabbe/Fett* NZG 2003, 755 ff.

einer Mehrheit von drei Vierteln des bei der Beschlussfassung vertretenen Kapitals nicht nur der Umwandlung, sondern auch ausdrücklich der Befreiung des Kontrollerwerbers von der Angebotspflicht zugestimmt haben, wobei der kontrollierende Aktionär nicht stimmberechtigt ist.[34] Fassen die außenstehenden Gesellschafter in Anlehnung an die Regelung des City Code (→ Rn. 15) einen solchen **white wash-Beschluss,** sind sie nicht schutzbedürftig.

27    Entsprechendes kann gelten, wenn die Kontrolle über die Zielgesellschaft auf einen Erwerb von neuen Aktien im Rahmen einer von der Hauptversammlung beschlossenen **ordentlichen Kapitalerhöhung** zurückgeht.[35] Haben in einer solchen Situation die Aktionäre der Zielgesellschaft mit qualifizierter Mehrheit (ohne Mitwirkung des späteren Kontrollerwerbers) der Zeichnung der neuen Aktien und der Befreiung des Zeichners von der Angebotspflicht zugestimmt, haben sie deutlich gemacht, dass sie eines Schutzes durch ein Pflichtangebot nicht bedürfen.

28    Einen eine Befreiung von Veröffentlichung- und Angebotspflicht rechtfertigenden Fall der Art der Kontrollerlangung kann auch der **Übergang zwischen alleiniger und gemeinsamer Kontrolle** darstellen.[36] Ein solcher Fall liegt etwa vor, wenn die ursprünglich von einem Unternehmen gehaltene Kontrollbeteiligung auf ein Gemeinschaftsunternehmen übertragen wird. Ob aus Sicht der außenstehenden Aktionäre eine relevante Änderung der Kontrollsituation eingetreten ist, hängt davon ab, wie groß der Einfluss des vormals alleine kontrollierenden Unternehmens geblieben ist. Wenn dieser weitgehend unberührt bleibt, wird sich das Ermessen der Bundesanstalt regelmäßig auf Null reduzieren.[37] Bei einem Übergang von gemeinsamer zu alleiniger Kontrolle kommt es nach hier vertretener Auffassung erst gar nicht zur Angebotspflicht des § 35 (→ § 35 Rn. 86).

29    An einem Schutzbedürfnis der außenstehenden Gesellschaft kann es auch fehlen, wenn der die Kontrollbeteiligung erwerbende Bieter unmittelbar nach dem Kontrollerwerb eine **Übertragung der Aktien der Minderheitsaktionäre** gegen eine angemessene Abfindung gem. §§ 327a AktG ff. beschließt.[38] Dies muss jedenfalls dann gelten, wenn in den Aktien auf Grund des geringen *free floats* kein liquider Handel mehr stattfindet und die den Aktionären im Rahmen des Pflichtangebots anzubietende Gegenleistung ohnehin durch eine Unternehmensbewertung ermittelt werden müsste (vgl. § 5 Abs. 4 WpÜG-AV).[39] Richtigerweise muss eine Befreiung aber auch immer dann zu erlangen sein, wenn der Bieter sich verpflichtet, im engen zeitlichem Zusammenhang mit der Übernahme ein *Squeeze-Out-Verfahren* nach den §§ 327a ff. AktG durchzuführen und im Rahmen des Squeeze-Outs eine Gegenleistung mindestens in der Höhe anzubieten, die nach dem WpÜG im Falle eines Pflichtgebotes hätte gezahlt werden müssen (→ § 35 Rn. 44, → § 35 Rn. 206 ff.).[40] In diesem Fall entsteht den Minderheitsaktionären wirtschaftlich kein Nachteil. Ein schützenswertes Interesse der Minderheitsaktionäre, ein zweifaches Angebot zu erhalten, ist nicht ersichtlich.[41] Zur Durchsetzung dieser Pflicht kann die Bundesanstalt die Befreiungsentscheidung

---

[34] Kölner Komm WpÜG/*Versteegen* Rn. 41; FK-WpÜG/*Hommelhoff/Witt* Rn. 16; *Thies,* Pflichtangebot nach Umwandlungen, 2006, 122 ff.; aA *Süßmann* WM 2003, 1453 (1454); Assmann/Pötzsch/Schneider/*Seiler* Rn. 35.

[35] Kölner Komm WpÜG/*Versteegen* Rn. 35; FK-WpÜG/*Hommelhoff/Witt* Rn. 15; aA Assmann/Pötzsch/Schneider/*Seiler* Rn. 36.

[36] Dazu ausf. *Liebscher* ZIP 2002, 1005 (1015 f.); Assmann/Pötzsch/Schneider/*Seiler* Rn. 33; FK-WpÜG/*Hommelhoff/Witt* Rn. 19; *Verse* NZG 2009, 1331 ff.

[37] *Liebscher* ZIP 2002, 1005 (1016); Assmann/Pötzsch/Schneider/*Seiler* Rn. 33.

[38] Befreiungsentscheidung der BaFin bezüglich der Zielgesellschaft CinemaxX AG vom 4.4.2014, 5. Kölner Komm WpÜG/*Versteegen* Rn. 42; *Kiesewetter* ZIP 2003, 1638 (1639 ff.); *Bredow/Weiler* in FAZ vom 12.3.2003; iErg auch *Bredow/Liebscher* DB 2003, 1368 ff., die allerdings dieses Ergebnis nicht auf den Befreiungstatbestand des Abs. 1 S. 1 („Art der Erlangung der Kontrolle"), sondern den des § 37 Abs. 1 Var. 2 („mit der Kontrolle beabsichtigte Zielsetzung") bzw. des Abs. 1 Var. 4 („Beteiligungsverhältnisse an der Zielgesellschaft") annehmen.

[39] *Behnke/Klepsch* in FAZ vom 7.5.2003; *Bredow/Liebscher* DB 2003, 1368 (1370); *Kiesewetter* ZIP 2003, 1638 (1639 f.); *Bredow/Weiler* in FAZ vom 12.3.2003.

[40] Kölner Komm WpÜG/*Versteegen* Rn. 42; *Kiesewetter* ZIP 2003, 1638 (1640); *Bredow/Weiler* in FAZ vom 12.3.2003. In diesem Sinne auch der Jahresbericht der BaFin 2007, 195 f.

[41] *Bredow/Liebscher* DB 2003, 1368 (1370); *Kiesewetter* ZIP 2003, 1638 (1640); FK-WpÜG/*Schüppen/Tretter* Vor § 327a Rn. 31; *Bredow/Weiler* in FAZ vom 12.3.2003.

befristen und von der Auflage abhängig machen, dass im Rahmen des Squeeze-Out tatsächlich eine entsprechend bemessene Gegenleistung angeboten wird.

Zum Teil wird – in Anlehnung an Art. 16 ÜbK – eine Befreiung im Einzelfall auch **30** dann für möglich gehalten, wenn der Bieter im zeitlichen Zusammenhang mit der Übernahme einen **Unternehmensvertrag** mit der Zielgesellschaft abschließt, oder eine **Eingliederung, Formwechsel** oder **Verschmelzung** der Zielgesellschaft bewirkt.[42] Die wohl hM lehnt dies ab.[43] Richtigerweise kann in solchen Konstellationen im Einzelfall eine Befreiung in Betracht kommen. Dies wird man – entsprechend dem in → Rn. 29 Gesagten – insbesondere dann annehmen können, wenn den außenstehenden Aktionären im Zuge der Umstrukturierungsmaßnahme eine Gegenleistung mindestens in der Höhe angeboten wird, die nach dem WpÜG im Falle eines Pflichtangebotes hätte gezahlt werden müssen.

Erwirbt bei einer Emission von **depositary receipts,** insbesondere ADRs, die Zertifkate **31** emittierende **depositary bank,** rechtliches Eigentum an den zugrundeliegenden Aktien, ist umstritten, ob ihr die Stimmrechte zuzurechnen sind.[44] Sofern man dies bejaht, wofür beachtliche Gründe sprechen, wird man jedenfalls eine Befreiung nach § 37 Var. 1 zulassen müssen.[45]

Darüber hinaus kann eine Befreiung mangels Schutzbedürftigkeit der Aktionäre der **32** Zielgesellschaft in Frage kommen, wenn die Beteiligung des Bieters die Kontrollschwelle nur **kurzfristig unterschreitet.**[46] Es geht dabei um den spiegelbildlichen Fall des kurzfristigen Überschreitens der Kontrollschwelle, der von Abs. 1 Var. 3 erfasst ist (→ Rn. 44 ff.). Aber auch bei kurzfristigem Unterschreiten der Kontrollschwelle liegt formal ein Fall der Kontrollerlangung vor (→ § 35 Rn. 61). Langfristig betrachtet bleibt in einer solchen Situation die materielle Kontrollsituation jedoch unverändert. Auch wenn diese Konstellation in § 9 WpÜG-AV nicht ausdrücklich geregelt ist, muss auch hier eine Befreiung erreichbar sein.[47] Es wäre wenig sachgerecht und auch nicht von den schützenswerten Interessen der Minderheitsaktionäre gefordert, wenn der Aktionär, der bereits die Kontrolle innehat und nur vorübergehend die 30%-Schwelle unterschreitet, weil er sie kurze Zeit danach wieder erreicht oder überschreitet, nicht von der Angebotspflicht befreit werden könnte.

– **Untergeordnete Bedeutung des Kontrollerwerbs.** Eine Befreiung kann ferner dann **33** gerechtfertigt sein, wenn die erworbene Kontrollbeteiligung aus Sicht des Bieters eine untergeordnete Bedeutung spielt. Hauptanwendungsfall ist der mittelbare Kontrollerwerb an einer Tochterzielgesellschaft durch den Erwerb einer Kontrollbeteiligung an einer börsennotierten Zielgesellschaft, die ihrerseits über Beteiligungen an börsennotierten Tochterunternehmen verfügt (im Einzelnen → Rn. 133 ff.).[48]

**b) Konkretisierung durch die WpÜG-AV. aa) Erbgang (§ 9 S. 1 Nr. 1 WpÜG- 34 AV).** Nach § 9 S. 1 Nr. 1 WpÜG-AV kann eine Befreiung erteilt werden, wenn die Kontrolle über die Zielgesellschaft durch Erbschaft oder im Zusammenhang mit einer Erbauseinandersetzung erlangt wurde, sofern Erblasser und Bieter nicht verwandt iSv § 36 Nr. 1 sind. Der Befreiungtatbestand ergänzt die Nichtberücksichtigungsmöglichkeit nach § 36 Nr. 1 und erfasst erbrechtliche Sachverhalte, bei denen der Begünstigte weder in gerade

---

[42] *Tröger* DZWiR 2002, 397 (406); Ehricke/Ekkenga/*Oechsler/Ekkenga* Rn. 21 für den Fall der Errichtung eines Vertragskonzerns.

[43] Angerer/Geibel/Süßmann/*Süßmann* § 29 Rn. 23; Baums/Thoma/*Baums/Hecker* § 35 Rn. 210; *Kalss* in Semler/Volhard ÜN-HdB § 51 Rn. 69.

[44] Dafür Kölner Komm WpÜG/*v. Bülow* § 29 Rn. 125 f.; Steinmeyer/*Steinmeyer* § 29 Rn. 18; aA *Meyer/Bundschuh* WM 2003, 960 (964).

[45] Assmann/Pötzsch/Schneider/*Seiler* Rn. 49; Kölner Komm WpÜG/*Versteegen* Rn. 53; *Strunk/Salomon/Holst* in Veil, Übernahmerecht in Praxis und Wissenschaft, 2009, 29 f.

[46] *Harbarth* ZIP 2002, 321 (323), 311; Kölner Komm WpÜG/*Versteegen* Rn. 38; Kölner Komm WpÜG/*v. Bülow* § 35 Rn. 90; Assmann/Pötzsch/Schneider/*Seiler* Rn. 38.

[47] Assmann/Pötzsch/Schneider/*Seiler* Rn. 38; Assmann/Pötzsch/Schneider/*Krause/Pötzsch* § 35 Rn. 73; Kölner Komm WpÜG/*v. Bülow* § 35 Rn. 90.

[48] Vgl. Assmann/Pötzsch/Schneider/*Seiler* Rn. 39.

Linie und bis zum dritten Grad mit dem Erblasser verwandt, noch mit ihm verheiratet oder dessen Lebenspartner ist.[49] Im Einzelnen → Rn. 94 ff.

35 **bb) Schenkung (§ 9 S. 1 Nr. 2 WpÜG-AV).** Eine ausdrückliche Befreiungsmöglichkeit ist ferner für den Fall vorgesehen, dass die Kontrolle durch eine Schenkung von Aktien erlangt wurde und Schenker und Bieter nicht verwandt iSv § 36 Nr. 1 sind (§ 9 S. 1 Nr. 2 WpÜG-AV).[50] Der Befreiungstatbestand ergänzt die Nichtberücksichtigungsmöglichkeit nach § 36 Nr. 1 und erfasst schenkungsrechtliche Sachverhalte, bei denen der Begünstigte weder in gerade Linie und bis zum dritten Grad mit dem Schenker verwandt, noch mit ihm verheiratet oder dessen Lebenspartner ist. Im Einzelnen → Rn. 99 ff.

36 **cc) Verringerung der Gesamtzahl der Stimmrechte (§ 9 S. 1 Nr. 5 WpÜG-AV).** Ein weiterer Fall, bei dem die WpÜG-AV im Hinblick auf die Art der Kontrollerlangung explizit eine Befreiungsmöglichkeit von der Pflicht zur Abgabe eines Pflichtangebotes eröffnet, ist die Kontrollerlangung auf Grund einer Verringerung der Gesamtzahl der Stimmrechte an der Zielgesellschaft (§ 9 S. 1 Nr. 5 WpÜG-AV).[51] Die geschieht etwa durch eine ordentliche Kapitalherabsetzung (§§ 222 ff. AktG), durch vereinfachte Kapitalherabsetzung (§§ 229 ff. AktG) oder durch Einziehung von Aktien (§§ 237 ff. AktG). Im Einzelnen → § 37 Rn. 119 ff.

37 **dd) Mittelbare Kontrollerlangung (§ 9 S. 2 Nr. 3 WpÜG-AV).** Eine ausdrückliche Befreiungsmöglichkeit von der Veröffentlichungs- und Angebotspflicht besteht auch dann, wenn auf Grund der Kontrollerlangung über die Gesellschaft mittelbar die Kontrolle an einer anderen börsennotierten Zielgesellschaft erlangt wurde und der Buchwert der Beteiligung der Gesellschaft an der Zielgesellschaft weniger als 20% des buchmäßigen Aktivvermögens der Gesellschaft beträgt (§ 9 S. 2 Nr. 3 WpÜG-AV).[52] Vereinzelt wird in Zweifel gezogen, ob diese Regelung noch durch die Ermächtigung des Verordnungsgebers in Abs. 2 S. 1 gedeckt ist.[53] Da der Bieter über die Zielgesellschaft nur mittelbare Kontrolle erlangt, lässt sich die in § 9 S. 2 Nr. 3 WpÜG-AV vorgesehene Befreiungsmöglichkeit aber als ein Fall der **Art der Kontrollerlangung** (Abs. 1 Var. 1) einordnen.[54] Im Einzelnen → § 37 Rn. 133 ff.

38 Der in § 9 S. 2 Nr. 3 genannte Wert von 20% des buchmäßigen Aktivvermögens ist nach zutreffender Ansicht nicht zwingend.[55] Vielmehr kommt eine Befreiung von der Pflicht zur Veröffentlichung der Kontrollerlangung und zur Abgabe eines Pflichtangebotes auch bei **höherem Bilanzansatz** in Betracht, wenn die mittelbar erworbene Tochtergesellschaft im Verhältnis zur Muttergesellschaft auf Grund anderer Kriterien (Umsatz, Ertrag, Anzahl der Mitarbeiter etc) von **untergeordneter Bedeutung** ist[56] oder wenn der kontrollierende

---

[49] Begr. zu § 9 WpÜG-AV, BT-Drs. 14/7034, 81; *Thaeter* in Thaeter/Brandi, Öffentliche Übernahmen, 2003, Teil 2 Rn. 620; *AMRS*, Public Company Takeovers in Germany, 2002, 237; ABBD/*Kopp/v. Dryander* Sec. 37 Rn. 3; Assmann/Pötzsch/Schneider/*Seiler* Rn. 40.

[50] Befreiungsentscheidung der BaFin bezüglich der Zielgesellschaft Nemetschek AG vom 18.2.2014, 5. Assmann/Pötzsch/Schneider/*Seiler* Rn. 41; Angerer/Geibel/Süßmann/*Meyer* Rn. 33.

[51] So auch Kölner Komm WpÜG/*Versteegen* WpÜG-AV § 9 Rn. 29 f. (WpÜG Anh. § 37); FK-WpÜG/ *Hommelhoff/Witt* Rn. 17; Assmann/Pötzsch/Schneider/*Seiler* Rn. 42.

[52] ABBD/*Kopp/v. Dryander* Sec. 37 Rn. 3; *AMRS*, Public Company Takeovers in Germany, 2002, 237 f.; Assmann/Pötzsch/Schneider/*Seiler* Rn. 43; krit. zu diesem Befreiungskriterium *Holzborn* in Zschocke/Schuster ÜbernahmeR-HdB Rn. C 48.

[53] *Ekkenga/Hofschroer* DStR 2002, 724 (768), 776.

[54] *Harbarth* ZIP 2002, 321 (323); *Cahn/Senger* FB 2002, 277 (291). Je nach den Umständen des Falles kann diese Fallgruppe auch der Kategorie „beabsichtigte Zielsetzung" zugeordnet werden; in diese Richtung auch Begr. zu § 9 WpÜG-AV, BT-Drs. 14/7034, 82: „häufig nicht das eigentliche Ziel der Übernahme"; so auch Assmann/Pötzsch/Schneider/*Seiler* Rn. 43; FK-WpÜG/*Hommelhoff/Witt* Rn. 28; ähnlich Angerer/ Geibel/Süßmann/*Meyer* Rn. 58; aA *Holzborn* in Zschocke/Schuster ÜbernahmeR-HdB Rn. C, der den mittelbaren Erwerb als Fall der „fehlenden tatsächlichen Kontrollausübung" isv § 37 Abs. 1 Var. 5 begreift. Dies überzeugt nicht, da der Bieter über die Tochtergesellschaft ebenfalls, wenn auch nur mittelbare Kontrolle erwirbt.

[55] So auch Angerer/Geibel/Süßmann/*Meyer* Rn. 59: „lediglich eine Richtschnur"; Assmann/Pötzsch/ Schneider/*Seiler* Rn. 44; enger *Zschocke* DB 2002, 79 (80).

[56] Ähnlich Ehricke/Ekkenga/Oechsler/*Ekkenga* Rn. 32; vgl. auch DAV-Handelsrechtsausschuss NZG 2001, 1003 (1007) zum RegE.

Aktionär darlegen kann, dass der Erwerb der Tochtergesellschaft **nicht maßgebliches Ziel** der Übernahme der Muttergesellschaft war.[57] Folglich kann eine Befreiung auf Grundlage der in § 37 enthaltenen Generalklausel im Einzelfall auch dann erteilt werden, wenn der Bilanzansatz höher ist.[58] Auf den tatsächlichen Einfluss auf die unternehmerische Führung der Zielgesellschaft kommt es nicht an.[59]

**3. Beabsichtigte Zielsetzung (Abs. 1 Var. 2. a) Grundsatz.** Eine Befreiung kommt **39** ferner im Hinblick auf die mit dem Erlangen der Kontrolle beabsichtigte Zielsetzung in Betracht (Abs. 1 Var. 2). Die Formulierung des Gesetzes legt die Annahme nahe, dass die Kontrollerlangung ein Mittel für die vom Bieter verfolgte Zielsetzung sein muss. Indessen muss es ausreichen, wenn der Kontrollerwerb nur eine **Nebenfolge** der primär zur Verfolgung von anderen Zielen durchgeführten Transaktion darstellt.[60] Dabei kommt es alleine auf die Ziele des Kontrollerwerbers an, die mit denen der Aktionäre der Zielgesellschaft – wie im Fall der Sanierung – gleich gelagert sein können, aber dies nicht sein müssen. Im letzteren Fall sind die Interessen des Kontrollerwerbers mit denen der Aktionäre der Zielgesellschaft abzuwägen. In jedem Fall muss es sich um Ziele des Bieters handeln, die nicht primär auf die Kontrollerlangung und -ausübung abzielen.[61] Dies ist namentlich bei Treuhandkonstruktionen denkbar, in denen der Treunehmer die ihm Kontrolle vermittelnden Anteile an der Zielgesellschaft nach Abschluss eines Restrukturierungsprozesses an den Treugeber zurück überträgt und zudem an die Weisungen des Treugebers gebunden ist. In diesem Fall verfolgt der Treunehmer keine eigenen geschäftspolitischen Ziele, sodass er nach § 37 befreit werden kann.[62]

**b) Konkretisierung durch die WpÜG-AV. aa) Sanierung der Zielgesellschaft (§ 9 40 S. 1 Nr. 3 WpÜG-AV).** Als Beispiel für eine auf die „Zielsetzung des Bieters" gestützte Ausnahme nennt die Regierungsbegründung Erwerbsvorgänge im Zuge von Unternehmenssanierungen.[63] Hiermit korrespondierend sieht § 9 S. 1 Nr. 3 eine Befreiungsmöglichkeit vor, sofern die Kontrolle im Zusammenhang mit der Sanierung der Zielgesellschaft erlangt wurde. S. zu dieser, im Zuge der Finanz- und Wirtschaftskrise große Bedeutung erlangender Fallgruppe im Einzelnen → Rn. 102 ff.[64]

**bb) Forderungssicherung (§ 9 S. 1 Nr. 4 WpÜG-AV).** Zu der Fallgruppe „mit der **41** Erlangung der Kontrolle beabsichtigte Zielsetzung" zählt der weitere in der WpÜG-AV explizit geregelte Fall, dass der zur Kontrollerlangung führende Aktienerwerb zum Zwecke der Forderungssicherung erfolgt ist (§ 9 S. 1 Nr. 4 WpÜG-AV). Im Einzelnen → Rn. 115 ff.

**4. Unterschreiten der Kontrollschwelle (Abs. 1 Var. 3). a) Grundsatz.** Eine Be- **42** freiung kommt ferner bei einem nach der Kontrollerlangung erfolgenden Unterschreiten der Kontrollschwelle in Betracht (Abs. 1 Var. 3). Im Hinblick darauf, dass die vor dem

---

[57] Hierauf abstellend FK-WpÜG/*Hommelhoff*/*Witt* Rn. 33; Angerer/Geibel/Süßmann/*Meyer* Rn. 59; Assmann/Pötzsch/Schneider/*Seiler* Rn. 44; *Kleindiek* ZGR 2002, 546 (575).

[58] Vgl. auch die Befreiungsentscheidungen der BaFin bezüglich der Zielgesellschaft ZEAG Energie vom 28.4.2011, 2 und bezüglich der Zielgesellschaft *Renk* AG vom 5.1.2012, 15.

[59] Dazu Assmann/Pötzsch/Schneider/*Seiler* Rn. 44, der jedoch überlegt, den Einfluss auf die Unternehmensführung unter dem Gesichtspunkt der Schutzbedürftigkeit der Aktionäre zu berücksichtigen.

[60] Kölner Komm WpÜG/*Versteegen* Rn. 50; Assmann/Pötzsch/Schneider/*Seiler* Rn. 45; FK-WpÜG/*Hommelhoff*/*Witt* Rn. 20.

[61] Ähnlich Kölner Komm WpÜG/*Versteegen* Rn. 42 f.; FK-WpÜG/*Hommelhoff*/*Witt* Rn. 20; Assmann/Pötzsch/Schneider/*Seiler* Rn. 46.

[62] Dies entspricht im Wesentlichen der Situation, die der Befreiung der Phoenix Erste Treuhand GmbH, Berlin nach einer Kontrollerlangung an der Reichelt AG im Dezember 2009 zugrunde lag, vgl. BaFin Jahresbericht 2009, 206 f.).

[63] Begr. RegE, BT-Drs. 14/7034, 61; Assmann/Pötzsch/Schneider/*Seiler* Rn. 51; FK-WpÜG/*Hommelhoff*/*Witt* Rn. 21; zum Sanierungsprivileg eingehend *Hasselbach*/*Hoffmann* DB 2009, 327 (327 ff.); *Schmidt*/*Schlitt* Der Konzern 2009, 279 (286); *Holzborn*/*Israel* WM 2004, 309 (309 ff.).

[64] Befreiungsentscheidungen der BaFin bezüglich der Zielgesellschaft Solar World AG vom 30.1.2014, 7 sowie der Praktiker AG vom 21.12.2012.

Kontrollerwerb bestehende Lage wiederhergestellt wird, besteht in diesem Fall kein schützenswertes Interesse der Minderheitsaktionäre an einem Pflichtangebot des nur vorübergehend die Zielgesellschaft kontrollierenden Aktionärs.[65] Eine Befreiung ist nach den Erwägungen des Gesetzgebers beispielsweise dann gerechtfertigt, wenn der Erwerber die Kontrolle unbeabsichtigt erworben hat, kurz danach hiervon Kenntnis erlangt und danach wieder unverzüglich abbaut.[66]

**43**  Gleiches gilt auch bei kurzfristigem Halten von Aktien durch Konsortialbanken im Rahmen einer Kapitalerhöhung.

**44**  **b) Konkretisierung durch die WpÜG-AV: Unbeabsichtigtes Erreichen der Kontrollschwelle (§ 9 S. 1 Nr. 6 WpÜG-AV).** Der Verordnungsgeber hat das in der Regierungsbegründung erwähnte Beispiel aufgegriffen und in § 9 S. 1 Nr. 6 WpÜG-AV einen entsprechenden Befreiungstatbestand vorgesehen. Diese Ausnahmeregelung ist in doppelter Hinsicht enger als der durch Abs. 1 Var. 3 gezogene Rahmen („nach der Erlangung der Kontrolle erfolgendes Unterschreiten der Kontrollschwelle"), da die Überschreitung der Kontrollschwelle unabsichtlich geschehen sein muss und die Schwelle unverzüglich nach der Antragstellung wieder unterschritten werden muss. Nach dem Wortlaut der Verordnung müssen beide Voraussetzungen, dh sowohl das unbeabsichtigte Erreichen als auch das unverzügliche Unterschreiten, kumulativ erfüllt sein, damit der betreffende Aktionär eine Befreiung erlangen kann.[67] Im Einzelnen → Rn. 123 ff.

**45**  Der in § 9 WpÜG-AV enthaltene Katalog hat indessen aus den in → Rn. 3 genannten Gründen **keinen abschließenden Charakter.**[68] Dieses Verständnis wird auch durch die Regierungsbegründung gestützt, die den unbeabsichtigten Erwerb (lediglich) als Beispielsfall definiert.[69] Es wäre zudem verfassungsrechtlich problematisch, wenn man das Erteilen der Befreiung vom unverzüglichen Abbau der Beteiligung abhängig machen würde.[70] Folglich ist eine Befreiung nach Abs. 1 Var. 3 auch dann denkbar, wenn es an einer der beiden Voraussetzungen fehlt. Zu denken ist etwa an den Fall, dass der Gesellschafter den die Kontrollerlangung begründenden Aktienerwerb zwar beabsichtigt hat, aber während des (kurzfristigen) Zeitraums keine tatsächliche Kontrolle über die Zielgesellschaft ausgeübt hat.[71]

**46**  Zum umgekehrten Fall des **kurzfristigen Unterschreitens** der Kontrollschwelle → Rn. 32.

**47**  **5. Besondere Beteiligungsverhältnisse (Abs. 1 Var. 4). a) Grundsatz.** Auch besondere Beteiligungsverhältnisse an der Zielgesellschaft können die Grundlage für eine Befreiung bilden (Abs. 1 Var. 4). In diesem Fall wird dem Bieter auf Grund der besonderen Struktur des Aktionärskreises die tatsächliche Ausübung der Kontrolle über die Zielgesellschaft erschwert, wenn nicht gar unmöglich gemacht. Der Gesetzgeber will durch die Eröffnung einer Befreiungsmöglichkeit dem Umstand Rechnung tragen, dass § 29 Abs. 2 die tatsächlichen Beteiligungsverhältnisse unberücksichtigt lässt, indem eine unwiderlegliche Vermutung begründet wird, dass der Bieter die Kontrolle erlangt hat, wenn ihm 30% der Stimmrechte zustehen oder zuzurechnen sind.[72] Die Begründung zum RegE erwähnt exemplarisch den Fall, dass der Erwerber zwar mehr als 30% der Stimmrechte erlangt, jedoch

---

[65] FK-WpÜG/*Hommelhoff*/*Witt* Rn. 37; ABBD/*Kopp*/*v. Dryander* Sec. 37 Rn. 4; *AMRS,* Public Company Takeovers in Germany, 2002, 237.

[66] Begr. RegE, BT-Drs. 14/7034, 61; FK-WpÜG/*Hommelhoff*/*Witt* Rn. 38.

[67] Vgl. auch Begr. zu § 9 WpÜG-AV, BT-Drs. 14/7034, 81.

[68] *Angerer*/*Geibel*/*Süßmann*/*Meyer* Rn. 49 f.; *Harbarth* ZIP 2002, 321 (331); Assmann/Pötzsch/Schneider/*Seiler* Rn. 56; Kölner Komm WpÜG/*Versteegen* WpÜG-AV § 9 Rn. 4 (WpÜG Anh. § 37).

[69] Vgl. Begr. RegE, BT-Drs. 14/7034, 61: „Hat der Erwerber beispielsweise die Kontrolle unbeabsichtigt erworben …".

[70] *Kleindiek* ZGR 2002, 546 (564); Assmann/Pötzsch/Schneider/*Seiler* Rn. 56.

[71] Wie hier Angerer/Geibel/Süßmann/*Meyer* Rn. 50; *Harbarth* ZIP 2002, 321 (331); *Mielke* in Beckmann/Kersting/Mielke, Das neue Übernahmerecht, 2003, Rn. B 69; aA aber wohl Steinmeyer/*Schmiady* Rn. 35.

[72] Assmann/Pötzsch/Schneider/*Seiler* Rn. 58; *Krause,* Das obligatorische Übernahmeangebot, 1996, 216.

ein Dritter über einen höheren Stimmrechtsanteil als der Erwerber an der Zielgesellschaft verfügt.[73]

Eine Befreiung nach Abs. 1 Var. 4 wird häufig bei einer **Kommanditgesellschaft auf 48 Aktien** in Betracht kommen.[74] Da nach dem klaren Wortlaut des § 29 Abs. 2 die Schwelle von 30% der Stimmrechte auch bei der KGaA Anwendung findet, gilt derjenige, der 30% der Stimmrechte an einer KGaA erwirbt, als Kontrollinhaber. Dabei bleibt jedoch zunächst unberücksichtigt, dass die Rechtsposition der Kommanditaktionäre deutlich schwächer ausgeprägt ist als die von Aktionären einer Aktiengesellschaft (→ AktG § 278 Rn. 17 ff.).[75] Dies liegt vor allem an der fehlenden Befugnis des Aufsichtsrats, den persönlich haftenden Gesellschafter – bzw. im Fall einer kapitalistischen KGaA den Geschäftsführer der Komplementär-Gesellschaft – zu bestimmen, sodass die Kommanditaktionäre noch nicht einmal einen mittelbaren Einfluss auf die Auswahl des Geschäftsleiters nehmen können. Zudem können auch Grundlagengeschäfte nicht ohne Zustimmung des persönlich haftenden Gesellschafters vorgenommen werden (§ 285 AktG). Sofern der die Hauptversammlung kontrollierende Aktionär nicht gleichzeitig persönlich haftenden Gesellschafter oder Gesellschafter bzw. Geschäftsführer der Komplementär-Gesellschaft ist und somit Einfluss auf die Geschäftsführung der KGaA nehmen kann, wird er regelmäßig eine Befreiung von der Veröffentlichungs- und Angebotspflicht in Anspruch nehmen können.[76]

Ein weiterer Anwendungsfall des § 37 Abs. 1 Var. 4 kann auch bei einer **Spaltung** nach 49 dem UmwG anzunehmen sein (§§ 123 ff. UmwG). Zu einer Befreiung in Umwandlungsfällen → Rn. 26. Liegen nach der Gewährung von Anteilen des übernehmenden Rechtsträgers an die Anteilsinhaber des übertragenden Rechtsträgers zum Zeitpunkt der Kontrollerlangung über den übernehmenden Rechtsträger die gleichen Beteiligungsverhältnisse vor wie beim übertragenden Rechtsträger, kommt eine Befreiung von den Verpflichtungen nach § 35 in Betracht. Während in entsprechenden Konstellationen zwar die Identität des kontrollierten Unternehmens nicht gewahrt bleibt, so bleibt doch die Identität des kontrollierenden Aktionärs erhalten.[77] Häufig kommt es in dieser Konstellation aber auf eine Befreiung gar nicht an, da die Kontrolle an dem übertragenden Rechtsträger vor Zulassung der Aktien erlangt wurde und somit keine relevante Kontrollerlangung vorliegt.

Zur Befreiung im Zusammenhang mit dem Kontrollerwerb der Squeeze-Out der Min- 50 derheitsaktionäre gem. §§ 327a ff. AktG → Rn. 29.

**b) Konkretisierung durch die WpÜG-AV: Vorhandensein eines Dritten mit 51 einer höheren Beteiligung (§ 9 S. 2 Nr. 1 WpÜG-AV).** Der Verordnungsgeber hat das in der Regierungsbegründung genannte Beispiel einer höheren Beteiligung eines anderen Aktionärs aufgegriffen und in § 9 S. 2 Nr. 1 WpÜG-AV eine Befreiungsmöglichkeit vorgesehen, wenn ein Dritter über einen höheren Anteil an Stimmrechten verfügt, die weder dem Bieter noch mit diesem gemeinsam handelnden Personen gemäß § 30 gleichstehen oder zuzurechnen sind. Im Einzelnen → Rn. 127 f.

Der in § 9 S. 2 Nr. 1 WpÜG-AV geregelte Fall ist jedoch **nicht abschließend.** Vielmehr 52 kommt eine Befreiung auch dann in Betracht, wenn nicht ein, sondern **mehrere,** sich in

---

[73] Begr. RegE, BT-Drs. 14/7034, 61; weitergehend *Oechsler* NZG 2001, 817 (825), der für eine teleologische Reduktion des § 29 Abs. 2 plädiert; angesichts des klaren Gesetzeswortlautes zu Recht abl. *Thoma* NZG 2002, 105 (111); FK-WpÜG/*Hommelhoff/Witt* Rn. 42 Fn. 86; Assmann/Pötzsch/Schneider/*Seiler* Rn. 58; Steinmeyer/*Schmiady* Rn. 54; Angerer/Geibel/Süßmann/*Meyer* Rn. 51.

[74] S. auch *Hasselbach/Alles* DB 2020, 39 (42), nach dessen Ansicht eine Befreiung nach § 37 Abs. 1 Var. 4 (und Var. 5) in bestimmten Fällen dann einschlägig sein könne, wenn infolge von Verschiebungen in der innerfamiliären Kontrollstruktur im Rahmen einer erbrechtlichen Nachfolgeplanung zwar ein formaler, aber kein materieller Kontrollerwerb vorliegt. Dies könne insbesondere bei der familiären Nachfolge in einer KGaA der Fall sein.

[75] Dazu eingehend *Schlitt*, Die Satzung der Kommanditgesellschaft auf Aktien, 1999, 4; ABBD/*Kopp/v. Dryander* Sec. 37 Rn. 5; *AMRS*, Public Company Takeovers in Germany, 2002, 238.

[76] Kölner Komm WpÜG/*Versteegen* Rn. 62; Angerer/Geibel/Süßmann/*Meyer* Rn. 52; Steinmeyer/*Schmiady* Rn. 55; Assmann/Pötzsch/Schneider/*Seiler* Rn. 67; FK-WpÜG/*Hommelhoff/Witt* Rn. 45.

[77] Assmann/Pötzsch/Schneider/*Seiler* Rn. 59.

ihrem Verhalten im Hinblick auf die Zielgesellschaft nicht abstimmende **Aktionäre** über so erhebliche Beteiligungen verfügen, dass die Beteiligungsverhältnisse bei der Zielgesellschaft eine Kontrolle des Bieters unmöglich machen oder zumindest stark erschweren.[78] Eine Befreiung ist auch dann denkbar, wenn ein anderer Aktionär über einen (im Wesentlichen) **gleich hohen Stimmrechtsanteil** verfügt (sog. Pattsituation) und er sein Verhalten in Bezug auf die Zielgesellschaft mit dem Bieter nicht koordiniert.[79]

**53**   **6. Fehlen der tatsächlichen Kontrollausübungsmöglichkeit (Abs. 1 Var. 5). a) Grundsatz.** Nach Abs. 1 Var. 5 kann die tatsächliche Möglichkeit zur Kontrollausübung einen Grund für eine Befreiung bilden. Präziser wäre es gewesen, wenn der Gesetzgeber die Formulierung „Fehlen der tatsächlichen Kontrollausübungsmöglichkeit" gewählt hätte.[80] Im Hinblick darauf, dass § 29 Abs. 2 bei Halten von 30% der Stimmrechte eine unwiderlegliche Vermutung der Kontrollerlangung begründet, soll dieser Befreiungstatbestand den tatsächlichen Beteiligungsverhältnissen in der Zielgesellschaft angemessen Rechnung tragen.

**54**   Nach den in der Regierungsbegründung zum Ausdruck kommenden Erwägungen des Gesetzgebers ist eine Befreiung von der Veröffentlichungs- und Angebotspflicht insbesondere dann sachgerecht, wenn der Erwerber **auf Grund hoher Hauptversammlungspräsenzen** trotz seines Stimmrechtsanteils von 30% nicht über die Hauptversammlungsmehrheit verfügt.[81] In diesem Fall treffe die Vermutung nicht zu, dass 30% der Stimmen die Kontrolle über die Zielgesellschaft ermöglichen.[82]

**55**   Dem über einen Kontrollanteil verfügenden Aktionär steht es frei, **anderweitig nachzuweisen,** dass es ihm an der tatsächlichen Möglichkeit der Kontrollausübung fehlt. Zu denken ist etwa an den Fall, dass die Zielgesellschaft mit einem Dritten einen **Beherrschungsvertrag** abgeschlossen hat, auf Grund dessen der Vorstand der Zielgesellschaft den Weisungen des Dritten unterliegt.[83] Denkbar ist auch, dass mehrere Aktionäre eine **Poolvereinbarung** über die Ausübung ihrer Stimmrechte abgeschlossen haben.[84]

**56**   An der tatsächlichen Kontrollausübungsmöglichkeit fehlt es auch dann, wenn der über eine Kontrollbeteiligung verfügende Aktionär mit der Zielgesellschaft einen **Entherrschungsvertrag** eingegangen ist.[85] Nach einer verbreiteten Ansicht sollen aber bloß schuldrechtliche, den Bieter in seiner Stimmrechtsausübung einschränkende Vereinbarungen für eine Befreiung nicht genügen.[86] Richtigerweise wird man eine Dispensmöglichkeit anerkennen müssen.[87]

**57**   **b) Konkretisierung durch die WpÜG-AV: Hauptversammlungspräsenzen (§ 9 S. 2 Nr. 2 WpÜG-AV).** Korrespondierend mit den gesetzgeberischen Erwägungen in der Regierungsbegründung sieht § 9 S. 2 Nr. 2 WpÜG-AV eine Befreiungsmöglichkeit vor, wenn im Hinblick auf das in den letzten **drei ordentlichen Hauptversammlungen** vertretene stimmberechtigte Kapital nicht zu erwarten ist, dass der Bieter in der Hauptversamm-

---

[78] Kölner Komm WpÜG/*Versteegen* Rn. 60; FK-WpÜG/*Hommelhoff/Witt* Rn. 43.

[79] *Harbarth* ZIP 2002, 321 (331); *Ekkenga/Hofschroer* DStR 2002, 724 (768), 772; Ehricke/Ekkenga/ Oechsler/*Ekkenga* Rn. 33, 35; FK-WpÜG/*Hommelhoff/Witt* Rn. 43.

[80] FK-WpÜG/*Hommelhoff/Witt* Rn. 46; Assmann/Pötzsch/Schneider/*Seiler* Rn. 71.

[81] Begr. RegE, BT-Drs. 14/7034, 61.

[82] Angerer/Geibel/Süßmann/*Meyer* Rn. 53; ABBD/*Kopp/v. Dryander* Sec. 37 Rn. 5; *AMRS,* Public Company Takeovers in Germany, 2002, 238; FK-WpÜG/*Hommelhoff/Witt* Rn. 47; Assmann/Pötzsch/Schneider/ *Seiler* Rn. 72.

[83] Kölner Komm WpÜG/*Versteegen* Rn. 72; Assmann/Pötzsch/Schneider/*Seiler* Rn. 73; FK-WpÜG/ *Hommelhoff/Witt* Rn. 48.

[84] Befreiungsentscheidung der BaFin bezüglich der Zielgesellschaft Bauer AG vom 22.2.2013, 3. Ehricke/ Ekkenga/Oechsler/*Ekkenga* Rn. 37; Assmann/Pötzsch/Schneider/*Seiler* Rn. 73; FK-WpÜG/*Hommelhoff/ Witt* Rn. 48.

[85] *Hopt* ZHR 166 (2002), 383 (418); Schwark/Zimmer/*Noack/Zetzsche* Rn. 15; *Brelochs* NZG 2012, 1010 (1015 f.); aA *Harbarth* ZIP 2002, 321 (331 f.).

[86] *Harbarth* ZIP 2002, 321 (331 f.); Kölner Komm WpÜG/*Versteegen* Rn. 72; Steinmeyer/*Schmiady* Rn. 50.

[87] Assmann/Pötzsch/Schneider/*Seiler* Rn. 74; weitergehend Ehricke/Ekkenga/Oechsler/*Ekkenga/Schulz* § 35 Rn. 39, die eine Per-se-Befreiung annehmen.

lung der Zielgesellschaft über mehr als 50% der vertretenen Stimmrechte verfügen wird. Im Einzelnen → Rn. 129 ff.

Die Regelung in der WpÜG-AV ist **nicht abschließend**. Selbst wenn dem Bieter nur **58** auf Grund der Präsenzen der letzten beiden ordentlichen Hauptversammlungen die faktische Stimmenmehrheit gefehlt hat, muss er im Einzelfall eine Befreiung erlangen können, insbesondere, wenn feststeht, dass der Bieter auf künftigen Hauptversammlungen über keine Mehrheit der vertretenen Stimmen verfügen wird.[88]

### III. Verfahren

**1. Antrag.** Die Befreiung durch die Bundesanstalt bedarf eines darauf gerichteten Antrags **59** des Kontrollerwerbers. Der Antrag ist schriftlich zu stellen (Abs. 1). Die Einzelheiten des Befreiungsverfahrens sind in §§ 8, 10–12 WpÜG-AV geregelt. Im Einzelnen → Rn. 142 ff.

**2. Suspensiveffekt des Antrages.** Wie im Anwendungsbereich des § 36 fragt sich, ob **60** der Antragsteller den Veröffentlichungs- und Angebotspflichten nach § 35 auch in der Zeit unterliegt, bevor die Bundesanstalt über den Nichtberücksichtigungsantrag entschieden hat. Nach dem Wortlaut des Gesetzes scheint der Bieter ungeachtet eines Befreiungsantrages zur Veröffentlichung der Kontrollerlangung und zur Unterbreitung eines Angebotes verpflichtet zu sein. Zum Teil wird dies offenbar als sachgerecht angesehen.[89] Der Antragsteller habe es bei einer rechtzeitigen Stellung seines Antrages in der Hand, wann die Bundesanstalt über die Nichtberücksichtigung der Stimmrechte entscheide. Im Übrigen könne der Bieter eine einstweilige Anordnung nach § 123 VwGO beantragen. Nach einer anderen Ansicht hat der Kontrollerwerber bei nicht rechtzeitiger Entscheidung der Bundesanstalt die Veröffentlichung der Kontrollerlangung vorzunehmen und kann sich dann im Wege einer **isolierten Befreiungsentscheidung** (→ Rn. 68) von der Angebotspflicht befreien lassen.[90] Eine vereinzelte Ansicht bejaht einen Anspruch des Antragstellers auf eine **vorläufige Gestattung** durch die Bundesanstalt, nach der die betreffenden Stimmrechte vorübergehend nicht zu berücksichtigen sind.[91] Wieder andere Stimmen gehen von einer Verpflichtung des Bieters aus, die Kontrollerlangung zu veröffentlichen, wenn die Bundesanstalt nicht innerhalb der Frist des § 35 Abs. 1 S. 1 über den Befreiungsantrag entschieden hat; dies ändert nichts an der Möglichkeit, eine Befreiung von der Angebotspflicht zu erhalten.[92] Die wohl überwiegende Meinung geht – in Übereinstimmung mit der bisherigen Praxis der Bundesanstalt[93] – davon aus, dass der Befreiungsantrag **Suspensiveffekt** hat, sodass der Bieter bis zu einer Entscheidung durch die Bundesanstalt zunächst nicht der Veröffentlichungs- und Angebotspflicht unterliegt.[94] Andernfalls bestünde die Gefahr, dass der Anwendungsbereich des § 37 leerlaufen würde, da der Bieter gezwungen sei, seinen Pflichten zunächst nachzukommen.

Im Ergebnis erscheint die Annahme eines **Suspensiveffekts** gerechtfertigt. Da der **61** Antragsteller den Zeitpunkt der Entscheidung der Bundesanstalt über den Befreiungsantrag letztlich nicht beeinflussen kann, ist nicht auszuschließen, dass eine spätere Befreiungsentscheidung leerlaufen würde, wenn der Bieter von einem bereits veröffentlichten Pflichtangebot nicht mehr zurücktreten kann (→ § 35 Rn. 164, → § 35 Rn. 228). Der Argumenta-

---

[88] Einschr., iErg aber letztlich ähnlich Kölner Komm WpÜG/*Versteegen* Rn. 73 ff., der eine Befreiung dann zulässt, wenn das Nichtvorliegen einzelner Kriterien durch weitere Abweichungen vom Leitbild des gesetzlichen Befreiungssachverhaltes kompensiert wird.

[89] Steinmeyer/*Schmiady* Rn. 65; Baums/Thoma/*Hecker* Rn. 171; Ehricke/Ekkenga/Oechsler/*Ekkenga/Schulz* § 35 Rn. 45; *Wackerbarth/Kreiße* NZG 2010, 418.

[90] Assmann/Pötzsch/Schneider/*Seiler* Rn. 88.

[91] So für die Nichtberücksichtigung von Stimmrechten Kölner Komm WpÜG/*v. Bülow*, 1. Aufl. 2003, § 36 Rn. 55.

[92] Schwark/Zimmer/*Noack/Zetzsche* Rn. 26 und Baums/Thoma/*Hecker* Rn. 171.

[93] Aus der Praxis der BaFin *Lenz/Linke* AG 2002, 361 (366).

[94] S. auch LG München I ZIP 2004, 167 (168) – HVB Real Estate, zu § 36 Nr. 3; *Meyer/Lipsky* NZG 2009, 1092; *Lenz/Linke* AG 2002, 361 (366); *Schnorbus* WM 2002, 657 (662); Assmann/Pötzsch/Schneider/*Seiler* Rn. 92; Angerer/Geibel/Süßmann/*Meyer* Rn. 17 ff.; FK-WpÜG/*Hommelhoff/Witt* Rn. 66.

tion, dass es der Antragsteller durch eine rechtzeitige Antragstellung selbst in der Hand habe, wann die Bundesanstalt über diesen entscheidet, muss entgegen gehalten werden, dass dies bei unerwartet auftretenden Sachverhalten, wie zB Erbschaften, gerade nicht der Fall ist.[95] Allerdings muss der Antrag, um den Suspensiveffekt auszulösen, vor Ablauf der in § 35 vorgesehenen Fristen gestellt worden sein.[96] Die von der Gegenansicht vorgeschlagene vorläufige Gestattung führt zu einem ähnlichen Ergebnis, findet aber im Gesetz keine Stütze; sie wirft überdies die Frage auf, welcher Prüfungsmaßstab bei einer solchen vorläufigen Entscheidung Anwendung finden sollte.

**62**     Der Suspensiveffekt dauert an, bis über den Antrag entschieden ist. Während dieser Zeit treten mithin die nachteiligen Rechtsfolgen der §§ 38, 59 und § 60 nicht ein. Wird der Befreiungsantrag zurückgewiesen oder zurückgenommen, entfällt der Suspensiveffekt mit **ex-nunc-Wirkung** und die Pflichten nach § 35 leben wieder auf. Soweit die in § 35 vorgesehenen Fristen im Zeitpunkt der Stellung des Befreiungsantrages bereits zu laufen begonnen hatten, laufen sie ab dem Zeitpunkt der Zurücknahme oder Zurückweisung weiter. Eine Rückwirkung findet nicht statt.[97] Dies gilt namentlich für den Zinsanspruch nach § 38.

**63**     Ein Suspensiveffekt besteht dann nicht, wenn die Voraussetzungen für eine Befreiung offenkundig nicht vorgelegen haben, sodass ein **rechtsmissbräuchlicher** Antrag vorliegt.[98]

**64**     **3. Verfahrensbeteiligte.** Im Befreiungsverfahren sind grundsätzlich nur der **Bieter** und die **Bundesanstalt** beteiligt. Ob auch die **Zielgesellschaft** und ihre **Aktionäre** zu beteiligen sind, ist umstritten. Zutreffenderweise wird man dies zu verneinen haben. Aus § 37 lässt sich kein subjektiv-öffentliches Recht des Aktionärs auf Nichtbefreiung ableiten, da die Aktionäre nicht individuell, sondern nur in ihrer Gesamtheit geschützt sind.[99] Zudem würde eine Beteiligung von Aktionären der Intention des Gesetzgebers, das Verfahren möglichst zügig durchzuführen, widersprechen (vgl. dieselben Erwägungen im Zusammenhang mit der Nichtberücksichtigung von Stimmrechten;  → § 36 Rn. 60 ff.).

**65**     **4. Entscheidung der Bundesanstalt. a) Ermessen.** Während es sich bei der Entscheidung über die Nichtberücksichtigung von Stimmrechten nach § 36 um eine gebundene Entscheidung handelt, steht die Entscheidung über die Befreiung im Ermessen der Bundesanstalt. Der Bundesanstalt steht dabei ein Entschließungs- und Auswahlermessen (über den Erlass möglicher Nebenbestimmungen) zu.[100] Im Rahmen ihrer Ermessensentscheidung hat die Bundesanstalt eine **Abwägung** zwischen dem **Interesse** des **Antragstellers** an einer Befreiung und dem Interesse der **Minderheitsaktionäre** an der Unterbreitung eines Pflichtangebots vorzunehmen.[101] Dabei ist auch zu berücksichtigen, dass die Abgabe eines Pflichtangebotes für den Bieter mit einem erheblichen finanziellen Aufwand verbunden ist, zumal er seine Finanzierung auf den in der Regel unwahrscheinlichen Fall einzustellen hat, dass das Angebot von allen Aktionären angenommen wird. Von Bedeutung kann auch sein, ob die betroffene Zielgesellschaft bereits zuvor konzerniert war.[102] Das Interesse der Minderheitsaktionäre dürfte im Regelfall dann überwiegen, wenn zu erwarten ist, dass sich

---

[95] *Meyer/Lipsky* NZG 2009, 1092 (1094).

[96] Vgl. Angerer/Geibel/Süßmann/*Meyer* § 36 Rn. 6; Assmann/Pötzsch/Schneider/*Seiler* Rn. 93; FK-WpÜG/*Hommelhoff/Witt* Rn. 66.

[97] Angerer/Geibel/Süßmann/*Meyer* § 36 Rn. 7; Assmann/Pötzsch/Schneider//*Seiler* Rn. 93.

[98] Angerer/Geibel/Süßmann/*Meyer* § 36 Rn. 7; Assmann/Pötzsch/Schneider/*Seiler* Rn. 94; ebenso FK-WpÜG/*Hommelhoff/Witt* § 36 Rn. 41; Kölner Komm WpÜG/*v. Bülow,* § 36 Rn. 75.

[99] OLG Frankfurt DB 2003, 1371 (1372) – ProSieben; Assmann/Pötzsch/Schneider/*Seiler* Rn. 96; aA *Zschocke/Rahlf* DB 2003, 1375 (1376).

[100] Ehricke/Ekkenga/Oechsler/*Ekkenga* Rn. 42; Assmann/Pötzsch/Schneider/*Seiler* Rn. 1, 79; FK-WpÜG/*Hommelhoff/Witt* Rn. 29; *Hasselbach/Alles* DB 2020, 39 (41); zu der Möglichkeit des Erlasses von Nebenbestimmungen eingehend Steinmeyer/*Schmiady* Rn. 60 ff.

[101] Vgl. Begr. RegE, BT-Drs. 14/7034, 61; Steinmeyer/*Schmiady* Rn. 19; *Holzborn* in Zschocke/Schuster ÜbernahmeR-HdB Rn. C 51; FK-WpÜG/*Hommelhoff/Witt* Rn. 2; Assmann/Pötzsch/Schneider/*Seiler* Rn. 80; Angerer/Geibel/Süßmann/*Meyer* Rn. 62; Kölner Komm WpÜG/*Versteegen* Rn. 78.

[102] AA Steinmeyer/*Schmiady* Rn. 56.

der Kurs der Aktien der Zielgesellschaft auf Grund der Kontrollerlangung durch den Bieter wesentlich verschlechtert hat oder eine wesentliche Kursverschlechterung mit hoher Wahrscheinlichkeit zu erwarten ist.[103] Das Interesse der **Zielgesellschaft** oder sonstiger **Dritter** (zB Arbeitnehmer der Zielgesellschaft) ist für den Abwägungsprozess irrelevant.[104]

Bei den in § 37 vorgesehenen und durch § 9 WpÜG-AV konkretisierten Tatbeständen **66** handelt es sich um eng begrenzte Ausnahmefälle. Sofern die Tatbestandsvoraussetzungen erfüllt sind, dürfte das Ermessen der Bundesanstalt in vielen Fällen **auf Null reduziert** sein.[105] Es bleiben aber auch Fälle vorstellbar, in denen die Befreiungsvoraussetzungen des § 9 WpÜG-AV zwar erfüllt sind, aber besondere Umstände vorliegen, die eine Befreiung als nicht gerechtfertigt erscheinen lassen. Zu denken ist etwa an den Fall, dass der Bieter bei einem mittelbaren Kontrollerwerb sein besonderes Interesse für eine Beteiligung an einem börsennotierten Tochterunternehmen der Zielgesellschaft zum Ausdruck gebracht hat,[106] oder an den Fall eines Erben, der bereits im Vorfeld des Erbfalls bereits in erheblichem Umfang unternehmerischen Einfluss ausgeübt hat. Eine Ausnahme von dem Grundsatz, dass der Bundesanstalt bei der Entscheidung über eine Befreiung nach § 37 Ermessen zukommt, stellt § 12 Abs. 1 FMStBG dar. Erlangt der Bund bzw. der Finanzmarktstabilisierungsfonds im Zusammenhang mit einer Maßnahme nach dem FMStG oder dem Rettungsübernahmegesetz die Kontrolle über eine Zielgesellschaft, so hat ihn die Bundesanstalt von den Pflichten des § 35 zu befreien. Insoweit handelt es sich um einen eigenständigen Befreiungstatbestand, der eine **gebundene Entscheidung** der Bundesanstalt nach sich zieht.[107]

Kommt die Bundesanstalt bei ihrer Prüfung zu dem Ergebnis, dass die Kontrollschwelle **67** überhaupt noch nicht erreicht ist, kommen weder der Erlass einer Befreiungsverfügung noch eine Zurückweisung des Antrages auf Befreiung in Betracht. In diesem Fall wird die Bundesanstalt dem Antragsteller **mitteilen,** dass keine Pflicht zur Veröffentlichung und Abgabe eines Angebotes besteht und deswegen der gestellte Befreiungsantrag **gegenstandslos** ist (zur Möglichkeit eines ausdrücklichen Negativattestes → Rn. 83).

**b) Erlass von Nebenbestimmungen.** Bei der Entscheidung über die Befreiung von **68** den Pflichten des § 35 Abs. 1 und 2 handelt es sich um einen begünstigenden **Verwaltungsakt** iSv § 35 VwVfG, dessen Erlass im Ermessen der Behörde steht. Die Bundesanstalt kann ihre Befreiungsentscheidung nach § 36 Abs. 2 VwVfG mit Nebenbestimmungen versehen.[108] Nebenbestimmungen sind die Befristung, Bedingung, Auflage sowie der Widerrufs- und Auflagenvorbehalt. Durch den Erlass einer Nebenbestimmung verfügt die Bundesanstalt über ein wirksames Instrumentarium, flexibel auf künftige Entwicklungen reagieren zu können, um Missbräuche und Umgehungen zu vermeiden.[109]

Die Befreiungsentscheidung kann beispielsweise mit einer **auflösenden Bedingung 69** versehen werden für den Fall, dass sich der zugrundeliegende Sachverhalt ändert. Dies kommt insbesondere dann in Betracht, wenn die Kontrolle zum Zwecke der Forderungssicherung erlangt wurde (→ Rn. 118), ein Dritter über einen höheren Stimmrechtsanteil verfügt (→ Rn. 128) oder ein Stimmrechtsanteil von 30% auf Grund der Hauptversamm-

---

[103] Angerer/Geibel/Süßmann/*Meyer* Rn. 62; krit. Steinmeyer/*Schmiady* Rn. 56: „allenfalls nachrangiges Merkmal".

[104] Ehricke/Ekkenga/Oechsler/*Ekkenga* Rn. 42; Assmann/Pötzsch/Schneider/*Seiler* Rn. 80; einschr. Kölner Komm WpÜG/*Versteegen* Rn. 78.

[105] Im Ergebnis *Harbarth* ZIP 2002, 321 (330): Angerer/Geibel/Süßmann/*Meyer* Rn. 35; Assmann/Pötzsch/Schneider/*Seiler* Rn. 83; Steinmeyer/*Schmiady* Rn. 59; Ehricke/Ekkenga/Oechsler/*Ekkenga* Rn. 43, sofern kein atypischer Fall vorliegt; einschr. Kölner Komm WpÜG/*Versteegen* Rn. 79 ff.

[106] Assmann/Pötzsch/Schneider/*Seiler* Rn. 84; ganz allg. ABBD/*Kopp/v. Dryander* Sec. 37 Rn. 8.

[107] Jaletzke/Verannemann/*Verannemann/Tal*, 1. Aufl. 2009, FMStG § 12 Rn. 4; *Wieneke/Fett* NZG 2009, 8 (14).

[108] Begr. RegE, BT-Drs. 14/7034, 61; s. auch *Assmann* AG 2002, 114 (118); dazu auch Steinmeyer/*Schmiady* Rn. 60 ff.; Assmann/Pötzsch/Schneider/*Seiler* Rn. 85; Kölner Komm WpÜG/*Versteegen* Rn. 89.

[109] FK-WpÜG/*Hommelhoff/Witt* Rn. 54; *Thaeter* in Thaeter/Brandi, Öffentliche Übernahmen, 2003, Teil 2 Rn. 636; ABBD/*Kopp/v. Dryander* Sec. 37 Rn. 2; *Wernicke* NZG 2011, 1404 (1407); *AMRS*, Public Company Takeovers in Germany, 2002, 236; Assmann/Pötzsch/Schneider/*Seiler* Rn. 85.

lungspräsenzen keine Kontrolle vermittelt hat (→ Rn. 131). Anders verhält es sich grundsätzlich bei der Verringerung der Gesamtzahl der Stimmrechte (→ Rn. 122). In Einzelfällen kann es sich als ermessensgerecht erweisen, dass die Befreiungsentscheidung mit der **Auflage** verbunden wird, die Bundesanstalt über eine Veränderung des der Befreiungsentscheidung zugrundeliegenden Sachverhaltes aufzuklären.[110] Denkbar ist auch die Verbindung der Befreiungsentscheidung mit einem **Widerrufsvorbehalt.** Schließlich können auch verschiedene Nebenbestimmungen miteinander **kombiniert** werden.[111]

**70**    **c) Isolierte Befreiung.** Die Befreiungsentscheidung der Bundesanstalt bezieht sich im Grundsatz auf die Pflicht zur Veröffentlichung der Kontrollerlangung sowie die Pflicht zur Abgabe eines Pflichtangebotes. Während eine isolierte Befreiung von der Veröffentlichungspflicht nicht denkbar erscheint, kann im Einzelfall ein Interesse an einer isolierten Befreiung von der Pflicht zur Abgabe eines Pflichtangebotes bestehen.[112] Das Gesetz geht zwar von der einheitlichen Befreiung als Regelfall aus, setzt diese aber nicht zwingend voraus. Eine gesonderte Befreiung von der Angebotspflicht kommt insbesondere dann in Betracht, wenn sich der Bieter trotz des Suspensiveffekts des Befreiungsantrages (→ Rn. 60 ff.) dazu entschließt, vorsorglich die Kontrollerlangung zu veröffentlichen.

**71**    **5. Rechtsfolgen. a) Grundsatz.** Gibt die Bundesanstalt dem Befreiungsantrag statt, wird der kontrollierende Aktionär von der Veröffentlichungspflicht nach § 35 Abs. 1 S. 1 und der Angebotspflicht nach Abs. 2 S. 1 befreit. Anders als im Anwendungsbereich des § 36 bleiben nicht nur gewisse Stimmrechte aus Aktien bei der Berechnung des Stimmrechtsanteils unberücksichtigt. Im Gegensatz zu den zum Handelsbestand gehörenden Aktien (vgl. § 20 Abs. 3) wird die Rechtsausübung aus den dem Bieter gehörenden Aktien nicht eingeschränkt.[113] Bei Fällen des mittelbaren Kontrollerwerbs (→ § 35 Rn. 103 ff., → § 35 Rn. 112 ff.) führt die Befreiung von der Angebotspflicht dazu, dass auch hinsichtlich der börsennotierten Tochtergesellschaft kein Angebot zu unterbreiten ist.[114]

**72**    **b) Zuerwerb von Aktien.** Problematisch ist, ob eine Veröffentlichungs- und Angebotspflicht dann besteht, wenn der Bieter beim Überschreiten der 30% Quote der Veröffentlichungs- und Angebotspflicht nicht unterliegt, weil er von der Veröffentlichungs- und Angebotspflicht nach § 37 befreit wurde, in der Folgezeit aber weitere Stimmrechtsanteile erwirbt, ohne dass er im Zusammenhang mit diesem **Zuerwerb** eine Nichtberücksichtigungs- oder Befreiungsmöglichkeit in Anspruch hätte nehmen können.

**73**    Nach einer teilweise vertretenen Ansicht unterliegt der Bieter bei einem solchen Zuerwerb von Aktien der Veröffentlichungs- und Angebotspflicht.[115] Andernfalls würde es zu einer vom Gesetzgeber nicht beabsichtigten Privilegierung der in § 37 aufgeführten Befreiungstatbestände gegenüber den Nichtberücksichtigungskonstellationen des § 36 kommen. Ein Vergleich von § 36 Nr. 1, der eine (bindende) Nichtberücksichtigung von Stimmrechten in Erb- und Schenkungssachverhalten zwischen Verwandten bis zum dritten Grad vorsieht mit § 37 iVm § 9 S. 1 Nr. 1 WpÜG-AV, der die Befreiung bei entfernteren Verwandtschaftsverhältnissen in das Ermessen der Bundesanstalt stellt, zeige, dass der Gesetzgeber ein solches Ergebnis nicht gewollt habe. Um keine Schutzlücke entstehen zu lassen, sei der Bieter beim zweiten Erwerbstatbestand im Regelfall zur Abgabe eines Pflichtangebotes verpflichtet.

**74**    Die vorzugswürdige Gegenansicht steht auf dem Standpunkt, dass die Befreiungsentscheidung den Bieter von der Veröffentlichungs- und Angebotspflicht **insgesamt freistellt.**[116]

---

[110] Angerer/Geibel/Süßmann/*Meyer* Rn. 68; Assmann/Pötzsch/Schneider/*Seiler* Rn. 87.
[111] Steinmeyer/*Schmiady* Rn. 62; Kölner Komm WpÜG/*Versteegen* Rn. 89.
[112] Kölner Komm WpÜG/*Versteegen* Rn. 93; FK-WpÜG/*Hommelhoff/Witt* Rn. 80; Assmann/Pötzsch/Schneider/*Seiler* Rn. 88; Schwark/Zimmer/*Noack/Zetzsche* Rn. 23.
[113] FK-WpÜG/*Hommelhoff/Witt* Rn. 79; Baums/Thoma/*Hecker* Rn. 131.
[114] Assmann/Pötzsch/Schneider/*Seiler* Rn. 89; FK-WpÜG/*Hommelhoff/Witt* Rn. 34.
[115] *Harbarth* ZIP 2002, 321 (324); *Mielke* in Beckmann/Kersting/Mielke, Das neue Übernahmerecht, 2003, Rn. B 45; Schwark/Zimmer/*Noack/Zetzsche* Rn. 25.
[116] *Habersack* ZHR 166 (2002), 619 (623 f.); *v. Bülow/Bücker* Der Konzern 2003, 185 (197); FK-WpÜG/*Hommelhoff/Witt* Rn. 80; Baums/Thoma/*Hecker* Rn. 129; Assmann/Pötzsch/Schneider/*Seiler* Rn. 105.

Als entscheidende Erwägung erweist sich in diesem Zusammenhang, dass eine einmal erteilte rechtmäßige Befreiung von der Bundesanstalt nur unter den Voraussetzungen des § 49 VwVfG widerrufen werden kann. Folglich kann ein späterer Zuerwerb von Aktien die Pflichten nach § 35 Abs. 1 und 2 nicht auslösen. Anderes gilt nur dann, wenn die Bundesanstalt die Befreiungsentscheidung für diesen Fall mit einem Widerrufsvorbehalt versehen hat und von diesem Gebrauch macht.

**c) Wegfall von Befreiungsvoraussetzungen.** Keine ausdrückliche Regelung enthält **75** das Gesetz für den Fall, dass die Voraussetzungen eines Befreiungstatbestandes nachträglich wegfallen. Zu denken ist etwa an den Fall, dass der Bieter vom Pflichtangebot befreit wurde, weil ein anderer Aktionär einen größeren Stimmenanteil hatte und er demgemäß keine tatsächliche Kontrolle ausüben konnte, der andere Aktionär seine Beteiligung später aber unter die des Bieters reduziert. Von der unter b) (→ Rn. 72) beschriebenen Konstellation unterscheidet sich dieser Fall dadurch, dass der Bieter keine weiteren Aktien hinzuwirbt. Folglich ist anzunehmen, dass eine (unkonditionierte) Befreiungsentscheidung von einer Änderung der Rahmenbedingungen unberührt bleibt.

Die Pflichten nach § 35 Abs. 1 und Abs. 2 aus dem zunächst freigestellten Kontrollerwerb **76** kommen grundsätzlich nur dann zum Tragen, wenn der Befreiungsbescheid befristet oder auflösend bedingt ist oder einen Widerrufsvorbehalt enthält und die Frist abläuft, die Bedingung eintritt bzw. die Bundesanstalt von der ihr zustehenden Widerrufsmöglichkeit Gebrauch macht.[117] Ansonsten kann die Befreiung als rechtmäßiger begünstigender Verwaltungsakt nach den allgemeinen Verwaltungsvorschriften widerrufen werden. Bei dem Wegfall von Befreiungsvoraussetzungen kann der Widerruf insb. auf § 49 Abs. 2 Nr. 3 (nachträglich eingetretene Tatsachen) und Nr. 5 (schwere Nachteile für das Gemeinwohl) VwVfG gestützt werden (→ Rn. 83).[118] In diesen Fällen leben die vorübergehend außer Kraft gesetzten Verpflichtungen wieder auf.[119]

**d) Verzicht auf Befreiung vom Pflichtangebot.** Denkbar ist schließlich der Fall, **77** dass der Bieter nach der Kontrollerlangung einen Befreiungsantrag nach § 37 hätte stellen können, von dieser Möglichkeit aber keinen Gebrauch macht, sondern die Kontrollerlangung veröffentlicht und ein Pflichtangebot abgibt. Wirtschaftlich kann dies sinnvoll sein, wenn der Börsenkurs der Zielgesellschaft im betreffenden Zeitpunkt niedrig, aber tendenziell mit einer Kurssteigerung zu rechnen ist. Erreicht der Bieter trotz des Pflichtangebotes die tatsächliche Kontrolle zunächst nicht, sondern erst auf Grund eines weiteren Zuerwerbs, führt dies nicht dazu, dass ein neuerliches Pflichtangebot ausgelöst würde sofern der Stimmrechtsanteil des Bieters in der Zwischenzeit nicht unter 30% gefallen ist.[120]

**6. Rechtsbehelfe. a) Ablehnende Entscheidung.** Versagt die Bundesanstalt die **78** begehrte Befreiungsentscheidung oder entscheidet sie nicht innerhalb angemessener Frist über den Antrag, kann der Bieter **Widerspruch** zum Widerspruchsausschuss bei der Bundesanstalt erheben (§ 41 Abs. 1 S. 1). Wird dem Widerspruch nicht abgeholfen, kann der Bieter **Beschwerde** erheben (§ 48 Abs. 1, Abs. 3 S. 1, Abs. 4). Zuständig für die Entscheidung über die Beschwerde ist ausschließlich das OLG Frankfurt (§ 48 Abs. 4). Die Gewährung einstweiligen Rechtsschutzes gegen eine ablehnende Entscheidung der Bundesanstalt kommt für den Bieter nur unter eingeschränkten Voraussetzungen in Betracht.[121]

---

[117] Steinmeyer/*Schmiady* Rn. 63; Kölner Komm WpÜG/*Versteegen* Rn. 95.

[118] Darauf weisen Assmann/Pötzsch/Schneider/*Seiler* Rn. 106 zu Recht hin; vgl. auch *v. Falkenhausen* NZG 2010, 1213 (1216); Stelkens/Bonk/Sachs/*Sachs* VwVfG § 49 Rn. 58 ff.; *Kopp/Ramsauer* VwVfG § 49 Rn. 40 ff.

[119] Ehricke/Ekkenga/Oechsler/*Ekkenga/Schulz* § 35 Rn. 46; Assmann/Pötzsch/Schneider/*Seiler* Rn. 106; Kölner Komm WpÜG/*Versteegen* Rn. 96.

[120] Assmann/Pötzsch/Schneider/*Seiler* Rn. 107.

[121] OLG Frankfurt ZIP 2003, 1977 – Pixelpark; ZIP 2003, 1297 (1298) – ProSiebenSat1 I; Assmann/Pötzsch/Schneider/*Seiler* Rn. 98.

**79**    **b) Stattgebende Entscheidung. aa) Verwaltungsrechtsweg.** Gibt die Bundesanstalt dem Nichtberücksichtigungsantrag statt, fragt sich, ob der **Zielgesellschaft** und ihren **Aktionären** die Rechtsbehelfe des Widerspruchs (§ 41) bzw. der Anfechtungsbeschwerde (§ 48) zustehen.[122] Einer verbreiteten Ansicht zufolge ist die Beteiligteneigenschaft im Verwaltungsverfahren keine notwendige Voraussetzung für die Beschwerdebefugnis.[123] Vielmehr stehe die Befugnis, Anfechtungswiderspruch und -beschwerde zu erheben, jedem zu, der geltend machen kann, durch die angegriffene Verfügung in seinen Rechten verletzt zu sein; § 42 Abs. 2 VwGO gelte entsprechend.[124] Demgegenüber lehnt die Rspr. und die hM im Schrifttum die **Widerspruchs- und Beschwerdebefugnis** Dritter ab.[125] § 48 Abs. 2 statuiere – für die Anfechtungsbeschwerde – eine formalisierte Beschwerdebefugnis und begrenze, seinem Wortlaut entsprechend, die Beschwerdebefugnis auf die am Verfahren vor der Bundesanstalt Beteiligten.[126] Allein durch die Einlegung eines Widerspruchs könne die Beschwerdebefugnis nicht begründet werden (im Einzelnen → § 36 Rn. 60 ff.).

**80**    **bb) Zivilrechtsweg.** Ob die Minderheitsaktionäre die Möglichkeit haben, im Falle einer aus ihrer Sicht zu Unrecht ergangene Befreiungsentscheidung ihre Ansprüche vor dem zuständigen (§ 66) **Zivilgericht** zu korrigieren und den Bieter auf Abnahme ihrer Aktien (vgl. → § 35 Rn. 246) und ggf. auf Zinszahlung zu verklagen, ist umstritten.[127] Eine verbreitete Ansicht bejaht dies.[128] Das Gericht sei an eine fehlerhafte Befreiungsentscheidung der Bundesanstalt nicht gebunden und habe die Voraussetzungen des Befreiungstatbestandes inzident zu prüfen. Die Gegenansicht lehnt dies unter Hinweis auf die Bindungswirkung der Zivilgerichte an Befreiungsverfügungen ab.[129] Die Wirkung der Entscheidung der Bundesanstalt könne zivilrechtlich nicht mehr korrigiert werden. Letzterer Auffassung ist zuzustimmen, da die Aktionäre durch die Pflichtangebotsbestimmungen nur reflexartig geschützt werden und diese Rechtsfolge Teil der Inhaltsbestimmung des Eigentums durch den Gesetzgeber ist.[130]

**81**    **7. Aufhebung der Befreiungsentscheidung.** Sofern sich der der Befreiungsentscheidung zugrundeliegende Sachverhalt nachträglich ändert oder sich aus Sicht der Bundesanstalt anders darstellt, stellt sich die Frage, ob die Bundesanstalt zu einer Aufhebung der Befreiungsentscheidung berechtigt ist.

**82**    **a) Rücknahme.** Eine Rücknahme nach § 48 Abs. 1 S. 1 VwVfG setzt voraus, dass die Befreiungsentscheidung rechtswidrig ist. Nach zutreffender hM ist dabei auf den **Zeitpunkt** ihres Erlasses abzustellen.[131] Unter den Voraussetzungen des § 48 Abs. 3 VwVfG hat die Bundesanstalt den Vermögensnachteil auszugleichen, den dieser dadurch erleidet, dass er auf den Bestand des Verwaltungsaktes vertraut hat, soweit sein Vertrauen unter Abwägung mit dem öffentlichen Interesse schutzwürdig ist (§ 48 Abs. 3 S. 1 VwVfG). Insoweit gelten allgemeine Grundsätze.[132]

---

[122] Zum Streitstand eingehend *Pohlmann* ZGR 2007, 1 (31 ff.); *Simon,* Rechtsschutz im Hinblick auf ein Pflichtangebot nach § 35 WpÜG, 2005, 60 ff.

[123] *Cahn* ZHR 167 (2003), 262 (296); *Ihrig* ZHR 167 (2003), 315 (344); Baums/Thoma/*Hecker* Rn. 199 ff.

[124] *Schnorbus* ZHR 166 (2002), 72 (91 f., 103 ff.).

[125] OLG Frankfurt ZIP 2003, 1392 – Wella; ZIP 2003, 1297 – ProSiebenSat1 I; ZIP 2003, 2206 – ProSiebenSat1 II; Steinmeyer/*Schmiady* Rn. 66; FK-WpÜG/*Hommelhoff/Witt* Rn. 67; Assmann/Pötzsch/Schneider/*Seiler* Rn. 99; aA nach eingehender Prüfung *Hecker* ZBB 2004, 41 (53); *Cahn* ZHR 167 (2003), 262 (293 ff.); Baums/Thoma/*Hecker* Rn. 199 ff.

[126] OLG Frankfurt ZIP 2003, 1392 – Wella; zuvor bereits *Möller* ZHR 167 (2003), 301 (310); *Ihrig* ZHR 167 (2003), 315 (328 f., 332); iErg auch Steinmeyer/*Klepsch* § 36 Rn. 10; Assmann/Pötzsch/Schneider/*Seiler* Rn. 99.

[127] Assmann/Pötzsch/Schneider/*Seiler* Rn. 100 ff.; offengelassen von OLG Frankfurt DB 2003, 1371 (1372) – ProSiebenSat1 I.

[128] *Seibt* ZIP 2003, 1865 (1876 f.); *Wagner* NZG 2003, 718 (719).

[129] *Ihrig* ZHR 167 (2003), 315 (341) Fn. 104; *v. Riegen* Der Konzern 2003, 583 (591); Baums/Thoma/*Hecker* Rn. 127; FK-WpÜG/*Hommelhoff/Witt* Rn. 50.

[130] OLG Frankfurt ZIP 2003, 1297 – ProSiebenSat1 I; Assmann/Pötzsch/Schneider/*Seiler* Rn. 102; aA dezidiert *Mülbert/Schneider* WM 2003, 2301.

[131] Assmann/Pötzsch/Schneider/*Seiler* Rn. 109; Stelkens/Bonk/Sachs/*Sachs* VwVfG § 48 Rn. 49 ff. mwN.

[132] Angerer/Geibel/Süßmann/*Meyer* Rn. 73 f.

**b) Widerruf.** Ist die Befreiungsentscheidung im Zeitpunkt ihres Erlasses rechtmäßig, **83** kann sie nach Maßgabe von § 49 VwVfG widerrufen werden. Ein Widerruf der Befreiungsentscheidung kann insbesondere dann erfolgen, wenn der Widerruf vorbehalten wurde (§ 49 Abs. 2 Nr. 1 VwVfG). Ist eine Änderung des der Entscheidung zugrundeliegenden Sachverhaltes zu erwarten, wird die Bundesanstalt die Befreiungsentscheidung regelmäßig mit einem Widerrufsvorbehalt versehen. Der Befreiungsbescheid kann auch widerrufen, werden, wenn er mit einer Auflage verbunden ist und der Bieter diese nicht oder nicht innerhalb der ihm gesetzten Frist erfüllt hat (§ 49 Abs. 2 Nr. 2 VwVfG). Zudem kann ein Widerruf erfolgen, wenn die Bundesanstalt auf Grund nachträglich eingetretener Tatsachen berechtigt wäre, die Befreiung nicht zu erteilen, und wenn ohne den Widerruf das öffentliche Interesse gefährdet wäre (§ 49 Abs. 2 Nr. 3 VwVfG). Dabei ist der Begriff des öffentlichen Interesses eng auszulegen.[133] Der mit dem Erlass des Gesetzes beabsichtigte Schutz der Minderheitsaktionäre wird für sich genommen in der Regel ein solches öffentliches Interesse nicht begründen können.

**c) Rechtsfolgen.** Im Falle einer Rücknahme oder eines Widerrufs leben die Pflichten **84** des Bieters zur Veröffentlichung der Kontrollerlangung und zur Abgabe eines Pflichtangebotes wieder auf. Ohne eine förmliche Aufhebungsentscheidung findet jedoch ein Aufleben nicht statt, selbst wenn sich der zugrundeliegende Sachverhalt geändert hat.[134]

**8. Negativattest.** Anders als das österreichische Recht sieht das Gesetz eine ausdrückli **85** che Regelung nicht vor, verbindlich mit Wirkung gegen alle das Nichtbestehen einer Veröffentlichungs- und Angebotspflicht festzustellen.[135] Die fehlende Klarheit über eine bestehende Veröffentlichungs- und Angebotspflicht kann jedoch für den (vermeintlichen) Kontrollerwerber nicht unerhebliche Nachteile haben, da er nicht weiß, ob ihn bei einem Unterbleiben eines Angebots die Sanktionen des §§ 38, 59 oder § 60 treffen. Auch für die Zielgesellschaft kann die Unsicherheit über das Bestehen der Veröffentlichungs- und Angebotspflicht das Risiko bergen, dass die Hauptversammlungsbeschlüsse mit der Begründung angefochten werden, der Bieter sei infolge eines Stimmrechtsverlusts nach § 59 nicht stimmberechtigt. Gegen die Zulässigkeit eines Negativattestes könnte angeführt werden, dass eine Befreiungsentscheidung nach § 37 das Erlangen der Kontrolle gerade voraussetzt, im Falle eines Negativattestes aber das Nichtvorliegen eines Kontrollerwerbes festgestellt werden soll. Wegen der ähnlich gelagerten Interessenlage erscheint es gleichwohl als richtig, die Bundesanstalt jedenfalls in schwierig gelagerten Fällen[136] für berechtigt und verpflichtet zu halten, in **analoger Anwendung** des § 37 ein Negativattest zu erteilen.[137]

### IV. Verordnungsermächtigung (Abs. 2)

Zur WpÜG-AV → Rn. 87 ff.                                                                              **86**

### V. Konkretisierung durch §§ 8–12 WpÜG-AV

**1. Allgemeines. a) Befreiungsmöglichkeit. aa) Befreiungsrahmen des § 37.** § 37 **87** Abs. 1 enthält einen **abschließenden**[138] Katalog von Befreiungsgründen (zur Terminologie → Rn. 17 ff.), bei deren Vorliegen die Bundesanstalt von den Pflichten zur Veröffentlichung der Kontrollerlangung und zur Abgabe eines Angebots befreien kann. Eine Befreiung

133 Angerer/Geibel/Süßmann/*Meyer* Rn. 76; Assmann/Pötzsch/Schneider/*Seiler* Rn. 112.
134 Angerer/Geibel/Süßmann/*Meyer* Rn. 79; Assmann/Pötzsch/Schneider/*Seiler* Rn. 114.
135 *Ihrig* ZHR 167 (2003), 315 (317); Assmann/Pötzsch/Schneider/*Seiler* Rn. 104; Kölner Komm WpÜG/*Versteegen* Rn. 76; Baums/Thoma/*Baums/Hecker* § 35 Rn. 129.
136 BaFin, Pressemitteilung vom 1.8.2002 (MobilCom) und vom 23.1.2004 (Beiersdorf).
137 Kölner Komm WpÜG/*Versteegen* Rn. 58 f.; in diese Richtung auch *Hopt* ZHR 166 (2002), 383 (416): „jedenfalls als Auskünfte"; aA Assmann/Pötzsch/Schneider/*Seiler* Rn. 104: „lediglich Auskunftscharakter".
138 FK-WpÜG/*Hommelhoff/Witt* Anh. § 37 Rn. 1; Assmann/Pötzsch/Schneider/*Seiler* Anh. § 37 Rn. 1; *Grunewald/Schlitt* KapMarktR S. 366; Kölner Komm WpÜG/*Versteegen* Anh. § 37 Rn. 1; Steinmeyer/*Schmiady* Anh. § 37 Rn. 4.

kommt in Betracht, wenn besondere Umstände der Art oder der Zielsetzung der Kontrollerlangung, ein nach Kontrollerlangung erfolgendes Unterschreiten der Schwelle von 30% der
Stimmrechte, besonders gelagerte Beteiligungsverhältnisse bei der Zielgesellschaft oder die
(fehlende) Möglichkeit zur Ausübung der Kontrolle dies als gerechtfertigt erscheinen lassen.
Den in § 37 genannten Befreiungsgründen ist gemeinsam, dass vom Regelfall eines Kontrollerwerbs abweichende **besondere Umstände** vorliegen müssen, bei denen das Interesse
des Kontrollerwerbers an einer Befreiung von der Veröffentlichungs- und Angebotspflicht
das **Interesse** der Aktionäre der Zielgesellschaft an der Veröffentlichung der Kontrollerlangung und der Unterbreitung eines Pflichtangebotes überwiegt.[139]

88   **bb) Konkretisierung durch die WpÜG-AV.** § 37 Abs. 2 S. 1 ermächtigt das BMF,
eine Rechtsverordnung mit näheren Bestimmungen über die Befreiung von der Verpflichtung zur Abgabe eines Angebotes zu erlassen. Von dieser Ermächtigung hat das BMF
durch Erlass der WpÜG-AV Gebrauch gemacht. Das BMF kann die Ermächtigung durch
Rechtsverordnung auf die Bundesanstalt übertragen (Abs. 2 S. 2). Dies ist bislang nicht
erfolgt.

89   § 9 WpÜG-AV enthält einen Katalog von Befreiungstatbeständen, der den in § 37 Abs. 1
geschaffenen Freiraum ausnutzt, ohne ihn allerdings vollständig auszuschöpfen. Der Katalog
ist, wie die Verwendung des Tatbestandsmerkmals „insbesondere" verdeutlicht, **nicht
abschließender** Natur.[140]

90   Nach einer früher teilweise vertretenen Auffassung soll § 9 WpÜG-AV – trotz seines
nicht abschließenden Charakters – die Anwendung des § 37 in der Weise sperren, dass
dann, wenn einer der in § 9 WpÜG-AV aufgeführten Befreiungstatbestände „der Art nach
einschlägig" ist, die dort genannten Voraussetzungen aber nicht erfüllt sind, eine Befreiung
nicht in Betracht kommt.[141] Dem ist im Hinblick auf den nicht abschließenden Charakter
der Befreiungstatbestände nicht zu folgen.[142] Folglich kommt eine Befreiung nach § 37
Abs. 1 auch dann in Betracht, soweit einzelne, nicht aber alle Merkmale eines Befreiungstatbestandes des § 9 WpÜG-AV erfüllt sind, solange die Voraussetzungen eines Befreiungsgrundes nach § 37 WpÜG vorliegen. § 9 WpÜG-AV hat damit **keine die Anwendung
des § 37 präjudizierende** Wirkung (→ Rn. 21).

91   § 9 WpÜG-AV schafft im Verhältnis zu § 37 **keine zusätzlichen Befreiungsgründe.**[143]
Alle dort genannten Tatbestände halten sich in dem durch § 37 Abs. 1 gezogenen Rahmen.

92   Die Möglichkeit einer Befreiung steht **nicht** nur derjenigen Person zu, die die Kontrolle
verschaffenden Aktien **tatsächlich erwirbt.** Vielmehr können auch solche Personen, die
auf Grund einer Zurechnung von Stimmrechten nach § 30 die Kontrolle erlangen, einen
Befreiungsantrag stellen, selbst wenn die Voraussetzungen des § 9 WpÜG-AV nur in der
Person erfüllt sind, deren Aktien dem Antragsteller zugerechnet werden.[144] **Beispiel:** Stim-

[139] FK-WpÜG/*Hommelhoff/Witt* Anh. § 37 Rn. 2, 12; Assmann/Pötzsch/Schneider/*Seiler* Anh. § 37
Rn. 19.

[140] *Cahn/Senger* FB 2002, 277 (293); FK-WpÜG/*Hommelhoff/Witt* Rn. 2; *Holzborn* in Zschocke/Schuster
ÜbernahmeR-HdB Rn. C 39; *Lenz/Linke* AG 2002, 361 (366); *Hopt* ZHR 166 (2002), 383 (418); *Liebscher*
ZIP 2002, 1005 (1014); Kölner Komm WpÜG/*Versteegen* WpÜG-AV § 9 Rn. 4 (WpÜG Anh. § 37); *Ehricke/
Ekkenga/Oechsler/Ekkenga* Rn. 16; *Thaeter* in Thaeter/Brandi, Öffentliche Übernahmen, 2003, Teil 2
Rn. 618; ABBD/*Kopp/v. Dryander* Sec. 37 Rn. 8; *AMRS,* Public Company Takeovers in Germany, 2002,
236 f.

[141] Kölner Komm WpÜG/*Versteegen,* 1. Aufl. 2003, Rn. 23. Jetzt in Einklang mit der hM, vgl. Kölner
Komm WpÜG/*Versteegen,* 2. Aufl. 2010, Rn. 31.

[142] Zutr. *Harbarth* ZIP 2002, 321 (323); Assmann/Pötzsch/Schneider/*Seiler* Rn. 24; Assmann/Pötzsch/
Schneider/*Seiler* WpÜG-AV § 9 Rn. 3; *Braun,* Die Befreiung vom Pflichtangebot nach dem WpÜG, 2008,
214 f.; Baums/Thoma/*Hecker* Rn. 21; *Seiler* CFL 2010, 102 (107).

[143] Kölner Komm WpÜG/*Versteegen* WpÜG-AV § 9 Rn. 3 (WpÜG Anh. § 37); ABBD/*Kopp/v. Dryander*
Sec. 37 Rn. 8, die darauf hinweisen, dass trotz Vorliegens der Voraussetzungen einer der Befreiungsgründe
des § 9 WpÜG-AV eine Befreiung außer Betracht bleibt, falls diese mit dem Zweck des § 37 unvereinbar
wäre; Assmann/Pötzsch/Schneider/*Seiler* WpÜG-AV § 9 Rn. 4; *Assmann* AG 2002, 114 (118); *Thaeter* in
Thaeter/Brandi, Öffentliche Übernahmen, 2003, Teil 2 Rn. 632.

[144] Kölner Komm WpÜG/*Versteegen* WpÜG-AV § 9 Rn. 6 (WpÜG Anh. § 37); Assmann/Pötzsch/
Schneider/*Seiler* WpÜG-AV § 9 Rn. 5.

men sich zwei Aktionäre, die jeweils über 10% der Stimmrechte an der Zielgesellschaft halten, über ihr Stimmverhalten ab und erwirbt einer der beiden Aktionäre im Wege des Erbganges von einem entfernten Verwandten weitere 10% der Stimmrechte, können beide Aktionäre den Befreiungsantrag stellen. Andernfalls würde dies zu dem paradoxen Ergebnis führen, dass sich nur die die Aktien erwerbende Person von der Veröffentlichungs- und Angebotspflicht befreien lassen könnte, nicht aber diejenige, der die Aktien lediglich zugerechnet werden.

**b) Verfahren.** In ihrem vierten Abschnitt regelt die WpÜG-AV auch die Einzelheiten **93** des Befreiungsverfahrens. § 8 WpÜG-AV enthält Vorgaben für die Art und Weise sowie den Zeitpunkt der Antragstellung. § 10 WpÜG-AV normiert die Anforderungen an den Inhalt des Antrages. § 11 WpÜG-AV verpflichtet den Bieter die zur Beurteilung und Bearbeitung des Antrages erforderlichen Unterlagen einzureichen. § 12 WpÜG-AV regelt das sog. Vorprüfungsverfahren durch die Bundesanstalt.

**2. Befreiungstatbestände (§ 9 WpÜG-AV). a) Erbgang (§ 9 S. 1 Nr. 1 WpÜG- 94 AV).** Eine Befreiung kann erteilt werden, wenn die Kontrolle über die Zielgesellschaft durch **Erbschaft** oder im Zusammenhang mit einer **Erbauseinandersetzung** erlangt wurde, sofern Erblasser und Bieter nicht verwandt iSv § 36 Nr. 1 sind (§ 9 S. 1 Nr. 1 WpÜG-AV). Der Befreiungstatbestand ergänzt die Nichtberücksichtigungsmöglichkeit nach § 36 Nr. 1 und erfasst erbrechtliche Sachverhalte, bei denen der Begünstigte weder in gerader Linie und bis zum dritten Grad mit dem Erblasser verwandt, noch mit ihm verheiratet oder dessen Lebenspartner ist.[145] Entgegen dem etwas missverständlichen Wortlaut („nicht verwandt im Sinne des § 36 Nr. 1") scheidet eine Befreiung immer dann aus, wenn bereits ein Anspruch auf Nichtberücksichtigung in Betracht kommt, also auch wenn dieser auf einer Ehe oder Lebenspartnerschaft beruht (die keine Verwandtschaft begründen).[146] Der Begriff des Erbgangs und der Erbauseinandersetzung ist wie im Anwendungsbereich des § 36 zu verstehen (→ § 36 Rn. 14 f.).[147]

Die Regelung soll insbesondere die **Unternehmensnachfolge** in kleineren und mittle- **95** ren Unternehmen erleichtern, bei denen eine familieninterne Nachfolgelösung nicht in Betracht kommt, aber etwa geeignete Mitarbeiter als Nachfolger zur Verfügung stehen.[148] Eine Pflicht zur Unterbreitung eines Angebotes würde nach Ansicht des Gesetzgebers wegen der damit verbundenen finanziellen Lasten die Fortführung des Unternehmens in vielen Fällen unmöglich machen. Diese Begründung ist im Ergebnis zutreffend (vgl. auch → § 36 Rn. 13), greift indessen zu kurz. Sie könnte nämlich implizieren, dass in den Fällen, in denen die Kosten des Pflichtangebotes vom neuen kontrollierenden Gesellschafter getragen werden könnten, eine Befreiung nicht denkbar ist. Eine solche Einschränkung wäre indessen nicht sachgerecht (→ § 36 Rn. 13).[149]

Nicht erforderlich ist, dass eine **Verwandtschaftsbeziehung** bestehen muss, die auf **96** Grund ihrer tatsächlichen Ausprägung einer der in § 36 Nr. 1 genannten Verwandtschaftsverhältnisse gleichwertig ist.[150] Ein solches einengendes Verständnis findet im Wortlaut der Verordnung keine Stütze.

---

[145] Begr. zu § 9 WpÜG-AV, BT-Drs. 14/7034, 81; Assmann/Pötzsch/Schneider/*Seiler* WpÜG-AV § 9 Rn. 6; Steinmeyer/*Schmiady* Rn. 23; *Hasselbach/Alles* DB 2020, 39 (41).
[146] Kölner Komm WpÜG/*Versteegen* WpÜG-AV § 9 Rn. 10 (WpÜG Anh. § 37); krit. zur Formulierung der Norm FK-WpÜG/*Hommelhoff/Witt* Rn. 13.
[147] Kölner Komm WpÜG/*Versteegen* WpÜG-AV § 9 Rn. 8 (WpÜG Anh. § 37); Assmann/Pötzsch/Schneider/*Seiler* WpÜG-AV § 9 Rn. 8.
[148] Begr. zu § 9 WpÜG-AV, BT-Drs. 14/7034, 81; Steinmeyer/*Schmiady* Rn. 23; Assmann/Pötzsch/Schneider/*Seiler* WpÜG-AV § 9 Rn. 7; Angerer/Geibel/Süßmann/*Meyer* Anh. § 37 Rn. 36; *Hasselbach/Alles* DB 2020, 39 (41).
[149] Im Ergebnis auch Kölner Komm WpÜG/*Versteegen* WpÜG-AV § 9 Rn. 8 (WpÜG Anh. § 37); Assmann/Pötzsch/Schneider/*Seiler* WpÜG-AV § 9 Rn. 7; *Braun,* Die Befreiung vom Pflichtangebot nach dem WpÜG, 2008, 165 f.
[150] Ehricke/Ekkenga/Oechsler/*Ekkenga* Rn. 19; Baums/Thoma/*Hecker* Rn. 76; Assmann/Pötzsch/Schneider/*Seiler* WpÜG-AV § 9 Rn. 11; aA *Holzborn/Blank* NZG 2002, 948 (950); *Holzborn* in Zschocke/Schuster ÜbernahmeR-HdB Rn. C 39: „besondere Dauer und tiefe Verbundenheit".

**97**   Eine teilweise vertretene Ansicht steht unter Hinweis auf den Wortlaut des Gesetzes („durch") auf dem Standpunkt, dass eine Befreiung nur dann in Betracht kommt, wenn der unmittelbar die Kontrolle begründende Erwerb im Wege des Erbgangs- oder einer Erbauseinandersetzung erfolgt.[151] Aus den in → § 36 Rn. 45 f. genannten Gründen ist ein solches strenges **Kausalitätserfordernis** indessen nicht anzunehmen. Vielmehr kommt eine Befreiung nach richtiger, aber bestrittener Ansicht auch dann in Betracht, wenn nicht der unmittelbar zur Kontrollerlangung führende Erwerb, sondern ein früherer im Wege des Erbganges erfolgt.[152]

**98**   Umstritten ist, ob bei Vorliegen der Voraussetzungen des § 9 S. 1 Nr. 1 WpÜG-AV regelmäßig ein Fall der **Ermessensreduktion auf Null** gegeben ist.[153] Sofern man bis zum Ablauf der Ausschlagungsfrist nicht bereits ein vorläufiges Ruhen der Angebotspflicht annimmt,[154] wird man dies jedenfalls für den Fall anzunehmen haben, dass der Kontrollerwerber eine bis zum Ende der **Ausschlagungsfrist** befristete Befreiung begehrt.[155] Dies gilt, auch wenn die Bundesanstalt – anders als im Anwendungsbereich des § 36 – die wirtschaftliche Fähigkeit des Kontrollerwerbers zur Abgabe eines Pflichtangebotes berücksichtigen kann.[156]

**99**   **b) Schenkung (§ 9 S. 1 Nr. 2 WpÜG-AV).** § 9 S. 1 Nr. 2 WpÜG-AV eröffnet eine Befreiungsmöglichkeit, wenn die Kontrolle durch Schenkung erlangt wurde und Schenker und Bieter nicht verwandt iSv § 36 Nr. 1 sind. Der Befreiungstatbestand ergänzt die Nichtberücksichtigungsmöglichkeit nach § 36 Nr. 1 und erfasst schenkungsrechtliche Sachverhalte, bei denen der Begünstigte weder in gerader Linie und bis zum dritten Grad mit dem Schenker verwandt, noch mit ihm verheiratet oder dessen Lebenspartner ist.[157] Der Begriff der Schenkung entspricht dem der unentgeltlichen Zuwendung iSv § 36 Nr. 1 (→ § 36 Rn. 17).

**100**   Problematisch ist, ob eine Befreiung auch im Falle einer **verschleierten Schenkung** erlangt werden kann. Wie im Anwendungsbereich des § 36 wird man von einer Unentgeltlichkeit nur hinsichtlich der Aktien ausgehen können, die den nicht von der Gegenleistung abgedeckten Mehrwert repräsentieren (vgl. auch → § 36 Rn. 18).[158] Zur Nießbrauchsbestellung → § 36 Rn. 19.

**101**   Zum Erfordernis einer **Kausalität** des im Wege der Schenkung erfolgten Erwerbs der Stimmrechte für die Kontrollerlangung vgl. → § 36 Rn. 45 f.

**102**   **c) Sanierung der Zielgesellschaft (§ 9 S. 1 Nr. 3 WpÜG-AV).** Eine Befreiung kann auch dann erteilt werden, wenn die Kontrolle im Zusammenhang mit der Sanierung der Zielgesellschaft erlangt wurde (§ 9 S. 1 Nr. 3 WpÜG-AV). Nach den Erwägungen des Gesetzgebers würde in Sanierungsfällen eine uneingeschränkte Pflicht zur Unterbreitung eines Pflichtangebotes die Bereitschaft von (neuen) Investoren zur Beteiligung an Sanie-

---

[151] Kölner Komm WpÜG/*Versteegen* WpÜG-AV § 9 Rn. 12 (WpÜG Anh. § 37); Assmann/Pötzsch/ Schneider/*Seiler* WpÜG-AV § 9 Rn. 12; FK-WpÜG/*Hommelhoff/Witt* Rn. 14.

[152] Jedoch FK-WpÜG/*Hommelhoff/Witt* Rn. 14; Assmann/Pötzsch/Schneider/*Seiler* WpÜG-AV § 9 Rn. 12.

[153] Bejahend Angerer/Geibel/Süßmann/*Meyer* Rn. 35; Baums/Thoma/*Hecker* Rn. 34; Assmann/Pötzsch/ Schneider/*Seiler* Rn. 13; WpÜG Assmann/Pötzsch/Schneider/*Seiler* WpÜG-AV § 9 Rn. 13; aA Kölner Komm WpÜG/*Versteegen* WpÜG-AV § 9 Rn. 13; FK-WpÜG/*Hommelhoff/Witt* Rn. 13.

[154] So zutr. Ehricke/Ekkenga/Oechsler/*Ekkenga/Schulz* § 35 Rn. 17; s. § 35 Rn. 227.

[155] *Harbarth* ZIP 2002, 321 (324); Assmann/Pötzsch/Schneider/*Seiler* WpÜG-AV § 9 Rn. 13.

[156] Assmann/Pötzsch/Schneider/*Seiler* WpÜG-AV § 9 Rn. 13.

[157] Assmann/Pötzsch/Schneider/*Seiler* WpÜG-AV § 9 Rn. 15; Angerer/Geibel/Süßmann/*Meyer* Rn. 33; Vgl. *Hasselbach/Alles* DB 2020, 39 (43 f.), die eine Befreiungsmöglichkeit des § 9 S. 1 Nr. 2 WpÜG-AV im Rahmen einer erbrechtlichen Unternehmensnachfolge im Hinblick auf das Gestaltungsvehikel der Stiftung diskutieren. Wird im Rahmen einer erbrechtlichen Nachfolgeplanung die Stiftung durch den Erblasser so ausgestattet, dass diese die kontrollierende Unternehmensbeteiligung hält, findet zwar ein formeller, jedoch kein materieller Kontrollerwerb statt; vielmehr verbleibt die tatsächliche Herrschaftsmacht beim Stifter (zukünftiger Erblasser). Die Verwaltungspraxis der BaFin sieht eine solche Vermögensausgestaltung regelmäßig als eine Schenkung iSd § 9 S. 1 Nr. 2 WpÜG-AV an und bfreit daher nach dieser Vorschrift. Vgl. hierzu etwa den Fall Porsche/Volkswagen/Ferdinand Karl Alphae Privatstiftung BaFin Jahresbericht 2008, 185 f., sowie BaFin Emittentenleitfaden 2018, Modul B (Stand 30.10.2018), 21.

[158] Zur Ermessensausübung in diesem Fall Assmann/Pötzsch/Schneider/*Seiler* WpÜG-AV § 9 Rn. 18.

rungsmaßnahmen einschränken und dadurch die Rettung der Zielgesellschaft unmöglich machen. Dies würde zwangsläufig mit einer Beeinträchtigung der Interessen der Minderheitsaktionäre und der Arbeitnehmer der Zielgesellschaft einhergehen.[159] Die Befreiungsregelung zielt daher darauf ab, dass der Investor, der bereit ist, die Zielgesellschaft zu sanieren, nicht auch noch verpflichtet sein soll, zusätzliche Mittel für ein Pflichtangebot an die außenstehenden Aktionäre zu investieren.[160] In der Praxis hat sich herausgestellt, dass der Sanierungsbefreiung gerade im Hinblick auf die Finanz- und Wirtschaftskrise (zusammen mit der Befreiung nach § 36 Nr. 3) eine sehr große Bedeutung zukommt.[161]

Die Erteilung einer Befreiung setzt Dreierlei voraus: die Sanierungsbedürftigkeit der **103** Zielgesellschaft (→ Rn. 104 ff.), ihre Sanierungsfähigkeit (→ Rn. 107 f.) und die Erbringung eines Sanierungsbeitrages durch den Bieter (→ Rn. 109 ff.).

**aa) Sanierungsbedürftigkeit.** Die Zielgesellschaft muss sanierungsbedürftig sein.[162] **104** Der Begriff der **Sanierung** ist gesetzlich nicht definiert. Der Schutzzweck des Gesetzes, Sanierungen zu ermöglichen, um die Zielgesellschaft zu erhalten, gebietet es, den Begriff der Sanierung **weit auszulegen**.[163] Ein Sanierungsfall ist daher nicht erst dann anzunehmen, wenn die Gesellschaft wegen Zahlungsunfähigkeit (§ 17 InsO) oder Überschuldung (§ 19 InsO) insolvent ist.[164] Auch einer drohenden Zahlungsunfähigkeit (§ 18 InsO) bedarf es nicht.[165] Ausreichend ist, dass sich die Gesellschaft in einer ernsthaften **Krise** befindet. Einer verbreiteten Meinung zufolge soll eine Krise dann anzunehmen sein, wenn für die Zielgesellschaft **bestandsgefährdende Risiken** iSv § 322 Abs. 2 S. 3 HGB bestehen,[166] die der Annahme einer Unternehmensfortführung entgegenstehen oder diese zumindest bedroht erscheinen lassen, dh eine **negative Fortbestehensprognose** besteht. Um das gesetzgeberische Ziel, Unternehmenszusammenbrüche zu vermeiden, wird man es ausreichen lassen müssen, dass sich die wirtschaftliche Lage der Zielgesellschaft gegenüber der Vergangenheit **nachhaltig verschlechtert** hat und die Gesellschaft nicht über die für die (Wieder)Herstellung der Rentabilität erforderlichen Mittel verfügt.[167] Würde man eine existenzbedrohende Vermögens-, Finanz- und Ertragslage als Voraussetzung für die Annahme einer Sanierungsbedürftigkeit fordern, würde man den Anwendungsbereich des

---

[159] Begr. zu § 9 WpÜG-AV, BT-Drs. 14/7034, 81; Angerer/Geibel/Süßmann/*Meyer* Rn. 41; Assmann/Pötzsch/Schneider/*Seiler* WpÜG-AV § 9 Rn. 21; FK-WpÜG/*Hommelhoff/Witt* Rn. 21.

[160] *Geibel/Süßmann* BKR 2002, 52 (54); *Mielke* in Beckmann/Kersting/Mielke, Das neue Übernahmerecht, 2003, Rn. B 67; *Thaeter* in Thaeter/Brandi, Öffentliche Übernahmen, 2003, Teil 2 Rn. 622; ABBD/*Kopp/v. Dryander* Sec. 37 Rn. 4; s. auch *AMRS*, Public Company Takeovers in Germany, 2002, 237.

[161] Vgl. dazu die Jahresberichte der BaFin 2009, 205 f., 2008, 183 ff., 2007, 195 f. und 2006, 176 f. sowie Kölner Komm WpÜG/*Versteegen* WpÜG-AV § 9 Rn. 16 (WpÜG Anh. § 37); Assmann/Pötzsch/Schneider/*Seiler* WpÜG-AV § 9 Rn. 21. Von den 2011 auf der Internetpräsenz der BaFin für das Jahr 2011 veröffentlichten Befreiungsentscheidungen betrafen drei Sanierungsbefreiungen (2012: vier von 14; 2013: drei von elf; 2014: zwei von neun; 2015: eine von sieben; dabei handelt es sich allerdings nur um die bedeutsamsten Befreiungsentscheidungen), vgl. dazu auch Seiler CFL 2010, 102 mwN.

[162] *Hasselbach/Hoffmann* DB 2009, 327 (328 ff.); *Klepsch/Kiesewetter* BB 2007, 1403 (1403 ff.); *Holzborn/Friedhoff* BKR 2001, 114 (115); *Lenz/Linke* AG 2002, 361 (367); Assmann/Pötzsch/Schneider/*Seiler* WpÜG-AV § 9 Rn. 23 ff.; FK-WpÜG/*Hommelhoff/Witt* Rn. 22.

[163] *Lenz/Linke* AG 2002, 361 (367); *Holzborn/Blank* NZG 2002, 948 (950); Kölner Komm WpÜG/*Versteegen* WpÜG-AV § 9 Rn. 17 (WpÜG Anh. § 37); *Hirte* in FAZ vom 21.5.2003; aA *Holzborn/Israel* WM 2004, 309 (311), 317.

[164] *Holzborn/Friedhoff* BKR 2001, 114 (115); *Lenz/Linke* AG 2002, 361 (367); *Thaeter* in Thaeter/Brandi, Öffentliche Übernahmen, 2003, Teil 2 Rn. 623; FK-WpÜG/*Hommelhoff/Witt* Rn. 22; Assmann/Pötzsch/Schneider/*Seiler* WpÜG-AV § 9 Rn. 24.

[165] *Holzborn* in Zschocke/Schuster ÜbernahmeR-HdB Rn. C 40; *Klepsch/Kiesewetter* BB 2007, 1403 (1404); *Seiler* CFL 2010, 102 (104).

[166] *Schmidt/Schlitt* Der Konzern 2009, 279 (286); *Holzborn/Friedhoff* BKR 2001, 114 (115); *Gei/Kiesewetter* AG 2012, 741 (748); *Lenz/Linke* AG 2002, 361 (367); *Holzborn/Blank* NZG 2002, 948 (950); *Holzborn* in Zschocke/Schuster ÜbernahmeR-HdB Rn. C 41 f.; ähnlich *Süßmann* WM 2003, 1453 (1458); vgl. Befreiungsentscheidungen der BaFin vom 30.1.2009, 3 (Premiere AG); vom 3.7.2009, 12 (Escada AG) sowie vom 13.12.2013, 6 (Praktiker AG).

[167] *Wiesbrock* NZG 2005, 294 (297 f.); Kölner Komm WpÜG/*Versteegen* WpÜG-AV § 9 Rn. 17 (WpÜG Anh. § 37); Ehricke/Ekkenga/Oechsler/*Ekkenga* Rn. 24; FK-WpÜG/*Hommelhoff/Witt* Rn. 22.

Ausnahmetatbestandes zu sehr einengen.[168] Andererseits lässt eine **Unterbilanz** (Verlust in Höhe der Hälfte des gezeichneten Kapitals, § 92 Abs. 1 AktG) für sich genommen noch nicht notwendigerweise auf eine Sanierungssituation schließen.[169]

**105**   Da die Sanierung der Zielgesellschaft das Ziel der Kontrollerlangung durch den Bieter sein muss, kommt im Falle eines Kontrollerwerbs nach **abgeschlossener Sanierung** keine Befreiung in Betracht.[170] Die gesetzliche Befreiungsmöglichkeit zielt darauf, Sanierungen zu erleichtern; Post-Sanierungsakquisitionen sollen durch sie nicht gefördert werden.

**106**   Die Tatsache, dass die Zielgesellschaft ein Sanierungsfall ist, ist durch geeignete **Nachweise** zu belegen.[171] Taugliche Nachweise sind etwa der Lagebericht bzw. der Konzernlagebericht, wenn in ihnen die Risiken der künftigen Entwicklung beschrieben sind (vgl. § 289 Abs. 1 HGB, § 315 Abs. 1 HGB). Entsprechendes gilt für den **Bestätigungsvermerk** des Abschlussprüfers, in dem auf die **bestandsgefährdenden Risiken** nach § 322 Abs. 2 S. 3 HGB einzugehen ist.[172] Wenn der letzte Jahresabschluss bereits längere Zeit vor der Antragstellung erfolgt ist, muss der Antragsteller durch Vorlage **aktualisierter Informationen** nachweisen, dass die Krisensituation im Zeitpunkt der Antragstellung noch fortbesteht.[173] Der Nachweis kann etwa durch Vorlage eines **Zwischenabschlusses** geführt werden. Da Zwischenabschlüsse regelmäßig keine erläuternden Angaben enthalten, empfiehlt sich die Vorlage einer Bestätigung des Abschlussprüfers oder eines unabhängigen Wirtschaftsprüfers.[174]

**107**   **bb) Sanierungsfähigkeit.** Voraussetzung für die Befreiung ist ferner, dass die Zielgesellschaft auch sanierungsfähig ist.[175] Der Bieter muss ein Sanierungskonzept vorlegen, das objektiv geeignet ist, den Fortbestand der Zielgesellschaft zu sichern.[176] Allerdings dürfen die hieran zu stellenden Anforderungen nicht zu hoch angesetzt werden, da andernfalls die Sanierung der Zielgesellschaft erschwert wird, was nicht im Interesse der Aktionäre liegt. Ob die Sanierung später auch tatsächlich den gewünschten Erfolg mit sich bringt, ist nicht maßgeblich, da dies im Zeitpunkt der Antragstellung nicht absehbar ist.[177] Nach hM muss der Plan folglich eine Going-Concern-Prognose enthalten.[178]

**108**   Die Geeignetheit des geplanten Sanierungskonzeptes ist vom Antragsteller durch geeignete Unterlagen, zB durch das Gutachten eines Wirtschaftsprüfers, **nachzuweisen.**[179] In

---

[168] Kölner Komm WpÜG/*Versteegen* WpÜG-AV § 9 Rn. 17 (WpÜG Anh. § 37); *Hirte* in FAZ vom 21.5.2003.

[169] *Holzborn/Friedhoff* BKR 2001, 114 (115); *Holzborn* in Zschocke/Schuster ÜbernahmeR-HdB Rn. C 41.

[170] Kölner Komm WpÜG/*Versteegen* WpÜG-AV § 9 Rn. 16 (WpÜG Anh. § 37); Schwark/Zimmer/*Noack/Zetzsche* Rn. 6; Assmann/Pötzsch/Schneider/*Seiler* WpÜG-AV § 9 Rn. 20.

[171] Nach *Stadler* NZI 2010, 44 (45) begründet die Einhaltung des Standards IDW ES 6 einen „Safe Harbor".

[172] *Braun*, Die Befreiung vom Pflichtangebot nach dem WpÜG, 2008, 181; *Holzborn/Friedhoff* BKR 2001, 114 (115); *Lenz/Linke* AG 2002, 361 (367); *Thaeter* in Thaeter/Brandi, Öffentliche Übernahmen, 2003, Teil 2 Rn. 623; FK-WpÜG/*Hommelhoff/Witt*, Rn. 22; Angerer/Geibel/Süßmann/*Meyer* Rn. 42; hierzu auch Assmann/Pötzsch/Schneider/*Seiler* WpÜG-AV § 9 Rn. 24.

[173] *Holzborn/Friedhoff* BKR 2001, 114 (115); *Holzborn/Blank* NZG 2002, 948 (950).

[174] *Holzborn/Friedhoff* BKR 2001, 114 (115); *Holzborn* in Zschocke/Schuster ÜbernahmeR-HdB Rn. C 42.

[175] *Hasselbach/Hoffmann* DB 2009, 327 (330 f.); *Holzborn/Friedhoff* BKR 2001, 114 (115); *Holzborn/Blank* NZG 2002, 948 (951); FK-WpÜG/*Hommelhoff/Witt* Rn. 23; Assmann/Pötzsch/Schneider/*Seiler* WpÜG-AV § 9 Rn. 29; einschr. Kölner Komm WpÜG/*Versteegen* WpÜG-AV § 9 Rn. 17 (WpÜG Anh. § 37); Schwark/Zimmer/*Noack/Zetzsche* Rn. 6.

[176] *Holzborn/Friedhoff* BKR 2001, 114 (116); *Holzborn/Blank* NZG 2002, 948 (951); *Lenz/Linke* AG 2002, 361 (367); *Holzborn* in Zschocke/Schuster ÜbernahmeR-HdB Rn. C 43; FK-WpÜG/*Hommelhoff/Witt* Rn. 23; zweifelnd *Süßmann* WM 2003, 1453 (1458).

[177] *Lenz/Linke* AG 2002, 361 (367); Assmann/Pötzsch/Schneider/*Seiler* WpÜG-AV § 9 Rn. 29; Schwark/Zimmer/*Noack/Zetzsche* Rn. 6.

[178] Vgl. Befreiungsentscheidung der BaFin vom 19.7.2012, 3 (Enerxy AG); s. auch Assmann/Pötzsch/Schneider/*Seiler* WpÜG-AV § 9 Rn. 29; *Seiler* CFL 2010, 102 (105); *Stadler* NZI 2010, 44 (45); *Drinkuth* in Marsch-Barner/Schäfer AG-HdB § 60 Rn. 241.

[179] *Lenz/Linke* AG 2002, 361 (367); *Holzborn* in Zschocke/Schuster ÜbernahmeR-HdB Rn. C 43; Assmann/Pötzsch/Schneider/*Seiler* WpÜG-AV § 9 Rn. 31; FK-WpÜG/*Hommelhoff/Witt* Rn. 23.

Betracht kommt auch die Vorlage von Bestätigungen der die Zielgesellschaft finanzierenden Kreditinstitute bzw. sonstiger Gläubiger oder die Vorlage eines Finanzplanes.[180]

**cc) Sanierungsbeitrag des Bieters.** Der Bieter muss mit dem Erlangen der Kontrolle **109** die Sanierung der Zielgesellschaft auch tatsächlich beabsichtigen und daher einen angemessenen Sanierungsbeitrag leisten.[181] Der Sanierungsbeitrag kann, wenn der Bieter neue Aktien zeichnet, in der **Bareinlage** liegen.[182] Erfolgt die Kontrollerlangung durch den Erwerb existierender Aktien, muss ein sonstiger Beitrag, etwa in Form eines **Darlehens,** erbracht werden. Ansonsten kann der Sanierungsbeitrag auch in der bloßen Aktionärseigenschaft liegen, sofern diese dazu führt, dass dem sanierungsbedürftigen Unternehmen aus Sicht der beteiligten Kreditinstitute eine verbesserte Kreditwürdigkeit zukommt. Dies kann beispielsweise dann der Fall sein, wenn die Aufrechterhaltung der Kreditlinien von einem Eigentümerwechsel abhängig gemacht wird.[183]

Der Bieter muss die notwendigen finanziellen Ressourcen bereitstellen, um den planmä- **110** ßigen Liquiditätsbedarf der Zielgesellschaft zu decken.[184] Der Sanierungsbeitrag muss dabei höhenmäßig so bemessen sein, dass er die **Liquidität der Zielgesellschaft** nicht nur kurzfristig **wiederherstellt.** In diesem Fall tritt das Interesse der außenstehenden Gesellschafter an der Unterbreitung eines Pflichtangebotes (zu einem regelmäßig niedrigen Kurs) regelmäßig zurück. Keinesfalls muss der Sanierungsbeitrag so hoch sein, wie die Kosten eines Pflichtangebotes, da andernfalls die Beteiligten mit der Durchführung der Sanierung geneigt wären, zuzuwarten, bis der Aktienpreis auf Grund der sich stetig verschlechternden wirtschaftlichen Situation der Zielgesellschaft gesunken ist; dadurch würden die Sanierungschancen verringert.[185]

Bei der Antragstellung muss die Absicht, die Kontrolle über die Zielgesellschaft zum **111** Zwecke ihrer Sanierung zu erwerben und einen entsprechenden Sanierungsbeitrag zu erbringen, **glaubhaft dargelegt** werden.[186] Dem Antrag sind alle **Unterlagen** beizufügen, aus denen sich Leistungen des Antragstellers an die Zielgesellschaft ergeben.[187] Haben sich Gläubiger der Zielgesellschaft bereit erklärt, im Falle der Sanierung durch den Antragsteller auf Forderungen zu verzichten oder diese zu stunden, sind ggf. entsprechende Absichtserklärungen vorzulegen.[188]

Zudem muss der **Kontrollerwerb absehbar** sein.[189] Hängt der Erwerb der Kontrolle **112** noch stark von Unwägbarkeiten ab, die der Bieter nicht beeinflussen kann (zB von der Zustimmung der Hauptversammlung der Zielgesellschaft), könnte argumentiert werden, dass der Befreiungsantrag mangels Sachbescheidungsinteresses abzuweisen ist. Dies erscheint allerdings wenig sachgerecht, da es den Beteiligten nicht zumutbar ist, mit erheblichem

---

[180] *Holzborn/Blank* NZG 2002, 948 (951); so auch Assmann/Pötzsch/Schneider/*Seiler* WpÜG-AV § 9 Rn. 31; Baums/Thoma/*Hecker* Rn. 86.

[181] *Holzborn/Blank* NZG 2002, 948 (951); FK-WpÜG/*Hommelhoff/Witt* Rn. 23; strenger *Zschocke* in Zschocke/Schuster ÜbernahmeR-HdB Rn. B 72: „erheblichen"; das Sanierungskonzept muss objektiv geeignet sein, den Fortbestand der Zielgesellschaft zu sichern, *Lenz/Linke* AG 2002, 361 (367) und *Thaeter* in Thaeter/Brandi, Öffentliche Übernahmen, 2003, Teil 2 Rn. 624; Assmann/Pötzsch/Schneider/*Seiler* WpÜG-AV § 9 Rn. 33.

[182] *Süßmann* WM 2003, 1453 (1457); Assmann/Pötzsch/Schneider/*Seiler* WpÜG-AV § 9 Rn. 33; *Hasselbach/Hoffmann* DB 2009, 327 (331).

[183] *Hasselbach/Hoffmann* DB 2009, 327 (331); Assmann/Pötzsch/Schneider/*Seiler* WpÜG-AV § 9 Rn. 34.

[184] *Holzborn/Friedhoff* BKR 2001, 114 (115); *Holzborn/Blank* NZG 2002, 948 (951).

[185] Zutr. *Süßmann* WM 2003, 1453 (1458); aA wohl *Lenz/Linke* AG 2002, 361 (367), nach denen der Sanierungsbeitrag des Bieters zu den Kosten eines Pflichtangebotes ins Verhältnis zu setzen ist; ähnlich auch *Thaeter* in Thaeter/Brandi, Öffentliche Übernahmen, 2003, Teil 2 Rn. 624.

[186] *Lenz/Linke* AG 2002, 361 (362); Assmann/Pötzsch/Schneider/*Seiler* WpÜG-AV § 9 Rn. 38. Vgl. Befreiungsentscheidung der BaFin vom 12.4.2010, 2 (HCI Capital AG) sowie vom 13.12.2012, 6 (Praktiker AG).

[187] *Lenz/Linke* AG 2002, 361 (367); *Gei/Kiesewetter* AG 2012, 741 (748); FK-WpÜG/*Hommelhoff/Witt* Rn. 23; Assmann/Pötzsch/Schneider/*Seiler* WpÜG-AV § 9 Rn. 38.

[188] Vgl. *Holzborn/Friedhoff* BKR 2001, 114 (116); *Lenz/Linke* AG 2002, 361 (367); Assmann/Pötzsch/ Schneider/*Seiler* WpÜG-AV § 9 Rn. 38.

[189] *Lenz/Linke* AG 2002, 361 (366).

Zeit- und Kostenaufwand zunächst eine Hauptversammlung einzuberufen, wenn die Erteilung einer Befreiung unsicher ist.

113 Der Sanierungsbeitrag muss nicht notwendigerweise in dem Erwerb **neuer Aktien** bestehen. Eine Befreiung ist auch dann denkbar, wenn der Bieter bereits **existierende Aktien** von einem Altaktionär erwirbt und sodann einen anderweitigen Sanierungsbeitrag (zB Gewährung eines Darlehens) erbringt.[190] Keine Befreiungsvoraussetzung ist auch, dass der Bieter bereits zuvor Aktien an der Zielgesellschaft gehalten hat.[191]

114 **dd) Folge.** Liegen alle Voraussetzungen vor und wurde dem Bieter die Befreiung (ohne Auflagen oder einen Widerrufsvorbehalt) erteilt, lebt die Angebotspflicht des Bieters nach erfolgter Sanierung nicht wieder auf.[192]

115 **d) Forderungssicherung (§ 9 S. 1 Nr. 4 WpÜG-AV).** Eine Befreiung kommt auch dann in Betracht, wenn der zur Kontrollerlangung führende Aktienerwerb zum Zwecke der Forderungssicherung erfolgt ist (§ 9 S. 1 Nr. 4 WpÜG-AV). Auf diese Weise soll die Refinanzierung von Unternehmen nicht behindert werden.[193] Entscheidend war dabei die Erwägung, dass der Erwerber mit den erworbenen Aktien keine Einflussnahme auf die Geschäftsführung der Gesellschaft beabsichtigt, da seine Eigentümerstellung durch den Sicherungszweck begrenzt ist.

116 Unter den Ausnahmetatbestand fällt in erster Linie die **Sicherungsübertragung** von Aktien.[194] Bei einer Sicherungsübereignung von Aktien wird der Sicherungsnehmer Eigentümer der Aktien und damit Inhaber der Stimmrechte.[195] Im Hinblick darauf, dass die Eigentumsübertragung nur vorübergehend erfolgt und der Sicherungsnehmer nach dem Sicherungsvertrag schuldrechtlichen Beschränkungen in der Stimmrechtsausübung unterliegt, ist indessen umstritten, ob die Sicherungsübereignung überhaupt zu einer Zurechnung der Stimmrechte nach § 30 Abs. 1 S. 1 Nr. 3 zu Lasten des Sicherungsnehmers führt.[196] Dies ist jedenfalls dann zu verneinen, wenn das Stimmrecht – wie regelmäßig – dem Sicherungsgeber zur Ausübung überlassen wird. Sofern man dies in den übrigen Fällen bejaht, wird regelmäßig eine Befreiungsentscheidung in Betracht kommen. Bei ihrer **Ermessensentscheidung** hat die Bundesanstalt das Sicherungsinteresse des Forderungsinhabers gegen das der Aktionäre an der Unterbreitung eines Pflichtangebotes abzuwägen. Das Interesse des Sicherungsnehmers dürfte regelmäßig vorgehen, wenn die Übertragung der Aktien nur vorübergehend erfolgt und der Sicherungsnehmer nicht daran interessiert ist, Stimmrechte in der Gesellschaft dauerhaft auszuüben.[197]

117 Als einen weiteren Anwendungsfall nennt die Gesetzesbegründung die **Verpfändung**[198] von Wertpapieren der Zielgesellschaft. Da im Falle einer Verpfändung der Pfandrechtsbestel-

---

[190] Kölner Komm WpÜG/*Versteegen* WpÜG-AV § 9 Rn. 21 (WpÜG Anh. § 37); vgl. aber auch Steinmeyer/*Schmiady* Rn. 30; Assmann/Pötzsch/Schneider/*Seiler* WpÜG-AV § 9 Rn. 34.

[191] Kölner Komm WpÜG/*Versteegen* WpÜG-AV § 9 Rn. 21 (WpÜG Anh. § 37); Assmann/Pötzsch/Schneider/*Seiler* WpÜG-AV § 9 Rn. 34.

[192] Kölner Komm WpÜG/*Versteegen* WpÜG-AV § 9 Rn. 25 (WpÜG Anh. § 37); Assmann/Pötzsch/Schneider/*Seiler* WpÜG-AV § 9 Rn. 39 ff.; Baums/Thoma/*Hecker* Rn. 92; Hasselbach/*Hoffmann* DB 2009, 327 (331), 333.

[193] Begr. zu § 9 WpÜG-AV, BT-Drs. 14/7034, 81; *Widder* DB 2004, 1875 (1875 ff.); Assmann/Pötzsch/Schneider/*Seiler* WpÜG-AV § 9 Rn. 39; FK-WpÜG/*Hommelhoff/Witt* Rn. 25.

[194] Kölner Komm WpÜG/*Versteegen* WpÜG-AV § 9 Rn. 26 (WpÜG Anh. § 37); *Holzborn/Blank* NZG 2002, 948 (951); ABBD/*Kopp/v. Dryander* Sec. 37 Rn. 4; *AMRS,* Public Company Takeovers in Germany, 2002, 237; Assmann/Pötzsch/Schneider/*Seiler* WpÜG-AV § 9 Rn. 47.

[195] Kölner Komm WpÜG/*Versteegen* WpÜG-AV § 9 Rn. 26 (WpÜG Anh. § 37); *Schlitt/Bortfeld* in Reichert GmbH & Co. KG § 40 Rn. 46; Assmann/Pötzsch/Schneider/*Seiler* WpÜG-AV § 9 Rn. 47; FK-WpÜG/*Hommelhoff/Witt* Rn. 26.

[196] Für eine Doppelzurechnung etwa Kölner Komm WpÜG/*v. Bülow* § 29 Rn. 115 f.; aA mit beachtlichen Gründen *Meyer/Bundschuh* WM 2003, 960 (963 ff.) mwN zum Streitstand.

[197] *Holzborn/Blank* NZG 2002, 948 (951); *AMRS,* Public Company Takeovers in Germany, 2002, 237; Assmann/Pötzsch/Schneider/*Seiler* WpÜG-AV § 9 Rn. 47.

[198] Begr. RegE, BT-Drs. 14/7034, 81; Assmann/Pötzsch/Schneider/*Krause/Pötzsch/Seiler* WpÜG-AV § 9 Rn. 48. Die Verpfändung von Anteilen dürfte auf Grund der mit einer Sicherungsübereignung regelmäßig verbundenen Gefahr der Subordinierung des zugrundeliegenden Darlehens die in der Praxis immer noch am

ler – vorbehaltlich einer abweichenden vertraglichen Gestaltung – Inhaber der Stimmrechte bleibt,[199] tritt richtigerweise gerade kein Kontrollwechsel ein.[200] Durch eine Verpfändung wird also grundsätzlich kein Pflichtangebot ausgelöst, sodass sich die Frage der Befreiung nicht stellt.[201]

Dass die Kontrollerlangung zum Zweck der Forderungssicherung erfolgt ist, muss vom  **118** Antragsteller durch geeignete Unterlagen, etwa durch Vorlage der Sicherungsabrede, **nachgewiesen werden**.[202] Denkbar ist, dass die Bundesanstalt die Befreiungsentscheidung auflösend bedingt erteilt, wobei **Bedingung** das Ende des Sicherungszwecks ist.

**e) Verringerung der Gesamtzahl der Stimmrechte (§ 9 S. 1 Nr. 5 WpÜG-AV).**  **119** Eine Befreiung von der Pflicht zur Abgabe eines Pflichtangebotes kann auch dann gerechtfertigt sein, wenn die Kontrolle über die Zielgesellschaft auf Grund einer Verringerung der Gesamtzahl der Stimmrechte an der Zielgesellschaft erlangt wurde (§ 9 S. 1 Nr. 5 WpÜG-AV). Es handelt sich um einen besonderen Fall des passiven Kontrollerwerbs.[203] Eine Parallelbestimmung findet sich in Rule 37.1 City Code.

Zu einer Verringerung der Stimmrechte kommt es im Zuge einer **Kapitalherabset-**  **120** **zung.** Dabei ist es im Grundsatz ohne Belang, ob es sich um eine ordentliche Kapitalherabsetzung (§§ 222 ff. AktG), eine vereinfachte Kapitalherabsetzung (§§ 229 ff. AktG) oder um eine Kapitalherabsetzung durch Einziehung von Aktien (§§ 237 ff. AktG) handelt.[204] Wichtigster Anwendungsfall dürfte die Kapitalherabsetzung durch **Einziehung** von nach Maßgabe von § 71 AktG erworbenen eigenen Aktien durch die Zielgesellschaft sein (§ 237 AktG).[205] Die Einziehung von Aktien bewirkt eine Reduzierung des Grundkapitals und damit eine endgültige Verringerung auch der vorhandenen Stimmrechte. Durch die Einziehung von Aktien können sich Aktionäre, die zuvor weniger als 30% der Stimmrechte innegehabt haben, ohne ihr Zutun in einer Kontrollstellung wiederfinden (→ § 35 Rn. 96). Nimmt man – entgegen der hier vertretenen Ansicht (→ § 35 Rn. 91) und der Ansicht der Bundesanstalt – bereits bei einem bloßen **Rückerwerb von eigenen Aktien** im Hinblick auf den (unter Umständen nur vorübergehenden) Stimmrechtsverlust nach § 71b AktG einen passiven Kontrollerwerb an, muss man konsequenterweise auch eine Befreiungsmöglichkeit nach Nr. 5 zulassen. Die Anzahl der Stimmrechte wird dann zwar nicht endgültig verringert, die Interessenlage ist aus Sicht des Kontrollerwerbers indessen gleich gelagert.[206]

Eine Verweigerung der Befreiung kann dann gerechtfertigt sein, wenn der Antragsteller  **121** die Kapitalherabsetzung **initiiert** hat, um auf diese Weise seinen unternehmerischen Einfluss zu erhöhen.

Durch den Erlass von Nebenbestimmungen kann die Bundesanstalt sicherstellen, dass  **122** die Befreiung entfällt bzw. entfallen kann, wenn der Antragsteller trotz der Reduzierung der Gesamtzahl der Stimmrechte einen größeren Einfluss auf die Geschäftsführung erlangt

---

weitesten verbreitete Form der Sicherungsbestellung sein. Anders verhält es jedoch in vielen Fällen des Konsortialkredites, s. *Meyer/Bundschuh* WM 2003, 960 (961).

[199] *Schlitt/Bortfeld* in Reichert GmbH & Co. KG § 38 Rn. 7 mwN.

[200] So auch Steinmeyer/*Schmiady* Rn. 32; Ehricke/Ekkenga/Oechsler/*Ekkenga* Rn. 25; Assmann/Pötzsch/ Schneider/*Seiler* WpÜG-AV § 9 Rn. 48; *Braun,* Die Befreiung vom Pflichtangebot nach dem WpÜG, 2008, 191 f.

[201] Anders kann dies sein, wenn dem Pfandrechtsnehmer eine dauernde Stimmrechtsvollmacht erteilt wird und ihm die Stimmrechte daher nach § 30 Abs. 1 S. 1 Nr. 6 zuzurechnen sind, s. dazu ABBD/*Kopp/v. Dryander* Sec. 37 Rn. 4; *AMRS,* Public Company Takeovers in Germany, 2002, 237 iVm S. 100.

[202] *Holzborn* in Zschocke/Schuster ÜbernahmeR-HdB Rn. C 44; Assmann/Pötzsch/Schneider/*Seiler* WpÜG-AV § 9 Rn. 50.

[203] Schwark/Zimmer/*Noack/Zetzsche* Rn. 5; Baums/Thoma/*Hecker* Rn. 96.

[204] *Holzborn/Blank* NZG 2002, 948 (951); Steinmeyer/*Schmiady* Rn. 33; *AMRS,* Public Company Takeovers in Germany, 2002, 238; Assmann/Pötzsch/Schneider/*Seiler* WpÜG-AV § 9 Rn. 52.

[205] Begr. RegE, BT-Drs. 14/7034, 81; *Fleischer/Körber* BB 2001, 2589 (2594); Assmann/Pötzsch/Schneider/*Seiler* WpÜG-AV § 9 Rn. 52.

[206] Im Ergebnis ähnlich, wenn auch mit anderer Begründung *Fleischer/Körber* BB 2001, 2589 (2594 f.)., nach denen eine Befreiung auf § 9 S. 1 Nr. 6 WpÜG-AV gestützt werden kann, wobei das Wiederveräußerungsgebot nur eingeschränkt zur Geltung kommt; vgl. auch DAV-Handelsrechtsausschuss NZG 2001, 420 (429) zum RefE.

oder die Unterbreitung eines Pflichtangebotes sonst aus Gründen des Anlegerschutzes geboten ist. Der Verordnungsgeber hält insbesondere eine **Befristung** der Befreiung für angemessen, um dem Bieter durch eine vorübergehende Freistellung von der Angebotspflicht die Möglichkeit zu eröffnen, durch eine kursschonende Veräußerung von Aktien seinen Stimmrechtsanteil unter die 30%-Schwelle abzusenken.[207] Dem kann nicht uneingeschränkt gefolgt werden. In den meisten Fällen dürfte der Erlass einer Nebenbestimmung im Anwendungsbereich der Nr. 5 ermessenfehlerhaft sein, da der betroffene Aktionär die Kontrolle ohne eigenes Zutun erlangt hat und es demgemäß nicht sachgerecht wäre, den Aktionär zu einer Veräußerung seiner Aktien zu zwingen. Vielmehr darf die Befreiung nur bei Vorliegen besonderer Umstände (zB Einflussnahme des Bieters auf die Kapitalherabsetzung) von einem **späteren Verkauf** von Aktien abhängig gemacht werden.[208]

**123**     **f) Unbeabsichtigtes Erreichen der Kontrollschwelle (§ 9 S. 1 Nr. 6 WpÜG-AV).**
§ 9 S. 1 Nr. 6 WpÜG-AV sieht eine Befreiungsmöglichkeit für den Fall eines **vorübergehenden Erreichens der Kontrollschwelle** vor, wenn die Kontrollschwelle unbeabsichtigt erlangt wurde und nach Antragstellung unverzüglich wieder unterschritten wird. Diese Ausnahmeregelung ist in doppelter Hinsicht enger als der durch § 37 Abs. 1 Var. 3 gezogene Rahmen („nach der Erlangung der Kontrolle erfolgendes Unterschreiten der Kontrollschwelle"), da die Überschreitung der Kontrollschwelle unabsichtlich geschehen sein muss und die Schwelle wieder unverzüglich nach der Antragstellung unterschritten werden muss. Indessen hat dieser Befreiungtatbestand keinen abschließenden Charakter (vgl. im Einzelnen → Rn. 44 ff.).

**124**     Zum einen ist Voraussetzung für eine Befreiung nach § 9 S. 1 Nr. 6 WpÜG-AV, dass die Schwelle von 30% der Stimmrechte **unbeabsichtigt** erreicht wurde. Als Beispiele für einen unbeabsichtigten Erwerb nennt die Regierungsbegründung Kompetenzüberschreitungen von Mitarbeitern,[209] Fehlbuchungen bei Befreiung des Handelsbestandes sowie Fehleingaben in elektronische Handelssysteme.[210] Ein unbeabsichtigter Erwerb kann ferner dadurch eintreten, dass Personen, deren Aktienbesitz dem Bieter zugerechnet wird, eigenmächtig weitere Aktien erwerben. Praktische Bedeutung kann insbesondere der Fall erlangen, dass ein Mitglied eines Stimmrechtspools ohne das Wissen der anderen Mitglieder weitere Aktien erwirbt, die nach dem Inhalt der vertraglichen Abreden den Bindungen des Poolvertrages unterfallen.[211]

**125**     Zum anderen fordert § 9 S. 1 Nr. 6 WpÜG-AV, dass die Kontrollschwelle **unverzüglich,** dh ohne schuldhaftes Zögern (§ 121 BGB) wieder unterschritten wird. Um diesen Anforderungen zu genügen, muss der Bieter alle zumutbaren Anstrengungen unternehmen, die Stimmrechte wieder zu veräußern. Dabei muss er seine Bemühungen spätestens im Zeitpunkt der Antragstellung entfalten.[212] Nicht erforderlich ist, dass die Kontrollschwelle bereits vor der Entscheidung durch die Bundesanstalt wieder unterschritten wird.[213] Sofern ein kurzfristiger Verkauf der Aktien über die Börse zu vertretbaren Konditionen nicht möglich ist, muss dem Bieter ein angemessener Zeitpunkt zur Veräußerung der Aktien zugestanden

---

[207] Begr. zu § 9 WpÜG-AV, BT-Drs. 14/7034, 81; *Holzborn/Blank* NZG 2002, 948 (951).

[208] Assmann/Pötzsch/Schneider/*Seiler* WpÜG-AV § 9 Rn. 54; *Mielke* in Beckmann/Kersting/Mielke, Das neue Übernahmerecht, 2003, Rn. B 66; wohl auch *Fleischer/Körber* BB 2001, 2589 (2595).

[209] Einschr. Kölner Komm WpÜG/*Versteegen* WpÜG-AV § 9 Rn. 32 (WpÜG Anh. § 37) für den Fall, dass die Kenntnis des Mitarbeiters dem Bieter zugerechnet werden kann; ABBD/*Kopp/v. Dryander* Sec. 37 Rn. 3; Assmann/Pötzsch/Schneider/*Seiler* WpÜG-AV § 9 Rn. 57; Steinmeyer/*Schmiady* Rn. 34.

[210] Begr. zu § 9 WpÜG-AV, BT-Drs. 14/7034, 81; ABBD/*Kopp/v. Dryander* Sec. 37 Rn. 3; *Holzborn* in Zschocke/Schuster ÜbernahmeR-HdB Rn. C 45 nennt darüber hinaus noch den „kompetenzlosen Kauf eines Wertpapierhändlers". In diesem Fall dürfte es mangels wirksamer Vertretungsmacht jedoch bereits an einem wirksamen Erwerb der Aktien durch den Bieter fehlen.

[211] Steinmeyer/*Schmiady* Rn. 35; *Pentz* ZIP 2003, 1478 (1489). Sofern ein solches Verhalten ein Pflichtangebot auslöst, dürfte es regelmäßig zu einer Kündigung des Poolvertrages aus wichtigem Grund berechtigen.

[212] Kölner Komm WpÜG/*Versteegen* WpÜG-AV § 9 Rn. 34 (WpÜG Anh. § 37); Assmann/Pötzsch/Schneider/*Seiler* WpÜG-AV § 9 Rn. 58.

[213] Assmann/Pötzsch/Schneider/*Seiler* WpÜG-AV § 9 Rn. 58; wohl auch Kölner Komm WpÜG/*Versteegen* WpÜG-AV § 9 Rn. 20 (WpÜG Anh. § 37); aA offenbar *Holzborn* in Zschocke/Schuster ÜbernahmeR-HdB Rn. C 45; Steinmeyer/*Schmiady* Rn. 35.

werden.[214] Allein der Umstand, dass der Bieter in der Zeit Einfluss auf die Zielgesellschaft genommen hat, steht der Erteilung einer Befreiung nicht entgegen.[215]

Die Bundesanstalt kann ihre Entscheidung mit Nebenbestimmungen versehen. Die **126** Befreiungsentscheidung kann beispielsweise unter eine auflösende **Bedingung** gestellt oder mit einer **Befristung** versehen werden, sodass der Bieter bei Eintritt der Bedingung bzw. nach Ablauf der Frist ein Angebot abgeben muss, sofern er die Kontrollschwelle bis dahin nicht wieder unterschritten hat.[216] Bei der Bemessung der Länge der Frist hat die Bundesanstalt die Auswirkungen des Verkaufs der Aktien auf den Aktienkurs der Gesellschaft zu berücksichtigen. Die Frist kann auch mehrere Wochen oder Monate betragen, um eine kursschonende Veräußerung möglich zu machen.[217] Denkbar ist auch die Erteilung der Befreiung unter der **Auflage,** dass bis zur Veräußerung der Aktien aus den Aktien keine Stimmrechte ausgeübt werden dürfen.[218]

**g) Vorhandensein eines Dritten mit einer höheren Beteiligung (§ 9 S. 2 Nr. 1** **127** **WpÜG-AV).** § 9 S. 2 Nr. 1 WpÜG-AV sieht eine Befreiungsmöglichkeit vor, wenn ein Dritter über einen höheren Anteil an Stimmrechten verfügt, die weder dem Bieter noch mit diesem gemeinsam handelnden Personen gemäß § 30 gleichstehen oder zuzurechnen sind. Trotz des nicht völlig eindeutigen Gesetzeswortlauts dürfte Einigkeit darüber bestehen, dass sowohl im Hinblick auf den Bieter als auch den Dritten bei der Berechnung der Stimmrechtsanteile die Zurechnungsvorschrift des § 30 entsprechende Anwendung findet.[219] Zur Möglichkeit einer Befreiung, wenn der Bieter über einen **gleich hohen** **Stimmrechtsanteil** wie der Dritte verfügt, → Rn. 51.

Liegen die Voraussetzungen des § 9 S. 2 Nr. 1 vor, dürfte das **Ermessen** der Bundesanstalt **128** in der Regel auf Null **reduziert** sein.[220] Für den Fall, dass der dritte Aktionär seinen Stimmrechtsanteil absenkt oder der antragstellende seinen Stimmrechtsanteil erhöht oder sich mit dem Dritten über das Verhalten im Hinblick auf die Zielgesellschaft abstimmt, kann die Bundesanstalt die Befreiungsentscheidung mit einer **Nebenbestimmung** versehen.[221] Für den Fall, dass der Antragsteller auf Grund einer Reduzierung der Beteiligung des Dritten oder der Erhöhung seines Anteils oder der Zurechnung von Stimmrechten Dritter die tatsächliche Kontrolle erlangt, kann der Befreiungsbescheid mit einer auflösenden Bedingung oder einem Widerrufsvorbehalt versehen werden (zu Nebenbestimmungen allgemein → Rn. 66 f.).[222] Da der Bieter den Eintritt der Rechtsfolge nicht beeinflussen kann, ist es regelmäßig geboten, die Nebenbestimmung in der Weise einzuschränken, dass der Bieter das „Aufleben" der Angebotspflicht vermeiden kann, indem ihm etwa Gelegenheit gegeben wird, seine eigene Beteiligung durch Veräußerung von Aktien unter die Kontrollschwelle zu reduzieren.[223]

---

[214] Kölner Komm WpÜG/*Versteegen* WpÜG-AV § 9 Rn. 34 (WpÜG Anh. § 37); Assmann/Pötzsch/ Schneider/*Seiler* WpÜG-AV § 9 Rn. 60; zu eng Ehricke/Ekkenga/Oechsler/*Ekkenga* Rn. 27, der eine Frist von maximal sieben Tagen annimmt.

[215] Kölner Komm WpÜG/*Versteegen* WpÜG-AV § 9 Rn. 35 (WpÜG Anh. § 37); aA Angerer/Geibel/ Süßmann/*Meyer* Rn. 50; Assmann/Pötzsch/Schneider/*Seiler* WpÜG-AV § 9 Rn. 59; Schwark/Zimmer/ *Noack/Zetzsche* Rn. 13.

[216] FK-WpÜG/*Hommelhoff/Witt* Rn. 54; Kölner Komm WpÜG/*Versteegen* WpÜG-AV § 9 Rn. 34 (WpÜG Anh. § 37); NK-AktKapMarktR/*Sohbi* Rn. 11; Assmann/Pötzsch/Schneider/*Seiler* WpÜG-AV § 9 Rn. 60.

[217] Zu eng daher *Holzborn/Blank* NZG 2002, 948 (952).

[218] *Holzborn/Blank* NZG 2002, 948 (952); Kölner Komm WpÜG/*Versteegen* WpÜG-AV § 9 Rn. 34 (WpÜG Anh. § 37); Assmann/Pötzsch/Schneider/*Seiler* WpÜG-AV § 9 Rn. 60.

[219] Steinmeyer/*Schmiady* Rn. 36; Kölner Komm WpÜG/*Versteegen* WpÜG-AV § 9 Rn. 38 (WpÜG Anh. § 37); Assmann/Pötzsch/Schneider/*Seiler* WpÜG-AV § 9 Rn. 61; FK-WpÜG/*Hommelhoff/Witt* Rn. 43.

[220] *Letzel* BKR 2002, 293 (300); Assmann/Pötzsch/Schneider/*Seiler* WpÜG-AV § 9 Rn. 63; Kölner Komm WpÜG/*Versteegen* WpÜG-AV § 9 Rn. 41 (WpÜG Anh. § 37).

[221] Begr. zu § 9 WpÜG-AV, BT-Drs. 14/7034, 82.

[222] *Harbarth* ZIP 2002, 321 (324 f.); Steinmeyer/*Schmiady* Rn. 61; *Holzborn/Blank* NZG 2002, 948 (952); FK-WpÜG/*Hommelhoff/Witt* Rn. 55; *Thaeter* in Thaeter/Brandi, Öffentliche Übernahmen, 2003, Teil 2 Rn. 628: regelmäßig Auflage oder Befristung; Assmann/Pötzsch/Schneider/*Seiler* WpÜG-AV § 9 Rn. 64.

[223] So zutr. Kölner Komm WpÜG/*Versteegen* Rn. 91; Assmann/Pötzsch/Schneider/*Seiler* WpÜG-AV § 9 Rn. 64; Baums/Thoma/*Hecker* Rn. 56.

**129**    **h) Hauptversammlungspräsenz (§ 9 S. 2 Nr. 2 WpÜG-AV).** Nach § 9 S. 2 Nr. 2 WpÜG-AV kann eine Befreiung erlangt werden, wenn im Hinblick auf das in den letzten **drei ordentlichen Hauptversammlungen** vertretene stimmberechtigte Kapital nicht zu erwarten ist, dass der Bieter in der Hauptversammlung der Zielgesellschaft über mehr als 50% der vertretenen Stimmrechte verfügen wird. Es ist also das vertretene stimmberechtigte Kapital dieser Hauptversammlungen[224] ins Verhältnis zum Stimmrechtsanteil des Antragstellers in Bezug zu setzen. Bei der Berechnung der faktischen Stimmrechtsmacht des Bieters findet die Zurechnungsbestimmung des § 30 (entsprechende) Anwendung.[225]

**130**    Die Verhältnisse in der Vergangenheit rechtfertigen, wie die Verwendung des Tatbestandsmerkmals „zu erwarten ist" impliziert, für sich genommen keine Befreiung. Vielmehr muss zusätzlich auf Grund einer **Zukunftsprognose** zu erwarten sein, dass Verringerungen in der Hauptversammlungspräsenz nicht eintreten werden, sodass der Stimmrechtsanteil des Antragstellers auch in Zukunft eine Kontrolle über die Zielgesellschaft nicht vermittelt.[226] Zu berücksichtigen sind daher beispielsweise auf künftige Hauptversammlungen bezogene Stimmenthaltungserklärungen von Aktionären,[227] die allerdings bislang keine große praktische Bedeutung erlangt haben.

**131**    Liegen die Voraussetzungen des § 9 S. 2 Nr. 2 WpÜG-AV vor, dürfte das **Ermessen** der Bundesanstalt in den meisten Fällen auf Null **reduziert** sein.[228] Die Bundesanstalt hat durch geeignete **Nebenbestimmungen** zu gewährleisten, dass die Pflicht bei einer Änderung der zugrunde gelegten tatsächlichen Verhältnisse wieder auflebt.[229] In Betracht kommt etwa, die Befreiungsentscheidung für den Fall mit einer auflösenden Bedingung zu versehen, dass die Hauptversammlungspräsenzen in der Weise absinken, dass ein Anteil von 30% der Stimmrechte wieder die Kontrolle über die Zielgesellschaft vermittelt (→ Rn. 162).[230]

**132**    Die Befreiungsmöglichkeit nach § 9 S. 2 Nr. 2 WpÜG-AV knüpft an die Präsenz in den letzten drei Hauptversammlungen an. Damit sind Hauptversammlungen gemeint, die stattgefunden haben, nachdem die Gesellschaft zur Publikumsgesellschaft geworden ist. **Vor dem Börsengang** sind die Aktionäre in den Hauptversammlungen nämlich typischerweise allesamt anwesend oder vertreten. Existiert die Zielgesellschaft noch nicht so lange, dass sie drei ordentliche Publikumshauptversammlungen durchführen konnte, schließt das die Erteilung einer Befreiung nach § 37 auf Grund des nicht abschließenden Charakters des in § 9 WpÜG-AV enthaltenen Befreiungskatalogs nicht aus.[231] Dann ist auf die Präsenzen in den bisherigen Publikumshauptversammlungen abzustellen.

**133**    **i) Mittelbare Kontrollerlangung (§ 9 S. 2 Nr. 3 WpÜG-AV).** Nach § 9 S. 2 Nr. 3 WpÜG-AV kommt eine Befreiung von der Veröffentlichungs- und Angebotspflicht ferner dann in Betracht, wenn auf Grund der Mehrheitsbeteiligung an einer Gesellschaft, die wiederum selbst über eine börsennotierte Tochter verfügt, mittelbar die Kontrolle an dieser börsennotierten Zielgesellschaft erlangt wurde und der **Buchwert** der Beteiligung

---

[224] Dass bestimmte Aktionäre bei einzelnen Beschlussgegenständen nach § 136 AktG vom Stimmrecht ausgeschlossen sind, hat in diesem Zusammenhang unberücksichtigt zu bleiben.

[225] Kölner Komm WpÜG/*Versteegen* WpÜG-AV § 9 Rn. 44 (WpÜG Anh. § 37); Assmann/Pötzsch/ Schneider/*Seiler* WpÜG-AV § 9 Rn. 67.

[226] Begr. zu § 9 WpÜG-AV, BT-Drs. 14/7034, 82; Steinmeyer/*Schmiady* Rn. 42; Assmann/Pötzsch/ Schneider/*Seiler* WpÜG-AV § 9 Rn. 68; Baums/Thoma/*Hecker* Rn. 110.

[227] *Holzborn* in Zschocke/Schuster ÜbernahmeR-HdB Rn. C 46.

[228] *Letzel* BKR 2002, 293 (300); Assmann/Pötzsch/Schneider/*Seiler* WpÜG-AV § 9 Rn. 69; Kölner Komm WpÜG/*Versteegen* WpÜG-AV § 9 Rn. 47 (WpÜG Anh. § 37).

[229] Begr. zu § 8 WpÜG-AV, BT-Drs. 14/7034, 82: „insbesondere eine Befristung"; ähnlich *Holzborn*/ *Blank* NZG 2002, 948 (952); *Holzborn* in Zschocke/Schuster ÜbernahmeR-HdB Rn. C 47; ABBD/*Kopp*/ *v. Dryander* Sec. 37 Rn. 5; Assmann/Pötzsch/Schneider/*Seiler* WpÜG-AV § 9 Rn. 70; Angerer/Geibel/Süß-mann/*Meyer* Rn. 53.

[230] FK-WpÜG/*Hommelhoff/Witt* Rn. 55; Assmann/Pötzsch/Schneider/*Seiler* WpÜG-AV § 9 Rn. 70; Einschr. Kölner Komm WpÜG/*Versteegen* WpÜG-AV § 9 Rn. 47 (WpÜG Anh. § 37).

[231] Steinmeyer/*Schmiady* Rn. 40; NK-AktKapMarktR/*Sohbi* Rn. 13; Kölner Komm WpÜG/*Versteegen* WpÜG-AV § 9 Rn. 46 (WpÜG Anh. § 37).

der Gesellschaft an der Zielgesellschaft weniger als **20% des buchmäßigen Aktivvermögens** der Gesellschaft beträgt.[232] Diese Regelung wurde geschaffen, um den Zweck des Gesetzes, Unternehmensübernahmen weder zu fördern noch zu verhindern, nicht zu konterkarieren.[233] In vielen Fällen sei der Erwerb der börsennotierten Tochtergesellschaft nicht das eigentliche Ziel der Übernahme des Bieters.[234] Hinzu käme, dass die Aktionäre der Tochtergesellschaft von einem Kontrollwechsel auf der Ebene der Muttergesellschaft in der Regel weniger stark betroffen sind als die Aktionäre der Muttergesellschaft. Die Erstreckung des Pflichtangebotes auf die Minderheitsgesellschafter der Tochtergesellschaft würde jedoch die Übernahme der Gesellschaft stark verteuern oder gar unmöglich machen.[235]

Dem Wortlaut nach scheint sich § 9 S. 2 Nr. 3 WpÜG-AV nur auf den in → § 35 **134** Rn. 111 ff. beschriebenen Fall zu beziehen, in dem der Bieter Kontrolle über eine börsennotierte Gesellschaft erlangt, die ihrerseits über eine Beteiligung an börsennotierten Tochtergesellschaften verfügt. Geht man indessen vom Zweck des Befreiungstatbestandes aus, erscheint es richtig, den Befreiungstatbestand auf den Fall des mittelbaren Kontrollerwerbs zu erstrecken, bei dem der Bieter eine **nicht börsennotierte Gesellschaft** erwirbt, die ihrerseits über börsennotierte Tochtergesellschaften verfügt (→ § 35 Rn. 119).[236] Gleiches gilt für den Fall, dass ein Bieter eine ausländische (börsennotierte) Gesellschaft übernimmt, die ihrerseits eine Beteiligung an einer inländischen börsennotierten Gesellschaft hält.

Für die Beurteilung, ob der Buchwert der Beteiligung an der Zielgesellschaft weniger **135** als **20% des buchmäßigen Aktivvermögens** der Gesellschaft beträgt, ist der **(Einzel-)Abschluss nach HGB** der Gesellschaft maßgebend, über die der Bieter die Kontrolle unmittelbar erlangt hat.[237] Dies ergibt sich nicht zuletzt aus der Tatsache, dass für konsolidierungspflichtige Tochterunternehmen im Konzernabschluss kein Beteiligungsbuchwert gebildet wird. Das **buchmäßige Aktivvermögen** setzt sich aus den in der Bilanzgliederung des § 266 Abs. 2 HGB mit den Buchstaben A und B bezeichneten Positionen Anlage- und Umlaufvermögen zusammen.[238] Aktive Rechnungsabgrenzungsposten sind ebenso wenig zu berücksichtigen wie Bilanzierungshilfen.[239]

Ist die Gesellschaft, an der der Bieter eine Mehrheitsbeteiligung erwirbt, an der Zielgesell- **136** schaft nur über eine **Zwischengesellschaft** beteiligt, ist es ausreichend, wenn
– der Buchwert der Beteiligung der Gesellschaft an der Zwischengesellschaft,
– der Buchwert der Beteiligung der Zwischengesellschaft an der Zielgesellschaft oder
– der durchgerechnete Buchwert der Beteiligung der Gesellschaft an der Zielgesellschaft weniger als 20% des buchmäßigen Aktivvermögens der Gesellschaft beträgt.[240]

Zur Möglichkeit einer Befreiung bei einem **höheren Bilanzansatz** → Rn. 38.    **137**

Bei der Ausübung des **Ermessens** hat die Bundesanstalt jedoch zu prüfen, ob der Erwerb **138** der Muttergesellschaft erfolgte, um ein Pflichtangebot im Hinblick auf die Aktien der

[232] Zu Recht krit. gegenüber der Ansetzung dieses (zu niedrigen) Schwellenwertes DAV-Handelsrechtsausschuss NZG 2001, 1003 (1007) zum RegE.

[233] Begr. zu § 9 WpÜG-AV, BT-Drs. 14/7034, 82; Assmann/Pötzsch/Schneider/*Seiler* WpÜG-AV § 9 Rn. 71; Angerer/Geibel/Süßmann/*Meyer* Rn. 59.

[234] Begr. zu § 9 WpÜG-AV, BT-Drs. 14/7034, 82; Assmann/Pötzsch/Schneider/*Seiler* WpÜG-AV § 9 Rn. 71; Steinmeyer/*Schmiady* Rn. 43.

[235] Begr. zu § 9 WpÜG-AV, BT-Drs. 14/7034, 82, vgl. auch DAV-Handelsrechtsausschuss NZG 2001, 1003 (1007) zum RegE.

[236] So auch Steinmeyer/*Schmiady* Rn. 44; *Holzborn/Blank* NZG 2002, 948 (953); *Holzborn* in Zschocke/Schuster ÜbernahmeR-HdB Rn. C 49; aA Ehricke/Ekkenga/Oechsler/*Ekkenga* Rn. 30.

[237] *Holzborn/Blank* NZG 2002, 948 (952 f.); *Holzborn* in Zschocke/Schuster ÜbernahmeR-HdB Rn. C 47; Kölner Komm WpÜG/*Versteegen* WpÜG-AV § 9 Rn. 53 (WpÜG Anh. § 37); Assmann/Pötzsch/Schneider/*Seiler* WpÜG-AV § 9 Rn. 73; krit. Ehricke/Ekkenga/Oechsler/*Ekkenga* Rn. 31.

[238] *Lenz/Behnke* BKR 2003, 43 (50); wohl auch Assmann/Pötzsch/Schneider/*Seiler* WpÜG-AV § 9 Rn. 73; Kölner Komm WpÜG/*Versteegen* WpÜG-AV § 9 Rn. 53 (WpÜG Anh. § 37); Steinmeyer/*Schmiady* Rn. 45.

[239] *Lenz/Behnke* BKR 2003, 43 (50); Kölner Komm WpÜG/*Versteegen* WpÜG-AV § 9 Rn. 53 (WpÜG Anh. § 37); Assmann/Pötzsch/Schneider/*Seiler* WpÜG-AV § 9 Rn. 66.

[240] Kölner Komm WpÜG/*Versteegen* WpÜG-AV § 9 Rn. 52 (WpÜG Anh. § 37); Assmann/Pötzsch/Schneider/*Seiler* WpÜG-AV § 9 Rn. 74.

Tochtergesellschaft zu vermeiden.[241] Sind diese Voraussetzungen erfüllt, ist das Ermessen der Bundesanstalt regelmäßig reduziert.[242] Falls hingegen gewichtige objektive Anhaltspunkte dafür vorliegen, dass der Bieter mit dem Erwerb der Zielgesellschaft auf den Erwerb der Tochtergesellschaft abzielt, kann die Befreiung verweigert werden.[243] Einer teilweise vertretenen Ansicht zufolge soll eine Verweigerung der Befreiung, insbesondere bei länger zurückliegenden Akquisitionen von Tochterunternehmen oder bei der Vornahme von außerplanmäßigen Abschreibungen auf den Beteiligungswert, möglich sein, da in diesen Fällen der Buchwert im Verhältnis zur Bilanzsumme an Wert verloren habe, ohne dass dies notwendigerweise etwas an der Bedeutung der Tochterunternehmen geändert habe.[244]

**139**    **3. Verfahren. a) Antrag (§ 8 WpÜG-AV). aa) Antragsteller (§ 8 S. 1 WpÜG-AV).** Die Befreiung von der Pflicht zur Veröffentlichung der Kontrollerlangung und zur Abgabe eines Pflichtangebotes setzt einen an die Bundesanstalt zu richtenden Antrag voraus (§ 8 S. 1 WpÜG-AV). Antragsberechtigt ist der Bieter. § 2 Abs. 4 definiert den Bieter als denjenigen, der die Abgabe eines Angebotes beabsichtigt oder zur Abgabe verpflichtet ist. Berücksichtigt man, dass der Befreiungsantrag nach § 8 S. 2 WpÜG-AV bereits vor Kontrollerlangung gestellt werden kann, muss der Bieterbegriff im vorliegenden Zusammenhang weit ausgelegt werden, sodass auch der **potenzielle Bieter** antragsberechtigt ist.[245]

**140**    Der Antragsteller muss in seinem Antrag **glaubhaft darlegen,** dass er den Erwerb der Kontrolle über die Zielgesellschaft nicht beabsichtigt.[246] Über keine Antragsbefugnis verfügt ein Aktionär der Zielgesellschaft, der von der Bundesanstalt einen Bescheid über die Erfolgsaussichten eines Befreiungsantrages eines (dritten) Bieters begehrt.[247] Gleiches soll für die Zielgesellschaft (selbst wenn sie eine Sanierungsbefreiung begehrt) oder den potentiellen Verkäufer eines Aktienpaketes gelten.[248] Zutreffenderweise wird man es aber – wie im Anwendungsbereich des § 36 – in bestimmten Konstellationen als zulässig ansehen müssen, dass der Befreiungsantrag von dem Veräußerer der Aktien gestellt wird (vgl. → § 36 Rn. 48).

**141**    **bb) Form.** Der Antrag bedarf nach § 37 Abs. 1 der **Schriftform.** Ausweislich der Gesetzesmaterialien reicht es aus, wenn der Antrag die Vorgaben des § 45 erfüllt.[249] Nach § 45 S. 2, der der Schriftformregelung in § 126 BGB als lex specialis vorgeht,[250] reicht die Übermittlung im Wege der elektronischen Datenübertragung (zB per E-Mail oder per Telefax) aus, sofern der Absender zweifelsfrei zu erkennen ist.

**142**    **cc) Frist (§ 8 S. 2 WpÜG-AV).** Der Antrag kann vor Erlangung der Kontrolle über die Zielgesellschaft und innerhalb von sieben Kalendertagen danach gestellt werden (§ 8 S. 2 WpÜG-AV).

**143**    Indem das Gesetz eine Antragstellung vor **Kontrollerlangung** zulässt, trägt es dem Umstand Rechnung, dass in vielen Fällen, wie etwa bei dem Erwerb von Anteilen zur Forderungssicherung, die Erlangung der Kontrolle vorhersehbar ist.[251] In vielen Fällen wird

---

[241] Steinmeyer/*Schmiady* Rn. 45; *Holzborn/Blank* NZG 2002, 948 (953); *Lenz/Behnke* BKR 2003, 43 (51); Assmann/Pötzsch/Schneider/*Seiler* WpÜG-AV § 9 Rn. 75.

[242] *Süßmann* WM 2003, 1453 (1459); Assmann/Pötzsch/Schneider/*Seiler* WpÜG-AV § 9 Rn. 75.

[243] Krit. dazu Schwark/Zimmer/*Noack/Zetzsche* Rn. 9.

[244] *Holzborn/Blank* NZG 2002, 948 (953); krit. dazu Assmann/Pötzsch/Schneider/*Seiler* WpÜG-AV § 9 Rn. 75.

[245] Steinmeyer/*Schmiady* Rn. 6; *Lenz/Linke* AG 2002, 361 (366); Ehricke/Ekkenga/Oechsler/*Ekkenga* Rn. 6; so wohl auch *AMRS,* Public Company Takeovers in Germany, 2002, 236; Assmann/Pötzsch/Schneider/*Seiler* WpÜG-AV § 8 Rn. 3; FK-WpÜG/*Hommelhoff/Witt* Rn. 60.

[246] *Lenz/Linke* AG 2002, 361 (362).

[247] *Lenz/Linke* AG 2002, 361 (362); Assmann/Pötzsch/Schneider/*Seiler* WpÜG-AV § 8 Rn. 5.

[248] *Lenz/Linke* AG 2002, 361 (366).

[249] Begr. zu § 8 WpÜG-AV, BT-Drs. 14/7034, 81; Angerer/Geibel/Süßmann/*Meyer* Rn. 7; FK-WpÜG/ *Hommelhoff/Witt* Rn. 59; Assmann/Pötzsch/Schneider/*Seiler* WpÜG-AV § 8 Rn. 6.

[250] Kölner Komm WpÜG/*Versteegen* WpÜG-AV § 8 Rn. 3 (WpÜG Anh. § 37); Assmann/Pötzsch/ Schneider/*Seiler* Rn. 91; FK-WpÜG/*Hommelhoff/Witt* Rn. 59.

[251] Begr. zu § 8 WpÜG-AV, BT-Drs. 14/7034, 81; Assmann/Pötzsch/Schneider/*Seiler* WpÜG-AV § 8 Rn. 8.

sich der Bieter nämlich in einer bloß vagen Hoffnung auf eine spätere Befreiung zum Erwerb der Aktien nicht bereit finden. Die Möglichkeit den Antrag bereits vor dem Kontrollerwerb zu stellen, verschafft dem Bieter die Gewissheit über die Haltung der Bundesanstalt und gibt ihm damit die Möglichkeit, seine Dispositionen im Lichte der Entscheidung der Bundesanstalt ggf. nochmals zu überdenken. Voraussetzung für einen vor dem Kontrollerwerb gestellten Antrag ist allerdings, dass der Kontrollerwerb auch tatsächlich **vorhersehbar** ist.[252]

Hängt der Kontrollerwerb von Bedingungen ab und ist ihr Eintritt unwahrscheinlich, **144** soll es regelmäßig am Sachbescheidungsinteresse fehlen.[253] Dies erscheint jedenfalls für den Fall der erforderlichen Zustimmung durch die Gesellschafterversammlung für in der Regel nicht sachgerecht, da es den Beteiligten nicht zumutbar ist, mit erheblichem Zeit- und Kostenaufwand zunächst eine Hauptversammlung einzuberufen, obwohl noch offen ist, ob überhaupt eine Befreiung erteilt wird.

Wartet der Bieter mit der Antragstellung bis **nach der Kontrollerlangung** zu, muss er **145** den Antrag innerhalb von **sieben Kalendertagen** nach dem Zeitpunkt stellen, zu dem er Kenntnis davon hat oder nach den Umständen haben musste, dass er die Kontrolle über die Zielgesellschaft erlangt hat (§ 8 S. 2 WpÜG-AV). Auf diese Weise soll eine längere Ungewissheit der Marktteilnehmer über die Verpflichtung des Bieters zur Abgabe eines Angebotes sowie etwaige Marktverzerrungen vermieden werden.[254] Wie die Siebentagefrist für die Veröffentlichung der Kontrollerlangung nach § 35 Abs. 1 S. 1 beginnt die Frist für die Stellung des Befreiungsantrages erst, wenn der Bieter Kenntnis davon hat oder nach den Umständen haben musste, dass er die Kontrolle über die Zielgesellschaft erlangt hat. Anders als in § 8 S. 2 WpÜG-AV ist in § 35 Abs. 1 S. 1 allerdings bestimmt, dass die Kontrollerlangung unverzüglich zu veröffentlichen ist. Hierin wird zum Teil ein redaktionelles Versehen des Gesetzgebers erblickt, sodass die für die Veröffentlichung der Kontrollerlangung geltende Höchstfrist auch für die Stellung des Befreiungsantrages gelten soll.[255] Das Fehlen einer an sich nahe gelegenen Verweisung in § 8 S. 2 WpÜG-AV auf § 35 Abs. 1 S. 1 spricht indessen eher dafür, dass beide Fristen selbstständig zu errechnen sind und der Bieter die Frist nach § 8 S. 2 WpÜG-AV stets voll ausschöpfen kann.[256]

Versäumt der Antragsteller die Frist nach § 8 S. 2 WpÜG-AV, kommt die Erteilung einer **146** Befreiungsverfügung nur in Betracht, wenn ihm **Wiedereinsetzung** in den vorigen Stand gem. § 32 VwVfG gewährt wurde.[257]

Sofern die Frist des § 8 S. 2 WpÜG-AV noch nicht abgelaufen ist, kann der Befreiungsan- **147** trag auch dann noch gestellt werden, wenn der Bieter die Kontrollerlangung bereits veröffentlicht hat.[258] Die Befreiung von der Angebotspflicht kann (ausnahmsweise) **isoliert** erteilt werden (→ Rn. 68).

**dd) Antragsinhalt (§ 10 WpÜG-AV).** § 10 WpÜG-AV gibt den notwendigen Inhalt **148** des Befreiungsantrages vor.

Der Antragsteller muss im Antrag, wenn es sich bei ihm um eine natürliche Person **149** handelt, seinen Namen und Wohnsitz, bzw., wenn er als juristische Person oder rechtsfähige Personengesellschaft verfasst ist, seine **Firma** und **Sitz** angeben (Nr. 1). Aufzunehmen in den Antrag sind ferner Firma, Sitz und Rechtsform der **Zielgesellschaft** (Nr. 2).

---

[252] *Lenz/Linke* AG 2002, 361 (366); Schwark/Zimmer/*Noack/Zetzsche* Rn. 16; Kölner Komm WpÜG/*Versteegen* WpÜG-AV § 8 Rn. 6 (WpÜG Anh. § 37); Assmann/Pötzsch/Schneider/*Seiler* WpÜG-AV § 8 Rn. 9.

[253] *Lenz/Linke* AG 2002, 361 (366); Assmann/Pötzsch/Schneider/*Seiler* WpÜG-AV § 8 Rn. 9.

[254] Begr. zu § 8 WpÜG-AV, BT-Drs. 14/7034, 81; Assmann/Pötzsch/Schneider/*Seiler* WpÜG-AV § 8 Rn. 13.

[255] FK-WpÜG/*Hommelhoff/Witt* Rn. 62; so auch noch Angerer/Geibel/Süßmann/*Meyer*, 1. Aufl. 2002, Rn. 8, später aufgegeben von Angerer/Geibel/Süßmann/*Meyer*, 2. Aufl. 2008, Rn. 10 Fn. 7.

[256] Kölner Komm WpÜG/*Versteegen* WpÜG-AV § 8 Rn. 7 (WpÜG Anh. § 37); Ehricke/Ekkenga/Oechsler/*Ekkenga* Rn. 5; Assmann/Pötzsch/Schneider/*Seiler* WpÜG-AV § 8 Rn. 15; Baums/Thoma/*Hecker* Rn. 143, 145.

[257] NK-AktKapMarktR/*Sohbi* Rn. 15; Assmann/Pötzsch/Schneider/*Seiler* WpÜG-AV § 8 Rn. 16; aA Steinmeyer/*Schmiady* Rn. 11: ausnahmslos keine Wiedereinsetzung.

[258] Kölner Komm WpÜG/*Versteegen* WpÜG-AV § 8 Rn. 7 (WpÜG Anh. § 37); Assmann/Pötzsch/Schneider/*Seiler* WpÜG-AV § 8 Rn. 15.

**150**  Darüber hinaus hat der Antragsteller die Anzahl der von ihm und den gemeinsam handelnden Personen bereits gehaltenen Aktien und Stimmrechte und die von ihnen nach § 30 **zuzurechnenden Stimmrechte** aufzuführen (Nr. 3). Anders als nach § 35 Abs. 1 S. 3 ist nicht vorgeschrieben, zwischen selbst gehaltenen und zuzurechnenden Stimmrechten und innerhalb der zuzurechnenden Stimmrechten zwischen den verschiedenen Zurechnungstatbeständen zu differenzieren.[259] In der Praxis dürfte es sich gleichwohl empfehlen, entsprechende Angaben zu machen.[260] Zum Teil wird gefordert, dass über den Wortlaut des Gesetzes hinaus auch die Stimmrechte anzugeben sind, die der Bieter oder ein Dritter, dessen Stimmrechte dem Bieter nach § 30 zuzurechnen sind, **erst zu erwerben beabsichtigt.**[261]

**151**  Zwingender Inhalt des Antrages ist überdies der **Tag,** an dem die Schwelle des § 29 Abs. 2 überschritten wurde (Nr. 4). Auf diese Weise soll eine Überwachung der Einhaltung der in § 8 S. 2 vorgesehenen Fristen ermöglicht werden.[262] Wird der Antrag, was zulässig ist (→ Rn. 145), vor der Kontrollerlangung gestellt, entfällt diese Angabe naturgemäß. In diesem Fall sollte allerdings vorsorglich der Tag mitgeteilt werden, an dem die Kontrollerlangung (voraussichtlich) erfolgen wird.[263]

**152**  Schließlich sind alle den Antrag begründenden **Tatsachen** anzugeben (Nr. 5). Insoweit wird auf die Befreiungstatbestände nach § 9 WpÜG-AV Bezug genommen, deren Voraussetzungen im Einzelnen darzulegen sind. Eine Bezugnahme auf bestimmte Normen ist allerdings nicht erforderlich.[264] Im Hinblick auf die von der Bundesanstalt zu treffende Ermessensentscheidung zweckmäßig, aber nicht notwendig ist eine Darlegung, warum das Interesse des antragstellenden Aktionärs an der Befreiung das Interesse der Minderheitsaktionäre an der Abgabe eines Angebots übersteigt.[265] Werden die Tatsachen nur unvollständig mitgeteilt, so hat die Bundesanstalt dem Antragsteller eine angemessene Frist zur Ergänzung seines Antrages zu setzen (§ 12 WpÜG-AV). Nicht erforderlich – aber auch nicht schädlich – ist, dass der Antragsteller auch seine Rechtsansichten vorbringt.

**153**  **ee) Antragsunterlagen (§ 11 WpÜG-AV).** Mit dem Antrag sind die zur Beurteilung und Bearbeitung des Antrages erforderlichen Unterlagen unverzüglich bei der Bundesanstalt einzureichen (§ 11 WpÜG-AV). Beizufügen sind beispielsweise Urkunden zum Nachweis der Stellung als Erbe (zB Testament) oder als Sicherungsnehmer (zB Sicherheitenverträge).[266] Grundsätzlich sind die Unterlagen dem Antrag unmittelbar beizufügen. Soweit es nicht möglich ist, sind die Dokumente unverzüglich nachzureichen.[267]

**154**  **ff) Suspensiveffekt.** Dem Antrag auf Befreiung von der Veröffentlichungs- und Angebotspflicht kommt nach richtiger, aber umstrittener Ansicht **Suspensiveffekt** zu (zum Streitstand → Rn. 60 ff.).

**155**  **gg) Veröffentlichung.** Anders als bei Befreiungen nach § 24, für die das Gesetz in § 43 Abs. 1 S. 2 eine Bekanntmachungspflicht anordnet, besteht keine Pflicht des Antragsstellers oder der Bundesanstalt, den Befreiungsantrag nach § 36 bekannt zu machen.[268]

---

[259] Angerer/Geibel/Süßmann/*Meyer* Rn. 14; Steinmeyer/*Schmiady* Rn. 12; aA Kölner Komm WpÜG/*Versteegen* WpÜG-AV § 10 Rn. 3 (WpÜG Anh. § 37); Ehricke/Ekkenga/Oechsler/*Ekkenga* Rn. 8; Assmann/Pötzsch/Schneider/*Seiler* WpÜG-AV § 10 Rn. 4.

[260] So auch Steinmeyer/*Schmiady* Rn. 12; Angerer/Geibel/Süßmann/*Meyer* Rn. 14.

[261] Kölner Komm WpÜG/*Versteegen* WpÜG-AV § 10 Rn. 3 (WpÜG Anh. § 37); Baums/Thoma/*Hecker* Rn. 157 f.

[262] Begr. zu § 8 WpÜG-AV, BT-Drs. 14/7034, 82; Steinmeyer/*Schmiady* Rn. 13; Assmann/Pötzsch/Schneider/*Seiler* WpÜG-AV § 10 Rn. 6; Angerer/Geibel/Süßmann/*Meyer* Rn. 14.

[263] Steinmeyer/*Schmiady* Rn. 13; strenger Kölner Komm WpÜG/*Versteegen* WpÜG-AV § 10 Rn. 3 (WpÜG Anh. § 37): „ist anzugeben“.

[264] FK-WpÜG/*Hommelhoff/Witt* Rn. 65; Assmann/Pötzsch/Schneider/*Seiler* WpÜG-AV § 10 Rn. 7; Kölner Komm WpÜG/*Versteegen* WpÜG-AV § 10 Rn. 8 (WpÜG Anh. § 37).

[265] FK-WpÜG/*Hommelhoff/Witt* Rn. 7; Steinmeyer/*Schmiady* Rn. 14.

[266] Begr. zu § 8 WpÜG-AV, BT-Drs. 14/7034, 82; FK-WpÜG/*Hommelhoff/Witt* Rn. 65; Steinmeyer/*Schmiady* Rn. 15.

[267] Begr. zu § 8 WpÜG-AV, BT-Drs. 14/7034, 82; Angerer/Geibel/Süßmann/*Meyer* Rn. 16.

[268] AA *Ihrig* ZHR 167 (2003), 315 (345).

**b) Verfahrensbeteiligte.** An dem Verfahren sind grundsätzlich nur der Bieter und die 156
Bundesanstalt beteiligt. Die Zielgesellschaft oder die Aktionäre zu beteiligen und ggf. einen
gemeinsamen Vertreter zu bestellen, ist im Gesetz nicht vorgesehen und wäre auch, soweit es
die Aktionäre betrifft, wenig praktikabel, da es das Befreiungsverfahren verzögern würde.[269]
Ausnahmsweise ist der Veräußerer der Aktien Beteiligter, falls er zulässigerweise selbst den
Antrag nach § 37 stellt (→ Rn. 143).

**c) Entscheidung der Bundesanstalt. aa) Vorprüfungsverfahren (§ 12 WpÜG-** 157
**AV).** Nach Eingang des Antrages und der Unterlagen hat die Bundesanstalt diese daraufhin zu prüfen, ob sie den Anforderungen der §§ 10 und 11 WpÜG-AV entsprechen
(§ 12 S. 1 WpÜG-AV). Wurden die Unterlagen nicht vollständig eingereicht, hat die
Bundesanstalt den Antragsteller unverzüglich aufzufordern, den Antrag oder die Unterlagen innerhalb einer angemessenen Frist zu ergänzen (§ 12 S. 2 WpÜG-AV).[270] Bei dieser
Ergänzungsanforderung handelt sich um eine **gebundene Entscheidung.** Dieses Vorprüfungsverfahren dient dazu, eine rechtsmissbräuchliche Verlängerung des Befreiungsverfahrens zu verhindern.[271] Bei der Bemessung der Frist hat die Bundesanstalt die
Umstände des Einzelfalls, etwa eine notwendige Mitwirkung Dritter, zu berücksichtigen.[272] Als behördliche Verfahrenshandlung iSv § 44a VwGO ist die Ergänzungsaufforderung nicht isoliert anfechtbar.[273]

Sofern der Antragsteller die Unterlagen nicht innerhalb der bestimmten Frist nachreicht, 158
gilt sein Antrag als **zurückgenommen** (§ 12 S. 3 WpÜG-AV). Der Suspensiveffekt des
Antrages entfällt mit Wirkung ex-nunc (→ Rn. 154). Der Antragsteller ist im Rahmen der
Frist nach § 8 S. 2 WpÜG-AV indessen nicht gehindert, den Antrag nochmals zu stellen.[274]
In den meisten Fällen wird die Frist dann indessen verstrichen sein, sodass ein erneuter
Antrag unzulässig wäre, sofern ihm auf einen zusätzlichen Antrag hin nicht Wiedereinsetzung in den vorigen Stand gewährt wird (§ 32 VwVfG). Voraussetzung für ein solches
Gesuch ist indessen, dass die Frist unverschuldet versäumt wurde.

**bb) Beschleunigungspflicht.** Die Bundesanstalt hat nach Abschluss ihrer Ermittlun- 159
gen unverzüglich über den Antrag zu entscheiden. Eine ausdrücklich hierauf bezogene
Regelung ist in der WpÜG-AV zwar nicht vorgesehen.[275] Die Verpflichtung, das Verfahren rasch zu betreiben, folgt jedoch aus allgemeinen Grundsätzen und dem Zweck des
Verfahrens, eine längere Ungewissheit hinsichtlich der Pflicht zur Abgabe des Pflichtangebotes zu vermeiden.

**cc) Ermessensentscheidung.** Während es sich bei der Entscheidung über die Nichtbe- 160
rücksichtigung von Stimmrechten nach § 36 um eine gebundene Entscheidung handelt,
steht die Entscheidung über die Befreiung nach § 37 im Ermessen der Bundesanstalt. Zur
Ausübung des Ermessen im Einzelnen → Rn. 65 ff.

## § 38 Anspruch auf Zinsen

**Der Bieter ist den Aktionären der Zielgesellschaft für die Dauer des Verstoßes
zur Zahlung von Zinsen auf die Gegenleistung in Höhe von fünf Prozentpunkten**

---

[269] OLG Frankfurt ZIP 2003, 1297 (1300); Steinmeyer/*Schmiady* Rn. 18; FK-WpÜG/*Hommelhoff/Witt*
Rn. 67; Angerer/Geibel/Süßmann/*Meyer* Rn. 23.
[270] Dazu *Lenz/Linke* AG 2002, 361 (368); FK-WpÜG/*Hommelhoff/Witt* Rn. 68; Steinmeyer/*Schmiady*
Rn. 16 f.; Angerer/Geibel/Süßmann/*Meyer* Rn. 21.
[271] Begr. zu § 8 WpÜG-AV, BT-Drs. 14/7034, 82; FK-WpÜG/*Hommelhoff/Witt* Rn. 68; Steinmeyer/
*Schmiady* Rn. 16; Assmann/Pötzsch/Schneider/*Seiler* WpÜG-AV § 12 Rn. 3; Kölner Komm WpÜG/*Verstegen* WpÜG-AV § 12 Rn. 1 (WpÜG Anh. § 37).
[272] Steinmeyer/*Schmiady* Rn. 16; Assmann/Pötzsch/Schneider/*Seiler* WpÜG-AV § 12 Rn. 3; Baums/
Thoma/*Hecker* Rn. 166.
[273] Steinmeyer/*Schmiady* Rn. 16; Assmann/Pötzsch/Schneider/*Seiler* WpÜG-AV § 12 Rn. 3.
[274] AA Angerer/Geibel/Süßmann/*Meyer* Rn. 22; Assmann/Pötzsch/Schneider/*Seiler* WpÜG-AV § 12
Rn. 4, die einen erneuten Antrag nur unter den Voraussetzungen des § 32 VwVfG für zulässig erachten.
[275] Der erste Entwurf der VO hatte in § 13 WpÜG-AV-E noch eine entsprechende Regelung enthalten.

auf das Jahr über dem jeweiligen Basiszinssatz nach § 247 des Bürgerlichen Gesetz-buchs verpflichtet, wenn

1. er entgegen § 35 Abs. 1 Satz 1 keine Veröffentlichung gemäß § 10 Abs. 3 Satz 1 vornimmt,
2. er entgegen § 35 Abs. 2 Satz 1 kein Angebot gemäß § 14 Abs. 3 Satz 1 abgibt oder
3. ihm ein Angebot im Sinne des § 35 Abs. 2 Satz 1 nach § 15 Abs. 1 Nr. 1, 2 oder 3 untersagt worden ist.

**Schrifttum:** *Ihrig,* Rechtsschutz Drittbetroffener im Übernahmerecht, ZHR 167 (2003), 315; *Möller,* Rechtsmittel und Sanktionen nach dem Wertpapiererwerbs- und Übernahmegesetz, AG 2002, 170; *Mülbert/ Schneider,* Der außervertragliche Abfindungsanspruch im Recht der Pflichtangebote, WM 2003, 2301; *Neye,* Der Vorschlag 2002 einer Takeover-Richtlinie, NZG 2002, 1144; *Schütz,* Pflichtangebote an Aktionäre zwischen Gesellschaftsrecht und Kapitalmarktrecht, 2005; *Seibt,* Grenzen des übernahmerechtlichen Zurech-nungstatbestandes in § 30 Abs. 2 WpÜG (Acting in concert), ZIP 2004, 1829; *Seibt,* Zur privaten Überwa-chung und Durchsetzung des Übernahmerechts, ZIP 2013, 1568; *Simon,* Rechtsschutz im Hinblick auf ein Pflichtangebot nach § 35 WpÜG, 2005; *Simon,* Zur Herleitung zivilrechtlicher Ansprüche aus §§ 35 und 38 WpÜG, NZG 2005, 541; *Wagner,* Zur Rechtstellung Dritter nach dem WpÜG, NZG 2003, 718.

### I. Allgemeines

**1**     **1. Regelungsgehalt.** § 38 ordnet für den Fall, dass der Bieter bestimmten nach § 35 Abs. 1 und 2 geschuldeten Pflichten nicht nachkommt, eine Verzinsungspflicht der im Rahmen des Pflichtangebotes geschuldeten Gegenleistung an. Danach hat der Bieter Anspruch auf Verzinsung der Gegenleistung mit fünf Prozentpunkten über dem jeweiligen Basiszinssatz, wenn der Bieter trotz Kontrollerlangung der Veröffentlichungspflicht nach § 35 Abs. 1 S. 1 nicht nachkommt (Nr. 1), kein Angebot nach § 35 Abs. 2 S. 1 abgibt (Nr. 2) oder ihm das Angebot von der Bundesanstalt nach § 15 Abs. Nr. 1 bis Nr. 3 untersagt wurde (Nr. 3).

**2**     In dogmatischer Sicht ist umstritten, ob es sich bei dem Zinsanspruch allgemeinen Prinzi-pien entsprechend um eine akzessorische Nebenforderung handelt[1] oder ob der Zinsan-spruch vom **Bestand der Hauptforderung unabhängig** ist.[2] Für ersteres Verständnis,

---

[1] Steinmeyer/*Bastian* Rn. 3 f.; *Mülbert/Schneider* WM 2003, 2301 (2305): „Ausformung eines gesetzlichen Verzugszinsanspruchs"; offenbar auch DAV-Handelsrechtsausschuss NZG 2001, 420 (429 f.) zum RefE; mit eingehender Darstellung des Streitstandes auch *Simon,* Rechtsschutz im Hinblick auf ein Pflichtangebot nach § 35 WpÜG, 2005, 216 ff., 221 ff.

[2] Kölner Komm WpÜG/*Kremer/Oesterhaus* Rn. 1; *Ihrig* ZHR 167 (2003), 315 (347 f.); iErg, wenn auch mit anderer Begr. Ehricke/Ekkenga/Oechsler/*Ekkenga* Rn. 3: „spezielles übernahmerechtliches Druckmit-tel".

dem sich nunmehr auch die Rspr. angeschlossen hat, wird die Formulierung in der Regierungsbegründung herangezogen, nach der die Zinszahlungspflicht die Gegenleistung erhöhen soll.[3] Ferner wird auf das für gesetzliche Zinsansprüche geltende Akzessorietätsprinzip abgestellt.[4] Gleichwohl sprechen die besseren Gründe dafür, dass der Zinsanspruch unabhängig von der Abgabe des Pflichtangebotes besteht. Auf die fehlende Akzessorietät deutet bereits der Wortlaut des Gesetzes hin. Ferner belegt der Umstand, dass der Zinsanspruch bereits bei Vorliegen eines Verstoßes gegen eine der drei im Katalog des § 38 aufgeführten Pflichten zu laufen beginnt, dass es auf den Bestand der Hauptforderung nicht ankommt.[5] Soweit das Gesetz die Formulierung „auf die Gegenleistung" verwendet, gibt es lediglich die Berechnungsgrundlage für die Berechnung des Zinsanspruchs vor. Die Höhe des Anspruchs kann nach Maßgabe der Mindestpreisbestimmungen (§§ 3–7 WpÜG-AV) errechnet werden (→ Rn. 25 ff.).[6]

**2. Normzweck.** Die Vorschrift des § 38 verfolgt den Zweck, die Pflichten des Bieters **3** nach § 35 Abs. 1 und 2 durchzusetzen. Angesichts der Höhe des geschuldeten Zinses kommt der Regelung **sanktionsähnlicher Charakter** zu.[7] Da die Verzinsungspflicht auf drei spezifische Tatbestände beschränkt ist, stellt § 38 indessen keine allgemeine Sanktionsnorm bei Verletzung von Pflichten durch den Kontrollerwerber dar.[8] Kommt der Bieter etwa mit der Zahlung der geschuldeten Gegenleistung in Verzug, richtet sich die Verzinsungspflicht nicht nach § 38, sondern nach § 288 BGB.[9]

Die Verzinsungspflicht ergänzt die weiteren Sanktionen, die das Gesetz in Form eines **4** Rechtsverlusts aus den Aktien (§ 59) und der Möglichkeit einer Bußgeldfestsetzung (§ 60) bei einer Nichterfüllung von Pflichten nach § 35 Abs. 1 und 2 vorsieht. Die Vorschriften können **kumulativ** zur Anwendung kommen.

**3. Entstehungsgeschichte. a) Europäisches Recht.** Der Entwurf der EU-Über- **5** nahme-RL sah weder in der Fassung des Gemeinsamen Standpunktes des Ministerrates vom 19.6.2000 noch in der Fassung des **gemeinsamen Entwurfs** vom 6.6.2001 eine spezielle Sanktionsnorm vor. Art. 12 S. 1 des gemeinsamen Entwurfes bestimmte lediglich, dass die Mitgliedstaaten Sanktionen festzulegen haben, die bei Verstößen anzuwenden sind. Die konkrete Ausgestaltung der Sanktionen sollte den Mitgliedstaaten überlassen bleiben, wobei diese einen hinreichenden Anreiz zur Einhaltung der Pflichten darstellen müssen (Art. 12 S. 2).

Eine im Wesentlichen nur redaktionell geänderte Regelung enthält Art. 17 Übernahme- **6** RL.[10] Danach müssen die Mitgliedstaaten Sanktionen bei Verstößen gegen einzelstaatliche Vorschriften festlegen und alle geeigneten Maßnahmen treffen, um deren Umsetzung zu erleichtern (Art. 17 S. 1). Die Sanktionen müssen wirksam, verhältnismäßig und abschreckend sein (Art. 17 S. 2).

**b) Nationales Gesetzgebungsverfahren.** Die Regelung entspricht im Wesentlichen **7** wörtlich den Bestimmungen im DiskE (§ 38) und RefE (§ 38).

---

[3] Vgl. BGH NZG 2013, 939 = AG 2013, 634 (636) – BKN, mit Verweis auf Begr. RegE, BT-Drs. 14/7034, 61.

[4] *Mülbert/Schneider* WM 2003, 2301 (2305); FK-WpÜG/*Hommelhoff/Witt* Rn. 4.

[5] *Ihrig* ZHR 167 (2003), 315 (317); *Wagner* NZG 2003, 718 (719); Baums/Thoma/*Hecker* Rn. 10; aA freilich *Mülbert/Schneider* WM 2003, 2301 (2305), auf der Grundlage ihres Ansatzes eines außervertraglichen Abfindungsanspruchs.

[6] Kölner Komm WpÜG/*Kremer/Oesterhaus* Rn. 1; diff. FK-WpÜG/*Hommelhoff/Witt* Rn. 4.

[7] OLG Frankfurt DB 2003, 2537 (2538) – Pro Sieben II; *Simon* NZG 2005, 541 (543); *Möller* AG 2002, 170 (175); FK-WpÜG/*Hommelhoff/Witt* Rn. 1; Baums/Thoma/*Hecker* Rn. 2; Steinmeyer/*Bastian* Rn. 3; Kölner Komm WpÜG/*Kremer/Oesterhaus* Rn. 2.

[8] Schwark/Zimmer/*Noack/Zetzsche* Rn. 1; Kölner Komm WpÜG/*Kremer/Oesterhaus* Rn. 1; FK-WpÜG/*Hommelhoff/Witt* Rn. 1.

[9] Kölner Komm WpÜG/*Kremer/Oesterhaus* Rn. 1; FK-WpÜG/*Hommelhoff/Witt* Rn. 1.

[10] FK-WpÜG/*Hommelhoff/Witt* Rn. 7. Vgl. auch den Vorschlag für eine Richtlinie des Europäischen Parlaments und des Rates betreffend Übernahmeangebote vom 2.10.2002, KOM(2002) 534 = Ratsdokument 12846/= BR-Drs. 800/02 (damals noch zu Art. 16); dazu etwa *Neye* NZG 2002, 1144.

**8**   **4. Rechtslage im Vereinigten Königreich.** Dem Takeover Panel stehen verschiedene im City Code geregelte Sanktionsmöglichkeiten zur Verfügung (Introduction 11 (b) (i)–(v) City Code). Sie umfassen unter anderem die Möglichkeit eines nicht-öffentlichen Tadels *(private statement of censure)*, eines öffentlichen Verweises *(public statement of censure)* oder die Meldung des Verstoßes an andere Stellen oder Institutionen.[11] Eine automatische Verzinsungspflicht, wie sie § 38 anordnet, sieht der City Code indessen nicht vor. Vgl. hierzu und insbes. die Auswirkungen des Brexit → § 33 Rn. 33a ff.

## II. Anspruchsteller

**9**   Das Gesetz regelt nicht ausdrücklich, ob alle Aktionäre, denen der Bieter ein Pflichtangebot zu unterbreiten hat, eine Verzinsung beanspruchen können oder ob nur diejenigen anspruchsberechtigt sind, die das Angebot später auch tatsächlich annehmen.

Nach eigentlich vorzugswürdiger Ansicht sind alle Aktionäre anspruchsberechtigt, die Adressaten des vom Bieter abzugebenden Pflichtangebotes wären.[12] Der Wortlaut des Gesetzes, der von „den Aktionären der Zielgesellschaft" statt von „den Aktionären, die das Angebot annehmen" spricht, spricht eigentlich für dieses Verständnis. Als entscheidend erweist sich jedoch, dass der Zinsanspruch – abweichend von allgemeinen Grundsätzen – vom Bestand des Hauptanspruchs nicht abhängig ist und damit unabhängig von der Abgabe und Annahme des Angebots entsteht (→ Rn. 2). Anspruchsinhaber sind damit alle Aktionäre, die Adressaten eines Pflichtangebots sind (→ § 35 Rn. 194 ff.). Zum Teil wird allerdings unter Hinweis auf die Formulierung in der Regierungsbegründung, nach der die Zinszahlungspflicht die Gegenleistung erhöhen soll,[13] die Auffassung vertreten, dass in den Genuss der Zinszahlung nur die Aktionäre kommen, die tatsächlich das Angebot annehmen und damit Anspruch auf Zahlung der Gegenleistung erhalten.[14] Dieser Ansicht hat sich mittlerweile auch der BGH mit teleologischen Überlegungen angeschlossen: mit der Zahlungspflicht sollen Verzögerungen bei der Veröffentlichung des Pflichtangebots sanktioniert werden. Veröffentlicht der Kontrollerwerber nun allerdings bewusst kein Pflichtangebot, weil er etwa die Kontrollschwelle von 30% der Anteile wieder unterschritten hat und an einem Erwerb der übrigen Aktien nicht mehr interessiert ist, würde ein unbegrenzter Zinslauf zu einer ganz unverhältnismäßigen Sanktionierung führen. Dadurch wären nämlich auch Aktionäre begünstigt, die ihre Aktien gar nicht verkaufen wollen.[15]

## III. Anspruchsgegner

**10**   Zur Verzinsung des Anspruchs auf Gegenleistung ist der **Bieter** verpflichtet. § 2 Abs. 4 definiert als Bieter alle natürlichen oder juristischen Personen oder Personengesellschaften, die allein oder gemeinsam mit anderen Personen ein Angebot abgeben, ein solches beabsichtigen oder zur Abgabe verpflichtet sind. Die Einordnung von § 38 in den „Abschnitt 5 Pflichtangebote" und die Bezugnahme auf die Pflichten nach § 35 zeigen allerdings, dass Bieter iSv § 38 nur solche Personen sein können, die der Veröffentlichungs- und Angebotspflicht nach § 35 Abs. 1 und Abs. 2 unterliegen.

**11**   Trifft die Veröffentlichungs- und Angebotspflicht gleichzeitig mehrere Personen (→ § 35 Rn. 52), unterliegen sie grundsätzlich alle gesamtschuldnerisch der Zinszahlungspflicht.[16]

---

[11] Dazu ausf. *Roßkopf,* Selbstregulierung von Übernahmeangeboten in Großbritannien, 2000, 159 ff.
[12] Baums/Thoma/*Hecker* Rn. 10 f.; Kölner Komm WpÜG/*Kremer/Oesterhaus* Rn. 25; *Ihrig* ZHR 167 (2003), 315 (347 f.); *Schnorbus* WM 2003, 657 (663); Ehricke/Ekkenga/Oechsler/*Ekkenga* Rn. 9.
[13] Begr. RegE, BT-Drs. 14/7034, 61.
[14] FK-WpÜG/*Hommelhoff/Witt* Rn. 31 f.; Steinmeyer/*Bastian* Rn. 5; Assmann/Pötzsch/Schneider/*Assmann/Stephan* Rn. 7; *Schütz,* Pflichtangebote an Aktionäre zwischen Gesellschaftsrecht und Kapitalmarktrecht, 2005, 162 f.; Schwark/Zimmer/*Noack/Zetzsche* Rn. 10.
[15] BGH NZG 2013, 939 = AG 2013, 634 – BKN; *Derlin* BB 2013, 2318 (2321); krit. *Heusel* AG 2014, 232.
[16] FK-WpÜG/*Hommelhoff/Witt* Rn. 30; Kölner Komm WpÜG/*Kremer/Oesterhaus* Rn. 41; Assmann/Pötzsch/Schneider/*Assman/Stephan* Rn. 6; Angerer/Geibel/Süßmann/*Meyer* Rn. 3; Steinmeyer/*Bastian* Rn. 7; Schwark/Zimmer/*Noack/Zetzsche* Rn. 8; aA wohl Baums/Thoma/*Hecker* Rn. 15 f.

So ist in einer Bietergemeinschaft grundsätzlich jedes Mitglied zur Verzinsung des Anspruchs verpflichtet. Im Falle des **mittelbaren Kontrollerwerbes** (→ § 35 Rn. 104 ff.) haften sowohl das Mutter- als auch das Tochterunternehmen als Gesamtschuldner (§ 421 BGB).[17] Die Erfüllung der Zinszahlungspflicht durch einen Verpflichteten hat befreiende Wirkung zugunsten der anderen Verpflichteten.[18] Der Ausgleich der Gesamtschuldner richtet sich nach allgemeinen Grundsätzen.

### IV. Pflichtverletzung

Eine Verpflichtung, die im Pflichtangebot anzubietende Gegenleistung zu verzinsen, sieht **12** das Gesetz in drei Fällen vor.

**1. Verstoß gegen die Veröffentlichungspflicht (Nr. 1).** Eine Verzinsungspflicht be- **13** steht, wenn der Bieter entgegen § 35 Abs. 1 S. 1 die Kontrollerlangung und seinen Stimmrechtsanteil nicht innerhalb von sieben Kalendertagen gem. § 10 Abs. 3 S. 1 im Internet und über ein elektronisch betriebenes Informationsverbreitungssystem veröffentlicht (→ § 35 Rn. 168 ff.). Erfasst ist zunächst die vollständige **Nichtvornahme** der Veröffentlichung. Die Zinspflicht wird ferner ausgelöst, wenn die Veröffentlichung **nicht rechtzeitig,** dh nicht unverzüglich oder jedenfalls nicht innerhalb der vorgeschriebenen Frist von sieben Kalendertagen (→ § 35 Rn. 162 ff.), erfolgt.

Die Zinszahlungspflicht entsteht ferner dann, wenn der Bieter seinen **Stimmrechtsan-** **14** **teil** nicht oder nicht richtig angibt.[19] Gleiches gilt, wenn die Veröffentlichung in einer anderen als der deutschen **Sprache** oder einem anderen als dem vorgeschriebenen **Medium** vorgenommen wird.[20] Aufgrund des fehlenden Verweises auf § 10 Abs. 3 S. 2 löst die unterbliebene Veröffentlichung der Internet-Adresse keine Zinszahlungspflicht aus.[21] Auch sonstige **formelle oder inhaltliche Mängel** der Veröffentlichung begründen die Zinszahlungspflicht nach zutreffender Ansicht nicht.[22]

Auch eine Verletzung der in § 35 Abs. 1 S. 4 iVm § 10 Abs. 2, 4–6 vorgeschriebenen **15** Pflichten begründet keine Zinszahlungspflicht.[23] Eine Zinszahlungspflicht entsteht daher insbesondere dann nicht, wenn die an sich vor der Veröffentlichung gebotene Mitteilung der Kontrollerlangung an die Bundesanstalt und die betroffenen Börsen oder die nachträgliche Unterrichtung des Vorstandes der Zielgesellschaft unterblieben ist.

**2. Verstoß gegen die Angebotspflicht (Nr. 2).** Der Bieter muss die Gegenleistung **16** auch dann verzinsen, wenn er entgegen § 35 Abs. 2 S. 1 kein Angebot gemäß § 14 Abs. 3 S. 1 abgibt (Nr. 2). Nach § 35 Abs. 2 S. 1 muss der Bieter der Bundesanstalt innerhalb von (grundsätzlich) vier Wochen nach der Veröffentlichung der Kontrollerlangung eine Angebotsunterlage übermitteln, die er sodann nach Gestattung ihrer Veröffentlichung durch die Bundesanstalt durch Bekanntgabe im Internet und im elektronischen Bundesanzeiger zu veröffentlichen oder zur kostenlosen Ausgabe bei einer geeigneten Stelle im Inland bereitzuhalten hat. Im letzteren Fall muss der Bieter im elektronischen Bundesanzeiger den Ort der geeigneten Stelle und die Internetadresse angeben. Die Verzinsungspflicht entsteht, wenn das Pflichtangebot **nicht** oder nicht in den in § 14 Abs. 3 S. 1 genannten **Medien** veröffentlicht wird.[24]

---

[17] Angerer/Geibel/Süßmann/*Meyer* Rn. 4; Assmann/Pötzsch/Schneider/*Assmann/Stephan* Rn. 6; Kölner KommWpÜG/*Kremer/Oesterhaus* Rn. 9.

[18] Kölner Komm WpÜG/*Kremer/Oesterhaus* Rn. 9: „jedenfalls bei konzernverbundenen Unternehmen".

[19] Aufgrund des fehlenden Verweises auf § 35 Abs. 1 S. 3 gilt dies jedoch nicht für eine fehlende oder fehlerhafte Angabe der zuzurechnenden Stimmrechtsanteile, Kölner Komm WpÜG/*Kremer/Oesterhaus* Rn. 11.

[20] Kölner Komm WpÜG/*Kremer/Oesterhaus* Rn. 11; Ehricke/Ekkenga/Oechsler/*Ekkenga* Rn. 5.

[21] Kölner Komm WpÜG/*Kremer/Oesterhaus* Rn. 13; FK-WpÜG/*Hommelhoff/Witt* Rn. 10.

[22] Kölner Komm WpÜG/*Kremer/Oesterhaus* Rn. 12; Ehricke/Ekkenga/Oechsler/*Ekkenga* Rn. 5; FK-WpÜG/*Hommelhoff/Witt* Rn. 10.

[23] Steinmeyer/*Bastian* Rn. 17; FK-WpÜG/*Hommelhoff/Witt* § 38 Rn. 10.

[24] Kölner Komm WpÜG/*Kremer/Oesterhaus* Rn. 15; Steinmeyer/*Bastian* Rn. 19; Baums/Thoma/*Hecker* Rn. 53.

**17**     Aufgrund des fehlenden Verweises auf § 14 Abs. 1 S. 1 führt die unterbliebene **Übermittelung** der Angebotsunterlage an die Bundesanstalt nicht zu einer Zinszahlungspflicht.[25] Indessen kann die Bundesanstalt die Veröffentlichung der Angebotsunterlage in diesem Fall untersagen, was die Verzinsungspflicht nach Nr. 3 auslöst (→ Rn. 20 ff.).

**18**     Trotz des fehlenden Verweises auf § 14 Abs. 2 S. 1 wird man eine Verzinsungspflicht auch dann annehmen müssen, wenn die Veröffentlichung der Angebotsunterlage **nicht rechtzeitig,** nämlich nach Gestattung ihrer Veröffentlichung durch die Bundesanstalt oder nach Ablauf von zehn Werktagen seit Eingang der Angebotsunterlage bei der Bundesanstalt erfolgt ist.[26] Nach einer verbreiteten Meinung soll die Zinszahlungsverpflichtung auch dann entstehen, wenn die **Angebotspflicht nicht richtig oder nicht vollständig erfüllt** wird, etwa weil die eingereichte Angebotsunterlage fehlerhaft ist.[27] Dem ist so nicht zuzustimmen.[28] Die Verzinsungspflicht im Falle inhaltlich mangelhafter Angebotsunterlagen wird durch Nr. 3 geregelt. Danach entsteht eine Verzinsungspflicht nur dann, wenn die Angebotsunterlage wegen inhaltlicher Mängel nach § 15 untersagt wurde (→ Rn. 20 ff.). Insofern stellt § 38 Nr. 3 eine abschließende Regelung dar.

**19**     Schließlich begründet eine Verletzung der Verpflichtungen nach § 35 Abs. 2 S. 2 iVm § 14 Abs. 2 S. 2, Abs. 3 S. 2 oder Abs. 4 keine Verzinsungspflicht.[29] Eine Pflicht zur Zinszahlung entsteht daher insbesondere dann nicht, wenn die Angebotsunterlage dem Vorstand der Zielgesellschaft nicht rechtzeitig übermittelt wird.

**20**     **3. Untersagung des Angebotes (Nr. 3).** Eine Verzinsungspflicht besteht nach Nr. 3 schließlich dann, wenn die Bundesanstalt das Angebot des Bieters nach § 15 Abs. 1 Nr. 1 bis Nr. 3 untersagt hat.[30] Nach § 15 Abs. 1 untersagt die Bundesanstalt das Angebot, wenn die Angebotsunterlage nicht die erforderlichen Angaben enthält (Nr. 1), die in der Angebotsunterlage enthaltenen Angaben offensichtlich gegen Vorschriften dieses Gesetzes oder einer auf Grund dieses Gesetzes erlassenen Rechtsverordnung verstoßen (Nr. 2) oder der Bieter der Bundesanstalt keine Angebotsunterlage übermittelt (Nr. 3). Der fehlende Verweis auf § 15 Abs. 1 Nr. 4 (Nichtveröffentlichung der Angebotsunterlage) erklärt sich daraus, dass ein Verstoß gegen die Pflicht zur unverzüglichen Veröffentlichung bereits einen Zinsanspruch nach Nr. 2 auslöst.[31]

**21**     **4. Kumulative Verstöße.** Verstößt der Bieter sowohl gegen die Pflicht zur Veröffentlichung der Kontrollerlangung (Nr. 1) als auch die Pflicht zur Veröffentlichung des Pflichtangebotes (Nr. 2), entstehen im Ausgangspunkt unterschiedliche Zinsansprüche.[32] Soweit sich diese Ansprüche zeitlich überschneiden, kommt es indessen zu keiner Addition.[33] Gleiches gilt, wenn dasselbe Fehlverhalten des Bieters die Voraussetzungen mehrerer Sanktionsnormen erfüllt (zB von § 38 Nr. 2 und 3 bei Unterbleiben der Übermittelung der Angebotsunterlage und daraufhin erfolgter Untersagung des Angebots).[34]

---

[25] Kölner Komm WpÜG/*Kremer/Oesterhaus* Rn. 17; Baums/Thoma/*Hecker* Rn. 56; aA Assmann/Pötzsch/Schneider/*Assmann/Stephan* Rn. 5.

[26] Kölner Komm WpÜG/*Kremer/Oesterhaus* Rn. 18; ähnlich Angerer/Geibel/Süßmann/*Meyer* Rn. 15.

[27] FK-WpÜG/*Hommelhoff/Witt* Rn. 12; NK-AktKapMarktR/*Sohbi* § 39 Rn. 5; Ehricke/Ekkenga/Oechsler/*Ekkenga* Rn. 6.

[28] Kölner Komm WpÜG/*Kremer/Oesterhaus* Rn. 19; Schwark/Zimmer/*Noack/Zetzsche* Rn. 4; Baums/Thoma/*Hecker* Rn. 55.

[29] FK-WpÜG/*Hommelhoff/Witt* Rn. 12.

[30] Im Jahr 2014 untersagte die BaFin in einem Fall zunächst die Veröffentlichung eines Pflichtangebotes. Im ersten Anlauf hatte der Bieter bis zum Ende der Prüfung keine Finanzierungsbestätigung eines unabhängigen Wertpapierdienstleistungsunternehmens vorlegen können. Erst nach ausdrücklicher Aufforderung durch die BaFin kam er seinen Pflichten nach und dies mit mehrmonatiger Verspätung. Für den Verspätungszeitraum musste er das Angebot an die Aktionäre um Verzugszinsen in Höhe von 5% über dem Basiszinssatz nach dem BGB erhöhen; vgl. Jahresbericht der BaFin 2014, 233.

[31] Kölner Komm WpÜG/*Kremer/Oesterhaus* Rn. 21; Steinmeyer/*Bastian* Rn. 15.

[32] Kölner Komm WpÜG/*Kremer/Oesterhaus* Rn. 32.

[33] FK-WpÜG/*Hommelhoff/Witt* Rn. 20; Ehricke/Ekkenga/Oechsler/*Ekkenga* Rn. 6 f.

[34] Kölner Komm WpÜG/*Kremer/Oesterhaus* Rn. 32.

**5. Nichtberücksichtigung von Stimmrechten; Befreiung von der Veröffentli- 22 chungs- und Angebotspflicht.** Die Verzinsungspflicht entsteht nicht bzw. entfällt rückwirkend, wenn Stimmrechte auf Grund einer Entscheidung der Bundesanstalt nach § 36 bei der Berechnung der Kontrollschwelle unberücksichtigt bleiben oder der kontrollierende Aktionär von der Bundesanstalt nach § 37 von der Veröffentlichungs- und Angebotspflicht nach § 35 Abs. 1 und 2 befreit wird.[35] Nimmt man mit der hier vertretenen Ansicht einen Suspensiveffekt des Nichtberücksichtigungs- oder Befreiungsantrages an (→ § 36 Rn. 56 ff.; → § 37 Rn. 58 ff.), gilt dies bereits ab dem Zeitpunkt, in dem der Bieter den Antrag auf Nichtberücksichtigung von Stimmrechten nach § 36 oder auf Befreiung nach § 37 gestellt hat.[36] Anderes mag dann gelten, wenn der Antrag rechtsmissbräuchlich gestellt wurde.

### V. Verschulden

Orientiert man sich ausschließlich am Wortlaut des § 38, hängt die Verzinsungspflicht 23 nicht von einem Verschulden ab. Indessen enthalten die in § 38 in Bezug genommenen Pflichten zur Veröffentlichung der Kontrollerlangung (Nr. 1) und der Angebotspflicht (Nr. 2) jeweils ein Verschuldenselement. Die Veröffentlichung der Kontrollerlangung ist unverzüglich, dh ohne schuldhaftes Zögern, vorzunehmen. Die Verpflichtung zur Veröffentlichung der Kontrollerlangung entsteht überdies erst dann, wenn der Bieter hiervon Kenntnis erlangt hat oder nach den Umständen Kenntnis haben musste (§ 35 Abs. 1 S. 2). Auch die für die Angebotspflicht geltenden Fristen nach § 35 Abs. 2 S. 1 knüpfen an diese für die Veröffentlichung der Kontrollerlangung bestehenden Vorgaben an. Damit setzt die Verzinsungspflicht – jedenfalls in weiten Teilen ihres Anwendungsbereichs – **mittelbar** ein **Verschulden** voraus.[37] Im Übrigen wird man im Hinblick auf die rechtspolitischen und verfassungsrechtlichen Bedenken (→ § 35 Rn. 31 ff.) die Vorschrift tendenziell eng dahingehend auszulegen haben, dass man ein allgemeines Verschuldenserfordernis verlangt.[38] Aufgrund des sanktionsähnlichen Charakters des § 38 kann darüber hinaus ein **unvermeidbarer Rechtsirrtum** über die Pflichten nach § 35 Abs. 1 und 2 einer Verzinsungspflicht entgegenstehen.[39]

### VI. Zinsanspruch

**1. Allgemeines.** Der Zinsanspruch knüpft zwar tatbestandlich an den Anspruch auf 24 angemessene Gegenleistung (§ 31) an. Er setzt jedoch nach der hier vertretenen Ansicht das Bestehen eines solchen Anspruchs dem Grunde nach nicht voraus (→ Rn. 2). Das Entstehen des Zinsanspruches hängt also nicht davon ab, dass der Anspruch auf die Gegenleistung durch die Annahme des Angebotes begründet wird. Er wird sofort und nicht erst mit Beendigung des Verstoßtatbestandes fällig.[40] Der Zinsanspruch nach § 38 kann vom Aktionär eingeklagt und notfalls im Wege der Zwangsvollstreckung durchgesetzt werden.

**2. Berechnungsgrundlage. Unterbleibt** das Angebot, ist der Zinsanspruch auf Grund- 25 lage des nach den §§ 3 ff. WpÜG-AV anzubietenden Mindestpreises zu berechnen.[41]

Fraglich ist, ob die Mindestpreisvorschriften auch dann als Maßstab herangezogen wer- 26 den, wenn es zur **Durchführung** des Angebotes kommt, oder ob sich die Höhe des

---

[35] FK-WpÜG/*Hommelhoff/Witt* Rn. 21; Kölner Komm WpÜG/*Kremer/Oesterhaus* Rn. 22; Ehricke/ Ekkenga/Oechsler/*Ekkenga* Rn. 10; Baums/Thoma/*Hecker* Rn. 22.

[36] FK-WpÜG/*Hommelhoff/Witt* Rn. 21; iErg auch Baums/Thoma/*Hecker* Rn. 22; aA Kölner Komm WpÜG/*Kremer/Oesterhaus* Rn. 22; offengelassen von OLG Frankfurt DB 2003, 1371 (1372) – ProSieben.

[37] FK-WpÜG/*Hommelhoff/Witt* Rn. 15 f.; Assmann/Pötzsch/Schneider/*Assmann/Stephan* Rn. 5; Schwark/Zimmer/*Noack/Zetzsche* Rn. 7; Kölner Komm WpÜG/*Kremer/Oesterhaus* Rn. 24; *Mülbert/Schneider* WM 2003, 2301 (2307); aA NK-AktKapMarktR/*Sohbi* Rn. 2; Baums/Thoma/*Hecker* Rn. 23.

[38] Kölner Komm WpÜG/*Kremer/Oesterhaus* Rn. 24.

[39] FK-WpÜG/*Hommelhoff/Witt* Rn. 16; Kölner Komm WpÜG/*Kremer/Oesterhaus* Rn. 24; aA Baums/ Thoma/*Hecker* Rn. 58.

[40] Kölner Komm WpÜG/*Kremer/Oesterhaus* Rn. 40.

[41] Baums/Thoma/*Hecker* Rn. 64; Kölner Komm WpÜG/*Kremer/Oesterhaus* Rn. 36; *Thaeter* in Thaeter/ Brandi, Öffentliche Übernahmen, 2003, Teil 2 Rn. 535; aA wohl FK-WpÜG/*Hommelhoff/Witt* Rn. 27.

Zinsanspruchs nach der tatsächlich angebotenen Gegenleistung bemisst. Der Wortlaut der Vorschrift könnte dafür sprechen, dass es auf die tatsächlich angebotene Gegenleistung ankommt. Bei einem solchen Verständnis würde indessen der Bieter, der freiwillig eine höhere als die gesetzlich geforderte Gegenleistung anbietet, für sein Entgegenkommen sanktioniert werden. Eine teleologische Auslegung spricht mithin eher dafür, dass der Zinsanspruch auch in diesem Fall auf Grundlage der nach §§ 3 ff. WpÜG-AV zu errechnenden **Mindestgegenleistung** ermittelt wird.[42]

27    Abweichend hiervon ist bei **Parallel- und Nacherwerben** auf die tatsächlich geschuldete Gegenleistung abzustellen. Erwirbt der Bieter während der Laufzeit des Angebotes Aktien zu einer höheren als der angebotenen Gegenleistung, erhöht sich die den Angebotsempfängern geschuldete Gegenleistung entsprechend (§ 31 Abs. 4). Kauft er innerhalb eines Jahres nach Abschluss seines Angebotes außerhalb der Börse weitere Aktien gegen eine höhere Gegenleistung, schuldet er den Aktionären, die sein Angebot angenommen haben, eine Zahlung in Höhe des Differenzbetrages (§ 31 Abs. 5). In beiden Fällen erhöht sich die Berechnungsgrundlage des Zinsanspruches entsprechend.[43]

28    Werden statt einer Geldleistung zum Handel an einem organisierten Markt zugelassene **liquide Aktien** angeboten, ist der Zinsanspruch ebenfalls auf eine **Geldleistung** gerichtet.[44]

29    **3. Dauer.** Die Verzinsungspflicht wird fällig mit dem Verstoß; sie besteht für die Dauer des Verstoßes. Bei der Berechnung der Frist gilt § 187 Abs. 1 BGB entsprechend.[45] Der Tag, in dessen Lauf das für den Beginn der Zinszahlungspflicht maßgebliche Ereignis (Ablauf der Veröffentlichungs- bzw. Angebotsfrist; Zugang der Untersagungsentscheidung) fällt, wird folglich nicht mitgerechnet. Gemäß § 188 Abs. 1 BGB endet die Verzinsungspflicht mit Ablauf des Tages, an dem die Kontrollerlangung bzw. das Angebot veröffentlicht wird.[46] Allein der Umstand, dass der Bieter seinen Stimmrechtsanteil während des Verzinsungszeitraums unter die Kontrollschwelle von 30% der Stimmrechte absenkt, lässt den Zinsanspruch nicht entfallen.[47] Im Einzelnen gilt:

30    **a) Veröffentlichung der Kontrollerlangung (Nr. 1).** Bei einem Verstoß gegen die Veröffentlichungspflicht **beginnt** die Pflicht zur Verzinsung nach Ablauf der Veröffentlichungsfrist, die ihrerseits mit Kenntnis oder Kennenmüssen der Kontrollerlangung zu laufen beginnt.[48] Dies gilt sowohl für das vollständige Ausbleiben der Veröffentlichung als auch ihre verspätete Vornahme oder sonstige relevante Mängel in der Veröffentlichung (→ Rn. 13 ff.).[49]

31    Der Pflichtverstoß **endet** mit Nachholung der Veröffentlichung der Kontrollerlangung.[50] Die Verletzung der Veröffentlichungspflicht wird durch die Vorlage einer ordnungsgemäßen Angebotsunterlage geheilt.[51] Denn es wäre eine Förmelei, wenn man, obwohl die Angebotsunterlage alle für die außenstehenden Aktionäre wesentlichen Angaben, einschließlich

---

[42] Baums/Thoma/*Hecker* Rn. 64; Kölner Komm WpÜG/*Kremer/Oesterhaus* Rn. 36; Ehricke/Ekkenga/Oechsler/*Ekkenga* Rn. 11; Assmann/Pötzsch/Schneider/*Assmann/Stephan* Rn. 8; aA *Thaeter* in Thaeter/Brandi, Öffentliche Übernahmen, 2003, Teil 2 Rn. 535; Schwark/Zimmer/*Noack/Zetzsche* Rn. 11; FK-WpÜG/*Hommelhoff/Witt* Rn. 27.

[43] Kölner Komm WpÜG/*Kremer/Oesterhaus* Rn. 38; FK-WpÜG/*Hommelhoff/Witt* Rn. 27; Steinmeyer/*Bastian* Rn. 10.

[44] FK-WpÜG/*Hommelhoff/Witt* Rn. 28; Baums/Thoma/*Hecker* Rn. 64; Kölner Komm WpÜG/*Kremer/Oesterhaus* Rn. 37; *Mülbert/Schneider* WM 2003, 2301 (2306).

[45] FK-WpÜG/*Hommelhoff/Witt* Rn. 22; Schwark/Zimmer/*Noack/Zetzsche* Rn. 12; Kölner Komm WpÜG/*Kremer/Oesterhaus* Rn. 31.

[46] FK-WpÜG/*Hommelhoff/Witt* Rn. 23; Schwark/Zimmer/*Noack/Zetzsche* Rn. 12; Kölner Komm WpÜG/*Kremer/Oesterhaus* Rn. 33.

[47] Kölner Komm WpÜG/*Kremer/Oesterhaus* Rn. 33; FK-WpÜG/*Hommelhoff/Witt* Rn. 24; Baums/Thoma/*Hecker* Rn. 22, 33; *Seibt* ZIP 2004, 1829 (1835); aA OLG Frankfurt ZIP 2003, 1977 (1979).

[48] Steinmeyer/*Bastian* Rn. 14; Baums/Thoma/*Hecker* Rn. 25 ff.

[49] Kölner Komm WpÜG/*Kremer/Oesterhaus* Rn. 28.

[50] Kölner Komm WpÜG/*Kremer/Oesterhaus* Rn. 32; Baums/Thoma/*Hecker* Rn. 32; Steinmeyer/*Bastian* Rn. 16.

[51] Steinmeyer/*Bastian* Rn. 16; Baums/Thoma/*Hecker* Rn. 32; aA Ehricke/Ekkenga/Oechsler/*Ekkenga/Schulz* Rn. 10.

der Umstände der Kontrollerlangung, enthält, noch eine gesonderte Mitteilung entsprechend § 10 Abs. 3 S. 1 verlangen wollte.

**b) Angebotspflicht (Nr. 2).** Bei einer Verletzung der Angebotspflicht **beginnt** die 32 Verzinsungspflicht mit Ablauf einer Frist von vier Wochen nach der Veröffentlichung der Kontrollerlangung zusätzlich des Zeitraums bis zur Freigabe des Angebots durch die Bundesanstalt bzw. mit Ablauf der zehntägigen[52] fiktiven Entscheidungsfrist.[53] Wurde bereits die Veröffentlichungspflicht nicht erfüllt, wird der Zinsanspruch nach Nr. 1 durch den nach Nr. 2 überlagert.

Die Frist **endet** mit Abgabe eines Angebotes durch ordnungsgemäße Veröffentlichung 33 einer Angebotsunterlage.

**c) Untersagung des Angebotes (Nr. 3).** Im Falle einer Untersagung des Angebots 34 **beginnt** die Verzinsungspflicht zu dem Zeitpunkt, in dem die Bundesanstalt dem Bieter die Untersagung des Angebots mitgeteilt hat.[54] Auf die Bestandskraft des Bescheides kommt es demgegenüber nicht an. Die Einlegung von Widerspruch (§ 41) und ggf. einer Anschlussbeschwerde (§ 48) wirkt sich mangels aufschiebender Wirkung (§§ 42, 49) zunächst auf den Zinsanspruch des Aktionärs nicht aus.[55] Wird die Untersagungsverfügung auf den Widerspruch oder die Anschlussbeschwerde aufgehoben, entfällt der Zinsanspruch indessen rückwirkend.

Die Zinszahlungspflicht **endet** mit der ordnungsgemäßen Veröffentlichung der Ange- 35 botsunterlage nach einer erfolgten Untersagung.[56] Dass die Aktionäre an dem Rechtsbehelfsverfahren nicht beteiligt werden, steht dem nicht entgegen.

**4. Zinshöhe.** Die Gegenleistung ist in Höhe von **fünf Prozentpunkten** per annum 36 über dem jeweiligen **Basiszinssatz** zu verzinsen. Das Gesetz nimmt damit Bezug nimmt auf den sich periodisch ändernden Basiszinssatz, der durch das Gesetz zur Schuldrechtsmodernisierung vom 1.1.2002 (BGBl. 2002 I 3138) in § 247 Abs. 1 BGB verankert wurde.[57]

## § 39 Anwendung der Vorschriften des Abschnitts 3 und 4

**Für Angebote nach § 35 Abs. 2 Satz 1 gelten mit Ausnahme von § 10 Abs. 1 Satz 1, § 14 Abs. 1 Satz 1, § 16 Abs. 2, § 18 Abs. 1, §§ 19, 25, 26 und 34 die Vorschriften der Abschnitte 3 und 4 sinngemäß.**

Schrifttum: s. § 35.

### Übersicht

---

[52] Es kann nicht zugunsten des Bieters davon ausgegangen werden, dass die BaFin die Entscheidungsfrist nach § 14 Abs. 2 S. 3 auf 15 Tage verlängert.

[53] Kölner Komm WpÜG/*Kremer/Oesterhaus* Rn. 29; FK-WpÜG/*Hommelhoff/Witt* Rn. 18; Steinmeyer/ *Bastian* Rn. 22; Baums/Thoma/*Hecker* Rn. 59.

[54] FK-WpÜG/*Hommelhoff/Witt* Rn. 19; Kölner KommWpÜG/*Kremer/Oesterhaus* Rn. 30; Steinmeyer/ *Bastian* Rn. 26; aA Baums/Thoma/*Hecker* Rn. 42, der auf den Tag des Erlasses der Untersagungsverfügung abstellt.

[55] Kölner Komm WpÜG/*Kremer/Oesterhaus* Rn. 30; Steinmeyer/*Bastian* Rn. 26; Ehricke/Ekkenga/ Oechsler/*Ekkenga/Schulz* Rn. 7.

[56] FK-WpÜG/*Hommelhoff/Witt* Rn. 19; aA Steinmeyer/*Bastian* Rn. 26, der auf die Übermittlung der Angebotsunterlage abstellt.

[57] Kölner Komm WpÜG/*Kremer/Oesterhaus* Rn. 39; Schwark/Zimmer/*Noack/Zetzsche* Rn. 11; Ehricke/ Ekkenga/Oechsler/*Ekkenga* Rn. 12; FK-WpÜG/*Hommelhoff/Witt* Rn. 25; Steinmeyer/*Bastian* Rn. 9; krit. unter Hinweis auf § 288 Abs. 2 BGB – 8% über dem Basiszinssatz, wenn Verbraucher nicht beteiligt – *Letzel* BKR 2002, 293 (303); Angerer/Geibel/Süßmann/*Meyer* Rn. 8.

## I. Allgemeines

**1**  **1. Regelungsgehalt.** § 39 bestimmt, dass für Pflichtangebote mit Ausnahme der dort enumerativ aufgeführten Bestimmungen die Vorschriften des Abschnitts 3 über Angebote zum Erwerb von Wertpapieren sowie die Bestimmungen des Abschnitts 4 über Übernahmeangebote entsprechend gelten. § 39 regelt damit in Ergänzung zu § 35 Inhalt und Verfahren von Pflichtangeboten.

**2**  **2. Normzweck.** Die Norm ist Teil des gesetzgeberischen Konzepts, an Übernahmeangebote und Pflichtangebote im Grundsatz die gleichen Anforderungen zu stellen.[1] Sie bezweckt die Herstellung der gewünschten Parallelität von Übernahmeangeboten und Pflichtangeboten und steht in untrennbarem Zusammenhang mit der Regelung des § 35 Abs. 3, nach der die Pflicht zur Abgabe eines Pflichtangebotes dann nicht besteht, wenn die Kontrolle über die Zielgesellschaft auf Grund eines Übernahmeangebotes erworben wurde.

**3**  **3. Entstehungsgeschichte. a) Übernahmekodex.** Der freiwillige Übernahmekodex der Börsensachverständigenkommission enthielt keine dem § 39 vergleichbare Vorschrift. Es bestand indessen Einigkeit darüber, dass die speziellen für Pflichtangebote geltenden Bestimmungen in Art. 16 und 17 ÜbK auch ohne ausdrückliche Verweisungsnorm durch die allgemeinen für öffentliche Übernahmeangebote geltenden Regelungen ergänzt wurden.[2]

**4**  **b) Gesetzgebungsverfahren.** Die Regelung entspricht im Wesentlichen wörtlich den Bestimmungen im DiskE (§ 38) und RefE (§ 39). § 38 DiskE hatte nur einen generellen Verweis auf die Bestimmungen über freiwillige Übernahmeangebote vorgesehen. Dies beruhte darauf, dass nach der damaligen Konzeption des Gesetzes nur Übernahme- und Pflichtangebote, nicht aber alle Angebote zum Erwerb von Wertpapieren erfasst sein sollten.

**5**  **4. Europäisches Recht.** Die Übernahme-RL enthält keine dem § 39 vergleichbare Bestimmung. Grund hierfür ist, dass für freiwillige Übernahmeangebote und Pflichtangebote die gleichen Vorschriften gelten.

**6**  **5. Rechtslage im Vereinigten Königreich.** Der City Code enthält keine dem § 39 vergleichbare Regelung. Dies liegt in der unterschiedlichen Struktur des City Codes begründet. Vielmehr enthält Section F des City Code *(The Mandatory Offer and its Terms)*

---

[1] Begr. RegE, BT-Drs. 14/7034, 61; Kölner Komm WpÜG/*v. Bülow* Rn. 2; krit. zur Konzeption FK-WpÜG/*Hommelhoff/Witt* Rn. 3; Steinmeyer/*Santelmann* § 35 Rn. 119; Assmann/Pötzsch/Schneider/*Krause/Pötzsch* § 35 Rn. 270; Assmann/Pötzsch/Schneider/*Pötzsch/Assmann/Stephan* Rn. 10.
[2] Kölner Komm WpÜG/*v. Bülow* Rn. 3.

die für Pflichtangebote geltenden speziellen Regelungen.[3] Vgl. hierzu die Auswirkungen des Brexit → § 33 Rn. 33a ff.

**6. Rechtspolitische Kritik.** Das in § 39 angelegte Verweisungssystem ist im Grundsatz **7** geeignet, den gewünschten Gleichlauf zwischen freiwilligen Übernahmeangeboten und Pflichtangeboten herzustellen. Im Hinblick darauf, dass sich die Verweisungsregelung mit den in § 35 Abs. 1 und Abs. 2 für entsprechend anwendbar erklärten Vorschriften überschneiden, sollten die Verweisungen harmonisiert werden.[4]

## II. Anwendbare Vorschriften der Abschnitte 3 und 4

§ 39 bestimmt, dass für Pflichtangebote nach § 35 Abs. 2 ergänzend zu den §§ 35 ff. **8** grundsätzlich die für Übernahmeangebote geltenden Vorschriften des Abschnittes 4 sowie die allgemeinen Bestimmungen des Abschnittes 3 für Angebote zum Erwerb von Wertpapieren zur Anwendung gelangen. Für die vorgelagerte, in § 35 Abs. 1 geregelte Frage, unter welchen Voraussetzungen überhaupt ein Pflichtangebot abzugeben ist, ist eine sinngemäße Anwendung der §§ 20, 29 Abs. 2 und 30 nicht ausdrücklich angeordnet worden. Gleichwohl besteht Einigkeit darüber, dass diese Vorschriften anwendbar sind.[5] Im Übrigen führt die sinngemäße Anwendung der Vorschriften des Abschnitts 3 und 4 auf Pflichtangebote insbesondere zu folgenden Besonderheiten:

**1. Unterrichtung der Zielgesellschaft (§ 10 Abs. 5).** Der Kontrollerwerber hat den **9** Vorstand der Zielgesellschaft unverzüglich nach der Veröffentlichung der Kontrollerlangung hiervon zu unterrichten. Hiervon zu unterscheiden ist die Mitteilung des Kontrollerwerbers nach § 33 WpHG, die der Kontrollerwerber abzugeben hat, sofern er im Zuge der Kontrollerlangung einen der dort genannten Schwellenwerte erreicht hat. Die Mitteilungen können gleichzeitig abgegeben werden, sind aber jeweils als Mitteilungen nach § 10 Abs. 5 bzw. § 33 WpHG zu kennzeichnen.[6]

**2. Darstellung der Auswirkungen des Angebotes auf den Bieter (§ 11 Abs. 2 S. 3** **10** **Nr. 1).** Der Bieter hat in der Angebotsunterlage die erwarteten Auswirkungen eines erfolgreichen Angebots auf die Vermögens-, Finanz- und Ertragslage des Bieters darzustellen (§ 11 Abs. 2 S. 3 Nr. 1). Da der Bieter das Pflichtangebot – anders als ein freiwilliges Übernahmeangebot – nur unter eingeschränkten Voraussetzungen mit Bedingungen versehen kann (→ § 35 Rn. 218 ff.), ist fraglich, unter welchen Voraussetzungen ein Pflichtangebot „erfolgreich" iSd § 11 Abs. 2 S. 3 Nr. 1 ist. Da der Bieter die Kontrolle über die Zielgesellschaft bereits erlangt hat, sind die Auswirkungen zu beschreiben, die zu erwarten sind, auch wenn das Angebot nicht von allen Adressaten (→ § 35 Rn. 195 ff.) angenommen wird.[7]

**3. Fristverlängerung für die Einreichung der Angebotsunterlage (§ 14 Abs. 1** **11** **S. 3).** Die Vorschrift des § 14 Abs. 1 S. 3, nach der die Frist von 4 Wochen zur Einreichung der Angebotsunterlage bei der Bundesanstalt um bis zur vier Wochen verlängert werden kann, ist auf Pflichtangebote entsprechend anwendbar (→ § 35 Rn. 184). Damit kann auch bei Pflichtangeboten eine Verlängerung der Einreichungsfrist erfolgen, wenn die Einhaltung der Vierwochenfrist im Hinblick auf Vorschriften anderer Staaten oder erforderliche Kapitalmaßnahmen nicht möglich ist.

---

[3] Ausführlicher dazu auch Kölner Komm WpÜG/*v. Bülow* Rn. 16.

[4] Kölner Komm WpÜG/*v. Bülow* Rn. 10; Assmann/Pötzsch/Schneider/*Pötzsch/Assmann/Stephan* Rn. 10.

[5] *Assmann* AG 2002, 114 (118); *Harbarth* ZIP 2002, 321 (325 f.); Kölner Komm WpÜG/*v. Bülow* Rn. 20; Assmann/Pötzsch/Schneider/*Pötzsch/Assmann/Stephan* Rn. 38, 45; Baums/Thoma/*Baums/Hecker* Rn. 10.

[6] Kölner Komm WpÜG/*v. Bülow* Rn. 13; Assmann/Pötzsch/Schneider/*Pötzsch/Assmann/Stephan* Rn. 28; Assmann/Pötzsch/Schneider/*Krause/Pötzsch* § 35 Rn. 184: „redaktionelle Zusammenfassung".

[7] Abweichend Kölner Komm WpÜG/*v. Bülow* Rn. 13 f.; Angerer/Geibel/Süßmann/*Meyer* Rn. 14; Assmann/Pötzsch/Schneider/*Pötzsch/Assmann/Stephan* Rn. 29, nach denen die Auswirkungen bei einer vollständigen Annahme des Angebotes zu beschreiben sind.

**12**  **4. Untersagung des Pflichtangebotes (§ 15).** Übermittelt der Bieter eine **unvoll-ständige** Angebotsunterlage oder **verstoßen** die in der Angebotsunterlage enthaltenen Angaben offensichtlich gegen Vorschriften des Gesetzes oder einer auf Grund des Gesetzes erlassenen Rechtsvorschrift, ist das Angebot nach § 39 iVm § 15 Abs. 1 von der Bundesanstalt zu untersagen.[8] Die **Nichterfüllung** der Verpflichtung, innerhalb einer Frist von vier Wochen die Angebotsunterlage zu übermitteln, begründet demgegenüber keine Untersagungsmöglichkeit nach § 39 iVm § 15 Abs. 1 Nr. 3, da dies – anders als beim freiwilligen Angebot – dem Schutzzweck des § 35 widersprechen würde.[9] Anders ist es, wenn die Angebotsunterlage nicht unverzüglich veröffentlicht wird. In diesem Fall besteht die Möglichkeit einer Untersagung, um die Vorlage einer neuen Angebotsunterlage zu erzwingen.

**13**  **5. Veröffentlichungspflichten (§ 23 Abs. 1 S. 1).** Die Pflicht des Bieters, die Anzahl sämtlicher ihm, den mit ihm gemeinsam handelnden Personen und deren Tochterunternehmen zustehende Wertpapiere der Zielgesellschaft einschließlich der Höhe der jeweiligen Anteile und der ihm zustehenden und nach § 30 zuzurechnenden Stimmrechtsanteile sowie die sich aus den ihm zugegangenen Annahmeerklärungen ergebende Anzahl der Wertpapiere, einschließlich der Stimmrechtsanteile, nach § 23 Abs. 1 S. 1 Nr. 1 und 2 zu veröffentlichen, gilt auch bei Pflichtangeboten. Zum Bestehen einer Veröffentlichungspflicht nach Ablauf der weiteren Annahmefrist nach § 23 Abs. 1 S. 1 Nr. 3 → § 23 Rn. 25.

**14**  **6. Unzulässigkeit von Teilangeboten (§ 32).** Über § 39 anwendbar ist auch die Vorschrift des § 32, die es verbietet, dass sich das Angebot nur auf einen Teil der Aktien erstreckt. Zu den Einzelheiten → § 32 Rn. 9 ff.; → § 35 Rn. 196 ff.

**15**  **7. Handlungen des Vorstands der Zielgesellschaft (§§ 33 ff.).** Fraglich ist, ob im Falle einer Kontrollerlangung auch die das Verhalten des Vorstandes der Zielgesellschaft regelnde Vorschrift des § 33 eingreift. Dies erscheint zunächst zweifelhaft, da der Bieter in einer solchen Situation bereits die Kontrolle über die Gesellschaft erlangt hat. Es lässt sich indessen schwerlich leugnen, dass auch ein Interesse der Zielgesellschaft bestehen kann, einen weiteren Zuerwerb von Anteilen zu verhindern. Letztlich besteht kein qualitativer Unterschied, ob die Übernahme der Gesellschaft auf Grund eines freiwilligen öffentlichen Übernahmeangebotes oder durch den Erwerb eines die Kontrollposition verschaffenden Aktienpaketes mit anschließendem Pflichtangebot erfolgt (→ § 35 Rn. 252 ff.).[10] In beiden Fällen besteht ein schützenswertes Interesse der Minderheitsaktionäre, sich – ungestört von etwaigen **Abwehrmaßnahmen des Vorstandes** der Zielgesellschaft – über eine mögliche Desinvestition ihrer Anteile zu angemessen Konditionen zu entscheiden.[11] Damit unterliegt der Vorstand auch bei einem Kontrollerwerb dem Verhinderungsverbot des § 33.[12]

---

[8] Im Jahr 2008 wurden neun Angebote, die sich auf sieben Gesellschaften bezogen, untersagt; vgl. dazu iE den Jahresbericht der BaFin 2008, 176 (182 f.). 2014 prüfte die BaFin 27 Angebotsunterlagen und gestattete in 26 Fällen deren Veröffentlichung. In einem Fall untersagte die BaFin zunächst ein Pflichtangebot. Im ersten Anlauf hatte der Bieter bis zum Ende der Prüfung keine Finanzierungsbestätigung eines unabhängigen Wertpapierdienstleistungsunternehmens vorlegen können. Erst nach ausdrücklicher Aufforderung durch die BaFin kam er seinen Pflichten nach und dies mit mehrmonatiger Verspätung. Für den Verspätungszeitraum musste er das Angebot an die Aktionäre um Verzugszinsen in Höhe von 5% über dem Basiszinssatz nach dem BGB erhöhen; vgl. Jahresbericht der BaFin 2014, 233. Im Jahr 2013 untersagte sie in einem Fall ein Angebot, da die Bietergesellschaft es im Bundesanzeiger veröffentlicht hatte, ohne zuvor eine Angebotsunterlage bei der BaFin einzureichen, vgl. Jahresbericht der BaFin 2013, 179.

[9] Kölner Komm WpÜG/*v. Bülow* Rn. 188; aA Assmann/Pötzsch/Schneider/*Krause*/*Pötzsch* § 35 Rn. 259.

[10] Baums/Thoma/*Baums*/*Hecker* Rn. 41 ff.; Kölner Komm WpÜG/*v. Bülow* Rn. 37; Assmann/Pötzsch/Schneider/*Pötzsch*/*Assmann*/*Stephan* Rn. 48; Schwark/Zimmer/*Noack*/*Zetzsche* Rn. 15; Angerer/Geibel/Süßmann/*Meyer* Rn. 21; *Brandi* in Thaeter/Brandi, Öffentliche Übernahmen, 2003, Teil 3 Rn. 308.

[11] FK-WpÜG/*Hommelhoff*/*Witt* Rn. 32; Kölner Komm WpÜG/*v. Bülow* Rn. 37; Assmann/Pötzsch/Schneider/*Pötzsch*/*Assmann*/*Stephan* Rn. 48; Baums/Thoma/*Baums*/*Hecker* Rn. 41.

[12] FK-WpÜG/*Hommelhoff*/*Witt* Rn. 32; Kölner Komm WpÜG/*v. Bülow* Rn. 37; *Brandi* in Thaeter/Brandi, Öffentliche Übernahmen, 2003, (Teil 3 Rn. 307; Steinmeyer/*Steinmeyer* § 33 Rn. 12; Assmann/Pötzsch/Schneider/*Pötzsch*/*Assmann*/*Stephan* Rn. 48; Baums/Thoma/*Baums*/*Hecker* Rn. 41.

Das Verhinderungsverbot ist darauf gerichtet, Maßnahmen zu unterlassen, die dazu füh- **16** ren, dass der Kontrollerwerber kein Pflichtangebot unterbreitet, das Pflichtangebot von den Aktionären nicht angenommen oder vom Kontrollerwerber nicht vollzogen werden kann. Dies gilt insbesondere für Maßnahmen, die geeignet sind, den Eintritt von trotz der Kontrollerlangung noch bestehenden regulatorischen Bedingungen zu verhindern, oder die einen Einfluss auf die vom Kontrollerwerber zu zahlende Gegenleistung haben können.[13] Umgekehrt steht auch fest, dass der Vorstand die nach § 33 Abs. 1 S. 2 und Abs. 2 zulässigen **Abwehrmaßnahmen** auch bei Pflichtangeboten vornehmen kann.[14] Indessen dürften die Grenzen zulässiger Verteidigungsmaßnahmen tendenziell sogar eher noch enger zu ziehen sein, als bei einem Übernahmeangebot[15] (→ § 33 Rn. 66).

Diese Erwägungen beanspruchen entsprechende Geltung, soweit es die **Stellungnahme-** **17** **pflicht** des Vorstandes und des Aufsichtsrates der Zielgesellschaft betrifft.[16] Die Minderheitsaktionäre haben auch bei Vorliegen eines Pflichtangebotes ein schützenswertes Interesse daran, die Meinung der Verwaltung über die Angemessenheit des Angebotes zu erfahren.

Eine Modifikation bedarf jedoch das in § 33d verankerte Verbot der **Vorteilsgewäh-** **18** **rung,** da der Bieter typischerweise kein Interesse an dem Erwerb der übrigen Aktien hat. Die Regelung soll demnach so interpretiert werden, dass sie dem Bieter untersagt, der Verwaltung Vorteile für die Einleitung von Abwehrmaßnahmen anzubieten oder in Aussicht zu stellen.[17] Die Vorschriften über den **Opt-In** (§§ 33a f.) und der **Vorbehalt der Gegenseitigkeit** (§ 33c) gelten allerdings auch für das Plichtangebot entsprechend.[18]

### III. Unanwendbare Vorschriften der Abschnitte 3 und 4

Von der grundsätzlichen Anwendbarkeit der Bestimmungen der Abschnitte 3 und 4 **19** nimmt das Gesetz die nachfolgenden Bestimmungen aus:

**1. Veröffentlichung der Entscheidung zur Abgabe eines Angebotes (§ 10 Abs. 1** **20** **S. 1).** Keine Anwendung findet die Bestimmung des § 10 Abs. 1 S. 1, nach der der Bieter seine Entscheidung zur Abgabe eines Angebotes unverzüglich zu veröffentlichen hat. Diese Vorschrift ist bei Pflichtangeboten unanwendbar, da Äquivalent der freiwilligen Entscheidung über die Abgabe eines Angebotes die Erlangung der Kontrolle (§ 29 Abs. 2) ist.[19] Die Veröffentlichung der Kontrollerlangung beurteilt sich nach der Vorschrift des § 35 Abs. 1 S. 1, die lex specialis gegenüber § 10 Abs. 1 ist, wobei § 35 Abs. 1 aber seinerseits wieder auf § 10 Abs. 2–6 verweist. Keine Anwendung auf Pflichtangebote finden auch die Regelungen über die Veröffentlichungspflicht bei der noch ausstehenden Zustimmung der Gesellschafterversammlung gemäß § 10 Abs. 1 S. 2 und 3, da diese die Anwendbarkeit des § 10 Abs. 1 S. 1 voraussetzen.[20]

**2. Übermittlung der Angebotsunterlage (§ 14 Abs. 1 S. 1).** Ebenfalls nicht zur **21** Anwendung gelangt die Vorschrift des § 14 Abs. 1 S. 1, die den Bieter verpflichtet, die Angebotsunterlage nach der Veröffentlichung der Entscheidung zur Abgabe eines Angebotes der Bundesanstalt zu übermitteln. Der Verweis auf diese Bestimmung ist entbehrlich, da

[13] Kölner Komm WpÜG/*v. Bülow* Rn. 38; Baums/Thoma/*Baums/Hecker* Rn. 42.

[14] Kölner Komm WpÜG/*v. Bülow* Rn. 38; Baums/Thoma/*Baums/Hecker* Rn. 41 ff.; aA FK-WpÜG/*Hommelhoff/Witt* Rn. 32.

[15] So bereits FK-WpÜG/*Hirte* § 33 Rn. 29; Assmann/Pötzsch/Schneider/*Pötzsch/Assmann/Stephan* Rn. 48; Schwark/Zimmer/*Noack/Zetzsche* Rn. 15.

[16] *Seibt/Heiser* ZHR 165 (2001), 466 (473); FK-WpÜG/*Hommelhoff/Witt* Rn. 30.

[17] Ehricke/Ekkenga/Oechsler/*Ekkenga* Rn. 2; so auch FK-WpÜG/*Hommelhoff/Witt* Rn. 32; Assmann/Pötzsch/Schneider/*Pötzsch/Assmann/Stephan* Rn. 50.

[18] Baums/Thoma/*Kiem* § 33a Rn. 23; Baums/Thoma/*Kiem* § 33c Rn. 12; Schwark/Zimmer/*Noack/Zetzsche* Rn. 16; aA FK-WpÜG/*Hommelhoff/Witt* Rn. 32.

[19] Begr. RegE, BT-Drs. 14/7034, 61; Kölner Komm WpÜG/*v. Bülow* Rn. 38; FK-WpÜG/*Hommelhoff/Witt* Rn. 13; Assmann/Pötzsch/Schneider/*Pötzsch/Assmann/Stephan* Rn. 28.

[20] Angerer/Geibel/Süßmann/*Meyer* Rn. 3; FK-WpÜG/*Hommelhoff/Witt* Rn. 13; Kölner Komm WpÜG/*v. Bülow* Rn. 12; Baums/Thoma/*Baums/Hecker* Rn. 46; NK-AktKapMarktR/*Sohbi* Rn. 3; Assmann/Pötzsch/Schneider/*Pötzsch/Assmann/Stephan* Rn. 12.

§ 35 Abs. 2 S. 1 eine an die Veröffentlichung der Kontrollerlangung anknüpfende Vorschrift enthält. Diese Vorschrift ist lex specialis gegenüber § 14 Abs. 1 S. 1.[21]

22    **3. Weitere Annahmefrist (§ 16 Abs. 2).** § 16 Abs. 2 S. 1 eröffnet bei erfolgreichen[22] Übernahmeangeboten den Aktionären der Zielgesellschaft, die das Angebot nicht angenommen haben, die Möglichkeit, dieses noch innerhalb einer Frist von 2 Wochen nach der Veröffentlichung der Wertpapier- und Stimmrechtsanteile gem. § 23 Abs. 1 S. 1 Nr. 2 anzunehmen. Die weitere Annahmefrist besteht dann nicht, wenn der Bieter das Angebot von dem Erwerb eines Mindestanteils der Aktien abhängig gemacht hat und dieser Mindestanteil nach Ablauf der Annahmefrist nicht erreicht wurde (§ 16 Abs. 2 S. 2). Nach den Erwägungen des Gesetzgebers soll diese, verbreitet auch **Zaunkönigsregelung** genannte Vorschrift der besonderen Situation der Minderheitsaktionäre Rechnung tragen, die ihre Entscheidung über die Annahme des Übernahmeangebotes faktisch nicht koordinieren können.[23] Der Zweck dieser Regelung besteht bei freiwilligen Übernahmeangeboten darin, den Aktionären, die sich während der gewöhnlichen Annahmefrist noch nicht entschlossen haben, ihre Aktien zu veräußern, das Angebot in Kenntnis des dann sicher feststehenden Kontrollerwerbs noch anzunehmen.[24] Da beim Pflichtangebot der Kontrollwechsel bereits stattgefunden hat und eine Unsicherheit über die Person des künftig kontrollierenden Gesellschafters nicht gegeben ist, besteht in der Regel **kein Bedürfnis,** den Minderheitsaktionären eine über die in § 16 Abs. 1 erweiterte Annahmefrist einzuräumen.[25] § 16 Abs. 2 ist daher bei Pflichtangeboten nicht anwendbar.[26] Gleiches gilt damit auch für die Vorschrift des § 23 Abs. 1 S. 1 Nr. 3 (Veröffentlichungspflicht nach Ablauf der weiteren Annahmefrist).[27]

23    **4. Bedingungen (§ 18 Abs. 1).** § 18 Abs. 1 verbietet es, das Angebot von solchen Bedingungen abhängig zu machen, deren Eintritt der Bieter und mit ihm gemeinsam handelnde Personen oder Tochterunternehmen oder im Zusammenhang mit dem Angebot für diese Personen und Unternehmen tätige Berater ausschließlich selbst herbeiführen können (sog. Potestativbedingungen).[28] § 39 nimmt diese Regelung von den sinngemäß anwendbaren Vorschriften aus. Auf diese Weise wollte der Gesetzgeber die grundsätzliche **Bedingungsfeindlichkeit** von Pflichtangeboten deutlich machen.[29] Der Bieter soll sich seiner Pflicht zur Abgabe eines Pflichtangebotes nicht dadurch entziehen können, dass er seine Durchführung vom Eintritt bestimmter Bedingungen abhängig macht.[30] Die Verweisungstechnik ist indessen nicht völlig geglückt.[31] Der Ausschluss der Anwendbarkeit des

---

[21] Kölner Komm WpÜG/*v. Bülow* Rn. 41; ABBD/*Kopp/v. Dryander* Sec. 39 Rn. 3; Assmann/Pötzsch/ Schneider/*Pötzsch/Assmann/Stephan* Rn. 13.

[22] AA FK-WpÜG/*Hommelhoff/Witt* Rn. 15, nach denen die Regelung des § 16 Abs. 2 auch auf nicht erfolgreiche Angebote Anwendung findet.

[23] Begr. RegE, BT-Drs. 14/7034, 46 zu § 23.

[24] Begr. RegE, BT-Drs. 14/7034, 46 zu § 16.

[25] Begr. RegE, BT-Drs. 14/7034, 62; FK-WpÜG/*Hommelhoff/Witt* Rn. 15; Assmann/Pötzsch/Schneider/ *Pötzsch/Assmann/Stephan* Rn. 14 f.; *Schwark/Zimmer/Noack/Zetzsche* Rn. 6; s. auch Ehricke/Ekkenga/ Oechsler/*Ekkenga* Rn. 5, der eine Ausnahme dann macht, wenn der Bieter seine Kontrollposition vor Ablauf der regulären Annahmefrist wieder verloren hat.

[26] Assmann/Pötzsch/Schneider/*Pötzsch/Assmann/Stephan*  Rn. 14, 34; FK-WpÜG/*Hommelhoff/Witt* Rn. 15; *Schwark/Zimmer/Noack/Zetzsche* Rn. 6; Kölner Komm WpÜG/*v. Bülow* Rn. 43 f., der darauf hinweist, dass anderes dann gilt, wenn der Stimmrechtsanteil des Bieters ausnahmsweise während der Annahmefrist unter die Kontrollschwelle von 30% absinkt und das Pflichtangebot zu einem erneuten Kontrollerwerb führt; s. ferner ABBD/*Kopp/v. Dryander* Sec. 39 Rn. 4; Angerer/Geibel/Süßmann/*Meyer* Rn. 6.

[27] Ehricke/Ekkenga/Oechsler/*Ekkenga* Rn. 11; FK-WpÜG/*Hommelhoff/Witt* Rn. 26, die die Norm allerdings dann anwenden wollen, wenn der Bieter die Kontrolle vor Ablauf der Annahmefrist wieder verliert.

[28] Zu Postativbedingungen auch den Jahresbericht der BaFin 2004, 205.

[29] Begr. RegE, BT-Drs. 14/7034, 62; zur grundsätzlichen Bedingungsfeindlichkeit von Pflichtangeboten vgl. auch den Jahresbericht der BaFin 2004, 204 f.

[30] Begr. RegE, BT-Drs. 14/7034, 62; FK-WpÜG/*Hommelhoff/Witt* Rn. 16; Assmann/Pötzsch/Schneider/ *Pötzsch/Assmann/Stephan* Rn. 17; *Fest*, ZBB 2017, 178 (179).

[31] S. auch DAV-Handelsrechtsausschuss NZG 2001, 420 (424) zum RefE; NZG 2001, 1003 (1007) zum RegE; FK-WpÜG/*Hommelhoff/Witt* Rn. 16; Angerer/Geibel/Süßmann/*Meyer* Rn. 6; Schwark/Zimmer/ *Noack/Zetzsche* Rn. 7; aA Assmann/Pötzsch/Schneider/*Pötzsch/Assmann/Stephan* Rn. 17.

§ 18 führt bei strenger Betrachtung nämlich nur dazu, dass das Verbot von Potestativbedingungen nicht gilt (→ § 35 Rn. 217). Ein generelles Verbot von Bedingungen folgt aus dieser Verweisung nicht. Es besteht jedoch Einigkeit darüber, dass das Verbot aus dem Charakter als Pflichtangebot folgt.[32]

Anderes gilt dann, wenn der Aktienerwerb im Wege des Pflichtangebots von **behördli- 24 chen Genehmigungen,** etwa von einer kartellrechtlichen Freigabeentscheidung nach § 41 GWB, abhängig ist. In diesem Fall ergibt sich aus allgemeinen Grundsätzen, dass das Angebot unter einer Bedingung abzugeben ist, da der Bieter andernfalls zu einem rechtswidrigen Verhalten verpflichtet wäre.[33] Zu den Einzelheiten → § 35 Rn. 219 ff.

Welche Auswirkungen eine Verweigerung der Genehmigung bzw. Untersagung des Akti- 25 enerwerbs für die Angebotspflicht des Bieters nachzieht, wird unterschiedlich beurteilt. Manche Stimmen gehen von einem Fortbestehen der Angebotspflicht aus, der Bieter sei nun verpflichtet, ein Angebot zu Gunsten eines Dritten (zB einer von ihm eingeschalteten Bank) herauszulegen.[34] Dagegen werden neben systematischen Überlegungen auch praktische Schwierigkeiten entgegengehalten. Es sei vielmehr davon auszugehen, dass die Verpflichtung zur Abgabe eines Angebots nach § 35 entfällt; das Pflichtangebot wird infolgedessen rechtlich unmöglich.[35] Aufgrund der Tatsache, dass der Bieter den Aktionären nun nicht mehr den Austritt aus der Gesellschaft ermöglichen kann, wird in Anlehnung an die Vorschriften der § 2b Abs. 2 S. 3 KWG und § 104 Abs. 2 S. 5 VAG die Meinung vertreten, dass den Bieter die Pflicht treffe, seine Beteiligung an der Zielgesellschaft so weit abzusenken, dass er seine kontrollierende Position aufgibt.[36] Nicht zu folgen ist der Auffassung, dass der Bieter seine Gegenleistung nach § 31 erfüllen muss, aber den Aktionären der Zielgesellschaft ihre Aktien belassen muss.[37] Überzeugender dürfte vielmehr eine Analogie zu der Vorschrift des § 59 sein, da die Ausgangssituation des in § 59 zugrunde gelegten Sachverhalts (kein Pflichtangebot trotz Kontrollerlangung) mit der hiesigen identisch ist und von einer planwidrigen Regelungslücke auszugehen ist.[38] Dadurch wäre, solange die Kontrollbeteiligung besteht, ein Rechtsverlust anzunehmen.

Die prinzipielle Bedingungsfeindlichkeit des Pflichtangebotes bedingt die Nichtanwend- 26 barkeit der Bestimmung des § 11 Abs. 2 S. 2 Nr. 5, nach der in der **Angebotsunterlage** die Bedingungen anzugeben sind, von denen die Wirksamkeit des Angebotes abhängt.[39] Gleiches gilt für die Bestimmungen des § 21 Abs. 1 Nr. 3 und 4, die einen Verzicht auf Bedingungen ermöglichen.[40] Da Pflichtangebote nach § 39 iVm § 18 Abs. 1 auch nicht von dem Erwerb eines **Mindestanteils** abhängig gemacht werden dürfen, kommt auch keine Verringerung des Mindestanteils nach § 21 Abs. 1 Nr. 3 in Betracht.[41]

**5. Zuteilung bei einem Teilangebot (§ 19).** Ebenfalls unanwendbar ist die Regelung 27 des § 19, die eine verhältnismäßige Berücksichtigung von Annahmeerklärungen für Ange-

---

[32] DAV-Handelsrechtsausschuss NZG 2001, 420 (424) zum RefE; Angerer/Geibel/Süßmann/*Meyer* Rn. 6; Steinmeyer/*Bastian* Rn. 7 und Steinmeyer/*Santelmann* § 35 Rn. 105; Assmann/Pötzsch/Schneider/*Pötzsch/ Assmann/Stephan* Rn. 17; *Liebscher* ZIP 2001, 853 (862); *Busch* AG 2002, 145; *Krause* NJW 2002, 705 (709), 713; *Holzborn/Israel* BKR 2002, 982 (986); FK-WpÜG/*Hommelhoff/Witt* Rn. 16; *Hopt* ZGR 166 (2002), 383 (418); Kölner Komm WpÜG/*v. Bülow* Rn. 6; s. auch Begr. RegE, BT-Drs. 14/7034, 62.
[33] Begr. RegE, BT-Drs. 14/7034, 62; dazu auch der Jahresbericht der BaFin 2004, 204 (VK Mühlen AG).
[34] Baums/Thoma/*Baums/Hecker* § 35 Rn. 239, 243, 246 f. iVm Rn. 233.
[35] Assmann/Pötzsch/Schneider/*Pötzsch/Assmann/Stephan* Rn. 19.
[36] Kölner Komm WpÜG/*v. Bülow* Rn. 53, 70. In eine ähnliche Richtung Schwark/Zimmer/*Noack/Zetz-sche* Rn. 8.
[37] Kölner Komm WpÜG/*Versteegen* § 37 Rn. 75.
[38] So Assmann/Pötzsch/Schneider/*Pötzsch/Assmann/Stephan* Rn. 19; krit. Kölner Komm WpÜG/*v. Bülow* Rn. 71.
[39] FK-WpÜG/*Hommelhoff/Witt* Rn. 26;   aA Assmann/Pötzsch/Schneider/*Pötzsch/Assmann/Stephan* Rn. 29.
[40] FK-WpÜG/*Hommelhoff/Witt* Rn. 25; Kölner Komm WpÜG/*v. Bülow* Rn. 18; Ehricke/Ekkenga/ Oechsler/*Ekkenga* Rn. 11; Baums/Thoma/*Baums/Hecker* Rn. 11; Assmann/Pötzsch/Schneider/*Pötzsch/Ass-mann/Stephan* Rn. 39; Angerer/Geibel/Süßmann/*Meyer* Rn. 19 f.
[41] Kölner Komm WpÜG/*v. Bülow* Rn. 18; Assmann/Pötzsch/Schneider/*Pötzsch/Assmann/Stephan* Rn. 39.

bote anordnet, die auf den Erwerb nur eines bestimmten Anteils oder einer bestimmten Anzahl der Wertpapiere gerichtet ist. Nach § 32 iVm § 39 sind Pflichtangebote wie Übernahmeangebote als Vollangebote zum Erwerb sämtlicher Aktien der Zielgesellschaft auszugestalten. Die sich aus dieser Bestimmung ergebende Möglichkeit, das Angebot als Teilangebot abzugeben, kann daher bei Pflichtangeboten nicht zur Anwendung gelangen.[42]

**28**   **6. Beschluss der Gesellschafterversammlung (§ 25).** Bei Übernahmeangeboten hat der Bieter, wenn er das Angebot unter der Bedingung eines Beschlusses seiner Gesellschafterversammlung abgegeben hat, den Beschluss unverzüglich, bis spätestens zum fünften Werktag vor Ablauf der Annahmefrist, herbeizuführen. Pflichtangebote sind indessen im Grundsatz bedingungsfeindlich (→ Rn. 23). Insbesondere ist eine **Bedingung,** nach der die Abgabe eines Pflichtangebotes von einem zustimmenden Beschluss der Gesellschafterversammlung des Bieters oder eines Mutterunternehmens abhängt, unzulässig (im Einzelnen → § 35 Rn. 225 f.).[43]

**29**   **7. Sperrfrist (§ 26).** Für den Fall, dass ein Angebot von der Bundesanstalt untersagt wurde, bestimmt § 26, dass ein erneutes Angebot des Bieters vor Ablauf eines Jahres unzulässig ist. Zwar kann die Bundesanstalt nach § 15 auch ein Pflichtangebot untersagen, wenn dieses gegen gesetzliche Bestimmungen verstößt (→ § 35 Rn. 230). Die Anordnung einer einjährigen Sperrfrist würde sich indessen nachteilig zu Lasten der Aktionäre auswirken.[44] Folgerichtig sieht § 26 Abs. 1 S. 3 eine Ausnahme von der Anordnung einer Sperrfrist für den Fall vor, dass der Bieter zur Veröffentlichung nach § 35 Abs. 1 S. 1 und zur Abgabe eines Angebotes nach § 35 Abs. 2 S. 1 verpflichtet ist. Dass der Verweis in § 39 auch diese Ausnahmeregelung umfasst, ist rechtstechnisch nicht geglückt. Vielmehr hätte § 26 Abs. 1 S. 3 von dem Verweis ausgenommen werden müssen.[45] In der Sache kann sich dies indessen nicht auswirken. Die Pflichten des Kontrollerwerbers nach § 35 Abs. 1 und 2 bleiben von einer Untersagung durch die Bundesanstalt mithin unberührt.

**30**   **8. Verweis auf Vorschriften des 3. Abschnittes (§ 34).** § 34 enthält für Übernahmeangebote einen Verweis auf die Vorschriften des Abschnittes 3. Da § 39 bereits einen entsprechenden, allerdings eingeschränkten Verweis auf die allgemeinen Bestimmungen über Angebote zum Erwerb von Wertpapieren enthält (Abschnitt 3), bedurfte es eines Verweises auf die Regelung des § 34 nicht.[46]

---

[42] Kölner Komm WpÜG/*v. Bülow* Rn. 73; ABBD/*Kopp/v. Dryander* Sec. 39 Rn. 6; Assmann/Pötzsch/Schneider/*Pötzsch/Assmann/Stephan* Rn. 23; FK-WpÜG/*Hommelhoff/Witt* Rn. 19; Angerer/Geibel/Süßmann/*Meyer* Rn. 9.

[43] Begr. RegE, BT-Drs. 14/7034, 62; FK-WpÜG/*Hommelhoff/Witt* Rn. 20; Angerer/Geibel/Süßmann/*Meyer* Rn. 10; Assmann/Pötzsch/Schneider/*Pötzsch/Assmann/Stephan* Rn. 24; Kölner Komm WpÜG/*v. Bülow* Rn. 74.

[44] Begr. RegE, BT-Drs. 14/7034, 62.

[45] FK-WpÜG/*Hommelhoff/Witt* Rn. 23; Kölner Komm WpÜG/*v. Bülow* Rn. 67 f.; Ehricke/Ekkenga/Oechsler/*Ekkenga* Rn. 9.

[46] Begr. RegE, BT-Drs. 14/7034, 62; Kölner Komm WpÜG/*v. Bülow* Rn. 79; Baums/Thoma/*Baums/Hecker* Rn. 58; Angerer/Geibel/Süßmann/*Meyer* Rn. 12; Assmann/Pötzsch/Schneider/*Pötzsch/Assmann/Stephan* Rn. 27; krit. zur Konzeption FK-WpÜG/*Hommelhoff/Witt* Rn. 24.

# Abschnitt 5a. Ausschluss, Andienungsrecht

## § 39a Ausschluss der übrigen Aktionäre

(1) [1]Nach einem Übernahme- oder Pflichtangebot sind dem Bieter, dem Aktien der Zielgesellschaft in Höhe von mindestens 95 Prozent des stimmberechtigten Grundkapitals gehören, auf seinen Antrag die übrigen stimmberechtigten Aktien gegen Gewährung einer angemessenen Abfindung durch Gerichtsbeschluss zu übertragen. [2]Gehören dem Bieter zugleich Aktien in Höhe von 95 Prozent des Grundkapitals der Zielgesellschaft, sind ihm auf Antrag auch die übrigen Vorzugsaktien ohne Stimmrecht zu übertragen.

(2) Für die Feststellung der erforderlichen Beteiligungshöhe nach Absatz 1 gilt § 16 Abs. 2 und 4 des Aktiengesetzes entsprechend.

(3) [1]Die Art der Abfindung hat der Gegenleistung des Übernahme- oder Pflichtangebots zu entsprechen. [2]Eine Geldleistung ist stets wahlweise anzubieten. [3]Die im Rahmen des Übernahme- oder Pflichtangebots gewährte Gegenleistung ist als angemessene Abfindung anzusehen, wenn der Bieter auf Grund des Angebots Aktien in Höhe von mindestens 90 Prozent des vom Angebot betroffenen Grundkapitals erworben hat. [4]Die Annahmequote ist für stimmberechtigte Aktien und stimmrechtslose Aktien getrennt zu ermitteln.

(4) [1]Ein Antrag auf Übertragung der Aktien nach Absatz 1 muss innerhalb von drei Monaten nach Ablauf der Annahmefrist gestellt werden. [2]Der Bieter kann den Antrag stellen, wenn das Übernahme- oder Pflichtangebot in einem Umfang angenommen worden ist, dass ihm beim späteren Vollzug des Angebots Aktien in Höhe des zum Ausschluss mindestens erforderlichen Anteils am stimmberechtigten oder am gesamten Grundkapital der Zielgesellschaft gehören werden.

(5) Über den Antrag entscheidet ausschließlich das Landgericht Frankfurt am Main.

(6) Die §§ 327a bis 327f des Aktiengesetzes finden nach Stellung eines Antrags bis zum rechtskräftigen Abschluss des Ausschlussverfahrens keine Anwendung.

**Schrifttum:** *Austmann/Mennicke,* Übernahmerechtlicher Squeeze-Out und Sell-Out, NZG 2004, 846; *Bork,* Zur Einbeziehung von Paketerwerben in die Erfolgsquote nach § 39a Abs. 3 S. 3 WpÜG, NZG 2011, 650; *Callies,* Europäische Gesetzgebung und nationale Grundrechte – Divergenzen in der aktuellen Rechtsprechung von EuGH und Bundesverfassungsgericht?, JZ 2009, 113; *Cascante/Tyrolt,* 10 Jahre WpÜG – Reformbedarf im Übernahmerecht?, AG 2012, 97; *Deilmann,* Aktienrechtlicher versus übernahmerechtlicher Squeeze-Out, NZG 2007, 721; *Diekmann,* Änderungen im Wertpapierhandels- und Übernahmegesetz anlässlich der Umsetzung der EU-Übernahmerichtlinie in das deutsche Recht, NJW 2007, 17; *Fleischer/Schoppe,* Squeeze-Out und Eigentumsgarantie der Europäischen Menschenrechtskonvention, DK 2006, 329; *Gehling/Heldt/Royé,* Squeeze-Out in Recht und Praxis, Studien des deutschen Aktieninstituts, 2007; *Grunewald,* die Vereinbarkeit der Angemessenheitsvermutung von § 39a Abs. 3 S. 3 WpÜG mit höherrangigen Recht, NZG 2009, 332; DAV-Handelsrechtsausschuss, Stellungnahme zum Diskussionsentwurf eines Gesetzes zur Umsetzung der Übernahmerichtlinie, NZG 2006, 177; *Hasselbach,* Das Andienungsrecht von Minderheitsaktionären nach der EU-Übernahmerichtlinie, ZGR 2005, 387; *Hasselbach,* Aktuelle Rechtsfragen des aktien- und übernahmerechtlichen Ausschlusses von Minderheitsaktionären, CFL 2010, 24; *Heidel/Lochner,* Der übernahmerechtliche Squeeze-Out und Sell-Out gemäß §§ 39a ff. WpÜG, DK 2006, 653; *Heidel/Lochner,* Verfassungsmäßigkeit der Squeeze-Out-Regelungen der umzusetzenden EU-Übernahmerichtlinie, DB 2005, 2564; *Hentzen/Rieckers,* Übernahmerechtlicher Squeeze – out – ein Nachruf?, DB 2013, 1159; *Hopt/Mülbert/Kumpan,* Reformbedarf im Übernahmerecht, AG 2005, 109; *Johannsen-Roth/Illert,* Paketerwerbe und öffentlich Übernahmeangebote im Lichte des neuen übernahmerechtlichen Squeeze-Out nach § 39a WpÜG, ZIP 2006, 2157; *Kallweit,* Die angemessene Abfindung beim übernahmerechtlichen Squeeze-Out, 2014; *v. Kann/Just,* Der Regierungsentwurf zur Umsetzung der europäischen Übernahmerichtlinie, DStR 2006, 328; *Karl,* „Öffentliche Übernahmen" börsennotierter Unternehmen in Deutschland: Halbjahresreport 2. Halbjahr 2013, CF 2014, 187; *Kießling,* Der übernahmerechtliche Squeeze-Out gemäß §§ 39a, 39b WpÜG, 2008; *Maul,* Die EU-Übernahmerichtlinie – ausgewählte Fragen, NZG 2005, 151; *Merkner/Sustmann,* BGH beendet Streit über die Berücksichtigung von Nacherwerben bei der Ermittlung des erforderlichen Aktienbesitzes für übernahmerechtlichen Squeeze-out, NZG 2013, 374; *Merkt/Binder,* Änderungen im Übernahmerecht nach Umsetzung der EG-Übernahmerichtlinie: Das deutsche Umsetzungsgesetz und verbleibende Problemfelder, BB 2006, 1285; *Meyer,* Änderungen im WpÜG durch die Umsetzung der EU-Übernahmerichtlinie, WM 2006, 1135; *Mülbert,* Umsetzungsfragen der Übernahmerichtlinie – Erheblicher Änderungsbedarf bei den heutigen Vorschriften des WpÜG, NZG 2004, 633; *Nagel,* Der übernahmerechtliche Squeeze-Out bei Schwellenwerterreichung durch Nacherwerbe jenseits der (weiteren) Annahmefrist, AG 2009, 393; *Nikoleyczik,* Neues zum übernahmerechtlichen Squeeze-out, GWR 2014, 207; *Paefgen,* Der neue übernahmerechtliche Squeeze-Out, FS Westermann, 2008, 1221; *Paefgen,* Zum Zwangsausschluss im neuen Übernahmerecht, WM 2007, 765; *Paefgen,* Zur Relevanz von Nacherwerben für den übernahmerechtlichen Squeeze-out und Sell out, ZIP 2013, 1001; *Posdziech,* Zur Rechtsnatur der Angemessenheitsvermutung beim übernahmerechtlichen Squeeze-out, WM 2010, 767 NICHT IN FN ZITIERT; *Prasuhn,* Der Schutz von Minderheitsaktionären bei Unternehmensübernahmen nach dem WpÜG, 2007; *v. Riegen,* Rechtsverbindliche Zusagen zur Annahme von Übernahmeangeboten (sog. irrevocable undertakings), ZHR 167 (2003), 702; *Ott,* Der übernahmerechtliche Squeeze-Out gem. §§ 39a f. WpÜG, WM 2008, 384; *Rühland,* Der übernahmerechtliche Squeeze-Out im Regierungsentwurf des Übernahmerichtlinie – Umsetzungsgesetzes, NZG 2006, 401; *Schlitt/Ries/Becker,* Der Ausschluss der übrigen Aktionäre gemäß §§ 39a, 39b WpÜG, NZG 2008, 700; *Schüppen,* WpÜG-Reform: Alles Europa, oder was?, BB 2006, 165; *Seibt,* Übernahmerecht: Update 2010/2011, CFL 2011, 213; *Seibt/Heiser,* Analyse der Übernahmerichtlinie und Hinweise für eine Reform des Deutschen Übernahmerechts, ZGR 2005, 200; *Seibt/Heiser,* Analyse des übernahmerechtlichen Umsetzungsgesetzes (Regierungsentwurf), AG 2006, 301; *Seiler/Rath,* Voraussetzungen des übernahmerechtlichen Squeeze-Out-95% Anteilsbesitz bis zum Ende der (weiteren) Annahmefrist, AG 2013, 252; *Simons,* Ungeklärte Zuständigkeitsfragen bei gesellschaftsrechtlichen Auseinandersetzungen, NZG 2012, 609; *Steinmeyer/Santelmann,* Zur Widerleglichkeit der Angemessenheitsvermutung beim übernahmerechtlichen Squeeze-Out, BB 2009, 674; *Stöwe,* Der übernahmerechtliche Squeeze-Out, 2007; *Süßmann,* Die Unwiderleglichkeit der Abfindungshöhe beim übernahmerechtlichen Squeeze-out, NZG 2009, 980; *Theiselmann,* Rechtsfragen des übernahmerechtlichen Squeeze-Out, DK 2009, 221; *Wilsing/Ogorek,* Die Angemessenheitsvermutung beim übernahmerechtlichen Squeeze out, GWR 2009, 211.

## Übersicht

## I. Allgemeines

**1**     **1. Regelungsinhalt.** §§ 39a f. regelt das sog. übernahmerechtliche Ausschlussverfahren. Dieses eröffnet dem Hauptaktionär nach Durchführung eines Übernahme/Pflichtangebots die Möglichkeit, noch verbliebene Aktionäre auszuschließen. Der Ausschluss erfolgt durch gerichtlichen Beschluss. Als Gegenleistung ist den ausscheidenden Aktionären im Wesentlichen dieselbe Abfindung geschuldet, die auch die Gegenleistung des vorangegangenen Angebotes war.

**2**     **2. Normzweck.** Das in § 39a niedergelegte Ausschlussrecht soll sicherstellen, dass der Bieter Restminderheiten im Anschluss an ein Übernahme/Pflichtangebot ausschließen kann. Auf diese Weise soll die Attraktivität solcher Angebote und damit des deutschen Kapitalmarktes erhöht werden,[1] da auch dann wenn nicht alle Aktionäre das Angebot annehmen, die Rechtsstellung eines Alleinaktionärs erlangt werden kann. Dies ist für den Bieter wichtig, weil nach dem Ausschluss Regeln zum Schutz der Minderheiten nicht mehr eingehalten werden müssen und sich die Unternehmensführung auf diese Weise verbilligt (→ AktG § 327a Rn. 2). Der Normzweck ist also im Unterschied zu §§ 327a ff. AktG zumindest auch auf eine Steigerung der Konkurrenzfähigkeit des deutschen Kapitalmarkts gerichtet. Dies belegt auch der Standort der Regelung im WpÜG sowie die Tatsache, dass der Squeeze-Out nach § 39a nur im Anschluss an ein Übernahme – oder Pflichtangebot durchgeführt werden kann.[2]

**3. Entstehungsgeschichte.** § 39a setzt **Art. 15 Übernahme-RL** um. Ein übernahme- **3** rechtliches Squeeze-Out Verfahren wurde erstmals 2000 in den Lesungen des gemeinsamen Standpunktes zu Übernahmerichtlinien im Europäischen Parlament vorgeschlagen und dann von der 2001 von der Kommission eingesetzten hochrangigen Gruppe von Experten auf dem Gebiet des Gesellschaftsrechts (sog. „Winter-Gruppe") aufgegriffen.[3] Der Kommissionsvorschlag für eine Übernahme-RL vom 2.10.2002[4] sah bereits eine der späteren Richtlinie weitgehend entsprechende Regelung vor (→ Rn. 7).

Die deutsche Regelung im WpÜG war **bereits im Wesentlichen im Regierungs- 4 entwurf** zu den entsprechenden Änderungen des WpÜG **enthalten**.[5] In der Stellungnahme des Bundesrates[6] wurde angeregt zu prüfen, ob die in Abs. 3 S. 3 vorgesehene unwiderlegbare Vermutung der Angemessenheit der Gegenleistung mit Art. 14 GG vereinbar ist (→ Rn. 12). Für Pflichtangebote wurde vorgeschlagen, die 90% Schwelle für die Annahme der Angemessenheit der Abfindung fallen zu lassen. Für die Fälle, in denen die 90% Schwelle nicht überschritten wurde, wurde ein Spruchverfahren für die Festsetzung der angemessenen Abfindung vorgeschlagen. Auch wurde angeregt, die Frist von Abs. 4 erst mit dem Eintritt eventuell bestehender aufschiebender Bedingungen beginnen zu lassen. Auch sollte das Verfahren nicht am LG Frankfurt konzentriert werden. In der Gegenäußerung der Bundesregierung[7] wurde gesagt, dass die verfassungsrechtlichen Bedenken nicht geteilt würden und die Angemessenheitsvermutung sowohl für Pflicht- als auch für Übernahmeangebote gelten solle, da beide Angebote denselben Preisvorschriften unterliegen. Ein Spruchverfahren sei nicht erforderlich und die Konzentrierung der Verfahren am LG Frankfurt nutze die Sachkunde und Erfahrung des Wertpaper- und Übernahmesenates am OLG Frankfurt.

**4. Vereinbarkeit mit höherrangigem Recht. a) Vereinbarkeit mit der Über- 5 nahme-RL. aa) Unwiderleglichkeit der Angemessenheitsvermutung.** In der Richtlinie heißt es, dass bei einem freiwilligen Angebot die angebotene Abfindung dann als angemessen gilt, wenn der Bieter durch die Annahme des Angebots Wertpapiere erworben hat, die mindestens 90% des vom Angebot betroffenen stimmberechtigten Kapitals entsprechen. Unter Hinweis darauf, dass die mit den Vorarbeiten zu der Richtlinie befasste Winter-Gruppe von einer widerleglichen Vermutung ausging[8] und die als Vorbild dienende britische Regelung ebenfalls eine widerlegliche Vermutung vorsieht, wird die **Ansicht vertreten, dass nur eine widerlegliche Vermutung der Richtlinie ent-**

---

[1] BT- Drs. 16/1342, 6.
[2] S. *Ott* WM 2008, 384.
[3] Schilderung bei *Hasselbach* ZGR 2005, 387 (388 f.); *Stöwe,* Der übernahmerechtliche Squeeze-Out, 2007, 37.
[4] Kommissionsvorschlag NZG 2002, 1146 = ZIP 2002, 1863.
[5] Zu den späteren geringfügigen Änderungen *Stöwe,* Der übernahmerechtliche Squeeze-Out, 2007, 45 ff.; dort auch zu den Unterschieden zum RefE.
[6] BT-Drs. 16/1342.
[7] BT-Drs. 16/1342.
[8] *Heidel/Lochner* DK 2006, 653 (656), *Kießling,* Der übernahmerechtliche Squeeze-Out gemäß §§ 39a, 39b WpÜG, 2008, 80; *Paefgen* WM 2007, 765 (767); FK-WpÜG/*Schüppen/Tretter* Vor § 39a Rn. 7, 9.

**spricht.**[9] Die Umsetzung in Österreich und den Niederlanden ist in der Tat als widerlegliche Vermutung erfolgt.[10]

6  Dieser **Argumentation** ist **nicht zu folgen.**[11] Der Wortlaut[12] („gilt") deckt sowohl eine widerlegliche wie auch eine unwiderlegliche Vermutung. Wie weit die Vorstellungen der Wintergruppe in die Endfassung der Richtlinie eingegangen sind, ist ungeklärt. Ebenfalls ungeklärt ist, inwiefern die englische Regelung des Companies Act die Übernahme-RL beeinflusst hat.

7  Für die Annahme, dass die Vermutung **unwiderleglich sein sollte,**[13] spricht, dass die im **Kommissionsvorschlag von 2002** (→ Rn. 3) in Art. 14 Abs. 4 S. 2 Übernahme-RL für den Fall, dass der Ausschluss nicht innerhalb von drei Monaten nach Ablauf der Annahmefrist ausgeübt wird, vorgesehene Festsetzung der Abfindung durch einen Sachverständigen entfallen ist. Das deutet darauf hin, dass man – da ein so später Squeeze-Out in der Endfassung gar nicht ermöglicht wurde – generell eine Sachverständigenbewertung ausschließen wollte. Das lässt sich aber nur erreichen, wenn die Vermutung nicht widerlegbar ist. Dem ließe sich allerdings entgegenhalten, dass bei Annahme einer widerleglichen Vermutung eine Einschätzung eines Sachverständigen vermutlich in vielen Fällen ebenfalls nicht erforderlich sei.

8  Da somit auch diese Argumentation nicht zwingend ist, ist davon auszugehen, dass dem Wortlaut der Richtlinie entsprechend **sowohl eine widerlegliche wie auch eine unwiderlegliche Vermutung** richtlinienkonform sind.[14]

9  **bb) Keine Sicherheitsleistung.** Nach Art. 15 Abs. 1 Übernahme-RL stellen die Mitgliedstaaten sicher, dass eine angemessene Abfindung garantiert wird. In der Lit. ist der Standpunkt vertreten worden, dass dies eine Garantie oder Sicherheitsleistung (vergleichbar etwa dem aktienrechtlichen Squeeze-Out, § 327b Abs. 3 AktG) für die Abfindung erforderlich mache.[15] **Diese Ansicht wäre nur richtig,** wenn die **Richtlinie tatsächlich so zu verstehen wäre,** dass eine **Garantie im rechtlichen Sinne** gemeint ist. Davon ist aber nicht auszugehen. Denn in anderen Richtlinien wird ebenfalls von einer Garantie gesprochen, ohne dass dadurch eine zusätzliche Sicherung durch Dritte gemeint wäre (s. etwa Art. 1 Abs. 2 lit. e Verbrauchsgüterkauf-RL, wo die Verkäufergarantie definiert wird). Auch legen die anderen Sprachfassungen die Annahme nahe, dass nicht die Bezahlung garantiert

---

[9] *Maul* NZG 2005, 151 (157); *Paefgen* FS Westermann, 2008, 1221, 1237 (1240); *Paefgen* WM 2007, 765 (767).

[10] *Gehling/Heldt/Royé,* Squeeze-Out in Recht und Praxis, 2007, 30; *Kallweit,* Die angemessene Abfindung beim übernahmerechtlichen Squeeze-Out, 2014, 134; FK-WpÜG/*Schüppen/Tretter* Vor § 39a Rn. 20; Assmann/Pötzsch/Schneider/*Seiler* Rn. 96.

[11] *Austmann/Mennicke* NZG 2004, 846 (849); Kölner Komm WpÜG/*Hasselbach* Rn. 72; *Kallweit,* Die angemessene Abfindung beim übernahmerechtlichen Squeeze-Out, 2014, 137 ff.

[12] Englisch: shall be presumed; französisch: presumée, was nach *Mülbert* NZG 2004, 633 (634); FK-WpÜG/*Schüppen/Tretter* Vor § 39a Rn. 7; *Stöwe,* Der übernahmerechtliche Squeeze-Out, 2007, 101 für eine widerlegliche Vermutung spricht; überzeugend *Kallweit,* Die angemessene Abfindung beim übernahmerechtlichen Squeeze-Out, 2014, 131: Interpretation unklar; italienisch: da considerare, was nach *Stöwe,* Der übernahmerechtliche Squeeze-Out, 2007, 101; *Mülbert* NZG 2004, 633 (634) für eine unwiderlegliche Vermutung spricht.

[13] So OLG Stuttgart ZIP 2009, 1059 (1063); *Austmann/Mennicke* NZG 2004, 846 (851); Paschos/Fleischer/*Diekmann* Rn. 90; Kölner Komm WpÜG/*Hasselbach* Rn. 72; Hölters/*Müller-Michaels* Rn. 11a; Baums/Thoma/Verse/*Merkner/Sustmann* Rn. 59; Schlitt/Ries/*Becker* NZG 2008, 700 (701); *Wilsing/Ogorek* GWR 2009, 211 (213); offengelassen in OLG Frankfurt NZG 2009, 74 (76); BeckRS 2012, 12084; NZG 2014, 543 (544).

[14] So BVerfG NZG 2012, 907 (911), offenlassend aber NZG 2012, 907 (910); *Grunewald* NZG 2009, 332 (333); *Kallweit,* Die angemessene Abfindung beim übernahmerechtlichen Squeeze-Out, 2014, 113 ff.; *Posdziech* WM 2010, 787 (791); Assmann/Pötzsch/Schneider/*Seiler* Rn. 97; *Süßmann* NZG 2009, 980; wohl auch *Rühland* NZG 2006, 401 (407); dies entspricht offensichtlich auch der Sicht der Winter-Gruppe, da Hopt, ein Mitglied dieser Gruppe, für die Umsetzung ins deutsche Recht sowohl eine widerleglich (für Übernahmeangebote) wie auch eine unwiderlegliche Vermutung (für Pflichtangebote) vorschlug: *Hopt/Mülbert/Kumpan* AG 2005, 109 (115).

[15] FK-WpÜG/*Schüppen/Tretter* Vor § 39a Rn. 10; Schwarz/Zimmer/*Noack/Zetzsche* § 39b Rn. 18; aA *Austmann/Mennicke* NZG 2004, 846 (851).

werden sollte, sondern die Ermittlung der geschuldeten Summe fair zu erfolgen hat.[16] Hinzu kommt, dass keineswegs klar ist, was unter einer „Garantie" – so sie denn erforderlich wäre – zu verstehen ist. Reicht es aus, dass der Bieter den Betrag verspricht (dann enthielte die deutsche Regelung eine Garantie) oder ist erforderlich, dass ein Dritter erklärt, er stehe für diesen Betrag ebenfalls ein. Nur wenn das Letztere gemeint wäre, wäre das deutsche Recht nicht richtlinienkonform. Denn die Finanzierungsbestätigung von § 13 Abs. 1 S. 2 bezieht sich nur auf das dem Squeeze-out vorausgegangene Angebot, nicht auf die nunmehr geschuldete Abfindung.[17] Zwischenzeitliche Verschlechterungen der Vermögenslage des Bieters sind also nicht abgesichert.

**cc) Erfordernis einer 90% Annahmequote auch bei Pflichtangebot.** Die Vermu- **10** tung von Abs. 3 S. 3 greift sowohl beim freiwilligen wie auch beim Pflichtangebot nur, wenn eine Annahmequote von 90% erreicht wird. Demgegenüber sieht die **Richtlinie vor,** dass bei Pflichtangeboten die **Vermutung greift, ohne dass eine Annahmequote von 90% erreicht wird.** Grund dafür ist, dass nur das Pflichtangebot den besonderen Anforderungen von Art. 5 Abs. 4 Übernahme-RL unterliegt. Doch besagt das eigentlich nur, dass bei Einhaltung dieser Vorgaben eine Annahmequote überflüssig ist, nach deutschem Recht also sowohl bei einem freiwilligen wie auch bei einem Pflichtangebot eine Annahmequote entbehrlich wäre.[18] Gleichwohl ist nicht davon auszugehen, dass die deutsche Regelung, die auch für Pflichtangebote die Annahmequote verlangt, gegen die Richtlinie verstößt.[19] Wie geschildert gibt die Richtlinie nicht vor, ob die Vermutung widerleglich oder unwiderleglich sein soll (→ Rn. 5 ff.). Das eröffnet dem nationalen Gesetzgeber einen erheblichen Spielraum. Dieser wird mit Schaffung einer unwiderleglichen Vermutung (→ Rn. 34), die aber eine der Richtlinie nicht fremde Annahmequote zur Voraussetzung hat, nicht überschritten.[20] Vielmehr liegt gerade die Kombination von unwiderleglicher Vermutung und hoher Annahmequote durchaus im Bereich der Richtlinie, die ja auch selbst auf beide Aspekte abstellt.

**b) Vereinbarkeit mit EMRK und Art. 17 GRCh.** Die EMRK nimmt den Rang **11** eines Bundesgesetzes ein, ist aber auch schon bei der Auslegung des Verfassungsrechts zu berücksichtigen.[21] Die Rspr. des EGMR und der EMRK zum Schutz des Eigentums an Aktien beruft sich **zur Rechtfertigung eines Eingriffs in das Eigentum auf die Förderung allgemeiner Belange**[22] **und auf den Verhältnismäßigkeitsgrundsatz** und verlangt daher bei Entzug des Eigentums einen gerechten Ausgleich, also eine Abfindung. Welche Höhe diese haben muss, lässt sich den bislang ergangenen Entscheidungen nicht rechtssicher entnehmen.[23] Entscheidend für die Vereinbarkeit der Regelung des WpÜG mit der EMRK sowie der GRCh sprechen die auch im Anwendungsbereich des Art. 14 GG (→ Rn. 13) anzustellenden Erwägungen.[24]

**c) Vereinbarkeit mit deutschem Verfassungsrecht. aa) Anwendbarkeit des deut-** **12** **schen Verfassungsrechts.** Nach der Rspr. des BVerfG ist eine Überprüfung des Unionsrechts anhand des deutschen Verfassungsrechts so lange nicht möglich wie der Grundrechts-

---

[16] Englische Fassung „That a fair price ist guaranteed" s. Kölner Komm WpÜG/*Hasselbach* Rn. 25; Assmann/Pötzsch/Schneider/*Seiler* Rn. 139.

[17] Für eine Berücksichtigung als „mittelbare" Sicherung Kölner Komm WpÜG/*Hasselbach* Rn. 26; Assmann/Pötzsch/Schneider/*Seiler* Rn. 140.

[18] *Austmann/Mennicke* NZG 2004, 846 (849); DAV-Handelsrechtsausschuss NZG 2006, 177 (180); Assmann/Pötzsch/Schneider/*Seiler* Rn. 11.

[19] Im Ergebnis ebenso *Paefgen* FS Westermann, 1221, 1235; Assmann/Pötzsch/Schneider/*Seiler* Rn. 11.

[20] *DAV-Handelsrechtsausschuss* NZG 2006, 177 (180); Kölner Komm WpÜG/*Hasselbach* Rn. 62; Assmann/Pötzsch/Schneider/*Seiler* Rn. 11.

[21] *Fleischer/Schoppe* DK 2006, 329 (330).

[22] Dies wird sehr weit verstanden, es reicht, dass die Regelung Ausdruck einer Unternehmenspolitik des Gesetzgebers ist; *Fleischer/Schoppe* DK 2006, 329 (335).

[23] Schilderung bei *Fleischer/Schoppe* DK 2006, 329 (337); *Kallweit,* Die angemessene Abfindung beim übernahmerechtlichen Squeeze-Out, 2014, 171 ff.; *Paefgen* FS Westermann, 2008, 1221 (1238).

[24] Baums/Thoma/*Merkner/Sustmann* Rn. 65; *Hasselbach* CLF 2010, 24 (33).

schutz der EU im Wesentlichen dem Grundgesetz entspricht.[25] **Soweit also eine bestimmte Regelung durch die Richtlinie vorgegeben ist, entfällt die Überprüfung an Hand des deutschen Verfassungsrechts.**[26] Da ein Squeeze-Out im Anschluss an ein Vollangebot (Art. 15 Abs. 1 Übernahme-RL) von der Richtlinie vorgeschrieben ist, stellt sich insoweit also die Frage der Verfassungsmäßigkeit nicht. Im Übrigen hat das BVerfG für den aktienrechtlichen Squeeze-Out zudem mittlerweile entschieden, dass dieser verfassungsgemäß ist (→ AktG Vor § 327a Rn. 7 ff.). Soweit eine Regelung nicht vorgegeben ist, hat eine Überprüfung anhand deutschen Verfassungsrechts stattzufinden, da Umsetzungsspielräume in einer grundrechtsschonenden Weise auszufüllen sind.[27] Da nach der hier vertretenen Ansicht (→ Rn. 8) sowohl eine widerlegliche als auch eine unwiderlegliche Vermutung in Bezug auf die Angemessenheit der Abfindung richtlinienkonform ist und sich der deutsche Gesetzgeber für eine unwiderlegliche Vermutung entschieden hat (→ Rn. 34), muss eine solche Prüfung also durchgeführt werden.

13     **bb) Vorgaben des deutschen Verfassungsrechts.** Wie ausgeführt (→ AktG Vor § 327a Rn. 7) kommt es für die verfassungsrechtliche Beurteilung entscheidend darauf an, ob der Gesetzgeber bei der **Abwägung der widerstreitenden Interessen** (Bestandsschutz für Gesellschafterstellung/unternehmerische Gestaltungsfreiheit des Bieters) die ihm durch die Verfassung gezogenen Schranken eingehalten hat. Maßgeblich ist insoweit, dass der Gesetzgeber einen legitimen Zweck mit dem Ausschluss verfolgt und sicherstellt, dass die Minderheitsaktionäre vollen Wertersatz erhalten. Er muss weiter effektiven Rechtsschutz gegen den Ausschluss gewährleisten.

14     Im Zusammenhang mit der **Angemessenheitsvermutung** geht es um die Frage, ob die Minderheitsaktionäre auch bei Annahme der Unwiderleglichkeit der Vermutung **vollen Wertersatz** für ihre Aktien erhalten. Das BVerfG verlangt, dass der Börsenkurs Berücksichtigung findet, gibt aber keine bestimmte Methode zur Unternehmensbewertung vor. Akzeptiert wurde eine Bewertung an Hand des Börsenkurses in einer dreimonatigen Referenzperiode, sofern das Gericht sich davon überzeugt, dass weder eine Marktenge bestand, noch Kurspflegemaßnahmen ergriffen wurden und auch kein Verstoß gegen Mitteilungspflichten vorlag.[28] Entgegen einer vielfach vertretenen Ansicht[29] sind diese Voraussetzungen auch bei Annahme der Unwiderleglichkeit erfüllt.[30] Die ausscheidenden Aktionäre sind auf doppelte Weise vor einer zu niedrigen Abfindung geschützt. Zum einen hat das Angebot § 31 WpÜG, §§ 4 ff. WpÜG-AV und damit dem gewichteten durchschnittlichen Börsenkurs der letzten drei Monaten zu entsprechen, wobei für den Fall, dass der Börsenkurs iSv § 5 Abs. 4 WpÜG-AV nicht aussagekräftig ist, eine Bewertung durch Sachverständige zu erfolgen hat. Zudem muss das Angebot von mindestens 90% der betroffenen Aktionäre angenommen worden sein. Auch das spricht dafür, dass die Abfindung angemessen ist. Der

[25] BVerfGE 73, 339 = NJW 1987, 577.

[26] Ausf. Schilderung der Problematik bei *Callies* JZ 2009, 113; s. auch *Handelsrechtsausschuss des DAV* NZG 2006, 177 (179); Baums/Thoma/Verse/Merkner/Sustmann Rn. 64 ff.; *Merkt/Binder* BB 2006, 1285 (1290); *Rühland* NZG 2006, 401 (407); *Ott* WM 2008, 384 (390); *Wilsing/Ogorek* BB 2008, 2038.

[27] BVerfG NJW 2005, 2289 (2291) zur Umsetzung eines Rahmenbeschlusses.

[28] BVerfG NZG 2011, 869 (870 f.); 2012, 907 (908) zu § 39a; die Entscheidung lässt offen, ob die Vermutung unwiderleglich ist und unterstellt die Widerleglichkeit.

[29] LG Frankfurt BB 2008, 2035 (2037); *Heidel* DB 2005, 2564; *Heidel/Lochner* DK 2006, 653 (656); NK-AktKapMarktR/*Heidel/Lochner* Rn. 43; *Kallweit,* Die angemessene Abfindung beim übernahmerechtlichen Squeeze-Out, 2014, 223: aber für hohe Hürde bei der Widerlegung; *Kießling,* Der übernahmerechtliche Squeeze-Out gemäß §§ 39a, 39b WpÜG, 2008, 114, der aber die Vorgaben der Richtlinie mit denen des Art. 14 GG vermischt; *Rühland* NZG 2006, 401 (405); auch Assmann/Pötzsch/Schneider/*Seiler* Rn. 105 mit Einschränkungen.

[30] Gegenäußerung BReg., BT-Drs. 16/1342, 6; OLG Stuttgart ZIP 2009, 1059 (1066); Kölner Komm WpÜG/*Hasselbach* Rn. 76 f.; *Hasselbach* CFL 2010, 24 (33); *Meyer* WM 2006, 1135 (1142); *Stöwe,* Der übernahmerechtliche Squeeze-Out, 2007, 80; *Süßmann* NZG 2009, 980 (981); *Süßmann* in Angerer/Geibel/Süßmann Rn. 16 ff.; *Theiselmann* DK 2009, 221 (225); *Seibt/Heiser* AG 2006, 301 (319): in Sonderfällen müsse der Rückgriff auf andere Bewertungsmethoden freibleiben; ähnlich *Paefgen* WM 2007, 765 (768); auch *Posdziech* WM 2010, 787 (793): Rückgriff auf Ertragswertmethode, wenn Bieter Marktenge nicht berücksichtigt; zur Missbrauchskontrolle → Rn. 35.

ausgeschlossene Aktionär kann sich zudem mit vergleichbaren Papieren eindecken, sodass ihm die allgemeinen Vorteile eines Investments in Aktien zu einem bestimmten Zeitpunkt in einer bestimmten Branche erhalten bleiben.

Wenn dem entgegenhalten wird, dass gleichwohl **die Abfindung zu gering sein** 15 **könnte, so ist dem nicht zu folgen.** Denn es ist bereits unklar, wieso ein Sachverständigengutachten (und das wäre die Alternative), das eine andere Abfindung legitimieren würde, „richtiger" sein sollte als das gesetzlich vorgesehene Bewertungsverfahren. Aus Sicht des Bieters liegt es nahe, einen so ermittelten, mehr oder weniger gegriffenen Wert, der der Marktprobe nicht unterzogen wurde, so er denn höher als der vermutete Wert ist,[31] für nicht angemessen zu halten. In der Tat spricht nichts dafür, dass der Sachverständigenwert in irgendeiner Weise richtiger[32] oder gar verfassungsrechtlich vorgeschrieben wäre.[33] Vielmehr steht mittlerweile fest, dass es zur Bestimmung des Unternehmenswertes mehrere Berechnungsmethoden gibt, die – obgleich die Ergebnisse einander nicht entsprechen – alle akzeptabel sind. Hinzu kommt, dass der Bieter ein legitimes Interesse an einem praktikablen Ausschluss hat. Wenn der ausscheidende Aktionär die Möglichkeit hat, durch Vorlage von Gutachten die Angemessenheit anzuzweifeln und seinen Ausschluss auf diese Weise zu verzögern, besteht die Gefahr endloser Streitigkeiten über die Angemessenheit der Abfindung.[34]

In der Lit. wird daher, sofern die Widerleglichkeit der Vermutung befürwortet wird, 16 regelmäßig nicht der „Normalfall" diskutiert, sondern auf Fallgestaltungen hingewiesen, in denen der Börsenkurs unter Verstoß gegen Insider- Regeln oder gegen die Ad-hoc-Mitteilungspflicht zu Stande gekommen oder sonst manipuliert ist.[35] Diese Gefahr ist in der Tat gegeben. Wenn dem so ist, stehen dem Minderheitsaktionär immerhin Schadensersatzansprüche nach § 97 WpHG (es läge ein Fall von § 97 Abs. 1 Nr. 2 WpHG „veräußert" vor), §§ 826, 823 BGB zu.[36] In **Extremfällen** hilft der Einwand des **Rechtsmissbrauchs** (→ Rn. 35). Dieser kann allerdings nicht schlicht darauf gestützt werden, dass es Wertgutachten gibt, die eine höhere Abfindung zur Folge hätten. Sofern man das akzeptieren würde, wäre die mit der Annahme der Unwiderleglichkeit der Vermutung verbundene Intention des Gesetzes obsolet. Dem Hinweis auf den Rechtsmissbrauch lässt sich nicht entgegenhalten, dass eine Manipulation der genannten Art nur schwer zu beweisen sei. Denn auch bei Annahme einer widerleglichen Vermutung ist der ausscheidende Aktionär unstreitig verpflichtet, die Tatsachen darzulegen und zu beweisen, die die Vermutung widerlegen sollen.

**5. Verhältnis zum aktienrechtlichen und verschmelzungsrechtlichen Squeeze-** 17 **Out/Praktische Bedeutung.** Zu dem Verhältnis zum Ausschluss nach §§ 327a ff. AktG → AktG Vor § 327a Rn. 15. Der Ausschluss nach **§ 62 Abs. 5 UmwG** setzt voraus, dass

---

[31] Vor der Entscheidung BVerfG NZG 1999, 931 – DAT/Altana, die den Börsenwert als Untergrenze festlegte, lag der von Sachverständigen ermittelte Wert oftmals unter dem Börsenkurs s. *Stöwe, Der übernahmerechtliche Squeeze-Out,* 2007, 91 ff., 81.

[32] *Austmann/Mennicke* NZG 2004, 846 (850); *Grunewald* NZG 2009, 332 (334); *Schwarz/Zimmer/Noack/Zetzsche* Rn. 22; *Steinmeyer/Santelmann* Rn. 8a; *Schlitt/Ries/Becker* NZG 2008, 700 (701); *Wilsing/Ogorek* BB 2008, 2038 (2039); für den Regelfall auch *Paefgen* FS Westermann, 2008, 1221 (1244); *Rühland* NZG 2006, 401 (404); auch *Stöwe, Der übernahmerechtliche Squeeze-Out,* 2007, 100: aber mit Ausnahme für den Fall der Marktenge, da dann gemäß § 5 Abs. 4 WpÜG-AV der Unternehmenswert durch Gutachten und nicht auf der Basis des Börsenkurses ermittelt werde. Aber dem kann auch nicht durch ein weiteres Sachverständigengutachten abgeholfen werden. Auch *Seibt/Heiser* ZGR 2005, 200 (246) mit Ausnahme für Aktien iSv § 5 Abs. 3 WpÜG-AV (Aktien noch keine drei Monate zum Handel zugelassen). Dieser Fall wird kaum praktische werden, wäre aber in der Tat problematisch, da der Kurs dann nicht aussagekräftig ist; aA Verfassungsrecht gebiete unwiderlegbare Vermutung *Heidel/Lochner* DK 2006, 653 (655).

[33] So auch OLG Frankfurt ZIP 2009, 74 (78); OLG Stuttgart ZIP 2009, 1059 (1067 f.); Kölner Komm WpÜG/*Hasselbach* Rn. 78.

[34] *Merkt/Binder* BB 2006, 1285 (1291); *Steinmeyer/Santelmann* Rn. 31c; *Schlitt/Ries/Becker* NZG 2008, 700, 701; *Wilsing/Ogorek* BB 2008, 2038 (2039).

[35] *Paefgen* FS Westermann, 2008, 1221, 1245; *Rühland* NZG 2006, 401 (406); *Assmann/Pötzsch/Schneider/Seiler* Rn. 105.

[36] S. OLG Stuttgart ZIP 2009, 1059 (1071); *Falkner* ZIP 2008, 1775 (1776); Kölner Komm WpÜG/*Hasselbach* Rn. 77; *Steinmeyer/Santelmann* Rn. 32.

lediglich 90% des Kapitals der übertragenden AG der übernehmenden Aktiengesellschaft gehören. Das beinhaltet eine erhebliche Erleichterung gegenüber § 39a. Allerdings kann der Squeeze-out-Beschluss nach dieser Norm nur innerhalb von drei Monaten nach Abschluss eines Verschmelzungsvertrages erfolgen. Ein weiterer Vorteil des Vorgehens nach § 62 Abs. 5 UmwG liegt darin, dass die Höhe der Abfindung im Spruchverfahren überprüft wird und daher Streitigkeiten in diesem Zusammenhang den Ausschluss nicht blockieren. Die praktische Bedeutung des Squeeze-Out nach § 39a ist bislang gering.[37]

## II. Voraussetzungen des Ausschlusses

18　**1. Vorangegangenes Übernahme- oder Pflichtangebot.** Der Squeeze-Out nach § 39a setzt nach Abs. 1 S. 1 voraus, dass der Bieter zuvor ein Übernahme- oder Pflichtangebot abgegeben hat. Damit sind **Angebote nach § 29 Abs. 1 bzw. § 35 Abs. 2 gemeint.** Für andere Angebote (Aufstockungsangebote) gilt die Norm nach ihrem klaren Wortlaut nicht.[38] Es bleibt dann die Möglichkeit, einen Squeeze-Out nach §§ 327a ff. AktG oder § 62 Abs. 5 UmwG durchzuführen oder die Voraussetzungen für ein Pflichtangebot (etwa durch Abgabe von Anteilen)[39] zu schaffen. Möglich ist auch die Abgabe von Aktien an eine Tochter oder eine Zweckgesellschaft[40] in einer Höhe, die die Tochter/Zweckgesellschaft zur Abgabe eines Pflichtangebotes veranlasst.[41] Da auch dann die für Pflichtangebote geltenden Regeln, die dem Schutz der außenstehenden Aktionäre dienen, eingreifen, liegt kein Missbrauch vor. Dagegen reicht es nicht aus, wenn ein Aufstockungsangebot wie ein Übernahme- oder Pflichtangebot durchgeführt wurde.[42] Der Wortlaut ist insoweit eindeutig. Gleiches gilt für die Begründung.[43] Da für Aufstockungsangebote § 31 nicht gilt und es sich eventuell auch nur an wenige Aktionäre richtet, ist die gesetzliche Regelung auch sachgerecht.[44]

19　**2. Squeeze-Out-Berechtigter. a) Bieter.** Den Squeeze-Out durchführen kann nur der Bieter (§ 2 Abs. 4) – **gleich welche Rechtsform** er hat – des vorangegangenen Übernahme- oder Pflichtangebotes. Dies gilt auch, wenn der Bieter ein Akquisitionsvehikel ist,[45] zB in der Rechtsform der BGB-Gesellschaft.[46] Es reicht nicht aus, dass ein Anderer auch hätte Bieter sein können oder müssen (etwa im Falle des § 30 Abs. 2).[47] Das Recht zum Squeeze-Out nach § 39a geht allerdings (etwa im Falle der Verschmelzung) auf den Gesamtrechtsnachfolger über, da es sich nicht um ein höchstpersönliches Recht handelt. Für die ausscheidenden Aktionäre ist es – abgesehen von der Bonität- gleichgültig, wer den Ausschluss betreibt. Sofern ernsthafte Zweifel an der Bonität des Hauptschuldners bestehen, kann in Einzelfällen ein Missbrauch (→ Rn. 35) vorliegen.

[37] *Seibt* CFL 2011, 213 (238): vier Verfahren Stand 2011; *Hentzen/Rieckers* DB 2013, 1159: 7 Verfahren, Stand 2013; *Seibt* CFL 2013, 145 (166): Verfahren nach § 327a AktG werden bevorzugt; zu erwarteten Verfahren *Karl* CF 2014, 187 (190).

[38] Kölner Komm WpÜG/*Hasselbach* Rn. 33; NK-AktKapMarktR/*Heidel/Lochner* Rn. 21; Baums/Thoma/Verse/*Merkner/Sustmann* Rn. 15; Hölters/*Müller-Michaels* Rn. 6; *Paefgen* FS Westermann, 2008, 1221, 1232; Steinmeyer/*Santelmann* Rn. 10; FK-WpÜG/*Schüppen/Tretter* Rn. 18; Assmann/Pötzsch/Schneider/*Seiler* Rn. 38; Angerer/Geibel/Süßmann/*Süßmann* Rn. 14; aA *Austmann/Mennicke* NZG 2004, 846.

[39] Kölner Komm WpÜG/*Hasselbach* Rn. 33; Assmann/Pötzsch/Schneider/*Seiler* Rn. 38.

[40] Assmann/Pötzsch/Schneider/*Seiler* Rn. 38.

[41] Baums/Thoma/Verse/*Merkner/Sustmann* Rn. 16; Steinmeyer/*Santelmann* Rn. 11; Assmann/Pötzsch/Schneider/*Seiler* Rn. 38; *Stöwe,* Der übernahmerechtliche Squeeze-Out, 2007, 56 f.

[42] Zu den Voraussetzungen, unter denen dann auf die Angemessenheitsvermutung zurückgegriffen werden kann, *Grunewald* NZG 2009, 332 (335).

[43] BT-Drs. 16/1003, 21.

[44] AA *Seibt/Heiser* AG 2006, 301 (308); wie hier Angerer/Geibel/Süßmann/*Süßmann* Rn. 14; s. auch DAV-Handelsrechtsausschuss NZG 2006, 177 (182); *Ott* WM 2008, 384 (388) mit Vorschlägen zum Ausgleich für die Nichtanwendbarkeit; auch der Hinweis von *Stöwe,* Der übernahmerechtliche Squeeze-Out, 2007, 57, man könne durch Übertragung von Aktien auf Spezialgesellschaften ein Pflichtangebot stets provozieren, ändert nichts daran, dass dieses Angebot dann eben auch entsprechend überprüft wurde.

[45] NK-AktKapMarktR/*Heidel/Lochner* Rn. 13; Baums/Thoma/Verse/*Merkner/Sustmann* Rn. 13; Steinmeyer/*Santelmann* Rn. 12; Assmann/Pötzsch/Schneider/*Seiler* Rn. 36.

[46] Schwark/Zimmer/*Noack/Zetzsche* Rn. 1.

[47] *Ott* WM 2008, 384 (386); Steinmeyer/*Santelmann* Rn. 12.

**b) Erwerb der Beteiligung. Wie** der Bieter die **erforderliche Beteiligungshöhe** 20 **erreicht** hat, spielt keine Rolle. Insbesondere ist es nicht erforderlich, dass er eine bestimmte Quote aufgrund des Angebots erworben hat.[48] Es ist daher auch gleichgültig, ob der Bieter schon vor Abgabe des Angebotes Aktien besaß[49] oder durch einen Paketerwerb[50] die erforderliche Beteiligungshöhe erreicht hat. Insbesondere liegt kein Missbrauch vor, wenn der Bieter für den Aufbau der Beteiligung ein günstiges Marktumfeld genutzt hat.[51] Dies gilt auch, wenn die Angemessenheitsvermutung genutzt werden soll, da diese nur greift, wenn 90% der außenstehenden Aktionäre das Angebot für fair hielten und angenommen haben. Darin liegt die Absicherung der Aktionäre, die nun ausgeschlossen werden. Ebenfalls zulässig und oftmals auch zweckmäßig ist es, durch schuldrechtliche Abreden schon vor Abgabe des Angebots die Annahme des Angebots durch Aktionäre abzusichern (irrevocable undertakings; s. auch → Rn. 29),[52] da auch in diesem Fall das Angebot akzeptiert wird. Zu dem Fall, dass die Beteiligungshöhe durch eine Kapitalerhöhung bzw. durch Pooling zu Stande kommt, → AktG § 327a Rn. 20 ff.

**c) Erforderliche Beteiligungshöhe/Rechtsverluste des Bieters.** Gemäß Abs. 1 S. 1 21 muss dem Bieter **95% des stimmberechtigten Kapitals** gehören, der Bieter also Inhaber von Mitgliedschaften in dieser Höhe ist (→ AktG § 319 Rn. 12; → AktG § 327a Rn. 6 f.). Nicht erforderlich ist, dass der Bieter die Stimmrechte auch ausüben kann, da es nicht um die Durchführung einer Abstimmung, sondern um die Kapitalbeteiligung geht. Auch Rechtsverluste, die sich auf die Verwaltungsrechte und Vermögensrechte des Bieters beziehen (§ 44 WpHG, § 20 Abs. 7 AktG), haben nicht zur Folge, dass diese Aktien nicht als dem Bieter gehörend berücksichtigt würden. Zwar zielt der Ausschluss auf die Vereinfachung der Unternehmensführung, aber er hängt nicht davon ab, dass Verwaltungsrechte des Bieters bestehen. Vielmehr stellt das Gesetz allein auf die Kapitalbeteiligung ab.[53] § 16 Abs. 2, Abs. 4 AktG sind anwendbar (Abs. 2; näher → AktG § 16 Rn. 29 ff., → AktG § 16 Rn. 43). Bei der Berechnung bleiben Vorzugsaktien ohne Stimmrecht unberücksichtigt, sodass – falls die Hälfte des Kapitals Vorzugsaktien sind – für den Squeeze-Out bereits 47,5% des Gesamtkapitals ausreichen.[54] Sofern Vorzugsaktionäre ausgeschlossen werden sollen, muss dem Bieter außerdem[55] („zugleich") 95% des Grundkapitals gehören (Abs. 1 S. 2; → Rn. 24).

**d) Maßgeblicher Zeitpunkt.** Der BGH hat entschieden, dass die **Beteiligungshöhe** 22 **jedenfalls bei Ablauf der weiteren Annahmefrist nach § 16** vorliegen muss. Offengelassen hat er, ob die Beteiligungshöhe bereits innerhalb der ursprünglichen Annahmefrist erreicht sein muss. Zur Begründung hat er angeführt, dass nur in diesem Fall das Übernahme/Pflichtangebot erfolgreich war. Auch verliere die Angemessenheitsvermutung mit zunehmendem Zeitablauf an Überzeugungskraft.[56] Diese Sichtweise wird zur Folge haben, dass das Ausschlussrecht noch weiter an Bedeutung verliert, da ein Bieter innerhalb dieser kurzen Zeitspanne kaum je eine entsprechende Beteiligungshöhe erreichen wird. Des Wei-

---

[48] Begr. RegE, BT-Drs. 16/1003, 21; BGH NZG 2013, 223 (224); *Bork* NZG 2011, 650; NK-AktKap-MarktR/*Heidel/Lochner* Rn. 19; *Johannsen-Roth/Illert* ZIP 2006, 2157 (2159); Baums/Thoma/Verse/*Merkner/Sustmann* Rn. 20; FK-WpÜG/*Schüppen/Tretter* Vor § 39a Rn. 16; Assmann/Pötzsch/Schneider/*Seiler* Rn. 45; Angerer/Geibel/Süßmann/*Süßmann* Rn. 9; *Stöwe*, Der übernahmerechtliche Squeeze-Out, 2007, 55; *Theiselmann* DK 2009, 221 (222).

[49] Kölner Komm WpÜG/*Hasselbach* Rn. 37, 42; *Ott* WM 2008, 384 (387).

[50] Paschos/Fleischer/*Diekmann* § 26 Rn. 76; Hölters/*Müller-Michaels* Rn. 6; *Paefgen* WM 2007, 765 (766); *Theiselmann* Der Konzern 2009, 221 (222).

[51] Kölner Komm WpÜG/*Hasselbach* Rn. 49 f.; Assmann/Pötzsch/Schneider/*Seiler* Rn. 52.

[52] Kölner Komm WpÜG/*Hasselbach* Rn. 50; Assmann/Pötzsch/Schneider/*Seiler* Rn. 52.

[53] OLG Frankfurt NZG 2014, 543 (544); Baums/Thoma/Verse/*Merkner/Sustmann* Rn. 29; Steinmeyer/*Santelmann* Rn. 14; Angerer/Geibel/Süßmann/*Süßmann* Rn. 8; aA Kölner Komm WpÜG/*Hasselbach* Rn. 38; Schwark/Zimmer/Noack/*Zetzsche* Rn. 5; offen Assmann/Pötzsch/Schneider/*Seiler* Rn. 46.

[54] *Ott* WM 2008, 384 (386).

[55] *Ott* WM 2008, 384 (386); Steinmeyer/*Santelmann* Rn. 16.

[56] BGH NZG 2013, 223 (224 f.) zu § 39c; krit. dazu Bürgers/Körber/*Holzborn/Müller* Rn. 7; *Merkner/Sustmann* NZG 2013, 374 (376 f.); *Paefgen* ZIP 2013, 1001; *Hentzen/Rieckers* DB 2013, 1159.

teren überzeugt die Entscheidung auch deshalb nicht, weil die Norm auch gilt, wenn die Angemessenheitsvermutung nicht genutzt wird.[57] Es besteht deshalb kein irgendwie zwingender oder logischer Zusammenhang zwischen Angemessenheitsvermutung und Zeitpunkt, zu dem die erforderliche Beteiligungshöhe erreicht sein muss. Da das Angebot auch erfolgreich ist,[58] wenn die Beteiligungshöhe innerhalb der Frist von § 16 Abs. 2 S. 1 erzielt wird und zugleich Wertschwankungen innerhalb dieser relativ kurzen Spanne nicht wahrscheinlich sind,[59] sollte auch vom Ausgangspunkt des BGH zumindest diese Frist für den Beteiligungserwerb offen stehen,[60] zumal der Gesetzeswortlaut keinerlei Einschränkungen nennt und daher eigentlich eine noch längere Frist nicht ausgeschlossen wäre.[61] Dem entspricht die Begründung zum Gesetzesentwurf,[62] in der es heißt, der Erwerb müsse im engen zeitlichen Zusammenhang mit der Transaktion erfolgen. Nicht erforderlich ist, dass die Beteiligungshöhe bis zum Ende des Verfahrens erhalten bleibt.[63] Das Gesetz verlangt dies nicht. Es reicht aus, dass die Beteiligungshöhe bei Antragstellung vorliegt. Dies entspricht auch dem Wortlaut von Abs. 1.

23   **3. Betroffene Aktionäre.** Sofern der Bieter 95% des stimmberechtigten Grundkapitals hält, kann er die **Aktionäre mit Stimmrecht** ausschließen. Nicht möglich ist es, diese nur zum **Teil auszuschließen,** da der Beschlussinhalt vorgegeben ist. Auch will das Gesetz nur dem Interesse des Bieters an der Vereinfachung Rechnung tragen, die mit dem vollständigen Ausschluss der Minderheit verbunden ist.

24   Sofern der Bieter zudem 95% des gesamten Grundkapitals hält, kann er auch den Ausschluss der **Vorzugsaktionäre** ohne Stimmrecht beantragen (Abs. 1 S. 2). Die Richtlinie spricht verschiedene Gattungen in Art. 15 Abs. 3 S. 2 Übernahme-RL an und macht damit deutlich, dass ein Ausschluss auch insoweit möglich ist.[64] Der Bieter muss aber nicht 95% der Vorzugsaktien halten. Es reicht aus, wenn er 95% des gesamten Grundkapital hält.[65] Er kann sich auch auf den Ausschluss der Stammaktionäre beschränken. Nicht möglich ist es, nur die Vorzugsaktionäre auszuschließen, da der Wortlaut („auch") insoweit eindeutig ist.[66] In diesem doppelten Erfordernis liegt der besondere Schutz der Vorzugsaktionäre, die sonst mit ihrem Ausschluss auch rechnen müssten, ohne dass der Bieter die Stammaktien ebenfalls übernimmt. Zu Optionen und Wandelschuldverschreibungen → § 39b Rn. 23.

### III. Die Abfindung

25   **1. Art der Abfindung.** Gemäß Abs. 3 S. 1 hat die Art der Abfindung der **Gegenleistung des Angebotes** zu entsprechen. Mit „Art" der Gegenleistung ist nicht die Höhe,

---

[57] *Merkner/Sustmann* NZG 2013, 374 (376); *Paefgen* ZIP 2013, 1001 (1003).

[58] Zudem gilt § 39a nicht nur, wenn das Angebot erfolgreich war, *Paefgen* ZIP 2013, 1001 (1003).

[59] Zudem sind sie oftmals auch gleichgültig, da der Ausschluss in jedem Fall auf der Basis des Angebots erfolgt, *Merkner/Sustmann* NZG 2013, 374 (376); *Hentzen/Rieckers* DB 2013, 1159 (1162); *Paefgen* ZIP 2013, 1001 (1003).

[60] OLG Frankfurt NZG 2014, 543 (544); so NK-AktKapMarktR/*Heidel/Lochner* Rn. 20; *Derlin* BB 2013, 591; *Merkt* FS U. H. Schneider, 2011, 811 (828 f.); *Seiler/Rath* AG 2013, 252; Assmann/Pötzsch/Schneider/ *Seil* Rn. 49.

[61] Für Angebotsfrist des Abs. 4 S. 1 OLG Frankfurt ZIP 2012, 1602 (1605); Kölner Komm WpÜG/ *Hasselbach* Rn. 46 f.; *Nagel* AG 2009, 393 (394); *Ott* WM NZG 2008, 384 (387). Für „engen zeitlichen Zusammenhang" *Bork* NZG 2011, 650 (651); *Deilmann* NZG 2007, 721 (722); *Meyer* WM 2006, 1135 (1142).

[62] BT-Drs. 16/1003, 21.

[63] *Stöwe*, Der übernahmerechtliche Squeeze-Out, 2007, 55; aA LG Frankfurt BeckRS 2011, 26940; NK-AktKapMarktR/*Heidel/Lochner* Rn. 14; Steinmeyer/*Santelmann* Rn. 13; Baums/Thoma/Verse/*Merkner/Sustmann* Rn. 22.

[64] Nach Art. 15 Abs. 3 S. 2 können die Mitgliedstaaten vorsehen, dass ein Ausschlussrecht nur in der Gattung ausgeübt werden kann, in der der Schwellenwert erreicht ist.

[65] Schwarz/Zimmer/*Noack/Zetzsche* Rn. 6; Assmann/Pötzsch/Schneider/*Seiler* Rn. 61; aA Steinmeyer/ *Santelmann* Rn. 15.

[66] Kölner Komm WpÜG/*Hasselbach* Rn. 42; Baums/Thoma/Verse/*Merkner/Sustmann* Rn. 24; Hölters/ *Müller-Michaels* Rn. 7; Steinmeyer/*Santelmann* Rn. 16; Assmann/Pötzsch/Schneider/*Seiler* Rn. 62; aA Schwark/Zimmer/*Noack/Zetzsche* Rn. 7; *Paefgen* WM 2007, 765 (770).

sondern die Form (so ausdrücklich Art. 15 Abs. 5 S. 1 Übernahme-RL), also Aktien oder Geld, gemeint.[67] Wahlweise muss aber stets eine Zahlung in Geld angeboten werden (Abs. 3 S. 3). Dies gestattet Art. 15 Abs. 5 Übernahme-RL den Mitgliedstaaten.

**2. Höhe der Abfindung.** Nach Abs. 1 S. 1 muss die **Abfindung angemessen sein.** **26** Dies entspricht der Regelung von § 305 Abs. 1 AktG (näher → AktG § 305 Rn. 1 ff.). Maßgeblich ist der Zeitpunkt, der auch für die Berechnung des ursprünglichen Angebots maßgeblich war, da dieses im Regelfall erstreckt wird.[68]

Die Abfindung muss **nicht mindestens die Höhe des Angebotes** haben.[69] Abs. 3 S. 1 **27** verlangt nur, dass die „Art" der Abfindung dem Angebot entspricht. Auch betont Abs. 1 S. 1 lediglich, dass die Abfindung angemessen zu sein hat. Möglich ist auch eine Erhöhung. Bei der Festlegung einer Geldleistung muss nicht so wie in der WpÜG-AV beschrieben vorgegangen werden.[70] Da diese Berechnungsweise bei Fehlen des Markttestes nicht zwingend zu einer angemessenen Abfindung führt, eine solche vom Gesetz aber gerade verlangt wird, wäre es sinnwidrig, eine Abfindung in genau dieser Höhe festzuschreiben. Dies gilt auch, wenn es sich ursprünglich um ein **Tauschangebot** handelte und daher erstmals eine Geldleistung festgesetzt wird. Auch dann muss nicht wie in der Angebotsverordnung vorgesehen verfahren werden.[71] Es ist aber erlaubt, so zu verfahren, da dies im Anwendungsbereich des WpÜG die übliche Methode ist.[72] Zu bewerten sind dann die Aktien der Zielgesellschaft, da der betroffene Aktionär diese verliert, nicht die ursprünglich im Tausch angebotenen Aktien.[73] Es geht nicht darum, das ursprüngliche Angebot in Geld „abzubilden", sondern die Aktionäre für den Verlust ihrer Aktien zu entschädigen.

**a) Voraussetzungen der Angemessenheitsvermutung.** Nach Abs. 3 S. 3 ist die im **28** Rahmen eines vorausgegangenen Übernahme/Pflichtangebotes offerierte Abfindung unter bestimmten Voraussetzungen als angemessen anzusehen. Erforderlich dafür ist, dass der Bieter aufgrund des Angebots Aktien in bestimmter Höhe erworben hat. Aktien sind dann aufgrund des Angebots erworben, wenn die Gegenleistung dem Angebot entspricht und die Übertragung auch sonst zu **den Bedingungen des Angebots und nach Veröffentlichung** der Angebotsunterlage[74] erfolgt ist. In diesem Fall wird „aufgrund des Angebots" erworben, da der Aktionär den Inhalt des Angebotes (Übertragung der Aktien zu diesem Preis,[75] zu diesem Zeitpunkt) akzeptiert und damit zu der Richtigkeitsgewähr des Marktes beiträgt. Daraus folgt zugleich, dass ein Erwerb vor Abgabe des Angebotes unberücksichtigt bleibt.[76] In die Quote kann ein Erwerb bis zum Zeitpunkt des Ablaufs der Antragsfrist nach § 39a Abs. 4 eingerechnet werden.[77] Zwar wird dann formal betrachtet das alte Angebot

[67] AA *Stöwe,* Der übernahmerechtliche Squeeze-Out, 2007, 77.

[68] AA Assmann/Pötzsch/Schneider/*Seiler* Rn. 68 für den Börsenkurs von Tauschaktien. Es komme auf das Wirksamwerden des Ausschlusses an (doch bestimmt sich der nach § 39b Abs. 5), allg. so NK-AktKapMarktR/ *Heidel/Lochner* Rn. 51.

[69] Hölters/*Müller-Michaels* Rn. 12; *Kallweit,* Die angemessene Abfindung beim übernahmerechtlichen Squeeze-Out, 2014, 253; Angerer/Geibel/Süßmann/*Süßmann* Rn. 21; aA Baums/Thoma/Verse/*Merkner/ Sustmann* Rn. 31.

[70] Kölner Komm WpÜG/*Hasselbach* Rn. 56; FK-WpÜG/*Schüppen/Tretter* Rn. 20; Angerer/Geibel/Süßmann/*Süßmann* Rn. 21; *Stöwe,* Der übernahmerechtliche Squeeze-Out, 2007, 79; aA wohl Hölters/*Müller-Michaels* Rn. 12.

[71] AA Baums/Thoma/Verse/*Merkner/Sustmann* Rn. 32; *Ott* WM 2008, 384 (388); *Paefgen* WM 2007, 765 (766); Steinmeyer/*Santelmann* Rn. 22; Angerer/Geibel/Süßmann/*Süßmann* Rn. 15.

[72] Begr. RegE, BT-Drs. 16/1003, 22; *Paefgen* WM 2007, 765 (766); Steinmeyer/*Santelmann* Rn. 22; aA NK-AktKapMarktR/*Heidel/Lochner* Rn. 51.

[73] Assmann/Pötzsch/Schneider/*Seiler* Rn. 69; aA Kölner Komm WpÜG/*Hasselbach* Rn. 82; Baums/ Thoma/Verse/*Merkner/Sustmann* Rn. 32.

[74] *Johannsen-Roth/Illert* ZIP 2006, 2157 (2160); *Paefgen* WM 2007, 765 (769); aA *Bork* NZG 2011, 650 (654): Ab Veröffentlichung der Mitteilung nach § 10 Abs. 3, aber dann steht der Inhalt des Angebots noch nicht fest.

[75] AA *Nagel* AG 2009, 393 (400): Preis gleichgültig, aber gerade der soll dem Markttest unterliegen.

[76] *Kießling,* Der übernahmerechtliche Squeeze-Out gemäß §§ 39a, 39b WpÜG, 2008, 152; *Johannsen-Roth/Illert* ZIP 2006, 2157 (2160); *Paefgen* FS Westermann, 2008, 1221, 1249 f.

[77] *Nagel* AG 2009, 393 (400); ähnlich OLG Frankfurt ZIP 2012, 1602 (1606), wo auf die Frage abgestellt wird, ob die Frist von § 39c maßgeblich sein könnte, was nach Ansicht des OLG der Fall sein könnte, wenn

nicht mehr angenommen, da es nicht mehr annahmefähig ist. Aber wirtschaftlich betrachtet, geht es nach wie vor um dieselben Konditionen. Spätere Erwerbe stützen die Vermutung nicht mehr, da nach Ablauf längerer Fristen Marktbewegungen (und nicht die Fairness des Angebotes) entscheidend gewesen sein können.

29    Auch eine **unwiderrufliche Verpflichtung,** das Angebot zu akzeptieren, (sog. irrevocable undertakings[78]), reicht aus.[79] Dem steht auch der Wortlaut der Norm nicht entgegen. Zwar wird dann das Angebot nicht frei (also ungebunden durch vorherige Absprachen) angenommen, aber maßgeblich für die Absprache (und damit ihr Grund) ist das Angebot gleichwohl. Allerdings muss der Preis bei Abgabe der Verpflichtung bereits feststehen, da andernfalls die für § 39a Abs. 3 S. 3 erforderliche Akzeptanz der Abfindung durch den Markt nicht vorliegt. Hat sich der Aktionär **widerruflich verpflichtet** oder hat er ein Rücktrittsrecht, so reicht es aus, wenn der Preis bis zu dem Zeitpunkt fest steht, zu dem der Aktionär sich noch lösen kann. Eine Bezugnahme auf die gesetzlich festgelegte Berechnungsweise des Angebotspreises reicht im Grundsatz aus, da auf diesem Weg die Gegenleistung bestimmt ist. Der Aktionär kann in der Verpflichtung auch einen geringeren Preis (etwa ohne Erhöhung) akzeptieren, da er auch dann zum Ausdruck bringt, dass er das Angebot jedenfalls für angemessen hält.[80] Der Zeitpunkt, zu dem das Geschäft durchgeführt werden soll, muss in dem genannten Zeitrahmen (→ Rn. 28) liegen, also bis Ablauf der Antragsfrist erfolgen.[81] Dies gilt auch, wenn der Aktionär nur widerruflich verpflichtet ist, das Angebot anzunehmen und auch, wenn ein Rücktrittsrecht besteht. Denn dann macht der Aktionär dadurch, dass er den Rücktritt nicht erklärt bzw. sein Angebot nicht widerruft, deutlich, dass er den Preis akzeptiert. Es reicht daher aus, dass er sich bis zum Ende des maßgeblichen Zeitraums nicht löst und später nicht mehr lösen kann. Sofern ein unwiderrufliches Angebot vom Bieter genutzt wird, das bereits bindend war, bevor der Preis für das öffentliche Angebot feststand, kann es wie geschildert nicht in die 90% Annahmequote eingerechnet werden. Die Aktien sind dann bereits dem Bieter zuzurechnen, sodass sie nicht zu der Summe gehören, auf die sich die 90%-Quote bezieht.[82]

30    Es spielt keine Rolle, ob die Aktien **durch Annahme eines öffentlichen Angebots** oder durch ein **direktes Geschäft** mit dem Hauptaktionär bzw. über die Börse erworben werden.[83] Dem steht auch der Wortlaut der Norm nicht entgegen. Zwar wird dann nicht das Angebot angenommen, aber maßgeblich für die Veräußerung zu dieser Zeit und zu diesem Preis (und damit Grund) ist das Angebot regelmäßig doch. Ob das in jedem Einzelfall so ist, wird nicht überprüft, zumal auch für die Annahme des Angebots ganz unterschiedliche Aspekte ausschlaggebend sein können (zB eine wirtschaftliche Notlage).[84] Die unter-

---

die Andienung die Annahme des alten Angebots wäre. Die Fristen unterscheiden sich minimal; zum Fristbeginn bei § 39c → § 37c Rn. 17. Letztlich lässt das OLG die Frage offen.

[78] Baums/Thoma/Verse/*Merkner/Sustmann* Rn. 37; *Riegen* ZHR 167 (2003), 702 (703).

[79] LG Frankfurt ZIP 2008, 1769; OLG Frankfurt ZIP 2009, 74 (75); NZG 2014, 543 (545); *Bork* NZG 2011, 650 (653); *Deilmann* NZG 2007, 721 (723); Kölner Komm WpÜG/*Hasselbach* Rn. 64; *Kießling,* Der übernahmerechtliche Squeeze-Out gemäß §§ 39a, 39b WpÜG, 2008, 153; Baums/Thoma/Verse/*Merkner/Sustmann* Rn. 38; *Paefgen* FS Westermann, 2008, 1221, 1250; Assmann/Pötzsch/Schneider/*Seiler* Rn. 77; *Steinmeyer/Santelmann* BB 2009, 674 (677); *Theiselmann* DK 2009, 221 (223); aA NK-AktKapMarktR/*Heidel/Lochner* Rn. 65a; FK-WpÜG/*Schüppen/Tretter* Rn. 25.

[80] Assmann/Pötzsch/Schneider/*Seiler* Rn. 77; Angerer/Geibel/Süßmann/*Süßmann* Rn. 11.

[81] Da der BGH fordert, dass die Beteiligungshöhe früher erreicht ist (→ Rn. 22), spielt dies meist keine Rolle.

[82] LG Frankfurt NZG 2013, 422 (423); Bürgers/Körber/*Holzborn/Müller* §§ 39a–39c Rn. 10; Baums/Thoma/Verse/*Merkner/Sustmann* Rn. 38; Schwark/Zimmer/*Noack/Zetzsche* Rn. 25; Assmann/Pötzsch/Schneider/*Seiler* Rn. 74.

[83] BGH NZG 2013, 223 (224); OLG Frankfurt BeckRS 2012, 12084; *Deilmann* NZG 2007, 721 (723); Kölner Komm WpÜG/*Hasselbach* Rn. 66; Baums/Thoma/Verse/*Merkner/Sustmann* Rn. 40; *Mock/Winkelmann* BB 2009, 152; *Ott* WM 2008, 384 (389); *Paefgen* FS Westermann, 2008, 1221, 1250; *Steinmeyer/Santelmann* BB 2009, 674 (676); Angerer/Geibel/Süßmann/*Süßmann* Rn. 10; *Theiselmann* DK 2009, 221 (224); aA für Erwerb über die Börse Schwark/Zimmer/*Noack/Zetzsche* Rn. 27; offengelassen von OLG Frankfurt ZIP 2009, 74 (76).

[84] *Hentzen/Rieckers* DB 2013, 1159 (1164).

schiedliche Form der Abwicklung ist für die Angemessenheitsvermutung ohne Bedeutung. Hinzu kommt, dass es bei einem Direkterwerb oftmals sogar zu Verhandlungen kommt. Wenn diese mit dem Angebotspreis enden, ist dies ein weiteres Indiz dafür, dass der Preis tatsächlich angemessen ist.[85] Dem lässt sich auch nicht entgegen halten, dass der Aktionär bei Parallelerwerben den Preis eventuell früher erhält als bei Annahme des Angebots.[86] Dem steht der Wortlaut der Norm entgegen, der auf das Angebot und nicht auf den Zeitpunkt der Annahme abstellt. Auch wenn für den Parallelerwerb mehr gezahlt wird als im Angebot vorgesehen, wird der Parallelerwerb einbezogen, da sich dann der Angebotspreis gemäß § 31 Abs. 4 erhöht.[87]

Werden **Aktien von Gesellschaften erworben, auf die der Bieter beherrschenden** 31 **Einfluss hat,** werden diese nicht in die 90% Quote einberechnet. Insoweit fehlt es an einer vom Bieter unabhängigen Entscheidung mit der Folge, dass die Voraussetzungen für die Bildung eines fairen Marktpreises nicht gegeben sind.[88] Hierzu zählen eigene Aktien der Zielgesellschaft[89] sowie Aktien, die von abhängigen Unternehmen der Zielgesellschaft[90] oder des Bieters gehalten werden. Auch Aktien, die Mutter- oder Schwestergesellschaften und von diesen abhängigen Unternehmen gehören, werden nicht eingerechnet. Diese Gesellschaften werden unter Berücksichtigung der Interessen des Bieters über die Annahme entscheiden und können daher den Markttest nicht stützen.[91] Gleiches gilt für Aktien, die für Rechnung solcher Unternehmen im Besitz Dritter sind oder über deren Veräußerung die genannten Unternehmen sonst bestimmen können. Die Tatsache, dass die Voraussetzungen des § 30 Abs. 2 erfüllt sind, reicht für das Hinausrechnen aus der Annahmequote im Regelfall aus.[92] Die Aktien sind dem Bieter zuzurechnen. Sie werden also auch bei der Berechnung der Zahl, auf die sich die 90% bezieht, nicht einbezogen.[93] Andernfalls wäre es dem Bieter oftmals gar nicht einmal theoretisch möglich, den Markttest erfolgreich zu bestehen.

Sofern die Zielgesellschaft sowohl **stimmberechtigte als auch stimmrechtslose** 32 **Aktien ausgegeben hat, ist die Quote für jede Gattung gesondert** zu berechnen (Abs. 3 S. 4), da die Wertvorstellungen des Marktes in Bezug auf diese Aktien auseinandergehen.

Werden **Aktien von Vorstands- oder Aufsichtsratsmitgliedern** des Bieters erwor- 33 ben, werden sie in die Annahmequote eingerechnet.[94] Zwar ist anzunehmen, dass diese Personen das Angebot des Bieters unterstützen. Aber gleichwohl zeigen sie durch die Abgabe ihrer Aktien, dass sie das Angebot für fair halten. Sollten an diese Personen „Sonderzahlungen" für die Annahme des Angebots geflossen sein, führt dies, sofern die Vorteile eingerechnet werden können, zu einer Erhöhung des Angebots gemäß § 31.[95] Sofern die Vorteile nicht bezifferbar sind, wären die Aktien nicht zum Angebotspreis erworben und könnten die Angemessenheitsvermutung nicht mehr stützen (→ Rn. 35).

---

[85] *Hentzen/Rieckers* DB 2013, 1159 (1163); Baums/Thoma/Verse/*Merkner/Sustmann* Rn. 40; Assmann/Pötzsch/Schneider/*Seiler* Rn. 80.

[86] OLG Frankfurt BeckRS 2012, 12084; Assmann/Pötzsch/Schneider/*Seiler* Rn. 80.

[87] Baums/Thoma/Verse/*Merkner/Sustmann* Rn. 40; Steinmeyer/*Santelmann* Rn. 28; *Wilsing/Ogorek* GWR 2009, 211 (212); aA NK-AktKapMarktR/*Heidel/Lochner* Rn. 65b.

[88] *Deilmann* NZG 2007, 721 (722); *Johannsen-Roth/Illert* ZIP 2006, 2157 (2160); *Kießling,* Der übernahmerechtliche Squeeze-Out gemäß §§ 39a, 39b WpÜG, 2008, 152; *Paefgen* FS Westermann, 2008, 1221, 1249; Steinmeyer/*Santelmann* Rn. 25.

[89] *Ott* WM 2008, 384 (389); Steinmeyer/*Santelmann* Rn. 24.

[90] *Ott* WM 2008, 384 (389); Steinmeyer/*Santelmann* Rn. 24.

[91] *Nikoleyczik* GWR 2014, 207 (209); Assmann/Pötzsch/Schneider/*Seiler* Rn. 73; in der Tendenz auch LG Frankfurt ZIP 2011, 2469 (2471).

[92] OLG Frankfurt ZIP 2014, 617 (621); NK-AktKapMarktR/*Heidel/Lochner* Rn. 65b.

[93] LG Frankfurt ZIP 2011, 2469 (2471); OLG Frankfurt ZIP 2014, 617 (621); *Nikoleyczik* GWR 2014, 207 (209 f.); Assmann/Pötzsch/Schneider/*Seiler* Rn. 73; für mit dem Bieter konzernverbundene Unternehmen ebenso Schwark/Zimmer/*Noack/Zetzsche* Rn. 27.

[94] LG Frankfurt ZIP 2011, 2469 (2471); OLG Frankfurt BeckRS 2012, 12084; ZIP 2014, 617 (621); *Hentzen/Rieckers* DB 2013, 1159 (1164); Baums/Thoma/Verse/*Merkner/Sustmann* Rn. 36; Schwark/Zimmer/*Noack/Zetzsche* Rn. 27; Assmann/Pötzsch/Schneider/*Seiler* Rn. 82; aA NK-AktKapMarktR/*Heidel/Lochner* Rn. 65a.

[95] Baums/Thoma/Verse/*Merkner/Sustmann* Rn. 36.

**34**   **b) Die Folgen des Eingreifens der Angemessenheitsvermutung.** Gemäß Abs. 3 S. 3 gilt die Abfindung unter den beschriebenen Voraussetzungen als angemessen. Umstritten ist, ob mit dieser Formulierung eine **widerlegliche oder unwiderlegliche Vermutung** gemeint ist. Wie geklärt (→ Rn. 5 ff., → Rn. 14 ff.) gibt es insoweit weder europarechtliche noch verfassungsrechtliche Vorgaben. Auch ist der **Wortlaut der Norm** nicht eindeutig. Klar ist aber **der historische Wille des Gesetzgebers.** In der Begründung[96] wird unzweideutig gesagt, dass S. 3 eine unwiderlegliche Vermutung enthalten solle. Da auch **der Normzweck** – es geht auch um die Vermeidung langjähriger gerichtlicher Auseinandersetzungen im Spruch- oder Klageverfahren[97] – für eine unwiderlegliche Vermutung spricht, ist davon auszugehen, dass die Vermutung nicht widerleglich ist.[98]

**35**   Allerdings kann es sein, dass die Berufung auf die Vermutung im Einzelfall **rechtsmissbräuchlich** (Fallgruppe unredlicher Erwerb der eigenen Rechtsposition)[99] ist.[100] Dies ist der Fall, wenn der Bieter die Basis der Berechnung der Abfindung manipuliert hat. Ein Beispiel dafür wäre der Fall, dass der Bieter einen relevanten Vorerwerb nicht offen gelegt hat[101] oder Verstöße gegen Art. 17 MAR begangen hat.[102] Dagegen reicht es nicht aus, wenn die Angebotsunterlage unrichtig ist. Vielmehr muss sich die Unrichtigkeit auf einen Punkt beziehen, der den Preis betrifft oder sonst für die Entscheidung über die Annahme maßgeblich ist.[103] Auch ist vorsätzliches Handeln erforderlich, da nur dann von einem rechtsmissbräuchlichen Verhalten gesprochen werden kann. Stellungnahmen der Zielgesellschaft (§ 27) und falsche Ad-hoc-Mitteilungen können dem Bieter nicht ohne weiteres zugerechnet werden.[104]

**36**   **c) Folgen, wenn die Angemessenheitsvermutung nicht eingreift.** Wie geschildert ist eine angemessene Abfindung geschuldet. Greift die Vermutung von Abs. 3 S. 3 nicht ein oder will der Bieter sie nicht nutzen, so muss der **Bieter darlegen und notfalls mit einem Sachverständigengutachten beweisen,** dass die angebotene Abfindung angemessen ist. Sofern ihm das nicht gelingt, wird der Antrag abgewiesen.[105] Analog § 327b Abs. 1 S. 2 AktG ist der Vorstand berechtigt und verpflichtet, dem Bieter die für die Berechnung der Abfindung erforderlichen Unterlagen zur Verfügung zu stellen.[106] Der Anspruch richtet sich wie im direkten Anwendungsbereich von § 327b Abs. 1 S. 2 AktG gegen die AG. Er beruht auf dem Mitgliedschaftsrecht und ermöglicht es dem Bieter, sein Ausschlussrecht zu realisieren. Das Gericht kann zwar auf Grund des Amtsermittlungsgrundsatzes selbst Untersuchungen anstellen (→ § 39b Rn. 9). Es kann aber nicht von sich aus die Abfindung höher festsetzen, da es an einem Antrag zur Übertragung der Aktien unter diesen Voraussetzungen fehlt (→ § 39b Rn. 9).

---

[96] BT- Drs. 16/1003, 22; dazu auch OLG Stuttgart ZIP 2009, 1059 (1062).
[97] BT- Drs. 16/1003, 14.
[98] OLG Stuttgart ZIP 2009, 1059 (1060); *Diekmann* NJW 2007, 17; *Grunewald* NZG 2009,332, 334; *v. Kann/Just* DStR 2006, 328; *Meyer* WM 2006, 1135 (1142); *Steinmeyer/Santelmann* Rn. 31; *Schlitt/Ries/Becker* NZG 2006, 700; *Seibt/Heiser* AG 2006, 301 (319); offen OLG Frankfurt NZG 2014, 543 (544).
[99] MüKoBGB/*Schubert* BGB § 242 Rn. 253.
[100] *Bungert/Meyer* EWiR 2012, 539 (540); *Grunewald* NZG 2009, 332 (334); *Steinmeyer/Santelmann* Rn. 32; Assmann/Pötzsch/Schneider/*Seiler* Rn. 101; *Seiler/Wittgens* EWiR 2009, 353 (354); aA Kölner Komm WpÜG/*Hasselbach* Rn. 77; Baums/Thoma/Verse/*Merkner/Sustmann* Rn. 69; nur Schadensersatzansprüche. Aber diese setzen voraus, dass ein Schadenseintritt abgewartet wird und zudem schwer durchsetzbar; aA auch *Steinmeyer/Santelmann* BB 2009, 674 (676): Squeeze-Out insgesamt unzulässig, aber nur die Berufung auf die Vermutung ist zu beanstanden; s. auch *Posdziech* WM 2010, 787 (793), der Schadensersatzansprüche bejaht und offen lässt, ob der Bieter sich auf die Vermutung berufen kann.
[101] AA *Steinmeyer/Santelmann* Rn. 32: nur Schadensersatzansprüche.
[102] Ähnlich *Paefgen* FS Westermann, 2008, 1221, 1245.
[103] Weitergehend *Paefgen* FS Westermann, 2008, 1221, 1245; abl. Assmann/Pötzsch/Schneider/*Seiler* Rn. 103, der aber die Vermutung in diesen Fällen für widerleglich hält, Assmann/Pötzsch/Schneider/*Seiler* Rn. 105.
[104] *Steinmeyer/Santelmann* BB 2009, 674 (675); aA *Paefgen* FS Westermann, 2008, 1221, 1245.
[105] *Falkner* ZIP 2008, 1775 (1777); Assmann/Pötzsch/Schneider/*Seiler* Rn. 107; *Steinmeyer/Santelmann* BB 2009, 674 (676).
[106] NK-AktKapMarktR/*Heidel/Lochner* Rn. 55; Baums/Thoma/Verse/*Merkner/Sustmann* Rn. 77.

Eine **Erhöhung** der angebotenen Abfindung **durch den Bieter** während des Verfahrens 37 ist möglich.[107] Dies gilt auch nach Ablauf der Antragsfrist, da diese nur sicher stellen soll, dass der Ausschluss in unmittelbarem zeitlichen Zusammenhang mit einem Übernahme-/Pflichtangebot erfolgt. Um eine endgültige Festlegung der Angebotshöhe geht es insoweit nicht. Eine Erhöhung führt nicht zu einer Nachzahlungspflicht nach § 31 Abs. 5 S. 1, da die Voraussetzungen von S. 2 erfüllt sind.[108]

**Nicht möglich** ist es, die **Höhe der Abfindung im Spruchverfahren überprüfen** 38 zu lassen.[109] Eine entsprechende Anregung des Bundesrates[110] hat der Gesetzgeber bewusst nicht aufgegriffen. Es fehlt daher an einer Regelungslücke.

**3. Sicherheitsleistung.** Das **Gesetz** sieht – anders als in § 327b Abs. 3 AktG – nicht 39 vor, dass der Bieter für die Abfindung Sicherheit leisten müsste (→ Rn. 9). Daher ist eine solche auch nicht zu verlangen.[111] Allerdings können die Regeln des Rechtsmissbrauchs einem Ausschluss entgegen stehen, wenn die Gefahr besteht, dass der Bieter die Abfindung nicht erbringen wird (Fallgruppe Ausnutzung einer formalen Rechtsposition im Widerspruch zu den der Regelung zugrundeliegenden Wertungen).[112] Der Bieter kann die drohende Abweisung seines Antrags auf Übertragung der Aktien dann durch Stellung einer Sicherheit abwenden.

### IV. Antrag auf Übertragung (Abs. 4, Abs. 5)

**1. Inhalt des Antrags.** Der gerichtliche Beschluss ergeht auf Antrag des Bieters. Der 40 Antrag muss den Antragsteller und die Zielgesellschaft näher bezeichnen sowie das in Bezug genommene Angebot erläutern. Es muss auch dargelegt werden, dass der Bieter 95% der in Rede stehenden Aktien hält. Soll die Angemessenheitsvermutung genutzt werden, müssen auch die entsprechenden Voraussetzungen dargelegt werden. Andernfalls muss erläutert werden, warum die angebotene Abfindung angemessen ist. Es reicht aber aus, wenn innerhalb der Antragsfrist Antragsteller, Zielgesellschaft und Angebot genannt werden und deutlich wird, dass das Ausschlussverfahren nach § 39a betrieben werden soll. Nähere Erläuterungen können nachgereicht werden. Auch ist eine Erhöhung des Angebotes wie geschildert (→ Rn. 37) möglich.

**2. Antragsfrist.** Der gerichtliche Beschluss ergeht **auf Antrag des Bieters.** Der Antrag 41 **kann frühestens gestellt werden,** wenn das Angebot in der erforderlichen Höhe angenommen wurde (Abs. 4 S. 2). Der Antrag muss spätestens drei Monate nach Ende der Annahmefrist gestellt werden (Abs. 4 S. 1). Der dingliche Übertragungsakt muss noch nicht erfolgt sein. Begründet ist der Antrag aber natürlich nur, wenn die Aktien auch übertragen sind (→ § 39b Rn. 8). Auf diese Weise wird dem Bieter die Möglichkeit eröffnet, einen Squeeze-Out auch dann zu beantragen, wenn (etwa wegen kartellrechtlicher Probleme) das Angebot bedingt ist und diese Bedingung erst nach Ablauf der Annahmefrist eintritt (kartellrechtliche Genehmigung).[113]

---

[107] Baums/Thoma/Verse/*Merkner*/*Sustmann* Rn. 76; Steinmeyer/*Santelmann* § 39b Rn. 14; Assmann/Pötzsch/Schneider/*Seiler* Rn. 119.

[108] Baums/Thoma/Verse/*Merkner*/*Sustmann* Rn. 76; Steinmeyer/*Santelmann* § 39b Rn. 14; Assmann/Pötzsch/Schneider/*Seiler* Rn. 119.

[109] Wie hier OLG Stuttgart ZIP 2009, 1059 (1060); OLG Celle ZIP 2010, 830 (831); Kölner Komm WpÜG/*Hasselbach* Rn. 58; *Johannsen-Roth*/*Illert* ZIP 2006, 2157 (2159); Baums/Thoma/Verse/*Merkner*/*Sustmann* Rn. 46 *Ott* WM 2008, 384 (390); Assmann/Pötzsch/Schneider/*Seiler* Rn. 111; de lege ferenda für ein Spruchverfahren *Cascante*/*Tyrolt* AG 2012, 97 (113); aA *Falkner* ZIP 2008, 1775 (1777); Assmann/Pötzsch/Schneider/*Seiler* Rn. 112; *Mock*/*Winkelmann* BB 2009, 126 (127).

[110] BT-Drs. 16/1342, 4.

[111] Angerer/Geibel/Süßmann/*Süßmann* Rn. 23; aA bei Zweifeln an der Solvenz des Antragstellers Steinmeyer/*Santelmann* § 39b Rn. 14.

[112] MüKoBGB/*Schubert* BGB § 242 Rn. 245.

[113] Kölner Komm WpÜG/*Hasselbach* Rn. 91; Baums/Thoma/Verse/*Merkner*/*Sustmann* Rn. 73 f.; *Prasuhn,* Der Schutz von Minderheitsaktionären bei Unternehmensübernahmen nach dem WpÜG, 2007, 169; *Stöwe,* Der übernahmerechtliche Squeeze-Out, 2007, 105; die Regelung geht zurück auf eine Stellungnahme des Handelsrechtsausschuss des DAV NZG 2006, 177 (181).

**42**    Ist die **Angebotsfrist verlängert** (§ 16 Abs. 1, Abs. 3), so läuft auch die Antragsfrist später an.[114] Dies gilt auch für den Fall von § 16 Abs. 2,[115] da auch in dieser Zeitspanne der Bieter noch aufgrund des Angebotes erwirbt und es daher angemessen ist, ihm die dreimonatige Überlegungsfrist noch nach Ablauf dieser Nachfrist einzuräumen. Dem entspricht der Wortlaut der Normen, die beide von der Annahmefrist sprechen. Die **Frist berechnet sich** nach §§ 187 ff. BGB (s. den Verweis in § 16 Abs. 2 FamFG auf § 222 Abs. 1 ZPO).[116] Nach Ablauf der Frist ist der Antrag unzulässig. Eine Wiedereinsetzung in den vorigen Stand ist nicht möglich.[117]

**43**    **3. Gerichtliche Zuständigkeit.** Nach Abs. 5 ist bundesweit sachlich und örtlich zuständig ausschließlich das LG Frankfurt. Es liegt eine Handelssache iSv § 95 Abs. 2 Nr. 2 GVG, § 71 Abs. 2 Nr. 4 lit. f GVG vor.[118] Verfassungsrechtliche Bedenken (Verstoß gegen die Länderautonomie) bestehen nicht.[119]

## V. Verhältnis zum aktienrechtlichen Squeeze-Out (Abs. 6)

**44**    Der Bieter entscheidet, ob er einen aktien- oder einen übernahmerechtlichen Squeeze-Out durchführen will. Allerdings kann er **nach Stellung des Antrags nach § 39a bis zur rechtskräftigen Entscheidung** über diesen Antrag das **aktienrechtliche Verfahren nicht durchführen** (Abs. 6). Einer rechtskräftigen Entscheidung steht die Rücknahme des Antrags gleich, da auch so das Verfahren endgültig beendet wird.[120] Sofern die Vermutung von Abs. 3 S. 3 genutzt werden kann, spricht für den übernahmerechtlichen Squeeze-Out, dass so Bewertungsstreitigkeiten vermieden werden können (zu anderen Vor- und Nachteilen → AktG Vor § 327a Rn. 15). Zwar ist die nach Abs. 3 S. 3 ermittelte Höhe der Abfindung nicht nur im übernahmerechtlichen Squeeze-Out als angemessen anzusehen,[121] sodass auch im aktienrechtlichen Ausschlussverfahren die Abfindung wie geschildert berechnet werden kann. Solange dies aber von der Rspr. noch nicht entschieden ist, bleibt eine gewisse Rechtsunsicherheit.

**45**    Sofern ein **Verfahren nach §§ 327a ff AktG bereits begonnen** wurde, wird dieses **unterbrochen.** Führt das Verfahren nach § 39a **zu keinem Erfolg,** kann das **Ausschlussverfahren nach § 327a AktG wieder aufgenommen** werden.[122] Es muss kein neues Verfahren begonnen werden. Diese Vorgehensweise ist aus verfahrensökonomischen Gründen sinnvoll, benachteiligt die Minderheitsaktionäre nicht (da stets nur ein Ausschlussverfahren betrieben wird) und ist auch mit dem Wortlaut von Abs. 6 („bis zum rechtskräftigen Abschluss des Ausschlussverfahren") vereinbar. Eine Eintragung des Beschlusses nach § 327a AktG darf während des Verfahrens nach § 39a nicht erfolgen. Ein Rechtsstreit über die Wirksamkeit des Hauptversammlungsbeschlusses wird ausgesetzt.[123] Ein Beschluss nach § 327a AktG, der während des Verfahrens nach § 39a gefasst wird, ist anfechtbar, da die Vorgaben von Abs. 6 nicht beachtet wurden.[124]

---

[114] Steinmeyer/*Santelmann* Rn. 37; FK-WpÜG/*Schüppen/Tretter* Rn. 32.

[115] Kölner Komm WpÜG/*Hasselbach* Rn. 90; Baums/Thoma/Verse/*Merkner/Sustmann* Rn. 71; Steinmeyer/*Santelmann* Rn. 37; FK-WpÜG/*Schüppen/Tretter* Rn. 33; Angerer/Geibel/Süßmann/*Süßmann* Rn. 24; aA Schwark/Zimmer/*Noack/Zetzsche* Rn. 36.

[116] Baums/Thoma/Verse/*Merkner/Sustmann* Rn. 71.

[117] NK-AktKapMarktR/*Heidel/Lochner* Rn. 66; Baums/Thoma/Verse/*Merkner/Sustmann* Rn. 72; Schwark/Zimmer/*Noack/Zetzsche* Rn. 40; Steinmeyer/*Santelmann* Rn. 41.

[118] Baums/Thoma/Verse/*Merkner/Sustmann* Rn. 78; Assmann/Pötzsch/Schneider/*Seiler* Rn. 131; *Simons* NZG 2012, 609 (611).

[119] LG Frankfurt AG 2009, 421 (422).

[120] Schwark/Zimmer/*Noack/Zetzsche* Rn. 51.

[121] LG Hannover ZIP 2010, 585; *Grunewald* NZG 2009, 332 (335).

[122] Kölner Komm WpÜG/*Hasselbach* Rn. 104; Schwark/Zimmer/*Noack/Zetzsche* Rn. 47; Assmann/Pötzsch/Schneider/*Seiler* Rn. 142 aA NK-AktKapMarktR/*Heidel/Lochner* Rn. 73; Baums/Thoma/Verse/*Merkner/Sustmann* Rn. 88: neues Verfahren erforderlich.

[123] Assmann/Pötzsch/Schneider/*Seiler* Rn. 142, im Grundsatz auch Schwark/Zimmer/*Noack/Zetzsche* Rn. 48 mit Ausnahme für den kaum denkbaren Fall, dass die Klage Auswirkungen auf die Kompensationshöhe haben könnte.

[124] Baums/Thoma/Verse/*Merkner/Sustmann* Rn. 88; aA Hölters/*Müller-Michaels* Rn. 16; FK-WpÜG/*Schüppen/Tretter* Rn. 41: nichtig; aA auch Assmann/Pötzsch/Schneider/*Seiler* Rn. 142: nur Eintragungshindernis.

Eine Regelung für das **Verhältnis des übernahmerechtlichen zum verschmel-** 46
**zungsrechtlichen Sqzeeze-out-Verfahren** (§ 62 Abs. 5 UmwG) fehlt. Zur Vermeidung
parallel laufender Verfahren, die zu unterschiedlichen Abfindungen und Abwicklungsmodalitäten und damit zu Verwirrungen führen könnten, sollte man – zumal § 62 Abs. 5 UmwG
auf den aktienrechtlichen Squeeze-out verweist – § 39a Abs. 6 analog anwenden.[125]

## § 39b Ausschlussverfahren

(1) **Auf das Verfahren für den Ausschluss nach § 39a ist das Gesetz über das
Verfahren in Familiensachen und in den Angelegenheiten der freiwilligen Gerichtsbarkeit anzuwenden, soweit in den nachfolgenden Absätzen nichts anderes
bestimmt ist.**

(2) **Das Landgericht hat den Antrag auf Ausschluss nach § 39a in den Gesellschaftsblättern bekannt zu machen.**

(3) **¹Das Landgericht entscheidet durch einen mit Gründen versehenen
Beschluss. ²Der Beschluss darf frühestens einen Monat seit Bekanntmachung der
Antragstellung im Bundesanzeiger und erst dann ergehen, wenn der Bieter glaubhaft gemacht hat, dass ihm Aktien in Höhe des zum Ausschluss mindestens erforderlichen Anteils am stimmberechtigten oder am gesamten Grundkapital der Zielgesellschaft gehören. ³Gegen die Entscheidung des Landgerichts findet die
Beschwerde statt; sie hat aufschiebende Wirkung.**

(4) **¹Das Landgericht hat seine Entscheidung dem Antragsteller und der Zielgesellschaft sowie den übrigen Aktionären der Gesellschaft, sofern diese im
Beschlussverfahren angehört wurden, zuzustellen. ²Es hat die Entscheidung ferner
ohne Gründe in den Gesellschaftsblättern bekannt zu geben. ³Die Beschwerde
steht dem Antragsteller und den übrigen Aktionären der Zielgesellschaft zu. ⁴Die
Beschwerdefrist beginnt mit der Bekanntmachung im Bundesanzeiger, für den
Antragsteller und für die übrigen Aktionäre, denen die Entscheidung zugestellt
wurde, jedoch nicht vor Zustellung der Entscheidung.**

(5) **¹Die Entscheidung ist erst mit Rechtskraft wirksam. ²Sie wirkt für und gegen
alle Aktionäre. ³Mit rechtskräftiger Entscheidung gehen alle Aktien der übrigen
Aktionäre auf den zum Ausschluss berechtigten Aktionär über. ⁴Sind über diese
Aktien Aktienurkunden ausgegeben, so verbriefen sie bis zu ihrer Aushändigung
nur den Anspruch auf eine angemessene Abfindung. ⁵Der Vorstand der Zielgesellschaft hat die rechtskräftige Entscheidung unverzüglich zum Handelsregister einzureichen.**

(6) **¹Das Gericht ordnet an, dass die Kosten der Antragsgegner, die zur zweckentsprechenden Erledigung der Angelegenheit notwendig waren, ganz oder zum
Teil vom Antragsteller zu erstatten sind, wenn dies der Billigkeit entspricht. ²Ge-
richtskosten für das Verfahren erster Instanz können dem Antragsgegner nicht
auferlegt werden.**

**Schrifttum:** *Holzer,* Der Beteiligungsbegriff in der freiwilligen Gerichtsbarkeit, ZNotP 2009, 122; *Hör-
mann/Feldhaus,* Die Angemessenheitsvermutung des übernahmerechtlichen Squeeze-Out, BB 2008, 2134;
*Fehling/Arenz,* Der „Ausschluss" von Bezugsrechtsinhabern im Rahmen des übernahmerechtlichen Squeeze-
out, Der Konzern 2012, 160; *Jänig/Leißring,* FamFG: Neues Verfahrensrecht für Streitigkeiten in AG und
GmbH, ZIP 2010, 110; *Kießling,* Der übernahmerechtliche Squeeze-Out gemäß §§ 39a, 39b WpÜG, 2008;
*Schlitt/Ries/Becker,* Der Ausschluss der übrigen Aktionäre gemäß §§ 39a, 39b WpÜG, NZG 2008, 700;
*Steinmeyer/Santelmann,* Zur Widerleglichkeit der Angemessenheitsvermutung beim übernahmerechtlichen
Squeeze-Out, BB 2009, 674; *Stöwe,* Der übernahmerechtliche Squeeze-Out, 2007; *Süßmann,* Die Behandlung
von Options- und Wandlungsrechten in den einzelnen Squeeze-out-Verfahren, AG 2013, 158.

---

[125] Baums/Thoma/Verse/*Merkner/Sustmann* Rn. 88.

## I. Regelungsinhalt

**1**  § 39b regelt das **Verfahren, das zum Ausschluss nach § 39a führt.** Dabei bestimmt Abs. 1, dass – subsidiär – das FamFG gilt. Abs. 2 und Abs. 4 regeln die Bekanntmachung der gerichtlichen Entscheidung sowie die Beschwerdemöglichkeiten. Abs. 3 trifft Bestimmungen über den Ausschließungsbeschluss und die zur Verfügung stehenden Rechtsbehelfe. Abs. 5 legt die Folgen einer rechtskräftigen Entscheidung fest und Abs. 6 regelt die Kosten des Verfahrens.

## II. Übernahme-RL

**2**  Die Übernahme-RL enthält keine Regelungsvorgaben für das Ausschlussverfahren.

## III. Subsidiäre Anwendbarkeit des FamFG (Abs. 1)

**3**  Nach Abs. 1 gilt das FamFG, soweit nicht in Abs. 2–5 Sonderregeln getroffen werden. Diese Bestimmung entspricht § 99 Abs. 1 AktG (näher → AktG § 99 Rn. 1 ff.). Von maßgeblicher Bedeutung ist, dass damit gemäß § 26 FamFG der **Amtsermittlungsgrundsatz** gilt. Dies wird damit begründet, dass auf diese Weise – auch ohne dass die auszuschließende Minderheit aktiv wird – sicher gestellt wird, dass die Voraussetzungen des Ausschlusses auch erfüllt sind. Damit wird ein Gegengewicht zu der durch § 39a begründeten starken Stellung des Ausschlussberechtigten geschaffen.[1] Der Amtsermittlungsgrundsatz ändert aber nichts daran, dass die Beteiligten zur Förderung des Verfahrens verpflichtet sind (§ 27 FamFG).[2]

**4**  **Antragsteller** ist der Bieter. Am **Verfahren Beteiligte** sind neben dem Bieter (§ 7 Abs. 1 FamFG) die auszuschließenden Aktionäre, nicht die Zielgesellschaft.[3] Diese sind nach § 7 Abs. 2 Nr. 1 FamFG hinzuzuziehen.[4] Denn die Rechtsstellung der Aktionäre wird durch den Beschluss des Gerichts unmittelbar betroffen, da sie ihre Aktionärseigenschaft verlieren. Dem wird entgegen gehalten, es liege nur eine vermögensrechtliche Beeinträchtigung vor, da wegen der geringen Beteiligungsquote nur wirtschaftliche Interessen berührt seien.[5] Doch verlieren die Aktionäre ihr Aktieneigentum – eine direkte Betroffenheit ist kaum vorstellbar – und das

---

[1] Baums/Thoma/Verse/*Merkner/Sustmann* Rn. 6; Assmann/Pötzsch/Schneider/*Seiler* Rn. 10; *Stöwe,* Der übernahmerechtliche Squeeze-Out, 2007, 113.

[2] Zu dem Umfang dieser Pflicht *Jänig/Leißring* ZIP 2010, 110 (114); Baums/Thoma/Verse/*Merkner/Sustmann* Rn. 16 ff.

[3] *Kießling,* Der übernahmerechtliche Squeeze-Out gemäß §§ 39a, 39b WpÜG, 2008, 203; Baums/Thoma/Verse/*Merkner/Sustmann* Rn. 10; Assmann/Pötzsch/Schneider/*Seiler* Rn. 15; Angerer/Geibel/Süßmann/*Süßmann* Rn. 2.

[4] Steinmeyer/*Santelmann* Rn. 6.

[5] Kölner Komm WpÜG/*Hasselbach* Rn. 19; Baums/Thoma/Verse/*Merkner/Sustmann* Rn. 11; Assmann/Pötzsch/Schneider/*Seiler* Rn. 15: Kann-Beteiligte nach § 7 Abs. 3 FamFG, bei Antrag § 7 Abs. 2 Nr. 2 FamFG.

Gesetz verlangt keine persönliche Betroffenheit. Auch Praktikabilitätserwägungen stehen der Annahme, die auszuschließenden Aktionäre seien Muss-Beteiligte, nicht entgegen. Diese Beteiligten werden im Rahmen des Amtsermittlungsgrundsatzes soweit möglich festgestellt.[6] Unmögliches wird also nicht verlangt. Auch folgt aus Abs. 4 S. 1 nichts Gegenteiliges.[7] Diese Bestimmung regelt nur, wem der Beschluss zuzustellen ist und ordnet aus Praktikabilitätserwägungen an, dass dies nicht alle außenstehenden Aktionäre sind. Geht man entgegen der hier vertretenen Ansicht davon aus, dass die Minderheitsaktionäre Kann-Beteiligte sind, werden sie durch ihre Meldung zu Muss-Beteiligten (s. § 7 Abs. 2 Nr. 2 FamFG).[8] Ansonsten gilt § 7 Abs. 3 FamFG. Die Bestellung eines gemeinsamen Vertreters analog § 6 SpruchG ist nicht vorgesehen.[9] Der Schutz der auszuschließenden Aktionäre wird durch den Amtsermittlungsgrundsatz und ihre Verfahrensbeteiligung hinreichend gewahrt.

Schließt der Bieter **nur die Stammaktionäre** aus (→ § 39a Rn. 23 f.), sind die **Vor-** 5 **zugsaktionäre nicht Beteiligte** iSv § 7 Abs. 2 Nr. 1 FamFG. Ihre Rechtsstellung wird durch die Verschiebung der Beteiligungsquote allenfalls mittelbar betroffen.[10] Dem steht auch nicht entgegen, dass nach Abs. 4 S. 3 das Beschwerderecht den „übrigen Aktionären" zusteht und diese daher erst recht Beteiligte[11] sein müssten. Denn auch das Beschwerderecht haben nur die unmittelbar Beteiligten (→ Rn. 15). Insoweit ist die Formulierung des Gesetzes in der Tat nicht ganz klar.

### IV. Bekanntmachung des Antrags (Abs. 2)

Gemäß Abs. 2 hat das LG den Antrag auf Ausschluss **in den Gesellschaftsblättern** 6 (§ 25 AktG) bekanntzumachen. Diese Regelung entspricht § 99 Abs. 2 S. 1 AktG (näher → AktG § 99 Rn. 13 ff.). Die Bekanntmachung dient der Unterrichtung der außenstehenden Aktionäre. Ihnen wird damit die Möglichkeit eröffnet, sich zu melden und ihre Beteiligung am Verfahren sicher zu stellen.

### V. Der Beschluss des Gerichts (Abs. 3)

Gemäß Abs. 3 S. 1 entscheidet das Gericht durch einen begründeten Beschluss. Diese 7 Regelung entspricht § 99 Abs. 3 S. 1 AktG (näher → AktG § 99 Rn. 16 ff.). Der Beschluss darf **erst einen Monat seit Bekanntmachung der Antragstellung im elektronischen Bundesanzeiger** ergehen (Abs. 3 S. 2). Auf eine eventuell spätere Bekanntmachung in anderen Gesellschaftsblättern kommt es nach dem klaren Wortlaut der Norm nicht an.[12] Auf diese Weise soll sichergestellt werden, dass die betroffenen Aktionäre Gelegenheit haben, ihre Beteiligung am Verfahren sicher zu stellen.

Der Beschluss darf des Weiteren nur ergehen, wenn der Bieter glaubhaft gemacht hat, dass 8 ihm die ür den **Ausschluss erforderlichen Aktien gehören** (Abs. 3 S. 2). Dies ist eigentlich selbstverständlich, da der Ausschluss dies voraussetzt. Der Sinn der Regelung liegt darin, klarzustellen, dass die in § 39a Abs. 4 S. 2 für die Antragstellung getroffene Bestimmung nicht besagt, dass auch für eine endgültige Entscheidung lediglich die Annahme des Angebots in der erforderlichen Höhe ausreicht.[13] Obwohl ein entsprechender Anteilsbesitz Voraussetzung des Ausschlusses ist, reicht es nach dem klaren Wortlaut der Norm aus, dass der Bieter iSv § 31 FamFG

---

[6] Keidel/*Zimmermann* FamFG § 7 Rn. 8.
[7] AA Assmann/Pötzsch/Schneider/*Seiler* Rn. 15.
[8] Baums/Thoma/Verse/*Merkner/Sustmann* Rn. 12.
[9] Dafür Steinmeyer/*Santelmann* Rn. 7a, b; wie hier Baums/Thoma/Verse/*Merkner/Sustmann* Rn. 13.
[10] *Kießling,* Der übernahmerechtliche Squeeze-Out gemäß §§ 39a, 39b WpÜG, 2008, 204; Baums/Thoma/Verse/*Merkner/Sustmann* Rn. 14; Assmann/Pötzsch/Schneider/*Seiler* Rn. 16; aA NK-AktKapMarktR/*Heidel/Lochner* Rn. 9.
[11] Gegen diese Schlussfolgerung zum alten Recht generell *Holzer* ZNotP 2009, 122 (124).
[12] NK-AktKapMarktR/*Heidel/Lochner* Rn. 16; Baums/Thoma/Verse/*Merkner/Sustmann* Rn. 22; Assmann/Pötzsch/Schneider/*Seiler* Rn. 21; aA *Kießling,* Der übernahmerechtliche Squeeze-Out gemäß §§ 39a, 39b WpÜG, 2008, 208.
[13] NK-AktKapMarktR/*Heidel/Lochner* Rn. 16; Baums/Thoma/Verse/*Merkner/Sustmann* Rn. 23; Schwark/Zimmer/*Noack/Zetzsche* Rn. 8; Steinmeyer/*Santelmann* Rn. 11; FK-WpÜG/*Schüppen/Tretter* Rn. 11.

glaubhaft macht, dass er den erforderlichen Anteilsbesitz hält.[14] Dies kann wie stets bei einer Glaubhaftmachung auch durch eidesstattliche Versicherung geschehen.[15]

**9**    Die anderen Voraussetzungen des Ausschlusses (angemessene Abfindung) müssen zur Überzeugung des Gerichts feststehen (§ 37 Abs. 1 FamFG). Insbesondere kann das Gericht auch einen **Sachverständigenbeweis** (§ 29 Abs. 1 FamFG) erheben, wenn es an der Angemessenheit Zweifel hat. Sofern die Angemessenheitsvermutung von § 39a eingreift, ist diese allerdings als unwiderlegliche Vermutung hinzunehmen. In den anderen Fällen ist aber eine solche **Beweiserhebung durchaus möglich.** Es ist nicht ersichtlich, warum sich das Gericht nicht auf diese Weise die erforderliche Überzeugung sollte verschaffen können.[16] Denn wenn die Vermutung von § 39a Abs. 3 S. 3 nicht eingreift, gibt es praktisch keine andere Möglichkeit, diese Voraussetzung des Ausschlusses zu belegen. Sollte die Erstellung eines überzeugenden Gutachtens trotz Amtsermittlungsgrundsatzes (etwa wegen Obstruktion der Zielgesellschaft) nicht möglich sein, kann die erforderliche Überzeugung des Gerichts von der Angemessenheit der angebotenen Abfindung allerdings auf diesem Weg nicht erzielt werden. Ist die angebotene Abfindung nicht angemessen, wird der Antrag zurück gewiesen.[17]

**10**    Der Beschluss kann auch **ohne mündliche Verhandlung** ergehen.[18] Eine §§ 327e, 319 Abs. 6 S. 3 AktG entsprechende Regelung ist nicht vorgesehen. Daher gelten die allgemeinen Regeln des FamFG, nach denen rechtliches Gehör auch auf andere Weise gewährt werden kann. Insoweit kommt es nicht darauf an, wie schwer der Eingriff in die Rechtsstellung der Beteiligten ist, zumal man durchaus darüber streiten kann, ob der Verlust von Aktien gegen eine angemessene Abfindung für Kleinaktionäre wirklich so besonders schwer wiegt.

**11**    Der Beschluss ist **zu begründen** (Abs. 3 S. 1). Das entspricht § 99 Abs. 3 S. 1 AktG (näher → AktG § 99 Rn. 16 ff.).

### VI. Rücknahme des Antrags

**12**    Der Antrag kann gemäß § 22 FamFG bis zur Rechtskraft der Endentscheidung zurückgenommen werden. Nach § 22 Abs. 1 S. 1 FamFG ist hierzu die Zustimmung der Beteiligten ab dem Erlass einer die Instanz abschließenden Entscheidung erforderlich. Der Sinn der Zustimmungspflicht liegt darin, die Beteiligten davor zu schützen, dass sie mit immer neuen Verfahren behelligt werden. Diese Gefahr besteht bei einem Squeeze-out nach § 39a auf Grund der kurzen Antragsfrist von § 39a Abs. 4 nicht. Demgegenüber hat der Antragsteller unter Umständen schon deshalb ein schützenswertes Interesse an der Rücknahme, weil er erst nach Beendigung dieses Verfahrens nach §§ 327a ff. AktG vorgehen kann (§ 39a Abs. 6). Daher ist die **Zustimmung der Beteiligten ausnahmsweise auch nach einer Endentscheidung nicht erforderlich.**[19]

### VII. Vergleich

**13**    Gemäß § 36 Abs. 1 S. 1 FamFG können die Beteiligten einen Vergleich schließen, soweit sie über den Gegenstand des Verfahrens verfügen können, ihnen also die Dispositionsbefug-

---

[14] Kölner Komm WpÜG/*Hasselbach* Rn. 14; *Kießling,* Der übernahmerechtliche Squeeze-Out gemäß §§ 39a, 39b WpÜG, 2008, 208; Assmann/Pötzsch/Schneider/*Seiler* Rn. 22; Steinmeyer/*Santelmann* Rn. 16 f.; aA NK-AktKapMarktR/*Heidel/Lochner* Rn. 16; FK-WpÜG/*Schüppen/Tretter* Rn. 12.

[15] Baums/Thoma/Verse/*Merkner/Sustmann* Rn. 25; Steinmeyer/*Santelmann* Rn. 16; Assmann/Pötzsch/Schneider/*Seiler* Rn. 22; aA Kölner Komm WpÜG/*Hasselbach* Rn. 14.

[16] *Falkner* ZIP 2008, 1775 (1777); *Hörmann/Feldhaus* BB 2008, 2134 (2140); *Kallweit,* Die angemessene Abfindung beim übernahmerechtlichen Squeeze-Out, 2014, 256 ff.; Steinmeyer/*Santelmann* Rn. 14; *Schlitt/Ries/Becker* NZG 2008, 700 (701); Assmann/Pötzsch/Schneider/*Seiler* Rn. 25; aA LG Frankfurt ZIP 2008, 1769 (1774).

[17] *Kießling,* Der übernahmerechtliche Squeeze-Out gemäß §§ 39a, 39b WpÜG, 2008, 207; Steinmeyer/*Santelmann* Rn. 14; Assmann/Pötzsch/Schneider/*Seiler* Rn. 25; § 39a Rn. 36 f.

[18] *Kießling,* Der übernahmerechtliche Squeeze-Out gemäß §§ 39a, 39b WpÜG, 2008, 205; Baums/Thoma/Verse/*Merkner/Sustmann* Rn. 27; Steinmeyer/*Santelmann* Rn. 18; Angerer/Geibel/Süßmann/*Süßmann* Rn. 4; aA NK-AktKapMarktR/*Heidel/Lochner* Rn. 13; auch *Stöwe,* Der übernahmerechtliche Squeeze-Out, 2007, 119 für den Fall, dass sich Minderheitsaktionäre beteiligen.

[19] OLG Frankfurt ZIP 2010, 880; Baums/Thoma/Verse/*Merkner/Sustmann* Rn. 32 f.; Steinmeyer/*Santelmann* Rn. 9c.

nis zusteht. Da der **Vergleich alle außenstehenden Aktionäre** betrifft, haben sie auch nur gemeinsam die **Dispositionsbefugnis.** Ein Vergleich ist daher nur möglich, wenn alle außenstehenden Aktionäre beteiligt sind. Allein die Tatsache, dass sie sich hätten beteiligen können, und als Muss-Beteiligte (→ Rn. 4) hätten beteiligt werden müssen, reicht nicht aus.[20] Des Weiteren muss auch der Antragsteller als Schuldner der vereinbarten Summe an dem Vergleich beteiligt werden.

### VIII. Rechtsmittel (Abs. 3 S. 3–6; Abs. 4 S. 3)

Gegen den Beschluss findet die **Beschwerde** zum OLG Frankfurt (§ 58 FamFG) und **14** bei Zulassung auch die Rechtsbeschwerde zum BGH (§§ 70 ff. FamFG) statt. Die Beschwerde hat aufschiebende Wirkung (Abs. 3 S. 4). Der Ausschluss erfolgt also (erst mal) nicht. Dem entspricht Abs. 5 S. 1.

Die Beschwerde **kann nur vom Antragsteller und von den ausgeschlossenen Akti- 15 onären eingelegt werden.**[21] Die Formulierung in Abs. 4 S. 3 ist insoweit unpräzise (→ Rn. 4). Für Aktionäre, die ihre Rechtsstellung nicht verlieren, macht eine Beschwerdebefugnis keinen Sinn. Ihre Rechtsstellung wird durch den Squeeze-Out höchstens mittelbar beeinträchtigt. Solche Rechtsreflexe führen wie stets nicht dazu, dass der Betroffene zur Einlegung von Rechtsmitteln berechtigt wäre. Nicht maßgeblich ist, ob der Aktionär an dem erstinstanzlichen Ausschlussverfahren beteiligt war oder nicht.[22] Das Gesetz verlangt nicht, dass der Aktionär schon zuvor aktiv geworden ist. Meldet er sich nun erstmals und stützt die Beschwerde darauf, dass er als Muss-Beteiligter übergangen worden sei, kann im Abhilfeverfahren nach § 68 Abs. 1 S. 1 FamFG entschieden werden.[23] Auch besteht die Möglichkeit, Rechtsmittel als missbräuchlich zurückzuweisen. Vertritt man anders als hier entwickelt (→ Rn. 4) die Ansicht, dass die außenstehenden Aktionäre Kann-Beteiligte sind, haben sie ebenfalls auch dann ein Beschwerderecht, wenn sie erstinstanzlich nicht beteiligt waren. Diese Beschwerde kann nur, wenn sie sich gemeldet hatten, auf die unterlassene Hinzuziehung gestützt werden. Stets kann geltend gemacht werden, dass die angebotene Abfindung zu gering sei.

Gemäß § 61 Abs. 1 FamFG ist die Beschwerde nur zulässig, wenn **der Wert des 16 Beschwerdegegenstands 600 Euro übersteigt,** der Beschwerdeführer also Aktien mit diesem Wert hält.[24] Die Beschwerde ist für alle Beschwerdeführer zusammenzurechnen, da alle gegen dieselbe Entscheidung angreifen und dasselbe Ziel verfolgen.[25] Es spielt also keine Rolle, dass das Ergebnis der Beschwerde gemäß Abs. 5 S. 2 auch für die anderen außenstehenden Aktionäre maßgeblich ist. Eine Bestimmung nach Art von § 247 AktG besteht für das Ausschlussverfahren nicht. Daher bleibt es bei den allgemeinen Regeln. Die Beschwerde kann auch nach § 61 Abs. 2 FamFG zugelassen werden.

### IX. Bekanntmachung der Entscheidung, Beginn der Beschwerdefrist (Abs. 4 S. 1, 2, 4)

Der Beschluss wird dem **Antragsteller, den angehörten Aktionären und der Zielge- 17 sellschaft zugestellt** (Abs. 4 S. 1). Aktionären, die nicht beschwerdebefugt sind (→ Rn. 15),

---

[20] Assmann/Pötzsch/Schneider/*Seiler* Rn. 27; aA Kölner Komm WpÜG/*Hasselbach* Rn. 65.

[21] Baums/Thoma/Verse/*Merkner/Sustmann* Rn. 48; Steinmeyer/*Santelmann* Rn. 30; aA NK-AktKapMarktR/*Heidel/Lochner* Rn. 24; *Stöwe,* Der übernahmerechtliche Squeeze-Out, 2007, 119: alle Aktionäre.

[22] Kölner Komm WpÜG/*Hasselbach* Rn. 42; NK-AktKapMarktR/*Heidel/Lochner* Rn. 24; Baums/Thoma/Verse/*Merkner/Sustmann* Rn. 48; Assmann/Pötzsch/Schneider/*Seiler* Rn. 30; Angerer/Geibel/Süßmann/*Süßmann* Rn. 10.

[23] Keidel/*Zimmermann* FamFG § 7 Rn. 20.

[24] OLG Frankfurt BeckRS 2012, 12084; ZIP 2014, 617 (618); Kölner Komm WpÜG/*Hasselbach* Rn. 45; Baums/Thoma/Verse/*Merkner/Sustmann* Rn. 49; Assmann/Pötzsch/Schneider/*Seiler* Rn. 31; Angerer/Geibel/Süßmann/*Süßmann* Rn. 10; aA NK-AktKapMarktR/*Heidel/Lochner* Rn. 24.

[25] Schwark/Zimmer/*Noack/Zetzsche* Rn. 25; BGH NZG 2018, 1394 (1396) zum Spruchverfahren nach aktienrechtlichem Squeeze-out.

muss die Entscheidung allerdings auch dann nicht zugestellt werden, wenn sie angehört wurden. Ihre Rechtsstellung ist – da sie nicht unmittelbar betroffen sind – nicht so umfassend, dass eine Zustellung erforderlich wäre, zumal ihnen (fristgebundene) Rechtsbehelfe nicht zur Verfügung stehen. Aktionären, die am Verfahren zu Recht beteiligt waren, muss die Entscheidung auch dann zugestellt werden, wenn sie nicht angehört wurden, da auch ein solcher Aktionär mit einer Zustellung rechnen kann, da er am Verfahren teilgenommen hat.[26] Personen, die zu beteiligen gewesen wären, es aber nicht wurden, muss die Entscheidung nicht zugestellt werden (zum Lauf der Beschwerdefrist in diesem Fall → Rn. 18). Sie sind vom Wortlaut klar nicht erfasst. Auch macht es keinen Sinn, eine Zustellung an Personen zu verlangen, die zu Unrecht übergangen wurden, da das Gericht dem konsequenter Weise nicht nachkommen wird. Auch wird die Entscheidung – wenn auch ohne Gründe – **in den Gesellschaftsblättern** (→ Rn. 5) **bekannt gegeben** (Abs. 4 S. 2). Gemeint sind die Gesellschaftsblätter der Zielgesellschaft, da die Aktionäre dieser Gesellschaft beschwerdebefugt sind.[27] Die Regelung entspricht weitgehend § 99 Abs. 4 S. 1, 2 AktG (näher → AktG § 99 Rn. 16 ff.). Für eine eventuelle Beschwerdeentscheidung gilt Abs. 4 S. 2 analog, da die Interessenlage dieselbe ist.[28] Eine rechtskräftige Entscheidung wird gemäß Abs. 5 S. 5 zum Handelsregister eingereicht (→ Rn. 26).

**18**   Durch die geschilderten Zustellungen und Veröffentlichungen wird sichergestellt, dass die Beschwerdeberechtigten (→ Rn. 15) von der Entscheidung Kenntnis erlangen. Die **Zielgesellschaft** ist zwar nicht beschwerdeberechtigt. Doch ist für sie die Zusammensetzung des Aktionärskreises von besonderer Bedeutung. Das rechtfertigt es, für sie eine Zustellung vorzusehen (Abs. 4 S. 1). Aktionäre, die nicht beteiligt wurden, obwohl sie hätten beteiligt werden müssen, können nur solange Beschwerde einlegen, bis die Frist für den letzten formell Beteiligten abgelaufen ist.[29]

**19**   Die **Beschwerdefrist beginnt** mit der Bekanntmachung im elektronischen Bundesanzeiger (Abs. 4 S. 4). Dies entspricht § 99 Abs. 4 S. 4 AktG (näher → AktG § 99 Rn. 16 ff.). Eine **Sonderregelung** gilt für den Antragsteller. Für ihn beginnt die Frist frühestens mit Zustellung der Entscheidung. Gleiches gilt für die **Aktionäre, denen die Entscheidung nach Abs. 4 S. 1 zuzustellen ist** (→ Rn. 17). Der Wortlaut („zugestellt wurde") ist insoweit unpräzise.[30] Er scheint darauf hinzudeuten, dass durch schlichtes Unterlassen der eigentlich gebotenen Zustellung der Fristbeginn herbeigeführt werden könnte. Doch würde eine solche Regelung keinen Sinn machen. Es geht ersichtlich darum, den Fristbeginn für alle Aktionäre, die angehört wurden, auf den Zeitpunkt zu schieben, zu dem sie problemlos von der Entscheidung Kenntnis erlangen konnten. Die Frist beträgt einen Monat (§ 63 Abs. 1 FamFG).

## X. Folgen der rechtskräftigen Entscheidung (Abs. 5)

**20**   **1. Wirksamwerden der Entscheidung.** Die Entscheidung wird erst **mit Eintritt der Rechtskraft wirksam** (Abs. 5 S. 1; s. § 99 Abs. 5 S. 1 AktG). Diese tritt entweder mit Ablauf der Beschwerdefrist[31] (wobei bei unterschiedlichem Fristbeginn die am spätesten ablaufende maßgeblich ist), Rechtsmittelverzicht aller Beschwerdeberechtigten oder – wenn Beschwerde eingelegt und das Verfahren nicht anderweitig beendigt wird[32] – mit Verkündung der Entscheidung des OLG Frankfurt ein.[33] Wird die Rechtsbeschwerde zugelassen,

---

[26] Kölner Komm WpÜG/*Hasselbach* Rn. 37; Baums/Thoma/Verse/*Merkner/Sustmann* Rn. 45.

[27] Kölner Komm WpÜG/*Hasselbach* Rn. 37; *Kießling,* Der übernahmerechtliche Squeeze-Out gemäß §§ 39a, 39b WpÜG, 2008, 195; Baums/Thoma/Verse/*Merkner/Sustmann* Rn. 46.

[28] OLG Frankfurt NZG 2009, 74 (80); Kölner Komm WpÜG/*Hasselbach* Rn. 51; *Kießling,* Der übernahmerechtliche Squeeze-Out gemäß §§ 39a, 39b WpÜG, 2008, 218.

[29] OLG Celle BeckRS 2011, 24576; Keidel/*Zimmermann* FamFG § 7 Rn. 20.

[30] NK-AktKapMarktR/*Heidel/Lochner* Rn. 25; Baums/Thoma/Verse/*Merkner/Sustmann* Rn. 53; FK-WpÜG/*Schüppen/Tretter* Rn. 21.

[31] Steinmeyer/*Santelmann* Rn. 37.

[32] Dann ist der Zugang der verfahrensbeendenden Erklärung bei Gericht maßgeblich, Steinmeyer/*Santelmann* Rn. 37.

[33] Steinmeyer/*Santelmann* Rn. 37.

tritt Rechtskraft mit Ablauf der Beschwerdefrist bzw. – wenn Rechtsbeschwerde eingelegt wurde – mit Verkündung der Entscheidung des BGH ein.

**2. Übertragung der Aktien.** Mit Eintritt der Rechtskraft einer dem Ausschluss zustim- 21 menden Entscheidung gehen die in den Aktien verkörperten Mitgliedschaften, **die dem Bieter nicht zustehen** und die ihm auch nicht nach § 39a Abs. 2 zugerechnet werden, auf den Bieter über (Abs. 5 S. 3). Das Gesetz spricht von den „übrigen Aktionären" und meint damit ersichtlich nur die dem Bieter nicht zuzurechnenden Aktien,[34] da Ziel des Squeeze-Out das Hinausdrängen der mit dem Bieter nicht verbundenen Minderheit ist, nicht aber eine Vereinfachung der Struktur der Unternehmensgruppe. Daher gehen auch eigene Aktien der Zielgesellschaft nicht über.[35] Denn insoweit greift der Zweck des Ausschlussverfahren (Beseitigung von Restminderheiten, → § 39a Rn. 2) nicht.

Es gehen die **Mitgliedschaften der ausgeschlossenen Aktionäre** über, also im Falle 22 eines Ausschlusses nur der Stammaktionäre nur diese, nicht aber auch die Mitgliedschaften der Vorzugsaktionäre.[36] Die Entscheidung wirkt damit insoweit auch zu Lasten von Aktionären, die sich nicht am Verfahren beteiligt haben (Abs. 5 S. 3). Die Global- oder Einzelaktienurkunden verbriefen nun den Abfindungsanspruch (Abs. 5 S. 4), der mit Eintritt der Rechtskraft fällig ist. Daher wird der **Bieter vor Zahlung der Abfindung nicht Eigentümer der Urkunde** (→ AktG § 327e Rn. 13).[37] Vielmehr schuldet der Bieter die Abfindung Zug um Zug gegen Übertragung des Eigentums an der den Abfindungsanspruch verbriefenden Urkunde. Eine irgendwie geartete Zug-um-Zug-Tenorierung des Gerichts ist vom Gesetz nicht vorgesehen und zur Absicherung der Minderheit auch nicht erforderlich.[38] Gleiches gilt in Bezug auf den Vorschlag, den Übertragungsbeschluss von der Stellung einer Sicherheit abhängig zu machen (zur Stellung einer Sicherheitsleistung → § 39a Rn. 39).[39] Durch die geschilderte Zug-um-Zug-Abwicklung sind die Aktionäre genau wie beim aktienrechtlichen Squeeze-Out hinreichend geschützt. Zu den Auswirkungen auf **Anfechtungsklagen** → AktG § 327e Rn. 15; zu Pfandrechten an den Aktien → AktG § 320a Rn. 2.

**3. Optionen und Wandelschuldverschreibungen.** Für Wandelschuldverschreibun- 23 gen und Optionen gilt dasselbe wie beim aktienrechtlichen Squeeze-out-Verfahren (→ AktG § 327b Rn. 14; dort auch zur Fälligkeit). **Die Berechtigten erhalten also eine Abfindung.**[40] Zwar hat das Verfahren nach § 39a auch den Zweck, die Attraktivität des deutschen Kapitalmarkts zu erhöhen (→ § 39a Rn. 2), was für § 327a AktG nicht zutrifft. Aber das verändert die Interessenlage zwischen Mehrheitsaktionär und Bezugsberechtigten nicht. Auch im Verfahren nach § 39a muss der Mehrheitsaktionär also für den Ausschluss des Bezugsberechtigten keine über die Voraussetzungen von § 39a hinausgehenden Vorgaben erfüllen (etwa Berechnung der 95%-Quote unter Einschluss des Kapitals, das bei Ausübung der Bezugsrechte zur Bedienung der Rechte erforderlich wäre). Er hat aber auch nicht die Möglichkeit, Bezugsberechtigte von seinem Antrag auszunehmen,[41] sofern sich das Bezugsrecht auf die ausgeschlossene Gattung bezieht. Wie beim aktienrechtlichen Ausschlussverfahren gilt auch hier, dass das Bezugsrecht kein Kurspotential mehr hat und dem Berechtigten daher ein Ausstieg ermöglicht werden muss.

---

[34] *Kießling*, Der übernahmerechtliche Squeeze-Out gemäß §§ 39a, 39b WpÜG, 2008, 215; Baums/Thoma/Verse/*Merkner*/*Sustmann* Rn. 76; Assmann/Pötzsch/Schneider/*Seiler* Rn. 38; *Stöwe*, Der übernahmerechtliche Squeeze-Out, 2007, 121; aA Steinmeyer/*Santelmann* Rn. 41.

[35] Baums/Thoma/Verse/*Merkner*/*Sustmann* Rn. 76.

[36] NK-AktKapMarktR/*Heidel*/*Lochner* Rn. 27.

[37] AA Begründung zum Gesetzesentwurf der Bundesregierung, BT-Drs. 16/1003, 22 f.; wie hier Steinmeyer/*Santelmann* Rn. 43.

[38] So LG Frankfurt AG 2009, 421 (424); NK-AktKapMarktR/*Heidel*/*Lochner* § 39a Rn. 27; wie hier Kölner Komm WpÜG/*Hasselbach* Rn. 64.

[39] So Steinmeyer/*Santelmann* BB 2009, 674 (678).

[40] Baums/Thoma/Verse/*Merkner*/*Sustmann* Rn. 78: Steinmeyer/*Santelmann* Rn. 47; *Süßmann* AG 2013, 158 (159); aA Kölner Komm WpÜG/*Hasselbach* Rn. 71.

[41] AA *Fehling*/*Ahrens* Der Konzern 2012, 160 (164); Assmann/Pötzsch/Schneider/*Seiler* Rn. 40.

**24**   **Die Berechnung der Abfindung** erfolgt so wie beim aktienrechtlichen Squeeze-out (→ AktG § 327b Rn. 14). Die Angemessenheitsvermutung kann im Rahmen dieser Bewertung insoweit genutzt werden als der Wert der Aktien der Gesellschaft, auf die sich das Bezugsrecht bezog, in die Berechnung eingeht. Das Angebot an die Bezugsberechtigten hat in der Struktur soweit möglich dem an die Aktionäre zu entsprechen (also Angebot von Aktien neben Barabfindung, falls den Aktionären ein Tauschangebot gemacht wurde), da die Bezugsberechtigten eine den Aktionären bereits ähnliche Rechtstellung haben. Eine weitere Angemessenheitsvermutung für den Fall, dass das Angebot auf Wandelanleihen erbracht wurde und von 90% der Inhaber der Anleihe angenommen wurde, sieht das Gesetz nicht vor.[42] Doch ist eine so hohe Annahmequote in der Tat ein Indiz dafür, dass die Abfindung zutreffend berechnet ist.

**25**   Die Bezugsberechtigten sind nach § 7 Abs. 2 Nr. 1 **FamFG Beteiligte am Verfahren** (→ Rn. 4).[43] Obwohl der Wortlaut von § 39b Abs. 4 S. 3 nur den Aktionären ein Beschwerderecht zugesteht, ist die Norm auf die Bezugsberechtigten analog anwendbar.[44] Sie werden durch den Squeeze-out vergleichbar belastet. Die Mitgliedschaften gehen **auf den Bieter über.** Die Optionen/Wandelschuldverschreibungen wandeln sich in einen Anspruch auf Zahlung der Abfindung um.

**26**   **4. Einreichung der Entscheidung zum Handelsregister.** Der Vorstand hat die **rechtskräftige Entscheidung zum Handelsregister einzureichen** (Abs. 5 S. 5). Damit ist sowohl eine ablehnende wie auch eine stattgebende Entscheidung gemeint.[45] Der Wortlaut umfasst beide Entscheidungen. Zudem besteht unter Umständen auch ein Interesse an der Zugänglichmachung einer ablehnenden Entscheidung. Am Prozess nicht beteiligte Dritte erfahren so, dass Minderheiten noch beteiligt sind. Die Einreichung hat **unverzüglich** (§ 121 Abs. 1 S. 1 BGB) zu erfolgen.

**27**   **Eine Eintragung in das Handelsregister erfolgt nicht.**[46] Das Gesetz unterscheidet zwischen Einreichung (Dokument wird zum Aktenbestand genommen, § 8 Abs. 2 HRV) und Eintragung. Der Wortlaut ist insoweit eindeutig. Zwar spricht die Begründung[47] von der Eintragung und der aktienrechtliche Squeeze-Out wird gemäß § 327e AktG auch ins Handelsregister eingetragen. Aber eine unterschiedliche Behandlung ist gerechtfertigt, da die Eintragung beim aktienrechtlichen Squeeze-Out – anders als nach § 39b Abs. 5 S. 3 – der für den Übergang der Mitgliedschaften maßgebliche Zeitpunkt ist. Insofern kommt dem Handelsregister beim übernahmerechtlichen Squeeze-Out eine geringere Bedeutung zu. Der Bieter ist auch nicht verpflichtet, die rechtskräftige Entscheidung analog § 14 Abs. 1 Nr. 3, § 1 Nr. 3 SpruchG bekannt zu machen.[48] Insoweit enthält die Regelung von Abs. 5 S. 5 eine abschließende Verpflichtung des Vorstands. Der Gesetzgeber ging davon aus, dass auf diese Weise eine hinreichende Publizität erzielt wird, zumal gemäß Abs. 4 S. 2 die Entscheidung in den Gesellschaftsblättern bekannt gegeben wird.

### XI. Kosten

**28**   Die Kosten für das gerichtliche Verfahren **bestimmen sich nach dem GNotKG.** Der Geschäftswert ergibt sich aus § 73 GNotKG. Es ist der Betrag, der dem Wert aller Aktien

---

[42] Für eine Analogie *Fehling/Arens* Der Konzern 2012, 160 (165).

[43] AA *Fehling/Arens* Der Konzern 2012, 160 (167): § 7 Abs. 2 Nr. FamFG sei einschlägig.

[44] *Fehling/Arens* Der Konzern 2012, 160 (168); aA *Süßmann* AG 2013, 158 (163).

[45] NK-AktKapMarktR/*Heidel/Lochner* Rn. 29; Assmann/Pötzsch/Schneider/*Seiler* Rn. 42; aA Baums/Thoma/Verse/*Merkner/Sustmann* Rn. 80; Steinmeyer/*Santelmann* Rn. 48; Angerer/Geibel/Süßmann/*Süßmann* Rn. 9: nur stattgebende Entscheidung.

[46] OLG Frankfurt NZG 2009, 74 (80); Kölner Komm WpÜG/*Hasselbach* Rn. 69; *Kießling,* Der übernahmerechtliche Squeeze-Out gemäß §§ 39a, 39b WpÜG, 2008, 217; Steinmeyer/*Santelmann* Rn. 49; Assmann/Pötzsch/Schneider/*Seiler* Rn. 42; FK-WpÜG/*Schüppen/Tretter* Rn. 22; Angerer/Geibel/Süßmann/*Süßmann* Rn. 9; aA NK-AktKapMarktR/*Heidel/Lochner* Rn. 30.

[47] BT-Drs. 16/1003, 23.

[48] *Kießling,* Der übernahmerechtliche Squeeze-Out gemäß §§ 39a, 39b WpÜG, 2008, 218; FK-WpÜG/*Schüppen/Tretter* Rn. 22; aA NK-AktKapMarktR/*Heidel/Lochner* Rn. 30.

entspricht, auf die sich der Ausschluss bezieht (also der Aktien, die übergehen sollen; → Rn. 21). Hinzu kommt der Wert der Bezugsrechte (→ Rn. 23), da diese gleichermaßen betroffen sind. Einen Anhaltspunkt bietet eine als angemessen anzusehende Barabfindung[49] (→ § 39a Rn. 26 ff.) oder auch der Börsenkurs.[50] Maßgeblich ist der Tag der Antragstellung. Dies entspricht § 74 S. 2 GNotKG. Ein späterer Hinzuerwerb reduziert den Geschäftswert daher nicht.[51] Der Geschäftswert beträgt mindestens 200.000 Euro und höchstens 7,5 Mio. Euro (§ 73 GNotKG).

**Gerichtskostenschuldner** ist allein der Bieter (§ 22 Abs. 1 GNotKG), also auch in dem 29 Fall, dass dem Antrag statt gegeben wird und auch dann, wenn die Beschwerde erfolglos bleibt. Aus Abs. 6 S. 2 ergibt sich, dass dies für die erste Instanz, aber nur für sie, zwingend ist.[52] Sofern es der **Billigkeit** entspricht, trägt der Bieter zudem ganz oder zum Teil **die Kosten der Antragsgegner,** die zur Erledigung der Angelegenheit notwendig waren (Abs. 6 S. 1). Diese Vorschrift entspricht weitgehend § 15 Abs. 2 SpruchG (näher → SpruchG § 15 Rn. 20 ff.). Die Kostenübernahme entspricht der Billigkeit, wenn dem Antrag klar nicht stattzugeben war. Allein die Tatsache, dass der Antrag abgewiesen oder zurückgenommen wurde, hat also nicht zur Folge, dass von der Grundregel (jeder trägt seine Kosten selbst)[53] abzuweichen wäre.[54] Umgekehrt kann es trotz Erfolg des Antrags der Billigkeit entsprechen, dem Bieter die Kosten aufzuerlegen (etwa wenn er erst spät entsprechende Nachweise vorlegt).[55] Eine unklare Rechtslage rechtfertigt für sich allein die Überbürdung der Kosten auf den Antragsteller nicht, da dies für gerichtliche Verfahren nicht untypisch ist und daher nicht zu einer atypischen Kostenverteilung führen kann.[56]

Die Kostenübernahme umfasst ggf. auch Kosten, die bei Rechtshandlungen **angefallen** 30 **sind, die letztlich nicht erfolgreich waren.**[57] Insofern ist der Wortlaut („zur Erledigung der Angelegenheit notwendig waren") nicht ganz deutlich. Anderenfalls könnte es aber – wenn dem Antrag stattgegeben wird – nie zur Kostenerstattung kommen, da dann keinerlei Verhalten der Antragsgegner notwendig war. Antragsgegner sind die Aktionäre, die sich gegen den Beschluss des LG gewandt bzw. die Beschwerde eingelegt haben. Für die Kosten einer anwaltlichen Vertretung gilt § 31a RVG.[58] Zwar besteht kein Anwaltszwang (§ 10 Abs. 1 FamFG), aber auf Grund der Komplexität der zu entscheidenden Rechtsfragen wird die Hinzuziehung eines Anwalts im Regelfall erforderlich sein.[59]

## § 39c Andienungsrecht

¹**Nach einem Übernahme- oder Pflichtangebot können die Aktionäre einer Zielgesellschaft, die das Angebot nicht angenommen haben, das Angebot innerhalb von drei Monaten nach Ablauf der Annahmefrist annehmen, sofern der Bieter berechtigt ist, einen Antrag nach § 39a zu stellen.** ²**Erfüllt der Bieter seine Verpflichtungen nach § 23 Abs. 1 Satz 1 Nr. 4 oder Satz 2 nicht, beginnt die in Satz 1 genannte Dreimonatsfrist erst mit der Erfüllung der Verpflichtungen zu laufen.**

**Schrifttum:** *Austmann/Mennicke,* Übernahmerechtlicher Squeeze-out und Sell-out, NZG 2004, 846; *Hasselbach,* Das Andienungsrecht von Minderheitsaktionären nach der EU-Übernahmerichtlinie, ZGR 2005,

⁴⁹ Baums/Thoma/Verse/*Merkner/Sustmann* Rn. 82; Steinmeyer/*Santelmann* Rn. 54; *Stöwe,* Der übernahmerechtliche Squeeze-Out, 2007, 124.
⁵⁰ Assmann/Pötzsch/Schneider/*Seiler* Rn. 43.
⁵¹ Steinmeyer/*Santelmann* Rn. 53.
⁵² Schwark/Zimmer/*Noack/Zetzsche* Rn. 40.
⁵³ Kölner Komm WpÜG/*Hasselbach* Rn. 79; Assmann/Pötzsch/Schneider/*Seiler* Rn. 46.
⁵⁴ AA NK-AktKapMarktR/*Heidel/Lochner* Rn. 34; Baums/Thoma/Verse/*Merkner/Sustmann* Rn. 84.
⁵⁵ OLG Frankfurt NZG 2009, 74 (79): es komme nicht allein auf das Obsiegen oder Unterliegen an; aA wohl FK-WpÜG/*Schüppen/Tretter* Rn. 27.
⁵⁶ OLG Frankfurt NZG 2009, 74 (80); Schwark/Zimmer/*Noack/Zetzsche* Rn. 41.
⁵⁷ Assmann/Pötzsch/Schneider/*Seiler* Rn. 46.
⁵⁸ Schwark/Zimmer/*Noack/Zetzsche* Rn. 43.
⁵⁹ Strenger Schwark/Zimmer/*Noack/Zetzsche* Rn. 42.

387; *Maul/Muffat-Jeandet,* Die EU-Übernahmerichtlinie – Inhalt und Umsetzung in nationales Recht, AG 2004, 306; *Schüppen,* WpÜG-Reform: Alles Europa, oder was?, BB 2006, 165; *Seibt/Heiser,* Analyse des übernahmerechtlichen Umsetzungsgesetzes (Regierungsentwurf), AG 2006, 301.

### Übersicht

## I. Allgemeines

**1**    **1. Regelungsinhalt.** § 39c gibt den Minderheitsaktionären in der Situation, in der der Bieter einen Squeeze-Out durchführen kann, das Recht an die Hand, das zuvor erfolgte Angebot noch drei Monate nach Ablauf der Annahmefrist anzunehmen.

**2**    **2. Normzweck.** Das Andienungsrecht soll die **Minderheit davor bewahren, in einer Gesellschaft verbleiben zu müssen, in der der Bieter eine erdrückende Mehrheit hält.**[1] Es gehört damit zu den sog. Austrittsrechten. Diese spielen im Allgemeinen in einer Aktiengesellschaft keine allzu große Rolle, da Aktien meist (über die Börse) veräußert werden können und daher ein Aktionär, der die AG verlassen will, auf Austrittsrechte nicht angewiesen ist. Das ist in der in § 39c beschriebenen Situation meist anders, da ein funktionsfähiger Markt für die Aktien dann regelmäßig nicht mehr existiert. Meist wird ein Delisting schon durchgeführt oder zumindest angebahnt sein.

**3**    Die Begründung zum Gesetzesentwurf führt als weiteren Grund für die Regelung an, dass es auf diese Weise der Minderheit ermöglicht werde, dem durch **das Angebot aufgebauten Verkaufsdruck standzuhalten,** da der Sell-Out sicherstelle, dass die Minderheit auch später noch zu einem angemessenen Preis aussteigen könne.[2] Zugleich soll auf diese Weise die Angemessenheitsvermutung abgesichert werden.[3] Dieses Argument überzeugt nur in einem eingeschränkten Ausmaß. Denn schließlich setzt das Andienungsrecht voraus, dass der Bieter nach Ablauf der Annahmefrist die von § 39a verlangte Quote hält – was während des Übernahmeverfahrens nur schwer absehbar ist. Daher kann die Aussicht auf ein späteres Eingreifen von § 39c den Verkaufsdruck kaum beeinflussen. Zudem trägt dem Interesse, nicht unter Druck zu geraten, für Übernahmeangebote bereits § 16 Abs. 2 angemessen Rechnung.

**4**    Auch wird gesagt, das Austrittsrecht sei ein **gerechter Ausgleich für das Ausschlussrecht.**[4] Dieses Argument ist allerdings alles andere als zwingend, da eine irgendwie geartete Symmetrie von Rechten zwischen Bieter und Minderheit keineswegs vorgegeben ist.

**5**    **3. Entstehungsgeschichte.** § 39c setzt Art. 16 Übernahme-RL um. Die Norm geht auf einen Vorschlag der Wintergruppe (→ § 39a Rn. 3) zurück.[5] In Bezug auf die Bedingungen, unter denen das Andienungsrecht ausgeübt werden kann, verweist die Richtlinie

---

[1] Begr. RegE, BT-Drs. 16/1003, 14.
[2] BT-Drs. 16/1003, 14; so auch die Wintergruppe, s. *Hasselbach* ZGR 2005, 387 (390); Assmann/Pötzsch/Schneider/*Seiler* Rn. 3; Baums/Thoma/Verse/*Merkner/Sustmann* Rn. 3.
[3] Baums/Thoma/Verse/*Merkner/Sustmann* Rn. 4.
[4] *Hasselbach* ZGR 2005, 387 (391); NK-AktKapMarktR/*Heidel/Lochner* Rn. 2.
[5] *Hasselbach* ZGR 2005, 387 (390); NK-AktKapMarktR/*Heidel/Lochner* Rn. 2; Assmann/Pötzsch/Schneider/*Seiler* Rn. 1.

auf die Voraussetzungen des Squeeze-Out (Art. 16 Abs. 2 Übernahme-RL). Vorbilder fanden sich in mehreren europäischen Staaten.[6] Die deutsche Regelung hat sich während des Gesetzgebungsverfahrens kaum verändert. Der Regierungsentwurf ergänzte den Referentenentwurf um die Regelung von S. 2.[7]

**4. Verhältnis zu § 16 Abs. 2 S. 1; praktische Bedeutung.** Nach einem erfolgreichen **6** Übernahmeangebot (nicht Pflichtangebot, § 39) können die Aktionäre gemäß § 16 Abs. 2 S. 1 das Angebot noch zwei Wochen nach der Veröffentlichung gemäß § 23 Abs. 1 S. 1 Nr. 2 annehmen. Diese Regelung steht neben § 39c, die **Bestimmungen schließen einander also nicht aus** (zum Fristlauf → Rn. 16). Vielmehr privilegiert § 39c die Aktionäre, die in einer Gesellschaft verblieben sind, in der der Bieter die in § 39a beschriebene, extrem starke Stellung inne hat.

Der Sell-Out hat keine große praktische Bedeutung.[8] **7**

## II. Vereinbarkeit mit der Übernahme-RL

Gemäß Art. 16 Abs. 3 Übernahme-RL gilt Art. 15 Abs. 5 Übernahme-RL auch für das **8** Andienungsrecht. Demgemäß ist eine **angemessene Abfindung** geschuldet. In der Lit. ist die Ansicht vertreten worden, dass die vom Bieter angebotene Abfindung nicht angemessen sein könne und daher entgegen den Vorgaben der Richtlinie durch § 39c nicht gewährleistet sei, dass die Aktionäre, die ihr Andienungsrecht wahrnehmen, eine angemessene Abfindung erhalten.[9] Dass dem regelmäßig nicht so ist, wurde bereits erläutert (→ § 39a Rn. 26 ff.). Ergänzend greift zum Schutz der ausscheidenden Aktionäre die sog. **Missbrauchskontrolle** ein (→ § 39a Rn. 35). Da die Übernahme-RL eine angemessene Abfindung fordert, muss im Rahmen des Andienungsrechts in den genannten Extremfällen eine Erhöhung der Abfindung erzielbar sein. Dem lässt sich auch nicht entgegen halten, dass Aktionäre das Andienungsrecht nicht wahrnehmen müssen.[10] Das trifft zwar zu und ist zugleich der Grund dafür, dass eine Überprüfung an Hand von Art. 14 GG entfällt, da Art. 14 GG zwar vor dem Entzug des Eigentums schützt, Erwerbspflichten Dritter aber nicht gebietet.[11] Die Richtlinie stellt aber darauf nicht ab, sondern verlangt auch für den Sell-Out eine angemessene Abfindung. Da ein Spruchverfahren nicht zur Verfügung steht, bleibt der Minderheit in den seltenen Missbrauchsfällen nur, den Bieter aus der die Aktionäre verbindenden Treuepflicht auf **Leistung einer entsprechenden Zuzahlung in Anspruch zu nehmen** (→ AktG Vor § 53a Rn. 18 ff.).[12] Damit wird den Vorgaben der Übernahme-RL Rechnung getragen.

Allein die Tatsache, dass die **Angemessenheitsvermutung nicht eingreift,** führt nicht **9** dazu, dass eine Überprüfung des Preises verlangt werden könnte. Da der Preis nach der WpÜG-AV bestimmt worden ist, ist die Angemessenheit des Angebots iSv Art. 16 Übernahme-RL gegeben, zumal Art. 16 Abs. 2 Übernahme-RL ausdrücklich auf Art. 15 Abs. 2 Übernahme-RL Bezug nimmt.[13] Hinzu kommt, dass andernfalls die Gefahr besteht, dass Aktionäre das Angebot nur deshalb nicht annehmen, weil sie auf eine spätere Erhöhung des Preises hoffen.[14] Groß ist diese Gefahr allerdings nicht, da dieses Kalkül nur erfolgreich sein kann, wenn der Bieter tatsächlich eine 95% Beteiligung erreicht.

---

[6] *Hasselbach* ZGR 2005, 387 (391); *Maul/Muffat-Jeandet* AG 2004, 306 (317).

[7] S. die Anregungen von *Schüppen* BB 2006, 165 (169).

[8] S. aber den Fall BGH NZG 2013, 223.

[9] NK-AktKapMarktR/*Heidel/Lochner* Rn. 12; *Schüppen* BB 2006, 165 (169); FK-WpÜG/*Schüppen/Tretter* Rn. 1 ff.

[10] So Baums/Thoma/Verse/*Merkner/Sustmann* Rn. 6; Angerer/Geibel/Süßmann/*Süßmann* Rn. 11.

[11] *Austmann/Mennicke* NZG 2004, 846 (855); Kölner Komm WpÜG/*Hasselbach* Rn. 11; NK-AktKapMarktR/*Heidel/Lochner* Rn. 13; Schwark/Zimmer/*Noack/Zetzsche* Rn. 15.

[12] AA Baums/Thoma/Verse/*Merkner/Sustmann* Rn. 6; Assmann/Pötzsch/Schneider/*Seiler* Rn. 3: Erhöhung nicht erforderlich.

[13] Kölner Komm WpÜG/*Hasselbach* Rn. 9; Steinmeyer/*Santelmann* Rn. 9; Assmann/Pötzsch/Schneider/*Seiler* Rn. 4.

[14] *Austmann/Mennicke* NZG 2004, 846 (855); Baums/Thoma/Verse/*Merkner/Sustmann* Rn. 6.

### III. Voraussetzungen des Andienungsrechts

**10**  **1. Vorangegangenes Übernahme- oder Pflichtangebot.** Das Andienungsrecht setzt voraus, dass ein **Übernahme- oder Pflichtangebot** vorausgegangen ist. **Ein anderes Angebot (Aufstockungsangebot) reicht nach dem klaren Wortlaut nicht aus.**[15] Auch gilt für solche Angebote § 31 nicht, was der Begründung eines Andienungsrechts insofern entgegen steht, als der Aktionär dann nicht in gleichem Ausmaß sicher sein kann, dass der angebotene Preis angemessen ist.

**11**  **2. Berechtigte Aktionäre.** Das Andienungsrecht steht den Aktionären offen, an die sich das **Angebot gerichtet hat** und die es noch nicht angenommen haben.[16] Dies folgt aus der Tatsache, dass § 39c eine Möglichkeit eröffnet, dieses Angebot (und kein anderes) noch anzunehmen. Ein Ausschlussverfahren, gleich auf welcher Rechtsgrundlage, steht dem Andienungsrecht nicht entgegen.[17] Das Angebot ist angenommen und das Andienungsrecht besteht nicht, wenn der Aktionär sich bereits unwiderruflich gebunden hat (→ § 39a Rn. 29). Dies gilt auch, wenn die Bindung nicht gegenüber dem Bieter erfolgt ist (→ § 39a Rn. 30).[18] Das Angebot kann auch nur für einen Teil der Aktien angenommen werden.[19]

**12**  **3. Betroffene Bieter.** Betroffen ist jeder Bieter, der die in § 39a Abs. 1 beschriebene Rechtsposition inne hat. Es kommt nicht darauf an, ob auch die Voraussetzungen der Angemessenheitsvermutung erfüllt sind, da dies für den Normzweck (Austritt bei erdrückender Mehrheit des Bieters) keine Rolle spielt. **Bieter, die nur in Bezug auf Stammaktien zum Squeeze-Out berechtigt sind,** müssen daher nur Stammaktien entgegen nehmen. Vorzugsaktien können nur angedient werden, wenn auch in Bezug auf diese Papiere die Voraussetzungen von § 39a erfüllt sind.[20]

**13**  **4. Maßgeblicher Zeitpunkt für die Beteiligungshöhe.** Nach Ansicht des BGH muss die 95% Beteiligung des Bieters spätestens bis zum Ablauf der erweiterten Annahmefrist (§ 16 Abs. 1, 2) vorliegen, offen gelassen hat er, ob die Quote nicht sogar schon bei Ablauf der Annahmefrist für das Angebot vorliegen muss (→ § 39a Rn. 22). Dies überzeugt aus den genannten Gründen (→ § 39a Rn. 22) nicht.

**14**  Nicht entschieden ist bislang, ob in den Fällen, in denen der Bieter gemäß **§ 39a Abs. 4 S. 2** den Squeeze-out beantragen darf, **obwohl er die erforderliche Beteiligungsquote** noch nicht hält, auch das Andienungsrecht schon besteht. Dies ist zu verneinen. Da in diesen Fällen noch nicht feststeht, ob der Bieter wirklich eine erdrückende Mehrheit erlangen wird, ist auch noch unklar, ob der Minderheitsaktionär vor dieser Situation geschützt werden muss. Erst wenn das geklärt ist, kann der Aktionär sinnvoll entscheiden, ob er von dem Andienungsrecht Gebrauch machen will oder nicht.[21] Damit die Minderheitsaktionäre von ihrem Andienungsrecht erfahren, muss der Bieter den Eintritt der Bedingung so wie in § 23 Abs. 1 S. 1 vorgeschrieben veröffentlichen.

**15**  Die Beteiligungshöhe **muss nicht bei Ausübung des Rechts vorliegen,** es reicht aus, dass sie eventuell sogar nur kurzfristig in dem geschilderten Zeitrahmen vorgelegen hat.[22]

---

[15] Kölner Komm WpÜG/*Hasselbach* Rn. 19; Steinmeyer/*Santelmann* Rn. 5; Baums/Thoma/Verse/*Merkner/Sustmann* Rn. 9.

[16] Kölner Komm WpÜG/*Hasselbach* Rn. 25; Assmann/Pötzsch/Schneider/*Seiler* Rn. 14.

[17] Kölner Komm WpÜG/*Hasselbach* Rn. 38; Baums/Thoma/*Merkner/Sustmann* Rn. 26; Hölters/*Müller-Michaels* Rn. 4; Assmann/Pötzsch/Schneider/*Seiler* Rn. 11.

[18] AA Schwark/Zimmer/Noack/Zetzsche Rn. 7.

[19] Baums/Thoma/Verse/*Merkner/Sustmann* Rn. 27; Assmann/Pötzsch/Schneider/*Seiler* Rn. 22.

[20] Kölner Komm WpÜG/*Hasselbach* Rn. 24; Baums/Thoma/*Merkner/Sustmann* Rn. 15; Steinmeyer/*Santelmann* Rn. 6; Assmann/Pötzsch/Schneider/*Seiler* Rn. 14; Angerer/Geibel/Süßmann/*Süßmann* Rn. 3.

[21] Kölner Komm WpÜG/*Hasselbach* Rn. 23; aA Assmann/Pötzsch/Schneider/*Seiler* Rn. 20; NK-AktKap-MarktR/*Heidel/Lochner* Rn. 5; Schwark/Zimmer/*Noack/Zetzsche* Rn. 11; Angerer/Geibel/Süßmann/*Süßmann* Rn. 2; nach Baums/Thoma/Verse/*Merkner/Sustmann* Rn. 12 geht das Andienungsrecht ins Leere, wenn das Angebot nicht vollzogen werden kann. Das trifft zu, ändert aber nichts daran, dass dem Minderheitsaktionär eine Überlegungsfrist ab Erreichen der Annahmequote zusteht.

[22] Kölner Komm WpÜG/*Hasselbach* Rn. 23; NK-AktKapMarktR/*Heidel/Lochner* Rn. 5; Baums/Thoma/Verse/*Merkner/Sustmann* Rn. 16; Assmann/Pötzsch/Schneider/*Seiler* Rn. 21.

Anderenfalls könnte der Bieter durch ein kurzzeitiges Unterschreiten der Beteiligungshöhe das Andienungsrecht zu Fall bringen und die Aktionäre stünden folglich unter dem Verkaufsdruck, dem die Norm gerade entgegenwirken will.

**5. Antragsfrist.** Die Annahme kann innerhalb von **drei Monaten nach Ablauf der** 16 **Annahmefrist** erklärt werden. Ist die Annahmefrist nach § 16 Abs. 2 erweitert, läuft auch die Frist von § 39c erst später an.[23] Dies folgt aus den Gesetzesmaterialien. Dort heißt es, dass die Aktionäre das Andienungsrecht nutzen können, die das Angebot weder innerhalb der Annahmefrist noch innerhalb der weiteren Annahmefrist angenommen haben.[24] Das ist eindeutig. Sollte der Bieter die Quote erst später erhalten (→ § 39c Rn. 14), läuft die Frist ab diesem Zeitpunkt.

Sollte **der Bieter entgegen § 23 Abs. 1 S. 1 Nr. 4 oder S. 2 seiner Pflicht zur** 17 **Veröffentlichung** oder zur Mitteilung an die Bundesanstalt **nicht nachkommen,** läuft die Frist erst mit Erfüllung dieser Pflichten an (S. 2). Dies gilt auch dann, wenn die Pflichten nicht ordnungsgemäß (etwa falsch oder unvollständig) erfüllt werden,[25] es sei denn, es geht um marginale Punkte,[26] die für die Entscheidung des Aktionärs ohne Bedeutung sind. Denn schließlich geht es darum, die Minderheit von den Voraussetzungen des Sell-Out zu unterrichten. Das Andienungsrecht kann aber auch schon vor Erfüllung der Pflicht ausgeübt werden, da andernfalls der Bieter entscheiden könnte, welcher Zeitpunkt der frühestmögliche ist.[27]

**6. Gegenleistung.** Die Gegenleistung entspricht im Grundsatz **in Art und Höhe dem** 18 **Angebot.** Dies gilt auch für Tauschangebote. Da die Aktionäre nicht gezwungen sind, von ihrem Andienungsrecht Gebrauch zu machen, gilt § 39a Abs. 3 S. 2 zu ihren Gunsten nicht.[28] Eine analoge Anwendung hätte zudem zur Folge, dass die Geldleistung festzusetzen wäre, was ohne Spruchverfahren kaum praktikabel erfolgen kann. Eine Erhöhung gemäß § 31 Abs. 5, 6 wirkt sich auch zugunsten der Aktionäre aus, die das Andienungsrecht nutzen.[29] Ansonsten steht ihnen nur in Sonderfällen eine höhere Abfindung zu (→ Rn. 8).

### IV. Abwicklung

Die Abwicklung erfolgt so **wie in den Angebotsunterlagen** vorgesehen. Es handelt 19 sich, wie der klare Wortlaut der Norm zeigt, lediglich um eine Verlängerung der Annahmefrist.[30] Insofern wird das Angebot also als weiterhin existent fingiert.[31] Unterschiede zur Abwicklung des ursprünglichen Angebots ergeben sich also normalerweise nicht.[32] Regelungen, die speziell das Andienungsrecht betreffen, können in der ursprünglichen Angebots-

---

[23] Kölner Komm WpÜG/*Hasselbach* Rn. 27; Baums/Thoma/Verse/*Merkner/Sustmann* Rn. 25; FK-WpÜG/*Schüppen/Tretter* Rn. 4; Angerer/Geibel/Süßmann/*Süßmann* Rn. 4; Steinmeyer/*Santelmann* Rn. 10; Assmann/Pötzsch/Schneider/*Seiler* Rn. 26; aA NK-AktKapMarktR/*Heidel/Lochner* Rn. 8; wohl auch *Seibt/Heiser* AG 2006, 301 (310).
[24] BT-Drs. 16/1003, 23.
[25] Hölters/*Müller-Michaels* Rn. 2; Baums/Thoma/Verse/*Merkner/Sustmann* Rn. 23; Steinmeyer/*Santelmann* Rn. 12; Angerer/Geibel/Süßmann/*Süßmann* Rn. 5; Assmann/Pötzsch/Schneider/*Seiler* Rn. 27.
[26] Hölters/*Müller-Michaels* Rn. 2; Baums/Thoma/*Merkner/Sustmann* Rn. 23; Assmann/Pötzsch/Schneider/*Seiler* Rn. 27.
[27] Kölner Komm WpÜG/*Hasselbach* Rn. 20; Assmann/Pötzsch/Schneider/*Seiler* Rn. 27; Baums/Thoma/Verse/*Merkner/Sustmann* Rn. 23.
[28] Kölner Komm WpÜG/*Hasselbach* Rn. 31; Baums/Thoma/Verse/*Merkner/Sustmann* Rn. 19; Hölters/*Müller-Michaels* Rn. 6; Steinmeyer/*Santelmann* Rn. 8; Assmann/Pötzsch/Schneider/*Seiler* Rn. 31.
[29] *Hasselbach* Rn. 33; Baums/Thoma/Verse/*Merkner/Sustmann* Rn. 18; Hölters/*Müller/Michaels* Rn. 6; Steinmeyer/*Santelmann* Rn. 8; Assmann/Pötzsch/Schneider/*Seiler* Rn. 34; Angerer/Geibel/Süßmann/*Süßmann* Rn. 12.
[30] Kölner Komm WpÜG/*Hasselbach* Rn. 36; Baums/Thoma/Verse/*Merkner/Sustmann* Rn. 30.
[31] Ähnlich Baums/Thoma/Verse/*Merkner/Sustmann* Rn. 29; nach Kölner Komm WpÜG/*Hasselbach* Rn. 36 liegt in der Mitteilung nach S. 2 ein entsprechendes Angebot, das bei Fehlen der Mittteilung fingiert wird.
[32] Kölner Komm WpÜG/*Hasselbach* Rn. 36, 41; Assmann/Pötzsch/Schneider/*Seiler* Rn. 36.

unterlage enthalten sein,[33] dürfen den Sell-Out-Berechtigten aber nicht schlechter stellen als diejenigen, die das Angebot angenommen haben, da sonst der Sinn der Sell-Out-Regelung (→ § 39c Rn. 2 f.) verfehlt würde. Auch in Bezug auf die Kostentragung greift die für das Angebot geltende Regelung ein. Demgemäß trägt regelmäßig der Bieter die Kosten.[34] Auf diese Weise wird der Intention des Gesetzes (Verlängerung der Überlegungsfrist für die Minderheitsaktionäre) Rechnung getragen. Zur Vereinfachung der Abwicklung kann in der Angebotsunterlage vorgesehen werden, dass die Abwicklung für alle Minderheitsaktionäre einheitlich nach Ablauf der 3-Montasfrist erfolgt.[35] Die Aktienurkunden verbriefen also nach der Annahme nur noch den Anspruch auf Abfindung (§ 39b Abs. 5 S. 4).[36]

**20**      Das Andienungsrecht kann durch **Leistungsklage** auf Zahlung des Preises gegen Einreichung der Aktien auf die im Angebot vorgesehene Weise durchgesetzt werden.[37] Da das Andienungsrecht der Durchsetzung eines vertraglichen Erfüllungsanspruchs infolge eines Angebots nach dem WpÜG dient (→ § 39a Rn. 19), sind die Voraussetzungen nach § 1 Abs. 1 Nr. 3 KapMuG erfüllt, sodass auch das Musterverfahren genutzt werden kann.[38]

---

[33] Baums/Thoma/Verse/*Merkner*/*Sustmann* Rn. 30; Assmann/Pötzsch/Schneider/*Seiler* Rn. 36.

[34] Kölner Komm WpÜG/*Hasselbach* Rn. 39; einschränkend Baums/Thoma/Verse/*Merkner*/*Sustmann* Rn. 22; Assmann/Pötzsch/Schneider/*Seiler* Rn. 29; aA Hölters/*Müller-Michaels* Rn. 7; Angerer/Geibel/*Süßmann*/*Süßmann* Rn. 13: jeder habe seine Kosten zu tragen.

[35] Baums/Thoma/Verse/*Merkner*/*Sustmann* Rn. 30.

[36] Kölner Komm WpÜG/*Hasselbach* Rn. 37.

[37] Baums/Thoma/Verse/*Merkner*/*Sustmann* Rn. 33; Assmann/Pötzsch/Schneider/*Seiler* Rn. 24, 38.

[38] Baums/Thoma/Verse/*Merkner*/*Sustmann* Rn. 32; Assmann/Pötzsch/Schneider/*Seiler* Rn. 40; Angerer/Geibel/*Süßmann* Rn. 14; aA NK-AktKapMarktR/*Heidel*/*Lochner* Rn. 16, da das ursprüngliche Angebot nicht mehr gelte. Aber es wird als fortbestehend fingiert.

# Abschnitt 6. Verfahren

## § 40 Ermittlungsbefugnisse der Bundesanstalt

(1) [1]Die Bundesanstalt kann von jedermann Auskünfte, die Vorlage von Unterlagen und die Überlassung von Kopien verlangen sowie Personen laden und vernehmen, soweit dies auf Grund von Anhaltspunkten für die Überwachung der Einhaltung eines Gebots oder Verbots dieses Gesetzes erforderlich ist. [2]Sie kann insbesondere die Angabe von Bestandsveränderungen in Finanzinstrumenten sowie Auskünfte über die Identität weiterer Personen, insbesondere der Auftraggeber und der aus Geschäften berechtigten oder verpflichteten Personen, verlangen. [3]Gesetzliche Auskunfts- oder Aussageverweigerungsrechte sowie gesetzliche Verschwiegenheitspflichten bleiben unberührt.

(2) [1]Während der üblichen Arbeitszeit ist Bediensteten der Bundesanstalt und den von ihr beauftragten Personen, soweit dies zur Wahrnehmung ihrer Aufgaben nach diesem Gesetz erforderlich ist, das Betreten der Grundstücke und Geschäftsräume der nach Absatz 1 auskunftspflichtigen Personen zu gestatten. [2]Das Betreten außerhalb dieser Zeit oder das Betreten von Geschäftsräumen, die sich in einer Wohnung befinden, ist ohne Einverständnis nur zulässig und insoweit zu dulden, wie dies zur Verhütung von dringenden Gefahren für die öffentliche Sicherheit und Ordnung erforderlich ist und bei der auskunftspflichtigen Person Anhaltspunkte für einen Verstoß gegen ein Verbot oder Gebot dieses Gesetzes vorliegen. [3]Das Grundrecht des Artikels 13 des Grundgesetzes wird insoweit eingeschränkt.

(3) [1]Der zur Erteilung einer Auskunft Verpflichtete kann die Auskunft auf solche Fragen verweigern, deren Beantwortung ihn selbst oder einen der in § 383 Abs. 1 Nr. 1 bis 3 der Zivilprozessordnung bezeichneten Angehörigen der Gefahr strafgerichtlicher Verfolgung oder eines Verfahrens nach dem Gesetz über Ordnungswidrigkeiten aussetzen würde. [2]Der Verpflichtete ist über sein Recht zur Verweigerung der Auskunft zu belehren.

**Schrifttum:** *Bärlein/Pananis/Remsmeier*, Spannungsverhältnis zwischen der Aussagefreiheit im Strafverfahren und den Mitwirkungspflichten im Verwaltungsverfahren, NJW 2002, 1825; *Gallandi*, Das Auskunftsverweigerungsrecht nach § 44 Abs. 4 KWG, wistra 1987, 127; *Hartung*, Zum Umfang des Auskunftsverweigerungsrechts nach § 44 IV KWG, NJW 1988, 1070; *Scholl*, Behördliche Prüfungsbefugnisse im Recht der Wirtschaftsüberwachung, 1989; *Schüppen*, WpÜG-Reform: Alles Europa, oder was?, BB 2006, 165; *Seibt/Heiser*, Analyse des Übernahmerichtlinie-Umsetzungsgesetzes (Regierungsentwurf), AG 2006, 301; *van Kann/Just*, Der Regierungsentwurf zur Umsetzung der europäischen Übernahmerichtlinie, DStR 2006, 328.

### Übersicht

## I. Einführung

Ausweislich der amtlichen Überschrift sind Regelungsinhalt von § 40 Ermittlungsbefug- **1** nisse der BaFin (Abs. 1 und 2), daneben Auskunftsverweigerungsrechte der an sich zur

Auskunft Verpflichteten (Abs. 3). Durch das Übernahme-RL-UG vom 8.7.2006 (BGBl. 2006 I 1426) wurde die Vorschrift grundlegend geändert; dies diente der Umsetzung des Art. 4 Abs. 5 Übernahme-RL.[1] Normzweck bereits des ursprünglichen § 40 war es, die BaFin durch die Einräumung von Ermittlungsbefugnissen in die Lage zu versetzen, ihre Aufgaben bei der Überwachung und Durchsetzung der Einhaltung der Pflichten der Beteiligten an einem Übernahmeverfahren tatsächlich wahrzunehmen.[2] Die vor der Neufassung bestehenden Ermittlungsbefugnisse waren allerdings vom Gesetzgeber nach den „Erfahrungen der Praxis"[3] als nicht ausreichend erachtet worden, und zwar insbesondere hinsichtlich einer effektiven Durchsetzung der Pflicht zur Abgabe eines Angebots bei einer Zurechnung von Stimmrechten nach § 30 Abs. 2 (acting in concert; vgl. Art. 4 Abs. 5 Übernahme-RL sowie Erwägungsgrund 15 Übernahme-RL).[4] Mit der Neufassung durch das Übernahme-RL-UG sollten die Ermittlungsbefugnisse der BaFin daher erweitert und verbessert werden.[5]

**2**  § 40 normiert zwei Kategorien von Ermittlungsbefugnissen der BaFin, und zwar die Informationsrechte (Abs. 1) und die Betretungsrechte (Abs. 2). § 40 Abs. 1 ist eine zentrale Schlüsselnorm für die Aufsichtstätigkeit der BaFin, weil ohne Auskunftsrechte (Abs. 1 S. 1 Alt. 1) und die Befugnis, Unterlagen einzufordern und einzusehen (Abs. 1 S. 1 Alt. 2), oftmals nicht mit der gebotenen Sorgfalt abschließend geprüft werden könnte, ob aufsichtsrelevante Sachverhalte vorliegen und ein behördliches Einschreiten gegen bereits eingetretene oder sich abzeichnende Missstände veranlasst ist.[6] Das Auskunftsrecht wird durch die Ladungs- und Vernehmungsrechte und (Abs. 1 S. 1 Alt. 4) das Einsichtnahmerecht durch das Recht, die Überlassung von Kopien zu verlangen (Abs. 1 S. 1 Alt. 3),[7] ergänzt. Bei den Rechtssubjekten des Privatrechts kann die Ausübung der Ermittlungsbefugnisse in Grundrechtspositionen eingreifen. Dem tragen das Auskunftsverweigerungsrecht und die Pflicht zur Belehrung über dieses Recht Rechnung; Zweck von Abs. 3 ist die Wahrung des rechtsstaatlichen Gedankens der Unzumutbarkeit der Selbstanzeige.[8] Abs. 1 S. 3 wiederum enthält im Wesentlichen lediglich die überflüssige Klarstellung der Geltung der gesetzlichen Verschwiegenheitspflichten nach § 203 StGB und der Zeugnis- und Auskunftsverweigerungsrechte der §§ 52–55 StPO im Ordnungswidrigkeitenverfahren nach § 60.

**3**  § 40 in seiner heutigen Fassung wurde § 4 Abs. 3, 4 und 9 WpHG aF in der bis zum 2.1.2018 geltenden Fassung nachgebildet[9] (seit 3.1.2018: § 6 Abs. 3, 11 und 15 WpHG) und bleibt trotz der Ausweitung der Ermittlungsbefugnisse weit hinter denjenigen des BKartA nach §§ 57 ff. GWB zurück; namentlich für die dort geregelten Durchsuchungs- (§ 59 Abs. 4 GWB) und Beschlagnahmerechte (§ 58 GWB) enthält § 40 keine Parallele. Für das Verfahren gilt ergänzend das **VwVfG**. Der Amtsermittlungsgrundsatz (§ 24 Abs. 1 und 2 VwVfG, § 26 Abs. 1 VwVfG) wird durch § 40 konkretisiert.[10]

## II. Ermittlungsbefugnisse der BaFin

**4**  **1. Informationsrechte. a) Materielle Voraussetzungen.** § 40 Abs. 1 betrifft die Informationsrechte der BaFin (vgl. → Rn. 2), sie sind dort im Einzelnen aufgeführt und bestehen gegenüber **jedermann**. Der Kreis der Verpflichteten enthält also keinerlei Begrenzung. Die materiellen Voraussetzungen der Pflichtigkeit sind gleichfalls sehr weit gefasst.

---

[1] BT-Drs. 16/1003, 23.

[2] BT-Drs. 14/7034, 62.

[3] BT-Drs. 16/1003, 23.

[4] Vgl. zB BaFin, Pressemitteilung vom 19.10.2005, zuletzt abgerufen am 19.11.2014 unter <www.bafin.de>, seit mindestens dem 31.1.2017 hingegen nicht mehr abrufbar; vgl. *Seibt/Heiser* AG 2006, 301 (306); *van Kann/Just* DStR 2006, 328 (332).

[5] BT-Drs. 16/1003, 23; *Seibt/Heiser* AG 2006, 301 (310); *van Kann/Just* DStR 2006, 328 (332).

[6] Kölner Komm WpÜG/*Holst* Rn. 3; ferner allg. *Scholl*, Behördliche Prüfungsbefugnisse im Recht der Wirtschaftsüberwachung, 1989, 17 ff.

[7] Steinmeyer/*Schmiady* Rn. 2.

[8] BT-Drs. 14/7034, 63.

[9] Vgl. BT-Drs. 16/1003, 23.

[10] Steinmeyer/*Schmiady* Rn. 3.

Grundsätzlich können Informationen **„über alles und jeden"** verlangt werden.[11] Die Ausübung von Informationsrechten muss lediglich „aufgrund von Anhaltspunkten für die Überwachung der Einhaltung eines Gebots oder Verbots des WpÜG erforderlich" sein. Hierdurch wird letztlich nur nochmals klargestellt, dass die BaFin auch bei der Ausübung der in § 40 Abs. 1 bezeichneten Ermittlungsbefugnisse das **Verhältnismäßigkeitsprinzip** einschließlich der Merkmale des legitimen Zwecks und der Erforderlichkeit zu beachten hat (vgl. → § 4 Rn. 16).[12]

Dass die Ausübung der Informationsrechte der Überwachung der Beachtung einer **kon-** 5 **kreten Ge- oder Verbotsnorm** des WpÜG dienen muss,[13] folgt bereits aus der Aufgabenzuweisung in § 4 Abs. 1 S. 1, 2 (im Einzelnen → § 4 Rn. 7, → § 4 Rn. 11). Das Merkmal der **Erforderlichkeit** verlangt, dass die BaFin grundsätzlich zunächst andere, nicht grundrechtsrelevante Erkenntnisquellen ausschöpfen muss, bevor sie ihre Informationsrechte geltend macht.[14] Allerdings ist die Ausübung der Informationsbefugnisse zur angemessenen Verifizierung bereits eingeholter Informationen sowie einer eigenen Überzeugungsbildung der Behörde nicht ausgeschlossen, denn auch dies ist vom Zweck der Amtsermittlungspflicht umfasst.[15] Im Bereich des Kartellrechts wird ferner gefordert, es müsse ein wie auch immer geartetes schlüssiges Verfolgungskonzept vorliegen, wobei dies zum Teil bei der **Erforderlichkeit,**[16] zum Teil aber auch bei der Geeignetheit verortet wird.[17] Dies ist allerdings durchaus umstritten,[18] und für das WpÜG[19] ist dem jedenfalls nicht zu folgen: Die BaFin soll durch die ihr zu erteilenden Informationen ja erst in die Lage versetzt werden, ein schlüssiges Verfolgungskonzept zu erarbeiten; dies wird aufgrund des Vorliegens bloßer „Anhaltspunkte", die vom Gesetz als ausreichend angesehen werden, regelmäßig nicht möglich sein.[20]

Die Ausübung der Informationsrechte muss zur Zweckerreichung **geeignet** sein. Die 6 nach § 40 Abs. 1 abgefragten Informationen müssen also immerhin einen mitwirkenden Beitrag zur Aufklärung leisten.[21] Allerdings fehlt es an der Geeignetheit, sobald positiv feststeht, dass ein notwendiges Tatbestandsmerkmal der Ge- oder Verbotsnorm nicht erfüllt ist.[22] Gegen die **Verhältnismäßigkeit im engeren Sinne** dürften nur selten Bedenken bestehen; dass es sich bei den verlangten Informationen um Geschäftsgeheimnisse handelt, ist im Hinblick auf die straf- (§ 203 Abs. 2 StGB, § 204 StGB) und haftungsbewehrte (§ 839 BGB iVm Art. 34 GG, § 823 Abs. 2 BGB) Verschwiegenheitspflicht nach § 9 für sich genommen kein Grund, die Ausübung der Informationsrechte für rechtswidrig zu halten.[23]

---

[11] So zur Parallelvorschrift im WpHG Fuchs/*Schlette/Bouchon* WpHG § 4 Rn. 39; vgl. allerdings → Rn. 12.

[12] Vgl. Angerer/Geibel/Süßmann/*Uhlendorf* Rn. 5; Kölner Komm WpÜG/*Holst* Rn. 18; zur Parallelvorschrift im WpHG ausdrücklich Fuchs/*Schlette/Bouchon* WpHG § 4 Rn. 39.

[13] Angerer/Geibel/Süßmann/*Uhlendorf* Rn. 14; vgl. zur kartellrechtlichen Parallelvorschrift § 59 GWB Immenga/Mestmäcker/*Wirtz* GWB § 59 Rn. 21.

[14] Vgl. entspr. zur Erforderlichkeit nach § 59 GWB *Klose* in Wiedemann KartellR-HdB § 52 Rn. 16; s. auch Immenga/Mestmäcker/*Wirtz* GWB § 59 Rn. 23 f.; aA wohl Kölner Komm WpÜG/*Holst* Rn. 24.

[15] Steinmeyer/*Schmiady* Rn. 4.

[16] OLG Düsseldorf WuW/E DE-R 677, 678 = BeckRS 2001, 17498 – Müllverbrennungsanlage; WuW/E DE-R 914, 915 = BeckRS 2006, 04903 – Netznutzungsentgelt; WuW/E DE-R 1067, 1068 = BeckRS 2003, 17889 – Stromnetz Darmstadt; WuW/E DE-R 1179, 1180 f. = BeckRS 2004, 217 – Stromcontracting.

[17] KG WuW/E OLG 2620 = WuW 1982, 592 – Vergaserkraftstoff-Abgabepreise; WuW/E OLG 2892, 2895 – Euglucon; WuW/E OLG 4556, 4557 – Axel Springer; WuW/E OLG 4597, 4598 – E. Fernwärme GmbH; WuW/E DE-R 343 – WAZ/OTZ; WuW/E DE-R 386, 387 = WuW 1999, 1216 – Abo- und Tageszeitungen; *Klose* in Wiedemann KartellR-HdB § 52 Rn. 17.

[18] Dagegen zB Immenga/Mestmäcker/*Wirtz* GWB § 59 Rn. 22; vgl. auch KG WuW/E OLG 2713 = WuW 1982, 953 – Trinkmilch; WuW/E OLG 2961 = WuW 1983, 905 – REWE; in diesen Entscheidungen findet das Erfordernis eines schlüssigen Verfolgungskonzepts keine Erwähnung.

[19] Vgl. Assmann/Pötzsch/Schneider/*Assmann/Uwer* Rn. 22.

[20] Vgl. Kölner Komm WpÜG/*Holst* Rn. 16; Immenga/Mestmäcker/*Wirtz* GWB § 59 Rn. 22.

[21] Vgl. OLG Düsseldorf WuW/E DE-R 677, 680 = BeckRS 2001, 17498 – Müllverbrennungsanlage; *Klose* in Wiedemann KartellR-HdB § 52 Rn. 17.

[22] Vgl. Immenga/Mestmäcker/*Wirtz* GWB § 59 Rn. 22.

[23] Vgl. Immenga/Mestmäcker/*Wirtz* GWB § 59 Rn. 25.

Auch erheblicher finanzieller oder zeitlicher Aufwand begründet keine Unverhältnismäßigkeit; einem Unternehmen kann die Durchführung eigener Ermittlungen zugemutet werden, soweit der eigene Geschäftsbetrieb betroffen ist.[24]

**7**     Die Erforderlichkeit muss sich aus **„Anhaltspunkten"** ergeben. Die BaFin darf ihre Informationsrechte **nicht „ins Blaue hinein"** ausüben;[25] konkrete **Anhaltspunkte** müssen vielmehr sowohl für eine Pflichtsituation nach dem WpÜG als auch für einen Verstoß vorliegen. Ausreichend ist, wenn eine Unklarheit über das Einhalten eines konkreten Ge- oder Verbotes des WpÜG besteht,[26] wenn etwa die BaFin von bestimmten Tatsachen erfährt, die zwar möglicherweise einen Verstoß begründen könnten, für sich genommen aber nicht zur Feststellung des Verstoßes ausreichend sind.[27] So können Informationsbegehren zB durch Presseberichte veranlasst werden, selbst wenn diese lediglich Vermutungen und Gerüchte wiedergeben.[28] Ein Verstoß gegen eine konkrete Ge- oder Verbotsnorm muss also ernsthaft in Betracht kommen,[29] wobei lediglich **vertretbare Argumente** für einen Verstoß sprechen müssen.[30] „Anhaltspunkte" iSd § 40 sind also nichts anderes als die „zureichenden tatsächlichen Anhaltspunkte" im Sinne eines **Anfangsverdachts** gemäß § 152 Abs. 2 StPO.[31] Die Gegenansicht,[32] soweit sie sich auf reine Praktikabilitätserwägungen beruft,[33] verkennt, dass solche zur Rechtfertigung der Einschränkung von Grundrechten grundsätzlich nicht geeignet sind und Verstöße gegen WpÜG-Vorschriften auch repressive Maßnahmen zur Folge haben können (vgl. §§ 60 ff.).

**8**     Die Erforderlichkeit im dargelegten Sinne ist anhand der entsprechenden Anhaltspunkte aus einer Sicht ex ante zu beurteilen, weil sich mit der Frage, ob bestimmte Informationen im Einzelfall für den Überwachungszweck benötigt werden, auch **prognostische Wertungen** verbinden. Ein Grund, der BaFin diesbezüglich eine Einschätzungsprärogative oder einen Beurteilungsspielraum zuzubilligen,[34] ist jedoch nicht ersichtlich[35] und wäre verfassungsrechtlich auch nicht hinnehmbar, denn die Beachtung des Verhältnismäßigkeitsprinzips ist als Verfassungsprinzip, das die Exekutive in keinem Fall verletzen darf, **gerichtlich voll überprüfbar.**[36] Gerade weil die Voraussetzungen der Norm denkbar weit gefasst sind, kommt einer vollumfänglichen verfassungsrechtlichen Kontrolle durch die Gerichte im Übrigen besondere Bedeutung zu.

---

[24] Vgl. KG WuW/E 3721, 3722 = WuW 1986, 629 – Coop/Wandmaker; *Klose* in Wiedemann KartellR-HdB § 52 Rn. 19.

[25] Angerer/Geibel/Süßmann/*Uhlendorf* Rn. 4; vgl. Kölner Komm WpÜG/*Holst* Rn. 20: „aufs Geratewohl".

[26] Steinmeyer/*Schmiady* Rn. 7; vgl. zu § 59 GWB KG WuW/E OLG 1046 = GRUR 1970, 620 – Kopierautomaten; WuW/E OLG 1189 = WuW 1972, 45 – Importschallplatten; WuW/E OLG 1961, 1962 = WuW 1978, 511 – Flug-Union; WuW/E OLG 2433, 2436 = WuW 1981, 653 – Metro-Kaufhof; WuW/E OLG 2892, 2897 – Euglucon; dazu auch Immenga/Mestmäcker/*Wirtz* GWB § 59 Rn. 21; *Klose* in Wiedemann KartellR-HdB § 52 Rn. 15.

[27] FK-WpÜG/*Linke* Rn. 14; vgl. *Klose* in Wiedemann KartellR-HdB § 52 Rn. 15.

[28] Vgl. KG WuW/E OLG 1961, 1964 = WuW 1978, 511 – Flug-Union; WuW/E OLG 2446, 2449 = WuW 1981, 666 – Heizölhandel; WuW/E OLG 4556, 4557– Axel Springer; *Klose* in Wiedemann KartellR-HdB § 52 Rn. 15.

[29] Vgl. KG WuW/E OLG 4556, 4547; WuW/E OLG 4597, 4598; Immenga/Mestmäcker/*Wirtz* GWB § 59 Rn. 9.

[30] Vgl. *Klose* in Wiedemann KartellR-HdB § 52 Rn. 15.

[31] Vgl. zur Parallelvorschrift im WpHG Fuchs/*Schlette/Bouchon* WpHG § 4 Rn. 37; vgl. zum Kartellrecht *Klose* in Wiedemann KartellR-HdB § 52 Rn. 15; *Bechtold/Bosch* GWB § 59 Rn. 7; näher zum Anfangsverdacht iSd § 152 Abs. 2 StPO s. KK-StPO/*Mavany* StPO § 152 Rn. 7 f.; Löwe/Rosenberg/*Mavany* StPO § 152 Rn. 27 ff.

[32] FK-WpÜG/*Linke* Rn. 14; Steinmeyer/*Schmiady* Rn. 4 Fn. 23; Kölner Komm WpÜG/*Holst* Rn. 16; zum WpHG Assmann/Schneider/*Döhmel* WpHG § 4 Rn. 30.

[33] Steinmeyer/*Schmiady* Rn. 4 Fn. 23.

[34] In diesem Sinne aber FK-WpÜG/*Linke* Rn. 15; wie hier Angerer/Geibel/Süßmann/*Uhlendorf* Rn. 4; Kölner Komm WpÜG/*Holst* Rn. 19; Assmann/Pötzsch/Schneider/*Assmann/Uwer* Rn. 20.

[35] Kölner Komm WpÜG/*Holst* Rn. 19. Dass der Prognosecharakter einer Entscheidung sich nicht zur Rechtfertigung von Entscheidungsspielräumen eignet, erläutert zutr. Kopp/Ramsauer/*Ramsauer* VwVfG § 40 Rn. 18, 164.

[36] Vgl. Jarass/Pieroth/*Jarass* GG Art. 20 Rn. 127; vgl. auch Schwark/Zimmer/*Noack/Holzborn* Rn. 3.

Obgleich die materiellen Voraussetzungen der Informationsrechte im Vergleich zu § 40 **9**
aF in ganz erheblichem Maße verwässert wurden und die Gesetzesänderung zur Umsetzung
von Art. 4 Abs. 5 Übernahme-RL nicht notwendig gewesen wäre,[37] bestehen im Ergebnis
**keine verfassungsrechtlichen Bedenken.** Die Informationsrechte der BaFin sind insbesondere nicht unverhältnismäßig,[38] weil sie, wie soeben erörtert, erstens ohne weiteres an
die Beachtung des Übermaßverbotes und zweitens an die Wahrnehmung der Aufgaben der
BaFin nach dem WpÜG gekoppelt sind.[39]

**b) Formelle Voraussetzung: Informationsverlangen.** Die Entstehung der Informa- **10**
tionsrechte setzt durchgängig ein **Verlangen** der BaFin voraus. Zu den Ladungs- und
Vernehmungsrechten → Rn. 16. Da das Verlangen darauf gerichtet ist, die Entstehung
des Informationsrechts der BaFin in einem konkreten Fall herbeizuführen und insoweit
Regelungs- und Außenwirkung entfaltet, handelt es sich um einen Verwaltungsakt gemäß
§ 35 S. 1 VwVfG. Die Regelungswirkung fehlt allerdings im Falle einer bloßen Bitte. Für
den Erlass des Verwaltungsaktes gelten ergänzend die allgemeinen Anforderungen des
VwVfG. Das Informationsverlangen muss auf den nach § 40 Abs. 1 zulässigen Inhalt
beschränkt sein und die wesentlichen tatsächlichen und rechtlichen **Gründe** (§ 39 VwVfG)
darlegen; dazu gehören insbesondere die Angabe der Rechtsgrundlage sowie von Gegenstand und Zweck der Informationsanforderung.[40] Für die **Bestimmtheit** (§ 37 VwVfG)
reicht Bestimmbarkeit aus, wenn etwa die vorzulegenden Unterlagen ihrer Art nach
beschrieben werden (vgl. → Rn. 14).[41] Die Aufforderung zur Information ist anders als
das kartellrechtliche Informationsverlangen (§ 59 Abs. 6 GWB) gemäß § 37 Abs. 2 VwVfG
formlos möglich[42] (vgl. § 10 VwVfG) und kann daher auch mündlich, fernmündlich, durch
Fax oder auf elektronischem Weg erfolgen.[43]

Gegen ein Informationsverlangen sind gemäß § 41 der **Rechtsbehelf** des Widerspruchs **11**
und nach § 48 die Anfechtungsbeschwerde statthaft. Der die Informationspflicht konkretisierende Verwaltungsakt kann Grundlage für **Vollstreckungsmaßnahmen** nach § 46 sein
(näher → § 46 Rn. 4 ff.). Außerdem können Verstöße gegen die durch das Verlangen konkretisierten Pflichten aus § 40 zur Verhängung eines **Bußgeldes** nach § 60 Abs. 2 Nr. 1
führen. Auch die **formlose Informationsanforderung** löst als Verwaltungsakt die Informationspflicht sowie im Hinblick auf ihre sofortige Vollziehbarkeit (§ 42) eine etwaige
Bußgeldsanktion aus. Allerdings wird das für die Verhängung eines Bußgelds erforderliche
Verschulden nicht sofort, sondern erst nach erfolglosem Verstreichen eines angemessenen
Zeitraumes angenommen werden können. Zur Beurteilung der Angemessenheit ist insbesondere auf den Umfang und die Komplexität der angeforderten Informationen abzustellen.

**c) Die einzelnen Informationsrechte. aa) Auskunfts- und Vorlagerechte.** Kern- **12**
rechte nach § 40 Abs. 1 S. 1 sind die Ansprüche auf Erteilung von **Auskünften** und auf
Vorlage von **Unterlagen.** Ob sich das Auskunfts- und Vorlagerecht nur auf dem Beweis
zugängliche Tatsachen (zum Tatsachenbegriff → § 8 Rn. 13) bezieht[44] oder auch weitergehende Informationen (→ § 7 Rn. 5) wie etwa rechtliche Einschätzungen und sonstige
Werturteile enthaltende Auskünfte und Unterlagen zum Gegenstand haben kann,[45] ist
umstritten. Dem Wortlaut ist eine Begrenzung auf **Tatsachen** nicht zu entnehmen. Dass

---

[37] *Schüppen* BB 2006, 165 (170).
[38] So aber wohl *Schüppen* BB 2006, 165 (170).
[39] Steinmeyer/*Schmiady* Rn. 7.
[40] FK-WpÜG/*Linke* Rn. 16.
[41] Assmann/Pötzsch/Schneider/*Assmann/Uwer* Rn. 34.
[42] Zur Option für informelles Verwaltungshandeln vor einem Verwaltungsverfahren, anstelle und innerhalb
eines Verwaltungsverfahrens s. Stelkens/Bonk/Sachs/*Schmitz* VwVfG § 10 Rn. 9.
[43] Steinmeyer/*Schmiady* Rn. 9; Kölner Komm WpÜG/*Holst* Rn. 23; vgl. auch Ehricke/Ekkenga/Oechs-
ler/*Ehricke* Rn. 10.
[44] Assmann/Pötzsch/Schneider/*Assmann/Uwer* Rn. 25; Baums/Thoma/Verse/*Ritz* Rn. 6; Steinmeyer/
*Schmiady* Rn. 7.
[45] Vgl. zB Angerer/Geibel/Süßmann/*Uhlendorf* Rn. 8; Kölner Komm WpÜG/*Holst* Rn. 13; vgl. Boos/
Fischer/Schulte-Mattler/*Braun* KWG § 44 Rn. 34.

§ 40 eine Ausprägung des Amtsermittlungsgrundsatzes der §§ 24, 26 Abs. 1 VwVfG ist (→ Rn. 39), spricht allerdings dafür, den Gegenstand des Auskunftsrechts in § 40 Abs. 1 genauso zu verstehen wie in § 26 Abs. 1 S. 2 Nr. 1 VwVfG und dies auf das Vorlagerecht zu erstrecken. Das Auskunftsrecht nach § 26 Abs. 1 S. 2 Nr. 1 VwVfG bezieht sich schon deshalb ausschließlich auf Tatsachen,[46] weil Regelungsgegenstand der Vorschrift nach dem Wortlaut des § 26 Abs. 1 S. 1 VwVfG die **„Ermittlung des Sachverhalts"** ist. Es ist im Übrigen nicht ersichtlich, dass Auskünfte über Rechtsfragen, die sich die BaFin selbst beantworten mag, sowie über subjektive Wertungen eines Informationspflichtigen eine Bedeutung für die Beurteilung eines Verstoßes eine Rolle spielen könnten. Insoweit würde ein Auskunfts- oder Vorlageverlangen also ohnehin am Kriterium der Erforderlichkeit scheitern. Soweit sie neben Tatsachen auch Bewertungen zum Gegenstand haben, dürfen die vorzulegenden Unterlagen unkenntlich gemacht werden. Darüber hinaus muss nur über solche Umstände Auskunft erteilt werden, die im **Bereich des Auskunftspflichtigen** liegen: So mag zB die Auslegung ausländischen Rechts eine Tatsachenfrage sein; derlei Auslegungsfragen liegen jedoch außerhalb des Bereichs des Auskunftspflichtigen und müssen von der BaFin, sofern relevant, daher anderweitig ermittelt werden.[47] Mit diesen Maßgaben müssen die verlangten Auskünfte und Unterlagen allerdings richtig, vollständig und rechtzeitig – also innerhalb einer angemessenen Frist – erteilt bzw. vorgelegt werden. Die Erteilung von Auskünften hat gemäß § 45 grundsätzlich **schriftlich** zu erfolgen.

13    Das Auskunftsrecht erstreckt sich insbesondere, wie durch § 40 Abs. 1 S. 2 klar gestellt wird, auf die Angabe von **Bestandsveränderungen in Finanzinstrumenten** sowie Auskünfte über die **Identität weiterer Personen.** Auch diesbezüglich ist das Verhältnismäßigkeitsprinzip zu beachten. Dies bedeutet jedoch nicht, dass ein Auskunftsverlangen betreffend Bestandsveränderungen grundsätzlich erst dann in Betracht kommt, wenn sich der Verdacht eines Verstoßes gegen ein Ge- oder Verbot des WpÜG verdichtet hat.[48] Die Legaldefinition der Finanzinstrumente in § 2 Abs. 4 WpHG kann auf das WpÜG übertragen werden. Als weitere Personen, deren Identität die BaFin ermitteln darf, nennt das Gesetz beispielhaft die **Auftraggeber** – wohl der Bestandsveränderungen – und die aus Geschäften berechtigten oder verpflichteten Personen. Der Begriff der Identität erstreckt sich auf alle Angaben, die eine **zweifelsfreie Individualisierung** der jeweiligen Person ermöglichen, also bei natürlichen Personen etwa der Name, die Vornamen sowie Geburtsdatum und -ort, bei juristischen Personen hingegen die Firma, die Rechtsform und ggf. die Handelsregisternummer. Welche Daten allerdings genau zur Identität gehören, insbesondere ob dies beispielsweise für die Kontaktdaten oder die in den Personenstands- oder Handelsregistern enthaltenen Angaben der Fall ist, ist irrelevant, weil die BaFin nach § 40 Abs. 1 S. 1 ohnehin alle erforderlichen Auskünfte verlangen darf.

14    Der Begriff der Unterlagen ist im Interesse einer wirksamen Überwachung weit auszulegen und umfasst grundsätzlich alle **Daten,** die sich auf einem **Speichermedium** befinden und entspricht somit dem Begriff der „Papiere" in § 110 StPO.[49] So unterliegen nicht nur schriftliche Dokumente (Satzungen, Verträge, Sitzungsniederschriften, interne und externe Korrespondenz, Anweisungen, Aktenvermerke, Kontoauszüge usw.) grundsätzlich der Vorlagepflicht, sondern auch Audio- oder Bilddateien. Gleichgültig ist die Art des Speichermediums. Daten, die sich auf technischen Speichermedien wie Video- oder Tonbändern, Mikrofilmen, Festplatten, Disketten, CDs, CD-ROMS, DVDs, USB-Steckern oder E-Mail-Servern befinden, sind daher ebenso von der Vorlagepflicht umfasst wie auf nichttechnischen Speichermedien wie Papier oder Folien niedergelegte Daten.[50] Auch die Arbeitsspeicher von Rechnern können als technische Speichermedien vorzulegende Unterlagen enthalten.

---

[46] Stelkens/Bonk/Sachs/*Kallerhoff/Fellenberg* VwVfG § 26 Rn. 36.
[47] Assmann/Pötzsch/Schneider/*Assmann/Uwer* Rn. 26.
[48] So aber FK-WpÜG/*Linke* Rn. 17.
[49] Fuchs/*Schlette/Bouchon* WpHG § 4 Rn. 66; zum Begriff der „Papiere" in § 110 StPO s. KK-StPO/*Bruns* StPO § 110 Rn. 2; Löwe/Rosenberg/*Tsambikakis* StPO § 110 Rn. 5 ff.
[50] Vgl. Kölner Komm WpÜG/*Holst* Rn. 13.

Dass die Unterlagen nur vorgelegt werden müssen, soweit sie im Bereich des Auskunftspflichtigen liegende Tatsachen enthalten, wurde bereits erläutert (→ Rn. 12). Das **Bestimmtheitsgebot** (§ 37 Abs. 1 VwVfG) erfordert, dass die vorzulegenden Unterlagen genau bezeichnet werden, sodass ein Verlangen auf Vorlage „sämtlicher Unterlagen" unzulässig wäre. Zulässig ist hingegen das Verlangen, sämtliche Unterlagen, die einen klar bestimmten Sachverhalt betreffen, vorzulegen; auch dann ist für den Pflichtigen erkennbar, welche Unterlagen er vorlegen muss und welche nicht.[51]

**Vorlage** bedeutet, der BaFin zu ermöglichen, vom Inhalt der **Originalunterlagen**[52] **15** Kenntnis zu nehmen. Dies kann durch Übersendung der Unterlagen an die BaFin geschehen oder durch die Bereithaltung der Unterlagen vor Ort in den Räumen des Vorlagepflichtigen,[53] wobei allerdings gewährleistet sein muss, dass die Bediensteten der BaFin die Unterlagen ungestört und in Ruhe durcharbeiten können.[54] Die Anfertigung von Übersetzungen oder die Abgabe weiterer Erläuterungen zu den Unterlagen ist nicht von der Vorlagepflicht umfasst, kann allerdings Gegenstand eines Auskunftsverlangens sein.[55]

**bb) Annexrechte.** Das Auskunftsrecht wird ergänzt durch das Recht, Personen zu **laden 16** und zu **vernehmen.** Dies ermöglicht es der BaFin insbesondere, ihr bereits vorliegende Informationen durch gezieltes Nachfragen zu präzisieren und zu ergänzen, um auf diese Weise ihr Sachverhaltsbild zu vervollständigen oder ihre Ermittlungen ggf. ausweiten zu können.[56] Diese Möglichkeit ist freilich nicht im Sinne zusätzlicher Tatbestandsvoraussetzungen zu verstehen[57] (vgl. aber → Rn. 18 im Hinblick auf die Verhältnismäßigkeit). Die Ladung ist wegen ihres Regelungscharakters und der Außenwirkung ein Verwaltungsakt. Es handelt sich um ein **Verlangen des Erscheinens,** das sich strukturell nicht von den Auskunfts- und Vorlageverlangen unterscheidet (→ Rn. 10). Sie setzt allerdings begrifflich eine Terminsbestimmung voraus. Auch die Ladung kann formlos erfolgen, da anders als zB in § 67 Abs. 1 S. 2 VwVfG Schriftform nicht vorgeschrieben ist.

Das Vorlagerecht wird wiederum ergänzt durch das Recht zur **Überlassung von 17 Kopien,** das der **Beweissicherung** dient[58] und das Fehlen von Beschlagnahmerechten zumindest teilweise kompensiert. Ob das Überlassungsrecht, wie behauptet wird, die Entsendung von Mitarbeitern zum jeweiligen Adressaten entbehrlich macht,[59] erscheint allerdings zweifelhaft, denn die BaFin kann ebenso um die postalische Zusendung von Unterlagen bitten wie um die postalische Zusendung von Kopien. Wenn der Pflichtige die postalische Zusendung von Unterlagen oder Kopien verweigert – denn zu dieser ist er nicht verpflichtet –, muss die BaFin ohnehin Mitarbeiter dorthin entsenden. Das Gesetz enthält im Übrigen zwar einen Anspruch auf Überlassung, nicht aber auf die **Herstellung von Kopien** durch den Pflichtigen. Ein Herstellungsanspruch wäre unverhältnismäßig, weil er nicht zur Überwachung erforderlich ist: Hierfür genügt es, wenn die Anstalt im Ergebnis Kopien der relevanten Unterlagen erhalten kann. Der Pflichtige muss der Anstalt also weder Personal noch Speichermedien (→ Rn. 14) zur Verfügung stellen, um ihr die Herstellung zu ermöglichen.[60] Die zur Herstellung erforderlichen Personal- und Sachmittel hat die BaFin somit grundsätzlich selbst bereit zu stellen, wobei sie allerdings beim Pflichtigen befindliche technische Geräte wie Rechner und Kopiergeräte nutzen dürfen muss, wenn der Pflichtige sich nicht bereit erklärt, der BaFin die Verbringung der Unterlagen in ihre

---

[51] Angerer/Geibel/Süßmann/*Uhlendorf* Rn. 9.
[52] Fuchs/*Schlette/Bouchon* WpHG § 4 Rn. 69.
[53] AA Steinmeyer/*Schmiady* Rn. 11: grds. in den Räumen der BaFin.
[54] Fuchs/*Schlette/Bouchon* WpHG § 4 Rn. 67.
[55] Fuchs/*Schlette/Bouchon* WpHG § 4 Rn. 68.
[56] Angerer/Geibel/Süßmann/*Uhlendorf* Rn. 11.
[57] Darauf weist Steinmeyer/*Schmiady* Rn. 12 Fn. 53 implizit hin.
[58] Steinmeyer/*Klepsch* Rn. 11; Angerer/Geibel/Süßmann/*Uhlendorf* Rn. 10.
[59] So Angerer/Geibel/Süßmann/*Uhlendorf* Rn. 10.
[60] AA Steinmeyer/*Schmiady* Rn. 11 Fn. 52, wogegen jedoch einzuwenden ist, dass der Pflichtige nicht gehalten ist, Sekretariatsaufgaben der BaFin zu übernehmen und der Gesetzgeber es in der Hand hätte, ähnlich wie in § 59 Abs. 4 GWB und § 58 GWB Durchsuchungs- und Beschlagnahmerechte zu normieren.

Dienstäume zum Zwecke der Kopienherstellung und anschließender Rückgabe zu erlauben. Das Überlassungsrecht ist daher im Wesentlichen ein **Duldungsanspruch.**

18    **d) Auswahlermessen.** Der BaFin steht – neben dem Entschließungsermessen, bei dem es darum geht, ob die BaFin überhaupt in die Ermittlungen eintreten soll,[61] – in Bezug auf die Auswahl der konkret auszuübenden Informationsrechte ein Auswahlermessen zu.[62] Sie hat im Rahmen der Ermessensausübung das **Verhältnismäßigkeitsprinzip** zu beachten. Regelmäßig wird die Aufforderung zur Vorlage von Unterlagen daher nur in Betracht kommen, wenn das mildere Mittel der Auskunft für die Deckung des Informationsbedürfnisses nicht ausreicht; das ist beispielsweise dann der Fall, wenn hierdurch der Wahrheitsgehalt einer Auskunft belegt werden soll.[63] Es wird für die Überwachung vielfach erforderlich sein, durch Auskunft erhaltene Informationen zusätzlich durch die Einsichtnahme in Unterlagen zu **verifizieren,** sodass ein Vorlageverlangen verhältnismäßig ist.[64] Die Ausübung der – eingriffsintensiveren – Ladungs- und Vernehmungsbefugnisse setzt regelmäßig voraus, dass bereits eine Auskunft vorliegt oder Unterlagen eingesehen worden sind, die ein persönliches Gespräch erforderlich erscheinen lassen. Dies muss allerdings nicht stets der Fall sein; denkbar ist auch, dass mit der **Notwendigkeit gezielter Nachfragen** von vorneherein zu rechnen ist, insbesondere etwa bei sehr komplexen Sachverhalten. Die Anforderung von Kopien kommt regelmäßig erst im Anschluss an die Vorlage der entsprechenden Unterlagen in Betracht; vor Einsichtnahme wird die BaFin nämlich häufig noch nicht beurteilen können, ob die jeweiligen Unterlagen für die Überwachung relevant sind oder nicht. Nur von in diesem Sinne relevanten Unterlagen kann die BaFin jedoch die Überlassung von Kopien verlangen; dies wiederum wird in der Regel zur Informations- und Beweissicherung erforderlich und daher verhältnismäßig sein. Nicht erforderlich ist die Überlassung von Kopien allerdings dann, wenn die in den Unterlagen enthaltenen relevanten Informationen so spärlich und überschaubar sind, dass sie ohne weiteres von dem Bediensteten oder Beauftragten der Anstalt kurz selbst notiert werden können, und wenn zusätzlich kein Bedürfnis für die Beweissicherung besteht.

19    **2. Betretungsrechte. a) Allgemeines.** § 40 Abs. 2 normiert Betretungsrechte der Bediensteten und Beauftragten der BaFin, die sich primär (S. 1) in örtlicher Hinsicht auf Grundstücke und Geschäftsräume und in zeitlicher Hinsicht auf die übliche Arbeitszeit beziehen. Höhere Anforderungen sind zu stellen, wenn die Bediensteten und Beauftragten gemäß S. 2 einen Geschäftsraum, der sich in einer (Privat-) Wohnung befindet, oder ein Grundstück oder einen Geschäftsraum außerhalb der üblichen Arbeitszeit betreten möchten. Die Vorschrift schränkt Art. 13 Abs. 1 GG ein, denn auch Geschäftsräume werden vom **verfassungsrechtlichen Wohnungsbegriff** umfasst.[65] Dem **Zitiergebot** nach Art. 19 Abs. 1 S. 2 GG wird in § 40 Abs. 2 S. 3 Genüge getan. Ein Durchsuchungsrecht enthält § 40 Abs. 2 anders als beispielsweise § 59 Abs. 4 GWB nicht. Die Existenz der hohen Hürden, die Art. 13 Abs. 2 GG für **Durchsuchungen** aufstellt, zeigt, dass ein Durchsuchungsrecht eine derart schwere Grundrechtseingriffsbefugnis ist, dass es nicht ohne Weiteres aus einem Betretungsrecht folgen kann, es vielmehr einer ausreichend bestimmten, also ganz spezifisch darauf gerichteten, diesbezüglichen Ermächtigungsgrundlage bedarf.[66] Diese ist weder in § 40 Abs. 2 noch in § 46 iVm den Vorschriften des VwVG enthalten. Auch ein Beschlagnahmerecht ist der BaFin anders als dem BKartA in § 58 GWB nicht gegeben. Die Bediensteten und Beauftragten der BaFin haben also in Bezug auf Grundstücke,

---

[61] Zum Begriff des Entschließungsermessens Wolff/Bachof/Stober/Kluth/*Kluth* VerwR I § 31 Rn. 45.
[62] Vgl. OLG Frankfurt ZIP 2008, 312 (315); Assmann/Pötzsch/Schneider/*Assmann/Uwer* Rn. 23.
[63] Angerer/Geibel/Süßmann/*Uhlendorf* Rn. 9; FK-WpÜG/*Linke* Rn. 16; vgl. Kölner Komm WpÜG/ *Holst* Rn. 25; Assmann/Pötzsch/Schneider/*Assmann/Uwer* Rn. 23, 35.
[64] Vgl. Assmann/Pötzsch/Schneider/*Assmann/Uwer* Rn. 35; Kölner Komm WpÜG/*Holst* Rn. 24.
[65] BVerfGE 44, 353 (371) = NJW 1977, 1489; BVerfGE 76, 83 (88) = NJW 1987, 2499; BVerfGE 96, 44 (51) = NJW 1997, 2165; BVerfGE 120, 274 (309) = NJW 2008, 822; BVerwGE 121, 345 (348) = NJW 2005, 454; Jarass/Pieroth/*Jarass* GG Art. 13 Rn. 5; aA Sachs/*Kühne* GG Art. 13 Rn. 4.
[66] Jarass/Pieroth/*Jarass* GG Art. 13 Rn. 16.

Geschäftsräume und ggf. Wohnungen keine weiteren Rechte, als sich unter Überschreitung der Umgrenzung des in Rede stehenden räumlichen Gebildes körperlich auf das Grundstück oder in den Raum zu begeben,[67] wovon allerdings auch das Besichtigen im Sinne eines bloßen Herumschauens umfasst ist (→ Rn. 20).[68] Die Betretungsrechte sind nach § 60 Abs. 2 Nr. 2 **bußgeldbewehrt**.

**b) Betreten von Grundstücken und Geschäftsräumen während der üblichen** 20 **Arbeitszeit. aa) Gesetzliche Eingriffsvoraussetzungen.** Das Betretungsrecht nach § 40 Abs. 2 S. 1 besteht gegenüber den **auskunftspflichtigen Personen** iSd Abs. 1, also gegenüber jedermann. **Geschäftsräume** sind Räume, die der Geschäftsausübung dienen, die also gerade nicht durch Höchstpersönlichkeit charakterisiert sind und daher nicht zum engen Privatbereich gehören.[69] Auch der Öffentlichkeit während der Geschäftszeiten allgemein zugängliche Räume wie Verkaufsräume oder Sportstadien unterfallen § 40 Abs. 2 S. 1; sie sind zwar außerhalb des Schutzbereichs des Art. 13 Abs. 1 GG,[70] werden aber von Art. 12 und 2 Abs. 1 GG erfasst. Der **Grundstücksbegriff** ist sachenrechtlich zu bestimmen; der Zusammenhang mit den Geschäftsräumen zeigt allerdings, dass nur geschäftlich genutzte Grundstücke gemeint sind.[71] Grundstücke und Geschäftsräume dürfen durch die Bediensteten und Beauftragten der BaFin grundsätzlich nur während der üblichen Arbeitszeiten betreten werden. Die **üblichen Arbeitszeiten** sind in Bezug auf die konkrete geschäftliche Nutzung des Grundstücks oder Geschäftsraums zu ermitteln,[72] sie können daher nicht pauschal beispielsweise mit dem Zeitraum von 8.00 Uhr bis 18.00 Uhr umschrieben werden;[73] man denke etwa an eine Diskothek, an ein Restaurant, welches nur Abendessen serviert, abends allerdings bis 24.00 Uhr geöffnet hat, oder an einen Veranstaltungsraum, in dem ausschließlich Abendveranstaltungen durchgeführt werden und in dem die Vorbereitungsarbeiten immer erst spät nachmittags beginnen, sodass in dem Raum tagsüber nie gearbeitet wird. Das Erfordernis der Einhaltung der üblichen Arbeitszeiten dient ja nicht der Schonung der Ermittlungsbeamten vor einem Einsatz außerhalb der behördlicherseits üblichen Arbeitszeit, sondern dem Schutz grundrechtlicher Positionen des Betroffenen. Dieser wird unter anderem dadurch gewährleistet, dass die Durchsuchung nicht heimlich und am Betroffenen vorbei, sondern zu einem Zeitpunkt durchgeführt wird, zu dem mit der Anwesenheit des Betroffenen zu rechnen ist, damit dieser die Ordnungsgemäßheit des Durchsuchungsablaufs und des Verhaltens der durchsuchenden Beamten kontrollieren kann.

**bb) Verhältnismäßigkeit.** Die Ausübung des Betretungsrechts muss zur Wahrnehmung 21 der Aufgaben der BaFin nach dem WpÜG erforderlich sein. Auch ohne diese Formulierung wäre allerdings von Verfassungs wegen das **Verhältnismäßigkeitsprinzip** einschließlich des Merkmals der Erforderlichkeit zu beachten (vgl. → Rn. 4 ff.; → § 4 Rn. 16). Da die Aufgaben der BaFin nach § 4 Abs. 1 S. 1, 2 in der Überwachung der Einhaltung der Ge- und Verbote des WpÜG bestehen (→ § 4 Rn. 7, → § 4 Rn. 11),[74] besteht zwischen den legitimen Zwecken des § 40 Abs. 1 und Abs. 2 S. 1 kein sachlicher Unterschied. So wie bei den Informationsrechten nach Abs. 1 auch, muss sich die Erforderlichkeit des Betretungsrechts nach Abs. 2 S. 1 aus konkreten objektiven Anhaltspunkten ergeben. Dies ergibt sich zwar nicht aus dem Gesetzeswortlaut, wohl aber aus dem Verhältnismäßigkeitsprinzip (vgl. → Rn. 7). Das Betretungsrecht setzt also zweierlei voraus: Erstens müssen Anhalts-

---

[67] Fuchs/*Schlette/Bouchon* WpHG § 4 Rn. 86.

[68] Vgl. BVerfGE 17, 232 (251) = NJW 1964, 1067; BVerfGE 32, 54 (73) = NJW 1971, 2299; BVerwG NJW 2006, 2504 f.; aA unter Hinweis auf einen Vergleich mit § 44 Abs. 1 KWG Fuchs/*Schlette/Bouchon* WpHG § 4 Rn. 86.

[69] Vgl. Sachs/*Kühne* GG Art. 13 Rn. 1 f., 4.

[70] BVerfG NJW 2003, 2669; Jarass/Pieroth/*Jarass* GG Art. 13 Rn. 5.

[71] Vgl. Fuchs/*Schlette/Bouchon* WpHG § 4 Rn. 85.

[72] So auch zutr. Kölner Komm WpÜG/*Holst* Rn. 27.

[73] AA ohne Begründung Assmann/Pötzsch/Schneider/*Assmann/Uwer* Rn. 44; FK-WpÜG/*Linke* Rn. 18; unklar Schwark/Zimmer/Noack/*Holzborn* Rn. 7; offenlassend Steinmeyer/*Schmiady* Rn. 15.

[74] Steinmeyer/*Schmiady* Rn. 13.

punkte für einen **Verstoß** gegen ein Ge- oder Verbot des WpÜG bestehen, und zweitens müssen Anhaltspunkte für die mögliche Erzielung eines **diesbezüglichen Erkenntnisgewinns** durch das Betreten vorliegen. Letzteres ist der Fall, wenn entweder bereits das Betreten unmittelbar zu einem Erkenntnisgewinn führen kann, wie etwa beim Besuch einer Hauptversammlung,[75] oder das Betreten ein Informationsverlangen nach § 40 Abs. 1 unterstützt.[76] Das Betretungsrecht soll insbesondere dann relevant sein, wenn der informationspflichtige Adressat nicht ausreichend kooperiert.[77]

22    Es ist angezweifelt worden, dass das Betretungsrecht mit dem Verhältnismäßigkeitsprinzip vereinbar ist. So wurde das Betretungsrecht als sinnlos[78] – und damit der Sache nach zur Zweckerreichung **ungeeignet** – bezeichnet. In der Fallgruppe des möglichen **unmittelbaren Erkenntnisgewinns** aufgrund des Betretens, beispielsweise durch den Besuch einer Hauptversammlung, sind sowohl Geeignetheit als auch Erforderlichkeit jedoch ohne Weiteres gegeben, denn es ist nicht ersichtlich, auf welche andere Weise als durch die Anwesenheit vor Ort sich die BaFin die entsprechenden Erkenntnisse mit der gleichen Unmittelbarkeit verschaffen könnte. Soll das Betreten hingegen ein Informationsverlangen nach § 40 Abs. 1 unterstützen, so sind verfassungsrechtliche Bedenken nicht abwegig. Es ist insoweit zum einen nach der Kooperationsbereitschaft des Adressaten in Bezug auf das Informationsverlangen und zum anderen nach der Art des Informationsverlangens zu **unterscheiden:**

23    Bei **fehlender Kooperationsbereitschaft** des Informationspflichtigen in Bezug auf die Erteilung von **Auskünften** ist das Betretungsrecht zur Unterstützung des Verlangens ungeeignet: Die bloße persönliche Anwesenheit von Bediensteten und Beauftragten der BaFin führt die Auskunftserteilung ja nicht unmittelbar herbei, vielmehr sind ggf. die in § 46 iVm §§ 9 ff. VwVG vorgesehenen Zwangsmittel anzuwenden. Da die Auskunftserteilung eine unvertretbare Handlung ist, kommt hier in erster Linie die Vollstreckung durch Verhängung eines **Zwangsgeldes** nach § 46 iVm § 9 Abs. 1 lit. b VwVG, § 11 VwVG in Betracht,[79] für die die Ausübung eines Betretungsrechts jedoch weder geeignet noch erforderlich ist, denn das Zwangsgeld kann genauso gut per Post verhängt werden. Unmittelbarer Zwang zur Auskunftserteilung, dessen Anwendung unter Umständen ein Betretungsrecht notwendig machen würde, verbietet sich wegen Unverhältnismäßigkeit im engeren Sinne aufgrund von Art. 1 Abs. 1 GG.

24    Differenzierter zu beurteilen ist die Situation hinsichtlich der **Vorlage von Unterlagen.** Die Vorlage ist anders als die Auskunftserteilung eine vertretbare Handlung,[80] weil es der BaFin gleichgültig ist, wer die verlangten Unterlagen vorlegt, solange sie sie jedenfalls einsehen kann. Das Vorlageverlangen ist daher primär durch **Ersatzvornahme** nach § 46 iVm § 9 Abs. 1 lit. a VwVG, § 10 VwVG zu vollstrecken. Da sich die Unterlagen in der Regel in den Geschäftsräumen des Pflichtigen befinden werden, setzt die Ersatzvornahme ein Betretungsrecht des mit ihrer Durchführung Beauftragten voraus. Aus demselben Grund ist die Vollstreckung mittels **unmittelbaren Zwangs** nach § 46 iVm § 9 Abs. 1 lit. c VwVG, § 12 VwVG ohne ein Betretungsrecht der Vollzugspersonen kaum vorstellbar. Gegen die Geeignetheit des Betretungsrechts spricht allerdings das Fehlen einer Durchsuchungsermächtigung. Ohne **Durchsuchung** werden die Ersatzvornahme oder der unmittelbare Zwang in den seltensten Fällen durchgeführt werden können. Durchsuchung ist definiert als jedes „ziel- und **zweckgerichtete Suchen** staatlicher Organe nach Personen oder Sachen oder zur Ermittlung eines Sachverhalts, um etwas aufzuspüren, was der Inhaber der Wohnung (im verfassungsrechtlichen Sinne, also auch Geschäftsräume, vgl. → Rn. 19) von

---

[75] Steinmeyer/*Schmiady* Rn. 13; Angerer/Geibel/Süßmann/*Uhlendorf* Rn. 12.
[76] Steinmeyer/*Schmiady* Rn. 13; Angerer/Geibel/Süßmann/*Uhlendorf* Rn. 12.
[77] Angerer/Geibel/Süßmann/*Uhlendorf* Rn. 12.
[78] Angerer/Geibel/Süßmann/*Uhlendorf* Rn. 12.
[79] Angerer/Geibel/Süßmann/*Uhlendorf* Rn. 23; Kölner Komm WpÜG/*Holst* Rn. 40 f.; Schwark/Zimmer/*Noack*/*Holzborn* Rn. 8; Steinmeyer/*Schmiady* Rn. 22.
[80] AA Kölner Komm WpÜG/*Holst* Rn. 40; Steinmeyer/*Schmiady* Rn. 22; wohl auch Schwark/Zimmer/*Noack*/*Holzborn* Rn. 8.

sich aus nicht offenlegen oder herausgeben will".[81] Das Herausgabe- oder Überlassungsverlangen könnte somit nur dann durch Ersatzvornahme oder die Anwendung unmittelbaren Zwangs vollstreckt werden, wenn die betreffenden Unterlagen offen in den betretenen Räumlichkeiten herumliegen, sodass sie von den Bediensteten oder Beauftragten der BaFin ohne Weiteres gesehen werden können.[82] Damit wiederum wird die BaFin kaum jemals rechnen können, sodass sich das Entschließungsermessen der BaFin auf Null reduziert, wenn die fehlende Kooperationsbereitschaft von vornherein feststeht. Anders liegt es, wenn die BaFin die Möglichkeit hat, eine **zur Durchsuchung berechtigte Behörde**, zB das BKartA oder die Staatsanwaltschaft, zu **begleiten** und sich von deren Mitarbeitern im Wege der Amtshilfe relevante Unterlagen vorlegen zu lassen oder ihnen gegenüber ein Vorlage- oder Überlassungsverlangen nach § 40 Abs. 1 auszusprechen. Gerade die Zusammenarbeit mit dem BKartA ist in dieser Hinsicht wegen der Pflicht zum Informationsaustausch nach § 7 viel versprechend. In dieser Konstellation ist ein eigenes Betretungsrecht der BaFin-Bediensteten und -Beauftragten in der Tat von entscheidender Bedeutung, und es ist zur Unterstützung des Informationsverlangens geeignet und auch erforderlich.

Die **Kopienüberlassung** ist wiederum eine unvertretbare Handlung, wenn man den **25** diesbezüglichen Anspruch wie hier (→ Rn. 17) als Duldungsanspruch begreift. Es kommt zur Vollstreckung daher keine Ersatzvornahme in Betracht. Für die Verhängung eines Zwangsgeldes ist das Betreten nicht erforderlich und daher unverhältnismäßig (→ Rn. 23). Das Überlassungsverlangen kann aber ebenso wie das Vorlageverlangen im Wege des unmittelbaren Zwangs durchgesetzt werden; diesbezüglich gilt das zum **Vorlageverlangen** Gesagte (→ Rn. 24).

Im Ergebnis geeignet und erforderlich ist das Betretungsrecht, wenn die **Möglichkeit 26 der Kooperationsbereitschaft** des Informationspflichtigen in Bezug auf die Erfüllung der Informationsansprüche der BaFin besteht, jedoch kein Einvernehmen über das Betreten des Grundstücks oder der Geschäftsräume erzielt werden kann. Gegen die Annahme eines Betretungsrechts als mildestes Mittel im Sinne der Erforderlichkeit spricht zwar, dass der Pflichtige die nach § 45 schriftlich erteilten Auskünfte der BaFin auch per Post zusenden und er Unterlagen und Kopien genauso gut außerhalb des Grundstücks und der Geschäftsräume vorlegen bzw. überlassen könnte. Auch die Vernehmung von Auskunftspersonen könnte nach Ausübung des Ladungsrechts genauso gut außerhalb des Grundstücks und der Geschäftsräume, nämlich in den Diensträumen der BaFin, stattfinden; im Ergebnis bedürfte es dann zum Zwecke der Informationserlangung keines Eingriffs der BaFin in das Grundrecht auf Unverletzlichkeit der Wohnung. Allerdings setzt die Verweisung auf ein angeblich milderes Mittel dessen **gleiche Wirksamkeit** voraus. Daran fehlt es, wenn der avisierte Zweck durch das eingriffsintensivere Mittel leichter, schneller oder effektiver erreicht werden kann.[83] So liegt es hier: Die Einsichtnahme oder Vernehmung vor Ort gibt der BaFin im Gegensatz zur Informationsbeschaffung außerhalb des Grundstücks die Möglichkeit, sich **ohne Zeitverzögerung** unmittelbar weitere Unterlagen vorlegen oder Auskunftspersonen nennen zu lassen; letztere können, sofern anwesend, dann gleichfalls sofort zur Auskunftserteilung aufgefordert oder vernommen werden. Daher kann die Ausübung des Betretungsrechts die Ermittlungen der BaFin durchaus beschleunigen und effektiver gestalten, wenn der Pflichtige kooperiert.

**cc) Verletzung des Art. 13 Abs. 7 GG.** Der Wortlaut des § 40 Abs. 2 S. 1 legt einen **27** Verstoß gegen Art. 13 Abs. 7 GG nahe. Nach dieser Vorschrift dürfen andere Eingriffe und Beschränkungen als Durchsuchungen oder die technische Überwachung nur zur **Abwehr**

---

[81] BVerfGE 51, 97 (106 f.) = NJW 1979, 1539; BVerfGE 75, 318 (327) = NJW 1987, 2500; BVerfGE 76, 83 (89) = NJW 1987, 2499; BVerwGE 121, 345 (349) = NJW 2005, 454; BVerwG NJW 2006, 2504.
[82] Vgl. BVerwG NJW 2006, 2504 f.
[83] Vgl. zB BVerfGE 17, 269 (279 f.) = NJW 1964, 1175; BVerfGE 53, 135 (145 ff.) = NJW 1980, 1511; BVerfGE 67, 157 (177) = NJW 1985, 121; BVerfGE 90, 145 (172 f.) = NJW 1994, 1577; BVerfGE 92, 277 (327) = NJW 1995, 1811; Dreier/*Schulze-Fielitz* GG Art. 20 Rn. 183: Rechtsstaat; Sachs/*Sachs* GG Art. 20 Rn. 152.

**qualifizierter Gefahren** vorgenommen werden. Eine Beschränkung auf qualifizierte Gefahren findet sich zwar in § 40 Abs. 2 S. 2, nicht aber in S. 1. Allerdings hat die Weite des Wohnungsbegriffs in Art. 13 Abs. 1 GG und insbesondere seine Ausdehnung auf Arbeits-, Betriebs- und Geschäftsräume (vgl. → Rn. 19) zur Folge, dass der grundrechtliche Schutz der Räume schwächer wird, je größer ihre Offenheit nach außen ist und je mehr sie zur **Aufnahme sozialer Kontakte** für Dritte bestimmt sind.[84] Rechte zum Betreten von Geschäftsräumen verstoßen bereits dann nicht gegen Art. 13 Abs. 1 GG, wenn eine besondere gesetzliche Vorschrift zum Betreten ermächtigt, das Betreten einem erlaubten Zweck dient und für dessen Erreichung erforderlich ist, das Gesetz Zweck, Gegenstand und Umfang des Betretens erkennen lässt und das Betreten auf Zeiten beschränkt wird, in denen die Räume normalerweise für die betriebliche Benutzung zur Verfügung stehen.[85] Diese Voraussetzungen werden durch § 40 Abs. 2 S. 1, wenngleich nach Maßgabe der obigen Einschränkungen in Bezug auf die Verhältnismäßigkeit (→ Rn. 21 ff.), erfüllt.

28    **c) Betretungsrecht außerhalb der üblichen Arbeitszeiten sowie von Geschäftsräumen innerhalb einer Wohnung. aa) Gesetzliche Eingriffsvoraussetzungen.** Strengere Voraussetzungen normiert § 40 Abs. 2 S. 2 für die dort bezeichneten Fälle, was seinen Grund in der höheren Eingriffsintensität findet (vgl. → Rn. 27). **Persönliche Eingriffsvoraussetzung** ist, dass die Anhaltspunkte für den WpÜG-Verstoß, die die BaFin zum Eingreifen veranlassen, in der Person des Grundstücks- oder Geschäftsrauminhabers vorliegen müssen. **Sachliche Eingriffsvoraussetzung** ist im Hinblick auf Art. 13 Abs. 7 GG, dass die Betretung zur Verhütung dringender Gefahren für die öffentliche Sicherheit und Ordnung erforderlich ist. Der Begriff der öffentlichen Sicherheit umfasst den Bestand der Rechtsordnung und der grundlegenden Einrichtungen des Staates, sowie die Rechtsgüter der Bürger. Öffentliche Ordnung hingegen bezieht sich auf die Gesamtheit der ungeschriebenen Regeln, „deren Befolgung nach den jeweils herrschenden sozialen und ethischen Anschauungen als unerlässliche Voraussetzungen menschlichen Zusammenlebens innerhalb eines bestimmten Gebietes" angesehen wird.[86] Freilich darf die BaFin nicht zur Abwehr von Gefahren für jedwede Rechts- und Schutzgüter tätig werden, die Bestandteil der öffentlichen Sicherheit und Ordnung sind; die einschlägigen Rechts- und Schutzgüter sind aufgrund der **Aufgabenzuweisungsnorm** des § 4 Abs. 1 S. 1, 2 vielmehr dem WpÜG zu entnehmen. Das Betretungsrecht der BaFin ist daher auf die Zwecke des Schutzes der Ordnungsmäßigkeit von Angebotsverfahren sowie der Abwehr erheblicher Nachteile für den Wertpapiermarkt beschränkt (vgl. → § 4 Rn. 12).[87]

29    Für eines dieser Schutzgüter muss eine **Gefahr** bestehen. Dieses Erfordernis normiert im Verhältnis zu den Maßnahmen der normalen Missstandsaufsicht nach § 4 Abs. 1 S. 2, 3, zu denen auch die Informationsrechte nach § 40 Abs. 1 und das allgemeine Betretungsrecht nach § 40 Abs. 2 S. 1 gehören, eine deutlich höhere Eingriffsschwelle (vgl. → § 4 Rn. 11). Gefahren sind nach herkömmlichem Verständnis Sachlagen, die bei ungehindertem Geschehensablauf in absehbarer Zeit mit hinreichender Wahrscheinlichkeit zu einem Schaden an Rechts- und Schutzgütern führen, wobei jede nicht entfernte Möglichkeit eines Schadenseintritts hinreichend wahrscheinlich ist.[88] Die Gefahr muss ferner „dringend" sein; dieses Erfordernis bezieht sich auf die Bedeutung des Schutzgutes und die Wahrscheinlichkeit des Schadenseintritts. Zeitliche Aspekte des Schadenseintritts sind für die Beurteilung der Dringlichkeit einer Gefahr, die **rein qualitativ** zu beurteilen ist, hingegen nicht von Belang. Je höher also die Bedeutung des Schutzguts anzusiedeln ist, desto niedrigere Anforderungen

---

[84] BVerfGE 32, 54 (75 f.) = NJW 1971, 2299; BVerfGE 97, 228 (265 f.) = NJW 1998, 1627.
[85] BVerfGE 32, 54 (76 f.) = NJW 1971, 2299; BVerfGE 97, 228 (265 f.) = NJW 1998, 1627; vgl. *Fuchs/Schlette/Bouchon* WpHG § 4 Rn. 87 f.
[86] BVerfGE 69, 315 (352) = BeckRS 1985, 108893; FK-WpÜG/*Linke* Rn. 20; *Fuchs/Schlette/Bouchon* WpHG § 4 Rn. 88.
[87] Vgl. *Steinmeyer/Schmiady* Rn. 15.
[88] Vgl. statt vieler *Stober/Korte* ÖffWirtschaftsR AT Rn. 899; *Ehlers,* Ziele der Wirtschaftsaufsicht, 1997, 43 ff.

sind an die Wahrscheinlichkeit zu stellen, und umgekehrt.[89] So liegt eine dringende Gefahr iSd § 40 Abs. 2 S. 2 vor, wenn ein Verstoß gegen Vorschriften des WpÜG mit einiger Wahrscheinlichkeit zu einem erheblichen Schaden für die Aktionäre der Zielgesellschaft führt.[90]

**bb) Verhältnismäßigkeit.** Das Verhältnismäßigkeitsprinzip wirft für § 40 Abs. 2 S. 2 **30** zunächst dieselben Probleme wie für das allgemeine Betretungsrecht nach S. 1 auf, die auch entsprechend zu lösen sind (→ Rn. 21 ff.). An der Geeignetheit des Rechts zum Betreten von Geschäftsräumen, die sich in einer Wohnung befinden, kann ferner gezweifelt werden, weil die Vorschrift gerade **kein Betretungsrecht in Bezug auf die Wohnung** insgesamt normiert. Liegt der zu betretende Geschäftsraum aber in einer Wohnung, wird man unter Umständen auch private Räume der Wohnung durchqueren müssen, um den Geschäftsraum zu erreichen. § 40 Abs. 2 S. 2 ist jedoch so auszulegen, dass genau dies gestattet ist. Ein Verweilen in den privat genutzten Räumen ist hingegen untersagt. Darüber hinaus wird an der Angemessenheit des § 40 Abs. 2 S. 2 gezweifelt.[91] Diesen Zweifeln ist jedoch nicht zuzustimmen. Die Verhältnismäßigkeit im engeren Sinne wird durch die strengen persönlichen und sachlichen Eingriffsvoraussetzungen gewahrt; insbesondere ist ein Betretungsrecht zum Zwecke der Ermittlung gegen einen Dritten ausgeschlossen.[92]

**d) Rechtsbehelfe.** Das Gestattungsverlangen und die Duldungsverfügung nach § 40 **31** Abs. 2 S. 1 und 2 sind Verwaltungsakte iSd § 35 S. 1 VwVfG; insbesondere haben sie Regelungs- und Außenwirkung. Rechtsbehelfe sind **Widerspruch** nach § 41 und **Beschwerde** nach § 48; beide Rechtsbehelfe haben gem. § 42 bzw. § 49 keine aufschiebende Wirkung. Erfolgt die Betretung nach § 40 Abs. 2 S. 2 außerhalb der üblichen Arbeitszeiten, liegt ein wirksamer Verwaltungsakt schon mangels Bekanntgabe nach § 41 VwVfG in der Regel nicht vor. Es kommt dann im Hinblick auf Art. 19 Abs. 4 GG nur die Erhebung einer **allgemeinen Feststellungsbeschwerde** in Betracht, die im WpÜG allerdings nicht geregelt und deren Existenz daher umstritten ist (→ § 48 Rn. 28).

**e) Zwangsweise Durchsetzung.** Das Gestattungsverlangen und die Duldungsverfü- **32** gung können Grundlage für **Vollstreckungsmaßnahmen** nach § 46 sein. Für die Vollstreckung des Gestattungsverlangen nach § 40 Abs. 2 S. 1 kommt die Verhängung eines **Zwangsgeldes** nach § 46 iVm § 9 Abs. 1 lit. b VwVG, § 11 VwVG in Betracht. Es handelt sich bei der Gestattung um eine nicht vertretbare Handlung. Die Anwendung **unmittelbaren Zwangs** nach § 46 iVm § 9 Abs. 1 lit. c VwVG, § 12 VwVG verbietet sich, weil der Gestattung im Gegensatz zur Duldung begrifflich ein Willenselement im Sinne eines Einverständnisses innewohnt. Die Duldungsverfügung kann hingegen als nicht vertretbare Handlung mittels Zwangsgelds oder unmittelbaren Zwangs vollstreckt werden. Letzteres ist möglich, weil die bloße Duldung in keiner Weise ein Einverständnis voraussetzt. Das Betreten ohne vorausgehende Duldungsverfügung ist Realakt ohne Verwaltungsaktsqualität.[93]

### III. Grenzen der Auskunftspflicht (Abs. 1 S. 3, Abs. 3)

§ 40 Abs. 3 S. 1 räumt allen Auskunftspflichtigen ein **Auskunftsverweigerungsrecht** **33** ein, das sich auf Fragen bezieht, mit deren Beantwortung der Auskunftspflichtige sich selbst, seinen Ehegatten oder Lebenspartner, auch wenn Ehe oder Lebenspartnerschaft nicht mehr bestehen, oder nahe Verwandte oder Verschwägerte (§ 383 Abs. 1 Nr. 1–3 ZPO) der Gefahr strafgerichtlicher Verfolgung oder eines Ordnungswidrigkeitenverfahrens aussetzen würde. Das Auskunftsverweigerungsrecht trägt dem rechtsstaatlichen Gedanken der **Unzumutbar-**

---

[89] Vgl. BVerwGE 47, 31 (40) = NJW 1975, 130; Jarass/Pieroth/*Jarass* GG Art. 13 Rn. 37; Fuchs/*Schlette*/*Bouchon* WpHG § 4 Rn. 88.
[90] FK-WpÜG/*Linke* Rn. 20.
[91] *Schüppen* BB 2006, 165 (170).
[92] FK-WpÜG/*Linke* Rn. 21; Steinmeyer/*Schmiady* Rn. 14.
[93] VGH BW NVwZ 2001, 574; Fuchs/*Schlette*/*Bouchon* WpHG § 4 Rn. 81.

**keit der Selbstanzeige** bzw. der Anzeige naher Angehöriger Rechnung.[94] Ob das Auskunftsverweigerungsrecht auch das **Recht zur Verweigerung der Vorlage** von Unterlagen **und Überlassung** von Kopien einschließt, ist umstritten,[95] aber zu bejahen, da die Vorlage von Unterlagen und die Überlassung von Kopien nur spezielle Formen der Auskunftserteilung sind und der zur Auskunftsverweigerung Berechtigte stets Gefahr läuft, dass die (notwendigerweise aktives Handeln des Pflichtigen erfordernde, im Gegensatz zu einer bloßen Duldung, insbesondere wenn man entgegen der hier vertretenen Ansicht ($\rightarrow$ Rn. 15) von einer Vorlagepflicht am Sitz der BaFin[96] ausgeht) Vorlage bestimmter Unterlagen oder die (sofern aktives Tun des Pflichtigen und nicht nur dessen Duldung erforderlich ist) Kopienüberlassung im Ergebnis einer zu Recht verweigerten Aussage gleichkommen und daher eine Selbstbelastung vorliegt. Anders ist es beim Betretungsrecht, denn allein durch dessen Ausübung entsteht kein Konflikt mit dem Selbstbelastungsverbot.[97] Über das Auskunftsverweigerungsrecht sind die Berechtigten nach § 40 Abs. 3 S. 2 zu **belehren.**

34    Neben dem Auskunftsverweigerungsrecht aus § 40 Abs. 3 S. 1 sind gemäß § 40 Abs. 1 S. 3 die gesetzlichen Auskunfts- und Aussageverweigerungsrechte ebenso wie die gesetzlichen Verschwiegenheitspflichten anwendbar. Von Bedeutung sind hier insbesondere die **Berufsverschwiegenheitspflichten der Rechtsanwälte,** Steuerberater und Wirtschaftsprüfer. § 40 Abs. 1 S. 3 stellt klar, dass diese Verschwiegenheitspflichten den Informationsrechten der BaFin vorgehen.

## § 41 Widerspruchsverfahren

**(1)** [1]**Vor Einlegung der Beschwerde sind Rechtmäßigkeit und Zweckmäßigkeit der Verfügungen der Bundesanstalt in einem Widerspruchsverfahren nachzuprüfen.** [2]**Einer solchen Nachprüfung bedarf es nicht, wenn der Abhilfebescheid oder der Widerspruchsbescheid erstmalig eine Beschwer enthält.** [3]**Für das Widerspruchsverfahren gelten die §§ 68 bis 73 der Verwaltungsgerichtsordnung, soweit in diesem Gesetz nichts Abweichendes geregelt ist.**

**(2)** [1]**Die Bundesanstalt trifft ihre Entscheidung innerhalb einer Frist von zwei Wochen ab Eingang des Widerspruchs.** [2]**Bei besonderen tatsächlichen oder rechtlichen Schwierigkeiten oder bei einer Vielzahl von Widerspruchsverfahren kann die Bundesanstalt die Frist durch unanfechtbaren Beschluss verlängern.**

**(3)** [1]**Die Beteiligten haben an der Aufklärung des Sachverhaltes mitzuwirken, wie es einem auf Förderung und raschen Abschluss des Verfahrens bedachten Vorgehen entspricht.** [2]**Den Beteiligten können Fristen gesetzt werden, nach deren Ablauf weiterer Vortrag unbeachtet bleibt.**

**(4)** [1]**Der Widerspruchsausschuss kann das Verfahren ohne mündliche Verhandlung dem Vorsitzenden durch unanfechtbaren Beschluss zur alleinigen Entscheidung übertragen.** [2]**Diese Übertragung ist nur zulässig, sofern die Sache keine wesentlichen Schwierigkeiten in tatsächlicher und rechtlicher Hinsicht aufweist und die Entscheidung nicht von grundsätzlicher Bedeutung sein wird.**

**Schrifttum:** *Barthel,* Die Beschwerde gegen aufsichtsrechtliche Verfügungen nach dem WpÜG, 2004; *Ihrig,* Rechtsschutz Drittbetroffener im Übernahmerecht, ZHR 167 (2003), 315; *Möller,* Das Verwaltungs- und Beschwerdeverfahren nach dem Wertpapiererwerbs- und Übernahmegesetz unter besonderer Berücksichtigung der Rechtsstellung Dritter, ZHR 167 (2003), 301; *Pohlmann,* Rechtsschutz der Aktionäre der Zielge-

---

[94] Vgl. BT-Drs. 14/7034, 63; ferner allg. *Bärlein/Pananis/Remsmeier* NJW 2002, 1825 (1827).

[95] Dafür Angerer/Geibel/Süßmann/*Uhlendorf* Rn. 19; Schwark/Zimmer/*Noack/Holzborn* Rn. 9; Fuchs/ Schlette/*Bouchon* WpHG § 4 Rn. 59 zu § 4 Abs. 9 WpHG aF (jetzt § 6 Abs. 15 WpHG); *Gallandi* wistra 1987, 127 ff. zu § 44 Abs. 6 KWG; dagegen Kölner Komm WpÜG/*Holst* Rn. 36; Assmann/Pötzsch/Schneider/ *Assmann/Uwer* Rn. 49; Steinmeyer/*Schmiady* Rn. 25; Baums/Thoma/Verse/*Ritz* Rn. 28; zu § 44 Abs. 6 KWG idS ebenfalls VG Berlin NJW 1988, 1105; *Hartung* NJW 1988, 1070 ff.

[96] Steinmeyer/*Schmiady* Rn. 11.

[97] Angerer/Geibel/Süßmann/*Uhlendorf* Rn. 19; Fuchs/*Schlette/Bouchon* WpHG § 4 Rn. 59.

sellschaft im Wertpapiererwerbs- und Übernahmeverfahren, ZGR 2007, 1; *Schnorbus,* Drittklagen im Übernahmeverfahren, ZHR 166 (2002), 72; *Schnorbus,* Rechtsschutz im Übernahmeverfahren, Teil I, WM 2003, 616; *v. Riegen,* Verwaltungsrechtsschutz Dritter im WpÜG, Der Konzern 2003, 583.

## Übersicht

## I. Einführung

§ 41 hat mehrere **Regelungsinhalte.** Abs. 1 regelt, in welchen Fällen ein Widerspruchs- **1** verfahren erforderlich und statthaft ist und ordnet zugleich für diese Verfahren, vorbehaltlich abweichender Bestimmungen im WpÜG, die Geltung von §§ 68–73 VwGO an. Abs. 2 bestimmt für die Widerspruchsentscheidung eine von den allgemeinen Vorschriften über das Widerspruchsverfahren abweichende Frist. Abs. 3 enthält Vorschriften über die Mitwirkung der Beteiligten und Abs. 4 eine begrenzte Option, das Verfahren auf den Vorsitzenden des Widerspruchsausschusses zu übertragen.

Mit diesen Regelungsinhalten verfolgt der Gesetzgeber mehrere **Normzwecke.** In **2** Übereinstimmung mit der Zielsetzung von Widerspruchsverfahren im Allgemeinen[1] dient die Vorschaltung des außergerichtlichen Vorverfahrens zuallererst der Selbstkontrolle der Verwaltung, der Entlastung der Gerichte und dem Rechtsschutz der an einem öffentlichen Angebotsverfahren Beteiligten.[2] Verfahrensbeschleunigung bezwecken sowohl die Zweiwochenfrist für die Entscheidung der BaFin nach Abs. 2 als auch die Verfahrensförderungspflichten und die Option zur Fristsetzung einschließlich der Möglichkeit zur Zurückweisung verspäteten Vorbringens nach Abs. 3 sowie die in Abs. 4 enthaltene Option zur Übertragung des Verfahrens auf den Vorsitzenden des Widerspruchsausschusses, die zugleich der Verfahrensvereinfachung dient. Außerdem trägt die Fristverlängerungsmöglichkeit nach Abs. 2 S. 2 Flexibilitätsbedürfnissen Rechnung. Die uneingeschränkte Nachprüfung der Ausgangsentscheidung auf Recht- und Zweckmäßigkeit gewährleistet in den Fällen von § 6 Abs. 1 die eingehende Berücksichtigung privater Sachkompetenz.

Das Widerspruchsverfahren ist die erste Stufe des **zweistufigen Rechtsschutzsystems 3** gegen Verfügungen der BaFin; als zweite Stufe stellt das WpÜG in §§ 48 ff. die Beschwerde zum OLG Frankfurt a.M. bereit. Die Verbindung von außergerichtlichem Vorverfahren und ggf. anschließendem gerichtlichen Verfahren entspricht dem Grundmodell der VwGO bei Anfechtungs- und Verpflichtungsklagen (§ 68 VwGO) und findet sich auch bei Rechtsbehelfsverfahren gegen Maßnahmen etwa auf der Grundlage des KWG und des WpHG (gänzlich anders ausgestaltet ist hingegen das Rechtsschutzverfahren nach §§ 63 ff., 74 ff. GWB).[3] Konsequent verweist § 41 Abs. 1 S. 3 für das Widerspruchsverfahren auf §§ 68–73 **VwGO,** sofern das WpÜG nichts Abweichendes regelt. Doch sind auch anderweitige Regelungslücken im WpÜG zum Widerspruchsverfahren durch einen Rückgriff auf die VwGO zu schließen; das betrifft etwa wegen der Verweisung in § 70 Abs. 2 VwGO die Vorschriften über den Fristbeginn (§ 58 VwGO) und die Wiedereinsetzung in den vorigen Stand (§ 60 VwGO) sowie ohne ausdrückliche Verweisung die Widerspruchsbefugnis (näher → Rn. 10 f.). Gem. § 79 Hs. 2

---

[1] ZB BVerwGE 26, 161 (166) = BeckRS 1967, 103941; BVerwGE 40, 25 (28 f.) = BeckRS 1972, 30432795; BVerwGE 51, 310 (314) = NJW 1977, 1894; Eyermann/*Rennert* VwGO § 68 Rn. 2.

[2] Dazu und zum Folgenden BT-Drs. 14/7034, 63.

[3] Vgl. auch §§ 112 f. WpHG, die in § 113 Abs. 2 WpHG für die Beschwerde ausdrücklich auf Vorschriften des WpÜG verweisen; FK-WpÜG/*Schweizer* Rn. 2.

VwVfG gelten subsidiär die Vorschriften des **VwVfG**.[4] Von den nicht in Abschnitt 6 eingestellten Vorschriften des WpÜG ist insbesondere § 6 zu beachten, der neben anderem die funktionelle Zuständigkeit des **Widerspruchsausschusses** regelt.

## II. Vorschaltung eines Widerspruchsverfahrens (Abs. 1)

**4**   **1. Gegenstand, Ablauf und Zuständigkeit.** In dem zweistufigen Rechtsschutzsystem schreibt § 41 Abs. 1 S. 1 ein Widerspruchsverfahren vor, in dem die Ausgangsbescheide der BaFin uneingeschränkt auf ihre Rechtmäßigkeit und Zweckmäßigkeit überprüft werden.[5] Es handelt sich um eine **umfassende Nachprüfung** in tatsächlicher wie in rechtlicher Hinsicht. Sowohl für das Abhilfeverfahren (§ 72 VwGO) als auch für das „eigentliche" Widerspruchsverfahren ist die BaFin zuständig (§ 73 Abs. 1 S. 1 Nr. 2 VwGO), dh die Bundesanstalt ist **Abhilfebehörde** und **Widerspruchsbehörde** zugleich.[6] Die **funktionelle Zuständigkeit** innerhalb der BaFin richtet sich nach § 6 Abs. 1. Danach entscheidet über die dort abschließend aufgeführten Widersprüche (→ § 6 Rn. 5 ff.) der Widerspruchsausschuss. Die übrigen Widersprüche verbescheidet die BaFin ohne Einschaltung des Ausschusses; das betrifft beispielsweise Widersprüche gegen Verfügungen, die auf der Grundlage der Ermittlungsbefugnisse nach § 40 ergehen, und gegen Gebührenbescheide nach § 47.

**5**   Die Zuständigkeit des Widerspruchsausschusses hindert die BaFin nicht, dem Widerspruch gemäß § 41 Abs. 1 S. 3 iVm § 72 VwGO abzuhelfen, bevor der Ausschuss damit befasst ist.[7] Nach der internen Geschäftsverteilung prüft regelmäßig die Fachabteilung, die den angegriffenen Verwaltungsakt erlassen hat, ob eine **Abhilfe** in Betracht kommt.[8] Bei Nichtabhilfe ist der Widerspruch in den Fällen des § 6 Abs. 1 dem Widerspruchsausschuss zur Entscheidung vorzulegen, dessen Entscheidung der Bundesanstalt zugerechnet wird (→ § 6 Rn. 5). Hilft die BaFin dem Widerspruch nicht ab, ergeht ein Widerspruchsbescheid (§ 73 Abs. 1 S. 1 VwGO).

**6**   Die **Höhe der Gebühren** für die Bescheidung eines Widerspruchs bestimmt sich derzeit nach § 47 iVm WpÜG-GV. Diese Regelungen treten gemäß Art. 4 Abs. 50 und 51 Gesetz zur Aktualisierung der Strukturreform des Gebührenrechts des Bundes vom 18.7.2016 (BGBl. 2016 I 1666) **am 1.10.2021 außer Kraft,** sodass sich ab diesem Datum die Festsetzung und die Höhe der Gebühren nach § 1 BGebG und einer noch zu erlassenden besonderen Gebührenverordnung des BMF nach § 22 Abs. 4 BGebG richtet (→ § 47 Rn. 1).[9]

**7**   **2. Statthaftigkeit des Widerspruchs.** Der Widerspruch ist nur gegen **Verfügungen** der BaFin statthaft, dh gegen Verwaltungsakte iSv § 35 VwVfG.[10] Ziel eines Widerspruchs kann sowohl die Aufhebung eines belastenden Verwaltungsakts als auch der Erlass eines beantragten, von der BaFin aber abgelehnten, begünstigenden Verwaltungsakts sein. Die Statthaftigkeit einer **Teilanfechtung** des Ausgangsbescheids und der **isolierten Anfechtung von Nebenbestimmungen** (vgl. § 36 VwVfG), die etwa bei Anordnungen nach § 4 Abs. 1 S. 3 und nach § 40, aber beispielsweise auch bei Gestattungen nach § 24 WpÜG[11] denkbar sind, richtet sich nach den allgemeinen Grundsätzen.[12]

**8**   Nach § 41 Abs. 1 S. 2 entfällt das Widerspruchsverfahren, wenn der Abhilfebescheid oder der Widerspruchsbescheid erstmalig eine Beschwer enthält. Neben der Problematik von Widersprüchen in drei- und mehrpoligen Rechtsverhältnissen verbindet sich mit dem Merk-

---

[4] S. auch FK-WpÜG/*Schweizer* Rn. 2; *Schenke* VerwProzR Rn. 642 ff.

[5] BT-Drs. 14/7034, 63.

[6] FK-WpÜG/*Schweizer* Rn. 16 f.; Assmann/Pötzsch/Schneider/*Assmann/Uwer* Rn. 23.

[7] BT-Drs. 14/7034, 63; Assmann/Pötzsch/Schneider/*Assmann/Uwer* Rn. 23; Baums/Thoma/Verse/*Ritz* Rn. 13; Kölner Komm WpÜG/*Giesberts* Rn. 59; *Ehricke/Ekkenga/Oechsler/Ehricke* Rn. 28 f.; FK-WpÜG/*Schweizer* Rn. 17.

[8] FK-WpÜG/*Schweizer* Rn. 18; vgl. *Lenz/Behnke* BKR 2003, 43 (45).

[9] Vgl. BT-Drs. 17/10422, 193.

[10] FK-WpÜG/*Schweizer* Rn. 8; Steinmeyer/*Schmiady* Rn. 8.

[11] Dazu *Behnke* WM 2002, 2229 (2230).

[12] Vgl. BVerwGE 55, 135 (136 f.) = NJW 1978, 1018; BVerwGE 81, 185 (186) = NVwZ 1989, 864; *Hufen* VerwProzR § 14 Rn. 46 ff., § 15 Rn. 12 f.; *Schenke* VerwProzR Rn. 179, 268, 287 ff.

mal der **erstmaligen Beschwer** vor allem das umstrittene Problem der Zulässigkeit einer **reformatio in peius** durch die Abhilfe- und die Widerspruchsbehörde.[13] Die Problematik ist im hier interessierenden Zusammenhang allerdings wesentlich entschärft, weil nach dem WpÜG Ausgangs- und Widerspruchsbehörde identisch (→ Rn. 4) sind. Ein Restproblem verbleibt freilich für die Fälle, in denen nach § 6 Abs. 1 der Widerspruchsausschuss entscheidet; fordert man für die Zulässigkeit der reformatio in peius nämlich ein Weisungs- oder ein Selbsteintrittsrecht, dann ist in diesen Fällen schon mangels eines solchen Rechts und einer anderweitigen ausdrücklichen Ermächtigung im WpÜG eine Verböserung durch den Ausschuss unzulässig.[14]

**Weitere Gründe** für die Entbehrlichkeit des Vorverfahrens können vorliegen bei Untä- **9** tigkeit der BaFin, wenn die Bundesanstalt während des Beschwerdeverfahrens den begehrten Verwaltungsakt ablehnt, sowie bei einer Änderung der angefochtenen Verfügung nach Durchführung des Vorverfahrens, wenn der geänderte Verwaltungsakt die gleichen Sach- und Rechtsfragen zum Gegenstand hat.[15] Außerdem werden – kontrovers diskutierte – Ausnahmen von der Pflicht zur Durchführung eines Widerspruchsverfahrens angenommen, wenn die BaFin im Beschwerdeverfahren das Fehlen eines Vorverfahrens nicht rügt, oder sich aus dem Verhalten der Widerspruchsbehörde ergibt, dass sie dem Widerspruch mit großer Wahrscheinlichkeit nicht entsprechen wird.[16]

**3. Widerspruchsbefugnis, Form und Frist.** Die Widerspruchsbefugnis ist weder in **10** § 41 noch in der VwGO ausdrücklich geregelt. Wie beim Vorverfahren nach der VwGO ist jedoch davon auszugehen, dass das WpÜG keinen Popularwiderspruch zulassen will. Deshalb ist die **Widerspruchsbefugnis** eine Zulässigkeitsvoraussetzung, für deren normative Begründung § 42 Abs. 2 VwGO analog heranzuziehen ist.[17] Danach muss der Widerspruchsführer geltend machen, durch die Rechtswidrigkeit oder Unzweckmäßigkeit des Verwaltungsakts oder seine Ablehnung oder Unterlassung in seinen Rechten verletzt zu sein. Nach herrschender Lesart handelt es sich dabei um subjektive öffentliche Rechte, die anhand der sog. Schutznormtheorie (→ § 4 Rn. 20) zu ermitteln sind.

Die geltend zu machende **Rechtsverletzung** verkoppelt die Widerspruchsbefugnis mit den **11** bereits erörterten Problemen (→ § 4 Rn. 19 ff.) von § 4 Abs. 2. Unter Zugrundelegung der dort vorgestellten Interpretationsergebnisse ist sowohl bei Anfechtungswidersprüchen für die Adressaten belastender Verwaltungsakte als auch bei Verpflichtungswidersprüchen für die Rechtspositionen von Antragstellern bei Gestattungs- und Befreiungstatbeständen von grundrechtlich fundierten subjektiven Rechten auszugehen, die § 4 Abs. 2 nicht ausschließt. Für den gesamten Komplex der sog. **Dritten,** seien es die Zielgesellschaft, deren Aktionäre oder konkurrierende Bieter, ist dagegen bei teilweise fortbestehenden verfassungsrechtlichen Vorbehalten davon auszugehen, dass ihnen der Gesetzgeber subjektive Rechte versagt und damit mittelbar auch die Möglichkeit einer Rechtsverletzung ausgeschlossen hat, was jedoch – im Falle einer ausnahmsweise gegebenen Grundrechtsverletzung – die unmittelbare Berufung auf Grundrechte und eine daraus resultierenden Widerspruchsbefugnis nicht ausschließt.[18]

---

[13] Zusammenstellungen des Streitstandes zB bei *Hufen* VerwProzR § 9 Rn. 15 ff.; *Schenke* VerwProzR Rn. 687 ff., jeweils mwN.
[14] FK-WpÜG/*Schweizer* Rn. 19; vgl. Kölner Komm WpÜG/*Giesberts* Rn. 15.
[15] Vgl. Schoch/Schneider/*Dolde/Porsch* VwGO § 68 Rn. 24 f. mwN; vgl. FK-WpÜG/*Schweizer* Rn. 29; Steinmeyer/*Schmiady* Rn. 10.
[16] Vgl. Kölner Komm WpÜG/*Giesberts* Rn. 41 ff.; Ehricke/Ekkenga/Oechsler/*Ehricke* Rn. 22.
[17] *Pohlmann* ZGR 2007, 1 (34 f.); *Schnorbus* ZHR 166 (2002), 72 (91 f.); *Schnorbus* WM 2003, 616 (620); Kölner Komm WpÜG/*Giesberts* Rn. 28; Ehricke/Ekkenga/Oechsler/*Ehricke* Rn. 8; FK-WpÜG/*Schweizer* Rn. 12 ff.; Steinmeyer/*Schmiady* Rn. 12; Assmann/Pötzsch/Schneider/*Assmann/Uwer* Rn. 13; Angerer/Geibel/Süßmann/*Uhlendorf* Rn. 12; Schwark/Zimmer/*Noack/Holzborn* Rn. 1; Baums/Thoma/Verse/*Ritz* Rn. 12; wohl auch, jedenfalls aber iErg übereinstimmend OLG Frankfurt ZIP 2003, 2206 (2209); für das allg. Verwaltungsverfahrensrecht zB *Hufen* VerwProzR § 6 Rn. 20 f.; vgl. *Schenke* VerwProzR 649; allg. Kopp/Schenke/*Schenke* VwGO § 69 Rn. 6; aA *Ihrig* ZHR 167 (2003), 315 (331 f.); *Barthel,* Die Beschwerde gegen aufsichtsrechtliche Verfügungen nach dem WpÜG, 2004, 95.
[18] FK-WpÜG/*Schweizer* Rn. 13 ff.; Angerer/Geibel/Süßmann/*Uhlendorf* Rn. 13; vgl. Kölner Komm WpÜG/*Giesberts* Rn. 30 ff.; Ehricke/Ekkenga/Oechsler/*Ehricke* Rn. 12; Assmann/Pötzsch/Schneider/*Assmann/Uwer* Rn. 14; *Schnorbus* ZHR 166 (2002), 72 (92); Steinmeyer/*Schmiady* Rn. 14 f.

**12**   Nach § 45, § 41 Abs. 1 S. 3 iVm § 70 Abs. 1 VwGO ist der Widerspruch schriftlich[19] (→ § 45 Rn. 3) bei der BaFin einzulegen. Die Einlegung zur Niederschrift bei der BaFin genügt wegen § 45 nicht.[20] § 3a iVm § 79 VwVfG eröffnen die Möglichkeit, die Schriftform unter den dort genannten Voraussetzungen durch die elektronische Form zu ersetzen (vgl. → § 45 Rn. 4 f.).[21] Die Frist für die Einlegung des Widerspruchs bei der BaFin beträgt nach § 41 Abs. 1 S. 3 iVm § 70 Abs. 1 VwGO einen Monat ab Bekanntgabe der Verfügung. Die Bekanntgabe erfolgt nach § 41 VwVfG, ggf. nach § 43, der eine spezialgesetzliche Ermächtigung iSv § 41 Abs. 3 S. 1 VwVfG ist.[22]

**13**   **4. Verfahrensbeteiligte.** Im WpÜG ist, anders als in § 54 Abs. 2 GWB für das Kartellverwaltungsverfahren, keine spezielle Regelung über die **Verfahrensbeteiligten** enthalten, sodass sich die Beteiligtenstellung nach **§ 13 VwVfG** richtet (vgl. → Rn. 3; → § 4 Rn. 30).[23] Dies hat für Irritationen gesorgt, die jedoch nicht berechtigt sind (→ § 4 Rn. 30).[24] Die Verfahrensbeteiligten haben Anspruch auf Akteneinsicht, allerdings nur, soweit die Aktenkenntnis zur Geltendmachung oder Verteidigung ihrer rechtlichen Interessen erforderlich ist (§ 29 VwVfG). Eine Akteneinsicht durch Dritte, die die Beteiligtenstellung allein durch Widerspruchseinlegung nach § 13 Abs. 1 Nr. 1 VwVfG erlangen, ist daher grundsätzlich ausgeschlossen, weil dem Dritten nach § 4 Abs. 2 mangels rechtlichen Interesses in der Regel bereits die Widerspruchsbefugnis fehlt (→ § 4 Rn. 30),[25] wenn sie nicht ausnahmsweise grundrechtlich vermittelt wird (→ § 4 Rn. 30).[26] Konsequent lehnte das OLG Frankfurt a.M. in den Verfahren eines Bieters nach §§ 35, 37 WpÜG ein auf § 29 VwVfG gestütztes **Akteneinsichtsrecht** von Aktionären in die Akten dieses Verwaltungsverfahrens ab[27] und erkannte mangels anderweitiger ausdrücklicher gesetzlicher Vorschriften ein weitergehendes Akteneinsichtsrecht des Aktionärs außerhalb des Verwaltungsverfahrens im Anschluss an die verwaltungsgerichtliche Spruchpraxis ausnahmsweise nur dann an, wenn der Aktionär ein berechtigtes Interesse an der Akteneinsicht geltend machen kann und dieses auch glaubhaft macht; dafür reicht nach Einschätzung des Gerichts ein allgemeines Interesse an der Überprüfung eines abgeschlossenen Befreiungsverfahrens regelmäßig nicht aus.[28] Die Verfahrensbeteiligung ist ferner für die Annahme der Beschwerdebefugnis bei Anfechtungsbeschwerden von Bedeutung, die nach § 48 Abs. 2 „den am Verfahren vor der Bundesanstalt Beteiligten" zusteht (näher → § 48 Rn. 6 ff.).

### III. Entscheidungsfrist (Abs. 2)

**14**   § 41 Abs. 2 S. 1 begrenzt die Frist für die Entscheidung der BaFin über Widersprüche auf zwei Wochen.[29] Die Vorschrift versteht sich als „eine zentrale Regelung für die zügige Durchführung von Widerspruchsverfahren"[30] und will zusammen mit den Beschleuni

---

[19] Vgl. BVerwGE 30, 274 (276) = BeckRS 1968, 30422504. Zur Schriftformwahrung durch die Verwendung von Fernkommunikationsmitteln s. Kopp/Schenke/*Schenke* VwGO § 70 Rn. 2, § 81 Rn. 4; Schoch/Schneider/*Dolde/Porsch* VwGO § 70 Rn. 5 ff.; Schoch/Schneider/*Riese* VwGO § 81 Rn. 6 ff.; zum sog. Computerfax s. GmS-OGB NJW 2000, 2340 (2341).

[20] Zur Unterscheidung von Schriftform und Niederschrift s. Stelkens/Bonk/Sachs/*Schmitz* VwVfG § 22 Rn. 38; Stelkens/Bonk/Sachs/*Sachs/Kamp* VwVfG § 64 Rn. 12.

[21] FK-WpÜG/*Schweizer* Rn. 11; Angerer/Geibel/Süßmann/*Uhlendorf* Rn. 16.

[22] BT-Drs. 14/7034, 64.

[23] Zur grundsätzlichen Anwendbarkeit des VwVfG und damit auch von § 13 VwVfG s. OLG Frankfurt NZG 2003, 729 (729 f., 731); ZIP 2003, 1251 (1252); 2003, 2206 (2207); 2003, 1392 (1393); *Pohlmann* ZGR 2007, 1 (22); *v. Riegen* Der Konzern 2003, 583 (596).

[24] S. auch Steinmeyer/*Klepsch* § 4 Rn. 15 ff.; FK-WpÜG/*Schweizer* Rn. 23 ff.; Angerer/Geibel/Süßmann/*Uhlendorf* Rn. 29.

[25] Vgl. OLG Frankfurt ZIP 2003, 1392 (1392 f.).

[26] Vgl. *Pohlmann* ZGR 2007, 1 (24 ff.).

[27] OLG Frankfurt ZIP 2003, 2206 (2209); vgl. auch OLG Frankfurt ZIP 2003, 2254 (2255).

[28] OLG Frankfurt ZIP 2003, 2254 (2255 f.); vgl. auch OLG Frankfurt ZIP 2003, 2206 (2209 f.).

[29] Die Formulierung der Regelung lehnt sich an § 167 Abs. 1 GWB an; dort beträgt die Entscheidungsfrist allerdings fünf Wochen; vgl. Assmann/Pötzsch/Schneider/*Assmann/Uwer* Rn. 38 zu § 167 Abs. 1 GWB.

[30] BT-Drs. 14/7034, 63.

gungs- und Präklusionsregelungen in § 41 Abs. 3 rasche Widerspruchsentscheidungen sicherstellen. Die **kurze Entscheidungsfrist** beginnt bereits mit dem Ablauf des Tages, an dem der Widerspruch bei der Bundesanstalt erhoben wird, auf den (späteren) Eingang der Widerspruchsbegründung kommt es nicht an.[31] Die BaFin muss innerhalb der Frist ihre Entscheidung getroffen und begründet, sie im Hinblick auf die Kürze der Frist dem Widerspruchsführer aber noch nicht bekannt gegeben haben.[32]

Gesetzgebungstechnisch fixiert § 41 Abs. 2 die Zweiwochenfrist als Grundsatz, lässt aber  **15** in S. 2 ausnahmsweise eine Fristverlängerung durch Beschluss zu;[33] der Verlängerungsbeschluss, der vor Fristablauf erfolgen muss, ist unanfechtbar. Voraussetzung für die **Fristverlängerung** sind besondere tatsächliche oder rechtliche Schwierigkeiten; als Beispiele erwähnt die Gesetzesbegründung die Notwendigkeit umfangreicher Sachverhaltsaufklärungen und die Einholung von Auskünften ausländischer Aufsichtsbehörden.[34] Außerdem ist eine Fristverlängerung bei einer erheblichen Arbeitsüberlastung möglich, die sich etwa aus einer Vielzahl von Widerspruchsverfahren, die nicht notwendigerweise in der gleichen Angelegenheit geführt werden müssen, ergeben kann.[35] Da der Gesetzgeber in § 41 Abs. 2 ein **Regel-Ausnahme-Verhältnis** zwischen kurzer Frist und Fristverlängerung eingerichtet hat, rechtfertigt eine in der **Personalstruktur der BaFin auf Dauer angelegte erhebliche Arbeitsüberlastung** eine auf diesen Ausnahmetatbestand gestützte Fristverlängerung nicht. Es ist vielmehr Aufgabe des Staates, für eine für den normalen Arbeitsanfall ausreichende Personaldecke zu sorgen. Ebenfalls rechtfertigt ein hoher Urlaubsstand bei Mitarbeitern der BaFin eine Fristverlängerung nicht; die BaFin ist vielmehr gerade verpflichtet, geeignete organisatorische Vorkehrungen zur Einhaltung der Zweiwochenfrist zu treffen.[36] Ein unvorhergesehener, hoher Krankenstand hingegen kann eine Fristverlängerung rechtfertigen.[37] Die **Dauer** der Fristverlängerung muss im Hinblick auf den Ausnahmecharakter der Verlängerungsmöglichkeit so kurz wie möglich bemessen sein und in diesem Sinne in angemessenem Verhältnis zu den rechtlichen oder tatsächlichen Schwierigkeiten stehen.[38] Bei Überschreitung der Entscheidungsfrist kann gemäß § 48 Abs. 3 S. 2 **Untätigkeitsbeschwerde** erhoben werden.[39]

### IV. Verfahrensförderungspflicht der Beteiligten (Abs. 3)

Die mit der kurzen Entscheidungsfrist angestrebte **Beschleunigung der Wider-**  **16** **spruchsverfahren** wird durch die § 26 Abs. 2 VwVfG konkretisierende[40] Verfahrensförderungspflicht der Beteiligten zusätzlich unterstützt (eine eingeschränkt vergleichbare Parallelvorschrift enthält § 167 Abs. 2 GWB). Zu der von § 41 Abs. 3 S. 1 vorgeschriebenen Mitwirkung an der Aufklärung des Sachverhalts nach den Maximen eines auf Förderung und raschen Abschluss des Verfahrens bedachten Vorgehens gehören insbesondere die möglichst frühzeitige Begründung des Widerspruchs und das möglichst frühzeitige Vorbringen sämtlicher Angriffs- und Verteidigungsmittel.[41]

---

[31] Angerer/Geibel/Süßmann/*Uhlendorf* Rn. 19; Assmann/Pötzsch/Schneider/*Assmann/Uwer* Rn. 34; Baums/Thoma/Verse/*Ritz* Rn. 17; vgl. ferner Immenga/Mestmäcker/*Dreher* GWB § 167 Rn. 8.

[32] Schwark/Zimmer/*Noack/Holzborn* Rn. 2; Angerer/Geibel/Süßmann/*Uhlendorf* Rn. 19; Assmann/Pötzsch/Schneider/*Assmann/Uwer* Rn. 35; Steinmeyer/*Schmiady* Rn. 23; vgl. ferner Baums/Thoma/Verse/*Ritz* Rn. 17; Immenga/Mestmäcker/*Dreher* GWB § 167 Rn. 10.

[33] Zum Ausnahmecharakter der Fristverlängerung s. BT-Drs. 14/7034, 63.

[34] BT-Drs. 14/7034, 63.

[35] Steinmeyer/*Schmiady* Rn. 24; Assmann/Pötzsch/Schneider/*Assmann/Uwer* Rn. 38; Angerer/Geibel/ Süßmann/*Uhlendorf* Rn. 21; aA Schwark/Zimmer/*Noack/Holzborn* Rn. 3.

[36] Vgl. Schwark/Zimmer/*Noack/Holzborn* Rn. 3.

[37] Baums/Thoma/Verse/*Ritz* Rn. 19.

[38] Angerer/Geibel/Süßmann/*Uhlendorf* Rn. 22; Assmann/Pötzsch/Schneider/*Assmann/Uwer* Rn. 36; Schwark/Zimmer/*Noack/Holzborn* Rn. 3; Baums/Thoma/Verse/*Ritz* Rn. 20.

[39] Steinmeyer/*Schmiady* Rn. 28; Kölner Komm WpÜG/*Giesberts* Rn. 73; Assmann/Pötzsch/Schneider/ *Assmann/Uwer* Rn. 39; Angerer/Geibel/Süßmann/*Uhlendorf* Rn. 23.

[40] Baums/Thoma/Verse/*Ritz* Rn. 26.

[41] Vgl. BT-Drs. 14/7034, 63.

**17**     Nach § 41 Abs. 3 S. 2 kann die BaFin den Beteiligten Fristen setzen, nach deren Ablauf weiterer Vortrag unbeachtet bleibt; auf diese Rechtsfolge sind die Beteiligten zur Vermeidung rechtsstaatswidriger Überraschungsentscheidungen hinzuweisen.[42] Die Fristen sind nach § 31 Abs. 7 S. 1 VwVfG verlängerbar.[43] Vordergründig gibt die Vorschrift der Bundesanstalt ein scharfes Schwert in die Hand, um den Druck auf die Beteiligten zur Verfahrensförderung zu erhöhen. Doch ist die Durchschlagskraft der **Fristsetzung mit der Folge der Unbeachtlichkeit verspäteten Vorbringens** schon deshalb abgeschwächt, weil der im Verwaltungsverfahren geltende Untersuchungsgrundsatz unberührt bleibt[44] (vgl. § 24 VwVfG) und das verspätete Vorbringen nach § 48 Abs. 1 S. 2 im Beschwerdeverfahren wieder berücksichtigt werden muss.

### V. Übertragung auf den Ausschussvorsitzenden (Abs. 4)

**18**     Ebenfalls zur **Verfahrensvereinfachung und -beschleunigung** eröffnet § 41 Abs. 4 S. 1 dem Widerspruchsausschuss die Möglichkeit, das Verfahren dem Vorsitzenden zur alleinigen Entscheidung zu übertragen. Vorbild waren Regelungen in verschiedenen Prozessordnungen (vgl. etwa § 6 VwGO, § 348a ZPO) sowie § 157 Abs. 3 GWB, die zur Verfahrensvereinfachung die Möglichkeit der Übertragung der Entscheidung vorsehen.[45] Eine mündliche Verhandlung muss dem Beschluss, der als verfahrensleitende Maßnahme unanfechtbar ist, gemäß § 6 Abs. 1 S. 1 WpÜG-WV (→ § 6 Rn. 1) nicht vorausgehen. Die Beschlussfassung kann auch telefonisch oder schriftlich oder durch elektronische Datenfernübertragung erfolgen,[46] es sei denn, ein Mitglied des Ausschusses fordert eine förmliche Beschlussfassung.[47] Eine Rückübertragung vom Vorsitzenden auf den Widerspruchausschuss auf − formlosen, auch konkludenten − Antrag des Vorsitzenden ist durch Beschluss des Widerspruchsausschusses möglich.[48]

**19**     Allerdings besteht die Übertragungsoption dem Grundgedanken nach[49] **nur für unproblematische Fälle,** weil sie § 41 Abs. 4 S. 2 für Fallgestaltungen mit wesentlichen Schwierigkeiten in rechtlicher und tatsächlicher Hinsicht (vgl. zu diesem Merkmal → Rn. 15) und mit grundsätzlicher Bedeutung ausschließt. Grundsätzliche Bedeutung liegt vor, wenn mit einer künftigen Selbstbindung der Verwaltung zu rechnen ist, weil der Widerspruch eine Sachlage betrifft, die häufig vorkommt, oder wenn von einer Rechtsansicht abgewichen werden soll, die sich in der Wissenschaft oder Verwaltungs- und Gerichtspraxis als herrschend herausgestellt hat.[50]

### § 42 Sofortige Vollziehbarkeit

**Der Widerspruch gegen Maßnahmen der Bundesanstalt nach § 4 Abs. 1 Satz 3, § 15 Abs. 1 oder 2, § 28 Abs. 1 oder § 40 Abs. 1 und 2 hat keine aufschiebende Wirkung.**

**Schrifttum:** *Schnorbus,* Rechtsschutz im Übernahmeverfahren, Teil II, WM 2003, 657.

---

[42] Vgl. zu § 167 GWB Immenga/Mestmäcker/*Dreher* GWB § 167 Rn. 22 f.

[43] Assmann/Pötzsch/Schneider/*Assmann/Uwer* Rn. 42; Angerer/Geibel/Süßmann/*Uhlendorf* Rn. 25.

[44] Vgl. Angerer/Geibel/Süßmann/*Uhlendorf* Rn. 26; für eine Einschränkung des Untersuchungsgrundsatzes hingegen Steinmeyer/*Schmiady*Rn. 30 f.

[45] BT-Drs. 14/7034, 63.

[46] BT-Drs. 14/7034, 63; Assmann/Pötzsch/Schneider/*Assmann/Uwer* Rn. 43; Steinmeyer/*Schmiady* Rn. 33; Baums/Thoma/Verse/*Ritz* Rn. 38; Angerer/Geibel/Süßmann/*Uhlendorf* Rn. 27.

[47] Steinmeyer/*Schmiady* Rn. 34 Fn. 73; vgl. Kopp/Ramsauer/*Ramsauer* VwVfG § 90 Rn. 9.

[48] Assmann/Pötzsch/Schneider/*Assmann/Uwer* Rn. 44; Angerer/Geibel/Süßmann/*Uhlendorf* Rn. 28; Baums/Thoma/Verse/*Ritz* Rn. 39.

[49] BT-Drs. 14/7034, 63.

[50] Schwark/Zimmer/*Noack/Holzborn* Rn. 7; Angerer/Geibel/Süßmann/*Uhlendorf* Rn. 27; Baums/Thoma/Verse/*Ritz* Rn. 41; zu § 6 VwGO vgl. insoweit ausf. Schoch/Schneider/*Clausing* VwGO § 6 Rn. 22 ff.

## I. Einführung

**Regelungsinhalt** des § 42 ist der Ausschluss der mit der Einlegung von (Anfechtungs-) **1** Widersprüchen gem. § 80 Abs. 1 S. 1 VwGO grundsätzlich eintretenden aufschiebenden Wirkung. **Normzweck** ist zu verhindern, „dass durch die Einlegung eines Widerspruchs [...] der Schutz der Aktionäre der Zielgesellschaft durch die Nichtvollziehung der Verfügungen gefährdet wird". Außerdem will § 42 bei Widersprüchen gegen Ermittlungsverwaltungsakte auf der Grundlage von § 40 einer Verzögerung der Sachverhaltsaufklärung entgegenwirken und eine zügige Verfahrensdurchführung gewährleisten.[1]

Eine **vergleichbare Vorschrift,** die den Suspensiveffekt des Widerspruchs ausschließt, **2** ist zB § 49 KWG.[2] § 42 steht in engem **Regelungszusammenhang** mit § 80 VwGO und im WpÜG – außer mit den in der Norm ausdrücklich aufgeführten Vorschriften – namentlich mit § 50.

## II. Aufhebung des Suspensiveffekts

§ 42 ist ein Fall des § 80 Abs. 2 Nr. 3 VwGO. Im überwiegenden Allgemeininteresse **3** der Verfahrensbeschleunigung sowie zur Verhinderung von Marktverunsicherungen und -verzerrungen löst § 42 den Konflikt zwischen den Interessen des Bieters und den Interessen der Zielgesellschaftsaktionäre zugunsten der Letzteren.[3]

§ 42 zählt die **Fälle, in denen die aufschiebende Wirkung entfällt,** abschließend[4] auf. **4** Andere Maßnahmen der Bundesanstalt sind von § 42 nicht erfasst. Das betrifft insbesondere **Gebührenbescheide** nach § 47, bei denen der Suspensiveffekt von Widersprüchen jedoch bereits nach § 80 Abs. 2 S. 1 Nr. 1 VwGO entfällt.[5] Gem. § 46 haben außerdem Widersprüche gegen **Vollstreckungsverwaltungsakte** nach §§ 13 und 14 VwVG keine aufschiebende Wirkung. Im Übrigen bleibt es der BaFin unbenommen, in den in § 42 nicht genannten Fällen die sofortige Vollziehung nach § 50 anzuordnen, wofern die Voraussetzungen vorliegen (→ § 50 Rn. 4 ff.).[6]

Unabhängig von § 42 entfällt die aufschiebende Wirkung eines Widerspruchs bei **offen- 5 sichtlich fehlender Widerspruchsbefugnis,** weil das von § 80 Abs. 1 VwGO und Art. 19 Abs. 4 GG vorausgesetzte Schutzbedürfnis fehlt.[7] Dies betrifft wegen § 4 Abs. 2 (→ § 4 Rn. 25 ff., → § 41 Rn. 11) insbesondere Drittwidersprüche,[8] wenn nicht ausnahmsweise die Möglichkeit einer Grundrechtsverletzung in Betracht kommt.

## § 43 Bekanntgabe und Zustellung

(1) [1]**Verfügungen, die gegenüber einer Person mit Wohnsitz oder einem Unternehmen mit Sitz außerhalb des Geltungsbereichs dieses Gesetzes ergehen, gibt die Bundesanstalt der Person bekannt, die als Bevollmächtigte benannt wurde.** [2]**Ist kein Bevollmächtigter benannt, so erfolgt die Bekanntgabe durch öffentliche Bekanntmachung im Bundesanzeiger.**

(2) [1]**Ist die Verfügung zuzustellen, so erfolgt die Zustellung bei Personen mit Wohnsitz oder Unternehmen mit Sitz außerhalb des Geltungsbereichs dieses**

---

[1] BT-Drs. 14/7034, 63.

[2] Weitere Beispiele bei NK-VwGO/*Puttler* VwGO § 80 Rn. 70 und vor allem bei Schoch/Schneider/*Schoch* VwGO § 80 Rn. 126, 156 ff.

[3] BT-Drs. 14/7034, 63; *Schnorbus* WM 2003, 657 (661) m. Fn. 128; Steinmeyer/*Schmiady* Rn. 1; Assmann/Pötzsch/Schneider/*Assmann/Uwer* Rn. 2.

[4] Angerer/Geibel/Süßmann/*Uhlendorf* Rn. 3; Steinmeyer/*Schmiady* Rn. 2; Assmann/Pötzsch/Schneider/ *Assmann/Uwer* Rn. 3; Schwark/Zimmer/*Noack/Holzborn* Rn. 4; Baums/Thoma/*Verse/Ritz* Rn. 3.

[5] FK-WpÜG/*Schweizer* Rn. 2; Steinmeyer/*Schmiady* Rn. 7; Angerer/Geibel/Süßmann/*Uhlendorf* Rn. 4.

[6] Angerer/Geibel/Süßmann/*Uhlendorf* Rn. 4; vgl. Assmann/Pötzsch/Schneider/*Assmann/Uwer* Rn. 9; Kölner Komm WpÜG/*Giesberts* Rn. 10; Ehricke/Ekkenga/Oechsler/*Ehricke* Rn. 5 f.

[7] Kopp/Schenke/*Schenke* VwGO § 80 Rn. 50; Schoch/Schneider/*Schoch* VwGO § 80 Rn. 83; Eyermann/ *Hoppe* VwGO § 80 Rn. 20.

[8] Vgl. FK-WpÜG/*Schweizer* Rn. 5.

Gesetzes an die Person, die als Bevollmächtigte benannt wurde. ²Ist kein Bevollmächtigter benannt, so erfolgt die Zustellung durch öffentliche Bekanntmachung im Bundesanzeiger.

## I. Einführung

1    **Regelungsinhalt** des § 43 sind Sondervorschriften für die Bekanntgabe und Zustellung von Verwaltungsakten,[1] die gegenüber Personen und Unternehmen mit Wohnsitz bzw. Sitz außerhalb Deutschlands ergehen. **Normzweck** ist die Beschleunigung der Verwaltungsverfahren durch schnellstmögliche Bekanntgabe und Zustellung der Verfügungen.[2]

2    **Personen** sind alle natürlichen, nicht aber juristischen Personen,[3] denn diese haben keinen „Wohnsitz". In Bezug auf Unternehmen gilt der funktionale Unternehmensbegriff.[4] Da weder § 43 noch § 15 VwVfG eine Legaldefinition des Wohnsitzes geben, ist § 7 BGB entsprechend heranzuziehen.[5] Danach ist unter **Wohnsitz** der räumliche Mittelpunkt der gesamten Lebensverhältnisse einer Person zu verstehen.[6] Der **Sitz einer Gesellschaft** oder anderen juristischen Person hingegen ist nach den Regeln des deutschen Internationalen Gesellschaftsrechts der Ort, an dem sich die Hauptverwaltung befindet (**tatsächlicher Verwaltungssitz**; → AktG § 5 Rn. 20);[7] dieser ist auch im Rahmen des § 43 maßgeblich.[8] Die Ansicht, für § 43 in Anlehnung an § 11 AO auf den Satzungssitz abzustellen,[9] überzeugt nicht: Zwar soll es etwa für die Ermittlung der örtlichen Zuständigkeit einer Verwaltungsbehörde nach § 3 Abs. 1 Nr. 3 lit. b VwVfG auf den Satzungssitz ankommen.[10] Dies ist jedoch auf § 43 nicht zu übertragen, weil es sich bei der Bekanntgabe um die tatsächliche Eröffnung des Verwaltungsaktes gegenüber dem Betroffenen handelt,[11] die sinnvollerweise am tatsächlichen Verwaltungssitz, an dem sich die Repräsentanten des Unternehmens befinden, und nicht am unter Umständen rein fiktiven Satzungssitz erfolgt. Auch iSd § 43 ist daher mit „Sitz" der tatsächliche Verwaltungssitz gemeint, für den allerdings der Satzungssitz eine Indizfunktion hat.[12]

3    **Ähnliche Regelungen** enthält § 61 Abs. 1 S. 3 und 4 GWB. § 43 steht in engem **Regelungszusammenhang** mit §§ 41, 43 VwVfG und dem VwZG. Für die Bekanntgabe und die Zustellung von Verwaltungsakten an nicht von § 43 erfasste Personen, also an Personen mit inländischem Wohnsitz und Unternehmen mit Sitz im Inland gelten die allgemeinen Vorschriften des § 41 VwVfG und des VwZG.[13]

## II. Bekanntgabe (Abs. 1)

4    Nach § 43 Abs. 1 VwVfG ist die amtliche **Bekanntgabe Wirksamkeitsvoraussetzung** für den Verwaltungsakt, dh erst mit der Bekanntgabe erlangt der Verwaltungsakt rechtliche Existenz.[14] Ist ein **Bevollmächtigter** benannt, erfolgt nach § 43 Abs. 1 S. 1 die Bekannt-

---

¹ Assmann/Pötzsch/Schneider/*Assmann/Uwer* Rn. 2; Angerer/Geibel/Süßmann/*Uhlendorf* Rn. 3; FK-WpÜG/*Linke* Rn. 10; vgl. Steinmeyer/*Schmiady* Rn. 2; Baums/Thoma/Verse/*Ritz* Rn. 2; Schwark/Zimmer/*Noack/Holzborn* Rn. 1.
² BT-Drs. 14/7034, 64.
³ AA Angerer/Geibel/Süßmann/*Uhlendorf* Rn. 3.
⁴ Angerer/Geibel/Süßmann/*Uhlendorf* Rn. 3; Ehricke/Ekkenga/Oechsler/*Ehricke* Rn. 3.
⁵ Assmann/Pötzsch/Schneider/*Assmann/Uwer* Rn. 2; Steinmeyer/*Schmiady* Rn. 3; Kölner Komm WpÜG/*Holst* Rn. 14.
⁶ Palandt/*Ellenberger* BGB § 7 Rn. 1.
⁷ Schmidt/Lutter/*Ringe* Internationales Gesellschaftsrecht Rn. 6.
⁸ Assmann/Pötzsch/Schneider/*Assmann/Uwer* Rn. 2; Angerer/Geibel/Süßmann/*Uhlendorf* Rn. 3; Steinmeyer/*Schmiady* Rn. 3.
⁹ Kölner Komm WpÜG/*Holst* Rn. 15.
¹⁰ Stelkens/Bonk/Sachs/*Schmitz* VwVfG § 3 Rn. 26; Kopp/Ramsauer/*Tegethoff* VwVfG § 3 Rn. 34.
¹¹ Kopp/Ramsauer/*Tegethoff* VwVfG § 41 Rn. 6.
¹² Steinmeyer/*Schmiady* Rn. 3.
¹³ Assmann/Pötzsch/Schneider/*Assmann/Uwer* Rn. 3; Steinmeyer/*Schmiady* Rn. 1; Angerer/Geibel/Süßmann/*Uhlendorf* Rn. 1; Baums/Thoma/Verse/*Ritz* Rn. 1; vgl. FK-WpÜG/*Linke* Rn. 10.
¹⁴ *Maurer/Waldhoff* AllgVerwR § 9 Rn. 71 ff.

gabe zwingend diesem gegenüber. Während der Wortlaut von § 43 nur allgemein von der Benennung eines „Bevollmächtigten" spricht, ist in der Begründung zum WpÜG von einem Bevollmächtigten für die Bekanntgabe „im Inland" die Rede.[15] Daher reicht allein die Benennung eines Bevollmächtigten nicht aus; vielmehr ist wegen der mit § 43 Abs. 1 angestrebten zügigen Durchführung der Angebotsverfahren aus teleologischen Gründen davon auszugehen, dass es sich um einen Bevollmächtigten mit einer inländischen Zustellungsanschrift handeln muss.[16]

Ist kein Bevollmächtigter benannt, erfolgt die Bekanntgabe nach § 43 Abs. 1 S. 2 durch **5** **öffentliche Bekanntmachung** im Bundesanzeiger. Die Vorschrift stellt eine spezialgesetzliche Ermächtigung iSd § 41 Abs. 3 S. 1 VwVfG dar. Die Rechtsbehelfsfristen beginnen mit der Bekanntmachung im Bundesanzeiger.[17] Die in § 41 Abs. 4 S. 3 VwVfG für die Bekanntgabe enthaltene Zweiwochenfrist ab Bekanntmachung wird aufgrund des – nicht auf § 41 Abs. 4 S. 3 VwVfG zutreffenden – Beschleunigungszwecks des § 43 verdrängt, sodass die Bekanntgabewirkung unmittelbar mit der Bekanntmachung eintritt.[18]

### III. Zustellung (Abs. 2)

Die durch § 43 Abs. 1 geschaffenen Erleichterungen für die Bekanntgabe von Verwal- **6** tungsakten im Allgemeinen gelten nach § 43 Abs. 2 auch für Verwaltungsakte, die in der besonderen Form der Zustellung bekanntzugeben sind (vgl. § 41 Abs. 5 VwVfG). §§ 9 f. VwZG werden insoweit verdrängt.[19] **Zustellungsbedürftige Verwaltungsakte** der BaFin sind beispielsweise Widerspruchsbescheide (§ 41 Abs. 1 S. 3 iVm § 73 Abs. 3 VwGO)[20] und Zwangsgeldandrohungen (§ 46 iVm § 13 Abs. 7 VwVG).

## § 44 Veröffentlichungsrecht der Bundesanstalt

**Die Bundesanstalt kann ihre Verfügungen nach § 4 Abs. 1 Satz 3, § 10 Abs. 2 Satz 3, § 15 Abs. 1 und 2, § 20 Abs. 1, § 28 Abs. 1, § 36 oder § 37 Abs. 1, auch in Verbindung mit einer Rechtsverordnung nach Abs. 2, auf Kosten des Adressaten der Verfügung im Bundesanzeiger veröffentlichen.**

**Schrifttum:** *Wiesbrock,* Rechtsfragen der Befreiung vom Pflichtangebot nach WpÜG in Sanierungsfällen, NZG 2005, 294.

### I. Einführung

§ 44 ermächtigt die BaFin, ihre auf Grund der im Normtext genannten Vorschriften **1** erlassenen Verfügungen im Bundesanzeiger öffentlich bekannt zu machen. **Normzweck** ist nicht das Anprangern von Missständen und Unternehmen, sondern die Information der Finanzmärkte.[1] Die Publikation soll insbesondere den Minderheitsaktionären der Zielgesellschaft die Möglichkeit eröffnen, sich objektiv und sachlich über laufende Verfahren zu unterrichten.

---

[15] BT-Drs. 14/7034, 64.
[16] Assmann/Pötzsch/Schneider/*Assmann/Uwer* Rn. 5; Steinmeyer/*Schmiady* Rn. 4; Angerer/Geibel/Süßmann/*Uhlendorf* Rn. 4 f.; Baums/Thoma/Verse/*Ritz* Rn. 2; Kölner Komm WpÜG/*Holst* Rn. 20; Schwark/Zimmer/*Noack/Holzborn* Rn. 3; FK-WpÜG/*Linke* Rn. 10 f.; für das Kartellrecht ebenso Immenga/Mestmäcker/*Bach* GWB § 61 Rn. 18; Langen/Bunte/*Schneider* GWB § 61 Rn. 30.
[17] BT-Drs. 14/7034, 64.
[18] Assmann/Pötzsch/Schneider/*Assmann/Uwer* Rn. 8; Steinmeyer/*Schmiady* Rn. 5; Baums/Thoma/Verse/ *Ritz* Rn. 6; Angerer/Geibel/Süßmann/*Uhlendorf* Rn. 5; FK-WpÜG/*Linke* Rn. 11; Schwark/Zimmer/ *Noack/Holzborn* Rn. 5.
[19] Vgl. Angerer/Geibel/Süßmann/*Uhlendorf* Rn. 9; FK-WpÜG/*Linke* Rn. 14; Baums/Thoma/Verse/*Ritz* Rn. 7; Assmann/Pötzsch/Schneider/*Assmann/Uwer* Rn. 12.
[20] OLG Frankfurt NZG 2019, 1308 Rn. 20.
[1] Dazu und zum Folgenden BT-Drs. 14/7034, 64; vgl. Steinmeyer/*Schmiady* Rn. 1; Angerer/Geibel/ Süßmann/*Uhlendorf* Rn. 1; Schwark/Zimmer/*Noack/Holzborn* Rn. 1; Baums/Thoma/Verse/*Ritz* Rn. 2; *Rezai Hariri,* Übernahmerecht und Aufsicht, 2015, 209 f.

**2**     Eine § 44 **ähnliche Regelung** enthält § 62 GWB für bestimmte Verfügungen der Kartellbehörde, der die Publikation allerdings nur teilweise in das Ermessen der Kartellbehörde stellt und die öffentliche Bekanntmachung im Übrigen, anders als § 44, obligatorisch anordnet.[2] Die BaFin muss in ihre am Verhältnismäßigkeitsgrundsatz zu orientierende[3] Ermessensentscheidung[4] über die Veröffentlichung die regelmäßig grundrechtlich unterfangenen wirtschaftlichen und rechtlichen Interessen der Betroffenen einstellen und in der Abwägung berücksichtigen.[5]

## II. Voraussetzungen, Inhalt und Ort der Veröffentlichung

**3**     § 44 enthält einen **numerus clausus** der Verfügungen, die die BaFin veröffentlichen kann. Andere als die ausdrücklich genannten Verfügungen dürfen nicht auf der Grundlage von § 44 veröffentlicht werden.[6] Denn es handelt sich nicht um eine bloße Kostentragungsregel,[7] die nämlich bei § 47 hätte verortet werden müssen.[8] Wegen des Sachzusammenhangs ist allerdings auch die Bekanntmachung von **Widerspruchsentscheidungen,** die Rechtsbehelfe gegen die erwähnten Verfügungen verbescheiden, zulässig.[9] Die Veröffentlichung setzt die Bestandskraft des Verwaltungsakts nicht voraus.[10]

**4**     Das Veröffentlichungsrecht der BaFin erfasst grundsätzlich den **gesamten Inhalt** der Verfügung, ist also nicht etwa nur auf den Tenor begrenzt. Aufgrund des Normzwecks der Information der Finanzmärkte müssen insbesondere die beteiligten Personen und Unternehmen ausdrücklich genannt werden.[11] Die BaFin kann sich darüber hinaus auf die Bekanntmachung allein des Verfügungstenors beschränken.[12] Auf jeden Fall ist die Wechselwirkung mit § 9 zu beachten: § 44 stellt keine generelle Befugnisnorm für sämtliche Tatsachen und personenbezogenen Daten (vgl. → § 9 Rn. 7 ff.) dar, die während des Verfahrens eine Rolle gespielt und in die Verfügung der BaFin eingeflossen sein mögen;[13] auch insoweit ist das **Verhältnismäßigkeitsprinzip** zu beachten.

**5**     Ist die Entscheidung für eine Veröffentlichung gefallen, so muss die Bekanntmachung im **Bundesanzeiger** erfolgen, doch scheiden andere Publikationsorgane als Ort für eine zusätzliche Veröffentlichung nicht aus.[14] Zwischen Bundesanzeiger und anderen Publikationsorganen ergeben sich keine Unterschiede bezüglich des erlaubten Umfangs (→ Rn. 4) der Veröffentlichung, denn es macht keinen Unterschied, ob die Öffentlichkeit unmittelbar

---

   [2] Zu weitergehenden fakultativen Bekanntmachungen s. etwa Immenga/Mestmäcker/*Bach* GWB § 62 Rn. 8 ff.
   [3] Angerer/Geibel/Süßmann/*Uhlendorf* Rn. 5; Assmann/Pötzsch/Schneider/*Assmann/Uwer* Rn. 4.
   [4] *Wiesbrock* NZG 2005, 294 (299).
   [5] Vgl. Steinmeyer/*Schmiady* Rn. 2; Assmann/Pötzsch/Schneider/*Assmann/Uwer* Rn. 4; FK-WpÜG/*Linke* Rn. 13; Schwark/Zimmer/*Noack/Holzborn* Rn. 3; Baums/Thoma/Verse/*Ritz* Rn. 4.
   [6] Steinmeyer/*Schmiady* Rn. 3; Assmann/Pötzsch/Schneider/*Assmann/Uwer* Rn. 2; vgl. Angerer/Geibel/Süßmann/*Uhlendorf* Rn. 3; zur kartellrechtlichen Parallelvorschrift s. Immenga/Mestmäcker/*Bach* GWB § 62 Rn. 2.
   [7] So aber FK-WpÜG/*Linke* Rn. 11; wohl auch Kölner Komm WpÜG/*Holst* Rn. 11; missverständlich Angerer/Geibel/Süßmann/*Uhlendorf* Rn. 3.
   [8] Schwark/Zimmer/*Noack/Holzborn* Rn. 4.
   [9] Steinmeyer/*Schmiady* Rn. 3; Assmann/Pötzsch/Schneider/*Assmann/Uwer* Rn. 3; Angerer/Geibel/Süßmann/*Uhlendorf* Rn. 4; FK-WpÜG/*Linke* Rn. 10; Kölner Komm WpÜG/*Holst* Rn. 10; Baums/Thoma/Verse/*Ritz* Rn. 3.
   [10] Steinmeyer/*Schmiady* Rn. 3; Assmann/Pötzsch/Schneider/*Assmann/Uwer* Rn. 6; Angerer/Geibel/Süßmann/*Uhlendorf* Rn. 4; Kölner Komm WpÜG/*Holst* Rn. 22; vgl. Baums/Thoma/Verse/*Ritz* Rn. 5.
   [11] FK-WpÜG/*Linke* Rn. 15; Baums/Thoma/Verse/*Ritz* Rn. 6; vgl. Assmann/Pötzsch/Schneider/*Assmann/Uwer* Rn. 5; aA wohl Schwark/Zimmer/*Noack/Holzborn* Rn. 3: Nennung der beteiligten Personen nicht zwingend; s. auch Steinmeyer/*Schmiady* Rn. 5; vgl. ferner *Bechtold/Bosch* GWB § 62 Rn. 3; Immenga/Mestmäcker/*Bach* GWB § 62 Rn. 7.
   [12] Steinmeyer/*Schmiady* Rn. 5; Assmann/Pötzsch/Schneider/*Assmann/Uwer* Rn. 5; FK-WpÜG/*Linke* Rn. 15; Angerer/Geibel/Süßmann/*Uhlendorf* Rn. 8; Schwark/Zimmer/*Noack/Holzborn* Rn. 3; Baums/Thoma/Verse/*Ritz* Rn. 6; Kölner Komm WpÜG/*Holst* Rn. 17; Ehricke/Ekkenga/Oechsler/*Ehricke* Rn. 7.
   [13] Vgl. Angerer/Geibel/Süßmann/*Uhlendorf* Rn. 8; s. auch FK-WpÜG/*Linke* Rn. 13, 15.
   [14] Assmann/Pötzsch/Schneider/*Assmann/Uwer* Rn. 5; Steinmeyer/*Schmiady* Rn. 4; Baums/Thoma/Verse/*Ritz* Rn. 7; FK-WpÜG/*Linke* Rn. 11; vgl. Angerer/Geibel/Süßmann/*Uhlendorf* Rn. 3.

über von der BaFin eigenständig ausgewählte Publikationsorgane von einer Verfügung ein-schließlich etwa der Identität der Betroffenen erfährt, oder ob dies sodann durch die Medien nach deren Lektüre des Bundesanzeigers geschieht.[15] Die **Kosten** der Veröffentlichung im Bundesanzeiger hat gem. § 44 iVm § 3 S. 1 WpÜG-GV der Adressat des jeweiligen Verwaltungsakts zu tragen.[16] Die WpÜG-GV tritt allerdings gemäß Art. 4 Abs. 51 Gesetz zur Aktualisierung der Strukturreform des Gebührenrechts des Bundes vom 18.7.2016 (BGBl. 2016 I 1666) am 1.10.2021 außer Kraft, sodass sich ab diesem Datum die Festsetzung und die Höhe der Gebühren nach § 1 BGebG und einer noch zu erlassenden Besonderen Gebührenverordnung des BMF nach § 22 Abs. 4 BGebG richtet (→ § 47 Rn. 3). Die Kosten einer anderweitigen Veröffentlichung kann die BaFin hingegen nicht erstattet verlan-gen.

Auch **andere als die in § 44 genannten** Verfügungen können beispielsweise in juristi- **6** schen Fachzeitschriften, in der Fachpresse oder im Internet zur Veröffentlichung freigegeben werden.[17] Allerdings existiert für solche Veröffentlichungen keine Ermächtigungsgrundlage; § 44 ist lex specialis für die Veröffentlichung von Entscheidungen, sodass auch § 4 Abs. 1 S. 3 ausscheidet.[18] Solche Veröffentlichungen sind also Teil der formlosen Öffentlichkeitsar-beit der BaFin; sie dürfen mangels Ermächtigungsgrundlage nicht in Grundrechte eingreifen und müssen daher die Grenzen insbesondere des Persönlichkeitsschutzes wahren, den Maxi-men objektiver Berichterstattung genügen, sowie das Übermaßverbot beachten.[19] Insbeson-dere müssen sie **anonymisiert** erfolgen.[20]

Die Veröffentlichung selbst ist mangels eigenständigen Regelungsgehalts kein Verwal- **7** tungsakt iSv § 35 S. 1 VwVfG, sondern **schlichtes Verwaltungshandeln** (→ § 4 Rn. 13).[21] Denkbar ist daher **Rechtsschutz** durch eine vorbeugende Unterlassungsbe-schwerde und – nach der Veröffentlichung – durch eine auf Berichtigung inhaltlich unzutref-fender oder sonst unzulässiger Bekanntmachungen gerichtete allgemeine Leistungsbe-schwerde.[22]

## § 45 Mitteilungen an die Bundesanstalt

**¹Anträge und Mitteilungen an die Bundesanstalt haben in schriftlicher Form zu erfolgen. ²Eine Übermittlung im Wege der elektronischen Datenfernübertragung ist zulässig, sofern der Absender zweifelsfrei zu erkennen ist.**

### I. Einführung

§ 45 hat zwei **Regelungsinhalte,** nämlich die Festlegung der Schriftform für Anträge **1** und Mitteilungen an die BaFin (S. 1) und die alternative Zulassung der Übermittlung durch elektronische Datenfernübertragung (S. 2). Letzteres erschließt den Verfahrensbeteiligten die Nutzung moderner Kommunikationsmittel und eröffnet ihnen so die Möglichkeit, die im WpÜG knapp gesetzten Fristen optimal auszuschöpfen – dies freilich unter dem Vorbe-halt zweifelsfreier Erkennbarkeit des Absenders, der Gewissheit über die Authentizität der Mitteilung bezweckt.[1] Zum **Normzweck** des Schriftformerfordernisses äußert sich die

---

[15] Baums/Thoma/Verse/*Ritz* Rn. 7; s. auch FK-WpÜG/*Linke* Rn. 11; aA Assmann/Pötzsch/Schneider/*Assmann/Uwer* Rn. 5.

[16] Steinmeyer/*Schmiady* Rn. 5; FK-WpÜG/*Linke* Rn. 11.

[17] Steinmeyer/*Schmiady* Rn. 5; aA Angerer/Geibel/Süßmann/*Uhlendorf* Rn. 3; wohl auch Schwark/Zim-mer/*Noack/Holzborn* Rn. 4.

[18] Vgl. Schwark/Zimmer/*Noack/Holzborn* Rn. 4; aA wohl Steinmeyer/*Schmiady* Rn. 4, 6.

[19] AA Angerer/Geibel/Süßmann/*Uhlendorf* Rn. 3.

[20] Steinmeyer/*Schmiady* Rn. 5; vgl. *Bechtold/Bosch* GWB § 62 Rn. 3.

[21] Assmann/Pötzsch/Schneider/*Assmann/Uwer* Rn. 7; Angerer/Geibel/Süßmann/*Uhlendorf* Rn. 11; Steinmeyer/*Schmiady* Rn. 7; Kölner Komm WpÜG/*Holst* Rn. 25.

[22] Angerer/Geibel/Süßmann/*Uhlendorf* Rn. 11; Steinmeyer/*Schmiady* Rn. 7; vgl. Schwark/Zimmer/*Noack/Holzborn* Rn. 7; Ehricke/Ekkenga/Oechsler/*Ehricke* Rn. 11; krit. zur vorbeugenden Unterlassungsbe-schwerde Kölner Komm WpÜG/*Holst* Rn. 26.

[1] BT-Drs. 14/7034, 64.

amtliche Begründung nicht. Nach allgemeinen Grundsätzen hat das Schriftformgebot Klarstellungs-, Beweis-, Warn- und Kontrollfunktion.[2]

## II. Schriftform (S. 1)

**2**    Von dem Schriftformerfordernis nach § 45 S. 1 sind sämtliche Anträge und Mitteilungen an die BaFin erfasst, die das WpÜG an vielen Stellen regelt – so zB in § 10 Abs. 1 S. 3, Abs. 2 S. 1 Nr. 3, § 14 Abs. 1 S. 1, Abs. 3 S. 2, sowie §§ 36 und 37 Abs. 1. Der Begriff „Antrag" ist im verwaltungsverfahrensrechtlichen Sinne zu verstehen. Es handelt sich also um eine verwaltungsrechtliche Willenserklärung, gerichtet auf die Einleitung eines Verwaltungsverfahrens oder den Erlass einer Verfügung, die von bloßen Anregungen oder Ersuchen zB zur Prüfung eines Sachverhalts im Vorfeld eines Antrags zu unterscheiden ist.[3] Auch Widersprüche nach § 41 sind Anträge in diesem Sinne und müssen daher schriftlich eingelegt werden, insoweit werden § 41 Abs. 1 S. 3 iVm § 70 Abs. 1 S. 1 VwGO von § 45 S. 1 verdrängt (vgl. → § 41 Rn. 12).[4] „Mitteilungen" sind die unmittelbar kraft Gesetzes geforderten Mitteilungen sowie diejenigen Informationen, die die Bundesanstalt durch Verfügung einfordert (vgl. § 40 Abs. 1).[5] Nicht notwendig ist, dass das Gesetz das Verb „mitteilen" verwendet;[6] der Normzweck erfasst vom Gesetz ausdrücklich so bezeichnete ebenso wie andere Mitteilungen, sofern sie unmittelbar kraft Gesetzes oder Verfügung eingefordert werden.

**3**    **Schriftform** meint grundsätzlich schriftliche Abfassung und eigenhändige Unterschrift.[7] Schriftform ist auch gewahrt, wenn der BaFin Anträge und Mitteilungen durch Telefax zugehen;[8] dies gilt auch, wenn Anträge und Mitteilungen der BaFin durch elektronische Übertragung einer Textdatei (sog. Computerfax) mit eingescannter Unterschrift auf ein Faxgerät übermittelt und dort als Schriftstück ausgedruckt werden. Anträge und Mitteilungen, die diesen Erfordernissen (oder denen der alternativ zugelassenen elektronischen Übermittlung) nicht genügen, sind unwirksam bzw. unbeachtlich.

## III. Elektronische Datenfernübertragung (S. 2)

**4**    Alternativ zur Schriftform lässt § 45 S. 2 die Übermittlung der Anträge und Mitteilungen im Wege **elektronischer Datenfernübertragung** zu. Davon ausgenommen ist die Übermittlung der Angebotsunterlage nach § 14 Abs. 1 S. 1, die gem. § 11 Abs. 1 S. 5 vom Bieter zu unterzeichnen ist;[9] ferner sind die Fälle ausgenommen, in denen das Gesetz ausdrücklich Schriftform vorschreibt, etwa in §§ 36, 37 Abs. 1.

**5**    Die Nutzung elektronischer Datenfernübertragung bringt Probleme eindeutiger Identifizierbarkeit des Absenders und unstreitiger Authentizität der Mitteilung mit sich; sie steht deshalb unter dem **Vorbehalt zweifelsfreier Erkennbarkeit des Absenders.** Ausweislich der Gesetzesbegründung ist die geforderte Erkennbarkeit des Absenders bei der Nutzung elektronischer Signaturen gewährleistet.[10] Elektronische Signaturen sind in der VO (EU)

---

[2] Vgl. Palandt/*Ellenberger* BGB § 125 Rn. 1 ff.

[3] Kölner Komm WpÜG/*Holst* Rn. 12; Angerer/Geibel/Süßmann/*Uhlendorf* Rn. 2; vgl. Ehricke/ Ekkenga/Oechsler/*Ehricke* Rn. 2; weiter einschr. Baums/Thoma/Verse/*Ritz* Rn. 3.

[4] Steinmeyer/*Schmiady* Rn. 2.

[5] Vgl. Angerer/Geibel/Süßmann/*Uhlendorf* Rn. 2; Kölner Komm WpÜG/*Holst* Rn. 17; s. auch Baums/ Thoma/Verse/*Ritz* Rn. 3.

[6] So aber Assmann/Pötzsch/Schneider/*Assmann/Uwer* Rn. 2.

[7] Assmann/Pötzsch/Schneider/*Assmann/Uwer* Rn. 3; Kölner Komm WpÜG/*Holst* Rn. 18 f.; Steinmeyer/ *Schmiady* Rn. 2; Baums/Thoma/Verse/*Ritz* Rn. 4; aA Schwark/Zimmer/*Noack/Holzborn* Rn. 4; missverständlich Angerer/Geibel/Süßmann/*Uhlendorf* Rn. 2.

[8] GmS-OGB NJW 2000, 2340; Assmann/Pötzsch/Schneider/*Assmann/Uwer* Rn. 3; Kölner Komm WpÜG/*Holst* Rn. 22 f.; Angerer/Geibel/Süßmann/*Uhlendorf* Rn. 3; FK-WpÜG/*Linke* Rn. 9; Schwark/ Zimmer/*Noack/Holzborn* Rn. 4; Baums/Thoma/Verse/*Ritz* Rn. 4; vgl. Steinmeyer/*Schmiady* Rn. 2.

[9] Steinmeyer/*Klepsch* Rn. 5; Angerer/Geibel/Süßmann/*Uhlendorf* Rn. 3; aA Baums/Thoma/Verse/*Ritz* Rn. 8.

[10] BT-Drs. 14/7034, 64.

910/2014 (**eIDAS-VO**) iVm dem diese ergänzenden **VDG** vom 18.7.2017 (BGBl. 2017 I 2745) geregelt. Der Gesetzgeber hat aber nicht geregelt, ob eine einfache (Art. 3 Nr. 10 eIDAS-VO), „fortgeschrittene" (Art. 3 Nr. 11 eIDAS-VO, Art. 26 eIDAS-VO) oder sogar „qualifizierte elektronische Signatur" (Art. 3 Nr. 12 eIDAS-VO) zu verlangen ist. Der Vergleich mit § 3a Abs. 2 S. 2 VwVfG und § 126a BGB legt allerdings nahe, dass auch isd § 45 nur eine qualifizierte elektronische Signatur geeignet ist, die Schriftform zu ersetzen.[11] Dies entspricht auch der Verwaltungspraxis der BaFin, die für die rechtswirksame Übermittlung elektronisch signierter Dokumente nur die qualifizierte elektronische Signatur akzeptiert.[12] Auch die Übermittlung per De-Mail gemäß § 5 Abs. 5 DeMailG genügt entsprechend § 3a Abs. 2 S. 4 Nr. 2 VwVfG den Voraussetzungen des § 45 S. 2 und wird von der BaFin daher ebenfalls für die rechtswirksame Übermittlung elektronischer Dokumente anerkannt.[13]

## § 46 Zwangsmittel

[1]**Die Bundesanstalt kann Verfügungen, die nach diesem Gesetz ergehen, mit Zwangsmitteln nach den Bestimmungen des Verwaltungs-Vollstreckungsgesetzes durchsetzen.** [2]**Sie kann auch Zwangsmittel gegen juristische Personen des öffentlichen Rechts anwenden.** [3]**Widerspruch und Beschwerde gegen die Androhung und Festsetzung der Zwangsmittel nach den §§ 13 und 14 des Verwaltungs-Vollstreckungsgesetzes haben keine aufschiebende Wirkung.** [4]**Die Höhe des Zwangsgeldes beträgt abweichend von § 11 des Verwaltungs-Vollstreckungsgesetzes bis zu 500 000 Euro.**

**Schrifttum:** *App/Wettlaufer/Klomfaß,* Praxishandbuch Verwaltungsvollstreckungsrecht, 6. Aufl. 2018; *Engelhardt/App/Schlatmann,* Verwaltungs-Vollstreckungsgesetz und Verwaltungszustellungsgesetz, 11. Aufl. 2017; *Sadler,* Verwaltungs-Vollstreckungsgesetz, Verwaltungszustellungsgesetz, 10. Aufl. 2020.

## I. Einführung

§ 46 S. 1 regelt allgemein, dass die BaFin ihre auf der Grundlage des WpÜG erlassenen [1] Verfügungen nach dem Verwaltungs-Vollstreckungsgesetz (VwVG) durchsetzen kann. Die effektive Durchsetzung der Vorschriften zur Umsetzung der **Übernahme-RL** wird auch in Art. 17 Übernahme-RL gefordert. **Regelungsinhalt** von § 46 S. 2–4 sind Sonderbestimmungen zu den allgemeinen Vorschriften des VwVG, die die Anwendung von Zwangsmitteln gegen juristische Personen des öffentlichen Rechts (S. 2), die aufschiebende Wirkung von Rechtsbehelfen gegen bestimmte Verwaltungsvollstreckungsakte (S. 3) und die Höhe des Zwangsgeldes (S. 4) betreffen. Übergreifender **Normzweck** der einzelnen Bestimmungen ist zum einen, der BaFin ein „scharfes Schwert" in die Hand zu geben, das sie die Lage versetzen soll, ihre Ansprüche selbst, schnell und effizient durchzusetzen. Zum anderen bezwecken die gegenüber dem allgemeinen Verwaltungsvollstreckungsrecht spezielleren Vorschriften des § 46 S. 2–4 eine Steigerung der Vollstreckungseffektivität der Bundesanstalt durch sachbereichsspezifische Modifikationen des Vollstreckungsrechts.[1]

Eine **vergleichbare Regelung** enthält zB § 17 FinDAG. Soweit § 46 keine Sonderrege- [2] lungen trifft, richtet sich die Verwaltungsvollstreckung nach dem VwVG,[2] das bei der Vollstreckung wegen Geldforderungen auf zahlreiche Normen der AO verweist (vgl. § 5 VwVG).

---

[11] FK-WpÜG/*Linke* Rn. 10; Kölner Komm WpÜG/*Holst* Rn. 27 f.; Baums/Thoma/Verse/*Ritz* Rn. 7; Assmann/Pötzsch/Schneider/*Assmann/Uwer* Rn. 5; vgl. Steinmeyer/*Schmiady*Rn. 4; aA Schwark/Zimmer/Noack/Holzborn Rn. 5; Ehricke/Ekkenga/Oechsler/*Ehricke* Rn. 6; unklar Angerer/Geibel/Süßmann/*Uhlendorf* Rn. 6.
[12] S. https://www.bafin.de/DE/DieBaFin/Kontakt/RechtswirksameKommunikation/rechtswirksame_kommunikation_node.html (zuletzt abgerufen am 30.11.2020); vgl. Steinmeyer/*Schmiady* Rn. 4.
[13] Homepage der BaFin (vorige Fn.); vgl. Steinmeyer/*Schmiady* Rn. 4.
[1] Vgl. BT-Drs. 14/7034, 64.
[2] Dazu allg. *Sadler* VwVG/VwZG, 10. Aufl. 2020.

## II. Zwangsweise Durchsetzung von Verwaltungsakten nach dem VwVG (S. 1)

**3**    Die Vollstreckung wegen **Geldforderungen** (§§ 1–5b VwVG) kommt etwa bei Gebührenbescheiden der BaFin nach § 47 iVm WpÜG-GV in Betracht,[3] ebenso wie bei der Beitreibung der von der Bundesanstalt verhängten Zwangsgelder. Die WpÜG-GV tritt allerdings ebenso wie § 47 gemäß Art. 4 Abs. 50 und 51 Gesetz zur Aktualisierung der Strukturreform des Gebührenrechts des Bundes vom 18.7.2016 (BGBl. 2016 I 1666) am 1.10.2021 außer Kraft, sodass sich ab diesem Datum die Festsetzung und die Höhe der Gebühren nach § 1 BGebG und einer noch zu erlassenden Besonderen Gebührenverordnung des BMF nach § 22 Abs. 4 BGebG richtet (→ § 47 Rn. 3). Grundlage für die Erzwingung von **Handlungen, Duldungen und Unterlassungen** (§§ 6–18 VwVG) können beispielsweise Verfügungen nach § 40, mit denen die BaFin die Vorlage von Unterlagen verlangt, und die Untersagung bestimmter Arten der Werbung nach § 28 Abs. 1, die den Adressaten zur Unterlassung solcher Werbemaßnahmen verpflichten, sein.

**4**    Die Vollstreckung setzt in aller Regel (vgl. allerdings § 6 Abs. 2 VwVG) einen zu vollstreckenden **Grundverwaltungsakt** voraus. In diesem Zusammenhang sind insbesondere § 42, § 49 und § 80 Abs. 2 S. 1 Nr. 1 VwGO zu beachten; zudem weist die Vollstreckung wegen Geldforderungen eine Reihe von Besonderheiten auf, vgl. etwa § 3 VwVG und den Ausschluss von Einwendungen gegen den zu vollstreckenden Verwaltungsakt in § 5 Abs. 1 VwVG iVm § 256 AO.[4]

**5**    **Vollstreckungsbehörde** ist grundsätzlich die BaFin (vgl. § 7 VwVG). Die Vollstreckung wegen Geldforderungen (Kosten, Zwangsgelder) erfolgt gemäß § 4 lit. b VwVG jedoch durch die Vollstreckungsbehörden der Bundesfinanzverwaltung, also die Hauptzollämter,[5] und richtet sich nach den Vorschriften der AO (§ 5 VwVG).

**6**    Für die Erzwingung von Handlungen, Duldungen oder Unterlassungen stellt § 9 VwVG die dort bezeichneten **Zwangsmittel** bereit. Die Ersatzvornahme ist nur bei einer Verpflichtung zu vertretbaren Handlungen zulässig, die bei Maßnahmen nach dem WpÜG wegen der höchstpersönlich-individuell zu erfüllenden Pflichten oftmals nicht vorliegen (vgl. aber → § 40 Rn. 24).[6] Unmittelbarer Zwang kommt nur zur Durchsetzung der Betretungsrechte nach § 40 Abs. 2 in Betracht (vgl. → § 40 Rn. 32).[7] Allerdings dürfen die Bediensteten der BaFin unmittelbaren Zwang nicht selbst anwenden, weil sie nicht zu den Vollzugsbeamten des Bundes nach § 6 UZwG gehören, die BaFin insbesondere nicht Bundesfinanzbehörde iSd § 6 Nr. 2 UZwG iVm § 1 FVG ist. Sie muss und darf sich daher für die Anwendung unmittelbaren Zwangs gemäß § 15 Abs. 2 S. 2 VwVG im Wege der Amtshilfe der jeweiligen Landespolizeibehörden vor Ort bedienen (s. auch Art. 35 GG).[8] Von den Zwangsmitteln bei der Überwachungstätigkeit der BaFin nach dem WpÜG ist vornehmlich die **Verhängung von Zwangsgeldern** von praktischer Bedeutung.[9]

## III. Übernahmerechtliche Modifikationen des allgemeinen Verwaltungs-vollstreckungsrechts (S. 2–4)

**7**    Während § 46 S. 2–4 enthalten Sonderregelungen gegenüber dem allgemeinen Verwaltungsvollstreckungsrecht des Bundes. S. 2 ist eine Spezialvorschrift iSv § 17 VwVG und lässt die Anwendung von Zwangsmitteln auch gegen **juristische Personen des öffentlichen Rechts** zu. Hintergrund dieser Regelung ist, dass neben den Rechtssubjekten des Privat-

---

[3] Schwark/Zimmer/*Noack/Holzborn* Rn. 1; Assmann/Pötzsch/Schneider/*Assmann/Uwer* Rn. 7; Steinmeyer/*Schmiady* Rn. 3; Baums/Thoma/Verse/*Ritz* Rn. 3; aA wohl Kölner Komm WpÜG/*Giesberts* Rn. 29.

[4] Vgl. *App/Wettlaufe/Klomfaß*, Praxishandbuch Verwaltungsvollstreckungsrecht, 6. Aufl. 2018, Kap. 14 ff.

[5] Vgl. Angerer/Geibel/Süßmann/*Uhlendorf* Rn. 9; Engelhardt/App/Schlatmann/*Troidl* VwVG § 4 Rn. 3.

[6] Assmann/Pötzsch/Schneider/*Assmann/Uwer* Rn. 13; Steinmeyer/*Schmiady* Rn. 11; Angerer/Geibel/Süßmann/*Uhlendorf* Rn. 12; Baums/Thoma/Verse/*Ritz* Rn. 11; Kölner Komm WpÜG/*Giesberts* Rn. 16.

[7] Angerer/Geibel/Süßmann/*Uhlendorf* Rn. 14.

[8] Vgl. zur Amtshilfe zwischen Bundes- und Landesbehörden Kopp/Ramsauer/*Ramsauer* VwVfG § 4 Rn. 4.

[9] Vgl. Assmann/Pötzsch/Schneider/*Assmann/Uwer* Rn. 11; Steinmeyer/*Schmiady* Rn. 8; Angerer/Geibel/Süßmann/*Uhlendorf* Rn. 11; Schwark/Zimmer/*Noack/Holzborn* Rn. 4.

rechts auch juristische Personen des öffentlichen Rechts, namentlich Bund, Länder und Kommunen, über beträchtlichen Wertpapierbesitz sowie über überwachungsrelevante Informationen verfügen können.[10]

S. 3 bestimmt, dass Widerspruch und Beschwerde gegen die Androhung und Festsetzung **8** von Zwangsmitteln nach §§ 13 und 14 VwVG **keine aufschiebende Wirkung** haben. Diese Sonderregelung lässt die zwangsweise Durchsetzung der Verfügungen der BaFin auch bei gegen Vollstreckungsverwaltungsakte eingelegten Rechtsmitteln zu und soll im Interesse einer zügigen Abwicklung die schnelle Durchführung dieser Verfügungen sicherstellen.[11]

Schließlich verändert S. 4 den in § 11 VwVG festgelegten Rahmen für die **Höhe ver- 9 hängbarer Zwangsgelder** auf bis zu 500.000 Euro.

## § 47 Gebühren und Auslagen

[1]**Die Bundesanstalt erhebt für individuell zurechenbare öffentliche Leistungen auf Grund des § 10 Absatz 2 Satz 3, der §§ 14 und 15 Absatz 1 oder 2, der §§ 20, 24, 28 Absatz 1, der §§ 36, 37 Absatz 1, auch in Verbindung mit einer Rechtsverordnung nach Absatz 2, oder des § 41 in Verbindung mit § 6 Gebühren und Auslagen.** [2]**Das Bundesministerium der Finanzen bestimmt die Gebührentatbestände im Einzelnen und die Höhe der Gebühren durch Rechtsverordnung, die nicht der Zustimmung des Bundesrates bedarf.** [3]**Das Bundesministerium der Finanzen kann die Ermächtigung durch Rechtsverordnung auf die Bundesanstalt übertragen.**

## I. Einführung

**Regelungsinhalt** der Norm ist die Erhebung von Gebühren und Auslagen für individuell **1** zurechenbare öffentliche Leistungen der BaFin nach dem WpÜG. § 47 S. 1 **bezweckt** die Beteiligung der betroffenen Personen und Unternehmen an den Kosten der Überwachung von öffentlichen Angebotsverfahren.[1] Diese sollen die Verordnungs- und Subdelegationsermächtigung in § 47 S. 2 und 3 zur Bestimmung von Gebührentatbeständen und -höhe im Einzelnen soll die erforderliche Anpassungsflexibilität an Veränderungen der mit den individuell zurechenbaren öffentlichen Leistungen der BaFin verbundenen Kosten gewährleisten, welche gemäß § 9 Abs. 1 BGebG die Grundlage für die Gebührenbemessung darstellen.

Eine **vergleichbare Regelung** findet sich in § 14 FinDAG. § 47 steht in dem allgemei- **2** neren Regelungskontext des Gebührenrechts; gem. § 2 Abs. 1, Abs. 2 BGebG findet das Bundesgebührengesetz Anwendung, weil die BaFin eine bundesunmittelbare Anstalt ist (§ 1 FinDAG);[2] gem. § 2 Abs. 2 S. 1 BGebG gehen dem BGebG jedoch andere Rechtsvorschriften des Bundes vor. **Konkretisierungen** enthält die auf Grund von § 47 S. 2 erlassene Verordnung über Gebühren nach dem Wertpapiererwerbs- und Übernahmegesetz (WpÜG-GV) v. 27.12.2001 (BGBl. 2001 I 4267). In § 47 und in der WpÜG-GV nicht geregelt ist die Gebührenerhebung für die Verwaltungsvollstreckung nach § 46, die sich nach § 19 VwVG richtet.[3]

Gemäß Art. 4 Abs. 50 und 51 Gesetz zur Aktualisierung der Strukturreform des Gebüh- **3** renrechts des Bundes (BGebRAG) vom 18.7.2016 (BGBl. 2016 I 1666) treten § 47 sowie die WpÜG-GV am 1.10.2021 außer Kraft, sodass sich ab diesem Datum die Festsetzung und die Höhe der Gebühren nach § 1 BGebG und gemäß Art. 4 Abs. 76 BGebRAG nach einer noch zu erlassenden Besonderen Gebührenverordnung des BMF nach § 22 Abs. 4 BGebG richtet.

---

[10] Vgl. Assmann/Pötzsch/Schneider/*Assmann/Uwer* Rn. 7; Schwark/Zimmer/*Noack/Holzborn* Rn. 3.
[11] BT-Drs. 14/7034, 64; Angerer/Geibel/Süßmann/*Uhlendorf* Rn. 2; Steinmeyer/*Schmiady* Rn. 1; FK-WpÜG/*Linke* Rn. 12.
[1] Dazu BT-Drs. 14/7034, 64.
[2] Vgl. Assmann/Pötzsch/Schneider/*Assmann/Uwer* Rn. 1; FK-WpÜG/*Linke* Rn. 9; Angerer/Geibel/Süßmann/*Uhlendorf* Rn. 2; Kölner Komm WpÜG/*Holst* Rn. 1; vgl. Baums/Thoma/Verse/*Ritz* Rn. 4.
[3] Steinmeyer/*Schmiady* Rn. 2.

### II. Gebühren- und Auslagenerhebung für individuell zurechenbare
### öffentliche Leistungen (S. 1)

**4**     **Gebühren** werden als Gegenleistung für die in § 47 S. 1 näher bezeichneten individuell
zurechenbaren öffentlichen Leistungen der Bundesanstalt erhoben, während **Auslagen** auf
die Erstattung von Kosten zielen, die im Zusammenhang mit einer individuell zurechenbaren öffentlichen Leistung entstehen und in die Gebühr noch nicht einbezogen sind (vgl.
§ 3 Abs. 5 BGebG). Die **gebührenpflichtigen individuell zurechenbaren öffentlichen
Leistungen** und die **Gebührenhöhe** sind in § 47 S. 1 iVm §§ 2 und 4 WpÜG-GV im
Einzelnen bestimmt. § 9 Abs. 1 BGebG ist zu beachten. Danach soll die Gebühr die mit
der individuell zurechenbaren öffentlichen Leistung verbundenen Kosten decken,[4] soweit
die Kosten nicht als Auslagen abzurechnen sind. „Kosten“ in diesem Sinne sind gemäß
§ 3 Abs. 3 BGebG solche, die nach betriebswirtschaftlichen Grundsätzen als Einzel- und
Gemeinkosten ansatzfähig sind, insbesondere Personal- und Sachkosten sowie kalkulatori-
sche Kosten, wobei zu den Gemeinkosten auch die Kosten der Rechts- und Fachaufsicht
zählen. Nach § 9 Abs. 2 BGebG kann ein in Geld berechenbarer wirtschaftlicher Wert
oder Nutzen der Leistung, die dem Betroffenen zugutekommt, zusätzlich zu den Kosten
angemessen berücksichtigt werden. Somit ist der „Preis“ – in Gestalt der Gebühren –, der
für die in § 47 näher bezeichneten individuell zurechenbaren öffentlichen Leistungen der
BaFin zu entrichten ist, primär nach betriebswirtschaftlichen Grundsätzen im Sinne einer
Kostendeckung zu ermitteln.[5] Was unter individuell zurechenbaren Leistungen zu verstehen
ist, ist in § 3 Abs. 2 BGebG legaldefiniert. Der Begriff ist sehr weit gefasst und erfasst
sowohl beantragte, willentlich in Anspruch genommene oder vom Betroffenen veranlasste
Leistungen der BaFin; ferner solche, die auch ohne Antrag, willentlicher Inanspruchnahme
oder Veranlassung zugunsten des von der Leistung Betroffenen erbracht werden; schließlich
solche, bei denen ein Anknüpfungspunkt im Pflichtenkreis des von der Leistung betroffenen
rechtlich begründet ist. Der Erlass einer Verfügung der BaFin ist nicht Voraussetzung des
Leistungsbegriffs, es reicht vielmehr der Beginn der Sachbearbeitung aus (vgl. § 2 Abs. 2
WpÜG-GV).[6]

**5**     Für **Anordnungen auf Grund der Generalklausel** der allgemeinen Missstandsaufsicht
(§ 4 Abs. 1 S. 3) und die **Verbescheidung von Anträgen nach § 10 Abs. 1 S. 3** kann
die BaFin nach § 47 keine Gebühren erheben.[7] Eine Gebührenerhebung für Gestattungen
nach § 10 Abs. 1 S. 3 kommt auch nicht über § 2 Abs. 1 Nr. 2 WpÜG-GV in Betracht,
denn dies ginge über die Verordnungsermächtigung hinaus. Für Entscheidungen über
Widersprüche gegen Anordnungen nach § 4 Abs. 1 S. 3 oder der Versagung von Gestattungen nach § 10 Abs. 1 S. 3 legt jedoch § 4 Abs. 2 S. 2 WpÜG-GV eine Rahmengebühr
von 3 bis 10 TEuro fest, die durch den in § 47 S. 1 aE genannten Gebührentatbestand
„Widerspruchsbescheid“ (§ 41 iVm § 6) gedeckt ist.

**6**     Als **Auslagen** werden nach dem Wortlaut des § 3 S. 1 WpÜG-GV die Kosten für die
Veröffentlichung von Verfügungen im Bundesanzeiger gem. § 44 und die im Rahmen von
Widerspruchsverfahren den Mitgliedern des Widerspruchsausschusses für die Teilnahme an
Sitzungen entstehenden Kosten (vgl. → § 6 Rn. 8 ff., → § 5 Rn. 11) erhoben. Allerdings
ist § 3 S. 1 WpÜG-GV wegen Überschreitens der in § 47 S. 2 formulierten Verordnungsermächtigung nichtig und kann somit nicht als Ermächtigungsgrundlage für die Auslagenerhe-
bung herangezogen werden. Denn § 47 differenziert klar zwischen Gebühren und Auslagen;
der in der Vorgängerfassung in § 47 S. 1 noch enthaltene Oberbegriff „Kosten“ ist mit dem
Gesetz zur Strukturreform des Gebührenrechts des Bundes vom 7.8.2013 (BGBl. 2013 I

---

    [4] IdS auch BVerfGE 50, 217 (226) = NJW 1979, 1345, worauf sich ausdrücklich BR-Drs. 305/12, 170
bezieht.
    [5] BR-Drs. 305/12, 149; zur Anwendung der betriebswirtschaftlichen Grundsätze auf die Gebührenerhe-
bung nach § 47 s. BR-Drs. 305/12, 254.
    [6] Vgl. Steinmeyer/*Schmiady* Rn. 2.
    [7] Vgl. Assmann/Pötzsch/Schneider/*Assmann/Uwer* Rn. 4; Angerer/Geibel/Süßmann/*Uhlendorf* Rn. 9;
FK-WpÜG/*Linke* Rn. 10; Baums/Thoma/Verse/*Ritz* Rn. 4.

3154) weggefallen. Die Gesetzesbegründung führt zwar aus, dass „eine gesonderte Nennung der Auslagen in Satz 2 […] im Hinblick auf den Annexcharakter der Auslagen zu den Gebühren nicht erforderlich" sei.[8] Dem könnte jedoch nur dann gefolgt werden, wenn in § 47 S. 1 gleichfalls nur von Gebühren und nicht auch von Auslagen die Rede wäre; so aber gibt der Gesetzeswortlaut klar zu erkennen, dass zwischen Gebühren und Auslagen zu unterscheiden ist und Auslagen nicht in den Gebührenbegriff hineininterpretiert werden können. Somit kann die BaFin ihre Auslagen zwar nach § 47 S. 1 erheben, doch richten sich die Auslagentatbestände nicht nach § 3 S. 1 WpÜG-GV, sondern nach der mangels einer anderen (wirksamen) Bestimmung in Rechtsvorschriften des Bundes anzuwendenden Vorschrift des § 12 Abs. 1 BGebG. Die in § 3 S. 1 WpÜG-GV bezeichneten Kosten der Veröffentlichung nach § 44 unterfallen § 12 Abs. 1 Nr. 4 BGebG, die Kosten der Sitzungsteilnahme der Mitglieder des Widerspruchsausschusses sind nach § 12 Abs. 1 Nr. 3 BGebG erstattungsfähig.

Für die Bestimmung des **Gebühren- und Auslagenschuldners** gilt § 6 BGebG); für 7 den Rechtsschutz gilt § 20 BGebG.[9] Die **Vollstreckung** von Gebühren- und Auslagenbescheiden richtet sich nach § 46 iVm VwVG (→ § 46 Rn. 3).[10]

### III. Verordnungsermächtigung (S. 2 und 3)

Von der Ermächtigung in § 47 S. 2, Gebührentatbestände und -höhe im Einzelnen durch 8 eine nicht zustimmungsbedürftige Rechtsverordnung zu bestimmen, hat das BMF mit dem Erlass der **WpÜG-GV** Gebrauch gemacht (→ Rn. 2). Das BMF hat wiederum von der in § 47 S. 3 eröffneten Option, die Ermächtigung zur Erhöhung der Anpassungsflexibilität[11] im Wege der Subdelegation auf die BaFin zu übertragen, Gebrauch gemacht (§ 1 Nr. 2 BAFin-EÜVO).

[8] BR-Drs. 305/12, 254.
[9] Vgl. Assmann/Pötzsch/Schneider/*Assmann/Uwer* Rn. 9; Angerer/Geibel/Süßmann/*Uhlendorf* Rn. 14; Kölner Komm WpÜG/*Holst* Rn. 42; Ehricke/Ekkenga/Oechsler/*Ehricke* Rn. 12; vgl. Schwark/Zimmer/ *Noack/Holzborn* Rn. 7; Steinmeyer/*Schmiady* Rn. 10.
[10] Vgl. Steinmeyer/*Schmiady* Rn. 11.
[11] BT-Drs. 14/7034, 64.

# Abschnitt 7. Rechtsmittel

## § 48 Statthaftigkeit, Zuständigkeit

(1) [1]Gegen Verfügungen der Bundesanstalt ist die Beschwerde statthaft. [2]Sie kann auch auf neue Tatsachen und Beweismittel gestützt werden.

(2) Die Beschwerde steht den am Verfahren vor der Bundesanstalt Beteiligten zu.

(3) [1]Die Beschwerde ist auch gegen die Unterlassung einer beantragten Verfügung der Bundesanstalt statthaft, auf deren Vornahme der Antragsteller ein Recht zu haben behauptet. [2]Als Unterlassung gilt es auch, wenn die Bundesanstalt den Antrag auf Vornahme der Verfügung ohne zureichenden Grund in angemessener Frist nicht beschieden hat. [3]Die Unterlassung ist dann einer Ablehnung gleich zu erachten.

(4) Über die Beschwerde entscheidet ausschließlich das für den Sitz der Bundesanstalt in Frankfurt am Main zuständige Oberlandesgericht.

**Schrifttum:** *Barthel,* Die Beschwerde gegen aufsichtsrechtliche Verfügungen nach dem WpÜG, 2004; *Beckmann/Kersting/Mielke,* Das neue Übernahmerecht, 2002; *Cahn,* Verwaltungsbefugnisse der Bundesanstalt für Finanzdienstleistungsaufsicht im Übernahmerecht und Rechtsschutz Betroffener, ZHR 167 (2003), 262; *Dormann,* Drittklagen im Recht der Zusammenschlußkontrolle, 2000; *Dormann,* Die Bedeutung subjektiver Rechte für das Kartellbeschwerdeverfahren, WuW 2000, 245; *Gelhausen/Hönsch,* Rechtsschutz im Enforcement-Verfahren, AG 2007, 308; *Ihrig,* Rechtsschutz Drittbetroffener im Übernahmerecht, ZHR 167 (2003), 315; *Kremer,* Die kartellverwaltungsrechtliche Beschwerde, 1988; *Möller,* Das Verwaltungs- und Beschwerdeverfahren nach dem Wertpapiererwerbs- und Übernahmegesetz unter besonderer Berücksichtigung der Rechtsstellung Dritter, ZHR 167 (2003), 301; *Möller,* Rechtsmittel und Sanktionen nach dem Wertpapiererwerbs- und Übernahmegesetz, AG 2002, 170; *Nietsch,* Rechtsschutz der Aktionäre der Zielgesellschaft im Übernahmeverfahren, BB 2003, 2581; *Pohlmann,* Rechtsschutz der Aktionäre der Zielgesellschaft im Wertpapiererwerbs- und Übernahmeverfahren, ZGR 2007, 1; *Rozek,* Grundfälle zur verwaltungsgerichtlichen Fortsetzungsfeststellungsklage, JuS 1995, 414 und JuS 1995, 598 und JuS 1995, 697; *Schnorbus,* Drittklagen im Übernahmerecht, ZHR 166 (2002), 72; *Schnorbus,* Rechtsschutz im Übernahmeverfahren, WM 2003, 616 (Teil I) und WM 2003, 657 (Teil II); *Seibt,* Rechtsschutz im Übernahmerecht, ZIP 2003, 1865; *Uechtritz/Wirth,* Drittschutz im WpÜG – Erste Entscheidungen des OLG Frankfurt a.M.: Klarstellungen und offene Fragen, WM 2004, 410; *v. Riegen,* Verwaltungsrechtsschutz Dritter im WpÜG, Der Konzern 2003, 583.

## Übersicht

## I. Einführung

§ 48 hat mehrere **Regelungsinhalte.** Abs. 1 S. 1 schafft die Anfechtungsbeschwerde als **1** statthafte Beschwerdeart gegen Verfügungen der BaFin, für die § 48 Abs. 1 S. 2 zugleich festlegt, dass sie auch auf neue Tatsachen und Beweismittel gestützt werden kann; Abs. 2 behandelt die dazugehörige Beschwerdebefugnis. Regelungsgegenstand von Abs. 3 sind die auf Erlass einer Verfügung der BaFin gerichtete Verpflichtungsbeschwerde und die Untätigkeitsbeschwerde. Schließlich begründet Abs. 4 für die Entscheidung über die Beschwerden die ausschließliche Zuständigkeit des OLG Frankfurt a.M.

2     **Zweck** von § 48 ist die Einrichtung gerichtlichen Rechtsschutzes in dem zweistufigen Rechtsschutzsystem (→ § 41 Rn. 4) gegen und auf Erlass von Verfügungen der BaFin. Dazu stellen Abs. 1–3 zwei statthafte Beschwerdearten und ergänzend die Untätigkeitsbeschwerde bereit, die jedoch nicht abschließend sind (näher → Rn. 24 ff.). Abs. 1 S. 2 bezweckt ausweislich der Regierungsbegründung eine „Milderung" der aus Beschleunigungsgründen für das Widerspruchsverfahren in § 41 Abs. 3 S. 2 eingeführten Präklusion.[1] Abs. 2 will den Kreis der Beschwerdebefugten bei Anfechtungsbeschwerden eingrenzen.[2] Und schließlich konzentriert Abs. 4 aus Gründen der Sachnähe zum Verfahren der Fusionskontrolle und zur Vermeidung divergierender Entscheidungen und Gesetzesauslegungen verschiedener Rechtswege die Gerichtszuständigkeit bei dem OLG am Frankfurter Sitz der BaFin.[3] Es handelt sich hierbei um ein **Verwaltungsstreitverfahren** mit abdrängender Sonderzuweisung iSv § 40 Abs. 1 S. 1 Hs. 2 VwGO.[4] Daneben ist kein Raum für eine ergänzende Zuständigkeit der (allgemeinen) Verwaltungsgerichtsbarkeit oder ergänzenden verwaltungsgerichtlichen Rechtsschutz. Dies gilt auch für im WpÜG nicht ausdrücklich vorgesehene Formen des Rechtsschutzes anlässlich hoheitlicher Handlungen der BaFin auf der Grundlage des WpÜG (vgl. → Rn. 24 ff.); aus § 48 Abs. 4 folgt eine **Zuständigkeitskonzentration beim OLG Frankfurt a.M.** in übernahmerechtlichen Verwaltungsstreitigkeiten.[5] Dies gilt auch für Entscheidungen der BaFin über Gebühren für den Erlass eines Widerspruchsbescheids oder sonstige Nebenentscheidungen zu einem in Anwendung des WpÜG ergangenen Bescheid, wenn das Widerspruchsverfahren eine Verfügung der BaFin nach dem WpÜG betraf, die Nebenentscheidung selbst aber nach einem anderen Gesetz erging.[6] Bei zivil- und ordnungswidrigkeitenrechtlichen Streitigkeiten, die sich aus dem WpÜG ergeben, richtet sich die Zuständigkeit nach §§ 62 ff., 66.

3     Eine mit Einschränkungen vergleichbare Regelung enthält § 63 GWB, wie überhaupt das Beschwerdeverfahren nach §§ 48 ff. über weite Strecken an das Kartellbeschwerdeverfahren gem. §§ 63 ff. GWB angelehnt ist.[7] Daneben kommen wegen der Ausgestaltung des Beschwerdeverfahrens als Verwaltungsstreitverfahren zur Lückenfüllung ergänzende **Rückgriffe auf die VwGO** in Betracht.[8]

### II. Anfechtungsbeschwerde (Abs. 1 und 2)

4     **1. Statthaftigkeit (Abs. 1 S. 1).** Die Beschwerde nach § 48 Abs. 1 S. 1 ist als eine der verwaltungsgerichtlichen Anfechtungsklage (§ 42 Abs. 1 Alt. 1 VwGO) vergleichbare Anfechtungsbeschwerde konzipiert. Sie richtet sich gegen Verfügungen der BaFin und zielt auf deren Aufhebung durch das Beschwerdegericht (§ 56 Abs. 2 S. 1). **Verfügungen** sind alle von der BaFin auf der Grundlage des WpÜG erlassenen Rechtsakte, die die Merkmale eines Verwaltungsakts (§ 35 VwVfG) erfüllen.[9] § 79 Abs. 1 VwGO ist ebenso wie Abs. 2

---

[1] BT-Drs. 14/7034, 64.
[2] BT-Drs. 14/7034, 65.
[3] BT-Drs. 14/7034, 65.
[4] VGH Kassel BeckRS 2013, 57175 Rn. 22 ff.; Schwark/Zimmer/*Noack/Holzborn* Rn. 2; Baums/Thoma/Verse/*Ritz* Rn. 27; vgl. *Nietsch* BB 2003, 2581.
[5] Vgl. Steinmeyer/*Bastian* Rn. 55; Angerer/Geibel/Süßmann/*Louven* Rn. 3; Schwark/Zimmer/*Noack/Holzborn* Rn. 29; Baums/Thoma/Verse/*Ritz* Rn. 27.
[6] VGH Kassel BeckRS 2013, 57175 Rn. 25; OLG Frankfurt NZG 2013, 264 (265).
[7] *Möller* AG 2002, 170; FK-WpÜG/*Schweizer* Rn. 1 ff.; Steinmeyer/*Bastian* Rn. 1; Angerer/Geibel/Süßmann/*Louven* Rn. 4; Schwark/Zimmer/*Noack/Holzborn* Rn. 1 f.
[8] OLG Frankfurt NZG 2019, 1308 Rn. 20 f.
[9] Angerer/Geibel/Süßmann/*Louven* Rn. 6; Steinmeyer/*Bastian* Rn. 8; Assmann/Pötzsch/Schneider/*Döhmel* Rn. 7; Baums/Thoma/Verse/*Ritz* Rn. 4; Schwark/Zimmer/*Noack/Holzborn* Rn. 4.

dieser Vorschrift analog anzuwenden.[10] Die Statthaftigkeit einer **Teilanfechtung** und einer **isolierten Anfechtung von Nebenbestimmungen** richtet sich nach den allgemeinen Grundsätzen (→ § 41 Rn. 7).

**Beispiele** für Verwaltungsakte der BaFin, gegen die die Anfechtungsbeschwerde statthaft **5** ist, sind Anordnungen der Missstandsaufsicht nach § 4 Abs. 1 S. 3, Untersagungen nach §§ 15, 28 Abs. 1, Auskunftsverlangen nach § 40 Abs. 1 und 2, Gebührenbescheide nach § 47 und Vollstreckungsverwaltungsakte nach § 46. Auch gegen Rücknahme und Widerruf von begünstigenden Verwaltungsakten wie etwa Befreiungen nach § 10 Abs. 1 S. 3, § 26 Abs. 2 und § 37 Abs. 1 sowie der Zulassung der Nichtberücksichtigung von Stimmrechtsanteilen nach § 36 kann mit der Anfechtungsbeschwerde vorgegangen werden (vgl. § 49).

**2. Beschwerdebefugnis (Abs. 2).** Nach § 48 Abs. 2 steht die Beschwerde „den am **6** Verfahren vor der Bundesanstalt Beteiligten zu". Der Normtext knüpft – ähnlich wie § 63 Abs. 2 GWB – allein an die **formelle Stellung als Verfahrensbeteiligter** an,[11] die sich wiederum nach § 13 VwVfG richtet.[12] Danach sind bei Anfechtungsbeschwerden prinzipiell jedenfalls die **Adressaten von belastenden Verwaltungsakten** der BaFin (vgl. → Rn. 4) beschwerdebefugt. Die formelle Beteiligtenstellung ergibt sich für diesen Personenkreis aus § 13 Abs. 1 Nr. 2 VwVfG. Insoweit ist die Beschwerdebefugnis regelmäßig (vgl. → Rn. 7) unproblematisch, weil die Adressaten belastender Verwaltungsakte auch in dem dem Beschwerdeverfahren vorgeschalteten Widerspruchsverfahren nach § 41 widerspruchsbefugt (→ § 41 Rn. 11) sind. In der Rechtspraxis relevante und evtl. Harmonisierungsbedarf weckende Abweichungen zwischen den Anforderungen an die Rechtsbehelfsbefugnis für Anfechtungswidersprüche einerseits und für Anfechtungsbeschwerden andererseits sind daher insoweit nicht ersichtlich.

Anders verhält es sich jedoch bei Anfechtungsbeschwerden sog. **Dritter,** die im Wider- **7** spruchsverfahren nach den Regelungsintentionen des WpÜG nicht widerspruchsbefugt (→ § 4 Rn. 19 ff., → § 41 Rn. 11) sind. Bei isolierter Betrachtung von § 13 VwVfG können Dritte im Verwaltungsverfahren nämlich durchaus die Stellung eines Beteiligten (→ § 41 Rn. 13) erlangen. Eine solche Beteiligtenstellung kommt beispielsweise dann in Betracht, wenn die BaFin Dritte nach § 13 Abs. 1 Nr. 4, Abs. 2 VwVfG hinzuzieht oder wegen der rechtsgestaltenden Wirkung des verfahrensabschließenden Verwaltungsakts auf Antrag sogar hinzuziehen muss;[13] Letzteres ist etwa für die Untersagung von Angeboten nach § 15 Abs. 2 wegen der sich daran anschließenden Nichtigkeit bereits abgeschlossener Wertpapiererwerbsverträge (§ 15 Abs. 3 S. 2) der Fall.[14] Vor allem aber erlangen Dritte durch die Einlegung eines Widerspruchs zB gegen Ausnahmegenehmigungen als Antragsteller nach § 13 Abs. 1 Nr. 1 VwVfG die Stellung eines Verfahrensbeteiligten, und zwar unabhängig davon, ob der Widerspruch zulässig oder (offensichtlich) unzulässig ist (→ § 41 Rn. 13).[15]

---

[10] OLG Frankfurt NZG 2019, 1308 Rn. 20.

[11] Vgl. auch BT-Drs. 14/7034, 65.

[12] OLG Frankfurt NZG 2003, 729 (730); ZIP 2003, 1251 (1252); 2003, 2206 (2207); 2003, 1392 (1393); *Möller* AG 2002, 170 (170); *Möller* ZHR 167 (2003), 301 (307 f.); *Schnorbus* ZHR 166 (2002), 72 (98); *Cahn* ZHR 167 (2003), 262 (296); *Ihrig* ZHR 167 (2003), 315 (328); *Seibt* ZIP 2003, 1865 (1870); *v. Riegen* Der Konzern 2003, 583 (596); *Pohlmann* ZGR 2007, 1 (22 ff.); Kölner Komm WpÜG/*Pohlmann* Rn. 31; Ehricke/Ekkenga/Oechsler/*Ehricke* Rn. 14; Steinmeyer/*Bastian* Rn. 14; Angerer/Geibel/Süßmann/*Louven* Rn. 18.

[13] S. Angerer/Geibel/Süßmann/*Louven* Rn. 20; Assmann/Pötzsch/Schneider/*Döhmel* Rn. 22; *Pohlmann* ZGR 2007, 1 (23 ff.); *Schnorbus* ZHR 166 (2002), 72 (98 ff.); gegen eine notwendige Beteiligung Steinmeyer/*Bastian* Rn. 19.

[14] *Pohlmann* ZGR 2007, 1 (25 ff.); aA *Möller* ZHR 167 (2003), 301 (309); vgl. *v. Riegen* Der Konzern 2003, 583 (587 f.). Für die Befreiung vom Pflichtangebot nach § 37 bejahen eine privatrechtgestaltende Wirkung *Wagner* NZG 2003, 718 f.; *Cahn* ZHR 167 (2003), 262 (297); *Ihrig* ZHR 167 (2003), 315 (340 ff.); abl. *v. Riegen* Der Konzern 2003, 583 (597 f.); OLG Frankfurt ZIP 2003, 729 (730 f.); 2003, 2206 (2207 f., 2209); vgl. ferner allg. zur notwendigen Hinzuziehung Kopp/Ramsauer/*Ramsauer* VwVfG § 13 Rn. 39 ff.

[15] OLG Frankfurt ZIP 2003, 1392 (1393); 2003, 2206 (2209); *Schnorbus* ZHR 166 (2002), 72 (99 f.); *Schnorbus* WM 2003, 616 (621); Ehricke/Ekkenga/Oechsler/*Ehricke* Rn. 14; Steinmeyer/*Bastian* Rn. 15; aA Schwark/Zimmer/*Noack*/Holzborn Rn. 19; vgl. auch *v. Riegen* Der Konzern 2003, 583 (597); *Barthel,* Die Beschwerde gegen aufsichtsrechtliche Verfügungen nach dem WpÜG, 2004, 83 ff.; ferner allg. *Jäde* BayVBl.

**8**      Auf den ersten Blick mag es sich daher aufdrängen, in **Anlehnung an das Kartellbeschwerderecht** die zu § 63 Abs. 2 GWB entwickelten Grundsätze einschließlich der am Rechtsschutzbedürfnis ansetzenden ergänzenden Anforderungen (formelle und materielle Beschwer) und die ergänzende Beschwerdebefugnis wegen der Möglichkeit einer subjektiven Rechtsverletzung auf das Übernahmerecht zu übertragen.[16] Abgesehen davon, dass die kartellrechtliche Dogmatik zwar für die Praxis geklärt, ansonsten aber nicht unbestritten ist,[17] nimmt das WpÜG jedoch abweichend vom GWB namentlich mit dem Widerspruchsverfahren Elemente aus anderen Rechtsschutzverfahren auf und stellt sie in ein eigengeartetes Rechtsschutzsystem ein (→ Rn. 2; → § 41 Rn. 3), das entsprechend abweichende gesetzessystematische Überlegungen verlangt.

**9**      Danach ist es vorzugswürdig, in **Anlehnung an das allgemeine Verwaltungsprozessrecht** ergänzend eine Beschwerdebefugnis analog § 42 Abs. 2 VwGO zu fordern.[18] Der Wortlaut von § 48 Abs. 2 steht dem nicht prinzipiell entgegen, weil er es zulässt, die Verfahrensbeteiligung als Mindestvoraussetzung zu begreifen,[19] die weitere Zulässigkeitsvoraussetzungen nicht ausschließt. Die Rechtsbehelfsbefugnis im Beschwerdeverfahren entspricht bei diesem Ansatz derjenigen im Widerspruchsverfahren (→ § 41 Rn. 10 f.).[20] Andernfalls könnte etwa derjenige, dessen Widerspruch wegen fehlender Widerspruchsbefugnis zurückgewiesen wurde, eine zulässige Beschwerde einlegen,[21] wofür kein Grund ersichtlich ist. Im übrigen trägt der verwaltungsprozessuale Ansatz teleologisch dem Grundanliegen von § 4 Abs. 2 und den Änderungen des WpÜG im Gesetzgebungsverfahren (→ § 4 Rn. 26) Rechnung und räumt Wertungswidersprüche aus, die andernfalls zu der Beschwerdebefugnis bei Verpflichtungsbeschwerden, für die der Antragsteller nach § 48 Abs. 3 ein Recht behaupten muss, bestünden.

**10**      **3. Keine Präklusion (Abs. 1 S. 2).** Nach § 48 Abs. 1 S. 2 kann die Anfechtungsbeschwerde „auch" – also nicht „nur": die Einbringung alter, also im Verwaltungsverfahren präkludierter, Tatsachen und Beweismittel ist im Beschwerdeverfahren demnach gleichfalls zulässig[22] – auf neue **Tatsachen,** dh dem Beweis zugängliche Sachverhalte (→ § 8 Rn. 13), und **Beweismittel,** dh Zeugenaussagen, Augenscheinsobjekte, Urkunden und Sachverständigengutachten, gestützt werden. Die Vorschrift soll die aus Beschleunigungsgründen für das Verwaltungsverfahren in § 41 Abs. 3 S. 2 eingeführte Präklusion verspäteten Vortrags „mildern".[23]

**11**      § 48 Abs. 1 S. 2 gilt auch für die **Verpflichtungsbeschwerde.**[24] Das Gericht kann neue Tatsachen und Beweismittel grundsätzlich auch zum Nachteil des Beschwerdeführers

---

1989, 201 (203); Kopp/Ramsauer/*Ramsauer* VwVfG § 13 Rn. 17; Stelkens/Bonk/Sachs/*Schmitz* VwVfG § 13 Rn. 13; aA *Möller* ZHR 167 (2003), 301 (308).

[16] *v. Riegen* Der Konzern 2003, 583 (593 ff.); *Beckmann* in Beckmann/Kersting/Mielke, Das neue Übernahmerecht, 2002, 148; FK-WpÜG/*Schweizer* Rn. 12 ff.; *Uechtritz/Wirth* WM 2004, 410 (411 f.); wohl auch Ehricke/Ekkenga/Oechsler/*Ehricke* Rn. 14 ff.; *Barthel,* Die Beschwerde gegen aufsichtsrechtliche Verfügungen nach dem WpÜG, 2004, 150 ff.

[17] Vgl. nur *Kremer,* Die kartellverwaltungsrechtliche Beschwerde, 1988, 85 ff., 101 ff.; *Bechtold/Bosch* GWB § 63 Rn. 5 ff.; Langen/Bunte/*Lembach* GWB § 63 Rn. 21 ff.; Immenga/Mestmäcker/*Schmidt* GWB § 63 Rn. 20 ff., 24 ff.; *Laufkötter* WuW 1999, 671 (672 ff.); *Dormann,* Drittklagen im Recht der Zusammenschlußkontrolle, 2000, 74, 94 f., 100 f.; *Dormann* WuW 2000, 245 (246 ff.).

[18] *Pohlmann* ZGR 2007, 1 (33); Kölner Komm WpÜG/*Pohlmann* Rn. 32 ff., insbes. 42, 51 ff.; Angerer/Geibel/Süßmann/*Louven* Rn. 26; Assmann/Pötzsch/Schneider/*Döhmel* Rn. 27; Steinmeyer/*Bastian* Rn. 20 f.; Schwark/Zimmer/Noack/*Holzborn* Rn. 19; vgl. OLG Frankfurt ZIP 2003, 1392 (1393); OLG Frankfurt ZIP 2003, 2206 (2208 f.); ferner *Seibt* ZIP 2003, 1865 (1868); *Nietsch* BB 2003, 2581 (2853 f.); *Bosch/Kobbelt* in Thaeter/Brandi, Öffentliche Übernahmen, 2003, 370. Zum Konzept einer materiellen Anfechtungsbefugnis für das Kartellbeschwerdeverfahren s. *Dormann* WuW 2000, 245 (251 ff.); *Dormann,* Drittklagen im Recht der Zusammenschlußkontrolle, 2000, 87 f.; vgl. *Schnorbus* ZHR 166 (2002), 72 (103 f.).

[19] Vgl. für § 63 Abs. 2 GWB BGH WuW/E BGH 1562, 1564 = GRUR 1979, 180 – Air-Conditioning-Anlagen; vgl. auch Kölner Komm WpÜG/*Pohlmann* Rn. 50, 58.

[20] Vgl. *Gelhausen/Hönsch* AG 2007, 308 (316).

[21] Steinmeyer/*Bastian* Rn. 20.

[22] Steinmeyer/*Bastian* Rn. 52; Angerer/Geibel/Süßmann/*Louven* Rn. 40; Baums/Thoma/Verse/*Ritz* Rn. 8.

[23] So BT-Drs. 14/7034, 64; Angerer/Geibel/Süßmann/*Louven* Rn. 40; Assmann/Pötzsch/Schneider/*Döhmel* Rn. 57; Steinmeyer/*Bastian* Rn. 52; FK-WpÜG/*Schweizer* Rn. 27; Baums/Thoma/Verse/*Ritz* Rn. 9.

[24] Vgl. Steinmeyer/*Bastian* Rn. 50; ebenso für die Parallelregelung im GWB *Bechtold/Bosch* GWB § 63 Rn. 16.

einbeziehen. Auch ist ein Nachschieben von Gründen durch die BaFin prinzipiell möglich. Die Grenzen zulässigen **Nachschiebens von Gründen** sind jedoch überschritten, wenn der angegriffene Verwaltungsakt auf eine andere als die in ihm angegebene Rechtsgrundlage gestützt werden soll und dadurch in seinem „Wesen" verändert würde.[25]

**4. Weitere Sachentscheidungsvoraussetzungen.** Die Sachentscheidungsvoraussetzun- **12** gen für Anfechtungsbeschwerden sind in § 48 nicht abschließend geregelt, vgl. etwa § 51 und § 53. Daneben muss die Beschwerde weiteren Anforderungen genügen. Dazu gehört insbesondere das **allgemeine Rechtsschutzbedürfnis**, das namentlich bei rein schikanösen Beschwerden fehlt.[26] Schließlich ist die **erfolglose Durchführung eines Widerspruchsverfahrens** gem. § 41 iVm §§ 68 ff. VwGO weitere Sachentscheidungsvoraussetzung.[27]

### III. Verpflichtungsbeschwerde (Abs. 3)

**1. Statthaftigkeit.** Die in § 48 Abs. 3 S. 1 geregelte Verpflichtungsbeschwerde ist als ein **13** der verwaltungsprozessualen Verpflichtungsklage (§ 42 Abs. 1 Alt. 2 VwGO) vergleichbarer Rechtsbehelf konzipiert. Im Unterschied zur Anfechtungsbeschwerde richtet sie sich gegen die „Unterlassung einer beantragten Verfügung", dh regelmäßig (zur Sonderform der Untätigkeitsbeschwerde → Rn. 16 ff.) gegen die Ablehnung einer **Verfügung,** und zielt darauf ab, die BaFin zum Erlass eines Verwaltungsakts (vgl. → Rn. 1, → Rn. 4) zu verpflichten. Wegen der mitangestrebten (zumindest teilweisen) Aufhebung des den Antrag ablehnenden Verwaltungsakts enthält die Verpflichtungsbeschwerde Elemente einer Anfechtungsbeschwerde, geht mit dem Verpflichtungsbegehren aber über deren Rechtsschutzziel hinaus.[28] Beispiele für mit der Verpflichtungsbeschwerde zu begehrende **Verwaltungsakte** sind Befreiungen von der Sperrfrist (§ 26 Abs. 2) sowie von der Verpflichtung zur Veröffentlichung und Abgabe eines Angebots (§ 37).[29] Für die Verpflichtung der Bundesanstalt zu Verwaltungshandeln, das nicht der Rechtsform des Verwaltungsakts (§ 35 VwVfG) zuzuordnen ist, scheidet die Verpflichtungsbeschwerde als statthafte Beschwerdeart aus.

Die Statthaftigkeit der Verpflichtungsbeschwerde setzt einen bei der Bundesanstalt gestell- **14** ten **Antrag** auf Erlass des begehrten Verwaltungsakts und grundsätzlich auch dessen (zumindest teilweise) **Ablehnung** durch die BaFin voraus.[30]

**2. Beschwerdebefugnis und weitere Sachentscheidungsvoraussetzungen.** Die **15** Formulierung des § 48 Abs. 3 S. 1 entspricht anders als bei der Anfechtungsbeschwerde (→ Rn. 6) inhaltlich **§ 42 Abs. 2 VwGO.**[31] Im Zentrum der Beschwerdebefugnis steht demnach regelmäßig das subjektive öffentliche Recht des Beschwerdeführers, genauer: sein **Anspruch auf Erlass des Verwaltungsakts.**[32] Zu dessen Ermittlung ist auf die Schutznormtheorie zurückzugreifen, die in die bereits erwähnten Anwendungsunsicherheiten führt und in übernahmerechtlichem Kontext namentlich gegen die BaFin gerichtete Drittansprüche auf Erlass von Verwaltungsakten regelmäßig ausschließt (→ § 4 Rn. 25 ff.). Nicht ausgeschlossen ist die Darlegung der Rechtsverletzung auf der Grundlage von nach § 41 Abs. 3 S. 2 im Widerspruchsverfahren **präkludiertem Vortrag,** weil diese Norm

---

[25] Steinmeyer/*Bastian* Rn. 53; Angerer/Geibel/Süßmann/*Louven* Rn. 40; FK-WpÜG/*Schweizer* Rn. 27; Baums/Thoma/Verse/*Ritz* Rn. 9; vgl. für das GWB BGHZ 76, 142 (146 ff.) = NJW 1980, 1164 – Valium II.

[26] Vgl. allg. *Würtenberger/Heckmann* VerwProzR Rn. 305 ff.; *Hufen* VerwProzR § 23 Rn. 16.

[27] Vgl. FK-WpÜG/*Schweizer* Rn. 20.

[28] Vgl. Angerer/Geibel/Süßmann/*Louven* Rn. 11; FK-WpÜG/*Schweizer* Rn. 16.

[29] Vgl. Baums/Thoma/Verse/*Ritz* Rn. 16.

[30] Steinmeyer/*Bastian* Rn. 24; FK-WpÜG/*Schweizer* Rn. 18.

[31] Steinmeyer/*Bastian* Rn. 28; Schwark/Zimmer/*Noack/Holzborn* Rn. 22; FK-WpÜG/*Schweizer* Rn. 18; Baums/Thoma/Verse/*Ritz* Rn. 17; vgl. allerdings Ehricke/Ekkenga/Oechsler/*Ehricke* Rn. 23. Zum Inhalt der Beschwerdebefugnis s. Angerer/Geibel/Süßmann/*Louven* Rn. 27; Assmann/Pötzsch/Schneider/*Döhmel* Rn. 24 ff.; zum Kartell- bzw. Verwaltungsprozessrecht BGH WuW/E 1556, 1557 = NJW 1979, 2563 – Weichschaum III; BVerwGE 82, 246 (249) = NVwZ 1990, 262; BVerwGE 95, 133 = NVwZ 1994, 999; Immenga/Mestmäcker/*Schmidt* GWB § 63 Rn. 31; NK-VwGO/*Sodan* VwGO § 42 Rn. 38, 364 ff.

[32] OLG Frankfurt AG 2019, 615 (616) = BeckRS 2018, 20851; OLG Frankfurt NZG 2020, 116 Rn. 15.

lediglich eine formelle Präklusionsvorschrift darstellt (→ Rn. 10 f.). Die weiteren Sachentscheidungsvoraussetzungen entsprechen denjenigen der Anfechtungsbeschwerde (vgl.
→ Rn. 12).

### IV. Untätigkeitsbeschwerde (Abs. 3 S. 2 und 3)

**16**   **1. Statthaftigkeit. (Abs. 3 S. 2 und 3).** Ähnlich wie § 75 VwGO[33] für das verwaltungsgerichtliche Verfahren regelt § 48 Abs. 3 S. 2 und 3 die Untätigkeitsbeschwerde. Die
Vorschrift soll verhindern, dass die Bundesanstalt durch Nichtbescheidung eines Antrags die
Anrufung des Gerichts unmöglich macht oder zumindest unangemessen verzögert,[34] und
trägt in spezifisch übernahmerechtlichem Kontext überdies dem Gedanken der Verfahrensbeschleunigung Rechnung. Wegen des vorgeschalteten Widerspruchsverfahrens ist eine
Untätigkeitsbeschwerde nicht nur in Verpflichtungs-, sondern entgegen dem Wortlaut des
§ 48 Abs. 3 S. 2 auch in **Anfechtungssachen** möglich, wenn die BaFin als Widerspruchsbehörde (→ § 41 Rn. 4) untätig ist.[35] Dies entspricht dem mit der übernahmerechtlichen
Vorschrift verfolgten Zweck.

**17**   Aufgrund des Grundsatzes der Verfahrensbeschleunigung ist bei der Bestimmung der
**angemessenen Frist** weder auf die in § 75 VwGO erwähnte Frist von drei Monaten
noch auf die zu der kartellrechtlichen Parallelnorm (§ 63 Abs. 3 S. 2 GWB) vorgeschlagene
Faustregel von bis zu vier Monaten[36] abzustellen.[37] Bei Untätigkeit der BaFin in laufenden
Widerspruchsverfahren gibt die (ggf. verlängerte) Zweiwochenfrist des § 41 Abs. 2 eine
gewisse Orientierung. Letztlich ist aber jeweils auf den konkreten Einzelfall abzustellen.[38]
Dabei sind auch die **zureichenden Gründe** für eine verzögerte Entscheidung zu berücksichtigen, von denen die Frage der Angemessenheit in der Rechtspraxis vielfach nicht
abtrennbar ist.[39] In Anlehnung an die Ausführungen zu § 41 Abs. 2 S. 2[40] (→ § 41 Rn. 15)
und die Erfahrungen mit § 75 VwGO[41] scheidet jedoch ein hoher Urlaubsstand bei Mitarbeitern sowie eine generelle Arbeitsüberlastung der BaFin als „zureichender Grund" aus.
Die Darlegungslast für das Vorliegen eines wichtigen Grundes trägt die BaFin. **§ 75 S. 3
und 4 VwGO** ist analog anzuwenden.[42]

**18**   **2. Beschwerdebefugnis und weitere Sachentscheidungsvoraussetzungen.** Die
Beschwerdebefugnis richtet sich je nach der Art der Beschwerde nach den Anforderungen
für **Anfechtungs-** (→ Rn. 6 ff.) oder für **Verpflichtungsbeschwerden** (→ Rn. 15).
Gleiches gilt für die weiteren Sachentscheidungsvoraussetzungen. Allerdings **entfällt** das
Erfordernis der erfolglosen Durchführung eines **Vorverfahrens**; liegt ein Ausgangsbescheid
der BaFin vor, so muss der Widerspruchsbefugte jedoch form- und fristgerecht Widerspruch
eingelegt haben. Die Beschwerdeeinreichung ist nach § 51 Abs. 2 an **keine Frist** gebunden.

### V. Fortsetzungsfeststellungsverfahren

**19**   **1. Statthaftigkeit.** Nicht in § 48 aufgenommen ist das Fortsetzungsfeststellungsverfahren. Es ist aber in § 56 Abs. 2 S. 2 vorgesehen und zielt in der dort ausdrücklich geregelten

---

[33] So BT-Drs. 14/7034, 65; dem Wortlaut nach lehnt sich die übernahmerechtliche Regelung freilich an
§ 63 Abs. 3 S. 2 und 3 GWB an.
[34] Vgl. zu § 75 VwGO Eyermann/*Rennert* VwGO § 75 Rn. 1; Schoch/Schneider/*Porsch* VwGO § 75
Rn. 2.
[35] Steinmeyer/*Bastian* Rn. 36.
[36] Vgl. Bechtold/*Bosch* GWB § 63 Rn. 11; Immenga/Mestmäcker/*Schmidt* GWB § 63 Rn. 38.
[37] Vgl. BT-Drs. 14/7034, 65; Angerer/Geibel/Süßmann/*Louven* Rn. 12; Schwark/Zimmer/*Noack/Holz-
born* Rn. 12; Assmann/Pötzsch/Schneider/*Döhmel* Rn. 15; Steinmeyer/*Bastian* Rn. 34; Ehricke/Ekkenga/
Oechsler/*Ehricke* Rn. 20.
[38] BT-Drs. 14/7034, 65; FK-WpÜG/*Schweizer* Rn. 19.
[39] Vgl. Immenga/Mestmäcker/*Schmidt* GWB § 63 Rn. 38.
[40] Vgl. auch Steinmeyer/*Bastian* Rn. 35; Angerer/Geibel/Süßmann/*Louven* Rn. 12; Assmann/Pötzsch/
Schneider/*Döhmel* Rn. 15.
[41] Eyermann/*Rennert* VwGO § 75 Rn. 9; Schoch/Schneider/*Porsch* VwGO § 75 Rn. 8.
[42] Vgl. Steinmeyer/*Bastian* Rn. 38 f.

„Grundvariante" bei Erledigung des angefochtenen Verwaltungsakts nach der Beschwerdeerhebung und vor der gerichtlichen Entscheidung auf die Feststellung des Beschwerdegerichts, dass die Verfügung der Bundesanstalt unzulässig oder unbegründet war, dh auf die **Feststellung der Rechtswidrigkeit des Verwaltungsakts.**

Ähnlich wie im Kartell-[43] und im Verwaltungsprozessrecht[44] ist auch für das Übernahme- **20** recht[45] in **vergleichbaren Prozesskonstellationen** von einer analogen und zT sogar doppelt analogen Anwendbarkeit von § 56 Abs. 2 S. 2 auszugehen. Das betrifft insbesondere Anfechtungsbeschwerden, bei denen die Erledigung des Verwaltungsakts bereits vor Beschwerdeerhebung eingetreten ist, und Verpflichtungsbeschwerden, daneben auch allgemeine Leistungsbeschwerden. Es kann dann Fortsetzungsfeststellungsbeschwerde erhoben werden.

**2. Erledigung.** Die für eine Fortsetzungsfeststellungsbeschwerde herkömmlichen Ver- **21** ständnisses vorausgesetzte Erledigung tritt ein, wenn der Verwaltungsakt seine regelnde Wirkung verliert.[46] Das WpÜG benennt dafür in veralteter Terminologie beispielhaft die **„Zurücknahme"** (vgl. § 48 VwVfG), zu der auch der Widerruf (§ 49 VwVfG) zählt. Beispiele für die Erledigung **auf andere Weise** sind etwa: die Änderung der Sach- und Rechtslage zuungunsten des Beschwerdeführers etwa durch ein rückwirkendes Gesetz, Zeitablauf, die Ersetzung des angegriffenen Verwaltungsakts durch einen neuen Verwaltungsakt usw.[47]

**3. Berechtigtes Interesse.** Als weitere Sachentscheidungsvoraussetzung nennt § 56 **22** Abs. 2 S. 2 das berechtigte Interesse des Beschwerdeführers an der Feststellung der Rechtswidrigkeit. Für dieses **Fortsetzungsfeststellungsinteresse** genügt jedes nach Lage des Falles anzuerkennende schutzwürdige Interesse rechtlicher, wirtschaftlicher oder ideeller Art.[48] In der gerichtlichen Praxis zu anderen Prozessordnungen haben sich im Wesentlichen drei Fallgruppen herausgebildet, bei deren Vorliegen regelmäßig ein solches Interesse anzunehmen ist: **Wiederholungsgefahr, Vorbereitung eines Amtshaftungs- oder sonstigen Entschädigungsprozesses bei den ordentlichen Gerichten** und **Rehabilitationsinteresse** bei diskriminierender Wirkung.[49] § 4 Abs. 2 schließt ein schutzwürdiges Interesse an der Feststellung der Rechtswidrigkeit eines Verwaltungsakts zur Vorbereitung eines Amtshaftungsprozesses nicht von vornherein aus (vgl. → § 4 Rn. 23).

**4. Weitere Sachentscheidungsvoraussetzungen.** Nach § 56 Abs. 2 S. 2 setzt der **23** Übergang zum Feststellungsbegehren einen – ggf. konkludenten, nicht aber stillschweigenden[50] – **Antrag** des Beschwerdeführers voraus. Bei der ausdrücklich geregelten „Grundvariante" (→ Rn. 19) muss ferner die zuvor erhobene Anfechtungsbeschwerde zulässig gewesen sein. Ist die Erledigung dagegen vor der Beschwerdeerhebung eingetreten, gilt dies entsprechend mit der Maßgabe, dass der Umstand der Erledigung die Zulässigkeit nicht hindert.[51]

---

[43] *Bechtold*/*Bosch* GWB § 63 Rn. 14; Immenga/Mestmäcker/*Schmidt* GWB § 63 Rn. 10.
[44] ZB Eyermann/*Schübel-Pfister* VwGO § 113 Rn. 97, 127 ff.; Kopp/Schenke/*Schenke*/*Schenke* VwGO § 113 Rn. 99; Schoch/Schneider/*Riese* VwGO § 113 Rn. 96 ff.; vgl. *Rozek* JuS 1995, 414 ff.; *Rozek* JuS 1995, 598 ff.; *Rozek* JuS 1995, 697 ff.
[45] Vgl. FK-WpÜG/*Schweizer* Rn. 25; Steinmeyer/*Bastian* Rn. 40; Angerer/Geibel/Süßmann/*Louven* Rn. 31; Angerer/Geibel/Süßmann/*Louven* § 56 Rn. 20; Assmann/Pötzsch/Schneider/*Döhmel* § 56 Rn. 15; Baums/Thoma/Verse/*Ritz* § 56 Rn. 20.
[46] Vgl. allg. *Hufen* VerwProzR § 18 Rn. 40 f.; Stelkens/Bonk/Sachs/*Sachs* VwVfG § 43 Rn. 204 ff.
[47] Vgl. Eyermann/*Schüberl-Pfister* VwGO § 113 Rn. 100 ff.; *Hufen* VerwProzR § 18 Rn. 40 f.; Steinmeyer/*Bastian* Rn. 42.
[48] *Seibt* ZIP 2004, 1829 (1837); Baums/Thoma/Verse/*Ritz* § 56 Rn. 22; Angerer/Geibel/Süßmann/*Louven* Rn. 31; Steinmeyer/*Bastian* Rn. 44; vgl. ferner Eyermann/*Schübel-Pfister* VwGO § 113 Rn. 108 ff., insbes. 109; zum Kartellrecht zB Immenga/Mestmäcker/*Schmidt* GWB § 63 Rn. 10; Immenga/Mestmäcker/*Schmidt* GWB § 71 Rn. 30 f.
[49] Vgl. Schoch/Schneider/*Riese* VwGO § 113 Rn. 125 ff.; Immenga/Mestmäcker/*Schmidt* GWB § 71 Rn. 30 f.; OLG Frankfurt ZIP 2003, 2254 (2257); Steinmeyer/*Bastian* Rn. 45; Assmann/Pötzsch/Schneider/*Döhmel* Rn. 49; Angerer/Geibel/Süßmann/*Louven* Rn. 31; Baums/Thoma/Verse/*Ritz* § 56 Rn. 22; FK-WpÜG/*Schweizer* Rn. 25.
[50] Eyermann/*Schübel-Pfister* VwGO § 113 Rn. 91.
[51] Vgl. zB BVerwGE 26, 161 (165 ff.) = BeckRS 1967, 103941.

## VI. Weitere Beschwerdearten

**24** **1. Allgemeines.** § 48 normiert mit der Anfechtungsbeschwerde, der Verpflichtungsbeschwerde und der ergänzenden Untätigkeitsbeschwerde wichtige Beschwerdearten, schließt jedoch – ähnlich wie das GWB für das Kartellbeschwerdeverfahren[52] und die VwGO für das verwaltungsprozessuale Verfahren[53] – weitere Beschwerdearten nicht aus.[54] Das folgt aus der vom Gesetzgeber für Streitigkeiten, die sich zwischen Bürger und BaFin über die Anwendung des WpÜG ergeben, angestrebten **vollständigen Verdrängung** der verwaltungsgerichtlichen Zuständigkeit (→ Rn. 2) iVm Art. 19 Abs. 4 GG.

**25** Insgesamt lassen sich die Beschwerdearten nach dem WpÜG den aus anderen Prozessordnungen bekannten **drei Grundtypen**[55] zuordnen: Leistungs-, Gestaltungs- und Feststellungsbeschwerden. Das gilt auch für die allgemeine Leistungsbeschwerde und die allgemeine Feststellungsbeschwerde, die die bereits angesprochenen **Beschwerdearten ergänzen.**

**26** **2. Allgemeine Leistungsbeschwerde.** In Abgrenzung zu der auf Erlass eines Verwaltungsakts gerichteten Verpflichtungsbeschwerde zielt die allgemeine Leistungsbeschwerde auf ein sonstiges Tun, Dulden oder Unterlassen.[56] Sie kann vornehmlich im Bereich des schlichten Verwaltungshandelns (→ § 4 Rn. 13) **statthafte Beschwerdeart** sein,[57] etwa wenn eine Veröffentlichung der BaFin nach § 44 im Bundesanzeiger inhaltlich nicht zutrifft und der Beschwerdeführer eine Berichtigung begehrt (→ § 44 Rn. 7).[58] Gleiches gilt bei einer anderweitigen Publikation von Entscheidungen der BaFin, die die Grenzen des Persönlichkeitsschutzes missachten (vgl. → § 44 Rn. 6). Die allgemeine Leistungsbeschwerde ist auch als Unterlassungsbeschwerde[59] denkbar, gerichtet beispielsweise auf die Unterlassung fortwährender Informationen über den Beschwerdeführer in Tätigkeitsberichten im Internet. Auch kommen vorbeugende Unterlassungsbeschwerden in Betracht – so etwa zur Unterbindung erstmals drohender Veröffentlichungen und Publikationen der genannten Art.

**27** Für die allgemeine Leistungsbeschwerde gelten die allgemeinen **Sachentscheidungsvoraussetzungen.** Der Durchführung eines Vorverfahrens nach § 41 bedarf es nicht (→ § 41 Rn. 7). Die **Beschwerdebefugnis** richtet sich nach **§ 42 Abs. 2 VwGO analog,** weil die rechtliche Anerkennung der allgemeinen Leistungsbeschwerde entscheidend durch Art. 19 Abs. 4 GG veranlasst ist, der an die Geltendmachung einer Rechtsverletzung anknüpft.[60]

**28** **3. Allgemeine Feststellungsbeschwerde.** Das **WpÜG** enthält **keine dem § 43 VwGO vergleichbare Regelung.** Auch ist für die Parallelproblematik im Kartellbeschwerdeverfahren die allgemeine Feststellungsbeschwerde bislang nicht anerkannt; dazu wird allerdings zutreffend bemerkt, dass eine solche Beschwerdeart anerkannt werden müsste, wenn im Einzelfall ein Art. 19 Abs. 4 GG genügender gerichtlicher Rechtsschutz nur im Wege eines gerichtlichen Feststellungsstreits möglich wäre.[61] Das gilt auch für das

---

[52] Etwa *Bechtold/Bosch* GWB § 63 Rn. 2; Immenga/Mestmäcker/*Schmidt* GWB § 63 Rn. 5 ff.

[53] Etwa *Hufen* VerwProzR § 13 Rn. 1 ff.; Schoch/Schneider/*Pietzcker/Marsch* VwGO Vor § 42 Abs. 1 Rn. 15 ff.

[54] Vgl. Assmann/Pötzsch/Schneider/*Döhmel* Rn. 6, 3; FK-WpÜG/*Schweizer* Rn. 24 f.; Steinmeyer/*Bastian* Rn. 6, 46 ff.; Angerer/Geibel/Süßmann/*Louven* Rn. 3; Kölner Komm WpÜG/*Pohlmann* Rn. 18; Baums/Thoma/Verse/*Ritz* Rn. 4; Schwark/Zimmer/*Noack/Holzborn* Rn. 4; zu eng hingegen *Möller* AG 2002, 170 (170).

[55] ZB Schoch/Schneider/*Pietzcker/Marsch* VwGO Vor § 42 Abs. 1 Rn. 1 ff.

[56] Vgl. Eyermann/*Happ* VwGO § 42 Rn. 62; Schoch/Schneider/*Pietzcker/Marsch* VwGO § 42 Abs. 1 Rn. 150 ff.; zum GWB Immenga/Mestmäcker/*Schmidt* GWB § 63 Rn. 9.

[57] Assmann/Pötzsch/Schneider/*Döhmel* Rn. 16; Steinmeyer/*Bastian* Rn. 46; Angerer/Geibel/Süßmann/*Louven* Rn. 13; Schwark/Zimmer/*Noack/Holzborn* Rn. 16; vgl. zur verwaltungsprozessualen Parallele Schoch/Schneider/*Pietzcker/Marsch* VwGO § 42 Abs. 1 Rn. 152.

[58] Steinmeyer/*Bastian* Rn. 46.

[59] FK-WpÜG/*Schweizer* Rn. 24; Angerer/Geibel/Süßmann/*Louven* Rn. 13; Schwark/Zimmer/*Noack/Holzborn* Rn. 17; vgl. schließlich *Schmitt Glaeser/Horn* VerwProzR Rn. 378 ff.

[60] Vgl. *Schnorbus* WM 2003, 616 (625); vgl. Angerer/Geibel/Süßmann/*Louven* Rn. 29; Schwark/Zimmer/*Noack/Holzborn* Rn. 23; zur verwaltungsprozessualen Parallele *Schmitt Glaeser/Horn* VerwProzR Rn. 387.

[61] Immenga/Mestmäcker/*Schmidt* GWB § 63 Rn. 11; zust. *Bechtold/Bosch* GWB § 63 Rn. 14.

Beschwerdeverfahren nach dem WpÜG, freilich unter der Voraussetzung strikter **Subsidiarität**.[62] Die allgemeine Feststellungsbeschwerde kann nicht zur Erreichung eines Ersatzes für sog. Negativatteste instrumentalisiert werden, also beispielsweise für Erlangung der Feststellung, ein geplantes Wertpapierangebot sei kein öffentliches Angebot iSd WpÜG.[63]

## VII. Zuständiges Gericht (Abs. 4)

§ 48 Abs. 4 begründet für Beschwerdeverfahren nach dem WpÜG eine **umfassende** **29** **ausschließliche Zuständigkeit des OLG Frankfurt a.M.** (→ Rn. 2). Dadurch sollen „divergierende Entscheidungen verschiedener Gerichtszweige bei der Auslegung" des WpÜG „vermieden werden".[64] Obschon es sich bei den übernahmerechtlichen Beschwerdeverfahren um Verwaltungsstreitsachen handelt (vgl. → Rn. 2), hat sich der Gesetzgeber für die Zuweisung an das OLG und damit an die Zivilgerichtsbarkeit entschieden; ausweislich der Materialien soll dafür sprechen, „dass das Verfahren nach diesem Gesetz eine Sachnähe zum Verfahren der Fusionskontrolle" nach dem GWB aufweist.[65] Mit der ausschließlichen Zuständigkeit des OLG Frankfurt a.M. werden außerdem im Wege der Konzentration die Verfahren bei einem Gericht gebündelt. Das OLG Frankfurt ist auch zuständig für Beschwerden gegen die Versagung von Akteneinsicht durch die BaFin, wenn das geltend gemachte Akteneinsichtsrecht auf eine Verfahrensbeteiligung und damit auf §§ 29, 13 Abs. 1 VwVfG gestützt wird.[66] Anders liegt es bei der Versagung von Informationszugang nach dem IFG, die vor den Verwaltungsgerichten angegriffen werden kann.[67] Gegen Bescheide über die Festsetzung der Gebühren eines nach § 41 durchgeführten Widerspruchsverfahrens ist ebenfalls der ordentliche Rechtsweg gegeben,[68] desgleichen gegen Vollstreckungsmaßnahmen nach § 46 wie etwa der Androhung eines Zwangsgeldes.[69]

Abweichend von § 74 GWB sieht das WpÜG gegen die oberlandesgerichtlichen Ent- **30** scheidungen **kein Rechtsmittel** zum BGH vor. Dies dient der Verfahrensbeschleunigung[70] und ist verfassungsrechtlich unbedenklich.[71] Allerdings kann gegen die Entscheidung des OLG binnen 14 Tagen seit Zustellung Gehörsrüge erhoben werden; das Verfahren ist dann vor dem OLG Frankfurt fortzusetzen.[72] Gleichwohl kann der BGH mit übernahmerechtlichen Verwaltungsstreitverfahren befasst sein, wenn es zu einer Divergenzvorlage nach § 56 Abs. 6 kommt (näher → § 56 Rn. 26 f.).

## § 49 Aufschiebende Wirkung

**Die Beschwerde hat aufschiebende Wirkung, soweit durch die angefochtene Verfügung eine Befreiung nach § 10 Abs. 1 Satz 3 oder § 37 Abs. 1, auch in Verbindung mit einer Rechtsverordnung nach Abs. 2, oder eine Nichtberücksichtigung von Stimmrechtsanteilen nach § 36 widerrufen wird.**

**Schrifttum:** *Möller,* Rechtsmittel und Sanktionen nach dem Wertpapiererwerbs- und Übernahmegesetz, AG 2002, 170; *Schnorbus,* Rechtsschutz im Übernahmeverfahren, Teil II, WM 2003, 657.

---

[62] Ebenso Kölner Komm WpÜG/*Pohlmann* Rn. 18; Assmann/Pötzsch/Schneider/*Döhmel* Rn. 18; Steinmeyer/*Bastian* Rn. 47; vgl. auch Angerer/Geibel/Süßmann/*Louven* Rn. 16.
[63] Assmann/Pötzsch/Schneider/*Döhmel* Rn. 18; Steinmeyer/*Bastian* Rn. 48; vgl. auch Immenga/Mestmäcker/*Schmidt* GWB § 63 Rn. 11.
[64] BT-Drs. 14/7034, 65.
[65] BT-Drs. 14/7034, 65.
[66] BGH NZG 2014, 110 (111 f.).
[67] Vgl. BGH NZG 2014, 110 (111 f.).
[68] VGH Kassel DÖV 2014, 92.
[69] VGH Kassel WM 2010, 1818.
[70] OLG Frankfurt ZIP 2008, 312 (317); Steinmeyer/*Bastian* Rn. 56; Baums/Thoma/Verse/*Ritz* Rn. 26.
[71] Vgl. BVerfGE 11, 232 (233) = BeckRS 1960, 103956; BVerfGE 78, 7 (18) = NVwZ 1988, 720; BVerfGE 78, 88 (99) = NVwZ 1988, 718; BVerfGE 83, 24 (31) = NJW 1991, 1283; BVerfGE 92, 365 (410) = NJW 1996, 185; Sachs/*Sachs* GG Art. 19 Rn. 120.
[72] Vgl. BVerfG NJW 2003, 1924 (1929).

## I. Einführung

**1**    **Regelungsgegenstand** des § 49 ist die gesetzliche Anordnung der aufschiebenden Wirkung der Beschwerde für die Anfechtung des Widerrufs der in der Norm im Einzelnen aufgeführten begünstigenden Verwaltungsakte. Mit der – verfassungsrechtlich wegen der Möglichkeit eines Antrags nach § 50 Abs. 3 auch im Hinblick auf Art. 19 Abs. 4 GG unbedenklichen[1] – Einschränkung der aufschiebenden Wirkung **bezweckt** der Gesetzgeber im Grundsatz die zügige Durchführung von Angebotsverfahren.[2] Die für den Widerruf von Befreiungen geregelten Ausnahmen von diesem Grundsatz beruhen auf der Überlegung, dass in diesen Fällen ein berechtigtes Interesse der Bieter besteht, bis zur endgültigen Klärung des Rechtsstreits durch das OLG die durch Verwaltungsakt gewährte Rechtsposition zu erhalten.[3]

**2**    Eine (eingeschränkt) **vergleichbare Vorschrift** findet sich in § 64 GWB. § 49 steht, außer mit den in der Norm ausdrücklich aufgeführten Vorschriften, in einem **Regelungszusammenhang** mit § 42, vor allem aber mit § 50.

## II. Regel-Ausnahme-Verhältnis und Fallgruppen

**3**    Im Verwaltungsprozessrecht ist nach der Regelungstypik von § 80 VwGO die aufschiebende Wirkung von Anfechtungsklagen Grundsatz, der fehlende Suspensiveffekt Ausnahme.[4] Im unmittelbaren Vergleich damit statuiert § 49 ein umgekehrtes Regel-Ausnahme-Verhältnis, weil die Anfechtungsbeschwerde nach dem **Enumerationsprinzip** nur in den dort explizit genannten Fällen aufschiebende Wirkung entfaltet; daraus folgt im Umkehrschluss, dass **im Regelfall keine aufschiebende Wirkung** eintritt.[5]

**4**    Suspensiveffekt kommt danach Beschwerden nur zu, soweit sie sich gegen Verfügungen wenden, die eine Befreiung nach den in § 49 enumerativ aufgezählten Vorschriften **widerrufen**. Die Verwendung des Begriffs „Widerruf" meint anders als in § 49 VwVfG die **Aufhebung** der genannten Verwaltungsakte in einem umfassenden Sinn,[6] dh unabhängig von deren Rechtmäßigkeit oder Rechtswidrigkeit. Das folgt bereits aus den Materialien, in denen von dem „Widerruf oder der Änderung" der Befreiungen die Rede ist.[7] Zudem entspricht allein diese Interpretation dem Normzweck (→ Rn. 1), weil das zur Begründung der Ausnahmevorschrift angeführte „berechtigte Interesse bis zur endgültigen Klärung des Sachverhalts" durch das OLG „die gewährte Rechtsposition zu erhalten",[8] nicht nur beim Widerruf einer rechtmäßigen Befreiung, sondern auch bei der Rücknahme einer rechtswidrigen Befreiung besteht.

**5**    In der Sache richten sich die Beschwerden, denen ausnahmsweise aufschiebende Wirkung zukommt, gegen die Aufhebung von **begünstigenden Verwaltungsakten** nach den in § 49 genannten Vorschriften. Bei allen drei Fallgruppen hätte der Ausschluss der aufschiebenden Wirkung für den von der Aufhebung des begünstigenden Verwaltungsakts Betroffenen weitreichende Folgen.[9]

---

[1] Angerer/Geibel/Süßmann/*Louven* Rn. 7; Baums/Thoma/Verse/*Ritz* Rn. 3; vgl. BVerfGE 37, 150 (153) = NJW 1974, 1079; ferner BVerfGE 11, 232 (233) = BeckRS 1960, 103956; BVerfGE 35, 382 (402) = NJW 1974, 227; BVerfGE 51, 268 (284 f.) = NJW 1980, 35; BVerfGE 67, 43 (58) = NJW 1984, 2028; BVerfGE 69, 315 (372) = BeckRS 1985, 108893.

[2] BT-Drs. 14/7034, 65.

[3] BT-Drs. 14/7034, 65.

[4] Statt vieler NK-VwGO/*Puttler* VwGO § 80 Rn. 1, 30.

[5] BT-Drs. 14/7034, 65; FK-WpÜG/*Schweizer* Rn. 2; Angerer/Geibel/Süßmann/*Louven* Rn. 2; Steinmeyer/*Steinhardt* Rn. 2; Kölner Komm WpÜG/*Pohlmann* Rn. 3; Ehricke/Ekkenga/Oechsler/*Ehricke* Rn. 1; Baums/Thoma/Verse/*Ritz* Rn. 4; vgl. ferner für das Kartellrecht Immenga/Mestmäcker/*Schmidt* GWB § 64 Rn. 4.

[6] FK-WpÜG/*Schweizer* Rn. 3; Angerer/Geibel/Süßmann/*Louven* Rn. 3; vgl. auch Ehricke/Ekkenga/Oechsler/*Ehricke* Rn. 8; aA wohl Kölner Komm WpÜG/*Pohlmann* Rn. 11; Schwark/Zimmer/*Noack/Holzborn* Rn. 4.

[7] BT-Drs. 14/7034, 65; krit. aber Kölner Komm WpÜG/*Pohlmann* Rn. 12.

[8] BT-Drs. 14/7034, 65.

[9] Dazu insbes. Kölner Komm WpÜG/*Pohlmann* Rn. 4 ff.; vgl. auch Steinmeyer/*Steinhardt* Rn. 5 ff.; Assmann/Pötzsch/Schneider/*Döhmel* Rn. 6; Angerer/Geibel/Süßmann/*Louven* Rn. 3.

Die aufschiebende Wirkung von Beschwerden ist nicht vollständig mit der **aufschieben-** 6 **den Wirkung von Widersprüchen** abgestimmt.[10] Im Falle der belastenden Verwaltungsakte, die weder in § 42 noch in § 49 oder § 46 genannt sind, weil insoweit zwar der Widerspruch, nicht aber die Beschwerde Suspensiveffekt hat; ein Beispiel dafür ist die Aufhebung von Gestattungen nach § 10 Abs. 2 S. 3. Eine analoge Anwendung des § 49 verbietet sich wegen des Ausnahmecharakters dieser Vorschrift,[11] zumal im Widerspruchsverfahren eine kurze Entscheidungsfrist gilt (§ 41 Abs. 2), die das WpÜG für das Beschwerdeverfahren nicht kennt; außerdem steht dem Beschwerdeführer die Möglichkeit offen, sich mit einem Antrag nach § 50 Abs. 3 an das Beschwerdegericht zu wenden.[12]

## III. Rechtsfolgen

Die aufschiebende Wirkung tritt mit der Einlegung der Beschwerde beim Beschwer- 7 degericht (§ 51 Abs. 1) ein, wirkt nach allgemeinen Grundsätzen zurück auf den Zeitpunkt des Erlasses des angefochtenen Verwaltungsakts und endet in der Regel analog § 80b VwGO mit dessen Bestandskraft.[13] Sie ist grundsätzlich **automatische Folge der Beschwerdeeinlegung.** Allerdings löst aufgrund des funktionellen Zusammenhangs zwischen dem vorläufigen Rechtsschutz und dem Rechtsbehelf in der Hauptsache eine **offensichtlich unzulässige Beschwerde** den Suspensiveffekt nicht aus.[14] Ist die Beschwerde unzulässig, die Unzulässigkeit aber nicht offensichtlich, so tritt der Suspensiveffekt hingegen ein.[15] Dies folgt aus der Überlegung, dass auch die Beurteilung der Zulässigkeit einer Beschwerde in tatsächlicher und rechtlicher Hinsicht schwierige Überlegungen erfordern kann, die Beteiligten, insbesondere die beteiligten Unternehmen, aber darauf angewiesen sind, über die Frage des Suspensiveffekts von vornherein Klarheit zu haben. Offensichtlich unzulässig kann die Beschwerde insbesondere bei fehlender Statthaftigkeit, Verfristung oder fehlender Schriftform sein,[16] wobei auch insoweit die Beurteilung vom Einzelfall abhängt.

Als Folge der aufschiebenden Wirkung ist der BaFin jede auf den Vollzug bzw. direkt oder 8 indirekt auf die Verwirklichung des angefochtenen Verwaltungsakts gerichtete Maßnahme verwehrt; das betrifft namentlich den Einsatz von Zwangsmitteln (§ 46) und die Verhängung von Sanktionen (§ 60); ähnlich wie es im Kartellrecht vertreten wird,[17] ist davon auszugehen, dass daneben für die Dauer des Suspensiveffekts auch private Verwirklichungsmaßnahmen ausgeschlossen sind.[18]

## § 50 Anordnung der sofortigen Vollziehung

**(1) Die Bundesanstalt kann in den Fällen des § 49 die sofortige Vollziehung der Verfügung anordnen, wenn dies im öffentlichen Interesse oder im überwiegenden Interesse eines Beteiligten geboten ist.**

---

[10] Vgl. FK-WpÜG/*Schweizer* Rn. 6; Assmann/Pötzsch/Schneider/*Döhmel* Rn. 13; Steinmeyer/*Steinhardt* Rn. 9; Schwark/Zimmer/*Noack*/*Holzborn* Rn. 6; Kölner Komm WpÜG/*Pohlmann* Rn. 14 f.; Ehricke/Ekkenga/Oechsler/*Ehricke* Rn. 10; *Schnorbus* WM 2003, 657 (661).

[11] Vgl. allg. *Larenz*, Methodenlehre der Rechtswissenschaft, 6. Aufl. 1991, 355 f.

[12] Vgl. Angerer/Geibel/Süßmann/*Louven* Rn. 6 f.; FK-WpÜG/*Schweizer* Rn. 5, 7; Steinmeyer/*Steinhardt* Rn. 8 f.; Assmann/Pötzsch/Schneider/*Döhmel* Rn. 3.

[13] Vgl. Eyermann/*Hoppe* VwGO § 80 Rn. 22 f.; Kopp/Schenke/*Schenke* VwGO § 80 Rn. 53; Angerer/Geibel/Süßmann/*Louven* Rn. 5; FK-WpÜG/*Schweizer* Rn. 5; Assmann/Pötzsch/Schneider/*Döhmel* Rn. 10, 12; Steinmeyer/*Steinhardt* Rn. 10; Baums/Thoma/Verse/*Ritz* Rn. 6 f.

[14] Ebenso Angerer/Geibel/Süßmann/*Louven* Rn. 5; aA wohl Baums/Thoma/Verse/*Ritz* Rn. 6; einschr. Steinmeyer/*Steinhardt* Rn. 10; wie hier für den Verwaltungsprozess Kopp/Schenke/*Schenke* VwGO § 80 Rn. 50; Eyermann/*Hoppe* VwGO § 80 Rn. 20.

[15] Ähnlich Assmann/Pötzsch/Schneider/*Döhmel* Rn. 10.

[16] Vgl. aber Steinmeyer/*Steinhardt* Rn. 10: keine aufschiebende Wirkung nur bei fehlender Statthaftigkeit der Beschwerde oder Fristsäumnis.

[17] Vgl. Immenga/Mestmäcker/*Schmidt* GWB § 64 Rn. 2; Langen/Bunte/*Lembach* GWB § 64 Rn. 7.

[18] Baums/Thoma/Verse/*Ritz* Rn. 10; vgl. Steinmeyer/*Steinhardt* Rn. 13.

(2) Die Anordnung nach Absatz 1 kann bereits vor der Einreichung der Beschwerde getroffen werden.

(3) Auf Antrag kann das Beschwerdegericht die aufschiebende Wirkung von Widerspruch oder Beschwerde ganz oder teilweise anordnen oder wiederherstellen, wenn

1. die Voraussetzungen für die Anordnung nach Absatz 1 nicht vorgelegen haben oder nicht mehr vorliegen,
2. ernstliche Zweifel an der Rechtmäßigkeit der angefochtenen Verfügung bestehen oder
3. die Vollziehung für den Betroffenen eine unbillige, nicht durch überwiegende öffentliche Interessen gebotene Härte zur Folge hätte.

(4) [1]Der Antrag nach Absatz 3 ist schon vor Einreichung der Beschwerde zulässig. [2]Die Tatsachen, auf die der Antrag gestützt wird, sind vom Antragsteller glaubhaft zu machen. [3]Ist die Verfügung im Zeitpunkt der Entscheidung schon vollzogen, kann das Gericht auch die Aufhebung der Vollziehung anordnen. [4]Die Anordnung der aufschiebenden Wirkung kann von der Leistung einer Sicherheit oder von anderen Auflagen abhängig gemacht werden. [5]Sie kann auch befristet werden.

(5) [1]Beschlüsse über Anträge nach Absatz 3 können jederzeit geändert oder aufgehoben werden. [2]Soweit durch sie den Anträgen entsprochen ist, sind sie unanfechtbar.

**Schrifttum:** *Hecht/Gräfe/Jehke*, Rechtsschutz im Enforcement-Verfahren, DB 2008, 1251; *Möller*, Rechtsmittel und Sanktionen nach dem Wertpapiererwerbs- und Übernahmegesetz, AG 2002, 170; *Schnorbus*, Rechtsschutz im Übernahmeverfahren, Teil II, WM 2003, 657; *Schoch*, Vorläufiger Rechtsschutz und Risikoverteilung im Verwaltungsrecht, 1988.

### Übersicht

## I. Einführung

1    § 50 hat zwei **Hauptregelungsgegenstände:** erstens die Anordnung der sofortigen Vollziehung durch die BaFin (Abs. 1 und 2) und zweitens die Anordnung oder Wiederherstellung der aufschiebenden Wirkung von Widerspruch oder Beschwerde durch das Beschwerdegericht (Abs. 3–5). Beide Regelungskomplexe verfolgen den **Zweck,** Abweichungen von den schematisch-generellen Vorschriften in § 42 iVm § 80 Abs. 1 und 2 VwGO sowie in § 49 zu ermöglichen und so der Interessenkonstellation im konkreten Einzelfall gerecht werden zu können;[1] für das Beschwerdegericht gilt dies auch hinsichtlich der Vollstreckungsverwaltungsakte (vgl. → § 46 Rn. 8) nach § 46 S. 3. Außerdem trägt namentlich § 50 Abs. 3 den Erfordernissen des **Art. 19 Abs. 4 GG** Rechnung.

2    § 50 regelt wichtige Teilaspekte des **vorläufigen Rechtsschutzes.** Zum einen soll die sofortige Vollziehung auch in Fällen möglich sein, in denen ein Rechtsbehelf von Gesetzes wegen an sich aufschiebende Wirkung hat; zum anderen ermöglicht es § 50 in den umgekehrten Fallkonstellationen, in denen der Suspensiveffekt gesetzlich zunächst ausgeschlossen ist, die aufschiebende Wirkung von Widerspruch oder Beschwerde anzuordnen oder wie-

---

[1]  Steinmeyer/*Steinhardt* Rn. 1.

derherzustellen. § 50 ist in seinem **Anwendungsbereich** auf die **Anfechtung** von Verfügungen beschränkt.[2]

Ausweislich der Materialien entspricht § 50 teilweise § 80 VwGO.[3] Eine eingeschränkt **3** **vergleichbare Vorschrift** findet sich jedoch auch etwa in § 65 GWB oder in § 69 FGO. § 50 steht insbesondere mit §§ 42, 46 und 49 in einem engen **Regelungszusammenhang**.

## II. Anordnung der sofortigen Vollziehung durch die BaFin (Abs. 1 und Abs. 2)

**1. Anordnungsbefugnis.** In den Fällen des § 49 räumt § 50 Abs. 1 der BaFin das **Recht 4** **zur Anordnung der sofortigen Vollziehung** ihrer Verwaltungsakte ein und bestimmt zugleich die Voraussetzungen, unter denen eine solche Anordnung getroffen werden darf.[4] Die Anordnung steht im Ermessen der Bundesanstalt und kann nach § 50 Abs. 2 schon vor der Einreichung der Beschwerde getroffen werden.[5] Die Anordnung kann nur mit Wirkung ex nunc[6] ergehen. § 50 Abs. 1 ist im Hinblick auf den Normzweck der Ermöglichung einer flexiblen Handhabung der Anordnungsbefugnis sowie aufgrund des systematischen Zusammenhangs mit § 50 Abs. 2 trotz des missverständlichen Wortlauts im Wege der Analogie auch auf diejenigen Fälle anzuwenden, in denen der **Suspensiveffekt durch die Einlegung eines Widerspruchs** gegen einen der in § 49 bezeichneten Verwaltungsakte ausgelöst wird.[7]

Damit ist freilich noch nicht die weitere Frage geklärt, ob der BaFin auch **jenseits der 5** **den Fallgruppen der § 49 zuzuordnenden Verwaltungsakte** ein Recht zur Anordnung der sofortigen Vollziehung zusteht.[8] Praktische Bedeutung hat dies für die weder in § 49 noch in § 42 genannten belastenden Verwaltungsakte, bei denen der Suspensiveffekt von Widersprüchen gem. § 80 Abs. 1 VwGO eintritt (→ § 42 Rn. 1); ein Beispiel ist die aufschiebende Wirkung eines Widerspruchs gegen den Widerruf einer Gestattung nach § 10 Abs. 2 S. 3 (→ § 49 Rn. 6). In diesen Fällen ergibt sich die Anordnungsbefugnis unmittelbar aus **§ 80 Abs. 2 S. 1 Nr. 4 VwGO**; die Anwendung der Vorschrift ist in diesem Zusammenhang nicht durch § 50 Abs. 1 versperrt, weil bereits die aufschiebende Wirkung nicht auf dem WpÜG als lex specialis beruht und somit nichts dagegen spricht, auch die Anordnungsbefugnis aus den allgemeinen Vorschriften herzuleiten.

Aus dem der Bundesanstalt eingeräumten Anordnungsermessen (→ Rn. 4) folgt ihre **6** Befugnis zur Abänderung und Aufhebung einer Anordnung sofortiger Vollziehung, solange nicht das Beschwerdegericht die aufschiebende Wirkung nach § 50 Abs. 3 angeordnet oder wiederhergestellt hat.[9] Hingegen ist die BaFin nicht für die Aussetzung von kraft Gesetzes sofort vollziehbaren Verfügungen zuständig; diese obliegt ausschließlich dem Beschwerdegericht.

**2. Anordnungsvoraussetzungen.** Die Anordnung der sofortigen Vollziehung setzt **7** voraus, dass sie im **öffentlichen Interesse** (vgl. § 65 Abs. 1 GWB, § 80 Abs. 2 S. 1 Nr. 4 VwGO) oder im überwiegenden Interesse eines Beteiligten geboten ist. Gemeint mit „öffentlichem Interesse" ist „ein besonderes öffentliches Interesse" an der sofortigen Vollziehung[10] (Vollzugsinteresse), das über das Interesse hinausgeht, das den Verwaltungsakt selbst

---

[2] Vgl. zum Ganzen FK-WpÜG/*Schweizer* Rn. 1; Steinmeyer/*Steinhardt* Rn. 28; Baums/Thoma/Verse/ *Ritz* Rn. 1.

[3] BT-Drs. 14/7034, 65 f.

[4] BT-Drs. 14/7034, 65.

[5] Assmann/Pötzsch/Schneider/*Döhmel* Rn. 11; Steinmeyer/*Steinhardt* Rn. 5; Baums/Thoma/Verse/*Ritz* Rn. 23; FK-WpÜG/*Schweizer* Rn. 3.

[6] BT-Drs. 14/7034, 65.

[7] FK-WpÜG/*Schweizer* Rn. 4; Angerer/Geibel/Süßmann/*Louven* Rn. 2; Assmann/Pötzsch/Schneider/ *Döhmel* Rn. 5; Schwark/Zimmer/*Noack/Holzborn* Rn. 1; krit. jedoch *Schnorbus* WM 2003, 657 (661).

[8] Vgl. FK-WpÜG/*Schweizer* Rn. 6 f.; Kölner Komm WpÜG/*Pohlmann* Rn. 2; Angerer/Geibel/Süßmann/ *Louven* Rn. 3; Schwark/Zimmer/*Noack/Holzborn* Rn. 1; Ehricke/Ekkenga/Oechsler/*Ehricke* Rn. 4; vgl. auch Steinmeyer/*Steinhardt* Rn. 4.

[9] FK-WpÜG/*Schweizer* Rn. 17 f.; vgl. auch Steinmeyer/*Steinhardt* Rn. 6; Assmann/Pötzsch/Schneider/ *Döhmel* Rn. 13; Schwark/Zimmer/*Noack/Holzborn* Rn. 7; Angerer/Geibel/Süßmann/*Louven* Rn. 16; ebenso zu § 65 GWB Immenga/Mestmäcker/*Schmidt* GWB § 65 Rn. 19; allg. *Schoch*, Vorläufiger Rechtsschutz und Risikoverteilung im Verwaltungsrecht, 1988, 1290.

[10] BT-Drs. 14/7034, 65.

rechtfertigt[11] und außerdem das allgemeine Interesse an der schnellen Durchsetzung übernahmerechtlicher Verfügungen übersteigt.[12]

8    Die nähere Bestimmung eines die Anordnung rechtfertigenden **Vollzugsinteresses** ist auf die **Zielsetzungen des WpÜG** und insbesondere der Überwachungstätigkeit der BaFin auszurichten,[13] dh auf die Gewährleistung der Funktionsfähigkeit der Wertpapiermärkte, auf die Sicherung des Vertrauens der Investoren in eine ordnungsgemäße Abwicklung von öffentlichen Angeboten, auf die Vermeidung von Wettbewerbsverzerrungen, auf den Schutz vor Behinderung der Geschäftstätigkeit insbesondere der Zielgesellschaft, etc (vgl. § 3).[14] Dementsprechend kann ein besonderes öffentliches Interesse **beispielsweise** gegeben sein, „wenn ohne die sofortige Vollziehung bedeutende Nachteile für die Marktintegrität durch Marktverzerrungen infolge der zu erwartenden langen Dauer des Rechtsmittelverfahrens zu befürchten sind".[15]

9    Die Anordnung der sofortigen Vollziehung muss im besonderen öffentlichen Interesse ferner **geboten** sein. Das ist nur der Fall, wenn die erforderliche Abwägung[16] ergibt, dass das öffentliche Interesse die Interessen des Verfügungsadressaten überwiegt; zur Wahrung des Regel-Ausnahme-Charakters von § 49 sind an den Nachweis des überwiegenden öffentlichen Interesses strenge Anforderungen zu stellen.[17] Bei der **Abwägung** selbst sind insbesondere Art, Schwere und Dringlichkeit der im konkreten Einzelfall berührten Interessen sowie die Möglichkeit oder Unmöglichkeit einer etwaigen Rückgängigmachung der getroffenen Regelung und ihrer Folgen zu berücksichtigen.[18] Außerdem hat die Bundesanstalt in die Abwägung die Kriterien von § 50 Abs. 3 Nr. 2 und 3 einzustellen, weil es nicht überzeugte, wenn die BaFin Aspekte unberücksichtigt lassen könnte, die in einem Beschwerdeverfahren zur Aufhebung der Anordnung führen.[19]

10   Alternativ kann die Anordnung der sofortigen Vollziehung erfolgen, wenn sie **im überwiegenden Interesse eines Beteiligten geboten** ist. Dazu ist in der Regierungsbegründung zu lesen, dass das Vorliegen dieser Voraussetzung letztlich vom konkreten Einzelfall abhänge, aber jedenfalls nicht jeder Nachteil, den ein Beteiligter erleide, die Anordnung rechtfertige; vielmehr setze die Anordnung „erhebliche Nachteile" voraus, „an deren Nachweis strenge Maßstäbe zu legen sind".[20] Wer Beteiligter ist, bestimmt sich grundsätzlich nach § 52 (vgl. insbesondere → § 52 Rn. 6).

11   **3. Form, Begründung und Rechtswirkungen.** Die Vollziehbarkeitsanordnung ist analog § 80 Abs. 3 VwGO **schriftlich** zu begründen.[21] Die Bundesanstalt muss hierbei auf

---

[11] Vgl. BVerfGE 35, 382 (402) = NJW 1974, 227; *Möller* AG 2002, 170 (171); Angerer/Geibel/Süßmann/*Louven* Rn. 4; Assmann/Pötzsch/Schneider/*Döhmel* Rn. 7; Steinmeyer/*Steinhardt* Rn. 7; Baums/Thoma/Verse/*Ritz* Rn. 20.

[12] Assmann/Pötzsch/Schneider/*Döhmel* Rn. 7.

[13] FK-WpÜG/*Schweizer* Rn. 9; vgl. auch Steinmeyer/*Steinhardt* Rn. 8.

[14] Vgl. BT-Drs. 14/7034, 36.

[15] BT-Drs. 14/7034, 65; Angerer/Geibel/Süßmann/*Louven* Rn. 4; Assmann/Pötzsch/Schneider/*Döhmel* Rn. 7; Baums/Thoma/Verse/*Ritz* Rn. 20; Steinmeyer/*Steinhardt* Rn. 8; teilw. krit. Kölner Komm WpÜG/*Pohlmann* Rn. 3.

[16] BT-Drs. 14/7034, 65; Steinmeyer/*Steinhardt* Rn. 10; anders FK-WpÜG/*Schweizer* Rn. 9; Angerer/Geibel/Süßmann/*Louven* Rn. 5; Schwark/Zimmer/*Noack/Holzborn* Rn. 2; Baums/Thoma/Verse/*Ritz* Rn. 21; vgl. Assmann/Pötzsch/Schneider/*Döhmel* Rn. 8.

[17] *Möller* AG 2002, 170 (171); Steinmeyer/*Steinhardt* Rn. 10; FK-WpÜG/*Schweizer* Rn. 9; Baums/Thoma/Verse/*Ritz* Rn. 20; vgl. Assmann/Pötzsch/Schneider/*Döhmel* Rn. 9; Angerer/Geibel/Süßmann/*Louven* Rn. 5; Schwark/Zimmer/*Noack/Holzborn* Rn. 2.

[18] Vgl. BVerfGE 35, 382 (402) = NJW 1974, 227; FK-WpÜG/*Schweizer* Rn. 9; Angerer/Geibel/Süßmann/*Louven* Rn. 6.

[19] Vgl. für die Parallelregelung im GWB Immenga/Mestmäcker/*Schmidt* GWB § 65 Rn. 7; Langen/Bunte/*Lembach* GWB § 65 Rn. 7; diff. Steinmeyer/*Steinhardt* Rn. 11; Kölner Komm WpÜG/*Pohlmann* Rn. 6; wie hier FK-WpÜG/*Schweizer* Rn. 9; vgl. Assmann/Pötzsch/Schneider/*Döhmel* Rn. 9; Baums/Thoma/Verse/*Ritz* Rn. 21.

[20] BT-Drs. 14/7034, 65.

[21] FK-WpÜG/*Schweizer* Rn. 15; Steinmeyer/*Steinhardt* Rn. 6; aA Assmann/Pötzsch/Schneider/*Döhmel* Rn. 12; vgl. Angerer/Geibel/Süßmann/*Louven* Rn. 14.

den konkreten Fall abstellen und das Vollziehungsinteresse sowie die Ermessenserwägungen, die die Vollziehbarkeitsanordnung tragen, unter Berücksichtigung der Besonderheiten des Einzelfalles darlegen.[22] Einer förmlichen Zustellung bedarf es nicht; ein derartiges Erfordernis folgt auch nicht aus § 80 Abs. 3 VwGO.[23]

Die Anordnung der sofortigen Vollziehbarkeit schließt den Eintritt des Suspensiveffekts **12** von Rechtsbehelfen aus, bei einer erst nach Erlass des Verwaltungsakts erfolgten Vollziehbarkeitsanordnung mit **Rechtswirkung** ex nunc.[24] Von diesem Zeitpunkt an kann der Verwaltungsakt namentlich Grundlage für Vollstreckungshandlungen (§ 46) sein. Die **Rechtsbehelfe** gegen die Vollziehbarkeitsanordnung sind abschließend in § 50 Abs. 3 geregelt.

### III. Anordnungen des Beschwerdegerichts (Abs. 3–5)

**1. Anordnungsbefugnis.** Aus dem verfassungsrechtlichen Gebot effektiven Rechts- **13** schutzes (vgl. → Rn. 1; → § 42 Rn. 1; → § 49 Rn. 1) folgt, dass das Beschwerdegericht bei Vorliegen der Anordnungsvoraussetzungen eine Anordnung nach § 50 Abs. 3 treffen **muss**.[25] Die dem Gericht im vorläufigen Rechtsschutz nach dieser Vorschrift eingeräumte Befugnis erfasst zum einen die **Anordnung der aufschiebenden Wirkung.** Das betrifft diejenigen Fälle, in denen (Anfechtungs-)Widerspruch und (Anfechtungs-)Beschwerde gem. §§ 42, 49 (und § 46) keinen Suspensiveffekt haben und die aufschiebende Wirkung erstmals durch den gerichtlichen Beschluss eintritt. Zum anderen ermöglicht die Norm die **Wiederherstellung der aufschiebenden Wirkung** in den Fällen, in denen die aufschiebende Wirkung schon einmal vorgelegen hatte, später aber durch eine Vollziehbarkeitsanordnung entfallen war; das gilt auch, wenn die sofortige Vollziehung nach § 80 Abs. 2 S. 1 Nr. 4 VwGO angeordnet wurde (→ Rn. 5).[26]

**§ 50 Abs. 4 S. 4 und 5** bezieht sich auch auf die Wiederherstellung[27] der aufschieben- **14** den Wirkung und verfolgt den Zweck, die möglichen Folgen einer Anordnung bzw. Wiederherstellung zu begrenzen.[28] Durch die Anordnung einer **Vollziehungsaufhebung** nach **§ 50 Abs. 4 S. 3** können bereits im Verfahren des einstweiligen Rechtsschutzes die Vollzugsfolgen (vorläufig) ganz oder teilweise beseitigt werden. Im Hinblick auf den Zweck vorläufigen Rechtsschutzes ist dabei allerdings eine „Vorwegnahme der Hauptsache nur insoweit zulässig, als dies zur Gewährung effektiven Rechtsschutzes schlechthin notwendig ist".[29]

Die gerichtliche Anordnung bzw. Wiederherstellung der aufschiebenden Wirkung setzt **15** einen **Antrag** voraus (näher → Rn. 19), über den das Gericht durch Beschluss entscheidet. Nach **§ 50 Abs. 5 S. 1** kann das Beschwerdegericht seine Beschlüsse jederzeit, auch von Amts wegen, ändern oder aufheben. Die **Aufhebungs- und Änderungsbefugnis** entspricht § 80 Abs. 7 S. 1 VwGO (und § 65 Abs. 5 GWB) und setzt nach der Regierungsbegründung voraus, „dass sich die Umstände, von denen das Beschwerdegericht bei seinem Beschluss ausgegangen ist, nachträglich geändert haben, sodass eine neue Bewertung geboten ist".[30]

---

[22] Angerer/Geibel/Süßmann/*Louven* Rn. 14; Schoch/Schneider/*Schoch* VwGO § 80 Rn. 247 f.; Kopp/Schenke/*Schenke* VwGO § 80 Rn. 85 f.

[23] Steinmeyer/*Steinhardt* Rn. 6 Fn. 9; Angerer/Geibel/Süßmann/*Louven* Rn. 15; aA FK-WpÜG/*Schweizer* Rn. 15.

[24] Steinmeyer/*Steinhardt* Rn. 14; Angerer/Geibel/Süßmann/*Louven* Rn. 13; Schwark/Zimmer/*Noack/Holzborn* Rn. 6; Baums/Thoma/Verse/*Ritz* Rn. 23.

[25] FK-WpÜG/*Schweizer* Rn. 19; Steinmeyer/*Steinhardt* Rn. 18; Angerer/Geibel/Süßmann/*Louven* Rn. 19; Ehricke/Ekkenga/Oechsler/*Ehricke* Rn. 17; Schwark/Zimmer/*Noack/Holzborn* Rn. 9; Baums/Thoma/Verse/*Ritz* Rn. 27; aA Assmann/Pötzsch/Schneider/*Döhmel* Rn. 25: Ermessen; vgl. auch BT-Drs. 14/7034, 66.

[26] Vgl. auch Steinmeyer/*Steinhardt* Rn. 17.

[27] Vgl. BT-Drs. 14/7034, 64, sowie FK-WpÜG/*Schweizer* Rn. 27 Fn. 59.

[28] BT-Drs. 14/7034, 66.

[29] BT-Drs. 14/7034, 66; vgl. Assmann/Pötzsch/Schneider/*Döhmel* Rn. 31; Baums/Thoma/Verse/*Ritz* Rn. 39.

[30] BT-Drs. 14/7034, 66; vgl. Baums/Thoma/Verse/*Ritz* Rn. 43; Angerer/Geibel/Süßmann/*Louven* Rn. 32; FK-WpÜG/*Schweizer* Rn. 29; Steinmeyer/*Steinhardt* Rn. 27; Schwark/Zimmer/*Noack/Holzborn*

**16** **2. Materielle Anordnungsvoraussetzungen.** Die materiellen Voraussetzungen für die Anordnung bzw. die Wiederherstellung der aufschiebenden Wirkung sind zentral in § 50 Abs. 3 Nr. 1–3 geregelt. Nach Nr. 1 prüft das Gericht umfassend die **formelle und materielle Rechtmäßigkeit der Vollziehbarkeitsanordnung** der BaFin. Es ist dabei an die Erwägungen der Bundesanstalt, der keine Einschätzungsprärogative zukommt, nicht gebunden, sondern nimmt eine eigenständige Prüfung insbesondere anhand der bereits erwähnten Kriterien (→ Rn. 8 ff.) vor.[31]

**17** **Nr. 2** betrifft die **Rechtmäßigkeit des Verwaltungsakts,** gegen dessen Vollziehbarkeit der Antragsteller vorgeht oder noch vorgehen kann (vgl. → Rn. 19). Danach führen **ernstliche Zweifel** an der Rechtmäßigkeit dieses Verwaltungsakts zur Anordnung oder Wiederherstellung der aufschiebenden Wirkung; die Zweifel können tatsächlicher, verfahrensrechtlicher oder materiellrechtlicher Art sein,[32] sich also beispielsweise auf eine mangelhafte, unzureichende Sachverhaltsaufklärung oder auf dessen unzulängliche rechtliche Würdigung beziehen. Da es sich um ein Verfahren des einstweiligen Rechtsschutzes handelt, reicht es aus, wenn sich die Zweifel bei einer **summarischen Prüfung** der Sach- und Rechtslage ergeben.[33] Im Übrigen ist fraglich, welche Anforderungen an den Grad der „Ernstlichkeit" zu stellen sind.[34] Wegen der Vergleichbarkeit mit dem Kartellrecht sind die für § 65 Abs. 3 Nr. 2 GWB entwickelten Grundsätze heranzuziehen; die Aufhebung der Verfügung im Hauptsacheverfahren muss überwiegend wahrscheinlich sein.[35] Auf das Ausmaß der Belastungen für das betroffene Unternehmen kommt es – anders als im Rahmen des § 50 Abs. 3 Nr. 3 – nicht an.[36]

**18** Eine **unbillige Härte** iSd **Nr. 3** liegt nur bei schwerwiegenden Nachteilen und Eingriffen vor, die nicht oder nur schwer reparabel sind.[37] Für eine Anordnung oder Wiederherstellung der aufschiebenden Wirkung ist weiter Voraussetzung, dass diese Härte **nicht durch überwiegende öffentliche Interessen geboten** ist. Die in Betracht kommenden öffentlichen Interessen sind auf die Ziele des WpÜG ausgerichtet und in eine Abwägung mit den Interessen des Betroffenen einzustellen (vgl. näher → Rn. 8 ff.). Danach führen jedenfalls ernsthaft zu besorgende Existenzbedrohungen oder gar absehbare Existenzvernichtungen regelmäßig zur Anordnung bzw. Wiederherstellung des Suspensiveffekts.[38] Im Übrigen kommt es auch hier auf die Erfolgsaussichten der Beschwerde in dem Hauptsacheverfahren an.[39]

---

Rn. 18; aA zu § 80 Abs. 7 S. 1 VwGO Eyermann/*Hoppe* VwGO § 80 Rn. 130; wie hier Kopp/Schenke/ *Schenke* VwGO § 80 Rn. 192, 193; vgl. zu § 65 GWB Immenga/Mestmäcker/*Schmidt* GWB § 65 Rn. 19; Loewenheim/Meessen/Riesenkampff/Kersting/Meyer-Lindemann/*Kühnen* GWB § 65 Rn. 24; MüKoGWB/*Johanns/Roesen* § 65 Rn. 16; diese Autoren gehen explizit davon aus, dass auch die Korrektur einer rechtlichen Bewertung eine Aufhebung oder Änderung rechtfertigen kann.

[31] FK-WpÜG/*Schweizer* Rn. 20; Steinmeyer/*Steinhardt* Rn. 19; Angerer/Geibel/Süßmann/*Louven* Rn. 20 f.; Schwark/Zimmer/*Noack/Holzborn* Rn. 10; Baums/Thoma/Verse/*Ritz* Rn. 29.

[32] BT-Drs. 14/7034, 66.

[33] OLG Frankfurt ZIP 2007, 768; NZG 2007, 795 (796 f.); AG 2016, 824 (825) = BeckRS 2016, 8792; zu dieser Entscheidung *Nierhauve* jurisPR-BKR 11/2016 Anm. 4; vgl. auch *Hecht/Gräfe/Jehke* DB 2008, 1251 (1255).

[34] Ausf. aber mittlerweile OLG Frankfurt AG 2016, 824 (825) = BeckRS 2016, 8792; vgl. OLG Frankfurt AG 2017, 859 (860) = BeckRS 2016, 112784; *Nierhauve* jurisPR-BKR 11/2016 Anm. 4; vgl. FK-WpÜG/ *Schweizer* Rn. 22; Steinmeyer/*Steinhardt* Rn. 20; Angerer/Geibel/Süßmann/*Louven* Rn. 22; Assmann/ Pötzsch/Schneider/*Döhmel* Rn. 20; Schwark/Zimmer/*Noack/Holzborn* Rn. 11; Baums/Thoma/Verse/*Ritz* Rn. 30.

[35] OLG Frankfurt AG 2016, 824 (825) = BeckRS 2016, 8792; AG 2017, 859 (860) = BeckRS 2016, 112784; *Nierhauve* jurisPR-BKR 11/2016 Anm. 4; *Hecht/Gräfe/Jehke* DB 2008, 1251 (1255); Steinmeyer/ *Steinhardt* Rn. 20; Baums/Thoma/Verse/*Ritz* Rn. 30; Schwark/Zimmer/*Noack/Holzborn* Rn. 11; vgl. zum Kartellrecht Immenga/Mestmäcker/*Schmidt* GWB § 65 Rn. 14.

[36] *Hecht/Gräfe/Jehke* DB 2008, 1251 (1255); aA OLG Frankfurt AG 2016, 824 (825) = BeckRS 2016, 8792; Steinmeyer/*Steinhardt* Rn. 20; Angerer/Geibel/Süßmann/*Louven* Rn. 22.

[37] OLG Frankfurt ZIP 2007, 768 (769); vgl. *Hecht/Gräfe/Jehke* DB 2008, 1251 (1255); FK-WpÜG/ *Schweizer* Rn. 23; Angerer/Geibel/Süßmann/*Louven* Rn. 23; Assmann/Pötzsch/Schneider/*Döhmel* Rn. 22; Schwark/Zimmer/*Noack/Holzborn* Rn. 12; Baums/Thoma/Verse/*Ritz* Rn. 32.

[38] Vgl. *Hecht/Gräfe/Jehke* DB 2008, 1251 (1255).

[39] BT-Drs. 14/7034, 66.

**3. Verfahrensfragen.** Das Verfahren nach § 50 Abs. 3 wird durch einen **Antrag** einge- 19
leitet, der nicht den Form- und Fristanforderungen von § 51 unterliegt. Nach Sinn und
Zweck von § 53 gilt für die Antragstellung allerdings Anwaltszwang.[40] Obschon in § 50
nicht ausdrücklich erwähnt, muss der Antragsteller – wie beim Parallelverfahren nach der
VwGO[41] – wegen der Akzessorietät des vorläufigen Rechtsschutzes antragsbefugt sein (§ 42
Abs. 2 analog; vgl. → § 41 Rn. 10 f.; → § 48 Rn. 6 ff.).[42] Der Antrag kann gem. § 50
Abs. 4 S. 1 **schon vor Einreichung der Beschwerde** gestellt werden. Die Antragstellung
ist aus Gründen der Effektuierung des gerichtlichen Rechtsschutzes sowie aufgrund des
Zusammenhangs mit § 50 Abs. 3, wonach das Gericht die aufschiebende Wirkung „von
Widerspruch oder Beschwerde" beschließen kann, auch schon **vor Einlegung des Widerspruchs** zulässig.[43] Das Beschwerdegericht kann allerdings nicht vor Einreichung des
Widerspruchs oder der Beschwerde über den Antrag entscheiden, weil der Bezugspunkt
der aufschiebenden Wirkung sonst nicht klar wäre.[44] Eine mündliche Verhandlung ist nicht
erforderlich.[45] Ergeht der Widerspruchsbescheid vor der Entscheidung des Beschwerdegerichts, so ist ein neuer Antrag auf Anordnung der aufschiebenden Wirkung der sodann
eröffneten gerichtlichen Beschwerde nicht erforderlich; das zuvor eingeleitete Eilrechts-
schutzverfahren kann vielmehr fortgesetzt und der geänderten prozessualen Situation durch
eine Umstellung der Anträge Rechnung getragen werden.[46]

Nach § 50 Abs. 4 S. 2 muss der Antragsteller die Tatsachen, auf die er den Antrag stützt, 20
glaubhaft machen. Die **Glaubhaftmachung** richtet sich nach § 294 ZPO.[47] Das Gericht
hat trotz § 55 grundsätzlich keine weitergehende Ermittlungspflicht, weil es sich um ein
summarisches Verfahren handelt.[48]

### IV. Ergänzender vorläufiger Rechtsschutz?

Das Beschwerdegericht entscheidet über Anträge nach § 50 Abs. 3 durch **unanfechtba-** 21
**ren Beschluss.**[49] Die Unanfechtbarkeit resultiert schon allein aus der Beschränkung des
gerichtlichen Rechtsschutzes auf nur eine Instanz (→ § 48 Rn. 30).

§ 50 beschränkt sich auf die Gewährung vorläufigen Rechtsschutzes in Anfechtungssa- 22
chen. Für den **einstweiligen Rechtsschutz in Verpflichtungssachen** und anderen Verwaltungsstreitverfahren, die keine Verwaltungsakte zum Gegenstand haben, stellen weder
§ 50 noch andere Normen des WpÜG Optionen bereit. Hierdurch können aber im Einzel-

---

[40] OLG Frankfurt NZG 2011, 704 (705); Steinmeyer/*Steinhardt* Rn. 24; Angerer/Geibel/Süßmann/*Louven*
Rn. 27; Baums/Thoma/Verse/*Ritz* Rn. 36 f.; zum Anwaltszwang aA FK-WpÜG/*Schweizer* Rn. 24; Ehricke/
Ekkenga/*Oechsler*/*Ehricke* Rn. 23.
[41] Kopp/Schenke/*Schenke* VwGO § 80 Rn. 134; Eyermann/*Hoppe* VwGO § 80 Rn. 73; Schoch/Schnei-
der/*Schoch* VwGO § 80 Rn. 462.
[42] Steinmeyer/*Steinhardt* Rn. 24; Schwark/Zimmer/*Noack*/*Holzborn* Rn. 13; Kölner Komm WpÜG/*Pohlmann* Rn. 15; vgl. aber Ehricke/Ekkenga/*Oechsler*/*Ehricke* Rn. 22.
[43] Hecht/Gräfe/*Jehke* DB 2008, 1251 (1255); Steinmeyer/*Steinhardt* Rn. 24; Angerer/Geibel/Süßmann/
*Louven* Rn. 26; FK-WpÜG/*Schweizer* Rn. 24; Assmann/Pötzsch/Schneider/*Döhmel* Rn. 16; Schwark/Zim-
mer/*Noack*/*Holzborn* Rn. 14; Baums/Thoma/Verse/*Ritz* Rn. 34; Kölner Komm WpÜG/*Pohlmann* Rn. 16;
Ehricke/Ekkenga/*Oechsler*/*Ehricke* Rn. 22; zu § 80 Abs. 5 VwGO ebenso zB Kopp/Schenke/*Schenke* VwGO
§ 80 Rn. 139; NK-VwGO/*Puttler* VwGO § 80 Rn. 129; *Schenke* VerwProzR Rn. 992; *Schmitt Glaeser*/*Horn*
VerwProzR Rn. 279; aA Schoch/Schneider/*Schoch* VwGO § 80 Rn. 460.
[44] FK-WpÜG/*Schweizer* Rn. 24; aA Steinmeyer/*Steinhardt* Rn. 24; Angerer/Geibel/Süßmann/*Louven*
Rn. 26; Schwark/Zimmer/*Noack*/*Holzborn* Rn. 15; Baums/Thoma/Verse/*Ritz* Rn. 34; *Möller* AG 2002, 170
(171).
[45] OLG Frankfurt NZG 2007, 795 (796); AG 2013, 50 = NZG 2012, 996.
[46] OLG Frankfurt AG 2013, 50 (51) = NZG 2012, 996.
[47] Vgl. BT-Drs. 14/7034, 66.
[48] FK-WpÜG/*Schweizer* Rn. 25; vgl. Angerer/Geibel/Süßmann/*Louven* Rn. 29; Assmann/Pötzsch/
Schneider/*Döhmel* Rn. 23.
[49] Steinmeyer/*Steinhardt* Rn. 23; Kölner Komm WpÜG/*Pohlmann* Rn. 20; Ehricke/Ekkenga/*Oechsler*/
*Ehricke* Rn. 34; Angerer/Geibel/Süßmann/*Louven* Rn. 33; Schwark/Zimmer/*Noack*/*Holzborn* Rn. 19;
Baums/Thoma/Verse/*Ritz* Rn. 46; vgl. zur kartellrechtlichen Parallelnorm Immenga/Mestmäcker/*Schmidt*
GWB § 65 Rn. 18.

fall verfassungsrechtlich (Art. 19 Abs. 4 GG)[50] nicht hinnehmbare Rechtsschutzlücken entstehen.[51] In Anlehnung an § 123 VwGO[52] kann danach bei einem vom Bieter gegen die von der BaFin versagte Befreiung von der Veröffentlichungspflicht und vom Pflichtangebot (§§ 35, 37) beantragten einstweiligen Rechtsschutz dieser Rechtsschutz „im Hinblick auf die Interessen der Aktionäre [...] gewährt werden, wenn ein dringendes Bedürfnis für ein unverzügliches Einschreiten besteht, welches ein Abwarten bis zur endgültigen Entscheidung nicht gestattet, weil diese zu spät kommen, die Interessen des Bieters nicht mehr genügend wahren würde und eine Endentscheidung im Sinne des beantragten einstweiligen Rechtsschutzes wahrscheinlich ist".[53]

## § 51 Frist und Form

(1) [1]Die Beschwerde ist binnen einer Notfrist von einem Monat bei dem Beschwerdegericht schriftlich einzureichen. [2]Die Frist beginnt mit der Bekanntgabe oder der Zustellung des Widerspruchsbescheides der Bundesanstalt.

(2) Ergeht auf einen Antrag keine Verfügung, so ist die Beschwerde an keine Frist gebunden.

(3) [1]Die Beschwerde ist zu begründen. [2]Die Frist für die Beschwerdebegründung beträgt einen Monat; sie beginnt mit der Einlegung der Beschwerde und kann auf Antrag von dem Vorsitzenden des Beschwerdegerichts verlängert werden.

(4) Die Beschwerdebegründung muss enthalten
1. die Erklärung, inwieweit die Verfügung angefochten und ihre Abänderung oder Aufhebung beantragt wird, und
2. die Angabe der Tatsachen und Beweismittel, auf die sich die Beschwerde stützt.

### Übersicht

### I. Einführung

1    **Regelungsinhalt** von § 51 sind Bestimmungen zu Form und Frist der Beschwerdeeinreichung beim Beschwerdegericht (Abs. 1), zur fehlenden Fristbindung bei Untätigkeit der BaFin (Abs. 2) sowie zu Frist und Inhalt der Beschwerdebegründung (Abs. 3 und 4). Die Regelungen sollen nach der Intention des Gesetzgebers der **Beschleunigung des Verfahrens** dienen, ohne die Interessen der Beteiligten zu gefährden.[1]

2    § 51 ist im Wesentlichen **§ 66 GWB** nachgebildet. Allgemeine und ergänzende Form- und Fristenregelungen in der VwGO können entsprechend angewendet werden, wenn die Bestimmungen von § 51 und des WpÜG nicht entgegenstehen (vgl. § 58 Nr. 2).

---

[50] BVerfGE 46, 166 (179) = NJW 1978, 693.
[51] Vgl. FK-WpÜG/*Schweizer* Rn. 30; Angerer/Geibel/Süßmann/*Louven* Rn. 34; Assmann/Pötzsch/Schneider/*Döhmel* Rn. 30; Steinmeyer/*Steinhardt* Rn. 28; Schwark/Zimmer/*Noack*/*Holzborn* Rn. 20; Baums/Thoma/Verse/*Ritz* Rn. 47.
[52] FK-WpÜG/*Schweizer* Rn. 30; Angerer/Geibel/Süßmann/*Louven* Rn. 34; Assmann/Pötzsch/Schneider/*Döhmel* Rn. 30 f.; Steinmeyer/*Steinhardt* Rn. 28; Schwark/Zimmer/*Noack*/*Holzborn* Rn. 20; Baums/Thoma/Verse/*Ritz* Rn. 47; Kölner Komm WpÜG/*Pohlmann* Rn. 21; Ehricke/Ekkenga/Oechsler/*Ehricke* Rn. 35; krit. *Schnorbus* WM 2003, 657 (662).
[53] OLG Frankfurt ZIP 2003, 1977 (1977); vgl. auch OLG Frankfurt ZIP 2003, 1977 (1980).
[1] BT-Drs. 14/7034, 66.

## II. Form und Frist der Beschwerde (Abs. 1 und 2)

**1. Form.** Nach § 51 Abs. 1 S. 1 ist die Beschwerde **schriftlich** beim Beschwerdegericht, **3** dh beim OLG Frankfurt a.M. (§ 48 Abs. 4) einzureichen (→ § 41 Rn. 12; → § 45 Rn. 3).[2] Die Einlegung zu Protokoll der Geschäftsstelle genügt nicht.[3] Wegen des nach § 53 bestehenden **Anwaltszwangs** vor dem Beschwerdegericht ist die Schriftform nur gewahrt, wenn der Verfahrensbevollmächtigte die Beschwerdeschrift unterzeichnet[4] hat.[5] Das Erfordernis der eigenhändigen Unterschrift gilt jedoch wegen der **Zulässigkeit moderner Übermittlungswege** nur eingeschränkt.[6] Insbesondere ist eine Übertragung der Beschwerdeschrift im Wege der **elektronischen Datenfernübertragung** in entsprechender Anwendung von § 130a ZPO, § 55a VwGO insbesondere durch Übermittlung als elektronisches Dokument mit einer qualifizierten elektronischen Signatur iSd Art. 3 Nr. 12 eIDAS-VO oder mittels De-Mail (§ 4 Abs. 1 S. 2 DeMailG, § 5 Abs. 5 DeMailG) oder über das besondere elektronische Anwaltspostfach nach § 31a BRAO möglich.[7]

Anders als für die Beschwerdebegründung (§ 51 Abs. 4; vgl. → Rn. 7 ff.) enthält § 51 **4** keine Vorgaben zum **notwendigen Inhalt der Beschwerdeschrift.** In sinngemäßer Anwendung von § 82 Abs. 1 VwGO muss die Beschwerde für das Gericht den **Beschwerdegegenstand** unzweifelhaft erkennen lassen.[8] Dies kann unter Umständen auch ausschließlich ein Widerspruchsbescheid sein, § 79 Abs. 2 VwGO analog.[9] **Nicht gefordert** ist die Bezeichnung des Rechtsbehelfs als „Beschwerde" oder ein tenorierungsfähiger Inhalt der Beschwerdeschrift.[10] Insbesondere muss die Erklärung, inwieweit die Verfügung angefochten und ihre Abänderung oder Aufhebung beantragt wird, erst in der Beschwerdebegründung erfolgen (§ 51 Abs. 4 Nr. 1).

**2. Frist.** Die Beschwerde ist nach § 51 Abs. 1 S. 1 binnen einer **Frist von einem 5 Monat** einzureichen. Die Monatsfrist gilt grundsätzlich nur für **Anfechtungs- und Verpflichtungsbeschwerden.**[11] Die Untätigkeitsbeschwerde ist nach § 51 Abs. 2 nicht fristgebunden. Bei **Fortsetzungsfeststellungsbeschwerden** iSv § 56 Abs. 2 S. 2 müssen die Voraussetzungen der ursprünglichen Anfechtungsbeschwerde erfüllt und damit auch die Monatsfrist gewahrt sein. Die Monatsfrist ist eine **Notfrist,** auf die § 224 Abs. 1 ZPO Anwendung findet.[12] Die **Berechnung der Beschwerdefrist** erfolgt gem. § 58 Nr. 2 entsprechend § 222 ZPO iVm den Vorschriften des Bürgerlichen Gesetzbuches zu Frist-

---

[2] Zur Schriftform Angerer/Geibel/Süßmann/*Louven* Rn. 14; FK-WpÜG/*Schweizer* Rn. 3; Steinmeyer/*Bastian* Rn. 8; Assmann/Pötzsch/Schneider/*Döhmel* Rn. 6; Baums/Thoma/Verse/*Ritz* Rn. 8.

[3] Steinmeyer/*Bastian* Rn. 8; Assmann/Pötzsch/Schneider/*Döhmel* Rn. 6.

[4] Zu den Anforderungen an die Unterzeichnung Immenga/Mestmäcker/*Schmidt* GWB § 66 Rn. 3; Bechtold/*Bosch* GWB § 66 Rn. 4; FK-WpÜG/*Schweizer* Rn. 3; Angerer/Geibel/Süßmann/*Louven* Rn. 15.

[5] Kölner Komm WpÜG/*Pohlmann* Rn. 4; Baums/Thoma/Verse/*Ritz* Rn. 8; Angerer/Geibel/Süßmann/ *Louven* Rn. 14; FK-WpÜG/*Schweizer* Rn. 3; Steinmeyer/*Bastian* Rn. 8; vgl. Schwark/Zimmer/*Noack/Holzborn* Rn. 2.

[6] Vgl. GmS-OGB NJW 2000, 2340 (2341); Immenga/Mestmäcker/*Schmidt* GWB § 66 Rn. 3; FK-WpÜG/*Schweizer* Rn. 3; Schwark/Zimmer/*Noack/Holzborn* Rn. 1; Assmann/Pötzsch/Schneider/*Döhmel* Rn. 6; Steinmeyer/*Bastian* Rn. 8; Baums/Thoma/Verse/*Ritz* Rn. 8.

[7] Vgl. Schwark/Zimmer/*Noack/Holzborn* Rn. 1; zur Rechtslage vor Inkrafttreten der eIDAS-VO und der daran anknüpfenden Änderung der § 130a ZPO, § 55a VwGO Steinmeyer/*Bastian* Rn. 9; FK-WpÜG/ *Schweizer* Rn. 3; Kölner Komm WpÜG/*Pohlmann* Rn. 3; vgl. auch NK-VwGO/*Czybulka* VwGO § 56 Rn. 32.

[8] Steinmeyer/*Bastian* Rn. 10; Assmann/Pötzsch/Schneider/*Döhmel* Rn. 7; Baums/Thoma/Verse/*Ritz* Rn. 9; Schwark/Zimmer/*Noack/Holzborn* Rn. 2; vgl. auch Immenga/Mestmäcker/*Schmidt* GWB § 66 Rn. 4.

[9] OLG Frankfurt NZG 2019, 1308 Rn. 20.

[10] Steinmeyer/*Bastian* Rn. 10; vgl. Immenga/Mestmäcker/*Schmidt* GWB § 66 Rn. 4.

[11] Vgl. Steinmeyer/*Bastian* Rn. 12; Angerer/Geibel/Süßmann/*Louven* Rn. 5 f.; Assmann/Pötzsch/Schneider/*Döhmel* Rn. 3; Schwark/Zimmer/*Noack/Holzborn* Rn. 6; vgl. auch Immenga/Mestmäcker/*Schmidt* GWB § 66 Rn. 7.

[12] Vgl. Musielak/Voit/*Stadler* ZPO § 224 Rn. 2; Zöller/*Feskorn* ZPO § 224 Rn. 3 ff.; FK-WpÜG/*Schweizer* Rn. 2; Angerer/Geibel/Süßmann/*Louven* Rn. 1; Schwark/Zimmer/*Noack/Holzborn* Rn. 3; Baums/ Thoma/Verse/*Ritz* Rn. 2.

beginn (§ 187 BGB) und Fristende (§ 188 BGB).[13] Eine nach Ablauf der Beschwerdefrist eingelegte Beschwerde ist unzulässig und zu verwerfen.[14] Allerdings ist § 58 Abs. 2 S. 1 VwGO entsprechend anzuwenden.[15] Über § 58 Nr. 2 ist des Weiteren auch die entsprechende Anwendung der § 233 ff. ZPO möglich.

**6**    Gem. § 51 Abs. 1 S. 2 beginnt die Beschwerdefrist mit der Bekanntgabe oder der Zustellung des Widerspruchsbescheides. Die Bekanntgabe ist allgemein in § 41 VwVfG geregelt, der für das Verwaltungsverfahren nach dem WpÜG durch § 43 für den dort erfassten Personenkreis modifiziert ist (vgl. → § 43 Rn. 2 f.). Gewisse Erleichterungen gelten insoweit auch für die **Zustellung von Widersprüchen** (§ 43 Abs. 2). Nur eine **wirksame Zustellung** des Widerspruchsbescheides (§ 41 Abs. 1 S. 3 iVm § 73 Abs. 3 S. 1 VwGO) kann die Beschwerdefrist des § 51 Abs. 1 S. 1 in Lauf setzen.[16] Die Bekanntgabe des Widerspruchsbescheides als fristauslösendes Ereignis scheint mit Blick auf die Möglichkeit einer **öffentlichen Bekanntmachung** (§ 43 Abs. 2 S. 2, § 10 VwZG) geregelt zu sein. Da die öffentliche Bekanntmachung in diesem Fall gleichwohl eine besondere Art der Zustellung ist, hat die Anknüpfung an die Bekanntgabe keinen eigenständigen Regelungsgehalt.

### III. Beschwerdebegründung (Abs. 3 und 4)

**7**    **1. Begründungspflicht und Form.** Gem. § 51 Abs. 3 S. 1 ist die Beschwerde zu begründen. Die Begründungspflicht gilt ebenso wie die dafür gesetzte Frist **für alle Verfahrensarten.**[17] Wie die Beschwerdeschrift unterliegt auch die Beschwerdebegründung dem Erfordernis der **Schriftform.**[18]

**8**    **2. Frist.** Zur **Berechnung der Frist** (§ 51 Abs. 3 S. 2) gilt das zur Beschwerdefrist Gesagte (→ Rn. 10). Abweichend von der Beschwerdefrist ist die Beschwerdebegründungsfrist **keine Notfrist.** Dementsprechend kann die Begründungsfrist auf Antrag von dem Vorsitzenden des Beschwerdegerichts verlängert werden (§ 51 Abs. 3 S. 2); ein solcher Antrag auf **Fristverlängerung** wahrt allerdings, für sich allein genommen, nicht die Begründungsfrist.[19] Ein rechtzeitig eingegangener Verlängerungsantrag hemmt jedoch den Ablauf der Frist und kann durch den Vorsitzenden auch noch nach Fristablauf beschieden werden.[20] Eine Fristverlängerung kommt wegen der gebotenen Beschleunigung des Verfahrens nur ausnahmsweise in Betracht.[21]

**9**    Erfolgt die Begründung nicht innerhalb der Monatsfrist, so ist zu prüfen, ob diese nicht bereits in der Beschwerdeschrift vorliegt.[22] Ist keine Begründung erfolgt, macht die **Fristversäumung** die Beschwerde unzulässig;[23] die Beschwerde ist dann zu verwerfen.[24] Bei

---

[13] Angerer/Geibel/Süßmann/*Louven* Rn. 2; Steinmeyer/*Bastian* Rn. 6; FK-WpÜG/*Schweizer* Rn. 2; Assmann/Pötzsch/Schneider/*Döhmel* Rn. 5; Schwark/Zimmer/*Noack/Holzborn* Rn. 4, Baums/Thoma/Verse/*Ritz* Rn. 3; vgl. auch Immenga/Mestmäcker/*Schmidt* GWB § 66 Rn. 8.

[14] Vgl. Immenga/Mestmäcker/*Schmidt* GWB § 66 Rn. 7.

[15] Steinmeyer/*Bastian* Rn. 6; FK-WpÜG/*Schweizer* Rn. 2; Angerer/Geibel/Süßmann/*Louven* Rn. 3; Baums/Thoma/Verse/*Ritz* Rn. 5; für das Kartellrecht Immenga/Mestmäcker/*Schmidt* GWB § 66 Rn. 8.

[16] Vgl. Kopp/Schenke/*Schenke* VwGO § 73 Rn. 23; Eyermann/*Rennert* VwGO § 73 Rn. 22.

[17] Steinmeyer/*Bastian* Rn. 15; vgl. auch Immenga/Mestmäcker/*Schmidt* GWB § 66 Rn. 16; Baums/Thoma/Verse/*Ritz* Rn. 13; vgl. Assmann/Pötzsch/Schneider/*Döhmel* Rn. 9.

[18] Angerer/Geibel/Süßmann/*Louven* Rn. 14; Baums/Thoma/Verse/*Ritz* Rn. 10; Assmann/Pötzsch/Schneider/*Döhmel* Rn. 8.

[19] Assmann/Pötzsch/Schneider/*Döhmel* Rn. 8; Baums/Thoma/Verse/*Ritz* Rn. 11; vgl. Immenga/Mestmäcker/*Schmidt* GWB § 66 Rn. 17; vgl. Langen/Bunte/*Lembach* GWB § 66 Rn. 8.

[20] Angerer/Geibel/Süßmann/*Louven* Rn. 8.

[21] Vgl. Steinmeyer/*Bastian* Rn. 14; Angerer/Geibel/Süßmann/*Louven* Rn. 8; Baums/Thoma/Verse/*Ritz* Rn. 11.

[22] Vgl. Immenga/Mestmäcker/*Schmidt* GWB § 66 Rn. 17.

[23] Angerer/Geibel/Süßmann/*Louven* Rn. 7; Baums/Thoma/Verse/*Ritz* Rn. 11; vgl. Langen/Bunte/*Lembach* GWB § 66 Rn. 8.

[24] Vgl. Immenga/Mestmäcker/*Schmidt* GWB § 66 Rn. 19; Assmann/Pötzsch/Schneider/*Döhmel* Rn. 12; aA wohl Steinmeyer/*Bastian* Rn. 15; Schwark/Zimmer/*Noack/Holzborn* Rn. 10.

unverschuldeter Versäumung der Begründungsfrist kommt gemäß § 58 Nr. 2 iVm §§ 233 ff. ZPO die Wiedereinsetzung in den vorherigen Stand in Betracht.[25]

Der Nichtberücksichtigung **verspäteten Vorbringens,** dh von Vorbringen des **10** Beschwerdeführers nach Ablauf der (ggf. verlängerten) Begründungsfrist, stehen in der Regel der Untersuchungsgrundsatz (§ 55 Abs. 1)[26] und die Hinweispflicht nach § 55 Abs. 2 und 3 entgegen.[27] Allerdings ist eine materielle Präklusion im Rahmen des § 55 Abs. 3 denkbar.[28]

**3. Inhaltliche Anforderungen.** Den notwendigen Mindestinhalt der Beschwerdebe- **11** gründung bestimmt § 51 Abs. 4. Über den Wortlaut der Nr. 1 hinaus sind eindeutige Beschwerdeanträge und Erklärungen zum Beschwerdebegehren auch in allen anderen Beschwerdeverfahren zu fordern.[29]

§ 51 Abs. 4 **Nr. 1** dient der Klarstellung des **Streitgegenstandes**[30] und macht deutlich, **12** dass der Umfang des Beschwerdebegehrens, insbesondere der Umfang der Anfechtung einer Verfügung, erst **mit Ablauf der Beschwerdebegründungsfrist** dem Beschwerdegericht zwingend erklärt sein muss.[31] Gegenstand und Begehren des Beschwerdeführers sind im Übrigen bereits in der Beschwerdeschrift so konkret anzugeben, dass das Gericht erkennen kann, ob der Beschwerdeführer eine Verfügung anficht, eine beantragte, aber versagte Verfü- gung begehrt oder aber wegen Untätigkeit der BaFin Rechtsschutz sucht (→ Rn. 4). Ein- deutig klargestellt wird durch § 51 Abs. 4 Nr. 1, dass auch eine **teilweise Anfechtung** einer Verfügung im Beschwerdeverfahren möglich ist; zulässig ist auch die Verpflichtungsbe- schwerde auf Erlass einer Verfügung ohne Nebenbestimmungen.[32]

§ 51 Abs. 4 **Nr. 2** dient der Klarstellung des **Streitstoffs** und ist Ausdruck der Verfahrens- **13** förderungspflicht der Beteiligten.[33] Die Angabe der Tatsachen und Beweismittel (vgl. → § 8 Rn. 13; → § 48 Rn. 10) **hat** (anders als in § 82 VwGO) zu erfolgen.[34] Hinsichtlich der Beweismittel ist dies wegen des Amtsermittlungsgrundsatzes keineswegs auf solche beschränkt, die sich auf streitige Tatsachen beziehen.[35] Abgesehen von der schweren Folge einer Zurückweisung der Beschwerde als unzulässig, wenn Tatsachen und Beweismittel überhaupt nicht angegeben werden,[36] sind die dem Wortlaut nach strengen Anforderungen im praktischen Ergebnis nicht sehr weitgehend.[37] Denn die Förderungspflicht der Beteilig- ten steht in unmittelbarem Zusammenhang mit dem im Beschwerdeverfahren geltenden **Amtsermittlungsgrundsatz** (§ 55 Abs. 1) und den in § 55 Abs. 2 und 3 geregelten Hin- weispflichten des Gerichts. Im Rahmen des Untersuchungsgrundsatzes ist dem Beschwerde-

[25] Angerer/Geibel/Süßmann/*Louven* Rn. 7; Steinmeyer/*Bastian* Rn. 14; Kölner Komm WpÜG/*Pohlmann* Rn. 7; Schwark/Zimmer/Noack/Holzborn Rn. 7; Baums/Thoma/Verse/*Ritz* Rn. 11; vgl. Langen/Bunte/ *Lembach* GWB § 66 Rn. 8.

[26] Vgl. FK-WpÜG/*Schweizer* Rn. 7.

[27] Vgl. Angerer/Geibel/Süßmann/*Louven* Rn. 7; Assmann/Pötzsch/Schneider/*Döhmel* Rn. 11; aA wohl Steinmeyer/*Bastian* Rn. 15; Baums/Thoma/Verse/*Ritz* Rn. 12.

[28] Baums/Thoma/Verse/*Ritz* Rn. 12; FK-WpÜG/*Schweizer* Rn. 7; vgl. Steinmeyer/*Bastian* Rn. 15.

[29] Steinmeyer/*Bastian* Rn. 18; Assmann/Pötzsch/Schneider/*Döhmel* Rn. 9; Schwark/Zimmer/Noack/ Holzborn Rn. 9; Baums/Thoma/Verse/*Ritz* Rn. 13; vgl. auch Immenga/Mestmäcker/*Schmidt* GWB § 66 Rn. 13; aA wohl Angerer/Geibel/Süßmann/*Louven* Rn. 12.

[30] Assmann/Pötzsch/Schneider/*Döhmel* Rn. 9 f.; vgl. für das Kartellrecht Immenga/Mestmäcker/*Schmidt* GWB § 66 Rn. 14; vgl. *Gelhausen/Hönsch* AG 2007, 308 (316).

[31] Vgl. Immenga/Mestmäcker/*Schmidt* GWB § 66 Rn. 13.

[32] Vgl. OLG Frankfurt AG 2019, 687 (688) = BeckRS 2019, 6427; Steinmeyer/*Bastian* Rn. 18; FK- WpÜG/*Schweizer* Rn. 4; Angerer/Geibel/Süßmann/*Louven* Rn. 10; Schwark/Zimmer/Noack/Holzborn Rn. 9; Baums/Thoma/Verse/*Ritz* Rn. 14; vgl. auch Immenga/Mestmäcker/*Schmidt* GWB § 66 Rn. 13; *Bech- told/Bosch* GWB § 66 Rn. 7.

[33] Assmann/Pötzsch/Schneider/*Döhmel* Rn. 10; FK-WpÜG/*Schweizer* Rn. 6; vgl. Immenga/Mestmäcker/ *Schmidt* GWB § 66 Rn. 14.

[34] S. Angerer/Geibel/Süßmann/*Louven* Rn. 10.

[35] Ähnlich für das Kartellrecht *Bechtold/Bosch* GWB § 66 Rn. 7; aA Steinmeyer/*Bastian* Rn. 19; Baums/ Thoma/Verse/*Ritz* Rn. 16.

[36] Angerer/Geibel/Süßmann/*Louven* Rn. 11; Immenga/Mestmäcker/*Schmidt* GWB § 66 Rn. 14; vgl. Lan- gen/Bunte/*Lembach* GWB § 66 Rn. 10.

[37] Vgl. Langen/Bunte/*Lembach* GWB § 66 Rn. 10.

gericht – wegen des bestehenden öffentlichen Interesses an der sachlichen Richtigkeit der Entscheidung – die Klärung des Sachverhalts von Amts wegen und damit auch unabhängig vom Vortrag der Beteiligten aufgegeben.[38] Gegebenenfalls kommt eine Fristsetzung nach § 55 Abs. 2, 3 S. 1 durch das Beschwerdegericht in Betracht.[39]

14    Über die Klarstellung des zwingend anzugebenden tatsächlichen Streitstoffs hinaus wird teilweise ein **„Mindestmaß an sachlicher Begründung"** gefordert, in der die wesentlichen Angriffspunkte der behördlichen Verfügung (hier in der Fassung des Widerspruchsbescheides) aufzuzeigen sind und insbesondere die „Benennung der beanstandeten Rechtsverletzung" erfolgen soll.[40] Wegen des bestehenden Anwaltszwangs vor dem Beschwerdegericht (§ 53) ist diese Forderung sicherlich nicht überzogen, sie findet allerdings keine gesetzliche Stütze zur Herleitung von Rechtsfolgen, wenn solche Angaben fehlen. Eine Verpflichtung zum Vortrag von **Rechtsansichten** besteht jedenfalls nicht.[41]

## § 52 Beteiligte am Beschwerdeverfahren

**An dem Verfahren vor dem Beschwerdegericht sind der Beschwerdeführer und die Bundesanstalt beteiligt.**

**Schrifttum:** *Barthel,* Die Beschwerde gegen aufsichtsrechtliche Verfügungen nach dem WpÜG, 2004; *Pohlmann,* Rechtsschutz der Aktionäre der Zielgesellschaft im Wertpapiererwerbs- und Übernahmeverfahren, ZGR 2007, 1.

### I. Einführung

1    **Regelungsgegenstand** der Norm ist die Festlegung der Beteiligten am Beschwerdeverfahren, die § 52 auf den Beschwerdeführer und die BaFin beschränkt. Vom Gesetzgeber verfolgter **Normzweck** ist neben dieser Eingrenzung der Beteiligten die Sicherstellung des Grundsatzes der Kontinuität der Verfahrensbeteiligten, wonach im Verwaltungs- und Beschwerdeverfahren die gleichen Beteiligten erfasst sind.[1] Wegen dieser Zielrichtung spielt § 52 im Verbund mit anderen Vorschriften (→ § 4 Rn. 29 f.) hinsichtlich der Drittschutzproblematik eine **Schlüsselrolle** für das Gesamtverständnis des WpÜG. Denn die Regelung gibt unmissverständlich zu erkennen, dass nach den einzelnormübergreifenden Intentionen des Gesetzgebers sog. **Drittschutz** nach dem WpÜG nicht in Betracht kommt, und stellt dies ebenso unmissverständlich, wenn auch missglückt im Normtext klar.

2    Ähnlich wie § 63 VwGO[2] zählt § 52 die möglichen Beteiligten eines Beschwerdeverfahrens (abschließend) auf. Zwischen ihnen und dem Beschwerdegericht besteht das **Prozessrechtsverhältnis.** Eine (eingeschränkt) **vergleichbare Parallelregelung** enthält § 67 Abs. 1 GWB, der allerdings die Problematik der Drittbeteiligung anders[3] löst.

### II. Beteiligte

3    **1. Beschwerdeführer.** Am Beschwerdeverfahren beteiligt ist zunächst der Beschwerdeführer. Beschwerdeführer ist **derjenige, der die Beschwerde beim OLG einlegt** und den staatlichen Rechtsschutz im eigenen Namen begehrt.[4] In Anfechtungs- und Verpflich-

---

[38] Für den Verwaltungsprozess Kopp/Schenke/*Schenke* VwGO § 86 Rn. 1.

[39] Vgl. auch Kölner Komm WpÜG/*Pohlmann* Rn. 10; Schwark/Zimmer/*Noack/Holzborn* Rn. 10.

[40] Vgl. Immenga/Mestmäcker/*Schmidt* GWB § 66 Rn. 14; vgl. ferner Angerer/Geibel/Süßmann/*Louven* Rn. 10; FK-WpÜG/*Schweizer* Rn. 6.

[41] Steinmeyer/*Bastian* Rn. 20; Kölner Komm WpÜG/*Pohlmann* Rn. 10; Baums/Thoma/Verse/*Ritz* Rn. 16.

[1] Vgl. BT-Drs. 14/7034, 66; BT-Drs. 14/7477, 53.

[2] Vgl. dazu Schoch/Schneider/*Bier/Steinbeiß-Winkelmann* VwGO § 63 Rn. 2; NK-VwGO/*Czybulka/Siegel* VwGO § 63 Rn. 2; Kopp/Schenke/*Schenke* VwGO § 63 Rn. 1; Eyermann/*Hoppe* VwGO § 63 Rn. 1; vgl. ferner zum Kartellrecht Immenga/Mestmäcker/*Schmidt* GWB § 67 Rn. 2.

[3] Immenga/Mestmäcker/*Schmidt* GWB § 67 Rn. 4 f.

[4] Angerer/Geibel/Süßmann/*Louven* Rn. 2; vgl. Assmann/Pötzsch/Schneider/*Döhmel* Rn. 2; Schoch/Schneider/*Bier/Steinbeiß-Winkelmann* VwGO § 63 Rn. 3.

tungssachen wird dies regelmäßig der Adressat des angefochtenen oder des von ihm beantragten, von der BaFin aber abgelehnten Verwaltungsakts sein, sodass die Kontinuität der Verfahrensbeteiligten (vgl. § 13 Abs. 1 Nr. 1 und 2 VwVfG) gewahrt ist.

Doch betrifft dies nur den Regelfall. Abgesehen davon, dass im Widerspruchsverfahren **4** ein **Dritter** allein mit der Widerspruchseinlegung die Beteiligtenstellung im Verwaltungsverfahren erlangen kann (→ § 41 Rn. 13), hängt die Rechtsstellung als Beschwerdeführer und damit als Beteiligter iSv § 52 nicht davon ab, dass die Beschwerde zulässig ist.[5] Daher kann Beschwerdeführer durchaus ein Dritter sein, mag sich dessen Beschwerde auch zB wegen fehlender Beschwerdebefugnis sehr schnell als unzulässig erweisen.

**2. Bundesanstalt.** Die Festlegung der **Bundesanstalt als Beschwerdegegnerin 5** weicht vom Rechtsträgerprinzip (§ 78 Abs. 1 VwGO) ab und stellt klar, dass nicht etwa die Bundesrepublik Deutschland Beschwerdegegner ist.[6]

**3. Weitere Beteiligte. Dritte,** die nicht selbst Beschwerdeführer sind, sind nicht kraft **6** Gesetzes Beteiligte am Beschwerdeverfahren, selbst wenn sie gemäß § 13 VwVfG am Verwaltungs- oder Widerspruchsverfahren beteiligt waren.[7] Zur Vermeidung von im Hinblick auf Art. 19 Abs. 4 GG möglicherweise verfassungswidrigen Rechtsschutzverkürzungen sowie zur Gewährleistung eines effektiven Grundrechtsschutzes ist allerdings eine Beiladung Dritter analog §§ 63 Nr. 3, 65 VwGO zu ermöglichen.[8] Die planwidrige Regelungslücke ergibt sich daraus, dass der Gesetzgeber die grundrechtlichen Implikationen des von ihm gemäß § 4 Abs. 2 gewollten durchgängigen Ausschlusses übernahmerechtlichen Drittschutzes nicht gesehen hat. Insbesondere ist etwa der Adressat einer Verfügung beizuladen, wenn ein Dritter Beschwerde, und sei sie mangels Beschwerdebefugnis unzulässig (näher → § 48 Rn. 6 ff.), erhebt. Die Möglichkeit einer Beiladung ist im Übrigen in § 56 Abs. 1 S. 3 vorausgesetzt. Die bereits erörterte Grundsatzdebatte zum Drittschutz (näher → § 4 Rn. 19 ff.) soll an dieser Stelle allerdings nicht erneut aufgegriffen werden.

## § 53 Anwaltszwang

[1]Vor dem Beschwerdegericht müssen die Beteiligten sich durch einen Rechtsanwalt oder Rechtslehrer an einer deutschen Hochschule im Sinne des Hochschulrahmengesetzes mit Befähigung zum Richteramt als Bevollmächtigten vertreten lassen. [2]Die Bundesanstalt kann sich durch einen Beamten auf Lebenszeit mit Befähigung zum Richteramt vertreten lassen.

**Schrifttum:** *Möller,* Rechtsmittel und Sanktionen nach dem Wertpapiererwerbs- und Übernahmegesetz, AG 2002, 170.

### I. Einführung

**Regelungsinhalt** von § 53 ist der **Vertretungszwang** für die Beteiligten eines **1** Beschwerdeverfahrens sowie die Bestimmung **postulationsfähiger Verfahrensbevollmächtigter. Normzweck** ist die Beschleunigung des Verfahrens; die „sachkundige rechtli-

---

[5] Steinmeyer/*Bastian* Rn. 3; Angerer/Geibel/Süßmann/*Louven* Rn. 2; Assmann/Pötzsch/Schneider/*Döhmel* Rn. 2; Baums/Thoma/Verse/*Ritz* Rn. 2; vgl. zum Verwaltungsprozessrecht Schoch/Schneider/*Bier*/Steinbeiß-*Winkelmann* VwGO § 63 Rn. 3; NK-VwGO/*Czybulka/Siegel* VwGO § 63 Rn. 8 ff.; Kopp/Schenke/ *Schenke* VwGO § 63 Rn. 3; Eyermann/*Hoppe* VwGO § 63 Rn. 1; zum Kartellrecht Immenga/Mestmäcker/ *Schmidt* GWB § 67 Rn. 2.

[6] FK-WpÜG/*Schweizer* Rn. 1; Angerer/Geibel/Süßmann/*Louven* Rn. 3.

[7] Kölner Komm WpÜG/*Pohlmann* Rn. 6; Angerer/Geibel/Süßmann/*Louven* Rn. 4; FK-WpÜG/*Schweizer* Rn. 8; Steinmeyer/*Bastian* Rn. 4; aA Baums/Thoma/Verse/*Ritz* Rn. 5; Schwark/Zimmer/*Noack/Holzborn* Rn. 3; vgl. *Barthel,* Die Beschwerde gegen aufsichtsrechtliche Verfügungen nach dem WpÜG, 2004, 216.

[8] Vgl. OLG Frankfurt ZIP 2003, 1392 (1392); *Pohlmann* ZGR 2007, 1 (29); Angerer/Geibel/Süßmann/ *Louven* Rn. 5; FK-WpÜG/*Schweizer* Rn. 9; Schwark/Zimmer/*Noack/Holzborn* Rn. 3; vgl. Steinmeyer/*Bastian* Rn. 4; aA Assmann/Pötzsch/Schneider/*Döhmel* Rn. 7 ff.

che Vertretung" der Beteiligten soll gewährleisten, dass im Beschwerdeverfahren „präzise Anträge gestellt werden und das Verfahren nicht unnötig in die Länge gezogen wird".[1] Die erhebliche wirtschaftliche Bedeutung von Angebots- und damit zusammenhängendem Beschwerdeverfahren erfordert einen qualifizierten Rechtsbeistand für die Beteiligten.[2]

**2**     Modellvorschrift für § 53 war § 68 GWB.[3] Eine teilweise **vergleichbare Regelung** findet sich zudem in § 67 Abs. 2 VwGO.

## II. Vertretungszwang und Postulationsfähigkeit

**3**     **§ 53 S. 1** bestimmt den **Vertretungszwang** vor dem Beschwerdegericht für alle[4] (→ § 52 Rn. 6) Beteiligten (§ 52) des Beschwerdeverfahrens. **Vertretungsberechtigt** und damit vor dem Beschwerdegericht **postulationsfähig** sind nach § 53 S. 1 Rechtsanwälte und „Rechtslehrer an einer deutschen Hochschule" iSd HRG „mit Befähigung zum Richteramt". Zu letzteren gehört gem. § 7 DRiG jeder ordentliche Professor der Rechte an einer Universität im Geltungsbereich des DRiG. Der im früheren Hochschulrecht verankerte und dem heutigen Hochschulrecht unbekannte „ordentliche Professor" findet heute seine Entsprechung in den nach der Besoldungsgruppe W 3 besoldeten Universitätsprofessoren.[5] Daneben sind auch andere hauptberuflich an einer Hochschule als Professoren tätige Personen einschließlich der Juniorprofessoren, die gem. § 42 S. 1 HRG anders als Privatdozenten zur Gruppe der Hochschullehrer gehören, und wegen § 1 HRG auch die Rechtslehrer der nicht universitären Hochschulen zur Vertretung berechtigt, sofern sie die Befähigung zum Richteramt nach § 5 DRiG erworben haben.[6] Für die BaFin gilt das **„Behördenprivileg"**[7] des § 53 S. 2.

**4**     Vertretungszwang besteht **im gesamten Beschwerdeverfahren,** für die mündliche Verhandlung ebenso wie für alle eingereichten Schriftsätze.[8] Bereits für die Einlegung der Beschwerde beim Beschwerdegericht ist die postulationsfähige Vertretung des bzw. der Beschwerdeführer erforderlich,[9] wenngleich das WpÜG eine dem § 66 Abs. 5 GWB entsprechende Regelung nicht enthält. Im Kartellrecht ist die genannte Vorschrift jedoch erforderlich, weil die Beschwerde gem. § 66 Abs. 1 S. 1 GWB beim BKartA und nicht beim Beschwerdegericht eingelegt wird, § 68 GWB sich aber nur auf die Vertretung „vor dem Beschwerdegericht" bezieht. Eine nicht von einem zugelassenen Vertreter eingelegte Beschwerde ist unzulässig (→ § 51 Rn. 3). Der Anwaltszwang gilt nach Sinn und Zweck des § 53 auch für Verfahren des einstweiligen Rechtsschutzes[10] nach § 50 Abs. 3 oder § 123 VwGO (→ § 50 Rn. 22), gem. § 57 Abs. 2 S. 6 aber nicht im Verfahren zur Offenlegung geheimer Unterlagen, im Übrigen nicht im Ordnungswidrigkeitenverfahren.[11]

## § 54 Mündliche Verhandlung

**(1) Das Beschwerdegericht entscheidet über die Beschwerde auf Grund mündlicher Verhandlung; mit Einverständnis der Beteiligten kann ohne mündliche Verhandlung entschieden werden.**

---

[1] BT-Drs. 14/7034, 66.

[2] BT-Drs. 14/7034, 66.

[3] Vgl. DAV-Handelsrechtsausschuss NZG 2001, 420 (430) zum RefE vom April 2001.

[4] Vgl. Angerer/Geibel/Süßmann/*Louven* Rn. 1.

[5] *Staats,* 2012, DRiG § 1 Rn. 2.

[6] FK-WpÜG/*Schweizer* Rn. 1; Schwark/Zimmer/*Noack*/*Holzborn* Rn. 2.

[7] DAV-Handelsrechtsausschuss NZG 2001, 420 (430) zum RefE vom April 2001.

[8] Steinmeyer/*Steinhardt* Rn. 2; Angerer/Geibel/Süßmann/*Louven* Rn. 1; Baums/Thoma/Verse/*Ritz* Rn. 2.

[9] FK-WpÜG/*Schweizer* Rn. 2; Steinmeyer/*Steinhardt* Rn. 2; Assmann/Pötzsch/Schneider/*Döhmel* Rn. 3; Baums/Thoma/Verse/*Ritz* Rn. 2.

[10] OLG Frankfurt NZG 2011, 704 (705); Angerer/Geibel/Süßmann/*Louven* Rn. 4; Baums/Thoma/Verse/*Ritz* Rn. 2; aA FK-WpÜG/*Schweizer* Rn. 2; Steinmeyer/*Steinhardt* Rn. 2.

[11] Angerer/Geibel/Süßmann/*Louven* Rn. 4; Steinmeyer/*Steinhardt* Rn. 3; Baums/Thoma/Verse/*Ritz* Rn. 3; Assmann/Pötzsch/Schneider/*Döhmel* Rn. 3.

**(2) Sind die Beteiligten in dem Verhandlungstermin trotz rechtzeitiger Benachrichtigung nicht erschienen oder gehörig vertreten, so kann gleichwohl in der Sache verhandelt und entschieden werden.**

**Schrifttum:** *Möller,* Rechtsmittel und Sanktionen nach dem Wertpapiererwerbs- und Übernahmegesetz, AG 2002, 170.

## Übersicht

## I. Einführung

**Regelungsinhalt** von § 54 Abs. 1 sind der Mündlichkeitsgrundsatz für das Beschwerde- **1** verfahren (Hs. 1) sowie die Möglichkeit zur Durchbrechung dieses Grundsatzes, wenn die Beteiligten mit einer Entscheidung ohne mündliche Verhandlung einverstanden sind (Hs. 2). § 54 Abs. 2 regelt weitere Ausnahmen und Modifikationen. Die Mündlichkeit dient der Gewährung rechtlichen Gehörs;[1] die gerichtliche Möglichkeit einer Entscheidung im schriftlichen Verfahren verfolgt den **Normzweck der Verfahrensbeschleunigung.** Gleiches gilt für § 54 Abs. 2, weil die Möglichkeit einer gerichtlichen Entscheidung trotz Fernbleibens oder nicht ordnungsgemäßer Vertretung der Beteiligten im Verhandlungstermin verhindern soll, dass die gebotene zügige „Fortführung des Verfahrens" durch Säumnis in der mündlichen Verhandlung verzögert werden kann.[2]

Mit § 54 wurde die Regelung des § 69 GWB für das Beschwerdeverfahren in das WpÜG **2** übernommen. **Vergleichbare Regelungen** finden sich zudem in § 128 Abs. 1 und 2 ZPO und § 101 Abs. 1 und 2 VwGO.

## II. Mündlichkeitsgrundsatz (Abs. 1 Hs. 1)

Vor seiner Entscheidung über die Beschwerde hat das Beschwerdegericht grundsätzlich **3** einen **Termin zur mündlichen Verhandlung** anzuberaumen, der wegen der gebotenen Beschleunigung des Verfahrens – allerdings gleichwohl unter Beachtung des § 58 Nr. 2 iVm §§ 214–229 ZPO sowie des Umstandes, dass dem Beschwerdeführer zur Beschwerdebegründung nach § 51 Abs. 3 S. 1 eine Monatsfrist zusteht – zügig festzulegen ist. Die mündliche Verhandlung bildet die Grundlage der Entscheidung „über die Beschwerde", also der **Entscheidung des Beschwerdegerichts in der Sache.**[3] Verfahrensleitende Verfügungen (vgl. §§ 57, 55 Abs. 2 und 3) und die Verwerfung der Beschwerde als unzulässig unterliegen nicht dem Mündlichkeitsgrundsatz.[4] Vor der **Verwerfung der Beschwerde** ist den Beteiligten aber Gelegenheit zur (zumindest schriftlichen) Stellungnahme zu geben;[5] dies gilt insbesondere auch für offensichtlich unzulässige Beschwerden Dritter. Ebenso können isolierte Kostenentscheidungen, beispielsweise nach Rücknahme der Beschwerde (vgl. § 128 Abs. 3 ZPO),[6] oder die gerichtliche Anordnung vorläufiger Maßnahmen wie die Wiederherstellung oder Anordnung der aufschiebenden Wirkung nach § 50 Abs. 3, die ja bereits

---

[1] Vgl. zB Kopp/Schenke/*Schenke* VwGO § 101 Rn. 1 f.
[2] BT-Drs. 14/7034, 66.
[3] S. FK-WpÜG/*Schweizer* Rn. 2; Steinmeyer/*Bastian* Rn. 4; Angerer/Geibel/Süßmann/*Louven* Rn. 3; Baums/Thoma/Verse/*Ritz* Rn. 2; Assmann/Pötzsch/Schneider/*Döhmel* Rn. 2.
[4] OLG Frankfurt NZG 2011, 704.
[5] FK-WpÜG/*Schweizer* Rn. 2.
[6] Vgl. FK-WpÜG/*Schweizer* Rn. 2.

vor Einlegung der Beschwerde ergehen kann (vgl. § 50 Abs. 4; → § 50 Rn. 19), ohne mündliche Verhandlung erfolgen.[7]

**4**    **Gegenstand der mündlichen Verhandlung** ist zunächst der wesentliche Inhalt der Akten, soweit er entsprechend § 103 Abs. 2 VwGO vom Berichterstatter vorgetragen wird.[8] Grundsätzlich müssen alle Tatsachen und Beweismittel, auf die die gerichtliche Entscheidung gestützt werden soll, in der mündlichen Verhandlung mit den Beteiligten (§ 52) erörtert werden (§ 56 Abs. 1 S. 2–4; vgl. → § 56 Rn. 7 f.). Auf bekannte Unterlagen, wie die Akten der BaFin oder vorbereitende Schriftsätze kann Bezug genommen werden.[9] Erst **nach dem Termin zur Akte gereichte Schriftsätze** können daher grundsätzlich nicht verwertet werden. Gleiches gilt für im Termin eingereichte Schriftsätze wegen des Gebots der Gewährung rechtlichen Gehörs, da die anderen Beteiligten insoweit keine Möglichkeit zur vorbereitenden Auseinandersetzung hatten. Es bedarf in diesen Fällen vielmehr der Anberaumung eines erneuten Termins zur mündlichen Verhandlung oder – wenn der Schriftsatz im Termin überreicht worden ist – des Einverständnisses aller Beteiligten mit der Erörterung im Verhandlungstermin.[10] § 283 ZPO ist gemäß § 58 Nr. 2 nicht anzuwenden.[11] Im Übrigen gilt § 55 Abs. 3 für die Nichtberücksichtigung verspätet beigebrachter Beweismittel im Beschwerdeverfahren.

**5**    Ein unter Verletzung des Mündlichkeitsgrundsatzes ergehender Beschluss könnte wegen des im WpÜG einzügig ausgestalteten gerichtlichen Beschwerdeverfahrens und der fehlenden Anfechtungsmöglichkeit in höherer Instanz allenfalls durch den außerordentlichen Rechtsbehelf einer Verfassungsbeschwerde beim BVerfG angegriffen werden. Eine Gehörsrüge nach verfassungsrechtlichen Grundsätzen[12] kann allerdings nicht erhoben werden, weil das grundrechtsgleiche **Recht auf rechtliches Gehör** aus Art. 103 Abs. 1 GG keinen verfassungsrechtlichen Anspruch auf Mündlichkeit verbürgt.[13] Eine verbreitete Auffassung sieht dies anders, wenn – wie hier – das Gesetz die mündliche Verhandlung für den Regelfall vorschreibt.[14] Dieser Ansicht ist jedoch nicht zu folgen. Zwar ist richtig, dass die Modalitäten der Gehörsgewährung dem einfachen Gesetzgeber zur Ausgestaltung überlassen sind.[15] Insofern kann der von Art. 103 Abs. 1 GG geforderte Mindeststandard vom Gesetzgeber einfachgesetzlich überboten werden. Hierdurch verschiebt sich jedoch der **verfassungsrechtlich gebotene Mindeststandard** keineswegs, denn eine Erweiterung des Schutzbereichs oder des sonstigen objektiven Inhalts des Art. 103 Abs. 1 GG ist dem einfachen Gesetzgeber nicht möglich. Die Möglichkeit zur konkreten Ausgestaltung gerichtlicher Verfahren bedeutet also nicht, dass der Gesetzgeber in der Lage wäre, Prozessmaximen, die bei isolierter Betrachtung der Verfassung keinen Verfassungsrang genießen, durch ihre bloße einfachgesetzliche Schaffung in Verfassungsrang zu erheben. Allerdings mag man an einen Verstoß gegen den **Gleichheitssatz** aus Art. 3 Abs. 1 GG denken, wenn entgegen der einfachgesetzlichen Vorgabe eine mündliche

---

[7] OLG Frankfurt NZG 2007, 795 (796); BeckRS 2016, 8792 Rn. 36 – insoweit nicht abgedruckt in AG 2016, 824; BeckRS 2016, 112784 Rn. 26 – insoweit nicht abgedruckt in AG 2017, 859; FK-WpÜG/*Schweizer* Rn. 2; Steinmeyer/*Bastian* Rn. 4; vgl. auch Ehricke/Ekkenga/Oechsler/*Ehricke* Rn. 3.

[8] Angerer/Geibel/Süßmann/*Louven* Rn. 4.

[9] Steinmeyer/*Bastian* Rn. 5; Angerer/Geibel/Süßmann/*Louven* Rn. 4; Schwark/Zimmer/*Noack/Holzborn* Rn. 2.

[10] Angerer/Geibel/Süßmann/*Louven* Rn. 5; vgl. Ehricke/Ekkenga/Oechsler/*Ehricke* Rn. 5; Assmann/Pötzsch/Schneider/*Döhmel* Rn. 5; Immenga/Mestmäcker/*Schmidt* GWB § 69 Rn. 2.

[11] Angerer/Geibel/Süßmann/*Louven* Rn. 5; aA Steinmeyer/*Bastian* Rn. 5; Schwark/Zimmer/*Noack/Holzborn* Rn. 2; wohl auch Assmann/Pötzsch/Schneider/*Döhmel* Rn. 5.

[12] Vgl. BVerfG NJW 2003, 1924 (1929).

[13] Vgl. BVerfGE 9, 89 (95 ff.) = NJW 1959, 427; BVerfGE 60, 1 (5) = NJW 1982, 1453; BVerfGE 74, 1 (5) = NJW 1987, 1192; BVerfGE 89, 28 (36) = NJW 1993, 2229; BVerfGE 89, 381 (391) = NJW 1994, 1053; BVerfG NJW 2005, 1999 (2000); Sachs/*Degenhart* GG Art. 103 Rn. 22; Dreier/*Schulze-Fielitz* GG Art. 103 I Rn. 51.

[14] BFHE 166, 415 (416 f.) = DStR 1992, 715; BVerwG NVwZ-RR 2004, 77; Sachs/*Degenhart* GG Art. 103 Rn. 22; zweifelnd wohl Dreier/*Schulze-Fielitz* GG Art. 103 I Rn. 52: „soll […] ein Verstoß […] liegen"; vgl. Angerer/Geibel/Süßmann/*Louven* Rn. 1.

[15] Sachs/*Degenhart* GG Art. 103 Rn. 12.

Verhandlung nicht durchgeführt wird. Zwar ist keineswegs in jedem Verstoß gegen einfaches Recht eine Verletzung des Gleichheitssatzes zu sehen, objektive Willkür iSd Art. 3 Abs. 1 GG liegt jedoch dann vor, wenn „eine offensichtlich einschlägige Norm nicht berücksichtigt oder in krasser Weise missdeutet wird".[16] So liegt es, wenn § 54 Abs. 1 Hs. 1 schlicht nicht angewendet wird.

### III. Ausnahmen und Modifikationen (Abs. 1 Hs. 2, Abs. 2)

**1. Einverständnis der Beteiligten.** § 54 Abs. 1 Hs. 2 entspricht § 101 Abs. 2 VwGO[17] **6** und ist an die Regelung in § 128 Abs. 2 ZPO angelehnt. Die gerichtliche, auf ein Einverständnis folgende Anordnung des schriftlichen Verfahrens setzt voraus, dass **alle Beteiligten** (vgl. → § 52 Rn. 3 ff.; → § 56 Rn. 10), also auch Beigeladene, auf eine mündliche Verhandlung verzichten.[18]

Der Verzicht auf die mündliche Verhandlung ist **Prozesshandlung** und unterliegt daher **7** dem Anwaltszwang nach § 53.[19] Die Verzichtserklärung muss aus Gründen der Rechtssicherheit[20] ausdrücklich und schriftlich erklärt werden, und sie ist bedingungsfeindlich.[21] Das grundsätzlich unwiderrufliche[22] und nicht anfechtbare[23] Einverständnis gilt im Zweifel für die erstmalige oder, nach bereits erfolgter mündlicher Verhandlung, für die darauf folgende mündliche Verhandlung, nicht jedoch für den ganzen, in seiner Entwicklung für die Beteiligten noch nicht abschätzbaren Gerichtsprozess.[24] Keine Anwendung findet jedoch § 128 Abs. 2 S. 1 ZPO, denn diese Vorschrift ist von der Verweisung in § 58 Nr. 2 nicht umfasst. § 54 Abs. 1 Hs. 2 ist insoweit abschließend.[25] Aus denselben Gründen kann auch § 128 Abs. 2 S. 3 ZPO nicht, auch nicht entsprechend etwa mit kürzerer Frist[26] angewandt werden.[27]

Erklären die Beteiligten ihr Einverständnis mit einer Entscheidung im schriftlichen Verfahren, darf das Beschwerdegericht gleichwohl Termin zur mündlichen Verhandlung anberaumen. Die Entscheidung hierüber steht vielmehr im **pflichtgemäßen Ermessen** des Beschwerdegerichts, das auf Grund des gesamten bisherigen schriftlichen oder mündlichen Vortrages abwägen muss, ob eine mündliche Verhandlung geboten oder zumindest sinnvoll erscheint.[28] **8**

**2. Säumnis der Beteiligten.** Eine weitere Ausnahme bzw. Modifikation vom Münd- **9** lichkeitsgrundsatz kommt bei Säumnis der Beteiligten im Verhandlungstermin in Betracht.

---

[16] BVerfGE 87, 273 (279) = NJW 1993, 996; BVerfGE 89, 1 (14) = NJW 1993, 2035; BVerfGE 96, 189 (203) = NJW 1997, 2305; Sachs/*Nußberger* GG Art. 3 Rn. 125.

[17] BT-Drs. 14/7034, 66.

[18] Vgl. Angerer/Geibel/Süßmann/*Louven* Rn. 6; FK-WpÜG/*Schweizer* Rn. 3; Assmann/Pötzsch/Schneider/*Döhmel* Rn. 5; Steinmeyer/*Bastian* Rn. 6; Baums/Thoma/Verse/*Ritz* Rn. 5; vgl. Schwark/Zimmer/*Noack/Holzborn* Rn. 3; ferner Kopp/Schenke/*Schenke* VwGO § 101 Rn. 4; Musielak/Voit/*Stadler* ZPO § 128 Rn. 12 f.

[19] Steinmeyer/*Bastian* Rn. 6; FK-WpÜG/*Schweizer* Rn. 3; Angerer/Geibel/Süßmann/*Louven* Rn. 6; Kölner Komm WpÜG/*Pohlmann* Rn. 7; Baums/Thoma/Verse/*Ritz* Rn. 5.

[20] Musielak/Voit/*Stadler* ZPO § 128 Rn. 12.

[21] Vgl. Immenga/Mestmäcker/*Schmidt* GWB § 69 Rn. 3; Angerer/Geibel/Süßmann/*Louven* Rn. 6; FK-WpÜG/*Schweizer* Rn. 3; Assmann/Pötzsch/Schneider/*Döhmel* Rn. 4; Steinmeyer/*Bastian* Rn. 6; Schwark/Zimmer/*Noack/Holzborn* Rn. 3; Baums/Thoma/Verse/*Ritz* Rn. 5.

[22] Musielak/Voit/*Stadler* ZPO § 128 Rn. 12; Schoch/Schneider/*Ortloff/Riese* VwGO § 101 Rn. 12; Assmann/Pötzsch/Schneider/*Döhmel* Rn. 4; Schwark/Zimmer/*Noack/Holzborn* Rn. 3; FK-WpÜG/*Schweizer* Rn. 3.

[23] Kopp/Schenke/*Schenke* VwGO § 101 Rn. 6; Schwark/Zimmer/*Noack/Holzborn* Rn. 3; FK-WpÜG/*Schweizer* Rn. 3; Assmann/Pötzsch/Schneider/*Döhmel* Rn. 4; Steinmeyer/*Bastian* Rn. 6.

[24] FK-WpÜG/*Schweizer* Rn. 4; Angerer/Geibel/Süßmann/*Louven* Rn. 6.

[25] Vgl. Schoch/Schneider/*Ortloff/Riese* VwGO § 101 Rn. 12; aA Steinmeyer/*Bastian* Rn. 6; Kopp/Schenke/*Schenke* VwGO § 101 Rn. 12.

[26] So aber Angerer/Geibel/Süßmann/*Louven* Rn. 8; Ehricke/Ekkenga/Oechsler/*Ehricke* Rn. 8.

[27] So für den Verwaltungsprozess BVerwG NJW 1980, 1482; s. auch Schwark/Zimmer/*Noack/Holzborn* Rn. 3; aA Steinmeyer/*Bastian* Rn. 8; Baums/Thoma/Verse/*Ritz* Rn. 6.

[28] FK-WpÜG/*Schweizer* Rn. 4; Schwark/Zimmer/*Noack/Holzborn* Rn. 3; Assmann/Pötzsch/Schneider/*Döhmel* Rn. 4; Baums/Thoma/Verse/*Ritz* Rn. 5; vgl. Steinmeyer/*Bastian* Rn. 6.

§ 54 Abs. 2 soll eine bewusste Verzögerung des Verfahrens durch die Beteiligten verhindert werden,[29] wenn den Beteiligten durch die **ordnungsgemäße Ladung** rechtliches Gehör mit der Einräumung der faktischen Möglichkeit zur Stellungnahme in der mündlichen Verhandlung gewährt wurde.[30] Eines **Hinweises** entsprechend § 102 Abs. 2 VwGO auf die Möglichkeit nach § 54 Abs. 2 bedarf es wie im Kartellbeschwerdeverfahren nach § 69 GWB nicht.[31] Das **Versäumnisverfahren** nach §§ 330 ff. ZPO kommt nicht zur Anwendung, da dieses auf dem insoweit nicht geltenden Beibringungsgrundsatz und der zivilprozessrechtlichen Verhandlungsmaxime beruht.[32]

10    Maßgebend für eine gehörige **Vertretung** ist § 53. Die Parteien müssen in der mündlichen Verhandlung Prozesshandlungen vornehmen können.[33]

11    Ob das Beschwerdegericht bei Säumnis eines Beteiligten oder aller in der Sache verhandelt und entscheidet, liegt in seinem **Ermessen.** Hat das Beschwerdegericht Kenntnis von einer nicht vorhersehbaren, unverschuldeten Verhinderung Beteiligter oder bestehen hinreichende Anhaltspunkte für eine nicht ordnungsgemäße Ladung, hat es die mündliche Verhandlung zu vertagen.[34] Eine Entscheidung kann wegen des geltenden Untersuchungsgrundsatzes (§ 55) in der Sache auch dann nicht ergehen, wenn diese nach den bisherigen Erkenntnissen des Gerichts nicht spruchreif ist;[35] liegt Spruchreife vor, wird das Ermessen des Gerichts aus Gründen zügiger Durchführung des Verfahrens reduziert sein mit der Folge, dass eine Sachentscheidung zu ergehen hat.

## § 55 Untersuchungsgrundsatz

**(1) Das Beschwerdegericht erforscht den Sachverhalt von Amts wegen.**

**(2) Das Gericht hat darauf hinzuwirken, dass Formfehler beseitigt, unklare Anträge erläutert, sachdienliche Anträge gestellt, ungenügende tatsächliche Angaben ergänzt, ferner alle für die Feststellung und Beurteilung des Sachverhalts wesentlichen Erklärungen abgegeben werden.**

**(3) [1]Das Beschwerdegericht kann den Beteiligten aufgeben, sich innerhalb einer zu bestimmenden Frist über aufklärungsbedürftige Punkte zu äußern, Beweismittel zu bezeichnen und in ihren Händen befindliche Urkunden sowie andere Beweismittel vorzulegen. [2]Bei Versäumung der Frist kann nach Lage der Sache ohne Berücksichtigung der nicht beigebrachten Beweismittel entschieden werden.**

**Schrifttum:** *Möller,* Rechtsmittel und Sanktionen nach dem Wertpapiererwerbs- und Übernahmegesetz, AG 2002, 170; *Redeker,* Untersuchungsgrundsatz und Mitwirkung der Beteiligten im Verwaltungsprozeß, DVBl. 1981, 83.

### Übersicht

---

[29] BT-Drs. 14/7034, 66.

[30] Angerer/Geibel/Süßmann/*Louven* Rn. 9.

[31] FK-WpÜG/*Schweizer* Rn. 5; aA Steinmeyer/*Bastian* Rn. 7.

[32] Vgl. Musielak/Voit/*Stadler* ZPO Vor § 330 Rn. 3; für das WpÜG vgl. Kölner Komm WpÜG/*Pohlmann* Rn. 8; Ehricke/Ekkenga/Oechsler/*Ehricke* Rn. 10 f.; Schwark/Zimmer/*Noack/Holzborn* Rn. 4; Angerer/Geibel/Süßmann/*Louven* Rn. 9; FK-WpÜG/*Schweizer* Rn. 5; Baums/Thoma/Verse/*Ritz* Rn. 7.

[33] Steinmeyer/*Bastian* Rn. 8.

[34] Vgl. Kopp/Schenke/*Schenke* VwGO § 103 Rn. 3; *Möller* AG 2002, 170 (171); s. auch Steinmeyer/ *Bastian* Rn. 7; Assmann/Pötzsch/Schneider/*Döhmel* Rn. 6; Angerer/Geibel/Süßmann/*Louven* Rn. 9; Schwark/Zimmer/*Noack/Holzborn* Rn. 4; Baums/Thoma/Verse/*Ritz* Rn. 7.

[35] FK-WpÜG/*Schweizer* Rn. 5; Angerer/Geibel/Süßmann/*Louven* Rn. 9; Schwark/Zimmer/*Noack/Holzborn* Rn. 4; ähnlich Kölner Komm WpÜG/*Pohlmann* Rn. 8; Ehricke/Ekkenga/Oechsler/*Ehricke* Rn. 11.

## I. Einführung

**Regelungsgegenstand** von § 55 ist ausweislich der Überschrift die Anordnung des **1**
Untersuchungsgrundsatzes für das gerichtliche Beschwerdeverfahren. Abs. 2 der Vorschrift
entspricht § 139 ZPO und § 86 Abs. 3 VwGO.[1] Abs. 3 gewährt dem Beschwerdegericht
außerdem die Befugnis, von den Beteiligten Tatsachenangaben sowie die Bezeichnung und
Vorlage von Beweismitteln innerhalb einer gerichtlich zu bestimmenden Frist zu verlangen;
bei Versäumung der Frist ist das Gericht ermächtigt, nach „Lage der Sache" ohne Berücksichtigung der fehlenden Angaben zu entscheiden.

Die Anordnung des Untersuchungsgrundsatzes **bezweckt** die Sicherstellung einer im **2**
öffentlichen Interesse liegenden richtigen Sachentscheidung sowie die Gewährung effektiven
Rechtsschutzes.[2] Die Hinweispflicht nach § 55 Abs. 2 soll verhindern, dass die Rechtsverwirk-
lichung „an behebbaren formalen Mängeln" scheitert; sie dient zudem der Erfüllung der Amtsermittlungspflicht und „effektuiert andererseits die Mitwirkungspflicht" der Beteiligten.[3] § 55
Abs. 3 zielt, wie Abs. 2 auch, auf die Schaffung einer vollständigen und richtigen Entscheidungsgrundlage und unterstützt außerdem das Anliegen der Verfahrensbeschleunigung.

§ 55 ist § 70 GWB nachgebildet, dessen Abs. 1–3 nur geringfügig verändert für das **3**
Beschwerdeverfahren in das WpÜG übernommen wurden.

## II. Amtsermittlungsgrundsatz (Abs. 1)

Nach § 55 Abs. 1 erforscht das Beschwerdegericht den Sachverhalt **von Amts wegen.** **4**
Diese Ausrichtung auf den Untersuchungsgrundsatz trägt der Ausgestaltung des Beschwerdeverfahrens als besondere Art des Verwaltungsstreitverfahrens (→ § 48 Rn. 2) Rechnung,
für das im allgemeinen Verwaltungsprozessrecht ebenfalls die Maxime der Amtsermittlung
gilt (vgl. § 86 VwGO).[4] Daneben gilt im Beschwerdeverfahren die – auch aus dem Zivilprozess bekannte – **Dispositionsmaxime,**[5] die es den Beteiligten erlaubt, den Streitgegenstand
zu bestimmen und über ihn zu verfügen.

Der Untersuchungsgrundsatz verpflichtet das Beschwerdegericht zur Ermittlung der für **5**
die Entscheidung erforderlichen Tatsachen und Beweismittel. Das Gericht hat den **Sachverhalt,** dh den für die gerichtliche Entscheidung bedeutsamen Ausschnitt aus der Realität,[6]
zu erforschen. Dabei ist es an das Vorbringen und die Beweisanträge der Beteiligten nicht
gebunden (vgl. § 86 Abs. 1 S. 2 VwGO). Gleichwohl legt der Beschwerdeführer mit seinem
Beschwerdeantrag und der Beschwerdebegründung, in der die die Beschwerde stützenden
Tatsachen und Beweismittel anzugeben sind (§ 51 Abs. 4 Nr. 2), zunächst sein **Begehren,**
also sein Beschwerdeziel,[7] sowie den diesem zugrundeliegenden und damit vom Gericht
zu erforschenden Tatsachenkomplex fest. Der diese Elemente aufgreifende, darüber hinaus
durch das tatsächliche Vorbringen der BaFin (und ggf. anderer Beteiligter) geprägte **Streitgegenstand**[8] und die materiellen Voraussetzungen der Anspruchsgrundlage bestimmen
Inhalt und Umfang der Ermittlungspflicht des Beschwerdegerichts.[9]

Die Verpflichtung des Beschwerdegerichts zur Erforschung des Sachverhalts findet dort ihre **6**
Grenzen, wo die **Mitwirkungspflicht der Beteiligten** einsetzt.[10] So ist namentlich der
Beschwerdeführer verpflichtet, bereits in der Beschwerdebegründung die Tatsachen und

---

[1] BT-Drs. 14/7034, 67.
[2] Vgl. Kopp/Schenke/*Schenke* VwGO § 86 Rn. 1; Schoch/Schneider/*Dawin* VwGO § 86 Rn. 6 ff.
[3] S. Schoch/Schneider/*Dawin* VwGO § 86 Rn. 4; vgl. *Seibt* ZIP 2004, 1829 (1834).
[4] Angerer/Geibel/Süßmann/*Louven* Rn. 1; FK-WpÜG/*Schweizer* Rn. 1; Assmann/Pötzsch/Schneider/
*Döhmel* Rn. 2; Steinmeyer/*Bastian* Rn. 3; Baums/Thoma/Verse/*Ritz* Rn. 1.
[5] Kölner Komm WpÜG/*Pohlmann* Rn. 2; Angerer/Geibel/Süßmann/*Louven* Rn. 2.
[6] OLG Frankfurt BeckRS 2019, 6427 Rn. 160 – insoweit nicht abgedruckt in AG 2019, 687; Schoch/
Schneider/*Dawin* VwGO § 86 Rn. 20.
[7] Vgl. Schoch/Schneider/*Riese* VwGO § 88 Rn. 9 ff.
[8] Vgl. Schoch/Schneider/*Dawin* VwGO § 86 Rn. 48; Musielak/Voit/*Musielak* ZPO Einl. Rn. 68 ff.
[9] Vgl. Kopp/Schenke/*Schenke* VwGO § 86 Rn. 4; FK-WpÜG/*Schweizer* Rn. 1; *Möller* AG 2002, 170
(171); Assmann/Pötzsch/Schneider/*Döhmel* Rn. 3; Baums/Thoma/Verse/*Ritz* Rn. 5.
[10] S. *Redeker* DVBl. 1981, 83 (84).

Beweismittel anzugeben, auf die sich die Beschwerde stützt (§ 51 Abs. 4 Nr. 2). Als „Wissensträger" obliegt aber auch der BaFin und ggf. anderen Beteiligten die Förderung des Prozesses, insbesondere die Pflicht, durch umfassenden Vortrag bei der Sachverhaltsaufklärung mitzuwirken.[11] Unterlassen die Beteiligten zumutbare und mögliche Angaben, ist das Beschwerdegericht nicht gehalten, von sich aus allen denkbaren Möglichkeiten der Tatsachen- und Beweisermittlung nachzugehen; es kann die Unterlassung der Angaben werten und sogar negative Schlüsse aus der Nichtangabe von Tatsachen ziehen.[12] Auch eine Mitwirkung durch Beweisanträge oder -anregungen kann im Beschwerdeverfahren schon deshalb gefordert werden, weil die Beteiligten nach § 53 fachkundig vertreten sein müssen.[13] Gleichwohl gibt es im Beschwerdeverfahren **keine formelle oder prozessuale Beweisführungslast.**[14] Die **materielle Beweislast** trägt nach den allgemeinen Regeln grundsätzlich derjenige, für dessen Rechtsverfolgung oder -verteidigung sie notwendig ist, jedenfalls soweit die Tatsache in „seiner Sphäre" liegt.[15]

**7**    Welche Mittel das Beschwerdegericht zur Erforschung des Sachverhalts einsetzt, steht weitgehend in seinem Ermessen. Es kann sich sämtlicher **Beweismittel nach der ZPO** bedienen (§ 58 Nr. 2).[16] An die Beweisanträge der Beteiligten ist das Beschwerdegericht analog § 86 Abs. 1 S. 2 VwGO nicht gebunden. Indes kann das Ermessen des Gerichts bei der Wahl des Beweismittels oder der Festlegung des zu erforschenden Sachverhalts durch die Stellung eines Beweisantrages beschränkt sein, weil das Beschwerdegericht schon verfassungsrechtlich aus Art. 103 Abs. 1 GG verpflichtet ist, für die Entscheidung wichtige Beweisanträge zu berücksichtigen. Will das Gericht einen Beweisantrag ablehnen, muss es seine Entscheidung begründen.[17]

### III. Gerichtliche Hinweispflicht (Abs. 2)

**8**    § 55 Abs. 2 erlaubt die gerichtliche Konkretisierung der **Verfahrensförderungs- und Mitwirkungspflichten** der Beteiligten, dient zugleich der Gewährung rechtlichen Gehörs und soll die Beteiligten des Verfahrens vor Überraschungsentscheidungen des Gerichts schützen.[18] Die gerichtlichen Hinweise sollen dazu beitragen, dass „der Prozess zügig durchgeführt werden kann".[19]

**9**    Die Erteilung von Hinweisen steht nicht im Ermessen des Beschwerdegerichts, vielmehr „hat" es auf die Beseitigung von Fehlern und Unklarheiten „hinzuwirken". Das Gericht hat Hinweise allerdings nur bei Anlass zu **ergänzender Hilfe** zu erteilen, etwa bei unklarem oder lückenhaftem Vortrag oder sonstigen Mängeln,[20] die in § 55 Abs. 2 eine gewisse Konkretisierung gefunden haben. Die **Hinweispflicht** dient nicht der Rechtsberatung der Beteiligten und findet ihre Grenze in der gerichtlichen Pflicht zur Unparteilichkeit.[21]

### IV. Mitwirkungspflicht und Säumnisfolgen (Abs. 3)

**10**    Mit der in § 55 Abs. 3 S. 1 niedergelegten Befugnis hat das Beschwerdegericht eine weitere Möglichkeit, die Beteiligten in die Sachverhaltserforschung einzubeziehen, ihre

---

[11] Vgl. Kopp/Schenke/*Schenke* VwGO § 86 Rn. 11 f.

[12] S. FK-WpÜG/*Schweizer* Rn. 2; vgl. Angerer/Geibel/Süßmann/*Louven* Rn. 5.

[13] S. FK-WpÜG/*Schweizer* Rn. 2.

[14] Steinmeyer/*Bastian* Rn. 5; Assmann/Pötzsch/Schneider/*Döhmel* Rn. 6; Baums/Thoma/Verse/*Ritz* Rn. 10; vgl. auch Immenga/Mestmäcker/*Schmidt* GWB § 70 Rn. 10.

[15] Vgl. Schoch/Schneider/*Riese* VwGO § 87b Rn. 28; vgl. auch Steinmeyer/*Bastian* Rn. 5; Baums/Thoma/Verse/*Ritz* Rn. 10; Immenga/Mestmäcker/*Schmidt* GWB § 70 Rn. 10; vgl. Assmann/Pötzsch/Schneider/*Döhmel* Rn. 6.

[16] Vgl. FK-WpÜG/*Schweizer* Rn. 3; Steinmeyer/*Bastian* Rn. 4; Angerer/Geibel/Süßmann/*Louven* Rn. 8; Assmann/Pötzsch/Schneider/*Döhmel* Rn. 5; Baums/Thoma/Verse/*Ritz* Rn. 9.

[17] Angerer/Geibel/Süßmann/*Louven* Rn. 7; aA Ehricke/Ekkenga/Oechsler/*Ehricke* Rn. 6.

[18] S. FK-WpÜG/*Schweizer* Rn. 4; Angerer/Geibel/Süßmann/*Louven* Rn. 12; Assmann/Pötzsch/Schneider/*Döhmel* Rn. 7; Steinmeyer/*Bastian* Rn. 6; Schwark/Zimmer/*Noack/Holzborn* Rn. 5; Baums/Thoma/Verse/*Ritz* Rn. 12.

[19] BT-Drs. 14/7034, 67.

[20] Vgl. Musielak/Voit/*Stadler* ZPO § 139 Rn. 7; Assmann/Pötzsch/Schneider/*Döhmel* Rn. 7.

[21] Angerer/Geibel/Süßmann/*Louven* Rn. 12; Musielak/Voit/*Stadler* ZPO § 139 Rn. 5.

**Mitwirkungsobliegenheiten** zu konkretisieren und das Verfahren zu beschleunigen. Die gerichtliche Befugnis wird in § 55 Abs. 3 S. 2 sogar dahingehend erweitert, dass das Gericht das Verfahren bei Säumnis der Beteiligten fortführen und ggf. abschließen können soll, ohne hinsichtlich der angeforderten Informationen in weitere Ermittlungen einzusteigen.[22]

Die nach Abs. 3 S. 1 vom Gericht zu bestimmende **Frist** muss die einmonatige **11** Beschwerdebegründungsfrist berücksichtigen,[23] kann aber wegen der im Gesetz im Übrigen geltenden Fristen verhältnismäßig kurz ausfallen.[24] Welche Frist angemessen ist, ist letztendlich jedoch einzelfallabhängig und hängt maßgeblich von der Schwierigkeit der Beibringung der geforderten Angaben ab. Werden die geforderten Tatsachen oder Beweismittel durch die Beteiligten nicht fristgemäß beigebracht, kann das Gericht in der Sache auf Grund des bisher ermittelten Sachverhalts entscheiden. Entscheidungserhebliches Vorbringen, das nicht innerhalb der Frist, aber noch vor gerichtlicher Entscheidung eingeht, ist gleichwohl zu berücksichtigen und darf nicht als verspätet zurückgewiesen werden.[25] Ob nach dem bisherigen Vorbringen eine Sachentscheidung getroffen werden kann, hat das Gericht in Ausübung pflichtgemäßen Ermessens insbesondere unter Beachtung des Beschleunigungsgebots und des Grades der Nähe zur Entscheidungsreife zu entscheiden.

## § 56 Beschwerdeentscheidung; Vorlagepflicht

(1) [1]Das Beschwerdegericht entscheidet durch Beschluss nach seiner freien, aus dem Gesamtergebnis des Verfahrens gewonnenen Überzeugung. [2]Der Beschluss darf nur auf Tatsachen und Beweismittel gestützt werden, zu denen die Beteiligten sich äußern konnten. [3]Das Beschwerdegericht kann hiervon abweichen, soweit Beigeladenen aus berechtigten Interessen der Beteiligten oder dritter Personen Akteneinsicht nicht gewährt und der Akteninhalt aus diesen Gründen auch nicht vorgetragen worden ist. [4]Dies gilt nicht für solche Beigeladene, die an dem streitigen Rechtsverhältnis derart beteiligt sind, dass die Entscheidung auch ihnen gegenüber nur einheitlich ergehen kann.

(2) [1]Hält das Beschwerdegericht die Verfügung der Bundesanstalt für unzulässig oder unbegründet, so hebt es die Verfügung auf. [2]Hat sich die Verfügung vorher durch Zurücknahme oder auf andere Weise erledigt, so spricht das Beschwerdegericht auf Antrag aus, dass die Verfügung der Bundesanstalt unzulässig oder unbegründet gewesen ist, wenn der Beschwerdeführer ein berechtigtes Interesse an dieser Feststellung hat.

(3) Hält das Beschwerdegericht die Ablehnung oder Unterlassung der Verfügung für unzulässig oder unbegründet, so spricht es die Verpflichtung der Bundesanstalt aus, die beantragte Verfügung vorzunehmen.

(4) Die Verfügung ist auch dann unzulässig oder unbegründet, wenn die Bundesanstalt von ihrem Ermessen fehlerhaft Gebrauch gemacht hat, insbesondere wenn sie die gesetzlichen Grenzen des Ermessens überschritten oder durch die Ermessensentscheidung Sinn und Zweck dieses Gesetzes verletzt hat.

(5) Der Beschluss ist zu begründen und den Beteiligten zuzustellen.

(6) [1]Will das Beschwerdegericht von einer Entscheidung eines Oberlandesgerichts oder des Bundesgerichtshofs abweichen, so legt es die Sache dem Bundesgerichtshof vor. [2]Der Bundesgerichtshof entscheidet anstelle des Oberlandesgerichts.

---

[22] BT-Drs. 14/7034, 67; Schwark/Zimmer/*Noack/Holzborn* Rn. 8; Angerer/Geibel/Süßmann/*Louven* Rn. 13.

[23] Steinmeyer/*Bastian* Rn. 7; Angerer/Geibel/Süßmann/*Louven* Rn. 13; Baums/Thoma/Verse/*Ritz* Rn. 14.

[24] Vgl. Angerer/Geibel/Süßmann/*Louven* Rn. 13; Ehricke/Ekkenga/Oechsler/*Ehricke* Rn. 13; Schwark/Zimmer/*Noack/Holzborn* Rn. 7.

[25] Immenga/Mestmäcker/*Schmidt* GWB § 70 Rn. 12; Angerer/Geibel/Süßmann/*Louven* Rn. 13; Baums/Thoma/Verse/*Ritz* Rn. 16; aA wohl Ehricke/Ekkenga/Oechsler/*Ehricke* Rn. 15; vgl. Steinmeyer/*Bastian* Rn. 7, der verspätet vorgebrachte Tatsachen, nicht aber Beweismittel für berücksichtigungsfähig hält.

**Schrifttum:** *Barthel,* Die Beschwerde gegen aufsichtsrechtliche Verfügungen nach dem WpÜG, 2004; *Kremer,* Die kartellverwaltungsrechtliche Beschwerde, 1988; *Möller,* Rechtsmittel und Sanktionen nach dem Wertpapiererwerbs- und Übernahmegesetz, AG 2002, 170; *Schmidt,* Drittschutz, Akteneinsicht und Geheimnisschutz im Kartellverfahren, 1992; *Schnorbus,* Rechtsschutz im Übernahmeverfahren, Teil II, WM 2003, 657.

## I. Einführung

**1**   **Regelungsgegenstände** von § 56 sind im Wesentlichen die Entscheidung des Beschwerdegerichts, die Grundlagen dieser Entscheidung, die Entscheidungsarten und mögliche Entscheidungsinhalte, daneben das den Beteiligten zu gewährende rechtliche Gehör und Fragen der Divergenzvorlage. Entsprechend vielfältig sind die **Normzwecke,** die von der Bereitstellung von gerichtlichen Entscheidungsformen über den Rechtsschutz für den Bürger, die gerichtliche Kontrolle der Verwaltung, die Wahrung rechtlichen Gehörs und die Gewährleistung von Geheimnisschutz bis hin zur Sicherstellung einer einheitlichen Rechtsanwendung[1] reichen.

**2**   § 56 lehnt sich weitgehend an § 71 GWB an.[2] Die Beschwerdeentscheidung selbst ist mit dem verwaltungsgerichtlichen Urteil vergleichbar.[3] Der in § 56 Abs. 1 niedergelegte Grundsatz der freien Beweiswürdigung findet sich auch in anderen Prozessordnungen – so etwa in § 108 Abs. 1 VwGO und in § 286 Abs. 1 ZPO. Gleiches gilt für den dort ebenfalls angesprochenen Grundsatz rechtlichen Gehörs (zB § 108 Abs. 2 VwGO), der zudem als grundrechtsähnliches Verfahrensrecht bereits auf der Verfassungsebene in § 103 Abs. 1 GG verankert ist. § 56 steht zum Teil in engem **Regelungszusammenhang** mit §§ 54, 55 und 57, vor allem aber mit § 48, weil die Arten der gerichtlichen Beschwerdeentscheidungen gewissermaßen das Gegenstück zu den Beschwerdearten darstellen. Ähnlich wie die Beschwerdearten in § 48 (→ § 48 Rn. 24) sind allerdings auch die möglichen Arten der Entscheidungen durch das Beschwerdegericht in § 56 nicht abschließend geregelt.

## II. Entscheidung, Entscheidungsgrundlagen und rechtliches Gehör (Abs. 1)

**3**   **1. Entscheidung.** Die Entscheidung des Beschwerdegerichts ergeht nach § 56 Abs. 1 S. 1 unabhängig vom Stattfinden einer mündlichen Verhandlung (vgl. § 54) immer in der Form eines **Beschlusses,** der wie ein verwaltungsgerichtliches Urteil wirkt und sowohl der formellen als auch der materiellen **Rechtskraft** zugänglich ist.[4] Da das WpÜG den gerichtlichen Rechtsschutz auf nur eine Instanz beschränkt (→ § 48 Rn. 30), sind die Beschlüsse stets formell rechtskräftig und binden die Beteiligten. Die materielle Rechtskraft entspricht im sachlichen und persönlichen Umfang der eines verwaltungsgerichtlichen Urteils.[5]

---

[1]   BT-Drs. 14/7034, 67.
[2]   Steinmeyer/*Bastian* Rn. 1; FK-WpÜG/*Schweizer* Rn. 1.
[3]   *Möller* AG 2002, 170 (172).
[4]   *Möller* AG 2002, 170 (172).
[5]   Vgl. Immenga/Mestmäcker/*Schmidt* GWB § 71 Rn. 5.

**2. Entscheidungsgrundlagen.** Grundlage der beschwerdegerichtlichen Entscheidung ist **4** das **Gesamtergebnis** des Verfahrens. Dies ist alles, was Gegenstand der mündlichen Verhandlung oder, bei Verzicht auf die mündliche Verhandlung bzw. in den Fällen von § 54 Abs. 2, des schriftlichen Verfahrens war.[6] Das Beschwerdegericht verstößt beispielsweise dann gegen § 56 Abs. 1 S. 1, wenn es in das gerichtliche Verfahren eingeführten Vortrag, mit dem der Beschwerdeführer nach § 41 Abs. 1 S. 2 **im Widerspruchsverfahren präkludiert** war, nicht beachtet, weil es sich dabei nur um eine formelle Präklusionsvorschrift (→ § 48 Rn. 10 f.; → § 41 Rn. 17) handelt, die sich auf das beschwerdegerichtliche Verfahren nicht auswirkt.

Auf der Grundlage des Gesamtergebnisses des Verfahrens entscheidet das Beschwerdege- **5** richt nach seiner **freien** Überzeugung. Das Gericht ist grundsätzlich nur an die innere Überzeugungskraft der als Gesamtergebnis des Verfahrens gewonnenen Argumente und Gesichtspunkte sowie an Denkgesetze, anerkannte Erfahrungssätze und Auslegungsgrundsätze gebunden.[7] Allerdings gelten manche Beweisregeln der ZPO über § 58 Nr. 2 auch für das übernahmerechtliche Beschwerdeverfahren, so zB §§ 415, 437 ZPO für den Urkundenbeweis. Im Rahmen der freien Beweiswürdigung darf das Gericht auch den Indizienbeweis berücksichtigen.[8]

Im Rahmen der Beweiswürdigung ist die **Überzeugung** des Beschwerdegerichts von **6** der Wahrheit und nicht etwa nur von der Wahrscheinlichkeit des Lebenssachverhalts erforderlich.[9] Für die Überzeugungsgewissheit reicht ein für das praktische Leben brauchbarer Grad von Gewissheit, der den Zweifeln Einhalt gebietet, ohne sie völlig auszuschließen.[10]

**3. Rechtliches Gehör.** Nach § 56 Abs. 1 S. 2 darf die Entscheidung nur auf Tatsachen **7** und Beweismittel (→ § 8 Rn. 13; → § 48 Rn. 10) gestützt werden, zu denen sich die Beteiligten **äußern** konnten. Die Vorschrift ergänzt § 55 Abs. 3[11] und steht in engem Zusammenhang mit dem in § 57 geregelten Akteneinsichtsrecht.[12] Die Norm ist Ausdruck des verfassungsrechtlich (Art. 103 Abs. 1 GG) verbürgten Anspruchs auf rechtliches Gehör.[13] § 56 Abs. 1 S. 2 räumt den Anspruch auf rechtliches Gehör nur den **Beteiligten** ein. **8** Dies sind der Beschwerdeführer und die Bundesanstalt (§ 52), aber auch Dritte, soweit sie analog § 63 Nr. 3 VwGO, § 65 VwGO beigeladen worden sind. Dies wird zur Vermeidung einer Verletzung des Art. 103 Abs. 1 GG etwa im Falle einer Drittbeschwerde gegen eine Verfügung der BaFin im Hinblick auf den Verfügungsadressaten der Fall sein müssen (→ § 52 Rn. 6). Die Problematik des Drittschutzes des WpÜG (→ § 4 Rn. 19 ff.; → § 48 Rn. 7) soll hier allerdings nicht erneut aufgegriffen werden.

**4. Geheimnisschutz und Beigeladene.** § 56 Abs. 1 S. 3 und 4 enthalten für Beigela- **9** dene **spezielle Regelungen zum rechtlichen Gehör** und befassen sich mit Fragen des Geheimnisschutzes,[14] die hinsichtlich der Anwendungsvoraussetzungen mit § 57 verzahnt

---

[6] Vgl. Kopp/Schenke/*Schenke* VwGO § 108 Rn. 2; ausf. Eyermann/*Kraft* VwGO § 108 Rn. 10 ff.; Baums/Thoma/Verse/*Ritz* Rn. 3; vgl. Angerer/Geibel/Süßmann/*Louven* Rn. 2; zu § 108 Abs. 1 S. 1 VwGO vgl. BVerwGE 68, 338 (339) = BeckRS 2012, 50345.

[7] Vgl. zum Verwaltungsprozess BVerwGE 47, 330 (361) = NJW 1975, 1135; BVerwGE 61, 176 (188) = NJW 1981, 1386; BVerwGE 96, 200 (208 f.) = NVwZ 1995, 175; zum WpÜG Assmann/Pötzsch/Schneider/*Döhmel* Rn. 2; Angerer/Geibel/Süßmann/*Louven* Rn. 6; Baums/Thoma/Verse/*Ritz* Rn. 4.

[8] OLG Frankfurt NZG 2019, 1308 Rn. 31.

[9] So zum Verwaltungsprozess BVerwG NVwZ 1985, 658 (659); vgl. Baums/Thoma/Verse/*Ritz* Rn. 4; Steinmeyer/*Bastian* Rn. 5; Schwark/Zimmer/*Noack*/*Holzborn* Rn. 3.

[10] So zum Verwaltungsprozess zB BVerwGE 71, 180 (181) = NVwZ 1985, 658; BVerwG NVwZ 2003, 1132 (1135); Eyermann/*Kraft* VwGO § 108 Rn. 16; vgl. für das Kartellrecht Immenga/Mestmäcker/*Schmidt* GWB § 71 Rn. 1; s. auch BVerwG NVwZ 1985, 658 (660); Angerer/Geibel/Süßmann/*Louven* Rn. 6; FK-WpÜG/*Schweizer* Rn. 1.

[11] BT-Drs. 14/7034, 67.

[12] Vgl. v. Mangoldt/Klein/Starck/*Nolte*/*Aust* GG Art. 103 Rn. 32 ff.

[13] Vgl. FK-WpÜG/*Schweizer* Rn. 2; Steinmeyer/*Bastian* Rn. 6; Angerer/Geibel/Süßmann/*Louven* Rn. 2; Assmann/Pötzsch/Schneider/*Döhmel* Rn. 3; Baums/Thoma/Verse/*Ritz* Rn. 5; Schwark/Zimmer/*Noack*/*Holzborn* Rn. 4.

[14] Vgl. zur Parallelregelung im GWB Immenga/Mestmäcker/*Schmidt* GWB § 71 Rn. 4; *Schmidt*, Drittschutz, Akteneinsicht und Geheimnisschutz im Kartellverfahren, 1992, 63 ff.; *Bechtold*/*Bosch* GWB § 71 Rn. 5; Langen/Bunte/*Lembach* GWB § 71 Rn. 10 ff.

sind. Hintergrund der von **§ 56 Abs. 1 S. 3** zugelassenen Abweichung vom Grundsatz des rechtlichen Gehörs ist die Überlegung, dass in einem Verfahren vom Bieter oder von der Zielgesellschaft evtl. Interna offenbart werden müssen, die im berechtigten Interesse der Beteiligten der Öffentlichkeit nicht bekannt gegeben werden sollen;[15] dabei wird es sich vornehmlich um Geschäftsgeheimnisse handeln, auf denen die wirtschaftliche Betätigung des zu Schützenden aufbaut und deren Offenbarung zu erheblichen Beeinträchtigungen von dessen Wettbewerbschancen führen kann.[16] Die Entscheidung über die Abweichung von rechtlichem Gehör und Verwertungsverbot trifft das Beschwerdegericht nach pflichtgemäßem Ermessen; dabei hat es die Interessen der Beigeladenen an effektivem und transparentem Rechtsschutz gegen die Geheimhaltungsinteressen der Beteiligten abzuwägen.[17] Zu dieser Ausnahmevorschrift enthält **§ 56 Abs. 1 S. 4** ausweislich der Materialien wiederum eine Rückausnahme für die notwendig Beizuladenden (vgl. § 65 Abs. 2 VwGO), „da diese die gleiche Stellung wie die anderen Beteiligten im Verfahren haben und eine Entscheidung nur auf Tatsachen und Beweismittel gestützt werden darf, zu denen diese sich äußern konnten";[18] insoweit bleibt es bei der Regelung nach § 56 Abs. 1 S. 2.

10    Die **zentrale Kernproblematik** dieses Geheimnisschutzes liegt bei den **Beigeladenen.** Vieles spricht für ein gesetzgeberisches Redaktionsversehen des Inhalts, dass bei der erst im Gesetzgebungsverfahren erfolgten Streichung der den Drittschutz betreffenden Vorschriften (→ § 4 Rn. 26) die Regelungen über die „Beigeladenen" in § 56 Abs. 1 übersehen und „vergessen" wurden. Dennoch ist, wie bereits erörtert, entsprechend dem Wortlaut des § 56 Abs. 1 in Analogie zu § 63 Nr. 3 VwGO, § 65 VwGO die grundsätzliche Möglichkeit einer Beiladung zur Vermeidung von Grundrechtsverletzungen und im Hinblick auf Art. 103 Abs. 1 GG verfassungsrechtlich geboten (→ Rn. 7; → § 52 Rn. 6).

### III. Beschlüsse bei den einzelnen Beschwerdearten (Abs. 2 und 3)

11    **1. Beschluss bei Anfechtungsbeschwerden (Abs. 2 S. 1).** § 56 Abs. 2 S. 1 ist das Pendant zur Anfechtungsbeschwerde (→ § 48 Rn. 4 ff.). Erfolgreiche Anfechtungsbeschwerden führen zur **Aufhebung des angefochtenen Ausgangsverwaltungsakts** der BaFin sowie analog § 113 Abs. 1 S. 1 VwGO zur Aufhebung des Widerspruchsbescheides[19] durch das Beschwerdegericht; auch eine Teilaufhebung ist möglich, wenn die rechtlich unbedenklichen Teile nicht in einem untrennbaren Zusammenhang mit dem rechtswidrigen Teil stehen.[20] Vgl. auch § 51 Abs. 4 Nr. 1; zur Statthaftigkeit von Teilanfechtung und isolierter Anfechtung von Nebenbestimmungen → § 48 Rn. 4, → § 41 Rn. 7. Ist die Beschwerde unzulässig, wird sie verworfen; ist sie unbegründet, wird sie zurückgewiesen.[21]

12    Voraussetzung für den kassatorischen Beschluss ist, abgesehen von der Zulässigkeit der Beschwerde, nach dem Normtext lediglich, dass das Gericht den Verwaltungsakt für unzulässig oder unbegründet, mithin für rechtswidrig hält. Namentlich bei einem Verstoß gegen Verfahrensrecht sind allerdings Heilungsvorschriften und besondere Rechtsfolgenanordnungen (zB §§ 45, 46 VwVfG) zu beachten. Anders als § 113 Abs. 1 S. 1 VwGO, aber in Übereinstimmung mit § 71 Abs. 2 S. 1 GWB setzt die Kassation nach dem Gesetzeswortlaut keine Verletzung subjektiver Rechte des Beschwerdeführers voraus; Gegenteiliges ist auch nicht den Gesetzgebungsmaterialien entnehmbar.[22] Allerdings ist im Hinblick auf die Not-

---

[15] BT-Drs. 14/7034, 67.
[16] Steinmeyer/*Bastian* Rn. 8.
[17] FK-WpÜG/*Schweizer* Rn. 5; vgl. Baums/Thoma/Verse/*Ritz* Rn. 13; Steinmeyer/*Bastian* Rn. 8; Schwark/Zimmer/*Noack*/*Holzborn* Rn. 6.
[18] BT-Drs. 14/7034, 67.
[19] Kölner Komm WpÜG/*Pohlmann* Rn. 12; Ehricke/Ekkenga/Oechsler/*Ehricke* Rn. 18; FK-WpÜG/ *Schweizer* Rn. 7; Assmann/Pötzsch/Schneider/*Döhmel* Rn. 7; Steinmeyer/*Bastian* Rn. 13; Angerer/Geibel/ Süßmann/*Louven* Rn. 10; Baums/Thoma/Verse/*Ritz* Rn. 16; Schwark/Zimmer/*Noack*/*Holzborn* Rn. 10.
[20] OLG Frankfurt AG 2019, 687 (688) = BeckRS 2019, 6427.
[21] Schwark/Zimmer/*Noack*/*Holzborn* Rn. 9; terminologisch für „Abweisung" der Beschwerde Kölner Komm WpÜG/*Pohlmann* Rn. 11.
[22] BT-Drs. 14/7034, 67.

wendigkeit einer Beschwerdebefugnis analog § 42 Abs. 2 VwGO (→ § 48 Rn. 9) aus Gründen kongruenter Ausgestaltung von Zulässigkeit und Begründetheit[23] eine subjektive Rechtsverletzung analog § 113 Abs. 1 S. 1 VwGO zu verlangen.[24]

Anders als § 113 Abs. 3 VwGO äußert sich das WpÜG nicht zur fehlenden **Spruchreife,** **13** dh zu den Fällen, in denen das Gericht eine weitere Sachaufklärung für erforderlich hält. In Anlehnung an das Kartellrecht[25] ist deshalb davon auszugehen, dass eine „Zurückverweisung" an die BaFin unzulässig ist[26] und das Beschwerdegericht gehalten ist, Versäumnisse der Bundesanstalt zu beheben und die Spruchreife selbst herbeizuführen. Dies folgt aus dem Untersuchungsgrundsatz[27] (§ 55) und trägt dem mit dem WpÜG verfolgten Anliegen einer zügigen Durchführung von Beschwerdeverfahren Rechnung.

Der für die Sachentscheidung maßgebliche Zeitpunkt ist bei Anfechtungsbeschwerden **14** regelmäßig der Zeitpunkt der letzten Behördenentscheidung.[28] Dementsprechend bleiben spätere Änderungen der Sach- und Rechtslage grundsätzlich unberücksichtigt. Anderes gilt für Verwaltungsakte mit Dauerwirkung, bei denen Veränderungen der Sach- und Rechtslage bis zum Erlass der Beschwerdeentscheidung zu berücksichtigen sind.[29] Ein sog. Nachschieben von Gründen durch die BaFin ist im Beschwerdeverfahren grundsätzlich möglich.[30] Das ergibt sich daraus, dass der Verwaltungsakt nur aufgehoben werden darf, wenn ihn das Gericht für rechtswidrig „hält". Etwas anderes gilt, wenn der Verwaltungsakt dadurch in seinem „Wesen" verändert wird (→ § 48 Rn. 11).[31]

**2. Beschluss bei Verpflichtungsbeschwerden (Abs. 3).** § 56 Abs. 3 ist das Gegen- **15** stück zur Verpflichtungsbeschwerde (→ § 48 Rn. 13 ff.). Erfolgreiche Verpflichtungsbeschwerden führen dazu, dass das Beschwerdegericht die **BaFin verpflichtet, die beantragte Verfügung zu erlassen** (zum „Bescheidungsbeschluss" aber → Rn. 17). Daneben sollte das Gericht zur Klarstellung den die beantragte Verfügung ablehnenden Verwaltungsakt aufheben (vgl. → § 48 Rn. 13).[32] Für beschwerdeabweisende Beschlüsse im Falle der Unzulässigkeit oder Unbegründetheit der Verpflichtungsbeschwerde gelten die Ausführungen zur Anfechtungsbeschwerde (→ Rn. 11) entsprechend.

Trotz der missverständlichen Formulierung der Vorschrift setzt der Verpflichtungsaus- **16** spruch entsprechend § 48 Abs. 3 S. 2 voraus, dass der Beschwerdeführer einen **Anspruch auf Erlass des Verwaltungsakts** hat.[33] Ob ein solcher Anspruch vorliegt, ist anhand der einschlägigen Rechtsnormen zu beurteilen; hier spielt die spezifische Problematik des übernahmerechtlichen Drittschutzes wieder eine Rolle (→ § 4 Rn. 19 ff.).

**Weitere Voraussetzung** für den vollen Erfolg der Verpflichtungsbeschwerde ist, dass **17** die Sache spruchreif,[34] das Beschwerdegericht also in der Lage ist, über den Anspruch

[23] Vgl. FK-WpÜG/*Schweizer* Rn. 7.
[24] OLG Frankfurt ZIP 2003, 2206 (2208 f.); Kölner Komm WpÜG/*Pohlmann* Rn. 13; Angerer/Geibel/Süßmann/*Louven* Rn. 11; Steinmeyer/*Bastian* Rn. 13; aA Ehricke/Ekkenga/Oechsler/*Ehricke* Rn. 20; *Barthel,* Die Beschwerde gegen aufsichtsrechtliche Verfügungen nach dem WpÜG, 2004, 246; FK-WpÜG/*Schweizer* Rn. 7; Baums/Thoma/Verse/*Ritz* Rn. 18.
[25] Vgl. Immenga/Mestmäcker/*Schmidt* GWB § 71 Rn. 14.
[26] Angerer/Geibel/Süßmann/*Louven* Rn. 18; Assmann/Pötzsch/Schneider/*Döhmel* Rn. 8.
[27] Zur Rechtslage im Verwaltungsprozessrecht vor der Einfügung von § 113 Abs. 3 S. 1 VwGO vgl. BVerwGE 7, 100 (106) = NJW 1958, 1456; Eyermann/*Schübel-Pfister* VwGO § 86 Rn. 36, § 113 Rn. 27.
[28] Steinmeyer/*Bastian* Rn. 16; Baums/Thoma/Verse/*Ritz* Rn. 18; Assmann/Pötzsch/Schneider/*Döhmel* Rn. 8; Angerer/Geibel/Süßmann/*Louven* Rn. 12; zur VwGO vgl. Eyermann/*Schübel-Pfister* VwGO § 113 Rn. 55 ff.; Kopp/Schenke/*Schenke* VwGO § 113 Rn. 29 ff.
[29] Ehricke/Ekkenga/Oechsler/*Ehricke* Rn. 21; Baums/Thoma/Verse/*Ritz* Rn. 18; Steinmeyer/*Bastian* Rn. 16; Assmann/Pötzsch/Schneider/*Döhmel* Rn. 8; Angerer/Geibel/Süßmann/*Louven* Rn. 12; vgl. zur VwGO Eyermann/*Schübel-Pfister* VwGO § 113 Rn. 58.
[30] Vgl. Steinmeyer/*Bastian* Rn. 17; Steinmeyer/*Bastian* § 48 Rn. 53.
[31] Eyermann/*Schübel-Pfister* VwGO § 113 Rn. 31.
[32] FK-WpÜG/*Schweizer* Rn. 8; Angerer/Geibel/Süßmann/*Louven* Rn. 14; s. Eyermann/*Schübel-Pfister* VwGO § 113 Rn. 40.
[33] Steinmeyer/*Bastian* Rn. 19; FK-WpÜG/*Schweizer* Rn. 8; Schwark/Zimmer/*Noack/Holzborn* Rn. 13.
[34] Angerer/Geibel/Süßmann/*Louven* Rn. 14; Assmann/Pötzsch/Schneider/*Döhmel* Rn. 10; Baums/Thoma/Verse/*Ritz* Rn. 24; FK-WpÜG/*Schweizer* Rn. 8; vgl. ferner Immenga/Mestmäcker/*Schmidt* GWB § 71 Rn. 17 ff.

abschließend zu entscheiden. Es gilt insoweit zunächst das zur Anfechtungsbeschwerde (→ Rn. 13) Gesagte. Das Beschwerdegericht hat den Sachverhalt gemäß § 55 Abs. 1 in dem zur Sachentscheidung erforderlichen Umfang selbst aufzuklären und über den Beschwerdeantrag zu entscheiden.[35] Im Falle eines Ermessensfehlers (vgl. § 56 Abs. 4; → Rn. 22 f., etwa bei Entscheidungen nach § 36) kommt jedoch regelmäßig ein **Bescheidungsbeschluss,** in dem die Versagung aufgehoben und die BaFin verpflichtet wird, über den Antrag des Beschwerdeführers unter Beachtung der Rechtsauffassung des Gerichts erneut zu entscheiden,[36] analog § 113 Abs. 5 S. 2 VwGO in Betracht.

18    Bei Verpflichtungsbeschwerden ist für die Sachentscheidung regelmäßig die Sach- und Rechtslage im **Zeitpunkt der mündlichen Verhandlung** oder, sofern auf eine mündliche Verhandlung verzichtet wird, im **Zeitpunkt der Gerichtsentscheidung** maßgebend.[37] Ein **Nachschieben von Gründen** einschließlich von Ermessenserwägungen (vgl. § 114 S. 2 VwGO) ist ebenso wie bei der Anfechtungsbeschwerde (→ Rn. 14) grundsätzlich möglich.

19    **3. Beschluss in Fortsetzungsfeststellungsverfahren (Abs. 2 S. 2).** In erfolgreichen Fortsetzungsfeststellungsverfahren (→ § 48 Rn. 19 ff.) stellt das Gericht fest, dass **der angefochtene Verwaltungsakt der BaFin rechtswidrig war,** wobei die Rechtswidrigkeit die im Normtext angesprochenen Gründe der Unzulässigkeit und der Unbegründetheit umfasst. Für die in analoger Anwendung von § 56 Abs. 2 S. 2 zugelassenen Fortsetzungsfeststellungsbeschwerden (→ § 48 Rn. 20) gilt Entsprechendes. Für beschwerdeabweisende Beschlüsse gelten gegenüber Anfechtungs- und Verpflichtungsbeschwerden keine Besonderheiten.

20    Da Fortsetzungsfeststellungsverfahren die erledigten Streitsachen fortsetzen, richten sich, sieht man von der Zulässigkeit der Beschwerde ab, die **Voraussetzungen** für den Feststellungsausspruch nach der ursprünglich, dh vor Erledigungseintritt einschlägigen Beschwerdeart.[38] Wird bei Erledigungseintritt nach Beschwerdeerhebung der **Antrag** (→ § 48 Rn. 23) nicht auf eine Fortsetzungsfeststellungsbeschwerde umgestellt, so ist die Beschwerde wegen fehlenden Rechtsschutzbedürfnisses unzulässig geworden und abzuweisen.[39] Anders verhält es sich bei den **in § 56 nicht geregelten Erledigterklärungen** einer oder beider Parteien. Bei beidseitiger Erledigterklärung entscheidet das Gericht nur noch über die Kosten.[40] Bei einer einseitigen Erledigterklärung, die regelmäßig als Beschwerdeänderung, gerichtet auf Feststellung der Erledigung, anzusehen ist,[41] stellt das Beschwerdegericht, wenn ein erledigendes Ereignis[42] eingetreten ist, die Erledigung des Rechtsstreits fest;[43] anderenfalls weist es die Beschwerde zurück.[44] Offenbar als Ausnahme von diesem Grundsatz hat das OLG Frankfurt a.M. trotz Eintritts eines „unstreitig erledigenden Ereignisses"[45] auf die einseitige

---

[35] Zum Verwaltungsprozessrecht wie hier BVerwGE 10, 202 (204) = VerwRspr 1960, 982; Kopp/Schenke/*Schenke*/*Schenke* VwGO § 113 Rn. 193 f.; NK-VwGO/*Wolff* VwGO § 113 Rn. 428 ff.; Schoch/Schneider/*Riese* VwGO § 113 Rn. 214; Eyermann/*Schübel-Pfister* VwGO § 113 Rn. 45 f.; zum Kartellrecht im Grundsatz wie hier BGHZ 155, 214 (219 ff.) = NJW 2003, 3776 – HABET/Lekkerland; wohl auch Langen/Bunte/*Lembach* GWB § 71 Rn. 66 f.; unklar Immenga/Mestmäcker/*Schmidt* GWB § 71 Rn. 19; *Bechtold/Bosch* GWB § 71 Rn. 6; zum Übernahmerecht aA Angerer/Geibel/Süßmann/*Louven* § 55 Rn. 3; Steinmeyer/*Bastian* Rn. 20; wohl auch Baums/Thoma/Verse/*Ritz* Rn. 24; FK-WpÜG/*Schweizer* Rn. 8.

[36] BT-Drs. 14/7034, 67; FK-WpÜG/*Schweizer* Rn. 8; Baums/Thoma/Verse/*Ritz* Rn. 24; Schwark/Zimmer/*Noack/Holzborn* Rn. 14.

[37] Steinmeyer/*Bastian* Rn. 20; Assmann/Pötzsch/Schneider/*Döhmel* Rn. 11; Angerer/Geibel/Süßmann/*Louven* Rn. 14; Baums/Thoma/Verse/*Ritz* Rn. 25; allg. BVerwGE 84, 157 (160 f.) = NJW 1990, 2700.

[38] Vgl. *Hufen* VerwProzR § 29 Rn. 13.

[39] Vgl. Eyermann/*Schübel-Pfister* VwGO § 113 Rn. 91.

[40] FK-WpÜG/*Schweizer* Rn. 9; Steinmeyer/*Bastian* Rn. 25; Angerer/Geibel/Süßmann/*Louven* Rn. 22; Schwark/Zimmer/*Noack/Holzborn* Rn. 16.

[41] Kölner Komm WpÜG/*Pohlmann* Rn. 14; Schwark/Zimmer/*Noack/Holzborn* Rn. 17.

[42] Zum Begriff der Erledigung OLG Frankfurt AG 2019, 687 (694) = BeckRS 2019, 6427.

[43] Steinmeyer/*Bastian* Rn. 26; Schwark/Zimmer/*Noack/Holzborn* Rn. 17; vgl. Kölner Komm WpÜG/*Pohlmann* Rn. 20 ff.

[44] Steinmeyer/*Bastian* Rn. 27; Schwark/Zimmer/*Noack/Holzborn* Rn. 17; Kölner Komm WpÜG/*Pohlmann* Rn. 20 ff.

[45] OLG Frankfurt ZIP 2003, 2206 (2207).

Erledigungserklärung des Beschwerdeführers keine Erledigung des Beschwerdeverfahrens angenommen, wenn die Bundesanstalt geltend machen kann, dass es sich in dem Verfahren „um eine wesentliche rechtliche Fragestellung handelt, die sich auch in Zukunft bei einer Vielzahl von Verfahren vor der BaFin stellen kann".[46] Überzeugend ist das nicht, weil sie den Beschwerdeführer letztlich systemwidrig – es gilt die Dispositionsmaxime (→ § 55 Rn. 4) – zur allgemeinen Klärung offener Rechtsfragen an einem Prozess festhält, den er nicht mehr fortführen will.[47]

**4. Beschlüsse bei anderen Beschwerdearten.** § 56 äußert sich nicht zum Inhalt der **21** Entscheidungen bei den im WpÜG nicht ausdrücklich vorgesehenen, aber anerkannten weiteren Beschwerdearten, unter denen die allgemeine Leistungsbeschwerde im Vordergrund steht (→ § 48 Rn. 26 f.). Bei erfolgreichen allgemeinen Leistungsbeschwerden spricht das Gericht je nach dem Antrag die **Verpflichtung der BaFin zu einem sonstigen Tun, Dulden oder Unterlassen** aus. **Voraussetzung** für den Verpflichtungsausspruch ist neben der Zulässigkeit der Beschwerde ein **Anspruch** des Beschwerdeführers **auf das begehrte Tun, Dulden oder Unterlassen** der Bundesanstalt. Ansonsten gelten keine Besonderheiten im Vergleich mit der Verpflichtungsbeschwerde.

### IV. Ermessensfehler (Abs. 4)

§ 56 Abs. 4 hält fest, dass auch der fehlerhafte Ermessensgebrauch den Verwaltungsakt **22** „unzulässig oder unbegründet", dh **rechtswidrig** macht; als – nicht abschließende – Beispiele führt das Gesetz die **Ermessensüberschreitung** und den **Ermessensfehlgebrauch** an.[48] Die Vorschrift entspricht fast wortgleich § 71 Abs. 5 S. 1 GWB und in der Sache über weite Strecken auch § 114 S. 1 VwGO. § 56 Abs. 4 ist zumindest analog auch bei **Verpflichtungs-,**[49] **Leistungs-**[50] und ggf. **Feststellungsbeschwerden** anzuwenden. Es ist im Hinblick auf den Gleichheitssatz kein Grund dafür ersichtlich ist, weshalb eine (beschränkte) gerichtliche Ermessenskontrolle in diesen Fällen ausscheiden soll (vgl. § 114 S. 1 VwGO).

Während sich die gerichtliche Nachprüfung von Ermessensentscheidungen im allgemei- **23** nen Verwaltungsprozessrecht auf Ermessensfehler beschränkt und keine Zweckmäßigkeitskontrolle einschließt,[51] wird unter Berufung auf den Wortlaut des § 56 Abs. 4 – ebenso wie im Kartellrecht zu § 71 Abs. 5 S. 1 GWB[52] –, vertreten, dass sich die gerichtliche Kontrolle auch auf die **Zweckmäßigkeit der Ermessensentscheidung** erstrecken solle.[53] Dem ist jedoch nicht zu folgen: Das Beschwerdegericht muss zwar nach § 56 Abs. 4 aE in der Tat prüfen, ob die BaFin durch die Ermessensentscheidung „Sinn und Zweck dieses Gesetzes" verletzt hat. Dies beinhaltet jedoch keine Zweckmäßigkeitskontrolle, sondern eine Kontrolle der rechtlichen Grenzen des Ermessens, dessen Ausübung sich stets nach Sinn und Zweck des Gesetzes zu richten hat, wie beispielsweise die Formulierung des § 114 S. 1 aE verdeutlicht.[54] Demgemäß wird die Prüfung eines Verletzung von Sinn und Zweck des WpÜG nach dem Wortlaut des § 56 Abs. 4 Hs. 1 als Unterfall des Ermessensfehlge-

---

[46] OLG Frankfurt ZIP 2003, 2206 (2206 f.); vgl. BVerwG DVBl. 1991, 214.

[47] Vgl. Schoch/Schneider/*Clausing* VwGO § 161 Rn. 31.

[48] BT-Drs. 14/7034, 67.

[49] Steinmeyer/*Bastian* Rn. 22; Assmann/Pötzsch/Schneider/*Döhmel* Rn. 10; Angerer/Geibel/Süßmann/*Louven* Rn. 20; FK-WpÜG/*Schweizer* Rn. 9.

[50] Vgl. BVerwGE 36, 352 (356) = NJW 1971, 532; Eyermann/*Rennert* VwGO § 114 Rn. 6; Angerer/Geibel/Süßmann/*Louven* Rn. 22.

[51] ZB BVerwGE 11, 95 (96 f.) = NJW 1961, 793; BVerwGE 19, 149 (153) = BeckRS 1964, 30439577.

[52] Vgl. Langen/Bunte/*Lembach* GWB § 71 Rn. 67; *Kremer,* Die kartellverwaltungsrechtliche Beschwerde, 1988, 109 f. zu § 70 Abs. 5 GWB aF; vgl. Immenga/Mestmäcker/*Schmidt* GWB § 71 Rn. 35 ff.

[53] FK-WpÜG/*Schweizer* Rn. 11; Assmann/Pötzsch/Schneider/*Döhmel* Rn. 17; Schwark/Zimmer/*Noack/Holzborn* Rn. 22; Steinmeyer/*Bastian* Rn. 21.

[54] Vgl. OLG Frankfurt ZIP 2008, 312 (315); *Barthel,* Die Beschwerde gegen aufsichtsrechtliche Verfügungen nach dem WpÜG, 2004, 234 ff.; Baums/Thoma/Verse/*Ritz* Rn. 28 f.; Angerer/Geibel/Süßmann/*Louven* Rn. 16 f.; *Maurer/Waldhoff* AllgVerwR § 7 Rn. 22.

brauchs („von ihrem Ermessen fehlerhaft Gebrauch gemacht") eingeordnet. Der Ermessensfehlgebrauch ist jedoch einer der herkömmlichen Ermessensfehler.[55] Aus denselben Gründen überzeugt auch die entsprechende Ansicht im Kartellrecht nicht.

### V. Begründung und Zustellung der Entscheidung (Abs. 5)

24    Die dem Beschwerdegericht auferlegte **Begründungspflicht** ist in § 56 Abs. 5 nicht näher konkretisiert. Die Begründung soll die Entscheidung nachvollziehbar machen. Sie hat schriftlich zu erfolgen und muss sowohl den entscheidungserheblichen Sachverhalt als auch die tragenden rechtlichen Gründe für den Beschluss darlegen. Dies dient auch der Feststellung, ob den Anforderungen des rechtlichen Gehörs (→ Rn. 7) genügt ist.[56] Ein verspätetes Absetzen des Beschlusses indiziert noch keinen Verstoß gegen das rechtliche Gehör, jedenfalls solange es innerhalb der Fünfmonatsfrist erfolgt.[57] Da es nach der derzeitigen Spruchpraxis von Verfassungs wegen grundsätzlich keine Begründungspflicht für mit ordentlichen Rechtsbehelfen nicht mehr angreifbare Entscheidungen geben soll[58] und das OLG in einem einzügigen Rechtsweg entscheidet, bleiben Verstöße gegen die Begründungspflicht freilich regelmäßig **sanktionslos**.

25    Die von § 56 Abs. 5 vorgeschriebene **Zustellung** des Beschlusses an die Beteiligten (§ 52) richtet sich gem. § 58 Abs. 2 nach §§ 166 ff. ZPO. Spätestens mit der Übergabe des zuzustellenden Beschlusses an die Geschäftsstelle und der anschließenden „Entäußerung" wird der Beschluss regelmäßig wirksam (vgl. § 116 VwGO).[59]

### VI. Divergenzvorlage (Abs. 6)

26    § 56 Abs. 6 verpflichtet das Beschwerdegericht zur **Vorlage der Sache an den BGH,** wenn es von einer Entscheidung eines OLG oder des BGH abweichen will. Auf die Vorlage entscheidet der BGH anstelle des vorlegenden Beschwerdegerichts in eigener Zuständigkeit über die Beschwerde; für das Verfahren vor dem BGH gelten §§ 48 ff. analog.[60]

27    Obwohl für übernahmerechtliche Beschwerdeverfahren nach §§ 48 ff. bundesweit nur ein Gericht, nämlich das OLG Frankfurt a.M., zuständig ist, hat die Divergenzvorlage zur Sicherung einer **einheitlichen Rechtsanwendung in Deutschland**[61] Sinn.[62] Auch der BGH und andere Oberlandesgerichts als das OLG Frankfurt a.M. können mit der Auslegung des WpÜG befasst sein. Das betrifft Zivilprozesse (vgl. § 66) und Verfahren wegen Ordnungswidrigkeiten, für die nach § 63 jedoch die Rechtsbeschwerde zum BGH eröffnet ist.[63]

### § 57 Akteneinsicht

**(1) [1]Die in § 52 bezeichneten Beteiligten können die Akten des Beschwerdegerichts einsehen und sich durch die Geschäftsstelle auf ihre Kosten Ausfertigungen,**

---

[55] Vgl. *Maurer/Waldhoff* AllgVerwR § 7 Rn. 22.

[56] BVerfGE 86, 133 (146) = ZIP 1992, 1020; v. Mangoldt/Klein/Starck/*Nolte/Aust* GG Art. 103 Rn. 57; Sachs/*Degenhart* GG Art. 103 Rn. 40; Dreier/*Schulze-Fielitz* GG Art. 103 I Rn. 76 f.

[57] Vgl. BVerfG NJW 1996, 3203; GmS-OGB NJW 1993, 2603; Kölner Komm WpÜG/*Pohlmann* Rn. 8; Schwark/Zimmer/*Noack/Holzborn* Rn. 24.

[58] BVerfGE 50, 287 (289 f.) = NJW 1979, 1161; BVerfGE 71, 122 (135 f.) = NJW 1987, 1619; BVerfGE 81, 97 (106) = NJW 1990, 566.

[59] Ähnlich Eyermann/*Kraft* VwGO § 116 Rn. 26; Kopp/Schenke/*Schenke* VwGO § 116 Rn. 3.

[60] Steinmeyer/*Bastian* Rn. 32.

[61] BT-Drs. 14/7034, 67.

[62] Krit. FK-WpÜG/*Schweizer* Rn. 14 ff.

[63] Vgl. Steinmeyer/*Bastian* Rn. 30; Schwark/Zimmer/*Noack/Holzborn* Rn. 26; vgl. Baums/Thoma/Verse/ *Ritz* Rn. 23; Assmann/Pötzsch/Schneider/*Döhmel* Rn. 24; Angerer/Geibel/Süßmann/*Louven* Rn. 25; *Schnorbus* WM 2003, 657 (662); Kölner Komm WpÜG/*Pohlmann* Rn. 25; Ehricke/Ekkenga/Oechsler/*Ehricke* Rn. 33.

Auszüge und Abschriften erteilen lassen. [2]§ 299 Abs. 3 der Zivilprozessordnung gilt entsprechend.

(2) [1]Einsicht in Vorakten, Beiakten, Gutachten und Unterlagen über Auskünfte ist nur mit Zustimmung der Stellen zulässig, denen die Akten gehören oder die die Äußerung eingeholt haben. [2]Die Bundesanstalt hat die Zustimmung zur Einsicht in die ihr gehörigen Unterlagen zu versagen, soweit dies aus wichtigen Gründen, insbesondere zur Wahrung von berechtigten Interessen Beteiligter oder dritter Personen, geboten ist. [3]Wird die Einsicht abgelehnt oder ist sie unzulässig, dürfen diese Unterlagen der Entscheidung nur insoweit zugrunde gelegt werden, als ihr Inhalt vorgetragen worden ist. [4]Das Beschwerdegericht kann die Offenlegung von Tatsachen oder Beweismitteln, deren Geheimhaltung aus wichtigen Gründen, insbesondere zur Wahrung von berechtigten Interessen Beteiligter oder Dritter verlangt wird, nach Anhörung des von der Offenlegung Betroffenen durch Beschluss anordnen, soweit es für die Entscheidung auf diese Tatsachen oder Beweismittel ankommt, andere Möglichkeiten der Sachaufklärung nicht bestehen und nach Abwägung aller Umstände des Einzelfalles die Bedeutung der Sache für die Sicherung eines ordnungsgemäßen Verfahrens das Interesse des Betroffenen an der Geheimhaltung überwiegt. [5]Der Beschluss ist zu begründen. [6]In dem Verfahren nach Satz 4 muss sich der Betroffene nicht anwaltlich vertreten lassen.

Schrifttum: *Möller*, Rechtsmittel und Sanktionen nach dem Wertpapiererwerbs- und Übernahmegesetz, AG 2002, 170.

## Übersicht

## I. Einführung

**Regelungsinhalt** von § 57 Abs. 1 ist die Gewährung des Akteneinsichtsrechts für die in § 52 bezeichneten Beteiligten eines Beschwerdeverfahrens nach dem WpÜG. § 57 Abs. 2 bestimmt die „genauen Voraussetzungen der Akteneinsicht".[1] Das Akteneinsichtsrecht dient grundsätzlich der **Gewährung rechtlichen Gehörs** (Art. 103 Abs. 1 GG), der **Waffengleichheit** im Prozess sowie der **effektiven Mitwirkung** der Verfahrensbeteiligten bei der Wahrheitsfindung des Gerichts.[2] In der Gesamtbetrachtung ist **Zweck** von § 57, für das Beschwerdeverfahren einen Ausgleich zwischen den verfahrensrechtlichen Interessen der Beteiligten an der Akteneinsicht, dem Interesse Betroffener an der Geheimhaltung sensibler Informationen und dem „öffentlichen Interesse an einer richtigen Sachentscheidung des Beschwerdegerichts"[3] Die Vorschrift trägt dem Umstand Rechnung, dass der BaFin im Verwaltungsverfahren nach dem WpÜG umfangreiche Auskunftsrechte zur Verfügung stehen (§ 40) und sie weitreichende Kenntnisse über Geschäfts- oder Betriebsgeheimnisse und persönliche Daten der Verfahrensbeteiligten, aber auch dritter Personen hat. § 57 schließt Auskunftsansprüche aus § 1 IFG von Personen, die am Verfahren nicht beteiligt sind, freilich nicht aus. Doch sind insoweit die Versagungsgründe aus § 3 IFG zu beachten: Insbesondere fällt § 9 unter § 3 Nr. 4 IFG; die dort normierte Geheimhaltungspflicht verpflichtet neben den Beschäftigten der BaFin auch diese selbst.[4] Rechtsschutz gegen die Versagung von Informationszugang nach dem

---

[1] BT-Drs. 14/7034, 68.
[2] Vgl. allg. Kopp/Schenke/*Schenke* VwGO § 100 Rn. 1.
[3] Steinmeyer/*Steinhardt* Rn. 1; vgl. Assmann/Pötzsch/Schneider/*Döhmel* Rn. 1; Schwark/Zimmer/*Noack*/ *Holzborn* Rn. 2.
[4] Steinmeyer/*Steinhardt* Rn. 6a; Kölner Komm WpÜG/*Pohlmann* Rn. 4.

IFG unterfällt auch dann nicht § 48 Abs. 1, 4, sondern § 40 Abs. 1 VwGO, wenn die begehrten Informationen ein Übernahmeverfahren betreffen.[5] Wird das Akteneinsichtsgesuch indes auf § 29 Abs. 1 VwVfG, § 13 Abs. 1 VwVfG und somit auf die Beteiligtenstellung gestützt, ist der Rechtsweg zu den ordentlichen Gerichten gegeben.[6]

**2**     **Modellvorschrift** für § 57 war **§ 72 GWB.** Anders als § 72 Abs. 3 GWB enthält § 57 allerdings keine Regelung zum Akteneinsichtsrecht der ggf. vom Beschwerdegericht Beizuladenden. Die Streichung der Regelung fügt sich in die vom Gesetzgeber verfolgte Regelungsintention des Ausschlusses von Drittrechtspositionen (→ § 4 Rn. 25 ff.) ein. Mit § 57 eingeschränkt **vergleichbare Regelungen** finden sich in § 299 ZPO und § 100 VwGO. § 57 steht in engem Regelungszusammenhang mit § 56 Abs. 1 S. 2–4.

## II. Akteneinsichtsrecht der Beteiligten (Abs. 1, Abs. 2 S. 1)

**3**     Gem. § 57 Abs. 1 S. 1 können die in § 52 bezeichneten Beteiligten die Akten des Beschwerdegerichts einsehen und sich durch die Geschäftsstelle auf ihre Kosten Ausfertigungen, Auszüge und Abschriften erteilen lassen. Die Regelungsintention der Vorschrift entspricht der von § 100 Abs. 1 und 2 VwGO und § 299 Abs. 1 ZPO. Aus der Bezugnahme auf die in § 52 genannten Beteiligten und aus „der systematischen Stellung der Vorschrift im sechsten Abschnitt des Gesetzes" folgt, dass der **Anwendungsbereich** von § 57 auf das **Beschwerdeverfahren in Verwaltungssachen** begrenzt ist.[7] Dementsprechend gilt § 57 weder für das Ordnungswidrigkeitsverfahren nach § 62 noch für die Rechtsbeschwerde nach § 63 und auch nicht für das Verwaltungsverfahren bei der BaFin. Letzteres richtet sich jedoch ergänzend nach den Vorschriften des VwVfG und für die Akteneinsicht nach §§ 29 f. VwVfG, deren Handhabung sich an den Direktiven von § 57 zum Geheimnisschutz orientieren sollte.[8]

**4**     Akteneinsicht dürfen nach dem Normtext nur die in § 52 bezeichneten **Beteiligten** am Beschwerdeverfahren nehmen, dh ausweislich § 52 der Beschwerdeführer und die BaFin. Trotz der Regelungsintention des Ausschlusses der Akteneinsicht durch „Dritte"[9] ist die Vorschrift auch auf diejenigen Personen anzuwenden, deren Beteiligtenstellung auf einer aus Gründen des Grundrechtsschutzes und im Hinblick auf Art. 19 Abs. 4 GG analog § 63 Nr. 3 VwGO, § 65 VwGO erfolgten Beiladung (→ § 52 Rn. 6) beruht.[10] Auch § 56 Abs. 1 S. 3 und 4 sprechen im Übrigen für eine Erstreckung des § 57 auf alle Beteiligten. Das Problem des Drittschutzes soll hier aber nicht erneut aufgegriffen werden.

**5**     **Gegenstand des Akteneinsichtsrechts** sind nach § 57 Abs. 1 S. 1 zunächst die selbst geführten **Akten des Beschwerdegerichts.** § 57 Abs. 2 S. 1 stellt klar, dass zu den einsehbaren Akten auch alle Vorakten, Beiakten, Gutachten und Unterlagen über Auskünfte gehören. **Beiakten** sind die von anderen Gerichten oder Behörden angelegten Akten, die das Beschwerdegericht im Zusammenhang mit dem Rechtsstreit beigezogen hat, **Vorakten** die des Verwaltungsverfahrens bei der BaFin.[11] Allerdings handelt es sich in einem Verfahren, in dem der Anspruch auf Einsicht in die Akten eines Bieterverfahrens nach §§ 35, 37 Hauptstreitgegenstand ist, bei den von der BaFin vorgelegten Akten des Bieterverfahrens nicht um Akten iSv § 57 des auf Akteneinsicht gerichteten Verfahrens.[12] Einsehbar sind grundsätzlich auch die zu Tat- oder Rechtsfragen erstellten **Gutachten** sowie die **Unterla-**

---

[5] BVerwG NVwZ 2012, 1563 (1564); OLG Frankfurt AG 2015, 125 Rn. 22 ff. = NZG 2015, 230; VGH Kassel ESVGH 62, 140.

[6] BGH MDR 2014, 294 f.; OLG Frankfurt AG 2015, 125 Rn. 23 = NZG 2015, 230.

[7] BT-Drs. 14/7034, 67.

[8] Vgl. zu § 72 GWB Immenga/Mestmäcker/*Schmidt* GWB § 72 Rn. 1; zum WpÜG Steinmeyer/*Steinhardt* Rn. 6; Schwark/Zimmer/*Noack/Holzborn* Rn. 4; vgl. Baums/Thoma/Verse/*Ritz* Rn. 1.

[9] BT-Drs. 14/7034, 67.

[10] Vgl. Steinmeyer/*Steinhardt* Rn. 11; Kölner Komm WpÜG/*Pohlmann* Rn. 4; vgl. allerdings OLG Frankfurt ZIP 2003, 2254 (2255 ff.); 2003, 2206 (2209 f.).

[11] Vgl. Immenga/Mestmäcker/*Schmidt* GWB § 72 Rn. 5; Steinmeyer/*Steinhardt* Rn. 4; FK-WpÜG/*Schweizer* Rn. 2; Angerer/Geibel/Süßmann/*Louven* Rn. 2; Baums/Thoma/Verse/*Ritz* Rn. 7 ff.; Schwark/Zimmer/*Noack/Holzborn* Rn. 6.

[12] OLG Frankfurt ZIP 2003, 2254 (2255).

gen über Auskünfte, wie beispielsweise (Akten-)Vermerke über mündliche oder telefonische Äußerungen und eingeholte Auskünfte, insbesondere Angaben, die die BaFin im Rahmen ihrer Aufsichtstätigkeit nach § 40 erlangt hat. Es besteht hingegen analog § 299 Abs. 4 ZPO, auf den der Wortlaut des § 57 Abs. 1 S. 2 lediglich aufgrund eines Redaktionsversehens nicht explizit verweist,[13] **kein Einsichtsrecht in gerichtsinterne Schriftstücke**, etwa die Entwürfe zu Beschlüssen und Verfügungen, die zu ihrer Vorbereitung gelieferten Arbeiten sowie die Schriftstücke, die Abstimmungen betreffen.[14]

Das Akteneinsichtsrecht umfasst die Vorlage der Akten bei Gericht und die Einräumung **6** der **Möglichkeit hinreichender Kenntnisnahme** des Inhalts. Ein Anspruch auf Aushändigung zur Mitnahme der Unterlagen besteht nicht; die Mitnahme oder Versendung kann aber durch das Gericht gestattet werden,[15] unbeschadet der Rechte aus § 57 Abs. 1 S. 1 Hs. 2.

§ 57 Abs. 2 S. 1 fordert für die Einsicht in die „gerichtsfremden", im Rechtsstreit beige- **7** zogenen Akten und Unterlagen die **Zustimmung der Stellen,** denen die Akten gehören oder die die Äußerung eingeholt haben. Hierbei kommt es nicht auf die zivilrechtliche Eigentümerschaft, sondern auf die Verfügungsberechtigung an.[16] In der Regel ist diejenige Stelle verfügungsberechtigt, die die Akten führt.[17] Das Beschwerdegericht, bei dem die Einsichtnahme in die Verfahrensakten beantragt wird, hat **vor der Vorlage gerichtsfremder Akten** die erforderliche Zustimmung einzuholen. Die Erteilung der Zustimmung durch die verfügungsberechtigte Stelle unterliegt grundsätzlich nach § 40 (Landes-)VwVfG der Anwendung **pflichtgemäßen Ermessens.** Auch wenn § 57 Abs. 2 S. 2 auf andere Stellen als die BaFin nicht unmittelbar anwendbar ist, folgt doch aus dem verfassungsrechtlichen Gehalt des Akteneinsichtsrechts (→ Rn. 1), dass die Versagung der Zustimmung nur aus einem wichtigen Grund in Betracht kommen kann, zu dessen Konkretisierung die Kriterien des § 57 Abs. 2 S. 2 (→ Rn. 8 f.) – ggf. neben weiteren Gesichtspunkten – entsprechend herangezogen werden können.[18] Da ausweislich des Ermessen eröffnenden Zustimmungserfordernisses des § 57 Abs. 2 S. 1 kein Raum für eine Anwendung der strikten Vorlagepflicht aus § 99 Abs. 1 S. 1 VwGO besteht, ist die Versagung der Akteneinsicht auch für andere Stellen als die unmittelbar dem § 57 Abs. 2 S. 2 unterfallende BaFin nicht auf die in § 99 Abs. 1 S. 2 aufgeführten Gründe beschränkt.[19] Da ferner die Zustimmung gemäß § 57 Abs. 2 S. 1 gerade der verfügungsberechtigten Stelle obliegt, liegt die Zuständigkeit für die Versagung der Zustimmung auch nicht entsprechend § 99 Abs. 1 S. 2 bei deren oberster Aufsichtsbehörde.[20]

### III. Zustimmungsversagung und Verwertung (Abs. 2 S. 2 und 3)

§ 57 Abs. 2 S. 2 regelt unmittelbar die „wichtigen Fälle" der **Zustimmungsversagung 8 durch die BaFin.**[21] Danach muss sie die Zustimmung zur Einsichtnahme in die ihr gehörenden Akten versagen, wenn und soweit dies **aus wichtigen Gründen, insbesondere zur Wahrung von berechtigten Interessen Beteiligter oder dritter Personen, geboten** ist. Wie aus dem Zweck der Regelung, die durch freiwillige Mitwirkung der Beteiligten

---

[13] Näher Kölner Komm WpÜG/*Pohlmann* Rn. 6; Assmann/Pötzsch/Schneider/*Döhmel* Rn. 4; Steinmeyer/*Steinhardt* Rn. 3 Fn. 4; Angerer/Geibel/Süßmann/*Louven* Rn. 2 Fn. 1; Baums/Thoma/Verse/*Ritz* Rn. 5 Fn. 3.

[14] Vgl. Musielak/Voit/*Huber* ZPO § 299 Rn. 7.

[15] Steinmeyer/*Steinhardt* Rn. 5; Schwark/Zimmer/*Noack/Holzborn* Rn. 7; vgl. Baums/Thoma/Verse/*Ritz* Rn. 6; Immenga/Mestmäcker/*Schmidt* GWB § 72 Rn. 9; Kopp/Schenke/*Schenke* VwGO § 100 Rn. 7.

[16] BT-Drs. 14/7034, 68.

[17] *Möller* AG 2002, 170 (172); vgl. Steinmeyer/*Steinhardt* Rn. 7; Schwark/Zimmer/*Noack/Holzborn* Rn. 8; Baums/Thoma/Verse/*Ritz* Rn. 7; FK-WpÜG/*Schweizer* Rn. 2 Fn. 5.

[18] Vgl. Baums/Thoma/Verse/*Ritz* Rn. 9.

[19] Vgl. Assmann/Pötzsch/Schneider/*Döhmel* Rn. 8; Baums/Thoma/Verse/*Ritz* Rn. 9; aA FK-WpÜG/ *Schweizer* Rn. 3; Angerer/Geibel/Süßmann/*Louven* Rn. 3; Schwark/Zimmer/*Noack/Holzborn* Rn. 8; Steinmeyer/*Steinhardt* Rn. 7; Immenga/Mestmäcker/*Schmidt* GWB § 72 Rn. 6.

[20] AA Steinmeyer/*Steinhardt* Rn. 7; Schwark/Zimmer/*Noack/Holzborn* Rn. 8.

[21] BT-Drs. 14/7034, 68.

oder infolge von Auskunftsersuchen (§ 40) erlangten sensiblen Informationen auch über das Verwaltungsverfahren hinaus nicht preisgeben zu müssen,[22] folgt, liegen zumindest die Geheimhaltung von Geschäfts- oder Betriebsgeheimnissen[23] oder personenbezogener Daten Beteiligter oder Dritter, die schon im Verwaltungsverfahren der Verschwiegenheitspflicht nach § 9 unterfallen (vgl. → § 9 Rn. 7 f.) im berechtigten Interesse. Liegt ein wichtiger Grund vor, **muss** die BaFin **die Zustimmung versagen;** sie hat im Gegensatz zu anderen Stellen nach § 57 Abs. 2 S. 1 kein Ermessen.

**9**     Die in § 57 Abs. 2 S. 2 gewählte Formulierung „insbesondere" macht deutlich, dass Versagungsgründe nicht zwingend an berechtigte Interessen Beteiligter oder Dritter anknüpfen müssen. Demgemäß sind auch die in **§ 99 Abs. 1 S. 2 VwGO** genannten Verweigerungsgründe wichtige Gründe iSd § 57 Abs. 2 S. 2.[24]

**10**    Versagt eine verfügungsberechtigte Stelle die nach § 57 Abs. 2 S. 1 erforderliche Zustimmung, darf das Beschwerdegericht die Akten dieser Stelle nicht zur Einsichtnahme vorlegen. Für die in § 57 Abs. 2 S. 4 genannten Fälle sieht das WpÜG allerdings die Möglichkeit einer gerichtlichen Anordnung der Offenlegung von Tatsachen und Beweismitteln in einem **Zwischenverfahren** vor (→ Rn. 14 ff.). Ob das Gericht im Übrigen eine Entscheidung darüber treffen kann, inwieweit eine Verweigerung der Zustimmung sachlich gerechtfertigt ist, ist umstritten. Im Hinblick auf die Notwendigkeit einer Beschleunigung des Angebots- und Beschwerdeverfahrens nach dem WpÜG und den gesetzgeberischen Willen, alle übernahmerechtlichen Verwaltungsstreitigkeiten bei einem Gericht zu konzentrieren (vgl. → § 48 Rn. 2), ist jedoch die Möglichkeit des Beschwerdegerichts, auf Antrag eines Beteiligten **analog § 99 Abs. 2 S. 1 VwGO** über die Rechtmäßigkeit der Zustimmungsverweigerung zu entscheiden, jedenfalls soweit eine Zustimmungsverweigerung der **BAFin** in Rede steht,[25] gegenüber einer Leistungsklage[26] vor dem Verwaltungsgericht vorzuziehen.

**11**    Das **Verfahren analog § 99 Abs. 2 S. 1 VwGO,** das nur auf Antrag eingeleitet wird, stellt einen im Verhältnis zum Hauptverfahren verselbstständigten kontradiktorisch ausgestalteten[27] Rechtsstreit zwischen dem Antragsteller und der die Einsicht ablehnenden Stelle dar. Letztere ist analog § 99 Abs. 2 S. 6 VwGO zu diesem Verfahren beizuladen. Nicht in das System eines einzügigen konzentrierten gerichtlichen Verfahrens passt allerdings die Beschwerdemöglichkeit gegen den Beschluss des Beschwerdegerichts, sodass § 99 Abs. 2 S. 13 VwGO nicht entsprechend anzuwenden ist.

**12**    Die Regelung in **§ 57 Abs. 2 S. 3, wonach die Einsichtnahme in Akten nicht nur „unzulässig" sein, sondern daneben auch „abgelehnt" werden** kann, macht deutlich, dass das Beschwerdegericht auch eine durch behördliche Zustimmung „zulässig" (vgl. § 57 Abs. 2 S. 1) gewordene Akteneinsicht versagen, also „ablehnen", kann. Wegen des grundsätzlich gegebenen Ermessens (→ Rn. 7) der verfügungsberechtigten Stelle in Bezug auf die Erteilung der Zustimmung ist eine Ablehnung durch das Beschwerdegericht in diesen Fällen allerdings nur im Falle von Ermessensfehlern möglich, von denen im Falle offensichtlicher Rechtswidrigkeit der Zustimmung[28] auszugehen sein wird. Anders liegt es, wenn die BaFin entgegen § 57 Abs. 2 S. 2 die Zustimmung zur Einsicht in ihre Akten erteilt hat;

---

[22] S. Steinmeyer/*Steinhardt* Rn. 7; Baums/Thoma/Verse/*Ritz* Rn. 12.

[23] Angerer/Geibel/Süßmann/*Louven* Rn. 5; Schwark/Zimmer/*Noack/Holzborn* Rn. 9.

[24] Vgl. Angerer/Geibel/Süßmann/*Louven* Rn. 5.

[25] Steinmeyer/*Steinhardt* Rn. 8; Schwark/Zimmer/*Noack/Holzborn* Rn. 10; vgl. Kölner Komm WpÜG/ *Pohlmann* Rn. 10.

[26] Angerer/Geibel/Süßmann/*Louven* Rn. 4; Ehricke/Ekkenga/Oechsler/*Ehricke* Rn. 9; zu § 72 GWB Immenga/Mestmäcker/*Schmidt* GWB § 72 Rn. 6; gegen eine Analogie auch im Falle der Verweigerung durch die BAFin OLG Frankfurt AG 2019, 687 (691) = BeckRS 2019, 6427 unter Hinweis auf § 72 Abs. 2 GWB und die dazu ergangene, eine Anwendung des § 99 Abs. 2 VwGO ausschließende Entscheidung BGH WuW/ E DE-R 2879 = BeckRS 2010, 5789; ebenfalls gegen eine Analogie Assmann/Pötzsch/Schneider/*Döhmel* Rn. 9 mit der Begründung, es bestehe für eine Analogie kein Bedürfnis, weil sich das Beschwerdegericht, anders als es nach der VwGO der Fall wäre, unter bestimmten Voraussetzungen über die Ablehnung der Einwilligung hinwegsetzen könne.

[27] Schoch/Schneider/*Rudisile* VwGO § 99 Rn. 32.

[28] FK-WpÜG/*Schweizer* Rn. 4.

dies ist, da die BaFin bei Vorliegen eines wichtigen Grundes kein Ermessen hat, vom Gericht voll überprüfbar.[29] Das Beschwerdegericht kann ferner die Einsicht in gerichtseigene Akten verweigern, wenn ein wichtiger Grund vorliegt, weil es ebenso wie alle anderen aktenführenden Stellen zur Sicherung schutzwürdiger Interessen, insbesondere zur Geheimhaltung sensibler Informationen Betroffener verpflichtet ist, soweit ein berechtigtes Interesse besteht.[30]

Wird die **Akteneinsicht abgelehnt oder ist sie unzulässig,** dürfen die nicht eingese- **13** henen Unterlagen der Entscheidung des Beschwerdegerichts nur insoweit zugrunde gelegt werden, wie ihr Inhalt gemäß § 103 Abs. 2 VwGO vorgetragen worden ist. Allerdings wird der Inhalt von Akten, in die keine Einsicht genommen werden darf, regelmäßig auch nicht vorgetragen werden dürfen, soll § 57 Abs. 2 nicht leerlaufen.[31] Das Beschwerdegericht darf den Inhalt der nicht eingesehenen Akten nur verwerten, wenn die Beteiligten hiervon – sei es durch Schriftsatz oder in der mündlichen Verhandlung – Kenntnis erlangt haben und sich zu den vorgetragenen Tatsachen und Beweismitteln äußern konnten (vgl. § 56 Abs. 1 S. 2). **Modifiziert wird das Verwertungsverbot** allerdings durch die Regelung in § 56 Abs. 1 S. 3 und 4 (→ § 56 Rn. 9 f.).

### IV. Gerichtliches Anordnungsverfahren (Abs. 2 S. 4–6)

Gemäß § 57 Abs. 2 S. 4 steht dem Beschwerdegericht die Befugnis zur **Anordnung der** **14** **„Akteneinsicht"** zu, soweit neben den weiteren im Normtext genannten Voraussetzungen „in einer abschließenden Interessenabwägung das Interesse an der Einsicht überwiegt".[32] Ob das Geheimhaltungs- hinter das Offenlegungsinteresse zurücktreten muss, ist nach Abwägung aller Umstände des Einzelfalles mit Blick auf die Bedeutung der Sache für die Sicherung eines ordnungsgemäßen Verfahrens festzustellen. Kriterien für die Bedeutung der Sache zur Sicherung eines ordnungsgemäßen Verfahrens sind entsprechend den Zielen des WpÜG insbesondere die Funktionsfähigkeit des Kapitalmarktes, sein Erhalt und seine Stärkung.[33]

Die Möglichkeit der Anordnung nach § 57 Abs. 2 S. 4 ist nach dem eindeutigen Wortlaut **15** der Vorschrift nicht auf die Fälle der Versagung der Zustimmung zur Einsicht in die Vorakten durch die BaFin beschränkt,[34] sondern umfasst **alle Fälle der Versagung aus wichtigem** **Grund,** auch wenn sie auf einer Ermessensentscheidung einer anderen verfügungsberechtigten Stelle beruhen.[35] Im Hinblick auf Art. 103 Abs. 1 GG ist das Vorliegen eines wichtigen Grundes stets Voraussetzung für die Versagung der Zustimmung zur Akteneinsicht (→ Rn. 7, → Rn. 1). Liegt ein wichtiger Grund nicht vor, stellt das Beschwerdegericht analog § 99 Abs. 2 S. 1 VwGO die Rechtswidrigkeit der Versagung fest (→ Rn. 10); dies geschieht außerhalb des Anordnungsverfahrens nach § 57 Abs. 2 S. 4. Ob die Offenlegung durch die Gewährung der Einsichtnahme in die Akten erfolgen muss oder die bloße Mitteilung der Tatsachen durch die aktenführende Stelle ausreicht, ist unklar; der gesetzgeberische Wille reicht allerdings bis zur Anordnung der „Akteneinsicht".[36] Unabhängig davon ist es für die Beschwerdeentscheidung hinreichend, aber auch erforderlich, dass sich die Beteiligten zu den die Entscheidung stützenden Tatsachen und Beweismitteln äußern konnten (§ 56 Abs. 1 S. 2).

Ist ein von der Offenlegung Betroffener nicht Beteiligter des Beschwerdeverfahrens, **16** sondern Dritter, muss er im Hinblick auf das Erfordernis der Anhörung (nur) an dem **Zwischenverfahren** nach § 57 Abs. 2 S. 4 beteiligt werden.[37] Der Beschluss des Gerichts

---

[29] Vgl. Immenga/Mestmäcker/*Schmidt* GWB § 72 Rn. 7.

[30] Vgl. Steinmeyer/*Steinhardt* Rn. 8.

[31] Angerer/Geibel/Süßmann/*Louven* Rn. 6; Steinmeyer/*Steinhardt* Rn. 9; Baums/Thoma/Verse/*Ritz* Rn. 16.

[32] BT-Drs. 14/7034, 68.

[33] Steinmeyer/*Steinhardt* Rn. 10.

[34] Vgl. aber BT-Drs. 14/7034, 68.

[35] Vgl. Angerer/Geibel/Süßmann/*Louven* Rn. 9.

[36] BT-Drs. 14/7034, 68.

[37] Immenga/Mestmäcker/*Schmidt* GWB § 72 Rn. 8.

ist entsprechend dem im Beschwerdeverfahren generell einzügigen Rechtsschutzsystem (→ § 48 Rn. 30) nicht anfechtbar.[38] Im Verfahren nach S. 4 besteht in Ausnahme zu § 53 **kein Anwaltszwang** (§ 57 Abs. 2 S. 6).

## § 58 Geltung von Vorschriften des Gerichtsverfassungsgesetzes und der Zivilprozessordnung

Im Verfahren vor dem Beschwerdegericht gelten, soweit nichts anderes bestimmt ist, entsprechend
1. die Vorschriften der §§ 169 bis 197 des Gerichtsverfassungsgesetzes über Öffentlichkeit, Sitzungspolizei, Gerichtssprache, Beratung und Abstimmung und
2. die Vorschriften der Zivilprozessordnung über Ausschließung und Ablehnung eines Richters, über Prozessbevollmächtigte und Beistände, über die Zustellung von Amts wegen, über Ladungen, Termine und Fristen, über die Anordnung des persönlichen Erscheinens der Parteien, über die Verbindung mehrerer Prozesse, über die Erledigung des Zeugen- und Sachverständigenbeweises sowie über die sonstigen Arten des Beweisverfahrens, über die Wiedereinsetzung in den vorigen Stand gegen die Versäumung einer Frist.

### I. Einführung

1    **Regelungsinhalt** von § 58 ist die Anordnung der entsprechenden Geltung der in Nr. 1 und 2 genannten Bestimmungen des GVG und der ZPO für das Beschwerdeverfahren. Damit verfolgte der Gesetzgeber den **Zweck**, die Anwendbarkeit der „**wesentlichen Vorschriften des Gerichtsverfassungsgesetzes und der Zivilprozessordnung**" bei der Durchführung von Beschwerdeverfahren festzulegen.[1]

2    **Modellvorschrift** für § 58 war § 73 GWB, der wortgleich in das WpÜG übernommen wurde. Eingeschränkt **vergleichbar** ist zudem die Regelung in § 173 VwGO. § 58 ist abschließend;[2] anderenfalls wäre die Regelung sinnlos, da es ihrer nicht bedürfte. Regelungslücken sind durch entsprechende Anwendung der **VwGO** und des **VwVfG** zu schließen,[3] da es sich beim Beschwerdeverfahren um ein Verwaltungsstreitverfahren handelt (→ § 48 Rn. 3). Daneben sollen Analogien zum FamFG denkbar sein,[4] und es können Parallelen zu §§ 63–73 GWB gezogen werden, die die Modellnormen für §§ 48–58 sind.[5]

### II. Entsprechende Geltung anderer Verfahrensvorschriften

3    § 58 Nr. 1 verweist auf **§§ 169–197 GVG.** Entsprechend anzuwenden sind danach die gerichtsverfassungsgesetzlichen Regelungen über die Öffentlichkeit, die Sitzungspolizei, die Gerichtssprache, sowie die Beratung und Abstimmung bei gerichtlichen Entscheidungen.

4    § 58 Nr. 2 verweist auf **Vorschriften der ZPO,** die sich mit bestimmten Regelungsmaterien befassen und im Beschwerdeverfahren entsprechend anwendbar sind. Dies sind: §§ 41–49 ZPO; §§ 78–90 ZPO; §§ 166–190 ZPO; §§ 214–229 ZPO; § 141 ZPO; § 147 ZPO; §§ 373–401 ZPO; §§ 402–414 ZPO; §§ 371–372a ZPO; §§ 415–444 ZPO; §§ 445–455 ZPO; §§ 233–238 ZPO.

---

[38] Assmann/Pötzsch/Schneider/*Döhmel* Rn. 18; Baums/Thoma/Verse/*Ritz* Rn. 21; für § 72 GWB Immenga/Mestmäcker/*Schmidt* GWB § 72 Rn. 8.

[1] BT-Drs. 14/7034, 68.

[2] Vgl. Angerer/Geibel/Süßmann/*Louven* Rn. 1; aA Steinmeyer/*Bastian* Rn. 1; Assmann/Pötzsch/Schneider/*Döhmel* Rn. 1; Schwark/Zimmer/*Noack/Holzborn* Rn. 2; FK-WpÜG/*Schweizer* Rn. 2; aA für § 73 GWB ferner Immenga/Mestmäcker/*Schmidt* GWB § 73 Rn. 5.

[3] Bezüglich der VwGO ausdrücklich OLG Frankfurt NZG 2019, 1308 Rn. 20; s. auch Angerer/Geibel/Süßmann/*Louven* Rn. 2; vgl. FK-WpÜG/*Schweizer* Rn. 2; Assmann/Pötzsch/Schneider/*Döhmel* Rn. 1, 6; Steinmeyer/*Bastian* Rn. 1; Baums/Thoma/Verse/*Ritz* Rn. 1; Schwark/Zimmer/*Noack/Holzborn* Rn. 2.

[4] Kölner Komm WpÜG/*Pohlmann* Rn. 3; Ehricke/Ekkenga/Oechsler/*Ehricke* Rn. 4; Schwark/Zimmer/*Noack/Holzborn* Rn. 2.

[5] Kölner Komm WpÜG/*Pohlmann* Rn. 3; Schwark/Zimmer/*Noack/Holzborn* Rn. 2.

Aus der **VwGO** können – nur als Beispiele – etwa § 42 Abs. 2 VwGO (→ § 48 Rn. 6), **5** § 43 VwGO (→ § 48 Rn. 28), § 82 Abs. 1 VwGO (→ § 51 Rn. 4), § 99 Abs. 2 S. 1 VwGO (→ § 57 Rn. 10 f.) oder § 123 VwGO (→ § 50 Rn. 22) entsprechend angewendet werden. Wichtig ist auch die analoge Anwendung der §§ 154 ff. VwGO für die Kostenentscheidung.[6]

Die Vorschriften des GVG und der ZPO sowie die „Bestimmungen anderer Verfahrens- **6** ordnungen" finden nach allgemeinen Grundsätzen im Beschwerdeverfahren nur dann entsprechende Anwendung, wenn nicht die Vorschriften des **WpÜG erkennbar eine abschließende Regelung** getroffen haben. Zudem muss bei der Anwendung zivilprozessualer Vorschriften immer besonders berücksichtigt werden, dass das gerichtliche Beschwerdeverfahren mit all seinen Eigenheiten eine **Sonderform des Verwaltungsrechtsschutzes** ist (→ Rn. 2).[7] Demgemäß ist das Verfahren namentlich vom Untersuchungsgrundsatz (§ 55) geprägt, was bei der Anwendung von Regelungen der ZPO, die auf dem zivilprozessualen Beibringungsgrundsatz aufbauen, zu beachten ist.[8]

---

[6] Assmann/Pötzsch/Schneider/*Döhmel* Rn. 6; Steinmeyer/*Bastian* Rn. 4; Schwark/Zimmer/*Noack/Holzborn* Rn. 2.
[7] Vgl. Immenga/Mestmäcker/*Schmidt* GWB § 73 Rn. 1.
[8] Vgl. Kopp/Schenke/*Schenke* VwGO § 173 Rn. 2, 5.

# Abschnitt 8. Sanktionen

## § 59 Rechtsverlust

[1]Rechte aus Aktien, die dem Bieter, mit ihm gemeinsam handelnden Personen oder deren Tochterunternehmen gehören oder aus denen ihm, mit ihm gemeinsam handelnden Personen oder deren Tochterunternehmen Stimmrechte gemäß § 30 Absatz 1 und 2 zugerechnet werden, bestehen nicht für die Zeit, für welche die Pflichten nach § 35 Abs. 1 oder 2 nicht erfüllt werden. [2]Dies gilt nicht für Ansprüche nach § 58 Abs. 4 des Aktiengesetzes und § 271 des Aktiengesetzes, wenn die Veröffentlichung oder das Angebot nach § 35 Abs. 1 Satz 1 oder Abs. 2 Satz 1 nicht vorsätzlich unterlassen wurde und nachgeholt worden ist.

**Schrifttum:** *Bunz,* Zur Heilung des Rechtsverlusts nach § 59 WpÜG durch Übertragung der Aktien, Der Konzern 2014, 430; *Burgard,* Die Offenlegung von Beteiligungen, Abhängigkeits- und Konzernlagen bei der Aktiengesellschaft, 1990; *Habersack,* Schranken des Verlusts von Rechten aus zugerechneten Aktien nach § 20 Abs. 7 AktG, § 44 Abs. 1 WpHG, § 59 WpÜG, AG 2018, 133; *Heinsius,* Rechtsfolgen einer Verletzung der Mitteilungspflichten nach § 20 AktG, FS Robert Fischer, 1979, 215; *Heusel,* Das Instrumentarium zur Durchsetzung unterlassener Pflichtangebote im Lichte der BKN-Entscheidung des BGH, AG 2014, 232; *Hüffer,* Verlust oder Ruhen von Aktionärsrechten bei Verletzung aktienrechtlicher Mitteilungspflichten?, FS Boujong, 1996, 277; *Kablitz,* Umwandlungsrechtliche Umtausch-, Abfindungs- und Ausgleichsansprüche als Gegenstand des Rechtsverlusts nach § 44 WpHG, WM 2020, 300; *Kocher,* Gemeinsam handelnde Personen im Übernahmerecht, AG 2018, 308; *Löhdefink/Jaspers,* Fortgeschrittenenveranstaltung zum WpÜG: Die Postbank-Entscheidung des BGH und ihre praktischen Implikationen, ZIP 2014, 2261; *Quack,* Die Mitteilungspflichten des § 20 AktG und ihr Einfluss auf das Verhalten der Organe des Mitteilungsadressaten, FS Semler, 1993, 581; *Roßkopf,* Selbstregulierung von Übernahmeangeboten in Großbritannien, 1999; *Schäfer,* Die Rechtsfolgen bei Unterlassung der Mitteilung nach den §§ 20 und 21 des Aktiengesetzes, BB 1966, 1004; *U. H. Schneider,* Der kapitalmarktrechtliche Rechtsverlust, FS Kümpel, 2003, 477; *Schneider/Schneider,* Der Rechtsverlust gem. § 28 WpHG bei Verletzung der Meldepflicht – zugleich eine Untersuchung zu § 20 Abs. 7 AktG und § 59 WpÜG, ZIP 2006, 493; *Witt,* Übernahmen von Aktiengesellschaften und Transparenz der Beteiligungsverhältnisse, 1998; *Zschocke/Schuster,* Handbuch zum Übernahmerecht, 2003.

## Übersicht

## I. Allgemeines

**1**   **1. Regelungsgegenstand.** § 59 ordnet für den Fall einer pflichtwidrig unterbliebenen Veröffentlichung der Kontrollerlangung nach § 35 Abs. 1 oder der Nichtabgabe eines Pflichtangebotes nach § 35 Abs. 2 einen im Grundsatz umfassenden Rechtsverlust aus Aktien an.[1] Ähnlich wie im Anwendungsbereich der Parallelvorschrift des § 44 WpHG werden an die Verletzung kapitalmarktrechtlicher Pflichten gesellschaftsrechtliche Konsequenzen geknüpft.[2] Nach **S. 1** erstreckt sich der Rechtsverlust auf solche Aktien, die dem Bieter, mit ihm gemeinsam handelnden Personen oder deren Tochterunternehmen gemäß § 30 Abs. 1 S. 1 Nr. 2 zugerechnet werden. **S. 2** grenzt den Rechtsverlust trotz Nichterfüllung der Veröffentlichungs- und Angebotspflicht ein: Ist die Veröffentlichung der Kontrollerlangung oder die Nichtabgabe des Pflichtangebotes nicht vorsätzlich unterlassen und nachgeholt worden, gehen die Ansprüche auf den Bilanzgewinn (§ 58 Abs. 4 AktG) und den Liquidationserlös (§ 271 AktG) nicht verloren.

**2**   **2. Normzweck.** Die weitreichenden Rechtsfolgen sollen den Bieter anhalten, die Pflichten zur Veröffentlichung der Kontrollerlangung und zur Abgabe eines Pflichtangebots zu befolgen.[3] Die Regelung des § 59 ergänzt die **Verzinsungspflicht** nach § 38 und die **Bußgeldbestimmung** in § 60. Daneben bestehen die Mittel des Verwaltungszwangs (§§ 40, 46).

**3**   **3. Anwendungsbereich.** Der Anwendungsbereich der Vorschrift ist auf die Situation der Kontrollerlangung und die daraus resultierenden Pflichten zur Veröffentlichung der Kontrollerlangung und zur Abgabe eines **Pflichtangebotes** beschränkt.[4] Vergleichbare Sanktionen für den Fall eines Übernahmeangebotes sieht das Gesetz nicht vor.

**4**   **4. Verhältnis zu anderen Vorschriften. a) § 44 WpHG.** Inhaltlich lehnt sich § 59 an die Regelung des § 44 WpHG an, wiewohl beide Vorschriften unterschiedliche Zielrichtungen verfolgen.[5] § 44 WpHG sieht einen Rechtsverlust vor, wenn ein Aktionär die ihn einer börsennotierten Gesellschaft und der Bundesanstalt gegenüber treffende Mitteilungspflicht bei Erreichen, Überschreiten oder Unterschreiten von 3%, 5%, 10%, 15%, 20%, 25%, 30%, 50% oder 75% der Stimmrechte nach §§ 33 f. WpHG nicht nachkommt. Demgegenüber regelt § 59 die Rechtsfolgen bei Verstößen gegen Pflichten des Bieters, die an das Erreichen oder Überschreiten des Stimmrechtsanteils von 30% geknüpft sind. § 59 S. 1 geht

---

[1]   Anordnungs- und Zwangsgeldandrohungsbescheid zu Lasten der Guoshi Assets Investment Management Limited vom 19.5.2014, 5.
[2]   *Heusel* AG 2014, 232 (236); *Löhdefink/Jaspers* ZIP 2014, 2261 (2265); FK-WpÜG/*Hommelhoff/Witt* Rn. 3; Ehricke/Ekkenga/Oechsler/*Ehricke* Rn. 3; vgl. auch ABBD/*Sperlich/Apfelbacher* Sec. 59 Rn. 1; Assmann/Pötzsch/Schneider/*U. H. Schneider/Rosengarten* Rn. 2.
[3]   Begr. RegE, BT-Drs. 14/7034, 68; *U. H. Schneider* FS Kümpel, 2003, 477.
[4]   *Heusel* AG 2014, 232 (236); *Möller* AG 2002, 174 (175); ABBD/*Sperlich/Apfelbacher* Sec. 59 Rn. 1; Assmann/Pötzsch/Schneider/*U. H. Schneider/Rosengarten* Rn. 9 ff.
[5]   Für eine Neufassung des § 28 WpHG aF (jetzt § 44 WpHG) *Merkner* AG 2012, 199 ff.

im Übrigen über § 44 WpHG hinaus, da auch Aktien von Personen, die gemeinsam mit dem Bieter handeln von der Sanktionsanordnung erfasst werden.[6] Ferner weist § 44 WpHG im Übrigen einige Besonderheiten gegenüber § 59 auf. Während § 44 Abs. 1 S. 3 WpHG den Rechtsverlust um sechs Monate verlängert, sofern die Höhe des Stimmrechtsanteils betroffen ist und die Mitteilungspflichten vorsätzlich oder grob fahrlässig verletzt werden, umfasst der Rechtsverlust nach § 59 nur den Zeitraum, in dem die Transparenz- und Veröffentlichungspflichten nicht erfüllt werden.[7] Allerdings ist zu beachten, dass sich der verlängerte Rechtsverlust nach § 44 Abs. 1 S. 4 WpHG relativiert, da § 44 Abs. 1 S. 3 WpHG keine Anwendung findet, wenn die Abweichung bei der Höhe der in der vorangegangenen unrichtigen Mitteilung angegebenen Stimmrechte weniger als 10% des tatsächlichen Stimmrechtsanteils beträgt und keine Mitteilung über das Erreichen, Überschreiten oder Unterschreiten einer der in § 33 WpHG mitgeteilten Schwellen unterlassen wurde.[8] Unbeschadet dessen können bei der Auslegung von § 59 die zu § 44 WpHG entwickelten Grundsätze prinzipiell herangezogen werden.[9] Einigkeit herrscht darüber, dass die Mitteilungspflichten nach §§ 33 f. WpHG und § 35 Abs. 1 **gleichrangig nebeneinander** stehen (→ § 35 Rn. 173).[10]

**b) § 20 Abs. 7 AktG.** Eine verwandte Regelung findet sich in § 20 Abs. 7 AktG, der 5 die Verletzung der konzernrechtlichen Mitteilungspflichten regelt. Danach tritt bei Nichterfüllung der Mitteilungspflichten gemäß § 20 Abs. 1 AktG (Beteiligung von 25% an einer Aktiengesellschaft) oder § 20 Abs. 4 AktG (Mehrheitsbeteiligung an einer Aktiengesellschaft) ebenfalls ein Rechtsverlust aus den Aktien des Mitteilungspflichtigen ein. Die Regelung findet indessen auf börsennotierte Aktiengesellschaften keine Anwendung (§ 20 Abs. 8 AktG); sie gilt damit nur für Gesellschaften, die nicht von §§ 33 ff. WpHG erfasst werden.

**5. Entstehungsgeschichte.** Eine § 59 entsprechende Regelung war bereits im DiskE 6 vom 29.6.2000 (§ 60 DiskE) und im RefE vom 12.3.2001 (§ 59 RefE) enthalten. In beiden Entwürfen waren allerdings mit dem Bieter gemeinsam handelnde Personen und deren Tochterunternehmen noch nicht erfasst. Eine entsprechende Regelung wurde erst im **RegE** ergänzt.

**6. Europäisches Recht.** Der Entwurf der Übernahme-RL sah weder in der Fassung 7 des Gemeinsamen Standpunktes des Ministerrates vom 19.6.2000 noch in der Fassung des **gemeinsamen Entwurfs** vom 6.6.2001 eine spezielle Sanktionsnorm vor. Art. 12 S. 1 Übernahme-RL-E bestimmte lediglich, dass die Mitgliedstaaten Sanktionen festlegen, die bei Verstößen anzuwenden sind. Die konkrete Ausgestaltung der Sanktionen sollte demgemäß den Mitgliedstaaten überlassen bleiben, wobei diese einen hinreichenden Anreiz zur Einhaltung der Pflichten darstellen müssen (Art. 12 S. 2 Übernahme-RL-E). Eine im Wesentlichen redaktionell geänderte Regelung enthält Art. 17 Übernahme-RL.[11] Danach müssen die Mitgliedstaaten Sanktionen bei Verstößen gegen einzelstaatliche Vorschriften festlegen und alle geeigneten Maßnahmen treffen, um deren Umsetzung zu erleichtern (Art. 17 S. 1 Übernahme-RL). Die Sanktionen müssen wirksam, verhältnismäßig und abschreckend sein (Art. 17 S. 2 Übernahme-RL).

**7. Rechtslage im Vereinigten Königreich.** Dem Takeover Panel stehen verschiedene 8 im City Code geregelte Sanktionsmöglichkeiten zur Verfügung (Introduction 11 (b) (i)–(v) City Code). Sie umfassen unter anderem die Möglichkeit eines nicht-öffentlichen Tadels

---

[6] S. auch *Habersack* AG 2018, 133 (133 ff.).
[7] *Habersack* AG 2018, 133 (134).
[8] *Habersack* AG 2018, 133 (134).
[9] Begr. RegE, BT-Drs. 14/7034, 68; *Ekkenga/Hofschroer* DStR 2002, 768 (777); FK-WpÜG/*Hommelhoff/Witt* Rn. 5; *Lenz* in Zschocke/Schuster ÜbernahmeR-HdB Rn. F 129.
[10] Statt vieler Ehricke/Ekkenga/Oechsler/*Ehricke* Rn. 5.
[11] Vgl. zuvor bereits Vorschlag für eine Richtlinie des Europäischen Parlaments und des Rates betreffend Übernahmeangebote vom 2.10.2002, KOM (2002) 534 (noch zum damaligen Art. 16 Übernahme-RL-E), auch veröffentlicht als Ratsdokument 12846/02 und als BR-Drs. 800/02; dazu etwa *Neye* NZG 2002, 1144.

*(private statement of censure)* oder öffentlichen Verweises *(public statement of censure)* oder die Meldung des Verstoßes an andere Stellen oder Institutionen.[12] Einen automatischen Rechtsverlust, wie ihn § 59 statuiert, enthält der City Code nicht. Gleichwohl und trotz der fehlenden Durchsetzbarkeit des City Code wurden die Sanktionen bislang als sehr effektiv angesehen.[13] Dies liegt in erster Linie daran, dass das Takeover Panel die Financial Services Authority auffordern kann, Maßnahmen gegen die an der Übernahme beteiligten Personen zu ergreifen (Introduction 11 (b) (iv) City Code). Zu den Folgen des Brexit und dessen Auswirkungen auf den City Code → § 33 Rn. 33a ff.

**9**     **8. Rechtspolitische Kritik.** Die Regelung ist angesichts ihrer drakonischen Rechtsfolgen **zu weit** geraten.[14] Der Verlust des Stimmrechts kann zu fehlerhaften Hauptversammlungsbeschlüssen führen, was nicht nur den Bieter, sondern die Gesellschaft selbst belastet. Die Regelung ist jedenfalls insoweit unverhältnismäßig, wie der Rechtsverlust an eine Pflichtverletzung „gemeinsam handelnder Personen" anknüpft.[15] Der Tatbestand des gemeinsamen Handelns ist in § 30 Abs. 2 so **vage** formuliert, dass der in § 59 angeordnete Rechtsverlust auf Grund seines strafähnlichen Charakters[16] unangemessen erscheint. Berechtigte Kritik wurde zudem daran geäußert, dass der Rechtsverlust auch das Recht auf den anteiligen Liquidationserlös erfasst.[17] Der damit der Sache nach vorliegende Eingriff in das mitgliedschaftliche Stammrecht ist aus verfassungsrechtlichen Gründen bedenklich.

## II. Voraussetzungen des Rechtsverlustes (S. 1)

**10**     **1. Nichterfüllung der Pflichten nach § 35 Abs. 1 oder § 35 Abs. 2.** § 59 S. 1 knüpft den Rechtsverlust seinem Wortlaut nach an die Nichterfüllung der Pflichten aus § 35 Abs. 1 und Abs. 2. Damit sind nicht nur die **Primärpflichten,**[18] nämlich die Pflicht zur Veröffentlichung der Kontrollerlangung nach § 35 Abs. 1 S. 1 und zur Abgabe eines Pflichtangebotes nach § 35 Abs. 2 S. 1 erfasst, sondern auf Grund der in § 35 Abs. 1 S. 4 und § 35 Abs. 2 S. 2 enthaltenen Verweise auf § 10 und § 14 auch die Bestimmungen über die Art und Weise der Veröffentlichung der Kontrollerlangung (§ 10 Abs. 2, 3 S. 3, Abs. 4–6) sowie über die Übermittlung und Veröffentlichung der Angebotsunterlage (§ 14 Abs. 2 S. 2, 3 und 4). Ob auch Verstöße gegen diese Verfahrensvorschriften zu einem automatischen Rechtsverlust führen, ist allerdings zweifelhaft (näher → Rn. 14 f.).

**11**     **a) Nicht ordnungsgemäße Erfüllung.** § 59 knüpft den Rechtsverlust an die „Nichterfüllung" der Bieterpflichten. Im Gegensatz dazu differenziert die Bußgeldvorschrift des § 60 danach, ob die Pflichten nicht, nicht richtig, nicht vollständig, nicht in der vorgeschriebenen Weise oder nicht rechtzeitig erfüllt werden. Der unterschiedliche Wortlaut in den beiden Sanktionsbestimmungen wirft die Frage auf, ob mit „Nichterfüllung" iSv § 59 S. 1 nicht nur die Fälle erfasst sind, in denen die Pflichten überhaupt nicht erfüllt wurden, oder ob für den Eintritt des Rechtsverlustes auch die fehlerhafte Vornahme der Handlungen genügend ist. Nach einer verbreiteten Ansicht tritt der Rechtsverlust bereits dann ein, wenn die Pflichten nicht voll im Einklang mit der vom Gesetz vorgeschriebenen Weise erfüllt wurden.[19] Nach der Gegenansicht rechtfertigt im Hinblick auf die drastischen Rechtsfolgen

---

[12] Dazu ausf. *Roßkopf,* Selbstregulierung von Übernahmeangeboten in Großbritannien, 1999, 159 ff.

[13] Vgl. *Roßkopf,* Selbstregulierung von Übernahmeangeboten in Großbritannien, 1999, 163.

[14] *Bunz* Der Konzern 2014, 430 (431); aA *U. H. Schneider* FS Kümpel, 2003, 477 (483 f.); zur Kritik auch *Heusel* AG 2014, 232 (236); *Habersack* AG 2018, 133 (139).

[15] *Heusel* AG 2014, 232 (236); *Bunz* Der Konzern 2014, 430 (431).

[16] Zu § 28 WpHG aF *Schäfer/Hamann/Opitz* WpHG § 28 aF Rn. 1; *Löhdefink/Jaspers* ZIP 2014, 2261 (2265) zu dem Fall, dass ein Angebot unangemessen niedrig ist.

[17] FK-WpÜG/*Hommelhoff/Witt* Rn. 21.

[18] Kölner Komm WpÜG/*Kremer/Oesterhaus* Rn. 10; Steinmeyer/*Santelmann* Rn. 7; Assmann/Pötzsch/Schneider/*U. H. Schneider/Rosengarten* Rn. 11.

[19] Angerer/Geibel/Süßmann/*Tschauner* Rn. 12; *Lenz* in Zschocke/Schuster ÜbernahmeR-HdB Rn. F 130; zu § 28 WpHG *Schäfer/Hamann/Opitz* WpHG § 28 aF Rn. 5.

nur das vollständige Unterlassen der Pflichten den Rechtsverlust aus den Aktien.[20] Eine vermittelnde Ansicht verweist darauf, dass auch eine Schlechterfüllung der Pflichten im Einzelfall dazu führen kann, dass ihr jeweiliger Zweck im Wesentlichen nicht erreicht wird, und differenziert dabei anhand der einzelnen Pflichten.[21] Dem ist letztlich zu folgen.

**b) Erfasste Pflichten. aa) Hauptpflichten.** Zum Rechtsverlust führt zunächst die **12** Nichterfüllung der **Veröffentlichung der Kontrollerlangung** nach § 35 Abs. 1 S. 1. Dabei macht es keinen Unterschied, ob die Veröffentlichung der Kontrollerlangung vollständig unterbleibt oder nicht unverzüglich, dh zu spät, erfolgt. Sofern der Bieter die Übernahme der Zielgesellschaft so strukturiert, dass er die Kontrolle erst kurz vor der Hauptversammlung erreicht und folglich die Kontrollerlangung nicht mehr vor der Hauptversammlung veröffentlichen kann, soll er seine Stimmrechte in der Hauptversammlung ebenfalls verlieren.[22] Bloß formale Mängel oder inhaltliche Ungenauigkeiten, die sich auf den Eintritt der Kontrollerlangung beziehen, sind indessen unbeachtlich.[23]

Zum Rechtsverlust führt auch die Verletzung der Pflicht zur **Abgabe eines Pflichtange-  13 botes** und der **Veröffentlichung der Angebotsunterlage** nach § 35 Abs. 2 S. 1. Demgegenüber bleibt eine etwaige Verletzung der Pflicht zur vorherigen Übermittlung der Angebotsunterlage an die Bundesanstalt folgenlos.[24] Ebenso zieht der Umstand, dass die Angebotsunterlage unvollständig ist oder inhaltliche Mängel aufweist, keinen Rechtsverlust nach sich.[25] Insoweit sind in § 12 (Haftung für die Angebotsunterlage) und in § 15 Abs. 1 Nr. 1, Nr. 2 (Untersagung des Angebots) spezielle Rechtsfolgen vorgesehen, die auf Grund der in § 39 enthaltenen Verweisung auf die Bestimmungen des Abschnitts 3 auch für das Pflichtangebot gelten.

**bb) Sonstige Pflichten.** Fraglich ist, ob § 59 S. 1 auch die verfahrensrechtlichen Pflich-  **14** ten erfasst, die dem Bieter auf Grund der Verweise in § 35 Abs. 1 S. 4 und Abs. 2 S. 2 auf § 10 und § 14 obliegen. Zum Teil wird dies bejaht.[26] Die wohl hM tritt für eine teleologische Reduktion des § 59 S. 1 ein und differenziert danach, ob die Verstöße gegen die sonstigen Verfahrensvorschriften der Nichterfüllung der Primärpflichten gleichwertig sind.[27]

Orientiert man sich am **Wortlaut** des § 59 S. 1, der auf § 35 Abs. 1 und Abs. 2 verweist,  **15** würde der Rechtsverlust auch dann eintreten, wenn die sonstigen, in § 35 Abs. 1 S. 4 und § 35 Abs. 2 S. 2 in Bezug genommenen Pflichten (zB Mitteilung der Kontrollerlangung an die Geschäftsführung der Börsen und die Bundesanstalt gemäß § 10 Abs. 2, Übersendung der Veröffentlichung an die Börsen und die Bundesanstalt gemäß § 10 Abs. 4, Mitteilung an den Vorstand der Zielgesellschaft gemäß § 10 Abs. 1) nicht oder nicht in der vom Gesetz vorgegebenen zeitlichen Reihenfolge erfüllt werden. Ein solch weites Verständnis deckt sich indessen offenbar nicht mit dem **Willen des Gesetzgebers.** Die Regierungsbegründung zu § 59 bezieht sich nämlich ausdrücklich nur auf die Veröffentlichung der Kontrollerlangung nach § 35 Abs. 1 S. 1 oder die Abgabe des Pflichtangebotes nach § 35 Abs. 2 S. 1.[28]

---

[20] So zu § 28 WpHG aF *Hüffer* AktG, 7. Aufl. 2006, WpHG § 28 aF Rn. 3 (Anh. AktG § 22).
[21] Baums/Thoma/*Hecker* Rn. 26; Kölner Komm WpÜG/*Kremer/Oesterhaus* Rn. 13; Ehricke/Ekkenga/
Oechsler/*Ehricke* Rn. 8; tendenziell ABBD/*Sperlich/Apfelbacher* Sec. 59 Rn. 1; Assmann/Pötzsch/Schneider/
*U. H. Schneider/Rosengarten* Rn. 13; FK-WpÜG/*Hommelhoff/Witt* Rn. 15.
[22] LG München BKR 2003, 810.
[23] *Heusel* AG 2014, 232 (236); Kölner Komm WpÜG/*Kremer/Oesterhaus* Rn. 25; Angerer/Geibel/Süß-
mann/*Tschauner* Rn. 12; Steinmeyer/*Santelmann* Rn. 7 ff.; zu *Bayer* → WpHG § 28 aF Rn. 3 (Anh. AktG
§ 22).
[24] Assmann/Pötzsch/Schneider/*U. H. Schneider/Rosengarten* Rn. 13; Steinmeyer/*Santelmann* Rn. 8; Kölner
Komm WpÜG/*Kremer/Oesterhaus* Rn. 36.
[25] Assmann/Pötzsch/Schneider/*U. H. Schneider/Rosengarten* Rn. 13; Kölner Komm WpÜG/*Kremer/Oes-
terhaus* Rn. 41 ff.
[26] *Mielke* in Beckmann/Kersting/Mielke, Das neue Übernahmerecht, 2002, Rn. D 33 f., der aber eine
analoge Anwendung des S. 2 annimmt.
[27] FK-WpÜG/*Hommelhoff/Witt* Rn. 14; Baums/Thoma/*Hecker* Rn. 20 ff.; Kölner Komm WpÜG/*Kre-
mer/Oesterhaus* Rn. 14 ff.; wohl auch *Lenz* in Zschocke/Schuster ÜbernahmeR-HdB Rn. F 128 ff.; Angerer/
Geibel/Süßmann/*Tschauner* Rn. 12 ff.; Assmann/Pötzsch/Schneider/*U. H. Schneider/Rosengarten* Rn. 11.
[28] Begr. RegE zu § 59, BT-Drs. 14/7034, 68.

Hieraus lässt sich schließen, dass der Gesetzgeber einen Rechtsverlust nur an die unterbliebene Verletzung der Primärpflichten zur Veröffentlichung der Kontrollerlangung bzw. zur Abgabe des Pflichtangebotes knüpfen wollte, und in der weitergehenderen Formulierung des Gesetzes ein Redaktionsfehler zu erblicken ist.[29] Gegen ein solches Verständnis könnte in **systematischer Hinsicht** eingewandt werden, dass die Sanktionsnorm des § 38 eine Verzinsung der im Rahmen eines Pflichtangebotes anzubietenden Gegenleistung nur für den Fall der Nichterfüllung bestimmter Pflichten anordnet, was im Hinblick auf die im Vergleich hierzu weitere Formulierung des § 59 S. 1 gegen die Annahme eines Redaktionsversehen sprechen könnte.[30] Andererseits spricht die Regelung des § 59 S. 2, die eine Nachholungsmöglichkeit nur für die Primärpflichten nach § 35 Abs. 1 S. 1 und § 35 Abs. 2 S. 1 vorsieht, dafür, dass S. 1 nur eine Verletzung der Primärpflichten erfasst. Schließlich wäre es unverhältnismäßig, wenn die weitreichenden Rechtsfolgen des § 59 S. 1 an jede Verletzung von Verfahrensvorschriften anknüpfen würden, während Hauptpflichten nachholbar wären.[31] Folglich tritt bei Nichterfüllung der sonstigen Pflichten kein Rechtsverlust ein. Dies gilt insbesondere dann, wenn die Pflichten nicht in der vom Gesetz vorgegebenen Reihenfolge erfüllt wurden, da eine solche unrichtige Sequenz nicht mehr nachträglich geheilt werden kann.

**16**  **2. Verschulden.** Fraglich ist, ob der Rechtsverlust auch dann eintritt, wenn die Erfüllung der Pflichten nach § 35 Abs. 1 S. 1 und Abs. 2 S. 1 nicht schuldhaft unterblieben ist. Der Wortlaut des § 59 S. 1 legt die Annahme nahe, dass der Rechtsverlust nicht von einem Verschulden abhängt. Indessen setzt die Verletzung der Pflicht zur Veröffentlichung der Kontrollmitteilung nach § 35 Abs. 1 S. 2 voraus, dass der Kontrollinhaber Kenntnis von dem Kontrollerwerb hatte oder nach den Umständen haben musste. Zudem bestimmt § 35 Abs. 1 S. 1, dass die Mitteilungspflicht unverzüglich, dh ohne schuldhaftes Zögern (§ 121 Abs. 1 S. 1 BGB), zu erfüllen ist. Vor diesem Hintergrund besteht weitgehend Einigkeit darüber, dass ein **entschuldbarer Rechtsirrtum** hinsichtlich der Pflichten des Kontrollinhabers den Rechtsverlust ausschließt.[32] Die Beweislast für die Entschuldbarkeit liegt beim Kontrollinhaber.[33] Auch im Rahmen von § 20 Abs. 7 AktG und § 44 WpHG erkennt die hM an, dass der Rechtsverlust dann nicht eintritt, wenn sich der Mitteilungspflichtige in einem entschuldbaren Rechtsirrtum befunden hat.[34] Noch nicht endgültig geklärt ist, unter welchen Voraussetzungen ein Rechtsirrtum auch bei Vertrauen auf den anwaltlichen Rechtsbeistand angenommen werden kann.[35]

**17**  Eine andere Frage ist, ob der Rechtsverlust nach § 59 S. 1 darüber hinaus ein **Verschulden** iSv § 276 BGB des Kontrollinhabers voraussetzt. Im Hinblick auf die weitreichenden Folgen spricht vieles dafür, eine **teleologische Reduktion** des § 59 S. 1 anzunehmen, sodass der Rechtsverlust nur dann eintritt, wenn der Kontrollinhaber mindestens **fahrlässig** gehandelt hat.[36] Dass ein verschuldensunabhängiger Rechtsverlust unverhältnismäßig wäre,

---

[29] Angerer/Geibel/Süßmann/*Tschauner* Rn. 11; Ehricke/Ekkenga/Oechsler/*Ehricke* Rn. 10.

[30] Kölner Komm WpÜG/*Kremer/Oesterhaus* Rn. 18.

[31] Kölner Komm WpÜG/*Kremer/Oesterhaus* Rn. 21 f.; Ehricke/Ekkenga/Oechsler/*Ehricke* Rn. 10; iErg auch NK-AktKapMarktR/*Illner/Bert* Rn. 2.

[32] *Heusel* AG 2014, 232 (236); Angerer/Geibel/Süßmann/*Tschauner* Rn. 21; Kölner Komm WpÜG/*Kremer/Oesterhaus* Rn. 44; Ehricke/Ekkenga/Oechsler/*Ehricke* Rn. 11; einschr. *Lenz* in Zschocke/Schuster ÜbernahmeR-HdB Rn. F 132: „regelmäßig vermeidbar und damit unbeachtlich"; enger auch FK-WpÜG/*Hommelhoff/Witt* Rn. 17: „unvermeidbarer Rechtsirrtum".

[33] Kölner Komm WpÜG/*Kremer/Oesterhaus* Rn. 44; Assmann/Pötzsch/Schneider/*U. H. Schneider/Rosengarten* Rn. 17.

[34] Zu § 20 AktG Hüffer/Koch/*Koch* AktG § 20 Rn. 11; Emmerich/Habersack/*Emmerich* AktG § 20 Rn. 46; zu § 28 WpHG aF Schäfer/Hamann/*Opitz* WpHG § 28 aF Rn. 6; Assmann/Schneider/*U. H. Schneider* WpHG § 28 aF Rn. 21; wN bei *Witt*, Übernahmen von Aktiengesellschaften und Transparenz der Beteiligungsverhältnisse, 1998, 187 f.

[35] Näher *Fleischer* DB 2009, 1335 (1338); vgl. auch BGH NZG 2011, 1271 (1273).

[36] *Heusel* AG 2014, 232 (236); Kölner Komm WpÜG/*Kremer/Oesterhaus* Rn. 45; *Lenz* in Zschocke/Schuster ÜbernahmeR-HdB Rn. F 132; Schwark/Zimmer/*Noack/Zetzsche* Rn. 6; Ehricke/Ekkenga/Oechsler/*Ehricke* Rn. 12.

entspricht auch dem Erkenntnisstand zu § 44 WpHG und § 20 Abs. 7 AktG (→ AktG § 20 Rn. 49).[37]

**3. Nichtberücksichtigung von Stimmrechten; Befreiung von den Pflichten des** **18** **§ 35 Abs. 1 und Abs. 2.** Bei Vorliegen der Voraussetzungen des § 36 kann der Bieter einen Antrag auf Nichtberücksichtigung von Stimmrechten stellen. Darüber hinaus kommt in den von § 37 erfassten Konstellationen eine Befreiung von der Veröffentlichungspflicht und der Pflicht zur Abgabe eines Pflichtangebotes in Betracht. Fraglich ist, ob die Sanktionen des § 59 auch dann eingreifen, wenn der Bieter einen Nichtberücksichtigungs- oder Befreiungsantrag gestellt hat, dieser aber nicht innerhalb der Frist nach § 35 Abs. 1 S. 1 beschieden wurde. Dies wird zum Teil bejaht, falls der Antrag bereits vor Erlangung der Kontrolle zumutbar hätte gestellt werden können.[38] Dem ist nicht zu folgen. Solange es sich nicht um einen rechtsmissbräuchlichen Antrag handelt, steht dem der Suspensiveffekt (→ § 36 Rn. 56 ff.; → § 37 Rn. 58 ff.) derartiger Anträge entgegen; die Sanktionen treten vielmehr erst mit Bekanntgabe der Versagungsverfügung ein.[39]

Nach einer verbreiteten Auffassung sollen die Sanktionen des § 59 S. 1 auch dann eingrei- **19** fen, wenn die Verfügung der Bundesanstalt **rechtswidrig** war, weil die gesetzlichen Voraussetzungen für eine Nichtberücksichtigung von Stimmrechten oder Befreiung von der Veröffentlichungs- bzw. Angebotspflicht nicht gegeben sind.[40] Eine solche Einschränkung sei geboten, da die Sanktionen im Interesse der Zielgesellschaft und ihrer Aktionäre angeordnet würden. Dem ist indessen nur für die Fälle des Rechtsmissbrauchs zu folgen, in denen der Bieter nicht auf die Nichtberücksichtigungs- oder Befreiungsentscheidung der Bundesanstalt vertrauen durfte, etwa weil er der Bundesanstalt bei der Antragstellung unzutreffende Tatsachen übermittelt hat.

### III. Umfang des Rechtsverlustes

**1. Grundsatz. a) Rechtsverlust aus Aktien.** § 59 S. 1 bestimmt, dass die Rechte aus **20** den Aktien für die Zeit, für die die Pflichten nach § 35 Abs. 1 und 2 nicht erfüllt werden, „nicht bestehen". Hieraus folgt, dass die Rechte während des fraglichen Zeitraums grundsätzlich nicht ruhen, sondern – für die Zeit bis zur Nachholung – **endgültig verloren** gehen.[41] Eine Ausnahme vom zeitweisen Rechtsverlust gilt nach § 59 S. 2 nur für das Recht auf den Bilanzgewinn (§ 58 Abs. 4 AktG) sowie den Abwicklungsüberschuss (§ 271 AktG). Der Rechtsverlust erstreckt sich sowohl auf die Vermögensrechte (→ Rn. 29 ff.) als auch auf die Verwaltungsrechte (→ Rn. 38 ff.) aus den Aktien. Die Formulierung des Gesetzes „Rechte aus Aktien" macht andererseits deutlich, dass die **Mitgliedschaft** selbst vom Rechtsverlust nicht tangiert ist.[42] Hierauf wird zurückzukommen sein. Ein Eingriff in die Substanz der Mitgliedschaft wäre schon aus verfassungsrechtlichen Gründen problematisch.

**b) Betroffene Aktien. aa) Aktien des Bieters.** Vom Rechtsverlust werden zunächst **21** alle Aktien erfasst, die der Kontrollinhaber selbst an der Zielgesellschaft hält. Betroffen sind sämtliche Aktien des Bieters und nicht nur diejenigen, deren Erwerb zum Erreichen

---

[37] Zu § 20 AktG Hüffer/Koch/*Koch* AktG § 20 Rn. 11; Emmerich/Habersack/*Emmerich* AktG § 20 Rn. 46; zu § 28 WpHG aF Schäfer/Hamann/*Opitz* WpHG § 28 aF Rn. 6; Assmann/Pötzsch/Schneider/ *U. H. Schneider/Rosengarten* Rn. 14; *Habersack* AG 2018, 133 (136).
[38] *Steinmeyer/Häger*, 1. Aufl. 2002, Rn. 9.
[39] FK-WpÜG/*Hommelhoff/Witt* Rn. 34.
[40] Angerer/Geibel/Süßmann/*Tschauner* Rn. 21; Baums/Thoma/*Hecker* Rn. 67; Steinmeyer/*Santelmann* Rn. 15.
[41] Angerer/Geibel/Süßmann/*Tschauner* Rn. 23; Steinmeyer/*Santelmann* Rn. 35; FK-WpÜG/*Hommelhoff/ Witt* Rn. 18, 31; Kölner Komm WpÜG/*Kremer/Oesterhaus* Rn. 46; Assmann/Pötzsch/Schneider/ *U. H. Schneider/Rosengarten* Rn. 42; *U. H. Schneider* FS Kümpel, 2003, 477, 480.
[42] *Heusel* AG 2014, 232 (236); Angerer/Geibel/Süßmann/*Tschauner* Rn. 48; FK-WpÜG/*Hommelhoff/Witt* Rn. 18; Kölner Komm WpÜG/*Kremer/Oesterhaus* Rn. 53, 69; Ehricke/Ekkenga/Oechsler/*Ehricke* Rn. 21. Entsprechendes ergibt sich auch aus Begr. RegE zum Dritten Finanzmarktförderungsgesetz, durch das § 20 Abs. 7 AktG und § 28 WpHG aF geändert wurden, vgl. Begr. RegE, BT-Drs. 13/8933, 95, 147.

bzw. Überschreiten der Kontrollschwelle von 30% der Stimmrechte geführt haben.[43] Dabei kommt es nicht darauf an, ob es sich um **Stamm- oder Vorzugsaktien** handelt.[44]

22    **bb) Aktien von Tochterunternehmen.** Darüber hinaus erstreckt sich der Rechtsverlust auch auf Aktien, die einem Tochterunternehmen (§ 2 Abs. 6) des Bieters gehören.[45] Erlangt die Muttergesellschaft Kontrolle über die Zielgesellschaft, werden auch die von der Tochtergesellschaft an der Zielgesellschaft gehaltenen Aktien vom Rechtsverlust umfasst. Dabei kommt es nicht darauf an, ob die kontrollierende Muttergesellschaft auch ohne Zurechnung der Stimmrechte der Aktien des Tochterunternehmens die 30%-Schwelle überschritten hätte.[46] Es können damit also Situationen entstehen, in denen Tochtergesellschaften ihre Rechte aus Aktien verlieren, obwohl sie selbst (bei isolierter Betrachtung) nicht den Pflichten nach § 35 Abs. 1 und 2 unterlegen haben.[47] Auch beim Tochterunternehmen erstreckt sich der Stimmrechtsverlust auf Stamm- und Vorzugsaktien.[48] Denkbar ist auch der umgekehrte Fall, dass die Tochtergesellschaft die Kontrollschwelle erreicht und die Aktien der Muttergesellschaft damit vom Rechtsverlust erfasst werden.[49]

23    Besteht – wie beim **mittelbaren Kontrollerwerb** – die Pflicht zur Veröffentlichung der Kontrollerlangung auf verschiedenen Ebenen, sollen die Rechte aus den Aktien im Grundsatz nur dann nicht verlorengehen, wenn alle Beteiligten ihre Pflichten nach § 35 Abs. 1 erfüllt haben.[50] Richtigerweise muss es genügen, sofern nur ein Verpflichteter der Pflicht zur Veröffentlichung der Kontrollerlangung und der Angebotsunterlage nachkommt,[51] sofern in der Veröffentlichung der Kontrollerlangung alle unmittelbar und mittelbar kontrollierenden Personen aufgeführt werden (→ § 35 Rn. 52, → § 35 Rn. 108 ff.).[52] Um sicherzustellen, dass diese Pflichten auch eingehalten werden, bedarf es eines Auskunfts- und Informationsanspruchs des Tochterunternehmens gegen das Mutterunternehmen (und umgekehrt).[53] Ein solcher **Auskunftsanspruch** ist zwar im WpÜG nicht ausdrücklich geregelt, dürfte sich aber in der Regel aus der gesellschaftsrechtlichen Treuepflicht[54] ableiten lassen.[55] Eine andere Frage ist, ob auch eine Pflicht besteht, mit Hilfe des Auskunftsrechts

---

[43] Angerer/Geibel/Süßmann/*Tschauner* Rn. 49; Steinmeyer/*Santelmann* Rn. 31; FK-WpÜG/*Hommelhoff/ Witt* Rn. 25; Kölner Komm WpÜG/*Kremer/Oesterhaus* Rn. 52; Assmann/Pötzsch/Schneider/*U. H. Schneider/ Rosengarten* Rn. 19.

[44] Begr. RegE, BT-Drs. 14/7034, 68; *Möller* AG 2002, 174 (175); Ehricke/Ekkenga/Oechsler/*Ehricke* Rn. 22; Assmann/Pötzsch/Schneider/*U. H. Schneider/Rosengarten* Rn. 24; diff. FK-WpÜG/*Hommelhoff/Witt* Rn. 25.

[45] FK-WpÜG/*Hommelhoff/Witt* Rn. 24; Assmann/Pötzsch/Schneider/*U. H. Schneider/Rosengarten* Rn. 21; *Kocher* AG 2018, 308 (312); Steinmeyer/*Santelmann* Rn. 31.

[46] FK-WpÜG/*Hommelhoff/Witt* Rn. 24.

[47] Kölner Komm WpÜG/*Kremer/Oesterhaus* Rn. 48; FK-WpÜG/*Hommelhoff/Witt* Rn. 24; *Habersack* AG 2018, 133 (134).

[48] Assmann/Pötzsch/Schneider/*U. H. Schneider/Rosengarten* Rn. 24; diff. FK-WpÜG/*Hommelhoff/Witt* Rn. 25.

[49] Kölner Komm WpÜG/*Kremer/Oesterhaus* Rn. 48; FK-WpÜG/*Hommelhoff/Witt* Rn. 24.

[50] Angerer/Geibel/Süßmann/*Tschauner* Rn. 50; Ehricke/Ekkenga/Oechsler/*Ehricke* Rn. 22; zu § 20 AktG Kölner Komm WpÜG/*Koppensteiner* AktG § 20 Rn. 40.

[51] Angerer/Geibel/Süßmann/*Meyer* § 35 Rn. 36 f.; *Ekkenga/Hofschroer* DStR 2002, 768 (775 f.); *Lenz/ Behnke* BKR 2003, 43 (50); Kölner Komm WpÜG/*v. Bülow* § 35 Rn. 132 f., 170 f., der in analoger Anwendung von § 24 WpHG die Befreiungswirkung von der Veröffentlichungspflicht nur dann zulässt, wenn es sich um Konzerne handelt, die unter einheitlicher Leitung einer Kapitalgesellschaft mit Sitz im Inland stehen (§ 290 HGB); iÜ könne die Veröffentlichung auf Grund entsprechender Vollmachten erfolgen; vgl. auch ABBD/*Kopp/von Dryander* Sec. 35 Rn. 12: Freistellung der Mutter, wenn Tochter bürgt; diff. Assmann/ Pötzsch/Schneider/*Krause/Pötzsch* § 35 Rn. 61, 194 ff.

[52] *Lenz/Behnke* BKR 2003, 43 (50); eine Bündelung der Veröffentlichungen aus Transparenzgründen bejahen iErg auch Assmann/Pötzsch/Schneider/*Krause/Pötzsch* § 35 Rn. 61; Kölner Komm WpÜG/*Hasselbach* § 35 Rn. 188.

[53] Angerer/Geibel/Süßmann/*Tschauner* Rn. 51; Kölner Komm WpÜG/*Kremer/Oesterhaus* Rn. 49.

[54] Zur Treuepflicht allg. BGHZ 129, 136 (142 f.) = NJW 1995, 1739 – Girmes; wN bei Hüffer/Koch/ *Koch* AktG § 53a Rn. 13 ff.

[55] Kölner Komm WpÜG/*Kremer/Oesterhaus* Rn. 49 mwN; aA Kölner Komm WpÜG/*v. Bülow* § 35 Rn. 117.

laufend entsprechende Informationen über die Beteiligungsverhältnisse abzufragen. Nach zutreffender Ansicht würde es auch in Konzernbeziehungen zu weit gehen, eine solche **Nachforschungspflicht** annehmen zu wollen, da keine Pflicht zur Installierung eines konzernweiten Informationssystems besteht.[56] Dies kann für die Frage des Verschuldens Bedeutung gewinnen (→ Rn. 16 f.).[57] Verliert die Tochtergesellschaft die Rechte aus den von ihr gehaltenen Aktien, weil die Muttergesellschaft die ihr obliegenden Pflichten verletzt hat, stellt dies in der Regel eine Verletzung der gesellschaftsrechtlichen Treuepflicht dar, sodass der Tochtergesellschaft gegenüber der Muttergesellschaft ein Schadensersatzanspruch zusteht.[58]

**cc) Gemeinsam handelnde Personen.** Vom Rechtsverlust betroffen sind darüber **24** hinaus Aktien, die Personen gehören, die mit dem Bieter gemeinsam handeln. Der Rechtsverlust tritt bereits immer dann ein, wenn auch nur einer der Aktionäre aus der abgestimmt handelnden Gruppe seine Pflichten nicht erfüllt.[59] Die unterlassene Pflichterfüllung durch einen Aktionär führt somit zum Verlust der Rechte aus den von den übrigen gemeinsam handelnden Personen gehaltenen Aktien, selbst wenn der zur Kontrollerlangung führende Aktienerwerb nicht von einem dieser Aktionäre ausgeht. Der Rechtsverlust erstreckt sich auch auf Vorzugsaktien, auch wenn insoweit keine Stimmrechte zugerechnet werden können.[60] Regelmäßig lassen sich aus dem Rechtsverhältnis der gemeinsam handelnden Personen Auskunftspflichten als schuldrechtliche Nebenpflichten im Hinblick auf den von anderen Personen gehaltenen Aktienbestand ableiten.[61] Kommt eine der gemeinsam handelnden Personen ihren Pflichten aus § 35 Abs. 1 S. 1 und Abs. 2 S. 1 nicht nach, wird dies in der Regel auch eine Verletzung einer schuldrechtlichen Nebenpflicht darstellen, die einen Schadensersatzanspruch begründet.[62]

Besonderheiten gelten bei Hinzutreten eines Dritten zu einem Stimmrechtspool, der **25** bereits vor Inkrafttreten des WpÜG am 1.1.2002 begründet wurde und bereits mindestens 30% der Stimmrechte vereinigte. Dadurch treffen die Altmitglieder zwar nicht die Pflichten nach § 35, allerdings droht ihnen der Rechtsverlust nach § 59 S. 1, falls das neue Poolmitglied seinen Pflichten nach § 35 nicht nachkommt.[63] Sämtliche Poolmitglieder werden nämlich als „gemeinsam handelnde Personen" angesehen und ein Rechtsverlust trifft alle Poolmitglieder (§ 59 S. 1). Wenn der hinzugetretene Dritte seine Aktien nun an die „alten" Poolmitglieder veräußert, soll nach richtiger Ansicht der Rechtsverlust nach § 59 wieder entfallen.[64] Dafür spricht der Wortlaut des § 59. § 59 gilt für Aktien, die dem Bieter gehören (§ 59 S. 1 Var. 1) oder solche, die ihm zugerechnet werden (§ 59 S. 1 Var. 2). Nach der Aktienübertragung gehören die Aktien jedoch nicht mehr dem „Bieter" und eine Zurechnung kommt ebenfalls nicht mehr in Betracht, da der Dritte keine Aktien mehr hält. Ferner spricht dafür die systematische Stellung des § 59 unter der Überschrift „Sanktionen". Treffen den Erwerber die Pflichten aus § 35 gar nicht, kommt auch keine Sanktion in Betracht. Dieses Ergebnis entspricht auch dem Sinn und Zweck des § 59, den Aktionär zu seinen Pflichten aus § 35 zu bewegen.[65]

---

[56] *Windbichler* FS Peltzer, 2001, 629 (637); aA wohl Assmann/Pötzsch/Schneider/*U. H. Schneider/Rosengarten* Rn. 7.

[57] Dies kann dazu führen, dass die betreffende Person den Umstand der Kontrollerlangung nicht iSv § 35 Abs. 1 S. 1 kennen musste, was zu einem Nichteintritt des Rechtsverlustes führen kann; Kölner Komm WpÜG/*Kremer/Oesterhaus* Rn. 51.

[58] Kölner Komm WpÜG/*Kremer/Oesterhaus* Rn. 48.

[59] *Bunz* Der Konzern 2014, 430 (431); FK-WpÜG/*Hommelhoff/Witt* Rn. 26; Kölner Komm WpÜG/ *Kremer/Oesterhaus* Rn. 47; Ehricke/Ekkenga/Oechsler/*Ehricke* Rn. 23; Assmann/Pötzsch/Schneider/ *U. H. Schneider/Rosengarten* Rn. 20.

[60] FK-WpÜG/*Hommelhoff/Witt* Rn. 26; Assmann/Pötzsch/Schneider/*U. H. Schneider/Rosengarten* Rn. 24.

[61] Kölner Komm WpÜG/*Kremer/Oesterhaus* Rn. 49 mwN; vgl. auch aA Kölner Komm WpÜG/*von Bülow* § 35 Rn. 117.

[62] Kölner Komm WpÜG/*Kremer/Oesterhaus* Rn. 48.

[63] Dazu zu Recht krit. *Bunz* Der Konzern 2014, 430 (432).

[64] *Bunz* Der Konzern 2014, 430 (433 f.) mwN.

[65] *Bunz* Der Konzern 2014, 430 (433 f.).

**26**  **dd) Tochterunternehmen gemeinsam handelnder Personen.** Der Rechtsverlust erstreckt sich ferner auch auf Aktien, die von Tochterunternehmen solcher Personen gehalten werden, die mit dem Bieter gemeinsam handeln.[66] Auch insoweit macht es keinen Unterschied, ob es sich um Stamm- oder Vorzugsaktien handelt.[67]

**27**  **ee) Zugerechnete Aktien.** Vom Rechtsverlust erfasst sind schließlich solche Aktien, aus denen dem Bieter, mit ihm gemeinsam handelnden Personen oder deren Tochterunternehmen Stimmrechte nach § 30 Abs. 1 S. 1 Nr. 2–6 und Abs. 2 zugerechnet werden.[68]

**28**  Betroffen sind also Aktien, die einem Dritten gehören und die von diesem **für Rechnung** einer der betreffenden Personen gehalten werden, Aktien, die der Bieter einem Dritten zur Sicherheit übertragen hat, ohne dass der Sicherungsnehmer die Rechte aus den Aktien ausüben kann oder will, Aktien, an denen zugunsten des Bieters ein Nießbrauch bestellt ist, Aktien, die der Bieter durch eine Willenserklärung erwerben kann, sowie Aktien, die dem Bieter mit der Möglichkeit der Stimmrechtsausübung nach eigenem Ermessen anvertraut sind. Da das Gesetz insoweit ausdrücklich auf die Zurechnung von Stimmrechten abstellt, sind Vorzugsaktien insoweit nicht vom Rechtsverlust betroffen.[69] Für den Rechtsverlust ist es ohne Relevanz, ob der Bieter die 30% nur unter Zurechnung der vom Dritten gehaltenen Aktien überschritten hatte.[70]

**29**  **2. Vermögensrechte. a) Dividendenanspruch.** Vom Rechtsverlust ist zunächst der konkrete Anspruch auf Zahlung der Dividende erfasst.[71] Der Verweis in § 59 S. 2 auf § 58 Abs. 4 AktG könnte zwar den Schluss naheliegen, dass vom Rechtsverlust das mitgliedschaftliche Dividendenstammrecht insgesamt betroffen ist.[72] Aus dem Wortlaut des § 59 S. 2, der von „Ansprüche(n)" spricht, leitet die hM indessen zu Recht ab, dass der Rechtsverlust sich nur auf den **konkreten Dividendenzahlungsanspruch** als Forderungsrecht bezieht.[73]

**30**  Was den für den Verlust des Dividendenanspruchs maßgeblichen **Zeitpunkt** anbelangt, so ist auf den Tag der Hauptversammlung abzustellen, die über die Verwendung des Bilanzgewinnes beschließt (§ 174 Abs. 1 S. 1 AktG).[74] Dies entspricht auch der hM zu § 20 Abs. 7 AktG und § 44 WpHG, da der Dividendenanspruch erst mit Fassung des Gewinnverwendungsbeschlusses durch die Hauptversammlung entsteht.[75] Dies hat zur Folge, dass ein Verlust des Dividendenanspruchs dann nicht eintritt, wenn der Bieter seinen Pflichten noch vor der Hauptversammlung nachkommt, die über die Verwendung des Bilanzgewinnes beschließt.[76] Die Nachholung der Pflichten sichert die gesamte Dividende; es tritt also keine quotale Teilung ein.[77] Auf das Vorliegen der speziellen Voraussetzungen des Satzes 2 (→ Rn. 56 ff.) kommt es nicht an. Anderseits entfällt die gesamte Jahresdividende, wenn der Rechtsverlust noch fortbesteht, wenn der Gewinnver-

---

[66] Assmann/Pötzsch/Schneider/*U. H. Schneider/Rosengarten* Rn. 21.

[67] FK-WpÜG/*Hommelhoff/Witt* Rn. 27; Assmann/Pötzsch/Schneider/*U. H. Schneider/Rosengarten* Rn. 24.

[68] Assmann/Pötzsch/Schneider/*U. H. Schneider/Rosengarten* Rn. 22 f.; Steinmeyer/*Santelmann* Rn. 34; *Kocher* AG 2018, 308 (312).

[69] So zutr. FK-WpÜG/*Hommelhoff/Witt* Rn. 28; Baums/Thoma/*Hecker* Rn. 79; Ehricke/Ekkenga/Oechsler/*Ehricke* Rn. 24.

[70] FK-WpÜG/*Hommelhoff/Witt* Rn. 28.

[71] *Heusel* AG 2014, 232 (236).

[72] Zur Unterscheidung zwischen dem mitgliedschaftlichen Gewinnanspruch isV § 58 Abs. 4 AktG und dem konkreten Zahlungsanspruch etwa Hüffer/Koch/*Koch* AktG § 58 Rn. 26.

[73] Angerer/Geibel/Süßmann/*Tschauner* Rn. 27; Steinmeyer/*Santelmann* Rn. 25; Assmann/Pötzsch/Schneider/*U. H. Schneider/Rosengarten* Rn. 31; *Schneider/Schneider* ZIP 2006, 493 (495).

[74] Angerer/Geibel/Süßmann/*Tschauner* Rn. 28; Kölner Komm WpÜG/*Kremer/Oesterhaus* Rn. 59; *U. H. Schneider* FS Kümpel, 2003, 477 (480); Assmann/Pötzsch/Schneider/*U. H. Schneider/Rosengarten* Rn. 31; *Schneider/Schneider* ZIP 2006, 493 (496).

[75] Hüffer/Koch/*Koch* AktG § 58 Rn. 28; vgl. auch Schäfer/Hamann/*Opitz* WpHG § 28 aF Rn. 13.

[76] Kölner Komm WpÜG/*Kremer/Oesterhaus* Rn. 59.

[77] Angerer/Geibel/Süßmann/*Tschauner* Rn. 29; FK-WpÜG/*Hommelhoff/Witt* Rn. 35; Kölner Komm WpÜG/*Kremer/Oesterhaus* Rn. 59; *Sven H. Schneider/U. H. Schneider* ZIP 2006, 493 (496); Assmann/Pötzsch/Schneider/*U. H. Schneider/Rosengarten* Rn. 31.

wendungsbeschluss gefasst wird.[78] Der Dividendenanspruch besteht jedoch fort, wenn der Anspruch schon vor der Pflichtverletzung entstanden ist.[79]

**b) Anspruch auf den Bezug neuer Aktien aus einer Kapitalerhöhung gegen Ein-** 31
**lagen.** Ebenfalls vom Rechtsverlust erfasst ist der Anspruch des Aktionärs auf den Bezug neuer Aktien bei einer Kapitalerhöhung gegen Einlagen (§ 186 Abs. 1 AktG).[80] Dies entspricht den Erwägungen des Gesetzgebers bei Änderung des § 44 WpHG (bzw. zum damaligen Zeitpunkt § 28 WpHG aF) im Zuge des Dritten Finanzmarktförderungsgesetzes.[81] Dabei macht es keinen Unterschied, ob es sich um eine gewöhnliche Kapitalerhöhung (§ 182 AktG) oder um eine Kapitalerhöhung unter Ausnutzung eines genehmigten Kapitals (§ 203 Abs. 1 S. 1 AktG) handelt. Vom Rechtsverlust betroffen ist indessen nur der konkrete Anspruch auf den Bezug neuer Aktien, nicht jedoch das allgemeine Bezugsrecht des Aktionärs (§ 186 Abs. 1 AktG).

Für § 20 Abs. 7 AktG und § 44 WpHG ist umstritten, auf welchen **Zeitpunkt** hinsicht- 32
lich des Rechtsverlustes abzustellen ist. Zum Teil wird das Ende der Bezugsfrist nach § 186 Abs. 1 S. 2 AktG für maßgeblich gehalten.[82] Eine andere Ansicht stellt auf den Zeitpunkt der Eintragung der Anmeldung der Kapitalerhöhung im Handelsregister ab.[83] Eine andere Ansicht hält die Eintragung der Durchführung der Kapitalerhöhung für maßgeblich.[84] Mit der hM ist auf den Zeitpunkt abzustellen, in dem das Bezugsrecht entsteht. Bei einer ordentlichen Kapitalerhöhung ist also nicht die Eintragung der Anmeldung der Kapitalerhöhung in das Handelsregister, sondern bereits der Zeitpunkt der **Beschlussfassung** über die Kapitalerhöhung maßgeblich (zu § 20 AktG → AktG § 20 Rn. 61).[85] Im Falle einer Kapitalerhöhung aus **genehmigtem Kapital** ist der entscheidende Zeitpunkt nicht die Fassung des Ermächtigungsbeschlusses durch die Hauptversammlung, der grundsätzlich gemäß § 203 Abs. 1 S. 2 an die Stelle des Beschlusses über die Erhöhung des Grundkapitals tritt. Vielmehr kommt es insoweit auf den Zeitpunkt an, zu dem der konkrete Bezugsanspruch auf die neuen Aktien entsteht. Dies sind die Beschlüsse von Vorstand und Aufsichtsrat über die Ausnutzung des genehmigten Kapitals.[86]

**c) Wertpapiere mit Umtausch- bzw. Bezugsrecht auf neue Aktien.** Diese Grund- 33
sätze finden auch Anwendung auf Finanzierungsinstrumente, bei denen den Aktionären ein **Umwandlungs- oder Bezugsrecht** zusteht.[87] Dies gilt insbesondere für Wandelschuldverschreibungen, Optionsschuldverschreibungen, Gewinnschuldverschreibungen, Genussrechte sowie, sofern man sie für zulässig hält, *naked warrants* (vgl. § 221 Abs. 4 AktG).[88]

---

[78] Ehricke/Ekkenga/Oechsler/*Ehricke* Rn. 17.
[79] Assmann/Pötzsch/Schneider/*U. H. Schneider/Rosengarten* Rn. 31.
[80] BGHZ 114, 203 (208) = NJW 1991, 2765; Angerer/Geibel/Süßmann/*Tschauner* Rn. 30; FK-WpÜG/ *Hommelhoff/Witt* Rn. 20; Kölner Komm WpÜG/*Kremer/Oesterhaus* Rn. 64; Schwark/Zimmer/*Noack/Zetzsche* Rn. 24; *U. H. Schneider* FS Kümpel, 2003, 477, 480; *Kalss* in Semler/Volhard ÜN-HdB II § 51 Rn. 101; NK-AktKapMarktR/*Illner/Bert* Rn. 5; Assmann/Pötzsch/Schneider/*U. H. Schneider/Rosengarten* Rn. 33; Steinmeyer/*Santelmann* Rn. 27.
[81] Begr. RegE, BT-Drs. 13/8933.
[82] *Heinsius* FS R. Fischer, 1979, 233.
[83] Kölner Komm WpÜG/*Koppensteiner* AktG § 20 Rn. 45; *Schäfer* BB 1966, 1004 (1006).
[84] Vgl. BGHZ 114, 203 (214) = NJW 1991, 2765.
[85] Angerer/Geibel/Süßmann/*Tschauner* Rn. 31; Steinmeyer/*Santelmann* Rn. 27; FK-WpÜG/*Hommelhoff/Witt* Rn. 35; Kölner Komm WpÜG/*Kremer/Oesterhaus* Rn. 65; Ehricke/Ekkenga/Oechsler/*Ehricke* Rn. 18; Assmann/Schneider/*U. H. Schneider/Rosengarten* Rn. 33; zu § 28 WpHG aF Assmann/Schneider/ *U. H. Schneider* WpHG § 28 aF Rn. 36; *Schäfer/Hamann/Opitz* WpHG § 28 aF Rn. 15; zu § 20 AktG Großkomm AktG/*Windbichler* AktG § 20 Rn. 78; *Hüffer* FS Boujong, 1996, 277, 293; MHdB AG/*Krieger* § 69 Rn. 147.
[86] Angerer/Geibel/Süßmann/*Tschauner* Rn. 32; Steinmeyer/*Santelmann* Rn. 27; FK-WpÜG/*Hommelhoff/ Witt* Rn. 35; zum Bezugsrecht allg. auch *Schlitt/Seiler* WM 2003, 2175 ff.
[87] Angerer/Geibel/Süßmann/*Tschauner* Rn. 33; FK-WpÜG/*Hommelhoff/Witt* Rn. 20; Ehricke/Ekkenga/ Oechsler/*Ehricke* Rn. 18; zu § 28 WpHG aF *Schäfer/Hamann/Opitz* WpHG § 28 aF Rn. 17.
[88] Assmann/Pötzsch/Schneider/*U. H. Schneider/Rosengarten* Rn. 35. Zur Zulässigkeit der Ausgabe von naked warrants *Schlitt/Löschner* BKR 2002, 150 ff. mwN; s. aber OLG Stuttgart DB 2002, 2638.

**34**  **d) Kapitalerhöhung aus Gesellschaftsmitteln.** Im Rahmen einer Kapitalerhöhung aus Gesellschaftsmitteln werden den Aktionären neue Aktien gewährt (§ 212 AktG), sofern die Kapitalerhöhung – was nur bei der Ausgabe von Stückaktien möglich ist – nicht durch Erhöhung des rechnerischen Nennwertes der bisherigen Aktien durchgeführt wird (§ 207 Abs. 2 S. 2 AktG). Eine Kapitalerhöhung aus Gesellschaftsmitteln unterscheidet sich aber insoweit von einer Kapitalerhöhung gegen Einlagen, als der Aktionär die neuen Aktien nicht in Ausübung eines ihm zustehenden Bezugsrechts erwirbt und keine zusätzliche Einlage erbringen muss, sondern bereits vorhandene Gesellschaftsmittel, die in der Bilanz unter Kapital- und/oder Gewinnrücklage ausgewiesen sind, in Eigenkapital umgewandelt werden und die neuen Aktien den Aktionären anteilig zustehen (vgl. § 207 Abs. 1 AktG, § 212 AktG). Vor diesem Hintergrund erstreckt sich der Rechtsverlust nach der hM im Schrifttum zu § 20 Abs. 7 AktG und § 44 WpHG nicht auf das Recht des Aktionärs, im Rahmen einer Kapitalerhöhung aus Gesellschaftsmitteln neue Aktien zu erwerben.[89] Andernfalls würde unzulässigerweise in die Substanz der Mitgliedschaft eingegriffen. Diese Sichtweise wird von weiten Teilen des Schrifttums auch für § 59 geteilt.[90] Allerdings wird diese Auffassung indessen – insbesondere was den Anwendungsbereich des § 59 betrifft – in Zweifel gezogen (zu § 20 AktG etwa → AktG § 20 Rn. 67).[91] Dabei wird insbesondere darauf hingewiesen, dass auch der Anspruch auf den Liquidationserlös in den Sanktionsrahmen einbezogen sei, sodass ein Grundsatz, Eingriffe in die Substanz der Mitgliedschaft seien verboten, nicht anerkannt werde. Zudem handele es sich bei den Rechten aus einer Kapitalerhöhung aus Gesellschaftsmitteln um eine „Substitution des Aktienstammrechtes", sodass auch der Anspruch auf Gewährung von „Berichtigungsaktien" vom Rechtsverlust betroffen sei. Dem kann nicht gefolgt werden. Wollte man die Rechte des Aktionärs aus einer Kapitalerhöhung aus Gesellschaftsmitteln dem Rechtsverlust unterwerfen, würde eine bestehende Rechtsposition des Aktionärs tangiert. Zwar erstreckt das Gesetz den Rechtsverlust auch auf den Anspruch auf den Liquidationserlös (→ Rn. 35). Hieraus lässt sich indessen nicht zwingend ableiten, dass generell alle Surrogate für das Aktienstammrecht dem Rechtsverlust unterliegen. Die Erstreckung des Rechtsverlustes auf den Liquidationserlös rechtfertigt sich allein im Hinblick auf die in § 59 S. 2 vorgesehene Heilungsmöglichkeit. Vor diesem Hintergrund wäre es nicht angemessen, den Rechtsverlust auf bestehende Rechtspositionen zu beziehen, bei denen keine Heilungsmöglichkeit besteht.

**35**  **e) Anspruch auf den anteiligen Liquidationserlös.** Vom Rechtsverlust erfasst ist auch der Anspruch auf Auskehrung des anteiligen Liquidationserlöses (zu § 20 AktG → AktG § 20 Rn. 69).[92] Dies ergibt sich unzweideutig aus einem Umkehrschluss aus § 59 S. 2. Im Hinblick darauf, dass grundsätzlich nur Rechte aus der Aktie, nicht aber die Mitgliedschaft selbst vom Rechtsverlust betroffen ist, stellt die Einbeziehung dieses Anspruchs zwar einen systematischen Bruch dar (zur Kritik → Rn. 9). Dieser Befund ist de lege lata indessen zu akzeptieren.

---

[89] Zu § 20 AktG Kölner Komm WpÜG/*Koppensteiner* AktG § 20 Rn. 72; Hüffer/Koch/*Koch* AktG § 20 Rn. 16; Großkomm AktG/*Windbichler* AktG § 20 Rn. 81; MHdB AG/*Krieger* § 69 Rn. 138; *Burgard*, Die Offenlegung von Beteiligungen, Abhängigkeits- und Konzernlagen bei der Aktiengesellschaft, 1990, 59; zu § 28 WpHG aF Schäfer/Hamann/*Opitz* WpHG § 28 aF Rn. 18; *Witt*, Übernahmen von Aktiengesellschaften und Transparenz der Beteiligungsverhältnisse, 1998, 188; *Kablitz* WM 2020, 300 (303).
[90] *Heusel* AG 2014, 232 (236); Steinmeyer/*Santelmann* Rn. 27; FK-WpÜG/*Hommelhoff/Witt* Rn. 22; Kölner Komm WpÜG/*Kremer/Oesterhaus* Rn. 73.
[91] Angerer/Geibel/Süßmann/*Tschauner* Rn. 34 f.; NK-AktKapMarktR/*Illner/Bert* Rn. 6; Ehricke/Ekkenga/Oechsler/*Ehricke* Rn. 18; zu § 20 AktG etwa Emmerich/Habersack/*Emmerich* AktG § 20 Rn. 63; zu § 28 WpHG aF Assmann/Schneider/*U. H. Schneider* WpHG § 28 aF Rn. 41; Assmann/Pötzsch/Schneider/*U. H. Schneider/Rosengarten* Rn. 36.
[92] Assmann/Pötzsch/Schneider/*U. H. Schneider/Rosengarten* Rn. 37; Angerer/Geibel/Süßmann/*Tschauner* Rn. 36; Steinmeyer/*Santelmann* Rn. 29; Schwark/Zimmer/*Noack/Zetzsche* Rn. 27; Kölner Komm WpÜG/*Kremer/Oesterhaus* Rn. 67; *U. H. Schneider* FS Kümpel, 2003, 477, 481; zu § 28 WpHG aF Assmann/Schneider/*U. H. Schneider* WpHG § 28 aF Rn. 38. Die insbes. von *Hüffer* FS Boujong, 1996, 277 sowie von Schäfer/Hamann/*Opitz* WpHG § 28 aF Rn. 19 vertretene aA hat sich nach Einfügung der jeweiligen Sätze 2 in § 20 Abs. 7 und § 28 WpHG aF im Rahmen des Dritten Finanzmarktförderungsgesetzes überholt.

Relevanter **Zeitpunkt** für den Rechtsverlust ist nach überwiegender Ansicht der Tag **36**
der Fassung des Liquidationsbeschlusses.[93] Der Rechtsverlust tritt nach § 59 S. 2 aber nach
diesem Zeitpunkt dann nicht ein, wenn die Veröffentlichung der Kontrollerlangung oder
das Pflichtangebot nicht vorsätzlich unterlassen worden und vor der endgültigen Auskehrung
des Liquidationserlöses nachgeholt worden ist (→ Rn. 58 ff.).

**f) Sonstige Vermögensrechte.** Nach einer verbreiteten Meinung sind auch alle sonsti- **37**
gen Vermögensrechte, unabhängig davon, ob es sich um Surrogate des Aktienstammrechts
handelt, vom Rechtsverlust nach § 59 S. 1 erfasst. Dies soll insbesondere für **Ausgleich-,
Umtausch- und Abfindungsansprüche,** die im Zusammenhang mit Unternehmensverträgen, Eingliederungen und Umwandlungen entstehen (§ 305 AktG, § 320b AktG, § 29
Abs. 1 UmwG), den Rückzahlungsanspruch bei einer ordentlichen Kapitalherabsetzung
(§ 222 Abs. 3 AktG, § 225 Abs. 2 AktG) sowie den Anspruch auf Zahlung des Entgeltes
bei einer Einziehung von Aktien (§ 237 AktG) gelten (zu § 20 AktG → AktG § 20
Rn. 77).[94] Dem ist, soweit es sich um Rechte handelt, die ein Surrogat der Mitgliedschaft
darstellen, nicht zu folgen.[95] Würde man diese Rechte in den Sanktionsrahmen des § 59
S. 1 einbeziehen, käme dies einem unzulässigen Eingriff in die Mitgliedschaft gleich.

**3. Verwaltungsrechte.** Vom Rechtsverlust erfasst werden darüber hinaus alle aus der **38**
Mitgliedschaft folgenden Verwaltungsrechte. Dabei kommt es stets auf den Zeitpunkt an,
in dem das Recht ausgeübt werden soll.[96] Nicht berührt von einer Verletzung der Pflichten
nach § 35 Abs. 1 S. 1 und Abs. 2 S. 1 werden indessen **Organfunktionen,** wie die Mitgliedschaft in Vorstand und Aufsichtsrat und die aus einer solchen Organstellung resultierenden
Rechte, da es sich dabei nicht um aus der Aktie fließende Rechtspositionen handelt.[97] Dies
gilt selbst auch für Aufsichtsratsfunktionen, die auf Grund eines Entsenderechts erlangt
wurden, sofern der Rechtsverlust nach der Entsendung eintritt.[98]

**a) Stimmrecht.** Der Rechtsverlust erstreckt sich insbesondere auf das Stimmrecht des **39**
Aktionärs (§ 134 AktG).[99] Der Aktionär gilt, wenn er trotz seines fehlenden Teilnahmerechts
an der Hauptversammlung teilnimmt, dort als nicht vertreten. Die Aktien werden bei der
Berechnung der vertretenen Stimmen nicht mitgezählt und gehören somit nicht zu dem
bei der Beschlussfassung vertretenen Grundkapital.[100]

**b) Weitere Verwaltungsrechte.** Vom Rechtsverlust sind auch alle sonstigen Rechte im **40**
Zusammenhang mit der Hauptversammlung erfasst. Hierzu gehört insbesondere das Recht auf

---

[93] FK-WpÜG/*Hommelhoff/Witt* Rn. 35; Kölner Komm WpÜG/*Kremer/Oesterhaus* Rn. 68; Emmerich/
Habersack/*Emmerich* AktG § 20 Rn. 59; aA Großkomm AktG/*Windbichler* AktG § 20 Rn. 83.
[94] *Steinmeyer/Santelmann* Rn. 30; *Angerer/Geibel/Süßmann/Tschauner* Rn. 38; Ehricke/Ekkenga/
Oechsler/*Ehricke* Rn. 20; zu § 28 WpHG aF Assmann/Schneider/*U. H. Schneider* WpHG § 28 aF Rn. 39.
[95] So zutr. FK-WpÜG/*Hommelhoff/Witt* Rn. 22; Schwark/Zimmer/*Noack/Zetzsche* Rn. 29; Kölner
Komm WpÜG/*Kremer/Oesterhaus* Rn. 74; zu § 20 Abs. 7 AktG bereits *Hüffer* FS Boujong, 1996, 277, 287;
zu § 28 WpHG aF Schäfer/Hamann/*Opitz* WpHG § 29 Rn. 20 ff.
[96] Kölner Komm WpÜG/*Kremer/Oesterhaus* Rn. 58. Nach Schwark/Zimmer/*Noack/Zetzsche* Rn. 15
richtet sich die Stellung des Pflichtigen danach, ob er zum letzten Zeitpunkt, in dem die Rechtsausübung
zulässig ist, seine Pflichten erfüllt hat.
[97] Kölner Komm WpÜG/*Kremer/Oesterhaus* Rn. 54; Assmann/Pötzsch/Schneider/*U. H. Schneider/Rosen-
garten* Rn. 27; *Steinmeyer/Santelmann* Rn. 24.
[98] Kölner Komm WpÜG/*Kremer/Oesterhaus* Rn. 54; Assmann/Pötzsch/Schneider/*U. H. Schneider/Rosen-
garten* Rn. 27.
[99] OLG Frankfurt AG 2008, 87; AG 2007, 592; LG Hannover AG 1993, 187 (188 f.); Angerer/Geibel/
Süßmann/*Tschauner* Rn. 40; Kölner Komm WpÜG/*Kremer/Oesterhaus* Rn. 53; Ehricke/Ekkenga/Oechsler/
*Ehricke* Rn. 15; vgl. auch Assmann/Schneider/*U. H. Schneider* WpHG § 28 aF Rn. 25 f.; *U. H. Schneider* FS
Kümpel, 2003, 477, 480; ABBD/*Sperlich/Apfelbacher* Sec. 59 Rn. 2; Assmann/Pötzsch/Schneider/
*U. H. Schneider/Rosengarten* Rn. 26; *Steinmeyer/Santelmann* Rn. 19.
[100] Angerer/Geibel/Süßmann/*Tschauner* Rn. 58; Kölner Komm WpÜG/*Kremer/Oesterhaus* Rn. 56; *Hein-
sius* FS R. Fischer, 1979, 215, 223; *Burgard,* Die Offenlegung von Beteiligungen, Abhängigkeits- und Konzern-
lagen bei der Aktiengesellschaft, 1990, 58; Assmann/Pötzsch/Schneider/*U. H. Schneider/Rosengarten* Rn. 29;
*Schneider* ZIP 2006, 493 (495).

**Teilnahme** an der Hauptversammlung (§ 118 Abs. 1 AktG; → AktG § 20 Rn. 53)[101] sowie das **Auskunfts- und Rederecht** in der Hauptversammlung (§ 131 AktG).[102] Gleichfalls betroffen ist das Recht auf Einberufung einer Hauptversammlung (§ 122 Abs. 3 S. 1 AktG). Sind die Rechte aus den Aktien verloren gegangen, darf dem Aktionär nicht nur der Zutritt zur Hauptversammlung verweigert werden. Vielmehr darf die Gesellschaft den Bieter nicht zur Hauptversammlung zulassen. Hängt nach der Satzung die Teilnahme an der Hauptversammlung und die Stimmrechtsausübung von der Hinterlegung der Aktien oder einer Anmeldung ab (§ 123 AktG), darf die Gesellschaft die Hinterlegung bzw. Anmeldung indessen nicht zurückweisen, da der Aktionär die Pflichten unter Umständen noch bis zur Hauptversammlung erfüllen kann.[103] Vom Rechtsverlust sind schließlich die weiteren Minderheitenrechten betroffen (zB § 142 Abs. 2 S. 1 AktG, § 147 AktG, § 258 Abs. 2 S. 3 AktG).[104]

**41**    **c) Anfechtungsrecht.** Problematisch ist, ob vom Verlust nach § 59 auch das Recht erfasst ist, Hauptversammlungsbeschlüsse anzufechten. Zum Teil wird angenommen, dass das Anfechtungsrecht uneingeschränkt vom Rechtsverlust erfasst ist.[105] Richtigerweise wird man differenzieren müssen.[106] Soweit das Anfechtungsrecht nur demjenigen Aktionär zugebilligt wird, der in der Hauptversammlung erschienen ist und Widerspruch zur Niederschrift erklärt hat (§ 245 Nr. 1 AktG), ist der Bieter auch nicht zur Anfechtung befugt, wenn ihm schon die Teilnahme an der Hauptversammlung verwehrt ist.[107] Anders ist es, soweit das Anfechtungsrecht nur auf die Aktionärseigenschaft abstellt (§ 245 Nr. 3 AktG iVm § 243 Abs. 2 AktG). Da die Mitgliedschaft von der Rechtswirkung des § 59 unberührt bleibt (→ Rn. 20), ist das Anfechtungsrecht insoweit nicht ausgeschlossen.[108] Gleiches muss für das Recht gelten, Nichtigkeitsklage gegen den Hauptversammlungsbeschluss zu erheben, da dieses Recht nicht nur stimmberechtigten Aktionären zusteht.[109] Ist der Rechtsverlust mangels Verletzung der Pflichten nach § 35 Abs. 1 und 2 überhaupt nicht eingetreten, wurde der Aktionär aber zu Unrecht wegen einer vermuteten Verletzung von Bieterpflichten von der Hauptversammlung ausgeschlossen, besteht das Anfechtungsrecht ohne weiteres (§ 245 Nr. 2 AktG).[110]

**42**    **4. Dauer des Rechtsverlustes.** Der Rechtsverlust tritt ein, sobald der kontrollierende Aktionär seinen Pflichten zur Veröffentlichung der Kontrollerlangung und zur Abgabe des Angebotes schuldhaft (→ Rn. 16 f.) nicht nachgekommen ist. Er dauert solange an, wie die Verpflichtungen nach § 35 Abs. 1 S. 1 und Abs. 2 S. 1 nicht erfüllt wurden.[111] Der Rechtsverlust bleibt auch dann bestehen, wenn der Bieter die Schwelle von 30% der Stimmrechte wieder unterschritten hat.[112] Dies gilt selbst dann, wenn es sich nur um eine kurzfris-

---

[101] Angerer/Geibel/Süßmann/*Tschauner* Rn. 39; Steinmeyer/*Santelmann* Rn. 20; Kölner Komm WpÜG/*Kremer/Oesterhaus* Rn. 53, 55; Ehricke/Ekkenga/Oechsler/*Ehricke* Rn. 15; *U. H. Schneider* FS Kümpel, 2003, 477 (480); Schwark/Zimmer/*Noack/Zetzsche* Rn. 13; s. auch *Quack* FS Semler, 1993, 581, 588.

[102] Kölner Komm WpÜG/*Kremer/Oesterhaus* Rn. 53; Schwark/Zimmer/*Noack/Zetzsche* Rn. 13; Ehricke/Ekkenga/Oechsler/*Ehricke* Rn. 15; s. auch *Heinsius* FS R. Fischer, 1979, 215, 235.

[103] Kölner Komm WpÜG/*Kremer/Oesterhaus* Rn. 55.

[104] Kölner Komm WpÜG/*Kremer/Oesterhaus* Rn. 53; *U. H. Schneider* FS Kümpel, 2003, 477 (480); Assmann/Pötzsch/Schneider/*U. H. Schneider/Rosengarten* Rn. 26.

[105] OLG München DB 2009, 2310 (2311) zu § 28 WpHG aF; FK-WpÜG/*Hommelhoff/Witt* Rn. 19; Kölner Komm WpÜG/*Kremer/Oesterhaus* Rn. 53; Assmann/Pötzsch/Schneider/*U. H. Schneider/Rosengarten* Rn. 26; *U. H. Schneider* FS Kümpel, 2003, 477 (480); wohl auch NK-AktKapMarktR/*Illner/Bert* Rn. 5.

[106] Angerer/Geibel/Süßmann/*Tschauner* Rn. 42 ff.; Schwark/Zimmer/*Noack/Zetzsche* Rn. 14; Steinmeyer/*Santelmann* Rn. 21; ähnlich Ehricke/Ekkenga/Oechsler/*Ehricke* Rn. 16.

[107] So für den Rechtsverlust nach § 20 Abs. 7 S. 1 AktG BGHZ 167, 204 = NZG 2006, 505; für den Rechtsverlust nach § 28 S. 1 WpHG aF auch OLG Stuttgart NZG 2004, 822.

[108] Schwark/Zimmer/*Noack/Zetzsche* Rn. 14; Angerer/Geibel/Süßmann/*Tschauner* Rn. 44.

[109] Angerer/Geibel/Süßmann/*Tschauner* Rn. 46.

[110] Weitergehend Steinmeyer/*Santelmann* Rn. 21.

[111] Kölner Komm WpÜG/*Kremer/Oesterhaus* Rn. 75; Assmann/Pötzsch/Schneider/*U. H. Schneider/Rosengarten* Rn. 41 f.; Schwark/Zimmer/*Noack/Zetzsche* Rn. 7; Steinmeyer/*Santelmann* Rn. 35; FK-WpÜG/*Hommelhoff/Witt* Rn. 31.

[112] OLG Frankfurt AG 2007, 594; Angerer/Geibel/Süßmann/*Tschauner* Rn. 53; Ehricke/Ekkenga/Oechsler/*Ehricke* Rn. 25; FK-WpÜG/*Hommelhoff/Witt* Rn. 32; Assmann/Pötzsch/Schneider/*U. H. Schneider/Rosengarten* Rn. 41.

tige Überschreitung handelt.[113] Die Rechte entstehen erst dann wieder, wenn der Bieter
seine Pflichten nach § 35 Abs. 1 S. 1 und Abs. 2 S. 1 nachträglich erfüllt hat.[114]

Treffen die Pflichten nach § 35 Abs. 1 S. 1 und Abs. 2 S. 1 auf Grund einer Zurechnung **43**
gemäß § 30 **mehrere Personen** (vgl. → § 35 Rn. 52), endet der Rechtsverlust erst dann,
wenn *alle* Personen ihren Pflichten nachgekommen sind.[115] Dies gilt im Grundsatz auch,
wenn sich *nur* eine Person weigert, die Pflichten zu erfüllen. In diesem Fall sind etwa
entstehende Schäden nach allgemeinen Rechtsgrundsätzen auszugleichen (→ Rn. 24).[116]

### IV. Weitere Rechtsfolgen

**1. Folgen für die anderen Aktionäre. a) Dividendenanspruch.** § 59 ordnet den **44**
Rechtsverlust aus den Aktien an. Offen bleibt, ob sich die Dividendenansprüche der übrigen
Aktionäre verhältnismäßig erhöhen oder ob die Rechte zugunsten der Gesellschaft verfallen.
In diesem Zusammenhang ist danach zu differenzieren, ob der Verlust des Dividendenanspruchs zum Zeitpunkt den Gewinnverwendungsbeschlusses (§ 174 Abs. 1 S. 1 AktG) **endgültig feststeht** oder nicht. Ist dies ausnahmsweise der Fall, etwa weil der Aktionär dies
anerkannt hat oder der Rechtsverlust in einem rechtskräftigen Urteil festgestellt wurde, ist
der Aktionär nicht zu berücksichtigen und der Anteil der übrigen Aktionäre zu erhöhen.[117]
Für den in der Praxis häufigeren Fall, dass Klarheit über die Endgültigkeit des Rechtsverlustes
erst zu einem Zeitpunkt nach der Fassung des Gewinnverwendungsbeschluss besteht, nimmt
eine Meinung an, dass sich der Dividendenanspruch der anderen Aktionäre nachträglich
anteilig erhöht, wenn feststeht, dass der Dividendenanspruch endgültig verloren gegangen
ist.[118] Eine solche automatische nachträgliche Erhöhung des Dividendenanspruchs ist jedoch
praktisch schwer zu handhaben.[119] Bereits aus diesem Grund erscheint die Gegenansicht
vorzugswürdig, nach der die nicht auszuschüttenden Dividenden – sofern endgültig feststeht,
dass die Rechte verloren gegangen sind – einen außerordentlichen Ertrag der Gesellschaft
darstellen (→ AktG § 20 Rn. 74).[120] Dass der säumige Bieter, der vor der Fassung des
nächsten Bilanzgewinnverwendungsbeschlusses seinen Pflichten nachkommt, an diesem
Anteil anteilig partizipiert, ist als Reflexvorteil hinzunehmen.[121] Der in § 59 S. 1 vorgesehene Rechtsverlust will nämlich nur den säumigen Kontrollinhaber sanktionieren, nicht
aber die Rechte der übrigen Aktionäre stärken. Steht endgültig fest, dass die Rechte verloren
gegangen sind, ist die auf den säumigen Aktionär entfallende Dividende als sonstiger Ertrag
zu verbuchen.[122] Solange eine Nachholung nach § 59 S. 2 noch möglich ist, ist eine Verbu-
chung als sonstige Verbindlichkeit vorzunehmen.[123]

**b) Anspruch auf den Bezug neuer Aktien.** Im Falle einer Kapitalerhöhung gegen **45**
Einlagen erstreckt sich der Rechtsverlust auch auf den Anspruch auf den Bezug neuer

---

[113] Angerer/Geibel/Süßmann/*Tschauner* Rn. 53; zu § 28 WpHG aF Assmann/Schneider/*U. H. Schneider*
WpHG § 28 aF Rn. 27; aA zu § 20 AktG Kölner Komm WpÜG/*Koppensteiner* AktG § 20 Rn. 50.

[114] Steinmeyer/*Santelmann* Rn. 35; Schwark/Zimmer/*Noack/Zetzsche* Rn. 7; FK-WpÜG/*Hommelhoff/
Witt* Rn. 32; Angerer/Geibel/Süßmann/*Tschauner* Rn. 53; Assmann/Pötzsch/Schneider/*U. H. Schneider/
Rosengarten* Rn. 41.

[115] Steinmeyer/*Santelmann* Rn. 37; Angerer/Geibel/Süßmann/*Tschauner* Rn. 54.

[116] Steinmeyer/*Santelmann* Rn. 37; Angerer/Geibel/Süßmann/*Tschauner* Rn. 54.

[117] Kölner Komm WpÜG/*Kremer/Oesterhaus* Rn. 60; Schäfer/Hamann/*Opitz* WpHG § 28 aF Rn. 42;
Kölner Komm WpÜG/*Koppensteiner* AktG § 20 Rn. 76 ff.

[118] Angerer/Geibel/Süßmann/*Tschauner* Rn. 55; Schwark/Zimmer/*Noack/Zetzsche* Rn. 20; Steinmeyer/
*Santelmann* Rn. 26; Schäfer/Hamann/*Opitz* WpHG § 28 aF Rn. 42; dazu auch BGH DStR 2014, 2470
(2472).

[119] *Hüffer* FS Boujong, 1996, 278, 291; Großkomm AktG/*Windbichler* AktG § 20 Rn. 75.

[120] *Hüffer/Koch/Koch* AktG § 20 Rn. 15a; *Hüffer* FS Boujong, 1996, 278 (291); Großkomm AktG/
*Windbichler* AktG § 20 Rn. 75; Emmerich/Habersack/*Emmerich* AktG § 20 Rn. 56; MHdB AG/*Krieger* § 69
Rn. 143.

[121] Kölner Komm WpÜG/*Kremer/Oesterhaus* Rn. 61.

[122] LG München ZIP 2009, 589 = NZG 2009, 226 – HVB/UniCredit.

[123] Kölner Komm WpÜG/*Kremer/Oesterhaus* Rn. 62; Steinmeyer/*Santelmann* Rn. 26; Baums/Thoma/
*Hecker* § 59 Rn. 94; Emmerich/Habersack/*Emmerich* AktG § 20 Rn. 57; *Hüffer/Koch/Koch* AktG § 20
Rn. 15a.

Aktien (§ 186 Abs. 1 S. 1 AktG, → Rn. 31). Umstritten ist, was mit den neuen Aktien zu geschehen hat, die dem säumigen Aktionär zugestanden hätten. Zum Teil wird angenommen, dass sich die Bezugsansprüche der übrigen Aktionäre quotal erhöhen.[124] Die Gegenansicht lehnt eine solche Erhöhung ab und nimmt an, dass der Vorstand diese Aktien bestmöglich frei verwerten kann (→ AktG § 20 Rn. 64).[125] Letzterer Ansicht ist zuzustimmen, da sich für eine quotale Erhöhung der Bezugsrechte keine Grundlage im Gesetz findet. Auch das Schutzbedürfnis der Minderheitsaktionäre fordert eine solche Erhöhung nicht, da sie auf Grund der ihnen zustehenden Bezugsrechte in der Lage sind, ihre vermögensmäßige Beteiligung zu erhalten.

**46**     **2. Rechtsfolgen unzulässiger Rechtsausübung. a) Dividendenanspruch.** Hat ein Aktionär trotz des eingetretenen Rechtsverlustes eine Dividende erhalten, hat er diese grundsätzlich an die Gesellschaft zurückzuzahlen (§ 62 Abs. 1 S. 1 AktG).[126] Dies gilt auch dann, wenn eine Nachholung der Pflichten gemäß § 59 S. 2 noch möglich, aber noch nicht erfolgt ist. Bei der Auszahlung der Dividende an den säumigen Aktionär handelt es sich dann um eine nicht ordnungsgemäße Verteilung des Bilanzgewinnes (vgl. § 58 Abs. 4 AktG).[127] Allerdings besteht eine Rückzahlungspflicht nur dann, wenn der Aktionär wusste oder infolge von Fahrlässigkeit nicht wusste, dass er zum Bezuge nicht berechtigt war (§ 62 Abs. 1 S. 2 AktG). Diese Voraussetzungen liegen jedoch vor, da der Rechtsverlust nach dem oben Gesagten nur eintritt, wenn der Aktionär schuldhaft gehandelt hat (→ Rn. 16 f.).

**47**     Wurde der Gewinnanspruch in Form eines Gewinnanteilsscheins (Coupon) **verbrieft,** kann einem gutgläubigen Erwerber die fehlende Gewinnberechtigung nicht entgegengehalten werden (§ 796 BGB).[128] In diesem Fall steht der Gesellschaft gegen den nach § 59 sanktionierten Aktionär als Erstverkäufer des Gewinnanteilsscheins ein Erstattungsanspruch zu.[129]

**48**     **b) Anspruch auf den Bezug neuer Aktien.** Ob der Aktionär, die im Rahmen einer Kapitalerhöhung trotz fehlenden Bezugsrechts bezogenen Aktien der Gesellschaft zurück zu gewähren hat, ist umstritten. Zum Teil wird dies bejaht.[130] Der Gesellschaft stehe ein Anspruch auf Rückgewähr der Aktien zu. Diese Ansicht berücksichtigt indessen nicht, dass der Aktionär die Aktien eventuell auch ohne Bezugsrecht erworben hätte. Zutreffender ist es vielmehr, der Gesellschaft einen Anspruch gegen den säumigen Aktionär auf Ausgleich des Vermögenswertes der zu Unrecht ausgegebenen Bezugsansprüche zu gewähren.[131] Dieser Lösungsweg vermeidet im Übrigen die Folgefrage, ob die Gesellschaft ohne weiteres von dem Aktionär gem. § 71 Abs. 1 AktG die Aktien zurückkaufen dürfte.

**49**     **c) Teilnahme an der Hauptversammlung.** Die unzulässige Teilnahme des säumigen Aktionärs an der Hauptversammlung zieht für sich genommen keine Konsequenzen nach

---

[124] Kölner Komm WpÜG/*Koppensteiner* Rn. 70; zu § 28 WpHG aF Assmann/Schneider/*U. H. Schneider* WpHG § 28 aF Rn. 36; NK-AktKapMarktR/*Illner/Bert* Rn. 5; Assmann/Pötzsch/Schneider/*U. H. Schneider/ Rosengarten* Rn. 34.

[125] Angerer/Geibel/Süßmann/*Tschauner* Rn. 57; Kölner Komm WpÜG/*Kremer/Oesterhaus* Rn. 66; Emmerich/Habersack/*Emmerich* AktG § 20 Rn. 61; *Heinsius* FS R. Fischer, 1979, 215, 232 ff.; zu § 20 AktG Hüffer/Koch/*Koch* AktG § 20 Rn. 16; MHdB AG/*Krieger* § 68 Rn. 140b.

[126] LG München NZG 2009, 226 – HVB/UniCredit; Angerer/Geibel/Süßmann/*Tschauner* Rn. 59; Assmann/Pötzsch/Schneider/*U. H. Schneider/Rosengarten* Rn. 45; FK-WpÜG/*Hommelhoff/Witt* Rn. 44; Kölner Komm WpÜG/*Kremer/Oesterhaus* Rn. 63; NK-AktKapMarktR/*Illner/Bert* Rn. 5; Ehricke/Ekkenga/Oechsler/*Ehricke* Rn. 17; *Sven H. Schneider/U. H. Schneider* ZIP 2006, 493 (498).

[127] Angerer/Geibel/Süßmann/*Tschauner* Rn. 59; Kölner Komm WpÜG/*Kremer/Oesterhaus* Rn. 63.

[128] Angerer/Geibel/Süßmann/*Tschauner* Rn. 61.

[129] Angerer/Geibel/Süßmann/*Tschauner* Rn. 61.

[130] GHEK/*Geßler* § 20 Rn. 81; NK-AktKapMarktR/*Illner/Bert* Rn. 5; Assmann/Pötzsch/Schneider/ *U. H. Schneider/Rosengarten* Rn. 34.

[131] So zutr. bereits Angerer/Geibel/Süßmann/*Tschauner* Rn. 62; Kölner Komm WpÜG/*Kremer/Oesterhaus* Rn. 66; Schwark/Zimmer/*Noack/Zetzsche* Rn. 25; MHdB AG/*Krieger* § 69 Rn. 147; Hüffer/Koch/*Koch* AktG § 20 Rn. 17; Emmerich/Habersack/*Emmerich* AktG § 20 Rn. 62; Kölner Komm WpÜG/*Koppensteiner* AktG § 20 Rn. 83; *Quack* FS Semler, 1993, 581 (590); aA Großkomm AktG/*Windbichler* AktG § 20 Rn. 86; Schäfer/Hamann/*Opitz* WpHG § 28 aF Rn. 50.

sich.[132] Insbesondere sind die in der Hauptversammlung gefassten Beschlüsse nicht anfechtbar.

**d) Stimmrecht.** Nimmt der säumige Aktionär an der Abstimmung teil, führt dies zwar **50** nicht zur Nichtigkeit des betreffenden Hauptversammlungsbeschlusses, da der Beschluss nicht durch seinen Inhalt gegen Vorschriften verstößt, die im öffentlichen Interesse gegeben sind (vgl. § 241 Nr. 3 AktG; → AktG § 20 Rn. 56).[133] Der Stimmrechtsverlust kann indessen zur **Anfechtbarkeit** führen.[134] Voraussetzung für die Anfechtbarkeit ist, dass der Beschluss auf dem Mangel beruht.[135] Da es sich um eine bloß fehlerhafte Feststellung des Abstimmungsergebnisses handelt, ist dies dann nicht der Fall, wenn die erforderliche Mehrheit auch nach Abzug der zu Unrecht mitgezählten Stimmen vorliegt.[136] Ist dem Vorstand der Rechtsverlust bekannt, ist er zur Anfechtung verpflichtet, wenn die Vernichtung des Beschlusses im Gesellschaftsinteresse liegt.[137] Die Anfechtbarkeit des Beschlusses wird auch durch die nachträgliche Erfüllung der Pflichten nicht beseitigt.[138] Ist die Anfechtungsfrist abgelaufen und wurde der Mangel von niemandem geltend gemacht, kann das Registergericht die Eintragung grundsätzlich nicht mehr zurückweisen.[139]

**3. Rechtsnachfolger.** Vom Verlust der Rechte aus den Aktien ist nur der Aktionär **51** betroffen, der die Pflichten zur Veröffentlichung der Kontrollerlangung und zur Abgabe eines Pflichtangebotes nicht erfüllt hat. Veräußert der Verpflichtete die Aktien, kann der Erwerber die Rechte aus den Aktien ausüben, allerdings nur mit ex-nunc-Wirkung, dh nur vom Zeitpunkt der Übertragung der Aktien an.[140] Eine Ausnahme von dem grundsätzlichen Wiederaufleben der Rechte nach Veräußerung ist nur in Fällen eines evidenten Rechtsmissbrauchs anzuerkennen.[141]

## V. Weitere Sanktionen

**1. Ordnungswidrigkeit.** Der vorsätzliche oder leichtfertige Verstoß gegen die Pflichten **52** nach § 35 Abs. 1 und Abs. 2 kann eine Ordnungswidrigkeit darstellen (§ 60 Abs. 1 Nr. 1, 2 lit. a, 2 lit. b, Nr. 3, 4, 5). Im Einzelnen → § 60 Rn. 1 ff.

**2. Schadensersatzpflicht. a) Kontrollierender Aktionär.** Problematisch ist, ob § 35 **53** Abs. 1 S. 1 und Abs. 2 S. 1 als Schutzgesetze iSv § 823 Abs. 2 BGB zu qualifizieren sind, sodass Dritte im Falle einer Verletzung der Veröffentlichungspflicht und der Pflicht zur Abgabe eines Angebotes Schadensersatzansprüche gegen den **Verpflichteten** geltend machen können. Während die Schutzgesetzeigenschaft des § 20 AktG ganz überwiegend bejaht wird (→ AktG § 20 Rn. 85),[142] geht die hM davon aus, dass es sich bei § 33 WpHG

---

[132] Angerer/Geibel/Süßmann/*Tschauner* Rn. 63.
[133] OLG Frankfurt AG 2010, 39 (41) = BeckRS 2009, 11396; LG München BB 2008, 1965; Angerer/Geibel/Süßmann/*Tschauner* Rn. 64; Kölner Komm WpÜG/*Kremer/Oesterhaus* Rn. 57; *Lenz* in Zschocke/Schuster ÜbernahmeR-HdB Rn. F 134; Assmann/Pötzsch/Schneider/*U. H. Schneider/Rosengarten* Rn. 44.
[134] OLG Düsseldorf BeckRS 2013, 21114; Steinmeyer/*Santelmann* Rn. 19; Angerer/Geibel/Süßmann/*Tschauner* Rn. 64; *Lenz* in Zschocke/Schuster ÜbernahmeR-HdB Rn. F 134; Assmann/Pötzsch/Schneider/*U. H. Schneider/Rosengarten* Rn. 44; FK-WpÜG/*Hommelhoff/Witt* Rn. 47.
[135] LG Hannover AG 1993, 187 (188); Kölner Komm WpÜG/*Kremer/Oesterhaus* Rn. 57; zum Beruhenserfordernis eingehend Hüffer/Koch/*Koch* AktG § 243 Rn. 11 ff.
[136] Hüffer/Koch/*Koch* AktG § 243 Rn. 19; s. Assmann/Pötzsch/Schneider/*U. H. Schneider/Rosengarten* Rn. 44; Kölner Komm AktG/*Zöllner* AktG § 243 Rn. 97 ff.
[137] *Quack* FS Semler, 1993, 581 (588); Angerer/Geibel/Süßmann/*Tschauner* Rn. 67.
[138] Kölner Komm WpÜG/*Kremer/Oesterhaus* Rn. 57.
[139] KG OLGR 34, 348; OLG Köln WM 1981, 1263 (1264); BB 1982, 579; MHdB AG/*Semler*, 3. Aufl. 2007, § 39 Rn. 74; aA Hüffer/Koch/*Koch* AktG § 243 Rn. 56; Kölner Komm AktG/*Zöllner* AktG § 243 Rn. 38; ausf. zur Prüfungskompetenz des Registergerichts hinsichtlich der Eintragung anfechtbarer Hauptversammlungsbeschlüsse *Lutter* NJW 1969, 1873 ff.
[140] *Bunz* Der Konzern 2014, 430 (431); Angerer/Geibel/Süßmann/*Tschauner* Rn. 78; FK-WpÜG/*Hommelhoff/Witt* Rn. 37; Kölner Komm WpÜG/*Kremer/Oesterhaus* Rn. 82; Ehricke/Ekkenga/Oechsler/*Ehricke* Rn. 32; s. auch LG Hamburg WM 1996, 168 (170) zu § 20 Abs. 7 AktG.
[141] *Bunz* Der Konzern 2014, 430 (431); Schwark/Zimmer/*Noack/Zetzsche* Rn. 11.
[142] Kölner Komm AktG/*Koppensteiner* AktG § 20 Rn. 90; Angerer/Geibel/Süßmann/*Tschauner* Rn. 83.

um eine rein kapitalmarktrechtliche Vorschrift handelt, die keinen anlegerschützenden Charakter hat.[143] Aus den gleichen Gründen wird man die Schutzgesetzeigenschaft von § 35 Abs. 1 S. 1 und Abs. 2 S. 1 entgegen einer verbreiteten Ansicht[144] und in Einklang mit der Rspr. des BGH abzulehnen haben.[145] Die **fehlende Schutzgesetzeigenschaft** folgt ferner aus dem Umstand, dass der Gesetzgeber im Rahmen des 4. Finanzmarktförderungsgesetzes eine Schadensersatzpflicht nur für unterlassene oder fehlerhafte Ad-hoc-Mitteilungen eingeführt hat (§§ 97, 98 WpHG). Gegen die Annahme der Schutzgesetzeigenschaft spricht schließlich der Umstand, dass der Gesetzgeber in § 38 einen pauschalierten Zinsanspruch der Minderheitsgesellschafter begründet hat und Individualansprüche von Aktionären aufgrund unterbliebener Pflichtangebote nicht in § 1 Abs. 1 S. 1 Nr. 2 KapMuG aufgenommen wurden. Zudem schützt § 35 Abs. 2 WpÜG vorrangig kapitalmarktrechtliche Belange, womit auch die Schutzcharaktereigenschaft des § 20 AktG unter systematischen Gesichtspunkten nicht übertragbar sei.[146] Kommt der kontrollierende Aktionär seiner Pflicht zur Veröffentlichung der Kontrollerlangung oder zur Abgabe eines Angebotes nicht oder nicht rechtzeitig nach, können die außenstehenden Aktionäre keinen Ersatz verlangen, wenn ihnen dadurch ein Schaden entsteht, dass sie ihre Aktien nicht zu einem bestimmten Zeitpunkt und zu einem bestimmten Preis veräußern können. Eine Schadensersatzpflicht des kontrollierenden Aktionärs kann sich daher nur aus der Verletzung der gegenüber den Aktionären bestehenden **Treuepflicht** ergeben.[147]

**54**   **b) Vorstand, Aufsichtsrat.** Kommt der kontrollierende Aktionär seiner Veröffentlichungs- und Angebotspflicht nicht nach, sind Mitglieder von Vorstand und Aufsichtsrat im Rahmen ihrer Geschäftsführungs- und Überwachungspflicht (§§ 93, 116 AktG) verpflichtet, eine Ausübung von Gesellschafterrechten zu verhindern.[148] Zahlt der Vorstand Dividende an Aktionäre, deren Rechte aus den Aktien verloren gegangen sind, kann er sich nach § 93 Abs. 3 Nr. 2 AktG schadensersatzpflichtig machen.[149] Eine Nachforschungspflicht des Vorstandes wird man indessen nur dann annehmen müssen, wenn konkrete Anhaltspunkte dafür bestehen, dass der Aktionär seine Rechte verloren hat.[150] Hieran kann es insbesondere in Zurechnungskonstellationen fehlen.

**55**   **3. Keine Erwerbssperre.** Auch dann, wenn der kontrollierende Aktionär die Pflichten nach § 35 Abs. 1 S. 1 oder Abs. 2 S. 1 nicht erfüllt hat, ist er nicht daran gehindert, weitere Aktien hinzu zu erwerben.[151] Der gegenteiligen, zu § 44 WpHG vertretenen Auffassung[152] ist nicht zu folgen. Auch wenn das Erreichen oder Überschreiten der Kontrollschwelle nach § 29 Abs. 2 in der Regel eine Insiderinformation darstellt, verwendet derjenige, der einen

---

[143] Schäfer/Hamann/*Opitz* WpHG § 21 aF Rn. 42; Angerer/Geibel/Süßmann/*Tschauner* Rn. 84; aA Assmann/Schneider/*U. H. Schneider* WpHG § 28 aF Rn. 79.

[144] Kölner Komm WpÜG/*Kremer/Oesterhaus* Rn. 85; *U. H. Schneider* FS Kümpel, 2003, 477 (483); Ehricke/Ekkenga/Oechsler/*Ehricke* Rn. 34; Ehricke/Ekkenga/Oechsler/*Ekkenga/Schulz* § 35 Rn. 75.

[145] BGH AG 2013, 634 = BeckRS 2013, 12247 – zuletzt bestätigt durch BGH NZG 2014, 985 (986) – Postbank; *Derlin* BB 2013, 2318 (2321); *Heusel* AG 2014, 235; *Seibt* ZIP 2013, 1568; FK-WpÜG/*Hommelhoff/Witt* § 35 Rn. 118; Angerer/Geibel/Süßmann/*Tschauner* Rn. 85 ff.; FK-WpÜG/*Schüppen* Vor § 59 Rn. 8; *Rahlf* in Zschocke/Schuster ÜbernahmeR-HdB Rn. C 309; NK-AktKapMarktR/*Illner/Bert* Rn. 4; *Thaeter* in Thaeter/Brandi, Öffentliche Übernahmen, 2003, Teil 2 Rn. 541.

[146] BGH AG 2013, 634 = BeckRS 2013, 12247.

[147] Dazu etwa Kölner Komm WpÜG/*Kremer/Oesterhaus* Rn. 85; Assmann/Pötzsch/Schneider/*U. H. Schneider/Rosengarten* Rn. 44; *U. H. Schneider* FS Kümpel, 2003, 477 (483); Ehricke/Ekkenga/Oechsler/*Ehricke* Rn. 36; zu § 28 WpHG aF auch Assmann/Schneider/*U. H. Schneider* WpHG § 28 aF Rn. 82.

[148] Kölner Komm WpÜG/*Kremer/Oesterhaus* Rn. 87; zu § 20 AktG Großkomm AktG/*Windbichler* AktG § 20 Rn. 92.

[149] Kölner Komm WpÜG/*Kremer/Oesterhaus* Rn. 87.

[150] Angerer/Geibel/Süßmann/*Tschauner* Rn. 88; Kölner Komm WpÜG/*Kremer/Oesterhaus* Rn. 87; zu § 20 AktG Großkomm AktG/*Windbichler* AktG § 20 Rn. 92.

[151] Kölner Komm WpÜG/*Kremer/Oesterhaus* Rn. 84; Schwark/Zimmer/*Noack/Zetzsche* Rn. 29; NK-AktKapMarktR/*Illner/Bert* Rn. 3; Assmann/Schneider/*U. H. Schneider* WpHG § 28 aF Rn. 71; Assmann/Pötzsch/Schneider/*U. H. Schneider/Rosengarten* Rn. 57.

[152] *Caspari* ZGR 1994, 542.

von ihm selbst gefassten Entschluss, Aktien der Zielgesellschaft zu erwerben, umsetzt, **kein Insiderwissen.**[153] Dies gilt selbst dann, wenn der Aktionär unter Verstoß gegen seine Veröffentlichungs- und Angebotspflicht weitere Aktien erwirbt.[154]

### VI. Ausnahme vom Rechtsverlust (S. 2)

**1. Grundsatz. a) Nichteintritt des Rechtsverlustes.** Nach S. 2 tritt der Verlust des **56** Dividendenanspruches und des Anspruchs auf anteiligen Liquidationserlös nicht ein, wenn die Pflichten nach § 35 Abs. 1 S. 1 und Abs. 2 S. 1 nicht vorsätzlich unterlassen wurden und nachgeholt worden sind. Bei dieser Ausnahmeregelung, die sich an den Bestimmungen des § 20 Abs. 7 S. 2 AktG und des § 44 Abs. 1 S. 2 WpHG orientiert, handelt es sich um eine Konkretisierung des Verhältnismäßigkeitsgrundsatzes.[155] Der Rechtsverlust tritt in diesem Fall also nicht endgültig ein, sondern ist nur vorübergehender Natur.[156] Da der Rechtsverlust durch die nachträgliche Erfüllung der Pflichten vermieden werden kann, ruhen der Dividendenanspruch und der Anspruch auf den Liquidationserlös nur. § 59 S. 2 kommt also **rückwirkende Bedeutung** zu, die sich mitunter auch über mehrere Geschäftsjahre erstrecken kann.[157] Einer Nachholung bedarf es nicht, wenn die Pflichten nach § 35 Abs. 1 S. 1 und Abs. 2 S. 1 ohnehin bis zum Beschluss über die Verwendung des Bilanzgewinnes oder die Auflösung der Gesellschaft erfüllt werden (zu den maßgeblichen Zeitpunkten → Rn. 30, → Rn. 36).[158]

**b) Erfasste Rechte.** Die Ausnahmeregelung des S. 2 erfasst nur den auf Grund des **57** Gewinnverwendungsbeschlusses entstandenen konkreten **Dividendenauszahlungsanspruch** nach § 58 Abs. 4 iVm § 174 AktG (→ Rn. 29) und den Anspruch auf den anteiligen **Liquidationserlös** nach § 271 AktG. Der Verlust des Rechts auf den Bezug neuer Aktien kann indessen nicht vermieden werden.[159] Ausgleichs-, Umtausch- oder Abfindungsansprüche sind demgegenüber nach richtiger Ansicht bereits nicht vom Rechtsverlust erfasst (→ Rn. 37).[160]

**2. Voraussetzungen. a) Fehlender Vorsatz.** Der Rechtsverlust kann nur dann vermieden werden, wenn gegen die Pflichten nicht vorsätzlich verstoßen wurde.[161] Vorsätzlich **58** handelt der Verpflichtete nur dann, wenn ihm der Umstand der Kontrollerlangung bekannt war und er die Pflichten nach § 35 Abs. 1 und Abs. 2 S. 2 gleichwohl bewusst nicht erfüllt oder sich mit der Nichterfüllung abfindet.[162] Es gilt also ein kapitalmarktrechtlicher Vorsatzbegriff.[163] Schädlich ist auch, dass die Erfüllung der Pflichten zunächst fahrlässig unterblieben ist und später bewusst unterlassen wird.[164]

---

[153] Kölner Komm WpÜG/*Kremer/Oesterhaus* Rn. 84 mwN; Ehricke/Ekkenga/Oechsler/*Ehricke* Rn. 33; vgl. aber auch NK-AktKapMarktR/*Illner/Bert* Rn. 3.

[154] Angerer/Geibel/Süßmann/*Tschauner* Rn. 80; Kölner Komm WpÜG/*Kremer/Oesterhaus* Rn. 84; aA Assmann/Pötzsch/Schneider/*U. H. Schneider/Rosengarten* Rn. 59; Schwark/Zimmer/*Noack/Zetzsche* Rn. 29.

[155] Kölner Komm WpÜG/*Kremer/Oesterhaus* Rn. 76; Ehricke/Ekkenga/Oechsler/*Ehricke* Rn. 27; Assmann/Pötzsch/Schneider/*U. H. Schneider/Rosengarten* Rn. 46 f.

[156] Steinmeyer/*Santelmann* Rn. 40; Kölner Komm WpÜG/*Kremer/Oesterhaus* Rn. 77.

[157] Kölner Komm WpÜG/*Kremer/Oesterhaus* Rn. 77; zu § 20 AktG Hüffer/Koch/*Koch* AktG § 20 Rn. 13.

[158] Kölner Komm WpÜG/*Kremer/Oesterhaus* Rn. 78.

[159] Zu Recht krit. zu der Differenzierung zwischen Dividendenanspruch und dem Recht auf den Bezug neuer Aktien FK-WpÜG/*Hommelhoff/Witt* Rn. 42.

[160] AA freilich Angerer/Geibel/Süßmann/*Tschauner* Rn. 38, 70; Ehricke/Ekkenga/Oechsler/*Ehricke* Rn. 28.

[161] Ausf. zum kapitalmarktrechtlichen Vorsatzbegriff *Scholz/Weiß* BKR 2013, 324 ff.

[162] Angerer/Geibel/Süßmann/*Tschauner* Rn. 73; FK-WpÜG/*Hommelhoff/Witt* Rn. 40; zu § 28 WpHG aF Assmann/Schneider/*U. H. Schneider* WpHG § 28 aF Rn. 62 ff.; Assmann/Pötzsch/Schneider/*U. H. Schneider/Rosengarten* Rn. 51.

[163] FK-WpÜG/*Hommelhoff/Witt* Rn. 40; Assmann/Pötzsch/Schneider/*U. H. Schneider/Rosengarten* Rn. 50; aA *Fleischer* DB 2009, 1340 und Schwark/Zimmer/*Noack/Zetzsche* Rn. 31 mwN, die insoweit einen zivilrechtlichen Vorsatzbegriff favorisieren.

[164] Angerer/Geibel/Süßmann/*Tschauner* Rn. 73.

**59**    Befindet sich der Aktionär in einem **Tatbestandsirrtum,** lässt dies seinen Vorsatz entfallen. Ein solcher Tatbestandsirrtum liegt etwa dann vor, wenn dem Verpflichteten einzelne Erwerbe von Aktien, die ihm zuzurechnen sind, nicht bekannt waren und ihm folglich das Überschreiten der Kontrollschwelle zunächst nicht bewusst war.[165] Selbst wenn man – entgegen der hier vertretenen Auffassung (→ Rn. 23) – eine Pflicht zur Installierung eines konzerninternen Informationssystems annehmen wollte, würde dies nicht zu der Annahme zwingen, dass jede Verletzung der Pflichten von § 35 Abs. 1 S. 1 und Abs. 2 S. 1 automatisch vorsätzlich wäre.[166] Das Wissen von Organmitgliedern eines Konzernunternehmens wird nicht automatisch zugerechnet.[167]

**60**    Denkbar ist auch, dass sich der kontrollierende Aktionär in der rechtlichen Beurteilung geirrt hat. Ein **Verbotsirrtum** führt nur dann zum Wegfall des Vorsatzes, wenn der Irrtum unvermeidbar war (§ 17 S. 1 StGB).[168] Eine Unvermeidbarkeit des Irrtums wird man beispielsweise dann annehmen können, wenn sich komplizierte Zurechnungsfragen stellen[169] oder der Verpflichtete auf den anwaltlichen Rat eines im Kapitalmarktrecht erfahrenen Anwalts vertraut hat.[170]

**61**    **b) Nachholung.** Der Nichteintritt des Rechtsverlustes hängt des Weiteren davon ab, dass die Veröffentlichung der Kontrollerlangung sowie die Abgabe des Pflichtangebotes nachgeholt wird. Auch wenn das Gesetz keinen Zeitpunkt bestimmt, bis zu dem die Nachholung erfolgt sein muss, wird man davon ausgehen müssen, dass die Nachholung **unverzüglich** (§ 121 Abs. 1 S. 1 BGB) nach Kenntnis der Bieterpflichten erfolgen muss.[171] Holt der Verpflichtete die gebotenen Handlungen nicht unverzüglich nach, wird man regelmäßig ein vorsätzliches Unterlassen anzunehmen haben.

**62**    **c) Beweislast.** Der Rechtsverlust tritt nur dann nicht ein, wenn die Veröffentlichung der Kontrollerlangung und die Nichtabgabe des Pflichtangebotes ohne Vorsatz unterblieben und nachgeholt worden ist.[172] Aus dem Wortlaut des Gesetzes lässt sich ableiten, dass die Beweislast für das Vorliegen der Ausnahmevoraussetzungen den Bieter trifft.[173]

## § 60 Bußgeldvorschriften

**(1) Ordnungswidrig handelt, wer vorsätzlich oder leichtfertig**
1. **entgegen**
   a) **§ 10 Abs. 1 Satz 1, § 14 Abs. 2 Satz 1 oder § 35 Abs. 1 Satz 1 oder Abs. 2 Satz 1,**
   b) **§ 21 Abs. 2 Satz 1, § 23 Abs. 1 Satz 1 oder Abs. 2 Satz 1 oder § 27 Abs. 3 Satz 1 oder**
   c) **§ 1 Abs. 5 Satz 2 in Verbindung mit einer Rechtsverordnung nach § 1 Abs. 5 Satz 3**
   **eine Veröffentlichung nicht, nicht richtig, nicht vollständig, nicht in der vorgeschriebenen Weise oder nicht rechtzeitig vornimmt,**
2. **entgegen**
   a) **§ 10 Abs. 2 Satz 1, auch in Verbindung mit § 35 Abs. 1 Satz 4, § 14 Abs. 1 Satz 1 oder § 35 Abs. 2 Satz 1,**

---

[165] Angerer/Geibel/Süßmann/*Tschauner* Rn. 74; Kölner Komm WpÜG/*Kremer/Oesterhaus* Rn. 79.

[166] Kölner Komm WpÜG/*Kremer/Oesterhaus* Rn. 79; aA wohl Angerer/Geibel/Süßmann/*Tschauner* Rn. 74; zu § 28 WpHG aF Assmann/Schneider/*U. H. Schneider* WpHG § 28 aF Rn. 20.

[167] Kölner Komm WpÜG/*Kremer/Oesterhaus* Rn. 80.

[168] Angerer/Geibel/Süßmann/*Tschauner* Rn. 74.

[169] Kölner Komm WpÜG/*Kremer/Oesterhaus* Rn. 79.

[170] Angerer/Geibel/Süßmann/*Tschauner* Rn. 74.

[171] Angerer/Geibel/Süßmann/*Tschauner* Rn. 76; FK-WpÜG/*Hommelhoff/Witt* Rn. 41; Assmann/Pötzsch/Schneider/*U. H. Schneider/Rosengarten* Rn. 55; Steinmeyer/*Santelmann* Rn. 40.

[172] Kölner Komm WpÜG/*Kremer/Oesterhaus* Rn. 79; Steinmeyer/*Santelmann* Rn. 39.

[173] Begr. RegE zu § 59, BT-Drs. 14/7034, 68; Assmann/Pötzsch/Schneider/*U. H. Schneider/Rosengarten* Rn. 56.

b) § 10 Abs. 5, auch in Verbindung mit § 35 Abs. 1 Satz 4, oder § 14 Abs. 4, auch in Verbindung mit § 21 Abs. 2 Satz 2 oder § 35 Abs. 2 Satz 2, oder

c) § 27 Abs. 3 Satz 2

eine Mitteilung, Unterrichtung oder Übermittlung nicht, nicht richtig, nicht vollständig, nicht in der vorgeschriebenen Weise oder nicht rechtzeitig vornimmt,

3. entgegen § 10 Abs. 3 Satz 3, auch in Verbindung mit § 35 Abs. 1 Satz 4, oder § 14 Abs. 2 Satz 2, auch in Verbindung mit § 35 Abs. 2 Satz 2, eine Veröffentlichung vornimmt oder eine Angebotsunterlage bekannt gibt,

4. entgegen § 10 Abs. 4 Satz 1, auch in Verbindung mit § 35 Abs. 1 Satz 4, eine Veröffentlichung nicht, nicht richtig, nicht vollständig oder nicht rechtzeitig übersendet,

5. entgegen § 14 Abs. 3 Satz 2, auch in Verbindung mit § 21 Abs. 2 Satz 2, § 23 Abs. 1 Satz 2 oder § 35 Abs. 2 Satz 2, oder entgegen § 27 Abs. 3 Satz 3 eine Mitteilung nicht, nicht richtig oder nicht rechtzeitig macht,

6. entgegen § 15 Abs. 3 eine Veröffentlichung vornimmt,

7. entgegen § 26 Absatz 1 oder 2 ein Angebot abgibt,

7a. entgegen § 26 Absatz 1 oder 2 seine Absicht, ein Angebot abzugeben, gemäß § 10 Absatz 3 Satz 1 veröffentlicht,

8. entgegen § 33 Abs. 1 Satz 1 oder § 33a Abs. 2 Satz 1 eine dort genannte Handlung vornimmt,

9. entgegen § 33a Abs. 3, § 33b Abs. 3 oder § 33c Abs. 3 Satz 3 eine Unterrichtung nicht, nicht richtig, nicht vollständig oder nicht rechtzeitig vornimmt oder

10. entgegen § 33c Abs. 3 Satz 4 eine Veröffentlichung nicht, nicht richtig, nicht vollständig, nicht in der vorgeschriebenen Weise oder nicht rechtzeitig vornimmt.

(2) Ordnungswidrig handelt, wer vorsätzlich oder fahrlässig

1. einer vollziehbaren Anordnung nach § 28 Abs. 1 oder § 40 Abs. 1 Satz 1 zuwiderhandelt oder

2. entgegen § 40 Abs. 2 Satz 1 oder 2 ein Betreten nicht gestattet oder nicht duldet.

(3) Die Ordnungswidrigkeit kann in den Fällen des Absatzes 1 Nummer 1 Buchstabe a, Nummer 3, 6 bis 8 mit einer Geldbuße bis zu fünf Millionen Euro, in den Fällen des Absatzes 1 Nummer 1 Buchstabe b, Nummer 2 Buchstabe a und Nummer 4 mit einer Geldbuße bis zu zweieinhalb Millionen Euro und in den übrigen Fällen mit einer Geldbuße bis zu einer Million Euro geahndet werden.

(4) Gegenüber einer juristischen Person oder Personenvereinigung kann über Absatz 3 hinaus eine höhere Geldbuße verhängt werden; diese darf

1. in den Fällen des Absatzes 1 Nummer 1 Buchstabe a, Nummer 3, 6 bis 8 den höheren der Beträge von zehn Millionen Euro und 5 Prozent des Gesamtumsatzes, den die juristische Person oder Personenvereinigung im der Behördenentscheidung vorausgegangenen Geschäftsjahr erzielt hat,

2. in den Fällen des Absatzes 1 Nummer 1 Buchstabe b, Nummer 2 Buchstabe a und Nummer 4 den höheren der Beträge von fünf Millionen Euro und 2 Prozent des Gesamtumsatzes, den die juristische Person oder Personenvereinigung im der Behördenentscheidung vorangegangenen Geschäftsjahr erzielt hat, und

3. in den übrigen Fällen zwei Millionen Euro nicht überschreiten.

(5) ¹Über die in den Absätzen 3 und 4 genannten Beträge hinaus kann die Ordnungswidrigkeit mit einer Geldbuße bis zum Zweifachen des aus dem Verstoß gezogenen wirtschaftlichen Vorteils geahndet werden. ²Der wirtschaftliche Vorteil umfasst erzielte Gewinne und vermiedene Verluste und kann geschätzt werden.

(6) Gesamtumsatz im Sinne des Absatzes 4 ist

1. im Falle von Kreditinstituten, Zahlungsinstituten und Finanzdienstleistungsinstituten im Sinne des § 340 des Handelsgesetzbuchs der Gesamtbetrag, der sich aus dem auf das Institut anwendbaren nationalen Recht im Einklang mit Artikel 27 Nummer 1, 3, 4, 6 und 7 oder Artikel 28 Nummer B1, B2, B3, B4 und B7 der Richtlinie 86/635/EWG des Rates vom 8. Dezember 1986 über den Jahresabschluss und den konsolidierten Abschluss von Banken und anderen Finanzinstituten (ABl. L 372 vom 31.12.1986, S. 1; L 316 vom 23.11.1988, S. 51), die zuletzt durch die Richtlinie 2006/46/EG (ABl. L 224 vom 16.8.2006, S. 1) geändert worden ist, ergibt, abzüglich der Umsatzsteuer und sonstiger direkt auf diese Erträge erhobener Steuern,

2. im Falle von Versicherungsunternehmen der Gesamtbetrag, der sich aus dem auf das Versicherungsunternehmen anwendbaren nationalen Recht im Einklang mit Artikel 63 der Richtlinie 91/674/EWG des Rates vom 19. Dezember 1991 über den Jahresabschluss und den konsolidierten Abschluss von Versicherungsunternehmen (ABl. L 374 vom 31.12.1991, S. 7), die zuletzt durch die Richtlinie 2006/46/EG (ABl. L 224 vom 16.8.2006, S. 1) geändert worden ist, ergibt, abzüglich der Umsatzsteuer und sonstiger direkt auf diese Erträge erhobener Steuern,

3. im Übrigen der Betrag der Nettoumsatzerlöse nach Maßgabe des auf das Unternehmen anwendbaren nationalen Rechts im Einklang mit Artikel 2 Nummer 5 der Richtlinie 2013/34/EU des Europäischen Parlaments und des Rates vom 26. Juni 2013 über den Jahresabschluss, den konsolidierten Abschluss und damit verbundene Berichte von Unternehmen bestimmter Rechtsformen und zur Änderung der Richtlinie 2006/43/EG des Europäischen Parlaments und des Rates und zur Aufhebung der Richtlinien 78/660/EWG und 83/349/EWG des Rates (ABl. L 182 vom 29.6.2013, S. 19; L 369 vom 24.12.2014, S. 79), die zuletzt durch die Richtlinie 2014/102/EU (ABl. L 334 vom 21.11.2014, S. 86) geändert worden ist.

(7) [1]Handelt es sich bei der juristischen Person oder Personenvereinigung nach Absatz 4 um ein Mutterunternehmen oder um eine Tochtergesellschaft, so ist anstelle des Gesamtumsatzes der juristischen Person oder Personenvereinigung der jeweilige Gesamtbetrag in dem Konzernabschluss des Mutterunternehmens maßgeblich, der für den größten Kreis von Unternehmen aufgestellt wird. [2]Wird der Konzernabschluss für den größten Kreis von Unternehmen nicht nach den in Absatz 6 genannten Vorschriften aufgestellt, ist der Gesamtumsatz nach Maßgabe der den in Absatz 6 Nummer 1 bis 3 vergleichbaren Posten des Konzernabschlusses zu ermitteln. [3]Ist ein Jahresabschluss oder Konzernabschluss für das maßgebliche Geschäftsjahr nicht verfügbar, ist der Jahres- oder Konzernabschluss für das unmittelbar vorausgehende Geschäftsjahr maßgeblich; ist auch dieser nicht verfügbar, kann der Gesamtumsatz geschätzt werden.

Schrifttum: *Leyendecker-Langner/Läufer*, Transaktionssicherheit und übernahmerechtliche Meldepflichten, NZG 2014, 161; *Moosmayer*, Straf- und bußgeldrechtliche Aspekte des Wertpapiererwerbs- und Übernahmegesetzes, wistra 2004, 401; *Süßmann*, Unerwünschte Übernahmen, NZG 2011, 1281.

## Übersicht

## I. Allgemeines

**1. Rechtsentwicklung.** § 60 ist durch das WpÜG vom 20.12.2001 (BGBl. 2001 I 3822) **1** mit Wirkung zum 1.1.2002 in Kraft gesetzt worden. Dabei ist § 61 RegE-WpÜG[1] unverän- dert übernommen worden. Das Gesetz zur Umsetzung der RL 2004/25/EG des Europä- ischen Parlaments und des Rates vom 21.4.2004 betreffend Übernahmeangebote (**Über- nahme-RL-UG**) vom 8.7.2006 (BGBl. 2006 I 1426) hat § 60 mehrfach geändert. Es handelt sich um Folgeänderungen der neu eingefügten §§ 33a, 33b und 33c, der Änderung des § 40 und des Verweises auf den elektronischen Bundesanzeiger in § 27 Abs. 3 S. 3. Durch das Zweite Finanzmarktnovellierungsgesetz (**2. FiMaNoG**) vom 23.6.2017 (BGBl. 2017 I 1693) wurde Abs. 3 mit Wirkung zum 3.1.2018 durch die neuen Abs. 3–7 ersetzt. Das Gesetz vom 12.12.2019 (Gesetz zur Umsetzung der Änderungsrichtlinie zur Vierten EU-Geldwäsche-RL, BGBl. 2019 I 2602) hat mit Wirkung vom 20.12.2019 den § 60 Abs. 1 Nr. 7 geändert sowie § 60 Abs. 1 Nr. 7a eingefügt.

[1] BT-Drs. 14/7034, 21.

**2**    **2. Regelungsgegenstand und Normzweck.** Während § 60 die einzelnen Bußgeldtatbestände enthält, beinhalten die §§ 61–65 Regelungen über die Zuständigkeiten für Ordnungswidrigkeitenverfahren, die auf Grund dieses Gesetzes betrieben werden.

**3**    **3. Rechtsnatur des Delikts und Systematik des Gesetzes.** Die einzelnen Tatbestände des § 60 sind **Blankettnormen,** die auf andere Vorschriften des WpÜG verweisen
oder Begriffe verwenden, welche ihre wahre Bedeutung erst auf Grund anderer Bestimmungen des WpÜG gewinnen. Die Gesamttatbestände ergeben sich deshalb aus einer Gesamtschau der jeweiligen Blankettnorm[2] und der einzelnen Ausfüllungsvorschriften.[3] In dieser
Form entsprechen die Tatbestände den Anforderungen dem Bestimmtheitsgrundsatz des
Art. 103 Abs. 2 GG, der auch für Ordnungswidrigkeiten gilt[4] und der in § 3 OWiG ausdrücklich festgeschrieben ist. Der **Versuch** einer Zuwiderhandlung kann nicht geahndet
werden, weil das Gesetz eine solche Handlungsweise nicht als ahndbar bezeichnet (§ 13
Abs. 2 OWiG).[5] Die Begehung durch Unterlassen richtet sich nach § 8 OWiG. **Geschütztes Rechtsgut** ist nach hM die Sicherung der Funktionsfähigkeit des Kapitalmarktes.[6] Die
Vorschriften dienen nach hM damit allein Allgemeininteressen.[7] Bei den in § 60 geregelten
unterschiedlichen Bußgeldtatbeständen handelt es sich nach hM nicht um **Schutzgesetze**
iSd § 823 Abs. 2 BGB (differenzierend → § 10 Rn. 105).[8]

## II. Täterkreis und Tatbeteiligung

**4**    **1. Täter.** § 60 enthält überwiegend Tatbestände, die nur von bestimmten **Personen**
begangen werden können.[9] Insoweit handelt es sich um **echte Sonderdelikte.**[10] Soweit
der Tatbestand die Täterschaft dagegen von keinen besonderen Eigenschaften abhängig
macht, kann jedermann Täter sein **(Allgemeindelikt).** Obliegt die Pflicht nach dem
WpÜG einer juristischen Person oder eine Personengesellschaft, findet § 9 OWiG Anwendung. Dessen Abs. 1 dehnt die Anwendung von Bußgeldvorschriften, nach denen besondere
persönliche Merkmale (zB Bieter bzw. Zielgesellschaft) die Ahndung begründen, auf das
jeweilige gesetzliche Vertretungsorgan (zB Vorstand einer Aktiengesellschaft) aus, dessen
Abs. 2 auf Beauftragte aus.[11] Soweit es sich bei den Normadressaten um einen Betrieb oder
ein Unternehmen handelt, kann gegen den Inhaber wegen Verletzung seiner Aufsichtspflicht
eine Geldbuße gem. § 130 OWiG verhängt werden.[12] Es kann auch nach § 30 OWiG gegen
das Unternehmen selbst eine Geldbuße verhängt werden (→ Rn. 78). Sie setzt stets das
ordnungswidrige (oder strafbare) Handeln einer natürlichen Leitungsperson voraus, die verfolgbar ist und einem Unternehmen zugerechnet werden kann.[13] Die Geldbuße kann nach
§ 30 OWiG auch verhängt werden, wenn die natürliche Person aus tatsächlichen Gründen
nicht verfolgbar ist.[14] Als Täter kommen insbes. Bieter sowie Vorstands- und Aufsichtsratsmitglieder der Zielgesellschaft in Betracht.

**5**    **a) Bieter.** Nach der Legaldefinition in § 2 Abs. 4 sind Bieter natürliche oder juristische
Personen oder Personengesellschaften, die allein oder gemeinsam mit anderen Personen ein
Angebot abgeben, ein solches beabsichtigen oder zur Abgabe verpflichtet sind.

---

[2] Ebenso Assmann/Pötzsch/Schneider/*Assmann/Uwer/van Ermingen-Marbach* Rn. 5; FK-WpÜG/*Rönnau*
Vor § 60 Rn. 24; Kölner Komm WpÜG/*Altenhain* Rn. 3, 33; Schwark/Zimmer/*Böse* Rn. 2.

[3] Vgl. zum Begriff der Blankettnorm BVerfGE 14, 245 (252) = NJW 1962, 1563 (1564 f.); BVerfGE 37,
201 (208 f.) = NJW 1974, 1860 (1862); BVerfGE 75, 329 (342 f.) = NJW 1987, 3175 (3175).

[4] BVerfGE 38, 348 (371 f.) = NJW 1975, 727 (730).

[5] Angerer/Geibel/Süßmann/*Tschauner* Rn. 4.

[6] Vgl. Angerer/Geibel/Süßmann/*Geibel/Louven* § 10 Rn. 128; Graf/Jäger/Wittig/*Ibold* Rn. 4.

[7] Graf/Jäger/Wittig/*Ibold* Rn. 4; aA Schwark/Zimmer/*Böse* Rn. 1; KölnKommWpÜG/*Altenhain* Rn. 5 f.

[8] So auch Assmann/Pötzsch/Schneider/*Assmann/Uwer/van Ermingen-Marbach* Rn. 4; FK-WpÜG/*Rönnau*
Vor § 60 Rn. 14; bejahend Kölner Komm WpÜG/*Altenhain* Rn. 4 ff.; aA Schwark/Zimmer/*Böse* Rn. 1.

[9] Ebenso FK-WpÜG/*Rönnau* Vor § 60 Rn. 48 ff.

[10] Graf/Jäger/Wittig/*Ibold* Rn. 3; *Moosmayer* wistra 2004, 401 (402).

[11] *Moosmayer* wistra 2004, 401 (402); Schwark/Zimmer/*Böse* Rn. 2.

[12] Schwark/Zimmer/*Böse* Rn. 2 mwN.

[13] Vgl. nur BeckOK OWiG/*Meyberg* OWiG § 30 Rn. 46 ff.

[14] Vgl. *Lemke/Mosbacher* OWiG § 30 Rn. 8, 69 f.

**b) Vorstandsmitglied und Aufsichtsratsmitglied.** Vorstandsmitglied ist derjenige, **6**
der durch den Aufsichtsrat nach § 84 AktG oder in dringenden Fällen durch das Gericht
nach § 85 AktG zum Mitglied des Vorstands bestellt worden ist. Aufsichtsratsmitglied ist,
wer nach der Gründung der Aktiengesellschaft von den Gründern der Gesellschaft nach
§ 30 AktG bestellt, wer nach § 101 Abs. 1 AktG von der Hauptversammlung der Aktionäre
gewählt oder wer nach § 101 Abs. 2 AktG von ihr entsandt worden ist. Bei diesen Tätern
kann es sich nach hM auch um Personen handeln, die zu diesem Amt zwar nicht rechtswirksam bestellt worden sind, welche aber die mit dem Amt verbundenen Funktionen tatsächlich
wahrnehmen (faktische Organstellung). Zielgesellschaften sind nach der Begriffsbestimmung in § 2 Abs. 3 Aktiengesellschaften oder Kommanditgesellschaften auf Aktien mit Sitz
im Inland und Gesellschaften mit Sitz in einem anderen Staat des Europäischen Wirtschaftsraums.

**2. Tatbeteiligung.** Der Begriff des Täters hat aber im Ordnungswidrigkeitenrecht nicht **7**
dieselbe Bedeutung wie im Strafrecht. Die Tatbeteiligung richtet sich nach § 14 OWiG,
der nicht zwischen den verschiedenen (strafrechtlichen) Beteiligungsformen (Mittäter, mittelbarer Täter, Anstifter, Gehilfe) differenziert (sog. Einheitstäterbegriff). Es treten deshalb
bei den Tatbeständen des § 60 Abs. 1 und des Abs. 2 nicht die Probleme auf, die sich im
Strafrecht bei den echten Sonderdelikten ergeben. Wegen Verstoßes gegen diese Tatbestände
kann jeder sanktioniert werden, der sich an der Zuwiderhandlung in irgendeiner Form
beteiligt hat.[15] So können externe Wirtschaftsprüfer und Rechtsanwälte, die für Bieter
oder Zielgesellschaft beratend tätig waren, ebenso wegen Beteiligung ahndbar sein wie ein
Betriebsangehöriger in untergeordneter Stellung, der etwa als Firmenjurist Texte entworfen
hat.[16]

### III. Verstoß gegen die Veröffentlichungspflichten bei öffentlichen Erwerbsangeboten (Abs. 1 Nr. 1)

Die aufgeführten Veröffentlichungspflichten beziehen sich auf Informationen, die bei **8**
öffentlichen Angeboten zum Erwerb von Wertpapieren besonders wichtig sind. Deshalb
soll das Einhalten dieser Veröffentlichungspflichten mit den Mitteln des Ordnungswidrigkeitenrechts durchgesetzt werden.[17]

Die Zuwiderhandlung gegen § 60 Abs. 1 Nr. 1 kann in mehreren Tatformen begangen **9**
werden: Der Täter nimmt die Veröffentlichung nicht, nicht richtig, nicht vollständig, nicht
in der vorgeschriebenen Weise oder nicht rechtzeitig vor. Die erste Tatform ist ein **echtes
Unterlassungsdelikt,**[18] bei dem die Veröffentlichung vollständig unterbleibt.[19] Eine Veröffentlichung ist **nicht richtig,** wenn sie inhaltlich unzutreffend und damit falsch ist.[20] So
begeht der Alleinvorstand einer Aktiengesellschaft eine Ordnungswidrigkeit der unrichtigen
Veröffentlichung der Kontrollerlangung über eine Zielgesellschaft gem. § 35 Abs. 1 S. 1,
§ 60 Abs. 1 Nr. 1 lit. a, wenn ein unrichtiger Zeitpunkt der Kontrollerlangung über die
Zielgesellschaft veröffentlicht wird.[21] Sie ist **nicht vollständig,** wenn erhebliche Umstände,
die vom Gesetz gefordert werden, verschwiegen werden.[22] Die Veröffentlichung erfolgt
dann **nicht in der vorgeschriebenen Weise,** wenn sie nicht in den vom Gesetz vorgeschriebenen Medien und Formerfordernissen erfolgt.[23] So etwa, wenn der Bieter entgegen

---

[15] So auch Kölner Komm WpÜG/*Altenhain* Rn. 187.
[16] Vgl. FK-WpÜG/*Rönnau* Vor § 60 Rn. 69.
[17] Vgl. Begr. RegE, BT-Drs. 14/7034, 68.
[18] FK-WpÜG/*Rönnau* Rn. 9; Kölner Komm WpÜG/*Altenhain* Rn. 34.
[19] So auch Angerer/Geibel/Süßmann/*Tschauner* Rn. 18.
[20] Angerer/Geibel/Süßmann/*Tschauner* Rn. 18; OLG Frankfurt NZG 2006, 792 (794); Schwark/Zim-
mer/*Böse* Rn. 7.
[21] BGH wistra 2006, 391 = BeckRS 2006, 7996.
[22] Angerer/Geibel/Süßmann/*Tschauner* Rn. 18; Kölner Komm WpÜG/*Altenhain* Rn. 40; Schwark/Zim-
mer/*Böse* Rn. 7.
[23] Angerer/Geibel/Süßmann/*Tschauner* Rn. 18; Schwark/Zimmer/*Böse* Rn. 7.

§ 10 Abs. 3 Nr. 1 und 2 nur im Internet, nicht aber auch in einem elektronischen Informationssystem veröffentlicht.[24] Sie ist **nicht rechtzeitig,** wenn sie nicht unverzüglich bzw. nicht in der vom Gesetz bestimmten Frist erfolgt.[25] Die Unverzüglichkeit richtet sich hierbei nach dem Kontext und jeweils geforderten Umfang der Veröffentlichungspflicht.[26] Geht eine Mitteilung innerhalb von drei Werktagen seit der Veröffentlichung bei der zuständigen Behörde ein, ist das Erfordernis einer unverzüglichen Mitteilung idR erfüllt.[27]

**10**   **1. Nichteinhalten von Vorschriften über die Veröffentlichung bei Abgabe eines Angebotes (Abs. 1 Nr. 1 lit. a).** Tathandlungen sind Verstöße gegen § 10 Abs. 1 S. 1 (Pflicht zur Veröffentlichung der Entscheidung des Bieters zur Abgabe eines Angebots), § 14 Abs. 2 S. 1 (Pflicht zur Veröffentlichung der Angebotsunterlage), § 35 Abs. 1 S. 1 (Verpflichtung zur Veröffentlichung der Kontrollerlangung über eine Zielgesellschaft) oder § 35 Abs. 2 S. 1 (Pflicht zur Veröffentlichung eines Pflichtangebots). Zu Einzelheiten → § 10 Rn. 16 ff., → § 14 Rn. 12 ff., → § 35 Rn. 155 ff., → § 35 Rn. 174 ff.

**11**   Hins. der Veröffentlichungspflicht nach § 10 Abs. 1 S. 1 wird in der Praxis mit Schwierigkeiten bei der Führung des Nachweises zu rechnen sein, zu welchem Zeitpunkt der Bieter sich zur Abgabe eines Angebotes entschieden hat und deshalb zu entsprechender Veröffentlichung verpflichtet ist. Die Entscheidung des Bieters ist eine innere Tatsache. Ihr gehen ein interner Willensbildungsprozess und unter Umständen ein mehrstufiger Entscheidungsprozess voraus.[28] Die Pflicht zur Veröffentlichung wird bei einer natürlichen Person aber jedenfalls dann zu bejahen sein, wenn der Bieter seine Entscheidung auf irgendeine Weise nach außen mitgeteilt hat (→ § 10 Rn. 24).[29] Soweit ein Überwachungsgremium (zB Aufsichtsrat) der Abgabe eines Angebots zustimmen muss, ist entsprechend der hM zur insoweit vergleichbaren Regelung des § 26 WpHG (früher § 15 WpHG aF) auf dessen Zustimmung abzustellen.[30] Nach § 10 Abs. 1 iVm § 10 Abs. 3 muss im Internet und zusätzlich in einem elektronischen Informationssystem (zB Reuters, Bloomberg oder VDW, nicht jedoch der elektronische Bundesanzeiger) veröffentlicht werden.[31]

**12**   Welcher Zeitraum als **unverzüglich** anzusehen ist, bestimmt sich grundsätzlich nach der Legaldefinition des § 121 Abs. 1 S. 1 BGB. Bei der Pflicht zur unverzüglichen Veröffentlichung nach § 14 Abs. 2 S. 1 ist umstritten, ob der Bieter unter Umständen einen längeren Zeitraum in Anspruch nehmen kann, wenn er nach § 14 Abs. 3 S. 1 Nr. 2 als Mittel der Veröffentlichung die Schalterpublizität wählt. Diese Frage wird im Schrifttum teilweise mit dem Hinweis bejaht, dass in diesem Fall erst die Angebotsunterlage gedruckt und gegebenenfalls in hoher Auflage vervielfältigt werden muss.[32] Gleichwohl erscheint eine zusätzliche Vorbereitungsfrist zum Drucken der Auflage als nicht zwingend. Da nach § 14 Abs. 3 S. 1 Nr. 1 die Bekanntgabe der Angebotsunterlage ohnehin auch im Internet zu erfolgen hat, kann der Bieter veranlassen, dass die Unterlage bei den entsprechenden Stellen vor Ort aus dem Internet ausgedruckt und zur Verfügung gestellt wird (→ § 14 Rn. 28, → § 14 Rn. 30). Wird die Pflicht aus § 35 bei einem mittelbaren Kontrollerwerb weder von dem Mutter- noch von dem Tochterunternehmen erfüllt, kann gegen beide Unternehmen ein Bußgeld verhängt werden (→ § 35 Rn. 241).[33] Der Alleinvorstand einer AG begeht eine Ordnungswidrigkeit der unrichtigen Veröffentlichung der Kontrollerlangung

---

[24] OLG Frankfurt NZG 2010, 583.

[25] Angerer/Geibel/Süßmann/*Tschauner* Rn. 18.

[26] Schwark/Zimmer/*Böse* Rn. 7; so etwa beim zusätzlichen Erfordernis der Erarbeitung einer Stellungnahme, s. OLG Frankfurt BeckRS 2007, 0988.

[27] OLG Frankfurt NJW 2003, 2111; FK-WpÜG/*Rönnau* Rn. 46; Angerer/Geibel/Süßmann/*Tschauner* Rn. 23, jeweils zu Abs. 1 Nr. 5.

[28] Vgl. Angerer/Geibel/Süßmann/*Geibel/Louven* § 10 Rn. 9.

[29] FK-WpÜG/*Rönnau* Rn. 12; Baums/Thoma/*Achenbach* Rn. 18; aA Schwark/Zimmer/*Böse* Rn. 4; ebenso Kölner Komm WpÜG/*Altenhain* Rn. 48.

[30] Vgl. Angerer/Geibel/Süßmann/*Geibel/Louven* § 10 Rn. 14; *Moosmayer* wistra 2004, 401 (403).

[31] OLG Frankfurt NZG 2010, 583.

[32] Vgl. Angerer/Geibel/Süßmann/*Geibel/Louven* § 10 Rn. 40.

[33] Kölner Komm WpÜG/*Altenhain* Rn. 53; Angerer/Geibel/Süßmann/*Meyer* Rn. 56.

über eine Zielgesellschaft gem. § 35 Abs. 1 S. 1, § 60 Abs. 1 Nr. 1 lit. a und Abs. 3, wenn bedingt vorsätzlich ein unrichtiger Zeitpunkt der Kontrollerlangung über die Zielgesellschaft veröffentlicht wird.[34]

**2. Nichteinhalten von Vorschriften über die Veröffentlichung nach Abgabe** **13** **eines Angebotes (Abs. 1 Nr. 1 lit. b).** Tathandlungen sind Verstöße gegen § 21 Abs. 2 S. 1 (Veröffentlichung der Änderung des Angebots), § 23 Abs. 1 S. 1 (allgemeine Veröffentlichungspflichten des Bieters während und unmittelbar nach dem Angebotsverfahren), § 23 Abs. 2 S. 1 (besondere Veröffentlichungspflichten bei Übernahme- und Pflichtangeboten) oder § 27 Abs. 3 S. 1 (Veröffentlichung der Stellungnahme des Vorstands und des Aufsichtsrats der Zielgesellschaft). Zu Einzelheiten → § 21 Rn. 41 ff., → § 23 Rn. 7, → § 23 Rn. 21 ff., → § 27 Rn. 35 ff.

Bei der sich aus § 27 Abs. 2 ergebenden Pflicht zur Beifügung der Stellungnahme der **14** Arbeitnehmerseite ist zu unterscheiden: Ist diese Stellungnahme rechtzeitig vor Veröffentlichung zugegangen, muss sie mit veröffentlicht werden; andernfalls wäre die Veröffentlichung entgegen § 60 Abs. 1 Nr. 1 lit. b unvollständig (→ § 27 Rn. 44).[35] Bei einer erst nach Veröffentlichung eingegangenen Stellungnahme ist zwar analog § 27 Abs. 2 eine zivilrechtliche Pflicht zur nachträglichen Veröffentlichung anzunehmen (→ § 27 Rn. 41),[36] jedoch ist der Verstoß gegen diese Pflicht wegen des strafrechtlichen Analogieverbots nicht als Ordnungswidrigkeit ahndbar.[37] Werden die sog. Wasserstandsmeldungen nach § 23 Abs. 1 S. 1 (vgl. → § 23 Rn. 15 f.) zu hoch angesetzt, kommt auch eine Strafbarkeit nach § 263 StGB in Betracht (→ § 23 Rn. 35).[38]

**3. Nichteinhalten von Vorschriften über die Veröffentlichung der Entscheidung** **15** **zur zuständigen Aufsichtsstelle (Abs. 1 Nr. 1 lit. c).** Tathandlungen sind Verstöße gegen § 1 Abs. 5 S. 2 iVm einer Rechtsverordnung nach § 1 Abs. 5 S. 3. Nach § 5 Abs. 1 S. 1 ist eine ausländische Zielgesellschaft iSd § 2 Abs. 3 Nr. 2 verpflichtet, sich zu entscheiden, welche der betroffenen Aufsichtsstellen zuständig sein soll für die Beaufsichtigung eines europäischen Angebots zum Erwerb stimmberechtigter Wertpapiere. Diese Entscheidung hat die Gesellschaft nach § 1 Abs. 5 S. 2 der Bundesanstalt mitzuteilen und zu veröffentlichen. Die hierzu erlassene WpÜG-Beaufsichtigungsmitteilungsverordnung (WpÜGBeaufsMittVO) vom 13.10.2006 (BGBl. 2006 I 2266; Abdruck → § 1) sieht eine unverzügliche Veröffentlichung in deutscher Sprache im Internet und über ein elektronisch betriebenes Informationssystem, das in bestimmten Bereichen weit verbreitet ist, vor.[39]

Zu Einzelheiten → § 1 Rn. 33 ff.                                                **16**

**IV. Verstoß gegen ergänzende Mitteilungs- und Unterrichtungspflichten (Abs. 1 Nr. 2)**

Die in Nr. 2 genannten Vorschriften beziehen sich auf Mitteilungs- und Unterrichtungs- **17** pflichten, durch welche die in Nr. 1 bezeichneten Veröffentlichungspflichten ergänzt werden.[40] Sie verfolgen das Ziel, das Verfahren besser zu überwachen und sollen die angemessene Information der Zielgesellschaft und der Arbeitnehmer sicherstellen.[41]

Die Zuwiderhandlung gegen Abs. 1 Nr. 2 kann in mehreren Tatformen begangen wer- **18** den: Der Täter nimmt eine Mitteilung, Unterrichtung oder Übermittlung nicht, nicht richtig, nicht vollständig, nicht in der vorgeschriebenen Weise oder nicht rechtzeitig vor.

---

[34] BGH wistra 2006, 391 = BeckRS 2006, 7996.
[35] Assmann/Pötzsch/Schneider/*Krause*/*Pötzsch* § 27 Rn. 135; aA *Seibt* DB 2002, 529 (535 f.).
[36] Vgl. Assmann/Pötzsch/Schneider/*Krause*/*Pötzsch* § 27 Rn. 123.
[37] Assmann/Pötzsch/Schneider/*Krause*/*Pötzsch* § 27 Rn. 138; *Seibt* DB 2002, 529, 535 f.; Kölner Komm WpÜG/*Altenhain* Rn. 68.
[38] *Witt* NZG 2000, 809 (819); Kölner Komm WpÜG/*Altenhain* Rn. 52; Angerer/Geibel/Süßmann/*Thun* § 23 Rn. 51.
[39] FK-WpÜG/*Rönnau* Rn. 19a.
[40] Schwark/Zimmer/*Böse* Rn. 8.
[41] Begr. RegE, BT-Drs. 14/7034, 68.

Die Tatformen stimmen mit den entsprechenden Tatbestandsmerkmalen in Abs. 1 Nr. 1 überein (→ Rn. 9).

**19**      **1. Nichteinhalten von Vorschriften über die Mitteilung an die Börsengeschäftsführungen und die Bundesanstalt (Abs. 1 Nr. 2 lit. a).** Tathandlungen sind Verstöße des Bieters gegen § 10 Abs. 2 S. 1, auch iVm § 35 Abs. 1 S. 4 (Vorabmitteilungen an die Börsengeschäftsführungen, damit diese entscheiden können, ob der Börsenpreis der von der Entscheidung betroffenen Wertpapiere auszusetzen oder einzustellen ist), § 14 Abs. 1 S. 1 (Übermittlung der Angebotsunterlage an die Bundesanstalt) oder § 35 Abs. 2 S. 1 (Übermittlung der Angebotsunterlage an die Bundesanstalt bei Pflichtangeboten). Bußgeldbewehrt ist lediglich der formale Verstoß gegen die Übermittlungspflicht. Ist die Angebotsunterlage dagegen inhaltlich unrichtig, so kommt ua eine zivilrechtliche Haftung nach § 12 und eine Strafbarkeit nach § 264a Abs. 1 Nr. 1 StGB in Betracht.[42]

**20**      Mit dem Verweis in **§ 35 Abs. 1 S. 4** wird ausgedrückt, dass derjenige ordnungswidrig handelt, der entgegen § 35 Abs. 1 S. 1 iVm **§ 10 Abs. 2 S. 1** die Tatsache der Kontrollerlangung nicht mitteilt. Den nicht besonders klaren Gesetzeswortlaut für so undeutlich zu halten, dass er mit dem Bestimmtheitsgebot des Art. 103 Abs. 2 GG nicht vereinbar sei,[43] geht zu weit.[44] Rechtsunterworfene und Rechtsanwendende können den Normbefehl noch ausreichend deutlich erkennen. Wird die in **§ 14 Abs. 1 S. 1** genannte Frist von vier Wochen zur Übermittlung der Angebotsunterlage von der Bundesanstalt verlängert, was nach § 14 Abs. 1 S. 3 für längstens vier weitere Wochen möglich ist, so kommt eine Ordnungswidrigkeit erst nach Ablauf der gewährten Verlängerung in Betracht. Bei **§ 35 Abs. 2 S. 1** wird in der zivilrechtlichen Lit. die Auffassung vertreten, die Pflicht zur Abgabe eines Pflichtangebots treffe auch denjenigen Bieter, der seiner vorangegangenen, sich aus § 35 Abs. 1 S. 1 ergebenden Pflicht zur Veröffentlichung der Kontrollerlangung über die Zielgesellschaft nicht nachgekommen sei (→ § 35 Rn. 175).[45] Eine solche Auslegung mag dem Schutzzweck des § 35 entsprechen, sie stimmt aber nicht mit dem Wortlaut der Vorschrift überein.[46] Wegen des Analogieverbots des Art. 103 Abs. 2 GG besteht deshalb in einem solchen Fall keine mit den Mitteln des Ordnungswidrigkeitenrechts zu sanktionierende Pflicht zur Abgabe eines Angebots. Insoweit verbleibt jedoch der Verstoß gegen die Veröffentlichungspflicht aus § 35 Abs. 1 S. 1 (→ Rn. 10, → Rn. 12). Zu Einzelheiten → § 10 Rn. 51 ff., → § 14 Rn. 5 ff., → § 35 Rn. 168 ff., → § 35 Rn. 174 ff.

**21**      **2. Nichteinhalten von Vorschriften über die Mitteilung der Entscheidung zur Angebotsabgabe (Abs. 1 Nr. 2 lit. b).** Tathandlungen sind zunächst Verstöße des Bieters gegen § 10 Abs. 5 S. 1, auch iVm § 35 Abs. 1 S. 4 (schriftliche Mitteilung der Entscheidung zur Abgabe eines Angebots nach deren erfolgter Veröffentlichung an den Vorstand der Zielgesellschaft), oder § 14 Abs. 4, auch iVm § 21 Abs. 2 S. 2 oder § 35 Abs. 2 S. 2 (Übermittlung der Angebotsunterlage an den Vorstand der Zielgesellschaft unverzüglich nach erfolgter Veröffentlichung). Ebenso erfasst werden Verstöße des Vorstands der Zielgesellschaft gegen § 10 Abs. 5 S. 2 (Unterrichtung des zuständigen Betriebsrats oder unmittelbar der Arbeitnehmer über die Mitteilung nach § 10 Abs. 5 S. 1).

**22**      Zu Einzelheiten → § 10 Rn. 73 ff., → § 14 Rn. 36 f.

**23**      **3. Nichteinhalten der Vorschrift über das Übermitteln der Stellungnahme des Vorstands und Aufsichtsrats der Zielgesellschaft (Abs. 1 Nr. 2 lit. c).** Tathandlungen sind Verstöße des Vorstands und des Aufsichtsrats der Zielgesellschaft gegen § 27 Abs. 3 S. 2 (Übermittlung der Stellungnahme des Vorstands und des Aufsichtsrats an den zuständigen Betriebsrat oder unmittelbar an die Arbeitnehmer).

**24**      Zu Einzelheiten → § 27 Rn. 43.

---

[42] *Moosmayer* wistra 2004, 401 (403); Kölner Komm WpÜG/*Altenhain* Rn. 38.
[43] FK-WpÜG/*Rönnau* Rn. 24.
[44] Zust. Kölner Komm WpÜG/*Altenhain* Rn. 79.
[45] Steinmeyer/*Santelmann* Rn. 91.
[46] Kölner Komm WpÜG/*Altenhain* Rn. 79.

## V. Verstoß gegen den vorgeschriebenen Veröffentlichungsweg und das Verbot vorheriger Bekanntgabe (Abs. 1 Nr. 3)

Durch die Bußgeldbewehrung der in Nr. 3 aufgeführten Vorschriften soll einerseits **25** erreicht werden, dass der gesetzlich vorgeschriebene Veröffentlichungsweg für die nach § 10 Abs. 1 S. 1 zu veröffentlichende Entscheidung des Bieters zur Abgabe eines Angebots eingehalten wird. Andererseits soll bewirkt werden, dass die Angebotsunterlage, die nach § 14 Abs. 1 S. 1 vom Bieter der Bundesanstalt zu übermitteln ist, erst nach deren Prüfung veröffentlicht wird.[47] Aufgrund der fehlenden Beschränkung des Verbots auf einen bestimmten Adressaten handelt es sich hier um ein **Allgemeindelikt** (→ Rn. 4).[48]

Tathandlungen sind einerseits Verstöße des Bieters gegen § 10 Abs. 3 S. 3, auch iVm **26** § 35 Abs. 1 S. 4 (Einhaltung des gesetzlich vorgeschriebenen Veröffentlichungsweges bei Veröffentlichung der Entscheidung zur Abgabe eines Angebots). Andererseits sind Zuwiderhandlungen gegen § 14 Abs. 2 S. 2, auch iVm § 35 Abs. 2 S. 2 (Verbot der Bekanntgabe der Angebotsunterlage vor ihrer Veröffentlichung nach § 14 Abs. 2 S. 1) erfasst − so falls ein Kaufangebot, selbst wenn es nicht alle Voraussetzungen nach § 11 erfüllt, bekannt gegeben wird, bevor die BaFin Gelegenheit zur exklusiven Prüfung hatte.[49]

Zu Einzelheiten → § 10 Rn. 71, → § 14 Rn. 21 ff. **27**

## VI. Verstoß gegen die Pflicht zur Übersendung der Veröffentlichung der Entscheidung zur Angebotsabgabe (Abs. 1 Nr. 4)

Durch diesen Tatbestand soll die Veröffentlichungspflicht sachgerecht kontrolliert werden **28** können.[50] Es handelt sich um eine Ergänzung der Mitteilungspflicht des Abs. 1 Nr. 2 um eine Übersendungspflicht.[51]

Tathandlungen sind Verstöße des Bieters gegen § 10 Abs. 4 S. 1, auch iVm § 35 Abs. 1 **29** S. 4. Nach § 10 Abs. 4 S. 1 besteht für den Bieter die Pflicht, den Börsengeschäftsführungen und der Bundesanstalt die nach § 10 Abs. 3 S. 1 vorgenommene Veröffentlichung der Entscheidung zur Abgabe eines Angebots unverzüglich zu übersenden. Nach § 35 Abs. 1 S. 4 besteht für denjenigen Bieter, der die Kontrolle über eine Zielgesellschaft erlangt hat, dieselbe Pflicht hins. der nach § 10 Abs. 3 S. 1 vorgenommenen Veröffentlichung über die Kontrollerlangung.

Zu Einzelheiten → § 10 Rn. 72. **30**

## VII. Verstoß gegen die Pflicht zur Mitteilung von Veröffentlichungen (Abs. 1 Nr. 5)

Mit diesem Tatbestand soll die Mitteilungspflicht mittels eines zur Verfügung Stellens **31** der notwendigen Informationen sachgerecht kontrolliert werden können.[52]

Tathandlungen sind zum einen Verstöße des Bieters gegen § 14 Abs. 3 S. 2, auch iVm **32** § 21 Abs. 2 S. 2, § 23 Abs. 1 S. 2 oder § 35 Abs. 2 S. 2. Nach diesen Vorschriften hat der Bieter der Bundesanstalt die Veröffentlichung der Angebotsunterlage nach § 14 Abs. 3 S. 1 Nr. 2, der Änderung des Angebots nach § 21 Abs. 2 S. 1 und des Angebots nach § 35 Abs. 2 S. 1 unverzüglich mitzuteilen. Zum anderen sind Tathandlungen Verstöße des Vorstands und des Aufsichtsrats der Zielgesellschaft gegen § 27 Abs. 3 S. 3. Nach dieser Bestimmung haben Vorstand und Aufsichtsrat der Zielgesellschaft der Bundesanstalt die Veröffentlichung ihrer − nach § 27 Abs. 1 abgegebenen und nach § 14 Abs. 3 S. 1 veröffentlichten − Stellungnahme zu dem Angebot und zu Angebotsänderungen unverzüglich mitzuteilen.

---

[47] Begr. RegE, BT-Drs. 14/7034, 68; OLG Frankfurt NZG 2010, 583 (584).
[48] Schwark/Zimmer/*Böse* Rn. 10; Kölner Komm WpÜG/*Altenhain* Rn. 96.
[49] OLG Frankfurt NZG 2010, 583 (584).
[50] Begr. RegE, BT-Drs. 14/7034, 68.
[51] Schwark/Zimmer/*Böse* Rn. 11.
[52] Begr. RegE, BT-Drs. 14/7034, 68; Schwark/Zimmer/*Böse* Rn. 12; Kölner Komm WpÜG/*Altenhain* Rn. 107.

33   Die Tatbestandsmerkmale der nicht, nicht richtig oder nicht rechtzeitig gemachten Mitteilung entsprechen denjenigen in Nr. 1 (vgl. → Rn. 9). Geht die Mitteilung innerhalb von drei Werktagen seit der Veröffentlichung bei der zuständigen Behörde ein, ist das Erfordernis einer unverzüglichen Mitteilung idR erfüllt.[53] Dagegen ist eine Mitteilung erst eine Woche nach Veröffentlichung nicht mehr rechtzeitig.[54]

34   Zu Einzelheiten → § 14 Rn. 34, → § 27 Rn. 44.

### VIII. Verstoß gegen das Verbot einer Veröffentlichung der Angebotsunterlage (Abs. 1 Nr. 6)

35   Die Vorschrift verfolgt das Ziel, nach einer Untersagung des Angebots durch die Bundesanstalt gem. § 15 Abs. 1, 2 dem gesetzlichen Verbot der Veröffentlichung der Angebotsunterlage Nachdruck zu verleihen.[55]

36   Tathandlungen sind Verstöße des Bieters oder anderer Personen gegen § 15 Abs. 3. Diese Vorschrift verbietet bei einer gem. § 15 Abs. 1 oder 2 durch die Bundesanstalt erfolgten Untersagung des Angebots die Veröffentlichung der Angebotsunterlage. Der Tatbestand erfordert den Erlass eines Verwaltungsakts, wobei er – aufgrund einer eigenständigen Aufstellung der Verhaltensnorm (Veröffentlichungsverbot) – nur mittelbar verwaltungsrechtsakzessorisch ist.[56] Folglich richtet sich das Verbot nicht nur an den Bieter, sondern an jedermann (→ Rn. 4), es handelt sich also um ein Allgemeindelikt.[57]

37   Zu Einzelheiten → § 15 Rn. 41 f.

### IX. Verstoß gegen das Verbot einer Angebotsabgabe vor Ablauf der Sperrfrist (Abs. 1 Nr. 7)

38   Die Vorschrift verfolgt das Ziel, nach einer Untersagung des Angebots durch die Bundesanstalt dem gesetzlichen Verbot der Abgabe eines erneuten Angebots vor Ablauf der Sperrfrist Nachdruck zu verleihen.[58]

39   Tathandlungen sind Verstöße gegen § 26 Abs. 1 oder 2. Hiernach ist ein weiteres Angebot an die Aktionäre der Zielgesellschaft sowie die Veröffentlichung einer Entscheidung zur Abgabe eines solchen Angebots gem. § 10 Abs. 3 S. 1 vor Ablauf eines Jahres unzulässig, wenn entweder das Angebot von der Bundesanstalt nach § 15 Abs. 1 oder 2 untersagt worden ist oder wenn der Bieter ein Angebot von dem Erwerb eines Mindestanteils der Wertpapiere abhängig gemacht hat und dieses Angebot scheitert. Allerdings sind nach § 26 Abs. 4 die Fälle ausgenommen, in denen der jeweilige Bieter zur Veröffentlichung nach § 35 Abs. 1 S. 1 und zur Abgabe eines Angebots nach § 35 Abs. 2 S. 1 verpflichtet ist.

40   Als **Täter** kommen nach § 26 Abs. 1 und 2 folgende Personen in Betracht: jeweils nach Nr. 1 der Bieter (des untersagten Angebots), nach Nr. 2 eine zum Zeitpunkt der Untersagung mit dem Bieter gemeinsam handelnde Person sowie nach der jeweiligen Nr. 3 eine Person, die zum Zeitpunkt der Veröffentlichung nach § 10 Abs. 3 S. 1 gemeinsam mit dem Bieter oder einer Person nach Nr. 2 gemeinsam handelt. Durch die Änderungen des § 26 im Rahmen des Gesetzes zur Umsetzung der Änderungsrichtlinie zur Vierten EU-Geldwäsche-RL (→ Rn. 1) sind nunmehr nicht nur Bieter, sondern auch gemeinsam mit dem Bieter handelnde Personen iSd § 2 Abs. 5 erfasst. Darüber hinaus wurde jeweils im Rahmen der Nr. 3 die Umgehungsmöglichkeit ausgeschlossen, die etwa durch die Neugründung von Bietern (Bietergesellschaften) nach Untersagung des ersten öffentlichen Angebotes bestand.[59]

---

[53] OLG Frankfurt NJW 2003, 2111; FK-WpÜG/*Rönnau* Rn. 46; Angerer/Geibel/Süßmann/*Tschauner* Rn. 23.

[54] OLG Frankfurt NJW 2003, 2111; FK-WpÜG/*Rönnau* Rn. 46.

[55] Begr. RegE, BT-Drs. 14/7034, 68.

[56] Schwark/Zimmer/*Böse* Rn. 13.

[57] Angerer/Geibel/Süßmann/*Angerer* § 15 Rn. 55; Kölner Komm WpÜG/*Altenhain* Rn. 120.

[58] Begr. RegE, BT-Drs. 14/7034, 68.

[59] Hierzu Bericht, BT-Drs. 19/15196, 58 f. mwN.

### X. Verstoß gegen das Verbot der Veröffentlichung der Absicht einer Angebotsabgabe (Abs. 1 Nr. 7a)

Die Regelung wurde mit Wirkung vom 20.12.2019 durch Gesetz zur Umsetzung der **41** Änderungsrichtlinie zur Vierten EU-Geldwäsche-RL vom 12.12.2019 (BGBl. 2019 I 2602) implementiert (vgl. → Rn. 1).

Die bußgeldbewehrte Tathandlung liegt in der Veröffentlichung der Absicht, ein Angebot **42** entgegen § 26 Abs. 1 oder 2 abzugeben. Die Veröffentlichung der Entscheidung nach § 10 Abs. 1 S. 1 umfasst die Bekanntgabe in deutscher Sprache im Internet nach § 10 Abs. 3 S. 1 Nr. 1 und (kumulativ) die Bekanntgabe über ein elektronisch betriebenes Informationsverbreitungssystem nach § 10 Abs. 3 S. 1 Nr. 2 (→ § 10 Rn. 61 f. mwN).

Der inhaltliche Rahmen richtet sich – ebenso wie Nr. 7 – bei Nr. 7a nach § 26 Abs. 1 **43** oder 2. Zum Schutz der Zielgesellschaft ist § 26 Abs. 1 oder 2 dann erfüllt, wenn iSd § 26 Abs. 1 ein Angebot nach § 15 Abs. 1 oder 2 untersagt worden ist oder wenn der Bieter ein Angebot von dem Erwerb eines Mindestanteils der Wertpapiere abhängig gemacht hat und dieses Angebot scheitert (vgl. → § 26 Rn. 1 f.).

Bußgeldbewehrt ist hierbei (bereits) die Veröffentlichung einer Absicht hins. der Abgabe **44** eines Angebots. Nummer 7a erfasst demnach den gegenüber Nr. 7 vorgelagerten Zeitraum vor Abgabe des Angebots.

Zum Kreis tauglicher **Täter** s. die Ausführungen zu § 60 Abs. 1 Nr. 7 (→ Rn. 40).     **45**

### XI. Verstoß gegen das Vereitelungs- und Verhinderungsverbot (Abs. 1 Nr. 8)

Mit Nr. 8 wird bezweckt, die den Vorstand und den Aufsichtsrat der Zielgesellschaft **46** treffenden Vorgaben im Hinblick auf ihre Handlungen bei Unternehmensübernahmen mit den Mitteln des Ordnungswidrigkeitenrechts durchzusetzen.[60]

Tathandlungen sind Verstöße des Vorstands gegen § 33 Abs. 1 S. 1, ohne dass gleichzeitig **47** einer der Ausnahmetatbestände in § 33 Abs. 1 S. 1 oder Abs. 2 gegeben ist. Diese Bestimmung enthält für den Vorstand das Verbot, im Falle eines Übernahmeangebots Handlungen vorzunehmen, durch die der Erfolg des Angebots verhindert werden könnte; durch Abs. 1 S. 2 und Abs. 2 wird das Verbot modifiziert. Die in der Lit. teilweise erhobenen Bedenken gegen die Tatbestimmtheit iSd Art. 103 Abs. 2 GG im Hinblick auf die sehr allgemeine Kombination von Verhaltens- und Ausnahmeregelungen[61] (→ § 33 Rn. 256 mwN) sind durchaus bedenkenswert.[62] Dem muss zumindest auf der subjektiven Tatseite Rechnung getragen werden.[63] Ob das Verhinderungsverbot des § 33 auch auf eine Tochtergesellschaft der Zielgesellschaft zu erstrecken ist, wird in der zivilrechtlichen Lit. kontrovers erörtert (bejahend → § 33 Rn. 65 mwN).[64] Da Tochtergesellschaften oder andere Organe verbundener Unternehmen in § 33 Abs. 1, § 33a Abs. 2 nicht erwähnt sind, kann wegen des strafrechtlichen Analogieverbots (Art. 103 Abs. 2 GG) ein solcher Verstoß nicht als Ordnungswidrigkeit geahndet werden.[65]

Beispiel für eine behindernde Abwehrmaßnahme des Vorstands der Zielgesellschaft ist **48** die Ausgabe eines nicht unerheblichen Anteils von Aktien, weil die Ausgabe von Aktien die Übernahme für den Bieter verteuert (→ § 33 Rn. 82).[66]

### XII. Verstoß gegen die Pflicht zur Unterrichtung über die Anerkennung des europäischen Verhinderungsverbots, der europäischen Durchbrechungsregel und des Gegenseitigkeitsvorbehalts (Abs. 1 Nr. 9)

Der durch das Übernahme-RL-UG vom 8.7.2006 (vgl. → Rn. 1) eingefügte Tatbestand **49** soll das Einhalten der Unterrichtungspflichten nach § 33a Abs. 3, § 33b Abs. 3 und § 33c

---

[60] Begr. RegE, BT-Drs. 14/7034, 68.
[61] Schwark/Zimmer/*Böse* Rn. 16.
[62] AA → 4. Aufl. 2017, Rn. 43 *(Schaal)*; Kölner Komm WpÜG/*Altenhain* Rn. 128.
[63] Schwark/Zimmer/*Böse* Rn. 16.
[64] Verneinend Assmann/Pötzsch/Schneider/*Krause/Pötzsch/Stephan* § 33 Rn. 81.
[65] *Süßmann* NZG 2011, 1281 (1285); Assmann/Pötzsch/Schneider/*Krause/Pötzsch/Stephan* § 33 Rn. 301.
[66] Begr. RegE, BT-Drs. 14/7034, 57.

Abs. 3 gewährleisten.[67] Hat nach Veröffentlichung der Entscheidung zur Abgabe eines Übernahmeangebots die Zielgesellschaft durch Satzung das europäische Verhinderungsverbot gemäß § 33a anerkannt oder sich für die europäische Durchbrechungsregel nach § 33b entschieden oder hat deren Hauptversammlung die Anwendung der europäischen Durchbrechungsregel unter den Gegenseitigkeitsvorbehalt nach § 33c gestellt, so muss die Zielgesellschaft unverzüglich unterrichten. Mitteilungsadressaten sind die Bundesanstalt sowie die Aufsichtsstellen der Staaten des Europäischen Wirtschaftsraums, in denen stimmberechtigte Aktien der Gesellschaft zum Handel an einem organisierten Markt zugelassen sind. Zu unterrichten ist bei §§ 33a, 33b, dass eine entsprechende Satzungsbestimmung beschlossen wurde. Bei § 33c ist zu unterrichten, dass der Ermächtigungsbeschluss gefasst wurde. Mit der Unterrichtungspflicht soll die nach Art. 12 Abs. 4 Übernahme-RL erforderliche Transparenz durch unverzügliche Unterrichtung der genannten Stellen hergestellt werden.[68]

50     Die Tatbestandsmerkmale der nicht, nicht richtig oder nicht rechtzeitig gemachten Unterrichtung entsprechen denjenigen in Nr. 1 (vgl. → Rn. 9).

51     Zu Einzelheiten → § 33a Rn. 1 ff., → § 33b Rn. 1 ff., → § 33c Rn. 1 ff.

### XIII. Verstoß gegen die Veröffentlichungspflicht bei Vorbehalt der Gegenseitigkeit (Abs. 1 Nr. 10)

52     Der durch das Übernahmerichtlinie-Umsetzungsgesetz vom 8.7.2006 (vgl. → Rn. 1) eingefügte Tatbestand soll das Einhalten der Veröffentlichungspflicht nach § 33c Abs. 3 gewährleisten.[69] Die Hauptversammlung kann durch Beschluss die Anwendung der europäischen Durchbrechungsregel unter den Gegenseitigkeitsvorbehalt stellen (§ 33c Abs. 1). Mit der Veröffentlichungspflicht soll die nach Art. 12 Abs. 4 Übernahme-RL erforderliche Transparenz durch unverzügliche Veröffentlichung der von der Hauptversammlung erteilten Ermächtigung auf der Internetseite der Zielgesellschaft hergestellt werden.[70]

53     Wer die Veröffentlichung zu bewirken hat, wird vom Gesetz – worauf *Rönnau*[71] zutr. hinweist – nicht ausdrücklich bestimmt. Jedoch ergibt sich aus einer Zusammenschau von § 33c Abs. 3, dass der Vorstand der Zielgesellschaft von der Ermächtigung nicht nur nach § 33c Abs. 3 S. 3 ua die Bundesanstalt zu unterrichten hat, sondern nach § 33c Abs. 3 S. 4 auch verpflichtet ist, die Ermächtigung im Internet zu veröffentlichen.

54     Tathandlung ist ein Verstoß des Vorstands gegen § 33c Abs. 3 S. 4 (unverzügliche Veröffentlichung des Ermächtigungsbeschlusses auf der Internetseite der Zielgesellschaft). Welcher Zeitraum als unverzüglich anzusehen ist, bestimmt sich nach den Umständen des Einzelfalls. Da die Gesellschaft den Beschluss praktisch sofort ins Internet stellen kann, hat die Veröffentlichung dementsprechend spätestens am nächsten Tag zu erfolgen.[72] Die Tatbestandsmerkmale der nicht, nicht richtig oder nicht rechtzeitig gemachten Veröffentlichung entsprechen denjenigen in Nr. 1 (vgl. → Rn. 9).

55     Zu Einzelheiten → § 33c Rn. 1 ff.

### XIV. Verstöße gegen eine vollziehbare Anordnung (Abs. 2 Nr. 1)

56     Die Vorschrift ist durch das Übernahmerichtlinie-Umsetzungsgesetz vom 8.7.2006 (vgl. → Rn. 1) umgestaltet worden. Es handelt sich dabei um Folgeänderungen zur Überarbeitung des § 40. Der Bußgeldtatbestand soll die Durchsetzung der Befugnisse der Bundesanstalt sicherstellen.[73]

---

[67] Vgl. Begr. RegE, BR-Drs. 154/06, 46.

[68] Beschlussempfehlung und Bericht BT-Finanzausschuss, BT-Drs. 16/1541, 12; Angerer/Geibel/Süßmann/*Süßmann* § 33c Rn. 8.

[69] Vgl. BegrRegE BR-Drs. 154/06, 46.

[70] Beschlussempfehlung und Bericht BT-Finanzausschuss, BT-Drs. 16/1541, 12; FK-WpÜG/*Rönnau* Rn. 82; Angerer/Geibel/Süßmann/*Süßmann* § 33c Rn. 8.

[71] FK-WpÜG/*Rönnau* Rn. 82.

[72] Kölner Komm WpÜG/*Altenhain* Rn. 160.

[73] Begr. RegE, BT-Drs. 14/7034, 68.

Tathandlungen sind Verstöße gegen vollziehbare Anordnungen nach § 28 Abs. 1 oder **57** § 40 Abs. 1. Da bei § 28 von der Behörde Verbote ausgesprochen werden, ist das Handeln entgegen dem Verbot ein Tätigkeitsdelikt. Dagegen werden bei § 40 Abs. 1 in aller Regel Auskünfte nicht erteilt oder Unterlagen nicht herausgegeben. Insoweit handelt es sich um Unterlassungen.[74] Vollziehbar ist eine Anordnung, wenn sie für den Betroffenen nicht mehr anfechtbar oder ohne Rücksicht auf die Einlegung eines Rechtsmittels sofort vollziehbar ist.[75] Deshalb fehlt die Tatbestandsmäßigkeit, wenn die Bundesanstalt ihr Verlangen lediglich in Form einer bloßen Bitte äußert (→ § 40 Rn. 10).[76] Ein Widerspruch gegen Maßnahmen der Bundesanstalt nach § 40 Abs. 1 und 2 hat gem. § 42 keine aufschiebende Wirkung.

Nach § 28 Abs. 1 kann die Bundesanstalt bestimmte Arten der Werbung untersagen, um **58** damit Missstände bei der Werbung im Zusammenhang mit Angeboten zum Erwerb von Wertpapieren zu unterbinden.[77] Sanktioniert werden aber nicht Missstände bei der Werbung selbst, sondern die Nichtbeachtung einer Untersagungsverfügung der Bundesanstalt.[78]

Die Regelungen in § 40 Abs. 1 ermächtigen die Bundesanstalt, das Erteilen von Auskünf- **59** ten und das Vorlegen von Unterlagen zu verlangen, welche die Bundesanstalt zur Überwachung der Einhaltung bestimmter Pflichten benötigt. Um der Bundesanstalt weitere notwendige Befugnisse zu verschaffen, wurden ihre Eingriffsrechte um ein Auskunftsrecht gegenüber jedermann erweitert.[79] Zudem kann sie Personen als Zeugen laden und vernehmen, soweit dies für die Überwachung der Einhaltung dieses Gesetzes erforderlich ist.

Zu Einzelheiten → § 28 Rn. 5 ff., → § 40 Rn. 1 ff. **60**

## XV. Verstoß gegen die Verpflichtung zur Zutrittsgewährung (Abs. 2 Nr. 2)

Auch dieser Tatbestand soll die Durchsetzung der Befugnisse der Bundesanstalt sicherstel- **61** len.[80]

Tathandlung ist, dass entgegen § 40 Abs. 2 S. 1 oder 2 ein Betreten nicht gestattet oder **62** geduldet wird. Während der üblichen Arbeitszeit ist Bediensteten der Bundesanstalt und den von ihr beauftragten Personen das Betreten von Grundstücken und Geschäftsräumen der nach § 40 Abs. 1 auskunftspflichtigen Personen zu gestatten, soweit dies zur Aufgabenerfüllung notwendig ist. Ein Durchsuchungs- oder Beschlagnahmerecht steht der Bundesanstalt dagegen nach der Vorschrift des § 40 nicht zu.[81] Anders als § 60 Abs. 2 Nr. 1 verlangt das Gesetz nicht ausdrücklich das Vorliegen einer vollziehbaren Anordnung. *Tschauner*[82] will den Tatbestand im Hinblick auf § 60 Abs. 2 Nr. 1 dahin reduzieren, dass auch hier eine vollziehbare Anordnung erforderlich ist. Dem ist mit *Rönnau*[83] iErg. zuzustimmen, weil das Verlangen, Grundstücke oder Räume zu betreten, kein bloßer Realakt ist, sondern als Verwaltungsakt qualifiziert werden kann. Dieser ist aber sofort vollziehbar, da ein Widerspruch gegen Maßnahmen der Bundesanstalt nach § 40 Abs. 1 und 2 gem. § 42 keine aufschiebende Wirkung hat.

Zu Einzelheiten → § 40 Rn. 1 ff. **63**

## XVI. Subjektiver Tatbestand

Die Bußgeldtatbestände des § 60 Abs. 1 setzen ein vorsätzliches oder leichtfertiges Han- **64** deln voraus, diejenigen des § 60 Abs. 2 ein vorsätzliches oder fahrlässiges Handeln.

---

[74] FK-WpÜG/*Rönnau* Rn. 85.
[75] FK-WpÜG/*Rönnau* Rn. 90.
[76] Assmann/Pötzsch/Schneider/*Assmann/Uwer/van Ermingen-Marbach* Rn. 16.
[77] FK-WpÜG/*Rönnau* Rn. 85.
[78] Vgl. *Moosmayer* wistra 2004, 401 (405); Kölner Komm WpÜG/*Altenhain* Rn. 171.
[79] Vgl. BR-Drs. 154/06, 45.
[80] BT-Drs. 14/7034, 68.
[81] FK-WpÜG/*Rönnau* Rn. 94; Angerer/Geibel/Süßmann/*Uhlendorf* § 40 Rn. 12.
[82] Angerer/Geibel/Süßmann/*Tschauner* Rn. 34.
[83] FK-WpÜG/*Rönnau* Rn. 95.

**65** **1. Vorsatz.** Vorsätzlich handelt der Täter (oder ein Beteiligter), wenn er alle objektiven Merkmale der einzelnen Tatbestände kennt und unter diesen Umständen die Tat ausführen will. Dazu gehören bei den Blankettvorschriften wie § 60 nicht nur deren Merkmale, sondern auch die der Ausfüllungsvorschriften. Vorsätzlich handelt jedoch auch, wer die Verwirklichung der einzelnen Tatbestandsmerkmale nur für möglich hält, die Tat aber dennoch billigend in Kauf nimmt.[84] Bedingter Vorsatz reicht bei allen Bußgeldtatbeständen des § 60 aus.[85] Dieser liegt dann vor, wenn der Täter den Eintritt des Erfolges als möglich und nicht ganz fern liegend erkennt und damit in einer Weise einverstanden ist, dass er die Tatbestandsverwirklichung billigend in Kauf nimmt oder sich um des erstrebten Zieles willen wenigstens mit ihr abfindet, mag ihm auch der Erfolgseintritt an sich unerwünscht sein.

**66** **2. Fahrlässigkeit.** Der Täter handelt fahrlässig, wenn er die Sorgfalt außer Acht lässt, zu der er nach den Umständen und nach seinen persönlichen Kenntnissen und Fähigkeiten verpflichtet und imstande ist und deshalb die Möglichkeit der Tatbestandsverwirklichung nicht erkennt, aber erkennen kann (unbewusste Fahrlässigkeit) oder die Tatbestandsverwirklichung zwar für möglich hält, aber darauf vertraut, dass sie nicht eintreten werde (bewusste Fahrlässigkeit).[86] Die Abgrenzung zwischen bewusster und unbewusster Fahrlässigkeit kann für die Bußgeldbemessung Bedeutung haben.[87]

**67** **3. Leichtfertigkeit.** Der Begriff der Leichtfertigkeit wird allgemein als graduell gesteigerte (grobe) Fahrlässigkeit definiert. Leichtfertigkeit bedeutet einen erhöhten Grad von Fahrlässigkeit, der in etwa der groben Fahrlässigkeit im Zivilrecht entspricht.[88] Sie ist gegeben, wenn eine ungewöhnlich grobe Pflichtwidrigkeit vorliegt, etwa weil ganz nahe liegende Überlegungen verabsäumt werden oder unbeachtet gelassen wird, was jedem einleuchten muss.[89] Sie ist bejaht worden bei einem Finanzvorstand, der sich im Rahmen von § 27 Abs. 3 S. 3 auf die allgemeine und ungenaue Weisung gegenüber Mitarbeitern beschränkt hatte, der Bundesanstalt einen Veröffentlichungsbeleg zu übersenden, ohne den Mitarbeitern konkrete Vorgaben zu erteilen und sie zu instruieren, eine zeitnahe Übersendung zu veranlassen[90] und für den Vorstand einer Aktiengesellschaft, der ohne Rechtsrat einzuholen ein öffentliches Kaufangebot für Aktien, deren Preisfeststellung von der Börse lediglich ausgesetzt wurde, entgegen § 14 Abs. 2 S. 2 bekannt gibt, weil er fälschlich davon ausgeht, bereits die Aussetzung des Börsenhandels führe zu einer Beendigung der Börsenzulassung.[91] Freilich folgt aus dem Nichteinholen von Rechtsrat nicht ohne weiteres die Annahme von Leichtfertigkeit.[92]

### XVII. Höhe der Geldbuße (Abs. 3)

**68** Durch das 2. FiMaNoG vom 23.6.2017 (→ Rn. 1) wurde der Bußgeldrahmen nachdrücklich erhöht und an andere Kapitalmarktgesetze, wie dem WpHG, angepasst. Damit soll der großen, insbes. wirtschaftlichen Bedeutung der Pflichten nach dem WpÜG Rechnung getragen werden.[93]

**69** Durch § 60 Abs. 3 wird kein einheitliches **Höchstmaß** der Geldbuße bestimmt, vielmehr werden drei Fallgruppen unterschieden. Das Höchstmaß beträgt fünf Mio. Euro bei einem

---

[84] Vgl. nur BGHSt 36, 1 (9 f.) = NJW 1989, 781 (783).

[85] BGH wistra 2006, 391 = BeckRS 2006, 7996; FK-WpÜG/*Rönnau* Vor § 60 Rn. 68; Kölner Komm WpÜG/*Altenhain* Rn. 24.

[86] BGHSt 36, 1 (9 f.) = NJW 1989, 781 (783); KK-OWiG/*Rengier* OWiG § 10 Rn. 15.

[87] Ebenso Angerer/Geibel/Süßmann/*Tschauner* Rn. 11.

[88] BGHSt 14, 240 (255) = NJW 1960, 1678 (1680); OLG Frankfurt NZG 2006, 792 (793).

[89] OLG Frankfurt NZG 2006, 792 (793).

[90] OLG Frankfurt NJW 2003, 2111 zu § 60 Abs. 1 Nr. 5.

[91] OLG Frankfurt NZG 2010, 583 zu § 60 Abs. 1 Nr. 1a und 3.

[92] Vgl. OLG Frankfurt NZG 2006, 792; bestätigt durch BGH wistra 2006, 391 = BeckRS 2006, 7996; *Leyendecker-Langner/Läufer* NZG 2014, 161 (166).

[93] BR-Drs. 813/16, 327.

Verstoß gegen § 60 Abs. 1 Nr. 1 lit. a, Nr. 3, 6–8, zweieinhalb Mio. Euro bei einem Verstoß gegen § 60 Abs. 1 Nr. 1 lit. b, Nr. 2 lit. a und Nr. 4 und eine Mio. Euro bei einem Verstoß in den übrigen Fällen.

### XVIII. Höhe der Geldbuße gegenüber einer juristischen Person oder Personenvereinigung (Abs. 4)

Für juristische Personen und Personenvereinigungen wird der Höchstbetrag angehoben, **70** um auch bei besonders finanzkräftigen Unternehmen Verstöße ausreichend wirksam ahnden zu können.[94] Als Zielgruppen kommen bei den **juristischen Personen** vor allem die Aktiengesellschaft und die GmbH, bei den **Personenvereinigungen** insbes. die offene Handelsgesellschaft und die Kommanditgesellschaft in Betracht.

Das **Höchstmaß** der erhöhten Geldbuße ergibt sich aus dem höheren Betrag von entwe- **71** der zehn Mio. Euro oder von 5 % des näher bestimmten Gesamtumsatzes bei einem Verstoß gegen Abs. 1 Nr. 1 lit. a, Nr. 3, 6–8 bzw. von entweder fünf Mio. Euro oder von 2 % des näher bestimmten Gesamtumsatzes bei einem Verstoß gegen Abs. 1 Nr. 1 lit. b, Nr. 2 lit. a und Nr. 4. In den übrigen Fällen beträgt das Höchstmaß zwei Mio. Euro.

### XIX. Berücksichtigung des wirtschaftlichen Vorteils (Abs. 5)

Die Einführung eines mehrerlösbezogenen Höchstbetrages für juristische Personen und **72** Personenvereinigungen soll auch bei besonders finanzkräftigen Unternehmen sicherstellen, dass die sich aus dem WpÜG ergebenden Pflichten erfüllt werden.[95] Über die in den § 60 Abs. 3 und 4 genannten Beträge hinaus kann die Ordnungswidrigkeit mit einer Geldbuße bis zum Zweifachen des aus dem Verstoß gezogenen wirtschaftlichen Vorteils geahndet werden.

Der Begriff des **wirtschaftlichen Vorteils** schließt erzielte Gewinne und vermiedene **73** Verluste ein (Abs. 6 S. 2). Der Begriff ist hier nicht anders zu verstehen als bei § 17 Abs. 4 OWiG. Danach ist eine Saldierung erforderlich, in deren Rahmen von den durch die Tat erlangten wirtschaftlichen Zuwächsen die Kosten und sonstigen Aufwendungen der Betroffenen abzuziehen sind (Nettoprinzip).[96] Auch ein nicht direkt, sondern nur mittelbar aus der Tat gezogener Vorteil (sichere Gewinnaussicht, Ersparnis von Kosten) reicht aus.[97]

### XX. Ermittlung des Gesamtumsatzes (Abs. 6)

Die umsatzbezogene Bußgeldbemessung entspricht der Regelung im bisherigen § 39 **74** Abs. 5 WpHG.[98]

Bei der **Ermittlung des Gesamtumsatzes** ist auf das jeweils wirtschaftliche Unterneh- **75** men abzustellen. In **Nr. 1** befindet sich die Berechnungsgrundlage für Kreditinstitute (vor allem Unternehmen, die Bankgeschäfte gewerbsmäßig betreiben), Zahlungsinstitute (Nicht-Banken, die bestimmte Zahlungsdienste anbieten, wie zB Ein- und Auszahlungsgeschäfte, Zahlungsgeschäfte in Form des Lastschriftgeschäfts) und Finanzdienstleistungsinstitute (vor allem Unternehmen, die bestimmte Finanzdienstleistungen – zB Anlagevermittlung, Finanzportfolioverwaltung – erbringen) iSd § 340 HGB. In **Nr. 2** ist die entsprechende Regelung für Versicherungsunternehmen enthalten. Es handelt sich dabei um Verkäufer von Versicherungsschutz. Erfasst werden sowohl Erst- als auch Rückversicherungsunternehmen, die den Betrieb von Versicherungsgeschäften zum Gegenstand haben. In **Nr. 3** wird

---

[94] BR-Drs. 813/16, 327.
[95] BR-Drs. 813/16, 327.
[96] BGH wistra 2017, 242 mAnm *Wegner* = BeckRS 2016, 110754; KK-OWiG/*Mitsch* OWiG § 17 Rn. 118.
[97] Assmann/Schneider/Mülbert/*Spoerr* WpHG § 120 Rn. 399; Kölner Komm WpHG/*Altenhain* WpHG § 39 Rn. 93; KK-OWiG/*Mitsch* OWiG § 17 Rn. 120.
[98] BR-Drs. 813/16, 327.

die Ermittlung des Gesamtumsatzes für juristische Personen oder Personengesellschaften im Übrigen geregelt.

### XXI. Ermittlung des Gesamtumsatzes bei Konzerngesellschaften (Abs. 7)

**76**    § 60 Abs. 7 regelt, wie der Gesamtumsatz bei Konzerngesellschaften zu bestimmen ist. Bei Verstößen einer Konzerngesellschaft ist nicht deren Umsatz, sondern der Konzernabschluss des Mutterunternehmens maßgeblich (Abs. 7 S. 1).

**77**    Eine Begriffsbestimmung von **Mutter- und Tochterunternehmen** enthält das WpÜG nicht, sodass auf § 290 HGB zurückgegriffen werden kann. Hiernach kommt ein Mutter-Tochter-Verhältnis in Betracht, wenn eine einheitliche Leitung besteht oder wenn dem herrschenden Unternehmen gewisse Kontrollrechte zustehen, die ihm die rechtliche Möglichkeit einräumen, auf ein anderes Unternehmen einen beherrschenden Einfluss auszuüben.[99]

### XXII. Verfolgung und Rechtsfolgen

**78**    Auf die Ordnungswidrigkeiten nach § 60 sind die allgemeinen Vorschriften des OWiG anzuwenden. Zuständig dafür ist die fachlich zuständige oberste Landesbehörde oder die von der Landesregierung durch Rechtsverordnung bestimmte Verwaltungsbehörde (§ 36 Abs. 1 Nr. 1 OWiG). Für Zuwiderhandlungen gegen das WpÜG ist nach dessen § 61 die BaFin zuständig. Ob diese die Ordnungswidrigkeit verfolgt, hat sie nach ihrem pflichtgemäßen Ermessen zu entscheiden (§ 47 OWiG). Sie ist dabei allerdings an die allgemeinen Grenzen der Ermessensausübung und insbes. an den Gleichbehandlungsgrundsatz gebunden (vgl. näher → § 61 Rn. 8). Für die Verjährung gelten die Vorschriften der §§ 31 ff. OWiG.

**79**    **Fahrlässiges Handeln** kann nach § 17 Abs. 2 OWiG im Höchstmaß nur mit der Hälfte des angedrohten Höchstbetrages der Geldbuße geahndet werden. Das **Mindestmaß der Geldbuße** beträgt fünf Euro (§ 17 Abs. 1 OWiG). Bei der Zumessung der Geldbuße sind nach § 17 Abs. 3 OWiG die **wirtschaftlichen Verhältnisse** des Täters zu berücksichtigen. Zu beachten ist auch, ob der wirtschaftliche Vorteil, den der Täter aus der Tat gezogen hat, die Geldbuße übersteigt. Ist das der Fall, so kann die Geldbuße nach § 17 Abs. 4 OWiG das gesetzliche Höchstmaß überschreiten. Der wirtschaftliche Vorteil stellt grundsätzlich immer die nach oben hin offene Untergrenze der Bußgeldfestsetzung dar.[100] Mit dieser umsatzbezogenen Bemessung der Bußgeldobergrenze soll insbes. ein unlauteres Gewinnstreben bekämpft und sichergestellt werden, dass die Höhe der Geldbuße in einem angemessenen Verhältnis zu der Bedeutung der Ordnungswidrigkeit und zu dem erzielten Gewinn steht.[101] Auch unter Berücksichtigung des Urteils des BVerfG vom 20.3.2002[102] zur Verfassungswidrigkeit der Vermögensstrafe nach § 43a StGB aF ist ein Verstoß gegen das Gebot der Gesetzesbestimmtheit (Art. 103 Abs. 2 GG) insoweit nicht gegeben.[103] Nach § 30 OWiG kann unter bestimmten Voraussetzungen auch gegen **juristische Personen** und diesen gleichgestellten **Personenvereinigungen**[104] eine Geldbuße festgesetzt werden (zur Höhe § 60 Abs. 4). Nach der Neugestaltung des § 30 Abs. 4 OWiG durch das 2. WiKG kann das auch im selbstständigen Verfahren geschehen, wenn wegen der Tat des Organs ein Verfahren nicht eingeleitet oder ein solches Verfahren eingestellt worden ist. Allerdings muss auch im selbstständigen Verfahren festgestellt werden, dass das Organ eine Straftat oder eine Ordnungswidrigkeit begangen hat.[105] Beträgt die Geldbuße mehr als 200 Euro ist nach § 149 Abs. 2 Nr. 3 GewO die rechtskräftige Bußgeldentscheidung in das **Gewerbezentralregister** einzutragen.

---

[99]  Vgl. Heymann/*Hinkeltkein* HGB § 290 Rn. 3.
[100]  Vgl. BFHE 189, 79 = NZG 2000, 384.
[101]  Göhler/*Gürtler* OWiG § 17 Rn. 37; Schwark/Zimmer/*Böse* § 50 Rn. 30 f.
[102]  BVerfGE 105, 135 = NJW 2002, 1779.
[103]  FK-WpÜG/*Rönnau* Rn. 101; Schwark/Zimmer/*Böse* § 50 Rn. 30.
[104]  Vgl. Göhler/*Gürtler* OWiG § 30 Rn. 1.
[105]  Göhler/*Gürtler* OWiG § 30 Rn. 40.

## § 61 Zuständige Verwaltungsbehörde

**Verwaltungsbehörde im Sinne des § 36 Abs. 1 Nr. 1 des Gesetzes über Ordnungswidrigkeiten ist die Bundesanstalt.**

### Übersicht

## I. Allgemeines

**1. Rechtsentwicklung.** § 61 ist durch das WpÜG vom 20.12.2001 (BGBl. 2001 I 3822) **1** mit Wirkung zum 1.1.2002 in Kraft gesetzt worden. Dabei ist § 62 des RegE-WpÜG[1] unverändert übernommen worden. Durch Art. 1 Nr. 39 Erste Verordnung zur Anpassung von Bezeichnungen nach dem Finanzdienstleistungsgesetz vom 29.4.2002 (BGBl. 2002 I 1495) sind mit Wirkung vom 1.5.2002 die Wörter „das Bundesaufsichtsamt" durch die Wörter „die Bundesanstalt" ersetzt worden.

**2. Regelungsgegenstand und Normzweck.** Während § 60 die einzelnen Bußgeldtat- **2** bestände enthält, beinhalten die §§ 61–65 Regelungen über die Zuständigkeiten für Ordnungswidrigkeitenverfahren, die auf Grund dieses Gesetzes betrieben werden. Die Vorschrift des § 61 bestimmt die Behörde, die für die Ahndung und Verfolgung von Ordnungswidrigkeiten zuständig ist.

## II. Verwaltungsbehörde

**1. Allgemeine Zuständigkeit.** § 61 bezeichnet als zuständige Verwaltungsbehörde **3** gem. § 36 Abs. 1 Nr. 1 OWiG die Bundesanstalt. Damit ist die Bundesanstalt sachlich zuständig für die Verfolgung und Ahndung der in § 60 erfassten Ordnungswidrigkeitentatbestände. Weil keine andere Verwaltungsbehörde für diese Ordnungswidrigkeiten sachlich zuständig ist, ergibt sich hieraus zwangsläufig auch ihre örtliche Zuständigkeit.[2]

**2. Bundesanstalt für Finanzdienstleistungsaufsicht.** Die vollständige Bezeichnung **4** der Bundesanstalt lautet nach der Legaldefinition in § 4 Abs. 1 S. 1 Bundesanstalt für Finanzdienstleistungsaufsicht. Sie hat nach § 1 Abs. 2 FinDAG ihren Sitz in Bonn und in Frankfurt a. M. und ist durch Zusammenlegung des Bundesaufsichtsamtes für das Kreditwesen, des Bundesaufsichtsamtes für das Versicherungswesen und des Bundesaufsichtsamtes für den Wertpapierhandel errichtet worden. Damit nimmt die Bundesanstalt in gleicher Weise die Aufgaben wahr, die durch § 61 zuvor dem Bundesaufsichtsamt für den Wertpapierhandel übertragen waren.

## III. Verfahrensrechtliche Bedeutung

§ 36 OWiG regelt, welche Verwaltungsbehörde nach Geschäftsbereich und Verwaltungs- **5** aufbau für die Ahndung von Ordnungswidrigkeiten sachlich zuständig ist.

**1. Zuständigkeit.** Für das Bußgeldverfahren gelten zunächst die allgemeinen Zuständig- **6** keitsvorschriften der §§ 35–45 OWiG, welche die Zuständigkeit der Verwaltungsbehörde

---

[1] BT-Drs. 14/7034, 21.
[2] Angerer/Geibel/Süßmann/*Tschauner* Rn. 1; aA FK-WpÜG/*Hohn* Rn. 1.

gegenüber den Organen der Strafrechtspflege – Staatsanwaltschaft und Gericht – abgrenzen. Sofern allein eine Ordnungswidrigkeit in Betracht kommt, werden die Ermittlungen von der Bundesanstalt unmittelbar oder mit Hilfe der Polizei durchgeführt. Besteht dagegen der Verdacht, dass durch die Tat gleichzeitig eine Straftat begangen wurde, ist die Sache an die Staatsanwaltschaft abzugeben. Deren Entschließung, dass die Tat als Straftat verfolgt wird oder nicht, bindet die Bundesanstalt (vgl. § 44 OWiG). Wird von der Staatsanwaltschaft eine Straftat verfolgt, so kann sie bei einem Zusammenhang mit der Ordnungswidrigkeit auch deren Verfolgung übernehmen.

**7**   **2. Anzuwendende Verfahrensvorschriften.** Für das Bußgeldverfahren gilt zunächst § 46 OWiG, der grundsätzlich die sinngemäße Anwendung der allgemeinen Gesetze über das Strafverfahren bestimmt.

**8**   **3. Opportunitätsprinzip.** Hiervon abw. gilt nach § 47 OWiG das Opportunitätsprinzip, so dass die Bundesanstalt nach pflichtgemäßem Ermessen zu entscheiden hat, ob das öffentliche Interesse eine Ahndung erfordert. Sie ist dabei allerdings an die allgemeinen Grenzen der Ermessensausübung und insbes. an den Gleichbehandlungsgrundsatz gebunden.[3] Die nach § 56 OWiG bestehende Möglichkeit der Erteilung einer Verwarnung, die grundsätzlich auch für Ordnungswidrigkeiten nach dem WpÜG gilt,[4] wird allerdings praktisch nicht in Betracht kommen. Eine Verwarnung ist nur bei geringfügigen Ordnungswidrigkeiten möglich. Der Kreis der einzubeziehenden Fälle wird dabei durch den Höchstbetrag des Verwarnungsgeldes von 55 Euro begrenzt.[5] Wegen der Bedeutung der in § 60 erfassten Tatbestände ist aber der Bußgeldrahmen gegenüber dem für sonstige Ordnungswidrigkeiten geltenden Bußgeldrahmen in § 17 OWiG eigens deutlich erhöht worden.

**9**   **4. Rechtsmittel.** Entsprechend dem weiteren Verfahrensablauf kann gegen die getroffenen Entscheidungen Einspruch oder Rechtsbeschwerde eingelegt werden.

**10**   **a) Einspruch.** Nach Erlass eines Bußgeldbescheids ist als Rechtsmittel der Einspruch zugelassen (§ 67 OWiG). Die Frist für seine Einlegung beträgt zwei Wochen. Er ist an die Bundesanstalt zu richten.[6] Nach erfolgtem Einspruch wird ein Zwischenverfahren eingeleitet,[7] in dem die Bundesanstalt nach § 69 OWiG prüft, ob der Einspruch zulässig ist und ob sie ihn aufrechterhält oder zurücknimmt. Ist der Einspruch zulässig und nimmt die Bundesanstalt ihn nicht zurück, übersendet sie die Akten an das für den Einspruch zuständige Gericht. Abweichend von § 69 Abs. 3 OWiG ist das nicht das Amtsgericht, sondern das in § 62 bezeichnete Oberlandesgericht. Das Gericht kann auf Festsetzung einer Geldbuße, Freispruch oder Einstellung erkennen. Die gerichtliche Entscheidung darf, soweit sie auf Grund einer Hauptverhandlung als Urteil ergeht, zum Nachteil des Betroffenen vom Bußgeldbescheid abweichen;[8] nicht aber, wenn das Gericht ohne Hauptverhandlung durch Beschluss entscheidet (§ 72 Abs. 3 S. 2 OWiG).

**11**   **b) Rechtsbeschwerde.** Gegen die Entscheidung des in § 62 bezeichneten Oberlandesgerichts ist die Rechtsbeschwerde zulässig. Abweichungen von der in § 79 Abs. 3 S. 1 OWiG iVm § 121 Abs. 1 Nr. 1 lit. a GVG bestimmten Zuständigkeit eines Oberlandesgerichts ist der Bundesgerichtshof als Beschwerdegericht zur Entscheidung über die Rechtsbeschwerde berufen. Die Rechtsbeschwerde kann, wie sich aus § 79 Abs. 3 OWiG ergibt, ebenso wie eine Revision im Strafverfahren nur auf die Verletzung einer Rechtsnorm gestützt werden. Die Frist für die Einlegung der Rechtsbeschwerde beträgt eine Woche (§ 79 Abs. 3 S. 1 OWiG iVm § 341 Abs. 1 StPO). Sie muss binnen eines Monats begründet werden. Sie ist

---

[3]  Angerer/Geibel/Süßmann/*Tschauner* Rn. 2.
[4]  Steinmeyer/*Steinhardt* Rn. 3.
[5]  Göhler/*Gürtler* OWiG § 56 Rn. 6.
[6]  Steinmeyer/*Steinhardt* Rn. 3.
[7]  KK-OWiG/*Ellbogen* OWiG § 69 Rn. 6.
[8]  Steinmeyer/*Steinhardt* Rn. 4; Angerer/Geibel/Süßmann/*Tschauner* § 63 Rn. 11; KK-OWiG/*Senge* OWiG § 72 Rn. 59; Göhler/*Seitz/Bauer* OWiG Vor § 67 Rn. 5.

nur innerhalb bestimmter Grenzen zulässig, so insbes., wenn das festgesetzte Bußgeld 250 Euro übersteigt, oder bei Freispruch, wenn mehr als 600 Euro festgesetzt oder beantragt waren. Die Rechtsbeschwerde kann aber auch nach § 80 OWiG vom Beschwerdegericht ausdrücklich zugelassen werden.

**5. Rechtsfolgen.** Ist der Bußgeldbescheid rechtskräftig geworden oder hat das Gericht **12** über die Tat als Ordnungswidrigkeit oder als Straftat rechtskräftig entschieden, so kann die Tat nicht mehr als Ordnungswidrigkeit verfolgt werden (§ 84 Abs. 1 OWiG). Hat das Gericht über die Tat eine rechtskräftige Sachentscheidung (Urteil oder Beschluss) getroffen, so kann sie nach § 84 Abs. 2 OWiG auch nicht Gegenstand eines neuen Strafverfahrens sein.[9] Möglich bleibt aber eine Wiederaufnahme des Verfahrens unter den Voraussetzungen des § 85 OWiG.

## § 62 Zuständigkeit des Oberlandesgerichts im gerichtlichen Verfahren

(1) [1]Im gerichtlichen Verfahren wegen einer Ordnungswidrigkeit nach § 60 entscheidet das für den Sitz der Bundesanstalt in Frankfurt am Main zuständige Oberlandesgericht; es entscheidet auch über einen Antrag auf gerichtliche Entscheidung (§ 62 des Gesetzes über Ordnungswidrigkeiten) in den Fällen des § 52 Abs. 2 Satz 3 und des § 69 Abs. 1 Satz 2 des Gesetzes über Ordnungswidrigkeiten. [2]§ 140 Abs. 1 Nr. 1 der Strafprozessordnung iVm § 46 Abs. 1 des Gesetzes über Ordnungswidrigkeiten findet keine Anwendung.

(2) Das Oberlandesgericht entscheidet in der Besetzung von drei Mitgliedern mit Einschluss des vorsitzenden Mitglieds.

**Schrifttum:** *Möller,* Rechtsmittel und Sanktionen nach dem Wertpapiererwerbs- und Übernahmegesetz, AG 2002, 170.

### Übersicht

### I. Allgemeines

**1. Rechtsentwicklung.** § 62 ist durch das WpÜG vom 20.12.2001 (BGBl. 2001 I 3822) **1** mit Wirkung zum 1.1.2002 in Kraft gesetzt worden. Dabei ist § 63 RegE-WpÜG[1] sachlich unverändert übernommen worden. Durch Art. 1 Nr. 40 Erste Verordnung zur Anpassung von Bezeichnungen nach dem Finanzdienstleistungsgesetz vom 29.4.2002 (BGBl. 2002 I 1495) sind mit Wirkung vom 1.5.2002 in Abs. 1 S. 1 die Wörter „des Bundesaufsichtsamtes" durch die Wörter „der Bundesanstalt" ersetzt worden.

**2. Regelungsgegenstand und Normzweck.** Die Vorschrift des § 62 bestimmt das **2** Gericht, das bei einem Einspruch gegen den Bußgeldbescheid entscheidet. Gleichzeitig werden diesem Gericht weitere Entscheidungszuständigkeiten für nach Einlegung des Einspruchs gestellte Anträge gewährt, die Besetzung des Gerichts bestimmt und eine Regelung für die Verteidigung im gerichtlichen Verfahren getroffen.

---

[9] KK-OWiG/*Lutz* OWiG § 84 Rn. 10; Göhler/*Seitz*/*Bauer* OWiG § 84 Rn. 16.
[1] BT-Drs. 14/7034, 21.

## II. Zuständigkeit des Oberlandesgerichts (Abs. 1 S. 1)

**3**  Die Vorschrift bestimmt in Abs. 1 S. 1 Hs. 1 die Zuständigkeit des Gerichts, das nach Einlegen des Einspruchs gegen einen auf Grund von § 60 ergangenen Bußgeldbescheid für das weitere Bußgeldverfahren zuständig ist. Gleichzeitig wird auch durch Abs. 1 S. 1 Hs. 2 die Zuständigkeit für die weiteren Entscheidungen, die nach § 52 Abs. 2 S. 3 OWiG und § 69 Abs. 1 S. 2 OWiG zu treffen sind, zugewiesen. Für gerichtliche Handlungen im Ermittlungsverfahren der Bundesanstalt bleibt es dagegen aufgrund von § 46 Abs. 1 OWiG bei der Zuständigkeit der Strafgerichte erster Instanz.[2]

**4**  **1. Sachliche Zuständigkeit.** Sachlich zuständig ist das Oberlandesgericht. Damit weicht die Regelung von § 68 Abs. 1 OWiG ab, der die sachliche Zuständigkeit dem Amtsgericht zuweist, und zwar dem Richter beim Amtsgericht als Einzelrichter. Aus den Gesetzgebungsmotiven[3] ergibt sich, dass durch die Konzentration der Entscheidungen über ordnungswidrigkeitenrechtliche und verwaltungsrechtliche Maßnahmen bei einem Gericht die Gefahr unterschiedlicher Beurteilungen des gleichen Sachverhaltes durch verschiedene Gerichte vermieden werden soll. Demselben Ziel dient auch die in § 48 Abs. 4 erfolgte Zuweisung des Beschwerdeverfahrens an das Oberlandesgericht Frankfurt a. M. in Verwaltungsverfahren.[4] Damit wird das Gericht in die Lage versetzt, die in den Verfahren nach §§ 48 ff. erlangte besondere Sachkunde auch im Bußgeldverfahren einzubringen.[5] Eine vergleichbare Konzentration gerichtlicher Zuständigkeiten findet sich auch in § 83 GWB.[6]

**5**  **2. Örtliche Zuständigkeit.** Als örtlich zuständig wird das für den Sitz der Bundesanstalt in Frankfurt a. M. zuständige Oberlandesgericht bestimmt. Diese ausdrückliche Zuweisung ist erfolgt, weil die Bundesanstalt ihren Sitz sowohl in Bonn als auch in Frankfurt a. M. hat (vgl. → § 61 Rn. 4). Dies machte eine gesetzliche Entscheidung für das zuständige Oberlandesgericht an einem der beiden Dienstsitze der Bundesanstalt notwendig.[7]

**6**  **3. Inhalt der Entscheidung.** Das Gericht ist für verschiedene Arten von Entscheidungen zuständig.

**7**  **a) Verfahren nach Abs. 1 S. 1 Hs. 1.** Im Verfahren nach eingelegtem Einspruch gegen den Bußgeldbescheid (Abs. 1 S. 1 Hs. 1) wird entsprechend der Regelung in § 72 Abs. 3 S. 1 OWiG der Bußgeldbescheid vom Gericht überprüft. Dieser wird jedoch nicht wie eine vorausgegangene Entscheidung nachgeprüft, vielmehr wird über die von der Bundesanstalt gegen den Betroffenen erhobene Beschuldigung selbstständig entschieden.[8] Das Gericht kann auf Festsetzung einer Geldbuße, Freispruch oder Einstellung erkennen (§ 72 Abs. 3 S. 1 OWiG). Ob das Gericht in seiner Entscheidung zum Nachteil des Betroffenen vom Bußgeldbescheid abweichen kann, hängt von der näheren Ausgestaltung des Verfahrens ab (vgl. → § 61 Rn. 10).

**8**  **b) Verfahren nach Abs. 1 S. 1 Hs. 2.** Das Verfahren nach § 52 Abs. 2 S. 3 OWiG betrifft den Fall, dass die Bundesanstalt einen Antrag auf Wiedereinsetzung in den vorigen Stand, insbes. gegen die Versäumung der Einspruchsfrist gegen den Bußgeldbescheid, verworfen hat und der Betroffene hiergegen gerichtliche Entscheidung nach § 62 OWiG beantragt. Gewährt das Gericht bei einem Einspruch gegen einen Bußgeldbescheid Wiedereinsetzung, so werden die Akten zur Durchführung des Zwischenverfahrens (vgl. → § 61 Rn. 9) an die Bundesanstalt zurückgesandt.[9] Das Verfahren nach § 69 Abs. 1 S. 2 OWiG betrifft den Fall, dass die Bundesanstalt den Einspruch gegen den Bußgeldbescheid als unzulässig verworfen hat und der Betroffene

---

[2] *Moosmayer* wistra 2004, 401 (406); Angerer/Geibel/Süßmann/*Tschauner* Rn. 1.
[3] Vgl. BT-Drs. 14/7034, 69.
[4] *Möller* AG 2000, 170 (173).
[5] BT-Drs. 14/7034, 69; Angerer/Geibel/Süßmann/*Tschauner* Rn. 2.
[6] Angerer/Geibel/Süßmann/*Tschauner* Rn. 2.
[7] *Möller* AG 2000, 170 (173).
[8] Vgl. BayObLG NJW 1972, 1771; KK-OWiG/*Senge* OWiG § 72 Rn. 57; Göhler/*Seitz*/*Bauer* OWiG § 72 Rn. 49.
[9] Vgl. KK-OWiG/*Lampe* OWiG § 52 Rn. 38.

hiergegen gerichtliche Entscheidung nach § 62 OWiG beantragt. Hebt das Gericht den Verwerfungsbescheid auf, so hebt es den Bescheid der Bundesanstalt auf und sendet ihr die Akten zur Durchführung des Zwischenverfahrens (vgl. → § 61 Rn. 10) zurück.[10]

### III. Keine notwendige Verteidigung (Abs. 1 S. 2)

Im gerichtlichen Bußgeldverfahren sind gem. § 46 Abs. 1 OWiG die Vorschriften der **9** StPO sinngemäß anzuwenden. Die Geltung der Vorschrift des § 140 Abs. 1 Nr. 1 StPO hätte zur Folge, dass bei dem hier gegebenen erstinstanzlichen Verfahren vor dem Oberlandesgericht ein Fall der notwendigen Verteidigung vorläge und der Betroffene sich eines Verteidigers bedienen müsste. Die Vorschrift kann aber nicht in vollem Umfang auf das Bußgeldverfahren mit seinem geringeren Gewicht und der abweichenden Verfahrensstruktur übertragen werden. Die Verpflichtung zur Beiziehung eines Verteidigers erscheint bei geringeren Bußgeldhöhen oder der Beschränkung des Einspruchs gegen einen Bußgeldbescheid auf dessen Höhe als unangemessene Belastung des Betroffenen. Aus diesem Grunde wird in § 62 Abs. 1 S. 2, ebenso wie in der vergleichbaren Vorschrift in § 83 Abs. 1 S. 2 GWB, ausdrücklich bestimmt, dass § 140 Abs. 1 Nr. 1 StPO iVm § 46 Abs. 1 OWiG nicht anzuwenden ist.[11] Freilich kann auch im Bußgeldverfahren ein Fall notwendiger Verteidigung nach der Generalklausel des § 140 Abs. 2 StPO gegeben sein.[12] Das ist anzunehmen, wenn wegen der Schwere der Tat oder wegen der Schwierigkeit der Sach- oder Rechtslage die Mitwirkung eines Verteidigers geboten ist oder wenn ersichtlich ist, dass der Betroffene sich nicht selbst verteidigen kann.

### IV. Besetzung des Gerichts (Abs. 2)

Bei einem Einspruch gegen den Bußgeldbescheid entscheidet nach § 68 Abs. 1 S. 2 **10** OWiG der Richter beim Amtsgericht allein. Hiervon abweichend bestimmt § 62 Abs. 2, dass zur Entscheidung das Oberlandesgericht in der Besetzung von drei Mitgliedern mit Einschluss des vorsitzenden Mitglieds berufen ist. Mit dieser Regelung, die der besonderen Zuständigkeit für Kartellordnungswidrigkeiten in § 83 Abs. 2 GWB entspricht, soll der Bedeutung von Verstößen gegen § 60, insbes. der erheblichen Höhe der festgesetzten Bußgeldrahmen, Rechnung getragen werden.[13]

Innerhalb des OLG Frankfurt a. M. ist nach § 67 der Senat für Wertpapiererwerbs- und **11** Übernahmesachen zuständig. Diese Regelung ist § 91 GWB nachgebildet.[14] Auch sie trägt im Zusammenhang mit der gewünschten Konzentration der Entscheidungen über ordnungswidrigkeitenrechtliche und verwaltungsrechtliche Maßnahmen (→ Rn. 4) dazu bei, dass ein besonders fachkundiger Spruchkörper zur Entscheidung berufen ist.[15]

## § 63 Rechtsbeschwerde zum Bundesgerichtshof

[1]Über die Rechtsbeschwerde (§ 79 des Gesetzes über Ordnungswidrigkeiten) entscheidet der Bundesgerichtshof. [2]Hebt er die angefochtene Entscheidung auf, ohne in der Sache selbst zu entscheiden, so verweist er die Sache an das Oberlandesgericht, dessen Entscheidung aufgehoben wird, zurück.

**Schrifttum:** *Möller,* Rechtsmittel und Sanktionen nach dem Wertpapiererwerbs- und Übernahmegesetz, AG 2002, 170.

---

[10] Vgl. Göhler/*Seitz/Bauer* OWiG § 69 Rn. 9.
[11] BT-Drs. 14/7034, 69.
[12] Assmann/Pötzsch/Schneider/*Assmann/Uwer/van Ermingen-Marbach* Rn. 8; Angerer/Geibel/Süßmann/ *Tschauner* Rn. 4; Steinmeyer/*Steinhardt* Rn. 6.
[13] BT-Drs. 14/7034, 69.
[14] *Möller* AG 2000, 170 (174).
[15] *Möller* AG 2000, 170 (176).

## I. Allgemeines

**1**    **1. Rechtsentwicklung.** § 63 ist durch das WpÜG vom 20.12.2001 (BGBl. 2001 I 3822) mit Wirkung zum 1.1.2002 in Kraft gesetzt worden. Dabei ist § 64 des RegE-WpÜG[1] unverändert übernommen worden.

**2**    **2. Regelungsgegenstand und Normzweck.** Während § 60 die einzelnen Bußgeldtatbestände enthält, beinhalten die §§ 61–65 Regelungen über die Zuständigkeiten für Ordnungswidrigkeitenverfahren, die auf Grund dieses Gesetzes betrieben werden. Die Vorschrift des § 63 bestimmt das Gericht, das bei einer Rechtsbeschwerde gegen den Bußgeldbescheid entscheidet. Gleichzeitig wird eine Regelung für den Fall getroffen, dass der Bundesgerichtshof eine Entscheidung des Oberlandesgerichts aufhebt, in der Sache aber nicht selbst entscheidet.

## II. Zuständigkeit des Bundesgerichtshofs (S. 1)

**3**    Die Vorschrift bestimmt in S. 1 die Zuständigkeit des Gerichts, das nach Einlegen des Rechtsmittels der Rechtsbeschwerde gegen ein Urteil oder einen nach § 72 OWiG ergangenen Beschluss des Oberlandesgerichts für das weitere Bußgeldverfahren zuständig ist.

**4**    **1. Funktionelle Zuständigkeit.** Funktionell zuständig ist der BGH. Damit weicht die Norm von der für allgemeine Bußgeldsachen geltenden Regelung ab.[2] Diese Abweichung ist konsequent, weil in Bußgeldsachen nach dem Wertpapiererwerbs- und Übernahmegesetz gem. § 62 Abs. 1 das Oberlandesgericht erstinstanzlich zuständig ist. Aus den Gesetzgebungsmotiven[3] ergibt sich, dass die Regelung § 84 GWB nachgebildet ist.

**5**    **2. Zuständiger Spruchkörper.** Gesetzlich ist – anders als in § 67 für den Wertpapiererwerbs- und Übernahmesenat bei dem Oberlandesgericht und auch abw. von der Regelung in § 94 GWB für den Kartellsenat beim BGH – keine besondere Zuständigkeit eines Senats des BGH begründet worden. Auch der Geschäftsverteilungsplan des Bundesgerichtshofs hat ausdrücklich weder einem Zivil- noch einem Strafsenat die Entscheidungen über Rechtsbeschwerden nach dem Wertpapiererwerbs- und Übernahmegesetz zugewiesen. Es kommt deshalb die Auffangzuständigkeit des 2. Strafsenats zum Tragen, wonach diesem Senat „die sonstigen Entscheidungen, die keinem anderen Strafsenat zugeteilt sind (ua nach […] § 63 WpÜG)",[4] zugewiesen werden.

## III. Entscheidung des Beschwerdegerichts

**6**    Für die Entscheidung des Bundesgerichtshofs als Beschwerdegericht gelten grundsätzlich die allgemeinen Bestimmungen über die Rechtsbeschwerde in §§ 79 und 80 OWiG.

**7**    **1. Form der Entscheidung.** Der Bundesgerichtshof ist zuständig für Rechtsbeschwerden einerseits gegen ohne Hauptverhandlung erlassene Beschlüsse des Oberlandesgerichts, andererseits gegen auf Grund einer Hauptverhandlung ergangene Urteile dieses Gerichts. In der ersten Fallkonstellation hat das Beschwerdegericht nach § 79 Abs. 5 S. 1 OWiG durch Beschluss zu entscheiden. Bei der zweiten Konstellation kann das Beschwerdegericht gem. § 79 Abs. 5 S. 2 OWiG auf Grund einer Hauptverhandlung durch Urteil entscheiden.

**8**    **2. Inhalt der Entscheidung.** Für die Behandlung der Rechtsbeschwerde als unzulässig, unbegründet oder begründet gelten mit Ausnahme der Zurückverweisung der Sache an das Oberlandesgericht keine wesentlichen Besonderheiten gegenüber den allgemeinen Bestimmungen über die Rechtsbeschwerde in §§ 79 und 80 OWiG.

---

[1] BT-Drs. 14/7034, 21.
[2] FK-WpÜG/*Hohn* Rn. 2; Kölner Komm WpÜG/*Altenhain* Rn. 6; Angerer/Geibel/Süßmann/*Tschauner* Rn. 2; Steinmeyer/*Steinhardt* Rn. 1.
[3] BT-Drs. 14/7034, 69.
[4] Geschäftsverteilungsplan des BGH für das Geschäftsjahr 2020, 14.

**3. Zurückverweisung an das Oberlandesgericht (S. 2).** In S. 2 ist der Fall geregelt, **9** dass der Bundesgerichtshof die angefochtene Entscheidung des Oberlandesgerichts zwar aufhebt, aber in der Sache nicht selbst durchentscheidet. Anders als im Strafverfahren, in dem nach § 354 Abs. 2 StPO die Sache an einen anderen Senat des Oberlandesgerichts zurückzuverweisen ist, und auch unterschiedlich von der Ausgestaltung des allgemeinen Bußgeldverfahrens, wo es gem. § 79 Abs. 6 OWiG im Ermessen des Beschwerdegerichts liegt, ob die Zurückverweisung an einen anderen Spruchkörper erfolgt, bestimmt § 63 S. 2 zwingend, dass die Sache an das Oberlandesgericht zurückzuverweisen ist, dessen Entscheidung aufgehoben wird.

Der Wortlaut dieser Bestimmung hat zur Folge, dass derselbe Senat für Wertpapierer- **10** werbs- und Übernahmesachen beim Oberlandesgericht über die zurückverwiesene Sache zu entscheiden hat.[5] Das ergibt sich aus dem Zusammenlesen mit der Vorschrift des § 62, die im gerichtlichen Verfahren wegen einer Ordnungswidrigkeit nach § 60 das OLG Frankfurt a. M. als (einziges) örtlich zuständiges Oberlandesgericht bestimmt, und der Vorschrift des § 67, die beim Oberlandesgericht die Errichtung eines Wertpapiererwerbs- und Übernahmesenats vorschreibt. Die Regelung dient ebenso wie § 62 (→ § 62 Rn. 4) der Konzentration der Gerichtszuständigkeit im Bußgeldverfahren.[6]

## § 64 Wiederaufnahme gegen Bußgeldbescheid

**Im Wiederaufnahmeverfahren gegen den Bußgeldbescheid der Bundesanstalt (§ 85 Abs. 4 des Gesetzes über Ordnungswidrigkeiten) entscheidet das nach § 62 Abs. 1 zuständige Gericht.**

**Schrifttum:** *Möller*, Rechtsmittel und Sanktionen nach dem Wertpapiererwerbs- und Übernahmegesetz, AG 2002, 170.

### I. Allgemeines

**1. Rechtsentwicklung.** § 64 ist durch das WpÜG vom 20.12.2001 (BGBl. 2001 I 3822) **1** mit Wirkung zum 1.1.2002 in Kraft gesetzt worden. Dabei ist § 65 RegE-WpÜG[1] sachlich unverändert übernommen worden. Durch Art. 1 Nr. 41 Erste Verordnung zur Anpassung von Bezeichnungen nach dem Finanzdienstleistungsgesetz vom 29.4.2002 (BGBl. 2002 I 1495) sind mit Wirkung vom 1.5.2002 die Wörter „des Bundesaufsichtsamtes" durch die Wörter „der Bundesanstalt" ersetzt worden.

**2. Regelungsgegenstand und Normzweck.** Die Vorschrift des § 64 bestimmt das **2** Gericht, das im Wiederaufnahmeverfahren gegen den Bußgeldbescheid des Bundesaufsichtsamtes entscheidet.

### II. Wiederaufnahmeverfahren gegen den Bußgeldbescheid

Ein rechtskräftig beendetes Verfahren kann nur unter bestimmten Voraussetzungen wie- **3** der aufgenommen und neu durchgeführt werden. Die näheren Einzelheiten ergeben sich für das Bußgeldverfahren aus den entsprechend anwendbaren §§ 359–373a StPO iVm § 85 OWiG. Rechtskräftige Bußgeldentscheidungen im Sinne von § 85 OWiG sind neben dem Bußgeldbescheid ua auch das nach Einspruch ergangene Urteil und die Entscheidungen des Beschwerdegerichts. Die Zuständigkeitsbestimmung des § 64 bezieht sich jedoch nur auf einen Teil dieser Entscheidungen, nämlich auf den Bußgeldbescheid der Bundesanstalt.[2]

---

[5] FK-WpÜG/*Hohn* Rn. 23; Kölner Komm WpÜG/*Altenhain* Rn. 11; Angerer/Geibel/Süßmann/*Tschauner* Rn. 3; Steinmeyer/*Steinhardt* Rn. 1.
[6] *Möller* AG 2000, 170 (174).
[1] BT-Drs. 14/7034, 21.
[2] Assmann/Pötzsch/Schneider/*Assmann*/*Uwer*/*van Ermingen-Marbach* Rn. 2; FK-WpÜG/*Hohn* Rn. 2.

### III. Zuständiges Gericht

**4**    Zuständig ist dasselbe Gericht, das auch bei einem Einspruch gegen den Bußgeldbescheid entscheiden würde und damit das OLG Frankfurt a. M. Damit wird von der Bestimmung in § 85 Abs. 4 OWiG abgewichen, wonach iVm § 68 OWiG das Amtsgericht für das Wiederaufnahmeverfahren zuständig ist. Der Zuständigkeitsbestimmung liegt ausweislich der Gesetzgebungsmotive[3] der Gedanke zugrunde, dass schon das gerichtliche Verfahren vor dem Oberlandesgericht durchgeführt wurde. Das ist jedoch nicht überzeugend,[4] weil der Bußgeldbescheid der Bundesanstalt auch ohne gerichtliches Verfahren rechtskräftig werden kann. Entscheidend ist vielmehr, dass insoweit die Parallele zum allgemeinen Bußgeldverfahren hergestellt wird, weil dort das Amtsgericht sowohl über den Einspruch als auch über das Wiederaufnahmeverfahren gegen den Bußgeldbescheid zu befinden hat.

## § 65 Gerichtliche Entscheidung bei der Vollstreckung

**Die bei der Vollstreckung notwendig werdenden gerichtlichen Entscheidungen (§ 104 des Gesetzes über Ordnungswidrigkeiten) werden von dem nach § 62 Abs. 1 zuständigen Gericht erlassen.**

### I. Allgemeines

**1**    **1. Rechtsentwicklung.** § 65 ist durch das WpÜG vom 20.12.2001 (BGBl. 2001 I 3822) mit Wirkung zum 1.1.2002 in Kraft gesetzt worden. Dabei ist § 66 Abs. 1 RegE-WpÜG[1] unverändert übernommen worden.

**2**    **2. Regelungsgegenstand und Normzweck.** Die Vorschrift des § 65 bestimmt das Gericht, das die bei der Vollstreckung notwendig werdenden Entscheidungen trifft.

### II. Gerichtliche Entscheidungen bei der Vollstreckung

**3**    Die Vollstreckung des rechtskräftigen Bußgeldbescheides richtet sich gem. § 90 OWiG nach den bundesrechtlichen Vorschriften über das Verwaltungszwangsverfahren, wenn eine Verwaltungsbehörde des Bundes – wie sie die Bundesanstalt darstellt – den Bußgeldbescheid erlassen hat. Nach fruchtloser Vollstreckung kann das Gericht Erzwingungshaft bis zu sechs Wochen festsetzen (§§ 90, 96 OWiG). Weitere gerichtliche Entscheidungen, die § 65 erfasst, sind die Entscheidungen über die Einziehung nach § 100 OWiG und die in § 103 OWiG genannten Einwendungen gegen die Art und Weise der Vollstreckung.[2]

### III. Zuständiges Gericht

**4**    Zuständig ist dasselbe Gericht, das auch bei einem Einspruch gegen den Bußgeldbescheid entscheiden würde und damit das OLG Frankfurt a. M. Damit wird von der Bestimmung in § 104 OWiG abgewichen,[3] wonach iVm § 68 OWiG das Amtsgericht für die bei der Vollstreckung notwendig werdenden gerichtlichen Entscheidungen zuständig ist. Ausweislich der Gesetzgebungsmotive[4] sollen alle gerichtlichen Maßnahmen und Entscheidungen, die im Zusammenhang mit einem Verfahren nach diesem Gesetz anfallen können, beim Oberlandesgericht konzentriert sein, um auf diese Weise eine effiziente und sachgerechte Entscheidungsfindung zu gewährleisten.

---

[3] Vgl. RegE, BT-Drs. 14/7034, 69.
[4] FK-WpÜG/*Hohn* Rn. 2.
[1] BT-Drs. 14/7034, 21.
[2] FK-WpÜG/*Hohn* Rn. 15; Kölner Komm WpÜG/*Giesberts* Rn. 5.
[3] Steinmeyer/*Steinhardt* Rn. 1.
[4] Vgl. BT-Drs. 14/7034, 69.

# Abschnitt 9. Gerichtliche Zuständigkeit; Übergangsregelungen

## § 66 Gerichte für Wertpapiererwerbs- und Übernahmesachen

(1) ¹Für bürgerliche Rechtsstreitigkeiten, die sich aus diesem Gesetz ergeben, sind ohne Rücksicht auf den Wert des Streitgegenstandes die Landgerichte ausschließlich zuständig. ²Satz 1 gilt auch für die in § 12 Abs. 6 genannten Ansprüche und für den Fall, dass die Entscheidung eines Rechtsstreits ganz oder teilweise von einer Entscheidung abhängt, die nach diesem Gesetz zu treffen ist. ³Für Klagen, die auf Grund dieses Gesetzes oder wegen der in § 12 Abs. 6 genannten Ansprüche erhoben werden, ist auch das Landgericht zuständig, in dessen Bezirk die Zielgesellschaft ihren Sitz hat.

(2) Die Rechtsstreitigkeiten sind Handelssachen im Sinne der §§ 93 bis 114 des Gerichtsverfassungsgesetzes.

(3) ¹Die Landesregierungen werden ermächtigt, durch Rechtsverordnung bürgerliche Rechtsstreitigkeiten, für die nach Absatz 1 ausschließlich die Landgerichte zuständig sind, einem Landgericht für die Bezirke mehrerer Landgerichte zuzuweisen, wenn eine solche Zusammenfassung der Rechtspflege in Wertpapiererwerbs- und Übernahmesachen dienlich ist. ²Sie werden ferner ermächtigt, die Entscheidungen über Berufungen und Beschwerden gegen Entscheidungen der nach Absatz 1 zuständigen Landgerichte in bürgerlichen Rechtsstreitigkeiten einem oder einigen der Oberlandesgerichte zuzuweisen, wenn in einem Land mehrere Oberlandesgerichte errichtet sind. ³Die Landesregierungen können die Ermächtigungen auf die Landesjustizverwaltungen übertragen. ⁴Durch Staatsverträge zwischen den Ländern kann die Zuständigkeit eines Landgerichts für einzelne Bezirke oder das gesamte Gebiet mehrerer Länder begründet werden.

### Übersicht

## I. Einführung

Die **Regelungsgegenstände** des § 66 sind folgende: § 66 Abs. 1 S. 1 und 2 enthält **1** Regelungen über die ausschließliche Zuständigkeit der Landgerichte für die dort genannten Rechtsstreitigkeiten; § 66 Abs. 1 S. 3 enthält eine Regelung über die örtliche Zuständigkeit. Abs. 2 bestimmt Rechtsstreitigkeiten nach Abs. 1 zu Handelssachen. Abs. 3 enthält Ermächtigungen zur Zuständigkeitskonzentration auf Landesebene.

Bereits die Zuständigkeitsregeln des **Abs. 1 S. 1 und 2** dürfte den **Zweck** haben, eine **2** gewisse Konzentration von Verfahren mit WpÜG-Bezug bei spezialisierten Gerichten zu erreichen, da die Amtsgerichte völlig von der Entscheidung der in Abs. 1 bezeichneten Streitigkeiten ausgeschlossen werden.[1] Erst durch die in Abs. 3 vorgesehene Möglichkeit, auf Landesebene bezirksübergreifende Zuständigkeitskonzentrationen für bestimmte Land- oder Oberlandesgerichte festzulegen, bekommt der Spezialisierungsgedanke jedoch entscheidendes Gewicht.[2] Die Anordnung des besonderen zusätzlichen Gerichtsstands in **S. 3** hat seinen Grund darin, dass sich am Sitz der Zielgesellschaft häufig relevante

---

[1] Vgl. Langen/Bunte/*Bornkamm*/*Tolkmitt* GWB Vor §§ 87 ff. Rn. 2; Immenga/Mestmäcker/*Schmidt* GWB § 87 Rn. 1.
[2] Vgl. Langen/Bunte/*Bornkamm*/*Tolkmitt* GWB Vor §§ 87 ff. Rn. 2.

Beweismittel, insbesondere Urkunden und Zeugen, befinden können.[3] Zweck des **Abs. 2** ist es, den Verfahren nach Abs. 1 die gesammelte Erfahrung der Kammern für Handelssachen, insbesondere der ehrenamtlichen Richter nach §§ 105, 109 GVG, mit Auseinandersetzungen im Wirtschaftsverkehr, sowie deren wirtschaftlichen Sachverstand[4] zugute kommen zu lassen.

3 § 66 ist an §§ 87, 89 GWB angelehnt;[5] die § 66 Abs. 2 entsprechende Vorschrift in § 87 Abs. 2 GWB aF wurde allerdings durch die 8. GWB-Novelle mit Wirkung vom 29.12.2006 aufgehoben.[6]

## II. Gerichtliche Zuständigkeit

4 **1. Sachliche Zuständigkeit.** Gemäß § 66 Abs. 1 sind für bürgerliche Rechtsstreitigkeiten, die sich aus dem WpÜG ergeben, streitwertunabhängig (vgl. § 23 Nr. 1 GVG, § 71 Abs. 1 GVG) die Landgerichte ausschließlich zuständig. Abweichende Gerichtsstandsvereinbarungen sind nach § 40 Abs. 2 S. 1 Nr. 2 ZPO unzulässig. Ob eine bürgerliche Rechtsstreitigkeit vorliegt, ist nach den hergebrachten Grundsätzen zu § 13 GVG zu ermitteln;[7] insbesondere ist eine Abgrenzung zum Rechtsweg nach § 40 VwGO und nach § 48 Abs. 4 vorzunehmen.[8] Der erforderliche spezifische Bezug zum WpÜG besteht insbesondere, wenn Ansprüche aus § 12 Abs. 1, § 13 Abs. 2, § 31 Abs. 5 S. 1 oder § 38 geltend gemacht werden.[9] Entstammt die Anspruchsgrundlage hingegen nicht dem WpÜG, so ergibt sich die Rechtsstreitigkeit nicht „aus" dem Gesetz, und die ausschließliche Zuständigkeit der Landgerichte beruht jedenfalls nicht auf § 66 Abs. 1 S. 1.[10] Die ausschließliche Zuständigkeit mag dann allerdings möglicherweise aus § 66 Abs. 1 S. 2 hergeleitet werden, wenn nämlich die Entscheidung des Rechtsstreits von einer nach dem WpÜG zu entscheidenden Vorfrage abhängt. Ist dies nicht der Fall, richtet sich die sachliche Zuständigkeit auch dann nach den allgemeinen Vorschriften des GVG, wenn der Streitgegenstand mit einem Angebotsverfahren zusammenhängt, weil etwa Erfüllungsansprüche aus Verträgen geltend gemacht werden, die durch ein Verfahren nach dem WpÜG zustande gekommen sind:[11] Hängt die Entscheidung des Rechtsstreits nämlich nicht von der Auslegung von Normen des WpÜG ab, so ist die Sinnhaftigkeit einer ausschließlichen Zuständigkeit der auf das WpÜG spezialisierten Gerichte nicht ersichtlich. Wie gesagt, mag sich ein anderes Ergebnis aus § 66 Abs. 1 S. 2 ergeben. Diese Vorschrift wäre funktionslos, wenn jeder irgendwie geartete Zusammenhang eines Rechtsstreits mit einem WpÜG-Verfahren zur ausschließlichen Zuständigkeit bereits nach § 66 Abs. 1 S. 1 führte.[12]

5 Auch für die Entscheidung über die **in § 12 Abs. 6 genannten Ansprüche** sind die Landgerichte nach § 66 Abs. 1 S. 2 ausschließlich zuständig, desgleichen für Streitigkeiten, deren Ergebnis von der Entscheidung über eine **Vorfrage** abhängt, die nach dem WpÜG

---

[3] BT-Drs. 14/7034, 69.

[4] Vgl. MüKoZPO/*Zimmermann* GVG § 109 Rn. 1; vgl. auch Langen/Bunte/*Bornkamm/Tolkmitt* GWB § 87 Rn. 39, die darauf hinweisen, dass im Kartellrecht seit der Aufhebung des § 66 Abs. 2 entsprechenden § 87 Abs. 2 GWB aF gerade die Kompetenz und Erfahrung der Berufsrichter gesucht wird.

[5] Steinmeyer/*Santelmann* Rn. 1; Baums/Thoma/Verse/*Achenbach* Rn. 1; Assmann/Pötzsch/Schneider/ *Döhmel* Rn. 1; FK-WpÜG/*Schweizer* Rn. 1; Kölner Komm WpÜG/*Giesberts* Rn. 4; vgl. BT-Drs. 14/7034, 69.

[6] Langen/Bunte/*Bornkamm/Tolkmitt* GWB § 87 Rn. 39.

[7] Baums/Thoma/Verse/*Achenbach* Rn. 4; Schwark/Zimmer/*Noack/Zetzsche* Rn. 2; Steinmeyer/*Santelmann* Rn. 4; Assmann/Pötzsch/Schneider/*Döhmel* Rn. 3; Kölner Komm WpÜG/*Giesberts* Rn. 5; zur Begriffsbestimmung der bürgerlichen Rechtsstreitigkeit s. MüKoZPO/*Zimmermann* GVG § 13 Rn. 4 ff.

[8] Kölner Komm WpÜG/*Giesberts* Rn. 5; Assmann/Pötzsch/Schneider/*Döhmel* Rn. 3; FK-WpÜG/*Schweizer* Rn. 2; Baums/Thoma/Verse/*Achenbach* Rn. 4.

[9] Baums/Thoma/Verse/*Achenbach* Rn. 5; Angerer/Geibel/Süßmann/*Süßmann* Rn. 1; Steinmeyer/*Santelmann* Rn. 7; Kölner Komm WpÜG/*Giesberts* Rn. 6; Schwark/Zimmer/*Noack/Zetzsche* Rn. 2; vgl. Assmann/ Pötzsch/Schneider/*Döhmel* Rn. 4.

[10] Baums/Thoma/Verse/*Achenbach* Rn. 5; vgl. Assmann/Pötzsch/Schneider/*Döhmel* Rn. 4.

[11] AA Steinmeyer/*Santelmann* Rn. 9; Kölner Komm WpÜG/*Giesberts* Rn. 7; Schwark/Zimmer/*Noack/ Zetzsche* Rn. 2.

[12] FK-WpÜG/*Schweizer* Rn. 3.

zu treffen ist. Hängt die Entscheidung über eine bürgerliche Rechtsstreitigkeit also (auch) von der Auslegung von Normen des WpÜG ab, so gilt die ausschließliche Zuständigkeit der Landgerichte (vgl. → Rn. 4).[13] „Abhängt" in diesem Sinne bedeutet, dass Spruchreife ohne Klärung der übernahmerechtlichen Vorfrage nicht herbeigeführt werden kann.[14] Ob dies der Fall ist, ist aufgrund des vom Kläger vorgetragenen Sachverhalts und des Klagebegehrens, ggf. auch des Beklagtenvortrags, in der Klageerwiderung, zu beurteilen.[15] Unerheblich ist, ob die Rechtsfrage bereits höchstrichterlich entschieden oder etwa wissenschaftlich umstritten ist.[16] Ein Beispiel für eine übernahmerechtliche Vorfrage ist die Angemessenheit einer Gegenleistung iSv § 31 Abs. 1.[17]

**2. Örtliche Zuständigkeit.** Die örtliche Zuständigkeit der Landgerichte richtet sich **6** nach den allgemeinen Vorschriften der §§ 12 ff. ZPO.[18] Hinzu tritt in den Fällen des § 66 Abs. 1 S. 3 der besondere Gerichtsstand des Sitzes der Zielgesellschaft (→ Rn. 2). Klagen „auf Grund" des WpÜG sind sowohl sprachlich als auch nach dem systematischen Zusammenhang sowohl solche „aus" dem WpÜG iSd § 66 Abs. 1 S. 1 als auch Vorfragestreitigkeiten iSd § 66 Abs. 1 S. 2 Var. 2.[19] Klagen wegen der in § 12 Abs. 6 genannten Ansprüche werden in § 66 Abs. 1 S. 3 gesondert erwähnt. Der Anwendungsbereich des § 66 Abs. 1 S. 1, 2 einerseits und des § 66 Abs. 1 S. 3 andererseits ist somit deckungsgleich. Die örtliche Zuständigkeit von Klagen, in denen ein Erfüllungsanspruch aus einem Vertrag, der auf einem Angebot nach dem WpÜG beruht, ist in § 32b ZPO geregelt.

**3. Funktionelle Zuständigkeit.** Gemäß § 66 Abs. 2 sind Rechtsstreitigkeiten nach **7** Abs. 1 Handelssachen iSd §§ 93–114 GVG. Das bedeutet, dass die **Kammern für Handelssachen** funktionell für solche Streitigkeiten zuständig sind (→ Rn. 2),[20] sofern solche nach § 93 GVG bestehen und entweder der Kläger die Verhandlung vor der Kammer für Handelssachen nach § 96 GVG beantragt oder die Voraussetzungen für eine Verweisung nach § 98 GVG vorliegen.

### III. Konzentration der Rechtspflege

Gemäß § 66 Abs. 3 S. 1 können die Landesregierung durch Rechtsverordnung die örtli- **8** che Zuständigkeit für Rechtsstreitigkeiten nach Abs. 1 bei einem oder mehreren Landgerichten bündeln. Die in der Rechtsverordnung bestimmten Landgerichte sind dann für solche Rechtsstreitigkeiten ausschließlich zuständig.[21] Voraussetzung einer **Zuständigkeitskonzentration** ist allerdings, dass diese „dienlich" ist, wofür den Landesregierungen ein weiter Einschätzungsspielraum zuzubilligen ist.[22] Dienlichkeit wird regelmäßig gegeben sein, denn die Zuständigkeitskonzentration führt regelmäßig zu einer höheren Sachkompetenz der dann zur Entscheidung berufenen Gerichte.[23] Nach § 66 Abs. 3 S. 2 kann ferner

---

[13] Vgl. auch FK-WpÜG/*Schweizer* Rn. 3; Baums/Thoma/Verse/*Achenbach* Rn. 10 ff.; Assmann/Pötzsch/Schneider/*Döhmel* Rn. 10; Steinmeyer/*Santelmann* Rn. 10; Kölner Komm WpÜG/*Giesberts* Rn. 10 f.; Angerer/Geibel/Süßmann/*Süßmann* Rn. 2; Schwark/Zimmer/Noack/*Zetzsche* Rn. 4.

[14] Baums/Thoma/Verse/*Achenbach* Rn. 13; Assmann/Pötzsch/Schneider/*Döhmel* Rn. 10.

[15] Baums/Thoma/Verse/*Achenbach* Rn. 14; Assmann/Pötzsch/Schneider/*Döhmel* Rn. 10; Steinmeyer/*Santelmann* Rn. 10; vgl. Kölner Komm WpÜG/*Giesberts* Rn. 11.

[16] Steinmeyer/*Santelmann* Rn. 10; Kölner Komm WpÜG/*Giesberts* Rn. 11.

[17] Assmann/Pötzsch/Schneider/*Döhmel* Rn. 10.

[18] FK-WpÜG/*Schweizer* Rn. 10; Baums/Thoma/Verse/*Achenbach* Rn. 20; Assmann/Pötzsch/Schneider/*Döhmel* Rn. 11; Steinmeyer/*Santelmann* Rn. 12; Kölner Komm WpÜG/*Giesberts* Rn. 12; Angerer/Geibel/Süßmann/*Süßmann* Rn. 6; Schwark/Zimmer/Noack/*Zetzsche* Rn. 6.

[19] FK-WpÜG/*Schweizer* Rn. 10; Baums/Thoma/Verse/*Achenbach* Rn. 20; aA Kölner Komm WpÜG/*Giesberts* Rn. 10 f.

[20] Vgl. Assmann/Pötzsch/Schneider/*Döhmel* Rn. 13; Steinmeyer/*Santelmann* Rn. 13; Kölner Komm WpÜG/*Giesberts* Rn. 13; Baums/Thoma/Verse/*Achenbach* Rn. 23.

[21] Baums/Thoma/Verse/*Achenbach* Rn. 28; Steinmeyer/*Santelmann* Rn. 17.

[22] Kölner Komm WpÜG/*Giesberts* Rn. 16; Schwark/Zimmer/Noack/*Zetzsche* Rn. 10.

[23] Vgl. BT-Drs. 14/7034, 69 f.; Kölner Komm WpÜG/*Giesberts* Rn. 16.

eine Zuständigkeitskonzentration für die Entscheidung über Berufungen und Beschwerden auf eines oder einige Oberlandesgerichte vorgenommen werden.

9 Von der Ermächtigung für die Zuständigkeitskonzentration auf bestimmte **Landgerichte** haben Gebrauch gemacht:[24] **Baden-Württemberg** (LG Mannheim für den Bezirk des OLG Karlsruhe, LG Stuttgart für den Bezirk des OLG Stuttgart),[25] **Bayern** (LG München I für den Bezirk des OLG München, LG Nürnberg-Fürth für die Bezirke des OLG Nürnberg und des OLG Bamberg);[26] **Hessen** (LG Frankfurt a.M.);[27] **Niedersachsen** (LG Hannover);[28] **Nordrhein-Westfalen** (LG Düsseldorf für den Bezirk des OLG Düsseldorf, LG Dortmund für den Bezirk des OLG Hamm, LG Köln für den Bezirk des OLG Köln);[29] **Sachsen** (LG Leipzig).[30] Die übrigen Länder haben entweder nur ein Landgericht (Berlin, Bremen, Hamburg, Saarland),[31] oder sie haben keine Regelung getroffen (Brandenburg, Mecklenburg-Vorpommern, Sachsen-Anhalt, Schleswig-Holstein, Thüringen).

10 Von der Ermächtigung für die Zuständigkeitskonzentration auf bestimmte **Oberlandesgerichte** haben Gebrauch gemacht:[32] **Niedersachsen** (ausschließlich das OLG Celle),[33] **Nordrhein-Westfalen** (ausschließlich das OLG Köln).[34] Die übrigen Länder haben entweder nur ein Oberlandesgericht (Berlin: KG, Brandenburg: OLG Brandenburg, Bremen: OLG Bremen), Hamburg: OLG Hamburg, Hessen: OLG Frankfurt a.M., Mecklenburg-Vorpommern: OLG Rostock), Saarland: OLG Saarbrücken, Sachsen: OLG Dresden, Sachsen-Anhalt: OLG Naumburg, Schleswig-Holstein: OLG Schleswig, Thüringen: OLG Jena)[35] oder sie haben keine Regelung getroffen (Baden-Württemberg, Bayern, Rheinland-Pfalz).

11 Von der Ermächtigung nach § 66 Abs. 3 S. 3 wurde in den in → Rn. 9 bezeichneten Bundesländern sowie in Brandenburg,[36] Mecklenburg-Vorpommern[37] und Sachsen-Anhalt[38] Gebrauch gemacht; von der Ermächtigung nach § 66 Abs. 3 S. 4 indes bisher nicht.

---

[24] Vgl. die Angaben bei Steinmeyer/*Santelmann* Rn. 16, wo allerdings die Zuständigkeitskonzentration im Bundesland Sachsen nicht berücksichtigt ist; ferner bei Schwark/Zimmer/Noack/Zetzsche Rn. 12; Assmann/Pötzsch/Schneider/*Döhmel* Rn. 15; sowie die älteren Angaben bei Baums/Thoma/Verse/*Achenbach* Rn. 27.

[25] § 15a ZuVOJu (Verordnung des Justizministeriums über gerichtliche Zuständigkeiten in der Justiz – Zuständigkeitsverordnung Justiz – vom 20.11.1998, GBl. BW 1998, 680).

[26] § 36 GZVJu (Verordnung über gerichtliche Zuständigkeiten im Bereich des Staatsministeriums der Justiz – Gerichtliche Zuständigkeitsverordnung Justiz – vom 11.6.2012, GVBl. BY 2012, 295).

[27] § 38 Nr. 7 JuZuV (Verordnung über gerichtliche Zuständigkeiten in der Justiz und zur Änderung der Verordnung zur Übertragung von Ermächtigungen im Bereich der Rechtspflege – Justizzuständigkeitsverordnung – vom 3.6.2013, GVBl. HE 2013, 386).

[28] § 3 S. 1 ZustVO Justiz (Verordnung zur Regelung von Zuständigkeiten in der Gerichtsbarkeit und der Justizverwaltung – Zuständigkeitsverordnung Justiz – vom 18.12.2009, Nds. GVBl. 2009, 506).

[29] § 1 NRWWPKonzVO (Verordnung über die gerichtliche Entscheidung in Wertpapiererwerbs- und Übernahmesachen – Wertpapiererwerbs- und Übernahmesachen-Konzentrations-VO – § 66 WpÜG – vom 15.4.2002, GV. NW 2002, 123).

[30] § 11 Abs. 1 SächsJOrgVO (Verordnung des Sächsischen Staatsministeriums der Justiz über die Organisation der Justiz – Sächsische Justizorganisationsverordnung – vom 7.3.2011, SächsGVBl. 2011, 203).

[31] Steinmeyer/*Santelmann* Rn. 16.

[32] Vgl. die Angaben bei Steinmeyer/*Santelmann* Rn. 18; ferner bei Schwark/Zimmer/Noack/Zetzsche Rn. 12; Assmann/Pötzsch/Schneider/*Döhmel* Rn. 17; sowie die ältere Aufstellung bei Baums/Thoma/Verse/*Achenbach* Rn. 26.

[33] § 3 S. 2 ZustVO Justiz vom 18.12.2009, Nds. GVBl. 2009, 506.

[34] § 2 NRWWPKonzVO vom 15.4.2002, GV. NW 2002, 123.

[35] Steinmeyer/*Santelmann* Rn. 18.

[36] § 1 Nr. 52 JuZÜV (Verordnung zur Übertragung von Zuständigkeiten zum Erlass von Rechtsverordnungen auf das für Justiz zuständige Mitglied der Landesregierung (Justiz-Zuständigkeitsübertragungsverordnung – vom 9.4.2014, Bbg. GVBl. 2014 II Nr. 23).

[37] § 1 Nr. 40 ErmÜLVOJu M-V (Landesverordnung zur Übertragung von Ermächtigungen zum Erlass von Rechtsverordnungen im Bereich der Justiz (Ermächtigungsübertragungslandesverordnung – vom 11.10.2006, GVOBl. M-V 2006, 755).

[38] § 1 Nr. 39 JuVErmÜV (Verordnung zur Übertragung von Verordnungsermächtigungen im Bereich der Justiz – Justiz-Verordnungsermächtigungsübertragungsverordnung – vom 28.3.2008, GVBl. LSA 2008, 137).

## § 67 Senat für Wertpapiererwerbs- und Übernahmesachen beim Oberlandesgericht

In den ihm nach § 48 Abs. 4, § 62 Abs. 1, §§ 64 und 65 zugewiesenen Rechtssachen entscheidet das Oberlandesgericht durch einen Wertpapiererwerbs- und Übernahmesenat.

**Regelungsinhalt** des § 67 ist die zwingende Einrichtung eines Wertpapier- und Über- **1** nahmesenats[1] bei dem OLG Frankfurt a.M.[2] Dieser ist für Beschwerde- und Ordnungswidrigkeitensachen **funktionell zuständig**,[3] was auch für Beschwerden gegen die Versagung von Akteneinsicht durch die BAFin gilt, soweit hierfür der Rechtsweg nach § 48 Abs. 4 eröffnet ist (→ § 48 Rn. 29).[4] Nach dem Geschäftsverteilungsplan des OLG Frankfurt a.M. entscheidet der Wertpapiererwerbs- und Übernahmesenat daneben auch über die Ausschlussbeschwerde nach § 39b Abs. 3 sowie in Beschwerdeverfahren nach § 113 WpHG.[5] Die funktionelle Zuständigkeit eines Wertpapiererwerbs- und Übernahmesenats ist nicht erforderlich für Berufungen und Beschwerden in bürgerlichen Rechtsstreitigkeiten, weil diese in § 67 nicht genannt sind.[6]

**Normzweck** des § 67 ist es, die sachliche und örtliche (§ 48 Abs. 4, § 62) durch eine **2** funktionelle Zuständigkeitskonzentration zu ergänzen und somit die besondere Sachkunde spezialisierter Spruchkörper nutzen zu können.[7] Dieses Ziel wird aufgrund der fehlenden Zuständigkeitskonzentration für Berufungen und Beschwerden in bürgerlichen Rechtsstreitigkeiten jedoch nur eingeschränkt erreicht.[8]

§ 67 ist **§ 91 GWB** nachgebildet, der sich allerdings auch auf Berufungen und Beschwer- **3** den in bürgerlichen Rechtsstreitigkeiten erstreckt.[9]

## § 68 Übergangsregelungen

(1) Auf Angebote, die vor dem 14. Juli 2006 veröffentlicht worden sind, findet dieses Gesetz in der vor dem 14. Juli 2006 geltenden Fassung Anwendung.

(2) Für Zielgesellschaften im Sinne des § 2 Abs. 3 Nr. 2, deren stimmberechtigte Wertpapiere am 20. Mai 2006 zum Handel an einem organisierten Markt zugelassen waren, ist § 1 Abs. 3 mit der Maßgabe anzuwenden, dass in Nummer 2 Buchstabe b Doppelbuchstabe bb an die Stelle der Entscheidung der Zielgesellschaft die Entscheidung der betroffenen Aufsichtsstellen tritt.

(3) Wird die Kontrolle über die Zielgesellschaft dadurch erlangt, dass ein vor dem 19. August 2008 abgestimmtes Verhalten auf Grund der Neufassung des § 30 Abs. 2 ab dem 19. August 2008 zu einer Zurechnung von Stimmrechten führt, besteht keine Verpflichtung nach § 35 Abs. 1 Satz 1 und Abs. 2 Satz 1.

---

[1] Zu derartigen zusätzlichen richterlichen Spruchkörpern s. Baums/Thoma/Verse/*Fest* Rn. 3.
[2] Zur Besetzung des Senats Baums/Thoma/Verse/*Fest* Rn. 4.
[3] Vgl. zB OLG Frankfurt AG 2010, 296; BeckRS 2013, 22428 Rn. 23; zu den zugewiesenen Verfahren iE Baums/Thoma/Verse/*Fest* Rn. 5 f., 8 ff. sowie 16 f. zu den Rechtsfolgen von Zuständigkeitsverstößen und Rn. 18 ff. zu den Rechtsmitteln in Wertpapiererwerbs- und Übernahmesachen.
[4] Vgl. Baums/Thoma/Verse/*Fest* Rn. 5.
[5] S. den GVP für 2019 https://ordentliche-gerichtsbarkeit.hessen.de/sites/ordentliche-gerichtsbarkeit.hessen.de/files/GVP%20Senate%202019.pdf (zuletzt abgerufen am 30.11.2020), wo freilich noch auf die Vorgängervorschrift zu § 113 WpHG (§ 37u WpHG aF) Bezug genommen wird; der GVP 2020 war am 30.11.2020 noch nicht online verfügbar; vgl. Baums/Thoma/Verse/*Fest* Rn. 14 f.
[6] Angerer/Geibel/Süßmann/*Süßmann* Rn. 2; FK-WpÜG/*Hohn* Rn. 3; Baums/Thoma/Verse/*Fest* Rn. 13; Kölner Komm WpÜG/*Pohlmann* Rn. 2.
[7] BT-Drs. 14/7034, 29.
[8] FK-WpÜG/*Hohn* Rn. 3.
[9] FK-WpÜG/*Hohn* Rn. 2 f.; Baums/Thoma/Verse/*Fest* Rn. 1.

**(4) Auf Angebote, die vor dem 19. August 2008 nach § 14 Abs. 2 Satz 1 veröffentlicht worden sind, findet dieses Gesetz in der vor dem 19. August 2008 geltenden Fassung Anwendung.**

**(5) § 16 Abs. 4 in der Fassung des Gesetzes zur Umsetzung der Aktionärsrechterichtlinie vom 30. Juli 2009 (BGBl. I S. 2479) ist nicht auf Hauptversammlungen anzuwenden, zu denen vor dem 1. September 2009 einberufen wurde.**

1    § 68 hat mehrere **Regelungsinhalte.** Abs. 1[1] ist eine Übergangsvorschrift mit Blick auf das Inkrafttreten der wesentlichen Teile des Übernahme-RL-UG am 14.7.2006 (BGBl. 2006 I 1426; Art. 8 Übernahme-RL-UG). Für Angebote, die vor dem Inkrafttreten des **Übernahme-RL-UGes** veröffentlicht worden sind, gilt das WpÜG in seiner bisherigen Fassung weiter,[2] was freilich aufgrund des Zeitablaufs keinerlei praktische Relevanz mehr hat.[3]

2    Abs. 2 ist eine Übergangsvorschrift mit Blick auf den Ablauf der Frist zur Umsetzung der Übernahme-RL am 20.5.2006 (Art. 21 Abs. 1 Übernahme-RL), die in Art. 4 Übernahme-RL Regelungen über den **internationalen Anwendungsbereich und die Behördenzuständigkeit bei internationalen Sachverhalten** enthält. Bei europäischen Angeboten (§ 1 Abs. 3 S. 1 Nr. 1; § 2 Abs. 1a, § 3 Nr. 2) zum Erwerb stimmberechtigter Wertpapiere einer Zielgesellschaft, die am 20.5.2006 sowohl im Inland als auch in einem anderen EWR-Staat börsennotiert war (§ 1 Abs. 3 S. 1 Nr. 2 lit. b) steht in den Fällen gleichzeitiger Börsennotierungen entgegen § 1 Abs. 3 S. 1 Nr. 2 lit. b Doppellit. bb nicht der Zielgesellschaft das Wahlrecht der zuständigen Aufsichtsstelle und damit des anwendbaren Übernahmerechts (§ 1 Abs. 3) zu; vielmehr sollte die Behördenzuständigkeit von den betroffenen Aufsichtsstellen einvernehmlich bestimmt werden.[4] Auch diese Regelung ist durch Zeitablauf gegenstandslos geworden.[5]

3    Abs. 3[6] bezieht sich auf die Einfügung des S. 2 in § 30 Abs. 2 durch Art. 2 Nr. 1 **Risikobegrenzungsgesetz** vom 12.8.2008 (BGBl. 2008 I 1666), der am 19.8.2008 in Kraft trat (Art. 12 Risikobegrenzungsgesetz). Dies gilt auch für § 68 Abs. 4, denn andere Vorschriften als § 30 Abs. 2 und § 68 wurden durch das Risikobegrenzungsgesetz nicht geändert.[7] Ziel des § 68 Abs. 3 ist, dass die Neufassung des § 30 Abs. 2 nicht zur Zurechnung eines vor Inkrafttreten der Gesetzesänderung und damals noch nicht zurechenbaren Verhaltens führen soll.[8] Nach Abs. 4 soll § 30 Abs. 2 in der Fassung vor dem Risikobegrenzungsgesetz auf am 19.8.2008 bereits veröffentlichte Angebote Anwendung finden.[9] Die Vorschrift ist kraft Zeitablaufs bedeutungslos,[10] ebenso wie Abs. 5, nach welchem auf vor dem 1.9.2009 einberufene Hauptversammlungen § 16 Abs. 4 aF Anwendung findet.[11]

---

[1] Ausf. zur Bedeutung dieser Vorschrift Baums/Thoma/Verse/*Fest* Rn. 4 ff.
[2] Steinmeyer/*Santelmann* Rn. 1; Angerer/Geibel/Süßmann/*Süßmann* Rn. 1; FK-WpÜG/*Schüppen* Rn. 5.
[3] Baums/Thoma/Verse/*Fest* Rn. 4.
[4] Vgl. FK-WpÜG/*Schüppen* Rn. 6 f.; Angerer/Geibel/Süßmann/*Süßmann* Rn. 2; Baums/Thoma/Verse/*Fest* Rn. 8.
[5] Baums/Thoma/Verse/*Fest* Rn. 8.
[6] Ausf. zur Bedeutung dieser Vorschrift Baums/Thoma/Verse/*Fest* Rn. 10 ff.
[7] Vgl. FK-WpÜG/*Schüppen* Rn. 8; Baums/Thoma/Verse/*Fest* Rn. 9.
[8] Vgl. FK-WpÜG/*Schüppen* Rn. 9; Kölner Komm WpÜG/*v. Bülow* Rn. 10; Baums/Thoma/Verse/*Fest* Rn. 10.
[9] Vgl. FK-WpÜG/*Schüppen* Rn. 10.
[10] Angerer/Geibel/Süßmann/*Süßmann* Rn. 4; Baums/Thoma/Verse/*Fest* Rn. 14.
[11] Angerer/Geibel/Süßmann/*Süßmann* Rn. 5; Baums/Thoma/Verse/*Fest* Rn. 16; vgl. Steinmeyer/*Santelmann* Rn. 1.

# Österreichisches Übernahmerecht

**Schrifttum:** *Barth,* Die Wahl von Aufsichtsratsmitgliedern als Acting in Concert in Österreich und in Deutschland, GesRZ 2019, 239; *Birkner (Hrsg.),* Handbuch Übernahmerecht, 2012; *Diregger,* Terra incognita – zivilrechtliche Sanktionen bei unterlassenem Pflichtangebot, GesRZ 2010, 19; *Diregger/Ulmer,* Die Spruchpraxis der Übernahmekommission nach drei Jahren Übernahmegesetz – eine Auswahl, WBl. 2002, 97; *P. Doralt,* Überlegungen zur Gestaltung der Vorschriften über das Recht des öffentlichen Übernahmeangebots in Österreich, FS Kropff, 1997, 53; *Edelmann,* Der unabhängige Sachverständige nach dem Übernahmegesetz, GesRZ 2014, 278; *Edelmann,* Preisfragen im Übernahmerecht, GesRZ 2016, 19; *Eigner,* Zum Preis des Pflichtangebots im Übernahmerecht, ÖBA 2013, 623; *v. Falkenhausen,* Flexibilität beim Preis des Pflichtangebots, NZG 2013, 409; *Feyl/Rath,* Wandelschuldverschreibungen im Übernahmerecht, GesRZ 2009, 221; *Fidler,* Bedingungen und MAC-Klauseln in Übernahmeangeboten: Gestaltung – Struktur – Regulierung, in Kalss/U. Torggler, Aktuelle Fragen bei M&A, 2019, 53; *Fidler/Winner,* Acting in Concert und seine Rechtsfolgen, GesRZ 2017, 221; *Fragner/Schulz,* Geltung des Übernahmegesetzes bei Rückzug von der Börse, RdW 2011, 523; *Gall,* Die Angebotspflicht nach dem Übernahmegesetz, 2003; *Gall,* Acting in Concert und Angebotspflicht nach dem Übernahmegesetz, GesRZ 2008, 139; *Größ,* Anlegerschutz im Übernahmerecht, 2003; *Huber,* Überlegungen zum gemeinsamen Vorgehen, GesRZ 2010, 13; *Kalss,* Creeping-in und Beteiligungspublizität nach österreichischem Recht, Taugliche Instrumente zur Bewältigung von Law-Balling Stragegien?, in Kämmerer/Veil, Übernahme- und Kapitalmarktrecht in der Reformdiskussion, 2013, 139 f.; *Kalss,* Das Gegenangebot im österreichischen Übernahmerecht, FS Köndgen, 2016, 265; *Kalss/Winner,* Umgründungs- und Übernahmerecht – Versuch einer Synthese, ÖBA 2000, 51; *Kraus,* Die Angebotspflicht im Syndikat, 2011; *Leser,* Acting in Concert im Übernahmerecht, 2009; *Nowotny,* Zur Auslegung des Übernahmegesetzes, RdW 2000, 330; *Nowotny,* Übernahmen durch Umgründung – Zusammenspiel oder Widerspruch zwischen Übernahmerecht und Gesellschaftsrecht, WBl. 2001, 379; *Obradović,* Der Durchschnittskurs und seine Aussagekraft im Übernahmerecht, GesRZ 2018, 4; *Winner,* Die Zielgesellschaft in der freundlichen Übernahme, 2001; *Winner,* Das Pflichtangebot nach neuem Übernahmerecht, ÖJZ 2006, 659; *Winner,* Übernahmeangebot bei Verschmelzung?, in Kalss/Fleischer/Vogt (Hrsg.), Bahnbrechende Entscheidungen – Gesellschafts- und Kapitalmarktrechtsgeschichten, 2016, 45; *Winner,* Die Fairness Opinion im Übernahmerecht, FS Hügel, 2016, 395; *Winner,* Die Übernahmerichtlinie und der Mindestpreis des Pflichtangebots, FS Hopt II, 2020, 1491; *Zollner,* Kontrollwechsel und Kontrollerlangung im Übernahmegesetz, 2002.

## Übersicht

## I. Einleitung

Das Übernahmegesetz (ÜbG)[1] kann auf einen spektakulären Anlassfall zurückgeführt **1** werden: die Übernahme der Creditanstalt durch die Bank Austria zum Jahreswechsel 1996/ 97. Das Gesetz trat mit **1.1.1999,** also bereits vor dem WpÜG, in Kraft.[2] Das ÜbG galt im Wesentlichen unverändert bis zum Mai 2006. Erst das ÜbRÄG 2006[3] nahm eine grundlegende Neugestaltung vor; 2013 wurden die Rechtsmittel gegen Entscheidungen der

---

[1] Bundesgesetz betreffend Übernahmeangebote, Art. I des öBGBl. I 1998/127.

[2] Näher zum Entstehen des ÜbG *P. Doralt* FS Kropff, 1997, 54; *Winner,* Die Zielgesellschaft in der freundlichen Übernahme, 2001, 39 f.

[3] Vgl. Art. 1 Übernahmerechts-Änderungsgesetz 2006 (öBGBl. I 2006/75). Materialien: Ministerialentwurf BMJ-B 10.070 G/0008-I 3/2005; Regierungsvorlage 1334 BlgNR 22. GP; Bericht des Justizausschusses 1382 BlgNR 22. GP. Zu dieser Novellierung zB *Winner* ÖJZ 2006, 659.

Übernahmekommission neu geregelt.[4] Zuletzt hat der Gesetzgeber das so genannte Delisting-Angebot als neue Angebotsform in das ÜbG eingeführt (vgl. → Rn. 45 ff.).[5]

2    Das ÜbG setzt die Übernahmerichtlinie um und **entspricht in der Grundphilosophie und den Regelungsansätzen dem WpÜG,** auch wenn es wichtige Abweichungen zwischen den jeweiligen Regelungen gibt, die keineswegs nur Detailfragen oder technische Aspekte betreffen. Wie beim WpÜG ist auch in der österreichischen Norm der Einfluss des UK Takeover Code[6] stark ersichtlich. Der Anlegerschutz wird durch zwei große Regelungsbereiche verwirklicht: Verfahrensregeln für alle öffentliche Angebote und das Austrittsrecht bei Kontrollwechsel und Delisting.

3    Das ÜbG kennt ebenso wie das WpÜG drei unterschiedliche Angebotstypen. Terminologisch **weicht das ÜbG aber vom deutschen Sprachgebrauch ab:** Neben dem in Österreich und Deutschland einheitlich verwendeten Begriff des „Pflichtangebotes" spricht das ÜbG einerseits vom „Übernahmeangebot" sowie andererseits vom „freiwilligen Angebot zur Kontrollerlangung". Der Terminus „Übernahmeangebot" wird in Österreich abweichend vom deutschen Recht als Oberbegriff für jede Form des öffentlichen Angebots verwendet; das definitorische Pendant zum Übernahmeangebot deutschen Rechts ist hingegen der Begriff „freiwilliges Angebot zur Kontrollerlangung", das von der Praxis auch „antizipatorisches Pflichtangebot" genannt wird. Das Erwerbsangebot gemäß WpÜG entspricht dem „schlicht freiwilligen Angebot".

4    Die folgenden Ausführungen sollen **keine Gesamtdarstellung** des ÜbG bieten,[7] sondern stellen im Überblick die **zentralen Unterschiede** zwischen deutscher und österreichischer Rechtslage dar. Der Schwerpunkt liegt im Folgenden auf inhaltlichen Fragen; Aspekte des Verfahrens werden nur am Rande behandelt.

## II. Anwendungsbereich

5    Der Kernanwendungsbereich ist in § 2 ÜbG gleich wie in § 1 Abs. 1 WpÜG geregelt; der internationale Anwendungsbereich (§ 2 Abs. 2 und 3 WpÜG) ergibt sich aus §§ 27b f. ÜbG. Allerdings hat die Übernahmekommission entschieden, dass das ÜbG noch anwendbar ist, wenn ein rechtlicher bzw. wirtschaftlicher Zusammenhang zwischen dem Wegfall der unmittelbaren Anwendung des ÜbG und dem (geplanten) Kontrollwechsel vorliegt, zB indem in Zusammenhang mit dem Kontrollwechsel ein Delisting vorgenommen wird.[8]

6    Abweichend von der deutschen Norm erstreckt sich der Anwendungsbereich aber auf alle Angebote für „Beteiligungspapiere" iSd. Definition in § 1 Nr. 4 ÜbG. Deswegen sind nicht nur Aktien und vergleichbare Instrumente (zB American Depository Receipts – ADR) erfasst, sondern auch andere (schuldrechtliche) Wertpapiere, die mit einer Gewinn- oder Abwicklungsbeteiligung verbunden sind (zB Genussrechte). Für Wandelschuldverschreibungen und ähnliche Wertpapiere kommt es in Österreich nur darauf an, dass sie von der Zielgesellschaft emittiert wurden und das Recht zum Erwerb börsennotierter Wertpapiere verbriefen, ohne dass sie selbst notiert sein müssen.[9]

## III. Regeln für alle Angebote

7    **1. Für den Bieter.** Vergleichbar zu § 10 Abs. 1 WpÜG muss der Bieter nach § 5 Abs. 3 ÜbG die Entscheidung der Verwaltungsorgane, ein Angebot zu stellen, oder eine bestehende

---

[4] Vgl. öBGBl. I 2013/190.

[5] Vgl. öBGBl. I 2017/107.

[6] http://www.thetakeoverpanel.org.uk/wp-content/uploads/2008/11/code.pdf (zuletzt abgerufen am 27.1.2021).

[7] Für eine solche vgl. die Werke der Standardliteratur *Birkner (Hrsg.),* Handbuch Übernahmerecht, 2012; *Diregger/Kalss/Winner,* Übernahmerecht, 2. Aufl. 2007 sowie *Huber (Hrsg.),* Übernahmegesetz, 2. Aufl. 2016.

[8] ÜbK 17.10.2006 GZ 2006/3/4-17; ÜbK 14.3.2011 GZ 2011/2/2-13; dazu *Fragner/Schulz* RdW 2011, 523.

[9] ÜbK 12.9.2000, GZ 2000/1/4-171 – Bayerische HypoVereinsbank/Bank Austria. Vgl. auch die Angebote für conwert Immobilien Invest SE (18.3.2015), BUWOG (8.2.2018) oder die CA Immobilien Anlagen AG (22.2.2021), welche unter www.takeover.at abgerufen werden können.

Angebotspflicht unverzüglich **bekanntmachen.** Anders als nach der deutschen Rechtslage enthält § 5 Abs. 2 ÜbG aber auch Sondervorschriften zur allgemeinen Ad hoc-Publizität[10] für den Zeitraum davor. Danach hat der Bieter Überlegungen oder die Absicht, ein Angebot zu stellen oder Tatsachen herbeizuführen, die ihn zur Stellung eines Angebots verpflichten, unverzüglich bekanntzumachen und den Verwaltungsorganen der Zielgesellschaft mitzuteilen, wenn erhebliche Kursbewegungen oder Gerüchte und Spekulationen betreffend ein bevorstehendes Angebot auftreten und anzunehmen ist, dass diese auf die Vorbereitung des Angebots oder diesbezügliche Überlegungen oder auf Aktienkäufe durch den Bieter zurückzuführen sind. Mit anderen Worten muss der Bieter Überlegungen über ein Angebot erst dann veröffentlichen, wenn die Geheimhaltung gebrochen ist. Die Veröffentlichung der Überlegungen löst einen für den Bieter nachteiligen Fristenlauf aus, weil die Angebotsunterlage innerhalb von 10 Börsentagen bei der Übernahmekommission anzuzeigen ist (§ 10 Abs. 1 ÜbG) bzw. bei unterlassener Anzeige innerhalb von 40 Börsentagen eine einjährige Sperrfrist für die Abgabe eines Angebots zu laufen beginnt (§ 21 Abs. 2 ÜbG).[11] Eine vergleichbare Bekanntmachungspflicht trifft den Vorstand der Zielgesellschaft, wenn er in die Vorbereitung des Angebots einbezogen ist (§ 6 Abs. 2 ÜbG).

Ein wesentlicher Unterschied zur deutschen Rechtslage liegt in der Verpflichtung des Bie-  **8** ters, einen von ihm unabhängigen[12] **Sachverständigen** zu bestellen (§ 9 ÜbG). Dessen Aufgabe beschränkt sich nicht darauf, die Verfügbarkeit der für das Angebot erforderlichen Mittel zu bestätigen, auch wenn er eine entsprechende Erklärung abzugeben hat. Vielmehr muss er ganz generell die Vollständigkeit und Gesetzmäßigkeit der Angebotsunterlage bestätigen und den Bieter während des gesamten Verfahrens beraten; der Schwerpunkt der Prüfung liegt in der Regel auf der Überprüfung der angebotenen Gegenleistung. Das Ergebnis muss der Sachverständige in einer abschließenden Bestätigung zusammenfassen, die auch mit dem Angebot veröffentlicht wird. Sachverständige können Kreditinstitute mit anrechenbaren Eigenmitteln von mindestens EUR 18,2 Millionen sein oder Wirtschaftsprüfer mit einer Haftpflichtversicherung für ihre Tätigkeit im Zusammenhang mit Übernahmeangeboten bei einer Deckungssumme von mindestens EUR 7,3 Millionen für eine einjährige Versicherungsperiode.

Anders als nach § 31 Abs. 4 WpÜG sieht § 16 ÜbG **Preisregeln für alle Angebote**  **9** vor, nicht nur für Pflicht- und Übernahmeangebote. Freilich sind bei einfachen Erwerbsangeboten die Vorerwerbe des Bieters oder die Börsenkurse nicht maßgeblich. Verboten sind nur (Parallel)Transaktionen[13] während des Angebotsverfahrens durch den Bieter (bzw. mit ihm gemeinsam vorgehende Rechtsträger) ab einer Bekanntmachung über ein Übernahmeangebot (→ Rn. 7) und bis zum Ende der Angebotsfrist bzw. der sog. Nachfrist (→ Rn. 11); solche Paralleltransaktionen beziehen sich sowohl auf Erwerbs- als auch auf Veräußerungstransaktionen. Erwerbe zu besseren Bedingungen führen ex lege zu einer Verbesserung des Angebotspreises (§ 16 Abs. 3 ÜbG) und ziehen Verwaltungsstrafen nach sich (§ 35 Abs. 1 Nr. 1 ÜbG). Ausnahmen von dem Verbot gibt es für Kreditinstitute im Rahmen ihres üblichen Geschäftsbetriebs (näher § 16 Abs. 4 ÜbG).

Vergleichbar zu § 31 Abs. 5 WpÜG, aber ebenfalls mit Anwendung auf **alle Arten von**  **10** **Angeboten,** sieht § 16 Abs. 7 ÜbG vor, dass Erwerbe innerhalb von neun Monaten nach Ablauf der Annahmefrist bzw. der Nachfrist zu einer höheren Gegenleistung eine Nachzahlungsverpflichtung des Bieters gegenüber den Beteiligungspapierinhabern auslöst, die das Angebot angenommen haben; Ausnahmen bestehen für den proportionalen Erwerb von Aktien im Rahmen einer Kapitalerhöhung[14] und Gegenleistungen im Rahmen eines Sque-

---

[10] Dazu VwGH 24.3.2014 – 2012/17/0140. Diese Verwaltungspraxis steht aber in einem gewissen Spannungsverhältnis zu Art. 17 MAR, der insoweit nicht differenziert. Zum Thema s. näher bei Gruber/*Ladler* MAR Art. 17 Rn. 27.

[11] Zu Sonderfragen beim Pflichtangebot vgl. *Diregger/Kalss/Winner* ÜbernahmeR Rn. 131.

[12] Zur Unabhängigkeit *Edelmann* GesRZ 2014, 278.

[13] Ebenso verboten ist dem Bieter iÜ der Verkauf von Beteiligungspapieren der Zielgesellschaft (§ 16 Abs. 3 ÜbG).

[14] Anders als nach § 31 Abs. 6 WpÜG schadet der Erwerb von Bezugsrechten nicht, wenn dabei der Grundsatz der Gleichbehandlung gewahrt wird. Vgl. dazu ÜbK 16.4.2014, GZ 2014/3/1-9 – Telekom Austria.

eze-outs. Auch eine Veräußerung einer kontrollierenden Beteiligung durch den Bieter zu einem höheren Preis als im Angebot löst eine Nachzahlungspflicht aus; damit sollen Gestaltungen unterbunden werden, bei denen der kontrollierende Aktionär zunächst dem Streubesitz ein schlichtes Erwerbsangebot ohne Preisbindung legt und dann das nun größere Paket teuer an einen neuen Kontrollaktionär weiterveräußert.

**11**     Anders ist auch das **Fristenkorsett** für ein Angebot, wobei die diesbezüglichen Details hier nicht darzustellen sind. Zwar sind die Mindestannahmefristen seit dem BörseG 2018 mit vier Wochen gleich lang wie in Deutschland (vgl. § 19 Abs. 1 ÜbG), doch ist die Nachfrist deutlich länger („weitere Annahmefrist" von zwei Wochen gem. § 16 Abs. 2 WpÜG): Die Annahmefrist verlängert sich um drei Monate ab Bekanntgabe des Ergebnisses, wenn ein Pflichtangebot vorliegt, der Bieter nach dem Angebot mehr als 90% des stimmberechtigten Grundkapitals hält (und daher einen Squeeze-out durchführen könnte) oder das Angebot von der Erreichung einer bestimmten Mindestzahl von Beteiligungspapieren abhängig ist und diese Bedingung erfüllt wurde. Im Übrigen fehlt in Österreich eine Verpflichtung zur Abgabe von Wasserstandsmeldungen, wie in § 23 WpÜG vorgesehen; dies wird durch den deutlich weiteren Anwendungsbereich der österreichischen „Zaunkönigsregelung" uE weitgehend kompensiert. Die FMA[15] vertritt jedoch, dass für den Bieter bei Überschreiten der Meldeschwellen nach der Transparenz-RL bereits vor der Ergebnisveröffentlichung nach den §§ 130 ff. BörseG Meldpflichten entstehen können, was im Ergebnis eine vergleichbare Informationsfunktion begründet.

**12**     Bereits erwähnt wurde, dass die **Sperrfrist** von einem Jahr nicht nur bei Scheitern eines Angebots eintritt,[16] sondern auch wenn der Ankündigung eines Angebots oder doch von Überlegungen über ein solches innerhalb von 40 Börsentagen kein Angebot folgt (§ 21 Abs. 2 ÜbG). Anders als in Deutschland verbietet die Sperrfrist nicht nur die Abgabe eines Angebots, sondern auch den Erwerb von Aktien, der eine Angebotspflicht auslösen würde (§ 21 Abs. 1 S. 2 ÜbG).

**13**     **2. Für die Zielgesellschaft.** Das **Verhinderungsverbot** gem. § 12 ÜbG ist wegen der stärker konzentrierten Aktionärsstruktur bei österreichischen börsennotierten Gesellschaft weniger bedeutend als dasjenige nach WpÜG, wenngleich gerade in jüngerer Zeit in der Praxis zunehmend Anwendungsfälle zu berichten sind. Im Ergebnis ist die österreichische Regelung in mehrfacher Hinsicht strenger als sein Pendant nach WpÜG. Zunächst gilt § 12 ÜbG nicht nur bei Pflicht- und Übernahmeangeboten, sondern auch bei einfachen Erwerbsangeboten, was angesichts der Tatsache, dass bei manchen Gesellschaften eine Beherrschung de facto auch schon bei einer Beteiligung unter der Kontrollschwelle von 30% möglich ist, durchaus von praktischer Relevanz ist. Im Übrigen wird das Verhinderungsverbot schon schlagend, wenn der Zielgesellschaft die Absicht des Bieters bekannt wird, ein Angebot abzugeben (§ 12 Abs. 2 ÜbG); nach richtiger Auffassung ist es aber nicht erforderlich, dass der Bieter auch schon die endgültige Entscheidung getroffen hat (vgl. hingegen § 33 Abs. 1 S. 1 WpÜG).

**14**     Vor allem hat Österreich von den Ermächtigungen in **Art. 12 Übernahme-RL nicht Gebrauch gemacht.** Deswegen sind Maßnahmen, die das Angebot vereiteln können, weder zulässig, wenn sie auch ein ordentlicher oder gewissenhafter Geschäftsführer vorgenommen hätte, noch, wenn sie vom Aufsichtsrat genehmigt werden. Vielmehr bedarf es ausnahmslos einer Entscheidung der Hauptversammlung, die darüber hinaus auch nicht als Vorratsermächtigung abgegeben werden darf,[17] sondern sich auf ein konkretes Angebot beziehen muss.[18] Damit entspricht die zwingende österreichische Rechtslage im Wesentlichen dem europäischen Verhinderungsverbot gem. § 33a WpÜG; anders als nach diesem

---

[15] FAQ der FMA aus August 2019, Punkt 3.2. Zustimmend *Kalss/Oppitz/U. Torggler/Winner/Edelmann/Winner* BörseG § 130 Rn. 82; krit. *Gruber/Diregger* BörseG § 130 Rn. 131 ff., BörseG § 135 Rn. 30 ff.

[16] § 21 Abs. 1 S. 1 ÜbG entspricht somit § 26 Abs. 1 S. 2 WpÜG.

[17] Anders § 33 Abs. 2 WpÜG, der in bestimmten Umfang Vorratsermächtigungen mit einer Höchstdauer von 18 Monate ermöglicht.

[18] Für alle *Diregger/Kalss/Winner* ÜbernahmeR Rn. 96.

könnten aber Maßnahmen innerhalb des normalen Geschäftsbetriebs nach § 12 ÜbG nicht privilegiert sein. Ebenso wenig lässt es das ÜbG zu, dass die Gesellschaft den Vorbehalt der Gegenseitigkeit erklärt (vgl. aber § 33c WpÜG).

Die österreichische Umsetzung der **Durchbrechungsregel** in § 27a ÜbG entspricht **15** im Wesentlichen § 33b WpÜG; auch die österreichische Norm ist nur auf Pflicht- und Übernahmeangebote anwendbar. Allerdings bedarf die Einführung einer entsprechenden Satzungsbestimmung in Österreich der Zustimmung entsendungsberechtigter Aktionäre (§ 27a Abs. 1 ÜbG), die daher auch keine Entschädigung erhalten. Die Norm hat derzeit keine praktische Bedeutung, da keine börsennotierte Aktiengesellschaft entsprechende Satzungsbestimmungen aufgenommen hat.

Auch nach § 14 ÜbG sind Vorstand und Aufsichtsrat der Zielgesellschaft verpflichtet, **16** eine **Stellungnahme zum Angebot** abzugeben. Ihr Inhalt entspricht weitgehend § 27 WpÜG; nach der Vorstellung des Gesetzgebers sollten die Organe der Zielgesellschaft eine abschließende Empfehlung zur Annahme des Angebots abgeben und sich nur in Ausnahmefällen mit der Aufzählung von Für und Wider begnügen; in der Praxis bleibt es allerdings häufig bei der Darstellung einzelner Aspekte.[19] Als wesentlicher Unterschied bleibt, dass das Angebot samt Stellungnahme der Zielgesellschaft gem. § 14 Abs. 2 ÜbG von einem unabhängigen Sachverständigen zu beurteilen ist, wobei dessen Urteil auch veröffentlicht wird.

### IV. Pflichtangebote

§§ 22 ff. ÜbG beschäftigen sich mit Pflichtangeboten und freiwilligen Angeboten zur **17** Kontrollerlangung und regeln diese gemeinsam. Lediglich einzelne Bestimmungen sind nur auf Pflichtangebote (§ 25b Abs. 3 ÜbG: Verbot von anderen als gesetzlich gebotenen Bedingungen) oder auf freiwillige Angebote zur Kontrollerlangung anwendbar (§ 25a Abs. 2 ÜbG; → Rn. 43). Auf beide Angebotstypen sind darüber hinaus die Vorschriften der §§ 3– 21 ÜbG anwendbar, soweit §§ 22 ff. ÜbG keine Sondervorschriften enthalten.

**1. Kontrolle und Kontrollerlangung.** § 22 Abs. 1 und 2 ÜbG setzt die **Schwelle,** bei **18** deren Überschreiten die Angebotspflicht ausgelöst wird, so wie in Deutschland mit 30% der ständig stimmberechtigten Aktien der Zielgesellschaft fest. Anders als in Deutschland[20] ist aber der Nenner der Division um eigene Aktien zu bereinigen (§ 22 Abs. 6 ÜbG), weswegen die Kontrolle auch erlangt werden kann, weil die Zielgesellschaft eigene Aktien erwirbt (noch → Rn. 32). Vorzugsaktien sind allerdings wie in Deutschland nicht zu berücksichtigen, weil sie nicht ständig stimmberechtigt sind. Unterschiede bei der Schwelle bestehen aber gegenüber Deutschland in dreierlei Hinsicht:

Erstens besteht bei einem Erwerb einer Beteiligung von maximal 30%, aber mehr als 26% **19** der ständig stimmberechtigten Aktien (in § 26a ÜbG als „**Überschreiten der gesicherten Sperrminorität**" bezeichnet) zwar keine Angebotspflicht, aber eine Meldepflicht gegenüber der Übernahmekommission. Gleichzeitig dürfen maximal 26% an Stimmrechten ausgeübt werden, sofern die Übernahmekommission das Ruhen der Stimmrechte nicht aufhebt und durch geeignete Auflagen zum Schutz der Beteiligungspapierinhaber ersetzt. Die Vorschrift soll einen gewissen Ausgleich dafür bieten, dass bei echten Streubesitzgesellschaften eine Beherrschung auch mit weniger als 30% der Stimmrechte wegen der üblicherweise geringen Hauptversammlungspräsenz möglich ist,[21] kann dieses Ziel aber nur teilweise erreichen, weil das bei Ausübung von 26% der Stimmrechte zumeist nicht so viel anders ist.

Zweitens können Zielgesellschaften den **Schwellenwert in der Satzung herabsetzen 20** (§ 27 Abs. 1 Nr. 1 ÜbG),[22] ohne dass dafür eine Untergrenze bestünde. Eine spätere Anhe-

---

[19] Dazu *Winner* FS Hügel, 2016, 400 ff.
[20] Vgl. *Noack/Zetsche* in Schwark/Zimmer, Kapitalmarktrechtskommentar, 5. Aufl, 2020, WpÜG § 29 Rn. 49 mwN.
[21] Dazu *Diregger/Kalss/Winner* ÜbernahmeR Rn. 180.
[22] Daneben besteht auch die Möglichkeit des opting-out für erst zu begebende Vorzugsaktien, Wandelschuldverschreibungen, Genussscheine und Optionen. In der Praxis wurde diese Option bisher nicht wahrgenommen.

bung des einmal festgesetzten Schwellenwerts ist faktisch nicht mehr möglich, weil es dazu gem. § 27 Abs. 3 ÜbG der Zustimmung aller Inhaber von Beteiligungspapieren bedarf. Dennoch haben einige Gesellschaften diese Option wahrgenommen, darunter bedeutende Unternehmen im Banken- und Immobiliensektor.[23] Dadurch wollen sich zumeist dominierende Aktionäre, die unter der Schwelle von 30% beteiligt sind, gegen den Aufbau eines größeren Aktienpakets absichern. Allerdings gelten die Ausnahmen von der Angebotspflicht gem. §§ 24 f. ÜbG (→ Rn. 28 ff.) auch, wenn die Satzung eine solche Schwelle festlegt.

21    Drittens kennt Österreich anders als Deutschland auch eine Angebotspflicht wegen **Creeping-in:** Wer zu einer kontrollierenden Beteiligung, ohne dass ihm die Mehrheit der auf die ständig stimmberechtigten Aktien entfallenden Stimmrechte zusteht, innerhalb eines Zeitraums von zwölf Monaten Aktien hinzuerwirbt, die ihm zusätzlich mindestens 2% der Stimmrechte der Gesellschaft verschaffen, muss ein Angebot legen (§ 22 Abs. 4 ÜbG). Der „creeping-in"-Tatbestand soll vor allem verhindern, dass durch geschickte Gestaltungen des Angebots- bzw. Erwerbsvorgangs der Gleichbehandlungsgrundsatz und die Preisbildungsvorschriften des ÜbG effektiv umgangen werden, insbesondere durch *low balling*.[24] Allerdings sind auch Altbestände erfasst.

22    Neben dem unmittelbaren ist auch der **mittelbare Kontrollerwerb** ein Auslösetatbestand für die Angebotspflicht. Bei dieser wird der die Zielgesellschaft kontrollierende Rechtsträger wiederum vom Bieter kontrolliert. Soweit dieser Rechtsträger nicht seinerseits an der Wiener Börse notiert, kommt es für die mittelbare Kontrolle auch nach österreichischem Recht grundsätzlich nicht auf die Kontrollschwelle an (§ 22 Abs. 3 Nr. 2 ÜbG). Vielmehr ist eine materielle Beurteilung anhand des Prüfkriteriums vorzunehmen, ob der Bieter über die ihm zukommenden Anteilsrechte oder sonstige Rechte in der Lage ist, einen beherrschenden Einfluss auf diesen Rechtsträger auszuüben. Damit soll der Erwerb von GmbHs eingefangen werden, bei denen die Kontrolle nicht notwendig durch die Stimmmacht vermittelt wird. Besonders bedeutend ist die Vorschrift in der Praxis für Privatstiftungen, die auch als Holding eingesetzt werden können und insbesondere bei Familienunternehmungen auch werden. Bei diesen an und für sich eigentümerlosen Rechtssubjekten ist es möglich, in der Stiftungserklärung über „sonstige Rechte" iSd übernahmerechtlichen Vorschrift einzelnen Personen de facto kontrollierende Stellung einzuräumen, was für die Begründung mittelbarer Kontrolle genügt;[25] eine kontrollierte Privatstiftung liegt jedenfalls dann vor, wenn sich der Stifter die Änderung der Stiftungserklärung vorbehalten hat.[26] Anders als nach in Deutschland hL[27] ist es für den mittelbaren Kontrollerwerb über eine in Österreich börsennotierte Zwischengesellschaft jedenfalls ausreichend, wenn auf beiden Ebenen eine Beteiligung von mehr als 30% der ständig stimmberechtigten Aktien besteht (§ 22 Abs. 3 Nr. 1 ÜbG).

23    Die Zurechnung ist vom Zugang her im Vergleich zu § 30 WpÜG abweichend geregelt. Alle **Aktien, die von gemeinsam vorgehenden Rechtsträgern gehalten** werden, sind allen gemeinsam Vorgehenden wechselseitig zuzurechnen (§ 23 Abs. 1 ÜbG). Gemeinsam vorgehende Rechtsträger sind alle, die mit dem Bieter auf der Grundlage einer Absprache zusammenarbeiten, um die Kontrolle über die Zielgesellschaft zu erlangen oder auszuüben, insbesondere durch Koordination der Stimmrechte (§ 1 Nr. 6 ÜbG). Anders als nach dem WpÜG muss die daraus resultierende Stimmkraftverstärkung von der Absicht getragen sein,

---

[23] S. die Aufstellung auf der Homepage der Übernahmekommission (www.takeover.at/mitteilungen/#torb-content-46831).

[24] Zuletzt ÜbK 10.5.2016, GZ 2016/1/4-11 – VIA; *Kalss* in Kämmerer/Veil, Übernahmerecht und Kapitalmarktrecht in der Reformdiskussion, 2013, 139 ff.

[25] Zu kontrollierten Privatstiftung erstmals ÜbK 26.11.2001, GZ 2001/2/8-24; ÜbK 23.5.2011, GZ 2011/3/2-15; zuletzt ÜbK 20.3.2015, GZ 2014/1/7-132 – Andritz.

[26] ÜbK 23.5.2011, GZ 2011/3/2-15. Vgl. auch *Zollner* GesRZ 2003, 278; *Zollner* ÖBA 2004, 831; *N. Arnold/Schuster* GesRZ 2007, 303. Ähnlich auch OGH 31.7.2015 – 6 Ob 196/14p, GesRZ 2015, 326 mAnm *Kalss*.

[27] S. die Nachweise bei Assmann/Pötzsch/Schneider/*Krause/Pötzsch*, 2. Aufl. 2013, WpÜG § 35 Rn. 93, 98.

die Kontrolle über die Zielgesellschaft zu erlangen.[28] Vermutet wird dies, wenn ein Rechtsträger unmittelbar oder mittelbar eine kontrollierende Beteiligung an einem anderen hält oder wenn eine Absprache über die Ausübung ihrer Stimmrechte bei der Wahl der Mitglieder des Aufsichtsrats getroffen wurde; letztere erfasst anders als in Deutschland auch die bloß einmalige Abstimmung. Freilich ist diese Vermutung widerleglich, was insbesondere für Absprachen über die Wahl in den Aufsichtsrat Bedeutung hat, wenn entweder unabhängige KandidatInnen vorgeschlagen werden oder es nur um die Besetzung von Minderheitsvertretern geht.[29] Ausschlaggebend ist zur Beurteilung aller Fälle die (allenfalls implizite)[30] Absprache über die Kontrollerlangung oder -ausübung;[31] Absprachen betreffend die gemeinsame Einberufung einer außerordentlichen Hauptversammlung, das Erstatten von Beschlussvorschlägen sowie die Ausübung der Stimmrechte zu anderen Tagesordnungspunkten wie zB die Gewinnverwendung, die Ermächtigung zum Rückkauf eigener Aktien oder Kapitalerhöhungen unter Wahrung des Bezugsrechts begründen daher im Regelfall kein gemeinsames Vorgehen,[32] was sich häufig mit der Ausnahme für Einzelfälle in § 30 Abs. 2 WpÜG decken wird.

Hinzu kommt die **einseitige Zurechnung** zum Bieter in den in § 23 Abs. 2 ÜbG **24** vorgesehenen Fällen. Die Fälle entsprechen im Großen und Ganzen § 30 Abs. 1 WpÜG. Allerdings setzen in Österreich alle Tatbestände voraus, dass der Rechtsträger, bei dem die Zurechnung erfolgen soll, auf die Ausübung der Stimmrechte Einfluss nehmen kann,[33] was zB nach § 30 Abs. 1 Nr. 5 WpÜG nicht erforderlich ist. Darüber hinaus enthält § 23 Abs. 2 ÜbG eine Generalklausel, nach der dem Bieter ganz allgemein alle Beteiligungen zuzurechnen sind, wenn er auf die Ausübung von Stimmrechten Dritter Einfluss ausüben kann.

Wie in Deutschland ist es nicht erforderlich, dass eine kontrollierende Beteiligung erworben **25** wird; es genügt, dass sie „**erlangt**" wird. Damit sollen auch Gestaltungen eingeschlossen werden, in denen ohne Übertragung von Mitgliedschaftsrechten eine neue Kontrollposition entsteht.

§ 22a ÜbG behandelt ein wichtiges Beispiel für bloßes „Erlangen", nämlich den Kontroll- **26** wechsel aufgrund der Bildung einer Gruppe, wobei es in der Praxis zumeist um **Stimmbindungsverträge** (Poolverträge, in Österreich auch als Syndikatsverträge bezeichnet) geht. Zunächst führt der Abschluss eines Stimmbindungsvertrags zur Angebotspflicht, wenn dadurch entweder die Vertragspartner erstmals eine kontrollierende Beteiligung erlangen oder die bisherige alleinige Kontrolle durch einen zu einer gemeinsamen Kontrolle aller Vertragspartner wird (§ 22a Nr. 1 ÜbG iVm § 24 Abs. 3 Nr. 4 ÜbG). Spiegelbildlich kann auch die Auflösung des Stimmbindungsvertrags die Angebotspflicht auflösen, wenn die gemeinsame Kontrolle zur alleinigen Kontrolle eines Gesellschafters mit mindestens 30% der ständig stimmberechtigten Aktien wird (§ 22a Nr. 2 ÜbG iVm § 24 Abs. 3 Nr. 4 ÜbG).[34] Ausnahmen bestehen, wenn der allein beherrschende Aktionär auch nach Abschluss des Stimmbindungsvertrags seine Vertragspartner dominiert (in österreichischer Terminologie als Subordinationssyndikat bezeichnet). Konsequenterweise kann auch eine Änderung der Gruppe oder des Stimmbindungsvertrags die Angebotspflicht auslösen, wenn die Willensbildung danach durch einen anderen Aktionär oder eine andere Aktionärsgruppe beherrscht

---

[28] ÜbK 18.3.2015, GZ 2014/1/8-74 – CWI; dazu *Diregger* wbl 2016, 13 ff. Ebenso ÜbK 22.11.2016, GZ 2016/1/2-317.

[29] ÜbK 29.11.2007, GZ 2007/2/2-30 – KTM; ÜbK 20.5.2009, GZ 2009/1/3-30 – Erste; ÜbK 13.11.2009, GZ 2009/2/7-12 – KTM; ÜbK 18.5.2011, GZ 2011/1/1-21 – C-Quadrat.

[30] ÜbK 31.1.2008, GZ 2007/3/3-157 – RHI; ÜbK 16.12.2013, GZ 2013/1/4-103 – CEG I.

[31] ÜbK 16.12.2013, GZ 2013/1/4-103 – CEG I.

[32] Information der Übernahmekommission zum Leitfaden der ESMA betreffend die Zusammenarbeit von Aktionären und das gemeinsame Vorgehen zwischen Aktionären vom 4.4.2014, (https://www.takeover.at/ uploads/u/pxe/A4_Rechtliche_Grundlagen/ESMA_Leitfaden/Information_der_UEbernahmekommission_ zum_Leitfaden.pdf, zuletzt abgerufen am 27.1.2021).

[33] Vgl. vor allem OGH 9.9.2015 – 6 Ob 97/15 f. Anders allerdings in der Entscheidung der ÜbK 20.3.2015, GZ 2014/1/7-132 – Andritz AG, wo die vermögensrechtliche Beteiligung von Genussrechten ausnahmsweise ausreichte.

[34] Anders für Deutschland zB Assmann/Pötzsch/Schneider/*Krause/Pötzsch* WpÜG § 35 Rn. 108.

werden kann; das kann einerseits durch Hinzutritt oder Ausscheiden eines Vertragspartners, andererseits aber auch durch die Änderung des Stimmbindungsvertrags selbst passieren (§ 22a Nr. 3 ÜbG).[35] Der Mitgliederwechsel ist besonders problematisch, wenn die Stimmbindungsvereinbarung personalistisch ausgestaltet ist, während der Wechsel oder das Ausscheiden eines kleineren Mitglieds bei kapitalistisch ausgestalteten Stimmbindungen tendenziell weniger problematisch ist; für Anteilsverschiebungen zwischen Vertragspartnern ist es genau umgekehrt.[36] Tritt ein kontrollrelevanter Wechsel ein, so sind nach österreichischem Recht[37] alle Vertragspartner zur Angebotslegung verpflichtet.

27      Die Kontrollerlangung kann auch das Ergebnis eines gesellschaftsrechtlichen Umwandlungsvorgang, wie insbesondere einer **Verschmelzung,** Spaltung, Einbringung oder ähnlicher – uU auch kombinierter – Transaktionen sein.[38] Ob ein Kontrollwechsel erfolgt ist, muss aus Sicht der betroffenen Gesellschafter beurteilt werden. Der neue kontrollierende Aktionär ist daher nur gegenüber den Gesellschaftern, die erstmals einer Kontrolle oder einem neuen kontrollierenden Aktionär unterworfen werden, zur Abgabe eines Pflichtangebots verpflichtet. Es kommt hingegen nicht darauf an, ob die Gesellschaft, um deren außenstehende Aktionäre es geht, nach der Verschmelzung noch besteht; die Verschmelzungsrichtung ist nach der Entscheidung in Sachen *Bayerische HypoVereinsbank / Bank Austria*[39] unerheblich. Die Angebotspflicht kann auch bestehen, wenn sich im Rahmen einer Umstrukturierung der Kontrollwechsel unterhalb der Ebene der Zielgesellschaft vollzieht, indem ein neuer Aktionär am ausgegliederten Unternehmen der Zielgesellschaft kontrollierend beteiligt wird und die Aktionäre der Zielgesellschaft zwar diese weiterhin beherrschen, aber mit Blick auf das Sachsubstrat der Gesellschaft nunmehr in einer Minderheitsposition sind.[40] Im Vordergrund stehen hierbei Umgehungsgesichtspunkte.[41]

28      **2. Ausnahmen von der Angebotspflicht.** Die Regelungen zu Ausnahmen von der Angebotspflicht in §§ 24 f. ÜbG unterscheiden sich strukturell wesentlich, aber inhaltlich nur verhältnismäßig geringfügig von den Regelungen des WpÜG und der WpÜG-AV. Nach der österreichischen Rechtslage bedarf es keiner Befreiung von der Angebotspflicht durch die Behörde; vielmehr tritt die **Befreiung ex lege** ein und bedarf nur einer Mitteilung an bzw. einer Anzeige bei der Übernahmekommission. Allerdings kann die Übernahmekommission bei einigen Ausnahmetatbeständen ein Pflichtangebot anordnen, wenn dies erforderlich ist, um eine Gefährdung der Vermögensinteressen der Beteiligungspapierinhaber zu vermeiden (→ Rn. 31). Ein weiterer wichtiger Unterschied zur deutschen Rechtslage liegt darin, dass die Übernahmekommission keine relativ weite Ermächtigung zum Dispens von der Angebotspflicht in geeigneten Fällen hat, wie es § 37 Abs. 1 WpÜG für die BaFin vorsieht; vielmehr ist die österreichische Behörde an die Aufzählung privilegierter Tatbestände in §§ 24 f. ÜbG (die im Detaillierungsgrad § 9 WpÜG-AV entsprechen) gebunden, wobei dies freilich die Einzel- und wohl auch die Gesamtanalogie nicht ausschließt.[42]

---

[35] S. hierzu die umfassende Spruchpraxis: ÜbK 21.2.2000, GZ 2000/1/1-19; ÜbK 16.5.2001, GZ 2001/1/2-26; ÜbK 27.10.2004, GZ 2004/3/12-33; ÜbK 20.9.2005, GZ 2005/1/6-38; ÜbK 20.10.2005, GZ 2005/1/3-37; ÜbK 23.5.2011, GZ 2011/3/2-15; ÜbK 18.5.2012, GZ 2012/2/3-27; ÜbK 14.9.2012, GZ 2012/1/1-48; ÜbK 9.9.2013, GZ 2013/3/3-27; ÜbK 27.11.2014, GZ 2014/1/10-28; ÜbK 1.4.2015, GZ 2015/1/5-12; ÜbK 12.10.2016, GZ 2016/3/2-27; ÜbK 24.7.2018, GZ 2018/3/2-15; ÜbK 8.10.2018, GZ 2018/1/6-25.

[36] *Diregger / Kalss / Winner* ÜbernahmeR Rn. 203 mwN.

[37] Anders für Deutschland zB Assmann/Pötzsch/Schneider/*Krause/Pötzsch* WpÜG § 35 Rn. 106.

[38] ÜbK 12.9.2000, GZ 2000/1/4-171 – Bayerische HypoVereinsbank/Bank Austria; *Kalss/Winner* ÖBA 2000, 51 ff.; *Gall,* Die Angebotspflicht nach dem Übernahmegesetz, 2003, 233 ff.; *Winner* in Kalss/Fleischer/Vogt, Bahnbrechende Entscheidungen – Gesellschafts- und Kapitalmarktrechtsgeschichten, 2016, 45 ff.; aA *Nowotny* RdW 2000, 330; *Nowotny* WBl. 2001, 379.

[39] ÜbK 12.9.2000, GZ 2000/1/4-171 – Bayerische HypoVereinsbank/Bank Austria. Gleichsinnig ÜbK 8.5.2013, GZ 2013/2/1-146 – S&T.

[40] Vgl. ÜbK 8.6.2004, GZ 2004/1/5-52; ÜbK 13.8.2014, GZ 2014/3/6-7 – Porr; *Diregger/Ulmer* WBl. 2002, 101; *Gall,* Die Angebotspflicht nach dem Übernahmegesetz, 2003, 258 f.

[41] ÜbK 8.6.2004, GZ 2004/1/5-52.

[42] Huber/*Huber* ÜbG § 25 Rn. 14.

Zunächst enthält § 24 ÜbG Fälle, in denen zwar eine Beteiligung von mehr als 30% der  **29** ständig stimmberechtigten Aktien gewechselt hat, aber bei materieller Betrachtung **keine neue Kontrollposition entstanden** ist. Die Norm privilegiert Fälle, in denen eine formell kontrollierende Beteiligung faktisch keinen beherrschenden Einfluss vermittelt und nennt in § 24 Abs. 2 ÜbG einige (nicht abschließende) Beispiele, so zB wenn ein anderer Aktionär mehr Stimmenmacht hat; das entspricht den Grundgedanken in § 9 S. 2 Nr. 1 und 2 WpÜG-AV. Weiters besteht die Angebotspflicht nicht, wenn die Beteiligung zwar beherrschenden Einfluss vermittelt, aber der Rechtsträger, der diesen Einfluss ausüben kann, bei materieller Betrachtung nicht wechselt wie zB bei Übertragungen innerhalb eines Konzerns (so auch § 36 Nr. 3 WpÜG; weitere Beispiele in § 24 Abs. 3 ÜbG). An Stelle der Angebotspflicht bedarf es bloß einer Mitteilung an die Übernahmekommission.

§ 25 ÜbG enthält hingegen **echte Privilegierungen,** obwohl die Kontrolle gewechselt  **30** hat; insbesondere die Ausnahme für Sanierungsfälle hat (leider) hohe praktische Bedeutung.[43] Die Tatbestände entsprechen grundsätzlich den Regelungen von § 36 WpÜG sowie § 9 WpÜG-AV. Keine Entsprechung hat allerdings § 9 S. 1 Nr. 2 WpÜG (Schenkung ohne Verwandtschaftsverhältnis). Für den mittelbaren Kontrollerwerb beträgt die Schwelle in Österreich im Übrigen 25% des buchmäßigen Nettoaktivvermögens (§ 25 Abs. 1 Nr. 1 ÜbG gegenüber § 9 S. 2 Nr. 3 WpÜG-AV). Allerdings geht die österreichische Norm in einigen Punkten über § 9 WpÜG-AV hinaus, wobei aber zu berücksichtigen ist, dass die BaFin durch den dort enthaltenen Ausnahmekatalog nicht gebunden ist.[44] So kann die Privilegierung für die kurzfristige Überschreitung der Schwelle nicht nur in Anspruch genommen werden, wenn die Überschreitung unbeabsichtigt war; auch die kurzfristige Überschreitung im Rahmen eines Gesamtplans schließt die Privilegierung nicht aus, wenn in der Zwischenzeit die Stimmrechte nicht ausgeübt werden.[45] Anders als in Deutschland löst auch der Erwerb durch Vermögensteilung aus Anlass einer Scheidung, Aufhebung oder Nichtigerklärung einer Ehe die Angebotspflicht nicht aus (§ 25 Abs. 1 Nr. 4 ÜbG). Ebenso besteht eine Privilegierung, wenn Aktien auf einen anderen Rechtsträger übertragen werden, an dem neben den bisherigen Gesellschaftern ausschließlich deren Angehörige beteiligt sind; dasselbe gilt für die Übertragung auf eine Privatstiftung, auf deren Geschäftsführung die Angehörigen einen beherrschenden Einfluss ausüben können (§ 25 Abs. 1 Nr. 5 ÜbG). Letztlich gilt die Privilegierung auch, wenn innerhalb von fünf Monaten ab Erlangen der kontrollierenden Beteiligung ein Squeeze-out vorgenommen wird und die Abfindung nicht niedriger als der nach § 26 ÜbG zu bietende Mindestpreis ist und auch sonst kein höherer Preis bis zur Durchführung des Squeeze-out gezahlt worden ist (§ 25 Abs. 1 Nr. 6 ÜbG).[46]

Allerdings hat die Übernahmekommission **Handlungsmöglichkeiten,** selbst wenn eine  **31** Ausnahme nach § 25 ÜbG vorliegt. In allen Fällen kann die Behörde Auflagen vorschreiben, um nach den tatsächlichen Verhältnissen des Einzelfalls eine Gefährdung der Vermögensinteressen der Inhaber von Beteiligungspapieren der Zielgesellschaft zu vermeiden; § 25 Abs. 2 ÜbG erwähnt ausdrücklich das Verbot des Hinzuerwerbs von Anteilen, den Verkauf von Anteilen, das Ruhen von Stimmrechten, die Wahl einer Mehrheit unabhängiger Aufsichtsratsmitglieder oder Berichtspflichten. Geht es um einen mittelbaren Kontrollerwerb oder um Sanierungen bzw. Forderungsbesicherungen kann die Übernahmekommission ausnahmsweise auch die Stellung eines Pflichtangebots anordnen.[47] Hierbei nimmt die Behörde eine dreifache Prüfung vor: In einem ersten Schritt prüft die Übernahmekommission, ob der vom kontrollierend Beteiligten verwirklichte Sachverhalt tatsächlich iSv § 25 ÜbG begünstigt ist. Trifft dies zu, so wird in einem weiteren Schritt geprüft, ob ein besonderes

---

[43] Vgl. aus der Rspr. der Übernahmekommission zuletzt ÜbK 27.5.2015, GZ 2015/1/7-42 – Bene AG mwN.
[44] Für alle Assmann/Pötzsch/Schneider/*Krause*/*Pötzsch*/*Seiler* WpÜG § 37 Rn. 24.
[45] *Diregger*/*Kalss*/*Winner* ÜbernahmeR Rn. 266.
[46] Zur vergleichbaren Praxis der BaFin Assmann/Pötzsch/Schneider/*Krause*/*Pötzsch*/*Seiler* WpÜG § 37 Rn. 60 ff.
[47] S. dazu ÜbK 27.1.2014, GZ 2013/2/4-74, sowie OGH 13.3.2014 – 6 Ob 37/14f, GesRZ 2014, 254 mAnm *Huber*.

Gefährdungspotential gegeben ist, das die Anordnung von Bedingungen und/oder Auflagen bzw. sogar die Anordnung eines Pflichtangebots erforderlich macht. Im letzten Prüfungsschritt ist gegebenenfalls darüber zu entscheiden, welche aufsichtsrechtliche Maßnahmen im konkreten Einzelfall geboten sind, um den Schutzinteressen der Beteiligungspapierinhaber Rechnung zu tragen (zur europarechtlichen Dimension vgl. schon → Rn. 2). Dabei gilt der Grundsatz des gelindesten Mittels.

32    Eine letzte Ausnahme (zumindest nach der Systematik des Gesetzes) enthält § 22b ÜbG mit den Regelungen zur **passiven Kontrollerlangung:**[48] Wer eine kontrollierende Beteiligung erlangt, ohne dies durch zeitnahe Handlungen, wie insbesondere durch Anteilserwerb bewirkt zu haben, muss kein Angebot legen, wenn er beim Erwerb der Anteile nicht mit der Kontrollerlangung rechnen musste; das zeigt, dass die Kontrolle auch ohne aktive Handlungen erlangt werden kann, zB dadurch, dass ein anderer Aktionär seine (größere) Beteiligung verkauft oder ein Stimmbindungsvertrag gekündigt wird und ein Aktionär danach alleinige Kontrolle ausüben kann (vgl. auch § 22a Nr. 3 ÜbG; → Rn. 26). § 22b ÜbG versucht, für solche Fälle eine angemessene Regelung zu finden, indem an Stelle der Angebots- eine Anzeigepflicht an die Übernahmekommission tritt; weiters dürfen Stimmrechte im Ausmaß von maximal 26% ausgeübt und **keine** weiteren Aktien erworben werden.[49] Auch hier[50] kann das Ruhen der Stimmrechte bis zu 30% aufgehoben werden, wenn andere von der Übernahmekommission auszusprechende Auflagen oder Bedingungen die Beteiligungspapierinhaber gleich schützen können.[51]

33    **3. Inhalt des Pflichtangebots.** Zur Angebotslegung **verpflichtet** ist derjenige, der eine kontrollierende Beteiligung erlangt (§ 22 Abs. 1 ÜbG). Wenngleich dadurch die Person des Verpflichteten nicht trennscharf festgelegt wird (nur der unmittelbare Erwerber selbst?), wird diese durch § 23 Abs. 3 ÜbG geklärt: Angebotspflichtig sind alle gemeinsam vorgehenden Rechtsträger, somit nicht nur derjenige, der die Aktien erworben hat. Freilich wird durch das Angebot des einen (bzw. durch seine Erfüllung) zugleich die Angebotspflicht der anderen gemeinsam Vorgehenden erfüllt (Absorption). Eine Ausnahme von dieser Erstreckung der Angebotspflicht besteht nur, wenn Parteien eines Stimmbindungsvertrags an der Kontrollerlangung nicht mitwirken und ihr Stimmrecht bloß nach Weisung des eigentlichen Bieters ausüben. Damit sollen vor allem untergeordnete Mitglieder von (Familien-)Pools von der Angebotspflicht ausgenommen werden.

34    Das Pflichtangebot muss sich gem. § 22 Abs. 1 ÜbG **auf alle Beteiligungspapiere** der Zielgesellschaft richten. Damit sind nicht nur Aktien erfasst (→ Rn. 6). Im Einzelfall muss das Pflichtangebot auch nicht börsennotierte Wertpapiere erfassen, die zum Erwerb börsennotierter Aktien oder Genussscheine berechtigen. Ausgenommen sind eigene Aktien der Zielgesellschaft, Aktien von mit dem Bieter gemeinsam vorgehenden Rechtsträgern sowie Aktien, für die Verzichtserklärungen abgegeben wurden;[52] das ist für das Ausmaß der zu bestätigenden Finanzierung und damit für die Vorhaltekosten wichtig.

35    Besteht die Angebotspflicht, so haben die Beteiligungspapierinhaber anders als nach der Rspr. des BGH[53] auch einen **durchsetzbaren Anspruch auf die Angebotsstellung.** Das ist zwar nicht ausjudiziert, aber einhellige Ansicht.[54] Durchzusetzen ist dieser Anspruch allerdings nicht vor der Übernahmekommission, sondern auf dem Zivilrechtsweg. Wird eine Klage eingebracht, so muss das Gericht wegen § 29 Abs. 2 ÜbG das Verfahren aussetzen

---

[48] Zu den vergleichbaren Problemen nach dem WpÜG Assmann/Pötzsch/Schneider/*Krause*/*Pötzsch*/*Seiler* WpÜG § 37 Rn. 26 ff.; s. dazu ÜbK 20.3.2015, GZ 2014/1/7-132 – Andritz AG.

[49] Somit löst in diesen Fällen bereits der Erwerb auch nur einer Aktie die Angebotspflicht aus; anders sonst aber § 22 Abs. 4 ÜbG.

[50] Zum Ruhen des Stimmrechts allgemein → Rn. 45.

[51] Von dieser Möglichkeit hat die ÜbK etwa in ihrer Entscheidung ÜbK 20.3.2015, GZ 2014/1/7-132 – Andritz, Gebrauch gemacht.

[52] So die ständige Praxis der Übernahmekommission.

[53] BGH II ZR 80/12, NZG 2013, 939.

[54] *Größ*, Anlegerschutz im Übernahmerecht, 2003, 56 ff.; *Diregger* GesRZ 2010, 21 ff. (über Naturalrestitution); *Diregger*/*Kalss*/*Winner* ÜbernahmeR Rn. 337. S. zuletzt ÜbK 18.3.2015, 2014/1/8-74 – CWI.

und eine Vorfragenentscheidung über die Verletzung der Angebotspflicht bei der Übernahmekommission einholen. Ebenso kann die Übernahmekommission auch zunächst (auf Antrag oder amtswegig) ein Feststellungsverfahren über die Verletzung der Angebotspflicht einleiten (→ Rn. 53); in der Folge können dann Leistungsklagen erhoben werden, wodurch das Kostenrisiko für die präsumtiven Angebotsadressaten verringert wird.

Ein Pflichtangebot muss gem. § 25b Abs. 2 S. 1 ÜbG **jedenfalls eine Baralternative** 36 enthalten, unabhängig davon, ob der Bieter im Vorfeld des Angebots oder parallel dazu Aktien der Zielgesellschaft gegen Barleistung erworben hat (vgl. aber § 31 Abs. 3 WpÜG). Daneben kann auch der Tausch in andere Wertpapiere geboten werden, ohne dass eine Einschränkung hinsichtlich der Art der Wertpapiere besteht (anders § 31 Abs. 2 WpÜG).

Für die Höhe der Gegenleistung der Baralternative[55] ist zunächst § 16 Abs. 1 und 2 ÜbG 37 über höhere Paralleltransaktionen einschlägig; ebenso gilt die Nachzahlungsgarantie (näher → Rn. 10). So wie in Deutschland richtet sich die Gegenleistung im Übrigen nach den vom Bieter und mit ihm gemeinsam vorgehenden Rechtsträgern getätigten **Vorerwerben** und den durchschnittlichen **Börsenkursen,** muss aber darüber hinaus zumindest grundsätzlich nicht „angemessen" sein (näher → Rn. 41). Allerdings sind die Fristen nach österreichischem Recht deutlich länger: Für Vorerwerbe des Bieters sind die letzten zwölf Monate vor Anzeige des Angebots zu berücksichtigen, für die (nach Handelsvolumina gewichteten) durchschnittlichen Börsenkurse die letzten sechs Monate vor der Bekanntmachung der Angebotsabsicht. Wie in Deutschland ist auch der Erwerb von Optionen oder ähnlichem preisrelevant (§ 26 Abs. 1 S. 2 ÜbG),[56] allerdings besteht keine Ausnahme für die Ausübung des Bezugsrechts vergleichbar zu § 31 Abs. 6 S. 2 WpÜG iVm § 4 S. 2 WpÜG-AV. Im Übrigen sind grundsätzlich nur inländische Börsenkurse zu berücksichtigen.

Ausdrücklich hält § 26 Abs. 3 S. 1 ÜbG fest, dass bei **unbaren Gegenleistungen** ihr 38 Gesamtwert zugrunde zu legen ist. Daraus wird für Österreich einhellig abgeleitet, dass bei einem Tauschgeschäft mit einer unternehmerischen Beteiligungen als Referenztransaktion eine (Unternehmens)Bewertung erforderlich ist und nicht die Börsenkurse ausschlaggebend sind.[57]

Anders als in Deutschland ist die Preisbildung bei unterschiedlichen Beteiligungspapieren 39 geregelt. Denn gem. § 26 Abs. 2 ÜbG müssen die Preise für **andere Beteiligungspapiere** in einem **angemessenen Verhältnis** zu den im Vorfeld für Stammaktien gebotenen Gegenleistungen stehen, wobei insbesondere der jeweilige Inhalt der verbrieften Rechte zu berücksichtigen ist (vgl. hingegen § 3 S. 3 WpÜG-AV, der eine isolierte Betrachtung pro Wertpapier vorschreibt). In der Praxis behilft man sich zumeist, indem man das durchschnittliche Verhältnis der jeweiligen Börsenkurse heranzieht, dieses allenfalls noch um besondere Faktoren bereinigt und dann auf den Vorerwerbspreis anwendet.[58]

Das ÜbG sieht nicht vor, dass bei nicht-aussagekräftigen Börsenkursen eine **Unterneh-** 40 **mensbewertung** vorzunehmen ist (vgl. aber § 5 Abs. 4 WpÜG-AV). Allerdings hat die Übernahmekommission in Einzelfällen bei nicht liquiden Märkten die Nicht-Berücksichtigung des Börsenkurses zugelassen und im Gegenzug eine Plausibilisierung der Gegenleistung mit marktorientierten Bewertungen gefordert.[59]

Darüber hinaus legt § 26 Abs. 3 S. 2 ÜbG Fälle fest, in denen die **Gegenleistung ange-** 41 **messen festzulegen** ist, ohne dass die Preisberechnungsregeln allein ausschlaggebend wären. Bei einem mittelbaren Kontrollerwerb ist der für die Obergesellschaft bezahlte Kaufpreis um andere Aktiva und Passiva zu bereinigen, was eigentlich keine echte Ausnahme von der Grundregel darstellt. Hingegen kommt eine echte Abweichung in Betracht, wenn sich die Verhältnisse innerhalb der letzten zwölf Monate wesentlich geändert haben; im

---

[55] *Diregger/Kalss/Winner* ÜbernahmeR Rn. 296.
[56] Für Details *Eigner* ÖBA 2013, 630 ff.
[57] Vgl. Huber/*Huber* ÜbG § 26 Rn. 44, 47 f.
[58] Näher *Eigner* ÖBA 2013, 626 f.
[59] Vgl. vor allem ÜbK 6.11.2012, GZ 2012/1/4-24; dazu *v. Falkenhausen* NZG 2013, 409; *Eigner* ÖBA 2013, 633 ff.

Ergebnis kann es ein Wertverfall bei der Gesellschaft somit rechtfertigen, dass Gegenleistungen bei Vorerwerben oder die Durchschnittskurse unterschritten werden, wobei die nach dem Wertverfall geleisteten Gegenleistungen und notierten Kurse aber relevant bleiben.[60] Ebenso ist angemessen festzulegen, wenn die vom Bieter gewährte Gegenleistung unter Berücksichtigung besonderer Umstände festgelegt wurde; dazu gehören zB besondere Haftungen des Veräußerers.[61] Weitere Ausnahmen bestehen für Gegenleistungen, die von Kreditinstituten im Rahmen ihres üblichen Geschäftsbetriebs geleistet werden (näher § 26 Abs. 4a ÜbG iVm § 16 Abs. 4 ÜbG).

### V. Angebote zur Kontrollerlangung

**42**     Angebote zur Kontrollerlangung unterliegen grundsätzlich **denselben Regeln wie Pflichtangebote.** Deswegen sind auch die Preisregelungen (→ Rn. 36 ff.) auf sie anwendbar; auch sie haben eine Baralternative zu beinhalten. Allerdings sind solche Angebote nicht bedingungsfeindlich (§ 25b Abs. 3 ÜbG e contrario); Mindestannahmebedingungen kommen häufig vor.

**43**     Abweichend zum WpÜG will das ÜbG sicherstellen, dass durch einen **Markttest** eine angemessene Preisbildung erfolgt. Solche Angebote sind nämlich kraft Gesetzes dadurch bedingt, dass dem Bieter im Rahmen des Angebots Annahmeerklärungen zugehen, die mehr als 50% der ständig stimmberechtigten Aktien umfassen, die Gegenstand des Angebots sind (§ 25a Abs. 2 ÜbG). Parallelerwerbe sind einzubeziehen, was die Übernahmekommission auch auf Vorerwerbe erstreckt hat, die in Kenntnis des geplanten Angebots erfolgen.[62]

### VI. Mischform: Wandlung eines freiwilligen Angebots in ein Pflichtangebot

**44**     Nach dem ÜbG kann der Bieter ein laufendes freiwilliges Angebot zur Kontrollerlangung durch Parallelerwerbe in ein reguläres Pflichtangebot wandeln. Die Praxis hat diese Mischform ursprünglich entwickelt, um der engen Auslegung der Bedingungsfeindlichkeit des Pflichtangebotes der Übernahmekommission (ÜbK) zu begegnen. Die ÜbK stand lange Zeit auf dem Standpunkt, dass der Eintritt der fusionskontrollrechtlichen Genehmigung eines Paketerwerbes abgewartet werden müsse, bevor ein zulässiges, unbedingtes Pflichtangebot gestellt werden kann. Um den Zeitverlust durch eine sukzessive Abwicklung von Paketerwerb und Pflichtangebot in Grenzen zu halten, starteten die Bieter schon vor der fusionskontrollrechtlichen Freistellung mit einem freiwilligen öffentlichen Angebot; erhielt der Bieter während des laufenden Angebotsverfahren die fusionskontrollrechtliche Freistellung, wandelte sich das freiwillige Angebot zur Kontrollerlangung in ein reguläres, unbedingtes Pflichtangebot.[63] Diese Spruchpraxis, wonach ein Pflichtangebot nicht unter der aufschiebenden Bedingung der kartellrechtlichen Freigabe abgegeben werden darf, ist zwischenzeitlich von der ÜbK mit dem Pflichtangebot in Sachen C-Quadrat Investment AG[64] aufgegeben worden. Ungeachtet dessen wird diese Mischform aber weiterhin als Gestaltungsinstrument von der Praxis genutzt werden. Dies entweder um die Bedingungsfeindlichkeit des Pflichtangebotes, die gesetzliche Mindestannahmeschwelle des freiwilligen Angebotes zur Kontrollerlangung zu unterlaufen (→ Rn. 43) oder schlicht deshalb, um zeitliche Flexibilität zu gewinnen. Diese Angebotsstrukturen werden zumeist von „irrevocable commitments", Parallelerwerben (→ Rn. 9) oder Treuhandschaften begleitet.

---

[60] ÜbK 10.7.2006, GZ 2006/3/3-42.
[61] Weitere Beispiele bei Huber/*Huber* ÜbG § 26 Rn. 59 ff.
[62] ÜbK 19.4.2007, GZ 2007/1/3-59 – Böhler Uddeholm.
[63] Vgl. dazu http://www.takeover.at/uebernahmeangebote/2014-telekom-austria-ag/ (zuletzt abgerufen am 27.1.2021).
[64] Vgl. dazu http://www.takeover.at/uploads/u/pxe/A1_Uebernahmeangebote/2016/C-Quadrat_Investment_AG__FN_55148a_/5.4.2016.Angebotsunterlage.pdf (zuletzt abgerufen am 27.1.2021).

## VII. Delisting

**Literatur:** *Barth/Durstberger,* Der OGH sieht eine Verschmelzung zum Zweck des Delisting als rechtsmissbräuchlich an, GesRZ 2017, 195; *Diregger/Eigner,* Das freiwillige Delisting vom Amtlichen Handel – Erste Erfahrungen mit dem neuen Reglement, ÖBA 2018, 850; *Edelmann/Winner,* Das Delisting nach dem Börsegesetz 2018, ZFR 2017, 375; *Fidler,* Bedingungen und MAC-Klauseln in Übernahmeangeboten: Gestaltung – Struktur – Regulierung, in Kalss/Torggler (Hrsg.), Aktuelle Fragen bei M&A, 2019, 53; *Obradović,* Kann ein Delisting rechtsmissbräuchlich sein?, GES 2017, 357; *Obradović,* Ausgewählte Rechtsfragen zum Delisting nach dem Börsegesetz 2018, GesRZ 2018, 214; *Wilfling,* Praxishandbuch Börserecht, 2. Aufl. 2019; *Winner,* Verschmelzung zum Zweck des Delisting rechtsmißbräuchlich, ZFR 2017, 188; *Winner,* Die Übernahmerichtlinie und der Mindestpreis des Pflichtangebots, FS Hopt II, 2020, 1491.

Seit dem BörseG 2018 (BGBl. 2017 I 107) sieht das öBörseG erstmals die Möglichkeit **45** vor, die Notierung freiwillig zu beenden (Delisting). § 38 Abs. 6–9 öBörseG regeln den Widerruf zur Zulassung auf Antrag des Emittenten im Amtlichen Handel.

Bis 2018 fehlte eine entsprechende Regelung für den Amtlichen Handel, somit das erste **46** Segment an der Wiener Börse, hingegen war für das zweite Segment, den sogenannten Geregelten Markt (nicht zu verwechseln mit dem Geregelten Markt nach MiFID), die Notierungsbeendigung sehr einfach möglich, nämlich durch einseitige Erklärung durch den Emittenten nach Verstreichen einer Frist von vier Wochen. Die Judikatur war äußerst restriktiv. So verneinte der VwGH die Zulässigkeit der freiwilligen Beendigung der Notierung noch vor wenigen Jahren.[65] Der OGH beurteilte eine Verschmelzung einer börsenotierten Gesellschaft auf eine nicht börsenotierte Tochtergesellschaft (Kaltes Delisting) als rechtsmissbräuchlich.[66]

Nunmehr besteht eine allgemeine Regelung für das freiwillige Delisting für Finanzinstru- **47** mente. § 38 Abs. 6–9 öBörseG gilt für alle Gesellschaften, deren Aktien im Amtlichen Handel der Wiener Börse notieren, unabhängig vom Sitz des jeweiligen Emittenten. Unter Finanzinstrumente fallen gemäß § 1 Nr. 4 öBörseG iVm § 1 Nr. 7 WAG Wertpapiere wie Aktien, Schuldverschreibungen, Zertifikate, Genuss- und Partizipationsscheine sowie Derivate und Geldmarktinstrumente.

Im Unterschied zur deutschen Rechtslage verlangt das österreichische Recht für das **48** freiwillige Delisting einen Aktionärsentscheid neben dem öffentlichen Angebot zum Erwerb der Aktien aus Anlass der Notierungsbeendigung (Delisting-Angebot) gemäß § 27e ÜbG und parallel dazu die Einhaltung verfahrensrechtlicher Regelungen zur Beendigung des öffentlich-rechtlichen Notierungsverhältnisses. Die übernahme- und verfahrensrechtlichen Regelungen sind von den Emittenten einzuhalten, unabhängig davon, ob es sich um österreichische oder ausländische Gesellschaften handelt. Die gesellschaftsrechtlichen Voraussetzungen können aber für ausländische Gesellschaften nicht verlangt werden.[67]

**Gesellschaftsrechtliche Voraussetzungen:** Das Initiativrecht für die Entscheidung **49** über die Notierungsbeendigung liegt wie auch sonst für Geschäftsführungsmaßnahmen beim Vorstand. Der Vorstand bedarf gemäß § 95 Abs. 5 Nr. 15 öAktG für den Antrag auf Widerruf der Zulassung der Zustimmung durch den Aufsichtsrat. Da aber jedenfalls eine Zuständigkeit der Hauptversammlung besteht, fehlt für diese Entscheidung das sonst gemäß § 95 Abs. 5 öAktG bestehende Vetorecht des Aufsichtsrats für diese Maßnahme.[68]

Die Hauptversammlung muss einen Beschluss mit qualifizierter Mehrheit fassen; alterna- **50** tiv reicht es, wenn drei Viertel des gesamten stimmberechtigten Grundkapitals das Delisting verlangen. Durch dieses Verlangen gemäß § 38 Abs. 7 Alt. 2 öBörseG kann das Risiko einer Anfechtung des Hauptversammlungsbeschlusses vermieden werden.

---

[65] VwGH 28.3.2014, 2014/02/0033.
[66] OGH 23.6.2017 – 6 Ob 221/16t, GesRZ 2017, 323; *Barth/Durstberger* GesRZ 2017, 195; *Winner* ZFR 2017, 188.
[67] *Diregger/Eigner* ÖBA 2018, 850 (852); Kalss/Oppitz/U. Torggler/Winner/*Fidler* BörseG § 38 Rn. 77; aA Gruber/*Wolfbauer* BörseG § 38 Rn. 55.
[68] *Diregger/Eigner* ÖBA 2018, 850 (857, 869); Kalss/Oppitz/U. Torggler/Winner/*Fidler* BörseG § 38 Rn. 92; Gruber/*Wolfbauer* BörseG § 38 Rn. 51.

**51** **Verfahrensrechtliche Voraussetzungen:** Ein freiwilliges Delisting darf gemäß § 38 Abs. 6 S. 2 öBörseG nur beantragt werden, wenn die Mindestnotierungsdauer von drei Jahren eingehalten wurde. Abgesehen von diesem formalen Antragserfordernis ist die Beendigung der Notierung nur zulässig, wenn keine Gefährdung des Anlegerschutzes vorliegt.

**52** **Öffentliches Angebot:** Der Anlegerschutz gilt nicht als gefährdet, wenn innerhalb der letzten sechs Monate vor Antragsstellung eine Angebotsunterlage nach dem 5. Teil des ÜbG, somit entsprechend § 27e ff. ÜbG veröffentlicht wurde. Es reicht, wenn das Angebot innerhalb dieser sechsmonatigen Frist angenommen werden konnte.[69] Die §§ 27e ff. ÜbG machen das gesamte übernahmerechtliche Instrumentarium für das Delisting von Aktien und sonstigen Beteiligungspapieren anwendbar. Durch einen Verweis gelten die Bestimmungen für **Pflichtangebote** auch für das **Delisting-Angebot.** Allein einige Modifikationen sind zu beachten.

**53** **Inhalt des Delisting-Angebots:** Für das Delisting-Angebot kommen neben den bei Pflichtangeboten anzuwendenden Preisuntergrenzen, Vorerwerb während der letzten 12 Monate, gewichteter Durchschnittspreis während der letzten 6 Monate (→ Rn. 37), zusätzlich zwei weitere Preisuntergrenzen hinzu, nämlich (a) einerseits der durchschnittlich gewichtete Börsekurs der letzten fünf Börsetage (damit findet der aktuelle Kurs eine Berücksichtigung) und (b) der „ungefähre Unternehmenswert". Der Unternehmenswert ist anhand approximativer Bewertungsverfahren, wie etwa durch Heranziehung von Multiples vergleichbarer Unternehmer, festzustellen.[70] Das Gesetz verlangt eine vollständige Unternehmensbewertung entsprechend dem Fachguten der Kammer der Wirtschaftstreuhänder (KFS/BW I) nur dann, wenn die höchste der anderen drei Preisuntergrenzen offensichtlich niedriger ist als der so ermittelte Unternehmenswert pro Aktie. In diesem Fall verlangt das Gesetz, dass der Angebotspreis für das Delisting-Angebot im Sinne von § 26 Abs. 3 S. 2 ÜbG angemessen festgelegt wird. Diesem Angebotspreis ist eine volle Unternehmensbewertung zugrundezulegen.[71]

**54** **Für das Angebotsverfahren** ist die Übernahmekommission auch für das freiwillige Delisting-Angebot zuständig.[72] Bieter für ein Delisting-Angebot kann jede natürliche oder juristische Person oder Personengesellschaft ein, auch der Emittent selbst.[73] Adressanten des Delisting-Angebots sind gemäß § 27e Abs. 5 ÜbG alle Inhaber jener Beteiligungspapiere, deren Delisting angestrebt wird, nicht jedoch der Bieter selbst und ein mit ihm gemeinsam vorgehender Rechtsträger.[74]

**55** **Kaltes Delisting:** Ergänzend zum freiwilligen Delisting gemäß § 38 BörseG sieht das Gesetz auch Begleitregelungen für gesellschaftsrechtliche Maßnahmen vor, die zur Beendigung der Börsenotierung führen. Neben den ausdrücklichen Regelungen für die nationale und rechtsformübergreifende **Verschmelzung** gemäß §§ 225 Abs. 2a, 234 Abs. 2 öAktG, für einen **Rechtsformwechsel** in eine GmbH gemäß § 240 Abs. 3 öAktG, für eine grenzüberschreitende EU-Verschmelzung gemäß § 14 Abs. 2a EU-VerschG und für **Spaltungen** gemäß § 12 Abs. 3 SpaltG, bei denen das unternehmerische Substrat des Emittenten von der börsenotierten auf die nicht börsenotierte Gesellschaft abgespalten wird, sowie für Satzungsänderungen gemäß § 148 Abs. 2a AktG, durch die eine Beendigung der Notierung und ein Verlust der Handelbarkeit herbeigeführt wird, flankiert das österreichische Recht die Grundregelung für das freiwillige Delisting. Die Entscheidung über die Zulässigkeit und Wirksamkeit der Maßnahme trifft für die Fälle des Kalten Delistings nicht das Börseunternehmen, sondern das **Firmenbuch.** Erst nach Vorliegen der Schutzbestimmungen zugunsten der Anleger, somit die Veröffentlichung eines Delisting-Angebots nicht früher als sechs

---

[69] *Edelmann/Winner* ZFR 2017, 357 (377); *Diregger/Eigner* ÖBA 2018, 850 (857); zurückhaltend Kalss/Oppitz/U. Torggler/Winner/*Fidler* BörseG § 38 Rn. 80.

[70] Geschäftsbericht der Übernahmekommission 2019, 4.

[71] Kalss/Oppitz/U. Torggler/Winner/*Fidler* BörseG § 38 Rn. 108.

[72] Gruber/*Wolfbauer* BörseG § 38 Rn. 74.

[73] Kalss/Oppitz/U. Torggler/Winner/*Fidler* BörseG § 38 Rn. 106; Gruber/*Wolfbauer* BörseG § 38 Rn. 77.

[74] *Diregger/Eigner* ÖBA 2018, 850 (860); Kalss/Oppitz/U. Torggler/Winner/*Fidler* BörseG § 38 Rn. 109.

Monate vor Anmeldung der gesellschaftsrechtlichen Maßnahme beim Firmenbuch darf die Maßnahme zur Eintragung angemeldet werden.[75] Mit dem im Übernahmerecht normierten Delisting-Angebot wird sichergestellt, dass die Interessen der Aktionäre aus Anlass der Notierungsbeendigung gewahrt werden.

## VIII. Sanktionen

Anders als in Deutschland können Verletzungen der übernahmerechtlichen Pflichten **56** immer nur zum Ruhen der (= aller) Stimmrechte des Bieters führen, nicht aber zum Ruhen sonstiger Aktionärsrechte (§ 34 Abs. 1 ÜbG). Allerdings ist die österreichische Norm insofern strenger, als das automatische Ruhen (mit der Folge der Anfechtbarkeit von Beschlüssen der Hauptversammlung, wenn die ruhenden, aber abgegebenen Stimmen für die Beschlussfassung kausal waren) nicht nur bei Verletzung der Angebotspflicht greift, sondern bei allen anderen Angebotstypen auch den Verstoß gegen die Preisbildungsvorschriften gem. §§ 16, 26 ÜbG erfasst. Aber auch bei Abgabe eines Angebots unter Verletzung anderer Bestimmungen[76] können Stimmrechte ruhen, wobei dies in diesen Fällen nicht automatisch passiert, sondern durch konstitutive Entscheidung der Übernahmekommission, wenn dies zum Schutz der Vermögensinteressen der Beteiligungspapierinhaber erforderlich ist. In allen Fällen ist ein Verschulden nicht erforderlich.

Nicht ausdrücklich geregelt ist, wessen Stimmrechte ruhen. § 34 Abs. 1 ÜbG spricht nur **57** von den Stimmrechten des Bieters. Allerdings trifft nach § 23 Abs. 3 ÜbG die Pflicht zur Angebotslegung grundsätzlich alle gemeinsam vorgehenden Rechtsträger, weswegen jeder von ihnen Bieter iSv § 34 Abs. 1 ÜbG ist. Im Ergebnis ruhen somit die Stimmrechte aller gemeinsam vorgehenden Rechtsträger,[77] soweit sie nicht ausnahmsweise gem. § 23 Abs. 3 S. 2 ÜbG von der Angebotslegung befreit sind ( → Rn. 33).

Anders als nach § 59 WpÜG lebt das Stimmrecht nicht automatisch wieder auf, wenn **58** die Angebotspflicht erfüllt wird. Vielmehr bedarf es in allen Fällen[78] einer konstitutiven Aufhebungsentscheidung der Übernahmekommission (vgl. § 34 Abs. 2 und 3 ÜbG).[79] Diese hat zu erfolgen, wenn die Rechtsverletzung nach den tatsächlichen Verhältnissen des Einzelfalls die Vermögensinteressen der Beteiligten nicht (mehr) gefährdet. Das erfordert nicht in allen Fällen die Legung des unterlassenen Pflichtangebots, so zB wenn die Börsenkurse über dem Angebotspreis liegen.[80] Allenfalls kann die Übernahmekommission die Aufhebungsentscheidung unter Bedingungen und Auflagen erlassen, um die Gefährdung zu beseitigen; § 34 Abs. 5 ÜbG sieht ausdrücklich vor, dass den Adressaten (zB bei zu positiver Information) ein Rücktrittsrecht eingeräumt werden kann, die Annahmefrist verlängert werden kann oder (wohl bei zu negativer Information) das Angebot neuerlich für Annahmeerklärungen geöffnet werden kann.

Daneben sieht § 35 ÜbG auch verwaltungsstrafrechtliche Sanktionen für natürliche Personen **59** vor. Die Blankettstrafnorm enthält zahlreiche, nach den unterschiedlichen Betroffenen gegliederte Tatbestände; vgl. § 35 Abs. 1 ÜbG. Der Strafrahmen beträgt zwischen EUR 5.000 und EUR 50.000 und liegt damit gerade im Vergleich zu sonstigen kapitalmarktrechtlichen Strafsanktionen auf niedrigem Niveau. Die Effektivität der Strafnorm ist nicht sehr hoch; bedeutend können aber Nebeneffekte sein, zB für Organmitglieder bzw. kontrollierende Gesellschafter von Banken oder Versicherungen im Rahmen von *fit and proper*-Ansätzen; ebenso als Indiz für die Qualifikation als Schutzgesetz gemäß § 1311 ABGB.

---

[75] Gruber/*Wolfbauer* BörseG § 38 Rn. 61.

[76] Auch bei Verletzung von Mitteilungs- oder Anzeigepflichten zur Durchsetzung solcher Pflichten; vgl. § 34 Abs. 4 ÜbG.

[77] *Winner*, Die Zielgesellschaft in der freundlichen Übernahme, 2001, 104.

[78] Also sowohl beim automatischen Ruhen als auch bei konstitutiven Entscheidungen der Übernahmekommission.

[79] Vgl. zB ÜbK 8.10.2018, GZ 2018/1/5-28 – Andritz.

[80] Vgl. zB *Winner* ÖJZ 2006, 668.

## IX. Squeeze-out

**60**    Die Regelungen zum Squeeze-out in Österreich finden sich in einem Sondergesetz, dem Gesellschafterausschluss-Gesetz (GesAusG).[81] Das GesAusG wird in diesem Kommentar in Bd. 5 kommentiert (→ GesAusG § 1 Rn. 1 ff.). Es regelt den normalen Squeeze-out ähnlich zu §§ 327a ff. dAktG, enthält in § 7 aber auch übernahmerechtliche Sondervorschriften, die Art. 15 Übernahme-RL umsetzen. Anders als §§ 39a ff. WpÜG enthält das ÜbG somit keine Vorschriften über den Ausschluss von Minderheitsgesellschaftern.

**61**    Anders als in Deutschland ist der Ausschluss bereits zulässig, wenn der Bieter nach dem Angebot 90% der stimmberechtigten Aktien hält (§ 1 Abs. 1 GesAusG); dann darf er die anderen stimmberechtigten Aktionäre ausschließen. Hält er auch 90% des Grundkapitals, so erstreckt sich das Ausschlussrecht auch auf die stimmrechtslosen Vorzugsaktien. Allerdings bedarf der Ausschluss auch in diesem Fall (anders als nach § 39a WpÜG) eines Beschlusses der Hauptversammlung. Die Erleichterung gegenüber dem normalen Squeeze-out liegt gemäß § 7 GesAusG in der Vermutung, dass die Gegenleistung des Angebots auch für den Ausschluss angemessen ist, wenn mindestens 90% der Angebotsadressaten (gerechnet pro Aktiengattung) das Angebot angenommen haben; die Vermutung kann zwar widerlegt werden, allerdings dürfte eine Widerlegung nur in Betracht kommen, wenn der Markttest unter falschen Bedingungen herbeigeführt wurde, nicht aber weil der Unternehmenswert (angeblich) höher ist (näher → GesAusG § 7 Rn. 42 f.). Eine weitere Erleichterung liegt in den Zusammenrechnungsvorschriften: Während für den Ausschluss gemäß § 1 GesAusG nur verbundene Unternehmen zusammengerechnet werden, um die notwendige 90% Schwelle zu erreichen, knüpft die Zusammenrechnung gemäß § 7 GesAusG an der gemeinsamen Abgabe des Übernahmeangebots an; dieser Begriff ist deutlich weiter (→ GesAusG § 7 Rn. 23 ff.).

## X. Aufsicht und Verfahren

**62**    In Österreich wird die Aufsicht über Unternehmensübernahmen nicht durch die allgemeine Kapitalmarktaufsicht wahrgenommen; vielmehr gibt es – nach englischem Vorbild – eine Sonderbehörde, die Übernahmekommission, die organisatorisch der Wiener Börse angegliedert ist.[82] Die zwölf (nebenberuflichen) Mitglieder der Übernahmekommission sind unabsetzbar und an keine Weisungen gebunden (näher zur Struktur der Behörde vgl. § 28 ÜbG). Die Übernahmekommission spricht über *civil rights* iSv Art. 6 EMRK ab und ist ein Tribunal nach dieser Bestimmung. Derzeit ist nach einer Vorlage des BVerwG ein Verfahren vor dem EuGH über die Frage der Übernahmeaufsicht und *civil rights* anhängig (C-546/18 – Adler Real Estate ua).

**63**    Die Übernahmekommission entscheidet grundsätzlich durch Bescheid, also durch Verwaltungsakt.[83] In der Praxis gibt sie allerdings in zahlreichen Fällen sogenannte Stellungnahmen ab (vgl. § 29 Abs. 1 ÜbG), das sind nicht förmliche und nicht bindende Entscheidungen, die aber von den Parteien häufig wegen des raschen und formfreien Verfahrens bevorzugt werden und eine ausreichend belastbare Grundlage darstellen.

**64**    Im Übrigen haben die Angebotsadressaten während des Genehmigungsverfahrens für die Angebotsunterlage keine Parteistellung, ebenso wenig die Zielgesellschaft.[84] Dadurch wird Verzögerungstaktiken vorgebeugt. Allerdings haben Aktionäre mit mehr als 1% des Grundkapitals (bzw. sonstige Beteiligungspapierinhaber im anteiligen Betrag von mehr als EUR 70.000) und die Zielgesellschaft nach Ende der Annahmefrist das Recht, die Einleitung eines Nachprüfungsverfahrens zu beantragen (vgl. § 33 ÜbG). In diesem wird vor allem festgestellt, ob ein Pflichtangebot zu Unrecht nicht gestellt wurde oder ob ein Angebot

---

[81] ÖBGBl. I 2006/75.
[82] Homepage unter www.takeover.at.
[83] Die Entscheidungen der Übernahmekommission finden sich auch auf ihrer Homepage www.takeover.at/entscheidungen.
[84] Vgl. ÜbK 14.1.2005, GZ 2004/3/13-175.

gesetzwidrig war (insbesondere in Hinblick auf den Preis). Die entsprechenden Verfahren enden in bescheidmäßigen Feststellungen, die dann allenfalls als Basis für einen Zivilprozess dienen können. Das Kostenrisiko für Aktionäre ist gering, weil die Kosten der Bieter tragen muss, außer der Antrag hat einen nicht zweckentsprechenden Verfahrensaufwand verursacht, was wohl nur bei missbräuchlichen Anträgen der Fall sein wird.

Seit 1.1.2014 besteht die Möglichkeit, gegen Entscheidungen der Übernahmekommis-  **65** sion ein Rechtsmittel direkt an den Obersten Gerichtshof einzulegen (§ 30a ÜbG). Dieses ist allerdings im Wesentlichen auf Rechtsfragen beschränkt, während die Feststellung des Sachverhalts (von groben Verfahrensfehlern abgesehen) für den Obersten Gerichtshof bindend ist. Dadurch ist es möglich, die Gesamtverfahrensdauer trotz Rechtsschutz kurz zu halten, was für einen funktionierenden Übernahmemarkt wichtig ist; bei einem der vier bisher erhobenen Rekurse (gegen die Versagung einer Ausnahme) dauerte der gesamt Verfahrenslauf von Eingang bei der Übernahmekommission bis zur Entscheidung durch den Obersten Gerichtshof knapp acht Wochen.[85] Wird die ÜbK in erster Instanz als Strafbehörde tätig, so kann Beschwerde gegen das Bundesverwaltungsgericht (BVerwG) und in der Folge an den Verwaltungsgerichtshof erhoben werden.

---

[85] Vgl. OGH 13.3.2014 – 6 Ob 37/14f, GesRZ 2014, 254; s. ferner OGH 1.3.2017 – 6 Ob 22/17d.

## Sachverzeichnis

von Dr. Frank Wamser, LL.M., Vizepräsident des Landgerichts Gießen
fette Zahl = Paragraph, magere Zahl = Randnummer

München A.